JN261245

[監修]
山折哲雄

宗教の事典

[編集]
川村邦光／市川　裕／大塚和夫
奥山直司／山中　弘

朝倉書店

巻 頭 言

　21世紀の主役は，ますます民族と宗教という様相を呈してきたようにみえる．「主役」というのは，むろん王座を占めるという意味でもあるが，同時に「悪役」のイメージを世界にまき散らすだろうということでもある．

　当分のあいだ，さまざまな形で抑圧されてきた民族の怨念は鎮まりそうもない．その怨念のエネルギーが外にむかって噴出するとき，宗教の狂熱がそれと結びつく．民族と宗教はあいかわらず人類の深層心理を映し出す鏡でありつづけるだろう．それが21世紀をむかえていっそう過熱していくのではないだろうか．

　私はときどき，『不信仰の事典』という2巻本の事典を引っぱりだしてきて眺めることがある（*The Encyclopedia of Unbelief*, 2 vols, Prometheus Books, New York）．もっとも，とくにあてがあって頁を繰るわけではない．退屈まぎれにあれこれの国々の不信心者の小伝を読みふけったり，その系譜を辿ってみたりする．

　日ごろ，宗教や信仰のことで頭が一杯になって，何となく気持ちが滅入るようなとき，無神論や瀆神論の綾なす言説を読んでいると，どういうわけか気分が爽快になる．なぜそうなるのか，はじめはわからなかったが，そのうち無神論や瀆神論を通していつのまにか宗教や信仰世界のウラオモテが見えてくるようになることに気がついた．宗教や信仰の客観的な姿や形がしだいに浮かび上がってくるようにもなる．無神論的な視点，瀆神論的な眼差しが，ときに宗教や信仰の実体を明らかにすることがある．そんなこともあってこのエンサイクロペディアは，ときに私にとってはなくてはならない座右の書になっているのである．

　この事典の主任編集者はゴードン・スタイン博士（Gordon Stein）といって，『アメリカの合理主義』の編者であり，『無神論・合理主義総覧』などの著者であるが，この事典のなかでは「不可知論」「無神論」「不信仰者の臨終」「不信仰の神殿と記念碑」「女性と信仰」など，いかにもわが国の社会科学者たちの気を惹きそうな，興味ある項目の執筆者になっている．

　この事典の刊行は1985年で，そう古いものではない．編集意図はきわめてはっきりしていて，かならずしも宗教にたいして攻撃的な宣伝をこととしているわけではない．ただ宗教・信仰の究極的な弱体化をねらうものだとはいっているので，その批判的精神はなかなか見上げたものだ．ルクレティウスからバートランド・ラッセルにいたる偉大な不信仰者らの著作を一般に知らせることが今日ほど必要なときはないともいえるが，これからの難しい世紀にむかってそのような編集の意図がはたして成功するのかどうか，このこと自体，これから考えていかなければならない課題ではあると思う．ちなみにこの事典には「日本における不信仰」という項目もあって，シカゴ大学の歴史学者コシュマン氏（Victor J. Koschmann）が執筆している．

　1987年の2月から3月にかけて，私は東南アジアからインドへの旅に出かけたことが

◆ 巻 頭 言 ◆

ある．もう25年も前のことになる．ジャカルタ・シンガポール・バンコック・デリーなど，各地の大学を訪ねて，「日本」研究者に会ってきた．

対話を重ねるなかで耳が痛かったのは，日本はアジアのことをあれこれいいながら，結局は自民族中心主義の立場を捨てきれないのではないか，と指摘されたときである．その上，日本人の大勢は西欧志向に傾いている．だからアジアの問題は，この日本中心主義と西欧志向の谷間に落ち込んでいるのではないか，というのがかれらの懸念であり，批判であった．そしてそのような事情は，25年後の今日においても変わってはいないのではないだろうか．

東南アジア各地の街にあふれる日本製品の洪水を眺めながら，そのような批判に反論することのできないもどかしさを感じていた．だが，私があらためて驚かされたのは，かならずしもそうした事柄だけではなかった．

ジャカルタでは，きまって朝4時になるとコーランを朗唱する祈りの声で目を覚まされた．その声は拡声機によって増幅され，ホテルの厚い窓ガラスを通して侵入してきた．シンガポールでは，テレビをつけると中国語と英語の放送にまじって，マレー語による番組がいつも流れていた．その画面からは，少数民族であるマレー人の文化や宗教にたいする配慮が痛いほど伝わってきた．カルカッタでは夜7時になると，テレビのカメラはモスクの祈りの情景を大写しにしていた．

だが，その同じインドの西北部では，ヒンドゥー教社会からの分離独立を要求するスィク教徒の過激派が，連日のようにテロ行動に走っていたのである．新聞を読んでいるかぎり，当時のラジブ・ガンジー首相はいつ暗殺されても不思議ではないような雰囲気だったことを思い出す．同じような政治上・軍事上の紛争は，タイやインドネシアの辺境や国境近くでもほとんど日常化しているのである．

それらの諸国は，異質なもの同士が異質のまま共存しているような世界だったように思う．共存しているというよりも，むしろ共存させようと日夜油断なく，努力を重ねている国々であった．その場合，宗教という要素が言語や民族の要素と同じように，その異質性をことさら際立たせているような社会であったといってよい．たとえばインドネシアにおいて，多数を占めるイスラーム教を少数派の仏教やヒンドゥー教といかに調和させたらよいか，そのために払われる苦労はほとんどわれわれの想像をこえるほどのものであるというべきだろう．同じことが，規模の大小こそあれ，インドでもタイでもみられるのである．

そうした国々の姿をみた目でわが国の宗教状況をふり返るとき，そのあまりの違いに胸を衝かれる思いがする．一口にいってしまえば，わが国においては異質であるはずのものがすべて同質化してしまっている．制度的には教団とか宗派とかいっていながら，そして教理・教義的にはそれぞれ独自のメニューを皿に盛っていながら，その実その奥底にひそむ信念や世界観についていえば，いずれも甲乙つけがたい同質の心情や観念を育てあげてきたことが歴然としているからである．

神道と仏教がたがいに同質化への歴史をたどってきたいきさつについては，いまさらいうまでもないだろう．新宗教のさまざまな潮流についても，カミの原理とホトケの原理がほとんど見分けのつかない同質性のなかで共存している．そしてその根元に，先祖崇拝という日本宗教の同質化原理がはたらいていることもみのがすことができない．

ところで，ここ数十年のあいだ，国連やユネスコ，そして世界を代表する大教団などが

◆ 巻 頭 言 ◆

主催して，さまざまな「宗教会議」なるものが開かれてきた．わが国でも，「比叡山宗教サミット」なる会議が毎年のように開催されてきた．そのような場には世界各地からカトリックやプロテスタントの諸教会，東方教会，イスラーム教，ヒンドゥー教，仏教，神道，儒教など，さまざまな立場の宗教人や専門家が講師として招かれ，聴衆をまじえて熱心な討議が重ねられた．テーマとしては「伝統の再評価と近代化」「宗教的アイデンティティと社会・政治的背景」「人類の連帯と未来の社会」など多様な問題をとりあげ，今後にむけての「宗教協力」の可能性を探ろうというような国際会議であった．

けれども世界の現実の趨勢がけっして楽観を許さない状況にむかっていたことは，さきにもふれたようにいうまでもない．宗教的信念の深化がしばしば世界における紛争の主因の一つになっていることは何人も否定することができないからである．いわば宗教の名において平和を語り，教団や宗派の名において戦争がおこなわれているといっても過言ではないからである．

私にもそのような国際会議に参加する機会があったが，その経験のなかからいつのまにか抱くようになった感想があった．一つは，さきにもふれたように日本の宗教における同質化の性格が，これからの国際社会の宗教協力にどのような役割をはたすことができるのか，という問題である．異質な宗教的信念が共存しつつ激しく対立するような社会を前にして，われわれはいったい日本宗教のどのような可能性を引きだすことができるのか，ということである．

もう一つは，宗教協力における一神教と多神教といった問題である．周知のようにこれまで，多神教的な宗教伝統は異質の宗教にたいして寛容であるのにたいして，一神教的な宗教伝統は非寛容であったということがいわれてきた．むろんこのような二項対立的な図式を一般化することができないことはいうまでもない．けれども近年になって，キリスト教の伝統のなかから多神教的な要素や系譜をとりだして，それを再評価しようとする試みが，わずかながらも当の西欧の知的世界からあらわれるようになった．なかには「新しい多神教」の提唱のようなものまで登場している．そしてその思想的背景に，宗教のレベルにおける多神教の理念は政治のレベルにおける民主主義のそれに対応するのではないか，といった考えが横たわっていることに私は注目したいのである．これは，今後の「宗教協力」というものが，現実の政治や社会とのかかわり合いのなかで，さまざまな多元主義やその価値観と歩調を合わせていく未来図を予告しているようにも思う．そのような意味においても，本書がこれから広く読まれ，活用されていくことを心から願っているのである．

2012 年 6 月 21 日記す

監修者　山折哲雄

監修者

山折　哲雄　国際日本文化研究センター名誉教授

編集者

川村　邦光　大阪大学大学院文学研究科教授
市川　　裕　東京大学大学院人文社会系研究科教授
大塚　和夫　元 東京外国語大学
奥山　直司　高野山大学文学部教授
山中　　弘　筑波大学人文社会系教授

執筆者（五十音順）

池上　良正　駒澤大学
池澤　　優　東京大学
石田　秀実　前 九州国際大学
市川　　裕　東京大学
一柳　廣孝　横浜国立大学
井手　直人　（財）国際宗教研究所
井上　順孝　國學院大學
岩崎　　賢　常盤大学［非常勤］
岩崎　真紀　筑波大学
大川　玲子　明治学院大学
大塚　和夫　元 東京外国語大学
岡本　亮輔　慶應義塾大学［非常勤］
荻原　眞子　千葉大学名誉教授
奥山　直司　高野山大学
勝又　悦子　同志社大学
川田　牧人　中京大学
川村　邦光　大阪大学
菊地　達也　神田外語大学
岸上　伸啓　国立民族学博物館

喜田川　仁史　
北森　絵里　天理大学
木村　勝彦　長崎国際大学
窪田　幸子　神戸大学
小松　久男　東京外国語大学
笹尾　典代　恵泉女学園大学
島薗　　進　東京大学
下垣　　仁志　立命館大学
申　　昌浩　京都精華大学
新免　光比呂　国立民族学博物館
鈴木　　景
スチュアート　ヘンリ　放送大学
全　　成坤　高麗大学校
竹沢　尚一郎　国立民族学博物館
田中　雅一　京都大学
谷口　智子　愛知県立大学
崔　　恩珠　大阪大学
寺石　悦章　琉球大学
寺戸　　淳　専修大学［非常勤］

— v —

◆ 執筆者一覧 ◆

土井 裕人（どい ひろと）	筑波大学
トルファシュ リアナ	筑波大学［非常勤］
永岡 崇（ながおか たかし）	京都造形芸術大学［非常勤］
長澤 壮平（ながさわ そうへい）	中京大学［非常勤］
長谷 千代子（ながたに ちよこ）	九州大学
中野 毅（なかの つよし）	創価大学
中村 平（なかむら たいら）	神戸女子大学
成末 繁郎（なりすえ しげろう）	九州工業大学［非常勤］
蓮池 隆広（はすいけ たかひろ）	（財）国際宗教研究所
畑中 小百合（はたなか さゆり）	大阪大学［非常勤］
濱田 陽（はまだ よう）	帝京大学
兵頭 晶子（ひょうどう あきこ）	日本宗教学会
平林 孝裕（ひらばやし たかひろ）	関西学院大学
藤原 久仁子（ふじわら くにこ）	京都大学［非常勤］
保呂 篤彦（ほろ あつひこ）	筑波大学
本多 彩（ほんだ あや）	兵庫大学
正木 晃（まさき あきら）	慶應義塾大学［非常勤］
松井 圭介（まつい けいすけ）	筑波大学
松村 一男（まつむら かずお）	和光大学
丸山 泰明（まるやま やすあき）	国立歴史民俗博物館
三尾 裕子（みお ゆうこ）	東京外国語大学
宮本 要太郎（みやもと ようたろう）	関西大学
村上 興匡（むらかみ こうきょう）	大正大学
安田 喜憲（やすだ よしのり）	東北大学
山 泰幸（やま やすゆき）	関西学院大学
山折 哲雄（やまおり てつお）	国際日本文化研究センター 名誉教授
山下 博司（やました ひろし）	東北大学
山中 弘（やまなか ひろし）	筑波大学
山中 利美（やまなか りみ）	川村学園女子大学［非常勤］
矢持 久民枝（やもち くみえ）	
吉原 和男（よしはら かずお）	慶應義塾大学
吉見 由起子（よしみ ゆきこ）	
渡邉 たまき（わたなべ たまき）	筑波大学

目　　次

Ⅰ. 世界の宗教潮流　　1

1. 原始・古代の宗教 ―――――――――――――――――――――［松村一男］3

 1.1　原始と古代という範疇　　3
 1.2　引き算としての「原始・古代の宗教」　　3
 1.3　原始（先史）宗教　　4
 1.4　新石器時代・古ヨーロッパ宗教　　5
 1.5　メソポタミア宗教　　7
  （1）シュメール／（2）アッカド
 1.6　エジプト宗教　　9
 1.7　原インド＝ヨーロッパ語族の宗教　　12
 1.8　イランの宗教　　13
  （1）マズダー教／（2）ゾロアスター教／（3）マニ教
 1.9　ギリシア宗教　　14
  （1）ミノア宗教／（2）ミケーネ宗教／（3）オリンポスの神々／（4）市民宗教／（5）密儀／（6）哲学と宗教
 1.10　初期ローマ宗教　　18
  （1）エトルリア宗教／（2）共和政期宗教
 1.11　ヘレニズム宗教　　19
  （1）ヘレニズムとローマ帝国／（2）世界帝国化による宗教変化
 1.12　後期ローマ宗教　　21
  （1）帝政期初期（アウグストゥス時代）／（2）皇帝崇拝／（3）帝政期後期（オリエント宗教の流行）
 1.13　世界帝国と宗教の普遍化　　22
  （1）シンクレティズム／（2）哲学による宗教の否定
 1.14　キリスト教以前のヨーロッパ諸宗教　　24
  （1）ケルト宗教／（2）ゲルマン宗教

2. 仏　　　　教 ―――――――――――――――――――――――［奥山直司］26

 2.1　仏教とは何か　　26
 2.2　釈尊の生涯と教え　　27
  （1）さまざまな呼称／（2）生存年代／（3）出現の背景／（4）釈尊の生涯／（5）釈尊の教え

◆ 目　　次 ◆

　　2.3　インド仏教の展開　　35
　　　　（1）初期の仏教僧団とその分裂／（2）アショーカ王と仏教／（3）部派仏教の展開／（4）大乗仏教の興起／（5）クシャーナ帝国と仏像の出現／（6）大乗諸学派の成立／（7）密教の時代／（8）インド仏教の消滅／（9）ネパール仏教
　　2.4　南方仏教圏　　45
　　　　（1）スリランカ／（2）ミャンマー／（3）タイ／（4）カンボジア／（5）ラオス／（6）インドネシア／（7）バングラデシュ／（8）その他
　　2.5　東アジア仏教圏　　50
　　　　（1）中央アジア／（2）中国／（3）ベトナム／（4）朝鮮半島／（5）日本
　　2.6　仏教と現代　　61
　　　　（1）世界の仏教／（2）仏教の新潮流

3. キリスト教　　　　　　　　　　　　　　　　　　　　　　　　［山中　弘］64

　　3.1　現代キリスト教の動向　　64
　　3.2　キリスト教と日本との邂逅　　65
　　3.3　世界宗教となった諸要因　　66
　　　　（1）脱民族宗教／（2）ユダヤ教の宗教的資源の動員／（3）ギリシア語で書かれた聖典の存在／（4）ヘレニズム世界における他の思想との競合／（5）移動性の高い簡素な儀礼／（6）有能な指導者と組織の構築／（7）強い宣教意識／（8）政治権力との結合
　　3.4　さまざまなキリスト教　　68
　　　　（1）ローマ・カトリック／（2）東方正教会／（3）プロテスタント諸派／（4）アングリカン・チャーチ／（5）その他
　　3.5　教　　祖　　73
　　　　（1）時代背景／（2）イエスの生涯／（3）イエスの死後
　　3.6　歴　　史　　76
　　　　（1）形成期（1世紀〜）／（2）確立期（2世紀〜）／（3）拡大期（5世紀〜）／（4）宗教改革期（16世紀〜）／（5）膨張期（18世紀〜）
　　3.7　思　　想　　86
　　3.8　典礼・儀礼　　89
　　3.9　祝　祭　日　　91
　　3.10　教会建築・巡礼地　　91
　　　　（1）教会建築／（2）巡礼地
　　3.11　キリスト教と現代社会　　94

4. イスラーム　　　　　　　　　　　　　　　　　　　　　　　　［大塚和夫］97

　　4.1　イスラームとは　　97
　　4.2　成　　立　　98
　　　　（1）預言者ムハンマド／（2）ムハンマドの後継者たち／（3）カリフとスルターン
　　4.3　諸分派・諸宗派　　101
　　　　（1）スンナ派と法学派／（2）シーア派とその内部分派／（3）少数分派など
　　4.4　教義と実践　　104

　　　　　　(1) 六信／(2) 五行
　4.5　宗教指導の主要な担い手　108
　　　　　　(1) イスラームにおける宗教指導者／(2) シャリーア／(3) ウラマー／(4) スーフィーと聖者／(5) ウラマーとスーフィー・聖者の社会的機能
　4.6　イスラーム世界の拡大と展開——諸王朝の興亡と植民地化　113
　　　　　　(1) イスラームの世界の拡大／(2) 中東・イスラーム世界の展開
　4.7　聖　　地　116
　　　　　　(1) 三大聖地／(2) 聖者廟など
　4.8　儀　　礼　118
　　　　　　(1) 個人の通過儀礼／(2) 共同体レベルの儀礼・祭礼
　4.9　イスラーム主義とイスラーム復興——近現代のイスラーム　122
　　　　　　(1) 国民国家と世俗化／(2) 「ワッハーブ運動」の衝撃／(3) サラフィー主義からムスリム同胞団へ／(4) イスラーム復興の時代？

5. ユダヤ教　　　　　　　　　　　　　　　　　　　　　　　　　［市川　裕］129

　5.1　定義と名称　129
　　　　　　(1) ユダヤ教の定義／(2) ユダヤという名称の由来
　5.2　ユダヤ人とは誰か　131
　　　　　　(1) 世界を変えた5人のユダヤ人／(2) 近代西欧の著名ユダヤ人と出現の謎／(3) ユダヤ人の伝統的定義とハラハー／(4) フランス革命とユダヤ人解放／(5) ユダヤ人解放の拡大と西欧主権国家の成立／(6) 東欧ユダヤ人とイスラーム圏のユダヤ人の行方／(7) 現代ユダヤ人の3つの分類
　5.3　時代区分と各時代の特徴　135
　　　　　　(1) ユダヤ教理解のための方法的視点／(2) ユダヤ教の時代区分
　5.4　古代ユダヤ教あるいは古代イスラエル宗教　136
　　　　　　(1) 古代宗教の特徴と古代イスラエル／(2) 預言とトーラー／(3) ヘレニズムとの出会い／(4) ローマの支配と独立の記憶／(5) 神殿崩壊とラビの台頭
　5.5　ラビ・ユダヤ教の成立と中世ユダヤ教　138
　　　　　　(1) ラビ・ユダヤ教の輪郭と特徴／(2) ラビ・ユダヤ教の特質
　5.6　ラビ・ユダヤ教の教えとユダヤ的生活様式　142
　　　　　　(1) ユダヤ人共同体ケヒラー／(2) 他宗教，他民族との関係／(3) ケヒラーの特徴
　5.7　中世におけるユダヤ人の3大グループの分布とその思想活動　148
　　　　　　(1) パレスチナとバビロニア／(2) スファラディ系ユダヤ人／(3) アシュケナズィ系ユダヤ人／(4) 東方ミズラヒ系ユダヤ人
　5.8　多様性と統一性：コミュニティと宗教教義　150
　5.9　ユダヤ教と近現代社会　151
　　　　　　(1) ケヒラーの解体と神学／(2) ハラハーと現代ユダヤ教
　5.10　ユダヤ教は民族宗教か——神道との対比の視点から　152

6. ヒンドゥー教　　　　　　　　　　　　　　　　　　　　　　　［山下博司］156

　6.1　定義と人口　156

◆ 目　次 ◆

　　6.2　インダス文明とヴェーダの宗教　　157
　　　　（1）インダス文明と原ヒンドゥー教／（2）ヴェーダ聖典の成立／（3）天啓文学と聖伝文学／（4）ヴェーダの神々／（5）ヴェーダの神観念と一元論の芽生え
　　6.3　インド古典哲学の確立　　161
　　　　（1）正統派バラモン哲学（六派哲学）／（2）シャンカラの登場と不二一元論思想
　　6.4　バクティ思想の成立と展開　　162
　　　　（1）「バクティ」の成立と展開／（2）中世以降の展開
　　6.5　ヒンドゥー教の神々とヒンドゥー文化・社会　　164
　　　　（1）ヒンドゥー教のパンテオン／（2）因果応報，輪廻転生，梵我一如の観念／（3）四柱期とダルマの理念／（4）カースト制の起源と発達／（5）近現代とカースト制
　　6.6　ヒンドゥー教と現代　　167

7. 道　　　教 ────────────────────── ［石田秀実］169

　　7.1　道教とは何か　　169
　　　　（1）道教の定義／（2）道家と道教
　　7.2　歴　　史　　171
　　　　（1）古代道教の時代／（2）道教運動の時代／（3）道教の仏教化と国家宗教化／（4）三教混融の新道教の時代
　　7.3　教　　義　　179
　　7.4　儀礼と祭り　　180
　　7.5　道教徒の生活　　181
　　7.6　日本と道教　　181

II. 世界宗教の現在　　183

1. アフリカの宗教 ────────────────────── ［竹沢尚一郎］185

　　1.1　狩猟採集民の宗教　　185
　　1.2　農耕民の宗教体系　　187
　　　　（1）生業儀礼／（2）人生儀礼／（3）妖術信仰／（4）民族宗教の変容と宗教革新
　　1.3　イスラームとキリスト教の展開　　192
　　　　（1）イスラームの浸透／（2）キリスト教の展開とその変質／（3）アフリカの宗教状況の展望

2. ラテン・アメリカの宗教 ────────────────────── ［北森絵里］195

　　2.1　植民地化とカトリック教　　195
　　　　（1）カトリック教／（2）解放の神学
　　2.2　民衆カトリシズム（フォーク・カトリシズム）　　197
　　　　（1）グアダルーペの聖母／（2）巡礼／（3）聖人信仰とカルゴ・システム／（4）ブラジルの聖人信仰
　　2.3　インディオのカトリック教への対応と土着の宗教の変容　　199
　　　　（1）インカリ神話／（2）インティ・ライミ／（3）征服の踊り
　　2.4　アフリカ系宗教の変容とカトリック教との習合　　201

(1) リオ・デ・ジャネイロのカーニバル／(2) カンドンブレ
 2.5 救世主信仰と千年王国運動 203
  (1) タキ・オンコイ／(2) トゥパック・アマルーの反乱／(3) カスタ戦争と「語る十字架」／(4) カヌードス戦争

3. 北アメリカの宗教 ―――――――――――――――――――［本多　彩］206

 3.1 北アメリカの宗教をめぐる概況 207
  (1) アメリカ合衆国／(2) カナダ
 3.2 歴史Ⅰ：初期のキリスト教 208
  (1) 初期のキリスト教の動き／(2) 二度の大覚醒
 3.3 歴史Ⅱ：19 世紀・20 世紀から現代 210
  (1) アメリカ合衆国の宗教―キリスト教／(2) アメリカ合衆国の宗教―ユダヤ教／(3) アメリカ合衆国の宗教―アフリカ系アメリカ人／(4) カナダの宗教―キリスト教／(5) カナダの宗教―その他の宗教
 3.4 北米の新宗教 215
  (1) 北米で登場した新宗教／(2) アジアの宗教：イスラーム・仏教・ヒンドゥー教

4. 西・南ヨーロッパの宗教 ――――――――――――――――――― 220

 4.1 フ ラ ン ス ［岡本亮輔］220
 4.2 ド　イ　ツ ［保呂篤彦］223
 4.3 イ ギ リ ス ［山中　弘］226
 4.4 南ヨーロッパ ［藤原久仁子］229

5. 東・北ヨーロッパとロシアの宗教 ―――――――――――――［新免光比呂］232

 5.1 北欧の宗教 232
  (1) 北欧の古代社会／(2) 北欧におけるキリスト教の受容
 5.2 東欧・ロシアの宗教 235
  (1) 東欧とロシア／(2) 古代から中世／(3) 中世から近代／(4) 近代から現代／(5) 現代の日常的宗教実践―めぐる季節と村の生活―

6. 中 東 の 宗 教 ―――――――――――――――――――――――［大塚和夫］257

 6.1 中東とその宗教史概略 257
  (1) 地域概念としての「中東」とその概説／(2) 中東における宗教の歴史
 6.2 イ ス ラ ー ム 259
  (1) スンナ派／(2) シーア派諸系統／(3) ハワーリジュ派
 6.3 キリスト教 262
  (1)「東方正教会」と「東方諸教会」／(2) カトリック，プロテスタントと東方キリスト教世界／(3) 中東におけるキリスト教諸教会の今日
 6.4 ユ ダ ヤ 教 264
  (1) ヨーロッパ中心的なユダヤ史観の問題／(2) アシュケナズィ，スファラディ，ミズラヒ
 6.5 その他の小規模宗教・宗派 265

6.6　民間信仰の世界　　266
　　　　（1）邪視・精霊・呪術／（2）聖者信仰
　　6.7　宗教・宗派の「政治化」　　268
　　　　（1）民族・エスニック運動の基盤としての宗教・宗派／（2）イスラーム主義運動の動向

7. 南アジアの宗教 ─────────────────────［田中雅一］274

　　7.1　イ　ン　ド　　274
　　　　（1）概略／（2）カースト制度／（3）バクティと尊師／（4）ヒンドゥー・ナショナリズム／（5）ジャイナ教／（6）仏教／（7）スィク教／（8）イスラーム／（9）キリスト教／（10）その他
　　7.2　ネパール連邦民主共和国　　281
　　7.3　パキスタン・イスラーム共和国　　282
　　7.4　バングラデシュ人民共和国　　283
　　7.5　モルディヴ共和国　　283
　　7.6　スリランカ民主社会主義共和国　　284
　　　　（1）概略／（2）仏教の歴史／（3）仏教の構造／（4）ヒンドゥー教，その他
　　7.7　ブータン王国　　286

8. 中央アジアの宗教 ─────────────────────［小松久男］288

　　8.1　歴史的な背景　　288
　　　　（1）テュルク化とイスラーム化／（2）帝政ロシアと清朝の支配／（3）ソ連時代のイスラーム
　　8.2　イスラーム復興の動態　　296
　　　　（1）イスラームの覚醒と再生／（2）イスラームの政治化／（3）過激化とグローバル化／（4）新疆におけるイスラーム復興

9. 東南アジアの宗教 ───────────────────────────── 304

　　9.1　東南アジア大陸部の宗教　　304
　　　　（1）概要／（2）ミャンマー連邦共和国／（3）タイ王国／（4）ラオス人民民主共和国／（5）カンボジア王国／（6）ベトナム社会主義共和国
　　9.2　東南アジア島嶼部　　［蓮池隆広］307
　　　　（1）概要／（2）インドネシア共和国／（3）マレーシア／（4）シンガポール共和国／（5）ブルネイ・ダルサラーム国／（6）フィリピン共和国／（7）東ティモール民主共和国

10. 中国・台湾の宗教 ──────────────────────────── 316

　　10.1　中国の宗教　　［長谷千代子］316
　　　　（1）中国の宗教に対する視点／（2）中国の宗教政策／（3）公認された各宗教の現在／（4）「公認宗教」から外れたもの
　　10.2　台湾の宗教　　［三尾裕子］324
　　　　（1）台湾の宗教の特徴／（2）仏教／（3）「民間教派」──貫道／（4）一神教と台湾

◆ 目　　　次 ◆

11. チベット・モンゴルの宗教 ────────────────────［奥山直司］331
11.1　チベット仏教圏　331
11.2　チベット地域　332
11.3　モンゴル地域　336
11.4　ヒマラヤ地域　338
　　（1）西チベット／（2）ネパール／（3）シッキム／（4）ブータン／（5）インド，アルナーチャル・プラデーシュ州

12. 韓　国　の　宗　教 ────────────────────────［全　成坤］345
12.1　韓国の神話　345
12.2　民俗宗教としてのシャーマニズム　346
　　（1）韓国巫俗の類型と地域的特性
12.3　儒　　　　教　349
　　（1）三国時代／（2）高麗時代／（3）朝鮮時代
12.4　仏　　　　教　352
　　（1）韓国仏教の歴史的流れ
12.5　カトリック（天主教）　354
12.6　キリスト教　355
12.7　韓国のイスラーム　357
12.8　韓国の新興宗教　357

13. マイノリティの宗教 ──────────────────────────── 360
13.1　アボリジニ　　［窪田幸子］360
　　（1）アボリジニ宗教への視線──その歴史的展開／（2）アボリジニ宗教についての理解の展開／（3）アボリジニの宗教世界──スタナーの貢献／（4）ヨルングの宗教世界／（5）宗教をめぐる現代の動向
13.2　北アメリカ先住民　　［スチュアート　ヘンリ］368
　　（1）北アメリカ先住民の概要／（2）北アメリカ先住民の宗教に認められる共通点／（3）採集狩猟社会：イヌイト／（4）農耕社会：ズニ／（5）新宗教／（6）現在
13.3　インディオ　　［北森絵里］377
　　（1）ラテン・アメリカの土着の宗教の主な特徴／（2）アンデス地方の土着の宗教／（3）メソアメリカの土着の宗教／（4）アマゾニアの土着の宗教
13.4　台湾の先住民族　　［中村　平］383
　　（1）台湾先住民族とは／（2）各民族の宗教紹介／（3）伝統宗教とキリスト教，漢化のからみ合い／（4）都市先住民族とキリスト教，国家との緊張関係
13.5　ジプシー（ロマ）　　［新免光比呂］398
13.6　イヌイット　　［岸上伸啓］404
　　（1）イヌイットと極北地域の環境，文化／（2）汎極北的な世界観と神話／（3）イヌイットとユッピックの宗教／（4）現代の宗教：キリスト教の受容と展開
13.7　シベリアの諸民族　　［荻原眞子］413

◆ 目　次 ◆

　　　　（1）シベリアの諸民族の社会／（2）「生きている」ということについて／（3）病気をもたらす「悪霊」——アニミズムの観念／（4）「霊魂」とシャマンの役割／（5）シベリアの諸民族の宗教

　　13.8　華僑・華人　　［吉原和男］420
　　　　（1）華僑・華人の宗教の諸相／（2）華人民衆教団の事例：徳教
　　13.9　在日朝鮮・韓国人——在日大韓基督教会を中心に　　［崔　恩珠］428
　　　　（1）在日朝鮮人教会の形成と民族的な拠点としての役割／（2）「家の教会」と教会の設立／（3）カナダ長老教会の宣教協力と女性伝道師／（4）誠米と「オモニ信仰」
　　13.10　アイヌ　　［川村邦光・永岡　崇］437
　　　　（1）アイヌの近代／（2）アイヌの民俗と宗教／（3）アイヌの宗教的世界／（4）アイヌの近代と宗教／（5）アイヌの現代

14. 越境する宗教　　　　　　　　　　　　　　　　　　　　［井上順孝］457

　　14.1　越境する宗教とそのパターン　　457
　　　　（1）宗教の「越境」とは／（2）「越境」の類型
　　14.2　布教による宗教の越境　　459
　　　　（1）カトリック／（2）プロテスタント／（3）キリスト教系新宗教／（4）イランの新宗教／（5）インドの新宗教／（6）韓国の新宗教／（7）台湾の新宗教／（8）多国籍化する宗教
　　14.3　植民地化による宗教の越境　　463
　　　　（1）アジア／（2）アフリカ
　　14.4　移民にともなう宗教の越境　　465
　　　　（1）アメリカへの移民／（2）アジアからの移民／（3）イスラーム諸国からヨーロッパへの移民
　　14.5　現代の時代環境がもたらす新しい越境のタイプ　　466
　　　　（1）高度情報化社会と宗教／（2）インターネット時代の「越境」
　　14.6　日本宗教の越境の展開　　468
　　　　（1）日本への越境（近代以前）／（2）日本への越境（近代以降）／（3）日本からの越境（戦前期）／（4）日本からの越境（戦後期）

15. ニューエイジ系宗教　　　　　　　　　　　　　　　　　　［島薗　進］472

　　15.1　ニューエイジ系宗教と新霊性運動／文化　　472
　　　　（1）新しいスピリチュアリティ／（2）どのような呼称が適切か？
　　15.2　ニューエイジ系宗教と宗教伝統　　476
　　　　（1）伝統的教団的宗教への批判／（2）伝統的教団的宗教からみたニューエイジ系宗教
　　15.3　アイデンティティの未来　　479
　　　　（1）普遍主義的アイデンティティの変遷／（2）普遍主義的アイデンティティの未来

Ⅲ. 日本宗教　　　　　　　　　　　　　　　　　　　　　　　　［川村邦光］485

1. 精霊と神々の世界　　　　　　　　　　　　　　　　　　　　　　　　487

　　1.1　縄文の世界——神々の黎明　　487

　　　　　(1) ストーンサークルの世界／(2) セクシュアリティと祭祀
　1.2　弥生の農耕儀礼と他界　　489
　　　　　(1) 縄文と弥生の連続と断絶／(2) 生者と死者の世界の分離・断絶／(3) 弥生の祭儀画／(4) 鳥と人形／(5) シャーマンの祭祀
　1.3　卑弥呼の宗教　　492
　　　　　(1) 卑弥呼の出現／(2) シャーマン王卑弥呼と墓
　1.4　他界と神々の誕生　　493
　　　　　(1) モガリと葬送儀礼／(2) 死者の世界を描く古墳壁画／(3) 死の発生と記紀神話／(4) イザナミのモガリ／(5) 古代の霊魂・死生観／(6) 正統・異端の神とマレビト神

2. 仏教の伝来と仏菩薩の世界 ─────── 499
　2.1　仏像をめぐる抗争と祭祀　　499
　　　　　(1) 仏教の伝来と仏像／(2) 神として祀られる仏
　2.2　造寺・造仏と現世利益　　500
　　　　　(1) 聖徳太子と仏教信仰／(2) 造仏と死者祭祀
　2.3　火葬と霊魂の行方　　501
　　　　　(1) 古墳築造から造寺・造仏へ／(2) 火葬の誕生
　2.4　神々と仏菩薩の競合　　503
　　　　　(1) 道教的信仰と呪法／(2) 行基と反体制的徒党／(3) 窮状にあえぐ平城京／(4) 国分寺・大仏の造営
　2.5　神仏習合の展開　　506
　　　　　(1) 大仏造営と八幡神／(2) 鑑真と授戒制度確立／(3) 神と仏の序列化／(4) 神身離脱の神々／(5) 神仏のヒエラルキー植築

3. 日本仏教の展開 ─────── 510
　3.1　最澄と空海　　510
　　　　　(1) 菩薩行の最澄／(2) 即身成仏の空海／(3) 密教と曼荼羅
　3.2　怨霊の跳梁と呪法　　512
　　　　　(1) 御霊信仰と菅原道真／(2) 陰陽道と呪法
　3.3　浄土を求めて　　513
　　　　　(1) 遊行する聖の群れと空也／(2) 源信と臨終の作法／(3) 堕地獄の恐怖と末法の世／(4) 地獄に堕ちた清盛
　3.4　鎌倉仏教の宗祖たち　　515
　　　　　(1) 専修念仏の法然／(2) 他力本願の親鸞／(3) 禅宗創始の栄西／(4) 只管打坐の道元／(5) 折伏の日蓮／(6) 踊念仏の一遍

4. 宗教戦争・統制と民衆宗教 ─────── 519
　4.1　神国思想の発生　　519
　4.2　蓮如と一向一揆　　519
　　　　　(1) 同朋同行を説く蓮如／(2) 闘う一向一揆衆
　4.3　キリスト教とアニマの救かり　　520

◆ 目　　次 ◆

　　　　　(1) サビエルの伝道／(2) キリシタン改宗者続出
　　4.4　織田信長の宗教戦争　　　521
　　4.5　キリシタンと殉教　　　522
　　　　　(1) 殉教によるアニマの救い／(2) 現世否定・超越信仰
　　4.6　檀家制度と民衆　　　522
　　　　　(1) 寺と檀家／(2) 先祖祭祀と家の永続
　　4.7　武士の信仰と武士道　　　524
　　　　　(1) 武家の八幡神信仰／(2) 武士道の思想／(3) 東照宮と東照大権現
　　4.8　巡礼・遍路と現世利益信仰　　　525
　　　　　(1) 巡礼・遍路への道／(2) 地蔵・観音・不動信仰／(3) 現世利益の神仏
　　4.9　修験道と民衆の講組織　　　527
　　　　　(1) 修験道／(2) 民衆の講組織と信仰

5. 日本宗教の近代 ——————————————————————— 530
　　5.1　王政復古と神仏分離　　　530
　　　　　(1) 神道国教化の路線／(2) 靖国神社の創建
　　5.2　キリシタンの闘いとキリスト教の伝道　　　531
　　　　　(1) キリシタンの出現／(2) キリシタンの近代／(3) 国家と対峙するキリスト者
　　5.3　国家神道体制と新宗教の展開　　　533
　　　　　(1) 国家神道と天皇／(2) 新たな神々の登場
　　5.4　大本教の弾圧とファシズム期の宗教　　　534
　　　　　(1) 立て替え立て直しの大本教／(2) ファシズムの宗教と天皇教

6. 敗戦と宗教の現在 ——————————————————————— 537
　　6.1　敗戦と信教の自由　　　537
　　　　　(1) 信教の自由を命じる神道指令／(2) 天皇による現御神信仰の否定
　　6.2　新宗教運動の展開　　　538
　　　　　(1) 敗戦から生まれた新宗教／(2) 天皇制国家を否定する北村サヨ
　　6.3　精神世界とスピリチュアリティへ　　　539
　　　　　(1) サブカルチャーとしての精神世界／(2) ナウシカともののけ姫／(3) 超近代スピリチュアリズムとオウム真理教
　　6.4　無宗教意識と宗教　　　541
　　　　　(1) 全人口の1.7倍の宗教人口／(2) 宗教とは／(3) 靖国神社参拝は宗教的活動か／(4) 祈りという行為

Ⅳ. 世界宗教の聖典　　　　　　　　　　　　　　　　　　　　　　　547

1. ユダヤ教 ——————————————————————— ［勝又悦子］549
　　1.1　成文トーラー　　　549
　　1.2　口伝トーラー　　　550
　　1.3　ミシュナ，ミドラシュ，ハラハー，アガダー　　　551

◆ 目　　　次 ◆

　　　1.4　代表的な口伝律法集成：ミシュナ，ミドラシュ集，2つのタルムード　552
　　　1.5　口伝トーラーの特徴と意義　554
　　　1.6　ラビ・ユダヤ教以降の文献　554

2. キリスト教　―――――――――――――――――――――――――――――［山中利美］557

　　　2.1　『旧約聖書』と『新約聖書』　557
　　　2.2　『旧約聖書』　557
　　　　　(1) 成立／(2) 構成／(3) 内容概略
　　　2.3　『新約聖書』　559
　　　　　(1) 成立と構成／(2) 内容概略

3. 仏　　　教　――――――――――――――――――――――――――――――［寺石悦章］564

　　　3.1　仏典の基礎知識　564
　　　　　(1) 仏典の言語／(2) 三蔵（経・律・論）／(3) 部派の仏典・大乗の仏典
　　　3.2　仏典概観　566
　　　　　(1) サンスクリット語の仏典／(2) パーリ語の仏典／(3) チベット語の仏典／(4) 中国語の仏典

4. イスラーム　―――――――――――――――――――――――――――――――［大川玲子］569

　　　4.1　『クルアーン』テキストと成立史　569
　　　　　(1) 成立の背景／(2) 構成と文体／(3) 主要な内容
　　　4.2　ムスリムの思想におけるクルアーン　572
　　　　　(1) 教義上の議論／(2) 解釈史
　　　4.3　ムスリムの生活におけるクルアーン　573
　　　　　(1) 読誦と教育／(2) 芸術

5. ヒンドゥー教　――――――――――――――――――――――――――――――［山下博司］575

　　　5.1　インドの学問体系と聖典　575
　　　5.2　知識伝授の方法　575
　　　5.3　シュルティ（天啓聖典）　576
　　　5.4　スムリティ（聖伝文学）　578
　　　5.5　ドラヴィダ諸語の聖典と宗教文学　579
　　　5.6　古典哲学・神学の根本教典　581

V. カリスマ・聖人列伝　583

1. 仏　　教　　系　―――――――――――――――――――――――――――――［奥山直司］585

　　　1.1　釈尊（ブッダ）　585
　　　1.2　ナーガールジュナ　587
　　　1.3　玄奘三蔵　590
　　　1.4　ツォンカパ　592

◆ 目　　次 ◆

　　1.5　アナガーリカ・ダルマパーラ　　594
　　1.6　アンベードカル　　597
　　1.7　ダライ・ラマ14世　　599

2. キリスト教系 ——————————————————— 603

　　2.1　イ エ ス　　［山中利美］603
　　　　(1) 資料とその扱い／(2) 生涯と思想
　　2.2　パ ウ ロ　　［山中利美］606
　　　　(1) 資料／(2) 生涯／(3) 思想
　　2.3　マルティン・ルター　　［平林孝裕］608
　　　　(1) 生涯／(2) 思想／(3) 宗教改革運動との関わり
　　2.4　イグナティウス・デ・ロヨラ　　［保呂篤彦］611
　　2.5　ジョージ・フォックス　　［山中　弘］613
　　2.6　ジョン・ウェスレー　　［山中　弘］616
　　2.7　ウィリアム・ブース　　［山中　弘］618

3. ユダヤ教系 ——————————————————— ［勝又悦子］622

　　3.1　アブラハムとモーセ　　622
　　　　(1) ユダヤ教の父祖／(2) アブラハム／(3) 唯一神の認識とイサク供犠（アケダー）／(4) モーセ／(5) 出エジプトとトーラー／(6) モーシェ・ラベイヌ（私たちのラビ・モーセ）
　　3.2　ラバン・ヨハナン・ベン・ザッカイ　　626
　　　　(1) 口伝トーラーの伝承／(2) ユダヤ教の生存をかけて
　　3.3　ラビ・アキバ　　628
　　3.4　マイモニデス　　630
　　　　(1) 生涯／(2) タルムード学者としてのマイモニデス──『ミシュネー・トーラー』／(3) マイモニデスにとっての合理主義哲学──『迷える者への手引き』／(4) マイモニデスの影響
　　3.5　イツハク・ルーリア　　633
　　3.6　シャブタイ・ツヴィ　　635
　　3.7　バアル・シェム・トーヴ　　639
　　3.8　ブラツラフのラビ・ナフマン　　640
　　　　(1) 生涯／(2) ナフマンのメシア-ツァディーク論／(3) ブラツラフ・ハシディズム

4. イスラーム ——————————————————— ［菊地達也］643

　　4.1　ムハンマド　　643
　　4.2　アリー・イブン・アビー・ターリブ　　645
　　4.3　ムハンマド・イブン・イドリース・シャーフィイー　　648
　　4.4　アフマド・イブン・ハンバル　　649
　　4.5　アブー・ハサン・アシュアリー　　650
　　4.6　イブン・スィーナー　　651
　　4.7　ハッラージュ　　654

4.8　アブー・ハーミド・ガザーリー　　655
　　　4.9　アフマド・イブン・タイミーヤ　　657
　　　4.10　ムハンマド・アブドゥ　　658
　　　4.11　ルーホッラー・ホメイニー　　660

5. 日　本　宗　教 ─────────────────────［濱田　陽］663

　　　5.1　聖　徳　太　子　　663
　　　　　(1) 生涯／(2) 太子の遺言の射程／(3) 理想と現実の果てに
　　　5.2　空　　　海　　666
　　　　　(1)「真魚」誕生から入唐まで／(2) 帰国後の活躍／(3)『三教指帰』と教の共存
　　　5.3　親　　　鸞　　669
　　　　　(1) 生涯／(2) 夫の夢, 妻の夢／(3) 時計回りの軌跡, 悪に浸透した光
　　　5.4　道　　　元　　673
　　　　　(1) 生涯／(2) 道元がいだいた人生の問い／(3) 道元が再創造した規律
　　　5.5　日　　　蓮　　676
　　　　　(1)「旃陀羅の子」誕生から『立正安国論』まで／(2) 大迫害で開眼『法華経』のシンプルな実践／(3) 日蓮思想の核心

Ⅵ. 宗教研究の系譜　　　　　　　　　　　　　　　　　　　　　　　　［池上良正］681

1. 宗教研究の歴史 ─────────────────────────── 683
　　　1.1　研究を可能にしたもの　　683
　　　1.2　本格的な宗教研究　　683

2. 理念研究の系譜 ─────────────────────────── 684
　　　2.1　2つの極相　　684
　　　2.2　理念研究の意義と限界　　685

3. 実態研究の系譜 ─────────────────────────── 686
　　　3.1　経験諸科学の立場　　686
　　　3.2　宗教現象学の考え方　　686
　　　3.3　宗教は固有な領域か　　687

4. 人類学・民俗学的研究の系譜 ───────────────────── 688
　　　4.1　起　源　論　争　　688
　　　4.2　フィールドワークに基づく研究　　688
　　　4.3　民俗学の成果　　689
　　　4.4　近年の内省的批判　　689

5. 社会学的研究の系譜 ──────────────────────── 691
　　　5.1　社会的側面への注目　　691

◆ 目　　次 ◆

　　　5.2　新宗教研究と世俗化論　692
　　　5.3　社会問題への対応　693

6. 宗教研究の現状と課題 ──── 693

　　　6.1　学術用語の制約　693
　　　6.2　本質論批判をめぐって　694
　　　6.3　理念と実態をつなぐ視点　695
　　　6.4　比較研究の可能性　696
　　　6.5　宗教研究に求められるもの　697

Ⅶ. 現代社会と宗教　699

1. 宗教戦争／紛争・カルト・テロリズム ──── ［正木　晃］701

　　　1.1　定　　義　701
　　　1.2　宗教戦争・宗教紛争の原因　701
　　　1.3　カルトとテロリズム　702
　　　1.4　拡大解釈と無視　703
　　　　　(1) キリスト教／(2) イスラーム教
　　　1.5　イスラーム教とテロリズム　705
　　　1.6　仏教とテロリズム　705
　　　1.7　殺の論理　706
　　　1.8　空と殺　707
　　　1.9　オウム真理教の場合　709
　　　1.10　ポワとタントラヴァジュラヤーナの教義　709
　　　1.11　教祖の違法な指示に，なぜ弟子たちが唯々諾々として従ったのか？　710

2. スピリチュアリズムの潮流 ──── ［一柳廣孝］712

　　　2.1　スピリチュアリズムとは何か　712
　　　2.2　ハイズヴィル事件の衝撃　712
　　　2.3　欧米での広がりと展開　713
　　　2.4　近代科学の眼差しとSPRの成立　714
　　　2.5　日本での受容状況とその展開　716
　　　2.6　現代のスピリチュアリズム　717

3. 生命倫理と宗教 ──── ［池澤　優］719

　　　3.1　生命倫理とは何か　719
　　　　　(1) 生命倫理の成立／(2) 生命倫理の論理と性格
　　　3.2　生命倫理と宗教／宗教学の関係　721
　　　　　(1) 生命倫理上の問題に対する宗教のアプローチ／(2) 宗教に対する生命倫理の評価／(3) 生命倫理と宗教の連続性／(4) 宗教性としての生命倫理
　　　3.3　宗教学的生命倫理の試み　725

4. 靖国神社の戦前と戦後 ─────────────────〔丸山泰明〕726

- 4.1 靖国神社とは何か　726
- 4.2 東京招魂社から靖国神社へ　726
  - (1) 招魂社の思想／(2) 東京招魂社の創建
- 4.3 祭祀の特徴
  - (1) 祭神と霊代／(2) 例祭
- 4.4 首都東京の「聖地」として　728
  - (1) 社地／(2) 遊就館
- 4.5 終戦と占領　729
  - (1) 臨時大招魂祭の執行／(2) 宗教法人靖国神社の設立／(3) 遊就館の廃止
- 4.6 再編成される祭祀　730
  - (1) 祖霊祭祀への接続／(2) 民俗文化の取り入れ／(3) 新たな祭祀の創設
- 4.7 政治的争点となる祭祀と参拝　732
  - (1) 国家護持と憲法の制約／(2) 首相・天皇の参拝／(3)「終戦」と8月15日

5. ナショナリズム・国民国家と宗教 ─────────────〔濱田　陽〕734

- 5.1 無宗教ナショナリズム　734
- 5.2 ナショナリズムの多様な顔　735
- 5.3 ナショナリズムとは？　735
- 5.4 価値中立的でない西洋のナショナリズム　736
- 5.5 世俗的ナショナリズム（西洋型ナショナリズム）の流行，信頼の失墜　737
- 5.6 文化的ナショナリズムか，道徳的ナショナリズムか　737
- 5.7 宗教的ナショナリズムと道徳的ナショナリズムは別物か？　738
- 5.8 日本における道徳と宗教の分離体制　739
- 5.9 道徳と宗教の相互侵食　740
- 5.10 日本のナショナリティのゆくえ　741

6. 植民地時代の宗教とポスト植民地時代の宗教 ──────〔申　昌浩〕744

- 6.1 植民地の概念と定義　744
  - (1) 植民地の概念／(2) 植民地の定義
- 6.2 2つの植民地形態（宗教・経済）　745
  - (1)「地理上の発見」がもたらした宗教植民地／(2)「産業革命（資本主義）」がもたらした経済植民地：19世紀から今日まで
- 6.3 アフリカ諸国の植民地化と宗教　745
  - (1) アフリカ諸国の植民地化／(2) アフリカ化するキリスト教
- 6.4 ラテン・アメリカの植民地化　747
  - (1) 新大陸の発見と植民地／(2) ラテン・アメリカの独立と民主的宗教成立
- 6.5 日本帝国主義とアジア諸国の宗教状況　748
  - (1) 日本帝国主義のアジア進出／(2) 大韓民国の成立と宗教変動
- 6.6 ポスト植民地と宗教状況　749

◆ 目　　次 ◆

7. 情報化時代の宗教 ─────────────────────────［申　昌浩］750

　7.1　情　報　と　は　　750
　7.2　情報化社会とは　　750
　7.3　情報化時代の到来　　751
　7.4　情報化時代の宗教　　752
　7.5　マス・メディアの普及と宗教　　753
　7.6　インターネットと宗教　　753
　7.7　公式ホーム・ページでみるアジアの宗教団体　　754
　7.8　グローバル化と情報化時代の宗教　　755

8. エキュメニズム・ヴァチカンの和解・宗教協力 ────────［濱田　陽］757

　8.1　出会いと共通理解　　757
　8.2　エキュメニズム　　757
　8.3　ヴァチカンの和解　　758
　8.4　今後のエキュメニズム　　759
　8.5　戦前の日本における宗教協力　　760
　8.6　宗教間対話のさまざまな組織　　760
　8.7　WCRPと京都宣言　　761
　8.8　WCRP第7回世界大会　　762
　8.9　WCRPの思想　　763
　8.10　宗教対話NGOの空間（代表性，コミュニケーション・ギャップ，過密スケジュール）　　764
　8.11　宗教者の薄いネットワーク　　765

9. 自　然　と　宗　教 ────────────────────［安田喜憲］767

　9.1　超越的秩序の宗教と現世的秩序の宗教　　767
　　　（1）超越的秩序の宗教／（2）キリスト者の罠／（3）超越的秩序の宗教を生んだ砂漠／（4）ハンチントンの二重の罠／（5）現世的秩序の宗教／（6）日本人の宗教／（7）現世的秩序の叡智／（8）宗教的幻想が人類を破滅させる
　9.2　生命文明の宗教はアニミズム　　773
　　　（1）認知科学が解明した砂漠と森の風土／（2）2500年目のカルマ／（3）宇宙論が否定した超越神の存在／（4）宇宙の破断システムと生命の循環システム／（5）宇宙における普遍性と特殊性／（6）死は生命の適応戦略の産物／（7）宗教は死ななければならない／（8）生命文明の宗教としてのアニミズム

10. エコ・レリジョン ─────────────────────［山折哲雄］781

　10.1　エコ・レリジョンとは　　781
　10.2　普遍宗教の危機　　781
　10.3　万物生命教の胎動　　783
　10.4　9.11テロと二つの詩編　　783

10.5　往復する巡礼と円環する巡礼　　786
　　　10.6　「宗教間対話」から「宗教的共存」へ　　787

11. 巡礼と聖地 ──────────────────────────［寺戸淳子］789
　　　11.1　概　　　説　　789
　　　　　（1）聖地／（2）巡礼
　　　11.2　聖地と巡礼の歴史　　793
　　　　　（1）ユダヤ教の巡礼と聖地エルサレム／（2）キリスト教／（3）イスラーム／（4）ヒンドゥー教・仏教と日本の巡礼

12. ファンダメンタリズムの潮流 ──────────────────［井上順孝］800
　　　12.1　ファンダメンタリズムと宗教研究　　800
　　　　　（1）ファンダメンタリズムへの注目／（2）ファンダメンタリズム研究の展開
　　　12.2　宗教の展開とファンダメンタリズム　　801
　　　　　（1）宗教の内包する二極性／（2）「原点志向主義」の特徴／（3）ファンダメンタリズム運動の萌芽
　　　12.3　現代世界のファンダメンタリズム　　803
　　　　　（1）アメリカのキリスト教／（2）イスラーム／（3）ユダヤ教／（4）ヒンドゥー教／（5）注視されるファンダメンタリズム
　　　12.4　情報化・グローバル化の中でのファンダメンタリズム　　805
　　　　　（1）宗教に広くみられる原点志向／（2）情報化・グローバル化による宗教の相対化
　　　12.5　日本宗教におけるファンダメンタリズム　　807

13. 葬送と墓の歴史と現代 ──────────────────────［村上興匡］809
　　　13.1　寺檀関係の成立時期　　809
　　　13.2　明治以降の東京の葬儀の変化　　809
　　　13.3　情報産業としての葬祭業の発達　　812
　　　13.4　戦後の死者の顕彰の大衆化　　812
　　　13.5　葬儀イメージの変化と葬式を希望しない人々の増加　　813

Ⅷ. 宗教の基礎用語　　817

　　　1. 悪魔・悪魔払い・魔よけ／2. イコン／3. 異端／4. 一神教・多神教／5. 占い（まじない）／6. エロティシズム／7. 回心／8. 戒律／9. 鏡／10. カーゴカルト／11. カニバリズム／12. カルト／13. 禁欲／14. 供儀（生け贄・人身供儀・スケープゴート）／15. 結婚／16. 現世利益／17. 国教・国民宗教／18. 暦／19. 祭政一致／20. 山岳信仰／21. 地獄／22. 死者／23. 市民宗教／24. 邪術・妖術／25. 終末観（終末論）／26. 修行／27. 守護神（守護霊）／28. 呪術／29. 樹木崇拝／30. 殉教／31. 浄・不浄／32. 進化論／33. 信仰圏／34. 信仰治療（治癒）／35. 神像・神体／36. 神託（託宣）／37. 聖・ヌミノーゼ／38. 性器崇拝・性・セクシュアリティー／39. 政教一致・政教分離／40. 聖者（聖人）／41. 聖戦／42. 世俗化論／43. 先祖祭祀／44. 創世神話／45. 太陽崇拝（月・星）／46. 祟り／47. タブー（禁忌）／48. 断食／49. 地母神／50. 罪・罰／51. 天使／52. トーテミズム（トーテム）／53. 呪い／54. バクテ

◆ 目　　次 ◆

ィ／55. 汎神論／56. 火／57. 光と闇／58. 憑依／59. フェティシズム／60. 舞踊／61. 骨／62. 魔女・魔女狩り／63. 水（川・海）／64. ミレニアリズム（千年王国論）／65. 無神論（マルクス主義）／66. 迷信／67. 瞑想／68. メシア／69. ヨーガ／70. 預言・預言者／71. 輪廻転生／72. 霊験／73. 霊魂

索　引 ———————————————————————————————— 905
　　　用語索引／人名索引

I.
世界の宗教潮流

1 原始・古代の宗教

Ⅰ. 世界の宗教潮流

松村一男

Ⅰ.1 原始と古代という範疇

　世界の宗教をどのように分類するかは大きな問題で，決定的なものはまだ存在しない．創唱者（教祖）がわかっており，経典（聖典）などがある宗教（創唱宗教）は分類しやすい．あるいは創唱者（教祖）のいない民族宗教でも，現在にいたるまで信者が多く，その存在が他の宗教集団と区別しやすければ，これまた分類しやすい．そういった諸宗教は以下のそれぞれの項目で取り上げられている．だがもちろん，すべての場合にそのような分類は可能ではない．かつては重要とされていたが，現在ではもう存在しておらず，したがって信者がいない宗教，あるいは，いたとしても少数だけという宗教がある．歴史上存在したという記録があるそういった宗教をまとめて紹介しようというのが，このセクションである．

　そういう場合に，どのような名称で一括して呼ぶかはこれまた難しい．19世紀の歴史学では古代・中世・近代という三区分が認められていたし，その後のマルクス主義ではオリエント的，古典古代的，封建的，近代ブルジョワ的という生産様式の4つの歴史段階を経るとされた．さらにこれはスターリンによって原始共産制・奴隷制・封建制（農奴制）・資本制と公式化された．もちろん，こうした「世界史の基本法則」的歴史認識は現在，支持されていない．しかしまた，それに代わる有力な時代区分も提示されていない〔小谷汪之「時代区分」，樺山紘一責任編集『歴史学事典　6　歴史学の方法』（弘文堂，1998，240-241頁）〕．そこで最近では，あらゆる社会に妥当する「原始」とか「古代」という概念はできるだけ使用を避ける傾向になっている．学問的良心を守るための消極的な態度かも知れないが，止むを得ない面もある．

Ⅰ.2 引き算としての「原始・古代の宗教」

　こうした経緯があって，結局，この事典でも範疇として問題があることを認識しつつも，他の宗教には含められない多くの歴史上の宗教について，個別項目は立てられなくても，少なくとも存在については知らせておくべきということで，一括した項目として「原始・古代の宗教」が設けられた．だから，この項目とは，「引き算」によって，この事典の項目で取り上げられていない時代，地域，文化の諸宗教の総和ということになる．

　もちろん，「世界の（諸）宗教」，「世界宗教史」，「世界宗教」とかいう題名の著作はいくつかあるし，そういった著作にはこうした回りくどいことは書いてない．「原始」とか「古代」という範疇をあたかも当然のものとしてその範疇に入る宗教の特徴を記述している〔ミルチア・エリアーデ著，中村恭子他訳『世界宗教史Ⅰ』（筑摩書房，1991），ミルチャ・エリアーデ＋ヨアン・クリアーノ著，奥山倫明訳『エ

◆ Ⅰ．世界の宗教潮流 ◆

リアーデ世界宗教事典』（せりか書房，1994），ニニアン・スマート著，阿部美哉訳『世界の諸宗教Ⅰ』（教文館，1999）〕．限られた頁数の中で世界の諸宗教をできるだけ過不足なくカバーしようとすれば，旧式であろうと安定した図式に載せて提示するのが一番わかりやすいということであろう．

　これ以上，分類の問題を続けても，それだけ諸宗教についての紹介が減るだけなので，以下では上記の諸著作での分類を参考にしつつ，可能な限りそれぞれの「原始」，「古代」の宗教についてその特質を述べていきたい．なお，その際の「原始」の範疇だが，19世紀の宗教学が考えた「原始宗教」（primitive religion）ではなく，先史時代の宗教（prehistoric religion）とする．19世紀的な「原始宗教」とは，本事典では「アフリカの宗教」とか「マイノリティの宗教」に入る諸宗教であり，「マナイズム」とか「シャーマニズム」とよばれる宗教形態である．「原始宗教」を「先史宗教」の意味で用いる先例は，上掲のスマートの著作に見られる．

　またイスラエルの宗教とヴェーダ・ウパニシャッドの宗教については，ユダヤ教およびヒンドゥー教の項目で扱われるので，ここでは取り上げない．他方，別個に項目が立てられてもおかしくない（いな，むしろ立てられるべき）ゾロアスター教とマニ教は項目がないので，ここで取り上げる．これらは創唱者（教祖）がおり，経典（聖典）を有する宗教だが，ゾロアスター教を継承するパルシー教を除いた場合，信者はいないので，本事典の編者は，教義面では重要であっても項目は立てなかったのであろう．

Ⅰ.3　原始（先史）宗教

　考古学では石器時代を旧石器，中石器，新石器の三期に分ける．このうち旧石器が圧倒的に長く，240万年前から1万年前まで続く．この旧石器時代は，前期（20万年前まで），中期（4万年前まで），後期（1万年前まで）の3つにさらに分類されている（図1）．旧石器時代のうち，考

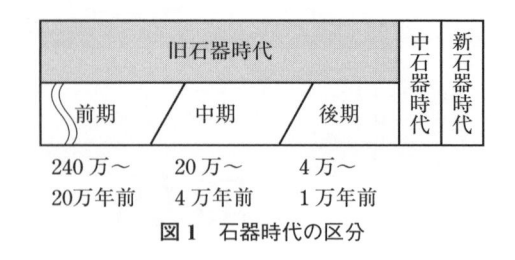

旧石器時代			中石器時代	新石器時代
前期	中期	後期		
240万〜20万年前	20万〜4万年前	4万〜1万年前		

図1　石器時代の区分

古学的発見や出土品から宗教についてたとえ推測であっても何かいえるのは，主として後期である．後期はヨーロッパではオーリニャック文化期，マグダレーヌ文化期などとさらに区分されている．ヨーロッパでは後期は約1万5000年前に最後の氷河期とともに終わり，中石器時代となる．オリエントでは新石器時代が1万年前からはじまる．このように地域によって区分の時代には違いがある．

　旧石器時代後期には洞窟壁画が描かれた．スペインのアルタミラ，フランス南部のラスコーやトロワ・フレールなどが有名だが，フランス，アルデシュ県ショーヴェ洞窟の約3万年前の彩色画などもある．主題のほとんどは動物で，野牛（ビソン），マンモス，ウマが多く，きわめて写実的に描かれている．しかし調理や食事をした場所における動物の残骸の調査から，もっとも多く食べられていたのはトナカイの肉で，またその骨，角，皮ももっとも利用されていたことがわかっている．にもかかわらずトナカイの絵が少ないことについて，洞窟壁画の権威であるアンリ・ブルイユ神父は，トナカイは比較的簡単に捕獲できたので，猟の成功を祈願しなくてもよかったのではないかと推測している．

　捕獲が難しい動物が写実的に描かれたのは，洞窟においてそうした動物の捕獲を願って特別な行為が行われたためであろう．壁画のある洞窟には住居の跡はないし，生活用品は見つかっていない．逆にいえば，曲がりくねって，奥深く，移動が困難な個所があるような洞窟が壁画用に選ばれている．壁画も意図的に奥深い場所に描かれる．壁画の描かれた洞窟は神殿，神域であったらしい．洞窟は大地の子宮あるいは神（動物の女主人か？）が支配する異界への入り口と考えられ，そ

◆ 1. 原始・古代の宗教 ◆

図2 ラスコーの洞窟壁画

こで儀礼を行い神に祈願することによって，そこから獲物が出現して人間に与えられると考えられた可能性がある．執行する者をシャーマンとよぶか，祭司とよぶか，そして行われた行為を呪術とよぶか，宗教儀礼とよぶかは，宗教をどのようなものと考える立場にいるかによって異なるだろう．19世紀的な進化論的宗教史観を依然として保持するのでなければ，旧石器時代洞窟での行為は，神殿，祭司，宗教儀礼などの用語によって理解すべきだろう．

フランスの先史考古学者であるルロワ＝グーランは，洞窟壁画を一体として考察するよう提案している．彼によれば，ラスコー洞窟で描かれるのは，入り口部分ではシカ，主室では中心部にバイソンとウマ，周辺部分にシカ，ヤギであり，そして奥室ではライオン，サイ，クマなどである（図2）．また，洞窟のあちこちにある記号のような小さな絵柄は男性と女性の記号と考えられ，主室では女性記号の80％以上が中心部分のバイソンやウマに伴い，男性記号の70％は周辺部分のシカやヤギに伴っているとする．そして以上から，男性対女性という対立しつつも補完的である2つの原理によって成り立つ観念の世界が表現されているとする．またフランスのガルガ洞窟には人間の左手の陰画が多くあるが，途中から指が欠けているものが多い．これをルロワ＝グーランは指を折り曲げて，指の数によって異なる動物の種類を表したのではないかと考える．洞窟での動物画の割合はバイソン49％，ウマ28％，ヤギ6％，シカ4％となるが，この割合がガルガ洞窟での異なる指の手の比率と似ているというのである．つまり，手の陰画は動物を表す記号であり，象徴的表現が行われていたとするのである．

洞窟壁画はフランス・スペインの国境に集中している．旧石器時代後期は第四氷河期（ヴィルム後期）に当たり，寒さが厳しかった．西ヨーロッパのうち，フランス南西部の盆地であるアキテーヌ地方では，寒気がフランス中央山塊に当たって遮断され，その一方で大西洋からの海風が吹き込んで寒気を和らげていた．そのため餌の草木が豊かでそれを求めて動物の群れが集まり，さらにその群れを追って人間が集まった．人々は石灰岩台地にあった洞窟に住み，また神殿としても利用したと考えられる．氷河期は前約2万5000年頃に終わり，次第に温暖化してくる．動物群はさらに北方に移動していって，捕獲は次第に難しくなったと予想される．狩猟技術と洞窟壁画の水準が最高に達するのは，旧石器時代後期の最後，前1万5000年から前1万年のマグダレーヌ文化期である．この時期を超えると中石器時代となり，洞窟壁画は衰退した．それは狩猟経済がもはやこの地域で成立しがたくなったためであろう．温暖化によって採集経済さらには農耕・牧畜経済への移行が本格化するのである．

旧石器時代後期には女神小像も作られた．ほとんどの場合，顔は省略され，巨大な胸，腹部，臀部をもち，性器が刻印されている．洞窟壁画と異なり，こちらは抽象的・観念的である．フランス，ドルドーニュ出土の「ローセルのヴィーナス」（44 cm），オーストリア，ヴィーレンドルフ出土の「ヴィーレンドルフのヴィーナス」（11 cm，図3）などが有名である．これらを女神（豊饒女神，大地母など）と見るか，妊婦や育児の護符と見るか，意見は分かれている．

I.4 新石器時代・古ヨーロッパ宗教

氷河期の終了とともに食料を野生に頼らず，自ら生産する試みが南西アジア，とくにシリア，イスラエル，ヨルダン，レバノンにまたがるレヴァ

◆ Ⅰ．世界の宗教潮流 ◆

図3 ヴィーレンドルフのヴィーナス

ント地方において現れてくる．ムギ類を効率よく採集するために磨製石器が作り出され，新石器時代となる．ムギ類は畑を耕して世話をして収穫し，脱穀し，粉にして，保存する必要があるので，定住化，加工のための道具の制作，保存の貯蔵穴，住居の近くでの墓地の造営などが進んだらしい．

　ムギ栽培はアナトリアにも広まった．前7000年紀後半から6000年紀前半に遡るチャタル・ヒュユクでは，日干しレンガと木材で建物を作った新石器時代の広い遺跡が見つかっている．ここでは各種のムギが栽培され，ウシ，ヒツジ，ヤギが飼われ，調理には土器が用いられていた．神殿と思われる建造物があり，壁にはレリーフでウシと女性像が表され，ウシの頭のレリーフには本物のウシの角がはめこまれた．また壁には猛禽が首のない人間の死体を啄（ついば）む様子が描かれていた．この他，後のキュベレ女神を思わせるライオン2頭を従えた豊かな肉体の女性小像も見つかっている．

　レヴァントからアナトリアへのムギ栽培や土器使用の文化の流れは前6000年を過ぎた頃にギリシアからバルカン地方へと広がっていった．耕作しやすい河川の沖積原が選ばれた結果，ギリシアのディミニ文化の遺跡セスクロ，ブルガリア南部のカラノヴォ文化やグメルニッツァ文化の遺跡カラノヴォ，さらに北方ドナウ川沿いのヴィンチャ文化のヴィンチャ遺跡やスタルチェヴォ遺跡，南ロシアのククテニ遺跡など，いずれも沖積原の縁に分布している．

　考古学者のマリア・ギンブタス（1921-94）は，東ヨーロッパから南ロシアにわたるこの地域では，新石器時代と金属器・石器併用時代であった前6500年から前3500年にかけて，女性優位で女神崇拝を中心とした文化が栄えたと主張した（図4）．彼女によれば，この文化は統一した世界観を有し，その一部はクレタ島ではミノス文化として前1450年まで栄えた．これらの文化を彼女は「古ヨーロッパ」とよび，カフカス地方から移動，侵略してきた，男性優位，男神崇拝のインド＝ヨーロッパ語族による侵略のために姿を消したが，ギリシア宗教にはその痕跡が色濃いとした（鶴岡真弓訳，『古ヨーロッパの神々』言叢社，1998）．

　地中海でシシリア島の南に位置するマルタ島には，前4500年から前2500年に建てられた巨石建造物の遺跡があるが，その神殿からは女神の巨大な立像が発見されている．こうしたことからギンブタスは，南ロシアからマルタ島にいたる広汎な地域において，戦闘的なインド＝ヨーロッパ系の集団が進出してくる以前に，農耕と牧畜を営み，

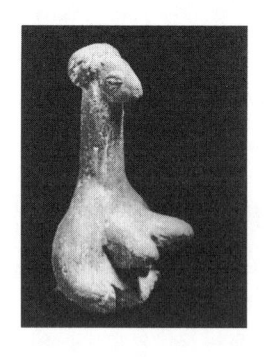

図4　古ヨーロッパの女神像と壺
左：鳥頭の女神像（テッサリア，ギリシア，前6000年頃）．中：蛇もしくは鳥女神像（モルダヴィア，前5000年紀中頃）．右：牡鹿（？）頭の鳥型壺（ヴィンチャ遺跡，前4000年頃）．（鶴岡，1998）

女神あるいは女性性の力を信仰するような宗教をもった平和的な文化が存在していたと主張している．

1.5 メソポタミア宗教

メソポタミア（シュメール，アッカド），エジプトの諸宗教は，都市文化の産物である．そのためにはまず大河に沿った湿地を開墾し，排水し，運河を作って灌漑して耕地に変える必要があった．金属加工技術の発達にともなう新石器時代から青銅器時代，さらに鉄器時代への移行は，丈夫な農耕具による作業の効率化をもたらし，オオムギやスペルトコムギの大規模な農耕が展開されたほか，周辺の乾燥地ではウシ，ヒツジ，ヤギの牧畜も行われた．こうして，穀物剰余や消費可能な家畜群という形で富の集積が可能となる．灌漑施設の建設と耕地の維持は集団労働を必要とするから，生産とそれを管理するための都市国家と管理者としての支配階層（王，貴族，神官）が成立し，そしてその結果として社会の階層化が生じる．支配管理の道具としての文字も発明され，文字による国家管理者としての書記階層も出現する．こうして都市文化が生まれた（「都市革命」ともよばれる）．階層化された支配形態は目に見える世界ばかりでなく目に見えない神々の世界や世界の成り立ちや過去の歴史についても秩序化を要請する．そのために，自然要素が神格化され，世界成立の創世神話や王権の起源神話がまとめられた．宗教的権威を支えるための神話と儀礼の整備は，都市文化（あるいは高文化）以降の特徴といえるだろう．王権は神の加護を後ろ盾としていたから，王と神官，王宮と神殿の結びつきは強く，法に基づく行政も経済活動も戦争もすべて神々に由来するとされ，その代理人である王と神官が管理した．文字の使用によって，神話や儀礼は口承ではなく文書化された．文字，文書は神話，儀礼，宗教の体系化，複雑化を促進したはずである．ただし都市国家を超える世界帝国という政治形態ではないので，聖典や教会組織はまだな

図5 メソポタミア

い（伊東俊太郎編著『都市と古代文明の成立』講談社，1974）．

(1) シュメール

起源は不明だが，シュメール人は前3000年紀にメソポタミア南部で栄えた．都市国家としてはウルク，ウル，キシュ，ラガシュ，エリドゥ，ニップルなどがあった．シュメールの神々では，天空神アン，大気神エンリル，淡水と知恵の神エンキが高い地位を占めていた．この他，太陽神ウトゥはすべてを見る正義の神で，金星（明星）イナンナは愛の女神で戦争の女神であり，ドゥムジは豊饒神であった．

シュメール宗教には世界の秩序について神話の形で思弁する例が見られる．天地創造については，天空神アンが天球を取り，大気神エンリルが対をなす下の半球を取って，そのうちの下方の部分を冥界の女神エレシュキガルに与えたという記述が，「ギルガメシュ，エンキドゥ，冥界」という物語に見える．世界を2つの半球に挟まれた空間，そして地下の冥界からなるとするこのコスモロジーは，アッカド語の天地創造神話「エヌマ・エリシュ」になるとより精緻な形で語られる．

人類については，「エンキとエンマハ」で，神々は運河の浚渫作業などの重労働を嘆いて，代わりに労働するものを作ることを求め，知恵と水の神エンキが真水の深淵アブズ（アッカドのアプスー）の粘土から人間を作ったとされている．ア

ッカドの「アトラ・ハシス物語」や「エヌマ・エリシュ」では，神を殺した血と粘土を混ぜ合わせて人間は作られたとなっているが，そこでも人間ができたことで神々は労働から自由になったと述べられている．

　死や冥界についての思索もある．前述の「ギルガメシュ，エンキドゥ，冥界」では，エンキドゥが冥界に下るが囚われ，ギルガメシュがエンキドゥに冥界の様子を尋ねている．「イナンナの冥界下り」では，愛と戦の女神が冥界に下るが，冥界の女神エレシュキガルによって殺される．しかしイナンナの召使が彼女を救出に来る．冥界の女神はイナンナの代わりの神を求める．選ばれたのはイナンナの愛人で牧畜神であるドゥムジであった．アッカドでは類似の冥界下りとして「イシュタルの冥界下り」が伝えられている．イシュタルは冥界に捕えられ，そのため地上では凶作となる．そこで宦官が作られて冥界に送り込まれた．これを見たエレシュキガルは宦官を呪うが，イシュタルは地上に送り返した．このように現存するシュメールとアッカドの冥界下り神話には共通点ばかりでなく，相違点もある．

　洪水伝説も両者に見られる．シュメール洪水伝説では，粘土板の破損のため，途中の経緯は不明だが，神々は洪水を起こすことを決定する．しかしジウスドラ（「永遠の生命」）は知恵と水の神エンキが船を建造するように教えたので，洪水による滅亡を免れる．アッカドの「アトラ・ハシス物語」では，人間が増えすぎて騒々しいので，神々は人間を洪水によって滅ぼす．しかし知恵と水の神エンキはアトラ・ハシスに船を作らせ，洪水から救う．アッカドでは他に『ギルガメシュ叙事詩』でも，洪水を逃れたウトナピシュティムの口からギルガメシュに洪水の物語が語られている．そしてギルガメシュ叙事詩の場合とよく似た物語が旧約聖書の創世記ではノアの箱舟の話として語られている．さらにギリシア神話では洪水と箱舟はデウカリオンとピュラの時代のこととして語られている．オリエントとその周辺世界における洪水伝説の広がりは，実際の洪水の記憶だけでなく，神々の人間への罰とか選ばれた者の救済など

の宗教的なテーマもまた広く関心をもたれていたことを示しているように思われる（シュメールとアッカド宗教については，杉勇他訳『古代オリエント東』筑摩書房，1978；大貫良夫他著『人類の起源と古代オリエント』中央公論社，1998）．

(2) アッカド

　その後，メソポタミア南部ではアッカドの王サルゴン1世（前2371-前2316）が現れて有力となり，アッカドとシュメールを統一し，支配権がシュメール人からセム系のアッカド語を話す人々に移った．ローマ人がギリシア人の文化から多くを学び，ローマ神話にギリシア神話の神名の書き換えに過ぎない場合が少なくないのと同様に，シュメール神話はアッカド語に訳されて受容された．天空神はアヌ，大気神はエンリル，水の神はエア，太陽神はシャマシュ，愛の女神はイシュタル，豊饒神はタンムズとよばれた．

　やがてアモリ人のハムラビ王（在位前1792-前1750）が，今のバグダッドの南部にあるバビロンを首都として王朝を開始した．他方，北部では前2000年頃からアッシリアが興り，サルゴン2世（在位前721-前705）の時に世界帝国となり，前612年にバビロニアとペルシア（メディア）によって滅ぼされるまで1400年にわたって存続した．代表的な都市にニネヴェがあり，王としてはほかにアッシュルバニパル王（在位前668-前631）がその図書館とともに有名である．その後はカルデア人がバビロンを首都に新バビロニアを樹立したが，前538年にペルシアによって滅ぼされた．ネブカドネザル2世（在位前605-前562頃）によるエルサレム破壊とユダヤ人の「バビロン捕囚」（前586〜前538年）があったのはこの時代である．

　バビロニアでは天地創造神話「エヌマ・エリシュ」が伝えられている．これはバビロンの国家主神マルドクが原初の混沌の女神ティアマトを撃破し，その死体から世界を創造して，神々の王位を確立したという内容である．冒頭部分は淡水の男神アプスーと塩水の女神ティアマトが混じりあって神々が生まれたとか，それ以前には（湿地の植

生が枯れて堆積してできた）草地も（建築資材となる）アシの茂みもなかったと述べているが，これはチグリス川とユーフラテス川がペルシア湾に注ぐ付近の様子が背景にあるのだろう．子の神の1人である知恵の神エアはアプスーを眠らせて殺害し，その死体の上に自分の住居を建て，聖所と定めた．マルドク神はそこで生まれた．夫を殺されたティアマトは怒り，怪物の軍勢を集めて攻撃してくる．神々はマルドクに戦いの全権を委ねた．ティアマトがマルドクを呑み込もうと口を開いたとき，マルドクは風を送って口を閉じられなくして，矢を射て，心臓を貫いて殺害する．そして死体を「干魚のように」半分に分割して，天と大地とした．そして天に閂を通して，天上の水が豪雨となって洪水を引き起こさないように番人を置いた．次いでマルドクは星，十二宮の星座を置き，1年と日々を定め，太陽と月の動きや昼夜の長さを定めた．そしてティアマトの水分を雲，雨などとし，両目はチグリス，ユーフラテスの水源とし，乳房を山とした．

マルドクはあらゆる風を支配している．その姿は，それ以前の主権神で大気と風の神であるエンリルを継承したものである．この天地創造神話ではその時々の政治状況に応じて，主権神が変更されたらしい．事実，アッシリア時代の版では，主人公はマルドクからアッシュル神に代わっている．また世界秩序を定める場面で天体への記述が真っ先にあることも注目される．

もう1つ有名な作品としては『ギルガメシュ叙事詩』がある．ニネヴェのアッシュルバニパル図書館で発見されたが，すでにシュメール時代からあった英雄神話がアッカド語でまとめられたものである．主人公のギルガメシュはシュメール時代のウルクの王で，野人エンキドゥと友人となり，香柏（レバノン杉）の森の番人フンババを退治するなど活躍する．しかし，エンキドゥの死を契機に死の恐怖を覚え，不死の探求に向かうが，失敗に終わるという筋書きである．ここには英雄，王権，友情，不死など宗教に関わるテーマが語られている．

天体の動きから時間の経過や季節の訪れを知る

図6 メソポタミアの神々（円筒印章（印影），アッカド期）
中央左の翼をもつ女神がイシュタル．その足下に山を割って昇る太陽神シャマシュ．その右側には水神エアが立つ．

ことは普遍的だが，河川が増水する時期を知ることが重要であった河川灌漑文化のオリエントでは，そのために天体観測と暦の作成が発達した．「エヌマ・エリシュ」において，世界秩序を定める場面で天体への記述が真っ先にあることも注目される．天体観測とそれに基づく暦の作成，管理は王権にとって重要な支配の要素であった．天体と神々の結びつきも強く，太陽神シャマシュ，月神シンのほか，金星はイシュタル，木星はマルドク，火星は戦いの神ネルガルなどと同一視された．それは同時に人間や国家の運命が天体に示されており，それを知ることができるという占星術を生み出した．日食，月食のほか，星の規則的な運行や惑星の生きているかのように見える不規則な動きなどが未来を予知する手がかりとして解釈された．この他の占いとしては夢占いと肝臓占いが知られている．医学や牧畜の発展にともなって，内臓の様子が知られ，その中でも血液の塊で最も目立つ肝臓（ヒツジかヤギのもの）が占いに用いられた．こうした肝臓占いはヒッタイト，パレスティナ，エトルリア，ローマなどでも知られている．

1.6 エジプト宗教

エジプトは長い歴史があるが，孤立主義，伝統主義の傾向が強かったので，宗教の特徴も比較的変化は少ない．時代的には古王国時代（第1～6王朝，前約3400～前2474年），中王国時代（第

◆ I．世界の宗教潮流 ◆

11〜12王朝，前2160〜前1788年），新王国時代（第18〜21王朝，前約1580〜前1045年）の3つに大別される．中王国時代はウマと戦車を駆使したヒクソス人の侵入と支配（前1780〜前1570年）によって終わりを告げる．そしてヒクソス人の追放によって新王国時代が始まる．第20王朝では有名なファラオのラムセス2世が統治したが，ヒッタイト勢力を駆逐できなかった．エジプトの青銅器製武器がヒッタイトの鉄製武器に太刀打ちできなかったためである．その後，エジプトの勢力は衰え，前525年にはペルシアのカムビュセスによって，前332年にはアレクサンドロスによって支配される．

エジプト宗教を知るための資料としては，文字資料の他にはピラミッド，王家の谷といった王墓の遺跡，そしてそこからの出土品が主となる．つまり，王権イデオロギーとしての宗教が中心とならざるをえない．ピラミッドは前3000年紀に王墓として作られた．王のミイラが作成され多くの副葬品とともに葬られたこと，太陽の船が収められたことなどから，死後の世界において第二の生があり，太陽神ラーが信仰されており，王は太陽神とともに船に乗ると考えられていたと思われる．

文字資料としては，ピラミッド・テキスト，コフィン・テキスト，死者の書の三種類がある．このうちピラミッド・テキストは，古王国時代にピラミッドの玄室や羨道の壁に記された呪文である．コフィン・テキストは中王国時代のもので，棺柩に書かれた呪文である．この時代にはもはやピラミッドは作られなくなり，石で覆われた煉瓦墳となった．また王侯貴族ばかりでなく一般の人々もミイラにされて葬られるようになった．新王国時代はヒクソスの支配を脱し，トトメス4世が周辺諸国に朝貢させた第18王朝以降となるが，庶民は棺に呪文を書く手間を省いて，パピルスの巻物に呪文を書いて，それをミイラに巻く包帯に挟み込んだ．これが死者の書である．

死者の書によれば，死者の魂はオシリスが支配する幸福の国アールウを目指すが，そこははるか西方にあり，広大な砂漠を横切らねばならない．砂漠にはオシリスの殺害者とされる悪神セトをはじめ多くの障害が待ち受ける．その後，死者の世界の川を渡り，審判の広間に入る．そこでは神々の前で罪を犯さなかったという「否定告白」をし，ついで魂が正義の秤に載せられ，義とされると幸福の国アールウに入ることができる（罪人とされると怪物に食べられてしまう）．そこは生前の世界よりも大きく豊かな国で，死者は生前と同じように生活しながら，復活の日を待つとなっている．死者の書は庶民のためのものだったから，述べられている死後世界観もそうであろう．この他には太陽神ラーの船に乗るというものや，星になって永遠に北極星の周囲をめぐるというものもある．こちらはむしろピラミッドや王とつながりが強い死後世界観であろう．

人間の生命は2つの部分からなっていると考えられた．カアは個人的存在で，生まれたときに宿り，死ぬと体から離れた．しかし，復活するときには再び体に戻ってくるので，カアの居場所としての体を保存するためにミイラ化したのである．バアは死ぬと存在しはじめる部分で，人間の頭部にハヤブサの体をもち，墓を訪れ，死体に住んだ．

エジプトの風土はナイル川流域の農地と乾燥した砂漠という，生の世界と死の世界のコントラストが鮮やかである．ナイル川の季節ごとの定期的な増水，氾濫，雨のほとんど降らない天空での太陽の規則正しい運行といった自然環境は，生から死，死から復活という循環的な世界観を育んだと想像される．太陽神ラーの信仰と並んで，死後の生命の観念も存在したからこそ，墓所としてのピラミッドやミイラ化による死体の保存が行われたのであろう．冥界の王オシリスの信仰は太陽神ラー信仰と並存していたと思われる．さらにローマがエジプトを支配していた時代にギリシア人プルタルコス（後1世紀-2世紀）が『イシスとオシリス』によって伝えるエジプト神話では，オシリスはイシスを妻として，ホルスを息子としている．イシスの起源は玉座の神格化であり，王権を付与する存在であった．そしてホルスはラーの息子ともオシリスの息子ともされ（ホルスはしばし

ばタカの頭部をもつが，タカは太陽の象徴である），生きているファラオの神格化である．つまり，ファラオすなわちホルスを中心として，太陽神ラー，王権の付与者イシス，死後の冥界における王オシリスという三者が結びつくという構図があったと思われる．

古王国時代からの王権イデオロギーとは別に，中王国時代の前2000年頃，テーベの神官団によるアメン神の至高神化が行われた．アメンとは「隠れたる神」の意で，古王国時代には無名の神であったが，テーベから興った王朝が権力を握ると新王国時代までエジプトの繁栄はアメンの恩寵とされて，この神の神官団の権力は政治的にも経済的にもきわめて大きくなった．

前14世紀に在位したアメンヘテプ（「アメン満足す」という意味）4世は，こうしたアメン神の宗教に反発して，太陽神アテンを唯一神とする宗教への改革を試み，自らもイクナトン（またはアケナトン，イク・エン・アトンは「アテンの心に従って生きる」の意味）と名乗って，首都もテーベから新しく建設したエル・アマルナに移転した．彼はアメンを偽りの神としてその信仰を禁じたが，そればかりでなく，アテンを唯一の神として，古来のオシリス，イシス，ホルスなどの信仰も禁じた．こうした過度の一神教化は多くの反発を招いて，イクナトンの死とともに失敗に終わった．

エジプト宗教の宇宙観はヘリオポリス，メンフィス，ヘルモポリス，テーベといった四大宗教センターごとに差異はあるが，基本は共通なので，ここではもっとも一般に知られているヘリオポリスの宇宙創生説に沿って述べておく．原初，深淵・混沌で生命を生み出す水であるヌンだけがあった．やがて原初の神アトゥムがヌンから出現した．アトゥムはツバを吐いて大気神シュウを生み，嘔吐して湿気の女神テフヌトを生んだ．シュウとテフヌトから大地神ゲブと天空女神ヌトが生まれた．そしてゲブとヌトからイシス，オシリス，ネフティス，セトが生まれた．大地ゲブはヌンに浮かび，天空ヌトが手足を伸ばして大地を覆っている．大気シュウと大地の境界の山脈がヌト

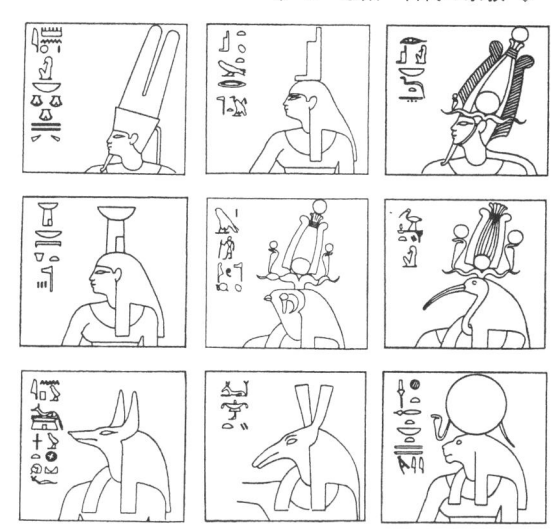

図7 エジプトの神々
（柳沼重剛（訳）『エジプト神イシスとオシリスの伝説について』岩波文庫，1996より）

を支えている．原初の水とそこから出現する丘はナイル川の洪水と，その後に出現する耕地のイメージに由来するものであろう．

エジプトの神々は人体に頭部が動物の姿をして描かれることが多い．たとえば，ホルスはハヤブサ，知恵と書記の神トトはトキ，死者の神アヌビスはジャッカル，砂漠の神セトはロバ，アメンやクヌムやメンデスの神はヒツジ，女神セクメトはライオン，女神バスト（バステト）はネコの頭部をもつ．またウシ，ワニ，ネコ，鳥などがミイラとされた．こうしたことから動物崇拝という見方が示された．しかし天空女神ヌト，大地神ゲブ，大気神シュウなどは人間の頭部をもっているし，動物の頭部をもつ神々も人間の頭部をもつ姿の場合もあるし，母性・歓喜・天空の女神ハトホルのように牝牛の姿か全身人間の姿のどちらかで描かれる場合もある．なにより，神話において神々は人間のように話し，暮らし，感情を表している．エジプト宗教で神々が動物の頭部をもつのは，動物が神とされたというよりも神々の特性を視覚的に示す手段として活用されたと考えるべきだろう．また実際の動物の場合も，その動物すべてではなく，選ばれた個体が神の姿を視覚的に体現するものとして崇拝され，死後にミイラ化されたと考えるべきであろう．

◆ I．世界の宗教潮流 ◆

I.7　原インド＝ヨーロッパ語族の宗教

　ゲルマン語（ノルド語，ゴート語など），ケルト語（アイルランド語，ウェールズ語など），イタリック語（ラテン語，オスク語，ウンブリア語など），ギリシア語，スラヴ語，バルト語（リトアニア語など），アナトリア語（ヒッタイト語など），アルメニア語，アルバニア語，イラン語（アヴェスター語，パフラヴィ語など），インド語（ヴェーダ語，サンスクリット語など），トカラ語といった言語を比較すると語形，文法，語彙などに偶然とはいえない一致が認められる．つまり，ヨーロッパ最北端から中国西部に至るユーラシア大陸の広大な地域に拡散する以前においては，一つの言語文化を共有していた集団であった可能性が想定されるのである．この言語集団はその地域的広がりからインド＝ヨーロッパ語族とよばれ，さらに分裂以前の段階は原（プロト）インド＝ヨーロッパ語族とよばれる．

　言語の比較によって，この原集団の宗教や神話を含めた文化の様子を再建する試みがなされている．それによると，この集団は農耕を営み，家畜を飼い，何らかの金属器を知っていた．家畜としてはウマ，ウシ，ブタ，ヒツジ，ヤギがいた．また馬車や車輪も知っていた．神々が崇拝され，神話もあった．神々としては，「輝く空」という名前をもつ天空神（ギリシアでのゼウス，ローマでのユピテル，インドでのデュアウス）がおり，戦いによって怪物を退治する英雄神がいた（名前は一致しないが，神話の描写ではゲルマン（北欧）のトール，インドのインドラ，ギリシアのヘラクレスがこのタイプである）．

　世界起源神話は，最初の祭司（双子の一方，「人間」．例：インドのマヌ）が双子のもう一方である最初の王（例：イランのイマ，インドのヤマ）と最初の雄牛を供犠として殺害し，その死体から世界と社会身分を作るという内容であったらしい（例：インドの『リグ・ヴェーダ』讃歌中の「プルシャの歌」）．また，富（家畜，雨，女性など）が奪われ，三番目という名前（例：インドのトリタ・アープティア，イランのスラエータオナ）をもつ英雄が三頭の怪物と戦って勝利し，富を取り返すという神話もあった．前者は祭司階級の神話，後者は戦士階級の神話であろうか．ゲルマン神話の「神々の黄昏」やイランのゾロアスター教神話における最後の審判からは，終末論神話の存在が推定されるが，他の地域での資料が乏しく，意見の一致を見ていない．また死後の世界の観念も，創造神話で供犠とされた「王」が冥界の王となった（例：ヤマの後身の閻魔）とする神話があったとか，冥界の女神が想定されていた（例：ギリシア神話のカリュプソ，ゲルマン神話のヘル）とする説もあるが，これまた意見が分かれ，一致を見ていない．

　祭司階級によって家畜の供犠は盛んに行われたらしい．人身御供が行われていたかについては意見が分かれ，一致していないが，可能性はある．原人殺害によって世界が創造されたという神話からの推定である．原人の身体の各部から世界の諸要素が構成されているとすれば，世界の維持のためにはその各部に相当する供犠を行えばよいはずだからである．人間あるいはその代理としての家畜を儀礼的に殺害して分割して消費することで，原人から生じた諸要素の維持が行われるという教義があったのではないだろうか．

　語彙や文書の比較からすると，原インド＝ヨーロッパ語族では，階層化された3つの職能区分を有しており，最高位には祭司階級が，次位には戦士階級が，そして三番目には生産者階級が位置づけられていて，これらを統括する王がいたらしい．

　三階級を代表する神々はいずれも男神である．再建された親族組織では父権が強大であり，神話においても女神はあまり顕著ではない．祭司もほとんどが男性であったと思われる．また戦士階級が独立して存在したらしいことや，英雄（神）が悪魔や巨人と戦い勝利するという内容の神話が多く認められることなどからも考えて，原インド＝ヨーロッパ語族は父権社会で好戦的であり，武力によって広い地域に拡散していったと想定されている．

1.8　イランの宗教

(1)　マズダー教

　イランの伝統的な多神教は最高神アフラ・マズダーの名前からマズダー教とよばれる．イラン語の最古形アヴェスター語はインド語の最古形ヴェーダ語ときわめて類似しており，イランとインドは最古の時代には文化的に一体であった可能性が高い．アフラ・マズダーもまた，インドの讃歌集『リグ・ヴェーダ』でアスラの最高神とされているヴァルナ神と似ている．キュロス，ダリウスといった王の名前で有名なアケメネス朝ペルシアはアフラ・マズダーを王権の守護神として崇め，この神に対する祈禱文を各地に壁刻碑文として残している．それによれば，アフラ・マズダーは世界の創造主であり，善の体現者である．世界は真実（アルタ．インドのリタ「天則」と同じ）と虚偽（ドラウガ）の戦いの場であり，王は善の側につくべきである．それによって世界には平和と豊饒がもたらされるとされている．この考え方は以下のゾロアスター教の教義と近く，アケメネス朝はゾロアスター教を国教としていたとする説も有力だが，碑文にはゾロアスターの名前は見られない．また神をアフラ・マズダーのみとしたかも疑わしい．例えば，アルタクセルクセス2世（前4世紀）の碑文では，ミスラとアナーヒターという神々の名前も現れている．したがって，ここではマズダー教とゾロアスター教を区別して述べておくことにする．

(2)　ゾロアスター教

　預言者ゾロアスター（ザラトゥシュトラ）が創唱した教え．彼は前1000年頃（前7世紀から前6世紀．ただし，前2000年紀中頃とする説もあり，定説はない）にイラン高原の東北部（現アフガニスタンのシースタン地方）で遊牧生活をしていたイラン系の人々のもとで祭司をしていたが，啓示を受けてそれまでの多神教を否定し，アフラ・マズダーを唯一の神とする善悪二元論を中心とした一神教を説き始めた．この教えでは善は生，光であり，悪は死，闇である．人間は善を選択して，悪と戦わなければならない．死後は生前での善行の有無によって審判を受ける．そして世界の終末時には善が最終的な勝利を収め，大審判が行われ，善者は楽園へ，悪者は地獄へと裁かれる．

　ゾロアスターの言葉や思想をまとめた聖典は『アヴェスター』とよばれ，その中でも教祖自身の言葉と目される部分がとくに『ガーサー』とよばれる．『アヴェスター』はインドの『ヴェーダ』と（そしてケルトのドルイド神官の教えとも）同様に口承で伝えられていたが，ササン朝ペルシア（後224〜651年）がゾロアスター教を国教化すると，最終的に文字化された．しかし強固なバラモン階級によってほとんど損なわれずに伝承された『ヴェーダ』とは異なり，『アヴェスター』はかなりの部分が失われており，意味もわかりにくくなっている．

　多神教を一神教に変更した結果，アフラ・マズダー以外の神は姿を変え，アフラ・マズダーに付き従う抽象概念となった．それらはアムシャ・スプンタ（「不死の存在」）とよばれ，イスラエル宗教，キリスト教，イスラームなどでの天使の原型となった．

　ゾロアスター教は布教先の中国では祆教（けんきょう）とよばれた．また火を神聖視したので，拝火教という名称もある．火の他に大地や水も神の創造物として清浄とされた．ゾロアスター教はイスラームの伸張によって8世紀にはイランで禁じられ，信者はインドに逃れてムンバイ（ボンベイ）を中心にパールシーの名称で信仰を守った．

　ゾロアスター教の葬制としては「沈黙の塔（ダクマ）」に死体を安置して，鳥に啄ませるという鳥葬が有名である．しかしこれはイスラーム以降あるいはインド移住以降に主流となった形であって，本来は死体を放置して鳥，犬，獣などに啄ませ，骨だけを納骨堂に安置するという曝葬であったらしい．曝葬は遊牧民に広く見られる葬制で，ゾロアスター教ではそれを教義的に発展させ，肉を穢れた部分，骨を清浄な部分と見なし，最後の審判においては穢れた部分を除いた清浄な骨のみ

から新しい肉体が復活すると説いたらしい．

(3) マニ教

マニ教は3世紀にペルシアで生まれた．創唱者マニ（マーニー）は216年にササン朝ペルシア支配下にあったチグリス川河畔の国際都市バビロン（セレウキア・クテシフォン）近郊に生まれた．つまりマニは，交通の要地で，古代オリエント宗教が残存し，加えてバビロン捕囚以降のイスラエル宗教，ペルシア帝国支配以降のイラン系宗教，アレクサンドロス以降のヘレニズム宗教，そしてキリスト教といった，多くの民族と宗教思想が交錯し，交流する折衷文化の地で育ったのである．こうした風土は異なる諸民族に受け入れられやすい普遍的な救済を主張する宗教思想を生むのに適していた．

彼の父は原始キリスト教とユダヤ教の境界に位置する独自の洗礼集団エルカザイ派に属しており，マニもそこで育ったが，「天啓を受けて」，グノーシス主義，ヘレニズム宗教，イラン宗教思想，キリスト教などの折衷ともいえる新しい教義を立て，弟子とともに布教を行った．マニはあらゆる生命あるものには光の断片が宿ると説き，世界の中に拡散した光を，生活を通じて濾過して回収するため，戒律によって清浄な状態を保つことを強く求め，殺生を禁じた．こうして濾過，回収された光の断片は，マニ教徒の讃美歌によって天上の光の船である月，太陽へと送られ，最後には至高の光の世界に至るとマニは説いたのである．

ササン朝ペルシアでも布教したが，276年には，マニ教に反対するゾロアスター教の神官たちの圧力で処刑された．しかしその後も信者による布教活動は止むことがなく，シリア，アラビア，エジプト，北アフリカに伝えられた．北アフリカのカルタゴにいたアウグスティヌスが一時期（373～382年），マニ教徒であったことはよく知られている．4世紀から6世紀にはローマ帝国全域に勢力を広げて，キリスト教に脅威を与えた．しかしキリスト教と皇帝の反対によって，西方世界では姿を消した．これに対して東方では，イスラームのためにキリスト教，ゾロアスター教の圧力が弱まったこともあり，6世紀以降も布教は盛んであり，東イランから中央アジア（トルキスタン，タリム盆地）へと進んでいった．ウィグル王国では764年に国教とされ，ウィグルが840年に滅んだ後も他のオアシス国家では隆盛を保ち，これらの国々がモンゴルによって滅ぼされる13世紀まで信仰が保持された．さらに東方にもシルクロードに沿って進出し，694年には中国に到達したが，843（844）年の外来宗教に対する大迫害によって衰えた．しかし，全体としてみれば，スペインから中国までの広い地域において1000年以上存続したといえる．

教会組織は「選ばれた者たち」と「聴講者たち」に分かれていた．前者は「真実なる者たち」ともよばれ，殺生が禁じられていた．日常生活では，聴講者たちが必要な殺生を行い，選ばれた者たちを支えた．

I.9 ギリシア宗教

(1) ミノア宗教

神話でクレタ王とされたミノスの名前からつけられたミノア文化（ミノス文化，クレタ文化ともいう）は，青銅器文化であり，前2000年頃から前1500年頃にクレタ島でクノッソスを中心に栄えた．近隣のキュクラデス諸島はそれより一足早く，東地中海における金属交易の要所として青銅器文化が栄え（前3000～前1550年），独特の図柄の容器や抽象的な大理石の人像を生み出した．キュクラデス文化とミノア文化はともにアナトリアやメソポタミアから文化的な影響を強く受け，かつ相互に影響を与えあっていたらしい．オリエントの都市文化，金属器文化がその範囲を拡大し，東地中海を交易圏としはじめると，エーゲ海の島々やギリシア本土もその影響を受け（キュクラデス文化，ミノア文化），さらにインド＝ヨーロッパ系文化との交流が生まれ（ミケーネ文化），後のギリシア文化の成立につながっていくのである．

ミノア文化の線形文字Aはまだ未解読である

図8 エーゲ海世界
■はミノア文明の宮殿跡など，○はミケーネ文明の宮殿跡など．

が，ギリシア語でないことはわかっている．クノッソス宮殿の壁画や出土品などには，後のアテナのようなヘビ女神（アテナは，髪がヘビであるゴルゴンの首がついた盾や鎧を常に帯びている）や，アルテミスを思わせるような獣を両脇に従えた「動物の女主人」タイプの図像が多い．また，クレタにおけるゼウスの神話は，童子神の誕生を語っており，オリエントによく見られる小男神，死んで蘇る神タイプのものである．この他，山頂や洞窟での祭儀や樹木・聖柱・聖石などの崇拝が特徴的である．一般にクノッソスの宮殿跡とされる建造物は宗教施設であった可能性が高いが，山頂や洞窟での祭儀のほか，宗教施設での祭儀があったとしても，この宗教施設は，オリエントのジークラトやエジプトのピラミッドといった同時代の近隣文化での宗教施設，あるいは後のギリシアでの神殿などとは異なった独特なものである．ミノタウロス（ミノス王の妻パシパエが雄牛との間に生んだ半人半獣）の神話も，現在のスペインやポルトガルの闘牛にその痕跡を残す雄牛の崇拝と連続しているだろう．

クレタ島は前1450年頃にはミケーネ人の侵略によってその支配下に入った．またミノア文化自体もサントリーニ島の大爆発による地震・噴煙・津波の影響とミケーネ人の侵略によって，前1500年から前1400年にかけて徐々に衰退し，最終的には前1100年頃にドーリア系ギリシア人の侵略によって消滅した．以上のように，ミノア文化はギリシア文化以前から存在し，東地中海の文化伝統に根ざしている．そしてミノア文化はギリシア文化によって消滅させられたが，その宗教はミケーネ宗教やギリシア宗教に大きな影響を与えて引き継がれた．

(2) ミケーネ宗教

ギリシア人は二度にわたり，北方から南下して

◆ I. 世界の宗教潮流 ◆

ギリシアに侵入してきた．ミケーネ（ミュケナイ）人はその第一波で，前2000年から前1900年にかけてギリシア本土に到来した．この青銅器文化はミノア文化を吸収して，前1550年以降，本土のミケーネ，ピュロス，ティリュンスなどで栄え，前1400年頃にはマケドニア，トラキア，小アジア，キプロス，シリア，パレスチナ，エジプト，シチリア，南イタリアにまで勢力を伸ばしたが，前1200年頃になって大規模な破壊を受け滅んだ．解読された線形文字B文書はギリシア語で書かれており，主として経済記録の文書であるが，神々への奉献の記録もあり，そこにはポセイドン，ゼウス，ヘラ，アルテミス，ディオニュソスなどの神々の名前が認められる．神話が記された文書はないので，パンテオンが形成されていたかは不確実だが，ミケーネ文化が祭司王（アナクスまたはワナクス）を戴く官僚制的王宮文化であったことが経済文書からわかっているので，おそらく神々もすでにパンテオンを形成していたと思われる．ミケーネ文化は城壁をもたない平和な海洋国家であったミノア文化とは異なり，堅固な砦を備えていたが，ギリシア宗教にミノア宗教に由来するような山の女神，動物の女主人，死んで蘇る男神などの神話や儀礼が認められるので，両者の中間に位置するミケーネ宗教もそうした神話や儀礼を受け継ぎ，伝えたと思われる．ミケーネ文化を滅ぼしたのは旧約聖書にいわれる「海の民」なのか確実でないが，おそらく鉄器文化の登場が原因であろう．

　ミケーネ文化崩壊後の約400年間，ポリス文化が成立するまでは暗黒時代とよばれる停滞と混乱の時期とされるが，ホメロスの叙事詩と幾何学模様土器はこの間に作られたとされている．また北部ギリシアに留まっていたギリシア人であるドーリア人による第二波の侵入もあった．この圧力で，ミケーネ文化の担い手であったアカイア人（イオニア人，アイオリス人）は小アジアにも広がった．前11世紀末頃には原幾何学模様の土器も作られるようになり，新しい文化の始動が感じられる．そして前8世紀には小アジアにポリスが出現する．

(3) オリンポスの神々

　ギリシアの文化と宗教はオリエントの影響下に成立したといえよう．言語的にはインド＝ヨーロッパ語族に属し，ギリシア語は共通祖語の要素をよく保存しているが，宗教についてはインド＝ヨーロッパ的要素は少ない．東地中海に位置して，オリエントの諸文化との交流が盛んであったためである．この結果がホメロス，そしてやや遅れてヘシオドスといった詩人たちが記録した，ミケーネ時代の王・貴族文化において形成されたギリシア神話のパンテオンであった．オリンポスの十二神のうち，ゼウスのみが「輝く天空」というインド＝ヨーロッパ祖語に遡る名前を有し，他の神々の名は語源不明である．原インド＝ヨーロッパの宗教は，その社会構造と同様に男性優位であったと考えられるが，ギリシアのパンテオンは男女の神々がペアとされており，両性のバランスがとれている．これはミノス文化をはじめとする先行の地中海諸文化の影響であろう．

　世界の起源は天空父神ウラノスと大地母神ガイアの性交，出産から神々の第一世代が誕生したとされ，そうして生まれた古い神々ティタン族が新しいオリンポスの神々との争いによって敗れ，新しい世界秩序を確立したとされる．このようにオリンポスの神々は秩序の体現者であり，それぞれ掌握する領域をもち，家族のような系譜に位置づけられていた．男神では，ゼウスはパンテオンを支配する天空神，その兄弟のうちポセイドンは海神でハデスは冥界神であり，アポロンは若者の神，アレスは暴力的な戦いの神，ヘルメスは交通や交換（商業・泥棒）の神でさらには死者の魂を冥界へと導く魂の導者（プシュコポンポス）であった．女神では，ゼウスの妻であるヘラは結婚を司り，ゼウスの娘のアテナは知恵と戦いと機織りを守護し，デメテルは穀物の成長の女神，アプロディテは性愛の女神，アルテミスは山野とそこに住む獣の守護と若い娘と出産の女神，ヘスティアはカマドの火の女神であった．この他，キリストのように神と人間の間に生まれ，しかし途中から神に加えられた存在にディオニュソス，ヘラクレス，アスクレピオスなどがいる．

神々は人間と同じ姿であるが，より完全でより美しいとされた．もちろん不死の神々と死すべき人間の間の溝は基本的には超えがたいものであったが，それでも神々は超自然的・怪物的であるよりは人間的であり，人間のように怒り，悲しみ，喜び，騙し，騙され，愛する感情的な存在とされた．また人間と神との間に生まれ，両者の血を引く「英雄」という範疇が想定され，ヘラクレス，アキレウス，ペルセウス，テセウス，アスクレピオスなどは神話や叙事詩でその活躍が語られ，実際に各所で崇拝もされた（「英雄崇拝」）．このうちアスクレピオスは医療の英雄とされ，その神殿に篭って夢見をすると病気が治るとされた．

(4) 市民宗教

前8世紀にポリスが誕生した．それまでの土地所有を基盤としていた王，貴族の支配階級に代わって，平等な市民によるポリスを形成するに至ったのである．2つの要素がポリスの誕生に大きな力となった．ひとつは鉄の普及である．鉄製の武具が普及するとホプリテス（重装歩兵）による戦術が優勢となる．また海上では三段櫂船の建造が可能となった．いずれも数多くの均質な兵力を必要とする戦闘形態であり，一般市民の発言権を強めた．もうひとつは前700年頃に小アジアで始まった貨幣の使用であった．貨幣の使用がギリシアでも普及すると通商経済活動が盛んになり，強力な商工業階級が出現した．貨幣は伝統とか身分といった従来の価値基準とはまったく異なった新しい価値基準であった．文字の使用の普及もまた階級格差の消滅を促進した．こうして土地所有という形態での富の蓄積に基盤を置いていた貴族政は終焉を迎えた．ポリスがオリエントに近い小アジア（イオニア地方）に最初に出現することも，内部からの変革よりも外部からの文化的影響が要因であったことを示している．富の増大と人口の増大は植民活動も盛んにし，南イタリアはマグナ・グラエキア（大ギリシア）とよばれるようになった．

それぞれの都市国家は守護神をいただき，町の中心の丘（アクロポリス）に神殿群を配置し，祭りや動物供犠を行った．アテナイは女神アテネを守護神とするので，アテナイ（＝アテネ（信仰）の人々（の都市））という名前であり，アクロポリスにパルテノン（＝処女（女神アテナ））の神殿を有した．それぞれの神の神殿における決まりきった静謐な祭儀が一般的であったが，それと対照的なのが，熱狂をもたらす複雑な性格をもった神ディオニュソスであった．神話の語る出生からすでに特異であるこの神は，エクスタシー（忘我），ブドウ酒，演劇，仮面といった多様な（しかし深いところでつながっている）領域を守護するとされ，女性の信者（「バッカイ」とよばれ，エウリピデスの悲劇作品にも取り上げられた）も受け入れるなど特異な存在であった．また神殿以外の場でも，必要に応じて仮面を祭ってその周辺で祭儀が営まれた点も特異である（哲学者ニーチェは，静謐なアポロンと狂乱のディオニュソスという対比を唱えた）．

都市の市民宗教のレヴェルを超えた汎ギリシア的宗教としては，神託があった．このうち有名なのは，デルポイのアポロン神の神託（ピュティアとよばれる巫女が語った）とドドナのゼウス神の神託である．また，オリンポスにあったゼウス神の神域では，4年に一度，停戦をしてスポーツ競技会（オリンピア祭）が営まれた．同種のスポーツ競技会は他にもいくつかあったが，いずれも神域で行われた．これはギリシア文化の特徴であるアゴーン（勝負，競争）の一環であり，悲劇や喜劇のコンテストがディオニュソス神の祭りで行われたのと同じことである．勝敗を神の前で決するのだ．

ギリシアの神々が美しい肉体をもった人間的な姿で表現されたのは，肉体を恥ずべきものとか罪深いものとは見なさず，むしろその究極の完成が神の領域に通じると考えられたからであろう．つまり神域で運動競技により肉体の卓越度を競うこと，そしてそれを裸で隠すことなく行うことと，神と人間の間に生まれ，肉体能力に優れた英雄たちが崇拝され，場合によってはヘラクレスのように死後に神に加えられるという観念は，いずれも古典期ギリシア宗教の特徴をよく示しているとい

えよう．加えて，神々が人間のように恋し，交わり，怒り，悲しむ感情的な存在であることも，人間と同じ肉体をもつことと同じであろう．人間的な感情もまた神とは無縁とはされていない．人間の在り方の究極あるいは理想としてあるのが神々の姿なのである．人間的であることはギリシア宗教において否定されていないと思われる．

(5) 密　儀

エレウシスの密儀とは，アテナイの郊外の町エレウシスにあった穀物女神デメテルと娘神で穀霊のペルセポネ（別名コレ，「娘」の意）を祀った神殿で行われた．おそらく紀元前6世紀以降盛んになり，毎年，密儀が行われた．都市国家の公的祭祀とは別に個人が死後の生命や不死を願って行う個人信仰であり，公的宗教のように男女性別，国籍や身分（市民，自由身分をもつ他のポリスからの住民である外国人クセノイ，解放奴隷メトイコイ，そして奴隷）の違いを問わず，参加できた．こうした個人単位での信仰形態が，後のヘレニズム時代や世界帝国となったローマのように土地と人との結びつきが弱くなった時代に多くの密儀宗教が流行する要因となったし，エレウシスの密儀はそうした際のモデルとなった．

(6) 哲学と宗教

王制に代わる民主的ポリスでは神に由来する言葉であるミュートス（神話）よりも，人間による議論のための言葉ロゴスが優位を占めた．ポリス宗教は祭儀としては維持されたが，神々（とその系譜を引くと自称する王，貴族）の権威の言語的表現であるミュートスには風穴が開けられ，ミュートスへの疑問が呈されるようになる．もちろんそれは，貨幣という客観的価値基準，経済活動という合理的行動・精神の発達，文字による思考の先鋭化，そして哲学の萌芽とも連動していた．

ポリスの成立と同様に，知的な面においても最も革新的であったのは小アジアのイオニア地方であり，世界＝自然について考察する自然学，自然哲学が最初に興った．ミレトスのタレス（前約625-前545頃）は万物の原素は水であるとし，エペソスのヘラクレイトス（前約540-前480頃）は万物の原素を火であるとした．こうした世界の創造，維持を神々ではなく，自然の原素によると説明する試みが現れ，ついでクセノパネス，テアゲネス，アクシラオス，ヘカタイオスらによる神話を虚偽とする言説が生まれた．ヘロドトスやトゥキュディデスらの歴史記述もまた，哲学と同じ精神風土の生まれたものであろう．

しかしそうした批判の存在にも関わらず，ポリスは守護神をいただき，他の神々の神殿も多数建立し，祭儀を遂行し，神託の伺いを立て，密儀も流行しつづけた．ギリシア人は神話や神々の力を完全に信じていたとはいえないかも知れないが，しかし，すべて否定もしなかった．つまり，科学の時代である現代においても宗教が依然として盛んであるのと同じである．理性だけでなく感性に訴える要素が必要なのである．また言葉を変えていえば，ギリシアの自然哲学はそれ自体が新しいタイプの神話であったともいえる．たしかにそこには人間的な姿や感情をもつ神々は登場せず，世界は自然要素の変化，結合などとして説明されているが，しかし科学的な証明の試みはまだなされていない．

1.10　初期ローマ宗教

(1) エトルリア宗教

ローマ以前のイタリア半島は，半島南部に紀元前8世紀以降ギリシア植民都市があり，北部には所属不明なエトルリア人（トスカナ地方の名称はその名残）がいた．エトルリア人はギリシアから多くの影響を受け，そのパンテオンにはギリシアの神々が多い．彼らはギリシアの文化，宗教，神話をローマに伝えたが，その他にも独自の内臓占いや鳥占いの技法をもち，また死後世界についての関心が深く，現在も多くの墳墓が残り，見事な副葬品が多数出土している．

(2) 共和政期宗教

共和政以前に王政の時代があったが，史料は充

分ではない．伝説によればエトルリア人王が支配していた時代もあった．カピトリウム丘に祀られた三神群ユピテル，ユノ，ミネルヴァはエトルリア経由で伝えられたギリシアのゼウス，ヘラ，アテナというトリオの再現であろう．こうしたローマの神々とギリシアの神々との同一視はよく見られる．もっとも，アポロン，ヘラクレス，カストルとポリュデウケスなどローマ側に対応する神や英雄がいない場合にはそのままの名前で，すでに紀元前5世紀から崇拝されていた．逆にギリシアには類例がない神々としては，双面の神ヤヌスがいる．

都市国家段階では伝統的な神々が公共の儀礼において崇拝されていた．祭祀王，大神官ポンティフェックス，個別神官団フラーメン，火の女神ウェスタを祀る処女神官，耕地の祭司アルヴァル兄弟団，戦争祭司フェティアーレス，冬祭における若者祭司ルペルキなど祭司組織と祭りのサイクルは古くからかなり明確であった．また，ウンブリア地方で紀元前3世紀以前に行われていた公的祭祀の記録（イグヴィウム青銅板）が残っていて，それはローマの主権神群の祭祀ときわめてよく似ていることから，ローマ宗教はかつて想定されていたようなマナ＝ヌーメンという霊の信仰を中心とした「マナイズム」とか「ダイナミズム」という「未開宗教」ではなく，ギリシアやエトルリアからの影響を受けて，整理された祭司組織と祭祀体系を備えた，神々についても明確な人格神の観念をもった宗教であったと考えるべきであろう．

もちろんこれは主として都市国家の公的宗教であり，他には農民の儀礼くらいしかなかったと思われる．ギリシア，エトルリアからの影響を受けた伝統的宗教以外の，明らかな外来――とくにオリエント系宗教の導入について，ローマは消極的だったが，第2次ポエニ戦争で劣勢になると，託宣に従って前204年にアナトリアから黒い隕石の形で崇拝されていた女神キュベレを招来した．キュベレの神官であるガロイたちの，ときには自己の性器去勢もともなうような熱狂的な祭儀はローマには異質であったが，戦争の危機感の中で当初は黙認されたらしい．勝利による戦争の終結がも

図9　ライオンに引かれた女神キュベレとアッティス

たらした開放感は，キュベレとその愛人の小男神アッティスの密儀のみならず，他の個人単位での陶酔の感覚をともなう宗教の流行を生んだ．その中でもディオニュソスの密儀は大流行したが，神殿ではなく私宅で，しかも夜間に行われる密儀は風紀を乱すとして警戒され，前186年にはバッカナーリア事件として大規模な弾圧があり多くの人々が逮捕，処刑された．

I.II　ヘレニズム宗教

(1)　ヘレニズムとローマ帝国

古代オリエントにおいては，シュメール，エジプト，アッカド，バビロニア，アッシリア，ヒッタイト，フェニキア，シリア（ラス・シャムラ），カナンといった国や地域が経済的・政治的・文化的な交流を行っており，宗教や神話でも影響関係があった．それはシュメール，アッカド，バビロニア，アッシリアにおいては明確だったが，他地域との場合にはそれほどではなかった．しかし時代が下って，ヘレニズム期になると文化的同一化と影響関係はさらに進んで複雑化したので，その分，記述も難しくなる．

前334年に始まったマケドニアの王アレクサンドロスの東征によって，ギリシア，エジプト，シリア，ペルシアがその領土となった．しかしアレクサンドロスは後継者も帝国の将来像も描かず死去したので，彼の死後，東部のバクトリアとパルチアは独立し，残りの領土については彼の将軍たちの間で争いが起こった．この結果，ギリシアと

◆ Ⅰ．世界の宗教潮流 ◆

小アジアを含むアンティゴノス朝マケドニア，プトレマイオス朝エジプト，旧アケメネス朝ペルシアの領土を引き継いだセレウコス朝シリアという3つの王国に分裂した．いわゆるヘレニズム時代である．

しかし後になるとさらにそこに，勢力を伸張したローマが加わる．ローマは前212年以降，宿敵カルタゴとのポエニ戦争に勝利し，また次第にヘレニズム諸王朝も傘下に収めて，前30年には最後の独立国のエジプトを滅ぼした結果，全地中海世界を併合してローマ帝国を樹立した．しかし，ヘレニズム諸王朝のすべてがローマ帝国に取り込まれたわけではない．ペルガモンのアッタロス朝は独立国家として存続し，またパルチアやササン朝ペルシアはローマと対抗しつづけた．また文化の面でいえば，ヘレニズム文化はローマに吸収されたのではない，むしろローマがヘレニズム文化によって変質したのである．こうした国家の衰亡と再編成の過程で，宗教にも変化が生まれた．そうした変化はヘレニズム宗教とローマ帝国宗教の両方に共通して見られるものであり，したがって区別して記述することは難しいので，以下でも重複して述べる部分がある．

(2) 世界帝国化による宗教変化

ヘレニズム時代の宗教変化は2つの立場に分けて述べられる．ギリシア自体はアレクサンドロスとその後のアンティゴノス朝によって独立を失った．オリンポスの神々を奉じるポリス単位の公的宗教がただちに消滅することはなかったが，ポリスの独立が失われた時代に，当然その価値は減じ，信仰への熱意も失われる．こうして世界帝国化は公的宗教よりも個人のための宗教に目を向けさせるように働いた．前300年以降，仕事などの日常生活での助け合いのほか，社交，葬儀，信仰といった結びつきをもつ私的な結社やクラブが大流行した．それは，交易の中心となったロードス，デロス，アテネの港ピラエウスなどの国際都市において特に顕著であったが，もちろんギリシア以外の地域でも同じ傾向が見られた．伝統的なオリンポスの神々の威力について疑問が付されるなか，それらの結社やクラブでは個人の救済を唱える新しい神々が崇拝の対象となることが多かった．こうした時期，エジプトの女神イシスの信仰は遠くロンドンにまで拡大していった．

メソポタミアもヘレニズム世界に組み込まれた．国家の後ろ盾をなくした個人の運命について教えるという占星術への関心も高まった．生まれた時間や星座によって運命が決まっているという教義は愉快ではないし，むしろ恐ろしいものだった．しかし，だからこそ，人々はそれに熱中したともいえる．星が個々人についてよい運命も悪い運命ももたらすということは，星は個人の守護霊あるいはダイモーンということになる．占星術の流行は星辰信仰やダイモーン信仰の流行とも連動していた．

エジプトはファラオを生前から神と見なし，またメソポタミアやアケメネス朝ペルシアでも王は神に近い特別な存在と見なされていた．アレクサンドロスもエジプトにおいてシワのアモン神の子という称号を受けた．彼はそれを東方地域の支配に意識的に利用しようとしたらしいし，その後継者たちは明らかにそうした．クレオパトラへとつながるプトレマイオス朝のマケドニア系の王たちはファラオと同様に自分たちを神（テオス）とよばせた．もちろんギリシア宗教にも支配者の神格化を受け入れる素地はあった．英雄崇拝である．ヘラクレス，アキレウス，テセウスらは死後に崇拝を受け，ヘラクレスはさらに神格化（アポテオーシス）されたことになっている．こうした支配者崇拝が，後にヘレニズム世界を領土としたローマ帝国において皇帝崇拝となっていくのである．

これはまた伝統的な神と人間という堅固なカテゴリーの流動化も意味した．伝統的な神々は頼りにされず，新しい異国の神々，奇蹟を行う神人（テオス・アネール），星辰信仰，ダイモーン信仰，魔術など従来とは異なる新しいタイプの宗教が注目を集めることになった．異国の神々というのは，以下のローマ帝国宗教の個所で紹介するような，個人の死後の救済を約束するタイプや，忘我状態を起こして別の世界を垣間見せてくれるタイプである．ただし，それらは伝統的な神々では

ない．ヘレニズム宗教はギリシア文化を基にしていた．たとえ古い神名の場合でも，それが他地域の宗教に加わり新たに習合して旧来の姿を変えた神々なのである．

　神人としてはティアナのアポロニオスがいる．彼は後1世紀に小アジアのカッパドキアに生まれ，その生涯をフィロストラトスが伝記として書き残した（217年）人物である．この伝記によれば，アポロニオスは行者としてバビロン，インド，エジプト，エチオピアと旅をしたが，各地で未来を予言し，難病を治癒し，姿を消してみせ，死者を蘇生させるといった奇蹟を行ったという．その姿はナザレのイエスと大変よく似ている．やはり神人とよびうるのが治癒神アスクレピオスである．彼を信奉する施設は，コス島，エピダウロス，ペルガモン，ローマなど各地にあり，夢見などによる病気治療に限定してより大規模に展開していた．各地を旅して，奇蹟を起こしていくという語りの構図は，ヘレニズム時代に流行したロマンスの形式を踏まえている．だからこそ人々が耳を傾けたのであろう．新約聖書の福音書も同じ形式である．

1.12　後期ローマ宗教

(1)　帝政期初期（アウグストゥス時代）

　共和政期における密儀系，陶酔系，オリエント系諸宗教の国家による管理は，宗教への関心を減退させ，公的宗教だけが形骸化したまま続けられた．しかしローマは，前1世紀には第1次三頭政治，第2次三頭政治を経て内戦に突入し，困難の中で形骸化した公的宗教さえも十全には行われなくなっていた．内戦を終結させたオクタヴィアヌスはアウグストゥスとして，分裂した国家体制を再強化するため，共和政から帝政へと移行した．そして同時に荒廃した神殿の修復を行い，衰退していた共和政期からの祭祀や祭司団を復活させた．この他，新たにより抽象度の高い神格化としてアポロン（「文」を象徴）とマルス（「武」を象徴）の祭儀を重視した．こうした抽象的な概念の神格化は後に女神ローマの祭儀を生む．他方，カエサルの神格化はアウグストゥス自身の死後の神格化をもたらし，その後のローマ皇帝の生前からの神格化，つまり皇帝崇拝を生み出す契機となった．

(2)　皇帝崇拝

　偉大な人物を死後に神格として崇拝することはギリシアの英雄崇拝からカトリックの聖者崇拝まで比較的よく見られる．そこからさらに発展して，生前から支配者を神として崇拝することがローマ帝国後期にも見られた．すでにアレクサンドロスとヘレニズムの時代に，支配者に対して死後のみならず生前から神格化する例が見られた．ローマは次第に領土を拡張し，カエサルはエジプトにおいてプトレマイオス朝の女王クレオパトラと出会う．こうしたことが，カエサルが自らの神格化を図った背景であろう．カエサルの暗殺後，後継者のオクタヴィアヌス（アウグストゥス）は権力を掌握すると，カエサルの神格化を承認し，さらには自己のそれも認めさせた．こうした死後の神格化を先例として，皇帝たちは死後のみならず，生前においても神として崇拝されるようになっていった．そもそも後の皇帝はメソポタミア出身者が珍しくなかったから，神格化は抵抗なく受け入れられていった．

(3)　帝政期後期（オリエント宗教の流行）

　共和政期におけるバッカナーリアの事件やキュベレの招来以降，ローマは異国風の神々の流行には警戒心をもち，むしろ抑制してきた．しかし，帝国の領土が拡大し，軍隊や商人や奴隷の移動によって，大都市が多国籍化，国際化すると各地の宗教が帝国各地に広まることを防ぐことは困難になった．

　また流行した外来宗教とは，国家のための宗教ではなく，個人の魂の救済や死後の魂の不滅を約束する密儀系の救済宗教であった．国家のための公的宗教は依然として行われていたし，さらに皇帝崇拝もあった．それとは別に個人のための宗教の必要性が帝政期に高まったのである．

◆ I．世界の宗教潮流 ◆

　212年カラカラ帝は全帝国の自由民にローマ市民権を与えた．もはや都市国家の市民ではなく，世界帝国の市民となったのであり，帝国内を自由に移動できた（例えばパウロの場合）．都市国家の一員という身分は消滅し，個としての生き方，意識が求められる．かつて都市国家が与えてくれた身分の保証は，個人で選択して入信する密儀宗教に頼ることになる．

　密儀系宗教の中で例外的なのは，シリアの都市エメッサから伝わったエラガバル（山のエル，山神）の信仰である．この神は黒い隕石の形で崇拝されていた．隕石の崇拝は，先に述べたアナトリアの女神キュベレの場合と似ているし，現在もイスラームにおいて見られるが（カーバ神殿に嵌め込まれた聖なる黒石），オリエントに広く見られる天体・星辰信仰の流れであろう．この石は「不敗の太陽」ソル・インウィクトクスとよばれた．この地のローマ総督であったルグドゥネンシスは，エラガバルを祀る大神官の娘の一人と結婚したが，193年，ルグドゥネンシスはローマ皇帝セプティミウス・セヴェルスとなった．その後，何代かの皇帝の交代の後，218年にはセヴェルスの妻ユリア・ドムナの家系に属し，エラガバルの神官であった若者が皇帝に選ばれた．エラガバルス（ヘリオガバルス）である．彼はエラガバルを主神とし，またキリスト教やユダヤ教を含めた諸宗教を統一して，エラガバル一神教を作ろうとしたが，もちろん，こうした上からの強制的な宗教改革は失敗に終わり，エラガバルスは暗殺された．

　この他，シリア系の神としてはデア・シリア（シリア女神）やユピテル・ドリケヌスなどがある．デア・シリアはシリアではアタルガティスとよばれ，アナトリアのキュベレとよく似たエクスタシー系の祭儀で祀られた．おそらく起源は同じであろう．また神官もキュベレの場合と同じくガロイとよばれていた．ユピテル・ドリケヌスはフリ人の雷神テシュブが前身で，シリアに進駐してきたローマ軍兵士によって軍神，勝利をもたらす神として信仰され，帝国各地の軍人を中心に崇拝された．この面ではミトラスに似ている．

　ローマの東方進出，とくに前1世紀のエジプトの属国化とともに，エジプト人の戦争捕虜，奴隷がローマに増え，エジプト系の神々が知られるようになった．代表的なのはイシスとセラピスである．イシスはオシリスの妻，ホルスの母の女神で，ギリシアの穀物女神デメテルとも同一視され，大女神とされた．セラピスはアレクサンドリアで新たに作られたオシリスとアピスを合体させた神で，ハデス／プルトと同一視された．はじめはクレオパトラやアントニウスの後押しによって，そして後には皇帝自体がスペインやシリアというローマ以外の地の出身者となり，オリエント宗教への偏見もなくなったこともあって，エジプト系の神々の崇拝はきわめて盛んとなった．2世紀の作家アプレイウスの小説『黄金のロバ』は実質的にはイシス讃歌となっている．そして我が子ホルスを抱くイシスの姿は，明らかにキリストを抱くマリアのピエタ像のモデルである．

　ミトラスはトラキアの海賊たちによって崇拝されていたらしい，イランの光の神であるミスラの名称を借りた神で，太陽崇拝や星辰信仰とも関わりが深い密儀系の救済宗教であった．信者を男性のみとしたので軍人が多く信仰した．しかし男性のみ，軍人中心の宗教であったため，キリスト教のようにむしろ女性信者の方が多数であったと思われるような宗教とは異なり，ローマ帝国の国力が衰えると宗教自体の力も衰えることになった．

I.13　世界帝国と宗教の普遍化

(1)　シンクレティズム

　アリストテレスは『政治学』において，人間をポリス的存在であるとした．徳以外は何も要らないとしたキュニコス（犬儒）派のシノペのディオゲネス（前400頃–前325）は，ポリスを否定して，自分が「世界国家の市民」（コスモポリート）であると述べたと伝えられている．ヘレニズム時代になり，狭小なポリスではなく，人類の一体化を目指すアレクサンドロスの世界帝国の構想は，事実として，コスモポリス（世界国家）の時代の到来を感じさせた．世界帝国は異なる地域文化を

均一化する力を生み出す．つまりグローバル・スタンダード化が推進される．その結果，都市国家の守護神や民族系の神々といったローカルな神々は統廃合される．リストラと習合（シンクレティズム）が起こるのである．習合において似たような神々は名前が違っても実は同じ神であると見なされる．理性は普遍性を志向するから，世界帝国の時代の宗教は教義の面からも，個別化よりも普遍化される傾向が強かった．

こうした普遍化の傾向については，ギリシアの作家，哲学者であったプルタルコス（後46頃–120頃）が参考になる．例えば彼は次のように述べている（『イシスとオシリスについて』46章）．「民族が違えば神々も違うとは考えなくなり，異邦人の神もギリシア人の神も区別なく，南の人の神も北の人の神もみな同じだということになりました」（柳沼重剛訳．以下の引用も同じ）．プルタルコスはイランのゾロアスター教の終末論についてもかなりよく知っていた（同，47章．〔 〕は補足）．「マゴス僧のゾロアストレス〔ゾロアスター〕（中略）は神の方をホロマゼス〔オフルマズダ，アフラ・マズダ〕，鬼神の方をアレイマニオス〔アンラマイニュ〕と呼んでおります．（中略）しかし疫病と飢えをもたらすアレイマニオスが，彼ら〔アフラ・マズダと大天使アムシャ・スプンタたち〕の手で必ずや滅ぼされて姿を消す運命の時が来る．その時大地はどこもかしこも平らになり，すべての人々の生き方も一色，そしてただ一つの国が生まれ，みな幸せに暮らし，ただ一つの言葉を話すようになる」．一つの国，生き方，言葉とは世界帝国の理想であろう．

習合しやすい特徴は普遍性であるから，男神は太陽神，女神は大女神という全世界を支配するようなタイプの神に統合されていった．それは，王や皇帝の姿や帝国の守護女神の姿に重なるものであり，王や皇帝も神々の習合を奨励した（このことは換言すれば，習合を拒否する宗教であるユダヤ教とキリスト教への批判や弾圧を意味する）．

エジプトのメンフィスでは伝統的にアピス神が聖牛の姿で崇拝されていたが，これがオシリス信仰と習合してセラピス神となった．プトレマイオス1世王はこれを自己の守護神として積極的に広めた．イシスとペアになったセラピスはゼウスとも太陽神ヘリオスとも冥府神ハデスとも同一視された．エジプトでは死者の王オシリスと太陽神ラーの同一視がそれ以前からあったので，こうしたプロセスも容易であったのだろう．またプルタルコスは上掲書をクレアという女性に献じているが，彼女はディオニュソスの祭司で，イシスとオシリスの祭司でもあるとされている．神々の違いは表面的で，本質は同じという考えはここからも窺えよう．

（2） 哲学による宗教の否定

ギリシア時代に哲学者が宗教や神話への懐疑を呈したことについてはすでに触れたが，その傾向はヘレニズム時代，ローマ帝国になって一段と強まった．エピクロス（前341頃–前270頃）は幸福とは心の平安であるとし，それを乱す要因は死の恐れと神々に対する恐怖であるとした．そして神々について正しい認識をもてば，恐怖はなくなるとして，『メノイケウス宛ての手紙』において次のように述べる．「至福にして不死なるものは，自らが煩い事をもつこともなければ，他のものに煩いを与えることもない．従って，怒りとか好意とかによって動かされることもない．もし神々が人間の祈りを聞きとどけていたなら，人間は互いに他の人の悪を祈ってきたのだから，人類はとっくの昔に滅んでしまっていたであろう」．これは無神論ではないが，神々は人間と無関係であるという見方である．

これに対し，ヘレニズム時代のもう1つの大きな哲学の学派であるストア派はゼノ（前335–前263）が創始し，クレアンテス（前331–前232）が引き継いだ．クレアンテスの『ゼウス讃歌』によれば，世界は神によって最善最美の状態に作られ，合目的的に秩序づけられた1つの巨大な生き物とされた．そして彼はさらに，神は世界の外に超越して存在するのではなく，世界に内在し，あらゆる部分に遍在すると説いた．神と世界は一体，あるいは世界そのものが神という思想がここには述べられている．これは汎神論ともいえる

が，ゼウスという意志をもった人格神としているので一神教ともいえる．しかし，ストア派では「物」だけが存在し，神も精神も物とされるので，唯物論的一元論ともいえる．人格をもつといっても創造力，理性，摂理などを表すゼウスはきわめて抽象的・観念的であり，その面でいえば，エピクロス派の神観念とそれほど隔たってはいない．ただ，プルタルコスが述べているように，ストア派の考え方は神を自然の要素に還元して説明する傾向を生み出す．「例えばディオニュソスのことを酒といったり，ヘパイストスを火と読んだりする」（上掲書，66章）．神話のアレゴリーによる解釈の誕生である．

ローマ帝国ではエピクロス派哲学者のルクレティウス（前94頃-前55）が『物の本質について』で原子論的自然観を述べ，間接的に神々の存在を不要とした．またシリア生まれでギリシア語で著作をしたルキアノス（後115-180以降）はストア派哲学者，作家として「悲劇作家ゼウス」などの作品において神々を揶揄，嘲笑し，同じく結果的に神々を否定してみせた．

I.14　キリスト教以前のヨーロッパ諸宗教

(1)　ケルト宗教

ケルト人はゲルマン人が勢力を拡大する以前にはヨーロッパの広い地域のみならず，アジアの一部（新約聖書のガラティア／ガラテア人はケルト系である）にもいた．しかしその後，ゲルマン人に押されて次第に周縁部にのみ残るようになった．ローマ時代にはガリア（今のフランス）にもいたが，その後はスコットランド，アイルランド，ウェールズ，ブルターニュに残るのみとなった．資料的にも限定されており，カエサル『ガリア戦記』をはじめとする古典古代の著作家の記述と考古学的発掘による遺跡や出土品が主たる史料となっている．

カエサルによれば，ケルトの社会は身分階層があったらしく，最上位はドルイド神官が占めていた．これはインドのカースト制度において，バラモン僧が最高位となっているのと似ている．ドルイドは森で供犠を行ったほか，聖なる知識の管理者であった．その修行は長く20年にも及び，文字によらない師匠からの口承の教えであった．また教義では人間の霊魂は不滅であり，死後は別の肉体に再生するとされていたらしい．

(2)　ゲルマン宗教

大陸ゲルマン人のもとでは史料が限られているため，アイスランドの史料に基づいて古い姿が推定されている．アイスランドはノルウェーからの植民によって作られた農民の国だが，キリスト教化が比較的遅く12～13世紀であったため，それ以前の多神教の様子を知る材料となる神話集『エッダ』（「詩のエッダ」と「散文エッダ」の2種類がある）が残った．これによれば，神々にはアース神族とヴァン神族という区分があった．これはインドのヴェーダ宗教におけるアスラとデーヴァの区分，イランのゾロアスター教におけるアフラとダエーヴァの区分，さらには日本の天津神と国津神の区分と似ている．中心となる神々としてはオーディン，トール，ロキがおり，敵対者には巨人族がいる．神々はアースガルズという世界に住んでいる．世界の中心には巨大なトネリコの木（宇宙樹）ユグドラシルがある．オーディンは予言，呪術などに優れた支配者であり，トールは武力に優れた英雄神である．彼は巨人たちと戦い，神々の世界を守る．ロキはトリックスター神で，神々に属するが，悪の側面をもつ．彼の子はフェンリル狼，ミズガルズ大蛇，炎の巨人スルト，死者の世界の女神ヘルなどであり，世界の終末ラグナレク（「神々の黄昏」ともいう）の時が来ると，この悪の一団が来襲して，神々と戦う．神々と悪の怪物たちは相討ちとなり，世界はスルトの炎によって滅び，海中に没するが，やがて再び緑の大地として浮上してくる．

こうした世界観が純粋に多神教のものなのか，それともキリスト教における最後の審判の観念から影響を受けて成立したものかについては議論があるが，一方には決めがたい．イランの終末論と

の類似もあるので，多神教の観念がキリスト教の影響下により明確な形を取ったものと理解しておくのが適当かもしれない．

参 考 文 献

（日本語および邦訳のものに限った）
〈古いタイプの原始宗教の概念について〉
古野清人『原始宗教』角川書店（角川新書），1964年．
〈原始（先史）宗教〉
エリアーデ，M.（中村恭子訳）『世界宗教史1 石器時代からエレウシスの密儀まで（上）』ちくま学芸文庫，2000年．
大貫良夫・前川和也・渡辺和子・屋形禎亮『世界の歴史1 人類の起源と古代オリエント』中央公論社，1998年．
長坂 宏『フランスの洞窟壁画を訪ねて』新風舎，2003年．
ラジリー，R.（安原和見訳）『石器時代文明の驚異』河出書房新社，1999年．
ルロワ＝グーラン，A.（蔵持不三也訳）『先史時代の宗教と芸術』日本エディタースクール出版部，1985年．
〈古ヨーロッパ宗教〉
ギンブタス，M.（鶴岡真弓訳）『古ヨーロッパの神々』言叢社，1989年．
ブルケルト，W.（松浦俊輔訳）『人はなぜ神を創りだすのか』青土社，1998年．
〈古代宗教一般〉
金岡秀友他『世界の宗教と経典・総解説』自由国民社，1985年．
本村凌二『多神教と一神教』岩波新書，2005年．
〈オリエント宗教〉
杉 勇他訳『古代オリエント集』筑摩書房，1978年．
〈イラン系宗教〉
大貫 隆訳・著『グノーシスの神話』岩波書店，1999年．
タルデュー，M. 著（大貫 隆／中野千恵美訳）『マニ教』白水社（文庫クセジュ），2002年．
山本由美子『マニ教とゾロアスター教』山川出版社，1998年．
〈ギリシア宗教〉
ヴェーヌ，P.（大津真作訳）『ギリシア人は神話を信じたか』法政大学出版局，1985年．
ヴェルナン，J. P.（吉田敦彦訳）『ギリシャ思想の起原』みすず書房，1970年．
ニルソン，M. P.（小山宙丸他訳）『ギリシア宗教史』創文社，1992年．
〈ヘレニズム宗教〉
田中美知太郎編『ギリシアの詩と哲学』平凡社，1965年．
〈ローマ宗教〉
小川英雄『ローマ帝国の神々』中公新書，2003年．
ゴドウィン，J.（吉村正和訳）『図説 古代密儀宗教』平凡社，1995年．
ペローン，S.（中島 健訳）『ローマ神話』青土社，1993年．
ホプキンス，K.（小堀馨子・中西恭子・本村凌二訳）『神々にあふれる世界─古代ローマ宗教史探訪』岩波書店，2003年．
〈キリスト教以前のヨーロッパの宗教〉
ストレム，F.（菅原邦城訳）『古代北欧の宗教と神話』人文書院，1982年．
マッカーナ，P.（松田幸雄訳）『ケルト神話』青土社，1991年．

2 仏教

I. 世界の宗教潮流

奥山直司

本文中の〔S〕はサンスクリット語（Sanskrit），〔P〕はパーリ語（Pāli），〔大正〕は大正新脩大蔵経を指す略号．

2.1 仏教とは何か

仏教は釈尊を開祖とする宗教であり，キリスト教，イスラームと並ぶ世界宗教の一つである，というのが，今日のわが国における一般的な理解であろう．だがこのような認識が成立したのは，それほど古いことではない．

そもそも仏教という言葉がこの体系の総称として定着してから，まだ百数十年しか経っていない．それまでの日本人は，今日の仏教に当たるものを仏法，仏道，仏門など種々によび習わしていた．学ぶのが仏法，歩むのが仏道，入るのが仏門というように，それぞれニュアンスを異にする言葉を場合に応じて使い分けていた．

仏教という漢語自体は古くから存在した．それは，儒教，道教と並べて三教（さんぎょう）の一つとされる場合には，今日の仏教にいくらか近い意味合いをもっている．しかし仏典における用例では，仏教は文字通り「仏の教え」，「仏の教法」の意である．

それでは，日本人が仏教を仏教とよぶようになったのは，いったいいつ頃からであろうか．正確にはわからないが，明治時代初頭であることは確かであろう．重要なことは，この変化が西洋からの影響の下に起こったと考えられる点である．具体的にいえば，仏教は，西洋人のいう Buddhism に相当する言葉，あるいはその訳語として，漢語の仏教用語集の中から選びだされたと考えられる．この語が選ばれた理由の一つは，仏法や仏道に比べて新しい時代に相応しい新鮮な響きがあったからであろう．これは，耶蘇教（キリスト教）等と並べて使うのにもおあつらえ向きの語形である．

仏教という言葉の選択は，単なる言い換えではなく，概念の変容をもたらす用語の拡大適用であった．すなわちそこには，仏教はキリスト教にも対比されるような一つの宗教（religion）である，という西洋人の仏教理解の受容が伴われていた．廃仏の風潮の中で頽勢挽回に腐心していた当時の日本仏教徒にしてみれば，自分たちの信仰がこのようにグレードアップされた形で捉えなおされることに異議はなかったに違いない．

この新しい用法はかなりのスピードで広がったようである．この普及に大きな役割を果たしたのは，『明教新誌』（1874 年に『官准教会新聞』として創刊）をはじめとする当時の誕生してまもない仏教系の新聞雑誌であったと考えられる．

明確な用例の一つとして指摘できるものに，1876（明治9）年から翌年にかけて，浄土真宗大谷派の石川舜台（いしかわしゅんたい）（1842-1931）によって刊行された『仏教論評』2巻がある．これはクラーク（James Freeman Clarke, 1810-88）の著『世界の十大宗教』（*Ten Great Religions: An Essay in Comparative Theology*）の第4章「仏教，すなわ

ち東洋のプロテスタンティズム（Buddhism, or the Protestantism of the East）」の和訳に石川が批判的な注を施したものである．ここには仏教がBuddhismの訳語として定着した姿を見ることができる．また石川も，この書に序文を書いた渥美契縁（あつみかいえん）（1840-1906）も，ほぼ今日的な意味で仏教という言葉を用いていると見られる．彼らは，おそらくは自分たちが批判の対象にしたクラークの所論そのものにも学びながら，このような認識に到達したのであろう．

Buddhism（bouddhisme／Buddhismus）という言葉が造られたのは，19世紀初めのヨーロッパにおいてであるとされる．その確認できる最古の用例は，1817年にパリでオズレー（Michel-Jean-François Ozeray）という人物が刊行した『ビュッドゥ，またはブッドゥの研究』という小冊子に見られるbouddismeであるらしい（ドロワ，2002, pp. 25-26, 70）．もちろんそれまでにもヨーロッパには，ブッダとその信仰に関する情報がさまざまに伝えられてはいたが，それらをその名の下に統合する言葉はなかった．この意味において，仏教（Buddhism）は19世紀初めにヨーロッパで誕生したのである．そして，明治日本において仏教は，西洋から逆輸入されたBuddhismという新たな概念枠の中で理念的に再構築された．それは日本仏教徒の目を，宗派の壁を超えて，仏教の原点たる釈尊とその教えに向け直すことになった．冒頭に述べた「釈尊を開祖とする世界宗教」という仏教理解は，このようにして広まったと考えられる．

今日，仏教とは何か，という問いかけには，他にもさまざまな答が用意されている．仏教は仏の教えであると同時に，仏になるための教えである，とはよく聞く言葉である．それはまた「仏陀（釈尊）が説いた宗教」であると同時に「仏陀を信仰する宗教」であるともいえる（渡辺，1974, pp. 47-50）．前田惠学（まえだえがく）による次なる定義は，学問的な理解としては行き届いたものの一つといえよう．

「仏教とは，釈尊を開祖とし，涅槃ないし悟りと救いを，最高究極の価値ないし目的として，その実現を目ざし，世界の諸地域に展開している文化の総合的な体系である」（前田，2003, p. 44）

伝統的に，仏教の基本は仏（〔S〕〔P〕buddha），法（〔S〕dharma, 〔P〕dhamma, 真理・真実・教えの意），僧（〔P〕〔S〕saṃgha, 僧伽（そうぎゃ），和合衆（わごうしゅ），僧団の意）の三宝（さんぼう）とされ，それらへの帰依が僧俗の別なく勧められる．このことから，仏教とは仏，法，僧を中心とする信念の体系であるということも可能であろう．

しかし仏教は，おそるべき多様性をもつ宗教であるから，以上のような比較的大雑把な定義はともあれ，仏教のすべての伝統を包括する概念枠を作ろうとしたり，仏教の本質をいくつかの条項に限定したりする試みは，あまり成功したものにはならないであろう．レイノルズ（Frank E. Reynolds）とハリズィー（Charles Hallisey）の言葉（中村監修，2005, p.11）を借りれば，われわれは今後とも，仏教の解説や解釈を継続的に深めていかなければならないのである．

参考文献

ゼームス・クラーク著，石川舜台評，山崎久太郎・船橋振訳『仏教論評』2巻『明治仏教思想資料集成』第4巻，図書印刷同朋舎，1980年，pp.367-406.
下田正弘「近代仏教学の形成と展開」，奈良康明・沖本克己・末木文美士・石井公成・下田正弘編『新アジア仏教史02 インドⅡ』佼成出版社，2010年, pp.14-55.
ロジェ＝ポル・ドロワ著，島田裕巳・田桐正彦訳『虚無の信仰　西欧はなぜ仏教を怖れたか』トランスビュー，2002年．
中村　元・三枝充悳『バウッダ・仏教』小学館，1987年．
中村　元監修，木村清孝・末木文美士・竹村牧男編訳『エリアーデ仏教事典』法藏館，2005年．
前田惠学『仏教とは何か，仏教学いかにあるべきか』，前田惠学集第2巻，山喜房仏書林，2003年．
渡辺照宏『仏教』（第2版），岩波新書，岩波書店，1974年．

2.2　釈尊の生涯と教え

(1)　さまざまな呼称

釈尊，すなわちゴータマ（ガウタマ）・ブッダは，今からおよそ2500年前，インド北東部のガ

ンガー（ガンジス）河中流域を中心に活動する宗教家の一人であった．

釈尊という呼称は釈迦牟尼世尊，あるいは釈迦世尊を略したものと考えられている．釈迦牟尼とは，釈迦（〔S〕Śākya,〔P〕Sākiya, Sakya）族の聖者（〔S〕〔P〕muni）の意である．釈迦は彼の出身種族名であるが，彼個人を指して釈迦（お釈迦さま）とよぶことも行われている．世尊（〔S〕〔P〕bhagavat，薄伽梵）は福徳，幸運，繁栄，威厳などを具えた者を原意とし，神々や聖者の呼称に用いられる．

他方，ゴータマ（〔S〕Gautama,〔P〕Gotama，瞿曇）は彼の姓と考えられる．

釈尊は，修行者仲間や異教徒からは沙門ゴータマ，あるいは単にゴータマとよばれていたようである．沙門（〔S〕śramaṇa,〔P〕samaṇa）とは，伝統的な聖職者であるバラモン（〔S〕〔P〕brāhmaṇa，婆羅門）に対置される，当時の出家修行者の呼称の一つで，仏教に限らず，ジャイナ教やアージーヴィカ教の修行者もまた沙門とよばれた．

またブッダ（〔S〕〔P〕Buddha）は，「目覚めた者，覚者」を意味する．これは修行の果てに至高の境地にたどりついたことを睡眠からの覚醒に譬えたものであるから，ブッダとは「最高の真理に到達した人」の意となる．これに対応する漢字音写語は仏，仏陀であるが，浮屠，浮図という古形もある．わが国では仏を「ほとけ」と訓読する．その語源は明確ではないが，一説によれば，音写語の「ふと」に「け」を付けたものという．しかし「け」を加えた理由については諸説紛々としている．チベット語でブッダに相当する語はサンギェー（sangs rgyas）である．これは「（煩悩を）浄化し，（智を）増大させた（者）」という意味で，チベット人のブッダに対する理解がよく表れている．

元来，ブッダという呼称は，釈尊固有のものでも，仏教独自のものでもなかった．当時のインド社会において，ブッダは，宗教の別を問わずに用いられた，聖人，賢者，修行者の呼称の一つであったようである．だから例えば，ジャイナ教の聖者もブッダとよばれた．また釈尊の弟子の中にも，「智慧第一」と讃えられた高弟サーリプッタ（〔S〕Śāriputra,〔P〕Sāriputta，舎利弗）のように，ブッダとよばれた者たちがいた．

仏教の発展にともなって，ブッダの称号は仏教の占有物となってゆくが，その後も仏教には常にブッダは複数であるとの観念が存した．過去七仏，つまり釈尊と彼以前に出現したとされるヴィパッシン（〔S〕Vipaśyin,〔P〕Vipassin，毘婆戸）仏をはじめとする6人のブッダたちへの信仰は古くから存在した．大乗仏教の諸仏への信仰は改めていうまでもないが，「ブッダ＝釈尊」のイメージの強い上座部仏教にも過去仏・未来仏の信仰がある．およそこのような事情から，釈尊を特定するために，ブッダにゴータマを冠するのである．

これに対して，欧米ではブッダといえば釈尊を指すのが普通である．しかし，彼を特に歴史上のブッダ（historical Buddha）とよんで，他の信仰上または理念上のブッダから区別することも行われている．

釈尊の個人名はシッダールタ（〔S〕Siddhārtha,〔P〕Siddhattha，悉達多）であったと伝えられている．「目的を成就した者」という意味である．これに従えば，釈尊のフルネームは，サンスクリット語でガウタマ・シッダールタ，パーリ語ではゴータマ・シッダッタであったことになる．

(2) 生存年代

釈尊の生存年代が，仏教の始まりを画する，仏教史上もっとも重要な年代であることは改めていうまでもない．それはまたインド古代史の基準年代の一つでもある．にもかかわらず，これについては，先にも用いた「今からおよそ2500年前」といったごく大雑把な表現に頼らざるをえないほど異説が多く，いまだに定説とよべるようなものは存在しない．

釈尊が80歳で入滅したという伝承は諸史料に共通している．釈尊の生存年代を巡る論争は，もっぱらその没年（仏滅年）を巡る論争である．仏滅年に関する説は大きく分けて次の3つである（cf. 山崎, 2002）．

① 紀元前544／543年．これは南方上座部仏教の

伝統説である．スリランカ，タイ，ミャンマー，カンボジア，ラオスの諸国で用いられている仏暦（仏滅紀元，Buddhist Era〔B. E.と略される〕）はこれを紀元とする．ただしスリランカ，ミャンマーでは西暦紀元前544年を元年とするのに対して，タイ，カンボジア，ラオスでは翌前543年から数え始める．この暦に従って，1956年から翌年にかけて，これらの国々やインドでは仏滅2500年の記念式典が挙行された．専門家はこの説を長期年代説，あるいは未修正長期年代説とよんでいる．この説は，伝承としては重要だが，学問的には問題があり，そのまま容認することはできない．

② 紀元前480年前後．これは，仏滅から218年後にマウリヤ朝のアショーカ王が即位したとするスリランカ上座部の所伝に基づき，アショーカ王碑文に刻まれたギリシア人諸王の年代から前268年頃と算定されるこの王の即位灌頂年から218年遡って仏滅年を定めるもので，即位年を何年とするかによって，前486年説，前483年説，前477年説など数年違いでいくつかの説が立てられている．専門家は，これらを一括して，①に対する修正説という意味で修正長期年代説とよんでいる．

興味深いのは，この年代が，隋代の経録『歴代三宝紀』〔大正〕No. 2034）などに記される衆聖点記の説に一致することである．衆聖点記とは，仏涅槃の後に開かれた第一結集において律蔵（仏教教団の生活規則を記した典籍）を編集したウパーリ（〔S〕Upālin,〔P〕Upāli, 優波離）が，同じ年の夏安居の後，律蔵に最初の点を打った．以来，律蔵の伝持者である長老たちは毎年の夏安居の後に所持する律蔵の写本に1点ずつ打ち加えるのが慣例となった．永明6（488）年に広州の竹林寺で律蔵の注釈書『善見律毘婆沙』〔大正〕No. 1462）を翻訳したサンガバドラ（〔S〕Saṃghabhadra, 僧伽跋陀羅）が翌永明7年の夏安居明けに1点を打ったところ，打点は通算975に達した，というものである．これに従えば，仏滅年は975－489＝486で前486年ということになる．この説全体を事実と認定することには無理があるが，それが南方仏教の伝承と考えられるだけに，そこから割り出される仏滅年が修正長期年代説に一致することは軽視できない．

③ アショーカ王の即位年の100年前，すなわち紀元前368年頃．①②が南方仏教の伝承，およびそれに立脚した説であるのに対して，これはアショーカ王の即位年を仏滅後100年とする北方仏教の伝承に根拠を求める説である．これを専門家は短期年代説とよんでいる．わが国では宇井伯寿が，説一切有部の論書である『十八部論』〔大正〕No. 2032），『部執異論』〔大正〕No. 2033）に見える116年を仏滅からアショーカ王の即位までの年数と見て，仏滅年を紀元前386年とし，これを修正した中村 元は紀元前383年説を唱えている．

現在の学界では，②の修正長期年代説と③のような短期年代説とが対立する状況にある．釈尊の生存年代は，②によれば前560年頃から前480年頃，③の中村説に従えば前463年から前383年となる．従来，西洋とインドの学者の大半は修正長期年代説を支持し，日本の学者は修正長期年代説の支持者と短期年代説の支持者とに分かれる傾向にあった．ところが近年，西洋の学者の間に新たな短期年代説を唱える人々が現れるという現象も見られる．両説の間に横たわる1世紀以上もの隔たりはまだ埋められていない．

ちなみに，釈尊の誕生日が何月何日であるかについても諸説あって一定しない．成道や入滅の日についても同様である．わが国では誕生を4月8日，成道を12月8日，入滅を2月15日の出来事として，それぞれ灌仏会（降誕会，仏生会，浴仏会，花祭り），成道会，涅槃会（常楽会）を多くの場合には新暦で行っている．これに対して，南方仏教圏やインド，ネパールでは，釈尊の誕生，成道，涅槃をすべてヴァイシャーカ月（4〜5月）の満月の日の出来事とする伝承に基づいて祝祭を行っている．それは南方仏教圏ではウェーサーカ（ウェサック）祭，インドやネパールではブッダジャヤンティー（Buddha Jayantī）とよばれている．チベット仏教徒がチベット暦4月15日を中心に行うサカダワ（Sa ga zla ba）祭も同じ趣旨のものである．

(3) 出現の背景

釈尊が生きた時代はインド史の一大転換期であり，政治，経済，文化のいずれの面においても変化の激しい時代であったと考えられる．

紀元前6世紀頃，ガンガー河中流域から西北インド，デカン高原北部にかけての一帯には，「十六の大国（マハージャナパダ）」の名で一括される国々が割拠していた．この状況は，その前時代である後期ヴェーダ時代（前1000〜前600年頃）にインド・アーリヤ人の一部が，インドにおける彼らの原郷であるパンジャーブ地方から東方に移住し，ガンガー・ヤムナー両河地域を経て，ガンガー河中流域まで進出した結果，作り出されたものであった．これらの国々には，部族内の有力者たちが合議によって政治を行うガナ・サンガ国と1人の王を頂く王国とがあった．前者の代表はヴァイシャーリーを都とするリッチャヴィ族の国ヴリジであり，釈尊が出た釈迦国もそうした国の一つであった．後者の代表はマガダ国とコーサラ国である．この両国にヴァトサとアヴァンティを加えた4国が有力となり，そのなかからやがてマガダ国が周辺諸国を併合してガンガー河流域の覇権を握る．それはマウリヤ帝国の成立（前317年頃）につながる統一国家形成の動きであった．

インド世界の政治・経済の新たな中心地となったこの先進地域では，前時代に引き続いて農業生産力が増大し，商業・交易活動が活発化して，貨幣の使用も始まった．各地で都市が発達し，そこでは商業と手工業が栄えた．王権の伸張に伴って，カースト制の大きな枠組である4ヴァルナ（バラモン，クシャトリヤ，ヴァイシャ，シュードラ）のうち，国王を頂点とするクシャトリヤ（王侯・武士）が，バラモン（司祭）に替わって社会の指導的地位に就きはじめた．同じように都市では商工業者が，農村では地主である富農が台頭した．彼らはヴァイシャ（庶民）に属するグリハパティ（家長）とよばれる人々であった．こうした資産者階級が出現する一方では，伝統的秩序の崩壊と貧富の差の拡大が進んでいた．

このような流動的な社会状況の中から，沙門とよばれる新しいタイプの思想家たちが次々に登場し，仏典で「六十二見」（62の学説）と総称される多種多様な議論を展開した．彼らはヴェーダの権威を否定し，自由に思索し教えを説く非正統的な修行者たちで，自由思想家ともよばれる．彼らを支持したのは，新しい価値観と行動規範を求める新興のクシャトリヤやグリハパティ層であった．こうした新思想家の代表者と目されるのが「六師外道」（6人の異教の哲学者）の名で一括される沙門たちである．彼らのパーリ語名と，その主張の要点は次のようである．

プーラナ・カッサパ（Pūraṇa Kassapa）：道徳否定論．

マッカリ・ゴーサーラ（Makkhali Gosāla）：決定論，あるいは宿命論．

アジタ・ケーサカンバラまたはケーサカンバリン（Ajita Kesakambala/-kambalin）：地・水・火・風の4元素を真の実在とする唯物論．

パクダ・カッチャーヤナ（Pakudha Kaccāyana）：4元素と苦・楽・生命の7要素説．

サンジャヤ・ベーラッティプッタ（Sañjaya Belaṭṭhiputta）：懐疑論，あるいは不可知論．

ニガンタ・ナータプッタ（Nigaṇṭha Nātaputta）：自制と苦行によって解脱を目指す自己制御説．

マッカリ・ゴーサーラはアージーヴィカ教（邪命外道）の祖である．アージーヴィカ教はマウリヤ朝時代には勢力をもっていたが，やがてジャイナ教に吸収された．そのジャイナ教の実質的開祖がニガンダ・ナータプッタである．彼はクシャトリヤを称する種族の出身で，本名をヴァルダマーナ（Vardhamāna）といい，42歳で悟りを開いてからはジナ（Jina，勝者），マハーヴィーラ（Mahāvīra，偉大な英雄）などの尊称でよばれた．ジャイナ教と仏教は時代，地域，社会的基盤をほぼ同じくして現れ，教義的にも初期の段階では共通点が多い．

釈尊は，以上に述べたような古代インド社会の変動期に，古代ギリシアや春秋戦国時代の中国にも似た思想界の百花繚乱の中から現れた沙門の一人であった．

(4) 釈尊の生涯

釈尊の生涯は，伝統的には，各種の仏伝（釈尊の伝記）を通して学ばれ，理解されてきた．仏伝と密接に関わりがあるのが釈尊の前世の物語であるジャータカ（本生譚），ならびに仏弟子と信者たちの現世と過去世の因縁を語るアヴァダーナ（比喩経類）である．これらの仏教説話は，仏教信仰の原点であり，仏教芸術のこよなき源泉でもある．

仏伝は一般に神話的，伝説的，奇跡的要素に満ちており，その主人公たる釈尊は人間に生まれながら人間を超えた存在である．このような要素は近代合理主義的な観点からは，釈尊の理想化が進んだ後世の付加と見なされがちであるが，それらは「ただの事実ではなくて，宗教的事実を伝えることを唯一の使命と」（渡辺，1974，p.78）する宗教文学にはむしろ本質的といってよいだろう．実際，釈尊を取り巻く奇跡信仰の影は古層の経典においても覆い隠すことのできないものであり，そこに垣間見られる釈尊像は近代の知識人が自分の身の丈に合わせて創り出した「人間ブッダ」のイメージとはかけ離れたものであるといわなければならない．

こうした仏伝文学のきらびやかな世界を離れてみると，釈尊の生涯について知られることはあまり多くないことに気づかせられる．伝承と推測を交えてその骨格を述べればおよそ次のようになろう．

釈尊は，現在のネパール南部からインド北境にかけて広がるタラーイ地方の一角に小さな国を建てていた釈迦族の出身者であった．釈迦族は，ヒマラヤ山麓に居住して米作を行う農耕種族の一つで，クシャトリヤを自称し，ガナ・サンガ国を営んでいたと考えられている．この国は西隣の大国コーサラに従属していた．

最古層の経典として知られるパーリ経典『スッタニパータ』には，釈尊自身の言葉として，その出自が簡単に語られている．それは，出家修行者となってまもない釈尊が，マガダ国王ビンビサーラから財物の提供を持ちかけられ，生まれを問われて発した答ということになっている．

「国王よ．真っすぐに（＝自分の来た方角に），雪山の麓に〔ある〕住民たちの地域があります．コーサラ国に住む者たちで，富と勇気をそなえています．太陽神という氏姓をもち，サーキヤという種族です．私はその（サーキヤ種族の）氏族から出家しました．国王よ．もろもろの欲望を求めているのではないのです」
（宮坂，2002，p.113）

釈迦族の根拠地はカピラヴァストゥ（〔S〕Kapilavastu,〔P〕Kapilavatthu）という町であった．その所在地については，ネパール領内のティラウラコット遺跡とする説とインド領内のピプラーワー遺跡に同定する説とがある．

伝承によれば，釈尊の父は釈迦族の王シュッドーダナ（〔S〕Śuddhodana,〔P〕Suddhodana,浄飯王），母はその妃で，釈迦族の東隣に住むコーリヤ族出身のマーヤー（〔S〕〔P〕(Mahā-)Māyā,摩耶夫人）という女性であった．シュッドーダナは王であったとされるが，釈迦族がガナ・サンガの政体をとる以上，その地位は専制君主のそれではありえない．おそらくは貴族会議の代表責任者のような存在であったと考えられる．

釈尊が誕生したのは，今のネパール領内のルンビニー（〔S〕〔P〕Lumbinī,藍毘尼）においてである．これを記念してこの場所には紀元前3世紀にアショーカ王によって石柱が建てられた．

母は彼が誕生して7日目に亡くなったとされるが，幼少年期の彼は父や義母（生母の姉妹とされる）の愛情を一身に受けて育ったものと思われる．その生活の一端を窺わせるものに，パーリ経典『アングッタラニカーヤ』の一節がある．これは釈尊が弟子たちに対して述べた少年時の回想とされるもので，反復表現で飾られた文体の中に，事実に近い内容を含んでいると考えられている．

「わたくしは，いとも優しく柔軟であり，無上に優しく柔軟であり，きわめて優しく柔軟であった．わが父の邸には蓮池が設けられてあった．そこには，ある処には青い蓮の華が植えられ，ある処には紅い蓮の華が植えられ，ある処には白い蓮の華が植えられてあったが，それらはただわたくし〔を喜ばす〕ために，設けられ

I. 世界の宗教潮流

ていたのであった．わたくしは〔よい香りのする〕カーシー（＝ベナレス）産の栴檀香以外には決して用いなかった．わたくしの被服はカーシー産のものであった．下衣はカーシー産のものであった．内衣はカーシー産のものであった．〔邸内を散歩するときにも〕寒さ・暑さ，塵，草，〔夜〕露がわたくしに触れることのないように，じつにわたくしのために昼夜とも白い傘蓋がたもたれていた．そのわたくしには，三つの宮殿があった．一つは冬のため，一つは夏のため，一つは雨季のためのものであった．それでわたくしは雨季の四ヵ月は雨季に適した宮殿において女だけの伎楽にとりかこまれていて，決して宮殿から下りたことはなかった」

（中村，1992, pp. 155-156)

このような恵まれた暮らしを送っていた彼が，「四門出遊」の説話などに象徴される人生の問題に悩んで，家族，地位，財産のすべてを放棄し，宗教的真理を求めて出家修行者になったのは，29歳の時のことであったと伝えられている．その立場と年齢から考えて，これは彼が跡継ぎとなるべき男子をもうけた後のことと考えるのが自然であろう．

沙門となった釈尊が向かったのは，当時の先進国マガダであった．そこで著名な修行者たちのもとを訪れて教えを乞うた後，彼は凄まじい苦行生活に入った．そこはガヤーの南，ナイランジャナー（〔S〕Nairañjanā, 〔P〕Nerañjarā, 尼連禅河）河畔のウルヴィルヴァー（〔S〕Uruvilvā, 〔P〕Uruvelā）の森の中であった．苦行は彼自身の判断によって中止されるまで6年もの間続けられたという．苦行を放棄した後，釈尊は，現在のブッダガヤー（Buddha Gayā, 仏陀伽耶，現地名 Bodh Gayā）の1本のアシュヴァッタ，またの名をピッパラ（学名 *Ficus religiosa*, インドボダイジュ）の樹の下で禅定に入り，ついに悟りを開いて，ブッダとなった（成道）．釈尊の坐した場所は金剛座として，またこれに影を落とすアシュヴァッタは悟りの樹（菩提樹）として，ともに崇拝の対象となった．後世，金剛座と菩提樹の周りに石の欄楯（玉垣）が造られ，さらにその側に精舎（大塔）が建設された．これが現在の大菩提寺（Mahābodhi Temple）の原型である．

釈尊が自ら体得した真理を初めて言葉にして語ったのは，ブッダガヤーから直線距離でも200 km以上離れたヴァーラーナシー（ベナレス）郊外の鹿野苑（〔S〕Mṛgadāva, 〔P〕Migadāya, 現サールナート）においてである．ここは当時修行者たちが集まる場所として知られていたようで，「聖仙が落ち合う処」（仙人堕処）とよばれていた．この最初の説法（初転法輪）の相手は5人の修行者であった．彼らは成道前の釈尊の修行者仲間であったとされる．彼らは釈尊の最初の弟子となった．仏教はこのときに始まったといってよい．

それから入滅までの45年間を釈尊は教えを広める遊行の旅に費やした．その早い時期に火に事えるカーシャパ三兄弟を始めとする千人の結髪行者を調伏し，弟子にしたことは，初期の仏教教団の発展を約束した重要な出来事であったと思われる．その教化は神変（超人的な力を駆使して種々の不可思議な現象を現すこと）によってなされたと伝えられており，釈尊の神秘家としての側面を物語っている．

釈尊が教えを説いた主な相手は，マガダ国の都ラージャグリハ（〔S〕Rājagṛha, 〔R〕Rājagaha, 王舎城，現ラージギル），コーサラ国の都シュラーヴァスティー（〔S〕Śrāvastī, 〔P〕Sāvatthī, 舎衛城，現マヘート），ヴリジ国の都ヴァイシャーリー（〔S〕Vaiśālī, 〔P〕Vesālī, 毘舎離, 吠舎釐）など，ガンガー河中流域に点在する都市の住民だったようである．これらの都市の近郊に，釈尊は，マガダ国のビンビサーラ王・アジャータシャトル王父子やコーサラ国のプラセーナジット王をはじめとする王侯貴族，あるいはシュラーヴァスティーのスダッタ（アナータピンダダ，給孤独長者）に代表される大商人など有力信徒の支援を受けて拠点を築いていった．代表的なものに，ラージャグリハのカランダカ竹林園（竹林精舎）とグリドラクータ（霊鷲山），シュラーヴァスティーのジェータ林アナータピンダダ園（祇樹給孤独園，祇園精舎，現サヘート）などがある．これら

—32—

の精舎・僧園は後の僧院の原型となった．

釈尊は，齢80の時に，侍者を務める弟子アーナンダ（〔S〕〔P〕 Ānanda，阿難）らにともなわれてラージャグリハから最後の旅に出て，クシナガラ（〔S〕Kuśinagara，〔P〕Kusinārā，拘尸那掲羅）郊外で涅槃（〔S〕nirvāṇa，〔P〕nibbāna．煩悩の火が吹き消された完全な安らぎの状態）に入った．彼の最後の言葉は，パーリ経典『大パリニッバーナ経』によれば，弟子たちに与えた「もろもろの事象（諸行）は過ぎ去るもの（無常）である．怠ることなく修行を完成なさい」（中村，1980，p.158，括弧内引用者）であった．その遺骸は荼毘に付され，遺骨（仏舎利）は聖者の遺物を求めて集まった諸勢力の間で8分されて，各地にそれを祀るストゥーパ（卒塔婆，仏塔）が建立されたと伝えられている．この伝承には史実が含まれているようで，ヴァイシャーリーでは8塔の1つとみられるものが発掘されている．

釈尊ゆかりの場所（仏跡）は巡礼の聖地となった．『大パリニッバーナ経』には，涅槃に入ろうとしている釈尊自身の言葉に仮託して，4大聖地の巡礼を勧める記述が見られる．4大聖地（四大仏跡）とは，釈尊の生涯の4つの大きな出来事（四大事），すなわち誕生，成道，初転法輪，入涅槃に関わるルンビニー，ブッダガヤー，サールナート，クシナガラである．後世これにさらに4つの仏跡が加えられ，8大聖地となった．その4つとは，獼猴奉蜜のヴァイシャーリー，千仏化現（舎衛城神変）のシュラーヴァスティー，三道宝階降下（従三十三天降下）のサーンカーシャ（〔S〕Sāṃkāśya，〔P〕Saṃkassa，僧迦舎，僧羯奢），酔象調伏のラージャグリハである．

後世，インド仏教の衰退にともなってこれらの聖地も荒れるに任せられていった．それが今日のように整備されるについては，19世紀に始まるインドの仏教遺跡に対する調査と修復と保護の試み，すなわち，カニンガム（Alexander Cunningham，1814-93）に代表される考古学者たちの発掘調査，ブッダガヤー大塔の復興を発願したビルマ王ミンドン（Mindon，在位1853-78）の先駆的努力とこれに続く英印政庁による大塔の修復，そして1891年にスリランカ人ダルマパーラ（Anagārika Dharmapāla，1864-1933）らによって設立されたマハーボーディ・ソサエティ（MahāBodhi Society，大菩提会）を中心とする仏跡復興運動の果たした役割が大きい．

(5) 釈尊の教え

釈尊は悟りを得て，ブッダとなった．悟りとは真理（〔S〕dharma，〔P〕dhamma，法）に目覚めること，言い換えれば，真理をありのままに見ることである．悟りはまた智慧によって得られ，智慧を本質とするものとされる．釈尊は悟りを得て，すべての煩悩（心身を悩ます汚れた心的作用）から解脱（束縛から解放され自由になること）し，安らかな涅槃の境地に到達した．それから彼は，仏伝によればしばらく逡巡した後，自らが体得した真理を言葉にして人々に説き示す道を選んだ．その説法は，ほとんどの場合，相手との対話の形式を取り，臨機応変になされる対機説法であった．このようにして彼は，成道から入滅までの長い歳月の間に実にさまざまな教えを説いたと考えられる．

釈尊は自らの教えを文字に書き残すことはなかったようである．それは専ら口承で伝達され，やがて経蔵（スッタピタカ），律蔵（ヴィナヤピタカ）としてまとめられていった．なかでも経蔵は阿含（アーガマ，伝承された教えの意）ともよばれ，釈尊の教えをもっとも濃厚に含んでいると考えられる．ただし，現存の阿含経から釈尊の教説のみを取り出すことは，学問的には不可能とされている（平川，1974，p.58）．

鹿野苑における彼の記念すべき最初の説法（初転法輪）は，中道と四諦八正道の教えであったとされる．

中道の教えは，欲楽に耽ることと自らを疲労させること（苦行）とを2つの極端として退け，そのいずれをも超え離れた中道を悟りへの道として勧めるもので，中道とは八正道，すなわち正見（正しい見解），正思惟（正しい思惟），正語（正しい言葉），正業（正しい行為），正命（正しい生活），正精進（正しい努力），正念（正しい専念），

◆ Ⅰ．世界の宗教潮流 ◆

正定（正しい瞑想）という8つの支分からなる実践方法である．

次に四諦八正道の四諦（4つの真実）は，四聖諦ともいわれる．それは，苦諦（苦聖諦，苦という真実），集諦（苦集聖諦，苦の起因という真実），滅諦（苦滅聖諦，苦の滅という真実），道諦（苦滅道聖諦，苦の滅に導く道という真実）の4つである．

このうち第一の苦諦は，生きることは苦であるという真実である．具体的には，生老病死は苦であり，怨憎会（憎い相手に会うこと），愛別離（愛するものと別れること），求不得（求めて得られないこと）は苦であり，略していえば五取蘊は苦であると説かれる．生老病死の苦を四苦といい，これに後の四苦を加えて八苦とよぶ．五取蘊とは，執着（取）の元となる五蘊，つまり人間の肉体的・精神的構成要素である色（肉体），受（感覚作用），想（表象作用），行（意志作用），識（認識作用）の5つの集合体のことであり，そして五取蘊苦（五陰盛苦，五盛陰苦）とは，前七苦を要約し，人間存在のすべてを苦と総括するものである．第二の集諦は，苦の原因は渇愛（根源的な欲望，執着）であるという真実である．第三の滅諦は，渇愛を余すところなく滅し去ることによって苦の滅があるという真実で，理想の境地たる涅槃が示唆されている．第四の道諦は，苦の消滅を実現する方法としての八正道である．

ここに提示された①苦と②苦の原因と③苦の消滅と④苦の消滅の方法とは，医師の患者に対する一連の治療プロセスに譬えられ，釈尊は衆生（生きとし生けるもの）の病を癒す，優れた医師（大医王）とされる．

釈迦は，人々に対して，生きることに必然的にともなう苦の様相をありのままに見つめることを教え，執着を捨てて苦を乗り越え解脱・涅槃に至る道筋を示したのである．

この四諦説は縁起の理法によって裏打ちされている．縁起説は仏教の根本思想とされる．縁起とは「（〜を）縁として起こる」，「（〜に）縁って起こる」という意味で，原因（因，直接原因）と条件（縁，間接原因）とによってものごとが生じ，

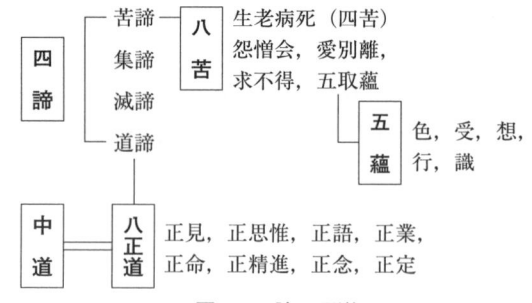

```
           ┌ 苦諦 ┐  ┌──┐ 生老病死（四苦）
    ┌──┐ │ 集諦 │  │八苦│ 怨憎会，愛別離，
    │四諦│─┤ 滅諦 │  └──┘ 求不得，五取蘊
    └──┘ └ 道諦 ┘         │
                              ┌──┐
                              │五蘊│ 色，受，想，
                              └──┘ 行，識

    ┌──┐  ┌───┐ 正見，正思惟，正語，正業，
    │中道│──│八正道│ 正命，正精進，正念，正定
    └──┘  └───┘
```

図1　四諦八正道

また滅するという因果の関係性を指している．縁起説では，すべてのものごとは多くの原因と条件によって成立する相互依存的なものであると捉える．渇愛によって苦が生じ，渇愛の滅によって苦が滅するのは，この理法による．縁起説は，釈尊の菩提樹下の悟りの内容であったとされる仏教特有の教説であるが，その原型については諸学者の間に意見の隔たりがあり，しばしば論争の的となってきた．

縁起説はやがて十二因縁（十二支縁起）として整備され，固定化される．これは，①無明（根源的無知），②行（潜在的形成力，能動性），③識（識別作用），④名色（名称と形態），⑤六処（六入．眼，耳，鼻，舌，身，意の6つの感覚器官），⑥触（③④⑤の接触），⑦受（苦楽などの感受），⑧愛（渇愛），⑨取（執着），⑩有（生存），⑪生（生れること），⑫老死（老いと死）という12の項目を立て，老死に代表される苦の生起の根源を無明に求め，無明を滅すれば，結局は苦も滅せられるとするものである．

さらに釈尊の，あるいは最初期の仏教の中心思想を述べたものとして，しばしば引き合いに出されるものに，諸行無常，諸法無我，涅槃寂静をセットにした三法印（法印は真理の印の意），またはこれに一切皆苦を加えた四法印がある．諸行無常は，すべてのものごと（サンスカーラ，作られたものの意）は絶え間なく変化して止むことがないということ．一切皆苦は，すべてのものごとは苦に満ちているということ．諸法無我は，すべての存在（ダルマ）は永遠不変の実体（アートマン，我）を有しないということ．涅槃寂静は，煩悩の炎が吹き消された涅槃は静かな安らぎの境地

であるということである．これらは仏教の根本教説として古来，重要視されてきた．この無常，苦，無我，涅槃の考え方は，まさに釈尊の教えに源を発するものと考えてよい．もっとも，それらが上述のような三句，または四句の法として定型化されたのは後のことであり，法印という漢語は，サンスクリット語のダルモーダーナ（dharmoddāna，法の要目）に相当するものの，パーリ経典には対応語を見出せないことが明らかにされている．

仏教のもっとも基本的な修道法である三学もまた釈尊まで遡るものと考えられている．三学とは戒（戒律），定（禅定），慧（智慧）の実修のことである．先の八正道はこの三学に収められることがあり，例えば，正見と正思惟は慧学に，正語，正業，正命は戒学に，正念と正定は定学に，正精進は三学全体に配当される．

釈尊は，他者に対してカースト的身分秩序を問題にしない平等な態度で接した．智慧とともに，慈悲（いつくしみとあわれみ）と善の実践の大切さを身をもって示したのも釈尊その人だったに違いない．『法句経』（ダンマパダ）等に含まれる，いわゆる七仏通誡偈（パーリ文『法句経』第183偈）は，そうした精神を伝えるものの一つである．それは漢訳『法句経』（〔大正〕No. 210）によれば次のようである．

諸悪莫作　諸（衆）善奉行
自浄其意　是諸仏教

この偈（詩頌）は，古来日本人にも馴染み深く，広く愛誦されてきた．例えば，明治仏教界では宗派の違いを超えた通仏教的精神を表すものとして，その流布が図られたようである．次に紹介する河口慧海（1866-1945）による和訳もそのような運動から生まれたものということができる．「すべてのあくをなすなかれ　あらゆる善をつとむべし　みずからこころをきよむるは　これぞ諸仏のをしへなる」（黄檗文化研究所編，1998, p. 13）

参考文献

黄檗文化研究所編『河口慧海ネパール・チベット入国百周年記念―その初公開資料と黄檗山の名宝―展図録』黄檗山萬福寺文華殿，1998年．

三枝充悳『縁起の思想』，三枝充悳著作集第2巻，法蔵館，2004年．
リチャード・ジャフィ著，前川健一訳「釈尊を探して―近代日本仏教の誕生と世界旅行―」『思想』2002年第11号，pp. 64-87.
谷川泰教『仏教要論』，『仏教要論Ⅱ』高野山大学，2004―2005年．
中村　元訳『ブッダ最後の旅―大パリニッバーナ経―』岩波文庫，岩波書店，1980年
中村　元『ゴータマ・ブッダⅠⅡ　原始仏教ⅠⅡ』中村元選集〔決定版〕第11，12巻，春秋社，1992年．
平川　彰『インド仏教史』上，春秋社，1974年．
藤田宏達「三法印と四法印」『橋本博士退官記念　仏教研究論集』清文堂出版，1975年，pp. 105-123.
古坂紘一『宗教史地図　仏教』朱鷺書房，1999年．
前田惠學『釈尊をいかに観るか』前田惠學集第1巻，山喜房仏書林，2003年．
宮坂宥勝（訳）『ブッダの教え―スッタニパータ』法蔵館，2002年．
山崎元一「仏滅年の再検討―論争史の回顧とベヒェルト説批判―」『三康文化研究所年報』第33号，2002年，pp. 1-29.

2.3　インド仏教の展開

(1)　初期の仏教僧団とその分裂

伝えられるところによれば，釈尊の入滅の直後，ラージャグリハの七葉窟に500人の比丘が集まり，第一結集（合誦，皆で誦すること）とよばれる最初の聖典編纂会議がマハーカーシャパ（〔S〕Mahākāśyapa,〔P〕Mahākassapa, 摩訶迦葉）を主幹として開催された．釈尊の正しい教えの湮滅を恐れてのことであった．このとき，アーナンダによって誦出された教法とウパーリによって誦出された律（僧侶の生活規則）とが参加者全員によって合誦され，決定されたといわれている．

サンガ（仏教僧団）は，最初期の遊行遍歴から精舎への定住へと，次第にその生活形態を変化させていった．それとともに定住の集団生活を送るのに必要な律の条項の整備が進んだ．サンガには比丘サンガと比丘尼サンガとがあった．前者は男性の正式な出家修行者である比丘と20歳前の見習い僧である沙弥によって構成され，後者は女性の正式な出家修行者である比丘尼と18歳までの

見習いの沙弥尼，そして沙弥尼が比丘尼になる前に2年間務めなければならない式叉摩那（〔S〕śikṣamāṇā，〔P〕sikkhamānā，正学女）によって構成されていた．サンガは4人以上の比丘，または比丘尼で構成される集団である．それは規模が大きくなると適宜，界（活動区域）を分け，アメーバが細胞分裂するように分裂，増殖した．界内で活動している現実のサンガを現前サンガ（目の前にあるサンガ）とよび，全サンガを合わせた理念上の仏教教団を四方サンガとよぶ．

サンガの外側には在家信者たちがいた．彼らは仏，法，僧の三宝への帰依を誓って仏教に入信した人々で，男性は優婆塞（〔S〕〔P〕upāsaka），女性は優婆夷（〔S〕〔P〕upāsikā）とよばれ，在家五戒，すなわち不殺生（生き物を殺さない），不偸盗（盗まない），不邪淫（邪な性行為をしない），不妄語（嘘をつかない），不飲酒（酒を飲まない）の生活習慣を守りながら，布施などによってサンガの活動を支えた．

第一結集からおよそ100年間は，仏教僧団の統一はかろうじて保たれたようである．だがその間に仏教は，根拠地であるマガダから西方に向かって伝道を進めており，教線の拡大とともに各地に結成されたサンガは次第に独自性を強める傾向にあった．各サンガの活動は何らかの中央機関の統制下に行われるものではなかったので，こうした傾向は避けがたいものであった．

仏滅から100年後に起こったとされる仏教僧団の最初の分裂（根本分裂）は，このような情勢を背景にしたものと考えられる．この分裂の原因は，「十事の非法」の問題であったと伝えられる．それは，ヴァイシャーリーのヴリジ族出身の比丘たちが塩の貯蔵，食事，教団運営，金銀の受蓄などに関する10項目を挙げて律の運用の緩和を要求したのに対して，ヴァイシャーリーに集まった700人の比丘がこの問題を検討し，10項目のすべてを非法と判定したというものである．この審議の後で結集が行われたとされるので，この会議を第二結集という．また説一切有部の伝承には，大天という僧が唱えた阿羅漢批判（大天の五事）をめぐって激しい論争が起き，それが分裂の引き金になったとするものがある．

このような伝承が伝えるのは，僧団の規律や教義の根幹にかかわる保守的な厳格派と進歩的な寛容派との意見の対立であり，その結果が根本分裂であった．これによって，仏教僧団は，保守派の長老たちを中心とする上座部（〔S〕Sthaviravāda，〔P〕Theravāda）と進歩的な比丘たちによって結成された大衆部（〔S〕〔P〕Mahāsāṃghika）との2つに分かれた．繰り返しになるが，この分裂は仏滅から約100年後の出来事と伝えられる．したがって，その年代は，仏滅の修正長期年代説を採れば前380年頃，短期年代説を採ればアショーカ王の即位年（前268年頃）の前後ということになる．

(2) アショーカ王と仏教

仏教は，元来マガダで活動する沙門の宗教の一つに過ぎなかった．それがインドのみならず，アジアの広大な地域を教圏に収める大宗教へと飛躍する最初のきっかけは，マウリヤ朝第3代皇帝アショーカ（〔S〕Aśoka，〔P〕Asoka，阿育，無憂，在位前268頃-前232頃）の帰依にあったといっても過言ではない．前4世紀初めにチャンドラグプタによって建国されたマウリヤ朝はインド初の統一国家であった．アショーカはこの帝国の最盛期を現出した王である．

アショーカ王は自らが発布した法勅を領内各地の岩壁や石柱に刻ませた．有名なアショーカ王碑文である．その一つである14章摩崖法勅の第13章によれば，彼はカリンガ（現オリッサ州）戦争で夥しい犠牲者を出したことへの反省から，従来の武力による征服から「ダルマ（法）による征服」へと政策を転換した．このダルマは世俗倫理を内容とする統治のための理念であって，仏法そのものではないが，王はカリンガ戦争後に優婆塞としてサンガに近づいて熱心に努力しており，そのダルマも仏教の影響を強く受けたものであると考えられる．王は自ら「ダルマの巡行」を行っているが，その始まりはサンボーディ（Saṃbodhi，正覚）を訪れることであった．この場合のサンボーディとはブッダガヤーの菩提樹を指すとも解釈

されている．また北方伝承にいう王の古塔開掘伝説（仏舎利を祀るために最初に建立された8塔のうちの7基を開いて仏舎利を取り出し，8万4000の新塔に分納したという話）も，サーンチー第1塔（1世紀初頃）などの内部にアショーカ時代に遡りうる塔址が確認されることから，ある程度史実を反映したものと考えられている．もっとも，彼は仏教だけを優遇していたわけではなく，法勅の中で，仏教，バラモン教，アージーヴィカ教，ジャイナ教などすべての宗教を平等に取り扱う姿勢を表明している．

南伝によれば，アショーカ王の保護の下，首都パータリプトラにおいてモッガリプッタ・ティッサ長老の主宰による結集（第三結集）が千人の比丘を集めて行われ，その後，まだ仏法の及んでいない9地方に伝道師が派遣されたという．なかでも王の息子または弟とされるマヒンダ長老らによるランカーディーパ（スリランカ）伝道はよく知られているが，この伝承については，西インドの地方教団が自らの伝道事業をアショーカ王に結び付けたものとの説も立てられている（山崎，1979）．他にも彼の事績を仏教の立場から誇張して伝える伝説は多い．しかし，仏教教団が，アショーカ王の治世にその強大な権力の保護を受けて，全インドに向けて勢力を拡大させていったことは事実であろう．

(3) 部派仏教の展開

アショーカ王の没（前232年頃）からおよそ50年にしてマウリヤ帝国は崩壊する．その後のインドは，大小の地方政権が分立割拠する時代に入った．西北インド，西インドには，まずバクトリア王国のギリシア人（インド・グリーク）が，続いてサカ（シャカ，インド・スキタイ，塞）族，パフラヴァ（インド・パルティア）族が侵入した．だがこうした社会変動の中でも仏教は力を伸ばし，これら外来の異民族の間にも信者を獲得していった．前2世紀に西北インドに侵入して王国を築いたギリシア人王メナンドロスと長老ナーガセーナとの対話を記したパーリ経典『ミリンダパンハー』（ミリンダ王の問い，漢訳『那先比丘経』〔大正〕No. 1670 に相当）は，異民族の王相手に諄々と教えを説く古代インドの比丘の面目を伝えるとともに，民族や文化的背景の違いを超えて伝播してゆく当時の仏教の普遍的な力を感じさせる．

一方，北インドやデカン高原でも仏教は勢力を増大させていた．それを象徴するものが，バールフット，サーンチー，アマラーヴァティーをはじめとする各地に造立されたストゥーパである．仏舎利を祀るストゥーパは，聖樹信仰などとも結合して信仰の対象となり，仏教の理想の境地たる涅槃のシンボルとして華麗に装飾され，手厚く供養された．こうしたストゥーパ信仰が高まる中，在家信者の寄進によって，新たなストゥーパの造立や前時代のストゥーパの改修が盛んに行われた．ストゥーパの周囲に設置された石造の欄楯と塔門（トーラナ）にはジャータカや仏伝の場面を表す浮彫彫刻が施された．これは仏教美術の始まりを告げるものであった．だが，この彫刻の主要なテーマの一つが仏伝であるにもかかわらず，その主人公である釈尊は，ブッダは人間の姿では表現できないとの理念によるものか，人体表現されることなく，聖樹，法輪，聖壇，足跡などによって象徴的に示されている．

根本分裂の後，大衆部と上座部は，それぞれに枝末分裂とよばれる分裂を重ね，部派（ニカーヤ）は次第にその数を増していった．その分派の系譜は十数種類に上り，相互にかなりの相違が認められるが，歴史上には大衆部系，上座部系を合わせて18部から20部，あるいはそれ以上の部派が存在したと考えられる．その中では特に大衆部と上座部，そして上座部系の説一切有部と正量部の4部派が有力だったようである．このような諸部派分立時代の仏教を部派仏教といい，また彼らがアビダルマ（〔S〕abhidharma, 〔P〕abhidhamma, 阿毘達磨，阿毘曇，法の研究の意）という教理研究を発達させたことからアビダルマ仏教ともよばれる．後世，大乗仏教徒の一部から小乗（Hīnayāna）と貶称されるのもこれである．

部派仏教の修行者たちは，細分化された修行階梯の中で戒，定，慧の三学を基本とする厳格な修

◆ Ⅰ. 世界の宗教潮流 ◆

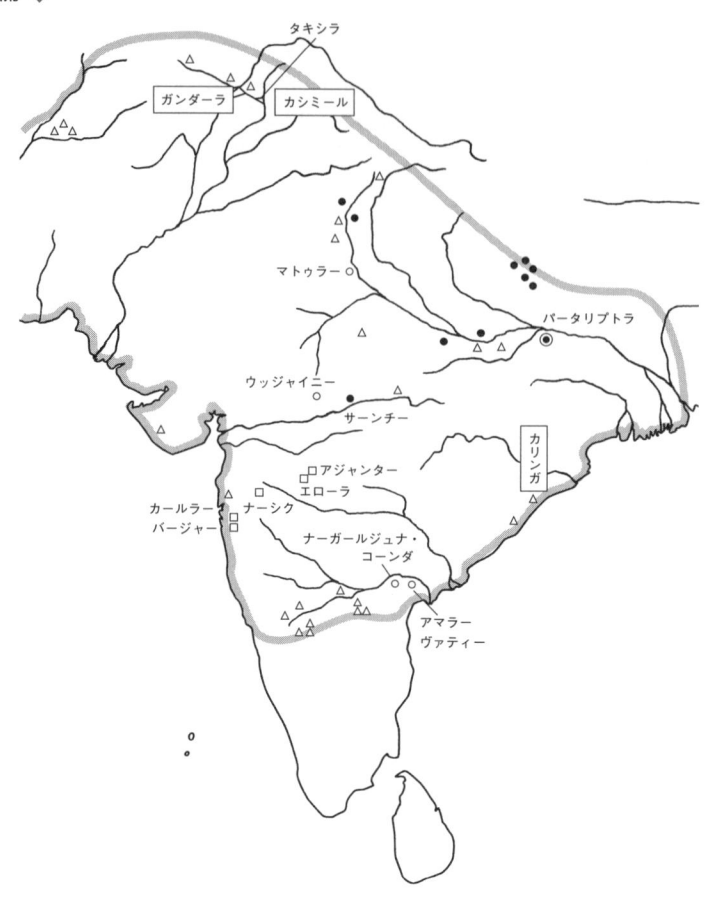

図2 仏教の展開（前3～前2世紀）
●は石柱碑，△は磨崖碑，□は石窟寺院，網線はマウリヤ朝最大版図（アショーカ王時代）．
ただし遺跡・地名には後代のものも含まれている．

行に励まなければならなかった．彼らの最終的な目標は，すべての煩悩を断じ切って阿羅漢（〔S〕arhat, 〔P〕arahat. 応供．尊敬されるべき聖者の意）となることであった．阿羅漢は，元はブッダの異名であったが，部派仏教ではブッダとは区別され，全知者として遥か高みに祀り上げられたブッダにはとても及ばない存在とされた．

彼らは，在家の施主たちの寄進を受けて，インド各地に祠堂，僧坊，ストゥーパなどが複合した仏教センターを作っていった．北インドのマトゥラーでは説一切有部や大衆部が，西北インドのカシミール・ガンダーラ地方では説一切有部が栄えた．西インドのサーンチーやウッジャイニーには上座部系の諸部が，アーンドラ地方のアマラーヴァティーやナーガールジュナ・コーンダでは大衆部系の諸部が有力であった．デカン高原北西部でもアジャンター，ナーシク，カールラー，バージャーなどの石窟寺院の造営が，主としてサータヴァーハナ朝下で進められていた．

各部派はそれぞれ独自の経蔵と律蔵をもっていた．経蔵は阿含とよばれる初期仏教経典の集成であった．これに基づいて，諸部派――少なくともいくつかの有力部派――は，釈尊の教えを緻密に分析してその体系化に努め，いくつものアビダルマ文献を作成した．それらは後に論蔵にまとめられ，先の経蔵，律蔵と合わせて三蔵が成立する．

各部派はそれぞれに特徴的な学説を掲げて互いに論争した．例えば，諸部派中もっとも有力だった説一切有部は，説一切有の名の通り，「すべてがある」と説いた．より詳しくいえば，彼らは現

象的存在の構成要素として75のダルマ（法）を立て，それらを色，心，心所，心不相応行，無為の5つのカテゴリーに整理し（五位七十五法），これらのダルマが過去，現在，未来のいずれにおいても実在するという三世実有法体恒有を主張した．彼らによれば，未来には無数のダルマが順不動で存在し，それらが因縁によって現在に引き出されて，一刹那だけ存在した後，過去に移動する．このような学説によって有部は，釈尊の説いた無常を理論的に説明しようとした．これに対して，説一切有部から派生したともいわれる経量部は，ダルマが実在するのは現在の一刹那のみとして，説一切有部の三世実有説を批判した．

説一切有部の教学は，2～3世紀頃，『阿毘達磨大毘婆沙論』（〔大正〕No. 1545）として集大成され，その後，ヴァスバンドゥ（〔S〕Vasubandhu，世親，天親，400頃）の『阿毘達磨倶舎論』に至って一つの完成に達したと評される．もっともヴァスバンドゥは，この書において伝統的教学を継承しつつも，経量部的な観点からこれに批判を加えている．

(4) 大乗仏教の興起

インドに大乗（Mahāyāna，大きな，あるいは優れた乗物の意）とよばれる新たな仏教運動が勃興したのは，前1世紀頃のことと考えられている．まもなく，「空の智慧の完成」（〔S〕prajñāpāramitā，般若波羅蜜）に基づく菩薩（〔S〕bodhisattva）の行道を説く般若経を皮切りに，仏の壮大かつ深遠な悟りの世界と菩薩の修道過程を描く『華厳経』（十地品，入法界品など），阿弥陀仏による救済を説く『無量寿経』などの浄土経典，一仏乗や久遠実成の仏への信仰を説く『法華経』，在家信者維摩詰（〔S〕Vimalakīrti）が活躍する『維摩経』など多彩な内容を盛った初期大乗経典が次々に出現しはじめた．

この新しい仏教の推進者たちは，自らの立場を大乗，または菩薩乗（〔S〕Bodhisattvayāna）とよんだ．そして従来の部派仏教を声聞（〔S〕śrāvaka，教えを聴聞する者の意で，出家修行者を指す）と縁覚（〔S〕pratyekabuddha，独覚，師がなく独りで悟る者）の二乗に代表させ，これを小乗として批判して，自己の優位性を主張した．

大乗の修行者は菩薩，または菩薩大士とよばれる．菩薩は「悟りへの志向をもつ者」の意で，ジャータカや仏伝では成道前の釈尊の名称である．これに大士（〔S〕mahāsattva，摩訶薩），すなわち「偉大な心をもつ者」という言葉を加えるのは，自利（自己の悟り）とともに利他（他者の救い）の完成を目指す大乗の修行者の立場を鮮明にするためと解釈される．菩薩大士が実践するのは，六波羅蜜とよばれる6つの徳目，つまり布施，持戒，忍辱，精進，禅定，智慧の各波羅蜜（〔S〕pāramitā，到彼岸，完成の意）を基本とする利他行としての菩薩行である．大乗は，出家・在家の区別を超えて，広く衆生（生きとし生けるもの）一般に対して，菩薩となって衆生の救済に当たることを勧める．その一方では，阿閦仏，阿弥陀仏，毘盧遮那仏，久遠実成の釈迦仏，薬師仏などの諸仏と，文殊菩薩，観音菩薩をはじめとする諸菩薩による救済を説き，彼らへの供養礼拝を勧める．

大乗仏教の起源については，さまざまな学説が唱えられている．早くから唱えられたのは大衆部起源説である．平川彰は，これを否定し，大乗仏教は部派教団と並列的に存在した在家仏教の流れが発達して成立した教団であり，この教団は生活基盤を仏塔信仰に置いていた，とする在家起源説を提唱して一期を画した．この説に対しては種々の異論が提出されているが，いずれも平川説を議論の出発点としていることに変わりはない．この問題を巡る議論から垣間見えるのは，大乗は在家集団を起源とするという捉え方では説明しきれない初期大乗仏教の姿である．もっとも，たとえ大乗の起源を部派の中に求めるにしても，在家信者側からの信仰の盛り上がりというファクターを抜きにしてこの問題を考えることはできないだろう．この意味においても，紀元前後数世紀の間に異民族の侵入などによって引き起こされた北インドの動乱と，それに伴う西アジア文化の流入などが，大乗という仏教革新運動を促したとする指摘は傾聴に値する（梶山，1997）．クシャーナ帝国下で発展した東西融合的文化の影響も，有神論

I．世界の宗教潮流

的なヒンドゥー教の形成の影響などとともに考慮されなければならない．

(5) クシャーナ帝国と仏像の出現

クシャーナ朝は，紀元後1世紀頃，バクトリアから西北インドに勢力を拡張し，諸勢力興亡の地の新たな覇者となった．2世紀前半頃，この王朝に君臨したのがカニシカ1世（〔S〕Kaniṣka，加膩色迦，在位127頃-150頃）である．この王はガンダーラ地方のプルシャプラ（現ペシャワール）に都を置いて，中央アジア，アフガニスタン東部から中インドにまたがる大帝国を支配した．この帝国は，インドと中央アジア，中国とローマを結ぶ交易ルートの拠点を掌握して経済的・文化的に繁栄を極めた．その領内には無数の民族が居住し，東西のさまざまな文化が対立と融合を重ねていた．このようなクシャーナ朝の隆盛とともに盛行した美術の一派が，グレコ・ローマ風の仏像で有名なガンダーラ美術である．

伝承によれば，カニシカ王はパールシュヴァ（〔S〕Pārśva，脇尊者）の進言により，カシミールに500人の比丘を集めヴァスミトラ（〔S〕Vasumitra，世友）を上座として説一切有部の結集（第四結集）を行った．このとき編集された論蔵が，上述の『大毘婆沙論』であるという．また王は，仏伝を主題とする叙事詩『ブッダチャリタ』（『仏所行讃』）で知られる仏教詩人アシュヴァゴーシャ（〔S〕Aśvaghoṣa，馬鳴，1-2世紀頃）とも親交があったと伝えられる．

カニシカ王が仏教に好意的関心を寄せていたことは事実のようで，王が自らの像を刻ませたコインには，裏面にブッダの立像とギリシア文字によるBODDOの銘とが刻印されたものが含まれている．ペシャワール郊外のシャー・ジー・キー・デリーの遺跡は，中国人巡礼僧たちがこの王の建立と伝える仏塔（カニシカ大塔）に同定され，そこからは青銅製の所謂「カニシカ舎利容器」が発掘されているが，この2つをカニシカ王に結び付けることには異論も出されている．

仏像がいつどこでどのようにして誕生したかは，長年にわたって多くの議論が積み重ねられな

図3　ガンダーラ様式の仏像

がら，いまだに決着をみない問題である．従来，この議論の最大の焦点は，カニシカ王の治世に互いに様式の異なるブッダ像の制作を本格化させたガンダーラとマトゥラーのいずれにブッダ像の起源を求めるかということにあった．ところが近年，イタリア隊によるスワート地方の仏教遺跡ブトカラIの発掘の成果などを取り入れた新説が現れ，議論を多様化させている（宮治，2010）．仏像出現の要因についてもさまざまな見解があり，大乗仏教の仏身観との関連性，仏伝文学・讃仏文学の興起に伴う，人間の姿をしたブッダを礼拝したいという，主に在家信者側からの欲求の高まり，神格化された帝王の肖像彫刻を祀るクシャーナ族の伝統からの影響などが考えられている．

(6) 大乗諸学派の成立

2世紀後半から3世紀前半にかけて，サータヴァーハナ朝下の南インドでナーガールジュナ（〔S〕Nāgārjuna，龍樹，150頃-250頃）が活動した．彼は，般若経や『十地経』（『華厳経』十地品）に説かれる菩薩行の理論と実践に学んで，独自の「空の哲学」を打ち立て，それによって部派やインド哲学諸派の実在論を厳しく批判した．それは釈尊の真説を哲学的に解明し，大乗の思想的基盤を確立する試みであった．ナーガールジュナは，主著『中論』をはじめとして，『六十頌如理論』，『空七十論』，『廻諍論』，『ヴァイダルヤ論』，

『宝行王正論』，『勧誡王頌』などの著作を残している．『大智度論』，『十住毘婆沙論』など，伝統的には彼の著作とされながら，その真偽が未決定の作品もある．

彼の学説は，弟子アーリヤデーヴァ（ⓢ Āryadeva，聖提婆，170頃-270頃）に受け継がれ，その後の大乗仏教の思想的展開に決定的な影響を与えた．ナーガールジュナを祖として形成された学派が中観派（ⓢ Mādhyamika）である．後にこの学派はブッダパーリタ（ⓢ Buddhapālita，仏護，5-6世紀），チャンドラキールティ（ⓢ Candrakīrti，月称，7世紀）らの帰謬論証派とバヴィヤ（ⓢ Bhavya/Bhāviveka，清弁，5-6世紀）らの自立論証派とに分かれて論争した．菩薩行の真髄を端麗な詩に謳い上げた『入菩提行論』の著者シャーンティデーヴァ（ⓢ Śāntideva，寂天，7-8世紀）も中観派の人である．

ナーガールジュナの時代以後も大乗経典は作り続けられた．大乗経典の歴史は，ナーガールジュナの時代までを第1期または初期とし，ナーガールジュナ以後，アサンガ・ヴァスバンドゥの時代までを第2期または中期，それ以降を第3期または後期とするのが普通である．この第2期に現れた大乗経典に，『如来蔵経』，『不増不減経』，『勝鬘経』などの如来蔵系経典（一切の衆生は如来蔵，すなわち仏となる可能性をもっていると主張するもの），「一切衆生悉有仏性」の教えで知られる『大乗涅槃経』，唯識思想を展開した『解深密経』などがある．また如来蔵と唯識説のアーラヤ識（人間存在の根底にある識，阿頼耶識）を同一視する説で知られる『入楞伽経』は，第3期または後期に属する代表的な経典の一つである．

4世紀初め，マガダにチャンドラグプタ1世（在位320-35頃）によってグプタ朝が建てられた．この王朝は周囲を次々に征服して領土を拡大し，分裂状態にあった北インドを統一した．グプタ朝はサンスクリット語を公用語・官用語とし，バラモン教を国教として，その教学の復興に努める一方，宮廷を中心に学芸を保護育成し，その治下にインド古典文化の黄金時代を出現させた．

2. 仏　　　教

この時代，仏教は，いよいよ隆盛に向かうヒンドゥー教に押されて全体としては退潮に向かうが，教理研究は各地の僧院大学においてむしろ盛大に行われた．仏教の故地マガダにナーランダー（ⓢ Nālandā，那爛陀）大僧院が創建されたのもこの時代と考えられる．この僧院大学はグプタ朝の滅亡後もハルシャ朝，パーラ朝の庇護を受けて一大教育研究センターとして栄え，インド仏教が衰亡する中で14世紀頃まで生き延びた．また5世紀後半，グプタ朝と友好関係にあったヴァーカータカ朝下のアジャンターにおいて200年ほど途絶えていた石窟寺院の開鑿が再開された．これを飾る豊富な壁画は，インド絵画史を代表する遺品で，中央アジアを経て東アジアに伝播した仏教絵画の源流に属するものとしても重要な位置を占めている．

4～5世紀頃，グプタ朝下に現れた仏教の学派が，瑜伽行派（ⓢ Yogācāra），またの名を唯識学派（ⓢ Vijñānavādin）である．瑜伽行派の名は，この学派の担い手が瑜伽行（ヨーガの実践）に専念する瑜伽師とよばれる人々であったことに由来する．彼らは『解深密経』を所依の経典とし，『瑜伽師地論』という厖大な論書をもっていた．彼らの基本的な見解は，唯識派の名の通り，すべてのものは識の所産であり，識のみが存在するというものである．この派の開祖はマイトレーヤ（ⓢ Maitreya/-nātha，弥勒）とされ，『大乗荘厳経論』，『中辺分別論』，『法法性分別論』など瑜伽行派初期の重要論典が彼に帰されているが，同名の神的菩薩のイメージの背後にどのような人物がいたのかは明らかでない．

この学派の体系は，ガンダーラのプルシャプラ出身の兄弟，アサンガ（ⓢ Asaṅga，無着，4世紀）とヴァスバンドゥによって打ち立てられた．2人はともに有部で出家し，後に大乗に転じたとされる．マイトレーヤから霊感を受けて多くの著述を行ったと伝えられるアサンガは，『摂大乗論』において同派の理論を体系化した．部派の論師として『倶舎論』を著した後，アサンガに感化されて瑜伽行派に入ったとされるヴァスバンドゥは，兄の説を継承，発展させて『唯識二十論』，

『唯識三十頌』などを著し，同派の教学を大成した．

後にこの学派からはディグナーガ（〔S〕Dignāga, 陳那, 480 頃-540 頃）とダルマキールティ（〔S〕Dharmakīrti, 法称, 550 頃-620 頃）が現れて，論理学と認識論を大成し，仏教知識論学派ともよぶべき学派を作り上げた．

5世紀後半，エフタル（フーナ）が西北インドに侵入し，中インドにも侵略の手を伸ばした．その王ミヒラクラは仏教を大弾圧したため，ガンダーラ，カシミールの仏教は大きな打撃を受けたと考えられる．グプタ朝は衰微し，6世紀半ばまでには多くの地方政権に分裂して亡びた．7世紀初頭，ハルシャ・ヴァルダナ（戒日王，在位 605/6-646/7 頃）が現れて，カーンヤクブジャ（現カナウジ）を都に帝国を築いた．玄奘（600 または 602-664）がナーランダーで学んだのはこの王の治世である．

(7) 密教の時代

密教は大乗仏教の一形態である．それはグプタ朝後期の5, 6世紀頃に顕在化し，7世紀には教理体系を一応整えるが，その後も変容を重ねた．密教は仏教の神秘主義的な側面を大きく発達させたもので，その目指すところは神秘的合一による成仏と衆生の救済である．これを密教は，ホーマ（〔S〕homa, 護摩），アビシェーカ（〔S〕abhiṣeka, 灌頂）等の諸種の儀礼とさまざまな瞑想法との複雑な組合わせを駆使して達成しようとする．密教の形成と展開は，仏教史の枠内でみれば，大乗仏教の興起の次にやってきた変化の大波，インドの宗教史全体からいえば，仏教，ヒンドゥー教，さらにはジャイナ教をも覆ったタントリズムとよばれる汎インド的な宗教運動の仏教における顕れであった．

インド密教史の時代区分は，『大日経』と『真実摂経』が成立した7世紀を中期とし，それより前を初期，それより後を後期とするのが一般的である．これにインド・チベット仏教におけるもっとも一般的な密教経典分類法であるタントラ（この場合は密教経典の意）の4階梯分類を当てはめると，初期は所作タントラの時代，中期は行タントラと瑜伽（ヨーガ）タントラの時代，後期は無上瑜伽タントラの時代となる．密教経典は，大乗経典としては第3期，または後期に属し，4部のタントラを併せて夥しい数に上る．

初期密教の歴史は，印契，真言・陀羅尼の読誦，作壇法，画像法などの外的事作法が徐々に整備され，除災招福などを目的とした儀軌に組み立てられてゆく過程である．中期を特徴づけるのは，行タントラの『大日経』と瑜伽タントラの根本経典である『真実摂経』にそれぞれ違った形で現れた組織的・体系的な密教の登場である．その大きな特色は，大日（〔S〕Vairocana, 毘盧遮那）如来を本尊とし，成仏を究極的な目標とする点にある．『真実摂経』は，真言宗の伝統説では，『理趣経』などを含む膨大な『金剛頂経』の広本（現存せず）の第一部とされるために，『初会の金剛頂経』ともよばれる．金剛乗（〔S〕Vajrayāna）の語が初めて現れるのはこの経典においてである．金剛乗は本来，『金剛頂経』系の密教とその流れをくむ後期密教の総称である．

グプタ朝滅亡後の北インドは，デリーにイスラーム政権が誕生するまで，およそ 650 年にもわたって大小の地方政権の割拠状態が続いた．そのなかで仏教史にとってとくに重要なのは，8世紀半ばにベンガルで興起したパーラ朝である．パーラ朝はベンガルから古代マガダの地ビハールを含むガンガー河中流域までを広く制圧し，プラティーハーラ朝，ラーシュトラクータ朝と三つ巴の角逐を繰り広げた．仏教はこの王朝の庇護を受けて，インドにおける最後の華を咲かせることになる．ナーランダー大僧院とブッダガヤーの金剛座が発展し，オーダンタプリ（ビハール），ヴィクラマシーラ（同），ソーマプラ（バングラデシュ），ジャガッダラ（同）などの諸僧院が建立された．なかでもダルマパーラ王（在位 775 頃-812 頃）によって創建されたヴィクラマシーラは，ナーランダー，ブッダガヤーと並ぶ仏教の大研究教育センターとして栄え，その文化的影響はチベット，ネパール，さらには東南アジア諸国にも及んだ．またオリッサやカシミールでも地方政権の庇護の下

に仏教が続いていた．

後期の無上瑜伽密教は，『秘密集会タントラ』，『幻化網タントラ』などの方便・父タントラの密教と，『サマーヨーガ・タントラ』，『ヘーヴァジュラ・タントラ』，『チャクラサンヴァラ・タントラ』などの般若・母タントラの密教の二方向に展開した．その実践は秘儀性を強め，儀礼や瞑想の過程に性交を含む精神生理学的行法が組み込まれたり，呪殺をはじめとする黒魔術的修法が種々に開発されたりした．このうちの般若・母タントラの特にサンヴァラ系のタントラについては，近年，ヒンドゥー教シヴァ派からの影響に関する研究が勢力的に進められており，両者の密接な関係が明らかにされようとしている．父タントラと母タントラの2つの流れは，11世紀頃に現れた『カーラチャクラ（時輪）・タントラ』において統合される．このタントラには，イスラーム教の攻勢に脅かされていた当時の北インドの状況を反映してか，イスラームへの対抗を目的とする仏教・ヒンドゥー教の大同団結が説かれている．

無上瑜伽タントラの流伝は，生起次第と究竟次第の行法を基盤とする流派の形をとって行われた．その相承系譜に名前を連ねる行者たちこそ後期密教の代表的な担い手である．「八十四シッダ（[S] siddha，成就者）」に代表される彼らの実像は必ずしも明らかではないが，少なくともその一部は密教と密教以外の大乗——この2つは真言道（[S] mantranaya）と波羅蜜道（[S] pāramitā-naya），または真言乗（[S] mantrayāna）と波羅蜜乗（[S] pāramitāyāna）とよばれる——を兼ねて行い，さらには律をも併修する行者にして学僧であった．たとえば，後期密教の大家の1人アドヴァヤヴァジュラ（[S] Advayavajra/Maitrīpā，10世紀末-11世紀）は，各地を遍歴してナーローパー（Nāropā，10-11世紀）をはじめとする学匠たちに就いて真言と波羅蜜の両道を広く学ぶとともに，正量部で出家して比丘になったと伝えられている．やや後輩の同時代人で，チベット伝道で名高いアティ（ー）シャ（[S] Atīśa/Dīpaṅkaraśrījñāna，982-1054）や，ラーマパーラ王（1077頃-1120頃）の治世に活動したスコラ的な大学者アバヤーカラグプタ（[S] Abhayākaragupta，1100頃）にも類似した履歴が伝えられており，後期密教時代の修行者の一典型を示すものと考えられる．こうした学風は，彼らの忠実な弟子であるチベット人に受け継がれることになる．

このことからも窺われるように，密教の全盛期にあっても仏教哲学諸派が活動を止めることはなく，むしろ実践主体の密教とともに仏教を理論面から支える存在であった．インド仏教の最後期まで命脈を保ったのは，有部，経量部，瑜伽行派，中観派の四学派である．中観派のシャーンタラクシタ（[S] Śāntarakṣita，寂護，725頃-784頃）は『中観荘厳論』において諸学派の中心理論を批判して中観の哲学を最高位に据えたが，瑜伽行派の哲学に高い評価を与えているため，瑜伽行中観派とよばれる．晩年の彼はチベットへの伝道に力を尽くし，そこで没した．その弟子カマラシーラ（[S] Kamalaśīla，蓮華戒，740頃-797）も同じ道をたどった．この学統に属するハリバドラ（[S] Haribhadra，獅子賢，800頃）は，マイトレーヤに帰される『現観荘厳論』に注釈書を著すことで，チベットの仏教学に大きな影響を与えた．瑜伽行派は有相唯識派と無相唯識派とに分かれて論争した．「八十四シッダ」の1人に数えられるラトナーカラシャーンティ（[S] Ratnākaraśānti/Śāntipā，11世紀）は，『秘密集会タントラ』系の密教家であると同時に，無相唯識派の代表的論客であった．

(8) インド仏教の消滅

パーラ朝は12世紀にセーナ朝にとって代わられ，セーナ朝は13世紀初頭，アフガニスタンから侵攻してきたトルコ系ムスリムのゴール朝によって亡ぼされる．1206年，ゴール朝の将軍だったアイバク（在位1206-10）によってデリーに，いわゆる奴隷王朝が樹立された．このような変動の中で仏教はインドから姿を消してしまう．一般的には，1203年にヴィクラマシーラ大僧院がムスリムの軍隊によって破却されたことをもってインド仏教の終焉とする．このとき四散した僧侶たちの中には，ネパール，チベット，カシミール，

◆ Ⅰ．世界の宗教潮流 ◆

ミャンマーなどに新天地を求めた者もいたようである．同僧院最後の僧院長シャーキャシュリーバドラ（〔S〕Śākyaśrībhadra, 1127-1225）は，ムスリムの攻撃を避けてまずジャガッダラに移り，1204年，78歳でチベットに入り，10年にわたって各地で教えを説いた後，故郷カシミールに帰ったと伝えられる．ということは，まだそこにはこの老齢の高僧が帰るべき場所があったことになる．ナーランダー，金剛座等にその後も細々と法灯が残っていたことは，チベット僧チャク・チュージェペル（〔T〕Chag Chos rje dpal, 1197-1264）の旅行記によって知ることができる．

インド仏教の消滅については，さまざまな要因が考えられている．外的要因としては，ムスリムによる迫害，ヒンドゥー教の発展とヒンドゥー教徒による迫害，都市の衰退に伴って王侯・商人からの寄進が減少し経済的に弱体化したこと，保守的な農村部を中心としてカースト社会の形成が進んだことなどが挙げられ，内的要因としては，仏教の教団としての凝集力の弱さ，腐敗と堕落，内部分裂，ヒンドゥー教のバクティ信仰に対抗できるような有効な在家信者対策を打ち出せなかったこと，仏教自体のヒンドゥー教化などが挙げられている．また仏教対ヒンドゥー教というインド社会における宗教対立の構図の均衡状態がイスラーム教の流入によって崩れ，仏教の果たしていた抗ヒンドゥー教という社会的役割がイスラーム教にとって代わられた，という興味深い視点も提供されている（保坂，2003）．

おそらくはこのような内的外的な諸要因が複雑に作用した結果，仏教はヒンドゥー教，そしてイスラーム教に吸収されてインドからは消え去る．それは滅亡というよりはむしろ遷移であり，仏教は長い時間をかけて，インドからその外の世界に移動したということができる．

この外部世界への拡大の主流となったのが南方仏教（南伝仏教）と北方仏教（北伝仏教）である．この2つの流れは，アジアの諸地域に南方仏教圏，東アジア仏教圏，チベット仏教圏の三大仏教圏を作り上げて今日に至る．このうちチベット仏教圏については第Ⅱ部11章で別にとり上げ，次節からは南方仏教圏，東アジア仏教圏の順に概説することにする．また近代インドにおける仏教復興運動については，2.6節「仏教と現代」，およびカリスマ列伝のダルマパーラとアンベードカルの項において触れる．

(9) ネパール仏教

この節の最後にネパールのカトマンズ盆地に伝わるネパール（ネワール）仏教に触れておきたい．この盆地に居住するネワール人（族）は，インドから仏教を受け入れ，インドで仏教が滅んだ後もその伝統を守ってきた．彼らの聖典はインド伝来のサンスクリット語で書かれた大乗経典である．19世紀前半，ネパール駐在のイギリスのレジデント，ホジソン（Brian H.Hodgson, 1800-94）がこれを収集したことをきっかけとして，西洋に大乗仏典の原典研究という新しい学問分野が誕生した．

カトマンズ盆地では，リッチャヴィ王朝の時代（5～8世紀）にはヒンドゥー教とともに仏教が行われ，各部派と大乗仏教が共存していたことが知られる．9世紀にこの王朝が衰退してから14世紀にマッラ王朝が支配権を確立するまでの間は，複数の王権が乱立し，めまぐるしく交替する混乱期である．この時代から密教が流行しはじめ，ネワール仏教の基調となって今日に至る．

インドで仏教が衰退するにつれて，カトマンズ盆地にはインドから多くの仏教徒が新天地を求めて移り住んできたものと考えられる．元来この盆地はインドとチベットとを結ぶ貿易の中継地として栄えてきた．チベットの仏教徒にとって，ここは本場インドの仏教が学べる場所であり，またガンガー河流域の仏跡や僧院へ向かうための格好の足場でもあった．インドで仏教が衰滅した後も，修行や巡礼を目的にここを訪れるチベット人は後を絶たなかった．

マッラ王朝によるカトマンズ盆地統一を実現したのは，ジャヤスティティ・マッラ（在位1380頃-1395頃）である．この王がネワール人社会にカースト制を導入した結果，仏教徒は仏教徒独自のカーストに組み入れられていった．そして従来

の出家比丘に替わって，ヴァジュラーチャーリヤ（〔S〕vajrācārya, 金剛阿闍梨），またはグバジュとよばれるカーストに所属する在家僧がさまざまな儀式を執り行うという形ができた．ヴァジュラーチャーリヤは仏教カースト制の最上位にある僧侶カーストで，ヴァジュラーチャーリヤとシャーキャというサブ・カーストに分かれている．歴代のマッラ王はヒンドゥー教徒で，人口の大部分を占める仏教徒に対して融和的な態度で臨みながらも，ヒンドゥー教優位の政策をとった．この王朝の下でネワール仏教は，ヒンドゥー教と混淆しながら，独特の性格を形作ってゆく．15〜16世紀にはネパール随一の仏教聖地であるスヴァヤンブー仏塔（〔S〕Svayaṃbhūcaitya）の縁起を物語る『スヴァヤンブー・プラーナ』（〔S〕Svayaṃbhū-purāṇa）の原型が成立した．

15世紀末，バドガオンを都とするこの王国からカトマンズ王国が独立し，さらにカトマンズ王国からパタン王国が独立して，マッラ王朝はバドガオン，カトマンズ，パタンの3つの都市国家に分裂する．

18世紀末，小王国ゴルカの支配者プリトビナラヤン・シャハ（在位1742-75）が三都王国を次々に征服し，その後も勢力を拡大して，現在のネパールに相当する領土を手中にする．この新しいネパール王国は，ヒンドゥー教を国教として仏教を弾圧したため，ネワール人の伝統文化は衰える．しかしその後も彼らは，さまざまな政治的変動を乗り越えて仏教の伝統を守り伝えてきた．ネワールの仏教は密教色の強い大乗仏教である．彼らはサンスクリット語で書かれた大乗経典を書写，伝承するとともに，サンスクリット語とネワール語で注釈研究書や儀軌類を作成してきた．

カトマンズ盆地にはバハ，バヒ等とよばれる仏教寺院と仏塔が数多く存在する．スヴァヤンブー仏塔を中心とするスヴァヤンブーナート寺院はネワール仏教徒の信仰の中心をなしている．またこの盆地の中央部には世界最大の仏塔といわれるボードナート大塔がある．この仏塔は歴史的にチベット仏教との関係が深い．1959年のチベット動乱以後，ボードナート周辺には多数の亡命チベット人が住み着き，ネパール仏教の膝元にチベット仏教の小世界を作り出している．

参考文献

『岩波講座東洋思想第8-10巻　インド仏教1-3』岩波書店，1988-89年．
梶山雄一『仏教における存在と知識』紀伊国屋書店，1983年．
梶山雄一『「さとり」と「廻向」―大乗仏教の成立―』人文書院，1997年．
肥塚　隆・宮治昭責任編集『世界美術大全集　東洋編第13-14巻　インド（1）（2）』小学館，1999-2000年．
佐々木閑『出家とはなにか』大蔵出版，1999年．
桜部　建・上山春平『仏教の思想2　存在の分析〈アビダルマ〉』角川書店，1969年．
高崎直道「大乗仏教の形成」『岩波講座東洋思想第8巻インド仏教1』岩波書店，1988年，pp. 146-195．
高崎直道監修，桂紹隆・斉藤　明・下田正弘・末木文美士編『シリーズ大乗仏教第1-3巻』春秋社，2011年．
立川武蔵・頼富本宏編『シリーズ密教1　インド密教』春秋社，1999年．
田中公明・吉崎一美『ネパール仏教』春秋社，1998年．
塚本啓祥『増補改訂・初期仏教教団史の研究』山喜房佛書林，1966年．
塚本啓祥・松長有慶・磯田煕文編著『梵語仏典の研究　密教経典篇』平楽寺書店，1989年．
中村　元・奈良康明・佐藤良純『新編　ブッダの世界』学習研究社，2000年．
奈良康明・沖本克己・末木文美士・石井公成・下田正弘編『新アジア仏教史01-03　インドI-III』佼成出版社，2010年．
平川　彰『平川彰著作集第3, 4巻　初期大乗仏教の研究III』春秋社，1989-90年．
平川　彰『インド仏教史』上下，春秋社，1974-79年．
保坂俊司『インド仏教はなぜ亡んだのか―イスラム史料からの考察―』北樹出版，2003年．
『松長有慶著作集第1巻　密教経典成立史論』法蔵館，1998年．
宮治　昭『ガンダーラ　仏の不思議』講談社，1996年．
宮治　昭『インド仏教美術史論』中央公論美術出版，1910年．
山崎元一『アショーカ王伝説の研究』春秋社，1979年．
山崎元一『世界の歴史3　古代インドの文明と社会』中央公論社，1997年．

2.4　南方仏教圏

南方仏教圏は，スリランカ，ミャンマー（ビルマ），タイ，カンボジア，ラオスの諸国と，バン

◆ Ⅰ. 世界の宗教潮流 ◆

図4 スリランカ

グラデシュ南東部，中国南西部等を含んでいる．現在この仏教圏に行き渡っているのは，スリランカのマハーウィハーラ（〔P〕Mahāvihāra，大寺）系の上座部仏教（Theravāda Buddhism）であり，その聖典は，元来スリランカ上座部の聖典であったパーリ語仏典が共通に用いられている．各国の上座部は，以下に見るように密接な相互交流を通して展開してきた．しかし，スリランカ，カンボジア，インドネシアなどには，かつてインド伝来の大乗仏教が行われた時期もある．また東南アジア各国に住む華人は多くが中国仏教を信奉しているが，それは道教との間に種々の混淆形態を見せている．

(1) スリランカ

スリランカ（旧称セイロン）の仏教は，前3世紀，シンハラ王デーワーナンピヤ・ティッサ（在位前250頃-前210頃）の治世にインドからマヒンダ長老らが伝道に訪れ，王の帰依と保護を受けて，首都アヌラーダプラにマハーウィハーラの基を築いたことに始まるとされる．マハーウィハーラはスリランカ上座部の中心となった．こうしてスリランカの仏教は，伝来当初よりシンハラ人の王権と深く結び付き，これと盛衰をともにすることになる．

スリランカは南インドから侵入するタミル人勢力との宿命的な抗争の歴史をもつ．前2世紀，タミル人を駆逐したドゥッタガーマニー・アバヤ王（在位前161-前137）は仏教を保護し，アヌラーダプラにルワンウェリサーヤ大塔を建立した．前1世紀，ワッタガーマニー・アバヤ王（在位前89-前77）によってアバヤギリウィハーラ（〔P〕Abhayagirivihāra，無畏山寺）が建立されると，僧団は2派に分裂し，やがて争うようになる．また同王の治世にアルウィハーラにおいて，それまで口誦されてきたパーリ仏典とその注釈書が，マハーウィハーラ派の比丘たちの手で，初めて文字に書写されたと伝えられている．3世紀，ウェートゥッラワーダ（方広部）とよばれる大乗仏教がインドから伝来した．マハーセーナ王（在位276-303）は一時これを保護し，マハーウィハーラ派を弾圧したとされる．この王によってジェータワナウィハーラ（〔P〕Jetavanavihāra，祇陀林寺）が建立され，スリランカ仏教界は三派鼎立の時代に入る．マハーセーナの息子，シリメーガワンナ王（在位303-31）にインドのカリンガから仏歯（仏牙）が贈られた．仏歯は11世紀以降，シンハラ王権の象徴とみなされるようになり，時々の権力者の元を転々とした後，キャンディの仏歯寺に安置されて今日に至る．この至宝のために毎年エサラ月（7～8月）にキャンディ・エサラ・ペラヘラ祭が催される．

5世紀前半，グプタ朝下のマガダよりブッダゴーサ（〔P〕Buddhaghosa）が来島し，上座部の教義をまとめた『清浄道論』（〔P〕Visuddhimagga）を著したほか，律蔵と経蔵に対する注釈書をパーリ語で著した．彼と彼の業績を引き継いだ注釈家たちによって上座部の教学は大成された．

しかし5世紀末から，シンハラ王朝の勢力は衰え，それにともなって上座部もまた長い不振の時代に入る．この間に大乗仏教，とくにワージリヤ（〔P〕Vājiriya，金剛の徒），またはワジラパルワタ・ニカーヤ（金剛山部）とよばれる密教が行われた．中国密教の相承者である金剛智（671-741）と不空（705-74）はともにスリランカを訪れたことがあり，特に後者はこの島で密教を受法したと伝えられている．

10世紀末から11世紀初頭にかけてタミル系ヒンドゥーのチョーラ朝の侵略でアヌラーダプラは廃墟と化し，諸寺も破壊されて，仏教教団は衰亡の極に達した．チョーラを駆逐し，都をポロンナ

—46—

ルワに移して，シンハラの王権を回復させたのは，ウィジャヤバーフ1世（在位1055-1110）である．王はパガン朝のアノーヤター王に要請してビルマから仏教を逆輸入し，サンガを再興した．スリランカ史上最大の英主とされるパラッカマバーフ1世（在位1153-86）は，異端者・破戒僧の追放などによってサンガの浄化に努め，アバヤギリウィハーラ，ジェータワナウィハーラの両派をマハーウィハーラ派に統合した．この王の後も仏教は，王室の興亡とともに消長を繰り返した．15世紀にはパラッカマバーフ6世（在位1412-67）の下で繁栄し，ビルマなどから留学僧を受け入れている．

16世紀初頭以来，スリランカは順次ポルトガル，オランダ，イギリスによる侵略と植民地支配を受け，その間にキリスト教が浸透した．反対に仏教教団は衰退に向かい，18世紀半ばには固有の戒統を失う事態に至った．1753年，キャンディ王国の王師ウェリウィタ・サラナンカラ（Väliviṭa Saraṇaṅkara, 1698-1778）がシャム（タイ）のアユタヤから比丘を招請してサンガを再建した．スリランカ「仏教史上の分水嶺」（ゴンブリッジ，2005, p.234）と評される出来事である．このとき成立した教団が，今日スリランカ仏教の多数派を誇るシャム派である．この他にアマラプラ派（1803年成立）とラーマンニャ派（1864年成立）があるが，この両派はともに既成宗派に批判的な比丘たちがビルマから戒統を受け継いで立てたものである．

1815年，イギリスはキャンディ王国を亡ぼして全島を掌握した．1860年代から，キリスト教に対抗して仏教を復興しようとする動きが，シンハラ人による反英独立運動の一環として現れる．このナショナリズム的色彩の強い復興運動をリードしたのは，ヒッカドゥウェ・スマンガラ（Hikkaḍuve Sumaṅgala, 1826-1911）に代表される先進的な比丘たちと，新興のシンハラ人エリート層であった．またこれを強く刺激したものに神智学協会の動きがある．この運動の中からアナガーリカ・ダルマパーラ（1864-1933）が現れた．「プロテスタント仏教」ともよばれる彼の思想と行動はその後のスリランカの社会改革の方向に大きな影響を与えた．

1948年にスリランカは独立する．1956年に民族主義的なバンダーテーラーヤカ政権が打ち出した「シンハラ唯一（オンリー）」政策は少数派のタミル人などの反発をよび，民族紛争が激化し，1983年の暴動，さらにその後の内戦へと発展した．2009年，政府軍によってタミル人武装勢力が鎮圧されて今日に至る．近年のこのような激動は，社会・政治活動を行う革新的僧侶グループを出現させた．その一方では，1958年にアリヤラトネ（A. T. Ariyaratne, 1931-）によって創始されたサルボダヤ（Sarvodaya，万人の目覚めの意）運動のような仏教精神に基づく社会改革の動きも広がりを見せている．

(2) ミャンマー

インドのベンガル地方に近いミャンマー（ビルマ）には早くからインド文化の影響が及び，アラカン地方のインド系王朝や，5世紀にシュリークシェートラ（プローム近郊）に都を置いたピュー（驃）族の間には，ヒンドゥー教とともに部派仏教が行われており，大乗仏教の信仰も伝わっていたようである．またスリランカ上座部も海路伝来し，9世紀に下ビルマのタトンを都として国を建てたモン族の間に信仰されていた．11世紀中葉，上ビルマにビルマ族の統一国家パガン朝を開いたアノーヤター王（アノーラータ／アヌルッダ，在位1044-77頃）は，タトンを攻略して，パーリ三蔵とモン族の高僧シン・アラハンを始めとする上座部比丘500人をパガンに迎え，パゴダ（仏塔）や僧院などを建立して上座部仏教の定着を図った．それは当時パガンで盛んだったアリーとよばれる非上座部系僧侶の活動を抑えるためだったともいわれている．12世紀末，スリランカに渡ったウッタラジーヴァとチャパタによってマハーウィハーラ派の伝統がもたらされ，従来のタトン系のマランマ・サンガに対して，スリランカ系のシーハラ・サンガが立てられた．

1287年に元軍の攻撃でパガン朝が亡びた後，15世紀末にモン族のペグー（ハンターワディ）

◆ Ⅰ．世界の宗教潮流 ◆

朝にダンマゼーディ王（在位 1472-92）が現れた．王は，使節団をスリランカに派遣し，ビルマ仏教界にマハーウィハーラ派の授戒作法を導入して，ペグーに授戒場（カルヤーニ結界）を設け，サンガの再統一を図った．

16世紀中葉に全土を統一したビルマ族のタウングー朝，1752年に建てられたビルマ族のコンバウン朝も仏教の熱心な保護者であった．1788年，ボードーパヤー王（在位 1782-1819）はトゥダンマ会議とよばれる委員会を設置し，サンガの浄化と管理統制に当たらせた．アマラプラからマンダレーに遷都したミンドン王（在位 1853-78）は，下ビルマを植民地化したイギリスの侵略に対する国内の結束強化の目的もあって仏教振興策をとった．1871年には第五結集を開催し，ビルマ版のパーリ三蔵とその注釈書を編纂して石板に刻ませた．だがこの結集を機にサンガの分裂が明らかになり，多数派のトゥダンマ派からシュエジン，ゲトゥイン，ドワーラの3派が分かれた．

1885年，コンバウン朝は滅亡し，イギリスによる全土の植民地支配が始まる．この時代，仏教は独立運動の精神的支柱となり，ウー・オウッタマ（1879-1939）をはじめとする比丘の活動家も現れた．1948年，ビルマ共和国が成立．ウー・ヌ首相が推し進めた仏教社会主義路線は失敗に終わり，1962年のクーデターによってこの国は軍政下に入った．1988年8月，民主化を求める大規模なデモが起こり，それが軍事政権の弾圧にあうと，僧侶たちは，施食の受け取りを拒否する「覆鉢」で対抗した．2007年9月，再び僧侶を中心とする大規模な反軍政デモが発生．その後，紆余曲折を経ながらも，新憲法の制定，総選挙の実施など民主化のプロセスが進んでいる．

(3) タイ

中国南部から南下したとされるタイ族が，クメール（アンコール）朝の支配を脱して，スコータイ朝を樹立したのは1240年頃のことである．それまでにタイ族は中国仏教，クメール仏教，部派仏教に接していたとみられる．12世紀半ば，南部のナコーンシータマラートにスリランカからマ

図5 バイヨン寺院の人面像

ハーウィハーラ派の伝統が伝わった．ラームカムヘン王（在位 1279-98）はこれに帰依し，高僧をスコータイに招いた．タンマラーチャ（法王）1世リタイ王（在位 1347-68/74）は，スリランカから高僧を招き，タイの王として初めて一時出家している．また彼は王子時代にタイ語で『トライプーム・プラルアン』（三界経）を著した．仏教的宇宙観を説く本書は，後世に至るまで民衆の経典として親しまれた．またチェンマイを都とするランナータイ王国でも上座部仏教が栄えた．

1351年，アユタヤ朝が興り，やがてスコータイを併合し，ランナータイを属国化した．アユタヤの諸王も仏教振興政策をとった．ボーロマコート王（在位 1733-58）の治世には，キャンディ王の要請でウパーリらがスリランカに派遣され，サンガの復興に貢献した．

1767年にアユタヤがコンバウン朝ビルマの攻撃で崩壊した後，トンブリー朝を経て，1782年，バンコクにラタナコーシン（チャクリー）朝が成立した．ラーマ4世（在位 1851-68）は，王位に就く前，僧籍にあったときから復古主義的改革運動を起こした．その結果誕生したのがタンマユット派である．これに対して従来の派をマハーニカーイ派とよぶ．ラーマ5世（在位 1868-1910）は，近代化政策の一環として，王弟ワチラヤーン法親王（1859-1921）の協力で，タイ・サンガの組織化を進めた．1902年には「サンガ統治法」を公布して，サンガを国家統制下に置く体制を作

り上げている．1932年，立憲革命によってタイは立憲君主制に移行した．1960年代に入ると政府の開発政策にサンガも協力するようになる．70年代後半以降，「開発僧」とよばれる比丘たちが出現し，地方農村で福利厚生や生活改善の活動を展開している．

(4) カンボジア

1世紀末頃からメコン・デルタ下流に存在した扶南，6世紀に扶南を征服したクメール族の国真臘では，バラモン教とともに仏教が行われていたことが知られる．9世紀，ジャヤヴァルマン2世（在位802-34）が現れ，ジャワのシャイレーンドラ朝の支配を退けてクメール族を再統一し，クメール朝を開いた．クメールの諸王は，ヒンドゥー教と仏教（とりわけ大乗仏教）を保護した．スーリヤヴァルマン2世（在位1113-50頃）はヒンドゥー寺院アンコール・ワットを築いたことで知られる．ジャヤヴァルマン7世（在位1181-1218頃）は首都アンコール・トムに観音菩薩とされる巨大な人面像で知られるバイヨン寺院を建立している．1431年にアユタヤ軍の攻撃でアンコールは放棄された．クメール朝の弱体化にともないカンボジアにはタイの上座部仏教が浸透した．19世紀にはタイからタンマユット派が導入され，在来の上座部はマハーニカーイ派にまとめられた．1953年，カンボジアはフランスによる90年にわたる植民地支配から脱して独立を果たす．仏教は，新生カンボジアで国教として繁栄したが，1970年のクーデターに始まる内戦の時代，とりわけポル・ポト政権期（1975〜79年）には大きな打撃を受けた．ポル・ポト政権崩壊後，仏教は復興の緒につき，内戦から和平，社会主義から民主化へという大きな社会変化の中で，さまざまな活動を続けて今日に至っている．

(5) ラオス

タイ族の一支派であるラオ族は，14世紀中葉，ファーグム王（在位1353-73）の下，ムアンサワー（後のルアンパバーン）を都とするラーンサーン王国として自立した．この王がアンコールから

◆ 2. 仏　　　教 ◆

上座部の使節団を招いたのが，ラオス仏教の始まりと伝えられる．ラオス仏教は，17世紀，スリニャウォンサー王（在位1638-95）の下で繁栄を極めた後も，国家の分裂，外国の侵略，フランスによる植民地支配，1953年の完全独立に続く長期の内戦，社会主義政権の成立と続く激動を生き抜いてきた．現在，ラオスのサンガは「サンガ統治法」の下に管理され，近年の社会・経済情勢の変化に対応して諸活動を活発化させている．

(6) インドネシア

7〜11世紀にスマトラ島に海上交易で栄えたシュリーヴィジャヤ（室利仏逝）ではインド系大乗仏教が行われた．ジャワ島のシャイレーンドラ朝（8〜9世紀）ではパーラ朝文化の影響下で大乗仏教，とくに密教が栄え，立体マンダラ的構造をもつボロブドゥールをはじめとする巨大仏寺が造営されている．その後のジャワでは，ヒンドゥー教のシヴァ神崇拝と混淆したジャマン・ブド（仏道）の信仰が行われたが，やがてイスラーム教の席巻によって姿を消す．

(7) バングラデシュ

南東部のチッタゴンを中心にベンガル人のバルア仏教徒が，チッタゴン丘陵には少数民族のチャクマ族，マルマ族などの仏教徒が居住し，サンガラージャ派，マハーテーラ派などの上座部諸派に属している．サンガラージャ派は，19世紀後半にビルマのアラカンの比丘サーラメーダ（1801-82）による改革から誕生した．バルア仏教徒は，迫害を逃れてマガダからこの地に避難した者の末裔との伝承をもち，上座部仏教を受容する前はヒンドゥー教と混淆した大乗仏教の信仰をもっていたらしい．

(8) その他

ベトナム南部のメコン・デルタではクメール族を中心に上座部仏教が奉じられている．ラオス，ミャンマーと境を接する中国雲南省南部・西部の一帯では西双版納傣族自治州のタイ（傣）族をはじめとする少数民族が上座部仏教を信奉し，南方

◆ I. 世界の宗教潮流 ◆

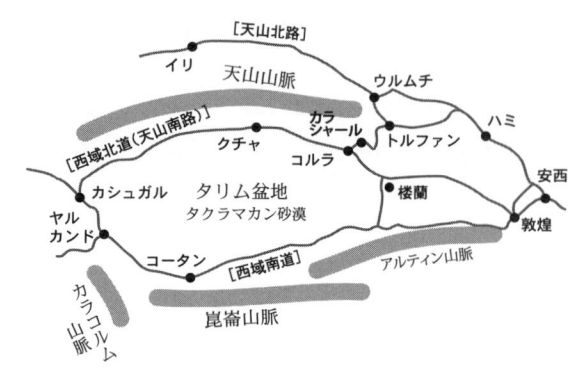

図6 主なオアシス都市と交易路

仏教圏の辺縁部を形成している．また近年，インドネシア等の華人系社会に上座部仏教の浸透がみられる．

参 考 文 献

生野善応『ビルマ仏教―その実態と修行―』大蔵出版，1975年．
リチャード・ゴンブリッジ著，森　祖道・山川一成訳『インド・スリランカ上座仏教史―テーラワーダの社会』春秋社，2005年．
杉本良男編『もっと知りたいスリランカ』弘文堂，1987年．
中村　元・笠原一男・金岡秀友監修・編『アジア仏教史インド編Ⅵ　東南アジアの仏教〈伝統と戒律の教え〉』佼成出版，1973年．
奈良康明『世界宗教史叢書7　仏教史Ⅰ』山川出版社，1979年．
奈良康明・沖本克己・末木文美士・石井公成・下田正弘編『新アジア仏教史04　スリランカ・東南アジア』佼成出版社，2011年．
前田恵学編『現代スリランカの上座仏教』山喜房仏書林，1986年．
守屋友江編訳，根本　敬解説『ビルマ仏教徒　民主化蜂起の背景と弾圧の記録』明石書店，2010年．

2.5　東アジア仏教圏

東アジア仏教圏とは中国を中心として形成された漢字仏教圏を意味し，それは中国，朝鮮半島，日本，ベトナムを含んでいる．ここに広まっているのは漢訳仏典を基本聖典とする大乗仏教であり，それは北方（北伝）仏教ともよばれる．そのインドから中国への主要な伝播経路は，西北インドからカラコルム山脈，あるいはヒンドゥークシュ山脈を越え，トルキスタンを東進して中国へ入る，いわゆるシルクロードの東半分に当たる通商路であるが，インドから東南アジアを経由して海路中国に伝わったものも決して少なくない．以下には，仏教東漸の道筋に当たる中央アジアの仏教と東アジア仏教圏の各地の仏教について概観する．

(1)　中央アジア

ここでいう中央アジアは，西トルキスタン（旧ソヴィエト連邦の中央アジア諸国）とアフガニスタンの一部，そして東トルキスタン（中国新疆ウイグル自治区，狭義の西域）を指している．アフガニスタンの東部・中部から西トルキスタンにかけての広大な地域には，数多くの仏教遺跡が残されている．代表的な遺跡はバーミヤーン石窟である．

他方，東トルキスタンには，タリム盆地の南辺を西域南道が，北辺を西域北道が走り，インド・ヨーロッパ語族系の言語を使うアーリヤ系の人々が住むオアシス定住地帯を点綴していた．この地域と中国との交通が開けたのは，漢の武帝（在位前141‒前87）による西域経営がきっかけである．西域南道のコータン（ホータン，于闐）は，西域北道のクチャ（亀茲）とともにこの地域でもっとも栄えた国であった．コータンの仏教は，最初は部派仏教が優勢であったが，次第に大乗が優位に立つようになった．『華厳経』は400年前後までにコータン，もしくはその周辺で編集されたと考えられている．西域北道のクチャは，白（帛）氏の支配する王国であった．大翻訳家として知られる鳩摩羅什（Kumārajīva, 344‒413または350‒409）はインド僧を父，クチャ王の妹を母として生まれたと伝えられている．クチャの仏教は説一切有部が主流だったようである．クチャ周辺にはキジル，クムトラ，キジルガハ，シムシムなどの石窟寺院址（千仏洞）が多い．鳩摩羅什が留学したタリム盆地西端のカシュガル（疏勒）では，説一切有部とともに大乗が行われ，ヴェーダやインドの諸学も学ぶことができた．タリム盆地

―50―

◆ 2. 仏　　　　教 ◆

25-220	後漢	安世高	2世紀	『安般守意経』
		支婁迦讖		『道行般若経』『首楞厳経』『般舟三昧経』
220-280	三国時代〔魏〕〔呉〕	曇摩迦羅，曇諦，康僧鎧 支謙，康僧会	3世紀	
265-316	西晋	竺法護	3世紀後半～4世紀初め	『光讃般若経』『正法華経』
304-439	五胡十六国時代〔後秦〕	鳩摩羅什	4世紀後半～5世紀初め	『大品般若経』『小品般若経』『金剛般若経』『妙法蓮華経』『阿弥陀経』『維摩経』『首楞厳三昧経』『十誦律』『中論』『百論』『十二門論』『大智度論』『十住毘婆沙論』『成実論』
	〔北涼〕	曇無讖	5世紀	『大般涅槃経』
317-420	東晋	仏駄跋陀羅	4世紀後半～5世紀前半	60巻『華厳経』
439-589	南北朝時代			
	〔北魏〕	菩提流支・勒那摩提	6世紀前半	『十地経論』
	〔宋〕	求那跋陀羅	5世紀	『雑阿含経』『勝鬘経』『入楞伽経』
	〔梁・陳〕	真諦	6世紀	『十七地論』『摂大乗論』『摂大乗論釈』『倶舎釈論』
581-618	隋			
618-907	唐	玄奘	7世紀	『解深密経』『瑜伽師地論』『順正理論』『倶舎論』『成唯識論』『大般若経』
		実叉難陀	7世紀末～8世紀初め	80巻『華厳経』
		義浄		『金光明最勝王経』『根本説一切有部毘奈耶』
		善無畏・一行	8世紀	『大日経』
		不空	8世紀	『金剛頂経』『理趣経』
907-960	五代十国時代			
960-1127	宋	天息災，法天，施護	10世紀末～11世紀初め	『一切如来真実摂大乗現証三昧大教王経』『一切如来金剛三業最上秘密大教王経』『大悲空智金剛大教王儀軌経』
1115-1234	金			
1127-1279	南宋			
1271-1635	元			
1638-1644	明			
1636-1912	清			

図7　中国歴代王朝と仏典の翻訳者・主な訳書

の東側に位置する北道のカラシャール（焉耆）でも有部が盛んであった．これに対して，トルファン（吐魯番，高昌）では漢人文化の強い影響の下，大乗仏教を中心に信奉されていた．その周辺にはベゼクリク千仏洞などの遺跡群がある．

仏教は西域から河西回廊を通って中原に向かった．その仏教が，少なくとも初期には，インドから直接伝わったものではなく，中央アジアに一度定着した，いわば「西域仏教」（渡辺，1970，p. 144）であったことは注意を必要とする．

中央アジアの商人として名高いイラン系のソグド人は，本来はゾロアスター教徒であるが，仏教圏に移り住んで仏教徒になる者もあった．9世紀に遊牧ウイグル帝国（回鶻可汗国）が崩壊した後，モンゴル高原から移住して西ウイグル王国を建てたテュルク（トルコ）系のウイグル人も，マニ教を奉じながら仏教を受け入れた．だがこの地域には次第にイスラーム教が浸透し，10～11世紀には東西トルキスタンはイスラーム化する．

(2)　中　　国

仏教の中国への初伝についてはさまざまな説があるが，現在では，前漢の哀帝時代の前2年に博士弟子景盧が大月氏国（クシャーナ）の使者伊存

◆ I. 世界の宗教潮流 ◆

から浮屠（ブッダ）経の口授を受けたという『魏略西戎伝』中の記事が，仏教東漸を伝える現存最古の記録と考えられている．後漢の明帝（在位57-75）の感夢求法説，および迦葉摩騰と竺法蘭による『四十二章経』〔大正〕No. 784）の伝訳は，後代に作られた伝説とみなされている．最初の漢訳仏典は，後漢末の桓帝（在位146-67）の代に西域を通って洛陽に来た安息国（パルティア）出身とされる安世高と大月氏国出身とされる支婁迦讖によって提供された．前者は『安般守意経』〔大正〕No. 602）などの禅法の経典や阿毘曇（アビダルマ）文献などを翻訳し，後者は『道行般若経』〔大正〕No. 224），『首楞厳経』（失訳），『般舟三昧経』〔大正〕No. 418）などを翻訳している．以後，西域や南海経由でもたらされた厖大な経典が外来僧によって漢訳されて，中国仏教の基盤となってゆく．

三国時代，魏では曇摩迦羅（曇柯迦羅），曇諦，康僧鎧等が訳経を行い，呉では支謙，康僧会（？-280）等が活躍した．後漢末から三国時代にかけての撰述と推定される牟子の『理惑論』（『弘明集』〔大正〕No. 2102所収）は，伝来初期の仏教と儒教・道教の交渉の有様を伝えている．儒・仏・道三教の対立と融和の問題は中国宗教史の大きなテーマとなった．魏の朱士行は西域に旅し，コータンで『放光般若経』〔大正〕No. 221）の原典を得た．漢人最初の西域求法僧である．魏に替わった西晋でも仏教は洛陽を中心に栄えた．竺法護（239-316）はここで『光讃般若経』〔大正〕No. 222），『正法華経』〔大正〕No. 263）など多数の経典を翻訳している．

五胡十六国時代，仏教は五胡の諸王に信奉されてさらに発展する．後趙では亀茲国（クチャ）出身とされる仏図澄（232-348）がさまざまな神異を現して活躍した．その弟子道安（312/14-85）は，前秦王苻堅（在位357-385）の庇護を受けて長安でさまざまな活動を行い，その後の中国仏教の基礎を築いた．他方，江南に拠る東晋では，4世紀前半，亀茲国出身の帛尸梨蜜多羅が呪法と梵唄をもって江南の貴族社会に仏教を弘めた．竺道潜（286-374）と支遁（314-66）もまた名士との交遊を通じて貴族仏教の発展に貢献した．支遁は，仏教を在来の中国思想，特に老荘思想によって解釈する，いわゆる格義仏教の代表的人物とみなされている．インド・中央アジアの影響を受けて中国で石窟寺院の造営が盛んになるのは，五胡十六国時代以降のことである．河西回廊西端のオアシス都市敦煌の郊外に莫高窟が開かれたのは，前秦時代の366年，沙門楽僔によってと伝えられる．

前秦が亡びた後の401年，亀茲国出身の鳩摩羅什が，後秦（姚秦）王姚興（在位394-416）によって長安に迎えられた．彼は『大品般若経』〔大正〕No. 223），『小品般若経』〔大正〕No. 227），『金剛般若経』〔大正〕No. 235），『妙法蓮華経』〔大正〕No. 262），『阿弥陀経』〔大正〕No. 366），『維摩経』〔大正〕No. 475），『首楞厳三昧経』〔大正〕No. 642）などの大乗経典，『十誦律』〔大正〕No. 1436）などの律典，『中論』〔大正〕No. 1564），『百論』〔大正〕No. 1569），『十二門論』〔大正〕No. 1568），『大智度論』〔大正〕No. 1509），『十住毘婆沙論』〔大正〕No. 1521）『成実論』〔大正〕No. 1646）などの論書など多数の仏典を翻訳した．彼の門からは僧肇（384/374-414），道生（？-434）など優れた僧侶が輩出した．鳩摩羅什の活動は，とくに主要な大乗経典と中観派の思想とを移入することによって，その後の中国仏教の展開に大きな影響を与えた．

同じ頃，東晋では，廬山（江西省）の東林寺に道安の弟子慧遠（334-416）がいて，仏教界を指導していた．彼は，書簡を通じて鳩摩羅什と教義問答を行う（『大乗大義章』〔大正〕No. 1856）一方，羅什訳の経論，殊に『大智度論』の研究を行った．また念仏結社白蓮社を創設して念仏三昧を行い，中国浄土教の祖と目される．ただし彼の念仏は，支婁迦讖訳の『般舟三昧経』に依拠した禅観であり，曇鸞系の阿弥陀仏の名号を称える念仏とは異なっている．河西王沮渠蒙遜（在位401-33）に迎えられて訳経を行ったインド僧曇無讖（385-433）は，『大般涅槃経』〔大正〕No. 374，北本）を訳出した．それは東晋に伝わり，南本〔大正〕No. 375）に改訂されて，涅槃学派を生む．またインド僧仏駄跋陀羅（359-429）によって訳出さ

2. 仏　　教

れた60巻『華厳経』（〔大正〕No. 278）は，唐代に至って華厳宗を成立させることになる．またこの時代，多くの僧侶が天竺（インド）への求法の旅を敢行した．その代表的存在である法顕（4世紀前半-5世紀初頭）は長旅での見聞を『高僧法顕伝』（『仏国記』）（〔大正〕No. 2085）に著した．

南北朝時代に入り，南朝の諸王朝では仏教保護政策がとられた．インド僧求那跋陀羅（394-468）は，宋の文帝（在位424-53）の庇護の下，『雑阿含経』（〔大正〕No. 99），『勝鬘経』（〔大正〕No. 353），『入楞伽経』（〔大正〕No. 671）などを訳した．梁の武帝（在位502-49）は仏教信仰が厚く，自ら経典を注釈・講説し，捨身さえ行った．その治下では現存最古の経録『出三蔵記集』（〔大正〕No. 2145）の編纂で知られる僧祐（445-518）などが活躍した．武帝の末年の546年，インド僧真諦（499-569）が扶南経由で海南郡（広州）に着いた．彼は戦乱・飢饉に遭って諸国に流浪を重ね，一度ならず帰国を試みて果たせず，失意のうちに没する．しかし彼は，『十七地論』（散逸），『摂大乗論』（〔大正〕No. 1593），『摂大乗論釈』（〔大正〕No. 1595），『倶舎釈論』（〔大正〕No. 1559）など多数の重要な訳書を残し，後世に与えた影響が大きい．

他方，北朝の北魏も仏教を保護した．初めて道人統（沙門統，僧尼を統括する僧官）を置いたのはこの王朝である．ところが第3代太武帝（在位423-52）は，道教を信奉して廃仏（仏教弾圧）を断行する．これは「三武一宗（北魏の太武帝，北周の武帝，唐の武宗，後周の世宗）の法難」として一括される中国仏教史上の大弾圧事件の最初のものである．次の文成帝（在位452-65）は一転して仏教復興政策をとった．曇曜は，文成帝から3代の皇帝に仕えて，北魏仏教を全盛に導いた．都平城（山西省大同）の郊外に，仏教受容の一大記念碑，雲岡石窟の造営が始まったのも彼の奏請による．493年，北魏の孝文帝（在位471-99）は平城から洛陽に遷都した．洛陽には永寧寺をはじめとする寺院が造営され，その周辺には龍門などの石窟寺院の開鑿も進められた．この新都に外国僧が相次いで来着し，訳経活動に従事した．代表的存在はインド僧菩提流支（？-527）

である．彼がインド僧勒那摩提と共訳した世親の『十地経論』（〔大正〕No. 1522）は，これを研究する地論学派を生んだ．また曇鸞（476-542？）は，菩提流支が翻訳した世親の『無量寿経優波提舎願生偈』（〔大正〕No. 1524）に注釈書『往生論註』（〔大正〕No. 1819）を書いて浄土教の思想的基盤を築いた．禅宗の初祖とされる菩提達摩が来朝し，崇山少林寺（河南省）で面壁したと伝えられるのもこの頃（6世紀前半）である．以後，浄土教と禅は，漢人の精神生活に適合した仏教として独自の発展を遂げてゆく．北魏は東魏と西魏に分裂し，それらがまた北斉，北周に変わる．北周の武帝（在位560-78）は儒教優位の政策をとり仏教・道教を廃した．

589年に南朝の陳を征服して天下を統一した隋の文帝（在位581-604）は，北周の破仏によって衰退した仏教を復興するために，都大興城（長安）に大興善寺を造営して国家仏教の中心とし，勅命を発して全国に舎利塔を建立させるなどさまざまな政策を打ち出した．文帝の仏教政策の目的は仏教を国家統一の原理とすることであった．文帝の帰依を受けた学僧に浄影寺慧遠（523-92）がいる．次帝煬帝（604-17）も晋王広とよばれた時代から，仏教の保護に熱心であった．彼の帰依を受けた代表的な僧に智顗（538-97）と吉蔵（549-623）がいる．智顗は慧思（515-77）の教えを受けた天台教学の大成者で，五時八教の教相判釈によって諸経を組織化した．著書に『法華文句』（〔大正〕No. 1718），『法華玄義』（〔大正〕No. 1716），『摩訶止観』（〔大正〕No. 1911）の天台（法華）三大部などがある．一方，吉蔵は，鳩摩羅什以来の『中論』，『十二門論』，『百論』の中観派3書の研究の伝統を受け継ぎ，三論の教学を大成した．

隋から唐にかけては仏教者の間に末法思想が普及した時代でもある．末法の自覚は，北周の破仏によって強化され，浄土教や三階教が隆盛する社会的背景をなした．三階教は信行（540-94）を祖とするもので，隋から唐にかけて流行したが，しばしば弾圧を受けた．房山（河北省）で静琬（？-639）が経典の石刻（石経）事業を始めたのも，末法に仏法を残すためであった．

◆ I. 世界の宗教潮流 ◆

618年,長安を都として建国された唐は,やがて世界帝国へと発展し,中国史上空前の繁栄を謳歌する.この時代の仏教は国家権力の管理下に置かれたが,同時にその手厚い保護を受けて極盛期を迎え,前代に続いてさまざまな宗派を成立,発展させた.それらは国内だけでなく,東アジアの各地に伝えられ,ここに東アジア仏教圏が成立する.

7世紀前半,インドに求法の旅をした玄奘(600/602-664)は,帰国後の訳業(「新訳」)などを通じて中国に新たな仏教学の勃興を促した.その弟子基(632-82)は,『成唯識論』(〔大正〕No. 1585)に基づいて法相宗を開いた.法蔵(643-712)は,杜順(557-640),智儼(602-68)の流れを受けて華厳教学を体系化した.律の研究は隋から唐にかけて盛んに行われ,諸学派が競い合ったが,もっとも影響力があったのは,道宣(596-667)を開祖とする南山律である.浄土教は,道綽(562-645)を経て,善導(613-681)によって『観無量寿経』(〔大正〕No. 365)を中心とする念仏として大成され,末法思想の流行を背景に大いに行われた.禅宗は,弘忍(602-75)の弟子神秀(?-706)系の北宗と,同じく弘忍の弟子慧能(638-713)系の南宗とに分かれた.また法融(594-657)は牛頭禅を広めた.海路インド旅行を敢行して『南海寄帰内法伝』(〔大正〕No. 2125)を著した義浄(635-713)は,『金光明最勝王経』(〔大正〕No. 665),『根本説一切有部毘奈耶』(〔大正〕Nos. 1442-1459)などを訳出した.また于闐出身の実叉難陀(652-710)は,義浄らとともに80巻『華厳経』(〔大正〕No. 279)を翻訳した.

密教経典は,それまでにもインド初期密教の経典・儀軌が伝訳されていたが,中期の組織的な密教が伝えられるのは,唐の絶頂期である玄宗(在位712-56)の開元年間(713-41)である.インドから善無畏(637-735)と金剛智(671-741)が相次いで来朝し,それぞれに『大日経』系,『金剛頂経』系の密教を伝えた.善無畏と『大日経』(〔大正〕No. 848)を共訳し,『大日経疏』(〔大正〕No. 1796)を著した一行(683-727)は,大衍暦を作成した科学者でもあった.金剛智の弟子不空(705-74)は唐代密教の大成者である.彼は『金剛頂経』(『金剛頂一切如来真実摂大乗現証大教王経』〔大正〕No. 865),『理趣経』(〔大正〕No. 243)をはじめとする多くの経軌を翻訳すると同時に,唐の宮廷に強い影響力をもち,密教を国家守護の法として定着させた.

845年,武宗(在位840-46)による廃仏(会昌の破仏)が断行された.これによって多くの宗派が衰退を余儀なくされる中で禅宗のみは発展を続けた.

五代十国時代,仏教は北方では戦乱と各王朝による僧尼の統制強化,そして後周の世宗(在位954-59)による廃仏のために振るわなかったが,南方では禅宗,天台宗を中心に栄えた.禅宗は,唐末から五代にかけて南宗禅に有力な5系統が現れる.南岳懐譲(677-744)系の潙仰宗と臨済宗,青原行思(?-740)系の曹洞宗,雲門宗,法眼宗である.それらは宋代に臨済宗から黄龍派と楊岐派が分立したため五家七宗と総称される.

宋朝は,文治政策の一環として,971年から12年の歳月をかけて,蜀の益州(成都)において,唐代の経録『開元釈教録』(〔大正〕No. 2154)に基づいて大蔵経を彫造させ,首都汴京(開封)の太平興国寺に設けられた印経院から史上初めて漢訳大蔵経(北宋勅版大蔵経,蜀版大蔵経)を刊行した.世界文化史上に特筆されるべき出来事である.同じ太平興国寺内の訳経院では,天息災(法賢),法天,施護等インド僧を中心とする訳経が国家的事業として進められた.この時代には禅宗と浄土教が栄えた.契丹族の王朝遼と,遼を滅ぼした女真族の王朝金も仏教を保護し,遼は契丹版大蔵経を,金は金刻大蔵経を刊行した.また党項(タングート)の王朝西夏では多くの仏典が西夏語に訳され,西夏大蔵経が刊行された.

元朝は,世祖フビライ(在位1260-94)がチベット僧パクパ(八思巴,1235-80)を重用したことから,チベット仏教が高い地位に置かれたが,国内では道教,キリスト教,イスラーム教も行われていた.在来の仏教諸宗の中では禅宗がもっとも栄えた.また白雲宗,白蓮宗などの民衆に根

ざした仏教諸宗も盛んに活動したが，それらはしばしば禁圧された．

明の太祖（朱元璋，在位1368-98）は，全国の仏寺を禅，講，教の各寺に分けて統轄した．教寺には瑜伽教僧（赴応僧）とよばれる僧が住し，在家信者の求めに応じて瑜伽焰口（施餓鬼）などの法事を行っていた．この時代，仏教は明朝の抑制政策によって概して振るわなかったが，明末には，雲棲袾宏（1535-1615）をはじめとする万暦の三高僧，あるいは明末四大師とよばれる高僧たちが現れ，禅浄双修，教禅一致などの諸宗融合的主張を展開した．清朝は，モンゴル・チベット対策の意味もあってチベット仏教を優遇する一方，明朝の仏教抑圧政策を受け継いだ．また清初に試経制（度牒給付に先立つ試験制度）が廃止されたことが仏教の伝統的な教育システムを破壊し，僧尼の質の著しい低下を招いた．このようにして清代の中国仏教は，一部に玉林通琇（1614-75）などの禅僧たちの皇帝と結びついた活動がみられたものの，全体としては衰退に向かった．これに拍車をかけたのは太平天国の乱（1851-64）である．清末には仏教の主流は居士仏教に移った．代表的な居士に，楊文会（仁山，1837-1911）がいる．楊文会は，南京の金陵刻経処を主宰して多くの仏典を復刻刊行し，仏教学校を設立して人材の育成に努め，さらに『大乗起信論』（『大正』No.1666）などに基づいて諸宗を統合する「馬鳴宗」を構想するなど，仏教改革に力を尽くした．その思想は，改革的思想家である譚嗣同（1865-98）や章炳麟（1868-1936）にも影響を与えている．20世紀初頭から仏教改革を指導した人物に，楊文会の学生だった太虚（1890-1947）がいる．彼は，仏教の「三大革命」を主張し，「整理僧伽制度論」を著して改革の具体案を提示し，武昌仏学院などで人材を育て，「世界仏教運動」を構想し，さらに「人生仏教」，「人間仏教」を提唱した．これは現実の人生と社会への寄与を目的とした菩薩行の実践を説くもので，社会参加志向の強いその主張は今日の中国仏教にも影響を及ぼしている．

1949年に中華人民共和国が成立すると，仏教は革命の改造対象となり，寺院の破壊や没収が行われた．1952年，政府の管理下に仏教各派を統合する組織「中国仏教協会」が設立された．1966年に始まった文化大革命は仏教にも測り知れない惨害をもたらした．1979年からの「改革開放」は仏教界をも活気づけ，寺院の修復や信徒集団の再編などを通じて復興の機運は高まっている．だがその一方，市場経済の急激な進展にともなって仏教には世俗化の波が押し寄せており，今後の方向性はいまだ模索の中にある（陳，2010）．

台湾への仏教の伝播は，1661年の鄭成功（1624-62）による同島占領をきっかけに本格化したとみられる．清朝統治時代，各地に寺院が建立され，特に観音信仰が盛んになった．この時代の台湾仏教は，閩南（現在の福建省南部）系の仏教の影響下にあり，儒教・道教と混淆した斎教とよばれる在家仏教に属するものが大半であったとされる（五十嵐，2006）．日本統治時代には日本仏教各宗派が布教師を派遣して布教活動を行った．第2次世界大戦後，国民党政府の台湾撤退にともなって，多くの僧侶が大陸から台湾へ渡ってきた．彼らは「中国仏教会」を組織し，政府の支持の下で台湾仏教界を指導した．1960年代から，慈善活動や社会教育活動などを通じて世俗社会に積極的に貢献しようとする仏教団体が台頭してきた．代表的存在は，星雲（1927-）の仏光山，証厳（1937-）の慈済基金会（慈済功徳会），聖厳（1931-2009）の法鼓山，惟覚（1928-）の中台禅寺のいわゆる四大道場である．これらの団体は，豊富な資金力を背景に，文化・教育・慈善・医療・救難救助等の事業に力を入れ，布教に出版・通信メディアを活用し，世界各地に道場・支部を置いてグローバルな活動を展開している．その指導原理となっているのは，印順（1906-2005）が台湾仏教界に伝え発展させた太虚の「人間仏教」の理念である．

(3) ベトナム

ベトナムに初めて仏教をもたらしたのは，海路，インドから渡来した僧侶と考えられている．3世紀，当時中国領であったベトナム北部の交趾（交州）から呉に入って訳経を行った康僧会は，

◆ I. 世界の宗教潮流 ◆

『理惑論』の著者牟子（牟博．2世紀に蒼梧から交趾にきたとされる）とともに，ベトナム仏教の先達とみなされている．だが，その後のベトナム仏教は，禅宗を中心とする中国仏教との盛んな交流の中で発展した．もっとも，2世紀から17世紀頃まで中部ベトナムにあったチャンパ王国（林邑，占婆城）では，インド文化の影響の下，ヒンドゥー教とともにインド系の大乗仏教が行われ，9世紀にはインドラヴァルマン2世がドンズオンに観音を祀る壮大な石造寺院を建立している．

6世紀末，ベトナム僧法賢がベトナム初の禅の宗派，毘尼多流支派を創始した．彼は580年に交州にきたインド僧毘尼多流支より禅の教えを受けたと伝えられている．9世紀初め，新たな禅の一派，無言通派が現れて毘尼多流支派と並立するようになった．

939年，呉朝が成立し，ベトナムは中国から独立する．呉朝とこれに続く丁朝，前黎朝，李朝はいずれも仏教を重んじた．李朝の3代聖宗（在位1054-72）が中国僧草堂に師事したことから草堂派が誕生した．次の陳朝の3代仁宗（在位1278-93）は，譲位後に出家して竹林大士と称した．彼の系統が臨済禅の一派，竹林派である．次の黎朝が17世紀に阮氏と鄭氏の対立で南北に分裂した後，ベトナム北部に宋代の白蓮宗と竹林派の教義を融合させた蓮宗が興り，民間に広まっていった．それはしばしば一揆の温床にもなった．また元紹禅派をはじめとする臨済禅の諸派が禅と浄土信仰の一致を掲げて活動した．19世紀初頭に全土を統一した阮朝は儒教を国教として仏教を軽視したため，仏教は大衆への浸透を強め，道教・儒教，さらには民間信仰と混淆してベトナム独特の信仰形態を作り上げていった．

19世紀後半，フランスによる侵略と植民地支配が進むにつれて，ベトナム仏教は民族主義的な傾向を強めて抵抗運動の核となった．ベトナム戦争中の南ベトナムでは反政府運動，反戦運動に大きな役割を演じた．南北統一を受けて1981年，政府公認の統一組織，ベトナム仏教会が結成され，以来その下で在来の仏教諸派や1944年に明灯光によって創始された乞士派などが活動している．1986年に始まったドイモイ（刷新）とよばれる政治・経済の改革路線は，仏教界をも活気づけている．

(4) 朝鮮半島

三国時代の372年，前秦王苻堅の命を受けた僧道順が高句麗にきて，小獣林王（在位371-84）に仏像と経典を贈り，2年後には阿道が来朝した．これが高句麗への仏教の初伝とされる．384年には百済に東晋から胡僧摩羅難陀によって仏教がもたらされた．遅れて新羅にも仏教が伝わり，527年に公認された．高句麗僧のなかには，江南三論学派の鼻祖とされる僧朗のように中国仏教界に寄与する者もあった．百済では，沙門謙益がインドへ求法の旅を行い，526年に律部などの梵本を持ち帰ったので，聖王（在位523-54）が，これを訳出させた．新羅では円光（566頃-649頃）が，金陵（南京）で仏教を学び，600年に帰国した後，護国的観点から「世俗の五戒」を説いたことで知られる．新羅仏教は国家仏教の性格が強く，護国思想の色彩の強い百座講会や八関斎会が行われた．また国家に奉仕する青年を練成するために花郎団が組織された．

668年に朝鮮半島を統一した統一新羅の時代には中国との交流が活発で，仏教界からも唐に渡って活躍する僧が相次いだ．円測（613-96）は入唐して諸論を学び，玄奘が新訳を通して伝えた唯識を宣揚し，実叉難陀らの訳業を助けたりもしたが，帰国できないまま洛陽で没した．元暁（618-86）は，中国仏教界における新訳と旧訳をめぐる論争に対して和諍とよばれる新旧統合の論理を提唱し，華厳教学の大成者法蔵にも影響を与えた．義湘（相）（625-702）は入唐して中国華厳第二祖の智儼に学び，海東（朝鮮）華厳の始祖となった．その他にも新羅からは多くの留学僧が入唐し，密教や禅宗各派を学び伝えた．禅宗は高麗時代の初めまでに九山禅門とよばれる諸派が成立する．また文武王（在位661-81）の代から浄土信仰が次第に流行した．751年，首都金城（現慶州市）に仏国寺の建立が始まった．石窟庵の石造

阿弥陀仏坐像が制作されたのもこの頃である．

936年，高麗の王建王（ワンゴン）（在位918-43）が朝鮮半島を統一した．高麗時代の文化事業として名高いのが高麗大蔵経の刊行である．これには3つあり，第一は，顕宗の1011年に彫印が開始された初彫大蔵経である．これは1232年にモンゴル軍の侵入によって焼失した．第二は義天（オイチョン）（大覚国師，1055-1101）による教蔵（続蔵経）の刊行である．義天は1085年に入宋して章疏三千余巻を得，帰国後も仏典収集を続けて，『新編諸宗教蔵総録』（1090年）を完成し，教蔵を刊行した．ただしその規模は不明である．義天は朝鮮における天台宗の開祖でもある．第三は1236年から1251年にかけて完成された再彫大蔵経で，海印寺（ヘインサ）（慶尚南道）に版木が収められている．1392年に成立した朝鮮王朝（李氏朝鮮）は，とくに第9代成宗（在位1469-94）以降，排仏崇儒の政策をとったため，仏教は衰退の途をたどった．

1876年の江華島条約締結による開港を契機に朝鮮半島への日本仏教諸宗派の進出が始まった．日韓併合（1910年）に始まる植民地時代，朝鮮総督府は，「寺刹令」を発布し，寺法の制定や本末制度の導入によって仏教における植民地体制の構築を進めた．1945年に植民地から解放され，大韓民国が成立すると，韓国仏教界はさまざまな葛藤を内に含みながら日本の影響の払拭や新体制の確立に努めていった．現在は，高麗時代に始まる最大宗派の大韓仏教曹溪宗のほか，韓国仏教太古宗，大韓仏教真覚宗，大韓仏教仏入宗，大韓仏教元暁宗，円仏教などが活動している．

(5) 日　本

6世紀，百済の聖明王（聖王）から飛鳥の朝廷に仏像・経論などが贈られたことが，日本への仏教の公伝とされる出来事である．その年代については538年と552年の両説がある．いずれにしても，日本は東アジア仏教圏では最も遅れて仏教を知るようになった．この外来宗教の取り扱いを巡って有力豪族の間に意見の対立があり，それは蘇我氏が物部氏を滅ぼす事件（587年）の一因になったようである．その前後から高句麗，百済から

◆ 2. 仏　　　　教 ◆

僧が渡来してきた．596年，蘇我馬子（？-626）が飛鳥に飛鳥寺（法興寺の元興寺）を建立し，高句麗僧慧慈（ヘヂャ）と百済僧慧聡（ヘチョン）を住させた．

蘇我氏を中心に守り伝えられてきた仏教が飛躍的に発展するきっかけを作ったのは，推古天皇（在位592-628）の摂政，聖徳太子（厩戸王（うまやど），574-622）であったようである．太子は四天王寺，法隆寺（斑鳩寺（いかるがでら））の建立などを通して仏法興隆に尽くしたと伝えられる．ただし，その生涯は「太子伝説」のベールに覆われており，太子の著作とされる『三経義疏（さんぎょうぎしょ）』についても偽撰説が根強く主張されている．

624年，僧正，僧都，法頭（ほうず）の役が置かれ，初の僧正に百済僧観勒（グワンロク）が任ぜられた．その後幾多の変遷を経て，僧尼令（そうにりょう）（僧尼の生活規定を示した令）が，701年の大宝令を通じて出され，律令国家体制の整備の一環として国家が僧尼を統制する体制が作り上げられた．

奈良時代の741年（異説あり），聖武天皇（在位724-49）は詔（みことのり）を発し，国ごとに国分寺と国分尼寺を建立することを命じた．さらに743年，盧舎那仏（しゃな）金銅像（大仏）の造立を発願し，翌年から工事が開始された．その際，大衆を指導して土木工事などを行っていた行基（ぎょうき）（668-749）が勧進僧として協力した．彼は745年に初の大僧正に任ぜられている．752（天平勝宝4）年，東大寺で大仏の開眼供養会が，聖武上皇以下が列席して，華々しく執り行われた．その導師は大安寺のインド僧菩提僊那（ぼだいせんな）（婆羅門僧正，704-60）が務め，736年に菩提僊那，中国僧道璿（どうせん）（702-60）とともに来朝した林邑（りんゆう）（チャンパ）僧仏哲（ぶってつ）（徹）が伝えた林邑楽が奏された．754年には鑑真（がんじん）（688-763）が，揚州から苦難の旅をして平城京に到着し，大仏の前で上皇以下に戒を授けた．翌年東大寺に戒壇院が設立され，その後下野（しもつけ）薬師寺と筑紫観世音寺にも戒壇が置かれた．かくしてここに国家仏教の体制が整えられた．

飛鳥時代から奈良時代にかけて中国・朝鮮からさまざまな仏教学派が伝来した．やがてそれらは三論宗，法相宗，華厳宗，律宗，成実宗，倶舎宗のいわゆる「南都六宗」に統合されてゆくが，こ

◆ I. 世界の宗教潮流 ◆

の場合の宗（衆）は学派程度の意味である．三論宗は625年に来朝した高句麗僧慧灌（ヘグワン）以来3伝を数え，大安寺，元興寺を中心に行われた．大安寺に住した第3伝の道慈（?-744）は奈良時代初期の仏教界で重きをなした．法相宗は，入唐して玄奘に学んだ道昭（629-700）以来4次にわたって伝えられ，元興寺，興福寺がその中心となった．第4伝の玄昉（?-746）は，孝謙上皇（718-70）の寵愛を受けた道鏡（?-772）同様，宮廷で権勢を振るった僧として知られる．華厳宗は道璿によって初めて伝えられた．東大寺初代別当となる良弁（689-773）が金鐘寺（東大寺の前身）で大安寺の審祥に『華厳経』を講じさせたことが機縁となって，東大寺が華厳宗の根本道場となった．律宗は鑑真の系統が唐招提寺を中心に行われた．成実宗と倶舎宗は，それぞれ三論宗と法相宗の付宗（寓宗）であった．こうした官寺中心の学問仏教とは別に，山林修行型の仏教も盛んになっていった．それを象徴する存在が，修験道の開祖ともみなされている役小角（7-8世紀）である．

桓武天皇（在位781-806）は，即位後まもなく仏教界の粛正に乗り出した．天皇による平城京から長岡京，平安京への二度の遷都には，律令政治の行き詰まりの打破や怨霊対策などとともに，仏教界刷新の意図が込められていたと考えられる．この転換期に出現したのが，最澄（766/767-822）と空海（774-835）である．二人はともに804年，第16次遣唐使のメンバーとして入唐した．最澄は天台山で天台円教（天台教学）を学び，菩薩戒を受け，また牛頭禅と密教（大仏頂大契曼荼羅の行事）を伝授され，さらに越州で善無畏の孫弟子順暁から密教の相承を受けて，805年に帰国した．まもなく高雄山寺（神護寺）で日本初の灌頂を行うと，翌年には年分度者（1年間に得度を許される者の数）2名を勅許されて，後の比叡山延暦寺に円・戒・禅・密を総合した天台法華宗（日本天台宗）を発足させた．他方，空海は，長安でインド僧般若（734-810）と牟尼室利の教えを受けた後，不空の弟子恵果（746-805）から『金剛頂経』・『大日経』両部の密教を受法して，806年に帰国した．空海が入京した809年から数年にわたって，この両者の間にはかなり密接な交流があった．その後最澄は，法相宗の徳一との教義論争や大乗戒の独立とこれを巡る南都の僧綱（僧尼を管理する僧官職）との争いに精力を注いでゆく．他方，空海は，嵯峨天皇（在位809-23）に重用されて文化人として活躍する一方，真言宗の教学の樹立に勢力を傾け，816年に高野山を開いて金剛峯寺を創建し，823年には東寺を給預されてこれを密教道場とした．その活動は，さらに満農池の改修，綜藝種智院の創設なども交えて多彩に展開されたが，最も重要なのは，『秘密曼荼羅十住心論』等の著作において行われた全仏教を密教の名の下に体系化する試みであろう．

2人の巨人が去った後，天台宗では，入唐求法僧の円仁（794-864）と円珍（814-91），さらには安然（841-?）が，不十分だった台密（天台密教）の充実に努めた．台密と東密（真言宗）は互いに競い合い，それぞれに多数の流派，分派を生み出しながら平安仏教の二大潮流となる．天台宗は10世紀末に円仁系の山門派（延暦寺）と円珍系の寺門派（園城寺）に分裂する．

平安時代中期，阿弥陀聖あるいは市聖とよばれた空也（903-72）が民衆の間に口称の念仏を広めた．天台の学僧源信（942-1017）は，念仏指南の書『往生要集』を撰述して強い影響を与えた．浄土信仰は，社会不安の増大を背景に，末法意識の高まりと相俟って人々の間に浸透し，末法元年とされた永承7（1052）年の翌年に藤原頼通（992-1074）によって完成された平等院鳳凰堂（阿弥陀堂）に代表される造寺・造像や念仏結社の盛行を促した．平安時代後期，天台宗では良忍（1072-1132）が融通念仏を広め，真言宗では覚鑁（1095-1143）が，浄土信仰を取り入れた密教教学を打ち立てた．覚鑁の系統は13世紀に高野山から根来に独立して新義真言宗に発展してゆく．院政期頃から，天台宗内部には今日天台本覚思想とよばれる思想が形成される．それは，現実をそのまま悟りの現れとして肯定するもので，鎌倉仏教のみならず，中世の文化に広く影響を与えた．また平安後期から，従来の神仏習合的

現象が本地垂迹説として理論化され，主要な神々に本地仏が配当されていった．

平安末期から鎌倉時代にかけて仏教界には次々に新しい運動が興った．それはいわゆる鎌倉新仏教に限らず，旧仏教と総称される南都六宗・平安二宗（天台宗・真言宗）にも共通する動きであった．なお中世仏教の主流は，新興の鎌倉新仏教ではなく，権門と化した大寺院を中心とする旧仏教（顕密仏教ともよばれる）であったと考えられている．重源（1121-1206）は，源平の争乱で焼失した東大寺の再建のため大勧進職として活躍した．法然（1133-1212）は，『選択本願念仏集』を著して，専修念仏を旨とする浄土宗を開いた．栄西（1141-1215）ははじめ台密を修め，入宋して臨済宗黄龍派を学び，日本の臨済宗の祖となった．宋から茶の種を持ち帰り，日本に喫茶の風習を広めたことでも知られる．法相宗の貞慶（解脱，1155-1213）は遁世して笠置寺に籠居し，法相教学を集大成した．また戒律の復興を図り，法然の専修念仏を批判する一方で，弥勒・観音・阿弥陀などの信仰を鼓吹した．華厳宗の高弁（明恵，1173-1232）は『摧邪輪』を著して法然を批判し，仏光観なる独自の観法を実践した．釈尊を追慕するあまり天竺行を計画したことでも知られる．法然の弟子で浄土真宗の祖とされる親鸞（1176-1262）は真実信心による往生決定を説いた．主著に『教行信証』がある．道元（1200-53）は入宋して曹洞禅を学び，修証一如（修証一等．修行と悟りはひとつのものである）の確信に基づく只管打坐の禅を主唱した．主著に『正法眼蔵』がある．真言律宗の祖叡尊（1201-90）とその弟子忍性（1217-1303）は律宗教団を率いて，律復興運動と広範な社会救済活動を展開した．日蓮宗（法華宗）の祖日蓮（1222-82）は，度重なる迫害に耐えながら，『法華経』の行者として「南無妙法蓮華経」の題目の受持を説くとともに，激しい他宗批判（折伏）を展開した．時宗の祖一遍（1239-89）は，熊野権現の託宣を受け，踊念仏と念仏札を配る賦算を行いつつ一切を捨てた捨聖として諸国を遊行した．

鎌倉時代から室町時代にかけて，中国から蘭渓道隆（1213-78）をはじめとする禅僧が次々に来朝した．禅宗は武士階級の支持を受け，室町幕府成立後は，夢窓疎石（1275-1351）の門流などを中心に栄えて，五山文学に代表される禅文化を開花させる．浄土真宗の本願寺第8世蓮如（1415-99）は活発な布教活動を行い，本願寺教団を一大宗教・政治勢力に発展させた．一向一揆は，蓮如の吉崎時代に始まり，戦国期を通じて各地で多発した．1532年から36年にかけて京都では町衆を主体とする日蓮宗徒が法華一揆を起こしている．この時代には各地で大寺院が武装勢力化した．天下統一を目指す織田信長・豊臣秀吉は，これら宗教勢力の抑え込みに腐心しなければならなかった．

江戸時代，仏教は幕藩体制に組み込まれ，本末（本寺と末寺）制度，寺檀（寺院と檀家）制度などによって統制されたが，社会的・経済的には安定した地位を得，寺院は縁日，開帳，霊場巡り，講，芸能などを通じて庶民文化の重要な部分を担った．諸宗は幕府による学問奨励を受けて教学の振興に努め，檀林・談所・学林などと称される教育研究機関からは優れた学僧が輩出した．1654年，明末清初の中国から隠元（1592-1673）が来朝して黄檗の念仏禅を伝え，仏教界に新風を吹き込んだ．戒律復興運動も盛んであった．正法律を提唱した慈雲尊者飲光（1718-1804）は，梵学を研究して『梵学津梁』1000巻を著し，十善戒による民衆教化を進め，神仏一致の雲伝神道を創始するなど幅広く活躍した．だがその一方で，この時代の仏教は，儒学や国学からの，さらには科学的な立場からの排仏論にさらされていた．大坂の町人学者，富永仲基（1715-46）は『出定後語』において「加上説」とよばれる優れた理論を提出したが，それは平田篤胤（1776-1843）の排仏論に利用された．

明治初期，政府の神仏分離に関する一連の通達とそれをきっかけに全国で荒れ狂った廃仏毀釈，政府の神道国教化政策，さらには神道中心の神仏合同民衆教化体制の成立などが仏教に大きな打撃を与えた．この危機に対して，浄土宗の福田行誡（?-1888）や真言宗の釈雲照（1827-1909）

は，それぞれに戒律復興を柱とする護法運動を行った．本願寺派の島地黙雷（1838-1911），『明教新誌』を主宰する居士大内青巒（1845-1918）などの開明的仏教者は信教自由の運動を展開した．だがその後も諸宗派は，教団の再編成を迫られ，欧化主義の流行に逼塞を余儀なくされるなど時代の荒波に翻弄されてゆく．

国粋主義台頭期の1887（明治20）年前後から，井上円了（1858-1919）は，「護国愛理」を掲げて仏教を哲学的に基礎づけるとともに，自然科学・哲学に照らした新しいキリスト教批判（破邪顕正）の論理を展開して仏教界に大きな反響をよんだ．1887年，京都の普通教校内に沢井洵（高楠順次郎，1866-1945），古河老川（1871-99）らによって反省会が結成され，その活動は明治の仏教青年たちに多大な影響を与えた．また田中智学（1861-1939）は，立正安国会（後の国柱会）を創設して日蓮主義運動を進め，大道長安（1843-1908）は救世教を唱導した．

日清・日露戦間期は，新しい仏教運動が次々に勃興し，近代仏教思想がほぼ形を整えた時期とされている（末木『明治思想家論』p.113）．この時期に，浄土真宗大谷派の清沢満之（1863-1903）は浩々洞を結んで精神主義を主唱した．境野黄洋（1871-1933），高嶋米峰（1875-1949），渡辺海旭（1872-1933）ら仏教清徒同志会（新仏教徒同志会）による新仏教運動が始まったのもこの時期である．南条文雄（1849-1927）を先駆者とする近代仏教学の発展，大谷光瑞（1876-1948），河口慧海（1866-1945）等によるアジア探検も近代日本の仏教改革運動の中に位置づけられるだろう．

社会主義・無政府主義を標榜した仏教者に，大逆事件（1910年）に連座した曹洞宗の内山愚童（1874-1911）や大谷派の高木顕明（1864-1914）がいる．日清・日露戦争を機に，各宗派は，新たに確立された日本の勢力圏やハワイ・南北アメリカの移民地に布教師を送り込むなどして海外進出に努めた．医療・社会福祉・学校教育など各種の社会事業にも取り組んでゆく．仏教は，「大正デモクラシー」の風潮を背景に文芸とも接触を深め，倉田百三（1891-1943）の戯曲「出家とその弟子」（1916～17年）をはじめとする作品群を生み出した．

昭和期に入り，戦時体制の進展にともなって，政府は宗教統制を強め，各宗派はこぞって戦争協力に励みながら1945年の敗戦を迎えた．

戦後の日本社会の変化，とりわけ民主主義体制への移行，国家神道体制の崩壊，新憲法下での政教分離と信教の自由の確立などは，仏教のあり方にも根底的な変化をもたらすものであった．やがて始まった経済成長と都市部への人口集中を背景に，さまざまな新宗教が勢力を拡大した．さらにおおむね1980年代以降，新新宗教ともよばれる諸教団が急速に台頭し，特異な霊術をもって若い世代を中心に信者を獲得していった．これに対して，伝統仏教の寺院の多くは檀家のための葬儀と法事を本務とし，祈禱寺や観光寺院として運営されているケースも少なくないが，いずれも今や人々のライフスタイルや宗教意識の変化への対応を迫られている．

参考文献

五十嵐真子『現代台湾宗教の諸相―台湾漢族に関する文化人類学的研究―』人文書院，2006年．
池田英俊『明治の新仏教運動』吉川弘文館，1976年．
石田瑞麿『日本仏教史』岩波全書，岩波書店，1984年．
伊吹　敦『禅の歴史』法藏館，2001年．
笠原一男編『世界宗教史叢書11, 12 日本宗教史Ⅰ，Ⅱ』山川出版社，1977年．
鎌田茂雄『中国仏教史』第1-5巻，東京大学出版会，1982-1994年．
鎌田茂雄『朝鮮仏教史』東京大学出版会，1987年．
鎌田茂雄『新中国仏教史』大東出版社，2001年．
木村清孝『中国華厳思想史』平楽寺書店，1992年．
島田裕巳「戦後仏教の展開」，奈良・沖本・末木・石井・下田編『新アジア仏教史14 日本Ⅳ』pp.256-300．
末木文美士『日本仏教史　思想史としてのアプローチ』新潮社，1992年．
末木文美士『明治思想家論　近代日本の思想・再考Ⅰ』トランスビュー，2004年．
末木文美士『近代日本と仏教　近代日本の思想・再考Ⅱ』トランスビュー，2004年．
陳　継東「中国仏教の現在」，奈良・沖本・末木・石井・下田編『新アジア仏教史08 中国Ⅲ』pp.318-363．
中村　元・笠原一男・金岡秀友監修・編集『アジア仏教史　中国編Ⅰ-Ⅴ』佼成出版社，1974-1976年．
中村　元・笠原一男・金岡秀友監修・編集『アジア仏教史　日本編Ⅰ-Ⅷ』佼成出版社，1972-1974年．
奈良康明・沖本克己・末木文美士・石井公成・下田正弘編

『新アジア仏教史05 中央アジア』佼成出版社，2010年．
奈良康明・沖本克己・末木文美士・石井公成・下田正弘編『新アジア仏教史06-08 中国Ⅰ-Ⅲ』佼成出版社，2010年．
奈良康明・沖本克己・末木文美士・石井公成・下田正弘編『新アジア仏教史10 朝鮮半島・ベトナム』佼成出版社，2010年．
奈良康明・沖本克己・末木文美士・石井公成・下田正弘編『新アジア仏教史11-14 日本Ⅰ-Ⅳ』佼成出版社，2010-2011年．
平川 彰『インド・中国・日本仏教通史』春秋社，1977年．
道端良秀『中国仏教史全集』第1巻，書苑，1985年．
桃木至朗・樋口英夫・重枝 豊『チャンパ 歴史・末裔・建築』めこん，1999年．
渡辺照宏『仏教のあゆみ』（改訂3版）大法輪閣，1970年．

2.6 仏教と現代

(1) 世界の仏教

近代に入り，仏教は従来の3つの仏教圏からその外に広がりはじめた．その主要な推進役の1つは，中国系・日系などのアジアからの移民とこれを追いかけて移民地に赴いた布教師たちであった．しかし今や仏教は，人種や文化の壁を超えて，欧米諸国はもとより，オセアニアやアフリカなどにも定着しはじめている．

仏教は，西洋では長くその正体が知られず，「虚無の信仰」（ドロワ，2002）として恐れられさえしたが，19世紀の中葉からビュルヌーフ（Eugène Burnouf, 1801-52），マックス・ミュラー（F. Max Müller, 1823-1900），リス＝デヴィッズ（Thomas W. Rhys Davids, 1843-1922），オルデンベルク（Hermann Oldenberg, 1854-1920）等の各国のインド学者・東洋学者によって本格的な研究が進められるにつれ，次第に西洋の知識人の関心を集めた．神智学協会（1875年結成）のオルコット（Henry S. Olcott, 1832-1907）とブラヴァツキー（Helena P. Blavatsky, 1831-91）は，1880年以来スリランカの仏教徒と交流し，その復興運動を刺激した．オルコットの著作『ブッディスト・カテキズム』（*A Buddhist Catechism*, 1881年）は欧米だけでなく，日本を含むアジア諸国でも翻訳されて広く読まれ，イギリスの詩人アーノルド（Edwin Arnold, 1832-1904）の叙事詩『アジアの光』（*The Light of Asia, or the Great Renunciation*, 1879年）とともに大きな影響を与えた．

1893年，スリランカの仏教運動家ダルマパーラは，シカゴで開催された万国宗教会議（The World's Parliament of Religions）にスリランカ上座部代表として出席して，世界布教の手掛かりをつかんだ．この歴史的な会議には日本仏教界も僧侶4人と在家信者2人からなる代表団を送り込んでいた．その中の1人，臨済宗の釈宗演（1859-1919）がケーラス（Paul Carus, 1852-1919）と出会ったことが，アメリカに禅（Zen）がもたらされるきっかけとなった．ケーラスのもとに赴いた宗演の弟子鈴木大拙（1870-1966）は，禅をはじめとする東洋思想を世界に伝えることに生涯を捧げることになる．アメリカで禅が本格的に受け入れられるのは，1950年代以降，いわゆるビートニク世代からである．ヨーロッパに禅が定着しはじめるのは1970年代からで，曹洞宗の弟子丸泰仙（1914-82）等の努力が大きい．

1959年のチベット動乱を機に国外に亡命したラマたちが，ダライ・ラマ14世を先頭に世界各地で積極的に布教活動を展開した．初期の代表的な布教僧にシャンバラ・インターナショナル（Shambhala International）の創設者チョギャム・トゥルンパ（Chögyam Trungpa, 1939-87）がいる．彼らの努力によって，今やチベット仏教は欧米社会に完全な市民権を獲得するに至っている．各国にチベット仏教センターが設立され，そこでは白人の若い出家者たちが，チベット人のラマを囲んでいる光景が決して珍しいものではなくなった．

また上座部仏教のヴィパッサナー（vipassanā）瞑想が，ミャンマーのマハシ・サヤド（Mahasi Sayadaw, 1904-82），ゴエンカ（Satya Narayan Goenka, 1924-）らの活動を通じて欧米にも知られるようになった．仏光山，法鼓山，立正佼成会，創価学会インタナショナル（SGI，創価学会の国際部門）など台湾・日本の諸団体も世界規模

で活動している．

アメリカ合衆国では仏教徒の人口が急速に伸びており，1970年代半ばに約20万人だったものが，2010年の時点では約300万人に達していると見られる（タナカ，2010，p.24）．ヨーロッパの仏教徒人口は約100万人とされる．

他方，仏教の故郷インドでは，歴史の表舞台から消えて久しかったインド人仏教徒が，1950年代に，アンベードカルによって，ネオ・ブッディスト（Neo-Buddhist，改宗仏教徒）として蘇った．さらに今日，ダリット（いわゆる不可触民）解放運動とは直接関係はなく，仏教に関心をもつインド人が増加していると報じられている．

（2）仏教の新潮流

21世紀の仏教の新しい潮流として注目されるものに，エンゲイジド・ブッディズム（Engaged Buddhism）がある．これはベトナムの禅僧ティク・ナット・ハン（Thich Nhat Hanh 釈一行，1926-）が1960年代の初めに提唱したものである．エンゲイジド・ブッディズムという言葉にはまだ日本語の定訳はないが，「社会参加仏教」とよばれ，さらに踏み込んで，「社会をつくる仏教」，「行動する仏教」とも解されている．この運動の中核的な理念は，「仏教の出発点である『苦』の理解を，単に個人的心理に限定することなく，社会構造の領域にまで拡大し，社会に発する苦の解決を求めて積極的な行動に出ること」（阿満，2003，p.29）である．ベトナム戦争の戦火の中から生まれたエンゲイジド・ブッディズムの理念は，今や世界の仏教に影響を与えている．代表的なエンゲイジド・ブッディストとして，スリランカのサルボダヤ運動の指導者アリヤラトネ，タイの社会活動家スラック・シワラック（Sulak Sivaraksa，1933-），人権問題等に取り組んだ禅マスター，ロバート・エイトケン（Robert Aitken，1917-2010），環境問題への提言で知られるジョアンナ・メイシー（Joanna Macy，1925-）などが挙げられる．またこの分野の研究者は，近現代の仏教者による反戦平和，環境問題，差別や圧政からの解放などに関わるさまざまな実践をエンゲイジド・ブッディズムの名の下に一括する傾向があり，その中には，アンベードカルやダライ・ラマ14世の活動，藤井日達（1885-1985）が創始した日本山妙法寺の平和運動なども含まれる．以上のような新しい仏教運動は，グローバル化が進行する中で，国際ネットワークを通じたトランスナショナルな運動へと発展する傾向にある（ムコーパディヤーヤ，2011）．

エンゲイジド・ブッディズムは第一義的には近代の所産である．しかし仏教，とりわけ大乗仏教は，菩薩道の理念からすれば，本来社会参加型の宗教であったということもできる．

日本では，仏教はキリスト教に比して社会参加に積極的ではない，という見方が一般的であるようであるが，こうしたイメージとは裏腹に，日本の仏教者によるボランティア活動，国際協力などへの取り組みは近年盛んになっている．しかし，東日本大震災を経験した2011年3月11日以降の日本社会では，仏教の存在意義がかつてないほど厳しく問われていることもまた事実であろう．こうした状況の中で，エンゲイジド・ブッディズムは，仏教の社会貢献の可能性を示すものとして注目度を増している．また近年わが国では，ジェンダーあるいはフェミニズムの視点から仏教の理論と実践を捉え返そうとする「フェミニスト仏教」への関心が高まっており，現代仏教の社会活動と合わせて今後の動向が注意される．

参考文献

阿満利麿『社会をつくる仏教　エンゲイジド・ブッディズム』人文書院，2003年．

女性と仏教 東海・関東ネットワーク編『新・仏教とジェンダー—女性たちの挑戦』梨の木社，2011年．

ケネス・タナカ『アメリカ仏教—仏教も変わる，アメリカも変わる』武蔵野大学出版会，2010年．

ロジェ＝ポル・ドロワ著，島田裕巳・田桐正彦訳『虚無の信仰—西欧はなぜ仏教を怖れたか—』トランスビュー，2002年．

中村　元・笠原一男・金岡秀友監修・編集『アジア仏教史 日本編Ⅸ』佼成出版社，1976年．

奈良康明・沖本克己・末木文美士・石井公成・下田正弘編『新アジア仏教史15 日本Ⅴ』佼成出版社，2011年．

西川　潤・野田真里編『仏教・開発・NGO—タイ開発僧に学ぶ共生の智慧』新評論，2001年．

『密教文化』第223号「特集号・仏教新潮流と密教」，2009

年．
B・K・ホーキンズ（瀧川郁久訳）『仏教〈21世紀をひらく世界の宗教〉シリーズ』春秋社，2004年．
ランジャナ・ムコパディヤーヤ『日本の社会参加仏教―法音寺と立正佼成会の社会活動と社会倫理―』東信堂，2005年．
ランジャナ・ムコパディヤーヤ「社会参加と仏教」，奈良・沖本・末木・石井・下田編『新アジア仏教史15 日本Ⅴ』佼成出版社，2011年，pp.142-175．
守屋友江『アメリカ仏教の誕生―20世紀初頭における日系宗教の文化変容―』現代資料出版，2001年．

3 キリスト教

I. 世界の宗教潮流

山中　弘

3.1　現代キリスト教の動向

　キリスト教とはそもそもどのような宗教なのか．一口にキリスト教といっても，現在のキリスト教は非常に多様であり，かなりの相違が認められるのが現実である．しかし，詳しくは後に述べるとして，ここではまずキリスト教を紀元前後に生まれた「ナザレのイエス」を救世主＝「キリスト」と信じる宗教である，とごく大雑把に定義してみよう．ただ，われわれ日本人にとって，この定義に現れる「ナザレ」や「キリスト」という言葉はもともとそれほどなじみのあるものではない．ナザレとはパレスチナの北部ガリラヤ地方の地名であり，キリストは救世主を意味するヘブライ語「マーシーアッハ（メシア）」のギリシア語形である．だから先ほどの定義をもう少し詳しく説明すると，キリスト教とは，中東パレスチナのガリラヤ地方ナザレに生まれたイエス（〔ギ〕Iēsous，〔英〕Jesus，前4頃-後30頃）を救世主として崇拝する宗教ということになる．

　このパレスチナの辺境に誕生したキリスト教は，2000年後の今日，世界最大の宗教に成長した．ある統計によると，その信者数は西暦2000年に約20億人，世界人口の約33％がキリスト教徒という計算になる．その分布もアフリカからオセアニアまで世界中に及んでおり，第2位のイスラームの11億9000万人などと比べて，信者数，分布地域の広さにおいて群を抜いている．布教地域の拡大にともなって，聖書の翻訳言語数も大幅に増加し，1900年に537語だったものが，1980年には1811語と3倍以上になっている．

　キリスト教徒の分布がもっとも大きい地域は，ヨーロッパ，南北アメリカ大陸，アフリカだが，1900年から2025年（推計値）までの変化動向をみてみると，もっとも落ち込みが激しいのがヨーロッパとなり，68％から21％へと急減することが予測されている．逆に，もっとも成長が期待できるのがアフリカとアジアであり，両地域の信徒の総計は1900年にキリスト教徒全体の6％だったものが，2025年には42％になるとされている．この数字はさらに教会数の増加にも現れており，1970年と1995年とを比較すると，アジアでは4倍以上の増加となっており，ついでラテンアメリカ，アフリカの順で多くなっている．ただ，落ち込みの著しいヨーロッパも，教会数については24％の増加となっている．これは，実際の信者数の増減とは別に小さな教会が次々に設立されていることを示しており，キリスト教の宣教活動がどの地域でも活発であることを意味している．なお，教会数と一教会に属する平均信徒数の双方がともに増加しているのはアフリカとオセアニアで，とくにアフリカは，これまで述べた統計的数値からしても，今後のキリスト教の動向の鍵を握る地域であることは注目されよう．全体として，キリスト教の勢力分布傾向にはかなりの変化が指摘されており，長い間この宗教の中心だったヨーロッパ地域に代わって，アフリカ，アジアなどの

いわゆる第三世界にその中心が移りつつあることが認められる.

3.2 キリスト教と日本との邂逅

このように,中東パレスチナのガリラヤに生まれた辺境の宗教が 2000 年という時間の流れの中で世界最大の宗教に成長を遂げたことは十分に考慮に値する事柄であろう.日本人にとって,イエスの活動の場であるガリラヤのナザレは簡単にイメージできないほど遠く離れており,救世主という発想も日本の宗教伝統には本来あまりなじまない.はるか彼方のパレスチナの一寒村で,まだ邪馬台国さえも姿を現していない紀元前後に生まれたイエスの説いた教えが,今日のわれわれにとってあまり違和感もなく,ごく当たり前に受け止められているという事実は考えようによっては実に不思議なことである.もちろん,ここで「不思議なこと」と書いたのは,この宗教が誕生した時代と場所が非常に古くて遠方であるという事実ゆえではない.われわれは,同じく遠方のインドで紀元前 5 世紀頃に誕生した仏教に親しんでおり,日本が仏教国であるといってもほとんどの人々は異を唱えないだろう.しかし,仏教の場合には,中国,朝鮮を経由して長い時間をかけてゆっくりと受容されており,その過程で日本土着の神祇信仰などと融合しながら,日本的に解釈しなおされている.これに対して,キリスト教の場合には事情が異なっている.それは,16 世紀になって,それまでほとんど交渉がなかった西欧人を通じて日本人の前に忽然と姿を現したのである.日本とキリスト教とのこのいわば唐突な出会いがもっている意味を考えることから,キリスト教という宗教の概説を始めてみたいと思う.

キリスト教が日本の歴史に姿を現すのは,スペイン人フランシスコ・ザビエル(Francisco Xavier, 1506–52)が 1549 年 8 月 15 日に日本人ヤジロウをともなって,2 人のイエズス会士とともに鹿児島に上陸したときである.それから 40 年ほどの間は,キリスト教は九州の大名などをはじ

図 1 フランシスコ・ザビエル

めさまざまな社会層から多くの受洗者を得ることに成功した.しかし 1587 年の豊臣秀吉による伴天連(ばてれん)追放令以降,キリスト教への風向きは変化し,1612 年のキリシタン禁令から 250 年ほどの間,少なくとも公には完全に姿を消すことになった.「カクレキリシタン」ないし「潜伏キリシタン」の長い時代が始まり,キリスト教は人目につかないところでひっそりと息を潜めて新しい時代の到来を待つことになる.大政奉還が間近に迫った 1865(慶応元)年,長崎の大浦天主堂でフランス人神父プチジャンを尋ねてやってきたカクレキリシタンと神父との出会いは,長い迫害の時代の終わりが近いことを告げていた.しかし,明治新政府は,当初,キリシタン禁制という政策を堅持し,キリシタンであることを公言した人々は捕らえられ,獄死するものも数多く存在した.1873(明治 6)年,欧米諸国の圧力もあり,キリスト教はようやく全面的に解禁された.それ以来今日まで,信者数は全人口の 1% に満たないものの,キリスト教は少なくとも教育や思想の面でわが国に大きな影響を与えてきたのである.

これが日本人とキリスト教との邂逅(かいこう)とその後にたどった道筋ということになるが,ここで注目したいのは,長い迫害の時期を挟んだ邂逅と解禁をめぐるキリスト教側の主役たちとそれが起こった時代である.16 世紀半ばの邂逅の時期の主役はスペインとポルトガルであり,19 世紀後半のキリスト教解禁の時期には,欧米諸国,なかでもイギリス,アメリカ,フランスが主役を務めてい

◆ I. 世界の宗教潮流 ◆

る．一見するとそこに何か特別な意味などないようにもみえる．しかし，目を世界に転じてみれば，キリスト教と日本人の邂逅は，いわゆる15世紀末に始まるヨーロッパの世界的拡張の幕開けに連なっており，解禁は，その拡張の帰結である欧米諸国による非西欧世界の帝国主義的分割の幕開けに重なっていることがわかる．欧米のこれらの動きが日本だけでなく全世界に向けて行われていた以上，この時期にキリスト教に遭遇したのは日本ばかりでなく，他の非西欧世界でも同様であった．16世紀には大西洋を挟んだアステカやインカなどにスペインの宣教師たちが軍隊とともに姿を現しており，19世紀にはインド，中国，アフリカなどで数多くの宣教師たちが活躍している．とするならば，16世紀から始まる日本とキリスト教との関わりは，政治的，経済的に西ヨーロッパを中核とした世界システムの形成と発展を背景とした欧米の植民地支配と密接に重なり合っているわけである．そして，こうした世界史全体の動向という文脈のなかでキリスト教の受容の歴史を位置づけてみると，キリスト教がなぜ激しい弾圧を受けたのか，また明治になっても教育問題などを巡ってなぜ白眼視されたのかの一端がわかる．つまり，キリスト教は西欧から始まる近代化という大きな歴史の流れの開始とともに日本との邂逅を経験しており，したがって，この宗教に対する日本の態度は欧米を中心とした世界秩序の中にしだいに組み込まれていく日本と日本人の応答の一部として捉えることが必要なのである．

3.3　世界宗教となった諸要因

キリスト教が世界最大の宗教になった要因はどこにあるのだろうか．当然のことながら，多くの複雑な要因が相互に絡まって現在のキリスト教の地位が築かれたわけであり，その決定的な要因を1つだけ明示することはできない．しかし，そこにはキリスト教固有の特質やその発展過程においてこの宗教を取り囲んでいたいくつかの社会的，政治的，歴史的諸条件ないし偶然があったことは確かであろう．キリスト教の世界宗教化の基盤は，この宗教が4世紀にローマ帝国の国教となって巨大な版図をもつ帝国全体を制覇した段階で整っていると思われるので，ここでは，主にこの時期までのキリスト教の特質を念頭におきながら，この宗教の世界宗教化を準備，促進した8つの要因を列挙してそれぞれについて簡単に説明してみよう．なお，ここで説明される事柄をよりよく理解するために，後述の「歴史」や「思想」の項をあわせて読まれたい．

(1) 脱民族宗教

キリスト教は，当初ユダヤ教の一分派として出発するが，その発展の初期において非ユダヤ人（異邦人）にイエスの福音を広めるべきかをめぐって指導者の間で深刻な対立があり，最終的に異邦人への福音伝道を推進してきたパウロ（Paul of Tarsus, 3-62）の行動が認められた．その結果，キリスト教はユダヤの民のみを特別視するユダヤ教的選民主義の枠組みから解き放たれて，ユダヤ教の律法である割礼を受けていない異邦人の間にも多くの信者を獲得することになった．これによって，キリスト教はユダヤの民という民族的境界を突破し，いかなる地域のいかなる民族にでも受容可能な世界宗教としての重要な要件を備えることになった．

(2) ユダヤ教の宗教的資源の動員

キリスト教の世界宗教化はユダヤ教的枠組みから離れることであったが，逆にユダヤ教の宗教的資源の動員がその世界宗教化に有利に働いた面もあった．つまり，キリスト教はすでに膨大な聖なる歴史書（聖書）を保持していたユダヤ教という巨大な宗教的資源を基盤として，その骨格を形作ることができたわけである．イエスの語る言葉もそれが準拠する聖典もユダヤ教に由来するものであり，イエスはそれを批判，再解釈するなかで彼の宗教的世界を打ち立ててゆくわけである．キリスト教を特徴づける，「契約」，「メシア」といった重要な観念はいずれもユダヤ教のものであり，この宗教的資源の動員によってキリスト教は，す

でに洗練された宗教思想を保持していたユダヤ教の宗教的豊かさから出発することができたのである．しかも，その資源は思想だけではなく，彼らが保持していたネットワークの活用にも及んでいた．ユダヤ人たちはヘレニズム世界に点在しており，そのネットワークは初期のキリスト教がパレスチナ世界を超えて拡大するための布教の拠点となったと思われる．

(3) ギリシア語で書かれた聖典の存在

キリスト教は，イエスの死後約40〜50年を経て救世主イエスの受難と復活の物語を記した聖典をもつに至る．聖典の存在はイエスの運動を文字によって定着化させ，さらにそれに基づいて信仰の基準となる教義を作り上げることを可能にした．しかも，それらはギリシア語という当時のヘレニズム世界の共通言語を使って書かれた．これは，信者がすでにヘレニズム世界全体に広がりつつあったことを意味するとともに，ユダヤ人に限らないローマ，ヘレニズム世界全体に及ぶ広い信者層を獲得する潜在力を得ることになった．

(4) ヘレニズム世界における他の思想との競合

キリスト教は，その教義の形成過程のなかで当時の先進的思想と接触し，それらの影響を受けてその一部の要素を取り込み，同時にそれらと対決しながら成長した．とりわけ，1世紀から3世紀にかけてヘレニズム世界に存在したグノーシス主義や，ネオ・プラトニズムの影響はキリスト教自体を変質させかねない大きな脅威として認識され，それらに対してキリスト教の正当性をつねに弁証することを通じて，その神学思想は高度に精緻な体系へと洗練されていくことになった．

(5) 移動性の高い簡素な儀礼

初期のキリスト教において，イエスの受難を記念するパンとぶどう酒の儀礼が早くから行われていたが，この儀礼形式はユダヤ教を含めた古代宗教にみられる動物供犠を必要とせず，犠牲獣を捧げる巨大な神殿も不要だった．とりわけ，ローマ時代，キリスト教と競合関係にあったミトラス教が行う牛の屠殺儀礼は高額な費用と人員を必要としたのに対して，どこでも簡単に行うことができるキリスト教の簡素な礼拝様式は初期キリスト教の担い手とされる遍歴の職人層に適合的な移動性に富むとともに，一般庶民にも容易にアクセス可能な儀礼だった．

(6) 有能な指導者と組織の構築

イエスの死後，彼が始めた運動はペトロ，ヤコブなどの弟子によって受け継がれるとともに，パウロという知的にも実践的にも傑出した指導者に恵まれた．パウロは死の危険を顧みずに小アジアやギリシアの諸都市を訪れて，多くの信徒を獲得した．また，各地に点在する信者をまとめる役職者も早くから現れ，2世紀には「単独司教制の成立と職制の強固な階層化」が形成され，ローマの公的宗教になった4世紀の段階では帝国全体をカバーする組織を築きあげていたのである．

(7) 強い宣教意識

ローマ時代にヘレニズム世界に流布していた古代密儀宗教は，限られた人間だけが秘教的知識によって救済されるという閉鎖性の高いものが多かった．これに対して，キリスト教は次のような聖書の一節に象徴されるように，強い福音宣教の情熱をもっていた．「わたしは，天においても地においても，いっさいの権威を授けられた．それゆえに，あなたがたは行って，すべての国民を弟子として，父と子と聖霊との名によって，彼らにバプテスマを施し，あなたがたに命じておいたいっさいのことを守るように教えよ」（マタイ28：18-20）．カトリック，プロテスタントを問わず，厳しい自然環境や異国の地においても死を賭して福音宣教を続ける宣教師たちの活動なくして，キリスト教の世界宗教の地位は約束されなかったのである．

(8) 政治権力との結合

ローマ帝国によるキリスト教の苛烈な弾圧から今日の解放の神学に至るまで，この宗教と政治権力との関係は複雑で相矛盾する側面をもってい

◆ Ⅰ．世界の宗教潮流 ◆

る．キリスト教はたびたび政治権力に鋭く対立し，権力者もそれを抑圧しようと躍起になるという事態が歴史上数多く存在する．しかし，それにもかかわらず，この宗教が世界最大の宗教になった大きな要因として，ローマ帝国で国教の地位を手に入れたことは重要である．帝国の版図内でキリスト教以外の異教は取り締まりの対象となり，ローマ皇帝は教会の保護者として教会の教義問題にまで介入することになった．それは，キリスト教がローマ帝国という地中海世界を覆う巨大な帝国の版図をそっくり手に入れ，その権力の庇護のもとに特権的に布教することができたことを意味している．西ローマ帝国滅亡後も，西方キリスト教会を指導するローマ教会は一貫して政治的支配者の側に立つとともに，彼らに対抗するほどの巨大な政治権力機構となった．そして，15世紀以降の大航海時代を皮切りに始まった西ヨーロッパの世界的拡大にともなって，国家と一体化したキリスト教は南北アメリカ，アフリカ，南アジア，東南アジア，そして日本を含む東アジアなど全世界へと急速に広がっていったのである．こうした世界的拡大の背後には，キリスト教のために生涯を捧げた数多くの宣教師たちの想像を絶する努力とともに，彼らを異郷の地へと赴かせ，そこでの活動を支えた欧米の巨大な軍事力，経済力，科学技術の存在があり，それらを背景にして今日世界第一の規模を誇る世界宗教としてのキリスト教の地位が築かれたのである．

3.4　さまざまなキリスト教

キリスト教は世界中に多くの信者を擁しているが，それは，大別すれば次の5つの宗派に分けられる．(1) ローマ・カトリック，(2) 東方正教会，(3) プロテスタント諸派，(4) アングリカン・チャーチ，(5) その他（非正統的キリスト教諸派，キリスト教系新宗教など）．ただ，キリスト教の諸宗派をどのように分類するかは立場によって若干の相違があり，成立地あるいは中心地に基づいて，プロテスタント内部を欧米と非欧米の2つに分けたり，既存の宗派分類に収まりきれない無所属や二重所属などのカテゴリーを作る場合もある．これはキリスト教を信じる人々が多様化して，既存のキリスト教の宗派に満足していない人々が増えてきていることの反映であるように思われる．しかし，これらの新しいカテゴリーに入る人々が増加しているとはいえ，キリスト教の主要な宗派の信徒数が圧倒的多数であることは論を待たない．2010年の統計によると各宗派の信者数は，カトリック10億5000万人，プロテスタント諸派4億5500万人，東方正教会2億4000万人，アングリカン7300万人，新宗教2600万人となっている．この数字から明らかなように，ローマ・カトリック，プロテスタント諸派，東方正教会という御三家が全体のかなりの部分を占めている．ただ，2025年の推定値によるとキリスト教徒全体に占めるカトリック教会の優位が脅かされ，それに代わって，既存のどの教派にも属さない独立派がかなり増えることが予想されており，今後の動向にも多様化の波が色濃く認められるのは確かであろう．以下，簡単に5つの宗派の特質を概観してみよう．

(1)　ローマ・カトリック

世界中に存在するキリスト教会の中でもっとも大きな教会である．カトリックという用語は「普遍」，「総合」，「全体」を意味し，本来はローマ帝国全体のキリスト教を指していた．しかし，初期キリスト教会の4つの総主教区（アレキサンドリア，アンティオキア，コンスタンティノープル，エルサレム）と並ぶ一介の総主教区にすぎなかったローマは，4世紀末頃には使徒ペトロの継承権に基づいて自らの首位性を主張し，ついには11世紀にコンスタンティノープルを中心とする東方教会と完全に袂を分かち，西方世界のキリスト教という固有性を体する「カトリック」教会となった．そしてさらに，16世紀の宗教改革によって，カトリック教会は，プロテスタント諸派と対置されるローマ・カトリック教会を意味することになり，今日ではキリスト教の1つの宗派の名称として使われている．

◆ 3. キリスト教 ◆

図2　東方正教会の広がり

　カトリック教会は，キリストの使徒の頭であるペトロ以来の使徒的権威の継承に基づいた教皇を頂点とする聖職組織の権威を重んじ，その聖職組織が教会を指導し，神の恩恵を独占的に管理するという点で，プロテスタント諸派との大きな相違を示している．その聖職組織は，教皇の下に大司教，司教と続く垂直的なものであり，すべての聖職者は教皇に対し絶対的服従を誓い，生涯独身を貫くことが要求される．教皇は枢機卿によって選挙され，終身その地位に留まることができる．また，今日では教皇はヴァチカン市国の国家元首でもあり，形式的には行政，司法，立法の三権を掌握している．

　カトリック教会は，聖書と並んで，これまでの公会議，教皇の宣言，初代教会の教父たちの教え，信条（使徒信条，アタナシウス信条，ニカイア信条など）を聖伝として尊重する．また，キリストの母マリアや諸聖人に対する信仰を認め，とくに，マリアへの崇敬は強く，ルルドに代表される聖母マリアの出現地には現在でも多くの巡礼者が訪れている．中心的な典礼として，後述するように洗礼や聖餐などの7つのサクラメントがあり，このサクラメントによって教会が保持する恩恵は具現化されると信じられている．また，第2ヴァチカン公会議（1962〜65年）以降，これまでラテン語で行われていたミサを現地の言葉で対面式で行うことができるようになり，一般人の典礼への参与の度合いも高まるなど，大きな変化をみせている．

(2)　東方正教会

　東方正教会は，1054年にローマ・カトリックから分かれたコンスタンティノープルなどを中心とした東方キリスト教会であり，ローマ・カトリックと対抗して，自らの教会こそが使徒以来の「オーソドックスな」後継者であるとする各地の正教会の総称である．それらは，同じ教義とほぼ同一の典礼に基づきながら，コンスタンティノー

◆ Ⅰ．世界の宗教潮流 ◆

プル世界総主教区を筆頭として，エルサレム，アレキサンドリア，アンティオキアなどの古来の総主教庁，ロシア，ギリシア，セルビア，ウクライナ，ブルガリア，ルーマニア，アルバニアの独立した正教会，さらにはグルジア，ポーランドなどの自治教会がゆるやかな連合体を形作っており，ローマ教皇のもとに一元的な組織を形作っているローマ・カトリック教会とは組織的に大きく異なっている．

教義的には，325年のアリウス派問題を解決した第1回ニカイア公会議から，イコンの崇敬を承認した787年の第2回ニカイア公会議までの7回の公会議で承認されたことを信奉し，三位一体とキリストに神性と人性の両方があることを確認した451年のカルケドン公会議での決定を重視している．この点では，カトリック教会と東方正教会との間に基本的な違いはないが，両教会の対立の1つの原因となった，聖霊の発出が「父から」だけなのか，それとも「子から」もなのかをめぐる，いわゆる「フィリオクェ論争」などに示されるように，教義的側面や典礼のあり方などで多くの相違がみられる．なかでも，典礼の中心に聖餐（聖体機密）がおかれ，それがもつ神秘性がことのほか強調されている．聖体機密を含めた7つのサクラメントがカトリックと同じように認められているが，それぞれのサクラメントの執行方法にもかなりの違いがみられる．さらに，カトリック教会と異なって，イコンとよばれる聖画が尊ばれ，神の国を垣間見ることができる「天国の窓」と理解されている．多くの正教会の祝祭日はユリウス暦を用いて行われているため，その祝日は西方教会と異なっているが，グレゴリウス暦で行われるものもある．

なお，東方正教会とはまったく別なものとして，「東方諸教会」と一括してよばれるキリスト教の諸派がある．これは，5世紀のカルケドン公会議によって異端とされたキリストの神性のみを強調する単性説を信奉するエジプトのコプト教会，エチオピア教会，アルメニア教会，シリア教会と，キリストに含まれる「人性」を指摘してマリアを神の母とよぶことを否定したため異端とされたネストリウス派教会（アッシリア正教会）を指している．

(3) プロテスタント諸派

プロテスタントという名称は，もともとドイツにおいてルターの宗教改革を支持した人々がカトリック多数派の決定に「抗議」（プロテスト）したことに由来するが，ドイツばかりでなく，ツウィングリやカルヴァンが指導したスイスの宗教改革も，ローマ・カトリック教会から分かれてもう1つの大きな流れを形成した．したがって，プロテスタントとは，ルター，カルヴァンたちの宗教改革によってカトリック教会から分かれた新たなキリスト教諸派を源流とする諸教会の総称ということになる．現在，プロテスタントは，キリスト教界においてローマ・カトリック，東方正教会と並ぶ三大勢力の一角を占めている．

プロテスタントに特有の信仰理念は以下の3つである．① 信仰の唯一の拠り所は聖書だけであるとして，初代教会以来の伝承などそれ以外の宗教的権威を否定したこと（聖書至上主義），② 教会で行われていたミサなどの儀式や個人の善行などは救済を約束するものではなく，ただ信仰だけが救済に至る唯一の道とされたこと（信仰義認論），③ 信仰だけが救済を約束するとすれば，これまでミサなどの儀式を執行していた聖職者の特別な宗教的権威は無意味となり，ローマ法王に象徴されるすべての聖職者と一般信徒の間にはなんら宗教的な差異がないとされたこと（万人祭司主義）．ただし，これはプロテスタント諸派に聖職者が存在しないということではない．礼拝を司り説教を行う聖職者としての役割をはたす役職者は存在するが，宗教的にはすべての人々が神のもとに平等であるということである．

しかし，これらの共通した信仰理念の存在が一応指摘できるものの，プロテスタントと総称されるキリスト教諸派に統一性があるわけではなく，その神学的立場も組織形態も教派によってさまざまであり，その内部は多様性に富んでいる．むしろ，ローマ・カトリックや東方正教会に比較して，非常に数多くの教団に分かれていることに特

徴がある．1980年において，キリスト教全体で2万780ほどの教派が存在しているとされるが，そのうち2万ほどの教派がプロテスタント系だといわれている．ヨーロッパの宗教改革から生まれたプロテスタント諸派をもっとも狭義のプロテスタントとし，それらのバリエーションとして，アングリカン・チャーチ，非白人的・土着的教派，新宗教的教派などを広義のプロテスタントと考えることも可能である．

プロテスタント諸派の源流はドイツ，スイス，イギリスなどヨーロッパ諸国にあるが，それらがもっとも自由に展開できたのはアメリカだった．国教会が存在しないアメリカではカトリック教会を含めた各教派が競い合いながら自由に伝道を行うことができ，バプティスト，メソディスト，ルター派，アングリカン・チャーチ，会衆派，長老派などが棲み分けながら，その勢力を拡大した．また，新たなキリスト教も誕生し，**セブンスデー・アドベンチスト**などの千年王国主義的な新興のセクトや**アッセンブリーズ・オブ・ゴッド**など，聖霊の賜物を強調して異言を語る**ペンテコステ派**も誕生した．また，1980年代以降，ファンダメンタリストと総称される超教派的な勢力が拡大し，テレビを通じた伝道活動などで政治的な影響力も発揮するようになった．

しかし，今日ではプロテスタントは欧米諸国よりも，これらの国々の植民地だったアフリカやラテン・アメリカ，太平洋諸島，あるいは韓国といった地域で活発に活動しており，その勢力圏に大きな移動が認められる．逆に，プロテスタントの地盤沈下が著しいヨーロッパでは，その勢力を回復するために分裂した諸教派の統一をめざすエキュメニズム運動が推進されている．以下，代表的なプロテスタントの教派を簡単に紹介しよう．

1）ルター派教会

ルターの宗教改革によって誕生した教派で，プロテスタント諸派のなかで最大の教派といわれている．ルター派教会はドイツの中部，北部はもとより，スウェーデン，デンマーク，ノルウェーなどの北ヨーロッパに勢力を伸ばし，さらにアメリカにも多くの信者を擁している．また，ドイツや

アメリカからの伝道活動によって日本を含めたアジアや南米などの全世界に信徒がおり，ルーテル世界連盟の下に統括されている．ドイツでは領邦国家の教会，北ヨーロッパでは国教会となったが，アメリカでは自由教会という形態をとっており，この教派に固有の特定の教会形態が存在するわけではない．教義的には使徒信条などの基本信条と並んで，ルターが進めた宗教改革の展開のなかで生まれた「アウグスブルグ信仰告白」と彼が著した『小教理問答』を基本にしているが，教派内部でも多様性がある．

2）改革派教会（長老派）

「改革派」教会（リフォームド・チャーチ）は，ツウィングリ，カルヴァンなどを主な指導者とする宗教改革のもう1つの流れに由来するもので，スイスやドイツの自由都市を中心に，ヨーロッパ大陸ではオランダ，フランスなどにも勢力を伸ばし，海を越えてイングランド，スコットランド，さらには新大陸アメリカにも広がっている．とくに，イングランド，スコットランドでは長老派とよばれ，スコットランドでは国教会となった．教派全体に共通する統一的な信条はないが，神学的にはカルヴィニズムであり，スコットランド教会の流れをくむ教会には「ウェストミンスター信仰告白」を採用するものが多い．組織形態としては，長老会が各教会運営において大きな役割を果たすとともに，それらの上位に中会，大会という会議体が設けられ，全体として民主的な階層構造をもつ長老主義を採用している．

3）バプティスト派

この教派の名称は，成人洗礼に唯一の正当性を認める人々（アナバプティスト）を想起させるが，この教派との直接的な歴史的系譜を認めることは難しく，むしろそれを17世紀初頭のイギリス・ピューリタンたちに見出すことが一般的である．神学的には予定説を堅持するカルヴィニズムとこれに反対するアルミニアニズムを信奉するグループがあり，現在でもバプティストを名乗るグループの間にはかなりの多様性が認められる．しかし，個人と神との直接的で体験的な交わり，自発的な教会の形成と自立，政治権力による宗教的

◆ I. 世界の宗教潮流 ◆

信仰への干渉の拒否などが共通点として挙げられる．なかでも，「洗礼」は自覚的信仰者の証として大きな意味をもっており，体全体を水に浸ける「浸水礼」を施すバプティスト派も少なくない．この教派は日本を含めた全世界に積極的にキリスト教を伝道しており，プロテスタント諸派のなかでも大きな勢力をもっている．もっとも大きな影響力をもっている地域はアメリカである．とりわけ，黒人たちの間に数多くの信者を獲得し，20世紀の半ばまでに彼らの3分の2がバプティストになったといわれている．奴隷解放問題を契機にして白人のバプティスト派は北部と南部に分裂したが，なかでも南部バプティストは保守的でファンダメンタリスト的色彩が強い．また，公民権運動の指導者として有名なマーティン・ルーサー・キング（Martin Luther King Jr., 1929–68）牧師も黒人のバプティスト派に属しており，この教派は保守，リベラルを問わず，近年のアメリカの政治動向に大きな影響を与えている．

4）メソディスト派

メソディスト派は，ウェスレー派ともよばれるように，イギリス国教会牧師ジョン・ウェスレー（John Wesley, 1703–91）のリーダーシップのもとに18世紀半ばのイギリスに誕生した宗教運動である．当初は国教会内部の信仰復興運動だったが，急速に成長して，ウェスレーの死後国教会から分離・独立した．アメリカでの成功はめざましく，アメリカを代表する教派の1つになっている．その教義は敬虔主義の影響を受け，人間と神との生きた宗教体験がもたらす内的な平安の重要性と生活全般に生じる「聖化」を強調し，心と生活における聖潔の達成を「キリスト者の完全」とよんだ．アメリカでは19世紀の半ばから，この「キリスト者の完全」を特別な宗教体験であると捉え，その体験によって信者たちが心と生活に完全なる聖潔（ホーリネス）が体験されると信じる人々が現れ，ホーリネス系と総称される独自の教会を設立した．聖霊の働きと宗教体験を強調するウェスレーの神学は今日の福音主義の進展に大きな影響を与えている．また，ウィリアム・ブース（William Booth, 1829–1921）が創設した**救世軍**も，この一分派から生まれた．ロンドンの貧民街での伝道から生まれたこの教派は，軍隊的な組織と制服で注目をあつめ，貧者に対する積極的な慈善活動で有名である．

（4）アングリカン・チャーチ

アングリカン・チャーチ（イギリス国教会）は，16世紀のヘンリー8世の離婚問題を直接的な契機としてカトリック教会を離脱して誕生した教会である．長い歴史をもつ国教会が現在の姿になるまでにはかなりの紆余曲折を経ているが，その特徴は，国王が「イギリスの世俗的事項におけると同様に，宗教的，教会的事項における唯一の最高統治者」であるということ，教義的にはカトリックとプロテスタントのどちらにも偏しない「中道の教会」という立場を堅持するというものである．しかし，この両要素をめぐってカトリック的立場に共感を示す「高教会派」とプロテスタント的立場に近い「低教会派」という2つの立場が顕在化することになり，その対立が19世紀まで続いた．両派は政治的な保守派とリベラル派とは必ずしも重ならず，とりわけ今日のアングリカン共同体を揺るがす聖職者の「同性愛」などをめぐる問題では，この2つの派閥は錯綜した関係になっている．

17世紀のピューリタン革命の影響もあって，19世紀の初頭まで，国教会は国家の教会としてさまざまな特権をもっていたが，今日のイギリスにおいては市民的権利において宗教的差別はない．ただし，国王がカトリックの信仰をもつことができないことや国教会の上位聖職者が同時に貴族院議員になるといった点で，かつての国教としての地位の名残がみられる．大英帝国の拡大とともに，イギリスの植民地を中心に世界各地に国教会の信仰は伝道され，カンタベリー大主教のもとにアングリカン共同体として緩いまとまりをもっている．

（5）その他

これらの4つの代表的な宗派とは異なり，規模の面では決して大きくないものの，個性的な特徴

をもつ数多くの宗派が存在する．ここでは，そのいくつかを紹介しよう．**アーミッシュとフッターライト**は，16世紀の宗教改革の思想をさらにラディカルに推し進め，結果としてルターなどの宗教改革者たちにも徹底的に迫害されたアナバプティストたちの末裔であり，最終的に新大陸アメリカにその安住の地を見出し，彼らだけの小さな共同体を営んでいる．**クエイカー派（フレンド派）**は，17世紀のイギリスでジョージ・フォックス（George Fox, 1624-91）が創設した教派で，今日では良心的兵役拒否や平和運動の領域で著名である．「神の聖霊」の直接的な体験と，各々の内部にある「キリストの光」との出会いを強調した．

ユニテリアン派は，三位一体というキリスト教の正統信仰を否定し，イエス・キリストの神性を認めず，イエスの贖罪を意味のないものと考える．三位一体を否定する見解は初期キリスト教の三位一体論争にまで遡ることができるが，一般にユニテリアンの前史としては，16世紀スペインのセルヴェやイタリアのソツィーニなどの反三位一体論者の主張が挙げられる．こうした見解は，19世紀アメリカのハーバード大学を拠点にして全盛期を迎え，1825年にアメリカ・ユニテリアン教会が設立された．その理性的でリベラルな立場は，キリスト教宗派間の対話や諸宗教の比較にも大きな役割を果たした．

アフリカやアジアなどには，プロテスタントの積極的な宣教の結果として生まれた土着主義的な教会も存在する．代表的な例としては，ベルギー領コンゴに20世紀初頭に誕生したバプティスト派の教会伝統のなかで育ったシモン・キンバング（Simon Kimbangu, 1889-1951）を指導者とする**キンバング教会**や，メソディスト派の礼拝集団から誕生したガーナの**キリストの十字架軍教会**などが挙げられる．わが国でも，日本的宗教伝統を取り入れた**イエス之御霊教会，原始福音・キリストの幕屋**などがある．また，19世紀アメリカではキリスト教を基盤にした数多くの新しい宗教が誕生したが，なかでもジョセフ・スミス（Joseph Smith, 1805-44）による**末日聖徒イエス・キリスト教会（モルモン教）**やメアリー・ベイカー・エディ（Mary Baker Eddy, 1821-1910）の**クリスチャン・サイエンス**，チャールズ・ラッセル（Charles Russell, 1852-1916）の**エホバの証人**などが有名である．とくにエホバの証人は「ものみの塔冊子協会」が発行したさまざまなパンフレットを使った訪問伝道を行い，既存のキリスト教諸派との間に緊張関係を生み出すこともしばしばである．

3.5　教　　　祖

キリスト教の教祖は紀元前後のガリラヤ地方のナザレ出身とされるイエスという人物である．彼がどのような生涯を送ったのかは，その誕生から死と復活までを描く，マルコ，マタイ，ルカ，ヨハネによって書かれたとされる4つの福音書を通じてうかがうことができる．しかし，これらの福音書は信者たちが教祖の生涯を綴った教祖伝であり，それゆえ，そのイエス像はすでにイエスをキリスト＝救い主とする信仰的立場から書かれている．しかもそれらは，そのもっとも古いとされるマルコのものでも，彼の死後40年ほど経ってまとめられたといわれている．その後に書かれた3つの福音書はイエスに関するそれぞれ別の伝承も採用しているために，福音書によってイエスの描かれた方に違いがみられ，1世紀末頃に成立するヨハネ福音書にいたっては，それまでの3つの福音書とは相当の開きが認められる．

しかし，イエスの生涯を伝える福音書のこうした問題点がしだいに意識されるようになってきたのは実は19世紀に入ってからのことである．D. シュトラウス（David Friedrich Strauß, 1808-74）やJ. ルナン（Joseph Ernest Renan, 1823-92）などが，キリスト教信仰から離れた自由な立場から歴史的イエス像を描こうと努めるようになり，さらに20世紀に入ると，聖書を歴史的に研究する動きが加速し，その過程で，イエス像の変化は決定的なものになった．なかでも，M. ディベリウス（Martin Dibelius, 1883-1947）やR. ブルトマン（Rudolf Karl Bultmann, 1884-1976）などの様

◆ I. 世界の宗教潮流 ◆

図3 イエス像（聖カタリナ修道院，6世紀頃？）

式史的研究は今日の歴史的イエス像を大きく規定しているといってもよいだろう．また，これらの諸研究を踏まえた編集史的研究や，社会学・社会史学派の研究は，イエスの言動に関わる伝承素材とそれらの編集上の加筆やそれらの伝承を担った人々の社会的背景を考慮してゆくことで，さらに詳細な歴史的イエス像の解明に努めている．これらの諸研究を通じて明らかになってきた，イエスをめぐるさまざまな伝承とその担い手たちを考えると，イエスを中心とした共同体がいわゆる使徒たちによって一元的に継承されたとすることは困難であり，近年の研究では，イエスを取り囲むいくつかの人々の群れがイエスの言動を記憶し，それに基づいて，それぞれのイエスを描いた結果として複数の福音書を生み出したという説を提示している．ここでは，これらの諸研究をふまえて，福音書の記述に従って，彼の生涯を概観してみよう．

(1) 時代背景

まず，イエスが活動した時代背景についてみてみよう．彼が生まれる少し前のパレスチナは，ローマ帝国によってユダヤ王として承認されたヘロデ大王（Herodes，前73-4）によって統治されていた．彼の死後，その領土は3人の息子たちに分割され，イエスの故郷ガリラヤはその息子の1人ヘロデ・アンティパス（Herodes Antipas）によって治められていた．しかし，長子のアルケラオス（Archelaos）が治めていたエルサレムのあるユダヤ・サマリアは，彼の失政のためにローマ帝国の属州に組み入れられた．そのため，この地域は徴税権，司法権，軍事権を掌握するローマ総督ポンティオ・ピラト（Pontios Pilatos）が統治していたが，ユダヤ教社会内部ではエルサレム神殿とそれを支える「最高法院」（サンヘドリン）が大きな支配権を握っていた．この機関は議会と裁判所を兼ねるもので，大祭司長を頂点として，祭司長（貴族祭司），長老（一般貴族，大土地所有者），律法学者からなる70名で構成されていた．律法学者たちの主流派はファリサイ派とよばれる人々で，父祖以来の律法の遵守を強調した．神殿は，ディアスポラ（離散）を含むすべての成人男子のユダヤ人からの神殿税と，その土地の生産物，消費物に10分の1税を課すとともに，犠牲祭や巡礼祭も執行し，ユダヤ社会を支配する大きな権力をもっていた．そしてこの支配層の下に，小作人，小農民，羊飼い，職人，漁師，商人，下級司祭などの一般民衆と，さらにその下層に，娼婦，取税人，病人，障害者，罪人などの「地の民」（アム・ハーアーレツ）とよばれる被差別民が存在した．彼らは経済や政治はもとより，律法の規定によって宗教的にもユダヤ社会の中心から疎外され，その周辺に追いやられた人々だった．ユダヤ教の聖典の1つであるレビ記の次のよ

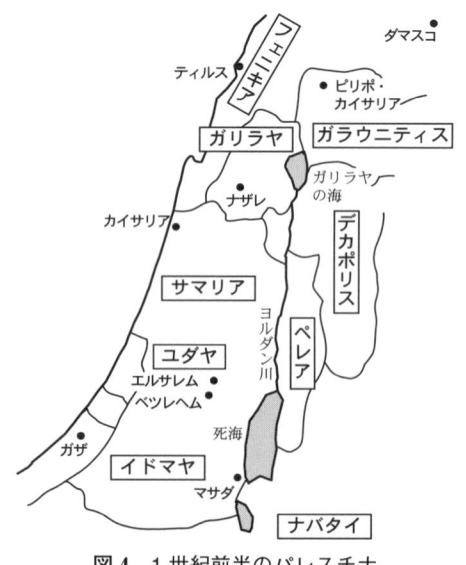

図4 1世紀前半のパレスチナ

うな規定は，「地の民」がユダヤ社会でどのような位置にいたのかを端的に物語っている．「だれでも身にきずのある者は近寄って，神の食物を捧げてはならない．すべて，その身にきずのある者は近寄ってはならない．すなわち，目しい，足なえ，鼻のかけた者，手足のふつりあいの者，足の折れた者，手の折れた者，せむし，こびと，目にきずのある者，かいせんの者，かさぶたのある者，こうがんのつぶれた者などである」（レビ記 21：17-20）．

(2) イエスの生涯

イエスは，前4年以前にガリラヤ・ナザレに大工の子として生まれ，ヤコブ，ユダ，ヨセ，シモンという4人の弟と姉妹たちがいたという．小さい頃のイエスが何をしていたのかは不明だが，成人した後にバプテスマのヨハネとよばれる人物が行っていたユダヤ教内部の独自な宗教運動に関わったと思われる．ヨハネは終末の時が近づいており，罪から逃れるためには悔い改めとそれを証しするヨルダン川での洗礼が必要だと人々に説いていた．イエスは彼から洗礼を施されたが，ヨハネは処刑され，イエスは，故郷のガリラヤでヨハネとは異なった新たな活動を開始することになる．

彼はそこで「神の国が近づいた，悔い改めて福音を信じなさい」（マルコ 1：15）と説き，そのメッセージはガリラヤの貧しい人々に強い共感をもたらすことになった．彼はエルサレムの支配層から見放されていた「地の民」の中に積極的に入ってゆき，貧者こそ幸いであり，天国は彼らのものであると語った．また，イエスが起こしたさまざまな奇跡的行為は，こうした人々の間に彼こそが救世主だという思いを懐かせることになった．福音書に繰り返し登場するイエスの癒しの業の数々は，ユダヤ教の救済システムの埒外に位置づけられていた人々がイエスの行為によせる熱い支持を反映していると考えられる．

こうしたイエスの行動はファリサイ派をはじめとする体制派の間に強い反発を引き起こすが，彼はユダヤの大祭である過越祭に向けて支配体制の中心であるエルサレムに上ることを決断する．体制派との全面的対決は不可避であり，彼らはイエスを亡きものとしようとその機会をうかがっていた．過越祭の前日ないし当日，イエスは12人の弟子たちとともに食事をし，パンを割いて，これが私の体だと告げ，ワインの杯を上げて，これが私の新しい契約の血であると語ったという．食事が終わった後に，「ゲッセマネの園」に行き，1人で熱烈な祈りを終えた後に，弟子ユダの裏切りによってローマの軍隊に逮捕され，ローマ総督ピラトによって死刑を宣告される．そして，十字架を背負わされてゴルゴタという石切場まで連れて行かれ，そこではりつけにされて絶命した．ある福音書は，絶命する直前にイエスは「わが神，わが神，なぜわたしをお見捨てになったのですか」（マルコ 15：34）と絶叫したことを記している．そのとき，彼が何歳だったのかは正確にわからないが，おそらく30歳代半ば頃だったとされている．

(3) イエスの死後

イエスの十字架上の刑死を目の当たりにしたイエスの弟子たちは恐ろしさのあまり四散してしまった．しかし，福音書の記述によれば，イエスを葬ったはずの墓に彼の遺体はなく，それどころか，3日後に死から蘇ったイエスが生前彼の周りにいた女性たちや弟子たちにその姿を現した．このイエスの復活と昇天こそ，キリスト教の核心であり，この信仰的事実に宗教としてのキリスト教の出発点がある．言い方を変えれば，メシア（＝救世主）としてのイエスの生涯を書き記した福音書は，この信仰的原点を中心にして構成されているといっていいだろう．そして，その記述は，イエスが十字架上で死を遂げるという惨めな死に方をしたことをどのように理解すべきなのかという問いに信仰的に答える構成になっていると解釈できる．彼らにとって，あるいは生前のイエスを知っていた者たちにとって，もっとも重要なことはイエスが墓から蘇ったことであり，その「復活したイエス」を体験したことである．「復活したイエスの体験」によって，弟子たちはひとつにまとまるための信仰の対象を見出したということであ

◆ Ⅰ．世界の宗教潮流 ◆

り，ユダヤ教の律法と区別される新しい神の意志をイエスの言行に見出したということである．そして，その神の意志を「愛」と表現し，イエスの十字架上の刑死と復活が自分たちの罪を贖うための神の愛であると理解したのである．

3.6 歴　　史

(1) 形成期（1世紀〜）

イエスの復活を体験した弟子たちはエルサレムに再び結集し，そこでもっとも初期の集まりが形成された．その集団は，ペトロなどのイエスの有力な弟子たちを中心にしてまとまり，復活のイエスを信じ，洗礼と主の晩餐という儀礼を行うユダヤ教の一派として成長していく．

パウロの活動　当初，新興のイエス派とユダヤ教主流派との関係にとくに問題はなかったが，しだいにヘレニズム世界のギリシア語を話すイエス派ユダヤ人たち（ヘレニスタイ）と主流派との間に対立が生じ，その1人であるステファノはユダヤ教の神殿や律法を批判して殺される．また，イエス派内部でも，アンティオキアを拠点とした異邦人信者たちとエルサレムのユダヤ人信者たちとの間に緊張が高まるようになる．この異邦人キリスト教会の指導者がパウロである．彼はもともとヘレニスタイを迫害していた熱心な主流派のユダヤ教徒であったが，ダマスコに上る途上で復活のイエスと出会うという体験をしてイエス派に回心し，その後，キプロスや小アジアのローマ都市などを訪れ多くの信者を獲得した．しかし，この異邦人伝道は割礼などユダヤ教伝統の律法にあくまでもこだわるエルサレム教会から批判されるようになり，この問題をめぐって「使徒会議」が開かれる．そこで異邦人伝道は最終的に承認され，パウロがその任務を負うことになる．その後，パウロはアテネやコリントなども訪れて精力的に伝道活動を行うが，エルサレムで捕えられて，60年頃にローマで処刑されたといわれる．一方，エルサレム教会も苦境に陥ることになる．ユダヤ社会におけるイエス派への不信感やユダヤ社会全体がローマとの戦争に突き進むなか，エルサレム教会の指導者「主の兄弟」ヤコブが処刑され，エルサレム教会はエルサレムそのものからの退去を余儀なくされたともいわれており，歴史からその姿を消すことになった．

こうした壊滅的な混乱のなかでも，エルサレム以外のヘレニズム世界のユダヤ人や異邦人の間に根をおろしたイエス派は，その信仰を堅持してこの苦境に耐えるとともに，律法主義的傾向を強めつつあったユダヤ教との相違をしだいに明確にする．その動きを決定的なものにしたのがイエスの生前の言動の伝承に基づいてまとめられた『マルコによる福音書』（70年代頃）をはじめとする4つの福音書の誕生であろう．それらは複数の伝承の担い手によって異なった地域でまとめられ，その内容にかなりの異同がみられるものの，共同体に集う信者たちにとって最大の信仰の拠り所となった．パウロ書簡も収集・編集されるようになり，イエス派は自らの信仰のアイデンティティを表現する媒体を手に入れることで，ユダヤ教とは異なったイエスを教祖とする新しい宗教の具体的基盤を整え始めるのである．

(2) 確立期（2世紀〜）

迫害と公認　キリスト教は，2世紀半ばには小アジアの都市部はもとより農村部にも広がりをみせるとともに，さらに北アフリカ，ガリアにもその勢力を伸ばし，2世紀末にはゲルマニア，ブリタニアなどローマ帝国全土に広がった．もちろん，ローマ帝国はキリスト教を公的に禁止しており，キリスト教徒であることは処罰の対象となったが，その迫害はつねに苛烈であったわけではなく，2世紀末から3世紀前半にかけて比較的平穏な時代が続いた．4世紀初頭のディオクレティアヌス帝によって再び大規模な迫害が起こったが，もはや迫害によってこの宗教の拡大を止めることができないまでに，キリスト教は帝国の隅々にまで広まっていた．

313年，コンスタンティヌス1世は「ミラノ勅令」によってキリスト教徒に信仰の自由を認め，さらにテオドシウス帝はキリスト教をローマ帝国

の国教（324年）とし，かくしてキリスト教は地中海世界を支配する世界帝国の宗教という地位を手に入れた．4世紀の末には異教禁止令が発布され，これまでとは一変してローマ皇帝が異教の神々の神殿を破壊するという事態が起こることになったのである．

異端との闘いと制度化の歩み　この400年あまりの間に，キリスト教はその母体であったユダヤ教とは異なった独自の教義と聖典をもった宗教へと成長を遂げた．しかし，その過程は決して平坦なものではなかった．というのも，イエス自身が自分の思想を書物として書き残したわけでなかったために，彼の言動を記した福音書が編纂されても，その福音をどのように理解すべきかをめぐって解釈の対立が生じ，教会の主流派と異なる解釈が数多く存在したからである．なかでも有力なものとして，マルキオンの活動とグノーシス主義が挙げられよう．2世紀頃に活躍したマルキオンは，キリスト教とユダヤ教との相違をはっきりとさせるためにイエスの福音はユダヤ教の律法の神とは対照的な贖罪と愛の神であることを極端に強調し，多くの共鳴者を見出した．一方，グノーシス主義とはエジプト，シリア，ユダヤなどの多様で複雑な宗教思想が混交したもので，キリスト教とはもともと直接的な関係があったわけではない．しかし，それがイエス解釈に適用されると，霊的存在としてのイエスが強調され，彼の肉体をまとったこの世での活動は仮の現れにすぎないとする解釈を生みだすことにもなった（仮現説）．ローマや小アジアの教会は，これらと区別される正統的信仰の基準がいかなるものであるのかを示す必要に迫られたのである．これらの難敵との対決，葛藤を繰り返すなかで，2世紀の終わりまでに，彼らは使徒的とされる「信仰告白」，「正典」，「職制」という3つの共通の基準を打ち出してゆくことになる．

2世紀半ば頃にはその原型が形作られたとされる「信仰告白」は，文字通り，キリスト者として何を信じているのかを明らかにしたものであり，後の「使徒信条」の元になった（3.7「思想」参照）．「正典」とは，この頃までに多数存在していたイエスについての文書のうちから，使徒的伝統から逸脱していると思われるものを排除して，4つの福音書などを中心にキリスト教の正典を確定することであり，これによって，イエス・キリストについての正統な教えとは何かに関する教義的基盤が定まり，キリスト教の明確なアイデンティティの根拠が文書の上でも用意されることになった．さらに，こうした信仰上の正統性を語りうる基盤の形成は，それらを信徒たちに徹底させ，彼らを正しい信仰に導くための「職階」を必要としており，そうした組織的要請に呼応するように，使徒的権威に基づく宗教的職制である司教（監督）や長老などの職階が制度化されるようになった．

しかし，これらの出来事によって，キリスト教は最終的に明確な教義と組織をもつ統一のとれた宗教になったわけではなかった．というのも，キリスト教はヘブライズムはもとより東方の密儀宗教やギリシア哲学などが競合，混交するヘレニズム的思想世界をその内側に抱え込んでおり，しかも，その多様性は地中海世界全体を支配するローマ帝国の地理的・文化的多様性に由来していたのである．もし仮にキリスト教がローマ帝国の国教になっていなかったとすれば，パレスチナ，小アジア，北アフリカなどのそれぞれの地域で多様なキリスト教信仰が独自に営まれ，キリスト教全体の教義的統一などそれほど問題にならなかったかもしれない．しかし，幸か不幸か，キリスト教はローマ帝国の国教となることによって，この選択肢をとることができなかった．国教たるキリスト教の分裂は帝国そのものの分裂を生じかねない重要な意味をもったからである．そして，まさにキリスト教が教義の上で分裂の危機に直面した問題こそ，キリストの神性と三位一体の教理をめぐる大論争であり，ここに至って政治権力者であるローマ皇帝が教義上の問題に積極的に介入することになったのである．

本来，この論争はローマ帝国の統合をめぐる政治的問題ではない．先に示した信仰告白や正典化の動きがグノーシスやマルキオン主義を排除することで自らのアイデンティティを固める動きであ

ったとするならば，この教義論争はそのアイデンティティをさらに深化・確立するものであったともいえる．そして，キリスト教が地中海世界全体に広がっている以上，各地のキリスト教を教義的に統一するためには，それを強制する強力な中央権力が不可欠であり，ローマ皇帝の権力と権威は，いわば，この役割を果たしたともみることができよう．

三位一体をめぐる論争　さて，唯一神教であるユダヤ教から出発したキリスト教が直面したもっとも深刻な教義上の問題は，教祖イエスと神との関係をどう考え，さらにイエスの人間性をどう理解するべきなのかということである．神が唯一でなければならないとすれば，イエスが神なのか，それともイエスは父なる神が遣わした単なる人間にすぎないのか．3世紀半ば頃から深刻さを増してきたこの最大の難問は4世紀初頭のアレキサンドリアの長老アリウスによって顕在化させられることになった．アリウスは，キリストは神に従属するものであり，その本性は神のそれではないとしたのである．これに対して，同じアレキサンドリアの司教アタナシオス（Athanasios, 295頃–373）は異論を唱え，キリストは神の神性をもっており，神と同じであると主張し，論争は過熱することになった．皇帝コンスタンティヌスはこの対立を調停すべくニカイア公会議（325年）を招集し，父と子とを区別するアリウス派を異端として退け，父と子とは「ウシア」（本質）を同じくするホモウーシア（同質）であるとしたアタナシオスの主張を正統なものと認めた．また，381年にテオドシウス帝が招集したコンスタンティノープル公会議は，聖霊にも神性を認め，ここに，父と子と聖霊は神であるが3つの神ではなく，神という1つの実体の3つの位格であるというキリスト教の「三位一体」の教義が公的に確定した．しかし，このキリストの神性の確定は，それと表裏の関係にあるその人性をどのように考えるかという論争を引き起こすことになった．その中心的論点は，キリストの中に人性と神性が両立しているのか（両性説），それとも神性が人性を吸収して神性のみが留まっているのか（単性説）ということにあった．論争は，マルキアヌス帝によって招集されたカルケドン公会議（451年）において人性と神性の両立が支持され一応の決着をみることになり，この立場は「カルケドン信条」として教義的に定式化された．しかし，論争自体は継続し，結局単性説を支持する東方の一部の諸教会はその立場を放棄しないまま独自な道を進むことになるのである．

このようにキリスト教の中心的教義問題での一連の論争にローマ皇帝の権威が介入するという事実は，キリスト教会が巨大な制度として帝国全体の政治システムに組み込まれるようになったことを端的に示しており，キリスト教の制度化の歩みはここに1つの終息点を迎えるかにみえた．しかし，このプロセスは，これと並行して進んでいたローマ帝国を崩壊に導く内的・外的な諸状況によって根底から覆されることになる．375年，ゲルマン民族の大移動が始まるなかで，帝国そのものが東西に分裂し（395年），カルケドン公会議からほどなくして西ローマ帝国が滅亡した（476年）．キリスト教を取り巻くこうした社会状況の大規模な変化は，根本的な教義問題に一応の決着をつけたこの宗教に新たな課題を突きつけることになるのである．

(3)　拡大期（5世紀〜）
1）西方世界のキリスト教
イスラームの侵入とチャールズの戴冠　4世紀末のゲルマン民族の大移動は，ローマ帝国の統一的政治秩序を破壊して地中海世界に新たな変化をもたらした．ローマ帝国の分裂はこの世界を東西に分断し，西側の政治権力の中心はアルプス以北に移動することになる．さらに，7世紀にムハンマドが創始したイスラーム勢力が急速に拡大し，中東地域や北アフリカはもとよりイベリア半島の大部分を征服したことは，西欧社会に決定的な影響を与えた．ピピン率いるフランク王国の軍隊はイスラーム勢力の侵攻を阻止したが，地中海はイスラームの海となり，東西の分断は決定的なものになったのである．この巨大な変化は，キリスト教の歴史から見れば西方教会と東方教会とい

う東西教会の分裂の歴史の始まりを意味していた．

西側のキリスト教はローマ教会を中心に発展する．ローマ司教は，自らの権威を使徒ペトロにつながる特別なものとみなして，その他の司教の上に立つ首位権を主張し，ローマ皇帝の意向にも左右されない自立的な権威の体現者として振る舞うようになってくる．もとより，ローマ教会の自立的動きは西ローマ帝国の崩壊にともなう政治的権力の空白によって初めて可能となったものである．皇帝に対するローマ教会の姿勢は東方教会とは異なり，キリスト教会の権威が世俗的権威よりも優先するというものであった．しかし，実際のイタリア情勢は不安定で，東ゴート族，ランゴバルド族などが次々に侵入しており，ローマ教会は生き残りをかけて新たな政治的後ろ盾を必要としていた．折しも，5世紀末にすでにカトリックの信仰を受け入れていたフランク族が，ローマ教会が求めていた新しい政治権力へと成長を遂げていた．800年，フランク王国チャールズ大帝はローマ教皇レオ3世によって「ローマ人の皇帝」として加冠され，これによって西欧世界において，東ローマ皇帝を戴くビザンチン世界から独立した新たな統一的な政治秩序の基盤が成立し，ローマ教会はその体制を統合する宗教的秩序の担い手となったのである．

教皇権と王権　しかし，このことは教会と世俗権力が相互補完的に共存したということを意味しない．というのも，現実的には，ローマ教会の独立はフランク王国などの世俗的権力によって保護されており，他方世俗権力にとってのローマ教会の利用価値は自らの政治権力の正当性の保証にあった．つまり，国王の側はつねに教会を国家に従属するものと考え，反対に教会の側では世俗的権力から自立し，いかにそれを凌駕するかが最大の関心事であり，両者のこの姿勢が教権と王権との絶えざる闘争を招いたのである．その闘争は11世紀後半の教皇グレゴリウス7世と神聖ローマ皇帝ハインリヒ4世との間の司教任命権をめぐる争いによって火蓋が切られ，教皇側の優勢は12世紀末のインノケンティウス3世のときに絶頂期に達した．しかし，その勢いはそれほど長くは続かず，14世紀初頭，教皇はフランス王によってアヴィニョンに幽閉され，さらにその後ローマとアヴィニョンに教皇が並立するという大分裂（1378年）が起こり，その異常事態の解決は15世紀初頭まで待たなければならなかった．

王権を向こうに回して戦うことができたローマ教皇の権力と権威の源泉は，当然のことながら，国王を含むヨーロッパのほぼすべての人々が信仰の上で教皇の宗教的権威に服していたことに由来している．このヨーロッパ大陸全体のキリスト教化の動きはローマ帝国解体以前から着実に進んでいた．ゲルマン民族が割拠していた土地はキリスト教にとって豊かな伝道地にほかならなかった．すでに，4世紀の半ばには西ゴート族，ヴァンダル族，ブルグンド族，東ゴート族などの諸族がアリウス派キリスト教を受け入れていたが，7世紀の末までにはアリウス派諸族はローマ教会に改宗した．また，6世紀末のグレゴリウス1世によってドイツやイングランドがローマ教会の勢力圏に組み込まれ，さらには北方のノルマン人も10世紀末までにはキリスト教化した．一方，同じ頃，東ヨーロッパのスラブ人やマジャール人もキリスト教に改宗し，最終的にヨーロッパのキリスト教化は14世紀末までにほぼ完了したといえよう．

ヨーロッパのこうしたキリスト教化は平和裡に進んだわけではなく，世俗的権力による異教の地の征服とともに，そこで死を賭してキリスト教布

図5　チャールズ大帝に帝冠を授ける教皇レオ3世

◆ Ⅰ. 世界の宗教潮流 ◆

教に専念した多くの人々の献身的な努力によって成し遂げられた．こうした人々こそが修道士であり，彼らを輩出した組織が修道院であった．修道院はすでに西欧各地に散在していたが，6世紀にベネディクトゥスによって建設されたモンテ・カシノの修道院はとくに重要で，73章からなる規律に基づくその戒律は8世紀から11世紀において西欧修道院を支配した．そこでは瞑想的な東方的禁欲とは異なって，実践的な禁欲を目的とする集団生活の秩序と合理性が強調され，祈りと勤労が重視されるとともに，教会の伝統と権威への絶対服従が要求された．しかし，10世紀のクリュニー会修道院で修道院改革が起こり，11世紀にはそこから教皇権の至上性を主張するグレゴリウス7世が登場した．また，12世紀初めには，シトー会，プレモントレ会などの修道会，さらに13世紀初めにはフランチェスコ会やドミニコ会などの托鉢修道会など新しいタイプの修道士集団が誕生した．

十字軍とカトリック世界の動揺　11世紀以降にみられる教会内部のこうした改革の動きや種々の修道会の誕生は，西欧カトリック世界の大きな変動を反映している．とりわけ，11世紀末から始まり，13世紀末まで7回以上行われた十字軍はヨーロッパ封建社会に大きな変化をもたらした．民衆から封建的諸侯まで多くの人々が十字軍に動員されることで，中世的な閉鎖社会の解体が加速するとともに，貨幣経済の浸透によって都市が発展し，古い経済・政治構造の基盤が大きく掘り崩された．それは聖地回復というキリスト教の大義名分のもとにヨーロッパ各地から多くの人々を動員できたという意味で，当時のローマ教会の威信の絶大さを物語っているが，十字軍が当初の目的を達成できなかったことは，そのままカトリック教会の権威の失墜を意味していた．

しかし，十字軍は教皇や封建諸侯などの上からの命令によってのみ行われたわけではない．それは，聖地回復という呼びかけに呼応して熱狂的に十字軍に参加した民衆の宗教的情熱によって支えられてもいた．ローマやエルサレムなどへの巡礼への欲求が強まるとともに，彼らの間で聖者崇拝も隆盛を極めた．また，時を経るごとに明らかになるローマ教会の堕落や権威の失墜は，民衆自身が教会に頼ることなく自らイエスを模範とした宗教的敬虔を生きようという欲求を促した．12世紀に出現するカタリ派とヴァルドー派がいずれも極端な禁欲や使徒的清貧を実践していたことは，民衆自身が自らの宗教的情熱によってキリスト教を独自に実践しようとしたことを意味しており，アッシジのフランチェスコ（1181/2-1226）によって創設された13世紀のフランシスコ会の急成長も，同じ民衆的欲求の表れであるように思われる．いずれにしても，世俗権力の上位にあってヨーロッパ世界全体をカトリックという普遍的な宗教理念によって統合するという中世カトリック体制はすでに人々の宗教的欲求に答えることができず，封建諸侯の没落と表裏をなす王権の伸張を背景として，伝統的な宗教体制の批判と新たなキリスト教解釈の希求を確実に生み出していた．カトリックの教義自体を公然と批判した14世紀のイギリスのJ. ウィクリフ（John Wycliffe, 1330(?)-84）やボヘミアのヤン・フス（Jan Hus, 1370(?)-1415）の登場はこうした状況を象徴しており，もはや異端審問によるカトリック体制の強権的な維持という方針は完全に破綻していたといわなければならないだろう．

2）東方世界のキリスト教

さて，時代を少し戻して，ローマ教会とは別の道を進むことになった東方キリスト教会について簡単に言及してみよう．地中海世界全体を支配する統一的政治勢力であったローマ帝国が4世紀末に東西に分裂し，さらに西ローマ帝国がほどなくして滅亡したことは，国教の地位にあったキリスト教の統一性にも大きな打撃を与えた．しかも，7世紀にイスラーム勢力が地中海世界を支配することで，イスラーム帝国を挟んで西にローマ，東にコンスタンティノープルというキリスト教の東西分断が固定化される．もちろん，東西の分裂はこうした政治的分断にのみ由来するものではなく，ヘレニズム的で神秘主義的な東方とローマ的合理性を継承する西方との思想・文化的相違にも深く関わっていた．5世紀末，カルケドン公会議

◆ 3. キリスト教 ◆

で異端となった単性説をめぐって神学的にも亀裂が生じていた．もともと東方地域においては単性説を支持する風潮が強かったこともあって，単性説をコンスタンティノープル総主教アカキオスが支持し，これに対してローマ教皇が彼を破門し，東西教会は一時的に分裂状態に陥った．また，6世紀後半には，4世紀後半のコンスタンティノープル公会議で決定された「父」からの聖霊の発出という教理に，ローマ教会が独断で「父」とともに「子からも」（フィリオクェ）の発出を挿入し，この挿入を認めない東方教会との間に神学的に大きな対立の芽が胚胎することになった．この時期，ローマ教会の権力基盤は脆弱なものであったが，東方では，6世紀半ばのユスティニアヌス1世によって東ローマ帝国は全盛期を迎え，皇帝がキリスト教会の上位に立つというローマ帝国以来の「皇帝教皇主義」が定着することになった．

聖像をめぐる対立 8世紀初頭，東ローマ皇帝レオ3世は聖像破壊（イコノクラスム）を命じた．これが再びローマとの対立を生み，両教会とも相互に破門宣言を発表した．この聖像破壊令は東方教会がおかれた特殊な状況にも関係していた．東方では聖遺物崇拝が伝統的に盛んで，多くの教会でイエスや聖母マリア，聖人たちの遺物が安置され，それが引き起こす奇跡が信じられていた．一方，神学的には単性説の伝統が残存し，イスラーム帝国の急速な台頭やユダヤ人たちが多く居住する地域を抱える東方世界では，聖遺物崇拝のあり方に対して偶像崇拝であるという批判が数多く聞かれ，この批判を一掃するためにも，聖像（イコン）の破壊は重要だった．しかし，この聖像破壊運動は60年ほどで一旦終息し，神学的には，聖像への尊敬は聖像そのものではなく，それによって表現されている元のものに向けられていると解釈されるようになった．9世紀初頭に再び論争が再燃したが，843年に最終的にイコンが認められ，それ以降，それは東方正教会の信仰を象徴するものとなったのである．

東西の教会の分裂 聖像破壊論争は決着をみたものの，東西両教会はスラブ伝道のイニシアティブをめぐって再び対立するとともに，すでにフ

図6　イエスを抱く聖母マリアのイコン
（聖カタリナ修道院，6〜7世紀）

ランク王国という世俗権力の後ろ盾を見出していたローマ教皇の自立化は，この対立に拍車をかけることになった．9世紀の半ば，ローマ教会はコンスタンティノープル総主教の交代に干渉し，両者は完全な分裂の瀬戸際までいくが，東ローマ側の政変劇で辛くもそれを回避した．しかし，1054年，対ノルマンで共同歩調をとるべくローマ教皇が東ローマに送った枢機卿が「フィリオクェ」の省略や聖職者の結婚を非難し，正教会側も，聖職者の妻帯禁止，無酵母パンの使用，ひげを生やした聖職者の迫害などを批判して，キリスト教会は完全に東西に分裂したのである．しかも，この後に行われた第4回十字軍ではコンスタンティノープルを十字軍が攻め落とすという事態も発生し，東ローマ側の不信感はいやが上にも強まった．ただ，その後も東西両教会の合同への努力はなされ，15世紀には一時的に和解が成立したが，それもつかのまの1453年，オスマントルコによるコンスタンティノープルの陥落と東ローマ帝国の滅亡によってその努力は無意味なものになった．しかし，東方教会の伝統はそれによって灰燼に帰したわけではなく，モスクワ公国によって継承され，ロシア正教会を中心としてさらに発展してゆ

(4) 宗教改革期（16世紀〜）

15世紀まで、教会に異を唱える人々に異端の烙印を押して、それらを強権的に抑圧していたカトリック教会は、16世紀においてついに根本的分裂を経験することになる。ドイツにおけるルターの宗教改革がその口火を切ることになる。改革の炎は燎原の火のごとく広がり、西側世界のキリスト教はローマ・カトリックとプロテスタントに二分されることになる。この分裂は、神聖ローマ帝国が体現し、カトリック教会が支えていたヨーロッパ全体を統合する政治的・宗教的統一性の解体を意味しており、ヨーロッパが各地の王権や都市を単位とした政治体制に分解し、普遍的な宗教的理念だったキリスト教が個々の政治単位の利害によって政治的に動員される道を開いたという点できわめて重要な意味をもっている。

1) ドイツ宗教改革

1517年、マルティン・ルター（Martin Luther, 1483-1546）は教会の扉に贖宥の有効性に関する95箇条の提題を発表し、ここにドイツの宗教改革が始まる。ルターは、この行動に先立って神の義をめぐってその神学的思索を深めていた。神の義を能動的に獲得するものと解し、神はそれをなしえない罪人を罰すると考えていたルターは、アウグスティヌス（Augustinus, 354-430）やパウロに学びながら、その義を受動的に解して、人間の罪を罪のままで赦すという神の恩寵としての義の理解に到達し、人間は「義人にして罪人である」という確信を得ることになった。そして、この確信から、こうした恵みを約束する神への信仰と自らの罪への心からの悔い改めこそが必要だと理解したのである。ルターのこうした立場からすれば、ローマ教皇が罪の赦しを贖宥状という形で販売することは、許しがたい神への裏切りとみえた。赦すのはあくまでも神のみであって、教皇ではありえないからである。

さて、彼の問題提起は予想以上に大きな波紋をもたらし、彼とローマ教皇側との間で神学的論争が行われるが、議論は平行線をたどる。こうしたなか、ルターはカトリック教会の根本的教義を徹底的に批判する著作を次々に刊行し、ますますカトリック教会との対立を深めることになる。1521年、ルターはヴォルムスでの帝国議会に召喚され、そこで自らの立場を明確に表明し、教皇権力との対決を辞さないという姿勢を鮮明にした。皇帝カール5世はルターを破門し、彼の著作の廃棄と保護の禁止を命じるヴォルムス勅令を発布した。しかし、フリードリヒ選帝侯はルターを保護し、ヴァルトブルグ城にかくまう。彼はこの時期に新約聖書のドイツ語翻訳を行い、カトリック教会のみが聖書を独占するという体制は大きく崩れてゆく。

ルターの改革運動は彼の意志を超えて広範な領域に波及し、経済的圧政に苦しんでいたドイツ農民も蜂起し、領主との間で激しい闘争を繰り広げた（1524〜25年）。ルターはこうした農民の動きに共感をもっておらず、むしろ世俗的秩序を守らない彼らの行動を憎悪したとされる。ルターの行動はカトリック＝皇帝権力に抵抗する諸侯の政治運動という様相を呈し、1529年のシュパイエル帝国議会でのヴォルムス勅令の実施要求に対して、これに異を唱えるルター擁護派が『抗議』（Protestatio）を提出し、これが後にカトリック支配に異議を唱える改革派全体の呼称の起源になるわけである。プロテスタント派はシュマルカルデン同盟（1531年）を結び、ルターの盟友だったメランヒトン（Philipp Melanchthon, 1497-1560）による「アウグスブルグ信仰告白」を中心に団結し、カトリック側の攻撃に備えた。1555年にアウグスブルグ宗教和議が締結され、カトリック派とプロテスタント派の政治的対立は一時的に解決され、世俗的君主の信仰の自由が認められた。しかし、両派の対立は終わったわけではなく、三十年戦争（1618〜48年）を経て結ばれたウェストファーレン条約によってようやく決着をみるのである。

2) 宗教改革左派

ルターの宗教改革の動機が純粋に宗教的なものであったとしても、その行動は、社会的にみればカトリック教会とそれを支える神聖ローマ皇帝の

権威に対する公然たる反抗であった．彼の行為がフスなどの先駆者と違って異端のレッテルのもとで撲滅されなかったのは，彼の思想の政治的保守性とともに，それが皇帝権力に反抗するドイツ諸侯の政治的利害を代弁するイデオロギーとして巧みに利用され，その世俗的権力がルターの存在を保護したからであろう．しかし，ルターの神学思想をさらに徹底し，真のキリスト教信仰を目指そうとする人々や，当時の社会の抱えていた社会的不平等を改革し，さらにはユートピア的社会秩序の到来を期待する人々も存在した．ルターなどの宗教改革の動きを背景にしながらも，カトリック，プロテスタント双方の側から過酷な弾圧を受けた，これらのさまざまな志向をもった人々を総称して再洗礼派とよぶ．したがって，この呼称のもとに括られる人々は同じ神学思想をいただいていたわけではなく，共通の呼称を用いることはむしろ誤解を招くことになるかもしれない．しかし，幼児洗礼をカトリック的儀礼の形式的遵守の象徴と理解すれば，彼らがその有効性を自らの体験や信仰的自覚に基づいて否定しているという点で一定程度の共通性があるようにも思われる．おそらく，この体験や自覚はドイツ農民戦争を指揮したトマス・ミュンツァー，あるいはドイツ北部の都市ミュンスターを一時的に支配したライデンのヨハネたちの千年王国主義のように政治的なユートピア主義に向かう場合と，スイス再洗礼派やメノー・シモンズ（Menno Simons, 1496 頃-1561）が率いた再洗礼派のように，信仰を自覚した少数の人々が共同体を形成し，自らの生活を厳格な律法的倫理によって律することをもって真のキリスト者とみなして，徹底的な平和主義を貫く方向性に向かう場合とが存在したように思われる．

3）スイス宗教改革

ドイツに隣接するスイスにも，ルターの宗教改革の影響は波及する．しかし，ここでの改革はエラスムス（Erasmus, 1469-1535）に代表される人文主義の影響を強く受けていた．ウルリヒ・ツウィングリ（Ulrich〔Huldrych〕Zwingli, 1484-1531）は，1522 年頃，チューリヒ市での宗教改革を指導し，ミサの廃止，サクラメントや聖像の排除が行われたが，ツウィングリとルターとの間には聖餐をめぐって論争が起こり，また同時に，スイス国内でも政治的対立が深刻化して戦争となり，ツウィングリも従軍して戦死する．一方，スイスのジュネーブでも 1530 年代にギョーム・ファレル（Guillaume Farel, 1489-1565）の手によって宗教改革が進行しつつあったが，彼を受け継いで改革を推進した人物がジャン・カルヴァン（Jean Calvin, 1509-64）である．1541 年以降，本格的にこの地の宗教改革を指導することになったカルヴァンは，カトリックの司教制度と祭儀典礼を廃止し，それに代わって聖書的とされる牧師・教師・長老・執事という職制を採用するとともに，信徒一人一人に厳格な教会規律を課し，世俗的娯楽にも徹底的に監視の目を光らせた．カルヴァンの神学思想は，彼の主著『キリスト教綱要』に詳述されているが，なかでも救済される者と永劫の罰を与えられる者とがあらかじめ予定されており，神から選ばれた者は神の栄光を増すために与えられた使命を全力を挙げて全うするという二重予定説が有名である．カルヴァン派は聖餐論に関してツウィングリ派との間に一致点を見出し，後者とともに，ルター派とは一線を画すことになった．一方で，カルヴァンはジュネーブ学院という神学校を設立して，フランスやスコットランドなどヨーロッパ各地にその理念を広めることに意を用いた．

4）イギリス宗教改革

大陸の宗教改革の影響はイギリスにも伝わった．すでに 14 世紀のウィクリフとロラード派の人々の活動が先駆的な役割を果たしたとされるが，カトリック教会との断絶の直接的な原因は，ヘンリー 8 世の離婚という世俗的問題である．ヘンリーはローマ教皇から「信仰の擁護者」という称号を授与されており，カトリックに対して神学的に異議を唱える動機をもっていなかったからである．しかし，その后キャサリンとの離婚を教皇が認めようとしないことに業を煮やし，1529 年から 1536 年まで議会を招集して，ローマ教会との関係を切断し，ついに 1534 年に「国王至上令」

◆ I. 世界の宗教潮流 ◆

を出して，自らがイングランド教会の唯一にして最高の首長に就き，ここにイギリス国教会が誕生した．しかし，この改革は世俗的動機に由来しているために教義面ではカトリック的色彩を色濃く残すことになった．そのため，改革のその後の展開は，教義をどのような方向にもっていくのかが大きな焦点となるが，16世紀のエリザベス1世の治世に最終的にその基盤が固まった．エリザベスの宗教政策の柱は，1559年に制定された「国王至上令」と「礼拝統一令」にあったといってよい．前者は国王が「イギリスの世俗的事項におけると同様に，宗教的，教会的事項における唯一の最高統治者」であると規定し，後者は，カトリック的立場とプロテスタント的立場を折衷した新しい祈禱書による礼拝様式を規定し，それ以外の礼拝を禁止した．1563年には現在の信仰箇条である『39箇条』が制定され，教皇権の否定や信仰義認など，カトリック教会からの離脱を意味する立場が明示された．そして，神学者リチャード・フッカー（Richard Hooker, 1554-1600）などの努力もあって，聖書の権威を尊重しつつも，教会の伝統的権威と人間理性と良識を尊重する，国教会の神学的基礎が築かれ，国教会はカトリック，大陸の宗教改革派のいずれにも属さない独自のアイデンティティをもった中道（ヴィア・メディア）の教会であるという方向性が固まったのである．

しかし，それでもなお，国教会は依然としてその内部に大きな火種を抱えていた．というのも，そこには大陸の宗教改革の理念に近づけようとするピューリタンとよばれる人々が存在したからである．彼らの多くは，国教会の組織形態である主教制度を廃止して，彼らが聖書的であると考える長老制を主張したり，組織から分離して，自分たちだけの組織を形成する人々も存在した．エリザベス女王やジェームズ1世は彼らに対して容赦ない弾圧を加え，そのため彼らの一部は信仰の自由を求めて新天地アメリカに逃れるものもいた．しかし，その後の王権の専横や失政は，議会の多数派を占めるようになったピューリタンたちに強い不満を引き起こし，対立はエスカレートしてついに内戦となり，1649年，議会軍の指導者オリヴァー・クロムウェル（Oliver Cromwell, 1599-1658）によってチャールズ1世は処刑され，国教会は一時的に解体されることになる．しかし，この独裁体制は長く続かず，フランスに亡命していた国王の帰還によって王政が復興する．国王は革命を引き起こしたピューリタンたちに報復すべく，彼らの宗教的自由を奪い，その後のイギリスは国教会と非国教徒たちという2つの勢力の拮抗の中で展開していく．なお，イングランドに隣接するスコットランドでは，1560年にジョン・ノックス（John Knox, 1505-72）がカルヴィニズムに基づく宗教改革に成功し，イングランドとは一線を画すことになった．

5）カトリック改革

ヨーロッパ大陸を席巻しはじめた宗教改革の嵐に対して，カトリック教会はそれをただ黙認していたわけではない．ルターの批判がカトリック信仰の根幹に関わる神学的諸問題に深く関わっていた以上，カトリック側も，その信仰の正統性を強力に擁護し，さらにはプロテスタント陣営に反撃する体制を整える必要があった．もちろん，ルターの宗教改革以前から一部の聖職者の間ではカトリック信仰の刷新を求める動きが存在しており，ドイツなどの宗教改革の展開はそれに対抗する動きを加速させ，1542年には異端に対する宗教裁判が復興された．1545〜63年まで長い中断を挟んで3回にわたって開かれたトリエント公会議は，教会内部にこれまで存在していた規律の弛緩を是正するとともに，カトリック教会の正統性を改めて確認した．つまり，ヒエロニムス（Hieronymus, 340頃-420頃）による聖書のラテン語訳であるウルガタの正統性とカトリック教会の聖書解釈権の権威や7つのサクラメントの有効性が確認され，あわせて聖人，聖母マリア，巡礼などカトリック信仰において従来から重要であった信仰対象や行為の宗教的正統性が再認されたのである．

このように，トリエント公会議を通じて，カトリック側は自らがよって立つ信仰の基盤を確認し，その宗教的アイデンティティを再認するとともに，その信仰を積極的に伝道することに努める

ようになった．そして，その尖兵となったものこそ，1540年にスペインの元軍人イグナティウス・デ・ロヨラ（Ignatius de Loyola, 1491(5)–1556）によって結成されたイエズス会であった．それは従順・清貧・貞潔をモットーとし，教皇に絶対的忠誠を誓う修道会組織で，ロヨラの著した『霊操』に基づいて瞑想的修行を行い，会士たちは世界各地のカトリック布教に従事した．その1人フランシスコ・ザビエルは1549年に鹿児島に上陸し，日本にキリスト教を伝えたのである．

(5) **膨張期**（18世紀～）

宗教改革に先だつ15世紀は，ポルトガル，スペイン両国が東方貿易を独占すべく積極的に東方航路の探索と探険を行い，大航海時代とよばれる海外植民地獲得競争が始まった時期である．1488年，バルトロメオ・ディアスが喜望峰を，1498年にはヴァスコ・ダ・ガマがインド航路を発見するという地理上の諸発見が相次いだ．そのため，海外の新領土の所有権をめぐって紛争が起こり，1494年にローマ法皇アレクサンデル6世の仲介によってポルトガルとスペインとの間でヨーロッパ以外の新領土を二分割するトルデシリャス条約が結ばれた．1518年にはコルテスがメキシコ征服を開始し，ピサロが1533年にインカ帝国を滅ぼし，その後，この両国に代わって，オランダ，フランス，イギリスが次々にヨーロッパ世界の覇権を握り，彼らは軍事力を背景に一様に非ヨーロッパ世界の植民地化を進めた．

海外布教の活性化　キリスト教は，こうしたヨーロッパ諸国の世界的拡大にともなって，しだいに世界各地に広がっていくことになる．カトリック国であるポルトガルとスペインは征服と布教を一体的なものと考え，征服によって現地の宗教は徹底的に破壊され，それに代わってカトリック信仰が住民に強要された．とりわけ，地元の人々の改宗に目覚ましい働きをしたのがイエズス会である．彼らは現地に住んでその言葉を習得しながら，ローマ・カトリック信仰の伝道に生涯を捧げた．プロテスタント諸派の伝道は，2世紀ほど遅れて18世紀になって本格的に始まる．もちろん，プロテスタント諸国も17世紀には海外植民地を建設してはいるが，彼らの布教活動は国家の事業ではなく，本国の信徒たちの自発的意志に基づく献金に支えられており，しかもイエズス会のように布教に生涯を捧げる修道会のような特別な組織は存在しなかった．しかし，19世紀以降，次々に伝道協会が結成され，膨大な数の宣教師たちが中国，インド，アフリカなどの諸地域に派遣され，カトリックと競って改宗者の獲得に奔走するようになった．これらのキリスト教の世界的膨張は，西ヨーロッパを中心とする世界システムの形成と併走しており，18世紀以降のアメリカ合衆国を含めた欧米の圧倒的なプレゼンスは，そのまま宗教界におけるキリスト教の優位を支えていたといっていいだろう．

理神論と敬虔主義　しかし，キリスト教の世界的拡大は，決してヨーロッパ諸国のキリスト教が安泰だったことを意味するものではない．むしろ，三十年戦争やピューリタン革命など17世紀半ばまでのヨーロッパを巻き込んだ宗教対立が引き起こした血なまぐさい戦争や内乱の後にやってきたものは，キリスト教信仰そのものを内側から掘り崩すことになりかねない理性や寛容を重んじる時代思潮の興隆だった．イギリスでは奇跡などの超自然的なものを否定して理性と一致するもののみを宗教的本質とする理神論が唱えられ，さらにヒュームは宗教を幻想の産物とした．また，フランスではヴォルテールなどの啓蒙思想家が宗教の独善性の批判を行い，その主張はさらに急進化して無神論にまで至った．

しかし，一方でキリスト教の宗教的沈滞と啓蒙主義のキリスト教批判だけがこの時代を特徴づけていたわけではなかった．むしろ反対に，人間の内的感情からキリスト教を体験的に論じようとする動きが現れるようになる．敬虔主義とよばれるこの思潮は，もともとはドイツ領邦君主と結びついたルター派正統主義の硬直化と形骸化に対する個人的，実践的な「心の宗教」の回復を目指す信仰覚醒運動を指すが，ドイツばかりでなくヨーロッパ各地で広範な影響力を及ぼし，イングランドでは国教会の宗教的復興を目指すウェスレーの活

◆ I. 世界の宗教潮流 ◆

動を生み出すことになる．彼は回心体験とそこから生じる心と生活の聖化を強調し，その運動はメソディズムと呼称され，18世紀以降のイギリスの宗教動向に大きな影響を与えることになったのである．

ナポレオン失脚以降のヨーロッパでは，啓蒙主義への失望とロマン主義の流行を背景にして，カトリック教会もまた復権を果たした．1814年にイエズス会は復興され，教皇絶対主義が勢力を獲得する．1854年，「マリアの無原罪の宿り」が正式な教理となり，さらに1870年には教皇無謬説が公会議で教理化され，教皇の権威が聖書や教父たちの伝統よりも勝っているとされた．こうした教皇の至上性の要求の高まりは，当然にも近代国家の至上性との間に緊張をもたらし，ドイツではビスマルクが指導する文化闘争がカトリック勢力との間で繰り広げられるのである．

3.7 思　　　想

キリスト教の中心的思想とはどのようなものだろうか．この簡潔な問いに答えるのは実はそれほど簡単なことではない．これはその教義が曖昧だという意味ではない．2世紀後半には成立したとされ，多くの信仰告白に取り入れられている以下の「使徒信条」を読めば，キリスト教という宗教全体に共通する信仰の中心が何であるのかは容易に理解できよう．

「我は天地の造り主，全能の父なる神を信ず．我はその独り子，我らの主，イエス・キリストを信ず．主は聖霊によりてやどり，処女マリアより生まれ，ポンティオ・ピラトスのもとに苦しみを受け，十字架につけられて，死にて葬られ，陰府に下り，三日目に死人のうちよりよみがえり，天に昇り，全能の父なる神の右の座に座したまへり．かしこより来たりて，生けるものと死ねる者とを審きたまへり．我は聖霊を信ず．聖なる合同の教会，聖人の交わり，罪の赦し，身体のよみがへり，永遠の生命を信ず．アーメン」

しかし，この信仰箇条を核とするキリスト教の思想となると，何をもってキリスト教思想の中心とするのかを見定めるのは意外に難しいのである．これはある意味では当然で，4世紀の偉大な教父であるアウグスティヌスから20世紀の代表的神学者カール・バルト（Karl Barth, 1886-1968）にいたるまで実に多くの人々がこの宗教をそれぞれの固有の視点から論じてきており，その神学的蓄積は膨大なものとなっている．つまり，キリスト教神学は十分に洗練され発展しており，そのどの部分に焦点を当てるかによってかなりの違いが出てくるのである．さらに近年，定式化された教義ないし信仰告白とは別に，精緻な文献学的，歴史的研究方法を使って福音書を厳密に検討し，生身の人間イエスが実際に何を語ったのかを歴史的に再構成しようとする研究も盛んであり，そうした作業から得られたイエスの思想と行動をその後の神学思想から区別し，前者にこそイエス思想の本来の核心があるという見解も多くの支持を得ているのである．こうしたキリスト教思想をめぐる多様な見解の存在を踏まえた上で，ここでは史的イエスとは異なる救世主としてのイエス・キリストを信仰する「宗教」としてのキリスト教の基本的な骨格を，その母体であったユダヤ教との対比のなかで簡単な解説を試みようと思う．

1）ユダヤ教の資源

キリスト教は，ユダヤ教の諸観念を継承し，その枠組みの上に成立している．これはキリスト教がユダヤ教イエス派であったことを考えれば当然のことである．しかし，ユダヤ教とは別の宗教となった今日のキリスト教からみれば，キリスト教は，ユダヤ教が長い年月をかけて営々として培ってきた神と民の間の対話に基づく思索と実践を，イエスを中心とした物語の中に組み込んだということができるかもしれない．少なくとも，ユダヤ教の聖典であるヘブライ語聖書の主要部分を『旧約聖書』として自らの聖典の一部とし，アブラハム，モーセなど神の導きによってユダヤの民を率いた宗教的英雄の物語をイエスの福音の前史として位置づけたことに，こうした考え方の妥当性の一端を見ることができよう．つまり，逆に言うと

3. キリスト教

キリスト教の宗教思想の枠組みはユダヤ教を支えるいくつかの基本的要素を前提にしなければ理解できないのである．

まず，唯一にして絶対的意志をもつ神が天地万物すべてを創造し，人間も神によって造られた被造物の1つにすぎないという信仰が大前提として存在する．人間の自由意志や主体性はあくまでも神の意志に従属している．われわれの願望とは無関係に，われわれが日々直面する出来事は究極的には神の意志に基づいており，人間の側の意志は神の前では挫折せざるをえない．まさに徹底的な神中心主義といってよい．『旧約聖書』に描かれる，神によって家畜も家族も奪われる義人ヨブの運命も，最愛の息子イサクを神に捧げるように要求されるアブラハムの試練も，人間が所詮は神の意志と恵みによってしか生きえないことを表現したものといえよう．もちろん，人間は神の似姿として創造されたとされ，その点で，その他の生き物とは区別された存在であり，神に従って倫理的生き方をするように義務づけられている．しかし，神の意志を抜きにして，すべての人間的営みの成功は最終的に約束されないのである．

しかも，この唯一神は，世界の諸宗教に見出される「高神」のように人間の世界に無関心な「暇な神」（デウス・オティオースス）ではなく，人間のもとにたびたび顕現して，自らの意志を語り，さらには人間と積極的に「契約」をとり結ぶ神なのである．もちろん，その契約の意志も神の側のそれであり，人間はただその命令にひれ伏して従わなければならない．例えば，『創世記』（17：1-11）にはこう記されている．

「アブラム〔後のアブラハム〕が99歳になったとき，主はアブラムに現れて言われた．『わたしは全能の神である．あなたはわたしに従って歩み，全き者となりなさい．わたしは，あなたとの間にわたしの契約を立て，あなたをますます増やすであろう．』アブラムはひれ伏した．神は更に，語りかけて言われた．『……だからあなたは，私の契約を守りなさい．あなたも後に続く子孫も，あなたたち，およびあなたの後に続く子孫と，私との間で守るべき契約はこれである．すなわち，あなたたちの男子すべて，割礼を受ける．……』」

神は一方的に契約の意志を伝え，その契約の具体的な証しとして，神が与える恵みとともに，人間が守るべき行いを示す．割礼は「体に記された」神との契約の象徴であり，神が民に命じた掟，つまり律法なのである．人間の側からは，神が指示した律法を誠実に遵守する他はなく，この律法の遵守が神との契約の履行となるわけである．したがって，ユダヤ教における神と人間との係わりの基本的枠組みは，神の絶対的な意志を前提にした「契約」と「律法」という2つの柱に集約できるように思われる．

2）イエスの贖罪死

さて，キリスト教の枠組みがこのユダヤ教の「契約」と「律法」を前提にしているとすれば，キリスト教はそれをどのようにキリスト教的に再解釈し，ユダヤ教とは異なった新たな宗教体系を打ち立てたのだろうか．端的にいえば，ユダヤ教の信仰世界に「ナザレのイエス」という人物を介在させ，彼こそが神が約束した救世主（キリスト）にほかならないという信仰を描くことによって大胆にそれを読み替えたのである．その核心にあるのはイエスの十字架上の死である．この死が「契約」と「律法」にキリスト教的な新たな意味を与えることになった．イエスの死は，「多くの人の過ちを担い，背いた者のために執り成しをした」（イザヤ53：12）という第二イザヤ書の「苦難の僕」という記述と重ね合わされながら，神と人間との間を「とりなす」血の契約として受け取られる．まさにイエスの死は「神の新しい契約」（ルカ22-20）と理解され，それ以前の契約は古いものとされる．パウロに仮託されて書かれたある書簡はこう語る．「こういうわけで，キリストは新しい契約の仲介者なのです．それは，最初の契約の下で犯された罪の贖いとして，キリストが死んでくださったので…」（ヘブル人への手紙9：15）．

ここで注目しなければならないのは，この書簡がイエスの十字架上の死を「罪の償い」のための死として理解しているということだろう．イエス

◆ Ⅰ. 世界の宗教潮流 ◆

の十字架上の死は刑死などではなく，人間の罪を贖うための贖罪の死だとされるのである．つまり，ユダヤ教が一貫して問題にしてきた神との契約という観念は，キリスト教のもとでは，イエスの十字架上の死を贖罪死として理解し，その上でイエスを神と人間との間の新しい最終的な契約の仲介者とする，という仕方で捉え直されているのである．

　しかし，贖罪とはどのような意味だろう．そもそもイエスの贖罪の前提になっているわれわれの罪をどのように考えればいいのだろうか．先に紹介したユダヤ教の論理からすれば，神との契約の証は律法の厳格な遵守であり，これに少しでも違反すれば人間は神との正しい関係を保つことができない，つまり神との関係において義とされないことになる．これが罪という言葉で表現される状況である．しかし，有限な人間が完全に律法を全うすることなど不可能であり，律法を厳格に遵守しようとすれば必然的に罪を犯すことにつながる．パウロがいうように，「律法を行うことによっては，すべての人間は神の前に義とせられないからである．律法によっては，罪の自覚が生じるのみである」（ローマ人への手紙3：20-25）．つまり，ここでは律法は罪を生じさせる源泉として読み替えられる．もちろん，律法そのものが罪なのではなく，人間の側の律法の厳格な遵守という営み自体の必然的な挫折が罪の自覚をよりいっそう鋭いものとするのである．

　とすれば，この根源的な罪の状態から人間はいかに脱出できるのだろうか．パウロによれば，それは救世主であるイエスの贖いの死を信じることによってである．彼はこう書いている．「すべての人は罪を犯したため，神の栄光を受けられなくなっており，彼らは，値なしに，神の恵みにより，キリスト・イエスによるあがないによって義とされるのである．神はこのキリストを立てて，その血による，信仰をもって受くべきあがないの供え物とされた」（ローマ人への手紙3：23-25）．

　ユダヤ教の柱であった「契約」と「律法」は，イエスの十字架上の贖いの死へと巧みに再解釈され，その一点に凝縮することになった．神が一人子イエスを人類に遣わし，人類の罪の贖いのためにイエスを供え物にしたことを信じるならば，イエスの十字架上の死は間違いなく神が与えた新たな永遠の契約という意味をもつとともに，律法の遵守はもはやその信仰において決定的な意味を失うのである．まさに，ユダヤ教はキリスト教によって克服された古い契約となったのである．

3）神の愛と終末論

　このようにイエスの十字架上の贖罪死が人類の罪の救済を可能にするものであるとすれば，人間の救済のために自らの子イエスを贖罪死させたのは，人類に対する神の愛ということになろう．つまり，イエスの贖罪を通じて人類の罪を赦すということが，神の最大の愛の表現であったということになる．換言すれば，人類への神の愛がイエスを媒介とした救済劇を可能にしているといえるわけである．つまり，神自身が自らの子を「あがないの供え物」にすることで人類を救う道筋をつけようとしたということであり，それゆえに，キリスト教の中心にあるイエスの十字架上の死を根底的に支えているものは神の愛ということになるのである．

　もちろん，イエス自身が神の1つの位格であり，愛の究極的範型にほかならない．ゲッセマネの園における父なる神への苦渋に満ちた祈りの後に，人類の罪のために自らの命を捧げる行為は究極的な愛の実践であり，ユダヤ社会の周辺に「罪人」として捨てられた病人や貧者たちのもとにつねに身をおきながら，彼らに癒しを行うイエスの行為は，「罪人」を再生産するユダヤ教の硬直した律法主義を乗り越えるものが愛であることを身をもって示しているといえよう．そして，神の愛が人間と神との和解を可能にする手だてを用意してくれたとすれば，その愛に対する人間の側の応答は「心をつくし，精神をつくし，思いをつくして，主なるあなたの神を愛せよ」（マタイ22：37）という聖書の言葉通りに，神の愛に応えるべく神を愛することを措いてほかにはないのである．さらに，その神への愛は，「自分を愛するようにあなたの隣りの人を愛せよ」（マタイ22：39）という言葉に象徴されるように，自分の周り

の人々への愛へとつながってゆく．そればかりではない．愛の対象は自分を迫害する敵にまで向かう．こうして，神の愛が神への愛となり，それが隣人愛さらには敵への愛へと拡大，展開するという「愛」の連鎖が作り出されるわけである．キリスト教が愛を説く宗教であるといわれるのはこのためである．

　キリスト教思想では，こうした神の愛を基底にしたイエスの出来事が説かれる一方で，最終的な裁きをともなう神の国の到来（終末論）が語られる．つまり，天に昇げられたイエスが地上に再び戻り（再臨），すべての人間を裁いて歴史が終わるという信仰である．終末の時の到来は神の契約を忘れたユダヤの民に対してユダヤ教の預言者たちが再三にわたって警告したことであり，ユダヤ教の黙示文学の伝統のなかに繰り返し現れるテーマでもあった．実際，福音書に記されたイエスの最初の宣教の言葉は「時は満ち，神の国は近づいた．悔い改めて福音を信じなさい」（マルコ 1：15）である．しかし，イエスの告げる「神の国」とはいかなるものなのだろうか．世界の終わりに「至福千年」とよばれる神の王国が生まれ，義人のみが復活を許されて幸せに暮らすという「千年王国」到来への期待が，一部のキリスト教徒の間で現在でも根強く存在する．終末はこのような神の国の実体的な地上での実現なのか，それともイエスの登場とともに始まった神の言葉による人間の内面の支配なのか，さまざまな解釈と議論が現在でもなお続いている．しかし，キリスト教が終末という形で未来への宗教的希望をその信仰自体につねに内在させていることは注目すべき特徴であるように思われるのである．

3.8　典礼・儀礼

　キリスト教の儀礼や祝祭日に対する態度は，ローマ・カトリック，東方正教会，プロテスタント諸派ごとにかなりの幅が認められる．一般に，ローマ・カトリック，東方正教会など長い歴史をもつ伝統的なキリスト教会は典礼を重視し，数多くの祝祭を保持する一方，近代初期に成立したプロテスタント諸派は，神の「言葉」を伝える説教に重きをおき，典礼（儀礼）のもつ宗教的意味をあまり重視しない．しかし，プロテスタント諸派ももともとローマ・カトリックから分離したものである以上，ローマ・カトリックや東方正教会が行っている 7 つのサクラメントを歴史的キリスト教の代表的な儀礼と考えてさしつかえないだろう．

　サクラメントとは，「隠れた神秘を示す感覚的しるし」という意味で，日本語では「秘跡」（カトリック），「機密」（正教会），「聖礼典」（プロテスタント），「聖奠」（聖公会）など，教派によって呼びかたが異なっているが，それらはいずれも，神の恵み（神秘）を人間が受け取ることのできる手段を意味している．7 つとは，ローマ・カトリックに従えば，「洗礼」，「堅信」，「告解」，「聖餐」，「婚姻」，「終油」（「癒し」），「叙階」ということなるが，これらの名称も教派や時代によって違いがみられる．このうち，「洗礼」と「聖餐」だけはサクラメント自体を否定するプロテスタント諸派でも重要なものとして認められており，すべてのキリスト教に共通するもっとも一般的な儀礼といえるだろう．

　「洗礼」は，キリスト教への加入儀礼であり，水を使ったこの儀礼を受けることで，人々はキリスト教徒になるのである．この儀礼には，水に全身を浸す浸礼（immersion）と，聖水を頭や額にかける滴礼（infusion）という 2 種類の方法がある．7 つのサクラメントを認めるローマ・カトリックと東方正教会でも洗礼の方法に違いがあり，滴礼を行うカトリックに対して，正教会は浸礼によって洗礼を施している．福音書によれば，イエス自身も，ヨルダン川で人々に洗礼を授けていたヨハネによって洗礼を受けたとされており，キリスト教の儀礼の中でもっとも古いものとされている．古代教会では成人に対して 3 回の浸礼という方法で洗礼を施していたとされ，現在のローマ・カトリックや東方正教会にみられるような幼児洗礼は行われなかったという．この儀礼のもつ宗教的意味の重要性のために，キリスト教信仰を自覚的に選択できない幼児に対してなされた洗礼は有

◆ Ⅰ．世界の宗教潮流 ◆

図7　ルター派の儀礼の様子を描いた絵画
（デンマーク国立博物館所蔵）

効か否かをめぐって過去において深刻な対立が生まれたこともあり，現在でも，幼児洗礼を否定するプロテスタント諸派も存在する．例えば，バプティストとよばれる教派の名称は，中世ヨーロッパ社会でごく常識的だった幼児洗礼や滴礼に異議を唱えたという洗礼に関する彼らの神学的見解に由来している．

「聖餐」も初期のキリスト教会から続く伝統的儀礼であり，パンとぶどう酒を用いて行われる．福音書には，イエスが捕縛される直前に弟子たちとともに最後の食事をとり，イエスがパンをとって「これが私の体で」（マルコ14：22）あり，ぶどう酒の杯を上げて「これは，多くの者のために流される私の血，契約の血である」（マルコ14：24）と語ったことが記されている．さらに，イエスは「わたしの記念としてこのように行ないなさい」（ルカ22：19）とも語ったと記されており，イエスの死後，初期の弟子たちはイエスの復活を記念して実際の食事をとったといわれ，それがしだいにパンとぶどう酒による感謝を表現する儀礼に変化していったという．また，このイエスの弟子たちとの最後の食事は，ユダヤ教の大祭の1つである過越祭の前日ないし当日に行われており，その祭りではモーセによるエジプト脱出を記念して酵母なしのパンとぶどう酒などが食卓に出されるために，福音書に記されたイエスの食事がユダヤ教の過越祭の食事に相当するものであったともいわれている．パンとぶどう酒が何を意味しているのかをめぐってこれまで多くの神学的議論が闘わされてきている．ローマ・カトリックはもともとパンとぶどう酒がキリストの血と肉に実体的に変化すると主張したのに対して，プロテスタント諸派はそれを否定して，キリストの肉と血がパンとぶどう酒とともに在るとみなすか，それらを単なる象徴にすぎないとみなした．どのような立場に立つにせよ，この儀礼がキリストの肉と血に関わるものである以上，それがイエスの贖罪死を宗教的に表現していると解釈することも可能であろう．そして，贖罪死が神による人類との新たな契約であるとするならば，それを儀礼的に再現し，それへとつねに回帰するという構造を，そこに見出すことも不可能とはいえない．宗教学者エリアーデ（M. Eliade, 1907-86）は世界創造を模倣する儀礼を反復することを通じて，世界の原初への回帰とそれを通じた「中心」の回復を論じているが，この枠組みを聖餐式の儀礼に当てはめてみれば，イエスの犠牲つまり贖罪と復活をパンとぶどう酒の儀礼を通じて反復することで，世界はイエスの贖罪の出来事によってつねに新たに更新され，世界の「中心」が回復されるとも解釈するこ

とができよう．

　それ以外のサクラメントの主なものを簡単にみてみよう．「告解」は，罪を犯した者に対する赦しの儀礼であり，カトリックの場合には罪の懺悔を行うための告解室が存在する．そこで罪を告白した信者は司祭から赦しの言葉をもらい，それへの感謝の祈りと与えられた償いを果たすことが義務づけられている．また，カトリック，東方正教会の場合には，聖餐に与る前に告解が要求される．「堅信」は，カトリックでは幼児洗礼を受けた者が成長して改めて信仰告白をし，自らの信仰を確認するための儀礼であるが，正教会では洗礼とともに授けられる．「婚姻」もサクラメントであり，カトリックの場合には離婚は認めず，再婚も，教会法上以前の結婚の無効が宣言された場合にのみ可能となる．「終油」は現在では「病者の癒やし」とよばれ，重い病気や危険な手術を行う場合にも受けられるようになったが，かつては臨終の間際に行われる塗油を指していた．「叙階」とは，聖職者としての職務に就く際に行われる儀礼である．これは聖職者が一般信徒と異なった宗教的権威を託されているとするカトリックや東方正教会ではもっとも重要な儀礼の1つであるが，万人祭司を主張するプロテスタント諸派にとってはサクラメントとはみなされない．以上のように，7つのサクラメントを認めるローマ・カトリック教会や東方正教会において，洗礼，堅信，婚姻，終油は人生儀礼としての機能をもっており，これらの教派が支配的な文化圏ではライフ・コースに組み込まれているといっていいだろう．

3.9　祝　祭　日

　典礼が神との宗教的コミュニケーションの手段であるとするならば，祝祭日はイエスの復活と昇天という，キリスト教の根本的教義を中心として編成された祭り（祝い）である．まず，ユダヤ教の安息日（土曜日）の翌日に弟子たちがイエスの復活の知らせを聞いたことが福音書に述べられていることから，初期のキリスト教徒たちはこの復活を祝って日曜日を聖なる祝祭の日とした．しかし，ユダヤ教イエス派であった初期において，彼らはユダヤ教の安息日を守りながら，日曜日に復活の祝いをしたようであり，その後，キリスト教の自立の歩みの中で次第に安息日は日曜日の復活の祝いに吸収されることになった．

　イエスの復活の出来事は，1年間というさらに長い時間のなかでより明瞭に表現され，とりわけローマ・カトリックや東方正教会の教会暦は復活という祝祭を中心にして考えられている．復活祭（イースター）の日程は毎年移動する「移動祝日」で，西方教会では3月21日後の満月の次の日曜日となっている．この復活祭の46日前を「灰の水曜日」とよび，ここから復活祭に向けて四旬節が始まる．つまり，この日から人々はイエスの受難，十字架上の死，復活，高挙というキリスト教の中心的物語のなかに参加することになるわけである．復活祭前の1週間は聖週間とよばれ，その週の木曜日に最後の晩餐を，金曜日にイエスの十字架上の死を想い，そして日曜日にイエスの復活を祝うことになる．これによって，世界はイエスの復活とともに更新され，新たな時空間が再生されるわけである．もちろん，日本でおなじみのクリスマスも盛大に祝われるが，その歴史的な起源は復活祭よりも新しく，公現日とともにユダヤ教とのつながりをもたない祝祭日だといえる．公現日（1月6日）はイエスのもとに東方三博士が訪れたことを祝う日であり，その前の月のイエス生誕を祝う祝日クリスマス（12月25日）に続くイエスの誕生にまつわる神話的再現といえよう．これ以外にも聖霊降臨祭など大小数多くの祝祭日をローマ・カトリックや東方正教会は祝っているが，それらはすべて救世主「イエス・キリストの出来事」（イエスの死と復活の物語）を中心にして組織されているといえよう．

3.10　教会建築・巡礼地

(1)　教会建築

　キリスト教の聖堂は一般に西側に入り口があ

◆ Ⅰ. 世界の宗教潮流 ◆

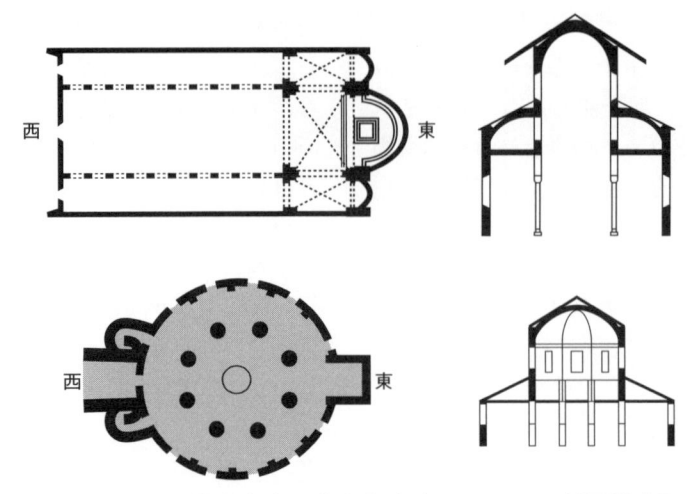

図8 バシリカ様式（上）と集中式（下）の平面および断面模式図

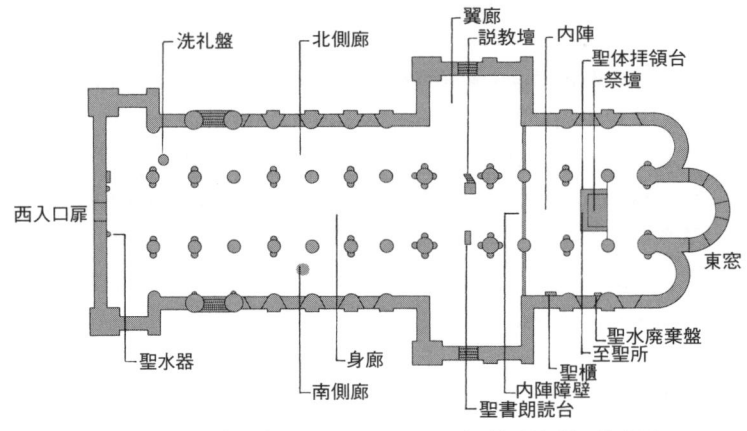

図9 西方教会の典型的なカテドラル（司教座聖堂）模式図

り，祭壇はその反対側の東側におかれている．東側は光の代表的シンボルである太陽が昇る方向であり，信者たちはつねに東に向かって祈りを捧げることになる．聖堂はその様式によって一般に西方教会のバシリカ様式（長堂式聖堂）と東方の集中式聖堂という2つの様式に分けられる（図8）．前者は長方形の奥行きの深い建物で，入り口からもっとも奥に祭壇が設えてあるのに対して，後者は建物を構成する部分が中心から対称的に放射線状に展開するもので，中心はドームによって覆われている．バシリカ様式はもともとローマ時代の裁判所や軍用施設などの様式を転用したものである．それは西方において時代を経るごとに発展し，11世紀から12世紀の中世期には開口部に半円アーチをもち，小さな窓と分厚い壁をもつロマ

ネスク様式とよばれる教会が建設されるようになる．これは人里離れた修道院などの建物に多く，巡礼で有名なスペインのサンティアゴ・デ・コンポステーラ大聖堂もこの様式で建設されている．その後，この重厚なロマネスク様式は都市の中心に立てられるゴシック様式へと道を譲ることになった．15世紀頃まで建てられたゴシック様式の聖堂は開口部に尖塔アーチをもち，華麗なステンドグラスをはめ込んだ大きな窓をもち，天空に向かってそそり立つ尖塔は神の超越性とそれへの人間の希求を象徴的に表現しているとされ，フランスのシャルトルやランスの大聖堂がその代表的なものである．

東方正教会の教会は，中心部から前後左右に等距離に放射したギリシア十字のような形態をとる

◆ 3. キリスト教 ◆

図10 サンティアゴ・デ・コンポステーラ大聖堂

ギリシア十字式聖堂（ビザンチン様式）が一般的である．とりわけ，祭壇のある至聖所（内陣）と身廊とを区切る場所に設けられたイコノスタシス（聖障）とよばれる仕切りは正教会の教会空間に独特な雰囲気を与えている．その仕切りは非常に高く大きく，中央には王門とよばれる扉があり，その左右の壁にはキリストやマリア，聖人たちのイコンが描かれている．聖餐式（聖体機密）の際には一旦閉じられた王門が開かれて，聖体をかかげた聖職者がそこから現れる．その姿は，礼拝者たちに聖体を通じたイエスの臨在を強く実感させる．

一方，プロテスタント諸派は建築物を通じた神の讃美や臨在に否定的で，神の言葉の説教のみを重んじるために，教会内部は説教壇と簡素な十字架を除いてキリストやマリアなどの像を置かないのが一般的である．ただ，アングリカン・チャーチでは，とくに19世紀において，この宗派の内部にあるローマ・カトリックに近いアングロ・カトリックの影響力の増大によってゴシック様式の教会が相次いで建築された．

(2) 巡礼地

世界的に著名なキリスト教の代表的巡礼地は，イエスの受難の地であるエルサレムやローマ・カトリックの総本山であるローマなど，キリスト教の歴史にとって欠くことのできない場所である．また，使徒や聖人の関係する場所も聖地となっており，12使徒の1人，殉教した大ヤコブがスペインで埋葬された場所に建てられたサンティアゴ・デ・コンポステーラ大聖堂は現在でも多くの巡礼者を引きつけている．長い歴史をもった場所だけが聖地というわけではなく，19世紀から20世紀にかけて各地で起こったとされる聖母マリアの出現は数多くの新たな巡礼地を生み出している．フランスのピレネー山脈の麓のルルドやポルトガルのファティマなどがその代表であり，世界中から多くの巡礼者がやってきている．巡礼地はヨーロッパだけではない．メキシコのグアダルーペのマリアは褐色の肌をした聖母として著名である．しかし，プロテスタント諸派にとって聖地やそこへの巡礼という行動は宗教的な意味をもっていない．プロテスタントが支配的な地域では中世

◆ I. 世界の宗教潮流 ◆

以来の聖者の墓所は破壊され，巡礼は迷信として否定された．チョーサーの『カンタベリー物語』で有名なカンタベリー大聖堂にあった大主教トーマス・ベケット（Thomas Becket, 1118（？）-70）の墓所は中世期において多くの巡礼が訪れていたが，現在ではわずかに彼が暗殺された場所がモニュメントによって示されているだけで，往時の面影を偲ぶものは何も残されていない．

3.II キリスト教と現代社会

　加速度的に複雑さを増している現代社会において，2000年も前に誕生したキリスト教の「今後」はどうなっていくのだろうか．それは，時代遅れの古い宗教的メッセージとして次第に忘れ去られてしまうのだろうか，あるいはこれまで以上の影響力を発揮するのだろうか．こうした問いを考えるにあたって，まず伝統的にキリスト教の中心的拠点であった欧米社会にみられるこの宗教の対照的な2つの動向に目を向けてみよう．最初にアメリカである．ここでは保守的なキリスト教教派の影響力は増大しており，その強固な組織票は大統領の政治的判断に大きな影響力を及ぼしている．それを象徴的に物語っているのは，2005年10月，ブッシュ大統領が指名を予定していた最高裁判事がキリスト教保守派の強い反対によって指名辞退に追い込まれた事件である．保守派が最も批判したのは判事の堕胎に関する見解がリベラルであったことだとされており，この事件は，まさに今日のアメリカにおいてキリスト教の保守的価値観が公的領域にまで決定的な影響を与えたことを示している．これとは対照的な動きが，大西洋を挟んだもう1つのキリスト教圏である西ヨーロッパの先進社会に認められる．フランス，ドイツ，イギリスなどにおいて，キリスト教の影響力はしだいに小さくなっており，教会出席率，洗礼率，教会での結婚率など，その影響力を示すほとんどの統計的指標は年々低下している．これまでカトリック諸国のなかでもっとも熱心なカトリック教徒が存在するといわれたアイルランドでさえ，神父希望者が減少しており，アイルランドで最古のカトリック神学校では外国出身者たちが多数派になっているとされる．もちろん，ヨーロッパ諸国にみられるこうした動向は人々のキリスト教への制度的帰属意識の低下を意味しているだけであり，広い意味での文化的なキリスト教的価値観は依然として大きなものがあるという解釈も可能であり，ある研究者はそれを「帰属なき信仰」とよんでいる．しかし，全体としてみれば，キリスト教の影響力はここでは少なくとも政治や経済といった公的領域において間違いなくて低下しており，アメリカにみられるキリスト教の復興現象とは対照的な世俗化傾向を色濃く示している．

　しかし，この欧米先進社会におけるキリスト教のいわば両極化現象とは別に，すでに紹介したように，世界全体のキリスト教はその軸足を欧米からアフリカやアジア，ラテン・アメリカなどのいわゆる第三世界に移しているといってよく，これらの国々ではキリスト教は多くの信者を獲得している．なかでも，福音派，ペンテコステ派，カリスマ刷新運動などの聖霊の働きを強調する情緒的で体験的なキリスト教が勢力を伸ばしており，既存のキリスト教会の礼拝に飽き足らない人々もこの種の諸教派に流れているとされている．この傾向は先に紹介した欧米の先進社会においても顕著であり，キリスト教の影響力が増大しているアメリカにおいても，主流派のメソディストや長老派などのリベラルな教派は低迷しているのである．

　キリスト教内部の脱欧米化と多様化は，キリスト教にとってこれまで自明とされてきた道徳的問題においても鋭い裂け目を生み出している．例えば，聖職者の同性愛の問題がある．アメリカのエピスコパル・チャーチ（アングリカン）は主教に同性愛を公にした人物を選出したが，これが全世界のアングリカン・コミュニオンの重要なメンバーであるアフリカの保守的なアングリカン教会に大きな波紋を与え，そのコミュニオンの統一の維持を危ぶむ声が出ている．同様に，イギリスのアングリカンが近年ようやく認めるようになった女性の司祭の登用についても，女性からの聖餐を拒否する人々が東方正教会に転宗するといった動き

があり，同じキリスト教内部においても性道徳や女性の役割などに関する見解にかなりの多様化が認められるのである．

以上のようなキリスト教をめぐる今日的状況をどのように考えるべきだろうか．その手がかりとして近代化という補助線を引いてみよう．少し歴史を遡ってみると，18世紀半ば以降，キリスト教諸宗派，とりわけ欧米社会に確固たる根をはっていたローマ・カトリックとプロテスタント諸派の動向は，西ヨーロッパで最初に起こった科学技術の飛躍的進歩，工業化，都市化，政教分離，民主化などの巨大な社会変動からなる近代化の進展への反応と不可分に関連していたといえるからである．少し巨視的に19世紀から20世紀の60年代あたりまでを考えてみると，その反応はプロテスタント諸派の「適応的反応」とカトリック教会の「批判的反応」という2つに大別されるように思われる．つまり，前者は近代化の動向を積極的に受け止めて，聖書の解釈からその行動規範に至るまで，キリスト教を近代人が受け入れやすいメッセージへと再解釈してきた．もちろん，バルトに代表される20世紀初頭のプロテスタント神学には近代を根本的に批判する動きが存在したが，全般的には近代的動向を容認するリベラリズムが大勢を占めていた．これに対して，ローマ・カトリックは19世紀以来一貫して，近代化の動向に批判的であり，合理主義や民主主義などの近代的観念を誤謬だとし，逆に教皇不謬性の宣言を出すなど，近代文化に対して徹底的に対峙する方向性を打ち出していたのである．しかし，この方針は第2ヴァチカン公会議（1962～65年）以降，大きく変化し始めた．高齢のヨハネス23世（1958年に教皇に選出）が招集したこの公会議によってカトリック教会はこれまでの非常に保守的な方向性を修正して近代化への適応をはかることになった．ミサの現地化，一般人の礼拝への関与，エキュメニズムへの理解など，カトリック教会がこれまで頑なに拒んできた民主化の動きをある程度容認したと思われる方針が採られたのである．とりわけ，キリスト教諸宗派の一致を志向するエキュメニズムにカトリック教会が理解を示すようになったことはこの運動にとって大きな前進だったといえよう．エキュメニズムは，プロテスタント諸派，アングリカン，正教会を主な構成員としており，キリスト教最大の教派であるカトリックを抜きにして十分な成果を期待できなかったからである．いずれにしても，このように，伝統的に近代化に批判的なスタンスをとっていたカトリック教会まで含めて，1960年代までのキリスト教会の動きは近代化への適応的反応に収束していくように思われたのである．

しかし，1970年代にはいると，こうした状況に変化がみえはじめる．1979年のホメイニー師によるイランのイスラーム革命に象徴されるように，近代的リベラリズムと宗教が歩調を合わせて近代化の道を進んでいくという時代は大きな曲がり角を迎えた．アメリカにおいては1930年代には嘲笑の的であったファンダメンタリズムがメディアなどを使った新たな装いのもとに影響力を持ち始め，聖書の説く倫理規範を改めて再評価する動きが生じるようになった．冒頭で述べた今日のアメリカの宗教状況が形作られるようになり，アメリカの再聖化とヨーロッパの世俗化，この両極の動きが始まったのである．大きくいえば，こうした状況は近代化がもたらした個人化，多元主義化の深化と捉えることができるかもしれない．少なくとも，19世紀以来の近代化の諸要素がそれぞれ深化し，加えてかつては予想されなかった新たな諸局面が次々に生まれるなかで，世界全体の動向を宗教と科学，リベラリズムと保守主義などの単純な二項対立で色分けすることを許容しない事態が生じてきたことは間違いないだろう．とくに，インターネットによる情報伝達の高速化や，地球温暖化，テロリズム，原発事故などに象徴される人間の生命を脅かすリスクの加速度的増加は，現代社会に生きている多くの人々に強いストレスと不安を与えていることは確かであろう．さらにグローバル化によって，これまで地域に埋め込まれていた宗教伝統が引き剥がされて脱地域化し，流動化するという事態も日常化している．その意味で，キリスト教文化圏において，移民にともなうイスラームなどの異なった宗教との関係を

◆ I. 世界の宗教潮流 ◆

どのように考えていくかはますます重要な課題となろう．2001年9月11日のニューヨーク貿易センタービルへの旅客機を使った自爆テロや2005年7月21日のロンドン地下鉄爆破事件など，イスラーム過激派による相次ぐテロリズムは，一般の人々のイスラームに対する反感を強めており，ドイツやイギリス，フランスなどに住むイスラーム系住民への人種的，宗教的嫌がらせが頻発するようになっている．すでに述べたように，キリスト教内部においてリベラルな教派が影響力を低下させ，キリスト教的価値観のみが絶対的正義であるとみなす保守派の台頭が異なった宗教との摩擦を新たに増加させる危惧も予想され，現代社会におけるキリスト教が直面しなければならない問題は山積しているといえる．この宗教が進む道は決して平坦ではないように思われるのである．

参 考 文 献

荒井　献『イエス・キリスト』人類の知的遺産　講談社，1979年．

石原　謙『キリスト教の源流―ヨーロッパキリスト教史　上巻』岩波書店，1972年．

石原　謙『キリスト教の展開―ヨーロッパキリスト教史　下巻』岩波書店，1972年．

酒井　健『ゴシックとは何か　大聖堂の精神史』講談社現代新書　講談社，2000年．

佐藤　研『聖書時代史　新約編』岩波現代文庫　岩波書店，2003年．

田川健三『書物としての新約聖書』勁草書房，1997年．

ナーゲル，W.（松山與志雄訳）『キリスト教礼拝史』教文館，1998年．

ビーリッツ，K.-H.（松山與志雄訳）『教会暦　祝祭日の歴史と現在』教文館，2003年．

ホイシ，K.（荒井　献・加賀美久夫訳）『教会史概説』 新教出版社，1966年．

山我哲雄『聖書時代史　旧約編』岩波現代文庫　岩波書店，2003年．

4　イスラーム

I．世界の宗教潮流

大塚和夫

4.1　イスラームとは

　イスラームは今日世界に16億人ほどの信者をもつ一神教であり，信者数の上ではキリスト教に次ぐ世界（普遍）宗教である．日本ではかつては中国経由で伝わってきた「回教」の呼び名で知られていたが，この言葉は今日ではほとんど用いられなくなった．中国でも現在では，「回教」ではなく「伊斯蘭」などの用語が使われている．また，英語のMohammedanismなどの訳語である「マホメット教」という言い方もあったが，これはイスラームの教義の誤解に基づいており，現在ではほぼ死語となっている．

　そこで，信者（ムスリム）自身の呼び名，アラビア語の「イスラーム islām」に基づいた用法が一般的になりつつある．イスラームの宗教的側面を強調すれば「イスラーム教」と記すべきかもしれない．だが，世俗化が浸透し「政教分離」原則が自明視されている近代社会では，一般に宗教は「私的領域」のものとみなされがちである．しかし，イスラームには，現代においても，私的領域を超え，政治活動を含む公共的領域にも浸透する強い傾向がある．また，「世俗的」とみなされる法・道徳・エチケットなどの領域にも影響を及ぼす潜在力があり，狭義の宗教の枠内にはとどまりえない．むしろ，文明や生活様式とでも呼んだ方がふさわしい部分がある．したがって，ここでは「イスラーム」という表記を用いることとする．

　今日，イスラームの信者の分布は，中東（北アフリカも含む），中央アジア，南アジア，東南アジアと続く帯状の地域，およびその周辺に集中している．ただし近年のグローバル化の影響もあり，移民などによって欧米や日本などでもムスリムの数は増加している．なお，国別で考えると，最大のムスリム人口を擁するのはインドネシアであり，それにパキスタンなどが続く．ヒンドゥー教徒が大多数を占めるインドでも，人口の1割強がムスリムであり，1億数千万人に達している．イスラームを創始し，教義や儀礼の発展にきわめて重要な役割を果してきたアラブ人は，ムスリム総人口の2割弱を占めるにすぎない．すなわち，世界のムスリム人口の重心は，東南アジアから南アジアにかけての地域にあるといえる．ただし，アラブ圏を含む中東とその周辺地域では，ムスリムの集中度，密度が高い，すなわち非ムスリムが相対的に少ないという特徴がある．

　イスラームを全体的に把握することは至難の技である．本項目では，多数派であるスンナ派の事例を中心に，歴史的・社会的現象としてのイスラームの動向を紹介していきたい．そのために，神学・法学，思想などの詳細な議論は省く．具体的には，まずイスラームの成立と宗派・分派にふれる．次に，基本的教義とその担い手を紹介した後に，今日のムスリムの広範な分布を築いたイスラーム世界の歴史的拡大について述べる．それから，ムスリムの聖地や宗教儀礼を概括し，最後に近年話題になることの多いイスラームの「原理主

◆ I. 世界の宗教潮流 ◆

図1　天使ジブリールの啓示
（エディンバラ大学所蔵『集史』, 14世紀転載）

義」, ここで「イスラーム主義」とよぶ潮流などの歴史的展開と現状について説明する．

4.2　成　　立

(1)　預言者ムハンマド

　イスラームの教義によれば, イスラームは唯一絶対神（アラビア語で「アッラー Allāh」）が天地を創造した時点で生まれたことになる．すなわち, 世界の創造とともに始まった．だが, 歴史的にみれば, イスラームは7世紀のはじめに, アラビア半島で成立した．創始者はムハンマド（マホメット）である．
　ムハンマド（Muḥammad, 570頃-632）は570年頃, アラビア半島西部のヒジャーズ地方の町, マッカ（メッカ）に生まれた．幼くして父母を亡くした彼は, 父方の祖父のもとで成長した．当時のマッカは, 半島を縦断する長距離交易路の拠点のひとつとなっており, 多くの人々が交易に携わっていた．ムハンマドも商人として活躍し, 25歳のときに15歳年長で富裕な女性商人, ハディージャと結婚した．
　経済面では安定したムハンマドであったが, 次第にひとりで洞窟にこもって神秘的瞑想にふけるようになった．610年, 彼が40歳のときのこととされているが, 瞑想にふけっている彼のもとに天使ジブリール（ガブリエル）が現れ, アッラー

からの言葉を伝えた．それがクルアーン（コーラン）第96章の最初の5節といわれている．それによってムハンマドは, アッラーに選ばれてその言葉を人々に伝える者, すなわち預言者になった．
　当時のマッカの人々は, 部族・一族ごとに神像を祀り, それを崇拝していた．唯一絶対神からの啓示を受けたムハンマドは, そのような信仰は偶像を崇拝する多神教であるとして激しく攻撃した．彼の急進的な伝統破壊の姿勢は, その周囲に少数の熱心な信奉者を集めたが, 同時に多くのマッカ市民, とくに有力者層を敵に回した．対立が深まり, マッカ有力者側にムハンマド暗殺計画が練られていることを知った彼は, かねてから招聘を受けていたマッカ北方の町, ヤスリブに密かに脱出し, そこを基盤にイスラームの共同体（ウンマ）を築いた．622年に起きたこの事件はヒジュラ（聖遷）とよばれ, イスラーム史上でもっとも重要な出来事の1つされている．ヒジュラが行われた年を元年とすることで, 今日でもムスリムの宗教生活のリズムを生み出すイスラーム暦, 別名ヒジュラ暦が成立している（イスラーム暦については後述）．
　ヒジュラによってヤスリブはマディーナ（メディナ）と改名された．その町を拠点に, ムハンマド側はマッカ側と数回にわたり戦火を交えた．バドルの戦い（624年）, ウフドの戦い（625年）, 塹壕の戦い（627年）などである．最終的にムハンマド側が勝利し, 彼は630年にマッカに凱旋し, 聖域であるカアバ神殿に置かれていた多くの偶像を破壊した．彼が亡くなるのはその2年後, 632年のことであった．

(2)　ムハンマドの後継者たち

　ムハンマドはアッラーからの言葉を預かった「預言者」であると同時に, 地上に実現したウンマ（イスラーム共同体）の長, すなわち「政治的指導者」という役割も果たしていた．いわば, 宗教および政治の両面における指導者であったのである．
　宗教的側面に関していえば, 彼は「最後の預言

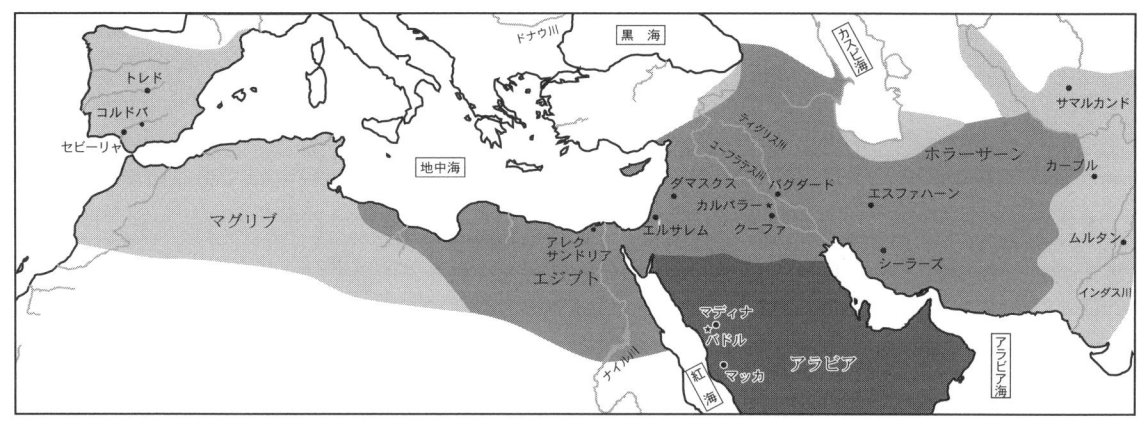

図2 イスラームの拡大（7～8世紀）
ムハンマド時代，正統カリフ時代，ウマイヤ朝の領域．

者」「預言者の封印」などとよばれている．つまり，ムハンマド以降この地上には，アッラーからの言葉を受け取る人物，すなわち預言者は現れないとされている．しかし，彼が築いたウンマは，ムスリムを中心とした政治共同体として存続していかなければならない．そしてそのためには，何らかの形でウンマを統率し，信者たちを指導する人物が必要となってくる．ムハンマドの死によって，イスラームは大きな転機に直面したのである．

ムハンマドの後を襲ってウンマの指導者になったのは，彼の旧友アブー・バクル (Abū Bakr al-Siddīg, 573-634) であった．その役職をカリフ（アラビア語ではハリーファ (khalīfa)，後継者・代理人，の意味）とよぶ．預言者とともにウンマを創ってきた教友（サハーバ）の中でも年長でもっとも尊敬を集めていたために，周囲から推挙されカリフの地位についたのである．

634年にアブー・バクルが没すると，カリフの地位は，ウマル ('Umar ibn al-Khattāb, 在位 634-44)，ウスマーン ('Uthmān ibn 'Affān, 在位 644-56)，アリー (Alī ibn Abī Ṭālib, 在位 655-61) と継承された．これらの人物は基本的に信者の間で互選されたものであり，血統原理による地位の継承ではない．したがって，近代以降，このようなカリフ選出のあり方を，イスラーム的「民主主義」の原型とみなす思想も生まれてきた．ただし，アブー・バクル以外の3人は殺害されており，当時のウンマが政治的・軍事的に不安定な状態にあったことをうかがわせる．

とくにアリーがカリフになると，ウマイヤ家を中心に不満をもつ人々が結集し，ムスリム内部での争いが激化した．その後，両者間で停戦協定が成立したが，アリー支持者の中でも急進派は，ウマイヤ家と和議を結んだアリーの態度を強く非難して袂を分かち，さらに彼を暗殺した．この急進派が，イスラーム最初の分派「ハワーリジュ派」となったのである．

アリー亡き後，ウマイヤ家のムアーウィヤ (Mu'āwīya ibn 'Abī Sufyān, 在位 661-80) がカリフを名乗った．その後カリフ位は，ウマイヤ一族の中で世襲されることになり，ダマスクスを首都にウマイヤ朝（661～750年）が成立した．このような血統に基づく世襲カリフに対し，アブー・バクルからアリーまで互選によって就任した4人のカリフは「正統カリフ」とよばれている．

アリーが暗殺された後もその支持者たちはウマイヤ朝カリフの権威を認めず，対立は続いた．だが680年，アリーの息子，フサインがカルバラー（現イラク南部）の地でウマイヤ勢力によって殺害されることで，その勢いはそがれた．しかしその後もアリー支持者は各地で活動を続け，ウマイヤ朝を倒したアッバース朝建設運動にも貢献した．このようなアリー支持者グループからシーア派が生まれた．シーアとはもともと，アラビア語の「シーア・アリー」すなわち「アリー党」から

◆ I. 世界の宗教潮流 ◆

生まれた言葉なのである．なお，シーア派では，信徒の長の役職についた者をカリフではなく，イマームとよぶ．初代イマームはアリーであり，その息子ハサンが第2代，カルバラーで「殉教」したフサインが第3代イマームとなる．より詳しくは4.3節で述べる．

正統4カリフおよびウマイヤ朝の時代に，イスラームの支配地域は飛躍的に拡大した．ムハンマドの存命中はアラビア半島西部を支配下に置いただけであったが，アブー・バクルの時代にはその支配を半島全域に広げた．さらに，第2代カリフ，ウマルの時代には，東はビザンツ（東ローマ）帝国軍を破ってシリア地域，ササン朝軍を破ってイラク地域からイラン地域にまで進出した．そして西方ではエジプトを征服した．その後のウマイヤ朝時代には，東は現在のアフガニスタン，中央アジア（歴史的にはマー・ワラー・アン＝ナフル，つまり「アム・ダリヤ川の彼方＝北岸」とよばれた地域），そしてパキスタンの一部，西はリビアからチュニジア，アルジェリア，モロッコの地中海南沿岸地域，さらにジブラルタル海峡を越えてイベリア半島にまで版図を広げた．わずか100年ほどの間に展開されたこの軍事征服は，モンゴルのそれなどとともに，世界史の中でも稀有な例である．

8世紀に入りしばらくすると，膨張した領土の各地で，改宗した非アラブ系ムスリム（マワーリー）やシーア派の人々の不満が噴出するようになった．744年にはウマイヤ家内部の争いも生じ，ウマイヤ朝の勢力の衰退が著しくなってきた．747年，ホラーサーン地方（現イランの北東部）で預言者ムハンマドの叔父を始祖とするアッバース家を担ぐ武装蜂起が起き，ウマイヤ朝軍を破ってイラクに拠点を築いた．ここにアッバース朝（749〜1258年）が成立したのである．アッバース朝第2代カリフ，マンスール（在位754-75）はバグダードに首都を構え，その孫である第5代カリフ，ハールーン・アッラシード（Hārūn al-Rashīd, 在位786-809）の時代にはその栄華を極めた．しかし，彼の死後，アッバース朝は次第に衰退の兆候を示すようになる．

アッバース朝の衰退は，その広大な領土の統率が困難になったことに顕著に現れた．9世紀半ば以降，ホラーサーン地方にターヒル朝やサッファール朝，マー・ワラー・アン＝ナフル地方にサーマーン朝，エジプトにトゥールーン朝が成立し，アッバース朝カリフの支配から独立を図った．バグダードから遠く離れたマグリブ（北西アフリカ）地方ではそれよりも早く，8世紀後半にはルスタム（現アルジェリア），イドリース（現モロッコ），アグラブ（現チュニジア）の各王朝が成立していた．さらにイベリア半島では，ウマイヤ家の血統を受け継いだ後ウマイヤ朝が，すでに756年に誕生していた．このように，ムスリムの支配地域は拡大したが，アッバース朝カリフの権力の及ぶ範囲，そして税収が期待できる地域は，次第に限定されるようになっていったのである．

アッバース朝の支配領内においてもさまざまな内紛が生じてきた．9世紀半ばにはマムルーク（主にトルコ，チュルケス系の奴隷出身の兵士）軍団が勢力を強め，カリフの実権の及ぶ範囲をいっそう狭めるようになった．869年にはザンジュ（東アフリカ系奴隷）による反乱も起きた．その指導者たちはバグダードを支配し，南イラクを中心に14年間にわたる独自の国家体制を維持した．ザンジュの反乱は最終的に鎮圧されたが，アッバース朝カリフの権力と権威はいっそう弱まり，領域内の社会的不安定性は増大した．そして946年，バグダードはシーア派系のブワイフ朝の支配下に入った．ただしブワイフ朝はアッバース朝の権威も認め，軍事力をもつシーア派権力者が，スンナ派カリフの権威を保障するという特異な関係が築かれた．アッバース朝が最終的に亡びるのはそれからおよそ3世紀後，1258年にモンゴル軍がバグダードに侵入し，カリフを殺害した事件によってである．

(3) カリフとスルターン

先に記したように，カリフという役職は基本的に預言者ムハンマドの「政治的」指導権，すなわちウンマの統合を維持する役割を果たす人物の役職であった．そこには，ムハンマドのもうひとつ

の役割，アッラーの言葉を預かった預言者すなわち「宗教的」指導者という意味は認められていなかった．宗教的指導権を「聖的なもの」と特徴づけ，政治的なそれを「俗的なもの」とよぶとしたならば，誕生した時点においてカリフ位は基本的に俗的なものであった．

だが，アッバース朝カリフの政治的権力が衰退し，各地にカリフの統率から独立したムスリム諸王朝が成立しだす8世紀後半に，それにも関わらずといおうか，それゆえにといおうか，カリフ位の権威を強化するイデオロギーが広がってきた．「神のカリフ」概念，すなわちカリフの地上における権力はアッラーから直接授けられたものである，という思想が主張されるようになってきたのである．カリフ（ハリーファ＝代理人）は，ムハンマドの代理人ではなく，アッラーのそれであるという思想である．これは，アッバース朝カリフの権力の正統性を強化するという政治的意図をもったイデオロギーであった．だがそれによって，本来的に「俗的なもの」であったはずのカリフ位が，より「聖性」を帯びたものへと変容し始めたのである．

元来「政治的＝俗的」指導者を指していたカリフ位が，次第に象徴的，そして「聖的」権威へと移行していった歴史と呼応するかのように，強力な軍事力を背景に政治的実権をふるう人物たちに対して，特別な称号が用いられるようになってきた．スンナ派アッバース朝カリフを「保護」したシーア派ブワイフ朝の長は，大アミール（原義は，「アミールたちの中のアミール」つまり「最高アミール」）という称号を得ていた．さらに11世紀になるとスルターンという称号も軍事・政治的権力者，王朝の長などに対して用いられるようになってきた．このような政治的権力と宗教的権威との布置関係の変化により，宗教的権威としてのカリフ，政治的権力としてのアミールやスルターンというイスラームにおける指導権の分化が生じてきたのである．

この現象は一見「政教分離」のように思える．だが，アミールやスルターンにしても，宗教から完全に切れた，純粋な「世俗的役職」ということはできない．彼らの権力保持は，基本的にカリフによって正当化される必要があった．さらに，ムスリムの生き方の指針となるシャリーア，いわゆるイスラーム法（4.4節で詳述）の規定を無視することもできなかった．その意味で，カリフとアミール，スルターンという前近代イスラーム世界にみられた権力・権威の分化のあり方は，脱宗教的さらには無神論的な「世俗権力」という理念を前提とした「近代的」政教分離のあり方とは異なるのである．

ところで，アミールやスルターンといった「俗的権力者」も逃れることはできないシャリーアは，8～9世紀にその古典的な体系が成立したものである．それは，「神のカリフ」という特定人格に体現された「聖なる権威」とは異なる，別な形での「聖なる権威」の源なのである．そしてカリフ制が弱体化・形骸化し，さらにオスマン帝国の崩壊とともにそれが完全に廃止された（1924年）近現代イスラーム世界においても，依然としてムスリムの生活にさまざまな影響を及ぼしている．シャリーアについては，4.5節で説明しよう．

4.3　諸分派・諸宗派

すでに前節でもふれたように，イスラームには神学上の相違に基づきいくつかの宗派・分派がある．初期の内乱時代にはシーア派，ハワーリジュ派という分派が生まれた．シーア派はムハンマド没後のイスラーム共同体の指導者をアリーの血統に求める人々，ハワーリジュ派はアリー支持者であったが後に彼を非難し殺害までした急進派の流れである．そして，正統4カリフからウマイヤ朝，アッバース朝と続くカリフを指導者と認める流れがスンナ派である．日本ではスンニー派としても知られているが，アラビア語で「スンナ（預言者の慣行）とジャマーア（正統な共同体）の民」とよばれているので，ここでは「スンナ派」という表現をする．全信徒の大半，9割ほどがこの宗派であるといわれている．

◆ Ⅰ．世界の宗教潮流 ◆

(1) スンナ派と法学派

　スンナ派の主要な教義（六信五行）については次節で詳しく説明する．ここではその内部における法学派の相違について説明しておこう．

　ムスリムが従うべきシャリーアに関し，スンナ派では4つの法学派（マズハブ）を正統的なものと認めている．イラクで活動したアブー・ハニーファ（没767）を始祖とするハナフィー法学派がもっとも古いものである．さらに，マディーナを中心にしたヒジャーズ地方で発展した3つの法学派がある．マーリク・イブン・アナス（没795）に発するマーリク法学派，シャーフィイー（没820）を名祖とするシャーフィイー法学派，そしてイブン・ハンバル（没855）から始まるハンバル法学派である．ヒジャーズで活動した3人は，それぞれ師弟関係にもある．

　これらは「法学派」であり，「宗派」や「分派」ではない．すなわち，シャリーアの理論と現実適用時の解釈面などで相違はあっても，相互にそれぞれの正統性を認め合っている．シーア派やハワーリジュ派とは異なり，神学・教義学上の論争や敵対的政治イデオロギーの基盤となるものではない．なお，方法論的な相違としては，法学者の「判断」を重視するのがハナフィー派，それに対し啓典クルアーン（コーラン）やハディース（預言者の言行録，後述）といった「典拠」を重視するのがマーリク派やハンバル派，「判断」と「典拠」をともに重視するシャーフィイー派といった違いがある．解釈面では，ハナフィー学派以外は，結婚契約の際には初婚の女性の「法的保護者」が契約を交わすものとしているが，ハナフィー学派はその必要はないとしている．また，ハナフィー学派は，正午（ズフル）の礼拝は物体の影がそのものの2倍になったときまで有効としているが，他の3学派は1倍（同じ長さ）になったときまでとしている．

　歴史的展開の結果として，今日のスンナ派世界では地域ごとに主要とされる法学派が異なる傾向が見られる．オスマン帝国の公式法学派であったところから，ハナフィー法学派は現在のトルコ，東アラブの主要法学派である．また，中央アジア，南アジア，中国などにも広がっている．マーリク法学派はマグリブ（北西アフリカ）やサハラ沙漠以南のアフリカに，シャーフィイー法学派は東南アジアやスワヒリ（東アフリカ海岸部）地域に普及している．ハンバル法学派はサウディアラビアにみられる．なお，サウディアラビアのイスラームは「ワッハーブ派」とよばれることが多いが，これは法学派の名称ではなく，特定の宗教＝政治運動の傾向に対して外部者がつけた名称である（4.9節参照）．

(2) シーア派とその内部分派

　一方シーア派は，カリフの権威を認めない．そして，ムハンマドの従兄弟であり，女婿（ムハンマドの娘，ファーティマと結婚した）でもあるアリーとその血統の者を，イスラーム共同体の正統な後継指導者とみなし，イマームという称号でよぶ．つまり，アリーはスンナ派から見れば第4代正統カリフであるが，シーア派にすれば初代イマームである．

　アリーの暗殺後，イマーム位は彼とファーティマの息子であるハサン，そしてフサインに継承された．そのなかでもフサイン（Ḥusayn ibn ʻAlī ibn Abī Ṭālib, 626–80）はウマイヤ一族と対立し武装蜂起を企てたが，イラク南部のカルバラーでウマイヤ軍に包囲され戦死（シーア派からみれば「殉教」）した．このフサインの「殉教」はシーア派にとって忘れることのできない集団的記憶となり，その命日であるイスラーム暦第1月10日を中心に独自の儀礼が行われている．

　決定的な内部分裂を引き起こすほどの深刻な神学的対立がなかったスンナ派とは異なり，シーア派は神学面でさまざまな対立が起き，その結果いくつもの分派・宗派が生まれた．その根底には，誰が正統なイマームであるかをめぐる意見の相違がある．

　シーア派の分派の中でも今日もっとも信徒数が多く，影響力があるのが十二イマーム派である．アリー，ハサン，フサインから12代目のムハンマド・ムンタザルまでイマーム位は継承されたと考える．第12代イマーム，ムハンマドはその父

◆ 4. イスラーム ◆

```
                    数字はイマーム位
        ムハンマド
        ファーティマ ══════ ①アリー
              │
         ┌────┴────┐
        ②ハサン   ③フサイン
                   │
               ④アリー・イブン・フサイン
                 （ザイヌルアービディン）
                   │
            ┌──────┴──────┐
       ⑤ムハンマド・   (5)ザイド・イブン   ┐
         バーキル       ・アリー      │ザイド派
            │                        ┘
       ⑥ジャアファル・
         サーディク
            │
       ┌────┴────┐
      (7)イスマーイール  ⑦ムーサー・
            │          カーズィム
       (8)ムハンマド       │
                       ⑧アリー・
                         リダー
                           │
                       ⑨ムハンマド・
                         ジャワード
                           │
                       ⑩アリー・
                         ハーディー
                           │
                       ⑪ハサン・
                         アスカリー
                           │
                       ⑫ムハンマド・
                         ムンタザル
```

イスマーイール派：カルマト派、ニザール派、ムスタアリー派（アラウィー派／ドゥルーズ派）
十二イマーム派

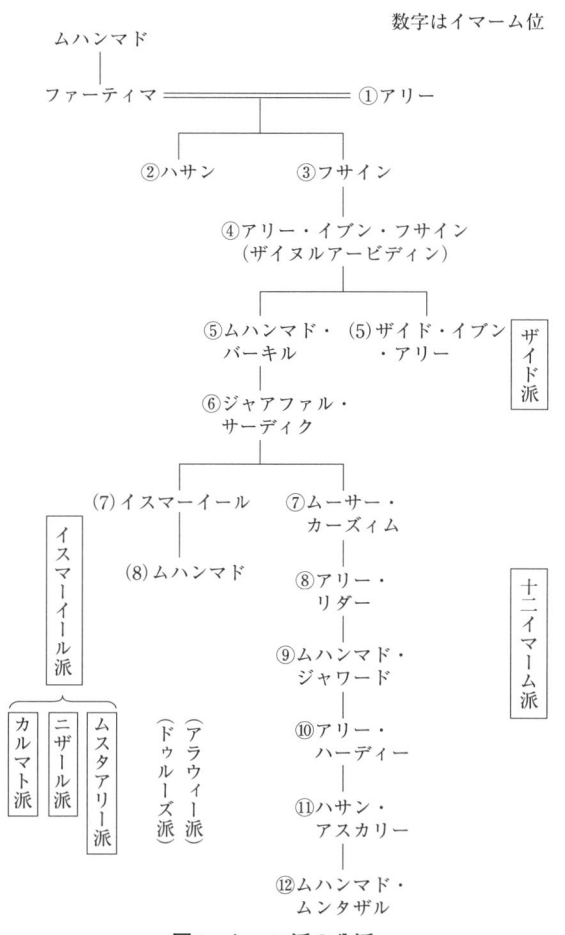

図3　シーア派の分派

ハサン・アスカリーの死（874年）とともにこの世から姿を消したが，それは死んだのではなく幽隠（ガイバ）されたのであり，将来に救世主（マフディー）となってこの世に再臨し，正義をもたらし信者を救済すると信じられている．現在，信者はイラン（国民の大多数），イラク南部，レバノン，ペルシア湾岸などに多い．法学面ではジャアファル法学派に従い，宗教弾圧下で自己の信仰の隠蔽を認めるタキーヤという考え方，一時婚（ムトア婚）の承認などの特徴がある．

第5代イマームをムハンマド・バーキルではなく，ウマイヤ朝に対する武力反抗を起こしたザイド・イブン・アリー（没740）とみなして，そのもとに結集したのがザイド派である．反乱は失敗したが，その後スンナ派的発想も取り入れながら，9～10世紀にかけてカスピ海南岸に諸王朝を築いた．さらに，9世紀末にイエメン高地でも勢力を伸ばし，その流れは今日まで続いている．

第6代イマーム，ジャアファル・サーディクの後継者をめぐり，十二イマーム派と袂を分かったのがイスマーイール派である．この分派は，シーア派でありながら，イマームを称したアブドゥッラー・マフディー（没934）をカリフともよぶファーティマ朝をチュニジアに興した（アブドゥッラー・マフディーのイマーム位を承認しない者たちはカルマト派とよばれた）．同王朝は第4代カリフのときにエジプトを征服し，首都カイロを建設した．だが，第8代カリフ没後のイマーム位をめぐる争いからニザール派が分かれた．ニザール派はカスピ海南西部のアラムート要塞を拠点に，セルジュク朝や十字軍に「暗殺」を含む武力抵抗を続け，西洋に「暗殺教団（アサッシン）」伝説を生み出した．一方，第9代カリフに就いたムスタアリーを支持した勢力はムスタアリー派と呼ばれた．ファーティマ朝の滅亡（1171年）以降，イスマーイール派は中東での重要な活動拠点を失ったが，南アジアではグジャラート地方などでムスタアリー派系統がボーホラー派として，ニザール派系統がホージャー派として，今日まで続いている．フランスを拠点に，国際的な開発援助，文化振興やNGO活動に力を入れているアーガー・ハーンはホージャー派系統から出てきたものであるが，教義面からインド色を払拭しようとしている．イスマーイール派の信者は今日では，中東ではシリア，イエメン，イラクなどに少数いるだけであり，むしろインド，パキスタンや東アフリカなどで商業活動を中心に活発に活動している．

(3) 少数分派など

イスマーイール派内部の分派とはされていないが，その教義の影響を受けた宗派として，ドゥルーズ派とアラウィー派（ヌサイリー派）とがある．

ドゥルーズ派はファーティマ朝第6代カリフ，ハーキム（没1021）を神格化し，その死を認めず幽隠（ガイバ）の状態とみなした．エジプトで弾圧され，シリア地域に活動の拠点を移した．今

◆ Ⅰ．世界の宗教潮流 ◆

日では，レバノン，シリア，イスラエルなどに信者が多い．一方，アラウィー派は9世紀に生まれたとされる宗派で，シーア派やキリスト教の祝日の一部も認めている．シリアのラタキア地方に信者が多く，シリアの前/現大統領，ハーフィズとバッシャールのアサド親子もアラウィー派である．この両派は霊魂の輪廻転生説も認めており，特異な教義や儀礼などから，一部からはイスラームの異端とみなされている．

これまでのイスラームの歴史において，明確に異端視され，排除された宗派もある．今日でも残っているものとしては，19世紀中葉にイランに生まれたバーブ教の流れをくむバハーイー教，19世紀末に北インドで生まれたアフマディーヤの一派，カーディヤーン派などがある．これらは新宗教として，欧米やアフリカなどで信者を獲得している．

イスラーム史における最初の分派であるハワーリジュ派は今日では衰退した．そのうちのイバード派の流れは今日でもオマーンで大きな勢力を保ち，かつてオマーンの影響下にあったザンジバルなどの東アフリカにも信者がいる．その他に，マグリブ地域にも少数の信者がいる．

これが一部の異端も含めたイスラームの分派・宗派である．ここで注意しなければならないことは，近年マスメディアなどで盛んに使われる「原理主義」という用語は，宗教でも分派でも，ましてや法学派や神学派でもないということである．これはあくまで非イスラーム圏のマスメディアを中心に，イスラームをイデオロギーとして掲げた急進的な宗教・政治的な傾向に対して貼り付けたラベルであり，ムスリムの中には「原理主義者」と自称する者はいない．そもそも「原理主義」という用語も，20世紀初頭のアメリカのプロテスタント神学における「ファンダメンタリズム」（モダニズム＝近代主義に対立する動き）を比喩的に応用したものであり，学術用語として議論の余地がある言葉なのである．

ただし，19世紀後半以降，スンナ派世界において，正統4法学派の権威を低くみる，ときとしてそれを否定する傾向が生まれたことは事実である．その中には，サラフ（初期イスラーム時代に活躍した「父祖」）と彼らが築いた共同体を理想化し，現代におけるその再興を志す人々が生まれ，みずからをサラフィー（サラフィー主義者）とよぶ場合もある．この点は4.9節で詳しく述べる．

また，一部でスーフィー（イスラーム神秘主義者）を一つの宗派として捉え，「スーフィー派」などという用語を使う例もみられるが，これも誤りである．4.5節で説明するが，スーフィーがさまざまな教団（タリーカ）を形成し，それを基盤に王朝打倒や反植民地主義的な反抗運動を展開してきたことも確かである．ただし，これらの教団はもとより，スーフィー的活動一般を宗派や分派とよぶことは適切ではない．

4.4　教義と実践

ここではイスラームの基本的教義・実践を，スンナ派を中心に説明していきたい．それというのも，今日のムスリム人口の中でスンナ派はその9割ほどを占める圧倒的な多数派であり，それを理解することでイスラームの教義・実践の大枠を把握することができると考えられるからである．必要に応じて，シーア派（とくに十二イマーム派）の事例を補足していく．

イスラームの教義・実践は「六信五行」という表現によって，その根本が語られている．「六信」とは，ムスリムの信仰箇条であり，信仰すべき6つの存在をさす．そして「五行」とは，日々その実践に務めなければならない，5つの義務的儀礼・行為を意味する．後者はまた信仰の「5つの柱」ともよばれている．

(1) 六　信

「六信」は，アッラー（神），天使，啓典，預言者，来世，予定から構成されている．すなわちその実在をムスリムが信じているとされるものである．いわばイスラームの基本的信仰箇条である．

イスラームは宗教であり，特定の崇拝対象をも

◆ 4. イスラーム ◆

	六信		五行
アッラー	唯一絶対神	信仰告白	シャハーダ.「アッラーの他に神はなく,ムハンマドはその使徒である」と唱える.
天使	アッラーと人間を媒介する存在		
啓典	とくに『クルアーン』	礼拝	サラート.早朝・昼・午後・夕方・夜の1日5回,マッカの方角に向かって礼拝する.
預言者	とくに「最後の預言者」ムハンマド		
来世	「最後の審判」の後に暮らす世界	喜捨	ザカート.貧しい人々へ施しを行う.
予定	人間の運命はアッラーによってあらかじめ定められている		
		断食	サウム.ラマダーン月の日中にいっさいの飲食を断つ.
		巡礼	ハッジ.定められた期間にマッカを巡礼する.

図4 六信五行

つ.それはアラビア語でアッラー(allāh)とよぶ(なお,アラビア語ではユダヤ教,キリスト教の神もアッラーである).一般に日本語では「神」と訳されているが,そこにひとつ重要な問題がある.

イスラームは,歴史的にはユダヤ教,キリスト教という流れの中で生まれた一神教である.すなわち,唯一絶対神のみを崇拝対象としている.それに対し,多神教的な宗教風土で用いられている日本語では,「神々」という表現も不自然ではない.しかし,アラビア語のアッラーの場合にはそれは不可能なことである.英語などと同じく,アラビア語の名詞は単数形,複数形(さらには2つの場合を表す双数形もある)で変化をするが,「アッラー」という単語には複数形が存在しない.その点では,一般に神を表現するGodが複数形(gods)をもつ英語の用法とも異なる.

もともとアッラーという語は,アラビア語で神的存在一般を表す単語イラーフに,定冠詞アルがついて生まれたとされている.つまり,al + ilāh = allāh である.このイラーフという語には複数形もある.アッラーとイラーフの関係については,後ほど五行の「信仰告白」を論じる際に再びふれよう.

アッラーの重要な特徴は,世界を創造した存在,創造主であるということである(この点で,旧約聖書の創世記の発想と重なる).被造物の中には人間も含まれる.そして,泥土で創られたアダムとその子孫たち,すなわち人類は,創造主との関係においては「主人と奴隷」との関係にも匹敵すると考えられている.実際,アラブ人によくみられるアブドゥッラーという男性の名前は,アブド(僕,奴隷)とアッラーとの合成語であり,「アッラーの奴隷」という意味になる.

このような関係から,アッラーと人間との間には本質的な,架橋することが不可能な断絶があると考えられている.そこから,厳格なムスリム神学者は,人間として生まれたイエスを「神の子」と信じるキリスト教を,一神教から逸脱した多神教として批判している.ましてや,日本の宗教風土では自明のこととされる現象,生没に限らず人間が神(仏)となること(祖先崇拝,氏神,成仏,生き神様,など),さらに神(仏)が人間の姿をとって(化身して)この世で活躍することなどはいっさい認めない.これらはすべて,アッラーの唯一性に無知な,多神教的信仰であるとして否定するのである.

次に「天使」である.これもアッラーの被造物である.ただし,人間が泥土から創られたのに対し,天使は光から創造された.そして人間が悪事も犯す存在であるのに対し,天使はアッラーに絶対的に従う善なる存在であり,アッラーと人間との媒介としてさまざまな超自然的活動を行う.その中には,ムハンマドに最初にアッラーの言葉を伝えたジブリール(聖書のガブリエル),死を司るイズラーイール(同じくアズラエル)などがいる.

だが,アッラーに反抗した天使もいる.人間を

◆ Ⅰ．世界の宗教潮流 ◆

悪に誘惑するイブリースである．彼はイスラームにおける悪魔（シャイターン）の別名ともされている．

　天使とは異なる，別な超自然的存在もイスラームでは認めている（ただし，六信に含まれるのは天使のみ）．その代表的なものはジン（精霊）である．ジンにはさまざまなものがおり，『千夜一夜』に登場するランプの魔物もその一部である．ジンの中には，ムスリムになったよいジンと，異教徒のままである悪いジンがいる．光から創られた天使とは異なり，ジンは炎から創造されたとされており，前述のイブリースも，実は天使ではなくジンであったという説もある．

　第3の信仰箇条は「啓典」であり，それはアッラーからの啓示を集成した書物のことを指す．イスラームにとってもっとも重要なのはムハンマドに下された啓示を集成したクルアーン（コーラン）である．

　クルアーンの重要な特徴は，ムスリムはそれを創造主アッラーの言葉の集成とみなしているということである．確かにムハンマドが語った言葉ではあるが，それは被造物であるムハンマドの考えを表現したものではなく，彼を通してアッラーが人間に語りかけた言葉なのである．したがって，クルアーンの言葉を変更しようとする試みなどは，被造物が創造主に抗う瀆神の罪となる．

　クルアーンとはアラビア語で「読誦されるべきもの」の意味である．すなわち，黙読されるよりも，朗々と声高く詠われるべきテクストである．クルアーンの読誦術はイスラーム的学問分野の一つとしてあり，その読誦コンクールは現在でも世界各地で盛んに行われている．そして，「その言葉は明白なアラビア語」（26章195節）と記されているように，アラビア語以外のものは聖なる「啓典」ではなく，俗なる「クルアーンの注釈書」と位置づけられている．この点，布教の拡大によって聖書をさまざまな言語に翻訳することを認めるキリスト教とは著しい対照をなしている．

　アッラーからの啓示を受け，それを人々に伝える役目を果たす人物が「預言者」，すなわち神の「言葉を預かった者」である．未来の出来事を予知する「予言者」ではない．イスラームではアダム以来数多くの預言者が地上に現れたと考える．それは旧約聖書に記されている預言者たちと重なる．イブラーヒーム（旧約のアブラハム，以下同じ），ムーサー（モーセ），イーサー（イエス）などである．このような預言者たちの系譜のなかで，ムハンマドはその最後に登場する人物であり，「最後の預言者」である．いうまでもなく，イーサー（イエス）も含め，預言者たちはあくまで「被造物」であり，神に匹敵する存在とはみなされない．

　日本では輪廻転生観が広まっており，「来世」とは，前世，現世とセットになった言葉として使われている．しかし，イスラームでは前世という観念はない．アッラーが創造した世界，現在われわれが生きているこの世界が「現世（ドゥンヤー）」である．しかし，この世界はいつか終末を迎える．それがいつであるかはアッラーしかわからない．だが，世界＝現世が終わる時，生きている者はもとより，死んだ者も墓場から蘇り，アッラーの前で現世における行動の善悪――その基準は，シャリーアによって定められている――が判断される「最後の審判」を受ける．その結果，善者は天国での至福の暮らしが，悪者には地獄での責め苦が永遠に続くとされる．この最後の審判の後に暮らす世界が「来世（アーヒラ）」なのである．死後，身体は亡んでも魂は永遠に転生を繰り返すという発想，あたかも昨日・今日・明日に対応する前世・現世・来世といった世界観は，イスラームの教義には存在しない．同じ「来世」という用語を使っても，根本的に異なった意味合いをもっていることに注意しなければならない．

　六信の最後が「予定」である．これは被造物の生成・消滅などは創造主によってあらかじめ定められている，という考え方である．つまり，人間の運命もアッラーによって最初から決定されているということである．これは創造主と被造物の関係からいって，論理的に導き出される帰結であり，その点では何らおかしいところはない．ただ，予定が強調され過ぎると，人間の行動は主体的判断や選択の余地なく，すべて予定されている

―106―

という受動的な「運命論」につながり，悪を行うことすら自己責任ではないという極論に至る．

このような逆説を回避するために，人間にも自由意志，自己選択などの余地があり，したがって自己責任も取らなければならないという発想も存在する．これは多くの宗教にみられる二元論，救済は自己が行うのか他者（超越者）が行うのかという問題設定とつながるものである．イスラーム神学では自由意志論は，8世紀から10世紀にかけてカダル派からムウタズィラ派の流れの中で強調され，後にアシュアリー派神学の獲得理論によって批判的に克服されたとされている．だが，イスラーム改革やイスラーム主義の運動などにおいて，主体的判断や積極的行動が推奨されることも多い．

(2) 五　行

五行の最初に挙げられているのは「信仰告白（シャハーダ）」である．これはイスラームの教義をきわめて簡潔に表現した，「アッラーの他に神はなく，ムハンマドはその使徒である」というアラビア語の成句を唱えることである．イスラームに入信するときにはこの章句を唱えなければならず，さらにムスリムは日常生活においても機会あるごとにこの成句を口にし，みずからの信仰を強化しつづけるべきであるとされている．

この成句で神と訳したアラビア語は，先にふれたイラーフである．これは日本語では神一般を示す，普通名詞ということができよう．ムスリムは世界に多神教徒が存在し，それぞれの神々（イラーハート＝イラーフの複数形）を信仰していることを知っているが，それでも自分たちは唯一神＝アッラーのみを信仰すると宣言するのである．アッラーとイラーフの意味論的相違を無視してアッラーを神と訳すと，この成句は「神の他に神はない」という日本語では奇妙な表現になる．そのためにここではあえて「アッラー」という日本語のカタカナ表記を採用しているのである．

この成句は一神教の信仰を表現しているが，それだけではユダヤ教やキリスト教徒の相違はみえてこない．そこで第2の成句「ムハンマドはその使徒である」が続くことになる．それによって，自分たちはモーセ（ユダヤ教）やイエス（キリスト教）ではなく，ムハンマドに従うイスラームの信者であると限定するのである．なお，ここで「使徒」という用語が使われているが，これは神からの啓示を受けそれを人々に伝える「預言者」の中でも，とくに信徒の共同体を建設する使命をもった者を指す言葉である．いわば啓示を伝達するのみでなく，それに従う人々の教団を組織する役割をももった者のことである．

第2の五行は「礼拝（サラート）」である．ムスリムは世界のどこにいても，1日5回，定められた時間内に水などを使って身体を浄化し，マッカのカアバ神殿に向かって礼拝をしなければならない．礼拝時間は，早朝（日の出前），昼（太陽の南中後），午後，夕方（日没後），夜（西空に残照が消えた後）に定められている．その時間になると大きなモスク（イスラームの礼拝所）から，肉声による礼拝の呼びかけ（アザーンとよばれ，内容は「アッラーは偉大なり」や信仰告白の成句などから構成されている）が聞こえ，信者はモスクに集まって一緒に礼拝を行う．とはいえ，用事がある時などは，次の礼拝の呼びかけが始まるまでの時間であれば，不浄でなければどこででも個人的に行ってよい．なお，シーア派十二イマーム派では，アザーンにおいて「アリーがイマームである」という成句を加え，昼と午後，夕方と夜の礼拝を一緒に行い，外見上は1日3回礼拝するような形式をとる．

金曜日の昼の礼拝は，大きなモスクに集まり，礼拝の導師などの説教を聞いた後に集団で礼拝をすることが義務とされている．そのため，イスラーム諸国では金曜を休日としているところが多い．とはいえ，ユダヤ教やキリスト教のような「安息日」という観念はない．

経済的に余裕のある者が貧しい人々に施しをする「喜捨（ザカート）」が，第3の行である．一般には収入の2.5％を提出するものとされている．このほかに，自発的な施し（サダカなどとよばれる）を行うことも推奨されている．

第4が断食（サウム），第5が巡礼（ハッジ）

◆ Ⅰ．世界の宗教潮流 ◆

図5　カアバ神殿

である．これらは独自のイスラーム暦（ヒジュラ暦）に基づいて，実行時期が定められている．そこで，この暦の説明をしておこう．

イスラーム暦は，地球が太陽を1周する期間を1年と定める太陽暦とは異なり，月の満ち欠けに基づく太陰暦である．1年は12か月に分けられ，1か月は新月から新月までの29または30日である．今日でも肉眼によって新月の出現を確認し，そこから新しい月が開始されるとみなす慣行が守られる場合も多いので，1か月の日数は前もって決められてはいない．そこで1年は354日前後となり，太陽暦のように特定の月日が一定の季節に対応するということはない．ムハンマドらがヒジュラをした年を元年としているところからヒジュラ暦ともよばれる．ちなみに，西暦1997年11月に，イスラーム暦1400年が始まった．

さて断食はイスラーム暦の第9月（ラマダーン月）の日中（正確には早朝礼拝のアザーンから夕方の礼拝のアザーンまで）にいっさいの飲食を断つ行である．厳密には，薬の服用や唾液の嚥下も認めず，性的行為なども慎む．ラマダーン月が，日が長くて暑い夏にあたることもあれば，日が短く気温も高くない（喉も乾きづらい）冬にあたることもありうる．いうまでもなく，前者の場合の方が，断食の行は厳しい試練となる．

このように日中は禁欲的な生活を送るラマダーン月であるが，それとは対照的に1日の断食が明けた後にはふだん以上にご馳走を食べる．夕方の礼拝のアザーンが聞こえると，多くの人々はまず食事をとり，それから礼拝をする．食事の後，彼／彼女らは夜遅くまで家族や知人とお茶を飲んだり，談笑したり，テレビをみたりして楽しい時間を過ごす．夜遅く，または夜半過ぎに軽い食事をとり，翌日の断食に備える．

五行の1つに数えられている巡礼（ハッジ）は，イスラーム暦12月8日から10日を頂点に，マッカのカアバ神殿を擁する聖モスクおよびその近郊の特定の場所で，定められた儀礼を実践するというものである．他の4つの行はムスリム全員に課せられた義務的実践であるが，この巡礼はマッカに行くことができる体力，経済力などがある人だけが実行すればよいものとされている．マッカに行けない人は，巡礼に旅立つ親戚・知人などに，自分のために聖モスクで祈ってくれるようにお願いする．

なお，マッカ巡礼にはハッジの他に，一定期間にではなく随時実行することができるウムラ（ハッジを大巡礼，ウムラを小巡礼と訳し分けることもある）もあるが，こちらは五行には含まれていない．ウムラの際には聖モスク内部での儀礼のみが義務づけられている．

断食のラマダーン月終了の翌日，そしてハッジのクライマックスであるイスラーム暦第12月10日には，イスラームの2大祭り（イード）が開催される（4.8節参照）．

4.5　宗教指導の主要な担い手

(1)　イスラームにおける宗教指導者

イスラームは世界の創造主，唯一絶対神であるアッラーへの信仰であり，信者は「六信五行」をはじめとするアッラーから命じられたことに従って，善き信徒としての生活を送るべきとされる．善きムスリムとなるためには，信者はアッラーから命じられたことを知り，それに従わなければならない．つまり，アッラーからのメッセージを正確に受け取らなければならないのである．

アッラーからメッセージ（啓示）を授けられ，それを人間に伝えることは，まさに預言者たちの責務であった．しかし，632年に「最後の預言者」ムハンマドはこの世を去った．それ以降，ア

ッラーからの啓示を直接受け，それを信者に伝え，彼らを指導する人物はいなくなった．すでに述べたように，ムハンマドのもっていた「政治指導者」の側面は，カリフやイマーム，そしてアミールやスルターンなどによって継承された．だが，「宗教指導者」，いわば「聖なるもの」のメッセージを一般信徒に伝え，彼らの生き方を指導する人物は，不在となったままなのである．

しかし，ムスリム共同体が維持されていくためには，政治面のみならず宗教面での指導者も不可欠である．そして実際にカリフ時代以降にも，宗教的権威をもち，人々を善きムスリムに導く者たちが現れてきたのである．これらの宗教指導者たちは，しばしば一般信徒からは区別され，そのために「聖職者」などとよばれる場合もある．だが，イスラーム神学には，聖職者や僧侶と対立する平信徒や俗人といった区別はなく，したがって「出家」や「還俗」に関わる儀礼もない．しかしそれでも，宗教的指導者とみなしうる人物が，生まれてきたことも歴史的な事実なのである．

ここでは，カリフ時代以降，一般信徒を導く役目を果たしてきている人々を，いくつかの類型に分けて説明していきたい．だがその前に，預言者没後にムスリムが依拠すべき「聖なる」規範として成立したシャリーアについて説明しておかなければならない．

(2) シャリーア

ムハンマドの死後，人類はアッラーからの啓示を直接受けることが不可能になった．その代わり，ムスリムの手元にはアッラーの意思を間接的に示す2つの書物が残された．ひとつはアッラーの言葉の集成としてのクルアーンである．そしてもうひとつは，預言者とその同時代人，すなわち教友（サハーバ）の言行を記録したハディース（預言者言行録）である．

クルアーンは，ムハンマドに下され，彼が口にしたアッラーからの啓示を，その記憶がまだ失せていない第3代カリフ，ウスマーンの時代に文字によって記録し，それを集成したものと考えられている．クルアーンのテクストで語っているのは預言者ではなくアッラーであり，創造主の言葉に被造物である人間は絶対的に服従しなければならない．

預言者ムハンマドは神ではない．しかし，直接啓示を受けた，アッラーから選ばれた人物である．そして彼は神意をもっとも理解しており，その生き方はすべてのムスリムの模範となるべきものとみなされている．彼が存命中には，信者たちは問題に直面する度に彼に助言を求め，彼の行動を模倣することによって，少しでもアッラーの意思に近づこうとした．このような彼の発言内容・行動，それがスンナ（預言者の慣行）とよばれ，一般信徒の依るべき重要な信仰の基準とみなされていた．

このような預言者のスンナも，それを直接に記憶している教友がしだいに亡くなり，そのことを伝え聞いた第2世代や第3世代の信者が少なくなってくると，ムスリムの記憶から消えてしまう可能性が出てきた．さらに，分派の成立や諸王朝の政治的策動を通して，自分たちの位置を正当化するために預言者の言動の捏造がなされる事態も生じてきた．そこで，口頭や文字を通して伝わってきた預言者の言動（ハディース）を収集し，それらの信憑性を確かめ，真正と思えるもののみを記録にとどめる作業に従事する学者たちが登場した．彼らの努力によって，9～10世紀はじめに，もっとも信頼できるいくつかのハディース集成書が完成した．そのハディース書の正確な読解を通して，預言者のスンナが明らかになると考えられたのである．

イスラームのシャリーアとは，このようなクルアーンとスンナに基づいて成立した，ムスリムが守るべき規範である．テクストであるクルアーンはもとより，スンナもハディース集というテクストの精読に基づかなければ，その真の意味には到達できない．そこで，これらのテクストを正確に読み取り，それを一般信者に解説する「学者」という役割がきわめて重要になってくる．これらのテクスト読解・解釈をめぐる学者たちの議論とそこから生まれる合意（イジュマー），さらにこれらのテクストに記されていない新しい事態が生じ

◆ Ⅰ．世界の宗教潮流 ◆

たときに学者たちが行う類推（キヤース）の成果なども，シャリーア確立の際には重要なものと認識された．このような過程を経て，スンナ派では9世紀の中頃までに正統的な四法学派（4.3節参照）が成立した．このようにして生まれたのが古典的シャリーアである．

ではシャリーアとは，具体的にどのようなものなのであろうか．それは，ムスリムが従うべき生活上の指針・規範の体系である．今日では「イスラーム法」とよばれることが多いが，単に「法律」に匹敵する部分を含むだけではなく，「道徳」や「礼儀」などとよぶ方がふさわしい部分，さらにはイスラーム的理念や模範を示す部分なども含む．その意味において，シャリーアは理念上，現世におけるムスリムの思想・価値観・行動など，生活のすべてを定め，方向づけるものと考えられる．

一般にシャリーアの規定は，神と人間の関係に関わるイバーダートと，人間と人間の関係に関わるムアーマラートとに分けられる．前者では，礼拝や断食など「宗教儀礼」に関する細目が定められている．一方後者には，今日のわれわれが「刑法」（犯罪の定義やその罰則など），「民法」（結婚，離婚，財産相続の規定など），「商法」（正しい商取引のあり方など），「憲法」（国家のあり方や国家元首の条件など），「国際法」（異教徒との関係のあり方など）などとよぶ「法律」に対応する規定や，衣食住のあり方，挨拶の仕方など「道徳・礼儀」に関する事項，さらに「勉学の勧め」など生活指針とでもよぶことができる事柄などが含まれる．

シャリーアによればムスリムが日々行う個別的な行動は，行うべき「義務（ワージブまたはファルド）」，行った方がよいが行わなくても咎められない「推奨（スンナまたはマンドゥーブ）」，行っても行わなくてもどちらでもよい「許容（ムバーフ）」，行わない方がよいが行っても咎められない「忌避（マクルーフ）」，行うことが禁じられている「禁止（ハラーム）」の5つの範疇に分類される．ハラームを犯した者は，例えば殺人事件の加害者に対する処刑のように現世で罰せられる場合もあるが，基本的には「最後の審判」において神によって判決が下され，来世で罰せられる，すなわち地獄での責め苦が待っているということになる．すなわち，シャリーアの規定は，「現世」での事項に関わるだけでなく，「来世」における賞罰をむしろ重視する．この点において，来世のことを考慮しない近代的で世俗的な法・道徳とは，その発想や意味合いが根本的に異なるということができよう．

先述のように，シャリーアは，テクストとしてのクルアーンやハディース集の精確な解読なしには生まれない．公教育を普及させ，識字率を飛躍的に向上させた近代国家が成立する前には，文字の読み書きができる人はかなり限定されていた．しかし聖なるテクストの解読ができる彼らなしでは，シャリーアは確立できず，また実用化されえない．ここにシャリーアの守護者として，ムスリム民衆を指導する学者たち（ウラマー）の重要性が指摘できるのである．

(3) ウラマー

ウラマー（'ulamā'）とは，アラビア語のアーリム（'ālim），すなわちイルム（'ilm）をもつ者の複数形である．イルムとは一般に「知識」を意味し，とりわけイスラーム的なそれを指す．「知識」をもつ者がアーリムであり，その複数形がムスリム学者一般を指すようになった．

ウラマーが習得すべき知識の中でも重要な分野として，いうまでもなくシャリーアがある．とくに法的領域の研究を指す言葉として，フィクフがあり，それを学ぶ者をファキーフという．それぞれ，「イスラーム法学」，「イスラーム法学者」と一般に訳されている．もちろんイスラーム法学を学ぶ前提として，クルアーンやハディースに用いられているアラビア語の文法，意味，修辞などの知識が不可欠である．語学的基礎なしにテクストを精確に読みこなすことなどできないからである．さらに，クルアーンやハディースの解釈・注釈学，預言者の伝記，そして神の唯一性（タウヒード），ムハンマドの預言者性（ヌブーワ）といった信仰箇条に関わる研究など，広義の神学的な

知識も必要である．

　これらの知識は幼い頃から学習される．近代以前にも，教師の指導のもとで4～5歳頃からアラビア語の読み書きとクルアーンの暗誦を始める子供たちがいた．優秀な子供は10歳ほどでクルアーン全章の暗誦ができたという．そのような者は，ハーフィズ（暗誦者）という称号を得る場合もある．その後，著名なハディースの暗誦，先学によって書かれた古典的なテクストの学習などへと進んでいく．学習の場はモスク，またはそれに併置されたり独立したりしていた教育施設（クッターブ，マドラサなど）や教師の自宅などが使われてきた．今日でも，一部の地域ではこのような「宗教学校」の活動が盛んである．

　ウラマーを養成する古典的教育のあり方において，文字を通したテクスト学習もさることながら，クルアーン，ハディース，古典的テクストの暗誦が重視されていたことは注目すべきであろう．クルアーンはもともと「黙読」ではなく，暗記されて「朗誦」されるべきものであった．ウラマーには，人並外れた暗記力，そして状況に応じて適切な聖典の一節などを引用して説教や演説をする能力などが要求されていたのである．そのため，文字の読み書きができなくとも，抜群の記憶力をもつ盲人のウラマーも数多くいた．また，古典的イスラーム教育のあり方は，近代学校のようなカリキュラムに基づき単位を修得するというものではなかった．幼いうちは地元の施設に行くとしても，高等レベルになれば優れた教師を求めてその地に住み込み，教師から個人的に教育免状（イジャーザ，他人に教えてもよいという認可状）を貰うというやり方がふつうであった．学校制度というよりも，師弟間の人格的なつながりが，イスラーム学習の上でもっとも重要だったのである．実際，優れた教師を求めて各地を遍歴する若い学生の話は，ウラマーの伝記ではきわめてありふれたものである．このようなイスラーム教育のあり方は近代以降大きく変質するのだが，その点は4.9節で説明しよう．

　一定の学力に達した者は，政府役人，裁判官（カーディー），教師になったりした．学問を捨て，商業などの世界で活躍する者もいた．とはいえ，一般的に，イスラーム法学を学んだ者は，行政や司法の役職に就き，イスラーム共同体の秩序維持に貢献する役割を果たす者が多かった．シャリーアそのものが，ムスリムの正しい生き方を説いており，社会秩序の構築を志向するものだからである．この意味でウラマーの重要な社会的役割のひとつは，現世での秩序を保ち，現状の政治体制を維持するものであったといえよう．現代においてもウラマーのこの役割は変わっていない．

　その一方において，あるウラマーの説く「正しい」イスラーム共同体のあり方が，現実の国家体制と合致しない場合もある．そのような認識をもったウラマーの中から，あるべき理念を掲げて現状を批判する，「反体制的」学者が生まれる場合もある．そのような人物は時の政府から弾圧を受け，罰せられる可能性が強い．または積極的に反体制のイデオロギーを主張し，反政府的抵抗運動を組織化したり，武装反乱の指導者となったりするかもしれない．急進主義的ウラマーの思想が，反乱や革命のイデオロギーとして活用された例は，歴史において数多くみられる．

　シャリーアそのものは狭義の法的規範にとどまるのではない．善きムスリムとしての振る舞い，価値観や生き方そのもの，現代風にいえば「道徳」や「礼儀」，人生の「模範」も説いている．だが，それでもシャリーアが，主としてムスリムの「現世」における「外面的行動」を規制する規範であることは否めない．だがムスリムのなかには，外面的行動には収まりきらない側面，つまり内面的信仰心の高揚，アッラーに対する畏怖や愛情の表出，現世的な富や栄達よりも来世を重視する価値観，これらの点を重視する者もいる．そのような人々の一部は，さまざまな修行を通してアッラーに近づこうとし，特異な儀礼を実践して信仰心を高めようとする．そのなかに，スーフィーとよばれる一群の人々がいる．

(4)　スーフィーと聖者

　スーフィー（sūfī）は一般に「イスラーム神秘主義者」と訳されている．スーフィーの思想や実

践は一般にスーフィズム（アラビア語ではタサウウフ taṣawwuf）とよばれている．スーフィズムは，歴史的には9世紀の中頃に，クルアーンに説かれているアッラーの内在性・親近性を重視し，禁欲主義（ズフド）の潮流などの影響下に成立したとされている．語源としては，初期の実践者が粗末な羊毛（スーフ）を身にまとっていたためという説が有力である．

スーフィーは，さまざまな修行・儀礼を通してファナー（fanā' 神的合一，我の消滅）の境地に至り，ハキーカ（ḥaqīqa 真理）に到達することを究極的目標とする．とはいえ，これは達人的スーフィーのみが実現できるものであり，またスーフィズムの教えの中には日常性の重視という側面もあり，そこでスーフィズムを無限定に神秘主義とみなすことには異論がある．

12～13世紀になり，達人的スーフィーの修行の方法（タリーカ ṭarīqa）が一般民衆の中にも浸透し，師匠に従って集団で修行を積むやり方がムスリム世界に広がった．このような集団をスーフィー教団（これもタリーカ）とよぶ．著名なものとして，カーディリー教団，リファーイー教団，シャーズィリー教団などがある（これらの名称はすべて開祖の名前に由来する）．これらの教団に参加した人々は，定期的に集まり（集会はハドラなどとよばれる），それぞれの開祖や指導者の流儀に従った儀礼（一定の身体動作のもと，アッラーやイスラーム的定型句を唱えつづけるズィクル儀礼など）を行い，善きムスリムになるために修行を重ねるのである．

スーフィー教団の普及は，イスラームの歴史にとって大きな転換点のひとつであった．それにより，読み書きのできない民衆も特定の指導者のもとで修行を実践すれば，イスラーム的テクストに通じなくとも優れた信仰者になることができると考えられるようになったからである．その一方で，特定個人を指導者として敬愛し，その指示に服従する姿勢は，ときとして「個人崇拝」すなわちイスラームが禁じるアッラー以外の存在に対する「崇拝」の道につながりうるものでもあった．とくに，スーフィー教団の儀礼的実践が土着的な信仰と混交する場合もあり，それによって厳格なウラマーの説くシャリーア解釈から離反する危険性を秘めるようになったのである．

スーフィー教団の普及とほぼ同時代的に，特異な民間信仰的現象が各地でよく見られるようになってきた．それはムスリム「聖者」をめぐるものである．

先にふれたように，達人的スーフィーはファナーの状態に達することができた．そのような境地に至ることができる人物は聖者（ワリー walī）と呼ばれ，常人にはできないさまざまな奇蹟，今日的表現では超能力（テレパシー，瞬間移動，空中飛翔，水上歩行など）を発揮することができると信じられるようになった．そのような奇蹟の一部として，病気治しや子授けなども含まれており，招福除災を願うムスリム民衆の期待に応える存在と信じられるようになってきたのである．

スーフィー教団の開祖やそれを受け継いだ指導者たちは聖者とみなされがちであった．生前にも訪問客は絶え間なかったが，死後も彼らを埋葬した場所に建てられた廟を民衆は訪ね，さまざまな「現世利益」を求めるようになってきた．このような聖者たちはその敬虔さからアッラーに愛でられ，特別な祝福の力（バラカ Baraka）を授けられ，それによって一般人には不可能なさまざまな奇蹟を行うことができると神学的には説明された．さらにスーフィー指導者だけでなく，ウラマー，常人とは異なった行動をとる狂人・愚者などの一部もこのような聖者とみなされた．

そして預言者ムハンマドの誕生日（マウリド）の記念行事も，多数のスーフィー教団員の参加を得て，盛大な祝祭として祝われるようになった．また，聖者の誕生日や命日を記念する行事も，多くの民衆を巻き込んだ祭の場となった（4.8節参照）．

12～13世紀以降のイスラーム世界に見られたスーフィー教団の普及は，民衆がムスリムであるという自覚を高める契機となり，いっそうのイスラーム化に貢献した．その一方で，アッラー以外の存在を「崇拝」するという，多神教に傾く危険性も強めたことになる．実際，ハンバル派法学者

のイブン・タイミーヤ（没1326）など，民衆的聖者信仰や預言者・聖者をめぐる祝祭を，多神教的風潮とみなして激しく非難する者もいた．しかし，多くの法学者はこれらの慣行を容認，少なくとも黙認していた．この流れに変化が見えだすのが18世紀頃からであり，4.9節で詳しく論じることになる．

(5) ウラマーとスーフィー・聖者の社会的機能

これまでイスラームを論じる社会学などでは，ウラマーとスーフィー・聖者は，学者（知識人）と民衆のイスラーム，正統と異端，公式的イスラームと非公式的なそれなどといった二分法と重ね合わせて理解されがちであった．確かに，シャリーアの守護者をもって任じ政府などの重要な役職に就いていたウラマーと，民衆に支持され「多神教」的傾向も示しがちなスーフィー教団や聖者信仰は，このような図式で理解できるように思えるかもしれない．だが，イスラームの宗教的指導者の役割は，このような単純な二分法で説明し尽くすことはできない．

まず，同一人物がウラマーであり，かつスーフィー教団の指導者であり，さらにその死後に墓廟が建立されて聖者とみなされるようになった例が，イスラーム世界各地に数えきれないほどみられる．つまり，外面的行動規範に大きく関わるシャリーアの権威が，同時に内面的信仰心を修行によって強め，アッラーに対する畏敬の念を高めようとしたとしても，これら2つの行動はまったく矛盾しないのである．

さらに体制的なウラマーと反（非）体制的なスーフィー・聖者という理解も不充分である．先にもふれたように，ウラマーでも政府に叛旗を翻す者もいれば，スーフィーにも政府の意向に従順な者たちも多かった．さらに，イスラーム神学において，スーフィズムそのものは決して異端ではない．スーフィズムの名のもとに行われる宗教的実践，イデオロギーの一部に，「多神教」を志向する危険性をもつものがあり，それは禁ずるべきであると主張するウラマーはいるが，それがスーフィズム全般の禁止に至ることは稀である．その稀な例のひとつが，現在のサウディアラビアの国教となっている「ワッハーブ主義」であるが，それは4.9節の話題である．

また，イスラームの宗教指導者は，ウラマー，スーフィー，聖者のみではない．イマーム（imām シーア派の最高指導者，スンナ派でもカリフの別名として「イマーム・アル＝ムーミニーン」つまり「信仰者たちの朝」という表現がある），マフディー（Mahdī 終末の日の前，もしくは各世紀に1人は現れるとされる「救世主」），サーレフ（Saleh「敬虔なる者」，聖者の別名とされることもある），シャイフ（shaykh「長老」，非宗教的文脈でもよく使われる），そしてサイイド（Sayyid）やシャリーフ（sharīf）（ともに預言者ムハンマドの子孫を指す）などがある．これらの概念がときには個々に，ときには組み合わさって「正しい」イスラームを指導する担い手に，称号として用いられる場合も珍しくないのである．

4.6 イスラーム世界の拡大と展開
── 諸王朝の興亡と植民地化

(1) イスラーム世界の拡大

すでに4.2節で記したように，イスラームは7世紀前半にアラビア半島で成立したが，その後1世紀ほどの間にムスリム勢力は西アジア，中央アジア西部，北アフリカそしてイベリア半島などを支配下に置いた．これらの大半は「軍事的」征服活動によるものであった．だが，4.1節でふれたように今日のムスリムの世界分布は，北アフリカも含む中東よりもむしろ，南アジア，東南アジア，そしてサハラ以南アフリカなどに広がっている．これらの地域にイスラームはいつ頃，どのようにして進出してきたのであろうか．

今日のインド，パキスタン，バングラデシュなどを含む南アジアへのイスラーム進出は，早くも8世紀初頭のウマイヤ朝によるシンド地方（パキスタン南部）征服が嚆矢とされている．これはイスラーム成立以前から存続していた，アラビア半島，グジャラート地方（西インド海岸部），シン

◆ Ⅰ．世界の宗教潮流 ◆

ド地方をつなぐ海上交易ルート利用したものであった．この海上交易ルートは，東アフリカからアラビア半島，南アジア，東南アジア，さらに華南をつなぐものであり，それを利用したヒト，モノ，情報などの移動・交流によって，インド洋海域世界（家島彦一の用語）が形成されていた．この「海のシルクロード」は，その後のイスラーム世界の歴史的拡大に大きな貢献をしていく．

一方，10世紀の末には軍事的征服によって，今日のアフガニスタン東部にガズナ朝が生まれた．12世紀にガズナ朝はゴール朝によってアフガニスタンから追い出され，ラホールに遷都をしたが，まもなく滅亡した．ムスリムの東方への関心は，1206年にデリーに奴隷王朝を成立させ，その後同地に4つの王朝が生まれた．これら5つの王朝を，デリー・スルターン国（デリー・スルタナット）とよぶ．

インド洋の交易ルートに乗って，イスラームは東南アジアにも進出した．為政者がムスリムとなったのは，13世紀末における北スマトラ・パサイの王の改宗が始まりとされている．もちろん，それ以前からアラブ，ペルシア系などのムスリム商人がこの地で活動を繰り広げており，それを基盤に為政者の改宗が起きたと考えられる．交易による繁栄の中心地は，15世紀半ば以降，パサイからマラッカ王国に変わったが，マラッカの王もすでにイスラームを受け入れていた．マラッカ中心の地域的交易ネットワークによって，島嶼部（スマトラ，ジャワなど），とくにその海岸部にイスラームが広がった．

マラッカ王国は1511年にポルトガルによって征服された．しかし，ムスリム商人たちの交易ネットワークは健在であった．むしろポルトガル支配を嫌った彼らは，マラッカから拠点を移し，結果的にイスラームは東南アジア島嶼部のより広い範囲に拡大した．

インド洋交易ルートの西側，すなわちアフリカ大陸の東海岸部にもイスラームは進出していった．その担い手もアラブ系，ペルシア系のムスリム商人と考えられる．彼らが現地人女性と結婚して定住することによって，バンツー系言語にアラビア語などの語彙などが大量に摂り入れられたスワヒリ語が生まれ，それが海岸の港市で広く用いられるようになって，イスラーム色の強いスワヒリ文明圏がすでに11世紀頃には形成されたと考えられている．14世紀のアラブ系旅行家，イブン・バットゥータ（Ibn Battūta, 1304-68）によれば，モガディシオ，モンバサ，キルワなどでウラマーが活動し，モスクが建造されていたという．東アフリカ海岸部の一部は16〜18世紀にはポルトガルの支配を受けたが，スワヒリ化はいっそう深化した．

東アフリカのイスラーム化は基本的に港市を中心に進み，内陸部にはそれほど進出しなかった．19世紀前半にアラビア半島オマーンの君主，サイイド・サイード（Sayyid Saʻid bin Sulṭān Al-Said, 1797-1856）がザンジバルに遷都し，スワヒリ地域は緩やかな政治的統一性を保ったが，同世紀後半にはイギリスなどのヨーロッパ勢力の植民地主義的侵入を許した．海岸部にとどまっていたスワヒリ化現象が内陸部にも広まっていったのは，19世紀に活発化した奴隷交易などによってである．

それに対し西アフリカのイスラーム化は，北方の岩塩と南方の金との交易を行っていたサハラ交易によって進められた．交易によって栄えたガーナ王国の都には，すでにムスリム商人が定住していたが，王は改宗していなかった．モロッコのマラケシュに都を建設したムラービト朝による攻撃を受け，11世紀後半にガーナ王国がその支配下に入ると，ガーナの王やその周辺の首長などがイスラームに改宗した．それぞれ14世紀初めと16世紀初めに最盛期を迎えたマリ王国とソンガイ王国の王はムスリムであり，マッカ巡礼などもしていた．もっとも王がムスリムであってもその臣民が改宗していたとは限らず，また非ムスリムの王や首長も数多くおり，シンクレティックな宗教文化が広くみられた．15〜16世紀にポルトガルがアフリカ大西洋岸に進出し，新大陸の「発見」にともなう奴隷交易が活発化するとともに，サハラ交易も衰退の傾向を見せ始めた．

西アフリカのイスラームにとっての大きな転機

は，18世紀末から19世紀にかけて生じたフルベ系民族によるいくつかのジハード運動である．オスマン・ダン・フォディオのソコト・カリフ国などが建設されたが，それらの国家も19世紀末にはヨーロッパ植民地主義の軍事的侵略によって滅ぼされた．なお，ニジェール川湾曲部にある都市トンブクトゥはイスラーム学術の町として知られ，多くのウラマーやスーフィーが集っていた．

東アジアの中国にもイスラームは比較的早くから伝わっていた．すでに651年にアラビアが唐に使節を送ったという記録がある．その後も中央アジアから中国西域を結ぶ陸上交易路，シルクロードを利用して，イスラームは東方に広がった．中央アジアでは9世紀半ばに興ったカラハン朝がすでにイスラームを受け入れていた．中国でも宋代には多くのアラブ系・ペルシア系商人が来訪，定住していたという．さらに元代になると，西方から多くのムスリムを移住させたが，彼らが今日の回族の先祖であるといわれている．このような「陸の」シルクロードとは別に，「海の」シルクロード（インド洋交易ルート）を通してもイスラームは中国に伝わり，華南の港市，泉州などでは多くのムスリム商人が活動をしていた．

まとめてみよう．7世紀から8世紀にかけてのイスラーム世界の拡大は，基本的に軍事的征服に基づいていた．それにより，今日の中東とその周辺地域のイスラーム化，少なくともムスリム支配者による統治が生まれたのである．それに対し，サハラ以南アフリカ，南アジア，東南アジア，中央アジア，中国などへの拡大は，軍事的手段による場合もあったが，その多くは平和的手段を通したものであった．その場合，陸と海との2つのシルクロードやサハラ交易路などが重要であり，長距離交易に携わる商人を主要な担い手として，イスラームは遠隔地に拡大していったのである．そのルートを通して，預言者の末裔（シャリーフやサイイド），ウラマー，スーフィー教団などもネットワークを広げるとともに，現地の人々のイスラームの教化に大きな貢献をした．

◆ 4. イスラーム ◆

(2) 中東・イスラーム世界の展開

イスラームがアジア・アフリカの各地に拡大していく過程を追ってきたが，それではこの時期に中東地域ではどのような展開があったのだろうか．4.2節で，アッバース朝権力が衰退し，10世紀末にはカリフはブワイフ朝の庇護下に入り，それに応じて各地にムスリムによる諸王朝が興亡するようになったことにふれた．イスラーム世界全体を中央集権的に統べる国家は実質的に消滅したのである．

それでもカリフ位はバグダードで維持されてきた．しかし，1258年にモンゴル軍がバグダードに侵入し，カリフを殺害したことにより，アッバース朝は最終的に滅亡した．当時，エジプトを支配していたマムルーク朝は，カリフの親族をカイロに迎え，カリフとして遇したが，このカリフ位は実質的な機能をほとんどもたなかった．

地中海東岸のムスリム世界は，11世紀末にローマが派遣した十字軍の攻撃を受け，エルサレムとその周辺に十字軍国家が作られた．だが，エルサレムは12世紀末にムスリムによって奪還され，13世紀末には十字軍勢力は東地中海沿岸から完全に放逐された．

この事件は，西洋史ではキリスト教徒による異教徒（ムスリム）に対する宗教的聖戦と記されている．だが，アラブ側史料には「十字軍」という言葉は使われず，「フランク人」の侵入と記されており，宗教戦争という色彩は乏しかった．そして，ムスリムとヨーロッパ・キリスト教徒が和議を結ぶ例もいくつもみられた．とはいえ，ムスリムの一部に「異教徒」（キリスト教徒やユダヤ教徒）に対する不寛容な態度を生み出し，土着のキリスト教徒やユダヤ教徒のイスラームへの改宗を促す契機にもなった．

また，アッバース朝にとどめをさしたモンゴル軍は，みずからがイスラームに改宗した．つまり，10～13世紀にかけて，中東には外部から異教徒が軍事的に侵入してきたが，ヨーロッパ・キリスト教徒の場合は2世紀ほどでこの地域から撃退し，モンゴルの場合には軍事的に敗北しても，彼らがムスリムになったことで文明的には勝利し

◆ I. 世界の宗教潮流 ◆

たといえるのである．

それまで群雄割拠状態であった中東の大半の地域を，軍事＝政治的に統一する王朝が13世紀末にアナトリアで生まれたオスマン朝である．オスマン軍は1453年にビザンティン帝国を滅ぼし，アナトリアとバルカンを支配下に置いた．さらに地中海東岸，マッカとマディーナを擁するヒジャーズ地方，エジプトからアルジェリアに至る北アフリカ海岸地帯などを版図に加えた．また二度にわたってウィーンを攻撃したが，ハプスブルグ家の都を攻略することはできなかった．

オスマン朝が拡大する16世紀，その東隣のイランには，スーフィー教団から成長したサファヴィー朝が成立した．サファヴィー朝は十二イマーム派系シーア派を国教とし，それがカージャール朝，パフラヴィー朝を経て，今日のイラン・イスラーム共和国まで続いている．さらにその東方には，1526年にデリー・スルターン朝を倒してムガル朝が成立した．このように16世紀には，オスマン朝，サファヴィー朝，ムガル朝といった3大王朝が中東（および北インド）に誕生し，覇を競い合ったのである．

しかしこのような強大なイスラーム王朝に対し，18世紀に入ると外部からの侵蝕が進みはじめた．プラッシーの戦い（1757年）によってイギリスはインドにおける覇権を固め，ナポレオンがエジプトへ侵入する（1798年）など，ヨーロッパ勢力の植民地主義的侵略活動が活発化しはじめたのである．そして1830年に，フランスはアルジェリアをオスマン朝から奪って植民地とし，1857年のインド大反乱でムガル朝は崩壊してインドは大英帝国の支配下に入った．

オスマン朝は独立を維持しつつ，1830年代以降はタンズィマートとよばれた近代化を目指した改革政策を採用した．だが，1829年のギリシア独立など，バルカンでの地盤は次第に侵蝕されるようになった．イランもイギリス，フランス，ロシアなどからの強い干渉を受けるようになってきた．そしてアラビア半島中央の沙漠地帯などを除き，中東のムスリム居住地域の大半は，19世紀から20世紀の前半にかけて，実質的な西洋列強の植民地，もしくはその強い影響下に置かれるようになったのである．

事情は中東以外のムスリム地域でも同様であった．西アフリカはフランス，スワヒリはイギリスやドイツ，中央アジアはロシア，南アジアはイギリス，東南アジアはオランダ，イギリス，フランス，アメリカなどの植民地となっていったのである．

このような欧米列強の植民地主義的な侵略の動き（それはしばしば現地では，欧米キリスト教徒の侵攻と受け取られた）に対して，ムスリム住民の一部は立ち上がり，反植民地主義的闘争を繰り広げた．そのような抵抗の中には，ウラマー，スーフィー，聖者，マフディー（イスラーム救世主）などといった宗教指導者が中心となり，イスラーム的イデオロギーが持ち出された場合もあった．軍事力の圧倒的格差から，それらの反乱・蜂起の大半は短期的なもので終わったが，スーダンのマフディー運動のように10年以上にわたって独自の国家体制を続けたものもあった．

20世紀に入り，反植民地主義運動は宗教色を薄め，世俗的なナショナリズム運動として展開した．それによって，20世紀後半には多くの地域が国民国家（ネイション・ステイト）として独立を勝ち取った．しかし，ナショナリズム運動と並行して，新たに近代的な政治運動としてイスラーム主義も生まれ，勢力を伸ばしつつあった．このことについては4.9節で論じることになるだろう．だがそのような歴史的展開を記す前に，これまでにも断片的にふれてきたイスラームの聖地と儀礼について，まとめをしておきたい．

4.7　聖　　　地

(1)　三大聖地

イスラームには，アラビア語でハラム（ḥaram）とよばれる場所がある．まず，マッカとマディーナであり，両者を合わせて「二大聖地（ハラマーン）」とよばれてきた．ハラムはハラーム（ḥarām），すなわち「禁忌」という語と関連す

◆ 4. イスラーム ◆

図6 預言者のモスク

図7 岩のドームとエルサレム市街

る．ハラマーンにおいては，戦闘，流血，動物の殺生や草木の切断など禁じられ，非ムスリムは立ち入りを認められない．

マッカからみていこう．マッカはいうまでもなく預言者ムハンマドの生誕の地であり，彼が最初の啓示を得たのもここである．ムスリムは「祝福されたマッカ（マッカ・アル＝ムカッラマ）」とよぶ．そして五行の礼拝や巡礼の行事と密接に関わる地である．

マッカの中でももっとも聖なる場所とみなされているのは，聖モスクの中庭にあるカアバ神殿（縦横約10×12m，高さ約15mの石造りの6面体）である．イスラームの伝承によると，カアバは預言者イブラーヒーム（アブラハム）とその息子でアラブ人の祖とされるイスマーイール（イシュマエル）によって礎石が置かれた．ムスリムは世界のどこにいようとも，礼拝はカアバに向かって行う．カアバの東北の角に黒石がはめ込まれており，その周辺には「イブラーヒームの立ち所」（彼の足跡が残った石がガラスケースに収められている），「ザムザムの泉」（聖水とみなされ，巡礼者が郷里に持ち帰ったりする）などがある．

カアバの東側には巡礼の際にサアイ儀礼を行うサファーとマルワの2つの丘があるが，現在では聖モスクの建造構造の一部にとり込まれている．さらに，マッカ郊外にはやはり巡礼（ハッジ）の時の重要な舞台となるミナーの谷，アラファの地とラフマ山などがある．

マディーナは「光り輝くマディーナ（アル＝マディーナ・アル＝ムナッワラ）」ともよばれている．いうまでもなく，ヒジュラ（622年）の後にイスラーム共同体の基盤が築かれた場所であり，ヤスリブとして知られていた町は「預言者の町（マディーナ・アン＝ナビー）」とよばれ，それが今日まで続いている．預言者がもっとも好んだ町といわれている．マディーナには預言者のモスクがあり，その一角に彼の廟もある．世界各地からマッカ巡礼に訪れた人々の大半は，巡礼の行を果たす前か後（時には両方）にマディーナを訪れ，預言者モスクで礼拝をし，ムハンマドの廟を訪れる．

第3のハラムとしてエルサレムの一角がある．アラビア語で「聖なる町（アル＝クドス）」とよばれているエルサレムは，ユダヤ教，キリスト教の聖地でもあるが，イスラームの聖地として「高貴なるハラム（ハラム・シャリーフ）」とよばれる場所がある．そこには岩のドーム（ウマル・モスク）とアクサー・モスクとがある．クルアーン17章に記されている預言者の「夜の旅」において，ムハンマドはマッカの聖モスクからエルサレムに旅（イスラー）をし，そこから天界に昇って（ミウラージュ）アッラーに会ったとされているが，彼がエルサレムに到着した場所にアクサー・モスクが，さらに天界に昇った場所にウマル・モスクが建立されたといわれている．なお，ごく初期においてイスラームの礼拝はエルサレムに向けて行われていたが，啓示により624年にマッカに

(2) 聖者廟など

イスラームには3大聖地の他にも，聖地・聖域と考えることができる場所がある．

モスクはしばしば「寺院」と訳されているので聖域と思われるかもしれない．しかし，アラビア語はマスジド，すなわち「（礼拝動作のひとつである）平伏（サジュダ）をする場所」の意味である．したがって，礼拝ができるような清浄な状態になっていれば，いつでも立ち入ることができる．実際，礼拝の間の時間にモスクで昼寝をしたりすることもまったく咎められない．また，平信徒と区別された聖職者がいないイスラームでは，モスクが僧侶などの修行の場となることはない．

むしろわれわれのもつ聖地・聖域の観念に近いのは，ムスリム世界に広く分布している聖者廟やその周辺施設である．聖者をめぐる民間信仰の基盤には，民衆による聖者に対する強い崇敬の念がある．これはある種の「聖なる存在」，少なくとも自分たちとは区別され，神の祝福を得た特別な人物に対する感情であり，生者はもとより，すでに亡くなった者に対しても向けられる．そこで生きている聖者の居住空間や死んだ聖者の廟とその周辺などが，一種の「聖域」とみなされることになる．聖者の廟はアラブではマカーム，クッバ，アナトリアではテュルベ，南アジアではダルガー，中央アジアではマザール，中国ではゴンベイなどとよばれ，病気治療など招福除災を求める民衆の参詣（ズィヤーラ）の場所になっており，聖者祭が催されることもある．

著名な聖者廟の中には，そこへの度重なる参詣がマッカへの巡礼（ハッジ）に代わるものとみなされる場合もある．例えば，下エジプト，タンター市に廟がある聖者アフマド・バダウィー（Ahmad al-Badawī, 1199/1200-1276）はアフマディー（別名バダウィー）・スーフィー教団の開祖でもあり，数多くの周辺農民の信者をもつ．その廟はマッカまで行く経済的余裕をもたない「貧者のカアバ」ともよばれている．

一方シーア派では，初代イマームのアリーと第3代イマームのフサインの廟があるナジャフとカルバラー（ともに南部イラク）が重要な聖地となっている．そこには地元の信者はもとより，イランなどから多くのシーア派教徒が参詣にきている．イラン国内でも第8代イマーム，レザーの廟のあるマシュハドは，よく知られた参詣地である．さらに，イランなどには多数のエマームザーデ（イマームの子孫，もしくはその墓廟を意味するペルシア語）とよばれる場所があり，スンナ派世界の聖者廟に類似した社会的機能を果たしている．

この他に，かつては，キリスト教やユダヤ教の聖者（聖人），さらに古代宗教の遺跡をムスリムが参詣する場合も見られた．また，樹木，岩石，洞窟などがご利益を授けてくれる聖域とみなされ，参詣の対象になっている場合もある．このような民間信仰は，一方では厳格主義的なウラマーやイスラーム主義者からイスラームの一神教性を危うくする多神教的逸脱と非難され，他方では近代的科学思想を身につけた高学歴者から迷信と攻撃され，近年では衰退する傾向にある．

4.8 儀　　　礼

イスラームにおける宗教儀礼のうち，もっとも重要な五行（信仰告白，礼拝，喜捨，断食，巡礼）に関してはすでに説明した．ここではその他の儀礼を，個人を中心としたもの（通過儀礼と呪術）と共同体を中心としたもの（祭礼も含む）とに分けて紹介しよう．

ただし注意しておかなければならないことは，ムスリム共同体全体で祝うイード（後述）などを除き，多くの儀礼は形式面ではかなり共通するところがあっても，内容面すなわち儀礼参加者の実際的行動，用いられる小道具，それらの意味づけなどにおいて，時代および地域によってかなりの相違がみられることである．その理由の一部は，各地でイスラーム的と称されている儀礼が，外部の観察者からみれば，それぞれの地域の土着的信仰や伝統と習合し，シンクレティック（習合的）

な現象となっているからである．だからといって，そのような儀礼に参加しているムスリムが，それらを異端的なものと考えているとは限らない．むしろ，それこそが正しいイスラーム儀礼であると信じている場合が圧倒的に多いのである．その一方で，ムスリム内部において，それらの儀礼，特に民衆的なそれに対し，ウラマーなどがイスラームからの「逸脱」と非難する事態もしばしば生じている．それによって儀礼の一部が廃止されたり，また復活したりすることもある．

このような時代・地域的変異をすべて記すことは不可能であるので，ここではエジプトおよび北スーダンのスンナ派世界の儀礼を中心に紹介していきたい．

(1) 個人の通過儀礼

「通過儀礼」とは，特定個人（ときには集団）が，特定の場所もしくは社会的地位から別な場所・地位に移動するときに行う儀礼である．ここではとくに，人生の節目ごとに行われる「人生儀礼」に焦点を絞っていこう．

命名式　一般にアラブ世界では女児よりも男児が価値あるものとされ，男児出産の際には羊などを屠って祝うこともあったが，近年はそれほど大規模には行われない．だが，エジプトとスーダンでは，男女を問わず生後7日目に命名式が行われる．エジプトではスブーア（7日目儀礼），スーダンではシマー（命名式）とよばれている．エジプトのスブーアは産婦，その親戚，友人そして助産婦など女性中心のお祝いで，新生児にアッラーからの祝福があるように祈る．

割礼式　日本では馴染みが薄いが，「割礼」とは男女の外性器に傷をつけたり，その一部を切除したりする手術を指す．世界のさまざまな地域で行われており，それを行う理由として宗教的，象徴的，衛生学的説明が挙げられている．多くは幼少期に手術を施し，成人式儀礼の一部となっている場合もある．

イスラームでは男子の割礼はスンナ（預言者の慣行）とされており，シャリーアでも認められている．実際の手術は，ペニスの先端部の表皮を輪

◆ 4. イスラーム ◆

状に切除するもので，現在では小学校入学前に行われることが多い．かつては床屋が行っていたが，近年では病院で誕生後すぐに手術をする場合もある．19世紀前半のカイロの記録などをみると，割礼を受ける男児を特別に着飾り，ロバに乗せて近くのモスクまで楽隊付きで行列行進をしたようであるが，最近ではそのような派手な催しはなく，せいぜい家庭内で祝う小規模な儀礼となっている．施術日として，イードやマウリド（共に後述）といった公共的な祭日が好まれる．なお，イスラームの男子割礼には成人式という意味合いはない．

一方女児の割礼であるが，今日の主流派ウラマーの考えでは，シャリーアで定められたムスリムの義務的行為とは認められていない．だがそう主張する少数派ウラマーもいる．実行されているのはムスリム世界の一部に限られているが，その場合にはイスラーム的もしくは地域独自の理由づけがなされている．手術は多くの場合，陰核もしくはその表皮を切除するものであるが，ソマリア，スーダンなどではさらに陰唇切除や膣開口部の封鎖などの過酷な手術を行う場合もある．そこで近年では，実施国内や国際的なレベルで，この手術は尊重すべき「文化的慣行」ではなく，女性や子供の人権を侵害する悪弊であり，「割礼」ではなく「女性性器切除」（female genital mutilation, FGM）とよんでその廃絶を訴える動きもみられるようになった．なお，スーダンの例では，この「慣行」を実施する際には，手術を受ける娘（5～10歳くらいが多い）の祖母，母親，姉妹，親戚や隣人，そして施術者である助産婦など，女性のみで祝いの場がもたれる．

なお，欧米や日本では，女子割礼／FGMはイスラームの悪弊という説が流布している．だが，シャリーア上の根拠は乏しく，多くのムスリム社会が「女子割礼」の慣習をもっておらず，また類似した手術はいくつもの非ムスリム社会にもみられることから，これはあまりにも事態を単純化した説であることは確かである．

結婚式　イスラームでは結婚は契約によって正式に認められる．そのために正式な契約式を催

I. 世界の宗教潮流

さなければならない．エジプトやスーダンではマアズーンという役職名をもつ専門の結婚契約立会人がおり，彼の指導のもとで，新郎・新婦（もしくはその法的代理人）によって結婚契約書への署名がなされ（その他，2名の証人の署名も必要），誓いの言葉が唱えられなければならない．それによって法的に婚姻が成立することになる．この法的結婚式の前後に，婚約式や嫁入り式が行われ，祝宴が設けられることもある．「嫁入り式」とは新郎新婦が一緒に暮らし始める（新婦が新郎側に嫁ぐ）際に催されるものであり，夫側・妻側の都合により，法的夫婦になってから多少の時間をおいて行われる場合もある．嫁入りの際やその前後に，妻の婚家や実家でさまざまな儀礼が行われることもある．

葬儀　イスラームの教えでは死はアッラーが定めたものであり，遺族は激しく嘆くべきではないとされている．そのような行為は，死をもたらしたアッラーへの不満を表現するものともみなされるからである．

葬儀は迅速に執行される．遺体は同性の近親者によって湯灌され，数枚の白い布によって包まれる．それから墓地まで，遺族や親族・隣人などが加わる葬送行進とともに運ばれる．途中，近くのモスクで葬送礼拝（サラート・アル＝ジャナーザ）が行われるが，遺体を墓地に直接運びそこで行ってもよい．

埋葬形式は土葬であり，火葬などは忌避されている．遺体は墓穴に仰向けもしくは右脇腹を下にし，顔をマッカの方向に向けて安置される．埋葬して土砂をかぶせた後，そのまま放置する例，土まんじゅうのみを築く例，墓碑を立てる例，レンガやコンクリートで墓を築き，ときには植物を植えたりする例，さらには遺影を飾る例など，墓制にはさまざまな形態がある．

弔問期間は3日だが，それが長くなる例もあり，その期間中遺族は喪に服する．とくに寡婦の場合は，4か月と10日の服喪期間が定められており，その間に彼女は再婚をすることはできない．墓参慣行も地域や個人によって異なり，40日目や一周忌，さらに金曜日，そしてイード，アーシューラー（共に後述）といった祭日に行う場合がみられる．いずれにせよ，葬儀や墓参で激しい感情表現を行うことは好ましくないものとされ，墓参ではクルアーン第1章を唱えて立ち去ることが勧められている．しかし，かつてエジプトなどでは，葬送行進に職業的な「泣き女」を雇う慣行もあった．

その他の通過儀礼　スーフィー教団やムスリム同胞団などといったイスラーム的結社・組織への入会式があるが，詳細は不明のものが多い．一方，イスラームへ入信する場合には，まず水によって全身を浄化し，2人の証人の前で「信仰告白」を唱えればよい．最近では，入信証明書を発行する場合もある．

次に呪術的行為であるが，クルアーンでは呪術（スィフル）は基本的に多神教徒の行為とされている．したがって，禁じられた行為の範疇に入る．

しかし，ムスリムの民衆生活においては，呪術的行為が実際にしばしば行われている．その中でも好意的にみられているのは，悪魔の誘惑や攻撃から身を守る護符の利用である．クルアーン本やクルアーンの章句を記した紙片などがもっとも効果的とされている．また，邪な眼差しをもった人間によって災厄がもたらされるという邪視信仰も，その存在がクルアーン（113章5節）にも記されていることから広く信じられており，邪視除けの護符（手形を象った「ファーティマの手（図8）」など）もよく用いられている．

その他に，呪薬や小道具を用いて他人に危害を加える黒呪術，それを未然に防ぐ対抗呪術などもみられるが，シャリーアに反するものとして，それほど公然と論じられることはない．

また，ジンなどとよばれる超自然的存在，精霊の活動，さらにそれらを利用して他人に危害を加えたり，みずからを守ったりする呪術的行為もみられる．ジンの存在はクルアーン（114章6節）にも記されているのだが，これもウラマーなどは「無知な民衆」の迷信とみなす傾向が強い．とはいえ，ジンなどの精霊が憑依することによって精神的・身体的に変調や疾患が生じ，それを治療す

図8 ファーティマの手

るために特別な儀礼が行われ，そのような目的をもった結社が作られることもある．エジプト，スーダン，エチオピアなどにみられる，女性を中心としたザール祭祀は，そのひとつの例である．

(2) 共同体レベルの儀礼・祭礼

共同体レベルの儀礼・祭礼としては，まずイードとよばれる祭りがある．これは五行の断食と巡礼とに密接に関わるものである．

第4章で記したように，断食はイスラーム暦の第9月の間，日中にはいっさいの飲食などを慎む行である．それが終了した第10月（シャウワール月）の初日に「断食月明けの祭り（イード・アル＝フィトル）」が祝われる．日の出後の午前中に，礼拝用広場や大モスクに人々は集まり，そろって「イード礼拝」を行い，イマームの説教を聞く．その後，親族や隣人，友人などの家を訪問し，イードを祝う挨拶を交わし，ご馳走やお菓子類を食べながら談笑する．その際に新調した服を着たり，使用人や貧者に施しをしたりする．一部では墓参をする慣行もあり，また結婚祝宴を行うことも多い．今日では，各国政府は，第10月の最初の3日ほどを休日としている．

もうひとつのイードは「犠牲祭（イード・アル＝アドハー）」とよばれ，マッカ巡礼がクライマックスに達したイスラーム暦第12月10日に行われる．その日の午前中，巡礼者はミナーの谷で羊などを屠り，巡礼服（イフラーム）を脱いで五行のひとつを無事に達成したことを祝う．同じその日に巡礼に参加しなかったムスリムもそれぞれの町や村で，その年の巡礼を祝って羊などを供犠する．これが犠牲祭である．犠牲祭の行事としては，家畜を屠りその肉をみなで食べ，一部は貧者に施すこと以外は，断食月明け祭りとほぼ同じである．そしてやはり4日ほどが休日となる．

2つのイードとも，祝祭的な雰囲気はそれほど盛り上がらない．その代わりに，数日間休みが続くので，家郷を離れて仕事をしている人々の帰省に利用されることが多い．印象としては，宗教的意味合いはまったく異なるが，現代日本の盆や正月を想起させるものである．なお，トルコでは，断食月明けの祭りは「砂糖祭り（シェケル・バイラム）」，犠牲祭は「神に近づく祭り（クルバン・バイラム）」とよばれる．

全世界のムスリムがこぞって祝うイードとは異なり，地域や宗派独自の祭礼もある．そのなかでもっとも広がっているのが「預言者の生誕祭（マウリド・アン＝ナビー）」である．これはムハンマドの誕生日（イスラーム暦第3月12日）を祝って行われるもので，ファーティマ朝頃に始まり，スーフィー教団なども参加して次第に大きな祝祭となっていった．エジプトなどでは，祭りの1か月ほど前からマウリド用の砂糖菓子が売られ，スーフィー教団はズィクル儀礼などを行い続ける．マウリドの前日の午後には，スーフィー教団員が行列を組んで町・村を練り歩き，その夜には政府による公式的な集会や民衆的な出店・見世物・宗教活動の場が設けられたりする．祝祭的雰囲気が，イードよりも盛り上がる期間である．

預言者ムハンマドのみならず，その一族，さらには聖者などに関しても，マウリドが祝われることがある．その場合，その聖者の廟などがある地域に限定された祝祭となる傾向が強い．聖者祭は，モロッコなどではムーセム（「季節・時期」が原義），南アジアではウルス（「結婚」が原義で，聖者の誕生日ではなく命日に行われる）などとよばれる．

聖者のマウリドもイスラーム暦に基づいて催される場合が多いが，下エジプトのデルタ地帯に廟がある聖者，アフマド・バダウィのそれは，太陽暦に従って挙行される．これは信者の多くが農民であるため，祭りは農閑期に行う方が都合がよい

からである．モロッコのムーセムも，秋に行われる場合が多い．

なお，これらの聖者祭の中には，祝祭的色合いが強く，喧騒の中で民衆の派手なパフォーマンスが繰り広げられるものがある．それらの行為，例えば激しい歌舞音曲の使用，曲芸的パフォーマンス（奇蹟の実演と理由づけられる），さらに祝祭の場での男女の同席などに，一部の厳格なウラマーやイスラーム主義者などは批判的であり，シャリーアからの逸脱であるとしてパフォーマンスの一部，さらに祭りそのものの廃絶を主張する傾向もしだいに強まってきている．

シーア派独自の祭りとして，アーシューラーがある．これは第3代イマーム，フサインがウマイヤ勢力によって殺害（シーア派からみれば殉教）されたイスラーム暦第1月10日（アーシューラーという言葉も数字の10と関連する）に行われるものである．フサイン殉教の悲劇を物語，詩，演劇などで再現したり，身体を傷つけながら街頭行進をしたりしてフサインの受難を嘆く，沈痛な哀悼儀礼である．

この他，地域ごとに独自の共同体レベルの儀礼もあるが，そのなかにはイスラームとは直接関連しないものもある．例えば，春分の日にあたるイラン太陽暦の元日はノウルーズとよばれ，その前後には春の到来を祝うさまざまな行事が行われる．なお，かつてはエジプトでも，コプト・キリスト教の暦（太陽暦）の新年（9月11日）に，ナウルーズという祝祭が催されていた．

また，農耕儀礼なども地域独自のものがあるが，その多くはシャリーアの世界とはあまり関係しない，地域独自の儀礼的慣行と結びついたシンクレティックなものといえるであろう．そしてそれらの催しは，聖者祭などと同様に，今日「非イスラーム的」として批判されがちである．

4.9 イスラーム主義とイスラーム復興 ——近現代のイスラーム

(1) 国民国家と世俗化

20世紀初頭までに，ムスリムが居住する地域の大半は西洋列強の植民地となったり，その強い影響下に置かれるようになったりした．植民地的支配からの解放を目指した運動は，基本的に，独立した国民国家（ネイション・ステイト）の成立を目指すナショナリズムであった．そこでは，想像＝創造された血縁・地縁，言語や文化といった「世俗的＝脱宗教的」特性を共有する人々（ネイション）が運動の主体とされた．オスマン朝のミッレトのような，宗教の共通性に基づく集団は，ナショナリズム運動において否定されたわけではないが，運動の主体となる機会は乏しかった．さらに，ネイションという枠を超越した「普遍的」宗教としてのイスラーム・イデオロギーは活動の前面にほとんど出てこなかった．例えば国名に「イスラーム」という用語が含まれているパキスタンにおいても，イスラームは普遍的政治原理としてではなく，むしろヒンドゥー教徒が多数派を占めるインドとの差異化のために，つまりパキスタンという「ローカル」レベルにおける国民統合に寄与するものとして強調されていたと考えることができる．

世俗的ナショナリストは，基本的に政教分離の発想を前提とする．すなわち国家・政府は，宗教（イデオロギーおよび制度の両面）からは離れて活動する，もしくは宗教集団に関わるとしても特定宗教・宗派にのみ肩入れすることはないという姿勢である．「信仰」といった私的領域における宗教の自由，文化的伝統としてのそれは尊重するが，宗教（イデオロギー，組織，聖職者，など）が政治に直接関わることを許さないという原理である．

このような政教分離原理に真っ向から挑戦状をたたきつけ，宗教イデオロギーを強調し宗教者が政府の要職を占める国家体制を作り出したのが，1979年のイラン・イスラーム革命であった．当

時の東西対立（東側も西側も世俗的イデオロギーに基づいていた）の構図には収まりきらないこの革命は，世俗化の進行を自明としていた学者やジャーナリストから，「聖職者」（正しくは，イスラーム法学者）が最高指導者となる「中世的神権政治」への時代錯誤的な逆行とみなされたのである．

しかし，イラン革命は突然変異なのではない．実際，1970年代頃から，いくつかのムスリム社会において徐々にではあるが，「イスラーム復興」，すなわち「近代化によって衰退傾向をみせていたイスラーム的なものとみなされる象徴や行動が，公共領域で顕在化するようになり，一部のムスリムの生き方に影響を与えるとともにそのアイデンティティの根拠となる過程」が進行していたのである．

「イスラーム復興」は，具体的には，五行の厳密な遵守者，女性の被り物（ヴェールを含む）着用者の増加などとして顕在化した．その限りでは社会・文化的な現象である．だがなかには，イスラームを直接政治に反映させ，脱宗教的な国民国家の法体系ではなくシャリーアによって秩序づけられた社会を構築しようと考える者たちも出てきた．彼らは，近代的な世俗的ナショナリズムや社会主義などの知識をもちながらも，あえて宗教としてのイスラームを選択し，そのイデオロギーに基づく政治活動を展開しようとしたのである．このような人々を，ここでは「イスラーム主義者」とよぶ．

この意味でのイスラーム主義者は，実はすでに20世紀前半に歴史に登場していた．もっと時代を遡れば，イスラーム主義者に影響を与えている急進的イスラーム改革思想は，13～14世紀の法学者イブン・タイミーヤ（Ibn Taymīya, 1263-1328），さらには初期イスラーム時代にまでその淵源をたどることもできる．しかしここでは，今日のサウディアラビア建国に大きく貢献した，18世紀のアラビア半島に生じた運動から話を始めたい．それは，これまでにも何回か言及してきた「ワッハーブ運動」である．

◆ 4. イスラーム ◆

(2) 「ワッハーブ運動」の衝撃

18世紀のワッハーブ運動は，2人のムハンマドの出会いによって開始された．1人目はハンバル派法学者のムハンマド・イブン・アブドゥルワッハーブ（Muhammad ibn 'Abd al-Wahhab, 1703-91）である．アラビア半島中央部，ナジュド地方の学者の一族に生まれ，イスラーム法学を学んだ彼は，当時アラビア半島で一般的であったイスラーム信仰のあり方に強い疑問をもち，それを激しく攻撃するようになった．とりわけ彼が非難したのは，ムスリムが招福除災を願う聖者信仰であり，亡き聖者の墓廟のみならず，樹木や岩石なども聖者とみなして参詣し，「現世利益」を求める民間信仰のあり方であった．これは彼からみれば「多神教」に他ならなかった．しかしながら，当時のウラマーの主流は，それもイスラームの枠内にある現象として容認する傾向にあり，少なくとも激しく非難をしていなかったのである．

イブン・アブドゥルワッハーブの思想は「過激派」として周囲の人々に受け入れられなかった．唯一救いの手を差し伸べたのが，同じくナジュド地方の豪族，ムハンマド・イブン・サウード（Muhammad ibn Saud, 没1765）であった．法学者ムハンマドの思想に共鳴した豪族ムハンマドは，みずからの軍事力を使ってその教えを周辺のムスリムに広げ，彼らを「真の一神教徒」にしようと試みたのである．イブン・アブドゥルワッハーブの思想の支持者を「ワッハーブ主義者」や「ワッハーブ派」，その布教運動を「ワッハーブ（主義）運動」とよぶ．

18世紀の後半，「ワッハーブ運動」は次第に勢いを強め，同世紀末には半島中心部をその支配下に置いた．さらに南部イラクのシーア派聖地，カルバラーなども攻撃し，イマーム・フサインの聖廟を破壊した．そして19世紀初頭には2大聖都，マッカ，マディーナも征服した．聖者への特別視を認めていなかったワッハーブ主義者は，預言者やその一族，教友に対しても同じ姿勢で臨んだ．聖都にあったこれらの人々の記念物もほとんど破壊された．マディーナの預言者廟は，ワッハーブ派の手が及ばないほど壮大な建造物であったの

◆ Ⅰ．世界の宗教潮流 ◆

で，被害を免れた．

　ワッハーブ運動の勢いに脅威を感じたオスマン朝は，エジプト総督のムハンマド・アリーに命じて討伐軍を派遣させた．エジプト軍は1813年に両聖都を奪還し，それからワッハーブ派をナジュド地方にまで追討して滅ぼした．その後，1世紀ほどの雌伏期間を経て，イブン・サウードの末裔によって20世紀前半に建設された国家がサウディアラビアであり，そこではワッハーブ主義的イスラームが国是となっている．

　ところで，これまで「ワッハーブ主義」とよんできた運動は，実は当事者たちの自称ではない．外部から付けられた他称である．当人たちは「一神論の徒（ムワッヒド）」と称している．この名称に端的に表現されているように，ワッハーブ主義者は自分たちこそ真の一神教徒であり，自分たち以外の者はムスリムと自称していても実は「多神教徒」またはそれに近い存在であると考えているのである．「多神教的」信仰の代表が「聖者」をめぐるそれであり，そのためにワッハーブ派は聖者廟，さらには預言者などを記念した建造物までも破壊したのである．ここにアッラーの前においてすべてのムスリムは平等であり，聖者はもとより預言者といえども特権視されてはならない，というワッハーブ主義のイデオロギーが現れている．そしてその批判の矛先はスーフィーにも向かうようになった．そのため今日のサウディアラビアでは，聖者信仰はもとより，スーフィーの活動，さらに祝祭的な預言者生誕祭などは固く禁じられている．

　18世紀に生まれたワッハーブ運動はエジプト軍によって滅亡させられたが，その思想的衝撃は世界各地にさまざまな波及効果をもたらした．その急進的なイスラーム改革思想は，とくにマッカ巡礼者を通して，西アフリカから中国までを含むイスラーム世界に広がった．フルベ人のジハード，スーダンのマフディー運動，ベンガルのファラーイジー運動，スマトラのパドリ戦争，「回民」馬明心の説いた「新教」などはそのごく一部の例である．これらの運動の中にはワッハーブ主義的な要素がみられ，一部は西洋列強の植民地主義的侵略に抵抗して武装蜂起も試みた．そこで西洋側は，イブン・アブドゥルワッハーブの思想・運動と直接関係をもつかどうかは真剣に検証せず，反帝国主義的武装蜂起や急進的イデオロギーを一律に「ワッハーブ運動」と名づけ，危険視した（これは今日の「原理主義」という言葉の用法ときわめて類似している）．

　なお，ここで注意しなければならないことは，ワッハーブ運動が生まれた18世紀のアラビア半島には，全体的にイスラーム改革の気運がみなぎっていたことである．当時，両聖都に集まっていたウラマーの中には「改革主義者」も多かった．彼らの考えでは，直面する政治・経済・社会的危機にイスラームは充分に対応していない．それというのも，眼前で生じている出来事から目をそらし，訓古学的に古典書をいじくるだけの「伝統墨守主義」にウラマーが陥っているからである．それを克服するためには，古典的イスラーム法学書を学習するだけではなく，シャリーアの原点に戻らなければならない．すなわち，クルアーン，ハディースといった原典に直接あたって法的結論を導き出す行為（イジュティハード）を積極的に行う必要がある，と彼らは熱心に説いた．

　また，スーフィズムの面でも，新しい傾向が見え始めるようになった．ワッハーブ派の占領中もマッカに残り教育を続けていたアフマド・イブン・イドリースは，一部の研究者から，シャリーアを重視し，現世における行動を強調する「ネオ・スーフィー」の代表的人物とみなされている．「ネオ・スーフィズム」という概念自体は，まだ検討されなければならない点があるが，彼がイブン・アブドゥルワッハーブの思想を批判しながらも，どこかで理解し，共感する部分があったことは確かである．さらに，彼の弟子筋から，植民地主義に果敢に抵抗したリビアのサヌースィー教団，ソマリアのサーリヒー教団などが生まれている．

　改革主義的ウラマーやスーフィーによるこれらの運動は，一方では，ワッハーブ運動のように「正しい」イスラームのあり方を普及させようとする，イスラームの「内部的改革」という側面を

もっていた．そしてその点で，その時代・地域における主流派宗教指導者の教えを内在的に批判する「過激思想」であった．だが他方では，外在的側面もみられる．とくに19世紀以降，地域によって進行の度合いが異なるが，イスラーム世界各地において西洋植民地主義のプレゼンスが高まってきていた．イスラームの「内部的改革運動」は，一部において，植民地主義的侵略に対する武装抵抗という側面ももつようになった．ただし，その大半は，伝統的なイスラームのイデオロギーに基づいて改革・闘争を進めていた．彼らにとって侵略者は「キリスト教徒」であっても，「帝国主義者」ではなかったのである．

19世紀も後半になると植民地主義の勢力はいっそう強まってきた．それに政治的・軍事的に対抗するために，西洋的な近代思想をある程度身につけてはいても，西洋起源のナショナリズムではなく，あえてイスラームを持ち出してくる人々が登場してきた．それがここでいうイスラーム主義者である．

(3) サラフィー主義からムスリム同胞団へ

大反乱前後のインドでの経験から，ヨーロッパ帝国主義の侵略の危険性にいち早く警鐘を鳴らし，世界のムスリムの団結を説いた人物として，ジャマールッディーン・アフガーニー（Jamāl-al-dīn al-Afghānī, 1838/9-97）がいる．彼は雄弁な政治活動家として，オスマン朝のイスタンブル，エジプト，イランなどで積極的な政治活動を行い，パリ滞在中にはルナンと論争もした．

図9 ジャマールッディーン・アフガーニー

アフガーニーの弟子の一人に，エジプト人，ムハンマド・アブドゥ（Muḥammad 'Abduh, 1849-1905）がいる．ウラマーとなる教育を受けていたがアフガーニーの主張に共鳴し，反英蜂起のウラービー革命（1881～82年）を支持した．そのためパリへの亡命を余儀なくされ，そこでアフガーニーとともに『固き絆』という雑誌を刊行した．帰国後，ウラマーとして要職に就くとともに，西洋近代思想の普及にも努めた．だが，同時に彼は植民地主義に抵抗するためにはイスラームによる社会改革が必要であることを主張した．その思想は「サラフィー主義」とよばれている．

サラフとはアラビア語で「先人・始祖」といった意味であり，ここでは初期イスラーム時代に活躍した人々を指す．アブドゥらの考えによれば，ムスリム社会は西洋（キリスト教徒）によって植民地支配をされているが，これはキリスト教がイスラームよりも優れているからではない．そうではなく，ムスリムと自称している自分たちが「真のイスラーム」を実践していないから弱体なのだ．「真のイスラーム」が実現されていたのは，目覚ましい「大征服」を行ったサラフの時代である．したがって，自分たちはサラフと彼らの行動を模範として「正しい」ムスリムになり，外部からの侵略者に対抗しなければならない——このような厳しい自己批判を伴い，「外部からの攻撃」に対応するために「内部改革」を強調するのがサラフィー主義である．

サラフィー主義を唱える一方でアブドゥは，西洋近代の思想，科学技術，文明に対する理解の必要性も強調した．彼の思想的影響のもとで，サアド・ザグルールなど，20世紀のエジプト・ナショナリズムの指導者も生まれてきた．一方，イスラームを強調する傾向は，ラシード・リダーによって継承された．彼の刊行した雑誌『マナール』は，20世紀前半のイスラーム世界において知識人の間で広く読まれた．しかし，アブドゥやリダーのサラフィー主義は，結局知識人の間の運動にとどまるという限界をもっていた．

イスラーム主義を大衆運動として組織化することに成功したのは，エジプト人ハサン・バンナー

（Hassan al-Banna, 1906-49）である．彼は1928年にムスリム同胞団を結成し，エジプトの一大宗教＝政治勢力にした．そのために政府から脅威とみなされるようになった．実際，同胞団は武装蜂起のための秘密軍事部門も持っていた．そして政府の弾圧策に抗議して首相を暗殺し，その報復としてバンナーも秘密警察によって殺害された．

　ハサン・バンナーはこれまでとは異なるタイプのイスラーム指導者であった．彼は古典的イスラーム教育を受けたウラマーではなく，かといってスーフィー教団の指導者でもなかった．エジプト近代化を推進するためにアブドゥも協力して創設された高等教育施設，師範学校の出身者であり，同胞団創設時には小学校の教師を務めていた．つまり彼は，大半のウラマーのように古典的イスラームしか知らないのではなく，近代西洋的な知識をも充分に身につけていたのである．そのような学歴をもちながら，あえてバンナーは政治活動の原理としてイスラームを選択した．その意味で，モダニストであるとともに，イスラーム主義者であったのである．実際，彼はウラマーの独自の服装ではなく，当時のモダニストに典型的な背広・ネクタイを着用し，タルブーシュ（トルコ）帽をかぶっていた．このような「モダニスト」という側面は，バンナーのみならず，当時のムスリム同胞団幹部の多くにみられるものであった．

　一見伝統的と思われるイスラーム主義者が，実は社会階層面ではモダニストであるという事実，これはムスリム同胞団のみの特徴ではない．バンナーと同時代人で，パキスタンでイスラーム主義組織，ジャマーアテ・イスラーミーを1941年に創始したアブー・アル＝アアラー・マウドゥーディー（1903-79）もウラマーではなく，ジャーナリストであった．そして20世紀後半になると，イランのホメイニーなどを例外とし，イスラーム主義者の多くは近代的高等教育を受けており，中には欧米留学経験者もいるのである．

　ムスリム同胞団は，ジャマール・アブドゥンナーセル（ナセル，Jamāl ʻAbd al-Nāsir）が率いる自由将校団による1952年のエジプト革命の際にも大きな勢力を保っており，革命政権も容易に手出しができなかった．しかし，権力基盤を固めたナセルは，同胞団の弾圧に踏み切った．同胞団は，1950年代半ばには組織的には壊滅に近い状態に追いやられた．同胞団が活動を再開するのはナセル没後，アンワル・サーダート（サダト，Muḥammad Anwar as-Sādāt）が政権を握った1970年以降のことである．それは，イスラーム復興現象が表面化し，同胞団以外のイスラーム主義的組織の活動が活発化してくる時期でもあった．

(4)　イスラーム復興の時代？

　イスラーム復興現象が，いち早く見え始めたのはエジプトであり，それは女性の服装に現れた．1960年代には都市部ではミニスカート姿も見かけていた．だが1970年代には肌の露出部を少なくする服装が広がり，スカーフなどの髪覆いや顔面を隠すヴェールを着用する者が目立つようになってきた．それも，昔から外出時には頭髪を隠していた農村部の女性ではなく，ヴェールはもとより髪覆いも用いていなかった都会の若い高学歴層，すなわちそれまで「世俗化」の担い手と思われていた階層にその傾向が現れてきたのである．そして若い男性の側にも，伝統的な口髭ではなく，あご鬚をはやす者が出てくるようになり，それはスンナ（預言者の慣行）に従ったことだと理由づけられた．

　また，1970年に没したナセルの後を襲ったサダトは，左派的なナセル主義への牽制として，ムスリム同胞団への締め付けを緩め，非合法状態のままではあるが，出版などの活動を認めた．サダトはみずからも，マスメディアを通して「敬虔なる大統領」というイメージの普及に努めた．

　復活したムスリム同胞団は，医療や社会福祉といった比較的穏健な方面から支持者を増やそうとした．だが，そのようなやり方に飽き足らない一部の若者（これも都会にすむ高学歴層）は，ナセルによって処刑された同胞団員，サイイド・クトゥブの急進的思想からの影響を受け，武装蜂起や要人誘拐などを企てた．その試みの大半は政府によって未然に防がれた．だが，1981年にはジハ

◆ 4. イスラーム ◆

図10　ニカーブ姿の女性（トルコ）

ード団はサダトを暗殺することに成功した．その後も一部の過激派は国内でさまざまな小規模テロ（そのひとつが日本人も10名の犠牲を出した1997年のルクソール観光客襲撃事件）を行った．なかには国外に逃亡した者もおり，そのひとりとしてアル・カーイダの幹部，アイマン・ザワーヒリーがいる．

　1970年代にイスラーム復興が生じてきた原因として，第3次中東戦争（1967年）におけるアラブ側の完敗が指摘されている．それによって世俗主義的ナショナリズム（エジプトの場合はナセル主義）への信頼が低下し，代替案としてのイスラームが選択されたのではないかと解説されている．エジプトおよびアラブ諸国に関しては，これも重要な一因ではあろうが，それだけでは説明しきれないところが残る．それというのも，この時期にはイスラームのみならず，キリスト教（米国政治における宗教右派の台頭など）やユダヤ教（イスラエルにおける大ユダヤ主義の高揚など）でも，宗教運動の活性化，急進化，政治化が指摘されているからである．

　また，世俗（脱宗教）色が強かったナショナリズムおいても，この時期以降，宗教の果たす役割が強まってきている．インドにおけるヒンドゥー・ナショナリズムの高まり（民族奉仕団やインド人民党への支持の拡大とムスリムとの対立激化など），パレスティナにおけるイスラーム主義団体，ハマースの台頭，宗教的色彩をもつ民族紛争の激化（ボスニア・ヘルツェゴビナ，スリラン

カ，スーダン等）など，1970〜80年代以降にさまざまな形で宗教が注目されるようになってきたのがわかる．

　イスラーム復興やイスラーム主義の動向も，一方ではこのような世界大的な現代史の潮流の中に位置づけて考えなければならない．そしてそれが，ポストモダンやグローバル化という用語が流通し出した時期と重なり合うことにも，注意が必要であろう．すなわち，脱宗教的な近代の「啓蒙主義」，さらに近代化と踵を接して進行するとされていた「世俗化」といった前提も，根本から考え直してみなければならないかもしれないのである．

　最近のイスラーム主義的潮流の特徴にもふれておこう．ムスリム同胞団にしても，ジャマーアテ・イスラーミーにしても，反帝国主義や反シオニズムといった国際的視点をもってはいたが，基本的に活動はエジプトやパキスタンという国内で行われていた．だが，アル・カーイダによって代表される最近の運動は，まさにグローバル化の潮流に乗って文字通り国際的なものになっている．その大きな契機は，1980年代に展開したアフガニスタンに駐留するソ連軍に抵抗したムジャーヒディーン（ジハード戦士）の活動である．当時の冷戦構造の中で，ムジャーヒディーンを支援したのはアメリカであった．1988年にソ連軍の撤退を勝ち取ったムジャーヒディーンは，イスラームのグローバルな連帯に自信を深めた．その直後に起きたのが，イラクのクウェイト侵攻をきっかけとした湾岸危機／戦争（1990〜91年）であり，フセイン（イラク大統領，当時）の脅威を感じたサウディアラビア政府は，自国領内での米軍の駐留を認めた．それに強く反発したのがアフガニスタンの対ソ戦争に参加していたウサーマ・ビン・ラーディンであり，彼は反サウディ，反米そして反イスラエルのジハードを遂行するための国際的組織化をはかった．その結果として生まれたのが，アル・カーイダなのである．

　今日，アル・カーイダは「国際テロ組織」とよばれている．確かに彼らの活動とされているものは，イギリスからインドネシアにまで及び，グロ

◆ I. 世界の宗教潮流 ◆

ーバルなものである．とはいえ，マスメディアなどが指摘しているように，アル・カーイダが，明確なハイアラーキーのもとに組織化されているのかどうかは疑問であるが．明らかなことは，彼らは自分たちの敵として，出身国の「腐敗した体制」のみならず，世界的規模でムスリムを弾圧している「十字軍」（欧米キリスト教国）や「シオニスト」（イスラエル）をあげている．このような活動実態と思想から，アル・カーイダなど最近のイスラーム主義過激派が，グローバル化の時代に対応して生み出されてきたことは確かである．

だが，マスメディアの見出しを飾る武装過激派の活動にのみ目を奪われてはならない．今日のイスラーム世界では，穏健なイスラーム主義政党や団体が地道な活動を続けており，国民から一定の支持を受けていることも忘るべきでない．それはエジプトのムスリム同胞団やパレスティナのハマースに対する 2005 年の選挙結果からもわかるであろう．

また，イスラーム復興の兆候も依然としてみられる．例えば，頭髪を覆う女性数は，エジプトなどでは 1970〜80 年代と比較して，むしろ増えている．ただし，彼女たちの中には，国際的なブランドもののスカーフを被り，きちんと化粧をした者が多いことも事実である．そのために，スカーフやヴェール姿の増加はイスラーム復興の兆候ではなく，むしろグローバル資本主義の発展による消費社会化の進行を表すものであるという見方もある．

単純な「世俗化」論は，宗教復興という事実によってすでに否定されている．だが，今日にみられる「イスラーム復興」が，20 世紀中葉までの「世俗化」の揺り戻しとして，今後いっそう進行するという考え方も，そのままで受け入れることは難しい．それというのも，この問題は宗教以外の，政治経済的動向と密接に関わっていると思えるからである．1990 年代以降唯一の超大国となった米国の一方的な外交政策とその波及効果（とくに，パレスティナやイスラーム世界における），私的欲望を生み出す商品を製造して消費社会化を進めるグローバル資本主義の展開，そしてイスラームのみならずキリスト教，ユダヤ教，ヒンドゥー教などの政治化とナショナリズムとの関係，これらの問題を考慮したより広い脈絡の中で，「イスラーム復興」を考えなければならないことは確かである．

参 考 文 献

大塚和夫『異文化としてのイスラーム—社会人類学的視点から』同文舘出版，1989 年（現在 OD 版）．
大塚和夫『21 世紀の世界政治—イスラーム世界』筑摩書房，1998 年．
大塚和夫「イスラームのアフリカ」，福井勝義・赤阪賢・大塚和夫『世界の歴史 24 —アフリカの民族と社会』中央公論社，1999 年．
大塚和夫『近代・イスラームの人類学』東京大学出版会，2000 年．
大塚和夫『イスラーム的—世界化時代の中で』日本放送出版協会，2000 年．
大塚和夫『イスラーム主義とはなにか』岩波新書，2004 年．
大塚和夫「イスラーム世界と世俗化をめぐる一試論」，『宗教研究』341，2004 年．
大塚和夫他（編）『岩波イスラーム事典』岩波書店，2002 年．
樺山紘一他（編）『岩波講座世界歴史 6 —南アジア世界・東南アジア世界の形成と展開』岩波書店，1999 年．
グルーネバウム，G. E. フォン（嶋本隆光監訳，伊吹寛子訳）『イスラームの祭り』法政大学出版局，2002 年．
小杉 泰『現代中東とイスラーム政治』昭和堂，1994 年．
私市正年『北アフリカ・イスラーム主義運動の歴史』白水社，2004 年．
佐藤次高『イスラームの国家と王権』岩波書店，2004 年．
日本イスラム協会他（編）『新イスラム事典』平凡社，2002 年．

5 ユダヤ教

I. 世界の宗教潮流

市川　裕

5.1　定義と名称

(1)　ユダヤ教の定義

　ユダヤ教は世界の諸民族の中でもっとも特異な集団のひとつであるユダヤ人を歴史的に生み出し今日まで維持させた宗教であり，歴史記録に残るなかで最初に唯一の神を信じた宗教である．その集団は，今から3000年以上前に成立したイスラエルという部族連合体との同一性と連続性を主張する．

　一般通念からすればユダヤ教の創設者は歴史的に特定できないが，信仰の上では，預言者モーセ（Mose）がシナイ半島の荒野で唯一神から永遠不変の啓示を授かり，イスラエルの民と唯一神との契約を成立させたとされ，イスラーム教における預言者ムハンマドに匹敵する地位を与えられている．聖書の「出エジプト記」によれば，モーセはイスラエルの民をエジプトの隷属から救出し，シナイ山で神から十戒をはじめとする613の戒律を授かったと信じられている．ユダヤ教では，聖書の「創世記」から「申命記」までのモーセ五書を神の啓示の書とみなして，ヘブライ語でトーラー（教え，法）とよぶ．ユダヤ人の生活はこのトーラーを基礎にして隅々まで規定されており，したがってユダヤ教は信仰箇条ではなく生活様式によって規定された宗教である．この点でもイスラーム教と共通する．イスラエル民族の祖とされるアブラハム（Abraham）は，唯一神の最初の信仰者とされ，3つの唯一神教のいずれによっても特別の位置を与えられている．ユダヤ教には，唯一神，契約思想，人類等の普遍的思想とともに，ユダヤ民族，約束の土地，エルサレム神殿，ダビデ王などの特殊ユダヤ的観念を重視する思想とが同居しているため，どこに重点を置くかで受ける印象が違ってくる．

　キリスト教とユダヤ教の関係は，どういう視点に立つかで捉え方が違ってくる．キリスト教からみると，ユダヤ教はキリスト教が生まれる母体となった宗教で，かつキリスト教の出現によって克服されるべき宗教とみなされる．ナザレのイエスもその最初の弟子たちもいずれもユダヤ人で，主としてパレスチナのユダヤ人社会を活動の舞台とし，またユダヤ教の基本的観念を共有していた．メシアという概念は，「油注がれた（もの）」を意味するヘブライ語であり，人や物を聖別して特別な職務に任ずることを意味する儀礼に由来したユダヤ教特有の概念であるが，ユダヤ人の多くはイエスをメシア（キリスト）と認めなかった．以来，キリスト教の関心は異邦人世界へ向かい，ユダヤ教は顧みられなくなる．そして，それまでのユダヤ教と共有してきたヘブライ語聖書を旧約聖書とし，イエスの事跡と使徒の手紙をもって新約聖書を形成して，新しいイスラエルを自認するにいたる．これに対して，ユダヤの民はナザレのイエスをメシアとは認めず，それゆえ，キリストの証しをする新約聖書を認めなかった．

　ユダヤ教にとってイエス・キリストの出現より

I. 世界の宗教潮流

図1 嘆きの壁
崩壊したエルサレム神殿の西壁.

はるかに重大な事件は，キリスト教出現以降に起こった二度の対ローマ戦争であった．70年のエルサレム第二神殿の崩壊，135年に，メシアと期待されたバル・コホバ（Bar Kochba）の反乱の徹底的敗北である．約束の地とエルサレム神殿への篤い信頼と信仰が無惨に打ち砕かれた結果，ユダヤ人は重大な存在の危機に直面した．この危機の中から出現したのが，ラビ・ユダヤ教であった．ラビたちは，ユダヤ教の中心を，神殿とその儀礼からモーセの律法の実践へと移動させ，土地との結びつきを脱した「離散（ディアスポラ）」のユダヤ教が成立した．そして，今日のユダヤ人のほとんどはこの宗教伝統の系譜に属する集団である．中世のカライ派のように，ラビ・ユダヤ教の伝統から外れた集団は，ユダヤ教とは認められていない．また，ラビ・ユダヤ教以前にユダヤ人社会から離れ，ラビ・ユダヤ教の生活実践を知らない集団で，なおかつユダヤ人を自称する集団，たとえば，エチオピア系ユダヤ人は，「失われた10部族」の末裔とみなされ，戒律上の問題から真正なユダヤ人とは認められず，改宗儀礼に準じた浸礼を求められてきたが，現在のイスラエル国家においては対応が変化している．このように，ユダヤ教の歴史は，広い意味でいえば聖書時代から3000年以上に及ぶが，通常，ユダヤ教という場合には，狭い意味で，キリスト教出現以降で西暦70年の神殿崩壊後に発展するラビ・ユダヤ教のことを指す．最初の定義は，とくにラビ・ユダヤ教に妥当する．

ユダヤ教の教義の中心は，神との契約である．唯一神がイスラエルの民を選んで預言者モーセに啓示した神の教えによって契約を結び，イスラエルの民は神によって聖別されたとする．この教義の基礎の上に，ラビ・ユダヤ教においては，神がモーセを通して与えた教えは，文字に書かれたトーラーと口伝によるトーラーを含むものとなった．前者は「モーセ五書」のことであり，後者は，主として第二神殿時代に発展したユダヤ法の法典ミシュナと，それを学習し注釈した集大成タルムードに伝承されたものを指す．ユダヤ教は実践の宗教といわれる．彼らがシナイの荒野で契約を結ぶとき，神の教えを「実行し聴き従おう」と答えたことは，実践が服従に先立って重視されたことの証左とされている．ラビ・ユダヤ教は，世界に散在するユダヤ人社会のすべてを統合する役割を果たし，ユダヤ人の宗教的自治共同体を維持発展させた．しかし，近代社会においては，中世のこのユダヤ教民族共同体は解体されたため，世俗化したユダヤ人が生まれるとともに，あらたに宗教団体としてユダヤ教の各宗派が生まれ，それぞれに教義が異なっている．ユダヤ教の中世的伝統と現代社会との調和を図る度合いによって，正統派，保守派，改革派に分かれ，ほかに伝統を貫いて現代に妥協しない超正統派，宗教というより文化としてのユダヤ性を掲げる再建派が主要な宗派である．イスラエルは正統派が支配的である．

(2) ユダヤという名称の由来

ユダヤという名称の由来は，東地中海地域のレバント地方に紀元前10世紀頃に出現したイスラエルという小国家にさかのぼる．この国家は先祖を共有すると信じられた12部族によって構成されていて，そのひとつにユダ族があった．この王国はダビデ王時代に南北を統一するが，ダビデから3代目の王のときに南北に分裂，北王国はアッシリア帝国に滅ぼされ人々は連れ去られて行方知れずとなった（彼らは「失われた10部族」とよばれる）．残った南ユダ王国は，ユダ族とベニヤミン族で構成されていた．この王国もやがて紀元前586年に新バビロニア帝国に滅ぼされるが，バビロン捕囚を受けた人々が約50年後にペルシア帝国によって帰還を許され，エルサレムを中心として古代祭儀を復活させて，ペルシア帝国下でエルサレムを中心とした半径20km程度の狭い領土に自治州を与えられた．その自治州の名をユダ（もしくはイェフダ）といい，その住民をユダヤ人（イェフディ）とよんだ．その後，約500年後の紀元70年には，ローマ帝国によってエルサレム神殿を破壊され，ユダヤ人の国家は滅亡した．その後，この地域の呼称はユダヤからパレスチナへと変わる．

国家滅亡後は離散が本格化し，ユダヤ人は世界各地に離散した客人宗教民族集団として1800年もの間を生き抜き，近代に至るまで，無名の小規模な下層民として維持されてきた．その間一度として強大な政治的社会的勢力をもったことはないが，歴史上，キリスト教とイスラーム教の出現に強い影響を与え，その影響は，唯一神観，安息日，教会堂，律法典などを通して，これら2つの世界的な宗教の神学体系から社会制度にまで及んでいる．こうした歴史的背景にあって，祖国喪失後に形成された伝統的な教えによれば，ユダヤ人とは，ユダヤ人の母親から生まれた者もしくはユダヤ教への改宗者である．中世の長い時代にあって，ユダヤ人はどこにいようともすべてユダヤ教自治共同体の一員であった．しかし，近代という時代に入ると，ユダヤ教の自治共同体は解体を余儀なくされ，西欧キリスト教社会の市民になったユダヤ人は，血縁上はユダヤ人でも，進んでキリスト教へ改宗する者が出現して久しい．人種的にはユダヤ人でも，世俗的生活を送り，ユダヤ教の宗派のどこにも属さない非宗教者も多く存在するのである．

5.2 ユダヤ人とは誰か

(1) 世界を変えた5人のユダヤ人

ユダヤ人とは誰であろうか．人類の歴史に偉大な功績を残したユダヤ人を歴史に沿って5人挙げてみよう．モーセは，神の教えを法の形式で人類にもたらした最初の預言者である．次いで，ナザレのイエスが，人類に隣人愛の教えを説いて，ユダヤ民族を超えたキリスト教共同体をもたらした．さらに，マルクスが出て，哲学において歴史的唯物論を唱え，人類の発展を経済によって説明し，共産主義革命を理論化した．フロイトは，精神分析の領域を開拓し，人間の精神に無意識の領域が影響することを発見し，しかもそれが抑圧された性欲の情動に由ることを提起した．そして，アインシュタインが物理学の分野で，相対性理論を提示し，量子力学とともに，天地開闢の謎の解明に大きな一石を投じた．日本人に馴染みはなくとも，これらの人名はよく知られている．ここで，最初の2人は，キリスト教の聖書で言えば，旧約聖書の代表と新約聖書の代表で，ともに古代イスラエルの偉大な人格であったことがわかる．後の3人は，ユダヤ人というより，西欧近代の代表的な思想家であり科学者である．この他にも，19世紀以降には，ヨーロッパ世界を中心に，著名なユダヤ人がにわかに陸続と輩出していることがわかる．

(2) 近代西欧の著名ユダヤ人と出現の謎

1790年代に生まれたハイネ，1809年生まれの音楽家のメンデルスゾーン，1810年代生まれには，マルクス，オッフェンバック，通信のロイター，1850年代生まれでは，フロイトのほか，デュルケーム，ザメンホフ，ドレーフュス，ベルク

◆ I. 世界の宗教潮流 ◆

ソン，フッサール，1860年代生まれでは，マーラー，ヴァールブルク，1870年代生まれでは，ローザ・ルクセンブルク，シェーンベルク，ブルーノ・ワルター，ブーバー，コルチャック，トロツキー，アインシュタイン，1880年代生まれでは，カフカ，モディリアニ，シャガール，1890年代生まれでは，ガーシュイン，ヴィットゲンシュタイン，ワルター・ベンヤミン，ロマン・ヤコブソン，ゲルショム・ショーレム，セルゲイ・エイゼンシュタイン，マルクーゼ，1900年代生まれでは，エーリヒ・フロム，アドルノ，オッペンハイマー，レヴィナス，ヴィクトル・フランクル，ハンナ・アレント，レヴィ・ストロース，シモーヌ・ヴェイユなどである．19世紀以前には，著名なユダヤ人はほとんど歴史に登場しなかったのに，19世紀になると，なぜ突如として西欧世界にユダヤ人が躍進したのであろうか．古代のキリスト教出現の後，ユダヤ人たちはどこで何をしていたのか．

(3) ユダヤ人の伝統的定義とハラハー

それらの問いを理解するためには，ユダヤ教の歴史を考慮しなければならない．かつて，ユダヤ人とユダヤ教徒とはほぼ同義語であった時代が長く続いた．ユダヤ人が世界中に離散していた中世である．当時，ユダヤ人は各地の支配者から，宗教共同体として自治社会を形成することを認められる場合が多かった．そして，ユダヤ人社会を規定したのは，ユダヤ教の教えに則ったユダヤ法であった．これを一般にハラハーとよぶ．これは，ヘブライ語で「道，歩み」を意味する．すべてのユダヤ人は，基本的にこのユダヤ教の自治社会の中でのみ生きることができたため，ユダヤ人とユダヤ教徒とは同義語であった．

中世に成立した教義によれば，ユダヤ教を構成する人々には，母親をユダヤ人として生まれた血縁上のユダヤ人と，改宗によって宗教的信仰上でユダヤ人になった者との両方が含まれた．そしていずれもが，ユダヤ人の宗教民族共同体に帰属したのである．この場合，ユダヤ教とは，信仰のあるなしや強弱の問題ではなく，ユダヤ人社会のもろもろの法慣習と生活様式に従った生活を送ることこそが，宗教の指標となっていた．この点は，教義によって共同体を識別するキリスト教社会との大きな違いである．

ユダヤ人の定義についての問題は，イスラエル国家が誕生してからさらなる発展があった．イスラエルは，帰還法を制定して，世界のすべてのユダヤ人に対し，入国と同時に市民権を賦与する特権を定めた．その後，ハラハーの伝統的な定義では処理しきれない法律問題が生じ，現在では，帰還法によるユダヤ人とは，「ユダヤ人の母親から生まれた者でユダヤ教以外の宗教に改宗していない者，もしくはユダヤ教への改宗者」とされている．この他，ラビ・ユダヤ教以前に分離した集団，「失われた10部族」の末裔か否かの判断など，国家の出現によって，ユダヤ人の判定に関して新たな問題が提起されている．

(4) フランス革命とユダヤ人解放

ユダヤ人とユダヤ教徒とが同義語であった中世の長い時代は，近代になって終焉を迎えた．ユダヤ人共同体内部からも，啓蒙主義の思想に基づいた改革の動きが活発化する状況のもとで，近代フランス革命によって，最初の強烈な一撃がユダヤ人社会に加えられることになった．フランス革命が目指したのは，近代主権国家の形成であるが，これは，自由，平等で，基本的人権を備えた個人（アトム）を社会形成の基礎に置く考え方である．フランス政府は，この理念に従って，フランス国内に住むユダヤ人を法的に平等なフランス市民と認めた．1791年である．この画期的な変革は「ユダヤ人解放」とよばれ，ユダヤ人はもはや差別された異邦人ではなくなったのである．

このとき，ユダヤ人に対して，厳しい質問が向けられた．ナポレオンはフランスの啓蒙主義の拡大に努め，ライン地方やイタリア各地のユダヤ人ゲットーを破壊し，またフランス民法典による普遍的支配を目指したが，パリにユダヤ人のサンヘドリンを召集し，ユダヤ人の主だった人々に対して質問状を突きつけ，ユダヤ人はフランス人を同胞と見るか，フランス法に服するか，ユダヤ法を

放棄するかを尋ねている．この質問の意図は，ユダヤ人の集団はフランス人とは別の独自な民族なのか，それともユダヤ教という宗教を信ずる団体なのかを確定することであった．これに対して，すでに啓蒙思想の影響を受けていたユダヤ人側は，人と神との関係を律する規定に関してのみユダヤ法に従うが，市民法刑事法上の規定に関してはフランス法に従うことを宣言する．このことは，ユダイズム Judaism が宗教として定義されたことを意味する．近代国家は，市民の宗教的内面的信条には介入しないのが大原則であるから，ここにユダヤ系フランス人が出現することになった．

(5) ユダヤ人解放の拡大と西欧主権国家の成立

この近代主権国家の理念は，19世紀の間に，西欧諸国に広がって，フランス以外に，ベルギー，オランダ，イギリス，ドイツ，イタリアでも，ユダヤ人の解放が達成されていく．これによって，西欧のユダヤ人は，憲法に表明された人権条項の基本的理念の恩恵を受けることになった．すなわち，「人は，自由かつ権利において平等なものとして出生し，かつ生存する．社会的差別は，共同の利益の上にのみ設けることができる」（フランス人権宣言第1条，1789年）．しかし，この事件は，他方で，それまでの1000年以上の間，守り続けられた伝統的ユダヤ人自治社会の存在を根底から崩壊させることになった．ユダヤ人は主権国家の成立によってまずなによりもその国の国民として国家に対する全面的な忠誠心を要求されることとなり，ユダヤ人という身分は生まれや宗教的信念などの私的な事由に属することになった．それまではユダヤ人のだれもが帰属するのを当然としてきたユダヤ宗教民族共同体が主権国家によって廃棄されてしまったのである．そのとき，多くのユダヤ人はどうしたか．

近代主権国家の憲法では，信教の自由と結社の自由が認められている．したがって，ユダヤ人同士が，共通の宗教によって自発的に教団を形成していくことができた．その結果，伝統的なユダヤ法であるハラハーに対して，一定の距離を置いた新しい理念による教団形成，近代人の理性にもっと適合する信条に基づいた新たな教団の形成が行われることになった．他方，これは自発的な団体であるから，もっと自由で世俗的生活を望む者は，ユダヤ教を信じなくてもよくなったし，キリスト教へ改宗する者も続出した．ハイネ自身もそうであるが，「キリスト教への改宗は西欧社会への入場券」とも見なされた．こうして，近代主権国家の成立とともに，過去の常態であったユダヤ人という民族性とユダヤ教という宗教的信条とが分離することになり，ここに，ユダヤ人は史上はじめて「自分は何者なのか」という帰属意識（アイデンティティ）の分裂と危機に直面することになった．ユダヤ人社会の解体によってユダヤ教自体が分裂し，近代主義への適応の度合いによって正統派，保守派，改革派が誕生し，世俗的ユダヤ人も多く出現し，無神論者や共産主義者，キリスト教への改宗者，移住や異邦人との結婚など，多様化は急速に進行してきた．

(6) 東欧ユダヤ人とイスラーム圏のユダヤ人の行方

しかし，こうした近代のユダヤ啓蒙主義（ハスカラー）とその政治的帰結であるユダヤ人解放という波は，東欧のユダヤ人社会や西アジア・中東・北アフリカのイスラーム圏のユダヤ人社会には必ずしも十分に波及せず，伝統的なユダヤ自治社会に近い形が20世紀にまで持ち越された．その理由の第一は，この地域の近代国家形成が遅れたことである．とくに，東欧は，ロシア，ドイツ，オーストリア・ハンガリーという3帝国による支配が20世紀まで及んだ．第二には，西欧に比べて膨大なユダヤ人が居住し，その人口は東欧全体の10分の1にも達していたことにより，ユダヤ啓蒙主義の浸透が都市部に限定されたことである．

1918年に第1次世界大戦が終了し，東欧の帝国が崩壊するに及んで，東欧諸国の多くが民族国家として独立した．そのとき，その地域に居住してきたユダヤ人の身分を法的にどう扱うかが重大な問題となった．民族国家における少数民族，少

◆ I. 世界の宗教潮流 ◆

数宗教集団の帰属問題，すなわち，異なる民族に同一の市民権や国籍を賦与できるか，国家への忠誠心を期待できるか，という問題であった．ドイツでは国家社会主義政党であるナチスが登場し，露骨な人種差別政策とユダヤ人絶滅政策を実践し，ナチスが支配下においた東欧全域で，ナチスのユダヤ人虐殺政策が貫徹され，600万人ともいわれるユダヤ人の存在は物理的に失われた．ソ連邦の領域内のユダヤ人は，ナチスの殺戮を免れたが，ソ連邦の迫害によって多くの人命が失われた．ソ連邦では，ユダヤ人は引き続き「民族」として存在を認められたが，宗教活動は禁止させられた．

アラブ・イスラーム諸国においては，オスマン帝国の崩壊，イギリスとフランスによる委任統治時代の後，第2次世界大戦後に，民族国家の独立とともにユダヤ人の処遇問題が起こるのは必至の情勢であったが，大半のユダヤ人が1948年に建国されたイスラエルに移住したため，問題は回避されることになった．東欧において近代まで長く維持され強化された，中世的伝統に固執する超正統派やハシディズムは，ホロコーストによって大打撃を受けつつも，戦後，米国とイスラエルで蘇っている．

(7) 現代ユダヤ人の3つの分類

第2次世界大戦後，東欧のユダヤ人社会が壊滅し，イスラエル国家が誕生したことによって，ユダヤ人の宗教的アイデンティティの問題はいっそう複雑化している．しかし，ユダヤ教は民族なのか宗教なのかという問題に関しては，非常に明確な棲み分けが行われることになった．ユダヤ人社会が大きく2つの中心地へ分けられ，性格の異なる3つの大きなグループへと収斂しているのである．

第一は，かつての民族の祖国パレスチナを国土とし，民族としてのユダヤ人を意識し，聖書の言語であるヘブライ語を母語とするイスラエル国家の国民としてのユダヤ人社会である．これは近代の政治的シオニズム理念の実現であって，20世紀に顕著な民族自決による民族国家の建設に匹敵

図2 伝統的装いのユダヤ教徒

する．第二は，世界最大のユダヤ人人口を擁するようになった米国を中心として，現代の市民的自由を広く認める民主的・自由主義的な国家社会に住み，ユダヤ性はいわば私事として，その国の国民として生きる離散ユダヤ人社会である．これは，西欧のユダヤ人解放に始まる近代的宗教観に則って，ユダヤ教を宗教とみなす人々によって選択された生き方である．米国のユダヤ教宗派として併記されることの多いのが，改革派，正統派，保守派，再建派である．このうち前三者は宗教という枠組みに則って近代への適応を目指すモダニスト的宗教運動であるが，再建派は，それとは異質なアメリカ文化の脈絡で生まれた急進的代替運動であり，米国のプラグマティズムの影響を受けて，実り多い生活を送るための宗教を提唱し，人格的一神教を廃している．第三は，その両方の地に住んではいても，周囲の社会と隔絶した独自の宗教世界を構築する超正統派ユダヤ教徒の社会である．これは，ある意味で，中世的なユダヤ教自治社会の宗教生活を自覚的に選び取った結果であり，周囲が近代化され自由化されたために，時代錯誤的な生活様式が際立ってみえることにもなる．それは，中世から受け継がれたユダヤ教のハラハーに従って，生活全体を律しようとする信仰共同体であり，宗教は内面のみならず，信仰することは生活様式全体を規定することを意味する．ユダヤ教徒の典型として写真や映像に登場する

人々はハレディーム（畏怖する人，震える人）ともよばれ，男性でいえば，ひげを伸ばし，こめかみ部分の髪を房のようにたらし，真夏でも黒いコートに黒の帽子を着用する．

ユダヤ人社会の3つの集団への分離は，近現代の重大な歴史的諸事件と関連して起こったことを知っておく必要がある．それは人口の移動をともなったものであった．1880年までに，600万人のユダヤ人が東欧に住んでいた．これは，当時，世界全体のユダヤ人人口の70％を超えていた．ドイツを中心とした中欧には100万人，フランスを中心とした西欧には60万人，中東・北アフリカには50万人，米国にはわずか20万人であった．これに対して，第2次世界大戦における東欧ユダヤ人の大殺戮を経過した今，21世紀初頭の今日（2002年のジュイシュ・イヤー・ブックによる），世界のユダヤ人の分布は，第1位が米国で580万人，第2位がイスラエルの484万人，第3位がロシアの44万人，それ以下は，フランス，カナダ，ウクライナ，イギリス，ブラジル，アルゼンチンと続き，旧ソ連を除く東欧諸国ではユダヤ人が激減した状況を生んだ．

これら3つの生活形態は，ある意味で，歴史上，古代イスラエル社会に見られた形態と，近代になって初めて生まれた形態と，中世の宗教民族的自治共同体の形態という3つの形態が，同時代に並存しているような状況を呈している．これは，現代の自由な社会において初めて可能になったことかもしれない．そうしたなか，昨今のイスラエルは，国民の世俗派と宗教派への極端な二極化という新たな事態に直面している．近代との対決を経ていないミズラヒ系のユダヤ人（後述）は，1985年頃まで，緩やかに父祖の伝統に従う伝統的で穏健な国民であったが，次第にハレディームの超正統主義を受け入れるようになり，シャス党に代表される今日の政治的行動主義と結びついている．そしてさらに，2000年代以降，パレスチナとの領土問題をめぐる確執に絡んで，民族主義的，国家主義的な超正統主義が急激に勢力を獲得してきた．今日のイスラエル社会におけるハレディームと国家主義を合わせた超正統主義と世俗主義への二極化の傾向は，かつての緩やかな伝統的生活を送ることを不可能にし，宗教か世俗かの二者択一を迫っている．はたしてこれは，かつての西欧近代初期と類似した歴史的状況がイスラエルに起こっていることを物語るのであろうか．それに引き換え，米国では，ユダヤ人のアメリカ社会への同化が急速に進み，非ユダヤ人との結婚が常態化してきている．

5.3 時代区分と各時代の特徴

(1) ユダヤ教理解のための方法的視点

宗教の特徴を理解するためには，神学的視点でも社会学的視点でも不充分であり，歴史的視点によって十全に理解されるという宗教史学的な立場がある．これは，ユダヤ教のさまざまな要素を歴史的に詳細にたどる方法によって，ユダヤ教の全体像を提示する方法である．しかしこれは，ユダヤ教の通史的理解ではない．宗教学の視点からユダヤ教を観察したときに重要とみなされる諸要素を取り出してその特徴を歴史的重層性のなかから抽出するという視点である．そうした諸要素には，ユダヤ共同体を構成する民族的要素と信仰的要素，契約思想を基礎とするトーラーとその継承，宗教共同体における礼拝とその伝統，聖典とその機能，共同体の法秩序と宗教権威との関係，ユダヤ教の思想的営みとしての倫理・神秘主義・神学・終末論の各要素が含まれる．伝統というキータームによって全体を構成し，宗教の諸要素の重層化されているさまを示す試みである．こういう視点でユダヤ教を理解する利点は，キリスト教的な宗教理解の仕方，すなわち，宗教をその教義によって分類し特徴を際立たせるやり方では，生活様式を重視するユダヤ教の特徴は描きにくく，かつ，ユダヤ人共同体の歴史的地理的多様性への配慮が必要だからである．

(2) ユダヤ教の時代区分

以上のようなユダヤ教の宗教史学的説明において注意すべきことは，ユダヤ教が3000年にも及

◆ Ⅰ. 世界の宗教潮流 ◆

ぶ人類の歴史を経過してきたために，時代によって存在形態を異にしている点である．ユダヤ教の教義や儀礼を時代ごとの変化に注目して記述するだけで済まない問題，すなわち，宗教そのものが，歴史時代ごとに機能や意味，概念的輪郭に違いがあるという点である．これは，ユダヤ教を通史的にみた場合でも，人類史における諸段階に従って，時代ごとに異なる宗教形態を示していると考えられる．こうした諸段階に注目して構造分析を行うことによって，人類史の諸段階における宗教文化の構造的特徴を捉えることが可能となる．この宗教の構造分析は，人類社会の時代別の構造的特徴を考察する上でも有効な方法である．これはユダヤ教だけでなく，他宗教の理解においても，時代ごとの存在形態の違いを考慮に入れる必要を促す．このことをイスラーム教やキリスト教や仏教に当てはめて比較考察するという課題は，ここでは直接の主題にはできないが，ユダヤ教の研究にともなう問題点として考慮すべき課題である．

ユダヤ教の歴史を語るときの3つの時代区分とは，おもに古代，中世，近現代の区分である．これら3つの時代は，それぞれに宗教構造を異にしている．古代は，世界各地の民族や部族を単位とした宗教生活が営まれ，普遍的構造をもつ宗教は出現していないが，古代のある時期，人類の教師と呼べるような宗教的偉人が登場し，個人を対象とした救済が語られるようになる．中世は，こうした普遍的教義が大帝国に受容され，聖典や古典が編纂され，教義が普及し，人間の生きる目的に影響を与えるようになる．近現代は，西欧の近代主権国家がかつての宗教に取って代わり，人々に全面的な忠誠心を要求する時代である．すでに近現代のユダヤ人とユダヤ教のあり方について説明したとおり，近現代の宗教では，近代主権国家という概念と人間個人に対する新たな価値づけが人間存在の根本を規定する．これは，それ以前の社会と人間のあり方とは根本的に異なる条件の中にあることを示している．

以上の人類史の3つの段階に対応させて，先のユダヤ教の諸要素における分析を加えることによって，宗教史学的方法によるユダヤ教の理解が提示できることになる．本論では，こうした視点から，ユダヤ教の全貌を明らかにしたいと思う．以下，古代，中世，近現代の順に記述していきたい．

5.4 古代ユダヤ教あるいは古代イスラエル宗教

(1) 古代宗教の特徴と古代イスラエル

古代ユダヤ教の構造は，エルサレムという都市を中心とした王権と神殿の宗教であり，古代社会の宗教の特徴である神殿祭儀がもっとも重要な信仰形態であった．かつて，エジプトとメソポタミアの大帝国が勢力を衰えさせた紀元前1200年頃に，両大帝国に挟まれたレバント地方に，遊牧民がいくつもの小国家を設立した．古代イスラエルの民は，異邦の地エジプトの客人民族として登場し，ファラオの苦役に耐える奴隷として救済を希求する．エジプト脱出後40年を経て，カナンという約束の地を占領し，部族連合から王国へと発展する．小国家の大半は，再び勢力を回復した大帝国によって破壊され，歴史から消えていった．古代の諸宗教も，それぞれの集団の滅亡とともに消滅した場合がほとんどで，古代イスラエル国家を構成する12部族の北半分の10部族も，同様の運命を歩んだ．その中で，イスラエル国家の南半分，南ユダ王国の2部族ユダとベニヤミンは，祖国喪失とエルサレム神殿破壊，そしてバビロン捕囚を体験したにもかかわらず，1つの宗教共同体を形成して国家的滅亡を生き延びた．古代宗教の特徴を備えながらも，集団の存続を可能にした理由はなんだったのだろうか．

(2) 預言とトーラー

古代イスラエル宗教に特異だったのは，王権と祭司権以外に，神と直接に交流する預言者への信仰があったことである．これが王権を超えた神の法の存在を認め，存亡に関わる歴史的体験を通して，超越的存在との特別な関係を構築し，1つの

強固な宗教的民族的共同体を形成しえたのである．まさにこれが，祖国喪失を生き抜く精神力をユダヤ人に与えた．祖国喪失や神殿崩壊は，その集団の精神的物質的支柱を失うことを意味するが，代々の預言者はエリヤもアモスもホセアも，イザヤもエレミヤもエゼキエルも，その原因がイスラエルの神に対する自分たちの背信行為にあったことを警告し自覚を促し改悛を促すことによって，民族の危機に宗教的意味づけを与えた．そして彼らは祖国喪失とバビロン捕囚の50年間に，「モーセのトーラー（律法）」という律法典を編纂した．その間に，アケメネス朝ペルシアがメソポタミアからエジプトまでを征服し，諸民族に父祖の慣習と儀礼に従った生活を承認した．この画期的な統治政策によって，ユダヤ人はエルサレムへの帰還と神殿再建を許され，ユダヤ人はキュロス王をメシアとみなすほどであった．その後のペルシア時代のユダヤは，エルサレムを中心とした半径20～30 kmの範囲内で，自治州ユダを中心に平穏な時代が，アレクサンダー大王の遠征まで，200年続いた．

(3) ヘレニズムとの出会い

ヘレニズム時代のユダヤ人社会におけるもっとも重要な事柄は3つある．第一は，ギリシア至上主義ともいえるヘレニズムに遭遇したユダヤ人が，初めて自分の思想と生活様式を，ユダイズムとして意識化したことである．ここでのヘレニズムとは，時代区分や美術史上の様式ではなく，1つの明確に意識化された思想と運動をともなう文化価値である．それゆえに，ユダヤ人社会はヘレニズム推進派と伝統維持派との価値の対立を生み，ユダヤ教のあり方そのものを問う自覚的な思想運動が沸騰するようになったのである．第二には，シリアのセレウコス王朝との文化的衝突から独立戦争に勝利した後，ユダヤ人社会にかつてのダビデ王国を理想とする民族主義の意識が高揚し，領土回復のための対外戦争がハスモン王朝（前140頃～前63年）の一貫した政策となったことである．それと結びついて，イドマヤやガリラヤ征服後のその地域への植民とユダヤ教への改宗が実施された．第三には，ハスモン王朝が，大祭司権と王権の地位を世襲で獲得したために，それらの正当性が深刻な宗教的国家的問題にまで先鋭化し，ユダヤ人社会内部に，パリサイ（ファリサイ）派，サドカイ派，エッセネ派，死海教団，その他の多様な思想と運動を生み出す重大な契機となったことである．かつてのユダヤ教に特有の預言は，ヘレニズム期に中断され，かわって，黙示文学が隆盛を見る．天使の知恵とされた文字と数字を管轄する知識階層の祭司集団は，引き続き支配的であるが，世襲によらない学問に根差す賢者の台頭が無視できない勢力を形成する．

(4) ローマの支配と独立の記憶

ハスモン王朝の約100年間に，ユダヤ国家は領土をかつてのダビデ王国に匹敵する広さに拡大する．しかしその後継者争いにローマが介入し，前年にシリアのセレウコスを滅亡させた後，紀元前63年にポンペイウスを総督とするローマ軍がエルサレムを征服して，ユダヤ王国を支配下においた．エジプトとの抗争，東方のパルティア，南方のナバテアとの対立，国内の支配権争いなどで多難なローマは，ユダヤ支配をユダヤ人の王ヘロデに託した．しかし，ハスモン時代の独立を経験したユダヤ人は，改宗者でローマの傀儡ヘロデの王権を歓迎せず，その圧制に対立した．ヘロデ大王死後，直接支配に乗り出したローマは，皇帝像や鷲の彫像をエルサレム神殿に持ち込もうとしたり，神殿の神聖な財宝を略奪したり，ユダヤ教の戒律に反する暴挙を繰り返した．ユダヤ人側はこうした圧力に対抗して，父祖伝来のユダヤ法慣習を認めさせようと，強くローマに要求し，両者の宗教的対立，政治的対立は高じていく．こうした政治的背景は，世の終わりの到来を人々に印象づけ，メシアを自称する預言者の出現や黙示録的世界戦争を予言する者まで出現している．そしてついに，西暦66年のカエサリアでの騒動から，本格的なローマとの軍事的対立へと発展した．これが70年にエルサレム神殿破壊へと発展する第1次ユダヤ戦争であった．これは73年，1000名近いユダヤ兵士と家族のマサダにおける集団強制死

◆ Ⅰ. 世界の宗教潮流 ◆

図3 エルサレム神殿の破壊
神殿の宝物を略奪するローマ軍．メノーラー（七枝の燭台）などの祭器がみえる．ローマ軍の指揮官で後の皇帝ティトゥスの凱旋門に刻まれたレリーフ．

をもって終了する．さらにその60年後，バル・コホバをメシアと認めたユダヤ人は，再度ローマ帝国と戦闘を交え，王権の復興と神殿の再建を目指したが，大敗を喫し，ユダヤ人は以後，エルサレムから徹底的に追放されるに至った．

このように，ヘレニズム時代のハスモン家の反乱からバル・コホバの反乱まで，イスラエル社会は，エルサレム神殿を中心としてユダヤ国家の大祭司と王権に支えられた伝統的ユダヤ社会の理想を目指し，政治的自由と解放を第一義とする宗教が強い影響力をもってユダヤ人社会を席巻した．命がけで法を守り戦争も辞さないという強い覚悟は，しばしば戦争を過酷かつ悲惨なものにしている．大祭司権は政治体制と不可分で，ヨセフスはこの時代を，大祭司を中心に神がその支配を知恵と知識に満ちた祭司集団に賦与したとされる「神政政治」と命名した．

(5) 神殿崩壊とラビの台頭
こうした戦争に訴えてのメシア待望はついにユダヤ国家の滅亡をもたらした．その後は，トーラーの教えを基礎にしたラビの支配がユダヤ人社会を蘇生させ，劇的な宗教的展開をみせることになった．その象徴的出来事が，200年頃に成立したミシュナという口伝律法集の欽定編纂であった．こうした劇的な変化を可能にしたのは，古代ユダヤ教が，神殿中心の神政政治と並んで，神の教えとしての聖典の蓄積を続けてきたことに起因する．

エルサレム第一神殿崩壊後に，トーラー（モーセ五書ともいい，成立は紀元前400年頃）や預言者の書物（前200年頃）が，そして第二神殿崩壊後に，ミシュナ（西暦200年頃）とタルムード（500年頃）が編纂されている．これら民族の法伝承の遺産はイスラエルの唯一神が啓示した教えであると信じられ，ユダヤの民はこの教えを身に受けることによって神との契約を結んだのである．こうして，古代ユダヤ教は，当初は王権と祭司権と神殿だけであったが，バビロン捕囚を契機にして，神の啓示としての法伝承を基礎とする宗教構造を獲得し，西暦70年以降は，王権と神殿の崩壊に遭遇しつつも，法伝承によって宗教的結合を守り続けることができたのである．

5.5 ラビ・ユダヤ教の成立と中世ユダヤ教

(1) ラビ・ユダヤ教の輪郭と特徴
今日のユダヤ人社会の特徴を規定するのは，中世の長きにわたって形成されたユダヤ人自治社会の信念体系と生活様式である．これは，ラビによる伝統的なユダヤ法の支配である．これを一般にラビ・ユダヤ教（ラビニック・ジュダイズム Rabbinic Judaism）もしくは，規範的ユダヤ教（ノーマティヴ・ジュダイズム Normative Judaism）とよぶ．これは，ユダヤ教が神殿を中心とする宗教から法の宗教へ変化したことの証であり，古代から中世への移行を開始した時期である．

中世のユダヤ教は，古代神殿を失って世界各地に離散したユダヤ人が，周囲の社会に吸収されることなく独自の自治社会を形成することになるが，この時代の特徴は，ユダヤ教がかつての部族社会を基盤にする社会から，「ケヒラー」とよば

れるユダヤ人共同体，信仰と生活様式を共有する人々の集団を単位とするようになったことである．そして外的には，ユダヤ人の居住地のほとんどが，同じ唯一神教を奉ずるキリスト教とイスラーム教の支配する世界帝国内に散らばっていたことである．

このころ，ローマ・カトリックを基盤とするヨーロッパ・キリスト教社会が形成され，バルカン地域を中心にギリシア正教のビザンツ帝国，そして西アジアから北アフリカにかけてイスラーム国家が席巻した．このように中世の宗教構造とは，一神教が地中海を挟む広大な地域を支配し，宗教的普遍主義によって支配下のほとんどの集団を一神教化した時代であり，宗教が人々のアイデンティティの中心的要素となった．

ユダヤ教共同体からみたとき，キリスト教社会とイスラーム社会では著しい相違があった．キリスト教の教義では，教会の外に救いはないとされ，ユダヤ人はいわば呪われた民であった．また教会の支配する人的範囲と各地の世俗領主の支配する人的範囲はほぼ重なっていて，ユダヤ人集団はその社会の成員ではなく，いわばアウトローとして法的身分を持ちえなかった．これに対して，イスラーム圏においては，その普遍的共同体たるウンマの中に，イスラーム教徒以外にも被支配者のユダヤ教徒とキリスト教徒が啓典の民として包摂されており，身分は低くとも法的身分を保障され法的保護を受けることができた．したがって，一般的に言ってイスラーム圏の方がユダヤ人に法的身分を保障し，生命と財産を保護したといえよう．

ヨーロッパとアジア，アフリカが唯一神教化する以前に，ユダヤ教では，滅亡と離散の開始のなかで，すでに口伝律法としてのミシュナ（後200年頃）が編纂され，歴代のラビたちによるミシュナの学習と注釈と討論が，エルサレム・タルムード（400年頃）とバビロニア・タルムード（500年頃）として集大成された．その後，キリスト教化したローマ帝国では東西の分裂が起こり，東ローマのビザンツ帝国が繁栄し，西ローマは滅亡した．西ヨーロッパではその後，あらたにフランク王国が勃興してカトリック教を受容した．一方，7世紀にアラビア半島から起こったイスラーム教の勢力は，瞬く間に，西アジアから北アフリカ，スペインへと支配を確立した．こうしてユダヤ人の居住地は，ヨーロッパのキリスト教社会にも，地中海からインドにかけてのイスラーム教社会にも拡大するが，自治共同体としての共通性はユダヤ法によって行き渡り，学問や通商上の相互の交流も行われ，また哲学や神秘主義は周囲の社会からの影響を受けつつ発展した．この間に，北ヨーロッパのドイツを出自とするアシュケナズィとスペインを出自とするスファラディ，そしてイスラーム圏に長く棲みついた東方系のミズラヒという3つの集団が形成された（後述）．

(2) ラビ・ユダヤ教の特質

エルサレム，そして「約束の地イスラエル」を失って諸国に離散したユダヤ人は，なにを拠り所として日々を過ごしていくことになったのだろうか．ユダヤ教の価値観をよく表していると思われる逸話がある．もっとも偉大な商品とはなにかを教える話である．「あるとき，ひとりのラビが諸国の商人たちと船に乗り合わせた．皆が皆自分の商品を自慢する中で，ラビは何も商品を持たない．それを冷やかす商人たちに，そのラビが自分の商品こそもっとも偉大であるといっても，誰も耳を貸さない．ときに海賊が船を襲って，商品を悉く奪い去った．命からがら陸に上がった商人たちは，食うにも困る有様だった．それにひきかえ，ラビは，陸に上がってその地のユダヤ会堂に赴いて教えを説くと，人々はその知恵に打たれ，惜しみなく援助した．それを聞いた商人たちがラビのもとへ助けを求めてやってくると，ラビは皆に，わたしの商品がもっとも偉大であると言ったではないか，と諭した」．このように，神の知恵を身につけることを重視したユダヤ人社会では，教育によって神の教えを徹底的に身につけることがユダヤ人男性の宗教的義務となった．それを指導するのが，ラビの資格をもった人々であった．

こうしたラビ・ユダヤ教社会の理念を3つあげておこう．

◆ Ⅰ．世界の宗教潮流 ◆

〈モーセを始祖とするユダヤ教の啓示〉

　第一に，ユダヤ教はいつ始まったかという事柄に関して，唯一神がシナイ山でモーセに啓示を伝えたことをもって，ユダヤ教の出発点に定めたことである．ユダヤ教のそれまでの歴史には多くの預言者が登場するが，永遠普遍の法の啓示を受けたのはモーセただ1人であった，という信念が示され，啓示の書であるトーラー，すなわちモーセ五書は，特別重要な聖典として崇拝の対象として扱われることになった．ミシュナのアヴォート篇の冒頭には，神の啓示であるトーラーが，どのようにしてラビたちまで伝達されたかを示す伝承の系譜が語られているが，その最初は，「モーセはシナイでトーラーを受け取り，それをヨシュアに伝え，ヨシュアはそれを長老たちに，長老たちは預言者たちに伝え，預言者たちは大会堂（大クネセト）の人々へ伝えた」とされている．これらは聖書の歴史を神の啓示伝達の視点から再構成しているが，大会堂の人々とは，バビロン捕囚後に帰還したユダヤ人共同体の指導者の集団のことを指している．この伝承には，王やエルサレムの祭司の職務は出てこないし，エルサレム神殿の崩壊やバビロン捕囚，またそこからの帰還については触れられず，すべてはモーセからの法伝承の伝達に集中している．

　その後に，ラビたちの名前と教えとが師弟関係を機軸に述べられるが，ミシュナの中に登場する賢者としてアヴォート篇が名を挙げている人は，その最初の人物である義人シモンから数えて総勢70名になっている．これは時代でいうと，紀元前3世紀の半ばから紀元後の220年頃までに相当する．ここに出てくる人名と格言だけを追っていくと，同時代のパレスチナにおけるユダヤ人の歴史がほとんど出てこない．アレクサンドロス大王の遠征によるヘレニズム化に始まって，シリア王アンティオコス4世による神殿略奪とユダヤ教迫害，それに反抗して勃興したマカベア戦争，その勝利によるユダヤの独立，ハスモン家の大祭司職と王権の独占，ユダヤ王国の領土拡大戦争，ダビデ時代の領土の再征服，ローマ軍によるエルサレム攻略，ハスモン家の退位，ヘロデ大王の登場，

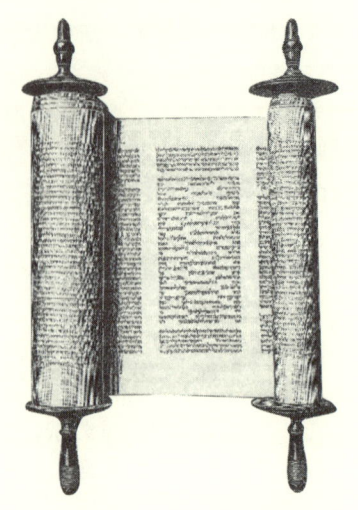

図4　トーラーの巻物
装飾を施した布や木箱，金属の筒に収めて保管される．

ヘロデ死後のローマ直接支配，イエスの活動とメシア運動，反ローマ的暴動の激化，ローマとの戦争，エルサレム第二神殿の破壊，マサダの陥落，バル・コホバの反乱による対ローマの第2次ユダヤ戦争とその敗北，ユダヤ人のエルサレムからの放逐，等々，古代ユダヤ史の大変動の数々がすっかり抜け落ちているかのような印象を受ける．しかも，最初の人物である義人シモンは「残りの者」の1人とされている．ということは，彼の前に大きな事件があって，大会堂の人々のほとんどが死んで，トーラーの伝達が危殆に瀕した状況を暗示している．

　以上のことから明らかなのは，ラビ・ユダヤ教の指導者たちが腐心したのは，モーセに始まる神の法の伝達とその正当性であって，古代ユダヤ教の信仰の柱であった王権や祭司権や神殿に対しては関知していないということである．これは王権や祭司権に対する彼らの立場を鮮明に表していて，エルサレムという土地や神殿と結びついた権威に消極的であり，トーラーの教えのもつ普遍的側面を積極的に評価する態度が示されているように考えられる．その啓示の学習が，7日に一度の徹底した労働禁止日である安息日と結びついて，トーラーの朗読と学習を徹底させていくことになる．キリスト教の福音書には，すでにナザレのイ

エスの生前から，会堂において安息日にトーラーと預言者の朗読が行われていたことが示唆されているが，神殿崩壊後には，すべてのユダヤ人社会へこの実践が徹底されていく．

〈二重の啓示もしくは2つのトーラーの理論〉

第二に，神の啓示の二重性，ないしは2つのトーラーという概念である．モーセはシナイで啓示を受けているが，それはエジプト脱出から約束の地の直前で死ぬまでの40年間にわたっていた．それほどの長期間に啓示された神の教え，トーラー（教え）は，文字に書かれたものだけではない，むしろ神はモーセに2通りの仕方でトーラーを授けたとする信念である．文字に刻まれたもの，こちらはヘブライ語で書かれたモーセ五書のことであるが，それ以外に，口頭で伝えられた教えがある．これは，代々口頭で伝達され文字に残されることはなく，すべて記憶によっている．それゆえ，文字によるトーラーを成文トーラー（Torah She-bi Khtav, Written Law)，伝承によるものを，口伝トーラー（Torah She-be-al Pe, Oral Law）とよんで区別する．口伝トーラーは，のちにラビたちによってミシュナやタルムードとして編纂されるが，その当初も，文字に残すことは意図されていなかった．

なぜ，こうした二重の啓示という理論が主張されたか．神殿崩壊期に生きたエルサレムの祭司で，歴史家となったフラウィウス・ヨセフスは，当時，イスラエルの宗教的・政治的党派としてサドカイ派，パリサイ（ファリサイ）派，エッセネ派の三派があり，とくに前二者は，エルサレムの議会で対立し，サドカイ派は書かれた法にのみ効力を認めたのに対し，パリサイ派は古来からの書かれていない慣習にも効力を認めたことをあげ，パリサイ派の解釈を支持している．ラビたちがかつてのパリサイ派の立場を継承したのだ，という意見は妥当な意見である．ただし，二重の啓示には，それだけではない新たな要素がある．啓示というのは，預言者が神から授けられるものである．聖書の預言者時代以後に預言者と自称する者が現れて教えを説くかもしれない．そして，モーセに与えられたトーラーを凌駕するものと称する

かもしれない．モーセに与えられた二重の啓示という理論は，一方でそうした勢力の権威を否定した．また他方では，モーセに与えられたのは書かれた啓示のみである，と主張する勢力もあり，こちらは，文字の厳密な解釈による厳格な画一的な解釈を強制する原理主義的な勢力にみられる立場が含まれるが，ラビたちはこうした権威をも否定したことを示している．こうして，二重の啓示の理論は，一方で啓示が次々と恒常的に起こるという主張と，もはや一回きりの文字による啓示のみに固執する主張の，両方を否定したことを意味している．

では，その意図はどこにあるのか．口伝の教えとは，具体的には，義人シモンに始まる時代の賢者が代々伝えたとされる，ミシュナの全6巻全63篇に及ぶ膨大な法的規範と種々の対立意見のことを，まずは指している．これらには，由来が確実に過去に遡るものもあれば，当世のラビ同士が意見を闘わせる形で残されている伝承もある．また，書かれたトーラーがまったく触れていない事柄も多く含まれている．しかも，それらが，シナイでモーセに啓示された教えとして認められたことになる．したがって，実質的には新しい法規範であっても，それが口伝トーラーとして認められれば，シナイの啓示としての権威を与えられることになり，新しい法規範を正当な神の法規に組み入れる理論を獲得したことを意味している．これによって，ユダヤ教の生活規範は，固定化や形骸化を免れて，創造性豊かな法規範の形成を促したということができよう．

〈モーセは我らのラビ〉

第三に，ユダヤ人の歴史では多くの預言者が出現したが，ラビ・ユダヤ教における模範的な人間とはモーセである．モーセは，聖書におけるもっとも偉大な預言者であり，神のしもべであるが，ラビ・ユダヤ教においては，モーセは彼らにとっての師匠（ラビ）に他ならず，「モシェ・ラッベーヌー（我らのラビ・モーセ）」としてよばれ，その呼称は今日なお続いている．トーラーの伝達方法が，ラビからその弟子への伝達によることから，学習方法にも特徴が生まれる．その教育モデ

◆ I. 世界の宗教潮流 ◆

ルは，荒野の40年間におよぶモーセとヨシュアの師弟関係である．荒野の40年間，実際にはエジプト滞在の頃から，モーセの死の直前に至るまで，ヨシュアはモーセからかたときも離れずに付き従っていた．水もなくパンもなく，また敵にいつ襲われるかもしれない極限状況のなかで，人々の不安は募り，モーセは何度となく不平不満をぶつけられ，ときには激しい敵意を向けられ，死の危険さえ度重なった．そうした修羅場をつぶさに目撃し，自分でも体験する中で，弟子のヨシュアは逞しく成長し，モーセ亡き後は，約束の地を征服する大任を委ねられることになった．聖書は，モーセが死ぬ前にヨシュアの頭に手を置いて，神の知恵の霊をヨシュアに伝達したことを語り，これをもって師資相承が完成したことを伝えている．この故事にちなんで，ラビによる弟子たちの教育は，まさに市井での教育を含めた全人格的教育であった．弟子はラビの一挙手一投足に学んで，師の心を己の心とするに至るまで一体化することが求められた，と考えられる．これをもって，無尽蔵な口伝トーラーは確実に弟子へと伝達されたのである．

ミシュナ時代の師弟教育は，パレスチナの各地でラビたちの拠点を中心に行われた．寛容で平和を希求したヒレルは，エルサレムの2人の師匠を頼って，バビロニアからやってきたといわれる．昼間は働いて生活費を稼ぎ，夜は師匠の下でトーラーを学び，次第に頭角を現していった．ヒレルの残した教えには以下のようなものがある．「自分がしてほしくないことを他人にしてはならない．」「アロンの弟子のように，平安を愛し，平安を追い求め，人をトーラーに近づける人になりなさい．」「私が私のため（に生きているの）でないならば，私とはだれか．私が自分自身のためだけならば，私とはなにものであろうか．今でないならば，いつがあろうか．」ヒレルの末弟子とされるヨハナン・ベン・ザッカイは，ローマ軍と戦うエルサレム城内の抗戦派を忌避して棺に伏して城外に逃れ，ローマ総督に請うてヤヴネのブドウ園にサンヘドリンを開設したといわれる．ここを拠点に弟子を育て，神殿崩壊に直面して法規範の変更を行い，また，いけにえの代わりに慈愛の行為こそが贖罪の手段になるとの教えを説いた．その2人の弟子，ラビ・ヨシュアとラビ・エリエゼルに学んだのが，ラビ・アキバ（没135）である．彼は，文盲の羊飼いとも，改宗者ともいわれるが，学問で頭角を現して，ついにイスラエルのあらゆる法伝承を体系化する大仕事を成し遂げたといわれる．晩年にはバル・コホバにメシアを認め，ローマとの戦いに参加して，後日磔で殺されるが，死ぬまで神への徹底した愛を貫いた聖人であった．ラビ・アキバの若き弟子たちは，滅亡したユダヤ民族の法伝承を守りぬき，ラビ・メイルはミシュナを伝え，ラビ・シモンは神秘主義の祖として賞賛される．彼らからあらゆる伝承を学び，画期的な法集成ミシュナを欽定編纂（200年頃）したのがラビ・ユダ・ハ・ナスィである．ここにミシュナが完成し，ユダヤ教は，次の新たな時代，このミシュナを基礎にした学問と生活様式の確立の時代，タルムード時代に向かうことになる．

5.6　ラビ・ユダヤ教の教えとユダヤ的生活様式

(1) ユダヤ人共同体ケヒラー

口伝トーラーのミシュナを生活の基礎にすえたユダヤ人共同体は，その後のユダヤ人社会の基礎をつくることになった．この共同体のことを，ヘブライ語では「ケヒラー」とよぶ．これは，後の時代の強制された集団的隔離であるゲットーの共同体とは意味が違う．ユダヤ人が世界各地へ広がったとき，それぞれの地域の支配者は，税の徴収さえ確実ならば，あえてユダヤ人の共同生活の内部に介入することはなく，かなりの程度の自治を認めることが通例であった．それゆえ，ユダヤ人共同体であるならば，時代が異なっても，地域が離れていても，ミシュナに規定された生活様式に従った生活が実践されることになった．ここからは，そうしたユダヤ人社会に共通した構造の特徴をいくつかの項目に従って明らかにし，その後

で，地域別の特徴と違いなどをまとめてみよう．

(2) 他宗教，他民族との関係

ラビたちの思想によれば，すべて人類はノアの子孫であり，唯一神はノアとの契約によって，理論的にはノアの子孫であるすべての人類と契約を結んでいる．それを，一般にはノアの七戒（Noachide Laws）とよぶ．偶像崇拝の禁止，神を冒瀆することの禁止，流血の禁止，性的不品行の禁止，窃盗の禁止，正式屠殺によらない獣肉を食べることの禁止，正義の法廷の設置である．これに対して，弱小の民イスラエルは神に選ばれてトーラーの613戒を遵守して神に対して聖なる民になることを誓約したという．

では，なぜイスラエルの民は選びの民になったのか．ラビたちによれば，イスラエルの民は，ちょうど荒野の茨の中に咲いた一輪の花に喩えられる．世界の諸国民は神に背いたため，神は世界を滅ぼそうとした．しかし，その中に一輪の花のごとき民族がいたために，神は世界を滅ぼすことを思いとどまったと．これはイスラエルの民の優れた資質のゆえとするものであるが，必ずしもその理由ばかりではない．イスラエルは弱小の民だったので，何の印もなければ世界の大帝国に呑み込まれてしまう．そこで神は，イスラエルの民にトーラーという印を与えて他の民族から区別させた，という説．あるいは，イスラエルは非常に強情な民で言うことを聞かなかったので，神は，厳格なトーラーの命令によって彼らを縛り付けておかねばならなかったという見解も提示されている．ラビたちは，決して都合のよい説明だけを与えたのではなかった．それにしても，なぜイスラエルの民は，七戒のかわりに，613戒もの教えを喜んで受け入れたのか．それは神が半ば強制的に，民が受け入れなければ荒野で殺すと脅したためであるという見解も出された．イスラエルの民が受け入れた割には，その後も何度となく神に逆らって反抗を繰り返し不信仰の民であることを露呈したのはそのせいであるともいう．

いずれにしても，神は，世界に対して，2通りの方法で救済の方法を提示したのであり，諸国民はノアの七戒を実行すればよくて，あえてユダヤ教に改宗する必要はないという立場がユダヤ教にはあった．キリスト教出現の前後には，確かにユダヤ人の生活様式に魅せられて改宗を希望する「神を畏れる人々」が存在し，ヒレルなどは寛大に異邦人を受け入れようとしたという伝説が残されている．しかし，ローマ帝国のキリスト教化，さらには，イスラームによる広大な征服以後は，ユダヤ教は，キリスト教とイスラーム教の支配する中世の広大な世界の中で，異邦人を改宗する道はほとんど開かれていなかった．

(3) ケヒラーの特徴

ユダヤ教の輪郭を決定したのは，成文トーラーや聖書（タナッハ）ではなく，ラビが指導した口伝トーラーであった．その最初の権威ある法集成であるミシュナとタルムードの内容によって，その輪郭を描いてみよう．

1) ユダヤ人社会になくてはならないもの：10の施設と職業

ユダヤ人社会になくてはならないものとは何か．タルムードの伝承によると，ラビの弟子たるもの，10の事柄を備えた都市以外には住むべきでないという．3人で構成される法廷．喜捨の窓口は，不正がないよう2人で集め3人で分配する．聖書を学習し神に祈るためのユダヤ会堂（シナゴーグ）．身を清め，穢れを遠ざけるための公衆浴場と公衆便所．医師，外科医，書記，ユダヤ法に則ってしかるべく家畜をほふる資格をもつ家畜解体人．そして子供の教師である．社会的制度が5つ，公的職業ともいえるものが5つである．トーラーを基盤にした正義と慈愛の実践，そして割礼，心身の清浄，食事などの規則を備えたユダヤ人社会の特徴が，すでに2, 3世紀の頃にははっきり形を整えていることがわかる．そして，これらの制度や理念の基礎にあるのが，口伝トーラーのミシュナの法規集である．

古代のラビたちが，エルサレム神殿を失って，ユダヤ国家から放逐されていく真っ只中で目指していたことは，神の教えの収集と学習と伝達であった．その内容とはなんであったか．

◆ Ⅰ．世界の宗教潮流 ◆

2）ミシュナの世界

現代日本の法体系は，六法全書という形で分類編纂されている．古代ユダヤ人社会の法体系は，現代の実定法とは違っていても，ある種の分類は行われていた．そこにすでに特徴が表れている．偶然だが，全体は6巻に分類されている．名称と内容は，順に種子（祈りと農産物奉納），祭日，女性（婚姻法・家族法），損害（市民法・刑事法），聖物（供犠），清浄（穢れの種類と清め方）である．元来は書物ではなく，記憶力のよい賢者の記憶にしまい込まれたものが「底本」であった．神と人間との交わりは，神殿祭儀を中心にして組織されており，ミシュナ自体，神殿崩壊の100年以上後に編纂されたものでありながらも，唯一神と関わりをもつものとしての神殿供犠と祭礼と奉納物に関する一切の伝承を保存し，生きた伝承によって，ユダヤの神の「聖性」を保持しようとしたと考えられる．

第1巻では，主として約束の地における農産物の規定が扱われている．基本的な考え方は，大地の実りはそのままの状態では適正な食物にはならない．それは，いわば聖と俗が未分離の状態にある被造物であり，本来食べるのを禁じられる．そこで，それらはどのような手続きによれば適正な食物になるかが論じられる．その方法には，種の蒔き方，収穫の仕方，収穫後の手続き，食べ方などが含まれる．種を交互に蒔いたり動植物を交配すること（キライム）の禁止や7年目の休耕地（シュヴィイート）などは，播種の仕方に関わる掟である．田畑の一角（ペアー）は収穫せずに残す規定や果樹を3年間収穫せずに放置すること（オルラー）は収穫の仕方に関わるものである．穀物の収穫物から祭司への捧げ物（テルマー）を取り，さらにその残りからレビ人への10分の1（マアセル）を取り分け，さらに第二の10分の1（マアセル・シェニー）をエルサレムで享受する分として分け，その残りが通常の食物として俗人の享受できるものになるというのが原則である．しかしこの手続きのどこかを過（あやま）ったなら，聖俗未分離の本来食べてはならないものが混ざってしまう．それを過って食べれば，神への冒瀆であり，穢れの因となる．それゆえに，パリサイびとは，細心の注意を払ってそういう疑わしい穀物（デマーイ）を除こうとした．このような入念な手続きを経て調えられた食物を享受する際にも，当然のごとく，造物主への祝福と感謝（ベラホート）が求められる．さらに神への感謝の表明は，ものを食べるときだけでなく，目と耳と鼻と肌とを喜ばせる物との出会いにおいて，すなわち人間の五感を通して享受する歓喜すべてに対して義務づけられる．

第2巻はモエード，すなわち祭日を扱う．この言葉の元来の意味は出会い，厳密には神と人との出会いである．その出会いが特定の時間に規則化されたものが「好日（ヨーム・トーヴ）」としての祭日である．そうした祭りの意義に適った過ごし方を詳細に規定したのがこの巻である．ユダヤ教の祭日には，7日に一度の安息日，年3回の巡礼祭，新年祭と贖罪日など，トーラーに定めのある祭りがあるほかに，トーラーの定めより以降に定められた祭りとして，プーリームとハヌカー，および何回かの断食日があるが，主要な祭りは，ここに収められている．

ユダヤ暦は7日に一度の安息日（シャッバト）を基本に，閏月で季節調整をする太陰太陽暦との組み合わせによって成り立っている．安息日は十戒に収められているのみならず，神自身が天地創造の際に休息したことや出エジプトの隷属からの解放とも関係づけられたきわめて重要な祭日である．休息を確保するための厳格な労働禁止の規定と，温かい食事など歓びを実質的に確保するための法的な工夫が中心となる．その他の主な祭日は，三大巡礼祭，すなわち春分の後の満月に始まる過ぎ越し祭，そのちょうど6か月後の満月に始まる仮庵祭，および新年と贖罪日である．ただし，過ぎ越し祭後の50日目（ペンテコステ）に当たる七週祭については法伝承が残されていない．主要な関心は，ミシュナの編纂時には失われて100年以上が過ぎたかつてのエルサレム神殿での儀礼伝承の保持であり，それぞれの祭日における儀礼の詳細な諸規則や式次第が残されている．また，それとともに，エルサレムの神殿以外に，

個々人が各祭日に家庭や地域で行うべき掟が扱われ，神殿時代の記憶がさまざまに日常儀礼に組み込まれている．

第3巻は女性の巻である．人と人との法的関係のうちで，ここで主として扱うのは，結婚（キドゥシーン），離婚（ギッティーン），結婚契約書（ケトゥボート），レヴィレート婚（イェヴァモート），姦通の疑惑（ソーター）などに関する諸規定である．基本的な関心は，婚姻契約によって法的身分に変更が生じる場合の適正な手続きとはなにかという問題であるが，それがなぜ女性と関係するかというと，女性が結婚によって父親から夫へと帰属が移るからである．誓約（ネダリーム）に関する規定がこの巻に含まれているが，それは女性の誓約は父親もしくは夫の同意によって初めて有効となる点で，女性の法的身分と不可分の領域だからである．

第4巻はネズィキーン，すなわち損害である．この巻は人と人との法的関係のうちの市民法上，刑法上の関係についての諸規定を扱う．金銭をめぐる法律問題には，具体的には金銭的・身体的損害，窃盗と強奪，遺失物，売買，金銭貸借，寄託，雇用関係，共有，相続などがある．また死刑判決や法廷（サンヘドリン）の構成について，また偶像崇拝（アヴォダー・ザラー）をめぐる規定も扱われる．この部分はミシュナ全体の中でもっとも宗教的色彩が薄い分野であり，その後の長いユダヤ人自治を経てユダヤ法の正義と衡平と法的安定を達成した．現代のイスラエルでは，民事法刑事法とも英国法の影響下で発展したため，タルムード以来のユダヤ市民法との連続性が断たれた．そのため建国以来，民族的伝統の一環としてのユダヤ法への回帰をめぐる論争が展開されている．

第5巻はコダシーム，聖物である．これは神殿での供犠と財産の寄進を扱う．これらの捧げ物と寄進物は聖なる目的のために聖別され，特別の価値が賦与されるため，通常の用途に用いてはならない．基本的な関心は，神聖なものの適正な扱いとは何かであり，具体的には，家畜や穀物が聖別されるための諸条件，適格か否かの判断，具体的な供犠の手続きである．羊，山羊，牛などの血のいけにえ（ゼヴァヒーム）と小麦，大麦，葡萄酒，香料の奉納（メナホート）が神殿供犠の中心である．その他に，家畜の初子（ベホロート）の奉納やその他の寄進（アラヒーン），過失による罪の贖い（クリトート），日々のいけにえの手続き（タミード）やエルサレム第二神殿の構造（ミッドート）などがある．神殿以外での聖なる供犠を禁じたために，神殿崩壊後は完全に供犠が中断するが，メシアの世には神殿が再建されるという信念のゆえに，祭司の身分は存続し，この巻の学習も続けられた．

第6巻はトホロート，すなわち清浄の規定である．これは穢れの諸原因と伝染の仕方，穢れの清め方を扱う．聖なる神殿の存在によって，そこに接近できるか否かの区別が生まれ，清らかさの観念と穢れの観念とが深く浸透した．穢れの最大の因は人間の遺体である．それより弱い原因に，地を這うものの死体，獣の死体，さらに生死に関わるものとしての女性の月水と男性の精液，そして重度の皮膚病（ネガイーム）がある．穢れの感染は，とくに器が木製か陶製かで伝染に違いが生ずるとされる（ケリーム）．神殿の崩壊後は，生理の穢れとその清めの問題（ニッダー）以外は関心が稀薄化したため，ニッダーのみがタルムードで議論されているにすぎない．

3）信仰告白としてのシュマアの祈り

すでに第二神殿時代から行われた祈りに，シュマア（あるいはシェマ）の祈りがある．シュマアとは，ヘブライ語で「聞け」という動詞の命令形で，申命記6章4節から取られた言葉である．「聞け，イスラエルよ，主は我らの神，主は唯一である．あなたは，心を尽くし，魂を尽くし，力を尽くして，あなたの神である主を愛しなさい．云々」と続く聖句をはじめとする3つの聖句（申命記9章4-9節，11章12-21節，民数記15章37-41節）で構成された祈りで，唯一の神への愛を命ずる祈りである．これを，13歳以上の男子は，1日に朝と夜の2回，唱える義務がある．平日の朝には，祈りの小箱テフィリーンを左腕と額に置いて，祈りのショールであるタリートを肩に

◆ I. 世界の宗教潮流 ◆

かけた状態で、この祈りを唱えねばならない。心を尽くしとは、疑いをはさまない絶対帰依、魂を尽くしとは、命がけの殉教精神、力を尽くしとは、全財産にかけてという意味である。祈禱書によれば、この祈りの前後に、朝晩異なる内容の祝福の言葉が配されている。ユダヤ人の殉教者の多くは、この祈りを口にしつつ息絶えたと伝えられている。

4）ユダヤ会堂・安息日・トーラー朗読

ケヒラーに欠かせないものに、会堂（ヘブライ語でベイト・クネセト、ギリシア語に由来するシナゴーグ）がある。その起源について諸説あるが、新約聖書などによれば、神殿末期にはパレスチナ内外のケヒラーに、すでに存在したことが知られる。主たる用途は、トーラーの朗読である。会堂内に、トーラーの巻物を安置した神の箱、いわゆる聖櫃アロン・コデシュがあり、ちょうど神殿の至聖所をイメージした扉や幕で被われている。紀元5世紀頃から、エルサレムの方角の壁に設置されるようになった。トーラーの巻物は、ユダヤ教にとって本尊のような意味をもつ。唯一神の啓示の書だからである。キリスト教は、本尊を十字架上で死に復活したイエス・キリストに変え、教会は十字架を正面に据える。トーラーの巻物は、丁重に扱われ、剥き出しではなく、木製の入れ物や厚手の布でくるんであり、朗読のためトーラーを出し入れするときには、巻物が会堂内を一周する。

会堂では、トーラーの朗読、祈りのほか、子供の教育やユダヤ聖典の学習が行われてきた。ラビの養成のためには、もっと専門的な学塾ベイト・ミドラシュがあるが、すべてのケヒラーにあるのは会堂である。タルムードの伝承によれば、会堂には10人の閑人バトラニームがいつもトーラーを学んでいたという。その理由は、創世記18章のソドムとゴモラの滅亡にあたって、神は義人を悪人とともに滅ぼすのかと、アブラハムが神に問いただした問いに由来している。何度かの問答の末、神は、義人が10人いればその町を滅ぼすまいと答えた。閑人とは義人のことである。平日でも月曜と木曜の朝には、祈りとともにトーラーの

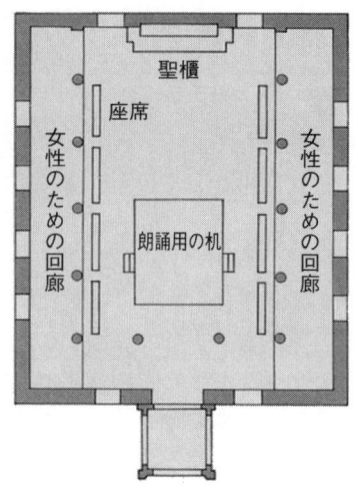

図5 伝統的なユダヤ会堂（シナゴーグ）の配置

朗読が一部行われるが、中心的な朗読が行われるのは安息日である。

トーラーは、安息日ごとに読み進んで、1年もしくは3年で読了するよう定められている。バビロニアでは1年周期、イスラエルでは3年周期で朗読が行われた。その後、パレスチナのケヒラーが衰え、バビロニアの習慣が広く世界のユダヤ人社会で踏襲されて今日に至っている。バビロニア様式では、トーラーは54に区分され、他の祭日と重ならない限り、安息日ごとに読み継いで、1年で読み終えるよう調整する。ユダヤ教のカレンダーをみれば、必ず各週の朗読箇所が記入されている。

金曜の日没前から土曜の日没後までの約25時間が、ユダヤ教の安息日、シャバットである。すべての仕事を禁ずるかわりに、精神の解放と活動を確保するための聖日である。聖書には、神自身が休息したことと、エジプトでの奴隷状態から解放された祝いであることを根拠にしている。人間だけでなく、家畜にも休息を与えることを命じる。普段は質素なユダヤ人の食習慣で、安息日は喜びの日であり、しかも調理などは禁じられるため、金曜日の準備が重要である。金曜日に安息日の食事の準備を疎かにした者は、安息日に食べることはできない。金曜から火を絶やさずにじっくりとろ火で煮る料理が、ユダヤ人の安息日のごち

—146—

そうである．

5）ユダヤ人の身分構成

ユダヤ人社会の身分構成を調べてみると，基本身分は3つである．祭司（ヘブライ語でコーヘーン），レヴィ（もしくはレビ），そして一般信徒のイスラエル人である．この分類は，古代のエルサレム第二神殿時代の伝統に遡り，神殿供犠への権利の差に由来している．祭司は，神へのいけにえの血を祭壇に注ぐ権利を有し，神殿聖所内部に入室が許され，七枝の燭台への点火，祭壇への香の供え，机上へのパンの供えなどの神殿勤めを独占する家系で，アロンに遡る．古代からの男系の世襲である．レヴィは，神殿での聖歌隊および神殿警備などの補助的仕事を司る家系で，12部族のレヴィ族に遡る．これも男系の世襲である．すでにエルサレム神殿が破壊されて2000年が経過するが，その間，ユダヤ教徒はいつか訪れるメシアの世に，離散のユダヤ人が聖地に集合し，ダビデの末裔が王位についてエルサレム神殿が再建され，神殿供犠が再開されることを，祈り続けてきた．例えば19世紀初頭のナポレオン戦争の際，欧州のラビたちのなかには，これが世の終わりの徴候とみなして，神殿供犠に関するタルムードの規定を学び始めた者がいたといわれる．ユダヤ人社会全体がメシアの到来に備えて，祭司とレヴィに属する人々の身分を残す工夫をしてきた．姓にコーエンやレヴィをつけたり，シナゴーグでの公の祈りで祭司とレヴィの役割を指定したりした．

これに対して，ラビもしくはハハーミーム，賢者とよばれる地位は，いわば能力主義による称号である．ユダヤ教の自治社会において，その宗教文化の担い手の呼称には，知恵ある者や賢者という意味の言葉ハハーミーム（Chakhamim，単数形はハハーム，英語ではsages）が広く用いられ，かれらの教えも，他の文化圏の賢者と同じく，哲学的宗教的な基礎の上に築かれたものであった．ハハーミームと並んで用いられる称号にラビ（Rabbi）がある．これはトーラーを人々に教える役割の担い手である．ラビとは元来「我が師」を意味したが，ミシュナ・タルムード時代には，資格を有する者の称号となり，一時期には師資相承による叙任が行われた．賢者の称号は当時のパレスティナではラビとよばれ，バビロニアではミシュナ成立後の賢者をラヴ（Rav）とよんだ．かれらの第一の仕事は，ユダヤのトーラーを教授し法判断を行うことである．ラビは，ユダヤ法の自治体制のかなめとしてタルムード時代以後も連綿と続き，自治の喪失までそれを主たる職務とした．

6）社会生活：結婚・離婚・人生の各段階・市民生活・食物規定

ミシュナの法規で，ほぼユダヤ人の生活様式の全体が提示されているが，若干補足すれば，ユダヤ人の人生は，長い間，男性中心で，年齢ごとに役目が指示されていた．ミシュナによれば，「5歳で聖書を，10歳でミシュナを，13歳でミツヴァ（掟），15歳でタルムードを，18歳で結婚し，20歳で追い求め，30歳で力に満ち，40歳で識別力を得，50歳で助言ができ，云々」といわれる．生後8日目に，男児は割礼を受ける．これによって，初めてアブラハムの共同体の一員になる重要な儀礼である．単にユダヤ人の母親から生まれただけでは，ユダヤ教徒とはいえないということである．幼児洗礼と比較すれば，神学的にも社会的にも共通点の多い儀礼であることがわかろう．伝統的な社会では，男女とも12，13歳頃からすでに大人としての扱いを受け，父親は子供の結婚に奔走し，シッドゥーフという仲人が活躍した．異教徒同士が出会って結婚するという事態は通常はきわめて稀で，結婚や離婚を管轄するのは，近代以前は主として宗教権威が担当していた．キリスト教やイスラーム教しかり，ユダヤ教しかりである．それゆえ，各宗教集団は，結婚等の身分に関する裁判を管轄する相互に排他的な法廷を設置して，構成員を把握してきた．この制度は，オスマン帝国以来，今日でもイスラエルの身分法の管轄について妥当する．ユダヤ教徒はラビ法廷が，イスラーム教徒はカーディ法廷が，キリスト教やドルーズ教徒はそれぞれの宗教権威が管轄している．

異民族，異教徒を分ける習慣には，食物規定も大きく影響している．ユダヤ教徒は，古代以来，

◆ Ⅰ．世界の宗教潮流 ◆

食物規定に厳重な注意を払ってきた結果，異邦人との接触に制約が加えられた．血は生命の源として食用を禁じ，肉食についてもノアとの契約までは認められなかった．肉食に適する家畜を制限するだけでなく，家畜の屠殺に資格を定めて，苦痛を最小限にする屠殺を徹底し，血抜きと内臓検査を定めて，宗教的に適正な食肉を厳しく限定している．その結果，穢れに関する規定や，偶像崇拝に関わる食物や酒類の忌避規定とあいまって，異邦人と共同の食事を行うことが難しくなった．新約聖書のガラテア書2章と使徒言行録15章の記録から，アンティオキアで異邦人キリスト者との共同の食卓につけるか否かをめぐって，使徒ペテロの矛盾する態度に対し，パウロが厳しく非難した出来事が伝えられているが，これも，ユダヤ的習慣に慣れ親しんだペテロの心根の傾向が見て取れる．こうした傾向は，伝統的な生活様式が支配的な社会では，今日までもその傾向を保っている．

5.7 中世におけるユダヤ人の3大グループの分布とその思想活動

(1) パレスチナとバビロニア

ユダヤ人は，70年のエルサレム神殿崩壊後，地中海周辺地域とバビロニアの多くの都市に散在し，200年頃のミシュナ成立後には，パレスチナとバビロニアでミシュナが徹底して学習された．ミシュナを注釈し法律論を展開した集積がパレスチナ・タルムード（400年頃）とバビロニア・タルムード（500年頃）に結実し，イスラーム時代にはバビロニアが学問の中心地となるが，12世紀までにユダヤ人共同体の中心地は他の地域へと移動した．

今日，ユダヤ人は3つの出自集団に大別されるが，それらは主として中世のユダヤ人分布に由来している．従来は，スファラディ（スペイン系）とアシュケナズィ（ドイツ系）に二分して説明されてきたが，現在ではそれにミズラヒ（東方系，アジア系，オリエント系）を加えるのが妥当である．

(2) スファラディ系ユダヤ人（Sephardi Jews）

スファラディは，スファラドというヘブライ語がスペインを指示する通り，イスラームとともにスペインに渡りイスラーム文明とともに黄金期の繁栄を遂げたユダヤ人を先祖にもつ集団である．とりわけ，12世紀を中心に，詩人で政治家のシュムエル・ハナギード，漂泊の詩人イブン・ガビロール，ユダヤ教に改宗したハザール族の宗論を基礎にした『クザリ』を著したユダ・ハレヴィ，聖書注釈者アブラハム・イブン・エズラ，律法学者で哲学者，医師でもあったマイモニデス，ナハマニデスなどの著名人が輩出する黄金時代であった．当初，レコンキスタを開始したカトリック側はユダヤ人に寛容であったが，次第に厳重になり，1380年代に最初の異端審問が開始された．そして，1492年にレコンキスタの完成，スペイン王国の統一によって，ユダヤ人追放令が施行され，キリスト教への改宗を拒絶した者はスペインから追放された．その行き先となったのは，主として，イタリア，北アフリカ，バルカン半島など地中海周辺諸国，とりわけ進境著しいオスマン帝国領内であった．また，キリスト教へ改宗したマラノ（豚の意で，新キリスト教徒の蔑称）も加わって，ポルトガル経由でオランダ，イギリス，ドイツ，アメリカへも進出し，各地で共同体の伝統を守って今日に至っている．

スペイン追放は，ユダヤ神秘主義にとって画期的な事件となった．なぜもっとも栄えたスファラディが追放させられたのか．追放されて聖地に戻ったことは終末到来の予兆ではないのか．スペインの神智学的傾向をもつカバラー（神秘主義的伝承）の神秘家たちは，スペイン追放後，聖地イスラエルの北部，ガリラヤ地方の小都市ツファト（サフェードともよばれる）に神秘家の共同体をつくると，世界各地から神秘家が参集するようになり，ここが終末を希求するカバラーの一大中心地へと変貌した．そのなかから，イサーク（イツハク）・ルーリア（1534-72）がメシア待望論と

カバラーとを結びつけた新たなカバラー理論を生み出し，ハラハー（ユダヤ法）とカバラー（ユダヤ神秘主義）とを合体させることによって，以後のユダヤ人の宗教生活に重大な影響を与えていく．さらに，1666年には，イズミール出身の神秘家シャブタイ・ツヴィ（1626-76）が現れ，ガザのナタンが彼をメシアと認める理論を樹立することで，ユダヤ人世界に一大メシア運動を惹起した．これはその後に現れた同種のメシア運動ともども，正統派ラビ体制から偽メシア運動として異端視されるが，ウクライナやポーランドに伝わって，1648年のコサックのユダヤ人襲撃で疲弊した東欧ユダヤ人に対して，メシア待望と社会混乱をもたらす原因ともなった．

近世以後，オスマン帝国の衰退や西欧列強の植民地化によって，ミズラヒともどもスファラディの社会から往年の勢いは失われる．しかし元来，スペインからインド，中国にかけての広大な通商ルートはスファラディ系商人の活動地域であり，インドや中国へと交易を広げたサッスーン家などを代表格に，その後もイギリスの進出に乗じてイギリスにも勢力を広げるなど，その勢力を誇示した．日常語としてラディノ語を話す．

(3) アシュケナズィ系ユダヤ人（Ashkenazi Jews）

アシュケナズィは，10世紀頃からライン河畔を基点に北フランス，ドイツ，ポーランドへと広がったユダヤ人共同体で，早くからスファラディとは慣習やヘブライ語の発音，儀礼上の違いが意識された．十字軍より以前に，この地域から，ユダヤ教律法史上の巨人，ラビ・シュロモー・イツハキ（1040-1105），通称ラシが生まれ，聖書註解とタルムード解釈に多大な功績を残した．その晩年には第1回十字軍の遠征が開始され，このときから欧州内部で消しがたい反ユダヤ主義が広がることになった．十字軍は遠征途中で次々とユダヤ人集落を破壊し，多くのユダヤ教徒が殉教した．アシュケナズィ系ユダヤ人は，そうした迫害を逃れて，ドイツからポーランド方面へ移動し，14世紀以来，ポーランド王や貴族の厚遇を受け，

図6 イスラエル・バアル・シェム・トーヴ

大土地所有の管理などを任されるようになった．ここから，ポーランドのユダヤ人が急増していくことになる．そして彼らは，ポーランドからウクライナにかけて，シュテットルという独自のユダヤ人集落を形成した．1648年，ポーランド貴族への復讐をもくろんだコサックの反乱はユダヤ人をも標的にし，暴動はウクライナ中のユダヤ人集落を疲弊させた．こうした情勢下で，1666年に起こったシャブタイのメシア運動やその後のフランク主義は偽メシア運動として当地のユダヤ社会を混乱に陥れた．しかし幸い，そうした混乱のなかから，イスラエル・バアル・シェム・トーヴ（1700-60）によってハシディズムの神秘主義的大衆運動が芽生え，非常な勢いで浸透し，ツァディーク（義人）という世襲の宗教指導者を戴く集団が複数設立されていった．

東欧ユダヤ社会で，ハシディズムとそれに反対する正統派のグループ，ミトナグディームの対立が激しさを増してきた頃に，ロシアが隣国ポーランドのかなりの領土を併合した．以来，ロシアは，ユダヤ人居住区域（英語でペイルとよばれる）を設定して，ロシア本国へのユダヤ人の移住を制限するとともに，ペイル区域内でのユダヤ教的生活をやめさせて周囲の世界への同化政策を推進する．この地域のユダヤ人社会は，ポーランド貴族の所有する広大な領有地の経営や土地利用の仲介業的仕事と荘園内での農民向けの商取引や職

人仕事によって，ユダヤ人は社会階層の一角を担う不可欠の階層をなしていた．1881年にロシア皇帝アレクサンドル2世が暗殺され，ユダヤ人の仕業との流言がユダヤ人迫害（ロシア語でポグロムとよばれる）の連鎖を引き起こしていく．

東欧ユダヤ人社会は，人口増加と貧困が重なって，このポグロムを契機に西側諸国への大移動が開始され，米国への移民数が急増する．多民族の居住地が複雑に重なり合った東欧は，第1次世界大戦後に多くの民族国家の独立をみるが，脆弱な権力基盤とさまざまなイデオロギーの衝突のなかで，ユダヤ人の身分をいっそう不安定にさせた．人口の1割余りを占める少数宗教民族集団としてのユダヤ人の存在は，各国の民族主義的理念と確執を生じ，ナチス・ドイツの進出に呼応して，各国はナチスのユダヤ人政策に加担することになった．これが，第2次世界大戦中のユダヤ人迫害によって，東欧地域に600万人のユダヤ人の死者をもたらした最大の原因である．近代になりもっとも栄えたのはドイツのユダヤ人であるが，東欧では，ユダヤ人が全人口の1割にのぼり，米国や西欧への大規模な移民も，ナチのショアーの犠牲になった者も，主として東欧のユダヤ人である．イディッシュ語を日常語とした．

(4) 東方ミズラヒ系ユダヤ人（Mizrachi Jews）

従来，ユダヤ人内部の分類では，アシュケナズィ系とスファラディ系の2つの集団に大別する説明が一般的であったが，これは，ユダヤ人社会内部にも，ある種のオリエンタリズムの存在があったことの証でもある．すなわち，西欧，あるいは欧米中心の世界観で，東洋世界は異文化の蒙昧な他者として扱われたきらいがあるということである．また，1492年のスペイン追放以来，追放された多くのスファラディ系ユダヤ人が，オスマン帝国を中心にイスラーム圏に逃れたことから，ある意味で，スファラディ系が，それ以前から東方に住んでいたユダヤ人を含めた総称として使われたことも関係している．

ミズラヒは，西は北アフリカ西端のモロッコから東は中央アジアまで，主としてイスラーム圏に居住したユダヤ人を総称し，1948年のイスラエル国家樹立にともなって大挙してイスラエルへ移住したが，新国家でアシュケナズィが社会の中枢を占めるなかで差別を実感し，政治意識を高めた．代表的な集団には，エジプト，トルコ，イエメン，シリア，イラク，イラン，アフガニスタン，インドのコーチン，中央アジアのブハラなどがあり，出身地別に固有の共同体意識をもち，父祖の伝統の保持にも関心を注いでいる．

5.8 多様性と統一性：コミュニティと宗教教義

世界各地に離散して1000年以上も経過したユダヤ人社会の特徴は，「多様性の中の統一」，「統一の中の多元性」である．これは，一方で時代や地域の独立性を保持しつつ，他方で時代・地域を超えたユダヤ人としての統一を維持したことによって達成された．これを可能にしたのは，近代以前のユダヤ人社会が，法の宗教としてラビの法学者的権威によって秩序が形成されていたことによる．その特徴を3つ挙げてみよう．

第一に，ユダヤ人の行動規範を定めるハラハー（法，歩み）の分野では，時代と地域を超えた連綿とした学問の系譜があって，難解な問いに対しては共同体を超えて質疑のやり取り（レスポンサ）が行われた．ラビの学問は，①ユダヤ法典の編纂と学習，②聖書の注釈，③レスポンサ，そして④その地域で行われる一般諸学，医学，天文学，哲学，言語学などに及んでいる．

第二には，ハラハーの分野でも地域的多様性が認められ，各地の習俗と慣習の固有性が認められ，共同体のラビは自ら法令（タッカノート）を定める権限を有していた．

第三に，神学的な意見の対立はユダヤ教を分裂させるような深刻な信仰上の論争にならなかった．例えば，ユダヤ教では，魂の不死性や霊魂と肉体の関わりについての議論は，キリスト教世界では考えられないほどに淡白で相互に矛盾する言説が共存し，哲学や神学の究極的な信仰論争へと

発展しなかった．ハラハーの法的規範以外の伝承はアガダー（語り，説話）とよばれ，神学的な主題も含めて，キリスト教のようなクレドとしての拘束力はなく，ラビの個人的注釈や伝承集の中で伝達され，説教や釈義に応用される形をとった．これは，ユダヤ教が聖典解釈の自由を最大限に許容したことに起因する．「トーラーには七十の顔（面相）がある」という格言にもそれは表現されている．ハラハーは，トーラーの渋面であっても，顔のひとつでしかない．ユダヤ知識人個々の思惟はトーラーの諸々の面相として自由と独自性を容認するのがアガダーの特徴である．しかし，アガダーの柔軟性はハラハーがあってこそ機能しうるものであり，基盤が失せれば，もはや無秩序な主張の羅列でしかなくなる．まさにこの事態は，近代になって現実のものとなった．

5.9　ユダヤ教と近現代社会

西欧近代のユダヤ人解放は，西欧近代国家の主権概念の実行によって惹起された事態のひとつである．憲法によってすべての市民の自由と権利と義務を規定し，国家と市民との間に介在する自律的団体の権威を奪うことである．貴族の領土やギルドの支配もこうして失われた．ユダヤ人にあっては，史上初めて法的に市民としての同等の権利を取得した代わりに，集団としてユダヤ人共同体のハラハー的自治を完全に奪われたことを意味した．

(1) ケヒラーの解体と神学

現代のユダヤ人世界をいわば鳥瞰するとき，現代のユダヤ教の危機を反映した広範囲の深刻な問題点の中で顕著なのは，ユダヤ教において伝統的に神学教育が欠如していたことの現代的意味合いである．今日のユダヤ人社会は，主義主張を異にする複数の宗派や団体がユダヤ教の本質的な問題をめぐって対立しあっているにもかかわらず，実りある対話や議論が成り立っていないといわれる．その原因がまさに伝統的なユダヤ教そのものにある．伝統的ユダヤ教は，厳密な議論はハラハーの問題にゆだねてしまい，神学的な問題は，本来的に自由な解釈が可能な，したがってあまり訓練されていない方法で自由に論じられるものとみなす傾向にあった．神学的主張が権威を構成しないという特徴は，ユダヤ教の思想的柔軟性に貢献してきたが，西欧近代のユダヤ人解放が，ユダヤ教を統一させる宗教的権威を失墜させた今，複数の宗派が並立し聖典の範囲や序列が多元化している状況と相俟って，神学的な議論の不在を招き，対立する主義の双方は議論を闘わすべき共通の言語を欠いてしまっている．ユダヤ教はキリスト教に比べて神学的教理ではなく生活様式を重視する実践の宗教であるというのは真実であるとしても，もはやそれだけでは済まされない．こうした状況を憂いて，デ・ラーンジュは，信仰者が目指すべき「究極的目標」を10項目にわたって提示する．聖性・従順・義・信仰・恐れ・愛・メシアを招く・世界の修復・平和をつくる・死後の報い，である．これは，中世にマイモニデスが13の信仰箇条を挙げたのとは異なる仕方で，ユダヤ教の輪郭を提示している．

(2) ハラハーと現代ユダヤ教

近現代に生起した事態は，ユダヤ人社会に即して見ると，伝統的ラビ・ユダヤ教体制に対する4つの挑戦として捉えることができる．

① 啓蒙主義に由来するユダヤ教改革の挑戦：

これは，近代主権国家における宗教結社の自由によって，複数の教団が成立することを意味した．そして今日では，ユダヤ教の教団は，3つのカテゴリーに分類できる複数の教団が並存する状況になっている．第一は近代主義をすべて拒絶し中世以来のハラハー支配を継続する伝統主義の教団で，超正統派を代表とする．第二は，近代に適応するモダニストの改革で，その適応の程度に従って，正統派，保守派，改革派に分かれる．第三は，伝統的なユダヤ教の枠を超えた急進的な代替物を探求するグループで，アメリカの再建派やハヴーラーとよばれる小グループ，また世俗的ユダヤ人もこの範疇に入る．

② 直接的宗教体験に由来するハシディズムの挑戦：

これは，ツァディーク（義人）とよばれる新たな宗教権威が登場し，その周囲に教団が形成され，新たな聖典群が複数成立する事態がもたらされたことを意味する．今日でも，人数の割合はわずかだが，ルバヴィッチ派やラビ・ナフマンのハシディズムなどは，独自の宗教的生活を展開して一定の影響力を保っている．また，ユダヤ哲学のヘルマン・コーヘン，フランツ・ローゼンツヴァイク，M. ブーバー，A. ヘシェル，そしてまた，E. レヴィナスの系譜は，ハシディズムの流れを受け継いで，神と人との直接体験を機軸に据えた宗教哲学を展開していると考えられる．

③ 近代科学技術による挑戦：

これは，古典的には電気，電信，電話の出現，電車，自動車，飛行機の出現が，安息日の労働禁止とどう関わるか，という重大なハラハー上の問いを提示したが，近年では，分子生物学の発展による新たな事態が問題となる．具体的には，臓器移植・体外受精・代理母・安楽死などである．生命は神が賦与するものという教義との抵触の問題である．

④ ユダヤ人国家建設の挑戦：

これは，宗教と国家の新たな問題である．ユダヤ人は中世の長きにわたって国家をもたなかったため，ユダヤ教と国家権力との関係についての理論は構築されずに現代に至った．大多数のユダヤ人が既存の主権国家の市民としての身分を取得する方向に向かい，また，正統派のハラハーもこの問題に消極的であったため，シオニズム国家イスラエルは，伝統的なユダヤ教のハラハーを基盤としたユダヤ教国家ではなく，20世紀の民族自決に則った世俗的な国家建設を行った．

これら4つの問題群は，ユダヤ人であれば誰もが直面して態度決定せざるをえない問題であるため，これらにどう対応したかを考察することによって，現実のユダヤ人がユダヤ教をどのように認識しているかを把握することができよう．ラビ・ユダヤ教の後継者を自認する正統派のラビであれば，上記のすべての問いは，伝統的なハラハーの現代における応用問題にすぎず，かつてと同様の分析と解釈によって回答が出せるものと見なされるかもしれない．しかし，もはや正統派の権威はごく限られた範囲でしか妥当せず，ユダヤ教とよべる実体は，いくつかの宗派によって分有されているのであり，それぞれの立場は神の啓示の捉え方において，もはや同一ではありえなくなっている．

5.10　ユダヤ教は民族宗教か ——神道との対比の視点から

ユダヤ教は，神道と同じく，民族宗教であるといわれることがある．民族宗教という意味は，キリスト教や仏教などの世界宗教と対比される概念で，その宗教の信仰者と特定の民族とがほとんど重なるような宗教のことである．神道は日本人の宗教であるということがいわれ，日本人以外に信仰者はほとんど想定されない．それと同じく，ユダヤ教は，ユダヤ人という人種あるいは民族が信仰する宗教であり，人種的あるいは民族的なユダヤ人以外に信仰者がほとんど想定されないというのである．確かにユダヤ教には民族宗教的要素といえるものがいくつかある．① ユダヤ教徒の定義として長く用いられたものに，ユダヤ人とは母親がユダヤ人かユダヤ教への改宗者，というものがある．改宗者に開かれていたとはいえ，おもにキリスト教社会とイスラーム教社会の中で，パーリア的存在として社会的身分の低い異邦人集団であったから，改宗者は少なく，また阻止されることも多く，基本的には血縁集団であった．② ユダヤ教は，唯一神との間に，613の戒律による特別の契約関係があり，あえて重いくびきを担う「選民」の意識によって，苦難の生活を耐え抜いてきた．したがって，改宗者には相当の覚悟と負担を強いるのであり，キリスト教やイスラーム教のように，簡単に改宗できる仕組みにはなっていなかった．③ ユダヤ教の613戒には，中東地域の生活環境に由来する規定や，安息日や食物禁忌など特殊で厳格な教えが多く，それらを遵守すると必然

◆ 5. ユ ダ ヤ 教 ◆

的に，特定の地域に根差した宗教という性格を帯びるように思える点がある．④伝統的な祈りにおいては，神に願うことのなかに，イスラエルの民の離散からの大規模な帰還，エルサレム神殿の再建，ダビデ王権の樹立など，古代イスラエルの人々の願望が今日まで持続されている．

以上，4つの要素を挙げたが，民族宗教とは考えがたい要素もある．①元来，ユダヤ教は複数の部族の連合体であって，血縁集団を超えた信仰的共通性に根差した宗教であり，だからこそ，唯一神との契約を基礎としたのである．②キリスト教とイスラーム教の支配下にあって積極的な改宗布教運動ができなかったとはいえ，すでにキリスト教出現以前から，ユダヤ教への改宗者は文献に現れており，明確な世界認識と人間観，そして倫理的かつ規律正しい生活様式を備えた宗教として，他の民族の人々にも魅力的な存在であった．③ローマ帝国やイスラーム教の勢力拡大につれて，ユダヤ人はそうした支配領域の隅々にまで進出し，各地の自然環境や社会環境に適応して久しい時を過ごしてきた結果，ユダヤ人というひとつの同質化した人種，あるいは民族など想定できないほどに，世界中のユダヤ人は人種的に民族的に多様である．

このように，ユダヤ教を一概に民族宗教ということには躊躇がある．また，そういう定義を行うことによって，世界宗教より劣ったものという価値づけを与えることはさらに控えるべきである．元来，民族宗教という概念には曖昧さがつきまとう．神道とは日本人の宗教である，という定義ともつかない説明があるが，日中戦争中，日本は八紘一宇の理想のもとで，日本人以外にも天皇崇拝や神道を広げようともくろんでいた．延喜式にでてくる神々を崇拝する者には，誰であれ，その神社の氏子の資格を与えることは理論的には可能である．神道への改宗者の制度があってもよいわけである．他方，日本人の大半が信仰している仏教は，たとえその内容が日本独自のものであっても，日本的仏教を民族宗教とよぶことに抵抗があるかもしれない．しかし，その現実をみれば明らかに民族宗教的である．また，明治の神仏分離以前の日本社会における仏教と神道が融合していた時代については，日本人の宗教をなんとよんだらよいであろうか．そもそも日本人はいつから民族としての自己を意識したであろうか．そうした問いは，ユダヤ人の場合にはるかに複雑なのである．2000年にわたって世界中に散在して各地の生活習慣や言語を身につけたユダヤ人社会は，相互に民族の違いに匹敵するような顕著な違いをもっていながら，共通の信仰をもつ者としての一体感を抱き続けることができた．ユダヤ教は，民族宗教という言葉から推測されるような，ユダヤ人という同質の人々が特定の限られた地域で長い年月の間に無意識的に培ってきた信仰と儀礼の総体であるとはいえない．

もちろん，民族宗教という定義を生かす形でユダヤ教を定義することは，神道との対比あるいは類比を考えるうえで有効であると思われる．ここでは，18世紀ドイツの思想家，ヨハン・ゴットフリート・ヘルダーの考えに従って民族宗教を定義してみよう．キリスト教やイスラーム教や仏教は，1人の教祖による特定の信仰から始まって信者を獲得して成長する宗教であって，本来的に宣教活動をする宗教である．これに対して，民族宗教はある一定の集団を前提とした宗教である．人間は1人で生きていくことはできない．人間にとって，集団に帰属することは，衣食住や言語と並んで人間の根源的な必要条件である．そうした単位としての集団は，衣食住の習慣，言語，説話，神話，宗教儀礼，法体系など，それ独自の文化を形成している．その集団は，狭い範囲で形成された家郷集団にこそ原型をもっており，成員はその集団が培ってきた価値観としての家郷精神あるいは民族精神なるものを共有し，人生の意味づけを習得する．そうした文化は，それ独自の価値があり，文明というような1つのものさしで優劣が定まるものではない．

そのような意味での民族宗教は，日本でいえば，大陸の文明の移入前に培われたかもしれないものに限定され，それ以降は中国文明の融合や選択を意識的に行った時代になる．18世紀に台頭するロマン主義は，失われた民族宗教の意識的意

I. 世界の宗教潮流

図的な再構築の試みであって，近代主権国家の民族概念と相俟って，政治的イデオロギーへと変貌した．日本の神道については，近代における意図的な神道の再構成によって生まれたものと，古代においてすでにその姿を失ったものとの2つの要素があることが留意されねばならない．

ユダヤ教についてこの民族宗教の概念を当てはめると，古代の原型たる民族宗教としてのユダヤ教は，かの旧約聖書を生み出した古代イスラエル時代の集団が育んだ宗教文化こそが，この概念に匹敵するものとなる．そして，近代の政治的イデオロギーと結びつく民族宗教に当たるのは，逆説的ではあるが，19世紀末に西欧で広がったいわゆる世俗的政治的なシオニズム運動である．この運動は，それまでのユダヤ教から決別して，世界に離散しているユダヤ人はどこに生まれどこに住もうとも民族としては一体であって，地上のどこかに1つのユダヤ人独自の国家をもつべきであるという主張である．古代の先祖にならって，土地と言語と習俗を共有する国家を意図的に作り出す運動である．今のイスラエルという国家は，この運動の結実したものとして，1948年に近代国民国家として独立宣言を行った．独立前後には，世界各地から，西欧や米国，ソ連と東欧，中央アジアから北アフリカにかけての広大なイスラーム文化圏から，そしてまたインドやイエメンから，衣食住も言語も肌の色も異なり，文明の程度も文化も違う国々からユダヤ人が集まって国家が創設された．すでに建国後50年が過ぎ，イスラエルのユダヤ人人口は600万に満たないが，建国後に国内で生まれたユダヤ人の人口が，全体の人口の半分を超えた．そのうちの3割はまったくの世俗主義者，3割は伝統として習俗や儀礼を守る者である．そうした人々も，この地では，ヘブライ語を母語として話し，民族的叙事詩として聖書を学習し，国防軍として男女ともに高校卒業後に兵役に従事し，安息日や過ぎ越しの祭りをはじめとして，かつての宗教的な祭日を世俗国家の祝日として採用している．はたして，イスラエルのユダヤ市民全体を統合するような民族精神が培われているであろうか．世俗派と宗教者との間には架橋しがたい対立がありながら，国防という一点によってのみ統合が保たれていると極論するものもある．イスラエルも国家として，さまざまな工夫によって，国民に一体感と帰属意識，国民としての生きがい，価値観の育成に注意を払っている．こうした努力は，宗教学の分野で「市民宗教（civil religion）」として概念化されているが，イスラエルにおける民族宗教の教育は，この概念の実践である．こうした状況が現代日本の神道と似ているか否かにかかわらず，民族宗教という概念でユダヤ教を論じようとすると，以上のような点に注意すべきである．しかし，この説明では，イスラエル以外の地に住む人口が2倍以上のユダヤ人については該当しない．

民族宗教としてのユダヤ教の問題は，20世紀西欧における民族自決の政治理念の熱狂的高まり，さらにナチス・ドイツのユダヤ人迫害の論理とも密接に関係していることがわかろう．かつて，ヘルダーが構想した家郷精神は，諸集団がそれ独自の価値をもって互いに並びあって世界を構成しているというものであり，各民族文化には掛け替えのない価値があるという文化の多元性の主張であった．しかし，民族の純潔，民族の優劣，社会進化論などが相俟って，アーリア民族の純潔さを保持し民族精神を高揚しようとする政治的理想主義の名のもとに，ユダヤ人や共産主義者，身体的精神的弱者を排除し隔離する政策が，恐怖政治とともに実践に移され，ついには絶滅計画の実行に行き着いてしまった．民族宗教の議論は，世界宗教との対比としての概念を超えて，今日の主権国家の政治理念と深く関わっている．一民族一国家主義や民族国家によって，今も世界の各地で宗教の名のもとに戦闘が行われ熱狂主義的な民族浄化が頻発する現状に照らして，民族宗教の概念は，現状分析の用語として有効性をもつとともに，使い方には注意を要する．

参考文献

アロン，R., ネエール，A., マルカ，V.（内田　樹訳）『ユダヤ教―過去と未来』ヨルダン社，1998年．

市川　裕『ユダヤ教の精神構造』東京大学出版会，2004

年.
市川　裕『ユダヤ教の歴史』山川出版社，2009年.
臼杵　陽『見えざるユダヤ人―イスラエルの〈東洋〉―』平凡社，1998年.
カステーヨ，E. R., カポーン，U. M.（市川　裕監修，那岐一尭訳）『図説ユダヤ人の2000年　歴史篇，宗教・文化篇』同朋舎出版，1996年.

コーヘン，A.（村岡崇光，市川　裕，藤井悦子訳）『タルムード入門 I-III』教文館，1997年.
デ・ラーンジュ，N.（柄谷　凜訳）『ユダヤ教入門』岩波書店，2002年.
ムーサフ＝アンドリーセ，R. C.（市川　裕訳）『ユダヤ教聖典入門―トーラーからカバラーまで―』教文館，1990年.

I．世界の宗教潮流

6 ヒンドゥー教

山下博司

6.1　定義と人口

　ヒンドゥー教は，インド国民の大多数（80％強），8億2800万人になんなんとする人々（2001年センサス）が信奉するインドの民族宗教である．インドを代表する宗教であることから，日本の学界では「インド教」とか「印度教」よぶこともある．俗に「ヒンズー教」というのも，これと等しい．ただし，インドは世俗主義（非宗教主義・非宗派主義）の国家であり，ヒンドゥー教は「国教」ではない．

　ヒンドゥー教徒はインドにだけ居住しているわけではない．バングラデシュの総人口の14％，スリランカの15％がヒンドゥー教徒であるし，ネパールでも，古くからヒンドゥー教が信奉され，人口の過半をヒンドゥー教徒が占めるとされる．ほとんどがイスラーム教徒から成るインドネシアにあって，バリ島には，在来宗教と混淆した形ではあるが，350万人ほどのヒンドゥー教徒が暮らしている．シンガポールでは国民の4％（ちなみにインド系は国民全体の約8％）が，マレーシアでは5～6％が，ヒンドゥー教を信奉するインド系の住民である．アジア以外にもインドなどから世界各地に移住した人々やその子孫たちを加えると，ヒンドゥー教徒は世界全体の14％，9億人以上の人口規模をもち，キリスト教徒，イスラーム教徒に続く，世界で3番目に大きな宗教集団をなす．世界へ進出するヒンドゥー教徒の数は，インドの経済開放政策や世界経済のグローバル化などをうけ，さらに増大している．スリランカ内戦に伴うタミル系の難民たちも，ヒンドゥー教の拡大に一役買っている．世界中に散在するインド系移民（印僑）たちのディアスポラの中で，ヒンドゥー教徒たちは他の集団と概して平和的な関係を保っている．

　「ヒンドゥー（Hindu）」という語は，もともとは地理的な概念を表す言葉である．この語は，本来インダス河を意味するサンスクリット語「スィンドゥ」に由来している．その語がペルシアに入ると，語頭のSが発音しづらい音だったため転訛して「ヒンドフ」となり，さらにインドに逆輸入されて「ヒンドゥー」になったものと考えられている（「ヒンドゥー」はさらにギリシア語に写されて「インド」となった）．「ヒンドゥー」は本来地名（河川名）に由来する語であって，特定の宗教や信徒を指す呼び名ではなかったのである．西方の人々が，インダス河以東に住んでいた人々をそう呼んでいたのをインド人が採用した，いわば「他称」ということになる．

　「ヒンドゥー教（Hinduism）」の語や概念についても同様である．ヒンドゥー教がインドで「ヒンドゥー・ダルマ（＝ヒンドゥーの教え）」とか「サナータナ・ダルマ（＝永遠教え）」という名称でよばれることがあるのも事実である．しかし，いずれも近代に入りヨーロッパ的な宗教観念の影響を受けつつ造語された表現であって，それ以前は，文字通り「ヒンドゥー教」にあたる語彙は存

◆ 6. ヒンドゥー教 ◆

在しなかったし，「宗教」の観念自体も希薄だった．少なくとも近代に至るまで，彼らは「インド人」としても，あるいは「ヒンドゥー教徒」としても，明確な自己意識なしに暮らしを営んできたといえるのである．

ヒンドゥー教の成立年代をいつ頃に定めるかについての定説は存在しない．ヒンドゥー教をどのように定義するかによって，自ずと見解も異なってくるからである．ヒンドゥー教に特定の教祖・開祖がいないことも，成立年代についての意見の一致を困難なものにしている．はるかインダス文明にまでヒンドゥー教の淵源を遡ろうとする者もいれば，アーリヤ人がインド亜大陸に進入し，ヴェーダ文献が編纂された時期に起源を求める者もいる．前者は，インダス文明の遺物などから示唆される当時の宗教に，のちのヒンドゥー教を彷彿させる要素が数多く見出されることを根拠とし，後者は正統派ヒンドゥー教のオーソドックスな聖典や宗教儀礼におけるヴェーダ的要素の重要性にひときわ注目するのである．一方ヒンドゥー教の成立をより遅い時期に設定する場合もある．特に，宗教史の上で仏教の興隆以降，つまり前5〜4世紀以降に発達し有力になったものを「ヒンドゥー教」とし，それ以前を「バラモン教」ないし「ヴェーダの宗教」と定義することが多い．ここでは混乱を避けるため，歴史学等における趨勢にも従い，最後の定義に基づいて解説を加える．

6.2 インダス文明とヴェーダの宗教

(1) インダス文明と原ヒンドゥー教

インダス文明（代表的な都市遺跡の名前から「ハラッパー文明」ともよぶ）は，都市文明が栄えた時期（前2300〜前1800年）を含む千数百年間にわたって，インド亜大陸西北部を中心に展開した先史文明である．印章，骨，テラコッタの小像などから，この文明が犬，猫，瘤牛，家禽などを家畜化し，豚，駱駝，象なども飼育していたらしいことが示唆される．小麦，大麦，エンドウ，胡麻などが栽培されていたことを物語る証拠も発

図1 インダス文明の印章（上部にインダス文字）

見されている．何らかの神観念や宗教的実践もあったに相違ない．考古学者やインド学者は，遺物などをもとに，母神崇拝，聖樹崇拝，動物崇拝，儀礼的沐浴，ヨーガ的瞑想，牛の神聖視，男根崇拝などの存在を想定している．印章の中の角をはやし動物に囲まれた人物像（神像？）を，獣主（パシュパティ）としてのシヴァ神の原型と考える者もいる．上記の諸要素は，いずれも後世のヒンドゥー教の信仰や実践を彷彿させるものだが，インダス文明は文献とよびうるものを残しておらず，詳細を知ることはおろか，真偽を確認するすべすら存在しない．

インダス文明をアーリヤ人が築いたものとする説もあったが，残された印象文字のコンピュータ分析の結果から，その文字に表された言語が，類型論的に言えば，現在主に南インドに居住する人々が用いるドラヴィダ語族のそれときわめて近い性質を示すものであるとする説が有力になっている．上に掲げたさまざまな宗教要素が，どちらかといえば現在の南インドのヒンドゥー教に特徴的なものであることも否定できない．しかし，印章文字自体は，文字数が少ないこと（150〜500程度．学者により見解が異なる）や2言語併記の資料がないことなどに阻まれていまだ解読がなされておらず，文明の全容や担い手たちについて審らかにするには至っていない．最近になって，印章に記されている「文字」なるものが，自然言語を反映したものではないとする説も提起されるなど，新たな議論をよんでいる．彼らの使用言語はともかく，出土した人骨の形質人類学的研究によれば，文明の担い手たちはかなり複合的な人種構成をしていたことが示唆されている．

◆ I. 世界の宗教潮流 ◆

近年発掘と研究が進むにつれ，この文明の版図が，他の古代文明に比べはるかに広大な領域（東西南北にほぼ1500 km）にわたっており，現パキスタンから北西インドの広い地域を覆っていたことが明らかになっている．インド領内に限っても，ラージャスターン州やマハーラーシュトラ州，さらに東はデリーの北にも及んでいる．こうした新知見にともない，これまで比較的均一であると考えられていた文明のあり方が，無視できない地方的な要素をともなっていたことも次第に明らかになりつつある．

いずれにせよ，後世のヒンドゥー文化を理解する上で，インダス文明がきわめて重要な鍵を提供してくれることは間違いない．しかしそこに現れた諸要素は，後続する時代にただちに引き継がれ文化の主流をなしていったわけではない．ヴェーダ時代ないしバラモン教隆盛の時期を経たのちに，徐々に文化の表層に滲出してくることになる．

インダス文明の滅亡の原因も分明ではない．寒冷化を含む大規模な気候の異変，森林の荒廃による乾燥化，大河の流路の変化，地下水位の低下と塩害，土地の隆起による河の異常氾濫と川筋の変化，それにともなう土地の生産力の低下など，さまざまな説が取り沙汰されてはいるが，いまだ説得力のある説明はない．いずれが真の要因かはわからないが，現代人がかかえているのと軌を一にする，文明と環境をめぐる普遍的な問題を，垣間見ることができるかもしれない．学際的なアプローチによる滅亡原因の究明が待たれている．

(2) ヴェーダ聖典の成立

インド古代の宗教の様子を偲ばせる最古の文献資料はヴェーダである．ヴェーダ文献は，神々への頌歌，神話的記述，哲学的思索，祭式の規定など，宗教的な内容を基本とし，その宗教は「ヴェーダの宗教」とよばれる．これは「バラモン教」とよばれるものとほぼ等しい．前者は文字通り「ヴェーダに基づく宗教」を意味し，後者はヴェーダを伝承し司祭階級として当時の社会で枢要な地位を占めたブラーフマン（婆羅門）にちなむ名

サンヒター（本集）
　『リグ・ヴェーダ』（讃歌）
　『サーマ・ヴェーダ』（歌詠）
　『ヤジュル・ヴェーダ』（祭詞）
　『アタルヴァ・ヴェーダ』（呪詞）
ブラーフマナ（祭儀書）
アーラニヤカ（森林書）
ウパニシャッド（奥義書）

図2　ヴェーダの構成

である．

アーリヤ人が，気候変動など何らかの理由で，イラン北東部からパンジャーブ地方（現在のインドとパキスタンの国境をまたぐ一帯）に入ったのは，紀元前1500年頃のことである．彼らは父系的な氏族社会を営み，その地で半牧畜・半農業的な生活をはじめるようになった．アーリヤ人がインダス文明を壊滅させたと考えられたこともあったが，インダス文明の研究の進展によって，インダス文明の顕著な衰えとアーリヤ人の進出との間に時代差があることが明らかとなり，その蓋然性は疑問視されるに至っている．

アーリヤ人が残した文献群がヴェーダである．ヴェーダは，ほぼ古い順に，サンヒター（本集），ブラーフマナ（祭儀書），アーラニヤカ（森林書），ウパニシャッド（奥義書）から成るが，狭義にはサンヒターのみを指す．サンヒターは，『リグ・ヴェーダ』（讃歌），『サーマ・ヴェーダ』（歌詠），『ヤジュル・ヴェーダ』（祭詞），『アタルヴァ・ヴェーダ』（呪詞）の4つから構成されている．ヴェーダ文献中で最古の『リグ・ヴェーダ』は，前1200年から前1000年頃，パンジャーブ地方で成立した．その後アーリヤ人はガンガー・ヤムナー平原に東漸し，そのほかの3サンヒターとブラーフマナを作った（前1000～前800年頃）．さらに，ガンガー（ガンジス）中流域でウパニシャッド（古ウパニシャッド）が成立するのは，前800～前500年のことである．ウパニシャッドとは，古代インドの一群の哲学書の総称である．古ウパニシャッドとして代表的なものに，『チャーンドーギヤ・ウパニシャッド』，『ブリハッダーラニヤカ・ウパニシャッド』などがある．

アーリヤ人の侵入から十六大国併立以前までを

ヴェーダ時代と総称するが,『リグ・ヴェーダ』が成った前1200年〜前1000年頃までを前期ヴェーダ時代,それ以降,他のヴェーダができ,古ウパニシャッドの成立をみた前500年頃までを後期ヴェーダ時代とすることがある.ヴェーダ時代は,前期・後期を通して,ヒンドゥー教の思想や文化の基礎が形作られ,その後のヒンドゥー社会の基本的枠組みも整った時代と考えることができる.

(3) 天啓文学と聖伝文学

ヴェーダ中で成立がもっとも古い『リグ・ヴェーダ』は,神々を詠った約1000の讃歌の集成である.ヴェーダの宗教には,アーリヤ人のインド進出以前のインド・ヨーロッパ的ないしインド・イラン的な宗教文化に遡りうる要素もあるが,その後の内発的な発展や先住民文化との接触・混淆などの結果,豊かな内容をもつ多面的な宗教へと大きな展開の跡を示していることも事実である.後世のヒンドゥー教にみられる要素の多くは,インダス文明と並んで,ヴェーダの中にも,その萌芽を確認することができる.その意味で,ヴェーダの宗教(バラモン教)はヒンドゥー教の前身としての性格も示している.

ヴェーダは,聖仙(リシ)が神秘的霊感によって感得したものとされ,天啓文学(天啓聖典,シュルティ)とよばれる.それに対し,広義のヴェーダ文献のなかでも「スートラ」とよばれるものは,聖仙自らが著したものとされ「聖伝文学」(スムリティ)とよばれる.家庭内の祭事などについても,ここに詳しく規定されている.のちに成立をみる叙事詩『マハーバーラタ』,『ラーマーヤナ』,およびプラーナ文献などもスムリティに数えられる.

(4) ヴェーダの神々

『リグ・ヴェーダ』の宗教は,主として自然の構成要素や天然現象などを神格に見立て,崇拝の対象としたものである.その意味で自然崇拝的であり,一種の多神教ともいうことができる.日本の神道における八百万の神のように,33神ないし333神が数えられるが,それはあまたの神々の総称として象徴的に言及した表現であって,もとより神々の実数を表示したものではない.ヴェーダの宗教における代表的な神々としては,暁の神ウシャス,太陽神スーリヤ,河の神スィンドゥ,地の神プリティヴィー,雨の神パルジャニヤ,暴風神ルドラ,火神アグニ,水の神アーパス,聖なる酒を神格化したソーマ神,双子の神アシュヴィン(アシュヴィン双神),暴風の神格化とされるマルト神群,造物や工巧(くぎょう)の力を神格化したヴィシュヴァカルマンなどが挙げられる.

図3 インドラ神

もっとも重要な神はインドラであろう.『リグ・ヴェーダ』中の讃歌の実に4分の3が,彼に捧げられているからである.インドラはもともと雷電を神格化したものともされ,インド・イラン時代にもさかのぼる古い神である.仏教にも採り入れられ,梵天(ブラフマー神)などとともに仏法を護る神とされた.日本では帝釈天の名前で知られている.インドでのインドラは,ヴェーダ時代以降人気を失い,ヒンドゥー教の最高神であるシヴァやヴィシュヌの前で,いたって影の薄い存在に低下してしまう.

ヴァルナ神も重要である.日本で水天として知られる神がこれにあたるが,ほんらい水を神格化したものかどうか定かではない.起源はともかく,ヴァルナは自然と人間界の秩序・倫理を統べる神であり,天則の保持者である.司法神として

天則（リタ）に背く者を罰し，水痘に罹患させて苦しめるが，悔い改める者には慈愛にあふれる面も示す．彼が司る天則（リタ）は，後代になるとダルマという観念にとってかわられ，ヴァルナ神も，ヒンドゥー教の時代に入ると重要性を失って，インドラと同じく衰運を辿った．

ミトラも古い起源を有する神格である．この名はもともと「計量する者」の意で，歳月や人間関係を測る者として太陽の神となり，友誼や信義を司る神ともなった．『アヴェスター』の中で，光明神アフラ・マズダーとともに暗黒神アフリマン（アーリマン）と戦うミスラ神に，語源の上でも機能の面でも対応している．この神も，ヒンドゥー教の時代になると，パンテオンから静かに身を引いていくことになる．

ヴェーダには，ヒンドゥー教で至上神に昇りつめるヴィシュヌやシヴァ（前身としての暴風神ルドラ）も登場するが，後代の人気に比べ，存在感の乏しいものにとどまっている．

(5) ヴェーダの神観念と一元論の芽生え

『リグ・ヴェーダ』の神々は呼称，属性，事績を共有するなど，截然とした個性を欠いている．讃歌の主題となった神が最大限の賛辞で言及され，あたかも最高神のように扱われることから，19世紀の比較宗教学者マクス・ミュラー（1823-1900）は，『リグ・ヴェーダ』の宗教を「単一神教」と形容した．また主神が祭祀のたびに入れ替わることから「交替神教」ともよんでいる．ヴェーダの神観念は，多神教的外観を装いながらも，ある一定の契機を経て複数の神々が一柱の神のもとに糾合されるなど，一神教に転化しうる要素を胚胎していた．ヒンドゥー教の神々が示す「一にして多」「多にして一」という変幻自在で融通無碍な性格は，すでにヴェーダの神観念の中に萌芽が観察されるのである．

ヴェーダの宗教においては，神人同形観（擬人神観）が不完全で，神像が用いられた形跡に乏しく，ヒンドゥー教で支配的になる尊像崇拝的な傾向も顕在化していない．恒久的な寺院建造物や聖地巡礼などの実践についても，存在を示す確たる証拠を欠いている．

ヴェーダの祭祀は供犠（ヤジュニャ）という儀礼行為を中心としている．祭式の際には，祭官が浄められた空地に神を勧請し，祭詞（マントラ）を諷誦しながら供物（農作物，酪製品，生贄など）を祭壇の火炉に投じた．こうした火供の儀礼（ホーマ）は，密教の護摩として，はるか日本にまで伝来している．ヴェーダの祭儀は，神への感謝の念や自己犠牲を伴う熱烈な信仰心に裏づけられたものというより，何らかの具体的な目的や期待をこめて行われ，神と人との間には一種のギヴ・アンド・テイクの関係が成立している．この点で，のちに発達するヒンドゥー教，とくにバクティを基調とするそれとは大いに趣を異にしている．祭祀の詳細は，ブラーフマナ文献やスートラ文献に詳しい．

『リグ・ヴェーダ』には，その後のヒンドゥー思想の展開の上できわめて顕著になる一元論的な理念や一神教的な宗教観念の嚆矢とも考えられる観念も現れている．唯一のものから森羅万象が展開したとする教説などがそれである．そこでは，「唯一のもの」が中性形で言及されながらも，呼吸をする生命体のごときものとしても述べられている．もろもろの神は1つの神の異名にほかならないとする考え，唯一の真理がさまざまに表現されるという見解，神々をも支配する天則の観念なども『リグ・ヴェーダ』の中に見出される．

ヴェーダの宗教（バラモン教）は，自由思想家の諸思想や仏教・ジャイナ教など，既成の権威や考え方にとらわれない闊達な思想傾向が表面化した前5世紀前後に，いったん勢力を弱める．グプタ朝期（後4～6世紀頃）には，（バラモン教のルネッサンスともよばれる）古典文化見直しの機運が生じるが，同じ頃，シヴァやヴィシュヌなどの神々への信仰や庶民的な崇拝様式を吸収したヒンドゥー教が興り人気を得てくると，それに次第にとってかわられるようになる．王たちのなかにも，ヒンドゥー教を保護する動きが顕在化する．しかしながら，ヴェーダ聖典の権威そのものは，後世に至るまでかたくなに維持され，思想史上無視できないものとしてとどまった．

6.3 インド古典哲学の確立

(1) 正統派バラモン哲学（六派哲学）

　ヒンドゥー教は，単一の教義・体系のもとに成立・発展したものというより，先史時代にも遡りうる素地の上に，ヴェーダ的・ブラーフマン的な価値観や社会制度の大枠の中で，大衆的なものを含むさまざまなレベルの神観念，儀礼，習俗，社会制度，生活様式などが，緩やかな纏まりを保ちつつ，長い時代を経ながら再編され形成された「宗教文化的複合体」である．このような傾向・運動は，紀元前から現れはじめ，グプタ朝が興隆した後4～5世紀以降，仏教やジャイナ教の衰えとともに次第に決定的なものとなっていく．この頃には，のちに絶大な人気を享受する二大叙事詩『マハーバーラタ』と『ラーマーヤナ』，ヒンドゥー教徒の規範や価値体系を定めた『マヌ法典』などのダルマ・シャーストラ（法典）類，神話的伝承を集成した主要なプラーナ文献なども出揃うことになる．

　「六派哲学」として知られる古典哲学の諸体系もこのころ確立をみる．インドでは正統派の哲学体系のことをダルシャナ（見解）とよびならわし，古来6つの流派（六派哲学）を数える．総称して「アースティカ」ともよばれる．これは「〈ある〉と唱える人々」を意味し，主宰神の存在ないしヴェーダ聖典の権威を是認することからこうよばれている．それに対し，仏教やジャイナ教など，最高神の存在を否定したりヴェーダの権威性を否認する者たちは，「ナースティカ」すなわち「〈ない〉と唱える人々」と称される．諸学派は，精緻な認識論や形而上学を基礎に，論理を駆使して互いに論争を繰り広げた．

　ヴァイシェーシカ学派は，多数の実在を認める多元論的見解をとる．物質を無数の原子から成るものとし，原子の集合と離散によって世界を説明しようとする．その世界解釈は，積集説とよばれる．

　ニヤーヤ学派もヴァイシェーシカ学派と類似の実在論的見地に立ちつつ，独自の論理学を発達させた．のちに有神論的立場を鮮明にし，論理を駆使して主宰神（彼らの場合はシヴァ神）の証明を試みた．

　サーンキヤ学派はきわめて古い時代にさかのぼる学派で，精神と物質の二元論を唱えた．あらゆる結果は根本物質（プラクリティ）のなかにあらかじめたたみ込まれており，世界創造はそれらが展開し顕在化する過程にほかならないとする．これを因中有果論または転変説とよぶ．純粋精神（プルシャ）が物質との結合を離れたとき輪廻の生存が断たれ，解脱が達成されるという．最高神の存在を認めないため，その哲学は無神論としての性格も示す．

　ヨーガ学派は，サーンキヤ学派と教説のかなりの部分を共有するが，最高神の存在を信じる点で立場の相違を見せる．ヨーガ学派は，精神を物質（肉体）から分離し解放を得るための手段として，ヨーガの行を高度に発達させた．

　ミーマーンサー学派は，ヴェーダの祭式万能主義を受け継ぎ，ヴェーダの本質を「命令」と見なして，祭祀の実行による果報を強調した．それにより得られる天界などの果報は神からもたらされるのではなく，祭式の実行自体から発する効力がそうさせるのだという．

　ヴェーダーンタ学派は，根本聖典である『ブラフマ・スートラ』（『ヴェーダーンタ・スートラ』とも）を拠り所とし，ウパニシャッドで説く「梵我一如」を徹底して深化した．この学派はヒンドゥー教の時代に入って，傑出した学匠が相次いで現れ，各々の立場から『ブラフマ・スートラ』に注釈を施した．ヴェーダーンタの教えは，現在に至るまでヒンドゥー教思想における正統派中の正統派の地位を保ち続けている．

　以上6つの思想体系は，輪廻からの解脱ないし天界の獲得を最終目標としている点で多分に宗教的であり，純粋な意味での哲学とは性格を異にしている．これらの思想はヒンドゥー教の哲学や神学に豊かな材料を提供し，その深化や体系化に大きく寄与した．

(2) シャンカラの登場と不二一元論思想

ヴェーダーンタ派の哲学思想のなかでもっともよく知られ，かつ絶大な権威が認められているのが不二一元論（アドヴァイタ）である．この教えによれば，ブラフマン（梵）またはアートマン（我）とよばれる精神的実在のほかに実在するものはないという．彼らによれば，目の前に広がる世界は幻影にすぎないことになる（化現説）．

この教義を大成したのは南インド出身のシャンカラ（700-750頃）である．シャンカラは，ブラフマンは有・知・歓喜を本質とし，非人格的で限定がなく，属性をもたないとした．彼は主要なウパニシャッド聖典，『バガヴァッド・ギーター』，『ブラフマ・スートラ』などに，無神論的一元論の立場から注釈を施し，見解を異にする諸派を含む後世のヒンドゥー哲学・神学に甚大な影響を与えた．シャンカラはインドに4カ所の僧院（マタ，マット）を建てたとされ，それぞれ不二一元論の教えを奉じる学匠が，代々シャンカラ師を名のって，法灯の維持と僧院の管理運営に当たっている．

シャンカラは，解脱に至りうるのは上位3ヴァルナ（再生族）のみであるとした．聖典を学べるのは再生族に限られるからである．こうした差別的な教義に対する一種のアンチテーゼとして，万人の救いへの道が模索されるようになる．「バクティ」がそれである．

6.4 バクティ思想の成立と展開

(1) 「バクティ」の成立と展開

シャンカラが活躍した8世紀は，ヴェーダで主役の座にあった神々への信仰に代わり，シヴァやヴィシュヌに対する熱烈な信心に基づく信仰態度が，南インド・タミル地方で顕在化した時期にあたっている．そうした信仰のあり方を「バクティ（信愛）」とよび，信者のことを「バクタ」と称する．至高の神（イーシュヴァラ）への絶対的帰依に基づいて，自己犠牲をいとわず一心に神を敬い，奉仕し尽くすことにより，救いを得ようとするのである．現代の庶民的ヒンドゥー教では，このバクティ的な傾向が卓越しており，その意味から，7～8世紀の南インドにおけるバクティの誕生は，ヒンドゥー教史上画期的なことということができる．インドの一地方で興った新しいヒンドゥー教の息吹は，16世紀頃までに，南インドを皮切りに，インド各地の言語によるヒンドゥー教文学の成立をともないながら漸次北方へと拡大し，インド亜大陸全域に波及していく．

バクティの神観念が，いつ頃生じたかは分明でないが，その萌芽を紀元前5～4世紀頃に編まれた中期ウパニシャッド文献の中に辿ることは可能である．そこには人格的な世界原因としてのブラフマンが説かれている．シャンカラが無属性のブラフマンをことさらに強調した背景には，当時ブラフマンを属性をもった実在と規定し，最高神と同一視して人格神への崇拝を肯定する流れが強まりつつあったという事情が働いている．シャンカラが抵抗を試みた有神論思想は，ヴィシュヌ神を最高神とするものであった．大衆的で情緒的なヴィシュヌ崇拝は，同じく南インドから出たラーマーヌジャ（1017-1137）やマドヴァ（1238-1317）などのヴェーダーンタ派の学匠たちによって理論化され，精緻なヴィシュヌ神学へと昇華していった．ラーマーヌジャの神学体系は被限定者不二一元論（ヴィシシュタ・アドヴァイタ），マドヴァのそれは二元論（ドヴァイタ）とよばれる．

バクティを基調とするヒンドゥー教は，新しい様式の寺院の広がりをも随伴していた．8世紀頃は，寺院構造においても大きな革新が起こった時代だったのである．これまでのような，磨崖を掘って造った寺院（石窟寺院）や岩塊から掘り出して造った寺院（岩石寺院）に代わって，石積み式のものが登場し，原則的にどこにでも大規模なヒンドゥー寺院を造営することが可能になった．新たな様式の誕生が，ヒンドゥー教の拡大と変容を促したであろうことは想像に難くない．バクティ的なヒンドゥー教では，神像への礼拝が一般化し，寺院や聖堂内での儀礼も仔細に規定されるようになる．ヴェーダ時代の宗教で表面化していなかった寺院参りも盛んになるなど，寺院が宗教的

◆ 6. ヒンドゥー教 ◆

図4 ラクシュマナ寺院（インド，カジュラーホ，10世紀）

実践の中心的な役割を担うようになる．聖地への巡礼も，バクティの宗教の特徴である．宗教詩人たちは聖地や寺々を巡り歩き，神々を讃える歌を詠んだ．タミル地方のアールヴァールやナーヤンマールの幾人かは，その先駆けである．

神に対する儀礼も，ヴェーダの宗教におけるヤジュニャ（供犠）に代わって，花や水を多用するプージャー（供養）型の儀礼が一般的になり，オーソドックスなヒンドゥー寺院では，動物の犠牲をともなう崇拝様式はしだいに姿を消していった．

堂内での儀礼形態の変化と軌を一にするように，ヒンドゥー教徒の日常においても，肉を忌避し菜食を旨とする，現在の多数のヒンドゥー教徒のそれと相通じる食生活・食文化が定着していった．それには不殺生（アヒンサー）を強調したジャイナ教や仏教の影響が指摘されるが，菜食への推移は，人口増大にともなう食糧資源の確保との絡みで解釈することも可能であろう．

(2) 中世以降の展開

インド中世のヒンドゥー教を彩ったものに，クリシュナ崇拝の高まり，とくにラーダーとクリシュナ（ヴィシュヌの化身）への信仰がある．それは13世紀にかなり盛んになり，14～15世紀以降多くのすぐれた詩人が現れて神を詠嘆する歌を作った．クリシュナ神を夫に見たてて情熱的な愛を詠ったラージャスターンの女性詩人ミーラー・バーイー（1499-1546）も，その流れを汲む1人である．女性詩人の活躍は南インドも例外ではない．時代的に先立つタミルの女性詩人アーンダール（8～9世紀頃）もまた，ヴィシュヌ神に対する熱烈な愛を詩に託し，ヴィシュヌの妃であるシュリー女神の化身と信じられるようになった．主宰神を自らの夫や恋人と仮想し，異性への愛情になぞらえつつ帰依の心を吐露する手法と信仰態度は，中世のヒンドゥー教文学の一大特徴ともなっており，アーンダールはその先駆けとも言えるのである．たとえ男性詩人であっても，自らを女性に見たて，男性神（シヴァやヴィシュヌ）への信愛の情を艶やかに表現した．

ヴァッラバ（1473-1531）とチャイタニヤ（1485-1533）も熱心なクリシュナ信者であるが，前者は注釈家・哲学者として純粋不二一元論（ブラフマン，個我，世界はともに実在し，純粋清浄であり同一のものであるとする教え）という体系を築き，後者は神への恍惚的なバクティで知られる．2人を崇敬する者たちは，それぞれヴァッラバ派，チャイタニヤ派の宗教集団を形成し，その影響は現代にまで及んでいる．

近代における西欧列強のインド進出は，ヒンドゥー教にも大きなインパクトを与えた．西洋の文物の流入，イギリスによるインド統治の諸政策，キリスト教宣教師の活動などを通じて，インドの人々には自らの文化や社会を批判的に意識するような視点や態度が育まれていった．自文化・自宗教を問い直す動きはベンガル地方にあった英領インドの首府・カルカッタで芽吹いた．19世紀のベンガルで興った自文化への覚醒と近代化の動きを「ベンガル・ルネッサンス」とよぶ．それを皮切りに，より広範に展開したヒンドゥー教の見直しと再編の動きを「ヒンドゥー・ルネサンス」，そうした過程を経て新たな息吹を与えられたヒンドゥー教のことを「ネオ・ヒンドゥイズム」とよんでいる．一連の動きを象徴する団体に，ラムモホン・ライ（1772-1833），デベンドロナト・タゴール（1817-1905），ケショブ・チョンドロ・シェン（1838-84）らに導かれたブランモ・サマージ，ダヤーナンダ・サラスヴァティー（1824-

83）のアーリヤ・サマージ，ラーマクリシュナ（1836-86）の高弟ヴィヴェーカーナンダ（1863-1902）が創設したラーマクリシュナ・ミッションなどがある．やや遅れて南インドにおいても，ラマナ・マハルシ（1879-1950），ラーマリンガル（1823-74），ナーラーヤナ・グル（1854-1928），オーロビンド（1872-1950）らが活躍し，独特の教えを説くとともに，その感化力によって社会にも大きな影響を及ぼした．

インド近代の民族運動の昂まりをうけ，アーリヤ人の概念やヴェーダ的宗教世界が見直され，再評価される動きが表面化するが，そこにおけるヴェーダ観やインド観は，西洋近代で展開したロマンチシズムやオリエンタリズムの潤色を免れないもので，一部が過度に強調されるなど，真実を十二分に反映したものではない．インド人たちが自らに目を向け，過去の文化的な栄光に気づき，自己アイデンティティを構築していくよすがとなったのは，多分に西欧で形成され逆輸入された古典インド観であったことは注意されるべきである．

6.5 ヒンドゥー教の神々とヒンドゥー文化・社会

(1) ヒンドゥー教のパンテオン

ヒンドゥー教の2大神としてヴィシュヌとシヴァが知られている．ヴィシュヌは，叙事詩やプラーナの時代に最高神としての地位を固めた．図像的にさまざまな表現で知られるが，代表的なのが大洋に浮かぶ大蛇に横たわる姿である．彼は宇宙を創り，維持し，破壊する神であるが，破壊のあと混沌の海でしばしまどろむとされている．その姿を写したのがこの像である．このほか，怪鳥ガルダにまたがるヴィシュヌ像なども人気がある．ヴィシュヌは多くの姿（化身）になって人間を悪魔から解放すると信じられ，なかでも10種の化身（ダシャ・アヴァターラ）が有名である．

シヴァ神は，恐ろしい面と柔和な面を併せもつ両義的な神格である．墓場で魔群と乱舞する異様な神である一方，信者に救いを垂れる慈悲深い神

図5 ヴィシュヌ神とラクシュミー女神（右）

でもある．男根状のリンガの形で寺院に祀られている場合も多い．豊饒の神としての様相である．シヴァが信者のバクティの強さを試す一連の神話は，ヒンドゥー教文学の白眉である．シヴァとその妃パールヴァティー（ウマー）は，息子として長男のガネーシャと次男のスカンダ（シャンムガ）をもつ．前者は象頭の愛嬌ある姿で知られ，物事の開始を司る神として庶民の篤い信仰をうけている．後者は孔雀に乗った姿をとる青年神（童子神）である．南インドの土着神ムルガンと習合し，タミルナードゥ州では，ヴィシュヌやシヴァを凌ぐほどの人気を集める．

2大神として並び称されるヴィシュヌとシヴァは，一対の神（双神）をなしているわけではない．ヴィシュヌを崇拝する人々（ヴィシュヌ教徒）にとって，あくまでもヴィシュヌが最高神であって，シヴァは低位の神にすぎない．逆にシヴァ教徒にとっては，シヴァこそが至高神であり，ヴィシュヌは劣位にランクされる．

これらのほか，ヒンドゥー教はおびただしい数の神々を擁し，そのパンテオンは，地域によって，カーストによって，家によって，個人によって，実にさまざまな様相を帯びる．神々を祀る寺院の形態もいろいろである．全国から毎日何万もの巡礼者を集める大規模寺院がある一方，特定のカーストや家族にのみ参拝される祠も無数にある．すべての神々，すべての寺，すべての祈り，すべての祭りが，ヒンドゥー教の全体構造の中に矛盾なく位置づけられ，個々の信仰が正当化され宗教的実践が保障されている．

(2) 因果応報，輪廻転生，梵我一如の観念

ヒンドゥー教徒の人生観を特徴づける因果応報，霊魂不滅，輪廻転生などの諸観念は，後期ヴェーダ時代にまで淵源を辿ることができる．これらはウパニシャッド文献のなかで思索のテーマとして深化され理論化されて，のちのヒンドゥー思想の根幹を形作っていく．考え方は以下のようなものである．自らのカルマン（業，行為）の結果は自らが余すところなく享受する．過去のすべてのカルマンの集大成として今の自分があり，現在の行為に応じて未来（来世）の様態が決定される．霊魂は過去のカルマンの結果に捉えられて身体と結びつき，生死の輪廻（サンサーラ）を繰り返し，際限のない辛酸をなめる．カルマンとその結果としての輪廻を超脱しなければ，魂は真の安らぎを得ることができない．霊魂が輪廻の連鎖から解放されることを解脱（モークシャ，ムクティ）とよぶ．ヒンドゥー教の有神論派においては，神による「救済」がこれに相当する．

梵我一如——宇宙の根本原理（ブラフマン）と個物・個体の本体（アートマン）とが究極的に同一であるという思想——も，古ウパニシャッドの段階にいたって明瞭な姿をあらわす．時代的に先立つブラーフマナ文献では，天界を得る手段としての「祭祀」がもてはやされたが，ウパニシャッドでは，輪廻を超脱する手段としての「知識」を重視する立場が強調される．こうした見解の相違は，それぞれバラモン教哲学におけるミーマーンサー学派とヴェーダーンタ学派（とくに不二一元論派）に引き継がれていく．ヴェーダーンタ学派はヒンドゥー教の時代に入るととりわけ勢力を強め，多くの学匠を輩出して，思想的営為の中心的役割を担った．現代ヒンドゥー教の伝統的な学者やブラーフマンたちの大多数が不二一元論を奉じているという．

(3) 四住期とダルマの理念

バラモン教の聖典では，受胎・出生から臨終，さらには死後にも至るまでの通過儀礼が定められ，これらを浄法（サンスカーラ）とよぶ．主要なものだけでも12を数える．さらに，再生族が生涯に経るべき段階も規定されている．これを住期（アーシュラマ）という．順次，入門式（ウパナヤナ）のあと師のもとでヴェーダを学習する学生期，家業に励み子孫を育む家住期，森に隠遁して宗教的な生活を送る林棲期，一所不住で遊行に明け暮れる遁世期の四段階からなり，総称して「四住期」ともよばれる．それぞれの段階には，ダルマシャーストラ（古法典）の中などで，守るべき義務や生活のあり方が厳しく規定されている．これが実生活においてどれだけ忠実に実践されていたか定かでないが，四住期の観念はヒンドゥー教徒の規範（ノーム）となり，究極の人生モデルを形作った．仏教の祖師ゴータマ・ブッダ（シャーキヤムニ）やジャイナ教のヴァルダマーナ（ジナ）なども，こうしたバラモン教で定められた人生の階梯に沿って出家し修行の暮らしに入ったと解することも可能である．

階級（ヴァルナ）や人生の階梯（アーシュラマ）ごとに定められた義務や規定のことをダルマ（法）といい，それを遵守することもダルマとよぶ．ここにおけるダルマは，人間全体に普遍的に妥当する倫理や責務ではなく，あくまでも身分社会における各々の区分・立場に応じたものであることに注意すべきである．ダルマの理念は，ヴァルナやアーシュラマのそれと並んで，ヒンドゥー教の価値体系の基本的枠組みを構成している．

やはり古くからインドの人々の人生観や価値観の一部を形作ってきたものに「プルシャ・アルタ」（人間の目的）という観念がある．先述のダルマ（法）に，カーマ（性愛），アルタ（利得）を加えた3つから成り，「トリヴァルガ」ともよばれる．これらにモークシャ（解脱）を足して，4つ（チャトルヴァルガ）とする場合もある．これら人生の四大目標は，前三者はダルマ・シャーストラ，カーマ・シャーストラ，アルタ・シャーストラという個々の聖典・学問分野として体系化され，モークシャについては，その探求の営為がおびただしい宗教文献のかたちに結実している．これら4つの目的を先述のアーシュラマの四段階にあてはめ，各階梯で追求すべき原理（学生期＝アルタ，家住期＝カーマ，林棲期＝ダルマ，遁世

期＝モークシャ）とする考え方もある．

(4) カースト制の起源と発達

カースト制を基礎とする伝統的身分秩序は，変遷を被りながらもヒンドゥー教の歴史を貫いて現代まで維持されてきた．「カースト」は，ヒンドゥー社会全体を律する理念かつ社会制度として，今なお厳然たる重みをもって存在している．

カースト制度のプロトタイプとも見なしうる記述は，すでに『リグ・ヴェーダ』に現れる．アーリヤ人がインドに進出してきたとき，すでに何らかの階級の区別をもっていたと推定されるが，彼らはやがて先住民たちを支配下に収め，異言語を話し肌が黒く鼻も低い人々を「ダーサ」ないし「ダスユ」とよんで，自ら（アーリヤ）と峻別した．「アーリヤ」とは「高貴な（人々）」を意味する自称である．このことは，ヴェーダ時代に，支配階級であるアーリヤ人と被支配者である非アーリヤ人との区別が歴然と存在していたことを強く示唆するものである．後世になると「ダーサ」はもっぱら「奴隷」の意を表すようになる．

問題の『リグ・ヴェーダ』の箇所（プルシャ・スークタ，RV 10.90）では，原初の巨人プルシャの解体神話にこと寄せて，4つの種姓（四姓）の誕生，役割分担，上下関係が語られている．すなわち，神々がプルシャを犠牲獣として祭祀を行ったとき，口からブラーフマン（祭官）が，腕からクシャトリヤ（王族）が，腿からヴァイシヤ（庶民）が，足からシュードラ（隷民）が生じたというのである．当該箇所については，後世の挿入とする見解もあるが，仮にそうだとしても，前8世紀を下ることはないであろう．

これら4つの身分（種姓）のことを原語で「ヴァルナ」という．この語は「色」を意味し，もともと比較的色白のアーリヤ人と色黒の非アーリヤ人を区別するために用いられたものと考えられるが，種族の混淆が進むにつれ，しだいに本来の語義が薄れて「種姓」を示す語となった．4つの種姓を基本的枠組みとする身分秩序のことを「ヴァルナ制」とよぶ．後期ヴェーダ時代になると，『リグ・ヴェーダ』に説かれた4ヴァルナの理念が，社会制度として実態性を帯び，業の理論，輪廻の思想，ケガレの観念と強固に結びついて，その後長期にわたってヒンドゥー教徒の心と暮らしを幾重にも規定し拘束していくことになる．ちなみに「カースト」の語はインド起源ではなく，ラテン語「カストゥス（＝純血）」，ポルトガル語「カスタ（＝血統）」に由来する．

上位3ヴァルナとシュードラとの間には明瞭な一線が引かれており，前者は再生族（ドヴィジャ）とよばれる．入門式を経て生まれ変わるとされたからである．ただし実際には，シュードラが入門式を受けることは許されず，アーリヤ人としての待遇を受けることは事実上なかった．「再生族」の語は，しだいにブラーフマンの同義語となっていく．

(5) 近現代とカースト制

現在のヒンドゥー教徒の間にみられるジャーティ（いわゆる「カースト」）は，いわばヴァルナがさらに細分化した職能的内婚集団で，その数はインド全域で2000から3000ともいわれる．カーストの下位区分としてのサブ・カーストも発達している．各カーストは，固有の職種と結びつき，特定の地域的分布を示し，カースト集団内での通婚（カースト内婚）を維持している．さらに，諸カーストのあいだには上下のランクづけがある．ヒンドゥー社会の底辺には，第5のヴァルナ（パンチャマ）として，インド人全体の10〜15％を占める不可触民たちがいる．彼らは，清掃や皮なめしなどケガレと関係した職業に就き，社会的に根強い差別を受け，村などでは他の人々（これをカースト・ヒンドゥーと総称する）から離れた場所に孤立的な集落を営んで暮らしている場合が多い．不可触民制の廃止は，近代以降のインド政治の中心的なテーマの1つになってきたが，差別は今なお残存している．

一定の地域内で人口規模や社会経済的に明らかに優位にあるカーストがある場合，それを「ドミナント・カースト」と称する．このように，特定の地域に限れば，そこにおけるカーストの地位は，広域のカースト・ランキングにおけるそれと

一致するとは限らないのが実情である．カースト制については，イギリスによる植民地支配のもと，外的なさまざまな要因によって，かえって強化された側面があることも指摘されている．

インドの娯楽映画などでは絢爛たるラブロマンスが定番であるが，ヒンドゥー教徒の実生活においては様子はかなり異なっている．最近になって，大都市を中心にカーストを超えた自由恋愛や結婚が増えてはいるが，今でもヒンドゥー教徒の大部分にとって，カースト内での縁組みが一般的である．日刊紙の日曜版などに掲げられている求婚広告欄を見ると，インドから頭脳流出し欧米で働く医師や技術者であっても，自らのカーストを紙面で公表し，カースト内に限定してパートナーを求めている事例も少なくない．

西洋社会やキリスト教宣教師などからの痛烈な批判を受け，近代になって，ヒンドゥー社会内部からもカースト制の弊害と改革の必要性が自覚されるようになった．18世紀以降の進歩的思想家や社会運動家たちは，ほとんど例外なくカースト制やそれにともなう社会悪を糾弾し，ヒンドゥー教の近代化を唱え実践している．一方で，カーストの紐帯を維持・強化し，カースト・ランキングの上昇と地位向上をはかろうとする動き（カースト上昇運動）も，近代になってインド各地で顕在化した．地位向上の機会に恵まれない下位の集団が，ヒンドゥー教からキリスト教やイスラーム教へ集団改宗を果たした例も多い．仏教への転換を敢行したマハール・カースト（マハーラーシュトラ州の不可触民）の事例もある．しかし，改宗を果たした集団が社会経済的に大きく向上し，不遇な境遇を脱した例は稀である．

カースト上昇運動はインド近代に特有の現象ではない．上位カーストの価値観や生活習慣を模倣することで自らの地位向上をはかろうとする動きは，近代以前から存在した．この現象を「サンスクリット化」とよぶ（社会人類学者 M. N. シュリーニヴァースの造語）．インドで絶大な権威を保ってきたサンスクリット語とその文化を担ってきた最高カースト・ブラーフマンが，模倣の究極のモデルだったことから，この名がある．

カースト制の弊害を唱え差別の解消をめざす思想運動も近代以前からあった．そもそも「バクティ」自体，身分の上下を超克し，司祭の媒介なしに神と交感を果たす手段だったと見なすことができるし，ヒンドゥー教の内部や周縁においても，さまざまな平等思想が展開している．南インドのシヴァ教徒集団・リンガーヤタ（12世紀以降），ヴィシュヌ派の学匠・ラーマーナンダ（1400-70頃），中世北インドの聖者・カビール（1440-1518頃），中世南インド（タミル地方）のシッタルたちの教えなども，広義の平等思想の系譜に連なる．ラムモホン・ライに始まる近代の社会改革者たちの嚆矢ということができる．

ちなみに，インド独立の父ガンディーは，必ずしもカースト制を差別的な支配秩序と考えてはいなかった．成員相互の協力関係・分業関係をもとに社会を有機体・統合体たらしめている原理と見なしたのである．不可触民制に対しては断固たる姿勢で臨んだが，徹底していない側面もあり，反対勢力から批判されることにもなった．

6.6 ヒンドゥー教と現代

ヒンドゥー教の哲学・神学は一つではなく，どの神を最高神とするか，誰を開祖とするかなどに応じて，さまざまに異なっている．ただし，哲学理論についていえば，いずれも後4〜5世紀頃に確立をみたインド正統派哲学諸体系を基礎に，それらに説かれた思想に多くを負いつつ形作られていることは間違いない．

ヒンドゥー教は，神観念からは，多神教的な様相をともなう最高神崇拝として説明されうる．ユダヤ教，キリスト教，イスラーム教のような，排他的で明瞭に定義された一神教と異なり，ヒンドゥー教は，無数の神々を主神の権化・家族・眷属などとして許容し，荒ぶる女神たちや村の小祠の名もない神々をも，大きな枠組みの中に矛盾なく包摂する．人々は，最高神の権威を是認し，その関係の中に自らが崇める神を組み入れることによって，固有の信仰を維持し発展させてきたのであ

◆ I. 世界の宗教潮流 ◆

る．宗教儀礼の執行についても，寺院や祠によっては，伝統的な司祭階級・ブラーフマンではなく，非ブラーフマンが祭式の執行にあたるなど，ヴェーダ期の宗教に比べ柔軟性が際だっている．仏教徒やジャイナ教徒までもヒンドゥー世界で居場所が与えられ，あたかも1つのカーストのようになって共存・共生している．

ヒンドゥー教の融通無碍な性格は，哲学や神学の宗派的ヴァリエーションや，インド哲学諸派が提示する世界観の多様性の中にも見事に反映されている．インドの仏教は，13世紀頃にイスラーム軍によって蹂躙され壊滅したとされるが，異教の侵攻とはまた別に，このようなヒンドゥー教によって併呑され同化吸収されたと見ることも可能なのである．

ヒンドゥー教のもつ包摂的な性格は，海を越えて東南アジアなどでも観察される．タイやシンガポールにあるヒンドゥー寺院では，インド系のヒンドゥー教徒たちに混じって，現地の人々も，参詣したり儀礼に加わったりしている様子を見ることができる．

ヒンドゥー教の包括主義的性格を脅かすような排他的動きが近年活発化している．ヒンドゥー教徒とイスラーム教徒は，近代以前は比較的平和裏に共存していたが，英領期に芽生えた排他的宗教帰属意識（コミュナル・アイデンティティ）がヒンドゥーとムスリム両集団を乖離させ，しだいに宗教対立へとエスカレートさせていく．インドは反英闘争の結果1947年に独立を勝ちとるが，インド・パキスタンの分離独立というほろ苦い形での勝利となったのである．その後の印パ対立も，インド国内における両宗教集団の対立感情を煽ることとなった．このような過程でヒンドゥー教の至上主義的・原理主義的な諸団体が頭をもたげてくる．なかでも強大な力をもつようになったのが民族義勇団ないし民族奉仕団と訳されるRSS（ラーシュトリーヤ・スワヤンセーヴァク・サング）という結社である．この組織は1915年の結成以来，さまざまな政治運動に関与したとされるが，とりわけ1980年後半にはじまるウッタルプラデーシュ州アヨーディヤーの「ラーマ聖誕地奪回闘争」を扇動し，モスク破壊事件（1992年）へと導いたことでその存在感を知らしめた．1998年には関連政党のBJP（インド人民党）の政権奪取にも大きく貢献した．同年に敢行された地下核実験とそれに続く核武装宣言もこの政権下での出来事である．イスラーム国家・パキスタンとの緊張が頂点に達したことは記憶に新しい．彼らの主張はヒンドゥー・ナショナリズムとよばれる．インド国民は単一の民族性，単一の国家，単一の宗教（＝ヒンドゥー教），単一の文化（＝ヒンドゥー文化），単一の言語をもつというのが，その主張の要点である．この考えによれば，ヒンドゥー教はきわめて均質な宗教であり，ヒンドゥー文化も一枚岩的な単純なものということになる．インドの現実や歴史に照らして矛盾に満ちたものと言わざるをえない．

参考文献

Brockington, J. L., *The Sacred Thread: Hinduism in its Continuity and Diversity*, Edingburgh: Edinburgh University Press, 1981.
Flood, G., *An Introduction to Hinduism*, New York: Cambridge University Press, 1996.
Mahadevan, T. M. P., *Outlines of Hinduism*, Bombay: Chetana, 1961.
中村 元『ヒンドゥー教史』（世界宗教史叢書6）山川出版社，1979年．
橋本泰元・宮本久義・山下博司『ヒンドゥー教の事典』東京堂出版，2005年．
山下博司『ヒンドゥー教とインド社会』（世界史リブレット5）山川出版社，1997年．
山下博司「インドにおける伝統思想と現代（二）」，長崎暢子編『地域研究への招待』（現代南アジア1），東京大学出版会，pp. 169-187，2002年．
山下博司『ヒンドゥー教―インドという〈謎〉』講談社選書メチエ229，2004年．
山下博司・岡光信子『インドを知る事典』東京堂出版，2007年．
山下博司『ヨーガの思想』講談社選書メチエ432，2009年．
渡瀬信之『マヌ法典―ヒンドゥー世界の原型』中公新書，1990年．

7 道教

I. 世界の宗教潮流

石田秀実

7.1 道教とは何か

(1) 道教の定義

　道教（Dao jiao, Daoism）とは生命を成り立たせている根源としての道（dao）である気，およびその顕現者である神々を崇拝し，それと一体化することによって自己が永遠の生命に与ろう（あずか）とする中国文化圏の民族的宗教である．永遠の生命に与るという言葉が意味しているのは，永遠である自然の気と一体になるということだが，生身（なまみ）の身体の不老長寿化と捉えてしまう人々も多く，そのための多様な身体技法が構想されもした．あまたの農民反乱の原動力となる一方で，国家宗教化して王朝と密接な関係を築いてきた．

　その起源は，ある意味では中国民族の起源と重なるほどに古い．自ずからなる自然の変化を人が手出しすべきではない神聖な根源＝道として認め，それに従って行為する（無為（むい）の為 action as non-action）ことを格律とする生活文化（道家的文化）が，すなわち道教だといってもよいからである．そうした無為の共同体のエートスが中国民族の基底にいつも流れていて，それが終末的状況や王朝の転換期に，宗教運動体としての道教として動きだすと考えれば，道教というわかりにくい宗教が少しは理解しやすくなると思う．

　宗教運動体としての道教が姿を現すのは，前漢王朝（前206～後8年）の末期から後漢王朝（後25～220年）に及ぶ200年ほどの間のことである．戸籍の統計を調べると，この時期の中国では人口が激減していることがわかる．度重なる戦乱，自然災害，異民族の侵入と豪族による土地収奪などが重なって，農村共同体そのものが崩壊したのである．運動体としての道教は，共同体を失って流亡しはじめた民衆がすがりつく千年王国的ユートピア運動として始まった．後に黄巾（こうきん）の乱を起こす太平道と，その少し後に起こった五斗米道という2つの道教運動は，この千年王国運動が後漢王朝を打倒するまでに強大化したことを示す．

　もっとも文献学的道教研究には，この宗教運動体を道教と認めない立場がある．これらの運動が，まだ道教という宗教名を名乗っていないからというのがその理由である．一見厳密そうなこの立場は，実はとてもおかしなものである．例えばキリスト教の始まりを，キリスト教という宗教名を称する集団の成立時点に求めてみよう．歴史上のイエスも十二使徒たちのほとんども，自己の宗教をキリスト教などとは称さなかった．だからといって，彼らをキリスト教の歴史から除外すれば，キリスト教の核そのものが喪われてしまうだろう．

　同様に，初期の道教運動を担った人々も，自らを道教徒とよんではいない．だが道教運動を起こしたのは，まちがいなく彼らであり，5世紀になって仏教との対抗上，教義を整備し，自己の宗教に道教というレッテルを貼ってみた人たちが，道教という宗教運動を始めたわけではない．

　道教という名称は，本来は道の教えというほど

の意味であるから，仏の道を説く人も儒の道を説く人も，みな自己の教えを道教とよんでいた．道教は一般名詞でもあったのだ．5世紀の道教徒が，仏教という外来宗教の著しい体系性に拮抗できる国家宗教として道教を売りこむにあたり，『老子』(Lao-zi)の説く道を崇める自分たちの教えこそ道の教え，仏の教えたる仏教に対抗しうる道教だと主張したことから道教という名称の一般性が薄れ，しだいにある1つの宗教を指す言葉になっていっただけである．だからといって，このことを過大視して「道教は5世紀に始まった」などと説くのが誤りであることはいうまでもないだろう．

道教とは何かということを考える上で，障害になってきた要素が2つある．ひとつは宗教学を蔽っているキリスト教中心主義のまなざしである．唯一神とただ1つの聖なる経典というキリスト教の宗教的工具を基準として，他のあらゆる宗教を評価するキリスト教中心主義は，道教という宗教を測りかねてきた．道教の神々は，森羅万象そのものである唯一つの気が，千変万化の神々として現れたものである．当然ながら神々の名称は数え切れないほど多く，時代や場所ごとに次々と生まれ続ける．最高神も，時や信仰者ごとにばらばらである．唯一つの神の名を憶え，崇める宗教とは，まったく異なる宗教構造をもっているのである．

キリスト教中心主義がこの宗教に下してきた評価は，その当惑をまざまざと示している．ある評価によれば，「道教とは最高神が入れ替わる交代神教」である（インド宗教も，しばしばこのような恣意的評価を受けていたことを思い出そう）．別の評価によれば，「道教は雑多な神々を祀る迷信的低次宗教」である．もちろんこうした評価は，なぜ唯一神教が高次で多神教が低次であるかの根拠を示すことができない．

経典に関しては，唯一の聖書という経典を基準として，道教の経典を評価することそれ自体が誤りである．『道蔵』(Daoist Canon)・『続道蔵』併せて5485巻のほかにも，多くの蔵外経典があり，しかもそれらは時代を追って誕生し続け，増え続けていることがまず問題である．その内容も百科事典，医学書，化学書，占書，兵書など多様で，ある意味では雑多ですらある．「道教のバイブルは『道蔵』である」などという定義は，この内実を捉えていないと言わざるをえない．「『道蔵』の中には，バイブルもたくさん入っている」というのが正しい表現だろう．『道蔵』そのものを定義するとすれば，バイブル類をも含めた道教に関連する多様な文献と表現するしかない．

道教とは何かを考える上で，もうひとつ障害になってきたのは，ある種の人類学のまなざしである．10世紀以降，仏・道二教の僧尼・道士女冠は，民衆が祀る祖霊や地方神の祭祀の場に招かれるような形で，それぞれの宗教が伝える宗教儀礼を，いわば切り売りすることが多くなった．19世紀から現在まで，いわゆる「残された中国(Residual China)」とよばれる東南アジアの華人社会，台湾，香港，マカオなどで人類学者がフィールドワークし，体験できたのは，こうした民間の多様な祭祀と，そこにいわば寄生するような形で生き延びてきた道教である．それらは，残存し，さらには中国大陸本土に戻ったり復活したりする形で蘇生しつつある道教の姿として，それなりに貴重なものだが，それをそのまま9世紀以前の道教の姿に遡らせてしまうわけにいかないことはもちろんである．

だが，ある種の人類学や民俗学は，いとも気楽にこうしたフィールドワークの成果を，古い時代の道教にまであてはめてしまう．キリスト教的な偏見と西欧近代を絶対の価値とするまなざしが，これに拍車をかける．「雑駁で迷信にあふれた土俗的な民間信仰」として道教が描かれてしまうのはこのためである．H．マスペロ(H. Maspero, 1883-1945)のような碩学までが，こうした人類学的偏見から自由になっていない．たとえば彼は初期道教徒の儀礼を，原始の野蛮さに溢れたオージーの如き騒々しいものとして描きだす．その時代の儀礼実践者が「無言でひそやかに行うこと」を指示している儀礼的しぐさが，フィールドワークに影響された彼の解釈によって「大太鼓をどろどろ鳴らす蛮族の行進」のように誤解され，それ

がそのまま信じられて現代日本で翻訳されているのを見るのは悲しい．

(2) 道家と道教

道教徒（Daoist）は，現在でも教団内部では道家と称しており，中国の歴史書も道教を道家とよぶことが多い．日本では，道家といえばもっぱら超俗の思想としての荘子・老子などの思想伝統のことを指すから，ここで一言弁じておく必要があるだろう．戦国時代（前403～前222年）に活動し，前漢時代になってからしだいに道家の名でよばれるようになった『荘子』（Zuang-zi），『老子』などを著述した人々が，自ずからなる自然の変化を神聖な根源＝道として認めていたことは確かである．道に従って逆らわない，無為の為を格律とする共同体を彼らが志向していたことを考えれば，彼らを道教の徒とよぶことに問題はないだろう．前述したようにエートスとしての無為の共同体が中国民族の基層にいつも流れており，それが前漢の末期に終末論的運動体として顕現してくるのである．運動体の宗教的核として，神格化した老子や黄帝（Huang di）が姿を現すのはそのためである．後代の道教の多様な身体技法も，戦国時代の道家的文献にすでに見えている．宗教運動体として顕現化する前の道教を古代道教もしくは初期道教とよび，運動体となった道教を教団道教もしくは後期道教とよんで便宜的に区別することも有益だろう．少なくとも前者を哲学的道教，後者を宗教的道教などと区別するよりはずっとよい．宗教的でない道教など形容矛盾だから，宗教的道教という名称自体が意味的におかしいのだ．

なお運動体となった教団道教については，組織化されていた伝統道教ともよぶべき時代と，10世紀以降の，民間祭祀に依存する傾向の強い，必ずしも常に組織化されていたとはいいがたい道教とを区別する必要がある．伝統道教についても，反権力的な宗教運動体であった4世紀頃までの道教と，仏教経典を剽窃して教義を飾り，国家道教化していく5世紀以降とを区別すべきである．10世紀から現代にまで続く道教については，新道教（Neo Daoism）もしくは民衆道教という呼称が使われることが多い．ただし新道教は，儒仏二教の改新の影響下に生まれた全真教・浄明教などの三教混融的新道教教団と，その道術（内丹・道法など）に重きを置く呼称であり，民間信仰に焦点を合わせた民衆道教という呼称とは，若干のずれがある．

7.2 歴　　史

(1) 古代道教の時代

1) 気と道のコスモロジー

中国古代の人々にとっては，森羅万象の現れが，そのまま神々であった．大は天地や上帝から小は祖霊や草木虫魚の精霊に至るさまざまな神々への崇敬が，古代道教の基盤にある．自然の現れとしての神を信仰する姿勢は，『周礼』，『礼記』『春秋』，『山海経』などの儒教的古典や，近年に発見された出土文献（その内には，伝世の古典経典に編成される途上のテクストも多い）のうちに窺うことができる．変化流動しながらさまざまに現れてくる森羅万象は，やがてその背後に，それを現出させている「見えない一つの流動する気」という存在を想定させるようになる．古代ギリシャ人ならば，この「一つの気」が「いつも永遠に存在すること」に注目して，「永遠の相にある存在者」の探究に向かっただろう．だが古代中国人は，この「一つの気」の存在性には関心をもたなかった．彼らが注目したのは「その気が織りなす千変万化の現れ」の多彩さそのものである．

この現れのプロセスに自然（古代中国の用語では天）の規則性を読みとり，それを道という形而上的色合いを帯びた概念で示そうとする人々も現れる．千変万化の現れのうちに想定される神聖な道に従うことが，彼らの格率となる．前漢時代に道家とよばれるようになるこの人々によって，根源としての道から元気が生じ，それが陰陽二気に分かれて森羅万象が生まれるという形の生成論が説かれた．それはやがて気の現れである森羅万象が，そのまま汎神論的な神々であるという道教の神学になっていく．汎神論的な神々は，人の身体

◆ Ⅰ．世界の宗教潮流 ◆

としても現れてくるので，小宇宙としての身体内部に，神々の姿を見る瞑想（存思という）も，前漢頃には行われるようになる．

2）神仙方士の術

現象界を影とし，その背後に永遠不滅のイデア界を想定するギリシャ人のような思考は，中国に根づかなかった．見えている世界の事物は，常に変化消滅していて，永続性のあるものはどこにもないという感覚が，古代中国人の基底にある．この感覚こそ，不老長生や永遠不変の仙人にあこがれる願望の母である．気の現れとして見える世界のどこかにいるかもしれない，不死の仙人への憧憬．だが皮肉なことに，そうして希求された中国の仙人には，「永遠に在る存在者」の性質が乏しい．仙人たちは確固として在るどころか，「有るか無しかに」見え隠れする．森羅万象はすべて気の顕現なのだから，仙人さえも，「見えない気」の現れである．その中でもとりわけ身体性に乏しいのが，仙人なのだ．

だから後に後漢時代の合理主義者，王充（27頃-97）は，仙人というものを「陽気だけの状態」として理解しようとする．陰陽＝気が合体して「現れとしての森羅万象」が生まれ，陰気が身体性を，陽気が精神性の根源となる．仙人は，精神的な陽の気のみがたまたま結ぼれて現れたもの．それゆえに身体性がなく，「つかの間現れても，また消えてしまう」というわけである．

こうした仙人に逢って不死の薬をもらったり，さらには仙人になるべく修行した人々を方士（方の士）とよぶ．方士の活動は，戦国時代中期頃にすでに確認されており，前漢頃には黄帝・老子の神仙化を説く黄老信仰をともなって展開していく．そうした方士たちの中には，さまざまな導引（今の気功術）に励んだ者や，瞑想や性を用いた不老長生術（房中）に取り組み，身体性を離脱（形解という）して仙人になろうとした者もいたようである．

野心をもった一部の方士たちは，予言書（讖緯と称する）や神仙説を携えて王侯貴族にとりいり，王侯の不死願望をあおった．秦の始皇帝，前漢の武帝などをとらえた神仙願望の狂乱は有名である．前漢の淮南王，劉安（前179-122）のように，方士数千人を集め，錬金煉丹術書とおぼしき『中篇』や，道家色の強い『淮南子』などを編んで，最後には仙人となって昇天したという伝説を有する者もいる．

(2) 道教運動の時代
1）前漢末期の千年王国運動

はじめは順調だった前漢王朝が，異民族の侵入や外戚の専横，自然災害などによって屋台骨を揺るがせるようになった頃，千年王国的な終末論とユートピアを説く宗教運動が，中国各地で勃発する．斉の方士，甘忠可（前漢成帝時前32-前7の人）が作った『天官暦包元太平経』という経典を根拠として，前漢王朝の終焉とその後にやってくる「太平の世」を説くこの運動こそ，宗教運動体としての道教の始まりである．前漢王朝は五行思想の上では火の徳をもつ王朝であるとされていたため，予言書などでもその王朝を亡ぼすのは火を消してしまう水徳の王朝だといわれていた．その予言が的中したかのように黄河も揚子江も洪水を起こし，土地を失った民衆がさすらい始めたのだからたまらない．人々は道すがら狂ったように歌い踊って西王母を祭り，終末を乗り切って不死になれるというお札（符）を伝えあって26も

図1　仙薬を搗く羽人としての仙と西王母
（山東沂南出土）

の郡国を行進しつつ，都になだれこんできた．

前3（建平4）年の正月から秋まで続くこの死の舞踏さながらの大移動は，現実の政治世界では，予言をうまく利用した外戚の王莽による前漢王朝簒奪劇に展開していく．だが，いったん広まった終末運動は，民衆の間に底流して受け継がれ，後漢時代中頃になるとその中から太平道と天師道という2つの道教教団が形成されていくのである．

2）太平道と天師道

太平道は鉅鹿（河北省）の人，張角（Zhang Jiao, ?-184）が起こした道教運動で，前に述べた『天官暦包元太平経』を再編纂した『太平清領書』に依拠して終末論と太平のユートピアを説いた．神格化した黄帝・老子（太上老君）を信仰し，信者に罪を悔い改めさせた後，符水で病気を治して，華北八州に強大な勢力を振った．後184（中平元）年には後漢王朝の終焉と太平の世の到来を唱えて黄巾の乱を起こし，その後20年以上も抵抗を続けて後漢王朝の崩壊に決定的影響を与えている．鉅鹿の地には，前漢の末頃から張宗という方士が，鉅鹿の神人と称して天淵玉女などの神々を奉じ，王侯をも巻きこむような宗教運動を行っていたと伝えられる．張角はこの張宗の末裔と考えられる．前漢末の千年王国運動が，太平道にまでつながっていく事情の一端は，こんなところにも窺われる．

一方の天師道は，沛国豊（安徽省）の人，張陵（Zhang Ling, ?-177）が起こした道教運動で，やはり神格化した黄帝・老子を信仰し，信者に『老子五千文』を読誦させた．罪過を悔い改める旨を天地水の三官の神々に書状として届け（三官手書という），五斗の米を供出させて助け合い用の蔵に蓄えさせたので，五斗米道ともよばれた．天師道は子の張衡，孫の張魯と受け継がれる間に大きく発展し，一時は独立王国化したが，やがて三国時代魏の曹操の軍門に降り，信徒は中国各地に強制移住させられてしまう．曹操に追われて逃げるときにも，五斗米の蔵を封印して窮乏の民のために保管しておいた事跡は，彼らの宗教的倫理観を語る逸話として有名である．強制移住させ

図2 仙（遷）図．不死の植物を育てる羽人としての仙（山東武氏祠画像石）

られた後にも，天師道の信仰は消えずに受け継がれる．後に北宋時代になると，張陵の子孫と称する張正随（生没年未詳）に真静先生の号が授けられ（異説もある），その子孫が代々天師を名乗るようになり，元代以降は正一教と名を変えて現在に至っている．

天師道の天師とは，太平道が奉じていた『太平清領書』にいうところの終末の日に，天から地上に遣わされた神人神使のことであるから，天師道もこの書が説く千年王国運動の流れとみてよい．現在，『太平経』の名で『道蔵』に伝わっているこの書物の再々編本と，当時の画像資料などから，この千年王国運動の実態を探ってみよう．

この運動では，さまざまな災害によるこの世の終末と，その後に訪れる公平で正義に満ちた理想の太平の世の到来が説かれていた．人々の犯した罪科は，たとえ当人に罰として降されなくとも遠からず子孫に現れる（承負という）ので，悔い改めて慎むべきだとされた．千年王国の太平の世は，邪悪な人々が滅びた後，生き延びた公正な人々にのみ与えられる．その人々は新しい世界を築く人々（種民とよばれる）であり，子孫を殖やす義務があった．そのため生殖（種子の術）が尊重され，性的な儀礼書が作られる一方で，王侯の間に流行した房中のような，性を生殖以外の目的に転用するような身体技法は，「世間の偽りの伎（技）」として堅く禁じられた．

こうした生殖の奨励と性の儀礼は，後に禁欲を説く仏教徒によって過大に非難されるようになるが，気の思想に基づく生命の宗教である道教の核心にあることがらである．終末意識の中では，生

◆ Ⅰ．世界の宗教潮流 ◆

き残り，子孫を殖やして栄えていくことこそ倫理的営みであったし，自然の流れに従って生を営み，子を作り，無為の共同体に安らいで暮らすことこそ，道教のエートスだからである．道教運動が盛んであった後漢時代の墓を飾る画像石に，文字の神話としては消えかけていた伏羲と女媧の交合像が盛んに描かれるのも，こうした意識と関係があるだろう．洪水による世界の終末と，その中にあって伏羲・女媧が新たに世界を創造するこの創世神話の画像ほど，この時代の終末観にふさわしいものはない．

民衆による集団コミューン的なこの千年王国運動に，一貫して知識人が関わっていることにも注目したい．前漢末に『天官暦包元太平経』を伝えた甘忠可・夏賀良・李尋を始め，後漢時代に『太平清領書』を皇帝に奉上した宮崇，襄楷など，いずれも宮廷と関わる知識人である．

3）道教の煉丹術——葛氏道

戦国時代から前漢時代の方士たちは，房中や不死の薬による昇仙を説いていた．古くから伝わるシャーマンの天界遊行術（『楚辞』などに見える）も，こうした昇仙の観念に影響を与えただろう．

やがて方士たちの中から，不死の薬（金丹とよばれる）を調合する方法として，房中のプロセスを応用することが構想される．人の生命を誕生させる性交の過程こそは，生命の不思議そのものである．王侯の間に流行した房中はその性交のエネルギーを，子供を作ることではなく身体の純化に転用し，仙人になろうとする術であった．だからこそ千年王国的な道教運動では，この術を世間の偽りの技として禁じた．天師道で読誦されていたとおぼしき『老子想爾注』の今に伝わる断片にも，房中を厳しく批判し，生殖を奨励する文章が頻出する．けれども終末を生き延びることよりも，いま即座に仙人になろうとする者にとっては，この不思議のエネルギーの昇華・転用こそ重要である．

こうした人々（当然そのほとんどは王侯貴族である）によって，水銀や硫黄・鉛などを丹鼎（るつぼ）の中で男女の性交に擬えて交合させ，その交合のプロセスを房中にならって操作していけば，不死の薬である金丹が得られるという信仰が生まれる．前漢時代の王族であり大学者でもあった劉向・劉歆父子，淮南王劉安など，この煉丹術に手を染めていたと思われる人々は多い．後漢代になると魏伯陽（生没年不詳）により，『周易参同契』という煉丹術の書が編まれる．東晋の葛洪（283-343頃）も，その著である『抱朴子』内篇の中で，金丹こそ昇仙に至る道であると力説している．

葛洪の煉丹術は，後漢末の左慈（生没年未詳）という方士に沿源するものと伝えられる．左慈から葛洪の従祖父である葛玄——鄭隠——葛洪と続く煉丹術中心の道教の流れを，便宜上葛氏道とよびならわしている．ただ，葛洪の従孫の葛巣甫の頃（4世紀末）になると，葛氏道と便宜上よばれている人々の間の煉丹術信仰はしだいに後景にしりぞいていく．その代わりに彼らは，『霊宝真文』と称されるお札（符）によって，水災を避け，不老不死の仙人となることができるという信仰を広めていった．

4）存思瞑想と神降ろしの流れ——上清派

気の現れが自然の森羅万象であり，それらは同時に神々として顕現する．こうした道教のコスモロジーからすれば，自然界の日月星辰のみならず

図3　太陽神・月神として交合する伏羲と女媧
　　　（南陽漢画像石）

小さな自然としての身体内部にも神々が現れることになる．こうした身体内部の神々を瞑想礼拝して，身体に止まることを願えば，気を保持して長生不老を得ることができる．古くは戦国時代にまで遡りうるこの体内神瞑想の養生術は，後漢の頃には存思とか守一とかよばれて，千年王国運動の書，『太平経』にも重要な養生法として記されている．五臓それぞれに宿る神々を紙に描き，それを見ながら体内神を瞑想するような技法である．後漢頃の成立と考えられる『黄庭経』にも，五臓六腑をはじめとする体内の神々の名前と姿が，詳細に記されている．この経典は体内の神々を存思するための覚え書きとして重視され，著名な書家にして天師道信者の王羲之が書写したと伝えられるテクストも残っている．

こうした存思瞑想と霊媒を用いた神降ろしを主に説く経典として，『道蔵』の上清経類があり，これらの経典を信奉した4世紀から5世紀にかけての道教徒の一群を，便宜的に上清派とよんでいる．その始まりは，東晋の許謐（305-78）父子による茅山での神降ろしにあるとされる．許謐は当初，天師道の信者だったことが知られている．3世紀の初期・魏の曹操の軍門に天師道教団が降った後，魏の都，鄴都に強制移住させられた天師道信者のかなりの者が，南中国の東晋王朝を頼って南下するが，許謐はそうした天師道信者の1人だったと考えられる．

宗教運動体としての天師道が挫折した後，天師道信者は，その信仰を母体にいくつかの異なる道を歩みはじめる．千年王国の夢を捨て切れなかった集団は，東晋に移り住んでからもしばしば反権力的な運動に走った．東晋王朝が亡びるきっかけとなった孫恩の乱は，終末論に深く彩られた天師道信者の反乱である．その一方で国家権力にすり寄る人々も現れる．天師道独自の税制や性の倫理をねじ曲げ，国家宗教化することによって生き延びようとしたのである．

許謐の一派は，これら2つの道のいずれとも異なり，山中での瞑想と神降ろしによる見神の道を歩んだ．存思瞑想と神降ろしは古くからある見神・養生の技法で，千年王国運動の内部でも盛ん

図4　存思図
（『洞真高上玉帝大洞雌一玉検五老宝経』）

だったものである．許謐らの新しさといえば，反権力的な千年王国を夢見ることを諦めたことにあった．地上での千年王国の実現を諦め，仙界の神々との交わりに救いを求めたのが上清派だといってもよいだろう．上清経類の基になっているのは，霊媒の楊羲を介して，許父子に伝えられた魏華存・三茅君をはじめとする神々の言葉の記録である．

その後，上清経類は，仏教の先祖救済思想や劫（カルパ）の思想などを吸収しながら増え続け，後述する陸修静による道教経典収集によって整理された後，さらに梁の陶弘景（456-536）によって集大成される．とりわけ『上清大洞真経』と，許父子による神降ろしの記録である『真誥』は，上清派の信仰を今に伝えるものとして重要である．

(3) 道教の仏教化と国家宗教化
1) 道教改革なるものの実像

前述したように反権力的な道教運動としての天師道は，三国魏の軍門に教団が屈した後もなくなったわけではない．西晋末の八王の乱（301年），前述の孫恩の乱（410〜11年）など，いずれも天師道信者による千年王国の反乱運動である．孫恩の信者には，自らを長生（不老）人と称するなど，終末を超えて生き延びようとする信仰が強く，最後は水中に千年王国を夢見て入水自殺を行うほどであった．孫恩たちとは異なる道を歩んだ許謐ら上清派にも，終末観とユートピア志向は根強くあった．ただ彼らはそのユートピアを，もは

◆ Ⅰ．世界の宗教潮流 ◆

や地上には求めなかっただけである．

こうした人々を横目に見ながら，国家権力にすり寄る形で道教教団の温存と強大化を図る者たちがいた．その代表が北魏の寇謙之（365-448）と劉宋の陸修静（406-77）という貴族階級の道士である．彼らは宗教運動体としての天師道を改革すると称して，国家権力に都合のよいようにその教義を変え，道教の国家宗教化を目論んだ．国家権力とは独立の相互扶助的税である五斗米の制度を廃し，王朝の受命を保証する予言書的経典を捏造し，さらには終末論宗教の核にあった性の儀礼までも廃止して，国家権力に役立つ宗教に変えてしまったのである．

従来，彼らを信仰心の厚い改革派と評価して，その道教改革の意義をことさらに強調する説が学界に根強い．野蛮な天師道が，キリスト教改革派の如き彼らの努力によって，仏教に対抗しうる真の道教になったとして，この時期こそ「道教の成立期」とほめ讃えるのである．だが，権力におもねり，宗教的教義まで体制に迎合して変えてしまう者たちのどこが「信仰心に厚い」のだろうか．実のところはこの時期こそ，道教が成立期のエネルギーを失い，国家権力の下に庇護されてお行儀よくスコラ化されていった時代なのである．キリスト教の宗教改革とは，方向が正反対なのだ．

寇謙之は，太上老君から天師道の天師の位と，『老君音誦新科之誡』なる権力迎合的な経典を授かったと称して北魏の太武帝にとりいり，自らの宗教を新天師道と称して国教化することに成功する（446年）．他方，陸修静は，中国南部の劉宋王朝の文帝・明帝にとりいり，その王朝の正統性を予言する霊宝経類の経典を示して信任を得た．崇虚館という道館を与えられて霊宝・上清のほか三皇経など古い由来をもつ経典類を彙集し，足りないものは仏典を剽窃するまでして，道教を仏教に対抗しうる国家宗教に作りかえようとした．明帝に献上した『三洞経書目録』は，仏教の『一切経目録』にならって洞真・洞玄・洞神の三洞分類を作り，道教経典群をスコラ的に分類した，道教最初の経典目録である．ただし急ごしらえだったため，そこには巻目だけで中味のない経典も含まれている．三洞分類は，その後，崇虚館の道士，孟智周によって太玄・太平・太清・正一の四輔分類を加上され，以後道教経典は三洞四輔の分類体系の中で増え続けていくことになる．

寇謙之と陸修静は，自己の宗教を仏教に対立する「道教」とよんだ．中国の北と南で独自に起こったこの現象は，同じく国家宗教化をめざしていた仏教に対抗する便宜的レッテル貼りであるにすぎない．彼らの時代でも陶弘景のように，陸修静の孫弟子でありながら道教の名称をほとんど用いない人もいた．老子の道が神格化され，その道の説いた教えを道教と称する人々が5世紀に登場した，と説く人もいるが，神格化された老子と道とが同一視されるのはもっと前からあったことである．最高神についても，気の現れとしてのそれは実に多様で，道だけが最高神であったなどということはできない．

権力におもねりながら国家宗教化を図る彼らの宗教は，もはや宗教運動ではなく王室や権族の長久を祈る護国宗教のようなものであった．その姿勢は，南北朝を経て隋唐王朝の到来とともに頂点を迎える．陶弘景のような高士然とした人ですら，山中宰相とよばれて国政に預かり，梁の武帝の昇仙願望に応じて方士宜しく金丹作りに励むのだから後は推して知るべしである．

南北朝の道教は，仏教徒と対論交流するなかで仏教から数多の教義を借用し，事実上仏教化していった．仏教に対抗する「道教」というレッテル貼りとは裏腹に，道教の教義は仏教化によって立派になり，道教の経典は仏典の内容を借りて太っていったのである．6世紀末には膨大化した経典を要約した『無上秘要』のような大部の類書も編まれる．北周の武帝が終南山麓の通道観でスコラ的に整理させた経典類をもとにしたいわば国定の類書である．

2）国家道教化の完成

国教化した宗教と権力との関係は微妙であった．出家者の増加は税や兵役負担者の減少をきたし，国力を衰えさせる．王朝の衰えを見こして，新たな権力を正統化する予言書などを作られても困る．護国宗教は便利だが，統制を加える必要の

ある危うさも持っているのである．国家宗教化した仏・道二教に対してしばしば弾圧が加えられた理由は，こうしたところにある．

南北朝を統一した隋の時代，道士たちは王朝と即かず離れずの姿勢をとる者が多かった．初代文帝が仏教好みだったこと，2代煬帝のふるまいなどから，王朝の将来を見越していたことも考えられる．茅山に住していた王遠知（510？－635）もそうした道士の一人で，煬帝に召されたものの帝を見限り，後に唐王朝を創設する李淵・李世民親子に近づく．李氏の姓が老子（李耳）と同じであることから，唐王朝の先祖は老子であると説いて信任を得，やがて道教を唐の国教とすることに成功するのである．2代太宗李世民の代には，仏僧をさしおいて道士が宮中で上位に並ぶようになり，3代高宗の代になると国のすべての州に道観が建立される．やがて老子は太上玄元皇帝の尊号で呼ばれるようになり，科挙に『老子道徳経』が加えられた．各家庭は『老子道徳経』を一本備え，老子の誕生日（2月15日）は国家の祝日になる．玄宗に到っては，自ら『老子道徳経』の注釈を作ったほどである．国立の道教研究所，崇玄観を設置し，国子監と同列に扱い，さらには科挙に準ずる道挙を行って道士の官僚を誕生させるにいたる．

こうして唐王朝の祖先に老子を仮託する道教の策略は実を結び，道教は国家の権力機構に深く入りこんだ特別の宗教となっていく．これには司馬承禎，呉筠といった高名な道士の力があったことはもちろんだが，スコラ的な経典造作・整理の力があったことも見逃せない．とりわけ621年，傅奕による仏・道二教の統制策に端を発した仏道論争の過程で，道教側はその教義の不備を補うべく経典の捏造に励み，『太玄真一本際経』などの大部の理論的経典を生み出す一方，本格的な『道蔵』である『三洞瓊綱』3700巻を編んだり，教義の綱要書『道教義枢』を編集したりしている．その内容はといえば相変わらず仏典の剽窃によるものだが，道教の教義体系そのものは，これらの作業によって仏教に匹敵するものとなった．その一方で，教義を仏教化した道教の宗教的独自性は薄れ，道仏二教は対峙しあっているにもかかわらず，第三者の眼からは似たような宗教として見られてしまうという皮肉な現象が生ずる．たとえば唐代の文人詩客の文章中で，道仏二教はほとんど同じ宗教として観念されてしまうのである．

国家宗教の地位を確立した道教では，儀礼も護国中心のものとなり，かつての宗教運動のおもかげはどこかに消えてしまった．他方で王侯の不老願望に応えて金丹製作は過熱し，唐朝の皇帝のほとんどが水銀中毒で死ぬ事態を招いている．国家の許可制となった道士への出家の途として金納の方法が開かれると，免税特権を得るための出家が増え，宗教的堕落が決定的となって，唐末の黄巣の乱の中で国家道教は次第に衰退に向かっていく．

(4) 三教混融の新道教の時代
1) 教学の完成と国家道教の堕落

唐末五代から北宋にかけて，スコラ的な教理構築の努力が最後の輝きを放つ．杜光庭（850－933）は唐末五代の混乱の中で亡びてゆく道教儀礼を整理して，『道門科範大全集』を編んだ．北宋になると『大宋天官宝蔵』（4565巻），『万寿道蔵』（5481巻）などの道蔵が陸続として編まれ，マニ経の経典までも包含する経典体系が確立した．

その一方で国家道教の道士たちは，北宋朝の正統性を予言する天書を偽造したり，皇帝の神秘化をはかったりといった権力迎合をくりかえしている．北宋の皇帝真宗は北宋王朝の祖神・趙玄朗に「昊天玉皇大帝」の号を奉って国家の守護神とし，徽宗は雷を操る雷法の道士・林霊素（？－1119）の言葉を信じて自己を神の生まれ代わりと信じ，狂信的に道教を支持して廃仏を行うに至る．

2) 新道教の興隆

相変わらずの国家道教の頽廃を横目に見ながら，民衆に主眼を置く新しい道教を作っていった一群の道士たちがいた．とりわけ北宋が滅亡し，北から異民族が来襲した靖康の難（1126年）以降の苦難の時期，太一教，真大道教，全真教，浄明道などの新道教教団が相継いで興起する．彼ら

は護国中心の国家道教を批判し，治病・除災・役鬼（鬼を使役する）といった個人利益の術を中心として，許真君・呂祖らの新しい民衆的神々に帰依する教えを説き，儒仏道三教を通貫する倫理的実践の教えによって，戦乱に苦しむ民衆に宗教的支えを与えようとした．

全真教は開祖王重陽（ちょうよう）（1112-70）によって，儒仏道三教同源論を基礎とする内面的倫理的な革新道教として登場する．戦死者を祭る儀式以外の迷信的儀礼を排し，内なる瞑想打坐と利他行の実践を説いて大きな支持を得，三代丘処機（きゅうしょき）（長春真人）に到ってチンギスハンの信任を得，元朝で手厚い保護を受けた．

もう1つの有力な新道教である劉玉（1257-1310）によって開かれた浄明道は農民を重視する特異な教えで，呪術を排し出家主義を否定して，民衆の現世における救済を唱えた．万神を主宰する心中の君に対する忠，父母への孝を説き，その徳目を個人が自己の責任において実践するために，『功過格』（こうかかく）という道徳を数量的に計量評価する功利主義的な手引書を作成した．儒仏道を調和した新道教として，西山（せいざん）を本山として広く信仰された．

3）内丹（ないたん）と道法の流行

仏典を剽窃することによって事実上仏教化した道教が，第三者からは仏教とほぼ同じものとみられていたことは前述した．宋代以降になると仏道二教に儒教を加えた三教が，倫理的には同一の教えであるとする三教一致の論調がさらに強まり，新道教各派は三教の経典を併用する三教混融の傾向をもつようになった．

こうした情況の中で，道教の道教的要素として金丹を内面化した内丹（Jnner Alchemy）に注目が集まっていく．儒教が世俗倫理をもっぱら説くのに対して，仏道二教はこの世を超えた倫理をも説く点が異なる．その仏教は世俗のこの身心を本来空で認識を超えた現象と捉えるが，道教は自然の気の現れと捉える．永遠の生命を希求するというのも，永遠である自然の気に帰一するということである．金丹は王侯向けに説かれるときには，文字通り生身の身体の永生化の薬とされるが，本来は自然の気と一体となる意味での仙化をめざす薬である．その薬を外なる物から作る（外丹）のではなく，自己の身心の気を純化して作ろうとするのが内丹である．

内丹のような思考の起源は，男女両性の性交の気を操作して永生を得ようとした房中の技法と，体内神を瞑想して永生を得ようとする存思の技法にあると考えられる．それらが唐代頃には内面的な金丹として把握されるようになり，やがて仏教の如来蔵思想などの影響によって天地自然から稟受（びんじゅ）した本来の自己である元気ないし元神に辿りつく，瞑想と気の錬成術として完成していくのである．同じく如来蔵思想によって天地未生以前の自己という「聖なるもの」を説く禅，禅と似た儒教の敬や静座との親近性は明らかだろう．事実，禅ときわめて近い打坐主義をとる新道教の全真教は，内丹を瞑想の要として全面的に採用している．とりわけ元の陳致虚（1289-?）によって，あらゆる身体技法が内丹を中心として整理されると，内丹は道教のもっとも重要な身体技法として明清代まで重視されることになる．

他方でこの時代になると玉皇，呂祖，城隍神（じょうこう），文昌帝君，九天玄女などの新しい民衆的神々や地方神の信仰が道教内部に取り込まれ，それとともに現世利益的な呪法が道士の駆使する「道法」として大きな力を発揮するようになる．雷法を行っ

図5　内丹図
龍虎交媾図（『性命圭旨』『道蔵精華』所収）

て南宋の徽宗にとりいった林霊素の事跡は前述したが，その他にも日月星辰の力を借り，符呪を駆使する多くの道法が編み出され，『道法会元』などの書に整理されていった．現代の道士の道法は，ほとんどこの時期に整備されたものである．

4）衰退する道教

明代になっても道教教団と国家権力との関係は続いていく．ただ，もはや唐宋の国家道教のおもかげはなく，明王朝の農民反乱予防策の一環として，新道教教団を含む諸派の指導者に位を授けていたというのが実情である．中国北部を全真教，南部を天師道から改名した正一教に統轄させるという現代にまで伝わる支配地域の分割も，明朝によって定められたものである．また現在全巻伝わっている『道蔵』は，1445（正統10）年に編まれた『正（統道）蔵』と1601（万暦35）年の『続蔵』を併せたものである．

清朝は異民族の征服王朝だったこともあり道教に対して冷淡であった．正一教の天師は宮中への参内すら許されなくなり，全真教や浄明道とともに衰退の一途をたどる．民衆の間では，無為教・円頓教などの新興民間宗教が盛んとなる．旧来の道士は，地方神の祭祀に招かれる儀礼請負業となり，道観を出てしまった者も多い．

中華人民共和国の成立によって，こうした活動も息の根を止められ，道士は還俗して農業に従事するようになる．台湾など「残された中国」で細々と続く道教と，祖先崇拝の復興や観光産業の中心のひとつとして近年著しく復活しはじめた大陸の道教が，どのような新しい宗教的伝統を築いていくのか，注意深く見守っていく必要があるだろう．

7.3 教　　　義

1）永遠の生命という到達点

この世のあらゆる事や物は，見えないひとつの気の現れであり，そうした森羅万象の現れの内に人は神聖な根源としての道を知ることができる，という考え方が道教教理の根底にある．後に道家というレッテルでよばれることになる荘子・老子・列子などが説いたこの根本教義の上に，見えない気の現れである森羅万象それぞれを神格化し，さらにその内に感得される根源的な道をも神格化する道教のパンテオンが体系化される．道教徒はこのパンテオンの多様な神々に祈り，それらの本質である気と道に一体化することによって，自らも永遠の生命に預かることを願う．永遠の生命とは，流動して止むことない見えない一気のことなので，究極的にいうと道教徒がめざしているのは，この宇宙を現しているひとつの気との一体化である．気と一体化することが永遠の生命に合流することだとすれば，道教徒の究極的な永生とはこの世の生死を超えたところにある．この世の死が「仙化」とよばれ，永遠の生命に預った仙人になることとして捉らえるのはそのためである．

2）道教の生成論と世界観

森羅万象の内に感得される道は，やがてこの世界を生成した根源者とも考えられるようになる．道から根源の一気（元気 Primordial Qi）が生まれ，元気が陰陽（Yin Yang）の気と中気（中和の気）に分かれ，それがさらに森羅万象として現れるという生成論である．神格としての道は，老子を神格化した太上老君や世界の始元の神である元始天尊，さらには道そのものの神格化である太上道君あるいは大道（これらを併せて二尊という）などとして表現される．

西欧の存在論的思考は，すべての存在者を個別不動のものとして捉えるから，1つの道が3つの異なる神格として表現される，などという思考は三位一体説のような神秘として説かれるか，さもなければ矛盾に思えるだろう．だがすべてを流動変化現れとする中国的思考では，これはおかしなことではない．道はあるときには太上老君として，あるときには元始天尊として現れるだけである．そればかりではない．道→元気という生成論も，確固としたものではないのだ．道は西欧の形而上的存在のようにこの世界を超越した外に在るのではない．あくまでも世界の内に感得されるにすぎない．そしてこの世界は見えない一気（元

気）の現れだから，道と元気とは，この世界の万事万象を現しているものとして一体であることになる．この非形而上的思考から，道とは気のことだという道気説が生まれる．道気の現れである森羅万象が神々であるから，神々は百千万重道気であるともいわれる．

道気の現れとしての世界は天・人・冥界に分かれ，後世になるほど仏教の世界観を借りて複雑に表現される．最終的な天説によると欲界六天，色界十八天，無色界四天があり，その上に四種民天，その上に三清境（三天），そして最上部に元始天尊が住む大羅天がくる．道教的特徴が現れているのは四種民天より上で，これは天師道以来の終末思想が説く種民（千年王国の種となる民）が住む，終末の天災が及ばない天である．また大羅天と三清境との関係は，根源の道気からの陰・陽・中和三気の分出という生成論を反映したものである．これらの下に仏教の説く二十八天を配し，仏理にいう劫（カルパ）ごとに始まる世界の始まりには，四種民天から人々が種の民として下降すると説く．

冥界も仏教の地獄説を取り入れながら，その場所はこの世界の北のはての酆都（羅酆山）にあって，地下性を強調しない．ただし死後，人はすべて冥府で裁きを受け，供養によって済度されると説く仏説が道教にも採用されてから後，仏道二教の葬送儀礼は似たようなものになった．

この他に道教独特の世界観として，洞天福地説がある．名山や景勝の奥深く神仙たちが遊ぶ地上のユートピアで，数多の洞天は地中深くで結ばれている．洞窟という内部世界が，洞天という外部世界に反転するクラインの壺の如き場所であり，この世でも仙人に逢える場である．

3）神々と経典

道気の現れである神々は，千変万化，数限りないのが特徴である．道気が元始天尊・太上道君・太上老君の三尊として神格化されることは前述した．三洞説では元始天尊が洞真部（大乗），太上道君が洞玄部（中乗），太上老君が洞神部（小乗）の教主である．だがこれら三神が道教の主神である，と言い切ることもできない．神々は変化自在

に現れるからである．例えば道教最初の神統譜，陶弘景の『真霊位業図』には，金闕帝君という終末時に現れる神が，太上老君・太上道君の上位に配され，上清派が神降ろしを行った魏華存（紫虚元君）なども太上老君の上位に在る．また冥界の神々として，酆都北陰大帝をはじめとするさまざまな神々が配されている．

しかもこうした神々は，宋代以降になると民衆の祭祀する地方神や新出の神々に押され，影が薄くなる．三教混融の傾向が，こうした神々の入れ替えに拍車をかけた．三尊に代わって玉皇上帝が主神格とされ，北宋王朝は自らの祖神としてこれを祀った．呂祖（洞賓）などの八仙，二郎神，媽祖などの地方神，許遜（239-301）や丘処機など新道教の祖師とされる人々，さらには仏教の地蔵菩薩・那吒太子，儒教の孔子・孟子などまで入り乱れた三教の神々の混融状態は，現存の道観や廟を訪れた人なら誰しも眼にして驚くところである．

道教の経典も『老子』や『太平清領書』などから始まって膨大化した．仏典に影響されてそれらが三洞四輔に分類整理されたこと，歴代の『道蔵』編纂を経て現在用いられている明の正統版『道蔵』に到っていることは前述したが，その後も清代の『道蔵輯要』，1992年の『蔵外道書』など経典彙集の努力が続けられている．

7.4 儀礼と祭り

1）存思瞑想と儀礼

道教の儀礼の根底にあるのは，自然の現れである神々への祈りである．人の身体そのものが自然であり神々の場であるから，祈りは体内の神々を瞑想して呼び出す発爐という儀礼から始められる．体内の自然である神々が呼び出され，体外の自然である神々の許へ赴いて合一を果たす過程が儀礼の基底にある．これは自己が自然を顕現させている道気と神秘的合一をとげるプロセスの儀礼行である．合一後は，また体内神を自己の身体に戻す復爐という儀礼を行う．内丹などの身体技法

◆ 7. 道　　　教 ◆

雨，亡魂救済のための斎醮を行うことが多くなった．台湾・香港など「残された中国」でフィールドワークできるのは，こうして民衆化した道教儀礼のなごりである．斎と醮の区別もあいまいとなり，斎は死者儀礼，醮は生者儀礼だとする新説すら生まれている．

7.5　道教徒の生活

初期の道教運動では，師（祭酒）の住む治と民衆の住む靖とが分かれ，靖には靖室という神々に祈り合一を行う場が設けられていた．救民用の肉と米を備えた義舎を置き，旅する者や貧しい人々に自由に食べさせた．治は共同生活や共同の儀礼の場でもあったようで，これが後に道館となっていく．初期道教運動の核である種民の性交儀礼が営まれたのも，この共同の館である．H. マスペロなどは，原始的オージーとして描きたいためか，この儀礼を野外で行う「春の祭典」の如くに描いているが，当時の仏教徒がこの儀礼を批判した文章の中にも，それが館の中で営まれたことがはっきり書いてある．

陸修静以降，道館の制度が確立すると，出家した道士・女冠は道館で戒を守りながら，仏教の僧尼に近い生活を送るようになる．朝夕に焼香礼拝し，経典を唱える共同生活である．金丹を作ったり存思したりといった行為を除けば，ほとんど僧尼と変わらない彼らの生活も，道仏二教の混同を招く原因になったことは否めない．

7.6　日本と道教

日本人の生活に道教がどれほどの影響を与えているかは微妙な問題である．卑弥呼が登場する前，2世紀の「倭国争乱」が，同時代中国の千年王国的道教運動である黄巾の乱の余波として起こったことは大いにありうることだから，卑弥呼の鬼道なるものにも道教的要素がないとはいえない．奈良平安時代になると道教の医学呪術や占

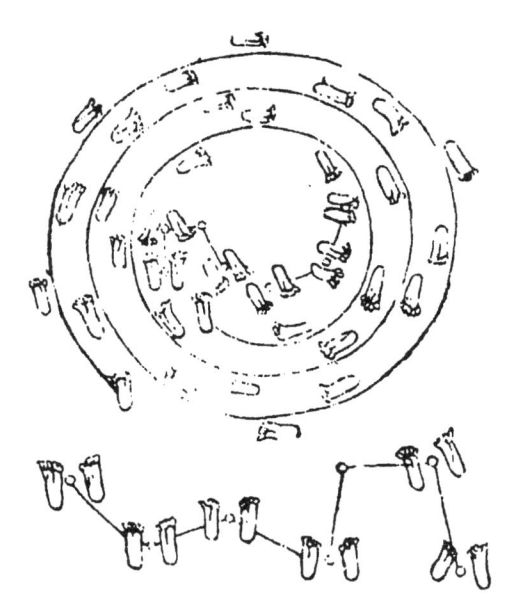

図6　北斗の存思と禹歩
（『太上助国救民総真秘要』）

も，皆この発爐―復爐の存思瞑想儀礼をベースにしている．
2）斎醮儀礼

初期の道教運動では，存思瞑想儀礼をともなう性の交わりの儀礼が，千年王国に生き残りえた種民の義務として執り行われ，さらに天地水三官に滅罪を願う儀礼や，地に伏して懺悔する塗炭斎などが行われていた．これらはいずれも現在行われていないが，文献から窺いうるその実態は（『澄真陰訣』など），人類学者が推測するようなオージーではなく，きわめて静謐厳粛な祈りの儀礼であったようである．

これらはやがて仏教化され，六朝時代に先祖救済や自己の懺悔のための斎と，星辰に祈って災厄を消すための醮という二種類の儀礼として整理される．国家道教化が極まる唐代になると，斎の多くに護国の目的が加わり，数も増えた．とりわけ金籙斎・黄籙斎が，護国と先祖救済（孝）の儀礼として重んじられた．天地水三官への滅罪の祈りは，投籠璧という儀礼の形でこの時代まで残っている．

宋代以降も斎醮は受け継がれるが，新しい民衆神・地方神の誕生日や降下日に行うことが多くなり，村落共同体に入り込んで家屋や廟の落成，祈

—181—

い，体内神の一種である三尸(庚申)信仰などが伝わったが，多くは断片的で，系統的な道教が伝わったとは思えない．陰陽道に伝えられた道教も，道教の仏教化以降，道仏交渉の中で密教に取り入れられた道教的要素が，陰陽師や修験道に伝わったもので，道教の直伝とは考えにくい．

むしろ中世以降，神道の改新と再神話化の過程で，三教混融的な道教が伊勢・吉田などの神道に与えた影響の方が大きいといえるだろう．伊勢神道の新しい神々には，道教の神々の跡が色濃く認められる．室町期の吉田神道に至っては，『北斗元霊経』などの道教経典を直引し，そこに載せられた符を吉田神道の「神祇道霊符印」にそのまま転用するなど道教教理による神道刷新の跡が随処に見られる．北宋の陳朴の内丹書『修真九転丹道図』のように，吉田神道の写本のみが，唯一残存する図入りのテクストであるようなものすらある．

ただ残念ながら，これらの多くは江戸期以降伝承が途絶える．とはいえ内丹を含む道教経典が，日本の中世期に神道家によって受容され，神道の再神話化と改新に大きな力となったことは記憶に留められるべきである．

日本に伝わった道教的要素としては，他に来日した中国人によって伝えられた媽祖・后土神・関帝などの信仰がある．かつて日中間に屹立する独立国であった沖縄や日本各地の漁港には，まだこうした神々の廟が残っている．

参考文献

Kristfer Schipper, "*Concordance du Tao-Tsang, Titres der ouarages*", Ecole francais d'Extreme-Orient, Paris, 1975.
Kristfer Schipper, "*The Taoist Body*", University of California P. Berkeley, 1993.
石田秀実『気・流れる身体』平河出版社，1987年．
窪　徳忠『道教史』山川出版社，1977年．
窪　徳忠『道教の神々』平河出版社，1986年．
小林正美『中国の道教』創文社，1998年．
坂出祥仲編『道教の大事典』新人物往来社，1994年．
朱　越利『道蔵分類解題』華夏出版社，北京，1996年．
中国道教教会辞典編輯委『中国道教大辞典』東久企業，台中，1996年．
張　勛燎・白　彬『中国道教考古』線装書局，北京，2006年．
野口鐵郎他『道教事典』平河出版社，1994年．
野口鐵郎他『講座道教』1〜6巻　雄山閣出版，1999-2001年．
福井康順他『道教』1〜3　平河出版社，1983年．
増尾伸一郎・丸山　宏編『道教の経典を読む』大修館書店，2001年．

Ⅱ.
世界宗教の現在

Ⅱ. 世界宗教の現在

1 アフリカの宗教

竹沢尚一郎

　アフリカの宗教[*1]の特徴とされてきたのは，地域社会を基礎とし，季節の循環や農耕のサイクルに密接に結びついて成立した民族宗教とよばれる形態の宗教である．推計によれば，1900年の時点で，北アフリカを除くアフリカ大陸全土の宗教別人口割合は，民族宗教の信者が75%を超えるのに対し，ムスリムが10数%，キリスト教徒は10%前後でしかなかった．これが1980年になると，キリスト教徒の割合が51%，ムスリムが30%と急増しているのに対し，民族宗教を実践している人々は10%前後にまで激減しているのである[*2]．

　アフリカの基礎的宗教であった民族宗教とは，いかなる特徴をもつ宗教形態であるのか．それは，イスラームやキリスト教のようないわゆる世界宗教とどのように異なり，どのような理由からその信者の割合は減少していったのか．呪術，妖術，祖先崇拝，儀礼，憑依等の宗教理解上の必須の諸概念は，民族宗教とどのような関係にあり，今なおどのような形で実践されているのか．これが本項で論じることである．

　以下の部分では，まず，もっとも単純な構成をもつとされる狩猟採集民の宗教について述べる．ついで，農耕の誕生とともに民族宗教がどのような新たな展開をもつにいたったかを，主として西アフリカのドゴン社会の宗教体系に焦点を当てながら説明する．その上で，アフリカにおけるキリスト教とイスラームの歴史的発展をあとづけ，それがアフリカに受容されることでどのような変質したかを論じることにする．

1.1 狩猟採集民の宗教

　人類が最初に作り上げた生業は狩猟採集であり，これにのちに農業と牧畜が加えられた．人類の発祥の地とされるアフリカ大陸でも，初期の生業形態は狩猟採集であったはずだが，今より1万年ほど前に北西アフリカのサハラ地区で牛の飼育が開始され（これは世界でも最古のひとつである），それより数千年遅れて西アフリカおよび東アフリカのサバンナで農業が開始された．この2つの生業形態はそこからアフリカ各地に伝播した可能性が高いが，今日まで農耕に従事することなく，狩猟採集のみで生計を成り立たせている人々がアフリカでは2つの地域に存在する．中央アフリカのコンゴの森の奥深くに住む「ピグミー」とよばれる人々と，南部アフリカのカラハリ砂漠に住む「ブッシュマン」とよばれる人々である[*3]．

　狩猟採集民社会はいかなる特徴をもつ社会であり，そのことがかれらの宗教にいかなる固有の性

[*1] ここではとくに断らない限り，アフリカといった場合，サハラ以南の熱帯アフリカをさしている．
[*2] この数字は，『キリスト教大事典』による．この数字は概数に過ぎないし，しかも1900年に総合的な調査が行われたことなどなかったのだから，たぶんに推測によるものでしかない．ただ，他に数字が存在しないこと，そして一定の目安にはなるとの判断から，採用している．

◆ II. 世界宗教の現在 ◆

格を与えてきたのか．かれらは農耕を行わず，狩猟と野生植物の採集だけで生活するがゆえに，たえず獲物の枯渇や採集可能な食物の減少にさらされている．そのため，かれらは一定の範囲で獲物や植物を取り尽くすと，別の場所へと移動することを余儀なくされる．こうした移動性ないし流動性がかれらの社会および生活形態の基本原理であり，狩猟採集民社会研究に大きな貢献のあったターンブル（Turnbull, C.）にならって，人類学では一般にこれをフラックスとよんでいる．

狩猟採集民社会の根本原理としてのフラックスには，2つの意味がある．第1の意味は地理的なものであり，かれらはたえず獲物を追いながら空間的移動をつづけるということである．空間的な移動がかれらの生活形態の基本なので，かれらが所有できる財は，移動に際して肩に担げるものに限られる．網や槍といった狩猟に必要な道具を除けば，若干の衣服と調理具，食器などがかれらの所有する財のすべてであり，住居にしても新たな定着地に着くたびに新設されるのである．

このように，財の所有が極限にまで切り詰められるので，狩猟採集民のあいだでは貧富の差は存在せず，いわゆる「原始共産制」に近い生活を送ることになる．また，狩猟や採集は自然の偶然や運不運に左右されがちであるため，獲得された食物はつねに分かち合いの対象とされる．獲物の肉や採集された食物をたがいのあいだで分配し，食事をともにすることで，欠乏の危険を分散し，集団として安定した生活戦略を作り出しているのである．

このように相互扶助を重視し，平等の原則を守ろうとすることが，もうひとつの意味のフラックスをもたらしている．狩猟採集民の集団は，一般に核家族を基礎として，それが十から数十集まって構成されている．それぞれの家族のあいだは平等の原則に貫かれているので，その中の誰かがリーダーシップをとろうとすると，ただちに他からの反発と排斥を招くことになる．このことは逆からいえば，家族のあいだで対立が生じたときに，それを調停するためのシステムが存在しないということである．それゆえ，成員のあいだに対立や反目が生じると，集団は容易に分裂して，それぞれの部分が別な家族の群れと結合することになる．このように，社会の単位としての集団がたえず分裂と融合をくりかえしていることが狩猟採集民社会の特徴であり，社会学的な次元での流動性ということがフラックスのもうひとつの意味である．

こうした二重のフラックスの原理は，当然のことながら，狩猟採集民の宗教体系に対して決定的な影響をもたらしている．たえず移動をつづけるかれらは，大きな墓を築いたり，それを記憶にとどめたりすることがない．それゆえ，かれらのもとでは祖先崇拝の観念は存在しないし，たえず移動をつづけるところから，過去の観念も未来の観念も乏しいために，霊魂の存続や死後の生が考えられることもない．また，成員のあいだでの役職分化や階層化が存在しないことと関係して，神や霊魂などが分化したり，その階層化が見られたりすることもない．

かれらの宗教生活の中心にあるのは，たとえばコンゴの森の場合には，森全体をひとつの神格とみなす考え方である．狩猟の獲物を与え，採集のための食物を育ててくれる森＝神的存在を喜ばせるために，かれらは定期的に歌い，踊る．かれらにとって森は，そのまま生活の母胎であり，世界のすべてである．かれらは森に一体化し，森とのあいだにはたえず相互の交流がある．とりわけ蜜のとれる時期など，食物のふんだんにある時期は喜びの時であり，かれらは森に対する感謝の気持ちと生の喜びを歌うことで表現する．ほとんど楽器らしい楽器も使わず，斉唱だけで行われるかれらの音楽は，アフリカの音楽の一種の極北を示す

---

*3 「ピグミー」にしても「ブッシュマン」にしても，かれらの身体的特徴や生活形態をおとしめて名づけられた蔑称であり，近年では前者についてはアカやバガ，後者についてはンクンやサンなど，民族名でよばれる傾向がある．しかし，かれらを総称することばが他に存在しないので，ここではピグミーとブッシュマンを用いる．

*4 狩猟採集民のもとでも，人生儀礼とよばれる，人間の成長にともなう一連の儀礼が行われている．しかしそれは一般に農民社会におけるほど分化されてはいないので，農民社会の宗教のところで詳述する．

ものとして，高い評価が与えられ，今日では何種類ものCDが作られている*4.

I.2　農耕民の宗教体系

(1) 生業儀礼

　農業の開始は，狩猟採集民の宗教にいかなる変化をもたらしたのか．根菜栽培であれ，雑穀栽培であれ，農業を行うためには森を切り開き，畑を整備することが前提になる．そのためには大量の労働の投下と緻密な将来計画が不可欠になるので，人々は村を築いて定着するようになる．また，農業は畑の面積の大小により貧富の差をもたらし，食物の蓄積を可能にすることから，相互の助け合いも少なくなる．それと並行して，村の規模も拡大するので，構成メンバーのあいだの紛争を調停する必要が生まれ，役職の分化がもたらされる．これらの社会的変化は，宗教体系の分化と複雑化につながったはずである．

　農業を開始したことによる宗教上の最初の変化は，それに直接結びついた儀礼の発展であろう．ここでは西アフリカのマリ共和国に住む，ドゴンとよばれる人々の宗教体系をとりあげ，その構成原理を明らかにしよう．ドゴンの人々は約35万の人口をもち，低地での戦争とイスラーム化の影響を逃れるために，バンジャガラ台地とよばれる高地に住み着いたとされる．かれらは外部の圧力から自分たちを守るために，数百メートルもある崖の上やその中腹に村を築き，独特の社会組織と宗教体系を保持してきた．複雑なかれらの神話や儀礼の体系は，1930年代以来フランスの人類学者マルセル・グリオール（Marcel Griaule）とそのチームによって調査されており，世界中の民族の中でもっとも綿密に研究されてきたもののひとつである．

　かれらの生活を支えるのは，トージンビエやソルガムなどの雑穀の栽培である．年間降水量が500mm前後と，きわめて乾燥した土地で行われるだけに，その農業は旱魃や虫害，降雨の不規則など，さまざまな危険や予期せぬ出来事に満ちている．それゆえ，かれらは重要な農作業の節目ごとに念入りな儀礼を欠かさないし，ひとたび飢饉などの出来事が生じたなら，ただちに事態を修復するための儀礼に訴える．

　畑をうるおす雨期は6月半ばに始まる．それを見越して，5月半ばになると種まきの儀礼が執行される．雨と水を操作する力を有するとされる「水の精霊」への供犠が行われたあと，村人は総出で晴れ着を着飾って，戸口から戸口へと訪問し，たがいに贈り物をし，お祝いのことばを述べる．こうした振る舞いは，願望される事態（この場合には豊作）を先取りし，それがあたかもすでに実現されたかのように振舞うことで，その事態が招来するに違いないとするものであり，「予祝儀礼」や「先行儀礼」とよばれるものである．この儀礼が終わったのち，今度は青年男子が全身を緑の葉で覆った一種の仮面を着用して，村の中を練り歩く．これは，雨期の前の乾燥しきった大地に，緑と生命を与えることを目的とする儀礼である．

　これらの儀礼が行われたのち，もし雨が定期的に降らないようなことがあれば，雨乞いの儀礼が行われる．水の精霊の祭壇の前で，祭司が雨の石の傍らで火をつけ，そこに数滴の油を注ぐことで黒い煙を生じさせる．さらにかれは，雨雲を引っかけることができるとされる鉄の鉤を手にして，雨雲を引き寄せるような身振りをする．黒い煙＝黒い雨雲という連想であり，それによって雨が降り始めると考えられるのである．

呪術と宗教

　ここでこの種の行為について説明しよう．この雨乞いの儀礼のように，ある種の実利的な目的のために行われる儀礼的行為は，一般に呪術とよばれている．約1世紀前に活躍した，宗教人類学の開始期の研究者であるフレーザー（Frazer, J.）は，この呪術についていくつかの整理を行った．そのひとつは今日まで有効とされているものであり，呪術には2つの原理があるとする．1つは，類は類をよぶことができるという原理であり（この場合には，黒い煙→黒い雨雲），「類感呪術」とよばれる．もう1つは，いったん接触のあったも

のは，その後もなんらかの神秘的関係を維持しつづけるというもので（例えば，ある人間に害を及ぼすために，その人が着用していた衣服や髪を傷つけること），「感染呪術」とよばれる．この２つの原理は，詩歌の基本原理としてのメタファーやメトニミーなどと同じ種類のものであり，人間の象徴的実践の根幹にかかわるものであることがのちに確認されている．

　フレーザーのもうひとつの整理は，人間は実利的な目的のために神を使役しようとする呪術から，神的存在への純粋な祈願を主とする宗教へと，その信仰形態を「進化」させたとするものである．こうした主張の背景には，19世紀特有の進化論の考え方があった．しかし，上のドゴンの例を見ても，種まきの儀礼と雨乞いの儀礼のあいだに明快な境界を引くことは困難である．それゆえ，呪術と宗教は進化の２つの段階ではなく，併存する現象であり，人々は状況と目的に応じてそれを使い分けてきたというのが，その後一般的に認められた解釈である．

　話をドゴンの宗教体系に戻そう．種まきから数か月した11月になると，待ちに待った収穫の祭りとなる．水の精霊の祭壇や村を築いた先祖の祭壇の前で，祭司は収穫されたばかりの雑穀で作った粥を注ぎ，半年のあいだの加護を感謝する．また，この場で聖化された穀物の一部は，神聖な種籾として別に取り分けられ，翌年の種まき儀礼に際して列席者に配布される．村の次元で行われるこの儀礼が済んだ約１か月後，冬至の頃に各家で先祖に対して初物の粥が振舞われ，感謝がささげられる．その後，初物で作った丸餅を家族全員で食べることで，新たな収穫を身をもって味わう．これは新年祭に相当する儀式であり，これが終わると，各家で新しく収穫された作物に手をつけることができるようになるのである．

　このように人々の生存を左右する農業は，重要な段階ごとに「農業儀礼」（あるいは「生業儀礼」）とよばれる儀礼をともなっている．その有様は，農業儀礼なくして農業が行われることはないといえるほどである．しかし，儀礼が行われるのは農業だけではない．家の新築，旅行の出発，重要な商売，戦争，裁判沙汰など，人々が重大な関心を寄せる行為の一つ一つが，儀礼によって先立たれ，祭祀と役職者の分化を招聘させている．こうした点は，病気治療や商売繁盛，悪霊退散，降雨と豊穣など，祈願の対象ごとに神々が分化され，それぞれに神殿と祭祀が整備されているわが国の宗教状況ときわめて類似したものといえる．

(2) 人生儀礼

　農業が人々の生存を直接に支えているとすれば，社会の存続を支えているのは，新しい構成メンバーが生まれ，社会化されることである．前者が一連の儀礼を発展させているのと同じように，社会の再生産に直接関係する後者は，「人生儀礼」とよばれる複雑な儀礼を作り出している．人生儀礼とはいかなるものであるかを，同じくドゴン社会の事例からみていこう．

　赤ん坊が生まれるとすぐ，父親は水の精霊の祭壇に人をやって，祭壇の中にある小さな木片をもらってくる．この木片を浸したお湯を産湯として使うことで，赤ん坊には水の精霊の加護，すなわち生命力が与えられると信じられている．その３週間後（女の子の場合には４週間後），赤ん坊は水の精霊の祭壇にまで連れていかれ，祭司の腕に抱かれる．これも生命力を与える行為とされており，そのあとで赤ん坊には名前が与えられる．これらの儀礼はわが国の命名式や初参りを連想させるが，いずれの場合にも問題になっているのは，赤ん坊に神の加護を与えることであり，祭壇や神殿に象徴される地域社会が新しく生まれた人間を正式のメンバーとして承認することである．

　子どもが10歳前後になると，男の子の場合には性器の割礼，女の子の場合には性器の一部の切除をともなう成女式が行われる．これらの儀式は村の外の，荒野の中の特定の小屋で行われ，子どもたちは約３か月間そこで暮らしながら，神話や儀礼などの宗教上の決まりごとや，社会生活を送る上で必要な知識を授けられる．その後かれらは村に戻ってくるが，それは村にとっては新しい社会的生命を統合する機会であり，大きな喜びに包まれる．成人式以前の子どもは，村にとっては社

会化されていない，いわば文化以前の存在であり，神話の中のユルグという災厄に満ちた存在に同一視されている．一方，成人式を経た男女は一人前の存在とされ，世界に文化をもたらした存在として神話が語るノンモに一体視されるのである．

こうして社会化されたかれらが，つぎの段階を迎えるのは結婚の儀式である．最初の妊娠のあとで行われる結婚式は，社会の再生産に積極的な役割を担えることを証明するための機会であり，それを経たかれらは，責任ある大人として，村の社会生活と宗教生活の中で中心的な役を担うようになるのである．

仮面儀礼

一定の社会的義務と役割を果たした人々が高齢になって亡くなったとき，かれらを送るために行われるのが仮面儀礼である．ドゴンの仮面は，神々や精霊，動物や鳥，人間集団，儀礼の役職者など，世界の存在のすべてをあらわすとされている．太鼓の音に合わせて何十という仮面が踊るとき，参加者もまた振舞われた酒に酩酊し，死によって混乱させられた世界のうちに調和と至福を再建する．酒と踊りによって参加者がこれほど満足するのだから，仮面の踊りがささげられる故人はより多くの満足を得ているに違いない．満足した故人は，村に未練を残すことなく，先祖たちの住むあの世へと旅立ち，そこからふたたび新しい生命として故郷に戻ってくるだろう．それが，この社会における仮面儀礼のもつ意味であり，死に対する意味づけである．

アフリカでは仮面をもつ社会は多く存在するが，このドゴンのケースのように葬送儀礼だけに出現する社会もあれば，森林地帯の多くがそうであるように，成人儀礼や豊穣儀礼など，さまざまな機会に仮面がくりかえし出現するケースもある．いずれにしても，仮面は男の占有物であり，秘密結社の成員のみが操作することのできる，村の外部の荒々しい力をあらわすものである．そのようなものとして，それは村の警察権を担ったり，妖術師や外部から来る疫病と戦ったり，非常時に際しては戦闘行為を行ったりするなど，男た

◆ 1．アフリカの宗教 ◆

ちの力と権力の象徴として機能している．仮面儀礼は，イスラームやキリスト教が野蛮な風習として目の敵にしてきたものであるが，その形象の美しさやそれに付随する音楽などは，アフリカの芸術的感覚の精髄を示すものとして，アフリカ外でも高く評価されてきた．

以上見てきたように，人の一生は誕生から死まで（さらにいえば死後の再生まで），一連の儀礼によって貫かれている．なぜこのような儀礼が存在するのかを，フランスで活躍した人類学者ファン・ヘネップ（Van Jennep）は，つぎのように説明する．人生儀礼を行う社会は，近代社会と異なり，社会的・宗教的制度が未発達な社会である．そのため社会の根幹は，社会の構成メンバーが，赤ん坊，子ども，青年，大人（結婚後），長老，死者，先祖といった諸カテゴリーに分割され，それぞれが定められた役割を守るところにある．ジェネップはこのような社会を一軒の家にたとえた上で，社会的な諸カテゴリーは個々の部屋に相当するとする．このとき，家＝社会が頑建であるためには，部屋のあいだの壁は屋根を支えうるほどに堅牢でなくてはならず，その間を人が自由に移動できてはならない．それゆえ，ひとつの部屋から別の部屋へ通過するには（たとえば，子どもから青年のカテゴリーへと変化するには），部屋のあいだの戸に相当する儀礼を経ることが必要である．このようにして各部屋が堅固に仕切られ，ある手続きのもとでのみ移動が可能になることによって，家は堅牢に存続することができる（＝社会全体の秩序は保たれる）というのである．

いわゆる近代化の途上にあるアフリカの諸社会と異なり，十分に近代化した日本社会が，初参りや七五三，成人式といった人生儀礼を存続させていることは，ある意味で奇妙にみえるかもしれない．しかし他方で，入学式や入社式といった近代になって作り出された儀式が盛んに行われていることを思えば，人生儀礼とは，集団の枠を維持しながら，それへの加入と社会的地位の変化を承認するために人間が作り上げた，ある種の知恵の結晶なのかもしれない．とすれば，それは時代に適合しながら，今後も存在しつづけるものなのであ

ろう．

(3) 妖術信仰

　19世紀末以降，アフリカ全土で権力を掌握した各植民地政府や，イスラームやキリスト教などの新来の宗教が「野蛮な風習」として排斥したのは，仮面儀礼や妖術信仰であった．アフリカの各地で妖術師を告発することは禁止され，反妖術をスローガンに掲げる結社はいたるところで弾圧された．しかし，それから1世紀を経た今日もなお人々は妖術についてうわさし，2002年のサッカーのワールドカップにおいても，セネガルやカメルーンのチームは妖術師を連れてきたことが話題になっている．妖術は前近代の野蛮な風習であるどころか，近代化の歩みと整合的であることがいわば実証されてきたのである．

　アフリカの人々は，なぜ妖術について語りつづけるのか．野蛮云々という価値判断は抜きにして，言説としてのその構成から見ていくことにしよう．

　妖術の語りは少なくとも3つの要素からなっている．妖術師の存在であり，妖術師によって攻撃されたとされる人ないしモノであり，妖術師を告発する人々である（その告発は言明されることも，されないこともある）．その中のまず妖術師について，多くの社会で一般的にいわれていることはつぎのものである．妖術師は村の外を住処とし，こうもりやふくろう，蛇などの夜行性の動物に変身したり，目を合わせただけで他人に害をなしたりするなど，常人には不可能な能力を備えている．それだけでなく，夜ひとりで行動したり，人の忠告に耳を傾けずに自己を主張したり，他者に害をなしてまで自分の利益を追求したりするなど，アフリカ社会で尊重される共同体規範に反した行動をとる存在は妖術師とされる傾向がある．

　こうしたことから，妖術に関する研究はその社会学的側面に注目するものが主であった．つまり，あらゆる社会はその構成員に対して，どのような振る舞いをすべきであり，どのような行為を避けるべきであるかといった行動規範を課すものである．このとき妖術師とは，社会の行動規範に逸脱した存在とみなされるところから，社会は規範から逸脱しがちな人間を妖術師として告発することで，人々に対するコントロールを行使する．あるいは逆に，成員の一部はみずからを妖術師と思わせることで，自己を恐れさせ，自己の意図を他人に対して強制することができる，というのである．

　妖術信仰の存在理由を社会学的に説明しようとするこうした解釈は，一定の有効性を有すると思われてきた．しかしそれは，社会が成員に対して行動規範を強制するに際して，なぜことさらに妖術という観念を使うのかの理由を説明できていない．そこで注目されたのが，妖術信仰のもつ解釈装置としての側面である．

　その観点によれば，人々は妖術師や霊のような社会的規範から逸脱した存在を想定し，それに原因を帰することで，病気や事故や死，さらには日照りや不作にいたる予測困難な出来事に対して，一定の理解可能性を得ているというのである．なぜ人は死ななくてはならないのか．なぜ豊作を祈願して儀礼を行ったのに，旱魃はときに人を襲うのか．これらの出来事は，人間とその社会が望まない出来事であるにもかかわらず，人々は決してそれから逃れることができない．このとき，これらの出来事が，妖術師などの反社会的存在によって引き起こされた不幸だと解釈できるとすれば，ある種の了解をそこに得ることができる．たとえそれが仮想的な了解にすぎないとしても，それによって意味を求める人間の本性は満たされ，世界のすべてを説明しようという宗教本来の目的は達成されるというのである．

　技術の革新は世界を覆い，人と資金と情報は国境を越えて自由に流通している．現代世界に特有のそうした動きはアフリカの地方の村々にまで及んでおり，人々の生活はどこでも急速に変わりつつある．最新技術や情報の発信者である日本や西欧の社会と異なり，アフリカの諸社会はその受信者にすぎず，それゆえ世界はますます混沌としたものに映るであろう．その一方で，アフリカの諸国家が国民の生活を保障せず，弱肉強食が資本主義経済のならいであるとすれば，かれらの眼に映

る世界は，互いが互いを食べつくそうとする妖術師の格闘の姿に近いものであろう．現代のアフリカで妖術信仰が猖獗（しょうけつ）を見ているのは，そこにかれらの世界認識が反映されているためではないだろうか．

(4) 民族宗教の変容と宗教革新

以上見てきた，ドゴンその他のアフリカの宗教体系の特徴を整理しよう．それは一連の複雑で煩瑣な儀礼からなるものであると同時に，儀礼が行われる場所が特定の土地に限られるという点で，地縁に結びつくものである．また，儀礼の効力により，儀礼のカバーする村内の空間は水と生命のあふれる空間であるのに対し，村外の荒野は妖術師やその他の霊が跋扈（ばっこ）する危険と不毛の土地とされる．一方，死者は先祖となって生者を見守ってくれるという祖先崇拝の観念が発達しており，それと関連して親族組織が社会組織の中心になっている．複雑な儀礼の存在，地縁の強調，祖先崇拝の観念，妖術師等による説明原理，保護された村内と非保護の村外の二分法といった以上の特徴は，ドゴン社会に限らず，アフリカの多くの民族宗教に共通するものである．

アフリカの民族宗教が一般にこうした特徴をもつとすれば，それはアフリカの人々が経験してきた社会的変化に対して，不適合な要因として作用したのではないか．民族ごとに異なる儀礼をもつことは，民族の枠を超えて活動しようとする商業民その他にとって不都合であっただろうし，地縁や親族組織に結びつき，煩瑣な儀礼をともなうその宗教体系は，移動と個人の自律を旨とする近代都市の住民にとっては時代遅れ以外のなにものでもなかっただろうからである．

冒頭で述べたように，近年，民族宗教の信者は著しく減少しており，ここで論じたドゴンの場合でも，イスラームへの改宗が猛烈な勢いで進行している．民族宗教が近代化の経験に対して不適合だと意識されたとき，人々がとりうる可能性は2つある．1つは，民族宗教を内側から作り変えることであり，もう1つは，イスラームやキリスト教などの外来の宗教を受け入れることである．

アフリカの人々が伝統的な宗教体系をどのようにして作り変えてきたのか．民族学はその形態をいくつか教えている．なかでも頻繁に見られるのは，もともと存在していた憑依の形式を利用しつつ，内容を近代化に適合可能なものへと作り変えていくことである．精霊がときに人間にとりつきうること，そのとき憑依された人間の行動は，意識の喪失や痙攣，規範の喪失など，日常の行動様式とは異なるパターンをとることは，アフリカの多くの社会で観察されてきた．その意味で，憑依はアフリカの民族宗教に内在的であった．しかし，憑依に対する評価に関しては社会によって大きな違いがあった．霊の憑依を逸脱とみなし，それによって狂気や病気がひき起こされるとして，憑依を否定的に評価する社会と，霊の憑依によって初めて予言や神との交流といった非日常の現象が達成されるとして，それを積極的に評価する社会とである．

アフリカの宗教を全体としてみたとき，精霊憑依の頻度が高まっていると同時に，憑依に対する評価も否定から肯定へと向かう傾向がある．こうした傾向は，精神病理学的にとらえられる傾向が多かった．アフリカの諸社会が近代化を経験する中で，旧来の価値観や宗教的枠組みが揺らぎ，心理的な不安が増大した結果だというのである．しかし，憑依の頻度だけでなく，憑依に対する社会の評価が異なってきているとすれば，問題は精神病理学ではなく，むしろ社会学の次元に位置することになる．

憑依の評価がマイナスからプラスへと移動している社会の例を詳細に見ると，憑依という現象のもつ開かれた性格に注目が行く．憑依されることで職能を果たす祭司は，血統ではなく，個人的能力によって選出される傾向があること，霊が直接に個人に乗り移るために，地縁とは無縁に憑依が可能であること，憑依霊を新たに加えていくことにより，キリスト教やイスラームといった新来の宗教と習合可能であること，などの特徴である．いいかえるなら，憑依を核とする宗教体系は，より個人主義的で，脱地縁的で，新来の世界と併存可能な，開かれた性格をもっているのである．

植民地時代の初期から現代にいたるまで，アフリカ大陸では預言者運動がしばしば生じたが，それを憑依の一形態とみなすことは可能である．これらの預言者の多くは，神に憑依されたと主張することで一群の信者を引き連れ，新しい生活規範の導入と，社会システムの改変を試みてきた．植民地時代に生じたそうした運動の多くは，体制を揺るがすものとして危険視され，預言者の多くは投獄されたり排除されたりした（その後に生じた運動は，カリスマ運動として成功を収め，のちに見るように独立教会として定着した）．歴史に「もし」はないとしても，もしかれらが投獄されず，その運動が継続されていたなら，アフリカ大陸に民族宗教に根ざした新しい大宗教が誕生していた可能性はある．それは，既存の倫理や社会関係をベースとしながら，憑依という枠を利用することで外来の生活規範や世界観を取り込んだ，一種の宗教革新運動になりえたと考えられるのである．

I.3　イスラームとキリスト教の展開

(1)　イスラームの浸透

イスラームとキリスト教はどのようにしてアフリカ大陸に定着していったのか．その概略をたどることにしよう．コプト派キリスト教が受容されたエチオピアを除けば，これら2つの宗教のうち，最初にアフリカで拡大したのはイスラームであった．

イスラーム暦元年に当たる632年のヒジュラからまもなく，北アフリカにアラブ人が侵入してイスラームを伝えたが，その理由のひとつは，西アフリカが産出する金や象牙，奴隷等の交易品を入手することであった．世界中に交易ネットワークを拡大したムスリム商人にとって，金は貨幣の鋳造のために欠かすことのできない素材であり，その入手は影響圏の拡大のためにも必須であった．それゆえ，かれらは8世紀後半には西アフリカのニジェール川流域に達し，サハラ砂漠の南縁につぎつぎに交易都市を築いていった．ガーナ，ガオ，トンブクツーがその主要な交易都市であり，その影響が周囲に及ぶのと並行して，国家も成立した．これらの国家の多くは，ムスリム商人を保護する非ムスリムの王が建設したものであったが，そのうちのいくつかは，11世紀以降イスラームを国教として受け入れるようになり，西アフリカでのイスラームの拡大に貢献した．

一方，大陸の東側では，ペルシア湾岸のオマーンやインド洋に面したマスカット等からイスラーム船が東海岸に達し，10世紀以降いくつもの交易都市を築いた．大陸東岸でも最南端に近いザンベジ・リンポポ川周辺には，熱帯アフリカ最大の石造建築であるグレートジンバブエの遺跡があるが，その建設に貢献したのもムスリム商人の手になるインド洋交易であった．このようにして，サハラ砂漠とインド洋という2つの「海」を越えたところに，ムスリム交易者を受け入れるための都市が建設され，そこを拠点としてイスラームは内陸部に広まっていったのである．

やがて18世紀後半になると，西洋の圧迫にさらされたイスラーム世界全体の危機感をばねに，イスラーム世界の西端に位置するアフリカでも，より厳格なイスラームを確立しようという運動がいくつも生じてきた．これらの運動の多くは，イスラームの教えを中心に据えたイスラーム神聖国家を建設しようとしたが，ヨーロッパ列強による植民地拡大の時期と重なったために，植民地勢力と衝突して解体させられた．

こうした厳格派の運動があったのは事実だとしても，全体として見たとき，アフリカのイスラームは交易という平和的な手段によって浸透しただけに，各地で伝統的な民族宗教と習合する傾向をもっている．西アフリカではマラブとよばれるムスリム職能者が崇敬を集めており，かれらは若い児童や学生を集めてイスラームの教えを伝えるだけでなく，占いや祈願，病気治療，反妖術など，およそあらゆる種類の宗教活動を行っている．また，かれらが亡くなったときには，その墓所が特別の力（バラカ）をもつ聖地として，巡礼の対象になることも多い．こうした民衆宗教的なイスラームのあり方に対しては，近年ではサウジアラビ

図1 ムスリム交易都市

アなどの影響を受けたイスラーム主義的な立場からの批判も見られるが，大勢としては習合的なイスラームのあり方が今日もなお色濃く残っている（ただしナイジェリアでは，厳格派がかなりの勢力をもっている）．

(2) キリスト教の展開とその変質

キリスト教の布教が始まったのは，15世紀の大航海時代以降であった．ムスリム商人が掌握していた金や胡椒などの交易品を，西回りの海路をとることで直接入手しようとしたポルトガル船は，アフリカ西海岸に，ついで南部の海岸に到達した．かれらを突き動かしていたのは，交易の意欲とともに，オスマントルコに代表されるイスラーム勢力や新興のプロテスタント諸派に対抗してカトリックを布教しようという強い宗教的熱意であった．かれらの熱意は中央アフリカのコンゴで成功を見，15世紀末にはカトリックの王をいただくコンゴ王国を誕生させた．このコンゴ王とポルトガル王とのあいだには，共通の信仰に支えられた友好と親和が存在し，両者のあいだに交わされた手紙などは今も残っている．しかし，のちにアフリカ大陸との交易の中心がオランダやイギリスなどのプロテスタント勢力に変わると，その関心は経済的利益に向かい，ポルトガルほど現地住民の改宗に熱を入れることはなかった．

19世紀後半になり，ヨーロッパ諸国のアフリカ支配が本格化すると，多くのキリスト教伝道団や宣教師が派遣された．また，植民地支配のための下級役人として採用された現地人や，西洋資本のプランテーション農場で働く労働者の中からは，キリスト教に改宗するものが多く現れた．とりわけキリスト教は学校教育を通じて布教に力を入れたため，教育を受けた教員や役人，医療関係者を中心にキリスト教信者が増加した．第2次世界大戦が終わってアフリカの諸国家が独立したとき，かれらの多くは新興国家の担い手として社会的・文化的影響力を増したため，キリスト教勢力が拡大するのに大きく貢献した．

イスラームが北から交易を通じて拡大したのに対し，キリスト教は植民地支配の拡大と並行して浸透したため，イスラームの影響のほとんどなかった南部アフリカや，西アフリカの沿岸部で圧倒的な力をもっている．東アフリカでもイスラームの勢力範囲は沿岸部に限られており，その他の地域はキリスト教の圏域となっている．とはいえ，アフリカのイスラームが地域的な民族宗教と習合する傾向を見せたように，キリスト教もまた，欧

—193—

米のそれとは著しい違いを生じさせている．その中には，母体であった欧米のキリスト教会から完全に独立して，独自の教義や儀礼を発展させた教会もあり，それらは「独立教会」や「土着教会」などの名でよばれている．これらの教会では，多くのアフリカ人信者を列聖するために独自の聖人位階をもったり，ミサの最中に憑依が頻出したり，占いや病気治療を専らにするなど，欧米式のキリスト教会からすれば異端的な，むしろ民族宗教に近い形態をもつものもある．

そうした独立教会の中には，コンゴの独立に際して大きな力をもったキンバング教会や，コートジボワールを中心に西アフリカ沿岸部一帯に広まるハリス教会，ケニアの独立アフリカ・ペンテコステ教会など，数十万から数百万の信者を擁する大教会も存在する．これらの独立教会の信者の割合は，アフリカ大陸の全キリスト教徒の20％に達するばかりか，その割合は増加の一途をたどっているのである．

(3) アフリカの宗教状況の展望

何度も述べてきたように，アフリカの民族宗教の信者の割合は，とくに近年著しく減少の傾向を見せている．このままの状況がつづくなら，その信者の数が統計上ゼロになる日も近いかもしれない．その意味では，植民地支配と商品経済の強制，国民国家の誕生，グローバル経済の浸透，国際移民の増加などのかたちでつづいた近代化の経験が，アフリカの宗教の次元でも決定的な影響をもたらし，その独自性を奪いつつあるということができるかもしれない．

しかし，これまで見てきたように，アフリカの民族宗教は表面上は統計から姿を消しながらも，実際にはイスラームやキリスト教と習合することで，新たな姿のもとで生きながらえている．さらに視点を広くとれば，ブラジルのカンドンブレ，ハイチのブードゥー，ジャマイカのラスタファリなど，アフリカ起源の民族宗教が大陸外で新たな宗教を生み出す原動力になった例もある．また，ラスタファリに結びついたレゲエや，合衆国で発達したブルースやジャズ，ロックなどは，もともとアフリカの宗教的実践の中で作り出された経験が，より洗練された音楽に変容することで民族や人種の枠を超えて広まった例である．

それらの事実を考え合わせると，アフリカの宗教の衰退や死を予言することには慎重でなくてはならない．それが長い時間をかけて紡ぎあげた世界観や身体的リズムは，姿を変えて現代世界に広く流通しているのだからである．

参 考 文 献

グリオール，M.（坂井信三・竹沢尚一郎訳）『水の神』せりか書房，1981年．

澤田昌人編『アフリカ狩猟採集民社会の世界観』京都精華大学創造研究所，2001年．

竹沢尚一郎『象徴と権力—儀礼の一般理論』勁草書房，1987年．

ターンブル，C.「二つの狩猟社会におけるフラックスの重要性」松園万亀雄編『社会人類学リーディングス』マカデシア出版会，pp.157-169，1982年．

バランディエ，G.（井上兼行訳）『黒アフリカ社会の研究—植民地状況とメシアニズム』紀伊国屋書店，1983年．

バレット，D. B.『世界キリスト教百科事典』教文館，1986年．

ファン＝ヘネップ，A.（綾部恒雄・綾部裕子訳）『通過儀礼』弘文堂，1977年．

フレーザー，J.（永橋卓介訳）『金枝篇』全5巻，岩波文庫，1951年．

Ⅱ. 世界宗教の現在

2 ラテン・アメリカの宗教

北森絵里

　ラテン・アメリカ[*1]の宗教を見るということは，植民地時代から続く，カトリック教と，インディオおよびアフリカ系黒人の宗教・世界観とのせめぎ合いを見ることである．新大陸のカトリック教化，インディオの宗教・世界観とカトリック教との融合，アフリカから奴隷として連れてこられた黒人の宗教とカトリック教との習合と変容といった歴史的経験は，今日，ラテン・アメリカの宗教の特徴であり，それは「民衆宗教」[*2]として存在する．また，「民衆宗教」は，近代国家と国民文化の成立の時代には，ナショナル・アイデンティティの象徴とされたり，近代化に対する民衆の抵抗と結びつけられたりした．

　本章では，まず第1節でラテン・アメリカにおけるカトリック教化の流れを踏まえる．その後に，第2次世界大戦後，カトリック教がラテン・アメリカの貧困や抑圧といった問題に取り組んだ「解放の神学」について述べる．第2節以降では，インディオによるカトリック教への主体的な関わりとして，土着の宗教・世界観とカトリック教の融合による民衆カトリシズム（フォーク・カトリシズム），強制的なカトリック教への改宗によるインディオの宗教・世界観の変容と対応，アフリカ系宗教の変容とカトリック教との習合，近代化への民衆の抵抗としての救世主信仰と千年王国運動といった事例を概観する．これらの事例を通して，ラテン・アメリカの宗教の特徴である「民衆宗教」の存在が，支配者の宗教であるカトリック教と被支配者である民衆の宗教とのせめぎ合いの産物であること，支配者と被支配者の関係が刻印されていること，民衆が支配に対して主体的に関わってきたことを示し，そしてそれらは，まさにラテン・アメリカの文化の有り様であることを述べたい．

2.1 植民地化とカトリック教

(1) カトリック教

　大航海時代のスペイン・ポルトガルにとって，新大陸の植民地化とカトリック教化は不可分のものであった．すなわち，新大陸の征服とインディオのカトリック教への改宗による精神的征服は表裏一体であった．当初からカトリック教会はインディオの宗教を異端として厳しく弾圧し，それに反抗する者は処刑された．とくに，スペインの植民地化政策は民族主義的な性格が強く，カトリック教はその中心的な役割を果たし，インディオの教化は徹底的だったといわれている．ポルトガルの植民地化政策は，民族主義的性格よりむしろ植民地から得られる富に重点が置かれる実利的な側面が強かったため，インディオの改宗はスペイン

[*1] ラテン・アメリカは，アングロ・アメリカに対する概念であり，メキシコ，中米地域，南米大陸地域を指す．本稿では，旧スペイン領地域と旧ポルトガル領地域を対象とする．
[*2] ここでは，民衆宗教とは，公的宗教であるカトリック教と共存する形で，民衆の生活に密着し信仰を集めている宗教を指す．

◆ II. 世界宗教の現在 ◆

図1 ラテン・アメリカ

のそれに比べて比較的緩やかだったとされる．しかし，程度の差はあれ，インディオを強制的にカトリック教化したことには変わりはない．

植民地時代の初期，16世紀前半にみられた，インディオのカトリック教への改宗は，主にイエズス会のような各修道会が担った．そのやり方は，レドゥクシオン（reducción）とよばれるインディオ教化集落を既存の集落から離れた場所に設立し，農耕を中心とした自給自足的な共同生活を送りながらインディオにカトリック教を教えるものであった．この強制移住政策は，植民地拡大の暴力からインディオを守ったという側面と，インディオの改宗と彼らの宗教や世界観の破壊を助長したという側面を併せもつ．16世紀後半になると，新大陸において司教や大司教を長とするカトリック教会の組織化が進み，インディオの改宗は修道会の手から教区付聖職者の手に移っていった．インディオは，虐殺されるか労働力として使われると同時に，彼らの宗教的実践は弾圧され聖なる場所は破壊され，カトリック教会でのミサへの参加，洗礼，十字架への祈りなどが強制された．17世紀になって，インディオの偶像崇拝の根絶のための動きが展開されるが，フランスの歴史学者ナタン・ワシュテル（Nathan Watchtel）が詳述するように，そのことは，17世紀になっても依然として偶像崇拝が根強く存続していることを示していた．ワシュテルによれば，ペルーのインディオは，カトリック教の宣教師に対して受動的であるが頑固な抵抗を示したため改宗は不十分であった．スペイン人はインディオの土着の神々を悪魔の化身と見なしたが，インディオはカトリック教を偶像崇拝の一種と見なしていた．

カトリック教への改宗は，アフリカから連れてこられた奴隷にも強制された．16世紀前半から19世紀後半まで長期にわたり奴隷制を存続させ，大量の奴隷を導入したブラジルにおいては，奴隷もカトリック教への改宗が求められたが，それはポルトガル人と同等のカトリック教徒になるとい

うことではなく，奴隷としてのカトリック教が与えられるということだった．奴隷はアフリカの宗教や信仰を捨て，彼らの魂の救済のために設けられた信徒団（コンフラリア，confraria）の一員となり，カトリック教社会の底辺に組み込まれた．しかし同時に，信徒団の中では，奴隷がアフリカからもちこんだ宗教が，カトリック教との習合を見せながら脈々と存続することを可能とした．

このように，スペイン人とポルトガル人による支配にとって，カトリック教化は重要な役割を果たしてきた．その結果，今日ではラテン・アメリカのほとんどの地域で人口の70%以上が，南アメリカ諸国に限定すると国民の90%以上がカトリック教徒である．一方で，インディオやアフリカ系の黒人は，表面的にはカトリック教を受容し改宗されたように見えるが，実際には彼ら独自の宗教や世界観からカトリック教の教えを理解したにすぎず，カトリック教化は「不完全」であったことも事実である．というのも，ラテン・アメリカでは，公的宗教としてのカトリック教と共存する形で，インディオの宗教とカトリック教の融合である民衆カトリシズムやアフリカの宗教とカトリック教の習合である，例えばカンドンブレといった「民衆宗教」が民衆の多くの支持を得ており，人々の生活に密着した信仰となっている．そして，植民地時代以来絶えず増大する混血の存在は，近代になってから，ラテン・アメリカの多くの国においてナショナル・アイデンティティの重要な概念となったが，それと同時に「民衆宗教」がそのシンボルとしての役割を担っていることは，支配的な宗教であるカトリック教が，インディオやアフリカ系の黒人の宗教との混血である「民衆宗教」と共存していることを示している．

(2) 解放の神学

解放の神学（Teologia de la Liberación）は，カトリック教においては第二の宗教改革とされ，その起源は，1950年代半ばから1960年代にかけて，ラテン・アメリカの都市スラムや農村の貧しい人々と生活や労働をともにした聖職者の思想と実践にある．解放の神学は，1968年の第2回ラテン・アメリカ司教会議でカトリック教の公式教義として認められ，ラテン・アメリカのカトリック司教はすべてのカトリック教徒に対して，率先して社会問題に取り組むようによびかけた．解放の神学では次のように考えられている．貧困は神の意志ではなく，貧者や抑圧された者は，社会の権力構造や社会制度のせいでその境遇に置かれたのであるから，カトリック教の福音はこのような人々にこそ向けられるべきである．したがって，貧しく抑圧された人々は，貧困，抑圧，暴力をもたらす権力構造から解放されなければならないとし，それを実現する社会変革を目指した．その活動は，貧しい農村や都市スラムにキリスト教基礎共同体という教会主導の草の根組織を設立し，民衆が主体となった組織運営を進めている．

2.2 民衆カトリシズム（フォーク・カトリシズム）

民衆カトリシズムとは，正統派カトリック教の教えと16世紀のスペインに見られた民衆カトリシズムにインディオの土着宗教や世界観が融合した宗教原理と行動である．植民地時代の当初からインディオの宗教は厳しく弾圧されたが，インディオによるカトリック教の表面的な受容は，土着の宗教に立脚した上でのカトリック教の理解と解釈にすぎなかった．

(1) グアダルーペの聖母

民衆カトリシズムの特徴の1つは聖人信仰である．たとえば，メキシコ・シティのグアダルーペの聖母（La Virgen de Guadalupe）がそうである．伝承によれば，スペインによる征服直後の1531年，現メキシコ・シティーのテペヤック（Tepejac）の丘で，カトリック教に改宗したばかりのインディオ，フアン・ディエゴ（Juan Diego, 1474-1548）の前に聖母が出現しそこに聖堂を建てることを司教に伝えるよう命じ，彼のマントにはグアダルーペの聖母の姿が印されるという奇蹟が起きた．間もなく聖母が出現した場所には聖堂

◆ II. 世界宗教の現在 ◆

図2 グアダルーペの聖母（グアダルーペ寺院）

が建てられ，多くのインディオのみならず，後には多くのメスティソ（混血）の信仰を集めた．当初，カトリック教会はこの聖母の出現を「悪魔の発明」とみなしたが，16世紀後半には「奇蹟」を認めざるをえなくなった．17世紀になってもカトリック教会にとってグアダルーペの聖母に見られるようなインディオの「不完全」な改宗は問題であったが，インディオの非カトリック教的な信仰そのものよりもむしろ，彼らのカトリック教的信仰の中に見られる非合理性が「迷信」として問題視された．しかし，一方では，1821年のメキシコ独立に向けて，クリオーリョ（新大陸生まれのスペイン人）の司祭は，独立戦争の際，インディオやメスティソの軍隊の軍旗にグアダルーペの聖母を国家統合のシンボルとして掲げた．ローマ教皇は，グアダルーペの聖母を，1910年にはラテン・アメリカの守護聖母として，1945年には南北アメリカの守護聖母として宣言した．今日でもグアダルーペ寺院は巡礼の地となっている．グアダルーペとはスペインの聖母信仰の場所の名前でもあり，テペヤックの丘は，インディオがアステカの母神であり豊穣の女神でもあるトナンツィン（Tonantzin）を祀っていた場所でもある．聖母が出現した場所自体とその場所の名づけが物

語るように，グアダルーペの聖母は，カトリック教によるインディオの宗教の変容であると同時に，インディオが主体的にカトリック教に対応し，スペインから持ち込まれた聖人信仰の図像を流用したものとして考えられる．

民衆カトリシズムは，共同体と密接に関係した聖人祭，民間信仰，巡礼においても顕著である．いくつかの事例を見てみよう．

(2) 巡　礼

ペルーのクスコ地方最大の巡礼地コイリュ・リティ（Qoyllu Rit'i）は，ケチュア語で「星と雪」という意味であり，標高5000mのシナハラ山にある．キリスト聖体拝受（コルプス・クリスティ，corpus cristi）の時期に何万人もの信者が訪れる．伝承によれば，18世紀後半，インディオの牧童がキリストの化身であるメスティソの少年と出会い家畜を増やした．これを怪しく思い集まった人々の前で，このメスティソの少年は岩の中に姿を消し十字架にかけられたキリストとなって現れた．それ以来，コイリュ・リティの教会の祭壇には，この奇蹟の岩が信仰の対象として祀られている．信者は，仮面と派手な衣装を身につけて踊りを奉納する．

メキシコのプエブラの南西に位置する聖地チャルマへの巡礼もインディオの土着的信仰の聖地とカトリック教の融合の例である．チャルマは，先スペイン期にインディオの偶像の拠点であったが，カトリック教会の建立の際，偶像は破壊された．しかし，カトリック教の守護聖人の中に破壊された偶像に対する信仰は融合され，インディオの守護神としての役割を果たしている．

(3) 聖人信仰とカルゴ・システム

聖人信仰がインディオの村落共同体の政治的側面と結びついた例が，カルゴ・システム（cargo）であり，旧スペイン植民地で広くみられる．ここでは，メキシコ南部のインディオの村落に見られるカルゴ・システムをみよう．村落の男性は，行政上の役職と，教会とそこに祀られた聖人像の管理や聖人祭を行う宗教職に交互にかつ無報酬で従

事し，祭りの費用を負担する．一生をかけてこれらの役職の階梯を上っていき，すべての役職を終えた者は長老として尊敬される．カルゴ・システムを，インディオ社会に固有の行政・政治的な社会機構と同一視することについては慎重な議論が求められるであろうが，祭りの組織という点から捉えた場合，メキシコのインディオの多くの村落に共通する聖人信仰の1つのあり方であるといえよう．

メキシコ南部のマヤ系インディオ社会では，カトリック教の祝祭であるカーニバルがインディオの世界観と融合した形も見られる．マヤ系インディオの世界観では1年の宗教行事が循環すると考えられるが，インディオの最高神である太陽の力の再生を祈る冬至の祭りが，カーニバルに見られる社会の死と再生という観念と融合したとされる．太陽神が不在の期間，カトリック教のカーニバルのように，日常の秩序が転覆され非日常の祝祭が行われるのである．

ここまで見てきた民衆カトリシズムのいくつかの事例は，カトリック教とインディオの宗教・世界観の融合であり，カトリック教への改宗の中にインディオ的な宗教や信仰が組み込まれていることを示している．

(4) ブラジルの聖人信仰

ブラジルにおいても聖人信仰は民衆の生活に密接に関わっている．とくに信仰を集めている聖人は，聖フランシスコ，聖アントニオ，聖ジョルジ，聖コスメと聖ダミアンなどであり，イエス・キリストすら人間臭い身近な存在として認識されている．聖母ロザリオと聖ベネディクトは，黒人奴隷の魂の救済のためにカトリック教が設けた守護聖人である．守護聖人は，信者とその家族の日常生活のさまざまな場面（苦難，もめごと，慶事，病気など）にともない加護する．信者は守護聖人の加護に感謝し，聖地に巡礼したり奉納品をおさめたりする．例えば，病気の治癒を守護聖人に祈願し奇蹟が実現したら，信者は守護聖人を祀る教会にエズ・ヴォト（ex-voto）を奉納する．エズ・ヴォトは，写真や絵，あるいは病気を患っ

図3　奉納されたエズ・ヴォト
（ブラジル，サルヴァドールのボンフィン教会）

ていた身体の部位（手，足，頭など）の模型である．また，農村地域でしばしば見られる聖人信仰の行列もその例である．フォリア（fólia）とよばれる，祭りの後援者と数人の楽隊をともなった信徒団が，守護聖人像を担いで行列をなし，歌い踊り供え物を集めながら共同体を練り歩く．このような祭りは，守護聖人への日頃の感謝を表し祝うだけではなく，共同体の維持と周辺の共同体とのつながりを確認する意味もある．

2.3　インディオのカトリック教への対応と土着の宗教の変容

前節で見た，インディオによるカトリック教の解釈は，カトリック教への改宗や献身の中にインディオの宗教を保持させてきたといえよう．ここでは，インディオの宗教・世界観がカトリック教の征服を受けながらも存続してきた事例を見よう．存続といっても，先スペイン期の宗教・世界観がそのまま存続したのではなく，カトリック教による征服の過程で，インディオがそれに対応し

ながら宗教・世界観を変容させてきた結果である．これらの事例からは，インディオがスペイン人の到来やカトリック教をどのように捉えたかがうかがえる．

(1) インカリ神話

インカリ神話は，インカ帝国が支配したアンデス地域に存在するインカ王の神話であり，口頭伝承である．インカリ（Inkarri）とは，インカとスペイン語の「王」（レイ，rey）が結びついた「インカ王」を意味する．この伝承にはさまざまなヴァージョンがあるが，基本型は，過去のインカ帝国の繁栄，現在のスペイン人による征服，インカリの再来によるいずれ訪れる至福の実現というものである．この伝承では，スペイン人による支配の続く現在は，混沌と貧困の続く闇と月の世界であるが，いずれインカリが再来し，かつてのようなインカ帝国の繁栄が実現し，秩序と太陽の輝く世界が戻るとされている．ここには千年王国的な考えが見られ，インカリの再来によるインディオの救済が現状に対する解決策でもありスペイン人による支配に対する抵抗でもあると考えられる．

(2) インティ・ライミ

毎年6月にペルーのクスコで開催されるインティ・ライミ（Inti Raymi）は，インカ帝国時代の太陽の祭りの再現である．ケチュア語でインティは「太陽」を，ライミは「祭り」を意味する．インカ族の宗教では，万物は創造神ビラコチャ（Viracocha）によって創造され，太陽もこの神が創造した．太陽はインカ族の祖先であり，インカ帝国の皇帝は太陽の子であった．毎年6月，南半球の冬至の日には太陽に対する盛大な儀式が行われていた．今日のインティ・ライミでは，かつてインカ帝国の領土を構成していた4つの地方（スーユ，suyu）からインディオの伝統的な踊りが披露され太陽神へのリャマの供犠が行われる．この祭りは，クスコの観光資源になっているだけではなく，インディオや農民の文化的伝統としてペルーのナショナル・アイデンティティの象徴の1つとされている．

(3) 征服の踊り

ボリビア，ペルー，グアテマラ，メキシコといった地域のインディオの間では，「征服の踊り」という劇がさまざまなバリエーションをもって存在する．これは，スペイン人による征服をインディオの視点から再現した劇の一例である．先述の歴史学者，ナタン・ワシュテルによるボリビアのオルロでみられる劇に関する記録から，あら筋を紹介しよう．中心人物の1人であるアタワルパ（アタワンパ・インカ，Atahualpa Inca, ?-1533）は，インカ皇帝の子孫であると称しインカ帝国復興を予言して植民地軍と交戦した．そのアタワルパに夢がスペイン人の到来を知らせる．はじめにインディオとスペイン人の間で予備的な接触がなされる．この時，スペイン人側からインカに送られたトウモロコシの葉に書かれた手紙に対して，アタワルパを含むインディオ側は驚きと当惑の反応を示し，手紙の内容を誰も解読できない．予備的接触の最後は，スペイン人の新大陸征服者，フランシスコ・ピサロ（Francisco Pizaro, 1475-1541）との間で行われた．インディオ側がピサロに対してインカから去るように言うが，ピサロは唇を動かすだけで，話の中身はインディオの通訳が訳して初めて伝わる．ピサロは，インカもしくはその首をスペイン国王のもとに持ち帰るために来たと言う．アタワルパはスペイン人を追い払うために戦士を集めることを決心する．ピサロがアタワルパの宮殿に乱入する．アタワルパは抵抗しピサロを脅す．ピサロは唇を動かすだけだが，インディオの通訳によるとアタワルパに対してバルセロナまでついてくるよう求める．アタワルパは急に降伏し，金と銀をピサロに差し出す．ピサロはアタワルパの命乞いを拒否し処刑する．すべての人々がアタワルパの死を悼む．インディオの皇女たちがつとめる合唱隊はピサロを呪う．最後の場面で，スペイン国王とピサロが会見し，ピサロは国王にアタワルパの首を献上する．スペイン国王はピサロの非道に憤り，アタワルパを称揚しピサロの処罰を公言する．ピサロは自分の剣と生まれた日を呪い地に倒れ死ぬ．

ワシュテルはここに3つの主題を見出してい

る．1つめはインディオの描くスペイン人像である．劇の中でのスペイン人像には，ひげ，鉄の服，3本の角をもつ未知の動物など，その異様さが強調される．2つめは，インディオとスペイン人の相互理解の欠如である．それは，スペイン人がトウモロコシの葉に書いた手紙をインディオ側が誰も解読できないことや，ピサロが話す時は唇を動かすだけで通訳によって初めて内容が通じるということに表されている．3つめは，アタワルパの死がもたらした宇宙への影響である．インカ皇帝は人間と宇宙の生命の源であり，宇宙の調和を保つ役割を担う．アタワルパの死によって宇宙の調和は崩壊し，その悲劇はスペイン人の支配によってもたらされたのである．宇宙の調和は同じくらいの出来事が起きなければ回復できない．すなわちインカの再来が起こらない限り宇宙の調和は戻らないのである．この点には救世主の到来というインカリ神話に通じる考え方が見られる．物語の最後にスペイン国王がピサロに罰を与えることの意味は何であろうか．これは，インディオのスペイン人に対する勝利であり，ピサロに与えられる罰は，アタワルパの死が予告するスペイン人の追放の象徴であると考えられる．

ここで見た事例は，インディオがカトリック教への改宗を強制されながらも，彼らの宗教・世界観を存続させ，スペイン人の征服をインディオがどのように解釈しているかを示す伝承，祭りおよび踊り（劇）である．これらから，インディオが被支配的地位に置かれながらも，その境遇にいかに主体的に働きかけ，彼らの世界観を維持してきたかがうかがえると同時に，今日のインディオの世界観が征服者であるスペイン人を抜きにしては成り立ち得ないことも示している．

2.4 アフリカ系宗教の変容とカトリック教との習合

16世紀初頭から1870年頃までの期間に，アフリカ大陸から南北アメリカ大陸とカリブ海地域に推定956万人もの黒人が奴隷として連れてこられ，そのうち約38%がブラジルに導入された[*3]．ブラジルに入ったアフリカ系の黒人は主として，北東部の砂糖プランテーションの労働力を担う奴隷として社会の底辺に組み込まれた．彼らは，奴隷の身でありながら，また奴隷制廃止後も社会的に低い地位に留まりながら，アフリカから持ち込んだ文化を存続させてきた．その結果，今日でも北東部ではアフリカ系の文化が色濃く見られる．

しかし，アフリカ系の文化といってもアフリカにおいて実践されていた文化がそのままブラジルに移植されたわけではなく，ポルトガル人の支配によるカトリック教社会かつ奴隷制社会という枠の中で，ブラジルで変容を迫られたアフリカ由来の文化，いわゆる「アフロ・ブラジリアン文化」として捉えられなければならない．さらに，ブラジルでは，植民地時代以来，白人，インディオ，アフリカ系黒人の間で混血が繰り返されてきたため，人種としての黒人集団は明確ではない．このことは，ナショナル・アイデンティティを「混血」に求めるブラジル国民文化においても見出せる．このような「混血」という概念を表す例として，リオ・デ・ジャネイロのカーニバルを取り上げよう．

前述のように，ブラジルでは混血者が多いため，アフリカ系の文化の担い手は必ずしも「黒人」に限定されるのではなく，黒人でもあり混血でもあり白人でもある．だが同時に，ブラジル文化において，アフリカ系の文化的要素は不可欠であり，しばしば黒人の存在が強調される．一方，近年，「混血」という同質性に同化しない，純血としての「アフリカ系」というアイデンティティを強調する文化的表現が登場している．以上のような，ブラジルにおけるアフリカ系文化の位置づけの事例として，「混血」の象徴としてのリオ・デ・ジャネイロのカーニバルと「純血」の象徴としてのアフロ・ブラジリアン宗教カンドンブレを取り上げよう．

[*3] 『新訂増補　ラテン・アメリカを知る事典』, p.272.

◆ Ⅱ．世界宗教の現在 ◆

(1) リオ・デ・ジャネイロのカーニバル

　カーニバルはカトリック教の祭りであるため，ラテン・アメリカ各地で行われる．なかでもアフリカ系黒人が多く入った地域では，カーニバルが俗化され，先に見たマヤ系インディオ社会のような循環する世界観は希薄である．しかし，秩序と無秩序の転覆は形骸化しているとはいえ，黒人が貴族や王になりどんちゃん騒ぎをするという転覆のメカニズムは失われていない．リオ・デ・ジャネイロのカーニバルにはサンバという音楽が不可欠だが，アフロ・ブラジリアン文化研究家ムニス・ソドレー（Muniz Sodré）によれば，サンバは，ヨーロッパ的な旋律構造と，アフリカのリズムが融合した音楽である．アフリカのリズムは，時間を一定に分割していき，いくつもの太鼓や打楽器がそのリズムを刻み重層をなす．一連のリズムの流れには最初と最後があるが，両者はつながり循環する．それは，アフリカの神話的時間の特徴と同じである．このようなアフリカのリズムがヨーロッパ的音楽に出合ったとき，生まれたのがサンバである．このような音楽サンバがカトリック教の祭りと結びついたのが，リオ・デ・ジャネイロのカーニバルである．サンバと国民行事としてのリオ・デ・ジャネイロのカーニバルの成立は，20世紀初頭の，「混血」というナショナル・アイデンティティの成立の時期と重なる．それらは「混血」というイデオロギーの具体的表現として活用された．リオ・デ・ジャネイロのカーニバルは，仮装した人々が混血の音楽サンバにのって踊りながら行列を繰り広げることにより，「混血」という同質性のもとに国民を文化的に統合しようとする祭りとなったのである．

(2) カンドンブレ

　アフリカ系黒人にとって，音楽と踊りは宗教と切り離せない．彼らにとって，宗教的儀礼，神話の再現，歌，太鼓の奏でるリズム，踊りは不可分のものである．それが，ブラジルでカトリック教への改宗や奴隷制という支配を受けながら変容したものがカンドンブレ（candomblé）である．奴隷は，その魂の救済のための聖母ロザリオや聖ベネディクトといった聖人をあてがわれ，カトリック教社会の底辺に位置づけられた．彼らは，それらの聖人への信仰を深めながらも，アフリカ系の宗教的実践を存続させることもできた．アフリカ系黒人にとって，宗教的儀礼，歌，踊り，太鼓のリズムは不可分のものであるから，彼らの両義的なカトリック教は，白人には，劣ったカトリック教，あるいは単なる歌や踊りにしか見えなかったかもしれない．また奴隷のそういった実践は，反抗といった形に発展しない限り大目に見られた．カンドンブレの主な特徴は，オリシャ（orixá）と総称される何人もの神格と，儀礼におけるオリシャの憑依である．儀礼が行われる聖なる場はテヘイロ（terreiro）とよばれる．オリシャにはそれぞれ，シンボルカラー，自然領域や社会領域，持ち物，金属，供犠される動物，衣装・装身具，歌，リズム，踊りの振りつけ，人間的な性格がある．儀礼においてオリシャは，それぞれのオリシャを讃える太鼓のリズムと歌に乗って憑依したミディアムの身体を通じて現れ，踊ったり信者と話したりする．

　ブラジルのオリシャ信仰のルーツとされる，アフリカ，ヨルバのオリシャ（orisa）信仰との相違点はオリシャのあり方にみられる．ヨルバではオリシャごとに別々の集団が関係をもち，儀礼は別々に各オリシャに捧げられる．一方，ブラジルのカンドンブレでは，1つの信仰集団がすべてのオリシャと関係をもち，儀礼はすべてのオリシャに捧げられる．このような相違が生じた理由は，奴隷たちがアフリカからブラジルに連れてこられた際に，1つのオリシャに対応していた集団から切り離され，新しい土地で異なる集団に属する者が一堂に会することになり，すべてのオリシャと関わるようになったからだとされている．このような相違はあるが，カンドンブレではヨルバのオリシャに関する神話や伝承が残されており，オリシャの名前も酷似している．カンドンブレが，アフリカ系黒人がカトリック教を取り込みながら創造した宗教であることは，オリシャに見られるカトリック教の聖人信仰の影響において明らかである．カンドンブレのオリシャの主たる役割は，信

者を保護し信者に利益をもたらすというものであるが，このようなオリシャの役割はカトリック教の聖人信仰と結びつきやすかった．オリシャと聖人はその性格や役割において対応関係が見られ，カンドンブレの儀礼暦が聖人の祭日と対応している．それを，習合の結果と見るか，白人がイデオロギー的見地から黒人の宗教的実践をカトリック教の受容として捉えたとするかは議論の余地があろう．

広くアフロ・ブラジリアン宗教として括られる宗教的形態は実に多様であり，呼称も地域によって異なる．ここで紹介した例はその一形態，すなわち西アフリカのヨルバの宗教を受け継ぐカンドンブレのヨルバ系モデルであり，もっとも「アフリカ的」とされているが，それでも変容とカトリック教からの影響からは免れられない．

このように，カンドンブレは，アフリカの文脈から切り離されブラジルにおいて変容し，カトリック教と習合したアフロ・ブラジリアン宗教である．1970年代にブラジルでも黒人運動が活発になるのにともない，「純粋なアフリカ」に帰属意識をもとうとする動きが見られた．それは，ジャマイカのラス・タファリ運動や大西洋圏を中心に展開されたネグリチュード運動やパン・アフリカニズムの影響を受けているのだが，この動きの中で，カンドンブレは，「アフリカ性」の具現として認識され，混血を含むアフリカ系黒人のアイデンティティの象徴とみなされている．

2.5　救世主信仰と千年王国運動

ラテン・アメリカ各地で見られる千年王国運動は，大きく2つに分けられる．1つは，植民地時代に見られた，スペイン人とカトリック教による征服に対するインディオの抵抗であり，もう1つは，近代化への民衆の対応である．前者の事例としては，先に見たインカリ神話や征服の踊りの他に，ペルーにおいて，1565年頃起きたタキ・オンコイ（Taki Onqoy）と1780年に起きたトゥパック・アマルー（Tupac Amaru）の反乱がある．

後者の事例は，メキシコで1847年から始まったカスタ戦争（La Guerra de Castas）とブラジルで1896年に起きたカヌードス戦争（Guerra dos Canudos）である．

（1）タキ・オンコイ

タキ・オンコイは，ケチュア語で「踊る病」の意味で，1564年頃ペルー中央部で，インディオの間で起こった千年王国的宗教運動であり，インディオがカトリック教に抵抗し先スペイン期の宗教を覚醒させようとした運動でもあった．タキ・オンコイの考えは次の通りである．カトリック教の神は，スペインとスペイン産の動物・食べ物を創ったが，インカ帝国，インディオそしてこの地の動物・食べ物を創造したのはワカ（huaca）である．ワカとは，インカ帝国時代から今日も見られる，特定の物や場所を神聖視する観念・神性の総称である．インディオは，スペイン人によって押しつけられた世界の中でカトリック教徒の神が自分の居場所を見出したが，今後は破壊されたワカが蘇りカトリック教の神々と戦う．そして，インディオの土着の神々が勝利し世界は元に戻る．今度はカトリック教の神が征服されスペイン人は皆殺しにされる．ここで予言されていることは，スペイン人が支配する世界の終末，インディオの土着のワカ信仰への回帰，スペイン人とカトリック教の追放によるインディオ世界の再生である[*4]．

（2）トゥパック・アマルーの反乱

ペルーの植民地時代末期，1780年にクスコ地方で起きたトゥパック・アマルーの反乱は，インディオの強制労働と地方行政官による圧政に対するインディオの抵抗である．その指導者であるトゥパック・アマルーは，本名はホセ・ガブリエル・コンドルカンキ（José Gabriel Condorcanqui, 1741-81）といい，インカ帝国最後の皇帝トゥパック・アマルーの五代目にあたり，インカの血を

[*4] タキ・オンコイを，熱狂的な，インディオ世界を希求する抵抗と解釈することに慎重な議論もある．

引くメスティソであり地方の裕福な首長であった．彼は，インディオを率いてクスコに迫ったが，植民地政府軍によって鎮圧され処刑された．トゥパック・アマルーは，自分がカトリック教徒でありスペイン国王に仕える者であるとしていたが，彼に従った多くのインディオは，トゥパック・アマルーをインカの再来として捉えた．この反乱がきっかけで各地でインディオによる武装蜂起が見られたが，そこにはインディオの先スペイン期への回帰とインカ再来の希求といった熱狂的な広がりがあった．

(3) カスタ戦争と「語る十字架」

カスタ*5戦争は，1847年から1901年にかけて，メキシコのユカタン半島のマヤ系インディオが中心になって起こしたインディオによる反乱である．反乱の直接的原因は，サトウキビ農園の拡大によるインディオの土地利用の制限および季節労働への従事と，メキシコ独立によってそれまでのスペイン王室・カトリック教会とインディオ共同体との温情主義的関係が崩れたことにある．戦争の初期はインディオ反乱軍が優勢であったが，次第に反乱軍内部に分裂が生じ州政府が優勢になった．ユカタン地方の分離独立を目指していた一部の支配層が米国に支援を求めると，イギリス領ホンジュラスのイギリス軍が反乱軍に加担し新たな展開をみせた．1850年，州政府軍の反撃を受け密林に逃げ込んだ反乱軍のリーダーの1人，ホセ・マリア・バレラ（José María Barrera）が聖なる泉を発見した．そのほとりには十字架が刻まれたマホガニーの木があり，その木のもとで，彼はマヤ系インディオの救済とマヤによる支配の復活を約束する神託を聞くのである．彼はその木で「語る十字架」（Cruz parlante）を作り，その後「語る十字架」は腹話術師を媒介にして語り始める．その奇蹟を聞きつけた多くのインディオが集まるようになったが，翌年，州政府軍の攻撃によって十字架が奪われ腹話術師は殺害された．バレラは，先に神託を聞いたのと同じ場所で新しい3本の十字架を天から授かったとし，それが最初の十字架の「娘十字架」であると主張した．それらの3本の十字架は，マヤの女性用貫頭衣とスカートを着せられ儀礼小屋の祭壇に祀られた．当時の「語る十字架」の神託は，腹話術師の代わりに祭壇の後ろの穴にひそんだ男がバレラの指示通りに声を出す仕組みだったという．「語る十字架」が祀られたその場所は「聖なる小さな十字架」とよばれ，反乱を続けるインディオたちの聖なる場所となり，バレラは反乱軍のリーダーであるだけではなく宗教的指導者となっていった．反乱軍は活性化したが，バレラを支持しないインディオのグループも現れたため，彼は州政府と和平協定を結んだ．しかし，その後も「語る十字架」の神託を信じる人々は「十字架の人々」とよばれる狂信的な集団となり，カスタ戦争は次第に「十字架の人々」集団の聖なる戦いの様相を呈していった．「語る十字架」の神託は，先スペイン期のマヤ系インディオの宗教の復活とマヤ系インディオの救済を唱え，それを精神的な拠り所とする千年王国運動へと発展した．この運動には，カトリック教への改宗と土着宗教の存続や，スペイン人の支配に対するインディオの抵抗といった植民地時代から繰り返されてきた歴史的経験に共通する特徴が見られるだけではなく，メキシコ独立後の混乱と近代化にともなうインディオ村落共同体の変化への民衆の創造的対応という意味も見出せる．

(4) カヌードス戦争

次に，1896年から1897年に，ブラジル北東部のバイア州内陸のカヌードスという農村でアントニオ・コンセリェイロ（Antônio Conselheiro, 1830-97）が中心になって展開した千年王国運動，カヌードス戦争を見よう．コンセリェイロは，小規模な商売をする父の下に生まれ育ったが，25歳のとき父を失う．15歳の読み書きのできない女性と結婚したとき，父が遺したわずかばかりの財産をすべて売ってしまった．その後，妻は愛人とともに家を出てしまう．それを機にコンセリェイロは故郷を離れ，行商や日雇い労働をし

---

*5 カスタとは，旧スペイン植民地において，混血のタイプや度合を指す「血筋」を意味することばであった．

ながら各地を転々とする．そのうち，ある神父に出会い，読み書きとカトリック教の教義を学ぶ．そして伝道者となり，青い衣に皮草履を身につけズタ袋を肩に掛けて放浪し，各地を移動しながら礼拝堂を修理したり建立したりした．カヌードスの村に到着したコンセリェイロは，連邦政府が導入しようとする土地のメートル測定法と徴税に抵抗し，その場所に土地と家畜を共有するユートピア的共同体の建設を目指した．カヌードスには各地から農民が集まり，そこは自給自足の作物畑や家畜を共有する大きな共同体に発展し，最盛期には零細農民，小作農，貧者，非識字者，混血，インディオなど2万5000人から3万5000人の人口を数えたといわれる．集まった民衆は，カヌードスに新しいエルサレムとソロモンの地の建設を目指した．コンセリェイロは，1893年，税の不払いを勧めたかどで州政府軍によって一時的に監禁されるがその後も政府批判を続け抵抗した．カヌードスの撲滅のために州政府軍が二度派遣されたが2度とも民衆軍の前に敗退した．1896年，危機感を募らせた連邦政府が軍を派遣し，10か月近い攻防の末，1897年カヌードスの民衆軍は全滅した．

この運動には，聖人信仰的な側面が見られると同時に，ある宗教的リーダーのもとに集まった農民信者の救済とユートピアの建設といった救世主信仰と千年王国的な特徴が見られる．そして重要なことはそれだけではなく，この時期はちょうどブラジルが共和制国家となり近代化の道を歩み始めた直後であるということである．つまり，この運動は，近代化を目指す国家の論理と，それまで貧しいながらも調和を維持していた前近代的な農村共同体の論理とのせめぎ合いとして捉えられるからである．コンセリェイロは，政教分離に反対し，帝政への復帰を求め近代的な共和制を批判した．近代化を前にして農村共同体の崩壊の兆しが見えたとき，農民はリーダーのもとに集まり宗教的実践をもってそれに抵抗したのである．

救世主信仰と千年王国運動は，ラテン・アメリカの宗教の特徴の1つであるが，世界の他の地域に見られるものと同様に，既存の共同体社会が崩壊しそうなときや伝統と近代がぶつかるときに，救世主的なカリスマが現れ奇蹟を起こしたり，崩壊しそうな秩序の再生・復活を予言したり実践したりするのである．

本稿では，ラテン・アメリカの宗教の特徴である「民衆宗教」の存在が，支配者の宗教であるカトリック教と被支配者である民衆の宗教とのせめぎ合いの産物であること，そこには支配者と被支配者の関係が刻印されていることを見てきた．そして，民衆宗教は，民衆文化と不可分である．ラテン・アメリカでは，エリート文化と民衆文化は，対立的関係にあるのではなく，エリートと民衆の，支配・被支配の関係の枠の中で，両者が相互に受容し合い，かつ両者が併存している．したがって，ラテン・アメリカの民衆宗教は，この地域の文化の有り様そのものを呈しているといえよう．

参考文献

荒木美智雄（編）『世界の民衆宗教』ミネルヴァ書房，2004年．
大貫良夫（編）『民族の世界史13 民族交錯のアメリカ大陸』山川出版社，1994年．
小林致広（編）『メソアメリカ世界』世界思想社，1995年．
ブラウン，S. E. & アナトリオス，K.（森 夏樹訳）『カトリック』青土社，2003年．
ロウ，W. & シェリング，V.（澤田眞治・向山恭一訳）『記憶と近代：ラテンアメリカの民衆文化』現代企画室，1999年．
ワシュテル，N.（小池佑二訳）『敗者の想像力：インディオのみた新世界征服』岩波書店，1984年．
『新訂増補 ラテン・アメリカを知る事典』平凡社，1999年．
Abdala Junior, B. & Alexandre, I. M. M. (org.) *Canudos: Palavra de Deus, Sonho da Terra*, Editora SENAC, 1997.
Sodré, M. *Samba, o dono do corpo*, Mauad, 1998.

Ⅱ. 世界宗教の現在

3

北アメリカの宗教

本多 彩

　北アメリカ大陸にあって国境を接するアメリカ合衆国とカナダは，それぞれ963万km²と998万km²という広大な国土を有している．人口は約3億1400万人（2012年）と約3300万人（2011年），数多くの人種・民族，エスニック集団を抱える国家である．

　宗教をめぐる環境について，両国にはいくつか類似点がみられる．第1点は，両国ともに信教や宗教活動の自由を是認する一方で，政教分離を基本政策として掲げていることである．具体的に，アメリカ合衆国修正憲法第1条では，「連邦議会は，国教を樹立し，あるいは信教上の自由な行為を禁止する法律を制定してはならない」とあり，宗教活動と信教の自由，ならびに政教分離が説かれている．また，カナダの1982年憲法第1章「権利および自由に関するカナダ憲章」には，国民の基本的な権利として表現・宗教・結社・平和的集会の自由が定められている．基本的に信教の自由を容認し，国教をもたない両国は，多くの宗教が活動する環境が整えられているといえよう．

　第2点は，移民と宗教の関係である．北米には先住民のインディアンやイヌイットがいたが，15世紀にクリストファー・コロンブスが大陸を「発見」，ヨーロッパの人々が東海岸から徐々に入植を開始する．入植者は次々と独自のコロニーを形成し，先住民と彼らの土地を支配下に置き，ついには北米全体がヨーロッパ人優位の社会となる．社会的・経済的・政治的基盤が作られるようになり，宗教もこうした人々によってもたらされた．代表的なものはキリスト教である．北アメリカの宗教を考えるうえで，移民やその子孫のもつ信仰や活動が寄与したところは大きい．

　第3点として，両国とも世界でもまれな宗教的な国であるといわれることが挙げられる．教会・シナゴーグ・寺院等で行われる礼拝への出席率は高く，教会を基盤とした各種の活動への参加意識も高いとされている．その他にも，テレビなどのメディアや，インターネットを介した布教活動にも熱心である．個人を通して見ると，宗教がアイデンティティや活動の思想的な基盤となっていることが多い．

　しかし両国の宗教政策には相違点もある．アメリカ合衆国は政治と宗教の分離を強く掲げ，国家や州が特定の宗教団体と関わることを徹底的に禁止しているが，カナダでは，各州の裁断で宗教教育に対する公的援助の可否を決めている．

　本章では，はじめに両国の宗教の現状を説明し，その後に歴史的な背景にふれる．入植時代から19〜20世紀にかけてのキリスト教を中心とした諸派の動きを中心として述べ，最後に，北アメリカで誕生したキリスト教系の新宗教と，20世紀以降広がりをみせるアジアからの宗教について紹介する．

3.1 北アメリカの宗教をめぐる概況

(1) アメリカ合衆国

アメリカ合衆国は，ユダヤ・キリスト教（Judeo-Christian）の国であるといわれている．キリスト教のプロテスタント諸派をあわせると人口の60％を占める．プロテスタントは16世紀のヨーロッパで，カトリックの権威主義や伝統主義への批判から登場した．プロテスタントは，聖書を重んじ，個人の内面的信仰を大切にしている．ヨーロッパでは数多くの教派が誕生したが，以下ではそのうちアメリカで大きな影響をもついくつかを説明しておこう．

17世紀のイギリスで始まった，キリストの聖性，三位一体，神の救済，聖書（新約聖書）を信じ，成人洗礼（バプティズム）を行うバプティスト（Baptist）が，アメリカで最大のプロテスタント教派である．これにつぐ第2の規模をもつのが，個人の宗教体験や宗教的生活を中心とし，18世紀後半のイギリスでその名前がつけられたメソジスト（Methodist）である．3番目は，マルティン・ルター（Martin Luther, 1483-1546）の神学理解を教えの中心におき，聖書にある神の言葉と福音を信じ，さらに洗礼と聖餐式を重視するルター派（Lutheran）である．ルター派の教会は各々が独立し信者らの手で運営され，教義・活動を促進させるためのシノッド（教会会議）がある．4番目に，聖書にある言葉のみを信じる長老派（Presbyterian）が続く．

以上のプロテスタント諸派に対し，ローマ・カトリックは人口の約20％を占める．単一の宗教団体としては国内最大の勢力をもち，その存在は大変大きい．

ユダヤ教は人口に占める割合は少ないものの，キリスト教とともに国を代表する宗教である．ユダヤ教徒は，5世紀頃の迫害によって共同体の解散を余儀なくされ，国を追われて，ヨーロッパ各国に点在していた．アメリカにやってきたユダヤ教徒のなかには保守派やリベラルなどのグループがあり，渡米した時の時代背景にもよるとされる．ユダヤ人は教育を重んじ，専門職に就く人やビジネスの世界で活躍する人も多い．

アメリカ人にとって宗教とは，個人のアイデンティティに密接にかかわると同時に，広く民族や社会的立場の指標ともなっている．個人と宗教との関わりとしては，ある宗教団体の信者であること，さらにどれほど宗教活動や宗教団体をベースとした活動にコミットしているかなどが挙げられる．地域のボランティアや平和活動などが社会からは広く認知されている．

次に国内の政教分離（separation of church and state）という考え方を説明しておこう．ここでいう政教分離とは，国家（state）と特定の宗教・教派（church）の一対一の関係を禁じるものである．換言すれば，特定の宗教の国教化を拒否するものである．しかしアメリカの政教分離政策は，個別の宗教団体が，政治へ参画することを阻止するほどの力をもたない．宗教団体からの支持・不支持は大統領や議員選挙の結果を左右するほどの影響力をもつことさえある．例えば2000年及び2004年の大統領選挙では，プロテスタントの中でも特に白人エヴァンゲリカルの多くが，共和党のジョージ・W・ブッシュに投票したといわれている．ここでいうエヴァンゲリカルとは，神の福音と救済を強く信じる保守派プロテスタントである．宗教団体からの支持は政治にも大きな影響力を与えるが，国家による国民への特定宗教の信仰強制は厳格に否定されている．

では宗教団体の活動はどのように支えられているのだろうか．アメリカで活動する教会や宗教団体は，個人の自発的な参加によって支えられる，いわゆるディノミネーション（教派）やセクト（分派）である．キリスト教がディノミネーションの形態をとることは，アメリカにおける特色といえる．アメリカでは信仰を比較的自由に表現できることもあって，ディノミネーションであれば次々と新しい団体が誕生する可能性をもっている．例えば，あるコミュニティでは，移民たちが母国の宗教をアメリカで再興し，それが世代を超えて維持されている．また教会のなかには，さまざまな人種や民族を構成員としているところも多

い．ユダヤ教徒とユダヤ教の関係のように，民族と宗教が深くかかわることもある．新しい宗教も枚挙にいとまがない．イギリスで登場したシェイカーやクエイカーは，早くからアメリカで宣教活動しており，アメリカで誕生したモルモン教，クリスチャン・サイエンスなども，国内外で活発に活動している．

(2) カナダ

カナダでは，キリスト教が主流である．内訳としては，プロテスタントが人口の約30％，ローマ・カトリック教徒が約45％となっている．カトリック優勢の現状は，カナダの移民史と関係が深い．入植当初，フランスの植民地ではカトリックが，イギリスの植民地ではプロテスタントが先頭に立って宣教活動を進めていた．現在でもフランス系カナダ人が多く居住する大西洋側のケベック州にカトリック教徒が多い背景には，こうした歴史的流れがある．

プロテスタントでは，1925年に3教派（メソジスト・長老派・直接民主的な教会運営をする会衆派（Congregational））が合同で創立した，カナダ合同教会（United Church of Canada）が最大規模である．ついでイギリス国教会に起源をもち，教義はプロテスタントで組織はカトリック的だとされ，監督制をとる英国教会派（聖公会ともいわれるAnglican），そして3番目にバプティストが，それぞれ大きな勢力をもっている．

その他の宗教としては，例えば，ユダヤ教や，ロシアからカナダに渡った無教会主義のドゥホボル派，教会自治と兵役拒否が特徴のメノナイトがある．さらに隣国，アメリカで誕生した宗教も数多く活動している．最近ではイスラームや仏教など，キリスト教以外の宗教も増加しており，非キリスト教国からの移民の大量流入とも関係して，キリスト教信者数は年々減少している．他方で近年目立つようになったのは，宗教をもたない，いわゆる「無宗教」の人たちである．2001年には人口の15％が「無宗教」と自認しているとされる．こうした実情を目の当たりにして，聖職者や指導者からは憂慮する声が高まっている．

カナダでは，宗教と教育の関係が興味深い．キリスト教会が建てた公立学校に州が補助金を支給することは，国内の法律に抵触しないとされる．カナダ東部にあるオンタリオ州とケベック州では，キリスト教の教派別に教育委員会が管理する公立学校があり，例えば，カトリック家庭の子供は，カトリックの公立学校に通学している．ケベック州では住民の9割がカトリック教徒であるため，学齢期の児童の約9割がカトリックの学校に通い，それ以外の児童は，教育委員会が管理するプロテスタント公立学校や，宗派に拠らない公立学校に通う．一方オンタリオ州では，1986年の州法でカトリック校に対する州の財政支援を定めたが，これに対してはプロテスタントやユダヤ教から反対論が出された．最高裁まで争われた結果，州の支援はカナダの憲法第1章に違反しているという判決が下され，同州は1990年，公立校における宗教の別を撤廃している．ここでは例を挙げるにとどまったが，こうした特定の宗教と教育との関係は，たとえそれが各州に一任されていても，政教分離との関連から，国内ではしばしば議論となる．

3.2 歴史Ⅰ：初期のキリスト教

15世紀から始まったヨーロッパ人の入植によって，北アメリカは，宗教にとっても新天地となった．入植者たちの活動のひとつは土地を開墾して植民地を拡大すること，そしてもうひとつが，北アメリカ先住民をキリスト教徒に改宗させる運動を進めることであった．とりわけ宣教師たちは，独自の信仰をもつ「未開の」先住民に，文明への道を歩ませるためにも，キリスト教への改宗を半ば強制的に推し進めたこともある．別の言い方をすれば，先住民にキリスト教徒を増やして「仲間」に引き入れることが，新大陸の領土拡張を目指すヨーロッパ各国の政治的な意図にも利用されたのである．ここでは両国における建国前後のキリスト教の活動を簡単に説明し，キリスト教の展開に大きく影響することになる二度の大覚醒

(Great Awakening) を取り上げる．

(1) 初期のキリスト教の動き
1) アメリカ合衆国
1492年のクリストファー・コロンブスの大陸「発見」以降，ヨーロッパ人が次々とやってきた．1519年あたりから順にフランス，イギリス，ポルトガル，スペイン，オランダが東海岸各地に植民地を形成し，キリスト教も新しい土地にやってきた．

最初の宣教師はスペイン人で，1520年代にはフロリダに入っている．スペイン人宣教団は，1590年代から本格的に先住民プエブロ族に対して布教を開始し，その後は西へ教線を拡大する．イギリスの宣教師は先住民および，自国のコロニー内でも布教活動を行っていた．1620年には，母国イギリスの宗教改革運動で迫害された人々が，自由な信仰と実践を求めてマサチューセッツにやってきた．このグループがいわゆるピルグリムとよばれる，カルヴァン派のピューリタン（Puritan，清教徒）であり，プリマス・コロニーに宗教コミュニティを建設する．ピューリタンは先住民への改宗を目的とせず，自らの信仰を実践して継続する場を求めてやってきた．宗教上の理由からアメリカにきたグループとしては，ほかにイギリスで排斥されたキリスト教の新しい一派，クエイカー（Quaker）やシェイカー（Shaker）が挙げられよう．

その後もヨーロッパからの入植者は，母国から宗教を携えてきた．さらに宣教師たちは，先住民に対して，またコロニーでもキリスト教を広め，教会を建設し，社会的活動も進めていく．のちにアメリカ合衆国として独立を果たす地域では，イギリスとオランダからのプロテスタント諸派が発展をみせている．

2) カナダ
1608年にフランス人冒険家がケベックに上陸し，その後はヨーロッパ人入植者がコロニーを作って定住を始めた．カナダの住民はしばらくの間フランス人が主流であった．フランスのプロテスタントユグノー派やローマ・カトリックが教会を建設する．1613年にはカトリックの宣教団がきて，イエズス会からも宣教師が派遣された．対先住民宣教活動の特徴として，フランスへの忠誠心の養成が挙げられる．また，コロニー（ニューフランス）では，教会や修道院建設にとどまらず，入植者の教育や健康にも配慮して，学校や病院を建設し，入植したフランス人の生活をサポートした．

フランスから少し遅れて，イギリス人入植者がニューイングランドとよばれるコロニーを建設して，イギリス人のプロテスタント系宣教師も増加する．ニューフランスとニューイングランドという2つの大きなコロニーは，宗教も異なり，お互いに牽制しあっていた．前者では1628年にコロニー内のプロテスタント活動を全面的に排除し，後者でもカトリックに対して同様の姿勢をとるようになった．

17世紀から18世紀にイギリスとフランスは緊張関係にあり，領土をめぐって戦争を始める．これによって，プロテスタントとカトリックの摩擦が拡大する．戦争は1763年のパリ条約締結によって終結し，カナダはイギリス領のケベック植民地となった．イギリスの勝利は英国教会の勢力を増幅させ，カトリックは不安に陥るが，イギリス政府は，カナダでの宗教活動を比較的柔軟に許容していくという姿勢をとったため，カトリックが活動を制限されることはほとんどなかったといわれる．

その後カナダでは連邦を結成，大陸横断鉄道の建設も進み，キリスト教の活動は徐々に西へ拡大するようになる．

(2) 二度の大覚醒
プロテスタントは，18世紀と19世紀に二度の大覚醒（信仰復興運動といわれる）を経験する．一度目が，各植民地およびカナダの東部で広まった1730〜1745年の第1次大覚醒（Great Awakening），二度目がアメリカの西部と南部，カナダを中心として起こった1801〜1830年の第2次大覚醒（Second Great Awakening）である．二度の大覚醒を通して，プロテスタントは信仰を強めてい

◆ Ⅱ．世界宗教の現在 ◆

く．

18世紀半ばに起こった最初の大覚醒は，プロテスタントを賛成派と反対派に二分させるほど影響力をもっていた．ピューリタン上陸から100年以上が経過し，教会の形骸化が進んでいた時代背景のもと，一部の人々が，新天地は神からの「約束の大地」であることを再確認し，既成の教会や教団のあり方に反発するようになった．彼らは信仰心を見つめなおす中で自らの罪を悔い改め，敬虔なプロテスタントの信者であることを最重要視する．第1次大覚醒は，個人に信仰の内面化を強く促すことになり，このころエヴァンゲリカルとよばれる福音主義も登場したといわれている．

さらに，アメリカとイギリスが戦った1812年戦争（米英戦争，1812～14年）前後，ケンタッキー，コネチカット，ニューヨークの3州から信仰復興の動きが高まる．これを第2次大覚醒とよぶ．先導者たちは贖罪と聖書の重要性を説き，さらに個人の回心体験を重視して深い宗教心の醸成を要求した．この動きは，大信仰復興（Great Revival）ともよばれる．この頃，アメリカ東部を中心にキリスト教神学を再検討する動きもみられるようになる．宣教活動は，地理的に拡散した人々の居住地を回って，熱心に行われていた．第2次大覚醒時の特徴として，プロテスタントが飲酒や貧困，女性の教育問題などについて議論を始め，社会改革に乗り出したことが挙げられる．インドや日本など海外での宣教活動が開始されたのもこの時期である．

北アメリカのプロテスタントは二度にわたる大覚醒を通して，宣教活動にさらに力を入れるようになり，個人に対しては信仰の内面化と社会問題への積極的な関わりを説いてきた．信仰の引き締めに取り組んだこれらの信仰復活運動は，多くの信者にも受け入れられる．大覚醒によって北米のプロテスタントのあるべき姿が打ち出され，さらに各教派の教線が拡大することになる．

3.3　歴史Ⅱ：19世紀・20世紀から現代

アメリカ合衆国は1776年にイギリスからの独立を宣言する．カナダは1867年，イギリス植民地時代に終止符を打ち自治領となった．初期の植民地では，ヨーロッパから持ち込まれたプロテスタントとカトリックがそれぞれ先住民や入植者に対して宣教運動を行っていた．その中で，プロテスタントは二度の大覚醒を通して信仰の問題を個々人に問い続けた．その後，キリスト教（特にプロテスタント）ではリベラルと保守という2つの大きな流れがみられるようになる．次に19世紀から現在に至る両国のキリスト教の展開を概説する．加えて，アフリカ系アメリカ人の宗教やユダヤ教についてもふれておきたい．

(1)　アメリカ合衆国の宗教―キリスト教
1) プロテスタント

19～20世紀にやってきた移民は多様な宗教をもち，アメリカで活動するプロテスタント教派の数は増加することになった．例えば19世紀にドイツ人や北欧人の定住が進むと，ルター派（Lutheran）の教会の設立が加速する．ルター派の教会は相互協力して分派を最小限にする努力をした結果，今日でもエヴァンゲリカル・ルター派教会にほぼすべての教会が所属している．プロテスタントの中でも長老派は，スコットランド人や北アイルランドからの定常的な移民によって信者数の継続的増加がみられる．

第2次大覚醒の動きが広がりをみせていた1820年代頃から，独自の神学理解をもつ教団が誕生する．新宗教の登場である．モルモン教やクリスチャン・サイエンス，エホバの証人が創始される．それまでのアメリカでは，ヨーロッパから持ち込まれたプロテスタント諸派が圧倒的に優位であったが，以後新しい広がりをみせる．

19世紀には西海岸まで開拓が進む．国土の拡大を受けてプロテスタントの各教派は，国内においては西海岸へ，さらに海外も伝道の場とみなして率先して教会を建て，国外宣教活動を進める．

キリスト教伝道を第一義とする国外宣教は，キリスト教に生きてきた彼らにとって新しい宗教と出会う場ともなった．1893年シカゴで開かれた世界宗教者会議はヒンドゥー教や仏教の代表者を交えて催され，国際レベルでは最初の宗教間交流の場となった．

20世紀初頭，アメリカ国内にはキリスト教を中心に200教派ほどがあったと考えられている．科学との関係や社会問題に対する考え方の相違がみられる．プロテスタントでは，ダーウィンの提唱する生物進化論を容認し，柔軟な聖書解釈をもち近代化路線をとるリベラルなグループと，こうした考え方に反対する保守派に分かれた．1920年頃から強固な保守派が登場し，原理主義的な思想を有する人々も現れる．

保守とリベラルのせめぎ合いは，20世紀にはさらに大きくなる．リベラル派は，教派を超えた協調関係を構築することに抵抗が少なく，実際複数教派の間で合同教会も設立された．ところがこうしたリベラル派が進める，いわゆるエキュメニカル運動は，1960年代から少しずつ縮小していき，保守派勢力が目立つようになる．

国外においてはベトナム戦争，国内においては対抗文化（カウンターカルチャー）に直面して，急激な変化に不安を覚える人々の一部は，超保守の態度をとるようになった．こうした人々は社会にも発言力をもち，政治的な力を高めていく．保守派の一例として，近年よく耳にするボーン・アゲイン（Born again）とよばれる人がいる．ジョージ・W・ブッシュ大統領もそうだといわれる．彼らは自らを開眼させるほどの強烈な宗教体験を経て再生し，信仰を再確認した人たちである．特徴としては，内に強い信仰心をもち，キリスト教神学理解に対する思いが大変強い．このような人々は，今日アメリカの宗教的保守派を先導している．

保守派の中で，キリスト教のファンダメンタリズムについて概観しておこう．キリスト教で最も保守に立脚するのがファンダメンタリズム（Fundamentalism）である．聖書解釈や近代科学をめぐってリベラル派と保守派にはっきりと分かれた20世紀初頭，教会や神学の世俗化に対する反発から誕生したのが宗教的イデオロギーとしてのファンダメンタリズムである．ファンダメンタリストたちは聖書にある言葉をありのまま受容し，伝統的な教えに忠実であり，俗化することを極端に嫌う．さらに反対する人々には好戦的で過激な抗議行動をとることもある．概してファンダメンタリズムは，個人の思想であるとともに神学の解釈でもあり，メソジスト，バプティスト，長老派の神学にみられる．1970年代から今日まで，社会や政治に対して超保守の立場から，強いメッセージを発しつづけている．具体的には，人工中絶反対，公立学校における祈りの是認，同性愛者間の結婚反対，イスラエル建国に反対などの主張が挙げられよう．

2）ローマ・カトリック

19世紀に入り，アイルランド・スコットランド・南欧や東欧からの移民によって，国内のカトリック信者も増加する．しかし，長であるローマ法王は19世紀末まで急激な「アメリカ化」，合理主義や世俗化に批判的であった．対してアメリカのカトリック教徒の一部は，少しずつ現地の文化・環境に適応する解釈を求めるようになった．国民の利益や社会問題に関心を示すようになり，社会変革運動にも多くのカトリック教徒が参加している．こうしたいわゆるリベラル派は，大恐慌の余波で苦しい経済下にある移民労働者の権利を訴え，労働環境の改善を求めるなどの活動を行った．

二度の世界大戦後，カトリック教徒の政治力は，看過できないほどにまで拡大した．それを象徴するように，1960年代には初のカトリック教徒の大統領ジョン・F・ケネディが登場する．ちょうど同じ頃，アメリカのカトリックは近代化促進の方針を示す．それまで宗教的少数者として多少なりとも偏見の目にさらされてきたカトリックも，単独では国内で最大の宗教教団となるまで拡大していた．

今日のアメリカのカトリックには大きく2つのグループがある．ひとつはヨーロッパ系のグループ，もうひとつはメキシコなどラテン・アメリカ

◆ Ⅱ．世界宗教の現在 ◆

のヒスパニック系のグループである．前者は比較的早い時期にやってきたヨーロッパからの移民と子孫によって構成されるグループで，教会では主に英語を使用し，リベラルな動きも少なからずみられる．最近増加するヒスパニックを中心とした後者のカトリック教会では，母国のカトリック教会の姿が維持されている．教会や聖職者の見解も，伝統に基づくことが多い．教会では主にスペイン語が使用されている．

アメリカのカトリック教徒も必ずしも一枚岩というわけではなく，具体的な社会的課題に対する見解の相違や，移民がそれぞれ教会を建てて活動するなど，多様なあり方を見せている．バチカン公会議で採択されるカトリックの公式見解，例えば人工妊娠中絶反対，人工避妊や同性愛結婚の不可といった社会的課題，女性聖職者容認の可否といった反響をもつテーマに対し，アメリカのカトリック教徒として対峙している．一般的にアメリカのカトリックも中絶や避妊反対などの立場をとるといわれているが，例えば人種問題などには比較的寛容な態度をとることもあるとされている．

(2) アメリカ合衆国の宗教—ユダヤ教

ユダヤ教徒の渡米は早く，1650年頃には数十名のユダヤ人がスペインやポルトガルからやってきている．19世紀になるとドイツや東ヨーロッパ諸国から集団で移住するようになる．ユダヤ人の渡米理由として，ヨーロッパ各国で広がりを見せていた国家レベルの反ユダヤ主義（anti Semitism）が挙げられよう．新大陸では，まだ大規模な反ユダヤ主義もなく，信者は教会（シナゴーグ）建設を進めることができた．とはいえアメリカのユダヤ教徒も，少なからず宗教的偏見にさらされることになる．ユダヤ人は教育熱心で，高等教育の修了者も少なくはなかったが，それに見合った経済的安定を得ることができたのは少数であったとされている．

ユダヤ教においても，変化と伝統の葛藤がみられる．ドイツからやってきたユダヤ人には，アメリカ化を自らの手で進めようとする動きがあった．一方で後から（1880年から1920年にかけて）やってきた，東欧（ポーランド，ロシア，ウクライナなど）からの大量のユダヤ教徒は，伝統的なユダヤ教をつらぬこうとした．東欧系のユダヤ教徒は，東海岸に独自のコミュニティを作り，ドイツ系ユダヤ教徒とは異なる活動をするようになった．

宗教としてのユダヤ教と，ユダヤ人という民族の関係について一瞥しておく．アメリカのユダヤ教は，移民初期からユダヤ人の民族宗教として継承されてきた．ユダヤ人によって受け継がれてきたユダヤ文化や生活がユダヤ教の底辺にあり，彼らを結び付けている．ユダヤ人は日々の生活でも，宗教上の律法を守り，食物上の決まりごと（コシャー Kosher），土曜の安息日といったルールを守っている．こうしたユダヤ教とユダヤ人の関係は，民族と宗教，個人のアイデンティティにおける宗教の重要性を考える上で数多くの示唆を与える．

20世紀後半，ユダヤ人は2つの歴史的体験をする．ひとつはホロコーストとよばれる，ドイツナチス政権による600万人ものユダヤ人殺戮であり，そしてもうひとつはイスラエルの建国である．アメリカのユダヤ教徒は，この2つの体験を共有することで集団意識を深め，国の中東外交政策を注視するようになったといわれている．現在アメリカのユダヤ教は，出身国別のほかにも，保守派，リベラル派，アメリカ化を積極的に進めるグループなどがある．

(3) アメリカ合衆国の宗教—アフリカ系アメリカ人

アフリカからやってきて，北アメリカの地に根をおろしたのが黒人（アフリカ系アメリカ人）である．南北戦争（Civil War, 1861〜65年）では，奴隷解放に反対の南部11州と，賛成の北部23州が争い，北部が勝利する．彼らの宗教もそれによって変化が起きる．

アフリカから連れてこられた奴隷は，母国ではキリスト教徒ではなかった．18世紀以降，プロテスタントを中心とするキリスト教の宣教は奴隷たちに対しても積極的に行われ，北部から南部へ

と広がりをみた．これが功を奏して南北戦争開始直前の時点では，北部だけではなく南部でもキリスト教徒が増えていた．プロテスタントでもバプティストとメソジストの両派が，奴隷解放を訴えるとともに黒人教会の設立にも早くから熱心に取り組んだ．18世紀後半には北部で独立教会建設の動きがあり，最初の黒人メソジスト教会がフィラデルフィアに完成している．奴隷解放に否定的な南部では，奴隷の宗教活動や集会が白人の監視下で開かれていた．

北部の勝利によって奴隷制度から解放された黒人は，自分たちの手で教会を設立するようになった．白人主体の教会に黒人が参加することや，その逆もほとんどみられることはなく，黒人のための宗教施設として教会が建てられた．とくに奴隷解放に積極的であったメソジストやバプティストの牧師によって，教会設立，黒人牧師やリーダーの育成が促進された．

19世紀から20世紀にかけてキリスト教神学から，（白人からみて）肌の色が違う黒人キリスト教徒も神の救いの対象であるという声が出てくるようになった．同じ頃，黒人キリスト教徒は，国内外で黒人相手の改宗運動を開始する．とくにアメリカ合衆国によるアフリカの植民地化が活発になる20世紀初頭には，宣教のために黒人牧師がアフリカに渡っている．積極的な神学理解が登場したことは，黒人キリスト教徒の存在感をより高め，彼らの宗教行動の活性化をもたらした．

第1次世界大戦頃，生活の向上を求めて都市に移住する黒人が増える．そして，都市でもまた根強い人種差別や偏見，隔離と向かい合わなくてはならなくなった．黒人たちは自らのコミュニティをつくるが，一部はスラム街に居住するようになる．苦しい都市の生活環境にあって，教会に集まる人も多かった．教会は貧困層にいる人々のために家や店先でも活動を行い，新参の移住者や母国からの移民に向けた多様な社会福祉活動をはじめた．こうして黒人の生活と密着したかたちで教会があり，その数を増やしていく．

1950年から60年代に起こった公民権運動でアフリカ系アメリカ人に大きな影響を与えたのが，バプティストの牧師マーティン・ルーサー・キング（Martin Luther King, Jr., 1929-68）である．もともと奴隷解放に反対であった南部では人種差別が根強く残り，人種隔離法もあった．キング牧師を中心とするアフリカ系アメリカ人は国内のこうした差別に強く反対し，デモや行進といった非暴力の運動を展開する．彼らが求めるのは，アメリカ国民として法律の下の平等であった．

アフリカ系アメリカ人の中には，長らく改善されない社会に不満をもつものも多く，キリスト教から離れてイスラームなどに改宗する人も出てきた．後述する黒人ムスリムの登場である．彼らは反白人主義を堅持し，アッラーを信じることで自らのアイデンティティを確立していく．生活でも規律を守り，1日5回の礼拝，豚肉とアルコールの摂取の禁止などを実践している．さらに白人社会と距離をとる者もいる．独自の教育機関や宗教施設をもち，アフリカ系アメリカ人ムスリムとしての自覚をもち，次世代に伝えようとしている．アフリカ系アメリカ人のイスラーム団体であるネイション・オブ・イスラームについても，後の項で述べる．

(4) カナダの宗教—キリスト教

1931年のウェストミンスター憲章によって，イギリスから実質的に独立したカナダは，イギリス系とフランス系の人と文化が共存する社会であった．キリスト教に関して概観すると，プロテスタントとイギリス系，ローマ・カトリックとフランス系という結びつきがみられる．前者は植民地時代から徐々に教線を西部に拡大させ，後者は東部を中心に活動する．以下，プロテスタントとカトリックに分けて概説する．

1) プロテスタント

カナダのプロテスタントもアメリカ同様，人々の社会的，文化的背景を反映させながら展開する．ここではカナダで有力なプロテスタントである長老派，メソジスト，英国教会派，バプティスト，ルター派の各々19〜20世紀の動きを駆け足でみていく．

植民地時代初期，最大規模を誇った長老派は，

その拡大につれて分派が次々と誕生した．これに対して統一を図ろうとする動きが1836年に始まり，1875年にはほぼすべての独立教会が，カナダ長老派教会総会（General Assembly of the Presbyterian Church in Canada）の下に集結することになった．

プロテスタントで第二の規模を有していたメソジストは，19世紀になってイギリス系とアメリカ系に分裂する．1812年戦争でカナダがイギリスとともに戦ったことをきっかけとして広がったのが前者のイギリス系メソジストであり，後者は西部開拓期にアメリカから始まったリバイバル運動を機に拡大をみた．メソジストでは両者の対立が続いたが，1847年には双方が和解して再統合された．

英国教会派は，初期の頃には大英帝国から支援を受けていたが，ほどなくしてそれが打ち切られたため，カナダの教会は自らの手による継続を考えていかなくてはならなくなった．1851年に召集された会議では，教会のシステムの転換が決定される．教会の権威者ではなく，信者の代表者を選出することなどが決められた．

バプティストは，各教会が独立していたため，統一にはもっとも遠かった．1944年に誕生した全国組織カナダバプティスト連合（Baptist Federation of Canada）も，教会間ではゆるやかな結合をもたらしたにすぎなかった．

長いあいだ英国教会の分派とみられていたルター派は，1850年のピッツバーグ・エヴァンゲリカル・シノッドから独自路線を歩み始める．その30年後には急進的なグループが北部への宣教を開始した．ルター派では，継続的にヨーロッパからの移民がやってくることによって，維持され，活性化する．現在ではほぼすべてのルター派教会が，保守派を掲げるカナダルター派協議会（Canada Lutheran Council）に所属している．

会衆派は信者数は少なかったものの，1906年に結成された小規模の全国組織が，後のカナダ合同教会設立に大きな影響を与えることになる．

現在，カナダプロテスタントの最大組織であるカナダ合同教会は1925年に創立された．これは，移民の増加と多民族・多宗教国家の道を歩み始めたカナダで誕生した，エキュメニズムのひとつの姿といえるだろう．合同教会設立に向けた超教派の話し合いは1904年に始まり，長老派・メソジスト・会衆派が参加した．1908年頃には，その基本方針がほぼ決まったものの，内部で起こった反対によって長老派教会の多くが不参加となってしまった．創立時に名を連ねたのは，メソジスト，会衆派，そして一部の長老派であった．カナダ合同教会によってプロテスタントの勢力分布が大きく変わる．複数の教派を抱合したカナダ合同教会が最大となり，続いて英国教会派，長老派となった．

カナダにとって隣国アメリカの影響は大きく，政治経済だけではなく宗教もその例外ではない．例えば，ホーリネス運動（Holiness Movement）とよばれる福音運動がある．アメリカのメソジスト教会で広がったこの運動は，19世紀末にはカナダのメソジスト教会にも波及し，彼らはホーネライトとよばれるようになった．また，アメリカで始まったキリスト教原理主義を掲げるペンテコステ派（Pentecostal）は，カナダでも勢力を拡大し，エヴァンゲリカルの旗手となっている．

カナダのキリスト教ファンダメンタリズムは，西部のバプティスト教会で広がりを見せた．彼らはアメリカのキリスト教ファンダメンタリズムと同様の思想をもち，自らの組織や社会がリベラルや近代化に傾こうとすると，反対意見と行動でアピールする．しかしカナダでは，ファンダメンタリズムがアメリカほど強大な勢力をもつことはなかった．

2）ローマ・カトリック

カナダがイギリス領であった19世紀初頭，フランス系の信者が多かったローマ・カトリックでは不安感が広がっていた．しかし，1841年には宗派別公立学校の設置が認可され，1851年には宗教活動の自由が認められたことから，カトリックも胸をなでおろした．

カトリックも，移民に対する布教活動に熱心である．改宗といった体験を経て入信する人たちもいる．教会では言語にも多様性をもたせて礼拝を

行っている．また，国民の教育や市民生活に積極的にかかわっていくのも特徴であった．開拓初期から行われているカトリック教会による支援は，時代に呼応しながら形を変えて継続されている．例えば，ノヴァスコシア州のアンティゴニッシュ運動（Antigonish Movement）は，地域リーダー育成プログラムとして効果をあげている．

20世紀後半を迎え，カナダのカトリックでは宗教間対話の機運が高まり，エキュメニカル運動が広まる．カトリックと異宗教の合同礼拝は数多く行われている．1963年モントリオールにエキュメニカル・センターが建設され，異宗教との関係構築が前向きに考えられている．1967年に開かれたモントリオール万国博覧会では，ローマ・カトリックと6つのプロテスタント教会の合同パビリオンが開設され，異なる宗教間の理解を深める宣言を採択した．カナダで単一最大の宗教グループであるカトリックは，フランス系カナダ人に限らず，新しく入国した民族やエスニックグループにも目を向けて，開かれた教会をつくろうとしている．

(5) カナダの宗教―その他の宗教

カナダでプロテスタントとカトリックにつぐ規模をもつ宗教グループはユダヤ教である．1880年頃ヨーロッパ諸国で広がりを見せた反ユダヤ運動から逃れるため，スペインやポルトガルからカナダへ渡ったユダヤ人は約7万5000人を数える．その後も第2次世界大戦後の移民を加えて，ユダヤ教徒は増加し続けている．現在では人口の約1%を占めている．

東方正教会（Eastern Orthodoxy），なかでもロシア正教（Russian Orthodoxy）はカナダに代表者を置いて親ロシア活動を行っている．メノー派（Mennonite）はプロテスタントの一派であり，カナダ国内では6の分派が活動している．メノー派信徒は，宗教を基盤とした豊かなネットワークをもっていたために，ときに権力者との間で摩擦が生じることもあった．アメリカのペンシルヴァニア州で電力も使わない質素な生活を続けるアーミッシュは，このメノー派の一派である．ほかに

もアメリカで誕生し，北部を中心に展開してきたクリスチャン・サイエンス，モルモン教，エホバの証人などがカナダでも信者を集めている．仏教，イスラームも広がりつつある．

3.4 北米の新宗教

北アメリカのいわゆる「新宗教」は大きく2つに分けられる．1つはアメリカ国内で，主にキリスト教神学や理解をきっかけとして誕生したものである．その多くはプロテスタント教会から興ったものであったが，既成のキリスト教団からは異端とみなされ，排斥の対象とされてきた．しかし，宗教の多様性といった考え方が受け入れられるようになり，新宗教側も開放的になったことから，偏見は少しずつではあるが減少してきたといわれる．ここではアメリカ合衆国で19世紀に興ったモルモン教，クリスチャン・サイエンス，セブンスデー・アドベンチスト，エホバの証人という4つの新宗教を取り上げる．これらはすべて国内にとどまらず，国境を接するカナダや海外にも広く展開している．

もうひとつのグループは，この100年ほどのあいだに世界各地からやってきた宗教である．ここではそのうちイスラーム，仏教，ヒンドゥー教を取り上げるが，どれも世界的にみれば新宗教ではない．しかしながらキリスト教主流の北アメリカでは，アジアなどからの宗教も新しくやってきた宗教とみなされている．

(1) 北米で登場した新宗教
1) モルモン教

天使モロナイの啓示を受けたジョセフ・E・スミス（Joseph E. Smith, 1805-44）が，1830年に設立したのがモルモン教（Mormon）である．啓示された場所からスミスが発見し，翻訳した「モルモン経典」を聖典とする．神の言葉は決して過去のものではなく，現在でも絶対であることや，独自の古代アメリカの歴史が経典に書かれている．創始当時のモルモン教徒は，迫害から逃れる

◆ II. 世界宗教の現在 ◆

ため発祥地のニューヨークからオハイオ州，ミズーリ州，イリノイ州と移動して，最後にユタ州ソルトレイクに落ち着き，ここに本部を置いた．

モルモン教の教義には一夫多妻制を容認する内容があったため，長い間奇異の目で見られた．後になって，多妻婚は教義からはずされている．今日のモルモン教徒は，飲酒・喫煙・カフェイン摂取の禁止，そして収入の10分の1献金や一定期間の布教活動などの規則を守って生活している．彼らは伝統的な家庭を大切にしている．家族は，神によって選ばれ結ばれた男女の結婚を基盤に成立するものであり，関係は死を超越して続くと説かれる．こうした教義に関連して，ソルトレイクにある岩山に世界最大といわれる重厚な家系図保管倉庫をもち，膨大な信者の家系図をマイクロフィルム管理している．現在のモルモン教は，本部中心の中央集権的な組織から，地域の特性を考慮するスタイルに変わる必要性があると感じている．

2) クリスチャン・サイエンス

クリスチャン・サイエンス（Christian Science）はメアリー・ベイカー・エディ（Mary B. Eddy, 1821-1910）によって1879年に創始された．彼女は信仰による宗教的癒しを説いた．とくに物質主義に対して批判的であり，投薬や近代医学による治療を拒否することを実践とした．クリスチャン・サイエンスの教えによると，善なる神への信仰心によって，罪だけではなく肉体的な病は癒されると説かれる．エディは，1875年に雑誌「サイエンス・アンド・ヘルス（Science and Health）」を出版し，多くの読者を獲得した．ボストンにマザー・チャーチを設立し，1910年には全国に600以上の教会を有するまで成長した．今日では世界中に教会があり，クリスチャン・サイエンスの主張を読むことができる教会雑誌「クリスチャン・サイエンス・モニター（Christian Science Monitor）」には，多くの購読者がいる．

近代医学を拒否し続けるクリスチャン・サイエンスには，現代社会との葛藤がみられる．具体的には，子供が病気になったときでも医者の介入を拒否する姿勢が，ときに批判的に受け止められる．クリスチャン・サイエンスでは近年，信者の減少が大きな課題となっているが，指導者がテレビなどのメディアに登場して宣教活動に努めている．

3) セブンスデー・アドベンチスト

セブンスデー・アドベンチスト（Seventh-day Adventist）はアメリカのプロテスタンティズムから19世紀に誕生した新しい教派である．ウィリアム・ミラー（William Miller）は，千年王国の出現と1843年（後に1844年と修正される）のキリスト再臨を説いた．ミラー派（Millerite）信者たちは，この預言を信じて待っていたが，1844年に実現しないことがわかって，大きく落胆した．そのとき登場した女性の預言者エレン・G・ホワイト（Ellen G. White, 1827-1915）は，改めてキリストの贖罪，復活，再臨を説き，個人には聖性と菜食主義を説き，セブンスデー・アドベンチストを創始する．彼女は，キリストの再臨を待つためにも，1週間のうち7日目にあたる土曜日が真実の安息日であり，土曜日礼拝を守ることが大切だとして多くの人の共感を得た．

信者たちは禁酒や禁煙，菜食主義の生活を送りながら，社会とは教育や病院や食品生産業などを通じて積極的にかかわろうとしている．このような動きは国内だけではなく，海外でも広まっている．アメリカでは，男性が組織管理をして女性が主体的に活動する姿がよくみられる．組織の最近の変化として，アフリカ系やヒスパニックの信者の増加が見られる．

4) エホバの証人

エホバの証人（Jehovah's Witnesses）はものみの塔（Watch Tower）ともよばれる．キリストの再臨思想を学んだチャールズ・ラッセル（Charles T. Russel, 1852-1916）は，エホバを信じるものだけが救われていくという教えを説き，1881年にシオンのものみの塔冊子教会を設立する．ものみの塔は，徐々に教えを体系化させながら，その活動を日本やヨーロッパなど海外へも広げていく．彼らは戸別訪問という方法で信者を獲得している．

ものみの塔の教えは信者の社会生活に強い影響

を与えている．信者たちは，刺激物の不摂取，輸血の拒否，兵役拒否，そして選挙への関与も拒絶，国旗に向かって行う宣誓も拒否している．既成のキリスト教には批判的な立場をとり，定められた祝祭日も否定する．教えの中でもとくに，輸血拒否や兵役拒否の姿勢については，しばしば法廷で争われることもある．

(2) アジアの宗教：イスラーム・仏教・ヒンドゥー教

イスラームと仏教はキリスト教と同じように世界宗教であるとされる．ヒンドゥー教は世界的に大きな規模をもつインド文化圏の民族宗教である．こうした世界規模でみられる宗教も北アメリカで活動している．これらの宗教の登場にも，移民の存在がある．ここではイスラーム，ヒンドゥー教，仏教の展開についてアメリカ合衆国を中心にみていくこととする．

1) イスラーム

2001年9月11日に起こった同時多発テロ以降，注目を集めているのがイスラームである．アメリカでみられるイスラームのグループには，大きく分けて2つある．アフリカ系アメリカ人のイスラームと，アジアからの移民が中心となるイスラームである．

前者の代表であるネイション・オブ・イスラーム（Nation of Islam）は，大恐慌時代も終わりに近づいた1930年代のデトロイトでウォラス・D・ファード（W. D. Fard, 1877?–1934?）によって創始された．ネイション・オブ・イスラームでは，黒人こそが神の手によって創造された真の存在であり，1930年代に登場した黒人説教師イライジャ・ムハンマドが最後の預言者であると説く．徹底した黒人至上主義を貫いている．

彼らの存在が日本で知られるようになったのは，映画『マルコムX』の影響が大きい．デトロイトでネイション・オブ・イスラームに入ったマルコム・リトル（Malcolm X, Malcolm Little 他多数の名前あり，1925-65）は，組織の中で次第に力をもつようになり，メディアにも登場して成功をおさめた．彼はその後，脱退して独自の組織を結成するが，1965年に暗殺されてしまう．ネイション・オブ・イスラームで最近までリーダーであったルイス・ファラカン（Louis Farrakhan）は，イスラームは黒人のための宗教であると強く主張している．ネイション・オブ・イスラームでは，白人社会との決別を基本に，貧困層にあるアフリカ系アメリカ人の社会的，政治的立場の回復と，権利の拡大を認めるよう訴え続けている．

もうひとつのイスラームのグループは，1965年以降，おもに東南アジアからやってきた移民が中心となる．彼らが定住した地域にモスクが建てられ，宗教活動のみならず，ムスリムコミュニティのための活動が行われている．ムスリムであるということや，東南アジア移民であることは，しばしばアメリカ社会で生活するうえで障壁となり，とくに同時多発テロ以降，アジア系のムスリムに向けられる目は厳しい．国が掲げる自由の理念と，自らが体験する排斥との矛盾を解決することは難しいとされる．このイスラームのグループは，出身国や教派による違いが大きい．そのため，出身国などの垣根を超えて一所に参集することは難しく，カナダやアメリカでも他のイスラーム教徒や集団と相互にかかわりをもつことはほとんどない．

厳格な一神教をとるイスラームにも，急進的な原理主義，ファンダメンタリズムがある．ファンダメンタリストたちは，西欧化や近代化に強い反発を抱き，クルアーンにある教えを厳しく守る．拡大する北アメリカのイスラームコミュニティにも，ファンダメンタリストがいると考えられている．彼らはクルアーンを基本として生活を律し，厳格な信仰生活を送りながら，対外的には西欧諸国によるクルアーンやイスラーム批判を，真っ向から拒否し，過激に反発する姿勢を見せている．ここであげた2つのイスラームグループも，ときには自らの信じるところを通そうとして，その活動が過激になることもあり，9・11以降，メディアなどで取り上げられることも多くなった．

2) ヒンドゥー教

ヒンドゥー教もアメリカ，カナダ両国で信者を増やし続けている．アメリカでは現在50万人以

上の信者がいるとされている．1960年代に登場したニュー・エイジの影響を受けて広がりを見せた，ハーレ・クリシュナ運動（Hare Krishna Movement）は，アメリカとカナダで多くのヨーロッパ系信者の支持を得た．

ヒンドゥー教が拡大した理由のもうひとつは，アメリカの1965年移民法改正以降に，インドなどから大量にヒンドゥー教徒がやってきたことが大きい．移民の持ち込むヒンドゥー教は，地域や身分や社会階級によって多様性を帯びる．ヒンドゥー教寺院は，移民の宗教と文化の保存・維持・継続の場所としても機能し，さらに後世に伝えていこうとしている．危惧されているのは，ヒンドゥー教寺院同士のつながりが少ないことである．各寺院が個別に活動をするというスタイルのため，次の世代にうまく引き継がれていくのかという課題を抱えている．

3）仏　教

北アメリカでは，多くの仏教グループが活動している．仏教徒である移民はもちろんのこと，ヨーロッパ系やアフリカ系の仏教徒も目立つようになり，全体数は年々増加を続けている．アメリカ国内では，おそらく数百万の仏教徒がいるのではないかとされる．ひとことで仏教徒といっても，その人種・民族は多様化し，ヨーロッパ系やアフリカ系，アジア系として日系，中国系，韓国系，タイ系などがいて，仏教教団も大乗仏教，上座部仏教，チベット仏教の諸団体が活動している．

チベット仏教には，チベットから国外追放されたダライ・ラマ（Dalai Lama）を精神的，政治的な指導者と仰ぐグループが数多く活動を続けている．こうしたチベット仏教系のグループでは，多くのヨーロッパ系がメンバーになっている．別のグループとして，ベトナム人僧のティク・ナット・ハン（Thich Nhat Hanh）の説く社会参加仏教（socially engaged Buddhism）を支持する人たちがいる．こちらもヨーロッパ系アメリカ人が多い．

北米における仏教の歴史は100年以上になる．1893年の世界宗教者会議の後，教団としてアメリカに伝道を開始したのが，明治以降欧米へ目を向けはじめた日本の仏教であった．当初は日本人移民の要請によって活動を始め，1899年にアメリカ国内初の仏教教団を結成したのが，浄土真宗本願寺派である．教団と移民や日系アメリカ人のつながりは強い．同教団のカナダでの開教は1904年に始まり，こちらもカナダでは歴史の長い仏教教団として活動を続けている．北アメリカでは，第2次世界大戦開戦直後，ハワイ州在住者を除くほぼすべての日本人移民（日系アメリカ人を含む　アメリカ本土12万人，カナダ在住2万人強）が，国家によって強制的に収容されるという体験をした．日本人コミュニティは崩壊し，仏教，キリスト教，天理教の寺院や教会は閉鎖を余儀なくされ，日本人の僧侶や聖職者は開戦直後に拘束されて収容所に送られた．強制収容所では，戦前日本人移民を対象に布教活動をしていた諸宗教も活動が許され，仏教では浄土真宗，浄土宗や日蓮宗や禅宗も収容所内に場所を移して宗教活動が継続された．戦後は，排日もまだまだ厳しかったが，多くの寺院や教会は日系人の手によって再開することができた．

戦後になると，ヨーロッパ系アメリカ人・カナダ人が禅宗に関心をもつようになり，禅センターが各地で開かれるようになった．禅への関心が広がった背景には，英語で多数の本を著した鈴木大拙の影響も大きい．現在でも，国内で禅にふれて日本の禅寺にやってきて修行をする人も多くみかける．日本発の仏教として，北アメリカでは浄土宗，真宗大谷派，日蓮正宗，真言宗なども寺院を建立して，活動している．また，日本で始まった創価学会（SGI）や立正佼成会，天理教も意欲的に布教活動をすすめている．創価学会はヒスパニック系や，アフリカ系アメリカ人にも数多くのメンバーを有し，大規模に活動を行っている．

北アメリカでみられる仏教グループを大別すると，非アジア系とアジア系の2つに分かれている．例えば東アジアや東南アジアからの移民が多く集う仏教寺院は，祖国の文化を保存・維持する場所でもあり，移民にとっての文化的，社会的センターとなっている．なかにはアメリカですでに3世代・4世代目となる日系アメリカ人が中心メ

ンバーとなっている浄土真宗のような仏教もある．

　非アジア系の仏教徒の中には，仏教にキリスト教とは異なる思想や宗教観を求めて入信する人が多い．物質主義や合理主義，欧米中心の近代化，行き過ぎた自由への懐疑をきっかけとして，仏教に出会い帰依するようになった人が多くみられる．こうした人たちが仏教徒になるということは，人生における宗教的体験のなかで大きな意味をもっているようである．

　北アメリカの仏教は多様化の様相を呈している．アジア各国から持ち込まれた仏教は，母国の社会や文化的背景をもっているものから，アメリカで新しい展開をみせる教団までいろいろある．加えて，仏教徒の民族やエスニックグループの多様性はいうまでもないだろう．

　世界の宗教が存立する北アメリカでも，近年は宗教離れが進んでいるといわれる．宗教とは何か，人間と宗教の関係，現代社会における宗教の役割など，多くの問いかけのなかでこの地域の宗教をめぐる状況は常に変化をみている．

Ⅱ. 世界宗教の現在

4 西・南ヨーロッパの宗教

　EUの創設と共通通貨ユーロの流通は，「ヨーロッパは一つ」という理念を具現化したかにみえた．しかし，近年のギリシアの経済的破綻に端を発したEUの経済的混乱はスペイン・イタリアにも飛び火しそうであり，ヨーロッパの一体化の難しさを物語っている．仮に，経済的な次元でのヨーロッパ諸国の一体化が成功したとしても，ヨーロッパ各国がそれぞれ長い年月の中で培われた独自の歴史と文化をもっている以上，ヨーロッパという1つの文化が新たに形成されるまでにはいかないというのが実情だろう．とりわけ，カトリック，プロテスタントを問わず，制度的なキリスト教の衰退はどの地域でも共通して見られる傾向であり，ローマ法王庁が望んでいるとされる，キリスト教を中心とするひとつのヨーロッパという理想の実現はそれほど容易なことではないように思われる．むしろ，過去の植民地支配の影響や戦後ヨーロッパの労働力不足を補うための移民政策の帰結として，西ヨーロッパ諸国ではキリスト教とは異なるさまざまな宗教を信仰する数多くの移民たちが定住し，自分たちの信仰に基づく生活様式や政治的表現の容認を要求している．彼らの存在が，キリスト教との関わりで築かれてきたこれまでの政治と宗教との関係に影響を与えており，それらが今日のヨーロッパの宗教状況を規定する重要な要因ともなっている．また，グローバル化の進展にともなって，海外から新宗教やカルトなどの新たな諸宗教が流入し，彼らの積極的な布教活動はそれぞれの社会に新たな摩擦を生み出しており，各政府もその活動に神経を尖らせている．これとは別に，既存の制度的キリスト教の衰退とは裏腹に，マリア崇敬などを基盤にした自発的な宗教運動も登場しており，人々の宗教意識の多様化に対応して，それらに対応したさまざまな宗教表現が現れている．このように，キリスト教と簡単に結びつけられがちな西・南ヨーロッパ諸国の宗教は，今日もなお依然としてキリスト教を主要な宗教としながらも，その内側でさまざまに変化しているのである．ここでは，ヨーロッパ大陸のうち，西ヨーロッパの中心的な2つの国家，フランスとドイツ，さらには伝統的にヨーロッパと一線を画してきたイギリスの宗教状況と，一般にカトリック文化圏とよばれるスペイン，ポルトガル，イタリアを含む南ヨーロッパの宗教を概説することで，西および南ヨーロッパにおける宗教の現在を概観することにする．なお，これらの地域はもともと歴史的にキリスト教の展開の舞台であり，キリスト教史そのものと重なっている．そこで，ここでの話題はこの地域の現在の宗教状況を中心とし，歴史については「Ⅰ.3　キリスト教」の章に譲りたい．

〔山中　弘〕

4.1　フランス

岡本亮輔

　かつてはフランス国王が「〔カトリック〕教会の長男」とよばれ，国そのものを指しては「〔カトリック〕教会の長女」といわれた．こうした表

現が今でも残っているように，496年のクロヴィス1世の改宗以来，フランスでは長い間カトリックが歴史的に優勢であり，その文化と社会を大きく特徴づけてきた．フランス各地に現在でも残されるゴシックの大聖堂や修道院はカトリック国としてのフランスの歴史を雄弁に物語っている．しかし現代の状況に目を転じてみれば，20世紀以降の世俗化による教会離れが顕著な西ヨーロッパ諸国の中でも，フランスはもっとも宗教色が希薄な社会のひとつでもある．

フランスのカトリックは，19世紀以降，徐々にその政治的・社会的な力を制限されてきたが，1970年代頃から教会出席率・聖職志願者数などカトリック教会へのコミットメントを示す指標が目に見えて低下し始める．1980年代には70％以上の人が自らをカトリック信徒と規定していたが，1999年には50％台に低下している．2006年の調査では，自らをカトリックと規定する理由として，55％が「カトリックの家族に生まれた」ことを挙げているのに対して，「カトリックの信仰をもっている」ことを挙げたのは21％にすぎない．カトリックでは毎週日曜のミサに出ることがもっとも重要な信仰実践のひとつであるわけだが，月1回出席でも10％強であり，毎週礼拝に出席しているのは8％にすぎず，とくに18～29歳の年齢層では2％である．1965年には4万人以上いた聖職者も1975年には3万5000人，2000年には2万人となっており，1万人を切るのも時間の問題だとされている．教会に常駐する司祭の数も低下の一途をたどっており，聖職者の高齢化も大きな問題となっている．

しかし，従来とは異なる仕方でのカトリックのあり方を示唆するデータも存在する．「フランス人の価値観調査」によれば，自らを無宗教とする者は1981年と1999年では26％から43％に伸びているのだが，自らを無神論者とする者は10％から14％にしか増えていない．また，「人格神を信じる」割合は減少しているが，「霊・精神や生の力を信じる」割合は，むしろ若い世代において顕著に伸びているのである．こうした状況は「帰属なき信仰」とよばれる宗教的な帰属と信仰の乖離として理解できるだろう．例えばベネディクト16世が選出された後の2005年4月に行われた「ヨゼフ・ラッツィンガー選出に対するカトリック信者の反応」という調査では「教皇を信頼しているか」という問いに対する肯定的回答の割合に興味深い逆転現象がみられる．全カトリック信徒の60％が「信頼する」と肯定的に回答しているのだが，教会出席率別にみると，定期的出席者においては57％，非定期的出席者においては65％，そして教会に行かない人々においては58％なのである．つまり，わずかな差ではあるが，普段から教会に行く人よりも行かない人において教皇への信頼度が高いといえるのである．

本来ならばカトリックの宗教生活は定期的な教会出席を中心に営まれるわけであるが，現在では，教会という制度を経由せずに信仰をもつというあり方が増えてきている．そこでは個々人が自らの意思や嗜好に合わせて宗教が含みもつ諸要素を選択する私事化が展開しているのである．こうした状況の広がりを示す例として近年の聖地巡礼の再興隆も挙げられる．聖地をもつ司教区の聖職者で構成される聖地聖職者協会によれば，フランスの聖地への年間来訪者数は2005年が4000万人，2006年が4200万人，2007年が4500万人となっており，明らかに増加傾向にある．また，フランスから発してスペイン北西部のサンティアゴ・デ・コンポステーラを目指す巡礼も1990年代後半から巡礼者数が激増しており，聖年である2010年にはこれまでで最高の27万人を記録している．しかし，こうした聖地の訪問者が熱心なカトリック信徒かというと必ずしもそうではない．とりわけ若い世代においては自己実現・癒し・自分探しといった理由から聖地巡礼を始める人が多く，カトリック信仰とは異なるニューエイジ的世界観やスピリチュアリティといった文脈に聖地巡礼という伝統的な宗教システムが流用されていると考えられる．

「新共同体」とよばれる諸集団の展開も宗教的私事化の帰結のひとつとして捉えられる．新共同体は第2ヴァチカン公会議で修道生活と聖霊理解についての規定が事実上緩和されることで展開可

能になった信徒団体・聖職者団体・在俗修道団体などを指す．シュマン・ヌフ，エマヌエル共同体，ベアティチュード共同体などがカリスマ刷新運動として始まったことからわかるように，1960年代以降のヨーロッパへのペンテコステ・カリスマ派の移入が大きな結成契機になっているが，黙想や社会奉仕に主眼をおくテゼ共同体やラルシュ共同体のようなグループも少なくない．新共同体に共通する特徴として次のような点が挙げられる．それぞれがユダヤ教や特定の聖人など独自の霊的淵源を参照して固有の霊性を彫琢し，それを軸とした宗教生活の刷新を掲げていること．教皇認可団体として基本的にはカトリック教会内に留まりつつも，ときには司教団の権威を承認せずに教会当局と対立すること．そして，構成員の多くが在俗のまま活動を行い，共同生活に参加する際にも誓願がないことなどである．つまり，新共同体は権威という側面からみれば，カトリックという制度宗教内に留まりつつも独特の立場から運動を展開し，多様化した宗教的欲求に応えるものだといえるのである．

こうしたフランス社会の世俗化状況は，ナポレオンによるコンコルダ体制などを経ながらも，フランス革命以後のカトリックの制度と信仰に依存しない政治と社会のあり方の模索，つまり公共空間からの宗教色排除への強い希求がもたらした「ライシテ」という考え方の帰結である．1905年には，国家と教会の分離および国家の宗教に対する中立性を定めた政教分離法が制定される．そして1946年の第四共和制以降は「フランスは不可分で，非宗教的な（ライック），民主的で，社会的な共和国」であることが憲法で明文化されている．フランスの近代化の過程と密接して発展してきたライシテを一言で定義するのは簡単ではないが，ひとまずは次のようにまとめられる．つまり，信仰は私的領域に属す事柄であり，その限りにおいては信教の自由は公的に保護されるのである．

ライシテの具現化の手始めは1880年代の教育分野の「非宗教化（ライシザシオン）」である．時の教育相ジュール・フェリーによって公教育の無償化とともに初等教育の現場から宗教教育が排除され，その後，カトリック聖職者を初等教育の有資格者とみなすことも否定されたのであった．このようにライシテはアンシャン・レジーム下でのカトリック聖職者の特権を廃止した大革命の理念に由来し，その導入は「反カトリック」という文脈の中でなされてきた事情がある．現在でもライシテとカトリックの対立という「2つのフランス」の構図は教育において公立校と私学の権利要求といった形で前面化することもあるが，100年以上かけてフランスのマジョリティの宗教であるカトリックとの調和をめざしてきたこともあり，今日では，ライシテとカトリック信仰は相容れないと感じるカトリック信徒はほとんどいないだろう．

一方で，ライシテをめぐる問いはカトリック信徒や歴史学的好奇心の対象に留まるわけではない．移民というフランスの植民地支配の歴史がもたらした社会問題と結びつくことで，きわめて現代的な関心にもなっている．かつてフランスを宗主国とした北アフリカ諸国の多くはイスラーム国であり，マグレブ系移民の増加・定住化が進むにつれてイスラームはフランス第二の宗教に成長した．そうした中で1989年，パリ近郊クレイユ市の公立中学校で起きたのがいわゆる「ヴェール事件」であった．フランスで生まれたマグレブ系の女子生徒3名が教室でイスラームの慣習であるヴェールを外すことを拒否したことで退学処分になったのであるが，この事件は共和国原理に関わる問題として大々的に報道され，ライシテをあらためて鍛え直す重要な機会となったのであった．

パリ郊外暴動を発端に2005年に起きたフランス各地での移民が多く住む地域での若者の蜂起とその報道に象徴的なように，社会問題化されるフランスのイスラーム教徒の増加と可視化は宗教に対する否定的な見方を強めたといえる．実際には，在仏ムスリムは必ずしも生得的な宗教としてイスラームを信仰しているわけではなく，ネオ神秘主義を主張するものから原理主義的なものまで種々のグループがあり，他の宗教と同じように自由度と多様性をもっている．しかし，とりわけ9.11以降は，公言はしないまでもイスラームは復

古的・家父長的・不寛容の祭政一致を目指す「危険な宗教」と一枚岩的に見られ，ライシテを原理とするフランスの市民生活を脅かすものと感じている人は少なくない．

ライシテ適用の具体案として2003年12月に提出されたスタジー委員会報告書では学校における「これ見よがしの宗教的表徴」の禁止が盛り込まれ，そこにイスラームのヴェールが書き込まれた．同報告に基づいた法律が翌年成立し，9月の新学期から適用された．禁止された宗教的表徴にはキリスト教徒の大十字架章やユダヤ教徒のキッパも含まれているが，同法が「ヴェール禁止法」「反イスラーム法」と受け止められることにも頷ける．ライシテとイスラームの対立が今後どのように展開するのか予断を許さないが，ライシテ側もイスラーム側も絶えず調整を重ねつつあることは忘れてはならない．

参考文献

伊達聖伸『ライシテ，道徳，宗教学—もうひとつの19世紀フランス宗教史』勁草書房，2010年.
岡本亮輔『聖地と祈りの宗教社会学—巡礼ツーリズムが生み出す共同性』春風社，2012年.

4.2 ド イ ツ

保呂篤彦

M. ルターによって宗教改革の幕が開けられた地であるドイツでは，1555年のアウグスブルク宗教和議によって，ローマ・カトリック教会の領域とルター派の領域との共存がまず取り決められた．キリスト教の他の教派も三十年戦争の終結時（1648年）には承認され，19世紀にはユダヤ教にも同様の権利が認められた（ナチスの支配下で再び取り消されたが）．現代のドイツにおいて宗教団体は，ドイツ基本法によって規定された「公法上の団体」と「民法上の団体」，その他の3種類に分けられ，公法上の宗教団体には教会税の課税権とともに，各教派の宗教教育を公立学校における正規の授業科目として実施することが認められている．ドイツ基本法は，基本的に上述の伝統的諸教派をそのまま公法上の団体として承認するとともに，他の団体にもその地位を取得する道を開いたが，どの団体を認可するかは，連邦政府ではなく，「文化高権」を有するラント（州）政府が決定する．2010年現在ドイツの宗教人口は，ローマ・カトリック教会在籍者が約2491万人，主要プロテスタント諸教会在籍者が約2119万人であり，全人口に占める割合は両者併せて約60%となり，残りの約40%がその他であり，ギリシア正教などの東方教会や聖公会など少数派のキリスト教，ユダヤ教，イスラーム，仏教，ヒンドゥー教，シーク教，バハーイー教，諸々の新宗教などのほか，共産主義者などの無神論者や特定の宗派に属さない（Konfessionsfrei）人々（ある統計では34%を超える）がそこに含まれている．

このように数字の上ではキリスト教の伝統的主要教派の信徒が相変わらずかなり多いが，プロテスタントにおいてもカトリックにおいても，読書や個人的な出会い，テレビ，インターネットなどを通して（とくにアメリカ合衆国経由で）流入してくるさまざまな宗教的刺激が，信徒を改宗させるまでには至らないまでも，その信仰に大きな影響を与え，その結果，独特のシンクレティズムを引き起こしていると言われる．また教会員，とくに都市圏に居住する若者の礼拝やミサへの出席率が大幅に低下しているほか，教会からの離脱者もますます増える傾向にある．カトリック教会もプロテスタント諸教会も，ドイツ国民自体が宣教対象になるという新しい事態を迎えている．しかしながら，同時に，2003年の映画『ルター』の大成功の例に見られるように，大衆文化においてキリスト教的主題は相変わらず大きな影響力を有しており，キリスト教はドイツにおいて今なお文化的伝統としての確固たる地位を保持していると言える．

ユダヤ教についていえば，第2次世界大戦直後のドイツにはホロコーストの生存者など，約20万人のユダヤ人がいたが，その大半が建国直後のイスラエルやアメリカ合衆国に移住し，ドイツに残ったのはわずか1万2000人ほどで，その数は異教徒間結婚などによってその後も減少を続けた．ところが1990年代に入ると，ソビエト連邦

◆ II．世界宗教の現在 ◆

と東欧諸国との共産主義政権の崩壊にともない，多くのユダヤ人がドイツに流れ込み，所属集団が明確でない者まで含めると現在は20万人近くになると推測される．しかし，同じく共産主義政権の崩壊の結果実現した東西ドイツ再統一によって生じたナショナリズムによって新たに力を得たネオナチなどの反ユダヤ主義者によってユダヤ人やシナゴーグが相次いで襲撃され，相変わらず宗教をめぐるドイツの1つの大きな社会問題となっている．

ドイツ社会におけるイスラームの拡大傾向は明確である．第2次世界大戦後の復興期に労働者不足を補うため，出稼ぎ労働者を募集したことにより，トルコを中心とする近隣諸国から多数のムスリムがドイツ国内に移住し，1973年の外国人労働者募集停止後も家族の移住などによってその数は大幅に増加していった．1995年の時点で，全人口の4%にあたる320万人あまりのムスリムがドイツに居住していたが，そのうちの210万人がクルド人を含むトルコ系移民であった．当初，彼らは世代が変わるにつれてドイツ社会に同化していくと予想されていた．しかし，東西ドイツ再統一を契機に高まったナショナリズムの影響などで異なる民族グループに対する差別が強化され，「地位上のドイツ人」が相次いで帰還し，ギリシアやイタリアなどから同じく労働者としてドイツに移住してきた人々がEU市民としての諸権利を行使するようになるなか，トルコ系移民の若者たちはいっそう疎外感を深め，その結果モスクに向かい，そこに居場所を求めるようになった．彼らは第1世代とは異なり，ドイツ語を自由に操り，ドイツ社会も熟知しているため，自分たちが第1世代に対して助言や支援をなしうる立場にあることを自覚し，そこに生き甲斐を見出していった．また麻薬汚染や性犯罪，家族の崩壊などの先進国社会の病理から自らを防衛するためにも，自身のルーツである宗教伝統に依拠することが有効であると考えた．このように，ムスリムの移民たちの間では，キリスト教の諸教会の場合とは反対に，若者こそがイスラーム復興とよぶべき動きの担い手であり，共同体発展の原動力となった．また

2001年9月11日アメリカ合衆国での同時多発テロ事件以降，宗教としてのイスラームと過激なイスラーム主義とが混同され，イスラーム全般に対するネガティブな意識がドイツ国民の間で広がることにより，ドイツ社会に相応しい居場所を見出せないトルコ人やトルコ系ドイツ人の若者の「イスラーム覚醒」がいっそう進み，それがまた彼らのドイツ社会への統合を妨げるという悪循環が生じている．一方，このような状況の下，公の目の届かないコーラン学校等でイスラーム主義教育が外国人によって外国語で行われることの危険性が強く自覚されるに及んで，イスラームをドイツ社会に融和・統合する真剣な試みも始まりつつある．例えば，ドイツ語でのイスラーム教育を公立学校に導入する試験的プロジェクトや，そのための人材を育成するイスラーム宗教教育学講座（Professur für Islamische Religionspädagogik）の国立大学における設置（2004年，ミュンスター大学．さらに本格的なイスラーム神学の教育課程の設置も構想されている），イスラームの代表機関の設立の奨励などの新しい動きが急速に進んでいる．しかし，他のヨーロッパ諸国におけるのと同様，ムスリマの「スカーフ」の着用をめぐる問題などイスラームと関係する社会問題も生じており，キリスト教の文化的伝統としての地位に加え，教会と国家との協力関係というドイツ独特の条件の下，その解決もまたドイツ固有の困難に直面しているように思われる．

新宗教としては，ラジーニーシ運動，ハレ・クリシュナ運動，TM（超越瞑想），精神療法と宗教との融合を説くサイエントロジー，韓国出身の文鮮明を教祖とする「統一教会」，アメリカで生まれた「エホバの証人」などが，新しい生活様式や人生の新しい意味づけなどを提唱して，1980年代前半から若者を中心に信奉者を獲得しはじめ，当初は「若者宗教（Jugendreligion）」とよばれた．ところが，これらのなかに，ユダヤ・キリスト教の伝統と大きく異なるその教説や儀式，勧誘方法などのために社会的な摩擦や対立，人権侵害などの問題を引き起こす集団が現れ，これらの問題をめぐって訴訟事件も相次いで起こった．そ

の後これらの集団は否定的な意味を込めて「セクト（sekte）」と総称されるようになった．

このような問題に対応するため，ドイツでは1996年5月に連邦議会が「いわゆるセクトおよびサイコグループに関する調査委員会」を設置し，同委員会が1998年6月に最終報告書「ドイツ連邦共和国における新しい宗教共同体，イデオロギー（世界観）共同体およびサイコグループ」を公刊した．この報告書は，これらの新宗教集団に対してドイツ政府が中立と寛容の立場で対処すべきであり，これらが引き起こす対立やトラブルの解決も市民や民間団体の活動に委ね，基本的に干渉すべきでないと強調している．委員会名にも「いわゆるセクト」という表現が用いられ，否定的なニュアンスのある「セクト」という語の使用に対する慎重な態度が見られる．報告書においても検討の対象となった多様な集団の特徴を客観的に表現するための独特の用語が工夫され，「セクト」の語の使用が避けられているが，これも上述の基本的精神に符合している．しかし同時にこの報告書は，市民に対する違法な搾取や危害が生じた場合には，政府が国家としての義務を遂行し，断固として彼らを保護すべきであるとも主張し，こうした観点から，サイエントロジーに対しては一貫して厳しい態度を取り，これを民法上の宗教団体としてすら承認せず，きわめて特殊な営利活動団体であると規定して継続的な監視を求めている．

ところで，全体として見れば，現在のドイツ国民の多くは，この報告書が「いわゆるセクト」寄りの立場をとっていると考えているようである．また，現在ドイツにおいて上述の公法上の団体として認められているのは，当初から承認されていた伝統宗教のほかは，「モルモン教」，セブンスデー・アドベンチスト教会，クリスチャン・サイエンスなど（「エホバの証人」についても，紆余曲折を経て，ようやく最近，これを認可するラント（州）が現れ始めた），いずれも比較的新しいキリスト教系の団体に限られており，上述のような試みが始まったにもかかわらず，イスラーム関係の団体もいまだにその資格を認められていない．認可されるために必要なのは，規則に基づく教団運営，一定数以上のメンバー，ドイツにおいて一定期間以上存続してきた実績という形式的な条件とされてはいるが，認可の実態からは，文化的伝統としての地位を背景に，キリスト教の諸教会と国家との特殊な協力関係がドイツ社会において今なお肯定的に捉えられていることが見て取られる．

しかしまた，上記の報告書や，国家と教会や宗教との関係をめぐって争われた近年の訴訟（例えば，いわゆる「教室十字架事件」判決）などからは，このような傾向に反対する動きもまた強まっていることが見て取れる．ただし，ドイツにおいては，このような動きも国家と教会や宗教との分離という世俗主義へと導くものではなく，むしろ国家と教会や宗教との協力関係の維持および国家による諸宗教に対する平等な処遇へと導くものであるように思われる．ローマ・カトリック教会やプロテスタント諸教会，ユダヤ教の宗教教育の授業と並んで，イスラームの宗教教育が公立学校で提供され，キリスト教神学部と並んでイスラーム教育に関する講座が国立大学に設置されているという事態は，ドイツにおける国家と教会や宗教との関係が，日本やフランスにおけるそれとはさしあたり今後も異なるであろうことを示唆しているであろう．また，このような状況において，教勢が急速に減退しているキリスト教と対照的に現在確実に勢力を増しつつあるイスラームが，どのような帰結をドイツ社会の将来にもたらすかも注目されるところである．

参 考 文 献

近藤潤三『移民国としてのドイツ』木鐸社，2007年．
塩津　徹『ドイツにおける国家と宗教』成文堂，2010年．
内藤正典「ヨーロッパのイスラーム復興運動—トルコ系移民は，なぜドイツで覚醒したのか？」総合研究開発機構（NIRA）・中牧弘允『現代世界と宗教』国際書院，2000年．
中野　毅『宗教の復権—グローバリゼーション・カルト論争・ナショナリズム—』東京堂出版，2002年．
沼尻正之「現代ドイツにおける宗教の諸相—雑誌『シュピーゲル』宗教関連記事の分析」『追手門学院大学人間学部紀要』第19号，2005年．
fowid［ドイツにおける世界観研究グループ］HP, http://

fowid.de/
REMID［宗教学的メディア・情報研究所］HP, http://www.remid.de/

4.3 イギリス

山中　弘

　国家と宗教の分離が原則となっているアメリカや日本と違って、イギリスでは両者は伝統的に制度の上で深く結びついている。よく知られているように、国教会の首長はイギリスの国家元首である女王であり、最高位の聖職者であるカンタベリー大主教は首相の推薦を経て女王によって任命される。国家の権威が宗教界の上位にあるという点で国教会の宗教的自立性は著しく制約されており、カンタベリー大主教は国王の戴冠式や結婚式を執行することで国家の最高の儀礼を宗教的に権威づけるという役割を担ってきた。この国家と宗教の結合体制のなかで、国教会という宗教がイギリスの国家的アイデンティティを支える重要な源泉となってきたのである。

　さて、イングランドを中心に現代イギリスの主要な宗教を非常に概括的に分類すると、まずプロテスタント内部でイギリス国教会（the Church of England）と、バプティスト、長老派、メソディストを含むフリー・チャーチ（Free Churches）という、歴史的には本来緊張関係をもっていた2つの集団に分けることができる。ここでイングランドを中心にと書いたのは、スコットランドには、スコットランド教会（the Church of Scotland）というもう1つの国教会が存在しているからである。これらプロテスタント集団の他に、カトリック教会と東方正教会があり、さらにキリスト教以外にユダヤ教はもとより、イスラーム、仏教、ヒンドゥー教などの諸宗教、モルモン教、クリスチャン・サイエンス、サイエントロジーなどの新宗教、さらに様々な小さなカルト集団などが活動している。なかでも、イスラームなどの移民たちの宗教は、現在のイギリスの宗教状況全体の中でも、キリスト教の独立した小教会とともに成長が際だっている。ある統計によると、礼拝などに参加するアクティブなムスリムに限っても、1995年に58万人だったものが2005年には75万人に増加している。彼らの多くは、もともとパキスタンやバングラデシュからこの国に職を求めてやってきた人々であり、彼らの増加と高い出生率がイスラーム人口拡大の大きな理由である。それにともないモスクも建設され、2005年の時点で758が登録されているという。2001年の統計によると、イギリスの全人口に占める割合は、キリスト教徒71.6％、ムスリム2.7％、スィク教徒0.6％、ヒンドゥー教徒1.0％となっている。このように、イギリスの宗教状況は、全体として、キリスト教を支配的な宗教とした「限定された多元主義」（limited pluralism）と考えるべきであろう。以下、イギリスの支配宗教であるキリスト教に限定して、その宗教状況を概観してみよう。

1）キリスト教会全般の数量的動向

　キリスト教会全般の動向を、集団の規模とメンバーシップの推移との2つの統計からみてみよう。正統派キリスト教だけに限ってみると、2005年の総数は推定3720万人で、全人口比でみると62％ということになる。このうち、プロテスタントは3130万人で、まさにプロテスタント国家イギリスというわけである。しかも、国教会の規模はその他の集団を圧倒しており、集団規模からすると国民の教会としての国教会の地位は揺るぎないもののようにみえる。しかし、各教会のメンバーシップの様子を見てみると、集団規模の数字に比べて桁が1桁違っているのがわかる。国教会とフリー・チャーチがおよそ125万人、カトリックが約164万人、スコットランド教会90万人などで、全体で558万人余がキリスト教会のメンバーの総数ということになる。これらの数値はイギリスの15歳以上の人口のほんの11.3％を占めているにすぎない。このように、全般的に国教会に代表される主流派の諸教会のメンバーは一貫して減少しており、この傾向に歯止めがかかっていないことがわかる。ただ、バプティスト、ペンテコステ派、独立の諸教会は絶対数は大きくないが増加しており、キリスト教の諸教会のメンバー数がす

べて減少しているということはできない．しかし，これらの諸教会に新しく参入したメンバーには主流派教会から移動してきた人々も多数含まれており，こうした諸教会の活動が全体としてキリスト教のメンバー数を押し上げているわけではなく，その増加は相対的に小規模なものに留まっているにすぎない．全体としてみれば，キリスト教会は年を経るごとに確実に縮小していることは明らかなのである．

2） 地域的多様性

これまでは，イギリス全体についてキリスト教の諸教会の全般的動向を概観してきた．しかし，イギリスは均質性をもった1つの実体ではなく，イングランドとは本来民族や言語などを異にするケルト系の末裔が多く住むスコットランド，ウェールズ，北アイルランドを含んだ連合体である．したがって，これら4つの地域は宗派にかなりの偏りがみられる．当然のことながらイギリス国教会のメンバーはイングランドで圧倒的に多くなっており，イギリス全体の国教会メンバーの8割以上，この地域のプロテスタント諸派全体の約6割ほどを占めている．逆にウェールズ，スコットランド，北アイルランドでは長老派（プレスビテリアン）の勢力が強く，とくに長老派のスコットランド教会を国教としているスコットランドでは90％弱がプレスビテリアンに属している．ウェールズは16世紀にイングランドに統合されて以来，長い間イングランドと一体化してきたが，むしろフリー・チャーチの強い地域なのである．北アイルランドの宗教事情はさらに複雑である．成人人口に占めるキリスト教徒の割合は80％と際だって高く，この地域の宗教の影響力の大きさを窺うことができる．プロテスタント諸派の中では長老派が最も勢力が強いが，これは，彼らの多くがスコットランドから植民した人々の子孫であることに由来している．しかし，同時にカトリックのメンバーも非常に多い地域であり，国土の面積から考えればイギリスの中で最もカトリックの強い地域ということになろう．プロテスタントとカトリックの勢力が相対的に拮抗しているという状況は，この地域での両派の政治的，経済的対立が宗教を主題にして展開する大きな要因になっているように思われる．

3） 宗教的実践

次に，教会出席率を中心に，洗礼率，教会式結婚式数を紹介することで，現在のイギリス人の宗教行動について概観してみよう．1851年の統計によると，全人口のおよそ36％の人々が日曜日に教会に出席していたという．それから1世紀以上経って事態はどう変化したのだろうか．イングランドの教会出席状況は，2005年の成人人口に占める割合で6.6％，全体で336万人ほどとなっている．ただ，スコットランドでは12.2％で，地域的に数値に変化がみられる．宗派別に見ると，カトリック教会の出席率が最も高いが，これはカトリックの教会中心的な性格と関係している．これに対して，フリー・チャーチは増加しているが，福音系の独立派諸教会，ペンテコステ系の諸教会が大幅に増えており，大規模な制度教会の停滞ぶりとは対照的に小さな諸教会の健闘が目につく．こうした状況からみれば，人々の大教会離れはますます深刻になっているようにみえる．ただし，この数字は，性別，年齢，社会階層，地域，都市の規模などによってある程度変化する．北アイルランドを除くイギリスでは，男性に比べて女性の方が教会出席率が高く，年齢では若年層と中高年層が高い．社会階層の上でも偏りがみられ，全体的に非肉体労働者に比較して，肉体労働者の方が教会に出席する頻度が少ない．また，都市の規模でも一般に小都市の方が教会出席者が多いといわれている．

幼児洗礼数もよく挙げられる宗教行動である．国教会やカトリック教会では，この行動は通過儀礼の中に組み込まれており，その点ではこうした宗派の日常生活への浸透ぶりを知る上では参考になる．国教会の洗礼数は1927年には71％という高い数値を示していたが，その後次第に下降してゆき，1970年にはついに50％を割って約47％となり，2000年には35％まで落ち込んでいる．結婚式を国教会などの教会で行うかどうかも，人々の宗教的実践を計る指標としてよく挙げられる．ここでも人々の教会離れが観察される．イン

グランドとウェールズでのすべての結婚式のうち，国教会で行われた割合をみてみると，1900年で67.2%だったものが，1952年には49.6%になり，さらに2005年の数字では34.5%と確実に下降線をたどっていることがわかるのである．

4）宗教的信念

まず，イギリス人の神に対する信仰についてみてみよう．1991年の調査によると，程度の差こそあれ，神の存在を信じている人々は62%で，この数字に人格的な神ではないが，超越的な力の存在を信じていると答えた人を加えると75%という高い数字になる．これとは反対に，神の存在をまったく否定する人はわずか10%にすぎず，不可知論的な立場に近い人を含めても24%にしかならない．全体としてみると，人々の教会離れにもかかわらず，イギリス人の半数以上が神の存在を信じているという結果となっており，教会離れが宗教の衰退を必ずしも意味していないことがわかる．ただこうした宗教意識は，必ずしもオーソドックスなキリスト教の教義と一致しているわけではない．1987年の数値によると，42%の人々が「生活を支配する神をある種の霊ないし力」であると考えており，人格神としたものは37%であった．また，天国，死後の世界，悪魔や地獄の存在を信じる割合も，年々減少している．ユダヤ・キリスト教倫理の中心である十戒についても，偶像崇拝を禁じる箇所など宗教的項目についてはきわめて低い数値を示していた．ところが，おもしろいことに，十戒の中でも殺人，姦淫，盗み，偽証といった道徳的な項目についてはヨーロッパの平均値よりもかなり高い数字を示しているのである．

また，正当なキリスト教の枠組からはこぼれてしまう悪魔崇拝なども新聞紙上を賑わしており，幽霊譚などは現在でもなお多くの人々に信じられている．悪魔や幽霊などを持ち出さなくとも，お守りや占いなどへの関心も決して低くない．主流派の制度的な教会の信仰世界とは公的にはあまり結びつかない一般のイギリス人の宗教意識の様子を表すものとして注目していいように思われる．独立の小さなキリスト教会が着実に勢力を伸ばしている背後には，既存の教会がもはや人々の宗教的な欲求をすくい上げられないという現実があるように思われる．現代の若者の間に見られるポップ・ミュージック，サイエンス・フィクションへの熱狂，キリスト教の枠組にとらわれないニューエイジ的思考や生き方への支持などは，彼らがキリスト教会という古い宗教的象徴を放棄して新しい独自な形態の象徴的表現を模索していることの現れと見ることができるであろう．

こうしてみると，教会のメンバー数や出席率の低下など，宗教の目に見える制度面での衰退傾向は，必ずしも人々の広い意味での宗教性の喪失を意味していないことがわかる．この宗教意識は，国教会という公的宗教を超えたイギリスという文化的枠組を刻印した拡散的宗教の神であると解釈できる．また，実際，先の価値意識の調査は，他のヨーロッパ諸国と少し違ったイギリス人固有の宗教意識を示している．すでに述べたように，十戒の中でも道徳的な項目に関してかなり高い数字が報告されているのも，こうした特質を表しているといってよい．いずれにせよ，既に（1）項で示したように，教会への自覚的参与を意味するメンバーシップの数値（250万余）と漠然としたキリスト教への帰属を示す数値（3100万余）との開きは，公的宗教への国民の帰依が名目的なものにすぎないことを端的に示している．そして，この名目的なクリスチャンが実は今日のイギリスの最も一般的な宗教のあり方なのである．多くの人々が国教会などの公的宗教に必ずしも限定されない，いわばイギリスの文化的枠組としてのキリスト教一般を信じていると見た方が自然だということである．

参 考 文 献

塚田　理『イングランドの宗教』教文館，2004年．
山中　弘「イギリスにおける宗教と国家的アイデンティティ」中野　毅他編『宗教とナショナリズム』世界思想社，1999年．
Brierley, P. (ed.), *Christian Handbook : Religious Trend No.3* (Christian Research, 2001).
Bruce, S., *Religion in Modern England* (Oxford University, 1995).

4.4 南ヨーロッパ

藤原久仁子

1）全体の概要

　南ヨーロッパはキリスト教諸派の中でもカトリック信徒の多い地域として知られる．とくにイタリアの人口の約97％，スペインの人口の約94％，マルタの人口の約95％は洗礼を受けたローマ・カトリック教徒であり，カトリシズムは社会のなかで一定の役割を担っている．ただし，教会の日曜ミサに毎週出席する人々の数は減少傾向にあり，秘跡のひとつである婚姻を教会で行わず市民婚を挙げる人々の数は増加傾向にある．このことがいわゆる「世俗化」あるいは「教会離れ」の根拠として指摘されることもあるが，これらの傾向は信仰実践のあり方が多様化しつつある現状との関連において捉える必要がある．というのも，自己の目的に合致した宗教集団に帰属意識を感じ，そのなかでさまざまな実践を行う人々の数は一方で増えているからである．「フォコラーレ運動」と「共生と解放」はイタリアから，「ネオカテクメナート」と「オプス・デイ」はスペインから，「聖ヴィンセント・ド・ポール・ソサエティ」と「シャルル・ド・フーコーの霊的家族会」はフランスから，「ICPE」と「ムゼウム」はマルタから世界に広まったカトリックの平信徒集団である．1970年代以降は，アメリカのペンシルヴァニア州から世界に広まった「カリスマ刷新運動」が，南ヨーロッパにおいても賛同者を増やし，「緩やかなネットワーク」を形成している．その活動は，ホテルや学校のホールあるいは倉庫を利用した集会，黙想会，教会内外におけるミサ，貧者救済のための奉仕活動等，多岐に渡る．

　マリア崇敬の盛んな南ヨーロッパにおいては，世界平和を導くための実践行為として，教会や巡礼地等の聖所を訪れ，マリアに対する伝統的な祈りの文句を熱心に唱える人々の姿も見られる．彼ら／彼女たちは，教会が推奨するメダイやスカプラリオを身に付け，日曜のみならず平日も毎日教会のミサに通い，ロザリオの祈りを唱え，教皇や司祭の教えを忠実に守ることを目指している．現在，アイルランドに始まる「レジオ・マリエ」やフランスに始まる「緑のスカプラリオのマリア会」が活動の輪を広げている．

　以下ではこれまでに挙げた宗教諸集団について紹介し，南ヨーロッパにおける人々の信仰実践の一端を示すこととしたい．

2）「フォコラーレ運動」

　「福音を生きる」をモットーに，第2次世界大戦中の1943年にトレントの小学校教師キアラ・ルービック（Chiara Lubich, 1920-2008）によって創始された．2011年現在世界182か国に広がっており，約10万人のメンバーとともに約440万人の人々が運動に参加している．福音書の中のイエスの言葉「私があなた方を愛したようにあなた方も互いに愛し合いなさい」（ヨハネの福音書13：34），「彼らがみなひとつとなりますように」（ヨハネの福音書17：21），「二人でも三人でも，私の名において集まるところには，私もその中にいる」（マタイの福音書18：20）を重視し，イエスの名による連帯と相互愛の実現を目指し活動を行っている．祈りの共同生活を送る男女別の「フォコラーレ・センター」が各地における活動の中心の場となっている．1960年代より活動の規模が広がっており，運動参加者数も増加している．1965年にはフォコラーレの精神を実現するための「マリアポリ」とよばれる理想都市の建設が始まり，2005年現在世界20か所の「マリアポリ」において集住生活が営まれている．イタリアのロッピアーノにある「マリアポリ」には，世界70か国から集まった約800人が常時生活を共にしている．このような永続的な「マリアポリ」の他に，数日間のみ開催される一時的な「マリアポリ」も存在し，日本では毎年沖縄・長崎・東京において開催されている．1967年には「フォコラーレ運動」内部に「新家族運動」が，1968年には若者を中心とした「新世代運動」が，1970年には子供たちを中心とした「連帯のための若者運動」が生まれた．

3）「共生と解放」

　1954年，ミラノのルイジ・ジュッサーニ司祭（Fr. Luigi Giussani, 1922-2005）によって創始さ

◆ Ⅱ．世界宗教の現在 ◆

れた「学生青年団」を母胎とする．第二ヴァチカン公会議とフランスの5月革命を経て，青年団員間に価値観のズレが生じた結果内部分裂をきたし，1969年に現在の「共生と解放」が誕生した．文化活動，慈善活動，伝道の3つの経験を重視する集団である．具体的には，文化センターや学校の創立，自由権を守るための政治活動，エキュメニズムの推進，貧者のための就職斡旋等を行っている．2011年現在，76か国で活動を展開しており，とくにポーランドとスペインで会員数を伸ばしている．2004年8月にはイタリアで国際大会が開かれた．マルタにおいてはもっとも小規模なカトリック集団のひとつであり，会員数も減少傾向にある．

4)「ネオカテクメナート（新求道共同体）」

1964年，スペイン人の画家キコ・アルグエリョ（Kiko Argüello, 1939-）によって創始された．週2回の集会に参加することが主な活動内容である．平日の1回は聖書研究と「経験の分かち合い」，土曜日にはミサ（感謝の祭儀）が行われる．「経験の分かち合い」に告解的要素が含まれることと，聖書の厳格な解釈に基づく「罪」意識が養われることから，彼らの活動が問題視されることもあるが，教皇ヨハネ・パウロ2世は好意的な態度を示していた．2011年現在約100か国において約4万の「共同体」が活動を行っており，その約半数はヨーロッパで活動している．

5)「オプス・デイ（プレラトゥーラ・聖十字架とオプス・デイ）」

1928年，スペイン人のホセマリア・エスクリバー司祭（Fr. Josemaria Escrivá, 1902-75）によって創立された．エスクリバー司祭は1992年に列福，2002年に列聖されている．「オプス・デイ」の特徴は，「仕事を聖化し，仕事において自らを聖化し，仕事によって隣人を聖化しなければならない」という彼の言葉に要約されるように，社会の中で懸命に仕事を行うことに個人の聖性追求の手段があると捉えられている点にある．2010年の時点で，司祭を含め世界に9万人を超える会員がいるが，マルタには1990年代後半になるまで活動の拠点がなかったため，男女別の数人規模の集会を月1回ずつ行う小規模な集団に留まっている．

6)「（カトリック）カリスマ刷新運動」

「カリスマ刷新運動」とは，「異言」や「癒し」などの「聖霊のバプテスマ」の体験により，自己の信仰を刷新していくことを目指す運動である．1967年2月，大学内の黙想会に参加していた学生たちの体験が契機となり世界に広まっていった．2004年現在238か国に広まっており，1億を超える人々によって約14万8000もの「祈りの集団」が形成されている．「聖霊のバプテスマ」を強調する運動として他に「カリスマ運動」，「ネオペンテコステ運動」等の名称があるが，カトリック内の運動は「カリスマ刷新運動」としてこれらとは区別される．

「祈りの集団」は，規模が大きくなるかあるいは「カリスマ刷新運動」の方針と異なる方向に向かい出した場合に独立することもある．「ICPE（国際カトリック福音化プログラム）」は，「カリスマ刷新運動」の「祈りの集団」のひとつから成立したものである．「カリスマ刷新運動」の本部はヴァチカンに，「ICPE」の本部はローマに置かれている．

「フォコラーレ運動」，「共生と解放」，「ネオカテクメナート」，「オプス・デイ」，「カリスマ刷新運動」は，運動の目的や活動内容はそれぞれ異なるが，「第2ヴァチカン公会議後の数十年において重大な役割を果たすようになった」「霊的共同体の新しい運動」（ハヤール，1997：457）に位置づけられている．

7)「聖ヴィンセンシオ・ア・パウロ会」と「シャルル・ド・フーコーの霊的家族会」

それぞれ聖ヴィンセント・ド・ポール（St. Vincent de Paul, 1581-1660）とシャルル・ド・フーコー（Charles de Foucauld, 1858-1916）の霊性に従って生きることを目的にフランスで成立した集団である．前者は1833年，当時大学生であったフレデリック・オザナム（Frédéric Ozanam, 1813-53）とその友人たちによって創始された．オザナムは1997年に列福されている．2005年現在134か国に広がり約95万人の会員がいる．シ

ャルル・ド・フーコーは「ネオカテクメナート」の創始者であるキコにも霊的影響を与えた司祭であり，「霊的家族会」には1960年代以降，「福音の小さき姉妹会」（1963年），「ナザレの小さき姉妹会」（1966年），「イエス共同体」（1969年），「イエス愛徳共同体の小さき兄弟会」（1976年），「イエスの御心の小さき姉妹会」（1977年），「十字架の小さき兄弟会」（1980年），「受肉の小さき姉妹会」（1985年）が設立され，世界の福音化と貧者のための機関としての活動が進められている．

8）「ムゼウム（キリスト教教義会）」

1907年，マルタのジョージ・プレーカ司祭（Don Ġorġ Preca）によって創立された．プレーカ司祭は2001年にマルタ人として初めて列福された3人の福者のうちの1人である．「ムゼウム」の主な活動は，初聖体拝領や堅信礼を控えた子供たちにカテキズム（キリスト教の教理）を教えることを通じて教会を助けることであり，教師（カテケスト）は司祭ではなく正規会員が担当する．正規会員とは，堅信礼後も「ムゼウム」に残り学習を続けた18歳以上の男女である．彼ら／彼女らは，独身制や食事制限等厳格な規則を守ることになっており，結婚を機に離脱する者，「ムゼウム」を経て司祭や修道女になる者，「ムゼウム」の幹部を目指す者等その後の進路はさまざまである．ヨーロッパではイギリスとアルバニアに「ムゼウム」のセンターが置かれている．

9）「レジオ・マリエ」と「緑のスカプラリオのマリア会」

前者は1921年にアイルランドのフランク・ダフ（Frank Duff, 1889-1980）によって創始され，後者はフランスの愛徳姉妹会の修道女ユスティヌ・ビスケイブルー（Sister Justine Bisqueyburu, 1817-1903）が1840年に体験した「マリア出現」を契機に成立した．両者ともマリアに対するロザリオの祈りを重視しており，教区教会や教区センターを活動の拠点にそれぞれ週1回祈りの集会を開いている．マルタではほとんどの教区に「レジオ・マリエ」が，規模の大きないくつかの教区に「緑のスカプラリオのマリア会」がある．「レジオ・マリエ」の集会では，会員2名一組に対し1週間の間になすべき課題が割り当てられる．課題には，病院や老人ホームでの慰労や奉仕活動のほか，集団が所有するマリア像を携えて家庭を訪問し，マリア像を室内に置いてその家族とともに祈るというマリア奉献活動も含まれる．マリア像は次回の訪問までこの家庭に置かれることになっている．また，各教区の「レジオ・マリエ」単位でマリア教会を訪れるマリア巡礼も行われている．「緑のスカプラリオのマリア会」は，集会以外に，教会や巡礼地で「緑のスカプラリオ」を無償で人々に配りマリア崇敬を広める運動を担っている．「緑のスカプラリオ」はそれを身に付けることによってカトリック教徒以外の人にも恩恵が施されると信仰されている．

図1　シャルル・ド・フーコー

参考文献

ハヤール，ヨセフ他（上智大学中世思想研究所編訳／監修）『キリスト教史11』平凡社，1997年．

Ⅱ. 世界宗教の現在

5 東・北ヨーロッパとロシアの宗教

新免光比呂

　東・北ヨーロッパとロシアは，西ヨーロッパからの影響を強く受けることによって，それぞれの地域がヨーロッパの「周辺」として運命づけられてきた．ただ，このことは東ヨーロッパが西ヨーロッパにつねに従属していたということを意味するものではなく，ときにはヨーロッパの政治情勢に介入したこともある，相互的できわめて密接な関係のなかで独自の存在を保ってきたということである．

　北ヨーロッパを構成する現在の国家は，スウェーデン，デンマーク，ノルウェー，アイスランドなどゲルマン諸民族の国家とウゴル＝フィン系のフィンランドである．北ヨーロッパに対してしばしば用いられるスカンジナビアという名称は，ヨーロッパ北西部のスカンジナビア半島にデンマークを加えた地域をさす．これにフィンランドを加えるとフェノスカンジアと呼ばれ，さらにフィンランド，アイスランドを加えた場合にノルデン（北欧）となる．

　一方，東ヨーロッパとロシアは，ラテン系のルーマニア，ウゴル＝フィン系のハンガリー，イリュリア系のアルバニアを除くと，大多数がスラヴ諸民族の国家である．ただし東ヨーロッパという名称がどの地域を指すのかは，時代と立場によって異なる．冷戦時代にはソ連の主導下での社会主義諸国を東ヨーロッパと呼んだが，冷戦崩壊後は，ヨーロッパとの距離感からチェコ，ハンガリーは中欧あるいは中東欧であって東欧ではないという見方が主張されている．そういった議論を踏まえ，本稿で東ヨーロッパとはチェコ，スロヴァキア，ポーランド，ハンガリーなどの東中欧，ルーマニア，ブルガリア，旧ユーゴスラヴィア，アルバニアなどの東南欧（バルカン）を含むということにする．リトアニア，ラトヴィア，エストニアなどのバルト海諸国は，北ヨーロッパ，東ヨーロッパ，ロシアと歴史的に関わった場合にのみ言及される．

　以下では，まずキリスト以前の共同体と宗教，キリスト教化と王権，宗教改革と国際関係というトピックを中心に北ヨーロッパにおける宗教の歴史を描き出す．続いて，東方正教会の本山たるビザンツ（コンスタンチノープル）と西欧からの影響下に築かれたキリスト教と国家（もしくは民族）との関わりを軸に，各地域のキリスト教受容，教会管轄の問題，民族と教会，社会主義体制下の教会，日常生活における宗教実践などのテーマに即して，東ヨーロッパおよびロシアの宗教をみてゆくことにしよう．

5.1　北欧の宗教

(1)　北欧の古代社会

　民族大移動期にスカンジナビア地域に定着したゲルマン人諸部族は，北ゲルマン人と総称される．これらの民族は，中世を通じて他のゲルマン系諸国民とは異なる社会的特質を保持してきており，それは共同体の様式のなかにはっきりとみる

ことができる．

この共同体様式は，ゲルマン人の初期の時代において生産，消費，防衛の単位である大家族的結合を特徴としていた．この大家族的結合はバイキング時代以前に解体したが，それに代わって単婚家族を中心とする「農場世帯」が成立した．この世帯長が「農民」といわれるものであった．この農場は特定の産業部門を表すのではなく，牧畜，農耕，漁業等を行う経営体であり，一方，農民はきわめて自立性の高い定着経済の主体ということができる．農場世帯は自由人家族のほかに，解放奴隷など自由身分の家人，従士と若干の奴隷を含んでいた．

農場経営の中心は牧畜で，夏期は山地で放し飼い，冬期は農場周辺の牧草地から採った乾草で飼育という生活形態であった．そのため相互に離れて大面積を要する散居的定住と，必要なものはすべて自給するという補充経済の追求が生まれた．ただし，散居制は絶対的に少ない人口の下でも相対的に土地不足＝人口過剰になるので交易や遠征を行う必要が生じ，そのためノルウェー西部地方のバイキングなどはとくに植民・土地獲得の要素を強く示した．つまり，補充経済のひとつとして，農耕，牧畜，漁業のほかに家集団を指揮して交易や遠征をなしたバイキング活動が行われた．

共同体様式に深く関わることであるが，農民は共通の関心事である紛争の調停，治安，防衛のために集会を開いた．キリスト教以前の時代には，共同体結合を神聖化し，収穫と平和と戦勝を祈願する祭祀も行ったらしい．彼らにとって法秩序は宗教と同じものであり，祭祀，紛争の調停，戦争の指揮は，農民の有力者である豪族にゆだねられ，集会は武装農民の全員参加という民主的形式をもちつつ，地域の豪族支配的結集という性格を示していた．

(2) 北欧におけるキリスト教の受容

このような社会生活を営む古ゲルマン的共同体においては，スノッリ・ストゥルルソンやブレーメンのアダムなどが描くバイキング時代に特徴的な神崇拝が行われていた．その礼拝対象は，ソール（トール）神，フレイヤ神，オーディン神などの神々で，これらがパンテオンを形成していた．農民たちは各級の集団ごとに定期的に集まって人身を含む犠牲を捧げたが，それは豊穣と平和と戦勝のためであった．豊穣に関しては，とくに多産の神フレイヤが部族的結合にとってもシンボルとなり，平和は共同体内の治安，戦勝は対外的な遠征と防衛における勝利を意味した．それゆえ，ゲルマン人の宗教には，農民たちが相互の紛争処理と軍事目的のために法的共同体をなして地域的に結集するイデオロギーとしての性格が強くみられる．

他方，ユールとよばれる祝祭があり，その名前は現在のクリスマスにおいても名称として使われている．古代においては家庭と個々の家族集団の特別な祝祭であったと思われる．内容的には，今日のユール（クリスマス）と大差なく，キリスト教が布教の過程で異教習俗を取り込んだ一例である．祝祭の時期は，屠殺用動物が一番太っていて，穀物の脱穀もすみ，秋の作業がみな完了した第二冬月（11月14日から12月14日）の頃といわれる．ただし，収穫祭や豊穣祭ではなく，氏族の他界した成員などの死者のための祝祭という説もある．

キリスト教への改宗は，999年頃行われたアイスランドの全島集会における論議を端緒とする．ゲルマン的異教は信仰として共通に行われたが，祭祀は神殿ごとに独立しており，神殿を所有維持し，神殿で犠牲を捧げる式すなわち宴会を自己負担する司祭（＝豪族）は，宗教的権威と世俗的権威を統合していた．こうした祭祀権威の多数併存と法領域ごとの祭祀の自律性が，国民的統一を課題とする王権にとっては障害となったため，キリスト教への改宗が行われた．古代ローマ帝国の行政制度に基づく教区制を組織形態とするキリスト教は，豪族的民主制に対して中央的専制を表現しており，キリスト教化は，王権の確立を意図するものであった．

そうした北欧のキリスト教化のプロセスは，北方伝統とバイキングの帰郷ならびにドイツの軍事的圧迫の影響下で進行したが，民間信仰としての

◆ Ⅱ．世界宗教の現在 ◆

図1　現在の東ヨーロッパ

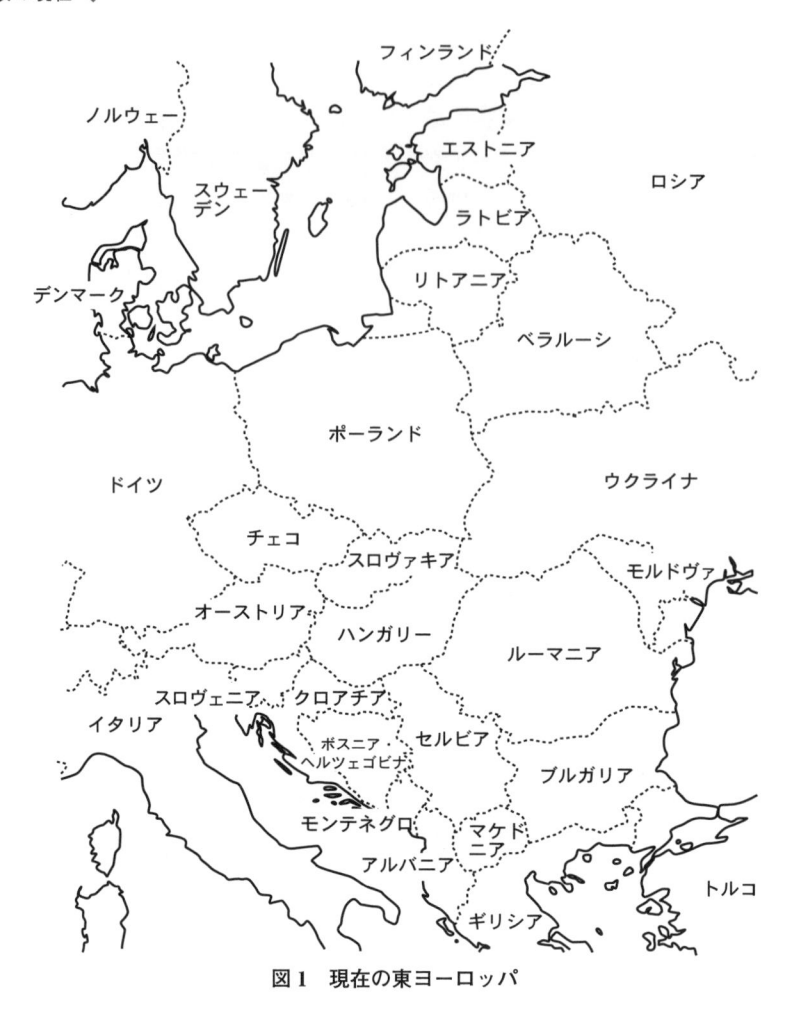

　ゲルマン異教は，異教的慣習，祭宴が残存して消え去ることはなかった．

　中世を経て，ルターによって1517年に開始された宗教改革の波は北欧にも及んだ．それは，北ドイツからデンマークへの影響を皮切りに，交易に従事したハンザ商人を介して，また北欧の神学生の多くがウィッテンベルグへ留学したことによって加速した．宗教改革を受け入れることは，デンマークとスウェーデンは，国の独立と中央集権化をはかり，それにともなう軍事費を必要としていた王権の政策に沿うものであった．そのため，ローマからの独立と教会財産の没収をルター派が支持する限り，国王はルター派に好意を抱き，国民国家創設へむけて宗教改革を利用することとなった．

　こうしてプロテスタント化したデンマークとスウェーデンは，近隣諸国への軍事的強制によって宗教改革を伝えた．デンマーク王クリスティアン3世はノルウェーとアイスランドに遠征し，スウェーデン王グスタブ1世はフィンランドに攻め込んだ．北方の強国としてスウェーデンは，しばしばポーランドやロシアの内紛に介入して国際的な影響力を示した．だが，近代に入ってロシア，ドイツなどが近代国民国家として強力になるにつれて，相対的な影響力は低下していった．

5.2 東欧・ロシアの宗教

(1) 東欧とロシア
1) 2つの宗教文化圏—宗教と民族—

　東ヨーロッパとロシアは，きわめて密接な関係を歴史的にたもってきた．それは，東ヨーロッパの多数の国がロシアと同じスラヴ民族であるということと，ビザンツ帝国およびビザンツ教会からの大きな影響をこうむってきた歴史的経験を共有していることによる．さらに，強大化したロシアが，歴史上いくどとなく東ヨーロッパの国々に政治的な支配を及ぼしてきたことも両者の一体性を強めている．ロシア帝政時代のポーランド分割，社会主義体制下でのソ連による東ヨーロッパ支配は，その典型である．

　そうした一体性をもちながらも，西スラヴ族であるポーランドやチェコはカトリック信仰を受け入れたため，西欧文化の影響のもとで独自の発展を経て，東スラヴ族で東方正教のロシアとは異なる風土を形成している．

　とくにこの2つのキリスト教宗派の違いは，東方正教文化圏とカトリック文化圏の区分としてスラヴ民族の文化の大きな違いに現れている．ブルガリア，セルビア，ロシアが採用した宗教はイコノクラスムを経たのちの東方のキリスト教で，10世紀までに教義と典礼形式がほぼ完成し，ビザンツ教会の保守的で俗権との密着した体質を受け継いでいる．他方，ポーランド，ボヘミア，スロヴァキア，スロヴェニア，クロアチアなどのラテン語典礼を受け入れた地域は，西方教会内部の変革にまきこまれたり，社会思想の影響を直接にこうむったりしてきた．

　こうして東ヨーロッパ，ロシアは，宗教によって大きく2つに分けることができる．だが，それぞれのグループに分け入ってみると民族構成が非常に複雑であることに気づく．まずスラヴ民族は，南スラヴ族，西スラヴ族，東スラヴ族という3つの大きなグループからなる．東スラヴ族は，ロシア人，ベラルーシ人，ウクライナ人など，正教徒が圧倒的に多い集団である．西スラヴ族には，ポーランド人，チェコ人，スロヴァキア人，カシューブ人などがあり，おおむねカトリックである．さらに南スラヴ族は，カトリックの多いスロヴェニア人，クロアチア人および正教徒の多いセルビア人，モンテネグロ人，マケドニア人，ブルガリア人に分類される．なお，モンテネグロ人はセルビア人に分類されてきたが，近年の国家独立によって分化が進むと思われる．またマケドニア人というのは，セルビア語，ブルガリア語などに近いが特殊な南スラヴ語を使用する民族で，民族意識の展開が遅れたため周辺国家からは同族とみなされる傾向にあった．とくにブルガリアではマケドニア人を同じブルガリア人と主張してきたし，領土的その帰属をめぐっては，ギリシア，ブルガリア，セルビアが対立している．

　南スラヴ族の周辺には，正教徒のルーマニア人，ギリシア人，ムスリムが多いアルバニア人などがいる．ルーマニア人というのは，ルーマニアの学説では古代のダキア人がローマ帝国に征服され，ラテン系文化を吸収した集団が祖先とされる．だが，実際には多くの近隣民族の血が混ざっている．言語的にはイタリア語と共通するラテン系言語（東ロマンス諸語）を根幹とし，ラテン文化圏に属するという文化意識をもっている．

　ヘレニズム時代の言語を変形した形で継承しているギリシア人は，近代以降，古代ギリシアの末裔であると主張されてきたが，実際は近隣民族との混血によって古代とは民族的にかなり異なる．アルバニア人は，古代のイリリア人，トラキア人の末裔とされるが，その言語は，イリリア語，トラキア語，ラテン語，スラヴ語，トルコ語が混合したものであり，これも起源は明らかでない．

2) キリスト教以前—スラヴ族の古層的宇宙像—

　キリスト教以前のスラヴ民族の宗教に関しては不明なことが多いが，少なくとも自然の諸力をさまざまな神格に投影する多神教であったと思われる．ビザンツ帝国の影響のもとで，多くのスラヴ族が「上からの改宗」によってキリスト教を受容したが，民衆の間には異教が残った．そのことを指して，キリスト教と異教的なものの並存である

◆ II. 世界宗教の現在 ◆

「二重信仰」という用語が生まれ，ロシアの後進性を強調する際にしばしば用いられるようになった．ただし，キリスト教はその進出先で現地の習俗を受け入れてきたことも多く，土俗的でないキリスト教は少ないと考えるべきである．

キリスト教以前のスラヴの宗教を民族学やフォークロアの助けを借りて再構成すると，宇宙観や世界像は次のようになる．

まず，スラヴ人においては天と地が宇宙像の骨格をなしていたと考えられる．しかし，天空よりも大地がより重要な機能を担っており，女性原理を代表する地母神的神格の存在があるのに対して，天空は明確な神格として登場しないのが特徴である．こうした大地崇拝は，一種の倫理的観念と結びついており，大地は元来清浄なものであり不浄なものはいっさい受け入れないとみなされていた．したがって，自殺者や妖術師などの体は，埋葬されても腐敗して大地に同化することはできない．スラヴ人に特徴的な吸血鬼信仰はこのような観念と結びついている．

また，世界像を示すシンボリズムとして，ブルガリアなどでは，伝統的観念のなかで大地は大洋に浮かぶ大きな円盤で，そのまわりに大蛇がまきついていると考えられている．また，スラヴ民族でひろく天と地という2つの領域は天の支柱，世界樹というシンボリズムで表現される．スラヴ民話のなかで，天まで生い茂った植物が天と地をつなぐというモチーフが非常に多く見られるのもそのゆえんである．

(2) 古代から中世
1) 東欧の宗教原型—ビザンツ帝国の教会と国家—

東ヨーロッパ・ロシアにおいて，キリスト教は圧倒的な重要性をもっている．このキリスト教受容は，9世紀から10世紀にかけて行われた．これは，支配者の政治的利害に基づいた改宗と住民に対する強制改宗が特徴であった．スラヴ族で最初に改宗したのはブルガリア（864年）であり，次にポーランド（966年），キエフ・ロシアは988年であった．

キリスト教を伝えたビザンツ教会は，帝国の政治体制と深く結びついていた．布教とともにその政治制度も同時に伝えられたのが，正教圏の特徴である．ビザンツ教会は東ローマ（ビザンツ）帝国の首都教会となってから急速に発展したが，そのために皇帝からの干渉を強く受けるようになり，またローマ帝国以来の政治区分と教会管轄を一致させる原則によって教会は帝国の国家機構の一部となっていた．周辺諸国の君主たちは，キリスト教を受容することによってビザンツ帝国の文化および制度を模倣したが，そのなかには国家と教会との密接な関係も含まれていた．

ビザンツ帝国においては，至上の権威である皇帝はキリスト教徒としては総主教に従属しながらも，総主教は国家の市民としては皇帝に従属するという構造をなしていた．そして帝権と教権の分離はビザンツ法によって確立していた．これはしばしば皇帝教皇主義とよばれる．

ビザンツの教会国家関係について，皇帝ヨアニス＝ツィミスキスは次のように述べて相互依存的な関係を示している．

「私は地上と現世の2つの権力，教権と帝権を知っている．第一のものに造物主は魂についての配慮を託し，第二のものに肉体についての権限を託した．両者がいかなる侵害をこうむらなければ，安寧は社会にあまねく」

このようなビザンツ帝国においては，皇帝は地上における神の代理でありキリストから派遣された者ということが，秩序という概念に大きな意義を与えていた．ビザンツ帝国において，秩序・支配概念というのは，創造された万物を支配し，社会，教会，国家を支配すべきであり，その全様式下に世界の運命を条件づける諸原理と諸力のすべてを含んでいた．この秩序は，自然，社会，人間関係を支配している究極概念であると同時に世界の諸事物のなかに刻み込まれ，先天的である生全体の原理であった．帝国の秩序は天上の秩序を反映し，神の意志から生じているのだから覆すことはできない．秩序は厳しい階層のなかに具体化され，そこから生じたピラミッドの諸階段はすべて頂点（この場合は地上における神の代理人とし

—236—

て，国家，社会，世界の至上の主でもある皇帝）によって支配される．このことは，皇帝の称号にも表現されており，キリストがパンドクラトル（普遍世界の主）であるのに対して，皇帝は，コスモクラトル（世界の，コスモスの主）あるいはクロノクラトル（時の主）とよばれた．

このビザンツ帝国およびビザンツ教会との関わりを視野に入れて，東ヨーロッパ・ロシア諸国における宗教を，南スラヴ族，西スラヴ族，東スラヴ族，そしてスラヴ族以外についてみていくことにする．

2）バルカンの覇権をめぐって―南スラヴ族のブルガリア，セルビア―

現在のブルガリア，旧ユーゴ諸国などを構成するのが南スラヴ族である．そのなかで東ヨーロッパ最初のキリスト教国であるブルガリアは，トルコ系遊牧民ブルガール族によって建国された．当初，支配者であるブルガール族と配下のスラヴ族による連合国家であったが，しだいに人口で劣るブルガール族はスラヴ族に吸収され，スラヴ国家となっていった．

8世紀から9世紀後半にかけてのブルガリアとビザンツは，政治的対立が顕著で，ビザンツ帝国のブルガリアに対する政策は，戦争・和議・懐柔・貢納の繰り返しであった．この一連の対立のなかで画期的であったのが，864年のビザンツ帝国との和議条件となったビザンツ教会を通したキリスト教の受容である．これは，教会を通じて帝国の影響力を強化しようとするビザンツ帝国の狙いに基づくものであった．しかし，これはブルガリアにとっても大きな意味をもっていた．この時代，キリスト教の公的受容は，蛮族の国からキリスト教国家になること，ビザンツ帝国を中心とする国際社会における地位の確保，さらにとくに支配者がキリスト教という新しいイデオロギーによって自己の支配の正当性を主張する手段という意義を有していたのである．

ビザンツ教会を通して受容したキリスト教であったが，その後は国際情勢を踏まえたブルガリア国王ボリス＝ハンの政治的判断で，ビザンツ・ローマ・フランクの三つ巴の布教競争が始まった．

5. 東・北ヨーロッパとロシアの宗教

ブルガリアは一時ローマ教会を受け入れたが，867年から887年にかけてコンスタンティノープルで開かれた東方総主教会議においてブルガリア教会はコンスタンチノープルが管轄するということが決議され，ブルガリア教会は最終的に東方典礼を受容することとなった．その後，モラヴィアを追放されたスラブ人聖職者をブルガリア帝国が受け入れ，それによってスラブ語典礼が完成され，さらにギリシア語教会文献のスラブ語訳なども行われて，ブルガリア教会のスラブ化が決定づけられた．

その後，ボリスの息子シメオンが第1次ブルガリア帝国の最盛期をもたらしたが，その死後はボゴミル派などが現れるなど社会が不安定化してビザンツ帝国に滅ぼされた．13世紀には第2次ブルガリア帝国が最盛期を迎えるが，1393年にはオスマン帝国によって首都タルノヴォが陥落し滅亡した．

現在のブルガリア，旧ユーゴ諸国などを構成するのが南スラヴ族である．そのなかのセルブ（セルビア）族とフルヴァート族（クロアチア人）が，現在のセルビアやクロアチアなどの地に定着したのは，ビザンツ皇帝ヘラクレイオス1世がアヴァール族への対抗のためスラブ族を招来したためであった．セルブ族は部族ごとに割拠し，最初はブルガリアとビザンツ帝国の支配下にあり，やがて10世紀前半にブルガリア支配下に入った．ビザンツ教会は，セルブ族に東方典礼をもたらし，ブルガリア支配時代にはセルブ族に受け入れやすいスラブ語典礼も導入された．セルブ族の中心地ラシカには主教座も設けられた．ラシカの主教座はブルガリア人のオフリド大主教座の管轄下におかれた．

セルブ族の統一国家は，12世紀後半ステファン・ネマニャ（在位1167-96）がビザンツ帝国支配から脱却して初めて実現した．ハンガリーが支配するボスニアとアドリア海沿岸のラテン都市を除いてセルビア全土が統一された．

この地域は，国家統一が遅れ，キリスト教のなかの各教会がすでに定着していたため，東西キリスト教会の衝突の場となる運命にあった．西方教

◆ Ⅱ. 世界宗教の現在 ◆

会すなわちローマ教会は，ダルマティア地方（アドリア海沿岸）を伝統的に管轄下におき，ラテン都市に司教座を設けた．ボスニアを併合したハンガリーは，同じく西方典礼を受け入れていた．

このように東西両教会がそれぞれ主教座を国内においている状態は政治的に不安定であり，セルビアとしては教会の独立をはかる必要があった．それが顕著になったのは，セルビアの政治的不安定さがあらわになったステファン・ネマニャ退位後の叛乱であった．王位をついだ次男のステファンに，長男のヴカンがハンガリーの支援のもとに反旗をひるがえしたのである．ステファンはローマ教会に依存し，セルビア王冠を授与されることで正当性を主張しようとした．

ついで，ステファンは弟サヴァス修道士の協力を得て，ビザンツの後継国家ニカイア王国に要請し，セルビア教会独立の認可を獲得した．1219年にサヴァスはセルビア大主教に任命された．以後，ビザンツ教会を利用して教会の独立と東方典礼への帰属を決めたセルビアの繁栄は，13世紀から14世紀にかけてビザンツ帝国をしのぐものとなった．

だが，この繁栄もオスマン帝国のバルカンでの勢力拡大によってしだいに衰退し，1389年のコソヴォの戦いで敗れたセルビアは，1459年にオスマン帝国の直接の支配下に入った．

3）フランク教会と中欧の葛藤──西スラヴ族のチェコ，スロヴァキア，ポーランド──

現在のチェコおよびスロヴァキアに先行する国家として，モラヴィアという国家がかつて存在した．これは西スラヴ族のモラヴァ族が部族連合して9世紀に建国したスラヴ国家で，スラヴ族のなかでスラヴ語典礼を最初に行ったという歴史的意義をもっている．

最初の支配者であるモイミル1世は，フランク王国の宗主権を認め，フランク教会による宣教を受け入れた．モイミルの甥ロスティスラフのもとで版図が拡大され，中部ヨーロッパの有力勢力となった．だが，ラテン語典礼の定着とフランク教会の管轄によって，教会を通じてのフランク人支配が行われ，フランク王国の政治的影響を強く受けた．

ロスティラフはフランク教会からの独立を念願としており，ローマ教会とビザンツ教会へ主教派遣を要求した．そこで，ビザンツ教会からキュリロス・メトディオス兄弟が派遣され，スラヴ族で最初にスラヴ語典礼が導入された．

ロスティスラフの失脚で即位した甥スヴァトプルクは，ポーランド南部まで支配を拡大した．ラテン語典礼に親しんではいたが，教会の独立をロスティラフと同じく悲願としていた．教皇ハドリアヌス2世によってシルミウム大司教座が復活されたことは長年の悲願の成就であったが，スラヴ語典礼を行うメトディオスの大司教就任は望ましくはなかった．そこで，メトディオスの死後，スヴァトプルクはスラヴ語典礼聖職者を一掃した．10世紀に入るとマジャール人の侵入でモラヴィア国家は崩壊し，西スラヴ族の重心はボヘミア，ポーランドへ移っていった．

モラヴィアの後継国家ともいうべきボヘミアは，ケルト系先住民ボイイに由来する．9世紀にはまだモラヴィア国の一部であったが，9世紀後半にモラヴィアとフランクの戦争をついてプシュミスル家のボジヴォイが統一し，ボヘミアを建国した．

ボヘミアでは，モラヴィアから受け継いだフランク教会のキリスト教が優勢だった．さらにモラヴィア崩壊後は直接ザクセン朝の攻撃にさらされ，プラハ占領，続いて貢納要求をつきつけら

図2　フスの火刑

れ，臣従を強制された．

ボヘミアは，フランク王国と神聖ローマ帝国に近すぎたことや，また貴族の内紛が激しくて強力な支配体制が築けなかったことからスラブ国家として存続できず，神聖ローマ帝国の一部となって発展した．やがて，プシュミスル朝断絶後のルクセンブルグ朝のカール4世（ボヘミア王としてはカレル1世）が1346年神聖ローマ皇帝になり，一体化が進んだ．

カール4世はプラハ大学を設立し，チェコ語を帝国の公用語とした．カレル1世時代のボヘミアは繁栄したが，その陰の矛盾もまた深刻であった．教会領の拡大がとどまるところを知らず，高位聖職者が富裕化し，チェコ人とドイツ人の反目が深まった．おりしも，教会大分裂（1378年）によって教皇の権威は失墜していた．そのときに登場したのが，ヤン・フスである．

聖書主義にもとづいて聖餐化体説を否定して教会を非難したイギリスの宗教改革者ウィクリフの思想はプラハ大学にも及んでおり，フスもまたウィクリフの影響を受けていた．フスはプラハ大学の総長に就任するが，プラハ市内の礼拝堂で説教も行い，教会制度を批判して聖書を絶対的な権威とした．当時の国王ヴァーツラフ4世（在位1378-1419）は，カトリック教会および大貴族と対立し，チェコ人の民族主義的主張に加担した．プラハ大学におけるチェコ人教授団の優位を決定し，フスを総長にすえたりした．だが，外国人教授団はローマでチェコ人の異端的傾向を告発した．フスは贖宥状に反対し波紋をなげかけていたが，コンスタンツ公会議はフスを異端として投獄し，翌年，火刑に処した．

フスの処刑によって民族主義の高まりがみられた．宗教上の改革運動がやがて政治的要求と結合し，ターボル派を代表とする政治団体が結成された．さらに宗教改革の動きが継続し，両刑色（パンとワイン）の聖体拝領を主張するウトラキズムが拡大する一方，農民は神の王国の接近を説く終末論に走った．カトリック教会と国王ジギスムントは異端撲滅の十字軍を結成し，フス戦争（1420～36年）が勃発することになった．1436年の協約で最終的妥協を得たが，国内の荒廃は覆うべくもなかった．

西方教会の大分裂（1378年）からフス派王イジー王の死（1471年）までを，俗にヤン・フスの世紀という．これはドイツ人移住者の波とドイツ化に対するチェコ民族反撃の世紀とみなされる．反ドイツ感情は外国人聖職者とカトリック教会へ向けられ，ドイツ化していた都市はチェコ化した．フス戦争による国土の荒廃の中で，チェコ民族意識が刻み込まれた．

だが，こうした民族の高揚もやがて下降期に入る．1517年に始まる宗教改革と1526年のハプスブルグ家フェルディナントのハンガリー＝ボヘミア王位への即位，およびそれにともなうドイツ化がきっかけとなり，宗教改革の影響を受けたボヘミア議会はフェルディナント2世を廃位し，イエズス会を追放，王位を選挙制にもどし，カルヴァン派のファルツ選定侯フリードリヒが王位についた．だが，チェコ議会軍は1620年ハプスブルグ皇帝軍との戦い（白山の戦い）で敗れ，苦難の時代を迎えることになる．チェコ人貴族の土地は没収され，貴族，ブルジョワ，知識人などの指導層は国外へ逃亡した．他方で，オーストリア，バイエルン，チューリンゲンからのドイツ商人と農民が土地を獲得し，公用語がドイツ化され，少数の貴族はドイツ化し，プラハ大学ではイエズス会の支配下でドイツ語による教育が行われた．

こうしたドイツ人とカトリック教会の支配から脱して民族意識の高揚を迎えるのは，工業発展の過程で都市人口が増大し，チェコ人の文化的創造力が経済力，政治力の増大とともに表面化した18世紀の終わりから19世紀のはじめにかけてであった．1848年にはプラハでスラヴ民族会議が開かれ，ハプスブルグ帝国内におけるゲルマン化とマジャール化に対してスラヴ人の結集が図られた．

ポーランド国家は，モラヴィア，ボヘミアに遅れをとって10世紀後半に，北西部ヴェルコポルスカ地方で成立した．ポラーニ族ピャスト家ミェシコ1世（在位960-92）によって政治的統一がなされたものである．当初からドイツ帝国の圧力

があり，フランク拡大によるゲルマン化の危険があった．そこで，ミェシコは対外的な地歩を固めるため，キリスト教を導入し，ボヘミアとの結びつきを求めた．

その手段として，ボヘミア国王ボレスラフ1世の娘ドブラヴァと結婚し，さらに966年洗礼を受けた．968年にポズナンに最初の司教座が置かれたが，ローマ教会布教区の司教座であった．こうしたローマ教会によるキリスト教化は「上からの改宗」であったため，支配権力が弱化するとしばしば叛乱が生じた．最終的にキリスト教が定着したのは，12世紀から13世紀にかけてとなった．

ミェシコのフランク教会敬遠策はローマ教会と利害が一致した．オットー1世がマグデブルク大司教座を創設し，オドラ川以東のポーランドを管轄することが予定されていたが，教皇ヨハネス13世はフランク教会の勢力拡大を危惧して管轄をオドラ川以西に限定し，ポズナンに司教座を置いたのである．

ほどなくポーランドとボヘミアの関係が悪化し，ミェシコはボヘミアからシロンスクを奪取し，その子のボレスワフ1世はマウォポルスカ地方を確保した．ミェシコは，神聖ローマ皇帝の干渉をかわすためローマ教皇の保護下にポーランド領全土をおいた．

ポーランドの正式な大司教座はグニェズノ（1000年）におかれた．後に列聖されたプラハ司教ヴォイチェフが殉教し，埋葬された場所である．ポーランド国王ボレスワフ1世，神聖ローマ皇帝オットー3世，ローマ教皇シルヴェステル2世など三者の取り決めで大司教座を創設することにした．これにポズナン司教は反対し，マグデブルク大司教座と結びついた．

隣国のリトアニアは，キエフから黒海沿岸に達する東スラヴ族の住む広い地域を支配した．キリスト教に改宗しなかったため，ドイツ騎士団と帯剣騎士団の攻撃を受け，ポーランドの援助を必要とするようになった．ポーランド王国の最盛期は，ポーランド・リトアニア連合王国の成立（1386年）によるものである．これはアンジュー家ラヨシュ1世ハンガリー王の娘ポーランド女王ヤドヴィガがリトアニアのヤギェウォ大公と結婚することで成立した．ポーランド・リトアニア連合王国はグリュンヴァルトの戦いの勝利（1410年）で騎士団国家を打破し，やがてスラヴ・ルネサンス文化の中心地となった．

1569年にはルブリン合同規約の成立によって，ポーランド王国とリトアニア大公国の永続的な結合が確認されて独特の共和制王国が実現した．しかし，貴族共和政は中央権力に欠け，周辺国家からの干渉を招いた．17世紀初頭のモスクワ公国の「動乱」への干渉，スウェーデンによるリヴォニア獲得，ルテニア地方（現在のウクライナ，ベラルーシ）での合同教会と東方正教会との抗争，コサックの反乱などによって衰退へ向かい始める．その結果，1795年に周辺国家であるプロイセン，オーストリア，ロシアによって最終的に国土が分割され，ナポレオン戦争によるワルシャワ公国の独立で一時的に回復したものの，ナポレオンの失脚でロシア皇帝支配下のポーランド立憲王国となった．繰り返された蜂起にも関わらず独立への試みは挫折し，独立の回復は第1次世界大戦後の1918年を待たねばならず，それもナチス・ドイツの侵攻によって一時的に中断し，最終的な独立は1949年であった．

4）辺境から東方正教会の盟主へ―東スラヴ族のロシア―

現在のロシア人，ウクライナ人，ベラルーシ人の先祖にあたるのが，ヨーロッパ・ロシアの森林地帯に住む農耕民である東スラブ族であった．その国家形成は比較的遅く，ノルマン人の侵入によってはじめて東スラヴ族は有力な国家を築くこととなった．このノルマン人というのは，民族大移動に加わらなかったヨーロッパ北部ゲルマン族で，8世紀から11世紀にかけてヨーロッパ各地に南下進出を行った．

東スラヴ族の拠点ではあったがハザール＝ハン国の支配下にあったキエフを解放したアスコリドとジルは，860年にコンスタンティノープルを急襲して勢力を拡大した．また，北方のノヴゴロド王国はリューリクの支配のもとにあったが，リューリクの子イーゴリと一族のオレーグがアスコリ

ドとジルを倒し，882年キエフ・ルーシが建国された．これは，各地の都市国家がその主権を認めた最初の全ルーシ的国家で，イーゴリが事実上のリューリク朝の始祖となった．

キリスト教の公的受容は，総主教フォーティスが東スラヴ族への布教を計画したことに始まる．イーゴリの未亡人オリガは，957年にコンスタンティノープルを訪れて洗礼を受けた．だが，オリガはビザンツ教会ではなく，オットー1世へ宣教師の派遣を要請した．オリガの失脚とドイツ宣教団の追放の後，ウラジーミルはビザンツ帝国との関係を重視して東方典礼を受容した．ウラジーミル自身も989年（または990年）洗礼を受け，バオシレイオスという洗礼名を得たとされるが，正確な時期と場所は不明である．

こうしてキエフがスラヴ・キリスト教文化の中心となり，11世紀前半には主教座に続いて府主教座が設けられ，コンスタンティノープル総主教の管轄下におかれた．キエフ・ルーシ国家は，強固な集権国家ではなくつねに分裂傾向にあったため，キリスト教が東スラヴ族統一の媒体となった．

ビザンツ帝国とキエフ・ルーシの関係は，地理上の距離の大きさのために政治的影響力は及ばず，影響はキリスト教文化に限られたため独自の価値観の形成が行われた．ビザンツ教会の直接的影響は，ほとんどがギリシア人であった代々の府主教によって伝えられたビザンツ式の壮麗な教会建築とイコン画法にみられた．その特徴は，難解な神学文献より典礼芸術の受け入れが顕著なことであった．

また1018年の第1次ブルガリア帝国滅亡によって，亡命したブルガリア人聖職者からスラヴ語教会文献がもたらされたことによって，典礼用語のスラヴ語への切り替えも行われ，東スラヴ族の方言を基盤とする教会スラヴ語が東スラヴの典礼用語，やがて文章語の成立に決定的役割をはたした．

成立後数世紀にして有力な教会になったキエフのルーシ教会は，ビザンツ帝国でほぼ完成したキリスト教を受容したために，古代教会とのつながりを重視する保守的体質を受け継ぎ，また政治的にポーランド・リトアニアと敵対していたために，反ラテン・反カトリック感情を強く示すのも特徴であった．

13世紀前半には，モンゴル軍がロシアに侵入し，ルーシは，いわゆる「タタールのくびき」のもとにおかれた．それによってビザンツ帝国との直接的関係は断絶し，ルーシの重心は北方に移り，モスクワ公国が台頭することになった．14世紀前半にはキエフ府主教座が北方のウラジーミルへ，続いてモスクワに移転した．ただし，モンゴルの支配は教会に寛容で，当時，森林を開いて多数の修道院が創設され，なかでも有名なトロイツェ・セルギエフ修道院が14世紀中葉に開設された．

モスクワ府主教イシドロスは，教会合同派としてフェララ・フィレンツェ公会議で活躍し，モスクワへもどってから1441年にルーシ教会とローマ教会との合同宣言を行ったが，ルーシ教会指導層からは支持されず，逮捕されてしまった．ルーシ教会は，1448年にコンスタンティノープル総主教の同意なくリャザン主教ヨナをモスクワ府主教に選出し，実質的な独立を果たした．それによってルーシ教会は，コンスタンティノープルから独立し，ここにロシア正教会が誕生したといえる．

1453年のコンスタンティノープル陥落という歴史的事件に対しては，ロシア独特の解釈がなされた．それは，ビザンツ帝国とその教会は正統信仰に背きローマ教会との合同を行ったため神罰として異教徒に滅ぼされたというものである．また，モスクワ第三ローマ説というのがあり，第一ローマと第二ローマ（コンスタンティノープル）は滅び，モスクワが第三ローマとして繁栄すると主張した．やがて，1589年にはモスクワ府主教座が総主教座に昇格し，ロシア教会は名実とも東方正教圏の盟主となっていった．

新たに北東ルーシの中心となったモスクワ公国では，15世紀にイヴァン3世，16世紀にはイヴァン4世というリューリク朝の専制君主が出現したことによってロシア統一国家への事業が進展し

た．この統一の過程でルーシという名称もロシアという名称に変わっていった．

　やがてロシアは「動乱」の時代を迎え，国土が荒廃する．その後に成立したのがロマノフ王朝であるが，ロシアは外敵に侵入に苦しみながらも回復への道を歩む．ウクライナの併合で西欧の文化が流入するようになり，その西欧の影響でロシア正教会でも改革の動きが強まった．それが典礼書の改訂を手始めとして，教会儀礼の改革にまでふみこんだニコンの改革である．性急な改革は保守的な信者の反発をまねき，社会運動の性格も帯びた「古儀式派(旧教徒)」という分派を生んだ．

　やがて，17世紀後半に入ると社会経済も再建が進み，ロシアも近代化への道を歩むが，それを担ったのがピョートル大帝であった．近代化をめざして改革を開始したピョートルから正教会も逃れることはできず，多くの組織改革が行われた．その中でもっとも大きいのが，修道院庁の設立（1701年），総主教座の廃止（1720年），それにかわる聖職参議会(後に宗務院と改称)の創設（1721年）である．宗務院は「聖職規則」をもち，教会の統治はツァーリと元老院の決議に基づくとされた．聖職者もツァーリへの宣誓を義務づけられ，聖職者の子供は神学校で教育を受けるように指示された．

　19世紀にはナポレオンのロシア遠征を打ち破ったアレクサンドル1世が神秘主義的な傾向を示し，イギリスの聖書教会の呼びかけに応じてロシア聖書教会の設立を1812年に認可した．これによって，聖書の現代語訳が進み出版された．こうしてロマノフ王朝の強い影響下にあった正教会は，20世紀に入ると第1次世界大戦やロシア革命の影響を受けて，新たな政治的方向を模索することになった．

5) 多宗教の共存—ルーマニア，ハンガリー，アルバニア—

　ルーマニアでは，ドナウ川北方のワラキアとモルドヴァで3世紀頃からキリスト教の布教が行われていたとされ，4世紀には黒海沿岸のトミに主教座がおかれていたという．その後，すでにキリスト教を受容していたブルガリアの影響を受けて，9世紀にスラヴ典礼のコンスタンティノープル教会の傘下に入った．

　中世に入って成立したワラキア公国では，首都アルジェシュに府主教座がおかれ，一方モルドヴァ公国では，ポーランドを通してカトリックの影響が強かったが民衆の間には浸透せず，結局，コンスタンティノープル教会からモルドヴァ教会の府主教が任命され，首都スチャヴァに府主教座がおかれた．やがてモルドヴァ北部には，ビザンツ様式に地方色が加えられた独自の様式に基づく多数の修道院が建設された．

　ワラキア，モルドヴァ両公国は，オスマン帝国の伸長に対してよく戦い，何度か戦いで勝利を収めたが，ついに軍門にくだった．ただし，直轄領ではなくギリシア人ファナリオットを介した間接支配であった．ギリシア人の支配のもとでコンスタンティノープル教会の影響が強まっていった．

　他方，現在のルーマニア中央部を占め，1918年までハンガリー王国の支配下にあったトランシルヴァニアでは，ルーマニア系住民はブルガリア教会の布教によって東方典礼を受け入れた．トランシルヴァニアは11世紀以降ハンガリーの勢力下に入ったためブルガリア教会の関係が断たれ，ルーマニア正教会が14世紀に成立し，その中心であるアルバ・ユリア府主教座は，ブカレスト大主教座の管轄下で15世紀に創設された．

　またトランシルヴァニアにはドイツ人の東方植民が行われ，15世紀からは，ハンガリー王国の支配下でハンガリー貴族，セクーイ人（ハンガリー人入植者の子孫），サクソン人などのカトリックである三民族による自治が行われた．この政治体制は，1437年の下層ハンガリー人とルーマニア人による民衆叛乱ののちに三民族が連合を形成したことに始まり，その目的は，農村における下層ハンガリー人とルーマニア人に対する支配を強化することにあった．

　ルーマニア系住民の内部では，教会聖職者が農民と生活を同じくして両者は一体化していた．それによって，ルーマニア正教会はルーマニア人農民に政治的，精神的に大きな影響を及ぼした．いわば，ルーマニア系住民は共通の言語使用となら

んで，ルーマニア正教の信仰を通して民族集団としての統合を保っていた．

17世紀後半からハプスブルグ帝国は，東ヨーロッパおよびバルカンへの支配を拡大していった．トランシルヴァニアでは，オスマン帝国に対して軍事的勝利を収めたハプスブルグ帝国の統治が1691年から始まった．周辺のポーランド，ハンガリー，チェコスロヴァキアなどと並んで，トランシルヴァニアもカトリックであるハプスブルグ帝国の勢力下に入ったのである．支配領域の拡大によって多様な民族を抱えることになった帝国は，宗教を用いて政治的支配を強化しようとした．すなわち，カトリック教会の反宗教改革を支持して帝国領内の宗教的一元化をはかり，それによって政治的支配をも一元化しようとした．その具体的な政策のひとつが正教徒をカトリック教徒に改宗させる教会合同であった．

教会合同の結果，ルーマニア正教会はアルバ・ユリア府主教座を廃止され，以降カルロヴィッツのセルビア正教会の管轄下に入った．その結果，ルーマニア正教会は自らの主教をもつことができず，教会組織としての機能が事実上停止したばかりでなく，以後トランシルヴァニアでスラヴ文化の影響が強まることになった．

東ヨーロッパにおける非スラヴ民族のひとつであるハンガリー民族（別名マジャール族）は，5世紀頃ウラル地方から移動を開始したとされる．7世紀は，オノグル＝ブルガール部族連合の一部となり，そこからオングルすなわちハンガリーの名がついた．一時期ハザール＝ハン国の支配下にもあったが，9世紀後半ペチェネグ族に追われて，ドナウ川中流域を経て東カルパチア山脈を越え，さらにパンノニア平原に侵入し，そこでスラヴ人を同化して定着した．

ハンガリー王国の成立は1000年頃で，国王イシュトヴァーン1世が西方典礼のキリスト教を受容した．伝承によると，神聖ローマ帝国皇帝オットー3世の同意で戴冠したとされる．ハンガリーは版図を広げ，クロアチアやスロヴァキアを支配するようになった．クロアチアでは，ハンガリー王ラースロー1世の時代に，クロアチア王ズヴォニミルが死去した際に王位継承が紛糾したことにつけこみ，1102年ハンガリー王カールマーンがクロアチアとダルマティア王として戴冠した（1102年）．クロアチアは，一時オスマン帝国に占領されたが，やがて14世紀から16世紀にかけて一部はオーストリア・ハンガリーの軍政国境地帯とされた．そして1867年の二重帝国の成立でハンガリーへ併合された．こうした南スラヴ族に対するハンガリーの干渉がやがて，南スラヴ人の民族主義とオーストリア・ハンガリーの南進政策の衝突を引き起こし，第1次世界大戦へとつながっていった．

現在，ギリシア，マケドニア，コソヴォ，モンテネグロと国境を接するアルバニアには，古代イリュリア人の子孫ともいわれる人々が，ラテン化とスラヴ化の波をうけながら集団を維持してきた．古代イリュリア人というのは，バルカン東部に先住していた集団で牧畜を主な生業としつつ交易活動も行っていたが，やがてローマに制圧された．史料に初めて現れるのは11世紀で，しだいにイピロス各地に広がっていく．周辺民族の影響をうけ，北部地方はカトリック地域，南部地方は東方正教地域だったが，オスマン帝国が支配した時代に中央部は改宗したアルバニア人からなるベクターシュ教団のムスリム地域となった．言語的には北部でゲグ方言，南部でトスク方言が話されたが，言語間の差異が大きく，宗教とともにアルバニアの統合を妨げることになった．またオスマン帝国時代にコソヴォのセルビア人がオスマン帝国の圧力で北方へと逃亡したために，空白となったコソヴォ地域にアルバニア人が大量に移住し，そこでの多数住民となった．現在のコソヴォ問題の遠因ともなっている．

(3) 中世から近代
1) キリスト教の内部対立―異端，宗教改革，教会合同―

キリスト教はスラヴ諸国をはじめとして東ヨーロッパに広がっていったが，その内部での対立も無視することはできない．内部の対立は主流の教会に排除された異端，制度改革へとつながった宗

II. 世界宗教の現在

教改革，さらに東西教会のヘゲモニー争いとしての教会合同として現れた．異端とは，キリスト教という範疇に属しながらも，カルケドン公会議（451年）で定められたキリスト教教義の根幹となる三位一体論とキリストの受肉を否認する分派である．あくまでもカルケドン信条を守る教会の側からみた表現であって，信仰の真偽を問うものではない．スラヴ民族の異端としては，中世の二元論異端に連なるボゴミル派，宗教改革の時代にあらわれたボヘミア兄弟団やウトラキズムなどの異端，ニコン改革後のロシア教会分裂の結果によって生じた分離派（旧教徒）から派生した無司祭派異端，さらにそこから生まれたいくつもの異端などがあげられる．

ブルガリアではキリスト教を国教とした後も，古来の異教信仰が存続し，国境地帯にはビザンツ政府がシリアやアルメニアから移住させたパウロ派や単性論者のヤコブ派などの異端が存在した．これらの異端は，肉体的な快楽を断ち，祈ることによって魂の救済がえられるとして教会の儀式を否定し，4世紀に成立したマッサリアノイ派も修道院を中心に宣教活動した．パウロ派はマニ教的二元論に基づいて新約聖書のみを正典として既存の教会制度を認めず，修道制も否定した．バルカンに移住したパウロ派は積極的に布教活動を転化し，マッサリアノイ派とともに異端ボゴミル派の成立に重要な影響を与えた．

ボゴミル派はブルガリア人の下級聖職者によって，マケドニア地方で創始された可能性が高いとされる．善と悪の二元論に基づいて，この世をキリストの弟ナタナエルが創造した悪の世界としてとらえ，現世に存在する教会や国家の権威を否認した．権力者から危険視され，多数の罰則が作成されて異端として迫害された．ボゴミル派の教団組織においては，その信奉者は「完成者」「信仰者」「聴講者」という階層からなっていた．「完成者」は教義の実践者として完全な禁欲生活を送り宣教活動を行う指導者で，一般信者は「信仰者」「聴講者」というカテゴリーに分類される．ブルガリアの衰退にともなう社会不安や外敵の脅威を背景として，民衆の間に急速に拡大したが，教会側は異端の摘発に熱心で，ボゴミル派も弾劾された．ブルガリア王ボリルはタルノヴォ主教会議でボゴミル派を正式に異端と断じた．

ボゴミル派は13世紀以降ビザンツ帝国では衰退したが，バルカンではむしろ盛んになるばかりでなく，イタリア，フランスの二元論的異端カタリ派に影響を与えた．ボゴミル派はカタリ派やパウロ派のような領主層の支持や強固な軍事組織をもたなかったが，民衆蜂起に加わり，パウロ派とともに教会や政府に反抗した．14世紀になると静寂主義やそれに対立するバルラアムとアキンディノスの教えなどが流布される一方，ボゴミル派は神秘主義的傾向を強め放蕩主義に陥ったため活力が失われ，オスマン帝国支配の確立とともに消滅した．

それ以外に異端はボヘミアでもみられた．先に述べたようにイギリスのウィクリフの影響を受けたフスが教会の権威を否定して火刑に処せられたが，それに憤激したボヘミアの民衆が蜂起して16年にわたるフス戦争が生じた．

またロシアでは教会改革をはかったニコンに反対して分離派（旧教徒）が生じた．そして無司祭派の異端が生まれ，そこからさらに無数の異端が生じた．

ドイツでは，それを購入すれば罪が許されるという贖宥状を発行したローマ教皇に反対するルターが宗教改革を開始した．ルターは聖書をラテン語から俗語であるドイツ語に翻訳し，民衆への流布を容易ならしめるだけでなく，近代ドイツ語への道をひらきドイツ・ナショナリズムの萌芽となった．

その後，ルターによる宗教改革は，ドイツに近いボヘミアにも伝わった．具体的にはボヘミア兄弟団とウトラキズム信奉者が呼応した．それに対して，カトリックのハプスブルグ家はイエズス会を使った強引な弾圧を行った．1618年から1648年にかけての三十年戦争が拡大し，チェコ人のボヘミアはほぼ解体することとなった．

一方，もともとローマ教会との結びつきが強いポーランドでは，フス派運動の波及もなく，宗教的寛容の精神がゆきわたっていた．しかし，ドイ

ツから波及するのは比較的遅かったものの宗教改革の影響が及び，中小貴族が反教権闘争の手段として利用した．しかし，ボヘミアのような民衆レベルでの改革運動はなかった．

　総じて，ボヘミア，ポーランドなど宗教改革が波及したスラヴ諸国では，大多数がカトリックへ引き戻され，プロテスタント的スラヴ圏とよべるものは成立しなかった．

　一方，同じくカトリックでハプスブルグ家の支配下にあったスロヴェニアにおいても，プロテスタント化は新約聖書のスロヴェニア語訳などの形で現れたが，ハプスブルグ家とイエズス会による対抗改革によってプロテスタントは定着することはなかった．

　これと対照的なのが，ハンガリーである．16世紀に入ると宗教改革の波がとくにハンガリー領トランシルヴァニアに押し寄せ，ルーマニア人以外の民族にルター派が浸透した．1560年代にはカルヴァン派が広がり，多数のハンガリー人信者を得た．こうした状況のなかで，1564年トゥルダにおいて支配層を構成する「三民族」の代表による議会が開かれ，カルヴァン派，ルター派に対してローマ・カトリックと同等の権利が与えられ，「三民族」に信教の自由が認められた．その後，単性論を唱えるユニテリアンがセケーイ人を中心として広がり，1571年にトゥルグ・ムレシュで開かれた議会でユニテリアンは4番目の「公認宗教」の地位を得た．

　他方で東西教会の対立は，東ヨーロッパおよびロシアで重要な宗教的問題のひとつとなったカトリック教会と東方正教会の間の教会合同として現れた．それが現実問題となったのは，ビザンツ帝国の衰退によるものであった．

　1261年のラテン帝国の崩壊後，ビザンツ帝国の継承国家である旧ニカイア王国パライオロゴス朝はわずかな領土をもつのみなった．そこで，外圧をかわし西方の軍事援助を得るための方策として教会合同の提案が行われた．この場合，教会合同というのは，現代のエキュメニズムとは異なり，ローマ教皇の首位権を認め，その権威に服することを意味した．提案を受けて，1274年の第二リヨン公会議で東西両教会の合同が決定された．ただし実行はされなかった．続いて1438年から39年にかけてのフェララ・フィレンツェ会議でローマ教会との合同が決定されたが，オスマン＝トルコに包囲されたコンスタンチノープルに援軍はなく，1453年のコンスタンチノープル陥落で教会合同は無意味となった．

　しかし，東ヨーロッパにおいては，教会合同がなお重要な話題となっていた．1596年にはブレスト協約によってポーランド支配下のウクライナ人正教徒がカトリックに改宗し，1648年にはハンガリー北部のウジュゴロドにおいてカルパチア地方に住むウクライナ人正教徒がカトリックに改宗した．

　この背景には，さまざまな政治的思惑があった．現在のウクライナとベラルーシの大部分は広義のルテニアとよばれ，キエフ府主教の管轄下にあって東方典礼を行っていた．しかし，タタール人の襲来によってキエフ府主教座がモスクワに移り，モスクワ府主教座としてモスクワ公国の教会となったため，ポーランド・リトアニア支配下のルテニアは管轄すべき主教座を喪失してしまった．後に，リトアニア府主教座が設けられたが消滅し，さらに新たなキエフ府主教座が1458年に設立された．これは，モスクワ府主教イシドロスが工作しローマ教皇ピウス2世が設立したもので，モスクワ公国の影響力増大を恐れたポーランド，オスマン帝国，ローマ教皇が画策した政治的な府主教座であった．だが，この府主教座は，事実上コンスタンチノープル総主教の管轄へ入ることとなった．

　ルテニアの正教会は，聖職者の規律が乱れ，信者の教育水準も低かった．宗教改革がポーランドに及んで改革派が正教徒に接近するのに気づいたカトリック教会も，正教徒への働きかけを開始した．コンスタンチノープル総主教エレミアス2世もまたルテニア正教会の改革を試みた．カトリック教会はポーランド王およびローマ教皇合意のもと，ルテニア正教会のカトリック教会への合同を画策して，ついに1595年ブレストの教会合同によって合同教会を成立させた．ローマ教皇クレメ

ンス8世は，ルテニア教会の要請を受けたかたちで教会合同を宣言した．この宣言は，ローマ教皇の権威とカトリック教会の教義を認めるが，東方典礼と東方の教会慣行を保持することを内容としていた．

一方，トランシルヴァニアにおける教会合同は，ハンガリーのカトリック大司教コロニチが，皇帝レオポルド1世（在位 1657-1705）のもとで，ルーマニア人正教徒をローマ・カトリックへの改宗対象にしようとしたことに始まった．コロニチ大司教の指示にしたがって改宗運動を実質的に担ったイエズス会は，1693年にトランシルヴァニアに入り，まずルーマニア正教会の聖職者を改宗の対象とした．

教会合同が抱える困難は，他の地域でもそうであるが，ルーマニア正教会とローマ・カトリック教会の間に存在する教義と典礼の違いであった．カトリック教会はとくに正教徒のイコン崇敬と聖人崇敬を攻撃して，変更を迫ったが，そのようなルーマニア人の宗教的実践の根本に関わる強制を行っていては，民衆からカトリックへの改宗者を得ることができないことが明らかとなった．それに代わって，1439年のフィレンツェ公会議における4条項がルーマニア人の宗教的抵抗を和らげるために提案された．

その4条項というのは，第一にキリスト教会におけるローマ教皇の首位権を承認すること，第二に聖餐式における酵母なしパンの使用を承認すること，第三に三位一体のラテン教義，すなわち聖霊の父と子からの発出（フィリオークェ）を承認すること，第四にカトリックで信じられている煉獄（軽い罪を浄化する場）を承認することであった．これらの4点の特徴は，求められるのは教義の変更だけで典礼と教会慣行の変更をもたらさないことであった．

ルーマニア人聖職者は教会合同を受け入れることになったが，その実際の動機は，レオポルド1世とコロニチ枢機卿によって，ルーマニア人聖職者にローマ・カトリック聖職者と同等の権利が約束されたことにあった．それによって，当時の支配体制下におけるルーマニア民族の政治的権利もまた保障されるはずであった．こうして1700年，教会合同によってトランシルヴァニアに合同教会が成立した．

2）民族国家と教会との結合―オスマン帝国からのブルガリア解放―

オスマン帝国支配下での東方正教会の存在は，政治的にはオスマン帝国の支配，宗教的にはギリシア人支配という二重の支配に貢献するものであった．すなわち，オスマン帝国のミッレト制度というのは，宗教的・政治的共同体による自治制度であり，その制度のもとでコンスタンチノープル総主教はキリスト教ミッレトの長としてビザンツ帝国時代に劣らぬ宗教的・世俗的権限をもつようになった．そのため，一時は独立を遂げた東ヨーロッパ諸国の正教会は再びコンスタンチノープルに従属することになった．

イスラーム国家のもとでのキリスト教徒社会の環境は，「カエサルのものはカエサルへ」という言葉が示すとおりキリスト教会がそもそも異教徒による支配を肯定する性格をもつことと，ユダヤ教徒とキリスト教徒を「啓典の民」として貢納支払いと一定の制限を受け入れる代わりに宗教活動の自由と教会内部の自治を認めて保護するズィンミー制度の存在によって，ある一定の限定をもった共存ということが可能となっていた．

メフメト2世がゲンナディオス・スホラリオアスを世界総主教に任命したのは，集権的な教会組織を再建し，オスマン帝国内のキリスト教徒の支配を容易にし，ローマ教皇をはじめとするキリスト教徒敵国からの影響を排除する意図があった．そのため，世界総主教には配下の聖職者に対する管轄権と裁判権，シノトとともに教義に関する事柄を裁量するといった従来からの権限に加えて，結婚，離婚，相続といったキリスト教徒同士の刑事裁判その他の世俗の事柄に対する広範な権限を与えられることになった．世界総主教はオスマン帝国下のほとんどすべての東方正教徒に対して実質的な影響力を行使した．15世紀にはスラヴ系の教会組織の管轄下にあったバルカンの大部分が世界総主教座の管区に統合された．例外的にマケドニアを管区とするオフリド大主教座と1557年

に再建されたペーチのセルビア総主教座ではスラヴ語典礼とスラヴ的文化が維持された．だが，ペーチ総主教座は1766年，オフリド大主教座は1767年に廃止された．

　オスマン帝国の支配下では，諸民族の人口移動が大量に行われ，宗教人口地図の塗り替えが行われた．バルカンから東欧や中欧への人口流出としては，ギリシア人の中欧・南ロシアへの移住，アルバニア人のイタリアへの逃亡があげられる．バルカン内部における人口移動としては，セルビア人の北上，南ハンガリーへの移動があった．これだけでなく，キリスト教徒住民の多くが都市を退去し，農村や山間部に移動した．

　またアナトリアからトルコ人が大挙移住し，トルコ人の手によって直接トルコ化・イスラーム化が進むと同時に，異端のボゴミル派に属する人々や小封建領主など現地のキリスト教徒住民が改宗して，トルコ化・イスラーム化が進んだ．

　オスマン帝国による支配を経て，近代の南東欧において大きな影響力をもった東方正教会の自治教会制度の特質は，国家教会ではなく民族の教会という観念に変質したことである．その最たる例は，領域国家が存在しないにもかかわらず民族意識を基礎として生まれたブルガリア人の教会独立運動にみることができる．

　ブルガリアでは18世紀以来東方正教ミッレト内部でギリシア化の圧力が高まり，ギリシア系聖職者たちは民族主義的な使命感から正教会ミッレトの純化を志向し，スラヴ語典礼の撲滅と教会におけるギリシア語の強制にむかった．教区民の経済的不満がたかまり，マケドニアやブルガリア北西部で教区民の対立事件が起こり，タルノヴォ府主教座でも対立が生じた．過激化する運動は，1860年世界総主教の権威の否定とブルガリア人の教会の独立をもたらし，オスマン政府は1870年に独立ブルガリア総主教代理座を正式に承認した．

　こうした東方正教会のもつ傾向は，ビザンツ帝国理念の東欧での拡散と深く関わっている．東欧諸国の皇帝たちが模倣したビザンツ・モデルとは，ギリシア語を話す人間は正教会に所属し，皇帝の臣下たるものがビザンチン人であるというものであり，諸国が帝国規模ほど強力になったとき，それぞれの教会は総主教とならねばならなかった．その原型は，ブルガリアで最初のオフリド主教（893～894年）に始まる．ブルガリア皇帝シメオンは，926年オフリド主教座を総主教座に変更したが，それは，ビザンツ皇帝と対等な関係を築くために自分自身の総主教が必要とされたからであった．続いてセルビアにおいても，ステファン・ネマーニャ2世は，1217年にローマから王冠と王の称号を授与されたが，世界総主教に対して弟である聖サヴァを大主教の地位にすることを要請し，認められた．同じくセルビア王ドゥシャンは，1345年皇帝の称号を獲得したが，さらにペーチにセルビア総主教座を設立した．ビザンツ帝国からの独立には，自分によって統制される教会が必要だったのである．

　それに対してコンスタンチノープル総主教は，新しい総主教座の設立は自らの威厳と教会の統一にとって有害であると考えた．たとえば，オフリド管区の主教たちも，セルビア大主教座（のち総主教座）には不快感をもった．1393年にオフリド総主教座の称号を放棄したのち，強力になったコンスタンチノープル総主教は，ペーチの総主教座の消滅後，セルビアの各主教座をオフリドの大主教に所属させた．ペーチ総主教座は1557年に再興されたが，1766年ふたたびオスマン帝国によって最終的に廃止された．1767年，オフリド主教座もまた閉鎖された．

　教会独立運動の過程でブルガリア人は，普遍的な性格をもつべき教会に代わって特殊民族的な利害を体現する組織として教会を認識し，それによって宗教的な共通性を民族の基礎とする意識が確立した．ブルガリアの場合の特徴は，国家形成に先行して民族と教会の一体化の意識が形成されたことである．だが，宗教的同質性を民族的共通性の基礎とする意識は，他のバルカン諸国にも当てはまる．これは，国家の消滅によって愛着をすべて教会に移したことで，教会が彼らの過去と現在と希望ある未来との体現物になったためである．近代ナショナリズムの形成期に，宗教と民族集団

が不可分であったことの歴史的意義は，教会と民族集団が同一視されたからこそ，バルカン諸国の再生が比較的容易になったということにあった．

宗教はバルカンだけではなく，ハプスブルグ領やポーランド人地域でも大きな力をもち，ハンガリーなどでは，愛国心は宗教的信念に左右されたし，ポーランドでは，カトリックであることがポーランド人であることを意味し，教会と民族集団との一体性がバルカン以上に緊密になった．そのため，住民のポーランドに対する忠誠心を育てることができなかったという問題さえ生じた．

(4) 近代から現代
1) 世界最初の社会主義国家—戦闘的無神論とロシア正教—

ロシア革命以後のソ連の宗教政策は，それぞれの時代に応じた特徴をもっている．初期の革命的熱狂に支えられた戦闘的無神論とそれに導かれた反宗教闘争，第2次世界大戦すなわち大祖国戦争における危機に際しての聖職者の愛国的精神の高揚と宗教の容認，第2次世界大戦後の冷戦体制下での緊張およびその後の共産主義イデオロギーの形骸化と宗教の復興などである．

革命前のロシア正教会は国教的な地位を与えられ，皇帝が宗務院を支配することによって教会を統制していた．無宗教，無信仰は禁じられていたが，ロシア正教以外の信仰も自由とされていた．ただし，キリスト教徒を非キリスト教徒に改宗させる行為は禁じられ，新宗派を開くことは厳禁されていた．

それに対して，ソヴィエト政府は，まず1917年一切の土地所有権を廃止する「土地について」の布告を発して教会領の国有化を行った．続いて1918年，「教会を国家から学校を教会から分離することに関する人民委員会会議布告」が公布された．これは宗教に関する最初の立法となり，その後の宗教政策に関する法的根拠となった．布告は，教会の国家からの分離，市民の宗教信仰の自由，公共秩序に反しない範囲での宗教儀式執行の自由，学校の教会からの分離，学校における宗教教育の全面禁止，教会ならびにその他の宗教団体からの財産所有権および法人格権の剥奪，教会施設並びにその他の教会資産の国有化，礼拝用施設の国家機関による管理などを内容とするものであった．その目的は，信者の信仰そのものを対象としているのではなく，革命の敵対勢力とされたロシア正教会の政治的，社会的影響力を排除することであった．

内戦に勝利したボリシェヴィキ政権は，1922年，教会に対して新たな弾圧を加え始めた．それは「54人裁判」を頂点とするもので，この裁判を通してボリシェヴィキ政府はロシア正教会内部の分裂をはかり，教会組織の破壊に成功した．1927年には，チーホン総主教の死後にロシア正教会首長に就任した府主教セルギーが，政府に対する忠誠宣言を表明し，ソヴィエト政府への同調と屈服を示すようになった．1929年には，68条からなる宗教団体に関する決定が出された．まず宗教団体の設立について第3条と第4条によって規定され，第18条によって教育施設における宗教的教義の教授は禁止され，例外的に神学校においてのみ認められるとなっている．布教は第19条によって特定の場所に限定された．

スターリン体制下で続いた宗教弾圧に転機が訪れたのは，ドイツによるソ連侵攻であった．総主教代理セルギー府主教は，すべての正教会信者に向けて祖国防衛を訴えるメッセージを発した．こうしたロシア正教会の姿勢は，ロシア民族主義とソヴィエト愛国主義の覚醒と高揚を促すものであると同時に，ソヴィエト国家と教会の関係を規定するものであった．スターリンはロシア正教会の戦争協力への見返りとして攻撃的な反宗教政策を撤回した．

しかし，スターリン体制下で生まれたロシア正教会と国家との協調関係は，フルシチョフの登場によって失われた．フルシチョフは1959年から，1930年代のスターリン政権の宗教弾圧に匹敵するともいわれる大々的な宗教弾圧を開始した．1964年のフルシチョフの退陣は，厳しい反宗教政策から穏健で科学的な無神論党争への転換になった．ブレジネフ体制下では，ロシア正教会は徐々に勢力を回復し，他方でソヴィエト政権への

支持と協力をはっきり示すようになった．

ロシア正教会の復権を決定的なものとしたのは，ゴルバチョフの改革路線だった．ゴルバチョフはクレムリンでロシア正教会総主教らと会談し，過去の宗教弾圧について謝罪を行った．さらに1990年には，新宗教法すなわち「良心の自由と宗教団体に関する法律」が制定され，信仰の自由が法的に承認された．

2） 反ソ的民族主義的社会主義—独裁者とルーマニア正教会—

もうひとつの社会主義国家であるルーマニアの宗教政策は，共産党指導者と教会指導者との個人的関係による協調路線，スターリン主義の影響下での弾圧，さらにチャウシェスク大統領の登場とともに進められた民族主義的政策に基づく妥協路線によって特徴づけられる．

社会主義以前のルーマニアの宗教政策は，1918年のヴェルサイユ条約締結を大きな転機としている．それまでワラキアとモルドバからなるルーマニア王国は，ルーマニア民族が絶対的多数を占め，宗教的にはルーマニア正教会が公的なほぼ唯一の国民宗教として君臨していた．しかし，1918年の大ルーマニア成立によって，トランシルヴァニア，クリシャナ，バナート，ベッサラビア，ブコヴィナの諸地方を獲得し，それとともに多くの少数民族を抱え込むことになった．それによって宗教事情も大きく変わり，プロテスタント，ローマ・カトリック，ギリシア・カトリックがルーマニア正教会以外に重要な宗教的要因となった．この新しい状況に対応したのが，1928年の宗教法である．この法律に基づいて，バプティストとセヴンスデイ・アドヴェンティストなどのセクトを除くすべての宗教団体が精神的事柄の自由を享受することになった．国家はすべての宗教団体に行政的な支配を及ぼしたが，唯一ローマ・カトリック教会だけは，1927年のヴァチカンとの政教条約に基づいて教会組織，教育制度など実質的にまったくの自由を得た．

このような状況に激変をもたらしたのが，ルーマニアにおける社会主義体制の成立とそれに続く新しい宗教法の制定である．戦後まもない社会主義政権の宗教政策は，無神論の立場に立ちながらもルーマニア正教会やネオ・プロテスタントのなかの複数の宗派とは良好な関係を構築した．というのは，共産党が国内を安定的に支配するには十分な力をもたなかったためであった．国民の多くが宗教の深い影響下にあるという状況のもとで，共産主義者は，国民の支持を得るために宗教，とくにルーマニア正教会との妥協を必要とした．また一部のネオ・プロテスタントについては，その禁欲的な態度が共産主義者の共感をよび，革命勢力としての共闘が期待された．さらに，共産党の実力者であったゲオルゲ・デジと正教会の司祭ジュスティニアン（後の総主教）との個人的関係も，国家と正教会との間での協調体制に影響を与えたといわれる．

1948年の宗教法は，1989年の民主革命と翌年の新宗教法の制定まで有効であった．その内容は，良心と宗教の自由に対する国家の保証，宗派間の対立の禁止，なんびとの宗教的信条も市民的政治的権利を保持，行使する障害とはならないこと，宗教団体はその実践および儀礼が憲法，安全保障，公共秩序，良俗に反しない限り自由に組織し，機能することができる，宗教団体はみずからの規範に則って組織することができることなどからなる．ただし，各宗教団体は宗務庁を通して審査，承認を得るために，それぞれの信仰の信条とともに組織と運営の条項を提出しなければならないとある．それにしたがって，合法的認知の条件として国家はすべての宗教団体から「設立条項」を要求した．それに応じたユダヤ教やイスラーム

図3　ルーマニア総主教座

を含む14の宗教団体が認知されたが，この条件を拒否したローマ・カトリック教会，合同教会であるギリシア・カトリック教会，正教会内部での福音主義的運動である「主の軍隊」，いくつかのネオ・プロテスタント宗派は認知されなかった．ただし，認知とはいっても自由な宗教活動を認めるというより，政府の管理下に置こうとする手段であった．

ルーマニア正教会は，すでに述べたように，ルーマニア民族統合のための国民教会として，共産主義政府から認知されていた．しかし，ソ連でスターリン批判が繰り広げられた1950年代には，他の宗教団体と同様に弾圧を被ることになった．迫害の対象は主として修道院で，1958年から63年のあいだに約500人の司祭，修道士，世俗信徒が逮捕された．そして修道院は200から100へ，修道士は7000人から2000人に減らされ，多くの修道士が投獄あるいは精神病院へ収容された．弾圧は1960年代から1970年代初頭にかけて小康状態に入り，1964年には大赦で1万2000人の人々が釈放された．この時期は新たな指導者チャウシェスクの登場の時期と一致する．チャウシェスクは，ルーマニア人の民族主義的感情をあおり自己の権力基盤としたので，民族統合の手段として正教会は重要な意義を担い，妥協が行われたのである．しかし，正教会の国家への妥協路線には大きな代償を支払わねばならなかった．正教会の精神的な活動の低下に不満をもつ信者は，福音主義に惹かれ，多くが改宗を行って正教会から離れていったのである

1989年のルーマニア民主革命は独裁者の処刑に終わり，自由化への希望に国中が沸きかえった．しかし，革命直後から共産主義時代に弾圧されていたギリシア・カトリック教会，ローマ・カトリック教会，福音主義系セクトの復権がなされ，それとともに共産主義体制に妥協していた正教会の責任が問われ，宗教対立が大きな問題となった．

3） 民族と宗教の名による戦争——共産主義体制の崩壊と旧ユーゴ連邦解体——

共産主義体制の崩壊後の民族と宗教との関係は，旧ユーゴ紛争にひとつの典型をみることができる．そのユーゴ紛争とは，1991年以降，旧ユーゴスラヴィア連邦において連邦からの離脱・独立を求めるスロヴェニア，クロアチア，ボスニア・ヘルツェゴヴィナ，コソボなどの共和国とそれを阻止しようとした連邦（セルビア人が主体）とが戦火を交えた事態の総称である．そのなかに，十日戦争といわれたユーゴ連邦軍とスロヴェニア人が戦ったスロヴェニア独立戦争，クロアチア内のクライナ地方のセルビア人および連邦軍に対してクロアチア人が戦ったクロアチア戦争，クロアチア人，ムスリム人，セルビア人の三民族が領土分割を求めて激しい戦闘を行ったボスニア・ヘルツェゴヴィナ分割紛争，独立を求めるアルバニア人を弾圧するセルビアにNATOが空爆などの軍事介入を行ったコソボ紛争などが含まれる．

旧ユーゴスラヴィア連邦は，もともとクロアチア，セルビア，スロヴェニアなど南スラヴ人の国々が，ナチスドイツからの解放を機に誕生させた連邦国家であった．建国以前からセルビアとクロアチアの間で歴史的な対立があり，建国後もセルビアと各連邦共和国との政治的対立を抱えていたが，チトー大統領のカリスマ的指導力によって連邦の一体性は維持されていた．しかし，チトーの死後は，分離傾向を押しとどめる支えは連邦の理念のみとなった．

民族主義の暴走を招いた旧ユーゴ連邦の体制破綻は，「コソボ」問題と「経済主権」問題を契機として進行した．「コソボ」問題とは，コソボの独立を求めるアルバニア人とそれを拒むセルビア人との対立が核となっていた．アルバニア人が多数派を占めるコソボは，中世オスマン帝国の圧迫によってセルビア人が放棄した土地であるが，セルビア人にとって民族的情念をかきたてる土地であり，決してアルバニア人に譲ることはできない．一方「経済主権」問題とは，1974年憲法で認められた各共和国の経済主権を取り戻そうとするセルビアが，各共和国，とくにスロヴェニアと対立した問題である．相対的に豊かなスロヴェニアは，貧しい連邦の国々へ富が吸い上げられることを嫌い，経済主権の保持を望んで独立への志向

を強めることになった．この2つの政治的，経済的要因が，もともと不安定な基盤の上に成り立っていたユーゴを解体し，紛争へと導く下地となっていった．

こうした事態を背景として紛争の直接の引き金となったのは，ソ連の体制崩壊によって共産主義イデオロギーの支配力が失われ，旧共産圏諸国において民族主義が高まったことである．紛争は，独立を宣言したスロヴェニアと連邦軍の主体をなすセルビアとの戦闘から始まった．この戦闘状態は十日戦争といわれるように短期間で収束した．

ところが，スロヴェニアに続いてクロアチアが独立を宣言すると事態は深刻になった．クロアチアに属するクライナ地方に居住するセルビア人は独立に反対し，武装し，連邦軍がそれを援護した．戦闘は連邦軍が優勢な状況で推移し，クロアチアの軍事的敗北によって停戦が成立した．しかし，クロアチアはその後の電撃作戦でクライナ地方を奪取し，民族主義的支配を固めたため，多くのセルビア人がボスニアやセルビア本国へ難民として移動することになった．

さらにボスニア・ヘルツェゴヴィナの独立宣言によって，クロアチア人，セルビア人，中世オスマン帝国支配下でイスラームに改宗したスラヴ人であるボスニア人（ムスリム人）が，領土の分割を巡って激しい戦闘を交えた．3年半におよぶ内戦の末，クロアチア人とムスリム人によるボスニア連邦とセルビア人共和国からなる統一国家が成立した．最後にコソボでもセルビア人に抵抗するアルバニア系住民に民族浄化を含む弾圧が加えられたため，NATOの軍事介入によってベオグラード爆撃が行われ，ヨーロッパ主導の沈静化がはかられた．その後は国連保護軍の駐留などによって全面的な武力衝突は避けられてきたが，コソボでは多数派となったアルバニア人がセルビア人に対する暴力をふるい，多くのセルビア人が行方不明となっている．

ユーゴ紛争は，セルボ＝クロアチア語を共通語としながらも，セルビア人がセルビア正教，スロヴェニア人およびクロアチア人がカトリック，ボスニア人，アルバニア人がイスラームを信仰し，民族が宗教によって差異化されるというバルカン近代における国家成立以来の地域的特徴の典型であった．そのため，民族紛争であると同時に宗教紛争として語られることになった．

この宗教的要因によって，紛争は宗教に基づく文明間の対立の様相を帯び，国際社会をまきこむ問題となった．カトリックであるスロヴェニア，クロアチアは西欧諸国の支持を受け，東方正教に属するセルビアはロシア正教会をはじめとする東欧・バルカン諸国の支援を受け，ボスニア人，アルバニア人は中東諸国の支援を受けた．まさに三つ巴の乱戦となっていった．そしてこの大きな構図のなかで旧ユーゴ連邦で達成されていた市民社会の成熟は無視され，バルカンがあたかも暴力と野蛮の歴史的トポスであるかのような言説が独り歩きすることになった．

(5) 現代の日常的宗教実践―めぐる季節と村の生活―

以上，東ヨーロッパ・ロシアにおける宗教について国家との関わりを中心に述べてきたが，最後に人々が日常で実践する宗教活動の内容について触れておくことにしたい．村における人々の暮らしをフィールドワークからみてみることにしよう（適宜，他の東欧諸国の習慣にも言及する）．

調査村は，ルーマニア・マラムレシュ地方にある人口千人ほどの村である．村人が従事する宗教活動は，村のはずれにある2つの教会と革命前からこの村に暮らしている司祭を中心としている．日曜日や教会の祝祭日には，多くの村人が教会に集まりミサに参加する．重要な祝祭日としては，まず春の復活祭，夏の聖母就寝祭，そして冬の降誕祭とそれに続く公現祭が挙げられる．そのほかに多くの聖人の日があり，また死者の日，諸聖人の日などの特別な祭日がある．これらの宗教的祝祭日は生業のサイクルと関わっており，人々の1年の生活を季節ごとに分節化するとともに，教会でのミサによって精神的にも村人を教会につなぎ止めている．

1) 春の行事

復活祭（イースター）はいうまでもなく救世主

◆ Ⅱ．世界宗教の現在 ◆

イエスの復活を祝うキリスト教最大の行事であり，春分をすぎた最初の満月後にくる最初の日曜日に行われる移動祭日である．キリストの復活は，春を迎えた自然の復活イメージと重なり合う．村人は，子羊を屠ってごちそうを用意し，家のなかをはき清め，前日には身体を洗って祭日に備える．また町ではさまざまに彩色された卵（イースターエッグ）が市場で並べられ，村では植物の葉を卵にまいてストッキングで包み，別の植物とともに煮出して色を付ける．この卵はもともと生命とその再生を表す象徴として広く世界で用いられるが，ユダヤ教徒は過越しの祭りに復活と来世を示す卵を食べたことがキリスト教徒に伝えられたものである．とくに復活祭には色を塗った卵を贈りあうことが習慣となり，後には子どもの遊びになった．

復活祭の1週間前の日曜日は「枝の主日」とよばれ，教会でミサが行われ，村人は聖別されたネコ柳の枝を家に持ち帰る．この枝は台所の隅に置かれて，家族の健康を守るとされている．復活祭当日には，夜が明けやらぬ頃からミサが教会で行われ，村人はこの日のために用意した食物を教会で司祭から祝福を授けてもらい家庭で食する．

復活祭が終われば，4月23日の聖ゲオルギウス祭が農耕の季節の始まりを告げる．この日を境として耕作と播種が行われるようになり，羊たちはそれぞれの家から1か所に集められ，夏の放牧地へと出かけていく．とくに大規模羊牧が盛んなバルカンからカルパティアにかけての山岳地域では，羊群を冬営地から夏営地へと移動させる日とされて重要である．スラヴ圏では聖ゲオルギウスは春の自然力の象徴とみなされ，また同時に家畜と狼の保護者ともみなされる．

2) 夏の行事

8月15日の生神女就寝祭は，カトリックでいうところの聖母被昇天の祭日である．ルーマニア中で聖母を守護者とする教会へ人々が巡礼する．トランシルヴァニア地方の有名なニクラ修道院では，周辺の村々から数千人（修道院によると数万ともいわれる）の人々が集まる．この日が過ぎてしばらくすれば秋の訪れを感じるようになり，作物の収穫が始まる．

図4 村の教会（上）と日曜の礼拝へ出掛ける人々（下）

図5 「死者の日」

3) 秋の行事

秋では，10月26日の聖ドゥミトル（デメトリオス）祭が重要である．バルカン地方では夏営地の羊群が冬営地へと戻ってくるめやすとなってい

◆ 5. 東・北ヨーロッパとロシアの宗教 ◆

た．10月末には教会の「死者の日」がある．村によって日は異なる．人々は教会に集まり，ミサに参加し，それぞれの近親者の墓にろうそくを供えて故人の魂の平安を願う．正教会とは異なってギリシア・カトリック教会は，ラテン・カトリック教会同様に煉獄の存在を公に認めており，人々は死者の運命がミサなどの生者の行いによって影響されると信じている．

4）冬の行事

12月に入るといっそう冬と祝祭の訪れを意識する．まず12月8日は聖ニコラエ（ニコラウス）の日で，子どもたちは贈り物を楽しみに眠りにつく．ゲルマン系の諸国では，この聖ニコラウスの信仰がクリスマスに結びついて，サンタ・クロースのイメージが生み出された．この時期，どこの家でも豚の屠殺が行われる．この季節のために各家で飼ってきた豚を屠って解体し，ソーセージなどに加工するのである．解体は男の仕事で，女たちは補助的な仕事を行う．村では連日，逃げまどう豚の鳴き声が響き渡る．

12月25日の降誕祭（クリスマス）は，イエス・キリストの誕生を祝う祭日である．現在の日付になったのは4世紀以降のことで，それ以前には1月6日をクリスマスとして祝ったという．この日から1月6日の公現祭までは大晦日と新年をはさんで特別な時期になる．とくに雪に閉ざされるマラムレシュでは，村人は暖かい台所での会話の楽しみを求めて訪問を繰り返す．だが，休息期のこの時期においても家畜の世話は決しておろそかにされることはない．子どもたちはコリンダ（クリスマス・キャロル）を歌いながら村のなかを門付けして回る．この名称はスラブ圏でも共通で，コリャダー，コレンダ，コレダなどとよばれ，キリストの生誕のほかに新しい年の農耕，牧畜，家庭生活などに関わる予祝を行う．

1月6日は「主の公現祭」である．これはイエスが洗礼者ヨハネにヨルダン川で洗礼を受けたことを記念する行事である．筆者の調査村では2日にわたって行われる．村の司祭が一軒一軒信者の家を回り，祝福をして回る．信者はごちそうと果実を蒸留してつくったお酒であるツイカを用意し

図6　クリスマス

図7　（上から）結婚式，葬列，追善の法要

—253—

て司祭を迎える．そして2日目にはイエスが受けた洗礼に倣って川へ行き，記念のミサを行う．

5）家庭における教会の役割

これらの共同体に関わる公的な教会の機能のほかに，家庭内の私的な領域での教会の役割は，いわゆる通過儀礼である出産（洗礼），結婚，葬式において現在も際立っている．洗礼はキリスト教共同体への参加条件であり，村落共同体がキリスト教共同体とほぼ重なる状態では，役所での出生届以上に重要な儀式となる．洗礼においては，名付け親の存在が非常に重要であった．名付け親は，洗礼に関わる費用と将来の結婚の費用もかなり負担する名誉ある役割であった．子の方は，そうした贈与に対して労働力の提供で応じた．現在では，名付け親自体は存在するが，そうした意義は失われている．

結婚式については，現在でも教会の関与が信者にとって必要不可欠なものといってもよい．結婚は役所への登録で法律上は成立するのであるが，教会への儀式を省略しようなどという人はいない．この教会での儀式と村の集会所での大勢の招待客を集めての披露宴が，結婚の大切な行事である．招待客は，ふつう二，三百人にも上る．それをまかなう出費は大きな負担となるが，それによって社会的ネットワークの維持がはかられる．招待客は，新郎新婦のために現金あるいは何かしらの贈り物を用意する．

葬式もまた，洗礼と結婚式同様にキリスト教徒には不可欠の儀式である．教会に忠誠を誓っている信者の多くは，現在でも死後の復活を強く信じている．死後の魂の平安と復活のためには，遺族は葬儀を行わなければならないし，追善の法要も欠かすことは許されない．したがって，死後の運命を気遣ってくれる子孫を残すことは，重要な意味をもつ．教会の墓地での埋葬が終わると，葬列に参加した人々は追善の食事に与る．雪のなかでも，人々は庭に用意された長いテーブルに向かい合って座り，伝統的な食事であるスープ，サル・マーレ（ロールキャベツ），地酒である蒸留酒ツイカやビールで供応される．こうした追善は死者のための功徳を積むことであり，同時に村々の共同性を維持する機会となる．

キリスト教は人々の暮らしのなかで大きな役割を今もなお果たしている．それは，時の流れのなかで定期的な祝祭日や礼拝によって確認されるものであり，暦は重要な意義をもっているのである．

参考文献

アイゼンスタット『文明としてのヨーロッパ』刀水書房，1991年．
アルヴェレール，E.『ビザンツ帝国の政治的イデオロギー』東海大学出版会，1989年．
アンダーソン，B.『想像の共同体』リブロポート，1987（91）年．
イグナティエフ，M.『民族はなぜ殺し合うのか』河出書房新社，1996年．
石井規衛『文明としてのソ連』山川出版社，1995年．
伊藤太悟『ルーマニア民族と言語の生成』泰流社，1981年．
伊東孝之・木村汎・皆川修吾・望月哲男編『講座スラブの世界 全八巻』弘文堂，1994-96年．
伊東孝之・井内敏夫・中井和夫編『ポーランド・ウクライナ・バルト史』山川出版社，1999年．
岩田昌征『ユーゴスラヴィア多民族戦争の情報像』お茶の水書房，1999年．
岩田昌征『ユーゴスラヴィア』NTT出版，1994年．
ウオーラーステイン，I.『近代世界システム1，2』岩波現代選書，1981年．
宇多文雄『ソ連 政治権力の構造』中央公論，1989年．
エフドキーモフ，P.『ロシア思想におけるキリスト』あかし書房，1983年．
エリアーデ，M.『著作集11 ザルモクシスからジンギスカンへ1』せりか書房，1976年．
エリアーデ，M.『エリアーデ回想』未来社，1989／90年．
エリアーデ，M.『エリアーデ日記』未来社，1984／86年．
大木伸一編『ロシアの民俗学』岩崎美術社，1967年．
大澤武男『ユダヤ人とドイツ』講談社現代新書，1991年．
オーキー，R.『東欧近代史』勁草書房，1987年．
梶田孝道『統合と分裂のヨーロッパ』岩波新書，1993年．
梶田孝道編『ヨーロッパとイスラム』有信堂，1993年．
カステラン，J.『ルーマニア史』白水社，1993年．
加藤一夫『アポリアとしての民族問題』社会評論社，1991年．
加藤哲郎『国民国家のエルゴロジー』平凡社，1994年．
金山宣夫『ロシア帝国の民族反乱』三一書房，1992年．
菊池昌典『増補・歴史としてのスターリン時代』筑摩書房，1972年．
木戸蓊『バルカン現代史』山川出版社，1977年．
木戸蓊・伊東『東欧現代史』有斐閣，1987年．

5. 東・北ヨーロッパとロシアの宗教

木戸 蓊『激動の東欧史』中央公論社，1990年．
國本哲男・奥村剋三・小野 堅編『ロシア世界』世界思想社，1983年．
栗原成郎『スラヴのことわざ』ナウカ，1989年．
栗原成郎『スラヴ吸血鬼伝説考』河出書房新社，1980年．
栗本慎一郎『血と薔薇のフォークロア』リブロポート，1982年．
クレキッチ，B.『中世都市ドゥブロヴニク』彩流社，1990年．
グレニー，M.『ユーゴスラヴィアの崩壊』白水社，1994年．
クレマン，O.『東方正教会』白水社，1977年．
ケペル，G.『宗教の復讐』晶文社，1992（93）年．
ゴイティソーロ，J.『サラエヴォ・ノート』みすず書房，1994年．
越村 勲編訳『バルカンの大家族ザドルガ』彩流社，1994年．
コーシュ，K.『トランシルヴァニア その歴史と文化』恒文社，1991年．
コーン，H.『ハプスブルグ帝国史入門』恒文社，1992年．
坂内徳秋『ロシア文化の基層』日本エディタースクール，1991年．
サマリ，C.『ユーゴの解体を解く』拓植書房，1994年．
サンダース，A.T.『バルカンの村人たち』平凡社，1990年．
塩川伸明『終焉の中のソ連史』朝日選書，1993年．
柴 宜弘編『もっと知りたいユーゴスラヴィア』弘文堂，1991年．
柴 宜弘編『バルカン史』山川出版社，1999年．
霜田美樹雄『マルクス主義と宗教』第三文明社，1976年．
下斗米伸夫『ロシア現代政治』東京大学出版会，1998年．
下村由一・南塚信吾『東欧革命と欧州統合』彩流社，1993年．
シュレガー，P.F.，レデラー，I.J.『東欧のナショナリズム』刀水書房，1981年．
ジョルジェヴィチ，D.，フィッシャー－ガラティ，S.『バルカン近代史 ナショナリズムと革命』刀水書房，1994年．
ステファノフ，M.，ベルツ，M.編『ボスニア戦争とヨーロッパ』朝日新聞社（2700），1997年．
ストルム，F.『古代北欧の宗教と神話』人文書院，1982年．
聖心女子大学キリスト教文化研究所編『東欧・ロシア 文明の回廊』春秋社，1994年．
セリバーノフ，F.編（金本源之助訳）『ロシアのフォークロア』早大出版，1983年．
千田 善『ユーゴ紛争』講談社，1993年．
高井寿雄『ギリシア正教入門』教文館，1978（1983）年．
高橋保行『ロシア精神の源』中公文庫，1989年．
田口貞夫『ロシア革命と正教』ぺりかん社，1968年．
多津木慎『キリストとマルクス』サイマル，1972年．
田中克彦『言語からみた民族と国家』岩波現代選書，1978年．
田中克彦『言語の思想 国家と民族のことば』NHK出版，1975年．
種村季弘『吸血鬼幻想』河出書房，1983（88）年．
月村太郎『オーストリア＝ハンガリーと少数民族問題 クロアティア人・セルビア人連合成立史』東京大学出版会，1994年．
ディヤコフ，B.A.『スラヴ世界』彩流社，1996年．
土肥恒之『ロシア近世農民社会史』創文社，1987年．
土肥恒之『死せる魂の社会史・近世ロシア農民の世界』日本エディタースクール，1989年．
外川継男『ロシアとソ連邦』講談社文庫，1991年．
徳永彰作『モザイク国家ユーゴスラヴィアの悲劇』ちくまライブラリー，1995年．
鳥山成人『ロシア・東欧の国家と社会』恒文社，1985年．
トンヌラ，ロート，ギラン『ゲルマン，ケルトの神話』みすず書房，1960年．
中村喜和『聖なるロシアを求めて』平凡社，1990年．
ナボコフ，V.『ロシア文学講義』TBSブリタニカ，1982年．
ニコリスキー，N.M.『ロシア教会史』恒文社，1990年．
沼野充義『スラブの真空』自由国民社，1993年．
沼野充義『永遠の一駅手前』作品社，1989年．
ネッケル，ホルトハイム，ヘルガソン編『エッダ』新潮社，1973年．
野田正彰『聖ロシアの惑乱』小学館，1998年．
野田正彰『紊乱のロシア』小学館ライブラリー，1999年．
野村真理『西欧とユダヤのはざま』南窓社，1992年．
ハウマン，H.『東方ユダヤ人の歴史』鳥影社，1999年．
パチェパ，I.M.『赤い王朝』恒文社，1993年．
バーバー，P.『ヴァンパイアと屍体』工作社，1991年．
羽場久泥子編『ロシア革命と東欧』彩流社，1990年．
羽場久泥子『統合ヨーロッパの民族問題』講談社現代新書，1994年．
ハルセル，G.『ソ連のイスラム教徒』朝日選書，1991年．
ピグレフスカヤ他『ビザンツ帝国の都市と農村 4-12C.』創文社，1968年．
廣岡正久『ソヴィエト政治と宗教』未来社，1988年．
ヒングリー，R.『十九世紀ロシアの作家と社会』中公文庫，1984年．
フェイト，F.『スターリン以後の東欧』岩波現代選書，1978年．
フェイト，F.『スターリン時代の東欧』岩波現代選書，1979年．
ブラウニング，R.『ビザンツ帝国とブルガリア』東海大学出版会，1995年．
ブルカン，S.『東欧から見たペレストロイカ』ミネルヴァ書房，1989年．
ブルカン，S.『ルーマニア・二つの革命』サイマル出版会，1993年．
プロップ，V.I.『ロシアの祭り』岩崎美術社，1966年．
ベック，H.G.『ビザンツ世界の思考構造』岩波書店，1978年．
ベーリュスチン，I.S.『19世紀ロシア農村司祭の生活』

◆ II. 世界宗教の現在 ◆

中央大学出版，1999年．
ベルジャエフ，N.『ロシア思想史』ぺりかん社，1974年．
ベレンド，I. T.『ヨーロッパの危険地域　東欧革命の背景をさぐる』岩波書店，1990年．
ベレンド，I. T.，ラーンキ，G.『ヨーロッパ周辺の近代』刀水書房，1991年．
ボガトゥイリョーフ，P. G.『呪術・儀礼・俗信』岩波書店，1988年．
ホート，J. A.『世紀末　宗教戦争マップ』時事通信社，1996年．
ホブスボーム，E. J.『共同体の経済構造』未来社，1967年．
マクナリー，レイモンド・T／フロレスク，ラドゥ『ドラキュラ伝説』角川書店，1978年．
松丸　了『ルーマニア革命』東洋経済，1990年．
マローニィ，G. A.『東方キリスト教神学入門』新世社，1988年．
南塚信吾『ハンガリーの改革』彩流社，1990年．
南塚信吾編『東欧革命と民衆』朝日選書，1992年．
南塚信吾編『東欧の民族と文化』彩流社，1989年．
南塚信吾編『ドナウ・ヨーロッパ史』山川出版社，1999年．
森安達也『永遠のイコン　ギリシア正教』淡交社，1969年．
森安達也『ビザンツとロシア・東欧』講談社，1985年．
森安達也編『スラヴ民族と東欧ロシア　民族の世界史10』山川出版社，1986年．
森安達也『東方キリスト教の世界』山川出版，1991年．
矢田俊隆『ハンガリー・チェコスロヴァキア現代史』山川出版社，1978年．
山内昌之『瀕死のリヴァイアサン―ペレストロイカと民族問題』TBSブリタニカ，1990年．
山口圭介『ナショナリズムと現代』九州大学出版会，1987年．
リヴェ，G.『宗教戦争』白水社，1968（92）年．
ルメルル，P.『ビザンチン美術』美術出版社，1964年．
ロスチャイルド，J『大戦間期の東欧　民族国家の幻影』刀水書房，1994年．
ワース，N.『ロシア農民生活誌』平凡社，1985年．

6 中東の宗教

Ⅱ. 世界宗教の現在

大塚和夫

6.1 中東とその宗教史概略

(1) 地域概念としての「中東」とその概説

　中東とは西洋起源の言葉であり，英語では the Middle East という．「中東」とはその直訳である．類似の言葉として近東（the Near East）や極東（the Far East）がある．欧米でよく用いられている大西洋を中心とした世界地図を見ればわかるように，その地図の一番東端に位置する，日本を含む東アジア地域が極東，もっとも遠い東洋である．それに対し，近東と中東とは重なり合うところが多い．

　19世紀末以降，おおよそオスマン帝国領（バルカン地域も含む）を指す言葉として「近東」は使われてきた．しかし，第1次世界大戦の結果としてオスマン帝国が解体すると，新生トルコ共和国をはじめ，アフガニスタン，イラン，そしてオスマン帝国領であった地中海東岸のアラブ世界やアラビア半島を包括する地域概念として「中東」が使われるようになってきた．さらにその後，地中海南岸の北アフリカ諸国やスーダンなども含む概念に拡張されてきた．本章でもそのような用法を踏襲し，中東を西アジア，北アフリカを包括する地域概念として用いていく．

　民族の定義は複雑であるが，使用言語を基準に考えていくと，中東には大きく3つの民族の系統がみられる．インド・ヨーロッパ語族に属するペルシア語系の言葉を話す人々（ペルシア人）は，主にイランに住んでいる．アフガニスタン北部で話されているダリー語もその系統である．アルタイ語族に属するトルコ語を話す人々（トルコ人）は，いうまでもなくトルコ共和国に多い．もっとも，トルコ語に近いチュルク系諸言語の話者は，中央アジアから中国の新疆ウイグル自治区にまで広がっていることを忘れてはならない．そして，アフリカ・アジア語族に属するアラビア語を話すアラブ人は，東はイラクからアラビア半島も含み，西は北西アフリカのモロッコ，モーリタニアまで延びる広大な地域に暮らしている．第2次世界大戦後イスラエルが建国されたことにより，アラビア語と同じアフリカ・アジア語族の言語，ヘブライ語もこの地域で重要な言語となった．

　この他にも「少数民族」言語がある．ここでいう「少数民族」とは，人口が絶対的に少ないという意味ではなく，現代の国民国家体制のもとで，それぞれの国家においてエスニック・マイノリティとして扱われている，または扱われかねない民族を指す．後にふれるように，宗教・宗派面でのマイノリティもいるが，ここでは言語に限定して紹介する．

　トルコ，イラン，シリア，イラクなどの国境地帯には，インド・ヨーロッパ語族の言語，クルド語を話す人々がいる．総人口は2500万ほどと推定されているが，いくつもの国家に分けられているために，それぞれの体制下で少数民族として扱われてきている．エジプトとスーダンの国境地域のナイル河畔には，ナイル・サハラ系諸語のひと

◆ Ⅱ. 世界宗教の現在 ◆

つヌビア語を話すヌビア人が暮らしていたが，アスワン・ハイダムの建造により，エジプトやスーダン国内での移住を強いられた者が多い．そして，モロッコやアルジェリアには，アフリカ・アジア語族に含まれるが，アラビア語やヘブライ語とは別な系統に属するベルベル語を話す人々が住んでいる．だが，これらの少数民族の中には，自分の属している国家の主要言語（アラビア語など）や英語・フランス語などを使いこなしている人々も多い．

(2) 中東における宗教の歴史

中東は古代文明の発祥の地としても知られている．ナイル川流域に生まれたエジプト文明，チグリスとユーフラテスの2つの川にはさまれたメソポタミア文明である．

古代エジプト文明の宗教における神格としては，主神である太陽神アモン・ラー，死と再生に関わるオシリス神，その妻イシス女神，その息子ホルス神などが有名である．ナイル灌漑農業に依存していたエジプトでは，夏に起きるナイルの増水・氾濫によって農地への給水がなされ，播種から刈入れまでの作物のサイクルが毎年繰り返される．死と再生を重視する世界観は，この農耕サイクルを反映したものと考えられている．死後の世界に対する関心は，遺体を保存するミイラの技術の発展も促した．なお，紀元前14世紀に統治したアケナテン（イクナトン）王は，唯一神アテンを崇拝する宗教改革を試みたが，一代限りで終わった．この試みが，後にふれるユダヤ教以降の一神教の流れにつながるという考え方もある．

一方，メソポタミアは，シュメール人によって紀元前4000年期後半から最古の文明が築かれた．都市国家が栄え，それぞれの神格をもっていた．その後，アッシリア，バビロニアなどの地域が文明の中心となっていった．アッシリアではアシュール神，バビロニアではマルドゥク神がもっとも重要な神格であった．バビロニア時代に楔型文字で記された「ギルガメシュ叙事詩」は，初期メソポタミア文明の世界観や宗教観を知る貴重な手掛かりであり，悪に対する善の勝利，死と復活などのテーマがみられる．後の旧約聖書におけるノアの挿話を想起させるような，「洪水神話」も記録されている．

次に特筆しておかなければならないことは，この地域がユダヤ教，キリスト教，イスラームと続くセム的一神教の生誕の地であるということである．ここで「セム的」と称するのは，これらの「一神教」が少なくともその草創期において，セム系諸言語およびそれによって育まれた文化と密接な関係にあったからである．ユダヤ教におけるヘブライ語，イスラームにおけるアラビア語の重要性は知られていよう．ヨーロッパで展開したキリスト教においては，ラテン語やギリシア語が重要な役割を果たしてきた．だが，キリスト教が生まれた時代のパレスティナ地域においては，イエスや使徒たちも含む住民の多くは，セム系に属すアラム語を日常語としていたのである．

「ユダヤ教」の詳細については別項に譲るとして，ここでは初期ユダヤ教の歴史において，今日の中東地域が主要な舞台であったことを確認しておこう．約束の地カナン（パレスティナ），エジプトを脱出した後にモーセが「十戒」を授かったシナイ山，統一イスラエル王国とその都エルサレム，ユダヤの民が連れ去られたバビロン，ここに出てくるのはすべて中東の地名である．しかし今日，「ユダヤ問題」といえばヨーロッパの歴史的文脈から語られることが一般的である．それはなぜだろうか．

イスラエル王国は西暦紀元前後，ローマ帝国の完全な支配下に入った．ユダヤの民はそれに反発し，反乱を起こしたが失敗し，エルサレムの神殿は破壊された（紀元70年）．ユダヤの民は各地に追放されたり，奴隷として売られていったりした．これをユダヤのディアスポラ（離散）という．

離散したユダヤの民は地中海沿岸やヨーロッパなど世界各地に移り住んだ．19世紀の末，ユダヤ・ナショナリズムとしてシオニズム運動がヨーロッパで生まれ，それが1948年のイスラエル建国につながった．その結果，ヨーロッパ系のユダヤ人の歴史的経験が，今日のユダヤ史の大きな部

分を占めているのである.

しかし,ディアスポラ以降にも,中東地域ではユダヤ教徒の共同体が存続しており,ヨーロッパの同胞とは異なった歴史的経験をしてきた.本章ではそのことに詳しくふれる.

キリスト教の場合も同様に,現代ではヨーロッパ中心的な歴史記述が主流を占めている.しかし,イエス磔刑後,その弟子(使徒)たちは地中海地域で殉教もいとわず布教にあたった.初期キリスト教時代に「総主教座」が置かれたのは,ローマ,コンスタンティノープル(イスタンブル,現トルコ),アレキサンドリア(現エジプト),アンティオキア(現トルコ),エルサレムの5つの教会であった.ローマを除けば,すべて現在中東とよばれている地域に位置している.

ローマ教会(カトリック),およびそこから生まれたプロテスタンティズム,これらの教会のヨーロッパ内部,さらに「大航海」時代以降の世界的な布教活動については,比較的よく知られていよう.しかし,中東地域において独自に発展してきたキリスト教諸教会に関しては,東ローマ(ビザンティン)帝国の流れを汲むギリシア正教などを除けば,ほとんど知られていない.これらの諸教会の多くは,ローマ教会と神学論争などで袂を分かち,異端視されてきたが,独自の歴史的展開のなかで今日も活動を続けている.本章ではそれらの諸教会・諸宗派にふれることになる.

中東の宗教地図を大きく書き換えたのが,7世紀にアラビア半島で誕生したイスラームである.8世紀の初頭には,ムスリムの政治的支配領域は今日の中東の大部分と重なり,さらにイベリア半島,中央アジア,南アジアの一部にまで及んでいた.その傾向は,現在まで維持されている.中東といえばイスラームというイメージが一般に広がっているのである.

確かに,イスラームは中東で誕生し,その聖地(マッカ,マディーナ,エルサレム)はこの地域にあり,さらに啓典クルアーン(コーラン)の言葉としてアラビア語が世界中のムスリムに重視・特権視されていることは事実である.

だが,ムスリムの世界分布という側面から見ると,今日最大のムスリム人口を抱えている国はインドネシアである.インドは総人口の1割強しかムスリムがいないが,その数よりも多いムスリムを抱えた中東の国はない.ただ,中東地域が世界でも有数のムスリム密集地域,つまり非ムスリム数が少ない地域であることも事実である.中東諸国の大半では,ムスリム人口が国民の95%を超す.エジプトとシリアが90%前後,レバノンが60%ほど,過半数を切るのはイスラエルだけである.

このような事実を踏まえ,歴史的発生順序とは逆になるが,以下では中東におけるイスラーム,キリスト教,ユダヤ教の宗派とその現状を解説する.それから,イスラームを中心にシンクレティズムとそれに抗する近年の動きの事例を紹介し,最後にマスメディアを賑わしている話題,宗教の政治化の問題に関してふれたい.

6.2 イスラーム

イスラームの宗派は大別してスンナ派とシーア派とに分かれる.中東諸国の多くでは,ムスリムはスンナ派に属している.シーア派(とくに十二イマーム派系)はイランの国教といえるが,それ以外には中東各地に分散している.

(1) スンナ派

スンナ派は,ハナフィー,マーリク,シャーフィイー,ハンバルの4つの法学派を正統と認めている.中東のスンナ派住民の多くは,ハナフィー法学派の解釈に従っている.それは,16世紀以来,今日の中東地域の大半(モロッコ,イラン,アフガニスタン,アラビア半島中央部などを除く)を支配していたオスマン帝国がハナフィー法学派を採用していたからである.ただし,エジプトなどでは一部シャーフィイー法学派に従う者もいる.また,マグリブ地域はマーリク法学派が主流であり,それは西アフリカを経てスーダン西部地域まで広がっている.一方,サウディアラビアは,外部から「ワッハーブ派」とよばれる独自の

◆ Ⅱ. 世界宗教の現在 ◆

図1 現在の中東

宗派を形成しているが，法学上はハンバル派の流れに属している．

シャリーア（イスラーム法）は，ムスリムの生活のあらゆる側面を規定している，という考え方は原則的に正しい．しかしそれは，現世のみならず，来世での賞罰も含んでいる．この点において，死後の世界にはまったく関与しない，近代国家の法規定とは決定的に異なるのである．

今日，ムスリムたちは，シャリーアとともに，自分が属している国家が定めた国法に従わなければならない．そして，国家法の中にシャリーアの要素がどのくらい採り入れられているかは，国ごとに異なる．サウディアラビア国家法の中には，シャリーア的要素がもっとも多くみられるといわれている．しかし一般には，婚姻や相続など広義の「家族」に関わる部分に，古典的なシャリーア解釈がもっともよく採り入れられている．ただし，その場合にも，国によって異なった解釈が採られている場合がある．

一例を挙げよう．ムスリム男性が4人まで妻をもつことができる，というシャリーア規定はよく知られている．そして，多くのムスリム社会でそれが是認されていることも事実である．たとえ実際に複数の妻をもつ男性の数は少数であり，階級・階層面でもかなり限定されており，結婚の動機にもさまざまなものがあるとしても．

しかし，男性が複数の妻をもつことを国家法で禁じている中東の国もある．トルコ，イスラエル，チュニジアである．そこではシャリーアの独自の解釈——シャリーアが規定している複婚の条件，すなわちすべての妻を経済面のみならず，愛情面などで完全に同等に扱うという条件を満たすことは，ふつうのムスリム男性には不可能である，ゆえに複婚は認められない——によって，イスラームの名のもとに複婚禁止が正当化されているのである．その他，自分以外の妻を娶らないという条件を，妻が結婚契約書に記すことを認めている国（モロッコ，レバノンなど）もある．

このように，近代国家においては，国家ごとに「正統」とされるシャリーア解釈が微妙に異なる場合がある．そして，もっとも権威あるイスラーム法的裁定（ファトワー）を発することができる人物（ムフティー）を，政府が任命していることが多い．

(2) シーア派諸系統

一方，シーア派信徒はイランのほかに，イラク南部，レバノン，バーレーン，アフガニスタン

（ハザーラ人）などに居住している．そのほとんどが十二イマーム派系統である．

そのなかでもイランは，1979年のイスラーム革命以降，「法学者の統治」という独自の概念を採用している．これは終末の時にイマーム（シーア派最高指導者）が再臨するまでの間，シーア派の共同体（国家）は，もっとも権威ある宗教指導者（イスラーム法学者）が政治的にも統治するという考え方であり，革命に際して思想的・精神的指導者となった法学者，ホメイニー（1902-89）が唱導したものである．なお，このような思想がイランで受け入れられた社会的背景のひとつとして，19世紀以降のイラン・シーア派の王朝では，スンナ派世界とは異なり，ムスリム学者たち（ウラマー），とくに法学者たちの位階化が生まれ，制度的に確立したことがあげられる．マルジャエ・タクリード（「模倣の鑑」の意味で，イスラーム法解釈の最高権威）やアーヤトッラー（「神の徴」の意味で，最高位のウラマー）などの職位・尊称もこの時期に生まれた．

シーア派信徒が聖地としているのは，初代イマーム・アリーが暗殺されたナジャフ，第3代イマーム・フサインが殉教したカルバラーであり，ともに南部イラクにある．それぞれにアリーとフサインの廟が建立されており，イランからも多くの信者が参詣に行っている．パフラヴィー王朝時代に反政府活動をしたとの咎で国を追われたホメイニーは，しばしの間ナジャフで亡命生活を送っていた．

なお，シーア派には十二イマーム派以外の系統もある．その一つ，イスマーイール派は，かつてはチュニジアでファーティマ朝を興し，エジプトを支配した（909～1171年）．その後，イスマーイール派は南アジアに広がった．今日の中東ではシリア，イエメン，イランなどに小規模共同体があるとされている．また，ザイド派系統は，9～10世紀にかけてカスピ海南岸に王朝を興し，他方でイエメン北部に進出した．イエメンのザイド派王朝は1962年まで続き，現在でも北部を中心にザイド派信徒が多い．

イスマーイール派の分派とはみなされないが，その教義の影響を受けた宗派として，今日の中東にはドゥルーズ派とアラウィー派（ヌサイリー派）とがある．

ドゥルーズ派は，ファーティマ朝第6代カリフ，ハーキム（没1021）を神格化し，その死を認めず幽隠（ガイバ）の状態とみなした人々から始まった．エジプトで弾圧され，シリア地域に活動の拠点を移した．今日では，レバノン，シリア，イスラエルなどに信者が多い．レバノンではイスラーム系第3の勢力として重要な政治的役割を果たしている．一方，イスラエルでは徴兵制を受け入れたため，他のアラブ系ムスリムやキリスト教徒とは異なった立場にある．

アラウィー派は，9世紀に生まれたとされる宗派で，シーア派やキリスト教の祝日の一部も認めている．シリアのラタキア地方に信者が多く，シリアの大統領，ハーフィズとバッシャールのアサド親子もアラウィー派である．この両派は霊魂の輪廻転生説も認めており，特異な教義や儀礼などから，一部からはイスラームの異端とみなされている．

この他，トルコのアナトリアにはアレヴィー教徒がいる．原義は「アリーを信仰する人々」であり，イスラームの流れを汲んでいるのだが，モスクをもたず，礼拝や断食を守らないという点などで異端視されている．とはいえ，南部の信徒はシリアのアラウィーの一部とみなされ，東部の信徒は十二イマーム派と類似の信仰をもつといわれている．

(3) ハワーリジュ派

さらに，スンナ派，シーア派とは別の流れを汲むイスラーム第3の宗派として，ハワーリジュ派がある．その系統の一つ，イバード派はオマーン北部で王朝を築いた．現在のオマーンのスルターンもイバード派であり，同国北部には依然として信徒が多い．また，アルジェリア，チュニジアにも小規模の共同体がある．

◆ Ⅱ．世界宗教の現在 ◆

6.3 キリスト教

(1)「東方正教会」と「東方諸教会」

すでに指摘したように，キリスト教は今日の中東で誕生し，地中海地域に広まった宗教である．しかし今日では，ローマの大司教座から発展した流れ（カトリック，そしてプロテスタント）が世界の広い範囲に強い影響力を及ぼしており，キリスト教はあたかもヨーロッパ起源の宗教であるかのように思われている．しかし，中東地域には，欧米の流れからは一線を画し，独自の発展を遂げてきたキリスト教諸宗派が今日でも活動を続けているのである．

森安達也は「東方キリスト教」を論じるにあたり，それを「東方正教会」と「東方諸教会」とに区別している．ここでいう「東方正教会」とは，東ローマ（ビザンツ帝国）のコンスタンティノープル大主教座を中心に発展した「正教会（オーソドックス）」，およびそこから共通の典礼・慣行を受け継ぎながら，国・地方ごとに独自の組織化を強めていった諸教会（ロシア正教，グルジア正教，など）を指している．これは西ローマの流れを汲み，教皇を頂点とした厳格な位階的組織化を実現したローマ・カトリック教会と対比されるものである．

ローマとコンスタンティノープルは，ともにローマ帝国の流れを汲み，帝国の東西分裂（394年），西ローマ帝国の滅亡（476年）などを経ても，5〜6世紀に開かれたいくつかの公会議の場では協力して，自分たちとは異なる教義・信条をもつ教会を「異端」として排斥・弾圧した．もちろん，「異端」とされた諸教会の一部はそれを受け入れることなく抵抗し，ローマやコンスタンティノープルとは異なった独自の教義・典礼などを発達させた．これら東方世界で発展してきたキリスト教諸教会を「東方諸教会」とよぶ．具体的には，ネストリウス派，コプト教会，アルメニア教会，ヤコブ派（シリア正教），などである．ネストリウス派とは，エフェソス公会議（431年）で異端とされたネストリウスの神学を支持する教会である．一方，コプト，アルメニア，シリア正教などは，カルケドン公会議（451年）によって異端と宣告されたキリスト単性論の教義を奉じる宗派である．

異端排斥で協力したとはいえ，ローマとコンスタンティノープルの関係は，8世紀に起きたイコノクラスム（偶像破壊）論争などを経て対立が目立つようになり，ついに1054年に教会分裂（シスマ）を起こした．ローマ教会の教皇とビザンツ教会の皇帝とが，互いに破門を宣告しあったのである．この対立状態は，公式的には1965年まで続いた．

このような経緯によってローマと分立したビザンツ教会は，「ギリシア正教」ともよばれるようになった．この用語法は現在でも使われている．だが，19世紀に独立したギリシアの国教も「ギリシア正教」とよばれている．同じ名称を使いながら，両者の実態はまったく異なるので，この点では注意が必要である．ただし本章では中東の事例に限定して話を進めるので，以下で「ギリシア正教」という場合には，コンスタンティノープル（現在はイスタンブル）のビザンツ教会の流れを汲む教会とみなしていただきたい．なお同教会は，中東では「アラブ正教」ともよばれることがある．

(2) カトリック，プロテスタントと東方キリスト教世界

使徒たちの熱心な布教によって，キリスト教は地中海沿岸を中心とした中東地域に広まった．だが，7世紀中葉以降，中東の広い地域はイスラーム勢力に征服され，住民はムスリムの政治的首長を奉じるようになった．「剣かコーランか」という歪曲されたイメージとは異なり，ムスリム支配者はキリスト教徒に改宗を強制しなかったが，次第にイスラームへの改宗者は増えていった．それでも各地，とくに東地中海沿岸地域には，キリスト教徒のいくつもの共同体が維持されつづけたのである．

そのなかにはローマ・カトリックとの関係を強めたキリスト教徒たちもいた．その一つがレバノ

ン山地北部に拠点を構えていたマロン派であった．彼らは十字軍遠征を契機としてラテン教会と接触し，12世紀末にローマ・カトリックへの帰属を表明したのである．その後，アッシリア教会（ネストリウス派），シリア正教（ヤコブ派），ギリシア正教（ビザンツ教会），アルメニア正教，コプト教会の中からもローマに帰属する分派が生じてきた．これら東方正教会や東方諸教会の流れを汲みながら，ローマに帰属した諸教会を総称して，ユニアート（帰一または合同）教会ともよぶ．

西洋列強の中東への植民地主義的進出が本格化した19世紀以降，イギリスやアメリカを中心としたプロテスタント，とくに長老派，会衆派，英国国教会などの中東での宣教も開始された．ムスリムの改宗は難しかったが，東方正教会や東方諸教会の信者の一部をプロテスタントにすることには成功した．カトリックも含むこの時代の欧米キリスト教の布教活動は，一方では植民地主義の尖兵の役割を果たしたが，他方では「文明化」の名のもとに学校・病院などの「近代的」施設を建設し，住民の福利向上にも貢献していた．そこでアニミズム的宗教を奉じていた，南部スーダンも含むサハラ以南アフリカの住民の間では，かなりの成功を収めた．

(3) 中東におけるキリスト教諸教会の今日

東方正教会や東方諸教会の中東における現状を簡単に紹介する．その場合，中東諸国の中でも，総人口におけるキリスト教徒の割合が高く，政治・社会的にも大きな役割を演じているレバノンの事例を中心にしていきたい．

マロン派は主としてレバノンの北部山地に暮らしている．元来反イスラーム意識が強く，同山地南部を拠点とするドルーズ派とも競合関係にあった．アラビア語を話すがアラブというよりも地中海志向が強く，自分たちの民族的根拠を古代フェニキア人に求める傾向が強くみられる．宗教・宗派の入り混じったレバノンの国内政治において有力な利益集団の一つであり，1975〜90年の内戦期にも独自の民兵組織をもって戦闘に加わった．

レバノンの大統領は，マロン派から出す慣行がある．また，米国などへ移民した人々も多い．

レバノンでマロン派に次いで多いキリスト教宗派はギリシア正教である．彼らはシリアの同胞とともに，現在はダマスクスにあるアンティオキア総主教に属している．一方，エジプトのギリシア正教徒は，アレキサンドリアにある総主教に属している．

また，カトリックに改宗した人々はギリシア・カトリック，もしくはギリシア・メルク派カトリックとよばれ，やはりレバノンに多く，同国で重要な政治的役割を果たしている．なお，イスタンブル（旧コンスタンティノープル）を擁するトルコ共和国には，ローザンヌ条約（1923年）に基づいて実行されたギリシアとの「住民交換」によって，今日ではごくわずかのギリシア正教徒しかいない．

マロン派，ギリシア正教，ギリシア・カトリックに続くレバノンのキリスト教勢力はアルメニア正教である．同教会の信者はレバノン，シリアのほかには，トルコのイスタンブルなどに少数が暮らしている．19世紀末から20世紀初頭にかけて，東部アナトリアに居住していたアルメニア人はロシアの支援を受けてオスマン帝国からの自立を試みたが成功せず，逆にオスマン軍による弾圧を受けた．国連によれば，当時のアルメニア人の半数を超える100万人が虐殺，もしくは強制移住によって死亡したとされている．

このほかにも少数派キリスト教徒として，シリア正教徒（ヤコブ派）とそこからカトリックに改宗したシリア・カトリックがシリア，レバノン，イラクなどに住んでいる．また，ネストリウス派（アッシリア教会）とそこからカトリックに改宗した人々（カルデア・カトリックとよぶ）は，イラク，イラン，シリアなどで暮らしている．

一方，エジプトにはコプト教会がある．この語は，ギリシア語でエジプトを指す「アイギュプトス」に由来するといわれている．エジプトのキリスト教の中心であったアレキサンドリアの総主教座は，カルケドン公会議でローマやコンスタンティノープルと対立し，以後独自の道を歩むように

◆ Ⅱ．世界宗教の現在 ◆

なった．典礼においては，古代エジプト語系統のコプト語を用いている．現在エジプトの人口の1割ほどとみなされ，右手首の十字架の刺青や独特の命名などでムスリムと区別できる場合もある．

6.4　ユダヤ教

(1) ヨーロッパ中心的なユダヤ史観の問題

ユダヤ教も日本ではヨーロッパからの視点でみられることが多い．キリスト教に迫害・差別されたユダヤ教徒，それは近代ヨーロッパで吹きまくった反セム主義，その極限としてのナチスによるユダヤ人——「ユダヤ教徒」でないことに注意——虐殺（ホロコースト），そこから脱出し自分たちの国家，イスラエルを作った人々というイメージで捉えられている．

もちろん，ユダヤ教が中東起源であることはよく知られている．しかし，その後の「ユダヤ人」の歴史は，ヨーロッパを舞台として論じられることが多い．そして，いつのまにか「ユダヤ教徒」は，人種・民族としての「ユダヤ人」に言い換えられている．

ここで忘れられていることは，人種・民族としての「ユダヤ人」という考え方はヨーロッパで生まれたものであるということ，そしてそれはヨーロッパのユダヤ人・非ユダヤ人に共通して受け入れられているということである．反セム主義を逆手にとって，ユダヤ・ナショナリズムとしてのシオニズムはヨーロッパで誕生したのである．

しかし，中東からの視点で眺めると，このようなユダヤ史は大きく修正される必要がある．それは，①ムスリムが多数を占める中東では，「啓典の民」のひとつとしての「ユダヤ教徒」の共同体が数多く存在していたこと，別な言い方をすれば人種・民族としての「ユダヤ人」という捉え方は少なくとも20世紀初頭頃までは存在していなかったと思えること，②そして「ユダヤ教徒共同体」は，中世のイベリア半島でのセム的三宗教の繁栄，オスマン帝国下における宗教共同体の自治の保証などに見られるように，ヨーロッパと比較すれば比較的平穏に多数派のムスリム，そしてキリスト教徒と共存してきたという歴史的事実である．

その均衡が崩れ出すのが，シオニズム運動の高揚によって20世紀初頭から大量のヨーロッパ「ユダヤ人」がパレスティナに移住——ユダヤ教徒の立場からすれば，郷土への帰還（アリアー）——しだし，パレスティナ住民を土地から「退去」させ，イスラエルを建国（1948年），周辺アラブ諸国との数次にわたる戦争を経験してからである．1950年には5万人以上のユダヤ教徒がいたと推定される中東諸国は，モロッコ，アルジェリア，イラク，チュニジア，イラン，エジプト，トルコの7カ国にのぼっていた．だが，第1次から第3次の中東戦争を契機として，つまり1950年代から70年代にかけての期間に周囲のアラブ人の敵意に曝されるようになり，これらのユダヤ教徒共同体は決定的に崩壊してしまったのである．

しかし，「中東系」ユダヤ教徒／ユダヤ人の生き方は，今日のイスラエルにおいても見ることができ，そこからさまざまな問題も生じている．

(2) アシュケナズィ，スファラディ，ミズラヒ

紀元70年，ユダヤの民のローマ帝国への武力抵抗が敗北し，エルサレムの神殿が破壊され，ユダヤは世界各地に離散（ディアスポラ）するようになった．その後，律法解釈をめぐって，バビロニア系とパレスティナ系の2つの流れが生まれ，10世紀頃に前者は中東，とくに当時繁栄を誇っていたイベリア半島（アンダルス）で，後者は東部ヨーロッパ，とくに今日のドイツで重んじられるようになった．イベリア半島の流れからスファラディ，ドイツの流れからアシュケナズィとよばれるユダヤ教徒のグループが生まれた．両者は今日でも，祈禱から食生活まで微妙に異なる戒律を守っている．実際，現代のイスラエルには，アシュケナズィ系とスファラディ系の2人の主席ラビ（ユダヤ教最高指導者）がいる．

アシュケナズィ系の人々は主に東部ヨーロッパやロシアに広がった．彼らはドイツ語に近いがヘ

ブライ文字を用いるイデッシュ語を用いていた．それに対し，スファラディ系は，15世紀末のキリスト教徒によるイベリア半島の「再征服（レコンキスタ）」によって，キリスト教に改宗するか，それともその地を逃れるかの選択に迫られた．追放されたユダヤ教徒は，当時勃興しつつあったオスマン帝国など地中海沿岸地域に逃れ，中世スペイン語系統のラディーノ語を話していた．

一方，中東のアラビア語やペルシア語圏では，それらの言葉を用いるユダヤ教徒共同体も存在していた．この系統の人々を近年ではミズラヒとよぶことが多い．彼らは律法面では，スファラディの系統に従うことになっている．

今日のイスラエルでは，主としてこれら3つの系統のユダヤ教徒／ユダヤ人が生活している．そして，出身国をみると，欧米よりもアジア・アフリカ諸国出身者が多いのである．だが，学歴や社会階層面では，おおまかにアシュケナズィ，スファラディ，ミズラヒといった序列がみられる．そして，とりわけミズラヒはアシュケナズィから，アラビア語を話すことや微妙に違う慣習——シャバト（安息日）にろうそくを灯さないことから音楽の好みなどまで——によって，蔑視される傾向がみられた．実際，ムスリムの聖者信仰を想起させるユダヤ教聖者（ツァディーク）をめぐる祭りなど，スファラディやミズラヒの慣行には，ヨーロッパ出身のアシュケナズィよりも，中東のムスリムと類似したものがみられたのである．

それでも近年のイスラエルでは建国時よりもスファラディ，ミズラヒ系の政治的・文化的勢いが強まってきている．有力政党である労働党の党首をモロッコ出身者が占めるようになり，さらに，モロッコ系ユダヤ教徒がもたらしたといわれるミムナーという春祭りも，今では全国的な規模の祭りとなっている．このように，今日のイスラエルを考える場合にも，アシュケナズィだけでなく，スファラディやミズラヒの動向に十分に注意を払わなければならないだろう．

なお，これら3つの系統以外にも，口伝律法（タルムード）を認めなかったために9世紀に異端宣告を受けたカライ派，原始ユダヤ教の流れを汲むとしてエチオピアから移住させたファラーシャなどのユダヤ教徒／ユダヤ人少数派もいる．

イスラエルという国家が，旧約聖書という宗教的権威に基づきながら，世俗的な色合いが強いナショナリズム（シオニズム）によって建設された矛盾を表現するかのように，今日のイスラエルには，ハレディーム（超正統派）も含む「宗教的な人々（ダッティーム）」に対し，戒律をあまり守らない「世俗的な人々（ヒロニーム）」という分け方もある．前者はまさしく「ユダヤ教徒」であるが，後者は「ユダヤ人」としかいいようがない人々である．

6.5 その他の小規模宗教・宗派

現代中東の宗教は，これまで紹介してきたように，絶対的多数派を占めるイスラーム，少数派として同じセム的一神教であるキリスト教，ユダヤ教，ならびにその諸分派によってほぼ代表されるといえるだろう．しかし，それ以外にも，きわめて少数の信者を抱えた宗教・宗派もある．それらはしばしば，これらの諸宗教のシンクレティック（混交的）な形態とか，「異端的宗派」などとみなされている．

例えば，イラク北部やアナトリア東南部などには旧約・新約聖書とクルアーンを聖典とし，「聖なる孔雀」に象徴される「天使」を崇敬するヤズィード教徒がいる．儀礼ではアラビア語を用いるが，日常的にはクルド語を使用しており，霊魂の転生を信じている．モスルの北方にある聖者アーディー（12世紀のムスリム神秘主義者）の墓廟は彼らの参詣地となっている．

イラク南部やそれに接したイラン南西部の湿地帯には，クルアーンに出てくる「啓典の民」の一つの名称を9世紀以降名乗ったといわれるサービア教徒（マンデ人）が暮らしている．かつてはアラム語系の言葉を話していたが，今では一部の儀礼を除いて日常的にはアラビア語を用いる．マニ教的な善悪二元論をとり，洗礼など水を使う儀礼を重視している．

◆ Ⅱ．世界宗教の現在 ◆

6.6 民間信仰の世界

セム的一神教を中心に，中東における諸宗教・諸宗派の布置の概略をみてきた．そこでは宗教・宗派の独自性を浮かび上がらせるために，類似よりも相違部分に記述の強調点がおかれすぎたかもしれない．

しかしながら，中東の人々，とりわけ多くの庶民・民衆が日常生活で当然のように行っている宗教実践には，ラビ，主教，ウラマーなどが公式的に説く確立した教義からは微妙にずれ，ときとしてこれらの宗教者から逸脱的・異端的などとみなされて批判されたりしている儀礼や信仰が含まれている．それらは他の宗教・宗派の影響下で生じたものであったり，または大宗教によって排除されたはずの「古代的」信仰の残存物であったりする可能性もある．系統を別とする，相異なった宗教が混交し，新たに創出された宗教形態を一般にシンクレティズムとよぶ．前節でふれた「小規模宗教」の一部はその例である．さらに，異なった宗教の儀礼や崇拝対象などが，特定の場で，相互を排斥することなく，むしろ共存している場合もある．これもシンクレティズムの一種とみなすことがある．

シンクレティズムであるか否かは，宗教研究者が「外部」から判断するのみではない．特定宗教の信仰者が，自分の信念に従って，「非正統的」と思える信仰箇条や儀礼実践などを糾弾し，「真正」の宗教を回復しようとする動き，すなわち反シンクレティズムがみられることもある．これは「内部」からの宗教改革運動につながることもある．

以下ではムスリム民衆の事例を中心に，中東におけるシンクレティックな現象の一部を紹介しておきたい．

図2　アーディーの墓廟

さらに，イランには，古代から伝わってきたゾロアスター教の信徒の小規模共同体がある（1990年代半ばの推定人口5万人）．イスラーム革命後もイラン政府はゾロアスター教を公認し，議会に議席も与えている．

それに対し，イスラームでは異端視されているのがバハーイー教徒である．バハーイー教は，19世紀半ばのガージャール朝イランで生まれたバーブ教の流れを汲む．バーブ教はセイイェド・アリー・モハンマドによって創始されたシーア派系の宗教であるが，創始者が再臨したイマームであると宣言し，シャリーアを廃しクルアーンの権威を否定したりしたところから異端とされ，彼は処刑された（1850年）．

その思想を継承したのが，テヘラン生まれのミールザー・ホセイン・アリー・ヌーリーである．彼はみずから「アッラーの栄光（バハー・アッラー）」と名乗り，バグダード，それからパレスティナ（現イスラエル）のハイファを拠点に活動を進めた．全人類の統一と平和，諸宗教の統合，性差や階級による差別の撤廃などを主張し，欧米でも積極的に布教活動をして信者を増やした．発生の地イランではガージャール朝，パフラヴィー朝の弾圧を受けながらも信徒は生き残った．それどころかパフラヴィー朝期には政府高官の地位に就いた者もいた．しかしイスラーム革命後，大半のバハーイー教徒は国外に脱出した．

(1) 邪視・精霊・呪術

邪視とは地中海周辺，西・南アジア，ラテン・アメリカなどに広がっている民間信仰である．これは，他人の幸福を妬み，羨む者が，その幸福の

対象となっているものをじっと睨むと，注視されたものが破損・破壊され，幸せであった者は悲嘆にくれることになるという信仰である．超自然的な邪な眼差しをもつ者，またはもつと噂されている者は，周囲の人々から恐がられ嫌われる．邪視をもつ人の嫉妬の対象，つまり人々の幸福の源となりうるものとしては，子供（とくに男児）の誕生，メッカ巡礼からの無事の帰還，新しい家・家具・自動車などの入手，作物の豊作や家畜の繁殖，などがあげられる．

中東のムスリム世界では，邪視信仰は広く信じられている．そこで，邪視からの神秘的攻撃を防ぐために，自宅の室内や自家用車内にクルアーン本を飾ったり，小型のクルアーン本やクルアーンの章句を記した紙片をお守りとして身につけたりすることがある．護符としては，掌型（ファーティマの手，などとよばれる．I.4，図8）や瞳を記した絵などもよく用いられている．さらに，新生児の顔を薄布で隠したり，男児を女装させたり，名前を変えたりすることで邪視から守るというやり方もある．

一見「迷信」とも思える信仰であるが，実はこれはクルアーンに根拠があるといわれている．第113章第5節に登場する「妬み男の妬み心」こそ，邪視をさしているとされているのである．

また第114章第6節には「ジン（精霊）」という超自然的存在が記されており，これも実在すると信じられている．ジンにはムスリムになった善いジンと，不信仰のままの悪いジンとがいるといわれており，後者はシャイターン，イブリースなどの悪霊ともイメージ面で重なり合う．これらの悪霊が人々の生活に介入し，人をだましたりして悪事を行うという世間話や昔話はよく広がっている．

さらにジンは人間に憑依することもある．ジンに憑かれたとみなされた者はマジュヌーンとよばれ，正気ではないとみなされる．モロッコでは女性のジンに憑かれ，彼女と「結婚した」男性も知られている．また，中東では，ジン以外の精霊に憑かれる事例もある．エジプトやスーダンではザールと総称される精霊たちに憑かれ，心身の不調を訴えだす女性がいる．そこで彼女たちは，すでに憑霊経験のある女性たちから構成される憑依祭祀の儀礼に参加して「治療」を受け，ザール霊と共存関係に入る．それ以降は彼女もザール祭祀集団の構成員となり，新たに憑霊状態に陥った女性の「治療」にあたる．

あまり表立って話されないが，呪術や占いも行われている．クルアーンでは呪術はスィフルとよばれ，多神教徒に着属するものとして否定的に扱われている．しかし，ムスリム民衆，とくに女性の中には，専門の呪術師を訪ね，特別な呪物を用いたり，ジンを呼び出してもらったりして，病気治療，商売繁盛，恋愛成就などを願う者もいる．

(2) 聖者信仰

中東では12～13世紀頃から，偉大なスーフィー（神秘主義者）たちの周囲に多数のムスリム民衆が集まり，スーフィー教団（タリーカ）が結成された（I.4章4.5(4)，4.7(2)など参照）．そして，優れたスーフィーの一部は，アッラーから授けられた「祝福」によって，未来予知，瞬間移動，読心術などの超能力，さらには病気治し，子授けなど招福除災の「現世利益」を民衆に授ける「奇蹟」を起こすことができると信じられるようになった．彼らは「聖者」とよばれ，生存中はもとより，死後にも廟が建立され，多数のムスリム民衆がご利益を求めて参詣するようになった．

このような聖者信仰は，南ヨーロッパ・カトリックの「聖人信仰」と類似しており，中東のキリスト教徒やユダヤ教徒の間でも一部でみられていた．そしてときとして，宗教間の境界が曖昧となる場合もあった．20世紀初頭に行われていたモロッコの例を紹介しよう．

首都ラバトの隣にあるサレー市では，「雨乞い儀礼」が執り行われていた．ムスリムはシャリーアでも認められた「雨乞い礼拝」を行った後，裸足になって町中のムスリム聖者廟を巡り歩いた．同日にユダヤ教徒は，シナゴーグで礼拝をした後に，自分たちの聖者廟を詣で，ダビデ讃歌を歌った．祈りをささげる対象・場所・行動の詳細は異なっても，彼らはその日にはともに断食を守り，

◆ Ⅱ．世界宗教の現在 ◆

一緒に神に対して降雨を祈願していたのである．

聖者廟参詣に関しても興味深い報告がある．セフルー市郊外の山岳地域には「ユダヤ教徒の洞窟」とよばれる場所があり，ユダヤ教徒もムスリムもそこを訪れ，ロウソクを灯して香をたいた．洞窟には4人のユダヤ教聖者が埋葬されているとユダヤ教徒は主張し，ムスリムは埋められているのはムスリム聖者であると述べていた．また，ダムナトの西に廟があるユダヤ教聖者，ダウード・ドドラーのもとには，ユダヤ教徒のみならずムスリムも参詣をしていた．これなどは異宗教の共存という点で，シンクレティズムの一例といえるであろう．

さらにイスラエルに移住したユダヤ教徒の聖者祭のあり方をみると，イスラームのそれの特徴と重なり合うところが多いことが指摘されている．また，ムスリム聖者の祭りのなかには，イスラーム以前の古代信仰との関連性が指摘されているものもある．例えば，下エジプトのナイル・デルタ地域の中心部，タンター市に廟がある聖者アフマド・バダウィーの祭り（マウリド）は，エジプトでのムスリム聖者祭の多くが催される太陰暦のヒジュラ（イスラーム）暦によるものではなく，月日と季節の移り変わりとが対応している太陽暦に従って行われている．つまり，聖者バダウィーの祭日は，多数の信者の生業である農耕のサイクルと重なり，農閑期——20世紀初頭までは7月下旬，その後は灌漑体系が変わったために10月下旬——に祭日が来るようにと定められたのである．そのためこの聖者祭は，古代以来の農耕儀礼と連関性があると推測されている（もちろん，信者たち自身は，古代の異教的儀礼に参加しているとは思っていないのであるが）．

なお，これらのシンクレティックな「民間信仰」に対しては，批判的な傾向が強まってきており，実際これらの実践は衰退気味となっている．批判は大きく2つの方向からきている．一つは，中東に限らず全世界にみられることだが，「近代」以降，宗教的世界観が世俗的な科学的世界観に取って代られることによって，それまで民衆レベルで実践されていた呪術的な儀礼や信仰の多くが誤った「迷信」とみなされ，排斥されだしたのである．「科学」を重視する学校教育の浸透・普及も，その傾向を推進した要件の一つである．

一方，宗教，とくにイスラームの側からも，これらの「民間信仰」を否定的に評価し，その排除を目指す動きが強まってきた．Ⅰ.4章4.9節などでも記したように，近代のイスラーム改革運動——「原理主義」やイスラーム主義といわれるものも含む——は，既存のイスラームのあり方をシンクレティックなものと批判し，純粋で真正なイスラームの回復を目指す傾向がみられる．その際に，民間信仰的なものは目の敵とされるのである．このように，イスラーム主義などは，強い「政治」志向をもつとともに，イデオロギー的には「反シンクレティズム」という要素も強く含んでいるのである．

6.7 宗教・宗派の「政治化」

一般に近代化論においては，宗教は世俗化し，私事化していくといわれている．だが，中東の場合，イスラームを中心に宗教は，一般に1970年代以降，政治に積極的に関わり，「公共化」するようになってきた．以下では，ナショナリズムの動向も念頭に置きながら，広義の民族と宗教との関わり，そして「イスラーム主義」（その定義はⅠ.4章4.9(1)を参照）のいくつかの事例を紹介し，宗教の「政治化」の一部を明らかにしておきたい．

(1) 民族・エスニック運動の基盤としての宗教・宗派

第1次世界大戦終了まで中東のスンナ派世界の盟主としてあったオスマン帝国は，東方キリスト教諸教会やユダヤ教の信者を「啓典の民」である「被保護民（ズィンミー）」として扱い，それぞれの共同体に宗教や社会の面で一定の自治を与えていた．多数派であるスンナ派ムスリムが政治・社会的に絶対的優位を占めていたことは事実であり，宗教・宗派間にも実際に不和や衝突があった

が，それでも宗教・宗派間の共存状態がある程度は維持されていたことも確かである．

しかし，オスマン帝国の解体にともない，東アラブ地域は主に英仏の主導のもと，いくつもの国家——初期は実質的に植民地——に分かれていった．その国家の内部で政治的対立が生じた場合，宗教・宗派が基盤を提供したと思える例がある．

典型的なのはレバノンである．先述のように，レバノン議会の議席数はキリスト教系・イスラーム系の諸宗派によって，あらかじめ定められている．かつてはキリスト教系とイスラーム系の比率が6対5であったが，内戦終結後の1991年に1対1に変更された．それでも人口比からいえば，議席割当数ではシーア派がもっとも不利であるといわれている（とはいえ，同国では信頼できる宗教・宗派別人口調査は実施されていないのであるが）．

また国会議席数のみならず，大統領，首相などの要職も宗派ごとの割当が定まっている．これらの事実から，宗教的要素がレバノンにおける政治の重要な基盤の一つ——唯一，ではないが——であるといいうるだろう．さらにいえば，西洋が主導したレバノンの建国自体が，東地中海地域でもキリスト教徒が比較的多い地域を選び，それが独立国家となるように境界線を引いた結果であるといわれている．そうであるならば，この国にとって宗教的要素は創設時から決定的な重要性をもっていたといえるだろう．

同じくオスマン帝国解体後に，明確な境界線が引かれて領域が確定されたパレスティナの例も見ておこう．19世紀末頃まで，他の東地中海沿岸地域と同様に，この地域には多数派ムスリムと少数派のキリスト教徒，ユダヤ教徒が共存していた．しかし，19世紀末のヨーロッパで，ユダヤ・ナショナリズムとしてシオニズムが生まれた．ヨーロッパで過酷な差別に曝されていた「ユダヤ人」が，自分たちの「国土」を獲得しようとする運動であった．さまざまな経緯があったが，最終的にはパレスティナを「郷土」と定め，ヨーロッパ・ユダヤ人がそこに「帰還（ヘブライ語ではアリアー）」しはじめた．それは現地に暮らしていたムスリムやキリスト教徒にとって，外部からの突然の侵入とみえたであろう．いずれにせよ，とくに第1次世界大戦後には，外来のユダヤ人の数がパレスティナで増えてきた．

欧米の植民地主義的思惑，ヨーロッパに根づく反セム（ユダヤ）主義とその頂点としてのナチスによるユダヤ人虐殺，シオニストの国際的戦略，アラブ系王族・エリート・大地主の利害策略，そしてユダヤとアラブ双方のナショナリストの先鋭化，これらの要因などが錯綜してアラブ・ユダヤの人々の運命を翻弄した．結果的に1948年にイスラエルが建国され，それから数度にわたりアラブ諸国・勢力との間で戦争・衝突が繰り広げられ，今日に至っている．

この対立はしばしば，アラブ・ムスリムとユダヤ教徒の数千年にわたる「宗教」紛争の現代版と喧伝されている．だが，これは歴史的にみれば明らかに誤りである．そもそも，イスラームが誕生してからまだ1400年（西暦による計算）たっていない．旧約聖書にユダヤ教指導者モーセとエジプト王の対立が描かれているとはいえ，当時のエジプトの民は一神教徒でもアラブ人でもなかった．いわゆる中東紛争は，むしろ20世紀の産物なのである．反セム主義というユダヤ人差別を西洋はみずからの負債として受けとめず，その解決の場を中東に一方的に押し付けてしまった．この紛争の背後には，地域的・国際的レベルで，さまざまな政治・経済・社会的な要因がうごめいており，それらを無視して単純に「宗教戦争」ということはできないのである．

しかしながら，とくに1970年代以降，紛争の「当事者たち」の間で，政治・経済よりも宗教的なイデオロギーを持ち出し，それで現実に生じている武力対立を理由づけようとする気運が強くなってきた．パレスティナ側では，長期にわたりアラファート（1929-2004）に代表される脱宗教的ナショナリストが主導するPLOが，対イスラエル抵抗運動の主流を占めてきた．だが，1980年代後半以降，とくにインティファーダ（蜂起運動）の舞台であるガザとヨルダン川西岸地区の「占領地」で，イスラーム主義的ハマースに対す

◆ Ⅱ. 世界宗教の現在 ◆

る支持が増加しだした．そして2006年1月のパレスティナ評議会選挙では，イスラーム主義者が勝利した．

一方，イスラエル側でも，1970～80年代以降，グーシュ・エムニーム，そしてラビン首相暗殺犯が属していたイヤールなど，宗教的シオニズムの立場から大イスラエル実現のための武装闘争を肯定する組織が勢いを増すようになってきた．国会（クネセト）でも，宗教系政党が議席を伸ばすようになった．このような状況を眺めると，現象の学問的・客観的分析とは別に，アラブもユダヤも，紛争当事者たちの意識の中で「宗教」紛争という側面がよりいっそう強調されるようになってきたことは確かである．

同様の傾向は，フセイン体制崩壊後のイラクにおいてもみられる．フセイン独裁体制時代には表面化していなかったスンナ派，シーア派，キリスト教徒の亀裂が深まり，当事者たちにも意識され，政治単位化しはじめるようになった．

その一方で，長年続いてきたスーダン内戦，すなわちハルトゥーム政府と南部の反政府勢力との争いは，2005年に一応の決着がついた．これも北部のアラブ・ムスリム対南部のキリスト教徒黒人というステレオタイプで理解されがちであった．だが，南北の政治・経済的格差，南部地域に埋蔵された自然資源の活用など，政治・経済的な対立要因が重要であった．とはいえ，紛争当事者たちの間で，宗教や「人種」に基づく対立意識が存在していたことも事実であるが．

なお，中東では宗教が表面化しない「民族」対立の例もみられることに注意しておかなければならない．マグレブのベルベル民族，スーダンのダールフールの人々，イラク・シリア・トルコ・イランの国境地域に暮らすクルド民族などの「少数民族」の運動は，必ずしも宗教が前面に出てきているものではない．

まとめるならば，中東では宗教・宗派が民族やエスニシティの基盤となる潜在力が，近代以前からあった．その意味で，中東の宗教は「政治化」しやすいものであったといえよう．そして1970年代以降，紛争に関わる当事者たちの中でも，脱宗教的な「民族」の用語ではなく，「宗教」の用語による理由づけがより積極的に行われる傾向がみえるようになった．それはちょうど，政治的運動・イデオロギーとしてのイスラーム主義が公共的な場に登場し，マスメディアから盛んに注目されるようになってきた時期でもある．

(2) イスラーム主義運動の動向

今日みられるイスラーム主義運動が興隆する大きな契機となった事件は，1979年のイラン・イスラーム革命である．中東でもっとも親米的な国家のひとつであり，近代化の優等生といわれていたパフラヴィー王朝が，イスラーム法学者，ホメイニーを指導者・象徴とする革命運動によってあっけなく崩壊し，テヘランの米大使館員も国際法に反したまま1年以上にわたって拘束されたのである．この出来事によって，今日まで続く米国とイランとの深刻な敵対関係が生まれた．西側ジャーナリズムやアカデミズムで「原理主義（ファンダメンタリズム）」という名称が盛んに使われるようになったのも，これ以降のことである．

翌年，イラクがイランに攻撃をしかけ，8年にわたるイラン・イラク戦争が開始された．この戦争の勃発理由に関しては，ペルシア対アラブという民族レベル，シーア派対スンナ派という宗派レベルなどの説明がなされたが，もっとも説得力があったのはイスラームを政治化・急進化し，イスラーム革命とその普及を目指すイランとそれを阻止しようとするイスラーム保守・現状維持派の対立というものであった．実際，イラクのフセイン政権を強く支援したのは，サウディアラビアなどの湾岸の保守的国家，および既存の国際的政治・経済秩序を維持しようとする米国であった．20年ほど後に，その米国の手によってフセイン・イラク政権が打倒されたことは，歴史の皮肉の一つである．

既存のイスラームのあり方を批判し，「真正」のイスラームに基づいた信者の共同体＝国家を築こうとする改革運動は近代以前からあり，反植民地闘争の際にも登場した．しかし，植民地経験を経なかったアラビア半島の王国・首長国などを除

き，中東の大半の地域では，20世紀において脱植民地化を担った政治的イデオロギーは，主として世俗的ナショナリズムであった．トルコのケマル・アタチュルク，イランのパフラヴィー王家の主張は，トルコやペルシアといった「民族」の伝統を強調する，脱イスラーム的ナショナリズムであった．アラブにおいても，それぞれの地域＝領土を強調する地域ナショナリズム（ワタニーヤ），もしくは領域を越えてアラブという民族的紐帯を基盤に据える民族ナショナリズム（カウミーヤ），そのいずれにせよ宗教的要素はイデオロギーの前面には出てこなかった．

イスラーム主義は，このような地域もしくは民族的ナショナリズムを超克し，信仰に基づくグローバルなイスラーム共同体（ウンマ）を創出するイデオロギーとして唱えられている．すでに19世紀後半にはアフガーニー，アブドゥといった知識人・学者が主導し，20世紀前半にはエジプトでムスリム同胞団という大衆動員型の組織も創設された．しかし，これらの運動は基本的に反体制運動であり，政権を実際に担った経験はなかった．そのような歴史のなかで，20世紀の第4・四半世紀になってイスラーム革命がイランで成功し，その急進的思想の「輸出」を始めだしたのである．

イスラーム主義の動きに対して，欧米諸国は基本的に否定的・敵対的である．とはいえ，米国などは時々刻々変わる国際情勢の中で，アフガニスタンにおける対ソヴィエトのゲリラ戦を支援する際に，後に2001年の9・11事件を起こすことになるアル・カーイダの指導者，ビン・ラーディンと手を組んでいたという歴史的皮肉もある．とはいえ，1990年代に東側陣営が崩壊した後，欧米諸国が第1の敵とみなしだしたのが，急進的イスラーム主義組織であり，それを支援しているとされるイラン，シリアなどの中東諸国政府である．

一方，ムスリムの側では一部とはいえイスラーム主義に対する共感が続いている．とはいえ，イスラーム主義といってもイデオロギー，組織形態，財政的基盤，指導体制などさまざまであり，ときには相互に対立しあう場合もあり，一枚岩的に語ることは不可能である．

また，中東諸国政府の中には，国民のイスラームへの関心が強まってきたことを敏感に受けとめ，古典的シャリーア解釈の一部を国法に取り入れたりして，「上からのイスラーム化」を試みたところもある．あのフセイン・イラク元大統領ですら，湾岸危機・戦争（1980～81年）に際して，国旗に新たに「アッラーは偉大なり」という文言を入れ，礼拝場面の映像を衛星放送に流してその「敬虔さ」を世界中に示そうとしたのである．

この数十年の中東におけるイスラーム主義の動きの一部にふれておこう．

イランではイスラーム革命体制が維持されている．とはいえ，すでに革命から30年がたち，革命を知らない若い世代が増加しているので，革命精神の弛緩が指摘されている．だが2005年の大統領選挙で改革派ハータミーの後を襲って，保守派すなわち革命路線維持派とされるアフマディネジャドが大統領に選出されたことも注目すべきだろう．

アフガニスタンではソヴィエト軍撤退後，ゲリラ戦を担ったムジャーヒディーン（ジハード戦士）同士の内部争いが生じた．その混乱を収拾したのが，パキスタンから帰還したアフガン難民が中心とされるターリバーンであった．彼らはイスラーム戒律を厳格に実行することで知られ，数年も経たないうちにアフガニスタンの大半の地域を支配下に置いた．彼らは国際的イスラーム主義組織，アル・カーイダと連携したが，後者が実行した9・11事件への制裁として，多国籍軍からの激しい攻撃を受けて崩壊した．しかし，現在でもアフガニスタン各地でゲリラ戦を行っている．

トルコはアタチュルク以来，世俗主義（ラーイクリキ）を国是とし，公共領域からイスラーム色を可能な限り排除してきた．しかし，エルバカンの福祉党が一時政権をとるなど，穏健なイスラーム主義の活動が目立つようになってきている．

アラブ諸国の中で，湾岸の保守的な王国・首長国などでは，イスラーム主義的な急進的政治活動は表面上目立っていない．とはいえ，アル・カーイダを結成したビン・ラーディンはサウディアラ

◆ Ⅱ．世界宗教の現在 ◆

ビアの出身であり，国籍を剝奪された後にも亡命して激烈な反米・反イスラエル闘争を推進している．

東地中海沿岸地域では，レバノンのシーア派系組織として，アマルとヒズブッラー（ヒズボラ）がよく知られている．とくに後者は，レバノン南部に拠点を構えてイスラエルと前線で対峙しており，しばしば戦火を交えている．これらのシーア派系組織は，米国が「テロ支援国家」と名指して非難しているシリアやイランから支援を受けているといわれている．シリアのアサド政権は少数派のアラウィー派に属しており，多数派のスンナ派の活動を押さえている．また，スンナ派ムスリムを母体にしていたフセイン政権が崩壊した後のイラクでは，南部を中心に多数派を占めていたシーア派が台頭し，政権の中枢を担うようになった．今後，イラン，イラク，そしてシリアを経由したレバノンというシーア派ベルトの動きが注目されよう．

スンナ派系イスラーム主義組織の嚆矢は，1928年にエジプトで結成されたムスリム同胞団である．イスラーム的政体の建設を目指し，王室，ナショナリズム勢力などと対立しており，パレスティナでのユダヤ人との抗争にも義勇兵を派遣していた．1952年のエジプト革命時には自由将校団とも連絡をとっていたといわれるが，ほどなく政権を握ったナセルと衝突し，徹底的に弾圧された．サダト政権時に実質的に復活したが，現在でも非合法組織であることには変わりない．かつてのような武装闘争路線は放棄し，今日では穏健な社会改革主義路線を採用しており，エジプト国民の中で一定の支持を受けている．ムスリム同胞団の活動は各国にも影響を及ぼし，パレスティナのハマース，スーダンの国民イスラーム戦線などの組織が生まれた．

1970年代に穏健なイスラーム主義組織に生まれ変わったムスリム同胞団に飽き足らなかったエジプトの若者たちは，急進的な小さな運動体をいくつも結成した．その中に，1981年にサダト大統領暗殺を実行したジハード団，1997年にルクソールでの観光客殺害を行ったイスラーム集団などがある．エジプト政府の過激派対策が強化されたため，アル・カーイダの幹部ザワーヒリーのように国外に亡命した者もいる．

マグリブでは，アルジェリアで複数政党制が認められた後，イスラーム救済戦線（FIS）が結成された．1992年の国政選挙での勝利が予想されたため，対抗勢力による軍事クーデタが起き，組織は非合法化された．地下に潜った急進派の一部は武装イスラーム集団（GIA）を作り，激しい武装闘争を繰り返した．しかしそれも挫折し，2000年代に入り，アルジェリアの急進的イスラーム主義運動は下火になってきている．

ここで紹介したのは，近年の中東におけるイスラーム主義運動のほんの一部である．その他のものも含め，そのイデオロギーや活動方針は千差万別である．政府との協調路線をとったり，穏健な社会改良活動を続けていたりする組織もあり，すべてを「テロリスト」とよぶことはできない．

1970年代頃から，中東では宗教が公共領域で目立つようになり，政治化もいっそう顕著に見られるようになってきた．これは旧来の近代化＝世俗化論では説明しがたい現象であり，真剣に検討しなければならない．しかし同時に，このような宗教復興を引き起こした，政治・経済・社会・文化的要因も充分に考慮し，「宗教対立」の時代という単純な見方を安易に受け入れることも慎むべきであろう．

文　　献

Eickelman, D. F., *The Middle East and Central Asia: An Anthropological Approach* (4th edition), Prentice Hall, 2002.

Hourani, A. H., *Minorities in the Arab World*, Oxford University Press, 1947.

臼杵　陽『見えざるユダヤ人—イスラエルの〈東洋〉』平凡社，1998年．

梅棹忠夫（監）松原正毅ほか（編）『世界民族問題事典』平凡社，1995年．

大塚和夫『異文化としてのイスラーム—社会人類学的視点から』同文舘出版，1989年（現在OD版）．

大塚和夫『近代・イスラームの人類学』東京大学出版会，2000年．

大塚和夫『イスラーム主義とはなにか』岩波新書，2004年．

大塚和夫「近代中東のユダヤ教徒／ユダヤ人コミュニテ

ィ：スーダンの例を中心に」『CISMORユダヤ学会議第1号（2005年）』同志社大学一神教学際研究センター，2006年.

大塚和夫ほか（編）『岩波イスラーム事典』岩波書店，2002年.

私市正年『北アフリカ・イスラーム主義運動の歴史』白水社，2004年.

小杉　泰『21世紀の世界政治―イスラーム世界』筑摩書房，1998年.

中東教会協議会（編）『中東キリスト教の歴史』村山盛忠・小田原緑（訳），日本基督教団出版局，1993年.

手島勲矢（編）『わかるユダヤ学』日本実業出版社，2002年.

森安達也『世界宗教史叢書3―キリスト教史』』山川出版社，1978年.

7 南アジアの宗教

Ⅱ．世界宗教の現在

田中雅一

　南アジアは7つの国からなる．インドが中心を占め，その西にパキスタン・イスラーム共和国，東にバングラデシュ人民共和国，北にネパール連邦民主共和国とブータン王国，さらに南には島国のスリランカ民主社会主義共和国とモルディヴ共和国が位置する．南アジアの総面積は449万 km^2 で，今世紀に入るとあわせて13億5000万の人口を擁する．

　インド亜大陸は，宗教史上きわめてユニークで多様な宗教文化を生みだしてきた．すなわち，ヒンドゥー教，仏教，ジャイナ教，スィク教などがこの地域で誕生し，ペルシア起源のパールシー（ゾロアスター）教徒も少数ながら存在する．ユダヤ教，キリスト教，イスラームなど世界を代表する一神教は東進して南アジアに到達し，独創的な発展を遂げている．

7.1 イ ン ド

(1) 概　略

　インドは古くて新しい国である．古いというのは，南アジアには世界4大文明の1つインダス文明（現インド領のドーラビーラー，現パキスタン領のハラッパーやモヘンジョ・ダーロ）が存在していたからである．またヒンドゥー教徒が聖典と仰ぐヴェーダは古いもので紀元前1000年以前に成立したとされているが，その伝統はもっと前にさかのぼることができよう．最初の統一王朝は前4世紀に生まれたマウリヤ朝（およそ前317～前180年）である．その後，紀元4世紀から6世紀にかけてガンジス河中流域にグプタ朝（およそ320～550年）が生まれ，ヒンドゥー文化を発達させた．またムスリム（イスラーム教徒）は，13世紀にデリーにムスリムを君主（スルターン）とする王朝を確立し，16世紀にはムガル帝国（1526～40年，1555～1858年）が生まれ，イスラームの影響が強まる．ムガル帝国に代わって覇権を握ったのが大英帝国であり，その支配は1947年まで続く．

　新しい国というのは，1947年になってはじめてムガル帝国以来の「異教徒」の支配から独立したといえるからである．しかも，その独立には印パ分離という多大な犠牲を払うことになった．そして，独立以前から問題となっていたヒンドゥーとイスラームとの対立（コミュナリズム）は，独立後の宗教のありかたに大きな影響を及ぼすことになる．

　2001年の国勢調査によるとインドの総人口は10億2800万人である（2011年では12億1000万人）．そのうち8億2800万人（80.5％）がヒンドゥー教徒，ムスリムが1億3800万人（13.4％），キリスト教徒が2400万人（2.3％），さらにスィク教徒（1900万人，1.9％），仏教徒（800万人，0.8％），ジャイナ教徒（420万人，0.4％）と続く．660万人がその他の宗教であり，70万人が宗教について無回答であった．

　インドは，1947年の独立後に制定された憲法

図1 現在の南アジア

で世俗国家を名乗り，国民に信教の自由を保障し，政教分離の原則を掲げてきた．インドの周りの国を見渡すと，宗教との関係はインドと対照的である．ネパールは世界で唯一ヒンドゥー教を国教とする王国であるし，ブータンは仏教を国教とし，スリランカは仏教を準国教に定めている．それ以外のバングラデシュ，パキスタン，モルディヴはイスラームを国教とする．インドは，いわばこの「政教非分離」国家に取り囲まれている，南アジア唯一の「世俗国家」と位置づけることができる．

(2) カースト制度

インド社会を特徴づけるのはヒンドゥー教とカースト制度である．カースト制度は，スリランカの仏教社会，インドのムスリム社会やキリスト教社会においても認められる．まず，このカースト制度について簡単に紹介したい．

インドには，世襲を原則とする無数の職業身分集団があり，インド社会は典型的な身分社会として理解されてきた．この職業身分集団はサンスクリット語では「生まれ」を意味するジャーティとよばれ，また今もジャーティの派生語で呼びあらわされてきた．カーストという語は，これらの身分集団を指すためにポルトガル人が使い始めた，ポルトガル語のカスタ（casta）に由来する．

ところで，バラモン（司祭），クシャトリヤ（王侯），ヴァイシャ（商人，農民），シュードラ（奴隷）の4姓はサンスクリット語でヴァルナと表現され，本来の意味は「色」である．

カースト制度はさまざまな職業集団を単位として成立し，そのありかたは地方や言語の相違によっても異なる．たとえば南インドの言語の1つにマラヤーラム語があるが，その言葉が話されている地域には，その地域独自のカースト（ジャーティ）が存在する．1つのカーストはさらにいくつかの内婚集団（サブ・カースト）に分かれる．

カーストは，特定の職業と結びつき，上下関係

が認められる身分集団である．インド全域を通じて高い地位を認められているのはバラモン（ブラーマン）で，儀礼の専門家や学者を伝統的な職業とする．バラモンはしばしば地主でもある．経済的に見れば，上層に地主がいて，その下で働く小作，農民たちに農具などを供給する鍛冶師，壺作り，大工らの職能者カーストがいる．さらに，さまざまなサービスを提供する洗濯屋や床屋などのサービス・カーストがいる．

村にはしばしば複数の不可触カースト（ハリジャン，指定カースト，ダリト，総人口のおよそ16％）がいて，農業労働者，雑役夫として地主のもとで働き，また清掃，屎尿処理や死んだ家畜の処理などを行う．彼らは火葬の燃料を集めたり，死体が燃えるまで見張りをしたりする．不可触民は村から離れたところに居住地を定められていて，かつては村の祭りなどに参加することや神殿に参拝することも許されていなかった．

以上のカーストがすべて1つの村にいるわけではない．しかし，完全ではないにしても数村を単位として，農業と宗教生活を中心に分業が成立している．

異なるカーストの間では結婚が禁止されているという事実は，カーストの閉鎖的な性格を示すものとしてしばしば強調されてきた．この閉鎖性の延長に身分の異なるカースト成員とは食事をしてはならない，接触してはならないといった規則が認められる．

カースト制度はもちろん変化してきた．最近の変化として指摘されているのは，都市部における食事や接触の規則が弛緩したことであるが，結婚については，サブ・カーストという従来の婚姻圏は崩れたが，なおカースト内婚が好まれている．カーストは他カーストとの相互依存によって成立している集団であったが，今日では一部政治団体化し，利潤集団として機能している．

(3) バクティと尊師

仏教とならんでヒンドゥー教はしばしば「現世放棄」あるいは「出家」の宗教と表現されることがある．ヒンドゥー教の教義の基本となるのは，人間は死んでも生まれ変わり，生の形は自分が行った行為によって決定されるという業（カルマ）と輪廻，そして輪廻の連鎖を断ち切ったところに真の救済（解脱）があるという立場である．

出家を目指す者は，尊師（グル）に師事し，イニシエーションを受け，親子関係やカーストの帰属を捨て，尊師を中核とする集団（宗派）の一員になる．そこで修行をしながら救済を求める．宗派は，ヒンドゥー教の思想や崇拝する神に基づいていくつかに分かれ，大きな僧院や広大な土地を有する場合もある．

ヒンドゥー教徒の大半は，出家という生き方を知ってはいても，これを皆が実行に移すわけではない．民衆の信仰を理解するキーワードは出家よりバクティである．これは「信愛」とか「献身」と訳される，一般に特定の神への信仰を意味する．

歴史的にみると，バクティの教義が最初に認められるのは『バガヴァッド・ギーター』（前3世紀から後3世紀の間に成立）においてであり，苦行や知識とならんで神への献身が解脱への道のひとつとして指摘されている．その後，南インドでは7世紀からとくにシヴァ神への愛を強調する狂躁的なバクティが大きな社会運動として興隆を迎え，聖者たちが輩出する．他方北インドでもこの流れを受けた形で，ヴィシュヌ神への愛，とくにその化身であるクリシュナやラーマへのバクティ（献身）を説くバクティ運動が盛んとなる．それはバラモンのような専門の司祭による儀礼を通じて救済を求めたり，出家者のように苦行を通じて解脱を目指したりするのではなく，神への信仰とそれに応える神の恩寵によって救済を求める立場である．人々に必要なのは真摯な信仰であって，特定の社会階層への帰属が救済の条件となるのではない．

さまざまな聖者たちが神への献身を謳う賛歌をつくり，なかには多くの信徒をもつ集団（宗派）を形成した者もいた．バクティの発展は，神信仰を促進し，神殿参拝や聖地への巡礼を盛んにした．バクティの思想そのものは，神観念や恩寵についての高度に思弁的な側面も発達させたが，そ

れが民衆に広く受け入れられることになった理由は，バクティが，神との関わりについて，知識や行為ではなく，情緒的な側面を強調し，現世利益的な祈りを否定しなかったところに求められる．

さて，神学的には対立しているかに見えるバクティと出家とは，歴史的にはむしろ密接な関係を確立することになる．というのも，出家者の多くがバクティを教義の中心に据え，さらに人々は出家した聖者を生き神（ヴィシュヌ神やシヴァ神の権化）とみなしていったからである．宗派において，一般庶民の現世利益的信仰と現世放棄の出家主義とが絶妙な形で結びついて制度化されることになる．

宗派を創設し，その中核となるのは聖者（尊師）である．聖者の生き方や教え，そして神的な力が人々を惹きつけてきた．ヴィヴェーカナンダ（Vivekananda, 1863-1902），オーロビンド（Aurobindo, 1872-1950），ビートルズが師事したというマハリシ・ヨーギー（Maharishi Yogi, 1911-2008），ラジニーシ（Rajnesh, 1931-90），そして最近ではサイババ（Sai Baba, 1926?-2011）など，聖者たちは海外からも注目され信徒を増やしていった．ヒンドゥー教はカースト制度と密接に関係すると述べたが，聖者崇拝は，カースト制度にとらわれていないという意味で，ヒンドゥー教の，より普遍的な性格を表しているといえる．

(4) ヒンドゥー・ナショナリズム

ヒンドゥー教徒には，御利益さえあればどんどん新しい神々を取り入れてしまう，開放的な性向を見て取ることができる．病気平癒などで評判がよければ，キリスト教やイスラームの聖地にもヒンドゥー教徒たちは出かけていき，祈願をする．ヒンドゥー教徒の家にはラーマやクリシュナなどの神々とならんで聖母子の絵が飾られている場合も珍しくはない．このような宗教観の裏には，神々は皆同じ力の現れだ，という認識が潜んでいる．それは，またヒンドゥー教の寛容さとして理解されてきた性格に関わる．

さて，こうした寛容的な性格が危機に瀕している．それがヒンドゥー・ナショナリズムとかヒンドゥー・ファンダメンタリズムと称する近年の動きである．

インドの国民統合を脅かす不安定要素は，ヒンドゥー教徒とムスリムとの対立（コミュナリズム）である．大きな暴動は毎年のように起こっている．とくに1992年にアヨーディヤーのモスクが破壊され，1998年3月にヒンドゥー・ナショナリズムを支持する政権が生まれて以来（2004年5月の総選挙で敗退，下野），ヒンドゥー教徒とムスリムとの関係はますます緊張関係にある．

アヨーディヤーは北インドの中心に位置する聖地で，多くのヒンドゥー神殿が建ちならぶ．また祖霊崇拝の場所としても有名である．

ヒンドゥー・ナショナリストあるいは原理主義者とよばれる人々の主張によると，アヨーディヤーは，『ラーマーヤナ』の主人公ラーマの生誕地で，そこにはラーマを祀るヒンドゥー神殿が建てられていた．ところが，ムガル帝国の初代皇帝バーブル（Babur, 1483-1530, 在位1526-30）が1528年にこれを破壊させ，モスク（通称「バーブルのモスク（バーブリー・マスジド）」）を建てた．ナショナリストたちはこれを壊して，モスク建築時に破壊されたヒンドゥー神殿を再建しようというのである．

以下，主要な歴史的できごとを述べておくことにしよう．

1856年，イギリスがアヨーディヤーのあるアワド藩王国を併合した．数年後，当時悪化していたヒンドゥー教徒とムスリムとの衝突を避けるために，モスクの外側に基壇が作られ，ヒンドゥー教徒はここから礼拝を許されることになる．

1885年に，ヒンドゥー教徒が基壇の場所にラーマを本尊とする神殿を建てたいという訴えを起こした．これはモスクに近すぎるという理由から却下された．

1936年頃から，コミュナリズムの悪化にともなって，アヨーディヤーのムスリムは激減し，このモスクは使用されなくなる．

1949年12月，モスクの中に突然ラーマの像が現れた．ムスリムにとってこれはヒンドゥー教徒側の嫌がらせにほかならず，暴動が生じた．モス

◆ Ⅱ. 世界宗教の現在 ◆

クの外では，その像の解放を求めてラーマへの献身を主題とした賛歌の詠唱が組織された．当時のネルー政権はモスクを閉鎖したが，神像の除去は司法の決定に任せた．地方裁判所は除去すれば社会不安が高まるという理由で除去命令を出さなかった．

1980年代になるとアヨーディヤーの問題は，ヘードゲーワル（K. B. Hedgewar）によって1925年に創設された修養団体RSS（ラーシュトリーヤ・スワヤンセーヴァク・サング，民族奉仕団）やそれと密接に関係している政党BJP（バーラティーヤ・ジャナタ・パーティ，インド人民党，1980年創設），宗教団体VHP（ヴィシュヴァ・ヒンドゥー・パリシャッド，世界ヒンドゥー協会，1964年創設）などによって注目されることになる．後に，RSSを中心とするナショナリストの諸集団はサング・パリワールとよばれることになる．

1991年5月に行われた総選挙で連立政権が敗退するが，BJPは野党第一党の地位を占めることになった．そして，なんの打開策も講じないまま，1992年12月6日のモスク破壊を迎えるのである．

その後BJPは選挙で躍進し，1998年3月の総選挙で第一党となって政権を握ることになる．この政権下で核実験が行われたことは私たちの記憶に新しい．

ムスリムらを排除し，ヒンドゥー教徒内の差異を小さくしようとする今日のヒンドゥー・ナショナリズムは，世界的規模で進行する世界システムに適応する動き，すなわち国家内で経済発展に必要な均質化を促進する動き，とみなすことが可能である．言語やカーストの相違などによってヒンドゥー教徒が分断されているかぎり，インドの真の発展を望むことはできないというのだ．他方，それはヒンドゥー教を核とする点で，西欧やイスラームのヘゲモニーへの対抗とみなすこともできる．

しかし，ヒンドゥー・ナショナリズムは，真摯な宗教性を備えているとは言いがたい．宗教はむしろ政党間の権力闘争の手段あるいはヒンドゥー教徒の統一の象徴として利用されているとみなすべきであろう．このため敬虔なヒンドゥー教徒の間にも，ヒンドゥー教の政治化・組織化を懸念し，VHPなどの動きを真のヒンドゥー教とみなすべきでないといった根強い反発が認められる．なお，BJPは2004年と2009年の総選挙で敗れ，一時の力を失う．

(5) ジャイナ教

仏教と同じ頃にインドで生まれたジャイナ教は，紀元前6世紀の仏陀と同時代人とされるマハーヴィーラ（Mahāvīra, 前599-前527という説あり）を始祖とし，徹底した菜食，不殺生などで知られている．ジャイナ教も，輪廻からの解脱こそが魂の救済とする．仏教と異なりインドの外部に広まることはなかったが，総人口の0.5%と少ないながらも2500年にわたって存続してきた．ジャイナはサンスクリット語でジナ（勝者の）の教えを意味する．マハーヴィーラ（偉大な勇者）の本名はヴァルダマーナ（Vardamāna）といい，北インドの現ビハール地方で生まれた．仏陀と同じくクシャトリヤ出身であった．

ジャイナ教では，救済の手段として正しい行いを強調し，生き物を傷つけない，嘘をつかない，盗まない，禁欲を守る，なにものも所有しない，という5つの大誓戒が出家者の基本と考えられている．

組織的には，5番目の「無所有」をめぐって後1世紀頃に内部分裂が起こり，白衣派と裸行派に分かれる．後者は，着衣は無所有の戒律にそむくという考えであり，女性は裸行が行えないので，その解脱を認めない．殺生を禁じられていることもあり，ジャイナ教徒の多くは商人として生計を立てているが，富裕層が多い．そのせいか，2001年のインドの平均識字率64.8%に比べ，ジャイナ教徒の識字率94.1%ははるかに高い数値で，宗教別では最高値である．

(6) 仏 教

仏教は北インドで生まれたが，前3世紀のマウリヤ朝時代にインド全域に広がり，さらにはスリ

ランカへと伝播した．その後，仏教の一部はチベットや中国へと伝播し，日本へと到達する．だが，イスラーム侵攻を契機に，13世紀には仏教は実質インドから姿を消してしまう．今日インドにみられる仏教徒の多くは，独立後不可触民の主導者アンベードカル（B. R. Ambedkar, 1891-1956）の提唱による集団改宗によって生まれた．彼は不可触民差別の根源はヒンドゥー教であるという考えから，同じ不可触民カーストの人たち30万人とともに仏教に改宗した．1956年10月，亡くなる2か月前のことである．現在，このような仏教徒はインドの北西部を中心に800万人を超える．しかし，これらの仏教徒は新仏教徒とよばれ，差別から完全に自由になったわけではない．

ただし，北部のラダック（ジャンム・カシミール州）やシッキムなどにチベット仏教徒が存在する．さらに，1959年のダライ・ラマ（Darai Lama）14世（1935-，在位1940-）の亡命をきっかけとして，インド政府は中国から多くのチベット人を受け入れた．チベット難民は，インド政府から土地を受け取り，北インドのダラムシャーラーや南部のマイソール周辺に僧院を建立した．これらはおよそ10万人のチベット仏教の拠点となっている．

（7）スィク教

15世紀にナーナク（Nanak, 1469-1539）を始祖として生まれたスィク教は，ヒンドゥー教とイスラームを融合した宗教である．スィクの語義は弟子であり，サンスクリット語のシシャに由来する．その思想は，ヒンドゥーとイスラームを批判的に受け継いだものである．すなわち，スィク教は，ヒンドゥー教と同じく輪廻からの解脱を救済とみなしているが，その手段は師弟関係を前提とした個々人の善行による．その神観念はイスラームの神観念を継承している．そして，神の前での平等を強調して，カースト制度を批判している．

16世紀後半にインド北西部，パンジャーブ地方におけるスィク教徒の支配は確立する．そして，アムリトサルにいわゆる黄金寺院が建立された．5代目のグル，アルジュン（Arjan, 1563-

図2 アムリトサルの黄金寺院

1606）の時世である．ムガル帝国による度重なる弾圧を経て，パンジャーブ地方に一大王国を築くが，スィク戦争でイギリスに滅ぼされる．独立後は，中央政府との確執が生じ，1970年代末には富裕なパンジャーブ地方の独立を目的とする過激な政治集団が生まれる．これに対し，1984年6月，当時の首相インディラ・ガンディーが軍隊を，過激派が根拠地としてきた黄金寺院に投入し，徹底的な弾圧を行った．その報復として同年10月に彼女はボディガードのスィク教徒によって暗殺される．この暗殺を契機に，デリーでは多くのスィク教徒たちがヒンドゥー教徒によって虐殺されている．

（8）イスラーム

インドへのムスリムの侵入は8世紀に認められるが，本格的な侵攻と征服は，11世紀に始まり，13世紀にはデリーにトルコ系の奴隷王朝（1206～90年）が生まれる．その後ムガル帝国の成立，そして崩壊と，およそ650年間のイスラーム支配が生じる．その間に改宗が進むが，中東起源のムスリム（アシュラーフ）と南アジア起源の改宗者のムスリム（アジュラーフ）との間にははっきりとした上下関係があり，前者においては預言者ムハンマドの子孫とされるサイヤドが最高位に位置する．そして，アラブ出身で非サイヤドのシャイフ，ムガル帝国（1526～40年，1555～1858年）に関係したムガル，アフガン系のパターンなどに分かれる．後者はさらに改宗前のカーストの地位を保持していたとされる．こうしたムスリム内部の階層は今日でも認められる．インドに限らず南ア

◆ Ⅱ．世界宗教の現在 ◆

ジアのイスラームの多くにおいて，スンナ派4法学派のうちのハナフィー法学派が圧倒的に優勢だが，南インドにはシャーフィイー学派もみられる．学院（マドラサ）別にみると，ハナフィー法学派に従うデーオバンド派とバレールヴィー派の学院，さらに4法学派のどれにも従わないアフレ・ハディース派の学院の大きく3つに分かれている．

　南アジアにおける改宗は，強制的なものというより，イスラーム神秘主義（スーフィズム）の流れを標榜する聖者たちの奇跡やイスラームの平等思想に惹かれたりした結果である．

　イスラーム神秘主義とされるスーフィズムの影響は南アジア全域に認められる．12世紀末にこの地にやってきた神秘主義者（スーフィー）たちは，神との合一を目指し，神の恩恵を受けようと，神の名を唱え，さまざまな禁欲行を実践し，ときに歌や踊りを行うことで，みずからを滅却しようとする．聖者は，神との合一が持続できる境地に至った人である．行者たちは，修行のための道場を作り，導師（ピール）として弟子をとる．こうした，導師を中心とする集まりが教団（タリーカ）形成の基礎となっていった．インドでは，チシュティー，スフラワルディー，カーディリー，ナクシュウバンディーなどが活動した．これらの教団は，ときの権力の庇護を受け，ときには弾圧されつつも，南アジアに勢力を広めていった．イスラームへの改宗もまた，こうした聖者を通じてなされたのが大半であった．

　この導師とその弟子たちとの関係に，ヒンドゥー教のバクティにおける尊師と弟子との影響が認められ，ヒンドゥーとイスラームの習合とみなされる傾向にある．

　聖廟（ダルガー）には，生前に奇跡を起こしたとされる聖者の遺体が埋められていて，参拝することで，彼の力を得ようとする．聖廟では聖者の命日（ウルス）を祝う祭りが行われる．

(9) キリスト教

　インドには，古くから12使徒の1人，聖トマスが渡印して布教をしたという伝説がある．聖トマスはインド西南部のケーララ地方の北部にたどりつき，インドで7つの教会をうちたて，東海岸のチェンナイで死去したとされる．この伝説の真偽はともかくとして，インドの西海岸にはすでに後1世紀にキリスト教徒のコミュニティが存在していた．345年にはクナイ・トマン（Kunai Thomman）がエディッサ（現トルコ領）から東シリア正教会をいまのケーララ地方に伝え，教会を設立したとされる．彼とやってきたシリア系キリスト教徒たちは当時の主要な港町コドゥンガルールに集住していたが，イスラームの南進にともない，内陸部のコーッタヤムへ移住し，内婚を繰り返して現在に至っている．その後，ポルトガルのケーララ支配にともない，このシリア系キリスト教徒はカトリックとシリア系の2つに分裂する．信徒数は20万人以上とされる．

　インド西岸部に位置するゴアは1510年からポルトガルに一部支配されていたが，その後1555年に委譲が決定され，1961年までポルトガルの植民地であった．1553年に最初の改宗が成功した．相手はバラモンであった．ポルトガル人の改宗方針は影響力の強いバラモンを改宗してその下で働く低カーストをもキリスト教化していくというもので，上からの改宗を目指していた．彼らはゴアのヒンドゥー神殿を破壊して教会を建てた．つづいていくつかのキリスト教教育機関が設置される．ここに通学できたのはバラモンのみであった．彼らのみが真のキリスト教教育を享受することができた．こうした状況が20世紀初頭まで続いた．

　キリスト教への改宗にもかかわらず，ゴアでは改宗前のヴァルナやカースト帰属が失われることはなかった．ゴアのキリスト教社会には，バラモンやクシャトリヤ，シュードラなどのヴァルナに対応する集団分類が認められ，さらにはさまざまな職業集団もその内部に存在するのである．カトリックはカーストを宗教とみなさないことによって無視する立場をとったため，カーストへの帰属が温存される傾向があった．

　これに対し，南部では，改宗はどちらかというと低カーストの間で進んだ．神の前での平等を説

図3 ロータス・テンプル

くキリスト教は，差別で苦しむ低カーストには魅力的な教えであった．しかし，改宗したからといって，彼らを取りまく社会環境が変化したわけではなかった．

17世紀初頭イエズス会がこの地で採用したのはカースト集団を認め，それにそって集団改宗を行おうとする方針であった．その際，自ら2つの集団に分かれて改宗運動に関わった．一つはブラフマーナ・サンヌヤーシ，もう一つはパンダーラ・スワーミと名づけられ，それぞれ上位カーストと下位カーストの改宗にあたった．1813年には東インド会社による伝道活動の禁止が解かれ，他のプロテスタントも伝道を開始する．こうしてキリスト教徒はいくつかの宗派に分かれることになった．今日カトリックに占める不可触民はカトリック全体の55%，南東部のタミルナードゥ州で65%である．

キリスト教は，西欧列強の進出と結びつき，今日でも植民地支配の象徴とみなされると同時に，各地に学校を建て西欧科学や医学の普及に貢献した．また，結果としてインドのカースト制度を温存することにはなったが，今なおキリスト教を背景とする団体が，差別や福祉問題の克服を目指して活動していることも事実である．

(10) その他

パールシーは，8世紀にムスリムに追われてインドに到達したゾロアスター（拝火）教徒の子孫である．アフラ・マズダを唯一神とし，霊魂の不滅を信じる．ムンバイを中心におよそ10万人の信徒が，独自の文化を維持している．遺体を鳥に食わせる鳥葬が有名である．

ユダヤ教徒は，西南部のコチやムンバイ，コルカタの一部に居住地を形成している．ケーララ州北部の港町コチのユダヤ人や，ベニ・イスラエルという名のムンバイのユダヤ人たちは2000年近く居住していたとされるが，16世紀以後交易を目的にインドに到達したユダヤ人も少数いた．国勢調査によると2001年の人口はおよそ5000人である．これは，過去50年間に生じた海外への移民によって激減した結果である．

バハイは，1844年に創始されたイラン起源の宗教だが，活発な宣教が功を奏し，いまではおよそ220万人の信者がいる．この数字は，国別ではインドにもっとも多くのバハイ信徒が住んでいることを意味する．ニュー・デリーのロータス・テンプルは，彼らの中心的な宗教施設であるが，観光名所としてもにぎわっている．

最後に，インド社会の周辺部に位置し，「指定部族」と総称される人々の宗教について触れておきたい．指定部族は総人口の8%を占め，言語も多様であり，数百万から1000人前後までと人口の規模もさまざまである．彼らの宗教は，ヒンドゥー教と区別してアニミズムなどと称されるが，実状は多様である．なお，今日ではヒンドゥー教やキリスト教への改宗が進んでいる．

7.2 ネパール連邦民主共和国

ネパールの2001年の総人口はおよそ2300万人である．ネパールには1000人以上の言語集団が64ある．そのうち，半分近くがネパール語（49.0%）を母語とし，次にマイティリー（12.4%），ボジュプリー（7.6%）と続く．

ネパール国民は，タライ平原の住民（北インド系），ヒマラヤ高地の住民（チベット系），中間山地の住民（ネパール系，チベット・ビルマ系）の3つに大きく分かれる．言語学的には，インド・ヨーロッパ語族とチベット・ビルマ語族に大きく分かれ，それぞれネパール語と北インド系諸方

◆ Ⅱ．世界宗教の現在 ◆

言，チベット語諸方言とチベット・ビルマ語系諸言語に下位区分される

　ネパールにおいても，とくにヒンドゥー教徒の間にはカーストが認められる．ただし，ネパールでは民族とカーストの区別が曖昧である．山岳部では一種の民族集団と認められる人々も，都市部など，いくつかの集団が共存する場所では，むしろカーストとみなされる傾向がある．ちなみにネパールの統計調査では，こうした民族・カースト集団は全部で103（不明を含め）挙げられている．クシャトリヤを意味するチェトリが最大数（15.8%）で，次にバラモン（12.7%）が続くが，これらが，1991年の調査で官僚，軍隊，警察の8割を占め，当時総人口の3%（2001年には5.5%）のネワールが13%を占めていた．実際，これらの人々がネパール王国の文化と社会において重要な地位を占めてきた．

　ネパールは，ヒンドゥー王国で，信教の自由はあるが，他の宗教は布教が認められていない．ヒンドゥー教徒は80.6%，仏教徒は10.7%，ムスリムが4.2%と続く．キリスト教徒は0.5%にすぎない．

　仏教徒は，東，中央ネパールの中間山地，ヒマラヤ高地，カトマンズ盆地に集中しており，民族的には中間山地のチベット・ビルマ系諸民族，ヒマラヤ高地のチベット系，カトマンズ盆地のネワールの一部である．しかし，チベット系住民のなかにも，マガール，スヌワールのようにヒンドゥー文化の影響を強く受けているものもいる．またグルンやタカリーなどは仏教僧を雇う．リンブーやライの宗教はキランティとよばれるが，これは祖先崇拝を中心とする伝統的な宗教を指す．

　ネパールにおいては仏教とヒンドゥー教との関係は曖昧であり，国家や民族運動のもとで一方から他方へ変貌する事例が報告されている．例えばタカリーは，ヒンドゥー化が進み，マガールは仏教徒を名乗りはじめている．

　ネパールでは，クマリ信仰が有名である．クマリはネワール仏教徒金細工師カースト，サキヤ家から選ばれ，初潮まで女神として王宮前の館に住み，ヒンドゥーならびに仏教の聖職者から礼拝を受ける．彼女はインドラ・ジャトラの祭りのときに街を巡回する．そして，最終日に王の権威を承認するためにティカを王に付ける．ティカとは額につける赤い粉の印である．王の権威は，この生き神によって正当化され，間接的に王国が祝福されることになる．なお，クマリとみなされる少女は，王のクマリ以外にも存在し，託宣などを行う．

7.3　パキスタン・イスラーム共和国

　1998年の国勢調査によると，全人口約1億3200万人のうちムスリムの占める割合は96.3%である．残りはヒンドゥー教徒1.6%，キリスト教徒1.6%などである．ムスリムはスンナ派（約76%）とシーア派（約20%）に分かれる．母語で分けると，パンジャービー語（44.2%），パシュトゥーン語（15.4%），スィンディー語（14.1%），バローチ語（3.6%），サラーイキー語（10.5%），ウルドゥー語（7.6%），その他の言語（4.6%）となる．民族的にはサラーイキー語を話す人々はパンジャービー民族とみなされることが多いので，パンジャービー民族は過半数を超える．このなかには分離時にインドからパキスタンに移住した人々（ムハージル）がいる．またアフガニスタンやカシミールからの難民も200万人近く存在する．

　パキスタン誕生の直接の契機は，1940年，ムスリム連盟がラホールで分離独立国家の樹立を決議したところに求めることができる．そして，1947年にムスリムの集住している地域が分離し，パキスタンが生まれた．

　パキスタンは，建国当時ムスリムの国家を目指したが，その性格はあくまで世俗国家であった．その後，1977年から1988年まで政権を握ったジヤーウル・ハック（Zia-ul-Haq）の時代に，イスラーム刑法やイスラーム法廷の導入，無利子金融制度の開始などイスラーム化が進む．

　パキスタンではスンナ派が多数を占めるが，そのなかでも，ハナフィー法学派が優位である．イ

スラームの教えはウラマーによって学院（マドラサ）で教えられるが，そのなかでも厳格で有名なのが，インドのデーオバンド学院の系統である．これは，アフガニスタンで政権を握っていたターリバーンとのつながりで，世界的に有名となった．デーオバンド派は，音楽を排し，聖廟の参拝などを認めない．

　インドの項目で触れたように，パキスタンにおいても聖者崇拝は広く普及し，またカーストに類似した階層がイスラーム社会に認められる．

　ヒンドゥー教との関係で無視できないのは，ラホールで行われるケンカ凧の祭り（バサント）である．これは春を祝うヒンドゥーの祭りを起源にもつ．このため，イスラームの伝統主義者たちはこの祭りに対して批判的である．

7.4　バングラデシュ人民共和国

　バングラデシュは1947年にパキスタンとしてイギリス支配から独立したが，経済的格差の増大，ウルドゥー語を優先する政策への反発などから，西パキスタンと対立し，1971年にバングラデシュとして分離独立する．分離独立運動は，ベンガル（言語，文化）を核とし，イスラームとヒンドゥーがともに戦った成果であった．このため1972年の憲法では，世俗主義が強調され，イスラーム色が抑えられていた．しかし，その後バングラデシュは，1975年から1990年まで軍事政権が続く．軍事政権下ではイスラーム諸国との関係改善が模索され，1988年エルシャド政権下にイスラームを国教とする憲法を制定した．

　2001年の国勢調査によると，バングラデシュの総人口は1億2925万人である．ほとんどが低地とはいえ，北海道の2倍ほどの国土に日本の人口より多い人々が住んでいる．ムスリムが1億1108万人（89.7％），それにヒンドゥー教徒が1138万人（9.2％）と続く．他に仏教徒が84万人，キリスト教徒が36万人いる．インドの項目で指摘したように，バングラデシュにおいても中東起源と南アジア起源のムスリムという対立が認められる．またカースト分業に匹敵する関係も存在する．

　バングラデシュ（ベンガル地方）のイスラームは，13～14世紀頃に聖者を通じて民衆に定着していく．これに対し，イギリス植民地下の19世紀前半にはシャリーアトゥッラー（Shariatullah, 1781-1840）率いる改革運動ファラーイジーが生まれ，戦闘的な農民運動へと発展した．

　バングラデシュのヒンドゥー教は1割に満たない．しかし，1941年の印パ分離前には全人口の28％を占めていた．印パ分離後の国勢調査でも22％と2割を超えていたが，その後急速に人口が減っていく．彼らは，かつて上層部に属するものも多数いたが，第2次インド・パキスタン戦争（1965～66年）の際に土地などを政府に撤収され，そのまま返還されていない．また教育や雇用などでも差別を受けている．さらに，インドのヒンドゥー・ナショナリズムが高揚するとともに，バングラデシュではヒンドゥー教徒に対する報復的な暴動の脅威が増していった．

　バングラデシュの東部，チッタゴン丘陵地帯にはベンガル語を母語としない少数民族が13集団居住している．1991年の国勢調査ではこの地域の半数にあたる60万人が少数民族である．その一部（チャクマ，マルマなど）が仏教徒で，分離独立運動にも関わっている．

7.5　モルディヴ共和国

　モルディヴは，およそ1200の島からなるが，人が住んでいるのは200ほどである．ここに18万の人々が住んでいる．モルディヴはイスラーム（スンナ派）が国教である．もともと仏教徒で，仏教遺跡も散見されるが，12世紀にイスラームに改宗した．1558年から1573年の間，ポルトガルの支配を受けるが大きな影響を受けなかった．その後，オランダ，そしてイギリスの保護国であったが，間接的な支配にとどまる．イギリスからは1965年に独立している．1968年にはスルターン制を廃止し，大統領をかかげる共和国政体の形

を整えた．国民の多くはディヴェヒという名の民族で，ディヴェヒ語はスリランカのシンハラ語と類似している．

モルディヴにはファンディタという名の民衆イスラームが根づいている．ファンディタは，サンスクリット語のパンディタ（専門家，学者）に由来するが，特別な男女が所有する神的な力である．かれらはジン（悪霊などと訳される）の攻撃から人々を守る．おそらく伝統的な鬼神への信仰がイスラーム化し，ジン信仰となって今日に至っていると推察できる．

7.6 スリランカ民主社会主義共和国

(1) 概　略

スリランカは，かつてはセイロンという名で知られていた．面積はおよそ 6 万 5500 km² で北海道の約 8 割にあたる．一番正確とされる 1982 年の統計に基づいて分類してみると，全人口 1485 万人のうち，まずシンハラ語を母語とするシンハラ人が全人口の 4 分の 3 弱（74.0%）を占める．次にタミル語を母語とするタミル人が 25.3%，ほかに英語が母語という人々も少数だが住んでいる．

これを信仰する宗教によって分類してみると，仏教徒はおよそ 1030 万人で 69.3% を占める．シンハラ人の多くが仏教徒である．しかしなかにはキリスト教の信者もいる．ヒンドゥー教徒が 15.5%，ムスリムが 7.6% いるが，どちらもタミル語を話す．残りのタミル人はキリスト教徒である．キリスト教徒はほとんどがカトリックで，総人口の 7.6% を占め，ムスリムより多い．ムスリムは，アラブ，南インド，マレー起源からなる．

タミル人 400 万人のうちの 3 分の 1 がインド・タミルとよばれている．彼らの祖先は 19 世紀にイギリスが開発した高地部の紅茶やゴムのプランテーションで働くために海を渡ってやってきた南インドのタミル人労働者たちである．彼らと区別するために，北部州・東部州の，ムスリムを除くタミル人をセイロン（スリランカ）・タミルとよぶ．しかし，厳密には北部のジャフナのタミルと東部に住むタミルとは，文化・社会的に異なる．

ヒンドゥー教徒は北部と東部，そしてプランテーション地帯の高地，ムスリムは都市部と東部，キリスト教徒は西海岸に多い．

ヒンドゥー教徒はいうまでもないが，仏教徒の間にも，カースト制度は存在する．ただし，バラモンにあたる最高位の司祭カーストは存在せず，ゴイガマという土地所有カーストが最高位に位置し，この下に，金細工師，鍛冶屋，洗濯屋，太鼓叩きなどのカーストが存在する．

(2) 仏教の歴史

諸説はあるが，シンハラ人たちは，前 5 世紀には北インドよりこの島に移ってきた．そして，前 2 世紀にはアヌラーダプラを中心とする北部の乾燥地帯に大規模な灌漑設備を備えた王国をつくった．仏教は，前 243 年にアショーカ（Ashoka）王の息子あるいは弟とされるマヒンダ（Mahinda）がアヌラーダプラの王に伝え，これに王が帰依して民衆に普及したとされる．スリランカに伝来した仏教は，上座（上座部，テーラワーダ）仏教（ただし，後に大乗仏教や密教も伝わる）で，これは出家を前提とし，学問を修め，戒律を遵守し，瞑想の実践を重視する仏教で，仏陀の時代の仏教，いわゆる「原始仏教」に近い形が存続していると考えられてきた．南インドのチョーラ王国の侵入などで，11 世紀には仏教も衰退の一途をたどり，仏教僧団も壊滅する．12 世紀になると，ポロンナルワ遷都で一時的な安定を得て，ミャンマーから僧を招聘し，僧団を再建する．だが，その後の植民地化（ポルトガル 1505〜1658 年，オランダ 1658〜1796 年，イギリス 1815〜1947 年），王の改宗を含むキリスト教伝道などで，18 世紀半ばまで停滞が続く．19 世紀になると，キリスト教との神学論争を重ね，仏教ナショナリズムが高揚していく．

1875 年に神智学協会を設立したブラヴァツキー（H. P. Bravatsky, 1831-91）とオルコット（H. C. Olcott, 1832-1907）は，1880 年にスリランカに来て，後に近代仏教復興の父とされるアナガー

リカ・ダルマパーラ（Anagarika Dharmapala, 1864-1933）に影響を与える．ダルマパーラは1891年にインドに行くが，そこで眼にした仏教遺跡の荒廃に衝撃を受けて大菩提会を設立し，世界に仏教遺跡の保存を訴える．ダルマパーラは，後にプロテスタント仏教と名づけられるような仏教改革運動を主導し，さらに急進的な独立運動を実践した．プロテスタント仏教とは，反西欧的な政治理念のもと，原典に戻り，合理的な視点から民衆の呪術的信仰を排除し，世俗内禁欲を奨励する仏教で，とくに都市部中間層に大きな影響を与えていく．

1898年にはYMBA（Young Men's Buddhist Association，青年仏教協会）が誕生し，仏教の教えを広く普及させていく．

スリランカの仏教は，独立以前はキリスト教や西欧文明に対抗する宗教として，政治的役割を担っていたが，後に国内の少数派排斥，とくにタミル人差別と結びつくことになる．

ナショナリズムが露骨なタミル人差別として現れるのが，バンダーラナーヤカ（S.W.R.D. Bandaranaike, 1899-1959）の「シンハラ・パマナイ（シンハラ語第一主義）」運動である．これは，1956年の総選挙の論点となった．彼の率いるスリランカ自由党は，シンハラ・ナショナリズムを前面に掲げ，民衆の支持を受けて，統一国民党の政権維持を阻止することに成功した．なお，1956年は仏陀入滅2500年にあたる年で，シンハラ・ナショナリズムはこれまで以上の高まりをみせていた．バンダーラナーヤカは政権を握るとすぐに，公用語をシンハラ語のみに限定する公用語法を制定した．これによって，シンハラ語は官公庁で使用される公用語の地位が与えられたのである．バンダーラナーヤカを支持したのは，英語による西欧流の教育を受けていない仏教僧や教師などの地方のインテリ，新興の商人たちであった．彼らの不満を軽減するために，タミル人が犠牲になったのである．

1972年には新しい憲法が制定され，セイロンがスリランカとなり，仏教が準国教と位置づけられた．

就職，教育，開発などでの組織的なタミル人差別が進んだために，対抗手段として分離独立を目指すタミル人の武装集団が生まれた．政府軍との戦闘が，1980年代に激化し，多くの犠牲者が出ている．

（3）仏教の構造

スリランカでは，還俗は認められておらず，男性なら7歳をすぎるとだれでも出家できる．まず得度式を受けて見習僧になり，10年ほど尊師について修行し，また学問に励む．その後具足戒を受けて正式な僧となる．多くは村の寺院などに住み，在家の儀礼に関わるが，一部森に住んで修行を積む僧もいる．現在ある3つの僧団，すなわちシャム派（ニカーヤ）（1753年設立），アマラプラ派（1803年設立），ラーマンニャ派（1803年設立）のうち，シャム派は高位のカースト出身者しか得度を認めていない．1999年で僧は2万5000人，見習僧が9000人くらいである．シャム派が半分以上を占める．寺院はおよそ9300人である．

在家は出家僧の生活を支援し，功徳を積むことで業を軽減し，よりよき生まれを目指す．仏陀は解脱した存在であるゆえに，この世のことに関心がなく，また力もない．民衆の現世利益的願いは仏陀ではなく神々に向けられる．仏陀像は僧の管理する寺院に安置され，神像は肉食で妻帯の司祭が管理する神殿に安置されている．ここには，一体であるが同時に，仏陀と神々，出家と在家の区別がはっきりと認められる．ただし，民衆は，僧の行う儀礼や唱える経典の言葉（パーリ語）に呪術的な力を認めており，そこに現世利益的な関わりを認めることは困難ではない．

（4）ヒンドゥー教，その他

スリランカのタミル系ヒンドゥー教は，シヴァ派が大多数を占め，シヴァ神とその息子たち（ガネーシャとムルガン）を崇拝する．とはいえ，ヴィシュヌ系の神殿がないわけではない．ジャフナなどタミル人が多数を占める一部を除き，多くのヒンドゥー神殿には仏教徒も参拝する．こうした習合的現象はさまざまなところに認められる．

スリランカ南部のジャングルに位置するカタラガマはスリランカ最大の聖地で、その中心となる神殿にはシヴァ神の息子ムルガン（カタラガマ）が祀られている．

類似の習合現象がスリランカの最高峰スリー・パーダ山についてもあてはまる．この山の頂上にある足跡は，仏陀が3回目のスリランカ訪問のときに残したものとも，シヴァ神のものとも信じられている．また，カトリックやムスリムはアダムが地上に降り立ったときの足跡とみなす．

また，サイババなどインド系の聖者信仰がシンハラ仏教徒の間でも受容され，熱心な活動が都市部を中心に認められる．

スリランカのヒンドゥー教も，仏教と同じく19世紀後半に，キリスト教の影響を受けて，より政治的な性格を帯びるようになる．その中心人物はアールムガ・ナーヴァラル（Arumuga Navalar, 1822-79）で，民俗的な要素を排除して聖典に則ったヒンドゥー教の再興を推し進めた．彼の精神を継承するシヴァ教擁護協会が1888年に創設されている．独立後は，個人的な着服が絶えないとされてきた神殿管理の改革，動物供犠の廃止，不可触民の神殿排除の解禁などをめぐる法案が，国会議員を中心に提案されている．しかし，ヒンドゥー教はシンハラ・ナショナリズムに結びついて政治化していく仏教と異なり，その政治的な展開には限界があった．民族紛争においても，ヒンドゥー教が組織的になんらかの役割を果たしてきたとはいえない．むしろ，タミル・キリスト教徒が，反政府，分離独立運動で大きな役割を担っていた．

7.7 ブータン王国

九州より少し大きな土地（4万6500 km^2）に，2011年現在70万8000人の人々が暮らしている．このうち，3分の2がチベット系の仏教徒で，それ以外がネパール系でその多くがヒンドゥー教徒である．前者はさらに，北部のチベットからの移住民ンガロップと東部に住む先住民シャルチョップに分かれる．後者は19世紀になってブータンに移動してきたとされている．ほかにも少数民族が存在する．

グル・リンポチェ（Guru Rimpoche）がブータンに来て大乗仏教を広めたのは，747年のことだという．彼はニンマ派の開祖で，第二の仏陀とみなされている．彼の立ち寄った場所は，今では重要な巡礼地となっている．そのなかでもとくに有名なのが，パロ谷のタクツァン寺院とブムタン地方チョコル谷のクジェ・ラカン（御影堂）である．

11世紀末から12世紀にかけてチベットでは仏教の発展がめざましく，その影響がブータンにも及んだ．これがサルマ派と総称される宗派である．そこにはカーダム派，カーギュ派，サキャ派などが含まれ，17世紀初めまでさまざまな宗派が競合関係にあった．

17世紀にカーギュ派の支派ドゥック派がンガワン・ナムゲル（Ngawang Namgyel, 1594-1651）を擁し，政教一致の国家体制が生まれる．ブータン初の政治的統一を果たしたのは1639年のことであった．しかし，その後内戦が続き，いまの王国の基礎となる統一国家ができるのは1907年のことである．初代の王はウゲン・ワンチュク（Ugyen Wangchuck）といい，現在の王，ジグメ・ケサル・ナムゲル・ワンチュク（Jigme Khesar Namgyal Wangchuck）は5代目にあたる．現在の体制は，政教二頭制とでもいえるもので，世俗の代表である王と国教であるドゥック派の代表であるジェー・ケンポ（Je Kempo）大僧正が対等の地位にあり，相互不干渉を建前としている．なお，国教はドゥック派であるが，それ以外のチベット仏教を信奉しているブータン人もいる．

ブータンの仏教はいわゆるチベット仏教で，ラマ教ともよばれる．ラマは尊師を意味し，悟りを導く存在として重視されている．また，ダライ・ラマで有名な化身（トゥルク）についての信仰も認められる．崇拝対象には，さまざまな守護尊，護法神，鬼神，精霊が存在し，僧たちはこれらへの儀礼（法要，供養）を行い，加護を求める．また各地の僧院や寺院ではグル・リンポチェにちな

んだツェチェがひらかれ，法要が執り行われるとともに，仮面舞踊をとおして仏教の教えが説かれる．

参　考　文　献

石井　薄編『アジア読本　ネパール』河出書房新社，1997年．
今枝由郎『ブータン　変貌するヒマラヤの仏教王国』大東出版社，1994年．
臼田雅之他編『もっと知りたいバングラデシュ』弘文堂，1993年．
ガードナー，K.（田中典子訳）『河辺の詩　バングラデシュ農村の女性と暮らし』風響社，2002年．
辛島　昇他監修『新版　南アジアを知る事典』平凡社，2012年．
黒崎　卓・子島　進・山根　聡編『現代パキスタン分析　民族・国民・国家』岩波書店，2004年．
小西正捷編『もっと知りたいパキスタン』弘文堂，1987年．
ゴンブリッジ，R.，オベーセーカラ，G.（島岩訳）『スリランカの仏教』法藏館，2002年．
杉本良男編『アジア読本　スリランカ』河出書房新社，1998年．
田中雅一・田辺明生編『南アジア社会を学ぶ人のために』世界思想社，2010年．
田中典子『消されたポットゥ　スリランカ少数民族の女たち』農文協，1993年．
長崎暢子他編『現代南アジア　全6巻』東京大学出版会，2002-2003年．
中島岳志『ヒンドゥー・ナショナリズム〜印パ緊張の背景』中公新書，2002年．
橋本泰元・宮本久義・山下博司『ヒンドゥー教の事典』東京堂出版，2005年．
平山修一『現代ブータンを知るための60章』明石書店，2005年．
山下博司『ヒンドゥー教　インドという〈謎〉』（講談社メチエ299），2004年．
山下博司・岡光信子『インドを知る事典』東京堂出版，2007年．

Ⅱ. 世界宗教の現在

8 中央アジアの宗教

小松久男

ここでいう中央アジアとは，1991年にソ連から独立したカザフスタン，トルクメニスタン，ウズベキスタン，タジキスタン，クルグズスタン（キルギス）の5か国と中国西北部に位置する新疆ウイグル自治区とをさしている．現在この地域にはいくつもの国境線が走っているが，これらが引かれたのは近代以降のことである．長い歴史をとおして，ここには言語，宗教，生活様式などの面で多くの共通性をもつ人々が居住してきた．人々の移動や国家の興亡などに目を向ければ，1つの地域として歴史を共有していたともいえる．その主人公は，北部の草原（ステップ）地域に展開する遊牧民と，南部のオアシス地域に居住する定住民であり，両者は対立と共生の歴史を刻んできた．しかし，18世紀半ば以降，この地域はしだいにロシア帝国と清朝という東西の大国によって二分され，さらにその後のソビエト連邦（1922年）と中華人民共和国（1949年）の成立によって現在の国境線をもつことになった．このような近現代の歴史，とりわけ20世紀における社会主義体制の成立とソ連の解体という体制変動は，この地域の宗教にも大きな影響を与えている．本章では，現代中央アジアの宗教をその歴史的な背景とイスラーム復興を中心に概観することにしよう．

8.1 歴史的な背景

(1) テュルク化とイスラーム化
1) テュルク化

古代の中央アジアにおいて南部オアシス地域の定住民は基本的にイラン系やインド系の人々であり，彼らの間では，ゾロアスター教や仏教，キリスト教，マニ教などが信仰されていた．多くのオアシス都市国家が分立していたこの地域に国教という制度はみられず，多様な宗教が共存していたと考えられている．こうした南部オアシス地域に向かっておよそ6世紀以降，草原のテュルク系遊牧民が浸透し，やがて自らも定住生活に移行するというプロセスが波状的に繰り返された．このプロセスは19世紀まで続いたが，その結果として中央アジアのほぼ全域で言語的な意味でのテュルク化が進行した．かつて中央アジアをトルキスタン（ペルシア語で「テュルク人の土地」）と呼んだのはこのためであり，テュルク化の進展にともなってトルキスタンの領域も南に向かって拡大することになった．

しかし，かつてのイラン的な要素が完全に消えたわけではない．実際，これを継承するイラン系のタジク人は，現在もタジキスタンを中心に中央アジアの南部地域に居住しており，ウズベク語など中央アジアのテュルク系諸語の中にはペルシア語（現代の中央アジアではタジク語とよぶ）の要素をふんだんに見出すことができる．ブハラやサ

図1　中央アジア

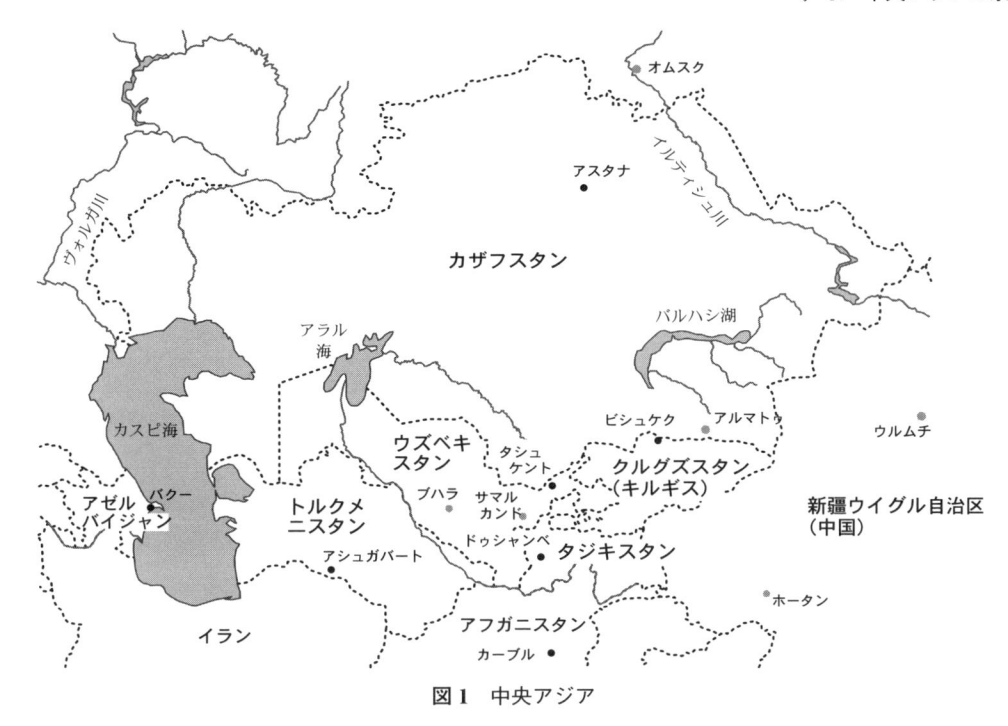

マルカンドなど古来のオアシス都市では，タジク語とウズベク語とのバイリンガルの生活は今もふつうに行われている．かつてイラン系の農耕民が祝ったノウルーズ（春分祭）は，今や中央アジアのテュルク系の人々にとっても重要な年中行事となっている．政治的にはテュルク系の遊牧民が優越した軍事力によってオアシス地域を征服し，政権を樹立することが多かったが，社会，文化的にはテュルク化とイラン化とは表裏一体の関係にあったともいえる．テュルク系遊牧民もまたシャマニズムのほか，仏教，ゾロアスター教，ネストリウス派キリスト教などの多様な宗教を信仰していたが，これらはやがてイスラーム化の波の中にのみこまれていくことになる．

2）イスラーム化

テュルク化の開始に少し遅れて，中央アジアはイスラーム化という第二の大きな変化に直面した．ここにイスラームをもたらしたのは，7世紀末から8世紀初めにかけて南部のオアシス地域を征服したアラブ人であり，以来この新しく活力にあふれた宗教は，ゾロアスター教や仏教，キリスト教などの先行する宗教をしだいに駆逐していった．アラブ人の支配は短期間に終わったにもかかわらず，イスラームがこの地に確実に根付いたのは，この地のイラン系およびテュルク系の人々が，イスラーム文明を自発的に受け容れたことの結果だと考えられる．西アジアの先進的な文明を体現していたイスラームは，この地の人々にとっても魅力的だったにちがいない．

もっとも，中央アジアのイスラーム化もテュルク化と同じく長期にわたるプロセスであった．イスラームはまず，アラブがアム「川の向こうに広がる地」という意味でマーワラーアンナフルと名付けた南部のオアシス地域に根付き，そこからほぼ10世紀という長い時間をかけて草原や高原の遊牧民の間に浸透していったからである．生活様式を異にする定住民と遊牧民とでは，イスラームの受け容れ方も異なっていただろう．この点は，現代のイスラーム復興が南部のウズベキスタンやタジキスタンで著しいのに対して，北部ではあまり目立たないこととも関係すると思われる．

いずれにせよ，イスラームは，軍事力にまさる遊牧民の政権が盛衰するとともに，多様なエスニック集団の移動と混合が繰り返された中央アジア

◆ II. 世界宗教の現在 ◆

図2 サマルカンドのシェルダール・マドラサ
（17世紀の建築）

の社会と文化に緩やかな統合と秩序をもたらすことになった．言い換えれば，イスラーム法が，この地域の普遍的な法となったのである．たとえ南部のオアシス地域を征服したテュルク・モンゴル系の君主が，チンギス・ハンに由来する遊牧民の慣習法ヤサの権威を主張しても，イスラーム法に優ることはできなかったのは，その一例といえる．14〜15世紀のティムール朝以降，南部オアシス地域を基盤に成立した政権は，ムスリム社会を統治するために努力を傾けた．支配者たちは，「公正なムスリム君主」としてふるまい，預言者の末裔とされる貴顕なホージャたちを重用し，マドラサ（高等学院）の教授（ムダッリス）やイスラーム法の裁判官（カーディー）を監督・保護する制度を運営するのが常であった．

3) イスラーム文明への貢献

9〜10世紀，バグダードを首都とするアッバース朝が西アジアと地中海沿岸に覇権を確立したとき，中央アジアはこの「イスラーム帝国」の北縁に位置していた．しかし，むしろイスラーム文明圏の辺境に位置したがゆえに，中央アジアからはイスラーム文明の発展に貢献する多数の人材が輩出した．たとえば，9世紀の学者ブハーリー（al-Bukhārī, 810-70）は，古都ブハラの出身ゆえにこうよばれるが，預言者ムハンマドの言行録，ハディースの集成という偉業でイスラーム世界に広く知られている．ハディースは，はじめ信者の口から口へと口承で伝えられていたが，ムスリム共同体の拡大にともなってこれは難しくなり，また世代を経るうちに伝承には誤りや偽造が生まれるようになった．そこで，ブハーリーは広く各地を巡って膨大な数のハディースを収集し，かつその中から真に信頼するに足る伝承を厳選して『真正集』を編集した．これはスンナ派ムスリムの間では，現在に至るまでもっとも権威あるハディース集とみなされている．興味深いことにブハーリーに限らず，ハディース学の権威には中央アジア出身者が多い．また，12世紀フェルガナ地方出身の法学者マルギーナーニー（al-Marghīnānī, 1117-97）は，イスラーム法の注釈書『ヒダーヤ』を執筆したが，これもまたスンナ派ハナフィー法学派の世界ではもっとも重要な参考書として広く使われてきた．

イスラーム文明の共通語はアラビア語だったが，マーワラーアンナフルは，もう1つの重要な文章語，アラビア文字をもって表記されるペルシア語の揺籃の地でもあった．9世紀半ばに成立したペルシア語は，以後近代に至るまで中央アジア南部では宗教，学術，文芸，行政の言語としてアラビア語に優るとも劣らぬ地位を保ち続けた．同じくアラビア文字によるテュルク語文章語が優位に立つのは，ようやく19世紀以後のことである．イスラーム化した中央アジアは，長くペルシア語文化圏に属していたのである．その象徴となった都市ブハラは，中央アジアにおけるイスラームの学問の中心地として令名をほしいままにした．

4) タリーカとマザール

以上に加えて中央アジアのイスラームで注目すべきは，タリーカすなわちスーフィー教団の果たした役割の大きさである．12世紀頃から中央アジアにも現れ始めたタリーカは，都市や農村で人々を社会的，精神的に結合する役割を果たすとともに，とくにテュルク系遊牧民のイスラーム化に貢献したことで知られている．イスラームの教えをテュルク語の平易な詩に託して遊牧民の間に広めたというヤサヴィー（Yasawī, 1166没）は，ヤサヴィー教団の祖として名高い．有力なタリーカの導師たちは，生前は君主たちの精神的な師として政治や社会にも影響力をふるい，死後はマザール（聖者廟）にまつられて人々のさまざまな祈

図3　ドゥルドゥル・アタのマザール
4代目カリフ，アリーの愛馬の名前にちなみ，馬を描いた古代の岩壁画の下に泉，岩の裂け目には自然の祠，そしてスーフィー聖者の廟がセットになっている．（クルグズスタン南部のアラワンに所在．筆者撮影）

願を神に取りなす役割を果たしてきた．タシュケント郊外のゼンギー・アタ廟をはじめとして，中央アジアには大小，新旧さまざまなマザールが散在している．

タリーカの中ではブハラ出身のバハーウッディーン・ナクシュバンド（Bahā' al-Dīn Naqshband, 1318-89）を名祖とするナクシュバンディー教団が特筆に値する．スンナ派正統主義の立場を貫き，「心は神に，手は職に」というモットーに見えるとおり，在家での修行を奨励した教団は，14～15世紀のティムール朝期に中央アジアとアフガニスタン北部で地歩を固め，中央アジアの政治と社会に多大の影響を与えた．その道統を継ぐスーフィーたちはやがて中国やインド，ヴォルガ中流域，さらにはオスマン帝国領内のバルカン半島にも新たな教団を開いていった．新疆南部のオアシス地域でも，この道統に連なるカシュガル・ホージャ家が16世紀後半から政治と宗教の両面で勢力を振るい，18世紀半ば清朝による統治が始まった後も，異教徒の清朝に対するジハード（聖戦）を繰り返した．

マザールは，タリーカの導師の廟に限られるわけではない．中央アジアではイスラームの預言者や歴史上あるいは伝説上の人物の墓地やゆかりの場所，さらには天然の奇石，洞窟，古樹，泉などもマザールとよばれ，さまざまな御利益を求める人々の参詣の対象となった．これらのマザールの立地や参詣儀礼には，イスラーム以前の宗教や信仰の遺制を見出すこともできる．厳格なウラマーの中にはマザール参詣をイスラーム法からの「逸脱」として批判する者もいたが，これによって民衆の参詣が止むことはなく，中央アジアに根付いたハナフィー法学派の解釈は，概してマザール参詣という慣行に対して寛容であった．

(2) 帝政ロシアと清朝の支配
1) ロシア統治下のムスリム社会

19世紀に入って広大なカザフ草原を直接の統治下に組み入れたロシアは，1865年中央アジア最大の商業都市タシュケントを圧倒的な軍事力で占領し，1867年には中央アジア南部の肥沃な征服地を統治するために，ここにトルキスタン総督府を置いた．さらに中央アジア南部のムスリム諸国に攻勢をかけたロシアは1876年コーカンド・ハン国を併合するとともに，ブハラ・アミール国とヒヴァ・ハン国を保護国として帝国の領土に加え，こうしてロシア領トルキスタンが成立した．人口の希薄なカザフ草原にはロシア人やウクライナ人農民の入植が始まったが，ムスリム人口の濃密なトルキスタンに大規模な入植の余地はなく，ロシア人など非ムスリムの移住はほとんど都市部に限られていた．何よりも植民地における治安の維持と綿花生産の拡大を優先したロシアは，ムスリム社会に対するあからさまな干渉を控え，ヴォルガ・ウラル地方のタタール・ムスリムには行ったロシア正教の布教もここでは推進しなかった．ロシア当局は，先進的なロシア文明の前にイスラーム文明は自然に衰微していくものと想定していたからである．

侵攻してきたロシア軍と初めて戦ったとき，トルキスタンのムスリムは，これを異教徒に対するジハードと理解していた．しかし，ジハードはいずれも敗北に終わり，さらにロシアの非干渉政策は，カーディーがイスラーム法に関わる裁定を下し，地元出身のムスリム官吏が郷・村レヴェルの地方行政を担うことを許容していた．このような現実に直面したイスラーム法学者などのムスリム

◆ Ⅱ．世界宗教の現在 ◆

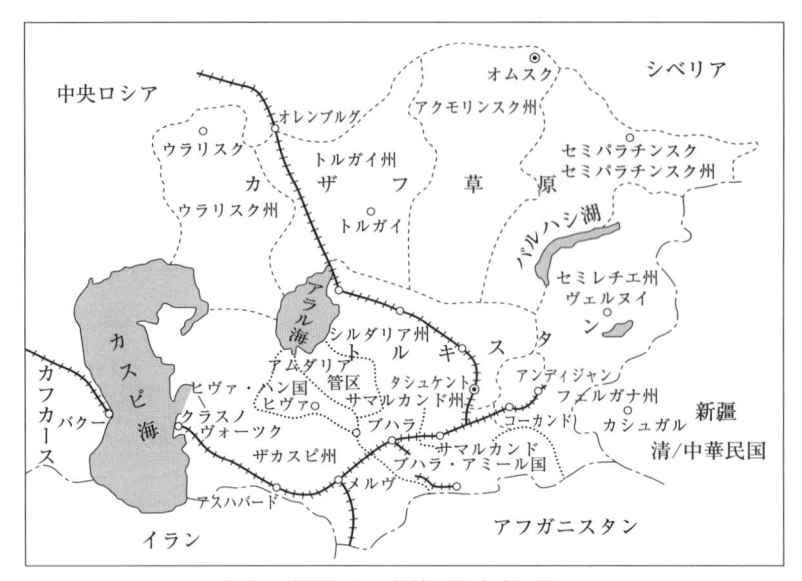

図4　帝政ロシア統治下の中央アジア
（小松久男編『中央ユーラシア史』山川出版社より）

知識人は，異教徒のロシア人統治下でもムスリム社会は存続が可能だとする見解を共有するようになった．実際，綿花ブームで富の蓄積が進んだフェルガナ盆地では，ムスリム資産家の寄進により多くのマドラサやモスクが建設されている．

2) アンディジャン蜂起

しかし，ロシアの植民地統治は，これまでのムスリム社会の秩序を動揺させ，貧富の差の拡大を招いたことも事実であった．とりわけロシアによって導入されたカーディーの選挙制は，不適格な人物が買収によって職に就くなど多くの不正や混乱を生み，フェルガナ盆地周辺のクルグズの間にはロシア農民の入植に対する反感が高まった．こうした状況の中で，1898年5月フェルガナ地方の東部，アンディジャンでムスリムの反乱が起こった．それは，この地方の定住民や遊牧民の間に2万もの信徒を有するナクシュバンディー教団の有力な導師，ドゥクチ・イシャーン（Dukchi Ishan, 1853?-1898）が，およそ2000名の信徒を率いて，アンディジャンに駐留するロシア軍の兵営に夜襲を敢行した事件であった．彼は，ロシア統治下で腐敗したムスリム社会の浄化とクルグズの土地を侵したロシア人移民の駆逐を目標として聖戦を唱えたのである．

強力なロシア軍に徒手空拳で挑んだ反乱は無惨な失敗に終わり，ムスリム住民には厳しい懲罰が下された．この反乱に言及した同時代のムスリム知識人は，ほぼ異口同音にドゥクチ・イシャーンの無知と無謀な行動を非難している．それはロシアの統治を受け容れたムスリム社会の平穏な秩序を乱したからである．一方この蜂起は，トルキスタンの統治に自信を深めていたロシア当局に強い衝撃を与えた．ときのトルキスタン総督は，アンディジャン蜂起のみならず，カフカースやスーダンなどでのムスリム反乱の事例を視野に入れながら，戦闘的なスーフィー教団と汎イスラーム主義の危険性に着目し，「ロシア文明に対して無条件に敵対的な」イスラームと戦うための方策を皇帝ニコライ2世に進言している．その意味で，アンディジャン蜂起は，帝政ロシアの高官や軍人の間でのイスラームに対する否定的なイメージを強化する新たな要因になったともいえる．このようなイスラーム認識は，ロシア革命後も受け継がれた可能性が認められる．

3) ジャディード運動

19世紀末からロシア領内のムスリム地域では，教育を中心とするイスラーム改革運動が進展していた．この運動はヴォルガ・ウラル地方やクリミ

ア地方のタタール知識人のイニシアティブに始まり，ロシア文明の挑戦に応えてムスリムの社会と文化の改革と刷新をめざすものであった．ジャディード運動という名前は，クリミア・タタール人のガスプリンスキー (Gasprinskii, 1851-1914) が創始した「新方式学校」（ウスーリ・ジャディード）の名称に由来する．それは，従来の寺子屋式の初等学校マクタブと異なり，イスラームの基本的な教義を教えるほか，母語とロシア語の読み書き，算数，理科，歴史，地理などの世俗科目を学年別のカリキュラムに従って教える文字通りの新式学校であり，ムスリム社会を沈滞から解き放ち，内からの変革を実現する第一の手段と考えられた．アンディジャン蜂起が，原初の清浄なムスリム社会への回帰をめざした復古主義の運動であったとすれば，ジャディード運動は，イスラームをロシアの近代的な諸条件に適応させる試みだったともいえる．これに対して，草原のカザフ知識人の間には，イスラーム文化に固執することなく，ロシア文化の受容によって遊牧カザフの発展を志向する動きも現れた．

この教育改革運動は，ロシア・中央アジア間の通商で成長した新興のタタール・ブルジョワジーの支持を受けて，ロシア領トルキスタンや清朝治下の新疆の諸都市にも広がり，改革派の知識人は1905年のロシア革命後，新聞・雑誌の刊行や文学・演劇活動を展開してムスリムの啓蒙に努めた．とりわけ母語による教育の実践は，テュルク系の人々の民族的な覚醒を促した．しかしジャディード運動は，ロシア当局からは帝国の統合と安定を脅かす汎イスラーム主義，汎トルコ主義とみなされて抑圧を受ける一方，ムスリム保守派からはイスラーム法からの逸脱だとして非難され，都市部の知識人を超えてムスリム社会に浸透するには限界があった．そして，第1次世界大戦下の1916年夏，帝政による突然の戦時労働への動員令は，中央アジアのムスリム大衆の不満をよび，植民地の各地に抗議行動が拡大した．中央アジアは，このような1916年蜂起に引き続いてロシア革命という大変動に突入していくことになる．

4）清朝治下の新疆ムスリム社会

18世紀半ばすぎ，清朝は天山山脈北側の草原を本拠地として中央アジアに一大勢力を築いたジュンガル，すなわちチベット仏教徒のモンゴル系遊牧民の帝国を征服すると，その支配下にあった天山南部のテュルク系ムスリムの居住するオアシス地域も版図に加え，この新しい領土を新疆と名付けた．清朝は新疆のムスリム社会への干渉を避け，漢人の入植も禁止されたが，清朝によって権力を奪われたカシュガル・ホージャ家は，コーカンド・ハン国を拠点に清朝に対するジハードを続けた．1860年代に西北ムスリム反乱が新疆に拡大すると，コーカンド・ハン国の軍人ヤークーブ・ベクは新疆に入って独立のムスリム政権を樹立したが（1871～77年），彼が行ったイスラーム法の厳格な適用は，必ずしも新疆ムスリムの支持を得なかったといわれる．1878年に新疆を再征服した清朝は，新疆の内地化とムスリムの同化政策に着手したが，こうした政策はジャディード運動の感化や漢人支配者の恣意的な統治に対する反感とあいまって，後にウイグル人とよばれるテュルク系ムスリムの民族的な覚醒を促した．中華民国期にカシュガルで樹立された東トルキスタン・イスラーム共和国（1933～34年）はその重要な成果であった．しかしウイグル・ナショナリズムはまだ十分な基盤をもたず，大国に狭まれた内陸という地政学的な条件もその発展を阻害した．

(3) ソ連時代のイスラーム
1）革命と内戦

1917年，第1次世界大戦中に起こったロシア二月革命は，中央アジアをはじめとするロシア領内のムスリム諸民族に新しい展望を開いた．帝政の崩壊は，民族の自治を実現する機会をもたらしたからである．二月革命以後，ロシア・ムスリム地域における自治運動は急速な高まりを見せた．まもなく十月革命によってソビエト政権を樹立したレーニンとスターリンも，ムスリム諸民族との連帯のアピールを公表した．旧帝国内に少なくとも2000万を数えるムスリム諸民族の動向は，革命の帰趨にとっても重要な意味をもっていた．ム

◆ II. 世界宗教の現在 ◆

スリム諸民族の解放と自立をめざしたムスリム・コムニストは，革命に続く内戦の中でソビエト政権とムスリム民衆との間をつなぐ役割を果たし，ウラマーの中にはイスラームと共産主義との共存を構想する者もいた．

しかし，内戦に勝利を収めたソビエト政権は，イスラームの伝統と秩序を突き崩す政策を実行しはじめた．まず1924年末，中央アジア史上初めて，ここに民族別の共和国を編成する民族・共和国境界画定を断行した．ソビエト政権はこの時点で多様なムスリム集団をウズベク，タジク，カザフ，クルグズ，トルクメンなどの民族別にまとめあげ，それぞれに一定の領域をもつ共和国，自治共和国，自治州などの地位を与えたのである．カザフ，クルグズ，トルクメンなどの遊牧系諸民族の場合，伝統的な部族を基盤として民族的な意識の原型はできていたが，定住系のウズベクとタジクの場合，それはまだ未定型のままであった．彼らにとっては「ブハラ人」のように居住するオアシスや都市が集団アイデンティティの核であり，民族的な帰属意識はまだ意味をもっていなかった．ソビエト政権による境界画定は，かつての植民地を新しい連邦の中に統合し，社会主義建設を実行するために民族別共和国という枠組みを作りあげ，また中央アジア出身の党員やムスリム知識人の間に見られた汎イスラーム主義や汎トルコ主義的な傾向を抑えるためであったと考えられる．それは超民族的なイスラーム文明の伝統を排除して，新しい枠組みの中で「社会主義民族」の形成をめざす試みであったともいえる．いずれにせよ，現代中央アジア諸国の原型は，このときに成立したのである．

2) 抑圧と統制

そして1920年代後半からはイスラームに対する激しい攻撃が開始された．ソビエト政権は，イスラームの制度や慣行を中央アジア社会の後進性の要因，社会主義建設の障害とみなし，イスラーム法やアラビア文字の廃止，モスクやマドラサ，マザールなどの宗教・教育施設の閉鎖や他目的への転用（住宅，倉庫など），その経済的な基盤をなしていたワクフ（寄進）財産の国有化を行い，

図5 中央アジア・カザフスタン・ムスリム宗務局が所在したタシュケントのバラクハン・マドラサ（筆者撮影）

図6 ブハラのミーリ・アラブ・マドラサ
1536年に完成した大規模なマドラサ．1945年に再開を許されたソ連で唯一のマドラサ．（筆者撮影）

ムスリム知識人に対する抑圧を強めた．とりわけスターリン時代の粛清は，多数のムスリム知識人の生命を奪い，知的伝統の継承に大きな打撃を与えた．公的な空間では戦闘的な無神論宣伝が組織的に行われる一方，中央アジア社会の「封建的な遺制」を打破するためにムスリム女性の解放キャンペーン（フジュム）が進められた．ソビエト政権は，イスラームの伝統を根こそぎ除去し，代わりに普遍的で世俗的なソビエト文明を扶植しようとしたのである．中央アジアは，外のムスリム諸国からも事実上隔離されることになった．

第2次世界大戦での激烈な独ソ戦のさなか，中

央アジアのムスリム諸民族の動員と協力を必要としたソビエト政権は，1943年タシュケントに中央アジア・カザフスタン・ムスリム宗務局を創設し，ブハラの1マドラサに再開を許すなどの妥協を行った．この公認ムスリム組織は，政府の統制下にムスリムの指導や教育，海外のムスリム諸国との交流などを行うことになった．以後，歴代の宗務局長（ムフティー）は，ソビエト体制に順応しながら，穏健なハナフィー法学派の伝統を守り伝える役割を担った．しかし，戦後まもなく無神論宣伝は再び強化されたから，ムスリム宗務局の活動には明らかな限界があった．学識と精神性を備えたイマーム（モスクの導師）の数は少なく，信徒の精神的な必要を満たすには及ばなかった．こうしてイスラームに関する知識は局限され，個々人の私的な信仰を除くと，イスラームの伝統は人生儀礼（割礼，結婚，葬儀など）やひそやかなマザール参詣のように，いわば習俗の中に溶けこんだかのような状況が生まれることになった．見方を変えれば，イスラームは民族的な伝統として生き残ったのであり，中央アジアにおける無神論宣伝の専門家たちが提起したのも，民族的な伝統と一体化したイスラームの根強い「遺制」はいかにすれば除去できるか，という問題であった．

およそ70年に及ぶソ連時代に中央アジアは大きな変容を経験し，ソビエト文明の中で現代化をとげた．それは南接するアフガニスタンをはじめとして，他のムスリム諸国では見ることのできない歴史的な経験であり，かつ現代中央アジア社会の基層ともなっている．ソビエト文明は，国家と宗教とを峻別する世俗主義の原則を浸透させたばかりではない．それは中央アジアに生産力の飛躍的な増大，平等な法と社会システム，教育の普及と科学技術の発展，保健衛生の向上とムスリム女性の解放をもたらした．連邦規模の計画的な人員配置や移住政策の結果，都市部を中心に民族構成の多様化が進み，共通語はロシア語となった．その一方で，ソビエト文明は共産党による一党独裁の政治システムの弊害，1930年代の農業集団化や粛清によるおびただしい犠牲，アラル海の死に象徴される大規模な環境破壊，ソ連経済の中の南北問題，顕著な人口増加にともなう若年失業者の

図7 フェルガナ盆地とその周辺

（N. Lubin, *Calming the Ferghana Valley: Development and dialogue in the heart of Central Asia,* New York: The Century Foundation Press, 1999 所収の地図をもとに作成.）

◆ Ⅱ．世界宗教の現在 ◆

増大など負の側面をあわせもっていた．ゴルバチョフ政権下のペレストロイカ時代に顕著となるイスラーム復興は，このようなソビエト文明を背景として生まれてきたものである．

8.2 イスラーム復興の動態

(1) イスラームの覚醒と再生
1) 革新派の出現

ソ連時代，中央アジアのイスラームは長く沈滞をしいられていたが，1970年代半ばからウズベキスタンやタジキスタン，とりわけ両国とクルグズスタン3国の国境が交わるフェルガナ地方の若いイスラーム学徒たちの間に覚醒の動きが生まれた．彼らは敬虔であろうとすればするほど疎外されていくソビエト社会の現実に反発し，自分たちの社会がイスラーム的ではないことに危機感を募らせていた．彼らは，科学的無神論というソビエト・イデオロギーはもとより，ムスリム宗務局の体制順応的な姿勢や習俗と化したかのようなイスラームの現状にも批判の目を向けた．そこで，彼らは真のイスラームへの回帰を主張し，イスラーム法に基づいた社会の再生を求めたのである．ハナフィー派の柔軟な法解釈やそれが許容してきたマザール参詣などの慣行にも異を唱えた彼らは，自らを革新派（ムジャッディディーヤ）と自称した．この覚醒の潮流は，まもなくイラン・イスラーム革命やアフガニスタンでのソ連軍に対するムジャーヒディーンのジハードに衝撃を受け，1980年代に入って中東やパキスタンで刊行されたバンナー（1906-49）やマウドゥーディー（1903-79）らのイスラーム復興主義文献が秘密裏に流布されるようになると，しだいに広がりを獲得した．

これに対して，ソビエト政権の抑圧も神が下した試練とみなし，非合法の私塾でイスラーム諸学を講じてきた指導的なウラマー，ヒンドゥスターニー（Hindustani, 1892-1989）は，イスラームの「浄化と復興」を唱えてハナフィー派の伝統的な教義と慣行に挑戦する革新派の台頭がムスリム共同体に分裂をもたらすことを憂慮し，彼らの教説

図8 建設中のモスク
ソ連解体の直前（1991年7月）ウズベキスタン東部の都市，アンディジャンで．（筆者撮影）

図9 フェルガナ盆地北部のカーサーン市（ウズベキスタン）の大モスク
信者の浄財と労力奉仕で建立され，内装も美しい．（筆者撮影）

に反駁を加えた．例えば，彼はアンディジャン蜂起を賛美した革新派の言説に対して，「アッラーの道に惜しみなく財を使え．だが我と我が身を破滅に投げ込んではならぬ」というクルアーンの章句（9章195節）を引用して，革新派の軽挙妄動を戒めた．彼によれば，アンディジャン蜂起は無益で愚かな聖戦にほかならなかったのである．ヒンドゥスターニーが厳格な復古主義で知られるサウディアラビアのワッハーブ派に因んで革新派に与えた「ワッハービー」という呼び名は，いまや中央アジアのイスラーム復興主義者と過激派の通称となっている．

2) 再生するイスラーム

ゴルバチョフ政権下でアフガニスタンからのソ

◆ 8. 中央アジアの宗教 ◆

図10 ブハラのバハーウッディーン・ナクシュバンド廟で聖木に願をかける参詣者たち（筆者撮影）

図11 ゼンギー・アタの廟（筆者撮影）

連軍撤退が行われた直後の 1989 年 3 月，タシュケントでの第 4 回中央アジア・カザフスタン・ムスリム大会に出席したソ連政府代表は，かつてレーニンとスターリンが十月革命の直後に出した，イスラームの信仰と慣行は今後「自由にして不可侵」というアピールを再読し，ソ連国家とイスラームとの新しい協調関係を約束した．半世紀以上にわたるソビエト政権の反イスラーム政策は，ここに終止符を打たれたのである．ペレストロイカが保証したこのような宗教の自由化は，民衆レヴェルで幅広いイスラームの再生をもたらした．モスクやマドラサの再建や建設，青少年のためのコーラン学校の開設が進むとともに，街頭にはイスラームの基本的な教義や儀礼を解説した冊子類があふれた．割礼や結婚などの人生儀礼でも，それまで控えられていたイスラーム的慣行が復活し，巡礼やマザール参詣も日常的な風景となった．ブハラ郊外のナクシュバンド廟やタシュケント郊外のゼンギー・アタ廟などには，遠来の参詣者のための宿泊施設が建設されている．ウズベキスタンでは 1989 年に 300 だったモスクが，1993 年には 6000 まで増加した．モスクなどの建設は住民の喜捨や労力奉仕（ハシャル）によるほか，ロシア革命後に中東諸国へ亡命したムスリムの支援を得て行われ，サウディアラビアからは大量のクルアーンが寄贈された．海外のマドラサに留学する者の数も増えていった．

ソ連時代には厳しく抑圧されたスーフィー教団にも復活の兆しが現れた．ソ連時代，スーフィズムの伝統は民衆の習俗に溶けこむことにより，あるいはごく少数のイシャーン（導師）によって細々と受け継がれていたが，1990 年代になって再生するようになったのである．これにはパキスタンやトルコなど海外の教団による活動の影響もあったが，復興の主流はフェルガナ地方など中央アジアの内部から生まれた．なかにはマルギランのイブラヒム・シャイフのようにウズベク人やタジク人のみならずタタール人やロシア人も含めて 1 万を超す信奉者をもつようなナクシュバンディー教団の導師も現れた．かつて中央アジア社会に深く浸透していた神秘主義教団が，再生を果たした後にどのような展開を見せるのかは，これからのイスラーム復興の重要な局面として注目に値する

このようなイスラームの再生は，十数世紀来，中央アジア社会に根付いていたイスラームを再び取り戻そうとする自然な動きだったともいえるが，より深く見れば，その背景にはペレストロイカ期にあらわとなったソビエト文明への幻滅や反発，民族的なアイデンティティの回復と主張，あるいは公正な社会秩序を重んじるイスラームへの期待感があったと考えられる．1991 年にソ連からの独立を果たした各共和国の指導部も，世俗主義の原則は堅持しながら，イスラームは民族文化の重要な要素であり，その意味で新しい国民統合に貢献できることを理解していた．ブハーリーや

◆ Ⅱ．世界宗教の現在 ◆

図12　金曜日の集団礼拝を終えた人々
（アンディジャン市内のモスク．筆者撮影）

ナクシュバンドなど「父祖の偉業」を顕彰する行事は，国家の支援を得てさかんに行われるようになった．そのほとんどがスターリン時代に粛清されたジャディード知識人の再評価も，独立後の新しい国民史では重要な位置を占めている．1999年に創設された国立のタシュケント・イスラーム大学は，イスラームをはじめとする宗教の学術的な研究と教育を目的としているが，そこには世俗主義に適合したイスラームのあり方を提示しようとする政府の意図を読みとることもできる．

イスラームの再生を考えるとき，それはペレストロイカ期のソ連を襲った宗教への回帰現象の一環であったこと（中央アジアにおけるロシア正教の再生も同様），また同じ中央アジアでもイスラームの再生には地域によって相当の温度差があることにも注意しておく必要がある．再生が顕著なのは南部のウズベキスタンとタジキスタン，そしてフェルガナ地方に含まれるクルグズスタン南部である．また，ソ連時代の世俗主義的な環境や教育のために，たとえ家族・親族や近隣コミュニティー（マハッラ）との関係上，人生儀礼におけるイスラーム的慣行には従っても，とりたててイスラーム信仰への関心をもたない人々も少なくはない．最近ウズベキスタンで行われた世論調査によれば，モスクでの礼拝に出席する人は，週2回：0.9％，週1回：6.4％，月1回：9.1％，宗教行事の時：37.1％，年1回：10.5％，行ったことがない：10.5％となっている．

3) 他の宗教との関係

中央アジアにおいてイスラームに次いで多くの信徒をもつのはロシア正教会であり，19世紀の帝政ロシア統治時代から長い伝統をもっている．ロシア正教もまたソ連時代の抑圧が止んだペレストロイカ期から再生が始まり，中央アジア諸国の独立前後に多数のスラブ系住民がロシアなどに移住したにもかかわらず（1989年以後の10年間に全体の約2割，200万人のロシア人が国外に移住），教会の活動は活発化している．しかし，イスラームもロシア正教もそれぞれ民族的伝統として理解されることが多く，両者は平穏な共存を保っている．古くからブハラやサマルカンドなどの

表1　中央アジアの人口・民族構成・宗教

	ウズベキスタン	カザフスタン	クルグズスタン	タジキスタン	トルクメニスタン
人口	2512万（2002）	1495万（1999）	482万（1999）	686万（2003）	469万（2002）
民族構成（％）	ウズベク人　78.8 タジク人　4.9 ロシア人　4.3 カザフ人　3.9 カラカルパク　2.2 クルグズ人　0.9 その他　5	カザフ人　53.4 ロシア人　30 ウクライナ人　3.7 ウズベク人　2.5 ドイツ人　2.4 タタール人　1.7 その他　6.3	クルグズ人　64.9 ウズベク人　13.8 ロシア人　12.5 ドゥンガン人　1.1 ウクライナ人　1 その他　6.7	タジク人　79.9 ウズベク人　15.3 ロシア人　1.1 クルグズ人　1.1 その他　2.6	トルクメン人　77 ウズベク人　9.2 ロシア人　6.7 カザフ人　2 その他　5.1
（推計年）	（2002）	（1999）	（1999）	（2000）	（1995）
主な宗教	スンナ派イスラーム ロシア正教	スンナ派イスラーム ロシア正教	スンナ派イスラーム ロシア正教	スンナ派イスラーム シーア派イスラーム	スンナ派イスラーム

（小松ほか『中央ユーラシアを知る事典』平凡社，2005より）

図 13 帝政ロシア統治期に建てられたロシア正教の教会
（サマルカンド市内．筆者撮影）

都市に居住したユダヤ教徒の場合も，国外への移住によって激減したが，多数派のムスリムとの間に対立は見られない．中央アジアの各国政府も，在来の宗教に対しては必要な配慮を払ってきた．

このような宗教間のバランスに変化をもたらしているのは，ソ連解体後に目立つようになったプロテスタントの伝道活動であり，アメリカ，ドイツ，韓国などからの伝道グループは，とくにクルグズスタンやカザフスタンで活発な活動を展開している．彼らは信教の自由化という条件のもとで，在来の宗教にはない斬新で魅力的な文化・教育プログラムを活用しながら親密なコミュニティーの形成をめざしているが，イスラームからの改宗という問題は，伝統的なムスリム・コミュニティからは反発をよび，政府もまた改宗に起因する暴力事件や紛争に警戒感を強めている．プロテスタントの活動は，9.11事件後のアメリカの対中央アジア政策の一環と解釈される場合もある．

(2) イスラームの政治化

1980年代末からのイスラームの覚醒と再生に並行して，イスラームの政治化が進展した．革新派の流れに属する人々は，イスラームを個人の信仰や慣習の次元にとどめることなく，現実の政治や社会の次元でも実現することを主張し，イスラーム国家の構想すら提示したのである．1990年6月，連邦規模でのイスラーム復興をめざす全連邦イスラーム復興党がダゲスタン人やタタール人の主導で創設されると，ウズベキスタンやタジキスタンでも共和国別の復興党を結成する試みが始まった．

1) ウズベキスタン

ここでは共産党の妨害や宗務局の反対に直面して復興党の結成は失敗に終わったが，フェルガナ地方の革新派は個々のモスクやマドラサを拠点に活動を強め，存在を誇示するようになった．中央アジア・カザフスタン・ムスリム宗務局は，ソ連解体とともに，中央アジア各国の国内組織に分裂したが，ウズベキスタンの宗務局は，穏健なハナフィー法学派の教義に従い，革新派の主張する厳格なイスラームは中央アジアの伝統的なイスラームには馴染まないという立場から，「ワッハービー」との対決を深めていった．これに対して，革新派は宗務局の堕落や腐敗を批判して対抗し，両派の間には暴力事件も起こった．初めて信者によって選任されたムフティー，ムハンマド・ユースフは，宗務局を政府から自立した組織にすることを試みたが，まもなくカリモフ政権によって抑え込まれることになった．このようなムスリム指導者間の抗争と混乱は，信者の間にも不安と動揺を招き，一部の急進派は「アダーラト（正義）」や「イスラーム戦士団」などの政治組織を結成した．

これらの組織は，革新派の勢力が強かったフェルガナ地方のナマンガンに生まれた．例えば「アダーラト」は，「イスラーム民警」ともいえる青年組織であり，市中でイスラームの戒律に違反した者に懲罰を加えたことで知られている．そのメンバーには身体剛健な者が多く，空手の達人やかつてアフガニスタンで兵士として戦った経験のある若者なども含まれていた．アダーラトに範を得た組織は，フェルガナ地方の他の都市にも生まれた．しかし，彼らの活動が地方行政機関の機能を奪うほどに成長すると，カリモフ政権はそこに「イスラーム原理主義」の脅威を認め，1992年以降「ワッハービー」とその支持者に対する厳しい弾圧を開始した．これは，ちょうど隣国のタジキスタンで旧共産党系の政権とイスラーム復興党を中心とする反対派との対立関係が緊張を増し，やがて流血の内戦が始まった時期と重なっている．

弾圧の結果，多くの「ワッハービー」が逮捕・拘束されたが，「イスラーム戦士団」の指導者，ナマンガニーやヨルダシュら一部の活動家は内戦下のタジキスタンやアフガニスタンに潜行し，やがてウズベキスタン・イスラーム運動のような武装組織を結成するに至った．この間，革新派も政権側も，ソ連時代の政治文化そのままに一切妥協しようとしなかったことは特徴的である．

2) タジキスタン内戦

ソ連解体直後，極度の政治不安に襲われたタジキスタンでは，政権の混乱が続く中で，イスラーム復興党は政党としての公認を得ることに成功した（1991年12月）．党員2万を数えた復興党は議会政党として活動することを明言したが，共和国を分断する地域閥間の抗争がもたらした政治・社会危機の中で党勢を拡大しながら急進化した．翌年2月中央アジア・ムスリム大会に出席した同党代表ヒンメトザーデは，「イスラームは宗教であり，国家である」ことを前提に，モスクを基地として政治活動を展開する必要を説き，レバノンのヒズブッラーやパレスチナの同胞への精神的な支援を呼びかけた．大会決議もまたパレスチナやレバノン，カシミール，アフガニスタンのムスリムの独立闘争への支援，そして新疆（東トルキスタン）のムスリムとの連帯を表明していた．復興主義者の視界は，すでに広くイスラーム世界に開かれていたのである．

まもなくタジキスタン内戦が始まると，宗務局長トゥラジャーンザーダらの指導的なウラマーや有力なイシャーンの加わったイスラーム復興党は，すぐれた大衆動員力を発揮するとともに，アフガニスタンのムジャーヒディーンから武器を調達して，旧共産党政権と戦う反対派の中核を構成した．内戦の要因は共産主義と復興するイスラームとのイデオロギー対決ではなく，ソ連時代に形成されていた地方閥間の熾烈な権力闘争にほかならなかったが，この内戦はソ連の中でも極貧であった共和国に大きな打撃を与えた．翌年3月にロシアとウズベキスタンに支援された旧共産党勢力が反対派をほぼ制圧するまでに，内戦による死者は5万を超え，50万もの国内難民に加えて，7万を超すタジク難民がやはり内戦下のアフガニスタンに身を寄せることになった．復興党も南接するアフガニスタン領内に本拠を移して抵抗を続けることを余儀なくされたが，それはタジキスタンの内戦がアフガニスタンのそれと一体化する危険すら示していた．

タジキスタン内戦の「教訓」に学んだ中央アジア諸国の政権は，「ワッハービー」に対する警戒と抑圧を一層強化した．そのさい「イスラーム原理主義の脅威」が，現政権による反対派抑圧を正当化する口実として利用されている面も無視することはできない．1997年，国民和解協定の締結によって内戦が終結すると，イスラーム復興党はふたたび公認を受け，その指導的なメンバーは共和国の副首相や国会議員として活動を開始したが，その後の選挙では大敗を喫し，現実主義をめざす穏健派と強硬派に分裂した．それでも，このようなイスラーム政党が存在することの意味は小さくない．それは，中央アジア諸国が今後ともソ連以来の強権的な政治を続けるのか，それとも多党制による民主化の道を歩むのかという重要な選択に関わっており，イスラーム政党の公認問題は一つの試金石ともなりえるからである．

(3) 過激化とグローバル化

1990年代なかば，ターリバーンがアフガニスタンで勢力を確立する頃から，中央アジア南部ではウズベキスタン・イスラーム運動（IMU）に代表されるイスラーム武装勢力とグローバルなイスラーム復興主義組織の活動が顕著となった．IMUは，前記のナマンガニーらフェルガナ地方を逃れた急進派グループが，タジキスタン内戦に参戦した後，アフガニスタンに入り，ターリバーン，アル・カーイダ，パキスタンのイスラーム復興主義組織などの支援を得て結成した武装組織である．それは，カリモフ政権の打倒を唱え，フェルガナ地方に侵攻して，現在の国境を越えたイスラーム国家の建設を構想していたという．1999年2月首都タシュケントでの爆弾テロ事件はIMUの犯行といわれ，同年夏以降フェルガナ地方への武装浸透を繰り返した．2001年6月ウズベキスタン

が，ロシア，中国と中央アジア3国が1996年に結成していた「上海ファイブ」（上海協力機構）に加盟し，中央アジアの国際的な武装テロ組織対策に乗り出したのも，こうした脅威に対抗するためであった．さらにウズベキスタンとクルグズスタンは，9.11事件後「対テロ戦争」を発動したアメリカ軍に空軍基地を提供したが，このようなアメリカとの接近は，それまでロシアと中国が主導権をとってきた中央アジアの国際関係にも大きな変化をもたらした．2001年末，ターリバーン政権はアメリカ軍などの軍事力によって崩壊し，IMUも大きな打撃を受けたが，中央アジア出身のメンバーを集めた組織は今も活動を継続している．

もう1つの動きは，国際的なイスラーム復興組織，イスラーム解放党（ヒズブッタフリール）の宣伝組織活動である．1949年エルサレムで結成された解放党は，現代のイスラーム世界を「不信仰の居住圏」とみなし，大衆的な教宣活動を展開した後にクーデタによる政権奪取とカリフ国家の再興をめざすところに特徴がある．解放党から見ると，アフガニスタンはムジャーヒディーンがソ連軍を撃退して解放され，中央アジア地域もソ連が崩壊して無神論者の支配が終わった以上，アフガニスタンから中央アジア一帯にはイスラーム国家が建設されてしかるべきだ，という論理になるのかもしれない．解放党は，これまで武力闘争ではなく，宣伝組織活動による政権獲得を標榜してきたが，イラク戦争以後は「イスラームの敵」に対するジハードや自爆テロを容認する宣伝文が現れ，一部の過激化がうかがわれる．このような解放党の活動に対して，中央アジア諸国の政権はいずれも厳重な警戒と摘発を行っている．しかし，強権的な政治体制や経済の低迷など，独立後の政治・経済的な閉塞状況が続く限り，現状を批判して「公正で平等なイスラーム国家」を提示する解放党の地下宣伝活動は，とりわけ青年層の間に好適な土壌を見出すだろう．また，最近では政治的な目標は掲げず，純粋な教義の理解と儀礼の励行を求めるパキスタンのイスラーム復興主義組織，タブリーギ・ジャマーアト（布教団）の活動も目立つようになった．

こうした情況の中，2005年5月ウズベキスタンの東部アンディジャンに流血の事件が起こった．それは，正体不明の武装集団が，5月13日未明に軍施設や刑務所などを襲撃して州庁舎を占拠，異変を知った市民が参集する中で治安部隊との間に銃撃戦が始まり，婦女子を含めて少なくとも250人を超える死者を出す大惨事となった．事件は，直前の3月にアカエフ政権が崩壊したばかりの隣国クルグズスタン南部を含むフェルガナ地方一帯に緊張状態をもたらし，国際社会にも大きな衝撃を与えた．事件の背景には国境を越えた組織の存在が推定されており，政府はイスラーム過激派組織アクラミーヤの仕業と断定したが，強権的な政権による「市民の虐殺」を非難する欧米との関係は急速に冷却した．そして同年11月，アフガニスタン作戦のためにウズベキスタン南部に駐留していたアメリカ軍は撤退を完了し，アメリカのプレゼンスが後退するのに対して，ロシア・中国の存在感が強まることになった．

(4) 新疆におけるイスラーム復興

ウイグル人をはじめとする新疆のテュルク系ムスリムの現代史は，旧ソ連中央アジアのそれとしばしば相似をなす形で展開した．中華民国末期の1944年，ソ連と国境を接する新疆西北部のテュルク系ムスリムは東トルキスタン共和国（第二次）の樹立を宣言し，国民党政府から自立した勢力を維持したが，共和国は国共内戦の終結とともに「解放」という形で中華人民共和国に編入され，歴史的に多民族構成の新疆地域は，新疆ウイグル自治区に編成された．自治区という特別な地位は，ウイグル人の優勢な人口（1949年には329万人で総人口の76%）やイスラームの伝統の強さに配慮したためだったが，形式だけにせよ連邦からの分離独立権を有していたソ連中央アジア諸国とは異なり，中国からの分離権はもたなかった．解放後，イスラーム法廷の廃止やワクフ財産の没収などイスラーム的制度の解体が進んだが，イスラームに対する厳しい抑圧が行われたのは文化大革命期（1966〜76年）であり，この間に多

◆ II. 世界宗教の現在 ◆

数のモスクやマザールが破壊されたほか，多数の宗教指導者が迫害を受けた．

　1980年代に改革開放政策が本格化すると，宗教に対する抑圧は緩和され，ウイグル民族文化の重要な要素としてのイスラームは再生をみた．宗教施設の再建やアラビア文字に基づく新アルファベットが導入されたのもこのときのことである．経済開発の進展とともに，ウイグル社会の世俗化も加速した．しかし，ウイグル人の分離主義に対する中国政府の過度の警戒やほぼウイグル人口と拮抗するまでになった漢族人口の増大，漢語教育の強化による同化の脅威，経済格差の拡大などは，ウイグル人の間に閉塞感や不満を蓄積させることになった．実態は不明だが，この頃からジハードや独立要求を掲げる蜂起が報じられるようになり，1991年にソ連が解体すると，中国当局は隣接する中央アジア諸国から入り込む「イスラーム原理主義」やウイグル民族主義の脅威に警戒を強めるようになった．カザフスタンやクルグズスタンに居住するおよそ26万人のウイグル人ディアスポラは，このような脅威の温床とみなされたふしがある．9.11事件直後，上海協力機構によって出された反テロリズム闘争宣言は，中国当局の警戒感を如実に表している．しかし，中国にとって「イスラーム原理主義」やウイグル独立運動の脅威がどこまで現実のものなのか，これについては疑問視する声も少なくない．

　現代中央アジアにおけるイスラーム復興は，ソ連解体という20世紀末の世界史的な変動がもたらした巨大な渦から発したともいえる．この波動の中ではソビエト文明の遺産に加えて，外からのイスラーム復興主義の影響や9.11事件以後の対テロ戦争の衝撃など国境を越える多様な力が作用しあっている．この間に宗教と政治は複雑に入り組んだ関係をもつようになった．イスラームの理解自体も多様化している．伝統的な民族文化の文脈でとらえる人々とイスラーム国家の建設を志向する人々との間は遠く隔たっている．こうした中でイスラームをどこに，どのように位置づけるのか，イスラームは個人の信仰の中に収まりきるのか，それとも広く社会と政治の領域においても積極的な意味をもつべきなのか，これは現代の中央アジアが直面している重要な課題の1つなのである．

参考文献

板垣雄三編『「対テロ戦争」とイスラム世界』岩波新書，2002年.

宇山智彦『中央アジアの歴史と現在』（ユーラシア・ブックレット7）東洋書店，2000年.

帯谷知可「宗教と政治：イスラーム復興と世俗主義の調和を求めて」岩崎一郎・宇山智彦・小松久男編『現代中央アジア論：変貌する政治・経済の深層』日本評論社，pp.103-128，2004年.

小松久男・宇山智彦・堀川　徹・梅村　担編『中央ユーラシアを知る事典』平凡社，2005年.

ダダバエフ，T.「ウズベキスタン：ソ連崩壊後の現実」猪口　孝，ミゲル・バサネズ，田中明彦，ティムール・ダダバエフ編著『アジア・バロメーター　都市部の価値観と生活スタイル：アジア世論調査（2003）の分析と資料』明石書店，pp.205-232，2005年.

ダダバエフ，T.『記憶の中のソ連：中央アジアの人々の生きた社会主義時代』筑波大学出版会，2010年.

ババジャノフ，B.（小松久男訳）「ソ連解体後の中央アジア：再イスラーム化の波動」小松久男・小杉　泰編『現代イスラーム思想と政治運動』東京大学出版会，pp.167-193，2003年.

バルトリド，V. V.（小松久男監訳）『トルキスタン文化史』1-2，平凡社，2011年.

Abdullaev, E.V. and L.F.Kolesnikov, "Islam v sovremennom Uzbekistane," E.M.Kozhokin ped., *Uzbekistan : Obretenie novogo oblika*, tom 1, Moskva, pp.249-282, 1998.

Babadzhanov, B. "Vozrozhdenie deyatel'nosti sufiskikh grupp v Uzbekistane," *Tsentral'naya Aziya i Kavkaz*, No.1 (2), pp.181-192, 1999.

Babadzhanov, B. "O deyatel'nosti "Khizb at-Takhrir al-Islami" v Uzbekistane," A. Malashenko i M.B.Olkott ped., *Islam na postsovetskom prostranstve : vzglyad iznutri*, Moskva, pp.153-169, 2001.

Babadzhanov, B. M., A.K.Muminov, A. fon Kyugel'gen, *Disputy musul'manskikh religiozny avtoritetov v Tsentral'noi Azii v XX veke*, Almaty: Daik-Press, 2007.

Babadjanov, B. and M. Kamilov, "Muhammadjan Hindustani (1882-1989) and the Beginning of the "Great Schism" among the Muslims of Uzbekistan," S. A. Dudoignon & H. Komatsu (eds.), *Islam in Politics in Russia and Central Asia (Early Eighteenth to Late Twentieth Centuries)*, London-New York-Bahrain : Kegan Paul, pp.195-219, 2001.

Belokrenitsky, V. "Islamic Radicalism in Central Asia : The Influence of Pakistan and Afghanistan," B. Rumer (ed.), *Central Asia at the End of the Transition*, Armonk-

London : M.E.Sharpe, pp.152−191, 2005.

Dudoignon, S. A. *Communal Solidarity and Social Conflicts in Late 20th Century Central Asia : The Case of the Tajik Civil War*, Islamic Area Studies Working Paper Series, 7, Tokyo, 1998.

Khalid, A. *Islam after Communism: Religion and Politics in Central Asia*, Berkeley: University of California Press, 2007.

Komatsu H. "The Andijan Uprising Reconsidered," T. Sato (ed.), *Muslim Societies : Historical and Comparative Aspects*, London : RoutledgeCurzon, pp.29−61, 2004.

Naumkin, V. V. *Radical Islam in Central Asia: Between Pen and Rifle*, Lanham: Rowman & Littlefield Publishers, 2005.

Olimov, M. and S. Olimova, "Politicheskii islam v sovremennom Tadzhikistane," A. Malashenko i M.B.Olkott ped., *Islam na postsovetskom prostranstve : vzglyad iznutri*, Moskva, pp.185−204, 2001.

Olimov, M. and S. Olimova, "Islamskaya partiya vozrozhdeniya v mezhtadzhikskom konflikte i ego uregulirovanii," *Tsentral'naya Aziya i Kavkaz*, No.1 (12), pp.131−142, 2001.

9 東南アジアの宗教

Ⅱ. 世界宗教の現在

9.1 東南アジア大陸部の宗教

(1) 概要

東南アジア大陸部には，ミャンマー，タイ，ラオス，カンボジア，ベトナムの5か国が含まれる．山岳地帯を中心に多数の少数民族が国境をまたいで入り組んで居住する地域のため，複雑な民族構成をもつことで共通している．ミャンマー（ビルマ）はイギリスの，ラオス，カンボジア，ベトナムはフランスの植民地支配を経験し，独立後も内戦や共産主義化，軍政移管など，多様な政治的経験を経てきた．

文化的にはインドとのつながりが強く，早い時期からヒンドゥー教やインド系大乗仏教が広く行われていた．カンボジアのアンコール・ワット（12世紀）は当時のヒンドゥー教の隆盛を伝える遺跡である．その後この地域には，スリランカのマハーウィハーラ系上座部仏教が浸透し，現在では南方仏教圏と総称される文化圏を構成している．各国における仏教の歴史的展開について，詳しくはI.2「仏教」の2.5「南方仏教圏」を参照されたい．例外的にベトナムは歴史的に中国とのつながりが深く，上座部仏教が盛んな南部の一部地域を除いて中国系大乗仏教（北伝仏教）が広く行われており，東アジア仏教圏と総称される文化圏に包摂される．詳しくはI.2「仏教」の2.5「東アジア仏教圏」を参照されたい．

(2) ミャンマー連邦共和国

ミャンマーの総人口は6242万人（2011年），その約70％がビルマ族であり，ほかに135ともいわれる少数民族を抱える多民族国家である．人口の90％を仏教徒（上座部仏教）が占める．カレン系の少数民族などのキリスト教徒が約5％，イスラーム教徒（回教徒）が約4％，少数ながらインド系住民ではヒンドゥー教が行われている．そのほかに，精霊（ナッ）に対する信仰が広くみられる．精霊は仏教的世界観に組み込まれており，程度の差はあるものの，仏教徒の多くが精霊も信仰している．

1948年，アウンサン暗殺の後をついだウー・ヌ首相のもとで独立したビルマ連邦の憲法では信仰の自由が保障され，政教分離の原則を謳った．しかし独立直後から共産党武装勢力やカレン族など少数民族の蜂起がつづき，ミャンマーは内戦状態に陥る．政情不安定のなか，ウー・ヌは1961年に上座部仏教の国教化を強行する．こうしたウー・ヌの諸政策は，民族間・宗教間の反目と内政不安を招き，翌年のクーデターにより失脚，国教化は失敗に終わる．後をついだネーウィンは政教分離路線に舵を切った．しかし膨大な僧侶人口を抱えるミャンマーにおいて，上座部仏教徒の動向が政権安定に与える影響は非常に大きい．軍事政権下の2007年には僧侶を中心とする数万人規模の全国的なデモが発生，治安当局の制圧により僧侶や市民に多数の死傷者を出して国際的非難を浴びた（日本人ジャーナリスト1名も犠牲となっ

—304—

図1　東南アジア

た).以後,少しずつではあるが民主化へシフトする姿勢を示している.

(3) タイ王国

タイの総人口は6593万人（2010年）,その8割前後がタイ系諸族とされるが,一口にタイ系といっても文化的側面からは中部・北・東北・南といった地域やさらに小さな民族集団にわけられる.ほかに華僑やマレー族,山岳少数民族が居住する.

国民の94％が仏教徒（上座部仏教）であり,5％がイスラーム教徒とされる.イスラーム教はマレー系の住民を中心に信仰されており,南タイにおける人口比は決して小さくない.それ以外の宗教,すなわちキリスト教やヒンドゥー教,シク教などを信仰する人口は,すべて合わせて1％程度と,ごく少数である.キリスト教徒のなかには,第2次世界大戦後の迫害を恐れて難民として流入したベトナム系住民を含む.インド系住民にはヒンドゥー教が,中国系住民には大乗仏教,儒教,道教および民間信仰の複合的信仰が多くみられる.

上座部仏教を国教と定めているわけではないが,タイ国王は「仏教徒でありかつ宗教の保護者」であることが憲法上定められ,また法的に国王がサンガ（僧団の全国組織）を統制する役割を担うなど,特別の扱いがなされている.

宗教生活や国民行事においても,上座部仏教の与える影響はきわめて大きい.とくに男子は出家が社会的に強く奨励されており,僧侶は市民の崇敬の対象となる.出家者には世俗的価値を否定する解脱志向の教義を伝え,在家信者には出家者を支える寄進などの善徳行為を勧めることがサンガの役割となっている.その一方で,古来より土着化が進んできたインド的文化要素,例えば占星術やその他の占いも広く行われ,またピー（精霊）やクワン（生霊）を信じるアニミズム的伝統もとくに抵抗なく仏教と併存している.

(4) ラオス人民民主共和国

ラオスの総人口は626万人（2010年）,その約半数以上を占めるラーオ族を中心に,黒タイや赤タイを含むタイ系のプータイ族,モン・クメール系のクム族など,49の民族からなる多民族国家

—305—

である．7割程度の国民が仏教（上座部仏教）を信仰しており，残りの大部分は精霊崇拝を行っているとされる．ほかにごくわずかのキリスト教徒，イスラーム教徒がいる．ただし，仏教徒であっても多くは精霊信仰を受け入れており，日常の実践にあってはヒンドゥー教やアニミズムの影響を受けるなど，複合的である．村内では精霊を祀る祠が寺院と併存し，土着の農耕儀礼と仏教儀礼の習合も多く見られる．

ラオスにおける精霊信仰では，ピー（精霊）やクアン（魂）という観念が用いられる．ピーには自然霊や守護霊，悪霊があり，幸運や病気をもたらすと考えられている．クアンは人や動物や物に物質的な物とは独立に宿る主体であり，何かの弾みにクアンが実体から分離すると，実体が不安定で危険な状態に陥ると考えられている．

(5) カンボジア王国

総人口1340万人（2008年），その90%程度がクメール人とされ，ほかにチャム族をはじめとする多数の少数民族，中国系やベトナム系の移民を含む．人口の90%以上が仏教徒（上座部仏教）とされ，国教に規定されている．信教の自由は保障されており，イスラーム教と，わずかにキリスト教も行われている．土地神（ネアック・ター）を祀る小祠が数多くみられるなど，程度の差はあれ，ほとんどの人々の信仰の基層としてアニミズムが認められる．人口の4%程度を占めるとされるイスラーム教徒の大半は少数民族チャム族である．チャム族はかつて中部ベトナムにチャンパ（林邑）王国を建てたマレー（インドネシア）系の民族で，現在はカンボジアやベトナムの少数民族として暮らす．キリスト教は，フランス植民地時代にはカトリックの布教が自由に行われたものの，現在の信徒のほとんどはヨーロッパ系とベトナム系の住民であり，改宗した一部の山地民がこれに加わる程度である．

第2次世界大戦後にフランスからの独立を達成したものの，インドシナ戦争，ベトナム戦争の影響で内戦状態に陥った．1975年に共産主義勢力クメール・ルージュの独裁者ポル・ポトが政権を握ると，宗教全般に対する弾圧が行われた．僧侶は還俗させられ，あるいは強制収容所に送られ，虐殺された．寺院は破壊されるか倉庫に変えられた．イスラーム教やカトリックに対しても同様の破壊が行われた．1979年にベトナムの介入によりポル・ポト政権が倒され，ヘン・サムリンが実権を得ると宗教的慣行の復活が許され，多くの寺院が再開された．1993年には新憲法を発布，上座部仏教は国教と規定された．壊滅的な打撃を受けた上座部仏教は，タイ仏教界の支援なども受けて再興の努力を続けている．2009年現在，約3700の寺院が建ち，約6万人の僧侶および尼僧がいるとされる．

(6) ベトナム社会主義共和国

総人口8784万人（2011年），約86%を占めるキン族（越人）および53の少数民族から構成される多民族国家である．大乗仏教を中心に人口の80%程度が仏教徒とされる．ほかに，カトリック，カオダイ教，ホアハオ教などが行われている．

古くからインドと中国を結ぶ交易船が往来し，中国仏教との交流により禅宗系の大乗仏教が広く行われていた．19世紀初頭に儒教を優遇するグエン（阮）朝が全土を統一すると，仏教は民衆へと布教を進め，道教や儒教，土着信仰と習合する形で定着していった．

カトリックの本格的布教は17世紀頃から始まった．グエン朝の初期には黙認状態にあったが，19世紀前半にカトリックへの大弾圧が行われ，ヨーロッパ人宣教師の刑死者が出るに至る．これによりフランスによる武力介入を招き，植民地化へとつながる契機となった．フランス植民地時代にはカトリック優遇政策が推進された．やがて第2次世界大戦から対フランス独立戦争を経て，冷戦が深刻になるにつれ，迫害を恐れた北部のカトリック信徒は大挙して南部に移住した．南部ではゴ・ディン・ディエム政権のもと，カトリック中心政策が推進された．これは人口の大部分を占める仏教徒の強い反発を招くこととなったが，こうした経緯から，ベトナムでは近隣国と比べてカト

リック信徒が比較的多い（7%弱程度）．

カオダイ教とホアハオ教は，ベトナム独特の新興宗教である．カオダイ（高台）教はゴ・ヴァン・チュウ（1878-1932）によって1920年頃に創始された．儒・仏・道の三教にキリスト教などの教義と民間信仰を混合した多重的性格をもつ信仰で，都市市民や農民を中心に短期間のうちに幅広い信者を獲得した．正式名称を大道三期普度教といい，至高神カオダイを崇拝する．カオダイの象徴は天眼（1つの眼）で描かれる．ホアハオ（和好）教はフィン・フー・ソー（1919-47）によって1939年に創立された．基本的な性格は在家仏教運動であるが，儒教や土着宗教との習合がみられる．発祥地であるメコン・デルタに多くの信者を獲得した． （編集委員）

参考文献

田辺　裕総監修『世界地理大百科事典　アジア・オセアニアⅠ/Ⅱ』朝倉書店，2002年．

9.2　東南アジア島嶼部

蓮池隆広

(1) 概要

東南アジア島嶼部の宗教は，基層にあった精霊信仰に，ヒンドゥー・仏教文化，イスラーム，キリスト教などが重層的に受容され，混淆していった歴史をもち，それらは，植民地期，そして独立後の諸制度や政治とも関わりながら展開してきた．

東南アジアは4〜5世紀頃からインド文明の広範な影響を受けたが，島嶼部においても，スマトラ，ジャワをはじめとする諸地域で，ヒンドゥー・仏教文化が受容された．13〜15世紀以降，漸進的にイスラーム化が進み，スマトラ，マレー半島から，ジャワ，ボルネオ，フィリピン南部のスールー諸島，ミンダナオ島まで達した．16世紀にはポルトガルが，続いてオランダ，イギリスが，マレー半島から現在のインドネシアの地域に達し，やがて植民地化が進んでいくが，全体としてこれらの地域でのキリスト教への改宗は限定された範囲にとどまった．これに対してフィリピンでは，16世紀以来300年以上にわたるスペインの植民地支配によって，南部のムスリムを除く大半の住民がカトリックとなった．

現在，イスラームは東南アジア島嶼部でもっとも多くの信者数を有する．インドネシアは国民の9割近くがムスリムで，一国として世界最大のイスラーム人口を抱える．マレーシアとブルネイは人口の過半数がムスリムで，イスラームを国教としている．一方で，長くスペインの支配を受けたフィリピンは人口の9割以上をキリスト教徒が占めるアジア随一のキリスト教国となっている．また，移民として渡ってきた華人，インド人も，シンガポール，マレーシア，ブルネイをはじめとして東南アジア島嶼部における重要なエスニック集団をなしており，華人は仏教・道教・儒教など中国系の宗教，インド人はヒンドゥー教をおもに信仰している．

また，東南アジア島嶼部では，きわめて多様な言語集団／民族がみられ，独自の文化や信仰をもっている．現在でもボルネオ島やフィリピンの山岳地帯の先住少数民族を中心に伝統的な民俗宗教がみられるが，イスラームやキリスト教を信仰するようになった人々のあいだでも，土着化による習合宗教的要素がみられたり，先行する信仰世界が伝統文化や慣習として維持されていたりする．

(2) インドネシア共和国

総人口2億3764万人（2010年）を抱えるインドネシアは，人口の9割近くをムスリムが占め，世界最大のムスリム人口を有する．法制度上イスラームに特別な地位を与えていないが，建国五原則（パンチャシラ）に「唯一神への信仰」を掲げ，イスラーム（総人口の87%），プロテスタント（6%），カトリック（4%），ヒンドゥー教（2%），仏教（1%）の5つを公認宗教としてきた．ポスト・スハルト期になって，中国系の宗教として儒教が認められている．

5世紀頃からスマトラやジャワを中心にインド文明を受容し，ヒンドゥー教，大乗仏教を奉じる王国が成立した．7世紀にはスマトラのパレンバ

◆ II. 世界宗教の現在 ◆

ンを中心にシュリーヴィジャヤが興り，8世紀後半にはジャワにシャイレンドラが栄えて，仏教寺院ボロブドゥールを建設した．ジャワでは，その後クディリ，シンガサリ，マジャパイトと王国が交代し，マジャパイト王国は，14世紀の宰相ガジャ・マダとハヤム・ウルク王のもとで最盛期を迎え，ジャワ島外にも勢力を伸ばした．この間ヒンドゥー教と大乗仏教の融合が進み，古代ジャワ文化を生んだ．

イスラーム化の波は13～15世紀に訪れた．13世紀末に北スマトラのパサイの王がイスラームに改宗したといわれ，15～16世紀にはマラッカ王国，アチェなどの港市国家がイスラームを受容した．ジャワではドゥマック王国，続いて16世紀後半に興ったマタラム王国が覇権を握り，ジャワ文化と混淆しながら漸進的にイスラーム化が進んでいった．オランダによる支配とともに，キリスト教の布教も行われるが，オランダは積極的に宗教に干渉することはなかった．

東南アジアに伝えられたイスラームは，法学派としてはシャーフィイー派が中心で，スーフィズムの影響も強かった．ポンドック，プサントレン等とよばれる寄宿塾によるイスラーム教育が行われ，習合的要素も強かったが，20世紀初頭，エジプトのムハマド・アブドゥらのイスラーム改革運動の影響を受け，預言者・初期世代の純粋なイスラームへの回帰と近代主義的な合理性を求める改革運動が生まれてきた．1912年に，改革派イスラーム組織のムハマディヤ（Muhammadiyah）が中部ジャワのジョグジャカルタで設立された．これに対して，1926年，東部ジャワ・中部ジャワの伝統派のウラマーの組織として，ナフダトゥル・ウラマ（Nahdlatul Ulama, NU）が設立され，それぞれイスラームの改革派，伝統派を代表する全国的な二大組織として現在に至っている．

NUとムハマディヤは，日本軍政期に日本軍が設立したイスラームの連合組織マシュミ（MASYUMI）の中心となり，独立後の1945年にイスラーム政党のマシュミ党を結成するが，NUは1952年にマシュミ党を脱退し，1955年の総選挙では，改革派イスラームを代表するマシュミ党，伝統派イスラームのNUが，国民党，共産党とともに4大政党を形成した．スカルノ（Sukarno, 1901-70）の「指導された民主主義」の下で，その独裁体制に批判的だったマシュミ党幹部は，中央政府への反対勢力が樹立したインドネシア共和国革命政府に関与し，党は非合法化された．一方，1948年から1965年にかけて，武力闘争・反乱によってイスラーム国家樹立を目指すダルル・イスラーム運動が，西ジャワ，南スラウェシ，アチェで展開したが，いずれも国軍によって鎮圧された．1965年の9月30日事件の後，イスラーム勢力は，学生運動や国軍と組んで共産党を排除し，スハルト（Suharto, 1921-2008）の新秩序体制成立に協力する．しかし，スハルト政権は1970～80年代を通じて，イスラームを非政治化する政策をとっていく．1973年には，スハルト政権の指導によってNUを含む4つのイスラーム系政党が合同して，開発統一党（Partai Persatuan Pembangunan, PPP）に一本化された．ムハマディヤは1970年代以降政治的に中立の立場をとり，NUは独自政党から開発統一党への参加を経て，1984年以降開発統一党から離れて非政党化し，社会・教育団体への回帰を選択する．

スハルト体制は，イスラームを非政治化する一方で，モスク建設やメッカ巡礼の増加，諸地域に創立された国立イスラーム学院（Institut Agama Islam Negeri, IAIN）に代表されるイスラーム教育の拡充など社会レベルでのイスラームの伸張を図った．また，改革派を中心とするイスラーム学生協会（Himpunan Mahasiswa Islam, HMI）出身者は，与党ゴルカルにも浸透し，諸政党，財界，在野の諸組織など政府の内外を横断するネットワークを形成していった．またダッワ・カンプスとよばれる大学での宗教活動も盛んになり，経済成長によって現れた都市の新中間層がイスラームを自覚的に捉えるようになった．1980年代末から1990年代になると，スハルトはイスラームへの接近を図るようになり，1990年には，全インドネシア・ムスリム知識人協会（Ikatan Cendekiawan Muslim se-Indonesia, ICMI）が設立されて，政権内から在野まで幅広くイスラーム知

識人が参加した．

　1998年に民主化運動によってスハルト政権が崩壊した後，NUを支持母体とした民族覚醒党（Partai Kebangkitan Bangsa, PKB），ムハマディヤの指導者アミン・ライス（Amien Rais, 1944- ）によって設立された国民信託党（Partai Amanat Nasional, PAN），ダッワ・カンプスの流れを引く正義党（Partai Keadilan, PK, 後に福祉正義党 Partai Keadilan Sejahtera, PKSと改称），マシュミの後継を自認する月星党（Partai Bulan Bintang, PBB）など大小のイスラーム政党が結成され，イスラーム大衆組織の活動も活発になっていった．民主化後のインドネシアでは，シャリーアの施行を主張する急進的なイスラーム主義も目立つようになるが，他方で，多元主義的な市民社会をめざす穏健でリベラルなイスラームのあり方を主張する立場も根強い．

　1999年にはイスラーム系諸政党の後押しをうけたNUのアブドゥルラフマン・ワヒド（Abdurrahman Wahid, 1940-2009）が第4代大統領に選ばれた．1984年以来NU議長を務めるとともに，旺盛な執筆活動や社会運動への取り組みで，スハルト退陣から民主化移行の過程における主要な指導者の1人と目されていたが，2001年に任期半ばで罷免された．大統領弾劾には，かつて彼を大統領に推したイスラーム系諸政党が先鋒に立っており，スハルト後のインドネシア政治においても一枚岩のイスラーム勢力が存在するわけではない．

　ポスト・スハルト期のインドネシアでは，マルク諸島やスラウェシ島のポソで，イスラーム教徒とキリスト教徒の間で深刻な紛争が生じた．また，2002年のバリでの大規模な爆弾テロ事件，2003年のジャカルタでの米系高級ホテルの爆破事件など，国際的なテロ・ネットワークによるとされる事件が起こっており，バリ事件後に，イスラーム過激派組織ジェマー・イスラミヤ（Jemaah Islamiyah, JI）の名が知られるようになった．

　キリスト教徒は，プロテスタントとカトリックを合わせて人口の約10%であるが，都市の知識層も多く，インドネシアの政治や文化のなかで一定の影響力をもってきた．パプアと東ヌサ・トゥンガラではキリスト教徒が多数派を占めるほか，北スラウェシ，マルク，北スマトラ，西カリマンタンでキリスト教徒の比率が高い．都市部のとくに華人のあいだにもキリスト教徒が多い．全体としてプロテスタントが多いが，東ヌサ・トゥンガラ州のフローレス島は住民の大半がカトリックである．独立後の1950年，プロテスタント諸教会はインドネシア教会協議会（Dewan Gereja-Gereja di Indonesia, DGI）を設立し，1984年にインドネシア教会共同体（Persekutuan Gereja-Gereja di Indonesia, PGI）へと改組・改称した．

　バリ島民はその9割がヒンドゥー教を信仰・実践している．バリ・ヒンドゥー教（Agama Hindu Bali）とよばれ，バリ島独自の展開を遂げてきたが，そこにはバリの土着の文化的伝統との融合ということだけではなく，オランダ植民地期や独立後のインドネシアの政策の影響，それらを背景にした宗教改革運動の存在，観光資源としての伝統の創出といった問題が複雑に絡み合っている．

　バリ社会は，ブラフマナ，サトリア，ウェシア，スドラの4つのカスタ（カースト）から成る階層制度をもっているが，司祭を除くと，特定職業との結びつきや厳しい禁忌があるわけではない．上位3カスタをトリワンサ，人口の9割を占めるスドラはジャバといい，トリワンサはマジャパイトの侵攻によってジャワからやってきた貴族に起源をもつとされる．バリの儀礼の多くは，その大小によりブラフマナ出身の最高司祭プダンダか，寺院を管理する司祭プマンクが執り行い，供物が捧げられ，浄めの聖水が重要な役割を果たす．ヤドニャとよばれる諸儀礼は，神々への儀礼，祖霊・死霊の儀礼，人生の諸段階の儀礼，司祭になるための通過儀礼，悪霊を祓う儀礼の5つの範疇に分けられる．バリアンとよばれる呪医の存在もみられる．バリの慣習村は，プラ・プセ（起源の寺），プラ・バレ・アグン（集会所の寺院），プラ・ダルム（死者の寺）という3つの寺院をもち，各寺院の祭日であるオダランに，神々が降りてくるとされる．バリのサカ暦に基づく最

◆ Ⅱ．世界宗教の現在 ◆

大の祭日はニュピで，この日はインドネシアの国民の祭日ともなっている．

現在バリ・ヒンドゥーは国家の公認宗教として制度化されているが，これは1950年代に，公認を求めて宗教改革運動を進めてきた結果であった．パンチャシラの「唯一神への信仰」原則と，宗教省によるイスラーム中心的な宗教行政のなかで，バリのヒンドゥーは，「宗教」として認められるために一神教的な教義と制度を体系的に構築しなおす必要に迫られた．1958年に宗教省内にバリ・ヒンドゥー部局が設けられて宗教としての地位を与えられ，1959年にはバリ・ヒンドゥーの統一組織として，バリ・ヒンドゥー教評議会（パリサダ，Parisada Dharma Hindu Bali）が設立された．パリサダは，教義・聖典，儀礼，寺院・聖職者組織の合理化と一元的な体系化をめざし，それまで一般のバリ人に馴染みのなかったサン・ヒャン・ウィディを至高神として，一神教的な信仰であることを強調した．こうした上からの改革は，必ずしも一般レベルで共有されていない面はあるにせよ，教育や各種メディア，制度的基盤などによって浸透していっている．

インドネシアは，その地域的・エスニック的多様性を反映して，それぞれの地域・エスニック集団ごとに土着の精霊信仰，呪医やシャーマンの存在がみられるが，バリにおけるヒンドゥー教のような例を除くと，それらは一般に宗教ではなく地域文化や慣習とみなされている．ジャワでは，スラマタンとよばれる共食儀礼が人生儀礼や年中行事などに合わせて行われる．またクバティナンと総称される神秘主義的な修行・実践を行う諸派があるが，これらもその法的地位において宗教とは区別されている．

(3) マレーシア

マレーシアは，マレー半島南部の11州と島嶼部（ボルネオ島北部）のサバ，サラワク2州からなる連邦国家である．総人口2840万人（2010年），マレー人・先住民65%，華人26%，インド人8%などのエスニック集団からなるが，地域によって大きく人口構成が異なる．総人口の8割は半島部に居住し，都市部住民には華人の比率が大きい．ボルネオ島北部では，先住民族が多数派を占める．

憲法では，イスラームを連邦の宗教と定めたうえで，他の諸宗教の信仰・実践の自由を保障している．マレーシアは，ブミプトラ政策として知られるマレー人優遇政策をとっているが，憲法において，「マレー人」を定義して，イスラームを信仰し，習慣上マレー語を話し，マレーの慣習を守るという要件をあげており，制度上，マレー人であるということは，ムスリムであることを意味している．立憲君主制をとり，形式的・儀礼的代表者である最高元首は，かつての9つのイスラーム王国の流れを引く半島部9州のスルタンの互選で，5年の任期で交替する．世襲されるスルタンは，各州の元首であり，イスラームの長であると定められている．州レベルでは，ムスリムのみに適用される法も存在する．

14世紀末に成立した港市国家マラッカ王国は，15世紀にイスラームを受容し，王はスルタンの称号を帯びるようになった．1511年にポルトガルがマラッカを占領すると，スルタンはジョホール王国を建ててこれに対抗した．1641年にはジョホール王国の協力を得たオランダ東インド会社がマラッカを占領し，ジョホール王国は勢力を拡大するが，18世紀になると，マレー半島に諸王国が分立した．1786年にはイギリスがペナンを領有，1795年にマラッカ，1819年にはシンガポールを領有し，1824年の英蘭条約で両国の勢力圏が定められた．1874年以降，イギリスはマレー半島の各国へ理事官を導入し，実質的な支配権を握り，宗教と慣習に関してのみスルタンが権利を有することになった．

20世紀初頭には一般にカウム・ムダ（「新世代」の意）とよばれる人々によるイスラーム改革運動が生まれた．伝統的なウラマーに代表されるカウム・トゥア（旧世代）の奉じるイスラームのあり方から，慣習的迷信的な夾雑物を取り去り，コーランとスンナ，初期ムスリム共同体のあり方に戻ることを主張し，同時に実践の合理的解釈による近代化を志向した．

1942年からの日本占領期を経て，1948年にイギリス植民地としてのマラヤ連邦を形成，1957年に独立を達成した．1963年には，シンガポールとボルネオ島のサバとサラワクを加えたマレーシアが成立したが，シンガポールは1965年に離脱・独立した．

1969年に起こったマレー系住民と中国系住民との衝突（5月13日事件）の後，宗教の位置づけや各エスニシティの権限に関して定めた憲法上の各条項について異議申し立てを行うことが禁止された一方で，憲法で保障されたマレー人の特別な地位を体現するためにブミプトラ政策とよばれるマレー人優遇政策が強化されていった．1971年に開始された新経済政策（NEP）では，マレー人を経済的・社会的に引き上げることが一つの主要目標となり，この政策を通じてマレー人社会に新中間層が現れた．1980年代頃から都市部のマレー系新中間層を中心に，よりイスラーム的なあり方をめざすダッワ運動が盛んになり，イスラーム復興の動きが顕著になっていく．

現在のマレーシア政治においては，マレー人の利益の代表者を自認する政党として政権を担う統一マレー人国民組織（United Malays National Organization, UMNO）に対して，汎マレーシア・イスラーム党（Parti Islam Se-Malaysia, PAS）がイスラーム国家建設を掲げて対立する．1946年に設立されたUMNOは，華人政党のマレーシア華人協会（Malaysian Chinese Associa-tion, MCA），インド人政党のマレーシア・インド人会議（Malaysian Indian Congress, MIC）と「連盟」（Alliance）を結成して，独立前1955年の第1回選挙で大勝した．1972年には「連盟」を国民戦線（Barisan Nasional）へ拡大する．PASは，1951年に設立され1973年に改称，いったん国民戦線に参加したものの1977年には脱退し，イスラーム化をめざすダッワ運動組織マレーシア・イスラーム青年同盟（Angkatan Belia Islam Malaysia, ABIM）の指導層が，PASの主要な地位を占めるようになるなかで，イスラーム国家建設をより鮮明に打ち出すようになっていった．PASの有力な支持基盤は，マレー半島東北部のクランタン州やトレンガヌ州であり，とくにクランタン州では，1959年から1978年まで，そして1990年以降はPASが州政府の政権を握り，急進的なイスラーム化政策を打ち出している．一方で，UMNOの側も，1981年にマハティール・モハマド（Mahathir Mohamad, 1925- ）が首相となり，イスラーム重視の政策を打ち出しているが，PASの方向とは温度差がある．1982年にABIMの会長だったアンワール・イブラヒム（Anwar Ibrahim, 1941- ）がUMNOに入党して波紋をよんだが，副首相在任中の1998年に，マハティール首相と対立し，解任，逮捕された．

半島部マレーシアでは，マレー人，華人，インド人の3つが主要なエスニック集団を構成し，それぞれの文化・宗教を維持してきた．前述のようにマレー人はムスリムであることをその要件とする．華人の大部分は儒教・仏教・道教が習合した中国系宗教を信仰する．インド人はヒンドゥー教が多数派であるが，ムスリムも一定程度存在する．

半島部の先住少数民族はオラン・アスリと総称され，ネグリト，セノイ，ムラユ・アスリに分類される．人口集団としては非常に小さく，かつて狩猟採集や焼畑農耕に従事していたが，開発による負の影響を大きく被っている．イスラーム化による同化政策がとられているが，それに対する抵抗も多い．

島嶼部のサバで多数派を占める非ムスリム先住民族は，かつてドゥスンと総称され，現在カダザンと自称することが多い．広くキリスト教が受容されたが，土着の信仰や習慣を強く残す．バジャウをはじめとするイスラーム化した先住民，中国系の宗教を信仰する華人も大きな割合を占める．サラワクの先住民族はイバン（海ダヤク），ビダユ（陸ダヤク），ムラナウがまとまった人口をもち，その他の少数諸民族は近年オラン・ウルの語で括られている．ダヤク諸族は，焼畑農耕，一つながりのロングハウス（長大家屋）からなる集落，かつての首狩りの習慣などの特徴を共有し，創世神話，精霊信仰，シャーマニズムや農耕儀礼など独自の信仰世界をもつ．キリスト教やイスラ

ームの受容もみられる．

(4) シンガポール共和国

シンガポールは，総人口518万人（2011年），うち国民と永住権取得者379万人のエスニック構成は，華人74.1%，マレー人13.4%，インド人9.2%，その他3.3%となっている．

1819年にイギリス人ラッフルズがシンガポールに上陸し，植民地を建設．国際貿易港として発展するなかで，華人，マレー人，インド人等が来住した．華人は福建をはじめ，潮州，広東，海南，客家の出身者が多く，同郷の共同体が強かった．インド人はタミル系が多い．

宗教は，これらエスニック集団との結びつきが強い．キリスト教徒を除くと，華人の多くは中国の伝統宗教を信仰し，マレー人はほぼすべてがムスリムである．インド人はヒンドゥー教徒が多いが，移住前のインドにおける宗教を反映して，ムスリムやキリスト教徒も一定数存在する．キリスト教は，特に華人の改宗によって増加しており，2010年時点で人口の18.3%に達している．華人社会の伝統宗教は，仏教，道教，儒教，民間信仰が混淆している．明瞭な仏教寺院もあるが，これらの混在する寺廟も多く，土地神である大伯公，媽祖，関帝，観音などが多く祀られている．神仏が憑依して依頼者の質問に答える童乩（タンキー）とよばれるシャーマンの存在も重要である．陰陽の世界観やそれと結びついた招福除災の儀礼が存在し，春節（中国正月）や清明節，中元節などの年中行事も盛大に祝われる．このほか，中国の教団宗教である徳教や真空教の組織も見られる．

(5) ブルネイ・ダルサラーム国

ブルネイは，古くから中国への朝貢を行っていたが，16世紀にイスラーム王国を形成して，地域の勢力図に大きな位置を占めるようになった．1888年以来，イギリスの保護国となる．日本占領を経て，戦後再びイギリスの保護国に戻り，1959年には憲法が発効し，内政の自治を回復する．しかし，1962年のブルネイ人民党の武装反乱の後，非常事態宣言が発布されて，国王（スルタン）に権力が集中する．1984年にはイギリスからの独立を果たしたが，事実上の専制君主国家で，2004年まで議会も停止されたままであった．石油と天然ガスの収入によって，経済水準は高い．

総人口42万人（2011年）で，マレー人が66%，華人が11%，その他23%．総人口の4分の1程度を外国人一時滞在者が占める．ブルネイは，シャーフィイー派のイスラームを国教と定め，そのうえでその他の宗教の信仰を認めているが，イスラームとマレー人に対する優遇政策がとられている．国王が宗教の長でもある．マレー人はイスラームを，華人の多くは道教や仏教など中国系の宗教を信仰し，華人や先住民族などにキリスト教の信仰もみられる．

(6) フィリピン共和国

フィリピンでは，南部を除くと，インド化，イスラーム化の影響をあまり受けぬままに，16世紀に始まるスペインの植民地支配のなかでキリスト教化し，現在総人口9234万人（2010年）の約85%がカトリックで，これにプロテスタント，フィリピン独立教会，イグレシア・ニ・クリストなどを加えたキリスト教徒全体が総人口の90%以上を占めるアジア随一のキリスト教国である．ムスリムは南部を中心に総人口の約5%を占め，ミンダナオ島独立をめざす反政府勢力の活動も続いている．

1565年のレガスピ遠征隊の来航以来，300年以上にわたるスペインの植民地統治は，教会と世俗権力が一体化して進められた．スペイン国王はローマ教皇からパトロナート・レアル（国王の教会保護権）を得て，諸費用の負担と引き換えに司教らの実質的な任命権を握り，教会は中央から末端までの統治行政に関与した．フィリピンへの布教活動は，アウグスチノ会，フランシスコ会，ドミニコ会，イエズス会，レコレクト会の5つの修道会が担い，スペイン人在俗司祭の不足と，原住民在俗司祭の育成への修道会の反対によって，修道士が小教区の主任司祭を務める状態が長く続い

た．こうして修道会を中心にキリスト教会が植民地支配に関与し，それは修道会の大土地所有，住民の搾取という形態をもとった．地方の町（プエブロ）レベルにおいては，行政は原住民官吏に委ねられ，スペイン人の小教区主任司祭が大きな権力をもってその監視と統制にあたった．

スペイン植民地下のフィリピンでは，教会の年中行事として，クリスマス，復活祭，守護聖人の祭りであるフィエスタなどが町を挙げて祝われるようになった．また，パションと称されるタガログ語によるキリスト受難詩を聖週間に詠唱する習慣が，18世紀以来今日まで続き，セナクロという舞台劇としても演じられてきたが，この民衆版聖書ともいうべき長編の叙事詩は，民衆の信仰に大きな影響を与えた．その受難と救済の物語は，やがて聖ヨセフ（サン・ホセ）兄弟会など住民独自の兄弟会の千年王国運動を支える世界観ともなり，支配者の宗教，植民地支配の正統性原理であったカトリシズムが，民衆自身の宗教として根を下ろし，反植民地，反修道会の運動に基盤を与えることにもなった．

原住民在俗司祭の運動，ホセ・リサール（Jose Rizal, 1861-96）に代表される中産・知識階級の平和的改革運動であるプロパガンダ運動を経て，1896年にはスペインからの独立をめざしてボニファシオ（Andres Bonifacio, 1863-97）率いる秘密結社カティプナンが蜂起し，フィリピン革命が始まった．その後アギナルド（Emilio Aguinaldo, 1869-1964）に主導権が移り，1898年には独立を宣言するものの，米西戦争とパリ講和条約によってスペインから米国へフィリピンの統治権が移り，革命は対米戦争へと転化する．1901年にはアギナルドが逮捕され降伏するが，その後もゲリラ戦が継続された．カティプナンやゲリラ組織は，フォーク・カトリシズムの影響のもとで，受難としての革命という思想を構築した．また，革命には原住民在俗司祭が重要な役割を果たし，グレゴリオ・アグリパイ（Gregorio Aglipay y Labayan, 1860-1940）を中心に教会の民族化を訴えるが，ヴァチカンはこれを認めなかったため，アグリパイらは1902年にローマカトリックから分かれて，フィリピン独立教会を設立した．

米国統治下では教会と国家が分離され，プロテスタント諸教派が盛んに伝道活動を行うようになり，教育や医療にも力を入れたが，プロテスタントへの改宗は少数に留まっている．フィリピンで成立した教派としては，1914年フェリックス・マナロ（Felix Manalo, 1886-1963）によって設立されたイグレシア・ニ・クリストが大きく教勢を伸ばしていった．また，民族英雄ホセ・リサールを救世主として崇拝するリサリスタと総称される諸教団も生まれた．

第2次世界大戦中，日本による占領とフィリピンを戦場とした日米の戦争で，大きな犠牲を強いられた後，1946年にフィリピン共和国が独立した．1965年に大統領に就任したマルコス（Ferdinand E. Marcos, 1917-89）は，1972年に戒厳令を布告，独裁体制を敷いた．マルコス政権を崩壊させた1986年の「二月革命」では，ハイメ・シン（Jaime Sin, 1928-2005）枢機卿を中心とするカトリック教会が反マルコスの側に立って積極的に介入し，大きな役割を果たした．

信徒数が人口の8割以上を占めるカトリック教会は，社会的にも政治的にも大きな影響力をもっている．フィリピン独立教会は，最初期にはカトリック信徒の4分の1近くの人々が加わったと推定されるが，その多くはカトリックへ戻り，1990年のセンサスでは人口の2.6%となっている．革命の英雄リサールやスペイン当局に処刑された3人の司祭を聖人とし，フィリピン諸語でのミサを執り行い，独自のフィリピン神学を生み出していった．フィリピン独立教会は，現在聖公会と連携関係にある．キリスト教系新宗教ともいえるイグレシア・ニ・クリストは，戦後大きく教勢を伸ばし，人口の2.3%を占める．創始者マナロを神の最後の使いとし，三位一体論を否定して，この教会以外には救いはないとする．

近年は，プロテスタント起源のカリスマ運動がカトリックにも広がり，信徒による自発的な聖書学習，礼拝活動が行われ，それらの活動を組織する運動体が形成されている．こうしたカトリックのカリスマ刷新運動は，一方で教会を財政面，活

◆ Ⅱ．世界宗教の現在 ◆

動面で下支えするものの，信徒運動として自律性を持ち，教会指導者の伝統主義や権威主義に対する批判を内在しているため，教会指導者層との間に緊張関係もある．

民衆レベルでは，キリスト教が生活の中に根を下ろすとともに，土着化した独特のフォーク・カトリシズム的側面も目につく．クリスマス，聖週間，フィエスタといった年中行事が盛大に祝われ，復活祭前の聖週間では，聖像を掲げた行列，前述の受難詩パシオンの詠唱などは現在も重要な要素となっている．聖地としてのバナハオ山への巡礼，サント・ニーニョ（幼子イエズス）の聖像とその奇跡への信仰，サント・ニーニョや聖母マリア，諸聖人に憑依するシャーマンの存在などにも，フォーク・カトリシズム的要素が強くみられる．

イスラームは，フィリピン南部に強く，総人口の4.6％を占める（1990年）．ミンダナオ島南西部，スールー諸島，パラワン島沿岸部に集中し，マギンダナオ，マラナオ，タウスグ，サマルなど10以上の言語集団を数える．16世紀にイスラーム化したスールー王国，マギンダナオ王国は，長くスペインと戦った．南部イスラーム系諸民族は，スペインによって画一的に「モロ」とよばれてきたが，元来それぞれ異なる民族集団であった．しかし，米国統治下でフィリピン植民地国家の下位集団として行政上統一的な扱いを受け，米国植民地時代から独立後へ続く移住政策によって北からのキリスト教徒開拓民が流入し，土地をめぐる対立等が生じる中で，他称である「モロ」を自称として引き受け，イスラーム系諸民族による統一国家の分離独立をめざす運動が形成されるに至った．1970年以降モロ民族解放戦線（Moro National Liberation Front, MNLF）が武装闘争を展開したが，1996年に和平協定が結ばれた．しかし，MNLFから分派したモロ・イスラーム解放戦線（Moro Islam Liberation Front, MILF）は，依然ゲリラ戦を続けている．また，1990年代に入って，過激派のアブ・サヤフ（Abu Sayyaf）が多くの誘拐や爆破事件を起こしている．

フィリピンの山岳地帯では原マレーや少数のネグリトの先住民族が，伝統的な精霊信仰を残している．ルソン島北部のボントック，イフガオ，ミンドロ島のマンヤン，パラワン島のタグバヌワ，ミンダナオ島のマノボなど数多くのエスニックグループに分かれ，多くは焼畑農耕や棚田耕作に従事する．一般にアニトとよばれる霊的存在や創造神などからなる世界観，動物供犠を含む儀礼，呪術宗教的職能者としてのシャーマンの存在などがみられる．

(7)　東ティモール民主共和国

ティモール島の東半分を占める東ティモールは，2002年に独立を果たした．総人口107万人（2010年）で，テトゥン人などメラネシア系が中心．9割以上がカトリックを信仰する．

16世紀にポルトガル人がティモール島へ到来し，後にオランダとのあいだで東西が分割されて植民地化が進んでいった．日本軍による占領の後，オランダ領だった西ティモールはインドネシアとして独立し，東ティモールはポルトガル領となった．1974年にポルトガルに革命が起こって植民地を放棄する政策へ転ずると，東ティモール各派の抗争は激化し，それに乗じて軍事介入を行ったインドネシアによって1976年に併合された．その後もインドネシア軍による人権侵害が続くなかシャナナ・グスマオ（Xanana Gusmão, 1946－　）を指導者に独立運動は継続された．スハルト退陣後の1999年，住民投票によって独立を選択するが，この直後からインドネシア併合派民兵による暴力行為で騒乱状態となり，多国籍軍が治安回復にあたった後，国連東ティモール暫定統治機構が設置され，2002年に独立を達成した．

東ティモールでは，16世紀以来ポルトガルの宣教師による布教が行われてきたが，インドネシア併合前のカトリック信者数は人口の2割程度に過ぎず，多くは伝統的な精霊信仰を受け継いでいた．カトリックが人口の9割を占めるようになったのは，公認5宗教いずれかの信者になることを要請するインドネシアの政策の影響が大きい．1977年に東ティモール人として初めて教皇行政官となって東ティモール教会を指導したマルティ

ニョ・ダ・コスタ・ロペス（Martinho da Costa Lopes, 1918-91）．それを引き継ぎ初の東ティモール人司教となったカルロス・シメネス・ベロ（Carlos Ximenes Belo, 1948- ）ら教会指導者は人権擁護のために活動を続け，ベロ司教は 1996 年にラモス・ホルタ（Jose Ramaos Horta, 1949- ）とともにノーベル平和賞を受賞した．

参 考 文 献

池端雪浦『フィリピン革命とカトリシズム』勁草書房，1987 年．
イレート，R. C.（清水　展・永野善子監修，川田牧人・宮脇聡史・高野邦夫訳）『キリスト受難詩と革命— 1840～1910 年のフィリピン民衆運動』法政大学出版局，2005（1979）年．
小林寧子『インドネシア　展開するイスラーム』名古屋大学出版会，2008 年．
多和田裕司『マレー・イスラームの人類学』ナカニシヤ出版，2005 年．
寺田勇文『東南アジアのキリスト教』めこん，2002 年．
床呂郁哉・西井凉子・福島康博編『東南アジアのイスラーム』東京外国語大学出版会，2012 年．
直江廣治・窪徳忠編『東南アジア華人社会の宗教文化に関する研究』南斗書房，1987 年．
永渕康之『バリ・宗教・国家—ヒンドゥーの制度化をたどる』青土社，2007 年．
福島真人『ジャワの宗教と社会—スハルト体制下インドネシアの民族誌的メモワール』ひつじ書房，2002 年．
松野明久『東ティモール独立史』早稲田大学出版部，2002 年．
見市　建『インドネシア　イスラーム主義のゆくえ』平凡社，2004 年．
吉田禎吾監修，河野亮仙・中村　潔編『神々の島バリ—バリ＝ヒンドゥーの儀礼と芸能』春秋社，1994 年．
Lai An Eng（ed.）*Religious Diversity in Singapore*, Singapore : Institute of Southeast Asian Studies, 2008.

10 中国・台湾の宗教

Ⅱ．世界宗教の現在

10.1 中国の宗教

長谷千代子

(1) 中国の宗教に対する視点

中国の宗教について記述するとき，大きな問題が3つある．

1つは，多様な宗教的教えが，中国という広大な地域において数千年という歴史のなかで複雑に変遷し，影響しあっているということである．例えば儒教や道教は中国の風土に生まれてそれぞれに展開したのみならず，インドから伝わった仏教も交えて「三教一致」といわれるような大きな変容を一面では被っている．キリスト教やイスラーム，チベット仏教なども，信者数は大乗仏教に比べて相対的に少ないとはいえ，近代化や民族政策といった現代的な課題と関わりつつ中国社会に大きなインパクトをもつ．これにシャーマニズムや少数民族の宗教，慣習化した宗教行事などを含めると，それらの影響関係は非常に複雑なものとなる．

次に，中国の宗教を，もっぱら西欧・キリスト教圏で発達してきた近代的な「宗教」概念で説明することにともなう困難がある．例えば，西欧流の宗教観では聖と俗が峻別され，絶対神のように超越的なものが志向されるのに対して，儒教や道教にはそういう傾向が希薄であるといったことがよくいわれる．そうすると「中国には西欧的な意味での『宗教』はない」という話にもなるが，それで終わっては中国における「宗教的なもの」のあり方がみえなくなってしまう．中国の宗教を理解するには，西欧流の宗教観には当てはまらなくても中国の文脈では宗教性をもつ事象を見落とさないようにする工夫が必要になる．

最後に，近代中国の歴史や社会状況が，現実の宗教や宗教に対する価値評価に強く影響している点を考慮する必要がある．19世紀末以来，中国は近代国家になるためにある面ではかなり激しい自己改革を行ってきた．その過程で宗教は近代化の阻害要因として否定的に取り扱われ，ときには破壊の対象とすらなった．現在の中華人民共和国憲法は宗教信仰の自由を認めているが，中国共産党は「宗教はいずれ消滅すべきもの」という宗教観を堅持している．「シャーマニズムや民間信仰はほとんど迷信に近く，それよりましなのが世界宗教で，真に優秀な近代人は宗教をもたない」，というある種進化論的な見方も根強い．実際，中国共産党が公認するのは歴史のなかですでに高度な体系化を遂げた宗教であって，「新宗教」や原始宗教的なものを公認するという発想はない．このように制度化された宗教や官製の宗教観が前面に出ると，それに当てはまらない宗教的活動は背景に退き，光が当たりにくくなる．どの地域でも政治・経済・社会の状況が宗教のあり方に影響するのは当然だが，中国の場合もそのことを充分考慮する必要がある．

以下，こうした困難があることを念頭におきつつ，中国の宗教政策，現在に至る宗教の歴史，人々の宗教活動等について可能な範囲で概観す

る．

（2） 中国の宗教政策

　他の多くの近代国家と同じく，中国でも政教分離と信仰の自由は建国以来の基本政策である．しかしマルクス・レーニン主義を政治思想の根幹とする新中国では，大躍進（1958～60年）や文化大革命（1966～76年）など左傾化が強まる時期に，宗教に対する干渉や迫害が起こった．中国共産党はその反省に立ち，1982年に大幅に修正した現行憲法のなかで信仰の自由を再確認した．宗教研究の言説においても「宗教はアヘンである」という安易な断定は近年批判されている．朱(1994)によれば現在では，「一切の宗教は人間の日常生活を支配する外的な諸力が人間の頭脳の中に反映したものに過ぎず，その反映においては，人間的な力が超人間的な力の形態をとる」という説明がより一般的である．そして，宗教は革命と進歩によって「社会的条件が整えばしだいに消滅する」が，その過程は非常に緩慢なので，宗教が一定の勢力を維持している現在，「政教分離と宗教信仰自由の政策を実施すべきである」とされる．

　政治的観点においては，宗教は国外からの脅威に対する防衛と国内的な社会秩序の安定という課題の一部として意識されている．例えば19世紀後半から20世紀前半にかけてキリスト教宣教師が中国各地で活躍したことは，しばしば西欧の植民地化戦略の一環として論じられる．国内秩序の安定という文脈では，イスラーム，チベット仏教などが少数民族の独立問題と結びついて中国を分裂させることが警戒されている．憲法第36条の「宗教団体と宗教事務は，外国の勢力による支配を受けない」という一文は，こうした宗教観を背景としている．現在の宗教政策の基本方針を最初に示した中国共産党中央19号文件（1982年3月），ならびに2005年から施行されている宗教事務条例でも，宗教人士の愛国主義的教育を強化すること，すべての宗教活動場所を政府宗教事務部門の行政指導下において管理すること，宗教の衣をかぶった違法犯罪行為と反革命破壊活動を厳しく取り締まることなどが明記されている．

　行政上，宗教問題は中国共産党の統一戦線部で扱われ，政府の宗教局を通して政策が実施される．問題のレベルに応じて国家，省，州，市級の関係部門が対応し，重要事項については上意下達で指示が出る．政策決定の過程では全国人民政治協商会議も一定の影響力をもつ．

　宗教組織の日常的な運営については，中華人民共和国建国後に相次いで成立した，中国仏教協会，中国道教協会，中国伊斯蘭（イスラーム）教協会，中国基督教三自愛国運動委員会，中国基督教協会，中国天主教愛国会などの宗教団体が，宗教活動を組織し，宗教事務を行い，神学校や仏学院のような教育施設で聖職者を育成している．これらの集団は憲法と法律の保護の下にあり，信徒の宗教信仰の自由を守るとともに，宗教の名を借りて信徒が社会秩序を乱したり，国外の勢力と結びついて国家の安全を危うくしたりしないよう指導することが期待されている．宗教活動場所に認定された各寺院や教堂には，聖職者や一般信徒からなる宗教活動場所管理小組や委員会が設立され，建造物の維持や収入・支出の管理などを行う．有名な建造物の修理・再建の際に政府から補助金が出ることもあるが，一般の宗教施設の収入源は原則として信徒の寄付である．なお18歳以下の児童に対する宗教教育は禁じられている．

　ちなみに中国では歴史上王朝の変わり目に黄巾の乱や白蓮教徒の乱，太平天国の乱など，宗教色の強い反乱がしばしば起こっており，そのたびに国家安定のための宗教取り締まり政策が採られてきた．そうした歴史を考えると，現在の中国共産党の宗教政策も，近代になって導入された社会主義思想の影響を受けているとはいえ，長期にわたる政治的伝統の文脈から捉える視点も不可欠といえる．

（3） 公認された各宗教の現在

　現在中国共産党が「五大教」として事実上公認している，仏教，道教，イスラーム，カトリック，プロテスタントについて，その歴史と現状を概観する．

◆ Ⅱ．世界宗教の現在 ◆

1) 仏 教

　中国の仏教は，大乗仏教（漢伝仏教，北伝仏教），上座仏教（南伝仏教），チベット仏教（蔵伝仏教）に大別される．1世紀から5世紀にかけて主要な経典の伝来と翻訳の蓄積が進み，隋・唐期には，多くの高僧が輩出し，王朝の庇護も受けて中国大乗仏教の礎が築かれた．とりわけ中国的な発展をとげた禅宗と浄土宗，そして観音菩薩や弥勒菩薩，地蔵菩薩などに対する信仰は民間に広く流布し，現在に至っている．

　仏教は中国で受容される際，道教・儒教と相互に強い影響関係をもった．道教と仏教は経典の整理・体系化や宗教教団，修行方法などにおいて互いに影響しあい，仏教と儒教は「出家」と「孝」の思想をめぐって対立したが，8世紀頃から両者の思想を折衷した偽経『父母恩重経』が流布しはじめ，盂蘭盆供が流行するなど独特の変容をとげた．こうした三教の関係は，思想的には「三教一致」といわれる方向へ向かったが，制度上儒教は政治思想の根幹としてやや別格であり，道教と仏教は度牒や僧録司・道録司の制度等によって管理され，皇帝の関心を引くべく競合する関係にあった．

　19世紀末，西欧文明の急激な流入によって寺廟の資産を実学に流用する「廟産興学」の風が起こり，衰退傾向にあった大乗仏教は大きな打撃を受けたが，梁啓超（Liang Qi-Chao, 1873-1929），譚嗣同（Tan Si-Tong, 1865-1898），章炳麟（Zhang Bing-Lin, 1869-1936）らの思想家が仏教に傾倒，金陵刻経処の設立に尽力した楊文会（Yang Wen-Hvi, 1937-11）や，「人間仏教」を提唱した太虚（Tai Xu, 1889-1947）らが教えや制度の近代化を進めて危機を乗り切った．中華人民共和国成立後，民国期の試行錯誤を糧に1953年に成立した中国仏教協会には，大乗仏教のみならずチベット仏教や上座仏教の僧侶も参加し，共産党の指導下で仏教に対する信仰心を育むという世界的にもユニークな宗教団体である．人間社会における道徳性の向上や社会の改善に重きをおく「人間仏教」を奨励している．定期刊行物として『法音』を出版し，日本を含む近隣の仏教国との交流も行っている．

　中国では1980年代半ばから宗教復興や宗教ブームが起こり，仏教に関しても多くの書籍が出版され，大躍進や文化大革命によって長らく宗教的な情報から遠ざけられていた人々の関心を引いた．民間では釈迦や観音の記念日のほか，毎月1日と15日に寺院を参拝する人が多く，大量の線香や紙銭を焚いて家族の健康や平安を祈る姿がみられる．女性の観音信仰が顕著であり，念仏と菜食の習慣も広く行われている．

　上座仏教は雲南省のタイ族を中心にドアン族，リス族など一部の少数民族の間で信仰されている．伝来のルートと時期の差によってポイ・ゾン，ゾーディ，ユウン，ドーリエの四派があり，上座仏教らしく貝葉経が保存されている寺もある一方で中国系の経典が混在するなど，境界地帯らしい現象も一部にみられる．チベット仏教については別項を参照されたい．

　中共中央統一戦線部は，中国における「宗教信徒」の総計を約1億人としており，大乗仏教の信徒はそのなかでもかなりの数にのぼると思われるが，何をもって信徒とするかの基準が明らかでなく，実態は不明である．その他の仏教は民族宗教に近いので，その民族人口から推定して，上座仏教の影響下にある人々は100万人以上，チベット仏教の影響下にある人々は700万人以上と見積もられる．龔（1999）によれば，1995年の寺院数は仏教全体で9500か所，そのうち大乗仏教寺院が5000以上，チベット仏教寺院が3000以上，上座仏教寺院が1000以上，僧侶・尼僧は全体で約17万人，そのうち大乗仏教の僧侶が4万人余，チベット仏教僧侶12万人余，上座仏教僧侶8000人余とされている．

2) 道 教

　道教はさまざまな儀礼や巫術，陰陽説，五行説，老荘思想，神仙思想，天文や医術など，数千年前から人々の生活に息づいていた宗教的な実践や発想を母体として生まれた．お札を使う治病儀礼を発端に，2世紀頃から太平道や五斗米道などの民俗宗教的な信徒集団が形成されはじめ，各種教団の生成・分派を遂げた．4世紀に葛洪が神仙

思想を中心に道教思想を集大成して『抱朴子』を著し，5世紀初頭に北魏の寇謙之が新天師道を起こす頃から宗教集団としての輪郭が明確になる．宋代には数人の皇帝から庇護を受け，仏教の大蔵経にならって『道蔵』も編纂され，発展のピークを迎える．

元代に入ると現在の道教の二大教団の源流が出揃う．新天師道は中国南部の道教集団と糾合し，フビライの時代に正一道として統一される．正一道は主にお札を使った祭祀による治病を行い，張道陵の系譜を引くとされる世襲の天師を擁する．もう一方の全真道は12世紀に王重陽が開いたもので，禅宗の強い影響を受けつつ，厳格な出家主義と精神修養を重んじた．

この後，明清期を通じて道教は長い衰退期を過ごすが，西欧文明の脅威に直面した清末以降新しい動きが現れる．1912年，正一道は中華民国道教総会を，全真道は中央道教総会を設立し，道教が中華民族の精神的基盤あるいは国教にふさわしいことをそれぞれ主張している．また，宗教一般を迷信として批判する声が高まるなか，1930年代には陳攖寧（Chen Ying-Ning, 1880-1969）が道教を宗教ではなく科学へ接近させることを意図した「仙学」を提唱した．こうした近代化の試行錯誤を経て，正一道は民国末期には国民党政権の協力を得て新たな道教団体発足の準備をしていたが，その後の政情の変化にともない，1950年に台湾に移った．

共産党政権下では道観内での厳しい上下関係の緩和や道士自身の労働による道観経済の自給自足化などが励行され，封建主義的な制度の改革が行われた．1957年には全真道龍門派の岳崇岱を中心に中国道教協会が北京の白雲観を根拠地として設立された．大躍進や文化大革命では，中国道教は壊滅的な打撃を受け，一時は中国大陸における道教伝統の存続が危ぶまれたが，改革開放後には道士の研修機関や研究所が設立され，若い道士も増えてきた．龔（1999）によれば現在開放されている大陸の道観は600か所，道士・道姑は6000人余りとなっているが，道教は各種の人生儀礼や年中行事など一般民衆の日常生活に深く関わって

図1　再建された観音寺
雲南省のある地方で1990年代に再建された観音寺．文化大革命で破壊されたあと，各地でこのような寺の再建が見られた．

図2　徳宏州の上座仏教のある儀礼の様子

図3　雲南省徳宏州の上座仏教寺院

おり，そうしたときに儀式を執り行ったりお札を書いたりできる在俗の知識保持者がかなりの数存在すると考えるべきであろう．

道教ないし道教的民間信仰では三清（元始天尊，霊宝天尊，道徳天尊）や玉皇大帝，関帝などが高位の神とされるが，竈神，城隍，土地神，財神など人々の生活を間近に見守るあまり位の高く

◆ II. 世界宗教の現在 ◆

ない神々も広く親しまれており，位の高さと人気とは必ずしも比例しない．神々の人気や意味づけにはある程度地域差もあり，また多くの少数民族がこうした神々に対する信仰を独自の解釈で受容している．人々は神々の聖誕日に廟に集まって願い事をしたり，心配事があったら道教に詳しい先生を訪ねてお札を書いてもらったりする．キリスト教や仏教のように権威ある創始者と経典がまず存在する創唱宗教とは違って，道教はこうした現世利益的な民間信仰の実践がむしろ母体であり，「民俗」や「風俗習慣」といわれるものと，ある側面ではほとんど不可分であることが特徴といえる．

3）カトリック（天主教）

中国ではカトリックとプロテスタントが別の宗教として扱われており，使われる中国語も，例えばカトリックでは神を「天主」というが，プロテスタントでは「上帝」というように違いがある．中国に伝わったもっとも古いキリスト教はネストリウス派で，7世紀の「大秦景教流行碑」に記録が残っているが，9世紀唐の武宗によって禁止され，その後，紆余曲折を経て元末頃衰退している．17世紀からロシア正教（東正会）も伝来しているが信徒のほとんどはオロス族である．

カトリックでは元代にフランシスコ会，明末にイエズス会が宣教活動を行い，なかでもイエズス会のマテオ・リッチ（Matteo Ricci：利瑪竇，1552-1610）は中国の風俗を容認して布教の成果をあげたが，彼の死後まもなく中国の風俗を本当に容認してよいかどうかをめぐって典礼問題が起こり，清の乾隆帝によって結局禁教となっている．近代における布教は黄埔条約（1844年），天津条約（1858年），北京条約（1860年）でフランスがカトリックの保護権を確立したことに始まる．以後，ドミニコ会，イエズス会，パリ外国宣教会，フランシスコ会，ヴィンセンシオの宣教会（辣匝禄会）などを中心とする多くの教派によって布教活動が行われた．その成果は目覚しく，任延黎（1999）によると，1810年には約21万人だった信徒が19世紀末までに74万人になり，1907年には100万人を超えたとされる．

図4 民間の道教知識保持者
正式な宗教者とはみなされないが，実際には廟会や葬式，願掛け，魔除けなど，人々の日常生活に欠かせない職能を果たす．写真は民間道士の男性が，春節に家族の健康を願う女性の祈願文を代書しているところ．雲南省にて．

しかし宣教者側の強引な土地の買い上げや，中国の伝統的な生活文化に対する無理解，また中国人側のキリスト教教義に対する誤解や単純な排外思想などによって対立が生じ，多くの教案（布教をめぐるトラブルや事件）が起こった．1900年の義和団の乱はその1つのピークでもある．こうした教案は，単に宗教上の行き違いではなく，当時のキリスト教の布教活動と西欧植民地主義の連動性を証拠づけるものとして論じられることが多い．

こうした歴史は現在なお中国におけるキリスト教のあり方に影響しており，中国のカトリックとヴァチカンとの軋轢はそれを如実に物語る．19世紀半ば以来，ローマ教皇庁は布教権がフランスやドイツなどに与えられたことに不満を抱き，時の中国政府と直接外交関係を確立しようとしたが，時代の変わり目にあうごとに，清や満州国，中華民国など，常に衰退する側と交渉する結果となり，肝心の中国共産党にはことさらに敵対的であった．1957年に中国天主教愛国会が成立し，ローマ教皇の同意なく主教を自選しはじめ，国外勢力からの独立を主張すると，ヴァチカンはこれを否認し，現在に至るまで両組織の間に公的な関係が結ばれていない．また，ヴァチカンに心を寄せて愛国会に参加しない非合法的ないわゆる地下教会が存在すると考えられ，その処遇の問題が，ヴァチカンやアメリカと中国の間に論争が起こる

所以の1つとなっている．

1980年からは中国天主教主教団も組織され，中国天主教愛国会とともに雑誌『中国天主教』を刊行している．改革開放後，宗教ブームによって大勢としては信徒数が増加する傾向にあるといわれる．龔（1999）およびストックウェル（Stockwell, 1993）によれば，全国100余の教区に約400万人の信徒，4000以上の教堂，約70人の主教，900人以上の神父，それに約1200人以上の修道女がいると推測される．

4）プロテスタント（基督教）

プロテスタント諸派の中国宣教は，1807年にアメリカ経由でマカオに到着したバプティストの宣教師モリソン（Robert Morrison：馬礼遜，1782-1834）を嚆矢とする．その後メドハースト（Walter H. Medhurst：麥都思，1796-1857），ギュツラフ（Karl A. Gutlaff：敦実猟，1803-51），ブリッジマン（Elijah C. Bridgeman：神治文，1829-71）らが中国に渡り，聖書の漢訳や宣教活動を行った．洪秀全は彼らの手による布教用冊子や漢訳聖書を読み，のちに太平天国の乱（1851～64年）を起こしている．当時ヨーロッパではロンドン伝道協会（London Missionary Society）のような海外布教を目的とする宣教協会がいくつか誕生しており，聖公会，メソジスト，ルター派，長老派等，多くの宣教師が中国伝道を開始していた．とくにテイラー（James Hudson Taylor：戴徳生，1832-1905）が1865年に設立した中国奥地伝道団（China Inland Mission：中国内地会）は，大規模な超教派の中国伝道の起点となった．ストック・ウェル（1993）によれば，こうして1900年までに2800人のプロテスタント宣教師が中国に入ったものの，この時代は中国人の排外主義が根強く，多くの教案が発生し，改宗者は約10万人にとどまったという．

義和団の乱（1899～1900年）の前後から，プロテスタント諸派は病院，学校，孤児院などの創立と運営に一層力を入れて中国人の信頼を得るよう努めはじめた．同時に超教派的な会合をもち，伝道地域を割り振るなどして内陸部での布教活動にも力を入れた．1918年には廬山で中国基督教各派が雲南布教について協議し，聖公会，長老会，メソジスト，中華続行委員会が連合で中華国内布道会を結成している．1926年頃が布教の最盛期であり，宣教師は8000人を超えたという．しかしこの後，中国では抗日戦争，国共内戦と戦乱が続き，ほとんどの宣教師たちは中華人民共和国建国の前後に，約70万人といわれる改宗者を後に残して出国した．

中華人民共和国成立後，プロテスタントの中国人信者を指導したのは呉耀宗（Wu Yao Zong, 1893-1975）である．彼は三自愛国運動を提唱し，1954年の第一回中国基督教全国会議で正式に成立した中国基督教三自愛国運動委員会の会長に就任した．三自とは，中国人キリスト者自身が中国の教会を運営し（自治），外国からの援助に頼らず経済的な独立を果たし（自養），布教活動を行うこと（自伝）を意味する．文革後の1980年には中国基督教協会も成立し，教派の別なく1つの宗教として団結することが確認された．両会は共同で月刊誌『天風』を発行している．龔（1999）によれば，現在聖職者1万8000人，信徒約1000万人，教会8000か所，一般家庭を利用した集会所が2万余と推測される．

キリスト教はカトリック・プロテスタントとも，少数民族の間にある程度広まっており，ヌー族，ジンポー族，イ族，ミャオ族などに信徒が比較的多いといわれる．なお，カトリック宣教師ヴィアル（Paul Vial：鄧明徳）のイ族研究やメソジスト宣教師ポラード（Samuel Pollard：柏格里）のミャオ文字（Pollard Script）作成など，一部の宣教師は文化・学術面でも大きく貢献している．また，ミッション系の学校や大学の設立，西洋知識を中国に紹介する各種の出版活動，近代西洋医学に基づく医療活動などにおいても，キリスト者たちの活躍は，近代中国に大きな足跡を残している．

5）イスラーム

イスラームの中国伝来は，7～8世紀にイスラームを信奉するアラブの使節や商人が中国を訪れ，暮らしたことに始まると考えられる．商業，軍事，政治等の活動を通じてムスリム（イスラー

◆ Ⅱ．世界宗教の現在 ◆

図5　雲南省のプロテスタントの教会
20世紀前半，漢族に虐げられてきた少数民族地域で多くのキリスト教団体が宣教活動を展開したため，リス族，ジンポー族，スイ族などの間に，一定数のキリスト教信者が存在する．

図6　イスラーム服務站
回族は商業ネットワークにそって中国各地に広く分布しているため，回族がある程度集住している地域ではこのような小規模な礼拝所などを見かけることがある．

ムの信徒）はすでに元代には中国全土に散らばり，「回回」とよばれて信仰を守りながら漢族の生活に溶け込んでいった．中華人民共和国成立後，中国共産党政府はそれまで中国領内にいたムスリムを少数民族として認定し，テュルク諸語を話すウイグル族・カザフ族・キルギス族・ウズベク族・タタール族・サラール族，モンゴル語系の言葉を話す東郷族・保安族，イラン語系の言葉を話すタジク族，漢語を話す回族の10民族に分類した（ウイグル族については別項参照）．

これら10の少数民族の人口は総計2000万人を超え，その大部分がムスリムと推定されているが，他の民族のイスラーム改宗者や，イスラームを放棄した回族がいることも考えられるので，正確な数は不明である．新疆ウイグル自治区，寧夏回族自治区，甘粛省，青海省，陝西省，雲南省などが主な集住地区であり，その他の地域にも主に回族が広く分布している．中国ムスリムの多くはスンニ派であり，イスラーム法学的には現地の慣行に寛容なハナフィー派に属すが，タジク族はシーア派である．

回族のイスラームは伝播時期の古い順からカディーム派，スーフィー教団，西道堂，イフワーン派，サラフィー派など，さまざまな教派を形成してきた．前の三者は儒教・道教・仏教の用語によるイスラームの解釈を積極的に行い，中国化したイスラームといわれる．他の二派はアラビア半島のワッハーブ運動やサラフィー主義の影響を受けており，他派を「正統でないイスラーム」として，クルアーンやハディース（預言者ムハンマドの伝承録）に基づいて改革しようとする．

回族コミュニティの教長は政府発行の免状を取得した宗教指導者であるアホンのなかから選ばれ，儀礼を指導し，ムスリム知識人を養成する．ムスリムの務めとしては六信五行のほか，「開斎節」（断食明けの祭）と「古爾邦節」（犠牲祭）が重要な「イード」（祭）である．教派によっては，さらに「聖紀節」（預言者ムハンマドの聖誕祭），「法図麦節」（ムハンマドの娘ファーティマの忌日を想起する行事）などの儀礼を行うことがある．スーフィー教団では歴代指導者たちが死後「拱北」（ゴンベイ）という聖者墓に埋葬され，独自の修行や年中行事が実施される．イフワーン派やサラフィー派は「開斎節」と「古爾邦節」のみを行い，その他の儀礼をクルアーンやハディースによらないものとして批判する傾向がある．

中国共産党政府は，建国当初はイスラームを尊重する姿勢を示したが，清真寺や拱北の伝統的な社会制度や組織が社会主義国家の建設に矛盾すると判断すると，宗教制度民主改革（1958年）や文化大革命（1966〜76年）において，清真寺や拱北を閉鎖あるいは破壊し，宗教指導者や少数民族幹部を強く批判した．1975年には雲南省で毛沢東思想宣伝部隊と造反派の回族とのあいだに沙甸事件とよばれる武力衝突も発生した．

1982年以降，政府は信教の自由を再確認し，モスク（清真寺）の復興や中国イスラーム（伊斯蘭）協会によるメッカ巡礼などを実施している．共同墓地での土葬や豚肉を食べない習慣などは，回族の風俗習慣として尊重されており，他地域で見られるような火葬推進キャンペーンは行われず，大学などでもムスリム向け食堂が設置されるといった配慮もなされている．しかし2001年のアメリカ同時多発テロ事件後は，テロ対策の名目で新疆のムスリムが不当に逮捕されているとの報告もあり，信仰の自由の保障と社会秩序の安定は微妙なバランスのなかにあるといえる．

(4)「公認宗教」から外れたもの

上述の五大教はいずれも政治的に重要性を認められているが，中国文化にはそれ以外にも一定の重要性と影響力をもつ宗教的な事象が存在する．

1) 儒教

儒教は歴史的に仏教・道教と並んで中国思想の主流をなしていたが，近代に入ると「宗教」とされた仏教・道教と区別され，学問や思想として認識されるようになった．その主な理由は，儒教が神観念を立てず，現世志向が強く，合理性を重んじるからである．しかし，天を祀る儀礼を備え，先祖の祀りを奨励するなど，宗教的な側面があることは多くの研究者が指摘している．儒教が宗教かどうかという問題は，私たちが宗教をどう捉えるかという問題に直結する．

19世紀後半，近代化の波に直面して，梁啓超，康有為らは一時期儒教を国教として西欧諸国に伍すことを主張したが，魯迅，陳独秀ら新文化運動の推進者や共産党の指導者は儒教を封建時代の遺物，近代化の障害として批判し，以来中国大陸では儒教に対する批判が強まる時期こそあれ，積極的な評価はあまり行われなかった．しかし1980年代以降，在米の歴史学者である余英時が『中国近世の宗教倫理と商人精神』（1987年）で東アジアの経済発展に儒教的精神が貢献した点を論じて話題になり，梁漱溟，馮友蘭など儒教を重視した近代の思想家が再評価されるなど，儒教に対してそれまでとは異なるアプローチがみられるように

図7 天地牌
雲南省の少数民族の人の家だが，儒教倫理を示すこのような天地牌が部屋に飾られていることもある．

なった．日常生活においても，文化大革命で知識人を迫害したことの反省に立って1985年から9月10日が教師節とされ，社会全体の高齢化が進むなかで親孝行を奨励する言説が各種メディアから流れてくるなど，現代中国社会は儒教的メッセージに共鳴するかのようである．祖先祭祀も単に伝統として復興するばかりでなく，とくに南部で宗族の人的ネットワーク拡大の機会を提供し，経済的な豊かさを手にした人々がさらに一族の繁栄を願って大規模な墓を作るなど，現代社会に即応した展開もみられる．公認の「宗教」ではなくても，中国人の生活思想の源泉の1つとして儒教を無視することはできない．

2) 原始宗教

朱（1994）によれば，「原始宗教」とは宗教発展史上早期に現れた不定形で成熟していない宗教をさす．具体的にはいわゆる「多神教」や「フェティシズム」，「シャーマニズム」，「精霊信仰」，それに基づく治病儀礼の数々などが該当する．たとえば東北部ではエヴェンキ，オロチョン，ダフール族などのあいだにシャーマニズムが広くみられ，儒教的規範の顕著な朝鮮族や漢化の進んだ満州族，チベット仏教圏とされるモンゴルの人々のあいだでも，民間にはそうした実践が残っているという．西南部ではナシ族のトンパ，イ族のビモなどの宗教職能者を中心としたシャーマニズムないし精霊信仰がみられ，ペー族の本主信仰，チワン族の道教などには民族的特色がある．これらは

新中国の政治的観点からすれば迷信にすぎないが，中国社会科学においていまだに優勢な社会進化論においては宗教の起源を示すものとして重視され，研究されている．とはいえ政策的にも社会通念としても本当の「宗教」とは考えられておらず，「宗教」に分類されるのはあくまで学問上のことである．また，原始宗教と民族の概念とは本来直接の関係はないが，文化的に遅れている少数民族が原始宗教をいまだに継承し信仰しているという考え方が中国では一般的である．実際，原始宗教のうち例えば供犠のように経済的な浪費となったり，治病儀礼のように近代医学で代替すべきと考えられるようなものは，「迷信」として1950年の段階で批判され，あまり見られなくなっている．しかし村の神や精霊の祀りなどで今日まで命脈を保っているものは，とくに少数民族の地域では「風俗習慣」とみなされ，黙認されている．観光業の発展が目覚しい今日では，かつて迷信とされた行事や神々の廟などが民族文化として，ひいては観光資源として再評価されるという現象も起きている．

3）民俗と風俗習慣

古くから多くの人々の間で習わしとなっている行動様式のことで，もともと宗教的な意味合いがあっても現在では単に習慣化していると見なされる行為および原始宗教の一部もこれに含まれることがある．具体的には旧正月（春節）や収穫祭のような年中行事や，結婚式，葬式などである．中国共産党はそうした行事が過度に浪費的にならないように改革すること（移風易俗）を提唱しているが，実践は当事者の自由に任されている．とくに漢族とは言語や生活様式まで異なる少数民族の風俗習慣は，意識的に尊重すべきだとされる．漢族の間では火葬が奨励されているのに，火葬を嫌うムスリムに対しては火葬推進キャンペーンが基本的に行われないのもその一例といえる．

聖職者という少数の特別な人々の活動ならば，条例によって宗教活動場所に囲い込み，さまざまな制限を設けることも比較的たやすいが，一般大衆の生活習慣を規制し改変するのはそれほど容易ではない．その意味では各民族の宗教的な発想や行動が庶民の民俗として保存されるケースもあると考えられる．

枠におさまらないもの——おわりに

この他，占い，気功，風水など，宗教そのものではなくても宗教との関わりにおいて考える余地のある事象は多い．逆に邪教集団として法輪功が非合法化された経緯には多分に政治的な要素があり，「宗教か邪教か」という切り口からだけ見ていても理解しづらい．中国における宗教を理解しようとするとき，この国の歴史のなかで培われてきた，宗教とそれ以外のものをふるい分ける枠組みをいったん取り払い，全体の関連を想像してみることが時に必要であろう．

参考文献

窪徳忠『道教の神々』講談社学術文庫，1996年．
末木文美士・曹昌祺『現代中国の仏教』平河出版社，1996年．
覃光広編（伊藤清司監訳；王汝瀾訳）『中国少数民族の信仰と習俗』第一書房，1993年．
張承志『回教から見た中国：民族・宗教・国家』中央公論社，1993年．
深沢秀男『中国の近代化とキリスト教』新教出版社，2000年．
溝口雄三・伊藤貴之・村田雄二郎『中国という視座』平凡社，1995年．
渡邊欣雄『漢民族の宗教　社会人類学的研究』第一書房，1991年．
Foster Stockwell, *Religion in China Today*, New World Press, 1993.
龔学増『宗教問題概論』四川人民出版社，1999年．
任延黎主編『中国天主教基礎知識』宗教文化出版社，1999年．
朱越利主編『今日中国宗教』今日中国出版社，1994年．

10.2　台湾の宗教

三尾裕子

本節は，「台湾の宗教」が対象であるが，本書において「台湾原住民」については，別項目が立てられているので，ここでは，いわゆる「漢人（中国系の人々）」の宗教に限って考察することにする．

台湾の宗教に対して前提としておきたいことは，すでに長谷千代子が前項「中国の宗教」で指

摘していることと，共通している．つまり，第一には，現在私たちが目にする台湾の宗教も，多様な宗教や宗教的な観念が長い歴史の中で変化し，また相互に影響を与え合ってきたものである．また第二には，台湾においても，いわゆる「宗教」概念は，キリスト教圏やイスラーム世界で形成されてきた「宗教」概念では説明できない．第三に，宗教は，台湾を含む中国，あるいは，植民地下における日本の統治者が下す価値評価に大きく左右されてきた点を挙げておかなければならない．

ただし，最後の第三点に関わって，戦後の中華民国下での台湾の宗教の位置づけは，大陸の人民中国とは，ある面で対極にあったことを注記しておきたい．共産主義化した中国では，基本的に宗教は否定的に扱われてきたし，現在においても信教の自由があるとはいえ，国家による宗教へのまなざしは決して好意的なものとはいえないであろう．他方，中華民国は，正統的な中国文化の継承者を自認してきたため，中原に由来する伝統文化，儒教などにみられる哲学的あるいは宗教的な観念を保護してきたのである．もちろん，保護の対象は，あくまで国家が「正統性」を認めたものであって，台湾の民衆が保持してきた民間信仰，郷土文化などについては，国家は最近まで比較的冷淡であった．しかし，1990 年代以降の台湾の民主化の流れの中で，台湾各地の郷土の文化や信仰が，多くの民衆にとって，台湾の独自性，中国とは異なる台湾としてのアイデンティティの核と認識されるようになってきている．

法律上，台湾では，信仰の自由がかなりな程度保障されている．むしろ，現在の台湾は，世界でももっとも信仰の自由が保障されているといってもいいかもしれない．憲法第 13 条には，宗教の自由が謳われている．宗教団体は，内政部民政司に登録すれば，自由に宗教活動をすることができることとなっている．かつては，一貫道のように，登録が許されないために，非合法宗教とされたものもないわけではないが，内政部によれば，2002 年に台湾では，25 の宗教が公認されているという．それらは，道教，仏教，密教，カトリック，プロテスタント，イスラーム，軒轅教，理教，天理教，巴哈伊教，天帝教，天徳教，一貫道，真光教団，儒教，大易教，亥子道，世界基督教統一神霊協会，耶穌基督後期聖徒教会，弥勒大道，中華聖教，宇宙弥勒皇教，先天救教，黄中，山達基教会である．

以下では，このような前提に基づいて，台湾の宗教の特色を，国の政策，歴史などを踏まえながら概観していきたい．

(1) 台湾の宗教の特徴
1) 民間信仰および道教

上記で示したように，現在の台湾では，二十余りの宗教団体が登録されている．しかし，このことは，すぐに，台湾の人々がどれか 1 つの宗教信者として区分できる，ということにはならないことに注意が必要である．内政部統計年報によれば，2001 年の台湾の宗教人口は，全部で 163 万人余り，うち，道教が 83 万人弱，仏教が 22 万人弱，カトリックが 18 万人余り，プロテスタントが 38 万人強となっている（http://www.moi.gov.tw/W3/stat/year/list.htm）．この宗教人口数は，台湾の全人口 2000 万人強（うち，漢人が 98% を占める）から比べると，全体として，非常に低い．というのは，政府は，帰依者，聖職者のみを信徒として勘定しているためである．実際には，この統計に出てこない多くの人が，宗教的なシンボルに頼り，日常的に参拝を欠かさない，と考えておいた方が自然である．

また，どの宗教を信じているのか，という同定自体も，人によって判断がまちまちであるし，また同じ人でも時と場合によって，異なる回答をする．つまり，あるときには「仏教を信じている」という人が，別のときには「道教を信じている」ともいいうるし，また「何も信仰していない」ともいいうるのである．

どうしてこのようなことが起こりうるか，ということを理解することは，台湾の漢人の宗教信仰を理解することにつながるので，以下ではこの点を詳しく見ていくことにしよう．

上に述べたように，一般の台湾漢人がどんな宗

◆ Ⅱ．世界宗教の現在 ◆

教を信仰しているのかを，一義的に規定することは非常に難しい．ごく一般的な家庭には，必ず祭壇があり，中央に神像が置かれていたり，壁に神画がかかっていたりする．向かって右側にも神がいることも多い．左側には，家の先祖の位牌が置かれているのが普通である．各家庭では，たいてい一日のうち朝と夕方に祭壇に簡単な供物と線香を捧げるものである．祭壇に安置されている神もさまざまである．観音菩薩が置かれていたり描かれていたりすることが多いようだが，そのほかにも媽祖とよばれる航海の神や，三官大帝，関帝など，さまざまである．天公とよばれる天の最高神は，普通神像がなくて炉だけであるが，これも必ず拝んでいる．

家の外に出れば，あちこちに祠や廟が建っている．廟には，多種類の神が安置されている．ここでも，観音菩薩や媽祖，関帝，王爺，土地公，中壇元帥，清水祖師，保生大帝，…などと実に多種類の神が，さまざまな組み合わせで同じ境内の中に祀られている．このほか，いわゆる仏寺といえるものもある．仏寺は普通の祠や廟に比べると，建物の装飾がシンプルで，色彩も豪華ではない．たいてい，住職と幾人かの僧侶が住み込んでいる．廟のように，神に捧げる紙銭を燃やさないところが多く，夜になると近所の人たち，とくに婦女子が集まって読経会などをやっているところも多い．

しかし，だからといって，廟に出入りする人が仏寺には出入りしないとか，その逆（仏寺に熱心に通う人が廟にはいかない），また家での祖先祭祀を重視する人が，神を崇拝しなかったり邪鬼の存在を信じない，といったようにクリアに個人の信仰を区切ることができないのが台湾漢人の宗教の特徴である．普段は廟を中心に祈願している人が，他方で読経会に参加したり，身内の死者のうち，未婚で亡くなった女の子の位牌だけは仏寺に預かってもらったり，といった例も多い．

また，自然的な力を超えたものへの信頼を，信仰という形で捉えない人も多い．つまり，廟を通りかかれば線香を立てるし，お守りをもらってくることもあるし，家の位牌にも手を合わせるが，これを何らかの宗教への信仰と捉えないケースであって，こういう考え方は日本人にも通じるところがあるだろう．

2）民間信仰と宗教的職能者——僧侶，道士，法師，シャーマン

以上のような一般民衆の宗教実践を，なぜ道教や仏教と一対一対応で結べないか，という別の理由は，宗教的職能者と一般民衆との関係を見ても明らかである．例えば，仏寺へ出入りする人が，いつも法事を僧侶に依頼するとは限らない．寺に位牌を預けている死者の法事のときには僧侶に依頼しても，それ以外の通常の法事では道士あるいは法師とよばれる道教系の職能者に依頼することのほうが一般的だろう．しかし，道士に依頼する割合が高いからといって，そのような依頼者を道教信者ということもできない．道教の歴史については他章にゆずり，ここでは割愛するが，台湾では道士が一般の民衆に教義を説いて，信者として入信させるということはほとんどしない．道士の継承も，台湾では，中華民国支配下に入って正一派の第63代の張恩溥が入台し，道教の組織化が図られたとはいえ，父子相伝の伝統はほとんど変わらなかったので，一般の民衆が修行して道士になる，というケースも多くはない．

しかし，道士と民衆とはある意味では非常に近い関係にあることも事実である．廟での神誕祭，醮（しょう）とよばれる大掛かりな平安祈願の祭の際には，たいてい道士が儀礼の執行者として呼ばれるし，個人の家で行う葬送儀礼，功徳儀礼とよばれる死者の供養儀礼もたいてい道士が依頼される（ただし，「紅頭司公」とよばれる道士は，死者儀礼は行わない）．そのほか，駆邪儀礼，補運儀礼（改運儀礼），座禁（シャーマンの養成に関わる儀礼），落獄府（病人の魂を取り戻す儀礼）も道士が関わることが多い．ただし，この場合に行われる儀礼は，道教そのものからははずれたもので，台湾では「法教」ともよばれ，儀礼を執り行う職能者は「法師」とよばれる．道士が行う神誕祭，醮であっても，シャーマンが登場することがあるが，このようなとき，道士とシャーマンは協力しあって儀礼を進めていることもある．また儀礼の

内容も，道士の方で依頼者側の地域の伝統や観念に合わせて調整することもあるように，道教と民衆の信仰との間には，つかず離れずの関係があるといってよいだろう．

(2) 仏　教
1) 台湾における仏教の歴史

台湾においては，仏教も民間信仰と非常に近しい関係にあるといってよい．すでに述べたように，仏寺に出入りする人が廟にも出入りする，といったことは普通である．最近では，精進潔斎が健康ブームとあいまって一種の流行になっていて，読経会に参加したり，旧暦の1日と15日に精進を実践する人も多い．

台湾における仏教は，16世紀後半頃にもたらされたようだ．その源流は，福建の鼓山湧泉寺や怡山にあって，禅宗と浄土教が渾然としたものだったようだ．日本統治時代の調査によれば，台湾の仏寺について宗派を調査すると，たいていの寺では禅宗と答えるものの，寺の後堂や側房には，阿弥陀仏が安置されていることが多い，と記されている．また，台湾では，かつて，禅宗に類するもので，在家で菜食主義を行う斎教が盛んであったが，これは出家者の仏教とは異なった伝統である．

日本統治時代になると，台湾には，日本仏教がもたらされ，総計200以上の寺院や説教所が開設された．また，総督府は南瀛仏教会を設立し，同会では雑誌を刊行して仏教を学術的に研究したり，迷信の打破などに努めたりするなど，仏教の近代化に一定程度の役割を果たした．しかし，日本仏教は，当初の目論見とは裏腹に，台湾の民衆レベルには浸透せず，台湾在住の日本人向けの宗教にとどまった．その原因は，肉食妻帯を可とした日本仏教が，台湾の人々には宗教としては認められなかったためともいわれている．

戦後になると，国民党政府とともに多くの仏教僧が台湾に入ってきて，「中国仏教会」が設立され，台湾の仏寺はほとんどこの組織の中に組み入れられた．1950年代からは，中国仏教会で授戒を行うようになったため，台湾の寺院はすべからく中国仏教会に所属せざるをえなくなった．また，当然のことながら，日本仏教は一掃された．

2) 新しい仏教勢力

最近の傾向として注目すべきなのは，1980年代末葉からの政治の民主化とあいまって，中国仏教会に属さない新しい仏教系教団が生まれたことである．なかでも最近大きな力をもつようになってきたのが，高雄の仏光山，花蓮の慈済功徳会などである．

高雄縣大樹郷にある仏光山は，1967年に「外省人」の星雲大師によって開かれた臨済宗の仏教寺院である．開山当初は住むものもあまりいない，鬱蒼とした竹藪が広がる場所であったようだ．だが，現在は2000人を一度に収容できる大雄宝殿をはじめ，大規模な建築物が立ち並び，学校や養老院なども含む一大宗教複合施設を有するようになっている．また，さらに世界各地に数十の分院・道場を有し，大学までも経営するほどの趨勢を誇っている．信者の組織は，すでにグローバル化しており，国際仏光會が1992年5月16日に成立し，2000年までの段階で世界各国の160以上の協会，1000を超える分会を展開し，会員数は100万人以上に達しているとされている．星雲大師の思想の特徴は，「人間仏教」という表現で示されることが多い．つまり，中国仏教界の伝統にあった，世俗世界から自らを隔て，清貧に甘んじるという姿勢を払拭し，現代の生活に密着した仏教をめざすという姿勢がこの表現にこめられている．さらに，修行だけではなく，各種の教育機関を経営して，僧侶だけではなく，世俗における人間の育成にも力を入れている．

慈済会は，花蓮に拠点をもつ，仏教団体である．この団体の場合，慈善活動にとくに力を入れている点に特徴がある．僧侶は仏学の研究を行うが，一般の信者（会員）は，医療，教育，救難などについて慈善活動を行うことを主要な活動としている．花蓮市内には，慈済病院が設置されており，一般の信者はこのような施設でのボランティアを行っている．このほか，大学，幼稚園，看護学校などの施設も建設されている．

ただし，慈善活動は，必ずしも慈済会に特有の

◆ Ⅱ．世界宗教の現在 ◆

現象ではない．もともと民間信仰の廟においても，信者の寄付を元手に，地域の貧しい世帯の子どもに奨学金を支給するといった伝統はあったし，シャーマンによる病気治療も報酬を取るのではなく，信者の気持ち次第で寄付をしてもしなくてもいい，という場合が普通である．1999年9月21日に発生した台湾中部の大地震では，救援活動の現場で，慈済会などを中心に，一貫道，長老教会，各地の民間信仰の廟など多くの宗教団体の姿が見られた点は記憶に新しい．このように，台湾の宗教は，来世に於ける救済よりも，むしろ現世に於ける救済をいかに行うか，というところに，人々の関心が集まる傾向がある，ということも可能であろう．

さて，別の傾向として，台湾では，1980年代以降，チベット密教が興隆している点も指摘しておきたい．亡命チベット僧が多数台湾に入ってきているだけでなく，1997年には，ダライ・ラマが初めて台湾を訪問した．ダライ・ラマは，台湾で講演会と儀礼を執り行ったが，このほか，李登輝前総統とも会談しており，台湾のメディアでも大々的に取り上げられた．チベット仏教の隆盛は，もちろんその教義に心服する一般民衆がかなりいる，ということを示しているのであるが，同時に，チベットと台湾とが中国との関係においておかれている政治的な位置が類似しているということとも，密接に関わっていると考えられよう．

(3)「民間教派」――一貫道

台湾では，民間信仰に見られるような日常的な宗教実践と，いわゆる教団組織をもった宗教とを両立させている人も少なくない．例えば天理教徒や一貫道の信者はかなり数が多いが，そのような人たちには，一般の廟でもしばしば出くわすことがある．彼らによれば，天理教や一貫道の教えと廟での信仰との間には，さほどの衝突や矛盾はないという．とくに，一貫道のように，道教，仏教，キリスト教，イスラーム，ユダヤ教，ヒンドゥー教などの世界の主要な宗教を統合し，それらに共通する原理原則を見出そうとする宗教の場合，既存の台湾の伝統的な廟信仰と一貫道の教えとの両立は，不可能ではない．また，16世紀に創始され，日本統治時代に台湾にもたらされた夏教では，孔子，老子，仏陀と夏教の創始者を祀っている．17世紀に創立された理教も，儒教，道教，仏教が混交したものである．1923年に創立された天徳教も，儒教，道教，仏教，キリスト教，イスラームの混交したものである．このように，中国や台湾の新興宗教には，諸宗教をすべて統合しよう，という傾向をもつものが多いのも1つの特徴である．

こうした「民間教派」と分類されるいわゆる新興宗教系のうちで，もっとも信者の数が多く，社会に対する影響力が強いのが，上述した「一貫道」である．一貫道は，清末に起こった宗派で，当初は，大陸の河南，山東などで，目立たない存在であったが，日中戦争時頃より，華北から江南へと勢力を伸ばし，日本軍や当時の中国の支配者双方から警戒されるようになったようだ．共産党による人民中国成立後は，特に反動的な宗派として位置づけられたため，海外に拠点を移し，台湾で信者を多く獲得している．もっとも台湾でも，一貫道は，戦中の汪兆銘政権とのつながりへの疑いから，1980年代中葉まで長らく非合法的な宗教と規定された．

一貫道の基本的な教義は，「理，気，象」の循環という三天概念である．これらによって，宇宙の生成と消滅が説明される．とくに，「理天」が宇宙の本体であり，人間は理天に由来し，本来的に善なるものであるという．しかし，独自の教義があるとはいっても，一貫道の教理は，決して中国的な宗教観から遠く離れたものではない．長い間，非合法であったことも関係するのだろうが，一貫道は，表面上，仏教や道教をよそおっていたという．信徒の中には，中華民国道教会の理事を務めた人物もいた．また，表面上は仏を拝んでいる，という形をとりつつ，水面下で一貫道の教義を広めるといった手段をとっていたこともあったようだ．また，戦後の台湾では，一貫道は終始，儒家文化の推進者を標榜してきた．戒厳令が解除された近年では，一貫道信者が孔廟祭祀の儀礼執行者となっているケースが見られる．

(4) 一神教と台湾
1) キリスト教

キリスト教などの一神教と台湾漢人の伝統的な宗教信仰とは，なかなか両立することは難しい．その理由の1つは，キリスト教，とくにプロテスタントの場合，原則として祖先祭祀を禁じたためと思われる．また，一神教的な観念は，在来のアニミズム的信仰世界になじんだ漢人には受け入れるのが，なかなか難しい．キリスト教が物質的な援助，医療などと込みで導入された原住民居住区域では，戦後かなり急速に勢力を伸ばしたが，漢人居住区では，いまだに少数派にとどまっている．

台湾のキリスト教は，17世紀にオランダ人とスペイン人が台湾に根拠地を築いた頃もたらされたが，鄭成功が台湾を取り戻した後，しばらく断絶した．次に台湾にキリスト教が入ったのは，1860年に，イギリスの2人の宣教師がやってきたときであった．しかし，キリスト教が本格的に勢力を伸ばしはじめたのは中華民国時代に入ってから，それもとくに1950年代から60年代中葉にかけてであった．

プロテスタントは，1945年当時には，3つの派のみが活動していたにすぎなかったが，1955年にはこれが40にまで膨れ上がっている．信者の数も，統計上の数字ではあるが，1945年当時には6万人程度であったが，上述のように2001年には38万人まで勢力を伸ばしている．また，カトリックの方は，ある統計では，日本統治終了時には，信者は約1万人程度と，非常に少なかったが，1953年から63年の10年間の間に，改宗者が2万7000人から30万人にまで増え，台湾島内に7つの教区が生まれた．また，台湾の場合には，大陸とは異なり，ローマ教皇庁との関係はおおむね良好で，1998年には高雄教区の司教が枢機卿に任命されている．

2) イスラーム

台湾におけるムスリムは，そのほとんどが1949年の国民党政府の台湾への撤退にともなって流入してきた人々である．当時，台湾には2万人ほどが入ってきたという．彼らは，台湾で中国回教協会，中国回教青年会を立ち上げた．2度目のムスリム流入は，1980年代である．この頃，中国の雲南からミャンマー，タイなどへ逃れていた国民党軍の残党のムスリムたちが，大挙して台湾へ渡ってきた．現在台湾には6か所のモスクがある．1960年に建てられた台北のモスクは，1999年には，台北市の宗教的な遺産に指定されており，台湾における多元文化共生の1つのシンボルともなっている．台北の郊外の南勢角地区には，こうした東南アジア経由でやってきたムスリムたちが集住している地区がある．

ただし，ムスリムと一般の漢人との間には，生活上の交流はあるといっても，宗教上はなかなか乗り越えがたい垣根があるようだ．豚を食さないというタブー，宗教上の礼拝時間，空間などの点で，互いに相容れない部分も多い．しかし，最近では，台湾を訪れるムスリムが増えていることもあって，台北および高雄の国際空港には，ムスリム専用の礼拝施設が作られている．

おわりに

1980年代後半からの台湾の民主化，また台湾と大陸との経済的な関係の緊密化と宗教とは，密接に関係している．台湾から大陸への親族訪問が許可されるようになって以降，台湾の人々が大陸の祖籍地を捜し求め，故郷に立派な祖先祭祀のための祠堂を再建したり，文革などによって破壊された廟に多額の寄付金を投じて廟の修復，再建を果たしたり，といったことがみられるようになった．中国大陸政府も，台湾の人々のこうした宗教的な情熱をある程度受け入れることが，台湾人の大陸への経済的な投資をも促すことにつながると承知しているといえるだろう．そのような動きの中で，台湾の人々は，中国との経済的な関係の緊密化とともに，伝統的な宗教の同質性を一方で体験しつつ，他方では，断絶の間に築かれた相互に異なる経済体制と文化をも経験している．大陸の媽祖廟への巡礼団が後を絶たないのと同様，1997年に行われた大陸の媽祖祖廟の神像による台湾巡幸について，台湾側の知識人やいくつかの大きな媽祖廟の管理委員会が，大陸政府による台湾統合

◆ II. 世界宗教の現在 ◆

という政治的な意図を読み込んで反発するという動きもあった．このように，宗教に対する両岸の位置づけの相違と政治的な思惑が交錯する現代の台湾海峡両岸を巡る状況は，宗教と政治との不可分性を改めて示しているといえるだろう．

参 考 文 献

篠原壽雄『台湾における一貫道の思想と儀礼』平河出版社，1993年．

古家信平『台湾漢人社会に於ける民間信仰の研究』東京堂書店，1999年．

三尾裕子「漢民族の民間信仰—「中国的宗教」論への一視角」末成道男編『中原と周辺』風響社，1999年．

渡邊欽雄『漢民族の宗教　社会人類学的研究』第一書房，1991年．

Brewer, J. C., *Buddhism in Taiwan, Religion and the State 1660–1990*, University of Hawai'I, 1999.

Shahar, M. and Robert, P. W. (eds.), *Unruly Gods : Divinity and Society in China*, University of Hawai'i. 1996.

張珣・江燦騰編『台湾本土宗教研究的新視野和新思維』南天書局，2003年．

11 チベット・モンゴルの宗教

Ⅱ. 世界宗教の現在

奥山直司

11.1 チベット仏教圏

　本章の表題はチベット・モンゴルの宗教となっているが，ここで取り扱うのは，より正確にいえば，チベット仏教圏の宗教である．チベット仏教圏は，中国の西蔵（チベット）自治区を中心とし，そこから，一方においては青海，甘粛，四川，雲南の各省と新疆ウイグル自治区に広がり，モンゴル国（旧・モンゴル人民共和国）と中国内蒙古自治区からシベリア南部，中国東北部（旧満州）に及んでいる．他方において，それは中国，インド，パキスタンの支配地域が複雑に入り組むカシミール地方に迫り出し，ヒマラヤの主脈を南に越えてインド，ネパールの山岳地帯に浸透し，シッキムとブータンを包み込み，その東に横たわる国境未確定地域（インドのアルナーチャル・プラデーシュ州）の西北部を収めている．この広大なエリアを，以下ではチベット，モンゴル，ヒマラヤの3地域に区分して概観することにする．

　チベット仏教は，主として8世紀から13世紀初頭にかけてのインド仏教を継承したもので，大乗仏教の哲学に裏打ちされた緻密で壮大な教理体系とインド後期密教等を基盤とする実践体系を有している．経典はチベット語訳を完備している．戒律は根本説一切有部律に基づいている．後伝期（後出）に現れた諸宗派は，激烈な勢力拡張競争を繰り広げ，チベット系諸民族のヒマラヤ等への移住と相俟って，上述のような広大な仏教圏を成立させた．そのなかでは転生活仏制のような特色ある制度が普及した．また諸宗派はその時々の政治勢力と巧みに結びついて各地に大小の神聖王権を樹立した．

　チベット仏教圏は，以前はラマ教圏とよばれていた．ラマ（喇嘛）教はチベット仏教の異称で，西洋における Lamaism の用法を受けて中国または日本で造語されたものと考えられている（川崎, 1985）．近年，この言葉は，仏教ならざる異宗教との誤解を生じやすい，蔑視的なニュアンスを含んでいる，それゆえにチベット人自身，自分たちの仏教がそうよばれることを望んでいない，などの理由から使用が手控えられる傾向にある．いずれももっともな理由ではあるが，ラマ教という言葉を封印したことにともなって生じた不便は，ラマ教圏という言葉までが使えなくなってしまったことである．ラマ教という言葉は，上述のような広大なエリアに遍在し，そこに居住するさまざまな民族を緩やかな形で結びつけてきた宗教文化を一言で表現するには便利な用語でもあった．

　ここではラマ教をチベット仏教に置き換えて，かつてのラマ教圏をチベット仏教圏とよぶことにする．最近では，ラマ教圏の代わりに，チベット・モンゴル仏教文化圏という，モンゴル仏教の独自性に大幅に配慮した用語も案出されているが，独自性をいうのであれば，同じ仏教圏内の他の仏教伝統にも，程度の差こそあれ，独自性は存在しよう．この場合，重要なことはむしろ，モン

◆ II. 世界宗教の現在 ◆

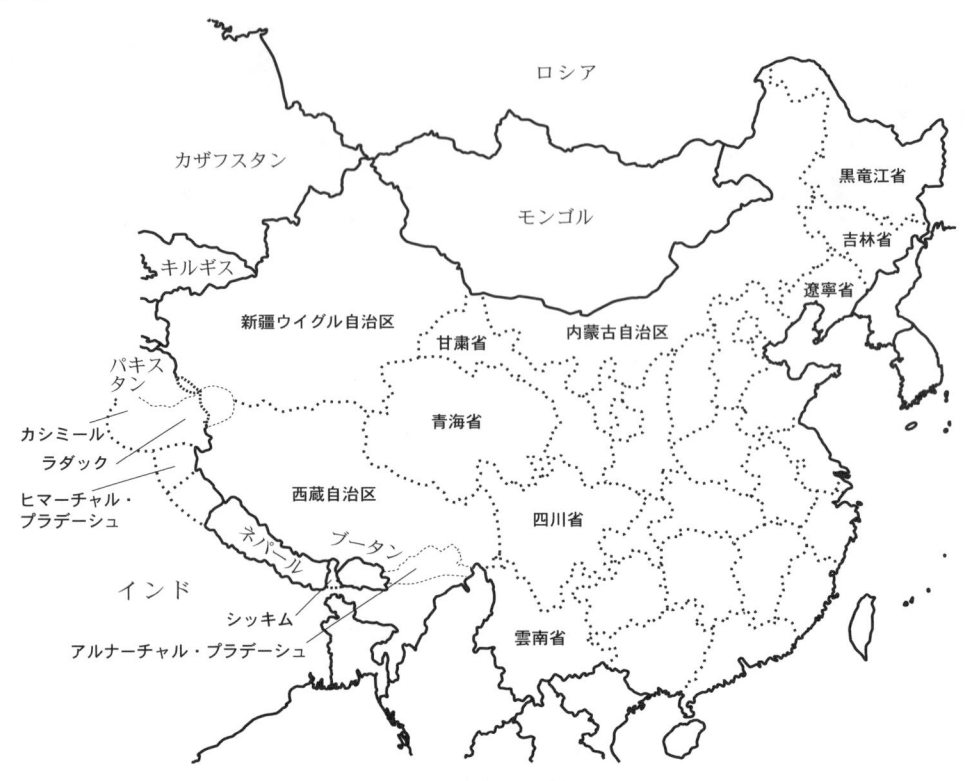

図1 チベット仏教圏とその周辺

ゴル，ラダック，ネパール，シッキム，ブータン等の各地で行われている，歴史的，民族的背景を異にした仏教伝統が，チベット仏教を共通の基盤とし，その延長線上にそれぞれ自己展開してきたという事実である．これがこの仏教圏にチベットの名を冠するゆえんであり，この場合のチベット仏教とは，この仏教圏を覆う普遍的な宗教文化に与えられた名前である．

II.2　チベット地域

　ここでいうチベットとは，チベット人（チベット族，蔵族）の主要な分布・居住地域のうち，彼ら自身の区分でいうウー・ツァン（衛蔵，中央チベット），アムド（東北チベット），カム（東チベット）の「三地方」（チュルカスム）にガリ（西チベット）を加えた地域を指している．それはチベット高原のほぼ全域を覆い，さらにその周辺部を侵食している．現在の行政区分でいえば，中国の西蔵自治区のほぼ全域，青海省の大部分，甘粛省の甘南（ケンロ）蔵族自治州と天祝（パリ）蔵族自治県，四川省の阿壩（アバ）蔵族羌族自治州，甘孜（カンゼ）蔵族自治州，および木里（ムリ）蔵族自治県，雲南省の迪慶（デチェン）蔵族自治州がこれに含まれる．このうちガリは西チベットとして11.4節で取り扱うことにする．

　この地域のチベット人の人口は，2000年に実施された第5次全国人口普査による中国国内の蔵族人口，約541万6000人をこの時点での概数とみなすことができる．また1959年のチベット動乱以降にチベットを脱出した亡命チベット人の数は，2002年現在約13万4000人に達するといわれている．彼らはインド・ネパールをはじめとして世界各地に居住し，インドのダラムサラ（ダラムシャーラー）に亡命チベット政府を営んでいる．

　同地域内に居住する他の民族に，漢族，回族，モンゴル（蒙古）族，トゥー（土）族，サラール（撒拉）族，ラサ（拉薩）に住むカチェとよばれ

—332—

るカシミール系の住民等がある．また西蔵自治区の東南端には，蔵族から識別されたメンパ（モンパ，門巴）族，ロッパ（珞巴）族がいる．またこの地域に隣接して居住し，チベット文化の影響を受け容れてきた民族に，甘粛省粛南裕固（ユーグ）族自治県等に居住するユーグ族，四川省茂汶羌（チャン）族自治県等に居住するチャン族，雲南省麗江納西（ナシ）族自治県等に居住するナシ族，雲南省の蘭坪白（ペー）族普米（プミ）族自治県等に居住するプミ族，雲南省怒江傈僳（リス）族自治州等に居住するヌー（怒）族等がいる．ナシ族は西蔵自治区東端の芒康県にもわずかながら散居している．

以上の諸民族は，漢族，回族，サラール族，カチェを除けば，チベット仏教を信仰し，またその一部はボン教（Bon，ラサ方言での発音 pön に準じてポンとも表記される）も奉じている．

仏教とボン教はチベットの二大宗教である．スタン（1993, pp. 188, 225ff）は，この2つ以外に彼が無名の宗教とよぶ第三の精神的伝統の存在を指摘する．これはチベット人本来の伝統的な観念と習俗の総体であり，未組織ながら宗教的要素を多分に含んでいる．仏教によって覆い尽くされているために，今日ではこの宗教を純粋な形で捉えることはできないが，チベットの歴史家たちは，その一部を人法（ミチュー）とよんで，仏教，またはボン教を指す神法（ラチュー）から区別している．人法とは，チベット人の祖先にまつわる故事来歴，慣習法，格言，教訓等を内容とするもので，ドゥンとよばれる物語師によって語り伝えられてきた．

ボン教は，開祖にトンパ・シェンラプ（シェンラプ・ミボ）なる人物を立て，その発祥の地をタジク（ペルシアの一部）と伝える．この宗教は仏教伝来以前からチベットに行われていたと考えられ，外来宗教である仏教に対するチベット土着の信仰の代名詞にも使われるが，仏教伝来以前のボン教の実態については不明な部分が多い．ボン教徒を意味するボンポは，元来は司祭の一種を意味した．彼は王の墓前で犠牲獣を捧げることを含む複雑な葬送儀礼を執り行っていたようである．そこにはシャマニズム的要素は看取されない．この古いボン教は，7世紀に古代チベット王国を建てるヤルルン王家の家の宗教であった．それは古代チベットの四大部族中，西チベットのシャンシュン地方にいたム部族から，この王家が属していた同じ四大部族のピャー部族に伝えられたものらしい．

ボン教は，8世紀後半以降，仏教の本格的導入によって衰退するが，後伝期に入って再興される．この新しいボン教は，仏教の理論と実践を大胆に取り入れ，仏教と見紛うばかりの体裁を整えた．とくにニンマ派との混淆が著しい．ボン教は仏教風の僧院組織を作り，今日ではチベット仏教の四大宗派に次ぐ第五の宗派のようになっている．主要寺院にツァン州のメンリ寺（1405年創建）とユンドゥンリン寺（1834年創建）がある．

一方，歴史的に確認できるチベットへの仏教の初伝は，7世紀前半，ヤルルン王家のソンツェン・ガムポ王（581-649）の時代の出来事である．王は青海地方にあった遊牧民国家吐谷渾（とよくこん）から政治・軍事上の諸制度を学び，620年代に古代チベット王国（吐蕃（とばん））を建てた．この内陸アジアの新興国家に，640年，唐から文成公主が輿入れした．彼女とそれ以前にソンツェン・ガムポに嫁いでいたネパール王女ティツン（ブリクティー）とはともに熱心な仏教徒であったらしく，現在のラサの地にそれぞれラモチェ寺（小招［昭］寺）とトゥルナン寺（大招［昭］寺，通称チョカン）を建立した．この両寺，とくに文成公主請来の釈迦牟尼像を本尊とするトゥルナン寺は，チベット仏教最高の聖殿として名高い．

ソンツェン・ガムポの没後，軍事国家体制を完成させたチベットは絶え間ない外征によって領土を拡大していった．ティソン・デツェン王（在位754-96，没797）の治世の763年には唐の都長安を一時的に占領し，786年には敦煌を落として河西回廊全域を制圧している．チベットに仏教が本格的に導入されるのはこの王の時代である．仏教の国教化を志した王は，インド，ナーランダー大僧院の高僧シャーンタラクシタを招聘し，チベット最初の僧院サムイェー寺を造営した．このと

◆ II．世界宗教の現在 ◆

き，ウディヤーナの密教行者パドマサンバヴァ（グル・リンポチェ）が，呪力を振るって仏教に反対するチベットの土着神たちを呪縛調伏したと伝えられている．この聖者への信仰は，やがてチベット仏教圏の隅々にまで広まってゆく．

779年，サムイェー寺の大本堂の落慶法要に先立ち，シャーンタラクシタより，6人のチベット人僧侶（試みの6人）に具足戒が授けられ，チベット最初の僧伽が発足した．王は王妃以下に崇仏誓約の詔勅に署名させ，ここに仏教の国教化が宣言された．また敦煌方面から禅宗が入り，既成の教団との間に軋轢を生じると，王はインドからカマラシーラをよび寄せ，禅僧摩訶衍と御前論争（サムイェーの宗論）を行わせた．勝利はインド仏教の側に帰したという．仏典翻訳事業が開始されたのもこの王の時代である．この事業はティデ・ソンツェン王（在位798-815）とティツク・デツェン王（レルパチェン，815-41）に引き継がれて大規模に進められ，訳語の統一と訳経目録の編集も行われた．

ところが842年，古代チベット王国最後の王となるダルマ・ウィドゥムテン（ランダルマ，在位841-42）が没すると，王国は分裂，崩壊の道を辿った．伝承によれば，ダルマ王は大規模な破仏を行い，そのため仏教僧によって暗殺されたという．分裂と混乱がチベット社会を覆い，王室と有力氏族の庇護を失った仏教は，組織的な形では中央チベットから姿を消す．だがこの「暗黒時代」にも，仏教は民間信仰やボン教等と混淆を重ねつつ民間への浸透を図っていたらしい．

古代チベット王国の滅亡からおよそ1世紀半を経た978年頃，青海地方のチベット系王国青唐王国からルメー等によって戒律の伝統が中央チベットにもたらされ，僧伽が復興された．これと前後して西チベットのガリでは仏教王の庇護の下，大翻訳官リンチェン・サンポ（958-1055）等の手で新たな仏典翻訳が開始された．チベットの仏教史家は，チベット仏教の歴史を古代王国崩壊までの前伝期（ガタル）と，リンチェン・サンポ以降の後伝期（チタル）に二分している．前伝期の王室仏教に対して，後伝期の仏教を特徴づけるのは，宗派（教団）の活動である．教団は特定氏族が経営する氏族教団と管長位を転生活仏（化身ラマ）が継承する活仏教団に分けられる．諸宗派は複雑な興亡の歴史を経て，現在の四大宗派，すなわちゲルク，サキャ，カギュ，ニンマの四宗派に収束する．

1042年，インド，ヴィクラマシーラ寺の高僧アティ（ー）シャ（982-1054）が西チベットのガリ王の招きでグゲに至り，その後中央チベットに赴いて布教活動を行った．彼の教学はその後のチベット仏教の展開に多大な影響を与えた．その弟子ドムトゥン（1005-64）はラデン寺を開き，アティーシャの教学を継承してカダム派を興した．同じアティーシャの弟子ゴク・レクペー・シェーラプが開いたサンプ寺は，その甥ロデン・シェーラプ（1059-1109）の時代にチベットを代表する学問寺となる．後にカダム派はゲルク派に吸収された．

カギュ派は，マルパ（1012-97）とその弟子で宗教詩人として名高いミラレーパ（1040-1123または1052-1135）に始まるタクポ・カギュとヨーガ行者キュンポ（990-1139）を祖とするシャンパ・カギュとの2系統がある．ミラレーパの弟子ガムポパ（タクポ・ラジェ，1079-1153）は，カダム派の教義を取り入れてカギュ派の宗風を刷新した．ガムポパとその弟子たちの時代にカギュ派は大発展し，その法統から多数の支派が誕生した．すなわち彼の弟子パクモトゥパ（1110-70）はパクモトゥ派の祖となった．パクモトゥ派からはさらにディクン派，タクルン派，ドゥク派が誕生した．同じくガムポパの弟子トゥースム・キェンパ（1110-93）はカルマ派を興した．初めて活仏法主制を採ったのはこの派で，黒帽派と赤帽派がある．ガムポパの弟子ゴムパ（1116-69）の教えを受けたラマ・シャン（1123-93）はツェル派を創始した．

サキャ派は，クン氏出身のコンチョク・ギェルポ（1034-1102）が1073年にサキャ寺を開いたことに始まるクン氏の氏族教団で，管長職はクン氏のおじから甥へと相続された．元来この派は母タントラの密教に基礎を置いていたが，大学僧サ

キャ・パンディタ（サパン）クンガー・ギェルツェン（1182-1251）が出て，因明・戒律等を取り入れた学問寺の伝統を作った．後にこの派からはクン氏に属さない「新サキャ派」や，コンガル，ゴル，ツァルの支派が出ている．

ニンマ（古）派は本来，前伝期の仏教の伝統を受け継ぎ，パドマサンバヴァを祖と仰ぐ在家の行者集団であった．14世紀，この派にロンチェン・ラプジャムパ（1308-63）が現れて教義を体系化した．後には出家教団も作られた．ニンマ派には，古代チベット王国時代に隠され，後に発掘されたという埋蔵経典があり，これが同派の特徴になっている．

四大宗派中の最大宗派であるゲルク派については後述する．以上のほかにも，シチェー派，チョナン派等の宗派が現れ，それぞれに活動したが，今は残っていない．

1244年，サキャ派のサパンは，甥のパクパ（八思巴，1235-80）とチャクナ（1239-67）を連れて涼州（現・甘粛省武威市）のゴデン（モンゴル帝国第2代皇帝オゴデイ・ハーンの次男）のもとに赴き，チベットを代表してモンゴルに帰順した．これがモンゴルとサキャ派との強い繋がりの発端である．モンゴル帝国第5代皇帝フビライ・ハーン（在位1260-94）は，パクパを国師，帝師に任じた．パクパは全チベットの政教権を与えられ，チベットにサキャ時代を現出させた．この時代に始まるのがユンチュー（施主と説法師）とよばれるモンゴル・中国の権力者とチベットの大ラマとの特異な関係である．これは宗教的な保護と指導の見返りに政治的な保護や寄進を受けるという，特定教団のラマたちにとっては実に好都合な関係であり，実際元の歴代皇帝はラマに心酔して莫大な国費を投じたが，長期的に見れば，民族の独立を脅かす危険を孕むものであった．

このサキャ時代に，プトゥン・リンチェントゥプ（1290-1364）は，従来のチベット仏教学を集大成する業績を残した．その一つは，ナルタン寺に集積されていた最初のチベット大蔵経を再編集して目録を作ったことである．チベット大蔵経はカンギュル（仏説部）とテンギュル（論疏部）の二部からなる．それは初め写本で伝えられていたが，1410年に最初の版本永楽版カンギュルが，少し遅れてジャン（リタン）版カンギュルが現れ，17世紀末からは両部を備えた北京，デルゲ，ナルタン，チョーネの諸版が次々に出された．

サキャ派は元朝の衰退にともなって力を失い，14世紀半ば，パクモトゥ派に権力の座を明け渡した．このパクモトゥ政権下にツォンカパ・ロサン・タクパ（1357-1419）が現れ，1409年にラサの東方にガンデン寺を開いてゲルク派を創始した．彼の弟子たちによってセラ，デプン，タシルンポ等の諸寺が開かれた．新カダム派を自任する同派は，カダム派を吸収して勢力を拡大した．カダムの流れを汲むカギュ派系のカルマ派はこの状況に危機感を募らせ，やがてこの両派の間に熾烈な争いが展開される．

15世紀中頃からパクモトゥ政権内に権力闘争が起こり，まずツァン州のリンプン氏が，次いでシンシャク氏（ツァン・デシ）が実権を握り，カルマ派と協同してゲルク派勢力と争った．この争いはモンゴル諸部をも巻き込んで激しさを増し，中央チベットは戦乱の様相を呈する．1642年，ゲルク派の要請を受けてチベットに入ったモンゴル・ホシュート部のグシ・ハーン（1582-1654）がシンシャク氏を滅ぼす．これによってゲルク派とカルマ派の長年の闘争にも終止符が打たれた．チベットはゲルク派の総帥であったデプン寺活仏のダライ・ラマ5世（1617-82）のもとに再統一され，ここにダライ・ラマ政権が発足する．やがてこの政権は，ダライ・ラマが宗教的権威と世俗的権力を一身に兼ね備えた法王として君臨し，そのもとでゲルク派が政府を動かす教団国家の体制をとった．ダライ・ラマは観音の化身として崇拝され，その権威の象徴として1645年から1695年にかけてラサにポタラ宮が造営された．

しかし5世が没した後，チベットは政治的に混乱を重ね，清朝の宗主権下の付庸国への道を歩んだ．19世紀に入るとチベットは鎖国体制をとる．1895年に即位したダライ・ラマ13世（1876-1933）は，英国，中国，ロシアの間で小国の舵取りに腐心し，二度の亡命を余儀なくされた．第2

◆ Ⅱ．世界宗教の現在 ◆

次世界大戦後，1949年10月に成立した中華人民共和国はチベットを自国の領土の一部と宣言し，ダライ・ラマ14世（1935-）の指導するチベットに解放のための軍隊を進駐させた．しかし中国が改革路線を強化するにつれて各地で抵抗運動が高まり，1959年3月，ついにラサで大暴動が発生．14世はその直前にラサを脱出してインドに亡命した．

その後のチベットでは社会主義的改革が推進された．1962年，中印国境で両軍の大規模な衝突が発生．1965年，西蔵自治区が発足したのも束の間，1966年に始まった文化大革命はチベットにも波及して寺院破壊の嵐が全土に吹き荒れた．文革後は，中央政府の政策転換を受けて信仰の自由化を含む新しい路線が模索され，各地で寺院の修復も進んでいる．

一方，14世はインドのダラムサラに居を定めると，世界布教に乗り出し，欧米を中心にその支持者を増やすとともに平和運動家として成功を収めている．今や多数のチベット僧が世界各国で布教活動を行い，異文化の中に教線を広げている．

Ⅱ.3 モンゴル地域

チベットの場合と同様，モンゴル人（モンゴル系諸族）の主要な分布・居住地域がここでいうモンゴルである．それはモンゴル国と中国内蒙古自治区を中心とし，青海，甘粛，遼寧，吉林，黒龍江の各省と新疆ウイグル自治区にある蒙古族の自治州・自治県を含んでいる．それはまたロシア連邦内にも広がっている．すなわち，モンゴル国に北接するシベリア連邦管区内のブリヤート共和国，チタ州（とくにアガ・ブリヤート自治管区），イルクーツク州（とくにウスチ＝オルダ・ブリヤート自治管区），トヴァ共和国，そしてヨーロッパにおけるモンゴル人の飛地であるカルムイキア共和国がそれである．

モンゴル人の主要な宗教は仏教である．モンゴル人のなかにはキリスト教，イスラーム，バハイ教，中国仏教，道教に従う者もいるが，多くのモンゴル人はモンゴル仏教を奉じている．これと並んでモンゴル人の精神生活の基盤となってきたものはシャマニズムである．シャマニズムはチベット仏教伝来以前からモンゴル高原で行われており，仏教が一般民衆の間に広まった後も駆逐されなかった．それは男女のシャマンを中心とするもので，テングリ（天神）を信仰し，オボ（鄂博）祭を行う．

モンゴル人がチベット仏教を受容するのはモンゴル帝国初期の13世紀前半からである．モンゴル人は大帝国を建設してゆく過程で中国仏教，儒教，道教，ウイグル仏教，チベット仏教，ネストリウス派キリスト教，カトリック，イスラームなどさまざまな宗教に接した．彼らはこれらの宗教に対しておおむね寛容な態度を示し，そのため帝国内には各種の宗教が共存した．

初期のモンゴル布教にサキャ派のサパンが果たした役割については前節で述べたとおりである．サキャ派以外の宗派も手を拱いていたわけではなく，例えばカルマ黒帽派ラマ2世カルマ・パクシ（1204/6-83）はモンゴル帝国第4代皇帝モンケ・ハーン（在位1251-59）のラマとなっている．もっとも，モンケの宮廷では中国僧やカシミール僧が高い地位にあったとされ，チベットのラマたちがはじめから独占的地位を占めていたわけではないことがわかる．ところが，1260年に登位したフビライ・ハーンはパクパを重用したため，サキャ派に代表されるチベット仏教は，やがて国号を大元と改めるフビライの帝国で重きをなすことになった．

パクパがチベット文字に基づいて，いわゆる八思巴文字（蒙古新字）を考案し，それが元朝の公文書や印璽に用いられたことは文化史的に重要である．14世紀初頭にはチョイジ・オドセルがモンゴル文字を用いて『入菩提行論』等をモンゴル語に翻訳した．その訳業は17世紀に行われる仏典のモンゴル語訳事業の先駆をなすものであった．パクパに従って大都に至ったネワール人工芸家阿尼哥（1244-1306）が世祖・成宗2代に仕えて造寺，造塔，造像等に腕を振るったことも，元朝文化の新機軸を代表するものとして見逃せな

い．

　1368年，順帝トゴン・テムルは明軍の攻撃を避けて大都からモンゴル高原へと走り，ここに元朝は滅びた．これに続く北元時代のモンゴル高原ではモンゴル部族連合とオイラト部族連合とが対立抗争を繰り広げた．そうしたなかでモンゴル人によるチベット仏教の再受容のきっかけとなる事件が起こる．オイラト等を討伐し，モンゴル高原と青海地方に覇を唱えていたトゥメト部長アルタン・ハーン（1507-82）の帰仏である．

　1578年，アルタン・ハーンは，青海のチャブチャール（現・共和県）にデプン寺の活仏ソナム・ギャムツォ（ダライ・ラマ3世，1543-88）を迎えた．ソナム・ギャムツォはアルタンに仏教に帰依することを勧め，2人は称号を交換した．このときソナム・ギャムツォが得た称号に由来するのがダライ・ラマ（ダライ Dalai はモンゴル語で海を意味し，ソナム・ギャムツォのギャムツォにあたり，ラマ bla ma はチベット語で上人を意味する）の称である．その後，アルタンは自らの拠点フフホト（現・呼和浩特市）に最初の仏教寺院イフ・ジョー（大召）を建立した．ソナム・ギャムツォは，東チベットを巡錫した後，アルタン没後にフフホトに至り，さらにモンゴル各地を巡ってゲルク派の教線拡大に努めた．1588年に彼がフフホトで客死すると，その転生者にアルタンの曾孫が選ばれ，モンゴル人とゲルク派の関係はさらに強化された．これがダライ・ラマ4世ユンテン・ギャムツォ（1589-1616）である．

　これより先の1586年，ハルハ部長アバダイは，かつてのモンゴル帝国の都カラコルムに仏教寺院エルデニ・ゾーを建立した．彼の曾孫として生まれたのがザナバザル（1635-1723）である．5歳で出家した彼は，チョナン派の名僧ターラナータ（1575-1634）の化身に認定された．これがモンゴル仏教最高の活仏ジェブツン・ダムバ・ホトクト（哲布尊丹巴呼図克図）の誕生である．

　1642年のダライ・ラマ政権の誕生に，ゲルク派の施主であるオイラト系ホシュート部のグシ・ハーンが果たした役割については前節で述べた．ライバルを倒すためにモンゴルの王侯を味方に付けようと工作したのはゲルク派だけではない．1634年，青海侵攻作戦の途中で病死したチャハル部のリグデン・ハーンや，青海を一時占拠してグシ・ハーンに滅ぼされたハルハ部のチョクト・ホンタイジはカルマ派の信者であった．

　ザナバザルは十代でチベットに留学してパンチェン・ラマ1（4）世等の下で修学した．彼はゲルク派に属したが，政治的にはダライ・ラマ政権とは一線を画していた．彼の寺はゲル形式の移動寺院で，イフ・フレー（大円陣）とよばれ，ハルハの宗教・政治・経済の中心をなした．現在のモンゴル国の首都ウランバートル（旧名・ウルガ，中国名・庫倫）は，このイフ・フレーから発展した．ジェブツン・ダムバ・ホトクト5世（1815-42）がこの地にモンゴル仏教の総本山となるガンダン・テグチンリンを建立したのは1838年のことである．

　1688年，ハルハ部はオイラト系ジューンガル部のガルダン・ハーンの攻撃を受け，ゴビ砂漠の南に逃れて清朝の保護下に入った．1691年，康熙帝は内外モンゴルの王侯たちをドローンノールに集めて会議を開き，ここでハルハの清朝服属が決定された．これに協力したジェブツン・ダムバ・ホトクト1世ザナバザルは康熙帝に厚遇された．1700年，康熙帝はドローンノールに彙宗寺を建立．その最初の法主となったのが青海出身のジャンジャ・アグワン・ロブサン・チョイドン（チャンキャ・ガワン・ロサン・チューデン，1642-1715）である．彼に始まる化身系譜がジェブツン・ダムバ・ホトクトと並ぶモンゴルの大活仏ジャンジャ・ホトクト（章嘉活仏）である．

　清朝は国策としてチベット仏教優遇策をとり，その庇護の下，モンゴルのほか，首府北京，皇帝の離宮避暑山荘のある承徳，五台山，瀋陽等の各地に多数の「喇嘛教」寺院が栄えた．元代以来進められてきた仏典をモンゴル語訳する事業もこの時代に完成をみる．すなわち康熙年間にモンゴル大蔵経のガンジョール（仏説部）が刊行された．さらに乾隆年間にはダンジョール（論疏部）が編集・開版された．いずれも皇帝の勅命による国家事業である．乾隆年間には満州大蔵経ガンジョー

ルも翻訳・編集されている．このような政策はモンゴル人を漢族に対抗させるための懐柔策の側面をもつものであったが，その影響でチベット仏教は満州族等の間にも広まることになった．

1911年に辛亥革命が始まると，いわゆる外モンゴルではジェブツン・ダムバ・ホトクト（ボグド・ゲゲーン）8世（1870-1924）を元首とするボグド・ハーン制モンゴル国が清朝からの独立を宣言した．1921年，モンゴル人民党（後のモンゴル人民革命党）が人民政府を樹立．8世はその元首に留まったが，1924年に彼が没すると，人民政府は活仏元首制を廃止し，社会主義国モンゴル人民共和国の成立を宣言した．政府は宗教弾圧を進め，1937年から39年にかけての大粛清では，ほとんどの寺院が活動停止に追い込まれ，1万人をはるかに上回る僧侶が処刑された．1989年の東西冷戦の終結とその後のソヴィエト連邦崩壊を受けてモンゴルでも民主化運動が高揚．一党独裁が放棄され，1992年には新憲法の採択によってマルクス・レーニン主義の放棄やモンゴル国への国号の変更が定められた．現在は宗教自由化の波に乗って在来宗教の復興とキリスト教やバハイ教の伸張が著しいと報告されている．

他方，外モンゴルとは別の道を歩んだ内モンゴルでは，日中戦争を挟む複雑な政治過程を経て，1947年に内蒙古自治区が成立．1966年からの文化大革命は内モンゴルをも覆った．このような過程で仏教は大弾圧を受けたが，近年は中央政府の政策転換を受けて復興の途上にあると伝えられる．

ロシア領内のブリヤート地方とカルムイキア共和国でも，ソ連邦時代には仏教信仰が厳しく制限されていたが，1990年代に入って再興の動きが伝えられている．ブリヤート地方の代表的な寺院に，ブリヤート共和国の首都ウラン・ウデ近郊にあるゲルク派のイヴォルギンスキー・ダツァンがある．

II.4　ヒマラヤ地域

(1)　西チベット

ここでいう西チベットとは，チベット仏教圏の西端に位置し，1947年のインド・パキスタン独立後に勃発した印パ戦争・中印国境紛争の結果，中国・インド・パキスタンの3か国の支配地に分断されて今日に至った一文化圏を指している．すなわちそれは，中国西蔵自治区のガリ（阿里）地区と中国が実効支配しているアクサイチン地区，インドのジャンム・カシミール州のラダックとザンスカール，同じくヒマーチャル・プラデーシュ州のラフール，スピティ，キナールを含む地域である．またパキスタンが実効支配しているバルティスタンも，イスラーム化してはいるものの，歴史的にはこれに含めることができる．以上の地域をチベット人はガリ（mNga'ris）とよんできた．

西チベットの主要な宗教はチベット仏教とイスラーム教である．チベット仏教はラダキ（ラダック人）等のチベット系民族，ラダック西北部のダー・ハヌー地区に住むインド・イラン系のドクパ等によって信奉されている．他方，バルティスタンとラダック西部のカルギル地区に居住するプリクパは，チベット系ながらイスラーム化している．イスラーム教徒はラダックでも増加傾向にある．

古代チベット王国が西チベットの諸国を制圧してこの地に勢力を拡大するのは7世紀中頃からである．シャンシュン国はカイラース山西方のキュンルンを都とし，ボン教の聖地としても知られたが，ソンツェン・ガムポ王によって征服された．古代チベット王国が崩壊した後，10世紀初めに王家の血を引くキーデ・ニマグンがヤルルンから西チベットに亡命し，マーナサローワル湖西南のプランに定着して，やがてその勢力を西チベット全土に拡大させた．彼はその領土を三分して，3人の息子，すなわちラチェン・ペルキ・グン，タシー・グン，デック・グンに相続させた．これがガリ・コルスム（ガリ三国）である．この三国の領域については諸説あるが，『ラダック王統史』

によれば，それはルトクを東境とするマルユル（ラダック），グゲ・プラン，そしてザンスカール，スピティ，ピチョク（ラフール？）の一帯である．

このうちタシー・グンに始まるグゲ・プラン王家は仏教を保護した．タシー・グンの子，ララマ・イェシェー・ウーは仏教国カシミールに 21 人の留学生を派遣して仏教を学ばせた．そのうちの 1 人がリンチェン・サンポである．イェシェー・ウーと彼の後継者たちは，リンチェン・サンポによる訳経・布教活動を後援し，グゲのトリン寺，プランのカチャル（コジャ）寺，ラダックのニャルマ寺，スピティのタボ寺をはじめとする寺々を建立した．また，インドやカシミールから学者・教師を招いた．なかでも有名なのは，チャンチュプ・ウー王の招きで 1042 年にグゲに至ったアティ（ー）シャである．このようなガリ政権による仏教振興政策は，チベット仏教の後伝期の始まりを画するもので，中央チベットの仏教復興にも寄与した．

11 世紀，ミラレーパはカイラース山を訪れてボン教の行者ナロ・ボンチュンの霊術を破り，この山を仏教のために勝ち取ったと伝えられる．以来，カイラース，マーナサローワルの周辺にはカギュ派の修行僧が集まった．13 世紀に入るとドゥク派，ディクン派の参詣団が相次いでこの地に入り，それぞれディラプク寺，ギャンタク寺等の拠点を築いた．

グゲ・プラン王国は 11 世紀末以降，分裂の道を辿っていたが，14 世紀末，ナムギャル・デ王が現れてグゲ王国を再興した．その都は次の王の代にツァパランに置かれ，宮殿や寺院の造営が盛んに行われた．この王家は，15 世紀前半にツォンカパの弟子でグゲ出身のガワン・タクパがトリン，ツァパラン等を拠点として布教活動を行って以来，ゲルク派を支持した．このことはグゲ王家とドゥク派を奉ずるラダック王家との対立の一因ともなった．1630 年，ラダックのセンゲ・ナムギャル王（在位 1617-42）の攻撃によってツァパランは陥落し，グゲはラダックに併合された．

他方，ラチェン・ペルキ・グンに始まるラチェン王朝下のラダックでは，13 世紀初頭にディクン派が伝えられ，15 世紀にはゲルク派が布教活動を行った．16 世紀後半，タシー・ナムギェル王が現れてレーを都と定め，ラダック第 2 王朝の実質的な創始者となった．王はカイラースからディクン派のクンガー・タクパを招いて導師とし，ガングン（フィヤン）寺を建立した．17 世紀，センゲ・ナムギェル王の庇護の下でドゥク派のタクツァン・レーパ（1574-1651）が精力的に活動し，ラダックにおける同派の覇権を確立した．彼はラダック最大の僧院ヘミス寺等を開いたほか，ラダックとグゲの紛争の調停役としても活躍した．

17 世紀後半，ラダックは，ダライ・ラマ 5 世の命を受けた青海ホシュート部の侵攻を受け，これを撃退するためにムガール帝国への服属を余儀なくされた．さらにチベットとの講和によってグゲ，プラン，キナール等を失った．1834 年以降はジャンムのドグラ族の王グラブ・シンの侵略を受け，多くの寺院が破壊された．1842 年，ドグラ族とチベットとの講和によってラダック王国は滅亡し，ラダックはジャンムー・カシミール藩王国に，ラフール，スピティ，キナールは英領インド領に吸収された．1947 年に分離独立したインドとパキスタンは，カシミールの帰属問題から戦火を交え，ラダックも戦場と化した．

だがこのような激動のなかでも仏教文化は守られた．「小チベット」ともよばれるラダックでは，今日，ドゥク派，ゲルク派を中心とした寺院が活動を続けている．代表的なものにドゥク派のヘミス，チェムレ，スタクナ，シェー，ゲルク派のティクセ，スピトク，リキル，ディクン派のガングン，ユンドゥン（ラマユル）等の各寺がある．古寺アルチは仏教美術で知られる．ザンスカールのカルシャ寺はこの地区最大のゲルク派寺院である．スピティのタボ，ナコ，ラルン，キーの諸寺，キナールのプー寺はリンチェン・サンポによって開かれたとされている．他方，中国領となったグゲ，プラン等の諸寺院は文化大革命等によって甚大な被害を受けたが，近年復興が進められている．

(2) ネパール

ヒマラヤ山脈に沿って東西方向に約1300kmにわたって横たわるネパールは，さまざまな民族がそれぞれに異なる地域と高度に適応して分布する多言語・多民族地帯である．大まかにいえば，ネパール北辺のヒマラヤ主脈の北面から南面にかけての海抜がおおむね3000mを超える高地には，チベット語の諸方言を話すチベット系諸民族（彼らはヒンドゥーによってボーティア，ボテ等とよばれている）が居住している．この地域の村々はそれぞれにチベットの特定の地区と地縁・血縁関係を有し，経済的にも密接な繋がりを維持してきた．これに対して海抜がおおむね1800m以下の地帯にはインド・ヨーロッパ語系の言語をもつ諸民族がいる．この2つの中間地帯には，チベット・ビルマ語系の言語をもつ諸民族が分布している．ここは北部高地のチベット文化と南部低地のヒンドゥー文化とが接触する場所である．このうち北辺部の高地から中間地帯の海抜2000～2500mくらいまではチベット仏教圏である．ここにはチベット仏教のほかにボン教と各種の民族信仰が並存しているが，近年はヒンドゥー化，近代化の進行がみられる．

このネパールのチベット仏教圏を西から東に概観すると，まずネパール西部は西チベットとの結びつきが強く，その一部であった時代も長い．12世紀半ば頃，西チベットのプランの勢力が西ネパールまで及び，セーンジャー（現シンジャー）を都にしてカサ（カス・マッラ，チベット語でヤツェ）王国を建てた．この王国はインドのクマオン，ガルワールをも支配して強大化し，しばしばカトマンズ盆地にも侵攻した．歴代のカサ王はヒンドゥー教と並んで仏教を保護し，造寺，造塔，造像に努めた．

この王国が14世紀末に崩壊すると，ロー（ムスタン）郡の地方長官が勢力を拡大し，15世紀前半，アマパル（1387-1447）の代にツァン州西部のグンタン王国から独立してロー王国を建てた．この王国はチベットとの塩交易によって栄えた．チューギャル（法王）として君臨したアマパルは仏教振興政策を取り，中央チベットからサキャ派の高僧でゴル派を開くゴルチェン・クンガー・サンポ（1382-1456）を招聘した．次の王アングン・サンポもゴル派の熱心な支持者であった．ゴルチェンの他にもサキャ派のシャーキャ・チョクデン（1428-1507），ドゥク派のツァンニョン・ヘールカ（1452-1507）等この地に布教に訪れた僧侶は多く，ロー王家からもゴル派の高僧ローオ・ケンチェン・ソナム・ルントゥプ（1456-1532）等が出ている．この王国は18世紀後半にジュムラ王国の保護国になり，ついでジュムラがゴルカ朝ネパールに征服されたため，ネパールの一部となるが，その後も旧王家はムスタン・ラジャの称号を保持し，ヒマラヤ仏教の大施主として今日まで続いている．

このような経緯で，ムスタンでは今もゴル派が最有力であるが，パドマサンバヴァ伝承が豊富に残るこの地にはニンマ派も活動拠点をもっている．ゴル派の代表的な寺院にチューデ，チャムパ，トゥプチェン，ナムギャル，ドルジェデン，ニプ等の諸寺があり，ニンマ派のそれにローゲカル，ゴンパ・カン，クツァプ・テルガ等の諸寺がある．ルリ，チュゾン等ドゥク派の寺院もある．ボン教もルブラを中心に活動している．さらにムクティナート（チュミクギャッツァ）は仏教，ヒンドゥー教共通の聖地として名高い．

ムスタン王国の属領であったトルボ（ドルポ）郡にも仏教，ボン教の寺院が多い．トルボ最大の霊場とされるシェー（水晶山）はドゥク派のドゥプトプ・センゲ・イェシェー（12-13世紀）によって開かれた．トルボからはチョナン派のトルブパ・シェーラプ・ギェルツェン（1292-1361）をはじめ中央チベットで活躍する僧が輩出している．トルボに西接するムグ，フムラ両郡のカルナリ川上流の谷々にも寺院が点在している．ムスタンの東隣のマナン郡のニェシャンとナル，ゴルカ郡北部のヌプリとツムも同様である．

ネパール中部では，カトマンズ盆地を囲む山地の比較的高い場所に住むタマン族がチベット仏教を信仰している．ネパール東部では，ソル・クーンブ郡を中心に広く分布するシェルパ族がこの信仰の主な担い手である．この地方の中心地である

ナムチェ・バザール近くのタンボチェ寺はシェルパの寺で，ニンマ派に属している．ネパール東端タプレジュン郡のタムール川上流にも諸派の寺院が点在する．

　以上とは別に，カトマンズ盆地にはネワール族の護持する仏教の長い伝統がある（本書 p. 44 参照）．古来カトマンズ盆地（本来のネパール）は，チベットとインドを結ぶ交易の中継地として重要な役割を果たし，チベット仏教の歴史にも深く関わってきた．多くのチベット僧がこの地に勉学や聖地巡礼に訪れ，ネワール仏教徒と交流をもち，またそのネットワークを利用してインドの僧院大学に足を伸ばした．カトマンズの東北郊外にあるボードナート大塔は，チベット仏教との関係がとくに深い．ここには各派の寺院が軒を連ねており，その周辺には元来のチベット系住民に加えて，新来の亡命チベット人が多く住み着いている．

(3) シッキム

　シッキム（Sikkim）は，東と西をブータンとネパールに挟まれた面積 7100 km² ほどの山国である．この国は 1642 年以来，ブティアのナムギェル王朝が 12 代，330 年にわたって続いたが，1975 年にインドに併合され，その一州となって今日に至っている．その人口は 2011 年現在約 60 万 7000 人である．シッキムの名は，リンブ語で「新しい家」を意味するスキムに由来するといわれている．この国をレプチャ族はニェメエル（パラダイス）とよんだ．チベット語ではデンジョン（米の国）という．

　シッキムの主要なエスニック・グループはレプチャ（自称はロンパ），ブティア（チベット系民族），ネパール人である．このうちもっとも古くからシッキムに住んできたのはレプチャである．ブティアは，おそらくは 16 世紀頃から，チベットから直接に，あるいはブータンを経由してこの地に移り住み，やがてレプチャを支配下においてシッキム王国を樹立した．ネパール人の大半は 19 世紀末以降にネパールから大量に入植した人々である．このような民族構成を反映して，現代シッキムでは，ネパール人の大多数が信奉するヒンドゥー教と，ブティア，レプチャ，そしてネパール系住民のなかでもシェルパやタマンの間で信仰されているチベット仏教が二大宗教になっている．レプチャは元来，ムンとボンティンとよばれる司祭を中心とするシャマニズム的信仰をもっていた．その伝統は，彼らがブティアの影響で仏教徒となった後も保持されてきた．チベット仏教のシッキムへの流入がブティアの移住とともに始まったことは想像に難くない．シッキムにもパドマサンバヴァ来訪の伝説があるが，チベット仏教がシッキム史の表舞台に登場するのははるか後世の 17 世紀である．

　1642 年（あるいはその前年），西シッキムの後にユクソムとよばれることになる場所で，3 人のニンマ派のラマが相会した．その筆頭はラツン・ナムカー・ジクメー（1597-1653）であった．ちょうどその頃，中央チベットではダライ・ラマ 5 世率いるゲルク派が覇権を握ろうとしていた．布教の新天地を求めていたであろう彼らは，東シッキムの現在の州都ガントク付近に勢力をもっていたブティアの豪族プンツォクをユクソムに招き，法王プンツォク・ナムギェル（在位 1642-70）として即位させた．これがナムギェル王朝の始まりである．こうして建国という歴史的出来事に関わったニンマ派は王室の庇護のもと，西シッキムにドゥプディ，サンガク・チューリン，ペマ・ヤンツェ，タシー・ディン等の諸寺を開いた．このニンマ派の牙城に 4 代国王の時代になってカルマ派が進出し，ニンマ派に次ぐ有力宗派となった．

　18 世紀初頭から，シッキムはブータンとネパールの侵略を受けた．19 世紀に入るとイギリスの力がこの地にも及び，やがてシッキムはイギリスの保護国となる．1961 年，カルマ黒帽派ラマ 16 世ランジュン・リクペー・ドルジェ（1924-81）がブータン経由でシッキムに亡命し，11 代国王タシー・ナムギェル（在位 1914-63）の外護を受けてガントク近郊のルムテクにルムテク寺（ダルマチャクラ・センター）を開いた．1975 年，インドに併合されて仏教王国シッキムは滅びた．

◆ Ⅱ. 世界宗教の現在 ◆

現在シッキムにある寺院・仏堂の多くはニンマ派かカルマ派に属しているが，ゴル派，さらにボン教の寺院もある．かつてシッキム領であったカリンポンとダージリンにもニンマ派，ドゥク派，カルマ派，ゲルク派等の諸寺があり，そのなかにはダージリンに再興されたドゥク派の活仏法主ギャルワン・ドゥクパ・ジクメー・ペマ・ワンチェン（1963-）のサンガク・チューリン寺も含まれている．

(4) ブータン

ブータン（Bhutan）は東部ヒマラヤの南斜面に位置する小王国である．面積は約3万8400 km^2，首都はティンプー，人口は2008年現在約68万7000人とされている．ブータンは大乗仏教を国教とする世界で唯一の独立国であり，17世紀以降，国家統一の主軸となったチベット仏教カギュ派系ドゥク派の名にちなんで国号をドゥク・ユル（ドゥク〔龍〕国），国民をドゥクパ（ドゥク人）と称する．かつてヒマラヤからチベット高原にかけての広大な地域には独立，半独立の仏教王国が点在していた．それらが中国，インド，ネパール等に吸収されて次々と姿を消すなかで，ブータンは巧みな外交政策によって独立を維持してきた．さらに同じチベット仏教圏の他の地域が近代化の波に洗われて急速に変貌している今日，この国は独自の国造りを進め，仏教を中核とする伝統文化を守ろうとしている．

ブータンはチベット系，東南アジア系，ネパール系（19世紀後半以降の移民）の諸民族からなる複数民族国家である．宗教は，ネパール系のヒンドゥー教徒を除けば，大多数の国民がチベット仏教を奉じている．ブータンへの仏教の伝来は古く，西ブータンのパロ谷のキチュ・ラカンと中央ブータンのブムタン地方チョコル谷のジャムパ・ラカンはソンツェン・ガムポ王によって建立されたと伝えられている．パドマサンバヴァもブータンを訪れたとされ，パロ谷のタクツァン寺，チョコル谷のクジェ・ラカン等に神話的な足跡を残している．

12世紀末から，後伝期に入って仏教復興の意気に燃えるチベット仏教の諸宗派がブータンにも競って布教の手を伸ばしはじめた．13世紀前半，ドゥク派のパジョ・ドゥクゴム・シクポ（1184-1251）は同派で初めてブータン布教を行った．ドゥク派ではドゥクパ・クンレク（1455-1529）の活躍も見逃すことはできない．ニンマ派では，14世紀にロンチェン・ラプジャムパがブータンを訪れ，ブムタンのタルパリン寺をはじめとする寺々を建立した．15世紀には，彼の化身とされるペマ・リンパ（1450-1521）がブムタンから現れた．彼の子孫の家系は，その化身系譜と並んで，ブータンの仏教界で重きをなした．

17世紀前半まで続いたこの長い勢力拡張競争に終止符を打ったのは，ドゥク派のシャプドゥン・ガワン・ナムギェル（1594-1651）である．同派の第17代座主であった彼は，1616年，同派の化身認定を巡る争いに敗れてブータンに亡命した．彼は多くの寺とゾン（城砦兼僧院）を築き，法典を整備し，内には他宗派の抵抗を抑え，外にはツァン・デシとダライ・ラマ5世が立て続けに派遣した遠征軍を退けて，ブータンに政教一致のドゥク派政権を樹立した．それは聖俗両界の長であるシャプドゥン（尊前）のもとにジェ・ケンポ（大僧官）が宗務を，デシまたはデプ（摂政）が政務を代行するという政教一体制であった．国都は，夏と冬とでティンプーとプナカの間を往来した．1651年にこの偉人はプナカで没したが，その死は半世紀以上も秘され，彼は公的には瞑想に入っているとみなされつづけた．

ガワン・ナムギェルの没後しばらくして彼の血統は絶え，やがてシャプドゥン位を化身ラマによって相続する体制が作られたが，化身の認定を巡って内部抗争が繰り返され，中央政府は弱体化の一途を辿った．これに代わって実権を握ったのはペンロプとよばれる地方長官たちであった．なかでもパロ・ペンロプとトンサ・ペンロプとが強大化して権力争いを繰り広げた．1904年，ヤングハズバンド（Francis E. Younghusband, 1863-1942）のラサ遠征に際して，トンサ・ペンロプのウギェン・ワンチュク（1862-1926）は，イギリスに協力してその信任を勝ち得，1907年には初

代の世襲国王に選ばれた．これによってブータンは神権制から世俗的な王制に移行した．ただしシャプドゥン位の化身による相続体制はその後も維持された．ブータン王は今日まで5代を数える．「近代ブータンの父」と讃えられる第3代国王ジグミ・ドルジ・ワンチュク（1928-72）の後を継いで1972年に即位した第4代国王ジグミ・シンゲ・ワンチュク（1955-）は，「国民総幸福量」というユニークな価値基準を掲げて，社会・経済発展政策を進めた．その譲位により，2006年，現王ジグミ・ケサル・ナムギャル・ワンチュク（1980-）が即位した．この新王の下で普通国政選挙が実施され，新憲法が公布されている．

（5） インド，アルナーチャル・プラデーシュ州

ブータンの東に位置するアルナーチャル・プラデーシュ州は，1987年に設置されたインドの一州である．ここはインドが実効支配しているが，中国も領有権を主張しており，その帰属問題が1962年の大衝突を中心とする中印国境紛争の一因となった歴史をもつ．面積はブータンの2倍以上の8万3700 km²余り，人口は2001年現在，約109万人である．この州には主要なものだけでおよそ25の民族が分布している．そのうち西北部の中国・ブータンに境を接するタワン県と西カメン県に居住するモンパとシェルドゥクペンはチベット仏教を奉じている．上スバンシリのナーとメンバ，ディバン谷のカムバ，ローヒト県のメヨルとザクリンも同様である．これに対して，東部に住むカンプティ，シンポ，ティカク・タンサは上座部に従っている．

モンパとシェルドゥクペンはともにチベットから移住してきたとの伝承をもつ．モンパは，タワン・モンパ，ディラン・モンパ，カラクタン・モンパの3つのサブ・グループに分かれている．モンパとシェルドゥクペンはチベット仏教とともにボン教の信仰とシャマニズムの伝統を有している．

13世紀頃から，モンパの居住地モン・ユル（モンの国）にはカギュ派，ニンマ派，ゲルク派などが相次いで伝えられた．この地方にもパドマサンバヴァの来訪伝説がある．13，14世紀にはカルマ黒帽派ラマ3世ランジュン・ドルジェ（1284-1339）が来錫し，ジャンのキムナシュ寺などを建立したとされる．この地へのゲルク派布教の歴史は，モンパの間ではチャクサム・ワンポ（鉄橋王）の名で知られる成就者タントン・ギェルポ（1385-1475？）がこの地を訪れたことに始まるとされる．16世紀頃には，ブータンからはニンマ派のペマ・リンパの息子シェルブムがきてタワンの近くにウルギェンリン，サンギェリン，ツォルギェリンの3寺を建立した．モンパ出身の僧侶では，まずゲルク派のタンペー・ドンメ（15-16世紀）を挙げなければならない．17世紀，その4代目の化身とされるメラ・ラマ・ロドゥー・ギャムツォが，シガツェのタシルンポ寺やラサのセラ寺で修学した後，ダライ・ラマ5世の指示で，タワンにガンデン・ナムギェル・ラツェ寺（通称タワン・ゴンパ）を開いた．この僧院は，ダライ・ラマ政権の出先機関として，この地方最大の僧院に発展して今日に至る．ダライ・ラマ6世ツァンヤン・ギャムツォ（1683-1706）は，ウルギェンリンのペマ・リンパの親族の血を引くニンマ派行者の家に生まれた．

この地方の主要寺院として，上記のものの他に，タワンから45 kmほど離れたタクツァン・ゴンパ，カラクタンのラギャラ・ゴンパ，ブータン国境に近いゴルサム・チョルテンなどがある．

参 考 文 献

今枝由郎『ブータン—変貌するヒマラヤの仏教王国』改訂第2刷，大東出版社，1995年．

今枝由郎『ブータン中世史—ドゥク派政権の成立と変遷—』大東出版社，2003年．

奥宮清人編『生老病死のエコロジー—チベット・ヒマラヤに生きる』昭和堂，2011年．

川崎信定「チベットと大乗仏教」『講座大乗仏教10 大乗仏教とその周辺』春秋社，1985年，pp.99-126．

佐伯和彦『ネパール全史』明石書店，2003年．

嘉木揚凱朝『モンゴル仏教の研究』法蔵館，2004年．

菅沼 晃『モンゴル仏教紀行』春秋社，2004年．

スタン，R.A.著，山口瑞鳳・定方 晟訳『チベットの文化 決定版』岩波書店，1993年．

スネルグローヴ，D.・リチャードソン，H.著，奥山直司訳『チベット文化史』新装版，2011年．

高木辛哉『旅行人ウルトラガイド 西チベット』旅行人，

◆ Ⅱ. 世界宗教の現在 ◆

2000年.
覃光広等編著, 伊藤清司監訳, 王汝瀾・林雅子訳『中国少数民族の信仰と習俗』上下巻, 第一書房, 1993年.
ペテック, L. 著, 金子良太訳「西チベット＝ラダック地方のディグン派」『東洋学報』第59巻1/2号, 1977年, pp.033-049.
松井 亮・奥山直司『ムスタン 曼荼羅の旅』中央公論新社, 2001年.
水野一晴『神秘の大地, アルナチャル―アッサム・ヒマラヤの自然とチベット人の社会』昭和堂, 2012年.
奈良康明, 沖本克己, 末木文美士, 石井公成, 下田正弘編『新アジア仏教史09 チベット』佼成出版社, 2010年.
旅行人編集室編, 長田幸康執筆『チベット―全チベット文化圏完全ガイド』第3版, 旅行人, 2002年.
山口瑞鳳『吐蕃王国成立史研究』岩波書店, 1983年.
山口瑞鳳「ラダックの仏教と歴史」『秘境ラダック―西チベットにラマ教を訪ねて―』成田山新勝寺, 1980年, pp.113-120.
山口瑞鳳『チベット』上, 下 (改訂版), 東京大学出版会, 1987-2004年.
Byomadesh Tripathy and Sristidhar Datta, *Buddhism in Arunachal Pradesh*. New Delhi: Indus Publishing Company, 2008.
Byomakesh Tripathy and Sristidhar Datta ed., *Religious History of Arunachal Pradesh*. New Delhi: Gyan Publishing House, 2008.

II. 世界宗教の現在

12 韓国の宗教

全　成坤

　現代韓国における宗教について，しばしば使われる表現がある．それは，今日の韓国社会は多様化していて，それに応じて非常に特別な宗教的状況を抱えている，というものである．韓国では，これを「韓国的多宗教的状況」とよんでいる．この表現には2つの重要な指摘が含まれている．1つは，韓国の宗教的状況が多様化・多宗教化の状況におかれているとする点であり，もう1つは，それに「韓国的」という限定がつけられている点である．韓国の宗教が多元化・多様化しつつあることを主張しつつ，しかもそれには韓国的という表現が付き纏っているのである．これは現代の韓国における宗教的状況を理解するにあたってきわめて示唆的な表現といえよう．

　本章では，以上の2つの点に留意しながら，韓国の宗教の概要を紹介していきたい．そのうえで，それが韓国的なものとして，どのような過程を経て韓国社会に根付き，そして韓国社会において宗教現象としてあらわれ，形成されてきたのかを述べていくことにする．つまり，それは，それぞれの時期における韓国の社会的状況や価値観に応じた，韓国での宗教の受容の歴史を描くことにほかならない．

12.1　韓国の神話

　韓国民族のルーツ（起源）は，いまだ定説がない．韓国民族の最初の王朝が古朝鮮であると，教科書的には記されている．この古朝鮮の建国神話において，檀君が登場する．神話とは，その民族の王朝の建国について，神聖性を帯びたものとして説明を与えるものである．また，それは，その国家の民衆に深く関わるアイデンティティーを確保させてくれるものである．韓国の建国神話である檀君神話も，建国王朝を説明する論理として，また聖なる民族の主体性を育てるものとして，長く維持されてきた．それは檀君神話もまた，そのような神話の論理の例外ではないということを示すものであろう．

　檀君神話の内容を概略しておこう．一然（1206-89）の『三国遺事』（1281～83年）によれば，『檀君古記』（「古記」）には（現在伝わる「魏書」にはこうした記事は見当たらない），今から2000年前には檀君王俊（タングンワンコム）がいて，平壌を都として開国し，朝鮮（チョソン）と号したとあるという．「古記」によると，昔，桓因（ファンイン）の息子である桓雄（ファンウン）は，地上の人の世を救うために3000人の徒者を従えて，太（テ）山（ベク）山頂の下に降臨し，神市を開いた．これが桓雄天王である．王は風伯・雨師・雲師を伴い，穀物・寿命・疾病・刑罰・善悪など，およそ人間に関わる360余項目のことを主管した．ときに地上に同じ穴に住む虎と熊とがいて，人間になりたがっていた．神は神聖なヨモギとニンニクを与え，これを食べて百日間，穴に籠もって光を見なければ，人間になることができると教えた．熊はそれを守り，人間の女となったが，虎は失敗した．熊女は婚姻して共に暮らすものがいないので，毎日，神

壇樹の下で子供が授かるように祈った．桓雄は姿を変えて熊女と婚姻し，彼女は檀君王倹を産んだ．檀君は唐高（＝唐堯）が即位して50年目の年に，平壌を都として国を建て，朝鮮と称した．後に都を白岳山阿斯達（アサダル）に移した．朝鮮建国から1500年の後，周の武王に封じられて箕子が朝鮮にやってくると檀君は蔵唐京（ザンダンキョン）へ移り，後に阿斯達に還って隠棲し，山神となった．寿齢は1908歳だった．

一方で唐の「伝」によれば，高麗（コリョ）は本来は孤竹国（現在の悔州）にあり，周が箕子を封じて，朝鮮とした．漢は三郡を置いた．『三国遺事』には，さらに秦に滅ぼされた燕の衛満（魏満とも）が1000余人を引きつれて，箕子朝鮮に亡命し，後に箕子朝鮮の最後の王を追放して，王倹城を都として衛氏朝鮮を建てたという「衛満朝鮮」の記事が古朝鮮のものとして収録されている．

朝鮮は檀君の誕生をもって"人間の福のため"という理念を掲げて始まったとされる．このような檀君神話は政治的な国家連合の段階において，朝鮮建国を象徴化したのである．朝鮮半島は半島の地政学的位置のために周辺から数多くの侵略を受けていたために，内部的な民族の凝集力を必要としたが，そのときに檀君神話はその役割を果たしてきたのである．

12.2　民俗宗教としてのシャーマニズム

韓国の巫者（シャーマン）・巫俗（シャーマニズム）が宗教的範疇においてどのように解釈可能なのかという議論はいまだに続いている．そのうえ，そもそもシャーマニズムの概念自体も，ある程度は規定されているものの，まだ明確に定義されているわけではない．韓国のシャーマニズムも，シャーマニズム一般の特徴とされる，トランス状態，エクスタシー，ポゼッション等をもって行われている．しかしながら，これだけでシャーマニズムの概念を規定するのは難しい．なぜなら新興宗教の中にも，このような現象はしばしば見られるといわれているからである．また，キリスト教会（プロテスタント系）でも，このような現象を起こしているといわれるものもある．教会の場合には，シャーマンに取りつく憑依霊を，「聖霊」だとみなすのである．

さらに，トランス状態を単純に意識の変化として取り扱うことや，あるいはエクスタシーを脱魂状態とみなしたり，ポゼッションを憑依だとみなすことの難しさがある．つまり，このような状態は，一つ一つ別個のものではなく，トランスの状態から深度が深くなるのがエクスタシーとかポゼッションだと見なされるように，それぞれは連続したり，関連しているものだからである．このように見てみると，トランスやポゼッションという特徴のみをもって，それをシャーマニズムと規定するには，困難さが残る．このような定義上の課題を抱えながらも，韓国社会におけるシャーマンと巫俗をどのように関連づけて説明できるのかを慎重に考える必要がある．

さて，このように説明されるシャーマンは，シベリアを中心とする東北アジアの地域的分布として説明されている．そしてその影響のもとで，韓国における巫者は，神が降りたとする降神の体験，憑依などの特徴で説明されている．しかしながら，巫は一つとして画一的なものではないため，詳しい説明が必要になってくる．では，その形態の特徴と種類を見てみよう．

(1)　韓国巫俗の類型と地域的特性

韓国で巫者と巫俗は，ほぼ似た意味でシャーマニズムを指し示す意味ではあるが，別々の意味として用いる学者もいる．ここでは，シャーマニズムを指す表現として同じ意味として取り扱う．巫者とは，人間の意思を神に伝え，また神の啓示を人間へ伝えられるような霊力をもつ存在である．現在，韓国では，大まかに4類型に巫者を分類している．その分類にしたがって，地域的特性をも説明している．すなわち，①ムーダン（巫堂）型，②ダンゴル型，③シンバン型，④ミョンデュ型である．

①ムーダン（巫堂）型：神憑（かみがか）りの体験によって成り立つ巫の形態である．歌舞をもって巫の

祭儀を扱い，霊力を所有し，占いをも行う．朝鮮半島の北部地域では女性の巫をムーダン，男性の巫をバクスというが，それらがこの形態に属する．神壇を設けて神憑りの体験と霊力を兼ね備えていることがムーダンの特徴だと言われる．

② ダンゴル型：　血縁によって次の世代へ司祭権が受け継がれていき，人為的にシャーマンになる巫である．いわば世襲シャーマンである．湖南地域では，男性巫を指すダンゴルは，一定の自分の管轄区域を所有する．ダンゴル巫の特徴は，世襲されていることと一定の管轄区域をもっていることであろう．神憑りや霊力はなく，神壇は所有していない．嶺南地方にも世襲シャーマンは存在するが，一定の管轄地域はもたない．しかしながら，この両地方の南部では，同じ系統の巫俗として分類されている．

③ シンバン型：　これも世襲巫の一種ではあるが，ダンゴルとは違って霊力を重んじる．済州島に分布している．神に対する認識は強烈であり，占いを行う．歌舞を行い，祭祀をも取り扱う．

④ ミョンデュ型：　死んだ霊魂が降りてくることを経験することで成るシャーマンである．このシャーマンの特徴は，体にこびりついているとされる死霊そのものを神壇に祀っていることである．そして，その神霊を通して，霊界と行き来し，占いをする．また，死児の神憑りもこの巫の特徴であり，それで霊を授かるということである．南部地方の湖南地方（韓国の全羅南道と全羅北道）に多く分布している．

韓国の巫は，このように4類型に分類されているが，大きく分けると，北部と南部の2つのタイプに区分されているのが理解できる．この2つのタイプの関係について，二通りの解釈がある．まず1つめの解釈は，世襲巫か神憑り巫のどちらかが先にあり，それが後代になって徐々に分派していったと見る解釈である．2つめの解釈は，それぞれの地域に独立に巫が生まれて，違う形態のままに継承されてきているという解釈である．

どちらの解釈が正しいのかはさておき，韓国ではこの巫者の祭祀を行い歌舞などを主管するもの

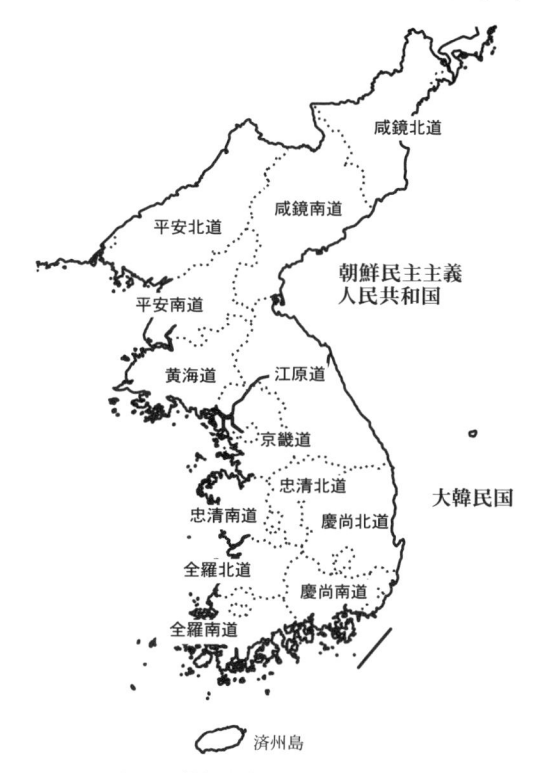

図1　朝鮮半島の伝統的地域区分

を一般にムーダンと呼称する．今まで見てきたように，ムーダンは神事に従事し，霊力を所有した職能者として，宗教的力によってその祭祀を担当する．

つまり，ムーダンの主な仕事は祭祀を担当することであるが，その場合に神憑りのムーダンと世襲ムーダンは若干異なる点が生じる．世襲ムーダンは祭祀の行事を行うときに，神の降下する道として印である神竿を必ず設けている．今は簡素化されているが，世襲ムーダンの特徴である．

ムーダンによるこのような祭祀を韓国語ではグッと呼称する．神憑りムーダンの場合は，歌舞を舞い，太鼓をはじめとする打楽器が演奏される．歌舞のリズムは速く激しい．一方，世襲巫は，笛また琴などの弦楽器を伴奏に使い，その速度も緩い．

次に巫の性別を見よう．これも先の巫の類型化を行ったのと同じく北部と南部に区分される．南部地方は北部地方に比べて男性巫が多く見られる．北部は反対に女性巫が多く見られる．済州島

と湖南・嶺南地方では巫の司祭権も男性に多く見られるし，男性巫が祭祀を主管する場合も多い．

　神憑り巫における神憑りの状態は，人によって微妙に異なるが，ときに病を患うことがある．また，夢の中で神と接触することもある．精神疾患として見られる傾向があり，医療による治癒が難しく，ムーダンになることでそれが解決できるという．宗教的な角度からみると，このような「神憑り状態」は神の1つの啓示であり，神から選択されたとみなす．この人々が体験する神の夢と幻想，また神の声が聞こえるという幻聴などは，巫俗の概念に当てはめて，宗教現象として捉えられるのである．

　このような韓国巫俗は，シベリアのヤクート族，ツングース族，ブリヤート族とも結び付けて説明されている．またオーストラリアの周辺のシャーマニズムと結びつけられたり，アフリカのmedicine manと関連させて解釈されることもある．韓国の巫者の概念と，巫の特徴としての呪術・神秘的な体験，そして霊力の所有によって呪術力を備え付けることがそれらと結びつき，巫俗の形象化が行われ，解釈されている．

　このように概念化される巫俗の宇宙観は一体どのようなものとして成り立っているのだろうか．咸鏡道地方のムーダンが歌う「創世歌」を例として取り上げよう．この宇宙の初めは天と地の区分がない混沌の世界であった．それから天地が分かれて，太陽と月が作られ，星ができて，人間が生まれた．その後に水・火を得ることができたという．このような歌の内容をもって，神によって混沌から秩序へと成し遂げられていく霊力を見出している．そしてそれを宇宙の生成原理と結び付けて説明しているのである．この宇宙観は，ムーダンが祭祀を行う神事であるグッにも表れている．このような宇宙生成論に基づいて生まれた宇宙は，天上・地上・地下に三等分されている．天上は人間世界と似ているとみなされる．天上には，天神がいて，聖神が万物を支配していると説明される．この天上の世界は，人間が憧れる楽園であり，病と死がない善の世界であると信じられている．地下の世界は，人間が死んでから行く場所として想定されている．生前の行いの善と悪の功過によって，地獄と地獄ではない場所に別れるという．地下の世界は，暗黒で寒く，刑罰を与える厳しい場所として考えられている．

　また，巫者の世界では，人間を肉体と霊魂に二分する．この両方の結合形態が人間であるという．可視的な存在としての肉体は「限りのある存在」であるが，不可視の魂は「永遠の存在」とみなされている．その魂，または霊は，死霊と生霊として分けられる．死んで他界へいくのが死霊であり，他界へいけないのが生霊という．生霊は人間の肉体にこびりついていたり，空中をさ迷ったりしている．死霊を慰める巫者の儀礼が招魂祭祀であり，「解冤グッ」がそれである．死霊は，冤鬼・冤霊と分けて説明される．この2つの魂は，いずれも生きている間の恨みをもっているために他界へいけず，人間世界に残ってその恨みを晴らそうとする．それが悪霊として現れるのが，客鬼・鬼などである．

　巫者の祭儀を行う場所は聖なる場所とみなされ，聖所とよぶ．それは神壇・神堂・民家などをもって区分される．家に神壇を設けているのは，神憑りの巫者のみである．一部屋に祭壇を設け，ロウソク台と，聖物として鈴・扇・神刃などを置き，太鼓・服などを置いている．この場所を神堂とよぶが，この神堂は共同の聖所であり，1つの村などで祭祀を行うために設けられている．その祭儀をドンシン祭といい，また「ダンクッ」ともいう．民家の神壇というのは，祭儀を1つの家で行うときに設けるものを指す呼称である．

　韓国の巫俗のうちには，太古へ誘い出すような神聖さが感じ取られる．巫俗を過去の伝統だとみなす人も少なくないが，むしろその巫俗がなぜ受け継がれてきているのかをみるほうが重要であろう．それは人々の現実の苦難と不幸を乗り越えようとする，または未来の楽園へ近づこうとする，憧れの心情の表現であろう．巫俗は1つの宗教現象とみなせるとともに，人々の連帯を象徴する儀式として位置づけることができよう．宗教儀式としてのみ解釈するより，そこには説明不可能な力が秘められているといえよう．

12.3 儒　　教

今日，韓国人の伝統宗教の1つとして位置づけられているのは，儒教である．ところが，それを宗教としてどのように説明するのかは難しい．それにもかかわらず，儒教は韓国社会の長い歴史を通じて影響力を持ち続けてきており，生活の規範としても価値化されているため，やはり1つの重要な宗教であるといえる．まず，その歴史的概観をしらべてみよう．

(1) 三国時代

中国との地政学的なつながりのために，韓国の儒教は中国から強い影響を受けている．三国（高句麗・百済・新羅）の中でもとくに高句麗は中国と国境を接していたために，その影響は強かったとされている．

高句麗では，372年に初めて儒学学校の設立を成し遂げている．この学校の修学科目は儒教経典が中心だったという．儒教という概念を定めるには難しさは残るにしても，高句麗の東明王は「「道理」をもって国を治める」と掲げていたと伝えられていることから，「道理」の概念が重視されていたと推測されている．この「道理」の概念が儒教的観念と密接に関連していると説明されることから，儒教の理念をもっていたと解釈されている．

百済では，高興が漢文で『書記』という歴史書を記録したことにその源を探ることができる．百済の近肖古王の時代に，阿直岐と王仁は，論語と千字文を日本へ伝えたとされる．百済では儒教が普及していたといわれており，とくに儒教的祭祀体系が整っていたと伝えられている．

新羅では，武術を鍛錬したり，学問を修業したりする花郎とよばれる青年達の団体があった．この花郎の団体で主な徳目として用いていたのが，忠誠と孝行，そして勇気であった．これをもって必ずしも儒教的規範であるとは定めにくい部分もあるが，儒教的精神を含んでいたとはいえるだろう．新羅末期の崔致遠は，『眞鑑國師碑文』を著述しており，そこでは新羅が仏教の盛んな国として紹介されているが，一方で儒教的性格も強くもっていたことを物語る資料としても取り扱われている．新羅は当時交易を行っていた唐から孔子の肖像を持ち込むなど，儒教への関心は強いものがあったと伝えられている．788年に三品科制度を設けて，『論語』と『孝経』を教え，経典の試験を通じて官吏を登用したと伝えられている．このようなことから，新羅でも儒教の徳目の影響を受けていたと考えられる．

このように儒教そのものは，三国へそれぞれ独自に受容され，土着化していたといえよう．とはいえ，その影響は同じく中国からのものであったために，その特徴には相通じるものがあった．とくに，儒教経典には大きな一致をみせることができる．

三国統一の成った当時には，王家の先祖の祭祀を行う社堂として宗廟が設けられたり，土地神を祀る社稷を建立したりしている．

(2) 高麗時代

高麗時代の中心的な宗教は仏教だとするのが一般的である．しかしながら，国家の統治原理は仏教よりも儒教に基づく面が強かったといわれている．高麗の最初の王である太祖王建が残している訓警である「訓要十條」を見ると，それが儒教的規範に大きく依拠していたことが窺われる．とくに『書経』を強調している．958年には経典を通じて官吏の選出を行う科挙制度を整備し，大学を設立したといわれている．

それ以後，成宗の時代に儒教は全国津々浦々へ広がった．とくに文宗の時代には，儒学者として有名な崔沖（984-1068）が私立教育機関を開き，儒教教育に携わったことがよく知られている．成宗の時代には，天に祭りを行う祭壇として，圓丘，または宗廟，社稷などが体系的に設けられたといわれる．高麗後期になる忠烈王の治世の1290年には，安珦が宋へ派遣され，儒学書を輸入したと伝えられている．元では朱子の著作を伝授してもらい，高麗末期には性理学のブームが起こった．有名な鄭夢周は，朱子の家礼を実践し

て，儒教を徳目にした「家庭儀礼」を広め，成均館という教育機関では朱子学を講義したといわれる．今も儒学者のうち安珦と鄭夢周は，朱子学を伝えた業績が称えられて公的な文廟に奉斎されて，祀られている．

(3) 朝鮮時代

高麗末期に起こって広まりつつあった朱子学—道学は，仏教と調和するよりはむしろ批判的な色合いをもっていた．そのため高麗末期の朱子学の流行は，仏教批判運動とも結びついた．とくに朝鮮王朝を設立したメンバーは儒教を学んだ人物が多く，その反映として儒教的伝統主義を国家理念として掲げることになった．

朝鮮王朝の社会政策を一言で，崇儒抑仏政策と言い表す．つまり，儒教の国教化を目指し，仏教を弾圧したのである．朝鮮王朝の初期から，儒教の理念を定着させ土着化させるために，多くの事業が進められた．朝廷では国家制度として儀礼を儒教的形式に切り替え，またその儀礼の意味づけとしての学術分野の練磨が奨励された．

鄭道傳は『仏氏雑弁』（1398年）を著し，仏教の教理を批判し，性理学の受容をアピールした．これは朝鮮王朝の儒教統治原理を理論的に，また体系的に規定した著述として知られている．また，権近は，儒教経典を注釈した『五経淺見録』を著した．そして，儒学の入門書としてその原理を体系的に説明した著書として『入学図璃』（1390年）を世に出している．この『入学図璃』は性理学の基礎を説明した著書であるが，以後，性理学そのものの概念をめぐって論争を生むほどの影響を及ぼした著書であった．

世宗（1397-1450）は，集賢殿を設置し，儒学の専門家を育てた．また，儀礼詳定所などを設け，国家儀礼に関する研究を奨励し，その儀礼化に努めた．その結果，「國朝五礼儀」が成宗の時代に至って結実を得た．また音楽を通じた儒教強化に励み，楽曲を作り，その普及を行った．このような儀礼と楽曲を兼ね備えた政治基盤を広め，朝鮮王朝は儒教国家として再び生まれ変わることを成し遂げた．現在，韓国で使われている「訓民正音（ハングル）」も，世宗の治世の1444年に作られ，1446年に公布されている．また，王朝の正当性として儒教的理念を掲げていることを表し歌った『龍飛御天歌』も著されている．孝行と忠義，また烈女の儒教的な規範を一般の人々に植え込み，そのための『三綱行実図』も設けられ，広められたのである．一方，民間でも儒学者たちの動きが活発になっていた．そのなかから，儒学の論理を単純な観念として理解するのではなく，その実践に重点を置くことを主張する学者たちが現れた．彼らは儒学の論理を社会倫理そのものとして実践することを主張した．この学派を士林派とよぶが，彼らは権力にしがみついている官僚を批判しはじめた．

反対に，当時の支配階層に接近し，世俗的な権力に執着している勢力は勲旧派とよばれた．この勲旧派とよばれる既得権勢力と，新しく登場した士林派の間では対立が生まれる状況になった．この対立は4回にわたり大きな災いを起こしたが，結局は士林派が権力を握るようになった．このようにして儒教の国民化への傾向が強く勢いづけられていったのである．

ここで重要なのは，儒教の広め方の解釈である．つまり，朝鮮王朝がその国家存立の正当なスローガンとして掲げていたのが儒教であり，その意味で儒教は国家権力の保護下で育ち，広まったのである．ところが，それのみではなく，士林派という新しい勢力が登場し，国家が唱えていた儒教とは距離を置きつつ，新しくそのあり方を作り直したのである．これが韓国で儒教が広まりつつあった時期の両義的な特徴である．

儒学の理念の始祖として挙げられているのは，趙光祖（チョクァンゾ）である．彼は儒学の哲学的な面と実践的な面を結びつける役割を果たそうとした人物である．その後は，徐敬徳（ソキョンドク）・李彦迪（イオンチョク）・曹植（チョシク）・李滉（イハアン）・李恒（イハン）・李珥（イイ）などの有名な儒学者が続々と出現してくる．彼らの学問的主題は，宇宙の解釈の概念化であり，その存在形式を表したのが「理」と「気」の論であった．徐敬徳は宋の影響を強く受けていた．彼は，宇宙の基本存在論を「気」をもって解釈する「主気論」の立場をとっていた．そ

の後の李彦迪は，朱子の立場を継承し，その論から，宇宙を「理」と解釈する「主理論」の立場を主張した．彼は『大学』と『中庸』の注釈をもって朱子の論を補い発展させつつ，経典研究を行った．李恒は，理と気は分離されたものではなく1つとしてみなければならないとする一元論を打ち出した．他方，安東地方に拠点を置いた李愰は，「理」と「気」を分離した二元論の立場を尊重していた．以後，李愰と一元論を支持する李珥の論争が起こり，以後の性理学の2つの大きな流れとして発展していった．

朝鮮の後期になると，壬辰倭乱（文禄・慶長の役，1592～98年）を経ることになるが，それを契機にして社会も大きな変化に迫られた．つまり，社会の大きな勢力を占めていた士林派は依然として強かったが，同時に儒学そのものに対する懐疑の論も頭をもたげはじめていた．その過程で生まれたのが，陽明学の受容と，実学の広まりであった．その流れと並行して，国家権力に携わっていた儒学者の間で，その道徳思想をめぐる葛藤が生まれ，それが政治的な対立関係にまで発展した．互いに党派の分裂を引き起こし，牽制したり対立したりする風潮を生んでしまったのである．その一方で，清に対する対抗論が浮上し，中国の文化の正当な継承者は朝鮮であるとする論調の固守が訴えられた．これが小中華主義という民族主義を煽り，儒学の正当性とエスノセントリズムが結びつく形で展開されていった．

中国が清から明に継がれていくなかで陽明学が広まったことと連動して，朝鮮でも陽明学の学風が伝わっていった．とくに，鄭齊斗(チョンジェトゥ)は陽明学を受容し，学問的体系の樹立に努めた．これが江華学派の源流をなすことになった．これと同時に，朝鮮末期において新しく盛んになってくるのが，実学であった．儒学の正統主義に限界を覚えつつ，現実問題の解決とは距離をおく形而上学論としての儒学の問題点が指摘された．従来の画一的な儒教論ではなく，より現実問題に近づけられるような学理が求められるようになった．実生活への活用という期待は，学問の実証的な側面を浮上させ，関心を収斂させていった．清を通じて得られる西洋文物を広く受け入れ，それを民衆の実生活に活用しようという気運が高まり，生活に役に立つような生産力の増加の方法や，商業の合理的な方法などを考究する実学が発展した．これらの重要性を唱え，実践に努める潮流が，新しい社会の構築にもつながっていたといえよう．

その一方では，朝鮮の固有性を重視しようとする学問の流れもあった．その自覚の表れとして，文学・言語・歴史・地理などの研究を推し進めていく新しい試みも現れた．

実学派の解放的な学問の雰囲気は，百科事典的な書物の編纂と，現実社会の制度的矛盾を批判しつつ変革を追い求めることを目指していた．代表的な学者が李瀷であるが，彼を中心とした星湖学派と，洪大容・朴齊家が中心になった北学派の2つの大きな流れが作られた．とくに，丁若鏞(チョンヤクヨン)という人物は，実学思想を集大成したことで有名である．経典注釈を通じて，儒教の論を説明している．彼の究極の説明として用いられていたのが，「天」に依拠する「信仰」論であった．

このように，朝鮮王朝において儒教の色合いが濃厚に広まりつつあった時代背景のなかで，1866年にはフランスの艦隊が江華島へ現れるという事件が発生した．1871年にはアメリカの艦隊によって門戸開放が要求される．前代未聞のこのような雰囲気の中で，儒学者たちはいくつかの異なる立場を選択していった．

まず，外部の勢力を悪とみなし，儒教の正当性を訴え，門戸開放に反対する「衛正斥邪（派）論」が登場した．彼らは，西洋の宗教のみならず，彼らの文明そのものも儒教からは距離のあるものだとし，徹底的にその受け入れを拒否した．閉鎖的で保守主義的な立場を貫いたのである．これよりはやや開放的な現実派の実学派儒学者たちは，儒教的伝統は守りつつも，そこに西洋の技術を受け入れようとする論理を打ち出した．その論は，「東道西器論」とよばれた．

一方，儒教的基盤による社会の非現実性を批判する論を立てていた儒学者は，その改革を主張した．開化論者は，そのためには西洋文物を全面的に取り入れなければならないと主張した．開化論

◆ Ⅱ. 世界宗教の現在 ◆

者のなかにも儒教的理念をベースにしたうえでの開化論を訴える者もいたが，全面的な社会改造論者として，儒教そのものを否定する改革者たちも現れている．

大きな文脈として，この時代には開化派と守旧派との対立が目立つようになっていく．開化派と，保守派それぞれの内部分裂という複合的状況を抱えながらも，1つの歴史的転換を生むような方向への期待が醸成されていった．結局，日本へ併合されていくという歴史的限界を迎えることになるが，それ以後も保守派が独立運動を目指す独立運動家として活躍したり，改革派が親日と結びついたりする混戦が続いた．その代表的な例が，守旧派の脈を受け継ぎ1909年「大同教義」を創設した朴殷植である．

1945年以後，儒教を信じた人々は新しくその組織を立て直した．とくに儒学の教育機関の再建事業として，現在，韓国の唯一の儒学大学である成均館(ソンギュングァン)大学を設立した．大成殿および明倫堂などを初めとする20棟がそれである．儒教儀礼の基本対象となる聖人を文廟へ奉じて祀り，儒教の聖人として孔子および4聖人を定めたり，朝鮮人の賢人として18人を残し，その整理を断行した．

儒教を信奉する人々は，その組織の構成のために書院，書堂，影堂，祠，廟などの運営を行った．儒教の教員数は，1万名を超えており，その信奉者はおおよそ80万を超えているという．最近は，儒教を宗教として考えるよりは単純に社会教化団体のように捉えることもある．また儒教的祭祀を宗教的儀礼とみなして参加する人々が増えている一方で，儒教を宗教とみなさない傾向もある．このような傾向は，儒教的行事を宗教と結び付けない考えを広めている反面，その宗教性の希薄化をももたらしている．現在では，この儒教の組織や行事に参加している人たちの高齢化が目立っているのも一つの特徴である．韓国社会の変化によって，儒教の社会活動の役割も変質を余儀なくされているといえよう．最近では，儒教組織が道徳の運動として社会活動を展開するという形が現れている．かつての儒学教育機関の復活である郷教という機関では，儒教的倫理意識を高揚させながら孝行運動を展開している．1980年代には孔子学会が設立をみたり，1985年には儒教学会が創立され，儒教研究を学術的な領域に広げようとする努力も進められている．李氏王朝での隆盛という歴史的基盤を踏襲しつつ広まり続けてきた儒学は，その形態を変えながら，韓国社会に根付いてきた．宗教とみなすかどうかにかかわらず，韓国人の家族観，人との付き合い方，礼儀などに強く影響を及ぼしつつ，根を下ろしてきたのであり，それが韓国人の心性を形成してきた．韓国でいまだに老人に地下鉄の中で座席を譲ったりする風景が見られるのも，その儒教的徳目の名残であるといえよう．

12.4 仏　　　教

(1) 韓国仏教の歴史的流れ
1) 高句麗

朝鮮半島へ初めて仏教が伝来したとされるのが，高句麗の小獣林王の2年（372年）とされている．高句麗はその当時の秦と国境を接し，交流を行っていたことで，秦から仏像と経典を受け入れるのが容易であったのである．391年には広開土王が即位し，仏教を国家仏教として定めていた．以後，高句麗における仏教は，思想的にもその成熟度を増していくのであるが，そこで重要な役割を果たしたのは，義淵という僧侶である．彼は，大乗仏教を学び，それを広めていった．しかし7世紀になると，道教が受容されることによって仏教との対立が生じ，仏教の方が色褪せていくこととなった．

2) 百　済

百済における仏教の隆盛に大きな役割を果たしたのは，聖王の時代の謙益という僧侶であった．彼はインドへ留学し，サンスクリット語で書かれた律蔵を持ち帰った．百済の仏教は日本との関連も深いものがあった．また，百済の仏教は芸術の分野でもその貢献を成し遂げている．例えば，益山の彌勒寺址や，瑞山の磨崖三尊佛像は今も残されている文化的業績である．

3）新 羅

新羅において仏教が公認されたのは，法興王の在位の527年であり，百済や高句麗に比べるとやや遅れて伝わっている．新羅は仏教の布教が始まったときには反対が厳しかった．李次頓の殉教を契機にして，仏教がようやく広まるようになった．最初の寺院は興輪寺である．そして，眞興王（在位 540-75）の時代にその繁栄を迎えた．新羅最大の国家寺院である皇龍寺が建立されるのもこの時期である．以後，教学の道を切り開いたのは，圓光（ウォンクァン），元曉（ウォンヒョ），義相（イサン）といった僧侶である．三国を統一した新羅は，仏教を国家事業の基盤として位置づけた．その象徴は，仏国寺という国刹である．新羅の仏教は，和合と殺身聖人の精神を主張することを基盤に置いていた．この頃には民衆の中に仏教が幅広く浸透していき，国家の理念として仏教を掲げても違和感がないほど土着化されていたのである．統一新羅の末頃には，禅宗が受容されていた．仏教を通じての理想社会の建設へのこだわりが強かったことを物語っている．

4）高麗時代

高麗を建てた王建は，高麗という新しい国家が生まれることが可能であったのはひたすら仏教の力だと宣伝し，自身も仏教信者になる一方，国の発展のために仏教の擁護政策をとった．このように国家の保護の下で成長し続けた仏教は，光宗以後になると貴族化し，仏教そのものの精神が堕落しつつあった．そうした雰囲気のなかでも，義天と之訥は，高麗仏教の自覚を求めていた．義天は宋へいき，高麗大蔵経の刊行の基礎を作り出した．

恵勤は，禅を初めて取り入れることに貢献した．彼は宇宙の万物を仏神として把握し，事物の本質が，「空」だと主張した．ところが，高麗末期になっていくと，排仏の雰囲気が高まっていった．主に儒学者たちによって引き起こされた仏教批判の焦点は，仏教そのものの現実的な堕落であった．その批判的な流れは，朝鮮開国とともにいっそう具体化していき，崇儒抑仏政策が国家イデオロギーとして強化されていった．

5）朝鮮時代

朝鮮初期は，儒学を奨励し，仏教を弾圧した．寺院の数を制限し，宗派を整理する政策がその表れであった．しかしながら，そのような廃仏政策にも負けず，仏教はその勢力を着々と広めていった．世祖のときには，朝鮮建国当時よりはやや弾圧も緩み，仏教を認めるような雰囲気になってきた．それを契機に，堕落した仏教として批判されていた状況の刷新に努力し，新しく仏教の布教に努めようとした．以後，豊臣秀吉の壬辰倭乱（文禄・慶長の役）のときには，僧侶たちも戦場で戦った．西山大師，泗溟大師などは有名である．また，西山は思想家としても名をなし，『禅家亀鑑』という著作を残している．これは禅と教を1つに融合するための大乗仏教を骨子に据えた仏教論であった．究極的な解脱の方法としては禅を薦めているが，『華厳経』を重要視した．そして，この戦乱で功績を立てることによって，僧侶たちの地位も高まることになった．僧侶たちの社会復旧事業と救済事業は，再び仏教の布教と結びついていった．

ところが，1636年の明の侵入をへて，朝鮮末期にいたると，仏教は再び弾圧を受けた．そのために，僧侶たちは山中へ逃げ込んだり，隠遁するようになった．その名残は現在まで残っており，山中に寺院があり，そこで僧侶が隠遁するような生活が多くみられる．日本の植民地期に入ってから，1919年の3・1運動では仏教徒らが主軸をなし，仏教をもって救国運動を繰り広げたりした．その一方で，日本総督府の論理に吸収されてしまう親日仏教的色彩を帯びていた点は批判されている．仏教そのものの布教のためであったとする見方もあるが，それが日本の総督府への協力につながったことに対する自己批判的なの見方もある．

6）今日の仏教の動向

韓国仏教は，大韓仏教曹渓宗をはじめとして18の宗団として構成されている．曹渓宗は，韓国最大の宗団であり，それ以外に韓国仏教太古宗，韓国仏教天台宗などがある．組織そのものは若干の違いはあるが，その宗団を象徴して，宗の代表を定めて，そして総務院長が実務責任者とし

て任されている．1972年の調査では，寺院の数が1915，僧侶は1万8599人，信者数は809万5000人であった．それが，1983年にいたると，寺院が2万755人，僧侶数は2万755人，信者数は1113万人までいたっている．

韓国仏教における最大の宗派とされる曹渓宗の僧侶の日課を例としてあげてみよう．明け方3時30分には起床して，4時30分まで朝礼をもつ．その後，6時の朝食時間前まで座禅を組む．11時には供養という仏教儀式に参加する．12時には昼食をとり，その以後は経典を学習する．17時には一時間ぐらい礼仏を行う．夕飯は18時頃，床に入るのは21時である．

また，現在は僧侶大学があり，女性の比丘尼学校もある．全国に約60の仏教団体があり，青年仏教会が46，大学生仏教団体が30ほどある．仏教宗団が運営している大学は1校，中高校が8校，小学校が1校，幼稚園が36校ある．

仏教も社会の変化とともに歩調を合わせて，仏教そのものの変化も迫られている．韓国社会の倫理意識などの変化に従って，仏教も社会との結びつきを保つように努めている．

12.5 カトリック（天主教）

これまで，朝鮮王朝の建国とともに国家の正当理念として儒教が掲げられてきたことをみてきた．儒教の探求には，中国を往来する使者たちが大きな役割を果たしてきた．

しかし，この使者たちは儒教を学ぶと同時に，中国に広まっていた天主教とも接触することとなった．天主教もまた，彼ら使者たちによって朝鮮へ伝えられた．彼らは朝鮮へ冊子を広めるなど，その伝授に大きな影響を及ぼすことになった．技術的な面と思想的な面の両方を重視する当時の風潮から，マテオリッチ（Matto Ricci）の『天主実義』をはじめとして『交友論』『弁学遺牘』などが研究の中心となった．李承薫は北京に滞在し，1783年にはペドロという洗礼名を受けて帰国し，韓国天主教の誕生を実現させた．

教理を研究してきた李檗（イビョク）・金範禹（キムボムウ）らだけに限らず，両班階級の人々にまで洗礼を受けさせることで，天主教は当時の支配階級にその勢力を伸ばしていった．1784年には初めて天主教教会が設立された．この天主教は，社会的不平等の中で呻吟していた民衆階層のみならず，権力者側の両班階級をも引きつける形で，その拡大を試みたのである．こうして天主教は封建的社会秩序から脱皮しようとする知識人の間にも広まりつつあった．ところが，このような勢力の拡大に対して，伝統社会をそのまま維持しようとする守旧派は，社会秩序を揺さぶるような危険な思想として，その布教を快く思っていなかった．そのために，布教の禁止と迫害が行われた．

迫害を受けるもう1つの理由は，天主教の性格といわゆる儒教を基盤とした社会の生活との大きなずれである．天主教は，家の祭祀などを否定する立場にあった．これは，祖先祭祀を大事にしていた社会の理念とはかけ離れたものであり，伝統社会そのものの否定にもつながっていた．

こうした迫害にもかかわらず，天主教徒らはその迫害を逃げて，山中に身を隠しながら「教友村」などを営みつつ，布教を続けた．また，彼らは朝鮮社会のみの天主教徒信仰共同体だけで満足せず，ローマ教皇庁に書信を送りつつ，朝鮮の事情を知らせたりした．

ローマ教皇庁は，朝鮮人のこのような努力に刺激を受け，韓国天主教の保障のために1831年まで北京教区に属していた朝鮮を，朝鮮教区として独立させた．朝鮮教区の独立は，朝鮮の天主教文化の創出を意味していた．

1836年には，朝鮮へ入っていた聖職者たちは，留学生などを選抜してローマへの留学などを支援した．その結果，1845年には，金大建が朝鮮人として初めて司祭に叙階された．1855年からは，国内でも神学校が設立され運営を行うこともできた．しかしながら，1866年には興宣大院君による有名な「丙寅年迫害」が起き，鎖国政策を強調していた朝鮮社会ではその迫害が強烈になっていく．宣教師をはじめ，ただの信者たちをも処刑し，やがて教会の閉鎖に追いやっていった．この

ような雰囲気は1880年代まで引き続いた．1886年になってようやく，韓仏条約が結ばれることによって，制限はあったが宣教活動が保障された．

迫害を経験した韓国天主教会は，このように活動の自由が与えられたことを活用して，まずは聖職者の後継者養成に力を注いだ．また，天主教の象徴である聖堂の建立を行った．1898年に完成した有名な明洞聖堂がそれである．そして，教会の書籍の出版のための印刷所の設立などの活動が活気を帯びていった．一方，教育活動と言論活動も怠らなかった．1906年には『京郷新聞』を創刊し，一般の人々向けの言論活動を通じた新知識の共有と啓蒙，その拡散に努力した．1910年の日韓併合にいたる過程においては，天主教もその抵抗運動に参加した．明洞聖堂では，大規模な独立を願う祈禱会を行ったり，日本への借款を返すための金を集める募金運動をも行った．満洲のハルビンで伊藤博文を狙撃した安重根もこの天主教徒であった．

日本の植民地政策の中で，神社参拝の強要は，天主教の信者たちを悩ませた．1925年の朝鮮神宮の建立とともに，強要されつつあった神社参拝に反対運動が起こるなど，衝突も生じた．ところが，国民儀礼の一環であったために，教会でも神社参拝を行わざるをえなくなり，天主教の内部でもそれをめぐる論争による分裂が起こった．

解放後には，米軍政の歓迎会が催されるなどし，南韓国の政府樹立後には，民族教育の復活を掲げて天主教教育教会の結成を実現した．そして廃刊していた『京郷新聞』『京郷雑誌』を復刊させた．韓国の政府樹立後は，信仰の自由を保障する憲法のもとで，天主教は自由な活動を行い，大きく発展することができた．第二次バティカン公会議が開催されたり，金壽煥大教主が枢機卿に任命されたり，大きな発展を成し遂げた．韓国社会の産業化が進むにつれ，社会的な問題も起こりつつあったが，その問題解決の論理を天主教へ結び付けていくことによって，天主教の土着化を行い続けている．

12.6 キリスト教

韓国の歴史の中での大きな激動期といえば，やはり開港の時期を挙げなければならない．この開港が始まる1876年から以後の20～30年を転換期の時代と定めることができる．この時期において，韓国では甲申政変，東学運動，日清戦争など国内外の大きな事件が続いたのである．そのような背景において，2つの課題が浮上した．すなわち国内的には封建的社会の改革の方向性を定め，国外的には外部の勢力への対応に迫られていたのである．このような変革の時期において，韓国の教会においてもまさに大きな地殻変動が生じていた．満洲で初めて韓国語の聖書が翻訳，出版されたのである．ロース（John Ross），ジン・メキンタイア（John Mcintyre），そして彼らから洗礼を受けた韓国人李應贊をはじめとする3名が，1882年にルカ福音書とヨハネ福音書を，1884年にはマタイ福音書を出版した．また1885年にはローマ書なども紹介された．

韓国では，最初に教会が広まったのは1884年とされている．ところが，実際には，それ以前から，メキンタイアなどによって，洗礼を受けていた韓国人がいたことを考慮すると，これよりは先に遡らなければならないと主張する学者もいる．

韓国社会とキリスト教との接触は，教会の聖書などよりは，医療事業の開始から始まっている．初期の布教では英語を知らない一般の人々を想定し，医療を施していた．その後，聖書の翻訳という過程があったのがその特徴である．もっと具体的にみてみると，聖書の翻訳による布教は，富裕層や知識人ではなく，一般庶民を相手に行われたものである．このハングルによる翻訳としての「翻訳聖書」を広めたことは，自然に一般の人々にハングル学習の機会を与え，教育を普及させたのである．とくに，女性にとってまともに教育さえも受けられない状況から，聖書をもって教育を受けることが可能になったことは大きな力でもあった．世宗が初めてハングルを創生し，普及させるときのスローガンは，愚かな百姓が難しい漢字

ではなく，わかりやすいハングルをもってその意思を表現し，その主体性を確立させることであった．そのような韓国人の主体性確立のための論理がそのまま生かされた形で「ハングル聖書」は，その延長としてリンクされた．

つまりキリスト教は，ハングルの教育と結び付くことによって，自分たちの言葉を学べるうえに教育性が強いという特徴を備え，それを受け入れる庶民側にとっても違和感の少ないかたちで聖書を普及させたのである．まして，教育を受ける機会さえ与えられていなかった女性たちは，文字学習および先進的な啓蒙教育への参加の道が開かれたわけであるから，自ずから積極的に受け入れようとした．

もう一方では，キリスト教は国家存亡を憂慮する主権護持運動とも連動した．キリスト教に参加する教徒たちは，週末には教会に国旗を翻したり，国家のために犠牲になった独立運動家たちの追悼などを行ったりした．高宗の誕生日には連合礼拝を行うなど，国家と結びつくような行事をも行っていた．それは国家が危機に瀕しているときに，国家を憂える気持ちを表し，その表明を行ったものであり，国家に擁護されるまではいかなくとも，民衆に広まるような性格は大いにもっていたのである．民衆への啓蒙と，国家の主権回復の両面的な気配りは，この時期に発生しつつあった「民権啓蒙運動」および民衆の生活保護運動などとも連動していた．このような理由で，キリスト教は爆発的に韓国社会に広まり根を下ろしていた．

キリスト教の中でも，長老派教会（長老教）が大きな力をもって受容され，中心をなしていた．とくに，長老派が満洲で大きな影響力を及ぼしていたのも1つの理由であった．しかし，当時の韓国のキリスト教の信者は，長老派の教義そのものよりも，キリスト教を通じて受け入れることができる新知識の方へ関心の重点を置いていた．その新知識の受容が社会の開化を促す原動力にもなり，国家の独立を成し遂げるための助けとなることを期待したのである．キリスト教は，聖書のいうような弱者，虐げられている民衆に希望と勇気を与える宗教としても認識されていたのである．

1910年の日韓併合によって，キリスト教徒らの布教展開の方向は独立運動へ向けられていった．韓国のキリスト教の信者数が急激に増加しているのも，この時期である．日清戦争と日露戦争を経て，1905年の保護条約と1910年の日韓併合は，国家存亡をかけた不安な時期であり，キリスト教徒らの弱者の立場で考える国家独立は見事にその立場を理解するものであった．

とくに五旬節などの大きな行事は，国家を憂慮する儀礼として行われた．単純な聖霊の降臨ではなく，その聖霊，キリストの歴史そのものが，韓国民族の歴史であるという認識が広められ，そこに韓国独立の訴えが秘められていた．それは弱小民族の歴史的現実と見事にオーバーラップさせることが可能であり，その現実を乗り越え，韓国を取り戻すことが再生につながるものであるという認識が広まっていった．1919年の3・1運動へのキリスト教徒の参加はそれを如実に物語っており，宗派・年齢・職業・社会的な身分をも超えた，1つの運動に結実したことは，キリスト教の広まりをよく表している．以後，1920年代に入るとキリスト教会は農村の啓蒙運動へと重点を置きつつ，その活動を展開した．アメリカの長老派は韓国の農民を指導し，農村の近代化に力を尽くした．これに関しては評価がわかれ，依然として啓蒙運動の延長線上での活動にとどまっているとみる指摘も現れた．また，1920年代にはキリスト教自体の教理に対する批判も現れるようになった．とくに，この時代，李光洙のような知識人は，教会の「神」の内容を批判し，宗教的束縛性を批判した．このような批判を抱え，教会内部の不安も次第に増幅していった．これは1930年代に強まる日本の神社参拝の強要に対する抵抗力を低下させ，批判の余地を作った．また，神観念の強調論は，教会権力への隷属化を促しているとして批判にさらされた．信仰への画一性が強調され，排他的な教会内部での葛藤も浮上し，教会の分裂と混乱は続いた．

韓国の解放後，1960年を分岐点にして，韓国教会は大きく2つに分かれていった．その1つ

は，宣教神学論に基づき，その信仰性を強調する超越論的立場を主張するものであった．もう1つは，福音主義神学のみに関心の重点をおき，教会共同体のみの付き合いを強調する立場であった．この2つの立場はそれぞれ両面をもっていた．排他性を克服する前者の論は，肯定的な面をもっているが，信仰の深さおよび内面的信服性が弱いという点が弱点として指摘される．後者の主張は，この長所と短所が入れ替わる．

韓国教会の全体的な流れをこのようにみながら，価値観の多様化が著しい現代の韓国社会の状況において，教会が社会問題との接点をどのように打ち出せるかは，教会の有様を問うひとつの試金石といえよう．韓国社会においてこれまで時代の流れに先駆的な役割を果たしてきたキリスト教会の，歴史的な経験をどのように生かしていくのかという問題を考えるために，韓国社会におけるキリスト教の位置づけを再度振り返ってみることが重要である．

12.7 韓国のイスラーム

宗教といえば仏教とキリスト教だと思って暮らしている韓国人には，イスラームそのものは耳慣れない宗教であった．その先入観を破ってイスラームが韓国へ広まったのは1955年からである．1955年9月に，朝鮮戦争に参戦していたトルコ部隊のイマム（聖職者）の協力によって，韓国人の金振圭と尹斗栄が宣教を始めた．彼らは韓国イスラーム教会を発足し，初代会長に金振圭，副会長に尹斗栄，そして信者70という組織で，ソウルの東大門区で出発をみた．1965年には，韓国イスラーム中央連合会を発足し，1967年，財団法人韓国イスラーム教の名で政府の認可を得た．そして信者数も7500人にいたるようになった．1976年5月，現在の龍山区へ中央聖院（モスク）を建立し，1980年には釜山へ第二の聖院を建立，1981年，1986年を経て第五聖院の建立をみた．サウディアラビア，クウェイト，インドネシアなどにも支部を設立し，信者数は現在約3万4000人を数える．

韓国のイスラーム教は1970年代の中央アジア開発の参加ブームの影響を受け，その勢力の拡大は著しいものがあった．ところが，韓国におけるイスラーム教は，韓国の儒教的伝統，思想的なずれの問題を抱え込んだ．とくに，韓国の一夫一妻の憲法に違反するイスラームの一夫多妻は大きな相違であり，礼拝の儀式などの違いのために，韓国への土着化は困難を抱えている．

12.8 韓国の新興宗教

韓国の新興宗教として代表的なものは，なんといっても東学である．東学は，125年以上の歴史をもち，そのために新興宗教とよぶにはその歴史が長い．ここで東学を新興宗教とするのは，それ以前の，仏教・儒教・天主教などの既成宗教と対比する意味で，新興宗教と位置づけるという意味である．新興宗教の発生原因について，一般的な解釈では，社会の不安と支配的な宗教の混乱などを主な原因とみなす．韓国社会においてこのような時期にあたるのは，19世紀後半の門戸開放という転換期であるといえる．これは，政治的な混乱はもちろん，社会・経済・思想も含む全般的な混乱を表している．支配階層の激変または民衆の危機意識はその不安の度を増していた．このような状況の中で，崔済愚（1824-64）が慶州で東学を樹立した．民族の主体性と道徳意識の確立を試み，「大道」を悟ることを教理として掲げた．崔は東学を遍く広め，民衆を救うことの啓示をハナニム（天帝）から授かったといって現れた．当然，政府からは邪教とみなされ，弾圧を受けた．崔済愚は死刑を受け，第二の教主として崔時亨がその後を継いだ．いったん脈命は続いたが，1894年の東学革命は失敗に終わった．そのために，東学の求心力は弱くなり，派閥の分裂が生じた．1905年には孫秉熙が，宗教名を「天道教」と改め，第3世の教主になった．ところが親日的立場をとって天道教を脱退した李容九が侍天教を立てるなど，その分裂は続いた．

◆ Ⅱ. 世界宗教の現在 ◆

　崔済愚の宗教思想は『東経大全』と『龍潭遺詞』に著された．後天開闢を予言し，天界のハナニムの極楽世界をめざしていくことを掲げていた．東学の根本原理は，人がそのまま天帝であるとする，いわば「人及天」思想にある．これは男女・老若・貴賤の区分のない人間平等説であった．

　東学が農民蜂起へと拡大していくと弾圧に晒された．1910年に朝鮮が日本の植民地とされると，満洲へ本拠地を移動し，その活動を展開しつづけた．東学の後身である天道教は，1919年の3・1運動で大きな役割を果たした．総督府は，天道教を邪教と規定し，弾圧と解散を求めた．このような植民地下では，東学に身をおき，活動を行うこと自体に新興宗教の宗教的意義が見出されたのである．

　もう1つ東学と肩を並べて大きな影響力をもっていた新興宗教は，甑山教（チュンサンギョ）である．東学運動の失敗を目にした甑山は，その「大道」の意味を改めることを目標に『大巡全経』（1910年）という教化の書籍を著した．中心教理は，天地運行の論を持ち出し，過去は先天であり，未来は後天であり，現在はその境域の時間であるとするものであった．今は極限な状況に置かれているが，それを操作するには，「教」を統一する統一調和政府を作ることだと提唱しながらその布教を行った．解放後は，数多くの分派が現れたが，1960年代以後は甑山教自体の内部整理を行い，その分派は30余に減少している．

　もう1つ新興宗教として取り扱わなければならないのは，羅喆が掲げる檀君教である．民族の固有の信仰である檀君の脈を引き継ぐと主張する檀君教は，1909年に現れた．これがいわゆる大倧教の出発である．羅喆は，総督府の教団弾圧を受け，その弾圧を避けるために，大倧教と教名を変え，本部を満洲に移してその活動を行った．檀君を国祖として拝め，民族の主体意識を確立するという説で，その布教を進めた．これは檀君教の基本教理でもあった．

　解放後には，檀君を崇拝する分派が数多くなっていった．しかし，教団組織と教化方法の弱点などを抱え，信者の確保には問題を残していた．つまるところは，衰退していった．今もルーツ探しという運動を展開したりするが，とくに，キリスト教の批判とそれとの摩擦は絶えない．

　1915年には『覺世道』が出版され，1916年には全羅道で円仏教が創生された．このような新興宗教は，大部分は民族宗教・民衆宗教として特色づけられるものである．また，日本からの真宗・日蓮宗などをはじめ，神道系統の天理教・金光教などが朝鮮社会へ布教された．これらは，韓国が植民地化されていた状況のなかで生じた新興宗教であり，韓国ではそれも民族宗教の特色を保つ形で生成されたのである．

　これらの新興宗教は，独立運動を掲げ訴えたことで共通している．解放後には，宗教の自由の保障により，さらに多くの新興宗教が生まれた．それは植民地期に解散していた新興宗教の復興でもあり，また新しく宗派を立てるものもあった．ところが，やはり新興宗教の特徴であった「教祖」の不在時に起こる教権摩擦が分裂を促すという矛盾を抱えていた．これも一方では，新興宗教の多様化を促したともいえる．キリスト再臨を掲げる文鮮明は1954年，統一教会を創立した．また朴泰善によって設立された伝道館は，キリスト教系統の新興宗教として有名である．仏教系統では，1954年の比丘尼の宗派設立などの新興宗教の出現が有名である．

　韓国の新興宗教の特徴は，逼迫と社会不安の中で生まれた点にあった．つまり，新興宗教の出現は，社会の不安と連動することを物語っているのである．邪教とみなされる一方で，一般の人々の間にそれが浸透しやすいという面ももつ．社会の指導勢力はそれらを危険な宗教として認知し，それゆえ監視下に置こうとする．それは，植民地期もそうであったが，戦後の韓国社会も変わらないといえる．

　新興宗教は，社会の全体的な見地からみると，その社会が直面する不安および危機意識の打開のためとする説を打ち出して出現する宗教である．逆にいえば，そのような社会の秩序状態を分析するには大きな意味をもつ運動であるともいえる．

本章では韓国宗教の多様性について冒頭で提示し，それが「韓国的」な特徴として形成されてきたことに留意しながら，韓国宗教の多様性と，その歴史性を確認してきた．このような多様性をもっていることは，韓国宗教の大きな特徴といえる．そして，その多宗教の論のなかには，新興宗教の発生そのものも含まれる．そのような多宗教の共存する社会こそが，今の韓国社会が抱えている宗教的状況である．

　韓国に仏教・儒教・キリスト教が移入することが，韓国社会の精神文化の発達において大きな支えになってきたことは否定できない．そして，いわゆる民衆宗教・新興宗教が生まれることによって，韓国社会に新しい「社会の宗教の拡大・増加」が行われたことが確認できたのであろう．

参 考 文 献

圓光大學校宗教問題眎究所編『韓國宗教：概觀』圓光大學校宗教問題眎究所，1973年．
柳東植『民俗宗教と韓國文化』現代思想社，1978年．
金仁會『韓國巫俗思想眎究』集文堂，1987年．
文化公報部『韓國の宗教』文化公報部，1989年．
尹以欽『韓國宗教眎究3』集文堂，1991年．
盧吉明『韓国新興宗教研究』經世院，1996年．
鄭鎭弘『宗教文化の認識と解釈』ソウル大学出版部，2000年．
趙興胤『韓国宗教文化論』東文選，2002年．

II. 世界宗教の現在

13 マイノリティの宗教

13.1　アボリジニ

窪田幸子

(1)　アボリジニ宗教への視線——その歴史的展開

オーストラリアの先住民であるアボリジニの人々については，人類学をはじめとして19世紀初頭から学問的興味がもたれてきた．18世紀末にこの大陸にやってきた外来者は，裸で石器を使い，狩猟をおこなうアボリジニを「発見」した．彼らの目にはその姿は典型的な野蛮人と映った．アボリジニは野蛮で社会進化の程度の低い人々，と理解され，それゆえに学問的には，人類の社会と文化の進化の道筋を知る目的に重要な貢献となると考えられた．より単純で原始的な社会を理解することによって，自分たちの社会のなりたちを理解しようとする進化論的立場であった．

アボリジニの宗教的世界観やその実践についても，事情は同様であった．そもそも彼らの実践を「宗教」として捉える認識は欠如していた．アボリジニの儀礼などを含む信仰は，原始的で，魔術的，呪術的なものにすぎず，宗教としては考えることのできない，取るに足らないものとされていた．当時の進化主義的な宗教についての理解では，こうした魔術的実践から進化していくことによって，複雑で洗練された合理的思想である「宗教」にいたるとされた．このような宗教についての理解のあり方には，フレーザー (Frazer, J.G., 1854-1941) のトーテムを中心とする研究が大きく影響を与えている．1800年代末に展開された

『金枝篇』にいたる一連の研究のなかで彼は，アボリジニの信仰をとりあげている．しかし，彼はこれを魔術的な儀式とみなし，本当の意味での宗教的儀礼ではないと位置づけた．つまり，フレーザーは，アボリジニの信仰実践を，人間の宗教的活動のなかでもっとも単純で，発達していない幼児的なものとみたのであり，この見解は，その後長い間，多くのアボリジニ研究に影響を与えることになった（フレーザー, 1966-67）．

このような状況が大きく変化するのは，1900年代に入ってからであった．1912年に出版されたデュルケム (Durkheim, E., 1858-1917) の『宗教生活の原初形態』は，アボリジニの信仰を宗教としてとりあげる価値のあるものとして扱った初めての研究であった．デュルケムは，アボリジニのトーテミズムにとくに注目し，その内容について細かく叙述し，分析した（デュルケム, 1975）．そして彼は，原初的で野蛮といわれてきたアボリジニの信仰は，決して非合理的でなく，理解不可能な迷信でもなく，科学的，社会的に説明可能で理解可能な宗教であることを示した．そしてそれとともに，宗教，とくにトーテミズムがいかにアボリジニの社会の統合を維持し，強化するような社会的機能を果たしているのかについて明らかにしたのである．これは，レヴィ＝ブリュル (Levy-Bruhl, L., 1857-1939) がアボリジニの宗教的実践について，われわれ文明人の思考とは根本的に異なる別系統の思考体系である（レヴィ・ブリュル, 1953），としていたのとは対極ともい

図1 アボリジニの絵画

える研究であった．こうして，デュルケム以降，アボリジニのトーテミズムを含めた宗教的な実践の全体を「宗教」として捉える立場が広がっていくことになった．このようなデュルケムの研究に実質的な基礎と与えたともいえるモース（Mauss, M., 1872-1950）の研究もまた，無視されるべきではないだろう（デュルケム＆モース，1969）．彼らが学問的協力関係にあったことはよく知られている事実であるが，モースはアボリジニの宗教的実践についての呪術的，儀礼的活動について細かく検討し，データを重ねた．このような基盤の上にデュルケムの思考は構築されたといえる．また，モースのこうした研究は，のちに構造人類学に影響を与えることとなっていった．

一方で，デュルケムがアボリジニ社会の文化に注目したのは，それまでの研究者と変わらず，進化主義的な理解を基盤としていたゆえであることは間違いない．彼がアボリジニ社会をとりあげたのは，アボリジニがもっとも基礎的な社会組織をもち，もっとも原初的な宗教信仰と実践をもつ社会の実例であると考えたからであった．当時，アボリジニ社会は初期的なクラン（氏族）を中心とする，きわだって単純な社会組織であると広く信じられていた．このような人類のもっとも単純な社会がどのように機能するかがわかれば，複雑なわれわれの社会についても理解できると考えられた．つまり，デュルケムの研究は，アボリジニの宗教を初めてまじめに，魔術としてではなく「宗教」として扱ったという意味で非常に重要であり，特筆されるべきものだが，しかし同時に，とても単純で原初のもの，として扱っていたこともあわせて指摘しておかねばならないだろう．しかし，そのことをさしひいても，デュルケムがアボリジニの魔術的と思われていた実践を初めて宗教として，つまり，われわれの思考と地続きのものとして捉え，考察した功績は大きい．そして，デュルケムのこの研究の影響は30年以上も続いたのであった．

デュルケムの思想をオーストラリア人類学に紹介したのは，ラドクリフ＝ブラウン（Radcliffe-Brown, A.R., 1881-1955）であった．彼は，1926年から1931年のあいだ，シドニー大学の初代の人類学主任教授となり，親族関係をはじめとする社会組織の研究を重視して行ったことはよく知られている．この時代，ラドクリフ＝ブラウンの学問的立場や研究動向は，オーストラリアの人類学に大きな影響を与えた．彼が社会組織の研究を第一とし，宗教についての研究は二次的なものとしていたことが，オーストラリア人類学の宗教研究にもたらした影響は大きかった．彼の弟子たちをはじめとするオーストラリア人類学の研究の多くが社会組織を中心とし，宗教研究には力が注がれることがなかったのである．

こうしたなかにあって，宗教実践に注目しその研究を集中的に行ったのが，ストレロウ（Strehlow, T.G.H., 1908-78）だった．彼は，中央砂漠アランタの人々の宗教の調査を行った．彼は，ルーテラン教会の宣教師の子供として生まれ，アボリジニのためにつくられた中央砂漠のハーマンスバーグ・ミッションで育った．そうしたなかで彼は流暢なアランタ語を習得するとともに，なかなかキリスト教化しないアボリジニの独自の宗教的な世界観を理解しようと努め，アランタの人々の宗教的実践の理解に大きな成果を挙げた（Strehlow, 1947）．

しかし，彼のようなある意味では例外的な研究者を除いては，1950年代になるまで宗教はアボリジニ文化の本当に中心的なものとして考えられることはなかったといってよい．彼らの宗教的信仰，神話，儀礼は実は洗練され，豊かなものだったのだが，それが認知される機会は残念ながら訪れなかった．

(2) アボリジニ宗教についての理解の展開

1950年代に入って以降，このようなアボリジニの宗教研究に変化がみられるようになる．とくに，1961年にキャンベラで行われた学会で，アボリジニの宗教が大テーマとしてとりあげられたことが，1つのターニングポイントだったともいわれている．この学会で発表されたある論文を契機として，アボリジニ全体に共通する普遍的な宗教的世界観があるか否かについての議論が巻き起こった．アボリジニの宗教的世界観にはいずれも，天上の存在が主たる存在としてあり，精霊は二次的存在としてあるとして，そのような信仰のあり方がアボリジニ社会に普遍的だと論じられた．これに対し，ストレロウらは批判を展開し，中央砂漠には土地の精霊はいるが，天上の存在はないことを指摘し，そのようなアボリジニ社会に普遍的な宗教的世界観はないと論じた．

この議論の意味は，アボリジニの宗教に普遍的に天上神の概念があるかないか，ということの真偽にあるのではなかった．この議論によって人々の興味がアボリジニの宗教的世界観に向き，彼らの社会を理解する上で，宗教についての理解が本質的で必須であることがようやく認識されるようになったことが重要であった．当時，シドニー大学の二代目の主任教授であったエルキン（Elkin, A.P.）もこの論争に参加し，宗教を理解することがアボリジニの思考の理解に通じる中枢的なものであることを強調した．1964年には，首都キャンベラにその後のアボリジニ研究を活性化していくことになる国立先住民研究所（Australian Institute of Aboriginal Studies）が設立されたが，その設立には，アボリジニの宗教研究を推進したスタナー（Stanner, W. E. H., 1905–81）が大きな役割を果たしたのである．

(3) アボリジニの宗教世界—スタナーの貢献

この時期に行われた研究のなかでも1950年代から1960年代に出版されたスタナーの一連の著作は，アボリジニの宗教についての理解に大きく貢献したものとして特筆される．彼に従い，以下にアボリジニの宗教の特徴をまとめてみよう（Stanner, 1979 他）．

1) 精霊とドリーム・タイム

アボリジニの世界の秩序は，精霊が介在することによって成立している．精霊は複数いるが，その間に上下関係はなく，とくに他を圧倒するような存在，つまり，善悪の裁定を下す神のような存在はいない．しかし，世界は精霊に満ちており，その活動の痕跡が無数にあると考えられている．

世界と人間は，はるか昔の創世の時代にこうした精霊の活動を通して形づくられた．こうしてつくられた現在の存在すべては，自明であり，疑問の余地がない．世界が形づくられた時代が「偉大な創世の物語」，ドリーム・タイムとよばれる時代である．精霊の活動の結果としてでき上がった現実の具体的な世界は，精霊の残した痕跡にあふれているわけである．アボリジニの宗教において，風景は，単なる風景ではなく，ドリーム・タイムの偉大な出来事の「印」の集積である．

こうして，「ドリーム・タイム」の出来事の結果として，すべてのものと人間は，現在のような姿に，よい性質と悪い性質の両方をそなえたものとして，定められたのである．そのため，彼らの概念には，過去に不足はなく，過去・現在・未来のあいだの緊張もなく，反対に完全なる未来に対する憧れもないといわれる．

このように，アボリジニの宗教では，人間は精霊の活動によって定められたものであり，その結果，「犠牲」のような自己を捨てる行為はない．また，恩寵や贖罪，内的平和や清めの観念，天国・地獄の概念はなく，預言者，聖人も存在しない．彼らは，必然的に人生には苦痛の経験がともなっていると考えている．それも最初にそのように定められたことなのである．したがって，自発

的に苦難を引き受けたからといって，徳にはつながらず，来世の利益にもつながらない．同じように，道徳的自由や堕落といった概念もない．

また，アボリジニの宗教には，明確な宗教的倫理や信条がない．つまり，道徳的な意味での明確な原則をもたず，精霊もまた，非常にあいまいな道徳的性格しかもたない．しかし，神話のいくつかのものは道徳的であり，また，儀礼は道徳性と精神性を人々にもたらすものと考えられている．

このように，アボリジニの神話は，ドリーム・タイムの，偉大な創造の物語である．神話は世界観を表し，世界の秩序を与える．神話では，特定の場所の痕跡が，物語が起きた証拠としてとりあげられ，それがその土地を領有する正当性のよすがとなる．人々は，歴史的，神話的，物質的，そして本質的に，神話のなかに現れる存在，場所，出来事とつながっている．これらのつながりと，それを基礎とする権利を象徴するのがトーテムである．トーテムとは，世界の永遠の秩序とそれを制定した精霊たちによる出来事の「記憶のよすが」となるような動植物や自然現象であり，特定集団の成員を統合する印である．トーテムは，生きている人間と，「物語」の登場人物，場所，出来事との間の，歴史的，神秘的，具体的なつながりを表すものとされる．

アボリジニにとって，以上のような精霊とのつながりは，単純に個人的な知識の獲得の結果ではなく，儀礼によって初めて可能となる．人間と神話的世界との関係は，儀礼で繰り返し再現され，個人がその世界観，集団と土地との間の調和的な関係を内在化することを可能にするのである．儀礼はそのようにアボリジニの宗教にとって中枢的な役割を果たし，儀礼主義ともよばれるゆえんとなっている．儀礼は，また道徳的訓練の場であり，教育の場である．儀礼の経験は若い参加者に一定の効果をもつと考えられている．彼らの内的生活を深め，神秘の感覚を高め，神話的権威に対する恐れを知り，仲間の感覚をつくりだす．儀礼を経験することは，「男性性のしるし」を与える意味をもつとされる．しかし，アボリジニの儀礼では，とくに何も教えられたり学んだりしない．

13. マイノリティの宗教

ただ参加し，ただ座っているだけである．質問をして学ぶということもない．儀礼はそれについて語るものではなく，行うものなのである．

2) ドリーミングという概念

スタナーは，このようなアボリジニの宗教の基本的特徴として「ドリーミング」にとくに注目した．それは，アボリジニの宗教的世界観の総体が，この言葉で表すことが可能であると考えたからである．ドリーミングは，世界が永遠の存在である精霊によって現在のような姿に形作られた偉大な創世の時代を意味する．その時代に祖先の精霊は，あちらこちらを旅して回り，土地に対して精神的力を表した．その力や行動の軌跡は，あちらこちらの場所や動植物にこめられ，またその行動によって，道徳，社会概念，儀礼，法，言語なども決まっていった．また，ドリーミングは，所属クランのメンバーシップや個人のトーテム，個人と土地とのつながりなど，個々人のあり方についても具体的に規定するものである．アボリジニの人々にとってこのドリーミングの時代は，過去なのだが，現在でもあり，リアリティでもある．ずっとそこにある時代であり，彼らの存在の基盤である．そして，彼らはこのドリーミングの時代を表す儀礼を通じて精神的世界に入り込むことができるとする．儀礼では精霊の行動を踊りや歌で今に表すだけでなく，彼ら自身が本当にその存在にもなる．それによって，精霊たちが形作ったすべてのもの，土地，動植物と「つながる」ことが可能になる．彼らは儀礼によって，ドリーミングの力を内在化する．

このドリーミング，ドリーム・タイムという言葉をつくったのは，人類学者のスペンサー (Spencer, W.B., 1860-1929) とギレン (Gillen, F.J., 1855-1912) である．彼らが調査をしていた中央砂漠の部族の言葉で，世界が形作られた時期を意味する言葉の翻訳語としてつくられた言葉であった．それがすぐにアボリジニたち自身にも使われるようになったとスタナーは指摘している．

スタナーは，以下の4つに分類できる要素が「ドリーミング」という概念には複合的に含まれていると述べている．

◆ Ⅱ. 世界宗教の現在 ◆

1) 祖先の精霊が登場する創世神話．世界や動植物のなりたちが説明される．
2) 神話の中で語られる精霊の活動の痕跡を表す場所，景観，聖地．
3) 神話の中の出来事を契機として生まれた社会的戒律や儀礼．
4) 神話やその出来事を介在して関係づけられるクランや個人と，特定の自然物との関係．トーテムとよばれるもの．

つまり，ドリーミングという言葉で包括されるのは創世の物語，聖地，儀礼，戒律，トーテムを柱とした，人と神話的世界とのつながりの概念全体なのである．

彼の研究は，人々に総体としてのアボリジニの宗教生活の特異さと豊かさに気づかせるようなものだったといえる．彼はこれまでの聖・俗の二項対立的理解を離れ，それらがいかに実践や行動の中に豊かに存在しているのかを明らかにした．そして，これまで貧しいものと理解されていたアボリジニの宗教が，どのように制度整合的で，独特で，特化したものであり，豊かな内容をもつものかを明らかにしていった．そして，アボリジニの宗教は，非有神論的で，土地の聖的象徴的特徴を基礎とする全生活的なものであることが明らかになった．

こうして現在では，アボリジニの宗教を「原初的」なものとするスペンサーの視点をとる者も，もっとも単純な社会には原初的な宗教があるとするデュルケムの還元主義的立場から考える者もいなくなった．アボリジニの宗教は，豊かな内容をもつものとして認知され研究されるようになったのである．

(4) ヨルングの宗教世界

アボリジニはもともと600部族に分かれており，それぞれの文化的特徴は顕著に異なっていた．宗教についてもそれは同様であり，そのローカルな多様性があった．スタナーがまとめたようなある程度の共通性は前提としては語れるが，具体的な宗教実践については，地域によって，歴史的経験によって多様に異なっている．したがっ

図2　オーストラリア

て，そのような多様な細かな実践を「アボリジニの宗教」と1つにまとめて語ることには無理があるといわざるをえない．ここでは具体的な事例として，筆者が調査を行っている北東アーネムランドに暮らすヨルング（*Yolngu*）の人々の宗教実践の現在を紹介することにしよう．

1) クランと精霊

ヨルングとは，オーストラリアの北海岸に広がるアーネムランドとよばれるアボリジニの土地（Aboriginal Land）の北東部を領域とするアボリジニの地域集団である．アーネムランドは，1931年に保護区に指定され，1977年にはアボリジニ領となった約10万km²の広大な領域である．遠隔地にあり，比較的早く保護区指定されたこともあって，ここでは相対的にアボリジニの伝統文化がよく維持されている．現在，アーネムランドには約20の地域集団にわかれる約2万人のアボリジニが暮らしており，ヨルングはこの地域集団のうちの1つである．

ヨルングはそれ全体で単一の集団なのではなく，さらに細かく複数のクラン（父系出自集団）に分かれている．ヨルング全体では約50のクランに分かれる．クランとは，神話を共有する父系単位である．神話は，創世の時代にアーネムランドの土地を現在のような景観につくりあげ，動物，植物，人々をそれぞれの土地に生み出した精霊たちの創世の物語である．

精霊は複数いて，さまざまな場所で，多様な活

動を行った．精霊たちは，アーネムランドを縦横無尽に旅した．彼らの道筋は川や谷になり，彼らが血を流したところは，赤い粘土の地層になった．こうしてつくられたそれぞれの特徴的な地形について，そしてそこに現れたり，生み出されたりした動植物や自然現象について，精霊は歌をうたい，踊りをおどって，儀礼を行ったという．また彼らは旅の行程とともに話す言葉も変えた．そして彼らは，その土地に生み出した人々に，その地で話した言葉，特徴的な地形と自然現象，動植物を含む特定の地域を与え，その責任ももたせた．これらを精霊から受け取った人々が現在のそれぞれのクランの始祖である．クランは父系であり，子供はすべて父のクランに属する．ヨルングの人たちの系譜は父系をたどって，神話の精霊までつながる．特徴的な地形は各クランの聖地であり，聖地を生み出した精霊の物語全体がクランの神話であり，神話に現れる動植物や自然現象はクランのトーテムであって，それについての歌と踊りもクランの所有となる．そしてその場所で精霊が話していた言語（方言）もクランの所有とされる．

2) 神話とクラン間関係

クラン間の関係には濃淡がある．同じ精霊の旅を共有しているクラン同士は，関係が深い．ヨルングの精霊の中でもとくに重要な存在として，ジャンカウ姉妹とよばれる2人の姉妹とその兄，そしてバラマとライジュングとよばれる2人の男がいる．彼らはそれぞれが，神話の時代に広範囲に東アーネムランドを旅した．ジャンカウ姉妹は，それぞれの地域でキャンプをし，歌と儀礼とともにその地をいくつものクランに与えて回った．バラマも同じように，仲間のライジュングに命じて別のルートを旅させ，複数のクランに土地と歌と儀礼を与えた．ジャンカウが旅をして回った道筋に聖地と土地をもつクラン同士，ライジュングの旅の道筋に土地をもつクラン同士の間には，それぞれ強いつながりがあり，大きな儀礼はこの単位ごとに行われるのだが，この単位は半族（moiety）とよばれる．ジャンカウの旅の道筋に土地をもつクランは，ドゥワ（Dhuwa）半族に属し，バラマたちの旅の道筋に土地をもつクランは，イリチャ（Yirritja）半族に属するのである．ヨルングの社会組織のもっとも基礎的単位であるクランは，半族の下位に位置する．半族は，クランをまとめる単位であるだけでなく，ヨルングの人々とその世界全体は，動植物を含めすべてのものがこの2つにわけられる．それもまた，二組の精霊の旅の内容や出来事にしたがって分類されている．

3) 儀礼と神話

同じ精霊の旅を共有するクラン同士は，共同してその精霊の儀礼を行う．例えばガラとよばれるドゥワの儀礼の主要なテーマはジャンカウ姉妹であり，ドゥワ半族のクランすべてが参加して行われる．姉妹が各地をめぐり人々を生み出し，トーテムとなるものを集めていった神話を模して，姉妹を表す身体装飾を施した男たちが踊る．儀礼は，基本的に非公開であり，成人儀礼を済ませた男性しか参加を許されない．しかし，儀礼の最終日には公開儀礼が行われる．儀礼の終結に先立ち，男たちはジャンカウ姉妹を模して身体装飾をし，踊りながら人々の家をめぐり，贈り物を受け取っていく．これは，ジャンカウ姉妹が各地を旅し，それぞれの場所で動植物を集めていったとされる神話を表している．そして，最終日には儀礼場に全員が集まる．女性たちも含め，ドゥワ半族の者は全員が身体装飾をする．そしてクランごとに分かれて儀礼場で踊り，クランごとのまとまりで地面に寝転び全員でシーツをかぶる．姉妹を模している男たちは踊りながらその周りを回り，それぞれのクランの名前をよびながらシーツをはがし，横たわっている人々を次々と起こしてゆくのである．これは，姉妹が旅の道筋で人々を生み出していった行為を象徴的に踊りの中で再現しているという．

このように，ヨルングの人々にとって儀礼は，神話に関わる集団の知識を現在に表出し，共有，継承する機会となっていることがわかる．それと同時に，神話を共有する複数のクランは，儀礼でそのことを確認し，互いのつながりを実感をともなう形で改めて確認する機会ともなっている．

◆ Ⅱ. 世界宗教の現在 ◆

図3　アボリジニの儀礼

4) 女性と宗教

アボリジニの女性は，宗教的世界から排除されているといわれ，その理解は広くいきわたってきた．女性は神話的宗教的知識をもたない，世俗の存在とされてきた．ヨルングでも儀礼の中枢部分からは女性が排除される．儀礼を進行させ，決定し，歌をうたい，中央で踊るのはすべて男性であり，女性の儀礼への関わりは周縁的なものにすぎない．神話に関わる知識は男性のものという了解は男女ともに共有されている．しかし，その一方で女性たちは，儀礼のための準備を整え，儀礼の進行に合わせて多様な役割をこなす．男性のみの儀礼の場合にも，女性たちはそのそばでキャンプをしており，儀礼の歌は聞こえてくる．ところが，女性たちはあくまでも，聞こえず，知らない，という態度をとりつづける．女性の宗教的知識が皆無であれば，儀礼の準備も，補助的であれ儀礼に関わることは不可能である．女性たちは儀礼の進行に合わせてすべての必要な装飾具や食料を準備するからである．つまり，女性たちはこれまで理解されてきたように宗教的世界から切り離

された，世俗の世界だけにいる存在なのではなく，宗教的世界とのつながりをもち，それを認知しているといえる．しかし，男性を中心とする儀礼において，女性としての役割を自他ともに認識し，女性は神話に関わらない，女性は知らない，とする建前を維持することを重視しつづけているのである．

(5) 宗教をめぐる現代の動向

1) 多様性についての認識

アボリジニは文化的に普遍ではなく，部族による多様性が大きかった．しかし，それにもかかわらず，アボリジニは1つの共通したもの，と捉える立場が初期の人類学には圧倒的に多く，アボリジニの宗教については長く，一律のものとして語られてきた．その多様性は省みられてこなかったのである．しかし，先にも述べたように「1つのアボリジニ宗教」を語るのは，厳密には不可能といえる．

これまでに，何人もの研究者が多様性を整理し，類型化を試みてきた．例えば，バーント (Berndt, R.M.) は，1974年に北部，中央部，南東部，北東部という地理的な4分類を試みている．他にもエルキンの3分類，ピーターソン (Peterson, N.) の2分類など類型化の試みはあったが，いずれも完全ではなかった．このような試みを経て，現在では宗教についての単純な地域的区分は不可能であり，それだけアボリジニの宗教類型は多様で複雑であると理解されるようになっている．同じ特徴をもった1つの宗教としてまとめず，複数形の宗教として考えることが1980年代にはいって，むしろ一般的とされるようになったといえる．

2) 芸術と宗教

アボリジニの宗教的信条，神話，儀礼は芸術（踊り，歌，描画的表現）と強いつながりをもつことは，以前より注目されていたことであった．とくに樹皮画，岩壁画，身体装飾などは，儀礼の場面で使われ，神話の内容にかかわるものであるという文脈で調査されてきた．しかしその関係は20世紀末に大きく変化し，現在さらに影響を強

めつつある.

1970年代に，アボリジニ芸術の新しい潮流が現れた．中央砂漠のパパニヤという町で始まったアクリル絵画の動きは，1980年代から90年代にオーストラリア中央部の多くのコミュニティに広がった．これらの芸術は1980年代の終わりから徐々に国内外からの注目を集めるようになり，国際市場が注目する芸術として大きく展開してきた．これによって，中央砂漠以外のアボリジニ芸術も国際的な評価が高まってきている．

アクリル絵画は当初，伝統的な儀礼や神話のコンテキストから離れた，宗教とは直接関係のない「芸術」として捉えられてきた．しかし，国際市場で取引される芸術は，ローカルなコンテキストの神話や彼らの宗教的世界観に基づいている．つまり，アボリジニ芸術は，いずれも彼らの宗教的世界観とのかかわりを強く維持しているのである．反対に芸術というメディアによって，外部社会にアボリジニの独自な宗教的世界を伝えることになっているという側面は無視できず，またアボリジニ社会内部においても，宗教を内在化する新たなメディアとしての芸術が顕在化してきた，ともいえる（窪田，2011）．これは，宗教という視点からみても，新たな展開とみることができるだろう．

3）伝統と変化—土地権，キリスト教

アボリジニの社会は，長い間，歴史のない存在として記述されてきた．伝統社会の多くを，かつてからそのままで変化のないものとして語る西洋主流社会の見解が，いわゆる「伝統社会」から歴史を剥奪してきたことは，現在では広く認識されていることであるが，アボリジニ社会についても事情は同様であった．その中で，彼らの宗教についてもまた，ずっと変わらずにあり，変化のないものとして記述されてきたのだが，その間違いは近年になってようやく意識されるようになった．現在では，アボリジニの具体的な生活実践は，新たな要素との交渉の連続であり，そのなかで彼らは試みと，創造と，発達を繰り返してきた，という理解がされるようになっている．

そして現在，われわれが立ち会っている変化の1つは，土地の概念についての変化である．アボリジニの宗教的世界観では，精霊は，神話とともにその活動の痕跡が残る「場所」を人々に与えたとされる．これが，1960年代，先住民の土地権運動が活発化して以降，アボリジニは特定の場所と神話によって強い紐帯をもつという理解を基礎とし，アボリジニと「土地」との精神的つながりという概念が強化された．つまり，土地について中心的なのは宗教的概念であるという理解が，土地権運動の基礎となってきたといえる．そして，1992年に最高裁がアボリジニの先住権を認めた画期的なマボ判決において，アボリジニの土地との精神的紐帯が正式に先住権の基礎として認められた．これは，アボリジニの宗教にとっての新たな変化ということができるだろう．

もう1つ指摘できる大きな変化は，アボリジニの宗教以外の宗教との交流である．キリスト教のミッションが19世紀から，地域によっては20世紀からアボリジニの同化に中心的役割を果たしてきたことはよく知られる事実であるが，アボリジニの宗教とこれらキリスト教の各宗派との宗教的な交流についてはこれまであまり注目されたことがなかった．アボリジニの部族間での宗教交換についてはすでに記述があったことを考えると，外来の要素は「伝統的」なものではなく，社会崩壊であるとする見方がここにも現れていたといえるだろう．しかし，近年には，例えば，原理主義的キリスト教の一派や，ペンテコスタルなどの動きがアボリジニの宗教のなかにとりこまれ，新たな儀礼の形を生んでいるなどの報告がみられ，「アボリジニのキリスト教神学」として，キリスト教の教義についてアボリジニ流の解釈をしようとする動きなどが現れているのである（Swain & Rose, 1988；窪田，2006）．

4）女性の欠落と土地権

先にもふれたように，アボリジニ社会では広く，女性は社会の中心的役割から排除され，従属的な役割におかれている，という理解がされてきたといってよい．なかでも宗教分野は男性のもの，とする理解は広く受け入れられていた．

しかし，1970年代にはフェミニズム人類学の

◆ Ⅱ. 世界宗教の現在 ◆

影響がオーストラリアにも及ぶようになり，ジェンダー概念が調査に適用されるようになると，女性は女性だけの，男性を排除するような神話に関わる儀礼をもち，女性も主体として宗教的世界観と直結していることが明らかになってきた（Bell, 1983）．それでも，「アボリジニの女性は宗教や神話にかかわる知識をもたない」とする一般的な了解の影響力は現在も強い．そのため，土地権や先住権の主張において女性が不利となるような事例が現れるようになっている．そもそも男性の研究者が多く，神話は男性の知識とされていたため，女性の知識については調査されず，記述されていない．女性たちも，女性の知識を男性に語ることには抵抗がある．その結果，女性の土地との「精神的つながり」が軽視され，土地権が認められるようになった社会状況の中で，女性が経済的に不利益を被るような状況が問題となっているのである（Brock, 2001）．

このように，アボリジニの宗教についての認知は，単なる呪術であるとするかつての社会進化主義の見方から始まり，現在みられる展開まで，アボリジニのおかれた社会的文脈と複雑にかかわって，大きく変化してきたことがわかるし，またさらに今後も多様な展開をみせることが予想できる．1980 年代以降，オーストラリア社会におけるアボリジニをめぐる社会的，政治的状況は彼らの権利を認め拡大する方向へと大きく変化してきた．そのなかにあって，アボリジニの宗教をめぐる状況も，彼らの宗教についての認識も，学問的な興味のあり方も大きく変化してきた．現在のオーストラリアの文脈では，オーストラリアの独自かつ代表的な文化要素としてアボリジニの文化に期待と注目が集まっているのであり，そしてなかでも，その宗教がアボリジニ文化の中枢的な文化として注目されている．そうしたアボリジニをめぐる国内的，国際的状況の中で，アボリジニの宗教は変化しつづけているのである．

参考文献

Bell, D. *Daughter of the Dreaming*, McPhee Gribble, Melbourne and Sydney, 1983.
Brock, P. ed. *Words and Silences*, Allen & Unwin, Sydney 2001.
Charlesworth, M., Morphy, H., Bell, D. and Maddock, K. eds. *Religion in Aboriginal Australia-an Anthology*, University of Queensland Press, Queensland, 1984.
Charlesworth, M., Dussart, F. and Morphy, H. *Aboriginal Religions in Australia-An Anthology of Recent Writings*, Ashgate, 2005.
Charlesworth, M. ed. *Religious Business : Essays on Australian Aboriginal Spirituality*, Cambridge University Press, Cambridge, 1998.
Keen, I. Twenty-five years of Aboriginal Religious Studies, In Berndt, R. M. and Tonkinson, R. eds. *Social Anthropology and Australian Aboriginal Studies-A contemporary Overview*, Aboriginal Studies Press, Canberra, ACT, 1988.
Keen, I. *Knowledge and Secrecy in an Aboriginal Religion*, Oxford University Press, New York, 1994.
Morphy, H. *Ancestral Connections*, The University of Chicago Press, Chicago, 1991.
Stanner, W.E.H. *White man got no dreaming : Essays 1938-1973*, The Australian National University Press, Canberra ACT, 1979.
Strehlow, T.G.H. *Aranda Traditions*, Melbourne University Press, Victoria, 1947.
Swain, T. and Rose, D. eds. *Aboriginal Australians and Christian Missions*, The Australian Association for the Study of Religion, Bedford Park SA, 1988.
窪田幸子「キリスト教とアボリジニの葬送儀礼—変化と持続の文化的タクティクス」杉本良男編『キリスト教と文明化の人類学的研究』国立民族学博物館調査報告 62, 2006 年.
窪田幸子「アボリジニ・アーティストの誕生」松井　健, 名和克郎, 野林厚志編『グローバリゼーションと〈生きる世界〉』pp. 339-387, 昭和堂, 2011 年.
デュルケム＆モース（山内貴美夫訳）『人類と倫理—分類の原初的諸形態』せりか書房, 1969 年.
デュルケム（古野清人訳）『宗教生活の原初形態』岩波文庫　上下巻　岩波書店, 1975 年.
フレーザー（永橋卓介訳）『金枝篇　改版』岩波文庫　1-5 巻　岩波書店, 1966-67 年.
レヴィ・ブリュル（山田吉彦訳）『未開社会の思惟』岩波文庫　上下巻　岩波書店, 1953 年.

13.2　北アメリカ先住民

スチュアート　ヘンリ

北アメリカの先住民は，アメリカ合衆国とカナダに広く分布しているが，イヌイト・ユッピク（エスキモー）の文化はグリーンランドとチュクチ半島にも広がっているので，この 2 つの地域

も，ここでは便宜的に「北アメリカ」に含めることにする．このような北アメリカには10ほどの語族と数百の民族語が16～17世紀に確認されており，現在も民族の数は数百を超える．しかし，北アメリカへのヨーロッパ人の進出が始まった16世紀から19世紀にかけて，疫病，組織的な虐殺，強制移住などのためいくつもの民族が絶滅に追い込まれた．

ヨーロッパ列強による植民地化が本格化した16世紀当時，グリーンランドを含めた北アメリカの人口は500～800万人と推定されているが，19世紀末には100万人ほどまでに激減した（富田，2005）．1920年以降先住民の人口が次第に増加に転じ，現在はおおよそ300～500万人となっている．

これほど広い地域にわたって分布している数百の民族が，多様な信仰の形態をもっているのは自明のことであろう．しかし，現在では500年来のキリスト教の宣教師による布教活動の結果，個別民族の民族宗教はキリスト教，あるいはキリスト教と民族宗教の習合宗教にとって代わられるなど，かつての多様性が低くなる傾向にある．限られた紙幅でそのすべての信仰形態を網羅することは困難であるので，ここでは北アメリカ先住民の宗教を概観し，共通点をまとめるとともに，差異を表すいくつかの事例を示したあと，植民地化に伴ったキリスト教の影響をとりあげる．

本論に入る前に，「宗教」という用語について触れておきたい．『広辞苑』によれば，「宗教」とは「神または何らかの超越的絶対者，あるいは卑俗なものから分離され禁忌された神聖なものに関する信仰・行事．また，それらの連関の体系．帰依者は精神的共同社会（教団）を営む．アニミズム・自然崇拝・トーテミズムなどの原始宗教，特定の民族が信仰する民族宗教，世界的宗教すなわち仏教・キリスト教・イスラーム教など，多種多様．多くは教祖・経典・教義・典礼などを何らかの形でもつ」（広辞苑（第5版））とされる．

この定義では，北アメリカ先住民の宗教形態に関して問題となるのが「超自然的な絶対者」という点についてである．北アメリカ先住民の世界観において多くの場合，日常的な生活はコスモス全体と一体化されており，絶対的な「神」は存在しなかった．人間の日常的な行いは「超自然」と区別されず，すべての行い（行為）がコスモスの秩序と直接的に影響を与える相関関係にあった．その意味では，「自然」と「超自然」の区別は該当せず，人間とほかの一切の存在は密接かつ相互に関係していた．儀礼は日常生活の一部であり，キリスト教やイスラーム教のように決められた場所や様式，スケジュールに従い，世俗の日常と峻別されるイデオロギーは北アメリカ先住民の間にあまり認められなかった．つまり，日常と儀礼は渾然一体と融合されることによってコスモスの調和をはかるというのが基本である．

もう一つ注意しなければならないのは「原始宗教」という言葉のニュアンスである．上記の広辞苑には「原始宗教」の見出しはないが，「原始社会」の項目では「（前略）文明発生以前の過去の社会を原始社会，現存するまたは近い過去まで存在した，文明の外部にある社会を未開社会とよんで，区別することが多い（傍点は筆者による）」とあることから，原始宗教といわれる信仰形態は「未開」のものであることを指しているニュアンスがある．

「未開」を未熟で思慮と洞察力の欠如として解釈するなら，北アメリカ先住民は決して「未開」ではない．これから述べるように，象徴性に富み，人間の社会と自然界に関する洞察に満ちた哲学をもつ宗教は十分理解されていないといえよう．先住民は「未開」であると決めつけてその宗教は未熟であるとする研究者がいる一方，儀礼の意味と思想を明かそうとしない先住民もいること，聖書などのような教典がなく伝承によって宗教的な思想が世代から世代へと伝えられること，そして16世紀から民族宗教はヨーロッパの宣教師などから目の敵にされたことなどの原因によって，北アメリカ先住民の宗教にはよく知られていない側面が多い．

本稿は信仰形態，すなわち宗教をそのような社会進化主義的な解釈でとらえず，世界中の信仰形態に原始・近代の区別はなく，地域や時代によっ

て差異があるだけだという立場である．

　ここでは世界観とは，ある文化において人々が自分を取り巻く世界（コスモス）をどのように認め解釈するのか，そしてその世界において自分はどのように位置づけられるのかに関する理解の仕方であるとする．つまり，世界を全体として意味づける見方であり，世界とは人生観よりも包括的である．それは自分を取り巻く有形無形の全体についての，知的な把握だけではなく，情意的評価をも含む哲学であるといえよう．

　ちなみに，北アメリカの宗教はよく「シャーマニズム」と一括されるが，シャーマニズムは宗教ではなく，シャーマンとよばれる司祭をめぐる儀礼体系であり，民族によってシャーマンの役割と儀礼内容は大きく異なっていることに留意する必要がある．北アメリカ先住民に関していえば，多くの民族宗教にシャーマンの存在があるが，それらの宗教を一括して「シャーマニズム」として扱うことは適切ではない．

　ここでイヌイトを事例にシャーマンについて少しく説明を加えよう．なお，シベリアやチベットなどのそれと異なり，イヌイト社会のシャーマンは世襲制ではなかったし，男性が多いものの，女性シャーマンもめずらしくなかった．

　シャーマンになる資質である強い霊感と鋭い洞察力，優れた記憶力などを他のシャーマンが見抜いて指摘する場合もあれば，その人の守護霊からの啓示によってシャーマンになる場合もあった．シャーマンになる者を教育する制度はなく，先輩のシャーマンから技術を「盗む」ことや，豊富な知識を蓄える過程を経て一人前のシャーマンになったとき，先代のシャーマンが「引退」するのであった．

　シャーマンの役割は異常な気象や不猟（漁）などに対応する儀礼を司ることのほかに，肉体的・精神的な病を治療したりヒーリングを行ったりした．動植物から作る薬——実薬の他にプラシーボ（偽薬）効果も駆使した——を用いる治療行為もシャーマンが行ったし，個人や集団の不安を癒すこともした．

　20世紀中葉まで活躍していたイヌイトのシャーマンは，キリスト教の影響で現在のイヌイト社会ではなり手がいなくなったが，シャーマンが体現していた世界観はキリスト教の教義と融合して存続している．また，現在では北アメリカのインディアンの間でもシャーマンがかつて担っていたヒーリングの役割が見直され，シャーマニスティックな儀礼を復活させる現象が起きている．

(1) 北アメリカ先住民の概要

　北アメリカ大陸には人類が独自に発祥した痕跡はなく，今から1万5000年以上前にアジアからベーリング陸橋を渡って北・中・南アメリカ（新大陸）へ拡がっていったという説がもっとも有力である．こうした移動は数回繰り返されたが，アジアのどこから渡ってきたかは不明である（スチュアート，2006）．

　北アメリカ先住民は一般的にインディアン，イヌイト・ユピック（エスキモー），アリュートとメイティという4つのグループに分類されている．もっとも人口の多いグループは「インディアン」と総称されるグループである．このグループは極北のツンドラ地帯とアリューシャン列島以外の地域に住む先住民の総称である．その人口は約300万人である．

　「インディアン」という名称は日本のマス・メディアでは使われない傾向があるが，イヌイトとアリュート以外の数百の民族（「部族」ともいう）を含む北アメリカ先住民に関して，アメリカ合衆国ではネーティブ・アメリカン（Native American），ファースト・ピープルズ（First Peoples），カナダではファースト・ネーションズ（First Nations），ファウンディング・ネーションズ（Founding Nations），オリジナル・ピープルズ（Original Peoples），アボリジナル・ピープルズ（Aboriginal Peoples）などさまざまな名称があるので，ここでは森林北限より南に居住する数百の民族を便宜的に「インディアン」とよび，イヌイトとアリュートと区別する総称に使うことにして，個別事例のときはそれぞれの民族名称を使う．

　「インディアン」という名称が，日本で忌避さ

れる理由として，それがアジア（「インディアス」）の香辛料と「黄金の国」を求めてスペインを出航したコロン（コロンブス）のつけた名称であり，当事者による名称ではないことが挙げられる．「インディアン」は，「インディアス」を目指したコロンブスによる一般的な使い方として，森林地帯以南に居住する先住民を指し，極北地帯のイヌイトやアリューシャン列島のアリュート民族を除いた用語である．しかし，イヌイトとアリュートを除くアメリカ先住民出身者のあいだでは，National Indian Gaming Association（インディアン・カジノ経営者組織），National American Indian Court Judges Association（アメリカ・インディアン裁判官教会），Association of American Indian Physicians（アメリカ・インディアン医師会）など数百の協会や組合の名称に「インディアン」の語が使われている．そのような事情を加味すると，「インディアン」を日本語から追放しようとすることは事実上不可能であることが如実に示されている．

ちなみに，アメリカ合衆国でもカナダでもイヌイト・ユッピク（エスキモー）およびアリュートはファースト・ネーションズと名乗らないので，必要に応じて「ファースト・ネーションズ」と「インディアン」を区別する必要がある．

2番目のグループとして，極北のツンドラ地帯にはアラスカ・エスキモーと総称されるイヌピアト（Inupiat）とユッピク（Yu'pik：シベリアのチュコトカにも居住する），カナダにはカナダ・イヌイト，そしてカッラリート（Kallaliit）ともよばれるグリーンランドのイヌイトが居住する．16世紀当初のイヌイト人口は知られていないが，現在は約12万人がロシア，アメリカ合衆国，カナダとグリーンランドに居住している．

3番目のグループはアラスカ半島の最南端からアリューシャン列島にわたって居住するアリュート（Aleut，アレウトとも）である．ロシアがこの地域に侵出した18世紀中葉にはアリュート民族は1万5000人だったとされるが，19世紀初頭には疫病や強制移住などのため人口は1500人ほどにまで激減した．その後，処遇が改善され，人口も次第に回復して，アメリカ合衆国の国勢調査では，2000年にはおよそ1万7000人となっている．

4番目のグループは主にカナダのアルバータ州とマニトバ州に居住するメイティ（メティともメティスともよばれる）である．メイティはこの地域に分布するクリー（Cree）などの民族の女性と，主にフランス人の男性との間に18世紀以降に生まれた子供とその子孫である（木村，2005）．メイティは1980年代にようやく独自の民族として公的に認められたが，今でも，メイティの多くにはアイデンティティの揺らぎが顕著であるので，人口を算定することが難しい．カナダ国勢調査では，メイティの人口を約15万人としている一方，メイティ代表団体は35万人ないし40万人であるとしている．

(2) 北アメリカ先住民の宗教に認められる共通点

北アメリカ先住民の宗教では，すべての存在物，すなわち世界（コスモス）は不断に変化と再生を繰り返しているという特徴がある．季節，動植物，天体の動きに現れている不断の変化は，予測できる場合もあれば，不測の場合もある．変化の原因は基本的に人間の行動と行為，そして心構えが原因となるので，コスモスの秩序を維持するために自分の，そして周囲の人々の行動・行為と心構えに対してつねに注意しなければならないとされる．秩序を再生するため，あるいは秩序が乱れたときに正常な状態に戻すために，再生の儀礼が行われる．このような再生儀礼は北アメリカ先住民の間に広く認められる．

蛇足だが，再生儀礼はおそらくほとんどの宗教の基本であろう．たとえば，キリスト教の復活祭や聖体拝領，仏教の輪廻転生，神道における魂の循環・再生などにも認められる．

北アメリカ先住民の信仰のもう一つの共通点は，民族語に「科学」や「哲学」「自然」という用語がなかったことである．これは，先住民の原始的な思考や不合理，非論理性を表しているのではなく，近代西洋科学とは異なる世界観に由来す

る思考であることに留意されたい．つまり，近代西洋科学における「自然」と「人工」の世界を区別して自然をコントロールし支配する姿勢とは対照的に，北アメリカ先住民の考えでは人間は万物と一体化された全体の一部であるということなのである．

以上を要約して，北アメリカ先住民の宗教には次の共通した要素をあげることができる．

1. 「自然」と人間が一体化された1つの全体だとする世界観．
2. コスモスとの調和を第一義と考える．ただし，この考え方は1960年代以降の自然保護主義者が唱えるような，環境を一切破壊しない（スチュアート，2003；Krech, 1999）というものではなく，先住民なりの解釈に基づく調和であることを念頭におかなければならない．
3. 個人の経験する恍惚的な状態における「啓示」（vision）で特殊な能力や力が授けられる．
4. 生死循環思想．このような循環思想は北アメリカ先住民の時間概念にも現れており，先住民の概念では，始まりと終わりのある直線的な時間はなく，時間は循環して，「昔」は現在の状況（現実）にも反映されており，直線的な時間区分があまりない．
5. キリスト教などにある，現世は不完全な状態であり，あの世（天国など）ではじめて完全な，あるいは理想的な状態になるという区別は，北アメリカ先住民の宗教にはない．先住民の世界観では生きていること（現世）は肯定的に解釈される．
6. 生身の人間と超自然的な神（神性）を分け隔てないで，人間の心構えと行動が「神」を含めてコスモス全体に直接影響を及ぼし，あるいはときにコントロールできるとされている．これは，現世と神（神性）を峻別するユデオ・キリスト教の教義とは対照的である．

北アメリカ先住民の宗教に関する具体的な事例を挙げることにしよう．民族の数ほどの信仰体系があると前にも述べたが，経済基盤を基準に北アメリカ先住民を採集狩猟社会と農耕社会に分類した場合，それぞれに共通した特徴を次のようにまとめることができる．これらの特徴はすべての社会に必ずしも該当しないが，傾向として認められる．

採集狩猟社会	農耕社会
動物をめぐる再生の儀礼活動	雨乞いと豊穣儀礼活動
個人的な守護霊	司祭者による儀式
コスモスの再生儀式は年に1回	季節的な豊穣儀式
固定された「聖地」は少ない	祠堂，神殿がある
死後の世界は地平線の彼方	死後の世界は地下，もしくは天上にある

それでは，採集狩猟社会の宗教に関して，イヌイトの事例をとりあげる．

（3） 採集狩猟社会：イヌイト

極北のツンドラ地帯に住み，採集狩猟経済を営んできたイヌイト社会では，人間と動物をめぐる関係が世界観の中心である．キリスト教に改宗している現在でも，狩猟と漁撈に関する信条は多く守られている．

イヌイト社会では，狩猟対象である動物と人間との関係は，単なる殺す・殺されるという関係ではなく，両者は共生関係にあると理解されている．この考え方は生態学でいう食物連鎖の共生関係に止まらず，精神生活においても人間と動物が相互補助し相互依存している点で，西洋の人間対動物とのヒエラルヒー設定とは違っている．

イヌイト社会では，ハンターが優れた技術と卓越した智恵をもって動物を打ち倒すのではなく，ハンターと動物の間に相互に尊敬の念がある場合にのみ狩猟が成功するとされていた．首尾よく獲物を手にしたことは，獲物側の協力があったからこそだとイヌイトの古老は語る．

他方で，ハンターと動物の関係はハンターによる動物への一方的な依存ではなかった．動物の魂

は不滅であり，普段，人間の世界とは別に存在する動物の世界に住んでいるが，人間の世界と動物の世界の間を往来する現象においてのみ，動物の再生サイクルが循環するとされている．そして，これは動物だけの力ではできないことである．動物が肉や毛皮をまとって人間の世界へ訪れるとされるが，再び動物の世界に戻る，すなわち再生をとげるためには，人間の手によってその肉体が「剝がされ」，儀礼をもって魂を送ってもらわなければならない．言い換えれば，人間が動物を捕ってその肉などを分配し，タブーを守って送ることは，仮の姿で人間の世界に現れた動物の魂が動物の世界に戻ることを可能にし，動物の再生サイクルをまっとうさせる行為であった．そうすることによってコスモスの秩序が維持されていると考えられていた．

つまり，動物が肉や毛皮をまとって人間の世界に現れて人間の生活を支えてくれる代わりに，人間は動物を捕り，儀礼をもってその魂を肉体から解放させ，動物の世界に送り返すという再生サイクルの反復を行うのである．そうすることにおいて，人間と動物が互いに必要としているという対等関係が維持される．

たとえば，冬に男性が仕留めたアザラシの腹をその場で小さく切りさいて，肝臓と脂身を少々狩猟の仲間と共食するのは，「捕らせて」もらったことの喜びをアザラシに表現すると同時に，儀礼的な分配でもあった．その後，アザラシをキャンプに持ち帰り，仕留めたハンターの家に運び込んだところで，男の役割は終了する．その後，ハンターの妻がアザラシを解体し厳格なルールに従って肉などを分配する．

生を象徴する女性が獲物を解体することは肉体から動物の魂を解放する行為，すなわち再生させることを意味し，肉を分配することは豊穣を表現している．言い換えれば，男性は獲物をとり，女性はそれを解体して動物の国に戻れるように再生の役割を担う．

このように，女性は生命の起源であり，家に持ち込まれたアザラシを女性が解体しその肉を分配することは自然の繁殖サイクル，ひいては獲物の再生が保障されたことを意味する．

(4) 農耕社会：ズニ

農耕経済を営む代表的な民族として，現在のニューメキシコ州の，北アメリカでは現在居住されているもっとも古い町であるオライビ（Oraibi）のある高原地帯を中心に住んできたズニをとりあげる．ズニは，1000年以上前からアドベとよばれる日干し煉瓦の重層の共同住居に住んでいたことで知られている．毎年季節移動をするイヌイトに比べて，ズニ社会では制度化された集団儀礼が発達している．というよりも，ズニのそれは北アメリカ先住民族の中でもっとも複雑な信仰体系だといわれている．

生業については，スペイン人が最初の記録を残した16世紀後半には，農耕と採集狩猟の混合経済を営んでいた．農耕においてもっとも重視され社会的な意義が大きかった作物は，中・南アメリカから数千年前に伝わった，半砂漠地帯でも育つトウモロコシであった．

スペイン人の侵略と宗教的な影響を最小限に止めるために，ズニは伝統的な信仰と儀礼を秘密にしてきたが，20世紀に入って人類学者の研究によってその輪郭はだいたい明らかになっている．その様子は次の通りである．

ズニのコスモスには6つの方角，すなわち黄色によって象徴される北（「空気」），青の西（「水」），赤の南（「火」），白の東（「大地」），黒の地底と多色の天頂がある．地底と天頂の間にある地上には現生の人間の世界がある．ズニの発祥神話（Emanation Myth）では，地底には4層，あるいは4つの世界があり，最低層では「父なる太陽」と「母なる大地」が交合した結果，生命が誕生したとされる．生命の一つである「人間」は，地上の儀礼小屋であるキバ（kiva）の中央にある，地底へ通ずる出入り口である穴（sipapu）から地上に出てきて生活するようになった．

農耕に重きをおいてきたズニ社会では，動物に関する儀礼活動はイヌイト社会に比べて少ないが，農作物，とりわけトウモロコシをめぐって「母なる大地」の豊穣儀礼が多い．豊穣儀礼には，

◆ Ⅱ．世界宗教の現在 ◆

1年の終わりを告げる11月末～12月上旬にはシャラコ（shalako）儀礼，冬至をはさんだ20日間にわたる浄めと次の年の豊穣を願うイチワナ（itiwana）儀礼がある．

シャラコ儀礼は，集落の近くにある湖の底に住むとされる死者の霊カチナ（kachina）（青柳，2006：102-106）がつれてくる6人のシャラコの到来を歓迎する祭りである．ズニのコスモスの基本である6つの方角を管掌するシャラコの役を演じる6人の男性踊り手は，天辺にはシャラコの仮面をのせ，下部には踊り用のスカートを掛けた高さ3mほどの円錐形の骨組みを担いで，夜通し集落中を踊りまわる．シャラコを盛大に歓迎するこの祭りは，次の年に土の繁殖力と，人々に長寿と繁栄を招来するために行われる．

冬至をはさんで行われるイチワナ儀礼は，大地の力が萎える状態（冬）からよみがえる状態（夏）への移行と，ズニ民族が太古に出現したことを再現する儀礼，すなわち衰微と更新を象徴する儀礼である．冬至の前の10日間は1年の終わりを告げ，冬至の日に地面に差し込む「祈りの棒」の準備に費やされる．冬至の日には，暦を管理する神官の号令で「祈りの棒」を地面に差し込み豊穣を祈願する．冬至後の10日間は屋外の火と，家の床を掃いたり炉の灰を捨てたりすることが禁じられている．

シャラコ儀礼では，火を節約することと，家内の灰が貯まることを繁昌の象徴する呪術，つまり倹約と豊穣がもたらす民族の繁栄を願うのであり，母なる大地と父なる太陽を祭る儀礼でもある．

以上の儀礼のほかにも，雨乞い，収穫祭など種々の儀礼と祭りがある．

(5) 新宗教

これまで，北米先住民族の伝承や研究者の記録による伝統的な宗教を概観してきたが，これに関して注意しなければならないことがある．それは「伝統」という言葉についてである．「伝統」というと，大昔から変わらない，その集団──民族であるにせよ，階層であるにせよ，職業集団であるにせよ──の本質に関わる慣習や思想だと理解される場合が多い．しかし，多くの人類学者（大塚，2001；パルテノン多摩編，2001；ホブズボウム＆レンジャー，1992など）が指摘するように，「伝統」は操作される概念であり，常に更新されその内容を変えられる性格のものであることに留意する必要がある．

北米先住民族の伝統的な宗教は，周囲の民族との交渉，そして内部の文化・社会的な変化にともなって時代の変遷とともに変容してきたし，現在も「伝統」が作られつつある．ここでとりあげた伝統的な宗教の様子は，探検家，宣教師，そして人類学者がある集団の儀礼を観察もしくは，古老の話を収録するなどした記述に基づいている．そうした記述は16世紀以降のキリスト教の間接的，直接的な影響を受けている可能性が高いことにも留意しなければならない．

18～20世紀の間に北米先住民族に対する同化政策により，キリスト教へのときには自発的，ときには強制された改宗の結果，伝統的な宗教との習合によるいくつかの新興宗教が生じている．その中でもゴースト・ダンス（Ghost Dance）とペヨーテ（peyote）をめぐる儀礼体系がよく知られている．

なお，ここでとりあげる新宗教はイヌイトやアリュートの間にはほとんど広がらず，主にそれ以外の先住民，すなわち「インディアン」に影響を及ぼしているものである．そのため，新宗教に関するこれからの記述では「インディアン」と記すことにする．

幽霊踊りとも訳されるゴースト・ダンスとは，19世紀後半に起きた文化復興運動のひとつである．討伐され徹底的に征服されたインディアンはすさまじい同化政策を経験した．それにともない，住む土地を収奪され，文化を否定され生きる術を奪われ，将来に託する望みをなくした．草原インディアンにとって重要な食料源であったバッファローは軍隊や賞金ハンターによって計画的に屠殺され，1850年頃には推定6000万頭いたとされるが，19世期末には数百頭にまで激減した．

このような状態に陥っていたインディアンの間

で，ゴースト・ダンスという，伝来の宗教とキリスト教の要素を融合した新興宗教が 1890 年代後半に生まれた．ネバダ州のパイユート民族のウォーボカ（Wovoka）が 1889 年に起きた日食のときに受けた神の啓示の中で，独特の輪舞をしながら心の中に博愛を念じると，ヨーロッパからの植民とその子孫が消えるとともに，生い茂る草を食べるバッファローのあふれる世の中になり，殺された仲間が生きかえるという趣旨の宗教を伝道した．ほかのインディアン民族と仲よくし，体をいつも清潔にし，アルコールとヨーロッパ系の人々は避けなければならないことがこの宗教の掟となっていた．また，祈り，瞑想し，そして何よりも踊り狂うことによって未来の理想世界を招来させるとしていた．キリスト教のメシア（救世主）思想を取り入れたこのゴースト・ダンスは燎原の火のごとく拡がっていった．平定されていたはずのインディアンの忍従的な態度を行動的で反抗的な態度に一変させた，この熱狂的なゴースト・ダンスを重くみたアメリカ政府当局は，1890 年にその宗教を禁じて，軍を動員して弾圧した．

中西部のラコタ（Lakota：スー［Souix］）民族の間に拡がったゴースト・ダンスでは，1890 年 12 月に儀式を行うために 300 人ほどがウーンデッド・ニー（Wounded Knee）川の畔に集まった．祈禱師の清めた特別の模様を描いたシャツは，軍の撃つ弾丸を通さないとウォーボカが説いたが，追跡していた国軍の手によって，200 人以上のラコタが殺されたという始末だった．今でも語りつがれているウーンデッド・ニー虐殺は，ゴースト・ダンス宗教の決定的な弾圧，そしてアメリカ合衆国に対するインディアンの抵抗の終焉を実質的に告げた事件である．

ちなみに，このような文化復興運動はインディアンに限らず，世界中の植民地で行われており，幸福であった昔の状態に復帰し，社会から不必要な異国人とその支配をとりのぞくことを目的としていることが共通している．メラネシアのカーゴ・カルトやキリスト教における千年王国運動と称せられるものは同じような現象である．

ウーンデッド・ニー虐殺を知って恐れをなした信者がこぞってウォーボカの教えに背を向け，ゴースト・ダンスも行われなくなったが，ゴースト・ダンスによってそれまで閉鎖的だった民族（「部族」）間に連帯ができ，後述するペヨーテ儀式を重視するネーティブ・アメリカン教会の基礎となっていく．

ウォーボカも使ったとされるペヨーテとは，北メキシコ原産のサボテンからとれる幻覚剤（向精神剤）である．メキシコでは，数千年の歴史があるとされるペヨーテ儀式は，18 世紀後半にメキシコから南西地域のアパッチに伝わり，1870 年代にオクラホマ州のカイオワなどの間に浸透していった．ペヨーテ儀式の宗教もキリスト教と伝統的な信仰の習合ではあるが，ペヨーテ信仰には伝統的な要素がきわめて強い．

ペヨーテ・サボテンの芽を砕いて干したタブレット状のペヨーテを服用すると，初期のむかつき症状の後，多幸感，爽快感をともなう異常な精神興奮状態になる．この状態で神——キリスト教の God，あるいは伝統的な精霊——との交信ができ，服用者がその体験によって生まれかわると信じられている．ペヨーテは麻薬服用とは区別され，厳粛な宗教的な儀式である．ペヨーテ服用は 1918 年に宗教法人として認可されたネーティブ・アメリカン教会の儀礼に限り，アメリカ合衆国連邦政府の「アメリカ・インディアン宗教自由修正法」（American Indian Religious Freedom Act Amendments, 1994 年）やカナダの「規制麻薬・化学物質法」（Controlled Drug and Substance Act, 1996 年）によって保障されている．ネーティブ・アメリカン教会は民族の境界を越えて 25 万人以上の信者を擁する組織である．

ちなみに，ペヨーテはインディアンによる宗教的な活動にのみ認められ，インディアン以外の者と，インディアンによる宗教的な目的以外の使用は禁止されている．

(6) 現在

ズニなどの一部の民族が伝統的な宗教を守り通している例もあるが，大半の先住民はキリスト教のカトリックやプロテスタント諸派，あるいは前

◆ Ⅱ. 世界宗教の現在 ◆

述のネーティブ・アメリカン教会などの伝統的な民族宗教とキリスト教の習合宗教に改宗している．今や，キリスト教の影響を受けていない先住民宗教は皆無に等しい情況にある．

前述したように，ネーティブ・アメリカン教会はイヌイト・ユピック（エスキモー）とアリュートの間には拡がっておらず，（主に）アメリカ合衆国を中心とするインディアンの間に拡がっている．アリュートの多くは，18世紀にロシアの宣教師が布教したロシア正教会，アラスカのイヌイト・ユピックはキリスト教プロテスタント諸派，カナダ・イヌイトはイギリス国教会やカトリック教，グリーンランド・イヌイトはデンマーク国教であるルター教会の信者となっている傾向にある．

ゴースト・ダンスにそのルーツをもつネーティブ・アメリカン教会は，特定の民族宗教にこだわるよりも，民族の枠を超えて拡がる汎インディアン的な色彩が強い．汎インディアン運動（Pan-Indianism）という一種の民族的な復興運動は，同化政策によって自文化を否定され，民族語を禁止され，個別の民族的なアイデンティティを失ったインディアンのアイデンティティの拠り所となっている．とくに都市在住のインディアンが汎インディアン運動を推進する大きな原動力となっている．というのも，1990年代にはすでに，全人口の50％強のインディアンが都市に住んでおり，それがネーティブ・アメリカン教会と汎インディアン運動を大きく推進した背景にある．（スチュアート・岸上，2006）．その大半は出身民族との紐帯が希薄になっている，あるいは出身民族がわからなくなっているので，個別の民族に拘泥しない汎インディアン運動がインディアンとしてのアイデンティティの拠り所となっている．

広義の汎インディアン運動は，条約に定められた先住民の権利の履行を政府に求める政治的な活動，貧困にあえぐ同胞を助ける福祉的な活動などの運動であるが，そうした活動のすべての根底には先住民——インディアン——に精神的な，ひいては宗教的な基礎があるとされている．つまり，汎インディアン運動が宗教的な基礎の上に成り立っているという前提であり，ネーティブ・アメリカン教会では，汎インディアン的な宗教儀礼が盛んに行われている．

そのような意味で，ネーティブ・アメリカン教会は，それぞれ異なる文化と社会を育んできた諸民族の結束を固めるとともに，同化政策によって失われた宗教的な伝統を再創造し，それを受け継ぐことでインディアンらしさを表出する役割をも担っている．すでに述べているように，「伝統」は常に変化し，現在も作られつつあるということをここでもう一度確認したい．それはドミナント社会であっても，マイノリティー社会であっても同様に行われていることである．しかし，インディアン社会は同化を強いられた社会であるために，先住民の独自性を浮き彫りにするためにも，ドミナントな社会との違いを強調する必要が生じてくるのである．つまり，ネーティブ・アメリカン教会で重視されるペヨーテ服用などの儀式は，ドミナント社会のキリスト教会とはきわだった特色をもつことによって，アイデンティティの拠り所を失ったインディアンとしてのアイデンティティを支える基盤の一つになっている．かつて，一部の民族はペヨーテの向精神剤というマイナス・イメージを嫌っていたが，現在ではペヨーテは先住民（インディアン）の独自性と結束を象徴するものとして肯定的に評価されている．

ネーティブ・アメリカン教会は具体的に，毎週の礼拝をはじめキリスト教の復活祭やクリスマスというアメリカ国民祝日に加えて，先住民独自の祝日を設ける，あるいは国民祝日の読み替えを行っている．たとえば，独自の祝日として5月1日の「大地祭」（Earth Day Celebration），8月1日の「自律の日」（Declaration of Non-Dependence Day），9月の「先住民の日」（Native People's Day），読み替え祝日として2月のジョージ・ワシントン誕生日を「太祖の日」（Patriarch's Day），3月の聖パトリックの日を「祖先の日」（Spirits of the Air Festival），5月のメモリアルデーを「戦士追討の日」（Warrior's Day），独立記念日を「トウモロコシ収穫祭」（Corn Festival）などとしている．

また，ネーティブ・アメリカン教会が力を入れている活動として，禁酒や麻薬濫用撲滅運動がある．差別や貧困にあえいでアルコールや麻薬に溺れる先住民の社会復帰を支援する精神的および社会的なサポートを積極的に行っている．

このように，北アメリカ先住民の宗教は伝統的な要素の取捨選択を経て，保持したり合成したりすることで先住民が現在おかれている状況に適応しながら，現在においても北アメリカ先住民の世界観が保持され継承されている実情がある．

参考文献

青柳清孝『ネイティブ・アメリカンの世界：歴史を糧に未来を拓くアメリカ・インディアン』古今書院，2006年．
大塚和夫「近代における伝統：歴史人類学へのひとつのアプローチ」『いまを生きる人類学：グローバル化の逆説とイスラーム世界』pp.162-192，中央公論新社，2002年．
スチュアート　ヘンリ『北アメリカ大陸先住民の謎』（歴史謎事典15），光文社，1991年．
スチュアート　ヘンリ「野性から未開へ：19世紀以降の未開観念」『「野生」の誕生：未開イメージの歴史』（スチュアート　ヘンリ編）pp.241-263，世界思想社，2003年．
スチュアート　ヘンリ「北アメリカ先住民の先史」『アメリカ・カナダ』（朝倉世界地理講座13）（小塩和人・岸上伸啓編）朝倉書店，2006年．
スチュアート　ヘンリ・岸上伸啓「北米先住民と都市」『失われる文化・失われるアイデンティティ』（講座：世界の先住民族―ファースト・ピープルズの現在10）明石書店，2006年．
デュル，H.（原　研二訳）『再生の女神セドナ：あるいは生への愛』法政大学出版局，1992年．
富田虎男・スチュアート　ヘンリ編『北米』（講座：世界の先住民族―ファースト・ピープルズの現在07）明石書店，2005年．
パルテノン多摩編『〈伝統〉の創造と文化変容』パルテノン多摩，2001年．
ホブズボウム，E.・レンジャー，T.（前川啓治・梶原景昭訳）『創られた伝統』紀伊國屋書店，1992年．
Bunzel, R., Introduction to Zuni Ceremonialism, *Forty-seventh Annual Report of the Bureau of American Ethnology*, Smithsonian Institution, 1929-1930.
Cajete, G., *Native Science : Natural Laws of Interdependence*, Clear Light Publishers, 2000.
Deloria, V., *Red Earth, White Lies : Native Americans and the Myth of Scientific Fact*, Fulcrum Publishers, 1997.
Hultkrantz, A., *Native Religions of North America : The Power of Visions and Fertility*, Harper Collins, 1987.
Krech, S., *The Ecological Indian : Myth and History*, W.W. Norton & Company, 1999.
Leeming, D., Jake P., *The Mythology of Native North America*, University of Oklahoma Press, 1998.

13.3　インディオ

北森絵里

メキシコおよび中南米の先住民は，日本語では「インディオ」と称されるが，スペイン語およびポルトガル語で「インディオ（índio）」という言葉には差別的ニュアンスが含まれることが多い．そのため，近年では，スペイン語で「インディヘナ（indígena）」，ポルトガル語で「インディジェナ（indígena）」という表現が用いられる．ただし，本稿では日本語の「インディオ」という言葉を用いる．

メキシコおよび中南米の旧スペイン・ポルトガル植民地，すなわちラテン・アメリカにおいて，インディオは自明の存在であるが，実際に何をもってインディオというかは曖昧である．というのは，次のような理由による．まず，インディオと非インディオを区別する基準は，居住地，言語，帰属意識など国によって異なるだけではなく，同じ国内であってもこの基準で明確に区別することは難しい場合が多い．また，同じ民族であっても1つの共同体としてまとまって居住するとは限らず，広範囲に分散していることもあり，言語によって民族を区別しても居住する地域によって文化的な差異がみられることもある．歴史的にみても，ラテン・アメリカではどの社会でも混血が繰り返されてきたため，血統や外見からインディオと非インディオは容易に分けられない．インディオ固有の文化という点からみても，今日，外部から完全に孤立している民族はほとんど存在せず，程度の差はあれど外部との何らかの接触があり影響を受けている．宗教の観点からも同様のことがいえよう．そもそもインディオとよばれる人々は，帰属意識をどこに（何に）もっているのか．居住する村落共同体なのか，属する民族集団なのか．あるいは，「インディオ」というカテゴリーなのか，彼らが属する国の「国民」なのか．こういった議論は慎重になされるべきであろう．

II. 世界宗教の現在

したがって，本稿では，民族ごとに固有の宗教・信仰をみるのではなく，広く土着の宗教・信仰をみることとする．土着の宗教・信仰といっても，先スペイン期・先ポルトガル期のものがそのまま今日まで継承されているわけではなく，カトリック教をはじめ非インディオ系の宗教との接触の結果，大きな変容を迫られてきた．それでも今日のインディオ社会の多くには，土着の世界観と密接な関わりのある宗教的な儀礼や信仰がみられるのである．

(1) ラテン・アメリカの土着の宗教の主な特徴

ラテン・アメリカの土着の宗教は，主として，シャーマニズム，幻覚剤の使用，自然物崇拝や偶像崇拝，多元的な世界観，循環する時間観念を特徴とする．

シャーマンは，トランス状態になって超自然的世界を旅したり精霊と交信することで，予言，病気治療，祈禱などを行う．シャーマンは，インディオの共同体において，儀礼をつかさどり，狩猟・漁労・農耕の豊穣を確かなものにし，共同体全体の利益に関わるといった重要な役割を担う．そのような役割を通じて，シャーマンは，個人と個人のもめ事や病気から集団レベルの問題までさまざまな事柄に関わりながら，共同体のバランスの崩れを修復し，象徴的秩序を回復・再生する．

幻覚剤もまた重要な役割を担う．主なものは，ペヨーテ（サボテン），ダトゥーラ（チョウセンアサガオ），アヤワスカ（つる科の植物），きのこ，コカの葉であり，生食，煮出し，粉末といった方法で使用される．これらの幻覚剤はたいてい儀礼で用いられ，それによってシャーマンがトランス状態に入ったり，病気が治療されたり，人々がトランス状態になって象徴的な旅に出たりする．つまり，幻覚剤は，日常を超えた世界，超自然的世界との接触にとって不可欠なのである．

超自然的世界との接触は，世界観や時間観念と深く結びついている．民族や地域によって多少の差異はあるが，土着の宗教・信仰において，世界や宇宙は基本的に多元的である．例えば，天の世界，地上の世界，地下の世界は相互に豊かな関係にあるし，自然物である太陽，月，山，木，水，動物を崇拝したり，自然現象である雨，雷などを神聖視する信仰は多神教的である．植民地時代，こういった偶像崇拝はカトリック教によって根絶の対象とされる一方，カトリック教の聖人信仰と融合しやすかったとされている．しかし，カトリック教の聖人信仰は，信仰の方向が特定の偶像に向かう傾向があるのに対し，土着の偶像崇拝は，物質と神々との間に浸透性があり，異なる神々どうしが相互関係にあり人々の信仰が分散する傾向にあると指摘されている．人間と自然や動物との関係も，二項対立的ではなく，連続的で隔たりがない．時間観念は，世界観と不可分であるが，昼夜の変化や季節の移り変わり，それらと生業との関係から生ずる暦（例えば，農耕暦）に顕著である．また，地上の世界と地下の世界，あるいは現世と死者界が反転したり回帰するという考え方にみられるように，過去，現在，未来は周期的な運動の中にあり，時間は未来に向かってらせん状に続くと考えられる．

以上のような，土着の宗教の特徴が顕著に表れているいくつかの事例をみよう．

(2) アンデス地方の土着の宗教

この地方の土着の宗教にとって，もっとも重要なものは，地母神パチャママ信仰と山の神信仰である．人々は，農耕と密接に関係する大地と，山岳部という地理的条件から常にその景観の中に存在する山に神を見ている．チチカカ湖周辺のボリビアとペルーの国境地帯からチリ北部に居住するアイマラ（Aymara）族やペルー中央部に居住するケチュア（Quechua）族において地母神パチャママ信仰と山の神信仰が特徴的であるとされるが，実際にはインディオのみならずメスティソを含むこの地方の人々の間で広く信仰を集めている．

パチャママ（Pachamama）は，「大地，母」という意味で，大地の神であり豊穣の神である．この神の力は，農作物の豊穣と家畜の繁殖に関わり，1年周期の一定の時に，酒，コカの葉，香料，獣脂などの供物がなされる．とくに，雨季と

図4 今日のラテン・アメリカ
本文に関わる民族のみ表記されている.(『世界言語民族地図』(東洋書林, 2000) および『文化人類学事典』(弘文堂, 1992) をもとに作成)

乾季の変わり目である8月は,大地が生まれ変わる時であるので盛大な供物儀礼が行われる.供物を怠るとパチャママの力は人間に対して破壊的に働くと考えられている.日常生活においても,1日の初めの食事であるスープを飲むとき,最初のひとさじを大地にまいて捧げる.

山の神は,地域によって呼称は多様だが,家畜や農作物の本来の所有者であり,人々を養うためにそれらを与えてくれる,と考えられている.人々は,毎年決まった時期に,家畜を放牧する場所や家がある場所にいる神々に対して供物儀礼を行う.その象徴として,家畜の繁殖と農作物の豊作を人々に約束するために神々から贈られた,聖なる石がある.これらの石は,リャマ,アルパカ,ヒツジなどの家畜や,ジャガイモ,トウモロコシなどの農作物の形をしており,祭壇に置かれる.儀礼は,酒,コカの葉,パンなどさまざまなものを供える供物儀礼である.それを通して,人々も神々を養っていると考えられる.ここでは,神々と人々は互酬関係にあり,供物を怠ると神々が空腹になり人々に災いをもたらすのである.

◆ Ⅱ. 世界宗教の現在 ◆

このように，地母神パチャママと山の神はどちらも，農作物の豊作や家畜の繁殖といった人々の生活の根幹に関わる神である．そして，1年周期の一定の時期や季節の変わり目に儀礼が行われ，そこでは，神々と人間の連続的で互酬的な関係がみられる．アンデス地方の中でも，ボリビアではこれらの神々の影像があるが，ペルーでは図像化はみられない．

これらのパチャママ信仰や山の神信仰には呪術師がおり，儀礼の際に重要な役割を担う．呪術師の呼称は地域によって多様だが，スペイン語では「治療師」を意味する「クランデロ（curandero）」とよばれる．呪術師は，広義の病気治療（信仰治療）を行う．疾患や病気だけではなく，家族のもめ事や不幸の原因を探る．原因が突きとめられると儀礼を行って治療する．ここでの呪術師は，病気治療と儀礼の両方を行い，シャーマンの役割と重なる．今日，ペルーの都市化した地域で広くみられる，クランデロ（呪医）による民間医療は，土着の世界観から脱文脈化し，治療という方向に向かったものとされる．

ボリビア高地のアイマラ語族が行う夜明けの儀礼は，アンデス地方の世界観を表している．太陽が地平線を越えて昇ろうとする直前，夜明けの光が見え始めた頃，下の世界の神々に生け贄と供物が捧げられる．日が昇ると，人々は供物を捧げた場所から立ち去り，お互いに挨拶し祝福しあう．そして，下の世界の神々から離れ「われらが父なる太陽」に神酒を供する．この儀礼からうかがえる世界観は次の通りである．下の世界は，人間の介入がなく穀物が自然に育つ豊穣の世界であるが，文明以前の時代であり混沌とした死の世界でもある．夜明け前の隠れた世界は曖昧であり，下の世界と結びつけられる．太陽の出現は，昼と夜の周期による，下から上への世界の継続的な変化を祝福する機会でもあり，新しい「上の世界」の到来でもある．

(3) メソアメリカの土着の宗教

メソアメリカは，16世紀初頭に，マヤ，アステカの名で知られるインディオの文明が成立していた文化領域を指す言葉であり，メキシコ中央部以南と中央アメリカの北西部からなる．本節では，この地域の土着の宗教の事例として，ウィチョル族とナワ族の世界観と儀礼をみよう．

1）ウィチョル族のペヨーテ狩りとウィリクタ巡礼

ウィチョル（Huichol）族は，メキシコ中西部のナヤリ州とハリスコ州に居住するアステカ語族の民族で，その65％はスペイン語を併用する．かつては，トウモロコシや豆を栽培する農耕だけではなく狩猟も営んでいたが，今日では，小作農が多い．彼らの宗教的実践の中では，ペヨーテ狩り，ウィリクタ巡礼が有名である．

10月から2月の乾季の，とくに雨乞いの儀礼が始まる前に，12人以上の若い男女が，マラカメとよばれる祭司かつシャーマンに導かれてペヨーテ狩りの巡礼に赴く．ペヨーテとは，幻覚作用のあるサボテンである．祈禱医でもあり邪術師でもあるマラカメは，枝状の鹿の角をつけた帽子をかぶることで，聖なる鹿カウユマリ（Kauyumari）に伴われ，もっとも重要な神タテワリ（Tatewarei）になる．タテワリ神は，「火の祖父」であり，昔，獣人（聖なる鹿と聖なる蟻）となって現れたとされる．そのタテワリとなったシャーマンは，人々をペヨーテ狩りの巡礼に導くのだが，向かう先はサン・ルイス・ポトシ州にある，ウィチョル族の始源の地，ウィリクタであり，出発地の村落に戻るまで数百kmにも及ぶ旅となる．巡礼の間は，巡礼者だけではなく村落に残る者も，塩，性交，入浴，完全な食事，十分な睡眠が禁じられる．ペヨーテを食して恍惚状態となった男女は，狩猟の繁栄と農作物の豊穣を祈願する踊りをする．このようにして，彼らは象徴的に始源に戻り，新たに始まる雨季を迎える．狩られたペヨーテは敬意をもって扱われ，次の儀礼のために丁重に村落に持ち帰られることで，村落に残った人々とともに巡礼を分ち合う．

ウィチョルの人々はペヨーテが鹿によって与えられていると信じている．したがって，巡礼では，聖なる鹿に見立てたペヨーテを「狩る」．また，ペヨーテはトウモロコシと同様に，「われらの母」

である地母神タテイマ（Tateima）の領域のものとされる．

ウィチョルは，乾季に多くの儀礼を行うが，地母神タテイマと「豊作の祖母」ナカウェ（Nakawe）に対する儀礼は，雨季がやってくる前にこれら2つの神がトウモロコシを育み熟させるという考えから行われる．この儀礼も，先にみたウィリクタ巡礼もそうであるが，始源への回帰と同時に豊穣の祈願をも意味する重要な儀礼である．

彼らは，他の儀礼にもしばしばペヨーテを用いる．例えば，子供は幼い頃から少しずつペヨーテを食し，シャーマンに導かれながら，ウィリクタへの象徴的な旅をする．また，イニシエーション儀礼では，当該の若者は，ペヨーテを食し一晩中起きて歌い踊りながら，宇宙の教えや世界観を学ぶ．このように，ウィチョル族は，乾季と雨季の周期と一体となった儀礼を行い，そこでは，シャーマンと幻覚剤が人間と超自然的世界を繋げ，両者の密接な関係と世界観が確認される．

今ではみられなくなった別の巡礼を少し紹介しよう．メキシコ，チアパス州のグアテマラとの国境近くの熱帯雨林に居住するラカンドン（Lacandón）族は，マヤ族の末裔である．彼らの儀礼の中ではマヤ族の聖地，ラシュチランへの巡礼が有名だった．彼らは，神々に対してトウモロコシ粉と酒を供え，香を焚いて祈りを捧げる．彼らの世界観には，天上界，現世，地下界の存在がみられ，それは古代マヤの世界観に繋がるとされた．ラシュチランはマヤ古典期の儀礼上の中心地であったため，その地への巡礼にはラカンドン族が元の地点に回帰するという意味があった．この儀礼は，1940年代に最後の祭司が死去したことで，後世に伝えられず消滅したといわれている．

2）ナワ（ナワトル）族の農耕儀礼

メキシコ中南部，ゲレロ州東端の山岳地帯には，ミシュテカ（Mixteco）族，ナワトル（Náhuatl）族，トラパネコ（Tlapaneco）族が隣接して居住する．ここでは，ナワトル語話者であるナワ族の農耕儀礼の1つ，雨乞い儀礼をみよう．彼らは，トウモロコシ栽培をはじめとする農耕を生業としており，水が乏しい環境で農耕は天水に依存している．農耕は，5月末から始まる雨季の訪れとともに始まるが，その前の5月2日から4日にかけての3日間雨乞いの儀礼が行われる．この儀礼は，時期が5月3日のサンタ・クルス（聖十字架）の祭日をはさんでいることと，十字架，聖人像，教会が中心となるサンタ・クルス祭でもあることから，カトリック教との融合が明らかである．

しかし，その裏には土着の世界観が存在する．山は雨季の間に降った雨を蓄える，水の貯蔵庫であり，山の底には川がありそれは滝となって流れ出る．雨は雲と関係があり，雲は風によってもたらされる．そのため，雨乞い儀礼では「よい雨と豊作を呼ぶ」風が求められる．このことは，雨乞い儀礼としてのサンタ・クルス祭が行われる場所にも表されている．それらは，村の東北に位置する山，村の南に位置する丘かつ村の水源である泉，村の北にある井戸である．1つめの山には，葉に盛られた鶏の内臓が供えられるが，これは雨を運ぶ風を引き寄せるハゲタカに捧げられる．他にも「供犠の石」があり鶏が供えられる．この鶏の供犠は先スペイン期の人身供犠の名残りであると考えられている．

また，アステカの豊穣の神であり水の神トラロク（Tlaloc）が住むとされる東の方向に設けられた十字架がもっとも重要視されること，十字架の前で行われる祈祷にアステカの地母神であるトナンツィン（Tonantzin）への言及があること，祭礼で登場するパフォーマーの1人，テクアーニ（tecuani）がジャガーを象徴する衣装を身につけていることなどにも先スペイン期のアステカの信仰がみられる．

このように，ナワ族の雨乞い儀礼としてのサンタ・クルス祭には，先スペイン期の宗教や世界観が存在する．

(4) アマゾニアの土着の宗教

アマゾニアは，南アメリカ大陸東部に広がる熱帯低地に相当する，アマゾン川水系が集中する地域である．国で見れば，ベネズエラ南部，コロン

Ⅱ. 世界宗教の現在

ビア南東部，エクアドル東部，ペルー東部，ブラジル北部といった広範囲にまたがる．

この地域の土着の宗教では，シャーマンの存在と幻覚剤の使用，森に棲息する動物に対する崇拝が特徴的である．アマゾニアの森に住む人々の宇宙観によると，宇宙には3つの層があり，それぞれの層には異なる動物が住む．地下界には水生動物が住み，なかでもアナコンダ（大蛇）とカイマン（ワニ）が注目される．空の世界には鳥類が住み，中でもハゲワシとオウギワシが重要視される．地上には人間と森の動物が住むが，とくにジャガーがもっとも強力である．これらの動物に神の存在を見出し崇拝する．ジャガー神信仰は，アマゾニアに限らずメソアメリカにも広くみられる．アマゾニアにみられる起源神話によると，人間はジャガーから火を手に入れたと考えられ，人間界の創始に関わる重要な役割をジャガー神に求めていることがわかる．そして，これらのさまざまな「森の動物や植物の主」に働きかけ狩猟の獲物や農耕作物の安定的供給を図るのがシャーマンである．この地域のシャーマンがトランス状態に入るために用いる幻覚剤は，ヤヘあるいはアヤワスカというつる植物が一般的である．

シャーマンと幻覚剤の使用は，エクアドルとペルー東部の上流アマゾン熱帯低地に居住するヒバロ（Jivaro）族にもみられる．彼らは，焼き畑農耕を主たる生業とし狩猟や漁労も行う．彼らの慣行の中で有名なのは，首狩りで入手した首の加工（乾首）であるが，これには敵の首を狩るという意味だけではなく，彼らの霊魂観やダトゥーラ（チョウセンアサガオ）という幻覚剤による体験が大きく関わるといわれている．同じく熱帯低地に居住するトゥカノ語族のウファイナ（Ufaina）族の宇宙観では，季節の変わり目は生業の暦と一致するだけではなく，宇宙のエネルギーのバランスの変わり目であると考えられている．そこで，シャーマンは幻覚剤によるトランス状態に入り宇宙と共同体のエネルギーのバランスを制御する．病気や災厄は，このバランスの崩れと結びつけて捉えられるので，儀礼によって秩序が回復される．

アマゾニアのシャーマンの役割の中でもとくに重要なのは，病気治療である．病気は，共同体全体の秩序や宇宙のバランスとの関わりにおいて捉えられるため，その治療には，超自然的世界の側から現世をみることのできるシャーマンの力が不可欠なのである．病気は霊魂が体内から迷い出た状態であると考えられているため，シャーマンは象徴的宇宙の外に出てしまった霊魂を探し救出する．

アマゾニアの北西に居住するトゥカノ（Tukano）族は，基本的に焼き畑農耕を生業とし，有毒マニオクを栽培する．狩猟や漁労を主とする民族もいる．彼らは，長大家屋に集団で住み，数種類の幻覚剤を使う祖先崇拝儀礼が顕著である．同じくトゥカノ語族の1つ，バラサナ（Barasana）族にとって，始祖であるアナコンダ（大蛇）は，水中に保存された祖先の骨を象徴する長い笛と結びつく．その聖なる笛はユルパリ（Yurupary）とよばれ，時間を越えた生殖力としても捉えられる．神話では，ユルパリは混沌とした自然に秩序をもたらし，最初の人々に規則と儀礼のやり方を教えた．この聖なる笛は，イニシエーションを終えた男性しかみることができない．儀礼では，シャーマンがコカを配り，踊りと詠唱が行われる．詠唱は，最初の祖先の，元の故郷から子孫が住む場所への旅の神話を歌う．歌と歌の合間には，詠唱のリーダーが魂を離脱させ神話の旅を再創造する．儀礼は長大家屋で行われるが，その間，家屋の床は大地として，柱は山として，屋根はその山によって支えられる空として，水平の梁は太陽の通り道として象徴化される．家屋の下には墓のある地下界が存在する．大地と空を媒介するのは，天井の梁から吊るされたコンゴウインコの羽根である．そして，毒抜きしたマニオクのでんぷんを焼いた大きなピザのような形のパンが焼かれる．そのパンを焼く，巨大なフライパンのような道具は女性によってのみ使用される．このパンを焼く道具は象徴的宇宙とされる．というのは，空の住人と最初の太陽しかなかった始源の時，女性創世主ロミクム（Romi Kumu）が落とした一滴が宇宙につながったからである．ロミク

ムは屋内の炉の創造神でもあり，彼女の聖なる蜜蝋のひょうたん型の器が，男性にシャーマンの能力を与えると考えられている．

このように，アマゾニアの土着の宗教では，人間は森の動物や植物と隔たりのない関係にあり，それらの動植物に神を見出し，それらの神々を畏れるともに，人々の生業の安定と共同体の秩序を求める．そこで重要な役割を担うのがシャーマンである．

インディオの宗教において，自然環境はそれに適応した生業と切り離すことができないだけではなく，彼らの存在を説明する世界観であり宇宙観の根幹をなす．今日のインディオの文化には先スペイン・先ポルトガル期の形を留めるものは皆無といっても過言ではなく，外部との接触による変容からは逃れられない．その傾向は，インディオがヨーロッパ人と出会ってから今日まで絶え間なく続く．では，この先も，この豊かな文化は失われていくのだろうか．外部の人間がインディオの文化を理想化し，伝統として保存するべきだと主張したとしても，問題はそれほど単純ではない．

インディオが彼らの文化を守るのは容易ではない．例えば，川が汚染されて生業である漁労が難しくなったり，森が破壊されて狩猟の獲物が減るといったように，生業が依存する自然環境が破壊される中で，生業と不可分である世界観だけが保存されうるのだろうか．また，民族のほとんどが外部社会から孤立しているわけではなく，非インディオ系の貧しい人々と同じように生きていかなければならないという搾取的な状況において，文化だけを切り離して考えることは非現実的ではないだろうか．

インディオの文化の保存と継承は，彼らの文化的帰属意識にとってもっとも重要であるが，同時に，生業を保証する土地の所有や環境の確保，経済的な安定を約束する雇用といった生存に関わる事柄の獲得も重要なのである．問題は，インディオの文化が失われないかどうかということより，彼ら自身が彼らの文化の行く末を主体的に選択できるような，国家との，かつ非インディオ系の他の人々との関係を築けるかどうかであろう．そして，その問題の当事者は，インディオのみならず国家や非インディオ系の人々でもあるのだ．

参 考 文 献

大貫良夫（編）『民族の世界史 13　民族交錯のアメリカ大陸』山川出版社，1994 年．
小林致広（編）『メソアメリカ世界』世界思想社，1995 年．
細谷広美（編著）『ペルーを知るための 62 章』明石書店，2004 年．
ロウ，ウィリアム＆シェリング，ヴィヴィアン（澤田眞治・向山恭一訳）『記憶と近代：ラテンアメリカの民衆文化』現代企画室，1999 年．
『新訂増補　ラテン・アメリカを知る事典』平凡社，1999 年．
『文化人類学事典』弘文堂，1992 年．
World Religions, Times Books, 2002.

13.4　台湾の先住民族

中村　平

(1)　台湾先住民族とは
1) 日本人にとっての台湾先住民族

日清戦争の結果，台湾の先住民族の意志を問うことなくして，「大日本帝国」は台湾を植民地として獲得し，50 年にわたる統治を行った．第 2 次世界大戦の敗戦を契機に，植民地台湾は日本から切り離され，戦後日本人の意識のなかから遠ざかっていった．台湾は，自主的・主体的に宗主国日本から独立できたわけではなく，帝国からの分離の主たるきっかけは日本の敗戦という外的要因にあった．

日本人は，台湾の先住民族を「教化」し，日本人にならしめようとした．1931 年の「理蕃政策大綱」では「理蕃」とは，「蕃人を教化しその生活の安定を図り一視同仁の聖徳に浴せしむるを以て目的とす」るとされた．台北の台湾神社（1901 年創建）をはじめ，各地に神社を，「蕃地」各社に「社祀」（1941 年時で 92 個，（近藤正己））を作り，各家に神棚を設置させようとし，参拝を浸透させようとした．神前結婚も行われた．〔以下，（　）の中は文末の文献リスト中の文献を指す．〕

「一視同仁の聖徳」は，しかし第 2 次世界大戦

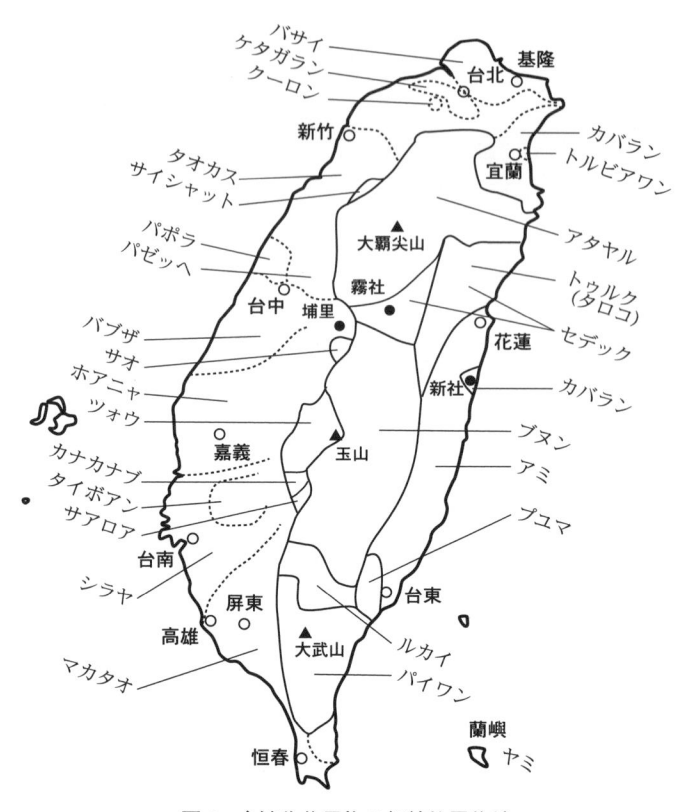

図5 台湾先住民族の伝統的居住地
現在は都市先住民族人口も多い.（日本順益台湾原住民研究会編, 2001:8 を修正）

後に裏切られることになる．大戦後，植民地政府と日本人は敗戦を理由に「内地」に帰っていった．大戦後に台湾を接収したのは，中華イデオロギーを掲げる中国国民党政府であった．台湾先住民族のうち，とくに日本のために南洋に赴き戦った「高砂義勇隊」隊員たちは，国民党の 8 年間の「中日戦争」における，抗日の記憶と真っ向から対立する存在であったため，その霊は中華民国政府に顧みられることはなかった．

台湾先住民族の日本への対応は，さまざまであった．武力抵抗があった．1910 年代の「理番五箇年計画」に対する大規模な反植民地侵略戦争，1930 年の「霧社事件」，1941 年の「内本鹿事件」など，日本に対するあからさまな反抗は無数に継続される．日本人警官の死傷者数は，総督府によりしばしば言及されているが，先住民族の総死傷者の統計を扱ったものは，管見の限り存在しない．戦死者や，反抗して「臨機」に「処分」（殺害）された者は，いまだ多くが場所すらも確定されず眠ったままであり，彼（女）らを誰がいかに弔うのか，今後の大きな宗教的課題である．

2）歴史上の先住民族

台湾先住民族が台湾島にもっとも早く渡ってきた時期は，約 6000 年前といわれている（李壬癸）．アジア大陸か太平洋諸島のいずれかから渡ってきたといわれるが，定説には至っていない．言語学からは，高度の航海技術をもっていたことが推測されている（李壬癸）．文字資料が残される時代になってからは，オランダ人の平地先住民族に対する植民があり，清朝時代（1684～1895 年）は「番」という字で先住民族は表象された．「開化」の度合い，納税の有無などを基準とし，先住民族は「熟番」（いわゆる平埔族）と「生番」（いわゆるのちの高砂族）とよばれた．平地に近い「生番」は清朝政府の影響を受け，帰順をめぐっての戦争があった．日本の統治とは異なり，清朝政府

の低山地帯の先住民族統治は基本的に「通事」を通じての間接的統治であった．高地に清朝統治の直接の影響は及ばなかった．

3）日本時代

1895年からの日本統治時代には，伊能嘉矩らの人類学者によって，現在の基礎となる民族分類体系が確立した．伊能は八族，森丑之助は六族の分類を行った．植民地政府は森の分類をもとにして，サイシャットを「生蕃」に加え，1910年代に行政統治上の七族を発表している．七族分類は，『高砂族調査書』（1936〜39年）など，公式文書において終戦時まで利用された．1935年の台北帝国大学土俗人種学教室『台湾高砂族系統所属の研究』は，九族とした．これは，先住民族の「正式名称要求運動」（正名運動）を受け，2001年にサオ民族が政府に承認されるまで引き継がれていた分類知である．

このような分類の一方で，先住民族は総称して「蕃人」あるいは「蕃族」とよばれた．それが1923年の皇太子（後の昭和天皇）の来台を機に，「高砂族」とよばれるようになる．公式には1935年の総督府訓令により，従来の「生蕃」は「高砂族」，「熟蕃」は「平埔族」とされた（小林岳二）．先住民族のうち「生蕃」（「熟蕃」は含まれていない）は1942年現在，16万人強で，台湾の総人口583万人弱のうち約3％弱を占めていたとされる（馬淵東一）．日本時代は，教育制度や，他民族との頻繁な接触，戦時体制と動員などにより，上記の高砂族各族の分類が，先住民族の主に日本教育を受けた人々のなかに浸透していった時代である．

4）中華民国時代

1945年，日本が敗戦により撤退したのち，台湾は中華民国・蒋介石国民党政府に接収された．そこで先住民族は「中華民族」のひとつとされ，「高山族」または「山地同胞」（山胞）と名づけられ（この名称に法的な根拠はもたなかった），積極的な中国化政策に巻き込まれた．

こうした上からの名づけに対して，ついに強く抵抗したのが，1980年代からの先住民族運動である．もちろんそれまでこの種の運動がなかったわけではなく，現在，歴史の掘り起こし作業が進んでいるように，蒋介石独裁政権が戒厳令をしいた（1949〜87年）なかでも，例えばロシン・ワタンやウォグ・ヤダユガナといった先住民族エリートは台湾先住民の地位向上のために，さまざまな活動を行った．しかし両名とも罪状を課せられ政府に処刑され，こうした国家テロリズム（いわゆる白色テロ）のなかで，多くの先住民族は沈黙を強いられてきたのである．

1984年に原住民権利促進会が結成され，政治的発言と運動の牽引役となった（1987年に「原住民族権利促進会」と改称）．この頃から，自分たちの名前を正し（「正名」），「原住民族」と名のり始めた．なお，日本語においては，戦後においても「原住民」という名称が旧来の意味のまま使われてきており，上に見たような政治運動の歴史を経てきていない点を考慮して，本稿では「原住民族」を「先住民族」と翻訳している．

1984年には，「蕃人」を啓蒙したとされる伝説の主人公である漢民族の「呉鳳」像が，先住民族によって直接引き倒された．同時に郷名を呉鳳郷から阿里山郷に改称した．1988年，89年，93年には土地返還運動が高まりをみせ，1994年には憲法中の「山胞」を「原住民」に変えさせた（1997年に「原住民族」に改称）．

1996年に，中央政府レベルにおける先住民事務の専門機関として，行政院原住民委員会が発足した．それまで中央政府レベルは，1987年設立の内政部民政司山地行政科が，また台湾省レベルでは，民政庁第四科が先住民族の一般行政を取り扱っていた（1990年に民政庁山胞行政局，1994年に民政庁原住民行政局，1997年に省政府原住民事務委員会と改称，昇格．（林淑雅））．

2001年にサオ（邵族）が「原住民族」認定を受け，第10族となった．これを契機とし新たな民族認定の機運が高まり，2002年にクヴァラン（噶瑪蘭族），2004年にトゥルク（太魯閣族）が政府に認定を受けた（タロコとも日本語表記されるがトゥルクが原音に近い）．2007年にはサキザヤ（撒奇莱雅族）が，2008年にはセデック（賽徳克族）が，それぞれ独立した民族として認定さ

れた．現在，14民族である．

認定された先住民族の人口は2004年12月時点で45万4682人である．人口の多い順に，アミ17万弱，タイヤル9万弱，パイワン8万弱，ブヌン5万弱，ルカイ1万強，プユマ1万強，トゥルク7000強，ツォウ6000弱，サイシャット5000強，ヤミ（タオ）3000弱，クヴァラン800強，サオ500強，その他3万弱である（行政院原住民族委員会のWEBサイト）．台湾の総人口2300万人の2%に満たないマイノリティである．

先住民族の正名運動と法制度化は，民主化運動，そして台湾人のアイデンティティを追求するという運動と軌を一にしていた．政府が押し付けてくる中国人アイデンティティに対して，台湾人としてのアイデンティティを追求する動きは，原住民族の正名運動，またクヴァランなどのそれまで未承認だった民族の人たちのアイデンティティ探しと大きく響きあってきた．

ここで，台湾ナショナリズムの勃興にともなう，先住民族をめぐるさまざまなベクトルをもった動きに触れておこう．まず，中華人民共和国あるいは中華ナショナリズムに近いところで自治推進の運動を進める「原住民族部落工作隊」がある．台湾ナショナリズムがあまりに単一的な運動に終始することになれば，この動きが強まる可能性も否定できない．

また，台湾の言語学者が台湾先住民族に対して，1990年代から提出した「南島語族」（オーストロネシア語族の中国語訳）という概念は，アカデミズムを超えて社会的な影響力を持ち始め，「南島民族」という名称が近年頻繁に使われている．1999年からは台東で「南島文化フェスティバル」（南島文化節）が，2002年には行政院原住民族委員会の主催で，「南島民族リーダー会議」が開催されるなど，南太平洋諸国との結びつきを強めている．

ここでは「語族」が「民族」として捉えられている．これは，ときに他者排除的になりかねない台湾民族主義（その内実はいわゆる中国大陸から渡ってきたマジョリティであるホーロー（河洛，福佬）化）に対するアンチテーゼと読めなくもない．あるいは中国大陸には存在しない台湾の南島語族を強調することは，台湾化を中国化に対抗させようとする勢力にとって，中国（あるいは中華民族）に対して差異を強調する政治的カードとしての効果をもつ．

中華民国という国連に承認されていない国民国家体制のなかで，台湾先住民族は自分たちのアイデンティティと名前，歴史を取り戻そうとしている．世界のなかのマイノリティである台湾，そのさらにマイノリティである台湾先住民族の宗教現象は，以上のような大情況のなかで理解されることができよう．

(2) 各民族の宗教紹介

近年の文化に関する研究のひとつの成果は，語る者の社会的・政治的位置と，語られる文化の関係に細やかな配慮を要求することである．そのため，これまで日本人の先住民族とのかかわり，先住民族の歴史と周囲の政治的動向を，紙幅を割いて記述してきた．そのうえで，各民族の宗教に関して述べていこう．石磊の簡潔な整理による表1を参照されたい．

注意されたいのは，この表には，この数年間に政府により民族認定された，クヴァラン，サオ，トゥルクが入っていない．アミが1980年代に次第にヨメ入り婚の形態を採ってきている（末成道男）．知本集落のプユマが漢化の影響を受け，「宗族長」に男性を選びつつある（宋龍生）．国家体制下での政治システムの変容，資本制経済のもとでの経済システムの変化が進んでいる．このような，現代社会における宗教の変容の動態に関して，本表は論及できていないことに留意されたうえで，参考にされたい．

ここで言う「伝統」とは，主として植民地統治浸透前の特徴を指す．まず，経済システムは，互恵的と再分配的に分けられる．互恵的（reciprocity）な経済の特徴は，贈り物を交換するかたちである．再分配的（redistribution）な特徴は，代表的人物が，その社会の成員に対して財産やモノ（税など）を要求し，それを再分配するところにある．

表1　台湾先住民族の伝統的社会文化制度

経済	政治	宗教 \ 親族	夫方居住	父系	母方居住	選系
互恵的	ビッグマン	精霊	タイヤル タオ	ブヌン		
	統合的村落	祖霊		サイシャット		
				ツォウ	アミ	
再分配的	チーフダム	神				ルカイ パイワン プユマ

(出典：石磊，1990)

　次に，政治システムは，ビッグマン，統合的村落，チーフダム（首長制）に分かれる．ビッグマンとは，その社会や集団の成員によって能力があると認められ，推されて成立するリーダーである．成員間・ビッグマンと集団の成員の間の関係は平等的であり，成員がリーダーを承認しなくなると，そのリーダーは力を失う．統合的村落は，村落への求心力を保つ儀式をもっているような集団である．例えば，サイシャットのピタザ（種まき祭）とパサン・シンノノル（墓参り祭）は，村落の共同性を確認する儀式である．チーフダムは，社会階層が明確に分かれた社会におけるリーダーである．「貴族」階層と「平民」階層に分かれ，貴族によって土地利用，税の徴収が行われた．

　表1の縦割りの分類は親族システムである．タイヤル，タオは，家族（世帯）が唯一の親族集団である（タイヤルのガガとよばれる共食・狩猟団体は非親族を含みうる）．結婚後，夫方に居住し，禁婚の範囲は父母双方の親族に及び，相続は男女に関係なく行われる．

　これに対して，サイシャット，ブヌン，ツォウは夫方居住を行い，より明確に父系といえる．リニアル家族（lineal family, G.P. マードックの提出した概念で，数組の結婚したキョウダイを含む生殖家族を，彼らの創出家族に結びつけるもので，彼らキョウダイの両親の死により分解するもの）を基本とし，家族以外に氏族などのより大きな親族集団をもっている．それらの氏族は固有名をもつ．

　アミは妻の母方居住を特徴とする．完全な母系社会といえない理由は，夫方居住により男性労働力やあとつぎの欠員を補ったり，ある地域では家族（世帯）より大きな親族グループをもたなかったり，禁婚範囲が父母双方の親族に及ぶからだ．末成は，石渓（仮名）の親族組織を構成していたのは，母系ではなく，ロマとよばれる家の，非単系原理によるとしている（単系とは，母系あるいは父系の系・ラインを重視する概念）．末成はプユマを妻方居住とする．

　ルカイ，パイワン，プユマは家族の継承者として，それぞれ長男優先，長子継承，長女優先とされており，選系的（ambilineal）あるいは血族的（cognatic）紐帯を重視する（蛸島直）．（宋龍生は日本統治の影響前のプユマにおいて，母系氏族とリニージに基づく「母系出自法則」を積極的に認めている）．これら三民族は，継承者の選択において，婚姻を単位とし，離婚し再婚した場合，新しいイエをつくり，そこにおいて新しくそのイエの継承者を選択する．禁婚は父母双方の第二イト

II. 世界宗教の現在

コ（祖父母のキョウダイの子孫）までを範囲とする．ハワイ型の親族名称体系（「父」と「オジ」，「母」と「オバ」，「兄弟」と「男のイトコ」，「姉妹」と「女のイトコ」が同一名称をもつ）をもつ社会形態に近い．

宗教システムは，精霊崇拝，祖霊崇拝，神霊崇拝に分けられる．基本的にはアニミズムまたはスピリチズムとよばれる，霊的な存在への信仰である（古野清人）．タイヤル，タオ，ブヌンにおいて，これら精霊，祖霊，神霊の三者ははっきりとは分けられておらず，これを精霊崇拝とする（神概念が存在しないわけではなく，明確に区別されない）．サイシャットは精霊と祖霊の概念を明確に区別する．ツォウ，アミ，ルカイ，パイワン，プユマは，精霊，祖霊に加え，区別された神の概念をもつ．神々は諸神系譜あるいは神代系譜（theogony．古野清人）とよばれる系譜体系をもつ．（本項は基本的に石磊に拠った．）

以下，表の左上から右下への順で，各民族ごとにその特徴を記述していく（カッコ内は中国語での民族名表記）．

1）タイヤル民族・トゥルク民族（泰雅族・太魯閣族）

アタヤルとも表記される．2003年に，タイヤル民族からトゥルク（タロコ）民族の分離・独立が政府に認定された．それまで人類学的研究は，佐山融吉の『蕃族調査報告書』がタイヤル（『太么族タイヤル』前後編，1918，1920年）とセデック（『紗績族サゼク』，1917年）を分けて出版したほかは，トゥルクをタイヤルの亜族として記述してきた．セデックとは，言語学の観点からアタヤル語群を，タイヤル語（スコレク，ツォレ方言を含む），セデック語（トゥルク，トゥクダヤ，トゥウダ方言を含む）に分けてきたうちの1つである．いずれも「人」を表すことばである．

スコレク，ツォレ，セデックの三分類は生活者としてのタイヤルや，トゥルクの人々の民俗語彙ではない（山路勝彦）．トゥルクの独立要因に関しては，これまでの人類学者と政府の上からの分類に対する反発が，自治をめぐる動きとからみあって出てきたという点が考えられよう．宗教に関しては，タイヤルとトゥルクを明確に切り離した研究は管見の限り出ていないため，ここでは両者をまとめて記述する．

祖霊，精霊，霊魂と訳されるのがウットフ（utux）である．ウットフの言い伝えがガガであり，ガガは同時に，道徳や習慣，法と解釈される．血族，祭祀，共食の集団もガガとよばれる．ガガが血縁，地縁，宗教，経済の諸原理からいかに成り立っているのかが人類学的研究のひとつの要点であった．近年ではガガを，ノルム（規範）が実践されるプロセスとしてみなす見方がある（王梅霞）．

花蓮県秀林郷富世村では，キリスト教の浸透に際し，「神」の訳語にウットフ・バラウ（ウットフ・上方）があてられた（張藝鴻）．桃園県復興郷ではウットフ・カヤル（ウットフ・天）があてられる．また，小文字のウットフutuxが伝統的な霊魂を指し，大文字のウットフUtuxが天神を指す事例も出ている．苗栗県泰安郷ではルットフという（陳茂泰）．

他民族がもつような，左右の方に善悪の霊魂が宿っているとの信念は有さない．室内葬があったが日本時代に禁止された．

2）タオ（ヤミ）民族（達悟・雅美族）

人類学者によりヤミ（雅美）といわれてきたが，人を意味するタオに民族名を変更しようという動きが強まっている．多くは蘭嶼島という離島に住み，漁労が盛んで，魚に関するタブーが多くある．2,3月から4,5月にかけてトビウオ漁が盛んになり，陰暦1月の大船招魚祭，同3月の小船招魚祭がある．その他，陰暦4月の祈福祭，同5月豊収祭，同10月祈年祭などが年中行事であり，家と船の落成儀式は社会的名声を獲得する大きな契機である．

超自然的存在としてアニトがあげられる．死霊，死者の魂と訳され，人々に不幸と災害をもたらすため，人々はアニトを気にし，警戒し慎重な態度をもつ．アニトに対峙するため，槍などで武装することがあった．

近年は，国民党政府が1960年代から作った，鉄筋コンクリート国民住宅とタウ伝統文化の相互

作用に関しての研究がある．核廃棄物処理施設が1982年に建設され，反対運動が起きている（陳玉美）．「二二〇駆逐蘭嶼悪霊」（1988年）とよばれる抗議運動では，「悪霊」（アニト）で放射性廃棄物を指し，その除去を要求した（野林厚志）．

3) ブヌン民族（布農族）

ブヌンとは人を指すことばである．万物に宿る霊魂をカニト（またはハニト），儀礼にともなう禁忌をマサモと称す．地縁原理というよりも，徹底した父系原理に基づく氏族制社会を特色とする．粟作儀礼時に同一大氏族以外の者が粟を共食することは禁じられた．この粟をフーラン（ビンサ）という（古野清人）．

カニトは個人にも宿ると考えられている．左肩に宿るカニトは利己的な主張をし，右肩のそれは利他的である．その双方のカニトの調整を自我（is-ang）が行う．カニトは人が夢を見るときに身体から離れ，さまざまな経験をする．夢占いは大きな意味をもつ．

年中行事は2月の種まき祭，5月の射耳祭（鹿や豚やキョンの耳を射る祭），6月の幼児祭が顕著なものである．母方オジに祝福を受ける，出生時の通過儀礼がある．幼児が病気になれば，それは母方オジのカニトの力が足りず，適切な保護を与えていないとみなされる（謝継昌）．

4) サイシャット民族（賽夏族）

新竹県の北部サイシャットと，苗栗県の南部サイシャットでは，言語的，宗教的に若干の異なりをみせる．北部サイシャットはタイヤルの，南部サイシャットは漢民族（特に客家）の影響を強く受けている．そうした状況のなかで民族意識を統合するのが，南北でそれぞれ，2年に1回行われる小びと祭（パスタアイ）である．昔日，小びとたちはサイシャットに農業を教え，おたがいに仲良く暮らしていた．しかし，小びとたちがサイシャットの女性にちょっかいを出し，サイシャットたちはそれに我慢できなくなり，小びとたちを殺してしまう．小びとたちの死後，不作の原因を小びとたちのたたりだとし，彼らを祭るようになった．日本時代に禁止されそうになったが，残す努力が続けられ，今では多くの観光客を集める祭になっている．

精霊，祖霊，神と訳されるのがハヴン（havenまたはhavun）である．祖霊（tatini havun）とは亡き祖父（ka-vake）以上のハヴンをよぶ．タイヤルのウットフの影響を受け，精霊と祖霊を混在して考えることもある（古野清人）．精霊から祖先・祖霊を明確に区別するのが，祖先祭（パスヴァケ）である（鄭依憶）．父系氏族（クラン）には各々，漢式の姓（朱，高，樟など）があり，地縁的な祭祀集団がつくられ祖霊を祀る．

5) ツォウ民族（鄒族）

嘉義県の阿里山ツォウ（北ツォウ）と，高雄県の南ツォウ（カナカナブとサアロア）で若干差異がある．霊魂と神を区別する．サアロアでは，霊魂を悪霊と善霊に分け，左右の肩にそれぞれが宿るとする．神には善神と悪神があり，各地域で異なりを見せるものの体系をもっている．共通しているのは，天神，川神，山神，疫病の神などである．

ヒツ（hitsu）ということばで，精霊，死霊，神霊などを表現する．ヒツは身体の外におり，左右の両肩近くに宿っているとは考えられていない．ヒツには，集落守護神，妖怪，毒蛇などが含まれる．天神ハモは，人の霊魂を作り出すヒツであり，ポソンヒフィは猟の男神，ヴァエ・パエは稲の女神である（古野清人）．

年中行事として，粟に関しての種まき祭，除草祭，収穫祭，過去あった首狩時に行う敵首祭が共通している．初刈の粟または陸稲を指すファエバ（faeva）──新しいもの，初穂──は神聖な粟で，同一氏族外の者に食べさせることは禁忌となる．サアロアには，伝説上小びとからもらったとされる貝を祭る聖貝祭があり，他のツォウとの差異を際立たせている．阿里山ツォウでは，男子青年集会所クバで行われる祭祀マヤスヴィが，中断ののち復活されて，現在は多数の観光客を集めている．

6) アミ民族（阿美族）

神，祖先，死者の魂と訳される超自然的存在がカワスである．カワスの複数形カワカワスは，宗教と訳出可能なことばである（黄宣衛）．歌うこと

◆ Ⅱ．世界宗教の現在 ◆

によりカワスと交信する宗教的職能者が，シカワサイである．キリスト教の浸透後，長老教会は大文字の Kawas でイエス・キリストを指し，カトリックは Wama で神を指した．ただしキリスト教信徒にとって，もともとのカワスの多義的な意味が失われたわけではない．

カワスのうちには，ものを創造する女神ドゲ（ドギ）と，ものを統制する男神マラタオがいる．ただし創造と統制に関して，地域によってはそれを強調しない場所もある．マラタオは天国・極楽と訳される概念でもある．

チカソワンなどの地域では，カワスではなく，ディトオ（ditto, lito）とよぶ．左右の両肩にカワスが宿り，右肩が善霊であり，左肩が悪霊である（古野清人）．

日本時代（部分的には清朝時代）に稲作が持ち込まれる以前，主食は粟であった．1970年代からは都市賃金労働者化が進行し，1980年代に水田の荒廃が進んだという．もともと収穫を祈り祝す豊年祭は，こうしたアミの人々をとりまく経済状況の変化を背景に，現在も形を変えながら，さまざまな多様性をもって行われている．

すでにアミ人口の3分の1を数えるといわれる，台北県，基隆市，桃園県などの都市先住民族の間でも毎年1回の豊年祭が行われている．村落では，長老教会は，戦後ずっと豊年祭を異教視してきたが，近年はアミのよき習慣として積極的に取り込んでいる．政府の予算援助は，いまや豊年祭実施に大きな影響をもっている．国旗や国歌斉唱もよく見られる光景である．カトリックが力をもっている村落では，カトリック式のミサの形をとりながら，神にお祓いを祈るもともとの豊年祭的な形を残している．期間も4～7日間と長い．いずれにせよ，豊年祭は，民族またはエスニックアイデンティティ形成の重要な要素になっている（黄宣衛）．

7）ルカイ民族（魯凱族）

独自の民族集団としての認定が他民族より遅れ，とくに宗教研究は手薄である．トアオマス（toaomas）などとよばれる神々・精霊や占い，禁忌の観念は，キリスト教化が進んだ現在では，過去の生活のひとこまとして語られることが多い．タライヴィギ（taraivigi）という治療師も，次第にその数が減少してきている（笠原政治）．

アイリリガ（aililinganə）が，神霊，霊魂，死霊と訳される概念である．霊魂はアバク（abak, abake）といい，人間の頭の中の左右にはそれぞれ，悪い霊魂と善い霊魂が宿っている．祖先，祖霊はトモ（tomo）という．創造神はトマス（tomas）で，男神ドマイリ，女神ディイリイの二神が善人を造り，人間を悪くする神を作ったのは男神ツァウツァウである．百歩蛇（マカブルン）は霊魂（abak）の化身または使者と信じられ，殺さない（古野清人）．

8）パイワン民族（排湾族）

祖霊を迎えて安全と豊作を祈る五年祭（マジュボク majuboq）を行わない北部のラバルと，行う南部のブツルの下位集団がある．五年祭において，まりを竹やりで突くのは天からの幸福を受ける意味をもつ（臨時台湾旧慣調査会）．パイワンというのは，Daspaiwan 集落（三地門郷）または Spaiwan 集落（瑪家郷）からとられた名で，ひとつの民族に相当する名称があったわけではない．人を表すのはツァウツァウである．

神霊，精霊，死霊を表現する共通のことばにツマス（tsumas）がある．左手に悪いツマス，右手によいツマスが宿っていると信じられている（古野清人）．Nagumati が神，tsmas が鬼に値する概念である．神は多神であり，Blalujan とよばれるリーダー格の神が人間世界を管理している．Blalujan は最高神かつ農業神であり，農業儀式においては Takaaos とよばれる．その他人間の生命を生んだ女神 Muakai，悪さをする Muatiuku-tiuku がいる．

人間が死ぬと霊魂は祖霊とともに住むことになるが，不幸な死を遂げると人に悪さをする霊魂（nakujakuja）になる．動植物にも霊が宿ると考えられている．伝統的巫師（巫女）は malata とよばれ，超自然力 kiklai を用いて精霊や霊魂の引き起こす病気を治す．巫師は粟収穫祭，稗祭，粟播種祭，粟播種後祭および五年祭をとりおこなう．祭司 palakalai は祖霊や神と交信し，祈雨祭，

祈晴祭を必要時にとりおこなう（石磊）．

9）プユマ民族（卑南族）

プユマとは，諸集落のなかで比較的に大きなプユマ集落（南王，卑南社）の名である．神霊，精霊，死霊を表現することばはヴィルア（virua）である．人間の右肩にはよいヴィルアが，左肩には悪いヴィルアがいるという．妖怪もヴィルアである．人間の霊魂（tinavawan, tinavawaan）は，人間の死後ヴィルアになる．霊魂は両肩，頭のてっぺんの3つある．

祖霊（tumoamoan-a-virua または tau-virua na-tatomoan）は善霊で一家を守護する．新穀を奉げるいわゆる初穂儀礼は，主として祖霊に対してである．創造神はヴィルアのひとつであるところのドゥマワイといい，人間を殺すのもドゥマワイである．天神（naitas-na-virua）は人を守護する．地神は祖霊であり，善悪の区別はない（古野清人）．

集落祭祀，狩猟，戦争などに関する呪術宗教行為（パリシ）は，ラハンとよばれる男性司祭や首長が管掌し，医療や葬儀に関するパリシはトゥマラマオとよばれる女性シャーマン（呪医）がとりおこなう．マハラオとよばれる男性の竹占い師は，かつて病気などの診断をつかさどっていたが，現在その役割はトゥマラマオが行いつつある．

祭祀・儀礼用の小屋カルマハンでは，夏の粟，冬の稲の新穀を備えるデミラッ儀礼がとりおこなわれる．カルマハンへの参加は自分の出自を意味づけするものとも考えられ，プユマの宗教と社会を考えるうえでの大事なポイントである．1989年から「卑南族連合年祭」が毎年行われているが，人々のアイデンティティの基盤は各集落にあるように見受けられる．漢民族から位牌祭祀を導入した人々もいる（蛸島直）．

10）サオ民族（邵族）

シンセーマ（先生媽）とよばれる，儀礼や呪術的行為にかかわる女性司祭者がいる．mishinshi ともよばれる（許木柱，鄧相揚）．「巫師」と訳せる（陳奇禄）．巫師になると，特別の能力が授かり，一般の人々が恐れる祖霊との会話が可能になる．

図6 サオの新年祭の最後（ミンリックス）の儀礼
（山路，1996：99）

サオの巫師は，死者の口寄せを職能とすることはなく，脱魂をともなう現象も認められない．1950年代，主要な仕事は治病と招魂儀礼であったが，1996年現在治病は行われていない．現在の7人の巫師は，祭文を正確に記憶していないという．巫師は，家の新築や，商売の開始と店じまい，結婚，葬式の報告などを祖先に対して行う．

すべての巫師が参加する共同儀礼は，播種祭，拝鰻祭（モラル・トゥダ），新年祭（旧暦8月）などが代表的である．播種祭では，稲穂の収穫を祈って，ブランコをこぐ．稲穂が風に吹かれながら大きく成長していく過程をブランコが象徴する．

漢族式の位牌である公媽牌（コンマバイ）が普及し，漢化の影響が大きいと言える．しかし公媽牌を祀る家でも，サオ独自の祖霊籃は祀られている．祖霊籃（ウラランアン）とそれに関する祭祀は，サオの認同（アイデンティティ）を確保する上でのもっとも基本的な仕掛けである．祖霊籃は藤製で，およそ30cmほどの籃である．中には，祖先が昔着用した麻の着物が保存され，祖先を象徴する．もしくは祖霊（バヒ）が憑依する祭具であるともいえる．この籃は原則として父から長男に相続され，次男の分家に際しては，その麻の着物のいくらかが分与される（山路勝彦）．

水精と黒精を悪霊とする．鳥占と夢占，室外蹲葬が見られた（許木柱・鄧相揚）．

11）クヴァラン民族（噶瑪蘭族）

Kavalan, Kabalan, Kəvalan, Kbalan などと表記される．日本語ではカバラン（土田滋）とも表記

◆ Ⅱ．世界宗教の現在 ◆

される．もともと宜蘭に住んでいたが，漢民族におされ南下し，花蓮に移住した．花蓮県の新社は固有の宗教儀礼を残している．以下の記述は新社のものである．

固有宗教の基本は，神や祖先に対して食べ物を捧げて満足させ，同時に自分たちの健康や家庭の平安を祈願するものである．儀礼においての主体はあくまでも個人であり，誰かが祭祀集団を代表して捧げものをするわけではない．

魂・霊魂はタズサ，死霊はクイッ（河洛語の鬼に由来），祖霊・神は古いクヴァラン語でマダザズである．今日なお存続する固有宗教儀礼には，新年に祖先を祭るパリリン儀礼，死者を送るパトロカン儀礼，神を祀り病気治療を行うパクラビ儀礼がある．

パリリン儀礼は，竈のそばに家族が集まって，1人ずつ祖先の名をよんで供え物をするというもので，旧暦大晦日の2, 3日前の深夜に行われる．新社村ではキリスト教信者でも普通に参加する儀礼である．

パトロカン儀礼は，死者とバイラテラル (bilateral，双方的あるいは双系的) な親族関係で結ばれた人々が，宗教職能者の助けを借りて死者の霊魂を呼び出して捧げ物をし，使者の空腹を満たした後，生前の家財道具一切とともに再び他界に送り出す．パクラビ儀礼は，ムティユとよばれる女性の祭祀結社成員が神を祀って，病気の治癒を祈願する儀礼である（清水純）．

ここでは治病を行うパクラビ儀礼を，清水純の描写から紹介しよう．この治病儀礼をとりおこなうグループをキサイザンといい，その成員（女性）をムティユという．神がムティユを「探し」にきて病気をもたらすと村人に信じられていることから，1人のムティユは，数年おきにパクラビ儀礼をとりおこなっている．パクラビ儀礼は，普通の病気ではないと疑われた女性を呪医にみせ，占いによって，神が捧げ物を要求してその女性を病気にさせたという結論が出たときに行う．毎年秋，水田の収穫が一段落した新月の夜，つまり月が見えないときに行う．2時間くらいで終了する小規模のものである．

儀礼は，神を祀ることに決めたムティユの家で行う．主催者の家族は神に捧げるもちをつき，酒やビンロウの実を用意する．仲間のムティユが集まり，天の女神を捜し求めて旅に出る様子が演じられる．旅に出，走る様子を演じるうちに，全員がほぼ同時に足がもつれて倒れこんでしまう．病気のものは動けなくなり，仲間が彼女を囲んで，神に向かって仲間の回復を祈り歌う．女神サラマイと夫シアガウ，大昔のムティユたちの霊，病気の人の祖先たちの霊が儀礼の場にやってくるといわれる．

女神がその場に来たことがわかると，倒れたムティユの耳元で，仲間が女神の名を告げる．すると倒れたムティユは意識を取り戻し，元気に立ち上がって病気は治る，という筋書きである．締めくくりに仲間の回復を祈って，神をたたえる踊りを踊る．

儀礼グループであるキサイザンのうち，進行役は「お母さん」にあたるリーダーと，「お父さん」にあたるサブリーダーの2人である．この役目は，神話に語られる太古の母と父，すなわち始祖神サラマイとその夫シアガウの代理であるといわれる．男の人は儀礼グループキサイザンに加入することができず，パクラビ儀礼で神に病気の平癒を祈願してもらうこともできない．とくに男の人のための治療儀礼は存在せず，男女ともに行われる，供え物をしたり，呪医に診てもらうという方法で治す．

神が原因で病気になるのは女性だけであり，それは至高神たる女神が男神に対してもつ優位性，そしてその女神の祭祀が女性により行われるという役割分担とかかわっていると推測される（清水純）．

12）平埔族

平埔族は，清朝時において，税を納めていたか，漢化の度合いの強弱，などから「生番」から区別され，「熟番」とよばれていた人々である．平埔族という民族が，現中華民国政府に民族として認定されているわけではない．馬淵東一の10族分類が知られている．ケタガラン，ヴァサイ（トルビアワン，リナウ，カウカーウを含む），ク

図7 シラヤの壺を祀る公廨（コンカイ）
（台南県頭社村．清水，2005：120）

ヴァラン，タオカス，パゼへ，パポラ，バブザ，ホアニャ，サウ（サオ），シラヤ（タイヴォアン，マカタウを含む）である．上にみたように，すでにこのうちのサオとクヴァランが，政府に民族として認定されている（これまで行政上は，サオはツォウ，クヴァランはアミに編入されていた）．土田滋はこれに加えて，桃園付近にあったクーロン（亀崙）語を別に認めるべきとの提案を行った．

平埔族の固有言語は，クヴァラン以外はほとんど使用されていない．しかし，固有の宗教儀礼は今でもいくつか残る．阿立祖（アリツ）信仰にもとづくシラヤの宗教儀礼は，水を満たした壺を安置して神を祀る独特の形式をもち，その祭りは現在でも，台南から台東にかけての村々で行われている．シラヤ系の人々は，言語・生活文化一般の漢化が著しい．しかし，固有の宗教儀礼の場面においては，神観念の核心部分をとりまく祭礼の様式に，線香や神銭を燃やすといった漢民族的色彩を強めることによって，逆にアリツ信仰本来の独自性を高めているようにみえる（清水純）．

1997年，98年に台南のシラヤ系の小村において調査をした山路勝彦は，アリブー（阿立母）とよばれる神信仰，9月のハオハイ儀礼（漁師であった伝説上の人物をしのぶ儀礼），アリブーが憑依して行う人生・病気相談などを紹介している．いずれも漢化の影響を強く受けた様を，また山路の調査時において村民が表明するアイデンティティが，漢民族と平埔族の間をダイナミックに揺れ

る様をよく伝えている．

パゼッへは1970年代頃までは，巫術をはじめ，親族組織や民族としてのアイデンティティを残していた．

(3) 伝統宗教とキリスト教，漢化のからみ合い
1) キリスト教の浸透

この項では，伝統宗教とキリスト教のからみあいについて近年の研究動向をまとめる．キリスト教の布教は，17世紀におけるオランダカトリック教会による台湾西部への布教にさかのぼる．日本統治以前にすでに，カトリック，英国とカナダの長老教会が布教活動に取り組んでいた．

日本統治時代は，山地（「蕃地」）において布教は禁止されていたが，1924年に花蓮においてチワン（Ciwang Iwal，トゥルク民族，1872-1946）が洗礼を受け，公にしない形で布教活動を行っており，戦後のキリスト教普及の素地となった（邱韻芳）．ドワイ（Dowai）や，チワンの福音を受けたウィラン（Wilan）は，日本警察に迫害を受け，牢に入れられた（台湾基督長老教會總會歴史委員會）．日本人では山地において，須田清基（1894-1981）と井上伊之助医師（1882-1966）が，「素人」的な「生活伝道」の実践を行っていた（中村勝）．

日本統治終了後，中華民国体制においてキリスト教は急速に台湾先住民族社会に普及した．1970年は山地総人口の79.57%（杜歌），1982年は62%あるいは50%（郭文般）がキリスト教徒であるという報告がある．現在，中華民国においてキリスト教徒（約57万8000人，2003年）は人口の3%に満たないが，長老教会の2000年の信徒総数22万4000人強に対し，「原住民中区会」の信徒数は7万6000人強（34%）を占めている（資料はそれぞれ，内政部統計處内政統計通報，台湾基督長老教會總會教勢統計）．先住民族へ普及している教派には，上にあげたものの他に，真イエス教会，循理会，神召会，浸信会，安息日会，協同会などがある．

急速なキリスト教普及の要因としては，日本統治の瓦解後，経済システムの変動にともなう旧来

◆ Ⅱ．世界宗教の現在 ◆

の価値観の崩壊のなかにキリスト教が入っていった点，また教会による熱心な物質的援助などが考えられる．

キリスト教と民族意識について，キリスト教は汎先住民族意識の動員を行っているといわれている．研究者のあいだでは，中国（大陸の）少数民族にキリスト教が浸透した現象を，マジョリティである漢民族への対抗宗教，あるいは文化的距離の反映として捉える理解がある．しかし台湾の例が示すのは，先住民のキリスト教が漢教との差異を表示するという図式が単純過ぎるということである．

アミの豊年祭は，従来異教的とされてきた．しかし過度の飲酒を除去し，儀礼にキリスト教的礼拝を追加することによって，豊年祭は，教会儀礼として承認されるに至る（1970年代後半の事例）．豊年祭は洗礼されたともいえる．同時に，教会の一連の文化運動は，先住民文化運動の高揚に乗り遅れないための苦肉の策なのかもしれない．

台湾先住民キリスト教会におけるキリスト教の土着化は，オリジナルの欧米キリスト教からの逸脱を測定し，それをもってシンクレティズムとみなすような，欧米中心主義的分析視角の貧困と偏向を問うている．そうした批判的視角を強力に実践しているのが，海外ではC.S.ソンとして知られる米国の太平洋神学校教授，宋泉盛である．宋は，礼拝における土着化（中国語の本色化）を強く主張している（片岡樹）．

黄應貴は，ブヌンにおける宗教変容現象を以下のように解釈している．「宗教変遷」概念そのものに対して，何が変わり何が変わっていないのかを，民族の基本的分類概念（人，空間に関する認識）に基づいて考える必要がある．ブヌンの主観的意識において，宗教を変更するということは，「人」（bunun）になるための可能性をよりいっそう追求できるひとつの選択である．キリスト教体系の助けを得ることにより，ブヌンの人々は，「人」の地位を，継続しつつ新しく肯定している．この点は，資本制市場経済の浸透によってもたらされた社会・経済的困窮にブヌンの人々が直面してきた背景にあって，より鮮明になる．

またブヌンにおいては，基督長老教会の信徒のほうが，カトリックや真イエス教などより圧倒的に多い．それは，ブヌンの伝統的な社会的文化的特質に適合しているからである．伝統的なブヌンのリーダーは，すべての人々が同意することをもって推薦され決定される．基督長老教会は，リーダー幹部の選出権をすべての信徒に与えている．カトリックでは，より上級の聖職者幹部が指名派遣するかたちになっている．

精霊を意味するハニト（hanido）の観念は，もともと善悪の双方があった．しかし，キリスト教の悪魔や，サタンという翻訳語にこの語が採用されてから，否定的な意味合いで多く用いられるようになっている．

キリスト教と伝統宗教の両者が，お互いを変容させつつ助け合うような関係性が浮かび上がる．ブヌンにおける人の概念や伝統的社会・文化的特質は，キリスト教の浸透以後もなお継続中であり，黄はそこに民族主体化の契機を描いている．キリスト教というグローバルな動きが台湾先住民族をおおいつくすなかで，先住民族によるキリスト教の取り込み・土着化が同時に進行し，民族アイデンティティ追求の動きがそこに重なっている．

上の論者に対し，先住民族非キリスト信者の知識人からは，民族主体性の再建の観点から，キリスト教への疑義を掲げる声があがっている．

タイヤル民族のレギン・ユマは，政治と宗教の先住民社会文化の復興を説く論文のなかで，キリスト教の山地社会への影響を，文化の破壊と各教派による集落分裂にあるとしている．長老教会は他の教派に比べ，教理が要求する生活上の規律が過去厳しかった．1960年代の「家庭計画」，「新生活運動」，「キリスト化生活」運動が教会により実行され，半ば強制された．これにより，信徒の生活規範は現代的・西洋的なものへと変容しはじめた．1998年8月に，レギン・ユマが召集する台湾原住民族部落聯盟が五峰郷桃山村清泉集落で，1世紀近く行われていなかったタイヤルの祖霊祭を行った．このとき，当地の長老教会と真イ

エス教会は強く反対し，レギンへの人身攻撃を行った．

先にあげたように，キリスト教は多様な教派があり，山地村落へ普及している．小さな村に3，4個の教会があることもあり，ひとつの部落が，また家庭が教派により分断される状況が生まれている．キリスト教の価値観浸透により過去の民族的価値観が，例えばタイヤルのガガや年長者に対する尊敬が失われつつある．

2) 漢化と民族意識

1970年代前後に調査を行った末成（1970，1983）によれば，プユマの儀礼は，位牌祭祀にみられるように漢化の強い影響を受けている．しかし，儀礼や祭祀は表面上の修正や変化がみられるものの，基本的な祖先との紐帯は，選系的なプユマ的なものによっている．

1980年代に調査を行った清水（1988）によれば，クヴァランにおいても，漢化の影響を受けた位牌祭祀が存在する．しかし，別姓の位牌を同じ祭壇の上に置く例や，婿入りした男性や内縁の男性など別姓の祖先が，ひとつの位牌箱の中に納められている例がみられる．こうした位牌祭祀のあり方は，漢族的な父系の出自原理と違い，双方的なクヴァラン的な祖先観に従っている．

1990年代半ばに調査を行った原（1999）によれば，アミ民族の伝統的宗教職能者シカワサイが，漢族的シャーマン（童乩，タンキー）の影響を受けている．シカサワイになれと周囲の圧力や夢の宣託を受けたアミが，生活上のさまざまな制約やタブーを受けるシカワサイを嫌って，漢族的な童乩になる例がある．しかし，彼女らは漢族になったと考えられているわけではなく，また「アミ族童乩」（原の用語）は，漢族童乩と異なると考えられている．

アミ族童乩の儀礼においては，アミ的な要素が多く残っており，また，血縁あるいはその他の理由でシカワサイとして選出される系譜的関係をときとして持ち出すことにより，かえってアミとしてのアイデンティティを強固に認識している．漢化のただなかにおけるアミ族童乩の宗教的実践は，アミでありながら漢人的な宗教者になることの理由づけを，常に必要としている．

マジョリティ（漢）とマイノリティ（アミ）の間の不均衡な力のバランスの中にあって，アミ族童乩は，自己のアミ性を常に喚起せざるをえない．このような漢族的文化要素の流用の事例は，中国大陸においてマジョリティの漢族と直面する少数民族の間にも報告されている．漢化を考える際のひとつのパターンといえるかもしれない．

(4) 都市先住民族とキリスト教，国家との緊張関係

1) 都市先住民族とキリスト教

最後に，都市先住民族の宗教実践のうち，とくにキリスト教について触れよう．行政院原住民族委員会の公表によれば，2005年2月現在，「都会地域」の先住民族は16万9103人．先住民総人口の37.08%を占める．桃園県の3万8611人を最多とし，台北県，台中県，台北市がそれに続く（台北市は，地方自治体である台北県とは異なり，中央政府の直轄市）．

都市に移住した先住民族は，人口としてはアミが多い．その多くは，都市の辺境地や川べりに住まいを建て，「都市部落」とよばれるような共同体を作っている．1970年代に作られはじめた台北県汐止市厚徳里（当時は汐止鎮）の，アミ中心の山光地区（社区）もそのうちのひとつである（黄美英）．

こうした都市集落形成の背景には，伝統的村落共同体の経済状況の変化がある．1950年代から台湾では，農業中心から輸出志向の工業中心に経済状況が変化した．大量の労働者を都市とその周辺部が必要とし，先住民の多くがその役割を担いはじめた．1960年代には多くのものが村落を離れ，都市に向かったといわれている．

汐止の山光地区のアミは，1995年現在，174戸，627人である．そのほとんどの出身が花蓮県である．4年ごとに頭目を選出し，また先住民青年会を組織している．山光地区の成立は，1976年に近隣の南港に住むアミの人々により，家屋購買委員会が創設されたことにさかのぼる．これは，多くの都市アミに，廉価で家屋を提供するこ

◆ Ⅱ．世界宗教の現在 ◆

とを目的としていた．

　山光地区はアミの豊年祭を毎年行っている．豊年祭は「汐止鎮原住民生活改進協進会」と，地区の頭目，長老たちが共同して決定し，当協進会が挙行する．豊年祭は，山光地区のみならず台北地区のアミが地区ごとに，また連合して行っている．ここでは多くのアミ信徒がいるキリスト教教会の活動をとりあげる．山光社区にはキリスト長老教会樟樹教会（1977年設立），キリスト教長老会錫安教会（1991年に樟樹教会から分離），カトリックの山光天主堂の三教会がある．

　どの教会も，山光地区のアミの人々中心で成り立っている．長老教会，カトリックともに，一般の礼拝やミサ，家庭礼拝（訪問），青年会・婦女会などの活動のほか，学習指導や家庭問題の講義を行っている．母語教室とアミ文化研修合宿（樟樹教会），1993年まで家屋購買を援助する地区服務センターへの賛助金（山光天主堂）などの活動が注目される（以上黄美英）．

　このほかに台北市では，台北霊糧堂が「原住民崇拝」，キリスト教中国神召会神愛教会，長老教会東門教会が先住民族対象の礼拝を行っている．主に中国語を使用しての礼拝である．このように，都市先住民族とキリスト教は深いつながりをみせている．

2）豊年祭と国家の緊張関係

　謝世忠は，近年の非同化主義的なマルチカルチュラリズム的装いのもとで，中華民国の国民国家体制がいかに先住民文化を操縦し，管理しようとしているかを，政府の豊年祭への予算援助から考察している．台北県新荘市は1980年代後半から豊年祭を行っている．1985年から毎年，高雄県政府はブヌンの「打耳祭」を予算援助し，1990年からは台北県汐止鎮役場（現在は市役所）がアミ都市住民の豊年祭を拡張し「伝統芸術祭」として開催している．1993年から95年にかけての豊年祭や祭儀的催しには，台湾省原住民行政局から，花蓮県新城郷役場のアミ民族豊年祭の60万元を最高として，20万元（基隆市政府の豊年祭）までの補助が下りている（1995年当時1元＝約3.6円）．

先住民族側と国家側が先住民族の文化をめぐり駆け引きを行っているのが，政府の予算援助下の伝統文化の演出である．

　この百年間の，2つの外来政権による植民地主義と，資本制市場経済の浸透により，宗教システムは大きくその伝統的意義を変化させつつあるようにみえる．かつての主食であった粟の収穫祭などの意義の変化を余儀なくさせている．1980年代台湾の民主化から，民族文化をとりまく政治は，急速に民族の多様性を承認する方向に進んでいる．経済と親族システムに有機的に結びついていた伝統的宗教は，異なる民族との接触と圧力により，それが「自分たち」の宗教的現象であるというように，認識の対象になった．

　アミ民族の豊年祭にみられたように，宗教文化が自民族のアイデンティティの拠りどころとして再発見されている現況がある．民族の主体化運動は，自分たちの文化を意識の対象にするという，文化の客体化（objectification）と同時に進んでいる．

　外来の文化とのからみ合いでは，ブヌンは外来のキリスト教を受け入れながらも，「人」（ブヌン）の概念を継続して打ちなおす様をみた漢人人類学者がいる．アミに，漢民族シャーマンの形式を流用しつつアミ意識が活性化している様をみた日本人人類学者がいる．それらの論者は明確に述べていないが，台湾先住民族に代わって民族主体化の契機を詳細に描いている．同時に，レギン・ユマのように，民族固有の文化の消滅に論及する先住民族知識人がいる．

　伝統的宗教文化が消滅したのか継続しているのかを判断するのは，どのような未来を志向し過去と向き合うかという，語る者の社会的位置が大きくかかわっている．台湾先住民族の宗教は，これまで述べてきた国家（間）体制，民族主義・国民主義イデオロギーと，資本制経済の流れのなかで，さまざまなベクトルをもって動き続ける運動態である．

参 考 文 献

綾部恒雄監修，末成道男・曽士才編『講座世界の先住民族
　——ファースト・ピープルズの現在——01 東アジア』清水

純「平埔」，原　英子「アミ」，蛸島　直「プユマ」，宮岡真央子「ツォウ」，笠原政治「ルカイ」，野林厚志「タオ（ヤミ）」を所収，明石書店，2005年．
石磊 1990「台湾土著民族」『國文天地』5（11）
王梅霞「従gagaの多義性看泰雅族的社會性質」『台湾人類刊』1（1），2003年．
郭文般「台湾光復後基督教在山地社會的発展」台湾大学社会学研究所修士論文，1985年．
笠原政治・植野弘子編『アジア読本・台湾』奈佐年貴（タイヤル），清水純（平埔，クヴァラン），山路勝彦（サイシャット）などを所収，河出書房新社，1995年．
邱韻芳「祖霊，上帝與傳統：基督長老教會與Truku人的宗教変遷」台湾大学人類学研究所博士論文，2004年．
黃應貴「東埔社布農人的新宗教運動」『台湾社會研究季刊』3（2/3），1991年．
黃應貴『東埔社布農人的社會生活』南港：中央研究院民族学研究所，1992年．
黃美英主編（廖弘源主管）『従部落到都市：台北県汐止鎮山光社区阿美遷移史』台北：行政院文化建設委員会，1996年．
國立編譯館編『台湾原住民文化基本教材』（上・下）呉天泰「泰雅族」，謝継昌「賽夏族」「布農族」「鄒族」「魯凱族」，宋龍生「卑南族」，石磊「排湾族」，黃宣衞「阿美族」，余光弘「雅美族」を所収，台北：國立編譯館，1998年．
小林岳二「マイノリティを生み出す囲み」『学習院史学』39，2001年．
近藤正己『総力戦と台湾』刀水書房，1996年．
清水　純「平埔族の漢化」『文化人類学』5，アカデミア出版会，1988年．
清水　純『クヴァラン族』アカデミア出版会，1992年．
謝世忠「『傳統文化』的操控與管理」『族群人類学的宏観探索：台湾原住民論集』台北：台大出版中心，2004年．
末成道男「台湾プユマ族の親族組織の志向性」『民族学研究』35（2），1970年．
末成道男『台湾アミ族の社会組織と変化』東京大学出版会，1983年．
末成道男「台湾プユマ族の治病儀礼にみられる志向性」江淵一公・伊藤亜人編『儀礼と象徴』九州大学出版会，1983年．
末成道男「台湾プユマ族の位牌祭祀」『聖心女子大学論叢』61，1983年．
『「1999台東南島文化節」学術講演活動』台東，陳茂泰「泰雅族」，陳玉美「蘭嶼雅美族的社會與文化」，黃応貴「布農族」，胡家瑜「賽夏族」，王嵩山「鄒族的社会與文化」，黃宣衞「阿美族」，陳文德「卑南族」，許木柱・鄧相揚「邵族社會文化及其変遷」，石磊「排湾族」，謝継昌「魯凱族」を所収．http://tour.taitung.gov.tw/festivity/Chinese_T/
台湾基督長老教會總會歷史委員會編『台湾基督長老教會百年史』台南：台湾教會公報社，1965年．
『台湾原住民研究（1-8号）』片岡　樹1997「『民話の神学』の文化論序説」2号，山路勝彦 1998, 99「漢族でもなく，シラヤ族でもなく（1, 2）」3, 4号などを所収，風響社，1996-2004年．
張藝鴻「utux, gaya與真耶穌教會：可楽部落太魯閣人的「宗教生活」」台湾大学人類学研究所修士論文，2001年．
土田　滋「ケタガラン語」『言語学大辞典』5，三省堂，1993年．
鄭依憶『儀式，社會與族群：向天湖賽夏族的両個研究』台北：允晨文化，2004年．
杜歌「如果山地不再有教會」『關懷』8，1982年．
中村　勝「タイヤル神オットフの発見と反『文化接触変容』運動」『名古屋学院大学論集』（社会科学編）40（4），2004年．
日本順益台湾原住民研究会編『台湾原住民研究への招待』笠原政治「タイヤル」「ルカイ」，末成道男「サイシャット」，長沢利明「ブヌン」，宮岡真央子「ツォウ」，松澤員子「パイワン」，蛸島　直「プユマ」，馬渕　悟「アミ」，野林厚志「ヤミ（タオ）」，清水　純「平埔族」を所収，風響社，1998年．
日本順益台湾原住民研究会編『台湾原住民研究概覧』山路勝彦「タイヤル」，末成道男・陳文玲「サイシャット」，長沢利明「ブヌン」，小川正恭・宮岡真央子「ツォウ」，笠原政治「ルカイ」，松澤員子「パイワン」，馬渕　悟「アミ」，蛸島　直「プユマ」，森口恒一・野林厚志「ヤミ（タオ）」，森口恒一・清水　純「クヴァラン」，清水　純「その他の平埔族」を所収，風響社，2001年．
原　英子「台湾アミ族における宗教の『漢化』」，三尾裕子・本田洋編『東アジアにおける文化の多中心性』東京外国語大学アジア・アフリカ言語文化研究所，1999年．
原　英子『台湾アミ族の宗教世界』九州大学出版会，2000年．
古野清人『高砂族の祭儀生活』三省堂，1945年．（再版台北：南天書局：1996）．
古野清人『古野清人著作集―高砂族の祭儀生活』1，三一書房，1972年．（再版：南斗書房，1990年）．
馬淵東一『馬淵東一著作集』2，社会思想社，1974年．
山路勝彦「台湾サオ族の儀礼的世界と認同の求心性」『関西学院大学社会学部紀要』75，1996年．
臨時台湾旧慣調査会編『番族慣習調査報告書』全5巻，台北：1915-22年．
林淑雅『第一民族：台湾原住民族運動的憲法意義』台北：前衛，2000年．
レギン・ユマ（麗依京・尤瑪）「従政教関係看原住民社會文化的崩解與重建」麗依京・尤瑪主編『心霊改革，社會重建，台湾原住民民族権，人権学術研討會論文集』台北：台北市政府原住民事務委員會，1998年．
Murdock, G.P. "Cognatic Forms of Social Organization," G.P. Murdock ed., *Social Structure in Southeast Asia*. Chicago: Quadrangle, 1960.

◆ Ⅱ. 世界宗教の現在 ◆

13.5　ジプシー（ロマ）

新免光比呂

ジプシーとはなにか

　ジプシーに関しては，さまざまな誤解や偏見に基づく混乱がある．本稿では，この混乱を避けるために，ジプシーを特殊な文化的属性をもちながら「移動」が生活の中心になっている人々であると定義する．もちろん，移動を生活の中心にする集団は他にもあるので，この定義によって一義的にジプシーを確定することはできない．だが，この定義を出発点とすれば，禁忌意識やけがれ感覚など彼らの文化的属性とともに誤解や偏見を生み出す理由が明らかとなり，その結果，問題の本質が理解しやすくなると考える．

　「移動」という定義の意義をさらにいえば，このジプシー集団が，しばしば独自であるだけでなく特異な民族集団とみなされるのは，移動・流浪を生活の基本形態とするために定住社会との間の恒常的な交流が欠如しており，さらにジプシー自体が閉鎖的な社会集団を構成するため，定住社会の人々が未知の存在に対して抱く畏怖や軽蔑などによって誤ったイメージが流布しやすいからである．誤ったイメージには二種類あり，男は盗人で女は放縦であるというのが否定的イメージとすれば，自由を享受するボヘミアン，天性の音楽師といったものが肯定的イメージということになる．いずれにせよ，集団としての実質的な輪郭が定住社会の人々の目に明確に現れてこないことが問題の源である．

　次に，このジプシーという名称がもつ問題を整理しておこう．つまり，「ジプシー」とは「定住社会の人々」（以下ではイギリスでジプシーが用いる呼称を用いて「ゴールジョ」とよぶ）から名付けられた他称であって，自らをさす言葉ではないということである．彼ら自身は自分たちのことを「ロム」または「ロマ」（人間）とよぶ．加えてジプシーという名称には，偏見と誤解が結びついている．具体的には，ジプシー女という言葉からは，性的に放縦で魅惑的な存在が想像されることが多い．あるいは，けたたましい笑い声と卑猥な言葉を投げかける姿を想像する人もいるかもしれない．流れ者というイメージはごくごく一般的だろうし，さらに乞食，盗人という否定的な言葉が頭に浮かんでしまう．それゆえ，現在ではロムまたはロマが公式に用いられるようになってきているわけである．ただ自称としてジプシーを使い続けるロマの人たちも存在するし，言葉を置き換えることで現実にある差別が覆い隠されるために有害であると考える人もいる．

　本稿の立場としては，ジプシーが偏見と誤解の対象である事実を直視し，また慣用語を新語に置き換えることからくる混乱を避けるために「ジプシー」の名称を使用することにしたい．

1）ジプシーのイメージ

　未知なるものに出会ったとき，人がしばしばそれを外見的特徴によって差異化しようとするのはありふれた行為である．それは，民族や人種など，とくに集団的表象について顕著にみられる．ジプシーに関しては，外見についての具体的なイメージが偏見と結びついてある．その代表的な表現は，あるジプシー研究者の言葉のなかにもみることができる．

　「ジプシーの目には何か落ち着かない，動揺するものがある．黒か栗色のくろ目は，大きなしろ目の奥から浮き出していて，その対照が白さをいっそう鮮やかにする．光沢のある黒髪と，耳や髪を飾るアクセサリーの金や銀は，目や歯のあの白さと，輝きを競うようである」（マルティン・ブロック）

　ヨーロッパ人によって作られた映画，音楽，文学などをジプシーに関する主たる情報源とするわれわれ日本人もまた，同様のイメージを抱いていると思われる．

　そうした典型的なイメージのなかには，ジプシー自らが積極的に外部社会にアピールして利用しているイメージもある．天性の音楽師というものである．それは音楽と舞踏などの芸の世界によって形作られる．

　とくに東ヨーロッパではジプシー音楽が有名である．たとえばフランツ・リストによる「ハンガリア狂詩曲」をはじめとしてジプシーをモチーフ

とした音楽は多数あり，またブダペストなどの有名レストランでは，ジプシー演奏が売り物となっている．あるいはルーマニアの農村にいけば，祭や結婚式，葬式で活躍する村の音楽師はその多くがジプシーである．あるいはスペインにいけば，フラメンコをはじめとする音楽，舞踏がジプシーによって担われてきた．

このジプシー音楽を世間に紹介したフランツ・リストは，「ハンガリア狂詩曲」を作曲したばかりでなく，『ハンガリーにおけるジプシーとその音楽』という著書でジプシー音楽を賞賛し，ジプシーは固有の音楽を創造する力を持っていると主張した．さらにジプシーの音楽の魅力を「リズムの自由さ，豊かさ，多様さ，しなやかさが，聞く人に迫るからだ．これらの特徴は，たえず変わり，もつれ合い，交錯する．……」と説明している．ハンガリーの世界的音楽家バルトークもジプシー音楽を研究したことで有名である．

ジプシー音楽の性格についてさらに付け加えると，日本の民族音楽家である小泉文夫は，「世間一般でいう，ハンガリーのジプシー音楽は，実はハンガリーの都会に住んでいるジプシーのポピュラー音楽である．それはけっしてジプシー本来の音楽ではない．いいかえると，ハンガリーのジプシー音楽には二種類ある．その第一は，都会のレストランでハンガリー人のために演奏することで暮らしている，半職業的ジプシー音楽家である．……その第二は，生粋のジプシーとして，ハンガリー人とほとんど接触せずに，村から離れて住む貧しい人々の音楽である．……」と述べている．

ハンガリーのジプシー音楽とならんで世界に知られているのは，スペインのフラメンコである．これは，アンダルシア地方のジプシー芸能を土台として，土地のスペイン人の芸能がまじりあって19世紀半ばに生まれたもので，歌と踊り，ギター，靴で床を踏み鳴らす足拍子，手拍子が主な要素となっている．かつてカトリック教会によって，公衆の面前での演舞を禁止されたほどの性的に魅惑的な踊りである．そのリズムとしぐさは独特であり，伴奏のギターと踊る女性との掛け合いは男女の情熱に満ち溢れている．

13. マイノリティの宗教

2）社会集団としてのジプシー

ジプシーは集団としてインド北部が故地とされ，現在ではヨーロッパ，アジア，南北アメリカ，アフリカに居住する．ヨーロッパには中世の頃，エジプトより来訪したと信じられ，そこからエジプト→イジプシャン→ジプシーと連想されてジプシーの名称が成立した．フランス語ではジタン，スペイン語でヒターノになる．これ以外には，ギリシア語のアツィンガニ（異教徒）からツィガン（フランス語），ツィゴイネル（ドイツ語），ツィンガロ（イタリア語）という言葉が生まれた．ほかにボヘミアンという言葉もある．

ヨーロッパでは，ルーマニアが最大のジプシー居住国である．知名度という点においては，スペイン・アンダルシアがまさり，また悪名のほうでは，パリやミラノなどフランス，イタリアの有名観光地があげられる．氏族グループの名称としては，フランスではカルデラシュ，ジタン，マヌーシュ，ドイツではジンテ，ロマと分類される．

民族集団としての特徴は，やはり移動することである．移動という行為は彼らの生活の根幹であり，生活様式を決定づけるものであり，儀礼や生業を支配する．それゆえ，移動するジプシーにとって安定した職業をもつことはタブーであり，そのため移動の妨げにならない職業が選択されることになる．ジプシーの生業は，周囲の社会に重宝がられるものが多い．金属加工，銅製品の修繕には，小さな道具だけで新しい金属も使わずに仕事を立派にやってのけるといわれる．またジプシーは馬商人あるいは獣医として才能を示す．ほかには，ふるい，籠などの製作があり，とくにフランスでは籠作り，ルーマニアとブルガリアでは櫛作り，イングランドでは特製の釘や棚作りなどが有名である．

その集団の構成については，さまざまな説明がなされる．集団のあり方は地域や国家によっても異なり，北アメリカやヨーロッパでは，カルデラシュ，マチワーヤ，チュララ，ロワーラのような政略上の単位となる民族集団を形成するが，イギリスなどにはないとされる．ジプシーに関する数少ない人類学的なフィールド調査を行ったオーク

リーは，イギリスのジプシーは組織的なまとまりをもたないという．ジプシーは強制されるのを好まない上に，組織を構成すると外部からの警戒心や干渉を招くことを恐れるからである．1960年代末以来イギリスなどでは，国家とその代表者たちはジプシーの動きを予想できるようにするため，話し合いの相手となるべきジプシーの代表やリーダーを捜し求めたが，見つけ出すことはできなかった．政治的に際立つのは，商売上の取引と喧嘩などの能力に基づく，ある程度のカリスマ的権威を享受している個人であり，ジプシーの流浪のパターンと経済は，力の集中とか固定したリーダーシップを必要としない．またあるひとりの個人が，ある限界を超えて他の人々を抑えようとすると，強制を嫌う人々はどこか別の場所，別の仲間のところへ移ってしまう危険があるとされる．他の地域では，ジプシーが強固な氏族を構成するともいわれるが，調査に基づいたものではない．一説には，いくつかの家族を包摂する氏族があり，その上に上位の集団があり，そのグループごとに指導者が存在するとされるが，同じく確認されていない．

3) 集団の内部

ジプシー集団の内部に研究者が入り込むことは困難なので，家族についての詳細は不明である．ただ，オークリーの調査からは，集団に関するいくつかの特徴が指摘される．

家庭の構成単位は「トレーラー」もしくは「ルーロット」である．これはジプシーの言葉で動く家，ひとつの家族がそこでともに眠り，料理し，かつ食べるところを意味する．核家族が配偶者の死または遺棄によって解体された場合を除けば，別のもうひとつの家族と同一のルーロットを用いることはない．

結婚のための手続きは，通過儀礼という場所および時間的な区切りによってはっきりしたものとなり，正式に認められる．その儀礼には，戸籍登記所に頼らない「駆け落ち」型と，戸籍登記所を任意に選択する親族内部での祝賀会といったものがある．

結婚に際して，流浪生活者の間で禁じられている基本的なタブーは次の4点である．ゴールジョとの結婚，実のいとことの結婚，年の違いすぎる相手との結婚，両親の兄弟姉妹またはその子孫を含めての近親婚などである．

ジプシーの集団では，自己帰属を確認するメカニズムとして家系の原則が用いられる．これは，グループに入るものを制限し，グループを生き残らせる手段にもなっている．家系の原則は，ジプシーであるために社会的にもっとも有意味な，また唯一必要な条件なのである．すなわち，流浪生活者のなかに入っているためには，少なくとも流浪生活者の親をもっていなくてはならないとされる．

ジプシーたちは，血縁によって結ばれた親族組織をもっている．ゆえに，それによって各人が自分の父方および母方の親族の一員であることを主張できる．また結婚によって夫婦は，両方の親族とつきあうことができるが，それも選択することが可能である．

利害を共有する政略的な家族に関しては，両親や夫婦といった緊密にからみあっている親族から，固定した，境界のはっきりしたグループが作られることはない．しかし，多くの家族は，長い付き合いの歴史の上に政略的な集団をつくる傾向がある．その集団への帰属は，そのときどきの状況により柔軟に選択される．

このときジプシーは，自分の選ぶ親族とのつながりを強調するのに「姓」を使う．この姓は政略上の集団を示すものであるが，そのメンバーの境界は曖昧である．また姓を使用するとき，ファーストネームだけではなくニックネームをもちいる．このように姓が柔軟性をもっている血族のなかでも，アイデンティティが続いている．単一の固定した姓がなくとも自分が誰かわかるということは，家系についての深い知識があって初めて可能なわけである．

一方，ジプシーの生得権は育ちによってさらに強化される．すなわち，自分たちがジプシーだというグループの自己帰属には，家系の原則のほかに特定の文化的選択がはいっているので，ジプシーを親にもつ人は，あるきまった生活様式をと

り，ある種の価値を支持していくことが期待される．

4）民族としての境界

たえず移動を続け，移動先の定住社会と緊張関係を強いられるジプシーは，民族としてのあるきまった境界を維持するために大きな努力を払っている．それは，家系という原則，自家営業の実行，ある種の価値への拘束，不浄に対するタブー，流浪というイデオロギーなどに基づいている．彼らの民族としてのアイデンティティと信仰は，受け身にいきあたりばったりに構成されていったものではなく，首尾一貫したひとつのシステムである．これが日常生活における習俗として確認されると，ジプシーとゴールジョの間の境界を反映するとともに，これを強化することがわかる．すなわち，身体，清潔，空間，動物などに関するいろいろな考え方を用いて，自分たち自身とゴールジョの間に境界線を引いているのである．

とくに，清潔の観念と空間に関する観念はゴールジョ側が抱き，ゴールジョ側が押し付けてくるものと対立することが多い．ジプシーの分類のシステムは，食べること，洗うこと，そして空間的な近さというものに関係する毎日の特定の慣習と結びついていて，そのいずれもが宗教的な儀式として説明される．

またジプシー女性の場合にみられる性的能力やけがれのタブーと民族の境界線との関係は，子供のそれと比べて対照的になっている．ジプシー女性はジプシーとゴールジョ両方の男性との関係を規制するけがれのタブーを通して，自分たちの性的能力のもつ危険に気がつくようにさせられている．自分のグループの民族としての純潔を守らねばならないのである．

5）身体に関する象徴とけがれのタブー

ジプシーのゴールジョとの間の関係は，彼らの身体に関する象徴的表象とけがれのタブー，あるいは，ジプシーの家庭内の空間の扱い方，動物の分類の仕方，死に対する態度にも見出される．これもイギリスのオークリーの報告から説明してみよう．

まず，ジプシーが維持する複雑なけがれのタブーは，ジプシーが身体の内部と外部とを根本的に区別していることを示している．ジプシーにとって，外部の身体は，ゴールジョに向かって示される外向きの自己ないし外向きの役割を象徴する．すなわち清らかにまた犯されないように保たれなければならない内部を保護するための覆いである．それに対して，身体の内部は，個人個人の実践あるいはグループの実践によって支えられてゆく，外に現れない民族自体を象徴している．

具体的には，身体を内部と外部の2つに分けるということは，身体の外側の部分（皮膚）は，身体の内部に再び入ってくるようなことがあればけがれになるということである．したがって口を通して身体の内部に入ってくるものは儀式的に清潔なものでなければならないということである．そこで，身体の内部への入り口である唇に接する食器やナイフ，フォークの類にも注意が払われる．

さらに，ジプシーはただ汚れている場合と儀式的に清浄でない場合を区別する2つの表現をもっている．「チクリ」というのは，汚れを意味するが害はないということであり，「モカーディ」というのは，儀式的にけがれていることを意味する．したがって，たとえスクラップ処理の仕事から帰ったときなどでも，外観がどんなに汚れていても，儀式的な清浄さという点で問題はないということがありうる．

次に，身体のなかに入るものを洗うことと，身体の外部を洗うこととの区別が重要である．食器，食物，これを拭くためのふきんは，手やその他の身体の部分あるいは衣類を洗うための桶で洗ってはならない．

また，ジプシーのゴールジョに対する考え方によると，ゴールジョはひとりひとりがジプシーでないというそのことだけでモカーディ（けがれている）とみなされる．その理由は，ゴールジョは身体の内部と外部が区別できないからである．そのことをジプシーは単なる偶然的なものとはみなさないで，積極的に民族と民族との境界線を引く手段としている．清潔さを守る儀式的なものに固執するかしないかによって，ジプシーは自分自身をジプシーであると定義したりされたりするので

ある．

6）動物分類の意味

身体の内部と外部を区別するジプシーは，そこからさらに動物の分類システムを構築し，これをジプシーとゴールジョの区別を強調するのに使うことが多い．

ジプシーの動物分類においては，不浄ということがひとつの重要な原理として存在している．動物は完全に清らかというのから極端なモカーディにいたるまでの段階に沿って分けられ，こうした不浄の程度の違いは，それぞれの動物が食べられるかどうかのファクターにもなりうる．ジプシーが大事なものとして選び出す動物の特性は，境界を保持しているものに限られるが，そうした分類は，ジプシーの身体の内部，外部という考え方に一致する．動物の外観やものの食べ方，体をなめて洗う習慣などからみると理解できる．

モカーディ（けがれている）な動物は，猫，ネズミ，ハツカネズミ，犬，キツネなどである．毛皮をなめ，毛髪や身体の外面の汚れを口にし，これを身体の中にまで持ち込むことが不浄とみなされるのである．とくに猫に関しては，ゴールジョは猫が定期的に身体をなめて洗うのをみて，これを清浄のしるしとみるのに対して，ジプシーは，同じ習慣を恥ずかしいほど汚ないとみる．猫と犬は肉食であって，他の動物の身体の外部も内部も食べてしまうことも不浄とされる．

ウサギと野ウサギは，毛皮をなめるから，ある程度モカーディである．カエルは悪魔と結びつけられる．ヘビやトカゲは悪魔と結びつくか，悪魔と一緒に住んでいるというので極端にモカーディとされる．野生のイノシシやブタは，食肉性もしくは雑食性であるが，剛毛で覆われているから犬より上ということである．

一番よい動物は，馬とハリネズミである．ハリネズミは剛毛で覆われた動物というカテゴリーに属し，身体の内部と外部を厳格に区別する点で，ジプシーの象徴論に適合している．馬はゴールジョとジプシーの関係のなかで仲介者という特別の地位を占めている．それは，馬はたえず境界線を越え敵の線を通り抜けることができるために，ジプシーとゴールジョとの間，ジプシーのグループの間の仲介者となるのである．

7）ジプシーと制度的宗教

制度的宗教をもたないジプシーであるが，キリスト教社会との関わりのなかでは巡礼をとくに重要視している．というのは，巡礼が彼らの移動生活に適した宗教行為だからであり，流浪や移動を常とするジプシーにとって，カトリック教会によって公認された巡礼行為は，適切で安全な移動の名目となった．15世紀半ばヨーロッパに出現したときにはカトリック司教の手紙を持参し，そこにはエジプトからの神の使者である彼らを庇護するようにと書かれていたらしい．

奇跡を重視する彼らの信仰と結びついた巡礼が本物であることを示すために，フランスでは2つの巡礼地がカトリック教会によって選ばれた．それが，いまやジプシーの国際的な巡礼の中心地として有名なサント・マリー・ド・ラ・メールおよび聖母出現と癒しの泉で有名なルルドである．

サント・マリー・ド・ラ・メールの祭りは，5月24日，25日に行われる聖マリー・ジャコベの祭りと10月22日に行われる聖マリー・サロメの祭りからなる．盛大に祝われるのは，聖マリー・ジャコベの祭りであるが，ジプシーたちの関心はエジプト女の黒いサラにある．教会の地下室には，エジプト女の黒いサラが祀られている．伝説によると，紀元40年頃，ユダヤ人の手によってイスラエルの地を追われた2人の聖女たちと小船に乗って，奇跡的にカマルグ地方のサント・マリーにたどり着いたという．

24日，地下室のサラの像にローソクを捧げ，病人の痛みをやわらげるというインドの習慣にしたがって，持参した外套や肩布をサラの像に着せる．午後，礼拝堂の天井裏からサラの聖遺物箱がおろされ，参拝者たちは先を争って箱に触れようとする．サラの像が海まで担ぎ出され，司教による祈りと聖水による清めが行われると再び教会に戻される．25日，カトリックの祭礼として2人の聖女マリーの像がサラと同じように海水の中まで担ぎ込まれる．

このサント・マリー・ド・ラ・メールの祭り

は，ジプシーにとっては巡礼という名目を立てて移動するのにうってつけであり，教会側は布教を目的として黒いサラを聖女として祀ることを支持した．両者の利害が一致したわけである．

　もうひとつの巡礼地ルルドは，1858年，ベルナデッタ・スビルーという少女が聖母マリアの出現をみて奇跡の泉を神から与えられたことに始まるカトリック教会の聖地である．カトリック教会がジプシーに巡礼を8月から9月として正式に許可したのは，1950年代になってからである．9月1日の巡礼では，大聖堂のミサには参加せず，洞窟の前に集合し，30kg以上あるローソクを奉納した後，バイオリンの曲にあわせて巡礼行進をする．その後は，町外れに指定されたキャンプ場に黒く塗られた聖母マリアを祀り，お祭り騒ぎをする．

　このように巡礼を最大限に利用しているジプシーであるが，最近では福音派キリスト教への帰依が増えている．これもまた流浪を好むジプシーの社会的特性と結びついているといえる．福音派は，教会も偶像も持たず，大地にテントを張り，集会場を設置し，カトリックのようなラテン語の教会要理を強制せず，天を向いて各自が大声で祈ることで神に帰依しようとするので，ジプシーにとっては利用しやすい．まただれでも儀礼をつかさどる牧師になれる可能性があるので，つねに移動が続けられるというメリットがある．毎年，春と秋に大集会が開かれるという．こうしたキリスト教をペンテコスト運動の形で解釈し利用しているジプシーは，改宗するというよりは，圧迫された少数民族としてのジプシーのアイデンティティを確認することにあるように思われる．つまり，ジプシーがゴールジョのキリスト教の儀礼や信仰を取り入れる場合は，それらが持っている意味を変えて自分たちだけのために使っているのである．

8）通過儀礼としての宗教

　このような制度的宗教との関わり以外にも，広い意味での宗教そのものを当然のことながら実践している．そのひとつが葬儀である．

　通夜の習慣にはいくつかの決まりがある．三日間とされる通夜は，死者の霊がさまよう期間である．また葬式は荘厳に行われなければならない．愛用品を棺に入れるのは，あの世での楽しさを期待させるためで，逆に愛用品を入れないのは，死者との物による結びつきを絶つためだといわれる．埋葬に際しては，小指を折り曲げて赤い紐でお金を結びつける．葬列では女たちの泣き声が場を支配する．最後に宴会がにぎやかに行われる．

　ジプシーの他の通過儀礼に比べると，自分たちのメンバーのひとりが死んだ葬式の場合には念入りな葬式の儀礼がみられる．そうした念入りに祭祀を行うことと死者を強く恐れる点は，他の地域のジプシーにも記録されている．

　レヴィ＝ストロースは「生きている者と死んだ者との関係について，ひとつの社会が作り上げているイメージは，最終的に分析してみると，生きている者の間で行われている現実の関係を隠したり，飾ったり，正当化したりしようという，宗教思想のレベルにおける試み」といっているが，死に関わるジプシーの儀礼や信仰は，単にジプシー内部の社会のシステムとしてだけでなく，ジプシーとゴールジョの間の関係というところから理解されなければならない．

9）ジプシーと死のけがれ

　ジプシーの葬式を考える場合，死者の不浄およびミュロ（幽霊）への恐怖がジプシーとゴールジョとの境界の問題に関わっている．ジプシーの死体が不浄とみなされるのは，死者はミュロになるかもしれないからである．そこで，生者たちは死者をゴールジョの神聖な領域（すなわち教会あるいは墓地）におこうとする．

　その行為は，生者に悪さをするミュロへの恐怖に基づいている．ミュロは単に不浄というだけではなく，悪意をもった存在とみなされる．ミュロはけっして流浪してはならない．ミュロは，ゴールジョの神聖な場所である墓に，理想どおりに定住せしめられねばならない．ミュロとは，ジプシーのアイデンティティを失った死者が復讐心に燃えて予想のつかないことをする存在なのである．ミュロを墓に固定するために，死者の名前は墓石にゴールジョの文字で書かれる．あるいは，死体

泥棒や解剖や臓器移植を防ぐ手段が講ぜられることにもなる．

　死体とミュロがモカーディ（けがれていること）であるのは，すでに述べたジプシーが身体の外部と内部を厳密に区別することを考慮すると，死によって2つの存在の境界が破られたからと考えられる．すなわち，ジプシーが死んで内部と外部の身体の分離がもはやはっきりしなくなり，内部が外部に出てきたとみなされるのである．死体の着物を裏返しにするのは，この点を象徴的に表現している．

　死んだジプシーのミュロは，ゴールジョのようになるといわれる．ゴールジョのように教会で儀式をあげることは，生きているものとしてのカテゴリー，つまりジプシーというグループから，もっとゴールジョ的で定住的なアイデンティティと場所に結びつけられた死者としての地位へ移る儀礼なのである．ジプシーはつねにゴールジョ的な存在に恐怖を抱いている．したがってミュロに対する恐怖を表すとき，ゴールジョに対する恐怖が象徴的に再確認される．あるいは葬式にみせるジプシーの団結は，内部の対立などを超えてゴールジョに対しての政略的な，死者の不浄をめぐる宗教的な表明でもある．流浪生活者はすべて，グループ内部の死という大きな脅威と外部のゴールジョに対して，団結しなければならない．

　それゆえ，ジプシーにとって望ましい彼岸などというものはない．ジプシーにとって死後の生は存在しない．子供たちこそは自分たちの再生，切れぬ存在の糸であり，死んだ祖先は連続性を担う存在ではない．ジプシーは死んでしまえば民族の境界線を越える．そこで，ジプシーの葬式は，生きているジプシーがゴールジョから十分に距離を取り，彼らがゴールジョの一員にならないように行うのである．

参 考 文 献

アセオ，H.『ジプシーの謎』創元社，2002年．
大森康宏『ジプシー・マヌーシュの生活——映画でとらえた移動生活』エスパ，1996年．
オークリー，J.『旅するジプシーの人類学』国文社，1986年．
小野寺誠『ジプシー生活誌』日本放送協会，1981年．
ケンリック，D., パクソン，G.『ナチス時代の「ジプシー」』明石書店，1984年．
近藤仁之，『スペインのジプシー』人文書院，1995年．
関口義人『ジプシーを訪ねて』岩波書店，2011年．
ネボイシャ・バト・トマシェヴィッチ，ライコ・ジューリッチ『世界のジプシー』恒文社，1993年．
ブロック，J.『ジプシー』白水社，1973年．
ブロック，M.『ジプシー——さすらう東洋の民』第三文明社，1978年．
マルティネス，N『ジプシー』白水社，2007年．
リーランド，C.G.『ジプシーの魔術と占い』国文社，1986年．

13.6　イヌイット

岸上伸啓

(1)　イヌイットと極北地域の環境，文化

　ロシアのチュコトカ半島沿岸部からアラスカとカナダ北部をへてグリーンランドにいたる寒冷ツンドラ地帯には，エスキモーと総称されてきた人々が住んでいる．エスキモーという名称は他称であり，その実態は多様な地域集団から構成されている．ロシアのチュコトカ半島沿岸部とアラスカの南西部に住む人々の自称はユッピック（もしくはユピート），アラスカ北西部に住む人々の自称はイヌピアック（もしくはイヌピアット），現在のアラスカとカナダとの国境近くのマッケンジー川の河口付近に住む人々の自称はイヌヴィアルイット，カナダの中部極北地域および東部極北地域，グリーンランドに住む人々の自称はイヌイットやイットである．

　地域的に多様性がみられる極北地域の文化や言葉は，大別すれば，マッケンジー川あたりを境目として，東西に分かれるといえる．すなわち，アラスカ地域とカナダ以東は大きく文化が異なるのである．本稿では，この多様性を網羅することができないので，極北地域を代表する社会集団としてアラスカのユッピックとカナダ中部極北地域のネツリク・イヌイットの宗教事例を中心に紹介する．また，できる限りアラスカのイヌピアックについても言及する．

　イヌイットやユッピックらが住む極北地域は，寒冷ツンドラ地帯であり，高木が一切育たない，

◆ 13. マイノリティの宗教 ◆

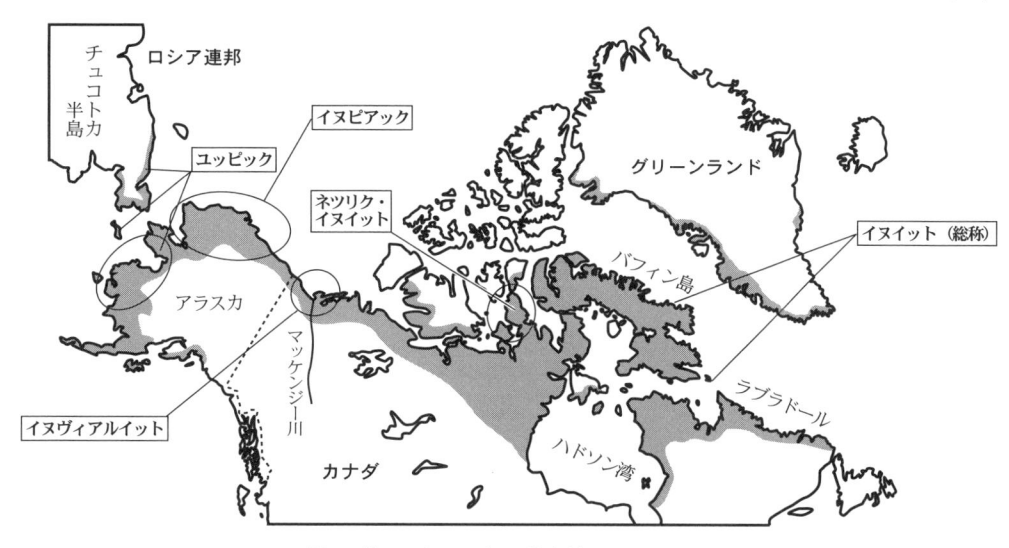

図8 「エスキモー」の分布域
網掛け部がイヌイット，イヌピアック，ユッピックなどいわゆる「エスキモー」の分布域．

永久凍土と冬には海氷が広がる世界である．高緯度にあるため，季節は長い冬と短い夏が交互に出現する．冬は日照時間が短く極寒であり，夏は日照時間が長く，冷涼である．このような自然環境の下で，ネツリク・イヌイットは季節的な移動を繰り返しながら夏にはおもにホッキョクイワナ漁やカリブー猟を，冬には海氷上のワモンアザラシ猟を行いながら生活を営んできた．一方，アラスカの沿岸地域に住むユッピックは，春から夏にかけてアザラシ猟やサケ漁，ニシン漁，ガン猟を行い，秋から冬には内陸での陸獣猟や漁労に従事していた．アラスカ北西地域の沿岸部に住むイヌピアックは春（と秋）にはホッキョククジラ猟に従事していた．

(2) 汎極北的な世界観と神話

環極北地域に住む北方諸民族の間には，人間と動物との関係について類似した世界観が存在している（岡，1978；宮岡，1987；スチュアート，1991）．

イヌイットらは，動物は自らの意思で人間に捕られ，食べ物になるためにハンターの前に現れると考えていた．ハンターは現れた動物を，敬意をもって仕留め，その霊魂を正しいやり方で動物の主のもとに送り返す限り，同じ動物が再生し，そのハンターの前に繰り返し現れると考えていた．さらに自然がくれた獲物（食べ物）は，それを捕獲したハンターが独り占めするのではなく，ほかの人々に与えたり，分かち合ったりしなければならないと考えていた．仮にハンターが獲物を独り占めするようなことがあれば，その獲物は二度とそのハンターの前に姿を現すことはなく，不猟に陥るとされた．同様に食べ物を粗末にするイヌイットには獲物となる動物が近づかなくなると信じられていた．このため，イヌイットは獲った動物を分配し，かつあらゆる部位を無駄にすることなく利用していた．

カナダの東部やグリーンランドでは，海獣の主は海底に住むヌリアユクやセドナとよばれる女神であった．一方，ユッピックの一部では，月のイヌア（霊魂の一種）があらゆる動物を支配していると考えられていた（宮岡，1987）．イヌイットやユッピックは，動物の霊魂や主を怒らさないように良好な関係を保つことが生きていくうえで不可欠なことであると考えていた．

以上のような人間と動物との関係や動物の主に関する考え方は，地域差が認められるものの，シベリアからアラスカ，カナダ，グリーンランドの北方諸民族の間に存在している．この世界観には，再生もしくは循環（生–死–再生のサイクル）

また，地域的な差異はみられるものの，共通した神話が極北地域全域に存在している．その代表的なものは，海の女神に関する異類婚の神話と兄と妹の近親相姦を主題とした月と太陽の神話である．前者はカナダ東部極北地域ではセドナ神話として知られている．ウミツバメやイヌと結婚した娘が，父によって指を切られ，海に突き落とされる話である．切り落とされた指は，アザラシやセイウチになり，海で溺れ死んだその娘はアザラシやセイウチなど海獣の母であり，支配者であるセドナとなる．イヌイットはお供え物として獲物の一部を，海獣を支配するセドナに返したり，不猟のときにはシャーマンがその理由を海底のセドナに尋ねたりする．神話「月と太陽」は，兄と妹が近親相姦を犯し，それを恥じた妹がいなくなったので，彼女のあとを兄が追ったが追いつかず，妹は太陽になり，兄は月になり今も天界で後を追い続けているという話である．これらの話には，冬と夏，陸と海，兄（男性）と妹（女性）といった二項対立的な思考が随所に認められる．

(3) イヌイットとユッピックの宗教

イヌイットやユッピックは，この世には数え切れないほど多数の霊魂や精霊がすんでおり，それらの多くは人間に災難をもたらすと考えていた．彼らの最大の関心事は，それらの悪い霊魂や精霊からいかにして身を守りながら生きていくかということであった．彼らの宗教は，それらへの対抗手段として形成されたといっても過言ではない．

イヌイットやユッピックの宗教では，万物に霊魂がやどるというアニミズムとパートタイムの宗教家であるシャーマンが重要な役割を果たしている．さらに彼らの間には，多数のタブー（禁止ごと）が存在していた．アラスカ地域では祭りが高度に発達していた．アラスカとカナダ以東では宗教にも違いがみられるため，ここではアラスカのユッピックとイヌピアックおよびカナダ中部極北地域のネツリク・イヌイットの事例を中心にイヌイットの宗教について述べる．

1) アニミズム（animism）

●アラスカのアニミズム　アラスカのユッピックやイヌピアックの間では，お守りの精霊，イヌア，霊魂，悪魔的な存在，宇宙のイヌアという5つのカテゴリーに大別しうる霊魂や精霊が存在していた（Oswalt, 1967）．

アラスカのユッピックやイヌピアックのお守りとは，有形物や呪文，歌であった．それらのお守りには精霊が宿り，お守りの所有者の守護霊の役割を果たした．個人はこれらのお守りを物品による支払いや移譲，相続，超自然との接触によって手に入れた．お守りは動物に関係しており，その動物はお守りをもつ人を助けたり，守ったりすると考えられていた．ホッキョクグマの鼻，クズリの尻尾，動物の彫り物が上着に縫い付けられたり，カヤック（皮張りの小型ボート）や道具箱の中に入れられたりしていた．

第2のカテゴリーは「イヌア」（「所有者」もしくは「包括的な精霊」の意味）とよばれる霊魂である．アラスカのイヌピアックやユッピックの人々は，生物はいうにおよばず湖や山のような無生物，風の方向，雰囲気すらイヌアをもっており，それが存在するゆえに，動物には生命力があり，事物には特質があると考えていた．イヌアには病や死，不漁や不猟をもたらす力があると信じられたために，人間はイヌアを怒らせないようにしなければならなかった．このイヌア信仰は，極北地域全域に存在する汎イヌイット・ユッピック的なものであった．

第3のカテゴリーは，イヌアとは別の人間や動物の霊魂である．少なくとも「命」，「不死」，「名前」の霊魂という3種類が知られていた．アラスカの北西部では，命の霊魂は人が死ぬと存在しなくなり，不死の霊魂は死んだ場所や埋葬場所にとどまり，名前の霊魂は新しく生まれてくる子供に受け継がれることになると考えられていた．

第4のカテゴリーは，悪魔的な存在である．超自然的な巨人，小人，半人が存在し，人間と同じような資質をもち，人間と同じように生活しているが，普通の人間にはみえないし，近づくことすらできないとされていた．

第5のカテゴリーは，森羅万象のイヌアである．アラスカ北西部では，アリグヌクとよばれる「月人間」がこの世の人間や動物を支配していると信じられていた．

ユッピックは，これらの5つのカテゴリーに大別された精霊や霊魂をなだめ，調和的な関係を維持するために，お守りや呪文の利用，儀礼の実施，タブーを守ること，シャーマンのとりなしを必要とした．

それぞれ自然界を維持するために人間が利用することができる力の素であった．

●**ネツリク・イヌイットのアニミズム**　アラスカ地域に住むユッピックやイヌピアックと比べると，カナダの中部極北地域に住むネツリク・イヌイットは複雑な儀礼や儀式をもっていなかった一方で，前者と同様に霊魂信仰やシャーマニズムの実践，タブーの遵守が認められた（Balikci, 1970 : 197-238 ; Rusmussen, 1931 : 190-448）．

ネツリク・イヌイットの宗教的な観念は，人々が生き残ることと深く結びついていた．強さの源としての人間の霊魂，名前の霊魂，多数のお守りの精霊，呪文，多数のタブー，多くのシャーマンによる営為は，狩猟の成功を確かなものにしたり，悪天候や病気などいろいろな危険を取り除くためのものであった．しかし邪意をもった幽霊や怪物はいつ何時人間を襲い，不幸をもたらすかもしれなかった．

ネツリク・イヌイットは，彼らが住む広大な世界には多数の超自然的な存在が住んでいると信じていた．第1のカテゴリーは，3種類の人間の霊魂であった．第2のカテゴリーは，お守りの霊，動物の霊魂であった．第3のカテゴリーは，ヌリアユクとよばれる海の女神（カナダ東部極北地域のセドナに相当），ナルサクとよばれる天候神，タトケックとよばれる月の精霊，人間の形をしているいろいろな怪物，巨人，小人などであった．

第1のカテゴリーである人間の霊魂の1つめはイノセックとよばれる，神秘的できわめて強力な力を秘めている霊魂である．この霊魂は人間の生命力や強さの源であった．2つめの人間の霊魂は，アティックとよばれる名前の霊魂である．名前の霊魂は人間の人格や資質をもち，名前の持ち主を不幸から守護霊として守ると考えられていた．このため1人の人間はできるだけ多くの名前がつけられた．名前の霊魂は消滅することがなく，命名を通して繰り返しほかの人間の体に宿り，存在し続けると信じられていた．名づけができる新生児がいないときには，イヌにその名前をつけることがあった．3つめの人間の霊魂は，死者の幽霊であった．

第2のカテゴリーは，アザラシやカリブー，ホッキョクグマなどの動物の霊魂や，お守りの精霊であった．動物の霊魂は，礼儀正しく，タブーを守るハンターの下には繰り返し，そのハンターに獲られるために同じ獲物となって姿を現すが，ハンターがタブーを犯すとハンターの前から姿を消すと信じられていた．あとで紹介するようにイヌイットは不猟・不漁を避けるためには多数のタブーを守らなければならなかった．さらに，イヌイットは多数のお守りを衣類につけていたが，これらのお守りの精霊は，おもに豊漁・豊猟をもたらすことや，健康や長寿をもたらすこと，悪霊から身を守ることなどの機能を有していた．

第3のカテゴリーは，ネツリクの人々が恐れたヌリアユクやナルサク，タトケックなどである．ヌリアユクは海底に住むすべての動物の母で，海の支配者であると考えられていた．イヌイットが狩猟や動物に関わるタブーを破ると，ヌリアユクはそのイヌイットに不漁・不猟や不幸をもたらし制裁を加えるという．また，天空に住む風，雨，雪を支配するナルサクとよばれる巨大な赤ん坊が存在した．彼はイヌイットに害を及ぼすことがあるとされた．月の精タトケックは，ハンターには幸運をもたらしたり，女性を妊娠させたりすると信じられていた．

名前の霊魂とお守りの霊魂を例外とすれば，ほぼすべての超自然の存在は，明らかに邪悪で危険か，そのようなものに変わりうるものだった．すなわち人間の霊魂は邪悪な幽霊に変わることがあったし，動物の霊魂もタブーが守られなければ邪悪なものに変わることがあった．シャーマンの守護霊であっても，血に餓えた怪物に変身すること

があった．イヌイットは，霊魂が自然界や人生のおもな出来事を支配し，ヌリアユクや動物の霊魂はアザラシやカリブーを支配していたと信じていた．彼らはまた，ナルサクはいつでも嵐を呼び起こし，狩猟をできないようにさせると信じていた．このため，人々はこれらの霊魂や精霊を恐れた．

イヌイットと多様な霊魂との間をよい関係で維持するためには，お守り，タブーの遵守，シャーマンの力をかりることが必要であった．

2) シャーマニズム（Shamanism）

イヌイットやユッピックの間には，フルタイムの宗教家は存在していなかった．しかし，病人を治癒したり，災難の原因を特定したり，将来を予知することができたりするパートタイムのシャーマンが存在していた．シャーマンには男性でも女性でもその資質をもっていれば，なることができた．また，強力なシャーマンは，ホッキョクグマなど強い動物に変身し，アザラシなどを捕獲することができたと信じられていた．さらに，トランス状態から自らの霊魂を身体から脱魂し，その霊魂を動物の霊魂の世界や黄泉の国，はては月まで送ることができると考えられていた．

シャーマンは人に危害を加えることもあれば，人を助けることもあった．よいシャーマンは，人々と自然界や霊界との間にある調和的な関係を修復させたり，維持させた．このようなシャーマンは人々から尊敬され，強大な権力をもつことがあったが，シャーマンの中には人々を病気にさせたり殺そうとこころみる邪悪なシャーマンもいた．この邪悪なシャーマンは，村人から恐れられたり，村人の合意のもとで抹殺されることもあった．

●**アラスカのシャーマン**　シャーマンの力は，悪魔的な霊魂に由来するといわれている．アラスカ地域のシャーマンの主な役目は，病人を治すこと，天候を良くすること，未来を予知すること，動物をたくさん獲ることができるようにすることであった．これらの目的を遂行するときには，シャーマン自身が作った歌やほかのシャーマンから貰い受けた歌を歌った．また，踊るときには仮面をかぶった．そして踊っているときにトランス状態に陥ったり，霊魂と戦ったり，手先による神業を見せたりした．

もっとも強力なシャーマンは男性であるといわれているが，女性もシャーマンになることができた．シャーマンはコミュニティーの中では権力と超自然力をもつ存在であった．シャーマンは月や死者の国を訪れることができた．

●**ネツリク・イヌイットのシャーマン**　ネツリク・イヌイットのシャーマン（アンガコク）は，日常的には普通のハンターであるが，超自然力をもつがゆえに尊敬され，恐れられていた．シャーマンはアルペッサクやツンラックという精霊を自らの守護霊として利用した．シャーマンの役割は，アラスカの場合と同じく，集団を危険にさらす環境的な脅威に対処すること，個人や集団の危機に対処すること，人間の相互関係を調整し，仲介すること，病気の治療，未来の予知などであった．

病気は邪悪な幽霊や悪霊，タブーを破ることによって引き起こされると考えられていた．したがって，シャーマンの役割は，特定の個人やコミュニティー全体に災難が降りかかったときに，人間と環境，超自然との調和的な関係を回復させたり，維持させたりすることであった．また，シャーマンは自らの霊魂を身体から解き放ち，黄泉の世界や月に旅行することがあった．

3) タブー

イヌイットやユッピックの世界には無数のタブー（禁止ごと）が存在していた（Oswalt, 1967）．彼らのタブーには，陸獣と海獣の厳格な隔離，大半が狩猟や出産に関わっていること，タブーを破ることが不運や災厄の原因となることなどの特徴がみられた．人々はひとつでもタブーを破らぬように，行動しなければならなかったが，不猟や不運にみまわれると，シャーマンに原因の特定と，問題の解決を依頼した．シャーマンは，人々がタブーを破っていないかどうかを調べ，原因を特定した後に，人間と精霊・霊魂との関係を修復するための処置をした．

●**アラスカのタブー**　狩猟に関するタブーは，

陸の動物と海の動物との対立関係に由来しているものが多い．ポイント・バローでは女性がカリブーの毛皮服を作っているときには，アザラシに触ってはいけないとされた．また，春になりクジラ猟に出る前に，昨年の春以降に捕獲された陸獣のいかなる骨も放置することは許されず，燃さなければならないとされた．また，春のカリブー猟が始まる前に，ハンターはアザラシの脂肪油を身体から洗い流さなければならなかった．アラスカ内陸部では，アザラシの肉とカリブーの肉は同じポットで煮てはならないとされた．冬季にカリブーの毛を海に投げ入れることは，クジラを怒らせ，アザラシの呼吸穴をふさいでしまうと信じられていたので，タブーとされていた．陸の動物のイヌアと海の動物のイヌアはお互いに嫌いあっており，一緒になることを嫌うため，もし一緒にすると不猟に陥ると信じられていた．

ハンターが生まれて初めてアザラシをしとめた後，次の膀胱祭（後述）が終わるまでの間，そのハンターと母親は，アザラシの肉を食べることやアザラシの脂肪油を消費することが禁止されていた．また，ハンターが初めて捕獲したセイウチの肉を彼自身は食べてはいけないとされた．

少女が初潮を迎えると物理的に隔離され，行動や着るもの，食べ物に制限が加えられた．また，幼い妻が初潮を迎えた夫は，浜辺に行くことや氷上を歩くこと，カヤックを使用することが禁じられていた．

出産に関するタブーとして，アラスカのイヌピアックやユッピックの産婦は出産が近くなると家から離れた所に隔離されるが，新鮮な食べ物を食べることやほかの人の容器を使用することは禁じられていた．

●ネツリク・イヌイットのタブー　ネツリク・イヌットには，多数の守るべきタブーがあった．狩猟や狩猟動物に関わるタブーと出産や死など人生の重要な局面や月経のような生理的な現象に関わるタブーに大別することができる．

アザラシに関するタブーとしては，しとめたばかりのアザラシは，決してイグルーの汚れた床においてはならないというものがあった．さらに，解体せぬままイグルーの床にアザラシを置いている間は，女性は縫い物を，男性は石，木，金属などの加工作業をしてはならないとされていた．カリブー猟が行われていた間は，衣類用の毛皮をなめしたり，縫ったりしてはならないとされていた．カリブーの肉は流木で料理してはならなかった．カリブーが地元から移動し終わるまでは，髄の入った骨を折ってはならなかった．また，アザラシの肉を食べた日には，弓矢でしとめたカリブーを食べてはならなかった．このように動物や狩猟に関するタブーが存在していた．

死者に関するタブーとしては，家族は死んだ人間の名前を声に出すことが禁じられていた．同じキャンプに住んでいた仲間は，4, 5日の間は，髪を櫛ですくことや爪をきること，イヌにえさを与えること，犬ぞりに乗ることなどは禁じられていた．

子供を出産した女性は，月経中の女性と同様に，不浄であるとみなされ，離れたテントやイグルーに隔離され，謹慎する必要があった．また，彼らは歌の祭りに参加することもできなければ，動物を名前で呼ぶことも禁じられていた．

イヌイットやユッピックの人々はタブーを犯せば災難や不運に見舞われると信じていた．したがって，多数のタブーの存在は，人々の行動を制約することが多かった．ここで紹介したタブーは一部にすぎないが，このようなタブーがなぜ存在し，どのような社会的な機能を果たしてきたかは不明である．

4）祭り

アラスカ地域のユピックやイヌピアックは，彼らの東に住むイヌイットと比べるとより複雑な儀礼や儀式を有し，より規模が大きな祭りを定期的に開催していた（Fienup-Riordan, 1983；宮岡，1987；Spencer, 1976）．冬になると男たちは，カズギやカリギとよばれる男宿に集まり，ほとんどの時間をすごす．カズギでは，狩猟・漁労道具などの製作や修理，若者の教育，儀礼が行われたり，蒸し風呂や踊り，物語りを楽しんだりした．アラスカ地方では，冬季は儀礼の時期であり，膀

◆ II. 世界宗教の現在 ◆

図9 プヴィルニツック村（上）とクージュアック村（中）の教会（ともにケベック州極北部，夏の風景），アラスカ州バローの長老派の教会（下）（筆者撮影）

胱祭，使者祭，記念祭，大死者祭が開催されてきた．

　使者祭とよばれる祭りが，ベーリング海沿岸にすむイヌピアックやユッピックによって盛大に開催された．この名称は，主催者側のコミュニティーが招待される側である複数のコミュニティーに招くための使者を送ったことに由来する．招待された人たちは，主催者が欲しがっている贈り物を携えて，主催地へ集まった．主催者側は，動物の活動や狩猟の様子を模した仮面踊りを披露した．この祭りの第一目的は贈り物の交換であったが，仮面踊りは動物の霊魂を楽しませることであったので，この祭りには超自然的な意義もあった．

　ベーリング海地域のユッピックの間では，かなり複雑な膀胱祭とよばれる祭りが開催された．これは，獲物の動物に敬意を表し，動物の霊魂を海に送り返す儀礼である．アザラシなど動物のイヌア（霊魂）は膀胱に存在していると考えられていたので，ハンターは獲物となった動物の膀胱を集め，祭りの期間中は膨らませて色を塗り，儀礼小屋の中に吊るしておいた．そして儀礼を行い，かつ食物や水をそなえて敬意を払った．また，祭りの参加者は蒸し風呂で体を清めた．そして祭りのクライマックスは，集められた膀胱を海氷に穴を開け，そこに投げ込むことであった．こうすることによって，イヌアは存在し続けることができるのだった．また，獲物の動物の骨や頭骨を，イヌにかまれないように海や川に投げ入れることも行われた．

　アラスカのイヌピアックとユッピックの間では，前の年に亡くなった人に敬意を表して記念祭が執り行われた．この祭りの目的は，黄泉の国にいる死者の霊魂に，食物，水，衣服を贈ることであった．また，死者の霊魂を自由に解放するために，4日ないし5日間続く規模の大きな死者祭が開催された．この大死者祭では，死者の名の下に大量の財産や食べ物が来客に分配された．この祭りは，トリンギットなど北アメリカ北西海岸先住民のポトラッチに似ていた．

　アラスカ地域では，その年のサケやアゴヒゲアザラシなど初物を祝う慣習があった．例えば，アラスカ西南部のヌニヴァク島では，その年に初めてアゴヒゲアザラシを捕獲したハンターは，カヤックに乗ってキャンプ地の海岸にもどってくるときに秘密の歌を歌わなければならなかった．そして自宅に帰り着くと，彼の妻は彼の頭髪を小便で洗い，彼は彼のお守りのベルトを妻に締めた．そのアザラシはいつもとは違ったやり方で皮をはぎ，肉や脂肪の部位もいつもとは違ったやり方で

処理をした．

アラスカ北西部のイヌピアックは，ホッキョククジラ猟の豊猟を祝うクジラ祭りを行っていたことが知られる（Spencer, 1976：332-353）．また，ラブラドール地域などカナダの東部極北地域においてもクジラ猟に関係する儀礼が存在していたことが知られている（Taylor, 1985）．

カナダのイヌイット社会においては冬季になると，不定期ながら村の中の大きなイグルーにイヌイットが集まり，のど歌や遊びのコンテストを行うことはあった．しかしながらアラスカ地域のように大規模な祭りが定期的に開催されることは少なかった．

(4) 現代の宗教：キリスト教の受容と展開

ユッピックやイヌイットらが，ヨーロッパからやってきた漁船の乗組員，探検家，捕鯨者，毛皮商人と接触した後，キリスト教の宣教師と接触するようになった．グリーンランドでは18世紀から福音ルター派が，カナダの東部極北地域では17世紀からモラビア派が，チュコトカ半島の沿岸部から南西アラスカにかけては，ロシア人の進出とともに18世紀からロシア正教が入ってきた．なお，カナダの中部極北地域では19世紀から英国国教会派やローマ・カトリック派が宣教活動を行ってきた．19世紀にはいると極北の各地において伝道所が開設され，本格的な布教活動が開始された．

キリスト教の宣教師の活動は，交易や教育，医療の諸分野を中心にイヌイットの生活に全面的な影響を及ぼした．彼らの影響力は，毛皮交易の進展や国家への統合が進行する過程で宗教的な領域へと限定されていった．カナダの極北地域では

図10 アクリヴィク村の教会（上：ケベック州極北部，冬の風景），教会での挙式後の様子（中），とクリスマスを祝う夕食会の様子（下）

表2 1970年代以前に各地域で布教活動をしたおもなキリスト教の宗派

地域	おもな宗派
南西アラスカ地域	ロシア正教，カトリック派，モラヴィア派
北西アラスカ地域	組合教会派，監督教会派，長老教会派
カナダ極北地域	英国国教会，カトリック派
ラブラドール（カナダ東部）	モラヴィア派
グリーンランド	福音ルター派

◆ Ⅱ．世界宗教の現在 ◆

1930年代までにはほぼすべてのイヌイットがキリスト教に改宗したといわれている．しかしこれはイヌイットのもつ霊魂観や世界観の消滅を意味するのではなく，部分的には混ざり合い，部分的には手付かずのまま，キリスト教と伝統的な宗教・世界観は共存してきている．すなわち彼らは，キリスト教を自らの視点から再解釈した上で，受容しており，新旧2つの宗教の折衷や混交が認められる．名前の霊魂の考え方，狩猟にかかわるタブー，アラスカの祭りは変容しつつも，現代のイヌイットやユッピックの社会で存続している（例えば，岸上，2009）．

1980年代以降は，ペンテコスト派（福音派の一部）とよばれる原理主義的なキリスト教の宗派が急激に極北地域に広まり，中年・青年層の間では主流となりつつある．1970年代以前の各地のおもなキリスト教の宗派は表2の通りである．

ユッピックやイヌイットがキリスト教に改宗した理由に関しては，大別すれば3説がある（岸上，1992；Kishigami, 1994）．第1の説は，キリスト教の教義がイヌイットらの心を捉えたとする説である．第2の説は，キリスト教の教えや宣教師の活動が，問題解決など社会・自然環境への適応手段となったという説である．第3の説は，社会経済変化の大きな流れとの関連でキリスト教化を理解する説である．

第1の説はさらに2つに分かれる．ひとつは，罪からの救い，地獄と天国，永遠の生命などのキリスト教の考えがイヌイットらに受け入れられたというものであり，もうひとつは，イヌイットの宗教とキリスト教の世界観とのあいだには偶然にせよ類似や一致が認められ，そのため比較的容易にキリスト教が受容されたとする見方である．第2の説もさらに2つに分かれる．ひとつは，キリスト教がシャーマンへの恐怖や悪霊や幽霊への恐怖に対抗する手段となりえたという見解であり，もうひとつは宣教師の力を借り伝染病に対処したり，毛皮交易から物質的な恩恵を受けたりするためにキリスト教を受け入れたとする見解である．第3の説は，キリスト教化の展開と伝染病の蔓延によるイヌイットらの健康状態の悪化とのあいだにみられる相関関係に注目する見解である．

改宗した理由はともあれ，現在のユッピックやイヌイットは敬虔なキリスト教徒である．多くの家庭では，食事の前や起床後，就寝前に，祈りをささげている．多くの人々は日曜日や水曜日に教会のミサに出席する．キリスト教信仰は，現代社会で生きている彼らに精神的な糧を提供し，苦悩や鬱憤を軽減させる役割を果たしている．キリスト教の教えや実践は，彼らの文化の一部となり，民族的なアイデンティティを構成する一要素となっている（岸上，2002）．

参考文献

岡 千曲「アザラシ・カリブー・サケ：中央エスキモーに於ける世界構成と動物をめぐるタブー」『相模女子大学紀要』42, 1978年．
岸上伸啓「イヌイットは如何にしてキリスト教徒になりしか」『北海道教育大学紀要1部B』42 (2), 1992年．
岸上伸啓「カナダ・イヌイット社会におけるキリスト教の展開とその諸影響について」杉本良男編『宗教と文明化』，ドメス出版，2002年．
岸上伸啓「アラスカ先住民 イヌピアックとホッキョククジラの関係の歴史的変化」『人文地理』61 (5), 2009年．
スチュアート ヘンリ「食料分配における男女の役割分担について」『社会人類学年報』17, 1991年．
宮岡伯人『エスキモー』（岩波新書），岩波書店，1987年．
Balicki, A. *The Netsilik Eskimo*. The Natural History Press, 1970.
バーチ，E. S., Jr（スチュアート ヘンリ訳）『図説エスキモーの民族誌』原書房，1991年．
Fienup-Riordan, A. *The Nelson Island Eskimo*. Alaska Pacific University Press, 1983.
Kishigami, N. "Why Become Christian?" In T. Irimoto. (ed.) *Circumpolar Religion and Ecology*. University of Tokyo Press, 1994.
Oswalt, W. H. *Alaskan Eskimo*. Chandler Publishing Company, 1967.
Rusmussen, K. *The Netsilik Eskimo: Socail Life and Spiritual Culture* (Report of the Fifth Thule Expedition Vol.8) Cyldendal, 1931.
Spencer, R. F. *The North Alaskan Eskimo: A Study in Ecology and Society*. New York: Dover Publications, Inc, 1976.
Taylor, J. Garth "The Arctic Whale Cult in Labrador" *Éudes/ Inuit/ Studies* 9 (2), 1985.

13.7 シベリアの諸民族
荻原眞子

人の誕生と死はいつの世でも日常的な事柄ながら，現代社会では生と死の現実とその観念はあまりにも多様化しており，それを宗教的な見地からどのように考えるべきかについて答えることは容易ではない．さまざまな人工・体外受精による人の誕生，遺伝子操作や臓器移植による病気治療，延命術などによって飽くことなく生命維持が追求される一方で，殺人，交通事故，戦争，テロ，自然災害などによって日常的に起こる，しかも，しばしば大規模な死のあまりにも絶望的な現実は尋常な人間的感性では受け止め難い．しかし，長い人類の歴史では戦争や災害や疫病による集団的な死は絶えず繰り返されてきたのであるから，今日の現実もまた何ら特別なことではないと人は言うかもしれない．そうであろうか．個々の人の誕生と死へのかかわり方はおそらく人間社会に普遍的で，古今東西少しも違いはなかろう．一般的に赤ん坊の誕生を呪い悲しみ，人の死を喜ぶ文化はどこにもなかったし，ないと思う．人殺しと戦争が人間性に所与であると言いうるほど不可避的な要素であるとしても，他方では生と死に関する事柄は個人や社会にとってもっとも大きな関心事であり，生きることこそが何をさておいても求められなければならないという点に人類文化の最大の共通性があると言っていい．生命を維持することは生物一般にとって自然の絶対的な摂理であるから，人間もまたその法則性に則っていることに疑いはないが，それが社会や文化的な仕掛けのなかで営まれることこそ人間が人間である所以である．

高度な文明社会や都市生活のなかでは見えにくくなっている人間の存在論的な本質について，ひと昔前の民族誌に見られるシベリアの諸民族は私たちにさまざまな問題を想起させてくれるように思う．

(1) シベリアの諸民族の社会

シベリア＊は16世紀半ばから次第にロシア帝国の版図に組み込まれ，17〜19世紀には各地にロシア人，ウクライナ人，ベラルシ（白ロシア）人などヨーロッパ人による植民が拡大したが，シベリアの大地は古くから数多の先住民たちの世界であった．シベリアには今日26の北方民族が数えられているが，20世紀のソヴィエト社会主義体制を通じてその大部分は社会的にも文化的にも大きな変容を遂げた．その結果，21世紀の今日では多くの先住民社会では人口が少なく，しばしば自らの言語や生活習慣を失っており，どこにおいてもいわゆる伝統文化，特に，精神世界にかかわる文化を見出すことはかなり難しい状況にある．具体的には，ソ連時代の言語政策，寄宿学校制度や教育政策によってロシア語化が進められた結果，今日では一般に民族固有の言語の話し手は少数の年長者だけになっている．それとともに，かつての生活様式や習慣は現実からも記憶からも遠ざかり，人々の日常生活は衣食住ともに現代風になっているといって過言ではないが，それでも広大なシベリアでは自然条件・生態学的な環境の違いのために地域的な特徴は明らかに認められる．経済活動としてはどこでも狩猟や採集は一般的であったが，それに加えて極北地域ではトナカイ牧畜，大河流域では漁労，オホーツク海域では海獣狩猟が盛んに行われ，その伝統は今日までも受け継がれてきている．言い換えれば，シベリアでは都市文明の拡大・進展は局地的であり，概して人々の生活が自然環境やそのサイクルと直接にかかわっている度合いは大きかった．このことは今日でも変わらないが，それだけに巨大企業による自然開発は先住民の生活環境を脅かす深刻な状況を生み出している．

(2) 「生きている」ということについて

「自然との共生」ということばは，昨今よく使われるが，これは本質的にどういうことを指しているのであろうか．人類の長い歴史やシベリアの諸民族の文化から考えてみると，この表現はある

＊ ロシアの学会では「シベリア」と「極東」を区別し，後者は沿岸州とサハリンを指しているが，ここでは極東も含めて「シベリア」とする．

◆ II. 世界宗教の現在 ◆

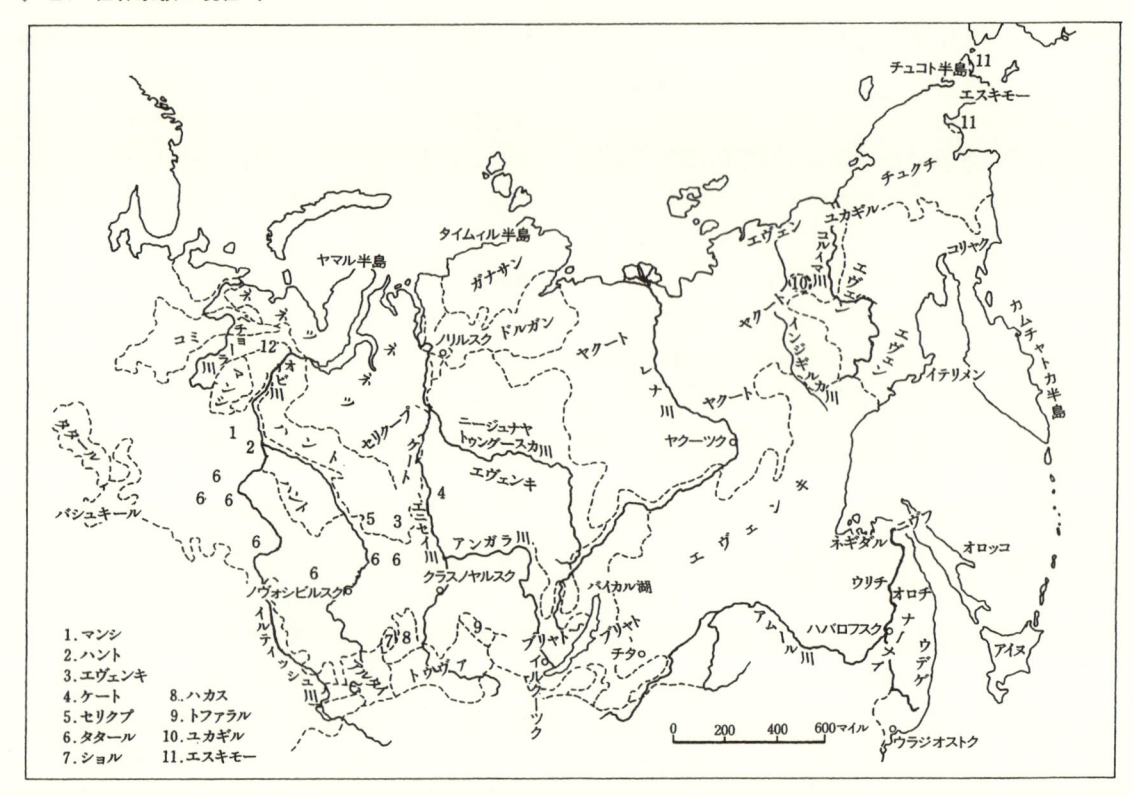

図11 北方諸民族の分布 (Forsyth, 1992 より作図)

意味では非常に一面的な人間観を映しているように思われる．本来的には人間も自然であり，他のあらゆる生き物，動物と同じように自然環境を構成する一部分であったはずだからである．高度に発達した文明・文化のなかでは見えにくくなっているとはいえ，「食べる」という日々の動物的な行動がまったく自然に依拠していることを思い起こしてみることは大切であり，また，人間が接することのできる自然だけではなく，地球というこの惑星には人間の想像を超えた大自然の営みがあることを忘れてはならない．

山や森，河川や海，草や樹木，鳥獣や魚，移ろう天空現象と気候，そうした自然現象について，1926年に民族学者G.N.プロコーフィエフは西シベリアの先住民ネネツの若者たちと面白い会話を交わしている．

「水は，もちろん，生きものさ」．「木は生きものか，それとも生きものではないか？」——「生きものではない」．「わたしたちは木は生きものだと言うのだが」——笑って，訝しがる．「木は動かないじゃないか」．「では，石は生きものか，死んだものか？」「生きものだ，なかに火がある…」．「風も生きものだし，太陽も生きもの，星も生きものだ，それはみんな動くからだ」(Хомич, 1971：20)．

このように自然現象を生きものとして捉えるアニマティズムの観念はシベリアの諸民族には広く認められる．ところで，木々が風で揺れる現象を今私たちはどのように説明できるだろうか．木々が揺れるのは風が吹くからだが，では，風はどうして吹くのだろうか．それについてエヴェンキは風を動かす力が働くのだと説明する．川の水が流れるのは，水を動かす力が作用しているのである．その力をエヴェンキ語ではムスン（ムシュン，ムフン）といい，それは雨や雲にもあり，そればかりか，風化して崩落する山もやはりムスンをもっている．さらには，人が作った弓矢は獲物を殺す力があるから，これもムスンである．ま

—414—

た、「ことば」もムスンをもっているから、悪口が現実に災いを招くことにならないよう用心しなければならないという（Василевич, 1969：227-228）。

では、「生きている」ということはどう考えられていたのだろうか。西シベリアのケットにはエトレス（etles'）という「生命力」を表す語があり、これは「息」に近いが、息（il'）そのものではない。「致命傷のオオジカが頭をもたげると、そのときエトレスは空中に飛び出ている」という。ケットでは心臓や肝臓、肺臓や胃などの内臓、血液、影にも生命力があると考えられ、また、叙事詩のなかには強敵や獣の臓器を食べて自分の生命力を強化する話がある（Алексеенко, 1976：95）。西シベリアのネネツでは息、血液、影、心臓だけでなく、知恵にも生命原理を認めていたが（Хомич, 1971：23）、それはケートやエヴェンキでも同じである（Алексеенко, 1971：96；Василевич 1969：225）。北極海に突き出たタイミィル半島のガナサンやドルガンでも息、血液、影に「生きている」証があるとみなしていたが、このような見方は特別なことではなく、息がなくなること、心臓の鼓動が止まること、出血多量が「生命の停止」に至ることは人類に普遍的な経験に基づく事実であるといえよう。

地面や水面に映る「影」は人の分身であるという観念も広く共通しており、このことは写真と関連してしばしば語られてきた。つまり、写真を撮られることは自分の生命力もしくは「魂」を奪われるものと恐れて嫌がられ、また、声を録音することも同様に考えられた場合がある。それゆえ、ガナサンは地面や水に映った人影を突き刺したり、叩くことが「人殺し」になるとして戒め、さらには頭髪や着物もその人の生命と深く結びついていると考え、抜け毛や着古した着物の扱いに注意を払った（Попов, 1976：33）。

このような生命の観念について、それを表す特定の語彙はシベリアのどの民族の言語にも顕著ではないが、民族学や人類学では普通「霊魂」（soul, dusha）という語が当てられてきた。例えば、ガナサンについて、「カム＝血はやはり〈霊魂〉であり、これは息と同じように人間ばかりでなく、動物の物理的存在と同一視され、〈生命原理〉の容器であり、それゆえに、神や精霊に供犠される」（Popov, 1976：32）という。つまり、「血液は生命原理である霊魂の容器であり、霊魂と同一視される」ということになるが、このような記述のためにシベリアの民族誌にはさまざまな矛盾や混乱が生じてきたように思われる。実際には、血液そのものが物質であり、生命原理もしくは生命の実体であると理解するほうがわかりやすい。また、文献ではシベリアの諸民族が人体の手足、内臓、頭や目にそれぞれの「霊魂」の存在を認めているとして、これを「部分的霊魂」（partial soul）とよんでいる（Попов, 1976：33；Иванов, 1976：180）。そうした記述を慎重に吟味してみると、身体の各部位もまた生命の実体であると解するほうがより適切であるように思われる。それは今日の移植医療における臓器について共通する考え方で、病んだ臓器が生死にかかわるとき、その臓器は「生命原理」に等しいといえるのではなかろうか。アムール・サハリン地域のナーナイの英雄説話の一つに、敵の小さな人形(ひとがた)の手足を一つずつもぎ取って面前の敵を滅ぼすという場面があるが、霊魂はその部位にあるのではなく、その人形そのものが霊魂エルゲニなのである。実際、「生命」が人体のどこに宿っているのかを果たして私たちは知っているのであろうか。「生きている」ということは、身体のあらゆる部位、血液、息、影が全体として完全であることであり、その全体性が損なわれることが痛みや病、死につながるという考え方は私たちにも通用する。

(3) 病気をもたらす「悪霊」──アニミズムの観念

ガナサンでは病気の原因は死者や悪霊バルシ（barusi）に帰せられ、バルシが地下世界からやってきて、その息吹が人体に入ると、その人は病気になり衰弱して死ぬと考えられていた。そうした病気を治すには、トナカイか犬を連れてきて、病人がそれに息を吹きかけて悪霊の息を移すのである。また、目を病んだときには、病人はトナカ

◆ Ⅱ．世界宗教の現在 ◆

イの目に息を吹きかけて，「治ったら，金輪際トナカイの目のまわりの脂肪は食わない」と誓った（Попов, 1976 : 33-34）．悪霊の息＝病気を家畜に転嫁するというのは，シベリアでも珍しいことである．北東シベリアのコリャクやチュクチでは病気や死は炉の火を通じて闖入してくる悪霊カラ（コリャク）やケレ（チュクチ）が原因である．コリャクの神話では創造神クイキニャークの息子が病気になったとき，創造神は「どうやら，家のなかにはカラがいるらしい」と言って，「新たにやってきたカラを炉で火責めにして懲らしめ，家の中に隠れている仲間といっしょに追い出し，息子の病気を治した」という話がある（Jochelson, 1908 : No.13）．カラやケレは多様な性格をもっており，病や災いをもたらすだけでなく，地上で家族とともに生活しながら創造神の家族とつき合うかと思えば，人喰いでもある．

病気やその原因である悪霊を病人から追い出すために，アムール川中流域のナーナイでは家族のほかに大勢の人が集まって大声で叫びながら，がらがらや棒，金物を叩いて騒いだ．その際に追い出した悪霊（セオン）を閉じ込める草人形をつくり，それに向かって叫び声で脅し，最後にはそれを家から放りだした（Лопатин, 1922 : 282）．また，家の守護神（ジュリン）（木偶）や日の出の太陽（女神）に病気の回復を祈願し，回復した後には鶏や豚，鴨などを供犠した（Лопатин, 1922 : 231）．炉の火の神もまた日常的な祈願の対象であったことが，これはアイヌをはじめシベリアの諸民族に一般的であった．さらに，悪霊に目をつけられて病気になることを恐れて頻繁に住まいを変えたり，人間と思わせないような名前を赤ん坊につけたり，名前を変えて悪霊をたぶらかすということも多くの民族で行われた．その背景には，シベリアの苛酷な自然環境，産屋や出産にかかわる習慣のなかで新生児の生存率が非常に低かったという事実がある．生まれた赤ん坊を産屋から家族の住む家へ直接連れ帰れば，悪霊（アンバン）が後をつけてくるとして，とてつもなく遠い回り道をしたり，隣家を経由して，さらに通常の出入り口とは異なるところから運びいれるというような手順さえとられた．赤ん坊を「立たせる」ほどまで無事に育てることは容易なことではなかったのである（Gaer, 1995 : 159-160）．お守りもまた多用され，悪霊が近づかないように子どもの揺りかごには熊やイノシシの牙やひづめ，空薬莢などを結びつけ，また，戸口には棘のあるサンザシの枝を刺しておくということも見られた（Березницкий, 2003 : 126-127）．

ガナサンでは「病気」に対して優しいことばをかけて宥めたというが（Попов, 1976 : 35），コリャクやチュクチでは呪文が盛んに行われ，そのなかには頭痛や腫れ物，胃痛を治すために唱えられる呪文がある．胃病を治す際の呪文では次のように唱えられた．

　　わたしはクールキル（大ワタリガラスの名前）を呼ぶ．わたしの胃をわたしは海の入り江に変える．入り江は凍り，すっかり氷に閉ざされている．入り江の氷には沢山のごみが閉じ込められている．そのごみはわたしの胃の病気だ．「わたしの胃よ，おまえは痛みでいっぱいだ．わたしはおまえを凍った入り江，汚い氷盤に，とても古い氷盤に変える」．わたしはクールキルに頼もう．「クールキルよ，あなたは遠い昔から，旅をしている．わたしはあなたに助けてほしい．この入り江をどうするつもりか．これは凍っている．悪い輩が凍らせたのだ．あなたには丈夫な嘴がある．どうするか．」すると，クールキルは氷を割る．割れたのは実は病気だ．水の下で突き刺さったものをわたしは流れに運ばせよう．それは水面に浮いている（W. Bogoraz, 1904-1909 : 503）．

ここに登場するクールキルは大ワタリガラスであるが，これは隣接するコリャク，イテリメン，エスキモーなどの神話にも登場する重要な存在で，世界の創造や文化の起源にかかわり，また，凍りついた天穹を嘴で穿って穴をあけて地上に太陽をもたらした文化英雄でもある．病気治療の呪文のなかには創造神の所業を語る神話があるが，それはアイヌにも類例がある．（始祖神ないしは文化英雄であるアエオイナ神の妹神が腹痛になっ

たときの祈詞は病魔の根元を明らかにする神話である（久保寺，1977：聖伝 11）.)

このように，生命を脅かし，病気をもたらす悪霊を防御，排除するというさまざまな方法や治療は家族や病人自身によって行われ，例外はあるにせよ，一般的にはシャーマンの関与するところではなかったとみられる.

(4) 「霊魂」とシャーマンの役割

シベリアの諸民族における「生命」を理解するうえで重要なもうひとつの観念は「霊魂」である．人間が病むのはその「霊魂」になんらかの支障が起こるためであり，それを診断し，解決できるのがシャーマンであった.

上述のガナサンでは病気は悪霊バルシの息吹によるが，病人が死ぬのはバルシが煙穴を通って地上の人間世界へやってきて病人の霊魂（ニルチ）を地下世界へ奪い去るためであるという．バルシにとって人間のニルチはこの上ない好物であり，人間がトナカイを狩するように，バルシは人間の，それも若い壮健な男のニルチを獲物にする．そのために弱った年寄りが生き残るのだという．ケットでは霊魂（ウリヴェイ）はマッチ箱ほどの小さな人の分身であり，それは赤ん坊が歩けるようになると具わる．一説ではウリヴェイは自由に身体を離れることができ，それが病気や死につながる．病人は「ウリヴェイを失った人」ともよばれる．ウリヴェイをみることができるのはシャーマンか特別な予知能力者である（Алексеенко, 1976：99-100）．エヴェンキをはじめトゥングース語系の諸族では人間や動物の霊魂は「オミ」，「オミヤ」とよばれ，その容れものは人間や動物の身体であり，両者は「オミチ」すなわち，「オミをもつもの」である．オミの所在する場所は怪我や死の現象から血液，息＝肺臓，心臓と結びつけられた．動物のオミはそれぞれのもっとも発達した部位，すなわち，猛獣は鼻に，若いトナカイは顎とひづめに，熊は足と爪にあるとみなされ，それらは狩人や人々に獲物や健康をもたらす護符として，大事にされた．ここで明らかなことは，例えば，血液が生命の実体であるという観念があるのと同時に，血液には霊魂があるというもう一つの観念が重なり合っていることである.

オミは人が眠っている間にその身体から遊離し，また戻ってくることができる「遊離魂」であり，人が死ぬとオミの世界へ飛び去っていく．それに対して，人間にはもうひとつ「ベエ」という死に際しても身体に留まる「身体魂」があり，これは人の死後シャーマンが死者のいるあの世に送り届けなければならない．ベエは死者の世界でしばらく生きたのち，もう一度死んで次の他界へ行くが，そこでは悪人と善人の行く先は異なる．後者の霊魂は「シャーマンの川」の源流にあるオミの世界（ネクタル）に移り，そこで小鳥の姿になって留まっているのである．上界の主がこのオミを地上に送ると，それが未来の母親の体内に入って新たな生命の誕生となる（Василевич, 1969：224-225）．これはエヴェンキにおける典型的な霊魂観であって，それは東シベリアにひろく分布しているすべてのエヴェンキに共通しているわけではない．また，トゥングース系の個々の民族や氏族でも異なっているばかりでなく，実際にはシャーマンそれぞれによってさえ霊魂に関する説明や解釈には違いがみられる（荻原，2001）．ただ，人間の生死を「霊魂」の転生の循環系として組み立てられたこのような世界観こそが，シベリアにおける，なかんずく，トゥングース系諸族のシャーマニズムのもっとも大きな特徴である.

シャーマンにとって重要な第一の要件は守護霊や補助霊である（人はそのような精霊によって選ばれてシャーマンとなる）．守護霊はしばしば祖先の強力なシャーマンの霊であり，補助霊は動物や神話的な存在などである．そして，シャーマンの儀式は，特別な装束（衣服や帽子，靴など），太鼓や撥などをともない，人間をとりかこむ自然界に介在する霊魂や諸々の精霊との接触や交信を通じて，病気の原因と解決策を見出すために行われる．超自然界の諸霊との交信は自らを精神的心理的に特別な状態（エクスタシーもしくはトランス）に至らしめることによって可能になる．病気は人から「霊魂」がいなくなったり，盗まれたり，あるいは，何か邪悪な精霊が送り込まれて侵

◆ Ⅱ．世界宗教の現在 ◆

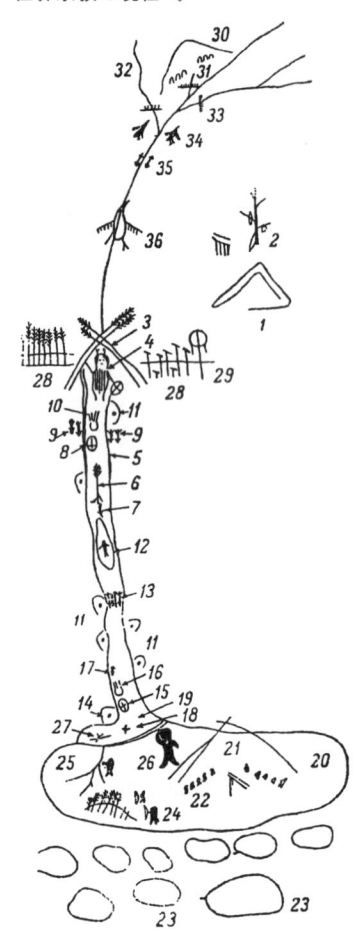

図12 「シャマンの川」(Anisimov, 1958)

伝承は少なくない．

　ところで，死者の霊魂は独りでは死者の世界（ブニ）へいくことができないため，それをシャマンはブニの主のもとへ送り届けなければならないが，そのためには特別な追善の儀式があった．エヴェンキのシャマンの世界像では固有の川（シャマンの川）を軸に，源流には生まれくる霊魂オミの世界，中流には地上の世界，河口には死者の世界が配され，「霊魂」の転生と回帰が示されている．死者の世界へ行くことは容易なことではなく，ナーナイやウリチでは死後数年して行われた大がかりな追善儀礼に特別に強力なシャマンが招かれて死者の霊魂を他界へ送り，それを境にして死者と遺族との絆は絶たれた（Лопатин, 1922：294-319；Смоляк, 1966：129-130）．

　ナーナイでは赤ん坊が1歳未満で亡くなると，その霊魂オミヤは小鳥となってオミヤの世界に戻っていくと考えられ，このような赤ん坊の葬制は大人の場合と異なり，すっぽりと布でくるみ，それに鴨の羽毛を取りつけて，白樺樹皮の棺に入れて家のそばの樹上に載せた．死んだ子供たちの霊魂は「氏族の樹」に宿り，しばらくするとまた同じ母親か，同じ氏族のなかの他の女性のもとに生まれてくると信じられていた．ナーナイやウリチの花嫁衣裳の背面の下部には枝に鳥を配した樹が刺繍されるが，この「生命の樹」は「氏族の樹」と本質的には同じものと考えられ，「生命」の具体的な表象である．無事に1歳を過ぎると赤ん坊の霊魂エルゲニとなる．それは当の人間のミニアチュアであり，この分身の霊魂に故障が生ずると人は病気になる．通常の人間のエルゲニがどこに所在するのかは明らかでないが，英雄説話のなかでは主人公メルゲンの姉妹が敵のエルゲニを見つけて闘いの場へもってくると，ようやくにして相手を倒すことができる．また，霊魂が卵であることもあり，それを敵に投げつけて相手を滅ぼすという話も少なくない．

　人間や動物に生命原理としての「霊魂」があるとすれば，自然界にはさまざまな主霊(ぬし)や精霊がいて，それぞれの領域を管轄している．森（タイガ）や山，川や海，天や火にはそれぞれ主霊がお

害されることによって起こるのであるから，シャマンの役割は行方不明の霊魂を見つけ出して病人に取り戻すことである．また，アムール川下流域のウリチでは木や枯れ草，魚皮や布などで動物や半人半獣などの偶像（セヴェ）をつくり，シャマンはそれに病人の霊魂を奪った悪霊を閉じ込め，それをタイガのなかに捨てるか，納屋に保管して再び「悪さをしないように」時折供物を与えることもあった（Смоляк, 1966：127-128）．また，シャマンは天へ上り，オミア・ムオニの樹から小鳥をとってきて子供を望む女性に与えることもできる（Иванов, 1976：167）．シャマンは霊魂を自由に操ることができたため，敵対する氏族のなかの狩人やシャマンの「霊魂」を密かに奪うことによって相手に病気や死を招き，それがもとで氏族間だけでなく異民族との抗争が繰り返されたという

—418—

り，人間はその意を迎え，副うことによって獣や魚や海獣などの獲物を授かるという観念はシベリアに遍く認められる．ところで，獲物である自然界の生きものの生死，もしくは再生については人間の生死とは異なる観念があり，両者は並行的であるとはいえない．サハリンのニヴフでは海の主はアザラシや魚を掌握して人間のもとへ送ってくれるが，人間に不届きな行いがあれば獲物は海に放たれない．同じような観念はアイヌにもみられ，主要な食糧であったサケやシカはそれぞれを司るカムイが人間世界に送ってくれるのだと神謡に謡われている（知里，2001（1978）：「梟の神が自ら歌った謡」）．狩猟や漁労などに関する儀礼や説話では大型の獣それ自身が森や山，海の主として表象される場合もあり，このような観念が「人と動物の婚姻」をテーマとする説話の背景をなしていることがある．また，獲物は人間界へ訪れくる客人（まろうど）であるという観念もあれば，それとは対照的に狩人は殺した獣からの報復を恐れて宥和をはかるという場合もある．狩人や漁師は現場で供物や祈りを捧げるならわしであるが，氏族や共同体で行う大きな狩猟儀礼や漁労儀礼にシャマンが関与する場合もあった．一例を挙げれば，エニセイ川上流地域のエヴェンキで記録されている数日間の狩猟儀礼はシャマンによって先導された（荻原，1996：372-378）．自然や動物の主の観念が，本来，シャマンに固有の霊魂観と結びついていたかどうかは疑問であるが，シャマンの役割が拡大し，その観念が広がるにしたがって諸民族の精神生活もまたそれによって大きく影響されてきたのではないかと想像される．このことについては深く考察してみなければならない．

(5) シベリアの諸民族の宗教

人類学では古代や先住民社会の宗教をアニミズムやシャマニズムというタームで特徴づけようとする傾向が長らく続いてきている．しかしながら，果たして，シベリアの諸民族の宗教はそのような概念で理解しきれるものであろうか．「生きている」という生命現象が，当初から「霊魂」によって観念されていたとは言いがたい．むしろ，ありのままの現実が生命の実体として理解されていたのだといえよう．その何よりの証拠は生命の実体をあらわす特別な語彙が見当たらないらしいということにある．実体の認識を「ナイーヴな唯物論的観念」とよんでいる民族学者がいるが（Иванов, 1976：172），この観念は生きとし生けるものの客観的な現実の認識であって，おそらく時代や社会を超えて人類に普遍的であるといえよう．いうなれば，現代社会における生命観のもっとも大きな特徴はまさに，このような「ナイーヴな唯物論的観念」であるといえるのではなかろうか．

人間の身体に異常が生じたとき，その原因として「悪霊」が多様な表象として生みだされ，また，神話や説話に語られる．病気を治療するにはその「悪霊」を排除しなければならないが，それのためにシベリアの諸民族はさまざまな方法を駆使し，また，「悪霊」を阻止するための予防策を講じたが，そのなかには日本文化にも共通する多くの特徴を見出すことができそうである．悪霊についての根本的な観念は現代の私たちがもつ「ウイルス」や「病原菌」の理解に共通しよう．病因が遺伝子レベルで解明されるようになったのはつい最近のことであるが，いずれにしてもそれらは普通には確認できない不可視な存在である．自然と人間の生命の諸相を精霊や悪霊によって説明する観念と習俗に加えて「霊魂」の観念もまたシベリアのあらゆる民族の文化に共通している．生命の誕生，成長，病と死を「霊魂」によって解釈することがシャマン固有の世界観であると仮定するなら，その世界観が非常に明確に確立している民族社会と，必ずしもそうでない社会があり，そこでのシャマンの役割に差異があると思われる．その相関関係を見極めることから，シベリアの諸民族それぞれにおける宗教の状況はいっそう明らかにできるであろう．

参 考 文 献

ウノ・ハルヴァ（田中克彦訳）『シャマニズム　アルタイ系諸民族の世界像』三省堂，1971年．
大林太良『北方の民族と文化』山川出版社，1991年．
大林太良『北の人　文化と宗教』第一書房，1997年．

◆ Ⅱ．世界宗教の現在 ◆

荻原眞子「オイナの神話」『アイヌ語の集い―知里真志保を継ぐ』北方言語研究者協議会編　北海道出版企画センター　pp. 49-72, 1994年.

荻原眞子『北方諸民族の世界観―アイヌとアムール・サハリン地域の神話・伝承』草風館, 1996年.

荻原眞子「鳥と霊魂―シベリアの生と死の民族誌から」『Science of Humanity Bensei（人文学と情報処理）vol.35』勉誠出版, pp. 23-36, 2001年.

荻原眞子「（覚え書）子供を守る女神サグジ・ママ―ウデゲの昔語りから―」『千葉大学ユーラシア言語文化論集』4, 千葉大学文学部, pp. 95-102, 2001年.

荻原眞子「山の神と産の女神」『東北学』vol.10　東北文化研究センター, pp. 87-94, 2004年.

久保寺逸彦『アイヌ叙事詩　神謡・聖伝の研究』岩波書店, 1977年.

知里幸恵『アイヌ神謡集』岩波文庫, 2001年（1978年）.

Березницкий С.В. *Этнические компоненты верований и ритуалов коренных народов Амуро-сахалинского региона*. Владивосток, 2003.

Василевич Г.М. *Эвенки*. Москва, 1969.

Вловин Н.В. 《*Природа и человек в религиозных чукчей*》 в *Природа и человек в религиозных представлениях народов Сибири и Севера (вторая половина XIX-начало XX в.)*. Ленинград, 1976.

Bogoraz W. *The Chukchee*（*The Jesup North Pacific Expedition*）vol.7. Leiden-New York, 1904-1909.

Dioszegi V. "The Three-Grade Amulets among the Nanai (Golds) in *Popular Beliefs and Folklore Tradition in Siberia*. Mouton. The Hague, 1968.

Иванов С.В. 《*Представления нанайцев о человеке и его жизненном цикле*》 в *Природа и человек в религиозных представлениях народов Сибири и Севера (вторая поковина XIX-начало XX в.)*, 1976.

Gaer E.A. "Birth Rituals of the Nanai" in（M.M. Balzer ed.）*Culture Incarnate, Native Anthropology from Russia*. New York, London, 1995.

Jochelson W. *The Koryak*（*The Jesup North Pacific Expedition*）vol.6. Leiden-New York, 1908.

Лопатин И.А. *Гольды, Амурские, Уссурийские и Сунгарийские*. Владивосток, 1922.

Мельникова Т.В. *Традиционная одежда нанайцев*. Хабаровск, 2005.

Попов А.А. 《*Душа и смерть по воззрениям нганасанов*》 в *Природа и человек в религиозных представл. ениях народов Сибири и Севера (вторая половина XIX-начало XX в.)*. Ленинград, 1976.

Хомич Л.В. 《*Превставления ненцев о природе и человеке*》 в *Природа и человек в религиозных представлениях нардов Сибири и Севера (вторая половина XIX-начало XX в.)*. Ленинград, 1976.

13.8　華僑・華人

吉原和男

　ここでは「華僑」の宗教のほかに「華人」の宗教も含めて扱うことになる．華僑は国外に定住ないし永住する中国人であり，中国籍を保有しているのに対し，華人は居住国の国籍を取得して中国籍を離脱した人々を指すのが一般的である．マイノリティーは一般にマジョリティによって異化されて差別の対象となりやすいので，かつての華僑には当てはまる場合があるとしても，華人に関しては必ずしもそうではない．

　華僑と華人の区別は，あくまでも国籍を基準にしたものに過ぎず，ナショナル・アイデンティティに言及している用語であるから，どちらがより中国人性が強いかなどを問題にしているわけではない．すなわち，エスニック・アイデンティティには言及しない区分であることに留意したい．

　また，清朝期の中国においては国籍概念が明確ではなかったが，19世紀後期に諸外国との外交関係から自国の在外居留民の呼称として「華僑」が用いられることになった．当時の大多数の華僑は故郷に残した家族に送金を続けながら国外に一時滞在して，やがて引退して帰国するのが普通であった．しかし，1949年に共産党によって中華人民共和国が樹立されて社会主義政策が実施され，帰国華僑や華僑の家族の待遇に関する共産党の政策に失望した華僑の中には帰国を断念した者が多かった．居住国に定住する道を選択して安定した生活を維持するために，居住国の国籍を取得する二重国籍者も出現したが，1970年代になって中国と東南アジア諸国との間に国交正常化が実現して二重国籍問題が解消した．

　中国籍を保持している華僑は居住国においては外国人待遇を受けて諸権利を制限され，不利である一方，兵役義務は免除されるので気軽には中国籍離脱を実行できない場合もあったのである．しかし居住国における現地ナショナリズムとの関係で，故国に対する感情は別にしても，華僑が国籍取得によって華人化してゆく流れは，現地生まれ世代の人口増加とともに強まらざるをえなくなっ

◆ 13. マイノリティの宗教 ◆

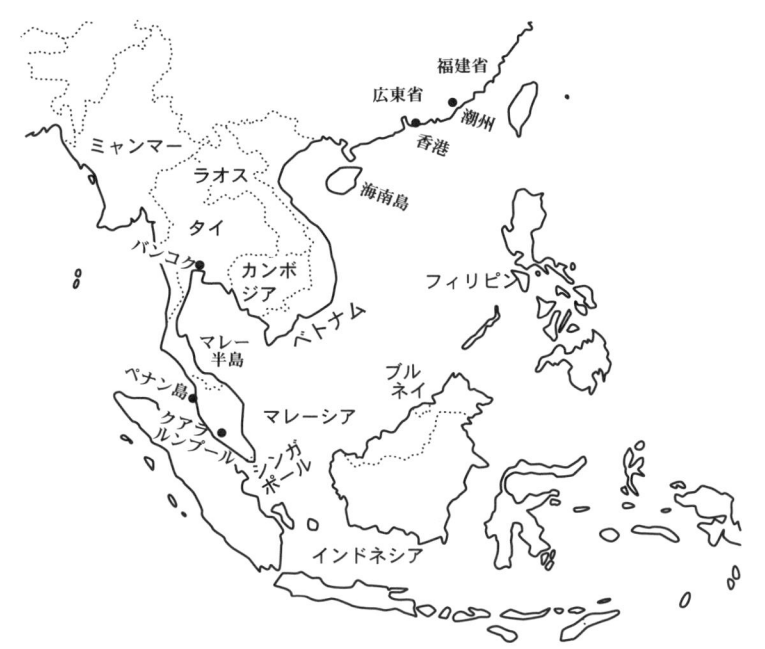

華僑・華人人口［単位：万］．（ ）内は各国総人口に占める割合［単位：％］．(1997年)

インドネシア	731	(3.6)
タイ	636	(10.6)
マレーシア	545	(25.9)
シンガポール	231	(66.0)
フィリピン	103	(1.4)
ベトナム	100	(1.3)
ミャンマー	100	(2.1)
カンボジア	30	(2.7)
ラオス	16	(3.1)
ブルネイ	5	(15.1)

Laurence and Carolyn ed. "The Chinese Diaspora", Rowman & Littlefield, 2003. Table 1.1 より．

図13　東南アジア諸国の華僑・華人の分布（1997年）

た．華僑の華人化は居住国の事情によって異なるが，中国からの出国は1980年代まではほぼ停止状態であったので，東南アジア諸国でも新規の中国人入国数はきわめて限定されていた．したがって華僑の高齢化が進むにつれて，一般に「中国系住民」の実態は「華人」を指すようになっていった．

(1) 華僑・華人の宗教の諸相

華僑すなわち中国からの移民は遅くとも16世紀には東南アジアにコミュニティーを形成したといわれるが，渡航者数が急増したのは19世紀の中頃以降である．アヘン戦争後にいわゆる苦力貿易によって庶民・労働者階層が東南アジアあるいは北米の都市やその周辺部に長期出稼ぎのために入植して人口の集積が進んだことにより，今日の華人社会の基層文化の形成に大きな影響を与えた．中華人民共和国が成立する20世紀中葉までは，華僑は基本的には一時滞在者であったから家族や親族と分離された生活を余儀なくされ，頼ることができたのは同郷出身者であり同じ中国人であったし，心の支えは故郷から招来された神仏への信仰であった．

東南アジア諸国，例えばタイやシンガポール，マレーシアにおける彼らの宗教との関わり方を，断片的ではあるがごく簡単にみておこう．バンコクには東南中国のいくつかの地域から華僑がやってきて定住したので，出身地を同じくする人々によってそれぞれ同郷会館が結成された．広東省に属した海南島の出身者が1875年に結成した瓊州公所（第2次世界大戦後に海南会館と改称）は，現在3つの寺廟すなわち水尾聖娘廟，泰華娘廟，昭応英烈廟を管轄している．このうち水尾聖娘廟は1780年代に海南島の一漁村である水尾村で始まった女神信仰であるが，国外でも海南島出身者に広く信仰されている．長い船旅を要した時代に航海の安全と商売繁盛の祈願のために創建され，公所が結成される以前は同郷者の集会所として機能し，相互扶助活動の拠点であった．こうした信仰を核にした同郷者の結びつきは，交通や通信手段が高度に発達して故郷との往来が比較的容易になった現代でもみられる．例えば，1980年代にベトナム戦争やインドシナ戦争の後に難民としてアメリカに入国した人々が結成したサンフランシスコ海南同郷会やロサンジェルス海南会館においても水尾聖娘が守護神として祀られている．これ

―421―

◆ Ⅱ．世界宗教の現在 ◆

は，ベトナムにおいてもこの女神への信仰が郷里の文化の象徴として継承され，さらに再度の移民先であるアメリカにも持ち込まれて彼らのエスニシティを表象するものとなっていることを示している．

　寺廟が同郷者の集会所となった事例は他にもみられる．現在，バンコクで報徳善堂（ほうとくぜんどう）という名称で広く知られる慈善団体は潮州出身の同郷者が相互扶助活動をするために結成されたが，その活動は1910年に創建された大峰祖師廟（たいほうそし）を拠点として行われた．そこに主神として祀られた宋大峰（11世紀末の仏僧で元・県知事）は，社会事業を熱心に行って故郷で信仰を集めた仏僧であり，華僑によってタイへ招来されて今でも参拝者が絶えない．現在では廟とは分離された報徳善堂は主に潮州語方言を母語とする華人によって財政的に支えられているが，社会事業の対象は潮州人のコミュニティや華人社会を越えた国民的なものとなっている．

　シンガポールの福建会館は福建省出身者の同郷会館であるが，はじめは土地神である大伯公を祀る廟であった．その後，天福宮が創建され，福建人の強い信仰を集める故郷の女神である天后（媽祖）が主神として祀られたが，他に関帝，保生大帝，観音も祀られている．移民である華僑は各自の出身地あるいは父祖の地の神々への信仰に篤かったので，同郷会館に付設・管理される祭祀施設には故郷で信仰を集めた神々が祀られ，生誕祝祭などが現在でも行われている．

　海峡植民地として早くから移民を受け入れてきたマレー半島西側のペナン島では，武帝廟が19世紀中頃に広東人の同郷会館の1つである台山寧陽会館によって創建・管理されてきたが，ここには関帝が主神として祀られている．この神は小説『三国志演義』の登場人物としてもよく知られる武将である関羽を神格化したものであり，広東省出身者の根強い信仰を集めている．

　東南アジアや北米などで華僑が開設した寺廟では，一般に複数の信仰対象が祀られるが，とりわけ観音，関帝，媽祖は広く信仰を集め，また出産，子育て，結婚や葬儀などの人生における通過

図14　マレーシアのクアラルンプール市内の工場敷地内にある拿督公の祠

儀礼や占いと関係して祀られる神々も多い．華僑・華人の信仰実践の特徴は，中国人が伝統的に維持してきた価値である福（子供に恵まれること）禄（富や出世）寿（健康や長寿）に集約される幸福の実現を願う現世利益的なものであり，既成の寺廟あるいは後に述べる民衆教団での礼拝や諸活動参加にしてもこれらの価値実現を強くめざすものであった．

　華僑が故郷から持ち込んで現在に至るまで継承させている信仰実践がみられる一方，華僑によって伝えられた信仰対象が，定着する過程では変容しながら現地化することが認められる．例えば大伯公は福徳正神の俗称であり，中国の広東省や福建省で広く信仰されていたが，清代初期に華僑によって東南アジアに伝えられ，マレー半島部では現地化した．マレー人の土地神である拿督（ダトウー）神と習合して唐番拿督公とよばれて，華僑の守護神として信仰を集めてきた．

　また年中行事に関連した信仰も故郷から伝えられているが，やはり部分的に変容しながら継承されている場合がある．マレーシアやタイの華人社会で継承されている年中行事の1つに九皇爺信仰に基づく菜食と祭礼の実施がある．タイ南部やマレーシア北部には福建人によって創建され，斗母や九皇爺を祀った道教色の濃い廟が少なくない．これらの崇拝対象が中国ではどのように信仰され，祭礼がどのように行われていたかの起源と伝承ルートは明らかではないが，福建文化圏で現在でも盛んな王爺信仰に類似した性格が指摘され

る．信徒の多くは福建系華人であるが，広く華人一般のほかインド系人やマレー系人の参拝者や内外からの一般観光客をも多数集めて，農暦9月初旬に九皇の祭りが実施される．白衣を着て参加する信徒の姿や霊媒の自傷行為をともなうパフォーマンスや荒行が注目を集めてきた．九皇の母とされる斗母は観音信仰と習合しているという見解もあるが，浄化儀礼によって消災解厄が実現されると信じられている．近年ではバンコクの一部中国系寺廟でも行われて，この行事は福建系タイ人が多い南部タイの地域性を脱却してタイ華人に広くみられる宗教行事となりつつある．

(2) 華人民衆教団の事例：徳教

清末・中華民国期を経て新中国成立まで激動の時代が続いた中国では，救世新教，世界紅卍会道院，一貫道，徳教など民衆教団がいくつも生まれ，それ以前にすでに成立していたいくつかの民衆教団，例えば三一教や真空教などとともに東南アジアへ伝えられた．民衆教団では，既成の仏教・道教の教団とは違い，僧侶などの出家者が教団の運営と活動の中心になるのではなく，世俗の職業に就きながら教団を担う在家者が中心になっていた．民国期以降に生まれたこれらの新興の民衆教団における教義は，中国の庶民の信仰実践のあり方の特徴を踏襲して在来の儒教・仏教・道教の教義・儀礼要素が渾然一体となっているのみならず，教団によってはこれに加えてキリスト教・イスラーム教あるいはユダヤ教の教義をも部分的に取り入れてきわめて混交的である．崇拝対象である神仏とのコミュニケーション手段として扶乩（ケイ）という一種のシャーマニズム儀礼を行うこともあった．また教団の活動として慈善活動を重視していたのも特色の1つである．託宣（乩示（ケイジ））を与え，治病行為を行う霊媒を中心にして，信者の座禅や瞑想あるいは読経による精神的修養，および神仏への祈願と謝恩を重要な宗教儀礼として位置づけ，また信者の寄付金に支えられて教団が慈善活動を行うことは前近代の中国では善堂とよばれた組織が行ってきたものであり，20世紀前期の新興の民衆教団のいくつかは，こうした独自の教祖と教義体系をもたない民俗宗教としての善堂における宗教活動を継承しながら，それらを再構成しているといえよう．以下では，こうした事例として香港，シンガポール，マレーシア，タイで20世紀後半以降に急成長を遂げた徳教という教団をみていく．

1) 徳教の発祥と教義の特色

1939年に広東省東南部の潮州地方で誕生したこの宗教は一種の新宗教であるが，在来の民俗宗教を組織化して創唱されたところに一般民衆を引きつける強さがある．第2次世界大戦の始まる頃，村人3人が昔から伝わる降神術（一種のシャーマニズム）によって，神仙のお告げを得たところ，徳教を創始して人々を救う運動を興すよう命じられたのであった．日本軍の攻撃による社会不安を背景に，病気と貧困に苦しむ人々は，徳教が提供する医薬品や物資の施与に惹かれ，信者は潮州地区を中心にして1万世帯ほどに増加した．

徳教は「十徳」の実践を重視し，その教えの源泉は老子の『道徳経』である．したがって徳教は道教と深いつながりがあり，道教を信仰する在家信者の団体とも思われがちであるがさほど単純ではなく，仏教の信仰対象をも幅広く取り入れている．教義の特色は，道教・仏教・儒教という中国の宗教伝統のほかにキリスト教やイスラーム教の教義にも通じるものがあると主張する諸教混交的な普遍主義である．しかしこのような一見して普遍主義的な教義は内実と必ずしも一致しないのであるが，それはここでは詳述しないとして，こうした主張は徳教が中国大陸に存在したときからなされていたのではない．この点は重要であろう．

2) 香港とマレー地域への伝播

徳教は共産党の新政権ができると布教活動が困難になったため，中国ではまもなく消滅した．しかし多くの信者が香港やタイ，マラヤ・シンガポールに移住して，それらの国々に徳教を伝えたのであった．すなわち徳教の多国籍化の始まりである．中国を出国した信者の中には一時帰国中の華僑も多かったのであるから，平和な時代における教団の海外布教とは異なるが，「移民＝マイノリティーの宗教における文化変容」という大きな課

◆ II. 世界宗教の現在 ◆

題解明への糸口を提供する事例である．1つの宗教が他国・他地域へ伝播されて存続していくためには，その土地の宗教事情だけではなく社会的・政治的な諸条件をも考慮に入れて適応していく過程がみられるのであり，それは多国籍化に必然的にともなう現象である．

●**香港の徳教**　香港に徳教の信者が移住するのは1940年代末から1960年代にかけてであった．この時期の香港は，大陸からの合法・非合法の移住者によって人口が急増したので解決されるべき諸問題は多く，香港政庁による社会福祉行政だけでは対応しきれなかった．香港政庁は移民都市香港のかかえる諸問題の解決にあたっては，民間諸団体を有効に利用すべく，それらの慈善活動に対して税制面で優遇措置を実施した．慈善活動を主目的に結成された諸団体のほかに，宗教団体や同郷団体，宗親団体なども慈善活動を盛んに行ったことの背景にはこうした事情があったのである．

徳教は，潮州地方から香港へ移住してきた人々の間で広まった．徳教は大陸で広まったときにも慈善活動を盛んに行ったが，香港でもそうであったのは積善を重視する徳教の教義を実践しやすい条件が整っていたからであった．イギリス領香港では，中国人住民の宗教信仰に干渉が加えられることはなかったから，徳教も中国大陸にあったときとほとんど同じ条件下で存続できたのであった．

●**マレーシアの徳教**　1957年，この年に独立国家となったマラヤ連邦には9組織が連合して南洋徳教総会という組織ができている．徳教の布教活動に勢いがつき，信者数が増加しはじめたこの時期は，同時に従来の教義の説き方や活動のあり方の限界が意識されはじめた頃でもあった．

独立の前年1956年に南洋徳教総会の設立準備のための会議が開かれた折，徳教組織の礼拝堂に「五大教祖」の画像を掲げることを決定した．「五大教祖」とは，老子・孔子・釈迦・イエスキリスト・マホメットを指す．イスラーム教では偶像崇拝が禁止されているので，マホメットの画像ではなく，星と月のシンボルが教祖名を表すアラビア文字とともに記された額が他の4枚の「教祖」画像と並べて掲げられることになったのであった．また，行事に関しては1961年頃から，徳教組織の刊行物に掲載される年間行事表にマホメットとキリストの生誕日が加えられたのである．

イスラーム教国であり，キリスト教徒も少なくないマレー・シンガポール地域で徳教が広まろうとしたとき，このようなことが生じたのであった．外来移民としての華僑と元華僑およびその子孫である華人の信者だけで構成される徳教が，マレー地域で他民族と摩擦を生じさせることなく布教を進めるためには，異文化との融和ないし他宗教との妥協が必要であった．しかし，それは教義に普遍主義的傾向があったからこそ可能であった．徳教組織の礼拝堂に「五大教祖」画像を掲げて崇敬することは，やがて香港でも行われるようになり，またかなり遅れてではあるが，1980年代にはタイでも行われるようになった．中国大陸から離れた徳教はいわば多国籍宗教に成長したといえるが，30年ほど経ってやっと最近，外見の上で一応は統一のとれた姿を示すようになったのである．

●**徳教組織の系列化**　ここまでに述べたことは，徳教のすべての組織について述べたものではなく，特定の系列の徳教組織についてであった．すなわち，香港を経由してタイとマラヤ地域に伝播された徳教は，その組織名称に「紫」の一字を用いる．しかし，マラヤ地域には香港を経由せず，潮州地方から直接に伝えられ，徳教として発展したいくつかの系列の組織がある．組織名称に「済」や「振」の字を用いる諸団体がそれである．ただし，本来「済」や「振」の字を用いる系列に属するにもかかわらず，「紫」を組織名称に用いる組織がいくつかあり，外見だけでは系列の判定が困難な場合がある．

潮州地方で発祥し発展した徳教をマレー半島・シンガポール地域へ伝えた人物としてよく知られるのは馬貴徳と李懐徳である（名前に使用される「徳」字は徳教の諸仏仙真の弟子，すなわち徳生となったことを示している）．潮陽県の中心都市に住む馬氏は1940年に郊外の和平村に出かけ，前年に創始された最初の徳教組織である紫香閣で

の扶乩儀礼に参加して，自らも徳教の組織を創るように乩示を受けた．こうしてできたのが紫靖閣であった．紫香閣も紫靖閣も，当時は自宅内の祭壇前に数人が集まり扶乩儀礼を行うだけであった．1942年には馬氏は友人2人を誘って潮州地方の中心的貿易港である汕頭市に紫和閣を開いた．ここでの扶乩儀礼において以後，徳教の経典とされる『徳教心典』が乩示されている．

馬氏の紫靖閣での扶乩儀礼に参加した折の乩示に従って，1944年に自ら潮安県に紫陽閣を開設したのが李懐徳氏であった．李氏のもとでは，将来の徳教にとって重要な発展があった．ひとつは老子が徳教の重要な祭神とされたこと，もうひとつは『道徳経』を改変して徳教の教義書ともいうべき『徳教意識』が成立したことである．この教義書は崇拝対象のひとつである柳春芳の乩示によって得られたとされている．

戦後1946年に紫靖閣，紫陽閣などが合同で扶乩儀礼を行ったとき，扶乩の道具である柳枝が2つに裂けた．この出来事は馬氏が香港へ，李氏がベトナムとマレー地域へ徳教を布教すべきことを示唆したと解釈されたのであった．馬と李の両氏は貿易業者であったので，香港や東南アジアへは商用で出かける機会があったし，後には前者が香港を，後者はシンガポールを拠点にする華僑として潮州を離れている．

こうして香港の徳教は馬氏の紫靖閣の香火を継承する．以後，「紫」系の徳教組織が次々と新設されていったのである．1960年代には20組織ほどが存在し，香港徳教総会という連合組織が結成されたが，これは種々の理由によりやがて有名無実化してしまった．現在も活動を続けるのは紫靖閣，紫香閣，そして紫和閣の3組織である．

一方，マレー地域では1952年に，李氏とその友人3人がシンガポールに開設したのが紫新閣である．ここから乩示に基づき連鎖的に香火を継承して，ジョホール州の紫昌閣（1954年），同じくジョホール州の紫英閣（1954年），ペナン州の紫雲閣（1954年），ペラ州の紫明閣（1954年），クアラルンプールの紫芳閣（1957年），同じくペラ州の紫蓬閣（1956年），ジョホール州の紫光閣（1957年），同じくジョホール州の紫書閣（1957年）の9組織が成立した．これらの徳教9組織は後には「前九閣」とよばれ，1957年7月に南洋徳教総会を結成した．

この後，シンガポールの紫新閣の香火を継承して，1960年代に東マレーシア初の徳教として紫霞閣（1961年）が成立するが，西マレーシアにもさらに8組織が成立して，これらは「後九閣」と総称されるようになる．この後も1970年代から1981年までにマレーシアには「紫」系の11組織が開設されている．

2003年10月現在では，マレーシアの徳教組織数は合計94であり，内訳は以下の通りである．ペラ州29組織，セランゴール州6組織，パハン州3組織，ケランタン州1組織，ジョホール州15組織，ケダー州およびペルリス州9組織，マラッカ州3組織，センビラン州4組織，ペナン州9組織，トレンガヌ州1組織，サラワク州9組織，サバ州5組織．

●**徳教の諸系列**　マレー半島の諸都市やシンガポールには「紫」系以外に「済」系，「振」系などの徳教組織があるが，香港・タイ・東マレーシアにはない．「紫」系は自らの系列の正統性を強調し，「徳教」を名乗る一部の組織をやや異端視していた時期がある．このような現象がみられるのは，徳教が民俗宗教としての扶乩儀礼を行う善堂が組織化されてできた宗教であることに起因し，創始者や教祖が存在しなかったことが大きな要因である．徳教の新組織の結成は，扶乩の折に乩示によって根拠づけられ，連鎖的関係が維持されていく．

中国大陸で徳教が広まった時期には「紫」系の組織が全盛であったためか，史料の制約により類似の組織が存在しなかったという検証は不可能である．したがって，マレー半島に移住した潮州人が，「紫」系の徳教とは関係なく故郷の善堂をモデルにした宗教組織を結成し，類似の理念・儀礼体系を有することを根拠にして「徳教」であると主張したと考えることができる．

3）タイの徳教

タイに徳教が伝えられたのは第2次世界大戦直

後であったが，組織ができたのは1950年代初めであった．当時は共産党活動が警戒されたため，華僑の団体は宗教団体といえども当局の認可を受けることはきわめて難しかった．こうした事情により最初にできた組織の場合は，帰化してタイ国籍を取得した華人の有力者を役員として迎えるなど工夫を凝らして慈善団体として認可を受けている．また，別の組織ではバンコク市内にいくつか存在するベトナム仏教寺院の堂宇を借用して祭壇を設置することにより，仏教団体として認可を受けることに成功している．

タイの徳教も他国と同様に信者のほとんどは潮州人であり，信者が他の方言集団の出身者の場合にもその母親あるいは配偶者が潮州人である．徳教は潮州人のエスニシティと関係が深い宗教なのである．

タイでは，徳教の組織は仏教団体を名乗るほかは慈善団体として認可を受けていることが多く，また組織名称には「善堂」という中国大陸でかつて慈善団体が一般に用いていた語を使用している場合もある．このことは中国大陸で徳教が生まれたときの特徴を伝えていて興味深い．

タイにおける徳教の変容を典型的に示している事例がある．徳教世覚善堂紫微閣には現在は4つの祭壇があるが，そのうち3つは2階にある．1階にある祭壇は1970年代の終わりに新たに建造されたのであるが，これは2階に従来からあった道教的色彩の濃い祭壇とは大きく異なり，きわめて仏教色の濃いものである．「大雄宝殿」と命名された中国式祭壇に祀られる仏像は，しかしながら中国的仏像ではない．金色に輝くスコータイ様式の高さ2m近い仏像であり，タイの仏教美術史上その優美さで高く評価される様式の仏像である．

この祭壇とそこに祀られる仏像の様式については，1978年に道教の仙人である柳春芳が降霊して与えた託宣が根拠とされている．翌年の役員会では，大会議室を改造してタイと中国の様式を併せ備えた仏殿を新たに建造することを決定したのであった．

1970年代は国家としてのタイには大きな政治変動が生じた時期であり，また一方でタイと中国の国交が回復された時期でもある．世覚善堂の役員のほとんどはタイ国の中産階層の上層部に属す華人で多くは中国生まれであり，タイ語も話せてタイ名も持っているが，エスニックなアイデンティティはきわめて中国的である．しかし，1970年代の末に中国での文化大革命が終息して開放政策が開始されるまでは，反共国家であるタイに市民として生活する彼らにとっては，中国との繋がりを明示することは決して得策ではなかった．また徳教における中国的文化要素の強調は余計な摩擦を生じさせることにもなった．

1975年に中国とタイとの国交回復がなされたとはいえ，文化大革命がまだ終わっていなかったから，なおさらであった．タイの徳教の信者である華人は，居住国タイの文化的シンボルであるスコータイ様式の仏像への崇敬を強調しながらも，祭壇を中国風にしつらえ，なおかつ2階には中国的かつ道教的祭壇を併存させて，自分たちのエスニックなアイデンティティを維持する方法を選んだのであった．なお，仏像を重視した祭壇を設置することはタイ国以外の徳教組織では行われていない．シンガポール，マレーシアと香港では，道教的な崇拝対象が祭壇の中心を占めているのである．

以上，徳教という中国生まれの宗教が海外華人社会に伝え広められ，現地化を遂げていったときの変化を適応という観点から考えてみた．

4）タイの徳教会紫真閣

バンコク市内のメナム河畔にある紫真閣の堂宇内部には5か所の祭壇があり，実に多くの崇拝対象が祀られている．ある祭壇には弥勒像や釈迦仏像とともに道教系の呂祖と張道陵すなわち道教の一教派の開祖である張天師も祀られている．この祭壇にはほかに道教系の張三豊と何野雲が祀られている．別の祭壇にはタイの徳教に共通した神仏である老子，楊筠松，柳春芳，張玄同，呉夢吾，宋大峰が配置され，最高位には老子が祀られる．楊・柳・張の三師はいずれも高位の元官僚で引退後に宗教活動に入り儒学ないし風水学に精通しているため崇拝される．呉も元官僚で出家して仏僧

図15 タイ徳教会紫真閣での扶乩儀礼

となった人物であり，宋大峰も官僚であったが出家して仏僧となった後，潮州地方で架橋工事などに献身した．いずれの「師尊」も儒教的教養人であり，扶乩において頻繁に降霊する．これらの祭壇は同じ棟の1階と2階に置かれている．別棟にはさらに神仏を祀る2つの祭壇がある．2階の祭壇には釈迦仏を中央にして，向かって右側に観音菩薩，左側に済公活仏の3体の大きな鋳像が祀られている．済公活仏は李修縁仏尊ともよばれ扶乩儀礼において頻繁に降霊する．この祭壇は明らかに仏教的である．この建物の3階には道教の最高神格とされる玉皇赦罪大天尊の像として関帝（関羽）像が祀られている．玉皇の手前には関羽の養子であった関平の小像が祀られている．関平は玉皇の命を受けて他の「諸仏仙真」からなる「徳徳社」を代理して統括しているとされる．以上のように紫真閣の祭壇には道教的かつ仏教的な神仏が祀られている．このほかに地蔵殿を中央にした徳教信徒の祖先位牌を祀る「思徳堂」がある．

このように徳教ではさまざまな神仏が崇拝対象となっているが，それらは「諸仏仙真」と表現され，「仏とは偉大な覚りを得た者」，「仙とは凡俗を超越した者」，「真とは道（タオ）に達した者」と説明される．これらは釈迦や仏僧，道教の仙人や修行者であり，それらの鋳像や画像が祭壇に配置されて「祖師」や「師尊」として信仰実践の模範とされ崇拝を集めている．これら「諸仏仙真」によって構成されるパンテオンである「徳徳社」を統括するのが玉皇大天尊である．徳教の教義と崇拝対象

には中国の三教が混交していることが確認されるが，信者はもちろんのこと教団内の教義解説者でさえ儒・仏・道を別個の宗教とは考えていないのである．

5）タイ徳教の連合組織

タイにはバンコク首都圏ほか全国にわたって，「紫」字を名称に使用する組織が1990年代の末で約60ある．1979年末に乩示に従って，国内の徳教組織が諸活動とりわけ慈善活動を協力して行うための拠点として結成されたのがタイ国徳教慈善総会である．

この連合組織は，徳教の教義に基づき「立善揚徳」をスローガンとして掲げている．信徒個人の日常生活において教義を実行する以外にも，徳教組織の活動としての慈善活動が重視されているのは，徳教に共通してみられることである．連合組織が協同して活動をするために連合組織を結成することの理由は，「香火」の継承という系列化，すなわち宗教的正統性の表明ということとは別にいくつか考えられる．1つは，信徒数と財政力が比較的弱小な場合である．もう1つは，扶乩儀礼を実施するための乩掌（扶乩儀礼の中心者たるシャーマン）を確保することが近年難しくなりつつあることである．タイの徳教においてはこれらのふたつの要因がともに観察される．

タイ国徳教慈善総会が行う活動の中には，例えば「徳教慈善総会七閣聯合水上普渡法会」のような宗教儀礼を中心にした行事もある．これは祀る子孫を残さなかった死者の霊や不幸な死にかたをして祟りをすると考えられている死霊を鎮魂する目的のために，いくつかの徳教組織が共同で実施する行事である．メナム河を航行する特別船舶の艦上で行われ，一般には「盂蘭法会」ともよばれる盆行事は，死者の霊を対象とした宗教儀礼の終了後には，社会的弱者を対象とした慈善行為を行っているのである．

参 考 文 献

吉原和男「華人社会の民衆宗教―香港・潮州人社会の徳教」宗教社会学研究会編『現代宗教への視角』雄山閣出版，1978年．
吉原和男「華僑・華人の宗教と死霊祭祀―新宗教の盆行事

を事例として」井上順孝・月本昭男・星野英紀編『宗教学を学ぶ』有斐閣，1996年．
吉原和男「華人社会の宗教と情報伝達」池上良正・中牧弘允編『情報時代は宗教を変えるか』弘文堂，1996年．
吉原和男「タイ華人社会の民衆教団」青木　保ほか編『宗教の現代』岩波書店，1997年．
吉原和男「タイ国に伝えられた徳教とその変容——適応戦略と背景」宮家準編『民俗宗教の地平』春秋社，1999年．
吉原和男「華人宗教の国際的ネットワーク：徳教の事例」住原則也編『グローバル化のなかの宗教』世界思想社，2007年．

13.9　在日朝鮮・韓国人
　　　　——在日大韓基督教会を中心に

崔　恩珠

　在日大韓基督教会は日本にある在日朝鮮・韓国人のプロテスタント・キリスト教会であり，現在，日本全国にある100余りの教会がこの教団に属している．在日朝鮮・韓国人の宗教が，主に巫俗信仰や民俗宗教，朝鮮寺など個人中心の信仰形態に集中・表象される中で，在日大韓基督教会は数少ない宗教「団体」として，個人中心の宗教に還元されない特性を維持してきている．自らを「民族教会」と自称し，民族教会としてのアイデンティティを形成・維持してきたことを誇りとする在日大韓基督教会は，在日朝鮮・韓国人の日本移住史の中で，彼らの歴史とともに生き，キリスト教会としての役割を果たしてきたのである．
　1910年の「日韓併合」前後から本格化された朝鮮人の日本移住は，約1世紀にわたり，その数は右肩上がりに上昇し，1945年の敗戦後に一時的に下落しているものの，その後1980年代からは，日本の植民地時代に渡日した在日朝鮮・韓国人とは別に，新一世とよばれる移住民が登場するなどして，その数は再び増加している．その中で，1908年設立の在日大韓基督教会は，在日朝鮮・韓国人の歴史と日韓関係史を照らし出すような歩み方をしてきて，教会そのものの意味も，被植民者同士の慰め合いの場や民族解放運動，在日朝鮮・韓国人の人権運動の拠点的な役割にまで，その時代のニーズに応じて変化・変容してきた．
　本稿では，在日大韓基督教会の在日朝鮮・韓国人の歴史を反映する宗教とその中心的な概念としての「民族性」をジェンダー的な観点から問い直すことにしたい．それは，彼らの被差別・被抑圧者的な立場とその歴史から強調されるしかなかった「民族」概念と民族教会的なアイデンティティから，少し異なる角度に立つことによって浮上するものへの期待ゆえである．このような視点の転換は在日大韓基督教会の民族や民族性を否定するためではなく，在日朝鮮・韓国人の宗教団体としてのあり方をより鮮明にするためでもある．また，民族を強調し，民族教会としてのアイデンティティに重点を置くことで新たに生じてしまう，教会内の不平等や差別の問題に対する認識の要請としての意味をもつ．

(1)　在日朝鮮人教会の形成と民族的な拠点としての役割

　在日大韓基督教会が宣教90年を迎えて発行した『宣教90年史』によると，当教会の起源は1908年の東京教会の創立をもって始まっている．朝鮮人留学生の増加という時代的な背景から，1906年に東京YMCAが設立され，その2年後である1908年には東京YMCAとは別に教会が設立されるようになった．東京教会の起源となるのは朝鮮人留学生たちの定期礼拝であり，東京教会の設立を決め，本国の朝鮮に牧師の派遣を要請した日が，すなわち在日大韓基督教会の創立日となっている．
　留学生たちの牧師派遣要請を受けて，1909年10月に朝鮮イエス教長老会独老会の韓錫晋牧師が派遣された．韓牧師の3か月の滞在で組織を整えた在日宣教は，1912年の朝鮮イエス教長老会と監理会の宣教合意により発足された「朝鮮連合イエス教会」に引き継がれ，両教会から2年ごとの交代で牧師派遣の協力を得られるようになる．
　以後，関西地方を中心に教会が設立していく1920年代まで，在日朝鮮人宣教は主に東京教会を中心としていて，主な信徒層は朝鮮からきた留学生であった．『宣教90周年記念誌』をはじめとする在日大韓基督教会内部の資料において，教会自身が強調するこの時期の教会の姿は，以下の引

用から明らかになる．

　1919（大正8）年，3・1独立運動が東京韓国YMCAで準備工作をしており導火線になったのでしてね．1918（大正7）年11月28日に雄弁大会の名で朝鮮人留学生600人が集まりまして独立運動準備大会をやりました．その時の実行委員に，崔八鏞，尹昌錫，金度演，李綜根，宋継白，金喆寿，崔謹愚，白寛洙，金尚徳，徐椿，崔南善というそうそうたるクリスチャン留学生が選ばれましてね．崔南善はあの独立宣言書を草案した人です．その翌年の1919年1月20日に高宗の毒殺でしょう．すぐ東京YMCAで光武皇帝望哭会を開き，500名が集まり，独立宣言文，決議文を起草しました．その時，警官40名が抜刀で侵入しまして，留学生12名が逮捕されました．ついで2月8日に学友会役員選挙会の名で600名が集まり，崔八鏞が独立宣言書を朗読しまして金度演が祈禱しました．そのときは警官80名がやはり抜刀で乱入して，60名が神田署に検束されました．独立請願書をもって全員，日本国会に提案しようと出ていくところを，警官が侵入してきたのですよね．そして12日にも集まって，それが本国の3・1独立運動の導火線となったのですね．（織田，1977, pp.129-130）

　生涯を朝鮮・韓国人の伝道に捧げ，自らを乗松雅休と渡瀬常吉に続く，朝鮮伝道の三代目であると称している織田楢次は，『チゲックン―朝鮮・韓国人伝道の記録』の中で以上のように記述している．後日，在日大韓基督教会の総会長を務めた彼は，また「東京の朝鮮人留学生はほとんどキリスト教信者で，最も不穏思想，つまり独立主義者だとみなされていた」（同書，p.130）と指摘し，関東大震災の後，日本にある朝鮮人の教会が弾圧された原因はそこにあったとしている．

　このように今日の在日大韓基督教会では，1908年の東京韓国YMCAでの朝鮮留学生たちの定期礼拝を教会の起源と設定している．そして，織田牧師によると，留学生を主な信徒層としていた当時の教会は，国権回復を目指し，その先頭に立つべき朝鮮のエリート層の独立運動の拠点として活用されていた．1910年の韓国合併締結から，民族の独立のための全国的な組織体が結成され始め，留学生を中心とした国権回復運動の積極的な動きの中で，東京教会は日帝の断絶政策から民族運動が結集された場としてその役割を果たしていたのである．在日大韓基督教会は当時の状況を以下のように説明している．「韓国合併後，東京留学生たちの有機的な機関である大韓興学会が解散されると，各道単位で7個の親睦機関を組織し，これらを併合組織に発足させ祖国解放のために励んだ．東京留学生たちは日本の圧制の下でも世界情勢に詳しく，祖国の光復である独立運動のために組織的に努力したのであり，そこで自由に会える場所が唯一東京朝鮮基督教青年会（YMCA）であり，したがってYMCAと夫婦一身のようであった東京教会は精神的な安息処であると同時に独立運動の本拠地となったのである．」（在日大韓基督教会，1998, pp.20-21）

　教会の独立運動の拠点としての役割に加え，在日大韓基督教会が強調するのは，当時の教会が単に民族運動の拠点として活用されただけではなく，独立を目指す朝鮮留学生のほとんどが教会の信徒であった点にある．

　2.8独立宣言文に代表委員として署名したのは11名であるが，実際にその現場にいたのは9名であった．彼ら9名は全て市谷刑務所に連れて行かれたが，9名全員が基督教信者であった．また同時に東京連合教会の構成員であった．このように2.8独立宣言には，教会が興友会に場所を貸したのみではなく，YMCAと東京連合教会が主役を担当したものである．この事からして東京連合教会が民族の受難期において民族を起たせる独立運動の源泉地としてどのような韓国民族の燈台的な役割をしてきたかを如実に知ることが出来る．（在日大韓基督教会，1998, p.22）

　このような歴史記述に基づいて，独立運動の先頭に立った朝鮮人留学生たちの民族的な拠点としての教会の役割に重点を置く「在日大韓基督教会」が出発した．そして，以上のような歴史記述は，今日の在日大韓基督教会の「民族教会」とし

てのアイデンティティにおける重要な根拠となっている．以後，東京教会を中心としていた朝鮮人教会が，日本各地における教会の設立をもってその教勢を拡張していき，留学生から労働者層へと信徒層を変化させていく中でも，「独立運動の拠点」であった歴史的事実は，当教会の正統性の根拠として働き，民族教会としての誇りとして，その出発を意味するようになっていくのである．

(2) 「家の教会」と教会の設立

　朝鮮人留学生を中心としていた東京教会から，日本全域の朝鮮人労働者を主な信徒層とする教会の設立がみられるようになったのは，1920年代に入ってからである．1921年の大阪教会，神戸教会，1923年の大阪西成教会，1924年の大阪北部教会，1925年の京都教会，1927年の境教会，福岡教会，小倉教会，1928年の京都南部教会，豊橋教会，名古屋教会，下関教会に至る教会の設立は，主に関西地方を中心としていた．当時の在日宣教と教会の設立に関しては，以下の引用が参考になると思われる．

　　朝鮮半島から日本へやってくる人々が，すべてキリスト教者ではない．しかし彼らのうちの幾人かは，素晴らしいキリスト者であり，神の愛する僕たちである．彼らは静かに一つの社会に入っていく．そして，彼らに認められた貧しい場所を占める．彼らはなすべき仕事を熱心にやり，決してトラブルを起こさない．あなたがたは，ある朝目覚めて，二階が貸されていて，そこが一つの教会になっているのを発見するであろう．彼らは柔和であり，親しみ深い人々である．(宇治, 1976, p.53)

上記はアメリカ・バプティスト教会宣教師 J. A. フットの記述である．ここから，戦前の在日教会設立の姿が窺える．実際，当時期における教会の設立は，上記の引用で見られるように個人宅や貸家から始まっている．1924年設立の大阪北部教会は，「1920年頃，本国から渡日した金栄培氏他数名が，大阪市東淀川区木川町の個人住宅において毎主日礼拝を捧げた」ことがその設立であり，京都教会の場合も，「京都市内の中京区壬生高桶町私家で4～5名が集まった家庭集会をした」1925年10月6日が教会の設立日である．また，名古屋教会，福岡，小倉，大阪西成教会の場合も，その設立は貸家か個人宅，私家といった場所からとなっている（在日大韓基督教会, 1998）．とりわけ大阪西成教会は，家と家族から始まる教会の起源をもっとも明らかにしている．1923年大阪西成教会の設立に当たっては以下のような記述が見られる．「1923年冬，具潤述氏とその夫人劉今伊は，具氏の母である方ヒュスン執事と娘具三順（当時8歳）を連れて，日本に渡日し，大阪市西成区馬橋通2丁目の借家に住んだ．この家族は朝鮮において信仰に入った熱心なキリスト者の家庭であり，とりわけ母親の方ヒュスン執事は母国で熱心に伝道活動をしていた人であった．同年冬のある日，方ヒュスン執事は家族たちを前にして"私たちの教会を始めよう"と言った．この言葉に励まされて，全家族が賛同し，その家の2階を礼拝所にし，家族ら8名の出席のもと礼拝が始められた．」（同書, p.186)

民族的かつ宗教的マイノリティとして経済的な支援源を確保できず，個人の意志と自発的原動力のみで教会を設立し維持してきた歴史の中で，教会の拡張は主に個人間の交流から試みられ，個人的な場である家を中心としていた．そして，個人の人間関係からなる教勢の拡張は，まず個人にとって一番身近な存在である家族を伝道の対象とし，また，家を軸にする伝道は，家族構成員の同意と黙認を必要とする点で，家族全員の信徒化につながるのである．

これは，植民地宗主国の社会の最底辺に強制的に引きずり込まれた，亡国の民族をその対象としていた教会が，日本の教会とは相当異なる方式で教会の勢力を広げるしかなかったことを意味する．それゆえ，少人数の信徒の集まりが規模を大きくするにつれ，信徒たちの熱意が外部の支援につながった後に，教職者や教会堂が確保されるのが，戦前の在日大韓基督教会のもっとも一般的な形であったと思われる．教会の必須条件は，牧師と礼拝堂，そして信徒であるが，在日大韓基督教会の歴史においては，その主体と原動力は，すべ

て信徒たちであったのである．

　現在，在日大韓基督教会に属する100余箇所の教会・伝道所のうち，1920年代に設立されたのは14箇所で，その中で，3箇所だけが神戸神学校の在学生の伝道から始まっている．そして，残りの10箇所の教会は牧師または宣教師はもちろん，神学生といった信仰の指導者らによる伝道や指導の下ではなく，個々人の自発的な小さな集まりから教会になっているのである．

　このような「家」から出発した教会の設立と起源が，「家の教会」という表現で明文化されたのは，在日大韓基督教会が教勢の拡張に困難さを覚えた1970年代である．1960年代末の教会と信徒数の停滞と在日朝鮮・韓国人を取り巻く社会・政治的な状態の変化を受けて，1973年には教会の変革と革新を掲げて「宣教基本政策」が発表されるようになる．その中の「伝道」部分における具体的な方案として以下の記述が見られる．

　人間関係が疎遠になっていく現代社会にあって，民族性をますます喪失しつつある同胞の結びつきを強固にするため，同胞が比較的集中している地域の中心に教会堂を建て，その周辺地域に「家の教会」を形成する必要がある．信徒全体に宣教のため組織的訓練と使命感を高めることを通して，その機能に応じ多様性ある宣教（文書，戸別訪問，産業，病院，学園における）に参与させる．（在日大韓基督教会総会，1973；李，1976）

　戦前の教会設立とその拡張の仕方を意識していたと思われる「家の教会」の必要性は，「民族性をますます喪失しつつある同胞の結びつきを強固にするため」のものでもあった．つまり，歴史における「家」を中心としていた教会の設立と拡張は，民族性喪失の危機においても重要な意味をもつのである．ここで，在日大韓基督教会の「家の教会」とは，戦前における社会的かつ経済的な状態から仕方なく強いられた困難さを意味するものではなく，民族との関わりにおいて重要であるため，教会自身が自ら進んで採用していこうとするものであることが窺えよう．

　「家」を中心とした教会の設立を手伝い，1934年の「在日本朝鮮基督教大会」創立に重要な役割を果たしたのは，宣教協力の形で在日朝鮮人宣教に加担したカナダ長老教会の宣教師派遣と財政的な支援であった．在日宣教を牧師派遣の形で支えていた「朝鮮連合イエス教会」は，1924年9月，朝鮮イエス教連合公議会（韓国基督教会協議会の前身）となり，在日宣教は連合公議会に引き継がれた．そして，1927年には連合公儀会においてカナダ長老教会の在日宣教参加が決定される．この決定によってカナダ長老教会所属の宣教師ルーサー・リスガー・ヤング（L. L. Young）が22年間の朝鮮滞在を経て，神戸に派遣されるようになる．

　当時の在日宣教における「家」の重要性について，ヤング宣教師は以下のように認識していた．

　私たちはノンクリスチャンとの出会いのために，彼らの関心事にさまざまな方法を用いて，集まりを持つようになることを決して怠らない．聖霊はこのような集まりを通して明確に自分の罪に気付かせてくださる．そんな動きの中で，朝鮮人の家々を訪問し，説教しながら伝道紙を配ることが最も難しいことであり，同時にもっとも効果的な伝道方法の一つである．
　(The Women's Missionary Society of the Presbyterian Church in Canada Toronto, 1934)

　このように在日朝鮮人教会にとって，個人の「家」とは，教会の起源であると同時に伝道の軸となる場であった．ヤング宣教師の記述のように，在日朝鮮人宣教はまず彼らの個人宅を一軒ずつ回る家庭訪問から始まり，その個人宅とは後に教会そのものになりうる可能性をもつ場であった．在日大韓基督教会と彼らの「家」との関連性はこのように深く，長い歴史をもつものである．当教会が1970年代に教会の変革を掲げながら，その変革の具体的な方案として「家の教会化」を提案したのは当然であったであろう．それは「家」を軸として形成・成長してきた自らの歴史に対する自覚と認識を反映するものであり，また戦後1970年代においても有効的な当教会の自画像というべき表象性をもつ．次節からは，在日大韓基督教会の「家の教会」としての特徴が意味す

◆ Ⅱ．世界宗教の現在 ◆

るものは何かについて，ジェンダー的な観点から考えていくことにする．

(3) カナダ長老教会の宣教協力と女性伝道師

1927年から展開されたカナダ長老教会の宣教協力は，1934年2月の「在日本朝鮮基督教会大会」の創立という結果でも明らかなように，在日朝鮮人教会の成長において重要な役割を果たした．在日大韓基督教会はカナダ長老教会の宣教協力について，「カナダ長老教会の財政的な支援は，朝鮮人牧師・伝道者数の増加につながり，教会の成長をもたらした．1928年から1934年までに，教会数と教会員は2倍近くになり，45の教会，信徒数2300人になった」と記述している（在日大韓基督教会，2008）．そのなかで，1924年から1933年に至る時期の「女性伝道師の働き」においては，以下のような言及がみられる．

　1928年からは，女性の伝道師たちが奉仕するようになり，牧師と協力して，日曜学校や夜間学校，聖書研究，家庭訪問において重要な役割を担った．また，無牧の教会や伝道所を応援して回った．（同書，p.5）

しかし，在日大韓基督教会が1928年からであると捉えている女性伝道師の日曜学校や家庭訪問などの活動は，実はそれ以前からも見られるものである．以下の史料から得られるのは，1928年と設定された女性伝道師の存在と活動における，その設定年のもつ意味であり，それとともに浮かび上がる，在日大韓基督教会の歴史の捉え方に対する問題意識の必要性である．以下，カナダ長老教会の宣教協力以前から，在日朝鮮人伝道に励んでいた朝鮮人女学生たちの活動内容に注目しよう．

　8人の朝鮮人学生は，日本語を完全に習得し，伝道活動の中で今まで以上に働けるようになった．彼女たちは日曜学校で教え，家庭訪問もする．横浜にいる他の朝鮮人学生と一緒に，私たちの教室に毎週日曜日の夕方に集まり，自国語で礼拝を守っている（1918年）．（横浜公立学院編集委員会，2004，p.355）

　朝鮮人学生たちは毎週開かれる工場の日曜学校で，朝鮮人の少女たちを教えるのをとても喜んでいる．また，日本人と結婚している朝鮮人女性たちがいることを発見して，バラックを訪問している（1924年）．（同書，p.384）

　学生たちは日曜学校と訪問伝道を行っている．朝鮮人学生は，朝鮮人の家庭や，朝鮮人の働いている工場での伝道の機会を得て喜んでいる（1925年）．（同書，p.386）

朝鮮人の女学生たちは，以上のように日曜学校で教え，家庭や朝鮮人のいる工場を訪ね，自国語で礼拝を導くなどの伝道活動を自発的に行っていた．このような伝道方法は，在日大韓基督教会が当時期における主な宣教方策として捉えているものである．また，1927年から在日宣教に関わったカナダ長老教会の主な活動内容もこれに重なる．以下は，カナダ長老教会の宣教協力以後の女性伝道師に関する記録である．

　神戸兵庫教会は，今年神戸女子神学校を卒業した朴宝㐰氏が数年前から金ミョン（不明）氏宅で幼年主日学校を創立し，今年10月以後栄在馨（L.L.ヤング）が支援した結果，幼稚園を経営することになり，10月2日から開園し，30余名を訓練している．（基督申報社，1928年10月31日）

　1932年，横浜の聖書神学校で学んでいる韓国の女子神学生たちが交代で家庭訪問や礼拝を導くことを始めた．3年後には，横須賀市佐野にあった幼稚園を借りて日曜日と水曜日の礼拝を持った．1936年には横浜公立女子神学校の留学生であった金愛信伝道師が奉仕をした．（在日大韓基督教会，2002，p.40）

上記のように朝鮮人女性たちによる伝道活動は，カナダ長老教会が在日宣教に関わるようになった1927年より10余年前である1918年からすでに行われていた．ここで，1918年から続いた彼女たちの伝道活動が，1927年のカナダ長老教会の宣教加担を境に，活動の主体の名称が神学生から女性伝道師に変更されている点に注目されたい．1918年から1925年における神学生たちの日曜学校や家庭訪問，幼年主日学校などの宣教活動は，1928年にカナダ宣教師ヤングの支援を受け

—432—

◆ 13. マイノリティの宗教 ◆

るようになり，そのようなカナダ長老教会の財政的な支援によって，伝道活動を行う神学生たちから女性伝道師が誕生したという説明が可能となる．

　1928年の『基督申報』によると，女性伝道師は神学校在学当時から自発的に在日宣教に関わり，その後カナダ宣教師から支援を受けるなどして，幼稚園の経営までを全面的に担っていた．彼女たちは家庭訪問と礼拝，夜間学校といった伝道活動において，極めて主体的な働きをしていた．女性神学生たちの伝道活動とカナダ教会の宣教参加以後の女性伝道師の活動の内容にほとんど変わりはなく，以前から自発的に伝道活動を行っていた女性たちがカナダ長老教会の宣教参加によって財政的な支援を受けるようになったとする見方が妥当であろう．しかし，在日大韓基督教会はこのような女性たちの活動を1928年以後と捉えていて，おそらくそれはカナダ長老教会の宣教参加を意識した結果である．在日朝鮮人の主体的な伝道活動に途中から加わるようになったカナダ長老教会に宣教協力によって，活動主体の名称が変更されている点に関してはより慎重な再考が必要であろう．

　在日宣教における女性伝道師の活躍の重要性についてはカナダ長老教会宣教師のヤング自身も大変高く評価している．ヤングは彼女たちを，「指導者として頭角を現し，指導するグループからは絶賛され」，「女伝道会の会合，聖書研究，家庭訪問をし，礼拝を導く」存在として認識していた (The Women's Missionary Society of Presbyterian Church in Canada, 1929：Klempa & Doran, p. 201)．それに彼女たちは，地域における「礼拝場所を確保する」といった優れた実務能力をもち，「聖書教師として稀な能力」をもつ存在であった (Mr. & Mrs. Young, 1929, p. 83)．その活躍の重要性を認識していたヤング宣教師は度々女性伝道師の必要性を訴え，要請している．以下，ヤング宣教師がカナダに送った宣教報告書の中で，当時在日朝鮮人教会の女性伝道師として活動していた金正愛について言及した部分を参考にしよう．

　ソウル聖書学院を卒業後，数年間バイブル・ウーマンとしてある長老派の教会で働いた．私たちは彼女を，先日九州にある小倉市において礼拝のために集まり始めた小さなクリスチャン・グループに配置した．彼女の到着後，すぐにその小さな会は，以前より適当な礼拝場所を確保し，ミセス・金（金正愛―引用者）にその二階を与えた．ミセス・金は，聖書教師として稀な能力を持っている．このグループと彼女が定期的に訪問している他の三つのグループで，彼女の働きはとても評価されている．(Mr. & Mrs. Young, 1929, p. 83)

　在日朝鮮人宣教に関わったカナダ長老教会の宣教師たちは，宣教報告書を毎年カナダの本国に送っている．その中で，在日教会の女性伝道師たちは，「バイブル・ウーマン」という名称で表記されている．この職分名は，以上の史料からも明らかなように朝鮮に由来するものであった．

　朝鮮における「バイブル・ウーマン」とは，外国宣教師たちの伝道活動から本格化された朝鮮宣教の初期から，外国人宣教師の言語的な限界と，当時の内外法という厳格な男女分離の慣習による宣教の困難さを補う存在として出現した職分である．当時の朝鮮におけるバイブル・ウーマンとは，「伝道婦人」，「女伝道人」，「婦人伝道師」という多様な名称でよばれていた女性たちであり，宣教における最末端の役割をしながらも，それに相当する待遇と地位を与えられなかった存在である（バイブル・ウーマンの数は，朝鮮におけるキリスト教の宣教初期から1920年代にはその数が急激に増加しているが，その賃金は男性である牧師の20～30％にすぎなかった）．カナダ長老教会はこのような女性たちを，在日朝鮮人宣教への参加に先立って朝鮮を訪問した際，宣教団が直接「バイブル・ウーマン」として選抜し，日本に派遣している．すでに朝鮮宣教の経験をもつカナダ長老教会が，彼女たちの存在を当時の在日宣教においても必ず必要であると認識した結果であろう．以後，宣教報告書における彼女たちの活動は，在日大韓基督教会の言及する通り，日曜学校，夜間学校，聖書研究，そして家庭訪問の多岐に渡っていて，したがって，ヤング宣教師も彼女

たちの役割の重要性を強調し，その要請を度々訴えているのである．

ここで在日大韓基督教会における「女性伝道師」と，カナダ長老教会の朝鮮宣教報告書における「バイブル・ウーマン」との名称の相違に注意を払うべきである．1927年のカナダ長老教会の在日朝鮮人宣教参加を境に，すでに在日宣教において自発的かつ主体的に重要な活動を行っていた朝鮮人神学生たちは，神学生から女性伝道師になっている．当教会は女性伝道師の活動が1928年以後であるとしていて，1927年以前の神学生たちの活動と女性伝道師のそれを連続的に捉えていない．また，「女性伝道師」たちはカナダ宣教報告書において「バイブル・ウーマン」と記述されている．

当時の朝鮮における出現背景と社会・教会内の待遇からしてすでに制約と限界を意味するバイブル・ウーマンという名称によって，朝鮮と在日教会の2つの異質な空間は同質となり，その中の女性の存在もこの名称によって同質化されている．独立運動の先頭に立った朝鮮留学生の民族的な拠点としての役割から民族教会の正統性を見出す在日大韓基督教会が，その誇りとしているのが帝国主義に抵抗する「主体性」にあるとするなら，以上の事実から浮かびあがる歴史の側面はどのように説明すべきであろうか．

同じく在日朝鮮人教会における女性伝道師たちは，同時期の朝鮮や今日の在日大韓教会と比べて，はるかに確実な位置を占めていた可能性がある．それは同時期の朝鮮とも今日の教会とも異なる異質的ディアスポラ共同体において，牧師や宣教師の数が極めて不足である状況の下，神学教育を受けた女性指導者の存在がどれほど貴重であったかを想像するとよい．しかし，このような女性史の可能性は，バイブル・ウーマンという名称によって遮断されているのではないか．決して同義語でも訳語でもない女性伝道師とバイブル・ウーマンに対して，なんら批判的検討もなく，同列に用いられるような歴史認識とその構成が，今日の在日大韓基督教会を支えている．したがって，当教会の民族的アイデンティティの内実を問う上で，この時期の女性伝道師に注意を払うことは重要である．それは，ジェンダーという切れ目からようやく鮮明になる，「民族」の新たな実態としての意義をもつ．

(4) 誠米と「オモニ信仰」

幼稚園と夜間学校，日曜学校を主な伝道方策としていたカナダ長老教会の宣教において，それらと並んで「女性組織（Women's organization）」の結成と活動も重要な教勢形成の一部であった．女性伝道師の存在と密接に関わる女性組織は1931年からその記録がみられ，翌年，Women's societiesとして，在日教会教勢報告の統計に加えられている．また，1933年からは，Women's missionary societies，つまり，「女伝道会」として，その数が19に増え，メンバーの数も412名になっている．今日の在日大韓基督教会の全国教会女性連合会がその起源とする「女伝道会」の結成である．翌年の1934年には，30の組織，651名の会員を確保するようになった女伝道会は，結成後間もなく女性伝道師と幼稚園の教師を財政的に支援するような組織として，在日教会の経済的自立においても大きな役割を果たしていた．その中で，女性伝道師の1人であった金正愛は，『基督申報』において以下のように記述している．

> 下関教会では，幼年主日学校生徒80余名．壮年会は教会のため尽力し，女伝道会では教会のため誠米を集め捐補している．夜間学校は，諸先生の熱心さで非常に栄え，学生が90名，班数は6班である．（基督申報社，1931年3月11日）

また，1934年のカナダ長老教会月刊会報には以下のような記述がみられる．

> 女伝道会は自ら進んで手伝っている．ある女伝道会では，全会員が自由献金以外にも毎食一さじに当たる米を捧げて，主日に持ち寄って販売したお金を女伝道会会計に渡している．これは米が十分ではない朝鮮人たちの真の犠牲である．（The Women's Missionary Society of the Presbyterian Church in Canada Toronto, 1934）

在日大韓基督教会で，戦後まで引き継がれた

「誠米」の記録である．各家庭でご飯を炊く前に一握りの米を取って集め，教会に納めるこの献物法は，1980年代まで継承されていった．家事労働の担当者であった女性が，自分たちの立場で可能な最善の方法で表した信仰の証である．外国人宣教師は，その米を「朝鮮人の真の犠牲」であるとする．しかし，より正確にいえば，これは朝鮮人女性の犠牲であろう．

この犠牲の主体と特性をより明らかにしよう．女性伝道師の指導と影響の下で結成され，拡大し，女性伝道師たちを経済的に支援するようになった女伝道会の毎食一さじの米―誠米とは，当時の在日女性にとって唯一ともいえる信仰表現であった．外国人宣教師によって「朝鮮人の真の犠牲」と表象されたこの信仰表現は，戦後において「伝統」となり引き継がれていくことになる．一方，1934年の在日本朝鮮基督教会大会創立から教会の自立を試みた在日教会は，1938年から始まる日本基督教会との合同問題，1941年の宗教団体法，同年のカナダ宣教師ヤング一行の帰国を経て，戦後において再び「在日本朝鮮基督教連合会」として創立されるまで，実質的に空白期を迎えることになる．1945年11月15日の創立総会において，教派を超える連合会として再出発した当時，戦前60箇所あった教会は21に過ぎず，4000名に達していた信徒数も大幅に減少していた．翌年の定期総会への参加教会数は10，そこで把握された洗礼会員は230名であった．

ここからは，このように事実上の空白期をもつ在日大韓基督教会において，「誠米」が戦後30年以上にわたり教会の伝統として受け継がれていたことはどのような意味をもつのか，在日大韓基督教会のアイデンティティとしての「民族」の内実をジェンダー的な観点から問う中で明らかにしたい．以下，当教会の中でも歴史の長い教会の1つである大阪北部教会の記録を参考に述べる（在日大韓基督教会，1990；在日大韓基督教会，2005）．

まず，誠米は，戦後の教会内部の信徒構成がジェンダーと家族を基に構成されていく中で重要な意味をもつ．在日大韓基督教会に属する教会のもっとも一般的な信徒構成を見ると，「婦人会」「壮年会」「青年会」と「教会学校」であり，その名称からすでにジェンダーと家族関係を基に構成されていることがわかる．その基準としてジェンダーとともに家族関係があるのは，教会学校が「青年」の年齢に達していない小・中・高の学生で構成される点からしてより明らかになる．父・母・子で構成される近代家族の枠と規定が教会における信徒構成の基準になっている．その中で「誠米」が，戦前の女伝道会からの伝統として，教会の「婦人会」の主な活動として取り組まれるようになったことは，信徒構成のやり方からしても当然であろう．また，婦人会の主な仕事が，いわゆる「食事奉仕」に代表される女性のジェンダー労働に集約されていく点においても同様のことがいえる．

在日大韓基督教会の奉仕領域における言説として「男は長老，女は台所」（在日大韓基督教全国教会女性連合会，1999，p. 165. 教会初の女性長老のインタビュー記録による）というものがある．そして，誠米とその継承の形が女性を台所に閉じ込めるような教会内部の奉仕領域二分化の正当性と根拠として働くのである．つまり，今日に至るまでの教会の歴史の中で，信仰的な安らぎと救いを求めて教会に通う在日女性たちは，それが「民族」の証明であるかのように家事労働を義務づけられる家庭内と同様，教会においても延々と食の担当者としての役割を果たさなければならなくなる．そして，そのことに対する疑問提起は「誠米」を戦前からの伝統とし，そうした戦前の歴史に「民族」の根拠を求める教会の内部では，事実上不可能なものとなる．すでに指摘した在日大韓基督教会の歴史構成におけるジェンダー的な側面からの問題点は，今日の教会においても大きな影響を与えているのである．

今日の在日大韓基督教会において，誠米は，教会内部の信仰的先輩となる在日一世の信仰を意味化した「オモニ信仰」のもっとも具体的な表現として語られている．「オモニ信仰」とは，在日朝鮮・韓国人の一世であり，また信仰の先輩たちの信仰的な姿勢と信仰観を，自らの母親をもって表

◆ Ⅱ．世界宗教の現在 ◆

象したものである．この表象が可能になったのは，前述したように当教会が「家」から出発し，そこに基礎をおく共同体であったからであり，また家族を媒介とする信仰の継承と相まって，教会内の信仰の先輩＝自らの親の図式が成立したためである．その中で，オモニの主な活動場である「婦人会」の活動が「誠米」の領域に集約されたため，「誠米」の枠から離れられず「オモニ」が構成され，また「オモニ信仰」が重要なものとして力説されたのである．

　この構成の方式は，「民族」との相関からして大変重要である．なぜなら，「オモニ」が象徴するのは，すなわち「民族」となるからである．オモニという言葉は，母親という職分が近代的家族を構成する象徴的かつ実態的な存在である中で，「オモニ」という民族の言葉を用いることによって，母親の象徴する「家族」と「家」に民族的な色彩を加えたものである．そもそも在日朝鮮・韓国人にとって，「民族」という血縁を基礎とする概念のもっとも小さな単位が「家族」となる．その家族を構成し，意味する母親の職分が「オモニ」という民族の言葉として表現される際，その「オモニ」とは民族の内実に他ならない．

　そうであるなら，オモニ信仰＝誠米という図式は，教会内のジェンダー労働や奉仕領域のジェンダー的な二分化を基礎に構成される「民族」概念を歴史的に構成して意味づけしたものである．つまり，当教会が強調してきた「民族」，独立運動に励んだ朝鮮人留学生のほとんどがクリスチャンであり，独立を目指す民族運動において教会がその本拠地であったことに根拠を求める「民族」概念を，より実質的で具体的に支えるのがすなわち「オモニ」であり，彼女たちが行う民族的な行為としてジェンダー労働があげられるのである．

　在日朝鮮・韓国人の宗教の中で唯一ともいえる団体的な性格をもつ在日大韓基督教会は，民族を掲げ形成・成長してきた「民族教会」である．そして，その民族とは，家を大きな軸として形成・成長してきた当教会の特徴との関連から捉えられる．民族教会という名称と自意識は，概念としての民族の意味が再度問われる近年において，多様性を無視し，均一化した空間の内部に彼らを枠付ける危険性を孕んでいる．しかし，日本社会において，在日朝鮮・韓国人を主な信徒層にし，彼らの歴史を代弁してきた点からして，彼らにとって民族教会という名称と自意識は全面的に否定できるものではないだろう．このように在日大韓基督教会におけるジェンダー的な側面から，民族を強調し民族教会としてのアイデンティティに重点を置いてきた彼らの，その「民族」という概念の内実がより具体的な形で明らかになる．それは在日朝鮮・韓国人を中心に形成・維持されてきた宗教団体の内実であると同時に，近年における民族概念に対する異議申し立てとしても有効性をもつ．

　歴史の中で「民族」を掲げてきて，また民族的なアイデンティティの根拠を歴史に求めている在日大韓基督教会は，歴史認識とその構成をジェンダー的な偏りに依存している．家から出発し，家を軸としてきた「家の教会」的な特徴は，女性伝道師の登場時期とバイブル・ウーマンの名称からみられる，男性中心的・帝国主義的な性格と相まって，後の誠米とオモニ信仰の結び付きを可能にした．家という家父長制的な規制から自由になれなかった教会は，女性の活動とその重要性を過小評価するような歴史認識とその構成をバイブル・ウーマンや誠米，そしてオモニ信仰を通じて見せている．しかし，家の教会が基礎とするのは，常に家父長制であり，西洋宣教師たちにバイブル・ウーマンと命名された女性伝道師であり，女性のジェンダー労働であり，そのメタファーとしての誠米である．したがって，在日大韓基督教会の民族的なアイデンティティは，誠米とオモニ信仰抜きには語れないものであり，それによって支えられている部分を看過してはならない．そうであるにも関わらず，在日大韓基督教会の掲げる「民族」には，以上のようなジェンダー構成に対する認識が不十分であると言わざるをえないであろう．本稿は当教会の中心的な概念としての「民族」やそれを基礎とする民族的なアイデンティティをジェンダー的な観点から捉え直すことで，その内実を明らかにし，より具体的で実態的な「民

族」を提示したものである．

参 考 文 献

李仁夏『明日に生きる寄留の民』新教出版社，1976 年．
宇治郷毅「戦時下の在日朝鮮人キリスト教運動」『福音と世界』新教出版社，1976 年 1 月号．
織田楢次『チゲックン―朝鮮・韓国人伝道の記録』日本基督教団出版社，1977 年．
基督申報社『基督申報』第 670 号，1928 年 10 月 31 日付．
基督申報社『基督申報』第 797 号，1931 年 3 月 11 日付．
在日大韓基督教会編集・発行『宣教 90 周年記念誌（1908 ～ 1998）』1998 年．
在日大韓基督教会大阪北部教会編集・発行『創立 80 周年記念誌（1925 年～ 2005 年）』2005 年．
在日大韓基督教会　宣教 100 周年記念事業実行委員会，在日大韓基督教会　歴史編纂委員会編集『祈りと共に―写真で見る宣教 100 年の歩み』2008 年．
在日大韓基督教全国教会女性連合会編集・発行『50 年史』（1989 ～ 1999）1999 年．
在日大韓基督教会全国教会女性連合会関西地方会『2006 年度関西地方会女性部連続講座　宣教 100 周年に向けてのビジョン』2006 年．
在日大韓基督教会総会婦人会全国連合会『40 年史（1948 ～ 1988）』ケイビーエス株式会社，1990 年．
在日大韓基督教会歴史編纂委員会『在日大韓基督教会宣教 90 年記念誌』在日大韓基督教会，2002 年．
横浜公立学院編集委員会編『横浜公立学園資料集』『横浜公立学園資料集』横浜公立学園，2004 年．
Lois Klempa & Rosemary Doran, Certain Women Amazed Us, *The Women's Missionary Society Their Story 1864-2002*, Women's Missionary Society（WD）.
Mission to Koreans in Japan, *The Act and Proceedings of The Fifty-Fifth General Assembly of The Presbyterian Church in Canada*, 1929
Mission to Koreans in Japan, *The Act and Proceedings of The Fifty-Fifth General Assembly of The Presbyterian Church in Canada*, 1931.
Mission to Koreans in Japan, *The Acts and Proceedings of the 60th General Assembly of the Presbyterian Church in Canada*, 1934.
Mr & Mrs. L.L.Young, *Report of the Women's Missionary Society*, Report of Assembly of the Presbyterian Church in Canada, 1929.
The Women's Missionary Society of the Presbyterian Church in Canada, *The Glad Tidings*, 1929, No.6.
The Women's Missionary Society of the Presbyterian Church in Canada, *The Glad Tidings*, 1934, No.7-8.

13.10　ア イ ヌ

川村邦光・永岡　崇

(1)　アイヌの近代

1) アイヌと博覧会

1999 年の 4 月から翌年の 1 月まで，アメリカ・ワシントン D.C. のスミソニアン国立自然史博物館で，「アイヌ：北の民族の魂」（Ainu : Spirit of a Northern People）展が開催され，その後，アメリカ各地を巡回している（芸術新潮編集部，1999）．この年は 94 年から始まった「世界の先住民族のための国連 10 年」に当たっていた．93 年は国連の「世界の先住民の国際年」であり，またグアテマラの先住民族運動の指導者，リゴベルタ・メンチュウの呼びかけで，第 1 回の「先住民族サミット」が開催された．

スミソニアン国立自然史博物館には，19 世紀後半から 20 世紀初頭にかけて収集されたアイヌ資料が数多く収蔵されていた．スミソニアンの研究員だった，ロマイン・ヒッチコックが 1888（明治 21）年に収集した日用品や狩猟・漁撈用具，祭祀用具などの民俗資料，ヒッチコック自身の撮影した写真が中心であり，一時アイヌの展示ケースがあったが，ほとんど展示されたことがなく，収蔵庫に眠っていた．ヒッチコックは『博物館年報』に「日本・エゾ地のアイノ人」（1892 年）などの論文を発表している，最初期のアイヌ研究者である（ヒッチコック，1985）．

アメリカにはスミソニアンのほかにも，ニューヨークのアメリカ自然史博物館やペンシルヴェニア大学博物館，シカゴのフィールド自然史博物館などに，アイヌ資料が収蔵されている．特に，ブルックリン美術館には，フレデリック・スター（スタール）が 1903 年に平取で収集したコレクションが収蔵されている．20 世紀初頭，スターは日本で脚光を浴びた人物である．四国遍路をはじめとし日本各地の寺社参詣をして，新聞紙上に報じられるとともに，紀行文を著して刊行するとともに，お札を収集し「お札博士」として知られていた．

アメリカでアイヌ展が催されたのはスミソニア

◆ Ⅱ. 世界宗教の現在 ◆

ンが初めてではなかった．1904年，ルイジアナ取得100年記念のセントルイス博覧会が開催され，そこで11の民族とともに，アイヌ資料が展示され，アイヌの家（チセ）が建てられて，成人男女7名と子供2名がそこに住み着いて，民族展示の対象となり，また笊編みや機織り，木彫を実演している．このアイヌを平取から連れてきたのがスターであり，それを斡旋したのが後にあげる聖公会宣教師のジョン・バチェラーであった．セントルイスに渡った1人，辺泥五郎（25歳）はバチェラーから洗礼を受けたクリスチャンで，後に伝道所を開設し伝道している．

アン・マックスウェルの『植民地写真と博覧会—「未開」の表象とヨーロッパ人のアイデンティティ成型』（1999年）によると，19世紀末から博覧会ブームが起こり，北アメリカ先住民"インディアン"をはじめとし，アフリカなどの被植民地人たちは博覧会の会場に設けられた"土民村（native village）"に収容・隔離され，生身の人間の展示・陳列，ライヴ・ディスプレイズ（live displays），またはライヴ・エグジビッツ（live exhibits）として晒され見世物になった．

すなわち，社会進化論に基づいた"死にゆく民族"神話，もしくは"滅びゆく民族"神話（"dying race" myth）のもとで，本物の"土民""未開人""野蛮人"の陳列は，活人画（tableaux-vivants）として鑑賞され，珍奇でエキゾティックな見世物として，人気を博していたのであった（Maxwell, 1999：107, 121）．

そして，一時的な博覧会の場に限定されることなく，いつでもどこでも見ることのできる，視覚的ツールとして，"土民"活人画の写真が販売され，身近でライヴ・ディスプレイを鑑賞することができるようになる．

文明と野蛮，開化と未開のヒエラルキーが可視的に表象され，文明から遥かに遠い未開・野蛮人，ときには"高貴な野蛮人（the noble savage）"として，好奇の眼ざしを注がれていた．それは文明国，欧米の帝国主義のアイデンティティを構築し強化する視覚的なショーとなったのである．

2）学術人類館とアイヌの人体展示

日本では，セントルイス博覧会よりも前，1903（明治36）年に大阪の天王寺公園で開催された「第五回内国勧業博覧会」で，アイヌのライヴ・エグジビッツをしている．また，1912年に上野で開催された「明治記念拓殖博覧会」（ここで金田一京助は樺太アイヌ語を採集・調査した．［金田一京助『心の小道をめぐって』三省堂，1964年］），1914年の「東京大正博覧会」などでも催されている．1910年には，ロンドンでの「日英博覧会」で，アイヌ村や台湾村が造成され，同様にライヴ・エグジビッツも行われている．

大阪の内国勧業博覧会では，学術人類館（開館直前に人類館から改称）は会場正門前に建てられ，当初，「内地に近き異人種を聚め其風俗，器具，生活の模様等を実地に示さんとの趣向」で「北海道アイヌ五名，台湾生蕃四名，琉球二名，朝鮮二名，支那三名，印度三名，瓜哇一名，バルガリー一名」を「各其国の住居に模したる一定の区画内」に住ませて，「日常の起居動作」また舞台で「歌舞音曲を演奏せしむる」のを見物させる予定であった（「場外余興」『大阪朝日新聞』1903年3月1日付）．だが，中国（清国）や朝鮮，さらには沖縄から非難・抗議され，これらの展示は取り止めになっている．見世物的な展示から「学術」展示へと変更したわけである（松田，2003：142–165）．

この学術人類館は民間パビリオンであったとはいえ，東京帝国大学理科大学校の教授，坪井正五郎が主任となって企画し，その人類学教室が大きく関与していた．学術人類館には，アイヌや「台湾生蕃」などの日用品や武具，儀礼用具など，人類学教室の収集品を陳列している．坪井は「外国の博覧会に於ては人類学の参考として会場内に各国人種並に建築物を出して世界における人種の骨相及び生活の状態を知るの便に供せるも，我邦には従来此事なく今回僅に余興人類館に依りてその一端を知るに過ぎず」（「博覧会と人類学（坪井博士談）」『大阪毎日新聞』1903年3月28日付）と語っている．坪井は，学術人類館が欧米の博覧会をモデルにして，人類学の知識体系に基づいて

「人種の骨相及び生活の状態」を知ることを目的としてあげている．しかし，今回は「各国人種」や建物を別個に展示できず，「一館内に各人種」を収容したため限界だったとしている．「各人種」の風俗，ことに身体的特徴を誇張して表象して，「各人種」を差異化して陳列し，文明人・日本人と対照化して差別化するのが，帝国の人類学，ひいては植民地支配を正当化し自明視させる，博覧会・博物館における文化表象のポリティクスだったのである．

坪井のいう「人類学の参考」とは裏腹に，学術人類館に隣接された舞台で演じられた，アイヌの生活民俗や宗教的儀式の実演は，観衆にとって慰安となる「歌舞音曲」，つまり娯楽・余興として享受された．博覧会は当初の殖産興業を奨励し，その成果を展示するという場から，珍奇でエキゾティックな見世物を見物し消費する娯楽化した場へと変わっていった．日露戦争の直前，学術人類館を設けて，異民族としてアイヌや台湾原住民などを陳列したことは，帝国日本の位置を未開・野蛮との距離によって確認し，アジアでのヘゲモニーを志向させ，ナショナリズムを高揚させるとともに，帝国主義的な眼差しを植えつけ浸透させたのである．

3）人類館でのアイヌ

学術人類館で生身の肉体を展示させられたアイヌは，見世物になることを積極的にまたは不承不承に，あるいは金銭に魅せられて引き受けたのだろうか，それとも強いられたのだろうか．ライヴ・エグジビッツとなった12名のうちのひとり，伏根安太郎という名の人物がいる．十勝の首長，アイヌ名，ホテネである（海保，1992：161）．伏根は「演舞場にて宗教と教育に就いて内地語にて演説」（「人類館の設備」『大阪朝日新聞』1903年3月8日付）をしている．伏根は「北海道旧土人保護法」施行のもとで，開校した「土人学校」の維持費を捻出するために，学術人類館に出向いていたのである．「今回の博覧会を機とし人類館に出場し，余が意のあるところを演じ多数有志の賛助寄附を得ん」というのが伏根の表明であり，それも「言語応酬自由にして毫も内地人と異なるを見ず」（「アイノ土人の気焔」『大阪毎日新聞』1903年3月6日付）と報じられているように，流暢な「内地語」日本語で演説している．伏根は「観覧者の義捐金を集め土人学校を設立せんとの高尚なる目的」（「博覧会投書」『大阪毎日新聞』1903年4月13日付）だと高く評価される．

伏根は「人類学の参考」へと我が身を供して，アイヌという"滅びゆく民族"にしては殊勝にも巧みに「内地語」を操り，未開の遅れたアイヌを「土人学校」を設立して教育しようとする意図は，帝国へのアイヌの同化，また「保護」の受容という点から大いに評価された．しかし，伏根はライヴ・エグジビッツの見物人に優越感を抱かせながら寄付金を募るとともに，内地人を志向して，帝国の同化主義に迎合したと単純にいっていいのだろうか．1899年の「北海道旧土人保護法」公布，1901年の「旧土人児童教育規程」公布，1911年までに全道に21校の「土人学校」開設計画という機に乗じて，伏根は行動を起こしている．それも，博覧会の学術人類館の舞台という場においてである．アイヌが発言し主張する場，自らの窮状を訴える場は，まったくないに等しかった．

帝国の同化主義による，土地収奪，狩猟・漁撈場の剥脱，荒蕪地へ強制移住，勧農政策のもとで「保護」政策が推し進められていくなかで，「内地語」日本語を習得し，いわばバイリンガルにならざるをえないのは，生きていくうえで必然だった．このような保護と同化の鉄柵に閉じ込められた現況のなかで，アイヌの子弟の教育・自立を目指して，「学術」と銘打った娯楽化した博覧会の場を撹乱しようと，我が身を晒して「余が意のあるところを演じ」，金策に奔走したのが，伏根であるといえよう．それは，辺境からアイヌの近代を撃とうとした果敢な蹶起，対抗戦略の実践だったのではなかろうか．

4）欧米人によるアイヌの発見

アイヌの存在を欧米に広く知らせた者として，イザベラ・バード，ジョン・バチェラー，そしてニール・ゴードン・マンローなどをあげることができよう．いずれも，19世紀後半から末に北海道のアイヌ集落（コタン）を訪れ，アイヌの生活

◆ Ⅱ．世界宗教の現在 ◆

を見聞し，その民俗・文化や宗教などを調査して，書物を著している．

イザベラ・バードは英国女性で，旅行家である．日本をはじめとして，チベットやペルシャ，朝鮮，中国などを長期にわたって旅している．バードは 1878（明治 11）年の春に来日し，6 月に東京から旅立って，北海道入りしたのはその年の 8 月で，9 月に函館から船に乗り，横浜に帰着している．そして，船で神戸に向かい，伊勢神宮や京都に立ち寄って，12 月に東京に帰っている．約 9 か月にわたる，東日本や北海道の大旅行を記録したのが，Unbeaten Tracks in Japan : An Account of Travels in the Interior, Including Visits to the Aborigines of Yezo, and the Shrines of Nikko and Ise（『日本奥地紀行』）であり，1880 年に刊行されている．

バードの来日した前年の 1877（明治 10）年に，ジョン・バチェラーが来日している．聖公会の宣教師となり，アイヌ伝道を始め，アイヌのクリスチャンを多く獲得していった．1940 年に英国に帰るまで，63 年間にわたって伝道し，アイヌの伝道者を養成した．1903 年の北海道の聖公会の信徒数が 2595 人，そのうちアイヌは 1157 人である（宮島，2004：16）．バチェラーはアイヌ語を有珠のモコチャロ（日本名は向井富蔵，その娘がバチェラーの養女になる八重子），平取の首長（コタン・コㇿ・クㇽ）ベンリ，幌別の金成太郎（父のカンナリキ・喜蔵は幌別の首長）などから学んでいる．太郎はバチェラーからキリスト教を教えられ，洗礼を受けている．喜蔵の娘，金成マツ（アイヌ名はイメカヌ，ユーカラの伝承者で，その筆録の訳注が金田一京助『ユーカラ集』）とその妹のナミ（アイヌ名はノカアンテ，結婚して，知里姓）は，函館の聖公会伝道学校で教育を受け，バチェラーの建てた平取の教会などに赴任して伝道に従事している．知里ナミの娘が『アイヌ神謡集』の著者，知里幸恵（弟がアイヌ学・言語学者の真志保）で，クリスチャンである．

村上久吉の『あいぬ人物伝』（1942 年）によると，金成マツをはじめ，バチェラー八重子，その弟の向井山雄（アイヌで最初の聖公会の司祭），谷平助，辺泥五郎などが伝道師として活躍していた．バチェラーは伝道のかたわら，アイヌの言語や生活，文化，民俗を調査し，『アイヌ英和辞書』，アイヌ語訳『新約聖書』，『アイヌ人及其説話』（1900 年），The Ainu of Japan（1889 年），The Ainu and their Folk-Lore（1901 年：『アイヌの伝承と民俗』），Ainu Life and Lore : Echoes of a Departing Race（1927 年：『アイヌの暮らしと伝承：よみがえる木霊』）などをまとめている．

医師のニール・ゴードン・マンローが病気療養のために，香港から来日したのは 1890 年，後に北海道の二風谷に診療所を建てて，アイヌの診療にあたりつつ，1898 年から 1938 年にかけて，40 年間にわたり，アイヌの民俗・宗教を調査・研究し，論文を多く執筆している．マンローの死後，その論文が 1958 年にまとめられ，Ainu Creed and Cult（『アイヌの信仰とその儀式』）と題されて出版されている．

イザベラ・バードの『日本奥地紀行』によると，1878（明治 11）年頃，アイヌだけの集落は平取（53 戸）のみ，日本人だけの集落は室蘭（57 戸）や苫小牧（38 戸），森（15 戸），佐瑠太（63 戸），函館（3 万 7000 人）などである．アイヌと日本人の集落が併存しているのは，幌別（アイヌ 47 戸：日本人 18 戸）や白老（51 戸：11 戸），有珠（99 戸：3 戸），長万部（38 戸：56 戸）などである．

これらの集落では，日本語を話せる者がかなり多くいたと推測できる．戸数 53 の平取のアイヌだけの集落には，「かなりの日本語を話す」者が 5 人ほどいた．若者男性が集落を離れて，日本人のもとで働いて，雇い主と従属的な力関係にあったとはいえ，仕事上の必要から日本語を覚えた者もいたのである．先にあげた伏根安太郎は日本語の流暢な有識者だったが，幼少期から厳しい生活環境のもとで，生活の手立てとして日本語教育を受けて習得せざるをえなかったのであり，日本人におもねろうとして，達者な日本語を操ったわけではなかったろう．

バードはアイヌ語を話せなかったが，伊藤という名の英語を話せる青年従者の通訳によって，ア

13. マイノリティの宗教

イヌ語と日本語と英語の3か国語を通じて，アイヌ文化を調査し，またアイヌ語を調査している．そのような場について，「東洋の未開人と西洋の文明人がこの小屋で相対している．しかも未開人が教え，文明人が教わっている．この二つのものを繋ぐ役目をしているのが黄色い皮膚をした伊藤で，西洋文明などはまだ日数も経たぬ赤ん坊にすぎないという東洋文明の代表者として列席している」と語り，バードは自民族中心主義（エスノセントリズム）の態度を貫いている．

バードは「アイヌ人は愚鈍な民族である」と断じながらも，アイヌのなにを探ろうとしたのか．まずアイヌを訪れる直前，「私は経験をつんだ旅行家の自信をもって，一人で計画してきた．（中略）原住民を訪れることは，きっと新奇で興味ある経験に満ちたものになるであろう」と記している．初めてアイヌに出会った印象は「高貴で悲しげな，うっとりと夢見るような，柔和で知的な顔つきをしている」というものである．そして，「アイヌ人は邪気のない民族である．進歩の天性はなく，あの多くの被征服民族が消えて行ったと同じ運命の墓場に沈もうとしている」（バード，1973：263）と予測している．

バードはアイヌを"高貴な野蛮人"とみなし，一見すると，尊重しているかのようだが，文明の尺度から「進歩の天性はなく」と近代の西洋文明を摂取し，そこに到達することのできない怠惰な民族，すなわち"滅びゆく民族"と哀感を込めてよんだのである．それゆえに，アイヌを日本による「被征服民族」ととらえる，ヒューマニストのバードは，おそらくこの"滅びゆく民族"の「悲しげな」表情に魅せられ，その最期の姿を記録に残し，歴史の証人になろうとした．

バチェラーのように，伝道のために，アイヌの民俗や宗教を調査しようとしたわけではない．文明社会には生き残れず，日本人と混住し，日本に同化して底辺に埋もれてしまうであろう"高貴な野蛮人"，悲哀に満ちた"滅びゆく民族"の混じり気のない本物の姿を書き留めておきたいという，19世紀末の人類学者と同じような意識を抱いていたのである．しかし，文明や日本文化に汚染されていない"純粋な"アイヌ文化を記録したわけではない．否応もなく，バードと同時代に生きるアイヌから話を聞いて記録している．バチェラーも，*Ainu Life and Lore : Echoes of a Departing Race* という書名からうかがわれるように，アイヌを"滅びゆく民族""死にゆく民族"（Departing Race）とし，その調査・研究の緊急性を訴えていたが，アイヌに至高神を認めながら，多神教・汎神論の宗教的世界を描いたように，アイヌの神観念や宗教観をキリスト教のそれに沿わせて類比させながら記述したのとは異なっていた．日本におけるマイノリティとしての先住民族アイヌの言語や民俗・宗教を"滅びゆく民族"という視点から，好奇心を大いにもった旅行家として記録に留めて保存しておこうと，バードは誠意を尽くしている姿を示していよう．

医師のニール・ゴードン・マンローは考古学や地質学，人類学，民俗学に通じていた．1932年，二風谷に診療所を建てて定住し，医師として活動するかたわら，アイヌ調査に精魂を傾けていった．マンローの妻は日本人の看護婦であり，マンローとともにアイヌの医療に携わっている．そればかりでなく，アイヌの女性たちから女性特有の民俗を聞いて，マンローの研究を手助けしている．マンローは家をアイヌたちに開放して親しくなり，雑談や噂話，伝説，昔話，歌を聞いたり，聞き取り調査をしたりしていた．また，祭りや儀式の次第，舞踊，病気の治療に関わる儀式などの写真を撮っている．特に「熊祭り」の映画撮影をしている．マンローの研究法はいわゆる参与観察といえるが，傍観者としての位置というよりも，アイヌの一員，もしくは準構成員として祭りや儀礼を見守るエカシ（長老）のような位置にあったと推測できる．というのも，マンロー夫妻ともども，アイヌと生活圏を共有して，日常生活に深く関わっていたからである．一過性の旅行家バードとは大いに異なっていたところである．

バードやバチェラー，マンロー，いずれも人類学や民族学，言語学，考古学などの日本人研究者に先駆けていたことは確かである．そこには，後に日本人研究者に受け継がれていくことになる

が，アイヌの同化・保護政策のもとで"滅びゆく民族"アイヌの文化を救出して保存するために，その民族文化の固有性を記録することにアカデミックな価値があるとする立場では一貫していた（モーリス＝鈴木，2000：20）．また，後の人類学者や民族学者，言語学者のように，アイヌ文化を未開や過去の遺物として固定化し閉じ込めてしまうのではなく，同時代のコンテクストのもとで調査・研究していた．とはいえ，その記録されたアイヌ語，民俗・宗教，その作法や儀礼はアイヌの政治的・社会的・文化的な状況から切断されて，固有の純粋なアイヌ文化として抽出され，標本・資料化されていくことになるのである．ここでは，バードのすぐれてエスノグラフィックな紀行文をひとつの作品として読み，バチェラーやマンロー，ヒッチコック，久保寺逸彦などを援用しつつ，19世紀末におけるアイヌの民俗・宗教的世界を探ってみよう．

(2) アイヌの民俗と宗教
1) 歓待の作法

チカップ美恵子は『アイヌ・モシリの風』に，次のようにアイヌの神が贈り物をした話を記している．

シロカニペランラン／ピシカシ／コンカニペランラン／ピシカシ
「銀の滴降る降るまわりに，金の滴降る降るまわりに」という歌をうたいながら，空を舞うふくろうの神が，貧しい子どもの射る矢を受けとって，その家の賓客となり，夜美しい音を立てて，その家の中が宝物でいっぱいになるという知里幸恵さんの神謡集『銀の滴』の詩が夕暮れの森の奥から，静かに響いてくるようだ．（チカップ，2001：11）

島梟の神はカムイ・チカッ（神の鳥）で，コタン・コロ・カムイ（村を守る神・村を治める神）である．島梟は「森の長老」（山本，1993：34）とよばれ，高い地位にある神として祀られている．この神が貧しい子どもの射た矢を受け取り，その子の家を訪れて，宝物を授けたという話である．さらに，この話は，島梟が子どもの矢に射られて，あえて獲物になるとともに，コタン・コロ・カムイとして家を訪れて，温かいもてなしを受け，返礼をしたと解釈できる．歓待に対する贈与がこの話のモティーフであろう．

イザベラ・バードは平取（びらとり）のアイヌ集落（コタン）の首長の家（チセ）に到着して受けた，その歓迎ぶりを見てみよう．首長ベンリ（ペンリ）の甥シノンデと2人の男が出てきて，挨拶した．「彼らは非常に歓待の気持を表し（中略）実に彼らの歓迎ぶりは熱心なもので，一騒ぎとなり，あちらへ走るものありこちらへ走るものあり，見知らぬ人を一生懸命に歓迎しようとした」と記している．家の中に案内されると，シノンデは「一足退いて，両手をひろげ，三度自分の方に腕を振り，それから髭を数回撫で」，「手をさっと振って美しい微笑」をして，「この家もこの家にあるすべてのものもあなたのものです」と話している．そして，シノンデはバードの手を取り，「囲炉裏の頭部の上座に案内し」坐らせている．バードはアイヌの客人歓待の慣行のもとで，賓客として扱われたのである．

食事の際，ベンリは「滞在する間は自分の家のように使ってくれ」「いろいろと生活習慣が違う点を許してもらいたい」と，バードに鄭重な配慮をしている．また，その年老いた母も囲炉裏の傍らで樹皮を裂きながら，両手を振ってあいさつしている．このベンリの母に対して，バードの印象は最悪であった．「気味の悪い魔女のような八十歳の老女」で，「その皺だらけの顔には人を酷しく疑う目つき」をして，「私の訪問は彼女の種族にとって縁起が悪い」と「悪魔の眼」（イーヴル・アイ）（邪視）をして凝視しているとすら思い込み，「彼女だけが外来者を疑っている」とし，「彼女はお酒を見ると，貪欲な眼を輝かせて，一気にお椀から飲み乾す」と，嫌悪感を露にしている（バード，1973：271-272）．

夕食後，バードを歓迎するため，副首長や7人の白髭をふさふさとさせたエカシも含めて，18人集まった．男は長幼の順，女は背後に座を占めた．アイヌは男性中心の社会である．バードは「宗教や風俗習慣」に関して，4時間にわたって

聞き取りをしている．そして，滞在した3日間，「上品に優しく歓待してくれた」という．「彼らには真実を語りたいという気持がありありと見えた」と感じた一方で，「彼らの風俗習慣を話したということを日本政府に告げないでくれ」と嘆願されている．日本政府は欧米人の眼から，"未開"のアイヌ人の"迷信"を隠しておきたかったから，また欧米人によってアイヌの窮迫した現状を告発されることを恐れたからにほかならないだろう．それは幕末期に松浦武四郎が蝦夷地に渡り，アイヌの酷使され収奪された惨状を綿密に調べ上げて告発したことを隠蔽した頃（花崎，2008）と，ほとんどなにひとつ変わることはなかったのである．

2）アイヌの酒宴・歓待の作法

バードは随所に酒を「アイヌ民族の大害」などと記しているように，飲酒を極度に嫌悪した，プロテスタントの禁酒主義者だった．夜中の9時頃，「シチュー鍋」が出された後，酒宴となった．この酒宴では，酒が漆の椀に注がれ，椀の上には「立派な彫刻を施した酒箸」が置かれる．「酒箸」とはイクパスイ（捧酒箸，捧酒箆，髭揚げ，髭箆などと訳されている）のことである．そして，銘々，椀を数回振ってから，イクパスイを酒に浸し，囲炉裏の火に向かって，その滴を振りかけ，「木の柱で，削りかけの白い螺旋形の鉋屑が上部から多量に垂れ下っている」神，すなわちイナウに向けて，酒を振りかけるという儀礼が行われる．バードはこのような酒宴儀礼について，次のように考えを示している．

「神のために酒を飲むこと」が主要な「崇拝」行為である．かくして酩酊と宗教は不可分のものであり，アイヌ人が酒を飲めば飲むほど，神に対して信心が篤いことになり，神はそれだけ喜ぶことになる．酒以外は何も神を喜ばせる価値がないように見える．火や神柱に対して酒を捧げることを省略することはめったになく，そのときは常に酒椀を手前に振るのである．（バード，1973：313）

アイヌは黍や日本産の米から濁酒を醸造する一方で，日本酒が好物で，稼いだ金をすべてそれに費やしてしまう，とバードは嘆いている．そして「泥酔こそは，これら哀れなる未開人の望む最高の幸福であり，「神々のために飲む」と信じこんでいるために，泥酔状態は彼らにとって神聖なものとなる．男も女も同じようにこの悪徳に浸っている」（バード，1973：318-319）と難じる．アイヌの男女は日本人以上に酒が強い，というのがバードの印象である．アイヌは神を出汁にして，酒盛りをしていると非難するが，そればかりではないとも考えられる．神に対する信心，神を喜ばせること，そこに独酌ではなく，集団で酒盛りをして，酩酊する意義があると思われる．

先のチカップ美恵子のあげた「銀の滴降る降るまわりに，金の滴降る降るまわりに」という歌は，知里幸恵の『アイヌ神謡集』に収められた「梟の神の自ら歌った謡」（知里，1978）による．ここには，アイヌと酒の関わりについて語られている．梟の神はこの歌を歌いながら，大空を飛んでいると，貧乏人の子が木の弓につがえた矢を放ってきた．梟の神は「手を差しのべてその小さい矢」を取り，その子のもとに舞い降りた．子どもは梟の神を粗末な小屋に連れていき，「第一の窓」から入れて，老いた父母に経緯を語った．

このチセ（家）の窓はカムイ・プヤㇻ（神の窓）とよばれ，「神々の出入り口」であり，窓越しに家のなかを覗き込むことは厳しく戒められている（チカップ，2001：245）．バードも「アイヌ人にとって，窓から覗きこまれるほど大きな侮辱はない」（バード，1973：303）と観察している．バチェラーも同じような指摘をし，炉端で作られたイナウを多くのイナウを立ててあるヌサに置くときにはこの窓を通して出し，また熊や鹿などの獲物もこの窓から家のなかに入れなければならないという伝承を記している（バチェラー，1995：124）．

父は「ふくろうの神様，大神様，貧しい私たちの粗末な家へお出下さいました事，有難う御座います．（中略）今日はもう日も暮れましたから，今宵は大神様をお泊め申し上げ，明日は，ただイナウだけでも大神様をお送り申し上げましょう」と礼拝した．老いた母は上座の東の窓の下に敷物

をしいて，梟の神を置いて，3人とも寝た．梟の神は部屋を「神の宝物」で一杯にし，粗末な小さい家を立派な大きい家にする．貧しい子とその父母による梟の神に対する歓待への返礼である．

翌朝，老父は「りっぱなイナウを美しく作って私を飾りました」と，梟の神が語る．老母は酒を造り，上座に6つの酒樽を並べた．そして，村の「昔貧乏人で今お金持になっている人々」を招待する．貧乏人も金持も仲良くなり，賑やかに酒宴が開かれる．梟の神は「火の神様や家の神様や御幣棚(へい)の神様と話し合いながら，人間たちの舞を舞ったり躍(おど)りをしたりするさまを眺めて深く興(おもしろ)がりました」と語る．酒宴は3日続いて終わり，梟の神は人間たちの仲良い姿を見て安心し，火の神や家の神や御幣棚の神に別れを告げ，「自分の家」に帰った．

梟の神の家は，イナウや酒で溢れていた．そこで，梟の神は神々を招待して，盛んな酒宴を催し，アイヌの村を訪ねたことを話した．梟の神がアイヌの村を見渡すと，皆，平穏に仲良く暮らしている．梟の神に矢を射た子どもは成人し，妻子をもち，親孝行をしている．「何時(いつ)でも何時でも，酒を造った時は酒宴のはじめに，御幣や酒を私に送ってよこします．私も人間たちの後に坐して，何時でも，人間の国を守護(まも)っています」と，梟の神が語って締め括られている．

この神語りでは，動物・神々の世界とアイヌの世界が密接に結びついていることを物語っている．それも，イナウや酒を媒介にしてである．捕獲された動物はイナウや酒をもって丁重に歓待され，その霊は動物・神々の世界へと送り返される．そして，動物・神々の世界ではそのお返しとして，たくさんの獲物を授けるとともに，アイヌの世界を守護していく．こうした儀礼の作法は熊祭り（イオマンテ）などの儀礼に共通したものである．

久保寺逸彦は「アイヌの人々は，神を祭るには必ず酒を捧げ，神々も最も喜ばれると考へてゐるから，祭を行ふ時必ず酒あり，酒のあるところ必ず神に祈るために，酒を醸育（私はこんな変な熟語を用ひるが，後に述べる神祷詞でも解るやうに，酒をつくるのは，子供を育てる様な気持なのである）したのであつた」（久保寺，2001：11）と，敬意を込めて記している．神と客人への献酒の儀礼がたえず繰り返されていたのが，アイヌの民俗・宗教の作法であり，神々や人と交流し，生活を存続させていくために，酒は欠くことのできない供物・贈り物であったのである．

バードが平取のアイヌに別れを告げると，ベンリの2人の妻は黍餅を作ってゆで，それを漆器の盆に載せて贈っている．また，珍味だとして，鹿肉も土産に贈っている．多くの「アイヌが見送りに来て，「彼らがあまり多くの贈り物《その中にはりっぱな熊の皮もあった》を持って来たので，もし私がその半分だけでも受け取ることにしたら，もう一頭の馬で運ばなければならなかったであろう」（バード，1973：325）というほどであった．

平取を離れる際には，バードはアイヌの飲酒習慣の「悪徳」を激しく非難した．それに対しては，「私たちは神様のために飲むのです．さもなければ私たちは死んでしまうのです」（バード，1973：326）というのが返事である．「死んでしまう」とはかなり大袈裟かもしれないが，動物・神々の世界との関わり合いによって，アイヌの世界が立ち行き，その繋がりが失われてしまえば，アイヌ自身の生存の根底が覆されてしまうという心性があったのであろう．

しかし，明治初期，バードが書き留めているように，日本人に雇われたアイヌ労働者が賃金を酒に使い尽くし，酔っ払って道路をよろよろと歩いたり，大の字になって倒れて寝たりしている状況が現れてもいた．バードによるなら，日本人との益するところのない接触によって，確かに飲酒の新たな局面が訪れ，「神様のために飲む」を口実としていたといえなくもない．だが，神々とアイヌ世界は歓待と贈与の儀礼を通じて通底し，神々とアイヌがともに酒を飲み合い，酩酊するところに意義があり，酒宴はアイヌ文化の根底をなす，きわめて大切な集団的な宗教的儀礼として存続していたのである．

(3) アイヌの宗教的世界
1) アイヌの神々

アイヌの宗教的世界，またコスモロジーに関して，バードは短期間の滞在ながらも，好奇心旺盛で誠心誠意，精力的に探ろうとしている．バードは平取に滞在して間もなく，「アイヌの宗教的観念ほど，漠然として，まとまりのないものはないであろう」と書き留め，「丘の上の神社は日本風の建築で，義経(ヨシツネ)を祭ったもの」だが，それを除いて，神社も僧侶もなければ，犠牲を捧げることも，礼拝することもないとし，次のように記している．

> 明らかに彼らの宗教的儀式は，大昔から伝統的に最も素朴で最も原始的な形態の自然崇拝である．漠然と樹木や川や岩や山を神聖なものと考え，海や森や火や日月に対して，漠然と善や悪をもたらす力であると考えている．(中略)この素朴な自然崇拝は，日本の神道(シントー)の原始的形態であったかもしれない．彼らは生物界あるいは無生物界のものを崇拝するが，その唯一の例外は義経崇拝のように思われる．(バード，1973：310)

生物・無生物を問わない，「最も素朴で最も原始的な形態の自然崇拝」，すなわちアニミズムがアイヌの宗教的世界の根底をなすとしている．しかし，その例外が「義経崇拝」だと記している．これについては後回しにして，アイヌの神々の世界を見てみよう．

アイヌの「自然崇拝」を「臆病で単調で，善の観念をもたぬ生活で(中略)暗く退屈で，この世に希望もなければ，父なる神も知らぬ生活である」(バード，1973：290)と，キリスト教の恩沢に浴してこなかった民を憐れんでいる．いかにもクリスチャンならではの宗教観をあからさまにした捉え方である．一神教・キリスト教信仰の神観念は文明の尺度だったのであり，西洋中心主義・エスノセントリズムの一翼を担っていたのだ．他方では，「他の多くの原住民たちの生活よりは，相当に高度で，すぐれたもので」，また西洋の都会のクリスチャンだが「堕落した大衆」よりも「ずっと高度で，ずっとりっぱな生活を送っている」とやや賛辞めいた言葉を贈ってもいる．

バードは自分の何気ない行為がアイヌの慣行にそぐわなかった，異文化体験めいたことを率直に書き留めている．それはベンリの家で冷めたお茶をベッドの傍らの窓から捨てようとして，止められたことである．「私はそれまで気がつかなかったのだが，その窓には神様が置かれていたのだった．それは，例の鉋屑を花綱のようにつけてある小さな柱で，その傍に死んだ鳥があった」(バード，1973：277)と，おそらく反省の念を込めても記している．この窓が家屋の東側に位置していたとするなら，先に述べたようにカムイ・プヤヮ(神の窓)である．「鉋屑を花綱のようにつけてある小さな柱」とはイナウである．イナウはヤナギやミズキなどで作られる「神々を祀る時に用いる木の幣」(久保寺，2001：335)，アイヌの宗教儀礼において不可欠の祭祀具である．

イナウは守護してくれるカムイへの供え物，カムイと人間を取り持つ媒体，そしてバードの言うように「神様」もしくは神体ともなる．久保寺によると，「イナウは神々に対する捧げ物であり，またある種のイナウは，それ自身神の憑台即ち神体として祀られるものである」(久保寺，2001：338-339)．多くのイナウをまとめて立てたものをヌサ(祭壇)といい，二又の棒を数本立て，それに棹を渡して柵を作り，そこにもたせかけるように多くのイナウ・ヌサを立てた祭壇がヌササン(幣壇)とよばれ，家屋の東側のカムイ・プヤヮの外に設けられている．

ヌササンには4つの柵があり，北端にはヌサ・コロ・カムイ(大幣の神)のために，4本のイナウが立てられる．その隣にシランパ・カムイ(森の神)のために，4本のイナウが立てられる．その隣にハシナウ・ウヶ・カムイ(狩猟の神)のために，やはり4本のイナウが供えられる．南端にワッカ・ウシ・カムイ(水の神)のために，5本のイナウが立てられる．ヌサ・コロ・カムイのイナウの柵の前に，シンヌラッパ・ウシ(祖霊の祭壇)が設けられ，4本のイナウが捧げられる．この場は神酒を醸造して催す「祖霊祭」の儀式が行われる祭壇であり，女性だけでこの儀式を執行し

ていた．ヌササンのカムイたちは家屋のカムイ・プヤぅを通して，カムイ・フチと交流しており，屋内の囲炉裏で長老がカムイ・フチに祈ると，カムイ・フチはヌササンのカムイたちに願いを伝えてくれることになる（マンロー，2002：72）．

　バードが平取で眼にしたイナウをあげてみよう．初めに眼にしたのは，先にあげた，バードが平取に到着した日の夜9時頃，首長ベンリの家で，長老たちも集まって酒宴を催され，歓待された際である．この酒宴は翌日も催されている．漆の椀に酒を注ぎ，椀の上にイクパスイ（酒箸）が置かれる．椀を数回振ってから，イクパスイを酒に浸し，火に滴を6回かけ，ついでイナウに酒の滴を数回振り注ぐという，酒宴の作法が行われている．翌日の酒宴については，「晩の盃には酒がつがれ，火の神と，削り花をつけた木柱の神は捧酒を受ける」（バード，1973：291）と，囲炉裏の火＝火の神とイナウに酒が捧げられたことを記している．

　次に，翌朝の昼前，首長の家に近隣の人々が集まり，「未開人の集い」での酒宴でイナウを眼にしている．ベンリは床の中央の囲炉裏の傍らから盃を取り寄せて，両手を広げ，顔の方に手を振って，バードに挨拶をし，「酒に棒（ひげべら）を浸し，神に対して，六回神酒を捧げる．そのとき，削りかけの房飾りをつけた真直ぐな棒を部屋の床に立てる．それから彼は自分に向って数回盃を振り，火に向って献酒してから酒を飲む」（バード，1973：266）と記している．

　この「神」とは火の神のことであろう．「部屋の床」はどこかわからないが，囲炉裏の灰に火の女神のためにイナウを挿し，イクパスイで酒を振り注いで，祈り（カムイノミ）を捧げたのであろう．囲炉裏の火，また囲炉裏の灰に挿されたイナウに，まず酒が献上されている．囲炉裏には火の神が宿る．火それ自体が神の表象である．火の神に捧げられたイナウもまた，その神体の表象である．

　アイヌの家屋は1部屋だけであり，必要に応じて，茣蓙を吊して部屋を仕切って用いている．家屋内は，西向きの出入口，屋内の囲炉裏，東側の神の窓カムイ・プヤぅを繋いで，ちょうど一直線になる（マンロー，2002：92）という構造である．囲炉裏がもっとも神聖な場であり，カムイ・フチ「最高の先祖の女神」（アペ・カムイ「火の女神」，アペ・フチ「火の嫗神」ともよばれる）が囲炉裏の中央部に宿り祀られ，イナウが上座にあたる囲炉裏の左上隅の灰に挿されている．この囲炉裏は死者の霊が死者の世界へとおもむく入口ともされる．

　バードが眼にしたのは，囲炉裏の火の神カムイ・フチに捧げられたイナウだった．毎晩，寝床に就く前，燠の上に灰をかぶせて，囲炉裏の火種を絶やさないようにしておく．囲炉裏の火を絶やすと，その家の主婦に災いがもたらされるとされ，カムイ・フチに対する「何よりも重い罪」とされたのである．

　2日目の朝，バードは冷めたお茶をベッドを置いた寝床の側の窓から捨てようとして諫められている．その窓にはイナウが置かれ，その傍らに鳥の死骸もあったという．これについては別のところに，「アイヌ人が神に犠牲を捧げるのは一つの場合だけで，雀に似たつまらぬ死んだ鳥を，皮を剥いた神杖の近くに置き，腐敗の程度がかなり進むまで放置しておく」と記している．

　ベンリ夫妻の寝床は家の北側，玄関の左側である．とすると，バードの寝床は南側，玄関の右側だったろう．南側は子供たちの使う場また寝床であるとともに，「祭時や葬儀の時の来客たちが座る場所」であり，東南部の子供の寝床がバードの寝床になったのであろう．ここにある窓はイトムン・プヤぅ（南側の窓），その下方の西南の窓はポン・プヤぅとよばれる．マンローが指摘するように，イナウは出入口や窓の上，「災いをもたらす悪霊たちが潜んでいそうな家屋の隅々に」（マンロー，2002：92）置かれている．

　バードは「家の守り神」のイナウを眼にしている．「この家では入口の左手に十本の杖のような柱があって，その上端から削りかけを垂らし，壁に突き刺してある．朝日のさす窓のところから外に突き出ている木柱もある．大神は高さ二フィートの白い柱で，頭部から螺旋形の削りかけを垂ら

しており，常に床に挿込まれて立っている．それは左側の壁近く，囲炉裏に対しており，戸主の寝台と，常に同じ側に据えつけてある低くて広い棚の間にある」（バード，1973：303-304）と書き留めている．ここには，西に面した入口のイナウ，東側のカムイ・プヤゥ（神の窓）のイナウ，それに60 cmほどの「大神」のイナウがあげられている．

入口のイナウはアパ・サㇺ・カムイ（家屋の出入口にいる神）で，家の中に入ってこようとする悪霊を防いで，家を守護する．「大神」のイナウは左側の戸主の寝台と広い棚の間の床に立てられている．この棚は上座の隅に位置し，杯や膳，行器などの漆器，また刀や弓といった武具を安置する宝壇イヨイキッ（イヌマイキッ）のことである．これらの漆器は酒造用具となる実用品であるとともに，祭祀用具でもある．「富と権威を示す重要な宝物」（佐々木，2001：140）となっている．

この寝床と棚の間にイナウが置かれていたとされるが，その60 cmほどのイナウは屋内の宝壇のある北東隅の壁際に立てて置かれている，チセ・コㇿ・カムイ（家の守護神）のイナウであろう．家の上座の隅に安置され，カムイ・フチにつぐ，「唯一の家の守護神」（マンロー，2002：42）として崇められている．この神は男神として，カムイ・フチとともに，家族の無病息災や生業の繁栄などを祈る神として崇められ，カムイ・フチの配偶神とみなされている（久保寺，2001：285；343）．このイナウの脇にチセ・コㇿ・クㇽ・エプンキネ・カムイ（家の主人の守護神）のイナウが祀られる．

バードは「彼らの神々は——すなわち彼らの宗教の具体的な象徴は，神道の御幣に甚だ類似したものであるが——皮を剥いた白木の杖や柱で，頂部近くまで削ってあり，そこから削りかけが白い捲毛のように垂下している」と，御幣との類似を指摘している．また，「これらの神柱は，ときには二十本も，家の中に立てておくばかりでなく，崖の上や川の土手や峠にも立てる．船頭が急流や危険な所を下るときには，これらの神杖を川の中に投ずる．私が佐瑠太から来る道で私の駄馬が上り坂から落ちて以来，四本も神杖が立てられた」（バード，1973：311）と，屋内には20本もイナウが立てられ，屋外では崖や川の土手や峠にもイナウが立てられているのを眼にしている．

病気や災害をもたらすウエン・カムイ（悪神）やニッネ・カムイ（狂暴な神）から，集落や家を防護し撃退するコタン・キキカラ・カムイ（村を防護する神）に捧げられるのが，コタン・キキカラ・イナウである．村境の路傍や海岸，川口に立てられる（久保寺，2001：348）．崖や川の土手や峠に立てられたのも，この種のイナウであろう．

バードはアイヌの宗教を「大昔から伝統的に最も素朴で最も原始的な形態の自然崇拝」であるとする一方で，その例外として人神信仰である「義経崇拝」をあげている．バードは病人を看病したお礼として，義経を祀る「神社」に案内された．この義経神社は，1799（寛政11）年に近藤重蔵がアイヌの始祖神オキクㇽミを源義経として祀ったとされる．

義経神社は村の向こうの山の頂上にあり，木の階段がわずかにある，険しい上り坂を若者に手を引かれながら辿り着いている．頂上の崖の端に木造の「日本式建築」になる「白木の簡素な神社」があり，奥の広い棚に義経の像を入れた厨子が安置されていた．義経の像は「真鍮象眼の鎧」をまとっていた．金属製の御幣とさびた真鍮の蝋燭立てがあり，帆船を描いた絵馬が掛けられていたという．三度，綱を引いて鈴を鳴らし，拝礼を三度し，酒を6回神に捧げている．

バードにもこの神を拝むように言ったが，「私自身の神だけしか拝むことはできない」と断り，無理強いすることはなかった．副首長が「偉大な神」義経について語っている．「義経の華々しい戦の手柄のためではなくて，伝説によれば彼がアイヌ人に対して親切であったというだけの理由で，ここに義経の霊をいつまでも絶やさず守っているのを見て，私は何かほろりとしたものを感じた」（バード，1973：288）と記している．源義経は祖先に「文字や数字とともに文明の諸芸を教え正しい法律を与え」，「戦争を永久に禁止した」

◆ Ⅱ．世界宗教の現在 ◆

（バード，1973：310；320）とも伝えられている．

　バードが義経神社を見た10年後，ヒッチコックも訪れている．義経はアイヌの始祖神「オキクルミとしてアイノ人に知られ」，バードが義経について「山住みアイノ人の最高神」と言っているが，「実際に義経を神として崇拝しているかどうかは疑問でさえある」としている．ヒッチコックは首長ベンリに案内されて，義経神社に行っているが，1888（明治21）年に台風で「神社は吹き飛ばされて，残骸が嶮しい山腹に吹きちらされていた」（ヒッチコック，1985：142）と報告している．

　2）イオマンテ・熊祭り

　バードはイオマンテ・熊祭り（熊送り）に立ち合っていないが，平取と有珠で，熊［キムン・カムイ］の「崇拝」，また「西洋の農神祭(サタナリア)に相当する」「最大の宗教的祭り」について話を聴いている．どの村にも首長の家の近くに数本の高い柱が立ち，「その柱の頂部には肉のない熊の頭が載っている」柱，また小熊の入っている檻を眼にしている．熊の頭蓋骨を載せた柱はユッ・サパ・オ・ニとよばれ，そのヌサは狩猟の神と水の神のヌサの間に設けられ，種々のイナウが立てられる（久保寺 2001：353-357）．

　アイヌは酒を飲み，踊り，「いろいろな武器を持って熊に襲いかかる．熊に血を流させるのは幸運を齎すので，いずれも一傷を負わせようと」して，熊を殺し，首を切り取る．さらに，熊を解体し，「祝宴と大騒ぎの中に熊の頭を柱の上に安置して，それに礼拝すなわち酒を捧げ」，「みな酩酊して祭は終る」と記している．そして，「私たちはお前を殺すが，熊よ，アイヌ人になって早く戻って来い」と叫ぶと書き留めて，バードは次のような感慨を述べている．

　　熊を罠にかけたり，矢で倒したりすると，猟師たちは熊に弁明のような，慰撫のような儀式を行なう．彼らはある素朴な輪廻の思想を持っているように見える．これは有珠の人たちが熊に祈る言葉からも，またある素朴な伝説からも証明できる．しかし，この思想が土着のものであ

るのか，あるいは後期になって仏教と接触するようになって発生したものか，それは解らない．（バード，1973：315）

　バードは，熊の血を流してやまない残虐さ・野蛮さ，酩酊して狂騒の態を曝け出している，アイヌの姿態を誇張し強調している．アイヌにとっては，「最大の宗教的祭り」であり，厳粛な儀礼と酒宴を並行させた，いわば"血沸き肉躍る"大祝祭である．プロテスタントのバードには望むべくもないかもしれないが，西洋の農耕神サートゥルヌスの「農神祭」と比較したなら，生業の違いはあるものの，新たな知見をえて，アイヌの心性に近づくことができたのではなかろうか．とはいえ，バードは「私たちはお前を殺すが，熊よ，アイヌ人になって早く戻って来い」という唱え事を書き留めて，そこに「素朴な輪廻の思想」を見出している．動物の世界と人間・アイヌの世界との間に，生命の循環，もしくは再生を基盤にした，歓待と贈答の関係性を築いていたのである．

　1888年にアイヌ調査をしたヒッチコックは，熊祭りを見ることができなかった．著書では，B.ショイベの論文（"Der Barencultus und die Barenfeste der Ainos", 1880）を要約して載せている（ヒッチコック，1985：150-159）．ショイベは1880（明治13）年に長万部から三里離れた国縫(くんぬい)で熊祭りを見ている．外国人で熊祭りを初めて調査し報告したのがこの人であろうか．1931年頃，マンローは二風谷(にぶだに)で熊祭りを見て，映画撮影をしている．この熊祭りについては，マンローの制作した映画の解説をB.Z.セリグマンが編集した文章が残されている（マンロー，2002：241-244）．また，1936年に，久保田逸彦は二風谷で熊祭りの記録映画を撮影している．

　マンローの映画「熊祭り」では，「犠牲の儀式」の始まる前から撮影されている．カムイ・フチへの献酒，女性たちの黍の団子作り，ヌサ・サンの作成・献酒，カムイとしての熊への献酒，花矢の発射，矢による射殺，熊の首の切り取り，熊の頭への献酒，熊の血の飲み回し，「神聖な」熊肉の分配など，歌舞をともなった祭儀が撮影された．「雌の熊を送る儀式の場合には，その遺体に首飾

—448—

りをかけて飾ってやります．熊の霊魂に向かっては，敬意をこめた挨拶の儀を行い，人びとに恵みを与えてくれたことに賛辞を述べ，その霊魂を先祖のもとに送ってやる約束の言葉を唱えて捧酒を行います．こうすることで，その霊魂を満足させてやるのです」と，「最高の客」とされた熊の霊魂を歓待し送り出す儀礼が解説されている（マンロー，2002：243）．

アイヌの青年教師，武隈徳三郎は『アイヌ物語』（1918 年）に「熊は神なるが故に，肉体を幾回も作り変へ」ると神としての熊の特性を記すとともに，次のような「熊祭」の「伝説」をあげている．

　小熊は送（祭る）られるときに，綺麗な「イナヲ」（木幣）立派な「イコロ」（刀を模造したるもの）珍しい「エベレアイ」（又は「ヘベレアイ」とも云ひ，熊祭に使用する花矢）おいしい団子とをたくさん背負ひ，父母の許に帰へりて，今まで厚いお世話になつたひとや，たくさんのよい土産を頂戴せることを述べるのである．此の時老父母は大層喜んで『ア、左様か，おまへはよい所で育てられた．あそこの家の者は，心が誠に善い，おれだちも，あの家の先代には，よく参つたものだ．こりや隠居するまへに，一，二度遊びに行かう，お前も言ふまでもないことであるが，よい友達を誘つて，時折遊びに参り，其の家の「マウコビリカ」（好運）を計り，且つ富ませよ』と，親子は再会を喜んで，之れより更に其の家の幸福安泰を計るのである．（武隈，1918＝1980：19-20）

熊祭りにおける「送り」とは，佐々木利和によると，カムイ・モシㇼ（神の世界）からアイヌ・モシㇼ（人間の世界）へ遊びに来た神を，カムイ・モシㇼへ帰ってもらう儀礼であり，そこにアイヌの信仰の根底をなす宗教的思想がある．カムイ・モシㇼで，神々は人間と同じ姿形で同じような生活を送っている．アイヌ・モシㇼに遊びに来るときは，熊の神なら，黒い熊の扮装をする，あるいは「冑（よろい）」を身につける．カムイが化身し，仮の姿として熊になる．神がカムイ・モシㇼに帰る時は，自らの手でそれを脱ぐことができないために，人間が手を貸して脱せ，霊の姿になって，カムイ・モシㇼに帰ることになる．

この扮装や冑を脱がせる所作が，毛皮を剥ぎ，解体することである．肉や毛皮は神が人間に授けるお土産である．他方，人間は酒やイナウなどのお土産を供えて，神に帰ってもらう．そして，神は何度もアイヌ・モシㇼを訪れ，人間は豊かになり，神もいっそう「神格」を高めることになる（佐々木，2001：208-209）．こうした歓待と贈答の互恵的な関係性を儀礼として結晶させたのが，イオマンテなのである．

バードは有珠（うす）のアイヌの家で飼われている熊を見て，首長の家で熊祭りについて尋ねている．「彼らは熊を主神とし，次に太陽と火を神としている．もはや狼を拝まないという．彼らは，火山やその他多くのものをカモイ《神》と呼ぶが，それらを拝まない．彼らにとって拝むとは，単に酒を捧げて神のために酒を飲むことを意味し，祈願その他の口で言ったり心に念じたりする動作を伴わないものであることがはっきりとした」（バード，1973：348）と，勝手な思い込みを吐露している．バードのまとめたアイヌの宗教観とは，次のようなものである．

何も宗教思想のない民族の宗教思想のことや，単に大人になった子どもにすぎないような人びとの信仰について書くことは無意味であろう．もしアイヌの信条について纏めようとする旅行家があるとすれば，その人は勝手に自分の心の中で想像して書くより他はあるまい．彼らの宗教観念はいかなるものか（中略）いくつかの漠然とした恐怖や希望であり，自分たちの外の大自然の中に自分たちよりも強力なものがいるのではないか，という気持である．お酒を捧げれば，そのような力の影響を受けることができるし，悪い影響を避けることができる，と考えている．／崇拝という言葉それ自体が人を誤らせる．私がこの言葉をこれら未開人について用いるときは，単に酒を捧げたり，腕をふり両手をふることだけで，哀願や懇願などの精神的な行為が少しも伴わないことを意味する．（バード，1973：311-312）

◆ Ⅱ．世界宗教の現在 ◆

アイヌには，神を崇拝して，心から捧げる祈り，いわば精神的・内面的な信仰と行いがなく，神を口実にしてただただ酒を飲むだけだと断じるのだ．有珠では，有珠岳の夕映えの光景に感動しつつ，「華麗ながらも一人も信者ができそうにない」寺，浄土宗の善光寺を訪ねているが，「大勢のアイヌ住民は，民間仏教を形成している多くの迷信よりも，もっと深い迷信の中に沈滞している」（バード，1973：347）と言うだけである．

他方で，バードは狩猟と漁撈の季節が終わる時の大祭で唱えられる「素朴な文句」を書き留めている．「私たちを養ってくれる海に対し，私たちを守ってくれる森に対し，私たちは深い感謝を捧げる．あなた方は同じ子どもを育てる二人の母です．一方を去って一方へ行っても，決して怒らないでください」「アイヌ人は常に森と海の自慢の種となるでしょう」（バード，1973：312-313）がそれである．バードはこの祈りの言葉に神々に対する「感謝の念が少し滲み通っている」と解説している．森や海，またその神々への「感謝の念」，それがバードの見出したアイヌの宗教観念だったといえよう．

バードがプロテスタントの宗教・倫理観，また西欧文化を至上とするエスノセントリズムに基づいて，アイヌの民俗・宗教を観察・調査したことは確かである．アイヌに対する毀誉褒貶，どちらかといえば，「文明化できない」「未開人」など，罵倒し蔑視している場合が多いとはいえ，アイヌそれ自体を知ろうとして，丁重に誠意をもって耳を傾けて，アイヌの言葉を聴き，眼差しを注いでもいる．今日の知識からすれば，たやすく批判し葬り去ることもできようが，貴重なエスノグラフィ（民族誌）をものにしており，学ぶべきことが今でも多く潜んでいよう．

(4) アイヌの近代と宗教
1) 近代における変容
明治政府によって「蝦夷地」が「北海道」と改称され，日本国家の支配下に組みこまれると，アイヌは漁猟の場を奪われたり，農耕地として選定された場所へ強制的に移住させられたりして，従来の生活環境から引き離されていった．そして，「北海道旧土人保護法」（1899年）などに象徴されるように，農耕への転業や学校での日本語の習得，伝統文化からの脱却といった「同化」政策への適応を強いられていく．イザベラ・バードが北海道を旅行した1878年には少なからず残っていた儀式や慣習も，その伝承が困難となっていったのである．

もっとも，「同化」政策の下でも，アイヌの伝統的宗教が簡単に消えていったわけではない．1918年に刊行され，アイヌによる単著としては最初期のもののひとつである『アイヌ物語』において，武隈徳三郎は，近年アイヌ社会にキリスト教や仏教が広まってきたことを報告しつつ，「然れども其の信徒の中には往々真に帰依するにあらずして，唯世渡りの為め，外見を飾るべき一つの手段として帰依する者あり」（武隈，1918＝1980：40）と指摘する．武隈によるなら，これらの「キリスト教徒」や「仏教徒」は，病人が出たときには在来の神や易者を頼り，死者が出たときにも，在来の習慣にしたがって葬儀を行った後で，「現今はシーシヤムブリ（和人の風習）にせざる可らざる時なれば，茲に形式的にのみ何教の儀式を行ふべし．乞ふ諸の神様，之れを諒せられんことを」（武隈，1918＝1980：41）という断りを入れてキリスト教式あるいは仏教式の儀礼を執行するのだという．

キリスト教は，ジョン・バチェラーらの聖公会を中心として早くからアイヌ伝道に着手し，教育の面でもアイヌ学校を設立するなど，活発な活動を展開していた．たしかに「キリスト教徒」の実態としては，武隈が指摘するような状況があったのだろうが，なかにはキリスト教信仰に深く入りこんでいくアイヌもいた．バチェラーを団長とするアイヌ伝道団の機関誌『ウタリグス』などを読むと，アイヌは無教育，怠惰，不衛生で飲酒の習慣に溺れているという和人の差別意識をアイヌ自身が承認しつつ，それらを克服して「アイヌの社会を改造したい，ウタリをもっと向上させたい，日本国民として相応しきものにしたい，キリストに付る民として相応しき人を造り度い」（小川・

山田，1998：103）とする記事が目立つ．そして，アイヌの「進歩」を妨げる要因とされたもののひとつが「熊の頭や狐の頭を神とするが如き宗教」であり，ある記事では「ウタリの神は酒を飲むのに都合が好く，従て酒を飲みたさに出鱈目な神を拝してゐるので，今日キリスト教がウタリに勢力を得ないのも，ヤソに入ると，酒が飲めないと云ふやうなことが原因してゐる」と，アイヌの宗教的儀式を飲酒の習慣と結びつけて，強く批判している（小川・山田，1998：108）．

このような論調の背後には，北海道開拓政策が展開し，土地や生業を奪われていくなかで，アイヌ自身が民族固有の言語・文化の継承を断念し，「日本国民」としての「同化」を目指さざるをえないところまで追い込まれていったという状況があると考えられる（小川，1997a）．アイヌ社会において，キリスト教は西洋文明を象徴するものでもあり，その教会に集まった人々は，自分たちが率先してアイヌの近代化を推進しようとする気概をもっていたのである．

他方，1931年に『アイヌの叫び』を著した貝沢藤蔵は，キリスト教によるアイヌの教化の成果があまり上がらないのは，飲酒の習慣によるものなどではなく，キリスト教の一神教的神観念や他界についての考え方を容易に受け入れられないという理由によるものだと主張している（小川・山田，1998：380）．聖公会のバチェラーは，アイヌの信仰のなかに「ただ一人の最高の神，即ち全世界の造物主である神」の存在を見出し，一神教に近いものとして理解しようとしていたようである．だが，マンローが指摘したように（マンロー，2002：21），多くのカムイを支配するただ一人の最高神がいるという考えがアイヌに共有されていたわけではなく，キリスト教とアイヌの信仰世界との間にはやはり大きな隔たりがあったといえよう．

貝沢は，「古代より伝はりし伝統の力は一朝一夕にして改むる事が出来ず，未だに特異な風習が残つて居ります」として，アイヌの伝統的な信仰が根強く息づいていると述べながらも，「近時若きアイヌ人の自覚に依つて迷信的な風習が次第に薄れて」きているという認識も示し，とりわけ葬式の変容について記している．葬式に僧侶を呼ぶようになったこと，遺体を寝棺に納めるようになったこと，女性が亡くなった際に来世での住家とするため家を焼き払う「家送り」の風習がなくなっていったことなど，弔いの習俗にも「モダン化」の波が押し寄せていたのである（小川・山田，1998：380-381）．

2）熊祭りのゆくえ

アイヌの宗教的儀式としてもっとも著名なのは，おそらく熊祭り（イオマンテ）であろう．北海道に和人が多く流入するようになると，熊祭りは彼らの注目を集めることになった．近代国家は，熊祭りを「野蛮」な風習として禁止する方針をとりつつも，それほど徹底した禁圧を行ったわけではなく，むしろ行政の管理下に置いてアイヌ統治のために利用していった．役人が熊祭りの場に同席して監視したり，天皇・皇族や政府高官，高級軍人が北海道を訪れた際に熊祭りを行わせたりするなど，アイヌに対する和人社会の優位性を確認するための象徴的な儀礼として機能させられていたのである（小川，1997b）．

熊祭りには，祭具や料理・酒などの準備，カムイノミや歌・踊りなど，多様な要素が含まれているが，多くの和人の関心はその全体像ではなく，熊を「殺す」という場面に集中した．典型的な反応のひとつは，さきのバードの旅行記にもみられたように，この祭りの残虐さを強調して非難するものであり，もうひとつは，刺激的な「見世物」として「殺す」場面に好奇の視線を注ぐものであった．後者の関心に応じて，和人の見物に供する熊祭りの興行もなされるようになっていく．

和人の視線にさらされ，興行化していく熊祭りに対するアイヌの思いは複雑であり，熊祭りを見世物扱いする和人のアイヌ観を批判する者もいれば，脱却すべき「野蛮」な風習として否定的に捉えた者もいた．興行的な熊祭りに参加したアイヌは，自らを商品化するものだとして，アイヌからも批判を受けることになる．例えば，アイヌの詩人・違星北斗は，「芸術の誇りも持たず宗教の厳粛もないアイヌの見せ物」「見せ物に出る様なア

イヌ彼等こそ亡びるものの名によりて死ね」と歌い，「見世物」として伝統的儀式を行うアイヌを，「アイヌをば毒する者」として厳しく追及している（違星，1930＝2010：105）．観光客を相手に，新たにコタンや小屋を作ってアイヌの民族衣装を着てみせたり，歌・踊りや儀式を上演したりする興行のあり方は，戦後になるとより本格的に展開し，「観光アイヌ」として社会問題化していった．

しかし，彼らはただ商業主義に迎合して参加したというわけではなく，熊を「見世物」のために無意味に「殺す」ことを拒否するなど，熊祭りの本来的な意味を守ろうとする動きもみられたのである（小川，1997b；東村，2006）．もっとも，見物に訪れる和人が，そうしたアイヌの思いを受けとめてきたかは，疑問であろう．1970年に『対談・アイヌ』で「観光アイヌ」をめぐる社会状況の批判を行った鳩沢佐美夫は，観光客を前にしたアイヌの老人が，織物について詳しく説明したり，「和人にだまされ続けて来た」歴史を告発しようとする姿を目にして，「伝統と，アイヌという真の根性を持った人」がいるとしながらも，「でも，それを見つめる観光団の眼は，僕が卑屈なせいか，どうしても，動物園の檻の前って感じだ」という印象を語っている（鳩沢，1970＝1980：276）．そもそも，興行的な熊祭りの開催が増えはじめた1890年ごろは，北海道への和人の流入が増加し，アイヌの生活基盤の破壊が大規模に進行していった時期であり（小川，1997b），和人社会による土地・生業の収奪と「観光アイヌ」は切り離せない関係にある．「観光アイヌ」を金もうけ主義だと非難したり，民族の誇りを捨てて「まがいもの」の伝統文化を「捏造」しているなどとして一方的に非難することは適切ではなく，そうした状況を生みだした近代日本社会とアイヌの歴史的な関係，そして「観光アイヌ」の語りを「檻」の外から眺めることしかしてこなかった和人の意識こそが問われるべきであろう．

(5) アイヌの現代
1) 和人社会とのチャランケ

1920年代以降，日本語を操ってアイヌ民族の誇りを主張する人々も多く現れたが，日本社会の圧倒的多数を占める和人に囲まれ，支配者の言語を用いて表現するほかない状況のなかでは，「同化」を強制し，それをアイヌにとっての幸福であるかのように語る和人社会の構造を根本的に批判することは困難であった．和人に対する異議申し立ては，「同じ日本人」としての「平等」を求めるものにとどまることが多かったのである．

しかし，1968年の北海道開拓百年記念祭に対する抗議行動を契機に，状況は変化していく．この記念祭は，1869年の開拓使設置から百年が経過するのを記念して札幌で開かれたものであるが，その歳月は，アイヌにとっては侵略百年の歴史というべきものであった．記念事業のなかで建設された北海道百年記念塔やシャクシャイン像，「風雪の群像」などといったモニュメントに対する，アイヌたちの言論や実力による抗議が展開されていったのである．抗議行動を起こした山本多助や結城庄司のような人々からすれば，こうしたモニュメントは和人がアイヌ・モシㇼ（アイヌの国土）を侵略してきた歴史を正当化するとともに，和人による収奪に対して蜂起し，謀殺されたシャクシャインの意思をも貶め無害化するものであり，許容しえないものだったといえよう（結城，1980；現代企画室編集部，1988）．山本や結城の抗議は，近代日本国家の枠内での「平等」を求めようとするのではなく，近代においてアイヌと和人の間に形成されてきた関係の全体を批判したのである．

開拓百年事業では，多くのアイヌ研究者が執筆にかかわった，『アイヌ民族誌』（1969年）という大部の書物も編纂されている．しかし，この書物にも，アイヌに対する深刻な偏見が現れており，それが1985～88年のアイヌ肖像権裁判へとつながっていく．『アイヌ民族誌』には，「伝統的」な衣装をまとったアイヌの姿をとらえた写真が掲載されている．これは，NHKによる記録映画に，アイヌが扮装して出演した際のスチール写真であったが，これを被写体の許可を得ずに本書に掲載したのである．被写体の一人である伊賀（チカップ）美恵子は，これが彼女の肖像権を侵

害し，名誉を毀損するものだとして，写真を提供した詩人の更科源蔵，および監修者で北海道大学名誉教授の高倉新一郎などを相手どって訴訟を起こした．約3年にわたったこの裁判では，被告側が原告に対する謝罪文を交付し，おおむね伊賀の主張が認められての「和解」が成立している．

この裁判は，個人の肖像権をめぐる争いという範囲を超えて，和人によるアイヌへの抑圧・差別に関する歴史認識の問題や，アイヌ研究のはらむ倫理的問題を根底的に問い直そうとするものであった．東京地裁に提出された原告最終意見陳述は，伊賀の家族が経験してきた差別のこと，アイヌが被ってきた侵略の歴史，そして現代においてアイヌ民族の誇りを掲げようとする伊賀自身の思いを力強く綴っているが，この陳述書の冒頭には，かつての「自然界の神々と一体となったアイヌたちの生活」が描かれている．

　その昔，男たちはあらゆる生命あるものへの深い尊敬をもって漁狩猟をし，女たちはアッツシ（樹木の内皮で織った布）に刺繍を施し，針の巧みを誇るという日々を送っていた．

　この世に存在するかたちあるすべてのものが魂をもっている．月や星，森や湖，花や木，鳥などすべてのものが……．

　こう信じた女たちが，このかたちあるものの像をもとめて，刺繍を施すとき，それは，そのものを生けるカムイ（神）に仕立てることだった．そして，その一針一針は独特な抽象文様となり魂を結んだ．（現代企画室編集部，1988：254）

この原初的なイメージは，しかし失われたものへの単なるノスタルジアではない．それは，近代日本においてアイヌがたどってきた困難な経路をふまえつつ，あらためてアイヌとして現代を生きようとする伊賀が，そのアイデンティティの起点として見出したものだったといえよう．そのことは，アイヌであるということによって受ける差別に苦しんだ伊賀の兄・山本一昭が，しだいに「アイヌの誇り」を獲得していく過程を描いた箇所に明らかである．

　うろたえ，戸惑いながら，やがて兄は木彫りのなかに一片の誇りを見い出していく．ながいあいだ探し求めていた誇りが，何と身近なところにあったのだろう．「観光アイヌ！」とののしられながら，長兄（伊賀久幸）や伯父（兄の養父・山本多助）といっしょにやってきたその木彫りこそがアイヌの誇りだったのだ．（現代企画室編集部，1988：258）

木彫りの制作・販売は，「観光アイヌ」の典型的なイメージをなすものとして，種々の非難を浴びてきたことであろう．だが，山本一昭は，そうした苦渋に満ちた木彫りのなかに，「うろたえ，戸惑いながら」誇りを見出していったのだという．「観光アイヌ」の名のもとに貶められてきたその木彫りを，アイヌの近代史が刻み込まれたものと解釈するなら，それはまさに過酷な状況を生き抜いてきたアイヌの誇りとよびうるものである．そこに詰まっているのは，カムイに囲まれた幸福な原初のイメージとは異なるものだが，しかしそれもまた，紛れもないアイヌの経験なのだ．

伊賀の陳述書は，アイデンティティの起点として「自然界の神々と一体となった」生活への思いを育てながらも，そこに立ち止まらずに，アイヌが経験してきた苦難の歴史を引き受けつつ，法廷という場で和人社会に問いを突き付けたのである．

1970年ごろから，熊祭りのような信仰的儀式も，しだいに伝統文化の伝承・復興を目的として執行されていくことになるが，「復興」された儀式は，すでにアイヌたちの日常生活に根ざしたものとはいえない．しかしながら，それは現代社会をアイヌとして生きていくうえで，民族の誇りを象徴するものとして意志的に選びとられた実践として評価すべきだといえよう（小川，1997b）．

2）東京・イチャルパ

首都圏に住むアイヌの証言を重ねて制作されたドキュメンタリー映画『TOKYO アイヌ』（森谷博監督，2010年）は，発起人であるアイヌウタリ連絡会会長・宇梶静江の「アイヌがアイヌによる民族独自の映像を撮りたい」（「TOKYO アイヌ」映像製作委員会，2010：2）という長年の思いが実現した作品である．東京都が1975年と

II. 世界宗教の現在

1989年に行った実態調査によれば，戦後になって，北海道での差別や生活苦から逃れようと東京などに移住するアイヌが急増した（東京都，1975；1989）．首都圏には現在，5000～10000人のアイヌが生活しているといわれるが，そのなかでアイヌとしてのアイデンティティを表明しながら暮らす人は依然として少ない．その一方で，1972年に宇梶が『朝日新聞』紙上で首都圏在住アイヌの連帯を呼びかけて以来，首都圏のアイヌが集う場の確保や民族文化の伝承・再創造の努力が少しずつ積み重ねられてきた．

『TOKYOアイヌ』で紹介されるアイヌの活動のなかでも注目されるのは，2003年に開始された東京・イチャルパである．イチャルパとはアイヌ語で先祖供養を指し，地域によってはシンヌラッパともよばれる．この東京・芝公園でのイチャルパは，明治初期以来，アイヌモシリを離れて首都圏に移住し，帰れずに死んだアイヌを供養するものとされる．そこには，さまざまな事情で北海道を出てきたアイヌの近代史が凝縮されているといえよう．

東京・イチャルパが行われる芝公園は，1872年に「開拓使仮学校附属北海道土人教育所」が置かれた場所である．もともとそこは浄土宗増上寺の本坊跡であり，開拓使が土地を取得して「土人教育所」を設置した．開拓使は，渋谷に設置した「開拓使第三官園」に北海道や択捉から強制的に連行したアイヌを居住させ，農業教育を受けさせるとともに，「土人教育所」において日本語の読み書き，算術，裁縫などを学ばせた．東京に連れてこられたアイヌは38名だったが，衣食住や習俗の急激な変化の影響もあり，病人が続出し，2年間のうちに5名（死産した子1人を含む）が亡くなった．

明治初期に東京で亡くなったこれらのアイヌをアイヌプリ（アイヌのやり方）でイチャルパすることが，東京・イチャルパの重要な課題である．だがそれだけではない．2003年にはじめて行われた東京・イチャルパの「目的」には，つぎのように記されている．

今まで何らかの理由で北海道を離れて生き，亡くなったアイヌ一人ひとりを想い供養を．このことは今生きるアイヌが果たさなければならない．アイヌプリでコイチャルパ（一緒に供養する）はアイヌの精神文化を受け継ぐ重要な伝承活動でもある．儀式に止まらず，言葉（イノンノイタック），歌（ウポポ），踊り（リムセ）などアイヌ民族文化伝承の場でもある．そして，過去，現在において日本社会が怠ってきた啓発活動の機会とし，日本社会に対して歴史認識，人権意識を深めていくことに自ら努力していくことも目的とする．（東京アイヌ史研究会，2008：29）

東京・イチャルパの場は，首都圏に生きるアイヌが，北海道を離れて生きたアイヌの歴史的経験に向き合うとともに，アイヌの精神文化を受け継ぐための場でもある．さらに，和人の参加にも開かれた場とすることで，アイヌと和人が出会い，歴史や人権をめぐる対話を開始するための契機として位置づけようとするわけである．

しかし，東京でイチャルパを行うことは容易ではなかった．首都圏のアイヌはそれぞれ離れた場所で生活しており，エカシやフチ（おばあさん）が若者に長い時間をかけてアイヌ文化を継承していくことが難しい．そのため首都圏在住アイヌだけでは，イチャルパに必要なカムイノミの作法やイナウの作り方がわからなかったのである．そこで，イチャルパを計画した長谷川修らは，北海道在住のアイヌを招いて学習会を開き，カムイノミを少しずつ学んでいった．そうした学習活動と並行して，「土人教育所」が置かれた増上寺が属する浄土宗や，芝公園を管理する東京都との間で，イチャルパや交流会の会場の使用許可に関する交渉とともに，アイヌと和人との歴史的関係についての対話が進められているという．

東京・イチャルパ開催にいたるこうしたプロセスが象徴するように，この儀礼の意味はたんなる先祖供養にとどまるものではない．アイヌの共同体を離れた人びとがアイヌ文化と改めて出会い，ウタリ（仲間たち）がたどってきた人生の経路に思いをいたすとともに，日本社会に対しても，アイヌと和人との間で形成されてきた政治的・社会

的関係を問いなおすことを求めるものであり，いわば現在と過去，アイヌと和人とのつながりを再確認し，再創造するための場として，イチャルパが営まれているのだ．

3）アイヌの現在へ

今日においてもなお，アイヌに対する和人からの差別や偏見は根強く残っている．しかし，その一方で，アイヌ自身の働きかけや国際情勢の変化などによって，日本政府のアイヌへの姿勢も変わりつつある．1997年，大部分が空文化していた北海道旧土人保護法が廃止されるとともに，アイヌ文化振興法が成立した．この法律は文化振興に特化され，政治面や経済面などでの振興施策がふくまれていないという問題点があるものの，国のアイヌ文化に対する姿勢が「失われる文化を保存する」というものから「積極的に振興する」という方向に転換したという点で，意義のあるものといえる（常本，2010：213-217）．

さらに，2007年に国連が「先住民の権利に関する国際連合宣言」を採択したのを受けて，翌年衆参両院において「アイヌ民族を先住民族とすることを求める決議」が満場一致で採択され，政府による総合的なアイヌ政策の推進が求められた．これをふまえて設置され，アイヌも委員として参加する「アイヌ政策のあり方に関する有識者懇談会」および「アイヌ政策推進会議」において，言語・音楽・舞踊・工芸などだけでなく，土地利用の形態などをふくめた生活様式の総体としてのアイヌ文化を振興することを目指した議論が行われるにいたっている（安藤，2011）．

いうまでもないことだが，アイヌの人々の置かれた社会的立場や考えは多様であり，アイヌとしてのアイデンティティを強く保持している人もいれば，そうでない人もいる．近年のアイヌ文化振興への流れは，すべてのアイヌに「アイヌらしさ」を強要するものではなく，アイヌの生き方の多様性を認めることが前提となろう．そのうえで，アイヌがアイヌ文化を伝承・復興することを可能にする社会的基盤を整えること，アイヌがアイヌとして生きることに困難さを感じない社会の構築が目指されなければならない．それは，国や地方自治体の施策のみによってなされるものではなく，日本社会を構成するそれぞれの人の歴史認識・他者認識，そして自己認識の深まり，そして新たな社会への構想力が不可欠なのだといえよう．

参考文献

安藤仁介『アイヌ・台湾・国際人権』世界人権問題研究センター，2011年．
違星北斗「私の短歌」『アイヌ民族の魂 北海道文学全集11』立風書房，1980年（1930年）．
小川正人『近代アイヌ教育制度史研究』北海道大学図書刊行会，1997年 a．
小川正人「イオマンテの近代史」札幌学院大学人文学部編『アイヌ文化の現在』札幌学院大学人文学部，1997年 b．
小川正人・山田伸一編『アイヌ民族近代の記録』草風館，1998年．
海保洋子『近代北方史：アイヌ民族と女性と』三一書房，1992年．
萱野 茂『おれの二風谷』すずさわ書店，1975年．
萱野 茂監修『アイヌ民族写真・絵画集成 6』日本図書センター，1995年．
木名瀬高嗣「表象と政治性：アイヌをめぐる文化人類学的言説に関する素描」『民族学研究』62-1，1997年．
木名瀬高嗣「アイヌ「滅亡」論の諸相と近代日本」篠原徹編『近代日本の他者像と自画像』柏書房，2001年．
久保田逸彦『久保田逸彦著作集 1 アイヌ民族の宗教と儀礼』草風館，2001年．
芸術新潮編集部「特集 北の民族アイヌに学ぼう」『芸術新潮』1999年7月号．
現代企画室編集部編『アイヌ肖像権裁判・全記録』現代企画室，1988年．
佐々木利和『アイヌ文化誌ノート』吉川弘文館，2001年．
新谷 行『アイヌ民族抵抗史―アイヌ共和国への胎動』三一書房，1972年．
武隈徳三郎『アイヌ物語』河野本道編『アイヌ史資料集 5』北海道出版企画センター，1980年（1918年）．
チカップ美恵子『アイヌ・モシリの風』日本放送出版協会，2001年．
知里幸恵『アイヌ神謡集』岩波文庫，1978年．
常本照樹「アイヌ文化振興法の意義とアイヌ民族政策の課題」北海道大学アイヌ・先住民研究センター編『アイヌ研究の現在と未来』北海道大学出版会，2010年．
「TOKYO アイヌ」映像製作委員会編『TOKYO アイヌ 鑑賞用資料』「TOKYO アイヌ」映像製作委員会，2010年．
東京アイヌ史研究会編『《東京・イチャルパ》への道―明治初期における開拓使のアイヌ教育をめぐって』現代企画室，2008年．
東京都企画審議室編『東京都在住ウタリ実態調査報告書』東京都企画審議室，1975年．
バード，I.『日本奥地紀行』平凡社，1973年．

◆ II. 世界宗教の現在 ◆

バチェラー, J.『アイヌの伝承と民俗』安田一郎訳, 青土社, 1995年.

鳩沢佐美夫「対談・アイヌ」『アイヌ民族の魂 北海道文学全集11』立風書房, 1980年（1970年）.

花崎皋平『静かな大地：松浦武四郎とアイヌ民族』岩波現代文庫, 2008年（1988年）.

東村岳史『戦後期アイヌ民族 和人関係史序説――一九四〇年代から一九六〇年代後半まで』三元社, 2006年.

ヒッチコック, R.『アイヌ人とその文化』六興出版, 1985年.

藤村久和『アイヌ, 神々と生きる人々』福武書店, 1985年.

松田京子『帝国の視線―博覧会と異文化表象』吉川弘文館, 2003年.

マンロー, N. G.『アイヌの信仰とその儀式』図書刊行会, 2002年（1962年）.

宮島利光「アイヌ民族と宣教」宮島利光他『日本宣教の光と影』いのちのことば社, 2004年.

モーリス＝鈴木, T.『辺境から眺める―アイヌが経験する近代』大川正彦訳, みすず書房, 2001年.

山本多助『カムイ・ユーカラ』平凡社, 1993年.

結城庄司『アイヌ宣言』三一書房, 1980年.

Maxwell, A., *Colonial Photography and Exhibitions：Representation of the 'Native' and the Making of European Identities*, Leicester University Press, 1999.

Ⅱ. 世界宗教の現在

14 越境する宗教

井上順孝

14.1 越境する宗教とそのパターン

(1) 宗教の「越境」とは

宗教的な布教・教化が，民族，国境，社会というボーダーを越えてなされる現象は古代より現代まで無数といっていいほどみられる．宗教は文化，人種，その他さまざまな社会的な境界を越えて広まった．それは世界宗教とよばれるものにとどまらない．民族宗教が周辺に広まることもあれば，近代における新宗教のように，比較的短期間に世界各地へと広まることもある．こうした越境の形態となぜ越境がなされるかは，宗教によって異なるし，また時代や状況によっても異なる．人が動けばそれにともなって文化が移動する．文化の一部としての宗教が移動する．この当然の現象のなかで，越境という視点はどのような局面について焦点を当てることになるのかについて，ある程度整理しておく必要がある．少なくとも宗教現象に関して越境という視点が意義をもってくるのは，国家とか民族といったものによって形作られる境界が明確に存在し，かつ宗教が社会の中で独自の領域をもつような状況においてである．アメリカの宗教社会学者ベラーは，「宗教の進化」という論文（1964年）のなかで，宗教の発展段階を原始宗教，古代宗教，歴史宗教，近代宗教，現代宗教の5つに分けた．この区分を参考にすると，宗教の越境という議論は，この歴史宗教以後について考えるのが妥当である．つまり宗教が社会のなかで教会とか教団として独自の領域をもつようになってからの事態を視野に入れるということになる．宗教と社会が未分化な状態のときにも文化の越境はあるが，それをとくに宗教の越境として論じる必要もないと考えられる．

宗教と社会が分化してのち，宗教がそれを包んでいた民族や社会，国家の地理的境界を越えて，広がっていくさまざまな形態を見出される．さらに，現代のように，人の移動，情報の広まりが急速に拡大すると，越境という概念そのものも再考を要するような事態を生じてきている．

これまでの宗教史の展開をみると，越境は次のようなパターンの1つとして，あるいは2つ以上の組み合わせとして生じている．

(2)「越境」の類型

① ある社会で展開した宗教が，地理的に連続する周辺地域に及んでいった場合（近隣への越境）．

② 布教・宣教の意図をもった宗教組織が布教のための宗教者を遠隔地に派遣して，その地に拠点が築かれる場合（布教による越境）．

③ 植民地化の結果，宗主国の文化システムがもたらされ，その一環として宗教が植民地にもたらされた場合（植民地化にともなう越境）．

④ 一定規模の移民がなされた結果，その移民が母国において信仰・実践していた宗教が，移民した国で，彼らの子孫を中心に継続され

◆ Ⅱ．世界宗教の現在 ◆

　た場合（移民にともなう越境）．
⑤　グローバル化・情報化の進行にともなって生じている新たな形の宗教の越境（ボーダレス時代の越境）．

　①は，世界宗教のすべてと民族宗教の一部にみられるパターンである．むろん，世界宗教の広まりがすべてこのパターンというわけではない．ヨーロッパにおけるキリスト教の広まり，仏教のインド周辺諸国の広まり，またイスラームの中東を中心とする広まりは，主としてこのパターンといえる．また仏教の東南アジア諸国への広まり，西域を介しての東アジアへの広まりもここに含められる．また大乗仏教，道教，儒教などからなる中国宗教の東アジアへの越境も，ここに含めることができる．この場合の宗教の越境は通婚，交易，文化摂取，個人的感化などさまざまな契機が介在すると考えられる．何が主たる促進要因となったかは，それぞれに異なり，一般的な傾向はなかなか指摘しがたい．

　②は，まず15世紀以降のキリスト教の第三世界への広まりが該当する．これは次の③と重なることが多いが，16世紀後半から17世紀前半にかけてのカトリック修道士による日本宣教のように，植民地化されることなくキリスト教が拠点を築いた場合も数多いので，独立させて考えられる．また初期のキリスト教において，パウロが地中海沿岸にキリスト教を広めたような活動もここ

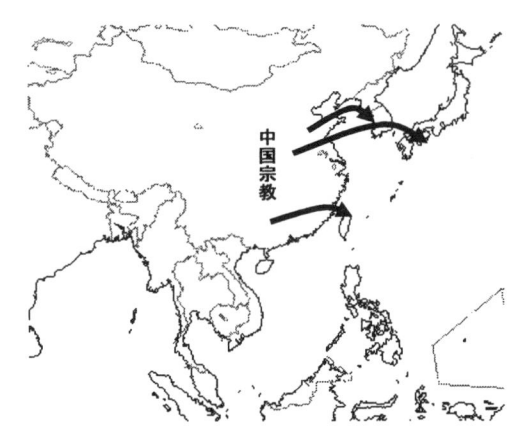

①　周辺地域への越境の例

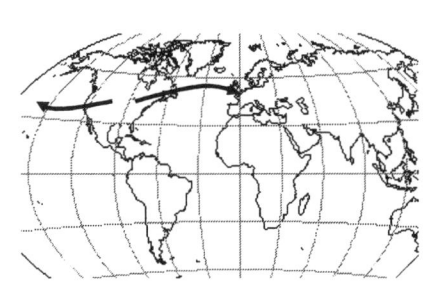

②　布教による越境の例

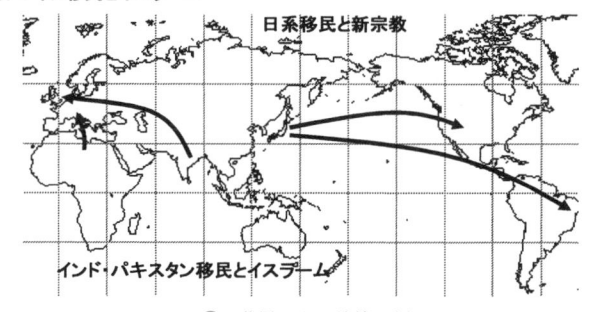

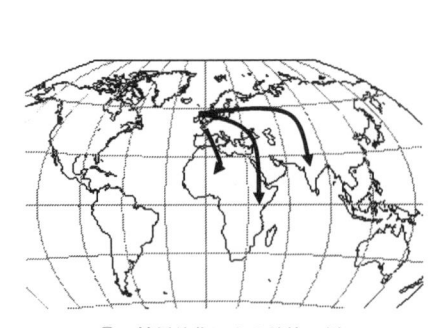

③　植民地化による越境の例

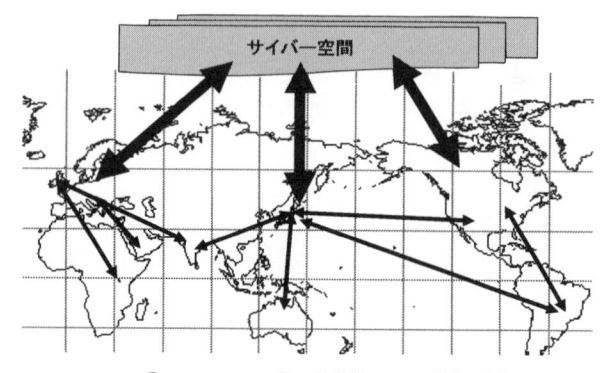

④　移民による越境の例

⑤　グローバル化・情報化による越境の例

図1　宗教の越境

に含まれる．さらに近代の新宗教が中心となる国外布教の多くは，これに含めることができる．

③は，中南米諸国のスペイン，ポルトガルによる植民地化，サハラ砂漠以南のアフリカのヨーロッパ諸国による植民地化によるものが代表的である．この場合，植民地化された国に，以前から組織的な宗教が存在したか否かは，もたらされた宗教の影響がどの程度になるかに大きな違いをもたらす．植民地化されたアフリカ諸国のうち，すでにイスラーム化していた国々では，植民地化されてもキリスト教人口が圧倒的になる例はない．

④は移民そのものが近代に多くみられるものであり，19世紀以降しだいにこうしたパターンが増えた．華僑，印僑は有名であるが，日本も19世紀からハワイ・北米などに移民を出している．もっとも大規模な例はアメリカ合衆国であり，この国は基本的に大半の国民が移民とその子孫であるから，アメリカの宗教分布はアメリカへの移民の歴史をたどることによって，その概要が了解される．

⑤は20世紀，それも後半になって顕著になってきた形態であり，多様で個別的な越境の形態が増えている．インターネットの普及は人の移動が介在しない宗教情報の越境というまったく新しい現象も生んでいる．移民，教団による組織的な布教というものがなくても，宗教が短期間に越境していく形態がみられるようになっている．またインターネットはもともとボーダレスに情報が展開するので，越境という概念をどう適用するかが問題となってくる．

以上の5つのパターンはしかし単独で見られるとは限らず，2つ以上が重複することも少なくない．宗教の越境が，よく見られる文化の広まりの一環なのか，植民地化による否応なきものなのか，まとまりをもった人間集団の移動の結果なのか，宗教教団による組織的布教の結果なのか，区別が難しいこともある．また当初の状況とその後の展開とでは，主たる越境の要因が異なってくるという場合もある．このようなことを留意した上で，上記の②〜⑤のそれぞれについて，いくつか具体的に概観する．なお，①は宗教が本来もっている越境性の結果であり，普遍的に観察され，またあまりに多様な形態があるので具体的には示さない．

14.2　布教による宗教の越境

(1)　カトリック

教団による組織的布教の結果としての宗教の越境については，キリスト教の世界各地への宣教が群を抜いて多い．国外，異文化への宗教布教を組織的に行うという発想はキリスト教に最も顕著である．その母体となったのは修道会である．キリスト教は4世紀にローマ帝国の国教となったが，多くの教会関係者たちはそれぞれの教区を管轄することを主たる務めとしていた．これに対し中世以来各地にできた修道会は，瞑想など祈りを中心とする生活を重視する観想修道会とよばれるものや，托鉢を行い質素な生活を送る托鉢修道会とよばれるものが発達した．さらにキリスト教を各地に宣教することを目的の一つに掲げる宣教修道会も出現した．主にこの宣教修道会の活動によってヨーロッパ以外にもキリスト教が広められることとなった．13世紀には有力な修道会が設立される．フランシスコ会はイタリアの修道士フランチェスコによって1209年に創設され1223年に認可された．設立まもない頃から，東方宣教が意図されていた．ドミニコ会は1206年にドミニクス・デ・グスマンにより創設され1216年に認可された．清貧を重んじ，初期は托鉢によってのみ生活したため「乞食修道会」「托鉢修道会」の異名をもつ．しかし，修道会士によるアジア，その他の地域における布教が宗教の越境をもたらすのは，交通手段の発展が実現してからである．15世紀半ばからの大航海時代にポルトガル，スペインを中心とするヨーロッパ各国は，大西洋をへてアメリカ，さらに太平洋に至る航路，喜望峰をへてアジアに至る航路を切り開いた．喜望峰航路は，ヨーロッパ諸国がイスラーム圏を通過することなく，海路でアジアに行くことができるようになったことを意味する．羅針盤，頑丈な船の建造，航

◆ Ⅱ．世界宗教の現在 ◆

海術，地理学的知識などの科学技術の発展と，レコンキスタという言葉に象徴されるイスラームへの反攻という宗教的理念が絡まって，キリスト教の各地への越境は広範に展開することとなった．フランシスコ会，ドミニコ会に加えて，1534年にイグナチオ・デ・ロヨラと彼のパリ大学の学友らによって創設されたイエズス会は，国外への宣教にきわめて積極的であった．東洋宣教，さらに南米宣教が重点的に行われた．

イエズス会士の活動のなかでも有名なのは，フランシスコ・ザビエルによるアジアでの宣教活動である．彼はインドにおける活動ののち，日本を宣教の対象とした．ルイス・フロイス，アレッサンドロ・ヴァリニャーノなどもイエズス会に所属していた．イエズス会は中国を含めたアジア各国のほか，南米でも布教を行った．ヨーロッパでの大学経営にも関わっていたイエズス会は，各地の文化の理解とそれを宣教に役立てようとする姿勢が顕著であった．これらの宣教活動はしかし，スペイン，ポルトガルを主体とする第三世界の植民地化とともに進行したので，たんに修道会の宗教的な情熱によってのみ宣教活動が行われたわけではない．宣教師を植民地政策の一環として利用したような場合も多い．南米のカトリックはとくにその色彩が強い．この点については後述する．17世紀にフランスで組織されたパリ外国宣教会（パリミッション）の活動も影響が大きい．この会はイエズス会に所属していたA. ローデが発案し，F. パリュがこれを実現した．1664年に教皇から公認されたが，パリに宣教司祭養成のための大神学校を設立し，また布教した各地にも現地の教区司祭を養成するための神学校を設立していった．宗教家の養成システムを重視した布教であった．パリミッションはアジア，とくに極東におけるカトリックの布教に力を入れたが，この会の活動は社会福祉などのシステムをともなった宗教の越境でもあった．

(2) プロテスタント

16世紀に幅広く展開したプロテスタントの運動は，基本的に越境する宗教という性格が強い．すでにカトリックが支配的になっていたヨーロッパ各国への越境は，それぞれの教派の拡大にとって重要な意味をもった．イギリス国教会，改革派（長老派），会衆派（組合派），バプティスト派といった主要な教派は，いずれも多くの場合が，運動の展開の結果としての越境によってその勢力を拡大していった．改革派はカルヴァン派を指すことが多いが，スコットランドや北米で展開したものは長老派とよばれることが多い．長老派を含む改革派は19世紀以降，日本，韓国，中国などに積極的に布教を行った教派の一つである．ピューリタン運動から16世紀に生まれた会衆派，同じく17世紀に生まれたバプティスト派も，北米の組織を主体として東アジアへの布教を行った．イギリス国教会は日本では聖公会として活動している．国によっては監督派とよばれることもある．国教会はイギリスによる植民地化にともなって拡大した場合もある．また18世紀半ばにイギリスで生まれたメソディズムは，国教会の牧師であったジョン・ウェスレーによって創始されたものであるが，北米，そして北米を通して東アジアに布教された．これらの教派の国外への越境が顕著になるのは，19世紀以降である．そしてその中心となるのは，イギリス，オランダをはじめとした西欧，および北米のプロテスタント各教派である．とくにアジア布教に関しては北米のプロテスタントが中心的となった．宣教師を各国に派遣し，現地の牧師を養成するための教育制度を確立し，文化的思想的に影響を深める形で宗教の越境がなされた．

プロテスタントのなかで特色ある教派，さらにキリスト教系の新宗教とみなされるものの活動もやはり19世紀以降にさかんとなる．20世紀後半になると国際的に新宗教運動の活動が活発となり，越境はきわめて広範に観察されるようになる．その一部に対しては，その組織上の特徴から多国籍宗教という呼称も用いられる．新宗教の越境は植民地化とは無関係であり，基本的に宗教組織の国外への展開というプロセスのなかで起こる．移民が関わる場合もあるが，移民がたずさえる宗教文化が新宗教の越境に関わる機能は，あっ

たとしても補助的にとどまる．

19世紀の運動としては，1865年にイギリスのメソジスト派の牧師，ウィリアム・ブースと妻のキャサリンによって設立された救世軍がその特徴ある活動で広く知られている．イギリス国内で，ほどなく大きな運動となり，19世紀末には，アジア，アフリカにも運動を展開するようになった．日本では山室軍平により1895年から布教活動が始められた．運動の開始から比較的短期間で多くの国へと越境していったことが注目される．

キリスト教系の新宗教は19世紀以来，アメリカに数多く生まれた．そのなかでも，各国へと越境していったものとしては，エホバの証人（ものみの塔），末日聖徒イエス・キリスト教会（通称モルモン教），セブンスデー・アドベンチスト教会（SDA），キリスト教科学などが代表的である．このうち，セブンスデー・アドベンチスト教会は新宗教というより，プロテスタントの一派とみなされることが多くなっている．

(3) キリスト教系新宗教

チャールズT.ラッセルによりアメリカで創始されたエホバの証人は，19世紀末からヨーロッパ諸国，アジアにも活動が広まる．ラッセルが国外でも積極的に講演活動を行って信者を増やした結果である．エホバの証人はものみの塔ともよばれるが，独自の聖書解釈によってその内容を冊子にして配る運動を展開した．国外布教は2代会長のジョゼフ・ラザフォードにも引き継がれたが，国外の信者が急速に増加するのは第2次世界大戦後，第3代会長のネイサンH.ノアの時代である．ノアは大戦中の1943年に，会衆とよばれるそれぞれの支部組織に神権宣教学校という宣教者養成のための学校を設置したが，これが戦後の布教を組織的に展開する上で貢献した．

末日聖徒イエス・キリスト教会（通称モルモン教）は，ジョゼフ・スミスによって1830年に創始された．1840年代に現在のユタ州ソルトレイク市を本拠としてからアメリカ各地への布教が本格化する．20世紀に入ると国外布教が活発化し，1923年にカナダのアルバータ州に1955年にはスイスのベルンに，1958年にはニュージーランドのハミルトンに神殿を設立している．日本にも1901年に布教が開始され，戦時中は一時中断したが，1948年から再開された．1980年には東洋で初めての神殿が東京に設立された．各国への宣教を信者たちがボランタリで行うシステムになっているのが特徴的である．国外への布教に先立って，その国の言語を習得するようになっている．

セブンスデー・アドベンチスト教会は再臨運動の一つとして，エレンG.ホワイトによって始められた．土曜日を第七の日すなわち安息日として守るべきとしてこの名がある．19世紀末から国外に布教しており，日本にも1896年に最初の布教がなされた．医療活動，健康食品の使用，宗教教育を重視した学校教育をともない，各国で布教している．

メアリー・ベイカー・エディによって1879年に設立されたクリスチャン・サイエンス（キリスト教科学）は，国際的な活動はこれらに比べるとやや小規模であるが，それでも多くの地域へと越境し，日本でも戦前から布教が始まっている．1919年に小教会が設立され，戦時中は解散していたが，戦後1946（昭和21）年に活動を再開している．現在，全世界80か国に，約2000の支教会が存在している．

19世紀にはまたアジアで生まれた新しい宗教が越境していく例が出始める．20世紀の後半になると，アジア産の新宗教の国外への越境は目立って多くなる．とくにインド，日本などの新宗教がアメリカをはじめ欧米諸国に越境するようになった．アジアで国外布教をする教団を多く生んでいるのは日本，インドであり，その他，韓国，台湾にも若干ある．日本の教団については後述する．

(4) イランの新宗教

19世紀にはバハーイー教がイランに興った．バハーイー教はバハー・アッラー（バハオラ）により1863年に創始された宗教で，イスラームのシーア派から生まれたバーブ教を展開させたものである．しかし，イスラーム諸国はイスラームと

◆ Ⅱ．世界宗教の現在 ◆

は別の宗教であるとみなしている．イランでは布教を禁止されているためイスラエルのハイファに本部をもっている．19世紀末には国際的な宗教運動となっている．バハオラ自身が迫害を受けて各地を転々としたことがその一つの要因となった．20世紀前半になって，バハオラの息子で教団を後継したアブドル・バハーが欧米で布教を行ったことによって本格的に国際的な宗教として展開した．日本にも1932年に最初の地方行政会が設置されたが，第2次世界大戦で活動が中断し，1974年になって日本全国行政会が設立された．

(5) インドの新宗教

インドにおいてはヒンドゥー教に基づく新しい組織が国際的な活動をする例が20世紀，それも後半になって目立って増加してくる．スワーミーナーラーヤン運動は19世紀前半にスワーミーナーラーヤンによって始められたが，彼の死後，代々の運動の指導者によって継承されていた．20世紀後半にこの運動の指導者となったヨーギジー・マハラジが，国外に運動を展開した．とくにヨーロッパと北米に支持者が増えた．

ラーマクリシュナ・ミッションは19世紀後半に設立され，ラーマクリシュナを創始者とする．彼はカーリー女神を崇拝していたが，イスラームにもまたキリスト教にも関心を寄せるようになった．その教えは死後，弟子たちによって国外にも伝えられた．弟子のヴィヴェーカーナンダが1897年にヴィヴェーカーナンダ・ミッションを設立した．この運動は教育，社会活動に力を入れ，またヴェーダの教えを広めることを目的としていた．

キリスト教の宣教活動をモデルとして展開したクリシュナ意識国際協会（ISKCON）は，A.C.バクティベーダンタ・スワミ・プラブパーダによって1966年に移住先のアメリカで設立された．ヒンドゥー教の聖典の一つであるバガバッドギータを教典とし，ヴェーダ宗教を西洋に伝えることを使命とするものであった．髪を剃り，黄色い衣をまとって街頭やときには空港で踊り，自分たちの活動をアピールする．またラジニーシ運動は，

ラジニーシ・チャンドラ・モハンによって1970年代に創始された．インド西部のプーナにアシュラム（道場）が設立され，1980年代にはアメリカ，ヨーロッパ，日本，韓国など世界の多くの地に瞑想センターができた．こうしたインドのヒンドゥー教系の新宗教はアメリカ，ヨーロッパ，日本などに広がるが，国外の一大拠点となったのはアメリカであり，これにはアメリカにおける1950年代からの対抗文化（カウンターカルチャー）の影響も指摘できる．対抗文化においては，キリスト教以外のとくに東洋宗教に関心を寄せる若者が多数生まれたからである．

(6) 韓国の新宗教

韓国ではキリスト教の単立教会やキリスト教の新宗教，また仏教系の新宗教などが，第2次世界大戦後国外布教するようになった．ヨイド純福音教会はチョ・ヨンギ（趙鏞基）により1958年にソウルで設立された単立の教会である．チョ・ヨンギは1964年から国外での宣教を始め，1970年代には国外布教が本格化した．1977年にはロサンゼルスとベルリンに神学校を設置している．翌年には日本の神戸にも神学校を建てている．この教会は，メディアを非常に多く利用している．韓国はむろん，アメリカ，日本のテレビ，ラジオを用いた布教を行ってきた．1996年からは，韓国の最初の通信衛星であるムグンファ衛星を利用して，韓国内のほか，日本その他のアジア地域の教会に放送を流している．

統一教会（世界基督教統一神霊協会）は文鮮明によって1954年に創始されたキリスト教系の新宗教である．1950年代末には日本，アメリカで布教を開始し，その後世界各地に教会を設立している．一時期，共産主義と対抗する政治的な運動をも展開した．多様な名称の関連団体を設立して活動を展開するところに特徴をもっている．

仏教系の新宗教としては円仏教が国外布教を行なっている．円仏教は1916年にパク・ジュンピン（朴重彬）によって創始されたが，国際的な活動は戦後である．日本をはじめアメリカ，イギリス，ニュージーランドなどに教堂とよばれる支部

—462—

組織を設立している．日本では東京，横浜，大阪などに教堂がある．ただ信者の大半は在日韓国人たちである．

（7） 台湾の新宗教

台湾で組織された仏教教団である国際仏光会も国外布教を行っている．国際仏光会は台湾の高雄に本部があり，星雲大師によって創始された．星雲大師は俗名が李国深で1949年に中国本土から台湾に渡った．1967年に仏光山寺を創立し，その後，国際的な布教活動を行い，アジア各国，オーストラリアなどに布教している．国外に約100か所の分院，別院が創設されている．日本には1993年に東京に寺院が建てられ，その後大阪などにも寺院が建立されている．

（8） 多国籍化する宗教

以上のうち，いくつかの運動については多国籍宗教として特徴づけられる場合がある．多国籍宗教とは，非常に組織だった国外布教を展開し，各国における組織は一定の自律性をしめしながら，国際的なつながりを確立するような宗教である．近代において生じた新たな組織的越境の形態ともいえる．具体的には救世軍，エホバの証人，末日聖徒イエス・キリスト教会，バハーイー教といった19世紀に興った新宗教運動，またアメリカのサイエントロジー，韓国の世界基督教統一神霊協会（世界教会），台湾の国際仏光会のように，20世紀後半に興った新宗教運動が含まれる．日本では戦後国外への布教が本格化した創価学会，世界救世教，世界真光文明教団，崇教真光，PL教団などが含められる．とくに創価学会は多国籍宗教の典型である．これらはたんに国外に支部等があるというだけでなく，それぞれが現地の人々によって運営されている．世界的には，19世紀後半から宗教の多国籍化がきざすが，数量ともに急速に増加するのは20世紀後半である．国際化，グローバル化の進行は，企業の多国籍化を促進したと考えられるが，このことは宗教にもある程度あてはまる．20世紀後半以降は，人的交流がそれまでに比べ飛躍的に拡大しており，これが国外における布教活動をあらたな展開へ導いたと考えられる．

14.3 植民地化による宗教の越境

植民地をもったのはほとんどがヨーロッパ諸国であるので，植民地化による宗教の越境の主体となったのは基本的にキリスト教の各派ということになる．植民地化された多くの国において，宗主国の宗教は大きな影響を与え，現在でも国民の大半が旧宗主国の宗教を信じているという例が少なくない．とりわけ顕著なのは，中南米であり，スペイン，ポルトガルの支配を受けた国々は，基本的に国民の大半がカトリック信者になっている．スペインとポルトガルは1494年にトルデシリャス条約で新たな領土をどちらの国のものとするかの協定を結んだ．教皇もこれを承認した．世界は二分され，ブラジル，フィリピンのような例外はあるが，おおまかにはスペインが中南米，ポルトガルがアジアに植民地をもつことになった．両国の宣教師によるキリスト教の越境もこの体制が前提となっている．

（1） アジア

アジアにおいては，フィリピンが1571年にスペインの植民地となり，1901年から第2次世界大戦までアメリカの統治下におかれた．スペイン支配の時代が長いため，国民の85％ほどがカトリックであるが，3％ほどのプロテスタント信者もいる．ただし，スペイン統治以前にイスラーム化していた南部の島々にはイスラーム教徒（ムスリム）が多い．東南アジアはヒンドゥー教，仏教の文化圏であるが，19世紀以降のヨーロッパの植民地化は宗教にも影響を与えた．ベトナムは1884年にフランス領インドシナ連邦に編入されたのでフランスの支配を受けることとなった．すでにヒンドゥー教，仏教，さらに中国宗教が受け入れられていたが，以後カトリックの布教が積極的になり，現在でも約1割ほどがキリスト教信者である．ベトナムでの布教は殉教者を出しながら

◆ II. 世界宗教の現在 ◆

図2 アフリカの国々

のものであったが，しかし，すでに仏教や中国宗教が根付いていたベトナムに1割近いキリスト教徒が存在するようになったことは，フランスの植民地という条件を抜きにしては考えられない．また，ヒンドゥー教徒が多数を占め，一部はイスラーム化されていたインドに，近代になりキリスト教が布教され，現在2～3％のキリスト教徒が存在するのも，3世紀半近く続いたイギリスによる植民地時代が影響している．しかしアジア諸国の場合，ヨーロッパによる植民地化の前に，仏教，ヒンドゥー教，イスラームなどが根付いていた場合が多いので，一般的にはキリスト教各派の越境は限定的であった．

(2) アフリカ

アフリカの場合は，サハラ砂漠以北はヨーロッパによる植民地化以前にイスラーム化されていたので，植民地化によるキリスト教の影響はきわめて小さい．しかし，サハラ砂漠以南のいわゆるブラックアフリカにおいては，イスラーム化があま

り進んでいない地域が多かったので，そうした国においては，ヨーロッパ諸国による植民地化により大半の国民がキリスト教化された．なおアフリカには独立教会が数千あるといわれるが，これは越境したキリスト教が土着化の過程で大きく変化し，新宗教的に展開した例としてとらえられる．アフリカの植民地によるキリスト教の越境がどの程度なされたかは，地域によりまったく異なる．『世界キリスト教百科事典』には，1980年時点での各国の宗教人口の比率が記載されている．アフリカの宗教人口についての記載を比較してみると，国ごとの特徴がかなり明らかとなる．まず北アフリカはヨーロッパの植民地になる以前にほとんどイスラーム化されていたので，現在でも圧倒的多数はムスリムである．旧フランス領のアルジェリアで99.1％，同じくモロッコで99.4％，モーリタニアで99.4％がムスリムである．キリスト教人口はいずれも1％に満たない．旧イギリス領のスーダンでは73.0％，ガンビアでは84.8％がムスリムである．西アフリカも同様にムスリムの

比率が高い．旧フランス領のセネガルで91.0%，同じくギニアで69.0%である．しかし，イスラーム化が貫徹していなかった地域では，旧イギリス領のナイジェリアのようにカトリックが12.1%，プロテスタントが25.5%，ムスリムが45.0%と，キリスト教徒が3分の1以上になる例もある．なお，聖公会が10.5%であり，プロテスタントのうちの4割ほどを占める．旧フランス領のコートジボワールでは，カトリック18.5%，プロテスタント4.7%，ムスリム24.0%で，キリスト教徒は2割強であるが，ムスリムとあまり変わらない比率である．また，旧イギリス領か旧フランス領かで，カトリックとプロテスタントのどちらが多いかがほぼ決まる．ナイジェリアは上に示したが，その他の西アフリカの国でもイギリスの植民地であったシエラレオネはカトリック2.2%，プロテスタント5.9%であり，フランスの植民地であったブルキナファソはカトリック18.5%，プロテスタント4.7%，ギニアビサウはカトリック9.5%，プロテスタント0.7%である．違いは明らかである．

東アフリカでもやはりイスラーム化が進んでいなかったところではキリスト教が多いが，カトリックとプロテスタントの比率は西アフリカとは少し違った傾向である．旧イギリス領のウガンダはカトリック49.6%，プロテスタント28.1%とカトリックの方が多い．ただし，プロテスタントのうち聖公会が26.2%で大部分を占め，この点にイギリス領ということが反映している．同じくケニアはカトリック26.4%，プロテスタント26.5%と拮抗している．タンザニアは，旧ドイツ領からイギリス委任統治へと移った歴史があるが，カトリック28.2%，プロテスタント15.2%である．

イスラーム化があまりなされていない，あるいはまったくなされていない中部アフリカ，南部アフリカでは，キリスト教徒の割合が過半数を超える国がほとんどである．チャドはキリスト教徒が32.6%，ムスリムが44.0%とムスリムの方が多いが，これは中部アフリカといっても北アフリカに近いのでイスラーム圏にはいるからである．また中央アフリカは例外であるが，旧フランス領，旧ポルトガル領，旧ベルギー領というカトリック国が宗主国であった場合はカトリックが多く，ドイツ保護領を経験したナミビアは圧倒的にプロテスタントが多い．旧フランス領のガボンはカトリック65.2%，プロテスタント18.8%，コンゴ共和国はカトリック53.9%，プロテスタント24.4%，チャドはカトリック21.0%，プロテスタント11.6%，カメルーンはカトリック55.5%，プロテスタント17.6%，アンゴラはカトリック68.7%，プロテスタント19.8%である．旧ポルトガル領のアンゴラはカトリック68.7%，プロテスタント19.8%，モザンビークはカトリック31.4%，プロテスタント7.5%である．旧ベルギー領のコンゴ民主共和国はカトリック48.4%，プロテスタント2.0%，旧ベルギー信託統治のルワンダはカトリック55.6%，プロテスタント17.4%，同じくブルンジはカトリック78.3%，プロテスタント7.1%である．これに対し，旧ドイツ保護領のナミビアはカトリック19.1%，プロテスタント67.6%である．

こうしたヨーロッパの旧植民地であったアフリカ諸国には，カトリックを含め複数のキリスト教教派，さらにはキリスト教系の新宗教が布教を試みているが，以上のような宗教分布から判断しても，植民地の宗主国の主要宗教が大きく影響したということは明らかである．

14.4　移民にともなう宗教の越境

(1) アメリカへの移民

移民がなされると宗教が越境するというのも普遍的現象である．移民は文化の地理的移動をもたらす．組織的布教をする宗教だけでなく，民族宗教あるいは民俗宗教も越境する．したがってこのタイプの宗教の越境の度合いは，移民のスケールに比例して生じると考えられる．移民にともなった宗教の越境という場合には，そのスケールにおいても，多様性においても，アメリカへの移民が代表的である．1600年代から1880年代まで，イギリス人，アイルランド人，ドイツなどの北ヨー

ロッパからの人々が移民している．したがって越境した宗教はプロテスタント各教派が大半で，一部がカトリックとなる．これに強制的移住といえるアフリカ系黒人が加わるが，彼らは母国でムスリムであったとしても，奴隷としてつれてこられたため信仰は自由ではなかった．なおアメリカの黒人の間にムスリムが増えるのは1930年代のネイション・オブ・イスラームの運動以降である．1870年代から1920年代にかけて，スカンジナビア半島，東欧，イタリアなどからの移民がみられ，東ヨーロッパのユダヤ系住民も移民してきた．これによってプロテスタントの各教派が多様になるとともにカトリックも増え，またユダヤ教徒も加わった．さらに1920年代からは，メキシコ，キューバ，そしてアジアからの移民が増えている．大乗仏教，インド宗教などが加わることになる．アメリカへの宗教の越境は大半がこうして移民とともになされた．移民が当初西欧，北欧のアングロサクソンを主体とし，その後東欧，南欧，ユダヤ人が加わり，さらにアジア人が加わったという経緯から，プロテスタントがもっとも中心的な宗教となり，WASPという言葉ができた．

(2) アジアからの移民

アジアからの世界各地への移民としては，中国とインドのものが代表的といえる．中国人の世界各地への移民とその子孫は華人とよばれる．2003年の統計では，100万人以上の華人がいる国は約740万人のインドネシアを筆頭に，タイ，マレーシア，アメリカ，シンガポール，カナダ，ペルー，ベトナム，フィリピン，ミャンマー，ロシアと11か国にのぼる．彼らは伝統的な中国宗教，つまり大乗仏教，道教，儒教あるいはこれらが混じった宗教を移り住んだ国においてもある程度信仰している．国外に生活の拠点を求めたインド人は印僑とよばれることがあるが，国外に移民したインド人もかなりの数にのぼる．印僑は19世紀末から南アフリカやマレーシアなどに増え，技術者や商人などとして現地に定着するようになった．第2次世界大戦後，インドがイギリスから独立すると，イギリスなどヨーロッパや中東諸国へ向かう人々が増えた．中東へは肉体労働者として渡った場合が多い．さらに1980年代以降には，IT印僑としてアメリカにわたるものが増えた．2006年には約1500〜2000万人にのぼると推定されている．インドでは約8割がヒンドゥー教であるので，主としてヒンドゥー教およびヒンドゥー教系の新宗教が移民とともに越境した．その他イスラームが越境した．

(3) イスラーム諸国からヨーロッパへの移民

ヨーロッパにおいては第2次世界大戦後イスラーム諸国からの移民が増え，ムスリム人口が急増する結果となった．ドイツにおいてはトルコからの移民が多い．フランスは旧植民地の北アフリカ諸国からの移民が多い．イギリスも旧植民地のインド，パキスタンからの移民が多い．フランスはムスリム人口が西ヨーロッパでもっとも多い．1999年の統計で7.4%であった．そのうち約7割はアルジェリア，チュニジア，モロッコからである．ドイツのムスリムは2005年段階で約300万人で，人口の3.6%に当たる．イギリスは19世紀にイエメンからきた人々が，近代では最初のムスリムとされている．1960年代に東アフリカ，南アフリカ，さらにトルコ，イラン，アフガニスタンからもムスリムが移民している．2000年代で人口の2〜3%を占めるとされ，とくにロンドンに集中している．このように，キリスト教文化を基盤に展開してきたヨーロッパにイスラームが移民とともに越境してきたので，これが逆に「キリスト教ヨーロッパ」という観念のもとに，キリスト教を見直す運動の強まりをもたらしている．

14.5 現代の時代環境がもたらす新しい越境のタイプ

(1) 高度情報化社会と宗教

1980年代からの急激なグローバル化の進行，さらに1990年代からのインターネットの急速な一般への広まりといった世界的な状況は，宗教の越境にも新しい展開をもたらしている．とくに高

度情報化時代は宗教の越境形態にもまったく新しい局面をもたらしている．それはインターネットを主体とする新しい情報メディアの登場によって，現実の人の交流，移動を必要としない宗教情報の交換の場が一挙に拡大したことによる．これまで宗教の越境は一定の宗教的信念，宗教組織が国，民族といった境界を超えるという面が注目されてきたのであるが，インターネットを通しての情報交換は，個人を中心とした宗教情報の発信と，その本来的な越境性が，その構造にあらたな局面をもたらした．

20世紀の最後の四半世紀に注目されたニューメディアでは，宗教情報の越境は以前よりも容易になった．ただ，それらも基本的には教団を単位とした宗教の越境に新しい展開を示したものである．例えば，末日聖徒イエス・キリスト教会は，1980年代の初めには衛星を用いた放送に参入し，そのカバーする地域をしだいに広げた．1996年の宣教師の集会ではヒンクレー大管長の話が，衛星放送を通じてアメリカ，カナダ，それにカリブ海地域の101の伝道部で働く1万8000人の宣教師に向けられた．その後放送がカバーする地域は拡大し，日本でも見られるようになっている．ビデオはまた教団の活動や教えを映像化したものを簡単に国外へともたらせるようになった．ビデオが普及して以来，これを布教・教化の手段に用いるのは，教団にとってごく普通のこととなった．それまでの活字を媒体にした布教メディアに比べて映像の利用は，それぞれの教団の情報の越境をきわめて多彩なものにしていった．

(2) インターネット時代の「越境」

これらがしかし，あくまで教団を単位とした情報の流布であったのに対し，1990年代後半以降のインターネットの急速な広まりは，教団を単位とする宗教情報の越境の新たな展開に加え，個人を単位とする宗教情報の越境を一挙に拡大させることとなった．インターネットの特徴は教団の国際的な活動にとって便利なツールであると同時に，個人の自由な宗教情報の発信に強力なツールとなるということである．インターネットの導入による教団活動の新たな展開の例は，中国国内で禁止されても，グローバルな活動を持続している法輪功にみることができる．法輪功は李洪志を創始者とし，1992年に活動が開始された運動である．1999年の4月25日に，中国政府の所在地である北京の中南海に1万人の信者を集結させたことで，北京政府の厳しい取締りの対象となり，またその存在が世界的に知られるようになった．李は法輪功を創設後アメリカに移住し，そこから中国における運動をも指導している．彼の意向はインターネットを通じてメンバーに伝達される仕組みを作った．ネット上の「明慧（ミンフィ）」という指揮系統により，各地方のホームページが書き換えられる．さらにその下に各地方の指導者や連絡担当者名などのネット網が系統立てられている．実際の支部の建物がなくても，情報の伝達はきわめて短期間にかつ正確にできるシステムができている．こうしたシステムは，宗教情報があたかも国境がないかのように伝えられる時代の到来を物語っている．

個人的な宗教情報の交換はウェブ情報の利用が多様化することによって盛んになっている．当初は文字情報が主体であったが，ブロードバンドの普及により，画像，音声，そして動画による情報交換が急速に広まっている．ここでは各国の宗教情報が個人的にアップロードされ，コメントされ，議論される．ある宗教を広める意図をもったものから，反宗教的な立場のものまでその目的はさまざまで，なかには真意が容易には把握できないものもある．また学術的な内容，根拠なき断定や初歩的な間違いのある内容など，質的な面でも多様である．しかし，どのような意図であるかは別にして，ネット上では宗教情報がきわめて容易に越境するようになった．というより，当初から越境する情報としてアップロードされるシステムである．これはまだ始まったばかりのプロセスであるので，その影響がどのような形になってあらわれるかを把握して分析していくのは，これからの課題である．

14.6　日本宗教の越境の展開

(1)　日本への越境（近代以前）

　日本は歴史的には中国大陸や朝鮮半島から大乗仏教を受け入れたほか，儒教の主に思想的側面，道教のいくつかの要素を摂取してきた．これらは日本の宗教の展開に決定的といえるほど大きな影響を与えたが，多くは文化的越境であった．もっとも体系的に受け入れられた仏教の場合も，中国で形成された各仏教宗派が日本に教えを広めようとして，日本での宗教活動を展開して日本仏教が形成されたわけではない．むしろ日本の側が，仏教とそれが関わるもろもろの文化的要素に惹かれて，それを積極的に受け入れてきたのである．奈良時代の仏教や遣唐使，遣隋使を派遣していた時代には，その受け入れは国家が主導になってなされた．しかし，鎌倉仏教の諸宗派の形成時における中国仏教との関わりは，すでに一定の勢力になっていた日本の宗派によって主体的になされた．またこうしてもたらされた中国仏教も，それぞれ日本で独自の宗派としてあらたに組織化された．道元のように中国において曹洞禅を学び，日本に伝えた場合でも，日本の曹洞宗は組織的には独立したものである．つまり，中国における仏教宗派と日本で形成された仏教宗派は別個のものである．

　儒教や道教になると，いっそう文化的越境という色彩が強くなる．儒教の祭祀である釈奠も伝えられたが，日本で広く受け入れられたのは新儒教の思想的展開の結果形成された朱子学，陽明学といった儒学であった．これが江戸時代に武士の規範となったことで，日本の道徳・倫理には儒学が大きな影響を与えることになった．これに対し道教はむしろ民間信仰のなかに広まり，陰陽説，五行説，占い，風水説といった個別の要素がそれぞれに展開した．こうした文化的な越境を広く容認し，あるいは積極的に支援することで，日本の宗教文化は独自な要素と外来の要素のシンクレティックな同居が一般的となった．

　この間における例外的なケースは，16世紀後半から17世紀前半にかけてのカトリックの宣教師たちによる布教である．イエズス会，ドミニコ会，アウグスティヌス会といった修道会の修道士が日本を訪れたが，これはキリスト教の世界的宣教活動の一環であり，日本の宗教史の展開にとっては，新しい局面であった．ところが，この越境は，徳川幕府のキリシタン禁教政策によって途絶する．

(2)　日本への越境（近代以降）

　しかし，近代になるとかなり状況が変わってくる．キリスト教の越境がふたたびなされ始める．18世紀半ばからのキリスト教の布教は，カトリックよりもプロテスタントが積極的であった．北米のプロテスタント各派が東洋宣教に力を入れる時期に当たったからである．その一方で，中国大陸からの宗教的越境はほとんどみられなくなる．キリスト教の布教は，プロテスタント各教派やカトリックの修道会を単位として行われたので，国外布教の一環であった．

　明治期におけるキリスト教布教の特徴は，宗教の教化が広く教育の場を用いて行われたことである．今日，日本における宗教系の学校のうち，約3分の2をキリスト教系が占めるが，それは明治以来，キリスト教各派が学校教育の場を重視したことを如実に示している．近代におけるキリスト教の日本への越境は，信者数という面ではあまり大きな成果をもたらさず，現在においてもキリスト教信者は人口の1％未満にとどまっている．けれども，教育，思想，さらに文学などにおいての影響はきわめて大きく，それが例えばクリスマスが社会的習俗として定着したり，キリスト教式の結婚式が一般の人にも抵抗なく受け入れられる基盤となっていると考えられる．ここでもキリスト教の文化的越境という要素が非常に強いことがいえる．

(3)　日本からの越境（戦前期）

　他方，近代にはいると，日本宗教には新しい局面が展開する．それは国外へと布教・教化を開始する宗教が出現したことである．地域的にはアジ

ア諸国，ハワイ，北米から始まって，やがてその他の地域にも少しずつ広がっていく．明治以降戦前までの日本宗教の国外への広まりは，大きく2つのタイプに分けられる．それは国策依存タイプと移民依存タイプである．国策依存タイプは主に東アジアにおける神社神道，仏教宗派，新宗教の広まりである．植民地化にともなう宗教の越境にあたる．この場合の新宗教は戦前神道十三派にふくまれていた教団が大半である．天理教，金光教，黒住教，神理教などである．移民依存タイプはハワイ，北米における神社神道，仏教宗派，新宗教の広まりである．移民依存タイプの布教をした新宗教は，東アジアにおいて活動した教団よりもいくぶん数が多い．

戦前に東アジア，東南アジア，さらに南洋地域で日本の行政が及んだところには，多くの地域で神社が創建された．台湾では，1900年に官幣大社台湾神社が創立された．朝鮮半島では，1918年，京城（現ソウル）に朝鮮神社が設置された．同神社は1925年に，官幣大社朝鮮神宮となった．樺太では，1910年，豊原市（現ユージノ・サハリンスク）に，官幣大社樺太神社が創建され，大正年間には県社数社が建てられた．第1次世界大戦後，日本の委任統治地域となった南洋（サイパン，パラオ，ヤップ，トラックなど）にも，神社が創建された．満州では，日露戦争後の1905年に，最初の神社である安東神社が建てられた．満州事変後，神社創建は目立って増加した．ポーツマス条約の後，租借地となっていた大連，旅順など旧関東州にも，神社が創建された．1938年には，旅順に官幣大社関東神宮が創設された．

仏教宗派もまた，この時期東アジア各地に布教を試みた．海外布教にもっとも熱心であったのは浄土真宗本願寺派（西本願寺）である．同派は，日清戦争に際して1895年に台湾に従軍僧侶を派遣した．翌年台北市に布教所が設置され，これが1901年に台湾別院となった．全島に，約60の寺院，布教所が設置された．朝鮮半島への布教も，やはり日清戦争時の軍隊布教を契機としている．1902年に釜山に仮布教所が設置されが，日露戦争後，韓国開教総監部が設置された．1907年に

は，京城府に朝鮮別院が設置された．戦前，各地に設置された本願寺派の寺院，布教所の総数は130余である．また1900年代半ばには大連を拠点に満州開教に乗り出した．樺太には，大泊市（現コルサコフ）に別院が置かれ，寺院，布教所も30数か所を数えた．中国本土の北京，青島，天津，上海，南京にも別院が置かれたが，40余の出張所の大半は，1937年以降，すなわち日本軍の進攻にともなう形で設置された．南洋開教は，シンガポールを拠点とし，1943年にマニラ布教所が別院に，翌年にシンガポール布教所が昭南別院に昇格した．これら，国策依存タイプの宗教の越境は，日本の敗戦によって，ほとんど壊滅状態になった．ただ，天理教，金光教など一部の新宗教の場合は，わずかながら現地人の信者がいて，それが戦後の活動のひとつの足場になった例がある．

移民にともなう宗教の越境は，戦前はハワイと北米を中心に展開した．ハワイへの本格的移民が開始されるのは1885年である．これは日本とハワイ王朝との間に交わされた約定書に基づくもので官約移民とよばれる．官約移民は1894年まで続き，以後私約移民時代（1894～1900年），自由移民時代（1900～08年）となる．移民開始後数年たった1890年代に，浄土宗，浄土真宗が正式開教を行った．1900年代にはいると，日蓮宗，曹洞宗と，各宗派が続いた．神社も1900年前後から，創建されはじめた．ハワイ諸島のうち，ハワイ島がもっとも大きく，ついでオアフ島であるが，日本人はカウアイ島，マウイ島にも移民し，これらの島々に順次，寺院や神社を建立した．移民の比較的早期から，各宗教がハワイへと渡ったのであるが，これは要請された場合が多かった．冠婚葬祭の儀礼的場面，とくに葬儀において僧侶の必要が感じられた．移民のなかに，厳しい労働条件の中で不慮の事故や病気により死亡する者が出たとき，せめて葬儀には僧侶の読経をという思いが生じた．そうした思いによる要請である．したがって，移民開始からほどなく海外布教が開始されている．それと同時に僧侶の中には，仏教が布教・教化を行わないと，日本人移民たちはキリ

◆ Ⅱ．世界宗教の現在 ◆

スト教化されてしまうという恐れから布教を開始した例も知られている．このような布教を試みた人物としては浄土真宗の曜日蒼竜が代表的である．彼は教団の正式開教以前に活動を始めている．しかし，仏教の阿弥陀仏とキリスト教のゴッドはまったく同一であるという説明をつけたことが，日本の本山で問題となり，以後の布教ができなくなった．移民がキリスト教化されることへの恐れを布教の動機とした例は浄土宗にもみられる．この恐れというのは，維新前後より，神道家や仏教家たちの間に根強くあった，キリスト教に対する脅威感と同質のものがある．宗教が文化を越境してくることへの警戒はみずから国外に移住した場合においても存在したわけである．この点は移民が同郷意識を強くもち，宗教への所属もそれに基づいていたという事実と表裏一体である．人間が国際的に移動しても，その人間の宗教は母国のもの，さらにいえば出身地のものであるべきという発想がみられる．

北米でも，ほぼ時を同じくして布教が開始された．ここでは，浄土真宗本願寺派が抜きん出て数が多い．神社は二，三社創建された．なお，南米にも戦前から移民が始まり1908年以降本格化したが，そのうちブラジルへの移民が圧倒的多数を占めた．ただ，仏教宗派や神社神道は，外務省の意向などを考慮し，カトリック国ブラジルでの正式な布教を戦前は自粛した．もっとも熱心であった浄土真宗本願寺派が，布教を開始するのは，戦後1950年代になってのことである．主な仏教宗派のハワイおよびアメリカ本土における布教開始時期は，表1のとおりである．

(4) 日本からの越境（戦後期）

戦後になると，国策依存タイプの越境はありえなくなった．移民依存タイプの宗教の活動も縮小傾向になった．他方，日本人あるいは日系人以外に布教を行う宗教教団が目立つようになる．布教による越境である．これはほとんどが新宗教である．新宗教以外で外国人に広まったといえるのは，北米およびヨーロッパにおける禅宗だけである．この場合の禅宗は日系人を対象とする寺院とは別に展開したゼンセンターによる活動を指す．アメリカでは1969年にロスアンゼルス・ゼンセンターが建立され，1970年代を通じてメンバーが増えた．多くが白人であった．ゼンセンターはその後各地に枝分かれし，数百にのぼった．

戦後，国外布教を積極的に行ったのは，創価学会，立正佼成会，弁天宗，解脱会，本門仏立宗，真如苑，霊友会などの仏教系新宗教，天照皇大神宮教，世界救世教，世界真光文明教団，崇教真光，生長の家など神道系新宗教である．戦後の布教活動が本格化するのは，1951年9月に対日平和条約が結ばれて以後である．翌52年から，天照皇大神宮教，53年に世界救世教がハワイ，北米へと布教を開始した．南米も1955年に世界救世教，57年に生長の家，58年にPL教団と布教が始まる．地域的には当初ハワイ，北米が中心であったが，やがて南米，東アジア，東南アジア，南アジア，さらにヨーロッパ，アフリカへと多様化する．1950年代までは移民依存タイプといえるものが主流であったが，1960年代から少しずつ現地の外国人を布教対象とするものが増えていく．創価学会，世界救世教，世界真光文明教団・崇教真光などのように，多国籍宗教とよばれるような布教形態を展開するものも出てきた．

表1 主な仏教宗派のアメリカにおける布教開始年

	私的布教（ハワイ）	正式布教（ハワイ）	教会設立（米本土）
浄土真宗	1889	1897	1898
浄土宗	1894	1896	1936
日蓮宗	1900	1901	1914
真言宗	1902	1914	1912
曹洞宗	1903	1904	1922

とくに創価学会の場合は，国外における大半のメンバーが日本人，日系人ではなく，多国籍宗教の典型となった．1960年に北米において組織的国外布教を開始するが，その後，韓国，東南アジア，南米，ヨーロッパなどにも信者を増やしていった．60年代前半にかなりの数の国外支部を設置し，1975年にSGI（創価学会インタナショナル）という国際的組織を形成するに至っている．SGIが設立されたことで，形式的には日本の創価学会は外国の組織とはSGIのもとでの姉妹教団という関係に立つことになる．

この他の新宗教を含めて，1970年代あたりから，国外に形成された日系人社会を前提とせず，世界のさまざまな地域に布教を展開する教団が増えるようになった．その背景として日本企業の世界的展開，国外で生活する日本人の増加があげられる．留学，国外勤務，その他個人的理由で国外で生活する日本人を媒介に，日本宗教が越境するようになり，布教形態はしだいに多様化している．

参 考 文 献

綾部恒雄監修『世界民族事典』弘文堂，2000年．
『世界キリスト教百科事典』教文館，1986年．(D. B. Barrett, *World Christian Encyclopedia*, 1982)
井上順孝『海を渡った日本宗教』弘文堂，1985年．
梅棹忠夫監修『世界民族問題事典』平凡社，2002年．
小倉充夫編『国際移動論―移民・移動の国際社会学』三嶺書房，1997年．
カースルズ，S., ミラー，M. J.『国際移民の時代』名古屋大学出版会，1996年．
川瀬貴也『植民地朝鮮の宗教と学知―帝国日本の眼差しの構築』青弓社，2009年．
私市正年他編『グローバル化のなかの宗教―衰退・再生・変貌』ぎょうせい，2010年．
菅　浩二『日本統治下の海外神社―朝鮮神宮・台湾神社と祭神』弘文堂，2004年．
ストーカー，P.『世界の労働力移動』築地書館，1998年．
住原則也編『グローバル化のなかの宗教―文化的影響・ネットワーク・ナラロジー』世界思想社教学社，2007年．
内藤正典『ヨーロッパとイスラーム』岩波書店，2004年．
中牧弘允『新世界の日本宗教―日本の神々と異文明』平凡社，1986年．
フィールディング，A. J.・佐藤　誠編『移動と定住―日欧比較の国際労働移動』同文舘出版，1998年．
前田孝和『ハワイの神社史』大明堂，1999年．
吉原和男ほか『アジア移民のエスニシティと宗教』風響社，2001年．
渡辺雅子『ブラジル日系新宗教の展開』東信堂，2001年．

15 ニューエイジ系宗教

Ⅱ. 世界宗教の現在

島薗　進

15.1　ニューエイジ系宗教と新霊性運動／文化

(1) 新しいスピリチュアリティ
1) ニューエイジと精神世界

　現代の欧米諸国では，1970年頃から「ニューエイジ」(New Age) とよばれる宗教運動に類する現象が広まっている．これとよく似た現象は日本でも広まっているが，日本ではニューエイジとよばれることはあまりない．むしろ「精神世界」という語が用いられることが多い．前者は一定の輪郭をもった運動として捉えようとする用語だが，実際にはもっとアモルフで多様な現象群である．ニューエイジや精神世界はさまざまな要素を含んでいるが，グローバルな広がりをもつ，ある大きな文化潮流に属しているとみることができる．そのような多様な現象群を指す語として，新霊性運動／文化 (new spirituality movements and culture. 新霊性運動，または新霊性文化の語で代表させることもある) という用語も用いられている．ここではそうした文化潮流の全体を「ニューエイジ系宗教」と見なすことにする．

　この潮流に属する人々は，もはや伝統的な宗教は過去のものとなりつつあり，自らはそれとは異なる新しい霊性 (spirituality) を求めるのだと主張する．ときには新しい霊性こそ新しい文明を切り開き，人類意識の進化をもたらすものであるとさえ説かれる．もともと宗教と不可分のものとして考えられてきた「霊性」だが，昨今は組織的な宗教から離れて個々人が霊性に目覚めるという方向でこの語が用いられる機会が増えてきた．日本では，「霊性」と「スピリチュアリティ」の双方が用いられているが，1990年代を経て次第に「スピリチュアリティ」の語が優勢になりつつある．

　新しい霊性の自覚は，多くの場合，自己変容の体験を伴う．これまでの人生の中で家族や社会から押しつけられて作り上げられた偽りの自己から自由になり，「ほんとうの自分」を見出す探求（「気づき」）に大きな価値が与えられる．そのために呼吸法やボディワーク，瞑想やその他の意識変容技法，巡礼や森林浴，カウンセリングや心理学的ゲームなどが用いられる．そうした実践を通して，既存の観念や通念にしばられた意識的自我の殻が打ち破られ，大きな広がりをもつ「ほんとうの自分」を発見するという体験が得られると主張される．それほど劇的な自己変容は自分には似つかわしくないと思う人の場合でも，身体や心の癒しや厳しい緊張からの解放，自然との融合一体化などの体験の中に，新しい「自分らしい」生き方と考え方の指針が感じ取られている．

　「ほんとうの自分」は個人を超えた存在とつながっていると感じられる．そうした存在やそうした存在を想定する用語として，「大いなる自己」，「気」，「宇宙意識」，「アニミズム」，「集合的無意識」などの語が用いられる．しかし，そのような存在を「崇拝する」とか，そうした存在の前に

図1　雑誌『ザ・メディテーション』（平河出版社，1979年）
表紙（左）と特集扉（右）

「ひれふす」ということはない．そうした宇宙的存在を身近に感じ，ときに一体感を抱きながら，自己の身体や心が癒され，高められることを目指す．そのように個々人が変わっていくことが，ひいては人類全体，地球全体を変えていくことにつながり，現代社会の困難な諸問題の解決をももたらすと考えられている．

2）宗教と科学を超えて

この新しい霊性は近代合理主義や近代科学の限界を自覚し，それを克服しようとするものでもあるという．近代科学との相違を強く意識しているが，科学的な思考そのものにまったく敵対的というわけではない．かつての宗教のように科学と対立しあうのではなく，宗教的なものと合理性とが合致できるような新しい知のあり方が，いま広がりつつあり，この潮流はそのような知を体現するものであるという．狭い意味の「科学」（科学的合理主義や唯物論）でもないが，狭い意味の「宗教」でもないような世界観という自覚である．たとえば，気功を実践としており「気」の概念が実在の深い次元に関わるものと考えている人，夢知らせの考え方を心理療法に応用している人，健康食品を通して自然の力と交流していると感じている人，臨死体験は死後の生を確証するものと考え前生の自分について思いをめぐらす人等々．神とか仏というより，「大いなる自然」，「サムシング・グレイト」，「ハイヤーパワー」といった言葉がしっくりくると感じる人が多いのもこのことと関わっている．

実際，新しい霊性は科学の領域における新しい発見と軌を一にしたものだと論じる人も少なくない．いわゆる「ニューサイエンス」（この語は和製英語で，欧米では New Age Science, New Physics などという）が勃興し，唯物主義的で物事を部分に分解して捉えようとする近代科学を乗り越え，新たに全体論的（holistic）で霊性に即した認識を尊ぶ科学の時代に移行しつつあるのだという．医学の領域では，心身を分け，身体を器官や機能に分解して理解してきた還元主義的な西洋近代医学にかわり，身体全体をとらえ心身を統

—473—

合的に理解するホリスティック医学の運動が発展してきている．また，心理学では個人の心を超えて，大いなる実在に連なるような「超個」（transpersonal）の領域に踏み込み，霊性的な体験をも視野に収めたトランスパーソナル心理学が成長しつつある．さらに，生物学における進化理論，化学における熱力学，物理学における量子論などの領域で，因果論に偏した近代科学にかわって，目的論的な要素も取り込んだ新たな自然認識の可能性が拡大してきているという．

このように「科学」の内から世界観の変革を目指す動きも含まれるから，新霊性運動／文化をすぐに「宗教」とよぶことには躊躇されるところもある．どの範囲まで「宗教」とよぶかは，「宗教」という語の使い方次第である．当事者が自らの考え方は宗教ではないと唱えていても，科学的に確証される実在を超える何ものかを確かな実在として想定しているなら，「超自然的存在」への信仰であるからそれは宗教とよんでよいと論じることもできる．一方，究極的な挫折や限界状況といったものを強く意識しておらず，意味秩序が包括性や深さの次元をもっていないので宗教とはいえないとか，教団組織や教義体系や相互の行為を律する共同規範体系をもっていないので宗教とはいえないといった議論もできないわけではない．さらにそもそもこれをひとまとまりの現象群とし，「宗教」，あるいは「宗教」に隣接する文化現象のあるタイプとしてくくりだすことが妥当であるのかといった問いも投げかけうる．

だが，どのような立場をとるにしろ新霊性運動／文化の諸現象にふれるとき，「宗教」という言葉で何を指すかにふれないですますとすれば説明不足の感を残すだろう．もっと明確に宗教として名指せるような現象（例えばキリスト教や仏教や新宗教）との対比において捉えるよう強いられることが，この現象群の1つの特徴といってもよいだろう．ここでは以上のような考え方に基づいて，仮に「ニューエイジ系宗教」の語を用いている．

(2) どのような呼称が適切か？
1) ニューエイジ運動か新霊性運動か？

この潮流にはまことにさまざまな思想や実践が含まれている．心理療法的な観念や技法の要素が大きいもの，神道やケルト文化，ネイティブ・アメリカン，魔女の伝統のような「自然宗教」に親しみをもつもの，瞑想体験や神秘思想，東洋宗教，形而上学的な体系などによる内面世界の体験や複雑な象徴形式を好むもの，気功や自然食のような実際的な健康法の側面を重んじるものなどである．

欧米ではこれらをひっくるめて「ニューエイジ」運動とよんでいるが，この語が妥当であるかどうか多くの問題がある．自らが「ニューエイジ」運動に属していると積極的に考えている人もいるが，「ニューエイジ」という語になじめない思いをもつ人も多い．「ニューエイジ」の語は占星術に由来し，地球が1260年周期で十二宮の間を移っていくとし，20世紀末から21世紀前半にかけての現在は魚座の時代から水瓶座の時代への移行期だとするのが元の用法だが，この用法を支持する人はむしろわずかであろう．また，この語が例えば日本のような地域で通用性をもっていないことも問題である．一方，日本では1970年代の末以来，「精神世界」という語がよく用いられるが，これも日本以外の地域ではあまり通用しない用語である．エミック（emic）な語（当事者自身の用語．次に出てくる「エティック」と対で用いる文化人類学の用語）を用いてこの潮流をよぼうとすると，その呼称になじまない現象が多数出てきてしまうという困難にぶつかる．

そこで国際的に通用する，エティック（etic）な学術用語（理論的考察を行う外部者の用語）を用いるのが適切と考える．そのような語として，「新霊性運動／文化」（略して「新霊性運動」「新霊性文化」として用いてもよいだろう）という語が提案されている（島薗『現代救済宗教論』，『精神世界のゆくえ』，*From Salvation to Spirituality*）．この潮流に属する人々は，「宗教」はすでに過去のものであるとし，その権威性，ドグマ性，抑圧性に対して否定的である．彼らはそれにかわっ

て，自らが支持する思想や実践を「霊性」の語でよぶことが少なくない．そこで，新宗教運動（new religious movements）と似てはいるが，「宗教」ではなく，「霊性」を追求する人たちの運動群という意味で「新霊性運動」とよぼうという考えである．

2）運動と文化

しかし，この潮流の中には「運動」とよべるほどに，はっきりとした積極的コミットメントをもたない人も少なからず含まれている．例えば健康法として気功を実践している人，自然食やエコロジー的な実践に携わりつつ霊性的なものにいくぶん関心がある人，精神的な安定を求めて時折自宅で瞑想を行ったり神秘思想に関心をもって1人で本を読んでいる人，臨死体験や輪廻転生に関心をもちそうした話題を扱う物語や漫画や映画やビデオを好む人など，組織はもとより共同行為に参加するという意識があまりなく，個人的にこの潮流から供給されるものを享受している人にとって，それは運動というよりも，ある種の「文化」である．この潮流はこうした，運動とはよびにくく，漠然と「文化」とでもよぶほかない側面をもっている．

また，この潮流が運動と見える場合でも，新宗教運動のように既存の社会組織の外で人々が集団を組んで成立してくるようなものは必ずしも有力であるとはいえず，むしろ既存の社会組織の中から従来の枠を超えていくような形で生じてくるものが多いことにも注目すべきである．例えば，アカデミズムの中ではカールG. ユング（Carl G. Jung）の心理学や心理療法，あるいはルドルフ・シュタイナー（Rudolf Steiner）の思想に基づくシュタイナー教育（シュタイナー教育を実践するワルドルフ学校はドイツ国内に多数あるほか，世界各国に広がっているし，その考え方はふつうの学校教育にも影響を及ぼしている）はたいへん人気がある．これらの動きは新霊性運動／文化に属するものと見なしてよい面が大きい．医療，教育，心理療法などのように人間のケアに関わる領域は，新霊性運動／文化的な要素を取り込むことが少なくない．したがって，1970年代以降，アメリカや日本では病院や学校（大学を含む）の中に，またマスメディアや大衆文化の中に新霊性運動／文化はじわじわと根を張ってきていると見なすことができる．

エコロジーの潮流と新霊性運動／文化とが密接に関わりあうものであることも明らかである．エコロジーは自然環境の保全を目指すが，単に客観的に対象として自然に向き合うのではなく，共に生きていく存在として自然と交わるという自覚をもつことが求められる．そのためには自然に対する畏敬の念を取り戻さなくてはならないとされる．このように霊性的な次元まで深まることを求めるような考え方を，ディープ・エコロジーという．キリスト教やイスラームや仏教のような教義体系をもった救済宗教は，都市文明や帝国の政治と関わっており，人間が自然を支配し搾取して富を蓄積していく歴史と歩みをともにしてきた．地球の環境破壊による危機が明白になった今日，むしろ自然との共生を目指す精神が必要で，それはむしろ歴史的な救済宗教（ロバート・ベラー（Robert Bellah）の「宗教の進化」では「歴史宗教」[historic religion]とよばれている）以前の霊性にあい通ずるものだという．まずは食文化から，エコロジーの霊性に合致したものに変えていこうと考える人は少なくない．ホリスティック医療は代替医療（Alternative Medicine）とよばれることもあるが，代替農法や自然食の運動はかなりの程度，新霊性運動／文化のすそ野に位置づけることができるものである．

このように「ニューエイジ系宗教」は，狭く「宗教」の領域に限られたものというよりは，広く精神文化全体の動向に関わるものとしてとらえた方が適切な面を多々，含んでいる．そうした側面をも切り捨てずに含み込む用語として，「新霊性運動＝文化」という語の方が適切である．だが「宗教の事典」である本書においては，以上のことを念頭に置きつつも，主に「ニューエイジ系宗教」の語を用いてこの潮流の特徴をみていくことにしたい．

◆ II. 世界宗教の現在 ◆

15.2 ニューエイジ系宗教と宗教伝統

(1) 伝統的教団的宗教への批判
1) 組織や権威構造の忌避

　ニューエイジ系宗教，すなわち新霊性運動＝文化の支持者は，キリスト教，イスラーム，ユダヤ教，仏教などの既成の宗教伝統に対して概して否定的である．少なくともそれらが，組織された教団を構成して，権威に基づく共同体をもつような場合，それになじめない思いをもつ．また，がっちりとした教団組織や教義をもち，指導者に権威が集中している新宗教に対しても，自分たちにはふさわしくない世界だと感じている．これら権威構造の明確な既成宗教と新宗教をあわせて，「伝統的教団的な宗教」とよぶとすれば，ニューエイジ系宗教は一般に伝統的教団的な宗教に対して批判的である．

　もちろん固定的な権威や教団組織をきらうとはいっても，まったく個人的に独立して霊性の探求ができ，それを広めていけると考えているわけではない．そこで，ゆるやかな指導や協力の関係として「ネットワーク」を築くという主張がなされることが多い．個々の集団は指導者や情報提供者の周りに形成されるが，指導者や情報提供者が他の人々に権威的な支持を与えることはなく，支配服従の関係は形成されない．もちろん参加と離脱は自由で，定期的な集会や儀礼はなされないのがふつうである．実際には商業的な組織が，ネットワークの媒介者として機能することが多く，新霊性運動＝文化はかなりの程度，営利的な動機に依存している．このため大衆受けをねらった書物やセミナーが目立ち，欺瞞的な疑似宗教として批判の対象となることも少なくない．

　ニューエイジ系宗教では，また，個々の集団への所属が当事者のアイデンティティの核になるわけでもない．共鳴者は同じ潮流の中のさまざまな集団や情報に同時に関心をもっていることが少なくない．多様な思想や実践を包含するが，「伝統宗教と近代科学を超える新しい知を目指す」とか，「自己変容により自由な心身のあり方を見出す」とかいったおおまかな指標によって輪郭づけられる何か，すなわち「ニューエイジ」や「精神世界」や「21世紀の霊性」などとよばれる，漠然とした流れに属しているのだと自覚されている．このように新霊性運動＝文化の当事者は，ゆるやかなネットワークと柔らかい多面的なアイデンティティを良しとし，権威的な組織と固い一元的なアイデンティティをきらう．それが新しい霊性の人的結合の面での特徴であり，ここに伝統的教団的な宗教との主要な違いの1つがあると考えられている．

2) 救いへの違和感

　ニューエイジ系宗教からみて，伝統的教団的な宗教が受け入れがたいと思われる今ひとつの点は，人間を超えた超越的な存在が想定され，そうした存在による「救い」(救済) が信仰されるという教義的な側面に関わる．彼らにとっては，実在を確かめるすべがなく，過去の神話的思考の産物と思われる神や仏を実在者としたり，自らを卑小化して悪しき性向にまみれた者とし，超越的実在への従属を勧めるということが納得できない．教義や儀礼や集団行動に従うことはそうした超越的存在の指示に服することとして正当化されるが，それは知的な思考と個人としての主体性や責任の放棄と受け取られる．伝統的教団的な宗教は人々にそのような自己放棄を迫り，知的思考を止め，超越者に権威を委ね，集団や組織や指導者に依存して，その支配に身を任せてしまうことを求めると主張される．

　ニューエイジ系宗教は「救い」という観念に含まれていると彼らが考える，このような依存と支配の構造から自由になり，自らの責任において人生を歩んでいくことを勧める．「救い」にかわってニューエイジ系宗教で尊ばれるのは，「自己変容」や「癒し」である．どちらも強い宗教的，ないし神秘的体験を伴うことが多い．ところが「救い」の体験においては，現世的な自己が徹底的に否定されたり，苦難が強調されて，超越的な他者が向こう側から働きかけてくるとか，根本的な境地の転換が起こると受け止められるのに対して，「自己変容」や「癒し」の体験においては，自己

否定の契機は乏しく，自己の意識や心のあり方が変わり，より自由な境地に向上したという体験や，そのような向上の実際的な仕方を修得したという自覚が生き方のより所とされる．

以上のように，ニューエイジ系宗教は伝統的教団的な宗教と自らが対立するという考えをもっている．事実，伝統的教団的な宗教に満足できなくなり，ニューエイジ系宗教に関心を向き変えた人は少なくないだろう．ニューエイジ系宗教の発展が著しいのは，伝統的教団的な宗教が衰退の方向にある地域であり，かなりの割合の住民が伝統的教団的宗教からニューエイジ系宗教へと移動しているとみてよいだろう．もっとも近代合理主義や合理主義的科学の信奉者だった人（またその子弟）が，ニューエイジ系宗教へと移行したという例も少なくないはずである．ニューエイジ系宗教の支持者には比較的，高学歴層が多いのだが，そうした階層の人々は1960年代頃までは，近代合理主義の世界観を疑っていないことが多かったからである．

(2) 伝統的教団的宗教からみたニューエイジ系宗教

1）欧米と日本の違い

では，伝統的教団的な宗教を支持する人々は，ニューエイジ系宗教をどのようにみているだろうか．アメリカ合衆国やヨーロッパ諸国では，キリスト教の立場からニューエイジ系宗教を敵対者と見なし，厳しい批判を浴びせる人々が多い．ところが，日本では宗教の側からニューエイジ系宗教への批判はあまり目立たない．これまでに「精神世界」そのものをターゲットにした批判書や雑誌の特集記事はほとんどなく，自己啓発セミナー（ヒューマンポテンシャル運動）やオカルト的な現象が時折取り上げられて批判されてきたにすぎない．例えば，斉藤貴男による『カルト資本主義』（1997年）は精神世界の広い範囲を批判の対象とした数少ない書物の1つであるが，それも伝統的宗教を支持する立場から書かれたものではない．

このように日本で，伝統的宗教の側からのニューエイジ系宗教批判があまり活発でない理由として，ニューエイジ系宗教が日本の宗教伝統にとってそれほど異質なものではなく，それと重なり合うところが小さくないという点があげられよう．ニューエイジ系宗教では自然の中に聖性を見出す態度が好まれるが，これは日本の神道や民俗宗教の特徴とよく合致している．ニューエイジ系宗教ではシャーマニズムに，とくにシャーマニズム的な神秘体験や癒しに高い意義が与えられることがあるが，これは日本の宗教伝統にとってたいへんなじみの深いものであった．さらにニューエイジ系宗教で好まれる瞑想や呼吸法やボディワークは，仏教や道教，神道や武道や芸道などの伝統を通して現代に至るまで連綿と伝えられてきた．仏教の中でも禅や密教や唯識など，修行や多層的なリアリティや深層意識の理論に関わる伝統の思想は，日本のニューエイジ系宗教の中でさかんに取り入れられ，広められてきた．

このように主要な宗教伝統がニューエイジ系宗教と異質であるよりも，同質のものをたくさんもっているというのが，欧米と比べたときの日本社会の特徴である．そこで伝統宗教や新宗教の側はニューエイジ系宗教に敵対心をもつどころか，ともに近代合理主義や西洋文化に対立するものとして，むしろ親近感をいだくことが多かったようである．現代日本の長い伝統をもつ仏教書の書肆である春秋社や法蔵館は，ニューエイジ系宗教の領域に属する書物を多数，刊行してきている．法蔵館が1987年に創刊した季刊『仏教』誌は，伝統的な仏教についての記事よりも，むしろ新霊性運動＝文化に近い話題を取り上げて特集を組むことが少なくない．伝統的な仏教教団に所属しながら，ニューエイジ系宗教に共鳴する僧侶も少なくないだろう．

2）知識人の役割

日本の主流文化を代表する知識人たちの中にも，ニューエイジ系宗教に同調し，その潮流を称揚するような主張を述べる人々が少なくない．1980年代の日本では，農業の後退とエコロジーへの関心を反映して，農耕文化以前の段階の，森に暮らしていた縄文人の文化に注目が集まった．

縄文時代の宗教は自然を支配しようとするのではなく，自然の中に聖性を認めて自然とともに生きようとするアニミズム，あるいは古神道などとよばれ，今後の人類の未来を照らし出すすぐれた精神だと論じられた．

このような論調を積極的に打ち出した梅原猛は，現代日本を代表するすぐれた文化論者として広く国民の敬意を集め，国際日本文化研究センターの初代所長として活躍した．彼はキリスト教やイスラームや仏教は自然破壊につながる宗教だとして批判し，それに対してアニミズムこそ未来の文明にふさわしい霊性であると主張した．同じくアニミズムに人類文明の未来の希望を託しながら，日本独自の禅宗である曹洞宗の創始者，道元に深い共鳴を寄せる岩田慶治のような論者もいる．これらの霊性知識人は，一般社会から高い敬意を払われており，日本の主流文化を代表する人々の一部といってよい．

ここで重要なのは，ニューエイジ系宗教の側は教団宗教的なものの全体には否定的であるが，宗教伝統の中で彼らの関心に合致するものはむしろ貪欲に取り込んでいこうとするということである．伝統宗教の側からも，ニューエイジ系宗教を同盟者と受け止めて，自らの伝統的な宗教性の中の教団宗教的ではない側面が好んで選び出されて，新時代にふさわしいものとして称揚される傾向がある．神道や民俗宗教はもともと教団宗教的な要素が少ないが，その中でもシャーマニズムやアニミズムといったように個人的な体験や態度に関する側面が好んで取り出される．仏教の中では教団宗教的な側面，たとえば戒やサンガ，布教や菩薩行についてはあまり問題にされることがなく，瞑想修行や巡礼のような個人的な霊性陶冶の側面が好まれがちである．

日本でニューエイジ系宗教の台頭に注目する学者や評論家が少なかった理由の1つは，このように伝統宗教の側がニューエイジ系宗教と対決するという姿勢をとることなく，むしろそれに寄り添うような態度をとってきたことによると思われる．そして，事実両者の間には敵対関係だけでなく，相互に支え合う関係もあったと考えられる．ニューエイジ系宗教によって合理主義的な世界観の限界に目覚めた人物が，神道や仏教や新宗教に，より強い関心をもつようになるというようなことが日本では頻繁に起こっていると考えられる．例えば新宗教の一団体であり，自らが仏教の究極を究めた団体であると称していたオウム真理教に入信した人々の中には，ニューエイジ系宗教に関わりをもっていた者が少なくなかった．

3) 対抗関係，支え合いの関係

このように，ニューエイジ系宗教が伝統宗教と支え合うという関係は，日本にのみ，あるいはこの点で日本と同じような事情を抱えた国（例えばインドやタイなど）にのみ見られることであろうか．必ずしもそうとはいえないだろう．キリスト教やイスラームの中にも，古くから個人の霊性の陶冶を重んじる神秘主義の伝統があった．ニューエイジ系宗教は少なくともそのような伝統とは支え合う関係をもつことができる．例えばキリスト教を支持し教会に通いつつ，ニューエイジ系宗教の実践に熱心に取り組んでいるとか，占星術の記事は欠かさず読むというような人もいる．とすれば，どの地域でも伝統宗教とニューエイジ系宗教が支え合う関係を含むようになる可能性が潜在的にはあると思われる．

宗教の世界では一見対立し，矛盾し合うように思えるものが，実は相互に支え合うという現象が頻繁にみられる．南ヨーロッパやラテン・アメリカのキリスト教と聖者信仰，日本やアジア諸国の仏教と民俗宗教などが，そうした現象の好例として思い浮かぶ．キリスト教の元来の教理では崇拝されるべき地位などまったくもたなかった聖母の像が，奇蹟をもたらす存在として，神や偶像のようにあがめられるという現象もカトリック世界では通常のことである．仏教教理はシャーマンによる霊魂の操作などまったく認めないのだが，熱心に寺院に通う仏教信者こそ，実はシャーマニズムにもたいへん熱心であるというような事例も珍しくない．世界的にみても，確かにニューエイジ系宗教と伝統宗教は対立しあうだけではなく，相互に支え合う側面もあるものとしてみていく必要があるだろう．

15.3 アイデンティティの未来

(1) 普遍主義的アイデンティティの変遷
1) 近代世界とアイデンティティの源泉

　ニューエイジ系宗教，すなわち新霊性運動＝文化は現代世界の重要な一思想潮流であると考えられる．その理由は，それが新しい世界観を提示するとともに新しい形でのアイデンティティのあり方に関わってもいるからである．ニューエイジ系宗教は自己変容の体験を通して，諸個人に強力なアイデンティティ形成の機会を提供する．そこで形成されるアイデンティティは特定の民族や国家への所属に関わりなく，地球上のすべての個人に開かれているという意味で，普遍主義的な性格をもっている．

　これまでそのような普遍主義的アイデンティティを，地球上の諸個人に提供する文化的資源として有力だったのは，救済宗教（歴史宗教や新宗教）と近代の世俗的ヒューマニズムである．救済宗教とは人間や世界が本来的に抱えている限界状況（死，苦，別れ，倫理的ジレンマなど）を強調しながら，諸個人がそうした限界を超えて究極の救いを達成できると約束する宗教である．キリスト教，イスラーム，仏教などはこうした救済宗教の代表的なものである．ユダヤ教やヒンドゥー教や神道のように救済の教えを抱え込みながらも，普遍主義的な性格が弱く，広い地域や諸民族へと発展していく傾向が弱かった宗教もある．近代以降に形成された新宗教も，普遍主義的な救済宗教として地域や民族を超えて諸個人のアイデンティティ形成に関与していこうとする傾向が強い．15.2節で伝統的教団的な宗教と述べたが，それはほとんど普遍主義的な救済宗教と同義である．

　一方，近代の世界では，国民国家の諸機構，すなわち政党や行政機構や労働組合やマスコミ，とりわけ学校を通して，合理主義的な世界像と結びついた世俗的ヒューマニズムの価値が鼓吹された．「自由・平等・博愛」はこの価値体系を代表する言葉である．また，近代のエリートは科学的知識の所有者として権威を与えられたが，科学的知識は人文的教養と結びつけられ，世俗的ヒューマニズムの価値観に支えられており，エリートは世俗的ヒューマニズムに依拠して権威を行使するのを常とした．

　この近代世界の拡大と密接なつながりをもつ普遍主義的価値は，ある時期から政治的には2つの路線へと分裂する．個人の自由と競争による社会発展に力点を置く自由主義と，集合的福祉と平等を重視する社会主義である．しかし，両者の間には世俗的な知識と，世俗主義的な社会制度によって諸個人を啓蒙しつつ，よりよき未来へ前進していけるという共通の前提があった．国民国家のイニシアティブに服し，そのような価値に従って形成されるアイデンティティが，19世から20世紀へと激しい速度で世界各地へと広まっていった．

2) オルタナティブとしてのニューエイジ系宗教

　ニューエイジ系宗教はこの2つの普遍主義によるアイデンティティ形成に対して，オルタナティブを提示しようとしている．それは伝統的教団的な宗教と近代合理主義の双方を越えて，新しい宗教＝科学複合的な世界観を提示しようと主張するのだが，それはまた，救済宗教と世俗的ヒューマニズムという2つの普遍主義的アイデンティティに対して，第3の新しい普遍主義的アイデンティティ形成の道を指し示すことでもある．そこで，このような第3の普遍主義的アイデンティティ形成の動きが発展してきたのはなぜか，そしてそれは今後，どれほどの発展の可能性があるか，という問いが生じる．

　伝統的教団的な宗教の思想的ヘゲモニーの後退は，近代的な諸制度の確立や近代科学をはじめとする世俗的な知識の拡大とともに進行してきた．この過程で，世俗的ヒューマニズムという新しい普遍主義によるアイデンティティが優位を誇るようになってきた．ところが，近年はこの世俗的ヒューマニズムの妥当性・有効性が疑われるようになってきた．それはなぜだろうか．

　1つの理由は，世俗的ヒューマニズムの担い手である近代的エリートの権威を支えていた近代科学の威信がゆらいできていることである．近代科

◆ Ⅱ. 世界宗教の現在 ◆

1	精神医学	25	ストレス	67	シンボル
2	狂気・異端	26	医療	68	妖獣・幻獣
3	心理学	27	身体・健康	69	魔術・オカルト
4	無意識・潜在意識	28	東洋体育	70	占い
5	睡眠・夢	29	東洋医学	71	神秘主義
6	脳・意識	30	自然療法	72	秘密結社
7	変性意識・ドラッグ	31	フード	73	グルジェフ
8	トランスパーソナル心理学	32	ヒーリング	74	神智学
9	心理療法	33	ボディ・ワーク	75	人智学
10	カウンセリング	34	エクササイズ・ダイエット	76	キリスト教
11	セルフヘルプ	35	スポーツ・武道	77	ヨーロッパ
12	性格タイプ	36	気	78	ユダヤ・カバラ
13	セルフアウェアネス	37	遺伝子・進化論	79	イスラム・スーフィー
14	コンシャスリビング	38	生物・動物	80	エジプト・アフリカ
15	関係性	39	植物	81	中南米
16	思考法・記憶	40	石・水晶	82	ネイティブアメリカン
17	ビジネス	41	香	83	アジア
18	恋愛・結婚	42	色	84	インド
19	男・女	43	音	85	ヨガ
20	セックス	44	地球・自然	86	グル・マスター
21	出産・育児	45	エコロジー	87	和尚（ラジニーニ）
22	親子・家族	46	社会・文明	88	クリシュナムルティ
23	エイジング	47	メディア	89	チベット
24	死	48	宇宙・星・月	90	中国
		49	科学全般	91	タオ
		50	量子力学，カオス	92	風水
		51	ニューサイエンス	93	仏教
		52	ニューパラダイム	94	密教
		53	ニューエイジリーダー	95	禅
		54	スピリチュアルライフ	96	日本
		55	瞑想	97	神道
		56	マインド・パワー	98	修験道
		57	チャネリング	99	宗教全般
		58	スピリチュアリズム	100	哲学・思想
		59	霊言・予言	101	空想・幻想
		60	スウェデンボルグ	102	文学・ノンフィクション
		61	ケイシー	103	詩・物語
		62	超能力	104	マンガ
		63	超常現象・UFO	105	アート・写真
		64	輪廻転生	106	絵本
		65	古代文明	107	ガイドブック
		66	神話	108	雑誌

図 2 『精神世界総カタログ 2000』（ブッククラブ回，1999）
表紙とジャンル一覧．

学は専門科学として特定の専門的知識を供給するとともに，総体として合理主義的世界観を支え，世界や人間について正しい知識を提供する文化資源と考えられていた．科学的知識を信奉し，拡充していくことで，人類の福祉を増進し，よりよき社会と人生を実現できるという信念が通用した時代があった．この信用が人類共通の知識や規範を信奉する世俗的ヒューマニズムの基礎をなしていた．

事実，近代科学は多くの問題に解答を与え，健康や快適さや欲望充足の面で人類の福祉に大きく貢献してきたようにみえる．しかし，その一方で，多くの困難な問題を生み出してきたようにもみえる．1970年頃から，そうした認識が広く共有されるようになってきた．例えば資源・環境・人口問題は近代科学の成果を利用することによっ

てもたらされた面が大きい．また，科学的知識やテクノロジーを駆使した武器により，大量の人々が短時間に殺される可能性が生まれた．

　一見，平穏に見える日常生活も科学やテクノロジーの影響による危険や疎外感に満ち満ちている．生死の問題に対して，医学は十分な答えをもたず，病人をケアする機関として近代的病院は多くの欠陥を抱えている．少なくとも科学に過大な期待をもつのは誤りであり，科学からアイデンティティの基礎になるような思想や権威を求めるなどということは考えない方がよいという態度が広まるようになった．科学者は世界観的には空白な存在であり，精神や思想の領域におけるリーダーなどではありえないという常識の広まりである．

3）人文的教養の後退

　一方，近代科学と手を携えて世俗的エリートを支えてきた人文的教養というものの権威も後退してきた．大学などの高等教育機関で身につけられる人文科学や社会科学の中には，科学と同時に人文的教養の要素がかなり含まれている．哲学，倫理学，美学，宗教学，文学はとくにそうだし，歴史学の中でもそうした要素が大きい．経済学や法学や政治学でも，科学という側面と同時に，教養に通じる人文学としての側面が大きいだろう．近代社会の文化エリートはこれらの学問を学び，人文的教養を身につけ，学問的知識や思想や芸術によって自己の生を支えるアイデンティティの基礎を得ていた．教養が代表する学的知識こそが，よき社会秩序の基礎を与えるものと考えられていた．科学に欠けている思想性，精神性はこの人文的教養を通して近代世俗エリートに供給されると考えられていた．もちろんこれらのエリートの中には宗教的アイデンティティをもつ者もあったが，人文的教養の総体は世俗的ヒューマニズムの方へ傾いていた．

　ところが，こうした人文的教養は過去の古くさい特権階級的な文化意識の産物であり，現代社会を生きる上では役に立たないという考えが次第に広がるようになる．教養の基礎にあった諸理念が，階級的な利益への加担やその他の差別性をもったものであるとか，特定文明を越えた妥当性を

もたないという批判もなされるようになる．そして，実際に大学など高等教育機関で教養の占める地位が後退していく．世俗的エリートが教養によって供給されてきた思想性，精神性を喪失していく過程である．それはまた，世俗的エリートが信奉してきた世俗的ヒューマニズムを支える文化資源が社会の中枢から退いていく過程でもある．

　このようにして，エリートに普遍主義的アイデンティティの基礎を提供してきた科学や人文的教養が権威を失っていく過程で，世俗的ヒューマニズムの普遍主義もアイデンティティ形成の力を弱めていく．これは一部には「宗教への回帰」といってよい現象も生み出す（ケペル『宗教の復讐』）．高学歴層をはじめとして，世俗的ヒューマニズムから伝統的宗教や新宗教に向かう人々が出てくるということである．しかし，伝統的教団的宗教に対する不満が，弱まったわけではない．個人主義的な考え方はますます広まっており，伝統的教団の宗教のドグマ性や権威主義，抑圧性に対する批判的意識はこれまで以上に強まっているともいえる．

(2) 普遍主義的アイデンティティの未来

1) 第3の普遍主義的アイデンティティ

　ニューエイジ系宗教による第三の普遍主義的アイデンティティが求められているのは，以上のような思想配置の情勢を背景としている．ニューエイジ系宗教は確かに，グローバル化の進む現代社会に適合的な特徴をいくつも備えている．まず，そこでは精神と物質をはっきりと区分し，対立関係において捉える近代的な二元論を超える新しい知が展望されている．そして精神の領域に十分に知の働きを及ぼしていくことができない，二元論的科学に由来する現代の制度の困難を克服していく可能性をはらんでいるようにみえる．とりわけ心理学や医学や教育学といった領域では，ニューエイジ系宗教的な知の有効性が専門家によっても認められはじめている．合理的知識に基づいて，人の身体や心に相対し，癒したり，養ったり，啓発したりしようとすると，合理的知識を越えた現象に直面して限界にぶちあたる．合理的知識を踏

◆ Ⅱ．世界宗教の現在 ◆

まえつつ，合理的知識を越える感覚や表象や物語の要素を取り込まざるをえなくなってくる．ユングによる無意識の働きを重視した心理療法は，その典型的な例である．

より重要なのは，ニューエイジ系宗教の提供するアイデンティティの様式が，情報化や個人化が進み，脱文脈化しつつある現代人の生活に適合的な性格をもっていることである．現代先進国の住民，とりわけ高学歴の住民は，高度の知識と富と情報処理能力を用いて，多様な情報ルートに接近し，それらを取捨選択することが可能であり，それが自然であると感じている．彼らはメディアを通してグローバルな情報の流通を身近に感じており，そうした情報空間を分かち合う者同士としての薄いつながりの意識をもってもいる．彼らはそうした共同性を基盤にさまざまな権威の源泉と関わりをもちつつ，それぞれの経歴と事情に応じて世界像，自己像を形作り，それを不断に変えていくことができると考えている．実際は環境の許す限られた範囲においてにすぎないのだが，とはいえその範囲内での自由（アクセス能力をもつ豊かな層ではかなり大きい）があるということは，事実でもある．逆に1つの固定的な権威に従い，他の源泉との接触を断ったり，限定したりすることは，本来の自己の可能性を歪め，偽りの自己，本来的ではない自己を受け入れることになると感じがちである．

ところがニューエイジ系宗教は，まさにそのような開かれた自由な自己のあり方に適合する自己変容と自己実現の可能性を提示している．そこでは，一元的な権威の源泉を措定せず，個々人が必要に応じて，多様な権威の源泉に接近することが容認されている．そのようにして，偽りの自己，押しつけられた自己のあり方から解放され，「ほんとうの自己」へと近づいていくのを教えてくれるのが，ニューエイジ系宗教の諸集団や諸理論や諸方法である．そうした集団や理論や方法がもつ限定的な権威に部分的に従いつつ，それらから自由な独立した自己の領域を保持し，「自分らしさ」としてのアイデンティティの核を獲得できるようになっている．このようにニューエイジ系宗教が提供するアイデンティティは権威分散的で，柔軟で，個人中心的な性格をもっており，それがグローバル化や情報化の進む現代社会の住民に好まれると考えられる．

なお，ニューエイジ系宗教の発展と並行して，世俗的ヒューマニズムのアイデンティティも，権威分散的で柔軟な様式を包含するようになってくる．多様な権威を認め，固定的な理念や理想に自己を関係づけることを避け，「ほんとうの自己」を求めつつ，なお世俗的な世界観を保持して霊性的なものを受け入れようとしないタイプである．従来の近代的な世俗的ヒューマニズムに対して，これをポストモダン的な世俗的ヒューマニズムとよぶことにしよう．ポストモダン的な世俗的ヒューマニズムと新霊性運動＝文化とは，霊性的な要素の有無という点を除くと類似点が多い．また，近代的な世俗的ヒューマニズムとポストモダン的な世俗的ヒューマニズムの対応関係は，伝統的な教団的宗教とニューエイジ系宗教の対応関係に似ている．

2) ニューエイジ系宗教の未来

以上，ニューエイジ系宗教のアイデンティティがグローバル化や情報化，個人化が進む，現代の状況に適合的な性格をもっていることについて述べてきた．しかし，このようなアイデンティティのあり方が，将来たいへん有望であり，多数の住民の支持を得ることになるかどうかは即断できない．

ニューエイジ系宗教の将来にそれほど楽観的になれない第1の理由は，現代社会を支えている知の権威は，やはりおおかたのところ合理主義的な科学であり続けると思われるということである．確かに近代科学や合理主義の見直しは進んでいくであろうが，それに代わって霊性的な要素を取り込んだ新しい科学（ニューサイエンス）が優位に立つということもありそうには思えない．例えば心理学や心理療法においても，霊性的な要素を取り込んだ諸学派（たとえばユング派やトランスパーソナル心理学）が一定の勢力を築くことはあっても，圧倒的な多数派になることはないだろう．そして他の学問諸領域において，霊性派が占める

地位は心理学や心理療法のそれを越えることはない．

　もう1つの理由は，ニューエイジ系宗教の柔軟で個人中心的なアイデンティティは，また不安定なものになりがちだということである．ニューエイジ系宗教の世界像が，個々人それぞれに自己が選んで組み合わせながら構成したものであるということは，またそれが体系的完結性をもたず，権威の所在が不明確であり，共同体による支えを欠いていることを意味する．それらは多くの場合，商品として市場を介して提供されており，その中にはそれほど質の良くないものも含まれている．個々人がさまざまな状況に直面し，新たな指針を求めているとき，確かに満足のいく解答を与え，援助の手をさしのべてくれるものが見つかる保証がない．

　ニューエイジ系宗教の提供するアイデンティティはこの点で，大きな弱点を抱えている．このような点では，権威の所在が明確で，集団による支えを提供することができる伝統的な宗教の方に大きな利点がある．しっかりとした枠組みをもった生活形式を提供し，人生に確かな指針を提供してくれるという点では，伝統的な宗教の方が頼もしいということに多くの人が気づくであろう．

　いずれにしても，21世紀の世界では，伝統的宗教とニューエイジ系宗教，あるいは新霊性運動／文化は，おたがいを主に敵やライバルとして，そして一部は共鳴しあう者としてますます強く意識しあうことになろう．そして，伝統的宗教，世俗的ヒューマニズム，新霊性運動＝文化の3者が，それぞれに普遍主義的な世界観を提供し，3つのタイプのアイデンティティが競い合うという状況がますます広い地域に広がっていくであろう．3者を3つの普遍主義的世界観という意味は，3者が地球上のすべての個人に開かれた選択肢として人々の前に姿を現すということである．すべての個人が原理的にはそれらの世界像を選び取ることができるという想定が不自然ではない状況の到来が予想できる．欧米諸国や日本はすでにそうした段階に達していると思われる．

参考文献

伊藤雅之『現代社会とスピリチュアリティ―現代人の宗教意識の社会学的探究』渓水社，2003年．

樫尾直樹編『スピリチュアリティを生きる―新しい絆を求めて』せりか書房，2002年．

ケペル，ジル（中島ひかる訳）『宗教の復讐』晶文社，1992（1991）年．

斎藤貴男『カルト資本主義』文藝春秋，1997年．

島薗　進『現代救済宗教論』青弓社，1992年．

島薗　進『精神世界のゆくえ―現代世界と新霊性運動』東京堂出版，1996年．

島薗　進『スピリチュアリティの興隆』岩波書店，2006年．

ストーム，R.（高橋　厳・小杉英了訳）『ニューエイジの歴史と現在―地上の楽園を求めて』角川書店，1993（1991）年．

ベラー，R.「宗教の進化」，ベラー（河合秀和訳）『社会変革と宗教倫理』未来社，1973（1964）年．

ローザック，T.（志村正雄訳）『意識の進化と神秘主義』紀伊國屋書店，1978，1988（1975）年．

Kemp, D., *New Age : A Guide*, Edinburgh University Press, 2004.

Melton, L. G., New Age Encyclopedia, Gale Research Inc., 1990.

Shimazono, S., *From Salvation to Spirituality : Popular Religious Movements in Modern Japan*, Trans Pacific Press, 2004.

Ⅲ. 日本宗教

川村邦光

III. 日本宗教

1 精霊と神々の世界

1.1 縄文の世界—神々の黎明

　　海だべがど　おら　おもたれば
　　やつぱり光る山だたぢやい
　　ホウ
　　髪毛（かみけ）　風吹けば
　　鹿（しし）踊りだぢやい

　宮沢賢治の「心象スケッチ」と名づけられた詩集『春と修羅』に収められた詩である．たった五行の詩で，「高原」と題されている．月明かりに照らされた山，それは穏やかに凪いでいる海と見紛うほど，森閑としてきらめいていたのだろう．突然，そこに一陣の風が吹き渡る．うねうねと寄せては返す波頭のように，光る山の樹木の葉をざわめかす．生き物たちの髪毛もざわめいてくる．人も動物も植物も区別なく，生命の源を掻き立てられ，息吹を自ずと発していく．その一瞬，奮い起った息吹の洩らした音，それが「ホウ」という声となったのだろう．

　鹿踊りが始まる．鬣（たてがみ）をふるわして，風に感応する．人が獣に化身する．というより，人と獣の境はなくなり，生き物として，ただひたすら飛び跳ねる肉の動きだけの世界が現出している．ありとあらゆる生き物の交感，そして交歓，これが賢治の歌った「高原」の光景であろうか．そこには，縄文の世界へと通底するような「心象」がスケッチされているように想像できるのではなかろうか．

(1) ストーンサークルの世界

　賢治のこの詩から，かつて訪れたことのある秋田県鹿角市十和田の大湯に残された，野中堂遺跡と万座遺跡に広がっているストーンサークル（環状列石）の光景を想起した．山間部の開けた盆地に，中通台地とよばれる広大な舌状の台地にある．この遺跡は，賢治の詩「高原」のように，まさしく高原に位置している．

　いうまでもなく，現在のこの遺跡の景観は縄文時代のそれではない．かつて覆っていたであろう，深々とした樹木や薮の茂みはすっきりと切り払われて整備され，きわめて明るい空間となって広がっている．2つの遺跡の間には県道が走り，両遺跡を分かっているが，みごとな景観を今でも残している．いずれも，内帯と外帯の二重のサークルが大小のさまざまな形の河原石を組み合わせて作り上げられた，縄文後期の遺構である．

　この2つの遺跡が墓地であると確定されたのは，きわめて近年のことである．これまで，天体観測の施設，集落の祭祀場などと考えられてきた．両遺跡の内帯と外帯の間，それも北西の方角に，細長い石を放射線状に敷き並べ，その中央に長い石が立てられた組み石の遺構から，日時計ではないかと推測されたこともあった．

　1984年，野中堂遺跡の近くから，配石遺構がみつかり，発掘して穴の土を分析すると，高等動物の脳・神経組織，臓器に特異に分布する高級脂

Ⅲ. 日本宗教

図1 大湯のストーンサークル

肪酸と動物コレステロールが検出され，2つの遺跡が環状に石を配列した墓地群であることが明らかになった．そして，二重のストーンサークルの外側には，祭祀場と推測される掘立柱建物跡，竪穴住居跡，そして貯蔵穴跡や廃棄物の跡が環状に層をなして続いていたのである．

縄文人は幾世代にもわたって，環状に墓群＝死者の空間を中心として，住居＝生者の空間を配列し，同心円状の円環の世界を形成していたといえる．ただし，縄文の集落は三棟から五棟程度であり，幾世代も経て，計画性をもつと推測される環状の竪穴住居跡のある集落跡が形成された．東日本の縄文遺跡には，同じようなストーンサークルをもつ遺跡が数多く出土している．青森県小牧野遺跡，岩手県紫波郡の西田遺跡，長野県諏訪郡の阿久遺跡，同県大町市の上原遺跡，山梨県金生遺跡，横浜市の神隠丸山遺跡，同市の南堀遺跡，さらに北海道小樽市の忍路地鎮山遺跡などである．

縄文人にとって，集落中央の死者もしくは先祖の埋葬地とその外延の生者の生活領域は，同心円状の空間において共存している．とすると，両者の間には確固とした断絶はなく，連続性があったと推測できる．死者は山や海の彼方といった，この世とはかけ離れた他界へと旅立ったとはいえない．生者は死者・先祖と空間をともにしていると考えることができる．

しかし，次第に増えていく立石や敷石で空間が区分されていたところからすると，死者と生者の世界は空間的に連続していた一方で，時間的には隔たりをもち分けられていたともいえる．日常生活の空間のなかに，生者と死者が共存した景観は互いの隔たりをほとんど意識させず，生者が死者と濃やかな繋がりを保持していたところに，縄文人の他界観の特徴があろう．

円環の墓石群によって構成された中央広場は死者を埋葬し，祖霊を祀る場であったとともに，共同体の祭祀の場でもあったと考えられる．墓石の石棒には動物を供物として捧げて焼いたと思われる跡がみつかっている．狩猟・漁撈・採集を主要な生業とする縄文人は，熊や猪，兎，鳥などの動物を生け贄として，死者の霊（アニマ）や祖霊に捧げる動物供犠が行われ，豊かな獲物の狩猟を祝い祈願し，祖霊とともに共食したのである．

そこでは，祖先を表すと思われる土製の面をかぶって，祖霊の来訪を演じ，子孫の守護と死者の再生を祈ったであろう．また，生け贄にした動物の姿をまねて歌い踊り，動物の精霊（アニマ）を山へと帰して，豊かな獲物が授けられるように祈願したであろう．こうしたアニマの満ち溢れているアニミズムの世界，それが縄文人の世界だったと考えられる．

1万年以上にもおよぶ縄文時代は決して停滞した社会ではなかった．狩猟・漁撈・採集，広範囲にわたる交流・交易によって，自然と共生した安定した社会システムを形成し保持していたのである．脚光を浴びている青森県三内丸山遺跡は，縄文時代前期中頃から中期終末，今からおよそ5500年前から4000年前まで続いた集落である．

この遺跡からは大量の土器が積み重なって発見されている．約1500年間にわたって集落に定住し，多様な土器の形態を発展させ，多量に消費していたのである．出土した黒曜石製の石器は北海道色丹半島や長野県霧ヶ峰から産出したものであり，ヒスイ玉やヒスイ製の耳飾りは新潟県の糸魚川流域から産出したものである．小さな集落が互いに連携し合って，広範な交易が行われていたことがわかる．

(2) セクシュアリティと祭祀

縄文の神像，あるいは祭祀具として，よく知られているのは，女性の姿をした土偶である．それとともに，男根型をした石棒がある．土偶は縄文

時代早期から出現し，一貫して作成され，北海道から九州南部まで分布している．石棒は縄文後期・晩期になり，西日本にも広がっていき，弥生時代にも祀られている．

土偶には，女性を象徴するように，乳房がかたどられ，また妊娠を思わせるように腹部が表現されていることがあり，安産・多産を祈願する女神像とする説がある．また，多くの場合，土偶は破損された状態で出土するところから，故意に壊すことによって，負傷した患部や病気の箇所を転移させて治癒を祈願したとする説もある．いずれにせよ，土偶がどのように祀られたのかは推測の域を出るものではない．

土偶は住居跡からみつかっているものも多いところから，住居内に守護神のような家の神として祀られ，安産・多産や病気治癒の祈願はもとより，さまざまな祈願に対応する女神として崇拝されていたと考えられる．一家の主人が亡くなり，家が廃絶され，次世代が別の家を建てるとともに，新しい土偶が作られ，かつての古い土偶は埋められたり，一般の土器や石器などとともに廃棄されたのではなかろうか．

土偶には，男根型の石棒と同じように，稀に鹿角製のものもある．男根型の石棒と女性器型の石製品が同じ遺跡でみつかっている場合もある．また，男根型の石棒に女性器を刻んだものもある．急須のような土器の男根を模した注ぎ口の根元に女性器が線刻されているものある．男根だけで，また男根と女性器の結合によって，多産や豊饒を意図する男女のセクシュアリティが表象されていよう．

男根型の石棒は，縄文中期には住居内の一角に立てられていたが，中期後半から戸外に立てられるようになっている．おそらく石棒は土偶とは異なって，家の祭祀から共同体の祭祀へと移り変わっていったのだろう．事例は少ないが，山梨県大泉村の金生遺跡のように，男根型の石棒と土偶が一緒に出土しているケースがある．男神としての石棒と女神としての土偶をともに祀って，人間ばかりでなく，狩猟・漁撈・採集の生活を反映して，動植物の精霊の多産・豊饒や再生を願う祭儀が催された．男女の性行為をともないつつ，男と女のセクシュアリティの表象を用いた祭儀が，集落の中央広場で行われたのである．

男性を表す石棒と女性を表す土偶は，万物の生命を生みだす力のシンボルとして祀られ，生と死の循環して連鎖する精霊の世界を生みだした．円環の祭祀場は死と再生の空間であったのである．宮沢賢治の詩にみられるように，人が鹿となって舞い踊るような，人と動植物の精霊とが濃やかに繋がっている，アニミズムが縄文の世界だったと思われる．

I.2 弥生の農耕儀礼と他界

（1） 縄文と弥生の連続と断絶

弥生時代は，水稲耕作を主たる生業とする，稲作文化が生み出された時期である．狩猟・漁撈・採集の生活も続けられていたが，稲，麦，粟，稗，黍，大豆などの栽培によって，食料採集から食料生産の社会へと展開していった．

登呂遺跡で水田跡が出土して以降，水田跡は続々と発見されている．最北端の遺跡は青森県弘前市の砂沢遺跡であり，近年に発掘された同県南津軽郡の垂柳遺跡では小さい畦で区切られ整然とした水田跡が広がっていた．矩形に区画され，灌漑水路をともなった水田が，縄文時代の速度からいえば，またたくまに東北地方にいたるまで伝播したのである．

哲学者の谷川徹三が『縄文的原型と弥生的原型』（岩波書店，1971年）で，次のように述べている．

> 縄文土器が原始の狩猟時代の不断の不安と緊張とを伴った生活の中から生れ，弥生土器が農耕生活による安定と平和との中から生れたものとして，この図式を拡大すれば，その後の日本では狩猟とそれにつながる牧畜は，中近東の乾燥地帯に比べてはもちろん，ヨーロッパ諸国ほどにも生活の全般に大きな場所を占めては来なかった．特に仏教受容以来はそうで，水田の米

◆ Ⅲ．日　本　宗　教 ◆

作に適した温和で湿潤な風土が，はげしさ，きびしさ，力強さ，巨大さの方向に美を発展させるより，優しさ，おだやかさ，ゆかしさ，繊細さの方向に美を発展させたのは自然であった．

縄文と弥生の土器の印象から不安／安定，緊張／平和といった風に，いとも単純に二項対立的に捉えられ，「日本の美」や日本文化が理念化されている．そして，「弥生土器は器物の機能をすなおに生かした，素朴な，明るく親しく優しい形を特色としている」，また「弥生的原型が日本の芸術における美の正系に立つ」と，日本の美の原型を縄文的なものと弥生的なものに求め，弥生的原型をその正型として位置づけたように，稲作農耕文化を中心とする弥生的な世界が"日本"とよばれるにいたる列島に広まっていき，"日本文化"の基盤となったとされている．

確かに，稲作農耕文化の祭祀や葬法，他界観などは新たに大陸や朝鮮半島から導入されたとはいえ，土偶や石棒の祭祀，アニミズム的な世界観などにおいては継承され，縄文と弥生の文化は断絶しているのではなく，接合して重層化されていったのである．

(2)　生者と死者の世界の分離・断絶

弥生人の集落は，水田が畦や水路によって区画されていたように，濠や溝によって取り囲まれ，土塁が設けられて，外界や自然界から明確に境界が画定されていた．環濠集落とよばれている．これに並行して，墓地は環濠集落から離れた外部の山裾に設けられた．方形の墓の周囲に溝が掘られ，方形周溝墓とよばれている．集落から墓地が分離され，生者の世界とは別個に，死者の世界が設定された．集落と墓地との分離，いわば生者の世界が閉ざされる一方で，そこから死者の世界が排除されていった．縄文とは異なった思考・世界観が生まれたのである．

方形周溝墓は朝鮮半島からもたらされた墓制だと推測されている．縄文人とはまったく異なった死者の世界が生み出された．環濠集落と方形周溝墓とは似通った構造になっている．死後の世界であるあの世でも，死者たちはこの世と同じような暮らしをしていると考えられたのであろう．とはいえ，この世とあの世は別個の隔絶した世界として認識されたのである．この弥生時代にいたって，はっきりとこの世とは位相を異にした他界としてのあの世が人々の心のなかに出現したということができる．

川上をさかのぼった山中，あるいは山や海の彼方に想定される，死者の霊や祖霊の住むとされる世界，それは日常生活の空間と死者を埋葬する空間との分離によって，初めて生み出されたと考えることができる．死者の空間は生者の空間と同じようにかたどられて構成され，同じような構造をもった世界として構想されている．生者が死者と連続性をもって空間を共有するのではなく，生者が死者を隔たりをもった存在として区別し，空間を分け隔てて分有することによって，初めて日常の生活世界を超えた異次元にあるとされる他界としてのあの世，そして神々の世界に対する観念が生成されたのである．

(3)　弥生の祭儀画

弥生時代の文化は，金関恕（「呪術と祭」『岩波講座日本考古学4』，岩波書店，1986年）によると，稲作の源郷である東南アジア方面から中国沿岸を北上して，朝鮮半島に定着した文化を主要な系譜とし，青銅製の鏡や武器をもたらした北方の青銅器文化を吸収したものである．朝鮮半島の農耕祭祀・文化が弥生文化に対して直接の影響を及ぼしている．弥生時代の祭儀を描いたと推測される土器が発見されている．鳥取県西伯郡淀江町の稲吉角田遺跡から出土した，大型の壺の頸の部分に描かれた線刻画がそれである．

この大型の壺は弥生時代中期のものとされ，稲作農耕の祭祀において使用されたものと推測されている．線刻画の左端には，大きな樹木の枝に一対の紡錘形のものが吊り下げられ，その隣の中央に二棟の高床式建物が連なっている．その脇には一頭の鹿が立ち，右端には長い梯子の掛けられている建物に向かって，鳥の羽を頭に飾った人が今まさに船を漕いで進めている．その上には，同心

◆ 1. 精霊と神々の世界 ◆

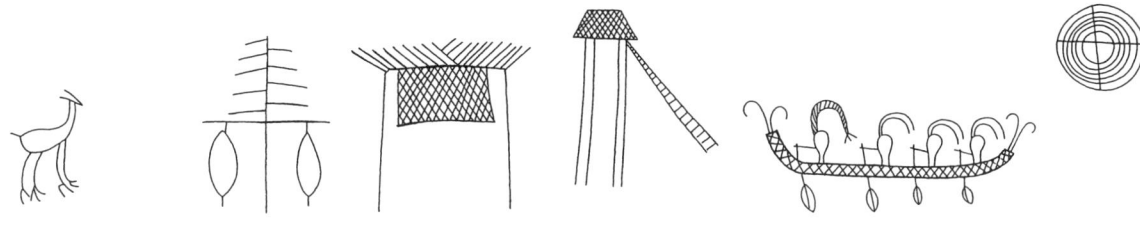

図2　稲吉角田遺跡出土の土器の線刻画（復元）

円状の円弧が描かれて残されているが，それは太陽を表しているだろう．弥生の祭儀のきわめて重要なシーンが描かれていると推測できるのである．

一対の紡錘形のものは2個の銅鐸だと推測されている．銅鐸は対をなして用いられることが多く，祭儀の際には祭儀の開始，あるいは神の到来を告げる音として打ち鳴らされ，これまで聞いたことのない不可思議な金属音をたてたことだろう．銅鐸はやがて巨大化していき，権威を象徴する祭具として祭祀の対象ともなっていく．二棟の高床式建物のうち，一棟は穀物を収納した穀倉であり，穀霊を祀り，長い四本の柱で支えられ，梯子の掛けられている建物は神もしくは祖霊を祀った祠とみなされている．

弥生土器の線刻画のなかで，もっとも多いのは鹿の絵であり，ついで建物，とくに高床式建物の絵が描かれている．大型の壺に描かれた二棟の高床式建物とともに，鹿も，弥生の祭儀には不可欠とされるシンボリックな表象だったと考えられる．祭儀において，鹿は生け贄として，祖霊や穀霊などの神々に捧げられたのであろう．供犠の儀礼では，鹿の首を切断して，血が抜かれ，生命力をもつとみなされた鹿の血が穀物の種に注がれて浄められることによって，穀霊が新たな生命力をえて再生し，豊饒をもたらすと信じられた．また，鹿の肉は焼かれて，祖霊や穀霊に供物とされるとともに，集落のメンバーが祖霊や穀霊と共食することになろう．

高床式の建物に向かって船を漕いでいる人々は，頭上に逆U字形の長い羽根飾りのようなものを挿している．中国雲南省晋寧石寨山で発見された銅鼓にも，これと同じような鳥の羽根を頭飾りにした船の漕ぎ手が描かれており，東南アジアの文化圏との系譜的な親縁性をもっていることが指摘されている．また，韓国の忠清南道大田付近で出土した，紀元前3世紀頃に制作されたとされる，青銅製の小板には，頭上に長い羽根飾りを付けて，鋤を踏む人物が描かれていた．これは穀物の稔りを前もって祝う，予祝儀礼の光景だと推測されている．

さらに，奈良県の清水谷遺跡や唐古・鍵遺跡などで，鳥の装いをした人物画の描かれた土器片が出土している．両者とも，鳥が翼をはばたくように，両手を上に挙げて広げている．さらに，手には三本の指，またきわめて簡略に表された頭部には鳥の嘴らしいものが線刻されている．いずれも，鳥の装いをした祭司の姿を表象している．清水谷遺跡の土器片には，胸の部分に鹿が描かれており，祭儀で生け贄として捧げられたものと推測されている．唐古・鍵遺跡のものには，女性を表象するように腰部に股の線と女性器が線刻されている．これらは鳥の姿となって，祖霊や神を自分に憑依させて，穀霊や鳥獣の霊を迎えたり送ったりする，女性祭司，それも女性シャーマンを髣髴とさせるものである．

（4）　鳥と人形

稲吉角田遺跡出土の大型の壺には描かれていないが，弥生の集落遺跡から，鳥形の木製品，また人をかたどった木製の人形（ひとがた）である木偶（もくぐう）が出土している．いずれも木製のために腐敗してしまい，数多く出土していない．鳥形木製品は大阪府和泉市の池上・曽根遺跡の環濠のなかから，20数年前に初めて出土し，現在まで20例以上が知られている．鳥形の胴部に穴が開けられており，棒の先

端に差し込んで立てられた．この鳥は鶴や鷺などの頸の長い鳥をかたどったものと推測されていた．とくに鶴には，稲穂を嘴にくわえて飛来し，稲をもたらしたとする，稲作起源伝承があり，有力視されていた．だが，現在では，渡り鳥の鷺とされている．鷺は春に北方から渡り，稲の稔る頃まで，水田に姿を現す鳥として，弥生人の眼を引き，穀霊をもたらし，穀霊を送る使いとして神聖視されていたとされる．

　木偶は滋賀県大中の湖南遺跡から初めて出土して以降，徳島，大阪，愛知，静岡の各府県からもみつかり，時期は弥生前期から後期にまで及んでいる．大阪府山賀遺跡（弥生前期）では，鳥形木製品とともに出土している．滋賀県大中の湖南遺跡と湯ノ部遺跡からは，男女を表している，大小一対の木偶が出土している．また，鹿児島県の山ノ口遺跡（弥生中期）からは，祭場とみなされる遺構から，男女の性器をかたどった石製品とともに，軽石で作った男女一対の石偶が出土している．これらの木偶，また石偶は祖霊像と考えられ，男女セクシュアリティの力による穀物の豊饒を祈願する祭祀で用いられ，縄文の土偶や石棒の系譜を引いていると考えられる．

(5)　シャーマンの祭祀

　以上をまとめて，稲吉角田遺跡から出土した壺型土器の線刻画の光景を推測してみよう．円弧だけ残った同心円状の太陽，それは太陽の力の盛衰を表象し，春分や秋分，あるいは冬至といった祭儀の季節を表していよう．祭場には，鳥形の木製品をつけた長い棹が幾本も立てられて，鳥の精霊が祖霊や神々とともに来訪することを表し，また聖俗の場を画定する結界ともなっている．銅鐸が打ち鳴らされ，祭儀の開始が告げられ，結界を張った土地の霊が奮い立たせられ，鳥霊や祖霊，神々が呼び寄せられる．それと同時に，祖霊や神々の住む海の彼方，あるいは山中の川上から，鳥の扮装をした，男性と推測される祭儀の執行者や参加者が舟を漕いで現れてくる．それは，祖霊や神々，穀霊の訪れともなろう．

　祭場には，シャーマンである女性祭司が控え，祭儀を主宰する．鳥霊と一体となった祭司は祖霊あるいは神を憑依させて，祭儀を執行する．祖霊や神々，また穀霊をそれぞれ高床式建物の神の祠と穀倉に招き入れて祀る．生け贄の聖獣として祖霊に捧げられる鹿が連れてこられ，首を切断して屠られ，血を抜き取り，解体して，内臓を取り出し，肉を切り分けられる．鹿の血に種籾や穀物の種が浸され，穀霊は新たな生命力をえて賦活し，来たる豊作を約することになろう．このような中心となる祭儀を終えて，銅鐸に描かれているような模擬的な戦闘が行われたり，稲作の次第を演じて踊ったり，鹿などの肉を祖霊や神々とともに食べたりして，歌舞飲食に浸ったのだろう．

　弥生時代には，祭祀を主宰して儀礼を執行する，シャーマンとみなされる祭司が現れた．また，たんに性器のような人の身体の一部の形象ばかりでなく，神々もしくは祖霊の姿を表象する神像も作成され，鳥のような動物の精霊によって運ばれて，神々や祖霊がこの世とは異なった世界から来訪するという他界信仰が生み出されていたということができる．

1.3　卑弥呼の宗教

(1)　卑弥呼の出現

　弥生時代には，土地や財物の争奪をめぐって激しい戦争が繰り返し起こった．『魏志倭人伝』には，倭国は乱れ，互いに攻伐すること歴年，と記されている．戦士の石剣の突き刺さった人骨，首のない遺骸などが出土している．佐賀県の吉野ヶ里遺跡や大阪府の池上・曽根遺跡などは倭国争乱の時代に存在していたクニだとされている．

　当時の墓の副葬品として，剣・刀・戈といった鉄製の武器がともなうことからもわかるように，戦士たちが活躍していた．この倭国争乱が平定されたのは，邪馬台国の女王，卑弥呼が男王の後を継いで即位することによってである．即位は180年頃から190年頃とされている．邪馬台国の所在地については畿内大和説と北九州説が有力であるが，決着がついていない．

◆ 1. 精霊と神々の世界 ◆

『魏志倭人伝』には，「一女子を立てて王と為し，名づけて卑弥呼と曰う．鬼道を事とし能く衆を惑わす」（山尾幸久『新版魏志倭人伝』講談社現代新書）とある．卑弥呼は単に武力によってばかりでなく，「鬼道」によって，人心を掌握し，倭国の多くのクニを統一したのである．とはいえ，この「鬼道」とはなにを指しているのかがはっきりとしていない．中国では，「鬼」もしくは「鬼神」とは死者の霊や祖霊を意味している．卑弥呼は祖霊を神として祭祀し，儀礼を執行して，クニを治めた女性祭司，もしくはシャーマンであったと推測できる．

そして，卑弥呼を王とすることによって，倭国が統一されるに及んで，この神を倭国内のそれぞれのクニの土地の神（地祇）を統合する神，すなわち太陽を神とする天神へと発展させ，卑弥呼は祭司王となり，国家的な宗教への道を切り開いていったと考えられる．この卑弥呼の時代，天神・地祇の信仰，すなわち神祇信仰の確立による宗教的な転回が国家的統一をもたらしたのであろう．この神々の信仰は"原始神道"とよばれることもあるが，ここでは神道という用語を神道思想が発生してくる鎌倉時代以降に用い，一般的な神々の信仰を神祇信仰とよぶことにする．

卑弥呼はすでに年老いていて，夫も婿もなく，弟が助けて国を治めている．卑弥呼が王となって以来，その姿を見る者は少なく，女性の召使1000人を従えて，柵で囲まれた楼観のある宮室に籠もり，弟が食事を運び，卑弥呼の言葉を伝えるために出入りしているとされる．卑弥呼は神から授けられた言葉，つまり託宣を弟に伝え，それにもとづいて弟は耶馬台国を統治していた．姉と弟の2人による宗教と政治の体制，ヒメ・ヒコ制によって，マツリゴトが行われていたのである．

(2) シャーマン王卑弥呼と墓

卑弥呼は，239（景初3）年に魏の皇帝に使節を送って，銅鏡百枚などを授けられている．卑弥呼は天神・太陽神のシンボルとなる鏡を神の降臨する目印，つまり依代として，自分の身体に神を宿らせて，神の言葉を受け取る儀礼を執行していたと推測される．神がかりとなって，託宣をするのである．このような神を身体に乗り移させることを憑依（憑霊），その宗教者を巫女・シャーマン，その宗教現象をシャーマニズムという．日本の宗教では，卑弥呼のような巫女が神霊や死霊を宿らせて，その言葉を語り伝える宗教伝統を今日にいたるまで培っている．

卑弥呼が死去して，男性が王として就任するが，国中が服従せず，争闘が起こり，1000人以上が殺戮される．そして，13歳になる，卑弥呼の宗女の壱与を王とすると，国中が治まったとされる．この宗女とは卑弥呼の跡を継ぐ娘のことと考えられる．壱与は，卑弥呼の行ってきた宗教儀礼，鬼道の後継者になったのであろう．男王には鬼道を執行する霊力が十分備わっていなかった，あるいは鬼道を廃止してしまったと思われる．暴力や武力による統治・支配だけでは不十分だったのである．戦争を終結させることができたのは，鬼道のようなマツリゴトによる宗教的な政治体制だったのであろう．

卑弥呼の遺体は大きな塚に葬られた．直径100歩あまり，殉死した奴婢は100人以上だったとある．卑弥呼の墓は，最初の前方後円墳とされる，奈良県桜井市の箸墓古墳が想定されている．全長280mの前方後円墳，築造は弥生時代後期，あるいは古墳時代最初期，3世紀中葉とされている．

この箸墓の主は，『日本書紀』（崇神紀一〇年九月条）にヤマトトトビモモソヒメノミコト（倭迹迹日百襲姫命）であることが記されている．ヤマトトトビモモソヒメは三輪山の神で，蛇体の神である大物主神の妻となった女性であり，神に仕えた巫女だったと考えられる．箸墓は『日本書紀』に神人共同で造られたと記されているように，大和の権力にとっては画期的で，権力を象徴する記念碑的な築造物だったのである．

I.4 他界と神々の誕生

(1) モガリと葬送儀礼

『魏志倭人伝』には，耶馬台国の葬送儀礼に関

◆ Ⅲ. 日本宗教 ◆

して，「その死には棺有るも槨無く，土を封じて家を作る．始め死するや停喪まで，十余日，当時肉を食わず，喪主哭泣し他人に就きて歌舞・飲酒す．已に葬れば家を挙げて水中に詣り澡浴し，以て練沐の如くす」と記されている．

人が死ぬと，棺に納めるが，棺を囲う槨はなく，盛り土して塚を造る．まず仕事をやめて，10日あまり喪に服す．その期間は肉を食べず，喪主は泣き叫び，他の人は歌い舞い，食べ物を食べ酒を飲む．埋葬が終わると，家中で水のなかに入り，身体を浄める．かなり省略されていると思われるが，葬送儀礼のプロセスをうかがい知ることができる．

喪主が泣くのは儀礼的なものであり，涕泣儀礼といえる．また，歌舞・飲食は死者の魂を鎮め，悪霊を退散させる儀礼として行われたのであろう．通夜を想像することができる．この10日あまり期間の儀礼は，後にモガリ（殯）とよばれる，埋葬前の遺体に対する儀礼へと発展していくことになる．水中での沐浴は，死の穢れを祓う儀礼であろう．

古墳時代の葬送儀礼を記したものとしては『隋書倭国伝』がある．「死者は斂むるに棺槨を以てし，親賓，屍について歌舞し，妻子兄弟は白布を以て服を製す．貴人は三年外に殯し，庶人は日を以て卜して瘞む．葬に及んで屍を船上に置き，陸地これを牽くに，あるいは小轝を以てす」（石原道博編『隋書倭国伝』，岩波文庫）とある．

ここに「殯」という字がみえる．支配者層と考えられる貴人は3年にわたるモガリをする．一般の人々は卜占によって日を決めて埋葬するとあり，とくにモガリにおいてどのような儀礼が行われたのかについては記されていない．とはいえ，10日間ほどのモガリの期間中，近親者は白い喪服を身につけて忌み籠もり，見舞いの客人たちは歌舞・飲食をした．それもモガリの一環だったと思われる．

中国や朝鮮から渡ってきた渡来人の葬礼の影響によって，モガリは天皇のような権力者の儀礼として整備されていき，長期化し，盛大なものとなり，「殯」の字があてられるようになったのであろう．庶民の場合はモガリが行われていないように記されているが，実際には短期間ながら行われていた．

モガリの後，遺体を船に納め，それを小さな車に乗せて，埋葬地へ運ぶ．最近，奈良県広陵町の前方後円墳，巣山古墳（4世紀末から5世紀初め）の周濠から，楠の木棺の蓋や杉の船型木製品などが出土したことが報じられた（『朝日新聞』2006年2月23日）．船型木製品には舳先か船尾とみられる反り返りがあり，鏡を表現した同心円の文様が刻まれ，朱が残っていた．『隋書倭国伝』の記事を裏づける遺物として注目されている．

木棺も船型木製品もモガリを行っていた喪屋に遺体を納めて安置されていたものだろう．鏡，また鏡型文様，朱は魔物や邪霊を追い払うとともに，蘇生を願ったり，遺体の穢れを浄めたりするために用いられた．『古事記』（仲哀記）には，神功皇后（オキナガタラシヒメ）は筑紫から大和に帰る際，その地で産んだホンダワケ（後の応神天皇）を死去したことにして「喪船」に乗せたという記事がある．

(2) 死者の世界を描く古墳壁画

装飾古墳とよばれる，玄室内に絵や文様の描かれている古墳には，船の絵のあるものがいくつかある．福岡県筑紫野市の五郎山古墳には，赤く縁取られた船の上に，矩形の棺のようなものを乗せた壁画がある．同県浮羽郡吉井町の珍敷塚古墳と鳥船古墳には，櫂で船を漕ぐ人と舳先の上に止まった鳥，その上に同心円状に太陽と星が描かれている．

珍敷塚古墳の壁画には，船の行く前には3個の矢を入れる靫が置かれ，その隣にヒキガエルや鳥，また月が描かれている．これは死者の世界であると推測できる．死者の霊は鳥を導き手として，船に乗ってあの世へと渡っていくのである．先にも述べたが，鳥形木製品は，弥生時代には環濠から多く出土しているが，古墳時代になると，古墳から出土するケースが多くなる．穀霊を運び，祖霊を導く使いから，死者の霊を来世に導く使いへと，鳥は変わっていったと考えられる．

◆ 1. 精霊と神々の世界 ◆

図3 珍敷塚古墳の壁画

　モガリとは，死後，あるいは生死の境において，死を確かめて埋葬するまでの間，喪屋を建て，そこに遺体（本来は生死の境にある身体）を安置して，遺族や配偶者，近親の女性が喪屋に籠もり，親族や訪問者などが歌舞・飲食し，匍匐・発哭・哀悼の意の表明（誄）などをして，遺体に奉仕する儀礼である．

　モガリ儀礼が，衰弱した霊魂を揺さ振り動かして，あるいは遊離した霊魂を呼び戻して，霊魂の賦活・復帰を願うタマフリ（招魂）の儀礼なのか，それとも死者の亡魂が荒らぶれたり，悪霊が死者に取りついたりして災いを及ぼすことを防ぐタマシズメ（鎮魂）の儀礼なのか，いずれかをめぐって意見の分かれるところである．

(3) 死の発生と記紀神話

　人の死をなにを基準にして決めるかは，現在でもあらためて問題になっているが，古代ではどうだったのだろうか．死について初めて説かれたのは『古事記』においてである．イザナミ（伊奘冉）の死がそれである．

　『古事記』（『日本古典文学大系1』，岩波書店）からその一連のプロセスを手短にたどってみると，イザナミの「神避り」，イザナキ（伊奘諾）の遺体への匍匐・哭泣，比婆の山への「葬り」，イザナキのヨモツ（黄泉）国の訪問，ヨモツ国の食事であるヨモツヘグイ（黄泉戸喫），肉体の腐敗の目撃，イザナキの逃走・イザナミの追跡，ヨモツヒラ（黄泉比良）坂の千引の岩による閉塞，ヨモツヒラ坂での死者との断絶を宣告する"事戸度し"，イザナキの川での禊となる．ここには，息の引き取り，モガリ儀礼，肉体からの霊魂の移行・遊離，死の確認・決定，埋葬に及ぶ，葬送儀礼のプロセスが記されている．

　このイザナキのヨモツ国訪問譚から，横穴式古墳での葬送儀礼，あるいはモガリ儀礼が読みとられてきたが，それを批判する見解もある．この記紀神話は，生と死の境，モガリ，埋葬で行われる，一連の儀礼プロセスが時間・空間を凝縮させ，あるいは混淆させて，ひとつの物語として構成されていると思われる．この物語から，古代において，他界の観念がどのようにして生み出されていったのか，またどのような死生観・他界観がいだかれていたのかを探ってみよう．

　『古事記』には，イザナミが火の神を生んだ後，「神避り坐しき」とある．出産にともなう，異常死だったようだが，実際には"死"という言葉は出てこない．葦原中国，すなわち生命のあふれる中心の世界＝ナカツ国から，ナカツ国の周縁にある黄泉国＝ヨモツ国，すなわち他界としてある別の世界へと移っただけなのである．

　しかし，イザナキが"事戸度し"をすると，イザナミは「愛しき我が那勢命，かくせば，汝の国の人草，一日に千頭絞り殺さん」といったのに対して，イザナキは「愛しき我が那邇妹命，汝しかせば，吾一日に千五百産屋を立てん」とい

—495—

◆ Ⅲ. 日 本 宗 教 ◆

う．このところを解説して，「ここを以ちて一日に必ず千人死に，一日に必ず千五百人生まるるなり」とあり，ヨモツ国は死の世界と解釈してよいだろう．イザナミは死の世界の女神＝主宰者たる「黄泉津大神」となるのである．

イザナキはイザナミの遺体に向かって，嘆きのことばを発して，腹ばいになり，イザナミの枕元と足元ににじり寄って泣く．これは哀しみの言葉を捧げる誄・発哀の儀礼，遺体のもとに這っていって泣く，匍匐儀礼と発哭の儀礼であろう．これらの儀礼はモガリの場，喪屋で行われた．そして，イザナミは出雲国と伯伎国の「境」にある「比婆の山」に葬られる．ここまでが，モガリ儀礼とみなすことができるが，これに続く記述もモガリの一環，いわばモガリの後半の儀礼と考えたい．

イザナキはイザナミを追って，ヨモツ国におもむくことになる．イザナミはヨモツ国の戸を開けて迎える．国造りがまだ終わっていないので，帰ってほしい，とイザナキは語りかける．イザナミは，もはやヨモツヘグイ（黄泉戸喫）をしてしまったが，帰ろうと思う，ヨモツ神と相談してくるから，そのあいだ私の姿をみないでくださいといい，ヨモツ国のなかへ入っていく．イザナミはヨモツヘグイというヨモツ国の食事をしてしまったと語る．葦原中国＝ナカツ国とヨモツ国とは異なった世界であることをはっきりと示していよう．イザナミはヨモツ国の神であるヨモツ神のもとへ行く．

久しく待ちかねて，イザナキは火をともして，イザナミの遺体をみてしまう．おびただしい蛆がたかって，うごめいていたのである．イザナキは恐れて逃げる．ヨモツシコメ（黄泉醜女）などが追いかけ，最後にイザナミが追ってくる．ヨモツヒラ坂の麓に，巨大な岩を引っ張ってきてふさぎ，先の事戸度しをする．イザナキは醜悪な「穢き国」に行ったといって，ミソギをする．葦原中国＝ナカツ国とヨモツ国との往来不能，断絶を語るのである．ヨモツヒラ坂の向こう側にある，「穢き国」としてのもうひとつの世界，他界の発生を物語っている．

(4) イザナミのモガリ

『日本書紀』には，注目すべき記事がみえる．「伊奘諾尊，その妹を見まさんと欲して，すなわち殯斂の処にいます．この時に，伊奘冉尊，猶生けりしときの如くにして，いで迎えて共に語る」（『日本古典文学大系67』，岩波書店）とある．そして，イザナミが私をみるなというと，たちまち姿が消えた．暗いので，明かりをつけてみると，腐敗してふくれあがったイザナミの身体を目撃したのである．そのうえには，「八色の雷」がいる．イザナキは驚いて逃げると，雷たちが追ってくる．道端の桃の樹の実を採って投げつけて，雷を退け，杖を投げて，ここより入って来るなと宣告する．この杖を「岐神」，元の名は「来名戸の祖神」というと記されている．

イザナキがおもむいた所は，暗い地下世界ではなく，イザナミの身体／遺体を安置した場所であった．それがモガリの場所と書き記されている．すなわち，喪屋である．イザナキはイザナミに語りかけている．この段階では，まだイザナミの遺体は腐敗していない．「生けりしとき」のようにある．夫や近親者の遺体に対する語りかけは，モガリ儀礼の一環，おそらく哀悼の意の表明，もしくはタマフリ・招魂の儀礼として行われたのであろう．

そして，場面が暗転すると，イザナミの身体はふくれあがっていた．すなわち，腐敗が始まっていたのである．時間の経過が凝縮されて表現されている．ここでようやく"闇"が現れている．身体と霊魂の区別はことさらなされてはいない．だが，腐敗した身体はもはや霊魂の宿り場ではなく，身体の腐敗した後の霊魂はヨモツ国に属するものとされると解釈できる．腐敗した遺体のうえにいる雷とは，邪霊を表象していると考えられる．こうした災いをもたらす邪霊を追い払い，遺体から遊離した霊魂を慰撫する儀礼が行われたと推測できる．これもモガリ儀礼の一環，それも最終的な儀礼となるだろう．

イザナキのヨモツ国訪問譚から，"事戸度し"の前までをモガリ儀礼の行われた生と死の境界状態，そのあとは死と解釈することができるのでは

なかろうか．

(5) 古代の霊魂・死生観

　民俗学者の折口信夫は「人間のたましひは，いつでも，外からやつて来て肉体に宿ると考へて居た．そして，その宿つた瞬間から，そのたましひの持つだけの威力を，宿られた人が持つ事になる．また，これが，その身体から遊離し去ると，それに伴ふ威力を落してしまふ事になる．（中略）古代の日本人には，今我々が考へて居る様な死の観念はなかつた．しぬといふ言葉はあつても，それが我々の考へてゐるしぬではなかつた．語から言うても，勢ひのなくなる事をあらはしたもので，副詞のしぬに萎をあてたりして居るのも，さうした考へがあつたからである」（「原始信仰」）と，古代の霊魂観・死生観を指摘している．身体への霊魂の付着，これが生である．身体からの霊魂の遊離，そして霊魂の衰弱，これが死にいたると，折口は解釈している．

　ヨモツヘグイをする前までは，ナカツ国とヨモツ国との往来，すなわち遊離した霊魂の身体への復帰＝再生は可能であった．しかし，ヨモツヘグイの後は，それが不可能になると解釈できる．儀礼的には，これによって肉体から霊魂が分離される．もはや肉体に霊魂が戻ってはこないとみなされるのである．ここでは，腐敗した遺体をみることに重要な意味があったと考えられる．この腐敗という可視的な徴候によって，ナカツ国からヨモツ国への移行の完了，すなわち肉体から霊魂の分離＝死を確認すると解釈しておこう．この段階で，他界との境であるヨモツヒラ坂において，"事戸度し"が行われたのである．そこで，死者の霊魂を慰め，邪霊を追い払う儀礼が執行されることになろう．

　もうひとつ，注目したいのは，イザナミの死を契機として，葦原中国＝ナカツ国とヨモツ国との往来不能―断絶が生じたことである．すなわち，ヨモツ国という他界が死者の世界として，ナカツ国＝生者の世界とはまったく別個に形成されたのである．それは「穢き国」ということばで表され，災いを及ぼす邪霊が住む世界と考えられたのである．

(6) 正統・異端の神とマレビト神

　『古事記』は稗田阿礼が習い覚えた物語を太安万侶（おおのやす まろ）が記録して712（和銅5）年に完成した．『日本書紀』は720（養老4）年に舎人親王（とねり）らが編集した．いずれも8世紀，平城京へ遷都して，律令体制が整備され，国家の宗教的正統性を根拠づけ，対外的な権威を確立するために作成されている．

　日本列島の古代神話では，土地と神々の誕生が語られ，人間の創造は語られない．神ははじめから存在するのではなく，自然発生的に生成してくる．国土がまだ若く，水に浮いた脂のようで，クラゲのように漂っているときに，泥の中から葦の芽のように吹き出してくる物ものによって，神が生まれてきた，と記されている．草木の萌芽するイメージで，神の出現が描写されている．そして，配偶神，伊耶那岐神（いざなきのかみ）と伊耶那美神（いざなみのかみ）はクラゲのように漂っている国土を矛（ほこ）で掻き回して整え固め，矛から滴り落ちた塩が固まってオノゴロ島ができあがった．

　ついで，二神は性行為によって日本列島を生み，続いて神々を生んでいった．伊耶那美神は火の神を生み，性器を焼いて病気となり，黄泉国（よもつくに）へ行くことになる．伊耶那岐神は国造りが終わっていないため，伊耶那美神に会いたくなり，黄泉国を訪ねていく．伊耶那美神の蛆（うじ）がわいて腐敗した身体を見て，伊耶那岐神は黄泉国から逃げ帰ってきた．伊耶那岐神が川で禊（みそぎ）をして，左眼を洗うと天照大神（あまてらすおおみかみ），右眼を洗うと月読命（つくよみのみこと），鼻を洗うと須佐之男命（すさのおのみこと）が生まれたのである．須佐之男命は高天原で暴虐のかぎりをつくして，出雲へ追放される．神々の闘いが神話のなかに記され，正統と異端が峻別されたのである．

　祭りの際に，山や海の彼方といった他界から，神を岩石や樹木などの依代（よりしろ）に招き降ろし，祭りがすめば神を送るのが常であった．記紀神話には，少名毘古那（すくなびこな）が海の彼方から羅摩（かがみ）の船に乗って訪れ，大国主（おおくにぬし）とともに国造りをした後，常世国に帰り，再び海を照らして訪れたとある．少名毘古那

は「依り来る神」と記されている.

　民俗学者の折口信夫は，熊野に旅して，大王崎の突端に立ったとき，遥か海の彼方に，自分の"魂の故郷"がある心地が募ってきて，ノスタルジィ（懐郷心）をいだいた，と記している．この実感と体験から出発して，海の彼方の常世から訪れる神＝祖霊をマレビト神とよび，古代日本の神の原型として提起した．

　秋田県男鹿のナマハゲ，山形県遊佐のアマハゲ，石川県能登のアマメハギ，鹿児島県甑島のトシドン，悪石島のボセ，沖縄県宮古島のパーントゥ，八重山のアンガマ，アカマタ・クロマタなどは，マレビト神である．青年たちが仮面をかぶり，仮装して現れる．仮面としては鬼面・天狗面・翁面が用いられ，蓑や草木などを身につける．山や海の彼方の常世＝他界から訪れ，穀物の豊穣や幸福をもたらし，人々の生活を祝福する．年や季節の変わり目に，他界である共同体の外部から新しい力を導入して，世界を更新することがマレビトに託されている．

　江戸時代の国学者，本居宣長は『古事記伝』のなかで，「悪しきもの奇しきものなども，よにすぐれて畏きをば，神と云なり」と，天地の神々をはじめとして，鳥獣木草や海山など，尋常ではない，善であれ，悪であれ，奇怪であれ，畏れ多いすぐれた力のあるものを神という，と古代人の神観念を明らかにしている．とはいえ，国家権力によってばかりでなく，民間でも，正神・善神と邪神・悪神が区別され，正神・善神とされた神々は位階を設けて差異化された一方で，邪神・悪神とみなされた神々が弾圧された歴史もあったのである．

2 仏教の伝来と仏菩薩の世界

III. 日本宗教

2.1 仏像をめぐる抗争と祭祀

(1) 仏教の伝来と仏像

　百済の聖明王は使者を派遣して，金銅の仏像や経典などを贈った．538年のことであり，これが公式に日本に仏教が伝来したとされる年である．『日本書紀』（欽明天皇十三年条）には，聖明王の「此の法は能く量も無く辺も無き，福徳果報を生し乃至ち無上れたる菩提を成弁す．（中略）祈り願ふこと情の依にして乏しき所無し」などと記した書簡が添えられていた．欽明天皇は大いに喜び感激し，「西蕃の献れる仏の相貌端厳し．全ら未だ曾て有ず．礼ふべきや不や」という，初めて仏像を見たときの声が書き留められている．西の国から献上された仏像の顔は美しく整っている，これまで見たこともないものだ，という驚きと讃嘆の声である．

　この仏像は「釈迦仏の金銅像一体」であったが，どのような仏像であったのかははっきりとしていない．仏教伝来を538（欽明天皇戊午）年とする年号を伝える『元興寺伽藍縁起』には，この仏像が「太子像」つまり悉達太子（出家前の釈迦）像であると記されている．今日では，右手を上げ，左手を下げて，「天上天下，唯我独尊」と声を発して生まれてきた姿をかたどった，釈迦誕生仏だとされている．他方，朝鮮半島で盛んに安置されていた，出家前の悉達太子半跏思惟像だともいわれている．

　欽明天皇はこの仏像を礼拝すべきか否かについて，群臣たちに尋ねている．そして，これに端を発して，抗争が勃発する．崇仏派の蘇我氏と排仏派の物部氏との闘いである．この仏像の礼拝をめぐる闘いのなかから，どのように仏像が祀られ，仏教が受容されたのかを知ることができる．

　蘇我稲目は他の国々がすべて仏を敬い祀っているのだから，わが国も祀るべきだと主張した．他方，物部尾輿と中臣鎌子は「蕃神」を崇拝するなら，天皇の祀る「百八十神」が怒るであろうと仏像を礼拝することに反対した．仏が外国の神としてとらえられていたのである．天神・地祇の祭司王である天皇が仏像を祀ることによって，神々の秩序，それに照応した豪族連合体の政治的秩序が崩壊することを危惧したわけである．

　これに対して，蘇我稲目は天皇の許しをえて，仏像を祀った．するとまもなく，疫病（天然痘）が流行して，多くの死者を出した．尾輿たちは，仏像を祀ったことによる神々の怒り，すなわち祟りであるから，仏像を投げ捨てることを天皇に進言した．仏像は海に流され，寺が焼かれたが，それと同時に天皇の宮殿に火災が起こった．これは「蕃神」である仏の祟りとみなされたのである．

　『日本書紀』（敏達天皇十四年条）にも，同じような記事が載せられている．蘇我稲目の息子，馬子が病に伏し，占いをすると，父の祀っていた「仏神」が祟っているという判断が下された．馬子は弥勒菩薩の石像を「父の神」として祀り，病気の平癒と延命を祈願した．すると先と同じよう

に，疫病が流行し，死人が多く出たのである．

物部守屋は天皇に仏法の禁止を求め，許しをえて，仏像と寺を焼き，多くの仏像を海に流した．さらに司馬達等の出家した娘，善信尼など3名の尼を捕えて鞭打った．そうすると，天皇や守屋をはじめとして，多くの人々が疫病にかかり，国中に蔓延し，多くの死者も出るにいたったのである．巷には，これは仏像を焼いた罪だという噂が広まり，天皇は後に病気が重くなり，死去することになる．仏は大いなる霊威をもって祟りをもたらして，罰を下したと語られたのであろう．

仏は「蕃神」や「仏神」として信仰され，在住の土着の神々と争った．延命や病気平癒という現世利益を授ける神，また守護神として祭祀されている．また，神々と同じように，仏も天皇を死亡させるほどの祟りをもたらすと信じられた．それも神々よりも強大な霊威をもつ祟り神として，仏は祀られて，地歩を固めていったのである．災いを及ぼす神を祀ることによって，幸いをもたらす神へと転換させる「祀り上げ」という，神祇祭祀が仏の祭祀にも適用されたといえる．

(2) 神として祀られる仏

『日本書紀』には，仏像が海に流し棄てられた欽明天皇13年の翌年に，海に浮かんでいた光輝く樟木で，二体の仏像を造った記事が載せられている．この仏像の流棄と造仏の2つの出来事をひとつにまとめた物語が『日本霊異記』に載っている．敏達天皇の代，浜辺に流れ着いた光輝く樟木で仏像が造られ，蘇我稲目の豊浦寺に安置されたが，この「隣国の客神の像」を祀ったため，災いが起こり，多くの仏像が海に流され，寺は焼かれた．しかし，樟木で造った光輝く仏像は稲藁のなかに隠され，物部守屋の滅亡後，稲藁のなかから取り出されて，吉野の比蘇寺に祀られたという，比蘇寺の「放光仏」縁起譚である．この霊木の漂着，造仏，仏像の流棄，寺の焼却という伝承には，先と同様の「祀り上げ」による神祇祭祀の構造がそっくり投影されている．

「客神」つまり来訪神としては，先にあげた，海の彼方から訪れて常世国へと去っていったスクナヒコナ（少名毘古那）神が有名であり，来訪神の神話の祖型だといえるが，その変型に『播磨国風土記』の天日槍命の神話がある．この神は「韓国」から渡ってきた「客の神」であり，葦原志挙乎命と播磨国の国土占拠をめぐって争いを演じ，海を剣でかき回して，波の上に坐った，と伝えられている．天日槍命の場合，剣が降臨する際の依代となり，常世国へ帰らずに，但馬国に居着くことになる．

ここには，他国の神が土着化するプロセスが描かれている．『日本霊異記』にみえる仏像の祭祀プロセスもこれと同じ説話の構造になっている．すなわち，樟木を依代として他国の神が訪れ，「客神の像」となって寺に安置されたのである．ただし仏は，不可視の神とは異なって，仏像という可視の姿形をとって祀られている．

これまでの神祇信仰に基づいて，仏を来訪神として遇して，理解し受容しようとした軌跡が，『日本書紀』や『日本霊異記』にうかがうことができよう．しかし，神と仏を単純に同一視しようとしたわけではなかった．仏の霊威は神のそれを凌駕するものであったため，新たな祭祀法を要したのであり，それは従来の宗教文化を革新するに足るものだったのである．

2.2 造寺・造仏と現世利益

(1) 聖徳太子と仏教信仰

最初期の寺である飛鳥寺や四天王寺が建立された時期は，古墳時代の末期であった．飛鳥寺の発掘調査によると，仏塔の心礎からは，舎利容器の他に，古墳時代後期の横穴式石室から出土する玉類（勾玉・切子玉・管玉・琥珀玉など）や金銀の延板や馬具などの納入品が発見されている．

594（推古天皇2）年，天皇は聖徳太子と蘇我馬子に対して，仏教を興隆させよ，と命じている．これを受けて，多くの豪族たちが「君親の恩の為に」競って寺を建てたと伝えられている．この30年後，寺院は46か所，僧816人，尼569人に及び，造寺・造仏や出家の流行をみたのであ

る．尼僧は驚異的な数にのぼるが，神を祀る豪族の巫女が仏を祀る尼に転向したと推測できる．

7世紀初頭より，近畿地方では，造寺・造仏が流行した一方で，古墳の築造はほとんどみられなくなってしまう．この対照的な両者の状況の間には，何らかの関連があったと推測できるだろう．鞍作 多須那は用明天皇の病気平癒を祈願して出家し，造寺・造仏を発願している．聖徳太子（厩戸皇子，574-622）と馬子は，物部守屋の軍勢と苦戦するなかで，仏の加護を祈り，敵との闘いに勝利させてくれるなら，寺塔を建立しようと誓願した．守屋討伐の後，仏の威力によって戦勝祈願がかなえられ，聖徳太子は四天王寺，馬子は法興寺（飛鳥寺）を建立している．造寺・造仏ブームの背景には，かなり個人的な色彩を帯びた一族の願望，いわば現世利益的な欲求があったのである．

聖徳太子は仏法を興隆させた「和国の教主」と称され，遣隋使の派遣，冠位十二階や十七条憲法の制定，史書の編纂，『三経義疏』の作成，経典の講説などをなしたとされているが，多くの伝説が流布して実像を捉えるのは容易でない．聖徳太子は，ひと月に三度，沐浴して身を浄め，法隆寺夢殿の中に，七日七夜にわたって籠もって瞑想し，前生に所持していた法華経を持ち帰ったなどと伝えられている．

聖徳太子の死後に，妃の橘大郎女が発願し，推古天皇の命によって制作された，天寿国繡帳の銘文には，「世間虚仮，唯仏是真」（世間は虚仮にして，ただ仏のみこれ真なり）という聖徳太子の語ったとされる言葉が記されている．世俗の世界の無常性と仏の絶対性が表明されている．現世利益的な仏教信仰のなかで，現世否定と仏への絶対的帰依による現世超越の信仰を，聖徳太子はもっていたと推測されるのである．

(2) 造仏と死者祭祀

法隆寺金堂の釈迦三尊像は，621（推古天皇29）年に聖徳太子とその妃の病気平癒・延命と浄土への往生を祈願して造られた．658（斉明天皇4）年造とされる，河内の観心寺の阿弥陀如来光銘には，「死去した治伊之沙古のために，その妻汗麻尾古が弥陀仏像を敬って造る．この功徳によって，願わくば，亡夫および七世父母，常に浄土に生まれ，またすべての衆生も同じく浄土に生まれかわるように」と記されている．亡き夫の追善供養のために造仏が営まれたことが記されている．

法隆寺綱封蔵の金銅釈迦三尊像や多武峰の栗原寺なども，死者の追善供養のために造営されている．造寺・造仏は，同族の者や縁故のあった者など特定の死者のために営まれていたが，はたして追善供養のためであったかどうかは検討する必要があろう．さらに，造営者自身の功徳や仏果，すなわち現世での果報（現報），とりわけ福徳延命や氏族全体の繁栄も，造寺・造仏を通じて祈願されていたのである．

2.3 火葬と霊魂の行方

(1) 古墳築造から造寺・造仏へ

死者のための建造物として，古墳の築造から造寺・造仏へと転換した背景には，葬法や霊魂観の変化が介在していたと推測することができる．古代人の心性の変容を跡づけることによって，仏教が受け入れられていくプロセスの一端を知ることができよう．646（大化2）年の薄葬令は，700（文武天皇4）年の元興寺の僧，道昭による火葬の開始（その2年後には，持統太上天皇（645-702）の火葬が執行）とともに，古代の葬法や霊魂観や死生観を少なからず解体させたということができる．

大化薄葬令では，何よりも王（皇族）以下庶民にいたるまでの殯が禁止された．モガリ（殯）は，先に述べたように，死者の遺体を葬地に埋葬するまでの一定期間，柩に遺体を収めて殯屋に安置し，蘇生を願う招魂・鎮魂の儀礼であるとともに，邪悪な霊が遺体に取り憑くのを防ぐ儀礼であり，庶民にいたるまで一般にみられた喪葬儀礼の一部である．薄葬令によって，モガリ儀礼が天皇・皇后・皇子・皇女だけに限る儀礼として，特

権化されたのである．喪葬儀礼の規制を通じて，初期の律令体制形成の一環として，身分秩序の再編がもくろまれたことを意味していよう．

モガリ儀礼の禁止がどのような事態を招来したのかは大きな問題である．招魂と鎮魂，つまり亡魂・死霊や遺体に取り憑く邪霊に対してどのように対処すべきか，という問題が生じてきたのである．8世紀前半に成立した「大宝令」の注釈「古記」では，雄略天皇が死去した際，モガリ儀礼を司る遊部の奉仕を受けず，七日七夜，酒食を供えなかったために，天皇の亡魂が荒らぶれたと伝えられている．この伝承から，モガリ儀礼は亡魂を慰撫して，荒らぶれて災いを及ぼすのを防止する，鎮魂に意義があったと推測できる．とするなら，モガリ儀礼を収奪された中央や地方の豪族や庶民にとっては，荒らぶれて祟りをなす亡魂・死霊への強力な対処法があらためて要請されていたのである．

7世紀の造寺・造仏の流行は，病気平癒・延命・戦勝の祈願を契機として起こり，大いなる仏の霊威が脚光を浴びた．そして，死者の追善供養のためにも造寺・造仏が営まれることになる．だが，死者の冥福や浄土への往生を願うという仏教信仰がはたして存在していたかどうかに，留意しなければならない．仏教説話集の『日本霊異記』には，庶民のモガリ儀礼の痕跡を示す説話がいくつか残されているが，ただちに浄土ないしは地獄へと死者の霊魂が移行することはなく，蘇生する可能性があり，生と死の曖昧な時間すなわちモガリ儀礼の期間がまだ存在していたことをうかがうことができる．浄土や地獄といった仏教的な他界観が育まれていたとはいいがたいのである．

造寺・造仏の際には，特定の死者のみならず，「七世父母」や一切衆生の冥福も祈ると記されたが，造寺・造仏の要因を先祖崇拝に求めるよりも，やはり特定の死者に求めるべきである．すなわち，死者の亡魂を慰撫して祟りをなすのを防ぐとともに，遺体に邪霊が取り憑き，災いを及ぼすことを妨げるために，造寺・造仏を営み，仏の霊威に依存したのである．それは，モガリ儀礼を禁止された豪族たちにとって，その代替となる格好の営みであったと同時に，現世において権力を誇示しえる絶好の機会でもあったといえる．

(2) 火葬の誕生

さらに，もうひとつの方法が火葬だった．8世紀初頭に著された『日本霊異記』には，火葬によって遺体が消失したため，遊離した霊魂が自分の身体に戻ることができず，火葬に付されていない別の遺体に入り，9日目に蘇生したという話が載せられている．モガリ儀礼の禁止・衰退によって，これまでの死生観や霊魂観が変遷していく過渡的な段階を物語っていよう．

『日本霊異記』の編者，景戒は奇妙な夢を記している．身体が火葬される傍らで，景戒の身体から遊離した「魂神」つまり霊魂が立って，身体が焼けて崩れていく様子を眺めている．景戒の霊魂が側にいる人々に遺言を語ろうと叫んだ．だが，死者の霊魂は声を出せないために，叫ぶ声は聞こえないのだと景戒は記している．

身体からの霊魂の遊離は，生と死の境界の状態であった．しかし，火葬による身体の焼却・消滅，そして骨化は，たとえ霊魂が漂っていようとも，決定的な死とみなされるようになったのである．火葬のもった意義は，霊魂の身体からの分離を早めることにあったということができる．遊離した霊魂の身体への復帰によって蘇生できるとするモガリ信仰が衰退していった，あるいは信じられなくなったのである．火葬によって遺体は浄められ，死霊や邪霊による災いを避けることが重視されたといえよう．火葬による身体の焼却と白骨化こそ，死の穢れの浄化を促進すると信じられたのである．

火葬の導入によって，霊魂の帰るべき身体が失われ，モガリ儀礼の基盤とする死生観や霊魂観は衰退し消滅していくことになる．そして，身体を失った霊魂に対する処置を施していったのが，仏教の追善供養という死者祭祀の作法だったと考えられる．死から次の生を受けるまでには，49日（七七日）あるとする，中有（中陰）という仏教の教えは，モガリ儀礼の衰退とあいまって，霊魂の遊離に対する不安を解消させ，霊魂の行方に指

◆ 2. 仏教の伝来と仏菩薩の世界 ◆

針を与えることとなり，受容されていった．また，盂蘭盆会は霊魂の来世と現世の定期的な往還を可能にさせ，さまよえる霊魂への不安をなくしていくとともに，霊魂の赴くべき他界を明瞭にさせ，新たな他界観を培っていったのである．

9世紀前半，中国の儒教文化に精通していたとされる，淳和太上天皇は，「人が死ねば霊魂は天に帰るのであり，死体を埋めた墳墓が空しく残り，物の怪がそこに依り憑いて祟りをなすゆえに，骨を砕いて粉にし，山中に撒き散らせ」と死の直前に遺言している．今日の散骨，もしくは自然葬がすでに提唱されていたことは驚きだが，墳墓や腐敗した遺体に取り憑く邪霊を排除し，遺体を浄化し，死者の霊魂の行方を定めて道筋をつけたのも，仏教の死者祭祀法だったといえよう．それが長い時代にわたって影響を及ぼすことになる，基本的な死生観や霊魂観を形成したのである．

2.4 神々と仏菩薩の競合

(1) 道教的信仰と呪法

奈良の飛鳥には奇妙な石像や石造物がいくつかある．噴水のできる須弥山石・石人像，猿石，亀石，酒船石などである．そして，酒船石のある丘陵のすそで，石段や敷石，溝のある石組み遺構が出土した．その中に，すぐれた技術で彫られた亀形の石造物が配置されていた．それは，日本最古の貨幣とされる，富本銭の発見された飛鳥池遺跡のすぐ近く，南隣に位置している．

7世紀半ば，斉明天皇の時代の遺跡である．亀の口から水が注がれ，丸くうがたれた甲羅に水が溜まり，尾から排水されるようである．この遺構は酒船石のある丘陵と合わせて，国家的な儀礼を執行する祭儀の場であったと考えられる．この丘陵を道教の蓬莱山とし，そこから流れる水を月のシンボルとなる丸い甲羅に貯めて，不老長寿の霊獣である亀の運んできた霊水＝若水（若返りの水）として，王権の不老不死を祈念する新年の祈年祭などの儀礼に用いたと解釈できる．

斉明天皇（594-661，在位655-661）は皇極天

図1　酒船石遺跡の亀形石造物

皇（在位642-645）として642年に即位し，二度，天皇位にあった女帝である．即位した年は，日照り続きであったため，降雨を祈願する儀礼が催された．まず祝部の教えに従って，牛馬を殺して諸社の神々に祈願し，また水の神にも祈ったが，効験はなかった．ついで蘇我蝦夷が大乗教典を転読して，雨乞いをすべきだと提起し，寺の庭で仏菩薩像と四天王像を荘厳して，僧に読経させ，蝦夷自ら香炉を手にして香をたいたが，小雨しか降らなかった．さらに，皇極天皇が南淵山のある河上でひざまずいて天を仰ぎ，東西南北の四方を礼拝する，四方拝をすると，雷鳴して大雨が降ったという．神と仏と天皇の霊威の競合が行われたのである．皇極天皇は巫女王であったとする伝承である．

牛馬を殺害して神に捧げる儀礼は，『日本霊異記』に牛を殺して韓神を祀る習俗があったことを記しているように，朝鮮から伝わったものであり，神祇祭祀に取り入れられたと推測できる．蝦夷の仏教信仰は現世利益的な仏の霊威に対するものであったことは疑いない．四方拝は中国から伝えられた道教的儀礼だと推測され，いずれも天皇の儀礼，もしくは天皇の霊威に劣ったわけであるが，仏の霊威は神の霊威よりも勝れていたとされていることが注目される．

644年，駿河国富士川の近辺で，大生部多という者が「常世の神」信仰をはやらせた．『日本書紀』には「常世の神を祭らば，貧しき人は富を致し，老いたる人は還りて少ゆ」と記されている．「常世の神」とよぶ，黒い斑点のある蚕に似た緑

◆ Ⅲ. 日 本 宗 教 ◆

の虫を祀ると，若返り，富を授けられるというものだった．巫女たちも加わり，民衆は仕事を放棄し，家財や家畜を路上に投げ出して，酒を飲み，歌い踊り狂い，都まで押しかけるほどの勢いをもった．だが，仏教信仰者の秦 河勝（はたのかわかつ）によって，大生部多が捕らえられて処罰され，この「常世の神」信仰は終息した．これは道教の不老不死の神仙になるための呪（まじな）いを利用した，新宗教運動であったといえる．

後に，729（神亀6）年，天平へと改元される半年前，道教の呪法によって，国家と天皇に反逆を企てようとした事件が起こっている．長屋王（ながやのおう）の変である．それは危機の時代の幕開けを象徴していた．また，神と仏の霊威の競合する時代でもあった．左大臣長屋王（？-729）は写経を行い，仏教信仰に篤かった一方で，道教的信仰にも専心して，「左道」つまり異端の術によって呪咀を行ったといわれる．長屋王はこの嫌疑で幽閉され，自殺した．

長屋王の変の後，異端の教えを学び，呪咀によって殺害を企てたり，山林に止住し，仏法を説くまねをして教化を行ったり，護符や毒薬を作ったりすることを禁じ，反国家的な宗教活動の統制策が打ち出されているが，道教の呪法によって国家を転覆させようとする陰謀は頻繁に起こったのである．この道教の呪法は陰陽道や修験道の成立に影響を及ぼしたとともに，神祇信仰や仏教にも取り入れられ，民俗宗教のさまざまな儀礼や祈禱も生み出していったのである．

国家的な規模での仏教儀礼の執行と並行して，神祇祭祀の再編と制度化が行われたのは，天武天皇（在位673-686）の時代，律令国家体制の形成期であった．676（天武天皇5）年，大旱魃となり，雨乞いのために，神々に幣帛を捧げて祈願するとともに，僧尼に読経させている．いずれも効験がなく，さらに大祓と放生会が催されている．神と仏は共存し競合していたわけである．

7世紀前半，推古天皇の時代に46か寺であった寺院は，約70年後の7世紀末，持統天皇の時代には，『扶桑略記』によると，545か寺を数えるにいたり，驚異的に増加している．この間には，天皇の発願による造寺，大化改新直後の造寺に対する国家的な援助があり，685（天武天皇14）年には諸国に寺を造り，仏像と教典を安置し，礼拝せよと天皇のイニシアティヴによる国家仏教体制が構想されており，後の国分寺体制の端緒がここに萌芽していたといえる．全国的な規模で国家的な寺院のみならず，中央・地方の有力者層によって私的な寺院が建立されていった．

(2) 行基と反体制的徒党

奈良の都，平城京ができて間もなく，717（養老元）年に，異形の集団が出現した．法に背いて，勝手に剃髪して僧衣をまとった，行基（668-749）の一派がそれである．行基は弟子たちをひきいて，都の街路で仏教を布教した．そして，行基の群れに加わった者は千を数えたといわれるほどの集団となっていった．

行基たちは徒党を組み，指を焼いて灯としたり，肘の皮を焼いて写経したりするという激しい修行をして，家々を訪れて邪教を説き，物を無理強いして乞い，「聖道」だと偽って，「罪福」を説いて人々を惑わし，僧侶も俗人も乱れ騒ぎ，生業を捨てている，との理由で律令政府から弾圧されている．その後も，三笠山の麓で，数千人から1万人も人々を集めて，怪しい教えを説いて民衆を惑わしているとされ，行基は反体制的な宗教運動を民衆の絶大な支持のもと展開していたのである．

行基は飛鳥寺や薬師寺で仏教を学んだ後，僧侶の腐敗・堕落を批判して，寺院に所属した官僧の身分から離脱し，山林に籠もって修行し，やがて民衆のあいだに入り，仏教を布教した．それは律令体制のもとでは禁止されていた．当時，行基のような僧が現れて，民間では仏教信仰が高まっていた．在俗の男女の仏教信者（優婆塞（うばそく）・優婆夷（うばい））のなかには，剃髪して僧尼になる者が増えていった．これを私度僧という．行基に従った弟子たちはこうした私度僧であり，律令体制を揺るがすものであったため禁圧されている．

行基は唐の玄奘三蔵に師事した師匠の道昭にならって，橋や池，道，港などを造る土木事業を多

く行っている．それは，民衆を救済するため，自分の身命を惜しまずになげうつ（不惜身命），大乗仏教の菩薩道を実践したものである．後に，行基は行基菩薩とよばれて，民衆から崇められていった．また，このような民衆の支持をもつ行基に対し，律令政府は弾圧をやめ，体制内に包摂しようとしていく．行基は聖武天皇の大仏造立の呼びかけに率先して応え，弟子たちをひきいて，その事業への参加を民衆に勧誘し，大僧正に任命されることになったのである．

(3) 窮状にあえぐ平城京

奈良時代にいたり，大安寺・元興寺・薬師寺・興福寺の四大寺などが平城京に移転造営され，中央官寺体制の整備が行われている．それとともに，716（霊亀2）年には諸国の豪族・有力者層の造営した私的な寺院の統制をねらった，いわゆる寺院併合令が出されている．この寺院の統廃合政策は，僧尼を養うための寺田・財物を私的に専有して営利をもくろむ中央・地方の有力者層を統制しようとしたところに，ひとつの狙いがあった．しかし，この政策はほとんど実績をあげることなく，19年後の735（天平7）年に撤回されている．有力者層の経済力を度外視しては律令国家は立ち行かなかったわけである．

『万葉集』には「あをによし寧楽の京師は咲く花のにほうがごとく今さかりなり」（小野老）と詠まれている．平城京に仏教文化の華が開き，極点に達した繁栄が花の芳しい匂いにたとえられているが，はたして実情はそのとおりだったのだろうか．

古代最大の冤罪事件といわれる長屋王の変の半年後，729（神亀6）年，藤原麻呂（不比等の四男）が一匹の亀を聖武天皇に献上した．その甲羅には「天王貴平知百年」（天皇は貴く平らかにして百年をしろしめす）と記されていたとされる．この祥瑞にちなんで，「天平」と改元された．王者の徳によって太平の世が実現すると，それを知らせる印が現れるとする，中国の祥瑞思想に基づいている．このめでたい亀の出現にもかかわらず，旱魃や地震，流星などの天変地異が相次いだばかりでなく，凶作による飢饉が度重なり，疫病（天然痘）も蔓延したのである．

735（天平7）年，旱魃や地震や流星などの天変地異が相つぎ，飢饉や疫病が頻発したため，聖武天皇（在位724-749）は国家の安寧と災害の除去を祈願するために，大安寺・薬師寺・元興寺・興福寺で『大般若経』を転読させた．さらに神々に奉幣が行われ，諸国で疫病の神などの邪神を防ぐ道饗祭を執行させている．だが，すでに九州の太宰府では疫病による死者が数多く現れはじめていた．

737年には，疫病が都でも蔓延するにいたっている．それに加えて，凶作が追い打ちをかけ，また新羅との外交関係が悪化した．このような状況のなかで，朝廷は諸国に釈迦三尊像の造立と『大般若経』の書写を命じている．この年には，藤原四兄弟，房前・麻呂・武智麻呂・宇合がいずれも天然痘によって次々と死去した．それは長屋王の祟りと噂された．そして，宮中や諸国の寺で『大般若経』や『金光明最勝王経』が大勢の僧侶によって，幾度も読誦されている．

一方では，神々への祈願も幾度も行われた．しかし，「山川に祈禱し，神祇を奠祭すれども，いまだ効験を得ず．今にいたるまでなお苦しむ．朕，不徳を以て実にこの災いを致せり」と聖武天皇は詔を出すにいたっている．天皇の不徳，すなわち天皇の霊威の衰微ゆえに，災厄は止むところがないと認めた．もはや祭司王として呪的霊力を発揮しえなかったのである．

さらに神々の霊威に対する不信が表明された．それゆえに，国家のためにあらたかな霊威を発揮する神を捜し求め，また諸国に神の社を造ることを命じている．絶大な霊威をもつ神の出現が切に期待されたのである．しかし，740（天平12）年，疫病や飢饉の元凶が，当時，権勢をふるっていた玄昉と吉備真備であるとして，藤原広嗣が筑紫で反乱の挙兵をして，政治的・社会的混迷は極まった．

(4) 国分寺・大仏の造営

このような窮状において，741年に国分寺の造

◆ Ⅲ. 日 本 宗 教 ◆

立，そして743年に盧遮那仏の造立が，危機的な状況を回収する戦略として浮上したといえる．国分寺造立の詔の前半では，「この頃，作物が豊かに稔らず，疫病が蔓延したため，人民の多大な幸福を求めて，天下の神宮を造り整えさせ，また釈迦牟尼仏の尊像を造り，『大般若経』を書写させた．これによって，今春から秋の収穫期まで，風雨は順調になり，五穀も豊穣となった．これは功徳によるものであるため，諸国に七重塔を造立し，『金光明最勝王経』と『法華経』を書写して，塔に納めよ．願わくば，仏法神明の擁護を得て，その寺が国の華となるように」と国分寺造立の由来が述べられている．

後半では，「僧尼が毎月八日に『金光明最勝王経』を転読し，国司が毎月六斎に不殺傷を人民に守らせ，この功徳によって，天神地祇が国に永く幸福をもたらし，過去歴代の天皇・藤原氏・忠臣らの霊魂が至福になり，天皇家・藤原氏・橘氏・諸臣が平和安穏で後生も安楽であり，国家に反逆する邪臣は災禍に見舞われるように」と国家仏教体制の目的が説かれている．

この詔のなかでは，凶作・疫病の解除，天候の回復，そして五穀豊穣が天神地祇と仏菩薩の霊威によるものと，両者を均しく評価している．だが，後半部に明瞭なように，仏の霊威に対する期待が確固として優位を占めるにいたっている．神祇は仏の「功徳」によって霊威を発揮できるといえようか．すなわち，霊威の発現が仏から神への回路をとる二段構えであり，神の霊威は仏の霊威に従属した関係に位置づけられているのである．

このことは，743年の「三宝の威霊」に依拠するという，盧遮那仏造立の詔に結実した．そして，神は仏の属領のなかに棲息することになる．盧遮那仏造立の詔の直後，広嗣の反乱鎮圧に功のあった，宇佐八幡宮に金字の『金光明最勝王経』と『法華経』が納められ，10名の僧侶が配属され，さらに三重塔が建立されることになる．神前読経が行われ，神宮寺が建てられて，神の社に仏が迎えられ，仏の儀礼を通じて，仏の霊威が神に施されるにいたる．八幡神を通じて，いわゆる神仏習合が開始されるのである．

2.5　神仏習合の展開

(1)　大仏造営と八幡神

盧遮那仏造立の詔が出されながらも，内政の混乱のみならず，莫大な資材・労力や経費を要したため，盧遮那仏の造立は窮地に陥っていた．そこに登場して，衆目を集めたのが八幡神である．「天神地祇を率いて，必ず大仏の造営を成就させよう」と八幡神は託宣を下した．八幡神の託宣を告げたのが禰宜尼大神杜女であり，それを取り次いだ審神者が主神司大神田麻呂であった．

749（天平勝宝元）年，八幡神は再び託宣して，都に向かうことになる．朝廷は八幡神の通過する諸国に殺生禁断を命じ，従者には酒肉の飲食を禁じている．入京すると，八幡神の神宮（後の東大寺鎮守，手向山八幡宮）を建て，僧40人に7日間にわたり法会を執行させている．八幡神はまさしく仏としての待遇を受けたといえよう．

同年，陸奥国から黄金が出土し，八幡神の託宣通りに，大仏は3年にわたる鋳造でようやく完成した．聖武天皇は「三宝の奴と仕へ奉る天皇が命（おおみこと）」（『続日本紀』）と仏への絶対服従を宣言した．また，大伴家持は「天皇の御世栄えむと東（あずま）なるみちのく山に金花咲く」と天皇の世の繁栄を願って詠んでいる．しかし，大仏開眼供養会の5年後，東大寺の造営によって，人民は辛苦し，諸臣も憂えている，と橘奈良麻呂は批判して反乱を企てようとしたのである．

(2)　鑑真と授戒制度確立

仏教界は「三宝の奴」となった聖武天皇によって，国家仏教として整備されていく．僧尼となるためには，師匠について経典の修学を積んだ後，国司に申請して太政官の許可を受けて，剃髪・得度の儀式を行い，さらに長期にわたる修行を行うことが必要だった．僧尼は国家安泰の祈禱する官僧であり，一種の官人でもある．しかし，行基に従った僧尼のように，官の許可を得ないで剃髪して僧尼となる私度僧が，禁止されても多く現れていた．

また，寺を出て，呪力を得るために山に籠もって，修行する僧も数多かった．天皇位を奪おうとした道鏡も山林修行者のひとりである．そればかりでなく，『日本霊異記』を編纂した景戒のように，戒律を守らずに，寺院内で妻子をもつ僧も多くいた．仏教界の規律をただすために，唐の授戒制度が求められたのである．

733（天平5）年，2人の僧が遣唐使にしたがって唐へ渡った．栄叡と普照である．この2人の僧は入唐し，戒律の師となる高僧を唐から招く使命を帯びていた．揚州の大明寺に住していた鑑真（688？-763）に出会い，日本への渡来を促した．鑑真は，仏教を広めるために，どうして身命を惜しんでいられようか，誰も日本に渡る者がないなら，私が行こうと，進んで承諾したのである．

大仏の開眼供養の行われた2年後，754（天平勝宝6）年，鑑真は唐から盲目となって，苦難の末に平城京に到着した．僧14人，尼3人，それに仏像を造る職人の仏師など24人が鑑真とともにあった．鑑真は東大寺に案内されている．大仏殿の前に，僧となるために受戒する戒壇を設け，聖武太上天皇や光明皇太后，孝謙天皇が，鑑真から菩薩（大乗）戒を授けられた．大乗仏教の理想とする菩薩の行いをする戒律を受けたのである．すでに僧になっている者も新たに正式の授戒を受けた．

翌年，戒壇を大仏殿の西に移し，出家者の受戒する戒壇院を造っている．東大寺戒壇院と並んで，関東下野の薬師寺，九州筑紫の観世音寺が公認の授戒所となった．鑑真は唐招提寺を建立して，戒律の修学・実践の道場とし，74歳で波乱の生涯を終えている．江戸時代の俳人，松尾芭蕉は，若葉の候，死後間もなく造られた鑑真像を拝して，盲た眼の涙を偲んで「若葉して御めの雫ぬぐはばや」と詠んだのであった．

(3) 神と仏の序列化

764（天平勝字8）年，孝謙上皇は重祚して，称徳天皇と称した．称徳天皇は大嘗祭にあたり「この度の大嘗祭が恒例のものと異なっているのは，朕が仏の弟子として菩薩の戒を受けているからであり，このために，まず第一に仏に仕え，次に天社・国社の神たちをも敬いまつる．神たちを仏から隔離すべきだと一般には考えられている．しかし，教典には仏の教えを尊び守護するのは神たちであると説かれている．したがって，出家者も白衣（俗人）も一緒になって，大嘗祭を執行しても差し障りはない」と表明している．仏弟子の称徳天皇は僧形法体のまま大嘗祭を主宰し，太政大臣禅師の道鏡が大嘗宮に近侍していたのである．

当時，一般には神と仏の儀礼は異なったものとするのが常識であった．しかし，梵天や帝釈天などの護法善神と土着の神々が同一視され，神は仏を尊び守護するという論理が打ち出されたのである．この護法善神のコンセプトは，国家神として浮上した八幡神を通じて，具体的に実践されていった．称徳天皇の宣命にみられるように，仏を神の上位とする序列が次第に自明視されていく．

770（神護景雲4）年，称徳天皇は平城京内の寺院に百万塔を寄進した．それは死の直前のことであり，恵美押勝（藤原仲麻呂）の乱（764年）による死者の霊を弔うためのものといわれている．恵美押勝の乱の鎮定後，淳仁天皇は廃位され，淡路島に流されて，その地で奇怪な死を遂げた．称徳天皇の死の前年には，女帝の髪を盗み，それを佐保川から拾ってきた汚れた髑髏に入れて，厭魅を三度まで行い，女帝を毒殺しようとする厭魅・呪咀の事件が起こっている．

この事件直後の詔では，大仏や『金光明最勝王経』，観世音菩薩，梵天，帝釈天，四天王の護法善神の不可思議な威力，また開闢以来の天皇霊や神の加護によって，この厭魅・呪咀の事件は発覚した，と神と仏や天皇霊の霊験が称えられている．とはいえ，ここでは霊威の程度に応じて，はからずも神と仏の序列化がなされたのである．

(4) 神身離脱の神々

仏法を擁護する護法善神として，神宮寺が建立され，神前読経が行われたのは，八幡神や八幡比売神，天照大神（伊勢大神宮寺），武甕槌神（鹿島神宮寺），賀茂神（賀茂神宮寺）のような国家

◆ Ⅲ．日本宗教 ◆

神である．他方，地方神のなかにも，神宮寺の建立や神前読経のみられたものもあった．奈良時代では，越前国敦賀郡の気比神宮寺，若狭国遠敷郡の若狭比古神願寺，伊勢国桑名郡の多度神宮寺，近江国野洲郡の陀我大神神宮寺，常陸国の鹿島神宮寺などが挙げられる．これらの神宮寺は国家主導によるものではなく，主として地方豪族層が中心となって，在地の神のために造営されている．

気比神宮寺は715（霊亀元）年に建立されたと伝えられている．気比神（けひのかみ）は「宿業によって久しく神となっているが，仏道に帰依したいため，寺を造ってほしい」と告げて，神身離脱を望んだのである．若狭比古神願寺も，8世紀前半に建立されている．若狭比古神社の神主，和宅継の曾祖父赤麿が仏道に帰依して，深山で修行していたところ，若狭比古神（わかさひこのかみ）は人の姿で現れて，「神身を受けて，苦悩することが甚だしく深い．そのため仏法に帰依して，神の地位から免れたいと思っているが，この願を果たすことができず，災害を起こしてばかりいる．それ故に，我がために仏道修行をしてほしい」と告げた．この神の託宣に従って，赤麿は神願寺を建て，仏像を造ると，五穀豊穣となり，疫病で死ぬ人もいなくなったのである．

763（天平宝字7）年，満願という山林修行僧が多度神を祀る社の近くの道場に住み，丈六の阿弥陀仏を造立したところ，忽然と人が現れて，「久しい間，重い罪業を行ってきたため，神の地位を受けている．今，永久に神身を離れるために，仏法に帰依したい」と多度神の託宣を告げた．満願は山を切り開いて，小堂を建て，また多度神の神像を造り，この神を多度菩薩と名づけたのである．

桑名郡の郡司が銅鐘と鐘台を寄進し，隣の美濃国の優婆塞が三重塔建立を起工し，大僧都の賢璟（けんぎょう）が完成させた．さらに，私度僧の法教は知識とともに，法堂・僧房・湯屋を建てて，「この功徳によって，多度神をはじめすべての神の威光が増し，仏教が永く興隆し，風雨が順調で五穀豊穣であるように」と祈願している．満願は，多度神宮寺を建てる前に，常陸国に鹿島神宮寺も建てており，諸国を遊行して，神宮寺や仏像を造営した山林修行の修験者であり，民間仏教―神仏習合のオルガナイザーであったのである．

これらの神身離脱の神々は，いずれも罪業によって神身をもち，仏の霊威によって神身から離脱することを望んでいる点で共通している．神もまた罪を負う迷える衆生であり，神の零落が刻印されたのである．神身離脱という神観念が民間に広範に流布したかどうかは疑わしい．しかし，神が人間と同じく因果応報に搦めとられる罪深い存在であり，仏の救いを必要とするという論理は，地方の豪族や有力者を造寺・造仏の発願者として，また法会の施主として勧誘するうえで，かなり説得力があったといえる．というのも，ここには，地方の豪族層が民衆を支配・統合するうえで有効な，新しいイデオロギーが提示されていたからである．

(5) 神仏のヒエラルキー構築

災害や疫病の流行を神の祟りとする従来の論理に対して，新たな解釈が仏教の論理によって施された．あらゆる災厄が人間の罪・穢れや神の祭祀の怠りによるものではなく，神自身に責任が帰せられたわけである．したがって，神祇祭祀を主宰する豪族層の責任は免除されることになる．罪深い神を解脱させるために，造寺・造仏を行い，法会の施主となることは，仏の霊威によって神の苦しみを救うとともに，神の祟りである災厄から地域社会を守護し，ひいては地域民を支配する権威をも豪族層に与えたのである．仏教が単に国家レヴェルのみならず，地域社会レヴェルでの支配イデオロギーとなる端緒が，こうして開かれたといえる．

8世紀中葉，満願は多度神の神像を造り，多度大菩薩へと変身させた．これが文書に現れた最初の神像である．不可視の神が，仏像と同様に肉を纏い，可視の姿をとるにいたったのである．だが，この多度神の神像がどのような容貌や姿をしていたのかはわかっていない．ついで，763（延暦23）年の奥書のある『皇大神宮儀式帳』に記された，月読宮の祭神月読命の神像が知られている．騎乗の男神像であり，紫衣を纏い，太刀を帯

びた官人の姿をした，俗体の神像だった．最初期の神像とみなされるものに，京都・松尾神社の男神像と女神像がある．いずれも宮廷の官人・官女の姿をした，俗体の神像である．同様に，最初期の神像とされる寛平年間（889～898年）制作の奈良・薬師寺の鎮守八幡宮の八幡神像があり，八幡神には八幡大菩薩と菩薩号が授けられたため，僧形によって表現されている．

奈良時代から始まった神宮寺の建立や神前読経に引き続いて，その末期には神像が造られるにいたっている．神が仏と化していくというよりも，むしろ仏に従属していくといえる．仏菩薩は神々の優位に立ち，神々を服従させていったのである．神と仏の関係，神仏習合の展開は，平安中期にいたり，神と仏を差異化するとともに，階層化する新たな論理，つまり本地垂迹説（ほんじすいじゃく）が登場する．仏菩薩は衆生を救うために，仮に神の姿をとって現れるとする教説である．神と仏は相異なった世界に住むものとして二元化されない．神と仏の垂直的な連続体が構想されることになる．本地である仏が迹を垂れるのであり，神と仏がひとつの差異化された世界のなかで価値づけられ，序列化されたのである．

神と仏の関係は，古代の身分制社会を照射するように，主人と従僕の関係を反映させ，神は仏の霊威によって棲息するヒエラルキー空間が構築されたのである．仏菩薩は慈悲広大の光を和らげて，神として現れ，俗界の塵に交じって，衆生を救うとする，「和光同塵」という神仏習合を表す言葉が象徴しているように，神と仏は一体とされるが，仏菩薩の絶対的な力に神祇は屈伏していったのである．それは幕末維新期に国家権力によって強権的に推進された，神仏分離まで長期にわたって存続することになる．

III. 日本宗教

3 日本仏教の展開

3.1 最澄と空海

(1) 菩薩行の最澄

　天台宗の開祖，最澄（767-822）は785（延暦4）年，19歳の時，東大寺戒壇院で受戒した．14歳の時に得度し，5年して，正式の僧となった．しかし，その直後，南都（奈良）の寺院を捨てて，比叡山に登っている．草庵に籠もって瞑想と山林修行の生活を始めたのである．その際，『願文』を著している．
　若き最澄は，自らを愚者の最たる者，狂人の最たる者，塵芥のような生き物と表明して，この世の無常を説き，六根が清浄にならないかぎりは山を降りて世間に交わらないと決意し，自分だけが救われるのではなく，生きとし生けるものを救いたいと誓願する．衆生救済の菩薩行への専念を終生のテーマとして掲げたのである．比叡山寺（後の延暦寺）を建てて，山籠すること，12年であった．後に，この山林修行の体験に基づいて，弟子たちに12年間の籠山修行を義務づけている．
　最澄は天皇に近侍する僧侶となり，都で華々しく活躍するとともに，遣唐使の随員として唐に渡る．その一行には，空海も加わっていた．最澄が唐に滞在したのは1年間であり，国家や貴族の求めていた現世利益的な加持祈禱の方法を備えた密教をあまり修得してこなかった．最澄は後に密教の必要を痛感して，空海に学ぶが，大乗仏教経典の法華経を中心とする天台の法華一乗に立脚したのである．
　「一切衆生悉有仏性」と，すべての人間には仏になる素質＝仏性があるとして，成仏の可能性を説く，法華経こそが悟りにいたる最高の乗り物＝経典とした．これに対して，人間には悟りの能力に応じて五種類の素質の違い（五性各別）があるとして，仏性の有無とその段階を設けて，人間の差別を絶対的なものとする立場もあった．南都仏教がそれであり，最澄は法相宗の徳一と論争（三乗一乗論争，または三一権実論争）を闘わせることになる．
　南都仏教を批判していた最澄は，僧となるための授戒の場を比叡山に建立することを天皇に求めた．「国宝とは何物ぞ．宝とは道心なり．道心有る人を名づけて国宝となす」（「国の宝とは何か．宝とは悟りを求める心であり，道心のある人を国の宝という」『山家学生式』）と主張して，大乗仏教独自の戒律に従う菩薩戒を授ける大乗戒壇を設立しようとした．最澄の死後まもなく，大乗戒壇建立の勅許が下り，最澄の宿願は達成された．こうした最澄の天台宗からは，法然や親鸞などの菩薩行に邁進する僧を数多く輩出することになる．

(2) 即身成仏の空海

　真言宗の開祖，空海（774-835）は，僧になる前，儒教や道教を学び，また吉野の金峰山や四国の石鎚山などで山林修行をしていた．ある僧から，空海は『虚空蔵菩薩求聞持法経』を百万回唱えれば一切の経典を暗記し理解できるとする虚

— 510 —

空蔵求聞持法を教えられ，阿波の大滝嶽に登って修行した．さらに土佐の室戸岬で修行していると，虚空蔵菩薩の化身である明星が現れて，口の中に入るという神秘的な体験している．儒教，道教，仏教の優劣を論じた『三教指帰』を著し，仏教を究極の真理として修行に専念していった．31歳の空海は，最澄とともに，遣唐使に加えられ，入唐した．2年間，長安の青龍寺で恵果などについて，最新の密教の教義・儀礼を修めてきたのである．

空海の修得した密教を評価したのは最澄であったが，両者の間では密教に対する考えが異なっていた．最澄は顕教（法華一乗）と密教（真言一乗）の間には優劣の区別はないとした．他方，空海は顕教を仮の教えとし，密教こそが真実の教えであり，2つの教えの間には隔たりがあるとして，最澄を批判している．密教の行法によって解脱して仏と融合して一体となる，即身成仏こそ，空海の根本教理であった．

空海も最澄と同様に山林修行を重視して，山岳に密教の道場を求めた．「高山深嶺に四禅の客乏しく，幽藪窮巌に入定の賓希なり」（修行の場がふさわしくないため，険しい峰のある高山で瞑想する人は少なく，奥深い山岳の岸壁で瞑想する人はごく稀である）と述べ，「国家のため，修行者のために，山を切り開いて，瞑想の道場を建立する所存であり，紀伊国の高野山の地を賜りたい」と嵯峨天皇に願い出ている．高野山金剛峯寺が空海によって開創されたのである．

また，平安京に造営中であった王城鎮護の道場，東寺（教王護国寺）を授けられ，また宮中の真言院で毎年正月に真言の修法を行うことが勅許され，密教の修法によって宮中で祈禱するとともに，神泉苑で雨乞いをするなど，鎮護国家の仏教として地歩を築いていった．空海は讃岐（香川県）の満濃池の修築を短期間で成し遂げたように，土木事業にもすぐれた技術を発揮した．空海は62歳で生涯を終えたが，弥勒菩薩が衆生を救済するためにこの世に現れるのを待って，高野山の奥之院で生身のまま入定しているとする信仰が生みだされ，弘法大師伝説も全国に広まっている．

(3) 密教と曼荼羅

密教はインドで大乗仏教の最後の流れとして成立した教えであり，金剛乗（ヴァジュラヤーナ）ともよばれる．7世紀に，体系的な密教経典として『大日経』と『金剛頂経』が成立し，中央アジアから中国，チベット，東南アジアなどの各地に伝え広められた．釈迦が衆生を教化するために明瞭な言葉で説き示した教えを顕教とする．それに対して，密教とは，真理そのものの現れとしての大日如来と一体化する即身成仏のための，秘密の教義と儀礼を師資相承によって継承しようとする秘密仏教をいう．

日本では，空海の開いた真言宗の密教を東密，最澄の開いた天台宗の密教を台密と呼んでいる．空海は『秘密曼荼羅十住心論』，この精髄を要約した『秘蔵宝鑰』を著している．ここでは，迷いの状態から密教の究極の智恵に達するまでの十段階が説かれている．『秘蔵宝鑰』の序には，迷いの世界の狂える人は狂っていることを知らない，我々は生まれ生まれ生まれ生まれて生の始めに暗く，死に死に死に死んで死の終わりに冥い（「生れ生れ生れ生れて生の始に暗く　死に死に死に死んで死の終に冥し」），と記している．一切の存在，生も死も，悪も迷いも煩悩も，すべて根源の大日如来の現れに他ならず，すでに本来的に仏そのものなのであり，それを自覚するために修行があると説いたのである．

大日如来の世界を図像化したのが曼荼羅である．曼荼羅とは，本質・心髄を得るという意味，仏の最高の悟りに到達することであり，『大日経』に基づいた胎蔵界曼荼羅と『金剛頂経』に基づいた金剛界曼荼羅がある．前者は，母親の胎内で胎児を慈しみ育てるように，仏の慈悲が人間に生じる世界を表す．後者はダイヤモンドのような堅固な悟りを修行をすることによって得る世界を表している．2つを合わせて，両界（両部）曼荼羅とよぶ．

密教ではすべての人間は大日如来の現れで仏性があり，修行によって即身成仏ができるとし，行

◆ Ⅲ. 日 本 宗 教 ◆

者は曼荼羅を観想し，仏と一体の境地となることによって獲得した超越的な能力をもって，加持祈禱することが可能とされた．災いを除く息災，御利益を与える増益，敵を倒す調伏を目的とする，呪術的な修法が密教では発展していったのである．

3.2 怨霊の跳梁と呪法

(1) 御霊信仰と菅原道真

863（貞観5）年，清和天皇の勅命によって，平安京の神泉苑で御霊会が催された．疫病を引き起こし死にいたらせる，祟りをなす怨霊を御霊として祀って鎮めようとした国家的イベントである．祀られたのは，崇道天皇（早良親王），伊予親王，藤原夫人，藤原仲成，橘逸勢，文室宮田麻呂，いずれも天皇・国家に対する謀反という政治的事件に連座し，幽閉され流罪に処せられて，自殺もしくは処刑された人物である．この6名は謀反を犯したとされたが，冤罪であったといわれる．無実の罪によって都を離れた異境の地で，都を怨嗟しながらも，都に帰還することを遠望しながら，怨みを抱いて非業の死を遂げたのである．

民間では，大規模で怪異な疫病や災害の発生は人知を超えたものとして，異界から訪れた祀られない神霊や邪霊，死霊に原因が帰せられた．こうした強大な祟りをなす霊を供物や芸能などで歓待して，この世から異界へと送り返して鎮静させようとした．また，神として祭り上げることによって，絶大な霊験を得ようともした．怨霊を御霊神として祭る風習は怨霊による災害を権力者の悪政のせいにして，反体制的運動へと発展していく恐れがあった．863年の御霊会の場合は，まずはじめに民衆の間で始まっていた御霊会を朝廷が主催して行ったものであり，危機的な状況を回避するためであったといえる．

怨霊の典型といえる，菅原道真（845-903）が太宰府で死去したのは，903（延喜3）年である．道真は天皇の廃位をはかっているとの藤原時平の讒言によって左遷され，無実を訴え，望郷の想いを抱いたまま没した．そして，時平の病死，若い皇太子の死，清涼殿落雷による廷臣2人の死，醍醐天皇の死など，怪異な事件が相次いだ．いずれも，道真の怨霊の仕業とされたのである．道真は「我，君臣を悩乱し人民を損傷し国土を殄滅せんと欲す」（『扶桑略記』）と，天皇・臣下を苦しめ，人民を痛めつけ，国土を滅ぼそうと決意したと伝えられた．しかし，道真の怨霊は民間の巫女の託宣によって，北野に天満天神として祀られ，御霊神として民衆によって信仰されていく．大いなる祟りをなす怨霊は，大いなる御利益をもたらす御霊となるのである．御霊信仰は民衆のエネルギーを集約し，祇園祭や天神祭という，疫病退散を祈願する都市の夏祭を生み出していくことになる．

(2) 陰陽道と呪法

怨霊や悪霊による災いを避けたり，人に危害を加えようとしたりする，呪法が国家や民間で発展していった．8世紀の初め，長屋王は密かに異端の呪術を学び，国家を転覆させようとしていると密告され，自決した．この長屋王（妃の吉備内親王）邸宅跡の発掘調査によって，5万点におよぶ多量の木簡とともに，人形・鳥形・牛形・刀形・舟形・陽物形の形代や板絵馬・「秦（泰）身万歳福」と陰刻のある曲物などの木製品，土馬・墨書人面土器・竈形土器などの土製品，それに銅製の人形も出土した．

人形は，身体を撫で，息を吹きかけて，身体の穢れた気を移して，川や溝に流し，罪・穢れを祓い清め，災いを防ぐための呪いの道具である．鳥形・牛形・刀形・舟形の形代，土製の馬や人面を描いた土器，竈形土器も，罪・穢れを運び去ったり，封じ込めたりするためのものである．「秦（泰）身万歳福」は身体堅固と長寿を祈願する言葉である．

平城宮趾の井戸からは，人名と顔が書かれ，両眼と胸の部分に木釘を打った人形がみつかっている．これは失明ばかりでなく，生命の中枢である胸に釘が打たれているところから，呪い殺すために用いられたことがわかる．陰陽道の罪・穢れの祓い，呪いの呪術が奈良時代頃から盛んに行われ

ていたのである．

陰陽道は中国の陰陽五行説（生命の根源である陰と陽の気，それに万物の元素である木火土金水の五行の働きによって宇宙や全現象が生成されるとする説）に基づいて生み出された．7世紀後半，天武天皇の時代に陰陽寮が設置され，陰陽師が天文の観測や暦の作成，卜占などを行っていた．平安時代になると，陰陽道は宮廷の儀礼として発展していき，家に籠もって謹慎する物忌や忌むべき方角を避けて他の場所に移る方違といった禁忌が生活の中に浸透していった．

10世紀になると陰陽師の賀茂忠行・保憲父子，その弟子の安倍清明が現れ，賀茂家と安倍（土御門）家が陰陽道界を支配していく．和泉国の信田の森の狐の子とされた安倍清明（921-1005 ?）は『宇治拾遺物語』や『今昔物語』などのなかに登場している．清明は命を落とした父親を一条戻橋で甦らせたり，藤原道長を呪い殺そうとした犯人をたちどころに捜し当てたり，「式神を使給なるは，たちまちに人をばころし給や」（『宇治拾遺物語』）と式神という神霊を使って呪い殺す呪法を行ったりもして，恐るべき陰陽師として伝説化されている．

3.3 浄土を求めて

(1) 遊行する聖の群れと空也

10世紀初頭の頃，平安時代中期から，次第に民衆の間で，阿弥陀如来が衆生の救いを念願し約束したという教えのもとで，浄土への極楽往生を願う，浄土教信仰が広まっていった．この信仰を布教したのが聖（阿弥陀聖，念仏聖，遊行聖）とよばれる民間の宗教者の群れである．既成の仏教教団の寺院から出て，あるいは在家の仏教信者が自ら得度して，人里離れた所に草庵を建てて仏道修行に励んだり，諸国を巡って仏教を布教したりした．国家や貴族たちの仏教儀礼を担うのでなく，市井の中に入っての民衆の救済にこそ，宗教活動の意義を見出したのである．

聖の代表者は，市聖とよばれた空也（903-972）である．空也は平安京に住んでいたが，五畿七道を遊行遍歴して，民衆に念仏をすることを勧めたり，野ざらしになっている遺骸があったなら，荼毘に付して丁重に葬って供養したり，井戸を掘り，道を造り，橋をかけるなどの菩薩行もしたりした．聖は鹿皮の衣を身につけ，鉦鼓を胸にかけ，鹿杖をつくというスタイルで，諸国を遊行したが，それは空也に由来するとされている．空也は殺された鹿を深く悲しみ供養するために，鹿皮を衣とし，鹿角を杖にして，念仏を唱えながら，激しく身体をゆさぶって踊ったとされている．この踊り念仏（踊躍念仏）は空也が創始したとされ，盆踊りの原型となる．

空也は，ある人に念仏はどのように申すべきかと問われて，「捨ててこそ」とだけ答えて，他になにも言わなかったという（「念仏はいかゞ申べきやと問ければ，捨てこそとばかりにて，なにとも仰られず」『一遍上人語録』）．この空也の言葉を伝え聞いて書き残したのは，時宗の開祖となる一遍である．一遍は，この「捨ててこそ」を，知恵や分別，善悪，貴賤，身分の上下，地獄を恐れる心，極楽を願う心など，一切を捨てて，念仏を唱えることが阿弥陀如来の御心にかなうのであり，この世に生を受けているすべてのもの，山河草木，吹く風も立つ波の音までも，念仏そのものなのだ，と解釈した．すべてを捨て切った果てに，踊り念仏に専念する，空也の念仏聖の運動は，一遍に継承されていくのである．

(2) 源信と臨終の作法

空也が広めた市井での念仏を"里の念仏"とすると，比叡山のそれは"山の念仏"として知られていた．847（承和14）年，唐から帰朝した円仁（794-864）は比叡山東塔に常行三昧堂を創建し，常行三昧法を行った．それは，堂内で昼夜の区別なく，ひたすら念仏を唱えながら，阿弥陀如来の像を安置した須弥壇の周りを巡るというものである．来世に阿弥陀の西方浄土への往生を願って修され，不断念仏ともいわれた．

比叡山中興の祖とされる良源（912-985）は浄土教の教学を整備・体系化し，良源に師事した源

◆ Ⅲ. 日本宗教 ◆

信（942-1017）は『往生要集』を著して，さらに浄土信仰の興隆へと導いた．『往生要集』では，まずはじめに「厭離穢土」つまり穢れた現世を嫌い執着しないために，地獄から説き起こしている．詳細かつリアルに恐るべき八大地獄が描写されて，後世の地獄観に多大な影響を及ぼした．地獄，餓鬼，畜生，阿修羅，人，天の六道に続いて，「欣求浄土」つまり浄土を欣喜して求めること，念仏の修行，臨終の作法が説かれている．

『往生要集』を著した翌年，源信は貴族の慶滋保胤などとともに，比叡山横川の首楞厳院に念仏結社，二十五三昧会を結成した．この結社は同志たちが互いに支え合って往生を期すことをめざしている．同志の中に死にいたるような病気になった者が現れたなら，往生院に病者を移して，同志たちで看病し，死の看取りをする．往生院では，病者の枕元に西向きに阿弥陀像を置き，仏像の手と病者の手を五色の紐で結び，阿弥陀如来に導かれて浄土へと昇っていく思いを抱かせるように趣向を凝らした．臨終に際して，死にいく者が阿弥陀如来とともに極楽浄土に往生する確信をもつように，舞台装置を工夫したのである．

源信は，若きも老いも，その身体は穢れて不浄であることを強調して，肉体にもこの世にも執着することなく，この世を離れて浄土に往生すべく勤めるのは今のこの時をおいて他にないのだ（「当に知るべし，苦海を離れて浄土に往生すべきは，ただ今生のみにあることを」『往生要集』）と説いた．この時とはまさしく臨終の時である．往生院で，同志たちは瀕死の者を取り囲んで念仏を唱え，浄土への往生を助けた．血縁ではなく，阿弥陀如来との結縁を互いの紐帯として，極楽往生のためのターミナル・ケアを創始したのである．

(3) 堕地獄の恐怖と末法の世

地獄や極楽がリアルな実在の世界とみなされるようになったのは，平安時代あたりからである．『日本霊異記』にみられるように，この世での悪業が原因となって，地獄に堕ちる悪い結果を生むとする，悪因悪果，因果応報といった考えが定着していった．源信は『往生要集』のなかで，人間

図1　山越阿弥陀図

界に生まれる者はきわめてわずかだが，地獄界や畜生界，餓鬼界に堕ちる者は世界中の土を集めたくらい数知れなく，この世を去って，ひとり地獄の底に入り，すべてを焼き尽くす猛火の中に堕ちて，初めて天に向かって叫び，罪を悔い，許しを乞ってもまったく益がない，と堕地獄の恐怖をリアリティをもって説いている．

権勢を極めた，藤原道長は病気が重くなったとき，息子の関白頼通が病気平癒の祈禱をさせようとしたが，道長はただ念仏の声を聞くだけでよいと祈禱を断った．延命よりも，浄土往生を願ったのである．道長は自ら建立した無量寿院（阿弥陀堂）で北枕にして西向きに伏し，阿弥陀仏の手から引いた糸を手にして，往生したとされている．それは源信の唱えた臨終の作法通りであった．道長の死後，25年して，1052（永承7）年，息子の頼通は宇治の別荘を平等院にあらため，阿弥陀堂の造営を発願した．平等院鳳凰堂がそれである．この年は末法第一年にあたる．

釈迦の入滅後，最初の500年は釈迦の正しい教えのもとで修行が行われて悟りを得ることのできる正法の時代，次の1000年が教えも修行もあるが，悟りの得られない像法の時代，1500年を経た後の1万年間が仏法が衰え，修行して悟る者もいない末法の時代とされた．この末法第一年に，大和の長谷寺が焼失し，末法の到来を実感したの

である．

阿弥陀如来と観音菩薩・勢至菩薩など二五菩薩が西方浄土から雲に乗って迎えにくる様子を描いた，聖衆来迎図が数多く描かれ，極楽往生を希求する浄土信仰が盛んになっていく．その一方で，凄惨な地獄絵が描かれ，堕地獄の恐怖は圧倒的な迫真性をもって迫っていった．出家遁世した西行は，牛頭・馬頭の獄卒に追い立てられて，紅蓮の炎に焼かれる罪人が描かれた姿を地獄絵にみて，「みるもうしいかにかすべき我心　かゝるむくいのつみやありける」(『聞書集』)と，自分の内面をみつめながら，罪の報いにおののいたのである．

(4) 地獄に堕ちた清盛

『平家物語』は，血で血を洗う武者たちの世界を描いている．「沙羅双樹の花の色，盛者必衰の理をあらわす．驕れる者久しからず，ただ春の夜の夢の如し．猛き人もついには滅びぬ，ひとえに風の前の塵に同じ」と語ったのは，盲目の琵琶法師であった．仏教の無常観というよりも，人の世のはかなさ・虚しさの心情を季節の移ろいのうちに感じ入る無常感を，見ることを断念させられた盲人の語りという声の力によって生み出し，日本人の根本的といえる心情を培ってきたのである．

『平家物語』は，平家一門，とくに平清盛の鎮まることなく，祟りなしてやまない亡魂の鎮魂の物語である．清盛は保元の乱で叔父の平忠正を斬った．南都焼き討ちを平重衡に命じて，東大寺の大仏を焼亡させ，僧侶や稚児など1700人を焼死させた．まさしく仏法の滅亡を象徴する悪逆無道である．平清盛はまもなく命取りとなる重い熱病におかされる．京中では悪業の報いだとささやかれた．高熱で七転八倒の苦しみを受けたのだ．

清盛の妻は，大仏を焼いた罪によって，清盛を無間地獄に堕とすため，閻魔庁から牛頭・馬頭の獄卒が猛火に包まれた車を引いて迎えにきた夢をみている．霊験のある寺社に金銀財宝を奉納し，病気平癒の祈願をしても効き目なく，清盛は高熱に苛まれて悶え死にした．悪業ゆえに，悪相きわまる死に様であったとされる．地獄に堕ちた勇者どもの最たる者が，清盛だったといえよう．だが，はかない人の世の盛衰のゆえに，極悪人の怨霊であれ，慰撫されなければならないのである．

3.4　鎌倉仏教の宗祖たち

(1)　専修念仏の法然

末法の世の到来は地獄に堕ちる恐怖感，極楽往生への危機感を募らせた．この末法の世にふさわしい教えと救いの方法が模索されていく．鎌倉新仏教の誕生，また旧仏教の革新を促していった．

浄土宗の宗祖となる法然 (1133-1212) は，9歳の時に，父親を亡くしている．それも，武士の夜討ちにあって殺されたのである．父は仇討ちを戒めて，仏門に入って，菩提を弔うように遺言して，息絶えた．末法の世にふさわしく，法然の少年期は語られている．法然は15歳の時に比叡山に登り，得度した．4年後，浄土教を学んだ師匠から法然房の房号を受け，源空と名乗った．そして，30年間にわたって居住し修学した比叡山を下りた．

源信の『往生要集』を学び，その典拠になっている唐の善導の『観無量寿経疏』に出会い，念仏を往生のための正しい修行法とするにいたる．法然は夢の中で善導が現れて対面し，末法の世で凡夫が往生するためには念仏をひたすら行うこと，専修念仏こそが唯一の道であることを確信したとされている．

法然は天台宗の顕真に大原に招かれて，専修念仏について議論した．大原談義とよばれ，東大寺の重源などの学僧も多く集まり，法然の名が知られるようになった．次第に証空，弁長，幸西，隆寛，そして親鸞などの弟子が集まり，また熊谷直実のような武士も帰依して熱心な信奉者となり，法然を中心とした隠世僧の集団が生まれていった．

法然は1198 (建久9) 年に九条兼実の求めに応じて，『撰択本願念仏集』を著している．自力の修行によって現世で悟りをめざす聖道門と来世に極楽往生を願う浄土門のうちで，末法の世では難

行の聖道門を捨てて，易行の浄土門に入ること，阿弥陀仏の名号を唱える称名念仏だけが衆生を救済しようとした阿弥陀仏の誓願にかなった行であることなど，誰もが実行でき，往生のための唯一の行として，「ちしやのふるまいをせずして，只一かうに念仏すべし」（『一枚起請文』）と専修念仏を説いた．

ここに，旧仏教にはない革新性があったのである．専修念仏が広まっていくとともに，聖道門を否定する法然に対して，華厳宗の明恵など旧仏教側の批判が高まっていった．そればかりでなく，朝廷によって弾圧され，4名の僧が死罪となり，法然や高弟の親鸞などが流刑に処せられたのである．

(2) 他力本願の親鸞

浄土真宗の宗祖となる親鸞（1173-1262）は，比叡山を下り，京都の六角堂に百日籠もった．9歳のときに比叡山に上ってから，20年経っていた．この参籠において，聖徳太子が現れて，夢告を授けられた．夢の中のお告げによって，親鸞は法然のもとに百日通いつめたとされる．また，六角堂の本尊，救世観音が僧の姿で現れ，仏道修行者が前世の因縁によって女性と交わることがある場合，観音自身が女の身になって交わってやり，臨終のときには極楽浄土に導いてやろうという，夢告を授けられたともいわれる．

法然に帰依して弟子となった親鸞は，1207（承元元）年，専修念仏の弾圧に連坐し，僧の身分を剥脱され，俗名を名乗らせられて，越後に流された．親鸞は，僧に非ず俗に非ずとして，恵信尼を娶って妻帯し，愚禿親鸞と称した．民間で妻帯して活動する阿弥陀聖（俗聖）になりきろうとしたといえる．流罪を許されて，親鸞は常陸国へ向かい，20年間過ごして，62歳の頃に京都へ帰った．『教行信証』など多く著し，1262（弘長2）年，90歳の長命をもって没した．弟子の唯円が親鸞から聞いた教えをまとめたものとして『歎異抄』が残されている．

親鸞も法然の教えを継承して，専修念仏を徹底していった．阿弥陀仏の一切の衆生を救おうとして起こした誓願を信じて頼み，なんら意図的なはからいのないことを他力，他力本願とした．誰でもが救われている存在であることを信じきって，阿弥陀仏に身を預けるだけでよい．もはや往生のために念仏する必要もなく，ただ救われていることを感謝する念仏だけでよい，と説いた．

「悪性さらにやめがたし こゝろは蛇蝎のごとくなり」（『正像末法和讃』）と，心は蛇や蠍のごとくであり，愛欲の世界に沈潜し，罪業や悪業に身を置かざるをえないのが，親鸞自身含めて，すべての人間の現実であるとし，末法の世に生を享けた者において，阿弥陀仏の本願のもつ意義が見出されている．旧仏教でも，無知・愚鈍の者，また悪人でも，念仏を唱えるなら往生できると説かれてきた．称名念仏は仏の教えに最も縁の薄い者のための，最も劣った行とされた．しかし，すべては穢れと悪にまみれた存在，悪人ではないか，それは高みに立った物言いにすぎないのではないかと批判し，親鸞は「罪悪深重の我が身」に立って，罪と悪を問いつめたのである．

(3) 禅宗創始の栄西

臨済宗の宗祖，栄西（1141-1215）は備中国の吉備津神社の神官の子として生まれた．14歳のときに比叡山に登り，得度している．21〜22歳の頃，比叡山を離れ，備前国（岡山県）や伯耆国（鳥取県）の霊場・寺院で修行した．栄西は1168（仁安3）年と1187（文治3）年，日宋貿易の商船に乗って，二度，宋に渡っている．はじめは短期間で，二度目は5年間，宋に滞在している．

中国仏教では，当時，禅宗が盛んであった．多数の流派が競い合っていたが，臨済義玄に始まる臨済宗と洞山良价・曹山本寂に始まる曹洞宗が主流になっていた．栄西は天台山万年寺を訪れて，虚菴懐敞に師事した．懐敞が天童山景徳寺に移ると，師に従って，50歳で，禅の悟りを体験して，臨済宗黄龍派の禅を受け継ぎ，1191（建久2）年に帰国した．

帰国後，栄西は筑前国（福岡県）香椎宮の側に建久報恩寺，博多に聖福寺などを創建して，北九州で禅宗を広めていった．禅によって天台宗を復

興し，僧侶が厳しく戒律を保持することを説いたのである．しかし，比叡山から新しく一宗を立てることをめざすものとして非難され，比叡山の意向を受けて，1194（建久5）年に朝廷は栄西の禅宗を禁止した．

比叡山に対する反論と禅宗の公認を目的として著されたのが『興禅護国論』である．1198（建久9）年に完成されている．ここでは，最澄によってもたらされ，円仁・円珍・安然とつづいた比叡山の禅の伝統を復興するものであり，新しい宗派を立てるのではないことを力説している．また，禅宗が末法の時代にふさわしく，国家を鎮護する仏教として有用なものであることを力説し，やがて禅宗は一宗として独立することを認められることになる．

栄西は鎌倉に下り，二代将軍の源頼家や北条政子の帰依を受け，その保護のもとで，鎌倉に寿福寺，京都に建仁寺を開創し，武家政権と強く結びついていった．栄西は宋の文化を紹介したことで知られる．とくに茶種をもたらして，良薬として茶の効能を説いた『喫茶養生記』を著して，源実朝に献呈している．

（4） 只管打坐の道元

曹洞宗の宗祖，道元（1200-53）は土御門天皇の外祖父として権勢を誇っていた久我通親の子として，1200（正治2）年に生まれた．幼くして両親を亡くして，13歳のとき，比叡山に入った．しかし，4年ほどして（2年たらずで），叡山を下って，栄西の高弟，建仁寺の明全に師事した．

1223（貞応2）年，明全とともに，入宋した．天童山で如浄に出会い，「仏々祖々面授の法門，現成せり」と如浄が語ったと後に記している．釈迦から祖師へと代々直接に対面して継承された仏法の伝授が道元にも成就した，と認められたのである．道元，26歳のときである．そして，修行すること2年，僧堂で睡魔に襲われた僧を如浄が一喝する大声を聞いて，道元は身も心も軽やかになり，悟りを得た．ひたすら坐禅して，身にも心にもとらわれない無我の境地に達したという．

只管打坐，身心脱落という仏祖によって正しく伝えられた，曹洞宗の禅を受け継いで帰国することになる．道元は宋に5年滞在して，建仁寺に戻り，京都深草に興聖寺を創建し，僧堂を開いて坐禅を始め，また『正法眼蔵』の講述を開始し，俗人も多く参集した．1243（寛元元）年，道元に帰依した武士，波多野義重に招かれて，越前（福井県）に移り，永平寺を創建する．

道元は山中に永平寺を建てたように，山林での清浄な僧堂生活を重視し，「参禅は身心脱落なり．祇管打坐して始めて得たり」（「弁道話」『正法眼蔵』）と，何よりもひたすら坐禅に専念すること，只管打坐が正しい仏道修行だとした．それは悟りに達するための手段ではなく，坐禅（修行）それ自体が悟り（証）そのもの，すなわち修証一如であると説いた．したがって，「衆生は親疎を選ばず，ただ出家受戒を勧むべし．……仏祖正伝するは，出家成仏なり」と，厳しい出家主義を強調したのである．

また，「国王大臣に近づかず，檀那施主を貪らず，生を軽んじて山谷に隠れ居し，法を重んじて叢林を離れず，世を宝とせず，寸陰を惜しんで万事をかえりみず，純一に弁道せよ」と説き，世俗を離れて，山中に籠もり，坐禅を徹底して実践するなかにこそ，悟りの世界が立ち現れるとした．この身も心も坐禅に打ち込んだ世界では，松に吹く風も法の声であり，それを聞く者も法そのものであり，散りゆく花や落ちていく木の葉など森羅万象が悟りの世界となるのである．

（5） 折伏の日蓮

日蓮（1222-82）は，安房国（千葉県）の生地，小湊の近くにある清澄寺に，12歳のときに入った．天台教学を学び，密教を修行していた．1242（仁治3）年，21歳のとき，比叡山に登っている．そして，10年して下り，清澄寺に帰った．1253（建長5）年，32歳のときである．浄土教を批判し，法華経こそが成仏のための経典であると説いた．このときが立教開宗の年とされている．この念仏排撃によって，日蓮は寺を追われることになる．日蓮，法難の始まりである．伊豆流罪，竜の口法難，佐渡流罪と続く．

◆ Ⅲ. 日 本 宗 教 ◆

日蓮は「片海の石中の賤民が子」「海辺の旃陀羅が子」と自分のことをよんだ．旃陀羅も賤民を意味し，自分を最底辺・最下層の者と位置づけたのである．それは，法難体験を通して，世俗や仏教界の権威・秩序に真っ向から立ち向かおうとする姿勢を表明したものといえよう．国主を諫める諫暁，他宗を徹底して批判する折伏を生涯にわたって貫いたのである．

日蓮は1259（正元元）年に『守護国家論』を，翌年には『立正安国論』を著している．当時，頻繁に起こる大火，大雨，洪水，山崩れ，地震，暴風雨といった天変地異，そして疫病，飢饉，病死する者や餓死する者のおびただしい遺骸，まさしく末法の世を実感させる，悲惨極まっていた．

日蓮はこうした災厄の原因がどこにあるのかを明らかにする．法然の説く邪悪な念仏宗が蔓延したため，守護する神々が国土を捨てた結果であるとした．念仏宗を禁止し，『法華経』の信仰に戻らなければ，内乱の難と他国の侵略の難が生じると警告した．

そして，王位にある者，政治を司る臣下は仏法を優先させて国を治めるべきであり（「王位に居る君，国を治むる臣は，仏法を以て，先と為して国を治む可きなり」『守護国家論』），正法と邪法を区別しなければ，災害が起こり，民は国を逃げ出し，王・臣下は地獄に堕ちるのだとの信念をもって，『立正安国論』を北条時頼に進呈した．

この諫暁は無視されたが，1274（文永11）年，蒙古襲来によって，他国の侵略の予言は的中したと確信するのである．とはいえ，日蓮に対する弾圧は繰り返されることになり，迫害を受けることを末法の世に『法華経』を布教する行者の宿命とした．法華行者として，日蓮は末法の世ではただひたすら南無妙法蓮華経と唱える，専修唱題を行とした のである．

(6) 踊念仏の一遍

時宗の宗祖となる一遍（1239-89）は，1274（文永11）年，妻と娘などをともなって遊行の旅に出た．一所に定住せずに，各地を修行と布教のために遍歴したのである．四天王寺，高野山などを巡り，阿弥陀の浄土にもっとも近いとされていた紀伊国の熊野に行き，本宮の証誠殿に参籠した．百日の参籠の間に，衆生の浄土往生は信・不信，浄・不浄に関わりなく，阿弥陀如来の名号によって定まったことであるから，「南無阿弥陀仏決定往生六十万人」と記した札をひたすら配るようにという，熊野権現の夢告を受けた．

この名号の札を配る賦算をしながら，四国，九州，山陰を巡り，京都で布教した後，信濃国（長野県）の善光寺を参詣し，小田切里を訪れ，空也の先例にならって，弟子たちとともに，鉢を手にして箸で叩いて，踊念仏（踊躍念仏）を始めたとされている．一遍は賦算と踊念仏によって，多くの民衆から帰依を受けた．奥州や関東などへもおもむき，一遍は，1289（正応2）年，51歳の時，遊行の旅の中で死去した．

一遍たち時衆の踊念仏は大衆的に歓迎される一方で，好奇の眼も向けられた．踊念仏は信仰の喜びと感激が自然に手の舞い足の踊りとなったものとされるが，見物人が多く集まり，人気を博して，布教のための有力な手段となっていくにつれて，踊り屋とよばれる高床の舞台を造り，見せる踊りにもなっていった．床板を踏み破るほどの勢いで，熱狂的な陶酔に浸って激しく踊り狂ったため，野馬や山猿のようだなどと評された．

こうした批判に対して，一遍は「はねばはね踊らばをどれ春駒ののりの道をばしる人ぞしる」「ともはねよかくてもをどれ心ごま弥陀の御法と聞ぞうれしき」（『一遍上人語録』）と歌を詠んでいる．南無阿弥陀仏という名号そのものの中に往生は決定されているのであり，念仏はあらゆる自力や我執を捨てて，一心不乱に唱えるべきだと教えた．一遍が先達として慕った空也の遺跡である，京都の市屋などで行った一遍たちの踊念仏の様子は『一遍聖絵』『一遍上人絵伝』に生き生きと描かれているように，エクスタティックな法悦の境地に悟りが体験されたのである．

4 宗教戦争・統制と民衆宗教

Ⅲ．日 本 宗 教

4.1 神国思想の発生

1274（文永11）年，1281（弘安4）年と続いた文永・弘安の役，二度のいわゆる「元寇」は，いやがうえでも神国意識を高揚させた．外寇による国難を訴えた日蓮にしても，神祇は仏法を守護する善神であり，神仏習合思想の本地垂迹説に基づいた神国観である．この神仏習合思想に依拠して，神々が整備され，神々の体系化が企てられていく．

13世紀末，鎌倉時代末期から南北朝期にかけて，伊勢神宮外宮の神職，度会家行によって，伊勢神道が成立する．神宮の神域や神事では仏教を禁忌とする伝統があったが，「仏法の息を屛し，神祇を再拝し奉れ」（『倭姫命世記』）と，仏法を退けて，神々を深く礼拝せよと神への自覚が一層強まっていった．しかし，仏教を全面的に拒み否定するものではなかった．

伊勢神宮とは天照大神を祀る内宮であり，豊受大神を祀る外宮は勢力が弱かったため，外宮の度会氏は神仏習合思想を用いて，内宮よりも優越していることを説いた．儀礼によって神々を祭祀していた段階から，神々の教えの理論化がはかられることによって，神道理論が形成されていったのである．

仏に神が従属するとする，本地垂迹説による神仏関係は次第に変化していく．神を主とし，仏を従とする，これまでの神仏関係を逆転させた，神本仏迹説が吉田兼倶（1435-1511）によって唱えられたのである．これは吉田神道とよばれる．兼倶は『唯一神道名法要集』を著して，これまでの本地垂迹説に基づく神道に対して，吉田家には本源的な神道として，元本宗源神道が伝わっていると主張した．神道・儒教・仏教の三教の中で，神道が万法の根本であり，他の二教は神道の分化であるとしたのである．

兼倶は，足利義政の夫人，日野富子などの援助を受けて，吉田山に八角堂の大元宮斎場所と名づけられた斎場を建てた．ここに，伊勢神宮をはじめとする神々を祀り，全国の神社の根元であるとした．

伊勢神宮の神器がこの斎場に降臨したとして，伊勢神宮も支配下に置こうと企ててもいる．これは失敗に終わったが，幕府や公家の支持を得て，神社に神位や神号を授け，また神職の免許を与えることが認められ，やがて吉田家は公的な権威をもつ地位を占めるにいたり，全国の神社・神職を支配下に置くようになっていったのである．

4.2 蓮如と一向一揆

(1) 同朋同行を説く蓮如

親鸞を宗祖とする浄土真宗は，1457（長禄元）年，蓮如（1415-99）が本願寺を継ぎ，精力的に布教活動をすることによって，飛躍的に発展していく．蓮如は比叡山延暦寺の支配から逃れて，近

◆ Ⅲ. 日 本 宗 教 ◆

図1 蓮如

江に出て布教し，ついで越前と加賀の国境の交通の要衝であった吉崎に道場を建てて，北陸伝道の拠点とした．1471（文明3）年，応仁の乱の最中であった．

当時，吉崎は朝倉氏の支配下にあったが，蓮如は友好関係を保ちながら，門徒を組織化し，北陸や信濃をはじめとし，尾張や三河，出羽や奥羽などの東北からも吉崎の地に参詣するようになり，本坊を中心に宿坊や商家が立ち並ぶ門前町が形成され，一大宗教センターとなっていった．

蓮如の布教の特徴は，親鸞の教えをわかりやすく記した「御文」とよばれる書簡を各地の門徒に書き送って，書簡伝道をしたことである．御文では，阿弥陀仏によってすべての人間が救われていることをひたすら信じることを力説し，阿弥陀仏の前では上下の関係はなく，念仏する者は「同朋同行」の平等の関係にあると説いている．

(2) 闘う一向一揆衆

加賀，越前，越中では，応仁の乱の地方版が繰り広げられていた．吉崎の門徒たちも在地の武士団と連合して戦うことになる．蓮如は吉崎の門徒とともに，吉崎御坊を守るためには，「仏法の為めに一命を惜しむべからず，合戦すべき」（蓮如『御文』）と仏法のために一命を惜しまずに合戦する決意であることを決議する．1474（文明6）年，真宗の一派である高田専修寺派を仏敵として，守護・地頭の勢力と戦い勝利した．翌年には，加賀の一向一揆は富樫氏の軍勢と戦い敗れ，蓮如は吉崎を去って畿内に逃れた．

蓮如は，門徒が世俗の勢力と戦ったり，世俗の掟を破ったり，他の宗派や神々を誹謗し軽んじたりすることを戒めたが，仏法は王法（世俗の法）よりもはるかに価値の高いものであることを力説した．ひとたび敗れた加賀の一向一揆衆は次第に勢力を盛り返し，1488（長享2）年には守護の富樫政親の勢力を20万の一揆軍によって打ち破り，完全な勝利をおさめるにいたる．加賀国は「百姓の持ちたる国」として1世紀にわたって，本願寺門徒が支配した．一向一揆衆は織田信長との石山合戦に敗北するまで，弥陀一仏の帰依のもと，仏法を守り，仏敵を倒すために，身命をなげうって戦っていったのである．

4.3 キリスト教とアニマの救かり

(1) サビエルの伝道

イエズス会のフランシスコ・サビエル（Francisco de Xavier, 1506-52）が鹿児島に着いたのは，1549（天文18）年の8月15日，聖母被昇天の大祝日であった．サビエルは日本上陸に際して，インドのマラッカで出会ったアンジローをともなっていた．アンジローから日本の事情を聞き，キリスト教伝道の希望をいだいたのであった．サビエルは薩摩で伝道した後，上京して天皇から布教許可をえようとして果たせなかったが，周防国の大内義隆，豊後国の大友宗麟から布教の許可をえて，山口と府内は伝道の拠点となった．

サビエルの伝道では，キリスト教の神を大日如来を援用して「大日」とするなど，はじめ仏教用語が用いられていたのだが，その誤りに気づいて，大日をデウス，魂をアニマとするなど原語を使用することにしている．

コンチリサン（痛悔）について記した，教義書『こんちりさんのりやく』に「あにまのたすかりをば，いかなる財宝にも，豈かへんや」とあるように，キリスト教で重視したのは「アニマの救かり」であったが，日本人がそれを理解し信仰することはかなり困難であった．キリスト教に改宗していない死者や先祖の霊魂は地獄に堕ちていると

—520—

されて，キリシタンは悲しんだことが，サビエルの書簡に記されている．

(2) キリシタン改宗者続出

サビエルの伝道の後，宣教師たちは領主層に接近してポルトガルとの交易・南蛮貿易を斡旋する一方で，キリスト教の保護を求めて伝道し，キリシタン大名が現れていった．貧民に食事を施したり，病院を建てて医療活動に従事したりするなどして，民衆の間にもキリシタンに改宗する者が続出していった．入洛した織田信長は比叡山や本願寺の仏教勢力と対抗するためにキリスト教を保護し，フロイスやオルガンティーノが信任を得て，1576（天正4）年にはキリスト教会堂・南蛮寺が建立されている．

16世紀後半頃のキリシタン数は20万であった．イエズス会の巡察師ヴァリニャーノは，コレジヨ（神学院）やセミナリヨ（小神学校）を設立して日本人聖職者を養成すること，日本の言語・文化を学んで実情にあった伝道をすることなどを布教方針として確立した．

1582（天正10）年，ヴァリニャーノは，日本を離れる際，有馬・大村・大友のキリシタン大名からローマ派遣の使節を募って同行した．これが天正遣欧少年使節である．ヨーロッパ各地で大歓迎され，教皇に謁見したが，帰国途上にあった1587（天正15）年に伴天連追放令が出され，キリシタンは迫害の時代を迎えることになる．

4.4 織田信長の宗教戦争

本願寺の顕如（1543-92）は一向一揆軍を擁し，浅井・朝倉氏と呼応して，織田信長・足利義昭の軍を攻撃した．親鸞の教えを継承する教団が信長に滅ぼされないように，本山のために身命を顧みずに忠節を尽くせ，一揆に加わらない門徒は破門する，と顕如は檄を飛ばしている．石山本願寺（石山御坊）は10年にわたって，信長と戦うことになる．

他方，信長は浅井・朝倉氏に味方したとして，また僧にあるまじき振る舞いをして堕落しているとして，制裁を加えるため，有力寺社勢力の筆頭である比叡山焼き打ちを敢行した．すべての堂塔伽藍を灰燼に帰し，僧侶ばかりでなく，戦乱を避けて逃れていた坂本の住人も皆殺しにした．その数，3000～4000人という．

伊勢長島の一向一揆に対しては，舟に乗って退去する一揆勢めがけて，鉄砲を並べて一斉射撃を行い，籠城していた2万人の男女を火をつけて焼き殺した．越前の一向一揆に対しても，殲滅作戦をとり，山狩りを行って徹底して掃討し，死体の鼻を削いだのである．

1576（天正4）年，信長は近江の安土に居城を築いて移った．この年から，石山本願寺の顕如は一向一揆軍を畿内・北陸・東海を中心として各地から呼び寄せて，信長の攻囲に抗し，籠城戦を始めている．石山合戦である．1579年には，信長は安土城下の浄厳院で浄土宗の玉念らと日蓮宗（法華宗）の日玩らを対決させた．安土宗論とよばれている．日蓮宗が敗北し，普伝が斬られ，日玩らは袈裟を剥ぎ取られて殴られた．これによって京都などで大きな勢力をもっていた日蓮宗の信者である町衆も屈服させたのである．

石山合戦は本願寺側の敗色が鮮明になり，次第に悲惨な様相を呈していく．「進まば往生極楽，退かば無間地獄」と記した旗が掲げられていた．1580年に顕如が大坂を去り，石山合戦は終わる．

顕如と信長，この2人は聖俗の両雄というべき人物であった．イエズス会士のフロイスは『日本史』のなかで，顕如が「神託を告げる聖なる祭司」とみなされ「生ける阿弥陀」として門徒から崇拝されていたとし，信長は「日本の偶像である神と仏に対する祭式と信心をいっさい無視した」と神仏を否定して，「自らに優る宇宙の造物主は存在しない」として「神的生命」をもつ「不滅の主」と宣言して礼拝されていたことを記している．顕如は生き仏，信長は生き神として，聖俗の2つの世界に君臨したのである．

4.5 キリシタンと殉教

(1) 殉教によるアニマの救い

1587（天正15）年，豊臣秀吉は博多で伴天連(ばてれん)追放令を発した．ここでは，日本を神国として，邪法のキリシタンを禁止するとしながらも，ポルトガル（南蛮）貿易を奨励する政策をとり，強制的なキリシタン改宗を規制したにすぎない．イエズス会は潜伏して布教を控えたが，スペイン系のフランシスコ会の宣教師は公然と布教していた．

禁令後の改宗者は，織田信長の孫の秀信などかなりの数に上っている．しかし，1596（文禄5）年，スペイン商船サン・フェリペ号事件後に，事態が急変する．スペインがフランシスコ会と組んで，日本征服を企んでいるとの讒言によって，フランシスコ会宣教師，日本人イエズス会士，日本人キリシタンが捕らえられ，翌年，長崎で26人が処刑されたのである．日本での最初の殉教者であり，ヴァティカンの教皇庁は1862年に聖人に列し，「二十六聖人の殉教」とよばれている．

徳川家康は秀吉の禁教政策を引き継いだが，対外貿易のために宣教師の活動を黙認していた．17世紀初頭頃には，キリシタンは70万人に達していた．1613（慶長18）年には，仙台藩主の伊達政宗はスペインとの通商開設や宣教師派遣を要望して，支倉常長を正使として，遣欧使節団を派遣した．

この年，幕府は全国にわたるキリシタン禁教令を発して，宣教師を国外へと追放し，徹底的なキリシタン弾圧へと踏み切っていく．翌年，キリシタン大名の高山右近などをマニラに追放し，キリシタンの迫害と殉教が繰り広げられていった．

1637（寛永14）年，圧政に苦しんだ島原・天草の農民や武士たちは一揆を起こして武装蜂起に立ち上がった．益田四郎時貞（天草四郎）を大将とする，島原の乱である．これにはキリシタンばかりが参加したわけではなかったが，宗教戦争の様相を呈し，徹底抗戦をした末に，3万7000人余りが殲滅されたのであった．

この死者たちは武力で抵抗したために，殉教とは認められなかった．だが，厳しい禁教下にあって，キリシタンにとっては，殉教こそがアニマの救い，天国へといたる栄光の道として，進んで殉教をめざし，殉教者として讃えられ礼拝されることを本望としたのであった．

(2) 現世否定・超越信仰

キリシタンにおいて，現世と断絶した，来世としての天国を希求する宗教意識が初めて生まれたといえる．神仏の信仰においては，現世のほうに重点が置かれ，現世利益が願われたが，現世と来世とがいわば地続きであり，現世での功徳が現世と来世での幸福をもたらすとされている．

キリシタンとて，神の恩寵による現世での幸福や繁栄，現世利益を望まなかったわけではなかった．布教では，神デウスの信仰によって，病気の治癒ばかりでなく，豊作や大漁，商売繁盛がかなえられるとし，実際にそのような効験によって入信してキリシタンになった場合も多かった．しかし，迫害・弾圧に直面し，拷問や処刑によって，殉教が現実のものとなるとともに，現世を全面的に否定して超越し，来世を徹底して志向する信仰が培われていったのである．キリシタン排撃の書『排吉利支丹文』では「刑人あるを見れば，すなはち欣(よろこ)び，すなはち奔(はし)り，自ら拝し自ら礼す．これを以て宗の本懐となす」と，キリシタンの極端な現世否定・来世志向の信仰に対して，奇異な眼ざしが向けられるにいたっている．

ただひたすら「アニマの救かり」のみを希求したキリシタンの殉教信仰，それは禁教によって極限の淵に立たされて，花開いた徒花だったのかもしれない．とはいえ，この国に現世を徹底して否定し超越しようとした信仰が初めて生まれたのであり，明治期にいたるまで，キリシタンは恐怖の幻影となって存続していったのである．

4.6 檀家制度と民衆

(1) 寺と檀家

江戸幕府はキリシタンを徹底して弾圧する方針

をとるとともに，仏教や神道を政治権力に従属させて統制する政策を強行していった．宗門改め制度と檀家（寺檀）制度の確立が宗教統制の根幹となっていった．1629（寛永6）年頃から長崎で踏絵が始められ，キリシタンの摘発が行われたが，1640年には幕府に宗門改め役が設置され，やがて諸藩にも宗門改め役を置くことを命じた．そして，キリシタンでないことを証明するために，宗門（宗旨）人別帳が作成されていった．

この宗門人別帳は，領民を把握し管理して身分制支配を確立しようとする，戸籍制度の性格を強くもっている．キリシタンではなく，仏教信者であることを証明するために，特定の寺院（檀那寺）に所属する檀家となって，その寺院から証明してもらう，寺が家の信仰を管理・支配する関係が成立することになった．これを檀家（寺檀）制度という．家族内でも夫と妻が異なった宗旨の寺に属していることもあったが，ひとつの家がひとつの寺と固定した関係を結ぶ，一家一檀那寺へと次第に変わっていった．

古代から，貴族などによって，祖先の墳墓を築いて，その冥福を祈る氏寺が建てられていた．中世になると，武家もこれにならうようになり，近世には一般民衆にも波及して，菩提寺とよばれるようになっていった．このような背景のなかで，檀家制度が確立されていくと，寺と檀家の関係は固定化され，信仰によって寺や宗旨を替えることは認められなくなっていった．

檀家では寺院の修復や新築の費用などを負担し，仏事や法事には檀那寺の僧に依頼するという関係ができていった．僧侶は檀家制度に守られて，信者を獲得するために説教や布教をする必要がなくなり，葬式や年忌などの法事を主な仕事とする葬式（葬祭）仏教の担い手になっていったのである．

(2) 先祖祭祀と家の永続

一般民衆の間では，17世紀末の元禄期の頃から，仏壇に位牌（また本尊としての仏像）を安置し，寺の墓地や村落の共同墓地に石塔墓を建てて，死者の供養をして弔い，やがて先祖として祀る，先祖祭祀が普及していった．

子孫が先祖を祀り，先祖が子孫を守るという，先祖祭祀が尊重され，それを通じて家の存続が保障されるとする，民衆の信仰が育まれていく．それは，極楽と地獄といった仏教的な他界観が信じられていた一方で，死者や先祖がホトケとなって，子孫を守護するとともに，お盆にはこの世とあの世を往来するといった，仏教とはかけ離れた他界観も根強く培っていった．

それは，民俗学者の柳田国男が『先祖の話』のなかで，次のように指摘している通りであろう．

> 日本人の死後の観念，すなわち霊は永久にこの国土のうちに留まって，そう遠くへは行ってしまわないという信仰が，おそらくは世の始めから，少なくとも今日まで，かなり根強くまだ持ち続けられているということである．（中略）先祖がいつまでもこの国の中に，留まって去らないものと見るか，またはおいおいに経や念仏の効果が現われて，遠く十万億土のかなたへ往ってしまうかによって，先祖祭の目途と方式は違わずにはいられない．そうしてその相違は確かに現われているのだけれども，なお古くからの習わしが正月にも盆にも，その他幾つとなく無意識に保存せられているのである．

また，柳田は『明治大正史世相篇』の「家永続の願い」のなかで，「死んで自分の血を分けた者から祭られねば，死後の幸福は得られないという考え方が，いつの昔からともなくわれわれの親たちに抱かれていた．家の永続を希う心も，いつかは行かねばならぬあの世の平和のために，これが何よりも必要であったからである」とも記している．

このように，先祖の「死後の幸福」のために子孫によって先祖祭祀が営まれたとともに，子孫の現世の幸福のためにも先祖祭祀がつづけられていった．先祖祭祀は子孫と先祖を連結させ，家を存続させる意識も育んでいったが，家も先祖祭祀も災害や飢饉，都市への移住などによって，たえず危機に晒されていったのである．

4.7 武士の信仰と武士道

(1) 武家の八幡神信仰

　武家が八幡神（八幡大菩薩）を武神として信仰したのは，平安時代後期の武士層の興隆にまでさかのぼる．清和源氏の源義家（1039-1106）は石清水八幡宮の社頭で元服して，八幡太郎義家と名乗ったところから，清和源氏の氏神となっていった．鎌倉の鶴岡八幡宮は，1063（康平6）年に源頼義が安倍貞任を追討する際，戦勝祈願した石清水八幡を鎌倉に勧請したのが始まりで，源頼朝が新しく社殿を建立して整備していった．
　1192（建久3）年，頼朝の征夷大将軍叙任の儀式をこの鶴岡八幡宮の神前で執行して，八幡神は幕府の守護神となっていった．源氏の勢力圏に八幡社が広まるとともに，武士層全体の守護神となり，江戸時代には民間でも鎮守として八幡神を祭っていくようになり，全国各地に八幡宮が建てられていった．

(2) 武士道の思想

　武士の間には，阿弥陀仏による極楽往生を願って，浄土教や浄土真宗が広く信仰されたが，臨済宗や曹洞宗の禅宗も信仰されていた．それは，鈴木大拙が『禅と日本文化』のなかで説いているように，禅は生と死を無差別的に等しく取り扱ったからにほかならない．合戦において，絶えず死と直面した武士は禅の修行によって，常住，死を覚悟する心の修養をした．
　宮本武蔵（1584-1645）は熊本の曹洞宗の寺にある洞窟に籠もって，坐禅修行をし，『五輪書』を著している．武蔵は，兵法の道において，常の心に変わらない心の持ち方をせよと説き，戦いに勝つための実践論を展開し，決して武士の道徳などは説かなった．
　武士道の書として有名な『葉隠』が山本常朝（1659-1719）によって著されたのは，元禄期，もはや武蔵のいう兵法を必要としない時期である．アジア・太平洋戦争中には，『葉隠』の「武士道といふは，死ぬ事と見付けたり」という言葉が武士道を象徴する言葉となり，軍人のモットーとなった．しかし，『葉隠』では，死ぬ気になって主君に仕え，家業に勤めよ，短気にならずに時節を待てば役立つことがあると説くのである．
　さらに，「人間一生纔（わずか）の事なり．好（す）いた事をして暮すべきなり」と，人間の一生はわずかの間であるゆえに，好きなことをして暮らすべきであり，嫌いなことをして苦しんで暮らすのは愚かなことだ，自分は寝ることが好きだから，寝て暮らすとまで語っている．新渡部稲造は『武士道』（1899年）で，武士道を桜花に見立てて，潔く死ぬことをその真髄とした．だが，それはかつての武士道とは異なった，西洋の騎士道やキリスト教の教養によって潤色され，新たに創出されたナショナリスティックな近代の武士道であった．

(3) 東照宮と東照大権現

　武家の信仰としては，日光の東照宮が最たるものであろう．簡素な美として称賛される桂離宮に対して，東照宮は俗悪な金ピカ主義，悪趣味の極致だとするそしりがある．これは1933（昭和8）年に来日した，建築家ブルーノ・タウトに端を発しているとされている．しかし，井上章一（『つくられた桂離宮神話』）は，タウトの評価以前に，昭和初期のモダニストの建築家や建築史家が桂離宮と東照宮に対して，このような考えをすでに抱いていたことを明らかにしている．俗悪としての東照宮の発見もタウト神話なのである．いうまでもなく，東照宮は絢爛豪華な美の粋だとされていたばかりでなく，かつては武家の信仰対象であり，江戸期の民衆にも親しまれてきた．
　日光東照宮は東照大権現として徳川家康を祭神として祀っている．家康から遺言を伝えられた天台宗の天海は一周忌を過ぎて，日光に神廟を造営し，神霊を移した．三代将軍家光は祖父家康を神君として尊崇し，夢の中に家康が神として現れたといわれる．1634（寛永11）年，家光の命によって東照宮の大造営が開始され，1年5か月の短期間で，ほぼ今日みられる堂社が完成された．
　織田信長は生きながら自らを神とし，豊臣秀吉は死後に豊国大明神として豊国廟に祀られたよう

—524—

図2 日光東照宮陽明門

に，天下人となった家康も先例にならうとともに，人を神に祀る霊神信仰に基づいて，幕府と国土を守護する神となり，東照神君，大権現様として武士ばかりでなく，民衆の信仰も集めて親しまれていた．明治の神仏分離では，東照宮，二荒山神社，輪王寺に分かれ，近年，世界遺産に登録されている．

4.8 巡礼・遍路と現世利益信仰

(1) 巡礼・遍路への道

平安時代後期に熊野三山信仰が貴族から民衆の間に流行して，熊野詣が盛んになり，12世紀には熊野那智の青岸渡寺に始まり，奈良・京都など近畿一円を巡り，美濃国（岐阜県）谷汲の華厳寺に終わる，西国三十三か所（観音霊場巡礼）が生まれた．33という数は，苦難に遭遇した時に観音菩薩を念ずれば，33の姿に身を変えて即座に救ってくれるとする『法華経』に基づいている．

中世以降，西国三十三か所が全国に広まっていくと，坂東三十三か所や秩父三十三か所（後に三十四か所となり，西国と坂東を合わせた百か寺巡礼が16世紀頃に成立）がつくられ，やがて最上三十三か所や津軽三十三か所など東北地方にいたるまで全国各地に観音霊場が続々と生まれていった．

平安時代末期頃から，四国で山林を歩き巡る修行者が現れ，四国八十八か所は室町時代頃に始まり，江戸時代に盛んになった．弘法大師（空海）が修行したとされる，ゆかりのある霊場巡りで，特に遍路という．巡礼・遍路は菅笠をかぶり，手に金剛杖をもち，白衣をまとって，袖なしの羽織のような笈摺を重ね，白い手甲・脚絆をつけるという白装束となる．それは旅装束であるとともに，死装束でもある．煩悩を断ち切り，即身成仏を願う，死をいとわない厳しい修行の旅であり，また新たに生まれ変わるための死と再生の旅ともされている．

遍路の手にする金剛杖は弘法大師その人とされ，笠や杖に「同行二人」と記して，弘法大師と二人連れで巡り歩いているといわれている．四国八十八か所の道筋，また寺院の境内では，善根宿・接待宿と称して，遍路に一夜の宿を無償で提供したり，接待といって食物や金銭を遍路に喜捨したりして，功徳を施し善根を積む習俗が生まれていった．弘法大師とともに巡り歩く遍路は弘法大師の化身として，手を合わせて礼拝し，寄進するという，大師信仰が四国では培われていったのである．

女性運動家の高群逸枝は，1918（大正7）年，24歳の時にひとり遍路に出ている．困難な道のりであったことは想像に難くないが，後年，遍路の旅を思い起こして，『お遍路』と題した書物を刊行している．四国を「自由の国」「霊の国」とし，「足ひとたび四国に入れば，遍路愛の雰囲気だけは感ぜずにはいられまい」と，遍路と民衆の間，遍路同士の間に「遍路愛」が満ち溢れていることを讃えている．

今日でも，四国遍路，西国三十三か所や坂東三十三か所などといった札所の巡礼は，信仰リバイバルといえるほど活況をみせている．とくに四国遍路では，1か月以上もかけた歩き遍路が増えている．それは物見遊山といった観光というよりも，また空海の修行した跡を訪ねる大師信仰というよりも，自分を見つめ直そうとしたり，定年後の新たな人生の転機としようとしたり，大自然のなかに身をひたらせたいと思ったり，身近な死者の弔いをしようとしたりするなど，さまざまな契機から行われているようだ．

個人の問題を起点として遍路をしながらも，そ

の途次において，他の遍路や四国の住民，また自然と出会うことによって，新たな宗教意識が生み出され育まれ，組織化されない，ひとつの宗教運動が展開されているとみなすことができるのが，今日の四国遍路の特徴だといえよう．

(2) 地蔵・観音・不動信仰

民間の信仰の代表は，地蔵・観音・不動信仰である．来世と現世での救いをかなえてくる菩薩・明王として，今日でも信仰されつづけている．

地蔵菩薩はお地蔵さんとして親しまれている．釈迦が没した後，弥勒仏が出生するまで，仏のいない濁悪の世界から人間を救うことを仏に委ねられた菩薩である．また，地獄・餓鬼・畜生・修羅・人・天の六道に堕ちた人間を救うとして広く信仰され，六体の地蔵を造って並べたものは六地蔵とよばれている．

地蔵菩薩は僧の姿で表されていたが，次第に童子の姿をとっていくことになる．早世した子供を供養する形代として，童形の地蔵像が造られていったのである．親に先立って死んだ不孝のために，子供は賽の河原で鬼にいじめられる．そこに地蔵菩薩が現れて，「汝が親は娑婆にあり 今よりのちは我をみな 父とも母とも思うべし」（『地蔵和讃』）と，父母のかわりになろうと慰め救うのである．この賽の河原の地蔵尊，それに子安地蔵や水子地蔵など，地蔵は子供の守り本尊となっている．

観音菩薩は飛鳥時代から信仰され，観音像が造られている．先にも述べたように，観音は人間を救うために，33の身体に変身すると説かれたところから，聖観音・千手観音・馬頭観音・如意輪観音，十一面観音など多様な観音が現れた．この変化自在の観音は現世と来世の利益を授けるとされ，石山寺・清水寺・長谷寺・粉河寺などの観音寺院への参詣が盛んになる．

平安時代の末期頃から，観音霊場として西国三十三所巡礼など各地に観音三十三所巡礼が生まれていった．観音は安産の子安観音，血の池地獄から女性を救う如意輪観音など，女性の守り本尊として信仰されたとともに，慈母観音・悲母観音といわれるように，仏の慈悲と母の慈愛を重ね合わせた母性的イメージで彩られている．

地蔵菩薩は子，観音菩薩は母のイメージであるなら，父，それも厳父のイメージをもつのが不動明王である．不動明王は火炎を背に負い，手に剣をもって，怒り憤った忿怒の形相をして，恐しい容貌となっている．菩薩などの温和な姿では教化しがたい人間を救うために，大日如来が身を変えて現れたとされる．

不動尊の信仰は空海が平安時代に密教を伝えてからである．加持祈禱，護摩の修法において，不動尊は本尊となり，さまざまな悪を除いて，息災延命・諸病平癒・怨敵調伏・商売繁盛などの利益を授けるとして信じられている．成田不動，目白不動，目黒不動，法善寺横丁の水掛け不動などは，今でも参詣者が絶えない．

(3) 現世利益の神仏

近世の仏教寺院は仏による救いを説くことはほとんどなくなり，葬式や法事などによる死者の菩提を弔う供養に専念する葬式仏教として民衆と結びついていった．他方では，無病・息災・延命・治病・商売繁盛などといった除災招福の現世利益を授ける祈禱を行うことによって民衆を引きつけていった．前者を供養（菩提）寺，後者を祈禱寺とよぶことができる．祈禱寺は多くの人々が集まり，交通の便利な都市部，またその周辺で，参詣者を獲得するために，神仏の御利益を説いて繁盛していった．

稲荷信仰は全国的にもっとも普及し，神社や堂社，祠のなかでは最高位を占めている．京都の伏見稲荷，愛知の豊川稲荷（曹洞宗の妙厳寺），最上稲荷は三大稲荷とよばれている．稲荷は田の神信仰に由来し，霊獣の狐が田の神，またその使いとされて，農業神となった．また真言密教では，稲荷神を自在の通力をもつ荼枳尼天と同一とし，諸々の祈願を成就させる霊験のある福神となり，時には太郎稲荷などと固有名のついた流行神になることもあった．

福神として有名なのは，恵比寿・大黒天・毘沙門天・布袋・福禄寿・寿老人・弁財天の七福神

で，室町時代頃には広まっていたといわれる．大黒天は農業の神として，恵比寿は漁業の神・商業の神として，弁財天は学問・技芸と福徳の神として特に信仰された．正月には福徳を授かるために，七福神詣が行われ，宝船に乗った七福神の絵が初夢をめでたい夢にするために枕の下に敷くという風習も生まれている．七福神は流行神として長く続いているが，一時的に盛んに流行し，すぐさますたれてしまうものもあった．

流行神には，天満天神として有名な菅原道真，神田明神として祭られた平将門，非業の最期を遂げたとされて和霊（わ れい）として祀られた宇和島藩家老の山家清兵衛（やんべせいべえ），処刑された一揆の指導者の霊などの怨霊・祟り神を祀り上げた御霊型，大黒天・恵比寿のような福神型，それに病気や苦難を体験した人や山岳の行者が民衆の救いを遺言して神として祀られた霊神型がある．井原西鶴が『日本永代蔵』に「世は皆，富貴の神仏を祭る事人のならはせなり」と記しているように，流行神はさまざまな欲望や不安のなかで，この世で富貴や救済を願う人びととの願望を映し出していよう．

4.9　修験道と民衆の講組織

(1)　修験道

霊山・霊峰とよばれる山岳は神霊の籠もる異界として崇拝されてきた．里山の中には山全体が神体とされ，神奈備山とよばれる山もあった．また，死者の霊が山の中に行くとする山中他界観もあり，山岳崇拝・霊山信仰が古くから行われている．7世紀末，飛鳥時代あたりから，仏教や道教の影響のもとで，山中に入って修行して，神霊の力を獲得しようとする修行者が現れてくる．

修験道の開祖とされる，役小角（えんのおづぬ）（役行者，役優婆塞（うばそく））が有名だ．葛城山中の岩窟に住み，五色の雲に乗って，神仙の宮殿に通ったとされる．また，天皇の国家を倒そうとしたと，反体制的イメージで語られている．奈良・平安時代になると，山林修行者が山中に寺を建て，山岳仏教が盛んになっていく．比叡山の最澄，高野山の空海はその代表である．平安時代末期から，吉野の金峰山や熊野を修行場とする修験者が組織化され，室町時代にいたり，天台宗寺門（園城寺）派の聖護院を本山とする本山派，真言宗の醍醐寺三宝院を本山とする当山派の二大修験集団が形成されていく．

修験者は山林に起き伏しして，山岳修行によって霊力を修得するところから，山伏ともよばれる．山岳修行を峰入りといい，宇宙の根源である大日如来とその現れである不動明王と一体となって，即身成仏することをめざす．それは十界修行とよばれ，地獄・餓鬼・畜生・修羅・人・天の六界，声聞・縁覚・菩薩・仏の四界にわたる，十種の修行を行場ですることによって達成される．この十界修行は，人間としていったん死に，山中を胎内として生育し，誕生して新しく生まれ変わるという，死と再生のプロセスでもあるとされる．

修験者は僧侶でも神官でもなく，地域社会に土着して，世俗のなかで妻帯し，公的な資格のない宗教者であったため，いかがわしい者と思われた面もあった．だが，民衆の願望を加持祈禱によってかなえたばかりでなく，病気治しの医療も行ったりしていた．また，出羽国（山形県）の出羽三山のひとつ，湯殿山の修験者のなかには，江戸時代初期の本明海上人のように「国家万民を救わん」と遺言して，飢餓に苦しむ民衆を救うことを発願し，土中の穴に籠もり，断食して死去した者もいる．遺体はミイラとなって祀られて，即身仏として民衆の崇拝を受けたのである．

(2)　民衆の講組織と信仰

近世には，民間のなかに信仰をともにする集団として講が組織されている．山の神講，日待講，月待講，庚申（こうしん）講，念仏講といった地域住民の参加する講は多くつくられている．報恩講は浄土真宗の門徒の講である．職業の保護・繁盛のために守護神を祀る同業者も結成している．大工などの聖徳太子を祀る太子講，馬による運送業者の馬頭観音講，漁師仲間の夷（えびす）講，薬種商や薬売りの神農（しんのう）講がある．

寺社や霊場，霊山の参詣が盛んになり，講を組織して遠方まで集団で出かけている．遠隔地の霊

◆ Ⅲ. 日本宗教 ◆

図3 お蔭参りの様子を描いた浮世絵
（歌川広重「伊勢参宮 宮川の渡し」）

場・霊山の参詣においては，講のメンバーが相互に扶助して資金を積み立てて，籤引きなどによって代表者を選んで順番に参詣した．これを代参講という．

寺社・霊場としては，成田不動，善光寺，伊勢神宮，鹿島神宮，熱田神宮，金毘羅大権現，出雲大社などがある．霊山としては，東北の岩木山・出羽三山，関東の武州御岳・筑波山・三峯・大山，中部の富士山・飯綱山・戸隠山・木曾御岳，近畿の大峰山・熊野三山，中国の大山，四国の石鎚山，九州の英彦山・阿蘇山・霧島山が有名である．代参講が発展するうえでは，霊場・霊山に所属して，その霊験を説いて信仰を広め，参詣者の案内や宿の手配をした，御師や先達，聖とよばれる宗教者たちの活動が大きかった．

宗教的な講のなかで，特異な発展をみたのが富士山に登り参拝する富士（浅間）講である．富士講の開祖は，16世紀後半から江戸で布教して講を組織した，長谷川角行とされている．松浦静山の『甲子夜話』には，角行の両親が子供を授けてもらおうと祈願すると，「世を治め国を平ぐる教を施して天下の蒼生を済度する者と成ん」と，万民の疾病や苦難を救い，この世を治め平安にする教えを説いて，天下万民を救済する者となろう，というお告げがあったと記されている．

角行は富士山麓の洞穴で，万民救済を祈願して断食し，入滅したと伝えられている．江戸時代中期には，食行身禄が現れ，弥勒の世となって，世直しが行われることを説き，1733（享保18）年，角行にならって富士山で断食して入滅した．富士講のなかからは，明治になって，伊藤六郎兵衛を教祖とする丸山教も現れているように，世直しを説く宗教集団が結成されている．

伊勢参りは伊勢講が組織されて全国的な規模で行われていたが，一時的に多くの人々が群れをなして参詣するのが流行したことが幾度かあった．1650（慶安3）年，1705（宝永2）年，1771（明和8）年，1830（文政13）年の4回が大規模なもので，宝永には362万人，明和には207万人，文政には427万人を超える群参があったといわれる．神社のお札が降ってくるという奇瑞が現れて伊勢参りの気運が高まったり，また伊勢参りの人々が道中で食物や金銭を施されたりして，伊勢参りができたことから，お蔭参りとよばれた．

このお蔭参りでは，家の当主や奉公先の主人の許可を受けず，また役人への正規の手続きをしないで，無断で伊勢参りをする子供や奉公人や女性も多く現れ，抜け参りともよばれた．お蔭参りの老若男女は集団ごとに旗や幟を立て，笠をかぶり，柄杓をもち，太鼓や三味線を打ち鳴らして，お蔭踊りをしながら，参宮の街道を賑やかに通っていった．

純真無垢の子供たちの信心に大人が従って伊勢参りがなされ，『伊勢太神宮続神異記』に「道中往来の貴賤臈次(ろうじ)もなき事を謳歌し，大人も小児の心に准(なぞら)ふ」と記されているように，道中では身分の貴賤もなく，五穀豊穣・天下太平の始まりだといわれた．お蔭参りには，世直しの待望がこめられていたのである．

幕府倒壊の前夜，1867（慶応3）年の8月から翌年の4月にかけて，突如として「ええじゃないか」などと唱えながら踊り練り歩く騒動が勃発した．東海道の御油宿に秋葉神社のお札が降ってきたのが始まりだったといわれる．東海道・畿内を中心にして，中四国地方などにも波及している．

7歳の時，堺でええじゃないかを目撃した人によると，神宮などのお札が降ったり，恵比寿・大黒の木像が屋根から落ちたりして，神棚に祀ると，近隣の人々が群れなしてお祝いに行って，酒やご馳走を出してもてなした．それは決まって金持ちの家で，群衆は家業を投げ出して，女装・男装し，赤い襦袢を肌脱ぎにし，尻をからげて，手に柄杓をもって「えぢやないか，えぢやないか」と喚き，群れをなして踊りながら巡り歩き，土足で上がり込んでは酒を飲み，ご馳走を食べ荒らしていったという（正木直彦『回顧七十年』学校美術協会出版部，1937年）．討幕派がお札などを降らして，作為的に起こしたといわれるが，社会の不安の中で，民衆が展開した世直りを待望する運動だったといえる．

5 日本宗教の近代

5.1 王政復古と神仏分離

(1) 神道国教化の路線

1867（慶応3）年，維新政府は神武天皇の創業の始めに復することを新政の理想として掲げた王政復古の大号令を発し，翌年には祭政一致・神祇官再興の布告を出した．王政復古，神武創業の始めに基づいて，諸事一新，祭政一致の制度に復帰するため，まず第一に神祇官を再興し，祭典も復興しようとするものである．天皇親政による祭政一致の政体＝国体のもとで，神道国教化の路線が掲げられた．このとき，天皇はまだ16歳の若さであった．

同じ年，新設された神祇事務局は，僧形で神社に仕えることを禁止した．さらに政府は太政官布告によって，菩薩や権現といった仏教語を神名としたり，仏像を神体としたり，梵鐘・鰐口などの仏具を神社に置いたりすることを禁止した．これが神仏判然令といわれ，神仏分離が行われるにいたった．そして，これまで僧侶に従属していた神官が勢いをえて，仏像や仏具，仏教経典を破壊し廃棄する激しい廃仏毀釈を展開した．このような神仏分離・排仏毀釈はすでに江戸時代後期に水戸藩や長州藩で行われている．

水戸の藤田東湖は「君父よりも如来を尊び，如来の為には君父にも射向ふ」（『常陸帯』）と記して，君主よりも阿弥陀如来を尊び，阿弥陀如来のためには君主にも刃向かう仏教が，異端邪説のうちでもっとも害を及ぼしているとした．水戸藩では神道化路線のもとで，僧侶・山伏を還俗・帰農させ，寺院を整理し，大砲鋳造のために金銅の仏像や梵鐘を接収し，屋外の石仏などを破壊し，火葬を禁止し，氏子帳を作成することを命じた．これが維新政府に宗教政策として踏襲されたのである．

明治期の廃仏毀釈では，比叡山麓の日吉山王社，岩清水八幡宮，日光東照宮などの有名な大社で徹底した神仏分離が行われた．神仏分離を仏教廃止として，三河や越前地方の浄土真宗の門徒は仏教を擁護するために護法一揆を起こして戦って，政府に弾圧された．

(2) 靖国神社の創建

1868（慶応4）年，維新政府は江戸城内で官軍（西軍）の戦死者を弔う招魂祭を行っている．官軍を「皇御軍」と讃えて祀り，佐幕の賊軍（東軍）は天皇の軍隊に逆らった「道知らぬ醜の奴」として祀られることはなかった．1869（明治2）年には，官軍の戦死者を祀るために，東京九段に招魂社の仮神殿が建てられた．これが後の靖国神社である．靖国神社は別格官幣大社となり，陸海軍の管轄する軍事施設として，敗戦まで存続した．

菅原道真などのような怨霊となった者，徳川家康のような権勢者，霊力をもって民衆を救うと予言した宗教者など，人を神として祀る習俗はこれまであった．だが，祟りをもたらす怨霊でも，強

大な権力者でも，厳しい修行をして救済を約する行者でも，ひときわ秀でた業績を残した者でもなく，たんに戦死しただけで，神として祀られるようなことはこれまでなかった．おびただしい神霊をひとまとめに合祀して一座の神とするようなこともなかった．それは靖国神社において初めて行われた祭祀法である．

明治政府によって，人心を支配・統制することを目的として，南朝方の楠木正成（湊川神社）や新田義貞（藤島神社）など，天皇に忠誠を尽くしたとされる織田信長（建勲神社）などが天皇の忠臣・功臣として祀られたように，靖国神社は戦死者を祭祀して，他国との戦争での自国の戦死者のみを忠魂・英霊として顕彰し，天皇の命による海外での侵略戦争を正当化する宗教体制・国家神道体制を担ったのである．

5.2 キリシタンの闘いとキリスト教の伝道

(1) キリシタンの出現

江戸時代を通して，キリシタンたちが武力をもって一揆した島原の乱は，権力者や民衆の記憶に留められ，「切支丹の魔法」といった言葉で，キリシタンは魔法を使って，人をたぶらかし，国を乗っ取ろうとしているとして，妖怪のように恐れられてきた．1858（嘉永6）年，浦賀に黒船が来航して，それは現実的なものとなった．異人は海の彼方から災厄をもたらすとして恐れられたことも確かである．しかし，黒船来航の以前，異人に対して，好奇心を示して，接触した人々もいたのである．

1824（文政7）年，水戸藩の常陸大津浜に上陸したイギリス船員に対して，漁民たちは水や野菜などを供給して，返礼に絹織物などを贈られている．異人＝外国人を忌避し排撃しようとする憎悪や嫌悪感は，一般民衆にはほとんどなく，アヘン戦争や開国を機に，欧米に対する脅威・危機意識から，尊王攘夷をスローガンとするナショナリスティックな政治思想から，倒幕運動のなかで武士によって生み出されたものといえる．

開港にともない，長崎の居留地には大浦天主堂（カトリック教会）が建立された．居留地への立ち入りは禁じられていたが，長崎の民衆はこの洋風建築とともに，異人の宣教師を見物に押し寄せている．その群衆のなかに，浦上の隠れキリシタンが紛れ込んでいた．聖母マリアがイエスを抱いた聖母子像を眼にしたキリシタンの女性は，宣教師プティジャンと出会い，二百余年にわたって待望していたパードレであると確信し，キリシタンであることを告白した．隠れキリシタンが公然と姿を現したのである．キリシタンの復活とよばれている．

キリシタンたちにとっては，キリストもマリアも，等しく神だった．はるか昔の先祖たちのデウス信仰を変容させて，キリスト教と民俗宗教を習合させ，多くの聖人や殉教者，悪魔，それに土着の神々が信じられていた．宣教師たちはキリシタンの信仰を"迷信"と断罪して，キリシタンの再教化を始めたのである．宣教師がもっとも重視し徹底して教えたのは，おそらく十戒である．とくにその第一「御一体の天主をのみ拝み奉りて，万事に越へて深く御大切に存じ奉るべし」（『聖教初学要理』）であり，デウス崇拝による，いわば多神教から一神教へと転回を図ったのである．

1867（慶応3）年，長崎で，隠れキリシタンの検挙事件が起きた．浦上四番崩れとよばれる．幕府の宗教政策を引き継いだ明治政府によって，改宗を拒んだキリシタンは弾圧されて流刑に処せられたが，1873（明治6）年，欧米の外交団から強く抗議されて，切支丹邪宗門禁制の高札は撤廃された．それは，キリシタンたちが苛酷極まる弾圧に抗して，殉教を恐れずに潔く引き受けて，殉教者を出しながらも，「アニマの救かり」を求めて信仰を堅持した，闘いの成果にもよる．

浦上のキリシタンのひとり，高木仙右衛門は「心の中にひですの御教を信じて，口にてばかり捨てる事は如何．外面ばかりにても信徳の御教を捨奉れば大き成罪科なり」（『聖教初学要理』）という教えを守り，殉教をも辞さずに，「キリシタンを守りて日本の国法を破ると思ひなさるなら

(2) キリシタンの近代

村落共同体や国家，また現世を超える普遍的な価値観が，キリシタンの実践を通じて，初めて生み出された．現世を超越する「アニマの救かり」を希求し，結合の絆として，なによりもアニマ（霊魂）の自由を貫き，西洋近代の自由思想を心身をもって，キリシタンは受容した．これがキリシタンの思いもよらずに遭遇した，近代だったのである．およそ280年を経て，キリスト教徒は信仰の自由を獲得したのである．とはいえ，それは暗黙に認められたにすぎず，曲がりなりにも，信教の自由が確立されるのは明治憲法においてである．

これまでの神仏信仰がおもに世俗内での救い，現世利益を目的とする現世肯定の宗教といえるなら，キリシタンの世俗の権力を超越して，ひたすら霊魂の救いを希求した信仰は現世否定の宗教，もしくは現世離脱の宗教とよぶことができよう．仏教も現世否定の宗教であることは確かだが，神々の信仰や先祖祭祀と複合して，現世に密着した救いを願う現世肯定の宗教となって存続してきた．おおよその宗教は，現世肯定の宗教と現世否定の宗教の間に位置づけることができると考えられる．幕末維新期のキリシタンは，現世否定の方向へと信仰のベクトルを総力をもって向けていったといえる．

こうしたキリシタンの信仰は近代日本の幕開けにふさわしかったといえるが，それはごく少数による先鋭的な運動に留まった．この国の宗教信仰，宗教運動は，天照大神を頂点とする神々のヒエラルキーのもとで，天皇が現御神（現人神）として，神とも最高司祭ともなって君臨する宗教体制，国家神道体制に直面し，なんら疑いもなく巻き込まれていくか，屈伏していくか，あるいは対峙していかざるをえなかった．現御神としての天皇信仰が日本というこの国の宗教信仰を規定する，いわば"踏絵"となったのである．

(3) 国家と対峙するキリスト者

開国にともない，カトリックばかりでなく，ロシア正教会やプロテスタント諸派が伝道を開始した．ロシア正教会のニコライは1861（文久元）年に箱館（函館）のロシア領事館の司祭として赴任し，早くも1872（明治5）年には東京に進出して，神田駿河台にビザンティン様式の日本ハリストス正教会東京復活大聖堂（ニコライ堂）を建てている．

1864（元治元）年，新島襄は箱館から密航してアメリカに渡り，洗礼を受けてキリスト教徒となり，アンドバー神学校で神学を修めて帰国し，京都に同志社英学校を設立した．ここに小崎弘道や海老名弾正，徳富蘇峰・蘆花兄弟など，熊本英学校で学び，プロテスタントに入信した熊本バンド（信者団）の青年たちが入学して，プロテスタントの指導者になっていった．

札幌農学校の教頭として招かれたクラークは熱心なプロテスタント信者で，学生たちにキリスト教教育を施し，大きな感化を及ぼした．クラークが去った後に入学した，第二期生の内村鑑三や新渡部稲造は第一期生によってかなり強引に信者にさせられた．だが，内村鑑三は『基督信徒の慰』のなかに「余は心霊の自由を得んが為に基督教に帰依せり」と記したように，自由と独立の精神を気風とする札幌バンドを結成していった．制度的

図1　ニコライ堂

な教会に頼らずに，聖書研究をもって信仰の深みへといたろうとした，内村の無教会主義はこのような精神の現れである．

内村は天皇の署名のある教育勅語に敬礼を拒み，不敬事件として騒がれ，職を追われた．世俗の価値よりも天上の価値を，天皇の国よりも神の国をなによりも優先させたのである．『万朝報』の記者となった内村は足尾鉱毒事件を批判し，日露戦争開戦に際しては内村主筆の月刊誌『聖書之研究』でキリスト教の愛敵主義・無抵抗主義のゆえに非戦論を展開したのである．

5.3 国家神道体制と新宗教の展開

(1) 国家神道と天皇

明治政府ははじめ神祇官を設置して，天皇を頂点とする祭政一致の神道国教化政策を推進したが，古代的な祭政一致への復帰は政府の近代化政策とあまりに矛盾をきたし，次第に後退していった．1871（明治4）年，神祇官を太政官所管の神祇省に格下げし，神道国教化を大教宣布の詔に基づいた国民教化路線へと転換した．翌年には，神祇省を廃止して，新たに教部省を設置し，国民教化のために「三条の教則」を制定し，中央機関として東京に大教院，地方に中教院・小教院を設けて，大教宣布運動を展開した．

「三条の教則」とは，「敬神愛国の旨を体すべき事，天理人道を明らかにすべき事，皇上を奉戴し朝旨を遵守せしむべき事」の三条である．この国民教化の要員として教導職がおかれ，神職に加えて僧侶が任命され，さらには講釈師や落語家など説教のできる人々が民間から動員された．しかし，信教の自由や政教分離を求める島地黙雷の建白，真宗四派の大教院からの脱退によって，1875年，大教院は解散を余儀なくされ，神仏合同の国民教化運動は終息した．

1873（明治6）年に勃発した越前の護法一揆は，耶蘇宗（キリスト教）を拒絶すること，真宗の説法を再興すること，学校での西洋語の学習を廃止すること，この三条に加えて，地租改正の反対などをスローガンにかかげて蜂起した．一揆側は，新政府が国民教化のために制定した「三条の教則」をキリスト教の教えであるとし，学校で西洋語を教えることを「耶蘇宗教御布行，仏教御廃絶に相成候」，すなわちキリスト教を布教して仏教を廃絶させようとしているとし，また西洋の風俗である断髪や洋装を強制しているとしたのである．

優に3万を超える一揆勢は，南無阿弥陀仏と記した衣服をまとい，旗を押し立て，刀や竹槍をもって官憲と闘い，役所や教導職の寺院，区・戸長宅，富商の家などを破壊し焼却している．最後には，軍隊によって鎮圧され，真宗の僧侶をはじめとし，6名が斬首・絞首の死刑，18名が懲役刑に処せられている．この護法一揆は，当時頻発していた，維新政府の急激な文明開化・西洋化に対抗した，新政反対一揆だった．

大教院の解散直前に，神道関係の教導職や神道家が結集して，神道事務局を結成し，これが教派神道の発生の母体となる．教派神道とは，黒住教・神道修成派・出雲大社教・扶桑教・実行教・神習教・神道大成教・御嶽教・神道大教・禊教・神理教・金光教・天理教の十三派をいう．

教派神道十三派は明治後期に成立したが，明治政府の宗教政策によって成立したものであるため，それぞれの形成過程や組織の性格は一様ではない．第一に明治以前から活動していた神社や山岳信仰の講社組織を基盤として形成されたもの，第二に明治政府の宗教政策を契機として神道家によって形成されたもの，第三に幕末維新期より教組を中心として一定の教義に基づいて教団活動を展開していたものがある．

1882（明治15）年，政府は神官が教導職を兼ねること，葬儀に関係することを禁じた．これによって，神道は国家の祭祀をつかさどる神社神道＝国家神道と宗教教化を行う教派神道に分離されることになったのである．神社神道は皇室の神道祭祀（宮中祭祀）を頂点として，天皇の宗教的権威のもとで，国教的な役割を果たしていくことになる．伊藤博文は「我国にありて基軸とすべきは，独り皇室あるのみ」と（『憲法草案枢密院筆

◆ Ⅲ. 日 本 宗 教 ◆

記』）語り，西洋のキリスト教に匹敵する基軸をして皇室つまり天皇崇拝に求めた．それは，伊勢の神宮を頂点とする国家神道を基軸とした．天皇制国家という国体として形成されていったのである．

(2) 新たな神々の登場

天理教や金光教などといった新宗教は，近世後期から幕末維新期に，民衆の間から発生した新しい宗教集団から生まれている．教祖を中心にして，既成の仏教や神道とは異なった教えを説く教団であり，新宗教，民衆宗教とよばれる．一尊如来きのの如来教，黒住宗忠の黒住教，金光大神（川手文治郎）の金光教，中山みきの天理教，伊藤六郎兵衛の丸山教である．仏教や神道の影響を受けながらも，新たな解釈を施したり，新しい神が降臨して教えを創唱したりして，生活に密着した現世と来世の救いを民衆にわかりやすく説き，独自の民衆教団が生まれたのである．

1838（天保9）年，天理教の教祖，中山みき（1798-1887）は庄屋の妻で農婦であったが，息子の病気を治すために，山伏（修験者）に祈禱を依頼した際，神が降臨し，民衆の苦しみを救済することを命じられた．この神が天理王命とよばれ，親神とされている．農民や職人などの病気直し，女性の安産祈願によって信者を増やしていったが，地域の寺院や神社，修験者から攻撃され，布教を妨害されたり，圧迫されたりしていった．

1874（明治7）年，奈良の大和神社との軋轢を引き起こし，奈良中教院から信仰の停止を命じられ，警察によって鏡や幣帛などを没収されている．奈良中教院の取り調べの際には，「天理王という神はいない」と罵られて，親神を否定され，奈良中教院や警察，それに地域の宗教家との確執を深めていき，官憲による監視と弾圧が続けられていった．みきは，1882年から死の前年の1886年にいたるまで，警察署に繰り返し拘留された．それは18回にも及んでいる．

中山みきは，親神が泥の海から人間を造り，人間のために世界を造ったとする，『古事記』や『日本書紀』に基づいた天皇制神話とは異なる創造神話を語っていた．また，自分の身体が神からの貸しものであることを知り，欲を捨てることによって，「これからハいかなるむつか（難）しやまい（病）でも　心したいになを（直）らんでなし」（『おふでさき』）と，どんな病気でも心次第で直し，地上で病気のない平和で幸福な「陽気暮らし」の理想世界を実現できると説いている．

みきの死後も，みきの後継者として飯降伊蔵が本席となり，教団が発展するなかで，神水や神符の授与による人民の眩惑・医療の妨害，寄付の強要，集会での男女混淆による風俗紊乱といった理由で，取り締まりが強化されていった．天理教が別派独立して，教派神道の一派として公認されたのは，伊蔵の死去した翌年，1908（明治41）年のことであった．

金光教の教祖は農民の金光大神（川手文治郎，1814-83）である．家庭内に不幸が続出した後，自らも大病し，四国の霊山である石鎚山の修行者の祈禱によって全快した．それから金神のお告げを受けるようになり，金神の教えを伝えるようになっていった．民間では金神は祟り神として恐れられていたが，金神を「天地金乃神」の名で天地の親神として祭り，信者に神のことばを取り次ぎ，病気直しなどのおかげを授け，教団を発展させていった．

金光教も天理教も，いずれも来世ではなく，現世での救いを目指し，病気直しは心直しによって達成され，それは生活の場での世直しを志向することにもなったが，明治の国家神道体制のもとでは挫折せざるをえなかったのである．

5.4 大本教の弾圧とファシズム期の宗教

(1) 立て替え立て直しの大本教

明治後期の世紀の転換期から，催眠術，透視（千里眼）や念写といった超能力，西洋のスピリチュアリズム（交霊術）や心霊学，神道的な霊学，民間のシャーマニズム（巫俗）の憑霊術といった神秘主義的な霊学・霊術が流行し，またこれら東西の霊術や霊学のシンクレティズム（混淆）

も起こっていった．

霊学者の桑原天然は『精神霊動』という書物を著して，万物に精神の「霊動」があるとし，精神の霊的な作用の実在を解明し，心霊学の樹立をめざしている．明治後期から大正期にかけては，霊界や幽界という超自然的な神秘的世界，また霊術や霊能力への関心が高まっていた時期である．こうした背景のもとで，鎮魂帰神法という霊術によって発展したのが大本教である．

大本教は明治中期に出口なお（1836-1918）を教祖として始まっている．艮の金神が降臨して，病気直しの霊力を発揮して巫女として活動しながら，金光教や天理教と接触して教えや儀礼を摂取し，「この神は三千世界を立て替え立て直しする神ぢゃぞ」（『大本神諭』）と唱えて，病気直しや心直しではなく，「我よしの世」「金の世」「獣類の世」からの「世の立て替え立て直し」が起こるとする反西洋文明的で終末観的な体制批判の教えを説いた．

出口王仁三郎（1871-1948）は神道的な霊学や鎮魂帰神法という霊術を用いて，世間の注目を集めて信者を増大させて，教団を発展させていった．なおの教えに基づいて，過激に宗教的な社会変革運動を展開し，1921（大正10）年と1935（昭和10）年に二度にわたって，国家によって弾圧された．

1921年の第一次大本教弾圧の後，大本教は人類愛善を唱えて，エスペラント語を普及させ，国際的な平和運動を展開した．その一方では，皇道維新を唱えて，国家主義団体の昭和神聖会を組織し，美濃部達吉の天皇機関説排撃運動や国体明徴運動，疲弊した農村の救済運動を推進し，超国家主義的な政治運動や農本主義的な社会運動，ファシズム運動へと傾斜していった．1935年，出口王仁三郎をはじめとする多数の教団幹部は，不敬罪・治安維持法違反によって起訴されるとともに，神殿などの教団施設が徹底して破壊された．

第二次大本教弾圧事件は，近代宗教史上，最大の宗教弾圧である．大本教に続いて，御木徳近のひとのみち教団（パーフェクトリバティー教団，PL），妹尾義郎を委員長とする新興仏教青年同盟，大西愛治郎の天理本道，牧口常三郎と戸田城聖の設立した創価教育学会（創価学会），イエス・キリストの再臨による千年王国の樹立を信奉するホーリネス教会，明石順三をものみの塔の日本支部長として千年王国樹立を信奉し兵役拒否を唱えた燈台社などが，不敬罪や治安維持法違反で弾圧されている．

明治憲法における信教の自由は，「安寧秩序を妨げず及び臣民たるの義務に背かざる限り」という条項，また治安維持法や不敬罪，「国体を否定し又は神宮若は皇室の尊厳を冒瀆すべき事項を流布すること」を禁止した宗教団体法の適用によって，どのようにも制限したり禁止したりすることのできるものであった．

万世一系の神聖にして不可侵の天皇，皇祖皇宗と一体である現御神（現人神）崇拝に基づくとする国体，そして皇祖天照大神を祀る伊勢の神宮を頂点とする国家神道体制，それが近代日本の宗教的基軸であった．そのもとでは，信仰し崇拝する神仏を異にする，現世を否定して来世での救いを志向する宗教であれ，現世での救いを重視する宗教であれ，根底的には現御神崇拝や国家神道体制，国体観と相容れず，たえず国家の"正統"宗教と抵触し，"異端"宗教とみなされて，信仰が制限されたり禁止されたりしたのであり，実質的に信教の自由は存立しえなかったのである．

(2) ファシズムの宗教と天皇教

宗教団体のなかでは，ファシズム運動を展開したものも少なくはなかった．日蓮系の国柱会はそのひとつである．日蓮宗の僧であった田中智学（1861-1939）は還俗して僧をやめ，「法華経は剣なり」と唱えて，民間で日蓮主義に基づく国家建設を主張し，1914（大正3）年に国柱会を設立した．政治体制と切り結んで，仏教による国家改革や排外的な愛国主義・天皇崇拝を基調にした国家主義的な運動を展開し，軍人の石原莞爾や詩人・童話作家の宮沢賢治も入会している．

「一人一殺」をスローガンとし，直接行動による国家改造を実現させようとする日蓮主義者の団体，血盟団が井上日召（1886-1967）によって結

Ⅲ. 日 本 宗 教

成されている．日召は，日蓮主義の国教化による日本の統合と世界の統一（八紘一宇）を唱える田中智学の講演に通いつめて心酔し，日蓮主義に傾倒していった．

天皇の側近で政界を腐敗させ，農村を窮乏・疲弊させている"君側の奸"たる重臣や政治家，それらを背後から操縦して農村を搾取し，私腹を肥やしている財閥・資本家を国家の元兇とし，政財界の有力者を暗殺し，支配階級を打倒して，国家改造をめざそうと決起したのが，日召らによる血盟団事件である．そして，血盟団の残党が農本主義者の橘孝三郎や海軍青年将校などとともに，五・一五事件を起こした．

このような「一人一殺」による国家改造の実現を，日召は悪業を自覚させる「仏行」だと語っている．それはいうまでもなく，仏教の不殺生戒ばかりでなく，日蓮の教えからも逸脱していた．このような暴力や殺人，戦争を正義を実現するための不可避的な行動だとして正当化するファナティックな論理が，アジア・太平洋戦争期には蔓延していった．

例えば，真言密教のある僧侶は，煩悩を調伏し，心の眼を開かせるための方便として，正義の戦争をあえて遂行し，多くの人々を殺害するようなことがあったとしても，それは邪悪を滅ぼして，一切有情を救済するすぐれて善き行為であり，大罪とはならないと主張していたのである．

神道であれ，仏教であれ，キリスト教であれ，新宗教であれ，すべての教団は多かれ少なかれ，戦争を正当化し，戦争へと動員する教えを説き，天皇や国家のために，自己犠牲の精神をもって命を捧げることを奨励した．国民生活のなかに，現御神信仰が浸透し，いわば"天皇教"が国を挙げて信奉されていた．

仏教者たちは，この戦争が天皇の名のもとで遂行され，自他の生命をともに生かそうとするゆえに，聖戦であり，また大乗仏教の精神と一致すると説いた．天皇の命による聖戦の完遂が不惜身命の菩薩行だというのである．およそ仏教とは相容れない，天皇崇拝が仏陀あるいは阿弥陀如来への帰依とされたり，大東亜共栄圏の樹立が仏国土の建設，ひいては大乗仏教の精神とされたりしたのである．

敗戦間近には，これまで飢饉や疫病の蔓延といった災厄を除いてはありえなかった，死ぬことが日常化され自明視されるという異様な事態も出現した．特攻隊をはじめとして，自己犠牲をまったく厭わぬ死生観をいだいた"死の共同体"が生み出されていった．戦死者やその遺族たちは，靖国神社に神として祀られることを名誉ともしたのである．

また，戦死者の神霊が祀られた靖国神社は，神霊が集い留まる一種の他界とみなされた．現世のなかに，他界が構築されて信じられたのであり，これは希有のことであったことは確かだ．仏教教団でも，靖国神社本殿を「靖国浄土」と唱え，天皇や国家のための戦死によって成仏されるとした．戦時期には，ファナティックな宗教心が醸成され，国民全体が異様な熱を帯びた雰囲気に浸っていたのである．

6 敗戦と宗教の現在

Ⅲ. 日本宗教

6.1 敗戦と信教の自由

(1) 信教の自由を命じる神道指令

1945年8月，日本はポツダム宣言を受諾して，連合国に無条件降伏した．ポツダム宣言には信教の自由が明記されていた．連合軍最高司令官総司令部（GHQ）は，この年の12月に「国家神道，神社神道に対する政府の保証，支援，保全，監督並に弘布の廃止に関する件」，いわゆる「神道指令」を発した．

これは「国家指定の宗教乃至祭式に対する信仰或は信仰告白の（直接的或は間接的）強制より，日本国民を解放する為に，戦争犯罪，敗北，苦悩，困窮，及び現在の悲惨なる状態を招来せる「イデオロギー」に対する強制的財政援助より生ずる日本国民の経済的負担を取り除く為に，神道の教理並に信仰を歪曲して日本国民を欺き，侵略戦争へ誘導する為に意図された軍国主義的並に過激なる国家主義的宣伝に利用するが如きことの再び起ることを防止する為に，再教育に依つて国民生活を更新し，永久の平和及び民主主義の理想に基礎を置く，新日本建設を実現せしむる計画」だとした．国家によって指定された宗教・儀式が強制されることを廃絶し，侵略戦争へと導く軍国主義的・国家主義的な宣伝に利用されることを避けることを目的とした．

また，「日本の天皇はその家系，血統或は特殊なる起源の故に，他国の元首に優るとする主義」，「日本の国民はその家系，血統或は特殊なる起源の故に，他国民に優るとする主義」，「日本の諸島は神に起源を発するが故に，或は特殊なる起源を有するが故に，他国に優るとする主義」などが，「日本の使命」として他国・他民族を侵略し「日本の支配」を正当化するにいたった，軍国主義的・過激な国家主義的「イデオロギー」だと規定され，放棄することが命じられている．

そして，「本指令の目的は宗教を国家より分離するにある，また宗教を政治的目的に誤用することを防止し，正確に同じ機会と保護を与へられる権利を有するあらゆる宗教，信仰，信条を正確に同じ法的根拠の上に立たしめるにある」と，国家神道＝神社神道の国家からの完全な分離を命じ，すべての宗教が禁止・弾圧されることなく，法的に同じ機会と保護を受けるとした．

これによって，神道や神社に対する公的な財源による援助の禁止，国公立の教育機関での神道教育や神道神社参拝の禁止，公共建造物での地鎮祭や上棟祭の挙行の禁止，国や公共団体による戦死者の葬儀・慰霊祭の禁止，忠魂碑・忠霊塔の撤去などが命じられ，国家とあらゆる宗教の分離（政教分離）が強制的に徹底されたが，信教の自由が保障されることになったのも確かである．1947年に施行された日本国憲法第二十条で，信教の自由を基本的人権として保障し，公権力と宗教とが厳格に分離されることが明確に規定されたのである．

(2) 天皇による現御神信仰の否定

翌年の元旦には、「国運振興の詔書」と名づけられた、いわゆる"人間宣言"が出された。「朕と爾等国民との間の紐帯は、終始相互の信頼と敬愛とに依りて結ばれ、単なる神話と伝説とに依りて生ぜるものに非ず。天皇を以て現御神とし、且日本国民を以て他の民族に優越せる民族にして、延て世界を支配すべき運命を有すとの架空なる観念に基くものに非ず」と、先の「神道指令」の文言を用いながら、1940年代前半に最高潮に達した現御神信仰を天皇自ら否定したのである。

天皇は現御神にして大元帥として、学校や各家庭で御真影が掲げられて、生き神のように礼拝されていた。それがいともたやすく「架空なる観念」という言葉によって葬り去られたのである。熱烈な天皇に対する宗教的信念が崩壊して、それに代わる教祖や生き神が求められもしたが、いわゆる"無宗教"とする意識の一端は、この現御神の当事者たる天皇による現御神信仰の否認に起因しているともいえる。

6.2　新宗教運動の展開

(1) 敗戦から生まれた新宗教

戦後には、「神々のラッシュアワー」といわれるように、多くの新しい宗教団体が誕生している。とはいえ、敗戦時に一挙に新しい宗教が創始されたわけではない。大正期から昭和初期にかけて教団活動を開始していたものが多く、かなりの教団は戦前からすでに活動していたのである。

霊友会は小谷安吉・喜美によって設立された在家仏教教団で、法華経信仰による先祖供養を重視し、法華系の在家仏教教団の源流となった。ここから離脱して、庭野日敬と長沼妙佼が立正佼成会を結成し、小グループで信仰体験や家庭の悩みなどを語り合う法座を運営して発展している。いずれも戦中から布教し、女性信者が多く占めている。

戦中に国家神道の強制に対抗したことによって、会長の牧口常三郎が獄死した創価教育学会は、敗戦の直前に戸田城聖が釈放され、創価学会と改称して再建された。中小企業家や都市労働者を中心にして、法華経を広めて邪教を批判する折伏を活発に全国的に展開し、新宗教の最大教団として発展していった。後には、公明党を組織して、政界にも進出していくことになる。

戦後間もなく、"踊る宗教"として脚光を浴びた天照皇大神宮教の教祖、北村サヨは、1946年の元旦、「神の国開元」を宣言している。この年が天照皇大神宮教では「紀元」元年となる。敗戦によって、神武天皇が即位したとされる年を元年とする、大日本帝国の紀元「皇紀」は2605年にして消え失せ、天皇の統治する大日本帝国＝「蛆の国」が滅亡して、「神の国」が誕生したと宣言したのである。

北村サヨは大神様として「宇宙絶対神」の命によって「神の国」の紀元元年を迎えて、「人間この世に何しに生まれて来たか。人間はあらゆる生物一周し人間界に魂磨きに生まれて来たとこなのよ。蛆の世界をみたように、地位や名誉や金や財産に、ねぼけ、さんぼけ、よぼけ、とぼけてしもうて、人間の本分皆忘れ、ただ利己、利己、利己に走り行き、自我、自我、自我の我の天下、舞うた乞食の世は、はやすんだ。早くお目々をさましゃんせ。お目々さめたら、ああ、美しの神の国。い眠りしておりゃ、いつまでたっても敗戦国の乞食の世界」（『生書』第1巻、紀元6年［1961］）と歌いながら説法をしている。

サヨは説法で、これまでの私利私欲を優先させる利己や自我の世界を「乞食の世」「蛆の国」だとして批判した。また、「天降って根の国を治めよ、といった天皇の子孫がのう、二重橋から四重橋、六重橋までかけて、箱入りになり、釘どめにされて、目張りされて、天井に放り上げられ、置物になったのが今の蛆の天皇じゃないか。天皇は生神でも現人神でもなんでもないぞ」と、現御神・生き神だった天皇を否定し、歌って踊り、「魂磨き」をする世界がこの世であり、「神の国」だと唱えたのである。それは昭和の元号や西暦を廃棄して、天皇の国家に代わり、新しい時代のもとで神の支配する新生国家の誕生であった。

新しい年号を立てた教団には他に，やはり敗戦後間もなく生まれた璽光尊(じこうそん)（長岡良子）を教祖とする璽宇(じう)（教）がある．璽宇では，1946年を「霊壽」元年とし，璽光尊の居所を璽宮と称して，双葉山や呉清源などを閣僚として内閣を組織し，紙幣まで発行し，新国家形成の意思は強烈だったが，闇物資を隠匿したという食糧管理法違反の容疑で家宅捜査を受け，璽光尊や幹部などが逮捕されて，教団は衰退していった．北村サヨ，璽光尊の両教祖とも，天皇制国家の敗戦を真正面から受けとめて，救世主として自覚し，あらためて神政国家的な共同体の再建に向かおうとしたのであった．

(2) 天皇制国家を否定する北村サヨ

北村サヨは，「蛆の国のぬりかえじゃあつまらん．今度は全然新しい別国を建てるのじゃ．ちょうど汽車がすれ違うように，蛆の国が消えて行き，新国日の本神の国ができるのじゃ．今，天照皇大神宮が天降って，宗教と政治を，両腕に持って立ち上がる時が来たのじゃ」と「神の国」を構想していた．

サヨの「神の国」は，璽光尊のような天皇制国家のコピーではなかった．国家神道，いわば"天皇教"の壊滅後，正統も異端もない状況のなかで，「蛆の国」の全面否定による政教一致の宗教国家が夢想されていた．とはいえ，実体的な国家建設が目指されていたのではない．絶えず運動し変転してやまない"神の共同体"といったほうがいいだろう．

サヨは神棚や仏壇，仏像，一切の経文の廃棄を命じ，位牌を焼き捨て，墓も無用のものとするにいたる．そして，寺や神社との「縁切り」を信者たちに要請していく．既成の宗教的権威をまっこうから否定したばかりでなく，民間の習俗まで解体しようとしていった．敗戦後，"天皇教"を担っていた神道・仏教に対していち早く批判したのがサヨであった．伊勢神宮は「神なき後の神屋敷」にすぎない．かつての国家の総廟，伊勢の皇大神宮（内宮）を換骨奪胎して，教団名が名乗られたのである．

サヨは「敗戦国の乞食らよ，早う目をさませ，目をさませ．（中略）女役座になりました．女役座というものは，敗戦国の乞食男，百万匹前にしたとて，ひけもとらねば，さりとて女，子供でも，真心持と見たなれば，にっこり笑うて済度するのが女役座の腕前じゃ」と説法し，自分を「女役座」と称している．

「役座」とは，神の使命を果たす「神役者の座長」の略で，ヤクザの語呂合わせでもある．サヨは「女役座」として，「神の国」を建設する「神芝居」を演じ，これまでないがしろにされていた女子供こそ，なによりも救いの対象としている．あらゆる世俗的権威も宗教的権威も瓦解していた状況は，男性中心の体制に代わって，女性に自由に行動できる場を与えたばかりでなく，新しい神々を誕生させていったのである．

天照皇大神宮教は世間から"踊る宗教"と名づけられることになるが，その名の由来となった「無我の舞」のなかに「神の国」は実現されるといえよう．無心になって信仰して「無我の舞」を舞い，「ただ目ざすところは神の国，己れの魂掃除して世界平和をつくるのよ」（『生書』）と唱えて，地上への「神の国」建設，世界絶対平和の達成をめざした．

サヨは全国各地ばかりでなく，ハワイを皮切りに，北米，中南米，タイ，インドなど36か国，ほとんど世界各地に布教に自ら出向いていった．天皇制国家が瓦解した敗戦国の原爆や空襲に晒された焼け跡に，殺戮ではなく，世界平和を希求した，天照皇大神宮教の北村サヨは戦後の新宗教のシンボリックな教祖だったといえる．

6.3 精神世界とスピリチュアリティへ

(1) サブカルチャーとしての精神世界

敗戦から高度経済成長期にかけては，貧困・病気・争いに苦しむ人々が社会的・経済的に困難な状況から救ってくれる，現世中心の宗教を求めて発展させていった．だが，経済成長が停滞を迎えるに及んで，これとはかなり様相を異にした，宗

◆ Ⅲ. 日 本 宗 教 ◆

教的な文化が現れてくる．

　1960年代の終わり頃から，世界的な現象として，既存の文化に対抗する青年文化，カウンター・カルチャーが現れてくる．それと並行して，青少年を中心にした，瞑想や密教，ヨーガ，神秘主義，アメリカ経由の東洋系宗教，超能力の開発，星座や血液型による占い，心霊写真，超常現象，UFO，オカルトといったものが，雑誌やテレビや映画などのマスメディアを通して流行し，一種の社会的な現象となっている．おまじない，コックリさん，手相，姓名判断といった，いわば伝統的な占いも復活している．未成仏とされ，祟るとされた胎児の霊に対する水子供養がブームとなるのもこの頃である．

　五島勉の『ノストラダムスの大予言』が刊行されてベストセラーになったのは1973年であり，ハルマゲドン（世界最終戦争）という言葉も馴染みのものとなって，人類の滅亡がまことしやかに語られはじめた．また，超能力者とされるユリゲーラの"スプーン曲げ"がマスメディアを賑わして，"スプーン曲げ"の超能力者たちが簇出しもした．終末論的な予言や即席の超能力がテレビや雑誌などのマスメディアの消費財として大衆化し，サブカルチャーの主潮流となっていった．

　1980年代にいたると，"精神世界"といった言葉で一括された，オカルティズムやスピリチュアリズム，宗教関連書のコーナーが書店に現れ，このような傾向はさらに強まっていった．社会的・政治的な関心を欠落させた，内面世界の探求が大きな潮流として形成されていった．

　教団には所属しないで，個人的に瞑想やヨーガ，あるいはピラミッド・パワーなどといった精神世界を覚醒させ開発させるというテクノロジーやマシーンを通じて，超能力の獲得や神秘体験の達成が願望され志向されてもいった．宗教という言葉ではくくれないような，内面的・精神的な世界，また霊性・スピリチュアリティへの覚醒・探究，あるいはそうした雰囲気への耽溺が若者層を主要な担い手として，大きな潮流となって現れてきたのである．

　この超能力や神秘体験への願望には，厳しい修行あるいは身体訓練を実践しようとする意思はほとんどなく，自分の内面に秘められているとする資質，あるいは霊性，霊的能力に目覚めて開発し，ありきたりの平凡な日常生活から抜け出し，凡庸な自分自身を変革したいという，いわば"変身"願望，もしくは自己改造願望が大きく占めていた．また，ハルマゲドンが勃発して，人類が滅亡するといった終末論的な予言にしても，切迫した危機意識に裏づけられていたのではなく，社会の停滞した状況からなにほどかの変化を期待するという漠然としたカタストロフィ待望にすぎなかった．

(2)　ナウシカともののけ姫

　この80年代には，マンガ・アニメの『北斗の拳』『AKIRA』『風の谷のナウシカ』が大いに人気を博している．いずれも，人類が危機に瀕した，核戦争後の世界を描いている．超能力をもった主人公が予言に導かれて，戦士あるいは救世主として活躍し，人類や地球を滅亡の淵から救出する．

　これらは"精神世界"の潮流にぴったりと適合し，きわめて宗教的な物語として受け止められ，また宗教をテーマとした作品として考察され研究されてもきた．超能力，予言，人類・地球の破局が，このすぐれて宗教的な救世主物語，もしくは戦士物語のキーワードであり，"精神世界"の潮流を大きくしていったのである．

　宮崎駿の『風の谷のナウシカ』は，子供たちは幾度も見ても飽きることなく，繰り返し見たといわれる．1984年に劇場公開されている．"ナウシカ"のテーマは世界の終末と救世主の出現であり，80年代の精神世界の潮流に乗っている．ナウシカは「その者，青き衣をまといて，金色の野に降り立つべし，失われた大地との絆を結ばん」と予言されていたように，世界の終末から人類を救う救世主として現れる．

　少女ナウシカは空を飛び，荒野を駆け巡る．なにものにもとらわれず，自由に躍動する身体である．凛々しく毅然としたナウシカは果敢に闘い，いったん死ぬが，王蟲（オーム）の癒しの力によって甦る．もっとも忌み嫌われ呪われた動物によって再生す

る．無垢な幼年期を想起させるノスタルジックなメロディーに包まれて，ナウシカの甦りを観客も体験するところに，"ナウシカ"の魅力があったといえる．

"ナウシカ"から，13年後，『もののけ姫』が現れる．ここでは，神秘的・宗教的な色彩は薄くなっている．タタラ＝文明の横暴に対する森＝自然の逆襲，そして自然・動物と文明・人間との共生への試行がストレートに描かれている．サン＝もののけ姫とアシタカはナウシカのように闘うが，終わりのない，もしくは救いのみえない闘いを永続的に引き受けなければならない．開発か保存かといった二元論的な問題ではなく，対立・抗争の中から歴史が生みだされてくるとするところに，現代のテーマを見出すことができる．

(3) 超近代スピリチュアリズムとオウム真理教

このような宗教的な物語であれ，ヨーガ修行であれ，"精神世界"の潮流は霊性の覚醒・開発や身体訓練を重視し，日常世界を超えたもうひとつの異次元の世界，いわば異界から，日常世界を批判的に捉えていこうとする眼差しを修得することをめざす，新たな宗教的な潮流が生み出されたことも確かである．

こうした潮流は1910年代あたりから起こった霊学・霊術ブームやスピリチュアリズムの流行とよく似ている．それは近代の価値観と対抗したり，近代の科学性を強調したり，あるいはそれを超克しようとしたりした点で，近代思想の倒立した鏡像となって現れ，モダニティの色彩を濃厚に帯びていた．

しかし，"精神世界"の潮流はこうした色彩をもちながらも，個人の内面や霊性の探究・発展を志向し，近代思想や科学を超越していこうとする傾向をもっていた．超近代性・超科学性を特色として，霊性，心霊世界，異次元の世界を志向する，超近代スピリチュアリズムとよぶことができる．

それは鈴木大拙がかつて「宗教意識は霊性の経験である」（『日本的霊性』）と語ったように，「霊性の経験」という言葉で表した宗教体験をめざすものであったといえるかもしれない．しかし，その中には個人主義的であるというよりも，むしろ利己主義的なものも少なくはなかった．

自分の超能力や神秘的体験をえるためには，他者を犠牲にしてもかまわないとする意識が現れ，修行という名目で実行された．閉ざされた集団のなかで，社会との関わりをなくし，自己充足的に自分の目標だけを優先させ，自分のいわゆる神秘体験を超越的なものとして絶対視した結果である．教祖，麻原彰晃を中心として，救済の名目のもとで大量殺戮を計画・実行したオウム真理教はその最たるものであった．

オウム真理教の場合，ハルマゲドン（世界最終戦争）を阻止し，人類を救済する戦いのために，武装していくとともに，ポア＝慈悲殺人によって，悪業を重ねて地獄に堕ちるよりも，その前に殺すことによって，地獄ではなく，よりよい来世へと魂を送ることができるとし，殺人を重ねていった．

犯行を実践したオウム真理教の幹部たちは，麻原彰晃を解脱したグルとして崇拝し，グル麻原には人の将来を見通す力があり，麻原がポアを指示した者を殺害することは慈悲の行であるとしたのである．宗教の名による抗争や戦争は途絶えることがない．自分の宗教を絶対視し，他の宗教を排斥し殲滅しようとする宗教戦争には，暴力や武力を容認してきた世界の歴史が根深く関わっていよう．

6.4 無宗教意識と宗教

(1) 全人口の1.7倍の宗教人口

『宗教年鑑』（2005年版）によると，各宗教団体の信者数は，神道系が1億858万人（50.7％），仏教系が9349万人（43.6％），諸宗派系が960万人（4.5％），キリスト教系が217万人（1.2％）となる．全宗教団体の信者数は2億1383万人にもなる．日本全人口数，1億2767万の約1.7倍もある．ここでは，誰でも何らかの宗教団体の信者とされ，無宗教の者はいないことになっているので

◆ Ⅲ. 日 本 宗 教 ◆

ある．

　神道系は全人口をやや下回り，ついで仏教系はそれをもう少し下回っている．これは途方もない信者数だが，神社本庁や各寺院の本山が提示した信者数に基づき，神官や僧侶が氏子や檀家をすべて信者とみなした結果である．とすると，神道系と仏教系の信者数とされた数はほぼ重なり合っており，日本人は神道系と仏教系の信者だといえる．この神道系と仏教系の信者は自分が神道信者だとか，仏教徒だとか意識することなく，特定の宗教とは関わりのない，ごくありふれた一般の人々である．初詣や墓参りなどでしか，寺院や神社に関わらない層だともいえる．

　諸宗派（新宗教）系とキリスト教系を合わせると，1176万人（全人口の9.2％）である．これがほぼ宗教団体に所属する信者数といえる．熱心に特定の宗教を信仰している人は，全人口の1割くらいにすぎないのである．残りの90％近くは家の宗旨が何であれ，どこかの神社の氏子であれ，決まった信仰対象はないといえる．とするなら，初詣や墓参り，寺社参詣，祭りをしていても，無宗教といっていいのだろうか．

　アメリカ合衆国では，大統領選での報道で伝えられたように，キリスト教徒の宗教票が大きな影響を及ぼした．とくに宗教右派とよばれた，プロテスタントの福音派（エヴァンゲリカリズム）である．それは聖書根本主義に基づいたファンダメンタリズム（原理主義）である．聖書は誤りなく，政治に反映させるべきだと考える聖書中心主義で，神の天地・人間の創造を否定し，無神論の源となっているダーウィン進化論の教育の禁止を唱え，人工妊娠中絶・同性愛・同性結婚などに反対している．

　また最近では，神の存在や創造には直接触れないで，生命の複雑な構造にはランダムな変異と自然選択では説明できない，デザインがあるとする，インテリジェント・デザイン論が主張され，生物進化論をめぐって，教育論争が巻き起こされている．キリスト教信仰を根本的価値観とすることによって，家族の結合を強化し，家庭生活や地域社会の維持を図ろうとする，道徳的保守主義者が勢力を拡大している．

　アメリカ合衆国で，教会礼拝の出席率は毎週が45％，1か月に1回とたまに行くを合わせると，89％にものぼる．行かないは10％にすぎない．イタリアでの礼拝出席率は36％，ドイツでは20％，フランスでは12％，イギリスでは7.5％，スウェーデンでは5％である．日本では，10％ほどが宗教団体に所属する信者数であるが，家の宗教になっていて，それほど熱心でない信者もいるとすると，せいぜい8％から10％の間であり，フランスとイギリスの間に位置づけることができる．

(2) 宗教とは

　『読売新聞』の宗教意識調査（2001年）では，何か宗教を信じていると回答した人が21.5％，信じていないと回答した人が77.3％である．信じていると回答した人は1989年には28％だったが，1995年のオウム真理教事件以後，1998年には20.5％へとかなり減っている．「宗教は恐ろしいものだ」という雰囲気が拡がっていった．2000年には22.8％へと盛り返すが，再び減少している．一方，信じていないと回答する人はやや増加の傾向にあり，"宗教離れ"といわれる．

　この調査によると，宗教的な行為として，お勤め・ミサ・修行・布教などをすると回答した人が6.4％であり，盆や彼岸などに墓参りをする人は75.8％，正月に初詣にいく人が70％である．宗教を信じていないと答えた77.3％の人は無宗教なのだろうか．また，墓参りや初詣は宗教ではないのだろうか．

　この調査に答えた人，とくにこの調査項目を作成した人は"宗教"をどのように捉えているのかが問われる．おそらく，ミサや修行，布教を宗教とし，墓参り・初詣は宗教ではなく，伝統的な習俗・慣習と捉えていると推測できる．

　2005年，正月三ヶ日，寺院や神社に初詣に出かけた人々は，8966万人であると報じられていた．これは警察が雑踏警備した場所での警察庁発表の数字であるため，地域の寺院や神社で初詣をする人はもっと多いと推測できる．

2005年では，1位が明治神宮（310万人），2位が成田山新勝寺（265万人），3位が川崎大師（262万人），4位が伏見稲荷大社（261万人），5位が熱田神宮（233万人），6位が住吉大社（213万人）といった順である．恋人同士や若者たちばかりでなく，老若男女こぞって，また家族全員で，初詣に出かけている光景を想像できよう．

寺や神社への参詣，たとえば初詣や墓参りが習俗や慣習，あるいは伝統なるものであるのか，宗教的行動であるのかに関しては，たびたび議論されてきた．また，地鎮祭のような儀礼は裁判のなかでも，宗教か否かが問われてきた．こうした事態は，宗教という用語によって，どのようなことを指しているのか，宗教概念の曖昧さに起因しているばかりではないだろう．宗教という言葉に対する違和感，より強くいうと忌避感があると推測できる．

宗教という言葉は明治期に出現し，それ以降，おもに法律上の用語として使用されて，あまり日常的には馴染みのない言葉だったからともいえるのである．さらには，宗教意識や宗教行為に関して，自覚的に考えてみるような，緊張した状況にほとんど遭遇したことがないために，宗教という言葉に対する鈍感さも培われてきたといえる．

宗教といえば，おおよそキリスト教やイスラーム，また新興宗教というかつて用いられた言葉で天理教や創価学会などといった新宗教がたちどころにイメージされよう．教祖や教義，教会施設をもち，宗教団体を形成している，教団が宗教とみなされていることがきわめて多いのである．

教団という宗教組織は宗教の概念を構成する大きな要素のひとつであることは確かであるが，それだけを宗教とみなしてしまうなら，宗教の概念はきわめて狭いものとなってしまうだろう．教団もしくは制度的宗教を宗教の概念からいったん切り離して考えたほうが宗教なるものを理解しやすいとも考えられる．

個人的であれ，集団的であれ，あまり意識化されることなく，ごくありふれた行動を内省的に捉えることは難しい．宗教的な行動もそのようなもののひとつである．なんとはなしに手を合わせたり，願いごとをしたり，眼には見えないものの気配を感じたりするなどといったことがあるかもしれない．

また，正月には初詣，お盆には墓参りに行くかもしれないし，お祭りに加わるようなことがあるかもしれない．そのようなとき，手を合わせて祈ったり，なにごとかを願ったりするだろう．たとえ，寺や神社に祀られている神や仏がどのようなものであるのかを知らなくとも，あるいはどのような先祖であるのかを知らなくとも，そのような振る舞いをすることが往々にしてあるだろう．ここでは，そのような行動も幅広く宗教的な行動として考えてみたい．最近，国内外で物議を醸している事例をあげてみよう．

(3) 靖国神社参拝は宗教的活動か

小泉元首相は2004年の元旦に靖国神社に参詣した．皇居での新年祝賀の儀を終えた後であった．2001年，21世紀の幕開けに内閣総理大臣に就任して，8月13日に靖国神社を参拝した．それは，自民党総裁選で8月15日の靖国神社参拝を公約としたことによる．その翌年は4月21日，靖国神社の春季例大祭初日に，2003年には1月14日に，2005年には10月の秋季例大祭に参拝した．いずれも公約の期日とは違いながらも，靖国神社参拝を続行している．2004年には「初詣という言葉があるように，日本の伝統じゃないですかね」と記者団に得意げに語っている．

毎年，中国や韓国は，A級戦犯の合祀されている靖国神社を参拝し，侵略や植民地支配の歴史に対する真摯な反省がないとして，小泉首相に対して厳しく抗議し，参拝中止を要求している．とくに中国では，小泉首相の靖国参拝が対日感情を悪化させ，日中首脳の往来を中断させている原因だと強く批判しつづけた．

2004年の2月，大阪地裁で，小泉首相の2001年の靖国参拝は，憲法の定める政教分離原則に反するとして，国と首相，靖国神社を相手に損害賠償を求めた訴訟の判決があった．靖国参拝を「内閣総理大臣の資格で行われた」と首相の公務としての公的な参拝であることを認めたが，憲法の政

◆ Ⅲ. 日 本 宗 教 ◆

教分離原則の判断には踏み込まず，損害賠償は棄却された．

　首相の靖国参拝を公的参拝とした判決はこれが初めてである．小泉首相はこの判決に対して，「もともと何で私が訴えられてるかわからないんです．（公的な参拝か，私的な参拝かについては）答えないことにしている．どう判断されてもいい」と述べ，「毎年参拝します」と語っている．さらに福田官房長官（当時）は「個人の趣味」と話している．

　一応，確認しておくと，憲法20条に規定された「信教の自由」とは次の通りである．一項，信教の自由は，何人に対してもこれを保障する．いかなる宗教団体も，国から特権を受け，又は政治上の権力を行使してはならない．二項，何人も宗教上の行為，祝典，儀式又は行事に参加することを強制されない．三項，国及びその機関は，宗教教育その他いかなる宗教的活動もしてはならない．

　また，2004年4月に，福岡地裁は，同様の訴訟で，公的参拝であるとしたとともに，「憲法が禁ずる宗教的活動に当たると認めるのが相当だ」とし，政教分離を定めた憲法に違反するとの初めての判決を下した．原告側はこの判決を確定させるために控訴せず，判決が確定した．しかし，参拝の差し止めを命じたわけではなく，今後の参拝に法的な拘束力は及ばない．小泉首相は今後も靖国参拝を続けると言明したのである．

　宗教法人である靖国神社側は，小泉元首相の「宗教的活動」と認めようとしない言葉，手水をとって手や口を清めず，神職からお祓いも受けず，玉串も捧げず，二礼二拍手一礼もせずに，靖国の祭神を参拝する態度をどのように思っているのだろうか．靖国神社が宗教施設であることを否定されているのではなかろうか．

　1985年8月15日に，中曽根元首相がいわゆる公式参拝した際に，供花料を国費から支出したが，こうした神道儀礼を行わなかった．それに対して，当時の宮司，松平永芳は「これは私に言わせれば，『越中褌姿で参拝させろ』というのと同じで，神様に対し，非礼きわまりない」と憤慨したという．しかし，現在では靖国神社側からそのような声は聞かれない．参拝してくれるだけありがたいと，「非礼」に対して眼をつむっているのであろうか．

　小泉首相は，福岡地裁の判決後，「個人的心情に基づいて参拝している」と話している．元旦の参拝後には，記者たちの二礼二拍手一礼の神道形式をとったかの質問に対して「いや，心をこめて参拝しました」，またイラクに派遣された自衛隊員の安全も祈りましたかの質問に対しては「戦争の時代に生きて，心ならずしも命を落とさなければならなかった方々の尊い犠牲の上に今日の日本が成り立っているんだという思いと，平和のありがたさ，これからも日本が平和のうちに繁栄するように，様々な思いを込めて参拝しました」と答えている．この「個人的心情」や「心をこめて」の「参拝」とは，一体何なのだろうか．

　「参拝」という行為は何らかの対象に向かって礼拝することであろう．この対象とは，靖国神社で神として祀られている戦死者の神霊──合祀されているA級戦犯の神霊も含めて──であることは疑いないだろう．とするなら，それは宗教的心情による宗教的行為だとはいえないだろうか．だが，小泉元首相は宗教的心情でも宗教的行為でもないと思っているらしい．

　先の靖国神社の元宮司の怒りはここにあり，中曽根元首相であれ，小泉元首相であれ，宗教的心情や宗教的行為を度外視しているばかりでなく，祭神である戦死者の神霊を侮蔑し愚弄していると考えられるのである．小泉元首相のいったように「心ならずしも命を落とさなければならなかった」のではなく，国や天皇に進んで命を捧げることが使命また名誉だと信じていた戦死者もいたのだ．政治的パフォーマンスでしかないというところに，靖国参拝をする首相たちの浅薄さが露呈されているといえる．

（4） 祈りという行為

　なぜ宗教的心情が隠蔽され，宗教的行為が否定されるのであろうか．それはたんに政治的な理由によるものではないと考えられるのである．私た

ちが宗教について考えるうえで，きわめて大切な問題がそこには潜んでいるのではなかろうか．

小泉元首相は初詣を「日本の伝統」だと語っていた．おそらくそうもいえるが，宗教的行為ではないのであろうか．伝統的な慣行となっている習俗には，宗教的な要素がないのだろうか．この国では，全人口の半数以上，8000万を超える老若男女が，明治神宮や成田山新勝寺，伏見稲荷大社を始めとする，神社・仏閣に初詣に行っている．初詣はこの国の代表的な年中行事なのだ．

初詣をする人々はただなんとはなく正月だから行っているのかもしれないが，二礼二拍手一礼の神道的儀礼をするかどうかは別にして，お賽銭をあげ，柏手を打ち，手を合わせて，何事かを祈願しているようである．この一連の行為をやや詳しく見てみると，多くの場合，お賽銭をあげ，柏手を打つことは，習俗的な儀礼だといえるが，祀られている祭神の名を知らなくとも，神や仏菩薩などの祀られている対象が想定されていると思われる．そして，手を合わせ，この対象に対して，家内安全や身体堅固，学業成就，五穀豊饒，良縁などといったことを祈願していると考えられよう．

合掌し，何らかの祈りを捧げること，その熱意の程度に違いはあれ，それが初詣の中心的な行為，いわば核心となっている．若者の場合は，友人たちと群れなして集うこと，恋人と2人して連れ添うことことが大切で，祈ることは二の次になっているかもしれないが，建て前としてであれ，祈りは必然的に行なわれ，不可欠なものとなっていよう．とするなら，初詣はたんなる伝統的な習俗にすぎないのであろうか．

この祈りの捧げられる対象とは，神や仏菩薩，小泉元首相の場合は神として祀られているとされる戦死者の神霊である．それは仏像や神像として表象されることがあるが，不可視の存在であるとされ，日常の経験的な世界を超えた別の世界に存在するとされる．非日常的な世界，もしくは他界とか異界といえる世界がそれである．

この世を超えた不可視の対象とともに，そのような対象の存在するとされる世界を想定することは，日常の感覚や思考とは異なっている，いわば別次元のことだといえる．それは信仰，または信心という言葉で表され，心の働きとしかいえないことでもある．

しかし，非日常的な世界や他界・異界の不可視の存在は，心のなかの信仰・信心，いわば信の世界だけでは成り立っていない．それに対する働きかけがともなって立ち現れ存立しているといえる．祈りがそれである．合掌して，何事かを念ずるという，心の働き，そして身の働き，すなわち心身の働きが，信の世界を支えている．

なにげないといえる初詣にしても，政治的な議論を呼び起こしてやまない靖国参拝にしても，このような心身の働きが少なからずあるだろう．それが宗教という言葉で表される，特異な心身の働きの世界であるといっていいのではなかろうか．小泉元首相が「心をこめて」などと語って靖国神社を参拝する行為も立派な宗教的行為なのであるが，それは否定されているのである．

現在，宗教という言葉はあまり人気がないようである．忌み嫌われているとまではいえないが，避けられていることは確かだ．それは宗教という言葉の翻訳語としての来歴によるかもしれないが，決して神仏が信ずるに足らず廃れているからでも，祈ることがなくなってしまったからでもないようである．しかし，神仏などの不可視の対象への信仰・信心というよりも，リアリティ感が稀薄になっていることは確かだろう．また，それ以上に，祈りのリアリティ感が失われているのではなかろうか．祈りの対象とともに，祈りというなにげない心と身の働きに対する実感，また充足感が湧き上がってこないことによると思われる．

21世紀の幕開け，靖国訴訟で問われるべきは，宗教であるか否かではなく，宗教なるものの成立している根拠であった．そこに祈りという心身の働きを見出すのはたやすいことだったが，外部からの眼差しによって，宗教的活動の内実は問われも，注視されることもなかった．

祈りという内発的な心と身の働き，不可視の存在やあらゆる生き物も含めた他者との関わり合いから生まれてくる，心身の働きの現れこそ，宗教や信仰といった営みの生成する基盤だと思われ

◆ Ⅲ. 日 本 宗 教 ◆

る．あらためて世界の宗教的な状況から見つめ直してみることによって，歴史的な展開をとげてきた日本宗教の現在を捉え返すことができよう．

参考文献

金関恕編『日本古代史3 宇宙への祈り』集英社，1986年．
川村邦光『ヒミコの系譜と祭祀』学生社，2005年．
小松和彦『神になった人びと』淡交社，2001年．
島薗　進『現代救済宗教論』青弓社，1992年．
末木文美士『日本仏教思想史』新潮文庫，2005年．
辻　惟雄『日本美術の歴史』東京大学出版会，2005年．
安丸良夫『神々の明治維新』岩波新書，1979年．

Ⅳ.
世界宗教の聖典

Ⅳ. 世界宗教の聖典

1 ユ ダ ヤ 教

勝又悦子

* 「モーセはシナイ山でトーラーを受け取り，それをヨシュアに伝えた．ヨシュアはそれを長老に，長老は預言者に，預言者はそれを大協議会の成員に伝えた．…」（ミシュナ・アヴォート 1・1）
* 「『これらの言葉を書き記しなさい』（出 34：27）．神がイスラエルにトーラーを与えるために御自身をシナイで顕現されたとき，モーセに次の順で伝えられた．聖書，ミシュナ，タルムード，アガダーである．後代，学徒がその師に尋ねるだろうこともすべて，神はその時にモーセに伝えられた．」（出エジプト記ラッバ 47・1）．
* 《私は書物の中に存在する．書物とは，わが世界，わが祖国，わが家，わが謎である…》（エドモンド・ジャベス E. Jabès『問いの書』）

しばしば，ユダヤ人は「書物の民」だといわれる．国家をもてない離散の民としての宿命を負ったユダヤ人にとって書物が彼らの拠り所であったことを象徴する．ユダヤ人は歴史を通じて識字率が高かったが，それは各家庭に書物があったからである．象徴としての書物，ユダヤ人家庭に実際に置かれた具体的な書物，ユダヤ人にとってのさまざまなレベルの「書物」の起源となるのが，モーセ五書を中心とするヘブライ語聖書，つまり書かれたトーラーである成文トーラーであり，そこから派生するさまざまな解釈，法規，伝承を口伝の形で継承した口伝トーラーである．本章では，現在にまで生き延びたユダヤ教の根幹となる 2 つのトーラーの体系とその意義について，各種用語の説明，主要な口伝律法集の概説を交えて論じる．

1.1　成文トーラー

ユダヤ教の教えの根幹はトーラーである．この語は，七十人訳聖書でノモスと訳されて以来，英語では Law，日本語ならば律法と解され，法規文書の印象が強いが，元来「トーラー」とは，広く神の「教え」を指す言葉である．「トーラー」は，ヘブライ語聖書全体を指すとともに，とくに，最初の五書（創世記，出エジプト記，レビ記，民数記，申命記）を指す．この五書は「モーセ五書」ともよばれ，別格の地位を保っている．ちなみにユダヤ教でこれらの五書の書名は各書の冒頭の語句をもってよぶ．聖書中の他の多数の書は，預言書のネビイーム（前期預言書：ヨシュア，サム上・下，列王上・下，後期預言書：イザヤ，エレミヤ，エゼキエル，12 小預言書），詩文，歴史書などのクトゥビーム（諸書）に三分され，ヘブライ語聖書は，これらの頭文字をとってタナッハ（TaNaK）ともよばれる．この 3 区分の中でもトーラーの部分は，前 4 世紀初めまでには完成，ネビイームも前 200 年頃にはほぼ確立していた．クトゥビームには後代に成立したものもあり，神が一度も言及されないエステル記，世俗的恋愛歌の

形式をとる雅歌など，聖性が疑わしい書もあり，正典の枠の確定には長い過程を要したことをユダヤ教の文献は伝える．問題となった書はラビたちの詳細な検証を経て，紀元100年頃に，第二神殿崩壊後のユダヤ教の中心として機能したヤブネの学塾で最終的な決定が成された．

ユダヤ教のヘブライ語聖書での書の区分および配列は，キリスト教で普及している旧約聖書でのそれとは異なる．ユダヤ教では，サムエル，列王記が預言書として区分されている．キリスト教側では預言書群が最後に置かれるのに対して，ユダヤ教では，モーセ五書，預言書，諸書の順である．旧約聖書という呼称は，新約聖書を掲げるキリスト教からの呼称であり，ユダヤ教では決して用いない．

ヘブライ語聖書は，朗読されるものとしてミクラ（Miqra：カラー qara，よぶ，読み上げる，の派生語）ともよばれる．というのは，ヘブライ語聖書の中でもモーセ五書のトーラーは，安息日ごとにシナゴーグで朗読されるからだ．世界中のシナゴーグで，トーラーの巻き物はエルサレムの西壁の方角にあたる壁面に施された聖櫃所に趣向を凝らした装飾のカバーを施され，そのシナゴーグの宝のごとく大切に安置されている．安息日にはその巻き物はうやうやしく取り出され，シナゴーグを周回し，人々はシェマ（申命記6章4節-9節他，祈りの中心となる句，「シェマ（聞け）」で始まるユダヤ教の信仰箇条）を唱えながら，歓喜の声をあげる．壇上にて拡げられた巻き物は，その週に定められた箇所を7人の成人が順に声高らかに朗唱する．モーセ五書は1年をかけて読了されるよう各安息日ごとに区分されている．トーラー朗読は新約聖書でもすでに証言されているように長い歴史を誇る慣習であり，安息日の礼拝のクライマックスである．人々の歓喜の様，盛り上がる朗読を目にすると，いかにトーラーの巻物がユダヤの民に愛されているかが実感される．もちろん，トーラーに神の教えが体現していると考えられているからにほかならない．トーラーを読めるようになることが，一人前の成人として認められる基準であるので，ユダヤ人家庭では，子弟がトーラーを読めるようになることを目標に，教育に力を入れてきた．結果，いつの時代においてもユダヤ人の識字率は平均に比べて非常に高かったとされる．

トーラーの他にも，安息日には補遺として預言書からの朗読もされる．また，諸書の中でも次の五書は，特定の祝祭で朗読されるために，5つの巻物と称されユダヤ教徒にはなじみの深いものである．それは，雅歌（過越しの祭），ルツ記（シャブオート），哀歌（神殿崩壊を悼むアブの月9日），伝道の書（仮庵の祭），エステル書（プリム）である．

ヘブライ語聖書は，後代ヘブライ語の理解が難しくなったユダヤの民のために，それぞれの時代，地域の言語にも訳された．ギリシア語訳（セプタギンタ），アラム語訳（タルグム）が代表的である．これらは直訳を超えた解釈をも含む改訂聖書ともいうべき様相を呈している．

I.2 口伝トーラー

成文トーラーは，書き下ろされているがゆえに，絶対的な権威を有する．しかし，成文トーラーがモーセに与えられた時代から，時は移り変わり，ユダヤ人を取り巻く状況も刻一刻と変化する．このような状況に成文トーラーはどこまで対応できるのか．絶対的であるがゆえに，トーラーの教えは硬直化してしまうのではないか．そうなれば，ユダヤ教の根幹の硬直化であり，ユダヤ教という樹木の生命に関わってくる．そうしたとき，ユダヤ教はひとつの革命的方策を編み出した．絶対的なるトーラーの字句からさまざまな解釈，それに基づいて時代に即した教え，法規を導き出し，それら一切を口伝トーラーとして伝え，継承することで，移り変わる状況に対応しようとしたのである．

紀元70年，ローマ帝国ティトゥス帝はエルサレム第二神殿を壊滅させた．神殿祭儀は贖罪の手段として信仰実践の中心であり，それを担う大祭司を頂点とした祭司階級はユダヤ共同体の指導者

層でもあった．つまり，神殿崩壊によってユダヤ教の信仰と共同体は存続の危機に瀕したのである．このような状況下で，神殿祭儀に代わるユダヤ教の新しい方向として選択されたのが，聖書の学び，口伝トーラーの学び，創造，継承であった．

第二神殿崩壊が回避できないことを悟った当時のユダヤ教の賢者グループの指導者，ラバン・ヨハナン・ベン・ザッカイは棺に身を潜めて弟子にかつがせて，ユダヤ人強硬派が包囲したエルサレムを脱出した．神殿とともに滅亡するよりも再生の道を選ぶという苦渋の選択であった．そしてローマ側の司令官ヴァシパニアヌスに会見し，その時代の賢者の命を助けること，ヤブネに彼らのための学塾を創設することを請願した．ここに，ユダヤ教は，従来の社会のエリートであった祭司層に代わって，聖書の学びの賢者，教師であるラビが指導者層となり，神殿祭儀から聖書の学びを信仰の中心にすえて，新しい時代へ方向転換を始めた．変わり果てたエルサレムの様をヨハナンの弟子たちは嘆いたという．「神殿のない今，どうやって私たちの罪は赦されるのだろうか」．それに対してヨハナンは応えた「慈しみの業によってである」．神殿なき時代にあって，トーラーの教えを遵守することの重要性を伝えた．賢者が推進して行った新しいユダヤ教のあり方をラビ・ユダヤ教とよぶが，ラビたちが，創造，発展，継承させた口伝トーラーが伝える教え，法規は，各時代の危機をたくましく乗り越え，現在にも生き続けるユダヤ教の基盤を形成することになった

I.3 ミシュナ，ミドラシュ，ハラハー，アガダー

これらの用語は，多種多様，複雑多岐にわたる口伝トーラーの方法論，内容の区分が第一義であるが，それぞれ書名としても，個々の伝承という意味でも使われる．以下，口伝トーラーの実例である．

① 夕方のシェマは唱えるのは，いつからか．祭司が穀物のささげものを食べるために神殿に入る時間から，神殿の守衛の第一当直時までである…（後略）（ミシュナ・ベラホート1・1）

②「人が木を切ろうとして，隣人とともに一緒に林に入り…」（申19・5）加害者も被害者もともに入る権利をもつ林のような場所では，そこで起こった不慮の事故による死亡事件の加害者は，逃れの町に逃れることができる．

③ 6つのものが世界の創造に先んじて存在した．そのうちのいくつかはすでに創造されており，いくつかは創造されることになっていた．創造されていたのはトーラーと神の栄光の座である．トーラーについては「永遠の昔，私（知恵，トーラー）は祝福されていた．太初，大地に先立って」（箴8・23）と書かれているように．神の栄光の座については，「御座はいにしえより固く据えられ，あなたはとこしえの昔からいます」（詩93・2）と書かれているように．（創世記ラッバ1・4）

以上の口伝トーラーの例は，内容的に法規的なもの（①②）と法規以外のもの（③）に分けることができる．また聖書の聖句と直結したもの（②③）と，独立したもの（①）に大別できる．

ハラハー Halakha とは，ハラフ（halak，行く）の派生語であり，行為の道標となるもの，法規を意味する．上の例では，①，② がハラハーをあつかった伝承である．それに対して，法規以外のあらゆる領域に関わる伝承をアガダー Aggadah とよぶ．ハギード（語る）からの派生語であるアガダーには，神話，民話，民間伝承，神学，倫理，聖書の人物やラビたちの逸話，科学や医学・天文学に関する伝承，その他，あらゆる分野の伝承が含まれる．上記の例のうち③は，神学的内容にも関わるアガダーである．

口伝トーラーの学びの形態として，ミシュナ，ミドラシュがある．ミシュナ Mishnah とは，シャナ（shanah，繰り返す，復唱する）から派生した用語で，反復暗唱して学び，伝承を継承する形態である．この形態で学ばれるのは，ハラハー，すなわち法的分野に関わるものが多く，聖書の聖句とは独立して法それ自体が議論，学びの対

◆ Ⅳ. 世界宗教の聖典 ◆

象となり，反復されて記憶された．上記の例では①がその例にあたる．それに対して，ミドラシュ Midrash とは，ダラシュ（darash, 探究する，解釈する）から派生した用語で，主として成文トーラーに書かれていること，聖句の意味をさらに突っ込んで探究する学習形態である．②，③は，聖句の意味を直接扱い，その意味を探るという形態をとっていることからミドラシュであるが，その中でも②は法規に関わるので，ミドラシュ・ハラハーであり，③はハラハー以外の内容であるので，ミドラシュ・アガダーと分類される．

1.4 代表的な口伝律法集成：ミシュナ，ミドラシュ集，2つのタルムード

ミシュナ，ミドラシュは上記の用法のほかに，伝承のコレクションの書名としても用いられる．また，ミシュナは，個々のハラハーを指すこともある．

多数のハラハーの断章群は紀元200年頃，当時のパレスティナのユダヤ共同体の首長であるラビ・イェフダ・ハ・ナスィの主導で収集され，ひとつのコレクションとしてまとめられた．この集成は，ミシュナの中でも別格のものとして定冠詞つきで「ハ・ミシュナ」とよばれる．内容上6巻に分かれ，各巻は篇から，篇は章から，そして各章はいくつかのハラハー伝承から構成される．6巻の名称，その概要は表1のとおりである．最終的には，4100以上のハラハーが「ハ・ミシュナ」に含まれることになった．これはその後のラビたちの議論のベースとなり，個々の法規について，さらに議論が膨らんでいく．また，「ハ・ミシュナ」からもれた多数の伝承は，トセフタ Tosefta（「補遺」）としてまとめられたが，もちろんそこからももれた伝承も多数あり，これらは，後述するタルムードの中で，バライタ Baraita（「ハ・ミシュナ」に所収されなかった教え）として伝えられている．

さて，口伝の教えの集成とはどういう形態をとっていたのだろうか．原理的には，記憶力に秀でた者が指導者となるラビの指示に従って，多数の口伝伝承群を記憶するという形態であったと考えられている．必要とあれば，そのような者が呼び出されて，求められる箇所を暗誦した．ラビ・ユダヤ教においては，書物は，まさに「生き字引」の形をとったのである．

ハ・ミシュナ編纂までのラビたちをタナイーム（タンナ tanna：シャナの同義語，学ぶ）とよび，彼らの議論をさらに詳細に検証，総括していった次世代のラビたちをアモライーム（アマル 'amar：語る）とよぶ．五世代にわたるアモライームのハ・ミシュナについての補遺，議論，所見，注釈は，最終的にはタルムード Talmud（ラマド lamad：学ぶ）として集大成された．タルムードは，ハ・ミシュナに沿った構成で，パレスティナ版とバビロニア版の2種類がある．前者は，イスラーム勢力の席捲により荒廃間近のパレスティナで紀元400年から500年にかけて編纂されたものであり，後者は，パレスティナ没落後，ユダヤ教世界の中心となったバビロニアで編纂されたものである．一般に，パレスティナ・タルムードは，パレスティナ荒廃前にあわてて編纂されたために，内容，構成的に未熟との評価がされるが，それだけに，作為的ではない貴重な資料が残されていることもある．バビロニア・タルムードは成熟したバビロニア・ユダヤ社会を反映した完成度の高いものであり，それまでのハラハー，アガダーの集大成としてその後のユダヤ教の学びにおいて別格の地位を築くことになった．が，反面，編纂者の介入度が高く，個々の伝承の歴史性を無批判に受容することは危険である．

法的議論，聖書の学びの過程で生まれた聖書の聖句にまつわる解釈も，聖書の書ごとにまとめられていった．まず，エジプト記，レビ記，民数記，申命記の法規部分についての解釈，議論，伝承であるミドラシュ・ハラハーが，それぞれの書についてまとめられた．さらに，法規以外の内容を網羅するミドラシュ・アガダーが，聖書の書物ごとにまとめられていく．モーセ五書全体についてのアガダーの集成としてはミドラシュ・ラッバ Midrash Rabba（大ミドラシュの意，500～600年

1. ユダヤ教

表1 ミシュナ，タルムードの巻，篇名とその概要

第1巻 ゼライーム「種子」（祈禱と農業，収穫についての規定）
 ベラホート：祝福，祈り   マアセロート：十分の一税
 ペアー：貧者のために刈り残す畑の隅   マアセル・シェニ：第二の十分の一税
 デマイ：十分の一税に関する疑問   ハッラー：粉のささげもの
 キライム：動植物の種の混合   オルラー：植えてから3年以内の果樹の扱い
 シェビイート：安息年   ビクリーム：初物の果実
 テルモート：祭司への贈り物

第2巻モーエド「祭日」（祝祭日の規定12篇）
 シャバット：安息日の規定   ベーツァー：祭日についての規定
 エルービーン：安息日に運べる距離   ローシュ・ハ・シャーナー：新年祭について
 ペサヒーム：過越しの祭りの規定   タアニート：断食について
 シェカリーム：神殿に納める半シェケル   メギラー：プリムの祭り，エステル記の朗読
 ヨーマ：大贖罪日の規定   モーエド・カタン：祝祭期間の間の日々
 スッカー：仮庵の祭りの規定   ハギガー：3大巡礼祭（過越，仮庵，七旬祭）

第3巻ナシーム「女性」（結婚，離婚，女性の穢れなど7篇）
 イェバモート：レヴィレート婚   ソーター：姦淫の疑いのある女性
 ケトゥボート：結婚契約書と結婚の諸規定   ギッティーン：離縁状と離婚の諸規定
 ネダリーム：宣誓とその取り消し   キドゥシーン：婚姻とその契約について
 ナズィール：ナジル人

第4巻ネズィキーン「損害」（民事，刑事事件について10篇）
 ババ・カマ：最初の門（人や家畜の損害）   シェブオート：宣誓について
 ババ・メツィア：中の門（動産取引）   エドゥヨート：証言について
 ババ・バトラ：最後の門（不動産取引）   アボダー・ザラー：偶像崇拝
 サンヘドリン：裁判組織   アボート：父祖の教訓集
 マッコート：身体への罰   ホーラヨート：誤審の扱い

第5巻コダシーム「聖物」（神殿祭儀に関わる規定11篇）
 ゼバヒーム：動物のささげもの   ケリートート：追放の罰
 メナホート：穀類のささげもの   メイラー：聖物の誤用
 フッリーン：屠殺法，食物規定   タミード：日々のささげもの
 ベホーロート：初子の聖別   ミドット：神殿の仕組み
 アラーヒーン：宣誓の相当額   ギンニーム：鳥のささげもの
 テムーラー：代用となるささげもの

第6巻ハロート「清浄」（清浄規定12篇）
 ケーリーム：器物の不浄   ニッダー：生理中，出産後の女性
 オホロート：天幕についての規定   マクシーリーン：汚れをもたらす液体
 ネガリーム：皮膚病についての規定   ザービーム：流出のあったもの
 パーラー：赤い雌牛の灰による清め   テブール・ヨーム：一日の浸礼
 トハロート：儀礼的汚れ   ヤダイム：手の汚れ
 ミクバオート：儀礼用水槽について   ウクツィーン：茎，皮，根による汚れ

頃編纂）が代表的である．その中でも創世記ラッバとレビ記ラッバは，それぞれ注釈型ミドラシュ，説教型ミドラシュというユダヤ教の聖書解釈集の2つの原型となった．

1.5 口伝トーラーの特徴と意義

口伝であることを反映して，ラビ・ユダヤ教文献では共通して，「ラビXが言うことには…」「ラビYがラビZの名において伝えることには…」，という形式で伝承は引用される．しかし，このラビ名を額面どおり受けとって，これらの伝承がそのラビが生きた時代の現実を反映していると考えることは，現代のユダヤ学では危険視されている．つまり，ラビ文献は，歴史構成の資料としては非常に扱いが難しい．

また，ラビ文献の議論は，1つの結論を導き出すことを目的とするものではない．議論は連想的にさまざまな方向に展開していく．ハ・ミシュナは，ある程度主題別に編纂はされているものの，その法に至るまでの議論の過程，対立見解，そして直接関係のない話も多々含まれる．さらに，ハ・ミシュナを対象としたタルムードの議論では，言及された何かの言葉，法規，ラビ，聖句から連想が広がり，主題には関連しない話題に，脱線を繰り返し，多方面に議論はひろがっていく．また，1つの結論に収斂することは稀で，その議論に関係ある見解が，どれが正当か否かの別なく，列挙されていく．1つの結論を学ぶための書ではなく，そこから新たな解釈，思索をするための書である．

口伝トーラーは弟子が師と寝食をともにし全生活をともにするなかで，口伝で，全人格的に伝えられた．記憶に刻み付けねばならない口伝であるがゆえに，その学びと継承には真剣さと熱意が要されたであろう．それゆえ，遡れば，「我らのラビ（モーシェ・ラベイヌー）」と称されるモーセに，そしてシナイでモーセに授与されたトーラーに行きつく．トーラー授与に際して後代のラビの見解までもが神からモーセに明らかにされたという．ここに口伝トーラーの自由と権威がある．すべてはモーセに与えられている．つまり何を導き出そうともそれはすでにモーセに顕現されていたとしてその正統性は保証されている．何を導き出してもラビの自由なのである．にもかかわらず，口伝トーラーは放逸，混乱に陥ることなく，生活を規定する多数の法を生み出してきた．これは，成文トーラーのあり方，そして「我らのラビ」モーセに恥じない生き方を探ろうという自律的意識のなせるところであろう．モーセの権威に裏づけされた人間の解釈に対する自由，そして自律の意識，この両極の緊張感が，口伝トーラーの創出の原動力であり，成文トーラーの硬直化を防ぐばかりでなく，ユダヤ教の創造力の源となったのである．

バビロニア・タルムードは，中世以降，今度はそれ自体が解釈，注釈の対象となった．現在普及しているバビロニア・タルムードは，ミシュナ本文，そしてそれを完成するという意味でゲマラとよばれるミシュナについての議論，さらにその周りを，ラシや中世以降の権威ある注釈が囲むという構成をとっている（図1）．この構成は，成文トーラーであるヘブライ語聖書を核として，議論が議論を生み，さまざまな伝承が伝承を生み，それ自体が解釈の対象となり増殖していく口伝トーラーの様を視覚的に体現している．この議論と解釈の伝統がユダヤ教の創造力の源となったことに疑いない．こうして，成文トーラーという有形の書物と，口伝トーラーという無形で無限の書物，2つの書物がユダヤ教の拠り所となったのである．更に，口伝という形でユダヤ教にのみ伝えられたトーラーを有していることがユダヤ教の新しいアイデンティティとして機能するようになった．

1.6 ラビ・ユダヤ教以降の文献

中世においてユダヤ教は2つの大きな潮流を生む．スペインで開花した，イスラームの合理主義を媒介にして学んだギリシア哲学の影響を受けた

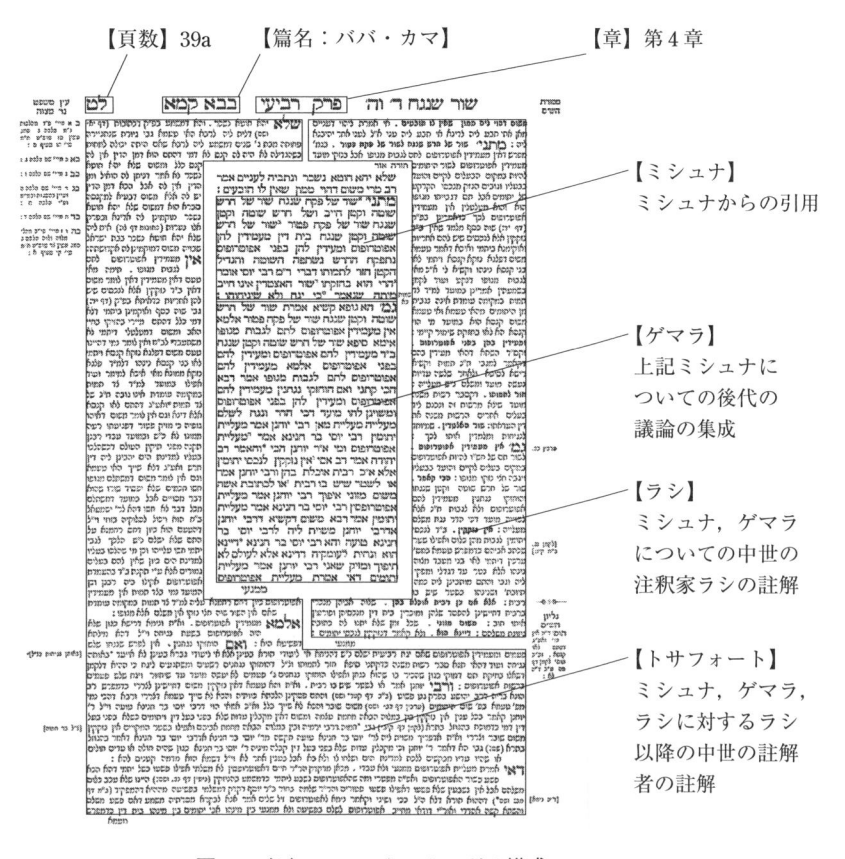

【頁数】 39a　　**【篇名：ババ・カマ】**　　**【章】** 第4章

- 【ミシュナ】
  ミシュナからの引用

- 【ゲマラ】
  上記ミシュナについての後代の議論の集成

- 【ラシ】
  ミシュナ，ゲマラについての中世の注釈家ラシの註解

- 【トサフォート】
  ミシュナ，ゲマラ，ラシに対するラシ以降の中世の註解者の註解

図1　バビロニア・タルムードの構成

合理主義的ユダヤ哲学，そして他方，主としてキリスト教支配下のユダヤ教で発展した神秘主義的傾向である．

　アラビア語，ヘブライ語を駆使するイスラーム圏下のユダヤ人は，比較言語学に基づいて，成文，口伝トーラーに詳細な注釈を施し，近代的な注釈の形式を確立させた．彼らの注釈は現代のトーラー・タルムード研究においても重要な位置を占めている．また，ミシュナ，タルムード中の複雑多岐な議論から必要な法規だけを主題別に分類，抽出した法規ハンドブックとも言える律法典も作り出された．マイモニデスによる「ミシュネー・トーラー」，ヨセフ・カロの「シュルハン・アルーフ」などが著名である．

　ユダヤ神秘主義研究の泰斗，G. ショーレムによれば，ラビ・ユダヤ教が合理主義的傾向にとってかわられ，影響力を失いかけたときに，民衆の新たな求心力となったのが，神秘主義である．ユダヤ教の神秘主義は，カバラー（伝統）ともよばれる．古来のユダヤ教の教えに着実に潜在していた秘儀的な教えや伝承が，中世においてとくに，プロヴァンス地域を中心に発展した．カバラーの代表的な書としては，「バヒール」「ゾーハル（光輝の書）」がある．前者において展開された，神的世界を構成する10の存在（10セフィロート）の動態的関係の原理は，その後のユダヤ神秘主義の中心的理論となった．後者は，モーシェ・デ・レオン（没1305）の手による．西暦2世紀のラ

◆ Ⅳ．世界宗教の聖典 ◆

ビ，ラビ・イツハク・バル・ヨハイがその学塾で展開したトーラー，ルツ記，雅歌についての聖典解釈という偽作の形態をとりながら，各句の解釈に付随して大いなる秘儀が明らかにされる隠されたミドラシュをともなう．聖典の，そして存在の象徴的解読が壮大なスケールで展開するユダヤ神秘主義の代表作である．

参 考 文 献

コーヘン，A.（村岡　崇・市川　裕・藤井（勝又）悦子訳）『タルムード入門Ⅰ～Ⅲ』教文館，1997年．
ムーサフ・アンドリーセ，R.（市川　裕訳）『ユダヤ教聖典入門』，教文館，1990年．
Stemberger, G. *Introduction to the Talmud and Midrash*, trans. M. Bockmuehl, T&T Clark, Edinburgh, 1996.

IV. 世界宗教の聖典

2 キリスト教

山中利美

2.1 『旧約聖書』と『新約聖書』

キリスト教は『旧約聖書』と『新約聖書』の2つの聖典をもつ．キリスト教は，その母体であったユダヤ教の聖典の1つである『律法（トーラー）・預言者（ネヴィーイーム）・諸書（クトゥービーム）』（ユダヤ教ではこれらの頭文字をとって「タナハ」とよぶ）の三部からなるヘブライ語聖書を『旧約聖書』として受け継ぎ，これにキリスト教の中心をなす『新約聖書』を加えて，併せて正典とした．「旧約」，「新約」という呼び名はキリスト教側の聖典解釈に基づくものであり，ユダヤ教ではヘブライ語聖書を旧約聖書とよぶことはない．「旧約」，「新約」の「約」とは「契約」のことで，「契約」を意味するヘブライ語のberit（ベリース）のギリシア語訳として採用されたdiathēkē（ディアテーケー）の訳であるが，diathēkēにはberitにはない「遺言」という意味もあり，キリスト教では神の人間に対する最終的な遺言という意味も含まれていると思われる．ちなみに，英訳のtestamentはdiathēkēのラテン語訳である*testamentum*（テスタメントゥム）に由来し，「遺言」という意味を含む．

キリスト教は，〈天地を創造した唯一神ヤハウェは常に人間の歴史に介入し働きかけ，それを通じて民を救済に導く〉という「救済史」という考え方をユダヤ教から受け継いだ．聖書とはこの神の救済の歴史を記したものである．神の救済は旧約の時代にイスラエル民族に対する「約束」として始まり，イエスの死と復活において全人類に対して「成就」された．つまり『旧約聖書』とはユダヤ教から「古い契約」として受け継いだ神の「約束の証し」であり，『新約聖書』とはイエス・キリストを通じてなされた「新しい契約」による最終的な神の意思の表明，いわば「遺言」としての神の「約束」の「成就」であるとされる．

キリスト教は，ユダヤ人イエス（Jesus, Iēsous, 前4頃～後30頃）の生前の活動とその死を契機に，ユダヤ教内部の宗教改革運動のひとつとして始まったが，〈イエスは神の子キリスト（＝救世主）である〉という新たな啓示に照らしてヘブライ語聖書を読み直し，解釈し直すことによって，イエスを救世主とは認めないユダヤ教から分離した．この立場が確立して旧約と新約の概念的区別が明確になるのは，『新約聖書』の正典化がおこる2世紀末頃である．

2.2 『旧約聖書』

(1) 成立

『旧約聖書』の基となったヘブライ語聖書とは，紀元前10世紀頃から紀元前2世紀頃までに及ぶ長い年月の中で古代イスラエル人によって伝承，記述された膨大な文書群であり，もともとヘブライ語（一部アラム語）で書かれていた．その中心となる「律法（モーセ五書）」と「預言者」は紀

◆ Ⅳ. 世界宗教の聖典 ◆

元前5〜4世紀に正典化したとみられる．その後に生まれた文学書や歴史書などは，「諸書」としてこれに加えられた．ユダヤ教は紀元70〜100年頃ヤブネ（ギリシア名はヤムニア）の宗教会議においてそれら全24巻を正式に正典化している．

　この頃キリスト教は，ヘレニズム社会に離散したユダヤ人とその周辺の異邦人たちに次第に受け入れられはじめていた．そこで広く用いられたのは紀元前3〜2世紀頃に出たヘブライ語聖書のギリシア語訳『セプトゥアギンタ（七十人訳聖書）』であった．これはヘブライ語聖書とは配列と区分が異なっており，さらにヘブライ語聖書には正典として採用されなかった外典（アポクリファ Apocrypha）とよばれる文書を多く含んでいた．キリスト教はこれら外典も広い意味での正典とみなし，この訳の配列と分類に従って『旧約聖書』とした．この立場は，後にカトリックの公認正典となる『ウルガタ（Vulgata＝広く流布している）』とよばれるラテン語訳（紀元後405年頃，ヒエロニムス（Hieronymus，340頃〜420頃）による）に受け継がれ，カトリックの教義に大きな影響を与えてきた．16世紀の宗教改革の時代には，プロテスタントに対抗してカトリックの伝統である『ウルガタ』の立場を強化するために，トリエント公会議（1546年）で外典を第二正典として正式に公認するに至った（一部は除かれた）．これに対してプロテスタントは，外典を典拠とする「業による義（行いによって義とされる）」などのカトリック的教義を批判する立場から，ユダヤ教と同様に，外典をすべて排除した全39巻（ヘブライ語聖書の分類では全24巻）のみを正典とした．

(2) 構　成

　『旧約聖書』は「律法書」，「歴史書」，「文学書」，「預言書」の順に4つに区分される．配列は表1の通りである．このうち，哀歌はエレミヤの作とされていたためにエレミヤ書の後に置かれたが，今日ではこれはエレミヤ作ではないとされ，内容的にも「文学書」に分類されている．もっとも新しい文書と考えられるダニエル書はヘブライ語聖

表1　旧約聖書の構成

①律法書	創世記，出エジプト記，レビ記，民数記，申命記
②歴史書	ヨシュア記，士師記，ルツ記，サムエル記上・下，列王記上・下，歴代志上・下，エズラ記，ネヘミヤ記，エステル記
③文学書	ヨブ記，詩篇，箴言，伝道の書（コヘレトの言葉），雅歌
④預言書	イザヤ書，エレミヤ書，哀歌，エゼキエル書，ダニエル書，ホセア書，ヨエル書，アモス書，オバデヤ書，ヨナ書，ミカ書，ナホム書，ハバクク書，ゼパニヤ書，ハガイ書，ゼカリヤ書，マラキ書

書では預言書とは扱われず，「諸書」に入れられていた．『旧約聖書』で「歴史書」に分類されたもののうち，ヨシュア記，士師記，サムエル記，列王記は，ヘブライ語聖書では「預言者」の中の「前の預言者」に，それ以外の文書は「諸書」に入れられていた．

　『旧約聖書外典』は，カトリック第二正典がトビト書，ユディト書，第一マカベア書，第二マカベア書，ソロモンの知恵，ベン・シラの知恵，バルク書，エレミヤの手紙，ダニエル書への付加，エステル記への付加，その他が第一エズラ書，マナセの祈りである．

(3)　内容概略

●**律法書**　「律法書」は「モーセ五書」ともよばれ，預言者モーセが書いたとされる5つの文書をいうが，これらをモーセ自身が書いた可能性は低い．『旧約聖書』では，イスラエルの神名として固有名詞の「ヤハウェ」と神を表す普通名詞の「エロヒーム」の2種が混ざった仕方で用いられている．これは編者の違いによると考えられ，ヤハウェの資料の後にエロヒームの資料が加えられたとみられる．これら「ヤハウェ資料（J）」と「エロヒーム資料（E）」の成立時期については，紀元前10世紀から紀元前7世紀頃まで諸説ある．これ以降，「申命記」の編者らによる「申命記資料（D）」とバビロン捕囚後に五書を最終的に編集した「祭司資料（P）」（前6世紀頃）が想定さ

れている．

　『旧約聖書』とは，神の言葉に導かれたイスラエルの父祖たちの物語である．「創世記」は天地創造の物語に始まり，カナン（現在のパレスチナ）における半遊牧民の族長たち（アブラハム，イサク，ヤコブ）の物語が語られる．「出エジプト記」では，モーセらに導かれたイスラエルの民がエジプトでの奴隷生活からの脱出と苦難の放浪時代を経て，再び「約束の地」カナンへと帰還する．これらの中で神は度々族長やモーセに顕現し，言葉を預け，契約を交わし，律法を授ける．モーセを通じて授かったとされる「十戒」は祭儀で用いられたと考えられる無条件的断言法で，4つの宗教的律法と6つの倫理的律法からなる．宗教的4戒（他の神の排除，偶像崇拝の禁止，神名の聖別，安息日の聖別）は唯一神ヤハウェの絶対性を主張し，ヤハウェへの絶対服従を要求するものとなっている．

　「レビ記」は，祭司（レビ）の仕事や犠牲の儀礼などに関する法と，食物規定などの生活に関する規範などが記されている．「民数記」は，律法を授かったシナイ半島を出発する際に民の数を数えたことからこの名がついた放浪時代の物語である．「申命記」は，これを発見したとされるヨシヤ王による申命記革命の精神を反映した書で，モーセを通じて神より与えられた律法の数々を厳格に遵守することを改めて訴える内容となっている．

●歴史書　「歴史書」は，モーセの死後からカナン定着，イスラエル王国の建設，バビロン捕囚を経てエルサレム神殿の再建，律法書成立に至る歴史を記した，それぞれ独立した文書を集めたものである．

●文学書　「文学書」は，神への祈りや嘆きを歌った「詩篇」，古代オリエントの豊穣の女神イシュタルの祭儀に由来するといわれ，ユダヤ教に受容されて結婚式で歌われるようになった「雅歌」，バビロニアによるイスラエルの滅亡を歌う「哀歌」，神の正しさについて苦悩するヨブを描いた「ヨブ記」，人生を生き抜くための知恵を集めた「箴言」，ギリシアやエジプトの教養を背景として書かれた知恵文学の「コヘレトの言葉（伝道の書）」からなる．

●預言書　「預言書」は，ヘブライ聖書の「後の預言者」に「ダニエル書」を加えたものである．古代イスラエルにおける預言者とは，神の言葉を預かって人々に告知する者である．彼らは，カナン定着によって強まった農耕の神々の影響や王国成立後の平安の中で，父祖の神ヤハウェへの信仰を蔑ろにし始めたイスラエルの民に対して，ヤハウェの怒りの言葉と厳しい審判を告知して激しい宗教批判を行った．その一方で，ヤハウェの苛酷な預言が達成されて王国滅亡と長い捕囚生活（バビロン捕囚）という苦難の時代を迎えると，預言者たちは逆にヤハウェによる罪の赦しと救済を説いて，絶望する人々を鼓舞し励ました．時代的にもっとも古い預言者は十二小預言者の中のアモスであるが，「預言書」の最初におかれているのは三大預言者とよばれるイザヤ，エレミヤ，エゼキエルである．イザヤは，イスラエルだけでなく世界全体を支配する唯一神としてのヤハウェ理解を確立した．また苦悩するイスラエルにおいてこそ神の栄光は示されるとする彼の「苦難の僕(しもべ)」の思想は，後のイエスを受難の救世主と解釈する道を開いた点で，キリスト教にとってとくに注目に値する．

2.3　『新約聖書』

(1)　成立と構成

　『新約聖書』は，ヘレニズム時代の地中海世界で共通語だったコイネー・ギリシア語で書かれている．イエスや使徒とよばれる彼の側近の弟子たちはヘブライ語の方言のアラム語を話していたと思われるが，『新約聖書』の文書群が成立した紀元後50年頃から2世紀中頃にかけての時代にはイエスも使徒たちもすでにこの世になく，また70年のエルサレム陥落後はキリスト教の宣教活動の中心はギリシア語を公用語とするヘレニズム社会に移っていた．『新約聖書』はこうしたヘレニズム世界に生きるキリスト者のために，使徒や

◆ Ⅳ．世界宗教の聖典 ◆

表2　新約聖書の構成

①福音書	マタイによる福音書，マルコによる福音書，ルカによる福音書，ヨハネによる福音書
②歴史書	使徒言行録
③手紙	パウロの手紙（ローマ人への手紙，コリント人への第一の手紙，コリント人への第二の手紙，ガラテヤ人への手紙，エフェソ人への手紙，フィリピ人への手紙，コロサイ人への手紙，テサロニケ人への第一の手紙，テサロニケ人への第二の手紙，テモテへの第一の手紙，テモテへの第二の手紙，テトスへの手紙，フィレモンへの手紙） ヘブル人への手紙 公同の手紙（ヤコブの手紙，ペトロの第一の手紙，ペトロの第二の手紙，ヨハネの第一の手紙，ヨハネの第二の手紙，ヨハネの第三の手紙，ユダの手紙）
④黙示録	ヨハネの黙示録

聖都エルサレムに代わる新たな拠り所として要請されて成立したものであった．

『新約聖書』は全部で27文書からなり，表2のように「福音書」，「歴史書」，「手紙」，「黙示録」の4つに区分できる．

パウロの名が冠されている13通の手紙のうち，今日パウロ自身によって書かれたとされているのは，時期の早いものから順に，テサロニケ人第一，ガラテヤ人，フィリピ人，フィレモン，コリント人第一・第二，ローマ人への手紙の7通のみであるが，その他のものも比較的パウロに近い弟子たちや後継者たちによって書かれたと考えられている．

これら27文書の成立年代は，最古とされるパウロのテサロニケ第一の手紙が紀元後50年頃，もっとも新しいペトロの第二の手紙は紀元後2世紀中頃である．これらの文書が『旧約聖書』に並ぶ正典的権威を与えられるようになるのは2世紀中頃とみられる．正典編成への動きは，当時その異端的解釈によってキリスト教を脅かしていたグノーシス派の数々の文書の出現やマルキオンによる独自の正典編纂などの刺激を受けて始まった．

当初は4つある福音書を一本にまとめようとする動きもあったが（シリア人タティアノスの『ディアテッサローン』），リヨンの司祭エイレナイオスの『異端反駁論』（185年頃）において現行のように四福音書を原典のまま並列させて正典とする立場がとられた．正典が現在の27文書に初めて限定されたのは，東方教会のアレクサンドリアの司教アタナシオスの「第三十九復活祭書簡」（367年）においてである．西方教会でも，393年のヒッポ宗教会議と397年の第3回カルタゴ宗教会議において，この27文書の正典が確定されている．405年頃に西方教会全体の正典となるラテン語訳『ウルガタ聖書』も，これに基づいている．その後もパウロの手紙の一部やヨハネ黙示録などの使徒性をめぐって議論が続いたが，西方教会では5世紀初頭頃，東方教会では7～10世紀頃までには現行の正典に落ち着いたとみられる．

正典からもれた文書は，正統的キリスト教の教父たちによって書かれた「使徒教父文書」とその他の「新約外典」とよばれる多数の文書群とに分けられる．前者にはクレメンスの手紙，バルナバの手紙などが，後者にはヘブル人福音書，トマス福音書，ペトロ福音書，パウロ行伝などがある．これらの中には，より古い伝承を含むと考えられるものや当時の人々の宗教観に影響を与えたと思われるものもあり，近年とくに注目されている．

(2) 内容概略

●福音書　「福音書」はイエスの誕生に始まり，幼年時代，洗礼者ヨハネによる洗礼，「神の国は近づいた」（マルコ1：14）で始まる宣教の始め，故郷ガリラヤとエルサレムでの伝道活動とユダヤ教批判，十字架刑による受難と死，そして復活までを描いた一種の伝記文学である．これらは客観的な歴史的記述というよりも，むしろ生前のイエスの振る舞いと教えについての書記者たちによる解釈あるいは信仰告白という性格が強く，四書記者たちの立場によって強調点や解釈に違いがみられる．しかしマタイ，マルコ，ルカの三福音書は対応箇所が非常に多く構成も似ていることから共観福音書とよばれ，相互に間接的あるいは直接的

図1　神の霊感が降ったマルコを描く12世紀フランス語写本

関係があると考えられている．従来は，マタイとルカが最初の福音書である「マルコ福音書」と，もうひとつの現存しない資料を用いたとする「二資料説」が定説だった．現存しない資料とは，マタイ書とルカ書の共通箇所から浮かび上がったイエスの言葉集であったと考えられる想定上の資料で，ドイツ語の「資料」を意味する Quelle からとって「Q資料」とよばれる．近年は，マタイとルカにはそれぞれの特殊資料があったとする説や，マタイとルカがそれぞれ別個のQ資料を用いたとする説などが出されている．生前のイエスの言葉と振る舞い，および死と復活の情報はすぐには文書化されず，最初は口頭伝承の形で，ユダヤ教の礼拝所（シナゴーク）を基盤にして発生したパレスチナの地方教会や，イエスに倣って放浪の生活を続けながら宣教したグループなどによって保存，伝達されていた．マルコは主に前者を，Q資料は主に後者を資料としたと考えられている．四福音書の成立年代は，マルコが60〜70年代，マタイとルカが80年代，ヨハネが90年代と推定されている．

「マタイ福音書」は，『旧約聖書』において神から与えられた約束はイエス・キリストを通じて初めて成就されたと解釈し，キリスト教こそがユダヤ教の伝統の正当な担い手であると主張する．イエスの出生地をかつてのイスラエル王国の偉大なる王ダビデと同じベツレヘムとして，イエスをダビデの子孫と位置づけるのも，そのためである．また，マタイ書は「教会」という語を用いた唯一の福音書であり，イエスの霊的権威を正当に受け継ぐものとしての使徒ペトロと教会の役割に対する強い関心が示されている．著者はユダヤ教に精通した元ユダヤ教徒のキリスト者と思われる．

「マルコ福音書」は，最初に書かれた福音書と

して，イエスが神の子キリスト（救世主）であることを最初に告知する役割を担うことになった．当時，すぐに起こると期待されたイエスの再臨の遅れは人々の不安をかりたてており，マルコは，受難によって神の子救い主となるイエスの生前の姿を詳細に伝えることによって，人々の信仰心を堅固なものにしようとした．また，受難するイエスをペトロら弟子たちが全く理解できなかったことを再三述べて，それがまさに人知を超えた神の業であったことを強調している．著者はヘレニストのユダヤ人キリスト者が想定されるが，確定は困難である．ユダヤ教の習慣などの記述が多いことから，異邦人キリスト者に向けて書かれたものとされている．

「ルカ福音書」は「使徒言行録」と同じ著者によってひと続きのものとして書かれたと考えられている．エルサレム陥落後，〈神の国〉が到来するはずの終末が一向に来ないなかで，イエスの時代はすでに終わり，いまや彼を受け継いだ教会の時代を迎えているとの認識の下で書かれている．そのため，イエスの切迫した〈神の国〉への言及は退けられ，むしろ神の意思に従ってこの世に降臨し，神が与えた運命への従順の結果として十字架上の死を受け入れたイエスの姿が強調され，後の殉教者たちの模範とされた．またキリスト教がローマ社会に受け入れられることを意識して，イエス処刑の責任はローマ総督ピラトではなくユダヤ人に帰されている．著者は異邦人キリスト教徒で，ヘレニズム世界全般の異邦人キリスト教徒に向けて書かれたものと思われる．

「ヨハネ福音書」は共観福音書と共通する記事も含んでいるが，全体の構成や強調点に著しい違いがみられるため，共観福音書との直接的な依存関係はなく，それらと共通する元の資料を独自に使用し，さらに別の資料を加えて書かれたと考えられている．著者はユダヤの地に詳しいユダヤ人キリスト教徒とみられるが，詳細は明らかでない．本福音書の特徴は，地上のイエスはまさに神の現われそのものであったとして，イエスを神の「ロゴス（言(ことば)，真理）」の唯一の「受肉」として理解するキリスト論である．これによってイエスの神格化はより明確化されることになった．ここにはヘレニズム思想やグノーシス思想などの影響がみられる．

●歴史書　「使徒言行録」は「ルカ福音書」の続編として同著者によって80〜90年頃に書かれた．イエスの死後の使徒たちの伝道活動がその内容である．イエスの時代が終わり，いまや聖霊に導かれて教会の時代を迎えたという認識の下に，原始教会の最初期が理想化されている．ルカ同様，教会存続のためにローマ帝国是認の立場をとっている．

●手　紙　　パウロの手紙は，「ローマ人への手紙」を除いて，彼自身が設立した教会に宛てた励ましや質問への回答などを綴ったものである．パウロは，当初は熱心なパリサイ人としてキリスト教の迫害者だったが，回心後ヘレニズム地域への伝道に尽力して使徒に列せられ，60年代の初め頃ローマで殉教した．パウロの手紙には，福音書とは違って生前のイエスに関する記述がない．イエスの死後に復活のキリストに出会って回心したパウロにとって重要だったのは，「贖(あがな)い主」としてのイエスの死と復活であった．イエスは神の子キリストとしてわれわれの罪を贖うために十字架上に死して蘇ったと理解し，これを神の恵みであると信じることこそが神の義であり唯一の救いであると主張して，律法によってではなく信仰によってこそ義とされるという信仰義認の立場を打ち立てた．

パウロの名を冠したパウロの偽書はパウロの意思を継ぐ内容となっている．「ヘブル人への手紙」は著者不明の説教であったと考えられ，祭儀によらなければ救済はないとするユダヤ教的立場がイエスの自己犠牲によって超克されたとする大祭司キリスト論が展開される．ペトロやヤコブらの使徒の名を冠した「公同の手紙」ではパウロの信仰義認論への批判もみられる．「公同の手紙」のうち，ヨハネの名が冠された3文書は「ヨハネ福音書」および「ヨハネ黙示録」と同一グループの文書とされてきた．

●黙示録　　『新約聖書』の最後に置かれた「ヨハネ黙示録」は，ユダヤ教伝統の黙示文学的な幻

想的・象徴的内容に新しい手紙文学の枠組みを施した終末論的預言書で，ヨハネが幻の中で見た終末到来の時の有様を小アジアの諸教会に向けて報告するという手法で書かれている．この背景には1世紀末のドミティアネス帝治下の小アジアにおいて行われていた皇帝崇拝に対する強い反発があると考えられる．この危機的状況を小羊キリストの再臨への強い信仰と希望をもって耐え抜いてこそ，終末後の新しい世界に神とともに入ることができるということが示されている．

参 考 文 献

荒井　献・中村和夫ほか著『総説　新約聖書』日本基督教団出版局, 1981年.

木田献一ほか編『聖書の世界　総解説』自由国民社, 2001年.

山我哲雄『聖書時代史　旧約編』, 佐藤　研『聖書時代史　新約編』岩波現代文庫, 2003年.

米倉　充『旧約聖書の世界　その歴史と思想』人文書院, 1989年.

3 仏 教

Ⅳ. 世界宗教の聖典

寺石悦章

3.1 仏典の基礎知識

(1) 仏典の言語

仏典の全貌を把握するのは非常に困難である．日本人の大半がイメージする中国語（漢文，一般に「漢訳」とよばれる）の仏典だけでも大変な分量となる（『大正新脩大蔵経』という中国語の仏典の一大叢書があるが，これは図像などを含めて全100巻からなる）．しかも中国語以外の仏典がこれまた大量に存在するし，すでに失われてしまったものも相当な量にのぼる．さらに，仏典がはじめの数百年は書かれることなく，暗唱されて伝えられていたという事情（古い時代においては世界各地にみられることで，とりたてて珍しい現象ではない）を考えると，仏典を「書かれたもの」に限定することはできない．そのほとんどが失われているとはいえ，多種多様な言語で暗唱された仏典は，一体どれほどの量にのぼるのだろうか．

さて，以上のような説明に違和感をおぼえる方も少なくないであろう．例えば『新約聖書』ではギリシア語，『クルアーン』ではアラビア語の原典に基づいて解説すればよいのであり，諸言語に翻訳されたものにまで言及する必要はない，とも考えられる．しかし仏典の場合，仏教の開祖であるゴータマ・ブッダ（いわゆる「お釈迦様」）は民衆のそれぞれの言語（インドでは現在でも数百種類の言語が使用されている）で教えを説くように勧めたと伝えられており，インドで一般に権威ある言語とみなされていたサンスクリット語を用いることを勧めなかった．そのため初期の段階から多様な言語の仏典が存在したことが推測される．そうであってもゴータマ・ブッダが使用した言語（古代マガダ語といわれる）のものこそが原典だという考えは成り立つが，その言語自体が伝えられていないという事情がある．後述するように，大乗仏教に限ってみれば原典がサンスクリット語であるものが多いが，その場合でも原典が失われているものが少なくないし，最初に成立した状態のまま伝えられているものはほとんどない．したがって，仏典研究の出発点は現存する諸言語の仏典であること，そして「誰もがそれを根本とみなすような1つの（あるいは一言語の）仏典」は存在しないことを，はじめに理解しておく必要がある．

以下では「三蔵（経・律・論）」および「部派の仏典・大乗の仏典」についてまず解説し，続いて代表的な言語の仏典を概観することにしよう．

(2) 三蔵（経・律・論）

仏典は大きく3つに分類される．経・律・論，あるいは経蔵・律蔵・論蔵である．経蔵・律蔵・論蔵をあわせて三蔵とよぶことから，中国では広く仏典に通じた高僧を「〜三蔵」（三蔵法師）とよぶことがある．なお，『西遊記』で有名な玄奘三蔵はその1人であるが，三蔵法師とよばれた高僧は玄奘に限られない．

三蔵は「経・律」と「論」に二分できる．前者

は「ブッダが説いたもの」，後者は「ブッダ以外が説いたもの」である．ちなみにチベットでは，「ブッダが説いたもの（カンギュル）」と「ブッダ以外が説いたもの（テンギュル）」に二分するのが一般的である．ここでいう「ブッダ」は，一般にはゴータマ・ブッダだと考えられているが，実際にはゴータマ・ブッダに限定する立場もあれば，そうでない立場もある．（この点については後述する．）いずれにせよ，経と律を説く資格があるのはブッダに限られているのに対し，論は，少なくとも理屈の上では誰でも説くことが可能である．多くの宗教の場合，新たな聖典を加えるというのは容易なことではないが，仏教の場合には，論であれば比較的容易に聖典に加えることができる．のみならず，膨大な経が新たに聖典として加えられたという事実もあるが，この点についても後述する．

　律が禁止事項などを含む規則であるのに対し，その他の一般的な教えは経とよばれている．経にはさまざまな内容が含まれており，経によって内容が大きく異なるため，その内容を要約して説明することはできない．有名な経については現代日本語訳が出版されているので，内容を知りたい方は，実際にそれらを読んでいただくのが一番であろう．ストーリー性をもった長編小説のような経もあれば，短い言葉で簡潔に教えを述べた経もある．

　なおゴータマ・ブッダは自ら筆をとって経や律を記したわけではない．教えは弟子たちの暗唱によって伝えられていった．ゴータマ・ブッダは一か所に定住せず，さまざまな場所で教えを説いたし，少なくとも一部の弟子たちはそれとは別に活動していたため，すべての弟子が同じ教えを聞いているわけではない．その意味では，弟子たちの記憶がすべて統一されていたとは考えられず，最初から多様な記憶（＝多様な経や律，あるいはその原形）が存在していた可能性がある．記憶を確認するための集会（仏典結集）が何度か開かれたこと（最初はゴータマ・ブッダが入滅した直後だという）が伝えられているが，その具体的な様子はよくわかっていない．なお記憶を確認する際，

「このように（＝次のように）私は聞いた」（如是我聞）という言葉から始めたので，大半の経はこの言葉から始まるのだと考えられている．ゴータマ・ブッダの教えは，その後もさまざまな変化を経た上で現代まで伝えられている．本来のゴータマ・ブッダの教えに迫ろうとする研究が行われ，成果をあげつつあるが，それを復元することはきわめて困難だということができる．

(3) 部派の仏典・大乗の仏典

　現在の仏教は，部派（南伝）仏教と大乗（北伝）仏教の2つに大きく分けることができ，それぞれが所有する仏典は大きく異なっている．大乗仏教の中でも，例えば中国仏教とチベット仏教の仏典は大きく異なるようにみえるが，それは言語あるいは文字の違いが目立つためであって，実際には内容が共通する仏典が多数含まれている．このうち部派仏教はタイ，カンボジア，ミャンマー，スリランカなど，主に東南アジア方面に広がっており，南伝仏教ともよばれる．大乗仏教は中国，朝鮮半島，日本，チベットなど，主に東アジア方面に広がっており，北伝仏教ともよばれる．

　部派仏教でブッダという場合，それは仏教の開祖であるゴータマ・ブッダを指す．部派仏教の経と律はゴータマ・ブッダが説いたものとされており，ゴータマ・ブッダの入滅後は他の人物が経や律を新たに加えることはできない．後から加えることが可能なのは論のみである．

　一方，日本で知られている経のほとんどは大乗仏教のものであり，それらもゴータマ・ブッダが説いたという形式をとっている．しかしそれらはゴータマ・ブッダの入滅後数百年を経てから成立したものであって，歴史的事実としてみればゴータマ・ブッダが説いたものではありえない．部派仏教の側からすれば，経はブッダ（＝ゴータマ・ブッダ）が説いたものでなければならないのだが，大乗の経はその条件を満たさないから経とは認められない．つまり，大乗はブッダ（＝ゴータマ・ブッダ）の教えに基づいていないということであり，大乗はそもそも仏教とは認められないという見解に至る．このような，大乗仏教はブッダ

が説いたものではない（大乗非仏説）という見解は日本でも唱えられたことがあるが，ブッダをゴータマ・ブッダに限定する限りにおいて，その見解は正しいといえる．

そのような見解に対し，大乗仏教の側は例えば次のように反論する．大乗仏教では多数のブッダを認めているし，そもそも仏教は成立当初から誰でも覚りを開けばブッダになることを認めている．つまりブッダは多数存在するのであり，その意味で，ブッダはゴータマ・ブッダに限定される必然性はない．ゴータマ・ブッダ以外にもブッダは存在し，ブッダの説いた教えであればすべて経とみなしうるはずである．また，大乗の教えの萌芽がゴータマ・ブッダの教えの中に見出されること，大乗仏教がゴータマ・ブッダの精神を引き継いでいることなども主張されている．大乗仏教ではたくさんの経を成立させた後（一部はそれらと並行しながら）たくさんの論を成立させている．その量は部派仏教のそれをはるかにしのいでいる．なお律についてはそれを軽視する方向に進んでおり，思想としてはともかく，仏典としての大きな展開はみられない．

ところで，部派仏教の経や律はゴータマ・ブッダが説いたものとされているが，実はそれすらも厳密に確定できるものではない．部派仏教が原始仏教（初期仏教）の教えの流れに直接つらなることは間違いなく，そのような意味で原始仏典などとよばれることもある．しかし，伝承の間に失われたものもあるであろうし，付け加えられたものもあるであろうし，ときには間違って伝えられたものもあるであろう．また，複数の部派が存在し，それぞれが（ある程度）異なった経や律を所持していたと考えられることからしても，その中の一つの伝承でしかない現在の経や律が，そのまま本来の形を伝えているとは言い切れない．

大乗仏教では経が重視されることから，仏典全体を経で代表させる表現が生まれる．中国では，仏典全体を「一切経」「大蔵経」などとよび，日本でも仏典全体を漠然と「お経」とよぶ．一方，部派仏教では論（パーリ語でアビダンマ，サンスクリット語でアビダルマ）を重視する傾向があるため，部派仏教のことをアビダルマ仏教とよぶことがある．

3.2 仏典概観

(1) サンスクリット語の仏典

サンスクリット語はインドの教養語であり，その役割はかつてのヨーロッパにおけるラテン語に相当するといわれる．つまり教養階級・上流階級の人々であれば，日常は異なる言語を使用していても，サンスクリット語を用いることで互いにコミュニケーションが可能であった．そのような理由から，インドの諸言語からサンスクリット語に訳されたものも多かったと推測される．また大乗仏教の仏典の多くは，最初からサンスクリット語が用いられている．ただし気候などの関係から記録の保存に適さなかったこと，12〜13世紀頃に仏教が極度に衰退したことなどの理由で，それらの大半は失われている．現存するサンスクリット語の仏典はインド以外の地域で発見されたものが多い．

(2) パーリ語の仏典

部派仏教では，もともとはインドの一言語であったパーリ語の仏典が用いられている．部派仏教は複数の国に広がっており，日常生活の言語はそれぞれ異なっていても，仏典は基本的に共通である．（ただし，それを書き記す際の文字は必ずしも共通ではない．）ゴータマ・ブッダが使用していた言語は古代マガダ語だといわれるが，現在その言語が伝わっていないことはすでに述べた．現存する仏典の言語の中で古代マガダ語にもっとも近いのがパーリ語であり，研究上，その存在意義はきわめて大きい．なお「パーリ語」とは「聖典語」という意味であり，言語学上の正式な用語ではない．

パーリ語の経は長さなどから5つのカテゴリー（長部・中部・相応部・増支部・小部）に分類されており，5ニカーヤとよばれる．それと共通する内容をもつ中国語の『阿含経』（多数の経の総

称）は4つに分類されており（長阿含・中阿含・雑阿含・増一阿含），5ニカーヤの最初の4つにほぼ対応する．パーリ語の小部は15の経からなるが，中国語では個々に独立した経として伝えられており，1つのカテゴリーにはまとめられていない．この5ニカーヤと『阿含経』の比較研究を軸にして，本来のゴータマ・ブッダの教えに迫ろうとする研究が進められている．

とくに有名な経（いずれも小部）としては次のようなものがある．
- スッタニパータ：全5章からなり，とくに第4章・第5章はすべての仏典の中でもっとも古いものではないかと推測されている．短い詩句で簡潔な教えが説かれている．
- ダンマパダ：スッタニパータと並ぶ古い仏典とみられる．有名な詩句が多く含まれており，しばしば引用される．中国語の『法句経』に対応する．

(3) チベット語の仏典

現存する大乗仏典の大部分は中国語（漢文）かチベット語の仏典であり，いずれも大半がインドのサンスクリット語から翻訳されたものである．中国語の仏典が文の意味をとる形で訳されているのに対し，チベット語の仏典は逐語訳に近い形で訳されているため，チベット語から翻訳前のサンスクリット語を推測することが比較的容易にできるという特徴をもつ．

チベット語への翻訳は中国語への翻訳よりも数世紀遅れて7世紀頃から開始されたらしい．しかも中国がある時期から独自の仏教を発展させ，インドからの輸入に積極的でなくなったのに対し，チベットではその後もインドから仏教を輸入しつづけたという経緯がある．そのため，中国語・チベット語の仏典には共通するものも少なくないが，中国語に訳されたものの多くは大乗仏教の初期あるいは中期のものであるのに対し，チベット語には密教を中心とした後期のものが多く含まれているといった違いがみられる．

(4) 中国語の仏典

中国において仏教は大きな転換をとげ，インドとは大きく異なる独自の仏教が成立する．そのことは仏典にもよく現れている．中国では仏典が翻訳されると，翻訳された仏典のみに基づいて研究が進められ，翻訳の元になった原典をまったく参照しないという奇妙な特徴がみられる．中国では大量の仏典が訳されており，かつては大量の原典が存在したはずだが，それらはすべて失われてしまっている．しかも，翻訳の際は必要不可欠だったサンスクリット語の知識を後世に伝えようと努力した様子もみられない．これはいずれも，翻訳後は中国語の仏典を見れば十分だとする考えの現れであろう．とはいえ「仏典とはインドで成立したものに限られる」という考えは早い時期から存在し，翻訳とはみなしがたい経（中国で成立したと考えられる経）は「偽経」とよばれて批判の対象となった．

翻訳は3世紀頃から本格化したとみられる．翻訳がチベット語よりも早く行われているため，同じ仏典がある場合でもより初期の形態を知ることが可能であり，しかも翻訳した年代が正確に記録されているものが多い．またチベット語では，過去に訳された仏典が再び訳されると過去のものは廃棄されるのが普通であるが，中国語ではそのようなことがなかったため，何度か訳されている仏典については時間的な変化をたどることも可能である．なお，翻訳に関わったとくに有名な人物としては，クマーラジーヴァ（鳩摩羅什）（350-409），玄奘（600-664），義浄（635-713）などの名前をあげることができる．

翻訳はさまざまな時代・場所で，さまざまな形で行われており，国家事業として行われた場合もあるが，多くは個人作業に近い形で行われている．特に後者の場合は互いに関連をもたずに翻訳がなされているため，それらの個々別々の成果を整理しようという努力が早くからなされていた．4世紀には，翻訳された仏典の目録が作成されているし，後にはできるだけ多くの仏典を網羅しようとした大蔵経とよばれる叢書の出版も何度か行われている．ちなみに，現時点でもっとも完備し

◆ Ⅳ．世界宗教の聖典 ◆

ているのは『大正新脩大蔵経』である．

とくに有名な経としては次のようなものがある．

・般若経：大乗仏教のもっとも初期の思想である般若思想を説く経典の総称．実際には般若経という名前の経はなく，『○○般若経』などと名づけられた経が多数存在する．最大のものは玄奘訳『大般若波羅蜜多経』（略して『大般若経』）全600巻．もっとも有名な『般若心経』は，正式には玄奘訳『摩訶般若波羅蜜多心経』．

・維摩経：ヴィマラキールティ（維摩／維摩詰）という在家者が優れた出家者をやりこめる話が中心．大乗仏教の長所がうまく表現された経だと評される．よく読まれるのは鳩摩羅什訳『維摩詰所説経』．

・法華経：大乗仏教の中でもっともよく読まれ，広範な地域に膨大な信奉者を生み出した経典．中国では天台大師智顗によって法華経の教えに基づく天台宗が大成され，最澄により日本に伝えられた．よく読まれるのは鳩摩羅什訳『妙法蓮華経』（全28品）であり，これに基づいて日蓮は「南無妙法蓮華経」という唱題を広めた．有名な『観音経』は，このうちの第25観世音菩薩普門品に相当する．

・華厳経：しばしば，法華経に匹敵する（あるいはそれをしのぐ）優れた経といわれる．賢首大師法蔵によって華厳経の思想に基づく華厳宗が大成され，日本にも伝えられて南都六宗の1つとなる．よく読まれるのは仏陀跋陀羅訳『大方広仏華厳経』であり，最終章である「入法界品」はとくに有名．

・浄土三部経：『無量寿経』（康僧鎧訳と伝えられる）・『観無量寿経』（畺良耶舎訳）・『阿弥陀経』（鳩摩羅什訳）という3つの経のこと．これら3経を浄土三部経とよび，これに基づいて浄土思想を理解しようとしたのは日本の法然である．浄土宗・浄土真宗などでとくに重視される．

参 考 文 献

中村　元・三枝充悳『ブッダ』講談社，2009年．
水野弘元他責任編集『仏典解題事典（第二版）』春秋社，1985年．
渡辺照宏『お経の話』岩波書店，1991年．
『仏教経典の世界総解説（改訂版）』自由国民社，1991年．

4 イスラーム

IV. 世界宗教の聖典

大川玲子

4.1 『クルアーン』テキストと成立史

(1) 成立の背景

1) 啓示のはじまり

イスラームの聖典クルアーン（コーラン）は，唯一神アッラーの啓示そのものだとされる．「クルアーン」とは「読誦されるもの」を意味する．神の言葉が，天使ジブリールを仲介として預言者ムハンマド（Muḥammad, 570頃–632）に下り，その口から発せられるという現象が23年間にわたって断続的に生じた．それが記憶され，書きとめられたものがクルアーンである．イスラームという宗教思想体系はこの聖典を中心に形成されてきた．

この啓示はムハンマドを取り巻く環境を色濃く反映した内容となっている．彼はアラビア半島の商業都市マッカ（メッカ）に570年頃に生まれ，40歳頃から啓示を受け始めた．偶像崇拝の禁止など，当時の信仰に反する新しい教義を主張したため，マッカの人々から迫害を受ける．622年にはマディーナ（メディナ）に移住（聖遷）（ヒジュラ）することを余儀なくされた．ここでは彼の主張が受け入れられ，宗教的かつ政治的指導者としての地位を得る．その間，彼はマッカの人々との戦闘や，マディーナのユダヤ教徒や偽入信者との軋轢を数多く経験した．クルアーンにはこれらの要素が詰め込まれている．

伝承によれば最初に啓示を受けたとき，ムハンマドはマッカ近郊のヒラー山洞窟で1人瞑想していた．すると何者かが現れ，彼に「誦め」と命じた．それは天使ジブリール（ガブリエル）であったが，そのときはよくわからなかった．ムハンマドは恐れおののき，その命令を拒むが，強制されて次の句を口にした．イスラームの伝統的見解では，この句が最初に下されたとする説が有力である．

  誦め，「創造主である主の御名において．彼は一凝血から人間を創造された」と．誦め，「汝の主である最も寛容な御方は，筆や知らないことについて人間に教えた」と．
  （96章1–5節）

啓示を受けているときのムハンマドの様子を伝える伝承も存在する．それらによれば，彼は汗をかいたり，鐘の音のような音を聞いたりしたという．一種のトランス状態にあったようである．

2) ムハンマドの死とクルアーンの編纂

632年，ムハンマドの死によって啓示は終結した．イスラームの伝統的見解によれば，この段階でクルアーンの言葉はナツメヤシの葉や石，動物の骨や皮に断片的に書きとめられていた程度で，基本的には人々の記憶のなかにあったという．まさに口承の「読誦されるもの」であった．しかし偽預言者を討伐するヤマーマの戦いでクルアーンの暗誦者が多く亡くなり，そこでクルアーンを書きとめ編纂する作業が必要とされた．ムハンマド死後，イスラーム共同体は正統カリフ（後継者）とよばれる指導者によって統治されていた．第1

代のアブー・バクル（Abū Bakr，在位 632-634）のもとで，最初の編纂作業がなされた．だがこの後，さらにムスリムの支配版図が広がるに従ってクルアーンの誦み方に地域差が生じた．そこで第3代正統カリフのウスマーン（'Uthmān，在位 644-656）が再度，編纂作業を行い，これが現在にまで続くクルアーンの唯一の決定版となったと考えられている．

他方，このイスラームの伝統的見解に対する歴史批評的研究が主に欧米の研究者によってなされてきた．ムハンマドが生前にクルアーンを書きとめる意図をもち，それを実行していたという研究も存在する．だが彼が認めた版は存在しておらず，また資料の乏しさからも，イスラームの伝統的見解を全面否定するような学問上の総意には達していない．

またウスマーン版成立後も多様な誦み方が存在していた．それはアラビア語の正字法が未確立で，10世紀頃ようやくクルアーンの表記に用いられるようになったためである．さらにイブン・ムジャーヒド（Ibn Mujāhid，没 935）によって誦み方が7通りに限定された．現在流布しているクルアーン刊本は1924年にエジプトで印刷された「標準エジプト版」に基づく．これはウスマーン版で，誦み方はハフス（Ḥafṣ，没 805）が伝えたアースィム（'Āṣim，没 744）のもので，この経路は前述した7種の誦み方の1つである．クルアーンには大きな相違のある異本は現存しないが，意味には大きく影響を与えない程度での誦み方の相違が認められている．

(2) 構成と文体
1) 構成の特徴

クルアーンは114の章（スーラ）と，それを分ける節（アーヤ）からなる．章の長さはさまざまで，最長は2章の286節，最短は110章などの3節である．おおむね章は長いものから短いものへと並べられている．例外は1章（ファーティハ，「開扉」）で，全7節のこの章はクルアーンを始める祈禱句の役割も担っている．

章の配置はおおよそ啓示の順に沿っている．ただしそれは新しいものから古いものへという流れである．マディーナでの啓示が先に置かれ，後の章はマッカでの古い啓示からなっている．啓示の年代分類法は，ムスリムの伝統的な見解と研究者による批判的学問成果とでは異なっている．前者の場合はマッカ啓示とマディーナ啓示の2つに分類する．これは「啓示の原因」という伝統的クルアーン学の一分野に依拠している．他方，研究者は時期の長いマディーナでの啓示をさらに3分割する．だがその結果は大きくは異ならない．クルアーンの写本や刊本では章冒頭に章題や節数に加えて，マッカ啓示かマディーナ啓示かが明記されるのが通例である．

章は一貫するテーマに基づいて構成されているわけではない．長い章のなかで脈絡なくトピックが変わることや，同じ内容がいくつもの章で繰り返されることは珍しくない．それはクルアーンの読解を難しくしていると同時に，啓示されたままの言葉をよく残しているとも考えることができる．1つの章のなかにマッカ啓示とマディーナ啓示が混在する場合もある．

2) 文体の特徴

文体もまた，啓示であるゆえに独自の特徴をもつ．とくにマッカ期とマディーナ期では異なる様相を呈している．マッカ期の文体は短く，リズム感に富み，畳みかけるような威圧感をもつ．

> 言え，「それはアッラー，唯一なり．アッラーは永遠絶対なり．産みもしないし産まれもしない．並びたつ者，何もない」（112章1-4節）

これはサジュウ体とよばれる押韻散文に近いとされる．この文体は当時の巫者（カーヒン）が用いたもので，よってムハンマドは預言者ではなく巫者にすぎないと批判されたこともあった．また同様に詩人だといわれ，預言者であることを否定されたこともある．この時期の啓示は内容が不明瞭なことが少なくない．だがマディーナ期になると次の句のように文体は冗長になりインパクトは弱まるが，費やされる言葉が増え，意味がわかりやすくなっている．

> 信仰し善行に努める者たちには，川がその

◆ 4. イスラーム ◆

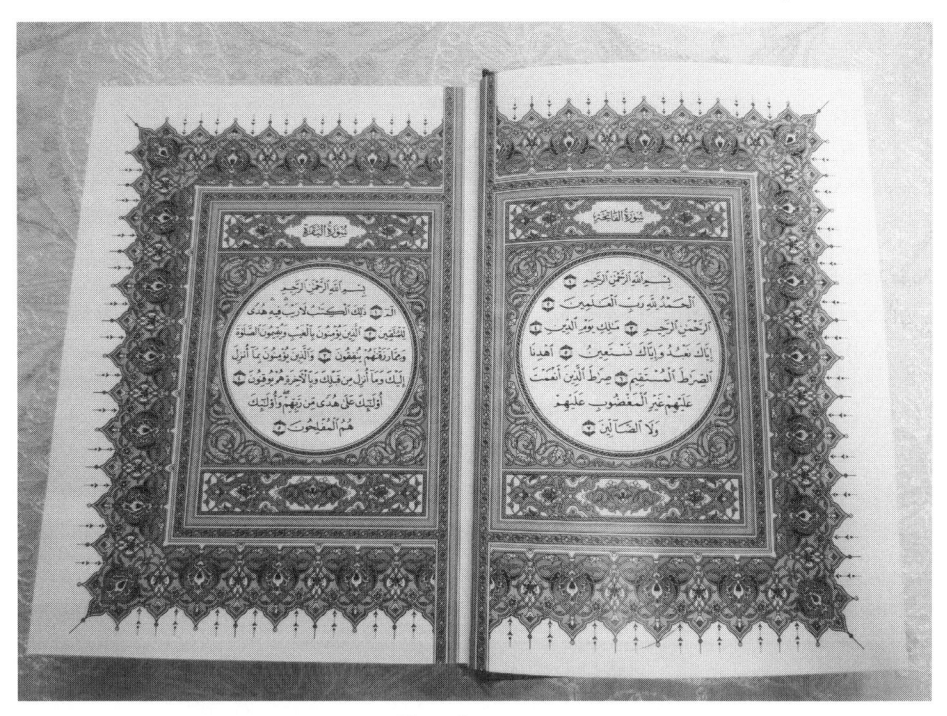

図1 クルアーン

下を流れている天国についての吉報を伝えなさい．彼らはそこで生活の糧である果実を与えられるたびに，「私たちはこれを前にも与えられたことがある」と言う．彼らにはそれほどに同じようなものが授けられる．（2章25節）

さらにクルアーンを貫く文体の特徴は人称である．アッラーの言葉そのものがムハンマドの口から発せられたと考えられているように，一人称で語られている．しかも単数ではなく複数形「我々」と自称される．その場合，ムハンマドやその周辺の者たちは二人称の「汝」や「汝ら」と呼びかけられる．また三人称「彼」でアッラーが語られることもあり，その場合一人称はムハンマドということになる．この人称の変化は唐突に起こり，1つの章のなかでも混在する．

(3) 主要な内容
1) アッラーと人間

クルアーンは，人間がアッラーに従うべきであることを多種多様な語り口で主張している．したがってその主要な内容はアッラーや人間，そして両者の間の関係となっている．

アッラーについて，その唯一絶対性と全知全能性が繰り返し説かれている．「アッラー以外に神はなし」（3章62節など）はその唯一性（タウヒード）を示す言葉である．さらにアッラーには親や子や類似する存在は何もないとされる（112章，4章36節など）．マッカのムハンマド周囲では多神の偶像崇拝が盛んであり，クルアーンはこの状況を真っ向から批判しているのである．またアッラーは創造神でもあり，すべての事柄を知り，すべてを望む通りにすることが可能である．「在れ」（40章68節など）との一言だけで無から有を生み出し，天地すべてを創造した．また「天の書」にすべての事柄があり，アッラーはすべてを知っているとされる．

このように超越的存在である一方で，慈悲深き存在でもあり，人間に意志を伝え導くこともある．これが啓示である．ムハンマドに啓示クルアーンが下される以前にも，アッラーは人間に意志を伝えていた．それがムーサー（モーセ）へのタ

ウラー（律法の書），ダーウード（ダビデ）への詩編，イーサー（イエス）への福音の書である．これら聖書に登場する人物たちはイスラームの枠内ではムハンマドに先行する預言者とされる．彼らに与えられた「啓典」もまたクルアーンに先行するものだと認められている．

しかし人間は基本的に超越的存在であるアッラーとは隔絶しており，その被造物にすぎない．アッラーは主であり，人間はそれに従う奴隷である．アッラーは人間を導き，支配する．

また人間以外にも天使やジン（精霊），悪魔といった存在が認められている．最初に創造された人間はアーダム（アダム）であるが，彼は悪魔にそそのかされて木の実を食べ，楽園から地上に追放されたとされる．

2）創造と終末

アッラーが創造神であることは，同時に破壊の神であることを意味している．「彼は命なき汝らに生命を与えた御方．そして汝らを死なせ，さらに甦らせ，またその御許に帰らせる御方」（2章28節）．終末の日を示唆する内容はマッカ期で繰り返し言及されている．その日，この世は破壊され，死者が墓場から復活する．そして最後の審判にかけられ，生前の行状に応じて楽園（天国）または地獄に行くことが決められる．このとき「記録の書」が開かれて，それに基づいて判決が下されるとされる．

クルアーンの約30分の1は法的な事柄に言及され，イスラーム法（シャリーア）の第1の法源ともなっている．信徒としてアッラーを崇めるための儀礼（イバーダート）として，礼拝（サラート）やラマダーン月の断食，巡礼（ハッジ），喜捨（ザカート）について述べられている．また離婚・結婚（4人妻の規定も）や財産相続といった人間どうしの社会的問題についても規定されている（ムアーマラート）．さらにハッド刑とよばれる5つの刑罰も言及されている．これらは姦通，姦通の中傷，飲酒，窃盗，追剥のことで，その罰（鞭打ち100回など）が定められている．また豚肉の禁止を含む肉食の諸規則や，女性が身体を覆い隠す必要性についてもクルアーンで言及されている．

4.2 ムスリムの思想におけるクルアーン

(1) 教義上の議論

1）クルアーンの「創造説」と啓示理論

クルアーンが聖典であるゆえに生じる教義上の論点がいくつかある．9世紀にはクルアーンの被造性に関する神学論争が起こった．クルアーンはアッラーによって創造された被造物であるのか，それとも創造されたものではなくアッラーの言葉（カラーム・アッラー）そのものなのか，という議論である．前者の立場はアッラーの超越性を強調するが，その言葉の永続性の否定につながり，大勢の見解はクルアーンを「創造されていない」とした．この論争の過程で，「被造物説」をとったアッバース朝カリフのマアムーン（al-Ma'mūn, 在位813-833）が，「創造説」を否定する学者たちを審問し罰するなど（ミフナ），社会的に大きな問題ともなった．法学者イブン・ハンバル（Ibn Ḥanbal, 没855）は最後まで「創造説」を否定し，鞭打ちの刑に処されている．

啓示（タンズィール）に関する理論も主に古典期のクルアーン解釈者たちによって精緻化された．それは「天の書」がクルアーンの原型であるというクルアーンの句を解釈することで形成された．クルアーンはあらかじめ「天の書」に存在し，その全体が「カドルの夜」に最下天に下され，その後，ムハンマドの状況に応じて断続的に地上に下された，という理論である．

2）アラビア語であることの重要性

クルアーンの言語面に関しても，その「模倣不可能性」（イウジャーズ，「奇蹟性」とも）が神学者によって主張された．この概念は，敵対者たちがムハンマドに挑戦したにもかかわらず，誰もクルアーンに勝るような言葉を発することができなかったことに因っている．そしてクルアーンの修辞が人間には模倣できない神の言葉であることが理論化された．

クルアーンという聖典はアッラーの言葉そのものであり，それがアラビア語であることがきわめて重視されている．したがってそれを「翻訳」することを法学者も神学者も認めなかった．アラビア語を母語としないムスリムがアラビア語を学び，クルアーンを原典のままで読／誦むよう努めてきた理由はここにある．非アラビア語に移されても，それはあくまで「解釈」「注釈」という位置づけである．ムスリム向けの刊本は通常アラビア語と現地語を併記する構成となっている．また儀礼の場で非アラビア語化されたクルアーンが唱えられることもない．

(2) 解釈史

クルアーンの文言を注釈する著作（タフスィール）は数え切れないほど著されてきた．基本的に句や文を解説していく手法がとられる．またクルアーンの一部のみを対象とする場合もあるが，一貫した方法論でその全体を解釈するのが通例である．

1）2つの方法論

解釈の方法論は大きく2つに分けられる．1つめの「伝承による解釈」は，ムハンマドの言行録（ハディース）やその他著名な先人の言葉を用いてクルアーンの理解に努めるものである．解釈者の個人的見解が不明瞭な場合が少なくないが，それは神の言葉に人間の恣意的見解を付与することをおそれる意識のあらわれでもある．

タバリー（al-Ṭabarī，没923）の『クルアーン解釈に関する解明集成』はクルアーン全体を解釈したもっとも古い著作である．文言に関連する伝承を広く集めた，後の解釈書でしばしば引用される基本文献である．イブン・カスィール（Ibn Kathīr，没1373）の『偉大なるクルアーンの解釈』はさらに厳密な手法を採用し，まずクルアーンの文言どうしで解釈することを提唱し，個人見解の余地を狭めている．

2つめの解釈方法である「個人見解による解釈」は，解釈者の個人見解を用いてクルアーンを理解しようとするものである．ただしこの場合に伝承が用いられないというわけではない．スンナ派のものとしてはクルアーンの修辞的側面に焦点を当てて解釈したザマフシャリー（al-Zamakhsharī，没1144）の『啓示の真理の開示』や，神学者ファフルッディーン・ラーズィー（Fakhr al-Dīn al-Rāzī，没1209）の『不可視界の鍵』が広く知られている．

2）近現代のクルアーン解釈

西洋世界との対峙が始まった近現代に入ると，解釈のあり方が変化していく．解釈の手法としては「個人見解」が積極的に用いられるようになった．また語彙注釈が重視されていた古典期とは異なり，文脈全体にも目配りしようとする傾向も生じている．

近代的解釈は，エジプトの改革主義者ムハンマド・アブドゥ（Muḥammad ʿAbduh，没1905）とその弟子ラシード・リダー（Rashīd Riḍā，没1935）によって始められた．その解釈は雑誌『マナール（灯台）』に掲載され，後に『マナールの解釈』としてまとめられて世界中のムスリムに大きな影響を与えた．エジプトのイスラーム主義者でムスリム同胞団のイデオローグ，サイイド・クトゥブ（Sayyid Quṭb，没1966）が獄中で書いた解釈書『クルアーンの蔭で』もまた現在に至るまで世界中で読まれている．またアラブ圏以外でも多くの解釈書が著されている．インドのアーザード（Āzād，没1958）の『クルアーン注解』，イランのシーア派思哲学者タバータバーイー（Ṭabāṭabāʾī，没1981）の『秤』などである．

さらに昨今では，英語圏での解釈書の刊行が盛んとなっている．特にアメリカのアフリカ系ムスリム女性のアミナ・ワドゥード（Amina Wadud，1953-　）による『クルアーンと女性　聖なるテクストを女性の視点から再読する』が国内外で注目を集めた．

4.3　ムスリムの生活におけるクルアーン

(1) 読誦と教育

クルアーンはムスリムの生活に密着した存在で

ある．通常1日に5回なされる礼拝のときには，必ずファーティハ章（1章）が唱えられる．また日中に断食が行われるラマダーン月の間，毎日クルアーンの30分の1（ジュズウ）を唱える者もおり，こうすることで1か月かけてクルアーン全体を読誦することができる．読誦するときにはできれば暗誦した方がよいとされる．クルアーン全体を記憶している者は「ハーフィズ（記憶者）」とよばれ，社会的にも尊敬の対象となっている．

クルアーンの読誦大会も数多く開催される．年齢や男女で区分され，その朗誦の美を競う．町中のモスクで行われる場合もあれば，国際的に有名なものもある．クルアーン読誦を職業とする者もおり，インターネットやテレビ，ラジオを通して広く知られている者もいれば，結婚式や葬儀などを仕事の場とする者もいる．

読誦のためにはその技術（タジュウィード）を習得しなければならず，アラビア語の発声やリズムを師から直接学ぶ．そのためにクッターブという伝統的なクルアーン学校に子どもの頃から通う場合がある．都心部では近代的な教育様式にとって代わられている場合も多いが，まだ地方では存続している．また成人用にも夜や週末だけのクルアーン講座が開かれている．

クルアーンの特定の句が呪術的に用いられることも少なくない．例えばファーティハ章や「玉座の節」（2章255節）は危険や不安を感じたときに口にされることがある．またクルアーン最後の2章である113・114章は邪視や病気の治療に効果があるとされ，まじないの文句として唱えられたり，または書かれて護符として用いられたりしている．

アラビア語を母語としないムスリムも，クルアーンをアラビア語で学び，誦む．これを通して，彼らはアラビア語も学ぶことができる．インドネシアでは伝統的な寄宿学校であるプサントレンでクルアーン教育が行われている．また欧米でもモスクなどで講座が開かれている．このようにアラビア語で読誦されるクルアーンは，全世界のムスリムの紐帯としての役割を果たしている．

(2) 芸　術

クルアーンの文言はイスラーム芸術の情熱の対象である．偶像崇拝の禁止ゆえに絵画や彫刻などではなく，文字や文様が発達したためである．クルアーンはモスクやマドラサ（高等教育施設），廟といった建造物の壁や天井に装飾的に描かれることが少なくない．またその写本も美術品として優れたものが数多く存在する．アラベスクなどの精緻な文様を縁取りとし，高度に発展したアラビア書道の成果に基づいて書かれたクルアーンの文字は，アッラーの言葉を紙の上で再現することを試みている．

参 考 文 献

井筒俊彦訳『コーラン』（全三巻，改訂版）岩波文庫，1964年．

井筒俊彦『コーランを読む』（井筒俊彦著作集8）中央公論社，1991年．

大川玲子『聖典「クルアーン」の思想　イスラームの世界観』講談社現代新書，2004年．

大川玲子『図説　コーランの世界　写本の歴史と美のすべて』河出書房新社，2005年．

大川玲子『イスラームにおける運命と啓示　クルアーン解釈書に見られる「天の書」概念をめぐって』晃洋書房，2009年．

クック，M.（大川玲子訳）『コーラン』岩波書店，2006年．

藤本勝次責任編集，藤本勝次・伴　康哉・池田修共訳『コーラン』（全二巻）中央公論新社（中公クラシックス），2002年．

ベル，R.（医王秀行訳）『コーラン入門』ちくま学芸文庫，2003年．

三田了一訳『日亜対訳・注解　聖クルアーン』（改訂版）日本ムスリム協会，1982年．

William Montgomery Watt & Richard Bell. *Introduction to the Qur'an*. Edinburgh : Edinburgh University Press, 1970, rep. 1990.

Jane Dammen McAuliffe, general ed. *Encyclopaedia of the Qur'an*. Leiden : Brill, 2001-2006.

Ⅳ. 世界宗教の聖典

5 ヒンドゥー教

山下博司

5.1 インドの学問体系と聖典

サンスクリット語で「知識」に相当する単語に，「ヴェーダ」ないし「ヴィディヤー」がある．これらの語はともに古代インド・アーリヤ語の動詞語根√vid（＝知る）に由来し，「知り得たところのもの」，すなわち「知識」を意味する．「ヴェーダ」は，専らバラモン教の聖典としてのヴェーダのことを指すが，「ヴィディヤー」のほうはより広い語義をもち，「知識」のほかに，「知り得た真理」「真理を知るための智慧」「悟りの智慧」までも含意する．「ヴィディヤー」は漢訳仏典で「明（みょう）」と意訳され，日本にも伝えられている．学問の区分としての「〜学」にも，しばしばこの「ヴィディヤー」が用いられる．例えば，論理学のことを「ヘートゥ・ヴィディヤー（＝因果関係を究める学問）」といい，日本では古来「因明（いんみょう）」と訳されてきた．営為としての学問と，その結果として獲得された知識・真理との間の概念的な区別が曖昧で，ときに消失することは，きわめてインド的な現象である．

さて，宗教的な真理を明かす「聖典」は，内容の別や学派・宗派のしきたりに応じてさまざまに呼び習わされ，今日に伝えられている．ヴェーダ，スートラ，シャーストラ，アーガマ，サンヒター，タントラ，プラーナ，イティハーサ，スィッダーンタ，スィッディなどがそれである．これらの語を複合語の末尾に付した論書や経典のかたちで，多様な思想・儀礼・知識が体系化され，後世に伝承された．『ヤジュル・ヴェーダ』，『ヴァイシェーシカ・スートラ』，『ナーティヤ・シャーストラ』，『ムリゲーンドラ・アーガマ』，『ヘーヴァジュラ・タントラ』，『バーガヴァタ・プラーナ』など，例を挙げれば際限がない．

5.2 知識伝授の方法

前近代のインドにおける学問継承の特徴は，師から弟子へ口伝のかたちで半ば秘密裏に伝えられたことである．このような継承のあり方を「師子相承（ししそうじょう）」という．インド最古の文献であるヴェーダ聖典も，古代イランの『アヴェスター』と同様，音声によって伝承されることを原則とした．筆写されるようになったのは後代になってからのことである．ヴェーダ文献の最古層をなす『リグ・ヴェーダ』中には，文字の使用を窺わせるたしかな証拠が欠如している．「書写」の事実を予想させる単語や表現が登場しないことをもって文字が使用されていなかったと断定することはできないが，仮に筆写されるようなことがあったとしても，それは補助的・副次的なものにとどまっていたであろう．

ヴェーダが口承での伝達を基本としたのは，口から発せられる言葉には一種の呪力・神秘力がこもっており，文字に移され書写されることで，その力が減衰するか消失すると信じられていたから

◆ Ⅳ. 世界宗教の聖典 ◆

図1 ヴェーダ学校で学ぶスマールタ派ブラーフマンの子弟たち
（撮影：山下博司）

である．インドでは世代間の知恵の伝達や師弟間の教えの伝授において，口承がもっとも重要かつ望ましい伝達様式とされていたことに留意すべきである．インドの文明は，中国文明に次ぐほどの膨大な文献を残してはいるが，文字の形で固定され現存しているものはおそらく全体のごく一部にすぎない．多くのものは，学派や流派の消長なども手伝って，語り継がれる途上で湮滅しているであろう．

インド・アーリヤ諸語では，すでにヴェーダ文献中のブラーフマナなどに散文の事例が見出されるが，例えば南インドのタミル語文献においては，古代以来韻文が圧倒的に優勢を保ち，中世の注釈文献などを除いて，近代を迎えるまで散文が文学史の上で重要な役割を帯びて登場することはなかった．インドの文学史で，どの言語圏においても，近代文学の誕生に際しとりわけ散文文学が産みの苦しみを経験することになったのは，古くからの韻文の重要性と権威性とが強い足枷として働いていたからである．

口伝での伝承形態が卓越していることは，聖典の言語的特徴にも反映されている．インドでは，文学作品や宗教文献を問わず韻文が極度に発達しているが，それは暗記や口承に適するよう教えや話の内容を敢えて韻文の形態に加工したことと関係している．叙述に反復や対句表現が多用されていることも，記憶・暗誦の便宜と無縁ではない．

仏教の経典などにも同様のことがいえる．書写された場合，誤読の可能性が生まれ，誤りも固定化しやすい．異説や異本，さらには異なる流派が生じるもととなる．写本の系統に関する諸研究は，その間の経緯をつまびらかにしている．口伝された内容をそらんじながら記憶することで，一語・一句に至るまで厳密に記憶に固定され，次世代へと着実に受け継がれていく．

アクセント，イントネーション，韻律を勘案して作られた韻文の響きは，耳に快く，聴く者を飽きさせることがない．例えば，ブラーフマン司祭によるマントラの読誦や『バガヴァッド・ギーター』の朗誦を聴いてみれば，それ自体が旋律をもった音楽のような趣を有していることに印象づけられるであろう．同様のことは，サンスクリット語に限らず，インドの聖典言語すべてに当てはまることである．

5.3　シュルティ（天啓聖典）

ヴェーダ時代に先行するインダス文明は，先史時代の文明であった．現存する文献によって綴られうる「歴史」をもたないからである．その言語がドラヴィダ系のものだった可能性も指摘されている．印章に刻まれたインダス文字の詳しい解読が待たれるところだが，「印章」という性格上，純然たる宗教的目的をもったものである蓋然性は低い．インダス文明にいわゆる「聖典」の存在を根拠づけることは，資料の制約上きわめて難しい．

インドの歴史時代が幕を開けるのは，ヴェーダ時代（前1500年〜）に入ってからである．インド最初の文献は，神々への讃歌集，すなわち「聖典」である．ヴェーダという宗教文学の成立とともに，北インドは歴史時代に入っていくことになる．彼らが用いたヴェーダ語（ヴェーディックともよばれる）という言葉は，インド・ヨーロッパ語族（印欧語族），インド・イラン語派中のインド語派に属し，その最古のかたちを反映した言語である．アヴェスター聖典のもっとも古い部分と

◆ 5. ヒンドゥー教 ◆

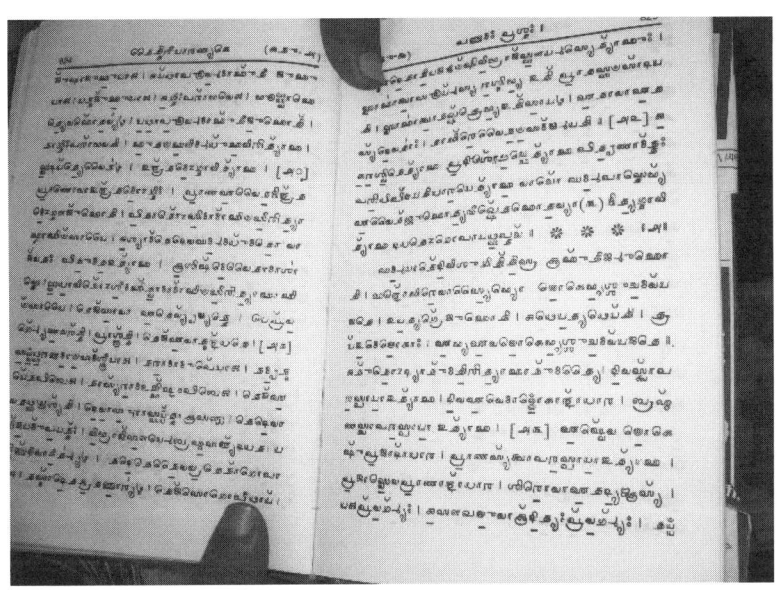

図2 グランタ文字で印刷製本されたヴェーダ聖典
（撮影：山下博司）

顕著な類似・対応を示す．彼らはこの言葉で「ヴェーダ」として知られる膨大な聖典群を残した．ヴェーダ語は漸次古典サンスクリット語へと発展していくが，ヴェーダ文献の中でも新しいものでは，その言語が古典サンスクリット語に近い性質を示している．

サンスクリット語は，インドおよびインド文化が及んだ地域において，最高の権威性を帯びた言語として，ヨーロッパのラテン語にも匹敵するような役割を果たしていくことになる．俗ラテン語がロマンス諸語へと発展していくように，ヴェーダ語やサンスクリット語（古代インド・アーリヤ語）もプラークリット諸語やアパブランシャ語（中期インド・アーリヤ語）の段階を経て，ヒンディー語，ベンガル語，マラーティー語などの近代インド・アーリヤ諸語へと変遷を遂げていく．（南伝仏教ないし上座部仏教の影響が及んだ地域では，中期インド語の1つであるパーリ語が，サンスクリット語に代わって権威性を帯びた聖典言語として機能した.）

「ヴェーダ」とは，先述のように，知識とくに宗教的知識のことであるが，同時にそのような知識の集成としての聖典をも意味する．ヴェーダ聖典は，狭義にはヴェーダの祭式に関係した4つのヴェーダ，すなわち『リグ・ヴェーダ』，『ヤジュル・ヴェーダ』，『サーマ・ヴェーダ』，『アタルヴァ・ヴェーダ』を指す．これらは内容の上から，サンヒター（祭式で唱えられるマントラを集成したもの），ブラーフマナ（供犠を実行する際の諸規則や祭式の由来・意義を解釈したもの），アーラニヤカ（秘教・秘技や祭式の象徴体系についての説明を収めたもの），ウパニシャッド（問答形式などを用いて哲学的・宗教的奥義を説いたもの）の4部門から構成される．

ヴェーダは，聖仙（リシ）が神秘的霊感によって感得したものとされ，シュルティ（天啓聖典）とよばれる．だからといって，ヴェーダは神によって作られたものではない．ヴェーダは人格的作者をもたないものとされる．神や人を含む何者かによって創作されたものではないという意味である．作られたものでない以上，滅びることもありえないから，ヴェーダは実に「無始無終」，すなわち永遠の存在である．こうしてヴェーダは，その無謬性（いかなる過失・誤謬も免れていること）と相俟って，その後のインドの精神文化において絶大な権威性を帯びていくことになる．古典的な認識論においてもヴェーダの権威は絶大である．バラモン教哲学（六派哲学）では，学派や支

—577—

派により多少の見解の相違はあるものの，多くの場合ヴェーダ聖典が正しい知識根拠（プラマーナ）の1つとされるとともに，究極かつ最上の知識根拠とされている．

古来，ヴェーダ聖典の権威を認めるか否かは，インドの哲学・宗教を正統派と非正統派（異端派）に分かつ指標とされてきた．ヴェーダの権威を認める人々を「アースティカ」，認めない人々を「ナースティカ」とよぶ．仏教やジャイナ教は後者に属する．

5.4 スムリティ（聖伝文学）

聖仙自らが著したものとされるのがスムリティ（聖伝文学）である．ヴェーダに関係したスムリティとしては，ヴェーダ補助文献であるヴェーダーンガ（ヴェーダの支分）とよばれる文献群がある．『カルパ・スートラ』（祭式規則の綱要書），『シクシャー』（音声学書），『ジュヨーティシャ』（天文学書），『ヴィヤーカラナ』（文法学書），『チャンダス』（韻律学書），『ニルクタ』（語源学書）の6種から成る．『カルパ・スートラ』中の「シュラウタ・スートラ」は，ヴェーダ祭祀についての詳細を記し，学問的にも重要である．また同じく「グリヒヤ・スートラ」は家庭での儀式についての綱要書として，「ダルマ・スートラ」は法制に関する綱要書として，「シュルヴァ・スートラ」は祭式の場の測量や設定に関する綱要書として，それぞれ興味深い内容を盛る．

『マヌ法典』や『ヤージュニャヴァルキヤ法典』などの「ダルマ・シャーストラ」（法典）類は，前述の「ダルマ・スートラ」に起源を有する文献群である．これらもやはりスムリティとみなされる．ヴァルナ制と四住期の理念をもとに，ブラーフマン中心主義的な社会のあり方を規定したもので，インドだけでなく東南アジア世界にも大きな影響を及ぼした．

インドの二大叙事詩『マハーバーラタ』と『ラーマーヤナ』も，聖仙が神の啓示を受けて書き記したものとされ，スムリティに分類されている．

10万頌から成る長大な叙事詩『マハーバーラタ』は，紀元前2世紀頃から4，5世紀の長い年月を経て増広され，紀元後4世紀頃にほぼ現存の形態に至ったと考えられる．それと並び称される『ラーマーヤナ』も，紀元前の時代から紀元後2世紀末頃にかけて成立したであろう．いずれも神々の系列に連なる英雄たちの武勲や偉功を物語る長編詩であるが，哲学，宗教，神話，伝説，風物，社会制度などに言及した多くの挿話を盛り，往古のインド文化・社会のありようを知る上での貴重な資料ともなっている．二大叙事詩は，インドのさまざまな言語で多くの異本が作られただけでなく，インド人の進出やインド文化の拡大にともなって，はるか東南アジアにも伝播し，各地の伝統文化の一部を形作ってきた．

大叙事詩『マハーバーラタ』中のもっとも有名な挿話が『バガヴァッド・ギーター』である．骨肉相争う戦役のさなか，あまりの凄惨さに出陣をためらう戦士アルジュナに向かって，御者クリシュナ（ヴィシュヌ神の化身）が勇猛心を鼓舞し戦闘を促すという設定の作品である．目先の利害や得失にとらわれない行為こそが最上の行為であり，闘うことこそ戦士であるアルジュナに課せられた固有の義務（スヴァ・ダルマ）であるとする教えは，その後のインドの思想・宗教にはかりしれない影響を与え続けた．結果を顧みない行為，期待を離れた行為は，行為者をして輪廻に束縛されることを免れしめる．このような，純化した行為（カルマン）に徹することにより解脱・救済を得るという哲理を「カルマ・ヨーガ」とよぶ．

『バガヴァッド・ギーター』はヒンドゥー教徒にとっての座右の書ないし「聖書」として，今なお大きな影響力をとどめている．多くの言語に翻訳され，諸外国でもっともよく知られたインドの聖典といってよい．イギリスへの抵抗運動を率いたガンガーダル・ティラクやマハートマー・ガンディーの思想と行動を支えた教えとしても，よく知られている．

叙事詩のほかに，ヒンドゥー教の膨大な聖典群を構成するものにプラーナ（古譚）がある．紀元後4世紀頃から徐々に成立してくる．百科全書的

な種々の内容を盛り，巡礼や寺院崇拝・神像崇拝のような新しい信仰の形態を反映した長大な文献である．

叙事詩とプラーナは「イティハーサ」と総称される．ともにスムリティでありながら，ときに「第5のヴェーダ」とも称されるなど，ヒンドゥー教徒の宗教的実践に与えた影響にはきわめて大きなものがある．

二大叙事詩は，その人気と影響力のゆえに，さまざまな伝本が伝わるとともに，東南アジアの諸言語を含む多くの言葉で翻訳・翻案や改作がなされた．ここでは，インドにおける，代表的なものとして『マハーバーラタ』のカンナダ語版『パンパ・バーラタ』（10世紀頃），『ラーマーヤナ』のタミル語による翻案であるカンバル作『ラーマーヴァダーラム』（『カンバ・ラーマーヤナム』とも．12世紀頃），ヒンディー語・アワド方言によるトゥルスィーダースの『ラーム・チャリット・マーナス』（16世紀）を挙げておく．

5.5　ドラヴィダ諸語の聖典と宗教文学

ドラヴィダ語族はインド・アーリヤ諸語と系統を異にする言語群である．南インド以外にも，言語島嶼をなしつつインド亜大陸内に広く点在しているが，ここでは「聖典」とよびうるような文献を残した南インド4州の州公用語であるタミル語，テルグ語，カンナダ語，マラヤーラム語についてみていく．南インドでは，サンスクリット系のヴェーダやスムリティが聖典として尊ばれる一方，彼らの言語による独特のヒンドゥー教文学が花開いたのである．

タミル語の文学活動は，紀元後1世紀頃に開花したサンガム文学を嚆矢とする．しかしこの文学は，戦争（プラム）と恋愛（アガム）という世俗的な主題を扱っており，宗教に関する体系的な情報は期待できない．実にドラヴィダ語においては，インド・アーリヤ語の場合と異なり，世俗文献が宗教文献に先だって成立したのである．タミル文学史の上で宗教的な薫りを放つ作品が現れるのは後期サンガム時代のことである．『ティルムルガーットゥルッパダイ』と『パリパーダル』（ともに5世紀～6世紀頃）がそれに当たる．これらの作品は次に控えたバクティの時代の宗教的諸要素を先取りする内容をもつが，世俗文学としてのサンガム文学の範疇に所属するため，その後のバクティ的ヒンドゥー教の隆盛の中で存在が闇に葬り去られる憂き目をみた．ただし，バクティ以前に成立したティルヴァッルヴァル作の箴言集『ティルックラル』（5世紀頃）は，タミル的な理念に基づく警句を盛り，現代でもタミル人の処生訓となり，また演説や講演などで好んで引用されるものとなっている．「タミル人のバガヴァッド・ギーター」との異名をもつほどである．バクティ以前のものとしてタミル語の二大叙事詩とも称される『シラッパディガーラム』と『マニメーハライ』があるが，聖典としての性格を帯びてはいない．

7世紀以降，バクティ（信愛，帰依信仰）の時代を迎えてからの宗教文学活動には目を見張るものがある．シヴァ派の初期のものとして3詩聖（ティルナーヴッカラサル，スンダラムールティ，ティルニャーナサンバンダル）の宗教詩を集めた『テーヴァーラム』やマーニッカヴァーサガル作『ティルヴァーサガム』，『ティルッコーヴァイヤール』がある．前の2つが『ティルムライ』を構成する．同じくヴィシュヌ派のものとしては，初期の詩聖たち（アールヴァール）の詩を集成した『ナーラーイラ・テッヴィヤッピラバンダム』があり，『ナーラーイラム』とか『ピラバンダム』と略称される．この中に収録されたナンマールヴァールの『ティルヴァーイモリ』，ペリヤールヴァールの『ティルモリ』，女性詩人アーンダールの『ティルッパーヴァイ』，ティルマンガイヤールヴァールの『ペリヤティルモリ』がとくに有名である．『テーヴァーラム』と『ナーラーイラ・テッヴィヤッピラバンダム』は，それぞれシヴァ派とヴィシュヌ派の「タミル・ヴェーダ」とも称され，ヴェーダにも匹敵する権威ある聖典とされた．寺院での儀礼の際などで今日でも高らかに朗誦されている．

◆ Ⅳ. 世界宗教の聖典 ◆

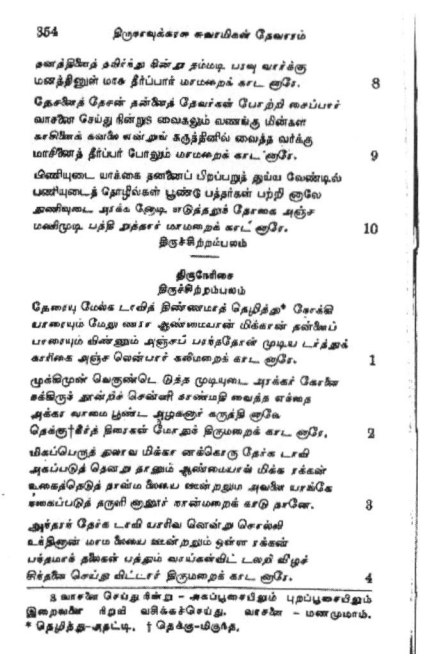

図3 タミル語『テーヴァーラム』の刊本

　聖典言語としてサンスクリット語を用いる傾向の強いタミルのヴィシュヌ派に対し，シヴァ派においては，タミル語による宗教作品の創作が終始活発に展開された．メイカンダデーヴァル作『シヴァニャーナボーダム』（13世紀頃）のほか，アルルナンディ（別名シヴァニャーナ・シッディヤール）やウマーパディ・シヴァーチャーリヤルの作品も特記すべきである．これらシヴァ派の集成はシャイヴァ・スィッダーンタの聖典群を構成している．ヴィシュヌ派では『バーガヴァタ・プラーナ』の翻訳として『パーガヴァダム』が作られ人気を得た．

　テルグ語の文学活動は11世紀に遡る．ナンナヤ・バッタ（11世紀）やティッカナ（13世紀）による『マハーバーラタ』の翻訳が著名で，これらの人気によって地域内のジャイナ教の影響が払拭されたといわれる．ヴィシュヌへの信仰に篤いポータナ（15世紀）による『バーガヴァタ・プラーナ』の翻訳は，その庶民的な語り口が人々の受け入れるところとなった．テルグ語宗教文学の圧巻はヴェーマナ（15世紀後半？）による詩作である．彼はブラーフマンの儀礼主義を非難し，多神教と偶像崇拝を槍玉に挙げた．

　カンナダ語の宗教文学は，当初『マハーバーラタ』のカンナダ版の製作が活発に展開された．12世紀末頃にヒンドゥー教の影響が定着すると，ヒンドゥー教のヴィーラ・シャイヴァ派の創作活動を見ることになる．この派の創始者ないし改革者とされるバサヴァ（12世紀）は，「ヴァチャナ」と呼ばれる簡潔な作品を多く残し，シヴァ神に対する真の信仰のあり方を強調している．ヴァチャナには，バサヴァ以外にも多くの作者によるものが知られており，今も人々に愛されている．

　マラヤーラム語がタミル語から分かれ，独立した言語として登場してくるのは10世紀前後のことである．マラヤーラム語による文学活動といえるものは，13世紀頃まで待たなければならない．サンスクリット語の影響を強く受け，サンスクリット語とマラヤーラム語の混じった著作が多く現れた．それらは「マニプラヴァーラム」とよばれる．ヴィシュヌ崇拝が盛んで，『ラーマーヤナ』の翻訳・翻案が数多く創られたのも特徴である．

5.6 古典哲学・神学の根本教典

インドの古典哲学は古来6つを数え，日本では「六派哲学」として総称されている．各学派の根本教典は「スートラ」の名でよばれ，それぞれ学派名のあとに「スートラ」を付して，『ヴェーダーンタ・スートラ』，『ミーマーンサー・スートラ』，『サーンキヤ・スートラ』，『ヨーガ・スートラ』，『ニヤーヤ・スートラ』，『ヴァイシェーシカ・スートラ』と称している．各スートラの名前が学派の名称になったというべきかもしれない．これらのスートラはサンスクリット語で書かれ，汎インド的な性格をもっている．

これらのうち『ヴェーダーンタ・スートラ』は，『ブラフマ・スートラ』または『シャーリーラカ・スートラ』の名でも知られ，後世に与えた影響が抜きん出ている．ヴェーダーンタ学派の根本教典であるが，そのサンスクリット語の本文は表現が極端に簡略化されており，文意を的確に理解するのは困難に近い．注釈の助けを借りて初めて意味を汲み取ることが可能である．したがって，古来スートラ本文に注釈を施すことで，学匠たちは自説を開陳し，教義の体系化を図ってきた．ヴェーダーンタ派はこのようにして発展し，見解の相違に応じたさまざまな流派が成立することにもなったのである．不二一元論（アドヴァイタ）を説いたシャンカラ（8世紀），被制限者不二一元論（ヴィシシュタードヴァイタ）を唱えたラーマーヌジャ（11～12世紀），二元論（ドヴァイタ）を主張したマドヴァ（13～14世紀）は，みな『ヴェーダーンタ・スートラ』などに注釈を施すかたちで，それぞれのヴェーダーンタ哲学を体系化し深化した．

事情は他の学派・宗派や他宗教についてもほぼ同様で，おしなべて隠喩的表現や曖昧さの顕著な教典や経典に対して，その文意を明らかにするという名目でおびただしい数の注釈文献が作られた．注釈に対する複注まで発達をみせている．このように，インドの宗教文献において，インド文化がもつ尚古主義的な性格と相俟って，注釈文献が大きな割合を占めていることは，きわめて特徴的である．

「アーガマ」，「サンヒター」，「タントラ」などと称する聖典群は，有神論的なヒンドゥー教の秘教的な側面，すなわちヒンドゥー・タントリズムを代表する文献である．これらに「スートラ」とよばれる文献が加わることもある．一般に，ヴィシュヌ派のパーンチャラートラ派のものを「サンヒター」，同じくヴァイカーナサ派のものを「スートラ」，シャイヴァ・スィッダーンタ派のものを「アーガマ」，シャークタ派のものを「タントラ」とよぶとされるが，例外も多い．仏教的伝統においても，その経典に，種類や発展段階に応じて「アーガマ」，「スートラ」，「タントラ」，「ヴィディ」，「カルパ」などのタイトルが付けられている．

ヒンドゥー教の世界では，上に述べたような宗教や宗派に共通する聖典のほかに，由緒ある寺々に，それぞれ固有の起源譚が伝えられ，いわば寺院単位の「聖典」を構成している．それらは「スタラ・プラーナ」とか「マーハートミヤ」とよばれ，ヒンドゥー教の多様性と重層性とを示す一大資料となっている．

参考文献

ヴィンテルニッツ，M.（中野義照訳）『インド文献史』（全6巻），日本印度学会，1964-78年．

橋本泰元・宮本久義・山下博司『ヒンドゥー教の事典』東京堂出版，2005年．

山下博司「インドにおける伝統思想と現代」，長崎暢子編『地域研究への招待』（現代南アジア1），東京大学出版会，pp.169-187頁，2002年．

山下博司『ヒンドゥー教―インドという〈謎〉』講談社選書メチエ229，2004年．

山下博司『ヨーガの思想』講談社選書メチエ432，2009年．

ルヌー，L.（我妻和男・渡辺重朗訳）『インドの文学』（文庫クセジュ774），白水社，1996年．

V.
カリスマ・聖人列伝

1 仏　教　系

V. カリスマ・聖人列伝

奥山直司

1.1　釈尊（ブッダ）

　釈尊はどのような生涯を送ったのか．近代の仏教学は仏典の古層に「人間ブッダ」の実像を探る努力を続けてきた．しかし，長きにわたってアジア各地の仏教徒に愛好されてきたのは，仏伝（釈尊の伝記）文学に描かれた「超人ブッダ」の理想の生涯の物語であったことも忘れてはならない．実在の人物としての釈尊については本書第Ⅰ部で触れたので，ここでは仏伝に描かれた釈尊の生涯を紹介したい．

　基づいた資料は，チベット仏教チョナン派の大学僧ターラナータ（1575-1634）が著した仏伝である．一口に仏伝といってもその内容は文献によってさまざまに食い違っており，それらを一つの物語に統合することは困難である．ターラナータの仏伝は，『根本説一切有部毘奈耶』等にみられる仏伝関係記事を編集しなおしたもので，125話からなる．その編集方針は，律部の文献に現れる物語を基礎とし，そこに小乗の諸典籍中の記述を選択的に組み入れるというもので，その結果，総合的で，かつ一貫性のある釈尊物語の再構成に成功している．

　古代インド以来，釈尊の生涯は，四大事，八相，十二相のような主要な事績を中心とする把握が行われてきた．これに従えば，ターラナータの仏伝は125相ということになるが，ここでそのすべてに触れることはできないので，チベット仏教で一般的な十二相を選び，これに他の事績をいくつか加えて，その梗概を示すことにした．この十二相にも出入があるが，ここでは，①降兜率（ごうとそつ），②入胎（にったい）（托胎），③誕生，④技芸熟達，⑤後宮遊戯，⑥出家，⑦苦行，⑧菩提道場への進行，⑨降魔（ごうま），⑩成道（じょうどう），⑪転法輪，⑫入涅槃とする．また釈尊の呼称は，成道前は菩薩，成道後は世尊とする．

●**降兜率・入胎**　釈迦族の王子に生まれる直前の釈尊は，兜率天（とそつてん）（覩史多天（としたてん））に住むシュヴェータケートゥ（浄幢，正妙頂（じょうどう，しょうみょうちょう））という名の菩薩であった．菩薩は5つの観点から世間を観察し（五事観察），クシャトリヤとして，中インドに，人間の寿命が百歳であるとき，釈迦族の中に，シュッドーダナ王（浄飯王（じょうぼんのう））の妃マハーマーヤー（大幻化夫人（たいげんけぶにん），摩訶摩耶夫人（まかまやぶにん））を母として生まれることを決意し，アーシャーダ月（6〜7月）の15日の夜に六牙の白象に変身して兜率天を降り，空中からマハーマーヤー妃の胎内に入った．このとき大地は振動し，世界は光明に包まれた．

●**誕生**　それから十月が過ぎたヴァイシャーカ月（4〜5月）の初め，マハーマーヤーは釈迦族の都カピラヴァストゥ（劫比羅城（かびらじょう））から故郷デーヴァドリシャに近いルンビニーの園（藍毘尼園（らんびにおん））に出掛けた．菩薩は，園の中を散策していた王妃が花咲き誇るアショーカ樹に手を差し伸べた瞬間，母の右脇から生まれ出た．それを老いた侍女に変身した帝釈天が鹿皮の衣で受け止めた．菩薩は四方に7歩ずつ歩み，「これは東の方，私は涅槃へ先に入るだろう．これは南の方，私はすべ

◆ V．カリスマ・聖人列伝 ◆

ての命あるものの尊敬に値する者となるだろう．これは西の方，これは私の最後の生となるだろう．これは北の方，私は生死の海を渡るだろう」と述べた．そのとき，虚空から冷暖2つの水流が菩薩の頭上に降り灌いだ．菩薩の誕生と同時に釈迦国にはめでたいことがいくつも起こった．そこで父王は息子にサルヴァシッダールタ（一切の目的を成就した者）と名づけた．

両親はバラモンの占相師を呼んで，菩薩の相を観させた．すると彼らは菩薩が32の大偉人相（三十二相）を備えていることを指摘して，家に留まれば転輪聖王（世界を法の力で支配する理想の王）となり，出家すれば如来，阿羅漢，正等覚者となると予言した．母は菩薩を産んで7日目に命を終わり，三十三天（須弥山の頂にある帝釈天の住む天）に生まれ変わった．

●アシタ占相　キシュキンダ山の洞窟に住むアシタ（阿私陀）仙が，菩薩に会いにカピラヴァストゥにやってきた．アシタは菩薩が将来ブッダとなることを予言し，自らの寿命を測って，生きてブッダの教えを聞くことができない己が身の不幸を嘆いて落涙した．

●技芸熟達　父王は釈迦族の若者500人を学友に付けて菩薩に文字，算術を習わせた．また騎象法と弓術を学ばせた．しかし菩薩は習う前からすでにこうした技芸に熟達しており，力比べ，弓競べなどにも抜きん出た力量を示した．

●後宮遊戯　菩薩は，釈迦族の娘であるヤショーダラー（耶輸陀羅），ゴーピカー（喬比迦），ムリガジャー（鹿王）の3人を次々に娶り，父王は各妃にそれぞれ2万人の侍女を付けて菩薩の後宮に入らせた．菩薩はそこで3人の妻，6万人の侍女に囲まれて歓楽に耽る日々を送った．

●四門出遊　ある日，菩薩は遊園に遊ぶために馬車を仕立てさせて王宮の門を出た．そこで彼は初めて老人を見た．御者の話から自らも老の定めから逃れられないと知った菩薩は，そこから宮殿に引き返してふさぎ込んでしまった．またある日，同じように馬車で門を出た菩薩は，今度は病人を見かけ，病の定めを知って再び引き返した．次には葬列を見て死の定めを知った．ところが四度目に門を出たとき，彼は出家者を見た．それは実は菩薩に出離の縁を与えるために神々が造り出した者であった．菩薩は，その出家者に直接出家の意味を確かめると，大喜びで宮殿に戻り，自らも出家者になろうと考えるのであった．

●樹下観耕　御者からこの出来事を聞いた王は，気晴らしのために菩薩を農作業の監督に行かせた．菩薩は農民と牡牛の苦しみを見て彼らを解放し，ジャンブー樹の木蔭に座って禅定に入った．帰りの遅い息子を迎えにきた王は，この姿に心を打たれて礼拝した．馬車で王とともに帰城した菩薩を占相師たちが見て，7日以内に出家しなければ転輪聖王になると予言した．

●出　家　父王は彼の出家を阻止するためにカピラヴァストゥを7重の城壁と7重の堀で囲み，その周囲を兵士によって固めさせた．菩薩は楼上に移して美女たちに囲ませ，踊り，歌，音楽で楽しませた．何事もなく6日が過ぎ，7日目の夜が来た．菩薩はふと女たちの寝乱れた姿を見て墓場にいるような気持ちになる．その夜菩薩は夢を見て，出家の望みが叶うときがきたことを知り，帝釈天が人々を眠らせている間に，従者チャンダカ（車匿）に命じて愛馬カンタカ（乾陟）を引き出させた．カンタカは神々の威力によって2人を乗せて空中に浮び上がった．町から遠く離れた場所に降りた菩薩は，刀で自分の髪を切り，馬と従者を帰らせて，自らは出家修行者となった．

●苦　行　菩薩はマガダ国の都ラージャグリハ（王舎城）を経て，グリドラクータ（霊鷲山）に近い仙人たちの住処に赴き，片足立ちの行や五熱（四方の火と太陽の熱）に身をさらす行に打ち込んだ．しかしこの道では悟りを得ることはできないと考えてそこを去った．それからアーラーダ・カーラーマ仙，ついでウドラカ・ラーマプトラ仙を訪ねて教えを受け，たちまち彼らと同じ境地に達したが，やはり満足できずに彼らのもとを去った．そこに父王らが派遣した従者500人がやってきた．菩薩は仕方なくその中から5人を選んで同伴者にすると，彼らとともにガヤーの南のセーナーヤニー村に近いナイランジャナー川（尼連禅河）の岸辺に赴き，呼吸を制止する止息禅や一日

に麻・米・豆などを1粒しか食べない行に打ち込んだ．そのため肉が落ちてしぼみ，眼窩は落ち窪み，足腰は立たず，毛は抜け落ちてしまった．

●菩提道場への進行　このような凄まじい苦行を続けて6年が過ぎたとき，菩薩は苦行では悟りを開くことはできないと気づいた．彼は以前ジャンブー樹の下で禅定したことを思い出し，これこそ悟りへの道と思い定めて苦行を捨てた．これを見ていた5人の従者は彼を見限ってベナレス郊外の鹿野苑（ろくやおん）に去った．菩薩がセーナーヤニー村に入ると，村長の娘ナンダーとナンダバラーが1鉢の乳粥を捧げた．これを食べて気力が充実した菩薩は，坐すべき場所を探したが，岩山に坐せば岩山は彼を支えきれずに崩れてしまう．菩薩は神々に導かれて菩提道場（ブッダガヤーの金剛座）に向かって進んだ．菩提道場に着いた彼は，菩提樹下の金剛座に結跏趺坐（けっかふざ）し禅定に入った．

●降魔・成道　これを知った魔王パーピーヤス（波旬（はじゅん））は，さまざまな手段を用いて菩薩の成道を妨げようとする．だがその企みはすべて失敗に終わった．菩薩は夜中から明け方にかけて漏尽智証通（ろじんちしょうつう）（煩悩を絶つ智を体得する神通）を成就し，無上正智を得て，ついに正等覚者，一切智者，如来となった．

●転法輪　世尊は悟りを得てからしばらくの間は金剛座周辺に留まって解脱の楽を味わっていたが，神々の王梵天の勧め（梵天勧請（ぼんてんかんじょう））を受けて他のために教えを説くことを決意し，かつての従者5人が修行する鹿野苑に向かった．世尊の最初の説法（初転法輪（しょてんぼうりん））は，鹿野苑において，世尊の最初の弟子になった彼ら5人（五比丘）を相手に行われた．

その後，世尊は各地を遊行して教えを広め，僧俗の弟子・信者を増やしていった．コーサラ国の都シュラーヴァスティー（舎衛城（しゃえじょう））の郊外には，アナータピンダダ（給孤独（ぎっこどく），蘇[須]達多（す[しゅ]だった））長者によって世尊と比丘衆のために僧園（祇樹給孤独園（ぎじゅぎっこどくおん），祇園精舎（ぎおんしょうじゃ））が造られた．世尊が大神変を現して六師外道（6人の異教の哲学者）を打ち破ったのもこの町においてである（舎衛城神変）．ラージャグリハ（王舎城）では，逆心を起こした弟子デーヴァダッタ（提婆達多（だいばだった））による教団分裂（破僧）の企みを打ち砕き，デーヴァダッタのはかりごとによって放たれた狂象を調伏した．猿が世尊に蜂蜜を供養したほほえましいエピソード（獼猴奉蜜（みこうほうみつ））も忘れ難い．それはナーディカー村で起きたこととも，ヴァイシャーリー（吠舎釐）での出来事ともいわれている．三十三天に昇って亡母マハーマーヤーのために説法し，三道の宝の階段を使ってサーンカーシャ（僧羯奢）に降りたこともあった（三道宝階降下）．

●入涅槃　こうして東奔西走を続けた世尊は，80歳のとき，侍者アーナンダ（阿難陀）らを伴って最後の旅に出た．ヴァイシャーリーを経て北に向かった世尊は，パーパー村で鍛冶屋のチュンダの供養を受けた後，クシナガラ（クシーナガリー，拘尸那城）郊外の沙羅双樹の間に右脇を下にして横たわった．そして遊行者スバドラ（善賢）を教化した後，居合わせた弟子たちに最後の教えを与えると般涅槃（はつねはん）（完全な涅槃）に入った．その瞬間，地震が起こり，星が流れ，四方が燃え上がり，雷鳴が轟いた．その遺体は荼毘に付された．彼の遺骨（仏舎利）を求めて8つの勢力が軍隊を繰り出し，あやうく戦になりかけたが，ドローナというバラモンが仲裁に入って仏舎利を八分した．各部族はそれを持ち帰り，それぞれの領地に仏舎利塔を建てて祀った．仏舎利を入れていた壺を祀る壺塔と荼毘の火の炭を安置する炭塔も建立された．

I.2　ナーガールジュナ

ナーガールジュナ（Nāgārjuna，龍樹，150-250頃）はインド大乗仏教が生んだもっとも偉大な思想家，哲学者と見なされている．彼は般若経典の説く空（くう）の教えを理論化することによって大乗仏教を哲学的に基礎づけ，その後の仏教思想の展開全体に決定的な影響を与えた．現在では，仏教史という枠組みを超えて，世界思想史上屈指の巨人という評価を得ている．没後百年にして仏陀のごとくに敬われたという彼の出現がなければ，仏

V. カリスマ・聖人列伝

教思想は今よりもよほど貧しいものになっていたに違いない．

ナーガールジュナとはナーガとアルジュナの複合語である．ナーガは蛇（インドコブラ）を意味し，龍樹の龍に当たる．アルジュナは樹木の一種ともいわれるが，この場合は古代インドの伝説的英雄の名で，樹はその音写と考えられている．ナーガールジュナは龍猛（りゅうみょう）とも訳されるが，これはアルジュナを勇猛の士と解してのことである．

ナーガールジュナの学統はその弟子アーリヤデーヴァ（Āryadeva，聖提婆，170-270頃）等によって受け継がれ，大乗仏教を代表する学派，中観派として発展した．彼はその始祖と仰がれ，中観思想が伝播したいずれの地域においても最高度の敬意を捧げられている．

わが国でもナーガールジュナは「八宗の祖師」と讃えられてきた．八宗とは元来，南都六宗に天台・真言の二宗を加えたものであるが，この場合はすべての宗，つまり日本仏教全体を意味している．実際，鎌倉新仏教の諸宗派においてもナーガールジュナは尊重されており，例えば浄土真宗では「七高僧」の筆頭に挙げられている．

ただし，古代インドの人物としては珍しくないことだが，彼の実像は謎に包まれている．ナーガールジュナの伝記は漢語，チベット語で書かれたものがいくつかあり，後述のように，ごく小編ながらサンスクリット語の伝記も存在する．だがそれらはいずれも伝説的・魔術的雰囲気に満ちており，しかもお互いに矛盾しあっている．また彼に帰される著作は，サンスクリット語，チベット語，漢語にわたって数多いが，そのうち現在，確実に彼，つまり中観派の祖ナーガールジュナの著作と考えられているものは，主著と目される『中論』をはじめとする11書にとどまっている．

こうなった理由の一つに，インド史上には『中論』を著したナーガールジュナだけでなく，密教学者や錬金術師など複数のナーガールジュナがいたことが考えられる．中村元（1980）によれば，次のようなナーガールジュナを挙げることができる．

1 『中論』などの空思想を展開させた著者
2 仏教百科事典とよぶにふさわしい『大智度論』の著者
3 『華厳経』十地品の注釈書である『十住毘婆沙論』（じゅうじゅうびばしゃろん）の著者
4 現実的な問題を扱った『宝行王正論』などの著者
5 真言密教の学者としてのナーガールジュナ
6 化学（錬金術）の学者としてのナーガールジュナ

このうち5と6は，他とは大分色彩が違うので別人ではないかと思われるという．5も1人ではない．少なくとも，真言密教の祖師である龍猛とインド後期密教の『秘密集会タントラ』聖者父子流の祖ナーガールジュナとは別人としなければならない．

聖者父子流の父子とはナーガールジュナとアーリヤデーヴァの師弟を指している．その系譜は明らかに中観派からの借用である．中観の祖ナーガールジュナの名が巨大であったために，後世同じ名を名乗る宗教者が現れたり，彼に仮託して著述がなされたりしたことが窺われる．

これに対して，5世紀初頭に鳩摩羅什（くまらじゅう）（344-413，または350-409）が翻訳した『龍樹菩薩伝』〔大正〕No.2047）は，ナーガールジュナ没後百余年の作品だけに，荒唐無稽と思われる記述の積み重ねの中にも彼の人間像を描き出すのに成功していると評される．鳩摩羅什自身，中観に通じた，ナーガールジュナ思想の中国への初めての紹介者であった．この伝記の粗筋を瓜生津隆真・梶山雄一の解説から引用しよう．

ナーガールジュナは南インドのバラモンの家に生まれた．バラモンとしてのあらゆる教養を身につけ，若くして学識の誉れが高かった．彼は三人の友とともに魔術を学び，隠身の秘術を習得し，しばしば王宮に忍びこんで婦女を誘惑した．事があらわれて三人の友は斬られたが，ナーガールジュナひとり王の傍らに身を避けた．彼は愛欲が苦悩と不幸の原因であることに目ざめ，もし自分が宮廷を逃れ出て生き永らえるならば出家しようと誓った．事実，逃走に成

◆ 1. 仏　教　系 ◆

功した彼は，山上のストゥーパ（塔）を訪ねて受戒出家した．小乗の仏典を学び，さらに別種の経典を探しているうちに，彼はヒマーラヤ山中の老比丘からいくらかの大乗経典を授けられた．これを学んだのち，彼はインド中を遍歴し，仏教・非仏教の遊行者や論師と対論してこれを打ち破った．彼は，仏法は微妙であるが論理になお欠けるところがあると思い，みずから一学派を創立しようとした．マハー・ナーガ（大龍）菩薩が彼を哀れんで海底の龍宮に導き大乗経典を与えた．彼はこれを学んで深い意味をさとった．龍（ナーガ）は彼を南インドに連れ帰った．彼はそこで国王を教化し，非仏教者を論破し，多くの著作を行なった．ナーガールジュナの死後百年，南インドの人びとは廟を建てて彼を仏陀と同じように崇めている．（梶山・瓜生津，2004，pp. 444-445）

このなかでナーガールジュナが南インドのバラモンの家系に生まれたことは，他の多くの伝記にも共通しており，ほぼ事実と認めてよいであろう．また，はじめバラモンとして教養を積み，出家して小乗仏教を学んだ後，大乗仏教に転じて，仏教・非仏教の修行者・論師たちと論争したことも，彼がさまざまな教理に精通していたことから，大いにありうることである．また彼が教化した王は，当時，南インド一帯を支配していたサータヴァーハナ朝の一王（引正王，どの王に当たるかについては諸説ある）であり，この王との親交の有様は，王への訓戒を内容とする手紙である『ラトナーヴァリー』（『宝行王正論』）と『スフリルレーカ』（『勧誡王頌』）に窺うことができる．

玄奘は『大唐西域記』巻10「憍薩羅国」（南コーサラ国）の条において，サータヴァーハナ王が龍猛のために造営したという跋邏末羅耆釐（ぶらまらぎり）（黒蜂山）の石窟寺院について報告している．アーンドラ・プラデーシュ州のクリシュナー川の中流には，ダム建設で水没したナーガールジュナ・コーンダという仏教遺跡があり，玄奘のいう跋邏末羅耆釐をこの遺跡とする説がある．正否のほどは今のところはっきりしないが，ナーガールジュナ晩年の活動の舞台がアーンドラ地方であったことは確かなようだ．

『中論』のナーガールジュナの生涯について知られることは大略以上のようである．密教文献にはこれとは趣の異なるナーガールジュナ伝がいくつか存在する．その中から2つ紹介しよう．

まずチベット語訳に残るアバヤダッタシュリーの『八十四成就者伝』に含まれるナーガールジュナ伝によれば，彼は東インドのカーンチの一部であるカホーラの町のバラモンであった．ナーランダー大僧院で出家し，学問を積んでパンディタ（学者）となるが，それに満足できずに，僧院を捨てて遊行の旅に出，やがて南方のシュリーパルヴァタ（吉祥山）にたどりついて，そこに住した（杉本訳，2000, pp. 74-81）．一説によれば，カホーラは東インドとは方向違いの，現在のインド中西部マハーラーシュトラ州カタラ県のカラドに当たる．またシュリーパルヴァタを玄奘の跋邏末羅耆釐と同一視する見方もある．

著者不詳のサンスクリット語で綴られた詩頌『仏菩薩成就者たちの伝承』（カトマンズ，カイセル文庫所蔵）は，ナーガールジュナとその弟子シャバラの短い伝記である．これによると，彼はマハーマティ（大慧）菩薩の生まれ変わりで，ダクシナーパタ（南インド）の町カラハータカのバラモンの家に生まれ，父の名はトリヴィクラマ，母の名はサーヴィッターといった．幼名をダーモーダラといい，出家してシャーキャミトラと称し，大成就者として知られるサラハの弟子となった．後に彼は守り本尊のラトナマティ菩薩とともにベンガルのヴァレーンドリーに向かい，デードヤプラという村でトリシャラナという芸人夫婦の息子を弟子にする．やがてトリシャラナは成就者となり，南インドのマノーバンガ・チッタヴィシュラーマ山（シュリーパルヴァタと同一か）を行場に定めて，シャバラ族の姿でそこに住したという（cf. 奥山，1992, p. 229）．

いずれも成就者（シッダ）とよばれる密教行者としてのナーガールジュナの事績を伝えるものであるが，『中論』のナーガールジュナ伝と一致する点もあり，ナーガールジュナに関わる錯綜した

◆ V．カリスマ・聖人列伝 ◆

伝承の一端を示している．

1.3 玄奘三蔵

　玄奘三蔵（600 または 602-664）は中国唐代初期に活躍した僧侶で，大旅行家，大翻訳家として知られている．その門下からは唯識思想を奉ずる法相宗が誕生した．この場合の三蔵とは，三蔵（経蔵・律蔵・論蔵の総称）に精通した，優れた僧を意味する尊称であるが，今日三蔵あるいは三蔵法師と聞いてすぐさま想起されるのは，天竺（インド）への困難な旅を敢行したこの求法僧のことであろう．

　中国仏教は，その長い歴史の中で練達の翻訳家，学徳ともに高い高僧，呪法に長じた神秘家，厳格な律師，情熱的な説法師を輩出してきた．だが今日，玄奘ほど著名な存在は稀であろう．その名声の一部が明代の小説『西遊記』に負っていることは確かである．孫悟空以下のユニークな旅の仲間たちが大活躍するこの奇想天外な物語は，世界中の人々に愛好されてきた．もっとも，玄奘の伝説化・神秘化ははるか以前から始まっており，彼が実際に通過した安西の石窟寺院に描かれた西夏時代の壁画には，猿の顔をした従者をともなう騎旅の僧の姿（玄奘取経図）が見られる．聖者伝承の発達の一例として興味深い．

　さて，歴史上の人物たる玄奘は俗名を陳禕といった．彼は洛陽に近い緱氏県の鳳凰谷陳村（現・河南省偃師市鳳凰山鳳凰谷陳河村）に陳家の四男として生まれた．その生年については定説がないが，602（隋の仁寿2）年とされることが多い．父陳慧は地方回りの役人であったが，江陵の令を最後に官を退き，古典を読むことに専念した．この父の長身で端整な容姿は，その学才とともに息子たちにも受け継がれたらしく，玄奘も，また先に出家して長捷法師となった次兄の素も，眉目秀麗な偉丈夫であったと伝えられている．

　長捷は洛陽の浄土寺に住していた．陳家の家運が傾いたためか，禕少年はこの兄に連れられて浄土寺に入り，やがて得度して玄奘となった．幼年より群を抜いて聡明で記憶力に優れ，しかも勉強好きであった彼は，この寺でいよいよ学問に励んだ．とりわけ，彼が瑜伽行派の大論師無着（アサンガ，395-470頃）が著した大乗仏教の綱要書『摂大乗論』を熱心に学んだことは，その後の彼の進路に決定的な影響を与えた．

　『摂大乗論』と世親の『摂大乗論釈』などを翻訳し，瑜伽行派の思想を初めて組織的に中国に伝えたのは，546年，南朝の梁に来朝した西インド・ウッジャイニー出身の訳経三蔵パラマールタ（真諦，499-569）である．パラマールタ自身は梁末の戦乱に巻き込まれて，弘法に時を得ず，流浪の中に悲劇の生涯を閉じるが，彼の学統からは『摂大乗論釈』の研究を柱とする学派，摂論学派が興り，それは中国仏教界を席巻する勢いをみせていた．若き日の玄奘を強く魅了し，やがて彼を遥か西方の異域に導くものは，パラマールタ訳の論書と摂論学派系の学僧たちによって説かれる新仏教学であった．

　さて，隋・唐王朝交代期の政治的混乱がいよいよ激しくなる中，洛陽も騒乱の巷と化した．この機に玄奘は，長捷に説いてともに洛陽を去り，まず長安に赴いた．しかし唐の草創期の長安ではまだ仏法の講席がなかったので，2人はそこから成都に向かった．成都には戦乱を避けて多くの名僧が集まっていた．玄奘はここで道基，宝暹らに『摂大乗論』，「毘曇」（アビダルマ）などを聴講した．622（武徳5）年，玄奘は成都で具足戒を受けた．その後兄と別れ，各地に高僧を訪ねて研鑽を積みながら長安に戻った．長安では道岳に世親の『倶舎論』を学び，また法常と僧弁に就いて『摂大乗論』を聴いたが，この論書をすでに深く理解していたので，一度で学び尽くして「釈門千里の駒」と絶賛された．

　かくして玄奘の名声は都中に鳴り響いたが，彼自身は，先学諸師の釈義が，各々自説をほしいままにし，聖典とも陰に陽に異なる点があって，どれが適切かわからないことに悩んでいた．そしてついに，法顕（4～5世紀）をはじめとする前時代の入竺僧たちにならって，自らインドに赴いて疑惑を質し，かつてパラマールタが翻訳した瑜伽

行派の基本典籍『十七地論』(『瑜伽師地論』本地分に相当.散逸して現存しない)の原典を持ち帰って翻訳し,多くの疑問を解決しようと誓いを立てる.

一説によれば,玄奘は,その頃長安に来たインド僧プラバーカラミトラから,インド仏教の最新情報や西域の政治情勢に関する知識を得ていた可能性がある(桑山,1983).プラバーカラミトラは中インドのナーランダー大僧院でシーラバドラ(戒賢)から『ヨーガーチャーラブーミ』(『瑜伽師地論』の原本)を学んだ人物であり,玄奘がナーランダーに留学した理由は,彼のアドバイス抜きには説明しがたいという.

玄奘が旅立ったのは627(貞観元)年から翌年にかけてのことと考えられる.前もって彼はインド行の許可を求めて上表したが,朝廷からは出国の許可が下りなかった.そのため,その旅は国法を犯しての密出国となった.

彼がたどったのは,秦州(天水),蘭州を経て,河西回廊を涼州(武威),瓜州(安西)と進む路である.だがその先の沙州(敦煌)には立ち寄らず,ある胡人(ソグド人)の案内で玉門関の側を抜けると,ただ1人西北方の伊吾(ハミ)を目指した.その途中には5つの烽火台が点在し,監視兵が密出国者を取り締まっていた.幸い彼は第一烽,第四烽の役人の厚意でそこを通過したが,次に足を踏み入れた莫賀延磧とよばれる礫石の荒れ地では,道に迷った上に水袋を取り落として水を失ったために,夜は妖魑の火が群星のように輝き,昼は熱風が砂礫を雨降らせて吹きすさぶ荒野で,数日間生死の境を彷徨った.これがこの旅の最初で,おそらくは最大の危機であった.

九死に一生を得て伊吾にたどり着いた玄奘は,高昌国(トルファン)の王麹文泰(在位624-40)から熱心に来遊を請われ,天山北路に回る予定を変更して,天山南路を高昌の国都カラホージャに向かった.麹文泰は玄奘に深く帰依し,彼を自らの導師として高昌に留めようとしたが,玄奘が3日間断食してこれを拒絶すると,彼に往復の旅費20年分として黄金100両,銀銭3万,綾絹500疋を贈り,キャラバンを仕立てて,イシク・クル湖の西に幕営する西突厥の統葉護可汗(?-628)のもとに送り届けさせた.統葉護もまた玄奘に協力し,彼をヒンドゥークシュ山脈南のカーピシー国まで護送させた.

こうして玄奘は,シルクロードの2人の王者の支援で伊吾から先は比較的スムーズに旅を続けて北インドの境域に到ることができたのである.ナガラハーラ国では仏影窟を拝した.ガンダーラ国では仏教の衰退ぶりを目の当たりにした.その後タクシャシラー(タキシラ),カシミーラなどの国々を訪ね,幾多の寺院・聖跡を巡りながら北インドから中インドに向かってジグザグに進んだ.当時インド北部はヴァルダナ朝の英主ハルシャヴァルダナ(戒日王,在位606-47)によって統治されていた.玄奘は,この王の都カンヤークブジャ(曲女城,現・カナウジ)を経て,祇園精舎,カピラヴァストゥ,クシナガラ,鹿野苑などの仏跡を巡拝した後,マガダ国に入った.菩提樹下の金剛座を拝して五体投地した時には,万感胸に迫り,涙が止め処なく流れた.そこからナーランダーに赴き,ついにシーラバドラに対面叶って師事することになった.長安を出発してから3年後のことであった.

彼のナーランダーでの修学は5年に及び,『瑜伽師地論』をはじめとする瑜伽唯識その他の仏教の論書からサンスクリット文典などのバラモンの書まで幅広く学んだ.それからインド亜大陸周遊に旅立ち,東インド,南インド,西インドの各地を巡って,さらに研鑽を積んだ後,再びナーランダーに戻り,シーラバドラの命で『摂大乗論』などを講義した.また中観と唯識を和合させた『会宗論』三千頌を著して衆僧の称賛を受けたという.

玄奘が帰国の途に就いたのは642(貞観16)年頃のことである.これに先立ってハルシャヴァルダナ王は,彼のためにカンヤークブジャにおいて大会を,プラヤーガにおいて無遮大施を開催した.帰路,玄奘とその一行はパミール高原を越え,佉沙(カシュガル)に出て,西域南道を進んだ.往路で支援を受けた高昌国は唐に滅ぼされてすでになかった.

◆ V. カリスマ・聖人列伝 ◆

645（貞観19）年正月，玄奘はついに長安に帰り着いた．官民は挙って彼を歓迎し，密出国の罪は不問に付された．彼が持ち帰った主なものは，釈迦如来の肉舎利，仏像数躯，そして大小乗の経論の原典合わせて657部であった．帰国後の彼が専念しようとしたのは，自らが請来した経論を漢語に翻訳することであった．早速彼は，高麗遠征直前の太宗に洛陽で拝謁した．西域経営に意欲を燃やす太宗（在位624-49）は，玄奘の語る西域・インド事情に興味津々で耳を傾けた．その要望に応えて編纂されたのが有名な地誌『大唐西域記』である．

玄奘の求めに応じて勅が下され，全国から翻訳に協力する学僧が集められて，長安の弘福寺に翻経院が開かれた．このチームを率いて彼は，大唐皇帝の手厚い庇護の下，仏典翻訳を国家的事業として推進する．後に訳場は大慈恩寺に移され，玄奘はこの寺に五層の甎塔（せんとう）（後の大雁塔（だいがんとう））を建立してインド請来の経像を安置した．彼とそのスタッフが約20年間に翻訳した経論は，西行の動機となった『瑜伽師地論』100巻を含む75部1335巻に達した．量において歴代の訳経三蔵中ずば抜けた1位である．それは部数だけをみれば彼が請来した文献の1割余りに過ぎないが，『大般若経』600巻をはじめ大部の書も多い．玄奘の翻訳は，それ以前の旧訳に対して新訳と称され，中国訳経史上に一時代を画した．

664（麟徳元）年2月5日，玄奘は玉華宮で遷化した．前年10月に完了した『大般若経』の翻訳に精魂尽き果てた末のことであった．最期の言葉は「（決定して弥勒の内院に）生ずるを得」．遺体からは蓮華に似た芳香が漂い，葬儀には百余万人が参列したと伝えられる．

I.4 ツォンカパ

ツォンカパ（Tsong kha pa，宗喀巴，1357-1419）は，チベット仏教最大の宗派であるゲルク派の開祖である．後世，ゲルク派がチベットを宗教的・政治的に支配するにつれて，彼の権威はいやがうえにも高まり，チベット仏教最高の学者聖人として崇められるに至った．ただし，有雪国チベットは優れた学僧を輩出してきた稀にみる学者の国であり，その有様は7000～8000m級の高峰が雲集するヒマラヤ山脈にも似ている．ツォンカパがこの大山脈中の最高峰の一つであることは間違いないが，彼のみ屹立した単独峰ではない．

R.A.スタンは，チベットの大聖者に2つの類型を指摘する．ひとつはまじめで厳格な聖者で，彼らは思想家，学者，道徳家である．もうひとつはよく笑う聖者で，神秘家，魔術師がこれに当たる．その笑いには，優しくいたずらっぽい笑いと恐ろしく威圧的な笑いとの2つがあり，ミラ・レーパ（1040-1123）の笑いは前者に，パドマサンバヴァ（8世紀後半）のそれは後者に属する，という（スタン，1993，p.375）．ミラ・レーパとグル・リンポチェことパドマサンバヴァは，チベットの聖者物語中の二大スターであり，大衆の間における彼らの人気には絶大なものがある．

ツォンカパが第1の類型に属する聖者であることは疑いない．少なくとも彼にはくすくす笑いや身の毛もよだつ哄笑は似合わない．もっとも「微笑むツォンカパ」とよばれるように，彼の像は常に紅い唇に微笑を湛えており，高い鼻と並んで図像的特徴となっている．

さて，ツォンカパ（ツォンカ人（びと））とは彼の故郷に因んだ通称であり，法名はロサン・タクパ（タクペーペル）という．彼はチベット暦第6ラプチュンの丁酉（ひのととり）の年（1357年），アムド（東北チベット，今日の中国青海省に略対応）のツォンカ地方の一村（現・青海省湟中県魯沙爾鎮）に父ルンブムゲと母シンサ・アチューの第4子として生を享けた．時代は元朝の末期に当たり，中央チベットではカギュ派系パクモトゥ派のチャンチュプ・ギェルツェン（1302-64）が，元朝という後ろ盾の衰退に伴って力を失ったサキャ派を打倒して権力の座に着いていた．

伝えられるところによれば，ツォンカパが生まれたとき，切られた臍の緒から血が地面に滴り落ちた．やがてそこに一株の大きな白檀樹が生え，十万にも及ぶその葉の一枚一枚に，彼がはるかな

未来において成るべき獅子吼仏の像が自然に浮び上がった．1379年，この木を守るために彼の母が一塔を建立した．1560年，塔の側に一堂が建立され，これが発展してクンブム・チャムパリン（十万仏弥勒洲の意，中国名・塔爾寺）の大伽藍となった．この奇跡の木は大金瓦殿（宗喀巴記念塔殿）の黄金の塔に包み込まれて直接見ることはできないが，これと同根とされるもう一株の白檀樹がこの仏殿の前に今も青々とした葉を繁らせている．

彼は数え年3歳で，カルマ黒帽派ラマ4世ルルペー・ドルジェ（1340-83）から優婆塞戒を受け，クンガー・ニンポの名を与えられた．その後，郷里に近いチャキュン（夏琼）寺（現・化隆回族自治県）の開山トンドゥプ・リンチェン（1309-85）に就いてチベット文語の手ほどきなどを受けたらしい．7歳になると彼より沙弥戒を受けて出家し，ロサン・タクパの名を得て，チャキュン寺で本格的な修学生活に入った．トンドゥプ・リンチェンは現在の黄南蔵族自治州同仁県夏卜浪の出身で，かつて中央チベット各地で修行し，シャル寺のプトゥン・リンチェントゥプ（1290-1364）とも交流のあった人物と伝えられる．若き日のツォンカパは，この師から中央チベットの仏教事情などを聞き，憧れを募らせていたものと推察される．

偉大な宗教家の多くがそうであるように，ツォンカパもまた旅の人であった．1372年，彼は16歳で中央チベットに向かって旅立った．仏教学の本場にその真髄を求め，当時そこに行われていたあらゆる学派の要諦を学び尽くそうとする旅であった．当時の中央チベットは各地に学問寺が栄え，さまざまな学派が競い合うように活動していた．例えば，不世出の学匠プトゥンはすでにこの世の人ではなかったが，その学統は後継者たちによって引き継がれ，シャル派（プトゥン派）として維持されていた．

ツォンカパは何年もの間，中央チベットのウー・ツァン両州の主要な学問センターの間を往来して，さまざまな学派の高名な教師たちに就き，類まれな才能を発揮して，彼らの説くところを精力的に吸収していった．その学習範囲は仏教の諸学（般若，律，阿毘達磨，認識論，論理学，中観，密教など）に止まらず，マンダラ図像法，舞踊作法，声明，医学，サンスクリット，韻文，作文法，暦学にも及ぶ．このような宗派にとらわれない幅広く自由な修学形態は，当時のチベットの勤勉な学生に共通のものであったと思われる．

その間にサキャ派のレンダーワ・シュンヌ・ロドゥーに出会い，深く尊信して『倶舎論』や『入中論』を学んだ．ヤルルンのナムギェルにおいてシャーキャシュリーバドラに由来する具足戒を受け，正式な比丘となった．また，プトゥンの遺弟たちから密教の伝授をさまざまに受けた．34歳で文殊菩薩の観法に熟達したウマパ・ツォンドゥー・センゲに師事するようになり，彼の通訳で，文殊に中観の帰謬論証派と自立論証派との相違などについて質問した．後には彼自ら文殊の姿を見て，その教えを直接聴聞できるようになったと伝えられている．ツォンカパの神秘家としての側面である．

このような文殊との特異な関係は，後世ツォンカパを文殊の化身とする信仰を生み出した．そのため彼の図像は，文殊の持物である剣と梵篋(ぼんきょう)によって特徴づけられる．

1392年冬，彼は弟子8人とともにウルカのチュールンに籠って瞑想に励み，その後各地に法筵を張った．後にゲルク派と称される彼の宗派の立教開宗とされる出来事である．

1400年，レンダーワと連れだってカダム派の本山ラデン（レティン）寺を訪ねた彼は，そこですでに没しているはずのアティーシャとカダム派の諸師に会い，1か月の間に彼らに種々の疑問を直接尋ねるという神秘体験をもつ．アティーシャの幻像は最後にツォンカパの頭に手を置いて，法を弘め自ら悟りを求める人々を利益するならばこれを助けようと言って消えた．この体験を受けて，ツォンカパは1402年，ラデンの庵で『菩提道次第広論』（ラムリムチェンモ）を述作した．アティーシャの『菩提道燈論』に範を取って菩薩の修行階梯を体系的に述べたこの書は彼の主著である．1405年には密教の修行階梯をまとめた

◆ V. カリスマ・聖人列伝 ◆

『秘密道次第広論』（ガクリムチェンモ）を著した．彼はアティーシャとプトゥンに私淑したが，重点の置き方はこれら両学匠とは異なっており，一般大乗では中観帰謬論証派を，密教では『秘密集会タントラ』の聖者流を究極のものとしている．

かくしてツォンカパの名声は高まり，それが明の宮廷まで達して，彼は永楽帝（在位 1402-24）から招きを受ける．だがこれを固辞し，代理として後にセラ寺を開く高弟チャムチェン・チュージェ・シャーキャ・イェシェーを派遣した．ちなみにツォンカパの高弟として他に，二大弟子とされるギャルツァプジェ・タルマ・リンチェンとケートゥプジェ・ゲレク・ペルサンポ，ガンデン寺を開いたジャムヤン・チュージェ・タシー・ペルデン，後世ダライ・ラマ1世と見なされることになるゲンドゥン・トゥプパ等がいる．

1409年，時の権力者であるパクモトゥ派の教王タクパ・ギェルツェンとその大臣ナムカー・サンポを施主として，かねてより改修を進めていたラサのトゥルナン寺に新年祭モンラムチェンモ（大祈願祭）を創始した．モンラムはチベット最大の祭典として今も続いている．同じ年，ラサの東北東約35 kmの山上にガンデン寺を開いて自派の根本道場とした．53歳のツォンカパは長い遍歴生活にピリオドを打ち，翌年からはガンデン寺を根拠地として著述や説法に当った．

彼が興した宗派は当初ガンデン（兜率天，歓喜）派，ガルク派と称したが，後にゲルク（徳行）派と改められた．また黄帽を特徴とするため黄帽派ともよばれ，カダム派を継ぐものとの立場から新カダム派とも称せられる．

しばしばツォンカパはチベット仏教の改革者，したがってゲルク派はチベット仏教の改革派と見なされるが，彼自身には他派に干渉しようという意思はなかったようである．厳格な戒律生活を送り，インドからチベットに伝来した仏教のさまざまな教理と実践を比類なく見事な体系にまとめ上げ，正しい仏教の在り方を力強い弁舌で僧俗大衆に説き示すことが，即ち彼の改革であった．だがその後の歴史は，彼が創始した禁欲的な修行者集団をチベットの支配的な宗教・政治団体へと変貌させてゆく．それは専ら彼の後継者たちの恐るべき経営手腕の賜物であった．

第7ラプチュンの己亥の年（1419年）10月25日早朝，ツォンカパは大勢の弟子たちに見守られつつ，「ただただ（仏の）教えのために働かんがため」（立川・石濱・福田，1995, p. 7）とも讃えられる一生を終えた．享年63歳．臨終に先立って彼は，一番弟子ギャルツァプジェに愛用の帽子と毛皮外套を与えて後事を託している．臨終時，空に虹がかかり，宝華が降り注ぐなどの奇瑞が現れるなか，彼は空行母の迎えを受けて兜率天に昇り，ジャムペー・ニンポ（文殊心）という菩薩に生まれ変わったとされる．地上に残された遺骸は防腐処置が施されて霊塔内に安置され，1959年以降にこの寺が破壊されるまで，同寺におけるもっとも霊験あらたかな「聖遺物」として人々の厚い帰依を受けていた．

I.5 アナガーリカ・ダルマパーラ

アナガーリカ・ダルマパーラ（Anagārika Dharmapāla, 1864-1933）は，近代南アジアにおける仏教復興運動の最大の指導者の1人である．19世紀後半，イギリスの直轄植民地スリランカ（当時の名称はセイロン）において，支配者の宗教であるキリスト教に対抗して，衰退した仏教を復興しようという動きが，シンハラ人（スリランカの多数民族）による反英独立運動の一環として現れる．このシンハラ・ナショナリズムの色彩の強い仏教復興運動のなかから頭角を現したのが，「ランカー（スリランカ）の獅子」ダルマパーラであった．やがて彼はカリスマ的指導者に成長し，ブッダガヤーをはじめとするインド仏跡の回復運動を梃子にして，活動の舞台を世界に広げてゆく．

彼がダルマパーラ（仏法の守護者）と名乗るのは，仏教の復興に生涯を捧げる決意をして以後のことであり，その本名はドン・デイヴィッド・ヘーワーウィターラナ（Don David Hēvāvitāraṇa）という．彼は1864年，コロンボに富裕なシンハ

◆ 1. 仏 教 系 ◆

図1 ダルマパーラ

ラ人家具商の長男として生まれた．近代スリランカの仏教復興運動は，イギリスによる統治下で新たに勃興したシンハラ人エリート層，すなわち村の知識人，大規模農園主，都市部の商業資本家などに支えられており，ヘーワーウィターラナ家もまさにそのような階層に属していた．実際，ダルマパーラの父と母方の祖父は，仏教復興運動の熱心な支援者であった．こうした家庭環境が仏教運動家ダルマパーラ出現の基盤となったことは疑いない．だが彼自身は，当時のシンハラ人エリート子弟の多くがそうであったように，幼時からミッションスクールで英語教育を受けた．これも彼独自の仏教思想の下地であろう．

1873年，スリランカ上座部の比丘モーホッティワッテ（ミーゲットゥワッテ）・グナーナンダ（1823-90）がキリスト教代表の牧師と公開討論を行ったパーナドゥラの論争が起きた．聴衆に異常な感銘を与え，仏教復興運動の転換点となったこの論争は，仏教の勝利として内外に喧伝され，やがてこの島に神智学協会のオルコット大佐（Henry S. Olcott, 1832-1907）とマダム・ブラヴァツキー（Helena P. Blavatsky, 1831-91）を引き寄せることになる．またこの同じ年，コロンボに仏教学院ウィドヨーダヤ・ピリウェナが，高僧ヒッカドゥウェ・スマンガラ（1826-1911）を院長として設立された．グナーナンダとスマンガラはともにスリランカにおける仏教復興運動のパイオニアであり，その活動はダルマパーラにも大きな影響を与えた．

1880年，オルコットとブラヴァツキーがスリランカにやってきて，南部の町ゴールで仏教の五戒を受けるという「事件」が起こった．仏教徒たちは彼らを熱狂的に迎え入れた．2人の指導の下，コロンボに仏教神智学協会が結成され，やがてミッションスクールに対抗して，各地に仏教学校が設立されてゆく．シンハラ仏教と神智学協会の蜜月時代の始まりである．この年16歳のダルマパーラは2人に出会って強い感化を受けた．

1883年，コロンボでカトリック教徒による仏教徒襲撃事件が起こり，これに憤慨した父の命令で，彼はそれまで通っていたミッションスクールを中退．翌年には神智学協会に入会し，オカルティズムを学ぶために，両親の反対を押し切ってインド・マドラス（現・チェンナイ）郊外のアディヤールにある神智学協会本部に赴くが，ブラヴァツキーから「パーリ語を学び，人類の幸福のために働くべきだ」という趣旨の忠告を受けてコロンボに戻る．1886年，オルコットらに随行してセイロン島内を巡回したことをきっかけに，下級事務官として勤務していた教育局を辞めて仏教神智学協会の会務に専念するようになる．1888年には聖書名であるドン・デイヴィッドを捨ててダルマパーラと改名．翌年，日本仏教界の招きに応じたオルコットに従って初めて日本を訪問し，大歓迎を受ける．あいにく彼はリウマチを患い，3か月の滞在期間のほとんどを病床で過ごすことになったが，アジアの新興国家日本の発展ぶりと人々の親切さに感銘を受け，日本贔屓になって帰国した．

1891年1月22日，ダルマパーラは，日本人スリランカ留学僧の釈興然（1849-1924），徳沢智恵蔵（1871-1908）らとともに初めてブッダガヤーを訪れた．当時のブッダガヤーはマハントとよばれるヒンドゥー教シヴァ派の僧院長の管理下にあり，仏教徒が自由に宗教活動を行うことができる状態にはなかった．ダルマパーラはこの日の日記に次のように記している．

> 金剛座に額づいた瞬間，一つの衝動が突如として私の心に湧き起こった．それは，ここに止ま

◆ V. カリスマ・聖人列伝 ◆

図2 ブラヴァツキー（左）とオルコット（右）

り，この聖地に仕えよ，と私を促した．世界に比類なき聖地，釈迦獅子太子が菩提樹下で悟りを開いたこの場所に．（中略）この突然の衝動を感じた時，私はコーゼン師に一緒にやらないかと尋ねた．すると彼は嬉しげに同意した．それどころか彼もまた同じことを考えていたのだ．私たち両人は厳かに誓い合った．何人かの僧がやって来て，この場所を引き受けるまでは，ここに止まろうと．（Sangharakshita, 1995, p.61）

この誓いこそインド仏跡の回復運動に火を点ずるものであった．2人はブッダガヤーを仏教徒の手に取り戻し，インドに仏教を再興することを決意した．この事業を推進するために，ダルマパーラは，同年5月31日にコロンボで大菩提会（Mahā Bodhi Society，初期の名称はブッダガヤー大菩提会）を旗揚げした．初代会長にはスマンガラが就任し，オルコットが理事兼最高顧問を引き受け，ダルマパーラ自身は幹事の1人となっている．同年7月，彼はブッダガヤーに常駐することになった4人の僧を連れて現地に赴き，ブッダガヤーの土地の買収に関わるマハントとの長く複雑な交渉に入った．同年10月には現地で国際仏教会議を開催して，ブッダガヤー復興策を協議．以後ダルマパーラは，布教とこの運動への支援要請のために世界を飛び回ることになる．

支援の輪は，やがてシャム（現・タイ），日本，ビルマ（現・ミャンマー），スリランカ，チッタゴン，アラカン，中国，シッキム，チベット等アジア各地の仏教徒からイギリスの詩人ジャーナリスト，エドウィン・アーノルド（1832-1904）をはじめとする欧米の知識人・慈善事業家の間にも広がり，大菩提会を各国に支部をもつ世界規模の組織へと押し上げてゆく．日本では，興然の要請を受けて印度仏蹟興復会が結成され，ブッダガヤー買収費用の募金，現地視察員と留学生の派遣などが行われた．初期の大菩提会の役員名簿には，日本代表として興然の師である釈雲照と『浄土教報』主筆で印度仏蹟興復会幹事の堀内静宇の名前が並んでいる．

1892年，ダルマパーラは大菩提会の本部をカルカッタ（現・コルカタ）に移し，会誌の発行を始めた．翌年9月，彼はシカゴで開催された万国宗教会議に上座部仏教代表として出席．その演説は，「アジアの光」を文明世界に弘めようとする魅惑的な伝道師の登場として注目を集めた．この旅行は，彼がホノルルでメアリー・エリザベス・フォスター（1844-1930）に出会ったことによってさらに重要なものとなった．ハワイ王家の血を引くフォスター夫人は以後のダルマパーラの活動を資金面で支える，まさに「育ての親（フォスター）」となる．

ダルマパーラは有髪のまま修行者のような衣をまとい，アナガーリカ（「家なき者」の意）と称した．彼はこの称を出家と在家の中間的存在の意味に用いた．それは世俗に留まって活動を続けながら，家族との絆を断って禁欲的に生きる者を指している．実際，ダルマパーラは，人々に対して世俗内的禁欲とそれに基づく倹約・勤勉などの道徳を説いた．彼の禁欲主義にはプロテスタンティズムからの影響が色濃く，今日彼の仏教は「プロテスタント仏教」とよばれることがある（ゴンブリッチ，オベーセーカラ，2002）．

1895年からマハント一党との裁判闘争が始まる．神智学協会との関係は次第に冷却化し，1904年，キャンディの仏歯を巡る意見の対立からオルコットと訣別．神智学協会の第2代会長となったアニー・ベザント（1847-1933）らの活動に対しては批判的であった．

シンハラ・ナショナリストとしての彼は，西洋の植民地主義に反対し，シンハラ人の民族意識の

覚醒を訴えて止まなかった．また彼は，学校の建設，禁酒運動の推進，織物工業の振興などさまざまな活動を通じて，近代スリランカにおける社会・経済改革に先鞭をつけた．今日彼が「国民の父」と讃えられる所以である．

1915年，スリランカで仏教徒とイスラーム教徒の衝突が発端となって大暴動が発生．官憲による弾圧の嵐が吹き荒れる中，弟エドマンドは逮捕されて獄中で死亡した．インドにいて難を逃れたダルマパーラもカルカッタに5年間抑留されるが，その間に大菩提会本部の中心となるダルマラージカ・チャイトヤ・ヴィハーラを建立している．

1931年，彼はサールナートで得度式を挙げて沙弥デーワミッタ・ダンマパーラとなった．同年この地に落成したムーラガンダクティー・ヴィハーラ（通称日本寺）の建設は，彼の最後の大仕事となった．その内壁を埋める仏伝図は，日本画家野生司香雪（1885-1973）によって制作されたものである．1933年1月，彼は具足戒を受けて比丘となり，同年4月29日，サールナートにおいて69歳で死去した．彼の最後の願いは，「25度生まれ変わってブッダの教えを弘めたい」というものであったと伝えられる．

1.6 アンベードカル

ビームラーオ・ラームジー・アンベードカル（Bhīmrāo Rāmjī Āmbeḍkār, 1891-1956）は，現代インドの社会改革者，弁護士，政治家，教育者，そしてダリット（Dalit，不可触民の自称）の仏教改宗運動（新仏教）の始祖である．アンベードカルが正式に仏教に改宗したのは，後述のようにその死のわずか50数日前のことであるが，信徒の間で菩薩として崇拝される彼の思想と行動は，ダリット解放運動の枠組みを超えて，広く影響を与えつづけている．

アンベードカルは1891年，父の赴任地である中央インド（現・マディヤ・プラデーシュ州）のムホウに生まれた．彼の両親はボンベイ州（現・

図3 アンベードカル

マハーラーシュトラ州）最大の不可触民カーストであるマハール・カースト（村落の雑役を世襲の職業とする）に属していた．父は英印軍の準少佐で，軍関係の学校の校長を務めており，英語に堪能なだけでなく，『マハーバーラタ』，『ラーマーヤナ』をはじめとするインドの古典にも精しく，それだけ教育熱心でもあった．一家の暮らし向きは不可触民としては豊かであり，また両親が聖者カビール（1440-1518頃）を熱心に信仰していたことから，家庭内は宗教的雰囲気に満ちていた．

このような家庭環境は，当時のマハールとしては例外的に恵まれたものといえる．だがむしろそれゆえに，アンベードカルが少年時代に味わった被差別体験，例えば，兄・甥と一緒に牛車に乗った際，彼らがマハールであることを知ったカースト・ヒンドゥーの御者が，牛と車が穢れるといって怒り出し，運賃を2倍払うことでようやくなだめたものの，それからは兄が牛車を御し，御者は後からついてきたこと，また牛車に揺られつづけてたいそう喉が渇いたのに誰一人として水をくれなかったこと，学校ではいつも教室の隅に坐らせられ，共同の水差しから直接水を飲むことを許されなかったことなどは，屈辱の記憶として心に刻み込まれ，後年の激しい反カースト運動に繋がっていったものと考えられる．

やがて一家はボンベイ（現・ムンバイ）に移り住んだ．アンベードカルはボンベイの名門エルフィンストーン・ハイスクールに入り，1907年，

◆ V. カリスマ・聖人列伝 ◆

16歳で大学入学資格検定試験に合格した．マハールとしては異例なこの慶事を祝う席で，アンベードカルは作家であり社会改革者であるK. A.（ダダ）ケールスカルに出会った．ケールスカルは自らがマラーティー語で書いたゴータマ・ブッダの伝記をアンベードカルに贈った．これがアンベードカルと仏教との最初の出会いであったといわれている．それからまもなく彼は，幼児婚の風習に従って，同じマハール・カーストに属する9歳の少女と結婚した．その後引き続いてエルフィンストーン・カレッジに進学．ケールスカルの尽力でバローダの藩王サヤジラーオ・ガエクワードの奨学金を受け，1912年に卒業を果たした．

翌1913年6月，22歳のアンベードカルはアメリカ留学へと旅立つ．これもバローダ藩王より奨学金を得ての快挙であった．彼はニューヨークのコロンビア大学に入り，2年後に修士号を取得．さらに翌年には学位請求論文を提出した．その後ただちにロンドンに渡り，法曹学院に入って弁護士資格の取得を目指すとともに，ロンドン大学で経済学を学んだ．このイギリス留学は奨学金が切れたために中途帰国の止むなきに至ったが，3年後の1920年には，不可触民の地位向上に積極的なコールハープル藩王から資金援助を受けて再びロンドンに渡り，勉学を再開．ひたむきな努力で2年後には学位請求論文を書き上げ，弁護士資格も取得している．

かくしてアンベードカルは，不可触民カースト出身者としては前代未聞の学歴と資格を身につけてボンベイに戻ると，すでに先の一時帰国中に着手していた不可触民解放運動に本格的に取り組みはじめる．多感な青年時代を「自由の国」アメリカと議会制民主主義発祥の地イギリスで過ごした経験は，民主的手続きに則った合法的な社会改革という彼の運動の素地を作ったとみることができる．

時あたかも第1次世界大戦後のインドでは，モーハンダース・カラムチャンド・ガンディー（マハートマ・ガンディー，1869-1948）と国民会議派の指導の下，非暴力不服従のサティヤーグラハ（「真理の把握」の意）闘争が展開されていた．アンベードカルは1924年，ボンベイに被抑圧者救済会を設立して，不可触民を対象にした教育と文化の普及，経済状態の改善などの事業に乗り出した．2年後にはボンベイ州立法参事会の被抑圧階級議員の1人に指名されて政界にデビューする．

彼の名を一躍有名にしたのは，ボンベイ南方のマハード市にあるチャオダール貯水池を巡る，いわゆるマハード・サティヤーグラハであった．これは，市当局が同貯水池を不可触民に開放することを決定したにもかかわらず，周辺に住むカースト・ヒンドゥーがこれを拒否したことに端を発する問題で，現地に乗り込んだアンベードカルは，不可触民大衆を指導して抗議運動を展開し，1927年12月，集会の席でヒンドゥー教の聖典『マヌ法典』を焼き捨てるという挙に出て，全インドに衝撃を与えた．彼はカースト規制を成文化したこの書を不可触民差別の象徴と見なしていたのである．1930年にはヒンドゥー教の聖地ナーシクにあるカーラーラーム寺院の開放を求めるサティヤーグラハ闘争に着手．この闘争は，カースト・ヒンドゥーの頑強な抵抗にあいながらも1935年まで続けられた．

1930年，アンベードカルはロンドンで開催された第1回英印円卓会議に不可触民代表の1人として参加した．翌年の第2回会議の席で彼は，マイノリティ問題を巡ってガンディーと衝突した．アンベードカルが不可触民の分離選挙を認めるよう主張したのに対して，ヒンドゥー教徒の分裂を恐れるガンディーはこのような政治権利の要求に強く反対したのである．この問題は，翌年ガンディーが「死に至る断食」に入ったことをきっかけに妥協による決着が図られ，プーナ協定によって，被抑圧階級は，州立法議会における保留議席数を増やすかわりに分離選挙の権利を放棄した．

まもなくガンディーの指導の下に不可触民の地位向上を目的とする全インド反不可触民制連盟が設立され，それはハリジャン奉仕者団と名を変える．アンベードカルも当初はその中央評議員に名を連ねていたが，やがて同団が社会改革に背を向け，不可触民制撤廃という目的から離れたと批判して，中央評議員を辞任している．

1935年，アンベードカルは，ヒンドゥー教から他の宗教への改宗を宣言する．それは，従来の運動に対する反省から，ヒンドゥー教の枠内に留まる限り不可触民の解放は不可能とみての決断であった．どの宗教に改宗するかは未定とされたが，当初彼はスィク教に傾いていたらしい．翌年，彼は独立労働党を結成し，指定カースト（旧・被抑圧階級）のための保留議席を巡る会議派との選挙戦に突入していった．

第2次世界大戦が始まると，彼はこれを民主主義のための戦いとして対英協力の方針を打ち出す．1941年からは新党「全インド指定カースト連合」を率いて活動し，またインド総督から行政参事会のメンバーに選ばれて，労働大臣として活躍した．1947年，独立したインドにおいて，彼はジャワハルラール・ネルー（1889-1964）が首相を務める会議派内閣の法務大臣に迎えられ，憲法草案の作成という大仕事に取り掛かった．この草案はいくらかの修正を経て，1949年，インド共和国憲法として採択された．

アンベードカルが仏教への関心を深めるのは，1950年前後からである．この傾向は，憲法草起の次に取り組んだヒンドゥー法改正法案が保守派の反対で廃案に追い込まれ法務大臣を辞任して下野したことや健康状態の悪化によって，さらに強められたと考えられる．彼は仏教を自由・平等・友愛の宗教，ヒンドゥー教およびカースト制と戦ってきた宗教ととらえた．かくして彼の長年にわたる飽くなき社会改革闘争は，仏教による人間解放運動へと発展してゆく．

ブッダ入滅2500年記念式典が南アジア各地で挙行された1956年の10月14日，アンベードカルはマハーラーシュトラ州ナーグプルで仏教の集団改宗式を挙行し，マハール・カーストの同胞数十万人とともに五戒を受けて仏教徒となった．この盛儀こそ新仏教の誕生と仏教のインド伝道の「再開」を告げる号砲であった．だがその直後の12月6日，彼はニューデリーの自宅において65歳で死去し，遺体はボンベイに運ばれて荼毘に付された．

遺著となった『ブッダとそのダンマ』は，アンベードカルが仏教のバイブルとして構想，執筆したものである．本書においてアンベードカルは，合理性と科学性を重んじ，仏教のもつ道徳性と社会性を強調する立場から，ブッダの生涯と思想に対して自由で大胆な解釈を施している．それによって彼は，平等社会を実現するためのダンマとしての仏教を追究したのである．

このような仏教解釈に対しては手厳しい批判が浴びせられてきた．アンベードカルはダンマにあらざるものをダンマと説いた．本書の表題は『アンベードカルとそのダンマ』と変えるべきである，と（山崎，1979，p.150）．

だが仏教は，2500年の歴史の中で時代と場所と状況に応じて多様な展開を遂げてきたのであり，アンベードカルの仏教も，そうした仏教の近現代の流れの中に位置づけることができる．

彼の思想と行動は，彼自身が創設したインド仏教協会（Buddhist Society of India）やイギリス人サンガラクシタ（Sangharakshita, 1925- ）が創設したFWBO（Friends of the Western Buddhist Order, 現 Triratna Buddhist Community）とそのインド側の組織であるTBMSG（Trailokya Bauddha Mahāsaṅgha Sahāyaka Gaṇa, 現 Triratna Bauddha Mahāsaṅgha），さらに佐々井秀嶺（1935- ），ACJP（Ambedkar Center for Justice and Peace）の活動などに受け継がれ，グローバルに展開されている．

I.7　ダライ・ラマ14世

現代を代表する仏教の指導者を世界中から1人だけ挙げよといわれたら，真先にこの人の温容が浮かぶほど，今日ダライ・ラマ（Dalai Lama）は顕著な存在となった．非暴力主義を掲げ，慣れた英語で欧米人にもわかりやすく仏教思想を説き，チベット民族の命運を一身に背負いながらも，軽々と世界を飛び回る気さくで聡明，快活なこの人物は，今やチベット仏教のみならず，世界仏教の顔となった感がある．

彼，ダライ・ラマ法王14世テンジン・ギャツ

V. カリスマ・聖人列伝

ォは、1935年7月6日、中国青海省の省都西寧から南南東に直線距離で28kmほど離れたタクツェル村（青海省平安県紅崖）の農家に生まれた。幼名はラモ・ドンドゥプという。村は谷の上部にあって南に面し、目の前にはなだらかな丘陵地帯が開けている。南方に一際高くそびえているのは、この地方の人々が産土神の座所として崇めるアニ・チェリ（ツォンケー・チェリ）の岩峰である。

ちなみに、ダライ・ラマ14世としばしば比較されるパンチェン・ラマ7(10)世（1938-89）は、タクツェル村から南東に直線距離で約80km離れたウェンド（文都）郷（循化撒拉族自治県）の出身である。前世からの因縁によってか、同世代に転生したこの2人の大ラマは、ともにアムド出身という意味で同郷者でもあった。

タクツェル村は、ツォンカパが3歳でカルマ黒帽派ラマ4世ルペー・ドルジェから優婆塞戒を受けたシャゾン（夏宗）寺に近かった。そこは先代ダライ・ラマ13世（1876-1933）が中国からの帰りに逗留した場所でもあった。またこの村から西に峠を越えれば、ツォンカパの生誕地に建てられたクンブム寺（塔爾寺）もさして遠くない。実際、彼の一番上の兄トゥプテン・ジクメー・ノルブ（1922-2008）は、活仏タクツェル・リンポチェとして、この僧院で修行していた。この穏やかな山里には大活仏誕生の霊的条件が揃っていたといってよいかもしれない。

ダライ・ラマ13世がラサ西郊の離宮ノルブリンカで急逝したのは、1933年12月のことである。1879年に即位してから半世紀にわたった彼の治世に、チベットはイギリス（英領インド）、ロシア、中国という周辺諸大国の利害衝突に巻き込まれ、彼自身中国とインドへ二度の亡命を余儀なくされたこともあった。13世が没すると、重臣たちはダライ・ラマが彼らのために道しるべを残していないかどうかを注意深く検討した。集められた手掛かりの中には、13世の死後に名代職に就いたレティン・リンポチェ・トゥプテン・ジャムペル・イェシェー・ギェルツェン（1911-47）が聖なる湖ラモイ・ラツォで見たというヴィジョンも含まれていた。すなわち、彼は湖面にア、カ、マの3つのチベット文字を見た。それからトルコ石色の三層の屋根と金頂を持つ僧院、そこから東の丘に続く細道、その先にある青い屋根の小さな平屋を見た。

セラ寺の高僧に率いられた新ダライ・ラマ捜索隊の1つが、巡礼者に身をやつして、タクツェル村のラモ・ドンドゥプの家を訪ねて来たのは、1937年、彼が2歳半のときのことであった。この男の子は彼らが課した試験――よく知られるようにそれは先代の持ち物を選び取ることであった――にパスした。レティン・リンポチェが湖面に見た3文字は、アがアムド、カがクンブム寺、さらにカとマがカルマ黒帽派ラマ4世ゆかりのシャゾン寺を意味し、続いて現れたヴィジョンの中の僧院はクンブム寺、これと山道で結ばれた小さな家はこの霊童の生家であると解釈された。こうして有力候補となった彼は、1939年、家族ともども中央チベットに「帰還」。ラサに着く前にダライ・ラマ14世として認定された。翌年即位し、数え年6歳で壮麗なポタラ宮の宝座に就く。このとき外の世界では、すでに第2次世界大戦が始まっていた。

ここまでの経過はまるで現代のおとぎ話であるが、現代史の激動は、14世をしてそれまでのダライ・ラマたちとは異なった道を歩ませることになる。

ここで、ダライ・ラマとは元来どのような存在であるかをまとめておこう。ダライ・ラマは、①ゲルク派の大活仏（生き仏）であり、②観音の化身たる法王であり、③チベット仏教の最高権威である。

①ゲルク派の大活仏　ダライ・ラマという活仏の始まりについては本書第Ⅰ部で述べた。中世のチベットでは宗派間の紛争が絶えなかった。そのなかからデプン寺の活仏であったダライ・ラマ5世を擁して勝ち上がり、ついに最後の勝利者となったのがゲルク派であった。この過程で、ダライ・ラマは一宗派の代表的活仏からチベット第一の活仏へと格上げされた。ただし、転生活仏（化身ラマ）制自体はダライ・ラマ独特のものでも、

ゲルク派の専売特許でもない．これを始めたのはカギュ派系カルマ派であり，ゲルク派は他の多くの宗派と同様これをカルマ派から採り入れたのである．この制度では，活仏とされる高僧が没すると，その生まれ変わりが幼児のうちに捜し出され，故人の権利や財産のすべてがこの霊童によって受け継がれる．この制度はチベット仏教圏全域に広がり，今も各地で大小さまざまな活仏が活動し，「転生」を繰り返している．

②**観音の化身たる法王**　ダライ・ラマ政権の成立によって，ダライ・ラマは宗教的権威と世俗的権力を一身に兼ね備えるチベットの法王となった．その位は活仏としては当然のことながら，生まれ変わりによって継承される．上述のように活仏制そのものはダライ・ラマ特有のものではない．ダライ・ラマに特徴的なのは，この活仏が観音の化身とされる点にある．慈悲の菩薩である観音に対する信仰は，大乗仏教が広まったいずれの地域においても盛んであり，チベットもその例外ではない．古来チベットの人々は自らの国土を観音の浄土とみなし，観音こそチベットの正当な支配者と考えてきた．7世紀初めに古代チベット王国を建てた英雄ソンツェン・ガムポも観音が化身した法王として崇拝されている．ダライ・ラマもまたこのような「衆生を救済するために観音が化身した法王」というチベットの伝統的な王権観に結び付くことによって，絶対的な権威を確立することができたのである．ダライ・ラマの本地は「オン，マニペメ，フーン」の真言で知られる四臂観音とされ，その宮殿も観音の霊場ポータラカ（補陀落）に因んでポタラと名づけられた．

③**チベット仏教の最高権威**　チベット仏教には長い時間をかけて磨き上げられた修行と学問の体系がある．ダライ・ラマは，生まれながらにしてチベット仏教の第一人者として，その伝統の維持と発展に重い責任を負っている．ただしダライ・ラマといえども基本的には1人の僧侶であり，常日頃この体系の中で修行と学問に励むとともに，大乗の菩薩道の実践に邁進しなければならない．

以上は，14世まで受け継がれた，この化身系譜の基本的性格である．これに加えて14世は，亡命という試練を乗り越えて世界的な宗教家への道を歩むという未曽有の経験を積んだ．その経過はおよそ次のようである．

1949年10月，中華人民共和国はチベットを自国の領土の一部と宣言．翌年には人民解放軍をチベットに進駐させた．ダライ・ラマが密かにラサを脱出してインドに亡命したのは，1959年3月のことである．チベットの社会主義的改革を進めようとする中国と伝統社会を守ろうとするダライ・ラマ政権との軋轢が最高潮に達した瞬間の出来事であった．ダライ・ラマの亡命が引き金となって，数万人のチベット人が難民となってヒマラヤの南に逃れた．

ダライ・ラマは，ジャワハルラール・ネルーの指導するインドに迎え入れられ，翌年からヒマーチャル・プラデーシュ州のダラムサラ（ダラムシャーラー）に居を定め，そこにチベット亡命政府を置いた．以来，その亡命生活は半世紀以上に及んでいる．その間ダライ・ラマは，ヒマラヤをはさんで2つに引き裂かれた民族の指導者として難民社会の建設とチベット文化の保全に力を尽くしてきた．また世界各国を訪れてチベット民族の権利擁護を国際社会に訴え続けてきた．同時に非暴力を説く平和運動家としても精力的な活動を続けている．1989年にはノーベル平和賞を受賞した．

ダライ・ラマが掲げる非暴力（不殺生）は，第一義的には仏教本来の悲（あわれみ，思いやり）の教えに基づくものであるが，同時にマハートマ・ガンディーの思想に学び，世界の諸宗教の実践者との交流などを通じて鍛えられたものと考えられる．またダライ・ラマは，諸宗教のそれぞれに多元的価値を認め，それらの融和と共存を説く．さらに宗教とスピリチュアリティを区別して，自他に幸福をもたらす，よき心の質としてのスピリチュアリティの重要性を強調する．彼のこうした考え方は，共感と支持の輪を世界に広げている．

かくして現代史の激動はダライ・ラマから祖国を奪い，彼に長い流浪を強いてきたが，彼はこの苦難をチャンスに変え，世界を舞台に活動してきた．その活動が大乗の菩薩道の精神に立脚したも

のであることは，ダライ・ラマが『入菩提行論』（シャーンティデーヴァ著，7世紀）の次の詩頌を好んで引用することからも窺うことができよう．

> 虚空があるかぎり，
> また，衆生が存在するかぎり，
> 私もこの世界にとどまって
> 衆生の苦しみを除くことができますように．
> 　　　　　（ダライ・ラマ14世，2001，p. 232）

ここには仏の教えに忠実に生きようとする1人の僧侶の姿がある．

2011年3月，ダライ・ラマは，チベット亡命政府の政治的指導者の立場からの引退を表明．新首相の公選を経て，同年5月，亡命政府のスポークスマンは，ダライ・ラマが正式に政界から引退したことを公表した．

参考文献

粟屋利江「近代から現代へ」，奈良康明・沖本克己・末木文美士・石井公成・下田正弘『新アジア仏教史02 インドⅡ』佼成出版社，2010年，pp.333-381.

アンベードカル，B.R., 山際素男訳『ブッダとそのダンマ』光文社新書，光文社，2004年.

石濱裕美子「特論　ダライ・ラマ十四世」，奈良康明・沖本克己・末木文美士・石井公成・下田正弘編『新アジア仏教史09 チベット』佼成出版社，2010年，pp.381-450.

石濱裕美子・福田洋一『聖ツォンカパ伝』大東出版社，2008年.

奥山直司「ある聖者の伝説—アドヴァヤヴァジラ伝《Amanasikāre Yathāśrutakrama》にみえる修行者像—」『東北大学印度学講座六十五周年記念論集　インド思想における人間観』平楽寺書店，1991年，pp.463-485.

奥山直司「インド後期密教における教理と造形—devatāとそのイコンをめぐって—」『日本仏教学会年報』第57号，1992年，pp.223-236.

梶山雄一・瓜生津隆真訳『大乗仏典14　龍樹論集』中公文庫，中央公論新社，2004年.

ダナンジャイ・キール著，山際素男訳『アンベードカルの生涯』光文社新書，光文社，2005年.

桑山正進・袴谷憲昭『人物　中国の仏教　玄奘』大蔵出版，1981年

桑山正進「インドへの道—玄奘とプラバーカラミトラ—」『東方学報』第55冊，1983年，pp.145-210.

桑山正進（訳・解）『大唐西域記』，大乗仏典中国・日本篇第9巻，中央公論社，1987年.

小谷汪之編『世界人権問題叢書19　インドの不可触民—その歴史と現在—』明石書店，1997年.

ゴンブリッチ，R., オベーセーカラ，G. 著，島　岩訳『スリランカの仏教』法藏館，2002年.

白館戒雲・小谷信千代「ゲルク派小史」，立川武蔵編『講座　仏教の受容と変容3　チベット・ネパール編』佼成出版社，1990年，pp.71-106.

杉本恒彦訳，宮坂宥明・ペマ・リンジン絵『八十四人の密教行者』春秋社，2000年.

スタン，R.A., 山口瑞鳳・定方　晟訳『チベットの文化　決定版』岩波書店，1993年.

スネルグローヴ，D. ・リチャードソン，H. 著，奥山直司訳『チベット文化史』新装版，春秋社，2011年.

立川武蔵「ツォンカパの生涯と密教思想」，立川武蔵・頼富本宏編『チベット密教　シリーズ密教2』春秋社，1999年，pp.51-63.

立川武蔵・石濱裕美子・福田洋一『西蔵仏教宗義研究第7巻—トゥカン『善説水晶鏡』ゲルク派の章—』東洋文庫，1995年.

ダライ・ラマ著，木村肥佐生訳『チベットわが祖国　ダライ・ラマ自叙伝』中公文庫，中央公論新社，1989年.

ダライ・ラマ14世テンジン・ギャツォ著，谷口富士夫訳『ダライ・ラマ　至高なる道』春秋社，2001年.

ダライ・ラマ14世テンジン・ギャツォ著，三浦順子訳『ダライ・ラマ　宗教を語る』春秋社，2011年.

ダライ・ラマ14世『傷ついた日本人へ』新潮選書，新潮社，2012年.

辻村優英「苦しみという名の贈りもの—ダライ・ラマ14世における思いやりと普遍的責任—」（博士学位申請論文，2009年3月）

内藤雅雄編『叢書　カースト制度と被差別民第3巻　解放の思想と運動』明石書店，1994年.

中村　元『人類の知的遺産13　ナーガールジュナ』講談社，1980年.

中村　元・山口瑞鳳・松長有慶・奈良康明他『釈尊絵伝』[図解][解説]，学習研究社，1996年.

舟橋健太「現代インドの『改宗仏教徒』—ウッタル・プラデーシュ州における『不可触民』のアイデンティティの諸相—」（博士学位申請論文，2010年9月）

前田耕作『玄奘三蔵，シルクロードを行く』岩波新書，岩波書店，2010年.

山口瑞鳳「チベット仏教思想史」，『岩波講座　東洋思想第11巻　チベット仏教』岩波書店，pp.21-115.

山崎元一『インド社会と新仏教』刀水書房，1979年.

Sangharakshita, *Flame in Darkness. The Life and Sayings of Anagarika Dharmapala*. Pune, 1995.（邦訳：藤吉慈海訳「ダルマパーラの生涯」，藤吉『インド・タイの仏教』大東出版社，1991年，pp.77-162）.

2 キリスト教系

V. カリスマ・聖人列伝

2.1 イエス

山中利美

　イエス（Jesus, Iēsous，前4頃～後30頃）は，紀元1世紀初頭のパレスチナにおいて，当時のユダヤ教社会を痛烈に批判して，ユダヤ教内部での信仰復興運動を導いたユダヤ人である．彼の死後，彼の弟子たちによってイエス自身を崇拝対象とするキリスト教が発生した．

　イエスは，〈イエス・キリスト（Iēsous Christos）〉あるいは〈キリスト〉ともよばれる．〈イエス〉はヘブライ語の人名ヨシュアの短縮形〈イェーシュア〉のギリシア語読みで，ごく普通のユダヤ人名である．これに対して〈キリスト〉は，〈油注がれた者〉を意味するヘブライ語の普通名詞〈メシア〉のギリシア語訳で，伝統的ユダヤ教では〈油注がれて王となった者〉を指し，イエス時代には終末論的傾向の中で終末の時に現れる〈救世主〉の意味で使われた．したがって，キリスト教徒にとって〈イエス・キリスト〉とは「イエスは救世主メシアである」という一種の信仰告白であり，また〈キリスト〉といえば〈イエス〉をおいて他にはない．ちなみに，ユダヤ教においては〈メシア＝キリスト〉は決して〈イエス〉ではなく，今でもそれは待ち望まれ続けている．

(1) 資料とその扱い

　イエスは何一つ書いた物を残さなかった．イエスについての比較的歴史的な資料としては新約聖書の4福音書と新約聖書外典の『トマス福音書』に記されたイエスの言葉と振る舞いに関する伝承がある程度である．これらの福音書は本来歴史的記述を目的としたものではなく，イエスがキリストであることを信仰告白し，その福音〈よき知らせ〉を広く人々に知らしめることを目的としているため，歴史的人物としてのイエスよりも神学的キリストへの関心の方が大きい時代が長く続いた．史的イエスの研究が始まったのは，18世紀の啓蒙主義思想の誕生以降のことである．福音書のイエスの記述には，各書記者たちの意図や成立当時の時代状況を反映したさまざまな解釈が加えられている．またその素材となった伝承も担い手はさまざまであり，それぞれ意図や立場を異にしている．それら幾重にも重なった解釈のベールを一枚ずつ剝ぎ取って本来のイエスの言葉や行動に迫ろうとする試みが，新約聖書学においてだけでなく，最近は歴史学の側からもなされている．しかし，そこから浮かび上がるイエス像は必ずしも一様ではなく，多くの箇所で議論や対立がある．近年はイエス自身にまで遡ることの不可能性が指摘され，伝承の担い手の分析に焦点が移行する傾向にある．

(2) 生涯と思想

　イエスの生誕についての信頼できる記事はほとんどないが，イドマヤ人ヘロデ王治世の最晩年，紀元前4年頃にガリラヤ地方のナザレに生まれたと考えられている．「マタイ福音書」に「ユダヤ

◆ V. カリスマ・聖人列伝 ◆

のベツレヘムで」（マタイ2：1）生まれたとあるのは，イエスをベツレヘム出身の偉大なる王ダビデの子孫と位置づけたいマタイによる変更である．イエスの幼年時代についてはルカとマタイに記事があるが信頼に足るものとはされていない．史実であることが疑いえないとされる最初の出来事は，30歳前後に洗礼者ヨハネ（John the baptizer, Iōannēs du Baptizōn）の洗礼を受けてヨハネの弟子となったことである．当時ユダヤはヘロデ王の息子ヘロデ・アンティパスが失脚してローマ帝国の直轄地となっていた．ユダヤ社会の中枢で神殿と税を支配していた祭司階級のサドカイ派はローマの傀儡と化し，律法遵守を重んじる中産階級のファリサイ派は律法を守れない状況にある病人や貧しい庶民らを差別する傾向を強めていた．こうした支配階級に対して，熱心党とよばれる政治的武装集団やエッセネ派とよばれる隠遁修行集団などのさまざまな抵抗勢力が，終末においてユダヤを救済すべく到来するメシアの待望を唱えて活動を活発化させていた．ヨハネはエッセネ派の一集団に属していたと考えられるが，そこから出て荒野で単独で活動し，終末に備えて罪の赦しと悔い改めのためにヨルダン川の水による洗礼を施していた．イエスがこのヨハネから罪の赦しを受けなければならなかったことは，イエスの死後に成立した原始キリスト教団の〈イエスを神の子キリストとする〉立場からすると認めがたいことであったにもかかわらず，あえてこのことが福音書に記され，さらにヨハネに「私はその靴を脱がせてあげる値打ちもない」（マタイ3：11）と言わせてイエスの優位性を強調するように操作が加えられたことは，この出来事が動かしがたい史実であったことの裏付けであると考えられている．

イエスはその後まもなく荒野を去ってヨハネから独立し，ガリラヤに戻って宣教活動を開始する．イエスの宣教の始めの言葉として，「時は満ちた．神の国は近づいた．悔い改めて福音を信ぜよ．」（マルコ1：14～15）が伝えられている．イエスはヨハネから「神の国」の思想を受け継いだとみられる．「神の国」とは，終末における最後の審判においてすべての悪の力が断罪され，唯一の神の支配が成就されることである．ヨハネはまもなく来るその時に備えて浄めの洗礼と断食に代表される禁欲生活をよびかけたが，イエスはむしろ「神の国」はイエス自身の振る舞いを通じて今ここにすでに実現されていると確信しており，洗礼も断食も勧めなかった．「神の国は，見られるかたちで来るものではない．……神の国は，実にあなたがたのただ中にあるのだ」（ルカ17：20～21）とイエスは考えていた．このことを示す典型的なイエスの行為として，病気癒しの奇跡がある．イエスには数多くの奇跡物語が残されているが，なかでも病気癒しの奇跡は，救世主イエスの証を立てるために原始キリスト教団が付加したとされる自然現象の奇跡とは異なり，実際にそれを体験した人々にまで遡れる可能性が高いとされている．それらは必ずしも病気そのものの完治を意味するものではなく，祭司や律法学者たちが穢れを恐れて近づくことすらしない下層民に対するイエスの共生的な態度によって心と人格全体が癒されたという民衆の奇跡的な体験がその根底にあったと考えられている．おそらくイエスはこうした人間の内面的な大転換，つまり〈悔い改め〉あるいは〈回心〉の出来事そのもののなかに「神の国」の到来を実感していたと思われる．

「神の国」はこの世の基準に基づく善と悪，優と劣，正と不正の区別，あるいは敵と味方，同胞と異邦人の区別を超えて，すべての人に開かれたものとして示される．イエスはこのことを数々の譬え話を用いて語っている．有名な「放蕩息子」の譬え（ルカ15：11～32）に登場する父親は，真面目で忠実な兄息子にではなく，親の金を使い尽くして家に戻った出来の悪い弟のために大宴会を開いてやる．これは「悪い者の上にもよい者の上にも，太陽を登らせ，正しい者にも正しくない者にも，雨を降らしてくださる」「天の父」（マタイ5：44）なる神の〈愛〉を説いたものである．また，「あなたがた貧しい人たちは，さいわいだ．神の国はあなたがたのものである．……しかしあなたがた富んでいる人たちは，わざわいだ．慰めを受けてしまっているからである」（ルカ6：20～24）という有名な説教に示されるような価値観の

図1　イエスのエルサレム入城
（ピエトロ・ロレンゼッティ作）

逆転の譬えでもある．神殿への納税も律法の遵守も可能な上層階級の人々が自らの過去の実績を盾にして自分の地位に固執し，これらの義務を果たせない病人や下層民らを差別し侮辱する態度，そしてそのような自分のあり方に気づきもしない傲慢さ，これらこそが〈わざわい〉であり，自らの惨めさ，無力さを日々自覚せずにはいられない貧しい人々の方が，むしろ神の愛をよりよく理解でき，「神の国」のより近くにいるから〈さいわい〉であるという考え方である．

イエスのこうした振る舞いや思想は，当時のユダヤの階級社会の構造を根底から揺るがすものだった．最後の宣教活動の舞台となるエルサレムにのぼったイエスは，エルサレム神殿の境内で供犠のための動物を売る人々や，そのための通貨の両替を商売にして民衆から金を巻き上げている人々を，神殿を穢す者として境内から叩き出した．これは供犠獣の売買や神殿税によって成り立っていたユダヤの神殿体制そのものへの痛烈な批判であり，直接的な攻撃であった．危機感を募らせた祭司や律法学者たちは，この事件をきっかけにイエス逮捕に踏み切る．

イエスはユダヤの最高法院（サンヘドリン）の非公式の裁判で瀆神罪の判決を受けた後，ローマ側に引き渡されてローマ総督ピラトの審問を受け，ローマ皇帝に対する反逆罪で十字架刑に処せられた．ローマの支配下にあったユダヤ当局には死刑の執行の権限がなかったためである．

イエスは，その死後，弟子たちの〈イエスの復活〉体験の対象となる．この体験を通じて，イエスの十字架上の死は，人々の罪の赦しのために人々の代わりに人々の罪を背負い，自ら神の生贄となった〈神の子イエス・キリスト〉の〈贖（あがな）いの死〉として再解釈される．キリスト教は，この復活体験をしたペトロら弟子たちを中心とするグループや，生前のイエスの行動に倣って放浪生活をしながらイエスの言葉を保存，伝承したグループなどが中核となって，形成されてゆくことになる．

イエスの生涯と思想については，イエスが自らのことを〈神の子〉あるいは〈救世主〉と自覚していたかどうかという問題，また「神の国」思想

は原始キリスト教団が強調したかった考え方であって，イエスの主たる思想ではなかったのではないかという問題などを巡って，研究者間で意見の対立がある．史的イエスの正確な発掘に資料的制約からの限界があることは否定できないが，イエスのあり方がその後のキリスト教の原点として人々に大きな衝撃と影響を与えたことは，疑いえない．

2.2 パウロ

山中利美

パウロ（Paul, Paulos，3～62頃？）は，紀元後30～60年頃のヘレニズム地域においてキリスト教の布教に努めた原始キリスト教団最初期の伝道者である．彼はキリスト教の思想的基礎を築き，アウグスチヌスやルターなど，多くのキリスト教思想家に多大な影響を与えた．

(1) 資 料

『新約聖書』の中にパウロの筆と伝えられる手紙は13通あるが，そのうち年代順に「テサロニケ人への第一の手紙」「ガラテヤ人への手紙」「フィリピ人への手紙」「フィレモンへの手紙」「コリント人への第一の手紙」「コリント人への第二の手紙」「ローマ人への手紙」の7通はパウロ自身によって書かれたと考えられ，パウロに関する中心的資料である．『使徒言行録』もパウロについて詳しく伝えているが，成立年代が80～90年頃と遅いこと，最初期の原始キリスト教団を理想化する傾向が強いこと，パウロの書簡を知らなかった可能性があることなどの理由から，扱いにはある程度慎重を要する．

(2) 生 涯

パウロの正確な生年，没年は不詳だが，およそペトロら使徒たちと同世代で，没年は60年頃と推定されている．パウロはユダヤ名をサウルといい，当時すでにローマの地方州であったキリキアの首都タルソスにディアスポラの（＝パレスチナ以外の地に離散した）ユダヤ人の息子として生まれ，ローマ市民権とパウロというローマ名をもっていた．彼はファリサイ派的環境の中で律法の知識とヘレニズム的教養を身につけて熱心なユダヤ教徒となり，キリスト教最初の殉教者ステファノ（Stephen）の処刑など，キリスト教迫害にも参加した．

しかし32～33年頃，パウロはキリスト教迫害のためにダマスコに赴く途上で復活のキリストに出会い，異邦人へのキリスト教伝道の召命を受けた．これに強い衝撃を受けたパウロは直ちに回心して，イエスこそ神の子でありメシア（救世主）であることを人々に宣教しはじめた．当時ユダヤ教では救世主を待望する人々の思いを反映して「メシア」を名乗る者が少なくなかった．そんな「メシア」の1人とみなされたイエスについての宣教は，ユダヤ教の律法を尊重する限りはとくに問題とならず，ユダヤ教内の一派として伝道活動を行うことができた．パウロの伝道は当初，本拠地エルサレム教会のこうしたユダヤ教寄りの方針に沿ったものだった．43年頃，パウロは友人のバルナバ（Barnabas）がいたシリアの大都市アンティオキアに赴く．当時の伝道活動は各地域のシナゴーク（ユダヤ教の礼拝所）を拠点にしてユダヤ人とその周辺のユダヤ教に関心を寄せる異邦人たちを対象に行われていたが，アンティオキアはオリエントとヨーロッパを結ぶ交易の要地で，周辺には異邦人キリスト者（非ユダヤ教徒からのキリスト教改宗者）が大勢いた．エルサレム教会は，彼らにまず割礼を施してユダヤ教徒になることを義務づけるという方針を徹底させようとしていた．しかしパウロらは，異邦人キリスト者に割礼を要求しなかったり，ユダヤ人との対立が激しい地域ではシナゴークから独立した教会を設立したりした．48年頃，パウロらのこうした処置を厳しく批判したエルサレム教会に最終的判断を仰ぐため，アンティオキア教会はパウロらを含む使節団をエルサレムに派遣する．「エルサレム会議」とよばれるこのときの会合の結果，パウロらは異邦人キリスト者には割礼を要求しなくてよいという許可を獲得し，またエルサレム教会はユダヤ人への伝道を，パウロらは異邦人への伝道を担当す

◆ 2. キリスト教系 ◆

図2 パウロ

ることで合意した．同時にパウロは貧しいエルサレムのキリスト者らのために献金を持参する旨を約束した．

　しかし，この頃エルサレム教会はすべての教会に対して食物規定等のユダヤ教の律法の徹底を言い渡す．パウロにとって，これはイエス・キリストの贖いの死を信じることによってもたらされた律法遵守からの自由が蔑ろにされることにほかならなかった．偵察のためにアンティオキアを訪れたユダヤ主義キリスト者のヤコブらが異邦人キリスト者と同じ食卓につくことを拒否した際，一度は異邦人たちとともに食卓についたペトロやバルナバまでもがヤコブに同調したのをみたとき，パウロは激しく落胆し，これ以降エルサレム教会ともアンティオキア教会とも袂を分かち，単独で伝道活動を行うことになった．49年頃，パウロはアンティオキアを離れ，伝道の新しい拠点を求めて旅に出た．パウロの伝道活動は現在のトルコからギリシア，マケドニアにまたがる広範囲のものだった．彼はローマをその最終的な目的地と考えていたが，ローマへの伝道旅行は実現しなかった．途中，迫害や投獄の苦難もあったが，エフェソなどでは目覚しい成果をあげた．また彼が設立した教会にエルサレム教会の指導者が乗り込んで信者を動揺させることもしばしばあったので，パウロはそれらの教会宛に公開の書簡を多数書き送った．それが『新約聖書』に収められているパウロの書簡である．

　パウロは，57年，予想される危険を承知の上で，約束の献金を持参するためにエルサレムにのぼる．するとヤコブは，パウロ自身と未割礼の彼の同伴者を浄めるためにエルサレム神殿に赴くように強いる．エルサレム教会との和解を強く望んでいたパウロは，この屈辱的な条件をのんで神殿にのぼったが，そこでユダヤ教徒らと遭遇し，異邦人を神聖な神殿に連れ込んだとして告発される．パウロはこの騒動でローマ軍に捕らえられ，カイサリアでの2年間の監禁後，ローマに移される．ローマでは監視付きの軟禁生活を強いられたが，訪問者に会うことはできた．『使徒言行録』は，著者ルカの意図もあってパウロの最期を伝えていないが，おそらくは失意のうちに，62年から67年までの間にローマで殉教したと考えられている．

(3) 思　想

　パウロの思想の中心は「信仰による義認」である．これは「神による救済の選びから外れている異邦人は神の義を得るためにユダヤ教の律法に従うことが必要か」という異邦人伝道にともなう律法をめぐる問題に対する彼の立場として表明されたものであり，彼の異邦人伝道を支える思想となった．パウロは，異邦人への割礼を要求していたエルサレム教会に対して，「もし，義が律法によって得られるとすれば，キリストの死はむだであったことになる」（ガラテヤ書2：21）として，これに断固反対した．神の義は律法を行うことによっては与えられない．「律法によっては，罪の自覚が生じるのみである」（ローマ書3：20）．律法の意義は人に人間の有限性，罪深さに対する人間の非力を知らしめることにあったとされる．それに対して，神の義は「律法とは別に，（……）現された．それは，イエス・キリストを信じる信仰による神の義であって，すべて信じる人に与えられるものである」（同3：21）．キリストを信仰するとは，「神がキリストを立てて，その血に」よって，人々の罪を「贖う供え物とされた」（同3：

25) ことを「神の恵み」として受け入れることである．つまり十字架上のキリストとともに「罪に対して死」（同6：11）に，復活したキリストとともに新しく「霊」として「神に生きる」（同上）ことによってこそ，人は罪と律法から自由になると信じることである．このようにキリストを「贖い主」として受け入れることによってこそ，人は義とされる．したがって，律法の時代はイエス・キリストの到来によってもはや終わっているのだから，異邦人は割礼を受けてユダヤ教徒になる必要はない．これが「信仰による義」の意味するところである．

　パウロにおいて，イエスの十字架上の死と復活はイエスの生涯以上に大きな意味を持っていた．その理由として，彼がイエスの死後に回心してキリスト教徒になったために生前のイエスの活動に直に接する機会がなかったことと，生前のイエスではなく，復活したイエスに出会ったという体験こそが彼の回心にとって決定的な意味を持ったことがあげられるだろう．しかし同時に，当時の最初期のキリスト教会において受け継がれていた伝承自体がイエスの死と復活を中心とするものであったことが，近年指摘されるようになってきた．

　イエスの死を，人々の罪の贖いのために人々の罪を背負って死を受け入れた「犠牲の死」として理解することは，キリスト教のイエス理解の核心をなすものだが，これはパウロの時代のキリスト教会においてすでに広く受容されていた解釈であると考えられている．人々の罪を背負う救世主の姿は，「われわれのとがのために傷つけられ，われわれの不義のために砕かれた」（イザヤ書53：5）「主の僕」の姿としてユダヤ教の伝統の中で知られており，イエスはこの贖いの救世主として理解されたのである．パウロの特徴は，イエスの死が復活と不可分なものとして理解されている点にみられる．ここには，復活したキリストとの決定的な出会いという彼の個人的な神秘的体験に裏打ちされた救済の確信があると考えられる．

　パウロはまた，信者の共同体としての教会の重要性をとくに強調した．神の御霊は唯一であり，その「ひとつの同じ御霊の働き」が教会の成員の力に応じて「各自に分け与えられる」のだから，教会に集うキリスト者は互いにいたわり合い，「強い者は強くない者たちの弱さをになし」，「受け入れ」（ローマ書14：1～）なければならない．それを支えるのは，「自分を愛するようにあなたの隣り人を愛せよ」（同13：9）という他者への愛である．この愛こそが本当の意味で「律法を完成する」（同13：10）とパウロは説く．

　パウロの思想の解釈については，従来，ルターの自己の根源的罪意識に基づく解釈が，とりわけプロテスタント神学の中で大きな影響力をもってきた．パウロ自身の理解においても，罪は単なる罪過ではなく，人間を「罪の奴隷」（同6：6）と化す支配的力と考えられており，その意味でルターはパウロの正統な後継者であると考えられる．しかしその背景はそれぞれ異なっており，パウロ自身に即した仕方で彼の思想を解釈し直す研究者も近年出てきている．また，最近の旧新約聖書時代の文献の発見などによって，当時のユダヤ教が従来理解されていたほど律法主義一辺倒ではなく，周辺のヘレニズム的諸傾向をも受け入れられる柔軟さと多様さをもっていたことが明らかになりつつある．これを受けて，パウロを反ユダヤ教的キリスト者ではなく，むしろ当時のユダヤ教の多様な在り方のただ中で活動したユダヤ教内のキリスト教思想家だったとみる動きも出てきている．とはいえ，70年のエルサレム陥落後，キリスト教がユダヤ教から完全に独立する道を選択し得た背景に，異邦人が異邦人のままでキリスト者になることを可能にしたパウロの「信仰による義認」の思想があったことは間違いないであろう．

2.3　マルティン・ルター

平林孝裕

　マルティン・ルター（Martin Luther, 1483-1546）は16世紀ドイツの宗教改革者である．ルターの活動を契機として，ローマ・カトリック教会に対する宗教改革運動が展開し，プロテスタント教会，とりわけルター派教会が成立する．

(1) 生涯

マルティンは，ドイツ中部・テューリンゲン地方のアイスレーベンに，父ハンスと母マルガレーテの子として出生した．ルターは「農民の子」と自称するが，農民の子・父ハンスは故郷を離れて，鉱山での職を求め，家族とともにマンスフェルトに移住していた．父は溶鉱炉を経営し，後に市会議員になるまでに栄達をとげる．息子マルティンにも相応しい教育を求めて，地元のラテン語学校に送り，さらにマグテブルク，アイゼナッハの学校で大学進学に備えさせた．その間，敬虔なコッタ婦人に触れ，内面的な影響を受けたといわれる．

マルティンは1501年にエアフルト大学に進学する．エアフルト大学は，当時，オッカム主義の雰囲気が強く，また人文主義の揺籃地でもあった．1505年にマギステル学位を修め，さらに父の命令に沿って法学部に入学する．しかし，理由は不明であるが，同年に家族の許に帰ったのち，しばらくして再び大学へと戻る途中，シュトゥテルハイムで落雷に遭遇した．死の恐怖に直面し，思わずマルティンは，鉱夫の守護聖人とされたアンナの名を叫び，「修道士になります」と請願をなし，これが人生の転機となった．

命をとりとめたマルティンは，父の反対や周囲の説得を振り切って，エアフルト市内にある戒律を厳格に守るアウグスティヌス派修道院にはいり，翌年，正式に司祭に叙品されることになる．大学でアリストテレス哲学を講じる一方で，霊的な父と敬愛したヨハン・シュタウピッツの勧めもあって神学研究に進み，エアフルト，ヴィッテンベルク両大学で研鑽を積んだ．その後，神学博士となり，1512年，ヴィッテンベルク大学で，聖書神学の教授に任じられた．

(2) 思想

一見，順調に見える聖職者ルターの歩みの蔭で，内面では信仰上の懐疑が深まっていく．ルターが修道院入りを志願した課題は「いかに恵みの神を獲得するか」であった．ルターは1513年夏から15年春にかけて，「詩編講義」を行っていた

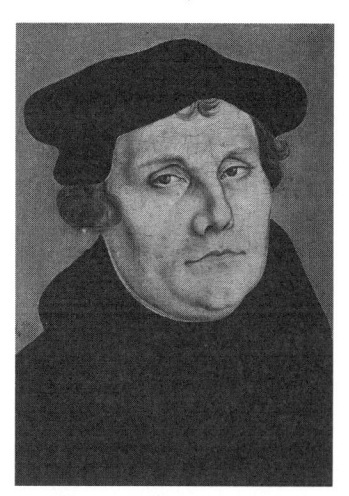

図3 マルティン・ルター

が，詩編の神が《義の神》か，《恵みの神》かという問いに直面した．神が人間に義を要求し，審く神であるとき，神の前で，祈り修行し貞潔を守ろうとも義を実現できない絶望に苦しみ，恵みの神が得られたとの確信がもてない不安にルターはあえいだ．当時の神学の主流はオッカム主義であり，特にガブリエル・ビールが読まれた．ビールらは，神に義と認められる義認への準備という功績を強調したが，ルターは強烈な罪責意識に煩悶して，むしろ不可能なことを命ずる《神の義》さえも憎悪した．苦悩の中で《神の義》に対する理解が深められ，1514年秋には，神はその義をもって，人間にその実現を要求するのではなく，むしろ神の恵みとして人間を義しい者に変えるとの確信に至った．『ローマ書』『ガラテヤ書』などと講解を継続し，聖書研究の中から「信仰によってもたらされる神の義」（ローマ書1：17参照）をめぐる思索が深まっていった．この期間の宗教改革的体験は，後年「塔の体験」として語られることになる．ルターの内的発展には，ドイツ神秘主義の影響が深く関わったものと推定されている．この時点でのルターの関心は，聖書への取組みであり，必ずしも教会慣習や教会組織の批判にはなかった．

当時，カトリック教会では財政的理由もあって贖宥券販売（聖人の善行の功績を，金銭で購入することで分与を受ける教会慣習）が広まってお

◆ V. カリスマ・聖人列伝 ◆

り，ルターのザクセン地方にもローマ公認でマインツ大司教アルブレヒトが発行した贖宥券が説教師テッツェルによって人気を博していた．罪がいい加減に扱われ，キリストの恵みが蔑ろにされる事態に，ルターは1517年10月31日にラテン語で「贖宥に関する九五箇条の提題」を発表し，神学的討論を呼びかけた．この提題はヴィッテンベルク城教会の扉に掲げられたとも伝えられる．ルターの提題は，短時間でドイツ国内に広がり反響をよぶ．1518年には，教皇特使としてドイツを訪れていたカエタヌス枢機卿により，異端審問が行われたが，その席でルターは自説の撤回を拒否し，神の言葉への信頼を明確化した．さらに1519年7月に，エックとの間で行われたライプチッヒ討論では教会の権威をめぐって論争し，教皇と公会議の権威を否定するに至り，1520年6月に破門を警告する教書を受ける．教皇側との対立点が明らかになるとともに，ルターの同調者も増加し，彼の改革者としての自覚が深化された．同年に，三大宗教改革文書とよばれる『教会のバビロン捕囚』『キリスト教界の改善に関してドイツのキリスト者貴族に宛てて』『キリスト者の自由』が相次いで刊行されることになる．

1520年12月，破門教書の期限切れ当日，ルターが教書とともに教会法令集やスコラ神学書を火に投ずるに及んで，翌年1月に破門宣告を受け，正式にカトリック教会と決別．さらにヴォルムス国会に召喚されるも敢然と自説を撤回せず，「ここに私は立つ．私はかくせざるをえない．神よ，私をたすけ給え」と結んだと伝えられる．その帰途，ルターの身を案じたフリードリッヒ選帝侯が密かに身柄を保護し，9か月間，騎士イェルクの姿に身をやつして，ヴァルトブルク城に匿われた．その間，『修道誓願についての判断』を著し修道制を批判，自らも誓願を破棄している．ルターは，同時に聖書翻訳事業に着手し，ラテン語訳聖書を参照しつつも，ギリシア語原典に依拠した新約聖書のドイツ語訳を完成させた．さらに旧約聖書の翻訳にメランヒトンなどの協力を得て，1534年には聖書全編の翻訳を完成した．ルターのドイツ語訳聖書は，近代ドイツ語の形成と一致にきわめて大きな役割を果たすことになった．

(3) 宗教改革運動との関わり

ルターが隠棲した間にも，宗教改革運動は進展し，ヴィッテンブルクではカール・シュタットの熱狂主義により急進化しすぎたため，ルターは事態の沈静化のため同地に帰還し，説教を通じた信仰の涵養を説いた．さらにカトリック教会から独立した新しい教会制度を確立するため，礼拝や教職者の選任のあり方や教会の社会的な役割などについての具体的指針を次々に提案した．しかしながら，トマス・ミュンツァーらによる革命的な農民一揆が拡大すると，その対立が深刻となった．ルターの眼には，農民たちの解放への要求はおおむね正当であるにせよ，それと福音の自由とは異なったものであり，また手段としての暴力は許されないものと判断された．ルターは農民一揆に対して諸侯と福音への良心的従順を説いて，農民たちの支持を失い，宗教改革運動が限定的となる一因となった．

民衆運動としての改革運動の終焉とともにルターは，秩序ある改革のために領邦君主の権威に期待し，教会巡察制度・教会規則が整備され，ルター派教会の制度的基礎が定められると同時に，アウグスブルクの和議の前提となった．また，教会教理の固定化と教会権威に対する反対して協働できた人文主義者たちとの関係も，エラスムスが『評論・自由意志について』(1524年)で挑発し，『奴隷的意志について』(1525年)をもってルターが応酬することで良好な関係が破壊された．この頃ルターは，修道女であったカタリーナ・フォン・ボーラと結婚している．1530年にアウグスブルク国会に，ルター派教会の規準とされる「アウグスブルク信仰告白」を提出するとともに，牧師また信徒のためにそれぞれ大・小の教理問答書を作成した．ヘッセン公フィリップの斡旋によって，とくに聖餐理解をめぐって対立の目立つスイスの宗教改革者ツヴィングリとの協調を試みたが，会談は不調に終わった．

晩年にいたるまで，ルターは聖書講義を続け，民衆に説教して宗教改革の精神を伝えるのに努力

した．ルターは最期まで，家族や周囲の人々と親しく交わり，その様子は『卓上語録』に伝えられている．1546年2月18日，旅の途中，生地アイスレーベン滞在中に死去．葬儀はヴィッテンベルク城教会で盛大に挙行され，敬愛したフリードリッヒ選帝侯のそば，城教会の聖壇の傍らに埋葬された．

「ルターなしには，近代はなく…」と評されるほど，彼が後代に与えた影響は甚大である．例えば，聖書翻訳を通じて表明された職業召命観は，ルター自身はそれを伝統主義的秩序観のもとで理解したにせよ，近代資本主義を生み出す要因の一つとなったと考えられている（ウェーバー）．エリクソンは，ルターははじめから歴史を変革しようと意図したのではなく，父親ハンスとの葛藤を祖型として教皇などの権威あるものとの私的・内的な闘争を貫徹したことが，民衆の課題と共振し，その結果，ルターは歴史的形象になりえたのだと評している．

2.4 イグナティウス・デ・ロヨラ

保呂篤彦

イグナティウス・デ・ロヨラ（Ignatius de Loyola, 1491-1556）はスペインのバスク地方，ギプスコア県の山間の町アスペイティア近くにあるロヨラ城において地方貴族の末子として誕生し，同地で尊敬されていたベネディクト会の聖イニゴ（Iñigo, ?-1068）に因んで「イニゴ」と命名された．「イグナティウス」（あるいは「イグナチオ（Ignacio）」）という名は初代教会の殉教者，アンティオケイアのイグナティオス（Ignatios, ?-110/18）にあやかって後年自ら名乗ったものである．

彼は，少年時代から，王への忠誠を貫き貴婦人に仕える騎士になるという夢を抱きつつ，宮廷人としての教養を身につけていったと思われる．15歳の頃にはカトリック両王（カスティーリャ女王イサベル1世とアラゴン王フェルナンド2世）の会計監査院長の小姓としてスペインの宮廷に仕え，その道での出世を夢見ていた．会計監査院長の死後，1517年にはスペインとフランスの国境に近いパンプローナのナバラ侯に侍従として仕えることとなり，1521年にはパンプローナ城をフランス軍から守るための戦いを勇敢に指揮したが，この際に右脚に砲弾を受けて重傷を負い，その勇敢さに打たれたフランス軍によって応急手当をされて故郷のロヨラ城まで送り届けられ，生死の境をさまよったものの一命を取り留め，そこで長い療養生活を送ることとなった．

この長い療養期間中，彼は騎士物語を読みたいと望んだが，実際に入手できたのは，ルードルフ・フォン・ザクセン（Ludolf von Sachsen, c.1300-c.1378）による『キリストの生涯（Vita Christi）』とドミニコ会士ヤコブス・デ・ヴォラギネ（Jacobus de Voragine, c.1228-c.1298）による聖人伝である『黄金伝説（Legenda Aurea）』であった．彼は当初これらをほんの退屈しのぎに読み始めたのであるが，結局，この読書とそれを通して得た諸体験とによって，人生における決定的な方向転換をすることとなった．すなわち，それまで彼は王や貴婦人に仕えることを理想としてきたが，今や神のみに仕える騎士，キリストのために内的に戦う兵士たろうと試みることになったのである．

彼は，傷が癒えると，留まってほしいという家族の願いを断ってロヨラ城を去り，身分も名誉も捨てて聖地巡礼の旅に出た．まずモンセラートにある聖母マリアの聖堂に巡礼し，騎士道のしきたりに則って徹夜の祈りを捧げ，神に仕える騎士になる誓いを立てた．続いてその隣町のマンレサに行き，そこで約11か月にわたって厳しい苦行を積み，それを通して神と対話しつつ自らの道を探求しつづけたのである．そして，ついにカルドネル河畔で神秘的な照明を受け，内的変容を経験することとなった．それ以前の彼は聖人伝の聖人たちがしたように自らもしたいとのみ願い，それが厳しい苦行につながった．そこには，仕え，行動する人としての彼の本領が現れてはいたが，同時に彼の未熟さや弱点もまた現れていた．すなわち彼は苦行という外面的な業の厳格さにおいて聖人と競おうとしていたにすぎないのである．しか

◆ V. カリスマ・聖人列伝 ◆

し，カルドネル河畔の照明体験によって，彼は，心情や性格などの内面においてキリストに倣うことで内的に聖化されることを理想とするに至った．そして，彼はこのような体験を記録して，神が望むならば誰もが彼と同じ体験をなしうるように人間の側の条件を整える修行法に練り上げるべく，これ以後執筆を続けることとなった．この記録は，その後のエルサレム巡礼や司牧活動の際の諸体験によって次第に増補され，『霊操（*Exercita Spiritualia*）』（あるいは『心霊修行』）とよばれる書物へと発展した．このように，彼は，回心以来，神を直接に体験し，その神秘体験を通じて神に導かれていったのである．

さて，その後，彼はバルセロナからローマ，ヴェネチアを経て1523年にエルサレムに巡礼し，一生をそこで過ごそうと欲したが，同地に長期滞在することが許されないことを知り，バルセロナに戻って人々の魂の救いと完徳のために尽くそうと決心した．しかし，そのためには勉強が必要であることを悟り，すでに33歳であったにもかかわらず，子どもたちと机を並べてラテン語を学びはじめ，1525年からは，アルカラ，サラマンカでさらに勉学を続けた．この間，上述のとおり『霊操』を書き続け，それによって人々を導き，数人の同志を得た．この期間にも彼は同志たちとともにキリストにならって貧しい生活を送りつつ，病人や貧しい人を見舞ったり，苦しむ人々の悩みを聞き，神について語り教えるといった使徒的活動を行った．こうした経験によって，彼の理想は，孤独な観想のうちに神を求めて体験する静態的なものではなく，世界に働きかけて他者を神に導く動態的なものへとますます深まっていった．彼の中では常に「観想」と「行動」が一つに溶け合うようになっていったのである．ところが，当時は宗教改革が起こりつつある時期で，異端審問が厳しく行われており，イグナティウスと同志たちのような一般信徒によるこのような使徒的活動は何度も異端の嫌疑をかけられ，彼らは裁判を受けるはめになった．このような迫害は，後に彼が新しい修道会「イエズス会」を創立するまで断続的に行われた．幸いどの裁判でも彼らの正

図4 イグナティウス・デ・ロヨラ

しさが認められ，無罪となったものの，人々を助けるにも，宣教活動をするにも，哲学や神学のさらなる勉強が不可欠であることを悟り，1528年，彼は当時の同志たちから離れて単身パリに移り，1529年からは同地で神学の勉強を始め，1535年には哲学修士の学位を得た．この間に，スペインで得た同志たちは皆，彼から次第に離れてしまったが，彼はパリにおいて，後に日本にキリスト教を初めて伝えることになるフランシスコ・ザビエル（Francisco de Xavier, 1506-52）を含む6人の同志を霊操を通して新たに獲得した．

1534年，彼はこの同志たちとともに同地のモンマルトルにおいて清貧と貞潔の誓願を立て，エルサレムに赴いて人々の救霊に尽くすこと，それが実現できない場合には，ローマに赴き，教皇の指示に全面的に従ってどこへでも派遣されることを誓った．結局，戦争勃発の危険などからエルサレムへの渡航が不可能になったため，一同はローマに赴き，教皇パウルス3世（Paulus Ⅲ, 1468-1549，在位1534-49）の指示を仰ぐことを決意した．ローマに向かう直前，彼はラ・ストルタの小聖堂において新たな神秘体験をし，神が彼をキリストと合わせて置かれたこと，そして十字架のキリストの伴侶として派遣されることが神に仕えることであることを確認した．

1537年，イグナティウスらはヴェネチアにおいて司祭に叙階され，1538年には，教皇パウル

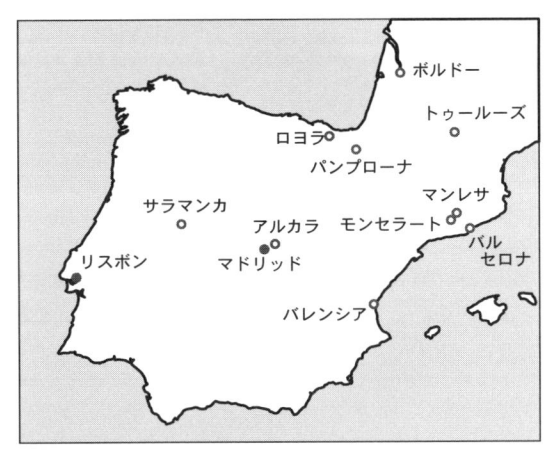

図5 イグナティウス・デ・ロヨラの足跡（イベリア半島）

ス3世に献身を申し出て受け入れられ，ローマや北イタリアを中心にそれぞれ別の土地に派遣されることになった．ローマを離れる前に彼らは討議を重ね，それぞれが分かれて働くとしても効果的かつ永続的に活動するためには堅固な組織をもつ修道会を作ることが望ましいという結論に達し，会の目的と組織とを明示する綱要の執筆をイグナティウスに委託した．こうして彼の手で執筆された『イエズス会基本精神綱要（*Formula Instituti Societatis Jesu*）』は1539年，パウルス3世によって承認され，翌年，正式にイエズス会が誕生した．会員たちの強い要請により，1541年イグナティウスは初代総会長を引き受け，その後幾度か辞退したにもかかわらず終生その職に留まることとなった．イエズス会はイグナティウスの精神に則り，霊操による会員の霊的成長および完徳への到達と，人々の救いの促進との両方をともに目的とした．イエズス会にとってこの2つの目的は相補的であり，会員の霊的成長は人々の救霊を促進し，人々の救霊活動への専心が会員の霊的成長に資すると理解された．この人々の救いの促進という目的の重視がイエズス会を，観想による霊的成長のみを強調する従来の多くの修道会から分かつものであり，その目的の実現のためにイエズス会は学校経営と世界各地への布教とにおいて特筆すべき成果を上げることになる．こうしてイエズス会認可後，イグナティウスはローマにおいて，上記の『綱要』に基づいて『イエズス会憲（*Constitutiones Societatis Jesu*）』の執筆と推敲に終生携わったほか，イエズス会士育成のためにコレギウム・ロマーヌム（後のグレゴリアナ大学）を，またドイツで勢力を増しつつあった宗教改革陣営に対抗するためにカトリックの優れた司祭を養成する施設としてコレギウム・ゲルマニクムを，さらに両親のいない子供のための施設や，売春婦の更生のための施設などを設立して，その組織力を遺憾なく発揮した．また，貴族たちの援助，病院での奉仕，子供の要理教育などに際しても霊操を指導し，霊操指導者の育成にも努めた．さらに急増した会員の養成に直接携わったほか，各地に派遣した会員の指導も怠らず，そのためによく吟味された書簡を多数書き送った．こうした会員宛を含め，彼の書簡は代筆されたものも含めて7000通以上が残されている．

彼は1556年7月31日未明にローマのイエズス会本部にて死去し，その聖堂の祭壇の下に葬られた．1609年に教皇パウルス5世（Paulus V, 1552-1621，在位1605-21）によって列福され，1622年には教皇グレゴリウス15世（Gregorius XV, 1554-1623，在位1621-23）によってフランシスコ・ザビエルとともに列聖された．

2.5 ジョージ・フォックス

山中 弘

プロテスタントの一派であるクエイカー派（Quakers）（正式には Religious Society of Friends であるために，フレンド派ともよばれる）の創始者ジョージ・フォックス（George Fox, 1624-91）は，17世紀イギリスのピューリタンによる共和制の誕生と瓦解，それに続く王政復古という未曾有の激動期に生きた人物である．この時代は，イギリス国教会の最上位の聖職者であるカンタベリー大主教ウィリアム・ロードの斬首に象徴されるように既存の宗教的秩序が崩れ去り，その間隙を縫って第五王国派，ランターズなど数多くの千年王国主義的な民衆的セクトが族生するという，宗教的にも大きな混乱期だった．

◆ V. カリスマ・聖人列伝 ◆

こうした混乱前夜の1624年，フォックスはレスターシャのフェニー・ドレイトン（Fenny Drayton）でピューリタンの織工クリストファー・フォックスとマリーとの間に生まれた．両親は最初彼を牧師にするつもりだったが，靴屋と牧畜業者を営む人物のところに奉公に出した．幼い頃から自分の言動に注意を払う内省的な性格だったフォックスは，19歳のときに，2人のピューリタンに誘われて酒場で飲み，そこで，彼らが飲み比べに負けたものが勘定を払うという当時流行の飲み方をするのに失望して，自分の分だけを支払い席を立った．その晩，眠れない夜を過ごしていると，「家族や友人を遠ざけろ」という神の声を聞く．その言葉に従って，それから4年ほど，フォックスは新たな真理を求めてイギリス中を歩き回ることになった．

両親や親族，友人たち，聖職者たち，彼の孤独を癒してくれるはずのあらゆる人々から離れてただ一人神を求め続けるなか，神の声が彼の心に届くようになる．聖書を含めたあらゆる外的な救いを拒んでいた心の中に，イエス・キリストの光が輝き，喜びがその心を満たした．しかし，彼はこの体験によってまったく別な人間となったわけではなく，その後も，誘惑や陰鬱な感情に悩まされながらも，心に直接語りかけてくる神の声に勇気づけられる．1648年，フォックスは「燃える言葉によって聖霊に召され，神の楽園へと至り」，すべての物事が新しく，堕罪以前のアダムの純粋さを知るという宗教体験をもつ．彼は『日誌』にこう書いている．「今や神は，私に見えない力で，『すべての人間はキリストの聖なる光によって照らされている』ことを明らかにした．そして私はその光がすべてを通して輝いているのを見た．それを信じるものは罪の宣告から脱して生命の光へと至り，その子供たちになる」．この体験を通じて，フォックスは神の光の中で生き，心にある神の種子を成長させることを周りの人々に説き始め，次第にその言葉に耳を傾ける人々が集まるようになった．この時期こそ，フォックスが本格的に活動を開始したときであり，その中心的な教えが表明された時期である．彼は，神の聖霊（the

図6 ジョージ・フォックス

Spirit of God）を直接的に体験することを強調し，各々の内部にある「キリストの光」（the Light of Christ）と出会い，こうした光に開かれた人間を「光の子」，「真理の友」（Friends of Truth）とよんだ．この教えは，どのような人間でも，その心の内奥にある神の種子を成長させることで救済が可能となるという霊的平等主義に貫かれており，予定説によって一握りの人々だけが聖徒として救済に与れるというピューリタン的な「選び」を否定するものだった．また，定式化された祈りも否定され，集会では参加者たちは静かに聖霊の訪れを待ち，それが訪れたと感じた者が自発的に集会をリードするというものだった．

フォックスはその後も神の声を聞くが，そのメッセージの内容は社会的身分を儀礼的に表現する挨拶や名前のよび方などにも関係していた．神は，身分の高低に関わらず帽子を取ることを禁じ，名前で相手をよび，「サー」などの尊称を使わずに，「汝は」（thou），「汝を」（thee）を使うように命じた．身分の高いものにも帽子をかぶったままで敬語も話さない彼らは，当時の支配階級の人々の激しい怒りをかうことになった．彼の聞く神の声は作法や言葉だけでなく，社会体制そのものにも厳しい批判を浴びせた．フォックスの神は，肉体を治す医者，魂を癒す聖職者，財産を管理する法律家はいずれも「知恵，信仰，公平さ，神の律法に外れて世界を支配している」と語ったという．彼の批判の矛先は，神に向かう心を萎え

2. キリスト教系

させるさまざまな娯楽にも向かい，治安判事にその取り締まりを求めた．

1649年，フォックスはノッティンガムで逮捕される．神の霊が彼に臨み，教会で説教している牧師に対して，聖書ではなく聖霊こそが重要であると非難したからである．この逮捕の背景には，聖書の権威を至上のものとする，当時の社会の支配的政治勢力でもあったピューリタンの長老派の反感が存在していた．ほどなく釈放されるものの，翌年，再び不敬罪で逮捕される．クエイカー（震える者）というよび名は，この時に尋問にあたった治安判事にむかって「主のみ言葉におののき震えよ」と言った言葉に由来するとされる．1年間の牢獄生活の後に，フォックスはヨークシャに向かって伝道旅行を続ける．その途上，リッチフィールドで神の命令が彼に臨み，命令に従って裸足になってその町の通りを「災いなるかな，血に塗られたリッチフィールド」と叫びながら歩き回った．彼の目には「市場が血の海のように見えた」という．フォックスによると，リッチフィールドはローマ時代にたくさんのキリスト教徒が殉教した場所であり，それを追悼するために靴を履かずに歩けという主の命令に従ったという．こうした伝道旅行の中で，ジェームズ・ネイラー（James Nayler）などの初期の有力な信者たちが彼のもとに集まってくる．彼らはもともと自分たちで神の真理を模索している人々であり，彼らがフォックスのもとに集まってきたのは，その説教が彼らの求めているものに合致したからであった．こうして，その他の求道者やセクトの人々も吸収しながら，フォックスの集まりは早くとも1652年頃には「フレンド派」という名称をもつ集団に成長し，さらに，1654年までには集団的な決定を行うための会議を定期的にもつようになった．

この頃，ランカシャー地域の有力者であるトーマス・フェル（Thomas Fell）判事の妻マーガレットがフォックスに帰依し，彼女の家であるスウォーズムア・ホール（Swarthmoor Hall）を拠点にして湖水地方の村々を回って伝道に努めるが，地元の有力者たちとの諍いによって再び投獄された．再び釈放されたフォックスは1654年にクロムウェルに面会する機会に恵まれた．彼の『日誌』には，クロムウェルがフォックスに共感し，別れ際には涙を浮かべて握手をして，また来るようにと語ったことが記されている．

一方，フォックスの教えに感銘して彼の信仰をともにする人々も自分たちでイギリス各地を回り，その教えを広めようと試みた．彼らは教会で牧師たちの説教を聞いた後に，それが真の福音ではないと訴えたり，既存の教会の教えの偽善性を象徴的に表現するために，公衆の面前で裸になるという行為にも出た．これらの行為は当然にも当局の取り締まりの対象となり，彼らの多くは瀆神罪の廉で牢獄につながれた．1655年，フォックスは再び囚人としてロンドンに送られ，それから8か月ほど収監された．また，この頃，フォックスの側近ネイラーが，彼を信奉する一部の人々とともに，ブリストルでイエスに擬せられるという事件を起こす．彼は死者を蘇らせたと主張し，取り巻きの人々もネイラーのブリストル入りをイエスのエルサレム入城として捉えた．当局は彼ら一派を瀆神罪で捕らえ，投獄する．この事件は初期のクエイカーたちに大きな打撃を与え，組織の分裂も生まれた．しかし，ネイラーは最終的に自らの罪を認めて，フォックスと和解した．

1656年にクロムウェルに面会する機会が再び訪れ，フォックスは各地で続いているクエイカーたちに対する弾圧の中止を申し入れるが，目立った効果はなく多くの信者たちが投獄された．こうしたなかでも彼の伝道の旅は続き，ウェールズ，スコットランドなどにも足を伸ばし，そこでも激しい迫害に直面した．1657年に再びクロムウェルに招かれるが，このときはクロムウェルの病気のために会うことができなかった．しかし，フォックスはすでに王の帰還を予言しており，彼がこのままクエイカーを迫害するならば，この体制は崩壊するという警告をクロムウェルに送っている．また，信者のある女性は，それを警告するために，議会にガラスのピッチャーをもっていき，彼らの前でそれを砕いて，まもなくそうなるだろうと予言したという．

1660年，チャールズ2世がイギリスに戻り，共和制は崩壊し王政復古となった．前年に収監されていたフォックスも突然釈放され，新国王に対して迫害をやめるように求めた．彼の期待にもかかわらず，新国王はむしろ非国教徒を厳しく弾圧する政策を採用し，彼を含めて多くの人々が投獄され，獄死する者も多数出た．クロムウェルの時代よりも，さらに激しい弾圧の嵐が彼らを襲ったのである．1669年，フォックスはアイルランドを訪れるとともに，フェル判事の寡婦だったマーガレットと結婚する．しかし，まもなく彼女は逮捕され，収監される．翌年，フォックスも「集会令」を無視して投獄されるが，恩赦で放免され，仲間とともにアメリカ植民地を訪れ，南インド諸島などにも足を伸ばした．1673年に帰国するが，再び投獄され，ウスターシャでの公判の最中に重病に陥る．しかし，病気は奇跡的に回復し，その後，ドイツやオランダなどのクエイカーを訪れる機会をもつが，次第に肉体的な衰えが目立つようになり，ロンドンで67歳の生涯を終えた．

2.6 ジョン・ウェスレー

山中　弘

ジョン・ウェスレー（John Wesley, 1703-91）は，1703年，リンカンシャのエプワースに，父サムエルと母スザンナの15番目の子供として生まれた．父親は高教会派に属する国教会牧師であり，母親は著名な非国教徒の家系に連なる家柄だった．とくに，母スザンナの影響は大きかったとされる．また，幼いウェスレーが牧師館の火災から奇跡的に救出されたことは，彼に自らが神から特別の召命を受けているという確信を強めさせたといわれている．

オックスフォード大学のフェロー時代，ホーリークラブを結成し，ジョージ・ホイットフィールドなどの同志とともに，祈り，断食，慈善，聖書の精読など，生活のすべてを神の命じた聖潔な生き方によって律しようと努めた．この厳格できまじめな生活態度のために，彼らはメソディスト（几帳面な奴）とよばれるようになった．もっとも，ホーリークラブのような自発的な宗教的集まりは彼の独創によるものではなく，すでに前世紀より国教会のなかで始められたものであり，彼の父親も，そうした集まりを組織していた．仮にウェスレーがオックスフォード期のまま留まっていたならば，真摯で敬虔な国教会牧師として一生を終えたかもしれない．

ウェスレーがオックスフォード・メソディスト時代に別れを告げたのは，ジョージア植民地の人々の宗教的世話とインディアンへの伝道の誘いを受け入れて，アメリカ行きを決断したことによる．アメリカに渡る大西洋の荒波で死の恐怖に震えていたウェスレーにとって，同船したモラヴィア教徒たちのすべてを神に委ねて取り乱さない態度は強い印象を与えた．しかし，植民地の生活は彼の理想とはほど遠く，ついにはある女性との恋愛問題で訴訟に巻き込まれ，ほうほうの態でイングランドへと帰国することになった．この挫折によって，ウェスレーはこれまでの自らの信仰のあり方に疑問を抱くとともに，彼に強い印象を与えたモラヴィア派の人々との交流を強めながら，新たな信仰のあり方を模索するようになった．そして，1738年，気が進まぬまま出席したモラヴィア派の会合で，「心が不思議に暖かくなる」のを覚え，福音的回心を体験したのである．回心後のウェスレーにとって，罪の赦しを体験しない者は，たとえ彼らが熱心に教会に通っていても「九分通りのクリスチャン」にすぎないと映った．キリストの贖罪を信じる体験的信仰とそれに基づく内的，外的な聖潔の追求こそ，彼の到達したキリスト教だった．そして，この新しい福音を述べることこそ彼の使命であると確信し，その後の生涯を福音伝道に捧げるのである．

しかし，イングランドからスコットランド，アイルランドにまで及んだ驚異的な伝道活動は，彼の宗教体験から自然に導かれたわけではなく，むしろ彼の信仰に対する国教会側の嫌疑とそれにともなう教会からの排除によって，そうすることを余儀なくされた面を多分にもっている．「教会」という公的な伝道空間を著しく制限された彼は，それに代わって，新たな説教の場所，つまり人々

◆ 2. キリスト教系 ◆

図7　ジョン・ウェスレー

がたむろする屋外という伝道空間を発見するのである．その出発点が炭坑夫たちなどが群がるキングスウッドだった．この野外伝道を通じて，ウェスレーを中心とした信仰覚醒運動は，これまで教会とは無縁だった民衆を巻き込むことに成功し，さらに回心を体験した人々が新たな伝道主体として組織されるようになってくるのである．これも，ある意味では一般の国教会牧師のいだく嫌疑や敵意の副産物だったともいえよう．ウェスレーは牧師たちの間に積極的な協力者を見出すことができず，メンバーの増加によって生じた数多くの宗教的世話を牧師の資格をもたない一般民衆に委ねざるをえなかったからである．また，一般民衆の側にも自ら実感した救済体験を他の人々に伝えたいという自発的な思いがあり，こうした心情を育みつつ，それを自らの監督下において伝道組織を作り上げたところに，ウェスレーのメソディズム運動の成功の鍵があったとみることができる．

もちろん，メソディズムが短期間で成功を収めた社会的背景には産業革命という大きな社会的変化があったことを見逃してはならない．都市化にともなう人口の流動化は農村を基盤とした伝統的な宗教組織の対応能力を遙かに超えるものであった．ウェスレーが新たな伝道空間である野外で見出した多くの人々の存在は，この人口の流動化のもたらした必然的帰結でもあった．彼らは，国教会牧師の影響力にも，またそれと密接に結びついていた地主階級の権威にも距離を置くことのできる新興の「産業村」に生活する人々が多かった．彼らが既存の支配秩序の周辺に存在していたことが，この新たな宗教運動に共鳴する社会学的条件であった．しかも，メソディスト会の実質的運営がこれらの人々に任されていたことは，彼らを新たに結びつける宗教的共同体を創出することになった．そこには，国教会牧師という階級の異なる人々が「上」から教えるのではない，一般民衆がいわば相互に水平に結びつきながら，宗教的救済をともに激励しあいながら求めてゆくというあり方が生まれたのである．ウェスレーの実弟チャールズの作る賛美歌やモラヴィア派から借用した愛餐式などの儀式は，こうした絆をさらに強いものとしたのである．

メソディスト会が急速に大きくなり，北部などを中心にイングランド全土を覆うようになると，国教会との緊張が高まってくる．とくに，一般民衆あがりの説教者たちの存在は，メソディスト運動が国教会から離れて独立した教団となるのではないかという不安のもととなった．チャールズもそうした疑念をもった1人であり，兄に組織の解散を進言する．しかし，ウェスレーは自らの運動が国教会に留まることを再三明言しながらも，チャールズの意見を無視して，組織の解散を一顧だにしなかった．さらに，独立戦争のために国教会組織が壊滅的状態となったアメリカに対して，自らの側近を主教的職務を果たす役職に任命し，あくまでも自分を頂点とする独自な組織の維持と発展に努めるのである．そして，彼の死後，メソディスト会ははっきりと国教会から自立する道を歩み，19世紀の前半までには新興教派としての姿を整えていくのである．

ウェスレーの神学思想は，宗教改革の偉大な指導者であるルターやカルヴァンに比較すると，あまり高く評価されていない．しかし，彼が何よりも生涯を福音伝道の旅に捧げた伝道家だったことを考慮すれば，この評価は驚くにあたらない．彼

◆ V. カリスマ・聖人列伝 ◆

は独創的神学者というよりも，聖書を拠り所としながらも，伝道途上で得たさまざまな宗教体験や見解を自らの神学的思想にフィードバックさせながら実践的，経験的に自らの神学を鍛え上げていった人物だったといえる．その神学思想の特質についてはいろいろな議論が存在するが，ここで筆者は，彼の思想的特質として，オックスフォード期を特徴づける厳格な宗教的実践を通じた聖潔の達成という高教会的要素と，彼の回心後の義認体験や聖霊の働きの強調に認められる体験的でプロテスタント的要素との結合にあるとみたい．全体として，前者の要素が後者の要素に支えられながら，人間と神との生きた交わりがもたらす内面的な平和と信頼が宗教的実践を通じて体験されると要約されよう．しかし同時に，ウェスレーは自らの宗教を「社会的宗教」とも規定して，回心を体験した人々の心だけでなく生活全般に生じる「聖化」をつねに強調した．換言すれば，そこには義認体験だけを最終目的とせずに，その体験から始まる長い聖化の道のりが想定されていた．そして，ウェスレーはこの聖化の最終的な到達点として「キリスト者の完全」という状態を繰り返し強調したのである．彼のいう「完全」とは，愛によって思想と言葉と行動が支配されるときに，人間の内部にも外部にも罪が入り込む余地がなくなり，心と生活において聖潔が達成されるというものだった．しかし，注意しなければならないのは，この聖化のプロセスは決して段階的に，いわば霊的な階梯として理解されているわけではないということである．それはつねに神の恵みを信頼しながらも，人間の側の信仰実践に支えられており，それを怠るならば，人々は迷いの荒野に彷徨うことになる．その過程はカルヴィニズムのように，あらかじめ神に恵みを与えられたものだけが恵みから落ちずに歩むのではなく，神の恵みを前提にしながらも，それに応える人間の側の主体性をも同時に重視するものなのである．そのために，ウェスレーは人間の救済があらかじめ定められているとするカルヴィニズム的予定説を当初から激しく攻撃し，たびたびカルヴィニストたちとの論争を繰り返した．この神学上の対立のために，ウェスレーは同志だったホイットフィールドとも袂を分かつことになったのである．ウェスレーにとって，すべての人間は神の恵みを受ける潜在的可能性を有しており，神の普遍的恩恵ゆえに，人間の方が神を捨てるのであって，決してその逆ではないことを強調したのである．

ウェスレー自身の有名な「世界が私の教区である」という言葉に示されるように，海外伝道活動も当初から熱心に行われた．とくに，ジャマイカなどのカリブ海諸島やスリランカ，太平洋諸島，西部アフリカなどの地域には早くから宣教師を派遣して，積極的に伝道活動に取り組んでいる．また，日本では1870年代にカナダとアメリカのミッションを通じて伝道活動が始められ，青山学院大学，関西学院大学はメソディスト系の大学として著名である．ウェスレーの「キリスト者の完全」を特別な体験とみなすホーリネス派も伝えられたが，戦時中には激しく弾圧された．

2.7 ウィリアム・ブース

山中　弘

救世軍の創設者ウィリアム・ブース（William Booth, 1829-1912）は1829年4月10日，ノッティンガムに生まれた．父親サムエルは建築業を営んで一時は成功したが，後に事業に失敗し，ウィリアムが13歳のときに妻と3人の子供を残して亡くなった．家族は経済的に逼迫し，彼は小さい頃から家計を助けるために店員として働きにでなければならなかった．両親はもともとは国教会に属していたが，ブースが14歳のときにたまたま通りかかったウェスレー派の教会で説教を耳にして深い感動を覚え，翌年，その日曜学校の一室で回心を体験し，17歳でメソディストの地方説教者となった．また，当時訪英していたアメリカのリバイバリスト，ジェイムズ・コイの説教にも強く心を動かされ，この町の最貧層の居住地区の伝道に取り組んだ．

20歳になったブースはロンドンに移り住むことになるが，そこでも仕事の傍ら説教壇に立ち続けた．しかし，彼の属する当時のメソディスト派

◆ 2. キリスト教系 ◆

は混乱のまっただ中にあった．一部の有力牧師の専横を告発した匿名の文章の扱いを巡って組織は極度に混乱し，疑心暗鬼から大量の人々が教会から追放されるとともに，追放された人々はその措置を糾弾して改革派を組織するという事態に至っていた．ブースはこの混乱に巻き込まれることになり，改革派と目されて追放処分を受けてしまう．改革派に加わることになった彼は，23歳で職を辞して専従の牧師となる．しかし，そこにも長く留まることなく，メソディズムのもっとも古い分派であるニューコネクションに共鳴し，その伝道者として活動を続けた．26歳で，生涯の同志となったキャサリン・マムフォード（Catherine Mumford）と結婚し，三男，五女をもうけた．子供たちは小さい頃から厳しくしつけられ，後年，ほとんどが救世軍の幹部として活躍することになった．1939年以降，ブース一族が重要な役職に就くことはなくなったが，救世軍の発展にブース一族の残した足跡は多大なものがある．

ニューコネクションに入ったブースは当初イギリス各地への巡回伝道に従事して多くの回心者を獲得していたが，その後，限られた地区だけを担当する職務に任命され，伝道者として各地を自由に歩くことは許されなかった．各地を自由に伝道して回るという希望は抑えがたく，1861年，ついにこの教会からも離れて，自由な伝道者として生きることを決断した．早速，コンウォールからの伝道依頼が舞い込み，その地方の主な都市を皮切りに，ウェールズ，バーミンガム，リーズなどを訪れてリバイバル集会を次々で組織した．

1865年，ブースの活動に転機をもたらす事業が行われる．ロンドンでもっとも貧しい地域であったイースト・エンドを訪れ，クエーカー派の古い墓地にテントを張って継続的に伝道集会を催しはじめたのである．そして，この活動のなかで，ブースは，この地域に居住している貧者，犯罪者，放蕩者を救うことが自らの使命であると確信した．いわば，幼い頃から彼の体内に激しく流れていた伝道への欲求がついにその対象をはっきりと見出したといってもいいだろう．その活動は「イースト・ロンドン・ミッション」として始ま

図8 ウィリアム・ブース

り，街角での伝道，戸別訪問，冊子配布をはじめ，日曜日にはダンスホールや古い倉庫などを使って集会をもつようになった．彼の活動への迫害も激しく，排泄物などをかけられ，疲労困憊して自分の部屋にもどってくる日々が続いた．当初は回心者たちを教会に紹介するだけで独立した教派となる意図はなかったが，教会側が彼らを受け入れなかったり，ブースの側でも有能なものを自らの伝道活動に組みこむなどした結果，伝道会は独立した教団として成長することになる．1870年，その活動は「クリスチャン・ミッション」と改称され，この頃の報告では32か所の伝道所，32人の専従伝道者が活動していたという．なかでも，妻キャサリンをはじめ女性伝道者の活躍が目立つが，ヴィクトリア時代，女性が説教壇からほとんど排除されていたことを考慮すると，救世軍が組織幹部としても女性の発言権を認めていたことは注目すべきことであろう．

1877年，クリスチャン・ミッションは正式に救世軍（Salvation Army）と改名し，独立した組織としての体裁を整えた．また，伝道者を軍隊組織の階級を模して「大尉」とよぶようになり，これに応じて，「中尉」や「少佐」などの呼称がうまれ，ブース自身が「大将」とよばれるようになった．大将という称号はもともと伝道会でのGeneral Superintendent（総裁）という彼の職名

◆ V．カリスマ・聖人列伝 ◆

の前半部分が残ったためともいわれている．組織ばかりでなく，軍隊風の軍服と軍旗も導入した．そのデザインはブースとキャサリンが工夫した．とくに，軍旗は救世軍の中心的思想を象徴的に表現している．それは青で縁取りされた赤い地の旗の真ん中に黄色い星が描かれており，青い縁取りは神の聖潔を，中央の星は聖霊の火を，そして地の赤はイエス・キリストの血を表現している．星には「血と火」（Blood and Fire）というモットーが書かれており，救世軍の信仰がイエスの十字架上の贖罪への信仰とそれをもたらす聖霊の力を信じるところにあることを端的に表現したものといえよう．軍隊風の制服は決して特異なことではなく，当時の労働者階級の間での流行でもあった．男性はハイカラーでネイヴィー・ブルーの軍隊風の上着を着て，「救世軍」と書いた帽子をかぶり，女性は同じ色の上着を着て，赤いバンドのついた大きな麦わらのボンネットをかぶり襟に大きなリボンをつけていた．制服の着用は自分たちが悪との戦いに従事していることを誇示することでもあったが，反面，経済的に余裕のない彼らにとって，制服は結婚式や葬式などあらゆる公的な場所でいつでも着用できる便利な式服でもあった．軍旗，制服，さらにこれも当時の労働者階級にとって人気のあったブラスバンドも採用され，まさに救世軍は伝道のための軍隊の観を呈することになったのである．軍隊風の制服の一団が軍旗を押し立てブラスバンドの楽曲に合わせて行進し，悪の巣窟と目されたパブや売春窟の前に陣取って，説教や機関誌『ときの声』（The War Cry）を配布して歩いた．しかし，こうしたアグレッシブな伝道活動は，彼らの活動に対するさらに激しい妨害行動を引き起こさずにはおかなかった．とりわけ，禁酒推進のためのパブへの伝道はそのオーナーや醸造家たちの敵意を生み出し，救世軍に対抗して「スケルトン軍」（The Skeleton Army）が組織され，「髑髏の旗」を押し立てて活動を暴力的に阻止しようとした．

こうした迫害にもかかわらず，救世軍は多くの労働者たちの心をつかみ急速に成長していく．1880年にはアメリカへの海外伝道に本格的に着手し，ブース自身もアメリカをはじめ，カナダ，オーストラリア，南アフリカなどを訪れ，海外伝道にも積極的に乗り出す．61歳で最愛の妻キャサリンに先立たれるが，活動を休めることはなく，78歳のときに訪日も果たし，明治天皇にも謁見した．もはやブースは単に珍奇でアグレッシブな貧民街の伝道団の首魁ではなく，ロンドンや故郷ノッティンガムの名誉市民の称号を授けられた名士となっていたのである．彼は最晩年まで救世軍大将として伝道の一線に立ち続けたが，身体的な不調とくに眼病に悩まされ，1912年，83歳でこの世を去った．

教義面では，すでに触れたように，回心体験と聖化とりわけ禁酒の実践が重視されたが，これらはブースが属していたメソディスト派のものとそれほど変わるところはない．ただ，この教派と違って聖餐などのサクラメントは行わない．しかし，救世軍は決して単にメソディスト派から分派した伝道集団ではなかった．この教団の独自性は，具体的な社会福祉的プログラムを伝道活動と結合させたところにあるように思われる．ブースはそのプログラムを『最暗黒の英国とその出路（In the Darkest England and the Way Out）』（1890）で具体的に提示してみせた．大きく二部に分かれているこの著書は，一部で克明に当時のイギリスの最下層の人々の悲惨な状況が描かれ，ついで二部でその解決策が詳細に示されている．その計画によれば，「都市植民地（the city colony）」，「農場植民地（the farm colony）」，「海外植民地（the colony over-seas）」という3つのコロニーを作り，貧困や悪徳にさらされている人々を段階的に救出するというものであった．つまり，最初の植民地で失業者に簡単な食事と職業訓練を施し，さらに都市近郊に農地を購入して農場を開き，さらに大英帝国の植民地やその他の場所で彼らを自立させるための土地や産業を興させるという計画であった．ブースはこうした壮大な社会福祉プログラムを提案するばかりでなく，それを実現するための財政的費用として10万ポンド，毎年の維持費として3万ポンドを見積もり，募金を募っている．さらに募金ばかりでなく，自

図9　救世軍の軍旗

らも職を斡旋する労働相談所を開設するとともに，農場を購入して，そのプログラムの実現のための行動を起こしている．この著作の反響は大きく，最初の年で20万部が売れた．日本救世軍の指導者であった山室軍平もこの著作を契機に救世軍を知るようになったが，日本の初期の社会主義者や社会改良を志す人々の中にも救世軍の慈善事業に強い関心を寄せた人々が散見される．イギリス宗教史において，18世紀半ばの新興都市で起こったウェスレーによるリバイバリズムは，19世紀前半の農村地帯でのそれを経て，ブースによる都市下層民へのリバイバリズムをもって一応の終息を迎える．世界を股にかけたブースの救世軍は，大英帝国という世界帝国がイギリス国内に生みだした失業や貧困に対する民衆側の宗教的応答ともみることができるかもしれない．ブースの蒔いた種はその後アメリカで大きく実を結ぶことになるのである．

参 考 文 献

[イエス]
荒井　献・中村和夫他共著『総説　新約聖書』日本基督教団出版局，1981年．
荒井　献『イエスとその時代』岩波新書，1974年．
大貫　隆『イエスという経験』岩波書店，2003年．
タイセン，G.（大貫　隆訳）『新約聖書　歴史・文学・宗教』教分館，2003年．

[パウロ]
久米　博『キリスト教　その思想と歴史』新曜社，1993年．
サンダース，E.P.（土岐健治・太田修司訳）『パウロ』教文館，2002年．
トロクメ，E.（加藤　隆訳）『キリスト教の揺籃期　その誕生と成立』信教出版社，1998年．
トロクメ，E.（加藤　隆訳）『聖パウロ』白水社，文庫クセジュ，2004年．

[マルティン・ルター]
石原　謙『キリスト教の展開』岩波書店，1972年．
今井　晋『ルター（人類の知的遺産26）』講談社，1982年．
植田兼義訳『卓上語録』教文館，2003年．
ルター研究所『ルター著作集』第1集10巻・第2集既刊9巻，聖文舎，1963年-．
ルター研究所編『ルターと宗教改革事典』教文館，1995年．
エリクソン，E.H.（西平直訳）『青年ルター（1・2）』みすず書房，2002・03年．
金子晴勇『ルターの人間学』創文社，1999年．
徳善義和編著『マルチン・ルター――原典による信仰と思想』リトン，2004年．
松田道雄編『世界の名著18　ルター』中央公論社，1969年．

[イグナティウス・デ・ロヨラ]
イグナチオ・デ・ロヨラ（門脇佳吉訳・註解）『ある巡礼者の物語――イグナチオ・デ・ロヨラ自叙伝』岩波文庫，2000（1555）年．
イグナチオ・デ・ロヨラ（門脇佳吉訳・解説）『霊操』岩波文庫，1995年．
垣花秀武『イグナティウス・デ・ロヨラ』（人類の知的遺産27）講談社，1984年．
トムソン，F.（中野記偉訳）『イグナチオとイエズス会』講談社学術文庫，1990（1909）年．

[ジョージ・フォックス]
The Journal of George Fox, 2vols, (London, 1901).
山本　通『近代英国実業家たちの世界　資本主義とクエイカー派』同文館，1996年．

[ジョン・ウェスレー]
野呂芳男『ウェスレーの生涯と神学』日本基督教団出版局，1975年．
山中　弘『イギリス・メソディズム研究』ヨルダン社，1990年．

3 ユダヤ教

V. カリスマ・聖人列伝

勝又悦子

3.1 アブラハムとモーセ

(1) ユダヤ教の父祖

現代の多様化する宗教事情はユダヤ教にとっても例外ではない．一口にユダヤ教といっても，超正統派，正統派，保守派，改革派，伝統派などに分派し，出自的には，スファラディ，アシュケナズィ，ミズラヒに分かれる．イスラエルに帰還する者，しない者，また一切の戒律を守ることをしない世俗主義のユダヤ人も多数いる．しかしながら，彼らにはユダヤ人としての意識がある．彼らをまとめているのは何か．そのひとつの要素として，自分たちは同じ歴史を共有してきたという意識があるのではないだろうか．さかのぼれば，自分たちはモーセ，アブラハムへとつながる民であるという意識である．この歴史という，時間の縦軸にアイデンティティを求めることはユダヤ教の特徴かもしれない．

ユダヤ教の歴史の源泉がヘブライ語聖書にあることは疑いない．歴史にアイデンティティをおく民として，ヘブライ語聖書中の登場人物は，決して架空の物語世界の住人ではない．彼らの物語は，後代のユダヤ人たちがさまざまな解釈を加え，その時代に即した教えを導き出すことによって，ユダヤ人のたどってきた歴史に同時代的に寄り添い，ともに生きる人々となった．彼らの生き様は，困難なユダヤ人の歴史の道標となり，示唆を与えた．その最たる人物が，アブラハムとモーセであろう．前者は，唯一神を認識し，割礼を通して神との契約に入った初めての人物であり，ユダヤ教の父祖中の父祖とみなされる．その子イサク，さらにその子ヤコブはイスラエルと改名し，さらにヤコブからイスラエルの12氏族の源流となる12人の子供が生まれる．アブラハムの側女から生まれたイシュマエルはアラブ人の祖だと考えられており，また，ヤコブの双子の兄，エサウはローマ人，後代のキリスト教国家の源流として考えられている．つまり，アブラハムは一神教の父祖である．事実，キリスト教，イスラーム，ユダヤ教の三大一神教を，アブラハムの宗教，アブラハムの子孫とよぶことも欧米では多い．モーセは，出エジプトを指揮し，シナイ山でユダヤ教の根本となるトーラーを授与された．このトーラーがユダヤ教の教えの基盤である．彼らはユダヤ教の礎を築いた者であり，ユダヤ教の伝統の中でも別格の地位にあるといえよう．

(2) アブラハム

アブラハム（Abraham），改名前はアブラムとよばれる．主として創世記12章から25章の初めまでが，彼の生涯の物語である．

アブラムはノアから数えること十代目のテラを父として，カルディア地方のウル（ユーフラテス川沿いの町）に生まれた．テラはカナン地方に移動後ハランにて死亡するが，アブラムは神の召命を受け，ハランを後にしてパレスティナを放浪する．飢饉を避けてエジプトに下るが，妻サライを

◆ 3. ユ ダ ヤ 教 ◆

図1 イサク供犠を描いたモザイク
ベト・アルファシナゴーグ（6世紀）．（G. Sed-Rajna, *Arcient Jewish Art : East and West*, 1985 より）

妹と偽り，王ファラオの不興を買い，再度パレスティナ，ネゲブ地方に上る．諸国王と交戦，捕虜となった甥ロトの救出に成功する．サレムの王であり祭司，メルキツェデクの祝福を受け，その後，神の言葉が下り，祭壇を築き生贄を捧げる．サライとの間に子が恵まれなかったアブラムは，女奴隷ハガルとの間に後代のアラブ人の祖とみなされるイシュマエルをもうける．アブラムが99歳のとき，子孫繁栄を約束する神との契約として割礼を施す．そして名をアブラハムへ，妻の名はサラへと変えられた．その後イサク誕生の知らせを伝える御使いが訪れる．ソドム，ゴモラの破壊を目論む神に対して，アブラハムは神の恣意性を非難し，弁を尽くして両都市を弁護する．ソドムは破壊されるが甥ロトは救出される．アブラハムが100歳のとき，イサクが誕生する．イサクをからかったハガルとイシュマエルは追放される．その後，神よりイサクを犠牲として捧げるよう唐突に命が下る．この理不尽な命にアブラハムは従順に服従し，モリヤの山でイサクを手にかける瞬間，神がそれを制止する．子孫の繁栄が再び約束され，2人は山を降りる．その後，サラが死去．イサクの妻を捜し娶らせた後，アブラハム自身は175歳で死去したという．

（3） 唯一神の認識とイサク供犠（アケダー）

後代のユダヤ教伝統でのアブラハムへの関心には，2つのポイントがある．第一に彼が多神教伝統の矛盾を看破し，唯一神を認識したことである．ユダヤ教聖書解釈の伝統では，太陽を動かす存在，星を動かす存在から，すべてを動かす唯一なる存在があるはずとアブラハムの思考は行き着く．また父テラの偶像崇拝のおろかさを策略的にやり込めるユーモラスな伝承もある．

第二のポイントは，彼の生涯の最大のクライマックスでもある，最愛なる息子，イサクを捧げよという神の試みである．イサクを供犠として縛り上げたこの事件は，ユダヤ教の伝統では，アケダー（Aqedah，縛ること）とよばれ，聖書解釈，詩文，文学作品，芸術作品のインスピレーションの源となった．パレスティナで発掘された紀元3～6世紀に属するシナゴーグの床面に施された，趣向を凝らしたモザイク画では，アケダーの場面が描かれていることが多い．ユダヤ美術史上の大発見となったメソポタミア川中流のドゥーラ・ヨーロポスで発掘されたシナゴーグの壮麗たる壁画においても真正面にアケダーが描かれている．

一人息子を捧げよという神の理不尽な命に一言の文句も疑問も発せず聞き従ったアブラハムの行為の意味を，後代の思想家たちは問い続けた．アブラハムの神への愛，従順さ，信仰の深さ，その

◆ V. カリスマ・聖人列伝 ◆

図2 イサク供犠（アケダー）
イサクに手を下そうとするアブラハムを制止する御使い．レンブラント作．

徳の高さは，神への自己犠牲の至高の例として位置づけられ，また歴史の中で生じたユダヤ教徒の殉教の象徴ともなった．ユダヤ教では，高徳の父祖の行いによって，その後のイスラエル全体が救済されるという「父祖の徳」という概念があるが，最大の父祖が，アケダーの試練に従順に従い，結果的に乗り越えたアブラハムであると見なされるのである．イサクを手にかける瞬間に神がアブラハムに応えてくださったように，私たちの祈りにも応えてくださるはずだ，と祈りの中で引き合いに出される．新年の祈り，そしてヨム・キップール（大贖罪日）までのスリーホート（悔い改めの週間）での祈りでは，息子をも進んで捧げようとしたアブラハムの神への愛，徳を思い出して私たちの罪を赦してくださるように，再三再四アピールされる．この時期，毎朝，夜も明けきらぬ薄暗い中，シナゴーグから物悲しい角笛の音が響き渡るが，これは，イサクと引換えに与えられた子山羊を象徴している．アブラハムは，時代を超えてユダヤ人を救う徳として頼みの綱とされ，ユダヤ教の日常習慣に入り込んでいる．

ユダヤ教に限らずイスラーム，キリスト教においてもアケダーは重要な主題となった．イスラームでは，捧げられたのはイサクではなく，イシュマエルだったと考えられている．またキリスト教では，イエスの磔刑と重ねて考えられることが多い．近代では哲学者キェルケゴールの思索の中心的テーマを成している．

(4) モーセ

モーセ（Mose）はエジプトに移住したヤコブの子孫であり，時の支配者ファラオのヘブライ人の男児を殺害する命をくぐりぬけ，ファラオの娘に拾われ王宮で育てられた．やがて，奴隷状態に苦しむヘブライ人の一団を，兄アロンの助けをえて指揮した．エジプトを離れる許可をファラオに求めるが，それを認めないファラオと対決し，さまざまな災いをエジプトにもたらす．ついに脱出が許可されたが，後を追うエジプト軍と葦の海（紅海）で，応戦する．海が分かれヘブライ人は海の中を渡ることができたが，それを追ったエジプト人は海に呑まれてしまった．この葦の海の奇蹟は名高い．それから40年に及ぶ彷徨を経て，さまざまな危機や民内部の内紛，不満，争い，迷いを乗り越えて，パレスティナの地に人々を導いたとされる．途中シナイ山にてトーラーを授与される．モーセの帰還を待ちきれず金の子牛を作り祭った民への怒りから，いったんトーラーは破棄されるが，モーセの神への懇願によりトーラーが再度授与される．幕屋を建設し，それを運びながらパレスティナへ進出．ヨルダン川を渡る．しかし，ヨルダン川を渡る前にモーセは逝去し，以後，ヨシュアが民の指導者としてカナン地方の先住民との戦いを指揮していく．

(5) 出エジプトとトーラー

モーセがファラオとの対決において，そしてその後の出エジプトの彷徨で見せた奇蹟の業の数々は人々を魅了する．とくに葦の海での奇蹟は，アケダーと並んでよく知られたモチーフである．前述のドゥーラ・ヨーロポスのシナゴーグでも大きく描かれている．また葦の海での奇蹟をたたえる

図 3 シナイ山山中の風景
（著者撮影．1990 年）

海の歌（出エジプト記 15 章）は，ヘブライ語聖書中でも最古の時代に属する文学と見なされている．しかし，出エジプトを歴史的に立証することはできない．周辺文化の文書で出エジプトを示唆する記事が見当たらないからである．エジプト側にとっては，奴隷集団の集団流出は記録に値しない些細な出来事であったのだろう．しかし，出エジプトの経験はユダヤ教の根幹になる．おそらく，出エジプトを果たした弱小民族がもたらした唯一神ヤハウェの信仰が，カナン地方の牧畜文化を背景とした，元来は土着の多神崇拝伝統に属するエロヒーム信仰を掲げる民と結びついたのであろう．そして，エジプト文明とメソポタミア文明という二大文明の狭間という辺境のパレスティナの地で受容され，それが，やがて世界の三大一神教の源流となる．弱小の民のもと，狭間の地から，将来大きな流れとなる三大一神教が生まれるという逆説的な発展を見せたことになる．

トーラー（Torah）という語は，広く神の教えという意味であるが，ヘブライ語聖書の中でも，とくに最初の，創世記，出エジプト記，レビ記，民数記，申命記の五書を指すことも多い．この五書はヘブライ語聖書の中でも別格の地位にあり教えの中心であるが，出エジプト記以降の書は，モーセと出エジプトの物語と，神がモーセに授与した法規内容を叙述するものである．いかに，モーセの道程がユダヤ教の教えの中心におかれているかがうかがえる．この五書はモーセ五書ともよばれ，シナゴーグでは安息日ごとにモーセ五書の定められた箇所が朗誦され，1 年をかけて輪読される．

(6) モーシェ・ラベイヌ（私たちのラビ・モーセ）

ユダヤ教の伝統でモーセが占める特異性は「モーシェ・ラベイヌ（Moshe Rabbenu）」（私たちのラビ・モーセ）という称号に表れている．ヘブライ語聖書中では預言者であるはずのモーセは，ラビ・ユダヤ教以降の聖書解釈の伝統では，ラビ（賢者）という称号でよばれることが多い．シナイ山で与えられたトーラー（Torah）は成文トーラーと，そこから解釈活動によって導き出される法規，伝承伝説，その他諸々の総体である口伝トーラーという 2 つの形態で，モーセからヨシュアへ，ヨシュアから長老へ，長老から大シナゴーグの成員へ，大シナゴーグの成員からラビへと継承されたと考えられている．口伝という全人格的なかかわりの中での継承であるために，私たちの時代の師であるラビがその生きる時代に即して成文トーラーを解釈し，そこから導き出して語ることは，さかのぼれば，すでにモーセに与えられていたという正統性が付与されている．だからこそモーセが常に同時代の自分のラビに直結する像として受け止められた．そして，同時代的に生きるモーセに恥じない生き方をしようという心意気が生まれた．それが「私たちのラビ・モーセ」というモーセの称号にも表れている．すべての解釈がすでにモーセに与えられていたのだから，あらゆる解釈が可能であるのに，あえて生活を自制する無数の指針を後代のユダヤ教は見出していった．そ

◆ V. カリスマ・聖人列伝 ◆

れが，神殿祭儀を中心にしたユダヤ教の崩壊を乗り越え，新しい生存の道を模索したラビ・ユダヤ教のエートスとなり，そのような生き方が投影された口伝トーラーがアイデンティティの拠り所となり，現代にまで連綿と生き延びたユダヤ教の基盤となったのである．

3.2 ラバン・ヨハナン・ベン・ザッカイ

ラバン・ヨハナン・ベン・ザッカイ（Johanan ben Zakkai，後1世紀）は紀元70年，ローマ帝国によるエルサレム第二神殿崩壊前後に活躍したユダヤ教のラビ（賢者）の指導者であり，彼に関する多数の伝承がラビ文献中に残されている．なかでも，新しいユダヤ教の拠点を作るために弟子がかつぐ棺桶に身を潜め，崩壊するエルサレムから脱出し，時のローマ軍司令官ウェスパシアヌスとの会見を図るくだりは，脚色された長大な伝承が残されている．彼が上ガリラヤ地方ヤブネに創設した学塾は，聖書と口伝トーラーの学びを新しいエートスとして信仰の中心に据えるラビ・ユダヤ教の拠点となり，死滅に瀕した神殿祭儀のユダヤ教を救い，現在にまで連綿と生き延びるラビ・ユダヤ教の礎を作ったことでその功績は計りしれない．

（1）口伝トーラーの伝承

彼の生年，出自についてラビ文献は語らない．神殿崩壊直後に没し，かつその長寿が讃えられていることから逆算して大ヘロデ王の統治の終わり，紀元0年前後に生まれたと思われる．祭司家系に馴染みの深いツァドク（義）のアラム語形であるザッカイを名にもつことから，祭司家系の生まれではないかと考えられる．彼はしばしば神殿を舞台に活動しており，祭司に絡む法規の論争も多い．

多くのラビと同様に，生計維持の手段として商いに従事していたが，齢四十にしてトーラーの学びに入った．ヒレル，シャンマイから教えを受け，口伝トーラーの伝承の連鎖の中で重要な位置を占める．ファリサイ派の創始者とも言えるヒレルからは直接教示を受けた．ヒレルの80人の弟子の中でもっとも若年であったが，ヨハナンの学びは，トーラー，ミシュナ，グマラ，ハラハーから始まって，暦の計算，大天使，精霊の言葉，重要事項から些細なことまでありとあらゆる事柄に及んだと伝えられ，その博識が讃えられている（BTスッカ28a）．ファリサイ派は，成文トーラーの学び，解釈を通して生み出される膨大な口伝トーラーにも同様な価値をおき，これら2つのトーラーの学びと実践においてユダヤ教の活路を見出そうとした．一方，もともと成文トーラーの知識を占有していた祭司層や裕福な貴族層から構成されるサドカイ派は，成文トーラーの権威のみを認め，成文トーラーの厳格な解釈を求めた．ファリサイ派の旗手としてヨハナンはサドカイ派との論争にしばしば巻き込まれている．最大の争点となったのは，成文トーラーには明言されていない死後の魂の復活問題であった．また，祭司が享受している特権にも異を唱えた．こうした議論を通して，彼は祭司階級の権力の範囲を狭めていくことに貢献した．同時に，自分と同じようにファリサイ派を支持する祭司集団の拡大に貢献した．

ファリサイ派の師として，聖書の学び，先代の賢者たちの教えを含めた2つのトーラーの学びと継承を人々の間に浸透させることを使命とし，それがユダヤ教の，そしてイスラエルの民の生き残るための活路であると考えた．その学びとは，何かの代償，利益を求める打算的な学びではなく，トーラーの学びそれ自体が目的となるような純粋な学びである．対話形式での教示がラビ文献からうかがえる．その主題は，ハラハー，アガダー（法規以外のあらゆる伝承，Aggadah），倫理，戒律の説明，さらに神秘的知識にまで及んだ．彼の手法は，聖書テキストの詳細な読みを基本とする．聖書のあるコンテキストに制約された問題を詳細に検証することによって，より普遍的な問題へと発展させていく．

他方，ヨハナンは賢者が象牙の塔にこもることをよしとはしなかった．「共同体から離れるな」というヒレルの教えを受けて，社会問題に関係づ

けることを賢者の義務と考えた．実際，聖書の教えを移り行く時代状況へ適応させるためのさまざまな改定（タカノート）がヨハナンによってなされた．

(2) ユダヤ教の生存をかけて

当時パレスティナはローマ帝国の属州下に置かれていたが，ユダヤ法体系，ユダヤ教信仰生活は保障されており，神殿祭儀をつかさどる祭司家系が，宗教的にも行政的にも共同体内で覇権を握り，祭司家系，貴族などの裕福な階級と，それ以外の中産，下層階級に分裂が進んでいた．とくに，後者は，ローマ帝国への税と祭司階級への税という二重の課税に喘いでいた．ヨハナンが生きた紀元前後には，ローマ帝国はヘレニズム強化路線をとり，エルサレム神殿にローマ皇帝の肖像を持ち込み，皇帝崇拝を強要するなど，ユダヤ教の唯一信仰を蹂躙する行為に出た．これに対してユダヤ共同体もさまざまな諸派に分かれた．政治行動に訴えることでイスラエルの未来の再建を目指す過激武力派熱心党，穢れたエルサレムを離れクムランの荒野で社会変革を目指すクムラン教団，自身ヘレニズム文化に染まった有産上流階級，ローマ当局と折り合おうとするグループなど，政治的にも思潮的にも，百花繚乱のカオス状態であった．ローマ当局のみならずローマ寄りのユダヤ人への不満を爆発させるユダヤ人グループのゲリラ活動によってパレスティナは無秩序状態に陥った．

このような時代，社会を背景として，ヨハナンは，師ヒレルの教え「平和を尊ぶ」ことに忠実であった．「国家と国家の間に，政府と政府の間に，家族と家族の間に」平和をおかんとする（メヒルタ・バホーデシュ11）という彼の主張は，万人の間に友好関係を築くことを促そうとするものであった．また，異教の礼拝所の破壊に加担することを戒め，異教徒との穏便な関係を好ましいとした．もっともそれは，破壊の挙句にユダヤ人の手で異教の礼拝所の再建させられることにならないようにするという消極的な理由からではあったが．現状のローマ帝国当局の行政の不手際は一時

図4　第二神殿，祭司が上る階段
ホーリーランドホテル（エルサレム）所蔵の神殿模型より．

的なものであるから，当座の困難をしのぎ，やがてローマ帝国との友好関係を復活させることでユダヤ教の戒律に依拠する生活が実現できるという現実的な路線を主張し，混乱の平和的収拾，エルサレムの保全を望み，実際に画策を図りもしたが，功を奏することはなかった．

68年春，ローマ帝国軍にエルサレムが包囲され，神殿崩壊とエルサレム陥落が不可避であることを悟ったヨハナンは，エルサレムを脱出することを決意した．2人の弟子が担ぐ棺桶に死者として潜み，ユダヤ人の逃亡を阻止しようとエルサレムの城門を閉鎖したユダヤ強硬派の包囲陣の目を欺いて首尾よく脱出に成功したという．そしてエルサレム郊外にて，ローマ軍司令官ウェスパシアヌスと会見を図った．この一連の劇的なエピソードは，いくつかのバージョンで伝えられているが，いずれにおいても会見の場でのヨハナンの機知にとんだ応答が彼の英知を印象づけている．ヨハナンはウェスパシアヌスの勝利と彼が近い将来皇帝となることを預言した上で，自分の世代のユダヤ人の賢者たちを救うこと，ヤブネに学塾を創設することを請願した（BT ギッティーン 55b-56a 他）．おそらくヨハナンはヤブネに向かう許可を得て，そこに学塾を創設した．

現実路線を進め，エルサレムをいわば見捨てた

◆ V．カリスマ・聖人列伝 ◆

ヨハナンであったが，彼にとっても神殿崩壊は耐えられない悲劇であった．「神殿が炎上しているのを見たとき，彼は立ち上がり衣を裂いた．テフィリンを取り去り，弟子とともに泣き崩れた」（アヴォート・デ・ラビ・ナタン b・7 章）．神殿崩壊は，ユダヤ人の贖罪の手段が喪失したことをも意味する．何によって贖罪が可能になるのだろうか．「ラバン・ヨハナン・ベン・ザッカイがエルサレムを後にするとき，ラビ・ヨシュアは神殿が廃墟と化しているのを見て嘆いた．『イスラエルの罪を贖う場が破壊されてしまった私たちほど哀れなものはない』．ヨハナンは応えた『贖罪に相応する手段があることを知らないのか．それは何か，慈しみの行いである』」（アヴォート・デ・ラビ・ナタン a・4 章）ヨハナンは決して神殿祭儀を棄却したわけではなかった．神殿なき時代においてトーラーを遵守する機会を与えたいと考えたのである．

ヤブネでの最初の仕事は，神殿なき時代のユダヤ教信仰生活の再編成であった．日に三度の祈りを捧げる習慣も，神殿での祭儀の時間に合わせてヤブネの学塾で導入されたと考えられている．ベート・ディンをおき，ユダヤ共同体の新しい政治体制，宗教体制の再編を精力的に進めていった．ときに反対を受ける改革もあったが，ヨハナンの指導のもと，ヤブネに集う賢者は増加の一途をたどり，また，神殿を模した諸制度改革は，ユダヤ教の新しい中心地としてのヤブネの地位を確立させることになった．同時にナスィ制度の整備にも努めた．ヤブネという神殿に代わるユダヤ教の新しい中心の創出・整備に，ヨハナンの貢献は計りしれない．何よりも重要なのは，ヤブネにおいて，聖典の学びが信仰の中心におかれ，先代から聖典にかかわる伝承を収集し，それについて議論を加え，新たな解釈を創造し，継承していくこと，そこに新しい時代のユダヤ教の拠り所が見出されたことである．ヤブネでの賢者たちの議論は，ミシュナ，タルムード，ミドラシュを生み，ユダヤ民族の生活の，精神の基盤を形成していくことになる．

ヨハナンの没年については知られていない．神殿崩壊後 10 年は生存したと思われる．ユダヤ教の生き残りをかけた先見の明あふれる大胆な行為，精力的な再編活動に身を捧げたヨハナンは，弟子たちによって「イスラエルの光，右手の柱，力強き鎚」とたたえられている（BT バラホート 28 b）．

3.3 ラビ・アキバ

ラビ・アキバ（Akiva，後 50-135）は紀元 1 世紀，エルサレム第二神殿崩壊期に活動したユダヤ教のラビ（賢者）である．同時代のラビの中でも傑出した存在であり，口伝トーラーの中でもハラハー（法規，Halakha）の分野の整理に貢献．その後のハラハー発展に決定的な影響を及ぼした．愛国主義者であり，殉教の最期を遂げた．

もともと無学のアム・ハ・アレツ（地の民）の出身で，エルサレムの富豪の羊飼いとして生計を維持していた．主人の娘ラケルが，アキバがトーラー研究の道に入ることを条件に求婚してから，アキバの学者としての経歴が始まった．それは，まず，自分の息子とともに文字を習得することだった．齢四十にしてのことであったと伝承は伝える．妻のもとを離れ，リッダの学塾で，その後ブネ・ブラクに開いた自らの学塾で，研鑽を積んだ．ラビ・エリエゼル・ベン・ヒルカノスらに師事し，紀元後 95〜96 年にはすでに学者として名を馳せるようになった．大成したアキバが 1 万 2000 人の弟子を連れて留守を守る妻のもとに戻ったときに，彼女が隣人に「アキバの学びが 2 倍になるなら，もう 2 倍の月日を待っていてもよい」と話しているのを聞きつけ，そのまま姿を見せることなく去り，さらに 12 年，トーラー研究に費やしたという伝説がある（BT ネダリーム 50 a 他）．

アキバは，膨大な大海のごとき口伝トーラーの世界を秩序立て，ハラハーの体系化に大きな貢献を果たした．伝承から導き出される法本体，そしてその法が立脚するモーセ五書の法規（ハラハー）部分についての解釈であるミドラシュ・ハラ

ハーである．さらに，法規以外のあらゆる伝承（アガダー）についての解釈であるミドラシュ・アガダーの区分をしたのもアキバだといわれる．著名なラビは彼ら独自のミシュナヨート（ミシュナ＝ハラハーを集めたコレクション）を有しており，各自の学塾の教材としていたと考えられている．ラビ・アキバのミシュナヨートも存在したらしい．このラビ・アキバのミシュナヨートを土台にして，200年ユダヤ共同体の首長でもあったラビ・イェフダ・ハナスィが，「ハ・ミシュナ」を編纂したと考えられている．ラビ・イェフダのハ・ミシュナは，後々のユダヤ教の法規のもっとも権威ある典範となったが，その基盤をラビ・アキバが提供していることには疑いはない．また伝承によれば，ハラハー資料を3区分に分けたのもアキバである．その3区分とは，典範化されたハラハー（＝ミシュナ），典範からもれたハラハー（＝トセフタ），そしてハラハーについてのミドラシュ群である．ミドラシュ・ハラハーのなかでも，出エジプト記についてのラビ・シメオン・バル・ヨハイのメヒルタ（尺度の意），レビ記についてのシフラ（書物の意），民数記についてのシフレ（書物の意）は，ラビ・アキバの解釈方法に即して編纂されたと考えられている．アキバは，トーラーの言葉に余分なものはなく，一字一句，繰り返しの表現，そのつづり，飾り文字にまで，文法的な意味とは別の次元の意味があると考える．そのような解釈活動を行うアキバの学塾での議論は，トーラーを授与されたモーセ自身には理解できないのではないか，つまりトーラー本来の意味から逸脱しているのではないか，との危惧が向けられたが，アキバ自身が，すべてのハラハーはモーセに与えられたと応じた．解釈活動の権威をモーセに帰着させることによって，ラビ・ユダヤ教そしてその後のユダヤ教の支柱でもある口伝トーラーの創造，継承における自由と権威を確立することになった．

学者としてだけでなく，人望という点からもアキバは同時代のユダヤ共同体の要であった．学者同士の意見対立の和解に当たり，また，ユダヤ教徒の代表団の一員として，ローマ皇帝に対して，ユダヤ教の信仰実践，教育に対する禁令を解くよう請願した．ギリシア人の改宗者アキラスを説得して，トーラーのギリシア語翻訳をさせた．後にこれはアラム語訳聖書の1つタルグム・オンケロスの基礎にもなる．伝承は，彼が貧者や改宗者，異教徒，女性など，学者以外の世界の人間にも温かい目を向けていたことを伝える．各地を巡る際に貧者への基金も合わせて募り，サマリヤ人を完全な改宗者として見なしその手によるパンをよしとした．また当時，禁じられていた月経中の女性の化粧，装飾を，主人のために美しくあろうとする努力として認めた．また，アキバの謙虚な人柄も後代に伝えられているところである．アキバについての種々のエピソードは，アキバが同時代の賢者世界の常識の枠を超えた，独特な発想をし，リベラル，かつユニバーサルな視点を有していたことを示唆する．それは，彼がトーラーの根本理念として，「自分のごとく隣人を愛せ」という戒律を挙げたことからも窺える（シフラ・ケドシーム4・13）．

アキバは，古代ユダヤ教神秘主義思想の系譜にもかかわっていたようである．ヘブライ語聖書の中でも聖典として認めるか否か議論された雅歌の内容検討にあたったといわれるが，この雅歌の神の擬人的表現5章10-16節をもとにした「シウール・コマー」（神の身体の寸法）は，神の秘儀にかかわる書として継承された．その著者は，権威付けのためであろうが，ラビ・アキバ，ラビ・イシュマエルに帰せられている．またタルムード中の，果樹園に入った4人のラビのたとえにラビ・アキバが言及される．他の3人のラビは果樹園での神との接触を経て，何らかの危害をこうむったのに対して，アキバだけが唯一無傷で果樹園から出ることができたとされる（BTハギガ14b）．これらの伝承に帰せられるアキバの名を鵜呑みにするわけにはいかないが，すでにアキバのラビ・ユダヤ教創成期に，ラビ・ユダヤ教内部に神秘主義思想が芽生えていたこと，そして，アキバには，ともすれば，その魅力に憑かれて自滅しかねない神秘主義思想を自らが支配できる強固な意志と学びを有していた者と見なされていたこと

を窺わせる．

　アキバが生きた時代は，ローマ帝国によってユダヤ教の信仰生活の中心であったエルサレム第二神殿が崩壊するというユダヤ教存続の一大危機にあたった．ローマ帝国はさらにユダヤ教の弾圧の手を強めてくる．そのような状況にあって，伝承が伝えるアキバの言動は，他のラビたちと一線を画する独自の視点があるように思われる．どのような現実を前にしても平常心を失わず，そこに一縷の未来の光を見出そうとしている節がある．その根底には，神のすることは最善のためであるという信念があった．たとえば，ジャッカルが住みつくほど荒廃したエルサレム神殿の有様を嘆く弟子に対して，アキバは次のように説いて慰めた．「神殿崩壊の悲劇が預言され，それが成就されたのであるから，神殿再建の預言も成就される」（BTマッコート 24 b）．上述の，賢者以外の世界に生きる者たちへのまなざしにもうかがえるように，アキバは他の賢者たちとは一線を画した発想によって，混迷するユダヤ教の新たなあり方を示唆したのではないだろうか．その視点には，彼自身の出自とその経歴も影響しているのかもしれない．

　ローマ帝国のユダヤ教弾圧に対して，132年，バル・コホバ（Bar Kokhba）を旗手にパレスティナ全土を巻き込む反乱が勃発する．他のラビが躊躇するなか，アキバは熱狂的に反乱を支持する．民数記24章17節と関係づけて，指導者バル・コホバを，イスラエルを敵の手から解放するメシアの来臨だと公言した．しかしながら，反乱は鎮圧され挫折した．以後この句は，ラビ・ユダヤ教の伝統では，バル・コホバの乱と結び付けつつ，アキバの見込み違いへの自戒の句として継承される．反乱制圧後，ローマ帝国当局からのユダヤ教弾圧はますます厳しくなる．

　このような時代にあって，トーラーの学びこそが，ユダヤ人の実存であるとアキバは考えた．信仰の実践もトーラーの学びも禁止されるならば，トーラーの学びを優先させるとまでアキバは主張した．なぜなら，トーラーの学びが実践を導くからである．事実，トーラーの学びを禁止するハドリアヌス帝時代に，アキバは公然とトーラー教育を続けた．当局からの検挙をおそれる弟子たちにアキバは狐と魚のたとえを説いた．「川の中の魚はあちらこちらへと移動している．それを見た狐は問うた．お前たちは何から逃げているのか．魚は答えた．人間が投じた網からだ．狐は誘った．ならば，乾いた陸に上がったらどうか．魚は答えた．われわれの生の要素である場所でも逃げまどっているのに，そこから離れてしまったならばどんなに恐ろしいことか，必ずや死んでしまうであろう」（BTベラ 61 b）．ユダヤ人にとってトーラーの学びは，魚にとっての水のように，ユダヤ人が生きる場所，生の源であった．

　かくして，トーラーの教育を続けるアキバは，ついにローマ当局によって投獄された．弟子たちがアキバを見舞いに訪れるエピソードが散見されることから，獄中においても特別な扱いを受けていたものと思われる．また，刑の執行もしばらく猶予されていたようである．やがて，アキバは磔刑に処された．が，その期に及んでもなお，アキバは平常心を失わなかった．時刻は，夕べのシェマを唱える時間であったという．最期に及んでなお，祈りを唱えるのかという弟子の問いかけに対して，アキバは応えた．「長年心にかけていたシェマの『魂をかけて』，という事態がついに私にも訪れた．ならばどうしてそれを果たさずにいられようか」．そしてシェマの最後の部分，「神は唯一なり」部分を高らかに詠唱して息絶えたという（BT同所）．

3.4　マイモニデス

　マイモニデス（Maimonides, Moses, 1135-1204）は，ユダヤ思想史上，もっとも傑出した思想家の一人である．中世スペインを舞台に活躍し，アリストテレス合理主義哲学とタルムード的伝統的ユダヤ教の接合をもっとも完全な形で実現した．彼において中世ユダヤ哲学はその頂点に達する．ユダヤの伝統では，正式名称ラビ・モーゼス・ベン・マイモン（Moses ben Maimon）を略

してラムバム（Rambam）とよばれることが多い．「モーセの間からモーセなし」——出エジプトを指揮しトーラーを与えられたヘブライ語聖書中のモーセからマイモニデスまでに，モーセの名に匹敵する者はいない——ともいわれるほどの不動の地位を築いた，哲学者にして，タルムード学者，また宮廷医術者であった．

(1) 生涯

1135年，スペイン，コルドバにて，ユダヤ判事を父に生まれる．1148年，ムワッヒド朝によるコルドバ陥落とそれに続く宗教弾圧を避けて，マイモニデス一家はコルドバを離れ，スペイン各地をさまよう．この彷徨体験は彼の思索上，また多彩な学問上の基盤になったと後に振り返っている．この彷徨期間中に，マイモニデスはタルムードの注解などの著作活動を始めたようである．1150年から1160年の間に，ムワッヒド朝の迫害から一家はムスリムに改宗する．1159年頃にモロッコのフェズに落ち着く．当時多くのユダヤ人がムスリムに改宗したことで精神的苦渋を受けていたことに対して，マイモニデスは，たとえ祈りの最短縮版であれ唱える者，よい行いをする者はユダヤ人であると主張し，合理主義の片鱗をうかがわせる．この時期，さまざまな学問，とくに医学の学びを進めていく．強制改宗に拍車がかかるなか，ついに，彼はフェズを離れることを選ぶ．1165年アッコを経由してエジプトへ渡り，カイロに落ち着く．

カイロでは，宝石商を営む弟の経済的支援を受けて文筆業に専念，著作出版の準備を進めることができた．また共同体の指導者としても人望を集める．しかし，弟がインド洋の海難事故で命を落としてから，マイモニデスが医術を本業に一家を支えることになった．サラディンの後継者でエジプトの実質的な支配者，アル・ファディの侍医に任命されてから，マイモニデスの名声は高まった．前妻を早く亡くしたマイモニデスは，宮廷高級官吏の妹と再婚，息子をもうける．代表作『迷える者への手引き』はわが息子にしたためたものだという．やがて，当代を代表する医師として宮

図5 マイモニデス
コルドバ（スペイン）の旧ユダヤ人居住区に立つ彫像．

廷の寵にあずかり，エジプトユダヤ共同体の精神的，指導的最高指導者としての地位を確立した．また，そのタルムードに関する知識，明晰な分析，処理は，伝統的なタルムード学においても，ユダヤ思想界の巨匠として賞賛された．医業とならんで世界各地のユダヤ共同体に当てた書簡，文書の執筆など，激務の日々をこなしながら，その合間に，名高い代表作『ミシュネー・トーラー』と『迷える者への手引き』を完成させた．

1204年12月，その生涯を終えるまで，マイモニデスは多数の作品を著した．彼の死は，ユダヤ人だけでなくムスリムからも悼まれた．後にパレスティナのティベリアに埋葬された．

(2) タルムード学者としてのマイモニデス ——『ミシュネー・トーラー』

何よりも第一に，マイモニデスはタルムード学者であった．1180年，アラビア語で書かれた『ミシュネー・トーラー（Mishneh Torah）』（第二のトーラーの意．別名：ヤド・ハ・ハザカー（大いなる手））は，ヘブライ語聖書以降のラビ・ユダヤ教が創出した，迷路のごとき戒律群とその議論の大海である口伝トーラーを整然たる体系に再編したものである．タルムードなどのラビ文献

◆ V. カリスマ・聖人列伝 ◆

は，題目ごとに区分されてはいるものの，そこでは議論の流れに応じて，関連する律法群が，連想的な発想のもとに絡み合った網のように引きずりだされてくる．議論の脱線もしばしばで，複数のハラハーについて，どれが妥当か，結論も出されないままに終わってしまうことも常套的である．そのような手のつけようのない混沌としたハラハーの世界を，マイモニデスは，ユダヤ思想史上はじめて，ダイジェスト版に編纂しなおし，インデックス化したのである．膨大なハラハーを主題ごとに分類，関連あるハラハーを大海のごときラビ文献から枝葉末節の議論を省略して，律法として必要な部分だけを提示，まとめあげた．そのあまりに整然たる構成，当該ハラハーへいたるまでの議論や少数ラビの見解の削除などに対して，ラビの権威，口伝たる伝承の権威を危うくさせるものとして保守的ラビの反発を買った．また，ハラハーに付随してなされるマイモニデスの寸評や，律法を提示する順序，その根拠の提示など随所における彼の主張に，彼が立脚するアリストテレス哲学の影響を強く感じさせる．にもかかわらず，この書はギリシア哲学を解さない，もしくはまったく共感しないタルムード学者の間で，現代に至るまで，何世代にもわたり参照される書となり，その果たした影響力は計りしれない．

(3) マイモニデスにとっての合理主義哲学
　　　——『迷える者への手引き』

アリストテレス合理哲学の大成者として知られるマイモニデスであるが，彼にとってアリストテレス哲学を援用することは，その理性至上主義によって理性的な思索を介して真の知にいたり，人間の真の完成をめざす，そのような生き方をすることであった．彼の哲学的理念は，彼の代表作であり中世哲学の名著でもある『迷える者への手引き』に結晶化している．この書はギリシア哲学を知ったがゆえにユダヤ教の信仰を迷わせている者を，とくに，聖書における神の人間的，複数的描写に疑問を抱く者を，神の法の真なる科学へと「手引き」することを目的としている．

ギリシア哲学とユダヤ教の対立をあえて指摘しながら，それらが深層において一致すること，宗教と哲学は根本において一致することを示そうとした．その根本とは，アリストテレス哲学にみられる理性的思索によってのみ，人間は神を知ることになるという点である．シナイ山での神からモーセへのトーラー授与にさかのぼるとされる口伝トーラーの集大成であるタルムードや，戒律の盲目的な実行を通すだけでは，人は神についての知には至らないと主張したのである．マイモニデスの描くイメージでは，タルムードにのみ従事する賢者は，神の住まう宮殿までたどり着いたものの入り口を見出せず城壁をぐるぐる立ち回っているだけである．ユダヤ教の権威であるタルムードとそれについての伝統的な学びをそれだけでは不十分，神へとは至らないとする彼の主張は当時のユダヤ教世界に多大な衝撃を与えた．マイモニデスは主張する．トーラーを地道に研究した上で，数学論理学，自然学を経て，神についての学すなわち形而上学に理性のすべてを行使して専心し，神について理解しうることを証明しうることを理性的知によってすべて到達した者，そのような者だけが，神の住まう宮へと足を踏み入れることができる．理性的な哲学的思考によってのみ人は神へと到達する．この点において宗教と哲学は一致するのであり，また宗教にとって理性的思索は不可欠なのである．

マイモニデスにとって神とは，すべて存在するものの動力源として，また変化を起こさせる動態として存在している．元々が動態であるからどんなずれが入り込む余地もない．ということは，神は絶対的に単一的な存在である．では，なぜ聖書では，神は人間的に，また複数的な属性として表現されているのか．マイモニデスは，神の属性を「行動的属性」と「否定的属性」に分ける．前者は，神の単一の本質から流出する無限の働きを規定するものであって，それによって自然界，人間界をさまざまに動かす．神の行為が複数であってもその根源が単一であることには変わらない．また，聖書中の神は＊＊＊であるという規定は，実は＊＊＊ではないものではないという否定的属性として理解することを求めているのであって，排

除されるものがすべて排除されたとき，神が何であるかを人は理解することができるのである．この2つの属性によって，聖書は，不可知の神を人間に知らせようとしている．

預言者はどのように位置づけられるのか．神にむかって方向づけられた知を人間の最高の完成状態とみなすのであるから，哲学者の神の認識と預言者のそれとの違いはないはずである．しかし，哲学者は理性の働きによってのみ神を認識するが，預言者においては，理性と想像力の両者の強烈な照明によって神の言葉を聞きその意味を理解し，それを人々に伝えることができる．ここに，預言者の認識は哲学者のそれの上位におかれる．マイモニデスは，とくに，モーセを特別視する．モーセの預言者性は，理性，想像力の異常照明という説明原理を超えた，神の直接の超自然的働きかけによる．したがってそのモーセによって啓示されたイスラエルの宗教は比類するもののない唯一の絶対的な宗教であるということになる．

(4) マイモニデスの影響

マイモニデスが，ユダヤ思想史上に与えた影響は計りしれない．肯定的であれ否定的であれ，彼の後に現れる思想家は，彼に対する態度を表明すること，彼を踏み台にすることを必ず求められた．彼を賛美する合理主義の系譜には，17世紀オランダで活躍し，アムステルダムのユダヤ共同体からは破門されキリスト教思想にその哲学が継承されるスピノザ，さらに18世紀ベルリンを中心にユダヤ教改革運動を推進したモーセ・メンデレスゾーンが名を連ねる．また，ユダヤ教の内部だけでなく，同時代の異文化，トマス・アクィナスなどアリストテレス的キリスト教の思想系譜にも大きな影響を与えた．

一方，マイモニデスの合理主義へのアンチ・テーゼとして勃興するのがカバラー（Kabbalah）の神秘主義，さらに神秘主義を原動力とするメシアニズム（Messianism）であった．シャブタイ・ツヴィの挫折のあと，シャブタイ的痕跡の払拭に努めるユダヤ教敬虔主義ハシディズム（Hasidism）のなかにもメシア待望の理念は潜在しており，ときにそれは明瞭な形をもって現れる．合理主義と神秘主義的メシアニズム，ともにマイモニデスの合理主義思想の落とし子であり，両者の拮抗関係の中に近代ユダヤ教は展開していくことになる．

3.5　イツハク・ルーリア

ラビ・ユダヤ教内にヘイハロート（Heikhalot），メルカバー（Merkabah）文学の形で潜在していたユダヤ教神秘主義は，12世紀後半，主としてキリスト教支配下のユダヤ共同体で徐々に顕在化し，重要な著作が著された．「バヒールの書（Bahir）」「ゾーハル（光輝の書 Zohar）」などである．そこで萌芽した，神的世界を成立させている10種の神の属性の体系であるセフィロート（Sefirot）の思想などを十全に発展させ，中世カバラーの転機となる重要な概念を導入したユダヤ教神秘主義思想家がイツハク・ルーリア（Luria, Isaac ben Solomon, 1534-72）である（正式名称イツハク・ルーリア・ベン・ソロモン，同時代の16世紀のカバリストは，ラビ・イツハク・アシュケナズィとよんだ）．16世紀，イスラエルの上ガラリヤ地方の高原の小都市ツファット（Safed）で活動した．彼の活動はわずか2年であったが，彼が導入した概念は，その後のシャブタイ運動，ハシディズムに大きな影響を与え，形を変えながらも継承されていく．

ユダヤ神秘主義の始祖であり，ゾーハル中で筆者として帰せられているラビ・シメオン・バル・ヨハイが眠ると信じられていたメロン山に隣接するツファットは，16世紀初頭よりヨーロッパのカバラー思想家を魅了し，彼らが集団で移り住み，神秘主義の新しい中心地となりつつあった．さらに，スペインでのユダヤ人迫害が頂点に達したことを背景に，カバラーにも贖いの願い，メシアニズムが組み込まれ，それを推進する派がエルサレムに渡った．彼らに追従してパレスティナの地にわたる神秘家も現れた．

ツファットにルーリアが出現したのは1570年，

◆ V. カリスマ・聖人列伝 ◆

36歳のことだった．それ以前のルーリアの経歴は明らかにされていない．ルーリアは教えの権威を師に帰する他の神秘家と異なり，彼の師にあたる人物は知られていない．彼は彼自身の直接的な神との結合によって知識を得たと弟子たちも考えた．ルーリアはツファットで弟子の小集団をもった．ルーリア自身は自分の教えを書き残し公表する意図はまったくなく，教えを秘に伏すことを命じたが，二代目の弟子たちが禁を犯したために，ルーリアの導入した諸概念が広がることになった．

ルーリアの導入した主要な概念は3つある．ツィムツム（収縮 zimzum），シュビラー（破壊 shubirah），ティクーン（修繕 tikkun）である．ツィムツムとは，神が自己の内奥へ収縮することである．それによって空虚な空間（テヒルー）が生まれ，そこへ第一のセフィラー（神の属性）が発散され創造が開始されると考えた．創造の原初を，神が離散していくという否定的な行為としてみなした点は特異的である．ここから，創造は展開し，セフィロートからなる巨大な人間が形成されていくが，ここで大いなる破壊，シュビラーが起こる．ルーリアはこれを神の聖なる器の破壊というイメージで捉えた．光を包摂しようとする神の器が光を受けきれずに砕け散り，光は神の元へと回帰してしまったのである．なぜ，神の創造の計画が中断されてしまったのか．それは，その器の創造過程に異質の邪悪なる存在が含まれていたからである．シュビラーによって異質な邪悪なる要素は落下し，純粋なる光だけが天界へ回帰した．ツィムツムは，創造の原初であると同時に，邪悪なる存在を分離し，神であるエーン・ソーフ Ein-Sof（無限なるもの）をひとつの実体へと統合するための段階として位置づけることができる．ルーリアは大胆にも，創造の原初に，神の内に邪悪なる要素が存在していること，悪の源も善の源も同じく神なるエーン・ソーフに由来すると考えたのである．シュビラーによって破壊された器は，ティクーンのプロセスによって修繕され，善と悪の二元状態の真の統一が可能となる．そしてそれは，イスラエル民族の個々人に任された．

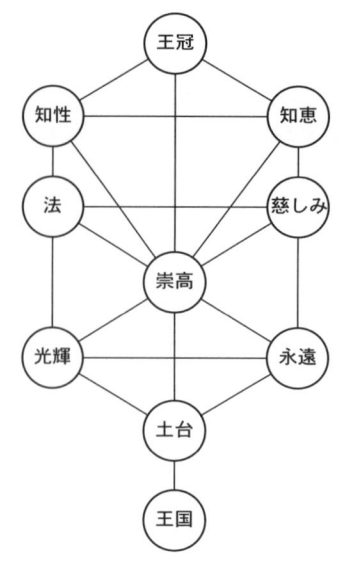

図6 セフィロートの図

聖書に描かれた物語はシュビラーの歴史とも読める．エデンの園でのアダムとイブの罪，シナイ山でトーラーを授与された直後の金の子牛の事件……ほとんど善なる世界の極致かと見まがう状況において破壊的現象が生じている．そして，ティクーンのプロセスこそ，イスラエルの民が担う任務である．それは，トーラーと戒律に従った伝統的な宗教的生活によって可能となる．個々人の宗教的な行為，思索の一つ一つが，砕け散った神の火花をあるべき神の領域に回帰させるための助けとなるのである．

このティクーンという概念はカバラーの変革点となった．というのは，従来のユダヤ教において理想状態は創造以前の原初にあったのが，ルーリアによって，ティクーン完了後の未来におかれたことになる．ここに，カバラーは，未来を終着とする眼前の歴史プロセスに関与せざるをえなくなった．また，神の領域を統一させるのに人間の働きが必要と考える点できわめて人間中心的であるといえる．とくに，イスラエル民族の個々人にその任務を負わせた点で，イスラエル民族全体の連帯責任を意識させることになり，それがイスラエル民族全体としてのナショナリズムの覚醒を促すことになった．さらに，「捕囚」という状況に焦点を当てている点も特徴的である．ルーリアは，

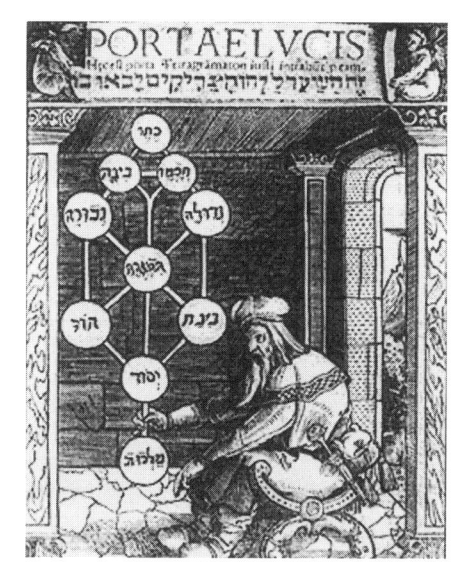

図7 ポルタエ・ルキス（シャアレイ・オッラー（光の門）のラテン語訳）Augsburg, 1516 の巻頭頁．10 のセフィロートの樹を握る人物像が描かれている．
（ヘブライ大学ユダヤ国立図書館，エルサレム，Schwadron Collection）

捕囚は神の善なる火花が散り散りに囚われになっている状況であり，個々人が宗教的生活を送ることで，この捕囚状況からの解放も可能だと考えた．捕囚の民であることを意識せざるをえなかったのは，1492年スペインからのユダヤ人追放という時代背景にもたぶんに影響を受けている．さらに興味深いのは，ルーリアのカバラーはその根本理論において革新的であるのに，個々人に要求するのは，結局のところ，トーラー，戒律に基づく伝統的宗教生活というきわめて保守的な内容であるという点である．しかし，だからこそ，ルーリアのカバラーは，概念の革新性を理解しようがするまいが，その要求の保守性ゆえに受容されやすく，彼の死後，20年にして各地のユダヤ共同体に浸透するのである．合理主義ユダヤ哲学の完全失墜の後，ルーリアのカバラーが唯一ともいえるユダヤ教神学として受容された．ルーリアのカバラーは，イスラエル民族全体をティクーンの担い手としてメシアとみなしている節はあるが，個人としてのメシアを想定するものではない．16世紀後半，ガザの預言者ナタンにバックアップされたシャブタイ・ツヴィは，個人としてのメシアを表に出し，ユダヤ史上に残る強烈なメシアニズム運動を率いた．彼らの理論的ベースをルーリアが用意していたこと，ユダヤ教内におけるメシアへの強い希求が，ルーリアの思想で，カバラーに伏線的に取り込まれていたこと，そしてそれが，やがて，シャブタイ運動で爆発したのである．

3.6 シャブタイ・ツヴィ

シャブタイ・ツヴィ（Shabbetai Zevi, 1626-76）は中世末期に欧，中近東の大多数のユダヤ共同体を席捲したユダヤ史上最大のメシア運動の中心人物である．

1626年，オスマントルコ，イズミールの商人の家に生まれる．メシアが生まれると考えられた第二神殿崩壊の記念日アヴの月9日生まれであるが，これはシャブタイのメシア性に信憑性を付加しようという後代の伝承であろう．アシュケナズィの家系で，父親の代にトルコに移住，オランダ，イギリス商人の代理業務を生業とし，イズミールの勃興とともに，シャブタイ家も経済的成功を収め，暮らし向きは非常に豊かであった．ツヴィの兄弟も商業に従事した．高い教育を受けたシャブタイ・ツヴィは18歳にしてその期待に応え，イズミールでもっとも高名だったラビからエリート層であるハハムとして叙任される．青年期にカバラーも学び始め，優れた能力を発揮した．

1642年頃より，躁鬱病を発病していたと思われる．恍惚状態から正常期を経て，鬱状態を迎えるという周期は，生涯続き，彼の人格形成に大きく影響した．恍惚状態には，断食を破るなど宗教法に触れる奇行，殊に，発してはならないという神の名を公言することを繰り返した．鬱期には人間関係から引きこもった．1648年，18歳時に，神の名を公言し，初めてメシアを自称した．1650年までに二度の結婚，離婚を経験する．この時期，「神の頭の神秘」を語り始める．当時，メシアを自称することは珍しい現象ではなく寛容に扱われていたようであるし，ツヴィの美声，外見は

◆ V. カリスマ・聖人列伝 ◆

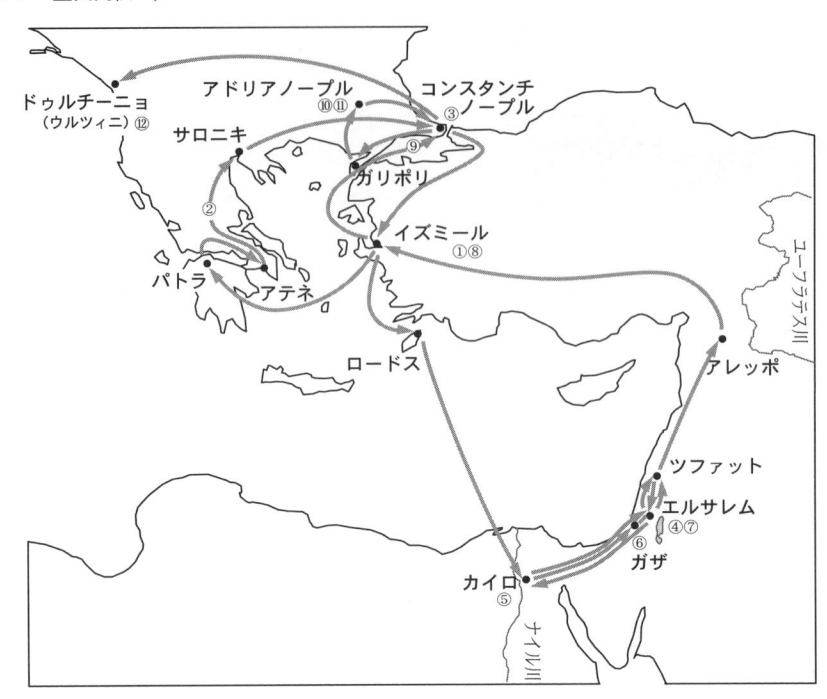

1626年	イズミールに生まれる. ①	1665年9月	イズミールに到着.
1642年頃〜	躁鬱病発症	1665年12月	様々な行為が大反響を呼ぶ. メシアであることを宣言, 1666年シヴァンの月17日（1666年5月15日）を救済の日として公示. 神殿破壊追憶のための断食をすべて廃止. ⑧
1648年	禁じられた神の名を公言, メシアを自称. イズミールのラビ当局から破門.		
1654年	ギリシア放浪後, サロニキに定着. ②		
1658年	サロニキから追放, コンスタンティノープル着, 8か月間を過ごす. 戒律の廃止を宣言し, 追放される. ③	1665年9月	コンスタンチノープルに出航, 途上のマルメラ海でトルコ当局に拿捕. 投獄. ⑨
1662年末	エルサレム到着, 約1年滞在, 聖地, 聖人の墓巡りに費やす. ④	1666年9月15日	個別法廷にて, 死か改宗かの選択を迫られ, メシアであることを否定. スルタンの眼前で改宗.「王宮の門番」との称号を授かる. ⑩
1663年末	エジプトにエルサレムからの資金調達使節として派遣される. エジプトユダヤ共同体長兼エジプト太守財務長の保護の下, カバラーに没頭, 安定期を送る. ⑤	〜1667年	アドリアノープル, 時にコンスタンチノープルで過ごす. ユダヤの法規も部分的に遵守. ガザのナタンと頻繁に会見. ⑪
1665年4月	ガザの預言者ナタンに会見, 同年5月メシアであることを表明. ⑥	1673年	コンスタンチノープルで再度メシア論を唱えたことで逮捕, ドゥルチーニョに追放.
1665年6月	エルサレム着. 彼の行為をハラハーの冒瀆と見なしたエルサレムのラビ当局から破門, 追放. ⑦	1676年	ヨム・キップールに死去. ⑫

図8 シャブタイ・ツヴィの足跡

参考文献：H. Beinart, *Atlas of Medieval Jewish History*, 1992.
G. Scholem, Shabbetai Zevi, in *Encyclopedia Judaica*（CD-ROM edition, ver. 1.0）, 1997.
①〜⑫は地図上の記号に対応.

人々を魅了した. が, 度重なる恍惚期の宗教法に触れる奇行, メシアの自称などから, イズミールのラビから破門される. 以後, ギリシア, コンスタンチノープルを放浪し, 1662年末よりエルサレム滞在, 聖人の墓めぐりに費やす. 1663年カイロへ使節として赴任. そこでカバラーの学びに没頭し, しばらくの間安定期を送る.

その頃,「神の頭たる者」がガザに現れたとの

噂が流れ，ガザの預言者，ナタンの力の逸話が広く知れ渡りシャブタイ・ツヴィもガザへ会見を求めて赴く．ところが，シャブタイ・ツヴィを見たナタンの方が感銘を受け，彼こそがメシアであると直感した．カバラーの理論から，彼が特別高位のメシアであること，彼をメシアとし，自分をその預言者として描く彼の神秘哲学の基礎となる文書を著した．20歳年下の若き傑出したラビでもあるナタンの承認を受け，シャブタイ・ツヴィはメシアであることを再認識，メシアの到来を再び強く主張しはじめた．1665年，シヴァンの月7日，全ユダヤ共同体に対してメシア到来宣言が公告された．若きナタンの預言は人々を捉え，メシア到来の知らせは，世界中のユダヤ人の共同体にたちまち広がった．大多数のラビはもちろん，カバリストの中にも反対者はいたが，禁制を敷く以外になす術もなかった．同年9月には，あがないの産みの苦しみの時期であることが宣言され，ナタンは典礼集を作り，それに備えた．西欧にもメシア到来の知らせは伝わる．

1665年9月，シャブタイ・ツヴィはエルサレムを発ち，ツファット，アレッポ経由でイズミールに戻る．イズミールのユダヤ共同体は熱狂をもって彼を迎え，興奮のるつぼと化した．ユダヤ人のみならず，英，蘭，伊の商人たちもその興奮に巻き込まれた．もちろん依然として，シャブタイ・ツヴィに異を唱えるラビたちもいた．12月，朝の祈禱の後，シャブタイ・ツヴィと彼を信奉する群衆は，反対者の最右翼であるポルトガル系ユダヤ教礼拝所に押し入り，巻物ではなく写しのトーラーを朗読，祭司，レビ人を無視して，一般信徒，その他の男女を朗読に呼ぶ，神の名を口にするなど，伝統的なしきたりを蹂躙，自分に対峙するラビたちを罵倒，彼がこよなく愛した世俗歌を朗詠，そして，群衆に対して，自分がメシアであること，やがてトルコの王位を手にすること，その計画を宣言した．この劇的な事件は，大衆を魅了したメシアニズムが，伝統的なユダヤ教にとってかわった象徴的な瞬間であった．

シャブタイ・ツヴィの噂は，1666年までにはディアスポラ各地に行き渡り，ユダヤ人迫害，流血事件の体験の有無を問わず，社会階級，学識を問わず，どこのユダヤ人共同体も同様なメシア熱に浮かされることになった．

ユダヤ神秘主義研究の泰斗G. ショーレムは，シャブタイ運動の成功の秘密に5つの要因を掲げる．①シャブタイ・ツヴィが聖地の出であること，②シャブタイ・ツヴィの難解な個性を説明できる預言者ナタンの存在，③古代から黙示信仰が潜在したことが新しい要素を取り込む下地となったこと，④預言者による悔い改めという伝統的な要求が万人の心理を掴んだこと，⑤運動の全体的，国家的性格により，参加者の思想，立場が区別されなかったこと，である．

とくに，預言者ナタンの果たした役割は大きい．彼によって，ルーリアのカバラーと紀元前6世紀のゼルバベルの黙示録以来の神秘主義的黙示思想が，シャブタイ・ツヴィに融合されたのである．彼はルーリアのカバラーを踏襲したが，メシアが悪の核を打破することよってティクーン（修繕）が完成すると説き，メシアに宗教的な指導者として中心的な任務を負わせた点で革新的である．一般のユダヤ人の役割は，伝統的な悔い改めをし，罪から身を遠ざけることでティクーンを進め，シャブタイ・ツヴィをメシアと信じることでメシアに霊的な力を与えると考えた．

ディアスポラの各地で，悔い改めの実践が報告された．週日のほとんどを断食で過ごす者，儀礼のための浴場は大混雑，夜には人々は裸で雪の中を半時間横たわり，茨で自己を傷つけた．商魂も絡んでくる．不動産を処分して，聖地への旅費を作る者，貧者のために渡航船を貸付ける者が現れる．各地からシャブタイ・ツヴィ会見の使節が出発した．全ヨーロッパ，中近東，北アフリカ，全ディアスポラが空前のメシア熱に浮かれた．

シャブタイ逮捕の知らせも民衆の熱狂をくじくことはなかった．それどころか，彼が処刑されず優遇されていることが，彼の使命を証明すると理解された．禁固中も躁鬱を繰り返した．しかし，1666年7月8日，シャブタイを訪れたポーランドのカバリストが，想定していたメシアとシャブタイの違いに落胆，トルコ当局に，シャブタイに

◆ V. カリスマ・聖人列伝 ◆

図9 シャブタイ・ツヴィ（左）とガザのナタン（右）
（ヘブライ大学国立ユダヤ図書館所蔵．T. Coenen : Ydele Verwachtinge der Joden getoont in der Persoon van Sabbethai Zevi, Amsterdam, 1669）

改宗の意図ありと密告したといわれる．彼は，メシアを敵に引き渡したとして後々批判された．もっとも，トルコ当局も，シャブタイの反道徳的な行動をマークしていた節もある．個別法廷で，自分がメシアであることを主張したことを否定，そして死か改宗の二者択一を迫られたツヴィは，スルタンの面前でイスラームへの改宗に同意した．仲介したのは，スルタンの側近とも，スルタン専属のユダヤ教からの改宗医師だったとも伝えられる．宗教的でもあったスルタンは，傑出したユダヤ教徒を抹殺するにはしのびがたく，彼ほどの人物ならば，多数の信奉者を同様にイスラームに改宗させることができると見込んでいたのかもしれない．シャブタイは「王宮の門番」との称号を与えられた重要改宗者となった．1666年9月15日のことである．

メシアの背教が大きな衝撃と失望をもたらしたことには疑いない．事実，トルコ，イタリアのユダヤ共同体の権威筋は，運動の存在自体の隠蔽，無視に努め，何事もなかったかのように振舞った．しかしながら，その一方で，シャブタイ支持の運動は新たな展開をみせた．ショーレムに言わせれば，メシアの改宗は運動の終わりではなく始まりであった．ここでガザのナタンが決定的に重要な役割を果たした．ナタンは，シャブタイ・ツヴィとの何度かの会見を繰り返しながら，彼の背教という最たる奇行を神学的に意義づけた．シャブタイ・ツヴィは，異教徒，とくにイスラーム世界に拡散してしまった聖なる火花を拾い上げるために，自らその身をその真っ只中に投じたのだと説明した．イスラームというクリパー（悪 kelippah）の領域に自ら入り込むことによって，逆にそれを征服せんというメシアだけが可能な，最後のもっとも困難な任務を果たしている最中であり，対してユダヤの民に課せられているのは，トーラーの要求に沿ってティクーンのプロセスを進行させることだと主張した．挫折したようにみえるシャブタイ派運動がその後も存続しつづけることを可能にしたイデオロギーの基盤となった．

その後も，シャブタイ・ツヴィは，ムスリムとしての任務を果たしつつ，ユダヤ教の戒律も部分的に遵守するという二重生活を送り，躁鬱状態も繰り返した．シャブタイ派運動は次第に下火になったが地下で連綿と生き延びた．

シャブタイ派運動の挫折と反省から，ユダヤ教的な価値を一切払拭し，新たなる価値を周辺文化から見出そうとする動きが生まれ，それが近代ユダヤ教の同化路線を促した．他方，同化主義への反動として生まれたユダヤ教敬虔主義（ハシディズム）は神秘主義的傾向を強め，カバラー哲学の用語を用いながら，タルムードの学びよりも個々人の日々の生活での神との合一を信仰の中心にお

いた．ハシディズムは現代においてもユダヤ教内の一大勢力である．そして，ユダヤ教に内在するメシア希求の徴候は，姿を変え，形を変え，潜在していく．シャブタイ派運動は，踏み台となって近現代的ユダヤ教の精神的覚醒を促したという点で，終わりではなく始まりなのである．

3.7 バアル・シェム・トーヴ

バアル・シェム・トーヴ（Ba'al Shem Tov, 1700-60）はユダヤ教敬虔主義ハシディズムの創始者であり，正式名称をイスラエル・ベン・エリエゼル・バアル・シェム・トーヴという．17世紀末，ユダヤ教神秘主義とメシアニズムが結合し，ヨーロッパ，中近東のユダヤ共同体を席捲したシャブタイ運動の挫折の反省と反動から，東欧のユダヤ教世界の指導者層は，知性を指導者の権威の根拠として掲げ，タルムード研究と戒律の実践を重視した．それに対抗して，タルムードの学びや戒律の実践よりも，個々人の生活のあらゆる局面における神との法悦的な合一を信仰の中核におくハシディズムが勃興した．彼らの教えは大衆の心を掴み，19世紀，20世紀に東欧のユダヤ社会を襲ったユダヤ人迫害という大悲劇にもかかわらず，各派に分派しながらも着実に増大を続け，ユダヤ教内の一大勢力となった．

バアル・シェム・トーヴは，頭文字をとってベシェト（Besht）と略称されることも多い．1700年，ポドリアの小都市の貧しい家庭に生まれ，戦争孤児となり苦労して成長する．20代より自分の将来の任務を自覚し山籠り生活を送る．30代半ば，治療者，指導者として頭角を現す．ウクライナ，ポーランド，南ロシアのユダヤ人共同体を遍歴しながら，無学の者，女性とも，一対一で，ときに小グループで平明な世俗的物語の形態をとった説教を続け，その教えを広めた．治療師としての力量，奇蹟話の数々，カリスマ的な資質によって，学のないユダヤ人から学識者まで広く大衆を魅了した．彼の遍歴の物語は弟子によって語り継がれるうちにさらに伝説を生み，ハシディズムの最初のカリスマ指導者として崇められることになった．

ベシェトの教えの第一の特徴は，カバラーが選ばれた神秘家のみが神との合一を達成して世界の救済をもたらすと説いたのに対して，個々人の存在を重視したことにある．個々人の日常のあらゆる局面で神と合一すること，そして個々人の魂が救済されることの重要性を説いた．それが世界の救済に先駆けるものだと考えた．彼はカバラーの用語を用いたが，その教えは大衆に向けられており，カバラーの宗教用語，観念を日常生活の言語に転換させたと考えられる．この点において，ハシディズムは大衆による神秘的敬虔主義運動と位置づけられる．

カバラー文学で頻繁に用いられ，ベシェトの教えのキーワードとなるのが「ドゥヴェイクートdevekut」（神にすがりつくこと）である．カバラーではこの用語は，神との神秘的合一を意味する用語であり，選ばれた神秘家が死後たどりつく神秘の階梯の最終段階であるが，ベシェトは，これを日常生活のさまざまな局面全体にわたって達成されうる恒常的状態として捉える．そのためのもっとも有効な手段が，ベシェトが宗教実践の中でも最重要視した「祈り」である．祈ることによって，神との癒着が達成されるのであり，癒着を目指して祈るべきである．そしてそのような状態は，宗教法の実践の最中だけでなく，日々の仕事，世俗的事柄にかかわっているときにも持続し，当人はいつも祝福されていると考えた．神との癒着が持続するという考え方によって，世俗生活を放棄する必要はなくなり，また極端な禁欲もする必要はなくなり，また肉体的な快楽が精神的快楽にもつながるとされ，この世的なものが肯定的に意味づけられることになった．ここに大衆を魅了するポイントがあったと思われる．

ベシェトの教えには，後のハシディズムで発展しユダヤ教史における革新ともいえるツァディーク（義人 zaddik）理論の萌芽が窺われる．一般人とはかけ離れた稀有のレベルの神との合一が可能な人物が存在しており，彼らは，自分自身の魂を引き上げることだけでなく，ユダヤ人全体を高

◆ V. カリスマ・聖人列伝 ◆

めるという使命を負っている．そのような人物はツァディークとよばれた．ツァディークは，一般ユダヤ人を代表して彼らの祈りを補助して彼らを目的地に到達させる．また，ツァディークは，悪の元にくだり彼自身の上昇によって悪を高め，善に転換する．元来，ユダヤ教では神と人間の間を介在するカリスマ的人間をおくことはなかったが，カバラーにこれに類似した観念が生まれ，ベシェト以降のハシディズムで大きく発展し，その主要な理念となった．

3.8 ブラツラフのラビ・ナフマン

(1) 生涯

ブラツラフのラビ・ナフマン（Nahman of Bratzlav, 1772-1811）は18世紀から19世紀初頭にウクライナ地方を舞台に活動したハシディズムのツァディーク（義人，指導者）の一人であり，ブラツラフ・ハシディズムとよばれる流派を創始した．彼の残した思想は，シャブタイ運動の挫折と反省の後にも，ユダヤ思想上にいかに根強くメシア待望理論が姿を変え，形を変え，息づいているかを証明する．そしてその思想は今なお受け継がれ，彼の眠る廟を訪れる巡礼客は増加している．

ナフマンは，1772年，ウクライナの小村メジボジで生まれる．ハシディズムの創始者，バアル・シェム・トーヴ（ベシェト）を母方の曾祖父に，ベシェトの一派の卓越した指導者ナフマンを父方の祖父に有する由緒ある家系の生まれであり，ハシディズムの空気を存分に吸収して成長した．若い頃から，その才能，人柄で人を惹きつけ，信徒が彼の周りに集まり，ナフマンはツァディークとしての自分の役割を自覚するようになる．1798年11月，弟子を携えパレスティナへと旅立ち，ハイファ，ヤッファ，ティベリア他を巡る．その旅の目的は，シャブタイ派やその末裔の極端なフランク派の犯した罪を正すためであったらしい．しかし，滞在数か月にして，ナポレオンが聖地征服を目指して上陸した．ナフマンは，アッコ滞在中にナポレオン軍に包囲され，トルコの軍船で脱出，クレタ島を経て，ようやくロシアにたどり着いた．帰郷後，数人の信者とともに集団を形成，彼らとともに町から町へと彷徨したが，行く先々で当時のハシディズムの中心人物との論争に巻き込まれることになった．1800年，ウクライナ，キエフ地方のズラトポリに到着すると，ウクライナ地方のハシディズムに絶大な影響を及ぼした重鎮ほか，多数から非難の矛先を向けられた．この頃から彼はメシアとしての自覚，自分の魂のあり方の理論を形成していく．後述する彼の過激なメシア-ツァディーク理論に，敵対者はシャブタイ派やフランク派の異端思想の痕跡を嗅ぎつけた．論争は激化し，1802年より，ウクライナ，ポドリアの小さな町ブラツラフに移るが，そこでも論争は回避できず，ごく少数の例外を除いて，時のハシディズムの指導者たちを敵に回すことになった．ナフマン自身は論争に立ち入ることを避けたが，ナフマンは，大衆からもツァディークからも見放された孤独な指導者，苦しむメシアとして自己認識を強めていく．1806年頃より，彼の周りに集まってきた弟子たちに語られた話は，後に高弟ナタンが書きとめて発表する「13の寓話集」となる．1807年，結核を発症したことが判明．死を悟ったナフマンは死地としてウマンを選び1810年に移住する．ウマンでは，1788年6月19日から3日間でポーランド人とユダヤ人が約2万人虐殺されたという惨事がある．ウマンを死地に選んだのは，彼ら殉教者の霊を救済するためであったらしい．移住の半年後，1811年仮庵祭の最中に逝去した．

唯一真のツァディークとして，ナフマンは自分の後継者を指名しなかった．これはハシディズムとしては異例のことである．しかし，信者たちもナフマンが存在しうる唯一の指導者であることを受け入れ，他のツァディークを立てることなく，彼を信仰し，教えを守り続けた．ハシディズムの諸流派は死んだツァディークを崇めているとして彼らを「死んだハシディズム」と蔑称した．にもかかわらず，ブラツラフ派は着実に生き続け，ナフマンはハシディズム内での流派を超えて，今な

お，多くの信者をひきつけてやまない．彼が葬られたウクライナ，ウマンにある廟への巡礼は流派を超えた人気を博している．とくにペレストロイカ政策以後，廟への巡礼客は急増の一途をたどっているという．

(2) ナフマンのメシア-ツァディーク論

ナフマンの神学の最大の特徴は，ナフマンの死後，後継者を選ばなかったことにある．この根底には，彼のメシア-ツァディーク論がある．

元来，ハシディズムはツァディークが信者の代表として神と人間を仲介し，悪を善に引き上げ，信者の汚れた魂を浄化すると考える．ツァディークを通して一般の信徒と神との接触も実現される．たとえば，ツァディークの祈り，歌を聴くだけで信者は浄化され，神との合一に至るのである．そのような力を有するツァディークは流派ごとに存在し，ツァディーク同士は同等，各流派に世襲で後継され，信者は自分のツァディークを信仰する限り，平穏な生活が保証されるという了解があった．かくして，ハシディズム全体としても流派内の争いは回避され，安泰を確立し，ほとんどの集団が保守化したのである．かつてシャブタイ運動は，メシアによる宇宙全体の変革を説く革命的なメシア運動であったが，そこから展開したハシディズムは，変化をともなわない各流派の個的な安定生活を保証する運動であり，その意味でメシアニズムとは逆行する．ショーレムにいわせれば，ハシディズムはユダヤ思想の中に潜在するメシア的推進力を中和させる方向性である．

そのハシディズムの只中にあって，ナフマンは，メシアとツァディークの役割を重ね，メシアであることを自認し，自分を唯一真のツァディークだと考えた．神と人との媒介者としてのハシディズムのツァディーク観を踏襲しつつ，ルーリア神秘学の宇宙変革のプロセス，そしてそこでの救済者の役割をツァディークに重ねたのではないだろうか．理論形成にあたって彼自身の遍歴と苦難の体験も大きく影を落としているだろう．ナフマンにとって，ルーリア神秘学のツィムツム，シュビラー，ティクーンという救済へと至る過程は，外的世界の変革の局面だけでなく，メシアの伝記であり，ひいてはメシアとしての彼自身の精神に生じた出来事である．メシアはツィムツムに加わり，シュビラーの大破壊を経ながら，ティクーンをもたらそうとしている．生涯にわたる彷徨，絶えず待ち受ける論争，排斥，困難を経たナフマンの魂もまた同じ道程をたどっている．ナフマンはおとぎ話の形式をとりながら，彼の魂の遍歴を描いた．そして苦しむメシアたる自分の役割は，ティクーンのプロセスを経て罪深い魂を救済することであると理解した．これが，神と人との媒介をなすツァディークとしての自分の役割でもある．一方，ユダヤの民には，矛盾や不可解な点があってもツァディークたる自分への全身全霊の信仰を求めた．それを通して民は救済されるのである．その具体的な手段として，巡礼，告白の儀礼を後のブラツラフ・ハシディズムは制度化した．ハシディズムにはもともと毎安息日，祝祭にはツァディークのもとを訪ねる習慣があったが，ブラツラフ派では，新年，ハヌカー，シャブオートにツァディークのもとに一堂に介して，信徒とともに祈ることを義務づけた．とくに，ナフマンが新年に没したことを記して新年の廟への巡礼は盛大なものになっている．告白の儀礼もほかの派でもみられる制度であるが，ブラツラフ派では二重の意味が付された．ある信徒が新しくブラツラフ派に加入する際に，自分の罪をツァディークに告白するが，これは，彼はツァディークに全身全霊を捧げるという意志を象徴的に表すイニシエーションとしての意味がある．同時に，新年ほか，罪をツァディークに告白するという日常習慣としての面がある．

ナフマンは，神と人間の媒介者であり，かつ宇宙変革者としてのメシアであるツァディークは，自分にだけ可能な任務であると考えた．それゆえ，後継者としてのツァディークを指名しなかった．信者たちもナフマンだけ存在する唯一の指導者として，今日まで彼を継ぐツァディークを選ぶことなく，彼が将来再び現れるという預言を信じ，彼の教えを守り，彼の再来を待っている．彼によってのみ，宇宙の変革は可能であると考え

◆ V. カリスマ・聖人列伝 ◆

た．ここに，ハシディズムが握りつぶそうとした宇宙変革としてのメシアニズムが，まさにそのハシディズムの只中においてもなお，潜在し，契機があればそれが覚醒するという様相をみることができる．ユダヤ思想史に内在するメシアニズムと反メシアニズムのダイナミックな緊張関係を体現しているともいえる．

(3) ブラツラフ・ハシディズム

ナフマン死後の，ブラツラフ・ハシディズムの存続には，弟子ナタンの果たした役割も無視できない．ナフマン存命中は，ナタンは重要な弟子というわけではなかったが，ナフマン死後，ナタンはその類まれなる組織力によって信徒集団の再編を図った．ナタン自身，自分の本業たる商売を忘れてブラツラフ・ハシディズムの組織化に没頭した．ナフマン存命中，またその死に際して，一時期信者が減少したが，やがてハシディズムの一大潮流となるほどの勢力を示すようになるのには，ナタンの貢献に負うところも大きい．

ブラツラフ派の特徴は，彼らがナフマン自身の著作にのみ依拠し，新しく書物を著さなかったことにもある．ナフマンの著作は，説教，寓話集，ナフマン自身によるそれらの注釈，彼の著作からの抜粋集に限られている．それらをまとめるのに，ナタンの文才も発揮された．その限られた書物と代表的な作品「13の寓話集」にナフマンの思想は反映されている．これは，民間説話のモチーフを踏襲し個人的な表現をとりつつ，細部において神秘的真理が啓示されている書として，ユダヤ神秘主義を代表する書として名高い．

参 考 文 献

[アブラハムとモーセ]
市川 裕『ユダヤ教の精神構造』東京大学出版会，2004年．
[ラバン・ヨハナン・ベン・ザッカイ]
市川 裕「タルムード期のユダヤ思想」『岩波講座・東洋思想第1巻ユダヤ思想1』岩波書店，1988年．
Neusner, J. *A Life of Rabban Yohanan Ben Zakkai, Ca. 1–80 C. E.*, Brill, 1962.
[ラビ・アキバ]
市川 裕「タルムード期のユダヤ思想」『岩波講座・東洋思想第1巻ユダヤ思想1』岩波書店，1988年．
[マイモニデス]
井筒俊彦「中世ユダヤ哲学史」『岩波講座・東洋思想第2巻ユダヤ思想2』岩波書店，1988年．
ムーサフ・アンドリーセ，R.（市川 裕訳）『ユダヤ教聖典入門』教文館，1990年．
[イツハク・ルーリア]
ダン，J.（市川 裕訳）「ユダヤ神秘主義」『岩波講座・東洋思想第2巻ユダヤ思想2』岩波書店，1988年．
[シャブタイ・ツヴィ]
ダン，J.（市川 裕訳）「ユダヤ神秘主義」『岩波講座・東洋思想第2巻ユダヤ思想2』岩波書店，1988年．
[バアル・シェム・トーヴ]
ダン，J.（市川 裕訳）「ユダヤ神秘主義」『岩波講座・東洋思想第2巻ユダヤ思想2』岩波書店，1988年．
[ブラツラフのラビ・ナフマン]
赤尾光春「「帰郷」の中のディアスポラ―ウクライナにおけるユダヤ人巡礼と競われる二つの聖地」『地域研究』6，2004年．
ダン，J.（市川 裕訳）「ユダヤ神秘主義」『岩波講座・東洋思想第2巻ユダヤ思想2』岩波書店，1988年．

4 イスラーム

V. カリスマ・聖人列伝

菊地達也

4.1 ムハンマド

6世紀後半，アラビア半島西部の都市マッカは，当時のアラブ人が信じていた多神教の聖地カアバ聖殿を有することで巡礼の地として賑わい，クライシュ族によって支配されていた．ムハンマド（Muḥammad ibn 'Abd Allāh ibn 'Abd al-Muṭṭalib, 570頃–632）は570年頃に，クライシュ族の名門ハーシム家に属する父アブドゥッラー（'Abd Allāh, ?–570頃）と母アーミナ（Āmina, ?–576頃）の子として生まれたが，父は誕生以前に没していた．アーミナはアブドゥッラーの父でありハーシム家当主であるアブドゥルムッタリブ（'Abd al-Muṭṭalib, 生没年不詳）にムハンマドをアブドゥッラーの子として認知してもらう．6歳の頃に母が没しムハンマドは孤児となり，祖父，および祖父の死後は伯父であるアブー・ターリブ（Abū Ṭālib, ?–619頃）の庇護下に置かれた．少年時代のムハンマドは「正直者（アミーン）」とよばれ，隊商に参加しシリアに赴いた経験をもつ．25歳頃にムハンマドは隊商貿易の雇い主であった女商人ハディージャ（Khadīja, ?–619）に見込まれ，結婚を申し込まれる．ムハンマドは初婚であったが，彼女は二度の結婚を経験しており，15歳ほど年上であった．

富裕な商人の夫になったことで生活が安定したムハンマドは，宗教的な修行を行うようになった．ムハンマドが約40歳になった610年頃，彼の人生にとって最大の転機が訪れる．マッカ郊外にあるヒラー山の洞窟で瞑想中だったムハンマドのもとに大天使ガブリエルが突如出現し，神の啓示を伝えたのである．ムハンマドは当初激しく動揺したが，ガブリエルを通じて与えられたメッセージが神の啓示であることをやがて認め，自分が預言者であることを受け入れる．初期の啓示には，超越的な唯一神への信仰，ムハンマドの預言者／使徒性，終末の恐ろしさと神の裁きの過酷さ，来世，人間の平等などといった宗教的，倫理的内容が多かったが，このような信仰は周囲の多神教アラブ人には容易に受け入れられるものではなく，ムハンマドも大っぴらに宣教することを避けていた．やがてムハンマドが宣教を公然化し，社会的弱者だけでなくマッカ社会の有力者の一部も入信するようになると，クライシュ族の有力者たちはムスリム（muslim, イスラーム教徒）たちを弾圧しはじめた．イスラームの教えは当時のアラブ人の倫理観や多神教・偶像崇拝に矛盾するだけでなく，多くの偶像を安置するカアバ聖殿への巡礼から利益を得ていたクライシュ族の経済的利益にも反していたのである．

クライシュ族による弾圧が，ハーシム家当主アブー・ターリブと大商人ハディージャを後ろ盾にしていたムハンマド自身に及ぶことはなかったが，619年には両者が逝去してしまう．ムハンマドの擁護者が没し，イスラームへの敵意をむき出しにする人物がハーシム家当主になると，預言者自身に危険が及ぶ可能性が高まった．一方，マッ

◆ V. カリスマ・聖人列伝 ◆

カ外での布教では失敗もあったが，ヤスリブ（後のマディーナ）住民の一部を改宗させることには成功しており，彼らは預言者の招聘を目指していた．ムハンマドはヤスリブのムスリムの申し出を受諾し，622年に信徒とともにヤスリブに移住した．これをヒジュラ（*hijra*，聖遷）という．初のイスラームのウンマ（*umma*，信仰共同体）の成立はきわめて重要な意味をもち，ヒジュラ暦（イスラーム暦）はこの年を元年としている．

初のウンマは預言者を長とし，ムハージルーン（al-Muhājirūn，マッカから移住したムスリム）とアンサール（al-Anṣār，マディーナのムスリム）から構成されていた．このときからムハンマドは，宗教者としてだけではなく政治家，軍事指揮官としての役割を果たしはじめる．また，ウンマの成立後の啓示では宗教儀礼，婚姻，相続などに関する律法的内容が増加する．移住当初はマディーナ社会における預言者の権勢はそれほど大きくなかったが，マッカの多神教徒に対するジハード（*jihād*，聖戦）に勝利し，ユダヤ教徒などから成るマディーナ内の反ムハンマド勢力を徐々に排除していくなかで，その権力は拡大していく．627年にはマッカ軍に決定的な勝利を収め，630年にマッカの無血開城に成功すると，預言者はカアバ聖殿内に安置されたあまたの偶像を破壊し，当地の多神教徒たちはイスラームに入信した．マディーナ内の敵対勢力の完全排除も達成したムハンマドの権勢は，こうしてアラビア半島全域に及ぶようになった．アラビア半島の覇権を掌握したムハンマドは，632年に多くの信徒を引き連れマッカ巡礼を行ったが，マディーナに帰ると高熱を発し自宅で没する．

610年頃から632年の死に至るまで断続的に下された神の啓示は，ムハンマドの死後にクルアーンとして集成された．神の言葉はムハンマドの口を通じて発せられたが，人間による編集作業を一切排して神の言葉そのものがクルアーンには記録されたとムスリムは信じている．ムハンマドが人として発した言葉は口承によって伝えられ，その言行は後にハディース（*ḥadīth*）として集成された．神の言葉＝クルアーンと人間ムハンマドの言

図1　ムハンマドのミウラージュ（昇天）を描く写本絵画

葉＝ハディースは明確に区別される．

晩年のムハンマドは預言者であると同時に政治支配者としても君臨した．しかし，クルアーンはイエスを神の子とするキリスト教徒の教義を攻撃し，「ムハンマドも結局はただの使徒．これまでも随分沢山の使徒が過ぎ去っていった」（クルアーン3章144節）とあるように，ムハンマドが使徒であっても単なる人間であることを強調している．ムハンマドが没したときにはその死を否定し再臨を主張する者もあったが，後に預言者の政治的後継者（カリフ *khalīfa*）となるアブー・バクル（Abū Bakr, 573頃-634）は先のクルアーンの節を引用し，ムハンマドの神格化を戒めたという．ムハンマドの無謬性については議論があったものの，彼を単なる人間であるとする考え方は後の学者たちによって教義として確立されていった．しかし，民衆の間には超自然的な奇蹟に体現されるムハンマドの神秘的な力を素朴に信じる傾向もあった．

また，ムスリム個々人が日常生活を送る上で指針となる，模倣の対象としてのムハンマド像も見逃せない．ハディースに記録された預言者の言行を通じて明らかとなる彼のスンナ（sunna, 慣行）はムスリムにとって信仰や行為の大いなるモデルとなった．衣食住など生活全般において預言者のスンナに倣うべきである，と考えるムスリムは多く，規範としてのムハンマド像は広範な地域に渡って現代に至るまで影響を与え続けている．髭の剃り方，靴のはき方にさえ倣うべきスンナが存在するのである．

中世キリスト教世界においてクルアーンがムハンマドの創作とされ，ムハンマドが偽預言者，詐欺師，異常者などとして描かれたことは，偏見に満ちたムハンマド像のもとになった．近代西欧に東洋学が生まれると状況は多少改善されたが，ほとんどのハディースを後世の偽作とし，人間ムハンマドの思想としてクルアーンを解釈する東洋学，およびその流れをくむイスラーム研究と，ハディースの真性と神の言葉としてのクルアーンを信じるムスリムとの間の溝は埋めがたい．イスラームやその信徒を理解するために彼らにとってのムハンマド像を踏まえることは当然としても，異教徒が彼らの信条をそのまま受け入れることは不可能であろう．

ムハンマドの生涯に触れた同時代の文字資料は存在しない．先に述べた生涯は基本的に，8世紀のイブン・イスハーク（Ibn Isḥāq, 704頃-767）の著作を編集しなおした9世紀のイブン・ヒシャーム（Ibn Hishām, ?-833）の『預言者伝（al-Sīra al-Nabawīya）』に基づいており，これが現存する最古の預言者伝である．預言者の後半生において下された神の啓示はクルアーンとしてまとめられたが，テキストとしての成立時期については7世紀中盤とする説が有力であるが異説も存在する．クルアーンを同時代資料として用いたとしても，ムハンマドの生涯に関してクルアーンが提供してくれる情報は非常に少ない上に，曖昧な内容が多い．また，ムハンマドの言行に関する多くの情報を提供してくれるハディースが編纂されるまでには長期にわたる口承の期間が存在する．そのほとんどを後世の偽作とする学説にはさまざまな見地から批判がなされ，比較的古い時代まで遡る伝承が存在することが確認されているが，口承の信頼度についてはムスリムの学者と欧米の研究者との間で評価が大きく違う上に，大量のハディースが偽造された可能性を否定することは今なおできない．

以上からわかるように，外部資料が存在しないムハンマドの生涯を記述しようとするならば，基本的にムスリムたちの伝承に依拠するしかない．しかし，そうして描かれるムハンマド像は，必ずしも欧米の研究手法によって客観的に立証されうるものではない（反証することもまた困難であるが）．『預言者伝』とクルアーン，ハディースといった聖典およびそれらの解釈書に基づいて描かれるムハンマド像とその個人史はムスリムにとっては宗教的「真実」であるかもしれないが，異教徒にとってはすべてを「史実」として受け入れることは不可能であろう．ムハンマド個人の言行は個々のムスリムにとって行為の模範とされるが，ムハンマドが預言者として振る舞った二十数年もまた，あるべき社会，政治体制としてムスリムによって理想化されている．『預言者伝』や聖典などによって規定されるムハンマド像とその時代像は，ムスリムの信仰に直結している．したがって，異教徒がムハンマドの宗教的「真実」の彼方にある「史実」を探求することは，イスラームの信仰を破壊する行為と受けとめられかねない．預言者の口を通じて神が信徒に語りかけ，歴史の中に神が介入した二十数年は神話と歴史が混淆した時代なのである．

4.2 アリー・イブン・アビー・ターリブ

アリー・イブン・アビー・ターリブ（'Alī ibn Abī Ṭālib, ?-661）はムハンマドの伯父であるアブー・ターリブの子として生を受け，従兄であるムハンマドの娘ファーティマ（Fāṭima, ?-633）を娶った人物である．ムハンマドとの血のつながりが濃く，同じハーシム家に属していたことは，後

◆ V. カリスマ・聖人列伝 ◆

に重要な意味をもつことになる．伝承によれば，アリーは幼いときからムハンマドに従い，ムハンマドが初めて神の啓示を受けたときには二番目の入信者になり（男性では初めて），入信後は預言者に忠実に従いその信仰心の厚さには定評があったという．そのため当初からアリーが預言者の後継者となるべきであると考える教友（ムスリムの第一世代）が存在したようである．

預言者が没した際，有力な教友であるアブー・バクルとウマル（ʻUmar ibn al-Khaṭṭāb, 592–644）はムハージルーンとアンサールの対立を収拾し，前者がカリフに推戴された．アブー・バクルの没後にはウマルが第二代正統カリフとなり，ウマルの死後はウスマーン（ʻUthmān ibn ʻAffān, ?–656）が第三代正統カリフに就任した．アリーこそが預言者の後継者として最初から共同体のイマーム（imām, 指導者）になるべきであった，と考える人々は，後にシーア・アリー（Shīʻa ʻAlī, アリー党）とよばれる集団を形成した．アリー人気が高かった理由は，その敬虔さ，勇敢さや預言者との近い関係などに求められ，ガディール・フンムの地で預言者がアリーを後継者に指名したというハディースも残されている．シーア・アリーは後のシーア派の語源／源流となるが，彼らにとって3人のカリフはアリーが継承するべきだった地位を奪った簒奪者となる．

656年にウスマーンの治世に不満を感じた反乱軍が彼を殺害すると，アリーが第四代正統カリフとして推戴された．アリーのカリフ位就任に対し，預言者の未亡人アーイシャ（ʻĀisha, 614頃–678）やウスマーンと同じウマイヤ家に属するシリア総督ムアーウィヤ（Muʻāwiya, ?–680）たちが反旗を翻すと，イスラーム共同体は最初の内戦に突入した．656年のラクダの戦いでアーイシャ軍を撃破したアリーであったが，翌年のスィッフィーンの戦いではムアーウィヤに対して決定的な勝利を収めることができず，ムアーウィヤが申し出た和議を受諾することになった．アリー陣営ではこの和平に不満をもつ集団がアリー軍と袂を分かった．離脱者集団は後にハワーリジュ派とよばれることになるが，彼らは悪しき反逆者ムアーウィヤと妥協したアリーも悪に堕ちたと考え，両者の打倒を図った．アリーはハワーリジュ派勢力を軍事的に撃破したが，661年に彼らが放った刺客の手にかかり殺害されてしまう．アリーの墓廟はイラクのナジャフに置かれ，ナジャフはシーア派にとっての聖地，学問上の中心地になった．

アリーの死後，アリー党の人々は彼とファーティマの間に生まれたハサン（al-Ḥasan ibn ʻAlī, 625頃–670頃）を後継者とした．しかし，ハサンはカリフ位就任を宣言しウマイヤ朝を開いたムアーウィヤと政治的な妥協を行い，年金と引き換えにマディーナで隠遁してしまう．次のイマームになったのはハサンの弟フサイン（al-Ḥusayn ibn ʻAlī, 626–680）であった．一方，680年にムアーウィヤが没すると，その息子ヤズィード（Yazīd, 642?–683）がカリフ位に就くことになった．このことは能力や人望によって選ばれていたカリフ位が史上初めて世襲されたことを意味する．フサインはヤズィードへの臣従を拒否し，アリーの支配拠点であった地であり，アリー支持派が多かったクーファの民からの招聘に応じ，一族を引き連れてマディーナを離れクーファに向かった．しかし，ウマイヤ朝はこの動きを察知し，クーファを平定しフサイン一行をイラク南部のカルバラーで包囲する．ウマイヤ朝軍はフサイン一行への攻撃を開始し，男性は殺害されフサインも斬首されてしまう．カリフが預言者の孫を殺させたカルバラーの悲劇は，初期イスラーム共同体にとって大きな衝撃であった．

カルバラーの悲劇は，シーア派が政治的党派から宗教宗派へと変容するための転機となった．クーファのシーア派の中からは，タウワーブーン（al-Tawwābūn, 悔悟者たち）を自称する集団が出現した．彼らはフサインの死を座視したことを悔悟し，血の復讐を求めて決起しウマイヤ朝に対する無謀な戦いを挑んだ結果，そのほとんどが殺害されてしまった．クルアーンにはキリスト教のような原罪や贖罪といった観念は存在しないが，シーア派信徒の中には，フサインを見殺しにした自分自身を罪深い存在と考え懺悔し，フサインが味わった苦しみを自らも再体験しようとする気風

◆ 4. イスラーム ◆

が生まれることになった．フサインの「殉教」に対する信徒たちの思い入れは後の時代にシーア派独自の儀礼として結実し，フサインが殺されたアーシューラー（'āshūrā，ヒジュラ暦ムハッラム月10日）には，詩などでカルバラーの悲劇を再現し，涙を流しながら自らの身体を傷つける哀悼行事が行われるようになった．また，ターズィエ（ta'ziye）といわれる殉教劇も演じられるようになった．このような儀礼を通じて，シーア派信徒の間ではフサインのような悲劇の殉教者を英雄視する傾向が強まった．フサインへの崇敬の念は今なお強く，フサイン殉教の地カルバラーは，アリーの墓廟が存在するナジャフと並ぶ参詣地となっている．

　アリー家支持派とウマイヤ家支持派との間の対立は，当初はクライシュ族内の政治的な闘争であった．しかし，フサインの殉教以降，シーア派内では外部の多数派とは違う独自の教義が確立されると，その対立は宗教色を帯びていく．ウマイヤ朝～アッバース朝時代のシーア派主流派ではイマーム論の整備が進み，イマームの位はアリーとファーティマの間に生まれた預言者直系のハーシム家子孫，「お家の人々（Ahl al-Bayt）」において一子相伝で継承される，と考えられるようになった．イマームの絶対性も教義上強化され，聖典の秘教的解釈に関する唯一絶対の権威であるイマームは無謬なる存在と定義された．シーア派内の極端派（ghulāt）においては，イマームを神の顕現と見なす集団さえ生まれた．また，彼らのイマーム論はシーア派独自の終末論と結びつけられるようになった．シーア派終末論においては，まずはある特定のイマームが人々の前から姿を消す．これをガイバ（ghayba，幽隠）という．お隠れのイマームはいずれマフディー（mahdī，救世主）として再臨し，悪の勢力を打倒しシーア派にとっての地上の楽園を樹立する．血統崇拝はシーア派に限ったことではなく，多数派であるスンナ派民衆においても，サイイド（sayyid）やシャリーフ（sharīf）とよばれる預言者の子孫は現代でも崇敬の対象となっているが，イマーム論とそれと結びついた終末論が中心的教義となる点はシーア派思

図2　アラビア書道で美しく描かれたムハンマド，アリー，ファーティマ，ハサン，フサインの名前

◆ V. カリスマ・聖人列伝 ◆

想の特徴となっている．

シーア派主流派ではフサインの子孫にイマーム位が継承され，そのそれぞれが信徒にとってはカリスマ的な存在であった．しかし，ウマイヤ朝やアッバース朝のカリフから見れば，熱烈な信徒に取り囲まれウンマの支配権を要求するイマームの存在は危険そのものであり，シーア派信徒への弾圧やイマームの監視・幽閉が行われることも珍しくなかった．シーア派の側では，マフディー出現やイマームによる権力奪取を唱え，フサインの範例に倣うように無謀な武装蜂起に踏みきり殺戮される集団も現れた．また，イマーム位継承を巡り分派活動が頻発したため，シーア派は多くの分派に分裂していった．政治的な迫害の中でイマーム位が断絶することも多く，分派の多くは消滅し，今なおイマームを戴くシーア派宗派は，イスマーイール派の分派であるニザール派ぐらいである．ニザール派イマームはフランスに居住しながら，その強力なカリスマを通じて世界中に点在するニザール派共同体に影響を及ぼし，上からの近代化を進めている．

4.3 ムハンマド・イブン・イドリース・シャーフィイー

632年における預言者の死は，政治的混乱だけでなく信徒の信仰や日常生活にも深刻な影響を与えた．ムハンマドの生前には，政治，儀礼，法などあらゆる事柄に関して，預言者あるいは彼の口を通じて神が直接指示を出し，信徒の疑問に答えてくれていた．預言者亡き後，在野のウラマー（'ulamā'，学者たち）が信仰や法に関する指針を示そうと学問的な研究を重ねていたが，問題は山積していた．預言者の死後に依拠すべきものは第一に啓典クルアーン，第二にその最高の解釈者たる預言者の伝承，ハディースであるという点については，ウラマーの間で比較的早い時期から合意があったようである．伝承によればクルアーンの編纂は第三代正統カリフ，ウスマーンの時代に行われたとされるが，クルアーンの記述は具体性に欠けることが多く，ある節の内容が別の節に矛盾することもあり，クルアーンの記述だけで信仰や法を定式化することは不可能であった．ハディースについては膨大な数の偽作が流布しており，ウラマーもそのことは認識していた．そのため偽造ハディースの山から真正なものを抽出することが急務であり，9世紀にはブハーリー（al-Bukhārī, 810-870）やムスリム・イブン・ハッジャージュ（Muslim ibn al-Ḥajjāj, 817/21-875）らハディース学者が真偽鑑定のための方法論を確立し，ハディース集を編纂した．その結果，ムスリムにとって真正と思われるハディースはほぼ確定した．しかし，当時のムスリムたちが生きていた広大なイスラーム帝国は，基本的にマディーナの都市国家であったムハンマド時代の共同体とは明らかに異質なものであった．クルアーンとハディースを眺めただけでは解決できないような問題も生まれていた．

初期のイスラーム法学では，法規定を定立するための法源が主要な争点になり，クルアーンとハディースへのアプローチ法，この2つを補填するための補足的法源について大いに議論が交わされていた．8世紀には独自の学風をもつウラマーのサークルが各地に形成されつつあったが，当時の法学における学風の二大潮流を体現していた場所がヒジャーズ地方とイラクであった．ヒジャーズ地方の中心地マディーナは預言者が最後の10年を過ごした場所であったため，ハディースおよび預言者のスンナを反映しているとされるマディーナの習慣を重視する傾向が生まれた．その代表格がマーリク学派の学祖マーリク・イブン・アナス（Mālik ibn Anas, 708/16-795），その弟子イブン・カースィム（Ibn al-Qāsim, 746/9-806）らである．一方，古代メソポタミア以来の文明の地であり，大征服以降に政治的中心地になったイラクでは，合理的な推論を重視する傾向があった．この学風の代表者は，ハナフィー学派学祖アブー・ハニーファ（Abū Ḥanīfa, 699?-767），その弟子アブー・ユースフ（Abū Yūsuf, 731-798），シャイバーニー（al-Shaybānī, 750-805（803/4?））らである．クルアーンとハディースに体現された神の啓

示に対してどの程度まで人間の理性を行使できるかは当時の法学では大問題であった．

シャーフィイー（Abū 'Abd Allah Muḥammād ibn Idrīs al-Shāfi'ī, 767-820）は 767 年にパレスチナに生まれ，マディーナでマーリクに学び，イラクではシャイバーニーに師事した．その後シャーフィイーはエジプトに居を定め，両地域の学統の統合を試みる．ヒジャーズ地方の学統に対しては地域のスンナを法源とすることを否定し，ハディースに反映されている預言者のスンナのみがクルアーンに次ぐ法源となると主張した．さらにイラクの学統に対しては個人的見解の自由な行使を批判し，聖典に関する理性的な推論の方法を厳密化した．このような推論をキヤース（qiyās, 類推）という．このようにシャーフィイーとその弟子たちは両学統を批判的に統合した上で，クルアーン，スンナ，イジュマー（法学者の合意），キヤースをイスラーム法の四大法源とした．

シャーフィイーらの功績により法源学が確立し，有力な学統の教義が整備されるようになると，ムスリム世界の各地に存在していた多くの地域的学統は淘汰され，シャーフィイーを学祖と仰ぐシャーフィイー学派，ヒジャーズの学統を継承するマーリク学派，イラクの学統を受け継ぐハナフィー学派，イブン・ハンバル（後述）を学祖とするハンバル学派のみが生き残り，スンナ派における正統四学派となった．こうして，イスラーム法学は 10 世紀頃にはほぼ完成段階を迎えた．シャーフィイーの影響力は同時代にはほとんどなかったという説もあるが，もしそうであるとしても，シャーフィイーの影響を受け彼を学祖と仰ぐ人々が，相当の役割を果たしたことは間違いない．伝承に基づく啓示と人間理性との間で均衡を図り，法源学を確立することで法学上の理論を整備し，地域的な学統の淘汰と四大法学派の寡占状態を招来したシャーフィイーとその後継者たちの思想史上の功績はきわめて大きい．

4.4 アフマド・イブン・ハンバル

シャーフィイーがこの世を去った 9 世紀前半には，8 世紀前半のイラクに生まれ，イスラームで初めての本格的な神学派となったムウタズィラ学派が急速に台頭していた．啓示に関する最高権威者である預言者を失ったイスラーム共同体では，法学の場合と同様に，宗教教義について明確な合意がない場合が多かった．また，大征服活動によってムスリム世界が拡大し，すでに体系化された教義を保持していたユダヤ教徒，キリスト教徒との接触が増えると，彼らに対抗しうる教義体系の確立が急務となった．初期の共同体で問題となったのは，神の定義を巡る問題の他に，信仰と行為の関係（悪しき行為を行った者の信仰は失われるのか？），カリフの資格，神の予定と人間の自由意志の関係などであり，これらの問題を巡ってハワーリジュ派，ムルジア派，カダル派，ジャブル派といった神学的な思想潮流が生まれていた．このような潮流を受け継ぎ，他宗教の神学に拮抗しうる理論的な神学体系を初めて構築したのがムウタズィラ学派であった．

アッバース朝 7 代カリフ，マアムーン（al-Ma'mūn bi-Allāh，在位 813-833）は翻訳・研究機関として知恵の館（Bayt al-Ḥikma）を設立しギリシアなどに由来する外来の学問を導入する一方で，宗教的な権威であるウラマーの力をそぎ，カリフ権神授説を掲げて宗教的権威をも併せ持つ新たなカリフ権力の実現を模索していた．このようなマアムーンの新政策の一環として，ムウタズィラ学派は公認の御用学派としての扱いを受けるようになり，同学派の教義に反対する者を弾圧するための異端審問（ミフナ miḥna）が開始された．異端審問において問題になったのは，クルアーン被造物説であった．「主を仰ぎ見る」（75 章 23 節）といったクルアーンにおける神の擬人的表現を比喩的に解釈することで神のタウヒード（tawḥīd, 唯一性）を高めその超越性，非人格性を強調しようとしたムウタズィラ学派は，クルアーンを永遠不滅とすることは神に並ぶものが存在

◆ V. カリスマ・聖人列伝 ◆

することを意味し，タウヒードを損なってしまうと考えた．そのため彼らはクルアーンの永遠性を否定し，歴史の一時点で神によって創造された被造物であると定義した．マアムーンが異端審問制度を創設すると，クルアーン被造物説を受け入れない者は処罰の対象となった．

アフマド・イブン・ハンバル（Aḥmad ibn Ḥanbal, 780-855）は780年にバグダードで生まれハディース学と法学の研究に取り組むようになったが，終生シャーフィイーを尊敬していたようである．しかし，シャーフィイーとは違い，彼は人間理性の行使を極力避け，クルアーンと預言者のスンナのみに行為規範の根拠を求める考えに立った．法の根拠を地域的スンナや人間の個人的判断に求める立場を否定し，それらに対するハディースの優位性を強調する伝承主義の勢力を「ハディースの徒（Ahl al-Ḥadīth）」とよぶが，イブン・ハンバルはその代表格となりハディース集の編纂にいそしんだ．彼ら伝承主義者にとっては，預言者の時代と預言者のスンナが忠実に守られていた教友の時代が規範上の典拠であるべきであり，それ以降に人間が新しく創り出したものはビドア（bid'a, 逸脱）として斥けられるべきであった．ビドアに対する忌避は，イブン・ハンバルら伝承主義者と彼を学祖と仰ぐハンバル学派の特徴となった．

伝承主義を代表する人物となったイブン・ハンバルは，マアムーンの異端審問に召還されることになった．しかし，彼は敢然とクルアーン被造物説を否定する．クルアーンは神の言葉として永遠であると主張する彼は鞭打ちの刑を受け，約2年間の獄中生活を送る憂き目にあったが，決して信念を曲げることはなかった．マアムーンの死後も異端審問制度は継続されたが実質を失い，政治的混乱が続くなかで，カリフによる政教支配を目指す試みは挫折することになった．このような状況下でムウタズィラ学派もアッバース朝権力の支持を失い正統神学派の地位を追われ，宗教的権威はウラマーの手に握られることが確定した．理性主義的なムウタズィラ学派への反動として伝承主義が台頭すると，イブン・ハンバルは不屈の英雄と見なされた．その死後に弟子たちはスンナ派四大法学派の一つハンバル学派を形成するが，クルアーンとハディースを通じイスラームの原点に回帰しようとする志向性をもつハンバル学派からは，イブン・タイミーヤ（後述）に代表されるような多くの改革思想家が輩出された．

4.5 アブー・ハサン・アシュアリー

理性主義的なムウタズィラ学派に対抗した伝承主義は啓示を理性の上位に置き，啓示に対して思弁を働かせること自体を忌避する立場であった．彼らにとって啓示の内容は，たとえそれが神の擬人的表現に思えようとも「〈如何に〉を問うことなく（*bi-lā kayfa*）」受け入れ，信仰するべきものであった．思弁神学派と思弁を拒絶する勢力との間には，そもそも理論的な対話が起こるはずもなかった．しかし，ムウタズィラ学派的な手法を用いて伝承主義的な信仰を擁護することによって，スンナ派正統神学を確立する人物が現れた．アブー・ハサン・アシュアリー（Abū al-Ḥasan 'Alī ibn Ismā'īl al-Ash'arī, 873/4-935/6）である．

アシュアリーは当初，バスラ（イラク南部）のムウタズィラ学派の一員として神学研究に邁進していたが，912〜913年頃に突然心に迷いが生じ，しばらくの間自宅に蟄居した．その後，アシュアリーはイブン・ハンバル的な伝承主義に転向し，自らが属していたムウタズィラ学派への批判を開始する．この転向に関しては，アシュアリーの夢の中に預言者ムハンマドが現れ，神学を捨てることなく真の伝統を固守するよう命じたという伝説が伝わっている．

伝承主義に信仰の拠り所を見出したアシュアリーではあるが，「主を仰ぎ見る」などといったクルアーン内の神に対する擬人的表現を伝承主義者のように「〈如何に〉を問うことなく」受け入れるだけで満足することはなかった．かといって，ムウタズィラ学派のようにこのような表現をすべて比喩と解釈し，神の属性をひたすら剝ぎ取ろうとすることもなかった．アシュアリーが目指した

のは，「主を仰ぎ見る」などといった一見不合理に見える事態が論理的に可能であることを論証することであった．聖典内の神に関する積極的陳述やその属性に関する表現をそのまま肯定しつつも，それが論理的に可能であることを証明しようとしたのである．また，ムウタズィラ学派が知識，生命，意志，言葉といった神の属性を神の本質へと還元することで神を非人格化しようとしたのに対し，アシュアリーはそれらの属性を積極的に評価し，神の99の属性がムスリムにとって神に少しでも近づくためのよすがとなる余地を残した．

ムウタズィラ学派は，神は本質的に正義であり，神が行うことはすべて善でありそこに不正はありえないと主張し，その正義は人間の理性の対象になりうると考えた．神は人間に対して常に最善のことをなすが，神は命令するだけであり，人間は自らの自由な意志により善行か悪行を選択する．人間は自らの行為に全面的に責任を担うのであり，人間がなす悪行に神は責任を負わない．ムウタズィラ学派が主張するこのような神の正義は，アシュアリーには神の全能性を損なうものとして映った．彼にとっては，神が人間にとって最善のことしか行えないというのは，神の自由な選択肢を狭めることであった．この世には人間にとって不正，厄災と思われることが発生し，悪と思われるものが蔓延っていたとしても，それは人間の理性や正義を超えた神の摂理には適っているのである．人間の理性や正義を超越した神の正義は，人間にとっては基本的に不可知なものなのである．

ムウタズィラ学派は，聖典で規定されている善悪とは人間の合理的な思惟により一般的に知ることが可能であると考えた．このような視点に立てば，神の啓示において規定された内容は，必ずしも啓示によらなくても人間の理性によって把握できることになってしまう．アシュアリーはこのような考えを否定し，人間による倫理的判断はあくまで相対的であり，本当の善悪は神の命令と禁止によってしか明らかにされえないとし，啓示の絶対性を保証しようとした．ムウタズィラ学派が主張する人間の自由意志は，神の全能性を損なう恐れがあるので否定されるべきものであったが，自由意志を完全に否定し，人間の行為がすべて神に強制されているものとしてしまうと，人間の無責任と倫理の欠如に至る危険性がある．そのためアシュアリーは，人間は神が創造した行為を神が創造した力によって「獲得（*kasb*）」すると主張し，人間の倫理的責任を確保しようとした．このようなアシュアリーの立場は，大きく予定説（決定論）に接近したものとなる．

人間理性に依拠しようとするムウタズィラ学派の手法を取り入れながらも啓示を絶対化する伝承主義の立場を守護しようとしたアシュアリーの思想はアシュアリー学派に受け継がれ，この学派からはバーキッラーニー（al-Bāqillānī, 940頃-1013），イマームルハラマイン・ジュワイニー（Imām al-Ḥaramayn al-Juwaynī, 1028-85）など多くの神学者が輩出された．11世紀にアッバース朝カリフの下で権力を掌握していたセルジューク朝が設立したニザーミーヤ学院で，同学派の神学が主要科目として採用されると，スンナ派正統神学派としての地位は確固たるものとなった．四大法学派に続いてアシュアリー学派がマートゥリーディー学派とともに正統神学派の地位を獲得したことによって，スンナ派思想の骨格はほぼ完成することになる．

4.6 イブン・スィーナー

マアムーンの治世下では知恵の館などで外来の学問書の翻訳活動が進んだが，その中でも影響力が強かったのがギリシア諸科学であった．とくにアリストテレスの著作はほとんどがアラビア語に翻訳され，ムスリム世界の学者たちに多大な影響を及ぼし，中世キリスト教世界ではほとんど失われていたアリストテレスの伝統がムスリム世界で復活した．しかし，プロティノスなど新プラトン主義哲学者の著作の一部がアリストテレスの作と誤解されたため，新プラトン主義的解釈がアリストテレス哲学に混入してしまう．このことは，イ

◆ V. カリスマ・聖人列伝 ◆

スラーム哲学上の大問題の遠因となった．

アラビア語では哲学をファルサファ (*falsafa*) という．この語がギリシア語のフィロソフィアの音写であることからわかるように，哲学はクルアーン解釈学や法学といった伝承に依拠する諸学問とは違った「外来の学問」として受けとめられた．元来啓示を前提とせず，人間理性に依拠するアリストテレス哲学と法学や神学といった伝承的学問との間には，やがて摩擦が発生することになる．

ムスリム世界の学者たちは当初キリスト教の学者からアリストテレスを学んだが，そのなかから初めてのイスラーム哲学者，キンディー (al-Kindī, 801?-866?) が現れる．キンディーの哲学思想は必ずしも整合的なものではなかったが，ファーラービー (al-Fārābī, 870 頃-950) の登場によって本格的なイスラーム哲学が始まる．ファーラービーはプラトンの政治学にも多大な関心を寄せながらもアリストテレスの著作への注釈書を残し，アリストテレスに次ぐ「第二の師」とよばれた．ファーラービー哲学，とくに知性論と流出論を継承しそれを発展させたのがイブン・スィーナー (Abū ʿAlī al-Ḥusayn ibn ʿAbd Allāh ibn Sīnā, 980-1037) である．

イブン・スィーナーは 980 年に中央アジアのブハラ近郊で生まれたペルシア人である．幼少時から学問好きであった彼は，若くして医学や数学といったギリシア諸科学に習熟し，10 代後半にファーラービーの著作を通じて出会ったギリシア哲学にのめり込むようになり，20 代の頃には医学の第一人者になったともいわれる．後に政府の役職に就いたものの，政争に巻き込まれることが多く波瀾万丈の人生を送ったが，晩年はイスファハーンの宮廷で平穏な日々を過ごし，1037 年にハマダーンで病没した．イブン・スィーナーは中世ラテン世界では哲学・医学の大家アヴィセンナ (Avicenna) の名前で知られていた．とくに医学における彼の影響は大きく，その書『医学典範 (*al-Qānūn fī al-Ṭibb*)』は後代までヨーロッパの大学の医学部で教科書として利用され続けた．イブン・スィーナーの哲学における功績は，ファーラ

図 3　タジキスタンのイブン・スィーナー像

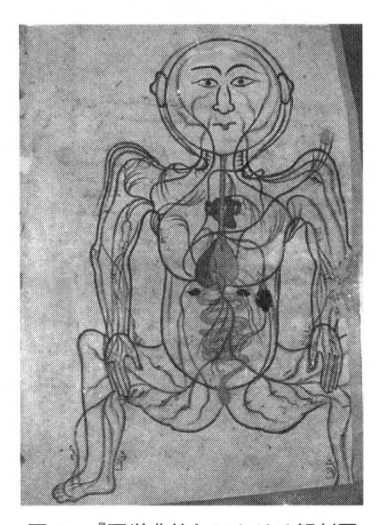

図 4　『医学典範』における解剖図

ービーらによってそれまで断片的に語られていた諸説を統合し体系化したことにあり，その主著の一つ『治癒の書 (*Kitāb al-Shifāʾ*)』は論理学，自然学，数学，形而上学，実践哲学を包含した壮大な哲学体系を構築している．

イブン・スィーナーはアリストテレス哲学の伝統に則り，神を第一原因と規定する．すべての存在者の究極原因である神は，それ自身で必然的に存在する「必然的存在者」であり，それ以外の存在者はそれ自身で存在しているのではなく他の原因によって存在している「可能的存在者」でしかない．また，アリストテレスの自然学では無から

は何も生じないことが前提とされている．このような前提は，無からすべてを創造するクルアーンの神に明確に矛盾する．この問題を解決するために，イブン・スィーナーはファーラービーに倣って新プラトン主義的な流出論を用いる．それによれば，神が自らを思惟することによって神からは第一知性が流出する．第一知性も同じように思惟するが，その思惟対象は複数化されているので，そこからは第二知性と最高天の霊魂と身体といった三者が流出する．同様のプロセスがその後も続き，十の非質料的知性と，太陽天球など十の天球が形成される．第十知性はアリストテレスの『霊魂論』に現れる能動知性と同一視され，月下界の人間の霊魂や地水火風からなる四元素を生む．このような流出過程はあくまで存在論的な上下関係を示すものであり，そこに時間的な前後関係は存在しない．イブン・スィーナーらは，有から有が生じる流出論によって，アリストテレスの前提に抵触することなく，クルアーンにおける神の世界創造を説明しようとしたが，その流出論はある一時点で無から有に至る創造とは質を異にするため，神学者による批判を招くことになる．

ファーラービーやイブン・スィーナーは，その他にもアリストテレス哲学とセム的一神教との間に潜む離齬を解消するための努力を行っている．例えば，自らの理性的霊魂を開発し，能動知性の照明を受けてそれと結合することが哲学者にとっての目標であるが，預言者がもつ特別な能力は，能動知性の人間霊魂に対する特殊な働きかけによって発生すると説明される．世界の終末における復活や来世での賞罰にも，アリストテレス哲学と矛盾する部分が多い．イスラーム神学への譲歩を図ったイブン・スィーナーは，復活を霊魂と肉体の分離として把握し，楽園での報償と火獄での罰を死後の霊魂の状態と理解した．つまり，哲学的鍛錬により生前に能動知性に結合する経験を得た霊魂には，肉体的快楽への欲求は存在せず，肉体の束縛を逃れることは至福の体験となり，生前，肉体的快楽に溺れていた霊魂にとっては，肉体からの分離は永遠の苦痛となるというのである．このようにイブン・スィーナーは，死後に不死となった霊魂に個体性を認めるが，霊魂を「可能的に生命をもつ自然的物体の形相」とするアリストテレスの前提に立てば，死後の霊魂の個体性が維持されるとは考えにくい．また，このような主張は，基本的に終末における肉体をともなった復活を想定する神学にとっても受け入れがたいものであった．世界は永遠であり，神は普遍知をもつだけで個物を知らないとも彼は主張しているが，このような見解も世界の創造と終末，神の全知性を信奉する神学者の立場とは矛盾する．

◆ 4. イスラーム ◆

イスラーム神学への歩み寄りを見せつつも，本質的な離齬も多いイブン・スィーナー哲学に対しては，後に神学者ガザーリーによる批判が浴びせかけられる（後述）．その批判が哲学に与えた打撃は深刻なものであったため，スペインの哲学者イブン・ルシュド（Ibn Rushd, 1126-98）は『自己矛盾の自己矛盾（Tahāfut al-tahāfut）』を執筆し，ガザーリーへの反駁と哲学の擁護に努めた．西欧ではアヴェロエス（Averroes）として知られる彼は，アリストテレス哲学の原点に回帰することを目指していたため，アリストテレス哲学の見地から見て不完全と思われるイブン・スィーナーらの思想をも同時に否定した．例えば，新プラトン主義的な流出論や死後の霊魂の個体性に関する彼らの主張は，イブン・ルシュドにとっては否定されるべきものであった．

イブン・ルシュドは宗教と哲学の調和を説く書も著したが，スペインで反哲学的政策がとられるようになると，彼の執筆した著作は焚書に処されてしまう．その後スペインでは哲学の伝統は消滅したが，イブン・ルシュドの著作の多くが西欧に輸出され，その哲学の後継者はムスリム世界ではなく，中世キリスト教世界に見出されることになった．そのため，ギリシア哲学を受け継いだイスラーム哲学はガザーリーの批判とイブン・ルシュドの死をもって終わり，ギリシアの後継者は西欧となったという言説がかつては主流であった．

しかし，西方イスラーム世界で哲学の伝統が消滅したのは事実であっても，東方イスラーム世界では，シーア派やスーフィズムの神秘哲学においてイブン・スィーナー哲学は継承され，独自の発

展を遂げていた．シーア派神学者ナスィールッディーン・トゥースィー（Naṣīr al-Dīn al-Ṭūsī, 1201–74）に代表される逍遙学派は，イブン・スィーナー哲学の直接的な継承者と言えるだろう．イブン・スィーナーが提起した存在と本質を巡る議論は，存在一性論を主張するスーフィー思想家イブン・アラビー（Ibn al-'Arabī, 1165–1240）の学派と，本質の本源性を主張するスフラワルディー（Shaykh al-Ishrāq al-Suhrawardī, 1154–91）の照明学派との論争に受け継がれ，17世紀のイランにおけるシーア派神秘哲学派，イスファハーン学派のムッラー・サドラー（Mullā Ṣadrā, 1571/2–1640）による両学派の統合に至る．哲学を批判したガザーリー以降の神学においても，イブン・スィーナー哲学の一部は継承されている．

4.7　ハッラージュ

8世紀前半のムスリム世界に，迫り来る終末と来世での罰を畏れ，懺悔の徴として粗末な衣服をまとって禁欲に励む人々が現れた．このような禁欲主義との連続性については不明な部分もあるが，明確な形でスーフィズム（イスラーム神秘主義）が姿を現すのは9世紀のことである．8世紀にバスラで生まれた女性スーフィー（スーフィズム修行者），ラービア・アダウィーヤ（Rābi'a al-'Adawīya, ?–801 or 796/7）は，楽園の希求と火獄への恐れに基づくような信仰を私心の表れとして否定し，己を捨てた神への愛を訴えた．男女間の官能的な愛情を比喩として神に対する熱烈な愛が語られることもあった．こうして神への愛を説くスーフィズムがラービア以降発展することになる．

スーフィズムが台頭しつつあったアッバース朝前期には，イスラーム法の体系化が進みつつあり，法学者とカリフ権力の協力関係も成立しようとしていた．イスラーム古典思想が確立しつつあったこの時代には，イスラーム法の国法化は過度の形式主義化をもたらそうとしており，神学における抽象化し複雑化した神の定義は，民衆の素朴な信仰から遠く隔たってしまっていた．内面的信仰の発露としてスーフィズムが発展した，と考えることもできるだろう．秘教的なスーフィズムには法学の外面主義，形式主義と衝突する要素があり，初期のスーフィーの中には律法や宗教的規範をあえて否定しようとする者も現れた．また，美少年や美女への官能的な愛を通じて神への愛が語られ，神への愛による陶酔が飲酒による酩酊に準えられることもあった．このようなスーフィーのふるまいは，ウラマーたちの反発を招くことになる．

スーフィーたちが最終的に目指すのは，神と合一することであった．さまざまな修行の階梯を経ることによって，スーフィーは現世的欲望や自己意識を滅却していき，最後には神と一体化した忘我状態に至る．自己が消滅した地平に現れるのが神なのである．このような境地を過激な言葉で表現し，ウラマーとの対立を象徴する存在となったのが，ハッラージュ（Abū 'Abd Allāh al-Ḥusayn ibn Manṣūr al-Ḥallāj, 857/9–922）であった．ハッラージュはイランのファールス地方に生まれ，16歳で最初の師であるトゥスタリー（al-Tustarī, 818–896）に学び，後にジュナイド（al-Junayd, ?–910）に師事した．しかし，神への愛や合一体験に沈潜した陶酔状態の後に訪れる素面（酔い覚め）を至高の境地とし，社会規範の遵守を主張する師ジュナイドとは違い，ハッラージュは陶酔を至高の境地と捉えた．

ハッラージュは神とのイッティハード（*ittiḥād*, 合一）やフルール（*ḥulūl*, 神性の受肉）を大胆に説き，バグダードのウラマーだけではなくスーフィーからも非難を受けた．彼は自らが至った境地を語るのに，神秘体験の際に発せられるシャタハート（*shaṭaḥāt*, 酔言）をも用いた．このようなシャタハートの中でもっとも有名なものが，「我は真理（＝神）なり（anā al-ḥaqq）」である．この言葉は，神と自己が融合した境地を語ったものであり，修行の果てに自己が消滅したところに神が現れた状態を示唆しているが，ほとんどのウラマーには恐れを知らない瀆神の言葉として映った．

その後の数年間，ハッラージュはマッカやインドなど各地を旅行し教えを説いたが，バグダードに戻り本格的に自説を教示しはじめる．彼の教えは当地のウラマーにとっては脅威であり，その教えが民衆に広がることを恐れる彼らの言を受け入れたカリフは，909 年に彼への不信仰者宣告 (takfīr) を行う．その後，ハッラージュは 913 年に逮捕・拘留され，922 年には四肢を切り落とされ斬首された後に火炙りにされる．さらにその遺灰はティグリス川に流された．その処刑についてはいくつかの奇蹟譚が伝わっており，切り落とされた四肢からも灰が流された川からも「我は真理なり」という声が聞こえたという．また，殺されたときに滴ったハッラージュの血は，地面にアッラーの文字を描いたという．

ハッラージュの処刑は，初期のスーフィーとウラマーの対立と緊張を象徴するものであった．その死後には，彼のような酔えるスーフィーよりも師ジュナイドのような醒めたスーフィーの言説が力をもつようになり，神と人間の完全な一体化は不可能であるという穏健な立場が主流になる．さらにガザーリー以降，スーフィズムは神学や法学にも認められる存在となっていった（後述）．思想的には，イブン・アラビーを旗頭と仰ぐ存在一性論学派が生まれ，神を存在そのものと規定し，森羅万象はその自己顕現，自己文節化であると考える見方が大きな影響力をもつようになった．

一方，スーフィズムは知的エリートの活動として始まったが，13 世紀以降になると，スーフィー導師の下に結成された教団が民衆の間にも浸透していく．導師らは神の恩寵を特別に授けられており，奇蹟を行うことができる聖者と見なされた．聖者や奇蹟に関する理論が整備される一方で，民衆はこのような聖者の下やその廟に集い，現世御利益や来世での救いを祈願するようになった．カリフ制が消滅した 1258 年以降を指すイスラーム中世においては，ほとんどのムスリムがいずれかの法学派とスーフィー教団に属するようになる．イスラーム教の顕教的側面を律する法学とイスラーム教の秘教的側面を律するスーフィズムは，中世期の思想的両輪となった．また，南アジア，東南アジア，東アフリカ，アフリカといった地域にイスラーム教が拡大する際には，スーフィー教団の教線の拡大による場合が多かった．イスラーム教以外の宗教伝統やアラブ以外の民族伝統を柔軟に取り込むことが多かったスーフィズムは，イスラーム教の拡大にも大いに貢献したのである．

4.8 アブー・ハーミド・ガザーリー

神学，法学，スーフィズムに関する多くの著作を残し，スンナ派思想の形成にもっとも功績のあった人物がアブー・ハーミド・ガザーリー（Abū Ḥāmid Muḥammad ibn Muḥammad al-Ghazālī, 1058-1111）である．1058 年にイラン北東のホラーサーン地方に生まれたガザーリーは，19 歳で大学者イマームルハラマイン・ジュワイニーにアシュアリー学派神学とシャーフィイー学派法学を学び，当時の東方ムスリム世界の覇者セルジューク朝の宰相ニザームルムルク（Niẓām al-Mulk, 1018/20-1092）は，頭角を現しつつあったガザーリーの才能に注目し，1091 年に彼をバグダードのニザーミーヤ学院の主任教授に任命した．彼がこの職に就いていたのはわずか 4 年ほどであるが，この時期には法学や神学に関するさまざまな著作を執筆している．

西暦 10 世紀が「シーア派の世紀」とよばれていることからわかるように，この時代には各地でシーア派勢力が台頭しつつあった．ガザーリーが到着する以前のアッバース朝帝都バグダードは，十二イマーム派（後述）のブワイフ朝の勢力下にあった．一方，10 世紀初頭のチュニジアに勃興したイスマーイール派のファーティマ朝は，969 年のエジプト征服により西方ムスリム世界の覇者になっており，軍事力と自派思想の教宣活動を通じてシリア，イラクなどへの勢力拡大を狙っていた．シーア派は政治的に伸張していただけでなく，10～11 世紀には教義上の整備も進んでいた．このような状況下で，アッバース朝カリフ，カーディル（al-Qādir bi-Allāh，在位 991-1031）以降，

◆ V. カリスマ・聖人列伝 ◆

彼らの言説に対抗する形でスンナ派思想が形成されつつあった．スンナ派主義を掲げるセルジューク朝にとって，各地に建設されていたニザーミーヤ学院は，他派に対抗しうるスンナ派思想確立の場であり，弱冠33歳でウラマーとして最高の地位にまで上り詰めたガザーリーは，その代表者であったといえよう．

正統教義の確立を目指すガザーリーは，競合する諸勢力に対抗する護教の書をいくつか残している．まずは，イスマーイール派論駁のためにアッバース朝カリフに命じられ書いた『ムスタズヒルの書（Kitāb al-Mustaẓhirī）』である．その主な攻撃対象は，イスマーイール派が主張する無謬のイマーム論（当時の同派ではアリーの子孫とされるイマームが同時にカリフでもあった）であり，無謬なる存在とそれへの絶対服従という教義が否定され，ウンマにおける唯一正統な支配者はアッバース朝カリフのみであるとされた．

次にガザーリーが攻撃しようとしたのがイスラーム哲学であった．しかし，イスマーイール派の場合とは違い，ガザーリーは哲学に対しては部分的に評価しており，論理学などの有効性を認めるが，哲学の中の形而上学は不信仰につながるものであるとし否定した．彼は哲学批判の書『哲学者の自己矛盾（Tahāfut al-falāsifa）』を執筆し，あえて哲学の論法を用いることでイブン・スィーナー哲学の矛盾をあからさまにしようとした．彼がそこで護教しようとしたのは，神の全知性，世界の無からの創造と終末，終末における肉体の復活などであり，その結果，イブン・スィーナー哲学における神の個物知の否定，流出論，世界の永遠性，クルアーンが描く来世を死後の霊魂の様態とする教説が否定されることになる．前述の通り，『哲学者の自己矛盾』に対してはイブン・ルシュドが『自己矛盾の自己矛盾』を著し反論に努めたが，哲学を不信仰とするガザーリーの著作はイスラーム哲学に大きな打撃を与えた．

ガザーリーは護教だけでなく正統的な神学と法学の樹立にも尽力した．ガザーリーの神学がアシュアリー学派の範疇内に収まるものなのかどうかについては論争があるが，学院の教授職を辞す直前に書かれた『神学綱要（al-Iqtiṣād fī al-i'tiqād）』などにおいて，彼は原子論に基づく偶因論といったアシュアリー学派伝統の教義をより精緻化している．一方では哲学の中の論理学などを積極的に神学の中に取り込み，彼の哲学的な神学はファフルッディーン・ラーズィー（Fakhr al-Dīn al-Rāzī, 1149-1209）らに受け継がれた．一方，シャーフィイー学派法学者としてのガザーリーは，晩年に法源論の中に哲学的手法を導入した大著を残している．

神学や法学においてガザーリーが見せた八面六臂の活躍は，スンナ派思想の形成に大いに寄与した．ニザーミーヤ学院教授となった彼は，まさに栄光の極致にあったが，あるとき精神的な迷いに直面する．晩年に著された彼の自伝『誤りから救うもの（al-Munqidh min al-ḍalāl）』は，多分に脚色が施されており，額面通りに受け入れるわけにはいかないが，その精神的葛藤とその後の回心を劇的に描いている．この自伝書によれば，伝統的信条への懐疑が心に芽生えたガザーリーは，心の中のニヒリズムを克服するために，一点の疑念も残らない「確実な知」を求めた．ガザーリーは人間理性の限界を認識しながらも，かろうじて理性への信頼を取り戻し，神学，哲学，イスマーイール派，スーフィズムのいずれが真理に至る道なのかを検討しはじめる．その結果彼は，前三者は不完全であるが，スーフィズムの知識と実践にはその可能性があると考えるようになった．彼は，現世への執着を捨て修行の道に入らなければスーフィズムの真価はわからないと考えたが，約6か月間自らが進む道について思い悩み，葛藤の中で心神が衰弱してしまう．そして，ついに現世的なものを捨てる決意をした彼は，学院の教授職をなげうち放浪の旅に出発したという．

その後のガザーリーは，一介のスーフィーとして各地を放浪しながら，厳しい修行生活を送った．そして最終的には，確実な知識と信仰の拠り所がスーフィズムの中にあることを確信する．晩年の彼は大著『宗教諸学の再興（Iḥyā' 'ulūm al-dīn）』を著すが，この書は，ハッラージュが体現したようなスーフィズムの過激な要素をそぎ落と

した上でスーフィズムと既成の諸学を融合し，心身両面において神に近づくための自己鍛錬法を確立した．ガザーリーは古典イスラーム思想の完成者であると同時に，中世的なイスラーム教のあり方を理論的に準備した思想家といえるだろう．

4.9 アフマド・イブン・タイミーヤ

アフマド・イブン・タイミーヤ（Taqī al-Dīn Aḥmad ibn Taymīya, 1258-1328）が北シリアのハッラーンに生まれた13世紀後半は，ムスリム世界にとって未曾有の混乱期であった．チンギス・ハーンの孫フラグがイランに建国したイル・ハーン朝の軍が西進し，1258年にはバグダードを攻め落とし，アッバース朝を滅ぼしてしまったのである．実質的権力は失っていても，少なくとも古典政治思想においては意味をもっていた，カリフがウンマの唯一の支配者であるという政治的，宗教的擬制は，この時をもって完全に崩壊し，民衆の恐怖とウラマーの危機感を煽った．故郷ハッラーンも1271年にイル・ハーン朝軍によって破壊された．イブン・タイミーヤの著作には，モンゴルというイスラームの敵に対する敵意とイスラーム文明に対する危機感が溢れている．

ダマスカスで法学，ハディース学などの諸学を修めたイブン・タイミーヤは，30歳になる前にはハンバル学派法学者として高名な存在になっていた．妥協を許さず歯に衣を着せない彼には敵も多く，1290年代にはいくつかの論争を引き起こしている．一方，1299年から1302年にかけてイル・ハーン朝軍はたびたびシリアを攻撃したが，イブン・タイミーヤは，ときにはダマスカスに迫ったイル・ハーン朝軍と直談判し，ときにはモスクの説教壇から民衆に対しモンゴルへのジハードを呼びかけた．イル・ハーン朝はすでにイスラーム教に改宗していたが，彼は，イスラーム教の基本的な義務を遵守していないような者はムスリムとして認められないと主張し，そのような不信仰者はジハードの対象になりうるというファトワー（*fatwā*, 法学裁定）を出した．従来の法学においては，アブー・ハニーファに代表されるように，ムスリムの内面的信仰を他者が判断し，不信仰者と認定するような事態は避けるべきであるとする立場が主流であったため，特定のムスリム集団を不信仰者と認定し，彼らへのジハードを呼びかけるイブン・タイミーヤのファトワーは革新的であった．

彼が属するハンバル学派は，クルアーンとハディース以外の法源を相対的に低く評価し，ムハンマドの時代にはなかったものを人間が創り出すことをビドア（逸脱）として忌避する傾向が強かった．このような思想的傾向を受け継ぐイブン・タイミーヤは，当時の危機的状況の原因を，モンゴルという外的要因だけではなく，ムスリム世界内部で起こっているビドアにも求めた．彼がビドアとして否定したものとしては，ギリシア哲学，シーア派，スーフィズムが挙げられる．ガザーリーら神学者は，論理学などを神学の中に持ち込んだが，イブン・タイミーヤにとってギリシア哲学やシーア派に由来する要素は排除されるべきであった．哲学など外来の要素を排除し，サラフ（al-Salaf, イスラーム教の初期世代）の時代に立ち返ることが危機の時代には必要である，と彼は考えたのである．また，彼が生きた13～14世紀には，スーフィズムが民間信仰を取り込んで民衆の間に浸透しており，森羅万象を神の自己顕現とするイブン・アラビーの存在一性論が，スーフィーの間では大きな力をもっていた．イブン・タイミーヤは，崇敬の対象になっていた聖石を破壊するなどスーフィズムに対して挑発的な態度をとり，公に存在一性論を非難した．これらのことが原因となり権力者の怒りを買った彼は，1305年と1307年に投獄されてしまう．

四大法学派の寡占状態が確立し，理論的整備が進んだ結果，この時代にはイジュティハード（*ijtihād*, 未解決の問題に関する法規定発見の営為）は積極的には行われなくなっていた．イブン・タイミーヤは積極的なイジュティハードの行使を唱え，硬直化していた法学的権威をたびたび非難し，舌禍事件を起こした．また，イスラーム教の古典的な政治論は，基本的にカリフ論の形を

◆ V. カリスマ・聖人列伝 ◆

とっていたが，カリフ位の消滅はその形骸化をもたらしていた．イブン・タイミーヤは，1258年以降の政治状況を鑑み，共同体がイスラーム的であるかどうか，統治者が正統であるかどうかは，カリフ制の有無ではなくイスラーム法の施行によって測られると主張した．

1326年にイブン・タイミーヤは，聖者廟参詣を禁じるファトワーを出したことを理由に投獄され，1328年に獄死している．同時代における彼の影響はハンバル学派内に限定され，他の法学者やスーフィーから非難され，たびたび投獄されたことからもわかるように，彼の主張はほとんど受け入れてもらえなかった．中世的イスラーム教を支える法学とスーフィズムは盤石であり，彼はそれを変えることができなかった．

しかし，近代になってサラフの時代への回帰を目指すサラフィー主義が台頭すると，彼の思想は再評価される．サラフ世代への回帰，ビドアの排除，イジュティハードの積極的な行使，共同体／政治体制のメルクマールとしてのイスラーム法といった彼の主張は，サラフィー主義以降のイスラーム政治運動の基調となっている．ビン・ラーディン（Usāma ibn Lādin, 1957-2011）がたびたびイブン・タイミーヤの文章を引用していることからわかるように，彼がイル・ハーン朝に関するファトワーで主張した，自称ムスリムへの不信仰者宣告とジハードの実践は，20世紀後半に誕生した，権力者へのテロやクーデターを正当化する理論へとつながっていく．

4.10　ムハンマド・アブドゥ

ムスリム世界の近代は，「西洋の衝撃」に始まる．かつては見下していた西欧キリスト教世界が，科学革命，市民革命，産業革命を経て，18世紀以降には産業，軍事，科学などの面でムスリム世界を圧倒するようになる．ムスリム世界の覇者であったオスマン朝，ムガル朝もヨーロッパ帝国主義によって徐々に侵食されていく．このような危機の時代が到来すると，イスラーム教初期世代の原則や精神に回帰しようとするサラフィー主義が台頭した．18世紀のアラビア半島では「西洋の衝撃」は比較的希薄であったが，イブン・タイミーヤの影響を濃厚に受けた当地のハンバル学派法学者ムハンマド・イブン・アブドゥルワッハーブ（Muḥammad ibn 'Abd al-Wahhāb, 1703-91）が，豪族サウード家と結託し，クルアーン，ハディースの字義通りの解釈とビドアの打破を目指すワッハーブ運動を開始した．彼らがスーフィズムの聖者廟やシーア派のイマーム廟を組織的に破壊すると，その影響はマッカ巡礼を通じてムスリム世界中に広がった．同時代のインドでは，サラフィー主義の視点に立つシャー・ワリーウッラー（Shāh Walī Allāh, 1703-62）が現れ，南アジアに多くの思想的後継者を生み出した．サラフィー主義に関わった勢力の多くは，イブン・タイミーヤに代表されるハンバル学派の影響を受け，積極的なイジュティハードによって，四大法学派による寡占状態がもたらした思想的閉塞の打破を目指す一方で，クルアーンとハディースを強調することで初期世代のイスラーム教を回復しようとし，聖者崇拝やイブン・アラビー思想をビドアとして否定した．彼らの思想は，四大法学派とスーフィズムという中世的イスラーム教からの脱却を目指したといえる．

サラフィー主義の理論を準備した人物が，アフガーニー（Jamāl al-Dīn al-Afghānī, 1838/39-97）とムハンマド・アブドゥ（Muḥammad 'Abduh, 1849-1905）である．イラン出身のアフガーニーは，インドでイギリス帝国主義の脅威を実感した後，1866～79年にはアフガニスタン，オスマン朝帝都イスタンブル，エジプトでイスラーム世界の改革と団結，帝国主義への対抗を説いた．ヨーロッパに滞在しイギリス政界への働きかけを行った後には，故国で1891～92年のタバコ・ボイコット運動の契機を創った．92年には政治的に汎イスラーム主義を宣伝していたオスマン朝スルタン，アブデュルハミト2世（İkinci Abdülhamid, 在位1876-1909）に請われてイスタンブルの宮廷に赴くが，スルタンとの意見の食い違いにより幽閉され，同地で没した．

◆ 4. イスラーム ◆

図5　ムハンマド・アブドゥ

　一方のアブドゥはエジプトに生まれ、1871～79年にアフガーニーがエジプトに滞在した折に彼の弟子となった。師アフガーニーが基本的に革命家、政治扇動家であったのに対し、アブドゥはスンナ派の最高学府アズハル大学でイスラーム法学者として伝統的教育を受けたウラマーであった。1881～82年にエジプトで発生した民族主義運動、アラービー運動に関係したアブドゥは、1882年に国外追放処分を受け、パリでアフガーニーと共に雑誌『固き絆（al-'Urwa al-Wuthqā）』を創刊する。帝国主義に対抗する東洋の団結を説くこの雑誌は、中東の思想家たちに大きな影響を与えた。1888年にエジプトへの帰国を許されたアブドゥは、判事としてエジプト国民法廷に出仕する。イギリス総領事とエジプト副王の信任を得ると、1899年には最高ムフティー（muftī, ファトワー資格者）、立法会議議員に任命され、エジプトの教育、法律改革に関わることになった。しかし、晩年には副王との協力関係が破綻し、1905年に病没した。

　アフガーニーとアブドゥは、西欧帝国主義に対するムスリム世界の連帯と抵抗を説いたが、ムスリム世界の弱体化をも強く意識し、改革の必要性を主張した。そのためには、ムスリムが主体性と理性を発揮し、社会や制度の近代化をめざさなければならないが、そのことは本来のイスラーム教にまったく矛盾しないと彼らは論じる。彼らが理想とするサラフの時代においては、啓示と理性が完全に調和しており、そもそも理性とそこから導き出される科学は、イスラーム教の教えに矛盾しないというのである。彼らによれば、最新の科学的発見はクルアーンの中にすでに現れているのである。そして、中世以降の閉塞状況を打破し、侵略の危機を乗り越えるためには、四大法学派による寡占状態の下で停滞していたイジュティハードを積極的に行使しなければならない。伝統的なイスラーム教諸学問の牙城であったアズハル大学の改革に着手したアブドゥは、それまでのイスラーム法規定に反する大胆なイジュティハードによって、利息の解禁、一夫一婦制の原則化を主張する法判断を下している。

　アフガーニーとアブドゥの改革思想は、護教と近代化を同時に進めようとするものであった。当時のムスリム社会の知識人は、近代教育のみを受けた欧化主義者と、中世以来のイスラーム教諸学に固執する保守的ウラマーに分裂していた。2人は理性と啓示が調和していたサラフ世代への回帰を主張することで、その溝を埋めようとしたのである。しかし、2人の主張は双方の勢力からしばしば非難された。1000年以上の歴史を経て確立したイスラーム法学の規定と、西欧に起源をもつ近代主義との接合には、理論上の困難が多かったのも事実である。

　アブドゥは多くの弟子を育てるが、彼らは主に2つの勢力に分かれる。1つは理性と啓示のうちで前者を優先させた近代主義者であり、女性隔離や一夫多妻制を批判し、女性解放に尽力したカースィム・アミーン（Qāsim ibn Muḥammad Amīn, 1863-1908）や、カリフ制が宗教的政体であることを否定し弾圧を受けたアリー・アブドゥッラーズィク（'Alī 'Abd al-Rāziq, 1888-1966）らがその代表格である。

　啓示の優越と社会のイスラーム化を強調するもう一方の勢力は、レバノン生まれのウラマー、リダー（Muḥammad Rashīd Riḍā, 1865-1935）に代表される。『固き絆』を読み共鳴したリダーは、アブドゥに弟子入りし、雑誌『マナール（al-Manār）』を1898年に刊行して師の教えを広めた。『マナール』を通じてリダーは、イスラーム

教復興の思想を東南アジアに至るまで広めたが，穏健な師に比べイスラーム法学上の厳格さを追究し，政治的により急進的なアフガーニーに近い一面もあった．リーダーの影響を受けたエジプトのバンナー (Ḥasan al-Bannā, 1906-49) は，1928年にイスラーム復興を目指す大衆動員型の政治結社，ムスリム同胞団を結成する．ムスリム同胞団は，シリア，ヨルダン，スーダンなどアラブ世界の各地に支部を形成し，それらからは多くのイスラーム主義思想家とイスラーム政治運動が生まれた．

1956年のエジプトにナセル政権が成立し，同胞団への弾圧を激化させると，同胞団の中に急進的な勢力が生まれる．その代表者でありナセル政権によって処刑されたサイイド・クトゥブ (Sayyid Quṭb, 1906-66) は，イブン・タイミーヤ以来の政治思想を過激な形で解釈し，イスラーム法が施行されずに世俗化した現代エジプト社会を現代のジャーヒリーヤ (jāhilīya, イスラーム教以前の無明時代) として否定し，そのような社会と国家への武装闘争を肯定した．このようなクトゥブの思想は，急進的なクトゥブ主義者を生み出した．彼らの論理では，イブン・タイミーヤがイル・ハーン朝に対して主張したように，ジャーヒリーヤ社会の原因となっている統治者は不信仰者と認定され，ジハードの対象となり，その打倒によってイスラーム法に基づくイスラーム国家が建設されなければならない．1981年のサーダート大統領暗殺は，このような論理に基づいて行われた．サーダート暗殺にも関与し，ビン・ラーディンの副官となったザワーヒリー (Ayman al-Ẓawāhirī, 1951-) もクトゥブ主義の流れをくんでいる．暗殺やクーデターによって統治体制の転覆をめざす過激派と，福祉や教育など草の根的な活動を通じ大衆の教化を図るイスラーム主義多数派との違いは，国家のイスラーム化と社会のイスラーム化のどちらを先行させるのかという点にある．

4.11 ルーホッラー・ホメイニー

シーア派は，イマーム位継承や教義の問題を巡り多くの分派に分かれた．そのうちの一つが9世紀に生まれた十二イマーム派である．十二イマーム派とは，ムハンマド (Muḥammad al-Muntaẓar) を第12代イマームとし，そのガイバ (幽隠) とマフディー (救世主) としての再臨を信じる派であり，当初はイラクやレバノンがその中心であった．16世紀にサファヴィー朝が同派を国教にすると，イランにおける最大多数派となる．同派では無謬の宗教権威であるイマームが不在であったために，法学上の根拠を巡り，法的演繹を否定し預言者とイマームの伝承のみに依拠しようとするアフバール学派と，ムジュタヒド (mujtahid, イジュティハード資格を有する法学者) の理性的な推論は隠れイマーム，ムハンマドの意志に適うとするウスール学派との間で論争が続いていた．その結果，19世紀にウスール学派が最終的に勝利し，やがて大アーヤトッラー (āya Allāh 'uẓmā) を頂点とする法学者の位階制度が発展した．スンナ派の場合とは違い，十二イマーム派法学者は独自の財政基盤を持ち，国家権力を牽制しうる力を有してきた．

ルーホッラー・ホメイニー (Rūḥ Allāh Mūsavī Khomeynī, 1902-89) は，1902年にイラン中央部のホメインで生まれ，同国における十二イマーム派の学問的拠点であるコムなどで法学や神秘哲学を学ぶ．当時のイランを支配していたパフラヴィー朝は，アメリカの支援を受けて上からの近代化を進める一方で，秘密警察を駆使した独裁体制を敷いていた．白色革命とよばれる近代化政策は，社会的混乱を招き，権益を侵されたウラマーの反感が高まっていた．1960年代になってから政治問題について発言するようになったホメイニーは，政策の抑圧性と反イスラーム性，対米追従を非難し，国外に追放されることになった．1965年にトルコからイラクにある十二イマーム派聖地ナジャフに入ったホメイニーは，イランにおける反体制運動を鼓舞しながら学問的研究を深める．

こうして生まれたのが，1970年のナジャフでの講義で論じられた「法学者の統治（velāyat-e faqīh）」論である．

それまでの十二イマーム派法学では，宗教的指導権を握る法学者と政治権力を掌握する王権との分業体制を肯定する考えが一般的であり，政治問題に介入することを避ける法学者が多かった．ホメイニーは従来の学説を超えて，欧化主義や君主制を非イスラーム的なものとして否定した上で，社会全域にイスラーム法を施行するためには，法学者が統治権を掌握するべきであると主張する．この思想がイラン・イスラーム革命のイデオロギーとなる．

ホメイニーはイラクから追放され，パリ近郊に居を定めるが，遠隔の地からイランの革命勢力を支援し続けた．その結果1979年にパフラヴィー朝が倒れると，「法学者の統治」論に立脚したイスラーム共和国という類を見ない体制が成立することになった．新共和国にはイスラームの諸原理が憲法に優越するという規定はあるものの，憲法が制定され，議会と大統領職が存在する．しかし，隠れイマームの代理人，法学者の代表である最高指導者が存在し，行政府・司法府・立法府を掣肘する権限をもつ．

ホメイニーが最高指導者として君臨することにより，イスラーム法学者が国家を監督する体制が開始されたが，アメリカ大使館占拠事件（1979年），ラシュディー事件（1989年）に見られるように新共和国と欧米諸国との軋轢は絶えず，イラン・イラク戦争（1980〜88年）による国内経済の疲弊に苦しんだ．内憂外患の状況下で国家を運営していくために妥協は避けられず，晩年のホメイニーは，イスラーム法の停止とそれに抵触する法の制定を許容するファトワーを出すことになった．1989年におけるホメイニーの死後には，イスラーム法学者による規制に反発し自由を求める声は高まり，1997年にはイスラーム法学者であるが西欧思想にも通じ自由化に理解があるハータミー（Moḥammad Khātamī, 1943-）の大統領就任をもたらした．

欧米諸国はホメイニーの革命思想の輸出を危惧したが，その思想は十二イマーム派法学思想に立脚していたため，スンナ派に与えた影響は限定的であった．スンナ派におけるイスラーム革命論は，イブン・タイミーヤの系譜を継ぐ一部の過激派によって主張されたが，十二イマーム派の隠れイマーム思想やそれに基づいた「法学者の統治」理論は彼らには無縁のものであった．イラン革命はレバノン，湾岸諸国，イラクなどに居住する十二イマーム派を刺激したが，革命政権が成立することはなかった．また，同派の大アーヤトッラーは自らの理性に立脚しなければならず，他者への盲従は禁じられており，大アーヤトッラーの多くはホメイニーの理論を肯定しなかった．イラン革命は世界中のイスラーム過激派を鼓舞したが，それは理論面と言うよりは心情面においてであった．

参 考 文 献

アッタール，F. M.（藤井守男訳）『イスラーム神秘主義聖者列伝』国書刊行会，1998年．
アブドゥフ，M.（後藤三男訳注）『神の全一性論講』ごとう書房，1991年．
井筒俊彦『イスラーム思想史』中公文庫，1991年．
イブン・タイミーヤ（湯川 武・中田 考訳）『イスラーム政治論：シャリーアによる統治』日本サウディアラビア協会，1991年．
小杉 泰『ムハンマド：イスラームの源流をたずねて』山川出版社，2002年．
ガザーリー（中村廣治郎訳）『誤りから救うもの：中世イスラム知識人の自伝』ちくま学芸文庫，2003年．
菊地達也『イスラーム教：「異端」と「正統」の思想史』講談社，2009年．
グタス，D.（山本啓二訳）『ギリシア思想とアラビア文化：初期アッバース朝の翻訳運動』勁草書房，2002年．
クック，M.（大川玲子訳）『コーラン』岩波書店，2004年．
上智大学中世思想研究所，竹下政孝編訳・監修『中世思想原典集成11：イスラーム哲学』平凡社，2000年．
中田 考『ビンラディンの論理』小学館文庫，2002年．
中村廣治郎『イスラム：思想と歴史』東京大学出版会，1977年．
中村廣治郎『イスラム教入門』岩波新書，1998年．
中村廣治郎『イスラムの宗教思想：ガザーリーとその周辺』岩波書店，2002年．
ニコルソン，R. A.（中村廣治郎訳）『イスラムの神秘主義』平凡社，1996年．
ハッラーク，W.（奥田 敦訳）『イジュティハードの門は閉じたのか：イスラーム法の歴史と理論』慶應義塾大学出版会，2003年．

◆ V. カリスマ・聖人列伝 ◆

ベル, R.（医王秀行訳）『コーラン入門』ちくま学芸文庫, 2003 年.
ホメイニー, R. M.（富田健次訳）『イスラーム統治論・大ジハード論』平凡社, 2003 年.
堀井聡江『イスラーム法通史』山川出版社, 2004 年.
リズン, M.（菊地達也訳）『イスラーム』岩波書店, 2004 年.
リーマン, O.（中村廣治郎訳）『イスラム哲学への扉：理性と啓示をめぐって』筑摩書房, 2002 年.
ローゼンタール, E. I. J.（福島保夫訳）『中世イスラムの政治思想』みすず書房, 1971 年.

V. カリスマ・聖人列伝

日本宗教

濱田　陽

5.1　聖徳太子

(1)　生　涯

聖徳太子（574-622）は用明天皇を父，穴穂部間人皇女を母とし，長子として574（敏達3）年に生まれた．太子の名号「厩戸皇子」は『日本書紀』本文にかかげられており，これが実名と考えられる．生前に「聖徳」が用いられた形跡はない．法隆寺金堂の釈迦三尊光背銘に「法皇」の名号があり，のち「法王」，「聖王」，「聖徳」の名号が生じた．

太子の父方，母方の祖母はともに蘇我稲目（?-570）を父とし，この姉妹が欽明天皇（509-571）に嫁いでいる．よって，太子は，欽明天皇という1人の祖父，蘇我氏の血をひく2人の祖母を有していることになる．欽明天皇以後，敏達天皇，用明天皇，崇峻天皇と続くが，いずれも太子の伯父，父，叔父であり，これらの天皇は太子と深い血縁関係にある．また，蘇我稲目の長子で太子と政治の実権をにぎる蘇我馬子（551?-626）は大伯父にあたる．

太子が10歳のときに隋が興り，16歳のときに南北朝を統一（589（崇峻2）年）する．隋は帝国となって周辺国に大きな影響を与えるようになる．後漢滅亡（220年）以降，三国時代（魏，呉，蜀），南北朝を経て，370年ぶりに中国が統一された．太子は，青少年期にこの大変革に遭遇したのである．

蘇我馬子との確執から崇峻天皇が殺害されると，敏達天皇の皇后で太子の叔母にあたる豊御食炊屋姫が即位し，日本最初の女帝である推古天皇（554-628）の時代が始まった（592年）．推古天皇は，翌593年に当時20歳の厩戸皇子を立て，皇太子，摂政とした．太子は日本で初めて仏教を国の宗教として正式に受容することを布告した．

594（推古3）年，高句麗から慧慈（?-623），百済から慧聡が来日する．とくに，慧慈は太子にとって仏教の師となった．太子の仏教に対する造詣の深さは慧慈に多くを負っているといわれる．2人の関係は深く，慧慈は20年間を日本で過ごしている．614（推古23）年に帰国するが，その7年後，太子の訃報を聞いて悲しんだという．そして，自らも翌年の同月同日死んで浄土で太子に会おうと言い，それを実行したと伝えられる．

太子は『勝鬘経』，『法華経』の二経を講じ，『勝鬘経』講経は598（推古6）年に推古天皇に対して行っている．また，『法華義疏』四巻，『維摩経義疏』三巻，『勝鬘経義疏』一巻が，太子の作であるとして『法隆寺伽藍縁起幷流記資財帳』（747（天平19）年）に明記されている．このうち『法華義疏』については，太子自筆の草本といわれるものが法隆寺に伝わっている．義疏は，それぞれの経典の詳しい注釈書であり，経典の意味を説き，教義を明らかにするものである．太子作であることを疑う研究者もいるが，大陸の先行の注釈書を参考にしつつも，執筆者が独自の判断や解釈を示している点が注目される．

◆ V. カリスマ・聖人列伝 ◆

601（推古9）年に後の生活拠点となる斑鳩宮の造営を開始．603（推古11）年から太子の内政改革が始まる．冠位十二階を定め，徳と儒教の五常の徳目（仁礼信義智）を大小に区分し，これを冠名（大徳・小徳・大仁・小仁・大礼・小礼・大信・小信・大義・小義・大智・小智）とした色の異なる冠によって，身分の上下を示した．この冠位は個人の勲功によって昇級した．翌604（推古12）年には『憲法十七条』を発布する．そこには，仏教・儒教・法家思想の影響がみられ，太子の国家観，政治思想がうかがえる．太子の構想した国家は君・臣・民の3つよりなるが，これは仏国世界での仏・菩薩・衆生に対応するもので，菩薩の利他行によって衆生が救われる仏国の理想を実現しようとの意図が読み取れる．

607（推古15）年，小野妹子を国使として隋に派遣，「日出づる処の天子，書を日没する処の天子に致す，恙なきや」の国書を呈した．隋の皇帝煬帝（Emperor Yang of Sui, 569-618）は，翌年裴世清を答礼使として日本に遣わした．これは，5世紀の倭王が中国の南朝諸国に対して行っていた服属外交を清算したものといわれている．614（推古22）年には犬上御田鍬を隋に派遣．また，日本書紀には620（推古28）年に太子が馬子と「天皇記及国記臣連伴造国造百八十部并公民等本記」を録したとある．これは政府による歴史書編纂の最初の試みとして注目される．

622（推古30）年2月22日，太子は飛鳥の斑鳩宮にて没する．49歳であった．

(2) 太子の遺言の射程

聖徳太子の遺言は，「諸悪莫作，諸善奉行」（諸の悪を作そ．諸の善奉行へ）であった（『日本書紀』巻第二三「舒明天皇即位前紀」）．この言葉が，臨終の際，長子の山背大兄王（?-643）をはじめ一族の人々に語られたと伝えられている．これは，本来，「諸悪莫作，諸善奉行，自浄其意，是諸仏教」の四句からなり，「もろもろの悪をなさず，もろもろの善を行い，自らおのが心を浄めよ．これが諸仏の教えである」という意味である．たびたび口ずさんでみれば，シンプルな中にも深遠なメッセージを，太子が現代に生きる私たちに伝えてくれているような気持ちになってこないだろうか．

もともと，この四句は現存する最古のパーリ語経典『ダンマパタ』（Dhammapada）に収められていた．パーリ語は古代インドの俗語であり，公用語であるサンスクリット語より親しみやすいことから上座部仏教経典で広く用いられた．「ダンマパタ」は「真理の言葉」といった意味で，釈迦の語録の形式をとっている．釈迦以前に出現したとされる毘婆尸仏に始まる六仏と釈迦を合わせた過去七仏が，それぞれこの偈（仏教の真理を詩の形で述べたもの）を保っていたというので七仏通戒偈といわれる．『ダンマパタ』を漢訳した『法句経』は太子が生きた飛鳥時代には見られないが，この七仏通戒偈が，釈迦入滅の前後を描き，仏性思想（すべての存在は仏性すなわち仏となりうる可能性をもつとする思想）を説いた『涅槃経』に収められていた．『涅槃経』は，中国，朝鮮半島，日本の東アジア文化圏にまたがる大乗仏教に大きな影響を与え，『憲法十七条』にもその影を読み取ることができる．また，太子が講じた『勝鬘経』は『涅槃経』の仏性思想と通底する如来蔵思想（すべての生物が如来すなわち仏を胎児として蔵しているという思想）を説いていた．こう見ると，『日本書紀』に太子の遺言として採られた言葉は，時間的には『ダンマパタ』に描かれた過去七仏から現代に及び，空間的には上座部仏教と大乗仏教の両方の仏教文化にまたがっているといえよう．

太子が実際に臨終にこの言葉を発したかどうかは想像の域を出ないが，『日本書紀』の記述が太子の仏教思想について貴重な手がかりを提供していることは間違いない．太子は仏教の教えを柱として政治を行うという高い理想をもっていた．百済の聖明王（Seong of Baekje, ?-554）による仏教公伝は祖父の欽明天皇の時代（552（欽明13）年）であった．太子は幼少時より父母によって仏教崇敬の精神を植えつけられたであろう．

太子の仏教は，同じく崇仏派であった蘇我馬子

と比較すれば，単なる思想というにはあまりにも血肉化されていた．「諸悪莫作，諸善奉行」．これを太子の言葉として味わってみれば，時空を超えた普遍性を感じさせるとともに，いい知れぬ孤独が伝わってくる．それは日本において同時代の誰にもまして仏の教えを日常化してしまった者の悲哀かもしれない．

(3) 理想と現実の果てに

たしかに，太子は現実政治家の冷徹な一面も持ち合わせていた．大伯父の蘇我馬子が排仏派の物部氏を相手に戦争を起こしたとき，14歳であったとはいえ蘇我側についている．また，馬子は太子が19歳のときに崇峻天皇を暗殺しているが，これについては，江戸時代の儒学者や国学者が太子を天皇暗殺を容認した人物と解釈し，激しく攻撃している．しかし，20歳で摂政となり，国際社会を見渡しながら現実政治にさらに深く関わっていく中で，当時の最先端思想として太子を導いた仏教は，しだいに秘めたる仏性を目覚めさせる真の教えに変貌していったのではないだろうか．斑鳩宮を造営し，冠位十二階，憲法十七条を制定，遣隋使を派遣し大陸との国交を樹立する．このような政治的活躍の後，晩年の太子は『三経義疏』の著述に没頭している．

遺言の意味をさらに深刻に思わせる史実が太子一族滅亡の悲劇である．推古天皇崩御後，太子の長子山背大兄王（やましろのおおえのみこ）と敏達天皇（太子の伯父にあたる）の孫である田村皇子（たむらのみこ）が皇位後継者として有力視された．いずれが即位しても蘇我氏は天皇の外戚となりえたが，皮肉なことに，山背大兄王は蘇我氏の血が濃くなりすぎており，皇統の血をより深く受けついだ田村皇子の方が蘇我氏一族の発展に有利であった．蘇我馬子は626（推古34）年に病没するが，その子蝦夷（？-645）は山背大兄王を支持した境部臣摩理勢（さかいべのおみまりせ）（蝦夷の叔父，馬子の弟）を殺害，田村皇子が即位し，舒明（じょめい）天皇となる．

舒明天皇が1年で崩じると，蝦夷は今度はその皇后を皇極（こうぎょく）天皇とし，子の入鹿（いるか）（？-645）とともに勢力強化に努める．次に，自身の妹と舒明天皇の間に生まれた古人大兄皇子（ふるひとのおおえのみこ）を皇位につけ，外戚としての地位を確立することが目指された．ここに山背大兄王は，蝦夷・入鹿親子にとって明らかな障害となったのである．643（皇極2）年，ついに入鹿は斑鳩宮にいる山背大兄王とその家族を巨勢徳太臣（こせのとくだのおみ）らに襲撃させる．

不意をつかれた山背大兄王は，一族を率いて生駒山に隠れる．そして，蘇我氏と戦うために挙兵を進言されるのだが，この窮地に際し，「勝つためには十年も万民を無益な戦いにわずらわせることになる．そうすれば，勝ったとしても意味はない．身を捨てても国を固めることができるなら」と述べて挙兵を断るのである．入鹿の軍に迫られた王は，斑鳩寺（法隆寺）に入り，妻子一族十数名すべて巨勢徳太臣らの囲む塔の中で首をくくり果てたといわれている．

「諸悪莫作，諸善奉行」．太子が自らの一族のこのような運命を予感していたかどうかは定かではない．明らかなのは，この世において太子の理想を受けついだ一族が，悲劇的最期を迎えざるをえなかったことである．むろん，太子が山背大兄王の立場にいたならば，蝦夷・入鹿の動向を洞察し，政治的妥協をはかりながら対処することができたかもしれない．山背大兄王はナイーブすぎたのだろうか．しかし，理想の創造者は自らの理想の犠牲となる弱者についてもなお自覚的でなければならないとすれば，この史実から，太子の理想主義の無効を指摘されたとしても仕方がないことかもしれない．

ところが，太子一族を滅ぼした蝦夷・入鹿も，そのわずか2年後，大化の改新（645年）で中大兄皇子（えのおうじ）（626-672）と中臣鎌足（なかとみのかまたり）（614-669）によって滅ぼされ，蘇我氏一族も滅亡してしまう．理想を生きた太子一族，パワー・ポリティクス（権力政治）を貫いた蘇我氏一族，ともに姿を消したわけである．仏教をパワー・ポリティクスに利用しつくそうとした蘇我氏であるが，利権獲得に理想を利用する行為は，結局は滅亡に至る道であった．逆に，いかにすれば理想を現実化できるのか．パワー・ポリティクスのただ中に仏教の理想を注入しようとしたのが太子であった．太子の遺

◆ V. カリスマ・聖人列伝 ◆

図1　弥勒菩薩半跏思惟像（広隆寺）

言は，釈迦の聖句に共鳴しながら，私たちに古くて新しい課題を提示しつづけている．

京都太秦の広隆寺に伝わる弥勒菩薩半跏思惟像（宝冠弥勒）は，この世的にはいまだ実現されずにいる太子の理想を仏像のかたちで表現しえた稀有な作例だといえるかもしれない．日本書紀には，聖徳太子が秦河勝に仏像を与え，また太子没後にも新羅と任那の使者が太子のために献上した仏像を秦寺に安置したとの記述がある．それらの仏像がこの弥勒菩薩半跏思惟像であるのか，また，この像がどこでつくられたのかについては諸説分かれ，定説がない．しかし，この像に衝撃を受けたドイツの哲学者カール・ヤスパース（Karl Theodoor Jaspers, 1883-1969）の次の言葉に耳を傾けるとき，私たちは太子が生きようとした教えのスケールの大きさを，ため息とともに想起するだろう．「それは地上に於けるすべての時間的なるもの，束縛を超えて達し得た人間の存在の最も清浄な，最も円満な，姿のシンボルであると思います．…これほど人間実存の本当の平和な姿を具現した芸術品を見たことは，未だ嘗てありませんでした．この仏像は私たち人間の持つ心の永遠の平和の理想を真にあますところなく最高度に表徴しているものです．」

5.2　空　海

(1)　「真魚」誕生から入唐まで

空海（774-853）は幼名を真魚といい，佐伯田公を父，阿刀氏の娘を母として讃岐国多度郡弘田郷屏風ヶ浦（現在の香川県善通寺市）に生まれた．仏教公伝から216年後，聖徳太子の死から152年後，聖武天皇による東大寺大仏の造立発願（743（天平15）年）から31年後のことである．佐伯氏は，5, 6世紀頃，大和朝廷の征服によって捕虜になった蝦夷（アイヌ人）であったといわれる．空海の父方は古代日本における被征服民族の末裔ということになる．また，母方は帰化系氏族といわれている．なお，平安時代末期には法隆寺に密教が入り，空海が聖徳太子の生まれ変わりだとする信仰も起こっている．

14歳のときに（788（延暦7）年）入洛し，15歳から母方の伯父の阿刀大足について文書を習った．18歳で大学に入学するが，退学．一沙門より虚空蔵求聞持法（無限の知恵をもつとされる虚空蔵菩薩を本尊として，記憶力増強等を求めるための法）を示され，四国に渡り，阿波の大竜岳，土佐の室戸崎などで勤行を重ねた．22歳で東大寺戒壇院にて具足戒を授けられ，法号を空海とする．24歳で『三教指帰』三巻を著し，儒教・道教・仏教の三教の優劣を論じ，仏教をもっとも優れた道であると結論した．同時に著した空海自筆の『聾瞽指帰』二巻（高野山金剛峯寺蔵：国宝）が現代に伝えられている．これは『三教指帰』の原作にあたる．

『三教指帰』執筆から入唐までの数年間は，海の生涯でもっとも謎の多い部分であるが，この間に大和の久米寺東塔下で『大日経』を感得したという言い伝えが注目される．入唐した直接の動機が，この『大日経』の精髄を探求しようというものであったと考えられるからである．そこに説かれる大日如来は，密教の本尊で，大いなる遍照者（太陽のように暗闇を除きすべてを照らす宇宙の根本の仏）を表す．

30歳になった空海は，804（延暦23）年5月

—666—

12日，遣唐大使藤原葛野麻呂に従い，第一船に乗って難波津を出発．このとき，第二船で同じく唐に渡った7歳年長の最澄（767-822）が，すでに一家をなした還学生だったのに対し，空海は留学生であった．還学生は短期滞在での視察を目的とした高い地位であるが，留学生は20年の長期にわたって留まり研究を行う相対的に低い身分である．空海の乗った第一船は7月6日肥前田浦（現在の長崎県北部）を発ち，途中で遭難した後，10月3日福州に漂着．苦難を乗り越え，空海が都の長安に入ったのは，それから2か月以上過ぎた12月23日のことであった．

空海は，長安の諸寺を訪ねて師を求め，805年5月下旬に青竜寺の恵果に出会って師とすることができた．恵果は，多くの経典を漢訳して密教を中国に広めた不空（Amoghavajra, 705-774）の弟子であり，密教の正統を受け継いだ高僧である．その恵果が，不思議なことに異国の新参者である空海に，次々に灌頂（師が仏法を授け，弟子が受ける儀式）を授けている．6月13日に胎蔵界灌頂，7月上旬に金剛界灌頂，8月10日に伝法灌頂を与え，遍照金剛の密号（この世の一切を遍く照らす最上の者を意味する）を授けた後，12月15日に60歳で他界している．空海は弟子を代表して恵果の墓碑銘の碑文を撰し，自らこれを書いているが，2人の出会いはそれほど決定的なものであった．

(2) 帰国後の活躍

目的を達したと考えた空海は806（延暦25）年10月，20年と定められていた留学期間を早々に切り上げ，遣唐副使の船で帰国してしまう．これは明らかに違法行為であったため，『御請来目録』を書いて唐での留学成果を示し，禁を犯して帰国する理由を説明している．彼が持ち帰った教えは，密教運動が興ったインドから中国に渡り活躍した金剛智，そしてその弟子であり恵果の師である不空によって伝えられた直結の仏法である．その仏法を請来した品が，新旧訳経典，サンスクリット文献，経典注釈書，曼荼羅図像，密教法具，恵果伝来の品の6種に大別されている．

空海は，帰国後，大宰府（福岡県太宰府市）や和泉国（大阪府和泉市）の槙尾山寺に滞在する．槙尾山寺は20歳のときに剃髪し仏教僧となったゆかりの地であった．京の都に入るのを許されたのは，帰国後3年経過した809（大同4）年の秋であり，高雄山寺（神護寺・京都市右京区）に滞在した．この年，平城天皇が退位し，後に空海のパトロン的存在となる嵯峨天皇（786-842）が即位している．

812（弘仁3）年，高尾山寺で最澄ら4人に金剛界灌頂，同じく最澄ら145人に胎蔵界灌頂を授けた．ところが，師の恵果から受けた伝法灌頂については，その後，最澄にさえ授けるに至っていない．伝法灌頂は，前二者とちがって密教の阿闍梨位と究極の法を授けるものである．

空海と最澄の交流は，809年（大同4）に最澄が空海に密教経典を貸してほしいと願い出た手紙に始まり，文通を主としながらも続いていたが，816年に空海が最澄に対して経典『理趣釈経』の借用を拒否した手紙でほぼ終止符が打たれている．『理趣釈経』は『理趣経』の注釈書であり，恵果の師にあたる不空が訳した密教の重要経典である．『理趣経』の特徴は，悟りの境地を男女の性的快楽のシンボルを用いて描いていることにある．たとえば，その冒頭は「男女の交わりの完全な恍惚境，それは実に菩薩の境地である．ひと眼惚れの楽しい心地，それは実に菩薩の境地である．」（妙適清浄の句，これ菩薩の位なり．欲箭清浄の句，これ菩薩の位なり）という文句で始まる．空海が『理趣釈経』を貸すことを拒んだのは，文献を通じてのみ密教を理解しようとし，自ら手間をかけて伝法灌頂を受ける姿勢を示さない最澄に不信感をもったためと考えられる．『理趣釈経』のように性的シンボルに満ちた経典が最澄の下で写経され，密教そのものの修行体験がない多数の学僧に文献としてだけ流布してしまうことに，空海は危惧の念をもったのであろう．

816（弘仁7）年，高野山の下賜を朝廷に申請し，818年に禅院を開いて密教の中心地とした．これが金剛峰寺である．また，821年には故郷讃岐国（香川県）の満濃池の洪水を防ぐため拡張

◆ V. カリスマ・聖人列伝 ◆

図2 空海

工事を指揮している．823年，嵯峨天皇より東寺（京都市南区九条）を下賜され，教王護国寺と名づけて都における密教の根本道場とした．828年，東寺の東隣に庶民の子弟教育のため日本初の私立学校として，綜芸種智院を設立した．

830（天長7）年，空海は主著『秘密曼荼羅十住心論』を著している．その巻第十に「秘密荘厳住心とは，すなわちこれをつきつめていえば，自らの心の源底を覚知し，ありのままに自らの身体の数量を証悟するのである．いわゆる胎蔵海会の曼荼羅と，金剛界会の曼荼羅とが，これである」として，心の最高段階である「秘密荘厳住心」に説き及んでいる．曼荼羅はサンスクリット語mandalaの音写で本質の具有を意味する．そして，胎蔵界曼荼羅は母の胎内に子がやどるように，仏の慈悲深い心が蔵されている世界を表し，金剛界曼荼羅はダイヤモンド（金剛石）のように堅固な仏の智恵の世界を表す．いずれも図像に描かれ，本尊の大日如来の豊穣な現れを示すものである．

空海は，京都の東寺と高野山の間を往復しながら活動を続け，834年には平安京の皇居西に真言院を設け，玉体安穏・国家隆昌・五穀豊穣・万民豊楽を祈願する秘密真言の法を行う後七日御修法は宮中恒例の儀式となった．亡くなったのは835（承和2）年3月21日，空海自らが永遠の密教の中心地とした高野山においてであった．

(3) 『三教指帰』と教の共存

空海はたしかに仏教を儒教，道教よりも上位においたが，最初の著作である『三教指帰』を読めば，空海の本意が，決して仏教以外の思想の排除ではなかったことがわかる．20世紀になってキリスト教の側から唱えられた宗教間対話論の類型に，排他主義，包括主義，多元主義という考え方がある．それぞれ，キリスト教の他宗教に対する立場を示すのみならず，一般に諸宗教間の関係を構想する際にも，しばしばこのモデルが用いられ議論されている．簡単にいえば，排他主義は1つの宗教以外には救いがないとする立場，包括主義は他の宗教も1つの宗教のなかに含まれ救いにあずかるとする立場，多元主義はそれぞれの宗教による救いを認める立場である．しかし，空海の他宗教への姿勢は，こうした3つのモデルのどれに入るともいえないものだろう．それは，多元主義と包括主義の両方の性格を含んでいる．つまり彼は，他宗教の教えの個性を生かしながら，それを，密教を頂点とする世界に包容していく．この姿勢は，晩年になるにしたがって深められ，57歳の主著『秘密曼荼羅十住心論』にまで通じていく．あえていえば包容主義とでも表現するしかないものだろう．

『三教指帰』は，空海が青年にして身につけた膨大な漢籍の知識をちりばめ，四六駢儷体という当時流行した漢文体を駆使しながら独自のストーリーに組み立てた作品である．巧妙なドラマ仕立てで三教の優劣が論じられている．自らの甥を兎角公子の放蕩息子・蛭牙公子として設定し，彼を立ち直らせるために亀毛先生が儒教を，虚亡隠士が道教を，仮名乞児が仏教を説いていく．亀毛先生のモデルは伯父の漢学者・阿刀大足，空海自らも仮名乞児として登場する．この作品は，空海の大学中退の理由（儒教を身につけ官僚となって立身を目指すことをやめ，仏の道に進むこと）を親族に示すだけでなく，入唐の際にも携行され，彼の知力筆力を留学の地で証明するのにも用いられた．亀の毛，兎の角など実在しないものを使って仮名とする配役の妙が楽しく，内容もどこかユーモラスで，自信に満ちあふれている作品である．

心を入れ替えての立身出世（儒教の道）を温かく諭す亀毛先生の話に，蛭牙公子は早々と納得するが，虚亡隠士が加わり道教の不老長寿説を述べると，亀毛先生，兎角公子，蛭牙公子の3人は虚亡隠士の前にひざまずく．ところが，おもむろに仮名乞児が現れ，仏の教えを明らかにし，最後には虚亡隠士を含む4人が，自分の過去の悪業を恥じ，躍りあがって喜ぶに至る．結びに仮名乞児は3つの宗教を十韻の詩にまとめて，歌として親しむことをすすめる．その詩には，「日月の光は暗い夜の闇を破り，儒・道・仏の三教は愚かな迷いの心を導く／衆生の性質と欲求はさまざまであるから，医王如来の治療法もさまざまである／…／今や三界の束縛の苦を知った，俗服を脱ぎ捨てて出家するがよい」と謡われている．

ところで，空海という法号は空と海を意味するのではなく，空の海を意味するという説がある．空とは物や心を実体として見ることを否定する立場をさす．『三教指帰』のなかに「生死海」という言葉が出てくるが，これは生死のはてしない輪廻の迷いを海にたとえた，仏典でよくつかわれる慣用句である．つまり空海とは，この生死海を空の海に転じたものと解することができる．この世の世界をそのままさとりの世界に転じる．つまり，一切を空と見ることによって，あらゆる苦悩を，生死の豊かさを残したまま，取り除こうとする．つまり，空海という法号は，この身のまま仏になる即身成仏の思想を説いた密教思想に直結している．そして，その密教思想を，この世に存在する多様な教えをも包みこんでいくことのできるものとして，彼はとらえていたのだろう．長安で景教（ネストリウス派キリスト教）の信者にも出会ったと推定される空海のこうしたヴィジョンが，21世紀においてはたして有効であるか否かは興味深い問いである．少なくともキリスト教の宗教間対話モデルとはおもむきの異なるユニークな相互関係モデルとして，複数の教えの共存の新たなヒントになりうるのではないだろうか．

5.3 親　　鸞

(1) 生　涯

親鸞（1173-1262）は，藤原氏一門の下級公家日野有範を父とし，1173（承安3）年，日野（京都市伏見区）の地に生まれた．幼少のときに亡くなった母については明らかでない．9歳の春に出家し，青蓮院（京都市東山）の慈円（1155-1225）の門に入る．その後比叡山で20年間修学に励んだが，29歳で下山．京都の六角堂に百日参籠したところ，95日目に聖徳太子の示現を得たといわれる．その後，東山吉水の法然（1133-1212）を訪ね，阿弥陀如来の専修念仏の道に入った．

35歳の頃，奈良の興福寺が法然の専修念仏禁止の奏状を朝廷に提出するなど弾圧が強くなり，1207（承元元）年2月，弟子の住蓮・安楽らは死罪，法然・親鸞らは流罪となった．これは承元の法難といわれ，法然は讃岐国，親鸞は越後国国府（新潟県上越市）に流された．親鸞は俗名として藤井善信を与えられたが，これ以降，愚禿と自称し，僧でも俗人でもない非僧非俗の生活を信条としている．1211（建暦元）年に赦免されるが，なお越後国に留まり専修念仏の教えをひろめた．妻恵信尼（1182-1268?）との結婚は，在京中か越後においてかは明らかでない．ほぼ37歳頃から恵信尼と暮らしている．

1214（建保2）年，家族をともない上野国佐貫を経て常陸国（茨城県）に移り，以降およそ20年笠間郡稲田に住み，教えをひろめた．この間，真仏・顕知，性信，順信，唯円，善性，如信（親鸞の孫）など多くの門弟が輩出し，それぞれ小集団を形成して，初期教団を構成した．

親鸞の教義は，自己の凡夫であることの徹底した自覚に基づき，ひたすら阿弥陀仏の救済の本願の力を信じることを説き，自力精進や呪術信仰を徹底して否定するものであった．主著『教行信証』は，東国在住中に初稿本を完成し，のち晩年にいたるまで推敲が重ねられている．著作は，『教行信証』六巻の他，『愚禿鈔』二巻，『浄

土文類聚鈔』,『浄土和讃』,『高僧和讃』,『正像末和讃』,『皇太子聖徳奉讃』,『入出二門偈頌文』,『浄土三経往生文類』,『尊号真像銘文』,『一念多念文意』,『唯信鈔文意』,『如来二種廻向文』,『阿弥陀如来名号徳』など多数に及ぶ.また,『末燈鈔』,『親鸞聖人御消息集』,『親鸞聖人血脈文集』などに収められた消息類,唯円編『歎異抄』,『恵信尼文書』なども,親鸞を知る重要史料である.

1234（天福2）年鎌倉幕府が専修念仏を禁止している. 1235（嘉禎元）年, 63歳の頃, 恵信尼との間にできた末娘でまだ10歳ほどの覚信尼をともなって京都に戻るが, 帰京後も門弟の教化に努め, 一箇所に定住していない. ところが, 東国教団で大問題が持ち上がる. 長男の善鸞が, 東国教団に現れはじめた異端者の先頭に立ったのである. 1256（建長8）年5月29日付の親鸞の「義絶状」によれば, 善鸞は, 親鸞が東国門弟に説いた教えを虚言とし, 善鸞一人に秘授されたものが正しいとして, 教義の中心である阿弥陀仏の衆生救済の第十八願をしぼめる花にたとえ, また継母（恵信尼）に言い惑わされたと宣伝し, 東国門弟を鎌倉幕府や六波羅探題に訴えたりしたという. 晩年の親鸞が受けねばならなかった大きな試練であった.

1262（弘長2）年11月28日, 親鸞は, 京都の左京押小路南万里小路東の地に亡くなり, 洛東鳥部野延仁寺で火葬, 大谷に納骨された. 90歳であった. 家族は, 善鸞・印信・明信・道性の四男と覚信尼・小黒女房・高野禅尼の三女の7子があったと伝えられるが, 全体は確証しえていない.

(2) 夫の夢, 妻の夢

29歳で比叡山を下りた親鸞が, 洛中の太子霊場である六角堂（頂法寺）に百日参籠し, 95日目の夜明け時に本尊である聖徳太子（救世観音菩薩）の夢告を得た話は有名である. その内容は,「行者よ, 業が深くてもし女性との肉体関係を求めてしまうというのなら, 私が美しい女性の身体となって関係し, 一生の間立派なものにして, 命を終えるときには導いて極楽浄土に生まれさせてあげよう」（行者宿報ありてもし女犯せんに, われ玉女の身となりて犯され, 一生の間能く荘厳して, 臨終には引導して極楽に生ぜしめん）というものであった. 親鸞はこの夢告を,『親鸞夢記』などに大切に書きとめ, 以後の行動の指針とした. また, この「女犯偈」を自ら心に刻み込んだばかりでなく, 家族や門弟にも伝えている.

ところで, 彼の妻については1人説・2人説・3人説がある. この中で, 唯一明らかで, 生涯つれそい, 親鸞が晩年京都に移ってからも温かい交流をつづけたのが10歳年下の恵信尼である. 親鸞は, この夢告を想い, 自らの妻を眺め, 想起するとき, しばしば心の中で彼女が聖徳太子を介して観音菩薩に重なるイメージを抱いたのではないだろうか. つまり, 非僧非俗となった親鸞は, つれそった女性を生身の異性とみると同時に, 単なる人間を超えた存在としてもみていたということだ. 観音菩薩はサンスクリット語 Avalokiteśvara（アヴァローキテシュヴァラ）の漢訳で, 世の人の救いを求める声を知るとただちに救うという意味から, もともと観世音と訳された. 菩薩は, 本来さとりを求めて実践する者を示す. 観音菩薩は, 浄土宗, 浄土真宗の本尊である阿弥陀如来の左脇におり, 求めに応じてさまざまに姿を変え, 救いをもたらすと考えられた. 親鸞にとって妻は異性であるとともに, 仏（阿弥陀如来）と人間（自分）の間に立ち, 救いへと導いてくれる貴い存在であったのだろう.

では, 妻恵信尼にとって親鸞はどのような存在だったのだろうか. 興味深いことに, 1921（大正10）年冬, 西本願寺の宝庫で発見された『恵信尼消息』をひもとくと, 彼女もまた不思議な夢を見ていたことがわかる. その夢を恵信尼は親鸞の生前, 誰にも語ることがなかった. ところが, 娘の覚信尼から親鸞が逝去したとの知らせを受けて, 返信の中で初めて内容を明かすのである.

　　常陸の国の下妻というところにある, 境の郷というところにおりましたときに夢を見ました. …東向きにお堂が建っていましたが…

◆ 5. 日 本 宗 教 ◆

図3　親鸞

お堂の前には立て燭し（ロウソク）が明るく輝いていました．…ちょうどお堂の前に，鳥居のようなものがあり，その横に渡したものに，仏の絵像がお掛けしてありますが，一体は仏のお顔ではなく，ただ光の真ん中が仏の頭光のようで，はっきりしたお姿はお見えにならず，ただ光ばかりが輝いておいでになります．もう一体ははっきりした仏のお顔でおいでになるので，「これはなんという仏でおいでになりますか」と申しますと，答えるひとはどなたともわかりませんが，「あの光ばかりでおいでになるのは，あれこそ法然上人でおいでです．つまり勢至菩薩でいらっしゃいますよ」と申しますから，「さてまた，もう一体は」と申しますと，「あれは観音でおいでになりますよ．あれこそ善信（親鸞）のご房ですよ」と申されるのに気がついて，眼がさめたのですが，それこそは夢であったのだ，と思ったことでした．…殿を観音と見たことは申しませんでしたが，心のうちでだけは，その後はけっして世間普通の方とお思いすることはありませんでした．（『恵信尼消息』）

阿弥陀三尊では，阿弥陀如来を中心として，左に観音菩薩，右に勢至菩薩が置かれる（この場合，阿弥陀如来からみた左右をさす）．勢至菩薩は，知恵の光でいっさいを照らす菩薩で，知識と徳に優れた師法然がたとえられるのは自然といえる．この法然のことだけを恵信尼は親鸞に話し，話の核心は秘めておいたという．

注目すべきは，恵信尼も夢の中で親鸞を観音菩薩に重ねていることだ．2人は，彼らの言葉を用いれば凡夫（煩悩に苦しむ者）であるとはいえ，この見方は，互いに互いを人間とのみとらえる普通の世俗的な夫婦関係とはあきらかに異なった夫婦像であろう．彼らは，互いを人間（異性）とみながらも，同時に，その生身の身体の背後に，仏（阿弥陀如来）へと導いてくれる，性差を超えた貴い働きをみている．そして，おそらく，互いを人間とだけみないところから相手に対する敬意や感謝，細やかな愛情が生まれていたのだろう．こうした関係は，無宗教の夫婦やカップルの多い現代にも，示唆を与えるところが少なくないのではないだろうか．親鸞が当時としては例外的な90歳という長寿を全うできたのは，幼少期よりの比叡山での鍛錬のたまものともいわれるが，恵信尼との菩薩夫婦の安定した共尊関係も見落とせない長寿の秘訣だったかもしれない．なお，恵信尼も87歳頃まで生きたと推定される．恵信尼が娘（覚信尼）に夢の内容を書き送ったのは，親鸞の他界という教団と家族の大きな節目に，信仰を伝えておこうとする想いが浮かんだためであろう．しかし，同時に，愛情細やかでいて尊くもある夫とのユニークで不思議な関係を，同性の理解者に打ち明けたいという気持ちも働いていたのではないだろうか．

(3) 時計回りの軌跡，悪に浸透した光

親鸞の生涯の足跡をたどると，京都を起点とし，また終点とする時計回りのゆるやかな軌跡を描いていることに気がつく．すなわち，京都で生まれ法然の専修念仏と出会い，35歳で越後（北陸）に流され，42歳で関東（常陸）に移住．63歳で箱根を通って京都に帰り，90歳で没している．京都で62年，北陸で7年，関東で21年過ごした計算になる．大雑把にいって京都時代の9分

◆ V. カリスマ・聖人列伝 ◆

の1が北陸時代，3分の1が関東時代である．このようにみると京都時代の長さが目につくが，布教の観点からは，壮年期を過ごした北陸・関東時代の重要性を見落とすことができない．

越後で親鸞は法然のもとで学んだ専修念仏の深化に努めたことだろう．そして流罪が許されてからも，法然が帰った京都には戻らず，なお3年留まりつづけ，その後，今度は常陸に移動する．結局，親鸞は師に再び相見えることはなかった．親鸞を京都に戻らせず，関東に行かせた原因は何だったのだろうか．決定的な史料はない．

しかし，確かなことは，彼の専修念仏は，関東の地において清水が岩に滲みこむように広がっていったということだ．それがなぜかを推測するには，貴族支配から源平の合戦をへて初の武家政権（鎌倉幕府）へといたる血で血を争う当時の世相を考えてみなければならない．関東武士や農民たちは，人間悪の徹底的な奈落から，その底知れぬ暗闇から，救いの光を求めて呻いていたのである．

『歎異抄』13章から，弟子唯円が書きとめた親鸞の肉声に耳を傾けてみよう．「またあるとき，『唯円房は私のいうことを信じるか』と仰せられたところ，そうですと申し上げれば，『それならば私のいうことに違わないか』と重ねて仰せられたところ，謹んで了承申しましたらば，『たとえば人を千人殺してくれ，そうすれば往生が定まるにちがいない』と仰せられたときに，仰せにはあこりますが，一人も私の器では殺すことができると思えませんと申し上げると，『ではなぜ親鸞のいうことに違わないというのか』と．『これにて知りなさい．何事も心にまかせてすることならば，往生のために千人殺せといわれると，すなわち殺すだろう．そうであるけれども，一人も殺すことができる業縁がないゆえに害さないのだ．我が心が良くて殺さないのではない．また害すまいと思っても，百人，千人を殺すこともあるのだ』」．

この言葉を聞けば，それが，親鸞の時代から800年近くを経た現代にも通ずる人間観察を示しているようにも思われてくる．世界中で宗教的テロリズム，宗教的ナショナリズム，文化的ナショナリズムが政治の表舞台に噴出し，多くの人間が生きることと死ぬことの意味を「宗教」と「文化」に求め，性急な誓いのことばにのせている．だが，そこに親鸞のような人間存在への透徹した凝視があるだろうか．60代に京都で描かせたという鏡御影の親鸞像を見ていると，その視線の鋭さに一瞬目をそらしたくなるほどだ．関東武士や農民たちは，親鸞が凝視した透徹した空間の先に見えてくる信仰世界にこそ，自分たちの生きる意味を発見できたのかもしれない．

活路を見出すためには，どれほど底なしでも，自らの現実を捉えなければならない．親鸞の視線が見つめる空間に自らの姿を見出した彼らは，そこに救いの光が，そこはかとなくさしこんでいることの不思議に気づき始める．それは，南無阿弥陀仏（親鸞は「なもあみだぶつ」と読む）という言葉をとなえることと関係している．

なも・あみだぶつとは，無限の空間・時間のひかりといのちの体現者（＝あみだぶつ）に，帰依します（＝なも）という意味だ．あみだぶつは，無量光すなわち無限の光を示す．この光は，悠久の過去に王位を捨てて出家し，法蔵という菩薩となったある存在者に由来している．この菩薩は，一切のものを救おうと考えて48の願を立てた．そのもっとも重要な本願が第十八願である．「たとえ私が仏になれるとしても，十万の衆生が，私の心をとめて信じて，私の国に生まれようと欲して，私の名を十回でも念じ，それでも生まれることができなければ，仏にはなるまい．」

法蔵菩薩は，この本願をとっくに成就して，阿弥陀仏となって，今，彼の国，西方浄土で永遠の救いを説きつづけているのだ．救いはあなたの心の思いはかりによって決まるのではない．だからとなえなさい．ただあなた一人のためにもその光は救いの国につつみとってくれるのだ…「善人なをもて往生をとぐ，いはんや悪人をや.」（『歎異抄』第3章）．

人間の闇を光のさす空間として示すことのできた親鸞のこの声を，闇をのぞいていたからこそ，当時の人々は聞き分けえたのだろう．

法然が開拓し，親鸞に極まるこの信仰世界を，

◆ 5. 日 本 宗 教 ◆

現代人が感得するにはいかなる手続きが必要だろうか．阿弥陀仏は両脇に，自らの知恵と慈悲をあらわす化身として勢至菩薩，観音菩薩を従えている．法然，親鸞から800年．知恵と慈悲の修行者は，いかなる分野において再びあらわれるのだろうか．

5.4 道　　元

(1) 生　涯

　道元（1200-53）は源通親（内大臣）を父，藤原基房（摂政太政大臣）の娘伊子を母として小幡（京都府宇治市）の松殿山荘で生まれた（1200（正治2）年）．母伊子は16歳で木曾義仲（1154-84．源頼朝（1147-99）の従弟で武将）の妾となり，後に30歳で50歳の源通親の側室に嫁ぐ．伊子は非常な美女であったといわれるが，父基房は当時の新しい権力者，木曾義仲と結びつき，娘をその室に入れたのである．ところが義仲は失脚し，一家再興のために今度は年老いた実力者通親と結婚させられたわけである．道元が，人間が本来もつ異性や権力への欲望に対し，きわめて清廉潔白なのは，母の生涯が影を落としているためであろう．

　3歳で父，8歳で母を亡くし，出家は母の遺言であった．比叡山で14歳から18歳まで4年間修行している．18歳で下山し，栄西（1141-1215）が開山した建仁寺（京都市東山区）に入る．下山の理由は，僧兵が置かれ，山門派と寺門派に分かれて派閥争いが絶えない天台教団から身を引いたためと，天台の伝統的な教学である本覚思想に疑問をいだいたせいであるといわれている．しかし，道元の疑問は，建仁寺でも解けず，入宋を考えるようになる．1219（承久元）年に3代将軍源実朝が暗殺され，1221（承久3）年に後鳥羽上皇による承久の乱が起こるなど，政変によって当時は南宋との交通は途絶えがちであったが，道元の情熱はゆるぎないものであった．

　1223（承応2）年3月，24歳で博多から兄弟子の明全と中国南宋の寧波（上海の南の国際貿易港）に渡る．1225（嘉禄元）年，26歳にして天童山景徳寺で63歳の如浄と出会い，師とすることができた．このときの修行で身心脱落のさとりを体験した話は有名である．

　1227（安貞元）年の秋，4年半にわたる中国での修行を終え，如浄から悟りの証明である嗣書を受けついだ道元は，帰国して建仁寺に入り，禅の実践的勧めである『普勧坐禅儀』を著し，立宗宣言をした．1230（寛喜2）年，深草の安養院（京都市伏見区）に移動，ここで主著『正法眼蔵』95巻の第1巻にあたる「弁道話」を書いた．この頃から多くの人々が道元のもとに参集するようになり，1233（天福元）年，同じ地に興聖寺を開堂し，禅道場としている．1234（文暦元）年に懐奘が門下に入り，1237（嘉禎3）年，『典座教訓』をまとめている．この時代に「現成公案」など『正法眼蔵』の重要部分が書かれ，道元の思想体系の基本が形成された．また，2歳年長の懐奘をはじめ有力な門弟が誕生し，教団の形式・内容がともに充実した．懐奘は道元に長く仕え，師の死後，『正法眼蔵』のほか『正法眼蔵随聞記』，『永平広録』などを編纂している．

　1243（寛元元）年，越前国（福井県）の地頭波多野義重のすすめで志比庄に招かれ，道元は京都を離れる．彼が京都から北陸に教団を移した動機については諸説あり，比叡山からの圧迫，師であった如浄の，権力に近づかないようにとの教えに従ったため，坐禅には都より深山がふさわしい，などの理由が考えられている．1244（寛元2）年，大仏寺を建立し，1245（寛元4）年にこれを永平寺と改名した．この寺名は，仏教がはじめてインドから中国に伝えられたとされる後漢の明帝10年（67年）の元号からとられたものである．

　1247（宝治元）年，48歳のとき執権北条時頼（1227-63）に召請され，一時的に鎌倉におもむき，菩薩戒を授けている．晩年の厳しい修行生活は健康をそこなわせ，1952（建長4）年，病状の進んだ道元は，門弟たちに最後の説法を行っている．1253（建長5）年，懐奘に永平寺住持職をゆずり，療養のため京都にむかう．8月28日の

◆ V. カリスマ・聖人列伝 ◆

図4 道元

夜，高辻西洞院にて54歳で生涯を終えた．

(2) 道元がいだいた人生の問い

道元が比叡山で学んだ哲学は，天台宗の本覚思想であった．本覚思想とは，平たく言えば，人間はもともとさとりの本性をそなえているとする立場に立った思想である．しかし，道元はこれに対して疑問をいだく．「生まれながらにして悟っているのであれば，過去現在未来の諸仏よ，われわれはなぜ発心して修行しなければならないのか」（顕密の二教共に談ず，本来本法性，天然自性身と．若し此の如くならば，則ち三世の諸仏，甚に依ってか更に発心して菩提を求むるや）．これが，道元を比叡山から去らせた人生の問いであった．

この謎を解くために，彼は三井寺の座主公胤を訪ねるが，道元の問いに対し，公胤は中国の宋に渡って，直接大陸で展開されている禅を体験することを勧め，直接答えを出すことはなかった．

兄弟子明全とともに船に乗り込んだ彼は，現在の上海の南の港湾市寧波に到着するも，1人上陸を許されず3か月間船中に閉じ込められる．そこに偶然，この船に，阿育王山の年老いた典座（寺院の炊事係）が椎茸を買いにやってくる．本場の仏教を学ぼうと入宋を決意し，やっとの思いでその土をふめると思った矢先に足止めをくらった道元は，孤独感と焦燥感がつのっていた．その典座に話し相手を見つけた思いで，仕事のために寺に戻ろうとするのを引きとめようとした．「あなたのようなご年配の方がなぜ炊事係のようなことをしているのですか．別の人にさせればいいではありませんか」．しかし，笑顔で応じた老典座の答えは，「あなたは修行のなんたるかが分かっていないようですね」というものだった．よほど印象に残ったのだろう．道元は生涯8つの規則をつくっているが，帰国後38歳で書いた最初の規則書『典座教訓』で食事担当者の心得を説き，この老典座との出来事を記している．

道元が修行した天童山景徳寺（天童寺）は寧波から東へ約30 kmの山中にある．禅とはサンスクリット語ディヤーナ（dhyāna），パーリ語ジャーナ（jhāna）の音写語で，もともとは「静かに考えること」の意である．南インドの王子だったボーディダルマ（菩提達磨 Bodhidharma, 382?–532）が，6世紀中国に仏教を伝道し，嵩山少林寺での修行を通して開いた教えを発祥とする．如浄のいた天童山は禅宗五山の1つであった．道元は人生の疑問をもって以来探しつづけていた師をようやく見出したのである．

ある日の明け方，座禅修行を続けていると，かたわらに居眠りをしてしまった修行者がいた．それをみた如浄は，「参禅はすべからくシンジン・ダツラクなるべし．ただ眠ってばかりでどうするのか！」と大声で叱責した．道元の転機はこのときに訪れる．不思議なことに彼は，師の他者への大喝を受けとめた瞬間，別人になっていたというのである．その日をおいて夜が明けるのを待ち，如浄のところにおもむいて焼香礼拝し，「シンジン・ダツラクしました．」と報告した．このとき如浄は「シンジン・ダツラク，ダツラク・シンジン」と答え，道元がさとりにいたったことに満足し，認証を与えたという．

これが道元禅のキーワードとなった「身心脱落」の起源である．身体と心の双方の執着が消え去る解脱の境地をあらわす．この体験をきっかけに道元は比叡山で本覚思想に接して以来の人生の疑問をとくことができた．一般には座禅の修行をすることによってさとり（証り）が得られると考

◆ 5. 日本宗教 ◆

えられている．逆に，本覚思想のように人間はもともとさとりの本性をそなえているという考え方もある．しかし，道元は修行をさとりの全体とみなし，さとりを修行の全体とみる境地をつかんだのだ．1225年7月の初旬，26歳のときであった．道元はこれを「修証これ一等なり」と表現している．そして，成仏は修行で到達する目標ではなく，無限の修行こそが成仏であるという修証一如・只管打坐を主張した．

ところが，この身心脱落が道元の大いなる誤解だったのではないかという説が仏教学者の高崎直道によって提出されている．なぜなら，道元以前に身心脱落ということばを用いた禅僧はいなかったからである．身心脱落ではなく心塵脱落が如浄のいった本来のことばだったというのだ．心塵脱落なら，心の塵を除くという意で，原始仏教以来の一貫した教えとして常識にかなった見方である．如浄と道元が中国語の発音で意思疎通しているとき，道元は師のことばを取り違えて心塵を身心と思い込んだことになる．

この説は，師と弟子の人間関係を考える上でも興味深い．つまり，弟子はいつも師の教えを忠実に受け取るとは限らない．むしろ，大きな取り違えによって師を超えるような独創性を身につけることがある．このような出来事は禅の修業のみならず，学問，芸術，スポーツなどあらゆる分野に通じることではないだろうか．

誤解であったかどうかは別としても，身心脱落が道元独自の表現であることは事実だろう．彼は心塵を身心と強引に読み替えることで独自の世界を切りひらいたのである．なお，主著『正法眼蔵』の中には，このようなことばの読みかえ，意味の転換が数多く発見されている．大事なことは，師の教えをただ継承したかどうかではなく，師の下での修行が転機となり，それを自身が内にもつ力でつかみとったという点である．

「修行とさとりとが別のものだと思うのは外道の見解である．仏法では修行とさとりとは一つのものである．」（それ修証はひとつにあらずとおもへる，すなわち外道の見なり．仏法には修証これ一等なり．）「弁道話」『正法眼蔵』

「仏道を修めるということは，自己を修めることである．自己を修めるということは，自己を忘れることである．自己を忘れることは，真実を明らかにするということである．

真実を明らかにするということは，自己の身心も，自分以外のすべてのものにも，いっさい捉われないことである．そうすると，ついに悟り得ることができるが，そのことにも捉われなくなったとき悟りが身についてくる．」（仏道をならふといふは，自己をならふ也．自己をならふといふは，自己をわするるなり．自己をわするるといふは，万法に証せらるるなり．万法に証せらるるといふは，自己の身心および他己の身心をして脱落せしむるなり．）「現成公案」『正法眼蔵』

これらの道元のことばを味読すれば，不思議な力強さが迫ってくる．それは，たしかに，単なる正確さや誤解などといった議論を通り抜けた者のみが発することのできる魅力かもしれない．

(3) 道元が再創造した規律

道元は生涯に多くの規律をつくっている．①典座教訓（38歳：食事担当者の心得），②重雲堂式（40歳：出家者の起居動作の規則），③赴粥飯法（42歳：堂内の食事作法），④対大己五夏闍梨法（45歳：先輩とつき合う法），⑤弁道法（46歳：堂内の総合的規則），⑥知事清規（47歳：役職の規則），⑦庫院規式（49歳：米の管理規則），⑧衆寮清規（50歳：図書室での心得）である．このように並べれば難しそうにみえるが，厳しさのなかにまた道元らしい魅力がこめられている．なぜなら，これらの規律は，仏陀や中国で学んだ禅のきまりをただ導入したのでなく，道元が自分や弟子の状況に合わせ，日本に受け入れられやすいように再創造（リ・クリエイト）しているからである．

典座教訓についてはさきに述べたが，重雲堂式では21か条の定めがあり，堂内で数珠をもたないなどの規則がある．当時の出家者は数珠をもっているのが普通であったが，これは仏陀の態度を踏襲したものといえる．

赴粥飯法で興味深いのは，インド人であった仏陀が手（親指，人指し指，中指の三本指）で食べ

—675—

◆ V. カリスマ・聖人列伝 ◆

たこと，仏陀の行儀に準ずべきことを述べながら，手を用いて食べる作法はすでに廃(すた)れており，それを伝える師もないので，しばらく匙や箸を用いるのだとわざわざことわっていることである．

対大己五夏闍梨法では，大己五夏（5年以上の先輩修行者）で闍梨（先生役）である人に対しての行儀作法を説いている．そのなかに，「先輩を失意させたり，悩ませたりしない」というということばが出てくる．これは，あるいは一緒に留学した先輩でもあり師でもあった16歳年上の明全の思い出が反映されているのかもしれない．残念なことに共に留学した明全は病のため42歳で死去してしまった．志なかばで異国の地で亡くなった明全の遺骨を，道元は帰国時に携え，建仁寺に葬っている．

弁道法では，顔の洗い方，楊枝(ようじ)を用いた歯のみがき方を詳細に制定していることが注目される．仏典でインドの修行者がしていることを知り，これらの習慣を仏陀ゆかりの作法として定着させようとしたのである．楊枝を使う習慣は中国では廃れていたがこれについては日本で復活させたいと望んでいる．さらに彼は『正法眼蔵』「洗浄」の巻で，トイレを仏道の道場と考え，その作法まで教えている点は徹底した独創性を示しているとともにどこかユーモラスでさえある．

さらに，知事清規や庫院規式により，僧堂の運営と食料確保について定め，僧堂に充実した統制をもたらした．最後に定めた衆寮清規は衆寮（図書室）での心得である．その中に，室内に刀剣・甲冑(かっちゅう)などを置いてはならない，酒肉を持ち込まない，渡世の商売を経営してはならないなどのことばがあり，戦乱のおさまらぬ鎌倉時代の道場の情景が浮かんでくるようである．

いずれも道元が『大比丘三千威儀教(だいびくさんぜんいぎきょう)』など複数の経典や先達の文献を研究しながら，独自の規則にまとめあげたものである．また，中国や日本でそれまでに編纂された規律とちがって，行事やあらゆる身体的行為が，いずれもそのまま宗教的実践をあらわしたものと見なされ，修行される点に大きな特徴を有している．これらの規律は，禅堂生活のみならず懐石料理，茶の湯の作法をはじめ後の日本文化に大きな影響を与えることになった．さきに述べた道元の「修証一等」の思想に照らしてみるときにこそ，本来の精彩を放つであろう．

30代後半から50歳になるまで次々と規律を再創造していった道元であるが，1247（宝治元）年8月，48歳のときに永平寺を離れ7か月余りを留守にしている．鎌倉幕府の執権北条時頼の願いによって鎌倉におもむくためである．請われてさまざまな法を説いた道元に対し，兄北条経時(つねとき)が病に倒れたためいきなり権力者となってしまった21歳の時頼は「仏法の心を歌で詠んでください」と願う．道元は，才気溢れる若い権力者を前にして天台本覚思想に疑問をいだいた青年期の自分を思い出したのかもしれない．時頼に応えた歌が「本来の面目(ほんらいめんもく)」と題され伝わっている．本来の面目とは，自己に本来そなわっている自然のままの心性としての仏性のことをいう．

　春は花　夏ほととぎす　秋は月
　冬雪さえて　すずしかりけり

時頼はどんな思いでこの歌を受けとめたことだろうか．道元は鎌倉にとどまらず，時頼との対面はこのとき限りとなった．多くの規律を完成させていきながら，そして，ときには権力者の要請にも応えながら，道元自身の自由な精神は，それらを超越した時空を生きていたのだろう．

5.5 日　　　蓮

(1)「旃陀羅(せんだら)の子」誕生から『立正安国論』まで

日蓮（1222-82）は，1222（承久4）年2月16日，安房国長狭郡東条郷片海(あわのくにながさのこおりとうじょうごうかたうみ)（千葉県安房郡天津小湊町小湊(あまつこみなとまちこみなと)）で漁師の子として誕生した．「安房国東条片海の石中の賤民が子なり」．「日本国東夷東条安房国海辺の旃陀羅が子なり」．「今生には貧窮下賤の者と生まれ，旃陀羅が家より出たり」．旃陀羅とは，インドの被差別階級を意味する．これらは，いずれも自らの出生について述べた日蓮

自身のことばである．

　1233（天福3）年，12歳のとき，小湊の北にある天台宗清澄寺に入山し，道善房について勉学に励んだ．この頃，虚空蔵菩薩（無限の智恵をもった菩薩の意味で，記憶力増進を祈念する求聞持法の本尊）に「日本第一の智者となしたまえ」と願をたてたことは有名である．ソクラテスはデルフォイのアポロン神の神託によって「第一の智者」とされたところから，その理由をたずねもとめる中で哲学者になっていった．しかし，日蓮は自ら智者たらんことを求めたのである．16歳で出家し，是聖房蓮長と名乗った．1242（仁治3）年，21歳で比叡山に上がり，それから12年間，ここを拠点として高野山，四天王寺など諸山をまわって研鑽につとめている．この間，無名の天台僧だった蓮長について記録したものはない．空海も，大学を中退し，唐に留学するまで12年間の空白期間があり，虚空蔵求聞持法に励んだことがよく知られている．

　蓮長が32歳で修行を終えて故郷に帰る年，道元が療養のため永平寺から京都にむかい，54歳で京都の地で没している．また，81歳の親鸞も京都にいた．ところが，彼ら3人が互いに顔を合わせた形跡は見つかっていない．

　1253（建長5）年，清澄寺にもどった蓮長は，その東南に位置する旭の森で，4月28日の早朝，太平洋からのぼる朝日に向かって南無妙法蓮華経の題目を唱えた．このときが，立教開宗の宣言とされている．その日の午後，成長した弟子に法座を設けた師と一同は，蓮長の「法華経こそ正法であり，この正法を誹謗する念仏の信心を捨てて法華経に帰せよ」との説法に騒然となった．列席した地頭の東条景信は熱烈な念仏信徒であったため，蓮長を斬り捨てようとした．師のはからいで難をのがれた蓮長は，鎌倉に出，松葉谷に草庵を結ぶ．中心地から少しはなれた，小高い山を背後に海を見下ろす地で，ここで法華経の伝道を始めたのである．日蓮と名乗るのはこの頃のことである．

　1257（正嘉元）年，日蓮が36歳のときに鎌倉に大地震が発生する．ほとんどの社寺が倒壊し，無数の死者が出た．また，この地震の前年から数年の間に，大洪水，疫病，飢饉，大火などの天変地異が重なり，末法の名で語るにふさわしい事態が続出した．日蓮は，駿河国（静岡県富士市）岩本の実相寺に2年間こもって，唐から招来された一切経（大蔵経）を再検討し，天変地異の意味を経典に探ろうとした．こうしてまとめられたのが『立正安国論』である．日蓮39歳のときである．この論文を彼は得宗（北条家の家督）として政治の実権を掌握していた33歳の北条時頼に献じている．しかし，その内容は，この天変地異が，法然の念仏などの邪宗がさかんになり，正法（法華経）を広めることを妨げたせいで日本を守護する神々が去ってしまったことに起因し，正法に帰依しなければ天変地異のみならず内乱と外寇をもたらす，という激烈なものだったため，黙殺されることになった．それというのも，執権北条長時の父重時が熱烈な念仏信徒であるなど，法然の専修念仏は当時の鎌倉においてすでにかなりの隆盛を誇っていたからである．以降，15年間にわたって，迫害，暗殺の危機が日蓮にふりかかってくる．

(2) 大迫害で開眼『法華経』のシンプルな実践

　時頼の黙殺を知った念仏信徒たちに松葉谷の草庵を焼き討ちされただけでなく，日蓮は翌1261（弘長元）年，40歳で伊豆伊東に流罪となった．このときは2年で赦免されているが，1264（文永元）年，10年ぶりに故郷小湊に帰った彼を，再び東条景信ら武装集団が東条松原大路で襲撃する．このとき，弟子や従者が殺され，日蓮も額を斬られ，左腕を折られている．

　4年後の1268（文永5）年正月，『立正安国論』の外寇予言が的中する．モンゴルの使者が大宰府に到着し，フビライの国書を突きつけたのである．日蓮は公開討論要求の書状『十一通御書』を幕府の要人，諸寺の高僧に送ったが，これに対しても反応は得られず，黙殺された．

　そして，1271（文永8）年，平左衛門尉頼綱率いる武装集団が松葉谷の日蓮を佐渡流罪の名目で捕らえにきた．鎌倉の大通りを晒しまわしにさ

◆ V. カリスマ・聖人列伝 ◆

れた日蓮は，源氏の守護神で幕府の信任の厚い鶴岡八幡宮にさしかかったときに馬から下り「八幡大菩薩はまことの神か」と激烈なことばを投げつけている．名目は流罪であったが，深夜，由比浜に出て龍之口につくと武装兵たちは斬首の準備を始めた．日蓮自ら記すところによると，このとき月のような不思議な光が斬首役の兵士の目をくらませ，そのために集団は怖気づき，奇蹟的に命を救われたという．これが有名な龍口法難である．

配流となった佐渡で風雪に耐え，雪のなかで『開目抄』(1272（文永9）年）を，そして『観心本尊抄』(1273（文永10）年）を執筆する．『開目抄』は「竜の口に，日蓮の命を留めおく」と消息に記したように，一度命を落としかけた日蓮が，文字通り永遠なるものに目を開かれたことを記した書である．51歳にして，長く帰依してきた『法華経』について前半の「迹門」を中心に置く天台智顗（538-597）の解釈から独立して後半の「本門」を中心にすえた新たな視点が生まれた．日蓮は，上行菩薩などの大地から湧いて出た地涌の菩薩こそ，釈迦の教えを広めるものであると説く．この地涌の菩薩に自身を重ねているのである．また，『観心本尊抄』は，智顗の観想的な「一念三千」論を実践的な「事の一念三千」に転換し，これを南無妙法蓮華経の題目を唱えることに位置づけ，経典の意味を理解せずとも唱題によって救われるシンプルな道を示した．

1274（文永11）年，流罪を赦免された日蓮は，53歳になっていた．4月8日，彼は，為政者への三度目の進言として平左衛門尉頼綱に蒙古襲来の危機を説くが受け入れられず，鎌倉や故郷安房でなく身延山（山梨県南巨摩郡身延）に草庵を結ぶ．

蒙古・高麗連合軍が対馬，隠岐を陥落し，博多に上陸した（文永の役）のは同年10月20日のことである．日蓮が20年以上説き続けた事態が現実となった瞬間であった．さらに1281（弘安4）年6月6日，蒙古・高麗連合軍が再び襲来する（弘安の役）．自らの予言が的中したこと，そして，二度までも暴風雨のために日本国が救われたことは，最晩年の日蓮の上行菩薩の自覚に微妙な

図5 日蓮

陰影をもたらしている．

1282（弘安5）年，度重なる迫害を切り抜けた日蓮の肉体は，病にも侵され，すでにボロボロになっていた．身延山を下り，日蓮は，常陸国に向かう．温泉で療養するという名目であったが，死期の近いことを感じ，自らの故郷の海に可能な限り近づこうとしたとも解釈されている．途中，武蔵国池上（東京都大田区池上）で10月13日に没した．61歳であった．

(3) 日蓮思想の核心

日蓮が比叡山で学んだ教学は本覚思想とよばれる．「如来蔵思想」と「唯識思想」を統合した『大乗起信論』の影響を強く受け，『法華経』，『華厳経』，密教，禅などを集大成したもので，日本天台宗特有のものと考えられている．「衆生心の本性が平等法身であり本来悟っているので本覚と名づく」というこの思想は，ほぼ平安末期には完成し，江戸中期まで約600年にわたり展開され，『源氏物語』や世阿弥（1363-1443）の『花伝書』など日本文化に大きな影響を残しているといわれる．日本天台宗の本覚思想は，瞬間のなかに永遠を見，一切衆生に仏性が宿るとする絶対肯定の思想であることから，仏性の範囲を，人間から無生物に拡大するなど，今日の環境思想の要請からみても興味深い内容を含んでいる．だが，生死や善悪を達観するため，社会的危機に対して批判的視点や解決を提供できないディレンマが生じ，退廃傾向をもたらしてしまうという難点がある．日蓮が本覚思想に感じた限界がおそらくこの

ディレンマであった．こうした絶対的一元論の本覚思想に対する批判は，専修念仏を説いた法然や親鸞，修証一等の禅を実践した道元にもあったと考えられる．この点，日蓮の題目も含め，それぞれが本覚思想批判の実践のヴァリエーションであったととらえることができる．彼らは，本覚思想の生死を達観する哲学を知りぬいた上で，そこから逆に，新たな宗教活動のエネルギーを編み出すための飛躍に成功したのである．

さて，日蓮が本覚思想を乗り越えるためにとった方針が，中国天台宗の開祖智顗の『摩訶止観』に帰ることであった．それというのも智顗は本覚思想に影響を与えた『大乗起信論』についてはまったくふれていないからである．『摩訶止観』は衆生が仏性をもつことを説明するために『法華経』をもとに「一念三千」という考え方を展開する．これは，六道（地獄・餓鬼・畜生・修羅・人間・天上）＋声聞・縁覚・菩薩・仏の十界が，それぞれさらなる十界を含むとする十界互具，存在の十種のカテゴリー（相・性・体・力・作・因・縁・果・報・本末究竟）をみる十如，衆生世間（生物），国土世間（環境），五陰世間の三世間を組み合わせ，心（一念）に三千の世界が宿るとする思想である．なお，五陰とは，色（対象物）・受（それを感受する五官の働き）・想（五官から刺激されて起こる想念）・行（想念に続く行動）・識（それによって頭脳に蓄えられる認識）という5つの過程をいう．そして，「一念三千」のなかでも，十界互具が注目される．それは，人間のなかに仏の世界が含まれるという道理を論理的に示し，本覚思想と異なった立場から，成仏の可能性を説くものであった．

日蓮の特異性は，この「一念三千」が『法華経』に本来説かれているがゆえに，南無妙法蓮華経と題目を唱えることによって，たとえ深淵な経典を理解することができないものでも仏性が呼び覚まされることは可能であり，成仏できるとした点である．いわば，深淵な哲学をシンプルな実践に結びつけたのである．『法華初心成仏鈔』で彼はそれを次のように印象に残ることばを語っている．「わが心のなかの仏性が，南無妙法蓮華経とよびよばれて顕れたもうたところを仏というのである．たとえば，籠のなかの鳥がなけば，空飛ぶ鳥がよばれて集まるがごとくである．…口に妙法をよびたてまつれば，わが身の仏性もよばれてかならず顕れたもう．」

題目はたしかに単純な行為であるが，その単純な行為の繰り返しが，複雑な「一念三千」を体現し，成仏が達成される．これが，日蓮がその生涯を通じて血肉化していった「事の一念三千」の確信であった．注意すべきは，彼のこの独自の哲学が，当時としては可能な限りの経典分析，そして，迫害のなかで永遠なるものに出会う，否定を肯定に転ずる人生体験の双方によって，強固に編み上げられていった点である．その織物は不思議なほど逆境に輝く．それであってこそ，人々が危機の時代を実感する度に，凄まじい魅力をもって，無数の悩める心をとらえてきたのであろう．

参考文献

今泉淑夫編『日本仏教史辞典』吉川弘文館，1999年．
梅原 猛『仏教を考える 梅原猛全対話3』集英社，1984年．
子安宣邦監修『日本思想史辞典』ぺりかん社，2001年．
日本宗教史年表編纂委員会編『日本宗教史年表』河出書房新社，2004年．
古田紹欽他監修『仏教大事典』小学館，1988年．
［聖徳太子］
石田尚豊編代『聖徳太子事典』柏書房，1997年．
中村 元『中村元選集 別巻6 聖徳太子』春秋社，1998年．
『仏教を歩く 聖徳太子』朝日新聞社，2003年．
吉川武彦『聖徳太子』岩波新書，2002年．
［親鸞］
石田瑞麿『親鸞とその妻の手紙』春秋社，1968年．
梅原 猛『歎異抄』講談社学術文庫，2000年．
草野顕之『日本の名僧⑧ 信の念仏者 親鸞』吉川弘文館，2004年．
『親鸞がわかる』朝日新聞社，1999年．
早島鏡正『歎異抄を読む』講談社学術文庫，1992年．
『仏教を歩く 親鸞』朝日新聞社，2003年．
山折哲雄『悪と往生』中公新書，2000年．
［空海］
梅原 猛『空海の思想について』講談社学術文庫，1980年．
金岡秀友編『空海辞典』東京堂出版，1979年．
上山春平『空海』朝日新聞社，1981年．
司馬遼太郎『空海の風景』中央公論社，1975年．
福永光司訳『三教指帰』中公クラシックス，中央公論新

◆ V．カリスマ・聖人列伝 ◆

社，2003 年．
宮坂宥勝他　空海『弘法大師　空海全集』筑摩書房，1983-84 年．
『仏教を歩く　空海』朝日新聞社，2003 年．
[道元]
石川力山他訳　道元『典座教訓・赴粥飯法』講談社学術文庫，1991 年．
菅沼　晃編『道元辞典』東京堂出版，1977 年．
田村　仁他『道元を歩く』佼成出版社，1992 年．
田上太秀『道元の考えたこと』講談社学術文庫，2001 年．
『仏教を歩く　道元』朝日新聞社，2003 年．
水野弥穂子校注　道元『正法眼蔵』1-4，岩波文庫，1990 年．
[日蓮]
姉崎正治『法華経の行者　日蓮』，講談社学術文庫，1982 年．
石原莞爾『最終戦争論』中公文庫，1993 年．
今成元昭『日蓮のこころ　言葉と行動の軌跡』，有斐閣新書，1982 年．
内村鑑三『代表的日本人』，岩波文庫，1995 年．
紀野一義編訳『日本の名著　日蓮』中央公論社，1970 年．
久保田正文『日蓮　その生涯と思想』講談社現代新書，1967 年．
坂本幸男・岩本　裕訳注『法華経』岩波文庫，1962 年．
『仏教を考える　梅原猛全対話 3』集英社，1984 年．
『仏教を歩く　日蓮』朝日新聞社，2003 年．
宮崎英修編『日蓮辞典』東京堂出版，1978 年．

VI.
宗教研究の系譜

池上良正

I. 宗教研究の歴史

I.1　研究を可能にしたもの

　まず当然のことではあるが,「宗教」を研究するには,「宗教」という言葉が普通名詞として広く流通していなければならない.「宗教」は昔からどこにでもあったと思われるかもしれないが, これが「宗教」だとして語る言葉がなければ, 私たちはそれを自覚することさえできない. まして, さまざまな「諸宗教」を比較して研究してみたい, などという発想も生まれない. 今日の日本で流通している「宗教」のような言葉は, かなり雑多な事象を包み込んでしまえるような抽象度の高い概念だから, こういう言葉が生まれるためには, 人々が異質な文化との衝突を通して, 彼我の心意や実践を比較考量するといった歴史の段階を必要とする. 奇妙な言い方に聞こえるかもしれないが,「宗教」という言葉の発生そのものが, 複数の宗教を比較して考えるという「研究」の始まりだった.

　日本で「宗教」という用語が普通名詞として普及したのは, 近代以後といわれている. それ以前に「宗教」にあたる言葉が, まったくなかったわけではない. たとえば「宗門」という言葉があった. しかし, この言葉は浄土, 禅, 密などの仏教宗派を意味するものだった. 16世紀に西欧から入ってきた切支丹（キリスト教徒）の活動が, のちに禁止されるに及んで, 彼らは邪悪な宗門の連中だというので, 仕方なく「邪宗門」などと命名したのである. こうした仏教の「宗門」の内部では, さまざまな経典や注釈書, 戒律などをめぐる研究が蓄積された. 現在からふりかえって, これも広い意味では「宗教の研究」にはちがいないとすれば, 学問僧とは, こうした仏道の研究を専業とする「研究者」だったといえる.

　とはいえ, 私たちが今日ふつうに使うような普通名詞としての「宗教」は, 明治の初年に religion の翻訳語として普及したもので, 一般の人々のあいだでも広く使われるようになったのは, 明治10年代以降である. では, 西欧語の religion の方はどうだろうか. これはラテン語の *religio* に由来する言葉で, その語源には諸説があり語義も多様だったが, 中世までは使用頻度の高い言葉ではなく, 一般に儀礼行為や修道院生活などの実践を意味したという. ここに人間の生来的で普遍的な信仰という意味が付加されるのはルネサンスと人文主義の時代であり, さらに16世紀のプロテスタント宗教改革によって, カトリック的な典礼よりも個人の「信仰」を重視する思想のなかで, 内面的な敬虔という意味が強調されるようになる. 総じていえば, 多様な現象を包括する総称概念としての religion という言葉は, 15世紀から18世紀にかけてのヨーロッパ世界のなかで, 発見（あるいは発明）されたのである.

I.2　本格的な宗教研究

　宗教学の歴史を扱った教科書などには, この学問の前史は古代ギリシアにまでさかのぼる, といった記述が多い（例えば, グスターフ・メンシング『宗教学史』下宮守之訳, 創造社, 1970）. そこでは, ヘラクレイトス, デモクリトス, エウヘメロスなどの名前があげられる. たしかに, 慣習への完全な主観的埋没から脱却して, ある種の合理的規準や批判精神によって伝統的祭儀を批判したり, 神話を解釈したり, 神々の起源や形成過程を論じたという点では,「宗教研究」のルーツを古代に求めることは可能であろう. さらに, 先にあげた仏教の宗門の例と同じように, キリスト教やイスラームなどの伝統では, それぞれの内部で神学・教義学が発達した. それらの系譜をたどれば, 長い「研究」の歴史と膨大な成果の蓄積に出会うことができる.

　しかし, 世界における「諸宗教」の並立を前提に, ある種の理性的・体系的な方法による本格的

な宗教研究の幕開けということになると，多くの学者が指摘するように，17世紀から18世紀にかけて西欧世界に起こった啓蒙主義の時代を待たなければならなかった．これを可能にした時代要因としては，護教的な教会体制の権威が弱まり，合理的精神に基づく自由な研究が許される環境が出てきたこと，いわゆる大航海時代を経て，異教世界に対するヨーロッパ人の視野が格段に広がったこと，などが指摘されている．それは同時に，西欧世界に普通名詞としての「宗教」が誕生し，広く普及する過程とも重なっていた．宗教が一定の客観的視座から研究されるためには，「宗教とは何か」という問いが発せられねばならず，この問いが発せられるには，何よりもまず「宗教」が対象化できるまでに，自明の概念として実体視されていることが必要だったからである．

みずからの仕事が，「宗教」を対象にした学術研究の一分野なのだという明確な自覚をもった研究者が出てくるのは，さらに時代が下った19世紀後半である．「宗教学」という言葉を最初に使ったのはマックス・ミュラー（Friedrich Max Muller, 1823-1900）という人物で，1867年のことであったという．彼はドイツに生まれ，イギリスに帰化した学者で，専門はリグ・ヴェーダなど古代インドの文献研究だった．「比較宗教学の祖」であると同時に，西欧におけるインド古典学の先達としても知られている．日本では，1896（明治29）年に「比較宗教学会」という研究者の組織が結成された．東京帝国大学に初めて宗教学の講座が開かれたのは1905（明治38）年である．近代の学術的な装いをまとった宗教研究の系譜にかぎれば，その歴史は欧米でも日本でも，せいぜい100年から150年程度しかない，ということになる．

2. 理念研究の系譜

2.1 2つの極相

「宗教を対象とした研究」という場合，これを大きく2つに分ける見方がある．代表的な分類が，規範学と記述学である．つまり真理や規範を問題にして「宗教はいかにあるべきか」を追究する道と，事実を客観的に記述して「宗教はいかにあるか（あったか）」を明らかにしようとする道である．この二分法は，現在ではかなり評判が悪い．あらゆる記述には規範が含まれ，両者を明確に分けることなどできない，という批判からである．たしかに「純粋に客観的な記述」などというものを単純に信じるような立場をふりまわすならば，この分類は不都合といえる．しかし，これまで「宗教研究」とされてきたものを，大きく2つの極相でとらえることは不可能ではないし，その意義も認められる．

規範学と記述学という対比は，主として研究者が対象に向かう姿勢に注目した分類だが，ここでは少し位相を変えて，研究対象それ自体の性格に注目してみたい．つまり，アプローチが規範的か記述的かはともかく，宗教が主張する理念的な側面を研究するのか，宗教とよばれてきた事象の現実の姿を問題にするのか，という違いである．とりあえず前者を理念研究，後者を実態研究，という言葉でおさえておく．

前者の理念研究は，さまざまな教典類に記された教えや，開祖・宗祖・聖人をはじめ著名な宗教的達人，宗教思想家とよばれるような人たちが説いたとされる言葉，書き残した著作などを対象とする研究に多い．多様な教典類の年代や系譜を明らかにする文献学的な研究や，教義内容や思想の解釈などが中心におかれる．他方，実態研究とは，それぞれの宗教が掲げる理想はどうであれ，

具体的な宗教の名のもとで，これを専業とする聖職者や一般の庶民層が，じっさいに何を考え，何を期待し，どのような実践を行ってきたのか，そして現在でも行っているのか，といった問題に焦点を合わせた研究をさす．この理念と実態という対比は，「主張されている宗教」対「生きられている宗教」，と言い換えることもできる．ここでも厳密な理屈としていえば，あらゆる言語化の作業は理念研究であり，したがって純粋な実態研究などはありえないし，両者がいつでもきれいに区分できるわけでもない．あくまでも現状を概括的に整理するための極相である．

大学の講座として開設されている「宗教学」をはじめとして，近代の「宗教研究」は圧倒的に前者の理念研究にウエイトがおかれてきた．先にも触れたように，三大世界宗教と称される仏教，キリスト教，イスラームの教典や教義を対象とした仏教学，キリスト教神学，イスラーム学などの学問分野は，歴史的にも長い伝統の権威に支えられてきた．現在の日本でも，例えばキリスト教系，仏教系と称される私立の中学・高校では「宗教」の授業が設けられている場合が多いが，そこで教えられるのは，基本的に各宗派が理想として説く教義や倫理である．少なくとも，それぞれの宗教が正しい「真理性」をもっていることが前提になっている．宗教研究の王道は，あくまでもこうした高邁な宗教の教典類に精通し，その極意や本質を深く考え抜いた教義学，ないしは哲学・思想的な研究におかれるべきであって，一般大衆の実践を観察・調査した研究などは，その補助学・資料学にすぎない，といった考えをもっている研究者は現在でも多い．

2.2　理念研究の意義と限界

宗教の理念研究が重要な学問分野であることは，もちろん今も変わりはない．原則論としていえば，世界宗教のような特定の教祖を通して説かれたとされる宗教では，それを信奉する人にとって理念は時代を超えた真理であって変わることはない．しかし，宗教の難しいところは，まさにこうした抽象的な理念が理念として頭でわかれば終わりということではなく，主体的にどう体得され，どう生きられるかが問題だ，という点にある．教祖や聖人を通して示された本当の真理は何か，という問題はそれぞれの実存状況によって読み解かれ，そこに多くの教派や学派が生まれる．教典は不変であっても，解釈は変化する．

ごく単純な例をあげてみよう．多くの宗教は「盗むな」という理念を掲げている．しかし，ある時代のある社会のなかで，理不尽で独裁的な圧政者の支配のもとにあえぐ貧しい母親が，自分の子供を飢えから救うために，神に許しを乞いながら，金持ちの家からわずかな食べ残しの食物を盗んだとする．これが「盗むな」と記された教義に反する行為かどうかということになると，時代状況に照らした教義の解釈が必要になろう．宗教の理念研究には，この例のように，みずからに与えられた人生を送る特定の時代の特定の主体が，不変とされる宗教の理念に向き合わねばならない，という側面がつねにある．つまり，理念研究はどうしても規範学の性格が強くならざるをえないし，むしろ規範学の性格がないと面白くない，という宿命を背負っている．聖者や宗教的達人とよばれる人々によって残された著作類は，こうした理念的格闘の秀でたモデルであり，その膨大な遺産の蓄積を掘り起こすことによって学び取られる叡智は，いつの時代にも尽きることはない．

その意味で，宗教の理念的研究の意義や重要性が失われることはないが，とくに近代の宗教研究をふりかえるとき，理念研究の豊富さにくらべて，ごく一般の庶民がこうした理念をどのように受けとめ理解してきたのか，さらには「宗教」という言葉でいいあらわされてきた事象は，それぞれの時代の平均的な生活者の日常のなかにどのように組み込まれ，実践されてきたのか，といった研究は，かなり手薄であったといわざるをえない．

理念研究においては，「仏教では物の実体を認めない」「キリスト教は愛の宗教である」といった言説が，じっさいの歴史のなかで，それらの教

義が一般の人々にどのように受けとめられ，生きられてきたか，といったこととは切り離して語ることができる．霊魂の存在を認めないはずの仏教僧が，現実には「死者のみたま」を安らかに成仏させるために経文を唱えたり，「愛の宗教」であるキリスト教の名のもとに，ラテン・アメリカの何万という先住民が虐殺されたり，世俗への執着を戒める教団の中枢部こそが，執拗かつ陰険な権力闘争の場になってきた，などの現実がある．しかし，理念研究の枠内では，結局これらは「本来の仏教」「本来のキリスト教」あるいは「本来の宗教」から逸脱した現象，として扱うことができてしまうのである．「殺すな」と叫びつつ平然と殺す動機づけを養い，「執着するな」と説きつつ執着を無限増殖させる世界宗教の巧妙な仕組みは，従来の理念研究からは十分に解明されにくかった．

一般庶民の宗教的実践などは単純素朴なものだとして，「呪術的」とか「現世利益的」といった言葉で片づけてしまう風潮もある．制度的で教典的な宗教の理念談義に気をとられるあまり，「宗教」とよばれてきた事象の得体の知れぬ広がりや，そこに秘められた計りがたい豊かさや危うさについて，近代の都市社会に生きる研究者たちが鈍感であったという批判も否めない．そこで，理念研究についてはその変わらぬ重要性を確認したうえで，以下では，主として実態研究の系譜に重点をおいて，その現況と課題を概観してみたい．

3. 実態研究の系譜

3.1 経験諸科学の立場

従来の宗教研究が理念研究に傾斜してきたといっても，実態研究がなおざりにされてきた，というわけではない．むしろそれは王道としての権威と領分を認められた「宗教研究」の枠からは少し外れた場所で，活発に進められてきた，というべきであろう．歴史学，民俗学，文化人類学，社会学，精神医学などの経験科学の諸分野では，宗教の現実の姿を扱った多くの研究が蓄積されてきた．ただ，これらの分野では，「宗教」そのものを正面にすえて考えるというよりも，それぞれの分野のテーマや問題関心に合わせるかたちで「宗教」が取り上げられる傾向が強かった．例えば歴史学では，政治権力に絡む宗教勢力の動向，経済史の上部構造としての宗教的教説，民衆の自立や抵抗の原動力としての宗教の役割などが，社会学では社会の連帯や秩序を維持・強化したり，社会変動をうながす宗教の機能などが，心理学では人格の発達や意識・無意識の構造などを解明する材料としての宗教が，恰好の研究対象になった．

実証研究を重視するこれらの経験科学の専門家たちは，必ずしも宗教否定論者ではない．しかし，少なくとも研究という土俵のうえでは，特定宗教の教義の真理性や霊的存在の活動の実効性などを前提にすることはできず，むしろそれらは結局のところは各時代の文化や社会に生きる人々が作り出したものであるという，広い意味での人間至上主義に立つことになる．近代のほとんどの経験科学的な宗教研究の前提には，あからさまに語られることはないとしても，「宗教」とは所詮は人間が作り上げた虚構，ないしは社会や文化の構築物であるとする考え方が，暗黙の了解としておかれてきた．

3.2 宗教現象学の考え方

「宗教」や「信仰」に主体的に関わろうとする人にとっては，やや違和感のあるこの前提から出発する実証研究が主流を占めるなかで，宗教の実態に関心をもつ研究者のなかにも，別の視座を模索する動きがあった．20世紀を代表する宗教学者，ミルチャ・エリアーデ（Mircea Eliade, 1907-86）は，こうした経験諸科学の宗教研究を「還元主義」という言葉で批判した．彼はこう述べている．「宗教現象は，宗教それ自身の領域におい

て理解するという方法で，すなわち何ごとか宗教的なものとして研究される，ということによってのみ認識されるであろう．このような現象の本質を，生理学，心理学，社会学，経済学，言語学，芸術学といった諸研究によってつかもうという試みは誤りである」（『大地・農耕・女性』堀一郎訳，未来社，1968）．

宗教は宗教として理解せよ，というのは主張としてはわかりやすい．ならば「還元主義」に陥ることなく宗教を宗教として理解できる方法とは何か．エリアーデ自身は，あらゆる宗教現象を聖なるものの顕れ（ヒエロファニー）としてとらえようとした．つまり「宗教」とよばれてきた事象は，いかに多様にみえても共通の特性をもっている．それは「聖なるもの」という言葉で包括されるような，通常の生活経験とは質的に異なり，人々の実存全体を支え，根本的な意味や力を供給できるような次元からの働きかけに応える現象であり，そのようなものとして受けとめたとき，はじめて「宗教」を正しく理解したことになるのだ，というのである．彼はこうした前提のもと，古今東西のさまざまな宗教現象（と彼が判断したもの）の資料を用いて，人々のまえに聖なるものが現れ，人々がそれに応答する共通の様式を問いつづけた．

エリアーデのような立場は，学説史的には宗教現象学とよばれる．20世紀の中頃を中心に，欧米では宗教の実態研究の分野でも，大きな影響力を発揮した．ひとくちに宗教現象学といっても多様な考え方があって，その中身はひとつではない．共有されているのは，宗教というものを，人間が日常とは異なる意味や力の次元と関わりあう固有現象として特定し，その関わりの様態を記述し解釈するところに宗教研究の本領がある，といった見方であろう．「聖なるもの」などの言葉で包括される次元が具体的に何であるかは，直接的には問われない．神学や教義学のように，これを固有名詞をもった神仏などの名称で固定したり，その真理性を前提にすえることはない．だが，宗教現象は，単なる人間の生理・心理や社会・文化の働きに還元しきれるものではなく，どこかでこの固有の意味や力の次元に関わる営みとして理解すべきだ，と主張するのである．

3.3 宗教は固有な領域か

広い意味での宗教現象学は，複雑な思想的土壌のなかで形成されたが，その根幹は西欧におけるキリスト教神学の強い影響のもとで鍛えられた．とくに18世紀以降，啓蒙主義の流れを引く実証的な経験科学が学術世界の中核に勢力を拡大するなかで，人間の理性ではとらえきれず，直接的に身体や情動に訴えかけてくるような超越的な世界にあこがれるロマン主義的な思潮の系譜が，重要な役割を果たした．ドイツのプロテスタント神学者，フリードリッヒ・シュライエルマッハー（Friedrich Schleiermacher, 1768-1834）やルドルフ・オットー（Rudolf Otto, 1869-1937）は，こうした日常経験と絶対的に隔絶した非合理な次元に関わりあう人間の感情や志向性の性格に注目し，この独自な関わりに宗教の本質を求めようとした．彼らは決してキリスト教の神を前面に立てて弁証したわけではなく，あくまで宗教一般の普遍性を探り当てようとしたのだが，すでに発想の出発点にプロテスタント的な宗教観が潜んでいたことは否定できない．

20世紀も後半になると，近代以降の学術研究を成り立たせてきた，これら西欧主導の視座や概念モデルそのものに，深刻な疑いが向けられるようになった．「宗教」をいわば完結した実体とみなして，これを固有な領域として固定化しようとしてきた研究方法にも，きびしい批判が浴びせられる．先にあげたエリアーデなどは，驚くべき博識と非凡な感性によって，さまざまな宗教現象に共通する普遍的なテーマを見出し，その諸相を論じようとした．彼の膨大な著作は日本でも次々に翻訳され，現在でも多くの読者を魅了しつづけている．彼自身は西欧キリスト教的な宗教観をのりこえる視座をつかもうとし，その展望に啓発された知識人も多かった．しかし，今日の学界では，彼を含めて宗教現象学の立場から生み出された具

体的な成果の多くが，強い疑義や批判を受けている．

この現状は，宗教に固有な次元にこだわる旧式の学問が，経験科学の緻密な実証のまえに屈した，といった単純な図式では語れない．宗教現象学はすでに時代遅れだとか，破綻したというよりも，むしろ個別的歴史研究と連動させた新たな展開を模索する段階に入っている，というべきであろう．そこでは，広い意味での現象学的な視座をふまえつつ，単に宗教現象一般というような包括的な普遍性を追い求めるのではなく，個別の有意義で具体的なテーマに焦点をしぼり，歴史的・社会的な意味を帯びた資料の文脈に即した研究成果を積み上げることが，必須の課題となっている．

4. 人類学・民俗学的研究の系譜

4.1 起源論争

近代の経験諸科学のなかでも，宗教の実態研究に大きく貢献したのは，文化人類学（民族学），民俗学などの分野であった．これらの学問は，植民地政策の片棒をかつぐ実用学という側面をもつ一方で，「一般民衆」「庶民」「常民」などを文化や社会の正当な担い手として認め，その積極的な役割を評価しようという思想の流れに棹差すものであった．18世紀後半の西欧にはじまる「民衆の発見」という潮流は，ヴィーコ（Giambattista Vico, 1668-1744）やヘルダー（Johann Gottfried von Herder, 1744-1803）らによって思想的な枠組みを与えられ，支配的エリートや知識人などの特権層ではなく，「未開」「野蛮」などのレッテルを貼られてきた非西欧世界の住人や，西欧の片田舎に暮らす農民層の日常生活のなかにこそ，文化のもっとも始源的，根源的な形態が生きている，といった発想を広めた．

列強の植民地競争が激化する19世紀，西欧世界は世界中からの情報の集積地でもあった．「未開」とよばれた非西欧社会の風俗・習慣に関する知識や情報が蓄積されるなかで，宗教に関しても，そのもっとも原初的な起源の姿を探ろうという問いが立てられた．当時の西欧は，多くの知識人が「進化」や「起源」といった観念にとりつかれた時代でもあった．彼らにとっては，自分たちが信奉し，偉大な文明を築き上げる原動力ともなったキリスト教がもっとも進化した高等宗教であることは自明の前提だったが，そこにいたる過程はどのように描けるのか，文明社会を導いた宗教のルーツはどこにあるのか，といった問いかけが魅力ある課題として受けとめられた．フェティシズム，アニミズム，アニマティズムなどが，宗教のもっとも原初的な起源をあらわす用語として提案された．

なかでも，エドワード・タイラー（Edward Burnett Tylor, 1832-1917）がラテン語の *anima* の語をもとに「霊的存在への信仰」として考案したアニミズムは，今日まで広く使われる言葉になっている．そのほか，マナ，タブー，トーテム，シャーマンのように，非西欧地域の個別習俗をさす現地語が，そのまま学術用語に転用され，宗教研究の重要な概念として流通してきた例は多い．アニミズム，トーテミズム，シャーマニズムなどの命名技法は，ブッディズム（仏教），ヒンドゥイズム（ヒンドゥー教），タオイズム（道教），シントイズム（神道）にみられるように，異教の「宗教」をひとつの「イズム」として実体視しようとする，近代西欧の眼差しを示すものでもあった．

4.2 フィールドワークに基づく研究

非西欧社会の生活習俗の資料を素材に，思弁的に宗教の歴史を描こうとした19世紀的な研究に対して，20世紀の文化人類学は，研究者自身による長期の現地調査（フィールドワーク）に基づく集約的な地域研究という，新たな方法を開拓した．1922年に刊行されたマリノフスキー（Bronislaw Kasper Malinowski, 1884-1942）の

『西太平洋の遠洋航海者』と，ラドクリフ＝ブラウン（Alfred Reginald Radcliffe-Brown, 1881-1955）の『アンダマン島民』は，そうした幕開けを示す記念碑的作品とされている．

彼らはとくに「宗教」の問題だけに関心を向けたわけではない．むしろ限られた個別地域の文化現象を集約的に観察するなかで，各種の祭礼，儀礼，神話，霊的存在をめぐる観念や実践活動が，その社会全体に果たす役割や機能，さらにはそれらが示す象徴的な意味などに，分析のメスが入れられた．なかでも，構造主義の旗手として知られ，神話研究などに大きな業績を残したレヴィ＝ストロース（Claude Levi-Strauss, 1908-2009），儀礼論に新しい視点を導入したヴィクター・ターナー（Victor W. Turner, 1920-83），象徴の意味解釈をめざす解釈人類学を提唱し，文化体系としての宗教の定義でも知られるクリフォード・ギアツ（Clifford Geertz, 1926-2006）などの仕事は，日本の研究者たちにも大きな影響を与えた．

フィールドワークに基づく人類学的研究は，さまざまな学派を生み出し，多岐にわたる課題が論じられていったが，宗教の実態研究に対しても，多くの具体的な思考方法や概念モデルを提供し，その牽引車的な役割を演じてきたといえる．

4.3 民俗学の成果

宗教の実態を探る場として注目されたのは，異教徒や異文化の住民だけではなかった．西欧の研究者にとっては，地方の農民の暮らしに代表されるような自分たちの足元に広がる生活世界が，文化や宗教の基層として注目された．当初は民謡や伝説の収集などが中心だったが，やがてこれらは民俗学として，一定の文明が発達し，世界宗教とよばれるような教典や制度的組織をそなえた宗教が深く浸透した社会に暮らす，一般民衆の生活実態を探る学問分野となる．歴史学の分野でも，従来の政治史・経済史偏重の研究を批判し，庶民の生活や心意の変遷を明らかにする生活史や心性史の分野が発展した．

日本でも柳田国男（1875-1962）や折口信夫（1887-1953）らによって基礎が築かれた民俗学の分野で，多くの貴重な業績が生み出された．日本は1960年代を中心に一次産業に基づく地縁・血縁共同体の基盤が崩れ，多くの住民が二次・三次産業の従事者として都市的空間に暮らすようになる．日本の民俗学者たちは，この社会構造の大変動期の前後に，旧来の農山漁村にあった多くの習俗や生活実践を記録することができた．なかでも民間伝承や心意伝承とよばれるジャンルの研究成果は，日本人の宗教の実態を考えるうえでも，不可欠の知見を与えるものとなった．

4.4 近年の内省的批判

20世紀後半に活発化する近代の学問研究への内省的批判は，これらの研究成果から生み出された理論や諸概念もまた，決してニュートラルで客観的な分析の道具として自明視してはならず，そこにはそれぞれの研究者自身が必然的に負わざるをえない時代的・地域的な，あるいは植民地支配・アカデミズム体制・男性中心の性差観などの権力的なバイアスを帯びたものであることを，徹底的に暴露していった．

たとえば宗教起源論のひとつとして提起されたフェティシズムは一般に「呪物崇拝」などと訳されるが，その後の歴史のなかで，マルクス経済学では「物神崇拝」として，精神分析学では一種の性的倒錯を示す病理現象をさす用語として，転用された．近年，日本の若者のあいだで使われる「フェチ」は，主としてこの心理学用語に由来する．これらの転用が明らかに示すとおり，この言葉は本来的に「錯誤」，つまり本来向かうべき神に向かわずに被造物である自然を崇拝する誤った信仰，という意味合いを含む言葉であった．一方，この用語のルーツを探っていくと，ポルトガル語のフェイティソからラテン語にまで由来し，15世紀後半から西アフリカと交易したポルトガルの船乗りたちが先住民の習俗に命名した言葉で，しかも母国での原義には，当時のカトリック

VI. 宗教研究の系譜

社会に蔓延していた聖人の遺物崇拝などをさす意味があったという．つまり，西欧人が「未開」のアフリカの地で「発見」したという「宗教の起源」とは，実は自分たちの足元に繁茂する見慣れた習俗の実践形態でもあったのだ．フェティシズムという学術用語には，キリスト教は一神教であって偶像崇拝を否定する，などという建てまえの理念を吹き飛ばしてしまう歴史のアイロニーがこめられている．

民衆の宗教に光を当てようとする研究には，このように自分たちの宗教の理念を絶対視して，異教徒や庶民層の実践を，その堕落形態，ないしは低俗な迷信とみなすような偏見が多く認められる．その一方で，逆に民衆たちのなかにこそ，都市文明やエリートたちの理屈に汚染されていない素朴な信仰や宗教の根源が残されているとして，その純粋な姿を理想化するような立場もあった．そこまで極端でなくても，生活者レベルの宗教を，制度的・教典的な宗教に先行する，あるいは並立する「基層」「古態」「原型」などとして意義づけようとする態度は，この分野の研究者に広くみられた．この民衆文化に対する二様の見方を，「迷信モデル」と「ロマンティックモデル」とよぶ研究者もいる．

総じていえば，これまでの日本の民俗学には，後者のロマンティックモデルが濃厚であった．例えば柳田国男は，儒教や仏教などの外来宗教に汚染される以前の，日本民族に特有の信仰を追い求め，これを「固有信仰」という用語によって理念化しようとした．こうした課題設定は，日本の農村社会に広くみられる共通の信念や実践の特質を明らかにする一方で，それ（例えば祖先崇拝の伝統）が外来信仰や近代文明に汚染されていない本来の日本人の精神，などというかたちで理想化されてしまうと，人々を偏狭な地域主義に閉塞させる危険なイデオロギー装置にもなりうる．

こうした側面だけをつかまえて，柳田の壮大な研究が残した貢献を否定するような態度は慎しまねばならないが，総じて日本の民俗学研究が「仏教以前」「儒教以前」の固有信仰といった基層モデルにとらわれることによって，「日本では，どのような外来宗教も結局は固有信仰に合わせるかたちで変質せざるをえなかった」といった，安易な図式化を横行させる結果を招いたことは否定できない．それはまた，肯定面・否定面を含めて，仏教と総称される文化的集合体が日本の庶民層に及ぼした根深い影響力を探る研究や，既成教団の末端を担う聖職者や施設の実態，そこに関わる一般生活者の実践を探る調査研究などを，著しく立ち遅れさせる原因ともなったのである．

一般庶民の宗教の実態に関心を寄せる研究者たちに愛用されてきた学術用語として，「民間信仰」「民俗信仰」「庶民信仰」「民俗宗教」「民衆宗教」などの概念が知られている．その定義や用法は研究者によって多様だが，基本的には，地域社会に暮らす平均的生活者の心的態度や慣習的言動のうち，教団組織や教義体系をそなえた宗教には属さないが，なお「信仰」や「宗教」としてとらえることが可能と判断された部分をさす言葉である．最初にも触れたように，明治期以降に西欧語の翻訳語として普通名詞化した「宗教」や「信仰」は，とりわけ近代プロテスタント的な伝統に依拠しつつ形成されたという来歴をもつ．出来事の順序としていえば，キリスト教をモデルに形成された普通名詞が，まず同じように教祖・教典・教団をそなえた仏教，イスラームなどの制度的宗教に適用され（イスラームの場合，教団の輪郭については議論の余地があるが），さらにこれが庶民の日常的事象を説明する言葉に転用されたのである．「民間信仰」を例にとれば，この日本語を最初に使ったのは，日本宗教学会の初代会長をつとめた姉崎正治（1873-1949）で，1897（明治30）年に公刊された「中奥の民間信仰」という論文のなかであった．

5. 社会学的研究の系譜

5.1　社会的側面への注目

　宗教の実態研究を進めてきた経験科学のなかでも，とくに第2次世界大戦後，つまりは20世紀の後半以降に活発化し，日本でも多くの研究者を輩出したのが，宗教社会学の分野である．宗教は個人が生きるための智慧の源泉として重要な役割を果たしうる一方で，つねに個人をこえた社会全体のなかで働き，さまざまな意味と役割をもつ．宗教社会学とは，こうした側面に光をあてる研究分野で，宗教をひとつの社会現象として位置づけることによって，社会のなかで宗教が果たす役割や，宗教と社会とが相互に影響を及ぼしあう関係などを明らかにしてきた．

　宗教の社会的側面としてまず思い浮かぶのは，一定の信仰を共有しあう人々の集団，広く「教団」とよばれる組織であろう．のちに教祖とか宗祖と称されるようになる天才的な人物のもとに集まり，その人物が説いた教えを信奉した人たちが，どのように組織化され，社会的に影響力をもちうる集団に成長していくのかといった問題は，個別宗派の形成史に限定されるものではなく，広く宗教と社会をめぐるジェネラルな論題にもなりうる．

　もとより，宗教の社会学的な研究は，こうした宗教に特有の集団だけに限られない．ここでの「社会」には，家族・親族，農業村落などに代表される地縁・血縁の共同体から，民族や国家，さらにはグローバル化とよばれるような地球規模での人々の交流にいたるまで，さまざまな様態が含まれる．こうした多様な人間関係と宗教との関係は，それぞれに興味深い問題系を構成するため，広い意味での社会学的なテーマとして，膨大な理論研究や事例報告が生み出された．具体的な対象や方法は多様で，簡潔な展望を許さない．

　とはいえ，今日の宗教社会学的な研究の基礎を築いた大先達の仕事のなかに，大きな問題関心の方向性を確認することは可能である．そこでは，しばしば2人の先駆者の名前が挙げられる．フランスのエミール・デュルケム (Emile Durkheim, 1858-1917) と，ドイツのマックス・ウェーバー (Max Weber, 1864-1920) である．ユダヤ人の家系に生まれたデュルケムは，個人の心理や意識には還元できない社会的事実というものに注目した．例えば，自殺という行為について考えてみると，個々の具体的な自殺のケースに目を向ければ，それぞれの立場におかれた当事者の心意から説明できそうに思える．しかし，Aという社会ではBという社会にくらべて毎年2倍の自殺率がみられるという場合，それはむしろ個人の心理を規制する社会の問題として解明しなければならない．同じように，神といった宗教的な存在も，単に希望や恐怖といった個人意識から説明するのではなく，一定の社会の構成員に共有された集合意識として理解することが重要だとした．宗教と社会との関係についていえば，宗教が構成員の連帯を強め，人々を結びつける働きに注目した．

　一方，ウェーバーは，諸宗教の理念と経済倫理との関係に焦点を合わせた研究で知られている．具体的な分析対象は古代ユダヤ教から，インドの宗教，中国の宗教と幅広いが，なかでも，西欧社会のみに資本主義が成立できたのはなぜかという問題関心のもとに，その成り立ちを解明した研究が有名である（『プロテスタンティズムの倫理と資本主義の精神』）．そこでは資本主義の根底にある合理主義的な精神の形成過程において，キリスト教のプロテスタンティズム，とりわけカルヴァン主義の救済倫理が決定的な役割を果たしていたことが主張された．こうした論点は，宗教にそなわる救済観や倫理観などが，悩める個人を救うだけでなく，社会を変革し，新しい社会の仕組みを創出する働きをもっていることを，明らかにするものであった．

　デュルケムもウェーバーも，その後の研究の指針となる多くの観点や概念を提示しており，決し

て単純で図式的な命題に収まるものではない．ただ，この2人の研究者によって，宗教は構成員の連帯感を高め，社会全体の凝集性や統合力を維持すると同時に，既存の社会を変革し，新たな時代精神を生み出す推進力にもなりうるという，2つの方向性が明らかにされたことは重要である．それらは，ともに以後の社会学的な研究を大きく開花させる出発点となった．

5.2 新宗教研究と世俗化論

先にも触れたように，日本において宗教社会学的な研究が大きく進展したのは，第2次世界大戦後である．とくに戦後世代の研究者たちが積極的に取り組んだテーマに，新宗教研究と世俗化論がある．いずれも当時の政治的・社会的状況の大きな変化と関係をもち，新たな時代の要請に積極的に応える研究でもあった．

日本で新宗教といえば，幕末維新期以後に結成された教団をさすことが多いが，これらは第2次世界大戦以前には，淫祠邪教，類似宗教などの呼称で弾圧されたり，公認された場合であっても，既成の教団にくらべて一段と低い宗教として蔑視される傾向が強かった．戦後に信教の自由が保障されると，これらの教団は目ざましい復興をとげるとともに，時代に即応した新しい宗教団体も次々に生まれていった．短期間に多くの信者を集めて大教団に成長するものも少なくなかった．

そうした教団の信者の多くは，戦後復興から高度経済成長期にかけての急激な社会変動のなかで，都市的な環境のなかで暮らし始めた人たちだった．地縁・血縁的な村落社会を離れて弱肉強食の競争社会に投げ出された人々が，貧困・病気・紛争といった人生の危機に直面したとき，これらの新しい教団は救済の受け皿として機能した．それはもはや既存の宗教が担いきれない役割でもあった．さらに新宗教をひとつの民衆運動としてとらえる立場からは，封建社会を脱して近代化を推進する大きな役割なども注目されるようになる．そこでは社会学的な理論や分析が，効果的な力を発揮しえた．

20世紀の最終四半期に入ると，「新新宗教」などとよばれる新しいタイプの新宗教が注目されるようになる．若者や高学歴層を中心に，合理主義に行き詰まった社会のなかで新しい生き甲斐の枠組みを模索したり，身体的な修行や瞑想などを通して，新たな霊的な覚醒を促したりするような教団である．宗教を自称せず，科学的な装いのもとで霊的な次元の働きを重視するセラピーの流行なども，社会の注目を集めていった．新宗教研究には，こうした社会現象の全体像を描きうる新しい理論を求めて，多くの研究者が集まるようになる．しかし，ここでも理念研究と実態研究との分裂が助長される傾向がみられた．つまり，旧来の仏教研究・キリスト教研究は，ますます教義や思想に内閉し，新宗教や霊性運動の研究といえば，もっぱら社会学的な分析に特化するといった分業体制の問題である．

戦後の宗教社会学的な研究者を魅了したもうひとつの大きなテーマが，世俗化論である．そこには戦後の社会変動を理解するための枠組みへの主体的な関心があった．その一方で，アメリカを中心とした欧米の研究者たちの動向に影響された面も大きい．世俗化とは，一般に宗教が社会全体のなかで重要性を失っていく動きをいうが，西欧において教会出席率が減少していくデータなどをもとに，こうした常識的な解釈に沿った研究もある．しかし，世俗化論が進展するなかで，世俗化とは，単純に人々が神聖な価値から離れていくことではなく，むしろ社会の諸制度が機能分化したり，神聖な価値の所在が公的な組織から私的な領域に移っていく過程として解釈すべきだとか，世俗化を全体として論じるのではなく，社会全体・組織・個人のレベルに分けて考えるべきだ，などの論点も出てきた．世俗化論が多くの実りある理論的な遺産を残したことは事実だが，近年では，この用語を正面から扱った研究は少なくなっている．

5.3 社会問題への対応

　宗教の社会学的研究には，時代のトピックや欧米の研究動向に機敏に対応するフットワークの軽さという長所と，時代の潮流に安易に流されやすいという短所の，両面がある．かつて隆盛をきわめた新宗教研究は，1995 年に起こったオウム真理教事件の衝撃を正面から受けることになった．宗教運動に潜む危険な側面に気づかなかった研究者の姿勢が批判されるなかで，カルト問題や霊的虐待などの解明が進展した一方で，従来の問題関心を継承するような本格的な実証研究はむしろ下火になっている．世俗化論は，イスラーム復興運動をはじめ，ファンダメンタリズムと総称されるラディカルな原点回帰の宗教運動が世界の表舞台に踊り出す時代を迎えて，先細りの状態にある．いずれも緻密な事例研究や錯綜した論点が重ねられるにつれて，単純な理論化が否定され，それに伴ってテーマ自体が疲弊して，飽きられていくといった傾向がみられる．

　世俗化論の是非は別として，社会の合理化が進めば宗教は衰退する，といった単純な図式が成り立たないことは，ますます明白になっている．政治と宗教，国家と宗教の関係は，いまや宗教研究の主要なテーマである．イスラーム主義を掲げる国家の台頭，これに対抗して強硬な態度を強めるユダヤ過激派やアメリカのキリスト教右派の動向，経済危機による失業や移民問題を契機とするナショナリズムの高まりなど，いずれも宗教研究の視角からの解明が可能な問題が含まれている．

　近代国家の多くは政教分離の原則を掲げているが，これも国ごとの差は大きい．政治に宗教を介入させないという原則はあっても，じっさいに政治のなかから宗教的な要素をすべて除くことはできない．カトリック教権主義との対決のなかでライシテ（非宗教性）の伝統を尊重してきたフランスと，多様な宗教・宗派の共存を容認しつつ公共の場で神への信仰が公然と語られるアメリカとでは，大きな違いがある．天皇制の根幹に国家祭祀の性格がしみこんだ日本では，戦死した自国将兵を祀った靖国神社をめぐって，さまざまな論争が交わされている．

　とりわけ社会学的な研究にとっては，こうした社会問題への対応が一過性の流行に左右されやすかったという反省も必要である．もちろん，研究者が狭いサークルの議論に自己満足的に閉じこもることなく，時代のなかで次々に起こる世界の動向を注視し，新たな課題を戦略的に模索する努力は大切であろう．9.11 事件やイラク戦争，インターネットの普及による情報革命，経済グローバリズムによる金融危機，阪神淡路大震災や東日本大震災の衝撃などは，現代に生きるすべての人が身をもって対応しなければならない問題であると同時に，宗教研究者にも多くの課題を突きつける．一時的なメディアの需要を満たすだけの消費財として使い捨てられることのない，地に足のついた研究の蓄積が大切になる．

6. 宗教研究の現状と課題

6.1 学術用語の制約

　すでに述べたように，近年では西欧近代の思考的枠組みのなかで育てられ，アカデミズムの体制内で自明視されてきた学術用語を見直す動きが，人文・社会科学のさまざまな分野で活発に進められている．「宗教」や「信仰」の語もそうした反省の俎上に乗せられるようになっている（代表的な批判書として，タラル・アサド『宗教の系譜』中村圭志訳，岩波書店，2004 など）．西欧起源だからただちに不都合だ，ということにはならないが，従来の学術用語が帯びてきた制約への省察は重要である．

　例えば，現代の多くの日本人は教会風のチャペルで結婚式をあげ，子供が生まれると神社に宮参りに連れていき，死ぬと仏教寺院でお経をあげてもらう．こうした現実をつかまえて，「日本人の

宗教はめちゃくちゃだ」とか「日本人の信仰は混乱している」などの批評がある．しかし，これは「宗教」とか「信仰」という物差しの方にバイアスがあるからで，人々の実践に即してみていけば「めちゃくちゃ」でも「混乱」でもない，という解釈は十分に可能である．同じように，イスラームという言葉はむしろひとつの「生活様式」とみるべきであって，これをプロテスタント的な「宗教」や「信仰」として切り取ろうとするところに，無用な偏見や誤解が生じるのだ，といった批判もある．

宗教と社会的性差（ジェンダー）との関係も難題のひとつである．宗教の教義や制度に深く喰い込んだ性差別が問題視されるなかで，無意識のうちに従来の研究の視角や概念を規定してきた男性中心的な前提にも，鋭い批判が向けられるようになっている．

6.2 本質論批判をめぐって

今日の内省的批判のなかでも，とくに宗教研究に大きな衝撃を与えているのが，いわゆる本質論批判や実体論批判とよばれるものである．時代的・地域的来歴や負荷を帯びた学術用語を，研究者自身が本質をもった実体と見誤ることへの批判である．それは「宗教」「信仰」「呪術」など，近代の学問を成り立たせてきた広範な普通名詞だけでなく，「仏教」「キリスト教」「儒教」「神道」「道教」，さらには「民間信仰」「民俗宗教」「固有信仰」のような，個別宗教の実定的な呼称にも向けられている．あるいは，「アニミズム」「シャーマニズム」「夢」「トランス」「神秘体験」のような，宗教現象の説明や解釈の基本的な道具として愛用されてきたさまざまな分析概念も，これを自明の本質をそなえた実体概念として無批判に使用するとき，容赦ない懐疑の眼差しから逃れることはできなくなっている．

もとより，宗教研究には，宗教の本質論的定義や，実定的な個別宗教概念が有効な道具として働く分野は，なお数多く残されている．宗教研究が宗教現象の意味の探求という方向をもつかぎり，日常的な意識や実存を背後から支える根源的な次元への本質論的な問いを，完全に排除することはできないし，それを排除することが望ましいわけでもない．研究の視角や方法は多様であるべきで，すべての研究者が単一の視点に立つなどという状況こそ，危険な全体主義の兆候だろう．

エリアーデが主張したように，宗教には宗教に固有の次元があるという前提から出発する研究方法にも，大きな利点や魅力はある．「聖なるもの」などの概念にはたしかに地域的・時代的な制約がしみこんでいるし，一般生活者の宗教の実態を描こうとしてきた研究者には，使い勝手の悪いところもある．近年では，これまで「宗教」とはよばれてこなかった現代社会の現象に，何らかの宗教性を見出そうという研究も活発になっている．神・仏・霊などと名づけられた超越的な対象と直接的に関わるわけではないが，人々の意識や行動の様式，集団の性格などに，なお強い神秘性や超越的な権威などが認められるような現象である．人気歌手のライブコンサート，ワールドカップの熱狂に代表されるようなスポーツの応援などは，だれも「宗教」とはよばないが，何らかの超越的な意味や力との交流が感じ取れる．多くの若者にとって，携帯電話は単なる機械をこえた聖性を帯びているようにもみえる．

地縁・血縁的な共同体の規制が弱まった現代社会に広がる，こうした擬似宗教的現象を包括するキーワードとして，最近では「スピリチュアリティ」という言葉が愛用されている．ニューエイジとよばれる文化潮流，霊術系と総称される新宗教，「癒し」を売りものにした各種のワークやセラピーなど，その活用範囲や有効性には未知数の部分も多いが，従来の狭い「宗教」の枠をこえて，アニメ・映画・テレビゲームなどの大衆文化，さらには教育や医療の分野でも使われるようになっている．こうした現象についても，突き放した社会科学の視点からの分析はもちろん可能だし，有意義ではある．しかし，その理解を深めるうえで，何らかの霊威的な力や意味の次元を，現象の不可欠のファクターとして研究の射程に取り

込むべきだ，という視点を主張する研究者が出てきてもおかしくはない．

さらにいえば，既存の実体概念を批判して拒否したからといって，そもそも研究者が何らかの用語や概念によって事態を把握し，整理し，説明しようとするかぎり，そこには何らかの本質論や実体論がすべりこむことになる．西欧の学術世界に起源をもつ実体論的な概念をやり玉にあげて，お決まりの本質論批判をしてみせれば，より正当な解釈の地平に立てるなどと思いこむことは，それこそが悪しき本質主義に足元をすくわれている，というべきだろう．

必要なのは，本質論や実体論の臭いのするあらゆる既成概念を，神経症的に拒否することではない．まず従来の概念によって開かれてきた視角の意義や有効範囲を正当に評価することである．同時に，その概念が自明の本質論的な枠組みとして固定化されることによって，ある重要な問題が覆い隠されてしまったのではないか，さらには，そうした重要な問題の隠蔽によって，何らかの権威や権力の構造に加担する結果を招いたのではないか．こうした問いかけが重要だ，ということであろう．そして，そのような問いかけのなかから，既成概念の固定的・抑圧的な力を緩めるような視角のズレを呼び込んでいく工夫が追求されねばならない．

6.3 理念と実態をつなぐ視点

理念研究と実態研究との分裂という状態も，今日の宗教研究が解決しなければならない問題のひとつである．本項目でも便宜的に両者を分けて説明してきたが，「宗教」という事象がどちらにも広がる大きさをもっている以上，じっさいに必要なのは，双方が関わりあう場に開かれた視点であろう．これまで理念研究は宗教の奥深く高尚な極意や本質を解明するのだと称して，自分たちのサークルにしか通用しないような専門用語や晦渋な表現を並べ，他方の実態研究は，ひたすら実証的であることだけに価値を求めるような事例の記録に終始する，という傾向もみられた．両者に対話が成立しないどころか，互いに他を無視し，場合によっては軽蔑の態度で否定しあうような風潮さえあった．

しかも，仏教やキリスト教など，いわゆる世界宗教の研究といえば理念研究のことであり，実態研究とは，そうした高等宗教と関わりあわない「民間信仰」や「民俗宗教」の領分であるというような，アカデミズム体制内部の奇妙な分業も成り立ってきた．後者を専門とする実態研究の分野では，制度的・教典的・組織的な宗教の影響や，それらに属する聖職者によって説かれている教説などは，つとめて視界から除外するという暗黙の傾向が，研究者たちのなかにみられたことは否定できない．現実の仏教系の寺院や庵，あるいはキリスト教会で，じっさいの聖職者によって何が語られ，そこに関わる人々が何を考え，何を実践しているのかといった疑問を，丹念なフィールドワークから明らかにした研究は，驚くほど少ない．

仏教について語る場合でも，知識人の自負をもつ研究者が立てるモデルでは，まず祖師や高僧たちが残した教説や，一級の仏教学者や思想家たちによって説かれた経典理解などが中心に位置づけられる．しかし，いつの時代にも，多くの庶民層が受けとめた仏教の教義・理念とは，決してそのような達人たちの議論だけではなかった．むしろ制度上は中下級に属する僧侶たちや，半僧半俗の民間宗教者・芸能者たちの働きに注目しなければならない．彼らは祖師やエリートのような教義を説くことはなかったとしても，仏教文化が育ててきたある種の普遍主義的な理念を活用することによって，読み書きもできないような人々を納得させ，彼らの心に響くような説法を行い，儀礼・祈祷を執行してきたのである．

民俗・民衆レベルにおける庶民の言動の具体相を把握するためには，「世界宗教」と「民俗宗教」とを本質概念としてまるごと比較したり対置させるまえに，むしろ人々が生活のなかで直面する個別の切実な問題やテーマごとに，彼らがそれを具体的に処理してきた思考・行動のシステムに着目し，宗教の理念と実態がダイナミックにからみあ

う場の様式をとらえるモデルを開発する努力が，求められている．

6.4 比較研究の可能性

比較研究の意義と可能性についても触れておく．近代の宗教研究の大きな成果のひとつは，諸宗教の比較研究だった．しかし，ここでも，あまりにも本質主義に傾斜した概念の粗雑な比較が問題にされている．「東の宗教」としての仏教，「西の宗教」としてのキリスト教，「中東の宗教」としてのイスラーム，といった対比は，鳥瞰的な比較文明論を語るうえでは一定の有効性をもつかもしれない．しかし，今日の世界を見わたしたとき，もはや「キリスト教＝西洋の宗教」などという図式そのものが成り立たない．熱心なキリスト教徒の分布の重心は，すでに非西欧世界へと大きくシフトしつつある．ムスリム（イスラームの信奉者）もまた，その約半数が住むのは東南アジアや南アジアであり，さらにアフリカはもとより，欧米への進出も目覚しい．当然のことながら，クリスチャン，ムスリムといっても，地域や階層によって，その様態は千差万別である．キリスト教世界やイスラーム世界を，何か本質的な特徴をそなえた統一体のように語ることは，誤りであるばかりか，危険なことでもある．

「民俗宗教」や「民衆宗教」に関しても，これらが体制化された世界宗教との対比のなかで称揚される場合がある．とくに日本では，圧倒的な力で近代社会を支配してきた西欧文明への批判や反発と結びつく傾向があった．西欧的な概念の限界，その背後にあって一神教的文化がもっているとされた対決的・好戦的・暴力的な性格に対して，自然との共生や調和を重視する「アニミズム」や「シャーマニズム」に立つ世界観の意義が唱えられ，その復権が主張されたりもする．しかし，この枠組みでは，結局のところ「アニミズム」対「一神教」，「シャーマニズム」対「世界宗教」といった近代西欧的な二分法的発想からは一歩も抜け出だせていない．

実りある比較論的視野への展望とは，そうしたナショナリズムの延長上におかれたような日本文化，あるいは東洋文化の「伝統」の礼賛などとは切り離されるべきである．それは，みずからが足場を構えざるをえない個別的限定性に確固たる視点をすえ，その重みを受けとめ味わいつつも，なおかつその限定的視界を超えた意義深い一般論を見通す方向を，自覚的に模索する研究でなくてはならない．

ひとつの身近な例をあげてみよう．日本の社会では，生きている人間たちと個別的な死者たちとの直接的な交流・交渉が目立つ．「先祖祭祀」と総称されてきたような系譜上の死者を祀る行為や，制度的な仏教諸宗派の管理下におかれてきた葬儀・年忌法要・盆や彼岸の風習はもとより，「たたり」「霊障」とよばれるような，この世に何らかの未練や怨念を残したとされる死者たちの働きと，それに対する生者たちの対処法がある．それらは鎮魂・供養・浄霊・追悼・慰霊など，現在でも生活のなかに大きな根を張っている．こうした観念や実践が日本の宗教史に深い痕跡を残してきた事実に注目することは，同時にそれらが日本を超えた地域のなかでどのような広がりをもっているのか，という問題関心にもつながっていく．「祖先崇拝こそ日本人の固有信仰である」といった内向きの解釈のなかに閉塞するまえに，むしろ他の宗教文化との比較のなかにそれを解き放つことによって，新たな理解の道を開いていく，という研究のスタンスが求められている．

「苦しむ死者」を「安らかな死者」へ変えていくという死者供養・追善回向の作法などは，仏教と総称される文化的集合体が東アジアの民衆層に深く受容されるプロセスのなかで，中心的な役割を果たしたと考えられるものであるが，こうした死者への配慮やケアーは，通文化的にどの程度の広がりをもって展開しているのか．一般に一神教の文化圏ではこうした死者に対する「個別取引」的な配慮やケアーが抑圧され消されたとすれば，それはどのような仕掛けやプロセスにおいて可能であったのか．あるいは，現代の民衆層の生活に照らして検証するとき，それらは本当に一神教文

化圏では消されたといえるのか．こうした具体的な問いかけ，あえていえば「比較死者供養論」とでもいうべき問題群は，とりわけ日本の宗教研究者が担うべき重要な課題のひとつであろう．

　一言でいえば，日本の社会に濃厚にみられるような事象に，西欧のアカデミズムの伝統のなかでつくられた学術用語を単純に当てはめ，それが日本の特殊性であり限界なのだと自嘲気味に卑下したり，逆にそれこそが非西欧文明の美点なのだと胸を張って見せるまえに，みずからの心身の奥底にまで深く喰い入った情緒や実践が，どこまで比較宗教学的な視野のなかでの広がりをもち，どれほどの異なるバリエーションとして展開しうるのかを丹念に検討していく，といった研究が必要になる．

6.5　宗教研究に求められるもの

　「宗教を研究する」というとき，少しでも客観的な視点や，冷静で価値中立的な態度に近づこうとする努力は大切である．だが逆に，純粋に価値中立的で客観的な視点などというものは，どこにも存在しないという自覚も大切である．もっとも悪質で危険なのは，みずからの時代的・地域的・個別実存的な制約に気づかず，あるいはそれを意図的に隠して，あたかも純粋に価値中立的な高みに抜け出たかのような錯覚に陥ることである．そもそも宗教を研究してみたいなどという欲望のなかには，冷ややかな好奇心を超えた，何らかの主体的な問題関心や感情のエネルギーが渦巻いていることが多い．それは実り豊かな研究を進めるうえでの障害物どころか，むしろ積極的な原動力にもなる．

　だとすれば，今日の宗教研究者に強く求められているのは，そうした制約を率直に認め，これを引き受ける慎しみであろう．この種の慎しみは，みずからが立つ学問的なポジションへの持続的な内省にもつながる．たとえば，フィールドワークの場における調査対象者との関係，みずからの思想的・信仰的背景が研究の方法や結論に及ぼした影響力，アカデミズムやジャーナリズムといった権威や権力の体制内における自己の政治的な位置どりなどを，自覚的に問いなおす態度である．同時にその根底には，見えざるもの，理解しがたいもの，無限なるものに対する，人間のあこがれや畏れが生きつづけるだろう．

　今後の「宗教研究」は，ある体制の権威や権力のもとで独占されてきた「宗教」「信仰」観などから解放され，そこに揺さぶりをかけていく批判的な実践を必然的に内包すると同時に，みずからの生き方の現実相に向けられた内省的な眼差しを研ぎ澄ますことにも，つながっていかなければならない．

参　考　文　献

井上順孝・月本昭男・星野英紀編『宗教学を学ぶ』有斐閣選書，1996年．
『岩波講座・宗教』（全10巻）岩波書店，2003-2004年．
上田閑照・柳川啓一編『宗教学のすすめ』筑摩書房，1985年．
佐々木宏幹・村武精一編『宗教人類学』新曜社，1994年．
島薗　進・石井研士・下田正弘・深澤英隆編『宗教学文献事典』弘文堂，2007年．
星野英紀・池上良正・気多雅子・島薗　進・鶴岡賀雄編『宗教学事典』丸善，2010年．
山折哲雄・川村邦光編『民俗宗教を学ぶ人のために』世界思想社，1999年．
脇本平也『宗教学入門』講談社学術文庫，1997年．

Ⅶ.
現代社会と宗教

Ⅶ. 現代社会と宗教

1 宗教戦争／紛争・カルト・テロリズム

正木　晃

1.1　定　　義

　最初に，ごく簡単に戦争・紛争・カルト・テロリズムの定義をしておこう．実はこれらの事象に対する定義をめぐってはいろいろな考え方があり，必ずしも統一はされていない．したがって，以下にしめす定義を読んで，おおむねこういうことだと理解していただければ，それでよい．

　戦争とは，社会集団が特定の意志と目的をもって行う戦いをいう．当然，そこには組織的な暴力の発動があり，それを正当化する思想的な根拠が用意されている．そして，紛争は戦争の小規模な形態とみなせばいいだろう．いずれにしても，戦争や紛争は，単純な暴力の発動ではなく，いわゆる闘争本能とは別次元の問題と考える必要がある．

　カルトとは，ある特定の人間もしくは観念もしくは物に対して，過度の忠誠心や献身をもとめ，非倫理的な方法や高圧的な手段をもちいて人を説得したり操作したりする集団あるいは運動をいう（『カルト問題：学者と識者のための協議会』1985）．ただし，この定義には，かなり問題がある．なぜなら，世界宗教とよばれるキリスト教やイスラーム教にあっても，その初期はカルト的な様相を呈していたからである．キリスト教はイエス・カルトであり，イスラーム教はムハンマド・カルトであり，両者ともに既存の宗教勢力や政治勢力からは，今日の私たちからいわゆるカルト教団にそそがれる眼差しとなんら変わらない眼差しがそそがれていた．つまり，カルトの定義は，へたをすると，既成の権威が新興の勢力を誹謗し中傷し排除するために用いられかねない危険性をはらんでいる．この点は，注意が欠かせない．

　テロリズムとは，国家の秘密工作員または国家以外の結社，グループがその政治目的の遂行上，当事者はもとより当事者以外の周囲の人間に対してもその影響力を及ぼすべく非戦闘員またはこれに準ずる目標に対して計画的に行った不法な暴力の行使をいう（公安調査庁『国際テロリズム要覧』1993）．

　ちなみに，テロリズムとゲリラ戦とは異なる．ゲリラ戦は，① 戦争のしきたりに従って戦い，② 軍事的な正規軍に対する補助的なものであり，③ 非戦闘員には手出ししないが，テロリズムはこれらの約束事を無視する．

1.2　宗教戦争・宗教紛争の原因

　もし仮に，宗教的対立を原因の一つとする戦争もしくは紛争を，宗教戦争もしくは宗教紛争というのであれば，その事例は人類の歴史にいくらでも見出せる．

　しかし，純粋に宗教的対立だけが原因となっている戦争もしくは紛争は，人類の長い歴史を見わたしても，ほとんどない．例えば，ヨーロッパ史上，最大の事例とされる16～17世紀の，いわゆ

◆ Ⅶ．現代社会と宗教 ◆

る「宗教戦争（オランダ独立戦争・フランスのユグノー戦争・ドイツの三十年戦争）」でも，カトリックとプロテスタントの宗教的対立が大きくかかわっていたとはいえ，それが主因とはいいがたい．植民地の独立運動や各国の覇権抗争，あるいは地域対立などこそが主因であり，むしろ宗教的対立が戦いの口実に使われ，人々を扇動した面すら指摘できる．

逆にまた，宗教がまったく絡んでいない戦争や紛争も，人類の歴史には見出しがたい．そして，19世紀以降に勃発した戦争や紛争では，もはや宗教はかつてほど積極的な役割を演じていないにもかかわらず，宗教的な意味付けがあいもかわらず行われている場合が見出せる．その最近の例をあげるとすれば，イラク戦争（2003年）の戦端を開くに当たり，アメリカのブッシュ大統領が思わず「十字軍」と口走り，対するイスラーム原理主義勢力もまた「聖戦（ジハード）」を声高に叫んでいる事実である．

いかなる宗教も社会とのかかわりがあり，宗教単独では存立しえないという冷厳な事実を知れば，以上のことはごく当然の帰結といっていい．ところが，この当然の帰結が案外，きちんと認識されていない．とりわけ暴力を発動する側は，ほかの要因を認識せず，すべてを宗教的対立だけに求めようとする傾向がある．いま，ほかの要因を認識せずと述べたが，ほんとうのところは，あえて意図的に認識せず，という場合が多いかもしれない．なぜなら，事態をそれくらい単純化したほうが，人々の支持を得やすいからである．この「単純化」という傾向には，十二分に留意する必要がある．

I.3 カルトとテロリズム

カルトとテロリズムが結びついた事例として，私たちの脳裏にまず浮かぶのは，オウム真理教による地下鉄サリン事件であろう．事実，彼らが引き起こした地下鉄サリン事件（1995年）は，欧米では宗教テロリズムの最悪の事例として，さまざまな公文書にまで取り上げられている．しかし，カルトとテロリズムの結びつきは，広く歴史を見わたせば，なにもオウム真理教に限らない．いくつか実例をあげてみよう．

例えば，中世のイラン高原に盤踞した東方イスマーイール派が，その一例である．「我らのみ真正のイスラーム」と自認する教団は，イスラーム他派に対して激烈な敵愾心をしめし，彼らの教義に基づく新たな世界秩序の建設をめざして，教主に絶対帰依する刺客を各地に送り込み，有力者を次々に暗殺させた．暗殺者がフィダーイー，すなわち「献身者」とよばれた事実からも，この教団がカルトとテロリズムの結びついた顕著な事例とわかる．

ただし，イスラーム教の場合，開祖のムハンマドがとった行動そのものが，カルトとテロリズムという結びつきからまったく無縁とは思えない．ムハンマドは権力を奪取する段階で，自分を絶対の指導者とあおぐ信者に，多数の敵対者を殺害させている．また，権力を掌中におさめたのちも，おのれに従わない者たちに対しては容赦なかった．

もっともそれをいうなら，旧約聖書にとって最大の存在ともいうべきモーセその人もまた，カルトとテロリズムという結びつきからまったく無縁とは思えない．シナイ山の頂上で神から十戒を授けられて山麓に下ってきたモーセは，その絶対的な権威のもと，自分の配下たちに，逆らった民を3000人も虐殺させている（「出エジプト記」32. 25-28）．その後も再三，敵対する者を，あとで陵辱するために処女を残しておいたほかは，男も女も年齢に関係なく，すべて虐殺させている（「民数記」31. 1-18 など）．

世界的ベストセラーになったウンベルト・エーコの小説，『薔薇の名前』に登場するドルチーノ派もまた，カルトとテロリズムが結びついた事例である．「異端の教祖」ドルチーノ修道士に率いられた「使徒団（使徒兄弟団＝アポストリ）」は，14世紀の北イタリアを舞台に，自分たちの宗派に加わらない限り，何人も救われないと主張し，キリスト教会の権威をすべて否定した．そして，

極端な清貧を力説して，持てる者からあらゆるものを奪い取り，従わない人々を無差別に虐殺したという．

ちなみに，エーコは『薔薇の名前』を執筆した動機を，1970年代の後半，イタリアで発生した極左テロリズム，すなわちBR（赤い旅団）やPL（最前線）によるモーロ元首相殺害事件，およびそれに対して沈黙するしかなかった知識人たちの病んだ状況を，ともに批判するためだったと回想している．むろん，使徒団とBRやPLとの，歴史を超えた類似を認識したうえの発言にほかならない．

いい添えれば，東方イスマーイール派や使徒団を滅亡させたのは，彼らのテロリズムを上回る凶暴なテロリズム，具体的にいえば，前者はフビライ・カーンの実弟フレグに率いられたモンゴル軍団，後者はローマ法王が組織させた征討軍だった．

I.4 拡大解釈と無視

(1) キリスト教

教祖の言説や教義の一部を，文脈から切り離して拡大解釈し，強制的もしくは暴力的な措置を実行にうつすことは世界中の宗教でしばしばみられる．同じように，都合のよくない箇所を意図的に無視することもしばしばみられる．具体的な例をあげよう．

中世のカトリック教会が十字軍を発動する根拠としたのは，以下の一節だった．

　　無理にでも人々を連れて来なさい
　　　　（ルカ福音書第14章第23節）

この一節に，パウロの「ローマの信徒への手紙」第11章25〜26節に書かれている「異邦人全体が救いに達するまで全イスラエルは救われない」という趣旨の文言を援用して，イエスは異教徒を含めた万人のために死んだのだから，異教徒たちがみずから望まなくても，真理の道に帰依させることがキリスト教徒の使命であるという論理を構築し，異教徒に対する十字軍を発動したのである．

そのような論理は，「無理にでも人々を連れて来なさい」という一節から導き出せるのだろうか．検証してみよう．

この一節が登場するのは，イエスの説教の中においてである．その話の筋というのは，こうだ．

　或る家の主人が，宴会におおぜいの人々を招待したのに，なんだかんだと理由を付けて，誰も来ようとしない．怒った家の主人は，「貧しい人，体の不自由な人，目の見えない人，足の不自由な人」を連れてきて，宴会の席をいっぱいにしなさいと奴隷に命じる．それでも用意した席がいっぱいにならないので，主人が「無理にでも人々を連れて来なさい」と命じる．そして，最後にこう言う．「あの招かれた人たちの中で，わたしの食事を味わう人は一人もいない」．

あらためて指摘するまでもないが，この場合の「家の主人」は神を指している．つまり，神がせっかく神の国へと至る道を用意しているのに，本来招かれるべき人々，すなわち伝統的なユダヤ教徒たちは，屁理屈をこねて，拒否している．そこで神は，本来は招かれざる人々，すなわち貧しい人々や障害のある人々，異邦人たちを，神の国に招き入れることにした…．現代のキリスト教神学はそう解釈している（『新共同訳　新約聖書　略解』）．

ルカ福音書の第14章全体を読んでみれば，イエスが説教の中でいいたかったのは，こういうことにちがいない．自分たちは招かれて当然，いいかえれば救済されて当然と思い込んでいる人々にはほんとうは救済される資格はない．むしろ貧しい人々や障害のある人々や異邦人のような，本来は招かれざる人々こそ，神の国に招かれる資格がある．

そして家の主人，すなわち神が「無理にでも人々を連れて来なさい」と命じたのは，彼らもまた宴会に招いてもらいたいと思っているが，自分たちにはその資格がないと尻込みして，すすんで

来ようとはしないという事情を考慮したからである．もちろん，ここで対象とされているのは，宴会に招いてもらいたい，つまり神の国に招かれたいと願っている人々に限られている．したがって，みずから神の国に招かれたいとは望んでいない異教徒たちに対して，イエスの説教の中で神が「無理にでも人々を連れて来なさい」というはずがない．

このように，説教の内容を全体として把握するかぎり，異教徒を暴力によって屈服させて，むりやりキリスト教徒にするための根拠として，「無理にでも人々を連れて来なさい」という一節を使うのはまさに無理がある．しかし，十字軍時代の歴代ローマ法王たちは，この一節を盾にとって，パレスティナへ北ヨーロッパへ，次々と軍団を派遣し，異教徒に対する凄まじいばかりの虐殺をくりひろげたのである．

そこでは，イエスの「敵を愛し，自分を迫害する者のために祈りなさい」（マタイ福音書第5章第44節）や「敵を愛し，あなたがたを憎む者に親切にしなさい．悪口を言う者に祝福を祈り，あなたを侮辱する者のために祈りなさい．あなたの頬を打つ者には，もう一方の頬をも向けなさい」（ルカ福音書第6章第27節〜29節）といった一節に代表される精神は，まったく無視されている．

さらに，こういう拡大解釈と無視のほかにも，キリスト教が暴力や戦争を容認もしくは正当化できた理由がある．それは，キリスト教が，イエスの教えを語り伝える新約聖書だけで構築されているわけではないことに由来する．つまり，旧約聖書が占める領域も決して少なくない．そこには，さきに言及したモーセに典型例をみるように，古代ユダヤ人たちが体験した熾烈な闘争にまつわる記述が多々書かれていて，暴力や戦争を容認もしくは正当化する文言がいくらでも見出せる．歴代の指導者たちは，旧約聖書のその種の文言をきわめて効果的に利用し，人々を暴力や戦争に駆り立ててきたのである．

(2) イスラーム教

最近のイスラーム原理主義でも，似たことが起きている．クルアーン（コーラン）の一節を取り上げて，テロリズムを，いわゆる聖戦（ジハード）として正当化しているのである．

> 騒擾がすっかりなくなる時まで，宗教が全くアッラーの（宗教）ただ一条になる時まで，彼らを相手に戦い抜け．（第2章第193節）

> だが，（四ヶ月の）神聖月があけたなら，多神教徒は見つけ次第，殺してしまうがよい．ひっ捉え，追い込み，いたるところに伏兵を置いて待ち伏せよ．（第9章第5節）

たしかに，ここに引用した部分だけを読むかぎり，異教徒に対してムハンマドは情け容赦ない．暴力の発動は十二分に正当化されている．

しかし，これらの文言には，実は条件が付けられている．第2章第193節には，引用した一節につづいて，「しかしもし向こうが止めたなら，（汝らも）害意を棄てねばならぬぞ，悪心抜きがたき者どもだけは別として」と書かれている．第9章第5節にも，「しかし，もし彼らが改悛し，礼拝の努めを果たし，喜捨もよろこんで出すようなら，その時は遁がしてやるがよい」と書かれている．

したがって，異教徒に対する暴力の発動は，無条件にできるわけではない．情状酌量の余地はたぶんにある．ところが，イスラーム原理主義者たちは，この部分にあえて触れようとはしない．

また，イスラーム教は，原則として，自殺をかたく禁じている．その根拠は，コーランに書かれた次の一節に由来する．

> あなた方自身を殺してはならない．実にアッラーはあなた方に対して，慈悲深き方．もし敵意や悪意でこれをする者があれば，我々＊（＝アッラー）はその者たちを業火に投げ込むだろう．（第4章第29〜30節）

＊コーランでは神の一人称は「我々」と複数形をとる．

冒頭の「あなた方自身」という言葉は「あなた

方相互」と解釈することもできるらしいが，ふつうは「あなた方自身」と受けとって，ムハンマドが自殺を戒めた箇所とされている．ところが，イスラーム原理主義者の一部は，この一節をまったく無視して，いわゆる自爆テロを次々に実行している．

1.5　イスラーム教とテロリズム

もっともイスラーム教の場合，根本教義のなかにテロリズムを容認する，さらには奨励する要素がある点は認めざるをえない．それはコーランの記載にとどまらず，開祖ムハンマドの事跡にも明らかである．ムハンマドが権力を把握する過程でも，また権力を掌握したあとでも，軍団を派遣して敵対する宗教勢力およびその指導者たちを抹殺している．

イスラーム教の教義では，みずからの優位性は絶対であり，その優位性は軍事的な優位性によって担保される．またイスラーム教が想定する平和は，あくまでイスラーム教の支配に基づく平和であり，イスラーム教以外の宗教もしくはイデオロギーの支配下における平和はまったく顧慮されていない．

むろん，現実の歴史に展開されたイスラーム教は，近代以前のキリスト教に比べてはるかに柔軟で，他宗教との共存という状況も多々あった．例えば，コンスタンティノープルを陥落させビザンチン帝国を滅亡させたオスマントルコのメフメト2世の宰相だったマフムト・パシャのように，イスラーム政権の宰相がキリスト教徒出身だったことすらある．ただし，その場合でも，イスラーム教の側からすれば，少なくとも名目的にはキリスト教が劣位にあった．

さらに，イスラーム教に特徴的な考え方が，結果的にテロリズムを擁護する傾向を助長している．それは，この世で起こるありとあらゆる自然現象および社会的な事象は，すでに唯一の神アッラーによって決定されているとみなす考え方である．もちろん，人間の側の是非善悪の判断などまったく斟酌されない．なにもかもアッラーの意志にゆだねられていて，人間個々の主体性など，問題外である．

こういうきわめて静態的な，いいかえればダイナミズムを欠く考え方では，もし仮にみずからの意志により運命を切り開く者があらわれた場合，論理が180度グルッとひっくり返って，その人物は神から選ばれた特別な存在であるとみなされる．つまり，「みずからの意志」すらも，アッラーがそうさせたので，じつはアッラーの意志にほかならないと強弁される．そうしないと，アッラーがすべてをあらかじめ決定しているというイスラーム教の基本とつじつまが合わないからである．

その結果，彼の行動がいかに極端なものであろうと，いかに悪しき結果をもたらそうと，正当化されてしまう，もしくは黙認されてしまう可能性が高い．イスラーム教においてテロリズムが正当化されてしまう，もしくは黙認されてしまう背景にも，以上のような考え方がある．

自爆テロについても，同じことがいえる．先ほど指摘したとおり，コーランは自殺をきびしく禁じている．しかし，現実には自爆テロがあとを絶たない．なぜか．その答えは，それしか手段がないから（大川玲子，2004），ということらしい．

イスラーム教徒が絶対の聖典と崇めるコーランが，きびしく禁じているにもかかわらず，自爆テロが敢行される．まったくの矛盾だが，こういう事態もつまるところ神の意志として，人々は受け入れてしまうのである．

1.6　仏教とテロリズム

以上のように，いわゆるセム型一神教の場合は，強制的もしくは暴力的な措置，さらにそれらの拡大版ともいえる戦争や紛争を正当化する要素にこと欠かない．

その点，仏教の聖典には，暴力や戦争を正当化する文言はどこにも見当たらないようにみえる．仏教にも，テロリズムを容認もしくは正当化する

ような要素があるのだろうか．

さかのぼって明治維新の前の日本史を，仏教と暴力という視点からながめてみると，平和な宗教というイメージがはなはだ濃い仏教が，暴力に対して思いのほか積極的にかかわってきた事実に気付く．とりわけ，戦国時代の浄土真宗が発動した一向一揆と日蓮宗が発動した法華一揆の活動は突出している．

1532（天文元）年には，六角氏と連合軍を編成した法華一揆が浄土真宗の本山だった山科本願寺を襲撃して，壊滅的な打撃をあたえた．また，1536（天文5）年のいわゆる「天文法華一揆」では，京都の日蓮宗寺院が延暦寺の衆徒によって焼き討ちされ，これまた壊滅的な打撃をうけた．その後，勢力を盛り返した一向一揆が，織田信長をはじめ，戦国大名たちと激戦を展開した事実は，ご存じのとおりである．

一向一揆については，敵対する勢力から軍事的な圧力をかけられたので，やむなく自衛のために暴力を発動したという弁明もある．たしかにそういうことがなかったとはいわないが，自分たちの権益のために暴力を発動した事例もまた多々ある．

同じ時期，真言宗の根来寺は，精鋭の鉄砲軍団を組織したうえで傭兵として各地に派遣し，多額の報酬を得ていた．要するに，僧侶が人殺しを生活の糧にしていたのである．この場合は，自衛のためとはとてもいえない．

ところ変わって，同じ大乗仏教を奉じるチベットでも，事情はさして変わらない．いや，チベットでは宗教と政治がほとんど一体化していただけに，日本よりもさらに状況は熾烈だったかもしれない．

チベットではなにか重大な事件が起こると，暴力をもって決着を付けようとする傾向が否めない．もっとも，チベットは古代王国が滅んで以来，自前の軍隊をもっていなかったので，北方のモンゴルなどの軍事力を動員して，敵対者を抹殺した．

1290年に勃発した「ディグン派潰し」とよばれる事件が，その典型である．そのころ覇権を握っていたサキャ派がモンゴル軍をそそのかして，いうことを聞かないディグン派の僧侶1万人を皆殺しにしている．

ノーベル平和賞を受賞したダライ・ラマ14世を指導者に仰ぐゲルク派ですら，過去においては暴力とまったく無縁というわけにはいかなかった．とりわけ17世紀の前半，ゲルク派が覇権をにぎる過程では，対立する諸宗派とのあいだで，文字どおり血で血を洗う大抗争が生じた．最終局面で，モンゴル族の軍事力をもっとも有効に動員できたゲルク派が勝利をおさめたものの，その勝利の背後には累々たる死者がいたのである．

明治維新以降になると，仏教勢力そのものが暴力を行使する事態はほぼみられなくなる．しかし，日清・日露戦争から第2次世界大戦の終結にいたるまで，仏教が自国の戦争を正当化する文言を提示しつづけた．禅宗・浄土真宗・浄土宗・日蓮宗などのほか，無我愛の伊藤證信や一灯園の西田天香のような，仏教革新運動の旗手たちもまた，近代に日本の戦争を正当化した．

そのなかには，「支那人を済度するには，今度の戦争で苦難を骨身に徹せしめて置くことが肝要」（山崎益州『尊王と禅』）とか，皇道禅と称して，「恐れ多くも一無位の真人に降り給いて，衆生を済度し給うは，御歴代の天皇におわします」とか「釈迦を信じキリストを仰ぎ孔子を尊ぶの迂愚は止めよ．宇宙一神，最高の真理具現者，天皇を仰信せよ」（杉山五郎『大義』）という極端なものまであった．ちなみに，杉山五郎の『大義』は，昭和10年代の大ベストセラーになっている．

I.7　殺の論理

平和な宗教であるはずの仏教で，なぜ，こういう事態が起こってしまうのか．それを煎じ詰めてゆくと，仏教における殺の容認という問題にいきあたる．つまり，仏教，とりわけ大乗仏教には，状況次第では殺人を容認する論理が存在するのである．著者の考えでは，これまでの仏教と暴力をめぐる言説がいまひとつ深まりを欠いてきた原因

は、この点をきちんと究明してこなかったからにほかならない。

仏教における殺の容認については、例えば近代真言宗にとって最大の学匠たる栂尾祥雲師が、その著『理趣経の研究』(1930) のなかで、きわめて端的にこう述べている。

> 小乗仏教の立場からすると、その動機の如何を論ぜず、人を殺すが如きことは大罪で、国法の死刑に該当する波羅夷罪を構成することになって居る。それが大乗仏教になると、殺生の結果よりも動機に重きを置く様になり、……。若し過って多くの人を殺害する等の大重罪を犯したものと雖も、……般若の教理を、心から信解し受持する等の十法行をなすと、……却って速に無上菩提を得ることが出来ると云ふことになる。(170～171頁)

> 然るに、これを秘密仏教の立場からすると、この顕教般若の立場は尚ほ消極的退嬰主義に陥り、自らその心を浄ふするに止りて、自然に積極的進取の義趣を没却して居る憾みがある。元来、この降伏の本当の真理趣を説ける般若の教を信解し受持する等の十法行をなす人から云へば、……設ひ之れを殺害する様なことがあっても、……ただその人の心の眼を開かしむるための善功方便として、時にその人を威圧し、一時の苦しみを与へることがあっても、それは罪にならない。(171～172頁)

> 故に、積極的進取主義の秘密仏教の上から云へば、この三毒の煩悩を調伏し、心の眼を開かしむるための善功方便として、時には正義の戦争をなし、多くの人を一時に殺害する様なことがあっても、それは必ずしも大罪とはならない。是れ一切の邪悪を調伏し、本当に永へに一切有情を救済する所以なるが故である。漢訳並に蔵訳の『理趣広経』を初め不空訳の『理趣経』等、何れもこの旨趣を立場として居る。(172頁)

ここには、近代社会を保障してきたヒューマニズムとはまったく異質の精神がある。それはおそらく、第2次世界大戦後の仏教界ではほとんどタブーとされてきた発想かもしれない。

なかでも「正義の戦争」という言葉はじつに衝撃的である。しかし、第2次世界大戦前の仏教界では、こういう考え方がかなり強かった。前節に引いた山崎益州師の「支那人を済度するには、今度の戦争で苦難を骨身に徹しせしめて置くことが肝要」という文言は、まさしくその例にあたる。

1.8 空 と 殺

たしかに大乗仏教には過激な反ヒューマニズムの精神が存在する。

インド大乗仏教の理論的な側面を代表する『瑜伽師地論』(4世紀後半) の巻第41には、以下のような文言がみられる。

> 若諸菩薩安住菩薩淨戒律儀．善權方便爲利他故．於諸性罪少分現行．由是因縁於菩薩戒無所違犯生多功德．謂如菩薩見劫盜賊爲貪財故欲殺多生．或復欲害大德聲聞獨覺菩薩．或復欲造多無間業．見是事已發心思惟．我若斷彼惡衆生命墮那落迦．如其不斷．無間業成當受大苦．我寧殺彼墮那落迦．終不令其受無間苦．如是菩薩意樂思惟．於彼衆生或以善心或無記心．知此事已爲當來故深生慚愧．以憐愍心而斷彼命．由是因縁於菩薩戒無所違犯生多功德．

大意は、こういうことである。もし菩薩 (大乗仏教の修行者) が清浄なる戒を身につけているならば、多少の罪を犯したところで、戒に違反したことにはならず、かえって功徳となる。例えば、盗賊が財宝を手に入れようと多くの人々を殺そうとしたり、あるいは徳の高い僧侶を殺そうとしたりして、最悪の地獄に堕ちる罪を犯そうとしていることを知った菩薩が、「もし仮に私があの強盗を殺せば、私は地獄に堕ちるだろう。殺さなかったら、強盗がきわめて重い罪を犯して、地獄に堕ちるだろう。とすれば、私が強盗を殺して、強盗を地獄に堕とさないほうが良いのではないか」と考えたとしよう。かくして、菩薩が善でも悪でもない心で、これから自分が犯す罪を深く反省しつ

つ，憐れみの心で強盗を殺したとしよう．そのとき，菩薩は戒を犯したことにならず，かえって多くの功徳を生じる……．

いまさら指摘するまでもなく，「汝，殺すなかれ」は，仏教において最大の戒である．にもかかわらず，ここに書かれたとおり，衆生の救済のためであれば，殺人すら許される場合があると説かれている．

そして，この思想は，大乗仏教の「空」の理論によって，文字どおり過激に補強されていく．

次に紹介するのは，チベット仏教史上，最強にして最凶の呪殺者として名高いラ・ローツァワ・ドルジェタク（？〜1110以降）が駆使した論理である．

この人物は敵対する者を呪殺して文殊菩薩の浄土へ導く「度脱（ドル）」という秘術に秀でていた．むろん，他の仏教者から囂々たる非難を浴びたが，そのたびに彼が殺人を正当化するためにもちいたのが，以下の論理なのである．いわく，

度脱，すなわち呪殺の行為は，利他行である．救済しがたい粗野な衆生を利益する，まさに仏の大慈悲である．

勝義においては，殺すということもなければ，殺されるということもない．幻化による幻化の殺はありえないのと同じである．

少し解説しておけば，前段の「度脱は，……仏の大慈悲である」という論理は，さきほど引用した栂尾祥雲師の論理と，まったく軌を一にする．

後段に登場する「勝義」とは，仏の叡智が見抜いた絶対真理を意味し，言葉によっては表現できないとされる．大乗仏教では，おおむね２つの真理を想定している．第一が「勝義諦」で，その意味はいま説明したとおり．第二が「世俗諦」で，言葉で表現される真理であり，相対的な真理である．むろん，勝義諦のはるか下位にある．

「幻化」とは，実在していないものという意味である．大乗仏教の「空」の理論では，森羅万象はことごとく，私たちの感覚器官の誤作動によって，実在しているかのように認知されているだけで，ほんとうは外界にはなにひとつとして実在していない，と考える．

だから，ドルジェタクは，実在していない者が実在していない者を殺したところで，それは殺人ではないと主張するのである．殺人だ，殺人だと騒ぎ立てるのは，仏教の真理をわきまえない無知のなせるわざにすぎないというのが，ドルジェタクの言い分にほかならない．

むろん「空」の真意は，私たちが執着しがちな対象がほんとうは実在していないとみなすことで，執着から私たちを解放することにある．しかし，対象の実在性を否定することは，ともすると虚無的な考え方を助長し，人々を危険な行動に駆り立てかねない．いずれにしても，ドルジェタクのような解釈を許す要素が，大乗仏教の「空」の理論に内在することは，私たちも十二分に考慮しなければならない．

そして，後期密教を代表する密教聖典である『秘密集会（グヒヤサマージャ）タントラ』の第九分（第九章）に，こう書かれていることも事実である．これなどは，字句をそのまま素直に読んでいる限り，度脱をまさに正当化しているとしか考えられない．

これら秘密金剛によって，一切衆生を殺せ．
殺された者たちは，かの阿閦如来の仏国土において仏子となるであろう．

むろん，こういう衝撃的な文言は，密教に特有の「解釈」をともなっていて，字句をそのまま素直に受けとってはいけないという伝統がある．この場合も，「一切衆生を殺す」というのは，おのれの煩悩を滅却するという「解釈」が正しく，現実にあまたの人々を殺すという受け取り方はまったく認められていない．しかし，その種の伝統を知らないか，もしくは意図的に無視する指導者があらわれたとき，影響下にある信者たちをすこぶる危険な方向に導いてしまう可能性はないではない．

1.9　オウム真理教の場合

現代宗教におけるカルトとテロリズムを考えるとき，その典型例としてあげざるをえないのがオウム真理教である．

もう一つ，現代における宗教テロリズムの典型例としてあげるべきは，いうまでもなく，アル・カーイダやハマスをはじめとするイスラーム原理主義組織である．ただし，これらのイスラーム原理主義組織は，その指導者としてアル・カーイダのビン・ラーディンやハマスの故ヤシン師をいただいているものの，彼らの地位はせいぜいカリスマ的指導者にとどまり，明らかにカルトといえる域には達していないようにみえる．

つまり，カルトとテロリズムがあたかも車の両輪のごとく機能しているという意味において，オウム真理教はやはり突出している．

じつは筆者自身，いわゆるオウム裁判にかかわってきた．ある被告の弁護人から依頼を受け，オウム真理教の教義と修行，ならびに麻原彰晃という人物について，密教の専門研究者としての立場から，裁判所で陳述したこともある．

その体験からいうと，一連の事件の事実関係についてはある程度まで解明されている．しかし，もっとも重要な二点については，いまだ未解明のままになっている．その二点というのは，以下のとおりである．

　①　なぜ麻原彰晃（松本智津夫）教祖が，反社会的な行動に出たのか？
　②　教祖の違法な指示に，なぜ弟子たちが唯々諾々として従ったのか？

この二点は，とくに②はカルトとテロリズムを考えるとき，きわめて示唆的な問題である．

1.10　ポワとタントラヴァジュラヤーナの教義

オウム真理教の麻原教祖が，地下鉄サリン事件をはじめ，自分たちのテロリズムを正当化するために駆使したのが「タントラヴァジュラヤーナ（秘密金剛乗）の教義」だった．ある人物が不正義である場合，より悪い行為をなさないうちに殺してやること，すなわち「ポワ」してやることは，不正義によって被害を受ける人々にとってはもちろん，その不正義をなす人物にとっても，それ以上の悪をなさなくてもすむので救済であり，むしろ慈悲だ，という論理である．

言葉の詮索をすれば，ポワというチベット語は，あえて日本語に翻訳するなら，「遷移」ということになる．概略だけ説明すると，体内に宿っている根源的な意識を，ある種の修行によって頭頂部まで引っ張り上げ，最終的には頭頂にあるとされる梵孔という穴から抜き出させて，ホトケと一体化させる．この修行が成就できると，心身を浄化できるのみならず，死後の生を自在に選べるとされる．また，意識の移動という点がチベット密教の修行では重視されるので，他のより高度な修行の前行（準備的な修行）として，よく行われる．

つまり，ポワはあくまで自分自身の意識の移動にまつわる修行であって，他者の生命にはかかわらない．ましてや，人を殺すという意味はまったくない．もちろん，度脱とは関係ない．ところが，ポワを麻原教祖は，他者の意識を悪業にまみれたその身体から解放してやるという意味に解釈し，実質的に度脱（ドル）そのものに変質させたのである．

その変質したポワを実践手段とする「タントラヴァジュラヤーナの教義」は，麻原教祖という個人の発案であるかのごとく語られることが多いが，すでに指摘したとおり，実際には大乗仏教を大乗仏教たらしめている根本教義，すなわち「空」の，いわば極端な論理的帰結という面をもっている．

そして，この「タントラヴァジュラヤーナの教義」と，世界最終戦争ハルマゲドンというせっぱ詰まった危機意識がむすびついたとき，「個別死の超克の示唆」と「聖戦完遂の示唆」というテロリズムを正当化する論理が誕生したとの指摘（宮崎哲也）がある．

◆ Ⅶ. 現代社会と宗教 ◆

ここで，インド後期密教およびチベット密教のために弁明しておけば，タントラヴァジュラヤーナという言葉そのものも教義も，麻原教祖の発案にほかならない．

ただし，インド後期密教のなかには，『ヘーヴァジュラ・タントラ』のように，少なくとも言葉の上では，「悟りを得るためには，何もして許される」という解脱至上主義を唱える傾向がみとめられる．加えて，師の絶対性および教義や修行の秘匿性を極限まで高める傾向もある．

師の絶対性については，さきに引用した『秘密集会タントラ』の第14分（章）に，「阿闍梨を謗ったり，そのほか最勝の大乗を侮ったりする者たちは，殺されて当然である」という記述がみられる．これほど，後期密教における師の権威は大きい．したがって，もし師が邪悪であったり誤った方向に弟子を導いた場合，とりかえしのつかない事態が生じてしまう可能性が否めない．むろん，そういう事態を生じないように，弟子が師を選ぶ際の注意事項は微に入り細に入り定められてはいる．しかし，万が一ということはありうる．

教義や修行の秘匿性については，それなりの理由はあった．これまで引用してきた聖典の文言やその解釈から容易に想像できるとおり，後期密教の約束事を知らない者たちから「誤解」を受ける可能性はすこぶる高い．それを未然に防ぐためには，関係者以外には知らしめない，秘匿するという選択肢しかなかったということである．

しかし，これらの予防措置がちゃんと働かず，後期密教に特有の要素がすべてマイナスの極で発現してしまった場合，どうなるのか．その最悪の回答が，オウム真理教だったのかもしれない．

I.II　教祖の違法な指示に，なぜ弟子たちが唯々諾々として従ったのか？

最後に，「教祖の違法な指示に，なぜ弟子たちが唯々諾々として従ったのか？」という問題を考えて，この論考を終わりたい．とはいっても，この問題は未解明のままであって，難問中の難問である．したがって，以下は筆者の仮説と考えていただきたい．

現在，死刑が確定した人物のなかには，麻原教祖の命令が，世俗の法に照らして違法であることを重々認識しながら，師の命令を忠実に遂行した者がある．その人物は，いつの時点からかはよくわからないものの，現時点では，師の命令が，世俗の法に照らして違法であることはもとより，宗教的にも堕地獄の行為に当たることを認識しつつ，なおかつ今も麻原教祖を師として崇めつづけていると聞く．これほどに，師と弟子の関係は濃厚である．

ここで考えたいのは，この問題が，宗教の領域に限定されたことなのか，それとも宗教以外の領域でも起こりうることなのか，という点である．筆者の結論から先にいえば，宗教の領域で起こりやすいが，宗教以外の領域でも起こりうる．

後期密教において師と弟子の関係がきわめて固く，しかも師の絶対性が強調されることはすでに述べた．しかし，後期密教以外でも，師と弟子の関係が常識をはるかに超えて固い場合がある．その典型が，法然と親鸞の関係である．親鸞は，そのまた弟子の唯円に対し，自分と師の法然の関係について，『歎異抄』の第二章で，こう語っている．

　よきひとの仰せをかふぶりて信ずるほかに別の子細なきなり．……たとい，法然聖人にすかされまいらせて，念仏して地獄におちたりとも，さらに後悔すべからずそうろう．

ただし，親鸞が本心から地獄堕ちを覚悟していたかどうか，いささか疑問の余地がある．なぜなら，この時期の親鸞は，念仏がこの末世にあっては救済のための唯一絶対的な行為であると認識していて，万が一にも堕地獄の憂き目をみることはないと確信していたにちがいないからである．

さらに，引用した部分につづいて，「そのゆえは，自余の行もはげみて，仏になるべかりける身が，念仏をもうして，地獄にもおちてそうらわばこそ，すかされたてまつりて，という後悔もそうらわめ．いずれの行もおよびがたき身なれば，と

ても地獄は一定すみかぞかし」と述べている．つまり，自分の場合は，たとえどんな修行に励んでもとうてい成仏できそうにない．どう転んでも，地獄堕ちなのだ．だから，念仏して地獄に堕ちても，法然聖人にだまされたとは思わないという．ここにも，宗教的な確信がかいま見える．

もちろん，以上のことがらを考慮したとしても，親鸞と法然が常識を越える固い絆でむすばれていたことは疑いようがない．

しかし，似たようなことは，宗教以外の領域でも起こりうる．例えば，死を常に意識せざるを得ない戦場のような過酷な状況で，生死をともにした戦友の関係などである．あるいは，ヤクザの兄弟仁義の世界でも起こりうる．

オウム真理教の最末期，具体的にいうならサリン製造から後の時点では，彼らの意識では文字どおり戦争発動状態だったから，いま述べた状況が当てはまる可能性がある．

こう考えてくると，オウム真理教末期においては，宗教の領域で起こりやすい師と弟子の固い関係が，戦争発動状態という危機的な状況をうけて，なおいっそう強化されたとみなすことができるのではないか．これが筆者の仮説にほかならない．

なお，精神医学的な見地からは，麻原教祖に対して妄想性人格障害，反社会性人格障害，自己愛性人格障害が疑われている．筆者自身も，これらの障害が一連の事件となんらかの関係をもつことを否定しない．とりわけこのようなタイプの人格障害をもつ人物が，依存性人格障害をもつ人物を，意識無意識に従属させ，また同時に依存性人格障害をもつ人物のほうも，そういう状態を心地よく感じ，みずから求めて従属したがる傾向が強く，結果的に両者の相互依存関係が，思わぬ事態をまねく場合があるという．

しかし，この領域に立ち入るとなると，現在の麻原教祖の精神状態も含めて，解明すべき点があまりに多岐にわたるので，残念ながら，今回は割愛した．

参 考 文 献

この論考を書くにあたり，多数の著作や論文および裁判記録などを参考に供した．そのなかで専門書・専門論文および部外秘の文書を除き，図書館で閲覧できる，もしくは書店で購入できる著作を選び出して，以下にあげる．

池内　恵『現代アラブの社会思想』講談社，2002年．
大川玲子『聖典「クルアーン」の思想』講談社，2004年．
大澤真幸『虚構の時代の果て』筑摩書房，1996年．
岡田尊司『人格障害の時代』平凡社，2004年．
島田裕巳『オウム—なぜ宗教はテロリズムを生んだのか』トランスビュー，2001年．
立川武蔵『マンダラ瞑想法』角川書店，1997年．
立川武蔵『密教の思想』吉川弘文館，1998年．
立川武蔵『空の思想史』講談社，2003年．
立川武蔵，頼富本宏編『インド密教』春秋社，1999年．
立川武蔵，頼富本宏編『チベット密教』春秋社，1999年．
津田真一『反密教学』リブロポート，1987年．
中沢新一『改稿　虹の改訂』中央公論社，1993年．
正木　晃『密教の可能性』大法輪閣，1997年．
正木　晃『性と呪殺の密教』講談社，2002年．
正木　晃『密教』講談社，2004年．
正木　晃，ツルティム・ケサン『チベット密教　図説マンダラ瞑想法』ビイングネットプレス，2003年．
正木　晃，ツルティム・ケサン『チベット密教』筑摩書房，2000年．
正木　晃，ツルティム・ケサン『チベットの「死の修行」』角川書店，2000年．
山内　進『北の十字軍』講談社，1997年．

Ⅶ. 現代社会と宗教

2 スピリチュアリズムの潮流

一柳廣孝

2.1 スピリチュアリズムとは何か

スピリチュアリズム（spirituarism）とは，霊魂，および霊界に関する思想である．いうまでもなく，霊の実在を信じ，霊界に言及する思想は，主に宗教を経由してあらゆる地域，あらゆる時代に存在する．しかしここでいうスピリチュアリズムは，宗教と科学が激しい闘争を繰り広げていた19世紀半ばに突如急成長を遂げた，いわゆるモダン・スピリチュアリズムをさす．

近代スピリチュアリズムは，霊の実在，霊界との交信可能の2点を事実と認める．そのうえで，心霊現象を科学的に解明し，現世と霊界を統括する形而上的法則を探り，さらに現世と霊界を統括する神を信仰するという，多層的な構造をもつ思想である．その意味で近代スピリチュアリズムは，科学であり，哲学であり，宗教である．

近代スピリチュアリズムの登場以前に，同様の主張を展開したのはエマニュエル・スウェーデンボルグ（Swedenborg, Emanuel, 1688–1772）である．彼は天界と地獄を幻視し，多くの死者の霊魂と交わったという．その体験をもとに作り上げられた独自の教義は，スウェーデンボルグ教会という形で結実した．教会の活動は現在も続いている．ただし，死者との交流が技術的に可能か否かという点で，両者の立場は異なる．

近代スピリチュアリズムは，いくつかの派生的な思想を生んだ．イギリスを中心にしたサイキカル・リサーチ（psychical research），フランスで生まれ，ブラジルなどに波及していったスピリティズム（spiritism）などである．これらの思想についても，適宜言及することとする．

2.2 ハイズヴィル事件の衝撃

近代スピリチュアリズム元年は，しばしば1848年とされる．アメリカでハイズヴィル事件が起きた年である．この事件が近代スピリチュアリズムの成立に大きな役割を果たしたと考えられているのは，人間と霊との交信が可能であることが，この事件で立証されたとみなされたためである．ハイズヴィル事件の概要は，次のように語られている．

アメリカのニューヨーク州ハイズヴィルのフォックス家で，毎夜不可解な物音が響くようになった．ケイトとマーガレットという幼い姉妹が，指を鳴らす音によって，この騒音を出していた存在と会話することに成功した．それを契機に，フォックス家に災いをなしていた霊の正体が明らかになった．

この事件は全米中の評判となり，のちにフォックス家の姉妹は，霊媒として活躍することになる．彼女たちは生涯に300回以上の交霊会を行ったという．彼女たちの登場によって，アメリカではスピリチュアリストが激増した．

この事件に先立つ1847年，アンドリュー・ジ

ャクソン・ディビス（Davis, Andrew Jackson, 1826-1910）の『自然の法則』が出版され，話題を呼んでいた．そのなかに，次の一節がある．「霊は遠い昔から，示唆行為によって真の意志を明らかにしてきた．世界は，人間の本性が解放される時代の到来を歓喜とともに迎えるだろう」．霊が啓示した新しい時代の到来．その先駆けとして，そして何よりも，霊の実在と霊界との交信可能を明らかにした決定的な事例として，ハイズヴィル事件は位置づけられたのである．

2.3 欧米での広がりと展開

ハイズヴィル事件以降3年もたたないうちに，スピリチュアリズムはアメリカ全土を席巻した．霊との交信は，スピリチュアリストの必須条件となり，盛んにテーブル・ターニングが行われた．テーブル・ターニングとは，テーブルを囲む列席者の祈りによって霊が現れ，霊はテーブルを動かすことで列席者と交信できるというものである．その席上に霊をよぶことができる霊媒もまた，大量に出現した．そのうちの1人，ヘイデン夫人がイギリスに渡ったのは，1852年である．彼女が示した叩音現象は，人々を驚愕させた．人々は自らテーブル・ターニングを試み，実際にテーブルが動くことを知って，さらに驚いた．

こうしてテーブル・ターニングは，ヴィクトリア朝イギリスの新しい風俗となった．時を経ずフランスにもテーブル・ターニングは紹介され，またたく間に流行した．そして1855年，コナン・ドイルが「現代社会において最も偉大な霊媒」とよんだダニエル・ダングラス・ヒューム（Home, Daniel Dunglas, 1833-86）が訪英する．その後彼はイタリア，フランス，ロシアなどヨーロッパ各地を精力的に訪問した．フランスでは皇帝ナポレオン3世に招かれ，テュイルリー宮殿で交霊会を行っている．ヒュームによって，ヨーロッパ大陸にはスピリチュアリズムの嵐が吹き荒れた．ヴィクトル・ユーゴーは1853年から2年にわたってテーブル・ターニングに熱中した．またドストエ

フスキーが交霊会に積極的に参加していたのは，1870年代である．

この時期，フランスでは新しいスピリチュアリズムの思想が表明されている．アラン・カルディック（Allan Kardec, 1804-69）によるスピリティズムの提唱である．彼が書いた『霊の書』（1857）は次々に版を重ね，スピリチュアリズムに関心をもつ人々の必読文献となった．スピリティズムが従来のスピリチュアリズムと大きく異なるのは，「霊は再び受肉する」という再生の主張である．霊は知識を純化するために彷徨する．その霊にとって，肉体をともなって現世に生まれることは特別の試練であり，絶好の学習機会である．霊はなんどもこの世で肉体をもち，そのつど進歩していくという．したがってスピリティズムは，スピリチュアリズムの輪廻転生版ということもできるだろう．

スピリティズムは広く人々に受け入れられ，フランスで大きな影響力をもった．しかしカルディックが逝去したのちは，徐々に影響力を失っていった．ただし南アメリカでは，いまも多くのスピリティストが存在するという．

このようにスピリチュアリズムは，ヨーロッパ大陸にも多大な反響をもたらした．ただしこの流行も，あくまで風俗のレベルにとどまっていたともいえる．アメリカと同じくヨーロッパでも，教会関係者はスピリチュアリズムの流行に無関心だった．科学者は，嘲笑で答えた．19世紀後半のイギリスといえば，資本主義が整備され，近代科学が成立し，進化論について激しい議論が戦わされていた時期である．科学による薔薇色の未来が夢想され，同時に科学的合理主義の必然として唯物論が台頭し，神の存在感は希薄になりつつあった．しかしこうした事態が，一部の科学者をスピリチュアリズムに向かわせることとなる．

科学的に考えれば，人間もまた物質である以上，有限の存在である．また進化論に基づけば，人間は他の種と異なる特権的な存在ではない．さらに適者生存，優勝劣敗といった進化論の法則が人間社会に適用されたとき，いわゆる倫理，道徳の意味がなくなる可能性もある．神なき世界，来

世なき世界にあっては，倫理も道徳も人間社会の約束事にすぎなくなる．そのとき人は刹那的，現実的な生き方に傾かざるをえない．倫理や道徳を失った人間社会はどうなるのか．その意味で，神は必要であると一部の学者は考えた．

しかし神の存在は，科学によって証明できない．それでは，霊の存在はどうだろうか．霊の実在が科学で証明できれば，われわれの生はこの世限りのものではなくなる．人間の限界と生に対する謙虚さを，つまり神への信仰を，ふたたび呼び戻すことが可能になる．こうして1882年，SPR（Society for Psychical Research：英国心霊研究協会）が誕生した．初代会長には，ケンブリッジ大学哲学科教授ヘンリー・シジュウィック（Sidgwick, Heney, 1837-1900）が就任．その3年後には，ウィリアム・バーレットの尽力によって，ボストンでASPR（American Society for Psychical Research：アメリカ心霊研究協会）が生まれている．

2.4　近代科学の眼差しとSPRの成立

最初期のSPRが研究対象としたのは，テレパシー，催眠術，死の瞬間に現れるという霊の姿，幽霊屋敷などの心霊現象である．心霊現象は，主に心理的心霊現象と物理的心霊現象に大別される．心理的心霊現象とは，五感を超えた認識や情報が与えられる場合をさす．霊視，霊聴，霊言，自動書記などが，これに該当する．また物理的心霊現象とは，物理的な因果関係を超越しているようにみえる過程によって生起した，物理的諸現象をさす．叩音，物体移動，物質化，心霊写真，念写などである．

SPRが基本方針としたのは，徹底的な自然科学的アプローチである．まず，あらゆる現象を疑うこと．そのうえで「事実」とみなされた現象について，科学的な方法での解明を試みること．こうしたSPRの基本理念を，サイキカル・リサーチとよぶ．スピリチュアリズムが最終的に神への信仰にいきつくのに対して，サイキカル・リサーチは徹底的に科学にこだわる．その点で，心霊という同じ対象を扱いながら，両者の姿勢は微妙に異なる．

このような科学による心霊へのアプローチが盛んに試みられたその背景には，19世紀末の大規模なパラダイム・チェンジが存在する．まず，進化論の影響．進化論は科学と宗教を峻別する方向性を生みだした．人間の自然における超越性が進化論によって揺らぐなか，SPRの活動は科学と宗教をふたたび融合しようとする試みとみなされた．例えば，ダーウィンとともに進化論の提唱者として，また熱烈なスピリチュアリストとしても知られるアルフレッド・ラッセル・ウォーレス（Wallace, Alfred Russel, 1823-1903）は，霊の実在を主張するとともに，魂の永遠進化を説いた．それは人間を霊的存在として特権化する企てといえる．

進化論は，人間と他の生物との垣根を取り払うという意味で，スピリチュアリズムの思想基盤に抵触する．人間が他の生物と同じであるならば，他の生物同様，人間にも永遠の霊は存在しないはずだからである．しかしウォーレスのように霊の実在を前提にしたとき，進化論は，魂の永遠進化を説くスピリティズムのような思想の論拠になる．心霊学的進化論によって，人間の生物的特権は保証され，魂の永遠進化の主張も正当化される．こうして科学と宗教は融和し，物質と精神は統一的に把握することが可能になる．

一方，当時台頭しつつあった心理学も，SPRの研究対象と隣接していた．催眠術に対する関心である．メスメリズムにはじまる催眠術の歴史は，シャルコー，フロイトらによって実験心理学，精神分析の登場をうながした．内部に秘められた心理を表面に導き出す技法としての催眠術は，心理を実体として把握し，研究する有効な方法とみなされたのである．しかし，やがて心理学は，催眠術実験の際に現出したとされる不可解な現象，例えば透視，念写などをどのように説明するか，という難問に直面した．このとき心理学は，SPRと問題意識を共有することになる．

ただしこの時期，心理学は自然科学の方法を導

入することによって，哲学からの分離を図りつつあった．心理学の研究対象が肉体＝物質に還元される意識の領域へ限定されていくことで，いわゆる心霊現象の研究は，心理学の王道から外れていった．当初「変態心理学」というフレームの中で研究が進められていた心霊現象研究は，徐々に心理学アカデミズムから姿を消していった．

他に科学の領域が心霊現象に関心を示した例としては，物理学からのアプローチが存在する．古典物理学の体系が揺れはじめた時期と，スピリチュアリズム興隆の時期が一致するのは，偶然ではない．古典物理学の考察する対象は，基本的には人間の五感に根ざしている．しかし相対性理論，量子力学の確立は，新たな世界への展望を開いた．

とくに19世紀最後の5年間には，従来の古典物理学では説明のできない現象が，次々に発見されている．レントゲンによるX線の発見（1895年），ベクレルによる放射能の発見（1896年），キュリー夫妻によるポロジウム，ラジウムの発見（1898年）などである．かくして1905年，アインシュタインによって光量子仮説，相対性理論が世に問われ，新たな科学革命の幕が開いた．

こうした物理学上の発見が相次ぐなか，SPRはテレパシー，透視といった現象に注目していた．物理学界はこれらの現象に対して，一連の放射線と同様の，未知の光線が関与している可能性を見出したのである．「不思議の国のアリス」の著者として知られるチャールズ・ドジスン（ルイス・キャロル）がSPRに入会したのは，この理由による．キュリー夫人をはじめとする何人もの物理学者がSPRに参加したのも，おそらく同様の理由によるものと思われる．

倫理的な問題だけではなく，科学上の期待もこめられて，SPRには欧米の有力な学者が集まった．先にあげたウォーレス，ノーベル生理・医学賞受賞者のシャルル・リシェ（Richet, Charles, 1850-1935），19世紀イギリスを代表する物理学者のオリヴァー・ロッジ（Lodge, Sir Oliver, 1851-1940）とウィリアム・クルックス（Crookes, William, 1832-1919），プラグマティズムの指導者として知られるウィリアム・ジェームズ（James, William, 1842-1910），「識閾下の自我」説を唱えた心理学者のフレデリック・マイヤーズ（Myers, Frederick William Henry, 1843-1901）など，綺羅星のような研究者集団である．にもかかわらず，彼らの活動は，ほとんど世間から顧みられなかった．

そのもっとも大きな原因は，霊媒がおこしたスキャンダルの数々だろう．クルックスが実験対象にしていたフローレンス・クック（Cook, Florence, 1856-1904）のトリックが暴かれた．イタリアの犯罪学者，チェザーレ・ロンブローゾ（Lombroso, Cesar, 1836-1909）が研究したパラディーノ夫人（Paladeno, Eusapia, 1854-1918）も，交霊会でのトリックを発見された．霊媒ブームのきっかけになったフォックス姉妹も，自らの霊能力はすべて詐術だったと告白した．不慮の死を遂げた親しい人との対話を求める交霊会とは，実はマジックショーの舞台であり，死者との仲介を務める霊媒は手品師にすぎないというイメージが，拭いがたいものとなっていった．

その意味で，天才奇術師とよばれたハリー・フーディーニが心霊現象調査会のメンバーに加わり，次々に霊媒の詐術を暴いて公表したという事実は興味深い．マジシャンこそ，プロのマジックを見破ることができる．言い換えれば，マジックに対して素人の学者たちは，簡単に騙されるということだ．いつしかSPRの科学者たちは，プロの詐欺師に手もなく騙される道化のイメージをも身にまとってしまった．

またSPRの試みに対する批判として，そもそも心霊現象の研究は科学になじまない，という考え方も存在した．幽霊の存在は，実験室で何度も精密に測定できるものではない．また霊媒が引き起こす多様な心霊現象は，霊媒の体調によってしばしば左右される．SPRの科学者たちはそのように主張する．しかしその主張は，言い換えれば心霊現象の科学的研究が不可能であることを物語っているようにも聞こえてしまう．

SPRは十分に厳密かつ実験的である，膨大な報告集を公刊した．しかしそれらが読まれること

はほとんどなかった．一般的な読者は，幽霊の科学的な分析を標榜する書物に関心を示さなかった．またSPRが説得したかった唯物論派の科学者は，最初から彼らの研究を無視していた．かくしてSPRは，厳しい選択を迫られる．あくまでスピリチュアリズムの理念を守りとおすのか，それとも科学的志向をさらに純化するのか．後者の立場からは，のちに超心理学が生まれることとなる．

こうしたSPRの活動とは別に，宗教的信念に基づくスピリチュアリズム団体も，19世紀末には次々に設立されている．1872年にはロンドンでマリルボーン・スピリチュアリスト連盟（1964年に大英スピリチュアリスト協会と改称）が，またその翌年には英国スピリチュアリスト国民連盟（1884年にロンドン・スピリチュアリスト同盟と改称）が結成された．また1881年にはステントン・モーゼス，ドーソン・ロジャースによって，スピリチュアリストの月刊誌「光明」が発刊された．1923年からは，国際スピリチュアリスト連盟による国際会議が，3年に一度開催されている．

2.5 日本での受容状況とその展開

日本においてSPRの動向をいち早く紹介したのは，1885（明治18）年3月，「東洋学術雑誌」に掲載された箕作元八の「奇怪不思議ノ研究」と思われる．このなかではSPRによるテレパシー，催眠術の実験がかなり詳細に報告されている．SPRの成立が1882年であるから，ほぼリアルタイムで，日本にも情報が伝わっていたことになる．

ただし，本格的な紹介は明治40年代まで待たねばならない．この頃から「東洋学芸雑誌」「哲学雑誌」「丁酉倫理会倫理講演集」など，アカデミズム系の雑誌を中心に，主にサイキカル・リサーチ関連の紹介記事が目立ちはじめる．また，スピリチュアリズム関連の書籍が多数出版されはじめるのも，この頃である．渋江保，高橋五郎，平井金三らによるこれらの書籍は，ほぼ共通してSPRの動向を紹介し，科学による霊の存在証明や，霊的なエネルギーの研究が進められていることを強調する．科学の最前線において，科学による唯心論的な命題の解明が焦眉の課題となっていることを示し，そうした状況を説明することで，霊の実在を強く印象づけている．

このような気運のなかで登場したのが，千里眼能力の持ち主といわれた御船千鶴子，長尾郁子らである．彼女たちの能力の有無をめぐってマスコミ，アカデミズムは紛糾した．この一連の騒動を，千里眼事件とよぶ．1910（明治43）年から11年にかけて御船と長尾は，くりかえし学者たちの前で実験を行った．例えば1910年9月12日に東京で行われた御船千鶴子の透視実験には，物理学の田中館愛橘，山川健次郎，心理学の元良勇次郎，福来友吉，哲学の井上哲次郎，法学の加藤弘之，生物学の丘浅次郎，宗教学の姉崎正治，医学の大沢謙二，入沢達吉，呉秀三など，文理を問わない多様なジャンルの研究者が参加した．しかし実験の不確実性も含めて，学者間でも意見は分かれた．

だがここで注目すべきは，新聞を中心に，SPRの研究を「新科学」として紹介する動きがみえることである．例えば長梧子「神通力の研究」「神通力の発現」（1910・10・28～11・25，東京朝日新聞）は，19世紀以降，西欧で進展してきた科学がますます絶対的な存在になり，そのなかで登場したマテリアリズムの思想的反動として現れたのが，スピリチュアリズムであるという．科学が唯物論的な傾向を深めていった結果，精神的方面の研究は忘れ去られた．しかしスピリチュアリズムという「新科学」の登場によって，科学の枠からはみ出したジャンルをもカバーできるかもしれないと，長梧子は述べている．

一方，静観庵主人「所謂る新科学」（1910・11・3，万朝報）は，本来科学とは範囲が決められたものであり，宇宙の不可解や人生の懐疑に関わるような問題について，科学者が口出しすべきではないという．SPRのような試みは，最初から無理なのであって，透視の解釈のような問題は

宗教や哲学の領域から考察すべきである，とする．

しかしこうしたメディア上の議論も，1911（明治44）年1月に行われた長尾に対する物理実験が不首尾に終わり，その顛末が『千里眼実験録』（1911・2，大日本図書）にまとめられ，公刊されることで，収束に向かった．本書の結論は，次のようなものである．透視や念写が存在する可能性は否定しない．ただし，現時点での物理学の常識では許容しえない．

物理学界の意見表明に対して異を唱えたのは，超常能力肯定派として千里眼事件に積極的に関与した，心理学者の福来友吉（1871-1952）である．彼は1913（大正2）年8月，『透視と念写』（宝文館）を出版し，あらためて透視，念写の実在を主張した．しかし物理学界は，反応しなかった．同年10月，福来に，勤務していた東京帝国大学から休職の辞令がおりた．こうして事実上，日本において心霊現象の研究がアカデミズムで行われる道は閉ざされた．

とはいえ大正期に入ると，スピリチュアリズムは思想のレベルで広く紹介されていく．オリヴァー・ロッジ，フルールノイ，ロンブローゾらのスピリチュアリズム関連書が複数翻訳され，メーテルリンクやベルグソンの思想に注目が集まった．

文学の領域からもスピリチュアリズムに関心を示す作家たちが登場する．夏目漱石は早くからスピリチュアリズムに関心を示し，イギリス滞在中に読んだスピリチュアリズム関連書籍に関する思い出を語っている．また芥川龍之介は，欧米の幻想小説におけるスピリチュアリズムの影響に注目した．水野葉舟は明治末期から「幽霊研究」を進め，1921（大正10）年には野尻抱影，石田勝三郎とともにJSPR（日本心霊現象研究会）を発足させている．他にも岩野泡鳴，豊島与志雄，宮沢賢治，土井晩翠，長田幹彦など，スピリチュアリズムに接近した文学者は数多い．

文学者たちがスピリチュアリズムに注目したのは，ひとつにはヨーロッパ世紀末文学がもたらした鋭敏な感受性による．都市生活者の孤独，内向する憂鬱，屈折した神経がもたらす過敏なほどの精神は，人間の生存の不安を焦点化し，意識の底に潜む「魂」の領域に目を向けさせた．川端康成は昭和初期に集中して心霊小説を執筆しているが，その背景にはこのような精神のありようが見出せる．

こうした文学領域への影響だけではなく，実質的なスピリチュアリズム普及の運動も，大正期には本格化する．1923（大正12）年3月，浅野和三郎（1874-1937）による心霊科学協会の創立である．これにともない，浅野は月刊誌「心霊研究」，ついで「心霊界」（のちに「心霊と人生」と改題）を刊行．さらに1929（昭和4）年には東京心霊科学協会を設立した．

浅野は英文学者として知られていたが，大本教に入信．そのイデオローグとして活躍するものの，1921（大正10）年の第1次大本事件を契機に脱退し，スピリチュアリズム研究に専念した．浅野の特徴としては，西欧のスピリチュアリズム理論に古神道を接続させた点にある．彼は1937（昭和12）年に急逝するまで，研究的視点による心霊の研究，出版，講演といった理論的，啓蒙的活動と並行して，霊媒による招霊実験会，心霊相談といった実践的，体験的活動を精力的に展開した．

浅野の活動は，脇長生を経て，1946（昭和21）年に認可された財団法人日本心霊科学協会につながる．日本心霊科学協会は会員数2000，地方研究会13を有する日本最大の心霊研究団体である．同協会では基礎研究部，応用研究・啓蒙部を中心に多彩な活動を展開している．機関誌に「心霊研究」がある．

2.6 現代のスピリチュアリズム

SPRに始まる科学的実践は，超心理学によって推進された．スピリチュアリズムから超心理学が生まれる契機となったのは，イギリスの心理学者で，当時SPRの会長だったウィリアム・マクドゥガル（McDougall, William, 1871-1931）が1920年に渡米し，ハーバード大学に勤務したこ

とである．この時期に彼はサイエンティフィック・アメリカン誌から委嘱されて，物理的心霊現象を検討する委員になっている．1927年，マクドゥガルはデューク大学に心理学の主任教授として赴任した．超心理学はこの大学を舞台に，彼の弟子，ジョーゼフ・B・ライン（Rhine, Joseph Banks 1895-1980）によって発展した．

彼は主にESP（超感覚的知覚），PK（サイコキネシス）を研究対象とすることで，実験的研究法を超常現象の研究に導入した．いわゆるライン革命である．こうして1957年には，超心理学協会（Parapsychological Association）が誕生した．日本でも1963年に超心理学研究会が，さらにこの会を母体として，1968年に日本超心理学会が設立されている．超心理学のおこした流れは，やがてチャールズ・タート，アーサー・ダイクマンによる変成意識状態の研究や，トランスパーソナル心理学につながっていく．

また1970年代には，死後の生に関するまったく新しいアプローチが登場しはじめる．臨死体験研究，生まれ変わりに関する研究，前世療法といった研究領域である．臨死体験研究としては，死生学から臨死体験に接近したE.キューブラー・ロスや，レイモンドA.ムーディJrの研究が知られている．また生まれ変わりの研究としては，イアン・スティーヴンソンの研究が注目された．

これらの研究は1980年代後半に欧米で活性化するニューエイジ運動と連動し，日本においても同時期に顕在化した精神世界ブームと重なることで，広範囲に影響を与えた．死後の生に対する深い関心，超常能力の実在の認識，宗教と近代科学合理主義の分割的状況から霊性と科学の統合を志向する方向性など，ニューエイジの思考形態にはスピリチュアリズムの思想が内包されている．その意味で，スピリチュアリズムはより広範な思想運動のなかに溶解されたともいえる．

こうした動きのなかで，学際的，国際的な研究も進みつつある．例えばISLIS（International Society of Life Information Science：国際生命情報科学会）は生体機能，脳生理学，東洋医学，伝統医学，精神活動，気功，潜在能力などの実証的解明をめざし，21世紀における科学・技術の新しいパラダイムを切り開くことを目的として，活発な活動を展開している．

癒しが時代のキーワードとなり，霊性（スピリチュアリティ）への関心が高まるなか，スピリチュアリズムにも，新たな眼差しが注がれつつある．

参 考 文 献

イヴォンヌ・カステラン『心霊主義　霊界のメカニズム』文庫クセジュ，1993年．
一柳廣孝『〈こっくりさん〉と〈千里眼〉　日本近代と心霊学』講談社選書メチエ，1994年．
井上順孝他編『新宗教事典』弘文堂，1990年．
島薗　進『精神世界のゆくえ　現代世界と新霊性運動』東京堂出版，1996年．
ジャネット・オッペンハイム『英国心霊主義の抬頭　ヴィクトリア・エドワード朝の社会精神史』工作舎，1992年．
ジョン・ハーヴェイ『心霊写真　メディアとスピリチュアル』青土社，2009年．
ジョン・ベロフ『超心理学史　ルネッサンスの魔術から転生研究までの四〇〇年』日本教文社，1998年．
田中千代松『新霊交思想の研究　新スピリチュアリズム・心霊研究・超心理学の系譜』共栄書房，1971年，改訂版，1981年．
津城寛文『〈霊〉の探求　近代スピリチュアリズムと宗教学』春秋社，2005年．
中村雅彦『臨死体験の世界　死と再生の心理学』二見書房，1991年．
三浦清宏『近代スピリチュアリズムの歴史　心霊研究から超心理学へ』講談社，2008年．
吉村正和『心霊の文化史　スピリチュアルな英国近代』河出ブックス，2010年．

3 生命倫理と宗教

Ⅶ. 現代社会と宗教

池澤 優

3.1 生命倫理とは何か

生命倫理（bioethics）は人間の生命（生死）がかかわる領域，とくに医療と保健の領域における問題を，道徳的諸価値や倫理学的諸原理を応用することで検討する分野であり，学問的には倫理学の一分野である応用倫理学（applied ethics, practical ethics，現代社会の緊急の問題に対し倫理学の方法を用いて応えようとする分野）に属する．ただし，医療と保健の問題は，倫理学・哲学だけではなく，医学，法学，社会学，心理学など，多くの方面の協同を必要とするため，本質的に実際的であるとともに，学際的という性格を帯びる．

生命倫理の中で特に多く議論されるのは，次のような領域である．① 妊娠中絶，選択的中絶など，萌芽的な生命を意図的に終了させる問題，② 生殖補助医療（人工授精，体外受精，代理母など）やクローンのように，生命の誕生を技術的に操作する問題，③ 人体実験，インフォームド・コンセント（informed consent）のように，医療現場における医療従事者と患者の権力関係にかかわる問題，④ 貴重な医療資源の効率的かつ公平な分配の問題，⑤ 安楽死，尊厳死のような終末期（terminal）の患者の「生命の質」（quality of life, QOL）に関する問題，⑥ 死に直面した時のショックを和らげるためのケアと事前準備（death education）に関する問題，⑦ 脳死に代表される死の判定基準と，臓器移植の問題，⑧ 臓器移植を含め，人体（死体）と生殖細胞を実験と実用のために利用する問題，⑨ 遺伝子の改造とエンハンスメント（人体の改良）に関する問題．これらはお互いに関連しているし，また狭い意味での医療倫理で閉じている問題ではない．生命倫理は，医療技術の進展が従来考えられなかった新しい問題を生み出したので，それに対応する新しい倫理を考えるという面もあるが，一方では1960年代くらいから始まった消費者運動や「死の自覚運動（death awareness movement）」の一部をなしている面もあり，その意味では死生学（thanatology）とも連続する分野である．

(1) 生命倫理の成立

生命倫理という分野が成立したのは1960〜70年代のアメリカである．もちろん，医療倫理には長い歴史があり，それは医療専門職（medical profession）内部の倫理綱領という形で存在していた．しかし，第2次世界大戦後，医療技術の急速な発展は医療専門職だけでは決定できないさまざまな問題（例えば腎臓人工透析における患者選別）や医療過誤をめぐる訴訟を生じさせ，人文系の研究者の関心を集めるようになり，学際的に医療分野を研究する機関としてヘースティングス・センター（1970年）やジョージタウン大学ケネディ倫理研究所（1971年）が設立された．bioethicsという言葉自体は，今で言う環境倫理の意味でポッター（Van R. Pottter）という研究者によって1970年に作られたのであるが，以上の

◆ Ⅶ. 現代社会と宗教 ◆

ような趨勢の中で生命医療倫理（bio-medical ethics）という意味で定着していった（土屋，1998）．

　生命倫理の領域が認知され，一種の権威を獲得していく上で，1974年にアメリカ連邦政府の審議機関として「生物科学および行動科学研究における被験者保護のための国家委員会」（通常「国家委員会」と略称）が設立されたことが大きな意味をもった．すでに1967年の最初の心臓移植ならびに翌年のハーバード大学臨時委員会による脳死の定義を受け，医療技術を審議する国家レベルの委員会を設けようとする動きはあったが，1972年にアラバマ州タスキーギで行われていた非人道的な人体実験が発覚した影響もあり，国家委員会の主要な議題は人体実験になった．国家委員会は，ナチス・ドイツによる非人道的人体実験を裁いた際に原則とされたニュールンベルグ綱領（1947年）・世界医師会が採択したヘルシンキ宣言（1964年）に依拠し，医療施設に人体実験を審議する「施設内審査委員会（Institutional review board, IRB）」の設定を義務づける提案を行い，1979年には人格の尊重，善行，正義を生命倫理の原則とする最終報告書「ベルモント・レポート」を発表した（通常は，人格の尊厳，善行，無危害，公正が生命倫理の四大原則とされる．Beauchamp and Childress, 1978）．

　こうして確立した生命倫理の原則は，その後，人体実験以外の領域にも適用され，範囲を広げていくことになるが，当初の問題設定が人体実験であったことは，生命倫理の主要な思考枠組みに独特の特徴を与えることになった．

(2) 生命倫理の論理と性格

　生命倫理原則の確立には，実は神学者や宗教学者，哲学者が大きく寄与していた．人格の尊厳の原則には，神によって創造された人間は無条件に尊いとする宗教的な感覚が潜在しているのであるが，神学者たちはそれを信仰の言葉としてではなく，世俗的な語彙によって語ったのである．そして人体実験の場面における被験者の人格の尊重は，十分に情報を与えられた上で自発的に同意すること（インフォームド・コンセント）という形をとらざるをえない．こうして主流となる生命倫理においては，理性的な主体（人格）の自己決定が最大の価値となることになった．生命倫理が学として確立し，神学者は次第に後退するなかで，この考え方は一般に「パーソン論」とよばれる特徴的な論理となっていった．

　パーソン論は，単なる生命と尊厳を有する人格を区別する．ある存在が生きる権利をもつためには，権利という意識と欲求をもつ必要があるが，その存在がそのような意識をもたなければ，そもそも権利は発生しない．自己意識と思索能力をもっていることが尊厳をもつ人格であることの条件であり，例えば人工妊娠中絶の場合なら，胎児がその意味での自己意識をもっているとは考えにくいから，生きる権利は成立せず，したがって中絶には倫理的問題はないことになる（加藤・飯田，1988）．この思索能力と自己決定を中核とする論理がアメリカ（およびオーストラリア，イギリス）の生命倫理を特徴づけているのであって，その論理はあらゆる問題に応用されることになる．

　先述したように，生命倫理は科学技術の発展によって生じた新しい状況に対応するために生まれた新しい領域であると考えられており，また実際にそのような一面があるが，ゼラルド・マッケニーは生命倫理の権威が医療界で急速に確立したことを考えると，少し違う面から考える必要があることを指摘する．すなわち，それは医療現場における伝統的権威であった医療専門職が権威を失う過程と考えることが可能である．従来は，何が患者にとって最善の利益であるかを医療専門職が判断し加療するパターナリズム的な傾向が強固であった．ただし，伝統的社会においては生命と健康に関する一定のコンセンサスがあり，それを前提に技術を個々の患者に具体的に適用することが可能であった．しかし，現代社会の多様化はそのようなコンセンサスを希薄化させたばかりでなく，技術の発展と専門職の官僚化が技術の適用を自己目的化する方向に進んだ．生命倫理は一種の消費者運動として，自己目的化する科学・医学技術に倫理性を回復させる試みであり，伝統の喪失に対

処する努力であったと要約できる．その際，生命倫理は職業内倫理・権威に対抗するために，より上位のアメリカ「共通の道徳性」—すなわち自由と民主主義—に訴えるという手段を取ったのであり，そのためアメリカ人が共有する「共通の道徳性」を言語化し洗練する方向に進んだ．その結果，個人の選択の自由を科学的技能の権威の上位に置くことに成功したのだが，同時に，伝統を失ってしまった人々の漠然とした「共通の道徳性」の言語化に過ぎないという限界をはらんでいるのである（McKenny, 1997）．

換言するなら，インフォームド・コンセントとパーソン論は，西洋近代哲学理論の基盤である，肉体と精神の峻別，精神を人間の本質とする考え方，それに基づく人格の尊厳，自律と自由意志，自己決定の権利をそのまま医療技術に持ち込んだものであって，新しい考え方がそこにあるわけではない．そして，理性的思索と自己決定を中核とする考え方は，必ずしも万人が満足する結論を導かない．例えば，一時的な痴呆等によって，理性のレベルが低下もしくは欠如しているようにみえることもあるし，成長過程のどの時点で人間が理性的思索を獲得するのかは一義的には定めがたいが，パーソン論はそのような範型的人格のイメージから逸脱している人を尊厳をもって扱う論理を提供しない．これに対する典型的な対応の一つは「滑りやすい坂道」（sloppery slope，許容可能／不可能という線引きには次第にゆるくなり，本来的に許容すべきではないケースも許容してしまう傾向があるので，論理的な帰結よりも厳しい線引きを用意する）であり，胎児や嬰児を例に挙げるなら，胎児や嬰児が人格の要件を満足しないとしても，それと関係をもつ人（家族）は疑いもなく人格なのだから，その権利を侵してはならないと論じるものである．ただ，この場合は胎児や嬰児は「厳密な意味での人格」である家族の一種の所有物として保護されるのであって，家族が自己決定により同意を与えた場合は，それを実験に使おうが，出産させて移植臓器の供給源にしようが自由ということになる．パーソン論が前提とする人間観はあまりにも限定されたもので，人間が相互

のかかわりあいの中で生きている事実や，自己決定といっても実際には社会や経済によって一定の決定をせざるをえないように迫られている現状を考慮せず，また理性的な願望と非健全な欲望を区別することができないのである．

そのため，自己決定に基づく生命倫理は英語圏では主流を占めるのではあるが，生命倫理という分野が世界的に広まった結果，文化によってはその人間観に同意せず，異なる価値観に基づく異なる論理が生み出されてきている．例えば，ドイツでは生命倫理が関心を集めたときの問題は遺伝子（ES細胞）であり，そこでは人間や自然のあるべき姿のイメージを前提とし，そのイメージに反するような欲望やエンハンスメントを制限する方向をもつ（ジープほか，2002；松田，2005）．日本では1980年代の脳死・臓器移植の問題が生命倫理が議論されるきっかけとなったが，そこでは脳死が本人の自己意識という点では死であるとしても，家族にとっては死とは認めがたいのであって，人間が相互の繋がりの中で生きている事実を重視する傾向をもつ（小松，1996；森岡，2001）．このように，生命倫理の言説は，いかなる問題が具体的に想定されているのかにより異なる様相を呈するし，またその言語化においては，各々の文化が漠然と有している価値観（宗教的なものを含む）が動員されるのであって，その意味では広い意味での宗教性の反映であるともいえるのである．

3.2 生命倫理と宗教／宗教学の関係

生命倫理は人間の生と死を扱うもので，生と死はもともと宗教がもっとも関心が寄せてきた問題であるから，生命倫理と宗教／宗教学は深い関係がある．しかし，生命倫理全体としては宗教から分離する方向で確立してきたという経緯があるので，両者の論理には相当の開きがあることも確かである．宗教／宗教学が生命倫理と関わる分野は，大別するなら，以下の四つのような領域に区分することができる．

Ⅶ. 現代社会と宗教

(1) 生命倫理上の問題に対する宗教のアプローチ

生と死に関わる生命倫理の諸問題に対して諸宗教はしばしばそれに対し強烈な主張をもつ．その際，諸宗教がどのような立場をとるか，あるいは宗教団体が生命倫理の問題に関してどのような発言や活動を行うかは，生命倫理の立場からは多様な意見の一つとして扱われることになるし，宗教学の立場からはその宗教の活動の一部として研究の対象となる．

生命倫理に関する活動をもっとも積極的に行っている宗教団体の一つは，ローマ・カトリックであろう．法王庁はしばしば回勅やメッセージの形で「生命の尊厳」(sanctity of life, SOL) に基づく医療を訴えてきており，また，その主張は「通常の／通常以上の (ordinary / extraordinary) 医療」のように生命倫理にしばしば重要な概念を持ち込んできた．それは例えば「生命の尊厳」を理由に受精もしくは受胎の瞬間から中絶に反対する態度のように，きわめて保守的な主張であると通常理解されており，また実際，生命倫理の中では「生命の尊厳」は「生命の質」の対概念として批判されるが (例えば, Singer, 1998)，宗教学の立場から分析する場合には，それだけでは充分ではないと思われる．カトリックの主張は確かにその教義に基づく宗教的なものであるが，「生命の尊厳」に基づき中絶に反対する一方で，「通常以上の医療」による延命措置にも反対していることは，単に生命の絶対性を主張しているのではなく，技術を使用することにより人間の自然なあり方に介入することに反対していることを示している．つまり，生命・健康はそもそも何のためにあり，どのような医的介入をすることが当人を尊重することになるのか，あるべき人間のイメージ，あるいは人間の恣意を越える自然の尊厳のイメージがあり（当然，その人間観と自然観は信仰と教義によっている），そのイメージに基づいて「人命の価値にふさわしい尊重の仕方」が主張されるのである（マシア, 1985）．そう考えれば，カトリックの主張は，先述したドイツなどヨーロッパ大陸の生命倫理を特徴づける言説とそれほど隔たったものではない．

日本においては大本教などが生命倫理に対して積極的に発言している（大本本部『生命倫理問題に関する教団見解』, 2001）．キリスト教によるホスピスやパストラル・ケア，仏教系ならば「ビハーラの会」によるターミナル・ケア病棟の運営などの実践も，宗教の側の生命倫理の分野に対する働きかけとみることができ，生命倫理の側はそれを医療上の実践として，宗教学は宗教活動の一環として，評価や理解を行うことになる．

(2) 宗教に対する生命倫理の評価

次に，宗教あるいは宗教団体がその信仰もしくは教義に基づいて行う行為が，生命倫理学で扱うべき問題を含んでいる場合，生命倫理は規範的な立場からその行為を判断したり，評価することになる．これは (1) の場合とは逆に生命倫理の側が宗教を対象とするという現象である．

一例を挙げるなら，2002年，ラエリアン・ムーブメントという宗教団体がヒト・クローンの作製に成功したと発表した．この団体は教祖であるラエルという人物が生命操作の技術をもつ宇宙人から預言を授けられたことをクローン作製の大義名分としており，その意味ではその教義の実践であったわけである．発表が事実なのか疑わしいが，少なくとも世界的にクローン作製が人間の尊厳に反するとされる中で，それを本気で考える行為自体が生命倫理においては批判されることになる．また，伝統的な民俗宗教や価値観が生命倫理上の問題を引き起こすこともある．伝統的に男児の出生を重んじてきた韓国社会では，産科技術の発展により胎児の性別が判明するようになってから，女児を選択的に中絶する事例が増えているとされ，また家系が断絶することへの恐れから生殖補助医療が用いられることが多いと報告されている（淵上, 2003）が，これも伝統的価値観と高度医療技術が結びついて生じた現象である．

このような現象に対しては，生命倫理はその理論の範囲で現象を評価し，判断することになる．特定の教団の教義や文化的風土は，現象の背景として言及されるであろうが，それ自体が分析の対

象になることはないであろう．それに対し，宗教学が扱う場合は，現象を生み出した教義なり，風土なりを解明し，その論理を理解することの方に主眼が置かれることになる．

(3) 生命倫理と宗教の連続性

第三の状況として，ある宗教現象が直接，生命倫理の問題を構成しないとしても，その背景として生命倫理の問題があって現象が生じてきている場合，その現象を研究する宗教学は生命倫理的な考察に入らざるをえないし，生命倫理もその宗教現象を一定限度踏まえておかなければならない．

例として挙げることができるのは水子供養の問題である．水子供養自体は仏教的（あるいは日本民俗的な）死者供養の一形態であり，それが生命倫理の分析対象になるわけではないが，それが中絶と関係することは明白である．水子供養を研究する宗教学は，中絶の歴史と，中絶という選択を行う人々の状況の考察に入らざるをえないし（それ自体，生命倫理の問題でもある），中絶を研究する生命倫理も，中絶を選択した人々の感情や状況（例えば，たとえ女性が自ら中絶を選択したのだとしても，それがその女性自身を傷つけるという事実など）を知るために，水子供養という現象を押さえておかなければいけないことになる．

もう一つの例として，日本において献体・臓器移植が普及しない理由として，日本の伝統的・民俗的な死体観（正確には遺骨観）を指摘するという議論を挙げることができる．死体に関わる日本の儀礼（火葬・骨拾い）は，死者の人格性を遺骨という物質を通して表現することで，遺族にとってその人格が変容しつつも維持されることを表しているのであって，日本人にとって人格が間主観性の中に存在することの儀礼的表現なのである（波平，1995）．つまり，日本人の間主観的人間観が，一方では葬送儀礼という形で，一方では先述した繋がりとしての人間という生命倫理の言説として表れていると考えるならば，宗教現象と生命倫理の論理は一つの連続体を構成しており，相互に参照する必要が出てくる．

(4) 宗教性としての生命倫理

最後に，生命倫理における問題あるいは言説が，それ自体宗教的な形をとっていない場合でも，あるいは生命倫理と宗教が（少なくとも意識的には）関わっていない場合でも，宗教学がそれを広い意味での宗教性の表れと見なして分析するという場面がありうる．

ここで贅言するまでもなく，宗教学は近代的概念としての（狭い意味での）宗教のみを扱うのではなく，広い意味での宗教性をも対象にするものである．生命倫理の言説が生命に対するわれわれの漠たる感覚を言語化したものであるとするなら，それらも広い意味での宗教性の一部であり，宗教学の対象となることになる．

一例を挙げるなら，アメリカで主流を占めるパーソン論的な考え方である．すでに言及したように，マッケニーやルートヴィヒ・ジープは，パーソン論は西洋近代の価値観を前提にしていることを，歴史的に遡及することで明らかにしている．近代以前においては，人間として行うべき行為は宇宙全体の超越的な目的とその中における人間の位置に関する認識から判断されていた．古代ギリシアの哲学の場合なら，現有の宇宙(コスモス)の秩序が全き善であり，人間にとっての善とはそれと一致すること，所与の自然を実現することであった．キリスト教の場合でも，世界が神によって「善きもの」として作られたこと，人間は神の似像として創造されたことが，自然の中に反映されている神の意志を実現すべく管理しなければならないという人間の義務を規定していた．この考え方の中では，自然と人間，物質と精神は一つの連続体を構成し，その間に分断は存在しない．マッケニーは，ヨナスを引用して，この連続体に断絶を持ち込み，人間の主体的意識を目的と価値の唯一の中心とする考え方を設定した分水嶺として，デカルトを挙げる．人間の精神（理性）と肉体（自然）を分断し，後者を一種の機械と見なすことで，人間の精神は肉体の死においても不滅である可能性を獲得するばかりでなく，その精神の働きで肉体の衰亡を克服する知識の可能性をも獲得できる．その意味での霊肉二元論は死を越える永遠性を獲

得するための一種の救済論だったのであり，それにより自然からは価値と目的が奪われ，単なるモノとして人間がそれを支配することが可能になった．さらにフランシス・ベーコンにおいては自然の制約から人間を解放し，その意志による選択を拡大することが道徳的義務とされ，それを実現するのが医学を含む技術であるとされた．善悪の判断が自然が有する目的により基礎づけられないなら，人間の精神（自由な意志とその実現）が究極の価値となる．この特殊西洋近代的な人間観が，パーソン論の背景にあるものに他ならず，それは宗教と同様の，一つの世界観に過ぎないのである（McKenny 前掲書，ジープ前掲書，Jonas, 2000）．

この人間の精神の自然に対する優越，意志の自由の追求が，逆に精神を文化的・社会的なコントロール下に置くに至ってしまっているという指摘を行うミシェル・フーコーの研究も，近代的概念の相対化を行うものである．そこでの分析の対象は権力である．オーソドックスな形の権力は，武力的・法的に抑圧することで支配するものであったが，18世紀以来，個々人から最大限の生産性を引き出すために，その身体を制御，監督，操縦する新しい形態の権力が生じた．この新しい形態の権力は，さまざまな人間関係やネットワーク（家族，学校，病院，刑務所）を配置し，禁止と抑圧によってではなく，促進によって支配を行う．すなわち，身体に関するある画一的な標準を作りだし，その標準に照らして個々人を評価し，階層化することで，その標準への欲望をかき立て，人々を自発的にその標準に向かうように仕向ける．医学はそのような権力が欲するような，身体と健康に関する標準を作り出すことで，権力を補強するものに他ならない（Foucault, 1969）．自由意志を基盤とする生命倫理は，望ましい身体のイメージをアプリオリに前提とし，そのイメージに基づく選択を肯定するのであるが，実は望ましい身体のイメージ自体が社会的に形成される構築物なのであって，宗教の信仰と同じく，主観的・相対的なものに過ぎないのである．その点に無自覚であれば，例えば，"健全"な肉体というイメージに基づく優生学的な遺伝子介入を自発的に希望するといったケースに対しても，それは文化的価値観によってそれを希望するように仕向けられている点を見落とすことになろう．

生命倫理の言説を宗教学が一種の宗教性の表れとして対象とする場合，最も問題になるのは，それが伝統的な文化や宗教とどのような関係，もしくは連続性を有しているかになる．しばしば文化（宗教）の違いが，生命倫理上の主張の違いとなって表れるとされる．例えば，脳死・臓器移植に関する日本での議論は，日本文化の死生観や身体観を反映し，それは西洋（キリスト教）のものとは違う，などの主張である．しかし，ドイツの生命倫理が米英のそれとは明白に違う特徴を持っていること，アメリカでも中絶に関する意見が割れていることが示すように，伝統的文化・宗教が一義的に生命倫理の言説を規定すると考えることは現実離れしている．むしろ，生命倫理の成立の過程を見てみれば，アメリカにおけるパーソン論もキリスト教的な感覚に依拠しつつも，その一部のみを解釈することで成立したことが分かる．その言語化の過程で，実は伝統的な信仰に内包されていた多くの感覚が顧みられなかったのであり，従って，パーソン論的な主張に満足できないものは，それが捨象した面に焦点をあてて，対抗的な言語化を行うと見ることができる．

つまり，宗教性としての生命倫理という領域は，現代的状況の中で，伝統・宗教を再解釈し更新していく領域と見ることができるのであって，そこでは新たな論理の構築のために過去の遺産が利用されるのである．例えば，香港の生命倫理学者による「儒教的生命倫理」の再構築という試みは，儒教を西洋近代とは対照的なものと位置づけた上で，パーソン論とは異なる論理を構築するために儒教に対しかなり創造的な解釈を行う（Fan, 1999）．エンゲルハートの「キリスト教生命倫理の基礎づけ」も，西欧キリスト教―近代哲学と続く論理に対抗するため，初期キリスト教（東方キリスト教会）の伝統に訴える（Engelhardt, 2000）．これらの試みは，学問的な宗教研究からは恣意的であると見えるとしても，上述の近代的価値観とそれに基づくパーソン論的生命倫理を乗

り越えるために,宗教を「想像力豊かに読み込み,創造的に解釈」しているのであり(Nie, 2011),それ自体,現代における宗教のひとつのあり方であるといえる.

3.3 宗教学的生命倫理の試み

最後に学問としての宗教学は,生命倫理とは根本的に違う性格をもつことを指摘したい.

宗教学は,それが成立した経緯から,記述の学,比較の学として,すなわち,対象を規範的に評価するのではなく,内在的に理解し,解釈する学として自己確立してきた.仮に宗教学が研究対象を一定の基準に基づいて評価するなら,それは神学に近くなる.評価するための基準は研究者の世界観に基づかざるをえず,それが普遍的な正当性をもつことは前提できないからである.

生命倫理はそれとは異なり,ただ論理のみによって評価する基準を構築し(それがたとえ万人によっては受容されないとしても),対象を評価しようとする.生命倫理は現実の問題に向かい合い,何らかの回答を出す営みとして設定された以上,規範的であらざるをえないのである.

宗教学にとっては,その意味では,生命倫理は神学に近い.宗教学の立場からの生命倫理への言及が,対象の良い悪いの判断に終わるのであれば,(従来の宗教学のイメージからいうなら)宗教学的ではないように思われる.しかし,宗教学が生命倫理の問題を専ら記述的に(価値中立的に)理解するに終わるなら,宗教学はそれを傍観者の立場からながめているだけという批判も可能であろう.生命倫理の諸問題は,宗教学に対し,客観的記述の学としてのあり方を再考するように迫っているのかもしれない.

参考文献

加藤尚武・飯田亘之編訳『バイオエシックスの基礎――欧米の「生命倫理」論』東海大学出版会,1988年.

小松美彦『死は共鳴する――脳死・臓器移植の深みへ』勁草書房,1996年.

土屋貴志「『bioethics』から『生命倫理学』へ」,加藤尚武・加茂直樹編『生命倫理学を学ぶ人のために』世界思想社,1998年.

波平恵美子「遺体に関する日本人に特徴的な観念と態度」星野一正編『死の尊厳:日米の生命倫理』,思文閣出版,1995年.

淵上恭子「人工生殖時代の朝鮮儒教」,『現代宗教』2003年.

ホアン・マシア,『バイオエシックスの話』南窓社,1985年.

松田 純『遺伝子技術の進展と人間の未来―ドイツ生命環境倫理学に学ぶ』,知泉書館,2005年.

森岡正博『生命学に何ができるか―脳死・フェミニズム・優生思想』,勁草書房,2001年.

ルートヴィヒ・ジープほか(山内廣隆・松井富美男訳)『ドイツ応用倫理学の現在』ナカニシヤ出版,2002年.

Albert Jonsen(藤野昭宏・前田義郎訳)『医療倫理の歴史―バイオエシックスの源流と諸文化圏における展開』,ナカニシヤ出版,2009年.

Albert Jonsen(細見博志訳)『生命倫理学の誕生』,勁草書房,2009年.

Hans Jonas(加藤尚武訳)『責任という原理――科学技術文明のための倫理学の試み』東信堂,2000年.

Nie Jing-Bao, *Medical Ethics in China : a Transcultural Interpretation*, Routledge, 2011.

McKenny, Gerald P. *To Relieve the Human Condition : Bioethics, Technology, and the Body.* State University of New York Press. 1997.

Michel Foucault(神谷美恵子訳)『臨床医学の誕生――医学的まなざしの考古学』みすず書房,1969年.

Peter Singer(樫則章訳)『生と死の倫理』昭和堂,1998年.

Ruiping Fan ed., *Confucian Bioethics*. Kluwer Academic Publishers, 1999.

Tom Beauchamp and James Childress(永安幸正・立木教夫監訳)『生命医学倫理』成文堂,1997年.

Tristram Engelhardt Jr., *The Foundation of Christian Bioethics*. Swets & Zeitlinger Publishers, 2000.

VII. 現代社会と宗教

4 靖国神社の戦前と戦後

丸山泰明

4.1 靖国神社とは何か

靖国神社は1853(嘉永6)年以来の幕末の勤皇に尽くした維新の志士と,戊辰戦争から佐賀の乱,神風連の乱,萩・秋月の乱そして西南戦争までの内戦の戦死者,そして近代における台湾出兵,江華島事件から太平洋戦争までの対外戦争・事変で戦死した軍人・軍属,あわせて246万6000人以上の死者を祭神として祀っている神社である.祭神は英霊と称される.戊辰戦争から西南戦争までの戦死者に関しては,祀られているのは官軍の戦死者だけであり,「賊軍」「朝敵」の戦死者は祀られていないのが特徴である.対外戦争の戦死者については,日本の陸海軍の軍人・軍属が祭神の大きな割合を占めるが,沖縄戦における鉄血勤皇隊やひめゆり学徒隊のように軍の要請・徴用により戦闘に参加した民間人で合祀された者もいる.また,戦前は「日本人」であった台湾・朝鮮半島など植民地出身者で従軍し戦死した軍人・軍属も合祀されている.合祀について祭神全体を包摂する基準をあげれば「国家・天皇のために尽くした」ということになるが,歴史的に一貫した基準はなく,時代によって変化・拡張している.例えば戦死者でも,疾病などによる戦病死者が合祀されるようになったのは1898(明治31)年11月の第25回合祀での日清戦争の戦死者からである.幕末の禁門の変に関して,長州藩の藩士だけでなく,御所を守った側の会津藩・薩摩藩・彦根藩などの戦死した藩士も合祀されるようになったのは1915年のことである.靖国神社は明治初年に創設された比較的新しい神社とはいえ,すでに100年以上の年月を経ており,時代によってその姿を変えながら現在に至っている.

4.2 東京招魂社から靖国神社へ

靖国神社の前身である東京招魂社が創建されたのは,1869(明治2)年6月29日のことである.わずか10日前の6月19日に九段坂上の歩兵屯所の跡地を東京市から受領し,仮本殿・拝殿を27日に竣工した.仮本殿は,現在の大村益次郎の銅像から東に数間のところにあった.そして28日の丑の刻,戊辰戦争の戦没者3588人の招魂式を行い,翌29日に仁和寺宮嘉彰親王が祭主となり勅使の参向を迎えて鎮座祭を執行した.

(1) 招魂社の思想

東京招魂社は明治になってから創建されたが,創建へと至る思想的な背景はすでに幕末において生まれ広がっていた.水戸藩士であり神道と水戸学を融合させた思想家の会沢正志斎は『新論』『草偃和言』において国家のために功績のあった人物を神として祭祀し神道思想を教化普及することを主張している.また,幕末,尊皇攘夷派の志士のあいだで後醍醐天皇に尽くし鎌倉幕府滅亡に重要な役割を果たしたものの湊川の戦で足利軍に

敗れて死んだ楠木正成を忠臣として祭祀する楠公祭が盛んに行われた．加えて，楠公祭にともなって，殉難した同志の志士の祭典も行われていた．このような幕末における国家・天皇のために尽くして亡くなった死者を神として祀る思想の広がりが，東京招魂社をはじめとする各招魂社創設の背景にある．

鳥羽伏見の戦いにより戊辰戦争が始まると，官軍の戦死者の霊を招魂する祭典が行われるようになる．1868（明治元）年5月10日，太政官から「伏見以来ノ戦死者ノ霊ヲ東山ニ祭祀ノ件」という布告が出された．「伏見戦争」すなわち慶応4年1月3日に始まった鳥羽伏見の戦い以来の戦死者の霊を祀る社を京都の東山に建立することを布告したものである．この布告を受けて，7月に京都の河東操練場において祭典が執行された．この招魂祭には，一般人の参拝も許可されている．この布告を受けて各藩も藩内に藩出身の戦死者の遺体を埋葬した墳墓に招魂社を建立している．これらの招魂社が，後に護国神社となり今日に至っている．

同じく1868（明治元）年5月10日には「癸丑以来殉難者ノ霊ヲ東山ニ祭祀ノ件」も布告されている．「癸丑」とは嘉永6年のペリーの来航した年であり，この年以来国事に奔走して斃れた者の霊魂を京都の東山に祀宇を設けて合祀することを布告したものである．この布告を受けて，京都府・福岡藩・高知藩・熊本藩・鳥取藩・久留米藩などの諸藩が東山の霊山にそれぞれ祀宇を設立した．霊山一体に散在していた各藩の小祀を合祀したものが霊山官祭招魂社，今日の京都霊山護国神社である．招魂祭を行うために京都のなかでも霊山が選ばれたのは，霊山に霊明舎という葬祭団体があり，幕末において京都で殉難した志士の多くが埋葬されていたためである．遺体が埋葬されていた霊山で招魂祭が執り行われたことは，遺体と霊魂を結びつける感覚が存在したことを示している．また5月10日に発せられた両布告を受けた招魂祭とは別に，同年6月2日に江戸城西丸大広間で招魂祭が執り行われている．東征大総督だった有栖川宮熾仁親王が令旨を発し，関東および東北における戦死者の霊を招魂した．

(2) 東京招魂社の創建

これらのいくつかの招魂祭の系譜のもとに東京招魂社の創建がある．軍務官副知事であった大村益次郎らの建議により，各藩の招魂社とは別に，戦死者全体のための東京招魂社が創建された．京都および各藩の招魂社と比較した東京招魂社の特色は，他の招魂社が死者の遺体やその一部の毛髪などを埋葬した地に設けられていたことに対し，東京招魂社は死者の身体的な遺物が何もないところに創建されたことである．また，招魂社とは官軍の戦死者にだけ認められた祭祀の形式だった．1871（明治4）年頃，会津若松に招魂社を造営する計画があったが，太政官は招魂社を官軍の戦死者だけを祀るものとして造営を中止させた例がある．全国各地には旧幕府側の戦死者の遺体を埋葬した墳墓も多く，たとえば北海道函館の碧血碑には函館の戦いで敗れた旧幕府側の戦死者796人の遺体が埋葬されているが招魂社へとは発展していかなかった．

創建当初は軍務官，のちに陸海軍省が所管していた．創建時は戊辰戦争の戦死者だけが東京招魂社の祭神であり，維新の志士を合祀する霊山官祭招魂社の2つが並立していた．だが，1875（明治8）年1月12日の太政官通達を受けて東京招魂社に維新の志士が合祀されるようになった．さらに，1877（明治10）年11月に行われた臨時大祭で，西南戦争の戦死者6478人が合祀された．戊辰戦争の戦死者がそれぞれの藩に所属し，藩から新政府軍に派遣されていたのに対し，西南戦争の戦死者は1871（明治4）年の廃藩置県，1873（明治6）年の徴兵令を経て天皇直属の国軍になっており，その戦死者が合祀されたことは，東京招魂社の国家的意味が増してきたことを示している．ただし，依然として社格はなく，神官も不在の神社であり，祭の際には陸海軍の軍人が祭主を務めていた．1879（明治12）年6月4日付けの太政官通達により，東京招魂社は「靖国神社」と改名し，別格官幣大社に列格された．社号の「靖国」は『春秋左氏伝』の「吾以靖国也」からとられた

もので,「国を安んずる」という意味である. 列格により内務・陸軍・海軍の三省が所管するようになり, 神職は他の神社と同様に全国の神社を所管していた内務省が補任することになった. 1878（明治20）年3月17日にさらに改められ陸海軍省が補任するようになった. 戦前, 神社は「国家の宗祀」として「宗教」のカテゴリーに含まれず, 国家により管理・運営された. 以後, 戦後に宗教法人となるまで陸海軍省が所管することになる.

4.3 祭祀の特徴

(1) 祭神と霊代

祭神となる人物は, 陸海軍の軍人・軍属はそれぞれの陸海軍省から, 民間人は内務省から天皇に奏上され, 天皇による裁可を経て, 靖国神社に合祀された. 死者が祭神になるには, 招魂式と合祀祭という二段階の手続きを踏む. 招魂式とは, 合祀祭の前夜に新たに祭神になる者の霊をあらかじめ招魂斎庭に招く儀式である. そして翌日の合祀祭において奏上され, 霊は祭神になる. なお, 招魂斎庭は1874（明治7）年の第2回の合祀祭から設けられたもので創建時にはなく, 当初霊は仮本殿に直接招きよせられた. 本殿には霊代として1869（明治2）年6月に栗原筑前によって鍛造された神剣と, 江戸城西丸大広間で招魂祭が行われた際に用いられた神鏡が置かれている. また, 皇族の戦死者である北白川宮能久親王と北白川宮永久王が1969（昭和34）年10月4日に執り行われた第86回合祀により合祀された際に新たに霊代として神鏡が用意され, 従来の神鏡の右側に置かれている. 霊代と同じように奉安されるものとして霊璽簿がある. 霊璽簿とは祭神となる人物の官位姓名が列記されたものであり, 当初は巻物で, 1905（明治38）年の第31回合祀祭から牒冊に改められた.

(2) 例 祭

例祭日は東京招魂社の創建の際, 1月3日（鳥羽伏見の戦いが起こった日）, 5月15日（彰義隊が潰走した日）, 5月18日（函館の五稜郭が開城した日）, 9月22日（会津藩が降伏した日）と定められた. 太陽暦への変更などで例祭日は何度か変わり, 列格された際にあらためて5月6日と11月6日が例祭日として明治天皇により定められた. まず会津藩降伏の日を新暦に換算し直した11月6日を秋の例祭日とし, その6か月前の5月6日を春の例祭日とした. さらに1912（大正元）年12月3日に, 新たに即位した大正天皇により春は4月30日（日露戦役陸軍凱旋観兵式）, 秋は10月13日（日露戦役海軍凱旋観艦式）が例祭日として定められる. 戦前の東京招魂社・靖国神社の例祭日は国家形成の戦争にちなむ記念日が選ばれていた. 春秋の例大祭は明治・大正・昭和の時代を通じて華やかなものだった. 出店が建ち並び, 様々な見世物の興行も行われ, 市井の人々が参拝し楽しむ場であった. このような例大祭の姿は戦後の今日でも継続しており, 特に見世物に関しては, 東京で数少ない興行の場として現在に至っている.

4.4 首都東京の「聖地」として

(1) 社 地

社地は本殿・拝殿・遊就館などの主要施設がある「内苑」と, 大村益次郎の銅像がある細長い「外苑」, そして九段坂下から田安門にかけてのお堀沿いの「牛ヶ淵附属地」の3箇所から構成されている. 江戸時代の終わり頃, 九段坂上の地には幕臣の騎射馬場・大的場があり, 幕末には幕府歩兵の屯所にあてられていた. そしてその周囲一帯には旗本屋敷街として大小の邸宅が建ち並んでいた. 社地の選定については, 当初, 上野も候補にあがっていた. 木戸孝允は彰義隊の戦いの後, 上野の地を清浄して招魂社を建てる発想をもっており, 大村益次郎もはじめは賛成していたが, やがて亡魂の地であるという理由から退け, また大学病院にしたいという申し出もあったため, 最終的に歩兵屯所跡地だった九段坂上の地が選ばれた.

（2） 遊就館

ヨーロッパ諸国の首都には軍事と戦争の歴史を展示する軍事博物館が必ず存在するが，日本でも1882（明治15）年に日本最初の軍事博物館である遊就館が境内に設立されている．館名は『荀子』勧学篇から高潔な人物に就いて交わりを学ぶという意味である「君子居必擇郷，遊必就士」から二字を選んで名づけられた．開館当初は陸軍省総務局軍法課御用掛が管轄していたが，1910（明治43）年4月1日に勅令で「靖国神社遊就館官制」が公布されたことにより，官庁の中での機構としての位置を確立する．さらに1935（昭和10）年10月30日にはこの官制を改正する勅令「靖国神社附属遊就館令」が公布されている．一般に靖国神社附属遊就館と称されているが，官制上館長は靖国神社宮司の下にはなく，陸・海軍大臣の奏上により内閣によって任命され，両大臣の監督の下で職務に従事することになっていた．

開館当初は諸藩からの分捕品を含めた武器，戦闘の状況を描いた絵画，軍事に関する書籍を収集し展示していた．開館時には寄附品が1111点，諸家からの出品が41点あるだけであり，極めて数が少なかったが，しだいに増えていった．日露戦争後，展示物の増加により混雑し狭隘となっていったので，1908（明治41）年には中庭を取り囲むようにして増築がなされ，回廊式の建物になった．関東大震災により損壊し取り壊されたが，翌年8月には仮建築で再開し，1931年に新館で開館している．また，1934（昭和9）年には新たに同時代における最新の科学兵器を展示する国防館が附属施設として開館している．武器などの日本の軍事の歴史を表す物とともに，展示物の多数を占めていたのが戦利品である．特に日清戦争・日露戦争・満州事変などの対外戦争を行うたびに敵国の武器・兵士の軍服等の戦利品が下付され，品数が増加していった．戦争中・戦争直後には遊就館のみならず境内においても戦利品が展示され，多くの人々が見に訪れていた．最初に展示された軍人の遺品は，日清戦争の際に戦死した歩兵第十一旅団長の大寺安純少将の軍服・軍帽である．館内に専用の展示室が設けられたのは，1935（昭和10）年9月に戦死者の遺品を「忠烈遺芳」と命名して第14・15室で大山巌・東郷平八郎元帥，乃木大将夫妻，橘周太・広瀬武夫中佐，大寺安純少将，白川義則大将，「爆弾三勇士」などの遺品を展示したのが最初である．戦死者の遺品・遺影・遺書などの展示は，佐官・将官級の階級が上位の軍人から始まり，しだいに一般の兵士へと範囲が拡大していった．

4.5 終戦と占領

終戦と占領により，靖国神社は廃止も含めた変革にさらされることになった．第一に，靖国神社も含めた神社全体が連合国総司令部（GHQ）の宗教政策によりその将来の存在が左右されるようになったためである．第二に，靖国神社を管轄する陸海軍省は解体させられることが予期されるので（1945年11月30日に第一・第二復員省に改組），必然的に靖国神社が存在できなくなってしまうためである．ポツダム宣言第9項に「日本国軍隊ハ完全ニ武装ヲ解除セラレタル後各自ノ家庭ニ復帰シ平和的且生産的ノ生活ヲ営ムノ機会ヲ得シメラルヘシ」とあり，また「降伏後ニ於ケル米国初期ノ対日方針」において「日本国ハ完全ニ武装解除セラレ且非軍事化セラルベシ軍国主義者ノ権力ト軍国主義ノ影響力ハ日本国ノ政治生活，経済生活及社会生活ヨリ一掃セラルベシ軍国主義及侵略ノ精神ヲ表示スル制度ハ強力ニ抑圧セラルベシ」とあるように日本の非軍事化が謳われた．ただし，連合国（アメリカ）の靖国神社に対する処遇は最初から決まっていたわけではなく流動的であり，GHQの民間情報教育局（CIE）と日本政府・靖国神社の間の交渉により決まっていった．

（1） 臨時大招魂祭の執行

占領に先立ち，靖国神社は降伏文章調印日である1945年9月2日までの戦死者の霊を招魂する臨時大招魂祭を11月19〜21日に執り行っている．これは，終戦・占領の混乱のためすみやかに戦死者の調査を行うことは不可能であるため，と

りあえずすべての霊を招魂しておき，その後姓名が判明次第，逐次合祀していこうとするものだった．20日には天皇・皇族および首相・陸海相以下の各大臣，軍人，遺族も参列して祭典が執り行われた．GHQ のダイク代将も見学のために参列している．

(2) 宗教法人靖国神社の設立

1945（昭和20）年12月15日に「国家神道，神社神道ニ対スル政府ノ保証，支援，保全，監督並ニ弘布ノ廃止ニ関スル件」，いわゆる「神道指令」が日本政府に通達され，神社（およびあらゆる宗教一般）は国家から切り離されることになった．ただし神道指令そのものは，いかなる神社の廃止も直接的に求めるものではなく，また国家が戦死者の追悼事業を行うことを禁止するものでもなかった．神道指令に先立ち，11月26日に横井時常権宮司が CIE 宗教課の W. K. バンス大尉を訪れ，靖国神社を神社ではなく死者の廟である「靖国廟宮」とし，仏教・キリスト教その他あらゆる宗教の人々に開かれた公益法人に改めることを提案している．この案にそって靖国神社側は「靖国廟宮庁規則」を作成して職員に配布し，翌年2月1日をもって改まるという新聞記事も出ていた．しかしながら国家の管理から離れてもあくまでも遺族を中心とする神社として存続する方針でいた政府との間の交渉により撤回された．また同時期，CIE 側は無宗教の記念碑的なものに改める自らの案を示唆している．

他方，宗教団体をめぐる法制として，1945（昭和20）年12月28日に制定された宗教法人令が翌年2月2日に改正され，神社も法人として扱われることになった．改正に先立つ1月25日には伊勢神宮その他の神社を宗教として取り扱い，宗教法人令改正施行の日から文部省が管掌することが閣議決定されている．これにより，靖国神社は改正前日の2月1日をもって第一・第二復員省の所管から離れ，別格官幣社としての歴史を終えることになる．そして靖国神社は，あくまでも神社として存続するという方針に基づき，2月3日に設立された全国の神社を包括する宗教法人である神社本庁とは別に，9月7日の登記をもって単立の宗教法人になった．戦後における合祀は第一・第二復員省の後継組織である厚生省引揚援護局によって調査され靖国神社へ送付された祭神名票に基づき，天皇による認可を経てなされた．宗教法人になったものの，戦死者を祀るという事業を行うため，靖国神社は国家と関係をもち続けた．

(3) 遊就館の廃止

靖国神社境内と遊就館は，終戦まで首都東京における戦争と軍事に関する物品の一大展示空間であり一大集積地であったが，占領期に処分・返還されたり，破壊されたりした．降伏文書調印の前日である9月1日，陸・海軍大臣から「靖国神社附属遊就館令廃止ノ件」が総理大臣に提出され，9月11日に廃止される．遊就館は靖国神社宝物館へと名を変えた．国防館も閉鎖され，建物は靖国会館となった．また官制が廃止されたことにより，職員と収蔵物は宮司の下に服することになった．遊就館の収蔵物の一部はアメリカ・中華民国に引き渡され，刀剣などは GHQ の指示により廃棄処分させられた．遊就館の建物については，一時期遊戯施設を入れたアミューズメントパークにする計画もあったが実現しなかった．1947年11月に富国生命保険との間に賃貸契約が結ばれ，社屋として利用された．1961（昭和36）年に靖国会館2階に開設された宝物遺品館を経て，本来の建物で遊就館が再開館したのは1986（昭和61）年のことである．

4.6 再編成される祭祀

(1) 祖霊祭祀への接続

国家により管理・運営される神社から民間の宗教団体へ形態が変化しただけでなく，祭祀のあり方も変化した．1946（昭和21）年10月，春秋の例大祭の日を変更している．それまで春の例大祭日は日露戦役陸軍凱旋観兵式，秋の例大祭日は日露戦役海軍凱旋観艦式という，国家形成に関わる戦争の記念日だった．このような国家の記念日か

ら，祖霊祭祀の日として一般になじみが深い春分の日（3月21日）と秋分の日（9月24日）を新暦に換算し直し，それぞれ4月22日と10月18日が春秋二季の例祭日となった．また同様に祖霊祭祀の日として人々になじみのあるお盆の7月の中旬に「みたままつり」を設け，1947（昭和22）年7月13日から16日の4日間にわたって執り行った．16日は夜間の参拝者が多く，戦後初めての雑踏だった．なお，靖国神社側は，みたままつりを仏教の盂蘭盆会にちなむものではなく，あくまでも仏教渡来以前の日本人の固有信仰に基づくものとしている．みたままつりに先立つものとして，すでに前年の7月14・15日に長野県遺族聯合会の主宰による奉納地方民話・盆踊大会が境内の相撲場で催され，3万人を超える人々が参加している．みたままつりの開催にあたっては，民俗学者の柳田国男も相談を受けている．靖国神社の神職だった坂本定夫が「亡き人々のみたまを祀る日本の古俗を，お盆の季節である7月に新生靖国に復活してはどうか」という構想を抱き，柳田国男を訪ねて相談すると「みたまの慰霊は極めて大事なことで世の平和のためにも大切だ．祭りは華やかで風流であるべきだ」と賛意を示したという．例祭日の変更とみたままつりの創設に示されるように，幕末からの国家・天皇のために尽くした死者を祀る招魂の思想に祖先を祀る信仰が接続され，祭神は「国民の先祖」として位置づけられていった．

（2） 民俗文化の取り入れ

それまでは行っていなかった一般の神社のような人生儀礼も行い始めた．1946（昭和21）年12月3日に初めて結婚式を挙行，1947（昭和22）年11月15日には初めて七五三を行った．1948（昭和23）年1月1日から3日にかけて成人祭を行っている．男子20歳，女子18歳で行われ，翌年からは1月15日になされた．年中行事も，1947（昭和22）年5月5日に初めて端午祭が行われた．拝殿には五月人形が飾られ境内数か所に鯉のぼりや吹流しが立てられた．1948（昭和23）年3月3日には初めてひなまつりが行われている．七五三，成人祭，ひなまつり，端午祭は1951（昭和26）年に定められた祭祀規定により恒例祭となり，1973（昭和48）年まで行われた．1954（昭和29）年の元旦には縁起物である破魔矢の授与を始める．神札の授与についてはすでに1924（大正13）年から行っていたが，1962（昭和37）年元旦には古神札納所を拝殿脇に設け13日に古神札焼納式を行うようになった．戦後の靖国神社は国家の管理・運営から離れたばかりでなく，一般の人々が日々の暮らしや一生においてなじみのある民間の信仰や習俗を取り入れ，一神社としても人々に親しまれる存在へと変わっていこうとした．

（3） 新たな祭祀の創設

1950（昭和25）年10月1日には永代神楽祭の制度を設けている．祭神の命日，あるいはふさわしい日に神前にて神楽を奉奏するものであり，10月25日に第一号の申し出を受けて奉奏した．死者の霊魂を集合的に合祀する靖国神社において，死者個人に対して祭を執り行う永代神楽祭の発想は戦後新たに生まれてきたものである．加えて，靖国神社の祭神以外の死者も祀るようになったことも，戦後の大きな変化の一つである．初めて行われたのは1949（昭和24）年のことであり，7月13日のみたままつり前夜祭に先立ち，旧招魂斎庭において大東亜戦争に際し戦陣に死し職域に殉じ非命に倒れた人々で靖国神社に奉斎されていないみたまの慰霊祭を執り行っている．以後，「諸霊祭」として毎年恒例となった．1965（昭和40）年7月13日には諸霊祭に続くものとして鎮霊社の鎮座祭が執り行われている．1853（嘉永6）年以降，戦争・事変に関係して戦没し靖国神社に祀られていない御霊が一座と，同じく1853（嘉永6）年以降の戦争事変に関係して死没した諸外国人の御霊が一座祀られている．1853年とはペリーが来航した年であり，靖国神社が合祀している死者の基準と同じである．日本人も外国人も，思想・信条・宗教に関係なくすべての死者を祀っている．靖国神社が祀る対象を「みたま」と称するのに対し，鎮霊社は「御霊（ごりょう）」と称するの

が特色である．また，鎮霊社には霊璽簿に相当するものはない．鎮座以降，毎年7月13日に鎮霊社祭が執り行われている．

4.7 政治的争点となる祭祀と参拝

1951（昭和26）年9月8日にアメリカのサンフランシスコで署名が行われた「日本国との平和条約」（いわゆる「サンフランシスコ平和条約」）が翌年4月28日に発効し，日本は独立して国際社会に復帰した．日本が独立すると占領期における戦後処理の見直しもはかられ，靖国神社に対する国家の援助・国有化，すなわち国家護持が求められるようになっていった．1954（昭和27）年11月，日本遺族厚生連盟（のちの日本遺族会）は第4回全国戦没者遺族大会において靖国神社の慰霊行事に対する国費支弁を決議した．その後，日本遺族会と靖国神社・神社本庁・全国護国神社会・自由民主党が協力して，靖国神社の国家護持を進めていくようになる．

(1) 国家護持と憲法の制約

1956（昭和31）年に与党の自由民主党は「靖国社法草案」をまとめた．また同年野党の日本社会党も「靖国平和堂（仮称）に関する法律草案要綱」をまとめている．その後自民党および日本遺族会・靖国神社を中心に国家護持のための法案についての議論が積み重ねられた．そして1969（昭和44）年から1974（昭和49）年までの間に5回にわたり自民党は靖国神社法案を提出した．5回目の法案は衆議院本会議を通過したものの，結果として廃案になった．靖国神社の国家護持をめぐっては，仏教・キリスト教などの各宗教団体や市民の一部から，国家が特定の宗教を支援することは憲法違反であると反対運動がなされた．また衆議院・参議院の法制局が「政教分離」「信教の自由」を規定した憲法に照らして，国家護持する場合には現行の靖国神社から宗教性を取り除かなければならないことを示すと，もしそのような改変がなされるならば靖国神社の祭祀のあり方は根本的に変わってしまうとする批判も一部からなされた．1956（昭和31）年からの国家護持の法案をめぐる議論においても，争点となったのは靖国神社で用いられている「神社」「英霊」「みたま」「奉斎」等の言葉・行為を憲法とどのように整合させるのかという問題だった．結局，1974（昭和49）年の国会における廃案を最後に，以後国家護持の法案は提出されなくなった．靖国神社を宗教法人のままにして天皇・閣僚・外国使節などの公式参拝を可能にする「表敬法案」も議論されたが，国会に提出されるまでには至らなかった．立法による国家護持が困難になったことにより，国家護持を推進してきた側は代替的な方法として総理大臣が8月15日に公式に参拝することを求めるようになる．

(2) 首相・天皇の参拝

靖国神社法案が廃案となった翌年の1975（昭和50）年，三木武夫首相が総理大臣として戦後初めて8月15日に靖国神社を参拝する．宗教法人になってから初めて総理大臣として参拝を行ったのは，1951（昭和26）年10月18日の秋季例大祭に参拝した吉田茂首相だが，この吉田首相の参拝以来，歴代の首相は基本的に春秋の例大祭に参拝していた．またこのときに，三木首相が総理としてではなく個人として参拝したと語ったため，以後総理大臣をはじめとする各大臣・国会議員その他の公職にある者が靖国神社を8月15日に参拝するか否か，そして「公人」なのか「私人」なのかが政治問題として毎年社会の注目を集めるようになっていった．さらに1978（昭和53）年に極東国際軍事裁判（東京裁判）においてA級戦犯として処刑された者，判決前に病死した者・刑期中に病死した者あわせて14人が合祀されたことにより，首相をはじめとする公職者の参拝は社会の注目をより集めるようになっていた．1985年8月15日に，中曽根康弘首相が公式参拝をすると，中国・韓国からの強い批判を浴び，首相の靖国神社参拝は中国・韓国との外交問題とも化していった．

なお，昭和天皇は1975（昭和50）年11月21

日を最後に，以後参拝していない．これには，A級戦犯が合祀されたことに不快感を示していたという説と，三木首相の私人として参拝したという発言により，「公人」か「私人」かが問題とされるようになったためとする説の2つの説がある．

(3)「終戦」と8月15日

1975（昭和50）年の三木首相による8月15日参拝以降，一般の民間人も含めて8月15日の終戦記念日に参拝することが社会的にクローズアップされるようになった．ただし，1945（昭和20）年8月15日が戦前と戦後を分かつ終戦の記念日なのかどうかも再検討を要する課題である．8月15日は，前日14日のポツダム宣言の受諾を昭和天皇がラジオを通じて国民に伝えた日であり，国際法的には降伏文書に調印した9月2日が日本の敗戦の日となる．昭和天皇が宮中三殿に戦争終息を親告したのは降伏文書調印翌日の9月3日である．靖国神社が大東亜戦争終息奉告祭を執行したのはさらに遅れて9月8日のことである．保守派の一部は，日本が独立した1952（昭和27）年4月28日こそ真の終戦の日であると主張し，4月28日の靖国神社参拝を行っている．1945年8月15日に戦闘が終わったわけでもない．9月初めまでソ連との間では戦闘が続けられた．沖縄守備軍の降伏文書調印が行われたのは9月7日である．

8月15日を終戦記念日とする法的根拠は，終戦から18年も経過した1963（昭和38）年5月14日の第2次池田勇人内閣により閣議決定された「全国戦没者追悼式実施要綱」によるものである．終戦記念日の正式名称「戦没者を追悼し平和を祈念する日」は1982（昭和57）年4月13日の鈴木善幸内閣において閣議決定された．8月15日を終戦記念日とする法制度化は，実は比較的新しいものである．

靖国神社の歴史を顧みるならば，終戦記念日という国家の記念日に参拝する習慣は，戦後に新たにされた祭祀のあり方とは異なるものである．戦前の東京招魂社・靖国神社は戊辰戦争や日露戦争という戦争に関する国家の記念日を例祭日としていたのに対し，戦後の靖国神社は国家の管理・運営から離れるとともに，民間信仰を取り入れ，祖霊祭祀の春分秋分の日にちなんだ日を例祭日に改めたからだ．なお，靖国神社自身は8月15日に限らず，いかなる日にも先の大戦の終戦を記念した特別な例祭を行っていない．

参 考 文 献

大原康男『神道指令の研究』原書房，1993年．
国立国会図書館調査立法考査局『靖国神社問題資料集』1976年．
小林健三・照沼好文『招魂社成立史の研究』錦正社，1969年．
三土修平『靖国問題の原点』日本評論者，2005年．
靖国神社『やすくにの祈り』産経新聞ニュースサービス，1999年．
靖国神社附属遊就館編『遊就館史』靖国神社，1938年．
靖国神社編『靖国神社百年史　資料篇　上』靖国神社，1983年．
靖国神社編『靖国神社百年史　資料篇　中』靖国神社，1983年．
靖国神社編『靖国神社百年史　資料篇　下』靖国神社，1984年．
靖国神社編『靖国神社百年史　事暦年表』靖国神社，1987年．

VII. 現代社会と宗教

5 ナショナリズム・国民国家と宗教

濱田　陽

5.1　無宗教ナショナリズム

　ナショナリズム (nationalism) を取り上げるにあたり，戦後日本における国家と宗教の関係を考えるところから始めてみよう．それには真空状態を想像してみるのがいい．ある容器を真空にしたとしたら，たちどころに四方から圧力がかかるだろう．では，精神の真空状態が生じた場合に何が起こるだろうか．その真空状態が社会的規模，国家的規模で生じた場合にどういうことになるだろうか．四方八方からさまざまな，宗教，思想，価値が自らの有効性を主張して忍び込もうとするであろう．

　山折哲雄は，第2次世界大戦後の焦土と化した日本にこの事態が生じたと分析する．すなわち，1945年8月15日の終戦後，10月4日の神道指令，1946年元日の天皇の人間宣言などでいわゆる国家神道体制の解体が急速に進むなか，一種の精神の空白状況が日本社会に生じたと述べている．このとき，連合国軍総司令官ダグラス・マッカーサー (Douglas MacArthur, 1880-1964) は当初日本の国をキリスト教化することによってその精神的空白を満たそうとメシア的願望を抱いており，他方，東京大学総長で教育策新委員会委員長になる南原繁 (1889-1974) もやはりキリスト教徒の立場からルネッサンスの「人間性の恢復」と宗教改革の「神の再発見」が重要だと考えていたという．しかし，マッカーサーは民生局や民間情報教育局の部下たちから反発を買い，また，マッカーサー，南原とも共産主義がこの真空内に広がることを恐れたため，妥協せざるをえなくなってくる．ここに登場したのがウェストミンスター憲章 (1931年) に「自由な連合の象徴」と規定があるイギリス・モデルの君主＝シンボル論であった．おりしも，日本側の保守派リベラル知識人として，和辻哲郎 (1889-1960) が論文「封建思想と神道の教義」(1945年11月) で「国民の総意の表現」，津田左右吉 (1873-1961) が「建国の事情」(1946年1～2月) で「国民的精神の生きた象徴」という表現を用いていた．このような，多様なグループの思惑・力の拮抗によって提出された解決が，政治的実権のない象徴天皇というシンボルであった．すなわち，日本の国家と社会に生じた空白を，もう一つの空白（象徴天皇）で埋めたというのが，山折の論旨である．

　その言葉を引こう．「こうしていつしか，精神における真空もしくは空白をもう一つの空虚が充たすという，きわめて精緻にして政治的に仕組まれたパラドックスのドラマが進行していく．真空の容器に空虚な内容を盛りつける手品のような詐術，といってもいいだろう．気がついたとき，二重の空虚の膜に包まれた気密室のような政治空間が，そこにできあがっていた．日本人の宗教がその本来の軌道を外れて迷走をはじめるのが，まさにそのときからだった．この国の宗教はその気密室のような政治空間からしだいにはじきだされ，揮発油のように気化していくほかはなかったので

ある．戦後におけるさまよえる日本宗教，――そのうそ寒い原風景がそこに結晶しているといえないだろうか」(山折，1999).

これを「二重の空白」論といっておこう．ポイントは，空虚（政治的実権を剥奪され，戦前のような大きな影響力をもちえないという意味での天皇の存在）とはいえ，それが存在することによって，他の宗教や思想が日本国の中核を占めることを結果的に妨げる消極的機能をこの解決策が果たしてきたことである．それを担保したのが，旧教育基本法（1947～2006年）第9条の宗教教育の規定，すなわち，公教育における宗教教育の禁止であった．

このように眺めれば，戦後日本のナショナリズムの特徴を，無宗教ナショナリズムとよぶことができるかもしれない．

5.2 ナショナリズムの多様な顔

無宗教ナショナリズムとは，耳慣れない言葉である．なぜこのような表現を用いるかといえば，今日ナショナリズムが多様な顔をもつようになっているためだ．そして，その多様な顔の中で，戦後日本のナショナリズムの特徴を一言で呼び表そうとすれば，このように一種屈折した言葉で名指さざるをえないと思われるからだ．

マーク・ユルゲンスマイヤー（Mark K. Juergensmeyer）は世俗的ナショナリズム（secular nationalism）と宗教的ナショナリズム（religious nationalism）に分け，多様なナショナリズムのシルエットをとらえようとした（ユルゲンスマイヤー，1995）．また，中野毅はナショナリズムを世俗的か宗教的か，政治的か文化的かの軸によって分類した（中野，2002）．中野の分類によれば，世俗的・政治的ナショナリズムが古典的な意味でのナショナリズムであるが，インドのヒンドゥー・ナショナリズムなどは宗教的・政治的ナショナリズム，アメリカの反カルト運動にみられるような新宗教批判キャンペーンは宗教的・文化的ナショナリズム，日本人論の流行にみられるような日本の文化的アイデンティティを問う動きは世俗的・文化的ナショナリズムとなる．

このような整理が正確かどうかは別として，ナショナリズムという用語がそれ一語のみで事足りていた時代は過ぎ去り，その前になんらかの形容詞（例えば世俗的，宗教的，文化的など）をつけて呼び習わされるような時代に突入しているということである．専門研究者や政治家が，それぞれに，もっとも納得しやすい呼称でナショナリズムの横顔を描く事態が生じている．そうであるとするならば，戦後日本の少なくとも近年までつづいてきたナショナリズムをシンプルな呼称で総括すれば，どのような言葉が適当か．宗教的ナショナリズムといえないことは明らかであるが，教科書的な世俗的ナショナリズムともいえないだろう．また，政治的ナショナリズムでも，文化的ナショナリズム（cultural nationalism）でもどことなくすわりが悪い．無宗教ナショナリズムであった（そして現在もその要素が強い）と考えると腑に落ちるのではないか．つまり，先に述べた「二重の空白」のシステムが，日本国憲法の象徴天皇制（第1条）と旧教育基本法の公教育における宗教教育の禁止（第9条）によって制度的に確立していったなかで，どのような宗教的価値も，そして無神論（共産主義）も，ナショナリズムを背後から支える特権的価値とはならないような社会的心象が形成されてきたということである．

5.3 ナショナリズムとは？

ユルゲンスマイヤーにならって，国民，国家，そして国民国家という用語が意味する内容をふりかえり，ナショナリズムの復習をしておこう．国民とは，自治的な政治的権威をもつ特定の政治的文化および領域に結びつけられる人々の共同体を指す．また，国家とは，ある地理的領域の中での権威と意思決定の場を示す．よって，国民国家とは，国家の権威が体系的に全国民を貫き統制するという，国家体制の形態をいう．そして，この国民国家を，政治的にも道義的にも正当化するもの

がナショナリズムの概念である．

アンソニー・ギデンズ（Anthony Giddens, 1938-）は，ナショナリズムについて，個人が，ある政治秩序の成員のあいだで，共同体性を強調する象徴と信念の枠組みに帰属すること，と定義している．

ところで，国民は nation（ネイション），国家は state（ステイト），国民国家は nation-state（ネイション・ステイト）を示すとされるが，いずれも翻訳によってつくられた用語で，これらは西洋産の概念群を日本版に焼きなおしたものである．国民や国家といった場合に，文化的ナショナリズムの立場からは，日本の文化的価値を想起することが期待されるわけであるが，もとの概念の文化的含意が常につきまとう．ナショナリズムといえば，普遍的価値であるとされ，政教分離などの制度にみられるように宗教的に価値中立であると考えられた時代があった．しかし，今日，その普遍幻想が破られつつある．西洋のナショナリズムは必ずしも宗教文化の観点から価値中立とはいえないのである．

5.4 価値中立的でない西洋のナショナリズム

ユルゲンスマイヤーによれば，アレント・テオドール・ファン=レーウヴェン（Arend Theodor van Leeuwen）は，西洋の世俗的ナショナリズムがある種のヨーロッパのキリスト教文化の仮面であることを，『世界史におけるキリスト教』（1964年）の中で述べた．近代西洋の世俗的ナショナリズムがキリスト教に起源するというこの理論は，今日世界中の多くの地域で受け入れられるようになってきたという．ファン=レーウヴェンは，世俗化によってこの世のものの崇拝を意味するのではなく，この世の領域と宗教の領域の分離を示す．彼によれば，王位の神聖性を否定し，人々のものと神のものとを分離するという理念は，初め古代イスラエルでつくりだされ，その後，キリスト教の主要なモチーフとなり，キリスト教がヨーロッパを横断して広がるにつれて，人々のものと神のものの分離という世俗的なメッセージを運んだのだ．この視点からは，中世の教会と国家の濃密な関係は変節であり，かえって啓蒙主義が，この世俗化というキリスト教の使命を正しい道筋に戻したということになる．

多くの宗教伝統が複雑な宗教と国家の関係の類型をもっているため，世俗主義をすべてキリスト教独自のものだとすることは極端な見方である．しかし，西洋近代で進展した世俗社会の固有の形態は，西洋の宗教伝統の直接の延長線上にあり，歴史の転換の後に突如出現するにいたった超文化的存在ではないとの論は妥当であろう．

西洋のナショナリズムがイギリスやアメリカに出現したのは 18 世紀以降のことである．この頃になって，国民国家は，宗教的，民族的なアイデンティティの助けがなくても，それ自体のイデオロギー的忠誠心を育成できるまでに根を張った．また，国民国家の政治的・軍事的装置が，地理的に大きな地域を囲いこむのに十分なまでに大規模化した．そして，この世の領域，すなわち，市民共同体の起源についてのジョン・ロック（John Locke, 1632-1704）やジャン=ジャック・ルソー（Jean-Jacques Rousseau, 1712-78）の社会契約説は，宗教的信仰への委託をほとんど求めなかった．新しい世俗的ナショナリズムは，個々人が，自然に，世俗的な国民国家として同定される，自分の祖先の生まれた（あるいはアメリカのように自ら選んだ）母国の経済的政治的システムのなかの人々および場所を仲間にするという観念であった．そして，この観念は，神ではなく，市民の意思の表現だとみなされた．

西洋のナショナリズムは，宗教が政治的でなくなっていくのとときを同じくして，より宗教的になっていった．フランス革命は，19 世紀に発達したナショナリズムの大半のモデルとなったが，宗教的情熱に近い，ロマンティックで好戦主義的な様相を呈していた．また，アメリカの独立戦争のリーダーの多くが，科学と自然法の宗教とでもいうべき 18 世紀の理神論の影響を受けていた．それぞれ，世俗的ナショナリズムの理想とキリス

ト教の象徴を市民宗教とよばれるものに混合して，それ自身の宗教的特性を発達させていった．

西洋の世俗的ナショナリズムが価値中立的といえないのは，世俗と宗教の分離そのものが，キリスト教固有の史的展開に基づいた発想であると考えられるためである．さらには，こうした二分法にもかかわらず，フランス革命やアメリカ独立戦争にみられた宗教的性格のように，世俗的領域が宗教的要素をとりこんでいくときに，切り離されていたキリスト教文化の価値が暗黙のうちに装いを変えて忍び込むためであるといえるだろう．

5.5 世俗的ナショナリズム（西洋型ナショナリズム）の流行，信頼の失墜

ユルゲンスマイヤーの解説に続けて耳をかたむけよう．この西洋に固有の世俗的ナショナリズムが，近代化の世界的波及とともに，普遍的価値とみなされるようになっていく．全世界的にほとんど宣教師的な情熱で拡散され，アジア，アフリカ，ラテンアメリカの新たに植民地化された地域に搬出され，国家建設のイデオロギー的パートナーとなる．こうして，19世紀，20世紀の植民地諸国の世俗的ナショナリズムは，個人と国家との関係の2つの異なる認識方法，すなわち，宗教によってなされる認識と世俗的契約によってなされる認識の葛藤をもたらした．

そして，1950年代中頃，多くの元植民地であった第三世界の諸国が政治的独立を得た直後，ほとんど宗教的情熱をもって，世界中にナショナリズムが喧伝された．その関心は，世俗的な市民権の感覚によって形成された忠誠心を引き出す，新しい人々の出現に向けられた．これら世俗的ナショナリストの忠誠心は，いかなる宗教的強制力からも絶縁された，人々の決意に根づいた国家の正統性という理念を基礎としていた．この自由で平等な世俗的国家のビジョンが，西洋の学者だけでなく，旧植民地から生まれた諸民族の新しいリーダーたちの間で流行した．エジプトのガマール・アブドゥン＝ナーセル（Gamal Abdel Nasser, 1918-70）やインドのジャワハルラル・ネルー（Jawaharlal Nehru, 1889-1964）に典型的であるように，世俗的ナショナリズムの概念は，彼らの存在にイデオロギー的正当性を与え，それに同意した選挙民たちは，彼らに伝統的な民族的・宗教的リーダーたちを飛び越えて指導者の地位に飛翔できる基盤を与えた．彼らの多くは，都市教育を受けたエリート層であり，世俗的ナショナリズムは，宗教と政治の分離を推進し，国家の政治目標に対して伝統的宗教の忠誠心がもたらす障害を回避する方法であった．

しかし，普遍的とみなされたこの世俗的ナショナリズムは，世界の多くの地域で，いまだ成功をおさめることができないか，失敗が明らかになった．旧植民地諸国の人々は，世俗的ナショナリズムにきわめて高い期待を寄せていた．それだけに，その失敗による落胆も相当な度合いに達した．世界の多くの地域で，世俗的国家は，経済的繁栄を達成し，政治的自由と社会的正義を実現するという自らの公約を果たせなかった．世俗的ナショナリズムのリーダーたちが宣伝した価値の下で教育を受けた多くの中流階級は，リーダーたちの改革が実を結ばなかったと感じ，宗教が内包する伝統的価値の方に傾斜していった．また，グローバル化したマスメディアが，非西洋諸国の人々に，西洋諸国の数々の政治スキャンダルや，離婚率の増加，人種差別，薬物中毒にみられる社会秩序の荒廃など，世俗的ナショナリズムに深い病根があるというメッセージをもたらすようになった．この世俗的ナショナリズムに対する懐疑は，政治的経済的に成功を収めえていない地域にもっとも根深いが，西洋型ナショナリズムが歴史的文化的限定を帯びたものであることを反証するという点で，世界におけるナショナリズムのあり方に強烈な問いをつきつけた．

5.6 文化的ナショナリズムか，道徳的ナショナリズムか

そこで，西洋型ナショナリズムの歴史的バイア

スを横目に見ながら，自国のナショナリズムを再調整し，あるいは再創造する動きがでてくることになった．日本も例外ではない．さきに，戦後以降，日本において長らく顕著であった主流のナショナリズムの特徴を無宗教ナショナリズムであると述べてみたが，西洋型ナショナリズムの問題点が，政治のみならず，経済や教育の領域でも指摘されるようになったのだ．空白に空白を重ねる見えざるシステムの限界が，見えてきたということである．国民国家という共同体を支える価値が明白でないために，国際情勢の政治，経済，軍事面（科学，文化も加えてよい）の急激な変化に機敏に反応し，共同体の力を維持・発展させるだけの構成員を，もはや再生産しえないのではないか．このような不安が，愛国心教育の必要を訴える声となって出てくることとなった．また，家族や地域社会のレベルでも共同体の維持に必要な価値が希薄化し，新たな価値（エコロジーやフェミニズム等）も代替価値として成熟・安定しないことから，凶悪犯罪の複雑化・低年齢化にみられるような社会の矛盾が露呈していった．

このような事態に対処するために，日本社会が向かう方向は，文化的ナショナリズムであろうか．すなわち，表面上の価値中立性を示して済ますのではなく，日本文化をより自覚的に押し出して，活用していくことになるのだろうか．文化的ナショナリズムとは，国民の文化的アイデンティティと連帯を創り出し，促進することによって，さらなる国民の創生をめざすような現象で，ポイントは文化的アイデンティティの創造にある．政治・経済・軍事のような国力のハード・パワーに対して，文化の求心力によって国際的地位を高めようとするソフト・パワー（soft power）論（ジョゼフ・ナイ）の観点からいえば，今日世界の多くの国々において文化的ナショナリズムに対する関心が高まっているといえよう．国家主導の芸術振興，観光，環境キャンペーンなどを想起すればよい．日本もその世界潮流の中にある．

ところが，文化的ナショナリズムという側面のみで，日本のナショナリズムが向かおうとする方向を表すには限界がある．むしろ，道徳的ナショナリズムという表現も合わせて用いてみるべきかもしれない．いうまでもないが，ナショナリズム形成においては教育が重要な役割を果たす．そして，文化的ナショナリズムの観点からは，知識教育のみならず価値教育が注目される．価値教育には，宗教教育，道徳教育，市民性教育，多文化教育，反人種差別教育などがあり，意思決定や行動の判断基準，理想，生き方などを教授または学習することを意味している．ところで，日本における価値教育の場は，現在のところ，もっぱら道徳教育を中心としている．2002年4月から全国の小中学校に『心のノート』が配布され，道徳教育の副教材とされたが，旧教育基本法改正にむけての2003年3月20日の中央教育審議会答申には，「自然や崇高なものに対する畏敬の念」「国や郷土を愛する心」「日本人であることの自覚」などの言葉がすでに入れられていた．国民を再創生する公教育の場では，このような価値や理念は，単に文化教育としてではなく道徳教育として涵養されることが期待されているのだ．つまり，日本のナショナリズムの進路は，文化的ナショナリズムを道徳的ナショナリズムで支えるという方向に向いているのである．

5.7 宗教的ナショナリズムと道徳的ナショナリズムは別物か？

日本におけるナショナリズムを文化的ナショナリズムの側面から分析しても違和感をもつ人は比較的少ないであろう．また，道徳的ナショナリズムという言葉にとまどう人も，ナショナリズムを支える価値再生の場として道徳が期待されるような今日の社会的風潮があるという事実までは否定しないだろう．しかし，日本のナショナリズムを宗教的ナショナリズムとよべば大多数の人が抵抗を感じるに違いない．なぜだろうか．私たちはどうして，道徳と宗教で異なった語感をもってしまうのであろうか．

文化的ナショナリズムという用語で解釈するとき，世界潮流に浮かぶ日本の姿がみえてくるが，

宗教的ナショナリズムという用語を取り上げるとき，日本は世俗的ナショナリズムに属するとされ，宗教的ナショナリズムと世俗的ナショナリズムに二分（もしくはトルコのような国家が中間に位置するとすれば，三分）される国家群の後者に属すると考えられる．しかし，歴史をふりかえれば，日本の文化には神道や仏教が重要な位置を占め，国家において大きな役割を果たしてきたことが明らかであり，必ずしも世俗的ナショナリズムがなじむ国柄だったとはいえないのではないだろうか．

そこで，ナショナリズム，国民国家と宗教のテーマを考えるとき，道徳のキーワードを加えて考察することができれば，日本のナショナリズムを世界の潮流につなげて考察することが容易になるかもしれない．そうでなければ，私たちは，ナショナリズムと宗教というテーマでは，日本を切り離して，当事者意識を欠いた立場から思考を展開することになりかねない．

さきほども述べたように文化的ナショナリズムの観点からは，ナショナリズムを支える価値の創造が必要である．そこに，道徳と宗教が関わってくる．それも屈折したかたちで絡んでくるといえよう．

まず，今日私たちが用いている意味での「道徳」や「宗教」という概念は，近代化以前にはなかった点を確認しておかなければならない．近世までは，基本的に道，徳，そして，宗，教も漢字一字でまとまったイメージを表現できる言葉であった．老子の『道徳経』があるが，これについても道と徳が観念されており，「道徳」ではない．そして，道も教も，いずれも，公的であると私的であるとにかかわらず用いることができた．例えば道は，神のみならず仏の世界をも示すことができた．

しかし，西洋概念の訳語として新たに成立してきた「道徳」と「宗教」は勝手が違った．このうち宗教については，よく指摘されるように，religionの訳語として宗と教が結びつけられて造形されている．

しかも「道徳」と「宗教」は，近代という同じ母の胎内から産み落とされたにもかかわらず，互いの出自を忘れることを望みがちな概念なのである．この兄弟は出自を忘れることで個性を発揮できるのであるが，出自を自覚したとたん，内実が希薄化し無実体化していくことを本能的に知っている．そして，その恐怖が，それぞれの排他的主張を支えているのかもしれない．

5.8 日本における道徳と宗教の分離体制

維新後，明治10年代後半から明治20年代には，「道徳」と「宗教」の個性は整っていった．つまり，西洋型ナショナリズムが制度化される過程で，国家的価値を形成する公的レベルと私的レベルの分離が必要となり，公的レベルを形成する価値は「道」系統，私的レベルを形成する価値は「教」系統で弁別して編成されるようになった．この「道」系統，「教」系統の総称として，それぞれ道徳，宗教が定着することになった．つまり，神道や皇道は道徳，仏教やキリスト教などは宗教というわけである（磯前，2003）．このとき，神道，皇道，仏教，キリスト教などという表現も同時に定着していったことを見落としてはならない．つまり，このような「道徳」や「宗教」に関わる一連の用語そのものが，ナショナリズムの進行，国民国家の形成過程で成立したわけである．ここで注目したいのが，神道や皇道という言葉から明らかなように，神社や皇室に関わる価値が公的レベルを意味する道徳に編成されている点である．公的レベルに位置づけられれば，その価値は国家による統制，再生産が可能となるためである．

このことは，国内的には，神社や皇室の価値による戦前の文化的ナショナリズムを可能にし，国外的には，キリスト教を背景とする西洋列強諸国の文化的影響力を牽制する点できわめて有効に機能した仕掛けだった．制度的には，1884（明治17）年の教導職廃止，1887（明治20）年の帝国憲法制定により，道徳と宗教の公私分業化が定着

していった．教導職は1872（明治5）年に当時の教部省に置かれた教化政策を担当する役職で，神官と僧侶などが任命されていた．しかし，神社に関わる価値が公的レベルに位置づけられるにともない，その存在理由を失った．また，帝国憲法が信教の自由を定めたことが，かえって道徳領域の国家による統制を容易にすることになった．

このことは，神道的価値による他宗教の抑圧であるとも受けとめることができるが，複雑なのは，抑圧するものも抑圧されるものも西洋産概念のバイアスがかかった翻訳語で言い表されていたことである．

例えば，神道は神教，仏教は仏道と呼称することも可能であり，近代化以前にはそうした言葉も使われていた．この場合，神教も仏道も，公と私のレベルに分離編成される必要はなかったのである．

すなわち，ナショナリズムがなければ宗教という言葉もなかったといえる．また，ナショナリズムがなければ道徳という言葉も，現在のようなニュアンスとは異なっていただろう．

このようにして公的領域と結びついた道徳は，私的領域に限定された宗教に対して，合理的なものとして優越した地位に据えられることになる．

この時期のナショナリズムに運命的に衝突した思想家が内村鑑三（1861-1930）であり，ナショナリズムに並走した学者が井上哲次郎（1856-1944）である．井上は，神社非宗教論の立場に立ち，神社と宗教は排他的概念とした．また，1891（明治24）年に東京帝国大学という宗派性から独立した位置から，「比較宗教及東洋哲学」を講義し，比較宗教学の草分けとなった．井上の思想パターンは「世界の根源には普遍的な実在が存在しており，それが歴史的なかたちを取って我々の日常に現象として顕現する」という現象即実在論であった．これは，表面上は普遍的立場に立っているようにみえるのだが，国家的価値を神社との関係で確保した上で国立大学から諸「宗教」を研究するという，ナショナリズムを学問の世界で典型的に実践した例だととらえられるだろう．

5.9 道徳と宗教の相互侵食

ところが，明治30年代以降，興味深い現象が生じる．公私分業化された道徳と宗教の領域が，相互侵食をはじめていくのである．このことを明治30年代に成立した神道学と宗教学を例にとって眺めてみよう（磯前，2003）．いずれも井上哲次郎の弟子，田中義能（1872-1946）と姉崎正治（1873-1949）が日本において創始した学問分野である．

まず，東京帝国大学哲学科で教育学と神道研究を専攻した田中義能は，西洋の近代的学問に肩を並べうるような神道学を構想した．そして，神社と宗教の区別を排他的にとらえるのではなく，神社を宗教のみにとどまらない上位概念とした．つまり，神社の価値は私的レベルにまで及ぶと考えたのである．彼の神道学構想は，主として西洋列強を意識した信教の自由の要請によって祭祀と宗教に分離せざるをえなかった神社神道を実質的な国教として再統合・復活させることを目的として成立するものであった．なぜ，このような学問が構想されたかといえば，国民国家形成の初期段階を過ぎれば，公的レベルで理性的に国民国家への忠誠を誓うだけでなく，私的レベルにおいても内面から沸きあがるような宗教的情熱を求める声が強くなるためである．とくに，1905（明治38）年の日露戦争の勝利は，そうした要請を促進させるように作用した．

田中の学問活動をかりたてていた価値観を仮に神道的ナショナリズムとよぶならば，そのナショナリズムの文化的アイデンティティの再生産の拠点として，帝国大学は格好の特権的地位を有していた．すなわち，神社神道や皇室神道が道徳や祭祀と規定され，神社神道から区分された教派神道（黒住教，大社教，金光教，天理教など）が宗教と規定されたのに対し，彼の神道学はいずれにも分類されることなく，各神道の形態を扱い，理念的な位置づけを行うことを可能にしようとした．

他方，姉崎正治は日露戦争勝利の年に東京帝国大学で宗教学講座を開設した．姉崎の始めた宗教

学は，道徳論よりも内面化されたかたちで，国家アイデンティティが個人に浸透する方法をもたらそうとするものだった．姉崎は，宗教を，すべての人間に通底する意識の現れととらえた．その結果，宗教・宗派の違いは本質的意味をもたなくなる．こうした宗教学の言説は，宗教・宗派の違いや国家との関係に内面的な葛藤を感じている人々に対し，特定の教団に属していなくても，個々の人間の内面には宗教意識がそなわっていると主張し，国民統合をはかる国家に対しては，宗教を通した人心掌握が可能であることを示していた．つまり，個人と国家の双方の欲求を満たしたうえで，両者を結びつける言説を提供しようとしたのである．これは，国民道徳論に違和感をもつ宗教者や知識人たちにも，個人の内的領域を確保しつつ国家に帰属できるというナショナリズムの言説を提供するものであった．

このように姉崎の宗教学は，近代的個人主義と国家的共同性の間に生じた亀裂を埋めようとする試みであったが，宗教と国家に対する批判的分析に欠ける点に弱点がみられた．ところで，理想的な共同体を何らかの次元に実体的に想定し，共同性を楽観的にとらえてしまう傾向は，戦後の東京大学を拠点とする宗教学の学問的性格に受け継がれているとの指摘がある（礒前，2003）．姉崎は国家に目をむけたが，岸本英夫（1903-64）は村落共同体，以降の研究者においては新宗教教団や小規模な霊的共同体などが注目された．

以上，戦前の神道学と宗教学の試みのいずれもが，人間の内面に主体をみとめ，そのことでかえって，人々の地域性や宗派性によるこだわりを払拭し，国家という共同体に傾斜していくことを可能にする装置を準備した側面があったのである．

5.10　日本のナショナリティのゆくえ

明治維新以降の戦前の道徳と宗教の関係をふりかえってみたのは，日本のナショナリティのゆくえを展望してみたかったためである．日本におけるナショナリズムは，宗教的ナショナリズムと関係がないと思われている．そして，日本では，ナショナリズムと宗教の関係を考察するにあたって，宗教的ナショナリズムは，どこか別世界の出来事として観察されがちである．イスラーム国家の政治的主張，アメリカ合衆国におけるキリスト教右派の台頭，イスラエルとパレスチナの紛争，インドにおけるヒンドゥー・ナショナリズム．いずれも，宗教にナショナリズムが絡むとみられるがゆえに，大勢の日本人に当事者意識が働くことはない．しかし，見てきたように，ナショナリズムと宗教に，道徳というキーワードを加えてみるとき，日本のナショナリズムを世界潮流において思考することが可能となるだろう．

つまり，現在，無宗教ナショナリズムの限界が露呈し，日本におけるナショナリズムは，国家的アイデンティティを支える価値を模索している．その価値の再生産の場として，公教育における道徳教育の見直しが問われている．ところが，この道徳概念は，宗教概念とともに，明治維新以降，日本のナショナリズムの成立過程で形成された急ごしらえの概念であった．道徳と宗教の違いは，もっぱら，一方が公的レベルに，他方が私的レベルに関わる価値という点で，線引きされた．戦前の日本は，これらの2つの概念に分離される前（近世），分離（明治20年代），分離後の相互浸潤（明治30年代以降）という3つの状況を経験し，やがて，国家神道体制へと収斂していった．注目したいのは，今日，この3番目の相互浸潤の要請が，新たな文脈で生じてきていることである．

そして，大勢でいえば，道徳の領域を宗教（私的レベル）の領域にまで拡大しようとする流れが，先の教育改革にみられた．文部科学省による2002年4月からの道徳の補助教材としての『心のノート』の導入実験は，その象徴的な一例であるといえよう．

すなわち，道徳や宗教という言葉が問題なのではなく，その領域設定と内実こそが問われなければならない段階に至っているということである．世界潮流における宗教的ナショナリズムの勃興を議論するとき，日本におけるナショナリズムの一傾向を道徳的ナショナリズムとよぶこともできよ

◆ Ⅶ．現代社会と宗教 ◆

うし，その道徳が宗教の領域に浸潤するとなれば，日本のナショナリズムも宗教的ナショナリズムと無関係とはいえないのだ．

しかし，奇妙なことに，日本のナショナリズムは，道徳と宗教の出自に無自覚をよそおい，自らの普遍性を主張しようとしている．普遍性を謳うときには，宗教との断絶を強調し，アイデンティティを高めるときには，文化の独自性を強調する．ところが，普遍的であるとして西洋型ナショナリズムのモデルに寄り添おうとするとき，その価値中立性の神話は西洋の内外において大きな懐疑にさらされてきているのである．

日本のナショナリズムが自らの価値の再生産に取り組むとき，こうした世界潮流に無自覚な成員をつくりだしていくことは危うく，相当ナイーブな戦略であると思われる．愛国心教育の問題点はここにある．そこでは，個人と国家の間に存する家族，知人，地域などの各レベルの社会集団の輪郭と国際社会のリアリティーがぼやけやすく，グローバリゼーションの進展で露出してきた多元的世界をたくましく生きうる人材を育てる方途が十分に準備されていないのではないだろうか．

グローバル企業が巨大な力をもち，EUなどの地域共同体もあるが，国民国家が，世界政治の多くの部分を決め，グローバルな経済システムの本質的単位であるという状況は，依然つづいている．その国民国家は，排他的領域に囲まれた，交通通信網の整備された国土，国家を基本単位とする経済システム，さらに多くが大衆教育システム，議会制民主主義のシステムを含んでおり，ナショナリズムが接着剤の役割を果たしてきた．その接着剤の成分が何でできているのか，どの成分が効果的なのかが問われ出して久しい．

日本も，国民国家のシステムを採用している以上，ナショナリズムの価値再生産の問題から目をそらすことはできない．日本のナショナリズムのゆくえが，世界のナショナリズムの変動とともに，問われざるをえないのである．その際，重要なことは，おそらく，無宗教ナショナリズムでも，道徳的ナショナリズムでもない，開かれたナショナリティのかたちを構想することではないだろうか．世俗的ナショナリズムや道徳的ナショナリズムは，宗教という対立概念を切り離したところで，ナイーブに自己の普遍性を主張しようとするところに欠陥がある．無宗教，道徳，宗教といった近代的概念の出自を理解すれば，逆にこれらの概念が分化されない，多様な価値の交通空間の可能性がみえてくるだろう．

すなわち，日本という国民国家の諸制度を現時点で受け止めながら，人々が共同体を構成する価値について，単なる伝統の創出と押し付けではなく，明示的に柔軟で創造的な再生産をめざしていく方向である．それには，例えば，ソフト・パワーを強めるために，公立学校に限らず，私立学校や高等教育，自治体，企業教育を含め，多様なレベルでの多元的価値教育のプログラムが必要であろう．こうした開かれたナショナリティは，絶えざるメンテナンスが必要であるが，それゆえに柔軟な強靭さをもつことができる．排他性と思考停止でなく，包容性と創造的思考がその特徴となろう．

こうした発想は，単なる理想論ではない．日本の未来を，西洋のナショナリズムの普遍性の夢に仮託して，そこに文化の味付けをして凌ぎうるという安易な見方こそが，世界潮流から日本を孤立させる危険を招いてしまうのではないだろうか．

そこで，冒頭にあげた「二重の空白」論をプラスに転じる戦略，すなわち国民の支持の下に象徴天皇制を維持するならば，このシステムによりどの宗教・宗派も無神論もナショナリズムを背後から支える特権的価値となりえない点をむしろ肯定的にとらえ，日本が有する多様な文化，宗教チャンネルを保持し，それらを国際文化交流の無形・有形の資源として活用していく社会的仕組みを創造していくことが，日本のナショナリティの進むべき道であると思われるのである．

参 考 文 献

磯前順一『近代日本の宗教言説とその系譜』岩波書店，2003年．
江原武一編著『世界の公教育と宗教』東信堂，2003年．
カサノヴァ，J.（津城寛文訳）『近代世界の公共宗教』玉川大学出版部，1997年．
ジョンストン，D.，サンプソン，S.（橋本光平・畠山圭一

監訳)『宗教と国家　国際政治の盲点（Religion, The Missing Dimension of State craft）』PHP 研究所，1997 年．
中野　毅『宗教の復権』東京堂出版，2002 年．
源　了圓・玉懸博之編『国家と宗教』思文閣出版，1992 年．
三宅晶子『「心のノート」を考える』岩波ブックレット No.595, 2003 年．
山折哲雄「さまよえる日本宗教」『近代日本文化論 9 ―宗教と生活―』青木　保他編，岩波書店，1999 年．
ユルゲンスマイヤー，M.（阿部美哉訳）『ナショナリズムの世俗性と宗教性』玉川大学出版部，1995 年．
ユルゲンスマイヤー，M.（古賀林幸・櫻井元雄訳）『グローバル時代の宗教とテロリズム』明石書店，2003 年．

VII. 現代社会と宗教

6 植民地時代の宗教とポスト植民地時代の宗教

申　昌浩

6.1　植民地の概念と定義

(1)　植民地の概念

　植民地の概念は，ラテン語 *Colonia* に起源をもち，それが近代ヨーロッパ語の colony（英語），colonie（フランス語），Kolonie（ドイツ語）として広く用いられた．近代日本において，その日本語訳として定着したものである．19世紀になると植民地という言葉は，移住地という意味に加えて，ヨーロッパ国家によって政治的・経済的に支配された地域を意味するようになった．

　そして，19世紀末以降は属領や移住民地のみならず，列強の進出を受けた地域は，保護地・保護国・租借地・委任統治領などの法的な形態のいかんを問わず植民地と考えられるようになった．帝国主義の時代に列強は，相互の外交交渉などによって世界中に勢力圏や利益権を設定し，特定国の排他的な支配や権益を承認しあう，いわゆる世界分割を行った．

　この間に，諸列強国では植民地の維持と拡大を追求する政策体系が推進され，それを正当化するイデオロギーである植民地主義が強まった．また，植民地の人々の間には従属の意識が広まる一方で，異民族支配と搾取，抑圧，人種差別などに反対する反植民地主義が拡大していった．日本も近代化の推進と同時に海外進出を試み，やがて台湾，朝鮮，中国などアジア諸国を植民地化していったのである．

　「帝国主義」および「植民地主義」という言葉の定義は，非常に難しい内容を含んでいる．どちらの言葉も政治的色彩を帯びたプロパガンダのせいで，自尊心，憎悪，罪悪感，その他の人間心理に深く潜む感情など激しい衝動を呼び起こすようになっている．

　その結果，学問的な議論に使うには危険をともなう概念である．しかし，その帝国主義の由来は，非常に古く，古代ギリシア，ローマ，中国，インドにその起源を辿ることができる．16世紀から18世紀を通じてヨーロッパ列強がアジアとアメリカ大陸に築いた植民地もそれに当たる．

(2)　植民地の定義

　「帝国主義」と「植民地主義」の関係をみてみよう．現代では，植民地主義は近代帝国主義の流行，つまり「新帝国主義」とよばれてきた現象一般を指す．「新帝国主義」は，19世紀後半のアフリカで始まったヨーロッパの攻撃的で，かつ収奪的な領土拡張の現象である．わずか50年のうちに弱小な民族や国家を威圧・征服し，ついに地球の大部分を占領するに至った．帝国主義は経済的な要因に焦点が当てられ，植民地の獲得は富の追求と蓄積に関連して論じられたものである．

　また，定義の難しさは，2つの言葉が，その起源について矛盾する説明をされてきたことによる．帝国主義，植民地主義の定義は，しばしばその言葉を使ってきた人たちの偏狭な歴史的視点をもとに作られてきたように思われる．マーク R.

ピーティーによる植民地主義の定義は，「ある国家（nation），領土（territory），人民（people）が，他の国家，領域，人民に対して，公式な権威によるか，非公式なコントロールによるかは問わず，支配を拡大しようとする努力一般を指す」となっている．

宗教研究分野において植民地に関する概念の整理およびその定義について論じられたものは，他の諸人文・社会科学に比べてみても少ないのが現状である．植民地に関する定義は，それぞれの学問領域の歴史認識に基づいている．

しかし，宗教学，いわゆる「人間愛」を論じる学問分野としては弱者の立場に立ち植民地の概念を論じるべきである．その立場から，植民地の定義は，「政治的・経済的・文化的な権利をある特定の国の公式的・非公式な力によって奪われている状況を指す」と考える．

6.2 2つの植民地形態（宗教・経済）

(1)「地理上の発見」がもたらした宗教植民地

15世紀以前，世界にはいくつかの独自の文化的伝統を担った地域が存在していた．1492年のコロンブスの航海は，世界史の上に地理上の発見という新しい時代を切り開いた．15世紀以降ヨーロッパ諸国の植民地支配下に入った中南米におけるキリスト教の布教を考えてみる．大航海時代のスペインやポルトガルによる植民地帝国には，キリスト教の布教という使命感がみられる．

当初はキリスト教の神を知らない植民地の人々を改宗させ，救済したいという宗教的情熱が，宣教師たちを突き動かしていた．しかしその布教は，次第に原住民に対し，キリスト信仰を強制するやり方へと変化した．キリスト教の布教により，植民地化される前の土着宗教は消滅し，人々の生活も大きく変化してしまった．

価値観や生活習慣の異なる人々のあいだに特定の宗教を布教する際には，それによって恩恵を受ける人もいる反面，副作用として人々のあいだに葛藤が生じることも考えられる．宗教は人々の生活に影響を及ぼす社会現象である．信仰をもつ人々や布教者の情熱や思いとは裏腹に，意図せざる結果を招くこともある．

(2)「産業革命（資本主義）」がもたらした経済植民地：19世紀から今日まで

18世紀後半の産業革命とともに，列強は発展する工業への原料供給地と新たな商品市場の必要性にせまられることになった．欧米列強は海外進出へと方向性を定め，軍事的な破壊力を重ねることにつながっている．これは国際的な政治情勢と植民地の支配構造に関わるものであった．

この産業革命後の機械による大規模工業生産の段階に突入すると，ヨーロッパ諸国はアフリカ大陸をそれまでのような奴隷の供給地ではなく，ヨーロッパの工業を支える原料供給地ならび輸出市場へ転換しはじめたのであった．新しい帝国の植民地運営は主として経済的・軍事的観点からなされたのであり，宗教に対する関心は希薄であった．

アフリカにおける最大の歴史的事件は，1880年代以降に本格化したヨーロッパ列強による全大陸的規模の植民地分割である．すでにその前史ともいうべきものは，18世紀末以降に始まっていた．例えば，大西洋奴隷貿易の衰退と廃止，ヨーロッパ人によるアフリカ内陸部探検やキリスト教布教活動の活性化があげられる．いずれも18世紀から19世紀にかけてのヨーロッパ諸国における社会経済的な変化や思想上の変化によってもたらされたものであった．

6.3 アフリカ諸国の植民地化と宗教

(1) アフリカ諸国の植民地化

アフリカの宗教も，アフリカの自然や文化，社会と同じように，きわめて多様である．またその多様性も決して固定された多様性ではない．アフリカも外的世界との長く，動乱に満ちた接触の歴史をもち，さまざまの宗教的創造の試みが繰り返されてきたからである．とくに，アフリカにおけ

るイスラーム教の普及とキリスト教の普及状況とは異なる背景をもっている．

イスラーム教もアフリカにとって外来宗教であるが，その伝来は古く，北部からブラックアフリカへと広がった．イスラーム教は交易と外的交流の宗教であり，アラブ（トルコ，エジプト，マグレブ）などのイスラーム系商人の交易活動と結びついた政治経済力の発展が背景にあった．植民地時代に過激で反植民地的・反西洋的な推進力を生み出したものとして，カイロや北アフリカで教育を受けた人々によって指導されたサラフィーヤ運動がある．

一方，キリスト教のアフリカ伝播の波は，「大航海時代」の開幕とともに始まる．その主な担い手はポルトガルであった．初期のキリスト教伝播は，海岸部を中心としており，次第に交易を行いながら内陸部へと進出していった．主に植民地主義の商業主義的性格が反映される時期である．

アフリカにおけるキリスト教の性格を決定づけたのは，19世紀後期以降に進展する，ヨーロッパの帝国主義的植民地主義との密接な関連である．その意味でキリスト教は政治的支配の宗教である．

18世紀末から19世紀を境に，再びプロテスタント系社会を中心にアフリカへの宣教運動の気運が高まった．キリスト教そのものをアフリカに広めようという目的のほかに，人道的な立場からの教育活動や医療活動を通じて奴隷貿易の罪を少しでも償おうという目的をもっていた．しかしその布教活動も，ヨーロッパ植民地主義勢力の水先案内役的な部分を含むような一面ももっていた．実際，19世紀半ば以降のアフリカでもっとも精力的かつ大規模に布教活動を行った勢力のうち，カトリックを代表するのはフランスであり，プロテスタントを代表するのはイギリスであった．このことは，きたるべきアフリカ分割の結果，この両国がもっとも広大な植民地を獲得した事実と符合するのである．

(2) アフリカ化するキリスト教

第2次世界大戦は，すでに傾きつつあったヨーロッパ列強の植民地体制をいっそう弱体化させた．いわゆる独立の時代の到来である．1988年までに48か国が独立し，現在アフリカの独立国は52か国である．第2次世界大戦後独立したアフリカの48か国のうち旧フランス領は21か国，旧イギリス領は16か国，旧ポルトガル領は5か国，旧ベルギー領は3か国，旧スペイン領は2か国，旧イタリア領は1か国であった．これらの諸国の独立はその大部分が平和裡に交渉によって達成された．なかには植民地主義や少数白人政権と解放勢力との武力闘争による結果独立を達成した国もあった．

アフリカの土着宗教の現状は，キリスト教やイスラーム教などの外来宗教の勢いに押されて，むしろアフリカの少数派宗教に陥っている状況である．しかし，イスラーム教とキリスト教がアフリカに土着する過程に「アフリカ化」がともなっている点には注意を払う必要がある．アフリカ人の司祭・牧師の指導的地位の確立と西欧的キリスト教から離脱したアフリカ的伝統文化を背景とする教会の成立が進んでいる．植民地末期からの政治・文化的な民族主義の胎動により，聖書の民族語への翻訳と独自の解釈によるアフリカ独自のキリスト教が誕生している．

アイロニカルなことに，アフリカの近代化政策の中枢となる役割を果たしてきたのもキリスト教であり，植民地支配とともに拡大していった宗教でもある．そのキリスト教もアフリカ人の宗教改革運動となって，内部から活性化することになった．その結果，キリスト教と土着宗教の融合による「宗教混交」をもたらし，メシアニズム，すなわちメシア（救世主）があらわれて植民地状況という耐えがたい現実はもうすぐ終わるという信仰を芽生えさせ，以後もつづいている．

一方，イスラーム教は，アフリカ全土において著しく信徒が増えている．正確な統計ではないが，1950年代の2000万余りに比して，現在までに7～8倍の増加を示している．今もなお，アフリカ大陸では年々イスラーム教徒が増加しており，世界でもっとも活発にイスラーム化が進行しているのがアフリカ大陸である．

6.4 ラテン・アメリカの植民地化

(1) 新大陸の発見と植民地

ラテン・アメリカとは，メキシコ以南の中南米の大陸とカリブ海の島々からなる地域で，今日33の国家とアメリカ合衆国，イギリス，オランダ，フランスの属領に分かれている．北はメキシコから南はアルゼンチンに至るラテン・アメリカ諸国の植民地時代は，1492年にコロンブスによって"アメリカ新大陸"が発見された時から始まり，およそ1820年代まで約330年間続いた．

「地理上の発見」＝ラテン・アメリカの植民地化といえる．アメリカ大陸では，ポルトガルがブラジルを，スペインがブラジルを除くすべてのラテン・アメリカ地域を支配下におさめた．スペインを中心とする植民地支配と侵略は，原住民に対するキリスト教の強要と強制労働によって，原住民の文明をほとんど絶滅させた．

新大陸ラテン・アメリカでの教会の最初の仕事は，おびただしい数の原住民の改宗であった．宣教初期の修道会は，清貧を旨として世俗的富の所有を厳しく排した．だが，この姿勢も16世紀後半には揺らぎ始め，17世紀に入ると寄進や買収によって修道会を含む教会全体の大地主化が急速に進んだ．

この結果，教会は新大陸の最大の地主となり，経済的，財政的基礎に立ち，莫大な資本力を備えた組織と化した．独立戦争期の教会は，厳しい試練に立たされ，高位聖職者の多くがスペイン王の統治を支持する一方，独立派に身を投じる聖職者も珍しくなかった．いったん独立が達成されると教会は，新しい国家体制を支える重要な精神的な柱となった．一方でこれまで教会が所有してきた莫大な富は，独立後慢性的な財政危機に悩む政府との関係をこじらせる原因にもなった．

(2) ラテン・アメリカの独立と民主的宗教成立

1810年代から1820年代にかけて，現在のラテン・アメリカ20か国は，その大部分が相次いで独立を宣言した．この独立宣言と，北アメリカにおけるイギリス植民地の独立運動＝アメリカ合衆国の誕生（1776〜83年）をみるとき，北アメリカとラテン・アメリカとの支配宗教および政治体制の違いによる経済構造の差異に着目する必要がある．

スペイン，ポルトガルの植民地から解放されたラテン・アメリカの現実は，今もなお開発途上の経済状況である．それは植民地時代に植え付けられた封建的大土地所有制が独立後も生き残り，さらに外国資本による搾取機構として拡大強化されているという問題が大きい．その上，この地域の支配的宗教であったカトリック教会は，経済的・政治的特権が温存されていた．なお，独立後のラテン・アメリカの政治形態は軍人による軍事クーデターと独裁者による支配などによって，安定した政治・経済・社会を維持することができず，多くの民衆を苦しめることとなった．

1950年代以降，ラテン・アメリカも急速な都市化が進み，それにともなう社会変動の中で，新たな政治改革運動の担い手として，キリスト教の信仰をベースとするさまざまな団体が登場するようになった．例えば，エルサルバドル，グアテマラ，チリ，ペルーなどのキリスト教民主党やベネズエラのキリスト教社会党といった宗教政治団体および共同体が結成され，軍部の独裁的な政治体制を批判する活動を行った．教会の実践的な政治活動は，軍政・独裁制の権威主義体制に対する批判勢力として野党的な役割を果たし，ラテン・アメリカの民主化に大きな力となった．

ラテン・アメリカ社会の保守的な統治・統合機能を果たしてきたカトリック教会は，1960年代以降大きく変貌した．カトリック国に民主主義化の大波が押し寄せたより一般的な原因は，カトリック教会の変化であった．カトリック教会は歴史的に，イベリア半島，ラテン・アメリカ，そしてその他の地域で，地方の支配者階層，土地を所有する少数の有力者，そして権威主義的政府と結びついていた．ところが1960年代になって，民主化運動の影響により教会も民主主義へと変化した．教会内部からも市民たちの民主化運動に参加する動きが生まれ，有力な社会的機関を独裁体制に対

◆ Ⅶ. 現代社会と宗教 ◆

する反対派に変えた．独裁体制が宗教に要求しようとするいかなる正当性もその体制から切り離し，民主主義を支持する反政府運動を保護，支持し，資金と指導力を提供した．

1960年代半ば以前のカトリック教会は，自ら権威主義体制に順応し，しばしばその体制を正当化していた．しかし1960年代半ば以後の教会は，ほとんど例外なく権威主義体制に反対する姿勢を示した．そして，ブラジル，チリ，フィリピン，ポーランド，そして中央アフリカ諸国のようないくつかの国で，教会がそうした体制を変える中心的役割を果たした．このようにラテン・アメリカのカトリック教会が権威主義的な現状の擁護者から，民主主義的変化を求める勢力へと転換したことは，重要な政治的現象であった．

6.5 日本帝国主義とアジア諸国の宗教状況

(1) 日本帝国主義のアジア進出

日本は近代において欧米以外の国で植民地をもった唯一の国家であった．しかも，欧米諸国がその植民地の多くを欧米以外の異文明圏にもっていたのに対し，アジアの日本はその植民地をまず自国に隣接するアジアの同一文明圏に求めた．そして次第にその外側に拡大するという大変特異な植民地膨張政策を採用した．

19世紀なかば以降に主権国家としての地位を確立し，1889（明治22）年に大日本帝国憲法を発布した日本は，日清戦争の講和条約により，1895年には台湾を領有することになった．ここに，制定したばかりの憲法が予定しなかった植民地を初めてもつことになった．大日本帝国憲法には領土および国境の変更に関する規定がなく，憲法の効力が及ぶ法域は明示されていない．しかし日本の植民地の拡大にともない，法域範囲は，朝鮮，台湾，満州，中国関内，東南アジア，南洋群島，樺太，千島の7つの地域に及んでいった．

直轄植民地支配の目標は，「同化」に始まり「皇民化」にむかった．「東北アジア経済圏」は単なる経済圏にとどまらず，そこには「日満華」を総合した「文化的結合」を意味する「東亜新秩序」という性格づけが含まれていた．さまざまな政治的な変動にともなって行われた宗教政策の最大の目標は，日本固有の民族信仰を基盤とした国家神道による皇民化にあった．そのため多くのキリスト教者への神社参拝の強制や「一面一神祠」設置計画が進められていた．

日本の植民地政策においては，民族的な精神を形成する可能性のある思想を排除するため，キリスト教や自生的な民族宗教の育成と拡散を阻止するための宗教政策が一貫して行われていた．これらの「日本化」，「皇民化」を実現するための宗教政策は，第2次世界大戦の終結として日本が無条件降伏するまで続いた．

日本の植民地支配下に置かれていた地域やその他のアジアの植民地も第2次世界大戦の終結とともに独立を獲得するようになった．1945年9月2日に ベトナム民主共和国が正式に成立したことを機に，インド，パキスタン，ビルマ，セイロン，大韓民国，朝鮮人民共和国，南ベトナム，ラオス，中華人民共和国，カンボジア，インドネシア，マラヤ，シンガポール自治国といった国々が独立を宣言した．1945年から1959年の14年間にアジア地域において，15の新生独立国が相次いで生まれた．

植民地支配の正統性は，第1次世界大戦で危機に陥り，第2次世界大戦が終わるとともに失われた．もし帝国主義が植民地主義と同じものであるとすれば，帝国主義は歴史上の概念であり，現代世界を考える視点は提供しない．とはいえ，第2次世界大戦後に独立を獲得した諸国を考えるとき，ヨーロッパ史にいう国民国家と異なる状況があることは明らかである．

(2) 大韓民国の成立と宗教変動

植民地後のキリスト教国の布教努力はほんのわずかな地域でしか実らなかったが，成功例としてもっとも目立つ地域が韓国であった．第2次世界大戦終結時，韓国は主として儒教的要素をもった仏教国であった．西欧列強の植民地を経験した国

は，植民地から解放された後も軍事的な独裁政権下に置かれ，経済的な貧困の中から救いを求め，熱心に教会に通いつづけるケースが多い．その中でも，大韓民国は特殊な国であるといえよう．

これまで挙げた植民地を経験した国々は，長いあいだ主にキリスト教国家による植民地支配を受けたために，解放後においても宗教形態の変化がなく，キリスト教を信じる国民が多いのであるが，大韓民国の場合はそれらの国々とは異なる宗教状況に置かれている．まず，キリスト教を推し進めるような国の植民地ではなかった状況から，植民地から解放された後，急速にキリスト教の信者が増えるという，世界宣教史においても稀な地域である．

1948年8月に大韓民国政府が樹立したとき，おそらくキリスト教徒と名乗ることのできる人は，2％にも満たない状況であった．ところが1980年代半ばまでに，人口の25％以上がキリスト教徒になった．なかでもプロテスタントが5分の4であり，カトリックは5分の1であった．そのうちアメリカ合衆国の支援を受けていた長老派が急成長していた．主に青年や都会居住者そして中間階層の人々がキリスト教に関心をもち，信仰するようになった．

その原因を考えるにおいて，植民地からの解放後に復興支援および政治的な支配を行ったアメリカの影響を大きく受け入れる際，キリスト教の成長も同時に進行したとみることができる．また，韓国のキリスト教は，植民地時代からキリスト教がもつ平等性の理念と政治的抑圧や権威からの独立理念を提供する制度的な基盤になっていたことが背後にあるといえる．

6.6 ポスト植民地と宗教状況

「植民地からの独立」，すなわち帝国主義支配下の旧植民地，半植民地の被圧迫諸民族の解放，新しい民族国家の樹立，社会，経済などの全分野にわたる"国づくり"の歩みに宗教はさまざまな影響を与えている．「植民地の独立」は，アジア・アフリカ・ラテンアメリカが抱えている重要な歴史的課題である．

植民地を経験した国に共通するものは，軍事政権の誕生による政治体制の不安，経済的貧困（貧富の格差）である．植民地下において支配的であった宗教が継続的に持続されており，今日も多くの国で信仰されている．植民地下で受け入れられた宗教はキリスト教もイスラーム教も，基本的には外的世界との接触拠点である都市，また都市を拠点とするエリートの宗教となっており，今なお強い発言権をもっている．そのなかで土着的で伝統的な宗教もまた，植民地で受け入れられた支配的な宗教に接木した形の新たな民族・民俗宗教として多数登場しており，活発な宗教活動を行っている．

参考文献

『アフリカを知る事典』平凡社，1999年．
『岩波講座 現代4「植民地の独立」』岩波書店，1963年．
大江志乃夫ほか編『岩波講座 近代日本と植民地1』「植民地と日本」岩波書店，1992年．
岡倉古志郎『岡倉古志郎国際政治論集・第3巻』「植民地主義と民族解放運動」勁草書房，1969年．
岡倉古志郎『岡倉古志郎国際政治論集・第3巻』「アジア・アフリカの思想」勁草書房，1969年．
小林珍雄編『キリスト教百科事典』エンデルレ書店，1960年．
『スペイン・ポルトガルを知る事典』平凡社，2001年．
スマート，N. 著（石井研士訳）『世界の諸宗教』I，II 教文館，2002年．
『地球の歩き方2002〜2003年版』ダイヤモンド社，2001年．
土屋 哲『アフリカの内幕』みすず書房，1956年．
中牧弘允共編『現代世界と宗教』国際書房，2000年．
中道寿一『第三の波』三嶺書房，2000年．
西川 潤『アフリカの非植民地化』三省堂，1971年．
ピーティー，M. 著（浅野豊美訳）『植民地—帝国の50年の興亡』読売新聞社，1996年．
日野舜也編『アフリカの21世紀 第2巻』「アフリカの文化と社会」勁草書房，1992年．
深尾幸太郎『植民地大鑑』日本図書センター，2003年．
『ブリタニカ国際大百科事典』第3版，1995年．
村上重良『世界宗教事典』講談社，2000年．
『ラテン・アメリカを知る事典』平凡社，1999年．

VII. 現代社会と宗教

7 情報化時代の宗教

申 昌浩

7.1 情報とは

Informationとは，方向を示す接頭語の in，「形態」を意味する forma，「行為や過程」を示す語尾 tio から構成されたラテン語 informatio に由来する．現在「情報」は，日常的には「判断を下したり行動を起こしたりするために必要な知識」（『広辞苑』）の意味で使われている．とくに 1960 年代以後，労働人口の過半数が情報関連産業に従事するポスト工業化産業社会を「情報化社会」とよぶようになり，「情報」は未来社会を構成するキーワードとなってきた．実際，情報の流通量では 19 世紀半ばのテレ・コミュニケーション技術の登場以前と以後での比較を絶した差異があり，情報の蓄積量でも 20 世紀半ば以後のコンピューター技術の発展が「情報爆発」をもたらした．

この「情報」という言葉が最初に使われたのは，1876 年陸軍少佐酒井忠恕が『仏国歩兵陣中要務実施演習軌典』において renseignement の訳語に当てたものである．それから森鷗外は，クラウゼヴィッツの『大戦学理』（1903 年，軍事教育会）の翻訳にあたり軍事用語として「情報」の訳語を用いた．第 1 次世界大戦を経て軍事用語化した information が「情報」として日本語に定着するのは大正も末のことである．このように，いわゆる「情報」という訳語は軍事用語として発達し，定着したものである．その後，1963 年に梅棹忠夫が社会変動に関する発展段階説（梅棹，1963）を展開するなかで，「情報経済」と「情報産業」の概念を提唱した．

そして，「情報化（Informatization）」や「情報化社会」の語が本格的に使われるようになるのは，第 1 次情報社会論ブームの頃である．情報化や情報化社会という概念は，実は和製英語であり，この点はしっかりと銘記しておく必要があるだろう．

7.2 情報化社会とは

アメリカの未来学者アルビン・トフラーは，人類の歴史を 3 つの波，つまり社会構造を根本的に転換させる 3 つの革命により区分している．第一の波は農業革命，第二の波は産業革命，そして第三の波が情報革命である．アルビン・トフラーは産業化時代の特徴を規格化，専門化，同時化，集中化，極大化，中央集権化の六大原則にまとめた．それに対し，情報化時代の特徴は，個別化，個性化，多様化，複雑化であり，これらはマス・コミュニケーションの機能というよりも，むしろマス・メディアの機能ともよばれる．

しかし，『第三の波』が書かれた時点が，1980 年であるがため，1990 年以降のインターネット登場による爆発的な情報革命を考慮に入れていたわけではない．したがって，情報革命がもたらした高度情報化社会の特徴とはと尋ねられたら，社会の「分権化」「多様化」ということを付け加え

ることができる．

「情報社会（information society）」あるいは「情報化社会（informatization society）」という概念は，1980年代の半ばに使いはじめられ，現在ではすっかり日常用語としても定着している．しかし，「情報化」や「情報化社会」という言葉は，その正確な意味がはっきりしないまま曖昧に用いられていることが多い．

情報および情報化社会という言葉は，現代社会の特徴を表現する鍵概念であるが，きわめて多くの内容を包含している．そのため多様な定義がなされている．情報化社会に関する論議は，1980年代にピークを迎えたとされるが，情報技術の革新により，変化の激しい社会が今も続いている．すなわち，新しい情報技術の開発が求められ，高度化・多様化・個性化を強く刺激する．一方，こうした欲求に対する温度差は，分野によって受け取り方が異なることも現実であり，情報化時代の現代社会の特徴である．

7.3 情報化時代の到来

現代社会の「情報化」は，19世紀中葉の鉄道網の拡大とともに始まる．それは社会の「大衆化」を一層押し進めることにつながった．つまり，「情報の大衆化」時代の幕開けとなったのである．それは，また「国際化」をも推し進める．「情報化」の進展が，なぜ近代の前提となり，理性的な人間相互の議論によって真理を認識しうるという前提を動揺させることになったのか．それは情報の「量」と「速度」，「安価」が人間理性の限界を超えてしまったからである．

情報化時代の社会では，情報が価値とみなされ，社会に占める情報の役割が増大し，その生成，加工，伝達，蓄積，利用が質的な変化を遂げる．その前提としては，情報機器や通信ネットワーク，コンピューター技術の発展とその高度利用がある．情報化は，基本的に都市化と連動した社会変動であるといえる．情報化は，合理的・効率的な伝達技術の拡大過程であるが，そこで伝達されるきわめて多量の情報そのものがすべて論理的であるとは限らない．都市化や大衆化社会が人間の疎外や自己欺瞞の状況を招来し，人々の非合理性への志向を生み出すこともある．

情報化時代の特徴は，情報内容の多様化と情報供給およびその処理能力が増大し，高速化・高度化していることである．とくに，コンピューターによる迅速な情報処理と，多様な通信メディアによる広範な情報伝達によって，大量の情報が不断に生産，蓄積，伝播されている．今日の情報化を計る尺度が，コンピューターであることを意味しているといってもよい．今日の高速情報化時代を支えるコンピューター（メディア）は，2つのジェネレーション（世代）を誕生させることで新たな情報利用階級を生み出している．

いわゆる，高速の情報化の波に乗っている世代と情報化の波に乗れない世代が生まれているのである．それは，BC世代・AC世代とも表現される．BC世代とはBefore Computer世代を意味し，AC世代とはAfter Computer世代を意味するようである．このコンピューター以前の世代とコンピューター以後の世代の分岐点は，1980年代生まれの世代である．この現象は，世界的に共通することであろうと思う．

1940年代に登場したデジタル・コンピューターは，時代の要請により，弾道計算を行うための軍事用計算機から，人類史上最強のメディアとして，究極のツールとなりつつある．コンピューターが作り出すデジタル世界の輪郭は，近年になりようやくその全体像が描かれはじめ，ボーダレス時代による冷戦構造の崩壊に一層拍車をかけたのであった．

1980年代から，世界中がインターネットにつながり，ますます狭い地球村と情報を共有するようになった．日常生活における情報化を感覚的に感じることができる時代に突入している．そのなかで，宗教だけがこの情報化時代の波に乗り損なった波乗りとなっている．よく考えてみると，これまでさまざまなメディア開発を進め，情報化を推進してきたのが宗教であるはずなのに，今は情報化に振り回されている．

◆ Ⅶ. 現代社会と宗教 ◆

7.4 情報化時代の宗教

　情報化の影響により，一部の宗教儀礼や行事の性格に変化がみられるようになった．すなわち信者のみが参加する教団内の完結型から，マス・メディアを利用して教団外に広くアピールするような公開型への変化が一部で生じている．

　情報の発展とその流れによって，布教活動はメディア（media）として活発で，より確かなコミュニケーション手段を確保することが可能になった．人間の社会活動におけるもっとも古いコミュニケーションのメディアは「声」であり，人類の歴史誕生とともに成立した．声メディアに続く，第二の重要なメディアは「文字」である．このメディアの誕生により，人類は過去の情報を大量に蓄積し，次世代へと継承することが可能となった．

　文字文明は，紙の発明により，飛躍的に進歩を成し遂げたメディアである．文字の普及は，固有文化・文明の発展に大きな役割を果たしてきた．その中でも，15世紀のグーテンベルグによる活版印刷技術の発明は，聖書を大量に複製する「聖書革命」でもあり，16世紀のルターの「宗教改革」を支えた発明品でもあった．グーテンベルグの金属活字と印刷機は，文字メディアの普及を促し，読書を通じて人々に"個人の自覚"をもたらしたのである．活版印刷により大量生産された廉価の本は，無知識人層にも情報革命をもたらし，近代への扉を開くのであった．

　活版印刷術の発明は，社会のニーズと重なり，マス・メディアとしての新聞と出版を発達させてきた．宗教活動においても，初期のマス・メディアの段階では印刷メディアによる布教が重視されることとなった．メディアはさらに20世紀に入ってからの有線（電話）と無線（ラジオ）という音による双方向通信技術の革新，映像メディアとしての映画の発明などによって飛躍的な発展をすることとなった．とりわけ，1930年代から欧米で実用化されたテレビの利用は，第1次世界大戦以後の世界中の人々の暮らしのレベルからコミュニケーション状況を根本的に変えてしまった．そして1980年代に入ってからの情報化社会といわれる環境が，新しい形の市民主体のメディア開発と利用や新たなメディア接触のあり方の検討を迫ることとなった．情報化時代の幕開けは，キリスト教，仏教，イスラーム教のような中央集権的な組織とシステム構造に変化をもたらした．これまでの一般的な宗教教団では，伝統的な布教と教化手段との間に一貫性が重視されてきたのに対し，情報化時代の宗教では布教や教化手段の多様化が要求されているのである．

　伝統的な布教方法としては，地縁に基づく檀家・氏子制度のもとで，地域社会内部での世代的関係や，布教師との第1次的接触関係を媒介とする直接布教が主力であった．だが，近代に入ると新聞や雑誌などのマス・メディアを利用した間接布教が行われるようになった．テレビ時代に突入すると，数多くの宗教放送がなされるようになった．宗教団体側が自らスポンサーとなって番組を制作するようになったのである．一部の教団では番組の専門スタッフと専用チャンネルをもち，全国的な放送も行うようになった．放送の形式や内容も多様化されており，ドラマ，説教，講話，宗教音楽，礼拝，座談会，儀礼，行事の実況など多岐にわたるようになった．

　そのほかにも，布教手段の情報媒体としてカセットテープ，映画，ビデオソフト，漫画，アニメーションなどの視聴覚のメディアが利用されるようになった．情報化時代といわれる1980年代に入ると，エレクトロニクスの技術とコンピューター技術の飛躍的発展によって，さまざまなニューメディアが開発される．有線・無線の衛生や通信衛星を経由した多チャンネル時代の中，さまざまな情報伝達方法が宗教の布教・教化領域にもさらなる多様化を促しているのである．多メディア・多チャンネル化によって宗教の伝統的なコミュニケーションの効果とその役割や重要性が失われつつあるのである．

7.5 マス・メディアの普及と宗教

情報化された宗教は，社会制度としての宗教とは異なったものとして，社会的形態の変化に関わっている．「宗教の情報化」は，情報としての宗教が流通・消費される社会的基盤が，情報化の進展により成立するようになったことを意味する．宗教をより一般化した情報として，大量に発信する道具としてさまざまなメディアが用いられている．もっとも早い時期から成立した文字媒体による宗教情報は，宗教新聞をはじめ，情報誌，専門情報誌へと進化し，成立した．そのなかでも，新聞は大新聞から地域新聞へ，さらには職場新聞，同人新聞まで多様化された文字メディアであったため，宗教団体も注目をし，積極的に利用しているメディアである．

音声メディアであるラジオも重要なメディアである．日本でラジオ放送が開始されたのは，大正14年3月東京放送局からであった．そしてその2か月後，講座番組第1号として「宗教講座」が開始されているのである．放送局が放送の教育性を重視した結果，多くの講座番組が設けられたが，「宗教講座」もその一環であった．昭和7年には日曜日の定時番組として「宗教講話」が始まった．そして，高い聴取率を得ることとなった「聖典講義」は昭和9年からの放送である．ラジオで順調なすべりだしをみせた宗教番組は，その後，日本社会が戦争への道を歩み始めるに従ってその役割も変質を余儀なくされていった．

ラジオ放送は，地域コミュニティ・全国・世界的レベル向けと多様に行われており，送受信できる無数のチャンネルが存在している．ラジオの普及過程は，居間の据え置き場所から各自の部屋やオフィスへ，自動車，携帯品として変化を成し遂げている．宗教放送もまたそのラジオ受信の可能な限り，電波が届く限りあらゆる場所で宗教に関わる情報を手に入れることができるようになった．

新たな宗教宣伝ツールとして多く利用されているテレビは，現在その普及率が200％に近いといわれている．一家庭に複数のテレビやDVDなど，映像再生機能をもつ機械が普及している．今やテレビは1人に1台という時代である．また，全国放送を行っているテレビ局やチャンネルは10数チャンネルあり，ほぼ24時間放送を行っている．通常の地上波放送に加えて，衛星放送（BS, CS），ケーブル放送（CATV），パソコン端末による放送などを考えると数百チャンネルを超える多チャンネル化が一層拡大され，急速に進んでいる．それぞれが情報を発信し，情報を提供しているのである．

宗教界はCS（通信衛星）など新しいメディアの活用に熱心であり，2001年末の規制緩和でいちだんと弾みがつき，「精神文化映像社」（大阪市）はスカイパーフェクTVの「ベータライフチャンネル」（2～6ch）に宗教団体から集めた番組を流している．立正佼成会，真如苑，世界救世教など，新宗教ではない団体から，各地の神社を紹介する「神社アワー」やキリスト教の教団が作る「カトリックアワー」などがある．

高野山真言宗，真宗大谷派東本願寺などは「スカイ・A」（285ch）に番組をもっており，浄土宗本願寺派は2002年から「京都チャンネル」（726ch）で放送を始めた．創価学会は毎月15～20回，幹部会や教養講座などを流し，300万人以上の信者たちが見るという．テレビやビデオの普及により観客動員数は減っているが，クリスマスをテーマとする映画やクリスマスを背景とする映画は今でもしばしば制作されている．

7.6 インターネットと宗教

1970年前後にアメリカで軍事目的から使われるようになったネットワークが，やがて自然科学を中心とする学術目的にも使われるようになったのが，1970年代から1980年代にかけてである．そして1980年代後半には，商用ネットワークにも広がり，1990年代には一般の人が多様な目的に使うようになった．そして1990年代の後半になると，日本におけるインターネットの一般利用

◆ Ⅶ. 現代社会と宗教 ◆

は急ピッチで進行しはじめた．

　最近の急速な広まりは，WWW（ワールド・ワイド・ウェブ）というデータベースのソフトが，1990年代に入って一般に開放されたことが契機となっている．今や，ちょっとした知識，ノウハウを習得すれば，それこそ小学生でもインターネットを通じて，世界各地の情報をリアルタイムで収集できるという時代になってきた．

　インターネットにおいてもっとも特筆すべきことは，そのコミュニケーションの特性である．双方向性，インタラクティブ性，情報発信性，平等性など既存のマス・メディアのコミュニケーション論的問題点が見事に解決された特性が並ぶ．インターネット上のコミュニケーションはしばしば匿名や仮名で本当の名前を隠して行われる．

　そうした匿名性の高さも，より自由な発言を可能にし，社会的に有用で公の場に登場することを促す．E-Mail，メーリングリスト，チャット，掲示板，ニュース・グループなどさまざまなコミュニケーション・ツールが用意されているが，なかでもホームページによる情報発信は注目に値する．ホームページは，パソコンをインターネットに繋ぎさえすれば，世界へ向けて廉価な情報発信が可能なのである．

　時空を超えるインターネットによる宗教行為が一般化されていく過程は，宗教団体が発信するおびただしい情報によっている．さまざまな宗教団体のオンライン・マガジン方式，メーリングリスト，バーチャル参拝，宗教掲示板の乱立が次第に問題になっている．近代以降，新聞，雑誌，ラジオ，テレビ，ビデオと次々に新しい情報メディアが出現し，宗教団体が情報を伝える手段が多様化したとはいえ，情報化時代の宗教においても，宗教がその生命力を発揮していると感じられる場面としては，依然として「対面状況」が圧倒的な比重を占めていることには代わりはない．

　宗教がネット上で情報化されるというのは，限りなく疑似宗教化（バーチャル・レリジオナイゼーション）されていく過程という側面がある．宗教のデジタル化とか，宗教のツール化という作業の中で，ある意味において「読む宗教」，「見る宗教」として間接的で局部的な宗教となる可能性を秘めているといえる．情報化された多様な宗教が，人々にとって魅力あるものであるのか，魅力の乏しいものになるのかという問題も含まれている．それは宗教が私事化すなわち社会と隔絶した閉鎖的なものになるのか，開かれた宗教になるのかにも関わる．

7.7　公式ホーム・ページでみるアジアの宗教団体

　インターネットは予想以上の速さで世界中に普及しており，宗教団体の活動に影響を及ぼしている．それは布教，教化をはじめ，宗教団体と社会との交流，他の団体との交流，信者同士の交流，情報公開などさまざまな面に関わっており，その影響の度合いはますます大きくなっている．日本では大半の宗教団体がこの新しいツールを積極的に導入，利用する姿勢をみせている．

　しかし，日本の宗教人口を調査した各種のデータをみると，各宗教教団の信者構成から，宗教を信じる割合は若者より中高年層が多い．情報化時代における若者の宗教離れという問題がある．

　以下は，2011年1月に同じ検索サイトYahoo!で見た日本・韓国・中国の現状である．

　Yahoo! Japanの生活と文化のカテゴリ（http://dir.yahoo.co.jp/society_and_culture/）に，宗教関連サイトが3729件登録されている．そのカテゴリをのぞいてみると，科学と宗教が7件，カルトが10件，スピリチュアルリーダーが10件，宗教別が3672件，それから宗教研究機関が7件登録されている．日本には宗教系教育機関が多いにもかかわらず，比較的に少ない数しか登録されていないのである．宗教関連リンク集（http://www.jtvan.co.jp/link/）は，宗教別に分かれており，検索コーナーも設けられている．韓国でも同じく多くの人々が利用しているYahoo! Korea（http://kr.dir.yahoo.com/society_and_culture/）に登録している宗教を見ると，まず，社会と文化のカテゴリに宗教と霊性という項目に

7922件登録されている．そのうち，宗教別登録されているのが7850件であり，科学と宗教が9件であった．その中でキリスト教が6375件ともっとも多く，仏教が1049件，シャマニズムが25件であった．その他にもさまざまな宗教関連サイトが数多く存在している．一方，中国の場合を見ると，Yahoo! Chinese（http://chinese.yahoo.com/society_and_culture/）の社会と文化のカテゴリに宗教は967件登録されている．Yahoo以外にもさまざまな検索サイトがインターネット上に存在しており，われわれはいとも簡単に宗教と関わる情報に接することのできる状況におかれている．

7.8 グローバル化と情報化時代の宗教

グローバル化とは，世界が経済，金融，情報を軸に均質化・平準化・画一化されることを意味する．情報化・グローバル化は，「大衆化」であり，宗教情報もいろいろな種類のものにアクセスできるようになった．宗教のグローバル化とは，親や僧侶が説き聞かせてくれる宗教とは別の教えに接触する機会が増えたことを意味する．

宗教への所属を決定する場面で「消費者的選択」が促進されたと考えられる．すなわち自分の好みに合わせて宗教を選択することが可能になったといえる．情報化は，宗教布教における国際化のみならず，こうした意味でのグローバル化を促進したのである．

宗教を文化現象として考えると，「宗教のグローバル化」とは文化ごとにコードが決められていたものが崩れていって，境界線が自明ではなくなるということになるが，この部分に関してはそれほど単純には進まないと思われる．グローバル化によってファンダメンタリズムが進む場合もあるし，世界宗教のごとく一体化されていく場合もありうる．また伝統的な宗教の場合は，ミサや祈りなどの儀礼を行うとき必ず人と会うということが，宗教の情報化やインターネット化による影響から逃れる歯止めになっている．

情報化時代の情報理論やテクノロジーの影響下で，宗教は「情報」の意味をより自覚するようになっている．どのように自らを発信すればいかなる影響があるかということを，考えるようになった．現代において宗教は，情報化時代に喪失しつつある人間性の回復のために一石を投じる数少ないよりどころになっている．情報化時代において宗教はその真価が問われ，その可能性も日に日に増しているといえよう．

高度情報社会である現代における「情報の氾濫」とは，一つの文化現象である．この時代に生きる人間が，この現象にいかに対処するべきかという問題は，情報社会への文化的な適応の問題となっている．宗教伝道の効果を上げるためには，現代の発達した情報システムはフルに活用すべきであるとする立場と，それは極端にいえば邪道であり，宗教を功利主義に導く危険性を持っているという立場がある．情報化がもたらした宗教産業がある一方，迷える宗教者も多く登場している．社会の情報化は，宗教がいかに，何を発信するかという問題を突きつけている．

参 考 文 献

池上良正編『情報化時代は宗教を変えるか』弘文堂，1998年．
石井研士『データブック現代日本人の宗教』新曜社，2002年．
井上昭夫『世界宗教への道』日本地域研究所，1982年．
井上順孝『新宗教の解読』筑摩書房，1992年．
井上順孝編『現代日本の宗教社会学』世界思想社，1994年．
井上順孝『宗教社会学のすすめ』丸善ライブラリー，2002年．
上田雅信編『国際広報メディア学のパースペクティブ』北海道大学，2002年．
大谷光真編『現代における宗教の役割』東京堂出版，2002年．
川崎賢一『情報社会と現代日本社会』東京大学出版会，1997年．
北川高嗣ほか編『情報学事典』弘文堂，2002年．
サミュエルソン，P.（知的財産研究所訳）『情報化社会の未来と著作権の役割』信山社，1998年．
島薗　進編『消費される〈宗教〉』春秋社，1996年．
清水　博編『〈ヒューマンサイエンス〉全5巻』「第5巻現代文化のポテンシャル」中山書店，1984年．
竹内郁夫『マス・コミュニケーションの社会理論』東京大学出版会，1990年．

◆ Ⅶ. 現代社会と宗教 ◆

竹内　啓編『意味と情報』東京大学出版会，1988年．
田崎篤郎編『マス・コミュニケーション効果研究の展開（新版）』北樹出版，1999年．
東京大学社会情報研究所編『社会情報学Ⅰシステム』東京大学出版会，1999年．
東京大学社会情報研究所編『社会情報学Ⅱメディア』東京大学出版会，1999年．
土左昌樹『インターネットと宗教』岩波書店，1998年．

Ⅶ. 現代社会と宗教

8 エキュメニズム・ヴァチカンの和解・宗教協力

濱田　陽

8.1　出会いと共通理解

　エキュメニズム，ヴァチカンの和解，宗教協力．いずれも，異なる宗教的立場の出会いと共通理解に関わる言葉である．エキュメニズム，ヴァチカンの和解はキリスト教の運動であり，宗教協力はキリスト教以外の宗教を含んだ現象である．それぞれ，20世紀後半の国際社会でそれなりの役割を果たしてきた．しかし，21世紀において，宗教的テロリズム，宗教的ナショナリズム，また，地球環境問題などがクローズアップされるにともない，当初の新鮮さを失い，新しい展開が必要とされるようになっているのではないだろうか．

　エキュメニズム，ヴァチカンの和解，そして宗教協力は，いずれも，近代化と世俗化が進む中，二度の世界大戦と冷戦構造のパワー・ポリティクス，そして，共産主義による無神論の余波を受け，宗教界が危機感を抱いて起こしたリアクションという性格を少なからず有している．しかし，冷戦構造崩壊以降，国民国家から地域社会までさまざまなレベルにおける共同体のアイデンティティを，宗教や文化の価値に求める動きが表面化し，宗教界の関心も国際舞台における出会いと共通理解から，自らの説く具体的価値の実現へと比重を移しつつあるように思われる．今後，出会いと共通理解の試みに意味をもたせるためには，多様な宗教が有する価値を，それぞれの地域特性や必要に応じて調整し，バランスをとりながら実現していく方途が探られなければならない．そうでなければ，諸宗教は，表面上は出会いと共通理解の必要性を訴えながら，現実には自らの宗教的価値を排他的に具体化していくことに躍起となっていかざるをえないであろう．

　エキュメニズムはアメリカ合衆国における宗教的右派の台頭にどのように接しようとしているのか．また，ヴァチカンは，イスラエルとパレスチナの紛争解決に，今後どのような協力をしていくべきなのか．宗教テロリズムに対して，ムスリムをはじめ世界の宗教者は，軍事力による「テロとの戦い」以外にいかなる代替案を提出できるのか．宗教協力に携わる日本の宗教者は，東北アジアの平和の創造にいかに貢献できるのか．

　残念ながら，現段階でこのような問いに答えることはきわめて難しい．しかし，排他的に宗教的価値の実現を望む声に対して，創造的で抱擁力ある対案を出していかなければ，エキュメニズム，和解，宗教協力の未来は，先細りのものとなってしまうだろう．

　以上の問題点を確認した上で，代表的なトピックを取り上げながら，それぞれに内在する特徴を見ていきたい．

8.2　エキュメニズム

　エキュメニズム（Ecumenism）は，プロテス

タントでは教会一致促進運動，カトリックでは世界教会運動と訳される．

プロテスタントでは，1810 年から世界宣教会議が開催されてきたが，1910 年のエディンバラ会議で，エキュメニズムの課題が浮上した．キリストは一者であり，どの教派もキリスト教を名のっているにもかかわらず，伝道地で互いに敵対関係にあることへの疑問が湧き起こったのである．

インドやアフリカなど，同じ地域に別々の教派から派遣された宣教師たちがいがみあいながら伝道することによって生じる争い（信者の奪い合い等）を回避すること．世俗化や社会問題に対処するため協力が必要なこと．大教会が単独では社会の中で中心的役割を担えなくなったこと．下降線をたどる小さな教派の力を強化すること．こうした現実的要請が，エキュメニズム運動を生じさせるきっかけになった．

第 1 次世界大戦による荒廃後は，キリストにおける一致の理念こそがすべての土台であるとする考え方がいっそう強調された．以降，教会の一致と協力が主要テーマとなるが，世界宣教会議は目的別に三分割されることになった．すなわち，①世界宣教会議を受け継いだ国際宣教協議会（1921年），②教会生活や国際平和などの実際問題での協力推進がめざされた生活と実践世界会議（1925年），③教会一致のための話し合いが行われた信仰と職制世界会議（1927 年）である．

しかし，第 2 次世界大戦後，②と③は，1948年にアムステルダムにおいて統合され，世界教会協議会（World Council of Churches, WCC）が発足した．そして，1961 年の第 3 回ニューデリー会議で①が加わり，加入教会は 198 にのぼった．この WCC は「聖書によってイエス＝キリストを神と救い主として言するとともに，父と子と聖霊である唯一の神の栄光のために，ともに結ばれた諸の共同体であり，自らの使命に答えようとするもの」であると定義された．

冷戦構造による東西対立が進むなか，社会の世俗化と唯物論思想の影響がさらに強まり，キリスト教会に危機感が高まっていった．こうした事態に対抗するため，これまで分裂状態に陥っていた諸教会が，世界教会の一部であることを自覚し，教派や国境をこえてキリストの福音と愛の教えを実現する方法を探ることが目的となったのである．ルター派，聖公会，メソディスト，バプティスト，会衆派，長老派などが教会一致促進運動に参加し，さらにギリシア正教，ローマ・カトリックとの間にも連携を模索することとなった．

8.3 ヴァチカンの和解

ローマ・カトリック教会もエキュメニズム（世界教会運動）を担ってきた．その最大の転機は，教皇ヨハネス 23 世（Papa Giovanni XXIII, 1881–1963）により開催された第 2 ヴァチカン公会議（1962〜65 年）である．この会議の最大の目的は「教会の現代化＝刷新」にあった．参加した司教は，西ヨーロッパ，アメリカ，カナダ，ラテン・アメリカ，アジア，アフリカ，アラブ，オセアニアなど世界各地から集結していた．

ヴァチカンの「現代化」の方針は，カトリック内のエキュメニズムのみならず，他宗教との関わり方にまで及び，カトリック以外の宗教から 130名以上のオブザーバーが招待された．第 2 ヴァチカン公会議は，他宗教に真理の要素があることを，次のような宣言の文句で認めている．少々長いが引用しておこう．「カトリック教会は，これらの諸宗教（ヒンドゥー教，仏教，イスラーム教，ユダヤ教）のなかに見出される真実で尊いものを何も排斥しない．これらの諸宗教の行動と生活の様式，戒律と教義を，まじめな尊敬の念をもって考察する．それらは，教会が保持し，提示するものとは多くの点で異なっているが，すべての人を照らす真理の光線を示すこともまれではない．……したがって，教会は自分らの子に対して，キリスト教の信仰と生活を証明しながら，賢慮と愛をもって，他の諸宗教の信奉者との話し合いと協力を通して，かれらのもとに見出される精神的・道徳的富および社会的・文化的価値を認め，保存し，さらに促進するよう勧告する」．この考えは，公会議後のカトリックの対話路線を決

定づけることになった．

　第2ヴァチカン公会議をきっかけとして，ヴァチカンには，キリスト教一致推進事務局，諸宗教事務局，無宗教事務局の3つの事務局が創設された．① キリスト教一致推進事務局は，キリスト教徒間の一致を促進するため，他の教会教派と交渉し，カトリックの代表を派遣し，カトリック教会の行事にも代表を派遣してもらうよう要請をする．また，エキュメニカル問題についての対話や他教会の活動に参加し，「エキュメニズムに関する教令」を解釈し，その原則の遂行を見守る．さらに，エキュメニカル団体を支援する．職員はすべてキリスト教諸教派ないし世界教会協議会神学問題に関する専門家である．② 諸宗教事務局は，カトリック信徒とその他の宗教信者の相互理解と尊敬をうながし，他宗教との対話を進めるための研究やマニュアル作成を行う．③ 無宗教事務局は，無神論の基盤の研究を行い，各国に委員会や事務局を設置して，無宗教者との対話をめざす．

　また，教皇ヨハネ・パウロ2世（John Paul II, 1920-2005）の呼びかけで行われたアッシジでの「世界平和の祈り」（1986年）は，異なる宗教指導者たちによる初めての世界規模の祈りの集いとして注目される．ダライ・ラマ14世（14th Dalai Lama, 1935-），マザー・テレサ（Mother Teresa, 1910-97）などの著名な宗教者をふくめ，仏教徒7人，ヒンドゥー教徒4人，イスラーム教徒10人，ジャイナ教徒1人，神道2人，シーク教徒1人，アフリカ伝統宗教2人，ネイティヴ・アメリカン2人，ゾロアスター教2人，ユダヤ教徒1人，キリスト教徒32人の宗教指導者たちが参加した．

　もっとも，この集いは，逆に，祈りという一つの行為についてさえ諸宗教が協働する難しさを示す契機ともなった．例えば，金曜日，土曜日，日曜日は，それぞれイスラーム教，ユダヤ教，キリスト教の聖日であるため，公平な立場で祈りをするためにはいずれも選択されえず，また，それぞれの宗教で祈りの対象や祈りの性格が異なっているため，他宗教の祈りには同席のみとし，合同では黙禱だけが行われた．

8.4　今後のエキュメニズム

　芦名定道は，近現代の西欧キリスト教思想を規定している問いは，キリスト教が各教派に分裂している教派的多元性のもつ否定的側面を自覚し，その克服を試みることであるという．教派的多元性は宗教戦争に表れたように否定的側面を強く有しており，この戦争の経験によって，宗教的ルールではもはや国家や市民社会の秩序を確立できないことが明らかになった．こうして，宗教戦争や教派間対立を克服し，市民社会を秩序づけるルールとして導入されたのが，信教の自由（宗教的寛容，freedom of religion）と政教分離（separation of government and religion）の制度であった．つまり，多様性における一致というエキュメニズムのモデルは，排他主義ないし包括主義的な一元化モデルが挫折した後の西欧キリスト教の歴史状況を反映しており，そこではキリスト教の新しいアイデンティティの構築が問われているというのである．

　こうしたエキュメニズムのとらえ方は基本的に正しいと思われるが，問題は，この多様性における一致が，国家や市民社会のような世俗の共同体を横目で見ながら模索されてきた点にある．グローバリゼーションの加速とともに世俗と宗教の境界が問い直しをせまられている21世紀において，政教分離は20世紀に考えられたほど普遍的制度とはとらえられなくなりつつある．冷戦構造崩壊後の多極化状況の下では，エキュメニズムに集っていた諸教会が，それぞれに独自の価値を追求し，世俗領域とされていた政治，経済，教育などの分野に活動の場を広げていく現象が生じている．エキュメニズムは，今後ますますキリスト教内部における右派勢力や原理主義からの挑戦にさらされることが懸念され，非暴力の立場による現実的で成熟した対応がいっそう必要になってくるだろう．

◆ Ⅶ. 現代社会と宗教 ◆

8.5 戦前の日本における宗教協力

さて、ここで、戦前の日本における宗教協力に目を転じてみよう。鈴木範久は満州事変（1931年）までの宗教協力の会合を、Ⅰ宗教家懇談会（1896年）、Ⅱ大日本宗教家大会（1904年）、Ⅲ三教会同（1912年）、Ⅳ三教懇談会（日本宗教混和会、1924年）、Ⅴ日本宗教大会（1928年）、Ⅵ日本宗教平和会議（1931年）の6つにまとめている。

鈴木は、戦前の日本で諸宗教の協力が実現された事例には、次の3つの特徴があるという。第一に、宗教家の有志による会合は実現されやすいが、教派や宗教全体の会合は困難であり、参加する顔ぶれも、ほぼ定まる傾向があったこと。第二に、日露戦争（Ⅱ）、大逆事件（Ⅲ）、排日法案（Ⅳ）、共産党員の大量検挙（Ⅴ）など、会合の背景に国家や体制上の危機がみられること。第三に、神道、仏教、キリスト教の会合の場合にも、神道界の参加は教派神道13派であり、神社神道はほとんど含まれていないこと、である。

ここにみられる限界は、宗教の協調と寛容の精神が説かれながら、国策に反しないという前提が設けられていたことである。そのため、この枠から逸脱する宗教や宗教者に対しては、結果として排他的、非寛容な態度であたることになってしまった。

鈴木は、1896年の宗教家懇談会や1931年の日本宗教平和会議にみられる、万国宗教会議（シカゴ、1893年）や世界宗教平和会議という世界会議に連帯する会合の中に、望ましい宗教の片鱗をうかがうことができる一面もあったとする。シカゴ万国宗教会議にも参加した臨済宗の釈　宗演（しゃくそうえん）（1860-1919）が宗教家懇談会で述べた講演のように、どの宗教も、それが人間によって担われるかぎり、「真理」とともに「非真理」をも合わせもつということの自覚が、宗教の協調と寛容の精神の原点であると鈴木はいう。そして、その場合の「真理」は、当然、国家を超えた普遍的なものでなくてはならない。それと同時に、身近な地域の宗教生活や隣人の信教の自由に対して、具体的に示される態度と行為でなければならないと、まとめている。

8.6 宗教間対話のさまざまな組織

次に世界の宗教協力に目を向けてみよう。現在、宗教対話組織には、数多くの団体・取り組みがある。万国宗教会議（World Parliament of Religions）は、1893年にシカゴで万国博覧会が開催されるのにともない実施された、近代初の大規模な世界宗教会議といえる。100年後の1993年と2000年にも同名の会議が開催されている。また、世界宗教者平和会議（World Conference on Religions for Peace, WCRP）は、1970年の京都会議に始まり、現在、世界の多くの宗教対話組織の中でも最大規模のものとなっている。国際自由宗教連盟（Inter-national Association for Religious Freedom, IARF）は、1900年に創設され、人権擁護団体アムネスティ・インターナショナルの母体にもなったとされる。もともと、キリスト教の伝統から派生したユニテリアンによって、信教の自由の獲得、擁護を目的として形成された組織である。

また、個人がリーダーシップを発揮して創設された組織も多い。ブラザー・ロジェ（Brother Roger, 1915-2005）によって1949年にフランスで始められた共同体で、キリスト教徒間の和解から人類の対立を乗り越えるための活動を行うテゼ・コミュニティー。イタリアのカトリック教徒キアラ・ルービック（Chiara Lubich, 1920-2008）による一致をめざす運動で、カトリック教会のみならず、約300の諸キリスト教教会、その他の諸宗教者、無宗教者が参加しているといわれるフォコラーレ運動。A. T. アリヤラトネ（A. T. Ariyaratne, 1931-）によるスリランカでの活動で、40数年にわたり、諸宗教の共同体と協力し、非暴力的手段を通じて社会秩序を築くための活動を行っているサルボダヤ・シュラマダナ運動。ラジンダー・シンを指導者とし、インドのニューデリ

ーで開催されるサワン・カーパル・ルハーニ・ミッションによる諸宗教会議．米国聖公会カリフォルニア教区主教ウィリアム E. スウィングらによる宗教教団以外からの資金により既成の宗教代表者にこだわらないネットワークをつくり，宗教内部の矛盾の解決や癒しをはかろうとするプロジェクトである URI（United Religions Initiative）．アメリカのジュリエット・ホリスターが 1960 年に組織した理解の殿堂（Temple of Understanding, TOU）．1930 年代にイギリスのフランシス・ヤングハズバンドが発足させた世界信仰協議会（World Congress of Faiths, WCF）などがある．

宗教間対話の国際組織には，諸宗教，宗派の代表者，関係者が関わり，多様な価値観が錯綜し，固有の課題が生じている．しかし，宗教対話組織の日本社会における認知度は低い．いかなる活動をしているのか．なぜ組織としての宗教間対話が，日本の一般社会にインパクトを与えないのか．以下では WCRP を取り上げ，これらの問いに答えつつ，今後の諸宗教の対話と共存のあり方について考察してみたい．非政府組織であるため，以下では宗教対話組織を宗教対話 NGO とよぶことにする．

8.7　WCRP と京都宣言

WCRP は，1970 年の京都会議によって誕生し，IARF とともに国連 NGO として一般諮問機関の地位（General Consultative Status）に認定され，経済社会理事会の多くの活動について，議題提出，出席，発言の権利が認められている．バハーイー教，仏教，キリスト教，儒教，ヒンドゥー教，イスラーム教，ジャイナ教，ユダヤ教，神道，スィク教，道教，ゾロアスター教，および，アフリカ，南北アメリカ，大洋州の先住民の諸宗教伝統の代表が関わっている．そこには，世界宗教の教勢上のマジョリティからの指導者が多く参加している．これまでの主だった参加者として，ローマ教皇，ギリシア正教総主教，世界イスラーム連盟事務総長等．日本では，立正佼成会会長，金光教泉尾教会会長，天台座主，カトリック枢機卿，神社本庁総長等が含まれる．参加者には先に述べた他の宗教協力活動に関わっている者も多い．約 5 年に一度の世界会議のみならず，6 つの常設委員会が設けられ，援助活動が試みられている．ニューヨーク国連本部前に国際委員会事務局，ジュネーブ，東京，シンガポールに地域事務局が置かれ，50 か国以上にナショナル・チャプター（諸宗教評議会，Inter-religious Council）がある．近年，WCRP では，ボスニアやシエラレオーネなど宗教間の紛争解決にたずさわる諸宗教評議会のモデルを，世界に広げる活動が進められている．

WCRP 世界大会の公式宣言文を用いて，そこで採択された理念と方針を手がかりに宗教対話 NGO の特徴を明らかにしてみよう．世界大会は，第 1 回大会（1970 年）が京都で開かれ，以降，開催地は，第 2 回ルーベン（ベルギー，1974 年），第 3 回プリンストン（アメリカ，1979 年），第 4 回ナイロビ（ケニア，1984 年），第 5 回メルボルン（オーストラリア，1989 年），第 6 回ローマ，リバ・デ・ガルダ（イタリア，1994 年），第 7 回アンマン（ヨルダン，1999 年），第 8 回京都（日本，2006 年）と移ってきた．東アジア，ヨーロッパ，北米，アフリカ，オーストラリア，中東と，世界各地を巡って国際会議が開かれてきたことがわかる．

第 1 回世界大会（京都，1970 年）宣言文の冒頭では，核戦争の脅威など，深刻化する世界情勢の中で，平和という実践目的が多様な宗教を結集させる契機となったことが述べられ，次の 7 点で一致をみたと報告されていた．

「1. 人間家族としての人類の根本的一致と人類の平等，および尊厳についての確信
2. 個人とその良心の尊さを知ること
3. 人間社会の価値の認識
4. 力が正義でなく，人間の力が自足的，絶対的でないことの悟り
5. 愛，同情，無私，内面性の真実と霊の力が，究極において憎悪，敵意，利己心に打ち勝つと信じること

◆ Ⅶ．現代社会と宗教 ◆

6. 富者や抑圧者に対し，貧者，被抑圧者の側に立つべきと信じること
7. 善が遂には支配するという深い望み」
（第1回宣言）

ここから読み取れるのは，諸宗教宗派の神学，教学上のこだわりが退けられていたことである．神や仏，聖なるもの，究極者といった表現は用いられず，倫理，道徳のカテゴリーにとどまらない宗教的表現としては，「内面性の真実と霊の力 (the force of inner truthfulness and of the spirit)」という言葉だけが控えめに使用されている．そして，「人類家族としての人類の根本的一致 (the fundamental unity of the human family)」という，同質性をイメージさせる表現が使われている．すなわち，WCRPの出発点の第一の特徴は，諸宗教の一致の強調であった．

第二の特徴は，次の文言にみられるように，批判対象を，宗教でなく宗教者としたことである．「我々は，しばしば，われらの宗教的理想と平和への責任とにそむいてきたことを，宗教者として謙虚にそして懺悔の思いをもって告白する．平和の大義に背いてきたのは宗教ではなく，宗教者である．宗教に対するこの背反は，改めることができるし，また改められなければならない」（第1回宣言）．

第三の特徴は，「通常兵器，核兵器，化学生物兵器を問わず一切の破壊的武器を含めた全面的非武装への処置がただちにとられることを訴える」として，完全非武装が主張されていたことである．

第四の特徴は，「平和の達成と維持のためには，国連の存在を認めるだけでなく，その決議が実行されるように支持することが大切である」として，国連への明確な支持が表明されたことである．

つまり，第1回宣言文にみられる特徴は，諸宗教の一致，宗教者の責任，完全非武装，国連支持の4つであったといえよう．

8.8 WCRP第7回世界大会

ところが，筆者が参加した第7回大会「共生のための行動」（アンマン，1999年）にいたって，大きな変化が生じた．ちなみに，本大会はイスラーム圏で開催された初のWCRP世界大会としても注目された．そこでは，諸宗教の一致，宗教者の責任，完全非武装の3点が，次のように変容していた．

まず，文化や伝統の多様性が初めて強調されている．「平和文化の形成に当たっては，文化や伝統に見られる共通性を是認し評価することも大切であるが，それとともに，それらのもつ多様性が主張され，称揚されなければならない．これまで，必ずしもそのようにはなされなかったことを率直に認めつつ，諸宗教は，多元的世界に対して，自己の聖典，教説，証言にのっとった平和と和解のモデルを提示する新たな機会が到来したと認識するものである」（第7回宣言，傍点筆者）．ここでは，各宗教が自らの内在的価値に基づき，主体的に実践することが説かれている．

次に，宗教者や宗教教団だけでなく，宗教も，紛争の原因になってきたと初めて記している．「真の和解には，宗教自体も，そして宗教的動機をもった人々の行動にしても，これまた，紛争や苦悩や苦痛を惹起してきたことを，堪えがたくとも，率直に認めることが必要である」（第7回宣言，傍点筆者）．

さらに，完全非武装に替わる考えが示されている．「安全保障は，軍備の廃絶に止まるものではない．他方で，正義の秩序と配慮ある統治を保持するための制度的諸手段が開発され，共通の安全保障に必要な社会的，経済的，環境的安全保障の相互関連性を盛り込まなくてはならない」（第7回宣言）．ここで，共通の安全保障といっているのは，「人類とあらゆる生命体を守る共通の安全を達成する」ことである．そのためには，完全非武装（軍備の廃絶）を訴えるだけでは不十分であり，不安や恐怖など，軍備拡張の原因を取り除く作業が必要であるという考え方である．

つまり，諸宗教の一致，宗教者の責任，完全非武装の3点について，それぞれ，文化の多様性，宗教の責任，共通の安全保障というように認識の変容，あるいは，成熟がみられる．

ところが，国連支持については変更がなく，かなりナイーブに思われる表現が用いられていた．「現在，全ての国の人々が参集する唯一の場所は，国連である．国連憲章は，平和の達成，人権の実現，法の支配の確立，万人の生活水準の向上などを命じている．国連の場において，われわれの霊的義務の象徴的表明が見いだされる．それは，国連本部の廊下で目に触れる芸術的文化的工作物においてである」（第7回宣言）．

8.9 WCRPの思想

第7回世界大会までのWCRPの方針は，宗教者のアイデンティティとしては完全非武装や共通の安全保障を問いかけ，実践的には国際問題解決機関として現在の国連を認めていこうとする．しかし，こうした立場は，矛盾を避けることができないものであった．これら2つの態度表明の論理的帰結には，国連軍（紛争解決に武力を用いること）の認否という問題が横たわっているからである．むろん，共通の安全保障の考え方には，完全非武装にない包括的視点が示されている．しかし，国連平和維持活動への批判と評価が，宗教者独自の視点から深められ宣言に反映されることはない．つまり，国連に対する議論では，宗教的理想と国際社会の現実の相克が宣言文の文言から伝わるものにはなっていない．

さらに，国連は原則として国家を単位とした機関である．よって，国連を支持する営為には，当然，宗教的原理と国家的原理の緊張がともなうはずである．しかし，宣言文からはこの点も読み取ることができない．

第1回宣言文は，宗教の多様性を問わず，どうにか一致点を見出し，宗教自体でなく宗教者，つまり宗教を担う人間の側に平和実現への責任を限定することで，会議に参加した諸宗教を，本来的に平和目的に資するものであると位置づけようとした．そこでは，ベトナム戦争に象徴される冷戦構造，パワー・ポリティクス主導の国際政治に対し，国際社会における宗教界の主体性をかろうじて確保したいという宗教関係者の意志が働いていたのではないだろうか．そこから，完全非武装と国連支持という態度表明がでてきたはずである．冷戦構造終焉までは，明らかにこの流れが続いていた．

しかし，冷戦が終焉し，コソボ紛争など数多くの宗教文化共同体間の激烈な紛争を経験した結果，諸宗教の一致は文化の多様性に，宗教者の責任は宗教自体の責任に，完全非武装は共通の安全保障に移行し，あるいは，認識が拡張された．それが文言に表れたのは第7回宣言に至ってからであるが，1994年の第6回大会の時点でも，宗教をとりまく状況の複雑さは意識されていた．

ところが，国連支持をめぐる認識の深化や成熟はみられず少なくとも文言のかたちでは表明されていない．

よって，第7回世界大会までのWCRPの思想と活動方針として一貫したものを見出すとすれば，国連支持となろう．諸宗教は一致するのか多様なのか，宗教者に責任があるのか宗教自体が問題をもつのか，完全非武装か包括的な共通の安全保障か．冷戦構造の終焉後，これらについてのWCRPの見解は，揺れ動いた．しかし，国連支持は唯一変わっていなかった．

ところが，やはり筆者が参加した第8回大会「あらゆる暴力をのり超え，共にすべてのいのちを守るために」（京都，2006年）の宣言文では，国連支持に対する明確な記述が「国連平和構築委員会の創設を協働して支援する」という新たな文言以外に姿を消し，「政府，国際機関，社会の各部門と連携する」という表現が盛り込まれたことが注目される．さらに，第1回宣言文に立ち戻り宗教自体よりも宗教者の責任を再度強調するに至っていることも見のがせない．厳密に見れば第8回宣言文に至って，第1回から継続してきた立場が姿を消し，第7回からの再度の揺り戻しも生じたということになるからである．以上，WCRP

の思想は時代の変化の影響を受けて大きく揺れ動いてきたことが分かる．それほど諸宗教協力の理念を彫琢することが困難な作業だということだろう．

8.10 宗教対話NGOの空間（代表性，コミュニケーション・ギャップ，過密スケジュール）

第7回大会（1999年，アンマン・ヨルダン）を例にとれば，本会議は，おおむね，祈り，全体会議（講演，パネル・ディスカッション），研究部会の三要素から成っていた．全体会議は，宗教の指導者が一堂に会し，世界の宗教潮流に生で触れることのできる貴重な機会である．宗教指導者は，自らの豊富な経験に裏打ちされたカリスマ性を発揮し，宗教対話の重要性を指摘する．しかし，WCRPのような最大規模の会議でも，重要な宗教指導者や宗教教団を網羅することはできない．例えば，ダライ・ラマ14世とチベット仏教は，1986年のアッシジの世界平和の祈り（国際平和年に因み，教皇ヨハネ・パウロ2世の主唱で開催）や1993年の万国宗教会議などの宗教対話，諸宗教会議に参加してきた．ところが，WCRP世界大会には一度も出席していない．WCRPに中国からの宗教指導者（多くは仏教徒）が加わっており，中国政府の反対があるためと考えられる．WCRPに限らず，ニューヨークの国連本部で開催された「ミレニアム世界平和サミット」（世界宗教代表者サミット，2000年）でも，ダライ・ラマ14世の参加の調整が試みられたが，実現にいたらなかった．こうした例のみならず，参加しない有力な宗教宗派も少なくない．日本では，東西本願寺，創価学会，天理教等，大きな教勢を有する宗教教団が加わっていない．参加教団（立正佼成会，天台宗等）と，東西本願寺，創価学会，天理教の間に，相互協力や相互学習の関係が十分に成立していないためだろう．

また，宗教会議や宗教間対話にたずさわる宗教者の中に，無宗教者に訴えかけ，連携しようとする者がきわめて少ない．その結果もあって，日本では宗教間対話に関心をよせる人々も少なく，NGOとしての認知度も低いままにとどまっている．このため，多くの日本人が宗教会議に参加しても（WCRP第7回大会には100か国から1200人が参加し，日本人は205人であった），日本社会のマジョリティの立場を反映することができない．

多忙でもあり各国語の言語表現まで互いにチェックする機会がないため，日本語への通訳も必要以上の意訳がなされてしまう場合がある．例えば，英語のGODは「神仏」というように一神教的意味合いを脱色して通訳されることがある．この点，各言語圏の研究者，宗教者によってしっかりした翻訳ルールを練り上げることが求められる．例えば，WCRP第2回宣言文は，自己奉仕に触れた箇所で，日本文で「神仏」という日本的表現を挿入しているが，英文ではeternal lordと表現され「永遠の一なる主」というイメージが喚起されていた．このような場合，宣言文の性格が英語と日本語で違ったものになり，しかも，訳文の陰にそれが隠されてしまうため，差異のもたらす緊張を互いに認識することができない．よって，基本となる考え方や微妙なニュアンスの違いなど，コミュニケーション上注意を払うべき点がそのままになってしまう．

近代における最初の大規模な宗教対話会議となった1893年のシカゴ万国宗教会議のときには2週間の会議期間が設けられていた．WCRPの本会議期間は5日間とスケジュール的に非常に多忙である．そのため，「地球共同体」や「共生」というテーマが意図する意識を，参加者自身でさえ現実に感じることは困難である．また，同一宗教教団に属していても互いに面識のない場合がしばしばあり，この過密スケジュールでは，他の宗教教団の参加者との交流以前に，同一教団内での交流が優先されざるをえない場面が多い．

8.11 宗教者の薄いネットワーク

WCRPの事例を見ると，こうした宗教対話組織が実効的に機能するには，数多くのハードルが存在することがわかる．宗教対話NGOは，自身が目標に掲げるグローバルな共同体の縮図を形成し得ているわけではない．世界会議では，代表制の問題，コミュニケーション・ギャップ，過密スケジュールなどの障害に阻まれ，集団レベルで濃密な宗教間対話が成立することも難しい．むしろ，WCRPは，宗教者の交流にさまざまな世俗的行為が絡み合いながら，一時的，断続的に集合，離散を繰り返す，薄いネットワークの段階にあるととらえるべきである．この一時的集合（世界会議）を調査，観察するとき，そこに，宗教間対話の試みそのものが世俗化，矮小化してしまう要素も混在していることがわかる．

しかし，宗教対話組織の現状について知識を得，私たちが宗教，文化の対話，共存に取り組む際に陥りやすい問題群をあらかじめ点検し，得られた知識を反省的に生かせば，新しい一歩を踏み出すための重要な参考資料とすることができるだろう．WCRPの事例はそのために重要な示唆を与えてくれる．そもそも地球上の各共同体社会そのものが，部分的に相互干渉しあいながら雑居するという現在の世界状況に鑑みれば，このような宗教者の薄いネットワークを分析する意義は小さなものではない．

私たちは現状の宗教対話組織に過剰な期待をもつことはできない．しかし，逆に，その試みを役に立たないと切って捨てることも適切ではない．現実に薄いネットワークとはいえ宗教指導者，宗教者の相互信頼の構築は，世界の平和にとってきわめて重要である．また，他の組織を構想してみても，現状の宗教間対話，宗教協力のかかえる問題を，意図せずして再現してしまうことになるだろう．そのかわり私たちに必要なのは，現実の組織に批判的考察を施し，共存と対話と交流のネットワークをつくっていくための障壁がどこにあるのか，組織に関わる宗教者と組織外の宗教者が，また，無宗教者が，その認識を共有することではないだろうか．

宗教対話会議でよく提唱されるのは「共生のための行動」，「地球共同体の創造」，「共にすべてのいのちを守る」といった普遍的テーゼであり，環境，貧困，開発，軍縮等の地球的規模の課題である．しかし，会議に参加する教団だけを，あるいは宗教者だけを視野に入れていたのでは，開催者が願うような普遍性を獲得することは不可能である．筆者は，参加していない宗教教団への働きかけ，無宗教者への働きかけの2つを宗教対話NGOの本質的課題と考える．困難な道ではあるが，現在の数ある宗教対話NGOをどうすればより開かれたネットワークの要にできるか，共存を模索していくいかなる手段を開拓すべきかを新たな発想のもとに考えていかなければならないだろう．

参考文献

アンダーソン, B.（白石さや・白石　隆訳）『増補　想像の共同体—ナショナリズムの起源と流行—』NTT出版，1997年．

飯坂良明・山岡喜久雄・真田芳憲・勝山恭男『平和の課題と宗教』佼成出版社，1992年．

小口偉一・堀　一郎監修『宗教学辞典』東京大学出版会，1973年．

岸根敏幸『宗教多元主義とは何か』晃洋書房，2001年．

『グローバル時代の宗教間対話』大正大学出版会，2004年．

白柳誠一発行・三宅美智雄編『世界の傷を癒す—平和をめざす宗教—第六回世界宗教者平和会議・決定事項』（財）世界宗教者平和会議日本委員会，1997年．

新カトリック大事典編纂委員会編『新カトリック大事典』研究社，1996年．

鈴木範久「近代日本宗教協力小史」竹内整一・月本昭男編『宗教と寛容—異宗教・異文化間の対話に向けて—』，大明堂，1993年．

世界宗教者会議日本委員会編，世界宗教者会議日本委員会『世界宗教者平和会議（WCRP）会議記録』，1972年．

外村民彦『宗教は核時代に何ができるか　全記録・アッシジの祈り』朝日新聞社，1988年．

田丸徳善・星川啓慈・山梨有希子『神々の和解　二一世紀の宗教間対話』春秋社，2000年．

中央学術研究所編『宗教間対話の可能性と課題』中央学術研究所，1993年．

デコスタ, G.編（森本あんり訳）『キリスト教は他宗教をどう考えるか』教文館，1997年．

天理教道友社編『天理教とキリスト教の対話　ローマ天理

Ⅶ. 現代社会と宗教

教展』天理教道友社，1998年．
南山宗教文化研究所編『カトリックと創価学会　信仰・制度・社会的実践』第三文明社，1996年．
南山宗教文化研究所編『宗教と宗教の〈あいだ〉』風媒社，2000年．
日本基督教協議会文書事業部・キリスト教大事典編集委員会，『キリスト教大事典　改訂新版』教文館，1963年．
日本宗教代表者会議『比叡山宗教サミット10周年記念世界宗教者平和の祈りの集い』日本宗教代表者会議，1998年．
庭野日敬発行・坂田安儀編『第二回世界宗教者平和会議・決定事項　宗教と人間生活の質　地球的課題に対する宗教の応答』世界宗教者平和会議日本委員会，1974年．
庭野日敬発行・坂田安儀編『第三回世界宗教者平和会議・決定事項　世界共同体を志向する宗教』世界宗教者平和会議日本委員会，1979年．
庭野日敬発行・川井清敏編『第四回世界宗教者平和会議・決定事項　人間の尊厳と世界平和を求めて』世界宗教者平和会議日本委員会，1985年．
庭野日敬発行・川井清敏編『第五回世界宗教者平和会議・決定事項　平和は信頼の形成から─宗教の役割─』世界宗教者平和会議日本委員会，1990年．
濱田　陽『共存の哲学　複数宗教からの思考形式』弘文堂，2005年．
バレット，D.『世界キリスト教百科事典』教文館，1986年．
ハンチントン，S.（鈴木主税訳）『文明の衝突』，集英社，1998年．
ヒック，J.（間瀬啓允訳）『宗教多元主義─宗教理解のパラダイム変換』法藏館，1990年．
ヒック，J.（間瀬啓允・稲垣久和訳）『宗教の哲学』勁草書房，1994（1963）年．
ヒック，J.（間瀬啓允訳）『宗教がつくる虹─宗教多元主義と現代』，岩波書店，1997年．
間瀬啓允編『宗教多元主義を学ぶ人のために』世界思想社，2008年．
森　孝一『宗教からよむ「アメリカ」』講談社，1996年．
山折哲雄「「宗教的対話」と「宗教的共存」──一神教的方法と多神的方法」『近代日本人の宗教意識』岩波書店，1996年．
リチャードソン，A.・ボウデン，J.（佐柳文男訳）『キリスト教神学事典』教文館，1995年．

9 自然と宗教

Ⅶ. 現代社会と宗教

安田喜憲

9.1 超越的秩序の宗教と現世的秩序の宗教

(1) 超越的秩序の宗教

人類の宗教には，自然の生命の輝きに畏敬の念をもち，その自然とともに生きることに最高の価値をおく宗教がある．一方，宗教には自然を支配し，自然の上に人間の秩序を構築し，その超越的秩序に最高の価値をおく宗教もある．これまでの宗教学の常識では，前者は普遍宗教以前の，未開で野蛮な原始宗教であり，後者こそ高等宗教であるとみなされていた．

宗教学が果たした大罪は，その超越的秩序をもった宗教こそが高等宗教であると断じたことである．これによって，自然の生命の輝きに畏敬の念をもち，生きとし生けるものとの共存の世界に最高の価値をおく宗教は，未開・野蛮の烙印を押され，その宗教の果たす地球の生命世界と人間の幸福に対する役割は，長らくかえりみられることがなかった．その超越的秩序の宗教こそ高等宗教だとしたのはカール・ヤスパース（1889-1969）である．ヤスパースは，文明とよべるのは超越的秩序としての巨大宗教や哲学をもった「枢軸文明」だけであると指摘した（ヤスパース，1964）．その代表がユダヤ・キリスト教のイスラエル文明，ギリシア哲学のギリシア文明，仏教のインド文明，儒教の中国文明だ．それは伊東（1985）のいう精神革命をなしとげたところでもある．

伊東（1985）はこうした精神革命をなしとげたところは，古代の都市革命の誕生地に相当しており，これらの超越的秩序の宗教は，都市文明の成熟を背景として成立したと指摘した．したがって，ヤスパースや伊東の説を逆説的に解釈すれば，超越的秩序の宗教を生み出す精神革命を体験しなかったところでは，文明は誕生しなかったことになる．たしかに，日本や東南アジアさらに中南米の諸国は，こうした超越的秩序の宗教を生み出す精神革命を体験しなかった．だから古代の都市文明も誕生しなかったというのが，これまでの文明史の通説だった．

日本や東南アジアさらに中南米の諸国は，何を重視したのか．彼らは超越的秩序の宗教より現世的秩序の宗教を重視した．だがこれまでの文明史や宗教史の通説では，現世的秩序の宗教は超越的秩序の宗教に比べると，不完全で劣等であり汚れたものであると見下されてきた．このため超越的秩序の宗教を生むことなく，現世的秩序の宗教のみにこだわった地域においては，枢軸文明は誕生しなかったというのである．

ヤスパースやアイゼンシュタット（2004）の文明論では，現世的秩序の宗教は不完全で劣等で邪悪で汚れたものとみなされた．その代表がアニミズムだった．この猥雑で卑劣なアニミズムの現世的世界は，より高度な存在論的秩序，倫理的秩序の原則にしたがって再構築される必要がある．それが超越的秩序の宗教であり，それをなしえたもののみが，文明の資格たりうるというのである．

VII. 現代社会と宗教

このヤスパースの枢軸文明論やアイゼンシュタットの説をまつまでもなく，これまでの多くの西洋の文明論が「超越的秩序の宗教をもつもののみが文明である」という説を肯定してきた．それゆえ，現世のあるがままを肯定し，その「現世的秩序に最大の価値をおく人々」は文明を構築しなかったと長らくみなされてきたのである．

日本の宗教学者もごたぶんにもれずこの西欧文明の権威者の説を鵜呑みにした．だが，いまや宗教学がアカデミズムの権威の衣をまとって原始宗教という烙印を押したそのアニミズムの世界こそが，この地球環境と人類の危機の世紀に，よみがえらなければならないのである．そうしなければ，現代の宗教では，この地球も人類も救えない事態に至っているのである．

いや宗教学者自身がこれまでの誤りを認めなければならないのである．生命の輝きに畏敬の念をもち，生きとし生けるものとともに調和的に生きるアニミズムの世界，原始宗教としてきた世界こそが，実は人類とこの地球を救済できる可能性を秘めた世界観であることを認めなければならないのである．これまで宗教学者が高等宗教とみなしてきたものは，砂漠と乾燥地帯という特殊な風土の下で誕生した人間の一つの思考形態にすぎないという世界観をもつ必要があるのである．なぜなら21世紀初頭の現在，この砂漠で誕生し，現世的秩序の宗教を不完全で劣等なものとみなし，超越的秩序の宗教をもったもののみが文明であるという考えが，テロリズムを引き起こし，戦争を引き起こし，地球環境を破壊しつづけているからである．

(2) キリスト者の罠

超越的秩序の宗教をもったもののみが文明であると主張する文明論の背景には，超越的秩序としてのユダヤ・キリスト教こそが最高の価値をもった文明を生み出しえたという，イスラエル人の独善と，そのキリスト教を崇敬するヨーロッパ人の独善，さらにはアメリカのネオコン（新保守主義）や宗教右派に代表される「キリスト原理主義者」の罠があることを見抜かなければならない．

アイゼンシュタットはヘブライ大学の教授であったし，ヤスパースも敬虔なキリスト教徒であった．

ヤスパースの「枢軸文明論」もアイゼンシュタットの文明論もユダヤ・キリスト教の文明，超越的秩序としてのキリスト教が生み出した文明こそが最高の価値をもつ文明であるという独善に裏付けられた文明論である．その文明論には「キリスト者の罠」がしかけられていたのである．にもかかわらず，多くの日本の文明論者や宗教学者はそれを見抜くことなく「枢軸文明論」を金科玉条のように紹介してきた．

だが超越的秩序とは人間のかってな妄想である．ある特定の風土の下で生まれた妄想を，人類の普遍的救済原理であると考えることに，そもそも問題があったはずである．それだけではない．この妄想としての超越的秩序を最高のもの，文明のシンボルであるとみなすヤスパースやアイゼンシュタットの文明論は，自分たちの欲望を貫徹するために仮想敵をでっちあげ，妄想としての世界秩序を力ずくで強要することを容認し，間接的に支援した．

(3) 超越的秩序の宗教を生んだ砂漠

鈴木（1978）が最初に指摘したように，超越的秩序の宗教を構築した最初の人々は砂漠とその周辺で暮らす畑作牧畜民だった．

生命の輝きのない砂漠の風土では，人間以外の他者の命に出会うことはまれである．しかし，人間の命は他者の命との交換なくしては輝くことはできない．

その命の交換のために，人間が考え出したのが超越的秩序であった．なぜなら砂漠では人間の思考，いや妄想こそが，唯一，他者の命とのやり取りを可能とするものにほかならなかったからである．

砂漠の夜，砂嵐が止むと，あたりは静寂の世界となる．そのとき天上にキラキラと輝く星だけが命ある他者と思えるのは当然のことである．その天上の世界と自らの命の交換をするために，人々は超越的秩序を妄想した．なぜなら，人は自らの

命と他者の命との交換があってこそ，生命体として生きる喜びを得ることができるからである．

砂漠でそれを可能とするのは人間の抽象的思考つまり妄想であった．神がまたたくまにこの複雑な生命世界を創造するというのも砂漠ならではの妄想である．砂漠のこの共同幻想こそ，砂漠の民を人間たらしめ，生きる力を与えるものにほかならなかった．

その砂漠の縁辺で誕生した牧畜と麦作農業の結合によって誕生した畑作牧畜文明は，農耕地を拡大することによって生産性をあげることができた．それゆえ森は破壊され農耕地になり，農耕地にできないところは牧草地となって，激しい森の破壊が引き起こされた．ユートピアを求めた畑作牧畜民が，森を破壊し尽くし，この地上のユートピアを逆に破壊してしまうのはそのためである．

拡大こそ畑作牧畜民の文明のエートスであり，発展の原動力であった．家畜をコントロールするためには力が必要だった．畑作牧畜民は力によって拡大のエートスをもつ文明を推し進めたのである．それは男中心の「力と闘争の文明」にならざるをえなかった．

力による拡大を正当化するためには，大義名分が必要だった．超越的秩序の宗教はそうした拡大のための大義名分として格好のものとなった．超越的秩序の宗教は力で拡大する畑作牧畜文明の形而上学的・倫理的サポーターとなったのである．

(4) ハンチントンの二重の罠

畑作牧畜民はいつ敵と出会うかもしれない．「力と闘争の文明」に生きる彼らの生き方は，きわめて戦略的にならざるをえなかった．だからいつの時代にも，こうした「力と闘争の文明」の傲慢をサポートする学説が必要であった．

ヤスパースの「枢軸文明論」は「キリスト者の罠」であった．同じようにS．ハンチントンの「文明の衝突」の学説（ハンチントン，2000）は仮想敵をつくらなければ内部がまとまらないという多民族国家の病理を抱えたアメリカにとっては，うってつけの学説であった．こうしてアメリカは「ハンチントンの罠」に引っ掛かったと松本（2003）は指摘している．

かつて第2次世界大戦の時，E．ハンチントン（1938）の「気候と文明」説も，熱帯地域への侵略の口実に巧みに利用された．

刺激性気候の度合いが大きいほど高度の文明が発展する．年中灼熱の熱帯地域の人々は刺激が少なく，愚鈍で放縦であり，文明段階に達していないとハンチントンは指摘した．その説は，四季の明瞭な温帯地域の欧米列強の白人や日本人に侵略戦争の口実を与えることになった．愚鈍で放縦な熱帯地域の人々を未開と野蛮から解放するという口実の下に，熱帯に侵略し，その資源を奪い取った．

まことに偶然ながら，同じハンチントン姓をもつこの二人のハーバード大学教授によって提唱された文明論の罠に，アメリカは二度も引っ掛かったことになる．それは「ハンチントンの二重の罠」であった．

いや，引っ掛かったというより，それはアメリカが抱える内なる文明の病理がそうさせたのである．拡大を止めることのできない，仮想敵を作りつづけないと生き残れない「力と闘争の文明」の闇が，大義名分となる理論的サポートを必要としていたである．だから二人のハンチントンの学説を口実に「ハンチントンの二重の罠」をしかけたのである．

そして，日本の知的エリートの多くが，この罠にみごとに引っ掛かったのである．おそらく多民族国家アメリカが存在するかぎり，これからも第三・第四のハンチントンが生まれ，アメリカは罠をしかけてくるにちがいないと私は思うのである．

ヤスパースの「枢軸文明論」は西洋文明の拡大と優位を擁護し，E．ハンチントンの「気候と文明」は第2次世界大戦の侵略戦争を正当化し，S．ハンチントンの「文明の衝突説」まさにアメリカの力による拡大を擁護するための文明の罠だったのである．

(5) 現世的秩序の宗教

超越的秩序をもつ宗教は，キリスト教・イスラ

ーム教の一神教に代表された．キリスト教のシンボルである十字架は，人間が考えだしたもの．神の国——これも，人間が考えだしたもの．超越者もまた，人間が考えだしたもの．十字架こそ，超越的秩序のシンボルなのである．

これに対し，キリスト教の聖者が踏みしめているドラゴンこそ，現世的秩序のシンボルである（安田，1997）．この超越的秩序の宗教をもって，現世的秩序を弾圧していく．それがこれまで当然のこととして容認されてきた．多くの宗教学者もそれを容認した．なぜなら現世的秩序をもつアニミズムは，邪悪で猥雑で卑猥であるという考えが世界を支配していたからである．

生きとし生けるものに等しい命の価値をみとめ，現世的秩序に最大の価値をおくアニミズムの世界は，超越的秩序を重視する枢軸文明よりも劣ったもの，邪悪なもの，文明段階以前の野蛮なものとながらく西洋世界ではみなされてきた．そして，それを日本の宗教学者も鵜呑みにした．

それはまた森の破壊と軌を一にしていた．森は命で満ちあふれ，森の命は季節の移ろいに応じて，再生と循環を繰り返している．森の中に暮らす人々は，目の前の森の命の多様性を認識するのがやっとで，妄想などにひたっている暇はなかった．目の前には1000年を生きた巨木がある．その命の大きさに圧倒されて，妄想などしてはおれない．森に生きる人々は，目の前の命の輝きから目をそらすことができなかった．

奈良県の大神神社の拝殿の裏には，じつは何もない．三輪山という山しかない．我々は何を拝んでいるのか．この神社の拝殿の裏にある三輪山を拝んでいるのである．山や森を拝んでいるのである．

それは森のなかの動物たちの生命，生きとし生けるものの現世的秩序が，きちんと保たれて永劫に続くようにと願って拝んでいるのである．現世的秩序が，この地球のなかで永劫に続くようにと願って，我々は拝殿で手を合わせるのである．

「山川草木国土悉皆成仏」

それは生きとし生けるものが共存するこの現世的秩序のあるがままを肯定し，生きとし生けるものの命が輝くこの現世こそが，最大の楽園であるとみなす思想である．それは人間以外の命の輝きと命の相互の交換によって，はじめて人間は生かされることを説く思想である．

空海は晩年の『勝道碑文』のなかでこう述べている．

「山は高くそびえ，水は澄みわたっている．美しい花は燃えるように輝き，珍しい鳥が美しい声でないている．大地から洩れ出るような谷川のせせらぎ，天空をわたる風の音は，まるで筑や箏が奏でられているかのようだ．人の世にこのようなものがあるだろうか．神々が住むという天上にこのようなものがあるだろうか」（竹内，1997）．と．

この現世的秩序を代表する森は，人間が考えだした超越的秩序としての天上の世界よりもはるかに美しいと空海は述べているのである．天国よりもこの世の森は美しいと述べているのである．

それは超越的秩序を備えたもののみが文明たりうるという西洋の思想とは，真っ向から対立する思想である．最澄や空海においては，生きとし生けるものの命が光輝くこの世こそが天国であり極楽なのだ．それが現世的秩序の文明の根幹を形成する地球生命倫理なのである．

(6) 日本人の宗教

日本人は「現世的秩序の文明」を育んできたのである．しかし，これまでの西洋中心史観に立脚した文明論では，こうした現世的秩序を重視する世界は野蛮で劣悪なものとみなされてきた．超越的秩序をもたない社会は不完全で，邪悪で野蛮であると，日本の研究者さえみなしてきたのである．多くの日本の文明論者は，ヤスパースの「枢軸文明論」の説にしたがい，日本には文明が存在しないことを，日本人自身がみとめてきたのである．

だがそれは大きな間違いだった．日本人は「超越的秩序の文明」ではなく，それとはまったく異質の「現世的秩序の文明」を発展させてきたのである．アイゼンシュタットもそのことにはうすうす感づいていたようで，「日本だけは例外で唯一

現在にいたるまで持続的・自立的に波瀾に満ちた歴史をもつ」と指摘している．

もちろんそれが「現世的秩序の文明」であるとまでは認識できていない．その現世的秩序の文明の存在を発見したのは最澄や空海である．日本は現世的秩序の文明なのである．

(7) 現世的秩序の叡智

現世的秩序はこの地球が存在しつづける限りありつづける．現世的秩序は永遠である．現世的秩序を重視する宗教は，自然への畏敬の念を基本とし，現世のあるがままの美しさを肯定し，その叡智に学ぶ．

現世的秩序を重視する宗教は，目の前のあるがままの存在を肯定し，そこに最大の価値を置く．この地球上にある生きとし生けるものの命が輝くそのあるがままの姿は，事実であり真実である．

目の前にある山，そしてそこに生える木，森の中でとびかう蝶，カエルの鳴き声は事実であり真実である．それを形而上学的・倫理学的に加工し，空想や幻想の物語を語るのではなく，そのあるがままの姿，あるがままの現世的秩序の叡智に学び，その命の輝きの中で自らも生き，命の交換をすることに，我々は最大の価値をおいてきたのである．それは「生命文明」（渡辺, 1990；大橋, 2003）とよぶことができるものである．あるいは山折（2003）のように「万物生命教」とよんでもよい．

現世的秩序を否定することは人間存在そのものを否定することにつながる．それゆえ，ホモ・サピエンスがこの地球上に生きつづける限り，地球が存在する限り，現世的秩序の宗教はなくならない．

とりわけ地球環境問題の出現とキリスト教とイスラーム教の衝突によって，この現世的秩序を重視する文明や宗教はその存在の重要性が注目されるようになった．人間の思い上がった空想や幻想，人間の幸せのみを追求した空想や幻想では，もはや人間自身がこの地球上で生き残れないことが見えてきたからである．

幻想や空想から生まれた超越的秩序の宗教が，人間を幸せにしている間は，その超越的秩序はあたかも絶対普遍の真理のような輝きをもつ．ところがその超越的秩序が社会や人間の要請にあわなくなったとき，それは簡単に見捨てられる．

その代表が，人類平等のユートピアを目指した宗教としての共産主義社会理論であろう．現代社会を支配している市場主義原理も，自由と民主主義でさえも，人間の空想・幻想の産物である以上，いずれは終わりの時がやってくることを忘れてはなるまい．

現世的秩序を重視する「アニミズム原理主義者」にとってもっとも重要なものとは，人間の妄想によって作り上げられた仮想の神の国や仮想敵などではない．今，目の前にあるこの地球に生きる命あるものの現実世界こそが，真に信じるに耐えうる存在なのである．

(8) 宗教的幻想が人類を破滅させる

超越的秩序の宗教とは人間の空想の産物・幻想の産物にほかならなかった．その幻想や空想が新しい時代を創造したことは事実であるが，同時にその幻想や空想に振り回されて，人間はいくつもの不幸や悲劇を体験した．そして，今，そのマイナス面がより強調されようとしているから問題なのである．

その一例がキリスト教という超越的秩序を布教するという名の下に，マヤ文明やインカ文明を滅ぼしたスペイン人やポルトガル人の行った行為である．そしてアメリカは自由と民主主義という超越的秩序のもとに，アフガニスタン戦争，さらにはイラク戦争を引き起こした．

スペイン人は黄金がほしかっただけである．アメリカの本音は石油である．しかし，その本音をあらわにすることはできない．その本音を覆い隠し，文明の拡大と侵略の大義名分を提供したのが，この超越的秩序の宗教にほかならなかった．大東亜共栄圏もまた，明治以降，超越的秩序の文明に心酔した一部の日本人が妄想した超越的秩序だった．本来，現世的秩序の宗教である神道が，超越的秩序の宗教のまねごとをしたのが国家神道だった．

Ⅶ. 現代社会と宗教

　超越的秩序をもつもののみが枢軸文明たりえたというヤスパースやアイゼンシュタットの文明論は，この畑作牧畜民の富を求めてやまない欲望を覆い隠し，力と闘争の文明の世界支配を擁護する理論的背景を提供しているのである．そこには「畑作牧畜民の巧妙な罠」がしかけられていることを，見抜かなければならない．「キリスト者の罠」を見抜く必要があるのである．

　「キリスト原理主義者」は，頭で考えた妄想の理想や主義主張，悪を撲滅し，善に満ちた理想の国を実現するために，仮想敵を作り上げて闘う．彼らは自らが有利になることならどんな物語でも考える．

　そしてもっと恐ろしいのは，超越的秩序に導かれた妄想の理想の国を実現するため，自らの主義主張の実現のためには，かりに人間の命が犠牲になってもかまわないと考えることである．

　人間が妄想で考えた神の国の実現のためには，自らの命をなげだしてもかまわない．他者の命を奪ってもかまわないと考える．

　そして神の国においてかならず祝福されるという妄想を抱く．

　それが問題なのである．

　これに対して現世的秩序を重視する人間がもっとも重視するのは，この世の生きとし生けるものの調和ある秩序であり，他者の命に対する畏敬の念である．

　空想の超越的秩序より，目の前にあるこの現実世界の命の調和ある営みこそが最大の価値をもつのである．人間が頭で妄想した共産主義や自由と民主主義，イスラームの神の国，大東亜共栄圏などを理想とするのではない．この目の前にあり現実に存在する命ある世界こそがもっとも重い意味をもつのである．

　キリスト教やイスラーム教は一神教の国という幻想の世界，超越的秩序の世界を作り上げた．それこそがヤスパースやアイゼンシュタットによれば，まさに文明のシンボルであった．この幻想によって一神教の国を作り上げる行為は，仮想敵としての共産主義の悪やテロリストをでっちあげる行為と根は同じである．

　超越的秩序をもったもののみが文明人で，それをもたない人間は野蛮，非文明であるというヤスパースやアイゼンシュタットの考えは，こうした仮想敵をでっちあげ，自らの主義主張に相反するものを力で叩き潰すという行為を，むしろ容認し，支援しているのである．こうした文明概念を根底的に改めないことには，世界に平和はなかなか訪れないのではあるまいか．

　キリスト教やイスラーム教のように，人間の妄想の産物である一神教の神の国の到来を説く超越的秩序の宗教的行為が，現実の世界においては，一部の人間の権力欲を満足させ，物欲を満足させるために悪用されていることに目をむけなければならない．

　アメリカの新保守主義者や宗教右派の多くが「キリスト原理主義者」であり，冷戦時代には旧ソビエト連邦に悪の巣窟という幻想を与え，アフガニスタンではイスラーム教徒と結託して共産主義と闘った．旧ソビエト連邦には大量の核兵器があり，それがアメリカ向けられているという幻想を西側諸国に抱かせ，共産主義は悪であるという幻想を巧みにでっちあげた．

　そしてこんどは，かつてアフガニスタンでともに闘ったイスラーム諸国が，悪の枢軸として仮想敵にでっちあげられた．イスラーム国家が悪のテロリズムの巣窟であるという幻想をでっちあげたのもアメリカの新保守主義の「キリスト原理主義者」たちであった．イラクのサダム・フセインが大量破壊兵器を製造しているというデマをふりまき，人々を恐怖に陥れたのも彼らの策略である．しかし，それさえも仮想敵をでっちあげる口実にすぎなかった．

　その行為は，2500年前に砂漠のユダヤの民が神の国を妄想し，500年前にキリストの神の祝福を普及するためにという口実のもとで，インディヘナの人々を征服し，マヤ文明やインカ文明を崩壊させたスペイン人やポルトガル人の行為と何ら変わりがない．

　「キリスト原理主義者」と闘う「イスラーム原理主義者」もまた幻想の超越的秩序の世界に生きる人々である．神の国という幻想の世界を信じ，

聖戦によって命を投げ出したものは，神の国にめされるという妄想を信じる人々である．自爆テロはこうした人間が作り上げた妄想に命を投げ出す行為である．

はてしない復讐の連鎖が，幻想を信じる人々をたくみに操り，自分の権力欲と欲望を満足させようとする人々によって，これからも続けられるだろう．

共産主義についでイスラームが仮想敵となった今，つぎにターゲットになるのは北朝鮮と中国であろう．そして多神教のアニミズムの世界に生きる我々日本人が，ターゲットになる可能性さえある．超越的秩序の幻想を鼓舞する物語的人間は，はてしない「復讐の連鎖」を止めることができないのである．一つの敵が消えてもまた別の敵が現れてくる．いや敵を作りつづけなければその文明はもたないのである．まさに「敵を作る文明」（川勝・安田，2003）なのである．だが中国とアメリカが核戦争を始めたとき，それは人類の絶滅につながることを覚悟しなければならない．

9.2 生命文明の宗教はアニミズム

(1) 認知科学が解明した砂漠と森の風土

超越的秩序の宗教を生んだのが砂漠という風土であり，現世的秩序の宗教を生んだのが森であることを述べた．では砂漠と森という風土の相違は，どのようなメカニズムによって人間の心に影響を与えるのであろうか．近年の実験心理学や認知科学，環境情報学の発展は，環境や風土の相違が人間の心，さらには健康状態にまで影響を与えるメカニズムを科学的に実証できる道を開拓しつつある．その一つが人間の心や健康に影響を与える音環境の解明である．

大橋（2003）によれば，人間にとってもっとも好ましい音環境とは，熱帯雨林の音環境であるという．熱帯雨林は人間が聴覚ではとらえきれない100 kHz以上の癒しの音，憩いの音に満ち溢れている．その森の中で人間が暮らすと，森の音環境が脳幹を刺激し，ストレスの解消や免疫率の向上など，さまざまな効果が現れるという．100 kHz以上の高周波を出しているのは，空海がまさに勝道碑文の中で感嘆した鳥の声，虫の声，谷川のせせらぎの音，葉ずれの音である．空海は「まるで筑や筝を奏でているようだ」と言ったが，その音が脳幹を刺激し，神経伝達物質として必要なセロトニン，ドーパミン，βエンドルフィンなどの脳内物質の活性化に大きな役割を果たしていることが明らかとなりつつある．ガン細胞を殺すNK細胞も活性化させて，体内の免疫グロブリンの量も増大させていることが明らかになりつつある．その高周波を人間は皮膚で聞いていることも判明した．

森の高周波をあびて，例えば脳内物質のセロトニンが増加すると，心が穏やかになり，他者の命への畏敬の念をもてる慈悲の心が生まれやすいことも判明している．森の宗教がアニミズム的，多神教的な他者の命への畏敬の念を基本におくのは，森の環境が人間の心に影響を与えた結果なのではあるまいか．

これに対して砂漠は静寂である．その静寂の砂漠の音環境は20 kHz以下の音に限られる．しかし，人間の命は他者の命の音に囲まれて生きることによって輝く．音のない静寂の砂漠では自らの生命を輝かせるために幻聴や幻覚がおきる．こうした幻聴や幻覚の中で妄想したのが，一神教の神の国なのである．そこでは脳内物質のアドレナリンが増大し，人々の心は戦闘的になる．砂漠の宗教が戦闘的になるのは，砂漠の環境が人間の心に影響を与えているからなのではあるまいか．これに対し，森の中を歩くとアドレナリンとは逆のノルアドレナリンが活性化し，人々の心を落ち着かせ，穏やかにする．森の宗教が慈悲の心に満ち，砂漠の宗教が戦闘的なのは，まさに環境の相違が脳に与える影響の相違から生まれたのではあるまいか．砂漠の音環境に近いのは我々が日常的に暮らしている都市の音環境である．都市は人間にとっては砂漠に類似した音環境で構成されていたのである．都市砂漠とはその本質をついた表現だった．その砂漠や都市の音環境は，人間にストレスを与え病気を引き起こす原因ともなっている．

◆ Ⅶ. 現代社会と宗教 ◆

　この砂漠と森という音環境だけをとりだしても，大きな相違があり，森の音は明らかに人間にとっては快適性に満ちたものであることが確かめられている．その快適性に満ちた環境のなかで暮らした人間が考え出したのが現世的秩序の宗教であり，ストレスに満ちた砂漠の環境のなかから人間が命の鼓動を求めて夢想したのが，超越的秩序の宗教であったのである．

　現在の科学は，森の音環境が人間の心のあり方に大きな影響を与えていることを解明しつつある．しかし視覚情報はあまりに複雑で，まだ完全に解明できていない．これが明らかになったとき，宗教は風土の産物であることが誰の目にも明らかになるであろう．

　現代の都市文明の拡大は，人間の身体的環境にとっては砂漠的環境の拡大であり，超越的秩序としての市場原理主義の拡大もまた砂漠化のひとつのプロセスなのである．それらが真の意味での人間の快適な環境の創出とは逆の方向に向かっていることは明らかである．

　この市場原理主義を止揚し，地球環境問題の危機を回避するためには，世界を森の環境で埋め尽くし，現世的秩序に立脚した新たな生命文明を創造するしか方法はないのである．世界を森で埋め尽くせば人々を取り巻く音環境も変化し，人々の心も穏やかになり，生きとし生けるものの命に畏敬の念を感じるアニミズムの心をとりもどすことができるだろう．

(2)　2500年目のカルマ

　超越的秩序を生み出したギリシア哲学やユダヤ・キリスト教，仏教，儒教といった巨大な宗教が誕生する契機となった2500年前はどんな時代であったか．それは，まさに地球環境が激動した時代だった．過去1万年の間で，3200〜2800年前がいちばん気候が寒冷化して，気候が悪化した時代だった（安田，2005a）．

　2500年前はその気候悪化期の末期だった．飢餓や疫病が流行して難民がでたり餓死者がでたりして，多くの人々が地獄をみた時代だった．そのストレスが極大に達した時代に，イスラエルの預言者やソクラテスや釈迦や孔子がでて，人々の心を救済したのである．それは苦しみの世界から生み出された人間中心の倫理だった．

　だがその苦しみの現実世界の中で人間中心の倫理，超越的秩序を説くことによって人間を救済しようとする宗教は，もうそろそろその役割を終えはじめているのではあるまいか．

　今日の地球環境問題が，目の前にある現実世界の生命倫理と地球倫理よりも，人間中心の倫理を重視することによって引き起こされたことは確実である．市場原理主義という人間中心の倫理的幻想によって，いくたのかけがえのない地球生命が奪われたことか．人間中心の倫理が地球生命の倫理を破壊したのである．

　同じ人間同士が殺しあう国際社会のテロリズムや戦争でさえ，この超越的秩序をもつ宗教によって引き起こされているのである．現在の地球環境問題を解決し，平和な地球をとりもどせるかどうかは，この超越的秩序の文明の闇をどう排除するかにかかっているといっても過言ではない．

　21世紀は，誰が見ても巨大な地球環境の変動が，我々を刻一刻と襲い，巨大災害が我々を襲う時代である．そして超越的秩序を振りかざす宗教の衝突が，世界の平和を危機に陥れる．その世紀は地獄の世紀になるかもしれない．同時に激しく地球環境が変動し，平和がむしりとられる時代は，2500年前がそうであったように，まったく新しい巨大な宗教が誕生する時代ともなるであろう．

　キリスト教，イスラーム教，儒教は，いずれも人間の幸せだけを考えた人間中心の倫理に立脚した思想だった．かつて中世ヨーロッパの大開墾時代には，キリスト教の宣教師はこう絶叫した．「人間の幸せのためならヨーロッパの森をいくら破壊してもいい．我々の幸せのためなら，どれだけ森を破壊してもかまわない」と．その結果，ヨーロッパの森は徹底的に破壊され，17世紀にはヨーロッパの森の90%近くがなくなった（安田，1996）．その森の破壊の先兵になったのが，キリスト教の宣教師だった．彼らは，人間を不幸にしようとしたわけではない．むしろ，人間の幸せを

考えていた．しかし，人間だけの幸せを考えていたところに問題があったし，自らが空想した超越的秩序の宗教こそが最善の真理であると考えたところに問題があった．

自らが正しいと信じる超越的幻想世界のみが最善であり，それに相反するものは悪であるという独善的世界の倫理の横暴を，15世紀以降の人類はどうしても押しとどめることができなかった．なぜなら自らが正しいと信じるキリスト教の超越的幻想世界が最善であると考える人々は，強力な軍事力を有していたからである．

おまけにその超越的秩序の宗教は，自らが正しいと信じる世界の実現のためならば，それに相反するものと闘い殺してもかまわないという幻想をもっていた．こうして相反するアニミズムの世界に生きる人々は，力ずくで弾圧され支配され，超越的秩序の宗教にしたがって生きることを強要された．それがもっとも苛烈に引き起こされたのが，17〜19世紀の西欧列強諸国による植民地支配の時代だった．

そして彼らは森を破壊した．一神教の拡大は森の破壊と軌を一にしていた．1620年にアメリカのプリマスにピューリタンの一行が到着してから，たった300年でアメリカの森の80％が破壊されたのである．その森の破壊は自らの命の源の破壊であったことに，今，ようやく人々が気づきはじめた．脳科学や環境情報学の進展によって，森が人間の命の維持に深くかかわっていることが解明されはじめたからである．その自らの命を支える森を，これらの超越的秩序の下に破壊することを善であるとしたのが砂漠で誕生した一神教だった．

そしてこれらの超越的秩序をふりかざす宗教は，その最終ゴールに天国や地獄を設定した．この天国や地獄を生み出す思考のメカニズムこそ，超越的秩序の宗教がもっとも得意とするところである．だがそれも音環境からみれば，命の音のない無音の世界で人間が精神障害に陥り，妄想した精神障害者の虚妄の世界にすぎないことを，現代の科学は解明しつつある．高等宗教と宗教学者が位置づけたその宗教は，精神障害者が頭で妄想した虚妄の宗教の側面を有しているのではないか．

イスラームの人は，自爆すれば自分は天国で救われると信じている．アメリカのブッシュ大統領も，死後，あの世で神の国に召されることを願って，テロを撲滅すべく，イラクで戦争を始めたのである．自由と民主主義という超越的秩序を守るために，何万人というイラク人とアメリカ人の命が犠牲になったのである．

だがこの天国や地獄を妄想する考えにこそ，じつは大きな問題がある．誰も天国や地獄があることを見た人はいない．天国がある，地獄があると考える20世紀までの超越的秩序に立脚した巨大宗教では，もうこれからの21世紀はやっていけないのである．

イエスさん，マホメットさん，ソクラテスさん，孔子さん，もうあなたがたの役割はぼちぼち終わりに近づいたのではないでしょうか．我々はもう一度この精神革命以前の，人類が森の中で至福の時をすごした地球生命の倫理の世界をとりもどすことが必要なのではある．精神革命以前の地球生命倫理の時代に還る．それが2500年目のカルマなのである．

(3) 宇宙論が否定した超越神の存在

1973年以前にスティーヴン・ホーキングは，ビッグバンにはじまる宇宙の始原や生命の誕生は「なんらかの意味で非常に注意深く選ばれたもののように見える」と指摘している（ホーキング，2005）．立木（1992）がこの宇宙論と神の問題をみごとに紹介しているように，ビッグバンにはじまる宇宙の「基本定数の値は，生命体の出現を可能にするように，きわめて微妙に調整され，知的生命体の発達が許されるための基本定数の選択可能幅は，ごくわずかであった．もし宇宙が特異点や境界をもたず，完全に自己完結しており，統一理論によって完全に記述されるということであれば，創造主としての神の役割ははかり知れない影響を与える」．そこに神の手の存在が予告され，1951年にローマ教皇ピウス12世は，ビッグバン・モデルは「神は『光あれ』と言われた．すると光があった．神はその光をみて，よしとされ

た」というこの創世記の教えと一致していると正式に宣言した．

しかしながらその後，一般相対性理論に量子力学を導入したホーキングらの研究が進展すると，「宇宙のすべてをいっぺんに説明する完全な統一理論を作り出すのは非常に困難なことです」「宇宙の究極の理論は存在せず，だんだん正確に宇宙を記述できるようになっていくが，決して完全に正確にならない理論が延々と続いていくというのが，私たちのすべての経験にあっている」（ホーキング，2005）とホーキング自身が述べるに至っている．

最近，『宇宙はなぜ美しいのか』の著者キース・レイドラー（2005）も「神が宇宙の展開に介入するという仮定を受け入れることは不可能であり，もし神がいるとしても，彼は宇宙を始動させる以上のことは何もしなかったように思われる」と指摘している．

さらに近年の宇宙観測の進展は，この宇宙には観測可能な我々と同じような銀河は 10^{12} 個もあり，地球はそのうちのひとつの銀河の外縁に位置した太陽系の中の小さな惑星にすぎないことを明らかにした．

観測可能な 10^{12} 個の銀河は全宇宙の4%にすぎず，残りの23%はダークマターであり，73%がダークエネルギーからなっているが，これは現代の技術では見ることができない非可視的空間である．しかも，我々の宇宙は数多くある宇宙の一つにすぎないという考えさえ指摘されるようになった（グリビン，2000）．

もはやこうなると，多数ある宇宙を完全に統一する超越神の存在を，庶民が容易に納得できるレベルにおいて宇宙論から説明することは，困難となってきたといわざるをえない．もちろん，ホーキングが指摘するように「なぜ宇宙はわざわざ存在するのか？ そして誰が神を創ったのか？」という永遠の課題は残されたままであるし，いつの日か統一理論が発見されるかもしれないが，それにはまだまだ時間が必要であろう．

重要なことは，このような広大無辺の宇宙が存在するにもかかわらず，知的生命体としての人間の存在は，少なくとも現時点においてはこの地球にしか存在しないということである．

松井（2005）が指摘するように，我々の銀河系には地球を含む太陽系以外の系外惑星系が，138個存在することが確認されているが，それらはいずれも我々の太陽系とは似てもにつかないものなのである．生命をはぐくむ森と海と文明をもつ地球のような環境は，決して普遍的に存在するものとはいえなくなってきたのである．

我々の太陽系にあるお隣の金星は，95気圧にもおよぶ二酸化炭素に覆われ，地表の平均気温は摂氏460度にも達する．火星は0.06気圧の薄い二酸化炭素に覆われその平均気温は摂氏−60度である．ところがこの地球には生命に必要な水が存在し，窒素と酸素が主成分の1気圧の大気に覆われ，平均気温は摂氏15度である（田近，2005）．

広大な宇宙の中で数え切れない星の中で，ほんのお隣の星でさえ，このように地球とはまったく異質な生命には苛酷きわまりない環境が広がっているのである．もし神の存在を見るとするならば，我々人類はこのビッグバンに始まる宇宙の誕生に神の手をみるのではなく，広大な宇宙の中のきわめて特殊なほんの小さな惑星の地球にのみ，生命が誕生し，高等知的生命体としての人間を生み出した生命世界にこそ，神の存在を予感すべきなのではあるまいか．

宇宙を統一する超越的秩序を生み出した神ではなく，この小さな惑星地球に生命を誕生させ，知的生命体としての人間を生み出したその奇蹟の中にこそ，神の存在をみとめるべきなのである．その神とはまさにビッグバンにはじまる宇宙の統一的進化を支配する超越的秩序の神ではなく，この地球の命あるものの世界を統一する現世的秩序の神にほかならないのである．

（4） 宇宙の破断システムと生命の循環システム

近年の年縞や年層による気候変動の復元は精緻になり，過去の気候変動を年単位で復元できるようになった（安田，2005b）．それによって明らかになってきたことは，気候変動そのものはきわめて破断的であるということであった．

これまで気候変動や海面変動のカーブはゆるやかな曲線で描かれるのが通例であった．しかし，それは復元の精度が悪いためであった．W. ダンスガードらがグリーンランドの氷の中の年層に含まれる酸素同位対比を分析した結果，グリーンランドの平均気温はたった50年で，一気に7〜10度も上昇する時代があったことが明らかとなってきた（Dansgaard *et al*., 1993）．

　宇宙システムに支配された物理的な気候変動はわずか50年という短期間に破断的変動をくりかえしたのに対し，それに対応する生命システムの変動はその10倍以上の長い時間をかけてゆっくりと変動するのである．そのゆるやかな循環的変動こそ，生命が誕生し，生命システムに支配された地球システムの特色なのである．地球システムを穏やかに循環的に維持しているのは生命システムのたまものなのである．

　いうまでもなく宇宙の破断システムの大規模なものはビッグバンにはじまり，約22億年前，約7億5000万年前，約6億年前に起こったとされる「地球全球凍結」や，約2億5000万年前の海棲生物の大量絶滅，約6500万年前の惑星衝突による恐竜絶滅のように，きわめて劇的であり，突発的であり，破断的である．とても人類が生き残れるような変動ではなかった．

　しかし，田近（2005）が指摘しているように，この破断的・突発的な宇宙システムによる大量絶滅のあとには，かならず生物の進化と多様化が生じ生物の大進化がもたらされているのである．この地球においては，破断的・突発的な宇宙システムによる大量絶滅のあとにも，この地球においてだけは，生命は不死鳥のように連続的に復活し，新たな生命の時代を作り続けることができたのである．そこに我々は神の存在をこそ予感すべきなのではあるまいか．

　この地球に誕生した生命が循環的に連続的にこの地球が存在するかぎり存続しうるシンボルが，DNAの螺旋構造に端的に示されていると思う．このDNAの螺旋構造に端的に示される循環の連続性こそ，生命が破断的な宇宙システムを，この地球においてのみ生き抜き，この地球の環境を穏やかでマイルドなものにする要因なのである．破断的な宇宙システムは，この地球生命の循環的連続システムによって，穏やかで連続的・循環的なシステムになった．それが地球なのである．

　もし地球に生命が誕生しなかったら，地球は水星と同じように日中は摂氏400度をこえ，夜には−200度をこえるような破断的環境が今も続いていることであろう．それゆえ，もし神の存在を見るとするならば，それはこの生命の誕生した地球，いや穏やかで連続的・循環的地球を生み出した生命にこそ，神の存在を見るべきなのではあるまいか．

（5）　宇宙における普遍性と特殊性

　もちろんDNAの螺旋構造をもたない地球外生物が存在し，松井（2005）の指摘するように，「宇宙にはもっと普遍的な生命があって，もしかすると地球上の生命のほうが，特殊だという可能性も」あるかもしれない．さらに松井は「物理学や化学については，少なくともこの宇宙では普遍性をもつことが，確かめられたが，生物学は，銀河系スケールではもちろん，太陽系スケールでも何の普遍性ももっていない．だからこの宇宙における普遍的な生物学を探究するためにアストロバイオロジーを提唱する」と述べている．それは現代の科学の行き着く方向としてはまことに当を得た視点であり，アストロバイオロジーの進展によって，未来の人類はまったく新しい生命観を獲得できるかもしれない．

　しかし，物理学や化学によって宇宙に普遍性を追究した結果は，ホーキング（2005）が述べていたように「宇宙の究極の理論は存在せず，だんだん正確に宇宙を記述できるようになっていくが，決して完全に正確にならない理論が延々と続いていく」というのが科学者の正直な本音なのではあるまいか．

　超越的秩序，普遍性を求める科学や宗教は神の存在を天に求め，宇宙の摂理の探究に人々を駆り立てた．しかしその結果は，かならずしもその目的を明快に達しえたとはいえなかった．

　むしろ，これまで何人もの宇宙飛行士が感嘆し

Ⅶ. 現代社会と宗教

た言葉は『青く美しい地球』だった．宇宙飛行士が神の存在を確信したのも宇宙から地球を見たときだった．その生命の惑星地球の特殊性にこそ目覚め，命の輝きに神の存在を予感する科学と宗教の世界を創造しなければならないのではあるまいか．

(6) 死は生命の適応戦略の産物

破断的な宇宙システムに循環システムをあたえたのが生命であった．生命世界がこの地球に誕生したことによって，地球にだけは循環システムが形成された．宇宙のなかにはほかにも生命を宿す惑星があるかもしれないが，現時点において，地球はその破断的な宇宙の中において唯一，生命の循環システムが形成された惑星なのである．

循環をシンボライズする古代人のスパイラルのように，生命の根源は循環である．縄文人もマヤやマオリの人々も循環を重視した．なぜ古代人が渦巻き文様にこだわったのかは，まさに生命の本質が循環であるからであろう．

生命はこの破断的な宇宙システムに適合するために，死をみずからのDNAの中に組み込んだ．死は破断的な宇宙システムへの生命の適合装置であった．バクテリアなどの下等生物には死は存在しない．死のシステムをもつのは高等生物である．

大橋（2003）は，死をとりのぞいた人工生命モデルと，死を組み込んだ人工生命モデルをシミュレーションして比較した．すると，両者は発展の度合いが大きく異なることが明らかとなった．死を組み込まない人工生命はある時点で発展の限界点に達する．一方，死を組み込んだ人工生命は，資源と環境が許す限り発展しつづけることができる．

死は破断的な宇宙システムに，生命が適応するために獲得した適応戦略・生き残り戦略であったのである．カタストロフとは，破断的な宇宙システムによって生命世界が甚大な影響をこうむることを意味する．そのカタストロフに適合するための戦略として，生命は死という究極の適応戦略を編み出したのである．大量絶滅によってカタストロフを回避する．しかし，生命は完全には絶滅せず，カタストロフのあとにはかならず生命の大発展が存在した．

(7) 宗教は死ななければならない

同じように破断的な宇宙システムに宗教と文明が適応するためには，宗教や文明みずからが，死の装置を取り込む必要があった．「永遠不滅の宗教や文明など存在しない」というのは，まさにこのことを意味している．これまでのメソポタミア文明もローマ文明そしてマヤやインカ文明も，すべての文明は崩壊した．同じように宗教も死ぬのである．永遠不滅の宗教なぞは存在しない．

なぜ宗教や文明は永遠不滅ではないのか．それは宗教や文明を構築した人間の生命が死をもっているからである．破断的宇宙システムによる危機を乗り切り，次の世代へと命の連鎖・宗教と文明の連鎖をつなぐために，宗教も文明もまた，死という究極の適応戦略を選択したのである．宗教と文明が生き残るためには死ななければならないのである．永遠の宗教などは存在しえないのである．それが人間の妄想の産物であるのなら，なおさらである．

現代文明もそして現代の宗教もまたこれまでの文明と同じように死ぬ．確実に死ぬ．そうでなければその先にまっているものは宗教と文明の終わり，すなわち人類の絶滅でしかないからである．それゆえ，「我々は現代文明と現代の宗教が死ぬことを前提として生きることが必要なのである」．そして現代文明と現代の宗教にかわる新たな宗教と文明を構築するにはどうしたらいいのかを，今から模索しなければならないのである．

(8) 生命文明の宗教としてのアニミズム

現代文明の破滅的死の後には，生命の循環システムに立脚した生命文明が構築されるであろう．宇宙システムの文明から生命システムに立脚した生命の文明への転換が必要なのである．それこそ伊東（1990）の指摘する「生世界革命」なのである．その「生世界革命」の立役者になれるのは，森の中で誕生した仏教であり，神道であろう．釈

迦の最初の説法は，すなわち我々人類への問いかけは「一切が苦である」からはじまった．その苦とは生命のかかえる苦である．破断的宇宙システムに代表されるように，この世は無常である．その無常の世界を生きるためには苦がともなう．ゆえに地球・生命の一切衆生の生老病死は苦的なものであると釈迦は説いたのである．

苦が滅した状態，これが悟り，安楽の境地であり，涅槃の楽は苦楽を超えた楽である．生きることの苦，生命の苦から釈迦が仏法を説きはじめたことは重要である．なぜならキリストは初めに「光あれ」と説いた．それゆえ，この光の天地の創造からはじまった一神教の世界が，近代科学と結託して物質エネルギー文明を発達させることができたのである．光はあらゆるエネルギーの源である．これに対し，生命の苦から問いかけがはじまった仏教は，21世紀の新たな生命文明を発達させる原動力となりうる．

そして科学の分野もまた普遍性を追究する物理学や化学にかわって，命あるものを取り扱い特殊性を追究する生命科学の分野がより重視されることになるであろう．

物質・エネルギー文明を発展させたのは17世紀の科学革命にはじまる普遍性を追究する物理学と化学であった．その物理学や化学は普遍性を探究し，宇宙の起源と進化にまで深い洞察を行うことを可能とした．しかし，その結果は宇宙を統一する統一的理論すなわち超越的秩序を発見することはますます困難となり，それを統一する神の存在をもむしろ否定する結果となった．この宇宙を支配する超越神の探究から始まった物理学は，その行き着いた先が超越神の存在を否定する結果だった．

普遍性を求め続けた物理学の世界は，もはや人間の脳内での哲学的思索のレベルでしか存在しえないものになりつつあるのではあるまいか．

17世紀の科学革命によって発展の契機が与えられた物理学や化学は，普遍性を探究し物質・エネルギー文明の構築に大きく寄与した．しかし，今やその科学の限界が露呈しはじめたのではあるまいか．超越的秩序や普遍性を求め続けた科学革命以来の科学の背景には，超越神が存在するという漠然とした期待感があった．そしてそれを求め続けた結果は，かならずしも期待通りのものではなかった．

きたるべき生命文明の構築には，普遍性よりもむしろ特殊性を重視する科学が重要な役割を果たすであろう．伊東（1990）のいう「生世界革命」の立役者となるのは，命の重みを見つめる科学，命の輝きに畏敬の念をもてる科学であろう．それはアニミズムに立脚した生命科学であるといっても過言ではあるまい．

物資・エネルギー文明が華やかなりし頃には，物理学や化学が科学の王道だった．しかし生命文明の時代には地球学や生物学，農学など生き物を対象とし，普遍性よりも特殊性を重視する科学が王道になるであろう．ノーベル賞は物質・エネルギー文明を代表する科学賞だが，生命文明の時代にはノーベル賞にかわる新たな科学賞の設定も必要になるだろう．

同じように芸術の分野においてもそれはいえる．ベートーベンの第9交響曲はまさに，天に創造主を求めるシラーの歓喜の歌で最終楽章を終わる．その歓喜は天を志向する人間のみの歓喜に満ちたものであった．それは超越的秩序の下に，普遍性を探究しようとした19世紀の近代ヨーロッパで花開いた人間中心主義の物質・エネルギー文明の精神の極致を感動的に音の世界として表したものにほかならなかった．

21世紀の新たな生命文明の時代には，すぐれた芸術家，そして未来を切り開く宗教家は，天を志向するのではなく，大地をそして大地に生きる生き物たちの命の輝きを歌い上げる歓喜の歌をアニミズムの宗教の下に作るようになるであろう．

（本稿は脱稿してから刊行までにずいぶん時間がかかった．そのためにその間に本稿に関連する論文や単著が刊行された．さらに詳細をお知りになりたい方は拙著『一神教の闇』（ちくま新書，2006年）をご参照いただければ幸いである）

参 考 文 献

アイゼンシュタット，S. N.（梅津順一・柏岡富英訳）『日本比較文明論的考察』岩波書店，2004年．

◆ Ⅶ. 現代社会と宗教 ◆

伊東俊太郎『比較文明』東京大学出版会，1985年．
伊東俊太郎『比較文明と日本』中公叢書，1990年．
大橋　力『音と文明』岩波書店，2003年．
川勝平太・安田喜憲『敵を作る文明・和をなす文明』PHP，2003年．
グリビン，J.（立木教夫訳）『宇宙進化論』麗澤大学出版会，2000年．
鈴木秀夫『超越者と風土』大明堂，1978年．
竹内信夫『空海入門』ちくま新書，1997年．
田近英一「地球環境と生命進化」松井孝典編著『地球は宇宙でたった一つの存在か』ウエッジ選書，2005年．
立木教夫『現代科学のコスモロジー』成文堂，1992年．
ハンチントン，E.（間崎万里訳）『気候と文明』岩波書店，1938年．
ハンチントン，S.（鈴木主税訳）『文明の衝突と21世紀の日本』集英社新書，2000年．
ホーキング，S.（佐藤勝彦訳）『ホーキング，宇宙のすべてを語る』講談社，2005年．
松井孝典『宇宙で地球はたった一つの存在か』ウエッジ選書，2005年．
松本健一『砂の文明・石の文明・泥の文明』PHP新書，2003年．
安田喜憲『森のこころと文明』NHKライブラリー，1996年．
安田喜憲『蛇と十字架』人文書院，1997年．
安田喜憲『気候と文明の盛衰』朝倉書店，2005a年．
安田喜憲『巨大災害の時代を生き抜く』ウエッジ選書，2005b年．
ヤスパース，K.（重田英也訳）『歴史の起源と目標』理想社，1964年．
山折哲雄『こころの作法』中公新書，2003年．
レイドラー，K.（寺嶋英志訳）『宇宙はなぜ美しいのか』青土社，2005年．
渡辺　格「物質文明から生命文明へ」長倉三郎ほか監修『文明と環境』ぎょうせい，1990年．
Dansgaard, W. et al.: Evidence for general instability of past climate from a 250-kyr ice-core record. *Nature*, 364, 218-220, 1993.

10 エコ・レリジョン

Ⅶ. 現代社会と宗教

山折哲雄

10.1 エコ・レリジョンとは

エコ・レリジョン（Eco-Religion）——フルネームでエコロジカル・レリジョン（Ecological Religion）．日本語で「万物生命教」もしくは「地球教」．すなわち地球環境の全体系と調和する「教え」，という意味であるが，これは定義ではない，機能的説明である．「エコ・レリジョン」は時代と環境の変化に応じて，その形と内容を伸縮自在に変容させる．類語にレスター・ブラウンが主唱する「エコロジカル・エコノミー（Ecological Economy）」がある．地球環境と調和的な関係を取り結ぶ経済という意味である．エコ・レリジョンはこのエコ・エコノミーと相関的な関係にある，といってよい．

目を，現代世界の紛争地点に向けてみよう．例えば，イスラエルとパレスチナ，インドとパキスタンに挟まれたカシュミール地域，原理主義タリバーンの活動拠点だったアフガニスタンなど．これらの地域では，いまなお宗教の対立抗争が，政治や軍事，経済や民族の複雑に入り組む網の目にからめとられ，流血の惨事を繰り返している．ついで世界における環境破壊の現状にも目を注がなければならない．いたるところで水源が枯れ，地上の砂漠化が進行している．気候変動に基づく自然災害が頻発し，飢餓地域の拡大，難民の大量発生がやむことがない．大気の汚染をそのままに，資源の開発とその獲得競争があくことなく追求されている．以上が，20世紀から21世紀にかけて観察される地球規模の著しい変化であり，一貫した傾向である．このように世界を展望するとき，長い歴史的伝統をもつ仏教やキリスト教，そしてイスラーム教は，いまあげた地球大の諸困難を乗り越えるために，いったいどのような処方箋を示し，どのような解決策を提示することができるであろうか．おそらくその可能性はかぎりなくゼロに近いのではないだろうか．それどころか，宗教や教会そのものの存在が，むしろ地球におけるさまざまな紛争地点の危機的な火種になっているとさえいえる．歴史的宗教としての仏教，キリスト教，イスラーム教は，すでにその賞味期間が切れているといわなければならない．少なくとも「教団」や「宗派」という名の枠組において，その歴史的生命を終えつつあるというのが偽らざる現状ではないか．これまでこれらの歴史的な宗教は，民族や国家や地域の垣根をこえて拡大しその教線をひろげてきたところから，しばしば「普遍宗教」とよばれてきた．しかしその「普遍性」なる特徴は，今日の世界の状勢においては急速に色あせ，その固有の意味を喪失してしまっているというほかはない．「普遍宗教」神話が音を立てて崩壊の度を加えているのである．

10.2 普遍宗教の危機

ところでこの「普遍宗教」なるものは，いった

◆ Ⅶ. 現代社会と宗教 ◆

いどういう性格の「宗教」だったのだろうか．かつて，歴史上に存在したさまざまな「宗教」の発生・展開のあとを，進化論の図式に基づいて歴史的に定義づけようとする試みがあった．西欧近代の哲学者や神学者たちが考え出した観念的な見取図である．すなわち人類の宗教は，原始宗教（アニミズムやシャーマニズム）の段階から多神教の段階に進化し，さらにそこから一神教へとのぼりつめ，発展・進化をとげたとする一種の思考実験である．その一神教についても，カトリック的段階からプロテスタント的段階へと進化したと考え，この後者のプロテスタント的キリスト教段階を宗教の最高形態であるとする，キリスト教中心主義に立脚する図式である．そしてこの進化論的な宗教発展段階説が，さきの「普遍性」理念と手を結んだとき，「普遍宗教」なる観念がその西欧世界の胎内から誕生したのだといってよい．すなわちキリスト教こそがその「普遍宗教」の第一走者であったとする思想が生み出された．

しかしその「普遍宗教」神話が，いまや崩壊の危機に瀕していることはさきにふれた通りである．地球大の規模にふくれ上がった人類的苦難に，何らの救済策を提示できない歴史的な「普遍宗教」は，すでに普遍宗教の名に値しない．したがって同時に，進化論的な宗教発展段階説もまた，その不毛な無効性を露呈してしまっている．だが，もしもそうであるとして，それでは人類はこのさき新しい世紀を迎えて，それらの「普遍宗教」なしで生きていくことができるのか．そもそも人間は宗教なしで生存していくことができるのか──そういう疑問がつぎに生じてくるだろう．その問いに対して，われわれはどのように答えるのか．この問いは，歴史はじまって以来の重大な問いではないか．しかし現実の歴史が人類に教えてきたことは，人類はこの世にあらわれ出たときから，一日たりとも「宗教」なしで生活することなどとうてい不可能であるということだったのではないか．この大自然や大宇宙のなかに投げ出された人間たちは，その自然や宇宙との関係において何らかの「宗教」の契機をつかむことなしに意味ある生存を継続することはできなかったからで

ある．「宗教」はいってみれば，人間が人間であることを示す存在証明そのものだったからである．たとえ「普遍宗教」の賞味期間が切れ，その意味が消失したとしても，われわれは「宗教」なしでは一日たりとも生きていくことはできない．現実のわれわれをとりまく宗教的砂漠状況のなかで，それでもなお「普遍宗教」にかわる「宗教」を追い求めていくほかはない──それが今日におけるわれわれの最大の運命的な課題ではないだろうか．

目を転じなければならないときがきたのである．視界を広げてものを考えるときが熟したのである．まずもって，今から5000年前，1万年前のことを想像してみよう．そのとき，この地球に住む人間たちはいったい何を支えにし，どういうことを考えて生きていたのか．何を信じて生きていたのか．ブッダが歴史上にいまだ登場せず，イエスもまた姿をあらわすはるか以前のことである．仏教もキリスト教も，そして老子も孔子も，その影も形も存在することのなかった時代のことである．ムハンマドのイスラーム世界についてはいうまでもない．今から5000年前，1万年前のこの地球上においては，人々はただ「万物に生命あり」と感じつつ生活していたのではないだろうか．植物界，動物界を含めて，すべてのものに生命が宿っていると信じて生きていたはずである．川の流れや森のそよぎ，木石のたたずまいや風雨の勢いのなかにも生命の働きをみとめて，自分たちの生活を律していたのではないだろうか．天地の万物に生命を感受するとき，人々は自己の生命のリズムを同時に感受していたにちがいない．自己と宇宙，自分の心とさまざまな生命界が自然な律動のなかでつながっていることを実感していたはずである．そしてこのような感覚や認識は，この地球上のどの地域に住む人々によっても共有されていた．風土や文化の相違をこえて共有されている，もっともベーシックな価値観であり世界観であった．その誰によっても共有されているという経験こそ，じつは「万物生命教」なるものを生み出す真の母胎だったのではないだろうか．人類にとってもっとも原初的な「宗教」だったといっ

ていいし，その意味でもっとも普遍的な性格をもつ「宗教」だったわけである．われわれは今こそ，仏教やキリスト教の上に冠せられてきた「普遍宗教」なる名辞を，この「万物生命教」の上に移しかえなければならないときにきている．「万物生命教」の内実にもっともふさわしい名辞として，それを復活蘇生させなければならないときを迎えているのである．

10.3 万物生命教の胎動

この「万物生命教」においては，これまでの記述からも明らかなように，原初の昔から教祖なるものは存在しなかった．理論的な教義も煩瑣な儀礼も必要としなかった．ましていわんや攻撃的な布教や伝道活動などの発生する余地はまったくなかった．「宗教」なるものを定義するときにかならずもち出されるこれらの道具立ての一切が，そこには欠如していた．その意味においてこの「万物生命教」は，そもそも「宗教」以前の宗教としか名づけようのない性格のものだった．その「万物生命教」の，いってみれば先史的感性や認識が，21世紀の地球人類の心のうちに切実なリアリティーをともなって蘇ってきているのではないだろうか．仏教やキリスト教などの「普遍宗教」に先立って存在していた「万物生命教」は，その普遍性なるものの今日における画期的転換の時代をへて，ふたたびその存在意義を主張しはじめ，歴史的な普遍宗教の衰亡，死滅のあとを受けて「宗教」の名を掲げる最後のランナーとして復活しつつあるのかもしれない．そしてこの普遍宗教の最終ランナーである「万物生命教」こそ，地球人類とともに持続的に共存しうる最後の「宗教」，すなわちエコロジカル・レリジョンそのものとなる運命を担っているようにみえる．もしもそうであるならば，そのときふたたびブッダやイエスの生き方，およびムハンマドの信仰が，その原初の姿において蘇り，エコロジカル・レリジョンのあるべき道標としてわれわれの前に立ちあらわれてくるにちがいない．その役割は，新たな時代を導くエコロジカル・シンカー（環境カリスマ，または思考原人）としてのそれであり，かれらによって体現されるエコ・シンカーとしてのライフスタイルが新時代におけるエコ・レリジョンの重要な指標となるにちがいない．しかしながらこのようなエコ・レリジョンとしての「万物生命教」は，いま誕生したばかりである．産声をあげてよちよち歩き出しただけの赤児である．その新生児が今後どのような成長をとげていくのか，しばらくは見守るほかはないが，しかしその確かな誕生を告げる予兆の声は，かすかながらこの地球上の生活圏のかなたからすでにきこえている．その予兆の声のいくつかについて，つぎに指摘しておかなければならない．

10.4 9.11 テロと二つの詩篇

ちょうど，あの2001年の9月11日に発生した同時多発テロの事件をはさんで，作者不明の二つの詩が世界をかけめぐるようになっていた．この二つの作者不明の詩はインターネットの電波にのって，しだいに世界の各地に伝えられ人々の心のなかに浸透し，感動の輪を広げていった．その一つが「世界がもし100人の村だったら」，もう一つが「千の風になって」である．やがてこの二つの詩篇は，その原作者がつきとめられたり想像されたりするようになったが，はじめにそれが伝えられ広められていくプロセスにおいては，その作り手を知る者はほとんどいなかったという．それらの詩は，ただ光のように宇宙のなかを縦横無尽に飛び交い，風のように吹きわたっていたのである．

「世界がもし100人の村だったら」という詩は，いったいどんな話から成り立っているのか．現在，世界には63億人が住んでいるが，仮にその規模を縮小して，100人の村にしたら，どういう光景がみえてくるだろうか．それを巧みな比喩を用いて表現したのが，この詩篇だった．簡潔な言い回しで，明晰なイメージを喚起することに成功している．今日，人類がおかれている運命の苛

◆ Ⅶ．現代社会と宗教 ◆

酷な状況，そしてまたわれわれの文明の危機的な様相が，これ以上ない鋭い言葉でそこには描き出されている．例えば，話はこんな風にすすんでいく．63億人の世界をもしも100人の村に縮めると——，

　　30人が子どもで／70人が大人です／そのうち7人がお年寄りです．

また，こんなのもある．

　　61人がアジア人です／13人がアフリカ人／13人が南北アメリカ人／12人がヨーロッパ人／あとは南太平洋地域の人です．

また，

　　33人がキリスト教／19人がイスラム教／13人がヒンドゥー教／6人が仏教を信じています／5人は木や石など，すべての自然に霊魂があると信じています／24人は，ほかのさまざまな宗教を信じているか，あるいは何も信じていません．

90人の異性愛者に対して10人の同性愛者，というのも出てくる．20人は栄養が十分でなく，1人は死にそう，でも15人は太り過ぎ，という皮肉な比較が顔をのぞかせる．自分の車をもっているのは7人のうちの1人．

　　すべての富のうち，6人が59％をもっていて，みんなアメリカ合衆国の人です／74人が39％を，30人が，たったの2％を分けあっています．（中略）村人のうち，1人が大学の教育を受け，2人がコンピューターをもっています／けれど，14人は文字が読めません．

富の偏在，不幸の局所集中，地球規模の生活の不均衡などがつぎつぎと語られていって，最後に，しかし「昔の人は言いました　巡り往くものまた巡り還る，と」．そういってから

　　だからあなたは／深ぶかと歌ってください／のびやかに踊ってください／心をこめて生きてください／たとえあなたが，傷ついていても／傷ついたことなどないかのように／愛してください

　　まずあなたが／愛してください／あなた自身と，人が／この村に生きてあるということを．

"If the world were a village of 100 people"（『世界がもし100人の村だったら』，池田香代子／再話，C．ダグラス・スミス／対訳，マガジンハウス，2001年12月）

　この詩的なメッセージは，いつ頃からかEメールの形で世界中をかけめぐるようになっていたという．あっというまに人々の心の中に忍びこみ，口コミ，いや「ネットコミ」の形で情報世界を流通しはじめたのである．解説者の池田香代子によると，これこそまさにグローバル時代の民話，すなわちインターネット・フォークロア（ネット・ロア）というべきものではないかという．その伝染力と吸引力の強さは無類だったといっていい．はじめのうち，このメルヘン的なネット・ロアの作者の正体はわからなかったが，やがてその原作者が著名な環境学者であるドネラ・メドウスであると特定された．ローマ・クラブが主導してつくった『成長の限界』（ダイヤモンド社，1972年）の有力な執筆者の一人である．この本は数百万部を売り上げ，世界28か国で翻訳されている．みられる通り，上に引用した詩的なメッセージに盛られた一つひとつの言葉には，この地球人に対する警告と励ましの気持ちがこめられている．解説者によると，そこにはとりわけ「祝福」「地上の王国」「照らす」などといった表現がみられ，宗教的な色彩と象徴にみたされているという．その言葉遣いから，このメッセージの伝播の中心がキリスト教圏であったことがうかがえるが，しかし，その宗教的な色彩と象徴そのものの性質は特定の歴史的な宗教伝統の枠をこえた広がりと深さをたたえている．むしろここでいうエコロジカル・レリジョンにこそふさわしい内容と雰囲気をあらわしているといっていいのではないだろうか．そしてもう一つ付け加えるならば，このメッセージが，たとえのちに作者が特定されることになったとしても，実際にはほとんど無名作者の作品として流通し，愛されつづけているということが大切な点である．われわれの環境と文明のこれからの可能性を占う上で，それが黙示録的な洞察を示していると考えられるのも，じつはそうしたところにあるのではないだろうか．声なき声

10. エコ・レリジョン

の魂の叫びを，これ以上ない緊張感をもって凝縮して示したところにこの詩的メッセージの魅力と迫力が宿っているのであろう．そしてこのようなネット・ロアの伝播力と影響力のなかに，エコ・レリジョンの可能性の一つを見出すことができるのである．

また，世界に強い関心の輪を広げているもう一つのネット・ロアが，冒頭にふれた「千の風にのって」（A Thousand Winds）である．英語の原詩はわずか12行．これは流行しはじめた最初から最後まで作者不明のままだった．もしかすると作者などは本当は存在せず，宇宙のかなたからこの地球にとどけられた風の声，であったのかもしれない．ここでは，その原詩を翻訳した新井満の文章を掲げてみよう．

　　　私のお墓の前で　泣かないでください
　　　そこに私はいません　眠ってなんかいません
　　　千の風に　千の風になって
　　　あの大きな空を　吹きわたっています

　　　秋には光になって　畑にふりそそぐ
　　　冬はダイヤのように　きらめく雪になる
　　　朝は鳥になって　あなたを目覚めさせる
　　　夜は星になって　あなたを見守る

　　　私のお墓の前で　泣かないでください
　　　そこに私はいません　死んでなんかいません
　　　千の風に　千の風になって
　　　あの大きな空を　吹きわたっています

　　　千の風に　千の風になって
　　　あの　大きな空を　吹きわたっています

　　　あの　大きな空を　吹きわたっています

　　（原作者不明，日本語詩：新井満，『千の風になって』講談社，2003年11月）

この詩をそのまま読んでいると，いやその言葉を一つひとつ聴いていると，空のかなたから語りかけてくる宮沢賢治の声のようにもきこえる．この，もう一つのネット・ロアともいうべき作者不明の「西洋の詩」はすでに1970年代の頃には知られていたらしい．それが日本の多くの読者に広く知られるようになったのは，作家の新井満がそれを独自の日本語詩にして出版してからである．そこには訳者によっていろいろな驚くべきエピソードが語られている．「千の風にのって」という西洋詩は，じつは「生き残った者による追悼の詩」ではなく「天国から送りとどけられた死者の書いた詩」である，といったような….それにしても「千の風にのって」の「風」とはいったい何か．訳者はこの英語詩の謎を解く鍵はその「風」にあるといって，つぎのように書いている．――「風を見た人は一人もいない．つかまえた人も一人もいない．にもかかわらず風はいつだってどこにだっている．自由自在に遍在している．生まれたと思えば，すぐに死ぬ．死んだと思えば，すぐに息を吹き返す．そうだ．風とは，息なのだ．大地のいぶきなのだ．地球の呼吸なのだ．千の風になるとは，大地や地球や宇宙と一体化することなのである．人間が死ぬと，まず風になる．次に，様々なものに生まれ変わる」．新井満がこの詩を「死者たちによる天国からの返辞」といい，「死と再生の詩」と呼んでいるのもうなずける．

インターネット上では，この詩の作者探しが行われていたのだという．しかしその試みはいつも失敗に終わったようである．ただ，この「風のような詩」にまつわるネット・ロアが伝えられ広がっていく過程で，あの9・11の事件の記憶がそれと微妙に交錯していたことは衝撃的である．――そのテロ事件の当日，世界貿易センタービル高層階にあるレストランでシェフをしていたクラークさん（39歳：当時）が，崩壊したビルと運命をともにした．彼が最後に目撃されたのは，ビルの88階で車イスの女性を必死に助けようとしている姿であった．そしてその翌2002年9月11日，その現場のグラウンド・ゼロで行われた一年目の追悼集会で，クラークさんの娘，ブリッタニーさん（11歳：当時）が，この英語詩を朗読したのだという．そのときかの女は，「まるでこの詩は，父が耳元でささやいてくれているような気がして

◆ Ⅶ. 現代社会と宗教 ◆

なりません」といった．またこの詩は，すでに1977年，映画監督のハワード・ホークスの葬儀で，俳優のジョン・ウェインが朗読していた．1987年，マリリン・モンローの25回忌のとき，そのワシントンにおける追悼式の席上でも朗読されている．そして1995年，ある24歳のイギリス軍兵士（ステファン青年）がIRAのテロの犠牲になって死んだとき，あらかじめ両親にあてて書かれていた遺書のなかに，この英語詩が綴られていた．そのことがBBCで放送されるや大きな反響を呼び，たちまちイギリス全土の1万人以上の人々からリクエストが殺到したという．いずれも訳者・新井満の「あとがき」に印象深く紹介されている話（ネット・ロア）である．時代は世紀の境い目をあいだにはさんで，明らかに変化の兆候を示している．エコ・レリジョンへの無意識の願望が，世界の各地にその変化の風を吹きつけているのである．

10.5　往復する巡礼と円環する巡礼

　今，世界の人々の目を釘づけにしている場所の一つが，イスラエルの聖都エルサレムではないだろうか．なぜならそこには，世界の三大一神教の聖地が集中し，しばしば対立と紛争が繰り返されているからである．その聖地の一つが，かつてユダヤ教の神殿があったあとに残されている「嘆きの壁」である．そこには毎日のようにユダヤ教徒がやってきて祈りを捧げている．もう一つが，その目と鼻の先にそびえているイスラーム教の黄金のドームである．ドームの内部には大きな岩があって，そこを伝ってムハンマドが昇天したといわれる聖所になっている．そして第三に，この聖なる「壁」と「岩」のそばに，キリスト教の聖墳墓教会が建てられている．そこはかつてゴルゴダの丘と称されていたところで，イエス・キリストが十字架にかけられて犠牲になった場所である．このエルサレムの聖都には毎日のようにたくさんの信者が参拝するためにやってくるが，よくみているとユダヤ教徒は「嘆きの壁」だけにお詣りして帰っていく．キリスト教徒も教会にだけ参拝し，またイスラーム教徒は黄金のドームにだけ詣って帰途につく．それぞれ自分たちの聖所にだけお詣りして帰っていくのであって，他の一神教の中心を同時に巡り歩くということをしない．つまりその巡礼行動は，それぞれの聖地の「中心」とのあいだの往復運動になっている．したがってユダヤ教徒はキリスト教の「教会」やイスラーム教の「ドーム」にはお詣りしないし，キリスト教徒もまた「嘆きの壁」や「ドーム」に足を向けることがない．ここから，一神教世界の巡礼が他者排除的な往復運動から成り立っていることがわかる．そしておそらく，このような他を排除する直線的な往復運動のなかに，今日パレスチナ問題として知られる宗教対立の種子の一つがまかれているのではないであろうか．

　これに対して日本列島における霊地巡礼のあり方はどうだったのであろうか．例えば西国三十三観音霊場巡りや四国八十八札所巡りをみればわかるように，この国における巡礼行動ははじめから円環運動に基づいて成り立っていた．この西国巡礼や四国巡礼は，今日でこそ主として寺々を巡り歩くものと理解されているけれども，しかし伝統的には寺から寺へのルートをたどる途中，野のなか森のなかに祀られている名もなき神々の祠にも敬虔な祈りを捧げながら歩く，というものだった．また，神々への巡礼ということになれば，むろん誰でも知っているお伊勢詣りをあげなければならない．伊勢神宮とそれをめぐる神々へのルートは，全国の各地から多くの巡礼者を集める中心的な霊場群だった．西国観音霊場や四国札所の巡礼，遍路道がホトケの道であったとすれば，この伊勢神宮への巡礼路はカミの道を代表するものだったといっていい．また，ここでとくに注意しなければならないのは，日本列島の各地からやってくる巡礼者たちが，いま記したホトケの道からカミの道へ，そしてまた逆にカミの道からホトケの道へと，相互に乗り入れる巡礼行動を自然につくりあげていたということである．伊勢参宮の道からさらに熊野詣での世界に入っていく人々の流れができ，そこからまた西国三十三観音霊場へと足

をのばしていく人々の流れがつづく，という具合であった．またお伊勢詣りと善光寺参詣の旅をセットにして巡り歩くルートもつくられていった．カミの道からホトケの道へ，ホトケの道からカミの道へ，という重層的な参詣ルートが，いつのまにかこの日本列島を毛細血管のようにはりめぐらすようになったのである．小さな巡礼の円運動がしだいに螺旋形を描いて大きな円運動へとつらなっていく．その重層的な巡礼の円環運動のルートのなかに，この日本列島の多神教的風土が巧みにとり入れられ，そのなかからゆるやかで，柔軟な宗教心が育まれていったのではないであろうか．そしてこのような，いってみれば「神仏和合」の巡礼行動のなかにこそ，これまでのべてきたエコロジカル・レリジョンの重要な特質の一つが横たわっているのである．エコ・レリジョンの日本列島ヴァージョンといってもいい．ところがまことに不幸なことに，この「神仏和合」の巡礼行動が，130年前，明治初年の神仏分離令の発布によって危機に見舞われた．上からの宗教改革によってカミの領域とホトケの領域が切り離され，神道と仏教における信仰と儀礼が一刀両断のもとに断ち切られたからである．「普遍宗教」を理念化した形で強行された神仏分離の人工的試みであったといっていい．そしてそれに応じて巡礼路としてのカミの道とホトケの道も分離の道を歩むことになったのである．そのような政策は一面で，それまでの「神仏和合」という多神教的な信仰のあり方を軌道修正し，外来の一神教的な観念や基準に基づいてそれをつくり直そうとするものだった．しかしながら民間の信仰圏においては，このような国家による上からの分離政策にもかかわらず，じっさいには「神仏和合」に基づく伝統的な信仰の立場が片時も忘れられることなく守られていった．神の社のかたわらに観音や地蔵を祀りつづけ，寺の境内にも神々の祠を祭ることをけっして忘れなかったからである．「普遍宗教」的観念の攻撃性に対して，エコ・レリジョンの本来的な共存体質を示す一例であるといっていいのではないだろうか．

10.6 「宗教間対話」から「宗教的共存」へ

2005年の12月中旬，パリのユネスコ本部でバチカン主催の「対話シンポジウム」が行われた．テーマは「対話の可能性——パウロ6世と文化の多様性」となっていた．参加者は哲学・神学・宗教学・歴史学の各分野の専門家，それにヴァチカンから派遣されたユネスコ大使と枢機卿が加わり，筆者を含め総数8名で構成されていた．知られているようにこの年の4月，ヴァチカンでは法王が替わった．ポーランド出身のヨハネ・パウロ2世が亡くなり，そのあとをドイツ出身のラッツィンガー枢機卿が継ぎ，ベネディクト16世が誕生していた．前法王は中東和平の推進に積極的だったが，新法王はその路線を継承するのかどうか，また前法王は妊娠中絶と女性祭司を禁止し保守的な態度を崩さなかったが，後継者も同じ構えでいくのかどうか．ヴァチカンの政策が外交を含めて，今後どういう方向をとるのかしばらくは見守るほかはないが，少なくとも「宗教間対話」ということでいえば，それはカトリック側の世界戦略として一貫したものだったといってよい．思い返すと，1960年代，ヴァチカンは第2公会議を開いて宗教間対話を推進する大きな動きをみせた．その法王がパウロ6世で，このとき発布された法王の回勅が今回の会議に先立って参加者のもとに送られていた．シンポジウムのテーマがさきの「対話の可能性——パウロ6世と文化の多様性」となっていたのもそのためである．ただ，一口に宗教間対話とはいっても，これまでの筆者の経験からすると，それはいつでも一神教と一神教の対話，または一神教と多神教の間の対話，という形をとる場合がほとんどであった．そして議論は，いつのまにか教義の対立，世界観，価値観の相違の問題へと展開していく．会議の終盤近くなってようやく，その相違の相互認識，あきらめと疲労感の入り混じった自己納得，というところに落ち着いて，幕が下りる．その繰り返しであった．要するに，宗教的対話は最初から宗教的論争

Ⅶ. 現代社会と宗教

の性格をもっていたということである．それに対して今回筆者がシンポジウムで強調したかったことの一つは，その「宗教間対話」ということのほかに「宗教的共存」ともいうべき世界が現実にはたくさん存在しているだろうということだった．さきの「宗教間対話」の論争における攻撃性のかわりに，それ自体として共存の道をゆく信仰と信仰の棲み分け性といった問題である．その場合，それぞれの信仰（もしくは宗教）は自己をとりたてて主張することがない．そもそも主張する必要がない．なぜならこの宗教的共存の世界に生きる信仰の多くは多神教的な原理や価値に基づいて，多元的で多様な信仰のなかに息づいていたからである．その多様な信仰のあり方こそ，まさに文化の多様性ということの核心を示すものではないか．例えばカトリックにおけるマリア信仰，仏教における観音信仰，それにヒンドゥー教や道教における女神信仰（母神信仰）などの世界がそれにあたる．これらの信仰はそれぞれの領域に安住していて，そもそも対話を試みたり論争をいどんだりする必要がまったくない．ごく自然な形でそれぞれが棲み分け，共存しているからである．世界各地の霊場や聖地を訪れるだけで，そこにいまのべた民衆宗教の，ある種の「普遍性」のようなものさえみられることに気づかされるのである．知の体系のあちらこちらにほころびがみえはじめた新しい世紀に入って，われわれもそろそろ知的な宗教間対話の枠組みをはなれて，感性豊かな宗教的共存の現実世界に目を向けるべきときにきているのではないだろうか．そしてこのような宗教的共存の世界を通して，われわれはエコロジカル・レリジョンの新しい可能性を探ることができるだろうと考えているのである．それは知の体系によってがんじがらめになった「信ずる宗教」から離脱して，むしろ天地万物のなかに神や仏の生命の気配を感じて身を慎しむ，「感ずる宗教」の世界を目指しているのである．

11 巡礼と聖地

Ⅶ. 現代社会と宗教

寺戸淳子

11.1 概　　説

(1) 聖　地
1)「しるし」の場

　聖地とは，超自然の何かが宿るとされたり，神々や教祖など自分たちにとって大切な存在や重要な出来事にゆかりがあるとされる聖域をさす．人々は恵みを求めて聖地にやって来るが，そこで不適切な言動をとった場合には逆に身に危険が及ぶこともあるため，食物や着衣の規定，禁欲，不殺生など，さまざまな禁忌が存在する．女人禁制のように参詣者の資格が制限される聖地がある一方で，そこに逃げ込んだ者を外部の干渉から保護する「禁域（キリスト教社会のアジールなど）」の機能を果たすこともある．このように聖地は異質な領域として，そこでの言動や参詣資格に関わる規定の存在，そして何よりも特別な「しるし」や囲いの存在によって，日常生活世界から明確に区別されている．「しるし」となるのは主に，山・樹木・洞窟・岩・湖・川・滝などの自然の景観や，特定の人物・出来事を記念する物品などであり，それらのしるしにまつわる神話・伝説や奇蹟譚によって，そこが聖地とされるに至った経緯が物語られる．聖域空間はそれらの神話・伝説に描かれた世界の姿に基づいて構成され，それらを地上に再現しているため，訪れた人々はその空間に身を置くことで，聖地を聖地たらしめている世界観や価値観を体得することができる．なお聖地の発生に関しては，隠されていた「しるし」が啓示や動物などに導かれて発見される伝承が数多く存在し，人間はあくまでも受動的に聖地の成立に立ち会ったように描かれる傾向がある．また，仏舎利（釈迦の遺骨）のような「しるし」が分割・分配されることで，各地に新たな聖地が生み出されることも多い．

2) エリアーデの聖地論

　エリアーデ（M. Eliade, 1907-86）は，宗教の根源は人が「聖（この世を超越した何ものか）」を感じとることにあると考え，「聖の現れ」を意味する「ヒエロファニー」（ギリシア語の「神聖 hieros」と「現れる phainomai」からなる）という言葉を作り，これを聖地の本質を説明する概念として用いた．それによれば，聖地は「原初の啓示（聖の現れ）」が行われた「ヒエロファニーの場」であり，それこそが現在の世界を創り出した決定的な出来事であることから，聖地は「世界の起源」と認識される．さらにヒエロファニーの場は，「世界の中心」として「世界を動かす力」の源流につながった，「聖との交わりを可能にする場」と考えられるため，人々は日常生活世界の活力を更新する必要を感じる度に，そのような原点に立ち返るのだという．

3) 中心や果てとしての聖地／日常に隣接する聖域

　実際，世界にはカイラース山やシナイ山など「世界の中心」とされる神聖な山が数多くあり，その麓には「命の源」である水源があることも多

い（神聖な樹木や岩の側にもよく泉がみられる）．エリアーデによれば，それらの山は「原初の混沌」という「水」の中から現れ出た「存在」そのものであり，他の諸々の存在の基盤として以後けっして水中に没することはなく，洪水伝説で最後まで残る陸地はこのような山の頂であるという．道教や仏教では山は神仏の住む浄土とされ，古代ギリシアでも神殿は山や丘の上に建てられたが，山は同時に死霊が住む場所でもある．キリストはゴルゴダの丘で十字架にかかって亡くなったとされるが，そこはまた人類の始祖アダムが埋葬されたところともいわれる．聖地は生と死が交叉する場であり，聖地としての墓所は，力ある何ものかが始源へと帰っていった終焉の地，存在の果てであるため，人生の最終的な目的地や死に場所ともなるのである．

聖地はこのように，世界を創り出し支え続ける「中心」でも外への出口となる「果て」でもあるという両極性をもち，その点で，日常生活空間に隣接し日常生活を円滑に送る上で必要とされる社寺・教会などの「近隣の聖域」と異なる．命をつなぐ日々の営みの場である日常生活の時空間は，世界の「始まり」と「終わり」という境界によって区切られ，その外側には非日常の時空間が広がっているという感覚，「日常」は「世界」の限られた一部であり，わたしたちは世界の限られた部分で暮らしているという感覚がそこにはある．人々が抱く暮らしの外側への感受性・想像力が，聖地を存在させているのである．

4）聖地の意義

恵みによる刷新　生命が去来する場所である聖地では，生・死をはじめとする人生の重大事に関わる恵み（御利益，キリスト教の恩寵，イスラームのバラカなど）が与えられるとされ，聖地の「しるし」はこの恵みの媒体となる．人々は，世界の内側で人の力によってはどうにもできないことを，世界の外側につながった中心や果てまでもっていき，停滞した状況を打開するために恵みを求め，授かったときには返礼をするのである．また聖地で得られる恵みは，多くの場合心身の奇蹟的な治癒であるため，それとの類比から，聖地への巡礼は混乱した社会を癒し正そうとする政治的な運動と結びつくことがある．

グループ・アイデンティティの中核　聖地はまた，人々に共有されるべき社会的・中心的価値を具現する場所，過去・現在・未来にまたがる共通の運命を示す記念と約束の地として，そこに集う人々の間に「同じ価値と運命を共有するグループの一員である」という連帯感と帰属意識を生じさせる．聖地は人々をまとめる統合のしるしであり，「わたしたちは何者なのか」というグループ・アイデンティティの定点として機能する．このため聖地への参詣資格とグループへの参加資格が同視されている聖地では，部外者の立ち入りが禁止されることになる．

5）権力との関係

聖地が恵みを媒介し，集団の価値を支える中心だからこそ，その所有と管理は政治権力と威信の問題となる．聖地を管轄することは，グループを支える中心的価値の正統な保持・監督者であり，聖地で得られるとされる恵みを仲介する権利の継承者であることを意味するのである．また，かつて他の宗教的世界の聖地だったところを別の宗教宗派があらたに自分たちにゆかりの聖地とみなし，「しるし」となる物品や名称・伝説を変更してしまうことがあるが，このように「他者の聖地」を「自分たちの聖地」に改変し再規定することは，世界観の変換と権力の奪取を具現化する一つの手立てなのである．ある場所が複数の宗教的世界にとっての聖地となる理由の一つはここにある．

以上のように，聖地は人智を超えた大いなる力の観念や日常生活世界の外側への感受性だけでなく，自分たちはどのような世界やグループの一員なのかという帰属意識（内側への関心）にも関わっている．次に述べる「巡礼」も，世界の中心・果てにあるとされる大いなる何ものかへの接近であると同時に，先人や同胞との関係など，「わたし」を取り巻き支えている関係に飛び込んでいく機会でもある．

(2) 巡礼
1) 日常生活世界からの離脱
　ヨーロッパではラテン語の「ペレグリーヌス *peregrinus*（その土地に本籍をもたない一時的滞在者，ローマ市民権をもたない外国人寄留者などを意味し，転じて通過者・異邦人を指す）」が6世紀頃「巡礼者」の意味で用いられるようになったように，日常生活世界を離れて聖地を旅する巡礼には，「本拠地を離れる」という含みがある．儀礼的行為である巡礼には一定の約束事が課せられるが，それらはこの「離脱」を表現している．多くの場合，出発に際して日常生活世界との決別の儀式が行われ，着衣も日常とは異なる特別な装束（日本の白装束やムスリムの男性が身につけるイフラームとよばれる2枚の白い布など）へと変わる．危険な道中のため，死を覚悟した身繕いであったという以上に，日常生活世界とのもっとも劇的な決別である死との類比から，死装束とみなされることがある．他方で，巡礼者が皆同じ装束をまとうことは，日常生活世界からの離脱によって通常の社会階層差や身分関係が無効になったことの目に見えるしるしとなり，参加者の間に対等な仲間としての連帯感を生む．巡礼は，人々をそれまでの社会関係から離脱させることで「1人にする」反面，社会関係から離脱した者たちを「一緒にする」のである．実際問題として，交通手段や治安などの巡礼環境が整備されていなかった時代には，人々は安全のためにグループを作り，旅の道連れとともに巡礼を行ったと考えられている．

2) ターナーの巡礼論
　アルノルト・ファン・ヘネップは『通過儀礼』の中で，「日常生活世界からの分離／試練をともなう移行／日常生活世界への再統合」という3つの段階からなる儀礼類型を論じている．それによれば，伝統社会では人は年齢の変化にともなって，自分が所属する社会における身分・立場を変更し続けなければならず，旧い身分から新しい身分へ，旧い仲間集団から新しい仲間集団への，変化・移行を無事に成し遂げ，それを他のメンバーによって承認してもらうために，通過儀礼を必要とする．このようなタイプの儀礼は，誕生・成人・死という人生の移ろいだけでなく，自然の移ろいや社会集団の活力の定期的更新など，さまざまな変化の場面に適用されるという．

　ヴィクター・ターナーはこの3段階論を巡礼現象の分析に適用し，巡礼を，制度化され秩序だった「構造的」日常生活世界から離脱して大きな変化を喚起し，その後，成就された変化を成果として日常生活世界に持ち帰る行為ととらえた．ターナーはファン・ヘネップを参照したが，2人の関心には対照的な点がある．ファン・ヘネップは通過儀礼が伝統社会で果たす，人や季節や社会が変化することで世界の秩序が乱れそうになるのを上手くコントロールし，既存の枠組みの中に滞りなく収めようとする社会の安定化（構造化）の働きを重視した．また，三段階の中間段階にあたる「境界」では，あらかじめ定められた次の段階に間違いなく移行するために，人は一時的に異人となる（社会的身分を失う）と考えた．これに対してターナーは，引き延ばされた中間段階である巡礼期間中に社会的身分が白紙になることで，通常の社会関係から解放された人々の間に実存的な友愛関係（コミュニタス）が発生すると考え，巡礼がもつ日常からの解放と変化の可能性を評価した．このようなターナーの巡礼論に対しては，理想論に傾き当事者間の複雑な関係に目を向けていないという批判がある．確かに巡礼の現場では苦しみや歓びなどの心身の高揚が共有され，強い仲間意識が生み出されることがあるが，それは必ずしも社会関係の強調と相容れないわけではなく，巡礼が既存の社会秩序を強化するために行われることも，同じ聖地に関わるグループの間に反目や葛藤があることも，あるのである．

3) 巡礼の意義
　私的側面　巡礼の目的としてよくあげられるのは，子宝などの願い事，病気や障害の治癒，罪の赦し，死後の救済などだが，それらは行き詰まった現状の改善や心身の蘇りを求めるものとして，「変化・刷新」という概念で整理できる．巡礼地には，松葉杖，治癒した身体部分をかたどった蝋細工，もたらされた恵みの内容を描いた奉納

画など，変化の成就のしるしの品を置いていく習慣がある．巡礼地から持ち帰られる記念の品にも，水のような死と再生（変化）のシンボルがみられる．また巡礼が神々・教祖・祖先などの行為を追体験する過程とされる場合はとくに，苦行や禁欲が試練として課せられることがあるが，これは「わたし」という存在を刷新する行いとみなすことができる．現代社会における巡礼の動機としてあげられる「自分探し」も，日常生活世界を離れて見知らぬ人々や世界と出会い，新しい自分になることをめざすものと考えられる．社会的存在としての「わたし」は，「わたし」が身を置く日常生活世界の中にその一部として成立しているので，「わたし」を変えたい時には，そこからの離脱が必要になるのである．なお，3段階論に照らして考えれば巡礼の往路と復路では局面が異なり，いったん変化が成就された後の帰路は，観光のような娯楽的性格を強める場合がある．また，困難な巡礼を成し遂げて帰還することによって以前よりも社会的身分や威信が向上することがある一方で，世界の中心や果てが人生の終着点（新しい生の出発点）として選ばれることもある．帰ることを意図しない，日常生活世界からの最終的な離脱としての巡礼もあるのである．

社会的側面　巡礼は，日常生活世界を支える規範と価値から離れて別の世界に参加する行為なので，現行の社会秩序を反省する機会となる．このため社会改革の気運が高まると巡礼運動が盛んになる場合があるが，逆に，支配的権力などの働きかけによって聖地がもつ「価値の中心」という側面が強調されることにより，巡礼が規範や社会関係を強化する場合もある．19世紀にカトリックやイスラームの巡礼が盛んになったが，その背景には，交通手段などの巡礼環境の整備だけでなく，「伝統文化」を活性化し従来の社会関係を強化することで近代化に対抗しようとする意図があった．聖地や巡礼行為がもつ可能性のうち，「価値・規範」と「離脱」のどちらが前面に出るかで，その社会的意義は変わってくる．

なお，巡礼が社会的な強制力のもとに行われる場合とそうでない場合の違いだけでなく，日常生活世界を一時的に離れる理由としていくつもの選択肢がある場合とない場合とでも，巡礼がもつ意義は異なるため，巡礼の動機については時代状況や文化的背景を考える必要がある．巡礼は，世界の中心や果てに向かう旅として「日常生活世界からの適切な離脱」とみなされた場合には推奨されるが，日常生活世界からの離脱に対する許容度が低くなると，反社会的人間の浮浪行為の隠れ蓑として糾弾されるようになる．巡礼は商用・観光・冒険などとともに，離脱を反社会的な放浪にせず，社会的に認可された適正な旅にする枠組みの1つなのである．また巡礼に行くことができない人々にとって巡礼者を歓待することは，日常生活世界にとどまりながら，巡礼という中心や果てに触れようとする行為に参加する手立てとなる．巡礼は，実際に移動する者とそれを支える者によって成立するのである．

4）グループのレベル

巡礼にはグループへの帰属・同胞意識を高める効果があるが，人が「自分はその一員である」と感じるグループは1つではない．日常生活を共にする地域共同体のような身近な集まり，都市や地方のように普段は気にかけないが時おり意識に上ってくる「わたしたち」，19世紀以降であれば近代国民国家のような単位，そして国境を越えて広がるキリスト教圏・イスラーム圏・仏教圏などの文化圏というように，グループの規模には幅があり，各グループはそれぞれ「わたしたちの聖地」を有するので，どの聖地を目指すかによって，巡礼者が想起するグループも異なってくる．このため近代国民国家の成立期など，人々をより大きな単位にまとめ上げようとする力が働くときには，地方色の濃い中小規模の巡礼が，国家規模の大型巡礼運動に吸収・統合されることがある．

5）巡礼の制度化と巡礼圏の広がり

大規模な巡礼が可能となるためには，それらの聖地が自分たちに共通のゆかりの場であると考える人々からなる1つの大きな圏域が形成されていなければならない．またその実現には，巡礼運動の刺激となる出来事や後援者の存在，交通手段や宿泊施設の整備，治安の安定など，さまざまな社

会・経済的条件が必要となる．広範な地域にまたがる巡礼の実現には，強大な支配権や関係する権力者間の交渉・協力が欠かせないのである．巡礼路網は点在する聖地をつないで1つの文化・経済圏をなし，人・モノ・情報の頻繁な行き来が，さらに圏域内の諸関係と仲間意識を強化していく．

近代に入って「観光」という行動様式が一般化し，日常生活世界を一定期間離脱する方法として重要性を増すに従い，巡礼の社会的機能や位置づけは変化してきている．巡礼と観光の異同について，旅の目的（求道か娯楽か）・体験（「規範」への積極的関与か「規範」からの自由か）・企画者（宗教的組織・ネットワークか営利目的の事業者か）などの観点から比較がなされているが，重要な違いは，巡礼の目的地である聖地が，「わたしたちにゆかりの場所」と認識されてきた点にあると考えられる．これに対して観光は，「わたし（たち）」とは異なるもの（他者・他性）を求める旅と捉えられる．巡礼と観光の比較によって，「わたし（たち）の世界」と「他（者）の世界」の成立・関係・交渉について，新たな視座が得られるものと期待される．

現在，巡礼の特徴として注目され評価されるのは，やはり，専門の聖職者が行う儀礼などの特殊な手続きによって大いなる何ものかとの間の距離が埋められるのではなく，平凡な人間が自ら足を運び赴くことによって，越えられないと思われていた距離が着実に縮まっていく点であるだろう．移動という具体的な行為と肉体の疲弊が，自分が中心や果てに近づきつつあるのだということを確信させ，「中心／日常／果て」からなる世界に現実味をもたせる．だからこそ人は，確かなものに触れたいと感じたとき旅立つのかもしれない．中心や果てとしての巡礼の目的地は，離脱の果てに位置する究極の地という意味で，どこにも行けないという思いを抱えた人々に残された行く当て，人が生きている間に行くことができる，もっとも遠い場所ともいえるだろう．

II.2　聖地と巡礼の歴史

（1）　ユダヤ教の巡礼と聖地エルサレム
1）中心の神殿／墓地

古来ヘブライ人は，ベテルやベエルシバなど民族の父祖にゆかりの聖地に詣でていたが，「基礎石（世界の礎・中心であり，アブラハムが神に命じられて息子イサクを犠牲に捧げようとした場所とされる）」を中心にエルサレム神殿が建てられ，唯一の聖所として確立されると，毎年三大祭りにここに巡礼することがユダヤ教徒の男性の義務となった．紀元70年にローマとの戦いによって神殿が破壊されると巡礼の伝統は失われていったが，その土台の一部が「嘆きの壁」としてユダヤ教徒が詣でる祈りの場となり，現在に至っている．また先祖やラビの墓が参詣の対象となり，人々が恩恵を求めて訪れる．エルサレム南方のマクペラの洞窟にあるアブラハム，イサク，ヤコブという3代の族長と彼らの妻の墓は，ユダヤ教徒だけでなくムスリムにとっても聖地である．エルサレムの東にあるオリーブ山は，メシア来臨のとき最初に復活が起こるとされる場所で，ここに埋葬されることを望む人々のための墓地が広がっている．

2）キリスト教とイスラーム

キリスト教徒にとっては，ユダヤ教徒であったイエスが生涯の終わりにエルサレムに上ったことが，エルサレム巡礼の根拠の1つとなる．4世紀にローマ皇帝コンスタンティヌス1世の母ヘレナがゴルゴダの丘とされる場所で十字架を発見し，そこに聖墳墓教会が建設されたことで，キリスト教独自の巡礼の礎が築かれた．7世紀にパレスチナがイスラーム化されると，預言者ムハンマドが天使の導きで基礎石から天に昇り預言者らに会いに行ったという故事に基づき，エルサレム神殿の跡に「岩のドーム」が建てられた．10世紀末には，最後の審判が近づきエルサレムでキリストの再臨が起こるという期待から，キリスト教徒の巡礼が盛んになり，エルサレムで亡くなることを希望する人々のために墓地が整備された．また，死

◆ Ⅶ. 現代社会と宗教 ◆

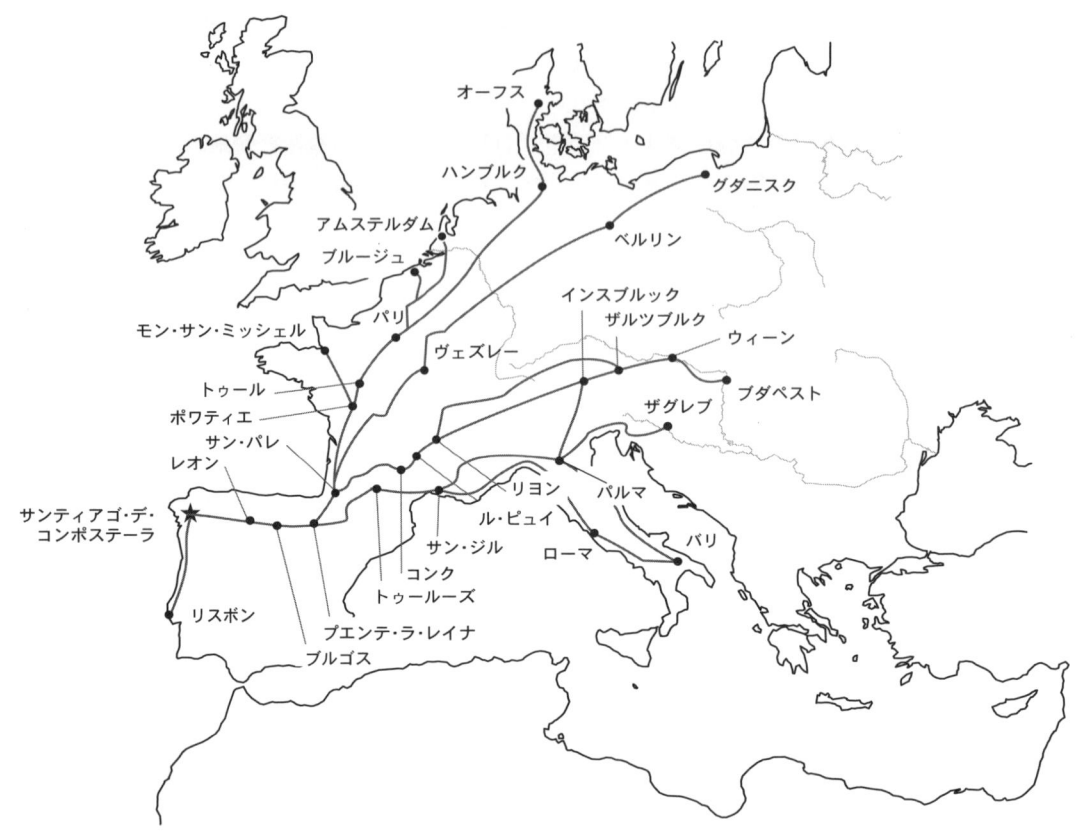

図1 EU統合の象徴として再構成されたサンティアゴ・デ・コンポステーラへの巡礼路
（Bourdarias & Wasielewski, *Guide Européen des Chemins de Compostelle*, Fayard, 1996 を参考に作成）

刑を宣告されたキリストが十字架を担いで歩いたとされる，旧市街の中心部を巡る「嘆きの道」の確定が進んだ．「十字架の道行」という，宗教行列を組みその道程を練り歩く信心業によって，キリスト教徒は市街の中心部を自分たちにゆかりの場所としたのである．現在は3つの宗教の聖地として，とくにイスラエルとパレスチナの間で争点となっており，管轄権の争いや宗教宗派の混在といった現象が目の当たりにされる場所となっている．

(2) キリスト教
1) 中心としての十字架

早くからユダヤ教の伝統に基づいてエルサレム巡礼が行われ，十字架発見の後は聖墳墓教会が目指すべき中心となった．だが十字架自体はコンスタンティノポリスへ運ばれ，少しずつ削り取られて各地の教会に贈与されていき，また，十字架にかかった後に復活したキリストの身体こそ真の神殿であり中心であるという観念が生まれたことによって，巡礼の目的地は聖墳墓からローマへ，そして聖遺物をいただく各地の教会へと広がっていった．

2) 中心としてのローマと聖遺物の伝播

帝国の中心地ローマでは，キリスト教が迫害されていた時代に亡くなった殉教者の墓が礼拝所として整備されていき，5世紀頃に，殉教者の遺骸にも，十字架にかかったキリストの身体が神の恩寵を人々にもたらしたように，神の恩寵を媒介して治癒などの奇蹟を起こす力があるという観念が確立した．その後，殉教者だけでなく高徳の聖職者などをも聖人とみなし，その遺骸や遺品を「聖遺物」とよんで，それらに恩寵の仲介を祈願する聖人崇敬が盛んになり，有名な聖人の聖遺物を有す

る教会が巡礼地となっていった．キリスト教圏の拡大にともない聖遺物の分割・伝播が行われるようになると，各地の教会は自らの威信を高め巡礼者をよび寄せるために有力な聖遺物を集めようと競い合い，また所有する聖遺物の力を広く知らせるために多くの奇蹟譚が書かれた．ローマはその後，「聖年の贖宥（罪に対する罰の軽減や免除）」という慣習の確立により，悔悛と贖罪のために命じられる巡礼の中心地となった．

3）果てとしてのコンポステーラと統合のしるしとしての巡礼路

サンティアゴ・デ・コンポステーラ巡礼は，9世紀初めにイベリア半島の西端で，キリストの十二使徒の1人である聖ヤコブの墓が発見されたという話に端を発する．イスラーム勢力との戦いで聖ヤコブが敵軍を破ったという伝説が生まれ，キリスト教勢力によるイベリア半島奪回運動の一翼を担うものとして，キリスト教諸王や修道院の後押しにより発展した．11世紀以降，現在のヨーロッパ全域からフランスを通過してコンポステーラに到る4つの巡礼路網が形成され，中小の聖地のネットワーク化が進展し，ロマネスク建築などの巡礼路様式に代表される文化的統一性が生まれた．また巡礼達成者たちで作る信徒会がヨーロッパの主要都市で設立されて巡礼者を支援する広範なネットワークが形成されるなど，キリスト教世界としての結びつきが強化された．20世紀末にヨーロッパ統合が進むなかで，その歴史と伝統の再活性化を通して「ヨーロッパ意識」を高めようとする動きが生まれ，コンポステーラ巡礼路は欧州議会によって，「連帯に基づくヨーロッパ」の揺籃，「ヨーロッパ」のシンボルとされた．

4）為政者による奨励と認可

以上のような国際的巡礼は，支持者や支援組織を必要とする．エルサレム巡礼を推進したのは皇母ヘレナによる十字架発見であったが，彼女の聖地巡礼は，確立期にあった各地の教会を訪れてキリスト教保護政策を推進するための公式巡歴の性格が強いものであった．教皇の号令によって東進した十字軍とほぼ同時代に頂点を迎えたコンポステーラ巡礼は，アストリアス王アルフォンソ2世，西ローマ皇帝シャルルマーニュと教皇の後援を得て，後の発展の礎が築かれた．シャルルマーニュは巡礼者の保護義務を聖職者に課し，イスラーム勢力と交渉してパレスチナに巡礼者用の宿泊施設を建てるなど巡礼を積極的に支援したと伝えられるが，このような政策には，自らが帝国の継承者であることを内外に示す狙いと効果があったと考えられる．巡礼者は「神の貧者」とよばれ救護が奨励されたが，他方で巡礼のコントロールも行われ，巡礼者であることを証明する推薦状や許可証の携行が義務づけられた．16世紀に宗教改革が起こると，聖書主義と精神性重視の立場から巡礼が批判され，カトリック教会も聖遺物崇敬の行き過ぎを戒めて巡礼を抑制するようになった．世俗権力も巡礼を浮浪行為とみなして危険視し，人の移動を制限する方向に政策が転換したことから，国際的な巡礼は急速に衰えていった．

5）聖母マリアの聖地

16世紀以降はロレトの聖家族の家など，聖母マリアにゆかりの聖地や聖母出現地が主要な巡礼地となった．敵軍に包囲されても陥落しなかったチェンストホーヴァがポーランドの国家的聖地となり，フランスのルルドやポルトガルのファティマといった19～20世紀の聖母出現地が反共和国や反共産主義を掲げる伝統的グループの統合の象徴となるなど，近代のマリアの聖地には，闘いのさなかにあるグループの守護という特徴が認められる．新大陸でも，メキシコのグアダルーペに出現した褐色のマリア像が19世紀の独立戦争で旗印とされるなど，国家的象徴となってきた．グアダルーペは現在，年間を通じて全国から司教区単位の巡礼団がとぎれることなく訪れる宗教的中心地となっている．メキシコでは，先住民のグループが各々の始源の聖地を旅する独自の巡礼圏を形成していたが，そのような地方の巡礼をキリスト教化し，グアダルーペという中心に結びつけることで，国家としての統合が推進されたのである．

(3) イスラーム
1）マッカ（メッカ）

イスラームでは，ハラマイン（両聖地）とよば

れるマッカ（メッカ）とマディーナ（メディナ）やエルサレムなどが聖地とされ，両聖地はムスリム以外，立入が禁止されている．かつてマッカのカアバ神殿にはアラビア半島の諸地方神が祀られていたが，ムハンマドはそれらを一掃し，一神教の聖地として確立した．神殿の横には，神と契約を交わし一神教を確立した「ハニーフ（真の一神教徒）」とみなされるイブラーヒーム［アブラハム］を記念する，「イブラーヒームの立ち所」とよばれる場所があり，ここが一神教の原点であることを示している．

2）ハッジ

マッカへの巡礼は，ハッジ（大巡礼）とウムラ（小巡礼）に分かれる．ハッジは聖典に定められた5つの義務（五行）の1つで，期間も巡礼月の8日から10日までの3日間と定められ，健康で十分な財力をもつ者であれば一生に一度は行うべきものとされる．他方のウムラは五行とはみなされず，ハッジの期間以外いつでも行える．ハッジの時にはムタウウィス（先導）に率いられたグループに参加して世界中からムスリムが集まり，現在その数は200万人に達する．巡礼中は男女が一緒に礼拝し，女性は顔をベールで覆ってはならないなど，日常とは異なるルールが発生する．

ハッジでは，ムハンマドが死の直前に行った巡礼をモデルに，アダムとイブ，イブラーヒームと妻ハージャル，その息子イスマーイールにまつわる故事を記念し，彼らの行動をなぞる儀礼が行われる．ハッジの前日に，カアバ神殿を左回りに7周するタワーフ儀礼と，神殿前にある2つの丘の間を駆け足で3.5往復するサーイ儀礼が行われる．後者は喉の渇きを訴える息子のためにハージャルが水を探して走り回ったことに由来し，そのとき湧き出たとされるザムザムの泉の水には病を癒す力があるとされる．ハッジ第1日にはメッカ北方の町ミナーで礼拝を行い，翌日，楽園を追放されたアダムとイヴが再会した場所とされるアラファートの丘で，巡礼中もっとも重要な行事であるウクーフ（「立つ」という意味．正午から日没まで立ったまま両手を拡げて神に祈りを捧げ続ける）を行う．3日目にミナーに戻って行われる儀礼は，イブラーヒームが神に命じられて息子を犠牲に捧げようとした故事に由来する．まず，神に従わないようそそのかす悪魔をイブラーヒームが石を投げて追い払ったことに因んで，石柱に向かって小石を投げる石投げ行事が行われる．こののち男性は巡礼装束を脱いでハッジは終わる．その後，イブラーヒームが息子の身代わりに羊を犠牲として捧げたことを記念して動物犠牲を捧げる．ハッジの完了を祝うこの犠牲祭は3日間続き，巡礼を行わなかったムスリムも居住地で供犠を行う．このようにハッジは，神との契約の原点に立ち返る儀礼なのである．

3）ハッジの意義

ハッジには，カアバ神殿に埋め込まれた黒石にふれると願いが叶うとされるように現世利益的で個人的な面と，巡礼装束イフラームに象徴されるように，日常生活世界において帰属している民族・階級などのグループから人々を解き放ち，神のもとでの平等と同胞愛によって形成される「ウンマ（イスラーム共同体）」を具現するという社会的側面がある．とくに19世紀後半以降，国や民族を越えたイスラーム世界への帰属とアイデンティティを確認し，団結と一致を取り戻す手段として巡礼が奨励され，重要性が増している．だが巡礼を終えて帰郷した者に特別な尊称が与えられ，彼らの社会的威信が高まるなど，ハッジには社会関係に差異を持ち込む面もある．また過去には支配者が費用を出してキャラバンを編成し，巡礼環境を整備してハッジを見事に取り仕切ることによって政治的威信を高めようとしていたように，ハッジは為政者が自らの力を誇示する機会でもある．現在，マッカを管轄するサウディアラビア政府や世界最大のムスリム人口を抱えるインドネシア政府にとって，ハッジの円滑な実施は国家事業として重要な意味をもっている．

4）ズィヤーラ

イスラーム世界でも，ムハンマドの子孫や奇跡を起こした人物などが，アッラーから授けられたバラカ（恵み）を人々に分かつことができる聖者とみなされている．バラカを得るためにムハンマドの足跡や聖者の遺品・遺体を収めた聖者廟など

を訪れる行為は，ズィヤーラ（訪問）とよばれる．聖者廟は地域の中心として機能し，マッカ巡礼の前に地元の聖者廟を訪れたり，マッカ巡礼の代わりにズィヤーラが行われることもあるが，このような行為を逸脱とみなす立場もある．ズィヤーラはまた，女性たちの外出の機会ともなっている．

(4) ヒンドゥー教・仏教と日本の巡礼
1) ヒンドゥー教

ヒンディー語で聖地を意味する「ティールタ」が川の浅瀬をさし，巡礼に当たる言葉「ティールタ・ヤートラ」が「川の浅瀬に旅する」ことを意味するように，ヒンドゥー教の巡礼の中心は水辺，とくにガンジス川で沐浴することによって罪を清めることにある．アラーハーバードなど2つ以上の聖河の合流地点や，南向きに流れるガンジス川が源流である北方のヒマラヤにいったん向きを変えるガンゴートリーなどは，とくに神聖な場所とみなされる．ヒマラヤ山脈には神々が住み，カイラース山ではシヴァ神が苦行に励んでいるとされ，山の南にあるマナサロワール湖はインド四大河の源といわれる．カイラース山は仏教やボン教の聖地でもあり，山の周囲52 kmにわたって巡礼路が設けられている．インドにはこの他にも四大神領や七聖都など神々にゆかりの数々の聖地があるが，それらは土着神がシヴァ神やヴィシュヌ神のさまざまな権化とみなされることでヒンドゥー教に吸収されたものと考えられる．各地の聖地をつなぐ巡礼路が網の目のように張り巡らされることでヒンドゥー圏が形成され，『マハーバーラタ』がまとめられた4世紀頃には，それらを右回りに巡る形式が確立されていた．

ヒンドゥー教では，ヴァルナとジャーティ（結婚・職業などに関する内部規範と多くの禁忌をもつ閉鎖的集団）が複雑にからみあった身分制度の存在が，解脱できるまで生まれ変わって苦しむという業と輪廻の思想と浄・不浄の観念を洗練させた結果，沐浴や断食などの浄化儀礼が発達したと考えられる．巡礼も，ヴァルナに基づく日常生活世界との関係で行われる．一方で，現世のヴァルナの義務を遂行することにより来世の幸福が得られるという考えに基づき，結婚・先祖供養・跡継ぎの男子をもうけるという成人男性の義務の遂行のために現世利益的と映る巡礼が行われ，他方で，苦行による心身浄化と業の滅却による解脱を目指す巡礼が行われる．後者の聖地として名高いヴァーラーナシー［ベナレス］（ここで死んで荼毘に付され，遺灰をガンジス川に流せば輪廻から救われるとされる）には，幸せな死を迎えようとする人々や遺体がインド各地から集まってくる．

2) 仏　教

早くから仏陀の生涯を記念する四大聖地（生誕地ルンビニー，悟りを開いた地ブッダガヤ，初めて教えを説いたサールナート，入滅地クシナガラ）や八大聖地への巡礼が行われていた．やがて仏陀の遺骨（仏舎利）を分骨して収めた仏塔（ストゥーパ）・遺品・仏足石や，仏陀が生前その地を訪れたという伝説に基づいて，仏陀にゆかりの聖地がアジア全域に広がっていった．中国では神仙道に関係があったと考えられる山が仏教化され，文殊信仰の五台山や峨眉山（普賢菩薩），九華山（地蔵菩薩），普陀山（観音菩薩）への巡礼が盛んに行われた．とくに五台山はアジアの全域から巡礼者を迎えただけでなく，7世紀以降「五台山絵図」が描かれて各地に流布し，寺や家庭に祀られるようになった．日本から宋に渡った僧もまた五台山に巡礼し，彼らが「巡礼」の観念と語を日本に広めたとされる．

3) 熊野と伊勢

日本では巡礼は，霊験あらたかな霊場を巡って修行する行者たちが行うものとして始まったが，平安時代からは上皇や貴族による巡礼も盛んに行われるようになった．初めに大がかりになったのは熊野詣で，都から遠いという立地条件の悪さから，参詣者を誘致・先導する先達制度と，祈禱指南や宿泊の世話を行う御師制度をいち早く発達させ，民衆，とくに女性を受け入れていった．熊野比丘尼などの伝道者や女性を主題にした熊野縁起などの存在から，女性に対して積極的に布教が行われていたと考えられる．

室町時代以降，武士の支持を集めていた伊勢神

◆ Ⅶ. 現代社会と宗教 ◆

図2 ヒンドゥー教の聖地ヴァーラーナシー（インド）にてガンジス河畔に集う人々

宮が幕府と結びつき，御師制度も整えられると，伊勢神宮への参詣が中心となり熊野詣は衰退していった．またこの頃から参詣のための講組織が発達し，講員が積み立てた講金で代表者を巡礼に送り出す代参講も行われるようになった．17世紀頃から「おかげまいり」という全国規模の大型・集団参詣がたびたび発生するようになったが，これは封建秩序に不満をもつ庶民の対抗的な運動と考えられている．

4) 西国三十三所観音巡礼と四国遍路

西国三十三所観音巡礼は，観音菩薩が衆生を救うため三十三身に姿を変えて現れるという教えに基づいて，近畿地方の三十三所観音霊場を巡拝するものである．熊野権現から，閻魔王によって示された観音菩薩の霊場を巡礼するようにと告げられて，花山上皇が行ったのが最初であると伝えられるように，人々の想像力の中で冥界と熊野に結びつけられていた．初めは行者中心だったが平安末に武士の間に広まり，室町中期には修験者や聖の勧進によって庶民化が進んで，巡礼すれば地獄に堕ちず極楽往生できるという信仰が広まった．17世紀頃に勧進聖に対する幕府の取り締まりが厳しくなると，庶民が中心となって娯楽性が強まった．鎌倉時代に東国に成立した坂東三十三所など，各地に「移し」が作られている．なお西国三十三所巡礼には東国からの巡礼者が多く，15世紀には行きに伊勢両宮と熊野三山に詣で，中山道を通り信濃善光寺に参詣して帰るというネットワーク化がなされていた．また16世紀には，西国三十三所，坂東三十三所，秩父三十四所をあわせた百観音の観念も成立した．このように聖地はグループをなしているのである．

四国遍路は，真言宗の開祖弘法大師空海にゆかりの地とされる霊場を辿って四国を1周するもので，平安末期に文献に表れ，室町末期に現在のような姿に定まったと考えられる．江戸時代に巡礼が大衆化した後も組織性は稀薄で，巡礼者に宿や食べ物を提供するお接待という形での住民側の積極的な参加によって支えられてきた．他の巡礼に比べて苦行性が高く，遍路用の装束である杖や笠には大師とともに歩んでいることを意味する「同行二人」という言葉が記される．近年，歩き遍路が注目を浴びて復興の動きが見られ，バス・ツアーなども盛んに行われるようになっているが，かつては社会的弱者・女性・病人・ハンセン病患者や死者供養との関係が深く，社会関係からの離脱を余儀なくされた人々の行く先という性格を帯びていた．なお結願した遍路は，同じく弘法大師が

開いた高野山（ただし女性は入山できなかった）に最後に詣でることが多いが，こちらは高野納骨（霊の行く場としての山への納骨習俗を受け継ぐと考えられる）という形で極楽往生の願いを受け止めてきた．

参考文献

エリアーデ，M.（堀　一郎監修，久米　博訳）『エリアーデ著作集3　聖なる空間と時間』せりか書房，1974年．

加藤隆久編『熊野三山信仰事典』戎光祥出版，1998年．

聖心女子大学キリスト教文化研究所編『巡礼と文化』春秋社，1987年．

ターナー，V.（梶原景昭訳）『象徴と社会』紀伊國屋書店，1981年．

野町和嘉『メッカ　―聖地の素顔―』岩波新書，2002年．

速水侑編『観音信仰事典』戎光祥出版，2000年．

星野英紀『巡礼　聖と俗の現象学』講談社現代新書，1981年．

歴史学研究会編『巡礼と民衆信仰』青木書店，1999年．

Ⅶ. 現代社会と宗教

12 ファンダメンタリズムの潮流

井上順孝

12.1 ファンダメンタリズムと宗教研究

(1) ファンダメンタリズムへの注目

ファンダメンタリズムは原理主義もしくは根本主義と訳されるのが普通である．ファンダメンタリズムという用語が宗教研究の場で広く用いられるようになったのは1980年代以降である．とくに日本においては，それ以前は滅多に用いられることのない概念であった．宗教学の基本的な用語を網羅し1973年に刊行された『宗教学辞典』（東京大学出版会）には，ファンダメンタリズムという項目も，原理主義という項目もない．索引でわずかにファンダメンタリストの語があり，しかもそれは新興宗教（新宗教運動）の思想的性格を述べる中において用いられているにすぎない．しかし，1970年代以降の世界の宗教動向のなかで，しだいに多用されるようになっていく．とりわけ1979年のイラン・イスラーム革命，1970年代のアメリカにおけるキリスト教原理主義の政治への影響力の増加などが，ファンダメンタリズムという視点への関心を強めた．

欧米では，それ以前にも聖書無謬説の立場がファンダメンタリズムとして捉えられていたが，1970年代以降に世界各地で起こった出来事は，より幅広い視点からのファンダメンタリズムについての議論を要請した．ファンダメンタリズムが新たに脚光を浴びはじめた時期は，ジル・ケペルが『宗教の復讐』で扱った世界的な宗教の復興の時期，すなわち1970年代後半という時期とほぼ重なっている．アメリカにおける宗教復興のきざし，イスラームによる西洋社会への挑戦，アジア各地における宗教紛争，こうした出来事が重なることで，それまで過小評価されつつあった宗教のエネルギーが，再び注目される時期である．こうした出来事はそれまで欧米の宗教社会学で主流であった宗教の世俗化が世界各地で進行していくという論への大きな挑戦となった．

(2) ファンダメンタリズム研究の展開

ファンダメンタリズムについての研究の展開を考える上では，1980年代からアメリカで実施された「ザ・ファンダメンタリズム・プロジェクト」がきわめて重要である．シカゴ大学のマーティン・マーティを中心とするこのプロジェクトの成果は，1990年代前半に次々と公刊され，それ以後の研究に大きな影響を与えた．すなわち1991年から95年にかけて刊行された，*Fundamentalisms Observed*, *Fundamentalisms and Society*, *Fundamentalisms and the State*, *Accounting for Fundamentalisms*, *Fundamentalisms Comprehended* の5冊である．このプロジェクトは，世界のさまざまな宗教現象をファンダメンタリズムという視点から議論している．北アメリカプロテスタント，アメリカのローマ・カトリック，ラテン・アメリカのプロテスタント，ユダヤ人，イラン，イラク，レバノンのシーア派，南アジアのイスラーム，ヒンドゥー教，スィク教，上

座部仏教，儒教リバイバル，日本のファンダメンタリズムなどが含まれている．

日本でもこうした研究動向を受けて1993年に「宗教と社会」学会がその設立記念シンポジウムにファンダメンタリズムの問題をとりあげ，ファンダメンタリズムを通宗教的に用いることができるかどうかが議論された．その結果は『ファンダメンタリズムとは何か』として翌年公刊された．そこでは，ファンダメンタリズムを，通文化的，通宗教的に比較可能な概念として用いていこうとする立場と，ファンダメンタリズムという現象は，一つの概念として，一括しうるものではないという主張とが対立した．前者はファンダメンタリズムという名でよばれた運動を比較すると，その多くに宗教が時代や社会の変化への対応として観察される一つの特徴あるパターンらしきものが見出されることへの着目である．後者はそれぞれの宗教文化圏の中で生じた現象を安易に併置して考察することは，それぞれのもつ意味を見失わせるものであり，別個に研究されるべきであるとする見解である．

1990年代以降になると，イスラーム教徒が関わりをもつテロに対して，しばしば原理主義という形容が付されることが多くなり，ファンダメンタリズムという用語のもつ社会的イメージは否定的なニュアンスを含むことが多くなった．2001年にアメリカで起こった同時多発テロ（「9・11」）はそうした傾向を加速させることとなった．

ファンダメンタリズムという言葉は，学術用語としても用いられるようになってきているが，呼称された側からすると，自分たちの意図とは関わりなく外部から付与された他称である．さらに，否定的なニュアンスがこめられることが多くなったため，当事者たちが自分の運動の特徴を示すときに，この用語をあてることは滅多にない．その意味で一種のラベリングになっている場合がある．だが，比較宗教学的視点，宗教社会学的視点などからは，特徴ある一群の運動を指して用いられるようになっている．したがって，その観点から整理し，何をファンダメンタリズムとよぶのか，それがどのような特徴を共有するのか，それ

はどのような理由によって生じたものかなどを論じていくことが必要である．

12.2 宗教の展開とファンダメンタリズム

(1) 宗教の内包する二極性

ファンダメンタリズムとよばれるような思想なり運動なりが起こる基盤は，宗教が本来含みもっている傾向の一つとして想定しうる．宗教のありようは時代，社会の変化に応じて変わる．ある宗教が，地理的・民族的に広く展開していく過程では，その渦中にある人々は，その変化する状況への対応を迫られることになる．また宗教を包んでいる全体社会が，時代的に大きく変化していくようなときにも，その変化への対応が必要となってくる．その対応のしかたには，さまざまなタイプを見出すことができるが，それらを次のような軸からみていくことができる．すなわち初期の精神に戻ろうとするか，状況にあわせて変えていこうとするかの二極を結んでできる軸である．前者を「原点志向の立場」，後者を「状況重視の立場」とよんでおく．

この二極は，同じ宗教に属するというアイデンティティを共有するなかに異なったベクトルを提示し，また両者の間に2つのベクトルの中間的な形態が複数存在するというのが一般的である．異なった志向が存在することが，ただちに内部における厳しい対立構造を生むとは限らない．初期の聖典には記述されていないような状況が立ちあらわれ，そこから生じる問題に対応しなければならないといったときにおいても，多くの場合は聖典の内容を斟酌しながら，しかるべき自分たちの運動の位置を定めていくと考えられる．二極の差があまり著しくなく，一方にやや原点志向的な思想・運動があり，他方にいくらか状況を重視してそれに合わせる思想・運動が出るというような展開のしかたは，宗教史のなかにつねに見出される．それぞれの主張の乖離が極端なものとなると，もはや一つの宗教組織として継続しがたいと

いう場合や，さらに分派が生じるという事態も生まれる．こうした二極間の対立軸というのは，歴史的，社会的存在としての宗教が展開していく過程では必然的に生じるものである．このような構図を基本に考えると，近現代において「原点志向の立場」が一群の特徴をともなって現れたものがファンダメンタリズム（原理主義）として捉えられる．

(2) 「原点志向主義」の特徴

原点志向がもつ一群の特徴を，ここでは原点主義，原典主義，そして減点主義（現状における否定的局面の強調）という3つの特徴で捉えることにする．第一の「原点主義」はその宗教の初期の状況を理想とし，そこに戻れという主張をもつことである．ただし，ここで重要な点は，あくまでその運動を推進する人々の視点によって主張される初期の状態だということである．その宗教における伝統的神学，あるいは宗教史研究によって描かれるその宗教の初期状態と重なるとは限らない．創始者の理念に返ろうという主張であっても，創始者の理念が具体的に何であったかは当事者たちによって独自に決められている．

第二の「原典主義」は，その宗教の創始者が語ったこと，あるいはそれがテキスト化されたものを重視しようということである．ただしこの場合も，その解釈は当事者たち独自のものである．つまり「原典主義」というのは，その宗教における神学，教学，宗学等における「伝統的な解釈」を継承しようとするものではない．その解釈が伝統的な神学，教学等からして，強引であったり根拠の乏しいものであったりすることも少なくない．したがってこの場合の原典主義とは，彼ら自身が，原典に書いてあることを，そのまま踏襲しているのだという立場を表明していることを指している．例えば「エホバの証人（ものみの塔）」では輸血を拒否するが，それは「旧約聖書」レビ記の「血を食べてはならない」という記述などを根拠にしている．旧約の時代に医療行為としての輸血は存在しなかったという当たり前の事実を抜きにしても，「血を食べてはならない」は「輸血の禁止」も意味していると解釈するのは，あくまで原典を解釈する一つの立場である．しかし，この解釈が唯一原典に忠実なものだと主張し，他の解釈を認めないといった立場をとるなら，それは原典主義ということになるのである．

三番目の「減点主義」は，現状における否定的局面を強調し，それとの戦いを前面に掲げるようなやり方である．これは，その宗教ないしその宗教を包み込む社会が，歴史をとおしてどんどん退廃，堕落してきたとするよりは，むしろ「現時点での堕落」について強調するやり方である．したがって早急に現状を変えなければならないという主張につながり，場合によっては運動の手段がかなりラジカルになったり，暴力的な方法の容認にもつながったりする．先のファンダメンタリズムプロジェクトが，ファンダメンタリストの特徴を「闘う」（fight）というキイワードでまとめているのも，この点に関連づけることができる．プロジェクトが指摘したのは，「反撃する」（fighting back），「のために闘う」（fight for），「をもって闘う」（fight with），「に対して闘う」（fight against），「神のもとに闘う」（fight under God）といった側面である．これらによってファンダメンタリズムは，復古主義とか改革運動とは区別される独自のものとして規定されている．

(3) ファンダメンタリズム運動の萌芽

あらゆる宗教が「原点志向主義」を内在していると見なした当然の帰結として，ファンダメンタリズムとよびうる運動や思想の存在は，決して現代に特有なものとはいえなくなる．また，ファンダメンタリズムの先駆的形態とよべるものもある．18世紀にはイスラーム世界でワッハーブ運動が興った．これは初期イスラームの精神に立ち返ろうと主張して，サウジアラビア建国のもとになったもので，通常イスラーム復興運動とか復古運動とよばれる．ここにファンダメンタリズムの要素を強く認めることができる．大塚和夫は18世紀アラビア半島のワッハーブ運動，19世紀スーダンのマフディー運動，20世紀エジプトのムスリム同胞団やジハード団などを「イスラーム主

義」と規定している．原理主義が他称であるのに対し，イスラーム主義は自称に近くなる．とはいえイスラーム主義とイスラームファンダメンタリズムは，つねに同じ対象を指しているわけではない．イスラーム主義はファンダメンタリズムの先駆形態であったり，近縁関係にあったりするとみなせる．ただし，イスラーム研究者の一部には，ファンダメンタリズムという用語を用いることについての反対もある．山内昌之も「イスラーム主義」という用語を主張する．小杉泰は「イスラーム復興主義」という概念を代わりに用いることを主張する．

　1920年代にアメリカで起こったプロテスタントのファンダメンタリズム運動は，聖書の無謬性を主張し，近代神学・近代聖書批評学の成果への強烈な反感を示した．そして，自分たちの宗教的見解に与しない者は真のキリスト者ではないという確信を抱いていた．これに注目した研究として，ジェームズ・バーの『ファンダメンタリズム―その聖書解釈と教理』が有名である．バーは，キリスト教の歴史のなかに生じたファンダメンタリズム，とくにその神学的な側面に注目した．ここでは，ファンダメンタリズムという用語の由来を，1910～15年にアメリカで出版された「ザ・ファンダメンタルズ」というシリーズものの小冊子に求めている．そして，ファンダメンタリズムの特徴として三点をあげている．すなわち，①聖書の無謬性，②近代神学，近代聖書批判学の方法と成果，その意義に対する強烈な反感，③自分たちの宗教的見解に同調しない人は真のキリスト者ではないという確信，である．バーが強調するのは，しばしば誤解されるように，ファンダメンタリストは聖書を文字通りに解釈しようとするのではなく，聖書を「無謬」とするところに特徴があるのだという点である．もっとも，ファンダメンタリスト自身は，そうよばれることを好まず，保守的福音派（conservative evangelical）といった言い方のほうを好んだことも指摘している．

12.3　現代世界のファンダメンタリズム

(1)　アメリカのキリスト教

　このように「原点志向」が強烈に示された宗教運動は近代に数多く見出されるが，ファンダメンタリズムが1970年代から1980年代にかけて世界的に注目されるようになった背景には，それなりの理由が求められよう．1980年代以降，アメリカでは，1920年代のファンダメンタリズム運動の流れとは別の，福音主義的な派を中心としたあらたな動きが生じた．宗教右派に含められることもあるこうした派は，テレビ伝道などで大衆的な布教を展開する一方，政治活動にも積極的に関わるようになった．その結果，大統領選挙にも影響を与える勢力として注目されることとなった．森孝一は，今日のアメリカでは，ファンダメンタリストという言葉を神学的立場を示す言葉としてではなく，社会現象あるいは政治現象として捉えられているとする．森は聖書をかたくなに信じるファンダメンタリストのイメージは，1920年代のスコープス裁判に代表されるファンダメンタリストの姿であるとする．この裁判ではファンダメンタリストたちは進化論を攻撃した．しかし，1970年代以降注目されるようになったファンダメンタリストはこれとは性格が異なるとする．それは「今日のアメリカの状況に怒りをおぼえ，自分たちの信仰を積極的に政治に反映させようとしている保守的キリスト者」と規定される．この変化はレーガン政権誕生のときに，アメリカの保守的キリスト教陣営が政治化したことによって起こったとする．1970年代末までは，プロテスタント教会の主流はリベラル派が占めていたが，実は1970年代にはリベラル派は衰退傾向を示し，かわって保守的な教派が増加するという現象が生じていた．テレバンジェリスト（テレビ伝道師）の影響は政治にも及んでいく．ファンダメンタリズムの新たな潮流の背景には，アメリカ社会になんらかの構造変化が生じたことを推測すべきである．「ニューライト」とよばれた保守的な政治勢力は，テレバンジェリストと手を結んで，それま

◆ Ⅶ. 現代社会と宗教 ◆

で政治勢力に加わっていなかった「草の根ファンダメンタリスト」を掘り起こしたという．この勢力は「宗教右翼」とも表現されたが，その主張を森は3つにまとめている．それは ①ヒューマニズム（人間中心主義）に対する反対（公立学校の教育の場に神を取り戻そうとし，具体的には祈禱の時間，天地創造説の復活を求める），②伝統的な家庭を守ること（中絶，ホモ，ポルノ，男女同権法案に反対），③イスラエルを強力に支持し，ソ連（当時）を反キリスト教勢力と同一視．これらのことから，アメリカでのファンダメンタリズムは，初期における聖書の解釈に対する神学的立場から，1920年代には進化論に対する防備，そして1980年代以降，政治的立場の主張へと転換したことになる．この段階において，ファンダメンタリズムはその社会的影響力を著しく強めた．

(2) イスラーム

イスラーム世界では1979年にホメイニーに指導されたイラン・イスラーム革命が世界中に大きな衝撃を与えた．これによってイスラーム世界も西欧的な近代化の道を歩むであろうという予測は大きく覆された．シーア派によるこの革命が，イスラーム原理主義という表現が広く用いられるようになる契機となった．その後，いくつかのイスラーム関係の組織が原理主義として言及されるようになるが，1990年代になると，とくにアフガニスタン中心に活動するターリバーンの著しい原理主義的な主張が注目を浴びるようになった．ターリバーンは，1994年7月にパキスタンの援助を得て，パシュトゥーン人が中心となって結成された武装勢力である．メンバーには神学生が多く，イスラームの神学生を指す「タリブ」の複数形「タリバン」から名づけられた．純粋なイスラーム国家の樹立をめざし，女子の就労や通学を禁止するなど，イスラームの慣習法であるシャリーアの厳格な適用が，欧米を中心に時代に逆行するような印象を与えた．また，2001年3月のバーミヤンの大仏破壊という行為は世界的な批判の対象となった．同年9月に起こった「9・11」を指導したオサマ・ビン・ラーディンが率いるアル・カーイダ（「拠点」の意味）が原理主義と称されることが多くなり，これがイスラーム原理主義をテロと直結させて考える傾向を強めた．イスラームはもともと宗教と政治が分かちがたく結びついた宗教である．それゆえイスラーム復興の諸運動が，すぐれて政治的な性格を帯び，またときに攻撃的な活動を展開するのは，避けがたい面がある．

(3) ユダヤ教

ファンダメンタリズムという概念が広く用いられていくなかに，ユダヤ教原理主義，ヒンドゥー教原理主義といった呼称もしだいに一般化してきた．ユダヤ教原理主義という用語は，パレスチナ問題に対するイスラエル側の強硬な立場の人々の理念に着目して使われることが多い．歴史的にはシオニズムがそのもっとも影響力の大きい源である．1967年の第3次中東戦争以来，イスラエルにおける政治は労働党とリクードが二大勢力として大きな比重を占めてきたが，1990年代後半には多極化が急速に進行する．1999年の総選挙でユダヤ教原理主義に属するとされる3つの宗教党，すなわちシャス党，マフダル（国家宗教党），トーラー・ユダヤ教連合党が，120議席のうち合わせて27議席を獲得した．このうち17議席を獲得したシャス党はユダヤ教の超正統派に属するきわめて保守的な立場をとる．そうした政治的動向のなかに，ユダヤ教原理主義は強く注目されるようになった．臼杵陽はユダヤ教原理主義の運動として，ハレディーム，グーシェ・エムニーム，カハ運動をあげている．ハレディームは「敬虔な人々」という意味で，ユダヤ宗教法により貫徹された国家の樹立を目指しており，イスラエル建国以前から存在した．グーシェ・エムニームは「信者のブロック」を意味し，1973年の第4次中東戦争の翌年設立された政治的宗教運動である．カハ運動はカハ党により推進された．カハは「かくの如し」を意味するが，1971年にアメリカからイスラエルに移住したメイール・カハネによりカハ党が創設された．アラブ人との分離を主張する人種主義的な立場である．これら原理主義運動は，世俗的近代主義をとるハスカラーと対立する

ので，ユダヤ教のなかでの原点志向の立場と状況重視の立場という二極の構造に当てはまる．

(4) ヒンドゥー教

ヒンドゥー原理主義は，日本ではヒンドゥー至上主義などともよばれるが，具体的には民族奉仕団（RSS），インド人民党（BJP），世界ヒンドゥー協会（VHP）などの組織が含まれる．これらの組織への注目が集まったのは1990年代であり，一つのきっかけは，1992年に，北インドのアヨーディヤで起こったヒンドゥー教徒によるモスク破壊事件である．アヨーディヤはヒンドゥー教の聖地とされていたが，ここにイスラム教徒がモスクを建てたことに対し，一部のヒンドゥー教徒がモスクを破壊し，ヒンドゥー教徒とムスリムが殺し合う事態にまで至った．ヒンドゥー教原理主義の主たる攻撃対象はイスラームであるが，1998年にはグジャラートでキリスト教徒が襲撃されるなど，キリスト教，さらに仏教徒に対しても攻撃が加わることがある．1990年以降は，インド全体に民族主義や復古主義の傾向が強まり，地名が多数変更された．ボンベイがかつての名称であるムンバイーに戻され，マドラスがタミル語の名前チェンナイになり，カルカッタがコルカタになった．インド社会のこうした動向がヒンドゥー教ファンダメンタリズムという概念を浮上させ，日本でも研究が蓄積されはじめた．

(5) 注視されるファンダメンタリズム

このほか，世界各地のファンダメンタリズムが注目されるようになっているが，それはその宗教的主張の内容だけでなく，政治的，社会的影響の大きさが関わっている．ファンダメンタリズムが注目されるようになった理由の一つは，宗教と政治との結びつきが顕著になったことと，その一部がテロ行為に関わっていることである．この点は冷戦構造が崩壊し，多極化とよばれる現象の進行とあい並ぶかのように目立ってきている．ファンダメンタリズムへの注目は，世俗化が不加逆的に進行していくという予測を裏切られることによっても強まった1960年代頃までは，西欧では宗教の世俗化が大きなテーマであった．近代化の進行とともに，宗教の社会的機能は限定されたものになっていくという見方が数多く出された．世俗化は西欧社会だけでなく，イスラーム社会でもやがて進行することになるだろうという予測もなされた．近代化が進行すれば，それは避けがたいと考えられた．しかしイラン・イスラーム革命以降，そうした見方は急速に修正されることになった．

12.4 情報化・グローバル化の中でのファンダメンタリズム

(1) 宗教に広くみられる原点志向

情報化やグローバル化という現代世界で進行しているプロセスは，基本的にはファンダメンタリズムとは逆のベクトルを促進する．ボーダレスな状況が広がり，他の文化や社会への情報が多く入手されるようになることが，ファンダメンタリズムに対する阻止要因として作用することがある．しかし，同時にこれらはファンダメンタリズムを促進する要因ともなりうる．情報化・グローバル化が進行するなかにファンダメンタリズムが注目されるということの背景には，宗教が基本的にもっている側面と，情報化・グローバル化がファンダメンタリズムに作用する側面の両方が関わっている．

先に述べたファンダメンタリズムの原点主義，原典主義，減点主義は，ファンダメンタリズムにのみ特有ではない．程度の差はあれ多くの宗教の展開に見出すことができる．まず，原点主義についていえば，それぞれの宗教の原点が何であるかは，基本的にすべての立場が後世による再構築であるということと関連している．再構築された原点が多数派ないし正統派の見解であれば，再構築されたということがあまり問題にされないというだけである．ローマ・カトリックにおけるヴァチカンの存在のように正統的な流れをどこが主導しているかについて，強い合意が確立している場合，カトリックの原点がなんであるかは教皇庁により示される．しかしカトリックの構築した原点

が相対的であることは，いくつかのプロテスタント教派の見解が存在することが示している．仏教のように宗派が数多く形成されると，なにが仏教の原点であったかは，宗派によって異なった構築がなされる．ブッダを原点とするまでは同じでも，その教えの何が原点かは一致してはいない．したがってブッダの悟りの内容，あるいはブッダのもっとも中心的教えは何か，に関しても多様な見解が並立する．ときには異なった見解が共存の形態をとらず，激しく対立することもある．日蓮の主張したとされる「念仏無間，禅天魔，真言亡国，律国賊」の四箇格言が典型的に示すように，仏教内部での他宗派批判が激しくなされた例もある．たんにそれぞれ独自の見解をもつというだけでなく，異なる見解を受け入れず，それらに対して激しい批判・攻撃を展開すると，ファンダメンタリズムに近づく．

第二の原典主義に関しては，その宗教における教典について独自の解釈を構築するということは，すべての宗教が行っていることである．そしてその構築された教典解釈を唯一の解釈とする態度も珍しくはない．また神道においては創始者の言行に基づく教典がないが，近世には古事記や日本書紀を神典として位置づけ，その解釈が国学者等によりなされた．こうしたある民族の神話や歴史的叙述に対し，これを聖典化し，その独自の解釈を構築していく営みを原典主義と考えると，民族宗教においても原典主義は数多く見出されることになる．

減点主義も宗教において広く観察される．宗教的理念を実現しようとするときに，現状の腐敗，堕落をことさら強調しようとする立場は減点主義である．そしてその腐敗，堕落の原因は，宗派内，当該社会内に求められる場合もあれば，他宗教，他の社会・国家等に求められる場合もある．また腐敗や堕落の原因が，自らの宗教内の異なる立場，とくに状況重視志向の立場に対して向けられることも少なくない．

(2) 情報化・グローバル化による宗教の相対化

原点主義，原典主義，減点主義が宗教にむしろ普遍的に観察されるとして，情報化・グローバル化が進行していくとき，そのどのような側面がファンダメンタリズムを推進することになるのか．原点主義に関しては，情報化・グローバル化の進行は，創始者に対するイメージをきわめて多彩にしている．イエスやブッダの生涯にしても，映画化，小説化といったことを通して，世俗社会からの構築も多様になされ，かつそれはただちに世界中に広がりうる．イエスは結婚していて子どももいたというような内容を含む『ダヴィンチ・コード』がベストセラーとして各国語に翻訳され，映画化される．その結果，それぞれの宗教の原点に関する多様な見解が構築され，必然的に正統的立場からの構築を含めた伝統的な構築がきわめて相対化される．原典主義については，歴史的に多くの宗教において，中心的教義や聖典は聖職者の専有物というに近かった．一般の人が手にとることができないというだけでなく，内容を直接知りえなかった．ところがその状況は近代化の過程でしだいに変容し，現代に至っては，きわめて容易に内容を知りうるようになった．聖書は望むならだれもが手にすることができ，読むことができる．テキストの実際の内容が多くの人に共有されうるという状況は，歴史的にみれば，比較的最近になって，世界中で急速に進行したことである．そういう時代においては，それぞれの教典，中心的テキストの解釈も，かつて神学者や知識人の考えに従うしかなかったものが，極端にいえばだれしもが独自の考えでなすことができる方向に向かっている．減点主義に関しては，情報化・グローバル化の時代には，リアルタイムでどこで何が起こっているかが以前より格段に容易に知れるようになったので，現状を堕落しているとする視点がしばしば世界的な比較のなかで生まれてくる．自分たちの所属する宗教共同体，あるいはそれを包む社会が堕落してきたから改良しようという視点のみでなく，遠い地域との比較がリアリティを増している．アル・カーイダのリーダーたちがアフガニスタンの山岳部の村の現状とアメリカの現状とを対比しながら，自分たちの運動の正当性を根拠づけるといったことは容易になった．

現状志向の立場にとって，情報化・グローバル化の時代は，対応には複雑な手順が求められ，自らのアイデンティティの根拠はたやすく相対化される．リベラルなタイプの宗教的主張ほど，この時代にはみずからの立場の妥当性について，根拠を見出すのに苦労することになる．これに対し，ファンダメンタリズムは，相対化，多様化の否定を行うので，主義主張の構築が容易となる．その一方で，運動の展開にとって，情報化・グローバル化の特性は利便性が高い．インターネットによって政府や報道機関のチェックを通さず情報の交換ができるし，グローバルな世界システムは，人の移動をきわめて容易にした．ファンダメンタリズムはたいていの場合，それぞれの国において少数派であるので，これらは運動の展開には有利に展開する．アル・カーイダが衛星放送アルジャジーラを利用してその主張を世界に示すというようなことが日常的になっている．また，情報化が不利に作用することを防ぐためには，内部的には外部社会からの情報を極力遮断するという手段をしばしばとる．

12.5 日本宗教におけるファンダメンタリズム

現代日本においては，ファンダメンタリズムと特徴づけられるような宗教運動はきわめて少ない．しかし，歴史的にファンダメンタリズムの先駆的形態とみなしうる宗教思想や宗教運動はみられたし，近現代においても，そうした思想や運動さらには組織を見出すことができる．歴史的な展開をみると，日蓮宗の不受不施派などはファンダメンタリズムの傾向を示している．不受不施派は16世紀末に興り，江戸時代17世紀後半には不受不施派への寺請が禁止されるようになった．法華宗の信者でない者からの布施を受けず，法華宗の僧以外には布施を行わないという信仰内容である．法華ファンダメンタリズムと形容できるような性格をもっている．

近世の復古神道には神道ファンダメンタリズムとよびうる動きが生じた．復古神道においては，神道の習合状態に対し強い批判がなされるようになり，外来宗教の影響を受ける以前に日本に純粋な神道が存在したと主張する思想も展開した．なかでも平田篤胤（1776-1843）は，神道が固有の宗教領域をもつこと，そしてそれが他の宗教に比べて優れている点を説いた．神道のいわば「歪んだ形」が，仏教，儒教，キリスト教など他の宗教に伝えられた場合があるとした．また，儒者，僧侶，さらには習合神道を説く神道家への批判もなされている．篤胤の影響を受けた大国隆正（1792-1871）は，神道こそ，日本にふさわしい教えであり，他の宗教は日本にふさわしくないものであると主張した．これらの考えは維新期の神道家たちの活動にも影響を与えることとなった．

近代では，新宗教の一部，とりわけ日蓮・法華系の新宗教にファンダメンタリズムの性格を帯びるものがある．1950〜60年代の創価学会の活動がそうであった．法華根本主義ともいえる法華経への帰依，激しい折伏活動，他の宗教・宗派を邪教と退け，国立戒壇論を主張する立場である．しかし，巨大教団になるにつれ，その色彩は弱まり，1970年代には政教分離問題もあって，国立戒壇論も引っ込めた．この方針転換を批判しつつあくまで国立戒壇を主張するのは日蓮正宗顕正会であり，顕正会もファンダメンタリズムの要素をもっている．

ただ，日本においては少なくとも政治的な色彩の強いファンダメンタリズムは影響力が一定以上にはなりにくい宗教史的条件があった．日本宗教の政治権力に対する基本的構図としては，伝統宗教はすでに近世において俗なる権力に従属する存在となっていた．その構造は，近代化の過程においても，基本的に変わることなく，現代に至っている．また，明治以降，変化する社会へのさまざまな反動があったけれども，西欧をモデルにした近代化を，日本人は基本的に受け入れた．その際，宗教は近代化に強く対抗するということはなかった．むしろ近代化との調和を重視するのが趨勢であった．例えば，明治政府の開明主義に基づき，1872年に教部省が，僧侶の肉食・妻帯・蓄

◆ Ⅶ. 現代社会と宗教 ◆

髪などを許可したとき，戒律に関わるこうした事柄について俗なる権力の示した方針を，仏教界はすぐさま受け入れた．その後の近代化の過程においても，キリスト教の影響には一部の神職や僧侶が危機感を抱いたけれども，宗教界が日本社会の西洋化に対して抵抗を示したという例は乏しい．

現代ではオウム真理教（現アレフ）にファンダメンタリズムの要素を認めることができる．オウム真理教は出家主義を標榜したが，その出家のあり方は，日本の伝統的仏教宗派のいずれかへ回帰することを目指していなかった．それは主として原始仏教というインド宗教が原点として志向されていた．修行者はオウム食とよばれた食事を一日に一食ないし二食とったが，これは原始仏教における正食にあたる．オウム真理教には現代日本にはほとんど存在しない，しかし日本人の中には存在する古代のインド宗教のイメージを原点として設定していた．

こうしたファンダメンタリズムの要素の強い運動を一部に指摘できるとしても，総じて新宗教をはじめ日本近代の宗教にファンダメンタリズムへ向かう動きはそれほど強くはない．新宗教は伝統宗教の機能を補完する形で出現したが，近代化や科学主義批判はあまりみられない．むしろ積極的に近代化がもたらした現象を取り込み，科学主義との調和を強調したのが新宗教ともいえる．このように，西洋モデルの近代化への抵抗が乏しいということは，イスラーム社会との決定的な相違である．また，キリスト教ファンダメンタリズムがそうであったように，進化論との対立に象徴されるような科学的言説との対立も基本的になかった．状況重視の立場が優位であると特徴づけられる．

参 考 文 献

井上順孝・大塚和夫編『ファンダメンタリズムとは何か』新曜社，1994年．
臼杵　陽『原理主義』岩波書店，1999年．
小川　忠『原理主義とは何か―アメリカ，中東から日本まで』講談社，2003年．
小杉　泰編『イスラームに何が起きているか』平凡社，1996年．
森　孝一『宗教からよむ「アメリカ」』講談社，1996年．
山内昌之編『「イスラム原理主義」とは何か』岩波書店，1996年．
Barr, J. : *Fundamentalism*, 1977/81. SCM press.（ジェームズ・バー（喜田川信・柳生望他訳）『ファンダメンタリズム―その聖書解釈と教理』ヨルダン社，1982年）．
Kepel, G. : *La Revanche de Dieu*, Editions du Seuil, 1991（ジル・ケペル（中島ひかる訳）『宗教の復讐』，晶文社，1992年）．

Ⅶ. 現代社会と宗教

13 葬送と墓の歴史と現代

村上興匡

13.1 寺檀関係の成立時期

　現在のように寺院に依頼して仏式葬儀を行うことが庶民階級に一般化したのは，江戸の前期，元禄時代くらいから後であろうといわれている．現在の寺院分布の大筋は，応仁の乱のあった1467年から，徳川幕府によって『諸宗寺院法度』がだされた1665年までの，約200年の間に出来上がっているという．

　この時期は，近世以降の「村」組織の原型となった郷村制が成立した時期であり，中小農民が台頭し，個々に独立した「家」が確立してくる時期であった．この郷村制成立によって土地からの生産性が高まり，それまで外から来訪する宗教者に死者の供養を依頼していたものが，村落共同体内に専従の宗教者をおけるようになった．幕府が宗教者の定住政策をとったこともそれに拍車をかけた．生産の基盤である土地を累代に継承する「家」は祖先祭祀を発達させることになり，それが仏教の葬式，供養儀礼と結びついた．こうした自生的な流れの上に，宗門改めのための寺請制度が法的に制定され，村の中の「家」の集団が，死者の年忌供養を媒介として寺院の経済的バックアップを行うという，寺檀制度の原型が成立したと考えられる．

　近世の寺請檀家制における寺院は，形は仏式であるとしても，その実，「家」共同体の祖先祭祀の場であった．墓や位牌，葬儀の規模などのかたちで家格による一定の身分秩序が持ち込まれるのは，それぞれの家格をもった「家」の共同体の上に寺院が存立していたためである．権利も義務も，その家のもつ格によって，その多寡が決められた．格上の者は，こと葬儀に限らず，祭礼など地域の共同の行事のときにも応分の経済的負担を強いられた．すでに江戸期の寺院文書の中には，寺院の修築の際等に一定の額の志納金を出すことによって，信士から居士というようにその家の戒名の格を上げた（追記）という記述が見うけられる．葬儀をより大がかりにしようとする傾向は，身分社会の中での上昇しようとする志向性と密接に結びついていた．

　ことに比較的上昇が容易であった町人社会では，葬儀を大きくする志向性は強かったと考えられる．享保の改革の時だされた奢侈遊惰の禁令の中には，葬式や法事・追善供養の法儀が華美にながれることを戒める条項が多く含まれていた．幕府側からの再三同様の町触が出されており，民衆の間には根強く大がかりに行おうとする欲求が存在し，また実際しばしば大がかりに行われる傾向があったことがうかがわれる．

13.2 明治以降の東京の葬儀の変化

　活字資料に見る葬儀社のもっとも古い事例は，1876（明治19）年神田鎌倉町に開設された東京葬儀社であった．「近頃，或人達が申し合わせて，

Ⅶ. 現代社会と宗教

東京葬儀社というを神田鎌倉町に設け，神葬，仏葬とも，一切の葬具を備え，廉い賃銭で葬事の求めに応じ，これまで輿屋が法外の儲けをしていた弊を矯正することとなった．」(「団々珍聞」；森銑三『明治逸聞史1』東洋文庫) また平出鏗二郎は『東京風俗志』のなかで，「殊に昔の棺屋は発達して葬儀社となり，葬儀に入用なる一切の器具を始め，人夫等に至るまでも受け請い，輿，喪服，造花，放鳥籠等の賃貸をもなせば，葬儀を盛にし易く，造花，籠鳥を列ねて豪華を衒う風，盛となり，親戚知音よりも香奠の外に，これを贈りて葬儀を盛にす……」と述べている．

明治以前の葬儀屋にあたる職業は早桶屋，早物屋とよばれていた．早物とは葬具一般のことで，死者が出てから急いで作って売った．これを賃貸するようになって庶民階級でも大がかりな葬儀が可能になったのだと考えられる．

明治期東京の葬儀の特徴は，寺院で行われる葬儀式の前に，喪家から寺院まで大がかりな葬列が営まれることにあった．当時の葬儀屋の主な業務は，喪家で飾る祭壇や棺の用意と葬列を組む人足の斡旋にあった．

明治大正期の東京においては，人が亡くなると近隣のもの，親戚縁者が集まり，日取りや規模，事務分担を相談した上で，菩提寺や葬儀社への連絡を行った．葬儀社では祭壇等葬具の調達と葬列に加わる葬儀人足の斡旋を行った．棺を担ぐ人足を六尺，蓮華(造花)や生花，提灯，放鳥などを持つ人足を平人といった．葬列を進めるには独特の調子があり，葬列を止めることなく進めるなどの技術が必要で，人足のとりまとめをする棒頭という親方が存在した．通夜の翌日，役僧が出立ちの読経を行った後，棒頭を先頭に，提灯，蓮華，放鳥，香炉，位牌，棺の順に葬列を組み，葬儀場(寺院)まで歩いた．親族の男性が数人，編み笠，紋付き袴，素草鞋という装束で棺の脇について歩いた．女子供は人力車で棺の後に続いた．その後を親族，一般会葬者が続くのだが，明治の終わりには市電などで先に寺院で待つ者の方が多かった．

蓮華，生花，放鳥などは今日の花輪と同様，会葬者からの贈答という形をとり，対単位で葬儀社が注文をとった．葬列が寺に着くと棺は本堂に運ばれ，位牌や香炉などが設えられ，その周りを持ってきた蓮華や生花が飾った．導師による読経，親族，関係者の焼香が行われた後，菓子折が配られた．式後，親族男性と六尺人足だけで遺体を火葬場に運んだ．火力が弱いので，夜間に焼き，翌日親族だけで収骨した．

東京においても明治期には，葬儀の準備，作業は世話役を中心に地域の人々によって担われ，納棺など忌のかかる仕事が親族によって行われた．葬儀準備での葬儀屋の仕事は火葬場の手配，棺および葬列の飾りの準備くらいで，通夜の料理や葬儀式の後に配る菓子折等を直接扱うことはなかった．湯灌や納棺など忌のかかる仕事をはじめ，死装束の作成なども基本的には親戚縁者の仕事だった．

明治の東京の葬儀は伝統的村落での葬儀と同じように，葬祭業者が行う仕事に比べて町内の地域にすむ人々の行う補助の比重が大きかったといえる．その一方，村の葬儀が原則村人しか参加しない閉じた葬儀であるのに対して，東京の葬儀は派手な葬列や菓子折配布，乞食への施し等に見られるように，外に対して見せること，外からの参加に開かれた葬儀であった．主にこの葬儀を外に対して示すことに関わる業務が，葬祭業者の業務の大部分を占めていたと解釈することができる．

明治30年代から葬儀に多大の費用がかかること，葬儀が見栄に傾いて本来の厳粛さをなくしていることへの批判が見られる．これらは当時盛んであった「風俗改良」の考え方を中心としており，その主張の柱は「葬儀の簡素合理化」と「葬儀の荘厳誠実」の2つにまとめうる．その一つの理想形が，供花放鳥を一切うけず，会葬者が全員徒歩で葬列に従った，1901(明治34)年に行われた福沢諭吉の葬儀であった．風俗改良運動には，日清戦争による国威の高揚と西欧文明への劣等感の双方が色濃く現れており，日本の文明化の問題と関係する．風俗改良運動は新生活運動という形で全国的に広がってゆく．

井上章一は『都新聞』(大正2年3月26日付)

の記事の「近頃新聞に出る死亡広告を見ると大かた途中葬列を廃して何時に何寺で儀式を行ふとしてあり且つ供物を辞退するとしてある．此れは社交上に注目すべき新現象である．此れまで其ういふ葬式は全くないではなかつたが近来に至り死亡広告の十中八九はこうである」という記述をもとに，1913（大正2）年頃を境として新聞の死亡広告に「葬列を廃し」「供物を辞退する」動きが目立って増えてくると述べる．東京の老舗葬儀社からの聞き取りによれば，大正になって比較的上流の家では葬列を行わなくなっていたが，普通の庶民は少なくとも大正3，4年くらいまで葬列を組んで葬儀を行っていたという．関東大震災（大正12年）以後は，葬列人足の親方をつとめられる者がいなくなって，顧客から希望があっても葬列を組むこと自体不可能になったという．

　葬列は大正期に入ると徐々に行われなくなり，その終わりの頃には東京では葬列なしで行うことが一般化した．この葬列の廃止と相前後して，告別式が一般化する．新聞記者であった秋山安三郎が新聞に書いたコラムをまとめた『下町今昔』には，昭和のはじめくらいから，東京都内で自宅で行う告別式形式の葬儀がはやり始めたと記されている．「落語に拠ると，昔町内の葬式には寺で酒がでた．（無論施主負担）．…この酒の土瓶は明治末期にはもうなかった．その代り寺で配られる折詰めの饅頭，蒸し菓子は段々立派になって，よほど貧乏人でないかぎり「塩釜」という紙包みの安菓子は配らなかった．この塩釜でさえ廃止して専ら簡素，誠実で行こうと「自宅告別式」がはやり始めた頃（今から五十年前）は，だから菓子屋がおどろいた．」（秋山安三郎「忌中」『下町今昔』永田書房，昭和51年）

　「告別式」自体は，1901（明治34）年12月17日に行われた中江兆民の葬儀が最初とされる．これは兆民自体が無宗教であり，宗教儀礼の省略を遺言したために行われた．兆民の無宗教無霊魂の主張は，絶筆となった『続・一年有半』に詳しく記されており，当時の知識階級に大きな影響を与えた．1920（大正9）年の朝日新聞に掲載された死亡広告を見ると，本葬として告別式を行っている例には法曹関係者など高学歴者が多い．当時の告別式は，東京に寄留していた者が故郷での本葬の前に東京で営む仮葬くらいのものであった．一方，大正末あるいは昭和の初めになって庶民に受け入れられた告別式は，必ずしも啓蒙的な思想を含むものではなかったと考えられる．

　「自宅告別式」の増加した昭和初期を境に，本当に夜を徹して行われる「丸通夜」も行われなくなり，通夜法要のみに多くの人が参加するようになる．葬儀の中心が通夜や葬列から告別式へと移ったことは，葬儀全体の意味づけが，共同体からの送り出し儀礼から弔問儀礼へと変化したことを意味している．それにより葬儀はもっぱら喪家の行事として意識されて，近隣親戚の関与は少なくなった．関東大震災以後，本郷区では「隣家葬儀につき本日休業つかまつる」などの張り紙を出す店はなくなり，また隣家が葬儀だからといって勤めを休む者もいなくなったという．新しい形式の葬儀「自宅告別式」となったことで，近隣の人たちへの葬儀振舞等の簡素化がすすんだ．葬祭業者はそれまで近隣や親戚が行っていた実働的補助の役割を肩代わりする形で業務内容を拡大・多様化していった．

　大正期，葬祭業者は葬列の廃止によってそれまで業務の大部分を失った．その頃から徐々に地域共同体が葬儀の補助に関わる割合が少なくなったため，業者は親族および地域が担っていた仕事を取り込む形で業務を多様化していったのだと考えられる．

　明治民法以来，墓地は祭祀財産として規定されたが，これは戸主制度との関係で「家」を通じ国民精神の強化を図る政府の政策に基づくものであった．風俗改良運動の推進者であり，中江兆民の友人でもあった板垣退助は，「祖先教」を日本古来の優れた慣習としている．伝統的な仏教習俗の多くは非衛生的で根拠のない迷信として排除されたが，祖先祭祀はそれを免れた．

　柳田国男は『明治大正史世相編』の中で，明治になって自葬が禁止され，葬埋地が限定されたことや，家の資力に応じて大きな石墓を作ることが盛んとなったために，とくに都市において共同墓

◆ Ⅶ. 現代社会と宗教 ◆

地の不足や土地の権利の高騰などが起こったと記している．また1873（明治6）年火葬禁止令から翌年の朱引内埋葬禁止令，翌々年の火葬禁止令廃止までの議論に見られるように，とくに都市において，墓地は主に衛生の問題として議論された．

日本最初の公園墓地を作り，その後の墓地行政の範となった井下清は，都市における墓地について，都市生活の勲功者の施設であり，鄭重かつ永遠の慰霊の場としなければならないが，幾十年には必然的に一定割合で家の断絶が起こることから，一定年限の後に合葬し，記録のみ長期間保存するような形態をとるべきであると述べている．すでに都市社会における「家」を中心とした墓制度，祖先祭祀のある程度の限界が指摘されていた．

13.3 情報産業としての葬祭業の発達

戦時中は物資の払底により統制経済がとられた．葬祭業界も例外ではなく，棺材なども配給制度を受けることとなった．この時期，葬祭業者の組合化が進んだ．

戦後の復興期をすぎると，葬祭業者が自身の役割を拡大する傾向はさらに助長されていった．それまで比較的質素だった祭壇を飾るものが増えていった．まずそれまで飾られなかった色花や写真が祭壇に飾られるようになり，昭和40年以降にはさらに様々な葬具が飾られるようになっていった．戦後には祭壇の装飾性の増大とともに香典返しや式後のふるまい等の答礼が厚くなっている．

戦後，死者への直接対処を専門家（病院，葬祭業者等）に任せ，一定の処理がなされるまで肉親であっても死者と直接接触すること避ける傾向が強まった．また戦火により従来の町内会などの共同体的紐帯は，ますます弱くなった．それと相まって地域共同体の，「死」を取り扱う慣習・生活技術を伝承する力は衰退した．それを代行するかたちとなった葬祭業者は，情報産業としての性格を帯びるようになっていった．

昭和になると病院や組合の指定業者となり，新聞雑誌などに広告を出すようになる．従来の地域（寺院檀家）に根付く家内商業的で小規模の営業形態から，積極的に浮動顧客をつかまえる形態へ変化したものと理解できる．一方，これは今日東京で行われる個々の葬儀が地域共同体等から分離し，個人的行事となってきたことを示しているともいえる．1948（昭和23）年には，日本初の冠婚葬祭互助会「横須賀市冠婚葬祭互助会」が設立された．元々は市民の連帯による生活の改善を目指して結成されたが，その数が増すに従って，あらかじめ顧客を囲い込んだ冠婚葬祭サービス業としての性格が強くなった．互助会の伸張に対抗するかたちで，葬祭業者も全国組織（全葬連，1956年）を作り，企業の共済組合などの指定業者になるなど動きを見せている．明治初期の葬祭業は，単なる葬具調達や人足斡旋を主要業務としていたが，今日ではより新しい葬儀を企画運営する，葬儀のコンサルタント的な側面をもつ総合情報産業になってきている．

13.4 戦後の死者の顕彰の大衆化

戦後，都市的な生活様式の普及にともなって，① 中心儀礼の変化：葬列（野辺送り）から告別式，② 葬儀実働補助の変化：葬式組から葬儀社，③ 葬法の変化：土葬から火葬，の3点が並行する形での葬儀慣行の変化が，全国的に広まった．① および ② の変化は，就業形態が農業など自営的なものから勤出する形態へと変わって，つきあいの範囲が広くかつ浅くなることで普及する．③ は都市的な衛生習慣や土地有効利用の考え方とともに広がったと考えられる．その結果，葬儀の性格，意味づけは，従来の地域を中心に「送り出し」を行う共同体的なものから，家や家族を中心とした「弔問を受ける」個人的な儀礼へと変化したとまとめることが出来る．

戦後，高度経済成長期に伴う都市部への人口集中により，伝統的な寺院仏教の伝統からは切り離された人達（宗教浮動人口）が多量に発生した．これらの人々は葬儀法事の際の寺院への出費を宗

教的サービスの対価と見る傾向が強い．終戦直後から，乳幼児の死亡が減ったことと平均寿命が延びたことにより，一貫して年間死亡者数と死亡率は減少していった．昭和40年頃から年間死亡者数が減少から増加に転ずる．この頃から，地方から出て都市で創業した者の葬儀が行われるようになり，中小企業でも社葬が行われるようになった．社葬では，故人の顕彰が広く一般的に行われるようになり，告別式は華美かつ大がかりに行われるようになって，葬儀費用が高騰した．

1968（昭和43）年に稲田務・太田典礼編『葬式無用論』（葬式を改革する会）が出版された．この会の趣旨は，当時の告別式中心の葬儀が華美化したことに対する批判として葬式の簡素化を求めるものであったが，それまでの葬儀批判論と大きな違いがあった．明治30年代に唱えられた葬儀批判は，父母の葬儀に大きな経費をかけることは，結果として「家産」を傾けることになり，不合理であるというものであった．それに対して太田典礼ら会の主催者は，自らが無宗教であるから，自身は従来的な（仏式）葬儀は行いたくないとするものであった．それまでの批判が主として葬る側の視点からなされたのに対して，葬られる側からの葬式批判であったところが新しい．しかしその一方で，『葬式無用論』に寄稿した，当時の会の賛同者の大部分は地方出身者であったが，親戚や世間からの強制を廃して葬儀を簡素に行う立場を求める，あいかわらずの葬る側からの葬式改良の主張であった．これ以降も特に都市において葬儀の費用が高いという批判はあったが，実際に葬儀費用が安くなることはなかった．

平成以降には，葬儀や墓地のあり方についての批判や変革しようとする動きがいくつもみられた．ひとつには継承者がいない人間の墓地取得の問題である．従来の家墓は，基本的に同姓の継承者があることが墓地取得の条件となるから，子供がいないもしくは婚出した娘しかいない場合には，新たに墓地を取得することが困難になる．そうした事態に対して，例えば，戦後50年を迎えて多くの戦争未亡人に継承者が無く，彼女らが無縁化することが問題として結成された「女の碑の会」や，血縁の継承者ではなく，同じ墓地に入る人々が共同で祭祀を行う「もやいの会」などの活動がこの頃はじめられた．さらに「葬送の自由をすすめる会」が提唱する「自然葬」のように，遺骨を山や海に撒いたり，霊園内の区画に撒く（スキャタリング）など，従来のような墓地を持たない運動もおこった．

葬儀では，生前に本人の葬儀のやり方の希望を書いた遺言ノートを預かり，死後，希望通りの葬儀プランが実現されることよう補助するウィルバンク（遺言銀行）が話題になったのもこの頃である．また，寺院や葬祭業者など依頼せず，仲間どうしで手づくりの葬儀を実現しようとする運動がマスコミ等で紹介された．

平成初期に起こったこれらの墓地や葬儀のあり方を改革しようとする運動に特徴的であると思われるのは，基本的に，「他者（親など）をどう葬るべきか」ではなく，「自分自身がどう葬られるか」という視点から問題がたてられていることである．葬儀についてのこうした視点が現れてくるのは，時代的に見て比較的新しいことである．

平成以降，こうした葬儀を自己の死の表現として考える人々は増えてきていると考えられる．葬送の自由を進める会の「死後の自己決定権」という主張にせよ，本人自身の葬式についての遺言の実現を図る「遺言銀行」にせよ，あらかじめ保険会社などと契約し葬儀一切を任せる生前予約システムなどにせよ，従来的な家を中心とした葬儀より「故人」のための葬儀を強調する点で共通しており，葬式を葬られる側主体で考えられたものということができる．

13.5 葬儀イメージの変化と葬式を希望しない人々の増加

財団法人日本消費者協会は全葬連（全日本葬祭業協同組合連合会）からの委託を受けて，1983年からほぼ3年おきに「葬儀についてのアンケート調査」を行ってきた．1992年に出された第4回報告書以降では，全国地域別に①飲食接待費，

◆ Ⅶ．現代社会と宗教 ◆

②葬儀一式，③寺院費用，④葬儀費用の総額（香典返し不含）について費用調査が行われた．1999年（第6回）調査におけるそれぞれの全国平均は45万円，131万円，55万円であり，計229万円であった．1992年調査では，関東，東海などいわゆる都市圏を含む地域が他の地域に比べて高額となっているが，1995年にもっとも高額であった東京（308万円）を含む首都圏の金額が，1999年にはほぼ全国平均のレベル（245万円）にまで下落している．逆に低額だった地域では上昇しており，葬儀費用については，全国的に見ると平準化の傾向が見られる．これは首都圏の葬儀費用についての報道がなされ，情報が全国的に広まったことや葬祭業者の全国的な連携が進んだことが原因していると考えられる．

日本消費者協会の調査では，自分が参加した葬儀への印象についても調べている（複数回答）が，葬儀費用の変化と関連する形で印象も変化してきている．1992年，1995年（第5回）調査では「もっと質素にした方がよい」がもっとも高い比率を占める（それぞれ42.8％，35.3％）が，1999年では，批判的なものとして「形式的になりすぎている」（41.7％），「もっと質素にした方がよい」（34.4％），「世間体や見栄にこだわりすぎている」（29.8％）の順である一方，「適当だと思う（ふさわしい）」との印象が約3割ある．第4回調査が行われた平成の初期は葬儀費用が高額であるということが問題にされた時期であり，葬儀費用が過大であると考える人が多かったが，その後，むしろ「形式的すぎる」との印象を持つ人が増えてきているのがわかる．

現在行われている葬儀の多くは，65歳以上の故人を対象とするものである．すでに社会の一線から引いており，直接の関係者は亡くなるか高齢になっている場合が多いため，会葬者の大部分は故人の子供たちの関係者となる．直接死者と関係のない者が会葬し，また葬儀は喪主たちのために行うものではなく，むしろ故人のために行うものとの意識が強くなれば，従来の葬儀が「形式である」という印象や，葬られる側に「子供や世間に迷惑をかける」との意識が生じるのは，ある意味必然的である．

1999年調査では，大都市地域を含む首都圏や近畿で「形式的すぎる」との印象を持つ人の割合は，それぞれ61.4％，50.0％であり，全国平均に比べてかなり多くなっている．明治中期の風俗改良運動を基とした葬儀批判では，「簡素合理化」と並んで「荘厳誠実」が主張されていた．明治の葬儀は基本的には「家」を中心としたものであり，葬列は故人および遺族（の「家」）が社会に対して喪を公に示す機会であったから，会葬者も威儀を糺すことが求められた．「もっと厳粛にすべき」との印象を持つものは数％にすぎない．今日，葬儀が社会的儀礼としての性格を失ってきていることの一つの現れと解釈できる．

東京都生活文化局は1995年と2001年に，東京都民の葬儀についての意識および葬儀費用等の実態調査を行っている．公的機関が主体となった葬儀についての調査は稀である．

葬儀費用に関しては，過去5年間に葬式を体験し，その支払額を知っている人からの聞き取り調査が行われた．2001年の調査結果によれば，葬儀社への支払で飲食・接待費が含まれていないものの平均額は147万5600円（95調査：約130万円），寺院関係（布施，戒名料等）64万2700円（同：約64万円），飲食・接待費の合計は約65万5500円（同：約74万円），その他経費（心付け，埋葬料，寄付など）が23万2400万円（同：約48万円）であった．単純に，寺院関係，飲食接待費を含まない葬儀社への支払い，飲食接待費を合算すると約277万円（同：268万円）になる．葬儀費用への印象をたずねた調査では，葬儀社，寺院関係ともに，実際に払った費用は上昇傾向にあるのに「高かった」と考える人の割合は減っていることから，葬儀社や寺院の支払いが高額なものとの認識が前提として広がったことがわかる．

「葬儀についての考え」を聞く質問では，「葬式は故人とのお別れをする慣習的なもの」が65.6％（95年調査：60.0％）で一番多く，ついで「葬式は故人の冥福を祈る宗教的なものである」が24.6％（同：32.4％），「お葬式は遺族のために行う儀式である」が6.5％（同：6.0％）となってい

る．年齢別に見ると，基本的に若壮年層（20〜50代）で「お別れの儀式」と考える人が多く（67.5〜76.9％），「冥福を祈る宗教的なもの」と考える割合が高年齢層で高くなって3割を超えている．「家族の葬儀についての考え方」を質問では「故人の遺志を反映したものにしたい」が69.3％（95年調査：56.5％），「人並みにいとなめればよい」17.0％（同：29.7％），「遺族の気の済むようにしたい」10.7％（同：12.8％）である．「故人の遺志を反映したもの」にしたいは，若壮年層で8割近くをしめており，95年度調査と比較して「故人の遺志」を尊重する割合は，全ての年齢層で増加している．「人並みに行えればよい」と考える人が年齢に応じて増加する傾向は，01，95年調査に共通しているが，01年調査では各年代の「人並み」を希望する人の数は半減している．

葬儀規模を聞く質問では，「家族の葬式」と「自分の葬儀」で結果が異なっている．家族の葬式では，「親しい人とこぢんまり」が51.0％（95年調査：43.2％），「お金はかかっても人並みに」が40.9％（同：51.2％），「お金をかけてでも立派に」はわずか0.5％（同：2.0％）となっている．95年調査にくらべて，「親しい人とこぢんまり」が「お金はかかっても人並み」より多くなっている．自分の葬儀の様式についての希望を聞く質問として，家族の葬儀での回答にくわえて「行ってほしくない（家族だけで埋葬）」，「考えたことがない」が追加されているが，「親しい人とこぢんまり」が59.1％（95年調査：47.2％）でもっとも多く，ついで「お金がかかっても人並み」が12.6％（同：20.6％），「行ってほしくない」13.8％（同：9.4％）の順で，「お金をかけても立派に」はほとんどない（0.3％）．95年調査と比較すると「こぢんまり」と「行ってほしくない」人の割合が大きく増加し，とくに「行ってほしくない」人は7人に1人の割合となっている．

2003年に行われた「墓と追悼をめぐる意識調査」（代表：鈴木岩弓東北大学教授）の中で筆者は，「自己の葬儀」の葬儀規模について全国規模の追調査を行った．「お金をかけて葬式を行ってほしい」はわずか0.6％，「人並みの葬式を行ってほしい」が19.2％，「質素な葬式を行ってほしい」39.4％，「火葬，埋葬のみで葬式は行わない」5.5％，「特に希望はない」33.7％，「その他」1.3％という結果であった．地域ごとにかなり差異があるが，「葬儀を行わない」人の首都圏の割合は8.6％で特異的に高くなっている．大阪を含む近畿圏や名古屋を含む中京圏でもそれほど高くない．追調査では特に最近葬儀を体験した人に限っていないため「希望なし」の割合が高くなっており，比較を行うために，「希望なし」をのぞいた割合だと，2001年東京都調査の結果とほぼ近い数字となる．

2001年東京都調査によれば，「家族の葬儀」については一般的に，収入の低い人に「こぢんまり」を希望する人が多く，基本的には収入に比例する形で「人並み」の葬儀を希望する人が増加するが，「自分の葬儀」では必ずしも収入に比例せず，「家族の葬儀は人並みにしても，自分は簡略なものでよい」と考える人が，全体の2割存在するという．葬儀を出す側として「人並みの葬儀」を出すべきであるとの社会的圧力が，比較的裕福な人ほど強く残っているためと考えられる．

まとめるなら，40〜50代の壮年世代では，葬儀をより世俗的で私的な儀式（「故人とお別れする慣習的なもの」）と考えており，親しい人とこぢんまり行いたいと考える傾向が強い．女性にその傾向が著しく，自分の葬儀を行いたくないと考える人はこの層に多い．それに対して老年層はより宗教的なもの（「故人の冥福を祈る宗教的なもの」）と考えており，世間的な人並みの葬式への欲求が強く，また自らの葬儀の様式でも伝統的なものを希望する傾向が強い．1995年調査との比較で顕著なのは，故人の遺志がより尊重されるようになって，葬儀がより葬られる側のものとして意識されてきているということである．規模については，家族の葬儀，自分の葬儀の両方で「親しい人とこぢんまり」行うことを希望する人が増えており，逆に「人並み」の葬儀を希望する人が減っている．自己の葬儀の様式についても「形式にとらわれない」葬儀を望む人が増えている．これらのことは東京都において葬儀が，社会的制約を

伴ったものというより，私的で自由なものと考えられるようになったことを示しており，その結果，東京の葬儀のあり方の多様化を推し進める要因となっていると考えられる．

　江戸時代以降の葬儀と墓の変化を概観するならば，「家」から個人へという個人化の流れが一貫してみられる．東京における葬儀の場合，喪主を故人の妻が務める例が多い．現在，死者の大部分が75歳以上となり，社会の一線から引いて久しいため故人の関係者の会葬は少ない．葬儀を故人のための儀式と考え，自己の葬儀や墓をあらかじめ準備する人，葬儀を自己の死の最終表現と考える人の割合は増加しているが，実際，葬儀に参集する会葬者は，故人の直接的な関係者より，残された息子，娘の関係者の占める割合が大きいという矛盾によって，主に葬る側の立場の人々と，主に葬られる側の立場の人々との間に意識のずれが生じている．

　他方，従来の葬儀は喪主や遺族のため儀礼としての側面も有しており，人並みの葬儀，葬儀の規模・格付への見栄などは，遺族の社会儀礼としての側面に関わっていたと考えられるが，近年，葬儀を故人のためのものと考える傾向を強めてきたことにより，その社会的意味づけも全体としては弱められつつある．経営者の持ち株会社における社葬の場合などをのぞいて，死者のある種の公的な位置づけ，社会関係からの遺族への拘束力は弱くなっている．

　これらの傾向は，マスコミなどを通じて都市から地方へ情報伝達されており，結果として地方においても葬儀の個人化，多様化を推し進めることとなっている．また高齢化による社会や親族のあり方の変化も，徐々に全国的に広がりつつある．極端な例としては，東京都内だけではなく関東近県でも火葬するだけで従来葬儀を行わない「直葬」が行われるようになってきている．

参 考 文 献

井上章一『霊柩車の誕生』朝日新聞社，1984年．
竹田聴州『民俗仏教と祖先信仰』東京大学出版会，1971年．
平出鏗二郎『東京風俗志』下巻，明治35年，[復刻版]八坂書房，1991年．
村上興匡「大正期東京における葬送儀礼の変化と近代化」『宗教研究』64-1（284），1990年．
村上興匡「葬祭の個人化と意識の変容　―各種アンケート調査をもとにして」『死生学研究』2003年春号，2003年．

VIII.
宗教の基礎用語

1. 悪魔・悪魔祓い・魔よけ

【悪　魔】　悪魔は本来仏教語で，サンスクリットの「殺す者」という意味の「マーラ」に由来し，悟りへの修行を妨げる悪神や魔物を指す．しかし，近年，一般に悪魔という場合，西欧の悪魔（デビル，デーモン，サタン）を指す場合が多い．

西欧では，悪魔は神に敵対する者であり，絶対的な悪とされる．サタンはヘブライ語に由来し，「敵対者」の意味であるが，キリスト教信仰の伝承過程で「神の敵対者」の中の至高存在を指すようになった．旧約聖書では，「裁判所への告訴者，主の言説に対する反対者」の性格が強いが，新約聖書では人類を誘惑して堕落させる悪しき霊の最高神格，あるいは，「この世の君」（「ヨハネによる福音書」12：31），「死の権力をもつ者」（「ヘブル人への手紙」2：14）とされる．サタンと目されるものに，「天上から墜ちた天使（ルシフェル）＝星」がいるが，ルシフェルは，反キリストの代表例である．

悪魔に関する言説の体系化は，中世から近代初期にかけて行われたが，それは西欧諸国における魔女狩りと連動した．その言説は悪魔学とよばれた．悪魔学とは，悪霊や悪魔の特性すべてを研究する学問の総称である．

悪魔は他者表象と容易に結びつく．旧約聖書の時代から悪魔にまつわる言説は，常に「唯一の神」エホヴァに対立する異教神と関係がある．その有名な例がバアルである．バアルは古代バビロニアの神話において，カナンの至高神エル（太陽と空の神）の息子であり，植物と豊穣の神であった．バアルは至高神エルや2人の兄弟（7つの頭をもつ竜蛇であるヤムと，不毛と死の支配者であるモト）と戦い，モトとの戦いに敗れ，殺される．バアルが地下に送られると，地上の穀物は枯れ，世界は不毛となる．バアルの妻アナトがモトを殺し，その灰を畑に蒔くと，バアルが地下から蘇るとともに，地上世界の花は咲き乱れるが，同時にモトも蘇り，永遠の抗争が繰り広げられる運命になる．

バアルの神話は，植物の生の循環に対する人間の観察から生まれた豊穣と死と再生の神話であり，エジプトのオシリス神話や，ギリシアのデメテル神話と同じような構造をもつ．豊穣儀礼に見出される諸要素を挙げると，より実り豊かな生のための殺害，生け贄や人身供犠，豊穣を祈願するために行われる男女の性交（オルギー）などがあるが，バアルの信仰も例に漏れず，そのために「エホヴァの民」に非難された．

キリスト教の拡大につれ，各地の土着宗教が攻撃された理由も，生け贄や人身供犠，オルギーにある．アステカでは戦争で捕らえた捕虜の皮を剥ぎ，その心臓を太陽や雨の神に捧げるなどの人身供犠が大規模に行われていたが，スペイン人が征服したとき，土着神は悪魔とみなされ，神殿は破壊されてしまった．インカでも同様である．キリスト教の世界布教は結果として世界中に無数の異教神＝悪魔を生みだした．

【悪魔祓い】　デーモンや悪霊に取り憑かれる人や場所から，それらを祓う儀式．祭司やシャーマンなどの宗教的職能者によって行われる．古代バビロニア，エジプト，ギリシアにも悪魔祓いを請け負う祭司がおり，デーモンを滅ぼすために，粘土や蝋で作った人形を壊す儀式が行われた．新約聖書でも，イエス・キリストが祈りや命令によって悪魔を追いはらう話が散見される．映画『エクソシスト』にみられるように，カトリック教会では悪魔祓いは専門の司祭のみが行える儀式で，今日でも洗礼式の前段階として行われている．

【魔よけ】　災厄を避け，幸運をもたらすこと，あるいはそのためのもの．護符，御守などがある．西欧でもっとも一般的なのは，石や金具に文字や像を彫刻したもので，首飾りにして病気や魔よけの御守とする．古代イスラエルではパリサイ派が律法の文章を書いた羊皮紙を身につけたが，それは魔よけの効果があった．キリスト教では「イエス・キリスト，神の子，救世主」を表すイクテュス（ギリシア語の「魚」）の頭文字が護符に刻まれた．

魔よけの護符を身につけたり近くに置いたりする習慣は世界中にある．南米アンデスでは，コノパとよばれる家畜や作物の形をした小さな石を，家に置いたり畑に埋めたりすることで，家畜や農

◆ Ⅷ. 宗教の基礎用語 ◆

作物の病気を祓い，豊作を祈る．中国や日本では古来，紙に神仏の姿や文字や呪文を書いたものを，厄よけ，魔よけ，福招きの護符として家の戸口に貼り付けたり，身につけたりした．現代日本の交通安全の御札も厄よけの一種である．

（谷口智子）

参考文献

エリアーデ，M.（中村恭子訳）『世界宗教史 (1) 石器時代からエレウシスの密儀まで』筑摩書房，1991年．

Levack, B.P.: *Articles on Witchcraft, Magic, and Demonology : A Twelve Volume Anthology of Scholarly Articles*, Garland Publishers, 1992.

2. イコン

イコン（ギリシア語 eikōn：「姿・像」）とは東方正教会の代表的な信仰表明である聖画像を指す．その主題は主としてキリスト，聖母，聖人たち，聖書の物語（生誕，磔（はりつけ），復活）などである．イコンは単なる宗教美術作品でも，聖史上の出来事を想起させる教材でもない．そのもっとも重要な役割と目的は教会の典礼や祈りを支えるということである．そのためにイコンは聖別され，祭日ごとにそれにふさわしいイコンが利用される．イコンは正教典礼の真髄から切り離すことができないために，教会はその製作や使用に関する特別の規則を定めている．

【歴史】崇敬の対象としてのイコンが定着したのは5世紀半ばであろう．そのきっかけとなったのはコンスタンティノポリスでのルカの手による聖母子像の出現だといわれている．6世紀には構図が次第に定型化されて，その数は急速に増大した．しかし，人々がイコンそのものに超自然的能力があると思い始め，それを是正するために聖像破壊運動（イコノクラスム）（726～787年；815～843年）が起こり，コンスタンティノポリスを中心に多くのイコンが破壊された．これに対して，聖ダマスコスのヨアンネスなどのイコンの擁護者たちがイコンの正当性を説いた．そして787年，第2ニケア公会議は，「聖画像を崇敬することは，その原型（画像に描かれた人物）を崇敬することである」として，画像の崇敬は教会の伝統に沿うものであり，救済に有用であると宣言した．それ以来，イコンの崇敬は再開され，9世紀半ば以降，イコンの存在を脅かすような要因はなくなり，それはコンスタンティノポリスやローマはもとより全ビザンチン世界にまで拡がった．またロシアをはじめとするスラヴ諸国にも拡大し15世紀にその最盛期を迎えた．しかし16世紀になると各地でイコン美術に凋落の徴が現れ，19世紀には不振を極める．それにもかかわらず，民衆のイコンに対する情熱は衰えず，教会，修道院，家庭に安置され，祈りが捧げられ崇められ続けた．そして1917年以降，祖国を離れたロシア人の思想家，神学者，芸術家たちが「イコノロジー」として知られる運動を通じて，西ヨーロッパにこの世界文化遺産の芸術的，精神的価値を知らしめた．

【神学的根拠】「信者はイコンを見つめれば見つめるだけ，そこに描かれた者を思い起こし，その人に倣おうと努める．彼の行為は崇敬（「平伏」）であり，礼拝（「献身」）ではない，なぜなら礼拝にふさわしいのは神にのみである」，とニケア第7公会議は宣言する．正教会においてイコンは崇敬の対象（人々や聖職者はイコンの前でひれ伏し，それを抱擁し，接吻し，蝋燭や香を捧げる）ではあるが，この崇敬はその原型に対する崇拝なのである．イコンの神学的根拠は（キリストの）受肉にある．人類創造の際に人間に託された神の姿はキリストにおいて完遂されるが，これを明らかにしたのは，キリストの変容だからである．だがキリストの変容した姿は同時に，「新しい人」，信者が内的に達するべき模倣でもある．それゆえイコンはキリストの姿をはじめとし，内的にすでに「変容した人」（聖母，聖人たちなど）の姿を現すことを目的としている．したがってイコンの原点はキリストの姿（顔）そのものである．

【芸術的特徴】イコンは，超越的次元を表現するために3次元空間を用いる彫刻よりも，平面に描かれる絵画がふさわしいとされる．そのため，3次元の表現である遠近法，あるいは奥行きを与えるために濃淡法などの手段を用いない．要する

にイコンは「自然界に開かれた窓」ではなく，「無限に開かれた窓」，神的な光を浴び変容した世界に向けられた扉である．イコンはそれに向き合う者の内部を透視するのである．身体の輪郭はきわめて明確だが，身体そのものは内的な力を強調するために意図的に変形されている．過度に痩せ細った細長い身体はすべての肉感的印象を消し去る．顔は身体の大きさ，身体の位置を定め，イコンの構成全体を支配する．拡大された目は，彼方の世界の一点を見つめる．薄い唇はすべての欲望（肉欲と食欲）を否定する．大きな耳は沈黙に向けられ，わずかに変形された広い額は観想に耽っている．イコン画家は自分の作品を表現する単なる芸術家ではなく，教会の伝統を個人の能力に応じて表現する仲介者として考えられる．イコン画家は，謙遜であり，教会に従い，精進と祈りにより仕事の準備をしなければならない．画家は仕事に就く前に次のように祈る．「汝，存在する全てのものの支配者よ，汝の下僕の魂を，心を，生気を導け．教会の栄光，喜び，美化のために，汝の，聖母の，聖人たちの姿をふさわしく完全に表せるようこの手を導け．」このように，イコンの「美」は，あくまでもそれが原型（モデル）に忠実で，それによりその使命が達成される限りにおいて美しいとされるのである．

（リアナ・トルファシュ）

3. 異端

ある特定の教義を信仰する集団において，正統とされる教説に対立する内容をとなえ，排除の対象となる立場やその信仰．またはそれをとなえる人物を指す．異端とは，同一の宗教体系のなかに属しながらも，解釈や実践などが正統とされるありかたと異なっていることを意味し，別の宗教体系を指す異教とは区別される．また近年では，宗教以外の分野でも，主流から外れる思想や人物を指す用語として広く用いられている．

キリスト教では早くから異端に関する問題が浮上した．ローマ帝国時代において注目されるのは，4世紀に起こったキリストの属性の解釈をめぐる論争である．その後，数度にわたってひらかれた宗教会議を通じて，イエス・キリスト，聖霊，神の三位一体説を主張したアタナシウス派が正統とみなされ，聖子イエス・キリストの人性を強調したアリウス派，マリアを「神の母」とよぶことに反論したネストリウス派，イエス・キリストの人性は神性に吸収され，本性はひとつであると説いた単性論派などが異端とされた．一度異端の烙印をおされてしまった宗派は，ローマ帝国内での活動を禁じられたため，近隣の諸国へとその拠点を移していく．その結果，アリウス派はゲルマン人へ，ネストリウス派は中央アジアへ，単性論派はエジプトへと広がっていった．

中世ローマ・カトリック教会は多くの異端問題をかかえることとなった．なかでも，12世紀に北イタリアや南フランスで多くの信者を獲得したカタリ派や，同じく12世紀にリヨンの大商人ワルドによって創始されたワルド派による運動は，多大な影響力を有した．彼らは厳しい戒律を重んじ，禁欲的な信仰生活を重んじたが，それは同時に王権と癒着した正統側の教会の腐敗を暴くことにもなったため，重税に苦しむ多くの民衆がひきつけられたのである．これに脅威を感じた教会は，異端審問を行い，彼らを教皇権のもとに禁圧しようとした．教皇インノケンティウス3世は，アルビジョワ十字軍を組織し，カタリ派を武力によって弾圧した．そのためカタリ派は13世紀後半にはほぼ消滅したといわれている．ワルド派はヴェロナ公会議で破門された後，わずかばかりの信者たちによってヨーロッパ各地へと広められ細々と存続したが，16世紀になってようやく教会側によって認められた．現在もアルプス山中に残存している．

異端審問が制度化されたのは1233年のグレゴリオ教書以降とされている．これはカトリック教会の教皇権の強大化と深く関連するものである．審問官を任命する権利は教皇が掌握し，任命された審問官は被疑者の捕縛・拘禁・拷問を行うことが認められた．これにより，異端審問は従来の宗教裁判の枠を超え，刑事的処罰を含む異端迫害の権利を有するものとなった．異端の疑いは密告などによってもちこまれ，民間信仰や瀆神行為な

ど，教義上の異端以外でも広く審問の対象となった．この制度によって，正統たるカトリック教会の優位性が広い範囲にわたって浸透することになった．14世紀，教皇権の弱体化にともなって基盤は揺らいだが，異端審問の制度はその後もカトリック教会に組み込まれた．

1542年，教皇パウルス3世によってローマに設けられた異端審問所は，教皇が審問官を任命するのではなく，神学者たちによる異端性の審議と，各国の異端審問の内容を監督する検邪聖省として機能した．検邪聖省は禁書目録を作成したが，17世紀にはガリレオ・ガリレイの著作を問題にしたことで有名である．

スペインでは，15世紀のレコンキスタ完了以降，ローマ教皇の影響力を排除し自らの王権を強化しようとするフェルナンド2世が独自の異端審問を行った．初期のスペイン異端審問所は，ユダヤ教からカトリックに改宗したコンベルソ，イスラム教からカトリックに改宗したモリスコらを，その改宗が表面的なものにすぎないとして多く裁いた．標的とされた裕福なユダヤ人らの財産は没収され，王室の財源となったという．当時の教皇シクストゥス4世は異端審問のあり方について抗議したが，フェルナンド2世はそれに対抗して教皇庁への支援打ち切りをほのめかし，教皇を黙らせた．17世紀になると審議の数は大幅に減り，完全に廃止されたのは19世紀に入ってからであった． 　　　　　　　　　　（畑中小百合）

4．一神教・多神教

宗教をそれが崇拝の対象としていくつの神をもっているかという点で分類するとき，唯一特定の神のみを認め，崇拝するものが一神教（monotheism）であり，複数の神々を同時に認め，崇拝するものが多神教（polytheism）である．現実的には，他の神々に対する排他性あるいは寛容性において，一神教と多神教との内実は多様であり，区別が困難な場合も多い．しかし，一神教と多神教とをもっとも厳密に区別するならば，崇拝の対象が唯一か複数かという一点で両者は決定的に異なっているということができる．

かつて，ともすれば，宗教に対する進歩主義的な見方，とくにキリスト教を宗教の最高形態とする西洋中心主義的な見方から，多神教は一神教に比べて原始的あるいは低位の宗教であり，それを克服することによって一神教が成立したと説明されることが多かった．すなわち，人類の宗教はアニミズムのような未開宗教から多神教へ，そしてさらに一神教へと進化してきたという主張である．逆にまたこうした進歩主義的な見方に対して，人類の原初的な宗教形態のなかに一神教（原始一神教）があり，そこから多神教が退化あるいは派生してきたのだとする反進歩主義的な立場もある．しかし，今日ではこうした主張はいずれも根拠の稀薄なものとして支持を失っており，人類史に登場してきたさまざまな多神教や一神教について，別の視点での説明が試みられている．そうした仮説のなかに，多神教は自然に発生した自然宗教であるのに対して，一神教は教祖によって始められた創唱宗教だとするものがあるが，これはもっとも説得力に富んだ説明の一つであるといえよう．いずれにせよ，一神教と多神教とのいずれが高次であり，優れているかというような特定の信仰的立場からの論点は，もはや学問的意味をなさないといってよいであろう．

人類の原初的な宗教のあり方は，さまざまな自然現象や森羅万象（しんらばんしょう）のなかに生命，霊魂，超自然的な力を見出そうとする態度に求められるが，まさにそうした信仰形態のなかで問題とされる霊魂や超自然的な力こそが神観念の原型である．そうした生命的・霊的存在に対する信仰は特定の家族，氏族，部族，民族等の単位で保持されていたが，これを基層として多神教が成立した．つまり，このような生命的・霊的存在がそれぞれに固有の個体的性格をそなえると同時に，一定の秩序のなかに位置を占めるものとして神格化されたのである．こうして登場してくる神々は，太陽，水，風，雷などの自然現象そのものであったり，豊饒，生殖，癒し，愛憎，技術などといった力や観念と結びつき，それらを司るものとして考えられたものであったり，さらには人間存在と形態や性格の上で濃厚な類縁性をもつものとして捉えら

れるもの（神人同形論）であったりした．いずれにせよ，こうして多くの神々の体系（パンテオン）が形成され，多神教が発生したと考えられる．

さらに歴史が進むにつれて，それぞれの部族や社会等を背景にした神々は，政治的・経済的・社会的な変化に影響され，吸収，従属，習合などを繰り返し，より壮大で複雑な神々の体系へと再編されていくことになる．古代メソポタミアやエジプト，インド，中国，ギリシア，ローマ，インカ，そして日本などの神話にみられる宗教は，こうして再編された多神教の典型であると考えられよう．また，このような多神教の信仰世界において，ときに特定の神が他の神々に対して主神・至上神の地位を獲得し，あたかも唯一の神であるかのようにみなされる単一神教や，複数の神々がそうした至上神の地位を交互に譲り合う交替神教などもみられる．さらには，他の社会集団において信仰される神々も認めながら，自己の集団としては唯一特定の神のみを排他的に信仰する拝一神教（成立期のユダヤ教が該当する）もあり，一概に多神教といいながらも，一神教的な性格が濃厚なものも多いことに注意しておく必要があろう．

これに対して，唯一絶対の神を万物の創造者，主宰者として信仰し，人間を含む世界のすべてを神による被造物と考える一神教は，神と被造物との間に本質的な相違や無限の断絶を認める．いうまでもなく，こうした一神教を代表する宗教はキリスト教やイスラームであり，そこにおいて神は超越的存在でありながら，同時にまた人格神として人類の救済を実現してくれる存在でもある．そして，イエスやムハンマドなどの創唱者の神との出会いという決定的な宗教体験が，こうした一神教の信者の精神的規範となるのである．現代において，キリスト教，イスラームのいずれもがもっとも多くの信者を擁する世界宗教であり，人類の精神世界に比類なき影響を与え続けている．そして，近代以降のさまざまな国や社会において，創唱者すなわち教祖の宗教体験に発する一神教的性格の宗教集団が数多く生まれてきたし，今後も無数に生み出されていくことであろう．

◆ Ⅷ．宗教の基礎用語 ◆

（木村勝彦）

5. 占い（まじない）

未来もしくは過去の未知の事象を，特定の技術ないしは知識を用いて解釈し，実践的な情報を得る方法，またその行為．日常生活で身近な占いのイメージは将来のことについて言い当てることだが，病気や不幸といった現状にいたった原因を探るためにも行われる．また町なかの占い師の姿からは八卦見や四柱推命のように高度な技術や知識が連想されるが，俗信などの民間知識も占いを構成する．そして，占いによって得ようとする情報（例えば転職や結婚をいつ行うべきかなどの情報）と，占い行為そのもので扱われる事象（例えば筮竹やカード，天体の運行など）とは直接の因果関係がなく，それら異質な事象系列の間に恣意的な対応を見出すという点で，解釈行為がともなう．解釈の対象となるのは主に，① 自然に生起する事物，② 夢や幻覚などの主観的経験，③ 人為的な操作をともなう特定の行為，の三種類である．①は例えば「カラスが鳴いて人の死を知る」とか「潮の満ち引きで子どもの誕生を予測する」といった形で民俗知識にも広くみられるものであり，狭義の占いと区別して「予兆」といわれることもある．②は寺社の縁起などで語られるように，超越的存在がメッセージをもたらす場合に解釈の対象となり，これは「託宣」とよばれる．占いとしてもっとも想定されやすい③は，本項の副項目にあげられている「まじない」の意味をもっともよく示しており，マジナウという行為をともなった広義の呪術と同義である．そして先述したとおり，未来の情報を先取りすることだけでなく，過去の情報を遡及的に収集する行為も含まれており，例えば呪術師による病気の原因究明なども占いである．

フィリピン・ビサヤ地方の民間呪医は依頼者から病気診断の依頼があると，スパイという診断法によって病因を探る．スパイの方法は呪医ごとに多様である．例えばポスポロというマッチを用いる方法では，7本のマッチを角材の上に並べて置き，可能性のある病名を1つずつ唱えながら，火

のついたマッチを先端薬部に近づけていく．口にした病名が病人のものでないときは火を近づけてもマッチは発火しないが，該当する病名のときには次々と発火する．別の呪医は祈禱書を用いる．その祈禱書には取っ手の部分だけ露出する形でハサミが挟まれており，表紙の周囲がロザリオで巻かれている．呪医とクライアントは取っ手の部分をそれぞれ人差し指か中指の1本で支え合い，可能性のある病名を1つずつあげていく．通常なら祈禱書は両者に支えられたままだが，該当する病名を呪医が口にしたとたん，それまで均衡を保っていた祈禱書は左右に回転して落下するのである．またリパックという棒を用いた診断では，両腕を広げた長さ（ドゥパという単位）や掌をいっぱいに広げたときの親指と小指の長さ（ダンガウという単位）を基準として棒を測るものである．ドゥパの場合，棒を持ったまま東の方角を向いてオラシオン（呪文祈禱）を唱え，地面を7回ついてから，病名を言いながら両腕を伸ばして棒の長さを測る．該当しない病名のときは，棒はドゥパちょうどになるが，該当する病名のときには指半分ぐらい長くなる．またダンガウの場合は，該当しない病名をあげた場合は7ダンガウである棒が，該当する病名の場合はそれ以上に計測される．このようなさまざまな方法で依頼者の病気を診断し，その病因に対する効果的な治療呪術を施すのである．

以上は何らかの必要性が生じたときに行う臨機の占いであるが，もうひとつ，定まった機会に行う定例の占いがある．日本の民俗行事のなかで，小正月や節分，盆などに行われる1年の吉凶の占いは年占といわれ，農作物の作柄と天候が占われた．その方法は，餅つきや豆占（豆を煎ってその状態によって占う），綱引き，船競争，相撲などさまざまであった．一般に，臨機の占いは個別限定的であり，定例の占いは集団祈願と結びつきやすい傾向があるといえる．このような民俗行事に事例が多いとはいえ，占いは過去の旧習というわけではなく，雑誌やテレビなど大量消費メディアで毎日の占いが提供されるなど，現代生活において卑近なものとなっている．IT時代を迎えた昨今，インターネット上の占いサイトは，さらに展開している．なかには性格判断などのコンテンツも占いサイトとして分類されており，そのすそ野は広がっているのである．〔→呪術〕（川田牧人）

参 考 文 献
川田牧人『祈りと祀りの日常知　フィリピン・ビサヤ地方バンタヤン島民族誌』九州大学出版会，2003年．

6．エロティシズム

ギリシア神話の愛の神エロスを語源とし，一般的には性欲や好色性といった意味で用いられている．ただし，エロティシズムは，人間特有のものである．生殖行動そのものは生物共通の営みとしてあるが，動物の性行為は繁殖行動として性的本能に従って行われるのに対し，人間の性行為は本能だけでは説明できない要素を多分に含んでいる．また，どのような対象に対して性的欲望を感じるかは，時代や地域によってもその内容が大きく異なっている．すなわち，人間の性行為には「文化」が大きく関わりをもっている．それを前提としたうえで，性行為にまつわる意味や価値の総体を指す語がエロティシズムである．

エロティシズムを死との関わりによって論じたのがジョルジュ・バタイユ（Georges Bataille）である．バタイユはエロティシズムを「生殖，および子孫への配慮のなかに見られる自然の目的［種の保存・繁栄］とは無関係の心理的探究である」とし，「死におけるまで生を称えること」とする．この定義は，生殖行為を命あるものの生の謳歌として捉えると同時に，その背景に死への憧憬を読み込もうとするものである．生殖を行う存在，すなわち生きている個体はすべて孤立しており，不連続である．不連続な存在である私たちは，私たち自身を少しでも長続きさせたいと執拗に欲望している．しかし同時に，すべての存在へとひらかれた連続性に対する強迫観念を抱き，ノスタルジーをもっている．性行為によって，男女2つの肉体が融合状態となることで，私たちは自他の境界が消失するように感じる．すなわち，性行為によって個である私たちは連続性へと開かれる．さらに，すべての個体性を破壊することによ

って連続性を顕現させる究極の手段は，死である．連続性に根源的ノスタルジーを感じる人間は，その意味でみな死への欲望を秘めているといえる．エロティシズムとは，このような連続性への欲望を契機とする人間の生命運動である．すなわち，エロティシズムとは，生きながらにして，死によって完遂される個の融解を体験することなのである．

バタイユは，エロティシズムの重要な契機として「禁止」「侵犯」「暴力」などについても論じている．それらは，例えば古代文明における宗教的儀式にしばしばみられる供犠という営みによって説明することができる．私たちの日常では，命あるものを食用などの合理的理由なく殺すことは「禁止」されている．しかし，宗教的儀式においてのみ，その禁忌の「侵犯」が公然と許される．生け贄は殺されることで，あるいは破壊されることで，その儀式に参加する者の前に生々しい血液や肉をあらわにし，死を（そして生を）体現する．すなわち，生け贄という個の存在がその死によって連続性を顕現させる．バタイユは，これを「聖なるもの」の顕現としてとらえる．儀式という公的な場で，決められた手順にそって行われる生け贄の殺害という「暴力」的な行為こそが，「聖なるもの」を顕現させるための必要条件なのである．人間の性行為は，このような供犠のあり方と通底する．人間は社会生活を営む上で，本能のままの放埓な性行為を「禁止」されており，それを「侵犯」するというある種の「暴力」的行為として性的欲望を充たす．それは私たちに，ノスタルジーの対象である連続性を感覚させ，日常（俗）世界とは異なる「聖なるもの」を顕現させるのである．

エロティシズムの領域は，近代的合理主義では説明不可能である．性行為において，生殖のため，種の保存のため，といった合理的な目的から逸脱した部分こそがこの言葉の領域だからである．人間は性行為にイメージや言葉を過剰に付与する．理由のない蕩尽こそが，至高の快楽を生むのである．

（畑中小百合）

7. 回　心

広義には，文字通り「心の転回」，すなわち新しい地平への全人的転換による新生の宗教体験をいうが，そこには大別して，①あらたに特定の宗教的信仰や教派に入ること，とくに一つの宗教，教派から他の宗教，教派へ転ずること，いわゆる「入信」や「改宗」の意と，②罪深い在り方から，悔い改めて神仏に中心をおく新たな存在様態へと転回する道徳的・宗教的更生や，同一信仰内のより内的な信仰の深化といった人間存在の根源的な質的変化，の2つの意味が認められる．このことは，「回心」という日本語がこれまでに，英語の'conversion' 'convert'の訳語，とくにキリスト教の神学的用語としてほぼ定着してきたことを示しており，キリスト教の文脈におけるconversionが，ひとつには「改宗（者）」を意味するプロセールトス（προσηλντος），もうひとつには「方向を転じさせる，向きを変える，立ち返る，転回する」という意味のエピストレプソー（επιστρεψω），あるいは「悔い改め（repentance），神のもとへの立ち返りによる根本的変化」を意味するメタノイア（μετανοια）という異なる2系統のギリシア語原語をもつことによる．

回心に関する研究は，19世紀末のスタンリー・ホールを端緒に，その後，リバイバル運動の興隆と福音主義神学を時代背景とした1930年代までに，米国における宗教心理学の隆盛を招いたE. D. スターバック（『宗教心理学』1899年）やW. ジェイムズ（『宗教経験の諸相』1902年）をはじめ，それに続くJ. B. プラット，G. A. コーによって基礎づけられた．それ以来，回心の問題はキリスト教のconversionの概念を主軸に，とりわけ宗教心理学の主要課題として展開されてきた．質問用紙法や統計を用いて個人における回心という宗教意識の発達過程を科学的・心理学的に追究しようとしたスターバックは，回心を心身の発達過程とのパラレルな関係において明らかにし，回心をとりわけ青年期初期に現れる「正義に向かう努力というよりは，罪意識から逃れようとする葛藤の過程」であり，その内容を「罪悪・不完全・憂鬱・悲嘆」→「転換点」→「希望・歓

喜・平安・充実」の3段階の過程として捉えた．信仰者の自伝や手紙などを経験科学の資料として分析する手記的資料法をもって宗教心理や神秘体験の心理学的研究を行ったジェイムズは，回心を「それまで分裂していて，間違っていて下等であり不幸であると意識していた自己が，宗教的な実在者をしっかり把握することで統一され，自分は正しく優秀，幸福であると意識するにいたる，急激もしくは漸次的な過程」と定義した．彼もまたスターバック同様，罪悪感や宗教的憂鬱感といったネガティブな意識が回心を経て統一感や幸福感といったポジティブな意識へと統合されるという「罪意識からの救済」を前提とする伝統的な神学的回心理解に措定された3段階によって回心過程を捉えており，これがそれ以降の心理学的回心研究における回心過程の古典的モデルとして踏襲されていくこととなる．概して回心後の状態を人格の調和や統合として積極的・肯定的に評価するこうした初期の宗教心理学的な回心研究に対し，1920年代から1960年代にかけての精神分析学の流行を背景に当時の回心研究を牽引した精神分析学的回心研究は，神学的・形而上学的前提や超越的要素に依拠することなく必然的な因果関係によって回心の原因とその過程を合理的に説明しようとする結果，概して回心を否定的で病理的に捉える傾向にあるのが特徴といえる．こうした傾向は，人為的に操作可能なヒトの脳内における生理現象として回心を捉えたサーガントのような生理学的研究を介して，その後の洗脳研究やカルト批判を含むマインド・コントロール論などに尖鋭化して展開していったといえる．

第2次世界大戦後には，社会学をはじめとする社会科学の隆盛にともない，G.W.オルポート（『個人と宗教』1950年）のパーソナリティ心理学における回心研究に代表されるような，人間を形成する社会的要因・文化的要因をも重視し総合的に人間心理を研究する方向が生まれるとともに，1960年代以降の新宗教運動に着目した社会学的な回心研究，さらに近年では，イスラーム化を視野に入れた人類学的な研究も現れ，回心という現象に対する総合的・学際的なアプローチが展開されてきている．

最近の回心研究の動向として注目されるのは，これまでキリスト教のconversionの概念を軸に，回心をとくに因果「過程」として捉えて展開してきた心理学的・社会学的回心研究とは視点を変えて，仏教の廻心や他宗教における同様の宗教体験の比較研究の上に成り立つ回心の「構造」研究，すなわち回心の本質理解を追究する宗教（現象）学的な回心研究である．これまでの心理学的・社会学的回心研究が捉えてきた心理現象・社会現象・文化現象には還元できない「宗教性」こそが，回心をもっとも特徴づける本質であることを指摘し，宗教学的・解釈学的な方法論的視座から回心を捉えようとした徳田幸雄（『宗教学的回心研究』2005年）は，宗教的回心を「垂直軸の受動的獲得に伴う存在構造の転換」と捉え，宗教学的な回心研究を，徹底した自己否定を介してしか得られない「垂直軸」に対する「受動性」の逆説性という人間一般の存在構造に潜む深遠な神秘に迫る「宗教人間学」への一歩としている．

（笹尾典代）

参 考 文 献

徳田幸雄『宗教学的回心研究』未来社，2005年．
脇本平也「回心論」，脇本平也編『講座宗教学2　信仰のはたらき』東京大学出版会，1977年．
Allport, G.W. : *The Individual and his Religion*, Macmillan, 1950.（原谷達夫訳『個人と宗教』岩波書店，1953年）
Coe, G.A. : *The Psychology of Religion*, University of Chicago Press, 1916.（藤井　章訳『宗教心理学』丙午出版社，1925年）
James, W. : *The Varieties of Religious Experience : a Study in Human Nature*, Longmans, Green & Co., 1902.（Mentor Book, 1958）（桝田啓三郎訳『宗教経験の諸相』日本教文社，1962年；岩波文庫，1970年）
Pratt, J.B. : *The Religious Consciousmess*, Macmillan, 1928.（竹園賢了訳『宗教心理学』富山房，1941年）
Rambo, L.R. : Anthropology and the Study of Conversion, *The Anthropology of Religious Conversion*, (A. Buckser and S.D. Glazier ed.), Rowman & Littlefield Publishers, 2003.
Rambo, L.R. : Theories of Conversion: Understanding and Interpreting Religious Change, *Social Compass*, 46, 1999.
Stanley Hall, G.S. : *Adolescence*, 2vols., D. Appleton, 1904.
Starback, E.D. : *The Psychology of Religion*, Scribner's Sons, 1899.（小倉清三郎訳『宗教心理学』警醒社，1916年）

8. 戒律

原始仏教の戒律は，止悪修善，防非止悪を目的とし，自発的に修行規則を守ろうとする戒と，僧団生活での他律的な規則である律からなる用語．こうした比丘や比丘尼など出家の戒律に対して，在家信者は僧団生活をしないことから律は課されず，戒のみを保った．日本には鑑真によって中国以来の伝統的な四分律宗が伝えられたが，後に最澄によって，まったく新しい独自の戒律思想である円戒思想が開創されたという．日本天台宗が，浄土宗や禅宗，日蓮宗の母体であったという点で，また戒律と念仏，戒律と禅，戒律と題目という相互関係の上でも，この円戒思想は特殊な位置に置かれたと，石田瑞麿は指摘している．

最澄は，小乗四分戒を「仮受」することで天台円戒の実が達せられるとした．そこには，受戒（戒を受けること）を僧になるための儀式として形式化するという，戒そのものの本旨を見失うおそれが多分に含まれており，そのため最澄の孫弟子である安然においては，受戒による即身成仏という考え方が出されるに至った．このように，戒を犯さなかったかどうかに対する懺悔などが形式的になるとともに，受戒の意味が誇大に重視されてくることによって，受戒そのものを呪術視するという風潮が生じてくる．具体的には，病気平癒や安産を祈るために受戒が行われるようになり，出家さえも病気を受戒によって癒そうとしたことがあった．こうした方向は明白に戒観念の弛緩を意味するものであり，破戒と無戒を象徴するものであったという．

では，日本天台宗以後，戒の問題はどうなったのか．浄土宗の法然は戒を重視しながらも，念仏を唱えやすくするという以上の意味を与えず，持戒（戒を保つこと）のために念仏が邪魔されるならば，これを捨てることがむしろ望ましいとしており，持戒がきわめて過小に評価されているといえる．さらに浄土真宗の親鸞は，破戒・無戒を末法における当然の姿と考え，念仏に持戒の介入する途を断ち切っている．この方向は日蓮にも認められ，題目を唱えることに戒の本旨があるとしている．禅では，臨済宗の栄西が戒と禅を相表裏して行わなければならないものとしたのに対し，曹洞宗の道元はあくまで持戒を参禅のための前提とした．これらは，鎌倉仏教において戒がどのように捉えられたかという問題の一端を物語っている．

ここで，視点を在家信者の受戒に転じてみよう．それは当初，国家による法会に際し，法会の浄化を目的として行われた．そこには，僧尼の持戒が清浄に欠けるならば，災害がその伽藍に下るのみならず，広く国の災害ともなりかねないという考え方が通底しており，それを避けようとする志向が在俗者も含めた法会参集者全員の受戒という形態で現れたといえる．しかし，法会の弱体化とともに，それに随伴した受戒も本来の意義を失い，法会から脱落していく．真言密教の秘法が法会を私事化させるとともに，受戒も個人の得脱へと転換されていくのである．除災招福・治病息災の効験を求める密教修法において，行者の持戒はその効験の有無に繋がるとされ，持戒が修法祈禱の力を高める浄化の意味を付与された．そこで行者のみならず，効験を待つ側の身器をも清浄にすることで，修法祈禱の威力を高めようとする発想が生じるに至り，病者の受戒という形態が登場するのである．戒がもつ除病・平産をもたらす力への信仰は，平安貴族をして盛んに受戒をなさしめた．換言すれば，受戒という行為そのものに，祈禱的な意味が与えられていったといえよう．また鎌倉時代には，叡尊・忍性ら律僧によって受戒をもととした非人の救済活動が行われたが，そこには滅罪による再生という思考があったといわれている．

こうした，戒に浄化の力や除病・平産などの効験を認める発想は，民俗における受戒のありようにも大きく影響しているだろう．中村康隆は，民俗での受戒目的を，延命長寿・除災招福，願生浄土，死者追善の三種に分けている．

（兵頭晶子）

参 考 文 献

石田瑞麿『戒律の研究』法蔵館，1986年．
佐々木宏幹・宮田　登・山折哲雄監修『日本民俗宗教辞典』東京堂出版，1998年．

◆ Ⅷ. 宗教の基礎用語 ◆

中村康隆「受戒の民俗」『佐藤博士古希記念仏教思想論叢』山喜房仏書林, 1974 年.

9. 鏡

　鏡にはガラス鏡, 金属鏡, 水鏡がある. 歴史的にもっとも古いのは水鏡で, 自然の湖や池, あるいは水を張った容器などがある. 金属を加工できるようになると, 銅鏡を代表とする金属鏡が作られるようになった. 金属鏡の起源は少なくとも紀元前 2000 年頃まで遡ることができる. そして, 14 世紀にヨーロッパで本格的なガラス鏡の鋳造技術が開発され, 主流は徐々にガラス鏡へと移っていった. ほかにも, 少数ではあるが黒曜石でできた鏡などもある. 光を反射して輝き, あるいは映像を映し出す鏡は, 古来よりさまざまな宗教的な意味や働きをもつ象徴とみなされてきた. それらの多様な鏡のあり方は, 鏡が何かを表すという側面と, 鏡が何らかの働きをもつという側面から捉えられる.

　【鏡が表すもの】　まず, 神仏を表す鏡がある. 日本の神道では, 記紀の記述に基づいて, 鏡がアマテラスの神体・依代とされ, 剣や玉とともに三種の神器の一つとなった. 日本仏教では, 平安時代に, 神仏習合を背景として, 鏡面に本地仏の図像などを描いたり彫ったりした御正躰あるいは鏡像とよばれる鏡がみられた. この鏡は, 神仏の真の姿を表すものと考えられている. 次に, 世界各地の民間信仰には, 鏡に映った人間の姿はその人の魂であるという見方がある. 魂が身体から離れ, 鏡に映ることは危険であるとされることから, 死者や病人がでた家では, 鏡を隠したり裏返したりするという風習が世界中に散見される. また, 池や沼などに姿を映すことを忌む風習があるが, これは, 池や沼が水鏡となっている. 鏡が割れることが不吉だとされるのも, 鏡が魂であるという見方によっていると考えられている. 他にも, 宇宙全体を表したものとして, 陰陽五行説などに基づいた宇宙観を図式化した紋様をもった道教の鏡がある.

　これらの鏡は神仏や人間の魂などを表すものでもあるが, 同時に, それらが現れる場・通路でもある. 神仏との交流を可能にすることから, 鏡は占いの道具として用いられる. 例えば, 中世ヨーロッパで隆盛したスペクラリイとよばれる鏡占いの集団は, 諸国を巡りながら, 民衆の願に応じて占いを行ったが, その際, 鏡に天使などの超越者が顕れでて, 求められる知識が与えられるとされた. アマテラスの鏡や御正躰, あるいは占いの鏡のように, 鏡は, 一方では神仏の世界との通路でもあるが, 他方では死者の世界との通路でもある. 鏡を隠したり裏返したり, あるいは水鏡に姿を映すのを忌むという行為の背景には, そこに魂が映ると同時に, そこに映った魂が鏡を通して死者の世界に取り込まれるという考えがある.

　【鏡の働き】　鏡は, さまざまな効果をもたらす霊力をもった事物とも考えられている. 例えば, 鏡が占いの道具として用いられる事例は世界中に数多くあるが, 鏡占いには, 前述のように, 必ずしも超越者が直接に介在するのではなく, 占いの執行者が鏡を通して何らかのヴィジョンを得, それを解釈するという形式をとるものも多い. そこで占われる代表的な内容は, 未来, 過去, 失せ物や泥棒の在所などであって, 鏡はそれらの知識を明らかにする力をもつと考えられている. また, 人間のさまざまな願いを叶えるために, 寺社および山中や海・池・湖などの聖地に, 人間のさまざまな願いがこめられた鏡が奉納される. 鏡にどのような願いが託されているかは千差万別であり, 病気平癒, 無病息災, 降雨, 五穀豊穣, 航海安全などさまざまである. また, 鏡が魔よけの働きをもつとされる例も多い. その姿をみたものを石に変えてしまうというゴルゴーンを倒すために, ペルセウスが, 盾を鏡にして, そこに映る映像をみながらゴルゴーンを倒したというギリシア神話の話も, 魔よけとしての鏡の働きを伝えるものである. ほかにも, 例えば道教に関する文献などには, 妖怪などの正体が鏡に映りあらわれることによって, 妖怪が逃げたり退治されたりするという記述がしばしばみられる. これらの鏡は照魔鏡とよばれる. 閻魔大王が, 罪人の罪を決めるために用いる, 罪人の生前の行いを映し出す浄玻璃の鏡も, この照魔鏡の一種である. 中国や日本の古墳

からは鏡が発見されることが少なくなく，しかも鏡が遺体を取り囲むように配置されていたり，遺体の頭部や胸部に添えられていたりする場合がある．こうした事例も鏡の魔よけとしての働きによって説明されている．中世の日本に多く築造された経塚からも，副納された鏡が発見される場合が少なくない．なかには，経筒に鏡が用いられたりする場合もあるが，これらの鏡も，魔よけとしての意味があったのではないかと考えられている．

以上のような，実際の事物としての鏡に関する諸事例の他にも，思想的表現の比喩として鏡が用いられる場合がある．仏教やヒンドゥー教，あるいは道家思想などにおいては，自己と意識のありようが，しばしば鏡を用いて説明される．

（井手直人）

参考文献

青木　豊『和鏡の文化史：水鏡から魔鏡まで』刀水書房，1992 年．
菅谷文則『日本人と鏡』同朋舎出版，1991 年．
中村潤子『鏡の力　鏡の想い』大巧社，1999 年．
バルトルシャイティス，J.（谷川　渥訳）『バルトルシャイティス著作集 4　鏡：科学的伝説についての試論，啓示・SF・まやかし』国書刊行会，1994 年．
森　浩一編『日本古代文化の探究　鏡』社会思想社，1978 年．
Goldberg, B. : *The Mirror and Man*, University Press of Virginia, 1985.

10. カーゴカルト

カーゴカルトは 19 世紀末からメラネシア各地で発生した「宗教」運動であり，白人の乗り組む西洋の船が現地の人々に祖先からの財宝（積荷＝カーゴ）をもたらすという信仰であった．西洋人がメラネシアにもたらした工業製品は著しく異質だったので，現地の人々は即座にそれらを霊界の産物と解釈し，亡霊は白いという理由で，白人を祖先との仲介者または代理とみなし，彼らが搬入する積荷は祖先からの贈物であると捉えたのである．同時に西洋の船が入港すれば奴隷制の廃止と白人との平等が達成され，繁栄の時代が開けると主張された．

このカルトは白人等の外来者による現地の人々に対する過酷な植民地支配や世界情勢の変化を背景にしてさまざまに変化してきた．第 2 次世界大戦前には祖先は白い肌をしているとみなされていたが，その後祖先は日本人の姿をとり，黒人主体のアメリカ軍が日本軍を駆逐すると，祖先は黒い肌をしていると主張されたのである．また積荷運搬手段も，20 世紀初頭では蒸気船でカーゴが来るとされたが，第 2 次世界大戦末期には上陸用舟艇や輸送機，爆撃機で祖先は来ると主張された．それに備えて現地の人々は密林を開拓し独自の飛行場や藁製の原寸大の飛行機の模型を建造した．積荷の内容も当初はマッチやスチール製の道具だったが，後に袋入りの米や靴，缶詰の肉，ライフル，タバコとなり，1970 年代には自動車やラジオ，バイクとなった．第 2 次世界大戦後のカルトではアメリカ人を中心に据えることが多い．バヌアツのニュー・ヘブリデス諸島ではジョン・フラムという名のアメリカ兵がアメリカの王であるとされ，彼の爆撃機がミルクとアイスクリームを積んで着陸すると予言された場所に手製の空港が作られた．大部分のカーゴカルトが廃れる中でこのジョン・フラム・カルトは現在もバヌアツのタンナ島で活動している．

こうしたカーゴカルトは次のように解釈されてきた．ローレンスやワグナーは文化的脈絡を重視して，西洋の存在に対するパニック的な儀礼的抵抗というよりは，メラネシア固有でかつ通常の社会刷新のシステムが作動しているに過ぎないと捉える人類学的議論を展開した．ワースレイやハリスは現地の人々の教育を一手に握っていたキリスト教布教団が，資本主義理論の説明や植民地政策についての分析を提供するよりも，メシアや永遠の王国について教えたがゆえに，植民地の搾取に対する抵抗が最初に表明される際にカルトの形態をとるしかなかったと解釈し，圧倒的な軍事力を背景にした西洋人の植民地支配に対する民族主義的な抵抗の実践と捉える社会学的議論または文化唯物論を展開した．西洋人が享受している富とメラネシアの人々に強制されていた労働との間の関連の複雑さおよびそれを合理的に語る概念の欠如，そして現地の人々の安価な労働力と土地の収用がなければ植民地をもつ国々がこんなにも豊か

にならなかったことなどを考え合わせると，その不公平さの表明方法としてカーゴカルトの形態をとらざるを得なかったと解釈し，彼らによるカーゴの形での一見不合理な「分け前」の要求が実は正当な要求であることを示唆するハリスの，ローレンスを包含しかつワースレイを出口にする議論は非常に説得力がある．

これに対しワグナーは徹底的に文化的脈絡を重視する．すなわちカーゴカルトとはメラネシアの人々による西洋文化の解釈の試みであり，理解の仕方の方向は正反対だが実用的な人類学を行っていると捉えられる．つまり市場交換の世界である西洋からするとメラネシアの人々は製品ばかりを要求し，その製品の背後にある生産様式や社会システムを理解していないと主張されるが，メラネシアの人々は，物と物との交換が人間関係を生み出す贈与交換のコンテクストでカーゴを要求しているのであり，それを通して要求されているのは物ではなく，西洋人とメラネシア人との間の公正な人間関係だと捉えるのである．だからこそメラネシアの人々の「人類学」は証拠の集積から過去と現在を再構築するよりも，贈物の交換が将来の親しい付き合いをもたらすように，将来の期待（カーゴカルトの千年王国的側面に代表される）を構築するのである．

カーゴカルトは西洋に対する馬鹿げた解釈とみなされがちだが，われわれの「文化カルト」すなわち人類学も彼らにとっては馬鹿げたことである可能性があることに気づくべきであろう．

（成末繁郎）

参 考 文 献

ハリス，M.（御堂岡潔訳）『文化の謎を解く―牛・豚・戦争・魔女』東京創元社，1988年．
ワースレイ，P.（吉田正紀訳）『千年王国と未開社会 メラネシアのカーゴ・カルト運動』紀伊國屋書店，1981年．
Lawrence, P. : *Road Belong Cargo*, Manchester University Press, 1964.
Wagner, R. : *The Invention of Culture*. The University of Chicago Press, 1981.

11. カニバリズム

人が人を食べる行為や慣習をカニバリズムとよぶようになったのは，コロンブスに端を発するカリブの人々への偏見からである．当時カリブの人々は人喰いとみなされていたのである．カニバリズムはその語源からアレンが指摘するような他者に対する実体のない誹謗中傷を組み込んでいるが，しかし食人慣行に関する報告すべてが事実無根というわけではない．ここでは実際に行われていたと前提して，食人の慣行を述べることにする．また突発的な事故や殺人で生じる食人についてはそれぞれ興味深いが省略する．サンディは紀元前1750年から1960年代末までに及ぶアフリカからユーラシア，そして北中南米の156の社会を調査し，109の社会で食人慣行を見出した．このように食人慣行は世界各地に見出されるものである．

食人慣行はまず誰を食べるのかという観点で2つに分かれる．一つは敵を食べる族外食人慣行である．実は食人慣行のほとんどが敵を食べるものである．その代表はサンディに従えば17世紀北アメリカ東部のイロクォイ族，15世紀メキシコ中央部のアステカ族，1970年代のニューギニアのビミンクスクスミン族である．もう一つは身内を食べる族内食人慣行であり，その代表として1950年代までのニューギニアのフア族，ギミ族，フォレ族がいる．とくにフォレ族はクールー病，すなわち早発性痴呆症のヤコブ病（狂牛病）の患者が極端に多いことで有名である．ちなみにフォレ族は牛を食べない．存在しないからである．

食人慣行の存在理由をめぐっては多様な解釈がなされてきた．例えば，ハリスの飢餓とタンパク質不足に焦点をおく文化唯物論では，年間25万人を神々に捧げたと推定されるアステカ族の巨大な供犠システムはメソアメリカ地域への数世紀わたる人口集中と増加による生態系の枯渇（事実15世紀には何度も飢饉に襲われていた）およびメキシコ渓谷の動物性タンパク源の深刻な不足を補うために構築されたと説明されるのである．これに対しサーリンズはハリスの西洋中心主義を批

判しつつ，問題の供犠システムはアステカの神々に相応しい食糧を捧げることによって神々にエネルギーを供給し宇宙の再生を確実にすることを目的として構築されたと解釈する．動物や植物を食べて人が再生するように，神々は人を食べて再生するのである．アステカ族の戦士は敵を捕らえ神々の食糧を供給しているからこそ死後太陽の家に行けるのである．同時に人が神々の宇宙再生の力の源になる食糧なので，人を産出する母の価値は高くなる．アステカでは母親が子供を産めば，産婆が戦の雄叫びをあげるという．子供を産む母親はまさに捕虜をもたらす戦士なのであり，死後は戦士と同様に太陽の家に行けたのである．このような文化的文脈の中でこそアステカ族の供犠は分析されるべきであり，そもそもアステカ族に「カニバリズム」という概念自体が存在しないとサーリンズは論じる．人肉が消費されたのは事実であるが，それは神々が消費しているのである．

文化的な文脈を重視する解釈は細々と行われる族内カニバリズムの理解でより説得力を増す．なぜなら族内食人慣行を行っていたフア族，ギミ族，フォレ族に対し，同一の生態学的な環境にある近隣のメルパ族には食人慣行がないことに加え豚の飼育によりタンパク質が不十分ながら確保されていたからである．これらの人々は共通に親族の死体を食べるという「食葬」の慣行をもっていた．しかし「食葬」を行う理由は三者三様であり，死者の親族の誰がどの部分を食べるのかの規則もそれぞれ異なった．例えばフォレ族では自分の両親や自分の子供を食べることは禁止され，ギミ族では女と子供のみに食人が許されていた．食人を行う理由については，フア族では死者の血肉を摂取することで故人のもっていた生命の精を取り込み自分の成長と生命力を高めるためであり，ギミ族では魂を肉体に込めた女たちが遺体を食べることで魂を解放するためであり，フォレ族では死者の血肉を畑に流して大地母神や祖先の霊たちに捧げ，肉を食べることで作物の豊作をもたらすためであった．

キリスト教の聖餐式でのイエスの血肉としてのパンとワインの摂取はこの「食葬」の考え方の線上にあるように思えるのは錯覚だろうか．

（成末繁郎）

参考文献

アレン，W.（折島正司訳）『人喰いの神話』岩波書店，1982年．
クリッツマン，R.（榎本真理子訳）『震える山』法政大学出版会，2003年．
サンディ，P.S.（中山　元訳）『聖なる飢餓』青弓社，1995年．
Gillison, G.S. : Image of nature in Gimi thought. (C. MacCormack and M. Strathern ed), *Nature, Culture and Gender*. Cambridge University Press, 1980.
Sahlins, M. : Culture as Protein and Profit. *New York Review of Books*, 25 (18): pp. 45-53, 1978.

12. カルト

「崇拝・祭儀」などを意味するラテン語の *cultus* から派生した用語である．一般的にはローマ・カトリックにおける聖人崇拝（cult of saints）やマリア崇拝（Marian cult），ヒンドゥーにおけるクリシュナ崇拝（Krishna cult）などのように，特定の神や聖人，祖霊など聖なる崇拝対象に関わる一連の信念や儀礼の体系を示す言葉として用いられてきた．したがって，この意味における「カルト」は，さまざまな宗教的伝統に見出すことができる現象を示す概念といえる．

宗教社会学など宗教研究の分野では，こうした一般的な用法と関連させつつも，「カルト」概念をさらに限定し，宗教集団または宗教運動の特定の類型をさす概念として発展させてきた．従来，そうした類型概念としてはトレルチ（Troeltsch, E.）やウェーバー（Weber, M.），ニーバー（Niebuhr, H.R.）などによって形成されたチャーチ・セクト・デノミネーションの類型論が有名である．しかし，20世紀半ば頃からこれらの類型に当てはまらない集団がとくにアメリカにおいて注目を浴びるようになり，そうした宗教集団を指示する用語として「カルト」が新たに用いられるようになってきた．例えば，神智学協会やクリスチャン・サイエンス，またヴェーダーンタ協会などの東洋系諸宗教の影響が色濃くみられる宗教集団である．

ハワード・ベッカー（Becker, H.）は，それは

◆ Ⅷ. 宗教の基礎用語 ◆

主流の宗教集団と対抗する関係にある比較的小規模の宗教集団であり，その限りにおいてセクトと似ているが，よりゆるやかな結合の集団であり，また既存の宗教的伝統から逸脱した他の宗教的伝統に基づいた信仰や実践を行うという意味において，セクトとは異なった宗教集団であると考えた．ウィルソン（Wilson, B.）によれば，カルトは社会の既存の宗教的伝統の外にある宗教運動であり，組織化が未熟で，宗教的真理への探求において排他的ではないが，文化的伝統からは異質なため周辺社会との緊張を引き起こしやすい．カルトは個人的補償作用の機能しかもたず，セクトの集団的救済力や合理的組織形成力を欠き，単に原始的未分化的世界に個人を後退させる一時的で流動的な宗教運動とみなされる．

こうした観点を発展させ，組織化の度合いを基準に「カルト」の下位類型を発展させたものが，スターク（Stark, R.）とベインブリッジ（Bainbridge, W.S.）によるオーディエンス・カルト，クライアント・カルト，カルト運動の3類型である．彼らによれば，宗教とは人間が求める報酬に対し，普遍的代償をもってその充足に代えるものであるが，オーディエンス・カルトとは，あるカリスマ的人物の説教に人々が集まるような形式であり，クライアント・カルトは，そうした人物や治療者のセミナーやセラピーに人々が参加し，ゆるい集団を形成するものである．この両者が人々に提供するものは，病気からの回復やスリル感といった限定的な代償であり，救済などのような普遍的代償ではない．限定的な代償はそれを求める人間に対し限定的な関与のみを求めるものであり，この意味において両タイプのカルト現象は宗教とはよべない．それに対し，カルト運動は主催者と参加者が組織化された運動体をなす場合であり，普遍的代償を人々に提供し，その結果としての永続的な関与を要求する．宗教としての条件を満たす集団であるとみなされる．

以上のようなカルトに関する学問的議論や記述的定義とは別に，今日，社会一般では「カルト」を社会的に有害な集団とみなす傾向が強い．それは，1970年代のアメリカおよびヨーロッパ諸国において，1960年代に対抗文化運動として展開した多様な新宗教運動のいくつかが社会問題を起こし，「カルト」は，青少年を洗脳し，反社会的な思想と行動を強制する有害な運動であるという世論と反対運動が広まったことが一因である．とくに1978年に人民寺院信者が起こした集団自殺事件の影響は大きかった．日本では1990年代半ばから統一教会の活動をめぐってカルト概念が使われだし，1995年のオウム真理教による地下鉄サリン事件によって否定的な用法は決定的になった．

ゴードン・メルトン（Melton, J. G.）は，このような「カルト」概念の用法と定義を「規範的」と評価し，その代表的な論者としてファン・バーレン（van Baalen, J.K.）を取り上げている．バーレンにとって「カルト」とは「本当の宗教」であるキリスト教以外のすべての宗教に当てはまる概念であるという．このように規範的な定義は，その地域における主流の宗教的伝統から逸脱した文化的伝統に基づくという「カルト」のもつ特徴への反発という側面が強く，したがって「反カルト」の文脈において用いられることが多い．以上のように，この用語はその文脈において多様な姿を現しているが，マスメディアを中心に規範的な使用法が一般に拡大するにつれ，学問的な用語として「カルト」を用いることは難しくなってきている．

（中野　毅）

参考文献

井門富二夫『カルトの諸相』岩波書店，1997年．
キサラ, R.「オリエンテーション」，南山宗教文化研究所編『宗教と社会問題の〈あいだ〉』青弓社，2002年．
トレルチ, E.『キリスト教社会哲学の諸時代・諸類型』（Epochen und Typen der Sozialphilosophie des Christentums, 1911）
トレルチ, E.『ストア的＝キリスト教的自然法と近代的世俗的自然法』（Das stoisch-christliche Naturrecht und das moderne profane Naturrecht, 1911）
中野　毅『宗教の復権』東京堂出版，2002年．
Swatos, William H., Jr. (ed): Encyclopedia of Religion and Society, Alta Mira Press, 1998.

13. 禁欲

禁欲（asceticism）はギリシア語で「鍛錬」「実

VIII. 宗教の基礎用語

践」「訓練」を意味する Askēsis に由来する語である．それは宗教学的には，感覚的で世俗的な満足の追求を捨て，精神の統制によって高次の霊的状態を得る，もしくはより徹底した神的存在との同化を求める行為として定義できる．禁欲には常に快適さや安楽を求める，生物としての自己保存の欲求を否定する傾向が含まれる．それは断食・粗衣粗食や性的抑制，遊行，坐方，鞭打ち苦行，睡眠短縮などの肉体的禁欲行為と，黙想，聖典読誦，服従などの精神的禁欲行為とに分類することができる．また禁欲には精進潔斎（しょうじんけっさい），タブー，祈りなどの行為が含まれることもあるが，より一般的にはカトリック修道院の独身主義，殺生を禁ずる仏教の戒律，スーフィーの修行など，体系的で自覚的な訓練を指すことが多い．

　キリスト教における禁欲は，聖なる恩寵（おんちょう）に支えられながら，イエスの生活を模倣することで，創造主の意志に適った存在たらんとする行為を意味する．イエスは結婚や飲食を否定しなかったが，彼自身は生涯独身で，断食をし，弟子に対しても貧困を尊重し，自分を捨て，苦難の中で彼に従うことを求めた．イエスの死後，使徒たちは隠遁生活を行うエッセネ派などの影響を受けて禁欲を体系的に取り入れ，それを継承してカトリックでは純潔・貞節・節制の徳を達成するための修養実践の場としての修道院を設けたが，それもイエスの模倣を根本とするもので，それ以外の禁欲・苦行は霊肉二元論に基づく一方的な肉体的戒律（グノーシス主義）であり，神の恩寵を否定するものとして退けられた．一方，宗教改革者たちは信仰のみによる義を主張し，本来罪深い存在である人間が禁欲的苦行によってその原罪を贖うことはできないとして，それまでの中世的禁欲を批判した．そこでは禁欲的行為はその結果得られる神秘的力や神との合一のための手段としてではなく，唯一神との救済の契約と義務の履行として理解される．

　仏教における禁欲，すなわち修行・戒律は，キリスト教と同様に開祖の模倣であり，それによって凡夫が仏陀の到達した境地に至るための手段である．インドではバラモンを中心として断食や隠棲などの肉体的苦痛を強いる苦行（tapas）が古くから行われており，超自然的力を得るための修行として重視されていた．ブッダの時代，祭祀中心のバラモン的伝統に対し，六師外道のような反祭祀的な新しい思想が勃興したが，その一つであるジャイナ教は厳しく殺生を禁じたため断食を重要視し，仏教における禁欲に影響を与えたといわれる．ブッダは6年の苦行の後，これが解脱へ至る道ではないと悟り，生命を絶つような苦行，とくに厳しい断食を退け，樹下において座禅をし，四諦・八正道の真理を悟ったとされる．そこでは極端な禁欲は悟りへ至る過程で乗り越えられたものとして，消極的に位置づけられている．しかし禁欲が仏教において完全に否定されることはなく，仏教教団では，出家，遊行，座禅，托鉢生活など禁欲的要素を含んだ戒律が多様に展開した．

　イスラームでは礼拝の遵守やラマダーン（断食月）など厳しい規範が存在するものの，ムハンマドが僧侶的な禁欲を非難したように，クルアーンの教え自体は禁欲や修行を課するものではなく，快楽の追求などの日常生活に積極的に意義をもたせるものである．しかしやがて法規範への偏重と物質的繁栄に反発し，来世での罰を畏れて禁欲（zuhd）を勧める運動が展開し，9世紀にはスーフィズムとして確立した．スーフィーとは羊毛（sūf）の襤褸をまとった修行者を指し，その修行の過程は改悛，禁欲，放棄，清貧，忍耐，神への信頼，満足の7段階に分かれている．瞑想や神への専心によって欲望を減じ，外的には所有物を極限まで減らす放棄や清貧は，イスラーム法に適った快楽・所有すら否定するものである．こうしてスーフィズムは法学上のイスラーム思想とは対立しつつも，イスラームの重要な構成要素として存続していった．

　社会学者ウェーバー（Weber, M.）は禁欲をギリシア語原義に近い行為の実践という意味に捉え，これを神秘主義に対立する理念型とし，宗教的救済とその経済倫理を分析する際の枠組みとした．彼によれば，神秘主義が静寂の中で神性の「容器」となるべく瞑想に耽るのに対し，禁欲は神の聖意に適うように行為することである．そし

て禁欲が個人の被造物的堕落状態の克服へと向けられる場合，中世の修道院のような聖なる領域内での活動に専念することになる（世俗外禁欲）。一方それが世俗生活の内部で，堕落状態にある人間を「職業」労働を通じて陶冶するという方向に働くとき，カルヴィニズムのような世俗内禁欲となる。こうして世俗内禁欲として展開した宗教倫理は，営利的経済活動の形成と発展に影響を及ぼし，後の資本主義の発生を準備したとされる。

（渡邉たまき）

14. 供犠（生け贄・人身供犠・スケープゴート）

供犠とは，儀礼的に生き物を屠殺し，その魂を神霊に捧げる行為を意味し，日本語では「生け贄」や「犠牲」といった言葉とも同意で使用されることがある。英語 sacrifice はラテン語の「聖なるものにする」という意味をもつ sacer と facere を語源とし，「聖化」を本質的要素としているが，ヘブライ語の供犠にあたる語のように，犠牲を殺すということ自体に中心的意味をもつ場合もある。供犠には，大きく分けて動物を対象とする動物供犠と人間を対象とする人身供犠がある。供犠の対象となる動物は，牛や馬といった大型動物から，鶏や豚といった家畜，またネズミなどの小動物まで多種にわたり，ある社会においては不浄とされる動物が，供犠されることによって神聖化されることもある。

供犠をめぐる研究の潮流には，主として起源に関するものと，意味論，機能論に大別される。起源をめぐりタイラー（Tylor, E.B.）は，その起源を未開人の超自然的存在に対する好意の取得もしくは，敵意の弱体化を目的として行う「贈り物」に求め，スペンサー（Spencer, H.）は，死者に対する飲食物の供え物に起源があるとし，それが供犠へと進展したとした。これらは，後に贈与説とよばれた。これに対し，スミス（Smith, W.R.）は，トーテミズムを基礎として供犠を神と人間の共食による霊的交流やそれにともなう社会的親交の行為と理解し，犠牲となったものを共食することによって人間は神と交融し，その両者の紐帯を更新するという交融説を提示した。スミス理論の流れをくんだフレーザー（Frazer, J.G.）は，交融説から農耕供犠の展開を論証し，その年の古い神々（農耕にまつわる植物の霊）の供犠により罪や，病，死といった穢れが運び去られるとすることから，供犠のもつ役割にスケープゴート（sacrifice）的側面が存在することを指摘した。起源に関する諸説に対しユーベル（Hubert, H.）やモース（Mauss, M.）は供犠が，単一の原始的形態に由来するとする解釈を批判し，起源よりもむしろその儀礼の普遍的体系や機能に注目すべきであると主張した。また，供犠のもっとも重要な要素は「聖化」と「脱聖化」であり，その類型の狭間に個々の供犠が存在するとし，さらに供犠のもつ聖化という機能の側面を強調しつつ，そこに「破壊」という行為を伴うことが宗教的エネルギーをより強くする重要な要素と説明している。また，エヴァンス＝プリチャード（Evans-Pritchard, E.E.）は，供犠の意味についてそこには複雑な観念が内包するもので一言に集約できるものではないとし，儀礼そのもののコンテクストを重視すべきであると主張した。

供犠の儀礼のありかたは，民族や文化によって異なり，その実施要因も多岐にわたるが，共通する特徴として，①供物や祭場の「聖化」，②聖物の意図的「破壊」「破損」，③犠牲の共食を伴う「饗宴」の実施，の3点があげられる。また，スケープゴートが供犠における犠牲と同意に解釈される場合もあるが，儀礼において犠牲となる人間や動物が果たす機能により区別することができる。スケープゴートは，罪や穢れなどの「転移」を目指すものであるのに対し，供犠は生け贄により神や精霊の怒りを静める意図で行われるものだからである。

古代インドには豊穣と繁栄を祈る儀礼に，アシュヴァメーダと称される馬の供犠が存在したとされるが，古代日本にも，動物供犠の事例は確認されている。その実態については，昨今の考古学的調査によって明らかにされつつある。古墳時代中期以降，牛・馬を生け贄とした事例が報告され，これらは，古墳の周溝部などに埋められており，葬送儀礼の一環として行われたものと解釈されて

いる．このような古墳での儀礼は新たな律令体制の中で7世紀には消滅するが，8世紀・9世紀代には，古墳時代とは性質の異なった牛・馬を生け贄とした供犠が行われていたことが平城京や長岡京内の発掘調査により確認されている．一例として平城京左京七条一坊の調査で確認された遺構から供犠儀礼を復元すると，次のようになる．南北の通りが交差する付近で祭壇を設け，生け贄の馬を祀り，頭骨と下肢骨は土坑に投棄し，墨書で人面を描いた土器とともに埋め，生け贄は人間が相伴するというものである．このような儀礼は，漢神祭の一環として行われたことを示す記述が『日本霊異記』（中巻「漢神の祟りに依り牛を殺して祭り，又放生の善をして現に善悪の報を得る縁 第五」）に残されている．当時，このように牛馬を生け贄とした儀礼は，頻繁に実施されていたようで，祟りを鎮めたり，雨乞いや疫病対策として実施したものと考えられている．

今日でも，一部には動物供犠的要素をもった儀礼は残っており，宮崎県西都市銀鏡神社や，愛知県小坂井町の菟足神社などの特殊神事に，動物供犠の片鱗がみられる． （矢持久民枝）

15. 結 婚

結婚とは，特定の男女間の社会的に承認された性的結合であり，当事者およびその子供についての一定の権利義務を包含している関係である．結婚は当事者のみにかかわる事柄ではなく，彼らが属する社会の慣習あるいは法によって定められた諸規定に従って締結される必要があるという点において社会制度としてみなされる．また，結婚は夫婦の財産権にさまざまな形で影響を与えるため経済制度としての側面も有している．多くの宗教において結婚は聖なる行為であるとともに，通過儀礼の一つであり人は結婚することによって一人前とみなされる．

【ユダヤ教】 旧約聖書（「エゼキエル書16」）において結婚関係は神とイスラエルの民との契約関係の比喩として扱われ，結婚によって男女が結合することは創造の基本構造の一部とみなされる．信徒にとって結婚し子を産み育てることは，イスラエル民族を存続させるための重要な務めである．聖書もタルムードも多妻を禁じていないが，11世紀初頭に出た「禁止令」以来，今日ほとんどのユダヤ社会では多妻はみられない．式におけるラビの立会いは義務ではないが，現代では習慣的にラビが司る．ユダヤ教の法の下，契約書に基づいて成立した結婚は，同じ法によってのみ解消されうる．

【キリスト教】 結婚はアダムとイヴの聖なる結合と同一視され信徒の使命とみなされている．また，新約聖書（「エペソ人への手紙」5：30以下）にあるように結婚はキリストと教会の関係を象徴する神秘的な結合であるため，ローマ・カトリック等では結婚を7つの秘跡の一つとみなし離婚を禁じている．しかし，「コリント人への手紙」（7：1, 2, 8-12）では，性的なものは悪としてみなされ，その延長線上にある結婚も望ましくないものとして捉えられている．この背景には人間存在を霊と肉に分け，肉に対して霊の優越性を説き，世界を聖と俗に分けるキリスト教の世界観がある．精神的なものが聖の世界に属する一方，性を中心とした人間の営みは俗の世界に属するのであるが，生殖を結婚の目的とみなすことで結婚も性も聖化された．

【イスラーム】 「あなたがたの中独身の者，またあなたがたの奴隷の男と女で廉正な者は，結婚させなさい」（Q24：32）というクルアーンの章句や，「結婚は信仰の半ば」というハディース（預言者言行録）が示すように，結婚は神の命であり人間生活を完成させるために必要な要素である．しかし，結婚契約はイスラーム法に則った人と人との間の契約であり，秘跡とはみなされておらず，離婚も認められている．花婿と花嫁（または代理人），証人2人が結婚契約公証人の立会いの下，結婚契約書に署名することで契約は成立する．結婚契約において夫はマフル（婚資）および妻子の扶養義務を，妻は性交を含む夫に対する服従義務をもつ．男性は啓典の民（ユダヤ教徒，キリスト教徒）との結婚も可能だが，女性は非ムスリムとの結婚は認められていない．イスラーム法では1人の男性が4人まで妻を娶ることが認めら

れているが，この背景には，イスラーム勃興期に起こった戦争の際に生じた多数の孤児と寡婦を救済する手立てとして，男性が複数の女性およびその子供の面倒をみるという手段がとられたことが挙げられる．しかし，一夫多妻は19世紀後半以降その是非を問われはじめ，現代ではチュニジアとトルコが国内法によって禁じているほか，多くのイスラーム諸国においても何らかの規制が設けられている．

【仏　教】 悟りを最終的な目的とする仏教においては家庭生活も含めた世俗を離れ遍歴遊行生活を行う出家が重要視されている．出家者である僧侶が性行為を行うことは四重（四重禁）の筆頭としてみなされ厳しく禁じられており，現在でも多くの仏教国で遵守されているが，日本では浄土真宗の開祖である親鸞が妻帯を認め，明治以降は他のほとんどの宗派でも妻帯が認められるようになった．一方，僧侶の妻帯を認めない国にあっても，在家信徒間の結婚は認められている．結婚においては，在家信徒の守るべき戒律である五戒の一つ不邪淫によって悪法を招くような邪な男女間の交わりが禁じられている．

【ヒンドゥー教】 結婚は男性と女性の聖なる結合であり，その目的は宗教的義務を達成するための伴侶を得ること，子孫を得ること，性の喜びを得ることである．結婚後，男子を産み育てることは家族と社会双方の存続にとって必要不可欠なこととされる．結婚は男性が人生において行ういくつかの秘跡の一つであるが，女性にとっては人生で唯一実行可能な秘跡である．結婚する男女は通常同じカーストに属するものとされる．夫婦間の婚姻関係はどちらか一方の死まで続く解消不可能な聖なる関係であり，妻にいたっては死後も夫との関係は続くとされる．

（岩崎真紀）

参 考 文 献

アームストロング，K.（高尾利数訳）『キリスト教とセックス戦争』柏書房，1996（1986）年．
荒井　献『新約聖書の女性観』岩波書店，1988年．
柳橋博之『イスラーム家族法　婚姻・親子・親族』創文社，2001年．
吉見崇一『ユダヤの祭りと通過儀礼』リトン，1994年．
Esposito, J. L.: *Women in Muslim Family Law: second edition*, Syracuse University Press, 2001.
Kapadia, K. M.: *Marriage and Family in India*, pp.159-173, Oxford University Press, 1955.
Westermarck, E. A.: *A Short History of Marriage*, Macmillan, 1926.（江守五夫訳『人類婚姻史』社会思想社，1970年）

16. 現世利益

本来は仏教に由来する言葉で，神仏をはじめとする超越的な存在に，例えば祈禱，持経，真言，念仏その他の宗教的行為を経て，現世の自らの安穏のために得られる利益のことをいう．仏教の原理的な教義は現世否定的な来世志向，いわゆる涅槃が基本であり，厳密にいえば仏道修行から得られる現在の滅罪，見仏等の利益を表すが，その原則から照らし合わせると，息災，延命，癒病，富貴等の現世の福徳を得る現世利益はあくまでも副次的な目的であり，仏教教義の導きの方便として存在意義がある．

しかしながら，大乗仏教が興隆してきたときに，現世の果報を説く教典群が数々出現し，それらが中国を経て日本に伝搬した6世紀中葉以来，古代政権は仏教の原理的な教えよりは，現世呪術的な側面を重視した教典群あるいは思想を重用し，とくに「法華経普門品」，「薬師瑠璃光如来本願功徳経」，「灌頂経」，「金光明最勝経」の威力をもって，国家安寧という，その当時の体制レベルの現世利益を仏教に期待した．また古代末期から始まった密教も加持祈禱という宗教行為を中核として，現世利益を推進する原動力となった．さらに仏教が真の意味で信仰の担い手としての庶民に浸透しはじめたのは鎌倉仏教であり，各宗派でも現世利益を標榜することは庶民の関心を得るための有効な手段であった．そして江戸時代に寺檀制度が整備されて，寺院が庶民の生活を律する機能を果たし，とくに葬送儀礼を司る回向寺院と現世利益を叶える祈禱寺院での役割が明確化し，祈禱寺院をはじめとする寺社仏閣の参詣は庶民の娯楽とさえなった．各地の霊山で修行を重ねる修験道も，その修験者は庶民が抱えるさまざまな問題に対して，修行の果報である霊力によって課題克服に尽力するなど，やはり現世利益を前面に掲げた宗教的形態のおかげで庶民の人気を集めた．

仏教から出発した現世利益という言葉は，仏教の側が教義の宣伝と，さらには庶民の心性の欲求におもねるための戦略（方便）であって，これらが需要と供給のごとく機能して仏教が歴史的に発展してきたといえよう．庶民の心性が宗教的なものあるいは信仰を受容するために，日常の生活の安穏を保証してくれるような宗教的な威力が必要とされてきた歴史的な経緯を見れば，現世利益は宗教が発展するための重要な要素であるといえよう．

　日本の宗教においては仏教が宗教現象の大きな牽引役を果たしてきたが，他の超越的な存在を多様に取り込んだ混淆状態である神仏習合というのが実態であり，また民俗学などが中心となって探求してきたムラ共同体の氏神信仰以外に，庶民のいわゆる民間信仰においては，その崇拝対象は多彩を極めている．仏教の地蔵，観音，阿弥陀，薬師，不動明王，大黒，弁財天などの諸仏諸神をはじめ，八幡，伊勢，熊野，稲荷等の有名大社の神，各地域固有の山の神，海の神（船霊(ふなだま)）などの自然神，菅原道真に由来する怨霊が天神に昇華した人神，果ては妖怪幽霊などのいわゆる低級な霊的存在にいたるまで，人々の崇敬の念には際限がない．

　その崇敬の念に対する要望は，国土安泰，万民豊楽，五穀豊穣などの共同体レベルのものから，家内安全，病気平癒，商売繁盛，交通安全，受験合格，恋愛成就，安産祈願の個人レベルのものなど，日常生活が潤滑に営為するための欲求には枚挙にいとまがない．しかしながら，神仏の加護や現世利益を求める精神は衰えることなく，江戸末期から誕生してきた多くの新宗教は積極的に貧，病，争の解消のために現世利益を打ち出して信者を多く獲得してきた．現代においても現世利益のために霊的超越的な存在に祈願するという宗教的な精神は衰退することなく根強く継続し，絵馬など多くの祈願等の宗教行為を寺社仏閣において見かけることができる．

　日本人の信仰形態は，車の両輪のように，死者，先祖に対するいわゆる祖先信仰と，生者中心の信仰という2つの信仰からなる．そこには形而上学的な高遠な救済の理論は見出せないが，現実の生活を重視した現世利益に基盤をおいた信仰も，人間の宗教世界を描き出しているといえよう．

　　　　　　　　　　　　　　（吉見由起子）

17. 国教・国民宗教

　ある特定の宗教が国家にとって特別な地位にあることを認められ，法律や行政面，財政面などにおいてさまざまな優遇措置を与えられている状態のとき，その宗教を国教とよび，その国家は国教制をとっているといわれる．国家と宗教とが緊密に結合している政教一致体制には，教会国家主義と国家教会主義の2類型があるが，国教制とは後者の立場に立ち，宗教があくまで国家に従属している場合を指す．宗教が国家を統制する前者の神権政治などの体制と区別する必要がある．教会は国家に従属すべきであるという立場を初めて理論化したのは，カルヴィンと同時代人であったスイスの神学者エラストス（Erastus, T., 1524-83）であり，ゆえに，この論理を別名エラスティアニズム（Erastianism）ともいう．エラストスは，「聖徒による支配」「神権政治」を主張したカルヴィニズムに対抗して，ある信仰を告白した国家は市民的あるいは教会的な事項を問わず，すべての支配権を行使する権利と義務を負うと主張した．国家が特定の宗教を国教と定めた場合，その国家は教会に対する統治権・管轄権をも有しうるという論理である．

　歴史的に王権や国家は特定の宗教と密接な関係をもつことが多かったが，上記の厳密な意味での国教制は，西暦350年に古代ローマ帝国においてコンスタンティヌス帝によってキリスト教を国教と認定したのが最初の事例であると考えられている．ヨーロッパにおいては，その後のローマ帝国の東西分裂や帝国崩壊，キリスト教の分裂と宗教改革などを経て，ヨーロッパ諸国は，それぞれの国に根づいた教派が国教として定められていった．

　フランスでは，教皇並立時代にガリカニスム（gallicanism）とよばれる教皇権制限主義が発達し，国王と国内教会のローマ教皇による支配から

の脱却を訴えた．14世紀初め国王フィリップ4世の法学者により「ガリア教会の自由」が唱えられて以来，シャルル7世の治世においてはブールジュ国事詔書（1438年）で，教皇に対する公会議の優位とフランス教会のローマからの独立が主張され，また1516年のボローニャ政教条約は教会財産に対する課税権や聖職任命権を国王に与えた．

　宗教改革の中心的人物ルターによって信仰義認論に基づく福音主義が展開したが，ルターを支持する領邦君主たちは同盟を結んで皇帝カール5世に対抗し，アウグスブルグの和議（1555年）によってアウグスブルグ信仰告白を信条とするルター派教会が誕生した．ルター派教会は北ヨーロッパ諸国およびバルティック海沿岸諸国において発展し，16世紀から17世紀にかけて国教となった．ルター派は領邦教会を標榜し，領主または国家の教会を奉じなければならないという原則「領土の属する人に宗教も属す（*cujus regio, ejus religio*）」を立てたが，これはプロテスタント側による国教制の原則といえる．

　現在では，イギリスのように，国教制をとりながらも他の宗教に対する寛容政策をとって国民の「信教の自由」を保障する場合が多い．その他，ドイツのように，特定の宗教を国教と定めないまでも，いくつかの宗教団体を公法人として国家による保護・監督を行い，その他の宗教団体については私法人としての活動を認めるといった公認宗教制という国教制と政教分離体制の中間形態に位置する体制もある．

　また国教（制）（State-Church, State Religion）が，特定の宗教を国家の一制度として特別の地位を与える制度的関係とすると，共同体としての国民（nation）に統合的な宗教的文化的基盤を提供する「国民宗教」（national religion）ということが議論されることがある．国教制や神権政治が行われた前近代社会にあっては，その特権的地位にあった宗教を国民宗教とよぶことも可能であるが，国民の宗教的自由が保障されている現代の大多数の社会においては，複数の宗教的信仰が併存している場合がほとんどであり，特定の宗教を歴史的に古いからとか伝統的であるとの理由で国民宗教とみなすことは困難な場合が多い．現代においては，複数の宗教的伝統を前提にして共通の文化宗教的価値体系を記す用語としてして用いることが妥当であろう．国民宗教を標榜した具体例としては，18世紀のドイツで展開した国民教会運動が挙げられる．この運動は19世紀後半にはバイエルンのマックス2世（Max II）やプロイセンのウィルヘルム1世（Wilhelm I）などによって，カトリックとプロテスタントを一丸とした国民教会の樹立が試みられることとなった．また宗教社会学者のロバート・ベラーが一時期提唱した「アメリカの市民宗教」という概念も，多様な民族的文化的移民によって構成されたアメリカ社会に共通な広義のキリスト教的価値体系を指示したものであった．日本においても，古代以来，天皇制と密接不可分に続いてきた神道を，国家性，公共性を理由に国民宗教であるという主張もあるが，現実には神儒仏三教による習合的宗教文化が，強いて言えば日本における国民宗教といえるものである．

（中野　毅）

18. 暦

　いわゆる「暦・こよみ」という語の使用にあたっては，3つの意味がある．第一に，暦本来の意味である「暦法」を指す．日月星辰の運行をはじめ自然界の周期的な現象を媒介として，時や季節の推移・循環を特定の単位で区切り把握する方法のことであり，天文学の発達と軌を一にしたのがいわゆる天文暦法である．日月星辰のどれに注目し，どの天体の運行の周期を根拠とするかは文明や民族によって異なり，古来，世界各地でさまざまな暦法が用いられてきた．大別すると，「太陽暦」「太陽太陰暦」「純粋太陰暦」の3つがあり，人類の天文暦法の初めはすべて，月の満ち欠けによって日・月を数える純粋太陰暦であったと考えられている．その後，人類が農耕牧畜の定住生活を始め，季節の正確な循環周期を知る必要から，長い時間の天文学的観測を経て，太陽年（回帰年）の正確な長さを知るに至り，これを月の満ち欠けの周期といかに調整するかで厳密な意味での

「天文暦法」が成立した．しかしこうした天文暦法の発達以前には，季節の循環や生活の区切りを身近な自然界の周期的変化によって把握する「自然暦」が果たした役割はきわめて大きかった．自然の中に季節に応じた変化を示すものが多かった日本では，渡り鳥や風をはじめさまざまな動植物が自然暦の役割を果たし，長らく日本人の生活に根をおろしてきた．現在，世界の共通暦として用いられ，日本でも明治5年から採用しているのは，太陽暦のグレゴリオ暦である．

第二に，「暦」は暦法を体系化し記録した「暦書」をも意味し，そこには月日，七曜のほか，月の満ち欠け，潮の干潮の時刻，祝祭日や年間行事，暦注などが記載されている．これが毎年印刷・頒布されるものを「頒暦」といい，日常，いわゆる「日めくり」や「カレンダー」と称して，壁に掛けたり，卓上に置いたりして私たちがその社会生活を律する規範として使用しているものである．第三に，年・月・日・時刻といった時にかかわるあらゆる社会的制度や慣習，すなわち「暦制」「暦習」を指すこともある．古来，中国とその文化圏だけで施行されてきたいわゆる年号（元号）制や，会計年度や学校年度，またユダヤ教における安息日や現在欧米諸国をはじめ日本でも採られている日曜休日制など暦に関わるあらゆる生活習慣や習俗がこれにあたる．こうした暦法，暦書，頒暦，暦制，暦習は，それぞれ相互に関連するものであって，個別には扱えない．このことは，暦というものが，人間文化の発生や社会の存立ということと根源的に不可分な関係にあることを示している．

暦の起源については，従来，狩猟採集やとりわけ農耕といった食糧生産にかかわる生存のための季節把握の技術的手段とみなす実用主義的な見解が一般化しているが，他方，ミルチア・エリアーデをはじめ，アーネスト・カッシーラ，マーティン・ニコルソン，ファン・デ・レーウ，ヘンリー・ユベールとマルセル・モース，アンジェロ・ブレリッヒなど，暦の根源的な宗教性に着目し，それを人間の宗教的営みとみなす研究も少なくない．実際，暦の創出は，人類文化のなかでもきわめて初期の段階に発生する人間の宗教的生の営みの一つであるといえる．アレクサンダー・マーシャックは，フランス，ラ・マルシュ出土の後期旧石器時代（前1万2000年）に属する一片の骨器に刻まれた2頭の胎んだ牝馬の絵と無数の点の痕跡に，月の満ち欠けと季節の循環といった時間の周期性にかかわる一つの意味論的体系をもつ原初の太陰暦を発見している．それは，13（半月の期間）を基本数とする朔望月の記数と結びついて，周期的に行われる出産儀礼や豊穣儀礼のような何らかのスケジュール化された儀礼の時を示しており，明らかに時間を因子とする複雑なシンボリズムと神話体系を成しているという．この発見は，それまで暦や記数,計算の起源が農耕と新石器時代のものとされてきたことに対し，それらが実に旧石器時代後期に遡ること，また，すでに旧石器時代の人間が一度消えてふたたび現れる月の姿にシンボルを考え，それを死と再生などの観念に結び付けて，何らかの神話を作り出していたであろうことを示している．すなわち，人類による暦の創出は，人間が動物から決定的に分かたれる「現実へのシンボル的接近」（ジークフリード・ギーデオン）の一歩を踏み出した時点に起源をもつものであり，死と再生の周期的リズムを明示する月をはじめとする天体や動植物の生の存在様態に，宇宙の意味や自らの生の形而上的・宗教的価値を見出す人間（ホモ・サピエンス）の象徴的な存在様態に由来するものといえる．時の流れに区切りをつけること，それはM.エリアーデが，意味ある世界（コスモス）の象徴的創建を可能にする，人間のもっとも原初的な宗教的経験とした「非均質的な時間（空間）」（聖なる時間・俗なる時間）経験に基づく宗教的営みなのである．

ゆえにおそらく暦のもっとも重要な本来の機能は，祝祭の時，すなわち聖なる時間を定めることにあるといえる．実際に，人類の暦の歴史は，さまざまな宗教伝統がそれぞれの世界観と時間観に基づいて独自の祭事暦を発達させてきた歴史といっても過言ではない．また，新しい年・月の始まりや祭りの日を定め，それを人々に宣言する役割を担う祭司や神官は，古来，時を管理・操作する

◆ Ⅷ．宗教の基礎用語 ◆

ことで人々の社会生活を支配してきた．古代ローマでは，月（神）が再び三日月となって出現し月が代わるとき，それを山頂で待ち受け，ラッパを吹き鳴らして人々に知らせるのが祭司たちの重要な役割であった．こうした古代ローマでは，朔月（一日・ついたち）のことを，「呼ぶ」という意味のラテン語 calare やギリシア語の calo からカレンダイ calendae といったが，これが英語の calendar の語源になった．暦というものが超人間的なものに源泉をもつものである以上，その暦を操り，時を治めることは，社会を支配することと等しく，その結果，古来，暦は社会を支配統治する権威権力を示す道具ともなってきた．実際，人々の生活の中で気象や動植物の変化の観察を通じて経験的に生み出されるいわゆる「自然暦」に対して，高度な天体気象の観測技術と，そこから得られた知識の長期にわたる蓄積・分析をする専門家集団が不可欠な「天文暦」の成立の背景には，つねに強大な王権が存在してきたのである．

（笹尾典代）

参 考 文 献

暦の会編『暦の百科事典』新人物往来社，1993年．

19．祭政一致

日本の近代天皇制を支える思想の1つで，「まつり（祭祀）」と「まつりごと（政治）」は不可分のものであり，この両方の大権は現人神である天皇に属し，その天皇の親政を古代に倣って実現したのが明治維新の王政復古であるとした．明治天皇が1868（明治元）年の武蔵野国氷川神社親祭において，「神祇を崇め，祭祀を重んずるは，皇国の大典にして，政教の基本なり」と宣した「祭政一致の詔」や，1871（明治4）年5月の太政官布告に「神社の儀は国家の宗祀にして一人一家の私有にすべきに非ざる……祭政一致の御政体…」とあることから，この用語と政体が明治以降の天皇制国家を特徴づけることとなった．

祭政一致を新たな国家の基本方針として採用した明治政府は，その実現のために次々と施策を行った．維新前年の1867（慶応3）年の3月17日には，神祇事務局から発せられた別当・社僧の復飾令（達165号）をはじめとする12の法令を発布し，神仏分離を断行した．これを神仏判然の令とよぶが，それは神武創業の古に帰るためには神祇祭祀が独立していなければならなかったからである．この発令は仏教の廃棄を意味するものではなかったにもかかわらず，いわゆる廃仏毀釈運動へと展開していった．その後も，1868（慶応4）年3月13日には神祇官再興の布告，1871（明治4）年1月5日には境内地を除く神社・寺院の土地の国家への収納を行い，同5月14日には，前述の太政官布告によって，神職の世襲制禁止，神社を国家の宗祀であるとの宣言などを行っていった．

国家の祭祀を司る神祇官は，古くは大宝令の制において詳細が規定されたが，神祇の祭祀および全国の官社・神職・神領の管理を主に司る中央の行政機関であった．1869（明治2）年7月の官制改革にあたり，神祇官は太政官の管轄下を離れて独立し，これをもって大宝令制下の神祇官が復活したものとみなされた．後に神祇官は神祇省（明治4年8月），教部省（明治5年3月），内務省社寺局へ（明治10年1月）と移行する．

また1869（明治2）年9月には「宣教使」を設置し，翌年1月には「大教宣布の詔」を発布して，日本国民を祭政一致の精神のもとに再統合し，西洋諸国に伍していくという基本方針を国民へ教化する運動を展開する．その詔には「今や天運循環，百度維新，よろしく治教を明らかにし，惟神之大道を宣揚すべし，よって新たに宣教使を命じ，天下に布教せしむ．…」とあり，神祇省（旧神祇官）の制定による「一，敬神愛国ノ旨ヲ体スヘキコト．二，天理入道ヲ明ニスヘキコト．三，皇上ヲ奉戴シ，朝旨ヲ遵守セシムヘキコト」という「三条の教則」が，布教の根本方針となった．

明治政府における基本指針として採用された祭政一致の体制は，古代律令時代における天皇支配の体制を復活するものとされ，天皇は神の代理人でも神から支配権を授与された存在でもなく，現人神として，政治的主権を有するとともに宗教的

権威者としての存在であるとみなされた．国家権力は天皇が主宰する神祇の祭祀によって権威づけられ，その政治支配を正当化することになったのである．

こうした思想が成立した背景には，植民地主義的拡張を続ける欧米列強の開国圧力に対抗して，近代的国民国家として日本を再建し，富国強兵によって西洋諸国との国際的競争に勝利するためには，精神的・政治的な支柱としての天皇制とその宗教的意義の強調による国民の統一が必要であったことも事実である．したがって，この祭政一致の体制は，古代からの日本固有の国家のあり方であると主張されてきた．昨今においても，こうした祭政一致の政治体制こそが日本古来の伝統的形態であるという主張のもと，現代の政教分離制度を批判する動きもある．しかし，世界史的な視野から見れば，古代においては祭祀と政治が未分化であったのに対し，明治期のそれは祭祀と政治は概念上も，また実際上も明確に区分された上での体制であり，古代の神祇制度とは異なる近代的な政教一致の，なかでも神権政治の日本型であると考えられる．　　　　　　　　　　（中野　毅）

20. 山岳信仰

山岳は種々の理由から聖なる空間と考えられている．もっとも原初的なものは，コニーデ型の美しい山容，噴煙を噴き上げる火山，樹木がうっそうと茂った丘などが人々に山岳への崇敬の念を引き起こさせるという自然崇拝に基づくものである．さらに，山岳は神々や聖霊が住む聖地と考えられてもいる．あるいは，天上や地下に想定された聖地に至るための通路として山岳が捉えられることもあった．大空に接し雲によって覆われる峰，山頂近くの高い木，滝などは天界への道とされ，奈落の底まで通じるかと思われる火口，断崖，深く遠く続く鍾乳洞などは地下の他界への入り口と信じられた．また，宗教学者のエリアーデによれば，山岳は，世界の中心にあって天と地を結ぶ宇宙軸（axis mundi），あるいは宇宙全体を集約した宇宙山（cosmic mountain）とされている．宇宙山の思想は，仏教でいう須弥山に典型的にみることができる．数多の神話や宗教において，山岳が聖地とされた所以は，これらの山岳観に求められよう．

山岳の多い日本では，山岳を聖地として崇拝する山岳信仰が，民間信仰，神道，仏教などと密接に関連しており，山岳信仰を旨とする修験道という独自の宗教をも生み出した．死霊・祖霊・諸精霊・神々の棲む他界，あるいは半聖半俗の境界的性格をもつ鬼・天狗・妖怪や，神霊の世界と人間の世界を結ぶ神使としての狐・蛇・猿・狼・鳥などが跋扈する境界領域としての山岳は，俗なる里と対峙する聖地であると信じられた．山岳に棲む統括的な神は山の神とよばれ，里人にとっては稲作に不可欠な水を授けてくれる水分神，山仕事をする者にとっては守護の女神，漁民にとっては航海の安全を守ってくれる神としてそれぞれに崇拝された．そして，その聖地に分け入り修行した者が，山岳の霊異を体得した宗教者として崇められるようになる．

古代の山岳信仰においては，神霊の鎮まる山岳を山麓から拝し，その守護を祈るという形態がとられており，狩猟者などを除いては，人がそこに入ることはほとんどなかった．やがて，仏教や道教の影響を受けた宗教者たちや渡来人が山岳に入って修行をするようになっていった．役小角に代表されるように，奈良時代の山岳修行者は，修行によって超自然力を獲得し，その力で呪術宗教的な活動を行った．平安時代になると最澄や空海によって山岳仏教が提唱され，山岳で修行すれば呪験力を得て優れた密教僧になりうるとの信仰が生み出された．こうして山岳で験を修めた宗教者が修験者とよばれ，やがて全国各地の山岳の社寺にも修験者が集まるようになり，室町時代に至っては一定の教義・儀礼・組織をもつ教団としての修験道が確立したのである．

神霊や魑魅魍魎が棲む山岳で修行をした修験者は，不思議な呪験力をもつ宗教者として恐れられていった．多くの災厄が修験者の邪悪な活動の所為にされた．逆に修験者の呪力に頼れば，除災招福，怨霊退散などの優れた効果をもたらしうると信じられもした．江戸時代に入ると，幕府は修験

◆ Ⅷ. 宗教の基礎用語 ◆

者が各地を遊行することを禁じ，彼らを地域社会に定住させようとした．これに前後する里修験化の過程と対照的に，かつて修験の霊場であった山岳に庶民の登拝講が結成され，庶民の山岳登拝が隆盛することになり，こうした動向を修験道の新たな展開とみなすこともできる．明治以降，政府は神仏分離に際して修験道を廃止したが，近代を通じて修験道は民間の山岳信仰と習合する形で存続しつづけ，戦後は相次いで修験教団として独立した．

　では，修験道にはどのような山岳信仰が反映されているのか．その教義で多く説かれる山岳曼荼羅観は，民間に存在していた山中他界観を前提としている．また，山岳に骨を納めたり，墓地や供養塔を作ることで，より具体的に表現されてもいる．修験者が設けた拝所などは，以前から神霊を祀る霊地であり，修験者の入山によって，それまで無秩序に存在していた山中の聖所が，修験道の影響のもとに体系化されていったといえよう．さらに，山伏を天狗としておそれる信仰などにみられるように，修験者は半聖半俗の存在であり，天上や地下の他界たる山岳と里の仲介をつとめる境界人として捉えられていたともいえる．このように，修験者は庶民の山岳信仰を基盤として自己の修行や呪験力を権威づけ，その現世利益的希求に応える呪術宗教的活動を行うことで，民間に深く浸透していったのである．　　　　（兵頭晶子）

参　考　文　献

宮家　準「山岳信仰と修験道」，桜井徳太郎編『講座日本の民俗7　信仰』有精堂出版，1979年．
宮家　準・由谷裕哉「山岳信仰と修験」，金岡秀友・柳川啓一監修『仏教文化事典』佼成出版社，1988年．

21．地　獄

　生前に悪いことをした人が，死後に行くとされている別世界（他界）．地下にあると考えられていることが多い．日本語の「地獄」はサンスクリット語の「ナラカ」または「ニラヤ」の意訳であり，仏教を通じて伝えられたものである（「奈落の底」の「奈落」は「ナラカ」の音写）．

　地獄は，善いことをした人が行くとされる天国や極楽と対比して捉えられることが多い．一般に地獄では，生前の罪に応じて罰を受けると考えられている．ただし，生前の行為の善悪に関わりなく，死者はすべて地下に行くとする考えもある（古代の宗教にしばしばみられる）．死者は地中に埋葬されることが多い．そこから，死者の行く世界は地下にあると考えられ，さらに死体の腐乱や死霊への恐怖から，そこが恐ろしい世界と考えられたという推測もなされている．地獄の観念自体は，古今東西を問わず世界各地に見出されるが，具体的な内容についてはさまざまな違いがみられる．

　仏教には，人は生まれ変わりを繰り返すという輪廻の思想がある．有名な六道輪廻の思想によれば，下から順に地獄・餓鬼・畜生・修羅（阿修羅）・人・天という6つの世界（六道・六趣）があり，人は生前の行為により，来世はこの中のいずれかに生まれる．一般に善人が行くと考えられている極楽は六道には含まれておらず，起源を異にするものであったが，やがて地獄と対にして捉えられるようになった．

　仏教には地獄に関するさまざまな考えがあるが，とくに大きな影響を与えたものに『倶舎論』の地獄観がある．それによれば，まず中央には上下方向に8つ地獄が並ぶ．これが八大地獄（八熱地獄）であり，上から順に，等活地獄，黒縄地獄，衆合地獄，叫喚地獄，大叫喚地獄，焦熱地獄，大焦熱地獄，阿鼻（無間）地獄とよばれる（「阿鼻叫喚」という言葉はこれに由来する）．これらの地獄にはそれぞれ16の副地獄が付随しており，その他に八寒地獄，孤地獄がある．罰の内容は地獄ごとに異なっており，生前に重い罪を犯した者ほど，厳しく苦しい罰を受ける．

　中国にはさまざまな独自の他界観があった（例えば泰山やその支配者としての泰山府君への信仰など）が，それらと仏教の地獄観が相互に影響を与えあいながら整理されていく．やがて，現実世界の裁判制度を反映した十王信仰が成立する．それによれば，閻羅（閻魔）王をはじめとする10人の王は，人の死後7日目ごと（49日目の後は100日目，1年目，3年目）に1人ずつ登場して

裁きを行う．この十王は実は仏教の仏・菩薩であり，閻羅（閻魔）王は地蔵菩薩だとされている．日本で地獄の支配者と考えられている閻魔王は，インドではヤマとよばれている．もともと死後の楽園を支配する王であったが，やがて審判者，さらには地獄の支配者と考えられるようになった．中国では地蔵菩薩と同一とされ，地蔵菩薩は地獄から人々を救う存在と考えられるようになった．

日本にもさまざまな独自の他界観があった（例えば記紀神話の黄泉国，山中他界観など）が，仏教の影響を受けて地獄観が整理されていく．平安中期に著された源信の『往生要集』では地獄の様子が体系的に記され，それに基づいて絵画や絵巻物などが描かれるようになった．浄土信仰の普及とともに，地獄の観念は民衆に広がっていく．

キリスト教では，この世の終末に行われる最後の審判において，善人は天国へ，悪人は地獄へと振り分けられ，地獄に行ったものは永遠の苦しみを受けるとされる．カトリックなどでは天国と地獄の他に，小さい罪（地獄に行くほどではない罪）を犯した者が行く場所として煉獄の存在を認めている．この地獄・煉獄・天国を遍歴する様子を記したダンテの『神曲』は，後世に大きな影響を与えた．『聖書』の記述によれば，地獄では火，硫黄の池，暗闇，蛆虫などによって苦しめられる．

イスラームでも最後の審判において，善人は天国へ，悪人は地獄へと振り分けられるとする．『クルアーン』の記述によれば，地獄は悪人が火で焼かれる場所であることが強調されている．鎖でつながれて熱湯を飲まされたり，食物が腹の中で沸騰したりといった罰もあるが，いずれにしても地獄は灼熱のイメージで捉えられている．

〔寺石悦章〕

22. 死 者

死者，あるいはその観念と密接に結びつく死は，これを生物学的現象とみれば自然科学の研究対象といえるものの，同時にしばしば社会的・文化的意味合いをももつものであり，したがってこれを哲学的・宗教的に問う必要もあるといえよう．人々が死者や死に対していかなる観念を抱くものかについては，霊魂観，死霊観念，死者崇拝，神観念といったものをめぐる議論にまで目を配らなければならない．

死は肉体からの霊魂の永久的な離脱として理解されるが，この死者の霊魂（soul, spirit）が死霊と称される．万物に宿る霊魂をめぐる信仰であるアニミズムからするならば，死霊は肉体の死後もそれとは別個に独立して存在し続けるものと考えられる．だがその一方で，人類学などの成果から，メラネシアのタマテ，インドのプレタのごとく，実際は単なる死者というほかない観念のあることも多数確認されている．このことから，死霊観念と必ずしも結びつかない死者があることが知られているということは留意しておかなければならないだろう．

そうした死者に対して人々がとる態度について考えるには，死霊観念のみならず，死者崇拝についてみてみる必要もある．特定の死者，あるいは死霊が神格化され，その他の一般死霊とは区別して扱われる場合，これを死者崇拝と称するが，そこにおいて看取される態度には大きく分けて以下の2つのタイプがあるものとされる．まず1つには，崇拝の対象となる死者を畏れ忌み，距離をとろうとするもので，これには次の3つの動機があるという．第一には，死者がもつ超自然的力が生者に対して振るわれると信じられることから生ずる恐怖であって，災難や不幸といった脅威が死者，死霊によってもたらされると信じられる場合がこれに当たるだろう．祟りをなす死霊は怨霊として鎮魂・慰撫などの対象となるのであり，怨みをもって死んだ者や非業の死をとげた者の怨霊がもたらす祟りを避けるためにこれを御霊として祀る日本の御霊信仰はこの例であるといえよう．第二には，死者の姿の変化，例えば腐敗による不浄・不快感などへの厭悪が，そして第三には，死後の世界に対する不安などがある．

死者崇拝に見られる態度の2つめとしては，死者への思慕愛惜があり，祖先崇拝はその例として考えられよう．ただし，死者崇拝というとき，その死者の超自然的力の及ぶ範囲が血縁集団の範囲

◆ Ⅷ. 宗教の基礎用語 ◆

を超えるものとされるのであれば，そこにおいて崇拝の対象となるか否かの基準は血縁や出自とは別のところに求められるのであるから，これを祖先崇拝と混同すべきではないとの考え方もある点はふまえておかなければならない．

　また，死体そのものをめぐる崇拝も存在する．この場合，死霊が宿る場所としての死体，または死体の一部に神秘的な霊力があるものと考えられ，それが霊物視，呪物視されるのである．あるいは，死者に対する敬愛の念などからこの崇拝が生じる場合もある．古代エジプトのミイラ，出羽三山の1つである湯殿山にある即身成仏のミイラ像などをめぐる信仰はこの例であるといえよう．

　こうした死者の観念と死の観念は深く関わりあっており，一方で死の観念のありようについても目を配らなければならないのはいうまでもない．近年においては，死生学（thanatology）が死を考える学問として注目されており，欧米の大学ではこれを名称とする講座が設けられ，そこにおける死の学びに神父やラビ等の宗教者が深く関わっている．こうした現代における死との関わりに宗教，宗教者がいかに関わっていくのか，またそれによって死が，そして死の観念がいかなる変容を遂げていくのか，さらに死者がいかに捉え返されていくのかは非常に興味深いところである．

　　　　　　　　　　　　　　　　（鈴木　景）

23. 市民宗教

　ルソー（Rousseau, Jean-Jacques, 1712-78）は『社会契約論』において，共同体の維持を目的とした限定的な宗教的信念を提起し，彼はそれを「市民の宗教」と名づけた．アメリカの宗教社会学者ベラー（Bellah, R., 1927- ）は，この発想を発展させ，実体的な宗派や教派とは異なった，社会的な規範として機能する宗教的次元として「市民宗教」（civil religion）という概念を展開し，1967年の論文「アメリカの市民宗教」（河合秀和訳『社会変革と宗教倫理』未来社，1973年所収）で発表したが，彼の主張は宗教研究およびアメリカの文化と社会の研究に大いなる刺激と論議をまきおこした．

　ベラーによれば，大多数のアメリカ人が共有している文化的行動の中に，社会制度の発展に決定的な役割を果たし，政治領域を含むアメリカの社会生活全体に宗教的次元を付与している「一連の信念，象徴，儀式」の存在を指摘できる．それが「アメリカの市民宗教」である．その教理は建国の父たちの独立宣言や憲法の中に，まず表現されている．そこにはアメリカの伝統に深く潜んでいる1つのテーマ，すなわち神の意志を地上で実現するという集団的かつ個人的な義務と目標が宣言され，その目標を達成するために独立し，政府を組織する権利がアメリカ国民に与えられたことが表明されている．

　独立革命は海の彼方の旧世界からの「出エジプト」の最終行為とみなされ，独立宣言と憲法は「聖典」であり，ワシントンは人民を導くべく神によって任命された「モーゼ」であった．そして荒野の新大陸は「約束の地」であった．奴隷解放という救済的行為の後に暗殺されたリンカーンは，犠牲となって贖罪の死をとげた「イエス・キリスト」であり，南北戦争とともに，死・犠牲・再生という新しいテーマが市民宗教に書き込まれた．ゲティスバーグとアーリントンの国立墓地は，市民宗教の中心的な「聖地」となった．感謝祭や南北戦争から生まれた戦没将兵追悼のメモリアル・デーは，上記のテーマに儀式上の表現を与え，殉難の死者，犠牲の精神，アメリカ的ヴィジョンを祭る全共同体の主要行事である．これらの国民的行事を通して国民は礼拝に統合される．公立学校制度は市民宗教のテーマを国民に浸透させていく「世俗的教会組織」であり，市民宗教の儀式を行う重要な場として機能している．ベラーは，このような市民宗教は，多様な移民からなるアメリカ市民に共通の感情と集団的目標を与えて国民的連帯を生みだす機能を担っていると論じたのである．

　ベラーの考えがユニークであるのは，それが全体社会内の特定の階級・階層・集団などと関連づけられているものではなく，アメリカ文化という包括的な全体社会と結びつけられた概念であるということである．さらに，このような市民宗教は

アメリカ社会のみでなく，多くの近代的な国民国家社会に存在するはずだという主張へと発展し，『多様な市民宗教』（Varieties of Civil Reliligions）という研究も編集・刊行されるに至った．

この概念が，アメリカ史に特徴的な共同体的経験を超越的な枠組のうちで解釈することに一役買っていることは事実であるが，その分析に対して批判も多くなされている．例えばホセ・カサノヴァ（Cassanova, J.）は，ベラーはアメリカの政体を研究する中で市民宗教的な存在を先験的な歴史的前提として無批判に導入していると述べている．ベラーがこうした前提を仮定するのは，全体社会を統合する宗教的文化体系が近代社会にも必要であるという機能主義的前提からであるが，アメリカ社会のさまざまな民族・人種集団の利害対立や宗教文化的差異，権力や権利の偏在を無視または隠蔽するユートピア的観念である危険性をはらみ，公式のアメリカ・ナショナリズムの表現ともいえる．ベラー自身も，後年，アメリカには，もはや共通の市民宗教は存在しなくなり，文化的解体，または多元化の時期を迎えたと論じて，この術語の使用をやめた．

日本においては，一時，この概念を活用して日本社会を全体として統合する宗教的文化体系の形態と機能に関する議論が展開され，戦前の国家神道や日本的伝統文化を再評価しようとする立場も現れた．近年では森孝一が，アメリカのナショナル・アイデンティティの宗教的次元を「見えざる国教」という用語で，読みかえている．

（中野　毅）

参考文献

安酸敏眞「アメリカニズムと宗教」聖学院大学論叢，第16巻第1号，2003年．
伊藤雅之『現代社会とスピリチュアリティー──現代人の宗教意識の社会学的探求』渓水社，2003年．
森　孝一『宗教から読む「アメリカ」』講談社選書メチエ70, 1995年．
森　孝一「『宗教国家』アメリカは原理主義を克服できるか？」『現代思想』2002年10月号．
Bellah, R.N. : Civil Religion in America, *Journal of the American Academy of Arts and Sciences*, Winter, 1967.
Cassanova, J. : *Public Religions in the Modern World*, University of Chicago, 1994（ホセ・カサノヴァ（津城寛文訳）『近代世界の公共宗教』玉川大学出版部，1997年）．

24. 邪術・妖術

超自然や神意などの超越的力に働きかけて特定の現象を引き起こす「呪術」のなかでも，とりわけ社会関係を反映して特定人物や対象に害悪を及ぼす敵対的・攻撃的行為を指す．そのうち邪術は sorcery，いっぽうの妖術は witchcraft の訳語として用いられる．もともと区別して用いられることは少なかったが，妖術現象に関する社会人類学的研究の嚆矢ともいえるエヴァンス＝プリチャードの『アザンデにおける妖術・託宣・呪術』（邦訳『アザンデ人の世界』）において，両者に明確な区別が見出された．

アザンデの人々にとって妖術とは生得的で遺伝する能力であり，呪文を唱えたり呪薬を用いたりせずに遺伝的な気質と心的な力だけで人に危害を加える．それに対し邪術は意図された行為であり，特定の技術や呪薬を駆使する呪術の一種である．では妖術に悪意はないのかというとそうではなく，憎悪や嫉妬，貪欲などの悪感情を抱く個人が他者に加える計画的な攻撃であるとされる．ただし妖術師が常に意図的・意識的にその力を発揮するとは限らない．アザンデにおいては，ある妖術事件が起こるとそれを起こした妖術師の探索が行われ，託宣によって誰が妖術をかけたかがわかるとその人物のところにニワトリの翼をもっていくというかたちで告発がなされるが，翼を差し出された人物はしばしば驚き当惑するという．したがってきわめて明白な技術である邪術とは対照的に，人間の情動が先鋭化して作用する妖術現象は，アザンデ社会の描写にとって格好の対象となったわけである．エヴァンス＝プリチャードがここから提起し，のちの妖術・邪術研究にも大きな影響を与えたのは，「妖術の概念は不運な出来事を説明する」，「妖術に対抗する行為は社会的に規制されている」という2つの命題であった．まず後者については，当時のイギリス社会人類学において主流を占めた構造機能主義的観点を想起すればわかりやすい．妖術による事件が起こると被害

◆ Ⅷ．宗教の基礎用語 ◆

者とその一族は誰が妖術師であるかを探索し，その呪力を収めるよう要請する．被害者が死に至った場合のみ，託宣の呪術によって妖術師を同定し，復讐の呪術がかけられる．この探索・告発・復讐という一連の対抗呪術行為は，その後も広範な比較研究の論点の一つとなった（例えば Mary Douglas ed., *Witchcraft Confession and Accusations*. Routledge, 1970., Max Marwich ed., *Witchcraft and Sorcery*. Penguin, 1970 など）．このように妖術現象は特定の社会的行動様式をともなった側面があり，妖術事件が生起した後の一連の対抗行為だけでなく，その被害にあう以前に人から恨まれたり妬まれたりしない穏当な行動が妖術を回避する最良の行動規範となるといった側面をも考え合わせると，妖術がもつ社会統制的一面であるともいえる．それに対して前者の命題は，思考様式としての妖術に関するものである．

よく引き合いに出される穀物倉の倒壊の事例は，この思考様式としての妖術の側面を端的に表している．穀物倉の下の日陰で人が休んでいるちょうどそのときに，白蟻による被害で倒壊し，その下敷きになって死者が出ると，人々はその死の原因を妖術のせいだと考える．木造建築物が脆弱化したのは白蟻のせいであることも，人々が日陰にいたのは炎暑を避けるためであることも，ともに因果関係が理解された上でもなお，その両者がなぜ同じ時間・空間で起きたのかはいかなる科学でも説明ができない．ここに神秘的因果論としての妖術が介在する思考様式が生じるのである．自然の因果論と神秘的因果論という点では，レヴィ＝ブリュルの未開心性論に立ち戻るようにも考えられるが，この「説明原理」という主題は，その後の妖術・邪術研究のみならず呪術論全般にも適用されるようになった．

一時停滞していた妖術・呪術研究は 1990 年代以降ふたたび隆盛期を迎えるが，その時期の主要な関心は，モダニティの進行につれて衰退するかにみられていた妖術や呪術が逆にモダニティの造反物として興隆するという「妖術のモダニティ論」であった．ここにも近代的合理主義と併存する（一見）非合理な妖術現象という主題の展開が

みられ，妖術・邪術研究はまさに現代的課題であるといえる．〔→呪術〕　　　　　　（川田牧人）

参 考 文 献
エヴァンス＝プリチャード，E.E.（向井元子訳）『アザンデ人の世界』みすず書房，2000（1937）年.

25．終末観（終末論）

「終わりの事柄」に関する宗教的観念の総体を終末観とよび，とくに教説として整えられた場合を，終末論と呼称することが多い．英語の終末観［論］（eschatology）はギリシア語のエスカトン［最後のもの］に由来し，「世の終わり」についての教えを意味する言葉として今日一般的に理解される．人々の世界像（他界観）や時間（歴史）意識に密接に関わりながら，何の終わりの観念と考えるかによって類型化される．個人的終末論，普遍的終末論に区分され，普遍的終末論はさらに歴史的終末論と宇宙的終末論に細分することができる．

個人的終末論は，死後の個人の運命についての観念であり，一般的に「魂の遍歴」として神話や教説に説かれる．魂が死後，他界へと赴くとのイメージは世界に広くみられる．このとき，地上での行為によって裁かれるとの応報・審判の観念がともなうことが多く，また天国・極楽と地獄の観念を生み出した．さらに魂の甦り（ユダヤ＝キリスト教など）や輪廻（インド＝仏教など）の観念がみられる．個人的終末論は，しばしば普遍的終末論と結びつきながら，死への不安を慰め，死を通して現世の生の意味を基礎づける役割を担った．

普遍的終末論は，人類と世界の終末的運命を語る．世の終わりの観念は神話や伝承において洪水や火のイメージとともに語られるが，時間意識に深く結びついている．原初的諸民族の神話では世界の破局と再生の周期的反復が説かれ，そのイメージは新年祭などの祝祭に具現化される．インドのマハーユガやストア派の宇宙的大火にもこの観念がみられる．また，世界の漸次的堕落（古代ギリシアほかにも同様の観念がみられる）と最終の没落（北欧神話のラグナロク）もしばしば語られ

る．イランや古代イスラエルでは一回的な歴史経過における世界の破局の観念がみられ，キリスト教およびイスラームにも引き継がれている．世界の破局の観念は，この伝統において，神による世界審判として理解され，人々の倫理的改善への期待，罪過のない者の至福の実現への志向を含んでいる．

古代イスラエルの預言者は，王国時代の苦難・王国の滅亡の体験から，これを神の刑罰と捉え，民族の悔い改めとメシアの待望を説いた．その待望の成就，神による支配の実現は，民族の政治的解放をもたらす歴史内在的出来事とイメージされている．このような歴史的終末論では，神の支配は，歴史が必然的に向かうべく定められた目標（テロス）・完成であると考えられている．しかし，黙示文学においては，現世である古い世とは決定的に異なる新しい世が到来するとイメージされており，終末は世界の破局であると同時に，世界の新創造であるとみなされている（宇宙的終末論）．終末の徴としての宇宙的破局のイメージが詳述され，選ばれた個人による新しい共同体が形成されると考えられた．

キリスト教は，これら終末観を継承しつつ，イエスによる「神の国」到来の告知とその遅延という事態の中で，すでに到来した終末とキリストの再臨・最後の審判との中間時に生きる集団として固有の終末論を展開した．とくに13世紀フィオーレのヨアキムが再興した黙示的終末論は西洋精神史に深い影響を残し，宗教改革期の千年王国的運動（ミレニアリズム，キリアズム）などを支えた．現代キリスト教神学では，J. ヴァイスとA. シュヴァイツァーによってイエスにおける終末論が再発見され，またK. バルトらによって終末論的神学が展開されることによって，今日ももっとも重要な関心事である．

東アジアにおいて，世の終わりの意識は，釈迦の教説が失われる法滅へと向かって正法・像法・末法の時代を経ると教える末法思想からしばしば展開される．末法の世における救いが求められ，弥勒信仰や浄土教が広く受けいれられた．弥勒信仰は民衆的宗教意識に根づき，わが国において

は，近世末の「世直し」運動や近代に興った新宗教のメシア的宗教観の基礎ともなった．

神話や伝承に語られる終末のイメージは，ミケランジェロ「最後の審判」やダンテ『神曲』にみられるように，しばしば芸術や文学の主題となった．さらに現代文化にも広く影響を与え，それは映画やコミックの領域に著しい．そこに描かれる核戦争や環境破壊による破局の様相は，都市化・近代化の果てにある現代人の不安を照明するものとなっている．

〔平林孝裕〕

参 考 文 献

エリアーデ，M.（中村恭子訳）『神話と現実』せりか書房，1973年．
神原正明『天国と地獄』講談社メチエ，2000年．
菊地章太『弥勒信仰のアジア』大修館書店，2003年．
ザウター，G.（深井智朗・徳田　信訳）『終末論入門』教文館，2005年．
宮田　登『終末観の民俗学』ちくま学芸文庫，1998年．
モルトマン，J.（蓮見和男訳）『神の到来』新教出版社，1996年．
レーヴィト，K.（信太正三ほか訳）『世界史と救済史』創文社，1964年．

26．修　行

目的の達成を目指して，心身を訓練する行為．宗教のほか武術，技術，芸術，道徳などさまざまな分野で使用される言葉であるが，ここでは宗教的修行に限って述べる．また，修業と表記されることもあるが，これは職業上の訓練を指すのが通例である．修行の目的としては，神的・超越的存在との合一や精神状態の安定，特殊能力の獲得，諸願成就，社会的地位の確立などが挙げられる．精神的な目的により重きを置く研究者が少なくないが，山岳修行者や多くの新宗教などは諸願成就や特殊能力の獲得を重視する傾向があり，何を修行の目的とするかについては，修行者や研究者によってばらつきがある．むしろ，修行にはつねにさまざまな動機目的が絡まりあっていると考えるほうがよい．手段としては，禁欲などのように，身体への介入を通して心身にはたらきかけることの多いのが特徴である．このように身体性を重視するのが修行のひとつの特徴であるとしても，肉体と精神を別個の存在として二元的に捉えるので

はなく，両者の相関性にこそ注意を払うべきであるという主張が，近年なされてきている．したがって，以下に述べる諸宗教の修行の型は理念的なものであり，実践のレベルにおいては明確な分類をするのは困難であることに注意を払う必要がある．また，意図的に行われる修行以外にも，宗教教団の教祖などの生活苦が，事後的に本人や信者によって修行として位置づけられることがある．

修行とよびうるものは，きわめて多くの宗教においてみられる．「未開社会」では，成人式や秘密結社への入団式の通過儀礼として，割礼や断食といった修行が課せられ，これによって自らの守護神を獲得することがある．古代ギリシアのオルフェウス教やピタゴラス教は，不死の魂と肉体との対立を前提として，禁欲的戒律を遵守する生活を送ることにより魂を浄化し，神との同化を実現しようとした．この霊肉二元論や神との同化という要素は，キリスト教やイスラームの修行にもみられる．キリスト教では，中世の修道院において修道者が清貧，貞潔，従順に代表される禁欲的生活を送って情念の誘惑を克服しうる精神状態を獲得し，さらに神秘主義的な祈りによって魂と神との融合を目指したことが知られている．イスラームの修行としてよく知られているのは，9世紀頃に成立した神秘主義運動スーフィズムにおけるものである．ここではアッラーの名を繰り返し唱えるズィクルや，歌舞音曲を用いたサマーゥといった修行をとおして神秘的直観知の獲得や神との合一にいたるとされた．神秘的合一には持続的なものもあったが，瞬間的な合一のあと日常意識に戻るもののほうが主流であった．

他方，インドのヨーガやそれに大きな影響を受けたヒンドゥー教や仏教は霊肉一元論に立つとされ，身体や心理にはたらきかける訓練と，目標としての悟りや解脱といった境地とがあくまで連続的に捉えられている．

ヨーガの行法は，戒律の遵守，不動の姿勢，呼吸法，単一の姿勢に集中する瞑想といったプロセスを経て，思考が対象の形を直接に捉えることのできるサマーディ（三昧）とよばれる停止状態への突入を達成するとされる．

仏教では，ブッダが悟りを体得するまでに行った苦行や，その後にたどりついた成道の境地をモデルとして，さまざまな修行が考案され，実践されている．原始仏教で説かれた八正道などの修行のほか，大乗仏教では，身・口・意の三密に応じた実践を行いマンダラなどの道具を多用する密教，坐禅の体系を構築した禅宗などの例がある．また，神社神道において，祭りに先立ち祭祀者が別火精進を行い心身を清浄に保つことも，修行とよぶことができる．日本の新宗教では，大本の鎮魂帰神法などの霊能開発を目的とするものや天理教など精神修養を目的とするものがあり，滝行から社会奉仕，生活苦にいたるまで，日常的な営みを含めてさまざまな行為に修行としての意義が認められるのが特徴である．

日本の修験道や民間巫者などにおいても修行は重要な位置を占めている．山岳修行者は擬死再生を果たすため，抖擻（とそう）や滝行，断食などを行い，験力を獲得して人々の願望に応える．東北地方のオガミサマとよばれる盲目の巫女は，師匠について経文や祭文の暗唱，祈禱・お祓い・口寄せの作法を習得し，カミツケ式とよばれる儀礼を経て巫女として認められる．こうした盲目の巫者は，自らの境遇を引き受けたうえで，この修行プロセスを実践することによって，地域社会における宗教的職能者としての自己をあらたに構築するのであり，修行にはこのような社会的側面が存在し，宗教的側面と密接にかかわっていることは重要である．

修行のなかには断食や滝行などのように，心身に著しい負担をかけるものがあり，これをとくに苦行とよぶことがある． （永岡　崇）

参 考 文 献

岸本英夫『信仰と修行の心理』，脇本平也，柳川啓一編『岸本英夫集3』渓声社，1975年．
湯浅泰雄『気・修行・身体』平河出版社，1986年．

27．守護神（守護霊）

個人もしくは集団を守護する超自然的存在に対する信仰が成立しているとき，そうした存在を守護神（guardian god）や守護霊（guardian spirit）

とよぶ．「神」とよぶか「霊」とよぶかはそれぞれの文化によって異なっており，明確な区分を設けるのは必ずしも適切でないが，格の高い守護神が共同体の安全や繁栄をもたらし，格の低い守護霊が個人レベルの守護を行う傾向があるといわれる．個人の守護を行う神（霊）の場合，その獲得方法は修行や儀礼によるもののほか，病や生活上の不幸をきっかけとするものなどがある．

日本では，氏神が氏子を守護する役割を担い，鎮守神が土地や場所を守るといわれている．日本仏教においては，不動明王や四天王などが仏教および仏法を行ずる者を守護する存在として熱心に信仰されてきた．とりわけ不動明王は，空海によって導入されたといわれ，邪悪な存在を打ち滅ぼす力を有するホトケとして大衆的な信仰を獲得し，戦前には多くの軍人が崇拝した．民間信仰としては，峠や村境，辻などに置かれて境を守り，災いを遮るとされる道祖神や，市場や産業を守護するエビス神，大漁や航海を守護する船霊などといったものを守護神（霊）の例としてあげることができる．エビス神や船霊などは，それぞれ特定の分野について力を及ぼすことから，機能神ともよばれる．また，天神を代表とする御霊神も，守護神のうちに含めることができる．これらは，不慮の死を遂げた者が怨霊となり，疫病や飢饉などをもたらしたとき，これを祀り慰めることによって災厄を免れることができたところから，そうした災厄から人々を守る神としての性格をもつようになったといわれている．

東北地方の盲目の巫女オガミサマの場合，少女期からの修業（行）を経て，彼女を守護し口寄せを可能にするツキガミ（守本尊）を獲得する，カミツケ儀礼が行われる．この儀礼において，行者は精進生活のあと，隔離された小屋に籠って断食行を行い，水垢離をとる．その後行われるカミツケ式では，師匠らが行者を囲んで祭文や経文を唱え，行者自身は神の憑依を一心に祈るなかで，ツキガミを獲得するとされている．他方，東北地方の晴眼の巫女カミサマや沖縄の宗教的職能者であるユタなどは，多くの場合修行によって守護神を得るのではなく，心身不調や家庭における不幸などをきっかけに神の召命を受ける．

ネイティヴ・アメリカンの諸部族は，動物の形をとった守護霊をもつことが多い．思春期に達するころ，若者は小屋で汗を流したり吐剤を用いて嘔吐を促したりすることによって身を浄めたあと，山の頂上や洞穴などで数日間の断食生活を送る．この際に人や動物の姿をした霊が現れ，その者に特別な力を授けるという．動物の守護霊であれば，その力の代わりに，その種の動物を殺したり食べたりすることを禁ずる場合がある．別の場合には，霊が自らの種を殺すことを許し，猟における幸運を与えるという．また，部族によっては，人間が生まれついて守護者をもっていると信じられている場合や，親族の死によって守護霊を受け継ぐとする場合，守護霊とその能力を他者の財産と交換することができるとする場合などもある．こうした，動物などを守護霊とする信仰は，ややトーテミズムと類似するところがあるが，トーテミズムが集団的な信仰・制度であるのに対して，守護霊信仰は個人にかかわるものであるなどの差異があるといわれている．

また，キリスト教においては，個々のキリスト者に付き添って悪を避け，信仰の守護をする守護天使や，信仰の模範となり，神へのとりなしを行うという守護聖人の存在が信じられている．

守護神や守護霊への信仰は，祖先崇拝とも深くかかわっている．例えば西アフリカやメラネシアなどでは祖先霊が深く崇拝され，村や家族などを守護するとされている．先祖に対する信仰は日本でもみられ，民俗学者の柳田国男は，これを祖霊信仰として概念化した．柳田は，死者の霊はホトケや精霊などと称されて穢れをもつが，一定期間を経て弔い上げになると，清まったカミとなり，毎年時を定めて子孫の家を訪問し，家の繁栄を守護するものと考えた．

19世紀半ば以降欧米で流行し，日本にも伝えられた近代スピリチュアリズムでは，守護霊の存在が信じられ，個々の人間を日常的に守護・指導していると説かれている．このスピリチュアリズムの潮流は，日本の新宗教にも大きな影響を与えている．例えば大本では，顕界（この世）と霊界

（霊の世界）の間には密接な交流関係があり，霊魂が守護神となって肉体を守護するのだと教えている．しかし，悪霊が肉体を守護することもあり，そうした場合には，その人の生命活動に悪影響を与えるという．　　　　　　（永岡　崇）

28. 呪　術

　超自然や神意などの超越的力に働きかけて，目的的に現象を引き起こすための行為またはその知識．その根本的思考には，近代科学を成り立たせるために必須とされる因果律や経験主義などとは別の論理や認識論が見出される．西洋的思考とは異質な「未開の思考」を追究したレヴィ＝ブリュルは，そのような呪術的思考の特徴を「経験の不浸透」とよび，経験主義的に事実が認識されたり受容されたりしない基本的属性を見出し，合理性に対する非合理性とは断じなかった．

　呪術論の系譜にはこのように，呪術の論理構造や原理を追究する流れがあり，その源流に位置するのはジェームズ・フレイザーである．彼は『金枝篇』のなかで呪術の原理として「類似の原理」と「接触の原理」をあげ，前者による呪術を「類感（模倣）呪術」，後者を「感染呪術」とよんだ．類感呪術とは，結果は原因に似るとする考え方に基づくもので，例えば雨乞い儀礼において太鼓を打ち鳴らして雷雲をともなった雨を招いたり，攻撃対象者に似せて作った人形を損壊することで対象者本人に危害を及ぼしたりするように，ある原因を人為的に作り出すことで望ましい結果を引き出そうとするものである．それに対し感染呪術は，一時期接触状態にあったものは，その接触後も相互に作用するという考えに基づく．先の人形に攻撃対象者の毛髪や爪など，かつてその本人の身体の一部であったものを使用するとすれば，すでに分離した後も接触していたものに結果を及ぼそうとしているからである．これら二系統の呪術は総称して共感呪術とよばれるが，それは遠隔状態にある2つの事物の連関的作用を想定するからである．このような具体的な行為の実施を推進する肯定的呪術に対し，行為の禁止を意味する否定的呪術すなわちタブーも存在し，これら両者は合わせて実践的呪術とされる．これに対応するのは，世界に生起する事象を因果論的に説明する理論的呪術である．この実践的（技術的）な側面と理論的（科学的）な側面をあわせもつものが，フレイザーの描いた呪術の輪郭であった．

　フレイザーにとって呪術とは，不変的な自然の秩序を前提としており，厳密な法則や原理に基づいていて例外を認めない化学に近接するものと考えられる．ただし類似もしくは接触による観念連合の誤用であるとする点で，呪術は「謬った科学」もしくは科学未満の技術であるとされる．これとは異なる観点をとるのがマリノフスキーの呪術論である．それによれば，呪術を人間の本能や欲望と密接に関係した目的をもってその効果を引き出すための行為であると考える点では科学に近いとしながらも，世俗的世界に属する技術体系である科学に対して，呪術は宗教とともに儀礼や信仰や神話によって超自然的領域に到達するものとして類似性を見出している．そして，呪術は特定の結果を期待して目的をもって行われる手段であるのに対し，宗教はそれ自体が目的化されるような自己完結的な行為である，というのが呪術と宗教の区別に関するマリノフスキーの考え方であった．

　これまでの呪術論にあって，呪術・科学・宗教という三者の関係について焦点があてられてきたのは，上述したように，行為と知識（言葉）の領域が交錯する現象として呪術を捉えようとする視点があったからであり，それは近年の研究においては「○○とわかっている，でもやはり××」というフレーズへの着目という点で継承的に展開されている．例えば不治の病であることがわかっていてもお祓いにいくとか，天候の操作は不可能だと知りつつも雨乞いの太鼓を打ち鳴らしたりするなど，このフレーズは前半○○の部分に主知主義的に言語化される知識の領域，後半××の部分に言語化未満もしくは以前の行為の領域が配置され，両者を架橋していることがわかる．ここに，言葉と行為を区別しながらも両者を切り結ぶ呪術の論理構造を見出すことができるわけであり，個々の領域の検討や両者の相互関係を吟味するこ

とによって，呪術研究のいっそうの深化が期待される．〔→邪術・妖術，タブー（禁忌）〕

（川田牧人）

参考文献

フレイザー，J. G.（神成利男訳）『金枝篇　第1巻』国書刊行会，2004（1936）年．
マリノフスキー，B.（宮武公夫・高橋巌根訳）『呪術・科学・宗教・神話』人文書院，1997（1948）年．
レヴィ＝ブリュル（山田吉彦訳）『未開社会の思惟』岩波書店，1953（1910）年．
白川千尋・川田牧人編『呪術の人類学』人文書院，2012年．

29．樹木崇拝

　日本列島は温暖多雨の気候の影響のもと，国土の約70％以上は森林に覆われており，また古来より生活のさまざまな面の大半を樹木に依拠していた．そして古代からさまざまな自然現象の中に心霊的なものを感受し，むろん樹木にも尋常でない心霊的なものが樹木それ自体に宿るとされたり，心霊的なものの依代とされたりして，人々は畏怖と感謝の念をもって崇拝し，そのための儀礼を現在にわたり執り行ってきているところも多い．例えば信州の諏訪神社の御柱祭，または神社の境内に樹齢何百年にもおよぶ常緑樹楠木などの大樹を御神木として斎き祭ることなどは西日本を中心によくみられる．

　ユーラシア大陸やアジア等の他の地域では，天と地を結合するまさに地球の地軸を彷彿とさせるような宇宙樹・世界樹の存在をそのコスモロジー形成の中核としていたが，日本においてはそのようなコスモロジー形成のための樹木神話や崇拝の話は，古事記・日本書紀・風土記にも記述されていない．

　中世以来，日・月・星辰・雨・雷などの天上の自然現象と山岳・河川・森林などの地上の自然現象あるいは自然物に対する仏教的な観点からのアプローチは，天台教学に教えるところの山川草木悉有皆仏性という概念で有名な天台本覚思想が挙げられる．これは古来からのアニミスティックな思想が，本来そのような思想が存在しなかった仏教の教えの自然に対する世界観に影響を与え昇

◆　Ⅷ．宗教の基礎用語　◆

華結実したものであるが，このような異種混淆の過程は，神仏習合の独特の宗教現象の特徴を示すものである．この自然現象に対する神仏習合の結果をみても明らかなとおり，その基調にはアニミスティックな感受性，つまり自然現象の内に神秘的な霊力・霊的存在を認めることと同時に，その他者なるものと本来は同質であるという世界観が存在していたことを証明している．本来の同質性を獲得するときというのはとくに柳田国男を嚆矢とした民俗学がその解明に力点を置いてきた，「死」の問題群である．

　コスモロジー形成の樹木信仰が主流でない代わりに，死の問題と樹木崇拝の密接な関係性を考えるうえで，依代という概念は重要である．高木は高御産巣日神（高木神）の依代と信仰されていたとの記述が古事記に見受けられる．この依代の概念をさらに展開させながら，日本の神々を「祖霊」というものに還元させ，庶民の自然物に対する心性を解明してみせたのが折口信夫や柳田国男である．彼らは例えば盆や正月に近くの山から樒等を取ってきて盆棚に飾り，あるいは玄関や門扉に門松・松飾りを置くなど現在でも広く執り行われている習慣において，自然物，この場合はとくに樹木に対する崇拝の根底に死霊の姿を見出した．とくにその自然物＝死霊・祖霊の依代の顕著な例として，死後三十三回忌の弔い上げの習慣，つまり墓石の跡にイキトーバ・ミドリトーバ・シントーバなどという松や杉・椎・タブなどの樹木の枝をつけた塔婆を立てる習慣が継続されている点などからしても，樹木の陰には死霊の姿が窺い知れる．また福井県のニソの杜は，祖先が埋葬された墓地であるが，そこに1本の霊木を選んで山の神として祀ってきたことは，樹木と祖霊との同等性を明確にできる例証である．

　さらに樹木が集まれば，森や山となる．樹木崇拝と森・山との関係性は深く，その延長線上に森・山への信仰が存在し，柳田国男の論考によれば，共同体住居地から近い山＝里山・森を里宮，遠い山＝奥山を奥宮として，死霊が順次，生者の生活世界に近い里山・森の留まりから，三十三回忌あるいは五十回忌を境として奥山に移行して，

統合的な先祖という純化した存在に変化するという他界の構図を著した．このことは庶民の他界観は形而上学的な浄土ばかりではなく，より具体的な世界を基本として編み出されていたことを明らかにしている．

近年では新しい葬法として「散骨葬」や，まさに樹木の根元に遺骨を埋葬する「樹木葬」などが登場し，エコロジーブームの高まりと並行して，自然回帰的な意識が見直されてきている．これらが先祖帰り的な自然への意識の復活を顕現しているのか，もしくは新しいエコロジーへの世界観や他界観の芽生えなのかは計り知れないが，単に環境問題的なエコロジーとしての樹木や森・山の姿だけがクローズアップされるのではなく，新しい葬法などの死の風景をとおして，「樹木崇拝」という人々の心性も，より深化され見直される可能性を示す現象であろう． （吉見由起子）

30. 殉 教

自らの信仰のために死ぬことの意で，あらゆる宗教において国家権力による弾圧，他宗教との闘争，政治軍事上の闘争のなかで生じた．狭義には，ユダヤ・キリスト教，イスラームなどの一神教にみられる，教義的に非常に重要な価値づけをともなった死を指す．広義の殉教は，教義的に重要な価値づけをされていない死を指す．仏教においては，衆生の苦難を自らが引き受ける受苦の思想は生み出されたが，救世主の真理を証明するための殉教，ないし異教徒との戦いによる栄誉ある殉教など，殉教それ自体を価値づけるような思想は展開しなかった．したがって，仏教史における殉教は，国家や権力者および他宗教からの廃仏の過程における災厄，すなわち「法難」のなかで生じた付帯的な事象と考えられる．

キリスト教において殉教（martyrdom）は，迫害に屈することなく自らの信仰を貫いて死ぬことを意味する．殉教をとくに重要視したのはカトリック教会であり，迫害の時代に信仰を貫いて死んだ者を殉教者（martyr）として讃えた．もともとキリスト教における殉教者とは，イエスが真理であることを証明する使徒，すなわち証人（witness）を指す言葉であった．2世紀以来ローマ帝国の迫害が激しくなると，迫害され死ぬことによって，イエスが真理であることを証明する者を指すようになる．ローマ帝国の迫害以後は，4～5世紀にペルシアで，中世期には修道会が，そして宗教改革後はカトリック教徒が，迫害されるなか多数殉教していった．非キリスト教国においては，日本，中国，朝鮮，インドシナなどで多くの殉教者が出た．日本では各地でキリシタン迫害があったが，とくに長崎で殉教した「二十六聖人」が有名である．カトリック教会において殉教者は公認された者に限られ，殺されはせずとも受難のなかで信仰を貫き通した者を証聖者（confessor）として区別している．殉教者たちは，キリストに倣った完全なキリスト者として崇拝の対象になり，その血や遺体は，ローマ教会公認の聖遺物崇拝の対象となる．4世紀以降，有名な殉教者には各地に殉教者記念堂（martyrium）が設けられ，カトリックの祭壇には必ず殉教者の遺物がそなえられている．記念堂には殉教と殉教者にちなんだ大規模な図像が描かれ，墳墓，聖遺物容器にも図像による装飾が行われた．殉教者の肖像はメダルや聖油瓶など携帯可能なものから，聖堂にまつられる大型の絵画やモザイクまで，多様に展開した．キリスト教の布教活動が異教徒の領域に展開するなかで殉教者は増えつづけ，中世キリスト教の聖堂には大量の聖遺物がまつられていたという．典礼の中では殉職者は他の聖職者よりも優位におかれた．殉教者の祝日の典礼色は赤で，殉教者がキリストのために流された血を象徴している．それは，十字架上でキリストが流した血とも結びつけられた．なお，プロテスタントにおいては，罪の赦しはキリストの贖罪によると信じられているから，殉教は教義的には特別な意味を付与されていない．

イスラームにおいては，イスラームのために異教徒と戦うこと，すなわち聖戦（ジハード）とよばれる戦争行為による殉教が，大きな価値を与えられている．「アッラーのほかに神はなく，ムハンマドは神の使徒である」という言葉を証言することを信仰告白（シャハーダ）というが，これに

は聖戦において戦死するときに行う信仰告白も含まれる．信仰告白をしながら，聖戦によって死んだイスラーム教徒は殉教者（シャヒード）とよばれ賞賛される．しかし，今日ではジハードを聖戦というだけでなく，むしろあらゆる意味での，神の道のための精神的努力，またはイスラームを守り，広めていくための平和的な努力だとする考えが，多くのイスラーム教徒に認められている．ジハードによる殉教とは別に，イスラームの裁判において自らの異端的思想を貫くことによって殉教した者もいた．このように，おなじイスラームによって処刑された者はわずかであるが，そのうちの有名な殉教者としてイスラーム神秘主義のアル＝ハッラージュがいる．彼は，「われは究極の真理なり」と表現される自らの教説によって，8年間の投獄の後，イスラームの裁判において922年に死刑となった． （長澤壮平）

31. 浄／不浄

浄／不浄が儀礼的なコンテクストで使用されるのに対し，きれい／汚いは実用的なコンテクストで使用される傾向にある．前者は観念的な衛生観であり，後者は物理・生理的な衛生観であるといえるかもしれない．「観念的」な衛生観は人為的な構築物と想定されるので，文化ごとに多様な構築の様式をもつと捉えられている．実際に世界各地から多様な「観念的な不浄性」が報告されてきた．例えば，ニューギニアのパイエラ族の若者たちは精霊である生姜女の力を借りて美しい男へと成長する儀礼を行うが，その第一段階で村から森に隠遁し，徹底的に目を洗浄するという．なぜなら今まで悪いもの，とくに性器を見ることで目が「穢れ」ているからである．また同じニューギニアのサンビア族では女たちの月経血や膣からの分泌液が男を汚染し枯渇させると恐れている．その一方でサンビア族の男たちが放出する精液は生命力をもつ液体として高い価値が付与されているのである．近隣のフォレ族も女性の月経血の不浄性を共有しているが，フォレ族の男はさらに排便をしないふりをすることで男の浄性を主張していたという．

これまで浄／不浄の捉え方は多くの研究者によってさまざまに分析されてきた．例えば「観念的な浄／不浄観」がインドのカースト・システムのように社会秩序の維持に役立っていると考える機能主義者たちや太古のイスラエルの民が豚肉を不浄のものとしたのは豚の飼育にコストがかかり過ぎるからであると論じるマービン・ハリス，そしてニューギニアの月経血への恐怖が女性への性的接近を減少させ人口増大を抑制し環境適応を容易にしていると論じるリンデンバウムのような文化唯物論者たちのように，「実用的」または「合理的」な根拠を見出そうとする研究者たちがいる．その一方で検尿用の紙コップで紅茶を飲む場合の「そぐわない」という感覚にみられるように，分類上の混乱に根拠をもつという観点から浄／不浄観の解釈を試みるメアリー・ダグラスおよびリーチのような研究者たちがいる．この観点ではニューギニアの月経血の不浄性は，口外に出た唾液が自分のものでも汚く感じるように，身体内部にあるのが相応しい血が外部に出ることによる分類上の混乱が原因となる．しかしこうした象徴論的な観点も連続した客観的な世界の存在を前提に，その世界に言語などの分類の網をかけることで不連続にしていると考えるのか，分類の網によって初めて世界が構成されると考えるのかで話は変わってくる．前者は客観的なあるいは物理的な世界を前提しており，後者は客観的な世界や物理的な世界も特定の文化に包含されると捉えるのである．後者の観点に立つと，浄／不浄が指し示す現象をどのような資格で「儀礼的」とか「観念的」と分類したのかを再考しなければならなくなるが，自らがよって立つ文化の暗黙の前提を明確にすることは研究対象の人々に対する理解を深めるのに資するとも考えられる．

ちなみに日常生活で使用する「きれい／汚い」の判断が，儀礼的な観点と実用的な観点のどちらから下されたものなのかを明確にすることすら実は難しい．例えば，日本では国技館の土俵の上に女性は上がれない，なぜなら女性が不浄とされるからである．この場合の不浄は明らかに「儀礼的な不浄性」と捉えられるだろう．しかし排便の後

の手洗いはどうだろうか．通常は「実用的な汚さ」を処理するものと判断されるが，「科学的」にいえば紙を使用して処理した場合，大腸菌はまったく手につくことはない，にもかかわらず手を洗わなければ気持ち悪いと感じるのである．さてそのときこの「汚さ」は「儀礼的なもの」といえないだろうか．他方，ニューギニアの月経血の不浄性は放射性元素の威力に喩えられる．これは通常「儀礼的な汚さ」と判断されるが，しかしニューギニアの人々は実は実用的な観点で「汚さ」を捉えているのかもしれないのである．なぜなら，儀礼的か実用的かまたは観念的か現実的かの基準がニューギニアの人々とわれわれとでは異なる可能性があるからである． （成末繁郎）

参考文献

ダグラス，M.（塚本利明訳）『汚穢と禁忌』思想社，1985年．

Biersack, A. : Ginger Gardens For The Ginger Woman : Rites And Passages In A Melanesian Society. *MAN*, Vol.17. Number 2. pp.239-258. 1982.

Herdt, G. H. : Semen transactions in Sambia culture. In G. Herdt, ed. *Ritualized Homosexuality in Melanesia*. University of California Press. 1984.

Lindenbaum, S. : A Wife is The Hand of Man. Paula Brown and Georgeda Bushbinder ed. *Man and Woman in The New guinea Highlands*. pp.54-62. the American Anthropological Association. 1976.

32．進化論

　進化論とは，生物が外部の環境と固有種独自の発展によって，その祖先型から進化して現在に至ったとする考え方であり，進化の過程やその要因などに関わる理論の全体を指す．進化論では，地球に生命が誕生した以降の約40億年の間に，単一の祖先から現在の地球上にみられるすべての生物種が発達・分化してきたと考えている．すなわち生物の複雑化，高等化，多様化の原動力が進化にあるとする考え方である．進化の観念は古代ギリシアのアナクシマンドロスやプラトンまでさかのぼることができるが，自然科学的な説得力をもつようになるのは，18世紀の啓蒙思想以降のことである．フランスでは，博物学者のビュフォン（Buffon, G.L.L.）が啓蒙思想を背景とし，生物の絶滅や変化の動因を環境に求めた．さらにラマルクは動物の身体は本来，単純から複雑なものへと変化していくこと，また環境や習性により獲得形質が遺伝されると説明した．しかしながらフランスの進化論は唯物論的で科学的な根拠は乏しかった．

　近代啓蒙主義以降に展開されつつあった進化論に自然科学的な説得力を与えたのが，ダーウィン（Darwin, C.R.）であった．ダーウィンの学説は『種の起源』（1859年）に示された自然淘汰（自然選択）と適者生存による生物進化論によって，広く知られることとなった．ダーウィンは，生物種がその起源から現存する姿であったのではなく，長い年月をかけて変化・進化し，現在の姿になったとすること，また生物種が進化して別の種へと変化している要因として自然環境への適応と生存競争にあるとした．

　生物進化論と軌を一にして，19世紀の後半から文化ないし社会の進化論がヨーロッパの思想界を席巻することとなった．人文・社会科学の分野では，進化論は文化変動論もしくは社会変動論の一分野として論じられており，宗教進化論もその主要分野をなしている．そこでは，近代ヨーロッパ社会が人類の文化・文明の最先端とされ，世界各地のローカルな文化・文明をヨーロッパと比較して低次な段階にあるとみなされた．例えば社会学者のコントは，呪物崇拝から多神教，一神教にいたる信仰の発展段階図式を唱えた．同じくスペンサーは，宗教の起源を死霊崇拝，先祖崇拝に求め，多様な信仰形態がこの起源から派生したものであるとした．人類学者のタイラーはコントによる発展図式をアニミズムの観念を用いてより実証的に説明した．さらにモーガンは，人類の起源が単一であるとし，人類の文化や社会が発展の段階によって区分されると同時に，直線的な発展図式のうえに人類社会が配列され，近代ヨーロッパ社会が進化の先頭に立っていると考えた．こうした考え方は，当時のヨーロッパ列強による軍事的支配力によって生み出された帝国主義，植民地主義といった時代精神により強化されていくこととなった．宗教進化論的な立場として20世紀の代表

的な学者にベラー（Bellah, R.N.）がいる．ベラーは宗教の発展段階を原始，古代，歴史時代，前近代，近代の5段階に分類し，各段階の宗教は相互に関連しながら，各段階に応じて，宗教的象徴や宗教儀礼，神話，祭祀者，救済観などに相違が生じてくるとする．

　生物進化論と宗教学とのかかわりを考えるうえで，キリスト教との関係を看過することはできない．進化論の考え方に対しては発表の当初から，カトリックを中心とするキリスト教会や神学者から大きな批判と議論が繰り返された．アメリカ合衆国では，聖書原理主義の立場から進化論が否定され，公教育の場では取り扱わない州もある．進化論支持者と反進化論者との論争は，20世紀の初頭より進化論裁判という形で両者が応酬しあっており，ルイジアナ州授業時間均等法裁判（1987年）の連邦最高裁判決により，州法で定めた反進化論法は違憲とされた．しかしカンザス州では，学習指導要領から進化論の項目がはずされており，テキサス州でも，生物学の教科書で人類の起源をどのように教えるべきか，科学者と教員，宗教指導者が激しく論争を続けている．またムスリム諸国においても，進化論の教育・研究は禁じられている国が多くみられる．

　20世紀半ば以降，分子生物学や集団遺伝学といった最新の学問的成果により，ダーウィンの生物進化論にはさまざまな批判が生じ，現在では生物のより複雑な進化の様態が解明されつつある．一方宗教進化論の図式は，20世紀以降エリアーデやレーウといった宗教現象学，宗教史学の実体論的な立場からは大きな批判が寄せられることとなった．

（松井圭介）

参 考 文 献

綾部恒雄編『文化人類学15の理論』中公新書，1984年．
小畠郁生監修『進化論の不思議と謎』日本文芸社，1998年．
柴谷篤弘ほか編『講座　進化　1〜7』東京大学出版会，1991-1992年．
ダーウィン，C.（堀　伸夫訳）『種の起源　上下』槇書店，1973-1974年．
ベラー，R. ほか（佐々木宏幹訳）『アジアの近代化と宗教』金花舎，1975年．

33. 信仰圏

　信仰圏とは，山岳・社寺のような何らかの崇敬対象に対する信仰（者）の空間的広がりを意味する．これまでの信仰圏の研究は主に山岳信仰を対象とし，民俗学や歴史学，地理学の分野から取り組まれてきた．民俗学や歴史学の立場では，末社の勧請年代や勧請形式，勧請者，各種民俗資料や檀那場の記録資料などをデータとして，地域への信仰の伝播・受容の歴史的展開過程が検証され，そのなかで信仰の地域差にも着目がなされてきた．地理学の立場からは，これらの資料に加えて，崇拝対象側である社寺務所所有の一次資料の利用が積極的になされ，信仰圏の現代的な様相にも関心が向けられている．なかでも空間モデルへの強い志向性がみられ，同心円的な空間構造の指摘・検証がなされてきた．より精緻な信仰圏の圏域区分が模索され，各圏域の空間特性が検討されてきたといえる．

　山岳信仰圏の空間モデルとしては，岩木山，相模大山，出羽三山，戸隠山などの事例からおおむね，3つの圏域に区分され，各圏域の空間特性には崇敬対象を問わず，共通点がみられることが明らかにされてきている（表）．

　日本の山岳宗教の場合，信仰中心地からの距離に応じて，信仰形態の地域的差異がみられ，その差異に基づいて複数の信仰圏が設定される．もともと精緻な信仰体系や教義を有さない山岳信仰は，山容を眺望できる山麓居住民の信仰対象として崇敬されたものであり，各山岳信仰における第1次信仰圏の範囲は，いずれもこの山岳周辺域を示している．山容の秀麗さやその規模，独立性などの条件によって異なるものの，遥拝可能で徒歩1日圏内に位置する第1次信仰圏では，水を支配し，作物の豊凶を占う農耕神としての性格が顕著であり，あわせて祖霊の憩う地でもある．信仰は，共同体の社会組織と結合し，社会的な通過儀礼としても利用される．この第1次信仰圏にみられる信仰形態は，日本におけるアルカイックな信仰の表出したものであり，多くの里山でみられる普遍的な信仰形態であると考えられる．笠間稲荷や金村別雷神社のような非山岳信仰の場合にも，

産物献納者の分布がみられる農耕神的な性格が顕著な地域である．

　第2次信仰圏の成立には，信仰の普及伝播者（布教者）の果たす役割が大きい．多くの山岳宗教の場合，御師の配札活動に依拠した代参講が組織され，山岳はその霊験を基盤とした御利益によって，直接眺望することができない地域の人々と結合する．第2次信仰圏に属する地域は，第1次信仰圏のそれと比較して，山岳との直接的な関係は薄れるものの，集落の社会組織とは独立した信仰を媒介とする組織が生まれ，定期的・周期的な参拝が営まれるといった特徴が指摘される．

　信仰圏の最外縁部に位置づけられる第3次信仰圏の成立は，当該信仰のもつ宗教的な力の大きさと関連している．より強力な布教者の存在や信仰組織の様態に影響されるものと推察される．いずれの場合にも，信仰の分布は希薄かつ分散的となり，信仰を受容した地域が飛地的に分布する．第3次信仰圏が有する信仰形態の中でもっとも顕著な空間的特性を示すものは，聖なるものの代替物（分霊，模擬山，太刀など）に対する信仰がみられる点である．遠隔地に位置する地域では，定期的・周期的な参拝が困難となり，代替聖地への参拝や勧請といった宗教行動が行われる．

　このように信仰圏の各圏域には共通する特徴がみられることが明らかにされてきたが，圏域を設定する際の指標の取り方や，圏域区分の方法，信仰圏の地域分化のもつ宗教的な意味などについては，今後の課題とされている．　　（松井圭介）

参 考 文 献

金子直樹「日本における信仰圏研究の動向―山岳宗教を中心として―」『人文論究』45，1995年．
松井圭介『日本の宗教空間』古今書院，2003年．
松井圭介「信仰圏研究の成果と展望」『歴史地理学』47，2005年．

34. 信仰治療（治癒）

　信仰の力で治療を行うこと．社会的に認知され体系化された医学に基づく知識や技術，薬物などを用いず，ある世界観や信仰体系に基づいて治療を行うこと意味する．

　「手当て」という言葉があるように，傷口や患部に手をかざすことで痛みや症状を和らげようとする行為は古くから行われてきた．新約聖書には，イエス・キリストが病に苦しむ者に手を触れて治癒をもたらしたという記述がみられる．また，中世ヨーロッパの国王の「ロイヤルタッチ」が病を治す力をもつと信じられていた．すなわ

表　信仰圏の各圏域の特徴

		岩木山	大山	出羽三山	戸隠山	笠間稲荷	金村別雷
1次	距離	0～20 km圏	0～50 km圏	0～50 km圏	0～50 km圏	0～50 km圏	0～50 km圏*
	特徴	初参り5歳以下 高頻度の参拝	農耕守護神的性格 死霊鎮座的性格	青少年層の登拝 共同体的結合	徒歩1日行程 水神	農耕神 産物献納者の分布	農耕神 産物献納者の分布
2次	距離	20～30 km圏	―	50～150 km圏	50～150 km圏	50～150 km圏	20～100 km圏**
	特徴	初参り10歳前後 中頻度の参拝	修行霊場的性格 御師の配札活動 代参講の成立	成年層の登拝 代参講の成立	水神 作神・農耕神 代参講の成立	個人祈願者の分布 同行仲間型の講の成立 分霊勧請者の分布	代参講の成立 同行仲間型の講の成立
3次	距離	30～75 km圏		150～350 km圏	150～350 km圏	150～800 km圏	―
	特徴	初参り15～20歳 低頻度の参拝 模擬岩木山への参拝	勧請神的性格	老年層の登拝 同行仲間型の講の成立	信仰の分布の希薄性	信仰の分布の希薄性 分霊勧請者の分布	―

　＊　信仰圏は短径20 km，長径60 kmの楕円形を呈する．
　＊＊　第1次信仰圏の南側外縁部に広がる．

（松井，2003による）

ち，治療者のもつなんらかの力がその手を通して病因あるいは患部，さらには患者という人間そのものに働きかけるという発想は古くから私たちの社会に存在したのである．

18世紀のウィーンで開業医となったメスメルは，人間や動物の体内に磁力が存在するとし，その「動物磁気」を利用した治療を行い評判をよんだ．磁石や手で直接患者の身体に触れ，患者の体内の磁力をコントロールすることで治癒をもたらすとする彼の理論は，治療の根拠となる目に見えない力に「動物磁気」という名称を与え，体系化しようとした点で画期的なものであったといえる．しかし，他の医師からの反発が多く，科学的実証が不可能とされたメスメルの理論は，徐々に一般社会から忘れ去られた．後に一部の信奉者によって「メスメリズム」として受け継がれ，催眠療法やフロイトの精神分析にも影響を与えたといわれている．

一般に信仰治療は，体系化された近代医学が社会一般に認知され権威をもったときから，それに対抗する治療法としてカテゴライズされる医療形態である．フィリピンや中南米に多くみられ，大勢の人々の目の前で外科手術のような施術を行ってみせる「心霊治療」や，日本でもときどきメディアが取り上げ批判の対象とする新興宗教団体の病気治しなど，信仰治療は近代医学が扱えない症状を抱えた人々に依然として信頼され続けているという一面もある．

このような治療に本当に効果があるのか，なぜこのような治療が続けられているのかという問題に関しては，人類学や医学などさまざまな分野で議論がなされている．レヴィ＝ストロースはフランツ・ボアズの調査資料から，詐術を暴くために呪術師のもとに弟子入りしたクワキゥトル・インディアンのケサリードという男性の記録をとりあげ，分析を行った．ケサリードは呪術師から，口の中に隠した綿毛に自らの血を含ませたものを吐き出し，患者の体内から取り出した病原として人々に見せる方法を学ぶ．当然彼は詐術と知りながら実際の患者の前で治療を行うのだが，それによって実際に治癒する患者が出てくる．彼は次第に自分の術に誇りをもつようになり，他の呪術師と対決して勝利し，共同体のなかで呪術師としての地位を確立していく．つまり，彼が「本当の」呪術を使っているかどうかは，治癒という結果にも呪術師となる彼自身にとっても重要な問題ではないとレヴィ＝ストロースはいう．クワキゥトル社会においてケサリードが正規の呪術師として認められたことによって，彼の行為は病気を治す力があると信じられ，その結果治癒が実現したのである．このことは，治癒という現象の社会的・文化的意味を考えるための好材料となりうる．プラセーボ効果などに代表されるように，近代医学が実現している治癒に関しても，純粋に技術や薬物による効果以外の側面が存在することは確かだろう．治療のもつ心身相関的な側面を考えれば，信仰治療のもつ効果や社会的な意味を否定することは不可能なのである．

信仰治療の背景にある世界観が，近代医療と深く結びついている場合もある．1950年代以降ブラジルで心霊手術師として治療を行ったアリゴーは，ドイツの医師アドルフ・フリッツ博士に憑依されたことで治療する力を得たという．また，1920年代から1930年代にかけてコスタリカで心臓外科の権威として活躍したモレノ・カーニャス医師は，その死後も霊媒を通して多くの人々を治療し続けていると信じられている．近代医学や科学への「信仰」が信仰治療の基盤となりうるとすれば，メディア上にあふれる健康情報に翻弄される私たちも，ある種の信仰治療を行っているといえるのかもしれない．

〔畑中小百合〕

参 考 文 献

佐藤純一編『文化現象としての癒し―民間医療の現在―』メディカ出版，2000年．

35. 神像・神体

神道において，神霊を宿すとみなされ，祭りや拝礼の対象となるものを神体という．特定の玉石や岩，樹木などといった自然物に神が依りつくと考えられたが，のちには祭祀で使用される鏡や剣，鉾，鈴などのさまざまな人工物，もしくはそれを収める容器といったものが神体として扱わ

VIII. 宗教の基礎用語

れ，社殿の奥に収納されることとなった．また，三輪山（大神神社）のように，山を神体として崇拝することもあり，これを神体山とよんでいる．

神もしくは超自然的な存在を彫刻や絵画によって表現したものが神像である．日本宗教史の文脈では，神社神道の神明を象ったものを指すのが一般的で，神体が人格化されたものということができる．仏教伝来の当初，仏像は「蕃神」「客神」として神とみなされたことがあったが，基本的に仏像を神像とみなすことはなく，ここでも神道における神像を中心に扱うことにする．ただし，神仏習合思想が広範に受け入れられてきた日本の宗教的文脈のなかでは，仏像を広義の神像とみる視座も有効であろう．

実際，神社神道の神像は，神仏習合思想の浸透とともに，平安時代初期に現れたといわれる．当時の仏像制作技術に大きく影響を受け，技術的には仏像との共通点が多いものの，写実的な形式をとる面貌表現は，理想的形式の仏像とは異なっている．この相違は仏と神に対する人々の信仰的態度の違いを表しているとみることができ，仏が理念的な存在であったのに対して，神は喜怒哀楽をもつ人間的な存在として表象された．その後，平安時代後期にかけては，面貌表現においてさまざまな工夫がみられる一方で，姿態表現は簡略なものとなっていった．鎌倉時代になると，仏像と神像の差異がさらに曖昧なものとなり，東大寺快慶作僧形八幡像にみられるように，仏像の形式をとった神像が出現している．僧形神像以外にも，菩薩・天部形神像などにおいて，神仏習合像の作例が多くみられるといわれている．室町時代には仏像彫刻が衰微の傾向を示すようになり，それとともに神像においても注目すべき作例は少なくなっている．このように，仏像制作の歴史に決定的な影響を受けながら展開してきた神像美術であるが，仏像がしばしば開帳（公開）されてきたのに対し，神体としての神像が公開されることはなく，直接に大衆的信仰の対象となることはなかったといえる．

むろん，神像は世界のきわめて広範な文化において制作され，死をめぐる儀礼や祭り，呪術的治病の際に用いられたり，個人や集団の守り神として信仰されてきた．ヒンドゥー教では，ヴィシュヌ神やシヴァ神といった男神像のほか，多くの女神像が作られている．これらの女神像は，柔和な姿のものばかりでなく，剣をとって殺戮を行う恐ろしい姿のものが多いことで知られる．ソロモンやフィジーでは，祖先や氏族の創始者を深く信仰し，祖霊像や神像彫刻を多く作りだして彼らを現世によびだそうとした．そうした像は長くのびた鼻やつり上がった目，丸い顔などといったように，少なからず図式化されており，家や墓地に祀られるものや，お守りとして使用されているものがある．ニューギニアやイースター島でも死霊の像が残され，新しい死者を死後の世界へとやすらかに導くため，また祭りのために用いられた．スマトラ島の木彫神像のように，村の入口に立てられて村の守り神とされたものもある．ザイールでは，全身に鋲を打ちつけた姿の神像があり，呪術的治病のために用いられてきた．古代ギリシアでも，身体各部を有機的に組みあわせた女神像や青年像を制作し，移ろいやすい人間の姿を神像として表現した．

多神教的な世界で豊かな神像文化が展開された一方で，ユダヤ教やキリスト教，イスラームといった一神教においては，原則的に，地上の事物を神として信仰する偶像崇拝が否定されてきた．旧約聖書では，モーセを通じて与えられた十戒のなかで，偶像の制作や信仰を禁じている．新約聖書やイスラームでも偶像の崇拝を禁じ，ムハンマドの像を制作することも禁じられている．しかし，キリスト教世界ではイコン（聖像）の制作が長く続けられ，その是非についても議論がなされてきた．初期キリスト教徒は，カタコンベ（地下墓地）の壁にキリストやその教えを象徴する図像を描き，のちにはキリスト，聖母，諸聖人の像が多く描かれ，宣教や儀礼のために用いられるようになったが，次第にイコンそのものを神格化して崇拝する，偶像崇拝的な傾向もみられることになった．とくに東方教会ではこの傾向が大きく問題化され，8～9世紀にかけてイコノクラスム（聖像破壊運動）が展開され，聖像破壊論者と擁護者と

の間で神学的な論争が行われた．破壊論者が主張するところでは，イコンの制作はキリストの神性を絵に描こうとする瀆神行為であるか，神性と人性を分離させる異端であるとされた．一方，擁護者たちは，イコンが偶像崇拝をもたらすのではなく，可視的なイコンを通じて不可視の神の世界へと人々を導くことができるのだとした．

（永岡　崇）

36. 神託（託宣）

　神託とは，広義には，何らかの方法で示された神の意志，あるいは，人間の問いに対する神の応答を指す．この場合，神の意志や応答は，何らかの兆しに託して示される場合と，言葉によって示される場合とがあり，狭義に神託という場合には後者の用法，すなわち言葉によって示された神の意志や応答という意味で用いる．前者の用法では，占いに対する答えの部分を神託とよぶわけであるから，実質的にはいわゆる占いはすべて神託とみなしうることになる．これに対して後者の用法では，神の意志を知るためのさまざまな方法があるうち，言語的に与えられる応答をとくに神託とよび，その他の占いの方法と区別して用いている．

　日本の場合でいえば，神託とは，広義には上記のような神の意志を伺うことを指すので，亀卜や太占やウケヒなど，占い一般（とくに占いの結果）をも含む．肥前国風土記には，あるとき，天皇の着ていた鎧が光るという神異があり，占ったところ「この地に居る神が鎧を欲している」ということだったので鎧を献上したという記事がある．この場合は，最初に天皇の鎧が光ったこと（兆し）は突発的な神の意志の発現であるが，それだけでは神託とはいえない．それに対して占いを行ったところ，「神が鎧を欲している」という神の意志が示され，そうした意志が神託とされるのである．こうした，神異から占いを経て神託があるというパターンは正史中に散見される．

　これに対して，狭義に神託という場合は，託宣の同義語として用いられ，シャーマニスティックな形式あるいは夢告による神意の発現を指す．要するに，神意を知る方法がさまざまあるうち，神に憑依された人間，あるいは夢に出てきた神によって直接言葉が与えられるものを神託（託宣）とするのである．神功皇后を介した神託について，日本書紀に「皇后に託りて誨へて曰く」と書かれていることや，また，平安時代の菅原道真の託宣（『天満宮託宣記』）等がその例である．ただしこの場合，例えば恐山のイタコの口寄せなど，神ではなく死者が語る場合は，託宣ではあるが神託とはされていない．

　一方，現在学術用語として神託という場合は，英語の oracle の訳語として用いられるのが一般的である．oracle はラテン語の *oraculum*（*orare* ＝話すから派生）に由来し，主に未来の出来事についての質問に対する神の言語的応答，または，そういった応答が与えられる場所を意味する．西洋の伝統では，oracle とは主に古代ギリシアにおける神託を意味し，最狭義にはデルポイにおけるアポロンの神託を指す．

　語源的には，oracle はバーバルな意味に限定された語であるが，古代ギリシア語において神託（占い）を意味するマンティーケーは，必ずしもバーバルな意味に限定される語ではなかった．プラトンによると，マンティーケーとはマニア（霊感による熱狂）に由来する言葉で，帰納的マンティーケー，すなわち鳥やその他の兆しによって未来を知ることと，霊感的マンティーケー，すなわち神がかり的状態（マニア）における直覚によって未来を知ることとに分けられる．

　前者は，占い師が捉えた現象の観察・解釈に基づき，鳥占い（鳥の種類・飛び方等），内臓占い（犠牲獣の内臓の状態），言葉占い（日本の辻占のようなもの），籤などがあげられる．これに対し後者は，目に見える兆しによらず，直接神から霊感を与えられるものである．もっとも有名なのは，ピュティアという巫女によってなされるデルポイの神託である．巫女は神殿の最深部にある大地の割れ目から霊感を受けるとされていた．この割れ目から神の息吹がたちのぼり，それを全身に浴びることによって錯乱状態に入り，神の吹き込む言葉なり叫びなりを発するのである．こうした

言葉や叫びは神官によって韻文詩に直され，写しが依頼者に渡された．以上のように，oracleという言葉が具体的に指し示しているギリシアの事例では，日本語の神託と同様，狭義には言語的な形式による神の意志の開示を指すが，広義には何らかの形式による神の意志の開示を指している．

一般的に神託という概念を用いる場合も同様で，狭義にはシャーマニスティックな形式，あるいは夢告による神意の示現（言語的開示）を指し，広義にはさまざまな兆しを解釈することによって神意を知ること一般を指す．それゆえ前者の場合には，例えばイスラエルの預言者たちやムハンマドに対する啓示なども神託の一種とされうる．また，後者の場合には，人間にとって重要なことの一切が，原則として神託になりうる可能性をもっている．例えば，ソロモン諸島の漁師達にとっては，1年のある時期に定期的にやってくるカツオの大群は神的な現象であり，そこには神の意志が明確に示されているわけであるから，一種の神託である．同様に，カツオがやってこないということも，「海の霊」が与える罰として，彼らにとっては一種の神託になるのである．このように，人間にとって「意味がある」と思われる現象は，すべて神託となりうる可能性をもっている．

（喜田川仁史）

37. 聖・ヌミノーゼ

ヌミノーゼ（Das Numinose）は，ルドルフ・オットー（Otto, R.）がその著書『聖なるもの』において，神性や神霊などを指すラテン語のヌーメン（*numen*）から作った概念である．この著作の目的は，神観念における非合理的なもの，およびそれと合理的なものとの関係を考察することだが，オットーによれば，通常「聖なるもの」を指すために用いられている名辞が倫理的合理的要素を含んでおり，したがって神的なものに関するそれ以外の要素を十分に扱えないために新しい言葉を造語したとしている．ここで注目されるのは，ある対象がヌミノーゼと意識されるのは，それが常に，ある独特な感情（ヌミノーゼ的感情）を引き起こすからとされている点であり，オットーはその感情を「畏怖」と「魅了」という相反する側面をもつものとして分析している．しかもその感情は「魂の奥底」から湧き出るものであって，このようなヌミノーゼ的なるものの経験とその表現の分析を通してオットーは，合理的要素に還元できない（したがって概念化できない）もの，人間の意識を超越したものが，人間の意識に現出する構造を明らかにしようとしたのである．

オットーがヌミノーゼ概念を創出したのは，「聖なるもの」をできるだけ中立的に論じようとしたためであるが，同様にエリアーデ（Eliade, M.）も宗教現象をアプリオリ（先天的）に定義することを避け，ギリシア語で「聖なるもの」を意味する語と「顕現」を意味する語を結び付けた「ヒエロファニー」（hiérophanie）という造語を用いた．オットーの「ヌミノーゼ」がもっぱらキリスト教的な神観念を前提にしているのに対し，この「ヒエロファニー」は，非人格的な聖性をも対象にしている点で，より包括的に「聖なるもの」を捉えようとする試みであるといえよう．聖なるものの顕れとして宗教現象を扱う上でエリアーデが重視したのは，聖なるものが常に，それと対照をなすところの俗なるものを通して顕現するということであり，そこには俗の聖化と聖の俗化という二重の逆説がみられるということである．エリアーデはこのことを「聖なるものの弁証法」とよび，その構造をヒエロファニーの多様性を通して明らかにしようとした．

エミール・デュルケム（Durkheim, É.）やピーター・バーガー（Berger, P.）に代表されるように，「聖なるもの」を社会的に機能するものとして説明するアプローチも存在する．すなわち，「聖なるもの」に関連した信念と実践を共有することで，あるいは日常生活に「究極的意味」を与えることで，「聖なるもの」は社会の統合に寄与するという解釈である．このような社会学的・機能主義的説明に対し，オットーとエリアーデに共通しているのは，宗教をそれ以外のものに還元することなく，あくまでも宗教それ自体として理解しようとする立場であり，宗教に独自なもの（*sui generis*）を追究しようとする姿勢である．オ

ットーに対しては，合理的概念によるヌミノーゼの図式化に対抗するあまり，「聖なるもの」を感情という人間心理に還元してしまったなどの批判が，また，エリアーデに対しては，聖の顕現は人間の意識構造に本質的に備わっており，その意味で人間は「宗教的人間」（homo religiosus）であるという主張が「神学」的すぎるなどの批判がなされてきている．しかし，宗教を固有のものとみなそうとする限り，「聖なるもの」の本質に対する究明は，宗教の全体的理解に欠かせないものであり続けよう．

現代社会に生きる人間は「聖なるもの」を喪失してしまったともいわれる．しかし，一方で，現代人もしばしば，非日常性において日常を超える経験を求め，俗を超えたなにかと交わろうとしている．例えばロジェ・カイヨワ（Caillois, R.）が指摘したような「聖」と「遊び」の構造的類似性に注目するならば，PCゲームの興隆やスポーツ観戦の熱狂なども（カリスマ的指導者崇拝はいうまでもなく）「宗教」について類推的に考察する上で参考になろう．世俗化した社会に「聖なるもの」はいかなる形で存在しているのか？ そこでは「宗教」という概念がまだ有効性をもちうるのか？ そもそも聖と俗という二分法が普遍的であるかどうかという問題も含め，「聖」をめぐって根本的な問いが輻輳している． （宮本要太郎）

参 考 文 献

エリアーデ，M.（風間敏夫訳）『聖と俗』法政大学出版局，1969（1957）年．
オットー，R.（久松英二訳）『聖なるもの』岩波文庫，2010（1917）年．
カイヨワ，R.（塚原 史ほか訳）『人間と聖なるもの』せりか書房，1994（1939）年．
デュルケム，E.（古野清人訳）『宗教生活の原初形態』岩波文庫，1975（1912）年．
バーガー，P.L.（薗田 稔訳）『聖なる天蓋』新曜社，1979（1967）年．

38. 性器崇拝・性・セクシュアリティー

男根や女陰に特別な霊力を認め，崇拝の対象とする宗教的行為をいう．性器崇拝は，性器そのものがダイレクトに生殖と結びつくものであることから，多産や豊穣といった「産出」にかかわる祈りの対象となる場合が多い．インドやネパールなどのヒンドゥー文化圏でみられる，主神のシバ神を象徴した男根像を祀り多産や豊穣の祈願をするのもその一例である．性器崇拝の形態には，生命力や力，エネルギーの象徴として，ひとつには性器そのものを模した物を儀礼的に使用する場合と，もうひとつには性交をシンボライズした物や行為にさまざまな効力をもたせる場合がある．

日本では民俗学の側から，性器崇拝と民俗信仰との結びつきからのアプローチが多くなされている．明治以降，民間の性的風俗や慣習が恥ずかしい野蛮な行為としてみなされ，信仰対象としての性が薄れつつある時代背景のなか，大正時代の半ば頃から民間に残る性的な信仰習俗をめぐる研究が行われるようになった．戦前は，柳田国男がこのような性器崇拝をめぐる研究から一線を画していたこともあり，いわゆる柳田民俗学の枠外で出口米吉や南方熊楠らによって研究は進められていた．とくに全国の性信仰の資料を整理し体系づけた出口の功績は大きい．戦後になると，出口らの研究が基盤となり各地の民俗学会や民俗学者によって性をめぐる信仰が研究対象として多角的にとりあげられるようになり，性器崇拝はジェンダー観やセクシュアリティーはもちろんのこと，民族性や環境もおおいに反映されることから，今日ではそうした問題を包括した研究が行われるようになっている．

一般的に性器崇拝は，女陰崇拝が原初的な崇拝形態として現れ，その後男根崇拝に移行し，最終的に陰陽を並祀するようになったとする説があるが，必ずしもそうとは限らない．例えば，日本における性器崇拝の初源である旧石器時代後期には，男性器を象った石製品の出土が確認されており，男根崇拝が女陰崇拝に先行する．縄文時代になると，男性器を模した石棒に加え，女性器を刻んだ石製品や岩版や土版といった，性器を描写した製品が盛んに作られるようになる．これらは農耕社会となる弥生時代以降にも散出するもので，狩猟儀礼や農耕儀礼といった生業にまつわる呪具との解釈が多くなされている．性器にまつわる考

◆ Ⅷ．宗教の基礎用語 ◆

（矢持久民枝）

古学的遺物は世界各地で見出されており，これらは今日に残る民俗資料とさして変わらないものも多い．しかし，そこに期待された機能はその社会が主とする生業や環境，宗教観によって異なるものである．中世になると文献にも性器崇拝の諸相がみられ，『古語拾遺』には，御歳神の祟りによって発生した害虫よけに男根形の形代を供えたというような記載がみられるほか，『今昔物語』や『扶桑略記』など多くの文献に性器崇拝の様子を伝える記載が残されている．こういった，古代から中世の性器崇拝は，性器そのものに霊力をもたせ，辟邪としての役割を担わせたものと考えられる．

現在もみられる性器崇拝の一端には道祖神信仰がある．村境や道の辻，峠などに祀られる道祖神のありかたは地域によってさまざまであるが，その御神体が性器であることから，男根と女陰を象ったものは少なくない．本来は，村内へ疫霊悪鬼が入ることを防ぐ意味合いをもったものであるが，良縁を祈願したり，下の病の治癒を祈ったり，さらには安産や子育てにまつわる神性がこれに付与されるようにもなった．また，性器そのものではなく性器に似た自然石を金精様（神）として崇め，路傍に立てたり神社に奉納したりするケースもみられる．ほかにも，今日もなお行われている祭礼の一つには奈良県の飛鳥坐神社のおんだ祭がある．これは豊作を祈願して社殿で夫婦和合が演じられる祭礼であり，このような形態は陰陽和合の考え方により，農耕生産と人間の生殖出産とが結びつけられ，陰陽のバランスをはかることが農村共同体の安定につながるという思想が基盤にある．一方で，狩猟民の性器崇拝の形態には夫婦和合といった性行為を前提とした表現が取り入れられた事例は少なく，怒張した男根の形代を崇拝の対象にする場合が多く認められる．

性器崇拝をはじめとする，性をめぐるさまざまな信仰は，非常に複雑多様でありそれぞれの社会に存在する歴史的経緯と，その社会が共有する世界観や死生観をふまえて理解する必要がある．加えて，ジェンダー観やセクシュアリティーが大きく作用するものであることを忘れてはならない．

39．政教一致・政教分離

政治的支配権力または国家権力と，宗教的権威または宗教的集団が一致していること，または一致すべきであるという思想および制度を政教一致といい，それらが分離していること，または分離すべきであるという思想および制度を政教分離という．ここでの「政」とは広義には政治的支配権力を行使する君主または国家を指し，狭義には統治権の行使主体としての「政府」を指す．「教」は広義には宗教一般を，狭義には「宗教集団」または特定の「宗教団体」を指す．

国家，とくに近代国家とは，一定の領土において，一定の「国民」を構成員として，独立した主権を保持し，中枢権力による統治作用と統治機構を有する高度に組織化された社会集団を指す．したがって国家には統治者による支配と国民の服従という関係が発生し，支配の正当性を根拠づける権威，統治権力行使のルール（法）の制定などが必要となる．近代以前は，この権威の源泉を超越神などの宗教的権威に依存したため，宗教と国家との関係は極めて密接であった．近代法治国家の誕生後は，国家は基本的に世俗化され，両者の関係には距離が置かれるようになった．

ここで，多様な宗教と国家との関係について，3つの類型を紹介しておきたい．このうち前2者が「政教一致」の類型であり，第3が「政教分離」である．

第一は教会国家主義（Church-State, Kirchenstaatum）といわれる関係である．これは，すべての権威は神に由来するのであるから，神の権威をになう教会などの宗教的権威を世俗的権威よりも優先させる理念および政治的社会的関係である．神聖政治または神権政治（Theocracy）ともよばれる．その淵源は原始キリスト教会を理念化したアウグスティヌスの普遍教会の概念である．この場合，世俗的権威は教会に従属する一方，聖職など教会的事項に関する決定権がない．西洋中世の王権神授説に基づく教皇権による王権の支配，宗教改革者カルヴィンが「聖徒による支

配」をめざしたジュネーブでの政体に，またアメリカ開拓期のマサチューセッツ植民地等にその歴史的事例をみることができる．日本における祭政一致の体制も，この一例とみなすことができる．

　第二の関係類型は，国家教会主義（State-Church, Staatkirchentum, Erastianism）である．これは王権や国家の支配権などの世俗的権威・権力も神によって与えられたとみなし，人は神に信従するのと同様に世俗的権威にも従順であるべきであるとする論理である．国家にも自立した権威を認めることになるので，国家による教会運営や聖職事項の監督を認める理念および社会的関係へと展開することにもなった．この理念は，カルヴィンと同時代人であったスイスの神学者エラストス（Erastus, T., 1524-83）に由来し，それゆえこの論理を別名エラスティアニズム（Erastianism）ともいう．エラストスは，「聖徒による支配」を主張したカルヴィニズムに対抗して，ある信仰を告白した国家は市民的あるいは教会的な事項を問わず，すべての支配権を行使する権利と義務を負うと主張した．国家が特定の信仰を国教と定めた場合，その国家は世俗的事項のみでなく，教会に対する統治権・管轄権をも有しうるという論理を展開したのである．イングランド国教会（The Church of England）が，その典型例である．ヘンリー 8 世の治世を復活させて，今日に至るイングランド国教会の基盤を確立したエリザベス 1 世は，1559 年に国王至上法（The Act of Supremacy）を発布し，イングランド教会に対する王国の至上権，支配権を再び公式に認知し，すべての聖職者に国王至上権への宣誓を義務づけた．

　第三の関係類型が，国家と教会の分離（Separation of the State and Church），すなわち政教分離原則である．この論理は基本的には，両者は相互に独立した権威と機関であるとみなし，相互不干渉，中立という原則で成り立っている．一般的に政教分離を求める圧力は，宗教内部における信仰の純化を求める動き，合理化の進展，宗教からの独立を求める世俗的国家の要求，またアメリカ合衆国の誕生にみられるような多様な宗教的要求を平等に保障する必要などの要因から生まれ

◆ Ⅷ．宗教の基礎用語 ◆

てきたと考えられる．

　歴史的に最初に政教分離を憲法において明文化したのはアメリカ合衆国である．アメリカは植民地時代から，宗教にいくぶんか公共的機能を果たす余地を残しつつ，宗教を私事化していく過程を確実に歩み続け，その結果，国家にある種の一般的な宗教性を認めながらも，啓蒙主義的な世俗国家の理念を背景として，国家は特定の宗教や個人の信仰に干渉してはならず，法のもとでのすべての個人および宗教の自由と平等こそが，市民社会の根本的かつ重要な原理であるという理念に到達した．そのような理念の下で，自由で平等なる諸個人の自発的な意志によって相互に結合してできる契約共同体という，アメリカ社会の原型が形成されてくる．独立直後の 1791 年，アメリカ合衆国議会は合衆国憲法に第 1 条から第 10 条までの修正条項を書き加えた．基本的人権について述べられたこの諸項目は「権利の章典」と述べられているが，その中で第 1 条の前半部分に「議会は国教を定めることに関する法律（law respecting an establishment of religion），あるいは自由な宗教活動を禁止する（prohibiting free excercise thereof）法律を……制定することはできない」と規定し，政教分離原則を憲法の上で宣言した．ホセ・カサノヴァ（Cassanova, J.）は，この修正第 1 条の政教分離概念をめぐる論争を大きく 4 つに分類している．1 つめは，「厳格な分離主義者」のもので，宗教に対する政府の支援も規制も，どちらも一貫して拒絶するもの．2 つめは「穏健な分離主義者」のもので，宗教に対する政府の規制は拒絶するが，政府による一般的な支援はむしろ要求するもの．3 つめに「世俗主義者」のもので，政府が宗教を支援することを否定し，むしろ規制することを要求するもの．最後に「国家統制主義者」のもので，公式的には分離するが，政府が宗教を支援しつつ絶対的コントロール下におくものである．

　政教分離原則をめぐる見解にも，このように国家の非宗教性，国家による宗教的活動の一切の禁止を要求する「厳格な分離主義」から，国家が諸宗教を平等に扱えばよいとする穏健な「平等主義

◆ Ⅷ. 宗教の基礎用語 ◆

的分離」まで分かれ，国家によっても異なってくる．フランス革命によって誕生したフランス共和国は政教分離法（教会と国家の分離に関する1905年9月法律）によって国家の非宗教性（ライシテ）の維持を強く掲げる厳格なケースであり，アメリカ合衆国は諸宗教に友好的な平等主義の事例と基本的には考えられている．日本も1946年11月3日に公布された「日本国憲法」第20条，同89条によって「信教の自由の保障」と「政教分離原則」が確立した．その政教分離の原則は次の3つである．1．国が宗教団体に特権を与えることの禁止，2．宗教団体が政治上の権力を行使することの禁止，3．国およびその機関が宗教的活動をすることの禁止．日本においても，第2次世界大戦後の連合国占領軍による「神道指令」は厳格な政教分離主義を命じたため，戦後しばらくは厳格な分離主義が判例の主流を占めたが，次第に「目的効果基準」などの穏健な判決が増えてきたと考えられる． 　　　　（中野　毅）

参　考　文　献

井門富二夫編『アメリカの宗教』弘文堂，1992年．
阿部美哉『政教分離』サイマル出版，1989年．
桐ヶ谷章・藤田尚則『政教分離の日米比較』第三文明社，2001年．
中野　毅『戦後日本の宗教と政治』原書房，2004年．
マーネル，W.（野村文子訳）『信教の自由とアメリカ』信教出版社，1987年．
Cassanova, J., *Public Religions in the Modern World*, 1994, University of Chicago.（ホセ・カサノヴァ（津城寛文訳）『近代世界の公共宗教』玉川大学出版部，1997年．）
大西直樹・千葉　眞編『歴史のなかの政教分離』彩流社，2006年．
ボベロ，J.『フランスにおける脱宗教性（ライシテ）の歴史』白水社（文庫クセジュ），2009年．

40．聖者（聖人）

　ウィリアム・ジェイムズ（James, W.）はその著書『宗教的経験の諸相』の中で，諸宗教に共通して見られる「聖者性」（saintliness）として，次の4点を挙げている．すなわち，(1) 宗教的な意味で「理想的な力」の存在を確信していること，(2) その力と人間の生命との間に存在する連続性を意識してその力にすべてを委ねようとすることと，(3) 利己的な心が溶解して無限の自由を感じていること，(4) 感情が調和的な愛情に満たされてすべてを肯定的に受け入れることである．ジェイムズによれば，これらの要件は「聖者」に普遍的な聖徳であるとされる．

　実際，「聖者」ないし「聖人」に該当する概念は多くの宗教にみられるが，それだけ多様でもある．もっとも漢字の「聖」は，本来は優れた知徳ないしそのような知徳を体現した者を指していた．例えば儒教においては非常に高い徳を身につけた人物が聖人とされ，さらに朱子学では，常に世界の根本秩序（理）に従って行為することのできる人間を聖人とよび，その生き方を推奨する．

　キリスト教（とくにカトリックと東方正教会）において「聖人」（［ギ］hagios，［ラ］sanctus，［英］saint）とは，殉教ないしきわめて敬虔な生涯などによって崇敬の対象とされている者のことで，守護者，仲介者，奇跡を行う者など，さまざまな顔をもつ．とりわけカトリックでは，教皇庁において聖人の称号を与える（列聖）ための厳格な審査基準を設けているが，それに対し，プロテスタントでは，聖人はあくまでも尊敬に値する存在以上のものではないとされる．

　イスラームの場合でも聖者は崇拝の対象になりえないはずであるが，実際は「ワリー」（［アラビア］walī）とよばれる人々に対する崇敬がしばしばみられる．この言葉は『コーラン』ではおもに「（神の）友」の意味で用いられているが，とりわけ中世以降には，ワリーは神と人間とを仲介し，罪の赦しを執り成してくれる存在とされ，スーフィズム（イスラーム神秘主義）の伝統を中心に，聖者廟への巡礼も盛んに行われている．

　原始仏教では修行者が到達できる最高の段階を「阿羅漢」（［梵］arhat）とよんだが，上座部仏教でもそれを踏襲して，解脱の段階に至った者を阿羅漢と認めて崇敬の対象としている．これに対し，世俗を離れて自らの解脱のみを追求するあり方を批判した大乗仏教は，悟りに達しながらも衆生救済のために人間界に留まる存在を「菩薩」（［梵］bodhisattva）とよんで理想化し，救済論的に新たな地平を開いた．

大乗仏教を取り入れた日本でも，観音や地蔵を神話的な菩薩として崇拝の対象とする一方，行基などの高僧やさらに八幡などの神にさえも菩薩の呼称を与えているが，そのような用法には，神話的な存在と現実の人間との連続性を否定しない人間観が看取される．また，日本仏教では伝統的に聖者を〈しょうじゃ〉，聖人を〈しょうにん〉とよませ，ともに知徳に秀でた僧に対して用いている．

以上のような多様性を概観した上で，改めてジェイムズの「聖者性」を参照してみると，その特性は，ややキリスト教の聖人に偏っているように思われる．より広い比較の観点からすれば，むしろ聖者に共通しているのは，それぞれの宗教伝統における理想的な生を体現しているがゆえに信仰の模範とされている点であろう．しかし，単なる篤信者とは異なり，聖者が示す模範は理想的なものであるがゆえに，聖者はもっぱら崇敬の対象でもある．また，同じく崇敬の対象である教祖と違って，聖者はあくまで既存の伝統の中の存在である．これらを勘案すると，聖者とは，個々の宗教伝統内部において，それぞれの宗教的理想を実現していることが多くの人々から認められ，それゆえに模倣かつ崇拝の対象となる人物であるといえよう． （宮本要太郎）

参 考 文 献

植田重雄『守護聖者』中公新書，1991年．
私市正年『イスラム聖者—奇跡・予言・癒しの世界』講談社現代新書，1996年．
ジェイムズ，W.（桝田啓三郎訳）『宗教的経験の諸相』岩波文庫，1970（1901-02）年．
シュトレーター＝ベンダー，J.（進藤英樹訳）『聖人 神的世界への同伴者』青土社，1996年．
宮本要太郎「聖者のパラドックス」島 岩・坂田貞二編『聖者たちのインド』春秋社，2000年．
Hawley, J.S. (ed.), *Saints and Virtues*, University of California Press, 1987.
Kieckhefer, R. and Bond, G.D. (eds.), *Sainthood : Its Manifestations in World Religions*, University of California Press, 1988.

41. 聖 戦

広義では，神聖な目的のために行われる戦いを指す．宗教の関係した戦い以外でも，例えば太平洋戦争をアジア解放のための聖戦（holy war）とみなした日本のイデオロギーなど，政治的レトリックとして聖戦という言葉が用いられることもある．

狭義では，セム的一神教の伝統上に連なるユダヤ教，キリスト教，イスラームの聖戦を指し，これら3宗教はそれぞれ異なった聖戦概念をもつ．現代においてはイスラームの聖戦＝ジハード（jihād）がもっとも一般的であるといえるが，聖戦思想はユダヤ教，キリスト教，イスラームに共通した思想であり，イスラームに限った概念ではない．

ユダヤ教においては，旧約聖書申命記20章などにあるように，神ヤハウェ（Yahweh）の意志の下に行われる戦争は防衛的であれ侵略的であれ聖戦であるとされた．ユダヤ教は，創世記［11：10-25：11］に登場するアブラハム（Abraham）と唯一絶対である神との間に結ばれた契約によって始まった宗教であり，神はその契約において彼と彼の子孫たちにカナーン（現在のパレスチナ）の地を与えると約束した．その結果，アブラハムと彼の子孫たちは，約束の地を求めて神の名の下に聖戦を繰り返した．今日でも多くのユダヤ人がこの戦いをユダヤ教統合のために必然的なものであったと考えている．

キリスト教において，聖戦とは神の名において行われる戦争を意味し，防衛的な戦争を指す「正戦」（just war）と区別される．創唱者であるナザレのイエスが非暴力・無抵抗の絶対平和主義を説いたといわれているのに対し，初期キリスト教会最大の思想家アウグスティヌス（Augustinus, 354-430）は偶像崇拝者に対する戦いを是認し，西洋のカトリック神学者たちは正義の戦いという概念を構築した．当初は神の承認が必要な聖戦についての定義は曖昧であったが，教皇グレゴリウス7世（Gregorius VII，在位1073-85）が，教皇権によって聖戦を定めることができるという教義を出し，結果的にこれが十字軍運動（11世紀末～13世紀半ば）のイデオロギーとなった．しかしながら，新千年紀に際して，2000年にはローマ教皇が，十字軍などの聖戦論も含めた過去1000

◆ Ⅷ. 宗教の基礎用語 ◆

年間のキリスト教の誤りについての謝罪声明を出した．

イスラームにおいて，聖戦を意味するジハードというアラビア語は，元来，神のために行う努力という意味をもつ．聖典クルアーンでは「神のために，限りを尽くして奮闘努力（ジハード）しなさい．」[Q22：78]等，さまざまな箇所で動詞の形で用いられている．イスラーム創唱者である預言者ムハンマド（Muḥammad）の言行を記した第二の聖典ハディースには，預言者ムハンマドが630年に現在のイスラーム最大の聖地であるマッカを征服した際に追従者たちに対して「これで小ジハードは終わった，これからは大ジハードに励め．」と言ったという伝承が残されている．「小ジハード」とは異教徒との戦いを意味し，イスラーム初期の征服活動に用いられた概念であり，教義的・歴史的には，ダール・アル＝イスラーム（イスラーム世界）の拡大と防衛のためにウンマ（イスラーム共同体）に課せられた義務である．一方「大ジハード」は，宗教的実践に基づく精神的修養を意味し，各ムスリムにとっての個人的義務である．したがって，現在，一般的に「聖戦」という意味で用いられているジハードは「小ジハード」のことを指しており，以下では小ジハードについての定義を行う．

イスラーム法学の規定では，ジハードはカリフによる宣戦布告および健康な成人ムスリムへの従軍指名の下，戦争法規に則って行われる．対象は異教徒であるが，信仰を保障されている啓典の民（ユダヤ教徒，キリスト教徒）は，ジハードの対象とはならず，また，歴史的には，ヒンドゥー教徒や仏教徒もムスリムの主権を認めることで信仰を保持できた．

機能的には，ジハードは，ダール・アル＝イスラームを異教徒の侵略から防衛する戦いと，ダール・アル＝ハルブ（戦争世界すなわち非イスラーム地域）をダール・アル＝イスラームに組み込むための攻撃的戦いの2つに分けることができる．この場合，攻撃的ジハードはカリフの命令なくしては成立しないが，防衛的ジハードにおいては異教徒に侵略された土地のムスリムはカリフの命令がなくとも戦うことができる．したがって，13世紀以降はカリフが存在しないため，理論上成立しうるのは防衛的ジハードのみである．

歴史的には，預言者ムハンマド時代のジハードはウンマ防衛の色彩が強かったが，正統カリフ時代（632～661年）以降はイスラーム世界を拡大させるための戦い，中世においては十字軍やモンゴル軍に対する防衛的な戦いであった．近代以降は，西洋諸国の植民地政策に対してジハード意識が高まり，被植民地の各地で激しいジハード運動が起こった．現代では，アフガニスタンのムジャーヒディーン，パレスチナやチェチェンなどでの抵抗運動，また，9.11テロを起こしたとされるアル＝カーイダの活動などは防衛的ジハードの論理に則って行われている．これに加えて1970年代以降のイスラーム復興運動にともない，元々は異教徒に対する戦いであったジハードが，イスラーム世界内部の敵に対する戦いであると認識する集団も出現している． 　　　　　　（岩崎真紀）

参 考 文 献

アームストロング，K．（塩尻和子・池田美佐子訳）『聖戦の歴史　十字軍遠征から湾岸戦争まで』柏書房，2001（1992）年．

塩尻和子「新たなイスラーム理解を求めて─「ジハードを考え直す」」『中東研究』2001/2002 vol.Ⅲ, pp.134-149．

中田　考『イスラームのロジック』講談社選書メチエ，2001年．

42．世俗化論

世俗化論は，1960年代以降に欧米の宗教社会学の領域において流行した宗教と社会変動をめぐる一般理論である．その内容は論者によってかなりの違いがあるが，そのもっとも代表的な論者であるブライアン・ウィルソンの定義を借りれば，世俗化とは宗教が社会的意義を喪失する社会変動のプロセスである．彼の理論の特徴は宗教の近代化論ともよべるもので，世俗化をもたらす3つの要因として，(1) 社会的分化，(2) 伝統的共同体の解体による，人々の生活の国家的単位への再編成（ソシエタリゼーション），(3) 思考様式と行動様式の合理化，を挙げて，近代化のプロセスにおける宗教の変動を論じている．しかし，彼の理

論は多くの対立する見解を生み出し，今日に至るまでその論争に終止符は打たれていない．現在この論争は修正派と廃棄派というほぼ２つの方向に集約されようとしている．

　修正派は，ウィルソンの世俗化論への批判を受け容れて，それを多次元的，多地域的に解きほぐし，それらを実証的に検証してゆくというもので，代表的な論者としてカール・ドベラーレの業績が挙げられる．彼は，世俗化論は宗教の消滅を説く世俗的イデオロギーだという批判を避けるために，「世俗化」に代えて「非聖化」（laicization）という言葉を使い，それを社会構造の次元に限定し，その理論に含まれていたそれ以外の２つの次元（宗教集団や組織への個人の参与と宗教変動）についてはそれぞれ個別的な実証研究が必要であるとした．また，ドベラーレは，非聖化が近代化に必然的にともなう一方向的な進化の過程ではなく，当該社会の政治・社会・文化状況にともなって変化する多様な過程であるとしている．

　これに対して，ウィルソンの世俗化論を否定する立場が廃棄派である．この立場はかなり幅広い見解をもつ研究者たちを含んでおり，世俗化論に代わる新たな理論を打ち出している研究者とこの理論を共有しない論者たちとに区別される．後者の代表的論者としてホセ・カサノヴァを挙げることができる．彼はこの理論に含まれているいくつかの暗黙的前提を明らかにし，一般理論としての世俗化理論の無効を指摘した．彼は，ドベラーレとは違った方向で，世俗化論を３つの命題に分解する．第一は宗教的制度や規範からの世俗的領域の分化，第二は宗教的実践や信仰の衰退，第三は宗教の私事化と周辺的領域への排除である．彼によれば，これら３つの命題はそれぞれ経験的に検証すべきであり，それが行われれば不毛な世俗化論争は終わるという．カサノヴァ自身の判断は，第１の命題について正しく，他の２つの命題は誤りだとしている．

　これに対して，世俗化論を完全に破棄し，それに代わる新しい理論として「合理的選択理論」（rational choice theory）を主張するスタークやベインブリッジたちの立場がある．彼らは，あらゆる宗教的経済に常に生じる３つの連関的なプロセスとして，世俗化（secularization），信仰復興（revival），宗教的革新（religious inovation）を想定する．彼らによれば世俗化とは，文字通り，支配的宗教が日常化して現世的になることであり，それによって支配的宗教は宗教的市場において「非現世的」需要に十分に応えられなくなるということである．しかしこの状況は続くわけではなく，再びこの需要に応えるかたちで信仰復興（セクト）が生じる．そして世俗化は新しい宗教市場に適合した新しい宗教的革新を刺激し，新たな宗教伝統（カルト）を形成することになる．宗教史は宗教の衰退ばかりではなく，誕生と成長のプロセスでもあるというのである．

　全体的にみて世俗化論をめぐる議論は，ヨーロッパでは支持され，反対にアメリカでは否定される傾向があるように思われる．日本では早くから世俗化論の欧米の偏向が指摘されて，ほとんど真剣に議論されることはなかった．しかし，世俗化論を支える問題意識が近代社会における宗教のあり方に根ざしている以上，日本の宗教状況の理解が世俗化論の展開に資することは明らかであり，この議論に対する新たな角度からの日本の研究者の取り組みが望まれる．　　　　（山中　弘）

参 考 文 献
ウィルソン，B.（中野　毅・栗原淑江訳）『宗教の社会学』紀伊國屋書店，2002年．
ドベラーレ，K.（ヤン・スウィンゲドー・石井研士訳）『宗教のダイナミックス』ヨルダン社，1992年．

43．先祖祭祀

　家族，親族など一定の集団の構成員が，すでに死んでしまった特定のカテゴリーの構成員を先祖とみなして崇拝し，定期的にまた必要に応じて定められた儀礼を行うことをいう．これは，死者が死後もその子孫に対して強い影響を与え続けるという信仰に基づいている．先祖が子孫に与える影響は，子孫である家族，親族などの集団に繁栄をもたらすだけではなく，タタリや障りなどのかたちで子孫に不幸をもたらすと考える場合もある．このように先祖は子孫の吉凶禍福を左右する存在

であるがゆえに，先祖祭祀は，家族，親族などの集団が執り行うべき最重要の儀礼と考えられており，先祖は集団を統合するアイデンティティの象徴とみなされることになる．

　先祖とほぼ同義の用語として祖先を用いる場合があるが，これは明治以降，Ancestor の訳語として，また，祖先崇拝は Ancestor worship の訳語として導入され，主に法律用語や学術用語として用いられてきた．日常語としては先祖が一般的であるが，明確に区別されているわけではない．

　死者が先祖とみなされて子孫によって祭祀を享受するためには，いくつか条件があると考えられている．まず，① 当該社会において異常死とみなされる死に方をしていないこと．事故死や自殺，当該社会において強く忌避されている特定の病気による死などは異常死とみなされて，先祖となるための条件を欠くと考えられる場合が多い．② 死後，祭祀を執り行う者が存在すること．祭祀を行う者は，死者との間に血縁関係をもった子孫が主となるが，血縁関係をもった子孫のすべてが祭祀者となるわけではない．また，子孫がない場合には，養子縁組などを通じて祭祀者を確保する場合もある．重要なのは，両者の間に先祖と子孫という系譜関係が認識されていることである．これらの条件を備えていない死者は，単に先祖とされないだけでなく，生者に災禍をもたらす存在として非常に恐れられる場合が多い．③ 死亡時に当該社会で定められた年齢とそれに応じた社会的カテゴリーに達していること．これは，ある一定の年齢または社会的カテゴリーに達していなければ，祭祀を享受するに値する霊魂がまだ存在していないとみなされるからである．

　以上の条件を備えた死者が先祖として祭祀を享受することになるが，それには一定の期間と段階的な手続きを経る必要があり，それとともにその性格も変化していくと考えられている．柳田国男によれば，死者の霊魂は，一周忌，三年忌などの年忌供養や命日ごとの供養，盆や彼岸などの行事を経て，しだいに個としての死者の性格を失っていき，三十三年忌や五十年忌などを最後に，それ以後は他の多くの先祖の霊魂，すなわち祖霊の集合体に融合し，統合されるという．また，柳田は，先祖は死後も遠くにはいかず，子孫のそばにいて頻繁に交流すると考えた．盆や正月など季節を定めて訪れる神霊は祖霊であり，田植えの時期に山の神が山から下りてきて田の神となるが，これも祖霊であるとした．さらに，村の守護神である氏神も祖霊であると考えて，日本人の霊魂観を祖霊を基盤に一貫した体系として提示しようとした．しかし，柳田の霊魂観は，その後の研究によって，実証的な根拠に乏しいものとして批判を受けており，そのままでは受け入れることはできないものとなっている．

　中国や韓国など東アジアの伝統社会においては，先祖祭祀は，儒教の「孝」の考え方の影響のもと非常に重視されてきた．また，先祖祭祀を重視する考え方は，墓地風水の発達にもよく現れている．日本では，明治以降，儒教的倫理を取り入れて，独自の「家」制度を創り出した．その結果，先祖祭祀が「家」制度の根幹をなす儀礼として重視されるようになった．したがって，現在みられるような先祖祭祀のあり方も近代化の副産物とみなすことができる．例えば，「家」意識の端的な表れとして，しばしば墓石に刻まれている「先祖代々之墓」の字句も明治以降になって一般に普及したことが知られている．

　先祖祭祀は，子孫とみなされる家族の形態や親族組織に密接に関係しており，父系の単系的親族組織においてよく発達しているが，地域的な差違も大きく，西日本などでは妻方（母方）の先祖を含めて祭祀する伝統もある．妻方（母方）を含む双系的な先祖祭祀の傾向は都市部においてもみられるが，この場合は，個別化された身近な死者に対する追慕の念に基づくメモリアリズムと捉えることができる．この背景には，核家族化や少子化などによって，家族形態が変化するにしたがって，「家」制度を基盤とした先祖祭祀も変化しつつあることが考えられる．これと関連して，自然葬法などとよばれて散骨が盛んとなったり，家族や親族でない者たちや，子孫のない人々が共同して新たな形態の墓を創り出したり，また，死んだペットを家族の正規のメンバーとみなして行うペ

ット専門の葬儀や墓地霊園が出現するなど，先祖祭祀の概念自体を考え直す時がきている．

（山　泰幸）

参　考　文　献

伊藤幹治『家族国家観の人類学』ミネルヴァ書房，1982年．
孝本　貢『現代日本における先祖祭祀』御茶の水書房，2001年．
竹田　旦『祖先崇拝の比較民俗学』吉川弘文館，1995年．
フォーテス，M.（田中真砂子訳）『祖先崇拝の論理』ぺりかん社，1980年．
柳田国男「先祖の話」『定本　柳田国男集』10，筑摩書房，1969年．

44. 創世神話

　本格的な神話の中で，とくに重要な地位を占めているのは，いわゆる創世神話である．まさに原古における事物や制度の起源を直接的に物語る神話であるから，事物や秩序を基礎づける力や聖なる性格が顕著に表れている．創世神話とよばれるものは，世界起源神話・人類起源神話・文化起源神話の3つに分けることができるが，民族によっては，世界がすでに存在していることを前提として神話が始まっているので，世界起源神話を欠いている場合もあり，他方では，三者が同一の神話中にまとめられている場合もある．いずれにしても，創世神話に共通する基本的な観念は，混沌から秩序への転回ということであり，その過程で世界が現れ，人類が生じ，文化が創造されていったといえる．

　世界起源神話は，いくつかのタイプに分けることができる．それは，人間が世界の起源を考えるにあたって類推の手がかりにするのが身近な現象であり，その数がある程度限定されていることによる．分類の方法はいくつか提唱されているが，ここでは松村一男に従って，6つのタイプに分類しておく．(1) 創造神の意志による創造（あるいは無からの創造），(2) 原人（世界巨人）の死体からの創造（死体化生），(3) 宇宙卵からの創造，(4) 世界両親による創造，(5) 進化型，(6) 海の底から持ち帰った泥による創造，潜水（earth-driver）型ともよばれる．

　(1) には旧約聖書などが挙げられ，(2) には中国・漢族に伝わる盤古の神話などが挙げられよう．天と地は陰陽に感じて盤古という巨人を生み，盤古が死ぬと，その息は風雲に，声は雷に，左眼は太陽に，右眼は月に，手足と体は山々に——というように死体がさまざまなものに化して，天地の間に万物が具わるようになったという．(3) にはフィンランドの神話叙事詩『カレワラ』などがあるが，7世紀間も波間に漂っていた「自然の娘」ルオノンタルの膝に鷲が巣を作って卵を産み，その卵が深い淵に転がり落ちて壊れ，その破片から大地・天・太陽・月・星・雲ができたという．(4) にはイザナギとイザナミの国産み神話が，(5) は自然と次々に世界の要素が整っていく型でインドネシア・ボルネオ島南部に住むガジュ＝ダヤク族の神話が例として挙げられ，(6) の潜水型は北アメリカではカリフォルニアに多いという．もちろん，世界創造の神話はこの6種類のみではないし，いくつかのタイプが複合している場合もある．

　他方，人類起源神話は，しばしば世界起源神話の一部をなしており，またそうでない場合も類似した構造やモチーフをもっていることが多い．(1) 創造型——創造神が単独で (a)，あるいは協力者と一緒か反対者と争いながら (b) 人類を創造する形式．(2) 進化型——創造神の介入なしに，ある種の原初の物質や胚素から人類が自発的に発達・進化したという形式で，単一の物質から (a)，2つ以上の物質の作用から (b)，世界巨人の死体など原古の存在から (c) という3つに分けられる．ほかに，世界の存在を前提としていて，地中や天，あるいは樹木などから人類が出現したという出現型もみられる．(1a) としては旧約聖書が，(1b) には大地の女神ニントゥが神々に1人の神を殺させ，その血と肉を粘土に混ぜて最初の人間ルルを造ったというバビロニアの神話が挙げられよう．人類創造神話には，土をこねて人間を創造するモチーフが繰り返し出てくる．進化型は北米インディアンの神話に著しいが，(2c) としては盤古の死体の諸虫から人間が生じたという，先述した中国・漢族の神話も挙げられる．出

現型でもっとも多いのは地面の穴や洞穴から人類が出現した形式であり，身分階層の区別が厳しい社会や征服民と被征服民からなる民族では，支配者や征服者は天降ってきた人たちで，土着の人，被征服者，庶民は地中から出現したという形をとることがあるという．

アメリカの人類学者ペギー・サンディーは，女性の創造者あるいは夫婦の創造者は体から人類を創造し，これに反して，男性や動物の創造者，そして至高神は体以外から創造するという傾向があることを指摘している．また，女性の創造者は水や大地と結びつく傾向があり，男性や動物の創造者は天や山と結びつきやすい．男女両神が協力して創造する場合，男神は天から，女神は大地から由来したといわれることが多いという．これらをふまえて，世界の創造神話を，女性的色彩，男女の対によるもの，男性的色彩の3つに分けると，アフリカ，環地中海，南北両米は過半数が男性的色彩であるのに対して，太平洋島嶼部では，逆に女性的色彩と男女の対が44％もあり，世界中で際立っている．この研究はサンプルが僅少で過大評価することはできないが，創造神の性別の意味，世界的な地域差など，将来さらに深めていくべき問題を指摘した功績は大きい．　（兵頭晶子）

参 考 文 献

大林太良・伊藤清司・吉田敦彦・松村一男編『世界神話事典』角川書店，1994年．

45. 太陽崇拝（月・星）

太陽や月は，地球上のあらゆる位置から眺められ，しかも人間生活に絶対的な関わりをもつため，その神話は普遍的に伝承されてきた．日本のアマテラスとツクヨミのように，両者は多くの文明において兄妹もしくは姉弟とみなされ，なおかつ人類の祖先と考えられている．また，イザナギが白銅の鏡を掲げることで両者の神を生んだように，鏡を太陽・月に見立てる神話は，鏡に神秘性を感じた古代人の心象の表現であろう．これに対して，星辰の神話は，その有無や内容に地域的バリエーションが多い．

太陽神や他の太陽関連の神々は，天界に住むと仮定され，祭祀象徴としての山は天界に至るのに必要な「天のきざはし」とされた．そして，石，山，樹木，植物，花，鳥，獣，水，火など，自然界のほとんどすべては人間の姿や神の姿をした太陽神に姿を変え，あるいは太陽に関係する崇拝物とされることとなる．とりわけ，空を飛ぶ鳥は当然のように太陽になぞらえられた．例えば，古代エジプトにおいては伝説上の鳥ベンヌが，日の出と死後の世界の信仰に結びつけられている．それは太陽神ラーが夜になると地下の国を訪ね，朝には天上へ戻ると信じられていたことと深く関わっているだろう．

このように太陽は死と再生を繰り返す存在であり，太陽に関連した儀式はこれを「励まし，助ける」ために行われる．そうした儀式は太陽が季節の変わり目（夏至，冬至）に「ためらったり，弱まったり」するようにみえるときに実施され，また「食」の期間には太陽が消えてしまうのではないかという恐れを鎮めるために執り行われた．

そのため，古代の支配者たちの責務の一つは，とくに周期を変更する夏至や冬至に，太陽が正規の道から外れないようにすることだった．庶民の実り多き収穫を保障するために，太陽の規定通りの運行を守ることが王の義務であったのだ．太陽と農業が結びついた結果として古代エジプトで1年を365日と定めた最初の太陽暦が生み出されたのだが，この周期はナイルデルタの年ごとの氾濫と天界における太陽の運行の両者に関係していた．さらに精妙なマヤの暦は，260日で一巡する宗教的な周期とおよそ1年間にあたる360日の周期を組み合わせている．農民であったマヤの人々にとって，農耕の周期を記すために規定された太陽暦は，季節を予知するための生活に不可欠な助けであると同時に，宇宙の中心としての王の神聖な地位を堅固なものにした．イギリスの新石器時代の遺跡ストーンヘンジやインド18世紀の藩王国ジャイプルの「ジャンタル・マンタル」でも同様の太陽暦が活用され，太陽の祭りの正確な日付を割り出したり，季節のリズムで生活する農民に折々の仕事を教える手助けの機能を果たした．

したがって「すべてを見そなわす太陽」は，天空を横断する規定のコースを外れるわけにはいかなかったばかりか，「すべてを見る」という立場から条約や契約の証人となってそれらを施行し，法と秩序を遵守させる義務を担うこととともなった．そのため古代の境界石には，領土に侵害に対して破棄できない保障を示す印として，しばしば日輪のイメージが彫り込まれている．ローマ帝国においては皇帝の宣誓は太陽神ミトラの名の下に行われることが要求され，国家間の条約文書は普通，太陽神をイメージさせる金属板に刻まれた．「目撃する太陽神」を語る各地の神話と伝説はこの考えをさらに強固なものにしたという．また，「太陽が制裁を加える」という迷信は今日まで生き続けており，英国王チャールズ1世が処刑されたのは，太陽の名の下に人民の自由を奪ったからだと信じられている．

ゾロアスター教やマニ教などの預言者たちが悪の闇を照らす神聖な太陽の光に祈りを捧げる一方で，偉大な征服者や支配者たちは太陽を普遍とみなす精神を利用して人々に忠誠を誓わせ，絶対服従の掟を確かなものにしようとした．エジプトのアケナトン，ローマのアウレリウス，アレクサンドロス大王，インドのアショーカとアクバル，フランスのルイ14世などの王たちは，時代と場所に関係なく，いずれも太陽を統一の基準として安定政権を作り出そうとしたのである．このように太陽をめぐる信仰は，農耕などだけでなく，時間・法・王権における「支配」の諸相と深い連関性を有しているといえよう． （兵頭晶子）

参 考 文 献
大林太良・伊藤清司・吉田敦彦・松村一男編『世界神話事典』角川書店，1994年．
木村重信監修，マダンジート・シン編『太陽神話―生命力の象徴』講談社，1997年．

46. 祟 り

神霊への不敬や禁忌違反などを原因とする災厄．「祟」の字解は「示」と「出」であり，神霊の示現，価値中立的な威力の発現を意味するが，畏怖・恐怖のネガティブなイメージから，害悪や災いの側面が歴史を下るにつれて強調されるようになった．祟りの概念は，日本の民俗宗教を考える上での重要なキーコンセプトの一つである．古代の神観念には，人間に恩恵を与え守護する善良な和魂（にぎみたま）と，荒々しく働きかけ人間に災厄をもたらす荒魂（あらみたま）という二面性が認められる．この神霊の発現状態はもののけともいわれ，とくに霊が別の誰かに憑依する状態であり，悪霊・怨霊の祟りだとされた．この荒魂の祟りを慰撫・鎮魂する儀礼を執り行うことによって，和魂に転換させるのが「祀り」である．荒魂を中心としたこの信仰観念は御霊信仰ともよばれ，御霊に対する慰撫・鎮魂の祀りとして御霊会が執り行われる．

御霊信仰の代表例は菅原道真である．平安前期，詩歌や学問の才能に恵まれた菅原道真は天皇家に優遇され，右大臣を務めたが，藤原家の陰謀によって太宰府に左遷され，その地で不遇の死を遂げた．その後，藤原氏一族から病死者が続出し，また京の都は雷の被害が頻発するようになったため，菅原道真の祟りであるとされた．朝廷はその祟りを鎮めるために，「火雷天神」の称号を贈るとともに，道真の死後39年後の託宣に従って現在の京都市上京区の北野天満宮に祀ったことで，災害は止んだという．現在では学問の神様として受験シーズンには参詣する者も多く，和魂としての姿を認めることができる．

都市祭礼として有名な祇園祭も，もとは御霊会であった．八坂神社の祭神は行疫神である牛頭天王であり，これを鎮めるために祀ったのが起こりである．民間の儀礼では，虫送り行事が御霊と関係している．虫祈禱または虫供養ともよばれるこの行事は，農作物の害虫よけの儀礼であるが，西日本では，田畑の周囲を行列する際にサネモリ人形という藁人形が登場する．これは藤原別当実盛の御霊が祟って虫害をなすという伝承を下敷きとしたものである．ただしこの場合は祀るのではなく，人形を村境に追放するか行列の最後に焼くかするわけで，実盛は和魂とはならない．このように，祀りによる祟りの鎮め，またそれによる荒魂の和魂化などの側面からは，害悪をもたらす存在が丁重に祀られることによって恩恵を与える存在

へと転化するという因果論的合理的解釈が読みとれるわけである．

　ところで，神の出現とその威力の開示という祟りの原義にたち戻るとき，必ずしもこのような理にかなった人間との交渉を意味していたとは限らないのではないか，という疑問が残る．人間の想像を絶するほどに圧倒的な力の横溢，理不尽なまでに人間界を蹂躙するその力の発現，人智を超えた腑に落ちない不可解さなどが，祟りにはつきまとっている．このような状況は，旧約聖書「ヨブ記」に叙述されている．ヨブは心正しく敬虔な人で，多くの家畜を養う富豪であった．ところがサタンにそそのかされた神は，彼の牛，羊，ラクダなどを次々と殺戮し，また息子や娘まで嵐の被害に遭わせ命を奪い，ヨブ本人も全身にわたるひどい皮膚病にかからせた．不幸の意味を問うヨブに対し，神はいっさいを答えず，自らの全能であることを宣言するのである．この物語の最後には，いっさいの問いを封じて口をつぐむヨブが赦され，もとの幸福な人生を取り戻すという結末が描かれるが，最後までヨブに対して因果が言い含められることはなく，神はただ絶対者として人間をはるかに凌駕する猛威をふるい続けるのである．ユングは『ヨブへの答え』において，神を人間化して語る手法を用いながら人間の無意識を論じたが，「ヨブ記」に記された絶対者の荒々しいまでの力こそは，因果論に帰結しえない祟りの原初的なありようではないだろうか．　　（川田牧人）

参　考　文　献

柴田　實編『民衆宗教史叢書第五巻　御霊信仰』雄山閣出版，1984年．

47．タブー（禁忌）

　人為に左右されない災厄の到来を制裁として想定するような，特定行為の禁止．例えば食物禁忌やインセスト・タブー，祭祀を控えた精進潔斎，服喪や物忌なども禁忌の行為といえる．イスラームにおいて豚肉はハラム（禁じられた，不法な）であるとされていることはよく知られているが，そのほかにも肉食動物，爬虫類や昆虫類はハラムである．このような年間を通じた無条件の食物禁忌のほかにも，例えばキリスト教徒における小斎（金曜日のみの肉食の禁止）や大斎（灰の水曜日と聖金曜日における食事制限．通常の1日3回を1回に減らさなければならない）といった特定時期・時間のみに適用される食物禁忌もある．潔斎や物忌などにおいては，禊など穢れをはらう積極的な行為もあるが，性交の禁止や別火といって常人と同じ火で煮炊きしたものの飲食を禁じることなども含まれており，タブーとしての行動規制の側面がみられる．

　インセスト・タブーについては婚姻規制の側面もあるが，制度的婚姻だけでなく性交渉そのものをも禁じるのが狭義の意味である．ただしその制裁は賠償や財産の没収，集団の成員権の停止や剥奪といった現実生活の社会経済的側面に関するものが多く，「タブー」の用語が用いられてはいるが，上記の定義には必ずしもあてはまらない場合もある．もっとも，妻が姦通をするとその夫に危害が及ぶとか，妊婦が姦通をすると胎児に死がもたらされるといった観念を根拠としてそれらの行為が忌避・禁止されるという事例もあり，このような災厄観が規制ならびに制裁として作用するという点で，それらは性交渉における禁忌であると考えることができる．

　誰にでも適用されるタブー以外に，特定の地位・身分，職能などに限定して適用されるタブーも存在し，その顕著な例は宗教者や王にともなうものである．彼らは遵守すべき行為の禁止に取り囲まれると同時に，彼ら自身もタブー視されるのである．彼らは立つこと，座ること，食べること，休むことなど日常生活の細部にわたる規制があり，その足が触れた箇所が聖化されてしまうので，地面に足をつけて歩くことさえ禁止された．それらの膨大なリストを『金枝篇』において著したフレイザーによれば，特定の結果を引き出すためにある行為をすることを肯定的呪術とすると，その逆に，あることが起こらないように，これこれのことをするなという行為の禁止すなわちタブーは「否定的呪術」であり，タブーを呪術の一種として考えた．それに対しデュルケムは，宗教を「神聖すなわち分離され禁止された事物と関連す

る信念と行事との連帯的な体系」と定義づけたが，この定義においては，神聖なるものとは禁止が保護し孤立させるのに対し，俗なるものは禁止が適用され聖化されたものから離れた状態にあるものとされる．すなわち聖と俗とを分離するものとしてのタブー（禁止）は宗教の本質的要因であると考えたのである．

この聖俗二領域による世界の構成という考え方は，構造主義人類学に引き継がれて推し進められ，カテゴリー間の境界領域には曖昧さ，不安定さ，変則性などが生じやすく，それらがタブーの源泉であると考えられた．メアリ・ダグラスはタブーについて，聖なるものを世俗的冒瀆から守るものと，世俗的なるものに聖性が侵入する危険を防ぐものとに分かれるとし，穢れや危険の観念と関連づけた．例えば靴は玄関にあっても不潔ではないが，食卓の上に置かれていると不潔だと感じるのは，秩序の混乱を起こしているからであり，そのような行為は禁止されるのである．このようにタブーは人間の思考構造や感覚構造の根底部をなしており，決して旧弊な生活慣習というわけではない．とりわけグローバル化する現代社会においては，例えば日本の調味料に対する不買運動がインドネシアで起きたり，日本の学校給食にハラルフードが使われているかどうかがムスリム児童にとって重要な問題であったりするように，タブーはきわめて現在的問題なのである．

（川田牧人）

参 考 文 献

ダグラス，M.（塚本利明訳）『汚穢と禁忌』思潮社，1985（1969）年．
デュルケム，E.（古野清人訳）『宗教生活の原初形態』岩波書店，1941（1912）年．

48. 断　食

宗教的あるいは政治的，医学的な目的のために，一定期間あらゆる食物または特定の食物を摂取しないこと．なお，ユダヤ教やイスラーム，ヒンドゥー教などでは，特定の食物の摂取を永続的に禁止する食物禁忌があるが，一般にこれらは断食には含まれない．また，医学的目的の断食療法やダイエットを目的とした断食などもあるが，ここでは詳述しない．断食の行為は今日でもきわめて広範な文化において認められるが，それぞれの文化・共同体によって，目的や機能，起源をめぐる説明・解釈はさまざまであり，それらを一括して理解することはできない．しかし，食物を摂取しないという物理的行為がもつ直接的・身体的な効果として，人間の欲望（食欲）が満たされないこと，不浄とされるものを体内に入れないことによって心身が清浄に保たれること，生命維持に必要な栄養分を摂取しないために生理機能が低下すること，といった点を指摘することができ，これらの基本的な効果をめぐってさまざまな宗教的，政治的，医学的な説明がなされ，意味を付与されることによって，それぞれの断食文化が形成されているといえる．

ネイティヴ・アメリカンやオセアニアなどの諸部族では，妊娠や出産，初潮など人生の危機的状況において，本人やその夫が食物禁忌や断食を課せられることがある．また，成人になり秘密結社に加入するための通過儀礼のなかで，加入者は以前の環境から離れ，断食の生活を義務づけられる場合が多い．

古代インドのヨーガ行者などは，断食を行うことによってタパス（神秘的熱）を得たという．一方，ブッダが断食を含む苦行的修行を行った末，それを否定して菩提樹下の悟りを得たことから，正統的な仏教では苦行としての断食を「外道」として否定するのが基本的な立場である．しかし実際には，多くの仏道修行者が断食修行を行ってきた．密教においては，断食によって仏を観想することができると説く経典がある．また，密教に強く影響を受けている日本の修験道でも，十界修行とよばれる行のなかで，水断や穀断といった断食行が定められていた．今日においても比叡山で実践されている千日回峰行では，9日間の断食，断水，断眠，断臥の苦行が課せられる．山岳修行者の伝記には，徹底的な断食行の果てに息絶え，他界遍歴をした末に蘇生したと伝えられる道賢（日蔵）のように，厳しい断食が霊夢や他界の幻視，仏の来迎といった神秘体験をもたらしたとする事

例が多く残されている．こうした断食は滝行や焼身など，心身に著しい負担をかける行とともに実践されることが多く，肉体の生理的機能を低下させることによって，聖なる呪力・霊力を獲得しようとする修行法であるといわれる．

ユダヤ教では，断食が贖罪の意味をもっている．過去の歴史的事件にちなんで多くの断食日が定められており，とくに贖罪の日（ヨーム・キップール）の断食は重要なものとされている．飲食を絶つことによって悔い改めた罪を償うのである．

旧約・新約の聖書のなかにも断食に関する記事は多く，とくにイエスが荒野で四十日四十夜の断食を行ったことは有名であるが，カトリックではこれを記念して，四旬節や降誕祭の前日などに断食を行う．

イスラームでは，五行とよばれる義務的な信仰行為のひとつとして，ラマダーン月（第9番目の月）の断食がある．この期間中は，暁から日没までの間，健康な成年男女は飲食や性行為を断たなければならない．ただし，日没後には断食が解除され，さかんに飲食が行われるほか，夜中の市場などは多くの人々で賑わう．断食を中心としたラマダーン月の生活は非日常的なものとなり，ムスリムの生を新たに活性化させるものであるともいえる．イスラームではこの義務の断食のほかにも，推奨の断食や任意の断食がある．

祈願に際して，その効果を高めるために断食を行うこともある．例えば，イスラームでは雨乞いのために断食を行うことがあり，秋田県仙北郡には，ムラの衆が千度参りや裸参りとともに断食籠りをして願を掛ける，大願トリとよばれる民俗的慣行がある．また，日本の民間信仰としては，心願成就の個人祈願を行うときに，特定の食物を摂らない断ち物も広く行われてきた．

断食の行為には肉体的・個人的な側面だけでなく，見られることによる社会的な側面もある．例えば，反英闘争においてマハトマ・ガンディーが実践した断食のパフォーマンスやハンガー・ストライキなどは，支持者や政敵，メディアなどに見られることを意識した政治的行為であるといえ

る．また，天理教の教祖中山みきが，断食の行為によって自らに憑依した神の権威を示したように，宗教的指導者が断食を行うことによって，自らの聖性を周囲に対して証明することもある．

（永岡　崇）

参考文献

片倉もとこ『イスラームの日常世界』岩波書店，1991年．
山折哲雄『日本宗教文化の構造と祖型』青土社，1995年．

49. 地母神

大地の生命力や生産力を神格化した女神で，一般には多産と豊穣の神とされ，大地母神とも称される．出産できる女性は神秘的で重大な存在であることから，古来より多くの民族で「産み」の働きをなす神として，豊穣と一族の繁栄に直結する女性の特徴を強調した地母神が崇拝されてきた．つまり，地母神信仰は，女性のもつ産出力と養育力が，大地の生産力の観念と結びつき，生まれた信仰といえる．地母神信仰は，原初的な信仰形態の一つであるとともに，人類社会においてもっとも普遍的な信仰活動の一つにあげられる．そのため，その形態は非常に多様である．地母神信仰の存在を示す資料は，世界各地の神話学や宗教文学，また諸民族の聖典研究など，宗教学的な調査のみならず，民俗学的調査や，考古学による発掘調査によっても豊富に得られている．

地母神信仰は，農耕を主体とする定住民族の社会に多くみられ，この場合，母系，父系社会のいずれであっても，女神（地母神）が信仰の対称として崇められる場合が多い．「オシリスとイシス」の神話の中でも「イシス」が，人間の生死と復活の力を握る大地母神として崇拝され，2000年を経てローマ帝国にももたらされて熱烈に信仰された．一方，狩猟採集を主体とする遊牧民族の場合，家父長に絶対的な権威や力が付与され，女性の地位は低く，男神が信仰・崇拝の対象となる場合が多い．ユダヤ・キリスト教の神ヤハウェなど家父長の性格をもつ男神である．しかし，そうであっても先史時代からの母神神話の流れは完全に途絶えることはなかったといわれている．例え

ば，イエスの母であるマリア信仰などにも豊穣神である地母神信仰の一端を垣間見ることができよう．

先史時代の地母神信仰については，考古学の側からの調査成果に詳しい．先史時代は，崇拝の対象として女性を象徴的に表現した裸形の偶像が多くみられ，とくに乳房や生殖器を強調する傾向がある．日本も例外ではなく，例えば，縄文時代の土製人形である土偶もその一つに挙げられる．土偶製作の目的は，玩具説や災厄を人形に託したとする形代説など諸説あるが，原始農耕にともなう地母神信仰であるとする説がもっとも根強い．土偶は，その多くが乳房に突起をもったり，妊娠した形態をもつなど女性的な形象をもつものである．これらのほとんどは，意図的に破壊された状態で出土し，なかには，その破片が遠く離れた場所で出土することもある．破壊を前提として作製する，その行為には次のような解釈がある．縄文時代の女性たちが，懐胎・死・再生に関する祀りのため土偶を作製し，祭の中で土偶の活力あるまま「殺害」つまり破壊を行い，その後にその破片をあちこちにまき散らすことによって，大地のあらゆるものに再生と繁殖する力を与えるというものである．このような解釈は，後の記紀神話にみられる，スサノオに殺された女神オオゲツヒメの死体から蚕や稲・粟など穀物が，ツクヨミが殺した女神ウケモチの死体からは牛・馬や蚕や穀物が生えてきて農業が始まったという神話にもなぞらえられる．縄文時代には，食物を煮炊きする深鉢に，胎児の出産を思わせる装飾を施した土器（人面把手付深鉢）もみられる．これらは，日本における現存するもっとも古い地母神信仰の事例といえる．また，こういった女人像はメソポタミア，小アジア，インドからきわめて多く出土し，その分布はユーラシア大陸の大部分にわたるといわれている．こうした段階を経て，豊穣の神としての地母神祭祀は農耕文化の発展とともにさまざまの地母神の物語が神話として語られるようになるのである．

先史時代の終末を迎えると，女性的要素を象徴的に押し出した偶像に対する崇拝は，人型の神的な存在を生み出した．日本や中国といった東アジア地域では，祖先神や穀物神といった形をとり，民間信仰に深く浸透した．その一方で，地母神が擬人化され社会の中で他の神々とともに共同体の守護神として強く支配力をもった地域もみられる．先に述べた「イシスとオシリス」の神話をめぐる一連の動きもこれにあたる．インドでは，アーリア人が持ち込んだ女神や民間信仰の神々のほかに，土着の文明に由来する大地の母性的支配力の信仰がシヴァ神崇拝のなかでシャクティ（性力）信仰として組織化されている．このように，地母神信仰は，東アジア的な民間信仰の祭神としての地母神と擬人化された地母神とに分化しながらも，そこにある神性の背後にはいずれも先史時代から変わることのない母性の生命力の付与に対する信仰が存在している．　　　　（矢持久民枝）

50．罪・罰

罪と罰は聖的なレベルと俗的なレベルの2つに分けて捉えるのが便利である．聖的なレベルでの罪は宗教的な倫理の違反であり，世俗的な法律よりも制約の範囲は広く，さらに救済の概念をともなう．このレベル内では，明示的に輪廻転生の概念をともなっているか否かでさらに下位区分される．キリスト教などの輪廻転生の概念を明示的にはともなわない宗教では，その罰は神や祖先霊などの超越的な存在が与える苦難や死，救済からの排除である．例えば，キリスト教では創世記38章9節で自慰が罪とみなされ，その罰は死である．そして宗教的な倫理違反を犯したものは最終的には天国に行けない，すなわち救済を受けられないとされるのである．他方，仏教などの輪廻転生の概念をともなう宗教での罰は悪いカルマの蓄積であり，地獄を経由しての低い生命形態への転生である．しかし，よいカルマを蓄積し天国を経由して高い生命形態に転生することも実は救済ではない．この輪廻自体からの解脱が真の救済なのである．その意味で輪廻のサイクルに捉えられている者はカルマがどうあれ罪を犯しているといえるかもしれない．その場合の罪はこの世界への愛着である．そしてその罰は，例えば家族や富や地

Ⅷ. 宗教の基礎用語

位に対する執着のために生じてしまう「苦しみ」である.

俗的なレベルでは法律違反が罪であり，多くの場合，裁判や公の議論を介して有罪・無罪，または善悪が判定され，罰は多様な仕方で制裁として下される．しかし社会固有の道徳基準に従って法律および罪は多様になる．例えばイスラーム国のヨルダンでは，婚前に妊娠した少女を家名を守るために殺害した親族等には寛大な判決がなされることを明記した「名誉の殺人」条項が通常の殺人罪の条項の後に添えられているのである．またギアーツに従えば，裁判での判決を左右する事実認定や証拠調べの仕方も多様になる．例えばギアーツがいうところのイスラーム世界では，事実と正義とアラーの神が合一と認識され，したがって紛争当事者よりも敬虔なイスラーム教徒の人物の証言こそが，たとえそれが虚偽であっても，法廷で事実と認定されるのである．そのため，偽証はイスラーム法では神罰の対象であり，永劫の業火に焼かれる罪となるのである．これに対しギアーツがいうところのインド的な世界では社会の各階層に相応しい正義の法であるダールマを通して事実は法の一種と捉えられ，本性と行動のあり方は不可分なものとの前提で，法廷での証拠調べは紛争当事者がダールマに従っているのか否かが問われるのである．道徳規範が自然との対立を含意する西洋とは異なり，インド的な世界では「自然」の秩序と「法」の秩序の区別も，「物質的」＝「俗的」秩序と「精神的」＝「聖なる」秩序との間の区別もなく，ダールマ（道徳規範）は自然自体とみなされたのである．例えば，17世紀南インドの幼児殺害事件の裁判では容疑者の2人の女に，無罪ならば猥褻な仕方で公の場を巡回せよとの宣告がなされ，その仕方で歩くのを拒んだ女の方が無罪とされたのである．なぜなら拒んだ女は女のダールマを自覚し遵守しているので，幼児殺害という反ダールマ的行為はできないと認定されたのである．

さて，罪と罰を語るために便宜上2つのレベルに分けて論じてきたが，インド的な世界やイスラーム的な世界では，宗教的なレベルに世俗なレベルが包含され，分離不可能であることがわかる．そもそも，2つのレベルを分ける思考パターンは「西洋」近代の知識に過ぎないのかもしれない．しかし「西洋」近代でも実は2つのレベルを分離していなかった．植物分類で名高い18世紀のスウェーデンの植物学者にしてウプスラ大学の学長を務めたリンネは一人息子に向けて『神罰』という小冊子を贈っている．「スリヘルト．親衛兵．フォン・ビュッセン未亡人に恋をして賦役領地を贈る．義理の息子がそのことに憤慨し，夜遅く窓越しに銃弾を打ち込む．三発の銃弾はスリヘルトの胃を貫通し，スリヘルトは死亡．数年ののち，義理の息子が胃癌におかされ，胃に三個の穴があく．そのため身の毛のよだつような死に方をする」といったように，その小冊子は息子にキリスト教の神に背いた場合の神罰の恐ろしさを「事実」を列挙することで伝え，敬虔に生きることを教示したのである．まさに西洋近代ですら「罪なく生活せよ，神は傍らにあり」だったのである．

（成末繁郎）

参 考 文 献

ギアーツ，C.（梶原景昭他訳）『ローカル・ノレッジ』岩波書店，1991年．
スアド（松本百合子訳）『生きながら火に焼かれて』ソニー・マガジンズ，2004年．
リンネ，C.V.（小川さくえ訳）『神罰』法政大学出版会，1995年．
Obeyesekere, G. : Theodicy, Sin And Salvation in A Sociology of Buddhism, E.R. Leach (ed.) *Dialectic in Practical Religion*, Cambridge University Press. 1968.

51. 天　使

天上の（少なくともこの世界より高次の世界の）霊的存在者という観念は世界の諸宗教に多くみられるが，明確に表れるのはやはり一神教においてである．例えば，仏教の飛天，あるいはその起源であるインドのアプサラスやガンダルヴァの場合，図像的には一神教の天使と類似点もある．しかし，その位置づけや役割からすれば「天使」とは言いがたい．

【ユダヤ教・キリスト教（旧約聖書・新約聖書）】ユダヤ教の聖典でもある（旧約）聖書の場

合，天使と訳されるヘブライ語「マルアーク」はメッセージを携えた使者のことをもともとは指していた．神の使いや神に従う軍勢としての天使というイメージが具体的になるのは，時代が下るに従ってである．例えば，天使ラファエルが活写されるトビト記（新共同訳聖書では旧約聖書続編）からは天使への関心の高まりをうかがうことができよう．トビトとサラの祈りに応えた神により遣わされたラファエルは，失明したトビトと悪魔の妨害に悩むサラを助けたあと，正体を明かして神への賛美と感謝を勧めている．

また，キリスト教の新約聖書においては，天使はギリシア語で「アンゲロス」とよばれるが，やはりこれもメッセージをもった使者を原義としている．そのため，新約聖書の天使も「神の使者」というユダヤ教的な性格を引き継ぎつつ，イエスにも従い補佐をする者として描かれる．イエスの生涯を記した福音書における天使の例としては，マリアに受胎告知をするガブリエルや（ルカ1：26-28），羊飼いにイエスの誕生を告げ神を賛美する天使とその大軍（ルカ2：8-14），イエスの復活を婦人たちに知らせる天使（マタイ28：1-5）などが挙げられる．また，ヨハネの黙示録からは，最後の審判を告げ知らせたり，サタンを打ち負かしたりする天使（20：1-3）を挙げることができよう．

【ゾロアスター教・イスラーム】天使が登場する宗教はユダヤ教やキリスト教に限られているわけではない．古代ペルシアのゾロアスター教では，悪神やその眷属との闘いにおいてさまざまな天使が善神に加勢するが，こうした体系や世界観はユダヤ教やキリスト教の天使論にも影響を与えたとされる．

また，イスラームの聖典クルアーンにおける天使も，時代的に先行するユダヤ教やキリスト教の場合と同様の働きをもつ．例えば，ムハンマドに啓示を伝えたのはジブリール，すなわちキリスト教でいうガブリエルであるし，最後の審判の際にラッパを吹き神の手伝いをするのも天使である．

【一神教における仲介者としての天使】以上からわかるように，「神の使い」としての天使は啓示に基礎づけられた一神教に深く根差している．一神教の場合，天上の神はその超越性ゆえに人間と隔絶した存在として理解され，神と人間，天上と地上のあいだには越えられない深淵がある．したがって，両者のあいだに存在し両者を仲介する役割が重要となってくる．その点で，天使は神の意を人間に伝える使者であるだけではなく，人間と神との関わりを取り持ち救済を助けるという性格ももつのである．

天使のこうした特質について言及しているのが，6世紀頃から流布した偽ディオニュシオス・アレオパギテスの『天上位階論』である．後世の天使論に多大な影響を及ぼしたこの書では，旧約聖書に描かれた7つと新約聖書における2つが結びつけられた9つの隊から成る天使の位階が論じられており，9つの隊が三隊ずつ3つの階級に組み入れられた「三重の三位一体」が構成される．『天上位階論』から読みとれるのは，われわれが聖書に描かれた天使を象徴的に解釈することで天上の位階を見て取り，位階の階梯における天使の働きに導かれて神の側に向かうことである．なお，偽ディオニュシオスの議論には新プラトン主義の強い影響がみられるが，これはキリスト教の天使論がさまざまな影響を受けて成立したことの一例でもある．

【天使の現在】トマス・アクィナスの『神学大全』で詳細に論じられたり多くの図像に残されたりしたように，天使はキリスト教史において重要な位置を占めていたが，プロテスタンティズムによる批判や近代化に伴う世界観の変容は天使の影を薄くしていった．しかし，人間と恋に落ちる天使を描いた映画や近年の「天使ブーム」に見られるように，親しみやすいスピリチュアルな存在として天使は再び注目されているようである．こうした動きは，現代人がなにか聖なるものを身近に希求している例ともいえるだろう．（土井裕人）

52. トーテミズム（トーテム）

一般に，社会が種々の集団に分かれていて，各集団とある特定の種（動植物，自然物，その他の事物）とが特殊な関係があるとする信仰や制度を

トーテミズム（totemism）といい，その特定の種をトーテム（totem）とよぶ．トーテムという言葉は，アメリカの先住民オジブワ族の言葉に由来する．19世紀後半以降，当時は未開社会と考えられていた世界各地の情報が増加し，研究者の関心が高まった．とくに，オーストラリアやアメリカ大陸の先住民社会の事例が代表的なものとして取り上げられてきたが，それ以外の地域にも存在するとされている．

トーテミズムは，主に次の3つの側面からその特徴を説明することができる．①トーテムは，個人に結びつく場合もあるが，集団に結びつく傾向が強く，研究者もトーテムと集団の結合に関心をもってきた．これは，フランスの社会学者デュルケーム（Durkheim, E.）の宗教学説に特徴的である．また，トーテミズムは自集団内部の婚姻を禁止し，他集団との婚姻を強制する外婚制（exogamy）と強く結びつくとされる．初期の研究者はトーテミズムと外婚制の関係に強い関心をもった．しかし，個々のケースでは例外もあり，必ずしもトーテミズムと外婚制が結びつくわけではない．②トーテムとトーテム集団との関係は神話などによって説明され，例えば，特定のトーテムが集団の祖先であるとされたり，トーテムとトーテム集団が共通の祖先をもつなどと語られる場合もある．しかし，トーテムとトーテム集団とが親族関係にあるとは考えないケースも多いとされる．③トーテム集団は，そのトーテムに対して，殺したり，食べたりすることを禁止するなどさまざまな禁忌（タブー）が広くみられる．

以上のように，トーテミズムの特徴を要約することが可能であるが，それが報告されている個々の社会によって例外も多く，個々のケースがその特徴のすべてを兼ね備えているわけではない．むしろ，トーテミズムにその特徴を見ようとした研究者自身の問題関心が表れていると考えられる．

トーテミズムは，当初，進化主義の影響のもと宗教の起源を説明する格好の現象として注目されるようになる．また，トーテミズムがしばしば外婚制と結びつくことから，進化主義の立場から，婚姻の原理を説明するための現象としても注目を浴びた．精神分析学のフロイト（Freud, S.）は，トーテミズムと外婚制の発生を，原始状態の人類における父と息子の心理的関係の分析から説明する独自の宗教起源説を打ち立てた．一方，デュルケームは，トーテムを個人を超えた集団に関わり，集団を象徴する非人格的な力（マナ）と考えた．トーテムは聖なる力であり，社会的な力として，集団の統合をもたらすとした．

フランスの人類学者レヴィ＝ストロース（Levi-Strauss, C.）は，人間集団間の関係を，動植物をはじめとするトーテム種間の関係で表現するのがトーテミズムであるとした．トーテミズムによって，各人間集団は他集団との差異と自集団の同一性を認識することが可能となるのである．レヴィ＝ストロースは，トーテミズムの問題を分類によって認識する人間精神の構造の問題に還元することで，決着を図った． 　　　　（山　泰幸）

参 考 文 献

Durkheim, E.：*Les Formes élémentaires de la vie religieuse : le Systeme Totemique en Australie*, Alcan, 1912.（古野清人訳『宗教生活の原初形態（上・下）』岩波文庫，1975年）

Lévi-Strauss, C.：*La Pensée Sauvage*, Plon, 1962.（大橋保夫訳『野生の思考』みすず書房，1976年）

Lévi-Strauss, C.：*Le Totémisme aujourd'hui*, P.U.F., 1962（仲沢紀雄訳『今日のトーテミズム』みすず書店，1970年）

Freud, S.：*Totem und Tabu*, internationaler Psychoanalytischer Verlag. 1925（吉田正己訳「トーテムとタブー」『文化論』日本教文社，pp. 135-398, 1970年）

53. 呪　い

特定の人物あるいは事物に災い害することを目的として，神霊や超越的存在の助けを借りて，もしくは超自然的作用を想定しながら祈願することば，ならびにその行為．対象に危害を及ぼすことを意図した呪術的実践行為（技術）としての呪いは「邪術 sorcery」と同義であるが，呪いの語源は「宣（ノル）」であり，悪意を込めたことばを祈願として用いる「呪詛 curse」に限定される場合もある．日本語には「自らの不運を呪う」や「神を呪う」といった用法にみられるように，直接危害が及ぶことを念じているわけではなく，恨

めしい思いを込めて悪しざまにいうだけの場合にも「呪う」と表現する場合があるが，呪詛はより強力に災いの発生を唱え招くものである．

　東アフリカのテソの人々の間ではイラミという呪詛がみられ，盗みなどの被害にあった場合，死者霊が適切な儀礼を受けていない場合，婚資が妥当に支払われない場合，親や年長者がその権威を若年者によって侵害された場合などに呪詛がかけられるという．テソの人々が何らかの被害にあったり不当に扱われたりした場合，正義に訴えたり不正を是正したりする報復・制裁の行為が呪詛である．このような制裁行為の強力さは，ヌアーにおけるビート・ロアチすなわち「心の呪詛」に端的にみられる．この場合は不正を受けた人は不幸を呼ぶ呪いのことばを口にすることなく，心で念じるだけ，あるいは怒りの感情を抱くだけで効力を発するのである．

　このように呪詛は報復・制裁の意図をもった被害者による正義の希求と結びつくが，邪術は他者に対して危害を加えたり嫉妬や憎悪を発動させたりする悪意に関連している．フィリピンのセブ地方には，技術としての呪いについて以下のようなものが伝えられている．①バラン：呪いの意図をこめた昆虫または小動物（ムカデ，ハチ，甲虫，ゾウムシ，蛇など）を攻撃対象者の体内に送り込み，体内を侵蝕して病気または死にいたらしめるもの．②ウシック：バランと類似した方法であるが，体内に送り込むのがバランよりさらに小さな生物もしくは無生物（砂，ガラスの破片，針など）であるという点で差異化されている．③ヒロ：特別の祭壇をもうけて精霊に供犠をささげ，蛇などの毒を持つ動物をつかわしてもらい，そこからとった毒を対象者に仕掛ける毒盛り．地方によっては毒盛り師本人が意識していなくても毒が作用することがあり，妖術のように用いられる場合もある．④パクトル：人の頭蓋骨（とくに未洗礼の幼児のもの）や人形をつかい，その呪物に「お前はもう死者の仲間入りをした」などと言って呪いをかける．人形の場合には，その頭部や頸部に穴を開け，攻撃対象者の同一箇所に痛みを与え，致命傷を与える．⑤ラガ：「煮る」の意．対象者の衣服や毛髪，足跡や排泄物などを入手し，それを葉に包んで呪力の強い複数の植物などと一緒に煮込む．これに襲われた対象者は高熱や腫れもの，心臓発作，嘔吐，貧血などに見舞われる．⑥サンパル：ラガと同じく，対象者の衣服や毛髪，足跡や排泄物などをバハグバハグという海中生物に呑みこませる．この生物は，満潮時には体が膨張し干潮時には縮まるという習性があるが，それに合わせて攻撃対象者の胃が膨張と収縮を繰り返し，最終的に破裂してしまう．④はフレイザーのいう「類感呪術」，⑤と⑥は「感染呪術」にあたるが，その他のものでも用具・材料や所定の手続きに儀礼的形式がみられるなどの特徴があり，呪術としての性格が顕著にみられる．

　上記の呪法のバリエーションはビサヤ地方に限定したもののようにもみえるが，陰陽道，密教，修験道などが複雑に混淆した日本の呪術においても，昆虫や爬虫類の魂魄を操作して対象者に災厄をもたらす蠱毒や，人形を傷つけることによって被害を及ぼす厭魅といった呪法がある．呪術という概念をなかだちとすれば，呪いの技法の比較研究の領野はさらに広がるはずである．〔→邪術・妖術，呪術〕

　　　　　　　　　　　　　　　（川田牧人）

参 考 文 献

エヴァンス＝プリチャード，E.E.『ヌアー族の宗教』岩波書店，1982（1956）年．

長島信弘『死と病いの民族誌』岩波書店，1987年．

Lieban, R.: *Cebuano Sorcery*. University of California Press, 1967.

54. バクティ

【成立と展開】　バクティとは，主と崇める神に対する純粋で一途な信仰心を表す言葉・概念であり，ヒンドゥー教の最高神崇拝に特徴的な要素の一つである．こうした信仰態度は，ウパニシャッド文献や『バガヴァッド・ギーター』（1世紀頃？）などにその萌芽を見出すことができる．後者の中で神に近づく糸口としての敬愛と奉仕が勧められているが，後代になると，最高神から救済を得る道としてのバクティが強調されるようになる．「バクティ」はサンスクリットの動詞語根√

bhuj（＝参与する）に由来し，「礼拝する」の意に転じたともされるが，語のいわれについては異説がある．「信愛」とも「帰依信仰」とも訳される．

　古代バラモン教の時代においては，天界や解脱を得るために聖典に近づくことができるのは再生族（上位3ヴァルナ）に限られていた．ヒンドゥー教の時代に入っても，ブラーフマン司祭が神との間をとりもつ名目で，個々の信仰の営みを阻害していた．宗教的特権者が神の前に立ち塞がっていたのである．これに対してバクティによる神への接近は，万人に開かれたもので，聖典から排除された者や低い身分の者でも直接神に祈り訴えかける方途として格別の重要性を帯びるにいたった．こうして，バクティによる道（バクティ・ヨーガ）は，知識の道（ジュニャーナ・ヨーガ）や行為の道（カルマ・ヨーガ）と並んで，解脱・救済を得る手段として確立していくのである．バクティが興る以前のヒンドゥー教を古代期のヒンドゥー教，以降のものを中世期のヒンドゥー教として区別することもある．

　バクティがインドの宗教史上に明確な姿をとって現れるのは，7世紀頃の南インド・タミル地方においてである．この時代，アールヴァール（ヴィシュヌ派の宗教詩人たち）やナーヤナール（シヴァ派の宗教詩人たち）が相次いで現れ，寺院を巡ってヴィシュヌとシヴァに対する熱烈な信仰を詩に歌い上げた．彼らの中には不可触民を含む低い出自の者も少なくないが，聖者として今も篤い崇敬を集めている．王を神格化する古代インドの慣習が最高神崇拝に転化したとも考えられている．ともあれ南インドに表面化した新しい帰依信仰の波は，地方語によるバクティ文学の開花を伴いつつ，世紀を経ながら全インドへと波及・浸透していく．その間大衆的な詩文学との結びつきは一貫して保たれ，最高神を恋人や配偶者に喩えて神への切ない愛を表現したりなど，情緒的で肉感的な様相すら湛えるようになる．自らが神と合一できないもどかしさと哀しみを，愛する人との別離の情感になぞらえた切なたる詩歌も作られ，大いに人々の人気を博した．

【神観念と実践形態】　バクティ的なヒンドゥー教における最高神の代表はシヴァとヴィシュヌ（およびそれらの化身）である．彼らは神固有の名称のほか，イーシュヴァラ（自在者）やバガヴァン（至福者）等ともよばれる．神と信者（バクタ）との関係は，ギブアンドテイク的な色彩の強いヴェーダやバラモン教のそれとは趣を異にする．神が信者の帰依の深さをよみし，恩寵（プラサーダ）として救済を施すのである．ここにあるのは信者に対する神の圧倒的優位性である．信者の内面は，神への畏れとともに，完璧な者に対する自己の卑小さ，不浄さ，低劣さ，さらには罪障の意識に充たされている．また一般にヒンドゥー教の哲学では，絶対者は個々に内在しかつ超越するものとされるが，信仰の局面では，バクティの対象となる神は超越性が顕著で，信者を内面から律する者というより，むしろ外側から人に試練を与えてその個我を錬磨し，結果に応じて魂を選別する峻厳な支配者としての側面が強い．

　バクティは人格神への献身的な奉仕と絶対的な服従を特徴とするが，大きな自己犠牲や自傷行為など，象徴的次元のものも含む「自らに向けられた暴力」を伴うことも多い．バクティの信仰は，この意味である種の「自虐性」に彩られている．南インドのムルガン神に捧げられるタイ・プーサムの祭りでは，舌や頬を棒や刃物で刺し貫いたり，無数の鉤やスポークを上半身に刺して聖具を支え担ぎ，さらにそこから紐を繋いで小型の山車を引いたりなどする大勢の男性信者の姿が，他の巡礼者たちの驚嘆の的となる．同種の儀礼は南インドの女神祭祀などでも観察される．決まった日に断食をしたり，裸足のまま遠路はるばる巡礼の旅をしたり，寺院境内で陽に灼けた石畳の上を横に転がりながら聖堂を周回して神を祈る行為なども，同様の文脈で考えることができる．神は信者に痛みや犠牲を強い，信者の姿勢を見極めることで，信心の強さを量り，救いをもたらすのである．

　神が帰依者のバクティを試すというモチーフは，中世南インドのバクティ文献の中で文学的な表現を得ている．タミル語で書かれた聖者列伝

『ペリヤ・プラーナム』（12世紀頃）の中には，神（シヴァ神）に肉の供物を捧げ，あるいは神のために自分自身や家族を殺傷することまで，真のバクティの証しとして讃えられている．神は信者の帰依のまことを知るや，すべてを元通りに回復するのである．ここでは，ふだん不浄なものの象徴とされる血や肉までも，信仰の強さを示すものとして価値の転換を果たしている．このように考えると，バクティは単に心の中だけの問題ではないことがわかる．神は信者に対し目に見える形での信仰の発露を求めるのである．神への信仰を象徴する印や聖灰の身体への塗布，巡礼の実践，祭事の挙行，誓戒の遵守なども，すべてそれに当たるであろう．

　このような意味から，バクティは，神と自己との一元論的理解を基調とするシヴァ派や，最高実在を抽象的かつ無神論的な「属性をもたないブラフマン」と規定する不二一元論派の教義よりは，神と人の別異性・懸絶感を強調するヴィシュヌ派の教えのほうに，より親和性があるものということができる．たしかに神学理論に関しては，最高神（人格神）を「属性をもつブラフマン」と解釈する形でヴィシュヌ派（ラーマーヌジャ，マドヴァなど）が先んじて体系化し，シヴァ派がこれを基礎に自己の教義を確立している．しかしながら，宗教史的には，シヴァ神へのバクティも，ヴィシュヌ神へのそれも，ほぼ同時期に表面化している．大衆的なバクティの横溢を承け，それを追う形で有神論の理論的整備が為されたとするのが妥当であろう．それだけバクティの広まりは速く，また与えた衝撃も凄烈だったのである．バクティはシヴァ派・ヴィシュヌ派の垣根を越え，一元論者をも巻き込んで，中世以降のヒンドゥー教の潮流を決定づける大衆的な思想運動となっていった．

　バクティによって特徴づけられるヒンドゥー教の最高神崇拝は，キリスト教やイスラーム教のような種類の一神教とは異なり，排他性が薄く，他の人々が最高神として崇める神をも，自らのパンテオンの中で低次の神として容認している．したがって，最高神を異にするからといって，シヴァ派とヴィシュヌ派との宗派対立的な状況は現出しない．15世紀以降の北インドを中心に，バクティの教えとイスラーム思想との交流・融合の現象が興り得たのも，こうしたヒンドゥー側の柔軟性・協調性が関係している．　　　　（山下博司）

参考文献

橋本泰元・宮本久義・山本博司『ヒンドゥー教の事典』東京堂出版，2005年．
バンダルカル，R.G.（島　岩訳）『ヒンドゥー教―ヴィシュヌとシヴァの宗教』せりか書房，1984年．
山下博司「低カーストとバクティ―古代・中世のタミル文献に現れた下層民」，山崎元一・佐藤正哲編『歴史・思想・構造』（叢書カースト制度と被差別民1）明石書店，1994年．
山下博司『ヒンドゥー教とインド社会』（世界史リブレット5）山川出版社，1997年．
山下博司『ヒンドゥー教―インドという〈謎〉』講談社選書メチエ299，2004年．

55. 汎神論

　世界，自然，人間などすべての存在は結局のところ1つであり，神にほかならないとする宗教的，あるいは哲学的な立場を意味する．汎神論と訳されるパンセイズム（pantheism）とは，ギリシア語で「すべて」を意味するパン（pan）と「神」を意味するテオス（theos）との結合によって作られた術語であるが，これを導入することによって，全存在と神とを同一とみなす立場を明確に表現したのは，18世紀のイギリスの思想家トーランドである．

　汎神論という語は，有神論（theism）や理神論（deism）などという言葉がそうであるように，キリスト教の教義とそれに対する合理的解釈との関係をめぐる近代の哲学的・神学的論争のなかで新たに作り出された術語の一つであり，それがヨーロッパ以外の世界の諸宗教にそのまま適用されうるか否かについては，学問的にみて一定の留保をしておかなければならないであろう．汎神論の語が学問的に普及，定着するのは，啓蒙思想家レッシングがスピノザ主義者であったという哲学者ヤコービの指摘に端を発する，18世紀ドイツのいわゆる「汎神論論争」以後のことであり，このときスピノザの哲学的主張を示す言葉として汎神

論が用いられるようになった．そしてやがて，ルネサンス期の自然哲学者ブルーノが汎神論であるとか，ライプニッツの哲学体系は汎神論的であるというような評価を通して，学問的に一般化していったのである．近代哲学を大成したヘーゲルの哲学体系も汎神論的であるといってよいであろう．

こうしたことを一応の前提としつつ，歴史的に概観すると，さまざまな宗教や哲学的主張が，神と世界とを同一であるとみなすという広い意味での汎神論とみなされうるが，それらはまたより厳密に考えれば，大きく2つの立場に区分されるであろう．1つは，神に対する世界の相対的独立性をまったく認めず，神こそがすべてであるということを厳密に強調する汎神論であり，もう1つは，神に対する世界の相対的独立性を認め，世界のすべてが神であるということを強調する汎神論である．前者のように厳密かつ狭い意味での汎神論においては，つまるところ世界はそれ自体としては何ら実体としてみなされないという徹底した立場にまで至らざるをえない．例えばスピノザの汎神論においては，神のみが唯一無限の実体であり，世界（自然）をかたちづくる精神や物体は神の属性に過ぎないと主張されるのである．逆にまた，世界が神であるという立場を徹底すると，厳格な有神論の立場からは無神論ともみなされかねない．しかし現実には，こうした2つの立場を対極として，その中間にさまざまな汎神論が成立してきたといってよいであろう．また，「すべてを神の内にみる」というマールブランシュの立場は，汎神論とは異なり，「万有内在神論」とよばれる．

このように汎神論にもさまざまなあり方が考えられるが，それらに共通する特徴としては，神と存在のすべてとを唯一にして究極的な原理に帰するという一元論的理解を挙げることができる．すなわち，唯一にして最高の原理が神であると同時に世界でもあると理解されるのであるが，その場合に神とは，必ずしもキリスト教などで自明のこととされているような人格的な神ではありえない．むしろ，スピノザの汎神論における神観がその典型であるように，創造者，救済者という人格的イメージや教義上の意味づけを払拭した純然たる原理，あるいは力そのものとして神は捉えられるのである．あるいはまた，ブルーノが神と世界とを「産む自然」と「産まれる自然」とよんだように，同一の自然の異なった側面と捉える見解も，汎神論の一元論的理解を端的に示しているといえよう．

以上みてきたように，汎神論という術語は基本的には，キリスト教（スピノザの場合はユダヤ教とも関係）の合理的理解をめぐって新しく作られた言葉であり，キリスト教という成立宗教のなかの特定の傾向を示すものとして理解されるが，もちろん今日ではこの語は世界のさまざまな宗教に対して適用されている．例えば，中国の道教のタオ（道）や，インドのウパニシャッドにおけるブラフマン（梵）とアートマン（我）とを1つとみなす思想（梵我一如）などは汎神論とみなされる．また，大乗仏教において本格的に展開された「仏性」という考え方も汎神論的であるといわれる．いずれにしても，汎神論とはそれ自体が何らかの歴史的な成立宗教として存在してきたというのではなく，まさにスピノザの汎神論がそうであったように，例えばキリスト教やユダヤ教といった成立宗教のなかに現出してくる一定の傾向，と考えた方が実情に即しているであろう．そして，神と世界とを同一とみなす汎神論は，神秘主義的な特色を濃厚に有する場合が多いのである．

（木村勝彦）

56. 火

火は人間に何を与え，どのようにして信仰の対象となったのか．世界中の火の起源神話にみられる驚くほどの類似は，人類が火を獲得したことの意味を余すところなく物語っている．

盗みによって最初の火を獲得したという，ギリシア神話のプロメテウスの話に代表されるモチーフは，火を獲得したおかげで文化をもつことができたと同時に，人間は死と，性行為によって子孫を得ることも，運命として定められたことを示している．火と文化の起源が，死と性の起源に結び

つくことは，世界中の神話に共通してみられるのである．日本神話における火の神カグツチの誕生は，これらの密接な関連性を体現したものといえよう．天降り，イザナギと最初の結婚をして，国土の島と多くの神々を産んだ女神イザナミは，カグツチの火に焼かれ陰部に大火傷を負って，苦しみながら死んだ．だがその間にも，イザナミの吐瀉物からは男女の金属の神が，大便からは男女の粘土の神が，小便からは水の女神と，食物の女神の親神であるとともにその体から五穀と蚕と桑の木を産んだ神が生まれたとされている．この話では明らかに，火とともに，金属・粘土・水・穀物・蚕・桑などの起源が説明されており，これらによって人間が文化をもてるようになったことも物語られているので，火の起源神話が文化の起源神話にもなっていることが看取されよう．のみならず，性行為の嚆矢としてのイザナギとイザナミの結婚，およびイザナミの死が語られることで，死と性の起源はやはり火と深く結びつけられていることも分かる．

また，女神が体を焼かれて苦しみながら火を産み出し，人間の手に火が入ったという神話は，日本では，縄文時代にすでにあった可能性が強いという．なぜなら縄文時代の中期に，主として関東地方の西部から中部地方にかけての地域で，釣手土器という特殊な形の土器が作られたが，発見数や状態から推測して，この土器の中で火を燃やすことは，それ自体が重要な宗教の儀礼であったと考えられるのである．そしてこの土器で人面が付いたものは，全体が明らかに妊娠した女体を思わせる形をしている．つまり釣手土器は，胎内に火を宿す母神を著した女神像であり，その母神が体を焼かれ苦しみながらも人間のために貴重な火を産み出してくれる様子を表して祀ったものであって，カグツチを産むイザナミの話は，その起源を縄文時代にまで遡ると想定できるのである．

このように，火が女神的存在の体から出て人間のものになったというモチーフは，日本およびメラネシア，ポリネシアから南米にかけての地域の神話に共通している．それらの神話でも女神の体内から火を人間が獲得したのは，しばしば盗みによってであったと語られており，またほとんどの話では，そのために女神はひどい苦しみに遭ったり死なねばならなかったと語られている．つまり，火をもつことで人間は文化をもち，他の生物と区別されたわけだが，その人間をまさに人間たらしめている文化の営為が，火の獲得というそもそもの出発点からして，すでに神と自然に対する反逆であり侵害であったことを，人間は常に意識し，火の起源神話でそのことを語り続けてきたのだといえよう．

そのためか，日本では，直接に火山の噴火口に供物を捧げるなど，自然の火そのものに対する儀礼行為はあまりみられず，むしろ火を儀礼の中に組み込んで，どんど焼きのように火で人形を燃やして豊饒を祈ったり，盆の精霊流しや迎え火のように，神，祖霊，死霊を呼び寄せる目印とすることが多くみられる．また，火の守り神である火の神やその象徴である炉・竈・発火具は神聖視されてきた．

火所に祀られる神は，納戸神・厠神などとともに民家の裏側の私的な空間に置かれ，表側の有名や鎮守や神社の神と異なり，多様で具体的な内容をもっている．竈神は火や火伏せの神のほかに，作神や家族の守護神としても信仰され，同じ火を通して調理された食物によって，生活を共にする人々の結合をもたらす家のシンボルでもあった．また，井戸や厠とともに，火所は異界に通じるところとも考えられているという．家の火所に神性を感じ，それを媒介にした秩序は，住居が近代化されるに従って失われつつある． （兵頭晶子）

参考文献

大林太良・伊藤清司・吉田敦彦・松村一男編『世界神話事典』角川書店，1994年．

佐々木宏幹・宮田　登・山折哲雄監修『日本民俗宗教辞典』東京堂出版，1998年．

57．光と闇

この相対するモティーフは洋の東西を問わず多くの宗教思想にみられるが，闇の実体性をどう捉えるかによって2つの立場に大きく分けられる．第一の立場は，光を宇宙に遍在するものとして捉

え，闇を解消されるべき光の欠如・実体性に劣る影とみなす考え方である．これは，世界のすべてが最終的に光に包摂されると考えるという点で光の一元論ともいえ，偽ディオニュシオスや仏教の場合が相当する．第二の立場は，闇たる実体があって光と対決していると捉える立場である．この場合，宇宙論における光と闇は倫理的次元における善と悪に同一視されるが，二元論的な世界観をもったゾロアスター教がこれに当たるだろう．むろん，すべての宗教思想がどちらかに区別されるわけではない．ユダヤ教やキリスト教の場合，終末論と結びついて二元論的傾向を示すときもあれば，光で象徴される神の優越が強調され闇が圧倒されることもある．

【ユダヤ教・キリスト教（旧約聖書・新約聖書）】 ユダヤ教の聖典でもある旧約聖書の最初に置かれた創世記（1:2-5）では，混沌の海を覆う闇に神が「光あれ」と命じて創造が始まる．神が混沌を制して秩序を確立するという宇宙創造論はバビロニアなど古代オリエント世界にいくつか事例があるが，旧約聖書における光と闇は宇宙創造においてのみ役割を演じるのではなく，光が神による救済や神の臨在を象徴するものと解される素地ともなる．例えばイザヤ書（9:1）のいわゆるメシア預言では，闇のなかにある民に神の光が輝くことへの期待を見出すことができる．ここでは，闇が悪しきものや災いを象徴するものとして捉えられているのに対し，光は善なる価値をもつものとされている．

キリスト教の聖典である新約聖書においては，光と闇の観念も旧約聖書を引き継ぎながら発展していく．すなわち，ヨハネ福音書（8:12）における「わたしは世の光である．わたしに従う者は，暗闇の中を歩かず，命の光を持つ」のように，光の救済的価値はイエス・キリストおよび福音に結びつけられるとともに，この光にあずかる人もまた「世の光」といわれる．これに対して，福音の光にあずからない世の人々は闇にあるとされ，闇は光に克服されるべき悪しきものとして位置づけられる．

【その後のキリスト教・イスラーム】 その後のキリスト教および西洋思想における光に関しては，偽ディオニュシオス・アレオパギテスに一つの結節点をもつ「光の形而上学」が興味深い．パウロの直弟子に擬され権威をもった偽ディオニュシオスの著作に結実しているのは，光り輝く太陽に形容される根源的一者から万物が発出して光が遍く照らし，再び一者に帰還するという，古代ギリシアに端を発し新プラトン主義に受け継がれた思想であった．

イスラームの場合，光はやはり神の救済や啓示を象徴するものである．クルアーン（24:35）では「神は天と地の光」であり，世界を照らすとともに，光のもとである自らに人間を導くと語られる．預言者ムハンマドもまた，人々を神のもとに呼び集める灯火とされている．また，スフラワルディーは，ギリシアやペルシアにおける光と闇の思想の影響を受けながら，イスラームにおける光の哲学を体系化した．

【神道・仏教・ゾロアスター教】 日本でいえば，神道の光の神として誰もが天照大御神を挙げるところであろう．天照大御神が太陽信仰を基盤としていることは，古代エジプトなど世界の多くの神話における光と太陽との強い繋がりを思わせる．本地垂迹説における天照大御神の本地仏が大日如来とされたことからもわかるように，こうした光と太陽との連関は古代的というより普遍的なものであろう．

仏教においては，救いや悟りについて往々にして光との関連で語られることがあるが，日本でもなじみの深い阿弥陀如来と大日如来が語源に「光」をもつように，仏そのものも光との密接な関係のうちにある．浄土教の本尊である阿弥陀如来の一つの語源は，発祥地インドの古典語であるサンスクリットで「アミターバ」となり，「無限の光をもつもの」を意味する．真言密教の本尊である大日如来は，サンスクリットで「マハーヴァイローチャナ」であり「偉大な遍く光り輝くもの」の意をもつ．

さて，宇宙の根源的な原理として理解される大日如来であるが，そのルーツをたどると，ウパニシャッドに登場するアスラの王を経由してペルシ

アに至り，ゾロアスター教の光の神であるアフラ・マズダーに遡ることができる．このゾロアスター教では善なる光の神と悪しき闇の神の抗争という二元論的世界観が展開されるため，闇はネガティヴな価値をもった実体として強調され，「光と闇」というテーマはより先鋭的に表れる．

（土井裕人）

58. 憑　依

憑依という学術用語は，(spirit) possession の翻訳語として使用されてきた．しかし，「脱魂 (ecstasy)」対「憑依 (possession)」という峻別や，トランス（人格変換，忘我の状態）を必要条件とする定義のはらむ問題性が，近年の研究によって再検討されている．

佐々木宏幹は，「脱魂」と「憑依」は決定的分類にはならず，あくまで理念型であって実態ではないことを指摘した．また，常に人格が霊格化するわけではないとして，「憑依」の程度を憑入・憑着・憑感という三段階に類型化している．他方，小松和彦は，「憑く」という日本語は possession にとどまらない幅広い概念であるとし，それをふまえて多様な憑霊現象を捉え直そうとした．いずれも，学術用語としての「憑依」の狭さに対して，その外延を押し広げることが提言され，同時になぜ「憑依」がそこまで限定されてしまったかを問い返しているといえよう．したがって，いま必要なのは，「憑依とは何か」という本質論争ではなく，何を「憑依」と認定するかをめぐって繰り広げられる解釈の争奪戦を，ほかならぬ宗教学者の言説をも含める形で再検討することだと思われる．

このように，「憑依」をめぐる表象活動の社会性に着目した際，憑依の状態を指示しているとみなされてきた具体的な用語自体が，すでにそれぞれの社会の文化的・歴史的文脈の中で強い価値観や政治性を帯びてしまっているという問題が浮上することを，池上良正が指摘している．例えばキリスト教では，聖霊は人を「満たし」「導く」ことはあっても「憑く」ことはなく，「憑く」のは悪霊のみであるとされている．同様に，日本の文献を繙(ひもと)いても，ほぼ同一内容の体験であるにも関わらず，著名な仏僧であれば「夢」や「神仏の示現」と記され，名もない在家の婦人であれば「憑かれた」と記録されているという．そこには，何が「正当」で「本物」の宗教体験なのかをめぐる争いの痕跡と，後者への貶価とが如実に反映されていると考えられるのである．

こうしたバイアスに基づく二分法を，従来の宗教研究もまた踏襲してきた．前者は「神秘体験」であり，キリスト教・仏教研究の対象となる．しかし後者は「憑依」であり，シャーマニズム研究の対象であり，宗教人類学や宗教民族学の守備範囲とされるのである．こうした分業化が，上記に挙げたような解釈の争奪戦を看過するのみならず，その結果に不当に荷担し続けていることはいうまでもない．こうした問題への根本的反省を池上は要請する．同時に，この言葉の学術用語としての効力を取り戻す第一歩として，下記のように「その外延を可能なかぎり押し広げてみること」を提案している．

> ある主体（一般には人間だが，祭具・動植物・器物・土地建物などの場合もある）が，他の神的ないし霊的存在（神・仏・聖霊・精霊・死霊・祖霊・動物霊・邪霊・他人の怨霊など）から，即時的，直接的，かつ不可抗的な拘束性を伴う影響力（善悪は問わない）を受けていると，複数の人間によって認定された現象の総称．（〈A〉）

このような広義の憑依の一方で，「憑依」が一つの完結した実体であるかのような印象を定着させてきた慣習的表現法は確かに存在したし，今も存在する（〈B〉）．問題は，誰が，どのようにして，〈A〉の中から〈B〉を区画化させていったのか，また，その過程における解釈の争奪戦を通して，どのような宗教的世界が開かれ，あるいは閉じられていったのかという点にあり，それを問い続けることこそが，宗教研究者の課題であるという．それは同時に，己も含めたこれまでの研究者たちが，どのような事象に対して「これは憑依である」あるいは「憑依ではない」と認定してきたか，そして今も認定し続けているのかを丹念に再

検討する作業でもあるだろう．異教世界の神託を偽の神に「憑かれた」現象とみなし，他方で一神教の伝統にある宗教者たちを真の神の言葉を託された預言者として区別する二分法が，「シャーマニズム」や「憑依」という概念をも貫いている以上，その問い直しは，そうした諸概念を自明の文法としてきた近代学術それ自体への批判的考察にほかならないのである． 　　　　　（兵頭晶子）

参考文献

池上良正『死者の救済史―供養と憑依の宗教学』角川選書，2003年．
川村邦光『憑依の視座』青弓社，1997年．
小松和彦『憑霊信仰論』講談社学術文庫，1994年．
佐々木宏幹『聖と呪力の人類学』講談社学術文庫，1996年．

59．フェティシズム

fetishism は宗教学および文化人類学では呪物崇拝，経済学では物神崇拝，心理学や精神分析ではフェティシズム（節片淫乱症）と，学問分野により訳語を異にすることが多く，それぞれの指示内容も相違する．

宗教学および文化人類学では，非生命の物質や動植物を超自然的力や神性を有するフェティッシュ（呪物・物神）とみなし，これを崇拝する信仰形態を指すのが一般である．

フェティッシュの語源は，15世紀後半にポルトガル人が西アフリカへ到達した際，現地人が崇拝する木片や歯などの物的対象に，自国語の Fetiço（護符・呪符）なる語を与えたことに由来する．フェティッシュ信仰に対し，初めて体系的な学問的検討をくわえたのが，フランスの啓蒙思想家シャルル・ド・ブロスである．彼は，1760年に上梓した著作 "Du Culte des Dieux Fetiches（フェティッシュ諸神の崇拝）" において，動物や非生命を信仰対象とする宗教をフェティシズムと名づけ，このもっとも原始的な段階から多神教や一神教の段階へと，宗教形態が進化してゆくと推定した．

フェティシズムを始発点とする宗教形態の段階的進化を説くド・ブロスの議論は，宗教の起源論および発展論に多大な影響を与えた．オーギュスト・コントは，フェティシズムの語を，原初の宗教形態である多神教を総括するものとして採用し，サン・シモンは，フェティシズム→多神教→理神論という宗教の段階的進化を推定したように，フェティッシュ崇拝を宗教の萌芽的現象とみる見解が広く流布していった．その後，エドワード・タイラーやジョン・マクレナンらが，増大した文化人類学的知見に依拠し，最初期の宗教段階としてトーテミズムやアニミズム段階を設定したことで，フェティシズムを独立した原始的宗教段階とみる説は後景に退いていったが，フェティッシュ崇拝を始原的な信仰形態と理解する点では通底していた．

しかし，フェティッシュ崇拝は，程度の差はあれ汎時代的・地域的に認められることから，近年の宗教学・文化人類学では，進化論的な枠組みでフェティシズムを捉える立場はおおむね否定されており，むしろ人間がモノととり結ぶ多様な関係の一側面と理解すべきであろう．

一方でフェティシズムは，経済学や心理学など他の学問分野にも導入され，独自の展開を遂げている．カール・マルクスは，『資本論』第1巻において，ド・ブロスのフェティシズム概念を換骨奪胎し，商品のフェティシズム的性格（物神性）の分析をつうじて，資本主義社会の転倒的性格の剔出をこころみた．すなわち，資本主義社会下では，人間同士の関係を市場を介したモノ同士の関係と錯視する物神崇拝により，人間関係が物的関係に転化し，その本質が隠蔽され疎外されると説いたのである．

また，心理学では，非生命の物品や人間の一部といった非性的対象に性的魅力を感じこれに固執する心理現象にフェティシズム（拝物愛・節片淫乱症）の用語を与え，未発達かつ倒錯した性欲の一形態とみなすことが多い．唱道者の一人であるジークムント・フロイトの通俗化した影響力により，現代日本で一般にフェティシズムという場合，この倒錯性欲を指すが，近年では「○○フェチ」というように，心理学的な意味から遊離し，一風かわった（性的）嗜好を細別化して指示する簡便な語としてしばしば使用されている．

このように，フェティシズムの指示内容は学問分野により異なるが，宗教学および文化人類学では未開性や原始性，経済学では転倒性，心理学では未発達性や倒錯性というように，共通して人間の負性をその根幹に想定している．後二者が前者より派生した経緯をかんがみるに，「未開」民族の原始性や異常性を自明視した近代ヨーロッパ学問の偏見が，そのフェティシズム観に色濃く投影されており，フェティシズムへの理解を深化させるためには，抜本的な再検討が必要であろう．

しかし，フェティシズムは，複数の学問分野でこの用語が採用されてきた経緯が如実に示すように，人間がモノととり結ぶ諸関係を複数の学問領域を横断しつつ究明する可能性に富んでおり，今後も検討されていくべき開かれた用語といえる．フェティシズムの再検討をつうじ，宗教現象を他の多様な人間的現象と節合して理解していくことが期待される． （下垣仁志）

60. 舞踊

舞踊は広義には芸術・娯楽的なものを意味するが，ここで取り扱う宗教的舞踊とは，聖なるものとの関係においてなされる舞踊を指す．宗教的舞踊は，創唱宗教，古代宗教に関わらず，世界中のあらゆる宗教現象にみられる．その形態は非常に多様なため，ここで採り上げられるのはごく一部にすぎない．未開民族の研究によれば，その起源は言葉を発することと同じほどに古いと推測されており，古代の舞踊や美術はほとんどすべて宗教的内容をもっている．

現在でも，あらゆる地域の未開宗教において舞踊の原初形態が見出せる．オーストラリアのアボリジニではトーテミズムの習俗があり，氏族に動物の名がついている．そのなかのカンガルー族は，カンガルーのように飛び跳ねるようにして踊る．ギリシアと中国には鶴と熊の舞踊があり，北米インディアンには野牛の舞踊があるが，いずれの所作も動物の動作に似ている．このような例は，舞踊の始まりのひとつと推測される．これらは単に動物を真似たのではなく，動物との一体化によって先祖とのつながりを確かめたり，狩猟や牧畜を成功させるといった意義がある．このほか，未開人の踊りには，戦闘の再現，神話の再現，神への尊敬の表現，豊作や安産の祈願，病気治療，悪霊払い，そして祭りの饗宴の際の余興といったさまざまな内容がある．

日本では，田遊び，舞楽，踊念仏，神楽など，さまざまな種類の宗教的舞踊がみられる．田遊びは豊作を祈願して呪術的にあらかじめ祝う，いわゆる予祝の舞踊で，一般的に初春に行われ，田を踏み，その精力を落ち着かせる意義がある．舞楽は7世紀に大陸から伝来した舞踊で，宮廷儀礼や仏教法会などに取り込まれた．法会で行われる舞楽は，おもに仏教的世界の表現となっている．踊念仏は中世に時宗の開祖一遍によって広められた．念仏を唱え，打楽器で単調なリズムを延々と打ち鳴らしながら自由奔放に踊り狂い，集団で「解脱」「法悦」とよばれるトランス状態に入る．この踊りは，時宗の僧侶によって全国に広められ，後には先祖崇拝と結びつき，盆踊りとなった．神楽は，宮廷や神社にて行われる宮廷神楽と民間に伝承される神楽がある．宮廷神楽は，巫女が神を自らに憑依させ，託宣（卜占）を行うのがもとで，現在は一般の神社において祝儀や祈禱のために行われている．民間に伝承される神楽は，かつては主として修験道によって行われてきたもので，全国的に分布している．有名なものでは，東北地方の早池峰神楽，奥三河の花祭り，中国地方に備中神楽，九州地方の高千穂神楽などがある．民間の神楽は，社会的には農村社会における年間行事の一環として社会的紐帯を強化・維持する意義がある．神楽そのものの内容と機能は，空間の中心や時間の始まり・永遠といった神話的世界認識の喚起，無病息災の祈願，またあるものは現在でも神懸りと託宣が行われるなどと，多くの性格をもつ．昨今では「芸能」として括られることで，劇場公演などの催し物に頻繁に出演している．

イスラームでは，スーフィズムとよばれるイスラーム神秘主義において旋回舞踊が行われている．この旋回舞踊は「セマー」とよばれ，トルコを本拠地とするメヴレヴィー教団によってその理

◆ Ⅷ. 宗教の基礎用語 ◆

論と儀礼が確立された．神への賛美・祈願，神の教訓・啓示を表現する絢爛とした<ruby>スーフィ<rt>けんらん</rt></ruby>の詩は，スーフィズムの一大特徴をなすが，この詩の<ruby>詠唱<rt>えいしょう</rt></ruby>と，さまざまな楽器による音楽と，単調なリズムの反復にあわせた旋回舞踊によって，トランス状態が誘発される．教団では，この舞踊こそ神と合一するための最高の方法とされている．現代のサブ・カルチャーでは，若者を中心に隆盛している「ハウス」や「テクノ」といったジャンルのダンス音楽が，単調なリズムの反復と熱狂的な踊りによって，踊る人の意識をトランス状態にする．こうした音楽では「宇宙」「自然」に関わる宗教的なシンボルが歌詞や装飾などで頻繁に用いられており，舞踊の文化表象における宗教性の一端をみることができる．

　宗教的舞踊は，人類学，宗教学，心理学，舞踊学などによってさまざまな角度から研究されてきた．例えば，人類学では「抗い難い威力に対する願望の思考（マリノフスキー）」，「反秩序の状態を発生させ，人の認識や地位を変容させる（ターナー）」などとされ，宗教学では「神の行為の反復（エリアーデ）」などと考えられたように，宗教的舞踊に対する解釈は多様である．

（長澤壮平）

参考文献

折口信夫『日本芸能史六講』講談社，1991年．
西角井正大『民俗芸能入門』文研出版，1979年．
ハリソン，J.（佐々木理訳）『古代芸術と祭式』筑摩書房，1964年．
ファン・デル・レーウ，G.（小倉重夫訳）『芸術と聖なるもの』せりか書房，1980年．
舞踊教育研究会編『舞踊学講義』大修館書店，1991年．
三隅治雄『踊りの宇宙』吉川弘文館，2002年．

61．骨

　通常生活史上で骨に関わる事柄は，とくに日本の場合葬送儀礼の場面である．現在，葬送儀礼の後に肉体を火葬に処し骨化して墓地に埋葬する方法が「墓地埋葬等に関する法律」や「刑法190条・遺骨遺棄罪」という民法の規定を基準にして，ほぼ100％近い割合で行われている．欧米においては，キリスト教の教えなどの理由から土葬が多く，火葬の普及率は約20％程度である．インドにおいては，遺体を火葬に処すことが多いが，火葬後の骨はガンジス川などに流すことで，故人の霊魂の永遠の救済である涅槃を願う．

　また世界の他の地域でも，骨は宗教的な感情を起こす産物である．例えば南部メラネシアやニューギニアでは沖縄での洗骨のように，遺骸を埋葬後発掘し，頭蓋・顎骨を洗骨して崇拝する．またキリスト教でも聖人の遺物として骨が崇拝される習俗が存在し，聖人の墓の上に教会が建てられたり，また教会内部に聖人の遺骸が安置されて，崇敬の念を集めている．さらに仏教圏の舎利崇拝（模造品としての真珠や米や石）は，仏教の誕生の初期から行われて仏教において重要な役割を担っている．

　現在の日本における遺骨への執着がより増している事例として，第2次世界大戦後の南洋諸島・中国・ロシア・アメリカなどの諸外国から遺骨を収集し，引き取るという，戦後長年にわたる活動が挙げられる．死後の故人に対する慰霊を行ううえで，遺骨の必要性あるいは遺骨の崇拝がこれほどまでに発展してきた理由を，以下歴史的に確認していく．

　日本人の死という事態に対する宗教的な感情は，死穢忌避と霊肉分離であるといわれる．古代においての葬法はモガリという風葬であって，死後においてはその遺骸は顧みられなかった．この葬法は庶民の間において中世まで主流であり，例えば京都の化野や鳥辺野という場所は単なる遺骸の捨て場所であった．古代の上層部では仏教の受容によって，遺骸の火葬の習慣が根付き，また庶民の間でも，例えば行基などによって野ざらしの庶民の遺骸を火葬するなどの仏教式の慰霊が実践されるなどして，また10世紀の空也などの仏教僧集団活動とともに徐々に火葬の習慣が広まっていった．

　しかしながら，遺骸はやはり忌むものとして敬遠されがちであった．その代わりに霊魂は別物と考えられて，柳田国男の民俗学によれば，その魂が年月を経て山や森などの木々に宿り浄化され，さらに生まれ変わるものとするような考え方

を示す葬法・墓制が各地に残っているとされる．その代表例が両墓制であるといわれ，遺骸は土葬や火葬に処して，三昧(ざんまい)などとよばれる埋め墓に埋葬し，その一方で霊魂を慰霊する詣り墓の2つの墓をもつことは，死穢忌避，霊肉分離の思想を示しているといえよう．

この両墓制の詣り墓の墓制である石塔が出現してきたのは，上流階級の仏教式の供養塔が初めであり，中世以降この石塔が墓地に出現してきた．それと同時に，11〜12世紀には，遺骨の尊重と，高野山への納骨風習が一般化していった．こうして遺骨に対する嫌悪感は，やがて遺骨が霊魂の依代(よしろ)であるという感情に変化してゆき，骨を依代とした霊魂の慰撫を目的に，中世末期以降，江戸時代には寺檀体制のもと，石塔建立が確固なものとなっていった．武士階級では墓碑には家銘が彫琢されていたが，庶民の多くは個人あるいは夫婦単位のものであった．明治期になるとイエ制度を規定とした先祖代々形式の石塔を建てることが多くなり，これは現在でもよく目にする墓地の風景となっている．

先祖代々形式の石塔建立が多数受容される宗教的感情の背景には，日本人の先祖崇拝の影響が大きいといわれるが，近年では少子化にともなう死後の祭祀者の減少から，先祖代々形式の石塔形態を維持するのが困難なため，継承を必要としない「非継承墓」が全国的に多数登場してきた．非継承墓の多くは，遺骨を1か所にまとめて合葬し，供養を継続するという形をとり，とくに大阪の一心寺の骨仏はその代表である．合葬とは逆に，遺骨を散骨するという「散骨葬」も徐々に市民権を得てきている．また自然環境保全をより積極的に打ち出し，遺骨を樹木下に埋葬し，墓地全体を里山的景観に形成している「樹木葬」など，近年のエコロジカルな風潮を重視した非継承墓も登場している．いずれにせよ骨は，古今東西の人々の宗教的な感情を昇華するものとされる，重要な人間の死後の産物である． 　　　（吉見由起子）

62. 魔女・魔女狩り

魔女とは，悪魔の手先となり，魔術を用いて他人に災いをもたらすと考えられた人物．中世から近世にかけてヨーロッパで実在すると信じられた．英語のwitchは女の魔法使いを示すwicceに由来する．男性名詞でも，英語wizard，ドイツ語Hexer，フランス語sorcierと表現されたが，圧倒的に女性が多く，西欧でも「魔女」で統一される場合が多いので，以下の記述もそれに倣う．

占いや予言を行う女神や女性は，古代の神話や伝説（例：『サムエル記・上』のエンドルの口寄せ巫女やギリシア神話のキルケーなど）にも登場するし，ヨーロッパには薬草の知識をもとに人の病気を治す，あるいは助産によって子供の誕生を助けるなどの超自然的な役割を担う女性が古来より存在した．こうした女性が魔女の起源となった．その理由は，キリスト教会が異教の信徒や，民間伝承の儀礼に関わる人間を，「悪魔崇拝者」「魔術師」として徹底的に排除・迫害したからである．病気を治すのは「学」に基づいた専門的医者の仕事で，民間治療師の行為は悪魔の「術」にすぎないとみなされたのである．

2人のドミニコ会士J.シュプレンガー，H.クレーマーが『魔女の鉄槌』（1486年）をドイツ語で出版したが，これは教会による魔女の定義や裁判の方法などを詳細に記したもので，各国語に翻訳され，ベストセラーとなった．この著作を契機に魔女狩り，魔女裁判，魔女容疑者への拷問，火刑が徹底的に行われるようになった．

魔女集会（サバト），悪魔との性交，呪いなど，魔女のイメージはこの頃に作られた．魔女は悪魔と契約し，さまざまな手段を用いて社会に混乱（疫病，悪天候，不作など）をもたらす．深夜，箒にまたがって森や野や山岳に集い，サバトを開き，そこで悪魔と性的な狂乱を繰り広げる．体には悪魔と通じたことを示す印がある．幼児を生け贄とし，その肉を喰らう．また，インクブス（睡眠中の婦女を犯す魔女と通じた悪魔）やスクブス（睡眠中の男と情交する女の悪魔）を操って人を悪魔と交わらせ，悪魔との契約書に署名させる．

これらの魔女像から，魔女が社会に害悪を及ぼすという妄想は，社会不安の蔓延とともに一種の集団ヒステリーを引き起こし，その全盛期の14

〜17世紀には，ドイツ，フランス，イギリスで子供を含む数十万の人々が魔女の名の下に裁判で処刑された．魔女狩りはカトリック国，プロテスタント国いずれでも行われた．17世紀後半には下火になったが，ヨーロッパのみならず，アメリカでも起こった（1692年のセーレム魔女裁判）．

ヨーロッパ史の暗黒面というべき魔女や魔女裁判について，反省的に研究が行われ始めたのが19世紀以降になってのことである．歴史学，心理学，社会学など，さまざまな学問分野において，魔女や魔女裁判が研究された．19世紀のフランスの民衆史家J.ミシュレは，サバト，黒ミサ，女祭司＝魔女の崇拝が豊穣神信仰と結びつくことを示唆した．また，魔女が農奴制と女性という二重の疎外を受けていたとし，労働階級とジェンダーの問題を浮き彫りにした．同時代のイギリスのM.A.マレーも，魔女は前キリスト教時代の異教の名残であり，豊穣儀礼と関わるとした．現在も活躍するイタリアの歴史学者C.ギンズブルグは，古代の豊穣儀礼に起源をもつ民間信仰＝ディアナ神崇拝が異端審問官など外部の圧力により，民衆の間で「魔術」としてどのように内在化されたかを，16〜17世紀のフリウーリ地方の異端審問調書から読み解いた．

ミシュレやギンズブルグと異なるが，階級闘争を重視する実証主義的なグループが，1960年代以降，イギリスに生まれた．H.トレヴァー＝ローパー，A.マクファーレン，K.トマスらは，社会の転換期に共通の価値体系が崩れて社会的不一致が生じるとき，魔女迫害が起こると論じた．彼らは，封建制から初期資本主義経済社会に移行する社会の変革期に中世の共同体の相互扶助や慈善といった倫理が崩れ，新しい経済社会に積極的に取り込まれていく過程で，新しい体制についていけない「他者」を人々が排除するために魔女狩りを行ったと説明した．

イギリスでようやく魔女禁止令が廃止されたのは，およそ半世紀前の1951年のことである．学問的潮流とは別に，今日でも魔女信仰は根強く生き残っている．ハーブや占いを用いる魔術の復興運動が起き，エコロジーやフェミニズムと関わる新しいタイプの魔女が誕生している．

（谷口智子）

参考文献

ギンズブルグ，C.（竹山博英訳）『ベナンダンティ―16, 17世紀における悪魔崇拝と農耕儀礼―』せりか書房，1986年．
トマス，K.（荒木正純訳）『宗教と魔術の衰退』法政大学出版会，1993年．
マレー，M.A.（西村　稔訳）『魔女の神』人文書院，1995年．
ミシュレ，J.（篠田浩一郎訳）『魔女』上・下，岩波文庫，1983年．

63. 水（川・海）

宇宙には無数の天体があるが，その中で表面に液体の水の存在が確認できるのは地球だけだという．その地球上に生命が発生し，進化を遂げて，その果てに人間の文化が開花できたのも，海水と真水という2種類の水が存在したおかげだった．そのため，人間の宗教と神話は，水の不可思議な霊力，およびその恵みと力に対する深甚な感謝と畏敬，あるいはその凄まじい破壊力への恐れなどを物語ることで始まったといえる．

ユーラシア大陸の内陸部を中心にして，東南アジアや北アメリカまでおよぶ広い地域に分布している「潜水型」の創世神話では，原初に一面の海洋があったことが物語の発端となっている．水鳥や蛙などが海底の泥を持ち帰り，それをもとに神が陸地を造って四方に広げ，広大な大地が誕生したとするこれらの陸地起源神話は，生きとし生けるものすべての母神として崇められる大地が，水との不可分な関係において初めてその神秘を発揮するという古代人の認識を示している．日本の国生み神話でも，イザナギとイザナミは天の浮橋から矛を差し下ろし，下界の海を掻き回してオノゴロ島を造った．このように，陸地ができるより前の太古には，世界は水か海で覆われていたという発想は，世界中の神話に共通してみられ，水からの創造というモチーフがさまざまな形で語られることとなる．

その創造は，水と結びつきをもつ竜蛇の形の怪物が，神や英雄によって退治されたことで可能に

なったという神話もある．メソポタミアの神話では，男神である真水のアプスーと，女神である塩水のティアマトが夫婦となり，すべての神々の祖先となった．このティアマトはまさにそうした怪物で，子孫の神々と戦って彼らを滅ぼそうとした．だがマルドゥクという若い神が彼女を殺し，その死体を切り裂いて半分を天に，半分を大地にしたといわれている．このような水の化身である竜との戦いの物語，あるいは『旧約聖書』に代表される洪水神話などは，水の猛威を制御することで人間の生活が成立することを宗教的に表現しているといえるだろう．また，王家や英雄の家が，その祖先と水の女神との結婚から発生したという伝説も世界の至るところに見出される．日本の海幸彦・山幸彦の神話に示されるように，水の世界とも血縁で結ばれ，常に庇護を受けられる関係にあることが，いわば理想的な支配者の条件なのである．

さらに水は，死の起源神話とも深い関わりをもっている．人間はかつて，蛇やトカゲなどのように脱皮して若返ることで不死の生命をもっていたか，またはもてるはずだったにも関わらず，ある事件によってそれが失われ，脱皮をする生物だけの特権になってしまったという「脱皮型」の死の起源神話の一部において，特定の水を浴びることが脱皮の可否を左右しているのである．こうした，生まれ変わりや若返りを可能にする水の霊力という信仰は，新年にあたって心身を清める正月の若水などの儀礼に今でも生き続けている．

また，生命維持に不可欠の，そして汚れを洗い流す水が聖なるものとみなされ，罪や穢れを浄化する宗教的象徴として用いられるという現象は普遍的に見出すことができる．日本では，神前に供えた水や神域を流れる川・泉・池・井戸の水などの神水は，神霊の宿る「聖なる水」であり，病や傷を癒すといった不思議な霊力をもつと信じられてきた．かつて神仏の霊験を顕したという神水・霊泉の伝承が各地に残っているだけでなく，近現代の新宗教教団などで教祖の霊的な力を証すものとして神水が誕生することもある．韓国においては，名山などの泉に湧く薬水（ヤクス）が病気の治癒と長寿をもたらすものとして珍重され，水神である竜や蛇，翁と嫗などの神としてイメージされることもあるという．

水辺に水の神の存在を認める伝承も多い．日本では，旧暦12月1日に川などへ供物を捧げることで，水神の荒ぶる日に水の災厄を避けようとする一方，農耕生活には豊饒をもたらす神として，8月十五夜前後になると水神の祠を飾り，踊りを奉納するなどの歓待を行う．また雨乞の際には，水神は雨の支配者として誓願の対象となる．

以上のように，水をめぐるさまざまな神話や信仰は，水の猛威と恩恵の狭間で人間の生活が成り立っていることを雄弁に物語るものである．こうした宗教における水のありようは，水と人間の不可欠な結びつきを再考する上でも，重要な手がかりとなるのかもしれない．

（兵頭晶子）

参考文献

佐々木宏幹・宮田 登・山折哲雄監修『日本民俗宗教辞典』東京堂出版，1998年．
吉田敦彦『水の神話』青土社，1999年．

64．ミレニアリズム（千年王国論）

ミレニアリズム（千年王国論，千年王国主義，千年王国運動．millennialism / chiliasm．千を意味するラテン語 *mille*，ギリシア語 chilias に語源）は，本来ユダヤ・キリスト教の黙示録的伝統に由来する語である．狭義には，キリストが再臨した後，地上に王国を打ちたて，最後の審判前の一千年を統治する，というヨハネ黙示録（20：4-6）に立脚したキリスト教徒の信仰を指す．早くは2世紀の小アジアで，祭司モンタヌスが今やキリストが再臨しその王国〈天のエルサレム〉が地上に出現するであろうと預言し，これに従う人々が広い地域で禁欲運動を行ったことが知られている．以後も千年王国論はキリスト教史の中で繰り返し出現し，近代以降もモルモン教やエホバの証人などが同様の運動を展開した．キリスト教神学の場では千年王国論は教会の歴史的意味付けに関わる主題であり，キリスト再臨を王国到来の前とする前千年王国説のほかに，再臨を王国到来の後とする後千年王国説，さらに再臨と王国を未来に起こ

る地上的事件としてではなく比喩的に理解する無千年王国説，などが存在する．

現在ではこうした限定を超えて，千年王国論は人文・社会学領域の術語として広く用いられている．論者により多少の差異はあるが，一般にそれは，(a) 危機的社会状況の中で生起する，(b) 超自然的力の介在による，(c) 現世のラディカルな革新を待望する，(d) 切迫した民衆的運動，と定義することができる．例としてメラネシアのカーゴカルト，北米先住民のゴーストダンス，中世ヨーロッパの鞭打苦行運動，日本の弥勒信仰や「ええじゃないか」の運動，19世紀中国の太平天国，などが挙げられる．メシア（救世主）待望運動は常に千年王国論的であるといえる．またこれらには現世の衰退と崩壊の局面を強調するもの（終末論的）と，来るべき新世界の豊穣や幸福を強調するもの（楽園／ユートピア的）とで，相対的差異が認められる．以下では注目されることの比較的少ない，中南米の千年王国論を紹介する．

【アンデスのタキ・オンゴ運動】 1532年にインカ帝国はスペイン人により征服され，先住民は過酷な経済的搾取のシステムに組み込まれ，土着の宗教はキリスト教により《偶像崇拝》として否定された．しかし征服直後から，社会的精神的自立を目指した運動が絶えることなく生起した．1560年頃に海岸地帯のパチャカマックと高原のチチカカ湖の2つの聖地を中心に，各地の指導者のもとで展開したタキ・オンゴも，そうした運動の一つである．指導者らはいまや白人の支配が終焉し，ワカ（泉や山や神殿などの土着の宗教的象徴）の復活とともに新世界が到来することを，熱狂的に説いて回った．当時の史料の「王国内の…すべてのワカが蘇り…町々は大地に呑みこまれ，海はあふれ出し…その名残を消してしまうだろう」という一節にみるとおり，人々は切迫した終末論的空気の中で，ワカに供物を捧げて数日間にわたり歌い踊った．こうした行動について，インカ時代の宇宙の周期的崩壊と再生に関する信仰との連続性が指摘されている．タキ・オンゴは武力闘争を行わないこともあり，当局と教会の弾圧により急速に沈静化したが，以後も伝統への回帰を目指す土着主義的な運動が途絶えることはなかった．

【メキシコのミシュトン戦争】 インカ帝国崩壊に先立つ1521年，アステカ帝国の首都は陥落し，ここを拠点にスペイン人はメキシコ各地を征服していった．そうしたなか，1541年にメキシコ市北部のヌエバ・ガリシア地方の各地で起きた先住民チチメカ人の武装蜂起がミシュトン戦争である．チチメカ人の指導者たちは，蘇った祖先を率いて《トラトル》神が出現するであろうこと，そのためにはキリスト教と白人の支配が廃絶されなければならないことを説いた．《トラトル》神は新時代を開き，先祖はたくさんの宝石と羽毛と武器を持ち来たり，作物は自然に実り，狩りの獲物は溢れ，老人は若返るであろう——こうした楽園的ビジョン（やはり伝統的信仰との連続性が窺われる）のもと，チチメカ人らはスペイン人の町を襲撃し，教会と十字架を焼き払った．対するスペイン人の弾圧は苛烈であったが，その後も戦いは数十年続いた．

以上の中南米の事例で興味深い点は，一方の当事者のスペイン人（とくにコロンブスやフランシスコ会士たち）自身もまた，レコンキスタ（キリスト教徒の国土回復運動）を通じて醸成された千年王国論的な情熱に衝き動かされて新大陸（＝新世界）を目指し，諸活動を行った人々であったという事実である．それは，それぞれ特有の歴史的社会的危機状況に曝されたスペイン人と先住民による，かたやキリスト教，かたや土着の宗教性を基礎とした，世界の根底的な革新を熱狂的に追求する集団的運動であったという意味で，優れて千年王国論的な現象であったといえよう．

(岩崎　賢)

参考文献

コーン, N.（江河　徹訳）『千年王国の追求』紀伊國屋書店, 1978 (1957) 年.

田村秀夫『ユートゥピアと千年王国』中央大学出版部, 1998年.

ホブズボーム, E.J.（青木　保編訳）『反抗の原初形態』中央公論社, 1971 (1959) 年.

増田義郎『新世界のユートピア』中央公論社, 1989年.

ワシュテル, N.（小池佑二訳）『敗者の想像力』岩波書店,

1984(1971)年.
ワースレイ, P.(吉田正紀訳)『千年王国と未開社会』紀伊國屋書店, 1981(1968)年.

65. 無神論（マルクス主義）

何らかのかたちで神の存在を主張する有神論に対して，神の存在を否定する宗教上あるいは哲学上の立場が無神論（atheism）である．世界の諸宗教のなかには，信仰の中心として人格的な神を立てないという意味で無神論的な宗教とみなされるものが多数あり，その代表的な例としては仏教を挙げることができる．このように一概に無神論といっても，広狭さまざまな意味があるし，それが置かれている歴史的社会的状況によって，「神を否定する」という言説のもつ重みにも相違がある．しかし，無神論が宗教的・哲学的にみて重大な意味をもつのは，神を信仰の中心とするという価値観が何らかの社会を圧倒的に支配している状況のなかで，それに対する異論・反対として主張される場合である．その意味では，歴史的にみて，無神論が深刻な問いとなってきたのは，とくにキリスト教のヨーロッパ世界においてであるといってよいであろう．

無神論という言葉の語源は，ギリシア語の「神」を意味するテオス（theos）の語頭に，否定を意味する接頭辞"a"が接続したアテオス（atheos）であり，まさにそれは「神を否定する」ことを意味している．古代ギリシアでは人間的な姿かたちや性格によって表現される多くの神々がパンテオン（神々の体系）を形成し，社会全体の強い信仰を集めていた．そうしたなかにあって，例えばアナクサゴラスやプロタゴラスのような自然哲学者たちは，自然を神によらず，物質的原理（アルケー）によって解明しようとしたために，また自身は敬虔な信仰の持ち主であったクセノファネスは擬人的な多神教を否定したために，無神論として攻撃された．そして，人間としての徳（アレテー）を魂の向上であると若者たちに説いたソクラテスもまた，結局は無神論の烙印を押されて処刑された．これら無神論の誹りを受けた思想家たちは皆，国家が認める公的な信仰・祭祀のあり方に対して異を唱えたために，無神論とよばれ，弾圧されたのである．そして，こうした事情は古代ローマ社会においても何ら変わるところはなかった．それゆえローマ帝国の領土に広がった初期キリスト教徒たちは，ローマの公的宗教に背く無神論者として厳しく迫害弾圧されたのである．

しかし，キリスト教という強烈な一神教がヨーロッパ世界に広く流布し，社会をすべて覆い尽くしてしまうような価値規範となってから以後は，いうまでもなくキリスト教あるいはキリスト教会の制度に背く者が，すべて無神論者として非難されることになった．キリスト教世界において，無神論であるとはキリスト教会の側からなされる最大級の非難であり，そうした烙印を押されることは人間としての欠格をも意味した．神もしくはキリスト教を否定する者としての無神論者は，社会から徹底的に排除される運命にあり，無数の者が生命を奪われた．そして，キリスト教世界における無神論者への根強い差別感情は，現在でも決して完全に払拭されているとはいえないのである．

とはいえ，近代になってからは，神に対して否認あるいは懐疑という精神的態度をとる者も，ただちに神を否定する者として非難されることは少なくなった．理論的・学問的態度としての無神論は，一定の思想的立場として許容されるようになったのであり，それを代表する思想家としてはモンテーニュやベール等が挙げられるであろう．そして，近代における無神論の展開をみるとき，それと不可分なものとして登場してくるのが近代科学に基づく唯物論や感覚論である．自然を物質的に説明するという科学的唯物論が近代的無神論の強力な論拠となったのであり，そうした立場を代表するのがコンディヤック，エルヴェシウス，ラ・メトリー，ドルバックといった18世紀フランスの唯物論者たちである．

そして，こうした近代の唯物論的な無神論が最も徹底したかたちで表現され，キリスト教的な価値規範に対する根底的な否定ともなったのがマルクス主義（Marxism）である．ヘーゲルの観念論的弁証法に対する批判から出発し，ヘーゲル左派

やフォイエルバッハなどといった先駆者たちに影響を受けながら，唯物論的弁証法というかたちで無神論をその究極的な地平にまでもたらしたマルクスは，物質のみを現実的かつ客観的な存在とし，神，霊魂，精神などといった理念的存在をそうした物質的存在の反映に過ぎないと主張した．そして，マルクスは神の存在そのものを否定し，キリスト教会を資本主義と結託してプロレタリアート階級から搾取してきた元凶として厳しく弾劾したのである．マルクスの唯物論と彼の思想を展開させたマルクス主義の立場とは，科学的唯物論に立脚する無神論と並び，現代における典型的な無神論として，今なお思想界に大きな影響を与え続けている．

（木村勝彦）

66. 迷　信

迷信には2つの意味があるという．一つは，「度が過ぎると生活の秩序を破壊することになりがちな，不健全な民間信仰」．次に，「その時点における科学の知識がある程度有れば，まちがいだということに気づくはずの事を，正しいと思いこむこと」（新明解国語辞典）．しかし，とりわけ近代以降，両者は激しく混交し，その交錯点に「迷信」というイメージを結ぼうとしているようにみえる．

「迷信」にはかつて「正信」が対峙していた．日本の例でいえば，方位や家相などに囚われる人々を，近世の儒家は「正祀」たる儒学の対極としての「淫祀」に泥む存在として捉えていた．しかし，その両端に位置づけられたのが「祀り」のありようであったことからもわかるように，人々が泥んでいたとされるのは紛れもない一つの信仰空間であり，それらの禁忌を批判することで，新たな信仰を練り上げていく民衆宗教・金光教のような動向もあった．つまり，何を「迷信」とみなすかは，そこから「正信」というありようの具体相を汲み上げていく源であり，そうした解釈の争奪戦の過程は，何に「あるべき」宗教的価値を見出すかを示す指標でもあったのである．

しかし近代以降，「淫祀」に対峙したのは何よりもまず「文明」であり，それがかざす科学的価値であった．例えば病気治しは，あるべき「正祀」という観点からではなく，医療を妨げるという理由で問題視され，諸法令や刑法などによって禁じられていく．同時に，それまでは自明の「医事」ではなかった「狐憑き」のような問題群が，医学の地平において引き受けるべき問題として再提示されるのである．その意味で「文明」は宗教と他分野の領域画定すら規定したのであり，それ以前のありようとは大きく隔たっていたといえよう．

そして，この「文明」か，それとも文明ならざる「迷信」かという眼差しを前にして，自覚的であれ無自覚的であれ，前者の側に立つことを当事者たちが余儀なくされるという点も，「正祀―淫祀」論の時代とは異なっている．例えば，日本近代において金光教は，「文明」の言説と整合的なものとして，自らの信仰を描き出し定着させていった．そうすることで初めて，布教のための組織的合法化が得られたのである．「迷信」という眼差しを払拭することの不可欠性が，近代の民衆宗教に課した変容はあまりに大きなものであった．

近代以降における「迷信」の問題を考える上でもう一つ重要なのが，医学者，それも精神病学者かそれに近い立場からの批判である．精神病学者・森田正馬は，日本精神医学会の機関誌『変態心理』に連載された「迷信と妄想」（1917年11月〜1919年5月，のち単著として刊行）において，金光教祖や天理教祖を精神病者と断じている．また，同誌主幹の中村古峡は，「大本教の迷信を論ず」（1919年7月）や，単著として刊行された『迷信に陥るまで―疑似宗教の心理学的批判』（1936年）など，「変態心理」という観点から天理教・大本教・ひとのみち・生長の家などを批判した．これらにおいて「迷信」は，布教する側，およびそれを信じる側の双方の「心理」の問題であるとされ，そこに病的な何かが想定されることとなる．自らを科学であると強く主張せねばならなかった彼らによるこうした批判は，「迷信」が科学の名において最終的には「精神病」の烙印を押されていく様相を示している．「迷信」と名指されるものが一つの信仰空間であることに変わ

りはないにも関わらず，それに対置する側は，「迷信」の側の発話自体をいわば剝奪していったのである．

「民間信仰」の「不健全」さを，ほかならぬ「科学」自身が，「科学の知識」に照らし合わせた上で裁断すること——そこに，近代以前と以後とを分ける「迷信」の分水嶺があるように思われる．「迷信」に本質はなく，何が「迷信」かを決定するのは，その折々における解釈の争奪戦にほかならない．しかし，その審判者として，当事者をも取り込んでいく「文明」が，あるいは当事者の発話を奪い去る「科学」が立ち現れたとき，「迷信」とされる側が何を迫られていたのかを，われわれは問う必要があるのではなかろうか．

（兵頭晶子）

参考文献

桂島宣弘『思想史の十九世紀—「他者」としての徳川日本』ぺりかん社，1999年．
中村古峡『迷信に陥るまで—疑似宗教の心理学的批判』1936年．
兵頭晶子「〈もの憑き〉を語る儒医—近世日本における医家の自己規定とその諸相」『日本思想史学』35，2003年．
森田正馬『迷信と妄想』白揚社，1983年（初出1928年）．

67．瞑　想

心をある対象や出来事へ向けて集中させ，その対象の性質や出来事の流れを観察したり，超越的なもの（神）に対して祈ること．宗教的修行の方法として行われることが多く，その目的としては，サマーディ（ヨーガ行法）や悟り・解脱（仏教）などといった心理的境地への到達や，超越的なものとの神秘的合一といったものが挙げられる．

さまざまな瞑想方法が存在するが，そのなかでもインドのヨーガ行法が有名である．紀元前3000年から紀元前1500年のインダス文明の遺跡の泥土製品に，ヨーガ行者を模した坐像が発見されていることから，アーリア文化の中で開花したともいわれ，『リグ・ヴェーダ』の終期頃にタパス＝苦行という言葉が多くみられることから，それがヨーガ行法の前身ともいわれる．いずれにせよ，インド亜大陸の歴史において，瞑想という宗教行為は集中的に開発されてきた．アーリア文化のバラモン主流のブラーフマニズムをはじめとして，ジャイナ教や仏教でも瞑想の方法が確立されている．一般的にアートマン＝真我との合一こそがその最高状態であるといわれるのに対して，仏教ではアートマンとの合一ではなく無執着の状態こそが解脱であるとする考えが主流であり，方法や目的などは多様であるが，瞑想は神秘的な状態を人為的に作り出す方法論である．

ヨーガ行法では，安定していて快いとされる坐法をとり，呼吸のリズムを整える調息法を通じて，心を一点に固定する執持（ダーラナー）の状態に入る．さらに心を統一して連続的な思考を行い，瞑想対象の本質へと浸透することのできる状態（静慮，ディヤーナ）を経て，最終的には自己の識別能力や分類法を用いることなく，直接的に対象の形を捉えることのできるサマーディ（三昧）の状態に至ることができるという．

仏教が中国に伝播してからは，止観という瞑想方法が案出され，日本では摩訶止観という天台教学を支える瞑想法となった．日本密教では，真言（マントラ）を繰り返し唱えながら瞑想を行うことによって，大宇宙の真理としての大日如来と自己とが合一するという，入我我入観などさまざまな観法（瞑想法）が開発されてきた．瞑想の際に，マンダラなどの道具を用いるのも，密教の瞑想の大きな特徴である．また，日本の南都六宗の一派では唯識という仏教教義を根本経典として研究されてきたが，瑜俄行唯識派といわれるように，ヨーガ行法つまり瞑想法を修することこそが本来的であり，仏教においては瞑想という修行方法を欠くことができない．

また，日本の平安時代では末法思想の興隆から，西方極楽浄土やそこに存在すると考えられている阿弥陀仏を観想する見仏という瞑想方法が流行し，これが『往生要集』を著した源信以降，浄土思想の発展を促した．禅宗では，菩提樹に6年間坐って悟りを開いたブッダを模範とし，結跏趺坐の姿勢で呼吸を数える数息観を行う．その上で無念無想，すなわち悟りを求めようとすることを

VIII. 宗教の基礎用語

含めたあらゆる雑念を取り去って，ひたすらに坐禅をする只管打坐の禅と，師から与えられた公案とよばれる問題に心を集中させる公案工夫の禅とがある．

一方，カトリックでは，6世紀のベネディクト修道会や13世紀のフランシスコ会などにおいて，黙想や観想を組み込んだ修道生活が営まれていたことが知られるが，16世紀になって，イグナチオ・デ・ロヨラがこれらの伝統を受け継ぎ，自らの修行体験を踏まえて『霊操』を著し，黙想や観想を中心とした修行方法を体系化した．『霊操』では，罪についての黙想やキリストの生涯を観想することなどによって魂を調え，準備して，霊操者は自分に向けられる神の望みを知ることができるとされた．

また，東洋における瞑想文化は，ユング派心理学などから注目を集め，深層心理学的・心身医学的な説明体系のなかに位置づけられてもいる．ここでは，瞑想修行によって達成されるサマーディのような境地も，催眠の効果や幻覚などと同様，変成意識状態（altered state of consciousness）の一つとして解釈される．このような立場から，瞑想は神経症や心身症，自律神経失調症などの治療に効果があるといわれている．

西洋に紹介された東洋的な瞑想文化は，アメリカを中心として1970年代以降に展開したニューエイジとよばれる神秘主義的な運動（文化）においても重視されている．ニューエイジでは，個人の意識を変容させることによって，自然や人間に内在しているとされるスピリチュアル（霊的）なものとの交通や一体化を目指すが，この意識変容の手段の一つとして瞑想法が取り入れられているのである．このような潮流はアメリカや欧米ばかりでなく，その影響を受けた日本でも流行し，瞑想は新たに注目を集めている．

（永岡　崇・吉見由紀子）

参考文献

イグナチオ・デ・ロヨラ（門脇佳吉訳・解説）『霊操』岩波書店，1995年．

エリアーデ，M.（立川武蔵訳）『ヨーガ①　エリアーデ著作集第9巻』せりか書房，1975年．

68. メシア

「メシア」とは，語源的にはヘブライ語マーシーアッハ（Masîh）にさかのぼり，元来は「油塗られた者・受膏者」を意味し，即位式で塗油儀礼を受けて聖別された現実の「王」などを指す言葉であったが，その後の古代イスラエル史の推移とともに，ユダヤ教・キリスト教の終末論や黙示思想と結びつくことで，終末時に世界審判・救済・神の正義を実現すべく神から遣わされる「終末的救世主」という神学的意味をもつに至った．ヘブライ語のマーシーアッハ（Masîh）からアラム語メシーア（mesîhâ），ギリシア語メシアス（messías），英語メシア（messiah）が派生したが，『新約聖書』のギリシア語ではメシアスよりも同義のクリストス（christós）や「人の子」「神の子」といった独自の表現が多用されており，イエス（Jesus）こそが人類全体の救済を実現する救世主クリストス（メシア）と認めることで成立したキリスト教にとっては，このクリストス（キリスト）の存在がそれ自体，絶対的な信仰の対象となった．

【古代イスラエル・ユダヤ教のメシア観】『旧約聖書』では，マーシーアッハという言葉は常に，サウル，ダビデ，ソロモンなど古代イスラエルの現実の諸王を主として，バビロニアに捕囚されていたユダ王国民をエルサレムに帰還させたペルシャ王クルス（Cyrus），および祭司やその他族長などに対して用いられていることからも，捕囚以前の，すなわちユダヤ教成立以前の古代イスラエル宗教における「メシア」の用法に「終末的救済者」の意味は見受けられない．王国時代にはすでに，現実の王に失望した預言者たちによって，かつてイスラエル史上空前の大国を建設したダビデ王の家系出身の王に，イスラエルの安泰と繁栄を守り正義をもって統治すべく神ヤハウェから遣わされる理想王の出現が預言・期待されていたが，王国時代における幾多の苦難，王国の滅亡，捕囚，大国の支配の経験を経たユダヤの民のメシア待望は，イスラエルの政治的自由と国家再建という民族的願望と結びつきながらいっそう強化され，さらに，神が悪しきこの世界を滅ぼしイ

スラエルがその罪をあがなわれ義と平和のうちに勝利を得る祝福のメシア王国を実現するという終末思想の展開と結びつくことで「終末的救世主」としてのメシア観を形成していった．シリアによるヘレニズム化の強圧に対して起こったマカベアの反乱（前165年）や，ローマ支配下で幾度となく引き起こされたバル・コホバ（Bar Kokhba）の反乱（紀元132〜135年）などの一連の独立運動はいずれもメシア待望に基づく終末戦闘としてのメシア運動であり，第二神殿時代の後半期（前220〜紀元70年）に頻出した多様なメシア的教派は，政治的救済者としてのダビデ家系出身の終末的「王」と，イスラエルの罪をあがなう精神的・倫理的救済者としての「大祭司」という二元的メシア観を発展させた．世紀の発見とよばれる『死海文書』を残したクムラン教団は，差し迫る光と闇の終末闘争を予期し，ダビデ家系出身の終末的「王」とさらにその優位を占める「大祭司」という2人のメシアを待望した終末的出家集団であった．

【キリスト教のメシア観】 キリスト教においては，こうしたユダヤ教のメシア観からとくにその精神的・超越的救済者としてのメシア観念がその終末論とともに神学的な発展を遂げ，この宗教の中核的教説となるに至った．キリスト教は，イエス（Jesus）の教えと活動に始まるが，宗教として成立するのは，イエスの十字架上の死後であり，弟子たちの間に彼こそが「神の子メシア」であり，死人の中から甦り昇天したという信仰が生まれたことによる．初代キリスト教徒たちは，古代イスラエルの預言者たちによるメシア到来の預言がイエスにおいて成就した，と信じたのである．ユダヤ教におけるメシア観念では，イスラエルの救いを最終的に実現するのは歴史を主宰する神のみであり，したがってあくまで被造物たるメシア自体は信仰の対象にはなりえず，その終末時の救済やメシア王国の実現も現世的事象として捉えるのに対し，キリスト教のクリストス（キリスト）は，三位一体の第二の受肉した神人ないし「神の子」たる神性をもつ超越的救済者であり，己が血によって人類の罪をあがない，イスラエルという民族的枠を越えた人類全体の救済を実現する存在である．ここにキリスト教が普遍性を得て世界宗教として発展した所以がある．その終末的救済とは，キリストの再臨による最後の審判と宇宙的破局によってもたらされる超越的・精神的世界たる「神の国」に実現されることとされ，現世内の政治的・社会的救済への関心は後退した．

【その他の宗教におけるメシア運動】 現世の悪・不義を一掃し，至福の世界をもたらす救世主という広義のメシア観念は，ユダヤ・キリスト教以外に広く世界中の宗教に見受けられる．イスラームにも，世界の終末に先立ってイスラームのあらゆる地上の敵を一掃すべくマハディ（Mahdi）「正しく導かれた者」とよばれる預言者家系出身の支配者が出現するという，キリスト再臨信仰の影響を受けた終末待望の信仰がある．また，16世紀以降のヨーロッパ世界進出に伴うキリスト教と土着宗教との接触状況下では，植民地支配の抑圧に苦しむ民衆を解放し世界を一新させる救世主の到来を預言・待望する民衆宗教運動が世界各地で頻発した．19世紀後半に北米先住民の間で広まったゴーストダンスや，20世紀初頭，メラネシアやニューギニアで沸き起こったカーゴカルトなどはその一例であろう．こうしたいずれのメシア運動も，ローマの圧政に苦しむユダヤ人社会に成立したキリスト教と同様に，現実世界で支配と抑圧を受け苦難を強いられた人々の間から生まれている．

（笹尾典代）

69．ヨーガ

【定義と起源】 ヨーガとは，インドの宗教的伝統の中で，精神統一などのために用いられてきた行法の一つである．「ヨーガ」は，英語のyoke（くびき，くびきに繋ぐ）と語源を等しくし，「結びつける，繋ぎとめる」を意味するサンスクリット語の動詞に由来する言葉である．（原語では「ヨガ」より「ヨーガ」が近い．）何を何に繋ぎとめるかは必ずしも分明ではないが，ヨーガの目指すところをくめば，行為と感覚を調御して規律ある平静な状態に抑え，心の散乱を収束することで，より高次の段階へと精神を高める技術という

ことになる．

　こうした修法が，インドでいつの時代から行われていたかについて，客観的証拠をもとに論じることは困難である．先史時代に属するインダス文明（盛期：前2300～前1800）の印章の中に，獣頭で水牛状の角をもち，動物たちを周りに従えて結跏趺坐に似た姿勢をとる人間（神？）の正面像が刻されているものが見出される．学者たちは，後世のヒンドゥー教における獣主（パシュパティ）としてのシヴァ神の一面などを手がかりに，これをシヴァの原型（プロト・シヴァ）とみなし，シヴァ信仰の存在をインダス文明にまで遡ろうとする．この像がシヴァ神のものか否かは別にして，その坐法にヨーガ的な行法の反映をみてとることは不可能でない．その像が男根を立てていることも，ヒンドゥー教の豊饒の神としてのシヴァ神と，ヨーガや苦行によって生起すると考えられた特殊な熱力（タパス）の両方を暗示しているようにもみえる．ヒンドゥー教のシヴァ神がヨーガの主（ヨーゲーシュヴァラ）ともよばれることや，ヒンドゥー教のシヴァ派におけるヨーガの重要性などを考え合わせると，この印章はきわめて意味深長である．

　ヨーガに類する観念は，少なくとも最古層のヴェーダ聖典群には現れておらず，後代の文献になって記述が見出されることも注目される．インダス文明を非アーリヤ系の所産と考えれば，ヨーガを非アーリヤ的・前アーリヤ的な文化に由来するものと考えることは，的はずれの空想ではない．ヴェーダの宗教（バラモン教）が祭式によって他者である神に祈願し目的の成就をはかる「祈りの宗教」であるとすれば，ヨーガはいわば「瞑想の宗教」であり，外界との接触を抑えて自己に沈潜することによって神的なものへ接近をはかろうとするものである．アーリヤ人の宗教的実践がヴェーダ聖典に記されているもので完全に尽くされている保証はどこにもないが，少なくとも文献に見る限りでは，ヨーガはヴェーダ的なものとはたしかに性質を異にしている．ただし，ヨーガ自体は非ヴェーダ的・非アーリヤ的なものに淵源を求めうるとしても，インドの宗教史上に表面化してくるヨーガの諸観念は，さまざまな伝統の融合の結果として立ち現れたインド精神文化の共有財産であって，「非アーリヤ的」とのステレオタイプを安易に当て嵌めるべきではない．

【方　法】　哲学体系としてのヨーガはパタンジャリを開祖とし，そのもっとも古い表現を根本聖典『ヨーガ・スートラ』（後2～4世紀）に求めることができる．聖典には近現代にまで至る数多くの注釈文献と復注があり，作者は思想的立場を異にする多くの学派にわたっている．このことは，ヨーガの実修が，宗教的な精神集中をはかったり，聖なるものとの神秘的合一を達成する基本的手段として，インドの諸宗派に広く受け入れられていたことを示す．仏教の開祖ゴータマ・ブッダが大悟したのも，苦行ののちに菩提樹下に座して静かにヨーガを修したときとされる．ヨーガによる瞑想は，仏教では「禅定」という用語で知られる．中国で発達した禅仏教の起源も，源をたどればインドのヨーガに至りつく．大乗仏教で観念論を説いた唯識派は瑜珈行派（ヨーガーチャーラ）ともよばれるが，これは悟りを得るためにヨーガの実修を重視したからにほかならない．ジャイナ教においても，その苦行主義はヨーガ行の実践と分かちがたく結びついている．

　前述の『ヨーガ・スートラ』の冒頭で，「ヨーガは心の作用の止滅のことである」と規定されている．「止滅」とは，換言すれば完全な「抑制」ないし「制御」のことである．心の制御は，正しい行いで心を浄めたのち，安楽に座して呼吸を調制することをもって始まる．吸気と呼気の間隔を長くすることにより，感覚と行動を心の中に回収していく．これにより，ヨーガ行者は外界の物事から自己を閉ざし，世界の干渉から独立する．次に，思念を自分の身体なり外界なりの一点のみに集中させる．長い瞑想の中で，それを現実の対象のように考える．ついには瞑想しているという意識すら消失し，思念が対象のみから成る段階に至る．半ば恍惚の中で行者は対象と合体し，主体と客体という二元性が取り払われる．この状態はサマーディ（三昧）とよばれる．以上が「ラージャ・ヨーガ」という名称でも知られる古典的なヨ

ーガである．

12〜13世紀以降，常人の真似できない姿勢や坐法をも駆使した「ハタ・ヨーガ」が発達する．個人と宇宙を相即に対応させるタントリズム的な思考に基づき，生理的・肉体的な「克己」によって大宇宙をも自らのものにしようとするものである．

ヨーガのもついま一つの側面は，呪術的苦行主義の残滓として，超自然力と分かちがたく結びついていることである．前世の記憶，予知能力など，さまざまな神通がヨーガの効用とされる一方，これらの能力が解脱を目指す修行の妨げともされるなど，二つの側面は矛盾を含むものでもある．

なお，後世「ヨーガ」の意味が拡大し，解脱や救いに接近する方法を総じて「ヨーガ」とよぶ場合がある．ジュニャーナ・ヨーガ（智慧による道），カルマ・ヨーガ（行為による道），バクティ・ヨーガ（信仰による道）などの用例はこれに当たる． 　　　　　　　　　　　　　　　　（山下博司）

参 考 文 献

エリアーデ，M.（立川武蔵訳）『ヨーガ 1, 2』エリアーデ著作集 9, 10，せりか書房，1975 年．
佐保田鶴治『ヨーガ根本教典』平河出版社，1973 年．
マッソン＝ウルセル，P.（渡辺重朗訳）『ヨーガ』文庫クセジュ，白水社，1976 年．
山下博司『ヨーガの思想』講談社選書メチエ 432，2009 年．

70．預言・預言者

預言者（prophet）とは，神からの啓示を受け取り宗教的教説として宣べ伝える人物で，預言者が伝える，神から与えられた固有の宗教的メッセージを預言（prophecy）という．預言者は，神の召命によって選び出されたカリスマ的人物であり，神関係の直接性において，職業的・世襲的祭司とは区別される．西アジア地域に明瞭にみられる宗教現象で，とくに古代イスラエルの預言者がその範型的事象として語られる．ウェーバー（『宗教社会学』）は，預言者現象を，超越的視点から世界を問い直し，新しい宗教的世界観を開示する人物として理解する．さらに倫理的預言者と模範的預言者（ゴータマ・ブッダ，老子など）を区別されるが，一般に預言者という場合は，超越的人格神から預言を委託された倫理的預言者を指すことが多い．

預言者の類型として，その活動から新しい宗教的共同体が成立したかによって，改革的預言者と創唱的預言者が分けられる．前者の例としてヘブライ的預言者（アモス，ホセア，イザヤ，エレミヤ，エゼキエルほか）が，後者の例として，ザラトゥシュトラ（ゾロアスター），マニ，ムハンマドが挙げられる．現代における預言者現象としては，南西アフリカ地域（キンバング運動など）やアメリカ先住民（ゴーストダンス）や大洋地域（カーゴカルト）のメシア運動が指摘されるが，それにはキリスト教ミッションとの直接・間接の影響が考えられている．

ヨーロッパ諸語で「預言者」の語源となったギリシア語「プロフェーテース」は，「他人に代わって語る者（代弁者）」と「前もって知らせる者」の意味をもち，聖書のギリシア語翻訳によって今日の意味に使用されるようになった．ヘブライ的伝統で，預言者を表す言葉は「ナービー」（おそらく「神に呼びだされた者」の意，ときにアブラハムやモーセもその称号を添えられる）であるが，聖書本文ではむしろ「神の人」「先見者」などの表現が好まれる．のちに古代イスラエルに現れる預言者の類型は，すでに前 23 世紀の北シリア・エブラにみられる．マリの王の記録（前 18 世紀）にそのような預言者の報告が残されており，西アジア地域に広くみられた現象であると考えられている．ヘブライ語聖書でもしばしばバール神やヤハウェの恍惚的預言者の集団の存在が報告される．彼らは宮廷や聖所と職制的に結びつき，これらと区別される個人的カリスマとしての預言者は，前 750 年から前 500 年頃に活躍した記述預言者と呼称される人々を指す．イスラムでは，ムハンマドが「ナービー（預言者）」「ラッスール（使者）」とよばれる．ヘブライ的預言者に加えて，ナザレのイエスを預言者にかぞえ，ムハンマドが最後の預言者（預言者の封印）であると教える．

一般に，預言者の体験は，しばしば幻視や幻聴をともなうエクスタシー体験であると語られ，また「神の霊」による憑依現象であるように表現されるが，その間も預言者には明確な意識が存在していることが多い．それは預言者が超越者からの直接の語りかけを聴く「言葉の体験」であり，この体験によって謎めいた表現の解き明かしを必要としない知解・伝達可能なメッセージが預言者に委託される．この点で預言者は巫祝現象と区別される．言語表現としての預言は，今日記述されているが，本来は口承されたものであった．しばしば預言は，特定の形式に整えられた詩文の形態で表され，また生彩にみちた比喩を含んでいる．また定型句（例えば「ヤハウェはこう言われる」といった使者宣言など）が多くみられる．預言者について述べる物語部分を除けば，一人称で語られることが多く，それは神から委託された預言者の権威の指標となっている．

預言者は，救いの可能性や災厄の到来といった未来について予告すると同時に，現在の状況について語り，社会的危機もしくは潜在的危機を人々に告知する役割を使命として担う．この危機的状況にあって預言者は神的裁断に基づいて宗教（祭儀）批判・社会批判を行い，倫理的勧告を与える．預言者は神的召命にのみ縛られて旧来の社会や伝統から解放された見地から語るので，しばしば迫害を受けた．ユダヤ＝キリスト教的伝統で（さらにイスラムでも），預言者の批判は，社会的弱者や貧者を抑圧する不正義に向けられて倫理的刷新を促すので，預言者的宗教伝統は「倫理的一神教」を特徴づけるものと理解されている．

（平林孝裕）

参考文献

ウェーバー，M.（武藤一雄訳）『宗教社会学』創文社，1976年．
井筒俊彦『超越のことば』岩波書店，1991年．
コッホ，K.（荒井章三・木幡藤子訳）『預言者Ⅰ』教文館，1990年．
ソーヤー，J.F.A.（宍戸男訳）『旧約の預言と預言者』ヨルダン社，1994年．
ランテルナーリ，V.（堀一郎・中牧弘允訳）『虐げられた者の宗教』新泉社，1976年．

71. 輪廻転生

輪廻と転生ははっきり区別して考えなければならない．転生は霊魂がただ一つの生体から他の生体へと移ることであるのに対し，輪廻の方は生死を反復して「火輪のめぐるごとく」熄むことのないことを意味し，「流転」と同義である．だが往々にして，この両者は混同され，インド起源の「輪廻」は古代の太陽崇拝による「転生」と同じものと考えられている．

輪廻や転生という思想が成立する根拠は，肉体から遊離した個別的な霊魂の存在を前提とする．霊魂の観念は生死に向き合うことで生じる．死者を生者から区別するもっとも明白な所見は，それまで呼吸していたものが急にそれを停止することにあるから，古代人は，死とは空気のようなものが身体から抜け出すことだと考えた．そしてその空気のようなものについて，霊魂なる観念がもたれるに至ったのである．夢の経験は，一時的な肉体からの霊魂の離脱・遊行とされることで，霊魂の存在に対する古代人の確信をさらに強めた．

では，肉体がすでに死滅していて，離脱した霊魂が後戻りできなくなったとき，その行方はどうなるのか．こうした問いに答えようとしたのが，転生という思想である．

もっとも単純な転生は，近くにある他の動植物へ霊魂が宿替えすることだった．とりわけ太陽崇拝の影響下では，死者の屍から舞い上がる鳥，群がり立つ羽虫は，霊魂を太陽神のもとへ運ぶ乗り物であって，もっとも理想的な転生の姿とされた．風葬の場合，死者の棺を襲ったベンガルの虎やボルネオの熊猫が，霊魂の新たな宿主となる．水葬においては，アフリカの鰐やメラネシアの鱶が，霊魂の転生を引き受けることとなった．もっとも直截なものとしては，食人による転生が挙げられる．死者に対する絶大な尊敬と感激を以て，父や王を食うことで，子や後継者はその霊魂をも相続すると考えられたのである．

同じ転生であっても，いわゆる「生まれ変わり」の場合は，やや複雑な過程を経る．死んで肉体を離れた霊魂はいったん冥府へおもむき，冥府の神の審判を受け，生前におかした罪の軽重によ

って，その転生が決定されることとなる．

　古代エジプトの場合，オシリス神の法廷で審判を受け有罪と決定すると，霊魂はたちどころに怪物チフォーンに呑み込まれてしまうから，再生や復活の途はまったくない．「義とせられし魂」だけが，その望むに任せて，瑞鳥や聖獣，王侯貴族などに転生できる．つまり，この場合の転生は褒賞の意味をもつといえよう．

　逆に，古代ギリシアのオルフェウス教の場合，人間における善の要素は霊魂，悪の要素が肉体であり，肉体は霊魂の牢獄のようなものであるため，霊魂が自由になるためには肉体から解放されなければならないと考えられている．死者の霊魂は冥府においてハーデースの審判を受け，その生前の罪に従って新たな肉体に再び宿るが，この場合の転生は霊魂が解放されないという点で明らかに刑罰であると言える．こうした見地から，オルフェウス教徒の間では，来世において霊魂が宿るであろう肉体を，その浄・不浄によって各種の段階に分けて品定めした．たとえば動物では獅子が最高であり，植物では月桂樹がそうであるとされた．また，すでに罪を償い終わった魂は，もはや生死の輪廻を繰り返すことなく，上天にあって罪を犯さざる以前にもっていた不死の本質に復帰するとされている．

　他方，仏教でいう輪廻は，衆生の霊魂が，地獄・餓鬼・畜生・修羅・人間・天上の六道に，転々と生を受け，永遠に迷いや苦しみの世界をめぐることであるとされた．しかしそれは，肉体が霊魂の牢獄であるから苦なのではなく，無尽の業がその輪廻を貫いているからにほかならない．

　では，仏教においては，輪廻の主体となる霊魂，あるいは「我」はどのように考えられたのか．石上玄一郎によれば，釈迦は「諸法無我」として，輪廻の主体となる「我」を否定した．これはつまり，輪廻をも否定したことにほかならない．それでは仏教に輪廻説がまったくないかといえば，それどころか，ある部派においては輪廻説が倫理観の根底にさえなっている．これは，釈迦入滅後の教説が多かれ少なかれ「我」の実在観に囚われたからだという．大乗仏教や禅宗，浄土宗系や日蓮宗も，「有我」を否定することで「生死輪廻」をも否定していると石上はいう．輪廻や転生に絡み合う「我」への執着は，生死に関わる医療技術の発達した今日の我々にとっても反省的に向かい合うべきものなのかもしれない．

（兵頭晶子）

参　考　文　献

石上玄一郎『輪廻と転生—死後の世界の探究』人文書院，1977年．

72. 霊　験

　祈願に応えて神仏が現す不思議な験（しるし），もしくはそれがあらたかな寺社・霊場・霊地をいう．除災招福や病気平癒など，人間の祈願に対して効験が現れることは自明の事実であり，またそれを示すことが神仏や宗教者の霊妙な力の証でもあった．寺社などの縁起が必ずといっていいほど霊験譚をともなうのはそのためであり，いわば霊験を通して神仏の存在が可視化され，あるいは宗教者がその資格を認められたのである．

　修験道は，そうした発想をもっとも端的に表現するものの一つだろう．修験道の要諦を，戸川安章は，次のように説明している．

> 　修験の験とは，祈禱の結果としてのしるしであり，しるしとは，父母所生身，即証大覚位，つまり，この身このまま，来世を待たずに，今生において悟りをひらき，仏となって（これを上求菩提という），生きとし生けるもののために救いの手をさしのべられる（下化衆生）人間となることである．修とは，そのための努力精進であり，霊験力や呪術力を身につけることである．そして道とは，その方法を研究し，あるいは実践するための最高の手段と方法を意味し，きびしい修行を積んで，祈れば必ず神仏の助けを期待できるだけの法力を身につけたもの，それが験者であり，修験者である．

　したがって修験者は，祭などにおいて，互いの能力を競い合う験比べを行う．例えば，祭の中で重要な役割を果たす火を，どちらがより自在に動

◆ Ⅷ．宗教の基礎用語 ◆

かせるかというように．それは単なる競争ではなく，祭に神仏の感応を招来するための不可欠な儀礼だといえよう．そして人々は，そのような霊験を約束する存在としての修験者に，病気平癒などの御利益(ごりやく)を切実に求めたのである．

あるいは，近世においては，「狐憑」などの憑依現象が流行神の霊験を示すものとみなされることもあった．江戸の都市社会における多種多様な流行神は，個人の願望一つひとつに神仏が霊験をもたらしてくれるという宗教意識の反映でもあり，そうした救済の諸機能はやがて「諸願」という形で一括され統合化されたという．こうした諸機能の統合化の上に，さまざまな霊験が収斂していくと，そこに民衆がトータルな形で期待していた救世の観念が生まれてくるのではないかと，宮田登は指摘している．

しかしながら，明治期以降の日本においては，これらの霊験は再定義の対象とされていく．井上円了が1916（大正5）年に著した『迷信解』では，「狐憑」などの憑依が精神病とされたのを始めとして，加持祈禱や禁厭，あるいは神水や守札による治病などの効験も，動機が正当な場合は確かに起こりうるものの，それは信じる側の「精神作用」によるものであって，真の意味での霊験ではないとされた．霊験を通じた神仏と人の直接的な交流は退けられ，その不思議はすべて人間の「精神」へと回収されていったのである．もちろん，こうした「啓蒙」によって霊験という思考法が消え失せたわけでは毛頭ない．しかし，修験者による治病術などの系譜を引いた人々が，日本近代において催眠術やスピリチュアリズムの洗礼を受け，後に「精神療法」（今日の精神医学でいう精神療法とはその意味を異にする）と総称される治病法を次々と生み出していく背景には，このように霊験を「精神」化し，さもなくば「迷信」として排除していく再定義のありようが深く関わっていたのではなかろうか．また，今日の多くの人々にとって，寺社が霊験所ではなく文化財とみなされがちなことも，霊験が再定義されてきた近代という時代を，別の角度から物語っているのかもしれない．

日本人は依然として現世利益的であるといわれる．神仏を問わずそうした願掛けも行っているだろう．しかし，神仏の実在は，あるいはその霊妙な力は，はたしてどれほどリアルに感じられているのか．霊験というキーワードが繙(ひもと)く宗教の日本近代は，重い問題をわれわれに問うているような気がする．

（兵頭晶子）

参 考 文 献

井上円了『新編妖怪叢書3 迷信解』国書刊行会，1983年（初出1916年）．
戸川安章『修験道と民俗』岩崎美術社，1972年．
宮田 登『江戸のはやり神』ちくま学芸文庫，1993年．
吉永進一編『日本人の身・心・霊—近代民間精神療法叢書』クレス出版，2004年．

73．霊　魂

霊魂（soul, spirit）がいかなるものであるかは，文化，宗教などのそれをめぐる文脈によって非常に多種多様であるため，厳密に定義するのは困難である．しかし，あえてその外延を大まかに述べるとすれば，とくにその典型としての霊魂（soul）とは，身体に宿って精神の働きを司る生命，その生命のもととなっている超自然的なもの，ということができよう．それは，宿り主の消滅後も独自に存在し続けると考えられることから，超自然的（supernatural）または超人間的（superhumanbeing(s)）なものとされ，通常は不可視の存在であるから，霊的（spiritual）なものとされ，さらには，喜怒哀楽の感情をもつと考えられることから，人格的（personal）なものとされる．こうした霊魂は，人間だけではなく，万物に宿るとされる場合もあり，また，東南アジアの複霊観や中国の魂魄観のように，1つのものに複数の霊魂が宿るとされる場合もある．

霊魂が人格的，個別的なものであり，一個の全体としての人間を統一し，そしてその死後も存続するといった考え方は西欧哲学・宗教において生じたものだが，必ずしもこれが普遍的なものであるということはいえない．また，ここでは，一個の身体に1つの霊魂が属すことでその全体を統一しているということになるが，こうした二元論的

な捉え方も普遍的なものであるとは決していえないのである．

　万物に宿る霊魂群を一括して霊的存在とし，この存在への信仰をアニミズムと名づけ，これが宗教文化の起源と本質であるとして論じたのがタイラー（Tylor, E. B.）である．その著書『原始文化』によれば，死，病，夢などにおける経験を通して未開社会の人々は霊魂の存在を確信するにいたり，これが類推的に動植物や自然物にも及ぼされ，さまざまな霊的存在をめぐる観念，そして信仰が成立したのだという．このことから，神霊，精霊，死霊などは，それぞれが対象や存在に結びつけて観念された霊魂にほかならないのであって，この観念がさらに後に進化して多神教や一神教へと展開したということになる．後にこれは，その心理学への依拠や進化論的な態度について批判されることとなったのだが，アニミズムをもって宗教の本質とする点は補強されながら今日まで継承されているといえるだろう．　　　（鈴木　景）

用語索引

ア 行

アイヌ　437
『アヴェスター』　13, 575
アウグスブルグ信仰告白　71, 82, 610
アガダー　151, 551
アーガマ　581
現御神　532
悪魔　819
悪魔祓い　819
アクロポリス　17
アケダー　623
阿含　33
アザンデ　845
アージーヴィカ教　30
アシュケナズィ　149, 264
アタナシウス派　821
アダーラト　299
『アタルヴァ・ヴェーダ』　577
アッカド　8
アッシリア正教会　70
アッセンブリーズ・オブ・ゴッド　71
アッラー　98, 105, 571
アニト　388
アニマ　488
　　──の救かり　522, 531
アニミズム　406, 415, 478, 488, 688, 778, 903
阿毘達磨　37
アビダルマ　37
阿毘曇　37
アブ・サヤフ　314
アフラ・マズダー　13
アフリカ諸国の植民地化　745
アフリカの宗教　185
アボリジニ　360
アボリジニ芸術　367
アマゾニア　381
天照大神　497, 519

天日槍命　500
アマル　272
アミ族　389
阿弥陀三尊　671
アーミッシュ　73
アミール　101
アメリカ合衆国　207
アモン・ラー　258
アヨーディヤー　277, 805
アラウィー派　103, 261
阿羅漢　38, 864
現人神　532
アリウス派　79, 821
アリストテレス哲学　652
アーリヤ　166
アーリヤ人　157
アリュート　370
アル・カーイダ　127, 271, 806
アルナーチャル・プラデーシュ　343
アルバニア　242
アルメニア教会　70, 262
アレヴィー教　261
『アングッタラニカーヤ』　31
アングリカン・チャーチ　→　イギリス国教会
アンコール・ワット　49
暗殺教団（アサッシン）　103
安息日　146
アンティゴニッシュ運動　215
アンディジャン蜂起　292
アンデス地方　378
安楽死　719

イエズス会　85, 196, 281, 460, 520, 613
イエス之御霊教会　73
家の教会　431
イオマンテ　448, 451
『医学典範』　652
イギリス　226
イギリス国教会（アグリカン・チャーチ）　72, 84, 226
イグレシア・ニ・クリスト　313
生け贄　835
イコノクラスム（聖像破壊・偶像破壊）　81, 262, 820
イコン（聖像）　70, 81, 820, 858
イサク供犠（アケダー）　623
イザナキ　495
イザナミ　495
イシス　258
『イシスとオシリス』　10
石山本願寺　521
イジュティハード　124, 657, 659
イスマーイール派　103, 261
イスラーム　97, 259
　　──とテロリズム　705
イスラーム解放党　301
イスラーム学生協会　308
イスラーム原理主義　704
イスラーム主義運動　123, 270
イスラーム神秘主義　→　スーフィズム
イスラーム神秘主義者　→　スーフィー
イスラーム戦士団　299
イスラーム復興　123
イスラーム法（シャリーア）　110, 260, 572
イスラーム法学者　110
イスラーム暦（ヒジュラ暦）　98, 108
伊勢神宮　519
伊勢参り　528
異端　244, 821
異端審問　821
イチャルパ　454
イチワナ儀礼　374
一貫道　328
一向一揆　519, 521
一切衆生悉有仏性　510
一神教　105, 822
イデッシュ語　265

—905—

◆ 用 語 索 引 ◆

イード 121
イナウ 445
稲吉角田遺跡 490
稲荷信仰 526
イヌア信仰 406
イヌイ〔ッ〕ト 372, 404, 406
イヌイト・ユッピク 368, 370
祈り 544
イバード派 261
イマーム 100, 102, 646
癒し 476
イラン・イスラーム革命 122, 270, 661
イランの宗教 13
岩のドーム 117, 793
因果応報 165
インカリ神話 200
インダス文明 157, 274
インディアン 370
インディオ 195, 377
インティファーダ 269
インティ・ライミ 200
インテリジェント・デザイン論 542
インド 274
インド人民党 278
インドネシア 49, 307
印度仏蹟興復会 596
インドラ 159
インフォームド・コンセント 720
陰陽 179

ヴァイシェーシカ学派 161
ヴァジュラーチャーリヤ 44
ヴァチカンの和解 757
ヴァーラーナシー 797
ヴァルナ 159, 166, 275
ウイグル人 301
ヴィシュヌ 164
ヴィディヤー 575
ウィリクタ巡礼 380
ヴィーレンドルフのヴィーナス 5
ウェストミンスター信仰告白 71
ヴェーダ 158, 575
　——の宗教 157, 158
ヴェーダ聖典 577
ヴェーダーンタ学派 161
ヴェーダーンタ協会 831
『ヴェーダーンタ・スートラ』 581
ヴォーゴントン（無言通）派 56

氏神 849
失われた10部族 131
ウズベキスタン 288, 298, 299
ウズベキスタン・イスラーム運動 300
宇宙山 841
宇宙論と神 775
ウトラキズム 244
優婆塞 36, 504
ウムラ（小巡礼） 108, 796
占い 823, 859
盂蘭盆会 503
ウラマー 110, 113
『ウルガタ』 558
ウーンデッド・ニー虐殺 375
ウンマ（信仰共同体） 98, 644

英雄 17
エヴァンゲリカリズム 542
エヴァンゲリカル 207
エキュメニズム 95, 757
エコ・レリジョン 781
エコロジカル・レリジョン 781
エジプト革命 126
エジプト宗教 9
エジプトの神々 11
エズ・ヴォト 199
エスキモー 368, 370, 404
エチオピア教会 70
『エッダ』 24
エトルリア宗教 18
「エヌマ・エリシュ」 8
エフェソス公会議 262
エホバの証人 73, 216, 461, 802
エラガバル信仰 22
エラスティアニズム 837, 863
選びの民 143
エルサレム 117
エルサレム神殿 138
エレウシスの密儀 18
エロティシズム 824
縁起説 34
「エンキとエンマハ」 7
エンゲイジド・ブッディズム 62
円仏教 358, 462

『往生要集』 514
黄帽派 594
オウム真理教 541, 709
大浦天主堂 531

オオゲツヒメ 875
大原談義 515
大本教 535
お蔭参り 528
オガミサマ 849
オシリス 258
音環境 773
踊〔り〕念仏 513, 518
オプス・デイ 230
オモニ信仰 436
オリシャ 202
オリンピア祭 17
オリンポスの神々 16
陰陽道 512
厭離穢土 514
怨霊 512

カ　行

カアバ神殿 117, 796
回回 322
改革派教会（長老派） 71
回教 97
改宗 825
会衆派 208
回心 825
回族 322
海南会館 421
ガイバ（幽隠） 103, 647
開発統一党 308
解放の神学 197
カイラース山 797
戒律 827
カウム・ムダ 310
カオダイ教 307
鏡 828
鏡占い 828
カギュ派 334
夏教 328
華僑（華人） 420
　——の宗教 421
カーゴカルト 829, 892
過去七仏 28
カザフスタン 288, 298
カスタ戦争 204
カースト制 166, 275
『風の谷のナウシカ』 540
火葬 501, 502, 888
火葬禁止令 812
『固き絆』 125, 659

—906—

カタリ派　821
語る十字架　204
葛氏道　174
活版印刷術　752
活仏　600
割礼　87, 119
カーディー　290
カティプナン　313
カトリック　68
カトリック改革　84
カナダ　208
カナダ合同教会　208
カナダ長老派教会　214
カナダバプティスト連合　214
カナダルター派協議会　214
カニバリズム　830
カヌードス戦争　204
カハ運動　804
カバラー　555, 633
鎌倉新仏教　59, 515
神々の黄昏　24
神の愛　88
神の国　89, 604
カムイ・プヤラ　443
亀形石造物　503
仮面儀礼　189
カライ派　265
樺太神社　469
ガリ三国　338
カリスマ刷新運動　230
カリフ　99, 100, 644
ガリラヤ　65, 75
ガルガ洞窟　5
カルケドン公会議　70, 78
カルケドン信条　78
カルゴ・システム　198
カルト　701, 831
　　──とテロリズム　702
カルバラーの悲劇　646
カルマ派　334
観光アイヌ　452
韓国の宗教　345
韓国の神話　345
灌頂　42
環状列石　487
間接布教　752
感染呪術　188, 850
観想修道会　459
カンタベリー大主教　72
関帝　319, 422

カンドンブレ　202
観音菩薩　526
観音霊場巡礼　525
カンボジア　49, 306
漢訳大蔵経　54

祇園精舎　32
祇園祭　871
記紀神話　495
気候変動　776
喜捨（ザカート）　107
義人　→　ツァディーク
北アメリカ先住民　368
北アメリカの宗教　206
祇陀林寺　46
吸血鬼信仰　236
旧正月（春節）　324
救世軍　72, 461, 619
救世主信仰　203
『旧約聖書』　87, 550, 557
Q資料　561
キュベレ　19
教会一致促進運動　758
教会建築　91
教会合同　245
教会国家主義　837, 862
共感呪術　850
『教行信証』　669
教皇　69
共生と解放　229
教祖　3
経蔵　33, 564
経典　3
教派神道　533
教友　109
玉皇大帝　319
ギリシア宗教　14
ギリシア正教　262
ギリシア哲学　652
キリシタン　522, 531
キリスト　603
キリスト教　64
『キリスト教綱要』　83
キリスト者の完全　618
キリスト者の罠　768
キリストの十字架軍教会　73
「ギルガメシュ，エンキドゥ，冥界」　7
『ギルガメシュ叙事詩』　8, 9
儀礼　89

禁域　789
キンバング教会　73, 194
禁欲　832

グアダルーペ　795
　　──の聖母　93, 197
クアン　306
クヴァラン族　391
クエイカー派（フレンド派）　73, 209, 613
供犠　834
苦行　833, 586
グーシェ・エムニーム　804
倶舎論　842
百済　352
口伝トーラー　141, 550, 554, 626
グノーシス主義　77, 833
熊野三山信仰　525
熊野詣　525, 797
熊祭り　448, 451
クマリ信仰　282
クラン（氏族）　361, 364
クランデロ　380
クリシュナ意識国際協会　462
クリスチャン・サイエンス　73, 216, 461, 831
クリスチャン・ミッション　619
クルアーン（コーラン）　98, 106, 569
クルグズスタン　288, 298
グレゴリウス暦　70
黒住教　534
グローバル化　755, 806
クワン　305

形解　172
敬虔主義　85
啓示（タンズィール）　572
啓典　106, 572
契約　87
華厳経　53, 568
華厳宗　516
解脱　165
結婚　835
ゲッセマネの園　75
血盟団　535
気比神　508
ケヒラー　142, 143, 151
ゲルク派　334, 335, 592
ケルト宗教　24

◆ 用 語 索 引 ◆

ゲルマン宗教　24, 233
ゲルマン民族の大移動　78
原インド＝ヨーロッパ語族の宗教　12
元気　179
祆教　13
顕教　511
原始・古代の宗教　3
原始宗教　4
原始神道　493
原始福音・キリストの幕屋　73
原始仏教　566
堅信　91
現世的秩序の宗教　767
現世利益　836
原点主義　802
原典主義　802
顕密仏教　59
原理主義 → ファンダメンタリズム

コイリュ・リティ　198
後宮遊戯　586
郷教　352
高句麗　352
公現日　91
洪水神話（伝説）　8, 891
交替神教　823
皇帝崇拝　21
降兜率　585
高麗時代　353
五蘊　34
五行　107
国外布教　470
国際自由宗教連盟　760
国際仏光会　463
国柱会　535
国分寺　505
告別式　811
黒帽派　334
国民国家　735
国民宗教　837, 838
試みの6人　334
『古事記』　495
乞食修道会　459
ゴースト・ダンス　374, 892
古代エジプト　258
五大教　317
五大教祖　424
告解　91

国家教会主義　837, 863
国家神道　533
国家仏教　506
国教　837
事戸度し　496
五斗米道　173
小びと祭　389
コフィン・テキスト　10
コプト教会　70, 262, 263
コプト派キリスト教　192
古墳時代　494
古墳壁画　494
護法一揆　533
護摩　42
固有信仰　690
暦　838
御霊信仰　512
ゴルゴタ　75
ゴールジョ　398
ゴル派　340
婚姻　91
欣求浄土　514
金剛阿闍梨　45
金光教　534
金剛乗　42, 511
『金光明最勝王経』　54
コンゴ王国　193
コンスタンティノープル大主教座　262
根本分裂　36
公媽牌　391

サ 行

サイキカル・リサーチ　714
在家五戒　36
西国三十三か所　525
最後の預言者　106
サイシャット族　389
採集狩猟社会　372
祭政一致　840
再洗礼派　83
ザイド派　103
在日大韓基督教会　428
『西遊記』　590
サウディアラビア　124
サオ族　391
酒船石遺跡　503
サキャ派　334
サクラメント　69, 89

サタン　819
サティヤーグラハ　598
サドカイ派　626
悟り　33
サバ　311
サービア教　265
『サーマ・ヴェーダ』　577
サムイェーの宗論　334
サラフィー主義　125, 658
サラフィー主義者　104
サラワク　311
サルボダヤ運動　47
三一権実論争　510
サンガ　35
三階教　53
三学　35
山岳信仰　841, 855
サンギェー　28
サーンキヤ学派　161
三教　26
三教一致　318
『三経義疏』　501, 665
『三教指帰』　511, 666, 668
『三国遺事』　346
三十年戦争　82, 244
三乗一乗論争　510
サンスクリット化　167
サンスクリット語　566
三清　319
三蔵　564, 590
サンティアゴ・デ・コンポステーラ　93, 795
『三洞経書目録』　176
サント・マリー・ド・ラ・メールの祭り　402
サンバ　202
サンヒター　581
三武一宗の法難　53
三宝　27, 36
三法印　34
三宝の奴　506
三位一体説　78, 821

シーア・アリー　646
シーア派　99, 101, 102, 260, 646
璽宇　539
シヴァ　164
シェーカー　209
ジェマー・イスラミヤ　309
ジェンダー　694

◆ 用 語 索 引 ◆

シオニズム　154, 258, 269
持戒　827
只管打坐　517, 675, 896
式叉摩那　36
司教任命権　79
紫香閣　425
璽光尊　539
地獄　514, 842
地獄絵　515
四国三十三所観音巡礼　798
四国八十八か所　525
自己啓発セミナー　477
自己変容　476
死者　843
死者の書　10
時宗　518
四住期　165
紫真閣　426
紫靖閣　425
自然葬　813
地蔵菩薩　526, 843
四諦　34
四大事　585
四諦八正道　33
寺檀制度　59, 523, 809
自治教会制度　247
七福神　526
七仏通誡偈　35
実学派　351
シッキム　341
『使徒言行録』　562, 606
シナイ山　625
ジハード（聖戦）　644
ジプシー　398
ジブリール（ガブリエル）　98, 569
シベリアの諸民族　413
詩編　572
四法印　34
島原の乱　522
市民宗教　17, 154, 838, 844
四門出遊　586
ジャイナ教　30, 278
社会参加仏教　219
社会主義政権の宗教政策　249
ジャガー神信仰　382
折伏　517
邪視　266
邪術　845
シャタハート（酔言）　654
ジャーテイ　275

ジャディード運動　292
シャーフィイー法学派　102, 259, 649
シャプドゥン　342
ジャマーアテ・イスラーミー　126
シャ〔ー〕マニズム　346, 370, 408, 419
シャ〔ー〕マン　346, 370, 378, 408, 417, 492
沙弥　35
沙弥尼　36
沙門　28
シャラコ儀礼　374
シャリーア　109, 110, 260, 572
シャルル・ド・フーコーの霊的家族会　230
シュマア（シェマ）の祈り　145
呪医　823
宗教改革　70, 82, 244, 608
宗教間対話　787
宗教協力　757
宗教研究　683
宗教現象学　686
宗教進化論　854
『宗教生活の原初形態』　360
宗教戦争　701
宗教的共存　788
「宗教」という言葉　683
宗教の「越境」　457
『宗教の系譜』　693
宗教の死　778
宗教紛争　701
習合　23
十字架　605
十字軍　80, 115, 865
修証一如　675
修道院　80
十二イマーム派　102, 261, 660
十二因縁　34
十二支縁起　34
十二相　585
終末観　846
終末論　89, 846
宗門改め制度　523
宗門（宗旨）人別帳　523
終油　91
受戒　827
修行　847
祝祭日　91
修験者　527

修験道　527, 836, 841
守護神　848
守護聖人　199
守護霊　848
呪術　187, 850
──と宗教　187
シュタイナー教育　475
出エジプト　624
出エジプト記　129, 559
十戒　531
出家　586
シュビラー　634
呪法　512
種民　180
シュメール　7, 258
樹木崇拝　851
狩猟採集民の宗教　185
シュルティ（天啓聖典）　159, 576
殉教　522, 852
殉教者記念堂　852
巡礼　786, 791
巡礼（ハッジ）　107
巡礼地　93
浄　853
正一道　319
招魂社　726
上座部　36, 46
聖衆来迎図　515
小乗　39
『清浄道論』　46
証聖者　852
上清派　175
『摂大乗論』　41, 590
浄土　513
浄土教信仰　513
浄土三部経　568
浄土宗　515
浄土信仰　515
浄土真宗　516, 519
情報化　806
情報化時代の宗教　750
『正法眼蔵』　673
『勝鬘経』　53
浄明道　178
縄文時代　487
女媧　174
叙階　91
諸行無常　34
贖罪　88
職制　77

◆ 用 語 索 引 ◆

食葬　831
植民地　744
贖宥状　82, 609
女性伝道師　432
初転法輪　32
諸法無我　34
庶民信仰　690
諸霊祭　731
ジョン・フラム・カルト　829
シリア教会　70
シリア正教　262, 263
シルクロード　50
ジン（精霊）　120, 267, 572
新科学　716
シンガポール　312
進化論　854
人間仏教　55, 318, 327
神祇信仰　493
新求道共同体　230
新疆　301
新共同体　221
信教の自由　537
神宮寺　506
シンクレティズム　22, 266, 534
神権政治　862
信仰義認論　70
信仰圏　855
信仰告白　77, 91
信仰告白（シャハーダ）　107
信仰治療　856
信仰による義認　607
新興仏教青年同盟　535
信仰復興運動　210
神国思想の発生　519
真言宗　510
『真実摂経』　42
新宗教研究　692
神人（テオス・アネール）　20
人身供犠　834
新新宗教　692
身心脱落　674
神身離脱の神々　507
人生儀礼　188
『真正集』　290
新石器時代古ヨーロッパ宗教　5
神像　508, 857
神体　857
人体実験　719
神託　859
神智学協会　284, 595, 831

神道学　740
新道教　171
神道国教化　530
神道指令　537, 730
シンハラ・パマナイ運動　285
シンバン　347
新仏教　597
新仏教徒　279
神仏習合　506
神仏分離　530, 840
神本仏迹説　519
申命記　559
『新約聖書』　550, 557, 559, 606
新羅　353
心霊科学協会　717
心霊研究協会（SPR）　714
新霊性運動　474
新霊性運動／文化　472

スィク教　279
ズィヤーラ（訪問）　797
『スヴァヤンプー・プラーナ』　45
枢軸文明　767
少名毘古那　497
スケープゴート　834
スコットランド教会　226
須佐之男命　497
スタラ・プラーナ　581
『スッタニパータ』　31, 567
ストア派　23
ストゥーパ　37
スートラ　581
ストーンサークル　487
ズニ　373
スピリチュアリズム　712
スピリチュアリティ　472, 539, 694
スピリティズム　713
スファラディ　148, 265
スーフィー（イスラーム神秘主義者）　111, 267, 280
スーフィー教団（タリーカ）　113, 267, 280, 290, 297, 655
スーフィズム（イスラーム神秘主義）　112, 280, 654, 833, 888
スムリティ（聖伝文学）　159, 578
スラヴ語典礼　238
スラヴ民族の宗教　235
スリランカ　46, 284
スルターン　100
スロヴァキア　238

スワーミーナーラーヤン運動　462
スンナ（慣行）　109, 645
スンナ派　101, 259, 651

西域南道　50
西域北道　50
聖ヴィンセンシオ・ア・パウロ会　230
性器崇拝　861
政教一致　862
生業儀礼　187
政教分離　207, 862
聖餐　90
聖者　864
聖週間　91
生殖補助医療　719
聖書至上主義　70
聖人　864
星辰信仰　20
聖人信仰　199
精神世界　472, 474, 540
聖戦　865
聖遷　→　ヒジュラ
聖像　→　イコン
聖像破壊運動　→　イコノクラスム
聖地　789
正典　77
正統カリフ　99, 569
聖なるもの　860
青年仏教協会　285
成文トーラー　141, 549
西方教会　78
生命の尊厳　722
生命文明　771
生命倫理　719, 724
精霊　362
精霊信仰　304, 306, 323
『世界がもし100人の村だったら』　783
世界教会運動　758
世界基督教統一神霊協会（統一教会）　358, 462
世界宗教者平和会議　760
世界ヒンドゥー協会　278
世界平和の祈り　759, 764
石棒　488, 861
赤帽派　334
セクシュアリティ　489
世俗化論　692, 866
世俗的ナショナリズム　736

—910—

説一切有部　37, 38
セフィロート　633
『セプトゥアギンタ』　558
セブンスデー・アドベンチスト
　　71, 216, 461
セルビア　237
セーレム魔女裁判　890
仙学　319
仙化　179
浅間講　528
先行儀礼　187
先史時代の宗教　4
禅宗　54, 516
専修念仏　515, 669, 671
全真教　178
全真道　319
占星術　20
ゼンセンター　470
戦争　701
先祖祭祀　523, 867
善堂　426
仙人　172
千年王国運動　203, 891
『千の風にのって』　785
選民（選びの民）　152
千里眼事件　716
洗礼　89

『雑阿含経』　53
創価学会　535, 538, 807
創価教育学会　535
曹渓宗　353
『荘子』　171
葬式仏教　523, 526
造寺・造仏　501
創唱者　3
創唱宗教　3
創世記　559
創世神話　869, 890
創造神　869
曹洞宗　517
葬列　810
即身成仏　510
祖先崇拝　868
祖霊　851
ソ連　248, 293, 295
ゾロアスター教　13, 266, 281
ソンガイ王国　114
成均館大学　352
誠米（ソンミ）　435

タ　行

タイ　48, 305
第一結集　35
第1次ユダヤ戦争　137
大覚醒　209
第五結集　48
第三結集　37
大衆部　36
大乗　39
『大正新脩大蔵経』　568
『大乗涅槃経』　41
大乗仏教　39, 565
大信仰復興　210
『大智度論』　52
『大唐西域記』　592
第2ヴァチカン公会議　69, 758
第二結集　36
『大日経』　42
大日如来　511
『大般若経』　592
大分裂　79
太平道　173
大峰祖師廟　422
大菩提会　596
台密　511
ダイモーン信仰　20
タイヤル族　388
太陽神ラー　10
太陽崇拝　870
第四結集　40
台湾　55
　　──の宗教　324
台湾神社　469
台湾先住民族　383, 386
タウラー（律法の書）　571
タウワーブーン　646
タオ族　388
高砂族　385
タキ・オンコイ（タキ・オンゴ）
　　203, 892
托鉢修道会　459
ダーサ　166
タジキスタン　288, 298, 300
タジキスタン内戦　300
多神教　822
祟り　871
タタールのくびき　241
ダッワ運動　311

タテイマ　381
タテワリ　380
タトケック　407
多度神　508
タナ〔ッ〕ハ　549, 557
タブー　872
タリーカ　112　→　スーフィー教団
他力本願　516
ターリバーン　271, 804
ダルマ　165
ダルマ・スートラ　578
タルムード　138, 552
ダルル・イスラーム運動　308
タワン・ゴンパ　343
檀家（寺檀）制度　523
タンキー（童乩）　312, 395
檀君　345
檀君教　358
ダンゴル　347
断食　873
断食（サウム）　107
単性説　78
単性論派　821
タントラ　42, 581
『歎異抄』　516, 672
タンマユット派　48

チェコ　238
地球環境問題　774
地球教　781
竹林精舎　32
地の民　74
チベット　332
チベット語　567
チベット大蔵経　335
チベット仏教　279, 592, 601
チベット仏教圏　331
チベット・モンゴルの宗教　331
地母神　874
チャルマ　198
中央アジアの宗教　288
中観派　41, 43, 588
中気　179
中国奥地伝道団　321
中国語　567
中国天主教愛国会　320
中国の宗教　316
中国仏教会　327
中東　257

◆ 用 語 索 引 ◆

──の宗教　257
中道　33
中有（中陰）　502
『中論』　40
甑山教（チュンサンギョ）　358
超越的秩序の宗教　767
超心理学　717
朝鮮時代　353
朝鮮神社　469
鳥葬　13
長老派教会　71, 356
鎮守神　849
沈黙の塔　13

ツァディーク（義人，指導者）　149, 639, 640
ツィムツム　634
通過儀礼　119
ツォウ族　389
罪　875

ディアスポラ（離散）　130, 258, 264
ティクーン　634
毘尼多流支派　56
ディープ・エコロジー　475
『ティルックラル』　579
『テーヴァーラム』　579
手紙　562
テゼ・コミュニティー　760
哲学と宗教　18
テーブル・ターニング　713
テレパシー　715
テロリズム　701
天使　105, 876
天師道　173
天主教　320, 354
天照皇大神宮教　538
天台宗　510
天台本覚思想　58, 851
天道教　357
天徳教　328
天皇教　535
転法輪　587
天理教　534
天理本道　535
典礼　89

ドイツ　223
統一教会　358, 462
導引　172

東欧・ロシアの宗教　235
東学　357
道教　169, 176, 318
『TOKYOアイヌ』　453
東京・イチャルパ　454
東京招魂社　726
東京葬儀社　809
洞窟　4
洞窟壁画　4
ドゥク派　334
透視　715
東照宮　524
東照大権現　524
『道蔵』　170, 177, 319
道祖神　849
道祖神信仰　862
燈台社　535
ドゥック派　286
道徳と宗教　739
東南アジア大陸部　304
東南アジアの宗教　304
トゥパック・アマルーの反乱　203
東方教会　78
東方諸教会　70, 262
東方正教会　69, 262
同朋同行　519
東密　511
トゥルク族　388
ドゥルーズ派　103, 261
『ときの声』　620
土偶　488
徳教　423
「常世の神」信仰　503
ドゴン　187
土着教会　194
トーテミズム（トーテム）　360, 363, 877
トナンツィン　381
『トマス福音書』　603
ドミニコ会　459
トーラー　136, 138, 140, 549, 625
『トライブーム・プラルアン』　48
ドラヴィダ語族　579
トーラー朗読　146
ドリーミング　363
ドリーム・タイム　362
度脱（ドル）　708
ドルイド神官　24
トルクメニスタン　288, 298

ナ 行

内丹　178
ナカツ国　495
長屋王の変　504
ナクシュバンディー教団　291, 297
嘆きの壁　130, 793
ナザレ　75
ナジャフ　646
ナショナリズム　735
ナッ　304
『七十人訳聖書』　558
ナフダトゥル・ウラマ　308
南無妙法蓮華経　677
『ナーラーイラ・テッヴィヤッピラバンダム』　579
奈落　842
ナーランダー大僧院　41
ナルサク　407
南山律　54
南都仏教　510
南都六宗　57
南方仏教圏　45
南北戦争　212

ニカイア公会議　70, 78
西チベット　338
二十五三昧会　514
二十六聖人の殉教　522
『日本書紀』　496, 664
ニヤーヤ学派　161
入涅槃　587
ニューエイジ　472, 694
ニューエイジ運動　474
ニューエイジ系宗教　472
ニューサイエンス　473
ニューライト　803
ニュルンベルグ綱領　720
如来教　534
『如来蔵経』　41
妊娠中絶　719
ニンマ派　335

ヌサイリー派　103
ヌササン　445
ヌミノーゼ　860
ヌリアユク　407

ネイション・オブ・イスラーム

217
ネオカテクメナート 230
ネオ・ヒンドゥイズム 163
ネストリウス派 262, 263, 821
ネストリウス派教会（アッシリア正教会） 70
ネーティブ・アメリカン教会 376
ネパール 281, 340
ネパール仏教 44
涅槃寂静 34
ネワール人（族） 44

ノアの七戒 143
農耕社会 372
脳死 719
『ノストラダムスの大予言』 540
呪い 878

ハ 行

花郎（ハァラン，ホアラン） 56, 349
バアル 819
バイキング 233
ハイズヴィル事件 712
廃仏毀釈 530
バイブル・ウーマン 433
バイヨン寺院 49
パイワン族 390
『バガヴァッド・ギーター』 578
『葉隠』 524
パキスタン 282
曝葬 13
バグダード 100
バクティ 162, 276, 879
バクティ・ヨーガ 880
パクモトゥ派 334
パクラビ儀礼 392
ハシディズム 639, 640
箸墓古墳 493
バシリカ様式 92
八思巴文字 336
パーソン論 720
ハタ・ヨーガ 899
八十四シッダ 43
八大地獄 842
八幡神 506
八幡神信仰 524
パチャママ 378
罰 875

八苦 34
八紘一宇 536
ハッジ（大巡礼） 118, 796
八宗の祖師 588
八正道 34
八相 585
ハディース 109, 290, 644
伴天連追放令 522
パトロカン儀礼 392
ハナフィー法学派 102, 259, 648
バハーイー（バハイ）教 104, 266, 281, 461
ハハーミーム 147
バビロニア 148
バビロニア・タルムード 552
　　――の構成 555
バビロン捕囚 8
ハーフィズ（記憶者） 574
パーフェクトリバティー教団 535
バーブ教 266
バプティスト派 71, 90
バーブルのモスク 277
ハマース 269
ハ・ミシュナ 552, 629
流行神 527
ハラハー 132, 150, 151, 551
ハラム 116
バラモン教 157, 158, 575
バラモン教哲学（六派哲学） 577
バリ外国宣教会 460
パーリ語 566
パリサダ 310
バリ島 309
バリ・ヒンドゥー教 309
バリ・ヒンドゥー教評議会 310
パリミッション 460
パリリン儀礼 392
パールシー 281
ハーレ・クリシュナ運動 218
パレスチナ 64, 148
パレスティナ・タルムード 552
ハレディーム 135, 804
ハワーリジュ派 99, 101, 261
ハンガリー 242
バングラデシュ 49, 283
ハングル 350
盤古 869
万国宗教会議 760
蕃人 385
汎神論 881

パンセイズム 881
蕃族 385
般若経 568
万人祭司主義 70
ハンバル法学派 102, 259
万物生命教 771, 781

火 882
ピー 305, 306
ヒエロファニー 687, 789, 860
東アジア仏教圏 50
東ティモール 314
光 883
比丘 35
比丘尼 35
ピグミー 185
ビザンチン様式 93
非宗教化（ライシザシオン） 222
ヒジュラ（聖遷） 98, 569, 644
ヒジュラ暦 98, 108
聖 513
ヒズブッタフリール 301
ヒズブッラー（ヒズボラ） 272
非聖化 867
『ヒダーヤ』 290
ヒツ 389
人形 491
ひとのみち教団 535
ヒマラヤ 338
『秘密曼荼羅十住心論』 668
白衣派 278
ヒューマンポテンシャル運動 477
ピューリタン 84
憑依 191, 885
平等院鳳凰堂 514
ピラミッド・テキスト 10
ピルグリム（巡礼者） 209
ヒンドゥー教 156, 275
ヒンドゥー寺院 162
ヒンドゥー・ナショナリズム 277

ファラオ 11
ファリサイ派 74, 137, 604, 626
ファンダメンタリズム 211, 270, 542, 693, 800
ファンディタ 284
フィリオクェ 81
フィリオクェ論争 70
フィリピン 312
フィリピン独立教会 313

◆ 用　語　索　引 ◆

フェティシズム　689, 886
フェルガナ地方　296
フォーク・カトリシズム　197
フォコラーレ運動　229, 760
不可触民の解放　599
福音書　73, 560
福神　526
プーサムの祭り　880
不二一元論　162
富士講　528
武士道の思想　524
不惜身命　505
不受不施派　807
不浄　853
フス戦争　239
巫俗　346
ブータン　286, 342
復活祭（イースター）　91, 251
伏羲　174
仏教　26
　——とテロリズム　705
　——の伝来　499
仏教改宗運動　597
復古神道　807
『仏氏雑弁』　350
ブッシュマン　185
ブッダ　28
フッターライト　73
仏典　564
　——の翻訳者　51
仏滅紀元　29
仏滅年　28
仏暦　29
不動尊　526
船霊　849
ブヌン族　389
部派仏教　37, 565
ブハラ　294
普遍宗教の危機　781
ブミプトラ政策　310, 311
プユマ族　391
舞踊　887
フラックス　186
ブラツラフ・ハシディズム　640
『ブラフマ・スートラ』　161
フランシスコ会　80, 460
フランス　220
フリー・チャーチ　226
ブルガリア　237, 246
ブルネイ　312

フレンド派　→　クエイカー派
プロテスタント　70, 82
プロテスタント教会　608
プロテスタント仏教　47, 285, 596
文学書　559
文化人類学　688
文化的ナショナリズム　738
紛争　701
文明の衝突　769

『平家物語』　515
ヘイハロート　633
平埔族　392
ベトナム　55, 306
ペヨーテ狩り　380
ペヨーテ儀式　375
ヘルシンキ宣言　720
ヘレニズム宗教　19
ヘレニズム世界　67
ペンテコステ派　71, 214
遍路　525, 798

ホアハオ教　307
花郎　56, 349
法学者の統治　261
法学派　102, 259
方形周溝墓　490
膀胱祭　410
方士　172
房中　172
報徳善堂　422
法輪功　467
北欧の宗教　232
ポグロム　150
法華経　517, 568, 677
ボゴミル派　244
菩薩　864
保守的福音派　803
法相宗　54
北方仏教　50
骨　888
ボヘミア　244
ボヘミア兄弟団　244
ポーランド　238
ホーリネス運動　215
ホーリネス教会　535
ホルス　258
ホロコースト　134
ボロブドゥール　308
梵我一如　165

ボン教　333
本地垂迹説　509
本末制度　59

マ　行

マイノリティの宗教　360
『摩訶止観』　679
マザール（聖者廟）　290
まじない　823
マシュミ党　308
魔女　889
魔女狩り　889
マズダー教　13
マタイ福音書　561
マッカ（メッカ）　98, 116, 569, 643
末日聖徒イエス・キリスト教会（モルモン教）　73, 216, 461
祀り上げ　500
マディーナ（メディナ）　98, 116, 569
マドラサ　290
『マナールの解釈』　573
マニ教　14
『マヌ法典』　161, 578
マハーウィハーラ　46
マーハートミヤ　581
マハーニカーイ派　48
『マハーバーラタ』　161, 578
マハール・カースト　167
マフディー　113
マホメット教　97
『迷える者への手引き』　632
魔よけ　819
マラッカ王国　114
マラブ　192
マリアポリ　229
マリ王国　114
マーリク法学派　102, 259
マルクス主義　894
マルコ福音書　561
『マルコム X』　217
丸山教　534
マレーシア　310
マレビト神（客神）　498, 500
マロン派　263
曼荼羅　511
マンティーケー　859

ミイラ　844

◆ 用 語 索 引 ◆

ミケーネ宗教　15
ミシュトン戦争　892
ミシュナ　138, 144, 551
『ミシュネー・トーラー』　631
御正躰　828
ミズラヒ　150, 265
みたままつり　731
密儀　18
密教　42, 511
ミトラ　160
ミドラシュ　551
ミトラス教　67
緑のスカプラリオのマリア会　231
南アジアの宗教　274
ミノア宗教　14
ミーマーンサー学派　161
ミャンマー　47, 304
ミュロ（幽霊）　403
ミョンデュ　347
ミラノ勅令　76
ミレニアリズム　891
弥勒菩薩半跏思惟像　666
民間信仰　690
民衆カトリシズム　197
民衆宗教　195, 690
民数記　559
民俗学　688, 689
民族宗教　3, 152
民俗宗教　690
民俗信仰　690
民族奉仕団　278

無畏山寺　46
無為の為　169
ムウタズィラ学派　649
ムジャッディディーヤ　296
ムジャーヒディーン　127, 271
無宗教ナショナリズム　734
無神論　893
ムスタン　340
ムスリム　97
ムスリム同胞団　126, 272, 660
ムゼウム　231
ムーダン　346, 347
ムハマディヤ　308

迷信　894
瞑想　895
メイティ　370
メシア　64, 129, 896

メシア運動　149, 635
メスティソ　198
メスメリズム　857
珍敷塚古墳　494
メソアメリカ　380
メソディスト　72, 616
メソディズム　86
メソポタミア宗教　7
メソポタミアの神々　9
メソポタミア文明　258
メッカ　→　マッカ
メディナ　→　マディーナ
『メノイケウス宛ての手紙』　23
メノー派　215
メルカバー　633

モガリ　493, 502
木偶　491
黙示録　562
モーシェ・ラベイヌ　625
モスク　118
モーセ五書　129, 549, 558
モーセのトーラー（律法）　137
『もののけ姫』　541
ものみの塔　216, 461, 535
モルディヴ　283
モルモン教　73, 215, 461
モロ　314
モロ・イスラーム解放戦線　314
モロ民族解放戦線　314
モンゴル　336
モンテ・カシノ修道院　80

ヤ 行

ヤコブ派　262, 263
ヤサヴィー教団　290
『ヤージュニャヴァルキヤ法典』　578
『ヤジュル・ヴェーダ』　577
ヤズィード教　265
靖国神社　530, 726, 730
靖国神社参拝　543, 732
靖国神社法案　732
山伏　527
闇　883
ヤミ族　388
弥生時代　489

唯一性（タウヒード）　571

唯一絶対神　105
維摩経　568
遊就館　729
瑜伽行派　41
『瑜伽師地論』　41, 592
ユーゴ紛争　250
ユダヤ　131
ユダヤ会堂（シナゴーグ）　146
ユダヤ教　66, 129, 264, 622
ユダヤ教神秘主義　633
ユダヤ・キリスト教　207
ユダヤ人　131, 264
ユダヤ人解放　132
ユダヤ暦　144
ユッピ〔ッ〕ク　404, 406
ユニテリアン　73, 245
踊躍念仏　513

ヨイド純福音教会　462
妖術　845
妖術信仰　190
ヨーガ　895, 897
ヨーガ学派　161
預言　136
預言者　98, 106, 899
　——のモスク　117
『預言者伝』　645
預言書　559
吉田神道　519
義経崇拝　447
予祝儀礼　187
予定　106
ヨハネ福音書　562
ヨブ記　559, 872
ヨモツ国　496
ヨモツヘグイ（黄泉戸喫）　496
四学派　649
四大聖地　797
四大仏跡　33

ラ 行

ライシテ　222, 864
来世（アーヒラ）　106
ラエリアン・ムーブメント　722
ラオス　49, 305
裸行派　278
ラジオ放送　753
ラジニーシ運動　462
ラージャ・ヨーガ　899

◆ 用 語 索 引 ◆

ラスコーの洞窟壁画　5
ラダック　339
ラテン・アメリカの宗教　195
ラテン・アメリカの植民地化　747
ラビ　130, 147
ラビ・ユダヤ教　130, 138, 139, 551, 626
ラマ教　331
ラーマクリシュナ・ミッション　462
ラマダーン月　108
『ラーマーヤナ』　161, 277, 578

リオ・デ・ジャネイロのカーニバル　202
『リグ・ヴェーダ』　13, 159, 577
離散　→　ディアスポラ
理神論　85
『立正安国論』　518, 677
立正佼成会　538
律蔵　33, 564
律法　87
律法書　558
龍口法難　678
『龍樹菩薩伝』　588
霊鷲山　32
両性説　78
『理惑論』　52
臨済宗　516
輪廻転生　165, 900

類感呪術　187, 850
ルカイ族　390
ルカ福音書　562
ルシフェル　819
盧遮那仏　506
ルター派教会　71, 608
ルーマニア　242
ルーマニア正教会　249
ルルド　403, 795
ルンビニー（藍毘尼）　585

霊験　901
霊魂　843, 902
霊魂不滅　165
霊性　472
霊肉一元論　848
霊肉二元論　848
礼拝（サラート）　107
霊友会　538
歴史書　559, 562
レジオ・マリエ　231
列聖　864
レドゥクシオン　196
レバノン　263, 269
レビ記　559

『老子』　171
六師外道　30
六趣　842
六信　104

六信五行　105
六道　526, 842
六波羅蜜　39
鹿野苑　32
ロシア　240
ロシア教会　241
ロシア正教会　248
六派哲学　161, 581
ロマ　398
ローマ・カトリック　68, 82
ローマ宗教　18, 21
ローマ帝国　67
ローマ帝国国教　76
ロマネスク様式　92
論蔵　564

ワ　行

ワカ　203, 892
若狭比古神　508
ワタリガラス　416
ワッハービー　296, 299
ワッハーブ運動　123, 802
ワッハーブ派　102, 259
ワリー　864
ワルド派　821
「我は真理なり」　654
湾岸危機・戦争　271

人名索引

ア 行

アヴィセンナ　652
アヴェロエス　653
アギナルド, E.　313
アキバ（ラビ・-）　142, 628
アグリパイ, G.　313
アサンガ　41
アジタ・ケーサカンバラ　30
アシュアリー　650
アショーカ　36
アタナシオス　78
渥美契縁　27
アティ〔ー〕シャ　334, 339
アドヴァヤヴァジュラ　43
阿難　33
アーナンダ　33
アフガーニー　125, 658
アブドゥ　125, 658
アブー・バクル　99, 570, 644, 646
アブラハム　129, 622
安倍清明　513
アポロニオス　21
天草四郎　522
アラファート　269
アリー　99, 645
アリウス　78
アリストテレス　22
アルタン・ハーン　337
安世高　52
アンベードカル　279, 597

イエス　64, 73, 603
イグナティウス・デ・ロヨラ　85, 460, 611
石川舜台　26
一尊如来きの　534
イツハク・ルーリア　148, 633
一遍　513, 518
井上円了　60
井上日召　535

イブン・アブドゥルワッハーブ　123
イブン・アラビー　654
イブン・サウード　123
イブン・スィーナー　651
イブン・タイミーヤ　657
イブン・バットゥータ　114
イブン・ハンバル　649
イブン・ルシュド　653
隠元　59
印順　55

ヴァスバンドゥ　41
ヴァッラバ　163
ヴァリニャーノ　521
ヴァルダマーナ　30, 278
ヴィヴェーカナンダ　277
ウィクリフ, J.　80, 239
ヴィパッシン　28
ウェスレー, J.　72, 616
ウェーバー, M.　691
ウェリウィタ・サラナンカラ　47
ウォグ・ヤダユガナ　385
ウォーボカ　375
ウスマーン　99, 570, 646
内村鑑三　532
厩戸王（厩戸皇子）　57, 663
ウマル　99, 646

栄西　516
慧遠　52
エディ, M. B.　216
エラガバルス　22
エラスムス　610
エリアーデ, M.　90, 686, 694
円仁　513
役小角　527

王重陽　178
大西愛治郎　535
大生部多　503
織田信長　521

折口信夫　689, 851
オルガンティーノ　521
オルコット, H.　595
オーロビンド　277

カ 行

曜日蒼竜
ガザーリー　655
ガスプリンスキー　293
葛洪　174
カニシカ1世　40
ガムポパ　334
カルヴァン, J.　83
カルディック, A.　713
川手文治郎　534
カワン・ナムギェル　342
鑑真　57, 506, 507
ガンディー　598
桓雄　345

義浄　54, 567
北村サヨ　538
吉蔵　53
行基　57, 504
許謐　175
キング, M. L.　72, 213
欽明天皇　499

空海　58, 510, 666
空也　58, 513
求那跋陀羅　53
クマーラジーヴァ（鳩摩羅什）　50, 52, 567, 588
クラーク　532
グリオール, M.　187
グル・リンポチェ　286, 334
グレゴリウス7世　79, 80
黒住宗忠　534
クロムウェル, O.　84, 615

謙益　352

◆ 人 名 索 引 ◆

玄奘（玄奘三蔵） 54, 567, 590
源信 58, 513
顕如 521

皇極天皇 503
寇謙之 176, 319
黄帝 171
空也 58, 513
小谷安吉 538
ゴータマ（ガウタマ）・ブッダ 27, 564 → 釈尊
ゴ・バン・チュウ 307
呉耀宋 321
金剛智 54

サ 行

サイイド・クトゥブ 660
崔済愚 357
最澄 58, 510, 667
サイババ 277
サキャ・パンディタ 335
サダト 126
ザナバザル 337
サパン 335
ザビエル，F. 65, 460, 520, 612
サンジャヤ・ベーラッティプッタ 30
三蔵法師 564, 590 → 玄奘

ジェブツン・ダムバ・ホトクト 337
竺法護 52
実叉難陀 54
ジナ 30
シモンズ，M. 83
釈迦牟尼世尊 28
寂護 43
釈宗演 61
釈尊（ブッダ） 26, 27, 585
シャーフィイー 648
シャブタイ・ツヴィ 635
ジャンカウ姉妹 365
シャンカラ 162
ジャンジャ・ホトクト 337
シャーンタラクシタ 43, 333
シュッドーダナ 31, 585
聖徳太子 57, 500, 663
浄飯王 31, 585
聖武天皇 57, 505, 506

支婁迦讖 52
シン・アラハン 47
眞興王 353
真諦 53, 590
陳那 42
親鸞 516, 669

スウェーデンボルグ，E. 712
スカルノ 308
菅原道真 512, 871
鈴木大拙 61, 541
スタナー，W. E. H. 362
スハルト 308
スフラワルディー 654
スペンサー，W. B. 363
スミス，J. E. 73, 215
スーリヤヴァルマン 2 世 49

聖明王 499, 664
世宗 350
妹尾義郎 535
善無畏 54

ソナム・ギャムツォ 337
ゾロアスター（ザラトゥシュトラ） 13
ソンツェン・ガムポ 333

タ 行

タイラー，E. 688
平清盛 515
タクツァン・レーパ 339
田中智学 60, 535
ダビデ王 131
ダライ・ラマ 3 世 337
ダライ・ラマ 4 世 337
ダライ・ラマ 5 世 335
ダライ・ラマ 13 世 335, 600
ダライ・ラマ 14 世 279, 336, 599
ターラナータ 585
ダルマキールティ 42
ダルマパーラ 42, 47, 285, 594

智顗 53
チャイタニヤ 163
張角 173
張陵 173
趙光祖 350
鄭齊斗 351

ツウィングリ，U. 83
ツォンカパ 335, 592

ディグナーガ 42
出口王仁三郎 535
出口なお 535
出口米吉 861
デュルケム，E. 360, 691

道安 52
ドゥクチ・イシャーン 292
道元 517, 673
陶弘景 175
道昭 501
戸田城聖 535
豊臣秀吉 521
ドルジェタク 708
トンバ・シェンラプ 333
曇摩迦羅 52
曇無讖 52
曇鸞 53

ナ 行

ナーヴァラル，A. 286
長沼妙佼 538
長屋王 512
中山みき 534
ナーガールジュナ 40, 587
ナクシュバンド 291
ナセル 126
ナタン（ガザの–） 637
ナーナク 279
ナフマン（ラビ・–） 640

新島襄 532
ニガンタ・ナータプッタ 30
日蓮 517, 676
新渡部稲造 532
庭野日敬 538

ノア 143
ノックス，J. 84

ハ 行

バアル・シェム・トーヴ 149, 639
パウロ 66, 76, 606
パクダ・カッチャーヤナ 30
パクパ（パスパ，八思巴） 54, 335,

—918—

◆ 人名索引 ◆

336
パクモトゥパ 334
ハサン 646
バタイユ, G. 824
バドウィー 118, 268
ハッラージュ 654, 853
パドマサンバヴァ 335
バハー・アッラー（バハオラ）
　　266, 461
パラッカマバーフ1世 47
パラマールタ 590
バル・コホバ 630
ハルシャ・ヴァルダナ 42
バンダーラナーヤカ 285
パンチェン・ラマ7(10)世 600
バンナー, H. 125, 660

ヒエロニムス 84
ピサロ, F. 200
毘婆尸 28
卑弥呼 492
平田篤胤 807
ピラト 74
ヒンドゥスターニー 296
ビン・ラーディン 127, 271, 658

ファーティマ 645
ファーラービー 652
フィン・フー・ソー 307
フォックス, G. 73, 613
不空 54
フサイン 102, 646
藤井日達 62
フス, J. 80, 239
ブース, W. 72, 461, 618
フッカー, R. 84
ブッダゴーサ 46
仏駄跋陀羅 52
仏図澄 52
ブトゥン・リンチェントゥプ 335
ブハーリー 290
ブラヴァツキー, H. 595
プーラナ・カッサパ 30
フランチェスコ 80
プルタルコス 23
フレーザー, J.G. 187, 360
フロイス 521
文鮮明 358, 462

ベシェト → バアル・シェム・ト

ーヴ
ベネディクトゥス 80
ヘロデ 74
ヘンリー8世 83

牟子 52
法然 515, 671
菩提流支 53
法顕 53
法賢 56
法称 42
ボニファシオ, A. 313
ホメイニー 261, 660
ホワイト, E.G. 216

マ 行

マアムーン 649
マイトレーヤ 41
マイモニデス 630
前田恵学 27
牧口常三郎 535
マタイ 73
マッカリ・ゴーサーラ 30
マテオ・リッチ 320
マニ（マーニー） 14
マハーヴィーラ 30, 278
マハーカーシャパ 35
マハリシ・ヨーギー 277
マーヤー（マハーマーヤー）31,
　　585
摩耶夫人 31, 585
マルキオン 77
マルギーナーニー 290
マルコ 73
満願 508
マンスール 100

御木徳近 535
ミュラー, M. 684
明恵 516
ミラー, W. 216
ミラレパ 334
弥勒 41

ムアーウィヤ 99
無着 41
ムハンマド（マホメット） 98, 569,
　　643

メランヒトン 82

モーセ 129, 140, 549, 624
モリソン 321

ヤ 行

ヤコブ 76
柳田国男 689, 851, 868
山室軍平 621

ユダ 75

楊文会 55
吉田兼倶 519
ヨシュア 142
ヨハナン・ベン・ザッカイ 551,
　　626
ヨハネ 73
ヨハネ（バプテスマの-） 75, 604
ヨハネ・パウロ2世 759

ラ 行

ラジニーシ 277
ラッセル, C.T. 216
ラーマ4世 48
ラーマ5世 48
ラーマーヌジャ 162
ラムバム 631

リサール, J. 313
劉玉 178
龍樹 40, 587
良源 513
リンチェン・サンポ 334

ルカ 73
ルキアノス 24
ルクレティウス 24
ルター, M. 82, 608
ルービック, C. 229

レギン・ユマ 394
蓮如 519

ロサン・タクパ 592
ロシン・ワタン 385

| 宗 教 の 事 典 | 定価は外函に表示 |

2012年10月30日　初版第1刷
2014年 8月15日　　第2刷

監修者	山　折　哲　雄
編集者	川　村　邦　光
	市　川　　　裕
	大　塚　和　夫
	奥　山　直　司
	山　中　　　弘
発行者	朝　倉　邦　造
発行所	株式会社 朝倉書店
	東京都新宿区新小川町 6-29
	郵便番号　162-8707
	電　話　03(3260)0141
	Ｆ Ａ Ｘ　03(3260)0180
	http://www.asakura.co.jp

〈検印省略〉

ⓒ 2012〈無断複写・転載を禁ず〉　　　　　シナノ印刷・牧製本

ISBN 978-4-254-50015-8　C 3514　　　　Printed in Japan

JCOPY 〈(社)出版者著作権管理機構 委託出版物〉

本書の無断複写は著作権法上での例外を除き禁じられています．複写される場合は，そのつど事前に，(社)出版者著作権管理機構（電話 03-3513-6969, FAX 03-3513-6979, e-mail: info@jcopy.or.jp）の許諾を得てください．

◆ 朝倉世界地理講座〈全15巻〉◆
—大地と人間の物語—
立川武蔵・安田喜憲 監修

新しい時代の新しい地理学像を構築するため従来の地理学の枠にこだわらず, 文化人類学, 自然人類学, 社会学, 考古学, 歴史学, 宗教学, 政治学, 経済学, 環境学など幅広い分野から世界各地域を描出した。

東北大 境田清隆・民博 佐々木史郎・東北大 岡 洋樹編
朝倉世界地理講座 2
東 北 ア ジ ア
16792-4 C3325   B5判 404頁 本体15000円

シベリア, 中国東北部, モンゴル諸地域を新たな地域概念から見直す。〔内容〕自然環境(気象／植生／オホーツク海／砂漠化／黄砂)歴史環境(帝国／社会主義時代／中国文化／狩猟遊牧)社会環境(言語／市場経済化／エスニシティ)

三重大 春山成子・立命館大 藤巻正己・関西大 野間晴雄編
朝倉世界地理講座 3
東 南 ア ジ ア
16793-1 C3325   B5判 472頁 本体17000円

モンスーンアジアの自然環境, 文明と歴史, 人々の営みを紹介。〔内容〕モンスーン(自然環境, 水資源など)／歴史と文明(先史文化, アンコール文明, 港市ネットワークなど)／農村と都市／稲作社会／グローバル化の中の東南アジア／他

前民博 立川武蔵・民博 杉本良男・奈良女大 海津正倫編
朝倉世界地理講座 4
南 ア ジ ア
16794-8 C3325   B5判 488頁 本体17000円

インドを中心とする南アジアの多様性を, 環境・社会・思想などから紹介。〔内容〕総覧／南アジアの環境と社会(歴史, 自然, 産業, 暮らし)／南アジア各地域の地誌／南アジアの宗教と思想／南アジア社会のグローバル化と開発

東洋大 後藤 明・東北大 木村喜博・日文研 安田喜憲編
朝倉世界地理講座 6
西 ア ジ ア
16796-2 C3325   B5判 488頁 本体18000円

世界の都市文明を主導してきた西アジアを多角的・総体的に捉える。〔内容〕自然地理／自然環境と農耕牧畜／都市と農村と遊牧民／水資源／シュメル文明の遺産／民族／言語／宗教／ジェンダー／現代国家の枠組／エネルギー資源と日本の将来

愛知県立大 竹中克行・奈良女大 山辺規子・名大 周藤芳幸編
朝倉世界地理講座 7
地中海ヨーロッパ
16797-9 C3325   B5判 488頁 本体18000円

ヨーロッパの中でも歴史を通して諸文明が出会う場であった地中海沿岸諸国を, その独自性に注目し詳述する。〔内容〕地中海文明の風土／歴史／美術／都市／祭り・行事／海上交通・漁業・島嶼／言語・国際関係／環境・産業・文化／データ

民博 池谷和信・九大 佐藤廉也・アジア研 武内進一編
朝倉世界地理講座 11
ア フ リ カ I
16801-3 C3325   B5判 448頁 本体16000円

〔I総説：アフリカ大陸〕風土と環境／歴史と文明／人々と暮らし／国家と社会〔IIイスラームアフリカ〕ナイル川／サハラ砂漠／サヘル／チャド湖／ベルベル系住民／イスラム女性／他〔IIIエチオピア〕地域生態史／流通ネットワーク／他

民博 池谷和信・アジア研 武内進一・九大 佐藤廉也編
朝倉世界地理講座 12
ア フ リ カ II
16802-0 C3325   B5判 464頁 本体16000円

〔IVバントゥアフリカ〕自然生態／動物保護政策／各国の政治経済／アパルトヘイト, 他〔V西アフリカ沿岸部〕森林とサバンナの生態／アニ社会／都市と若者文化／民主化, 他〔VI島嶼部〕マダガスカル／モーリシャス〔総括〕参考文献, データ集, 他

上智大 小塩和人・民博 岸上伸啓編
朝倉世界地理講座 13
アメリカ・カナダ
16803-7 C3325   B5判 432頁 本体16000円

〔北アメリカの自然環境〕自然環境／先住民の先史／〔アメリカ合衆国〕環境・地域史／多文化社会／世界の中のアメリカ／環境問題とアメリカ／〔カナダ〕歴史／多文化・多民族国家／世界の中のカナダ／環境問題とエコ・ポリティクス／他

山形大 坂井正人・民博 鈴木 紀・獨協大 松本栄次編
朝倉世界地理講座 14
ラテンアメリカ
16804-4 C3325   B5判 496頁 本体18000円

〔総説〕自然／地誌〔中部アメリカ〕環境と開発／農村と社会問題／民主化の過程／経済成長と貧困／宗教と表象／アフリカ系文化の影響／〔南アメリカ〕環境と開発／人種とエスニシティ／国家と民衆／宗教と民俗／国際関係〔附〕各種データ

お茶の水大 熊谷圭知・前京大 片山一道編
朝倉世界地理講座 15
オ セ ア ニ ア
16805-1 C3325   B5判 532頁 本体19000円

従来の地誌的構成と記述にとらわれず, 多元的な視点や手法を取り入れながら新しいオセアニア像を明らかにし, その固有性とダイナミズムを描く。〔内容〕風土／西欧世界との出会いと変容／地域的多様性／先住民, 移民と国家／変容する社会

◆ 図説人類の歴史〈全10巻・別巻〉 ◆

アメリカ自然史博物館監修 "The Illustrated History of Humankind" の翻訳・オールカラー

G.ブレンフルト編
前東大 大貫良夫監訳　前京大 片山一道編訳
図説人類の歴史1
人類のあけぼの（上）
53541-9 C3320　　B4変判 144頁 本体8800円

〔内容〕人類とは何か？／人類の起源／ホモ・サピエンスへの道／アフリカとヨーロッパの現生人類／芸術の起源／[トピックス]オルドワイ峡谷／先史時代の性別の役割／いつ言語は始まったか？／ネアンデルタール人／氷河時代／ビーナス像他

G.ブレンフルト編
前東大 大貫良夫監訳　前京大 片山一道編訳
図説人類の歴史2
人類のあけぼの（下）
53542-6 C3320　　B4変判 144頁 本体8800円

〔内容〕地球各地への全面展開／オーストラリアへの移住／最初の太平洋の人々／新世界の現生人類／最後の可住地／[トピックス]マンモスの骨で作った小屋／熱ルミネッセンス年代測定法／移動し続ける動物／誰が最初のアメリカ人だったか？他

G.ブレンフルト編
前東大 大貫良夫監訳　東大 西秋良宏編訳
図説人類の歴史3
石器時代の人々（上）
53543-3 C3320　　B4変判 144頁 本体8800円

〔内容〕偉大なる変革／アフリカの狩猟採集民と農耕民／ヨーロッパ石器時代の狩猟採集民と農耕民／西ヨーロッパの巨石建造物製作者／青銅器時代の首長制とヨーロッパ石器時代の終焉／[トピックス]ナトゥーフ文化／チロルのアイスマン他

G.ブレンフルト編
前東大 大貫良夫監訳　東大 西秋良宏編訳
図説人類の歴史4
石器時代の人々（下）
53544-0 C3320　　B4変判 144頁 本体8800円

〔内容〕南・東アジア石器時代の農耕民／太平洋の探検者たち／新世界の農耕民／なぜ農耕は一部の地域でしか採用されなかったのか／オーストラリア―異なった大陸／[トピックス]良渚文化における新石器時代の玉器／セルウィン山脈の考古学他

G.ブレンフルト編
前東大 大貫良夫監訳　東大 西秋良宏編訳
図説人類の歴史5
旧世界の文明（上）
53545-7 C3320　　B4変判 144頁 本体8800円

〔内容〕メソポタミア文明と最古の都市／古代エジプトの文明／南アジア文明／東南アジアの諸文明／中国王朝／[トピックス]最古の文字／ウルの王墓／太陽神ラーの息子／シギリヤ王宮／東南アジアの巨石記念物／秦の始皇帝陵／シルクロード他

G.ブレンフルト編
前東大 大貫良夫監訳　東大 西秋良宏編訳
図説人類の歴史6
旧世界の文明（下）
53546-4 C3320　　B4変判 144頁 本体8800円

〔内容〕地中海文明の誕生／古代ギリシャ時代／ローマの盛衰／ヨーロッパの石器時代／アフリカ国家の発達／[トピックス]クノッソスのミノア神殿／古代ギリシャの壺彩色／カトーの農業機械／アングロサクソン時代のイングランド地方集落他

G.ブレンフルト編　前東大 大貫良夫監訳・編訳
図説人類の歴史7
新世界の文明（上）
―南北アメリカ・太平洋・日本―
53547-1 C3320　　B4変判 144頁 本体9200円

〔内容〕メソアメリカにおける文明の出現／マヤ／アステカ帝国の誕生／アンデスの諸文明／インカ族の国家／[トピックス]マヤ文字／ボナンパクの壁画／メンドーサ絵文書／モチェの工芸品／ナスカの地上絵／チャン・チャン／インカの織物他

G.ブレンフルト編　前東大 大貫良夫監訳・編訳
図説人類の歴史8
新世界の文明（下）
―南北アメリカ・太平洋・日本―
53548-8 C3320　　B4変判 144頁 本体9200円

〔内容〕日本の発展／南太平洋の島々の開拓／南太平洋の石造記念物／アメリカ先住民の歴史／文化の衝突／[トピックス]律令国家と伊豆のカツオ／草戸千軒／ポリネシア式遠洋航海カヌー／イースター島／平原インディアン／伝染病の拡大他

G.ブレンフルト編　前東大 大貫良夫監訳・編訳
図説人類の歴史9
先住民の現在（上）
53549-5 C3320　　B4変判 144頁 本体9200円

〔内容〕人種，人間集団，文化の発展／アジア大陸の先住民／東南アジアの先住民／アボリジニのオーストラリア／太平洋の人々／[トピックス]DNA：生命の暗号／聖なるクマへの崇拝／ナガ：アッサム高地の首狩り族／トラジャの生と死

G.ブレンフルト編　前東大 大貫良夫監訳・編訳
図説人類の歴史10
先住民の現在（下）
53550-1 C3320　　B4変判 144頁 本体9200円

〔内容〕アフリカの先住民／北方の人々／北アメリカの先住民／南アメリカの先住民／人類の未来／[トピックス]マダガスカル：神秘の島／サーミ：4カ国に生きる人々／マニオク：君臨する作物／ヤノマミ：危機に瀕するアマゾンの生き残り他

東大 西秋良宏監訳
図説人類の歴史[別巻]
古代の科学と技術
―世界を創った70の大発明―
53551-8 C3320　　B4変判 308頁 本体15000円

古代に源を発し現代に生き続ける発明の数々を解説〔内容〕技術（石器，火，鉄他）住居・生業（家具，灯り，調理他）運搬（道，橋，船他）狩猟・戦闘・スポーツ（弓矢，甲冑，球技他）芸術・科学（音楽，文字，占星他）身体装飾（宝飾品，香水，媚薬他）

B.M.フェイガン著　早大 小泉龍人訳
科学史ライブラリー
考古学のあゆみ
―古典期から未来に向けて―
10641-1　C3340　　　　A 5 判 328頁 本体5400円

考古学・古代文明に関する多くの啓蒙書を著していることで名高いブライアン・フェイガンが、学生向け、一般向けのテキストとしてまとめた概説書。関連諸自然科学の成果を盛りこんで、広い視野でとらえた、読みやすく、わかりやすい通史。

鴻池新田会所 松田順一郎・首都大 出穂雅実他訳
ジオアーケオロジー
―地学にもとづく考古学―
53018-6　C3020　　　　A 5 判 352頁 本体6400円

層序学や古土壌学をはじめとする地球科学の方法を考古学に適用する「地考古学」の決定版入門書。〔内容〕ジオアーケオロジーの基礎／沖積環境／風成環境／湧泉、湖、岩陰、その他の陸域環境／海岸環境／遺跡の埋没後擾乱／調査研究

日大 横田正夫・東京造形大 小出正志・
宝塚造形芸術大 池田　宏編
アニメーションの事典
68021-8　C3574　　　　B 5 判 472頁 本体14000円

現代日本を代表する特色ある文化でありコンテンツ産業であるアニメーションについて、体系的に論じた初の総合事典。アニメーションを関連諸分野から多角的に捉え、総合的に記述することによって「アニメーション学」を確立する。〔内容〕アニメーション研究の範疇と方法／アニメーションの歴史(日本編、アジア編、ヨーロッパ編、アメリカ編、その他諸国編)／文化としてのアニメーション／サブカルチャー／日本の教育における映像利用／専門教育／キャラクターの心理学／他

文教大 中川素子・前立教大 吉田新一・
日本女子大 石井光恵・京都造形芸術大 佐藤博一編
絵　本　の　事　典
68022-5　C3571　　　　B 5 判 672頁 本体15000円

絵本を様々な角度からとらえ、平易な通覧解説と用語解説の効果的なレイアウトで構成する、"これ1冊でわかる"わが国初の絵本学の決定版。〔内容〕絵本とは(総論)／絵本の歴史と発展(イギリス・ドイツ・フランス・アメリカ・ロシア・日本)／絵本と美術(技術・デザイン)／世界の絵本：各国にみる絵本の現況／いろいろな絵本／絵本の視覚表現／絵本のことば／絵本と諸科学／絵本でひろがる世界／資料(文献ガイド・絵本の賞・絵本美術館・絵本原画展・関連団体)／他

前国立歴史民俗博物館 小島美子・慶大 鈴木正崇・
前中野区立歴史民俗資料館 三隅治雄・前国学院大 宮家　準・
元神奈川大 宮田　登・名大 和崎春日監修
祭・芸能・行事大辞典
【上・下巻：2分冊】
50013-4　C3539　　　　B 5 判 2228頁 本体78000円

21世紀を迎え、日本の風土と伝統に根ざした日本人の真の生き方・アイデンティティを確立することが何よりも必要とされている。日本人は平素なにげなく行っている身近な数多くの祭・行事・芸能・音楽・イベントを通じて、それらを生活の糧としてきた。本辞典はこれらの日本文化の本質を幅広い視野から理解するために約6000項目を取り上げ、民俗学、文化人類学、宗教学、芸能、音楽、歴史学の第一人者が協力して編集、執筆にあたり、本邦初の本格的な祭・芸能辞典を目指した

前学芸大 阿部　猛・元学芸大 佐藤和彦編
日　本　中　世　史　事　典
53015-5　C3521　　　　A 5 判 920頁 本体25000円

日本および日本人の成立にとってきわめて重要な中世史を各章の始めに概説を設けてその時代の全体像を把握できるようにし、政治史、制度史、社会経済史、生活史、文化史など関連する各分野より選んだ約2000の事項解説によりわかりやすく説明。研究者には知識の再整理、学生には知識の取得、歴史愛好者には最新の研究成果の取得に役立つ。鎌倉幕府の成立から織豊政権までを収録、また付録として全国各地の中世期の荘園解説と日本中世史研究用語集を掲載する

前東大 山口明穂・前東大 鈴木日出男編
王　朝　文　化　辞　典
―万葉から江戸まで―
51029-4　C3581　　　　B 5 判 616頁 本体18000円

日本の古典作品にあらわれる言葉・事柄・地名など、約1000項目を収める50音順の辞典。古典作品の世界をより身近に感じ、日本文化の変遷をたどることができる。〔内容〕【自然】阿武隈川／浅茅が原／荒磯海／箱根山、【動植物】犬／猪／優曇華／茜／朝顔／不如帰、【地名・歌枕】秋津島／天の橋立／吉野／和歌の浦、【文芸・文化】有心／縁語／奥書／紙、【人事・人】愛／悪／遊び／化粧／懸想／朝臣／尼、【天体・気象】赤星／雨／十五夜／月／嵐、【建物・器具】泉殿／扇／鏡

上記価格(税別)は 2014 年 7 月現在